梅新林 俞樟华 主编

中國學術編年

明代卷【上】

陈玉兰 胡吉省 撰

华东师范大学出版社

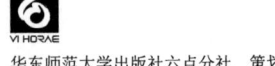

华东师范大学出版社六点分社　策划

全国高等院校古籍整理研究工作委员会重点项目
浙江省人文社科基地浙江师大江南文化研究中心重点项目

顾　问（按姓氏笔画）

甘　阳　朱杰人　朱维铮　刘小枫　刘跃进　安平秋　李学勤　杨　忠
束景南　张涌泉　黄灵庚　常元敬　崔富章　章培恒　詹福瑞

主　编

梅新林　俞樟华

总策划

倪为国

编　委（按姓氏笔画）

王德华　毛　策　叶志衡　包礼祥　宋清秀　邱江宁　陈玉兰　陈年福
陈国灿　林家骊　胡吉省　姚成荣　倪为国　曾礼军

前　言

自1985年率先启动《清代学术编年》研究项目以来，经过诸位同仁持续不懈的努力，由清代依次上溯而贯通历代的《中国学术编年》（以下简称《编年》）终于告竣。这是迄今为止学术界首次以编年的形式对中国通代学术发展史的系统梳理，是一部力图站在21世纪新的学术制高点上全面综合与总结以往学术成果的集成性之作，同时也是一部兼具研究与检索双重功能的大型工具书。衷心希望《中国学术编年》的出版，能对21世纪国学的研究与复兴起到积极的推动作用。

从《清代学术编年》项目启动到《中国学术编年》告竣的20余年间，恰与世纪之交以"重写学术史"为主旨的"学术史热"相始终。因此，当我们有幸以编撰《中国学术编年》的方式，积极参与"重写学术史"这一世纪学术大厦的奠基与建设工程之际，在对《中国学术编年》的编纂进行艰苦探索的同时，始终伴随着对"重写学术史"的密切关注以及对如何"重写学术史"的学理思考，值此《中国学术编年》即将出版之际，我们愿意将期间的探索、思考成果撰为《前言》冠于书前，期与学界同仁共享。

一、世纪之交"学术史热"的勃兴与启示

一代有一代之学术，一代亦有一代之学术史，这是因为每个时代都有对学术理念、路向、范式的不同理解，都需要对特定时代的主要学术论题作出新的回答。从这个意义上说，"重写文学史"既是一种即时性学术思潮的反映，又是一项永无止境的学术创新活动。不同时代"重写文学史"的依次链接与推进，即是最终汇合成为学术通史的必要前提。

世纪之交，以"重写文学史"为主旨的"学术史热"再次兴起于中国学术界，这与上个世纪之交的"学术史热"同中有异：同者，都是集中于世纪之交对源远流长的中国学术史进行反思与总结。异者，一是旨在推进中国学术实现从传统向现代的转型；一是旨在通过推进中国现代学术的世界化而建构新的学术体系，因而彼此并非世纪轮回，而应视为世纪跨越。

本次"学术史热"以北京、上海为两大中心，兴起于20世纪80年代，发端于"重写文学史"，然后逐步推向"重写学术史"。诚然，重写历史，本是学术发展与创新的内在要求，然而在20世纪80年代，"重写"成为一种学术时尚，普遍被学者所关注与谈论，几乎成为一个世纪性话题，却缘于特定的时代背景。诚如葛兆光先生所言，80年代以来有一些话题至今仍在不断被提起，其中一个就是"重写"，重写文学史，重写文化史，重写哲学史，当然也有重写思想史。重写是"相当诱人的事情，更是必然的事情"（《连续性：思路、章节及其他——思想史的

写法之四》，《读书》1998年第6期)。其中的"必然"，是从最初对一大批遭受不公正对待和评价的作家文人的"学术平反"，到对整个中国学术文化的意义重释与价值重估，实际上是伴随改革开放进程的思想解放运动的重要组成部分，故有广泛"重写"之必要与可能。

从"重写文学史"到"重写学术史"之间，本有内在的逻辑关联。"重写文学史"作为"重写学术史"的一个重要组成部分与开路先锋，向思想史、哲学史、文化史等各个层面的不断推进，必然会归结于"重写学术史"。在从"重写文学史"走向"重写学术史"的过程中，同样以北京大学为前沿阵地。早在80年代初，北京大学王瑶先生率先发起了有关文学史的讨论。至1985年，陈平原先生在北京万寿寺召开的中国现代文学创新座谈会上宣读了他与钱理群、黄子平先生酝酿已久的"20世纪中国文学"的基本构想(后发表于《读书》1985年第10期)，给重写文学史以重要启发。同年，著名学者唐弢与晓谙先生等就是否可以重写文学史问题开展激烈的争论，由此形成"重写文学史"讨论的第一次高潮。然后至90年代初，陈平原先生率先由"重写文学史"转向"重写学术史"的实践探索，从1991年开始启动《中国现代学术之建立》的写作，主编《学人》杂志，筹划"学术史丛书"，到1995年"学术史丛书"由北京大学出版社出版，这是世纪之交"重写学术史"取得阶段性成果的重要标志。而在另一个学术中心上海，先于1988年在《上海文坛》专门开辟"重写文学史"专栏，邀请著名学者陈思和、王晓明先生主持，他们在开栏"宣言"中开宗明义地提出"重写文学史"的学术宗旨，并给予这样的历史定位："我们现在提出'重写文学史'，实际上正是在文学史研究的性质发生改变的时期，是现代文学史作为一门独立的学科逐步走向成熟的时期。"王晓明先生还特意将"重写文学史"溯源于1985年万寿寺座谈会上陈平原等关于"20世纪中国文学的构想"，"重写文学史"不过是将三年前"郑重拉开的序幕"再一次拉开，这是旨在强调从1985年到1988年"重写文学史"讨论两次高潮的延续性以及京沪两大学术中心的连动性。1996年，在章培恒、陈思和先生的主持下，《复旦学报》也继《上海文坛》之后开辟了"重写文学史"专栏，由此促成了贯通中国古代文学与现代文学的"中国文学古今演变研究"的交叉学科的创立。然后至1997年、1998年连续于上海召开"20世纪的中国学术"、"重写学术史"两次专题学术研讨会，尤其是后一次会议，在全国学术界第一次明确打出"重写学术史"旗号，具有时代标志性意义。此后，以京沪为两大中心，广泛影响全国的"学术史热"迅速升温。除了各种学术会议之外，各地重要刊物也都相继开辟学术史研究专栏，或邀请著名学者举行座谈。当然，最重要的学术成果还是主要体现在学术史著作方面，从分科到综合，从断代到通代，从历时到共时，从个体到群体，以及各种专题性的学术史研究领域，都有广泛涉及，这是来自不同专业领域学者在"重写学术史"旗帜下的新的聚集、新的合作、新的交融，共同创造了世纪之交学术史研究的兴盛局面。期间的代表性学术成果，主要体现在理论反思与实践探索两个层面。

在理论反思方面，集中体现于各种学术会议与专栏讨论文章，比如1997年在上海召开的"20世纪的中国学术"讨论会上，与会学者就"20世纪中国学术"的历史起点与逻辑起点、学术史观与研究方法等发表了各自的意见，并就20世纪中国学术在中西文化与学术的碰撞和融合的背景之下的现代品性与总体特点，以及存在的问题与教训、部分具体学科在20世纪的发展脉络等展开了热烈的讨论(晋荣东《"20世纪的中国学术"讨论会综述》，《学术月刊》1997年第6期)。1998年在上海召开的"重写学术史"研讨会，与会学者重点围绕近年来出版的学术史著质量、现今条件下重写学术史的必要与可能、重写中遇到的问题与难点、学术史著各种写法的得失等进行了广泛的交流与深入的研讨。当然，"重写学术史"的关键是能否建构新的学术史观,其中包括两大核心内容:一是对学术与学术史的重新认知;二是新型学术范式的建立。这在世纪之交的"重写学术史"讨论中也得到了热烈的回应。前者主要围绕"学术史是什么"的问题而展开。陈平原先生主张一种相对开放的泛学术史观,认可中国古代"辨章学术,考镜源流"的传统,更多强调学术史与思想史、文化史的关联(《"学术史丛书"总序》)。李学勤先生则提出把文科和理科、科学与人文放在一起,统一考察的大学术史观,认为"现在通常把自然科学称作'科学',人文社会科学叫做'学术',其实不妥,因为人类的知识本来是一个整体,文理尽管不同,仍有很多交叉贯通之处。尤其是在学术史上,不少人物对科学、人文都有贡献,他们的思想受到两方面的影响;还有一些团体,其活动兼及文理,成员也包括双方的学者。如果生加割裂,就难以窥见种种思潮和动向的全体面貌。"(《研究二十世纪学术文化的一些意见》,《中国文化研究》2000 年第 1 期)

与此同时,也有一些学者着眼于学术史之所以为学术史的学术定位提出自己的思考。1997 年在上海召开的"20 世纪的中国学术"研讨会上,有学者认为必须明确将其与文化史、思想史以及哲学史等区分开来,把"学术"定位在知识形态上,即学术史主要是客观地研究知识的分类、构成、积累等问题,对知识的结构演变、体系的发展脉络予以发生学意义上的追寻,作出分析、说明、描述、勾勒,以此与文化史、思想史作出分殊,给学术史留出独立的位置,树立自觉的意识与确定的立场(晋荣东《"20 世纪的中国学术"讨论会综述》,前揭)。2004 年,张立文先生在《中国学术的界说、演替和创新——兼论中国学术史与思想史、哲学史的分殊》一文(《中国人民大学学报》2004 年第 1 期)中,对"学术史是什么"作了如下辨思与界定:

> 学术在传统意义上是指学说和方法,在现代意义上一般是指人文社会科学领域内诸多知识系统和方法系统,以及自然科学领域中的科学学说和方法论。中国学术史面对的不是人对宇宙、社会、人生之道的体贴和名字体系或人对宇宙、社会、人生的事件、生活、行为所思所想的解释体系,而是直面已有的中国哲学家、思想家、学问家、科学家、宗教家、文学家、史学家、经学家等的学说和方法系统,并藉其文本和成果,通过考镜源流、分源别派,历史地呈现其学术延续的血脉和趋势。这便是中国学术史。

这一界定既为学术史确立了相对独立的立场与地位,又贯通了与哲学史、思想史以及人文社会科学与自然科学的关系,富有启示意义。

关于如何建构新的学术范式的问题,李学勤先生陆续发表了系列论文展开探索,然后结集并题为《重写学术史》出版,书中"内容提要"这样写道:"'重写学术史'意味着中国各历史阶段学术思想的演变新加解释和总结。这与我过去说的'重新估价中国古代文明'和'走出疑古时代',其实是相承的。晚清以来的疑古之风,很大程度上是对学术史的怀疑否定,而这种学风本身又是学术史上的现象。只有摆脱疑古的局限,才能对古代文明作出更好的估价。"李学勤先生特别强调 20 世纪考古发现之于"重写学术史"的重要性,提出要由改写中国文明史、学术史到走出疑古时代,由"二重证据法"到多学科组合。作为国家夏商周断代工程首席科学家、著名考古学家,李学勤先生的以上见解,显然与其考古专业立场密切相关。陈平原先生鉴于近代之前的中国学术史研究多以"人"为中心,以"人"统"学",近代之后一变为以"学"为中心,以"学"统"人",于是倡导建构以"问题"为中心的新的学术范式,他在《中国现代学术之建立》一书的《导论》中指出:"集中讨论'中国现代学术之建立',目的是凸显论者的问题意识。表面上只是接过章、梁的话题往下说,实则颇具自家面目。选择清末民初三十年间的社会与文化,讨论学术转型期诸面相,揭示已实现或被压抑的各种可能性,为重新出发寻找动力乃至途径。这就决定了本书不同于通史的面面俱到,而是以问题为中心展开论述。"后来,陈平原先生在《"当代学术"如何成"史"》一文中更加鲜明地表达了他的学术史观:"谈论学术史研究,我倾向于以问题为中心,而不是编写各种通史。"(《云梦学刊》2005年第4期)从以"人"为中心,到以"学"为中心,再到以"问题"为中心,显示了中国学术史研究学术范式的重要进展,体现了新的时代内涵与学术价值。当然,"人"、"学"、"问题"三者本是互为一体,密不可分的,若能将以"问题"为中心与以"人"、"学"为中心的三种范式相互交融,会更为完善。

在实践探索方面,则以李学勤、张立文先生分别主编的《中国学术史》、《中国学术通史》最为引人注目。两书皆为贯通历代、规模宏大的多卷本中国学术通史研究著作。《中国学术史》凡11卷,依次为《先秦卷》(上、下)、《两汉卷》、《三国两晋南北朝卷》(上、下)、《隋唐五代卷》、《宋元卷》(上、下)、《明代卷》、《清代卷》(上、下),自2001年起由江西教育出版社陆续出版。《中国学术通史》凡6卷,依次为《先秦卷》、《秦汉卷》、《魏晋南北朝卷》、《隋唐卷》、《宋元明卷》、《清代卷》,于2005年由人民出版社整体推出。两书的相继出版,一同填补了中国学术史上长期缺少通史研究巨著的空白,代表了世纪之交"重写学术史"的最新进展。至于断代方面,当推陈平原先生《中国现代学术之建立》影响最著,作者在《导论》中这样写道:"晚清那代学者之所以热衷于梳理学术史,从开天辟地一直说到眼皮底下,大概是意识到学术嬗变的契机,希望借'辨章学术,考镜源流'来获得方向感。同样道理,20世纪末的中国学界,重提'学术史研究',很大程度上也是为了解决自身的困惑。因此,首先进入视野的,必然是与其息息相关的'20世纪中国学术'。"要之,从离我们最近的20世纪中国学术入手,更具重点突破、带动全局的重要意义,可以为重新审视、重构中国学术史提供新的逻辑基点。

对于世纪之交"重写文学史"在理论反思与实践探索两个层面的意义与启示,可以引录左鹏军先生在《90年代"学术史热"的人文意义》(《华南师范大学学报》1998年第3期)一文的概括:

第一,它是对长久以来中国传统学术尤其是对近现代以来中国学术道路、学术建树的全面总结,是对鸦片战争以来尤其是新文化运动以来中国文化命运、学术走势的冷静反省,它实际上蕴含着在世纪末对新世纪的新学术状况、新学术高峰的企盼与期待。

第二,它透露出中国人文知识分子在几十年的风风雨雨中走过了曲曲折折的学术道路之后,对自己社会角色、社会地位的重新确认,对自己所从事的学术工作的再次估价,对学术本身的地位、价值,对学术本质的进一步思考和确认,表明一种可贵的学术自觉。

第三,它反映出在整个世界学术走向一体化,中国学术与世界学术的交流日趋频繁的历史背景下,中国人文学者建立起完备系统的学术规范,迅速走上学术规范化、正常化之路的要求,表现出中国学者对中国学术尽快与世界学术潮流全方位接触,确立中国学术在世界学术中的应有地位,与世界学术进展接轨、促进世界学术发展的迫切愿望与文化自信。

第四,它体现出人文科学某些相关学科发展的综合趋势,以避免学科分类过细过专、流于琐碎的局限;在方法论上,要吸收和运用古今中外的一切行之有效的研究方法、现代灵活多样的研究手段,深入开展中国学术的研究,使中国学术史的研究从研究方法、学科划分、到操作规程、科研成果,都达到一个崭新的水平。

第五,近年的学术史研究,对近现代学术史之"另一半",即过去由于种种非学术原因而有意无意被忽略了的、或在一定的政治背景下不准研究的一大批对中国学术作出巨大贡献的学者,给予了必要的关注,这表明在世纪末到来的时候,中国学术界开始对本世纪的学术历史进行整体全面的反思,试图写出尽可能贴近学术史原貌的学术史著作。

应该说,这一概括是比较周全而精辟的。

今天,当我们站在21世纪新的学术制高点上,以比较理性的立场与态度来审视世纪之交的"学术史热"时,那么,就不能仅仅停留于客观的历史追述,而应在进程中发现意义,在成绩中找出局限,然后努力寻求新的突破。无可讳言,"学术史热"既然已从学术崇尚衍为一种社会风潮,那么它必然夹杂着许多非学术化的因素,甚至难免出现学术泡沫。相比之下,"重写学术史"的工作显然艰苦得多,更需要沉思,需要积淀,需要创新。其中最重要的莫过于先进的学术史观与扎实的文献基础的双重支撑。以此衡之,世纪之交的"学术史热"显然还存在着诸多局限。学术既由"学"与"术"所组成,学者,学说也,学理也,因此学术史研究不仅离不开思想,相反,更需要深刻思想的导引与熔铸。学术史观,从某种意义上说即是学术思想的体现和升华,平庸的思想不可能产生深刻的学术史观。李泽厚先生尝论20世纪90年代是一个"思想淡出,学术凸显"的时代,扼要点中了中国学界八、九十年代的整体学术转向。

"重写学术史",实质上是对原有学术史的历史重建,而历史重建的成效,则有赖于历史还原的进展。从历史与逻辑辩证统一的要求衡量,"重写学术史"的历史还原与重建,特别需要在中国学术、中国学术史、中国学术史研究三个具有内在逻辑关联的关键环节上作出新的探索,并取得新的突破。

二、中国"学术":文字考释与意义探源

学术史,顾名思义,是学术发展演变的历史。因此,对中国学术史的历史还原,首先要对"学术"的语言合成与原生意义及其历史流变进行一番考释与探源工作。

何谓"学术"?《辞源》释之为"学问、道术";《辞海》释之为"较为专门、有系统的学问";《汉语大词典》梳理从先秦至清代有关"学术"的不同用法,释为七义:(1)学习治国之术;(2)治国之术;(3)教化;(4)学问、学识;(5)观点、主张、学说;(6)学风;(7)法术、本领。其中(3)(4)(5)(6)(7)皆关乎当今所言"学术"之意义。

从语源学上追溯,"学"与"术"先是分别独立出现,各具不同的语义。然后由分而合,并称为"学术"之名。至近代以来,又逐渐被赋予新的时代意义。略略考察其间的演变历程,有助于更深切、准确地理解"学术"本义及其与现代学术意涵的内在关系。

(一) "学"之释义

许慎《说文解字》曰:"斆,觉悟也。从教、冂。冂,尚矇也。臼声。學,篆文斆省。"许氏以"斆"、"學"为一字,本义为"觉悟"。段玉裁注云:"详古之制字作'斆',从教,主于觉人。秦以来去'攵'作'學',主于自觉。"以此上溯并对照于甲骨文和金文,则"學"字已见于甲骨文而金文中则"學"、"斆"并存:

前三字为甲骨文,后二字为金文。甲骨文"學"字或从乂,或从爻,与上古占卜的爻数有

关。占卜术数是一门高深学问，需要有师教诲，故由"學"字引申，凡一切"教之觉人"皆为"學"，不一定是专指占卜之事。如：

丙子卜贞：多子其延學疾(治病)，不冓(遘)大雨？(《甲骨文合集》3250)
丁酉卜今旦万其學？/于来丁廼學？(《小屯南地甲骨》662)

然后从学习行为引申为学习场所，意指学校。如："于大學拜？"(《小屯》60)大学，应为学宫名，即是原始的太学，《礼制·王制》曰："小学在公宫南之右，太学在郊。"

以甲骨文为基础，金文又增加了意为小孩的形符"子"，意指蒙童学习之义更加显豁。儿童学习须人教育，因此本表学习义的"學"兼具并引申为教学之义，故金文再增加"攴"符，成为繁形的"斅"字，由此學、斅分指学、教二义。检金文中"學"字，仍承甲骨文之义，意指学习或学校。如：

小子令學。(令鼎)
小子眔服眔小臣眔尸仆學射。(静簋)
余隹(惟)即朕小學，女(汝)勿尅余乃辟一人。(盂鼎)
王命静嗣射學宫。(静簋)

前二例意指学习行为，后二例意指学习场所。
然"斅"之不同于"學"，明显意指"教"之义。如：

克又井斅懿父迺□子。(沈子它簋盖)
昔者，吴人并越，越人修斅備恁(信)，五年覆吴。(中山王鼎)

《静殷》："静斅无。"郭沫若《西周金文辞大系》考释："斅当读为教……，无即无斁。"这个"斅"字还保留"觉人"、"自觉"的双向语义，即是说"觉人"为"教"，"自觉"为"学"，不必破通假字。传世文献则已分化为二字二义。如《尚书·兑命》曰："惟斅學半，今始终典于學，厥德修罔觉。"孔安国《传》云："斅，教也。"《礼记·学记》由此引出"教学相长"之说。曰："學然后知不足，教然后知困。知不足然后能自反也，知困然后能自强也。故曰教学相长也。《兑命》曰：'斅學半'，其此之谓乎？"段玉裁尽管曾从词义加以辨析，说："按《兑命》上斅之谓教，言教人乃益己之半，教人谓之斅者。學所以自觉，下之效也；教人所以觉人，上之施也。故古统谓之學也。"其"古统谓之学"，说明"学"是双向的表意，在语源上是没有区别的。

"斅"为教义，征之于先秦文献，也不乏其例：

《礼记·文王世子》："凡斅世子及學士，必时。"陆德明释文："斅，户孝反，教也。"
《国语·晋语九》："顺德以斅子，择言以教子，择师保以相子。"韦昭注："斅，教也。"
《墨子·鲁问》："鲁人有因子墨子而學其子者。"于省吾《双剑誃诸子新证·墨子三》："學，应读作斅。"

要之，由学习至学校，由教学至学习，"学"字在上古包含"觉人"(教)与"自觉"(学)的双向语义。

春秋战国时代，在百家争鸣、学术繁荣的特定背景下，"学"之词日益盛行于世，仅《论语》

一书出现"学"者,凡46处之多。而且,还出现了如《礼记》之《大学》、《学记》,《荀子》之《劝学》,《韩非子》之《显学》等论学专篇。"学"之通行意义仍指学习行为,然后向以下诸方面引申:

1. 由学习行为,引申为学习场所——学校

《礼记·学记》曰:"古之教者,家有塾,党有庠,术(遂)有序,国有学。"《礼记·大学》谓"大学之道,在明明德,在亲民,在止于至善"。此"国之学"、"大学"即指最高学府——太学。

2. 由学习行为引申为学习主体——学士、学人、学者

《荀子·修身》曰:"故学曰:迟,彼止而待我,我行而就之,则亦或迟、或速、或先、或后,胡为乎其不可以同至也。"此"学"意指学习者,或衍为"学士"、"学人"、"学者"。《周礼·春官·乐师》曰:"及彻,帅学士而歌彻。"《左传·昭公九年》曰:"辰在子卯,谓之疾日,君彻宴乐,学人舍业,为疾故也。"《论语·宪问》曰:"子曰:古之学者为己,今之学者为人。"《礼记·学记》曰:"学者有四失,教者必知之。"此"学士"、"学人"、"学者"皆指求学者。

由求学者进一步引申,又可指称有学问之人。《庄子·刻意》曰:"语仁义忠信,恭俭推让,为修己而已矣,此平世之士,教诲之人,游居学者之所好也。"成玄英疏:"斯乃子夏之在西河,宣尼之居洙泗,或游行而议论,或安居而讲说,盖是学人之所好。"而《庄子·盗跖》曰:"摇唇鼓舌,擅生是非,以迷天下之主,使天下学士,不反其本,妄作孝弟,而徼倖于封侯富贵者也。"此"学士"则泛指一般学者、文人。

3. 由学习行为引申为学习成果——学问、学识

《论语·为政》曰:"子曰:吾十有五而志于学。"《论语·述而》曰:"子曰:德之不修,学之不讲,闻义不能徙,不善不能改,是吾忧也。"《论语·子罕》曰:"大哉孔子,博学而无所成名。"《墨子·修身》曰:"士虽有学,而行为本焉。"此中"学"字,皆为学问、学识、知识之义,后又进而衍为"学问"之词。按"学问",本指学习与询问知识、技能等。例如《易·乾》曰:"君子学以聚之,问以辩之。"《礼记·中庸》曰:"博学之,审问之,慎思之,明辨之,笃行之。"而合"学"与"问"于"学问"一词,即逐步由动词向名词转化。《孟子·滕文公上》曰:"吾他日未尝学问,好驰马试剑。"仍用为动词。《荀子·劝学》曰:"不闻先生之遗言,不知学问之大也。"则转化为名词,意指知识、学识。《荀子·大略》曰:"诗曰:'如切如磋,如琢如磨'。谓学问也。"两者兼而有之。

4. 由学习行为引申为学术主张与学术流派——学说、学派

《庄子·天下篇》曾提出"百家之学"、"后世之学"的概念,曰:"古之所谓道术者,果恶乎在?……其明而在数度者,旧法世传之史尚多有之。其在于《诗》、《书》、《礼》、《乐》者,邹鲁之士缙绅先生多能明之。《诗》以道志,《书》以道事,《礼》以道行,《乐》以道和,《易》以道阴阳,《春秋》以道名分。其数散于天下而设于中国者,百家之学时或称而道之。……悲夫,百家往而不反,必不合矣!后世之学者,不幸不见天地之纯,古人之大体,道术将为天下裂。"此"百家之学"、"后世之学",主要是指学说。而《韩非子·显学》也同样具有《庄子·天下篇》的学术批评性质,其谓"世之显学,儒墨也"。此"学"则意指学派。

由先秦"学"之意涵演变历程观之,当"学"从学习的基本语义,逐步引申为学校、学者乃至学问、学识、学说、学派时,即已意指甚至包含了"学术"的整体意义。

(二)"术"之释义

术,古作術。许慎《说文解字》曰:"術,邑中道也。从行,术声。"段玉裁注:"邑,国也。"術字本义是"道路",这个字比较晚起,最早见睡虎地秦墓行简,写作:

術

《法律答问》曰:"有贼杀伤人(于)冲術。"银雀山汉墓行简《孙膑兵法·擒庞涓》曰:"齐城、高唐当術而大败。"冲術,即大道、大街;当術,在路上。

然術字虽是晚出,而表示"道路"的意义则存之于先秦文献。如《墨子·号令》曰:"環守宫之術衢,置屯道,各垣其两旁,高丈为埤倪。"術衢,指道路,衢也是道路。《庄子·大宗师》曰:"鱼相忘乎江湖,人相忘乎道術。"道術,即道路。词义早就存在了,而表示该词义的字却迟迟未出,滞于其后。这在汉语中是常见的现象。

与"術"关系十分密切的还有一个"述"字,见于西周金文。《说文》曰:"述,循也。从辵,术声。"段玉裁注:"述,或叚术为之。"其实,術为"述"字的分化。述为循行,由动词演变为名词,则为行走的"道路",于是才造出一个"術"字。至少可以说,術、述同属一个语源。

"術"(术)又由道路引申为方法、手段、技能、技艺、谋略、权术、学问、学术等义,则与其道之本义逐渐分离。兹引先秦典籍文献,分述于下:

1. 由道路引申为方法、手段

《礼记·祭统》曰:"惠術也,可以观政矣。"郑玄注:"術犹法也。"《孟子·告子下》曰:"教亦多術矣,予不屑之教诲也者,是亦教诲之而已矣。"此"術"指教育方法。

2. 由方法引申为技能、技艺

《礼记·乡饮酒义》曰:"古之学術道者,将以得身也,是故圣人务焉。"郑玄注:"術,犹艺也。"《孟子·公孙丑上》曰:"矢人惟恐不伤人,函人惟恐伤人,巫匠亦然,故術不可不慎也。"又《孟子·尽心上》曰:"人之有德慧術知者,恒存乎疢疾。"赵歧注:"人所以有德行智慧道術才智者,以其在于有疢疾之人;疢疾之人,又力学,故能成德。"此"術"与德、慧、知(智)并行,赵岐释之为"道術",实乃指一种技能、技艺。

古代与"術"构为复合词者,如法術、方術、数術(或称術数)等,多指具有某种神秘性、专门性的技能或技艺。《韩非子·人主》曰:"且法術之士,与当途之臣,不相容也。"此法術犹同方術。《荀子·尧问》曰:"德若尧禹,世少知之,方術不用,为人所疑。"《吕氏春秋·赞能》曰:"说义以听,方術信行,能令人主上至于王,下至于霸,我不若子也。"后方術泛指天文、医学、神仙術、房中術、占卜、相術、遁甲、堪舆、谶纬等。《后汉书》首设《方術传》。術数,多指以种种方術,观察自然界可注意的现象,来推测人的气数与命运,也称"数術"。《汉书·艺文志》谓:"数術者,皆明堂羲和史卜之职也。"其下列天文、历谱、五行、蓍龟、杂占、形法六种,大体与方術相近。

3. 由方法引申为谋略、权术

《吕氏春秋·先己》曰:"当今之世,巧谋并行,诈術递用。"此"術"意指一种权谋。先秦典籍文献中"术"常与"数"连称"术数",特指谋略、权术,与上文所指技能、技艺之"术数"同中有异。《管子·形势》曰:"人主务学术数,务行正理,则变化日进,至于大功。"《韩非子·奸劫弑臣》曰:"夫奸臣得乘信幸之势以毁誉进退群臣者,人主所有术数以御之也。"《鹖冠子·天则》曰:"临利而后可以见信,临财而后可以见仁,临难而后可以见勇,临事而后可以见术数之士。"皆指治国用人的谋略、权术。

4. 由技能、技艺引申为学问、学术

以《庄子·天下篇》所言"道术"、"方术"最具代表性。《天下篇》曰:

> 天下之治方术者多矣,皆以其有为不可加矣。古之所谓道术者,果恶乎在?曰:"无乎不在。"曰:"神何由降?明何由出?""圣有所生,王有所成,皆原于一。"不离于宗,谓之天人;不离于精,谓之神人;不离于真,谓之至人。以天为宗,以德为本,以道为门,兆于变化,谓之圣人;以仁为恩,以义为理,以礼为行,以乐为和,熏然慈仁,谓之君子;以法为分,以名为表,以参为验,以稽为决,其数一二三四是也,百官以此相齿;以事为常,以衣食为主,蕃息畜藏,老弱孤寡为意,皆有以养,民之理也。古之人其备乎!配神明,醇天地,育万物,和天下,泽及百姓,明于本数,系于末度,六通四辟,小大精粗,其运无乎不在。
>
> 天下大乱,贤圣不明,道德不一。天下多得一察焉以自好。譬如耳目鼻口,皆有所明,不能相通。犹百家众技也,皆有所长,时有所用。虽然,不该不遍,一曲之士也。判天地之美,析万物之理,察古人之全。寡能备于天地之美,称神明之容。是故内圣外王之道,暗而不明,郁而不发,天下之人各为其所欲焉以自为方。悲夫,百家往而不反,必不合矣!后世之学者,不幸不见天地之纯,古人之大体。道术将为天下裂。

"道术"与"方术"一样,在先秦典籍文献中本有多种含义。前引《庄子·大宗师》曰:"鱼相忘于江湖,人相忘于道术。"此"道"与"术"同指道路。《吕氏春秋·任数》曰:"桓公得管子,事犹大易,又况於得道术乎?"此"道术"意指治国之术。《墨子·非命下》曰:"今贤良之人,尊贤而好功道术,故上得其王公大人之赏,下得其万民之誉。"此"道"与"术"分别意指道德、学问。而《庄子·天下篇》所言"道术"与"方术"皆意指学术。陈鼓应《庄子今注今译》释"道术":"指洞悉宇宙人生本原的学问",释"方术":"指特定的学问,为道术的一部分"。"道术"合成为一词,意指一种统而未分、天然合一的学问,一种整体的学问,普遍的学问,接近于道之本体的学问,也是一种合乎于道的最高的学术。而"方术"作为与"道术"相对应的特定概念,也与上引意指某种特定技能、技艺之"方术"、"术数"不同,《庄子今注今译》引"林希逸说:'方术,学术也。'蒋锡昌说:'方术者,乃庄子指曲士一察之道而言,如墨翟、宋钘、惠施、公孙龙等所治之道是也。'"则此"方术"意指百家兴起之后分裂"道术"、"以自为方"的特定学说或技艺,是一种由统一走向分化、普遍走向特殊、整体走向局部的学问,一种离异了形而上之"道"趋于形而下之"术"的学问。

要之,"道术"之与"方术"相通者,皆意指学术,所不同者,只是彼此在学术阶段、层次、境界上的差异。鉴于《天下篇》具有首开学术史批评的性质和意义,则以文中"道术"与"方术"之分、之变及其与百家之学、后世之学的对应合观之,显然已超越于"学术"之"术"而具有包含学术之"术"与"学"的整体意义。这标志着春秋战国时代以"百家争鸣"繁荣为基础的"学术"意识的独立、"学术"意涵的明晰,以及学术史批评的自觉。

(三)"学术"之释义

尽管先秦典籍文献中的"学"与"术"在相互包容对应中已具有"学术"的整体性意义,但"学"与"术"组合为并列结构的"学术"一词,却经历了相当长的演变过程,概而言之,大致经历了以下四个阶段。

1. 先秦两汉时期"术学"先行于"学术"

略检先秦典籍文献,早期以"学术"连称者见于《韩非子》等。《韩非子·奸劫弑臣第十四》曰:"世之学术者说人主,不曰'乘威严之势以困奸邪之臣',而皆曰'仁义惠爱而已矣'。"但此"学术"皆为动宾结构而非并列结构,与当今所称"学术"之义不同。

两汉时期,学术作为并列结构且与当今"学术"之义相当者,仍不多见。《后汉书》卷五八《盖勋传》曰:"(宋)枭患多寇叛,谓(盖)勋曰:'凉州寡于学术,故屡致反暴。今欲多写《孝经》,令家家习之,庶或使人知义。'勋谏曰:'昔太公封齐,崔杼杀君;伯禽侯鲁,庆父篡位。此二国岂乏学者?今不急静难之术,遽为非常之事,既足结怨一州,又当取笑朝廷,勋不知其可也。'枭不从,遂奏行之。果被诏书诘责,坐以虚慢征。"此"学术"大体已与当今"学术"之义相近,但尚偏重于教化之意。

再看"术学"一词,《墨子·非儒下》已将"道术学业"连称,其曰:"夫一道术学业仁义也,皆大以治人,小以任官,远施周偏,近以修身,不义不处,非理不行,务兴天下之利,曲直周旋,利则止,此君子之道也。以所闻孔丘之行,则本与此相反谬也!"道术学业并列,含有"学术"之意,但仅并列而已,而非"术学"连称。

秦汉以降,"术学"一词合成为并列结构者行世渐多。例如:

《史记》卷九十六《张丞相列传》:"太史公曰:'张苍文学律历,为汉名相,而绌贾生、公孙臣等言正朔服色事而不遵,明用秦之颛顼历,何哉?周昌,木强人也。任教以旧德用。申屠嘉可谓刚毅守节矣,然无术学,殆与萧、曹、陈平异矣'。"

《汉书》卷四十五《蒯伍江息夫传》:"伍被,楚人也。或言其先伍子胥后也。被以材能称,为淮南中郎。是时淮南王刘安好术学,折节下士,招致英隽以百数,被为冠首。"

《后汉书》卷四十上《班彪列传》:"其论术学,则崇黄老而薄《五经》;序货殖,则轻仁义而羞贫穷;道游侠,则贱守节而贵俗功,此其大敝伤道,所以遇极刑之咎也。然善述序事理,辩而不华,质而不俚,文质相称,盖良史之才也。诚令迁依《五经》之法言,同圣人之是非,意亦庶几矣。"

《后汉书》卷五十九《张衡列传》:"安帝雅闻衡善术学,公车特征拜郎中,再迁为太史令。遂乃研核阴阳,妙尽璇机之正,作浑天仪,著《灵宪》、《算罔论》,言甚详明。"

以上"术学"皆为并列结构,其义与今之"学术"一词相当。

2. 魏晋至唐宋时期"术学"与"学术"同时并行

"学术"之与"术学"同时并行,可以证之于魏晋至唐宋时期的相关史书,试举数例:

《晋书》卷六十四《武十三王传》:"晞无学术而有武干,为桓温所忌。"卷七十二《郭璞传》:"臣术

《梁书》卷二十二《太祖五王传》："（秀）精意术学，搜集经记，招学士平原刘孝标，使撰《类苑》，书未及毕，而已行于世。"又卷三十八《贺琛传》："琛始出郡，高祖闻其学术，召见文德殿，与语悦之，谓仆射徐勉曰：'琛殊有世业'。"

《旧唐书》卷四十三《职官志二》："集贤学士之职，掌刊缉古今之经籍，以辩明邦国之大典。凡天下图书之遗逸，贤才之隐滞，则承旨而征求焉。其有筹策之可施于时，著述之可行于代者，较其才艺而考其学术，而申表之。凡承旨撰集文章，校理经籍，月终则进课于内，岁终则考最于外。"又卷一百二十六《卢鸒传》："（鸒）无术学，善事权要，为政苛躁。"

《新唐书》卷一百四十《裴冕传》："冕少学术，然明锐，果于事，众号称职，（王）鉷雅任之。"又卷一百一《萧嵩传》："时崔琳、正丘、齐澣皆有名，以嵩少术学，不以辈行许也，独姚崇称其远到。历宋州刺史，迁尚书左丞。"

以上皆为同一史书中"学术"、"术学"同时并行之例。但观其发展趋势，是"学术"盛而"术学"衰。

3. 宋元以降"学术"逐步替代"术学"而独行于世

唐宋之际，"术学"隐而"学术"显，实已预示这一变化趋势。从《宋史》到《金史》、《元史》、《明史》、《清史稿》，"术学"一词几乎销声匿迹，其义乃合于"学术"一词。而就"学术"本身的内涵而言，则更具包容性与明确性，与今天所称"学术"之义更为接近。例如：

《宋史》卷二十三《钦宗本纪》："壬寅，追封范仲淹魏国公，赠司马光太师，张商英太保，除元祐党籍学术之禁。"

《宋史》卷三百七十六《陈渊传》："渊面对，因论程颐、王安石学术同异，上曰：'杨时之学能宗孔、孟，其《三经义辨》甚当理。'渊曰：'杨时始宗安石，后得程颢师之，乃悟其非。'上曰：'以《三经义解》观之，具见安石穿凿。'渊曰：'穿凿之过尚小，至于道之大原，安石无一不差。推行其学，遂为大害。'上曰：'差者何谓？'渊曰：'圣学所传止有《论》、《孟》、《中庸》，《论语》主仁，《中庸》主诚，《孟子》主性，安石皆暗其原。仁道至大，《论语》随问随答，惟樊迟问，始对曰：爱人。爱特仁之一端，而安石遂以爱为仁。其言《中庸》，则谓《中庸》所以接人，高明所以处己。《孟子》七篇，专发明性善，而安石取扬雄善恶混之言，至于无善无恶，又溺于佛，其失性远矣。'"

《元史》卷一百四十《铁木儿塔识传》：铁木儿塔识"天性忠亮，学术正大，伊、洛诸儒之书，深所研究"。

《明史》卷二百八十二《儒林传一》："原夫明初诸儒，皆朱子门人之支流余裔，师承有自，矩矱秩然。曹端、胡居仁笃践履，谨绳墨，守儒先之正传，无敢改错。学术之分，则自陈献章、王守仁始。宗献章者曰江门之学，孤行独诣，其传不远。宗守仁者曰姚江之学，别立宗旨，显与朱子背驰，门徒遍天下，流传逾百年，其教大行，其弊滋甚。嘉、隆而后，笃信程、朱，不迁异说者，无复几人矣。要之，有明诸儒，衍伊、洛之绪言，探性命之奥旨，锱铢或爽，遂启歧趋，袭谬承讹，指归弥远。"

《清史稿》卷一百四十五《艺文志一》："当是时，四库写书至十六万八千册，诏钞四分，分庋京师文渊、京西圆明园文源、奉天文溯、热河文津四阁，复简选精要，命武英殿刊版颁行。四十七年，诏再写三分，分贮扬州大观堂之文汇阁、镇江金山寺之文宗阁、杭州圣因寺玉兰堂之文澜阁，令好古之士欲读中秘书者，任其入览。用是海内从风，人文炳蔚，学术昌盛，方驾汉、唐。"

《清史稿》卷一百七《选举志二》："先是百熙招致海内名流，任大学堂各职。吴汝纶为总教习，赴日本参观学校。适留日学生迭起风潮，诼谣繁兴，党争日甚。二十九年正月，命荣庆会同百熙管理大学堂事宜。二人学术思想，既各不同，用人行政，意见尤多歧异。"

《清史稿》卷四百七十三《康有为传》:"有为天资瑰异,古今学术无所不通,坚于自信,每有创论,常开风气之先。"

《清史稿》卷四百八十六《林纾传》:"纾讲学不分门户,尝谓清代学术之盛,超越今古,义理、考据,合而为一,而精博过之。实于汉学、宋学以外别创清学一派。"

《清史稿》卷四百八十六《辜汤生传》:"辜汤生,字鸿铭,同安人。幼学于英国,为博士。遍游德、法、意、奥诸邦,通其政艺。年三十始返而求中国学术,穷四子、五经之奥,兼涉群籍。爽然曰:'道在是矣!'乃译四子书,述《春秋》大义及礼制诸书。西人见之,始叹中国学理之精,争起传译。"

此外,明代学者章懋在其《枫山语录》中有《学术》专文,周琦所著《东溪日谈录》卷六有《学术谈》一文,《清史稿》卷二百六十五《陆陇其传》还有载陆氏所著《学术辨》一书,曰:"其为学专宗朱子,撰《学术辨》。大指谓王守仁以禅而托于儒,高攀龙、顾宪成知辟守仁,而以静坐为主,本原之地不出守仁范围,诋斥之甚力。"从以上所举案例可知,宋元以来取代"术学"而独行于世的"学术"一词,因其更具包容性与明确性而在名实两个方面渐趋定型。

4. 晚清以来"学术"的新旧转型与中西接轨

晚清以来,在西学东渐的背景下,随着中国"学术"从传统向现代的转型,学界对"学术"的内涵也进行了新的审视与界说。1901年,严复在所译《原富》按语中这样界定"学术"中"学"与"术"的区别:"盖学与术异,学者考自然之理,立必然之例。术者据既已知之理,求可成之功。学主知,术主行。"10年后,梁启超又作《学与术》一文,其曰:

> 近世泰西学问大盛,学者始将学与术之分野,厘然画出,各勤厥职以前民用。试语其概要,则学也者,观察事物而发明其真理者也;术也者,取所发明之真理而致诸用者也。例如以石投水则沉,投以木则浮。观察此事实,以证明水之有浮力,此物理学也;应用此真理以驾驶船舶,则航海术也。研究人体之组织,辨别各器官之机能,此生物学也。应用此真理以治疗疾病,则医术也。学与术之区分及其相互关系,凡百皆准此。善夫生计学大家倭儿格之言,曰:科学(英 Science,德 Wissenschaft)也者,以研索事物原因结果之关系为职志者也。事物之是非良否非所问,彼其所务者,则就一结果以探索所由来,就一原因以推理其所究极而已。术(英 Art,德 Kunst)则反是。或有所欲焉者而欲致之,或有所恶焉者而欲避之,乃研究致之避之之策以何为适当,而利用科学上所发明之原理原则以施之于实际者也。由此言之,学者术之体,术者学之用。二者如辅车相依而不可离,学而不足以应用于术者,无益之学也。术而不以科学上之真理为基础者,欺世误人之术也。(初刊1911年6月26日《国风报》第2册第15期。后载梁启超《饮冰室文集》之二十五下,云南教育出版社,2001年8月第1版)

梁启超以西学为参照系的对"学术"的古语新释,集中表现了当时西学东渐、西学中用的时代风气以及梁氏本人欲以西学为参照,推动中国学术从综合走向分科、从古典走向现代并以此重建中国学术的良苦用心。但取自西学的科学、技术与中国传统"学术"仅具某种对应关系而非对等关系,难免有以今释古、以西释中之局限。由此可见,对于中国学术尤其需要西方与本土、传统与现代学术概念的互观与对接,需要从渊源到流变的学术通观。

三、中国学术史:形态辨析与规律探寻

中国学术史源远流长,而对中国学术史的形态辨析与规律探寻始终没有停息。《庄子·

天下篇》之于"道术"与"方术"两种形态与两个阶段的划分,可以视为中国学术史上最先对"古"、"今"学术流变的总结,实乃反映了作者"后世之学者,不幸见天地之纯,古人之大体,道术将为天下裂"的学术史观,以及由今之"方术"还原古之"道术"的学术崇尚,与同时代其他诸子大相径庭。此后,类似的学术史的总结工作代代相续,随时而进,而不断由"今"鉴"古"所揭示的中国学术史发展轨迹与形态,也多呈现为不同的面貌。比如,司马谈《论六家要旨》所论,凡阴阳、儒、墨、法、名、道六家,而《汉书·艺文志·诸子略》则增为儒、道、阴阳、法、名、墨、纵横、杂、农、小说十家,然后归纳为"诸子出于王官"之说,皆与《庄子·天下篇》不同。再如,唐代韩愈《原道》率先提出"尧—舜—禹—汤—文—武—周公—孔—孟"的"道统"说,继由宋代朱熹《中庸章句》推向两宋当代,完成经典性的归纳:"尧—舜—禹—汤—文—武—周公—孔子—颜回、曾参—子思—孟子—二程",在似乎非常有序的学术史链接中,完成了以儒家为正统的序次定位。但这仅是反映韩愈、朱熹等复兴儒学倡导者的学术史观以及文化史观,不能不以排斥乃至牺牲中国学术史的多元性、丰富性为代价,显然是一种以偏概全的概括。由"道统"而"学统",清代学者熊赐履进而在直接标示为《学统》之书中,以孔子、颜子(回)、曾子(参)、子思、孟子、周子(敦颐)、二程子(程颐、程颢)、朱子(熹)9人为"正统",以闵子(骞)以下至罗钦顺23人为"翼统",由冉伯牛以下至高攀龙178人为"附统",以荀卿、扬雄、王通、苏轼、陆九渊、陈献章、王守仁等7人为"杂统",以老、庄、杨、墨、告子及释、道二氏之流为"异统"(参见《四库全书·总目·史部·传记类存目五》《学统》五十六卷提要)。虽然对韩愈、朱熹"道统"的纯粹性作了弥补,但以儒家为正统、以纯儒为正统的观念未有根本的改变。

近代以来,梁启超以西方学术为参照系,由清代上溯中国学术,先在《论中国学术思想变迁之大势》(《饮冰室合集》文集之七)一文中将中国学术史划分为八个时代:"一胚胎时代,春秋以前也;二全盛时代,春秋及战国是也;三儒学统一时代,两汉是也;四老学时代,魏晋是也;五佛学时代,南北朝隋唐是也;六儒佛混合时代,宋元明是也;七衰落时代,近二百五十年是也;八复兴时代,今日是也。"继之在《清代学术概论》中提出"自秦以后,确能成为时代思潮者,则汉之经学,隋唐之佛学,宋及明之理学,清之考据学,四者而已"。基于时代与个人的双重原因,梁氏抛弃了长期以来以儒家为正统、以纯儒为正统的"道统"说与"学统"说,力图以融通古今、中西的崭新的学术史观,还原于中国学术原生状态与内在逻辑,这的确是一个重大突破,标志着中国学术史研究已实现从传统向现代转型并与世界接轨,具有划时代意义。可以说,此后的中国学术史构架几乎都是以此为蓝本而不断加以调整和完善,当"先秦诸子学——两汉经学——魏晋玄学——隋唐佛学——宋明理学——清代朴学——近代新学"已成为后来概括中国学术史流变的通行公式时,尤其不能遗忘梁氏的创辟之功。

世纪之交,受惠于"重写学术史"的激励和启示,我们应该以更加广阔的视野、更加多元的维度以及更加深入的思考,对中国学术史的形态辨析与规律探寻作出新的建树,实现新的超越。

中国学术孕育于中国文化之母体,受到多元民族与区域文化的滋养而走向独立与兴盛,并在不同时期呈现为不同的主流形态与演变轨迹。而中国学术之所以生生不息,与时俱进,也就在于其同时兼具自我更新与吸纳异质学术文化资源的双重能力,在纵横交汇、融合中吐故纳新,衰而复盛。因此,从"文化—学术"、"传统—现代"、"本土—世界"这样三个维度,重新审视中国学术史的历史进程与演变规律,则大致可以重新划分为华夏之融合、东方之融合与世界之融合三个历史时段,这三个历史时段中的中国学术主导形态及其与世界的关系依次发生了变化,分别从华夏之中国到东方之中国,再到世界之中国。

(一) 华夏文化融合中的中国学术史

从炎黄传说时代到秦汉时期,中国文化发展形态主要表现为华夏各民族文化的融合,然后逐步形成以儒家为主流的文化共同体。与此相契合,中国学术史的发展也完成了从萌芽到独立、繁荣直至确立儒学一统地位的历程。

1. 远古华夏多元文化的融合对学术的孕育

徐旭生在《中国古史的传说时代》(广西师范大学出版社2003年版)中同时证之于古籍文献与考古发现,提出华夏、东夷、苗蛮三大族团说,高度概括地揭示了炎黄时代民族与文化版图跨越黄河、长江两岸流域的三分天下格局。然后通过东征、南伐,炎黄族团文化逐步统一了三大部族,而炎黄部族本身的相争相融,终以炎黄并称共同塑铸为中华民族的祖先,这是从炎黄到五帝时代部族联盟文化共同体初步形成的主要标志。夏商周三代,既是三个进入国家形态的不同政权的依次轮替,又是三大民族在黄河流域中的不同分布。因此,夏商周的三代更替,亦即意味着中华民族文化中心在黄河流域轴线上的由中部向东西不同方向的轮动。

以上不同阶段、区域与形态的文化之发展,都不同程度地给予本时段学术的孕育以滋养。《庄子·天下篇》归之为中国学术的"道术"时代,是以所谓天人、神人、至人、圣人、君子等为主导,接近于道之本体的原始学术阶段,与梁启超在《论中国学术思想变迁之大势》所溯源的"天人相与"的学术胚胎时代相仿。

2. 春秋战国"轴心时代"学术的独立与繁荣

东周以降的春秋战国时代,迎来了具有世界性意义的第一个文化繁荣期,大体相当于西方学者所称的"轴心时代"(公元前800—200年)(见德国卡尔·雅斯贝尔斯著《历史的起源与目标》,魏楚雄、俞新天译,华夏出版社1989年版)。王权衰落、诸侯争霸、士人崛起、诸子立派、百家争鸣,一同促进了中国学术的走向独立与空前繁荣。梁启超《论中国学术思想变迁之大势》称之为"全盛时代",并有四期、两派、三宗、六家的划分。春秋战国诸子百家争鸣的学术之盛,既见普世规律,又有特殊因由。其中一个十分重要的转折点就是发生于春秋后期的"天子失官,学在四夷"的文化学术扩散运动,由于东周王朝逐步失去继续吸纳聚集各诸侯国文化学术精英、引领和主导全国文化学术主流的机制与能力,其结果便是诸子在远离京都中心的诸侯国之间大规模、高频率地自由流动。从诸子的流向、聚集与影响而论,当以齐鲁为中心,以儒、道、墨为主干,然后向全国各诸侯国流动与辐射。

诸子百家争鸣局面的形成,既是本时期中国学术高峰的标志,同时也促进了诸子对于自身学术反思的初步自觉,从《庄子·天下篇》到《荀子·非十二子》、《韩非子·显学》等,都具有学术批判与自我批判的自觉意义,其中也蕴含着诸子整合、百家归一的学术趋势。

3. 秦汉主流文化的选择与儒学正统地位的确立

进入秦汉之后,在国家走向大一统的过程中,通过对法家(秦代)、道家(汉代前期)、儒家(汉代中期)的依次选择,最后确立了儒家的官方主流文化与学术的地位。

汉武帝元光元年(前134)五月,武帝亲策贤良方正直言极谏之士,董仲舒连上三策,请黜刑名、崇儒术、兴太学,史称《天人三策》(或《贤良对策》)。董仲舒以儒家经典《春秋》为参照,在倡导与建构"大一统"的文化传统中,主张独尊儒学而摈绝诸子,后人归纳为"罢黜百家,独尊儒术",梁启超称之为"儒学统一时代",后世所谓"道统"说与"学统"说即发源于此。这不仅标志着汉代儒学作为正统学术文化主流地位的确立,同时意味着中国学术史的第一时段——华夏融合时期的结束。

(二) 东方文化融合中的中国学术史

本时段以东汉明帝"永平求法"为起点,以印度高僧译经传教于洛阳白马寺为中心,以儒学危机与道教兴起为背景,来自西域的佛教的传入及其与中国文化的融合,为中国学术的重建提供了一种新的异质资源与重要契机,然后逐步形成三教合流之局面。这是中国学术基于此前的华夏文化之融合转入东方文化之融合的重要标志。此后,由论争而融合,由表层而内质,由局部而整体,"三教合一"对本时段中国学术的重建与演变产生了巨大而深远的影响。

1. 东汉至南北朝佛教传入与学术格局的变化

儒学衰微、佛教传入与道教兴起,三者终于相遇于东汉后期,一同改变了西汉以来儒学独盛的整体学术格局。其中最引人注目的是兴起于魏、盛行于晋的新道学——玄学。其中大致可以划分为四个阶段:一是王弼、何晏的正始之音;二是嵇康、阮籍的纵达之情;三是向秀、郭象综合诸说而倡自然各教合一论;四是东晋玄学的佛学化(参见冯天瑜、邓捷华、彭池《中国学术流变》,华东师范大学出版社2003年版,第2页)。玄学的主要贡献,是将当时的士林风尚从学究引向思辨,从社会引向自然,从神学引向审美,从群体引向个体,从外在引向内在,从而促使人的发现与人的自觉,具有划时代意义。此后,发生于西晋末年的"永嘉之乱",直接促成了东晋建都建康(今南京),大批北方士人渡江南下,不仅彻底改变了南方尤其是处于长江下游的江南经济、文化的落后面貌,而且也彻底改变了原来江南土著民族的强悍之风,代之为一种由武而文、由刚而柔、由质而华的新江南文化精神,江南文化圈的地位因此而迅速上升,这是中国文化与学术中心第一次从黄河流域转向长江流域。在此过程中,本兴起于北方的玄学也随之南迁于江南,并鲜明地打上了江南山水审美文化与人文精神的烙印。

以玄学为主潮,儒佛道三教开始了漫长的相争相合之进程。在三国两晋南北朝时代,集中表现为由儒玄之争与佛道冲突中走向初步的调和与融合,范文澜先生扼要而精彩地概括为:儒家对佛教,排斥多于调和,佛教对儒家,调和多于排斥;佛教和道教互相排斥,不相调和(道教徒也有主张调和的);儒家对道教不排斥也不调和,道教对儒家有调和无排斥(范文澜《中国通史》第二册,人民出版社1994年版,第554页)。

2. 隋唐佛学的成熟与三教合流趋势

经历三国两晋南北朝的分裂,至隋唐又重新归于统一。唐代国势强盛、政治开明、文化繁荣,当朝同时倡导尊道、礼佛、崇儒,甚至发展为在宫廷公开论辩"三教合一"问题(有关唐代三教论争可参见胡小伟《三教论衡与唐代俗讲》,《周绍良先生欣开九秩庆寿文集》,中华书局1997年版),这就在文化、宗教政策上为三教合流铺平了道路。与此相契合,在学术上呈现为综合化的总体趋势。

一方面是儒道佛各自本身的融合南北的综合化,另一方面则是融合儒、道、佛三者的综合化。当然,儒、道、佛三者的综合化,在取向上尚有内外之别,儒与道的综合化,除了自身传统的综合化之外,还充分吸纳了外来佛教的诸多元素,这是由"内"而"外"的综合化;而就佛教而言,同样除了自身传统的综合外,主要是吸纳本土儒道的诸多元素,是由"外"而"内"的综合化,这种综合化的过程,实质上就是佛教的本土化过程。唐代的佛学之盛,最重要的成果是逐步形成了天台宗、三论宗、华严宗、法相宗、律宗、净土宗、密宗、禅宗等八大宗派体系,由此奠定了中国佛教史上的鼎盛时代,标志着作为外来宗教的佛教本土化进程的完成。

儒道佛的三教合流,既促成了唐代多元化的学术自由发展之时代,同时也对儒学正统地位产生严重的挑战与冲击。早在初唐时期,唐太宗鉴于三国两晋南北朝儒学的衰落与纷争,为适应国家文化大一统的需要,命国子监祭酒孔颖达等撰写《五经正义》,作为钦定的官方儒学经典文本,以此奠定了唐代新的儒学传统。然而到了中唐,韩愈等人深刻地意识到了儒学的内在危机,力图恢复儒学的正宗地位与纯儒传统,所以在《原道》中提出了"尧—舜—禹—汤—文—武—周公—孔—孟"的"道统"说,不仅排斥佛道,而且排斥孔孟之后的非正统儒学,以一种激进的方式进行新的儒学重建,实已开宋代理学之先声,彼此在排斥佛道中"援佛入儒"、"援道入儒",亦颇有相通之处。

3. 宋代理学的兴盛与三教合流的深化

宋代理学是宋代学者致力于儒学重建的最重要成果,也是魏晋以来儒道佛三教合流深化的结果。较之前代学者,宋儒对于佛道二教的修养更深,其所臻于的"三教合一"境界也更趋于内在与深化。宋代理学的产生主要基于两大动因:一是儒学自身的新危机。朱熹在《中庸章句》中上承中唐韩愈的"道统"说而加以调整,代表了宋代理学家基于与韩愈"道统"说的同一立场,即主张在同时排斥释道与非正统儒学中恢复儒学的正统地位与纯儒传统;二是市井文化的新挑战。宋代商业经济相当发达,市井文化高度繁荣,既为中国文化带来了新的生机与活力,同时也对传统文化产生严重的冲击,于是有部分文人学士以强烈的历史使命感发起重建儒学运动,以此重建儒学传统,导正市井文化。宋儒的义利之辩、天理人欲之辩以及以"理"制"欲"的主张,即主要缘于此并应对于此。当然,宋代学术的高度繁荣虽以理学为代表,但并非仅为理学所笼罩。比如在北宋,除理学之外,尚有王安石的新学、三苏的蜀学。饶有趣味的是,无论是王安石还是三苏,也都经历了由儒而道、释的三教融合过程,体现了某种新的时代精神。

尤为重要的是,基于与西晋末年"永嘉之乱"同样的缘由,发生于北宋末年的"靖康之难"促使朝廷从开封迁都临安(今杭州),随后也同样是大批文人纷纷从北方迁居江南。南宋建都临安以及大批北方文人南迁的结果,就是中国文化中心再次发生了南北转移。在南宋学术界,要以朱熹理学、陆九渊心学以及浙东学派陈亮、叶适、吕祖谦的事功之学为代表,三者都产生于南方,汇集于江南,北方的文化地位明显下降。如果说由陆九渊到王阳明,由心学一路发展为伦理变革与解放,那么由陈亮、叶适、吕祖谦的倡导义利兼顾,甚至直接为商业、商人辩护,则开启了经世致用的另一儒学新传统,而且更具近世意义与活力,两者都具解构理学的潜在功能。

4. 元明理学的衰变与三教合流的异动

元蒙入主中原,不仅打乱了宋代以来的文化进程,而且改变了宋代之后的学术方向。一是元代建都大都,全国文化中心再次由南北迁,其直接结果是兴盛于宋代的新儒学——理学北传,成为官方新的主流文化;二是率先开通了北起大都、南至杭州的京杭大运河,为南北学术文化交流创造了更好的交通条件,同时也为元代后期学术文化中心再次南移奠定了基础;三是随着地理版图向四周的空前推进,元代在更为广阔的空间上不断融入了包括回回教(伊斯兰教)、景教(基督教)在内的更为丰富的多元文化,但其主体仍是东方文化的融合;四是元蒙本为草原民族,文化积累不厚,反倒容易实施文化学术开放政策,比如对于道教、佛教以及其他宗教的兼容,对于商业文化的重视,士商互动的频繁、密切,都较之前代有新的进展;五是元代教育的高度发达,远远超出人们的想象。这主要得益于两个方面:一者,汉族文人基于"华夷之辨",多不愿出仕元朝,但为了文化传承与生计需要,往往选择出仕书院山长或教席;二者,元朝长期中止科举制度,汉族文人在无奈中也不得不倾心于教育;六是就元代主流文化与学术而言,还是儒释道的"三教合一",其中理学在北传中经历了先衰后兴的命运。元代延祐年间,仁宗钦准中书省条陈,恢复科举,明经试士以《四书》、《五经》程子、朱熹注释为立论依据,程朱理学一跃成为官学。此对元代学术产生重要影响,并为其后的明代所效法。与此同时,道教与佛教也都在与儒学的相争相融中有新的发展,乃至出现新的宗教流派。

明灭元后,先建都南京,后迁都北京,但仍以南京为陪都,元代开通的京杭大运河通过南京、北京"双都"连接,成为明代学术文化的南北两大轴心。为了适应高度集权的专制主义统治需要,从明初开国皇帝朱元璋开始,毫不犹豫地选择程朱理学为官方主流文化,又毫不手软地以文武两手彻底清理儒学传统,从而加速了官方主流文化与学术的衰微。然而,从社会历史进程的纵向坐标上看,明代已进入近世时代,日趋僵化的程朱理学已经无法适应基于商品经济发展的新的文化生态与文化精神的需要,而宋元两代以来日益高涨的市民思想意识,则在不断地通过士商互动而向上层渗透,这是推动中国社会与文化转型的重要基础;而在横向坐标上,与明代同时的西方已进入文艺复兴时代,彼此出现了诸多值得令人玩味的现象。在西方,文艺复兴、思想启蒙、宗教改革等此呼彼应,成为摧毁封建专制主义、开创资本主义文明、实现社会转型的主体力量,并逐步形成一种张扬人性、肯定人欲的初具近代启蒙性质的新文化思潮。而在明代,尤其是从明中叶开始,由王阳明心学对官方禁锢人性的理学的变革,再经王学左派直到李贽"童心说"的提出与传播,实已开启了一条以禁锢人性、人欲始,而以弘扬人性、人欲终的启蒙之路,王学之伦理改革的意义正可与西方马丁·路德的宗教改革相并观。与思想界相呼应,在文艺界,从三袁之诗文到汤显祖、徐渭之戏曲,再到冯梦龙、凌濛初之小说;在科学界,从李时珍《本草纲目》到徐宏祖《徐霞客游记》、宋应星《天工开物》,再到徐光启《农政全书》,都已初步显现了与西方文艺复兴思想启蒙相类似并具有近代转型意义的现象与态势,这说明基于思想启蒙与商业经济的双向刺激的推动,理学的衰落与启蒙思潮的兴起势不可挡,而起于南宋的一主两翼之两翼——陆九渊心学与陈亮、叶适、吕祖谦等事功之学的后续影响,便通过从王学到王学左派再到李贽等,由思想界而文艺界、科学界得到了更为激烈的演绎。另一方面,当援引佛道改造或消解理学已成为知识界,尤其是思想界与文艺界一种普遍取向与趋势时,那么,"三教合一"的发展便更具某种张扬佛道的反传统的意义,这是本时段"三教合一"的最终归结。

(三) 世界文化融合中的中国学术史

晚明之际,西方正处于文艺复兴极盛时期,所以中西方都出现了相近的文化启蒙思潮,一同预示着一种近代化态势。理学的禁锢与衰落,意味着中国文化需要再次借助和吸纳一种新的异质文化资源进行艰难的重建工作,而在中国文化或东方文化内部,已无提供新的文化资源的可能,这在客观上为中西文化的遇合与交融、学术重建与转型创造了条件。此后,以十六世纪中叶西方传教士陆续进入中国进行"知识传教"、"学术传教"为始点,在"西学东渐"的背景下,在与西方文化融合的过程中,中国学术的世界化与现代化先后经历了三次运动,即明清之际的传统学术转型初潮、清末民初时期现代学术的建立以及二十世纪后期的学术复兴之路。

1. 明清之际"西学东渐"与传统学术转型初潮

大约从十六世纪中叶起,西方传教士陆续进入中国南部传教,通过他们的传教活动,开始了中国与西方文化第一次较有广度与深度的交流,率先揭开了中国学术最终走向世界文化之融合的序幕,可以称之为"西学东渐"之第一波。据法国学者荣振华(Joseph Dehergne)统计,在1552—1800的二百五十年间中国境内的传教士达975人(参见[法]荣振华著,耿昇译《在华耶稣会士列传及书目补编》,中华书局1995年版,第4页)。作为"知识传教"、"学术传教"的成功奠基者,意大利传教士利玛窦的成功之举是说服明朝大臣兼科学家徐光启、李之藻、杨廷筠3人先后入基督教,成为晚明天主教三大柱石,3人与利玛窦密切合作,一同翻译了大量科学著作,由此奠定了明清之际西方传教士来华知识传教、学术传教之基础。据统计,明末清初西方传教士共译书籍达378种之多,其中的宗教主导性与学科倾向性至为明显。此外,汉学著作达到49种,表明西方传教士在西学东渐之学术输出的同时,也逐步重视中学西传之学术输入,至清初达于高潮。

在晚明的中西学术文化初会中,徐、李、杨等人以极大的热情研习西学著作,会通中西学术,其主要工作包括:合译、研习、反思、会通、创新等,尤其是徐光启提出"翻译—会通—超胜"的学术思路是相当先进的。以上五个方面是明末清初科技界对于西学输入的总体反应及其所取得的主要成绩,也是当时科技界初显近代科技之曙光、初具近代新型学者之因素的集中表现。

2. 清代"西学东渐"的中止与传统学术的复归

公元1644年,满族入关,建立清朝,建都北京,历史似乎神奇地重现元蒙入主中原的路径与命运。由此导致的结果,不仅打乱了晚明以来中国走向近代的历史进程,而且改变甚至中止了中西文化学术交流与融合的前行方向。由于满清入关之前在汉化方面经过长时期的充分准备,所以在入关建国之后,不仅较之元代统治时间更长,而且还创造了康乾盛世,尤其是对传统学术的发展与总结结出了空前辉煌的成果。也许这是汉、满异质文明通过杂交优育而产生的一个文化奇迹,实质上也是中国古代文化学术回光返照的最后辉煌。

梁启超在其名著《清代学术概论》中,曾将清代学术分为四期,第一期为启蒙期,以顾炎武、胡渭、阎若璩等为代表;第二期为全盛期,以惠栋、戴震、段玉裁、王念孙、王引之等为代表;第三期为蜕分期,以康有为、梁启超为代表;第四期为衰落期,以俞樾、章炳麟、胡适等为代表。其中最能代表清代朴学成果的是第二期即全盛期。四期纵贯于明清之交至清末民初,经此辨析之后,清代学术脉络已比较清晰。但梁氏将"清代思潮"类比于欧洲文艺复兴,却并不妥当。他在《清代学术概论》中说:"'清代思潮'果何物耶?简单言之:则对于宋、明理学之一大反动,而以'复古'为其职志者也。其动机及其内容,皆与欧洲之'文艺复兴'绝相类。而欧洲当'文艺复兴期'经过以后所发生之新影响,则我国今日正见端焉。"又说:"综观二百余年之学史,其影响及于全思想界者,一言蔽之,曰:'以复古为解放'。第一步,复宋之古,对于王学而得解放;第二步,复汉、唐之古,对于程、朱而得解放;第三步,复西汉之古,对于许、郑而得解放;第四步,复先秦之古,对于一切传注而得解放。夫既已复先秦之古,则非至对于孔孟而得解放焉不止矣。然其所以能着着奏解放之效者,则科学的研究精神实启之。"将清代学术发展归结为"以复古为解放",的确非常精辟,然以此比之于西方同时期的文艺复兴,却忽略了彼此的异质性,未免类比失当。

3. 晚清"西学东渐"的重启与现代学术的建立

关于自1840年至民国间"西学东渐"的重启与现代学术的建立,是一个相当专业而又复杂的问题,前人已有不少论著加以描述与总结。这里再着重从以下三个层面略加申说:

(1) 新型学者群体的快速成长,是中国学术完成现代转型并与世界接轨的主导力量。

这一新型学者群体主要有以下三类人所组成:一是开明官员知识群体。如林则徐、曾国藩、李鸿章、丁日昌、左宗棠、薛福成、刘坤一、张之洞等朝廷重臣、地方要员,除了大兴工厂之外,还开设书局,组织人力翻译西书;创办学校,培养新型人才;又与西方传教士、外交官员及其他人士广泛交往,成为推动中国走向近代化的主导力量。二是"新职业"知识群体。如李善兰、华蘅芳、徐寿、蒋敦复、蒋剑人等,他们主要在书局、报社、刊物等从事于翻译、写作、编辑等新兴职业,是旧式文人通过"新职业"转型为新型知识群体的杰出代表。三是"新教育"知识群体。包括海外留学、国内传教士创办的教会学校与中国人仿照西方创办的新式学校培养的学生群体,但以留学生为主体,这些留学生后来大都成长为政治家、军事家、思想家、科学家以及著名学者,成为现代学科的开创者与现代学术的奠基者。以上三类新型知识群体的成长以及代际交替,即为现代学术的建立奠定十分重要的主体条件。

(2) 新型学者群体的心路历程,是中国学术完成现代转型并与世界接轨的精神坐标。

1922年,梁启超曾在《五十年中国进化概论》中以自己的切身感受扼要揭示了半个世纪以来中国知识分子伴随近代化进程的心路历程变化:

> 近五十年来,中国人渐渐知道自己的不足了。这点子觉悟,一面算是学问进步的原因,一面也算是学问进步的结果。第一期,先从器物上感觉不足。这种感觉,从鸦片战争后渐渐发动,到同治年间借了外国兵来平内乱,于是曾国藩、李鸿章一班人,很觉得外国的船坚炮利,确是我们所不及,对于这方面的事项,觉得有舍己从人的必要,于是福建船政学堂、上海制造局等等渐次设立起来。但这一期内,思想界受的影响很少,其中最可纪念的,是制造局里头译出几部科学书。……实在是替那第二期"不懂外国话的西学家"开出一条血路了。第二期,是从制度上感觉不足。自从和日本打了一个败仗下来,国内有心人,真像睡梦中着了一个霹雳,因想到堂堂中国为什么衰败到这田地,都为的是政制不良,所以拿"变法维新"做一面大旗,在社会上开始运动,那急先锋就是康有为、梁启超一班人。这班人中国学问是有底子的,外国文却一字不懂。他们不能告诉人"外国学问是什么,应该怎么学法",只会日日大声疾呼,说:"中国旧东西是不够的,外国人许多好处是要学的。"这些话虽然像是囫囵,在当时却发生很大的效力。他们的政治运动,是完全失败,只剩下前文说的废科举那件事,算是成功了。这件事的确能够替后来打开一个新局面,国内许多学堂,国外许多留学生,在这期内蓬蓬勃勃发生。第三期新运动的种子,也可以说是从这一期播殖下来。这一期学问上最有价值的出品,要推严复翻译的几部书,算是把十九

世纪主要思潮的一部分介绍进来,可惜国里的人能够领略的太少了。第三期,便是从文化根本上感觉不足。第二期所经过时间,比较的很长——从甲午战役起到民国六七年间止。约二十年的中间,政治界虽变迁很大,思想界只能算同一个色彩。简单说,这二十年间,都是觉得我们政治法律等等,远不如人,恨不得把人家的组织形式,一件件搬进来,以为但能够这样,万事都有办法了。革命成功将近十年,所希望的件件都落空,渐渐有点废然思返,觉得社会文化是整套的,要拿旧心理运用新制度,决计不可能,渐渐要求全人格的觉悟。恰值欧洲大战告终,全世界思潮都添许多活气,新近回国的留学生,又很出了几位人物,鼓起勇气做全部解放的运动。所以最近两三年间,算是划出一个新时期来了。(《梁启超史学论著四种》,岳麓书社1985年版)

五十年间的三个历史阶段,是晚清以来从物质到制度再到文化变革渐进过程与知识分子精神觉醒进程内外互动与复合的结果。当然,这种代际快速转换与思想剧变的文化现象只是当时特定历史条件的产物,有利于快速推进中国学术的现代化进程,但由此造成的后遗症还是相当严重的。

(3)新型学者群体的现代学术体系建构,是中国学术完成现代转型并与世界接轨的核心成果。

表面看来,中西比较观主要缘于"本土—西方"关系,标示着中国学术从本土走向世界的共时性维度,但在中西比较的视境中,以西学为参照、为武器而改造中国传统学术,即由"本土—西方"关系转换为"传统—现代"关系,以及从传统走向现代的历时性维度。可见中国学术的现代化与世界化本是相互依存、相互促进,并可以相互转换的。根据晚清以来新型学者群体在急切向西方学习过程中而形成的中西观的历史演进与内在逻辑,曾先后经历了中西比附、中体西用、中西体用、中西会通、激进西化观的剧烈演变,从而为"五四"新文化运动的兴起与现代学术体系的建构铺平了道路。

经过"五四"新文化运动的精神洗礼,通过从文化启蒙向学术研究的转移,从全盘西化走向吸取西学滋养,从全面批判走向对传统学术的意义重释与价值重估,由梁启超、王国维、章炳麟、刘师培、胡适等一批拥有留学经验、学贯中西学者承担了开创现代学科、建立现代学术以及复兴中国学术的历史使命,终于在与世界的接轨中完成了中国学术从传统向现代的转型。陈平原先生在《中国现代学术的建立——以章太炎、胡适为中心》(北京大学出版社1998年版)一书中借用库恩(Thomas S. Kuhn)的"范式"(Paradigm)理论衡量中国现代学术转型与两代人的贡献,认定1927年的中国现代学术建立的"关键时刻",其标志性的核心要素在于:一是新的学术范式的建立。通过戊戌、五四两代学人的学术接力,创建了现代新的学术范式,包括走出经学时代、颠覆儒学中心、标举启蒙主义、提供科学方法、学术分途发展、中西融会贯通,等等。二是现代学科体系的建立。此实与现代教育制度逐步按西学知识体系实施分科专业教育密切相关,其中"西化"最为彻底的,也最为成功的,当推大学教育。三是现代大学者群体的登场。如康有为、梁启超、章炳麟、罗振玉、王国维、严复、刘师培、蔡元培、黄侃、吴梅、鲁迅、胡适、陈寅恪、赵元任、梁漱溟、欧阳竟无、马一浮、柳诒徵、陈垣、熊十力、郑振铎、俞平伯、钱穆、汤用彤、冯友兰、金岳霖、张君劢等。这是一个需要巨人而又创造了巨人的时代,他们既是推动中国现代学术转型的主导力量,也是中国现代学术建立的重要成果。

4. 世纪之交中国学术的复兴之路

在当今世纪之交的"重写学术史"为主旨的"学术史热"中,对20世纪中国学术道路的回顾与总结已成为学界的热点论题。刘克敌先生在《学人·学术与学术史》(《北方论丛》1999年第3期)一文中的扼要概括具有一定的代表性,此文将20世纪中国学术划分为四个阶段:

(1) 现代学术的创建期(从世纪初到"五四"前后)。这一时期的主要特点是许多后来成为学术大师级人物的学者,出于重建中国文化体系、振奋民族精神的愿望,在借鉴西方学术体系的基础上,在对传统治学方式进行批判的基础上,开始有意识地建立新的学术体系。不过,由于在他们周围始终有一个处于动荡之中的社会现实,迫使他们的研究不能不带有几分仓促与无奈,缺乏从容与潇洒的风度,而那体系的建立,不是半途而废,就是缺砖少瓦。

(2) 现代学术的成长期(从20年代至40年代)。这一时期的主要特点是一方面真正有价值的学术成果不断出现,并在不少领域填补了空白和引起国际学术界的重视和肯定,如鲁迅和胡适对中国小说史的研究,王国维、郭沫若对甲骨文的研究,陈寅恪、陈垣等人的古代史研究和赵元任的语言研究,以及考古界的一系列重大发现等等。另一方面则是迫于社会动荡和急剧变革的影响,学术研究往往陷于停顿,实用主义和功利主义倾向也越来越明显。

(3) 现代学术的迷失期(从50年代直到80年代末)。所谓"迷失"有两层含义:一是这一时期的学术研究除极少数例外,基本上都偏离了为学术而学术的轨道,甚至成为纯粹为所谓政治服务的工具;二是这一时期的治学者除极少数人外,基本上都不能坚持自己的学术立场,而那些坚持自己立场者,则毫无例外地受到种种迫害。

(4) 现代学术的回归期(从90年代初至世纪末)。这一时期的学术研究才真正开始意识到其独立的存在价值,把研究的目的不是定位于某些切近的利益,而是为了全人类的根本利益,是中华民族文化在未来的振兴,是真正的为学术而学术。可惜这一时期过于短暂,且没有结束,为其做出评价为时过早。

若从20世纪首尾现代学术颇多相似之处以及彼此在中国学术的现代化与世界化进程中的呼应与延续来看,本世纪之交可称为回归期。然而假如再往后回溯至明清之际,往前面向21世纪,那么,这应是继明清之际、近现代之后,中国学术走向世界与现代运动的第三波浪潮,初步显示了中国学术的复兴之势。三次浪潮都是在从封闭走向开放的过程中由西学的冲击而起,但彼此的内涵与意义并不相同。明清之交的第一次浪潮仅是一个先锋而已,并未从根本上改变中国学术传统以及中西双方的学术地位。近现代的第二次浪潮兴起之际,中西双方的学术地位发生了根本改变,这是在特定条件下,通过激进的西化推进中国学术的现代化与世界化,而完成中国现代学术体系的建立的,因此,其中诸多学术本身的问题未能得以比较从容而完善的解决,这就为第三次浪潮的兴起预留了学术空间与任务。毫无疑问,改革开放以来第三次浪潮的再度兴起,本有"历史补课"的意义。当经过20世纪中下叶近30年的封闭而重新开启国门之后,我们又一次经历了不该经历的"西学东渐"苦涩体验,而且再次发现我们又付出了不该付出的沉重代价。然而30年来改革开放的成功,终于初步改变了前两次"西学东渐"单向传输的路径与命运,而逐步走向中西的平等交流和相互融合。诚然,学术交流本质上是一种势能的较量,当我们既放眼于丰富多彩的世界学术舞台,又通观已经历三次文化融合的中国学术之路,应更多地思考如何实现复兴中国学术而跻身于世界民族之林的战略目标与神圣使命,勃然兴起于世纪之交、以"重写学术史"为主旨的"学术史热",应该不仅仅是新起点,更应是助推器。

四、中国学术史研究：体式演进与成果总结

以源远流长的中国学术史为对象，有关中国学术史的研究率先肇始于先秦诸子，直至当今世纪之交"重写学术史"讨论与实践，已有两千多年的历史。期间，学人代代相继，屡屡更新，要以"辨章学术，考镜源流"为主导，堪称劳绩卓著，著述宏富。于是，中国学术史研究之成果不仅演为中国学术史本身的一大支脉，而且反过来对学术发展起到重要的推动作用。

关于中国学术史研究的源起，一般都远溯至先秦诸子——《庄子·天下篇》、《荀子·非十二子》、《韩非子·显学》等，其中，《庄子·天下篇》发其端，《荀子·非十二子》、《韩非子·显学》等踵其后，一同揭开了中国学术史研究的序幕。先秦以降，中国学术史研究的论著日趋丰富，体式日趋多样。以《庄子·天下篇》为发端的序跋体，以《史记·儒林列传》为发端的传记体，以刘向《七略》为发端的目录体，以及以程颐《河南程氏遗书》、朱熹《朱子语类》等为发端的笔记体等学术史之作相继产生。至朱熹《伊洛渊源录》，又创为道录体（又称"渊源录体"），率先熔铸为学术史研究专著体制，并以此推动着中国学术史研究走向成熟。再至黄宗羲《宋元学案》，另创学案体，代表了传统学术史研究的最高成就。清末民初，由梁启超、刘师培等引入西学理念与著述体例，章节体成为学术史研究著作之主流，标志着中国学术史及其研究的走向现代并与世界接轨。此外，民国期间刘汝霖所著《汉晋学术编年》、《东晋南北朝学术编年》等学术编年之作，也是学术史研究的重要类型。对于以上这些学术史成果的研究，前人已有不少相关论著问世，现以此为基础，重点结合内涵与体式两个方面，通过"辨章学术，考镜源流"作进一步的系统梳理与评述。

（一）序跋体学术史研究

就名称而观之，序先出于汉，跋后出于宋；就格式而言，序本置于正文之后，后来前移于正文之前，而以跋列于正文之后。前文所述《庄子·天下篇》在格式上相当于今天的跋。但置序于正文之后的通则，虽无序之名，而有序之实。由此可见，序跋中的"序"是与学术史研究同时起步，并最先用于学术史研究的一种重要文体。

《天下篇》在内容上不同于《庄子》其余各篇，乃在其为一篇相对独立的学术史论之作。而在体例上，则相当于一篇自序。《天下篇》可分总论与分论两大部分。总论部分主要提出"道术"与"方术"两个重要的学术概念，综论先秦从统一走向分裂、从一元走向多元的学术之变。由"道术"而"方术"，既意指先秦学术的两种形态，也意指先秦学术的两个阶段。分论部分依次评述了由古之"道术"分裂为今之"方术"的相关学派。从行文格式而言，又可分为以下两类：一种格式是大略概括各派学术宗旨，然后加以褒贬不同的评析。另一种格式，主要是针对惠施、桓团、公孙龙一派，即所谓"辨者之徒"进行直接的批评。

学术史研究的使命、功能与特点就是"辨章学术，考镜源流"，而作为中国学术史研究的开山之作，《庄子·天下篇》已具其雏形。

汉代犹承先秦遗风，仍以序置于正文之后。比如西汉刘安《淮南子》最后一篇《要略》，重点论述了孔子、墨子、管子、申子、商鞅及纵横家等先秦诸子学说赖以产生的原因与条件，然后追溯诸子学说的起源，辨析各家学说的衍变，无论在内容还是体式上都与《庄子·天下

篇》等一脉相承。除此之外,西汉直接以序为名的著名序文还有佚名《毛诗序》、司马迁《史记·太史公自序》、刘向《战国策序》、扬雄《法言序》、班固《汉书·叙传》、王逸《楚辞章句序》、王充《论衡·自纪》篇等等,仍皆置于正文之后。司马迁的《太史公自序》详细记叙了作者发愤著书的前因后果与艰难历程,并论述了《史记》的规模、结构、篇目、要旨等,相当于一篇以序写成,重点叙述《史记》之所以作以及如何作的自传。《太史公自序》的另一重要贡献是序中记载了乃父司马谈所作的《论六家要旨》,使后人了解汉代著名史家的诸子学术史观是一种相对开放的学术史观。由于《太史公自序》载入了《论六家要旨》这样的内容,使它不仅在体式上能融记叙与议论于一体,而且在内容上更具学术史批评之内涵。

跋,又称跋尾、题跋。徐师曾《文体明辨》云:"按'题跋'者,简编之后语也。"可见,序文经历了从置于正文之后到冠于正文之前的变化;而跋文,自欧阳修为《集古录》作跋之后,则始终居于正文之后而不变。但在此前,未名"跋"之跋已经出现。

秦汉以来,历代序跋文体为数繁多,如果再纳入赠序、宴序、寿序等等,更是不计其数。至清代,中国学术史研究进入了一个全面总结的时代,无论是综合的还是分代、分类的学术史研究,序跋都是一种相当普遍使用的重要体式。

在当今学术界,序跋仍是载录学术史研究成果的一种重要载体,那些为学术著作而作的序跋尤其如此。而在名称上则分别有"序"、"总序"、"自序"、"前言"与"跋"、"后记"等不同称谓,但已无"后序"之名。

(二) 传记体学术史研究

传记可分为史传与杂传(或称散传)两大类。以史传为学术史研究之载体,始于司马迁《史记》率先创设的《儒林列传》。在《史记》卷一百二十一《儒林列传》卷首,冠有一篇洋洋洒洒的总序,作者主要记载了自先秦儒学演变为汉代经学以及汉代前期道儒主流地位的变化轨迹,凸显了在"罢黜百家,独尊儒术"文化政策导控下的儒学之盛,同时也反映了司马迁本人崇儒抑道的学术史观,与乃父司马谈《论六家要旨》的崇道抑儒形成鲜明的对比,彼此学术史观的变化正是时代学术主潮变故使然。《儒林列传》的体例是以被朝廷立为官学的经学大师为主体,以经学大师的学行为主线,重点突出各家经说的传承关系,再配之以功过得失的评价,可以视之为各经学大师的个体学术简史。合而观之,便是一部传记体的汉代经学简史。

《史记》开创的这一体例为历代正史所继承,并向其他领域拓展。以后《汉书》、《后汉书》、《晋书》、《梁书》、《陈书》、《魏书》、《北齐书》、《周书》、《隋书》、《南史》、《北史》、《宋史》、《明史》、《新元史》、《清史稿》都有《儒林传》;《旧唐书》、《新唐书》、《元史》都有《儒学传》;《宋史》有《道学传》;《后汉书》、《晋书》、《魏书》、《北齐书》、《北史》、《旧唐书》、《宋史》、《新元史》、《清史稿》都有《文苑传》;《南齐书》、《梁书》、《陈书》、《隋书》、《南史》、《辽史》都有《文学传》;《周书》、《隋书》、《北史》、《清史稿》都有《艺术传》;《新唐书》、《金史》都有《文艺传》;《后汉书》有《方术传》;《旧唐书》、《新唐书》、《宋史》、《辽史》、《元史》、《明史》、《新元史》都有《方技传》;《元史》有《释老传》;《清史稿》有《畴人传》。它们从不同的方面概述了儒学、文学、艺术、科技等的发展变化,从一个侧面反映了学术思想的演进历史。

杂传,泛指正史以外的人物传记,始兴于西汉,盛于魏晋,尔后衍为与史传相对应的两大传记主脉之一。《隋书·经籍志》始专列《杂传》一门。据《隋书·经籍志》所录,各类杂传凡217部,1286卷。内容甚为广泛,又以重史与重文为主要特色而分为两大类型。而在体例上,《隋志》仅录由系列传记合成的著作,即学界通常所称的"类传",却于单篇散传一概未录。就与学术史关系而言,尤以乡贤传、世家传、名士传、僧侣传等最有价值。隋唐以降,杂传由先前的重史与重文两种不同倾向逐步向史学化与文学化方向发展。前者因渐渐与正史列传趋于合流之势,而较之后者更多地承担了学术史研究之职。其中也有系列类传与单篇散传两大支脉,后者包括行状、碑志、自传等,作者更多,体式更丰富,学术史研究特点也更为突出。

在单篇散传日趋丰富与繁荣的同时,系列性的类传著作也在不断向前发展。其中颇有特色与价值的是专题性类传,可以阮元《畴人传》、罗士琳《畴人传续编》、诸可宝《畴人传三编》、黄钟骏《畴人传四编》、支伟成《清代朴学大师列传》等为代表。支伟成所撰《清代朴学大师列传》,以时代先后为序,然后依一定的学科、流派分门别类,每一门类前均有作者撰写的叙目,"略疏学派之原委得失",传中除介绍生平事迹外,更着重于"各人授受源流,擅长何学,以及治学方法",比较完整地体现了学术的历史继承性,可以视为一部传记体清代朴学史。

在分别论述史传与杂传之后,还应该提及引自西方、兴起于近代的评传。评传之体从西方引入本土,是由梁启超率先完成的。1901年,梁启超作《李鸿章传》,分为12章,约14万字,以分章加上标题的形式依次叙述李鸿章的一生事迹,为第一部章节体传记之作。此后,梁启超先后撰写了《管子传》、《王荆公传》、《戴东原先生传》和《南海康先生传》等,皆为以评传体式所著的学术传记。评传于近代的引进和兴起,为中国传记从传统向现代转型并与西方现代传记接轨开辟了道路。在梁氏之后,评传一体广为流行,日益兴盛。

(三) 目录体学术史研究

所谓"目录",是篇目与叙录的合称。目录既是记载图书的工具,即唐代魏征《隋书·经籍志》所谓"古者史官既司典籍,盖有目录以为纲纪",同时又有学术史研究的功能。清代章学诚在《校雠通义序》中总结为"辨章学术,考镜源流",这既是对目录体本身,也是对所有中国学术史研究的最高要求。从西汉刘向、刘歆父子整理群书、编纂目录开始,即已确立了"辨章学术,考镜源流"的学术宗旨与功能。因而目录之为学,且以目录为学术史研究之载体,当始于西汉刘向、刘歆父子,而目录之体所独具的学术史研究价值,亦非一般文献载体可比。就学术史研究要素而言,一在于学者,一在于著述。史传重在记载前者,而目录则重在记载后者,两者相辅相成,即构成了学术史研究的主干。

关于目录的分类,学术界多有分歧,但多以史志目录、官修目录、私家目录为主体,同时还包括专科目录、特种目录等。从《别录》、《七略》的初创来看,目录之于学术史的研究价值主要体现在三个方面:一是分类。图书分类是学术发展的风向标,包括分类、类目、类序以及数量的确定与变化乃至各类图书的升降变化,都是学术发展变化的反映。同样,刘氏父子的六分法及其类目、类序的确立,各类图书的比例,皆是汉代学术的集中反映。二是著录。刘氏父子校勘群书,"条其篇目,撮其指意,录而奏之",即成"书目提要"。内容包括书名、篇数、作者、版本等,也涉及对作者生卒、学说的考证与辨析。三是序。包括大类之序与小类之序,重在辨章学术,考镜源流,为目录体学术史研究的精华所在。以上三个方面由刘氏父子《别录》、《七略》所开创,为历代目录学所继承和发扬。

东汉班固在著述《汉书》时，又据《七略》略加删改，著为《艺文志》，率先将目录之学引入正史，创立正史《艺文志》之体，亦即史志目录系统。由《汉书·艺文志》图书六分法中所确立的尊经、尊儒传统、每略典籍的具体著述方式以及每略总序与每类类序等等，都为正史《艺文志》的史志目录系统创建了新的学术范式，同时又具有反映先秦至东汉学术总貌的独特价值。尤其是总序与类序，具有更高的学术史研究容量。在二十六史中，沿《汉书》之体设立《艺文志》或《经籍志》的有《隋书·经籍志》、《旧唐书·经籍志》、《新唐书·艺文志》、《宋史·艺文志》、《明史·艺文志》、《清史稿·艺文志》五种，其中以《隋书·经籍志》最具学术价值，堪与《汉书·艺文志》相并观。此二志及其余二十二史中无志或后人认为虽有志而不全者，皆有补编之作问世。

自西汉刘向、刘歆父子分别以《别录》、《七略》奠定官修目录之体后，历代以国家藏书为基础的官修目录之作相继问世。至清代《四库全书总目》达于高潮。《四库全书总目》是编撰《四库全书》的重要成果，就学术史研究角度而言，《四库全书总目》的主要价值有三点：一是图书分类。可见分科学术史之演进。二是书目提要。每书之提要即相当于每书的一份"学术简历"，而如此众多之书汇合为一个整体，即构成一部简明扼要的著述史。三是总序与小序。于经、史、子、集四部每部皆有总序，每类下皆有小序，子目之后还有按语，最具学术史研究之功能与价值。

与史志目录、官修目录不同，私家目录更多地反映了民间藏书情况、学者的目录学思想以及蕴含于其中的学术史观，所以它的产生是以民间藏书的兴起与丰富为前提的，可以为学界提供有别于史志目录与官修目录的独特内涵与价值。

（四）笔记体学术史研究

与其他文体相比，笔记是一个大杂烩。据现存文献可知，正式以《笔记》作为书名始于北宋初宋祁所撰之《笔记》，但其渊源却十分古老。刘叶秋先生认为笔记的主要特点一是杂，二是散。大体可以分为三类：一是小说故事类；二是历史琐闻类；三是考据辨证类。与学术史研究相关或者说被用于学术史研究的笔记主要是第三类。

大致从北宋开始，一些笔记已开始涉足学术史研究，这是受宋代学术高度繁荣直接影响的重要成果。首先进入我们视野的是北宋大理学家程颐的《河南程氏遗书》，书中纵论历代学术内容较多。其次是《朱子语类》，所论学术史内容较之《河南程氏遗书》更为丰富，也更为系统。此外，宋代的重要学术笔记尚有沈括的《梦溪笔谈》、洪迈的《容斋随笔》等。

经过宋元的发展，笔记至明清时期臻于高度繁荣，出现了大量主论学术的笔记之作，其学术性也明显增强。明代一些学者已屡屡在笔记中直接谈及"学术"这一概念，比如周琦《东溪日谈录》卷六有"学术谈"，章懋《枫山语录》有"学术"篇，等等。清代为学术笔记高度繁荣的鼎盛时期，学术笔记总量至少有500余种，实乃学术史研究之一大宝库，其价值远未得到有效开掘。

民国以后，学术笔记盛势不再，但仍有如钱锺书先生《管锥篇》之类的佳作问世。

在当代，学人撰写学术随笔、笔谈蔚然为风气，虽质量参差不一，但毕竟延续着学术笔记这一传统文体，且于学术史研究亦有一定的价值。

（五）道录体学术史研究

道录体是指首创于南宋朱熹《伊洛渊源录》而重在追溯理学渊源的学术史研究之作。因其以"道统"说为理论宗旨,是"道"与"统"即逻辑层面与历史层面的两相结合,同时直接移植禅宗"灯录"而成,故而可以命名为"道录"体,也有学者称之为"渊源录"体。

道录体的理论渊源同时也是理论支柱是"道统"说。道统说最初出自唐代古文家韩愈的《原道》,此文的要旨:一是确立了道统的核心内涵;二是确立了道统的传授谱系。然而,从"道统"概念而言,韩愈尚未明确将"道统"二字合为一体,因此虽有"道统"说之实,却无"道统"说之名。至南宋,朱熹始将"道"与"统"合为一体,明确提出了"道统"之说;同时又以"道统"说为主旨,应用于理学渊源研究,著成《伊洛渊源录》一书,首创"道录"之体。在著述体例上,"道录"体融会了多种文体之长,但尤与初创于北宋的禅宗"灯录"体最为接近。所谓"灯录"体,意为佛法传世,如灯相传,延绵不绝。该体深受魏晋以来《高僧传》《释老志》之类宗教史研究著作的影响,而重在禅宗传授谱系的追溯与辨析。

朱熹所撰《伊洛渊源录》14卷,成于宋孝宗乾道九年,由二程伊洛之说上溯周敦颐,既在宏观上重视理学渊源的辨析,又在微观上重视理学家师承关系的考证,具有总结宋代理学史与确立理学正统地位的双重意义。在体式上,此书于承继禅宗灯录体之际,又兼取传记体之长,并有许多创新。《伊洛渊源录》除了率先开创了"道录"体学术史研究之外,还有标志中国学术史研究专著问世的意义。在此之前,从序跋、传记、目录、笔记体等来看,虽皆包含学术史研究内容,却又非学术史研究专著。此外,一些学术著作如刘勰《文心雕龙》、刘知几《史通》等等,也只是部分篇章含有学术史研究内容,而非如《伊洛渊源录》之类的学术史研究专著。可以说,中国学术史研究专著始自朱熹的《伊洛渊源录》。

在《伊洛渊源录》影响下,南宋以来不断有类似的著作问世。如南宋李心传的《道命录》,王力行的《朱氏传授支派图》,季文的《紫阳正传校》,薛疑之的《伊洛渊源》等。明代则有谢锋的《伊洛渊源续录》,宋端仪的《考亭渊源录》,程曈的《新安学系录》,朱衡的《道南源委》,魏显国的《儒林全传》,金贲亨的《台学源流》,杨应诏的《闽学源流》,刘鳞长的《浙学宗传》,周汝登的《圣学宗传》,冯从吾的《元儒考略》《吴学编》,辛全的《理学名臣录》,赵仲全的《道学正宗》,刘宗周的《圣学宗要》等。至清初更形成了一个高潮,著作多达20余种,如孙奇逢《理学宗传》,魏裔介《圣学知统录》《圣学知统翼录》,魏一鳌《北学篇》,汤斌《洛学篇》,范镐鼎《理学备考》《广理学备考》,张夏《洛闽渊源录》,熊赐履《学统》,范镐鼎《国朝理学备考》,窦克勤《理学正宗》,钱肃润《道南正学编》,朱篆《尊道集》,汪佑《明儒通考》,万斯同《儒林宗派》,王维戊《关学续编本传》,王心敬《关学编》,朱显祖《希贤录》,耿介《中州道学编》,王植《道学渊源录》,张恒《明儒林录》,张伯行《伊洛渊源续录》《道统录》,等等。

"道录"体学术史研究之作既以"道统"说为要旨,本乃为学说史,实则往往以史倡学,因而具有强烈的正统意识与门户之见。

（六）学案体学术史研究

学案体与朱熹《伊洛渊源录》一样,同样受到了禅宗灯录体的影响。所以,在确定这两者的归属时截然分为两大阵营,一些学者认为学案体应包括上文所论道录体之作,一些学者则认为彼此不相归属。其实,大体可以用广义与狭义的学案体来解决这一论争。此处将学案体独立出来加以论述,所取的是狭义的学案体的概念。

何谓"学案"?"学"即学者、学派、学术;"案"即按语,包括考订、评论等等,可能与禅宗公案也有某种渊源关系。有学者认为学案体应具备三大要素:一是设学案以明"学脉"。即每一个学案记述一个学派(若干独立而又有内在逻辑联系的学案群),使之足以展示一代学术思想史的全貌与发展线索;二是写案语以示宗旨。即每一学派均有一个小序,对这一学派作简明的介绍,对学者的生平、师承、宗旨、思想演变也都有一段简要说明,最突出的是对各学派、学者宗旨的揭示;三是选精粹以明原著。即撷取最能体现学派或学者个性的著作中的精粹,摘编而成,以见原著之精华。这三个要素互为犄角,使学案体构成了为实现特定目标而组成的有机整体,既能展示历史上各学派、学者的独特个性,又能显示不同学派、学者之间的因革损益情况,更有展现一代学术思想史发展线索的功能。可见学案体有其独特的学术宗旨及组织形式,与学术史"辨章学术,考镜源流"的内在要求较之其他体式更为契合。以此衡量,尽管在黄宗羲编纂《明儒学案》之前已有耿定向《陆杨二先生学案》、刘元卿《诸儒学案》,但真正的开山之作应是黄宗羲的《明儒学案》。

黄宗羲旨在通过设立学案,全面反映一朝学者、学派与学术的发展演变之势,并以序、传略、语录为三位一体,构建一种崭新的学术史研究著作新体式——学案体。与此新体式相契合,黄宗羲特于《明儒学案·凡例》掂出"宗旨"二字作为学术史研究的核心与灵魂:"宗旨"犹如学问之纲,亦是学术与学术史研究之纲,纲举才能目张,所以"宗旨"对于学术史研究而言的确是关键所在,具有核心与灵魂的意义与作用。

黄宗羲在完成《明儒学案》后,又由明而至宋元继续编纂《宋元学案》。全书凡 100 卷,分立 91 个学案。黄宗羲本人完成了 67 卷,59 个学案,未竟而逝。然后由其子黄百家、私淑弟子全祖望续修,又经同郡王梓材、冯云濠校定,至道光十八年(1838)出版。此书在非黄宗羲所作部分学术功力有所逊色,但也有更为完善之处:一是在每一学案之前先立"学案表",备述该学派的师友弟子;二是所立学案超越了理学范围,如《水心学案》、《龙川学案》、《荆公学案》、《苏氏蜀学略》皆为非理学家立案,旨在反映宋元学术全貌;三是注重重大学术争论问题,且注意收录各家之说,不主一家之言;四是增设"附录",载录学者的逸闻轶事和当时及后人的评论。王梓材还撰有《宋元学案补遗》42 卷,所补内容一是新增传主,二是增补《学案》已有传主的言行资料,三是补充标目。《补遗》所增大多是名不见经传的士人,这就大大扩展了《宋元学案》的收录范围。就史料而言,如果说《宋元学案》取其"精",则《宋元学案补遗》求其"全",这或许就是该书最大的特色和价值所在。

《明儒学案》、《宋元学案》开创了学案体学术史研究新体式,后来学人代有继作。先是清代唐鉴所撰《国朝学案小识》15 卷,于道光二十五年(1845)刊行。至 1914 年,唐晏撰成《两汉三国学案》11 卷,首次以学案体对两汉三国经学学派的传承演变进行历史性总结。再至 1928 年,曾任民国大总统的徐世昌网罗一批前清翰林,于天津发起和主持《清儒学案》的编纂工作,历时 10 年,至 1939 年出版。此书体例严整,内容丰富,取材广泛,少有门户之见,大体能反映有清一代的学术史,值得充分肯定。

晚清民初之交,致力于学术史研究的梁启超对学案体情有独钟,并以此应用于西方学术研究,相继撰写了《霍布士学案》、《斯片挪落学案》、《卢梭学案》等"泰西学案"。至 1921

年,所著《墨子学案》又由商务印书馆出版。此外,钱穆曾于四川时受政府委托著成《清儒学案》,但未及出版就因船回南京途中沉于长江,今仅存其目,至为憾焉。

20世纪80年代之后,学案再次受到学界重视。在个体性学案方面,除了钱穆《朱子新学案》、陆复初《王船山学案》相继于1985、1987年由巴蜀书社、湖北人民出版社出版外,值得学术界重点关注的还有杨向奎主编的《新编清儒学案》,以及由张岂之先生等主编的《民国学案》,方克立、李锦全两人一同主编《现代新儒家学案》,舒大纲等人策划的《历代儒学学案》等。

(七) 章节体学术史研究

章节体学术史研究著作是近代之后引入西方新史观与新体式的产物。就传统的学术史研究著作体式而论,由道录体发展至学案体而臻于极化,在晚清西学东渐的背景下,中国学术由传统走向现代以及与西方学术接轨的过程中,学案体学术史研究日益暴露其固有的局限。概而言之,一是学术史观的问题。学案体既以儒学为对象,亦以儒学为中心,因此近代之前的学案体学术史,实质上即是儒学史。但至近代以后,在西方进化论等新史学理论的影响下,许多学者纷纷以此为武器对儒学道统展开了激烈的批判。二是学术史著述体例的问题。学案体记载的儒学史,以学者、学派为主流,大体比较单纯,因此由叙论、传略、文献摘要三段式构成的著述体式大体能满足其内在需要,但对晚清以来中西、新旧交替的纷繁复杂的学术现象,尤其是众多学术门类的多向联系、交互影响以及蕴含于其间的学术规律的探讨与总结,的确已力不从心。所以,如何突破学案体的局限,寻找一种适应新的时代需要的学术史著述体例显然已迫在眉睫,引自西方的章节体即是在这样的背景下适时登场的。

在早期章节体学术史研究的著作过程中,梁启超、刘师培贡献尤著。1902年,梁启超所著《中国学术思想变迁之大势》这一长篇学术论文发表于《新民丛报》第3、4、5、7号上。梁启超以西方学术史为参照,以进化论为武器,对几千年来中国学术思想的发展进程进行了崭新的宏观审察。其创新之处有三:一是提出了新的中国学术史分期法。将数千年中国学术思想分为老学时代、佛学时代、儒佛混合时代、衰落时代,打破了宋明以来以儒学为中心的学术史模式;二是提出关于学术思想发展的新解释。以往的学术史,或以道统为先验性学术构架,或虽突破道统论的束缚,但也多停留于论其然而不求其所以然,梁氏则能透过现象深入到学术发展过程的内部探索其发展变化的因果关系;三是首创章节体的中国学术编纂新体裁。即以章节为纲,以"论"说"史",以"史"证"论",史论结合,既"述"且"作"。综观以上三点,这篇长文无论对梁启超本人还是20世纪章节体新学术史研究而言都是拓荒、奠基之作,是中国学术史研究实现从传统向现代转型并与世界接轨的重要标志,具有划时代意义,对近现代学术史研究的影响巨大而深远。

晚清以来,各种报刊纷纷创办。当时,一些充满新意的学术史研究论文往往首先发表于报刊这一新兴媒体,而其中一些长文更以连载的形式陆续与读者见面,然后经过一定的组合或修改,即可由此衍变为章节体著作。所以这些"报章体"的学术史论文连载,实已见章节体著作之雏形。三年之后刘师培所著《周末学术史序》也是如此。此文先连载于1905年2月至11月《国粹月报》(1—5期),由总序、心理学史序、伦理学史序、论理学史序、社会学史序、宗教学史序、政法学史序、计学史序、兵学史序、教育学史序、理科学史序、哲理学史序、术数学史序、文字学史序、工艺学史序、法律学史序、文章学史序十七篇组成，实为以序的形式撰写的《周末学术史》一书的提要。这是中国学术史上首次以"学术史"命名并首次按照西学现代学科分类法为著述体例的学术史研究论著。

20世纪前期，章节体学术史研究趋于成熟且影响巨大的著作，当推梁启超、钱穆分别出版于1924年、1937年的同名巨著《中国近三百年学术史》。两书虽然同名，但在学术渊源、宗旨、内容、体例等方面迥然有异。大体而言，梁著以西学为参照，以"学"为中心，钱著承续学案体，以"人"为中心；梁著以朴学传统论清学，认为清学是对宋明理学的全面反动，钱著从宋学精神论清学，认为清学是对宋明理学的继承；梁著更偏于知识论层面的学术史，钱著更偏于思想论层面的学术史；梁著更具现代学术之品性，钱著更受传统学术之影响。两书代表了20世纪前期章节体学术史研究的最佳成果。

（八）编年体学术史研究

编年体史书源远流长，导源于《春秋》，由《资治通鉴》集其大成，这是编年体学术史的主体渊源。另一个渊源是学者年谱。北宋元丰七年（1084）吕大防著成《韩吏部文公集年谱》与《杜工部年谱》，是可据现存文献证实的中国古代年谱之体的发轫之作。这一崭新体例，对于编年体学术史研究具有重要启示与借鉴意义，因为从文学年谱到学术年谱，本有相通之处。如宋代李子愿所纂《象山先生年谱》据《象山先生行状》、《语录》及谱主诗文编纂而成，内容多涉学术。如论陆九渊讲学贵溪之象山，颇为详细；而记淳熙八年与朱熹会于南康，登白鹿洞书院讲席，以及与朱熹往复论学，乃多录原文，因而可以视之为学术年谱。

宋代以降，与文人学者化的普遍趋势相契合，文人年谱中学术方面内容的比重日益加重，显示了年谱由"文"而"学"的重心转移之势。而从个体学术年谱到群体性的学术编年，以及一代乃至通代的学术编年，实为前者的不断放大而已。然而由于种种原因，超越个体的编年体学术史著作晚至民国时期才得以开花结果。早期的重要成果以钱穆的《先秦诸子系年》、刘汝霖的《汉晋学术编年》、《东晋南北朝学术编年》等为代表。尤其是后二书，已是成熟的编年体学术史研究著作，更具开创性意义。

刘汝霖先生所著《汉晋学术编年》、《东晋南北朝学术编年》，在著述体例上，主要以编年体史书代表作《资治通鉴》为参照，同时吸取纪传体与纪事本末体之长，加以融会贯通。作者在自序中重点强调以下五点：一曰标明时代。即有意打破前代史家卷帙之分，恒依君主生卒朝代兴亡史料之多寡为断，充分尊重学术本身的发展。比如两晋之间地域既殊，情势迥异，倘以两晋合为一谈，则失实殊途，故有分卷之必要。二曰注明出处。即将直引转引之书注明版本卷页篇章，使读者得之，欲参校原书，可收事半功倍之效；而欲考究史实，少有因袭致误之弊。三曰附录考语。中国旧史多重政治，集其事迹，考其年代，尚属易易。学术记载向少专书，学者身世多属渺茫，既须多方钩稽，又须慎其去取。故标出"考证"一格，将诸种证据罗列于后，以备读者之参考。四曰附录图表。有关学术之渊源，各派之异同，往往为体例所限，分志各处，以致读者寻检不易，故有图表之设，以济其穷。包括学术传播表、学术著述表、学术系统表、学术说明表、学术异同表。五曰附录索引。包括问题索引与人名索引。刘汝霖先生率先启动编纂《中国学术编年》如此宏大工程，的确是一个空前的学术创举，但以一人之力贯通历代，毕竟力不从心，所憾最终仅完成《汉晋学术编年》与《东晋南北朝学术编年》二集,而且此二集中也存在着收录不够广泛、内容不够丰富等缺陷。

1930年,姜亮夫先生曾撰有《近百年学术年表》,时贯晚清与民国,也是问世于民国早期的学术编年之作。若与刘汝霖的《中国学术编年》衔接,则不仅可以弥补其他四卷的阙如,而且还可以形成首尾呼应之势。但这一编年之作终因内容单薄而价值不高,影响不大。

进入21世纪之后,又有两部重要的编年体学术史研究著作问世。一是陈祖武、朱彤窗所著的《乾嘉学术编年》。此书是对作为清代学术的核心内容——乾嘉学派的首次学术编年,既是一项开创性工作,又有独立研究之价值。另一重要著作是张岂之主编的《中国学术思想编年》。此书之价值,一在以"学术思想"为内容与主线,二在贯通历代。著者力图将上自先秦下迄清代有关学术思想上的代表人物、著作、活动、影响等联系起来,力求使学术思想的历史演进、学派关系、学术影响、学术传承等方面展现于读者面前,实乃一部按时间顺序编年的编年体学术思想史。但因其内容的取舍与限定,与刘汝霖《汉晋学术编年》、《东晋南北朝学术编年》等综合性的编年之作有所不同,则其所长亦其所短也。

除了以上八体外,尚有始终未尝中断的经传注疏体系以及频繁往来于学者之间的书信——可以称之为注疏体与书信体,也不时涉及学术史研究内容,值得认真梳理总结。而较之这两体更为重要的,是除著作之外散布于各种文集之中的大量论文,或长或短,或独立成文,或组合于著作之中,从《庄子·天下篇》(兼具序文性质)、《韩非子·显学》、《吕氏春秋·不二》直到清末民初大量报章体论文,可谓源远流长,灿若星河,对学术史研究而言尤具重要价值。

五、《中国学术编年》的学术宗旨与体例创新

在世纪之交的"学术史热"中,学术史观与文献基础作为"重写学术史"的双重支撑,同时存在着明显缺陷。前者的主要缺失在于未能对中国学术、中国学术史、中国学术史研究三个关键环节展开系统梳理与辨析,从而未能从历史与逻辑辩证统一的高度完成新型学术史观的建构以及对学术史的历史还原与重建。另一方面,学术史研究的进展还取决于扎实的文献基础,其中学术编年显得特别重要。然而在世纪之交的"重写学术史"的讨论与实践中,学术编年的重要性普遍受到忽视,甚至尚未进入相关重要话语体系之中,这不能不说是一个严重局限。

(一)《中国学术编年》的重要意义

关于学术编年之于学术史研究的重要意义,常元敬先生在撰于1991年3月6日的《清代学术编年·前言》中曾有这样的论述:

> 要写出一部符合实际的清代学术史专著,就有必要先完成一部清代学术史年表,以便使事实不因某人的主观而随意取舍,真相得由材料的排比而灼然自见,然后发展的脉络,变化的契机,中心的迁徙,风气的转移,均可自然呈露,一望可知。可惜内容完备的清代学术史年表,至今未见。我们所接触到的几部内容不同的清代学术或著作年表,或失之简,或失之偏,或失之杂,均不能全面地反映清代学术之全貌,以满足今人之需要。

这既代表了我们当时对编纂《清代学术编年》学术价值的自我确认,也是对学术编年之于学术史研究重要意义的基本认知。

刘志琴在《近代中国社会文化变迁录》(浙江人民出版社1998年版)序言《青史有待垦天荒》中提出"借助编年,走进历史场景"的学术理念,颇有启示意义。她说:历史是发生在过去的事情,它与哲学追求合理、科学注重实验不同的是,历史的基础是时间。没有时间的界定就不成其为历史,凡是属于历史的必定是已经过去的现象,再也不可能有重现的时刻。所以说时间是历史的灵魂,历史是时间的科学。在史学著作中突出时间意识,无疑是以编年体为首选的体裁。考其源流,详其始末,按其问题的起点、高峰或终点,分别列入相应的年度。按年查索,同一问题在此年和彼年反复出现,可能处于不同的发展阶段,从而有不同的风貌。这在连年动荡、风云迭起的时代,便于真切地把握年年不同的社会景象,清晰地再现事态发展的本来面目。至于同一年度,政治、经济、文化、生活,万象齐发,又形成特定年代的社会氛围,方便读者走进历史的场景。编年体具有明显的时序性、精确性和无所不包的容量。以此类推,借助学术编年,同样可以让人们走进学术史的历史场景,这既有必要也有可能。当然,更准确地说,历史场景,首先是时间维度,同时也是空间维度,是特定时空的两相交融。正如一切物质都是时间与空间的同时存在一样,学术的发展也离不开时间与空间的两种形态,而学术史的研究也同样离不开时间与空间这两个维度。学术史,只有当其还原为时空并置交融的立体图景时,才有可能重现其相对完整的总体风貌。做一个不甚恰当的比喻,学术史就如一条曲折向前不断越过峡谷与平原、最终流向大海的河流,从发源开始,何时汇为主流,何时分为支流,何时越过峡谷,何时流经平原,何时波涛汹涌,何时风平浪静,以及河流周边的环境生态,等等,一部学术史如何让其立体地呈现在读者面前,即取决于能否以及如何走进时空合一的历史场景,这也是能否以及如何从历史与逻辑辩证统一的高度完成对学术史的历史还原与重建的关键所在。

正是由于学术编年对"重写学术史"的重要意义,也由于世纪之交"学术史热"对学术编年的普遍忽视,我们所编纂的贯通历代、包罗各科规模宏大的《中国学术编年》的问世,作为有幸以见证者、参与者、推动者奉献于世纪学术盛会的重要成果,深感别具意义。相信《编年》的出版,可以为中国学术史研究尤其是中国学术通史编写提供详尽而坚实的学术支撑,并对处于世纪之交的中国学术、文化乃至文明研究的深入开展起到重要的推动作用。

(二)《中国学术编年》的编纂历程

自1985年启动《清代学术编年》研究项目,到2012年《中国学术编年》的最终告竣,期间经历了异常艰难曲折的过程。

早在1985年10月,由浙江师范大学常元敬先生主持,姚成荣、梅新林、俞樟华参与的《清代学术编年》作为古籍整理项目,由教育部全国高校古籍整理委员会委托浙江省教育厅予以资助和立项。项目研究团队的具体分工是:常先生负责发凡起例,姚成荣、俞樟华、梅新林分段负责清代前期、中期和近代的学术编年工作,最后由常先生统稿。经过三年多的共同努力,至1988年,共计50余万字的《清代学术编年》基本完成。

《清代学术编年》虽然在学术价值上得到多方肯定,但因当时正值由计划经济向商品经济的转轨过程之中,付诸出版却遇到了种种困难。后几经延搁,终于有幸为上海书店所接纳。在付梓之前,我们又根据责任编辑的修改要求,由姚、梅、俞三人奔赴上海图书馆集中时间查阅资料,对书稿进行充实与修订,最后由常元敬先生统稿、审订,并于1991年3月撰写了1500余字的《前言》冠于书前。然又因种种原因,上海书店最终决定放弃出版。次年,常元敬先生退休后离开学校。在欢送他离职之际,我们总不免说一些感谢师恩之类的话,但书稿未能及时出版的遗憾,却总是郁积于心而久久难以排遣。

1998年,上海三联书店资深出版人倪为国先生得知《清代学术编年》的遭遇后,以其特有的文化情怀与学术眼光,建议由清代往上追溯,打通各代,编纂一套集大成的《中国学术编年》,这比限于一代的《清代学术编年》更有意义。他说,正如国家的发展,既需要尖端科技,也需要基础建设,《中国学术编年》就是一项重大基础建设工程,具有填补空白的学术价值与盛世修典的标志性意义,可以说是一项"世纪学术工程"。他进而建议由我校重新组织校内外有关专家,分工负责,整体推进,积数年之功,尽快落实《中国学术编年》这一"世纪学术工程"。

根据倪为国先生的建议,我们决定以本校中国古典文献专业的学术骨干为主,适当邀请其他高校一些学有专长的专家参与,共同编纂一部贯通历代的《中国学术编年》。参编人员有(以姓氏笔画为序):王德华、王逍、毛策、尹浩冰、叶志衡、包礼祥、冯春生、宋清秀、陈玉兰、陈年福、陈国灿、邱江宁、林家骊、张继定、杨建华、胡吉省、俞樟华、梅新林等。经过反复商讨、斟酌,初步拟定"编纂计划",决定将《编年》分为6卷,规模为600万字左右。至此,由倪为国先生建议的贯通历代、包罗各科规模宏大的《中国学术编年》的编纂工作终于全面开始启动。

1999年底,经倪为国先生的努力,上海三联书店将《编年》列为出版计划,当时书名初定为《中国学术年表长编》。受此鼓舞,全体编写人员大为振奋,编写进程明显加快。期间,倪为国先生还就《编年》的价值与体例问题专门咨询著名学者朱维铮、刘小枫等人。刘小枫先生在予以充分肯定的同时,建议在当今中西交融的宏观背景下,应增加外国学术板块,以裨中外相互参照。根据这一建议,我们又先后约请就读于上海师范大学的秦治国、陆怡清、方勇、杜英、王延庆、陈允欣等负责这项工作。至2001年底,经过全体同仁的不懈努力,《中国学术编年》初稿终于基本形成,陆续交付专家、编辑初审。次年5月10日,梅新林、俞樟华决定将《编年》申请全国高校古籍整理研究工作委员会重点研究项目,承蒙安平秋先生、章培恒先生、裘锡圭先生、杨忠先生、张涌泉先生等的热忱支持,经全国高校古籍整理研究工作委员会项目专家评议小组评议,并经古委会主任批准,《编年》被列为2003年度高校古委会直接资助项目。对于《编年》而言,这无疑是一个锦上添花的喜讯。

2003年底,由于《编年》体量大幅扩张等原因,在出版环节上却再次出现了问题。就在我们深感失望而又无奈之际,幸赖倪为国先生再次伸出援手,基于对《编年》学术价值的认同感与出版此书的责任感,他毅然决定改由他创办的上海六点文化传播有限公司负责出版事宜,并得到时任华东师范大学出版社社长朱杰人先生首肯和支持。

为了保证和提高《编年》的质量,我们与倪为国先生商定,决定对《中国学术编年》初稿进行全面的充实和修订。2006年7月19日,倪为国先生率编辑一行10人,前来浙江师范大学召开编纂工作会议,共商《编年》修改方案。会议的中心主题是:加快进程,提高质量。会上,我们简要总结了《清代学术编年》20余年以及《编年》整体启动8年来的学术历程,介绍了目前各卷的进展以及存在的问题。接着由倪为国先生向各卷作者反馈了相关专家的审稿意见,并提出了具体的修改要求。在经过双方热烈细致讨论的基础上,最后形成整体修改方案。会议决定,每卷定稿后将再次聘请专家集中审阅,以确保《编年》的学术质量。会上对分卷与作者也作了相应的调整,即由原先的6卷本扩展为9卷本。2007年6月30日,《中国学术编年》第二次编纂工作会议在浙江师范大学召开,倪为国先生一行4人再次来到师大与各卷作者继续会商修改与定稿等问题。会议决定以由俞樟华编纂的宋代卷为范本,各卷根据实际情况做适当调整。此后,各卷的责任编辑的审稿与《编年》各卷作者的修改一直在频繁交替进行。目前,《编年》各卷署名作者依次为:(1) 先秦卷:陈年福、叶志衡;(2) 汉代卷:宋清秀、曾礼军、包礼祥;(3) 三国两晋卷:王德华;(4) 南北朝卷:林家骊;(5) 隋唐五代卷:陈国灿;(6) 宋代卷:俞樟华;(7) 元代卷:邱江宁;(8) 明代卷(上、下册):陈玉兰、胡吉省;(9) 清代卷(上、中、下册):俞樟华、毛策、姚成荣。

此外,由秦治国、陆怡清、方勇、杜英、王延庆、陈允欣等编纂的作为参照的外国学术部分,则另请责任编辑万骏统一修改压缩,使内容更为精要。

《编年》经过长时期的磨砺而最终得以问世,可以说是各方人士共同努力的结果,郁积砥砺于我们心中的感悟也同样经历了一个不断变化、超越与升华的过程:从《清代学术编年》到《中国学术编年》,从反映有清一代学术到总结中国通代学术,集中体现了中国学术在走向现代与世界的过程中需要进行全面、系统、深入总结的内在要求与趋势,这是世纪之交中国学界与学者的历史使命,实与世纪之交的"学术史热"殊途而同归。与此同时,正是由于中国学术自身发展赋予《编年》的必要性与可能性,所以尽管历经种种曲折,甚至因先后被退稿和毁约而几乎中途夭折,但最终还是走出了困境,如愿以偿。从50余万字的《清代学术编年》,到1000余万字的《中国学术编年》,不仅仅意味着其规模的急遽扩大,更为重要的在于其学术质量的全面提高。在此,挫折本身已不断转化为一种催人不断前行的动力。

(三)《中国学术编年》的学术追求

尽管编年体史书源远流长,但编年体学术史著作晚至民国时期才得问世,而贯通历代的集成性的《中国学术编年》之作则一直阙如。20世纪20年代,刘汝霖先生曾以一人之力启动《中国学术编年》的编纂工程,先于1929年完成《周秦诸子考》,继之编纂《汉晋学术编年》、《东晋南北朝学术编年》,分别1932年、1935年由商务印书馆出版。

根据刘汝霖先生拟定《总目》,《中国学术编年》分为六集:

第一集,汉至晋:汉高祖元年(前206)至晋愍帝建兴四年(316)。

第二集,东晋南北朝:东晋元帝建武元年(317)至陈后主祯明二年(588)。

第三集,隋唐五代:隋文帝开皇九年(589)至周世宗显德六年(959)。

第四集,宋:宋太祖建隆元年(960)至恭帝德祐二年(1276)。

第五集,元明:元世祖至元十四年(1277)至明思宗崇祯十六年(1643)。

第六集,清民国:清世祖顺治元年(1644)至民国七年(1918)。

然而由于种种原因,刘汝霖先生雄心勃勃编纂《中国学术编年》大型工程只完成第一集《汉晋学术编年》、第二集《东晋南北朝学术编年》即戛然而止,实在令人遗憾。在此后相当长的时期内,尽管在断代、专门性的学术编年方面成果渐丰,但贯通历代之作依然未能取得重大突破。2005年,张岂之先生主编的《中国学术思想编年》由陕西师范大学出版,率先在贯通历代方面取得了重要进展,但因此书以"学术思想"为主旨,实乃一部按时间顺序编年的编年体学术思想史,所以在学术宗旨与内容取舍方面,与刘汝霖先生当年设计的综合型的中国通代学术编年不同。有鉴于此,的确需要编纂一部贯通历代、综合型、集大成的《中国学术编年》,以为"重写学术史"提供更加全面、系统而坚实的文献支持。

我们所编纂的《中国学术编年》,仍承刘汝霖先生当年所取之名,但非续作,而是另行编纂的一部独立著作。《编年》上起先秦,下迄清末,分为9卷、12册,依次为:先秦卷、汉代卷、三国两晋卷、南北朝卷、隋唐五代卷、宋代卷、元代卷、明代卷(上、下册)、清代卷(上、中、下册),共计1000余万字。《编年》具有自己独特而鲜明的学术追求,重在揭示以下四大规律:

(1) **注重中国学术史的宏观发展演变历程,以见各代学术盛衰规律**。每个时代都有自己的学术主潮,但彼此之间的嬗变与衔接及其外部动因与内在分合,却需要加以全面、系统、深入的省察,除了重点关注标志性人物、事件、成果等以外,更需要见微知著,由著溯微。唯此,才能在通观中国学术史的发展演变历程中把握各代学术盛衰规律。

(2) **注重学术流派的源起、形成、鼎盛及至解体历程,以见学术流派的兴替规律**。学术流派既是学术发展的主体力量,又是学术繁荣的根本标志。因此,通观学术流派的源起、形成、鼎盛及至解体历程并把握其兴替规律,显然是学术史研究的核心所在。然后,从学术流派的个案研究走向群体研究,即进而可见各种学术流派与各代学术盛衰规律的内在关联与宏观趋势。

(3) **注重学术群体的区域流向、位移、承变历程,以见学术中心的迁移规律**。不同的学术流派由不同的学术群体所构成,由各不同学术群体的区域流向、移位、承变历程可见学术中心的迁移规律,其中学术领袖所扮演的主导角色、所发挥的核心作用尤为重要,从一定意义上说,学术领袖的区域流向与一代学术的中心迁移常常具有同趋性。诚然,促使学术中心的迁移具有更广泛、更多元、更复杂的内外动力与动因,其与经济、政治、文化中心的迁移也常常存在着时空差。概而言之,以与经济中心迁移的关系最为持久,以与文化中心迁移的关系最为密切,而与政治中心尤其是都城迁移的关系则最为直接。

(4) **注重中外学术的冲突、交流与融合历程,以见跨文化的学术传通规律**。文化者,文而化之、化而文之也,跨文化的学术传通规律正与此相通。因此,由中外学术的冲突、交流与融合历程,探索跨文化的学术传通规律,不仅可以进一步拓展中国学术史的研究范围,而且可以借此重新审视中国学术史的发展轨迹与演变规律。

(四)《中国学术编年》的体例创新

《编年》综合吸取历代史书与各种学术编年之长而加以融通之,首创了一种新的编纂体例,主要由学术背景、学术活动、学术成果、学者生卒四大栏目构成,同时在各栏目适当处加按语,另外再在每年右边重点记载外国重大学术事件,以裨中外相互参照,合之为六大版块:

(1) **学术背景**。着重反映深刻影响中国学术史发展进程的重大文化政策以及政治、经济、军事、外交诸方面的重大事件,以考察学术演变的特定时代背景及其对学术思潮、治学风尚的影响。学术背景著录以时间为序。

(2) **学术活动**。着重记述学者治学经历、师承关系和学术交流活动,包括从师问学、科举仕进、讲学授业、交游访问、会盟结社、创办书院、学校、报刊等学术机构等,以明学术渊源之所自、学术创见之所成、学术流派之脉络以及不同流派之间的争鸣、兴替轨迹。学术活动著录以人物的重要性为序。

（3）**学术成果**。着重记述具有代表性的学术论著，以著作为主，兼收重要的单篇文献，如论文序跋、书信、奏疏等，兼录纂辑、校勘、评点、注释、考证、译著等。内容包括成书过程、内容特色、价值影响、版本流传情况等，以见各代学术研究之盛况。学术成果著录以论著类别为序，大致按经史子集顺序排列。

（4）**学者生卒**。又分卒年、生年两小栏。其中卒年栏著录学者姓名、生年、字号、籍贯以及难以系年的重要著述，并概述其一生主要成就、贡献与地位及后人的简单评价。学者生卒著录以卒年、生年为序。

（5）**编者按语**。在学术背景、学术活动、学术成果、学者生卒四栏重要处再加编者按语，内容包括补充说明、原委概述、异说考辨、新见论证、价值评判等。"按语"犹如揭示各代学术发展的"纲目"，若将各卷"按语"组合起来，即相当于一部简明学术史。

（6）**外国学术**。撷取同时期外国重要学术人物、活动、事件、成果等加以简要著录，以资在更广阔的比较视境中对中外学术的冲突交融历程以及跨文化的学术传通规律获得新的感悟与启示。

以上编纂体例的创体，最初是受《史记》的启发。《史记》分本纪、表、书、世家、列传，最后有"太史公曰"，为六大板块。"本纪"为帝王列传，《编年》之"学术背景"栏与此相对应；"世家"、"列传"为传记，以"人"为纲，重在纪行，《编年》之"学术活动"栏与此相对应；"书"为典章制度等学术成果介绍，《编年》之"学术成果"栏与之相对应；"表"按时间先后记录历史大事和历史人物，《编年》之"学者生卒"栏与之相对应；"太史公曰"为史家评论，《编年》之"按语"与之相对应。以上综合《史记》之体而熔铸为一种学术编年的新体例，是一种旨在学术创新的尝试与探索。此外，"外国学术"栏，主要参照一些中西历史合编的年表而运用于《编年》之中。

中国史书编纂源远流长、成果丰硕，但要以纪传体、编年体、纪事本末体为三大主干。三体各有利弊，纪传体创始于《史记》，长于纪人，短于纪事，常常同为一事，分在数篇，断续相离，故《史记》以互见法弥补之；编年体创始于《春秋》，长于纪时，短于纪事，常常同为一事，分在数年，亦是断续相离；纪事本末体创始于《通鉴纪事本末》，长于纪事，短于纪人，往往见事不见人，见个体不见整体。《中国学术编年》在体例上显然属于编年体，但同时又努力融合纪传体、纪事本末体之长，以弥补编年体之不足。一部学术发展史，归根到底是由若干巨星以及围绕着这些巨星的光度不同的群星所形成的历史。既然学术活动与成果的主体是学人，这就决定了年表不能不以学人为纲来排比材料。而取舍人物，做到既不漏也不滥，确实能反映出一代学术的本质面貌，则是编好《编年》的关键，这也决定了《编年》与以人为纲的纪传体的密切关系。何况上文所述借鉴《史记》而创立《编年》新的编纂体例，更是直接吸取了纪传体之长。而在"按语"中，常于分隔数年的学术活动、学术成果加以系统勾勒或考证、说明之，以明渊源所自，演化所终，也是充分吸取了纪事本末传的长处。

在《编年》的编写过程中，我们非常注意第一手材料，同时也注意吸收学术界的新成果，包括尽可能地参考港台学者出版的同类或相关的书籍，力求详而不芜，全而有要。其中重点采纳的文献资料主要有：历代正史、私史、实录、会要、起居注、方志、档案、文集、专著、类书、谱牒、笔记等，同时博采当代学者的研究成果。按语所录文献，随文标注所出，以示征信。或遇尚存异说之文献，则择善而从，或略加考释。

《编年》收录学者多达四万余人，论著多达四万五千篇（部），数量与规模超过了以往任何学术编年著作。为便于使用，《编年》于每卷后都编有详细的学者、论著索引，以充分发挥

《编年》学术著作兼工具书的双重功能。

自1985年开始启动以来,《编年》这一浩大工程经过20余年的艰难曲折历程至今终于划上了句号,期间所经历的艰难曲折,的确非一般著书之可比;其中所蕴含的学术景遇与世事沧桑,更不时引发我们的种种感慨。于今,这一独特经历已伴随《编年》的告竣而成为融会其间的一个重要组成部分,并已积淀为一种挥之不去、值得回味的文化记忆与学术反思。毋庸置疑,晚清以来中国学术的西化改造与现代转型是以传统学术的边缘化与断层化为沉重代价的,这是基于西学东渐与"中"学"西"化的必然结果。如果说传统学术的边缘化是对中国学术史之"昨天"的遗忘或否定,那么,传统学术的断层化则是中国学术史之"昨天"与"今天"之间的断裂。显然,两者既不利于对中国传统学术内在价值的理性认知,也不利于对中国学术未来发展方向的战略建构。我们编纂《中国学术编年》的根本宗旨:**即是期望通过对中国学术史的历史还原与重构,不仅重新体认其固有的学术价值,而且藉以反思其未来的学术取向,从而为弥补晚清以来传统学术边缘化与断层化的双重缺陷,重建一种基于传统内蕴与本土特色而又富有世界与现代意义的中国学术话语体系提供重要的思想资源与学术参照**。因此,《编年》的编纂与出版,并非缘于思古之幽情,而是出于现实之需要。当然,随着《编年》的规模扩张与内涵深化,我们对此的认知也大体经历了一个由表及里、由浅入深、与时俱进的演化过程。

值此《编年》即将出版之际,我们惟以虔敬之心,感铭这一变革时代的风云砺励,感铭来自学界内外各方人士的鼎力相助!

一是衷心感谢李学勤、安平秋、章培恒、裘锡圭、朱维铮、葛兆光、刘小枫、赵逵夫、吴熊和、杨忠、束景南、崔富章、张涌泉、常元敬、黄灵庚诸位先生的热情鼓励和精心指导,朱维铮、刘小枫、束景南、崔富章、黄灵庚先生还拨冗审阅了部分书稿,并提出了修改意见,使《编年》质量不断提高,体例更趋完善。常元敬先生在退休之后仍一直关心《编年》的进展,时时勉励我们一定要高质量的完成这一大型学术工程,以早日了却他当年未曾了却的心愿。二是衷心感谢华东师范大学出版社的热忱相助。华东师范大学出版社朱杰人先生始终坚守学术的职业精神,给人留下了深刻的印象。与此同时,我们也不能忘记曾为此书付出劳动的上海书店、上海三联书店的有关人士。三是衷心感谢《编年》所有作者长期持续不懈的努力。鉴于人文社会科学研究个性化的特点与当今科研评价功利化趋势,组织大型集体攻关项目诚为不易,而长时期地坚持不懈更是难上加难,这意味着对其他科研机会与成果的舍弃与牺牲。在此,对于所有关心支持并为《编年》的编纂、出版作出贡献的前辈、同仁,一并致以诚挚的谢忱!

学无止境,学术编年更是一项永无止境的学术活动。由于《编年》是首次全面贯通中国各代学术的集成性之作,历时久长,涉面广泛,规模宏大,限于我们自身的精力与水平,其中不足或错误之处在所难免,衷心希望得到学者与读者的批评指正。

梅新林　俞樟华
2008年春初稿
2009年秋改稿
2013年春终稿

凡 例

一、《中国学术编年》（以下简称《编年》）为中国学术史编年体著作，兼具工具书的检索功能。

二、《编年》上起先秦时代，下迄清末。按时代分为九卷，即先秦卷、汉代卷、三国两晋卷、南北朝卷、隋唐五代卷、宋代卷、元代卷、明代卷、清代卷。

三、《编年》所取材，主要依据历代正史、私史、实录、会要、起居注、方志、档案、文集、专著、类书、谱牒、笔记等，同时博采当代学者的研究成果。所录文献，引文标注所出，以示征信；其他材料，限于体例，未能一一注明所出，可参见统一列于每卷之末的参考文献。或遇尚存异说之文献，则择善而从，或略加考释。

四、《编年》具有自己独特而鲜明的学术追求，重点关注各卷本时段学术主流特色与学术发展趋势两个方面，重在揭示以下四大规律：

1. 注重中国学术史的宏观发展演变历程，以见各代学术盛衰规律；
2. 注重学术流派的源起、形成、鼎盛及至解体历程，以见学术流派的兴替规律；
3. 注重学术群体的区域流向、移位、承变历程，以见学术中心的迁移规律；
4. 注重中外学术的冲突、交流与融合历程，以见跨文化的学术传通规律。

五、《编年》采用一种新的编撰体例，由学术背景、学术活动、学术成果、学者生卒四大栏目构成，同时在各栏目适当处加编者按语。若遇跨类，则以"互见法"于相应栏目分录之。

六、《编年》中的"学术背景"栏目，着重反映深刻影响中国学术史发展进程的重大文化政策以及政治、经济、军事、外交诸方面的重大事件，以考察学术演变的特定时代背景及其对学术思潮、治学风尚的影响。

1. 学术背景著录，先录时间，后录事件。
2. 同月不同日者，只标日，不标月。
3. 知月而不知日者，于此月最后以"是月，……"另起。
4. 只知季节而不知月者，则分别于三月、六月、九月、十二月后标以"是春，……"、"是夏……"、"是秋，……"、"是冬，……"另起。
5. 只知年而不知季、月、日者，列于本年最后，以"是年，……"另起。

七、《编年》中的"学术活动"栏目，着重记述学者治学经历、师承关系和学术交流活动，以明学术渊源之所自、学术创见之所成、学术流派之脉络以及不同流派之间的争鸣、兴替轨迹，包括从师问学、科举仕进、讲学授业、交游访问、会盟结社、创办书院、学校、报刊等学术机构，等等。其中学者仕历与学术思想和学术活动之演变关系密切，故多予著录。

1. 学术活动著录，先录人物，后录时间。
2. 人物大致以学术贡献与地位之重要排次，使读者对当时学界总貌有一目了然之感。相关师友、弟子、家人附列之。
3. 有诸人同时从事某一学术活动者，则系于同一条，以主次列出，不再分条著录。
4. 学者人名一般标其名而不标其字、号。科举择其最高者录之。
5. 少数民族学者一般用汉译名，不用本名。
6. 僧人通常以"僧××"或"释××"标示之，若习惯上以法号称之，则去"僧"或"释"字。方外人名只标僧名、法名，不标本名。
7. 外国来华传教士及其他人员统一标出国别，如"美国传教士×××"。外国来华学者人名一般用汉名，若无汉名则用译名。其来华前、离华后若与中国学术无涉，则不予著录。
8. 中国学者在国外传播、研究中国学术者，予以著录。

八、《编年》中的"学术成果"栏目，着重记述具有代表性的学术论著，以著作为主，兼收重要的单篇文献，如论文序跋、书信、奏疏以及纂辑、校勘、评点、注释、考证、译著等等，以见各代学术研究之盛况。

1. 学术成果著录，先录作者，后录论著。
2. 论著排列依据传统"经史子集"之序而又略作变通，依次为经学（含理学）、史学、诸子学、语言文字学、文艺学、宗教学、自然科学、图书文献学、综合。
3. 论著通常分别以"作"、"著"标之，众人所作或非专论专著一般以"纂"标之。
4. 著录论著撰写与刊行过程，包括始撰、成稿、修订、续撰、增补、重著以及刊行出版等，并著录书名、卷数及一书异名情况。
5. 对重要论著作出简要评价，如特色、价值、版本、影响等。对重要论著的序跋，或录原文，或节录原文。

九、《编年》中的"学者生卒"栏目，分卒年、生年两小栏。卒年栏著录学者姓名、生年（公元××年）、字号（包括谥号）、籍贯以及难以系年的重要著述，凡特别重要人物，略述其一生主要成就、贡献与地位、传记资料及后人的简单评价。

1. 学者生卒著录，先学者卒年，后学者生年。
2. 在卒年栏中对重要学者的学术成就与贡献作出概要评价。
3. 年月难考之论著系于卒年之下，以此对无法系年的重要学术论著略作弥补。

十、《编年》在以上四大栏目下都加有"按语"。主要内容为：

1. 价值评判。即对学术价值以及重要影响进行简要评价。
2. 原委概述。即对事件缘起、过程、流变、结果、影响诸方面作一概要论述。
3. 补充说明。即对相关内容及背景材料再作扼要说明。
4. 史料存真。即采录比较珍贵的史料或略为可取的异说，裨人参考
5. 考辨断论。即对异说或有争论者，略加考辨并尽量作出断论，或择取其中一说。

十一、《编年》在注录中国学术之外，又取同时期外国重要学术人物、活动、事件、成果等加以简要著录，以资中外参照。

十二、《编年》纪年依次为帝王年号、干支年号、公年纪年，三者具备。遇二个以上王朝并立，则标出全部王朝帝王年号。凡因农历与公历差异产生年份出入问题，以农历为准。

无法确切考定年份者,用"约于是年前后"标之。凡在系年上有分歧而难以断定者,取一通行说法著录之,另以按语录以他说。

十三、《编年》纪年所涉及的古地名(包括学者卒年所标之籍贯),一般不注今地名。

十四、《编年》每卷后列有征引及参考文献,包括著作与论文两个方面。征引及参考文献的著录顺序:先古代,后现代;先著作,后论文。

十五、《编年》每卷后编有索引,以强化其检索功能。其中包括"人物索引"与"论著索引"。人物索引按笔画顺序编排,每卷人物索引只列本朝代的人物,跨代人物不出索引;人物的字号,加括号附录在正名之后;论著索引按拼音顺序编排。唐以前称"篇目索引",即重要论文亦出索引;隋唐五代称"论著索引";此后各代称"著作索引",即文章不出索引。同书名而不同作者的,在书名后面加括号,注明作者,以示区别;一书异名的,在通行书名后面加括号,注明异称。

十六、全书根据一以贯之的统一要求与体例格式进行编写,各卷(尤其是先秦卷)基于不同时代学术发展演变的实际情况再作变通处理,力求达到规范与变通的有机结合。

目　录

上　卷

明太祖洪武元年　戊申　1368年 …………………………………………… (1)
洪武二年　己酉　1369年 ……………………………………………………… (19)
洪武三年　庚戌　1370年 ……………………………………………………… (28)
洪武四年　辛亥　1371年 ……………………………………………………… (41)
洪武五年　壬子　1372年 ……………………………………………………… (46)
洪武六年　癸丑　1373年 ……………………………………………………… (51)
洪武七年　甲寅　1374年 ……………………………………………………… (58)
洪武八年　乙卯　1375年 ……………………………………………………… (63)
洪武九年　丙辰　1376年 ……………………………………………………… (70)
洪武十年　丁巳　1377年 ……………………………………………………… (76)
洪武十一年　戊午　1378年 …………………………………………………… (81)
洪武十二年　己未　1379年 …………………………………………………… (84)
洪武十三年　庚申　1380年 …………………………………………………… (88)
洪武十四年　辛酉　1381年 …………………………………………………… (93)
洪武十五年　壬戌　1382年 …………………………………………………… (99)
洪武十六年　癸亥　1383年 …………………………………………………… (104)
洪武十七年　甲子　1384年 …………………………………………………… (107)
洪武十八年　乙丑　1385年 …………………………………………………… (112)
洪武十九年　丙寅　1386年 …………………………………………………… (117)
洪武二十年　丁卯　1387年 …………………………………………………… (120)
洪武二十一年　戊辰　1388年 ………………………………………………… (123)
洪武二十二年　己巳　1389年 ………………………………………………… (126)
洪武二十三年　庚午　1390年 ………………………………………………… (128)
洪武二十四年　辛未　1391年 ………………………………………………… (132)
洪武二十五年　壬申　1392年 ………………………………………………… (135)
洪武二十六年　癸酉　1393年 ………………………………………………… (138)
洪武二十七年　甲戌　1394年 ………………………………………………… (141)
洪武二十八年　乙亥　1395年 ………………………………………………… (144)

洪武二十九年　丙子　1396年	(148)
洪武三十年　丁丑　1397年	(150)
洪武三十一年　戊寅　1398年	(154)
明惠帝建文元年　己卯　1399年	(164)
建文二年　庚辰　1400年	(166)
建文三年　辛巳　1401年	(170)
建文四年　壬午　1402年	(172)
明成祖永乐元年　癸未　1403年	(181)
永乐二年　甲申　1404年	(188)
永乐三年　乙酉　1405年	(194)
永乐四年　丙戌　1406年	(197)
永乐五年　丁亥　1407年	(201)
永乐六年　戊子　1408年	(206)
永乐七年　己丑　1409年	(209)
永乐八年　庚寅　1410年	(211)
永乐九年　辛卯　1411年	(214)
永乐十年　壬辰　1412年	(217)
永乐十一年　癸巳　1413年	(219)
永乐十二年　甲午　1414年	(220)
永乐十三年　乙未　1415年	(222)
永乐十四年　丙申　1416年	(228)
永乐十五年　丁酉　1417年	(230)
永乐十六年　戊戌　1418年	(233)
永乐十七年　己亥　1419年	(237)
永乐十八年　庚子　1420年	(239)
永乐十九年　辛丑　1421年	(241)
永乐二十年　壬寅　1422年	(244)
永乐二十一年　癸卯　1423年	(246)
永乐二十二年　甲辰　1424年	(248)
明仁宗洪熙元年　乙巳　1425年	(257)
明宣宗宣德元年　丙午　1426年	(263)
宣德二年　丁未　1427年	(266)
宣德三年　戊申　1428年	(270)
宣德四年　己酉　1429年	(273)
宣德五年　庚戌　1430年	(275)
宣德六年　辛亥　1431年	(278)
宣德七年　壬子　1432年	(280)
宣德八年　癸丑　1433年	(284)
宣德九年　甲寅　1434年	(286)

宣德十年　乙卯　1435 年	……	(290)
明英宗正统元年　丙辰　1436 年	……	(294)
正统二年　丁巳　1437 年	……	(299)
正统三年　戊午　1438 年	……	(301)
正统四年　己未　1439 年	……	(304)
正统五年　庚申　1440 年	……	(307)
正统六年　辛酉　1441 年	……	(310)
正统七年　壬戌　1442 年	……	(313)
正统八年　癸亥　1443 年	……	(316)
正统九年　甲子　1444 年	……	(318)
正统十年　乙丑　1445 年	……	(322)
正统十一年　丙寅　1446 年	……	(326)
正统十二年　丁卯　1447 年	……	(327)
正统十三年　戊辰　1448 年	……	(329)
正统十四年　己巳　1449 年	……	(333)
明代宗景泰元年　庚午　1450 年	……	(339)
景泰二年　辛未　1451 年	……	(343)
景泰三年　壬申　1452 年	……	(347)
景泰四年　癸酉　1453 年	……	(350)
景泰五年　甲戌　1454 年	……	(353)
景泰六年　乙亥　1455 年	……	(359)
景泰七年　丙子　1456 年	……	(361)
景泰八年　明英宗天顺元年　丁丑　1457 年	……	(367)
天顺二年　戊寅　1458 年	……	(373)
天顺三年　己卯　1459 年	……	(376)
天顺四年　庚辰　1460 年	……	(378)
天顺五年　辛巳　1461 年	……	(382)
天顺六年　壬午　1462 年	……	(385)
天顺七年　癸未　1463 年	……	(388)
天顺八年　甲申　1464 年	……	(391)
明宪宗成化元年　乙酉　1465 年	……	(398)
成化二年　丙戌　1466 年	……	(402)
成化三年　丁亥　1467 年	……	(405)
成化四年　戊子　1468 年	……	(408)
成化五年　己丑　1469 年	……	(411)
成化六年　庚寅　1470 年	……	(416)
成化七年　辛卯　1471 年	……	(418)
成化八年　壬辰　1472 年	……	(421)
成化九年　癸巳　1473 年	……	(426)

成化十年　甲午　1474年	(430)
成化十一年　乙未　1475年	(435)
成化十二年　丙申　1476年	(439)
成化十三年　丁酉　1477年	(442)
成化十四年　戊戌　1478年	(446)
成化十五年　己亥　1479年	(450)
成化十六年　庚子　1480年	(453)
成化十七年　辛丑　1481年	(457)
成化十八年　壬寅　1482年	(461)
成化十九年　癸卯　1483年	(465)
成化二十年　甲辰　1484年	(469)
成化二十一年　乙巳　1485年	(474)
成化二十二年　丙午　1486年	(477)
成化二十三年　丁未　1487年	(481)
明孝宗弘治元年　戊申　1488年	(490)
弘治二年　己酉　1489年	(498)
弘治三年　庚戌　1490年	(504)
弘治四年　辛亥　1491年	(510)
弘治五年　壬子　1492年	(515)
弘治六年　癸丑　1493年	(518)
弘治七年　甲寅　1494年	(524)
弘治八年　乙卯　1495年	(528)
弘治九年　丙辰　1496年	(533)
弘治十年　丁巳　1497年	(541)
弘治十一年　戊午　1498年	(545)
弘治十二年　己未　1499年	(550)
弘治十三年　庚申　1500年	(558)
弘治十四年　辛酉　1501年	(563)
弘治十五年　壬戌　1502年	(567)
弘治十六年　癸亥　1503年	(573)
弘治十七年　甲子　1504年	(577)
弘治十八年　乙丑　1505年	(584)
明武宗正德元年　丙寅　1506年	(594)
正德二年　丁卯　1507年	(597)
正德三年　戊辰　1508年	(600)
正德四年　己巳　1509年	(605)
正德五年　庚午　1510年	(608)
正德六年　辛未　1511年	(612)
正德七年　壬申　1512年	(616)

正德八年 癸酉 1513年	(618)
正德九年 甲戌 1514年	(621)
正德十年 乙亥 1515年	(625)
正德十一年 丙子 1516年	(627)
正德十二年 丁丑 1517年	(630)
正德十三年 戊寅 1518年	(634)
正德十四年 己卯 1519年	(638)
正德十五年 庚辰 1520年	(642)
正德十六年 辛巳 1521年	(646)

下　卷

明世宗嘉靖元年 壬午 1522年	(653)
嘉靖二年 癸未 1523年	(657)
嘉靖三年 甲申 1524年	(661)
嘉靖四年 乙酉 1525年	(666)
嘉靖五年 丙戌 1526年	(670)
嘉靖六年 丁亥 1527年	(675)
嘉靖七年 戊子 1528年	(680)
嘉靖八年 己丑 1529年	(686)
嘉靖九年 庚寅 1530年	(692)
嘉靖十年 辛卯 1531年	(695)
嘉靖十一年 壬辰 1532年	(699)
嘉靖十二年 癸巳 1533年	(703)
嘉靖十三年 甲午 1534年	(706)
嘉靖十四年 乙未 1535年	(710)
嘉靖十五年 丙申 1536年	(713)
嘉靖十六年 丁酉 1537年	(718)
嘉靖十七年 戊戌 1538年	(721)
嘉靖十八年 己亥 1539年	(727)
嘉靖十九年 庚子 1540年	(730)
嘉靖二十年 辛丑 1541年	(735)
嘉靖二十一年 壬寅 1542年	(740)
嘉靖二十二年 癸卯 1543年	(743)
嘉靖二十三年 甲辰 1544年	(748)
嘉靖二十四年 乙巳 1545年	(753)
嘉靖二十五年 丙午 1546年	(756)
嘉靖二十六年 丁未 1547年	(760)

嘉靖二十七年　戊申　1548年	(765)
嘉靖二十八年　己酉　1549年	(769)
嘉靖二十九年　庚戌　1550年	(772)
嘉靖三十年　辛亥　1551年	(776)
嘉靖三十一年　壬子　1552年	(779)
嘉靖三十二年　癸丑　1553年	(783)
嘉靖三十三年　甲寅　1554年	(787)
嘉靖三十四年　乙卯　1555年	(791)
嘉靖三十五年　丙辰　1556年	(795)
嘉靖三十六年　丁巳　1557年	(800)
嘉靖三十七年　戊午　1558年	(802)
嘉靖三十八年　己未　1559年	(806)
嘉靖三十九年　庚申　1560年	(810)
嘉靖四十年　辛酉　1561年	(814)
嘉靖四十一年　壬戌　1562年	(818)
嘉靖四十二年　癸亥　1563年	(821)
嘉靖四十三年　甲子　1564年	(824)
嘉靖四十四年　乙丑　1565年	(828)
嘉靖四十五年　丙寅　1566年	(833)
明穆宗隆庆元年　丁卯　1567年	(840)
隆庆二年　戊辰　1568年	(845)
隆庆三年　己巳　1569年	(849)
隆庆四年　庚午　1570年	(852)
隆庆五年　辛未　1571年	(855)
隆庆六年　壬申　1572年	(859)
明神宗万历元年　癸酉　1573年	(863)
万历二年　甲戌　1574年	(867)
万历三年　乙亥　1575年	(872)
万历四年　丙子　1576年	(875)
万历五年　丁丑　1577年	(879)
万历六年　戊寅　1578年	(883)
万历七年　己卯　1579年	(886)
万历八年　庚辰　1580年	(890)
万历九年　辛巳　1581年	(894)
万历十年　壬午　1582年	(897)
万历十一年　癸未　1583年	(900)
万历十二年　甲申　1584年	(905)
万历十三年　乙酉　1585年	(910)
万历十四年　丙戌　1586年	(914)

万历十五年　丁亥　1587年	(919)
万历十六年　戊子　1588年	(923)
万历十七年　己丑　1589年	(927)
万历十八年　庚寅　1590年	(932)
万历十九年　辛卯　1591年	(936)
万历二十年　壬辰　1592年	(939)
万历二十一年　癸巳　1593年	(944)
万历二十二年　甲午　1594年	(950)
万历二十三年　乙未　1595年	(953)
万历二十四年　丙申　1596年	(958)
万历二十五年　丁酉　1597年	(962)
万历二十六年　戊戌　1598年	(967)
万历二十七年　己亥　1599年	(971)
万历二十八年　庚子　1600年	(975)
万历二十九年　辛丑　1601年	(978)
万历三十年　壬寅　1602年	(983)
万历三十一年　癸卯　1603年	(987)
万历三十二年　甲辰　1604年	(991)
万历三十三年　乙巳　1605年	(996)
万历三十四年　丙午　1606年	(1000)
万历三十五年　丁未　1607年	(1005)
万历三十六年　戊申　1608年	(1009)
万历三十七年　己酉　1609年	(1012)
万历三十八年　庚戌　1610年	(1017)
万历三十九年　辛亥　1611年	(1022)
万历四十年　壬子　1612年	(1026)
万历四十一年　癸丑　1613年	(1031)
万历四十二年　甲寅　1614年	(1035)
万历四十三年　乙卯　1615年	(1038)
万历四十四年(后金太祖天命元年)丙辰　1616年	(1043)
万历四十五年(后金天命二年)丁巳　1617年	(1047)
万历四十六年(后金天命三年)戊午　1618年	(1050)
万历四十七年(后金天命四年)己未　1619年	(1054)
万历四十八年　明光宗泰昌元年(后金天命五年)庚申　1620年	(1059)
明熹宗天启元年(后金天命六年)辛酉　1621年	(1067)
天启二年(后金天命七年)壬戌　1622年	(1071)
天启三年(后金天命八年)癸亥　1623年	(1076)
天启四年(后金天命九年)甲子　1624年	(1081)
天启五年(后金天命十年)乙丑　1625年	(1090)

天启六年(后金天命十一年)丙寅　1626年 ……………………………………………………（1096）
天启七年(后金太宗天聪元年)丁卯　1627年 …………………………………………………（1101）
明思宗崇祯元年(后金天聪二年)戊辰　1628年 ………………………………………………（1105）
崇祯二年(后金天聪三年)己巳　1629年 ………………………………………………………（1111）
崇祯三年(后金天聪四年)庚午　1630年 ………………………………………………………（1116）
崇祯四年(后金天聪五年)辛未　1631年 ………………………………………………………（1121）
崇祯五年(后金天聪六年)壬申　1632年 ………………………………………………………（1125）
崇祯六年(后金天聪七年)癸酉　1633年 ………………………………………………………（1130）
崇祯七年(后金天聪八年)甲戌　1634年 ………………………………………………………（1135）
崇祯八年(后金天聪九年)乙亥　1635年 ………………………………………………………（1140）
崇祯九年(后金天聪十年　清崇德元年)丙子　1636年 ………………………………………（1143）
崇祯十年(清崇德二年)丁丑　1637年 …………………………………………………………（1148）
崇祯十一年(清崇德三年)戊寅　1638年 ………………………………………………………（1153）
崇祯十二年(清崇德四年)己卯　1639年 ………………………………………………………（1157）
崇祯十三年(清崇德五年)庚辰　1640年 ………………………………………………………（1161）
崇祯十四年(清崇德六年)辛巳　1641年 ………………………………………………………（1165）
崇祯十五年(清崇德七年)壬午　1642年 ………………………………………………………（1170）
崇祯十六年(清崇德八年)癸未　1643年 ………………………………………………………（1174）
崇祯十七年(清世祖顺治元年)甲申　1644年 …………………………………………………（1179）

征引及主要参考文献 ……………………………………………………………………………（1187）
人物索引 ………………………………………………………………………………………（1207）
著作索引 ………………………………………………………………………………………（1301）
后记 ……………………………………………………………………………………………（1387）

明太祖洪武元年　戊申　1368年

正月乙亥，朱元璋于应天府即皇帝位，是为太祖高皇帝，定有天下之号曰"明"。建元洪武。

按：国号，《太祖实录》与《即位诏》均称"大明"，《明史·本纪》称"明"。《实录》与《诏》均为原始材料，《本纪》则为隔代所修，故当以"大明"为是。

辛巳，朝罢，明太祖谓刘基、章溢言：丧乱之民思治安，犹饥渴望饮食，若更（殴）[驱]以法令，辟以药疗疾而加之以鸩也。（《明通鉴》目录卷一）

甲申，明太祖与刘基论生息之道，在以仁心行之。（《明通鉴》目录卷一）

丁亥，御东阁，与章溢、陶安论前代兴亡。又与群臣论学术。安请黜邪说，以兴正道。明太祖曰：仁义，治天下之本。故贾生论秦之亡，在不行仁义之过也。（《明通鉴》目录卷一）

是月，天下朝觐官陛辞，谕以海内初定，与民休息，在于约己以爱人。（《明通鉴》目录卷一）

明太祖命儒臣四人，同刑官讲唐律，日进二十条。（《明史》卷九三）

二月丁未，诏以太牢祀孔子于国学，仍遣官诣曲阜致祭。（《明通鉴》目录卷一）

戊申，始祭太社、太稷。

按：陶安议：建屋非宜，若遇风雨，请于斋宫望祭。从之。（《明通鉴》目录卷一）

庚午，选国子生国琦、王璞等十余人，侍太子读书禁中。入对谨身殿，姿状明秀，应对详雅。明太祖喜，因厚赐之。

按：国琦，《潜庵史稿》、《典汇》皆作"周琦"，《明通鉴》卷一据《明史·兴宗传》为"国琦"。

三月辛未朔，命翰林学士朱升修《女诫》，辑古贤后妃事可法者，使子孙知所法守。（《明通鉴》目录卷一）

己亥，命编《存心录》。

按：明太祖以祭祀为国大事，念虑之间傲戒或忽，则无以交神明，命礼官及诸儒臣编集郊社、宗庙、山川等仪及历代帝王祭祀，感应祥异可为监式者为书以进。（《太祖实录》卷三一）洪武四年成。

四月丙辰，明太祖禁宦官预政典兵，因论汉、唐宦官之祸。（《明通鉴》目录卷一）

是月，曲阜孔克坚来朝，赐宅，留京师。

按：孔克坚，生卒年不详。字璟夫。孔子五十五世孙。事迹见《国朝献征录》卷六。

六月，定国子学官制，增设祭酒、司业等官。（《明通鉴》目录卷一）

日本后村上卒，长庆践位。足立义满任室町幕府第三任将军。

汉萨同盟败丹麦人。

按：《太祖实录》记为冬十月丙午定国子学官制。

七月闰丁卯，明太祖与宋濂等论为君之道。（《太祖实录》卷三三）

七月闰月，诏征天下贤才至京，授以守令。又谕北方守令，安集新附之民。（《明通鉴》目录卷一）

八月庚午，徐达克元都，封其府库及图籍宝物等，又封故宫殿门，令兵千人守之。

按：徐达卫护图籍，使元代大量文献藉以保存，厥功甚伟，亦为撰修《元史》提供必要条件。

己卯，以元都平，诏大赦。议利害当兴革者。（《明通鉴》目录卷一）

壬午，明太祖幸北京。

按：初，明太祖欲营都于汴梁，不果。及平元都，下诏曰："朕观中原土壤，四方朝贡，道里适均，其以应天为南京，开封为北京，朕将以春秋往来巡守。"寻改大都路曰北平府，置六卫。（《明通鉴》卷一）

九月癸亥，诏求天下贤士。

按：其诏略曰："天下甫定，朕愿与诸儒讲明治道，有能辅朕济民者，有司礼遣"。（《明史》卷二）

戊寅，以元都平，诏天下曰："……秘书监、国子监、太史院典籍；太常法服祭器；仪卫及天文仪象、地理、户口版籍；应用典故、文字，已令总兵官收集，其或迷失散在军民之间者，赴官送纳。"（《太祖实录》卷三五）

秋，诏江南大浮屠十余人，于蒋山禅寺作大法会。（《国朝献征录》卷一一八）

十一月己亥，诏征天下贤才。特遣起居注詹同、魏观、侍御史文原吉等分行各府州县访求以闻。

按：《明通鉴》卷一考异曰：《明史·本纪》言"遣使分行天下"，不言其人。《潜庵史稿》云"遣文原吉等"，《纪事本末》云"命学士詹同等十人"。《明通鉴》征之《同传》，有同与文原吉、魏观等，《观传》则云"偕詹同、吴辅、赵寿等"，有名者凡五人，《重修三编》备列之。惟是年十一月建大本堂，有命起居注魏观侍太子读书之事，《观传》同。其下文云"未几，偕文原吉、詹同等分行天下"，则是二事同在十一月，盖所召有先后之不同耳。《明通鉴》并系之于十一月，其干支仍据《本纪》及《潜庵史稿》。

庚子，冬至，始祀天于圜丘。

按：坛二成：第一成昊天上帝，南向；二成东大明星辰，西夜明太岁，用陶安等议也。有司请配祀，明太祖谦让不许，先期亲为文告太庙：南郊竣事，仍恭诣庙廷，告成大礼。（《明通鉴》目录卷一）

辛丑，建大本堂，明太祖时临幸堂中，商榷古今，评论经史。

按：取古今图籍充其中，征四方名儒以教太子、诸王。太祖时临幸堂中，一日，御文楼，问太子读史及汉七国事，太子言曲在七国。太祖曰：景帝为太子时，以博局杀吴世子，及为帝，又轻听晁错言，黜削诸侯，其曲不专在七国也。（《明通鉴》卷一）

又按：《太祖实录》卷三六上则记为：辛丑，宴东宫官及儒士，各赐冠服。先是，太祖建大本堂，取古今图书充其中，延四方名儒教太子诸王，分番夜直，选才俊之士充伴读。太祖时时赐宴赋诗，商榷古今，评论文字，无虚日。是日，太祖命诸儒作钟山龙蟠赋，置酒欢甚。乃自作《时雪赋》，故有是赐。

甲辰，封孔子五十六代孙孔希学为衍圣公，进二品秩，赐银印。

按：置衍圣公官属，曰掌书，曰典籍，曰司乐，曰知印，曰奏差，曰书写，各一人。立孔、颜、孟三氏学，曰教授，曰学录，曰学司，各一人。又立尼山、泗水二书院，各设山长一人。复孔氏子孙及颜、孟大宗子孙徭役。又授其族人希大为曲阜世袭知县。（《明通鉴》卷一）

是月，诏优人别服。（《皇明泳化类编续编》卷一五"冠服"）

是年，明太祖一日还宫，指宫中隙地谓不可起亭台馆榭，因举汉文帝欲作露台，惜百金之费事，以戒之。（《明通鉴》目录卷一）

改太史院为司天监。兼设回回司天监。（《明通鉴》目录卷一）

有司奏乘舆服御应以金饰，明太祖诏用铜。

按：初，明太祖为吴王，命考《周礼》五辂，以玉辂太侈，用詹同言，改用木辂。（《明通鉴》目录卷一）

亲王之国，洪武初必以词曲1700本赐之。

设立善世（佛教）、玄教（道教）二院。

召江西龙虎山第四十二代天师张正常入朝，命去其天师之号，封为真人，改授正一嗣教真人。

按：《明史》卷二九九《张正常传》曰："张正常，字仲纪，汉张道陵四十二世孙也。世居贵溪龙虎山。元时赐号天师。太祖克南昌，正常遣使上谒，已而两入朝。洪武元年入贺即位。太祖曰：'天有师乎？'乃改授正一嗣教真人，赐银印，秩视二品。设寮佐，曰赞教，曰掌书。定为制。"

宋濂居家养病，重葺青萝山房。四月复至潜溪还萝山，曾骑驴访东阳陈宅之。

刘基、陶安正月辛巳言于明太祖曰："适闻仿元旧制设中书令，欲奏以太子为之。"太祖曰："取法于古，必择其善者而从之。""且吾子年未长，学未充，更事未多，所宜尊礼师傅，讲习经传，博通古今，识达机宜。他日军国重务，皆令启闻，何必效彼作中书令乎！"（《明通鉴》卷一）

刘基正月奏立军卫法。（《明史》卷一二八）三月受拜御史中丞。（《诚意伯文集》卷二〇《御史中丞诰》）八月致仕。明太祖许归青田。十一月癸亥以太祖手诏召还。

按：先是明太祖幸汴梁，令基与李善长居守，遂有隙。至是明太祖以旱求言，基所奏忤旨。会有妻丧，遂告归。濒行，奏曰："凤阳虽帝乡，非建都地。王保保未可轻也。"时明太祖方锐意灭扩廓，又欲营中都，故基言及之。洎闻扩廓阻大兵，颇思基言，乃手诏叙其勋伐，趣赴京师。至，明太祖赐赉甚厚，又追赠基祖、父皆永嘉郡公。（《明通鉴》卷一）

章溢正月辛巳与刘基同拜御史中丞。溢独持大体，不以搏击为能。

李善长、陶安等二月壬寅朔进圜丘、方丘及宗庙社稷礼。

按：初，陶安充议礼总裁官，大祀之礼多出安所裁定，至是与中书省臣李善长等始进其议。（《明通鉴》卷一）

陶安二月己未请制五冕，明太祖谕：惟祭天地宗庙服衮冕，余四冕皆不用。四月，陶安出任江西行省参知政事。（《明通鉴》目录卷一）

李善长、徐达等正月辛巳兼东宫官。

按：时带刀舍人周宗，上书请教太子，太祖因谓起居注詹同等曰："朕今立东宫官，取廷臣勋德老成兼其职，新进之贤者亦选择参用。夫举贤任才，立国之本；崇德尚齿，尊贤之道；辅导得贤，人各各尽职。故连抱之木，必以授良匠；万金之璧，不以付拙工。"于是以李善长、徐达等兼宫官。谕以周公教成王，召公教康王，在居安虑危，不忘武备。（《明通鉴》卷一）

王祎上书议建国之要，明太祖嘉纳之。十二月被召纂修《元史》，自漳州回。便道回家省亲。

按：初，召南康同知王祎还，与诸臣议礼，坐事忤旨，出为漳州通判。至八月上书言祈天永命之要，在体上天生物之心。时明太祖反元政，尚严厉，故祎以为言，太祖嘉纳之，然不能尽从也。（《明通鉴》目录卷一）

朱升三月辛未朔奉敕纂修《女诫》。

詹同时任起居注，奉命巡行天下，访贤才。谒杨维桢于拄颊楼，诗酒相酬。

贝琼为杨维桢代笔，撰侨居松江之儒师、嘉兴郭士元墓志。

李浩以松江同知擢官京师，杨维桢偕淞士饯行，冀浩佐太祖平定天下，休兵息甲。

杨维桢六月以文祭僧友静庵法师，又为撰塔铭。七月，以文记淞城医士仁山翁子之丹房。十月，为京师使者吕仲善藏书室作记；以文记常熟州重建学宫。十一月以文赠浙之三士赴京；送象元淑公住持南湖，著文，谓佛教当与儒教相表里；以文赠黄万里还京。十二月，为广陵吴从周撰《野舟孝子志》。另，为山阴朱武作《春水船记》；有童子救溺水蜉蚁，为赋《童子救蚁篇》，并书赠上海祝知县，期之施救民之政。是年，为金陵林泰作《永思堂记》。以淞郡幕张钦请，为其父撰墓志。以僧方舟奎新任集庆寺住持，杨维桢有文赠行。

杨维桢、钱用壬八月拜礼部尚书，与诸儒臣改乘舆以下冠服诸式。

按：钱用壬，生卒年不详。字成夫，南京广德州人。寻告归，家居湖州。事迹见《明通鉴》卷一。

冯荣是秋偕兄踵门请父铭，杨维桢撰之。

按：冯荣，时为华亭知县。又，是冬，华亭主簿王佳来请其母墓铭，杨维桢撰之。

周桢八月为刑部尚书。

张孟兼任礼部主事。

汪广洋为山东行省参政。

按：四月初置山东行省。

梁贞五月以太子宾客兼祭酒掌监事。

秦裕伯复征，授侍读学士，固辞。明太祖不允。

按：秦裕伯称病不出。太祖乃手书谕之曰："海滨民好斗，裕伯智谋之士而居此地，坚守不起，恐有后悔。"（《明史》卷二八五）裕伯拜书，涕泗横流，不得已，偕使者入朝。授侍读学士。固辞，不允。与张以宁等扈从，登钟山拥翠亭，给笔札赋诗，甚见宠待。

罗复仁擢编修。

张佑、张沂等14人以元太史征至京师。

高原侃十二月辛未奏定官民丧葬礼,请颁示中外。从之。

按:寻又诏中书省定官民房舍服色等第。(《明通鉴》卷一)

王廉洪武初荐入翰林,修史书成,授太子说书,官陕西左布政。

按:王廉,生卒年不详。浙江丽水人。见同治《处州志》。绍兴王廉,著有《周易参疑》、《左氏钩玄》。殆一人也。绍兴王廉,又著有《迂论》,载乾隆《绍兴志》,未见。

王震洪武初征校大祀乐。

按:后颁《大成乐》,诸郡皆聘震教习。王震,生卒年不详。字以东。江苏苏州人。著有《八音图》、《彭溪稿》。事迹见《古今图书集成》艺术典卷八一七。

袁凯洪武初由举人荐授监察御史。会武臣恃功骄恣,罹罪者渐众,凯请延名士为诸将讲书,以保全功臣。明太祖纳之。(《列朝诗集小传》甲集)

刘炳洪武初献书言事,授中书典签。

刘仲质以宜春训导荐入京,擢翰林典籍。

朱芾洪武初官编修,改中书舍人。

冷谦洪武初召为太常协律郎,协乐章声谱,使乐生习之。较定音律及编钟、编磬等器,定乐舞之制。

王观洪武初由乡荐入国子监。

王翰洪武初为周王橚长史。

按:朱橚素骄,有异志,翰断指佯狂去。后王败,得不坐。起为翰林编修,谪廉州教授。死于彝民起事中。

张谦洪武初举文学,拜监察御史,寻辞归。复以荐入朝,讲《周易》称旨。吏部复试第一,授刑部右侍郎。

按:张谦,生卒年不详。字彦道。元明间江西南昌人。以明经饬行著名。元末教授东湖、宗濂两书院。事迹见《雍正江西通志》卷六八。

包仕登明初为国子助教,升齐府长史。

按:包仕登,生卒年不详。字文举。浙江松阳人。著有《春秋微意发端》,见《千顷堂书目》卷二、《处州府志》艺文。

兰以权洪武初以才学选授中书省照磨。

按:兰以权,生卒年不详。字世衡。湖广襄阳人。博学能诗。受太祖之命前往广西左、右江地区,安抚少数族民。后以功迁礼部员外郎,进应天府尹。事迹见《明史》卷三一八。

郑和洪武初入宫为宦官,后从燕王朱棣起兵,累擢内官监太监,赐姓郑。

许中丽洪武初操选政。

按:许中丽,生卒年不详。著有《残本光岳英华》15卷。《四库全书总目提要》卷一九一曰:"中丽爵里未详。朱彝尊《明诗综》称明初操选政者有许中丽云云,则洪武中人也,此书传本残阙,仅存七言律体一门。唐后即接以元、明,不录宋金。然则李攀龙撰《诗删》,并废宋、元,其来亦有渐矣。"

徐兰洪武初官助教。

按:徐兰,生卒年不详。字与善。浙江开化人。著有《书经体要》1卷(见《千顷堂书目》卷一)。据本传是书其门人欧阳齐尝进于朝。今未见。《五经格式》,载《开化志·艺文》，未见。《开化志·人物》有传。

陶宗儒明初官秘书丞，仕至吏部员外郎。

> 按：陶宗儒，生卒年不详。字汉生。元明间台州路黄岩人。编有《陶氏家乘》，是编有宋濂及徐一夔序。原本未见。事迹见《宋文宪公全集》卷一。

朱希晦洪武初荐于朝，朝命未至而卒。

> 按：朱希晦，生卒年不详。浙江乐清人。至正末，隐居瑶州，与四明吴主一、萧台、赵彦铭游咏雁山之中，称"雁山三老"。著有《云松巢集》3卷。《四库全书总目提要》卷一六八曰："是集乃其子豳所编，天台鲍原宏为之序。正统中，其元孙元谦刊版，章畷又为之序。"

杜环改任太常寺赞礼。

张毅入明为大同行都司掾。

> 按：张毅，生卒年不详。字仲刚。明初泰州人。为翰林王燧所重。辑有《青阳先生忠节附录》2卷，见正统《青阳集》附刻本、道光《泰州志》卷三〇。

宋杞洪武初官知全州。

> 按：宋杞，生卒年不详。字授之。元明间杭州钱塘人。善画，通《易》，尤精于史学。事迹见《历代画史汇传》。

马治洪武初以诸生举授内邱知县，迁建昌府同知。

> 按：马治（1332—？），字孝常，宜兴人。著有《海渔集》6卷等。事迹见《明史》卷二八五《陶宗仪传》附传。据《四库全书总目提要》卷一八八：元至正癸巳、甲午、乙未三年，周砥（履道）遭乱，客治家，治馆砥于宜兴荆溪之南，随事倡和，积诗一卷为《荆南倡和集》，录成二帙，各怀其一。同时遂昌郑元佑为之《序》，二人亦自有《序》。后砥从张士诚死于兵，而治入明为内邱县知县，迁建昌府知府，与高启友善，遂以此集手录本付启。启复以与吕敏，有启《后序》及徐贲《题志》。敏后仍归诸马氏。成化间，乡人李廷芝携至京师，俾李应祯、张弼校正付梓。

马琬洪武初官抚州同知。

陈光裕（陈南宾）洪武初应聘至京，除无棣县丞，历胶州同知，擢至蜀府长史。所至以教化为先。

陈允中明初以荐任太谷知县。

> 按：陈允中，生卒年不详。字舜咨。宁海人。尝避方国珍之乱，居钱塘，与刘基友善。著有《寓游笔记》，已佚。

郑潜洪武初为宝应县主簿，迁潞州同知。

俞廷芳洪武初知建宁府，留意学校。

> 按：知延平府时，于福建南平延平书院院址建堂专祀李侗。

裘仲孺洪武初荐授平远县知县。

> 按：裘仲孺，生卒年不详。字稚生。崇安人。纂有《武夷山志》19卷。事迹见《四库全书总目提要》卷七六。

□近仁洪武初以孝悌授山西平遥知县。

> 按：近仁，生卒年不详。其姓不可考。嘉兴人。著有《莅政戒铭》24篇。《浙江通志·孝友》本传称是书献于朝，擢广西参政。已佚。

蒋宫擢开封府兰阳县丞。

> 按：蒋宫，生卒年不详。字伯雍。元末明初仪真人。元至正初进士。尝从陈子

山受《诗》、《书》、《春秋》诸经。博于群书,于制度沿革、阴阳历礼数之义,尤有会心。著有《春秋集说》、《栎轩经说文集》100卷。事迹见《翰林院修撰蒋公宫传》(《国朝献征录》卷二一)。

朱善洪武初为南昌教授。

安德洪武初由郡守举为州学训导。

王润孙洪武初以知县耿亮荐任本县县学教谕。

按:王润孙,生卒年不详。字伯永。浙江青田人。通五经,尤长于《易》。著有《周易图解》,已佚,载光绪《处州志》及《经义考》。

方朴洪武初荐充兴化训导,师范甚端。坐事被逮,投井而死。

按:方朴,生卒年不详。字时举。福建莆田人。通《春秋》、《诗》、《书》三经。著有《莆田人物志》、《方壶集》。事迹见《光绪莆田县志》卷二四。

乐良洪武初辟为定海教谕。教授有方。一时英俊若张信、陈韶辈咸出其门。

按:乐良,生卒年不详。字仲本。浙江定海人。乐大原孙。少治理学,从程端礼学。元顺帝至正间,以贤良征至京,与揭傒斯等游。善《春秋》。赵谦(赵古则)与之为友。见元政已衰,归隐读书。《宋元学案》列其入《静清学案》。著有《乐良遗稿》。事迹见《明史》卷二八五《赵撝谦传》附传。

尼养德洪武初由儒士举永年县教谕。倡明礼学,士皆宗式之。

李文洪武初以儒士荐充盐城训导。

按:一日修废井得银数十两,拒不纳,乃买经史贮学库,以遗后学。升江西乐安令。教谕陈中谓其蕴经纶之学,得洙泗之传,虽去考亭数百年,与亲炙无间云。李文,生卒年不详。字方平,号非斋。盐城人(一说明初庙湾人)。著有《非斋集》,见光绪《盐城县志》卷一六。

沈得卫洪武初辟为本学训导,讲训有方。

按:郡邑闻其贤而辟之。沈得卫,生卒年不详。字辅之。福建连城人。端恪醇儒,善为诗,日与朋侣登临啸咏。元末,不受官职,隐居莲峰山。著有《东崖谯唱集》。事迹见《乾隆连城县志》卷二一。

何初洪武初以宿儒征为湖口县教授,擢成化知县,除巴东教谕。湘王闻其名,聘为师。

按:一说仁化知县。

陈至洪武初以岁贡授华容教谕。

按:陈至,生卒年不详。字复阳。平阳人。著有《易传》。《温州经籍志》云此书佚。

林鸿洪武初以荐授将乐县学训导。

郑本忠洪武初以明经举为昌国训导,寻升秦府教授。

按:郑本忠,生卒年不详。一作本中,自号安分先生。元明间浙江鄞县人。学问纯正,言行敦卓。著有《安分斋集》10卷,永乐中其子复言、永言所编,凡记3卷、序2卷、赋诗4卷、杂文1卷。《四库全书总目提要》卷一七五曰:"《宁波府志》称本忠少笃学,从乡先生舒卓受《尚书》。方国珍据浙东三郡,擅爵禄人,本忠义不食其粟,杜门不仕。益务综览,涵濡渟蓄,为文必中矩度。又称同时有郑恕者,字本忠,亦为昌国训导。建文四年,靖难兵至,不屈死。事载《逊国名臣传》,疑为一人。然考是集诗文有作于永乐间者,姓字官爵偶尔相同,未可合而为一也。"

胡奎洪武初以儒学征，官宁王府教授。

俞庆洪武初任义乌教谕。

按：与宋濂、苏伯衡、方孝孺诸人友善。俞庆，生卒年不详。字大有。浙江金华人。纂有《金华俞氏家乘》10卷。已佚，见《元史艺文志补》载录。

袁华洪武初为苏州府学训导。

蒋允汶洪武初被聘为本府学五经师。

储惟德洪武初充常州府学教授，转国子监，兼东宫说书。

按：朱元璋夜半微行，得识储惟德，乃赐儒籍。储惟德，生卒年不详。字希崇。宜兴人。与修《春秋本末》，著有《西野文集》。事迹见《万姓统谱》卷八。

王惟允洪武初举明经，任本邑训导，官终镇江府通判。太祖亲制敕命嘉之。

按：王惟允，生卒年不详，字俊民，号确轩。江苏无锡人。著有《汉上吟稿》（见万历《无锡县志》卷二〇）、《确轩集》（见《锡金志外》卷二）。

刘南金洪武初以明经官海州学正。

按：刘南金，生卒年不详。字贡禹。浙江永嘉人。著有《周易集说》，已佚，见万历《温州府志》。

苏坤（苏伯厚）洪武初以明经荐。

张谦洪武初由明经举太学正。

按：讲授之暇，取诸家之说，剪其繁芜，撮其精要，间附己意，附于卦爻本义之下，名曰《本义集说》。已佚，见《东嘉先哲录》。张谦，生卒年不详。浙江永嘉人。潜心《易》学，笃信朱子《本义》。

张庸洪武初举明经，授本县儒学训导。

按：张庸，生卒年不详。字熙载，号用斋。江苏江阴人。著有《用斋漫稿》，见民国《江阴县续志》卷一九。

储才洪武初举明经，任本县训导，累官礼部右侍郎。

按：储才，生卒年不详。一名季德。字可求，以字行。江苏宜兴人。潜心理学。著有《五松清响集》。事迹见《千顷堂书目》卷一七。

郑旭洪武初以学行荐为国子掌仪。以才德选傅东宫。后因流言谪云南二十余年。

袁时亿洪武初任吴江教谕。

按：袁时亿，生卒年不详。浙江新城人。编有《历代统系》五篇，见《千顷堂书目》卷四。

方道叡明初隐居不出。

按：方道叡，生卒年不详。字以愚。元建德淳安人。方逢辰曾孙。元至正进士，授翰林编修，撰后妃功臣诸传。调杭州判官，除江西行省员外郎。《宋元学案》列其入《慈湖学案》。著有《诗记》，已佚，见《浙江通志》引《两浙名贤录》。《宋元学案》载：所著有《春秋集释》10卷、《愚泉诗稿》10卷、《文说》2卷、《诗说》1卷。（补）事迹见《元史类编》卷三六。

叶晔明初召至京，以所著《诗经义》进，复呈《省刑薄税之策》。太祖嘉之。授官不受，放还。

按：叶晔，生卒年不详。江苏吴县西山人。著有《诗经义》，见《太湖备考》卷八。

包英洪武初以才荐不出,自号静趣居士。

> **按**：包英,生卒年不详。字叔蕴。江苏江阴人。少淹贯经史,与同里黄常、惠连俱以博洽闻,独以小学为入德之门,与黄常商定《通义》一书,以为此乃根柢所在。著有《小学通义》。事迹见江阴文林《邑志文苑传》。

吕不用洪武初以经明行修,辟授本县训导,以聋辞。

> **按**：吕不用,生卒年不详。字则耕,初名必用,字则行。元明间浙江新昌人。金华黄溍弟子。洪武初以经明行修,辟授本县训导,以经史授生徒,一时翕然向化。后以聋解官,自号石鼓山聋。著有《得月稿》4卷,为其孙凤所编,前有洪武九年曾衍、王霖二序。事迹见《万一楼集》卷三八、《四库全书总目提要》卷一七四。

刘涓（金涓）洪武初坚拒不赴州郡辟召,教授乡里以终。

> **按**：刘涓,生卒年不详。字德原。元明间义乌人。先世避吴越王钱镠嫌名,改姓金,亦作金涓。尝受经于许谦,学文章于黄溍。为虞集、柳贯所知,交荐于朝,皆辞不起。学者称青村先生。《宋元学案》列其入《沧洲诸儒学案》别见《北山四先生学案》。著有《青村遗稿》1卷。据《四库全书总目提要》卷一六八：所著有《湖西》、《青村》二集,共40卷,兵燹不存。嘉靖中,其六世孙魁始掇拾散亡,编为此本。魁子江始刊版印行。以所存无几,非涓手定之原集,故题曰《遗稿》。涓于宋濂、王祎为同学,祎《赠涓诗》有"惜哉承平世,遗此磊落姿"句,颇嗟其沈晦。而涓《送李子威之金陵诗》云："若见潜溪宋夫子,勿云江汉有扁舟",乃深虑其荐达,志趣颇高。然其诗则不出江湖旧派,摹写山林,篇篇一律,殊未为超诣。

刘清明初隐居不仕。

> **按**：刘清,生卒年不详。字惟寅。浙江永嘉人。著有《尚书古义》,见万历《温州府志》及《温州经籍志》。已佚。

贡性之洪武初因征录师泰后人,避居山阴,改名悦。

> **按**：贡性之,生卒年不详。字友初,《归田诗话》作有初。元明间宣城人。元尚书师泰之族子(侄),其从弟仕于朝,迎归金陵、宣城,俱不往。门人私谥真晦先生。著有《南湖集》7卷。事迹见《四库全书总目提要》卷一六八、《万姓统谱》卷九一。

李祁洪武初力辞征辟,自称不二先生。

> **按**：李祁,生卒年不详。字一初,号希蘧。茶陵州人。元统进士,授应奉翰林文字,预典制诰,修国史。改婺源州同知,迁江浙儒学副提举。萧洵编元刘岳申《申斋集》,李祁为之序。王礼撰《麟原文集》,前有李祁、刘定之二《序》。据《四库全书总目提要》卷一六七：李祁为诗冲融和平,自和节度。文章亦雅洁有法。著有《云阳集》10卷。千户俞子茂为刻其遗集10卷。至弘治间,其五世从孙东阳,搜辑遗稿,属吉安守顾天锡重锓。康熙中,广州僧大汕复以意删削,并为4卷。然大汕虽号方外,实权利之流,其学识不足以知祁,去取深为未当。事迹见《新元史》卷二三八、《怀麓堂集》卷四四墓表。

吴皋元亡时遯迹以终。

> **按**：吴皋,生卒年不详。字舜举,号平斋。元明间抚州临川人。早游吴澄之门,尝官临江路儒学教授。为文森严有法,精于韵语。著有《吾吾类稿》3卷。《四库全书总目提要》卷一六七曰："皋《元史》无传,志乘亦失载其姓名。独《永乐大典》各韵中颇采录其诗文,题作《吴舜举吾吾类稿》。又别收胡居敬等原序二篇,略具行履。……集佚已久。顾嗣立《元诗选》搜罗最广,亦阙而不载。今从《永乐大典》裒辑,共得诗一百二十余首,厘为三卷。其杂文十余首,亦附于后备考核焉"。

吴海洪武初力辞守臣所荐,既而征诣史局,亦辞。

按：吴海,生卒年不详。字朝宗。元明间福建闽县人。据《四库全书总目提要》卷一六八：元季以学行称。与永福王翰善。以翰尝仕元,劝以死节,而自抚其遗抚,教之成立,即王偁是也。偁所辑翰《友石山人遗稿》,后附志铭表词等七篇,皆吴海所作。尝著《书祸》,谓杨、墨、释、老、管、商、申、韩及稗官野乘、支词艳说,均谊禁绝。为文严整典雅,一归诸理,后学咸宗仰之。平居虚怀乐善,有规过者,欣然立改,因颜其斋曰"闻过"。王偁因以名其集云《闻过斋集》(8卷)。事迹见《明史》卷二九八。

吴源洪武初以户部尚书范敏荐,授四辅官,兼太子宾客,以老乞归。

按：后复召为国子司业。吴源,生卒年不详。字性传。福建莆田人。著有《至正近记》2卷、《托素斋集》。事迹见《司业吴公源传》(《国朝献征录》卷七三)。

吴毅洪武初征拜博士典签,与修《大明律令》。寻致仕归,教授乡里。

按：吴毅,生卒年不详。字尚志,学者称学海先生。江西南城人。为文古雅,不事雕琢。著有《学海集》。事迹见《本朝分省人物考》卷六一。

沈易明初因下诏求贤,知府首荐,以亲老告辞,闭门授徒。

按：沈易,生卒年不详。字翼之。元明间松江府华亭人。少求仕欲以功业显,时逢战乱,乃倾心事濂洛关闽之学,尽阐宗旨。教人一以躬行为主。又集浅近通俗之作,编《五伦诗》5卷。《五伦诗》5卷,本为课蒙而作。据《四库全书总目提要》卷一九一：前有洪武己未钱惟善序。据其原目,共内集5卷、外集7卷。卷末有跋,称钞自朱彝尊家,原阙后7卷。则其佚久矣。《明史·艺文志》录沈易《博文编》4卷。《千顷堂书目》卷三著录有《论语旁训》。

汪克宽入明被荐于朝,辞不就。

沈贞入明不仕。

按：沈贞,生卒年不详。字元吉,号茶山老人。元长兴人。笃学,博通经史。据《四库全书总目提要》卷一七四：劳钺《湖州府志》称所著《茶山稿》12卷,而顾应祥《长兴志》则称所著《茶山集》凡50卷。朱彝尊编《明诗综》仅搜得《乐神曲》13首,尚多阙文,则原集之佚久。乾隆戊午长兴知县鲍鉁与吴江王藻、归安姚世钰搜辑而成《茶山老人遗集》2卷。

王显入明不仕,隐居以终。

按：王显,生卒年不详。字征仲,自号溪渔子。金陵人。往来江淮间,结交大侠异人。晚年折节读书,为文章奇伟抗健,然耻以自名。著有《南唐烈祖开基记》5卷。已佚,见《金陵通传》本传,明顾起元《客座赘语》卷四"古志搜访"条著为10卷。事迹另见方孝孺《溪渔子王显传》(《国朝献征录》卷一一六)。

王偕入明不仕。

按：王偕,生卒年不详。字叔与。元明间诸城人,一说琅琊人。官昆山学教授。元亡不仕,偕寓居荻溪之西,以荻溪翁自号。著有《荻溪集》2卷。《四库全书总目提要》卷一七四曰："旧本题元王偕撰。前有洪武癸亥《冯原智序》。……今检集中所与唱酬者,皆国朝顺治间常熟诸文士。又尝入京师,有《慈仁寺双松歌》。慈仁寺建于明代,亦与偕时世不相合。惟诗中有《岁暮还荻溪》诸题,当必国初人寓居荻溪者。集名偶同,坊贾遂妄取《原智序》冠之,指为偕作,以售欺耳"。

张庸入明不复出。

按：张庸,生卒年不详。字惟中,号全归处士。宁波慈溪人。方国珍据四明时,署为上虞山长,弃去。著有《全归集》。事迹见《开有益斋读书志》卷五。

胡行简洪武初征至京师。明太祖欲官之。行简以老病辞。

欧阳贞洪武初以易魁江西省试,官考城主簿。

秦约洪武初召试《慎独箴》,其文第一,拜礼部侍郎,以母老辞。

按：后复征。奏请重儒术,广教化。授溧阳教谕。乞归。

黄邻为翰林典籍,迁御史,告归。

按：黄邻,生卒年不详。字元浦。浙江诸暨人。

黄常洪武初明经不就,隐居游鲤山,后荐本府训导,三月即告归。复调建阳主簿。

按：黄常,生卒年不详。字叔彝。江苏江阴人,与同里包英、惠连并以博洽称。乾隆《江南通志》卷一九〇著录元末王常《小学训》,江阴人。疑与是"黄常"为同一人。著有《小学训解》、《宏书》72章。

董养性入明不仕。

按：据《四库全书总目提要》卷七:《周易订疑》15卷、序例1卷、《易学启蒙订疑》4卷、《周易本义原本》12卷,"旧本题'董养性撰'。不著时代。考元末有董养性,字迈公,乐陵人。至正中尝官昭化令,摄剑州事。入明不仕,终于家。所著有《高闲云集》。或即其人欤？是书前有《自序》,谓用力三十余年乃成。其说皆以朱子为宗,不容一字之出入。盖亦胡一桂、陈栎之末派也"。入明不仕,作高闲云赋以自况,因以名集《高闲云集》6卷。前有洪武中王翌序。

高明（高则诚）洪武初征召,以老疾辞。

郭钰洪武初以茂才征,辞疾不就。

按：郭钰,生卒年不详。字彦章。江西吉水人。著有《静思集》。《四库全书总目提要》卷一六八曰："《江西通志》称其元末遭乱,隐居不仕。明初以茂才征,辞疾不就。集首有洪武二年庐陵罗大巳序,亦称其'有经济,能自守'。今案集中有'辛亥秋诏举秀才,余以耳聋足躄,县司逼迫非情,因成短句一诗'。辛亥为洪武四年,又在作序后二年,则所谓能自守者信矣。又《癸丑首正》诗中有'盲废倦题新甲子,醉来谩说旧山川。贞元朝士今谁在,东郭先生每自怜'之句。是其不忘故国,抗迹行吟,志操可以概见。又有《乙卯新元六十生辰》诗,则其入明已八年矣。迹其生平,大抵转侧兵戈,流离道路。目击时事阽危之状,故见诸吟咏者每多愁苦之词。如《悲庐陵》、《悲武昌》诸篇,慷慨激昂,于元末盗贼残破郡邑事实,言之确凿,尤足裨史传之阙。其遗集本藏于家。嘉靖间,罗洪先始为序而传之。而其孙廷诏等不知编次之法,前后舛错,殊无义例。以行世既久,今亦姑仍其旧录之云尔"。

盛逮洪武初以贤良应召,参大臣议事。与中书参政陈宁不合,以疾辞归。

按：代弟谪戍宁夏,后游关中,得人导引有法。盛逮,生卒年不详。初名棣,字景华。苏州吴江人。著有《原道集》。事迹见《万姓统谱》卷一〇八。

鲁渊明初屡征不就。

按：鲁渊,生卒年不详。字道源。归隐岐山下,学者称岐山先生。元明间建德淳安人。元至正进士。著有《春秋节传》、《策府枢要》、《鲁道渊诗集》。事迹见童时明《昭代明良录》卷二〇。

熊太古入明不仕,隐楮山。

按：熊太古,生卒年不详。字邻初。元明间豫章人。熊朋来子(《宋元学案》卷四九《熊朋来传》附子太古)。著有《冀越集记》2卷。《四库全书总目提要》卷一四三记有太古,丰城人,熊朋来之孙。称《冀越集记》:"此书自序题乙未岁,为至正十五年,犹在元代所作也。太古生平足迹半天下,北涉河,西泛洞庭,东游浙右,南至交、广,故举南北所至以冀越名其集。杂记见闻,亦颇赅博,明李时珍辈撰《本草纲目》,颇援据之。然记载每不甚确,如《元史·天文志》言郭守敬为太史,四海测景之所凡二十有七,太古乃云:奏遣使者十四辈,分隶十四处,殊未详考。又河源之说据翰林学士潘昂霄、道士朱思本所记谓张骞所言乃葱岭支川,以今核之,亦多妄传失实也"。

甘复洪武初遁迹以终。

按:甘复,生卒年不详。字克敬。元明间江西余干人。据《四库全书总目提要》卷一六八:著有《山窗馀稿》1卷。其诗源出于张煮。著作散佚,仅存手墨于同里赵石蒲家。明成化中,石蒲之孙琥始为缮录开雕,复见于世。事迹见《同治余干县志》卷一二。

韩奕入明不仕。

程从龙入明不仕以终。

按:程从龙,生卒年不详。字登云,号汉章。元明间武昌嘉鱼人。据《四库全书总目提要》卷一七四:著有《程梅轩集》4卷,为其孙鉴所编,前有其门人李德庸序,及从龙小传。又有王进、王恺二序及鉴跋,皆永乐中所作。

黎贞洪武初举邑训导,不就。

按:曾为本邑训导,坐事戍辽东,从游者甚众,历18年放归。时孙蕡亦戍辽东,坐蓝玉党被杀(1389年),黎贞为敛葬之。贞,生卒年不详。字彦晦,号陶陶生、秫坡。广东新会人。著有《家礼举要》4卷、《秫坡集》、《古今一览》。据《四库全书总目提要》卷一七五:《秫坡诗集》7卷、附录1卷,初刻于嘉靖庚戌,岁久散佚。康熙丙寅,其后人搜辑重刊,凡诗词赋3卷、杂文4卷、卷八附以赠言。贞少从孙蕡学诗,蕡集即贞所编。事迹见《明史》卷二八五《孙蕡传》附传,黄佐《秫坡黎贞传》(《国朝献徵录》卷一一五)。

鲍恂洪武初召为会试同考官;试事毕,辞去。

张昱洪武初征至京,太祖悯其老,曰可闲矣。厚赐遣归。张昱更号可闲老人。

按:张昱,生卒年不详。字光弼,号一笑居士。元明间庐陵人。其诗学出于虞集。旧稿散佚。据《四库全书总目提要》卷一六八:正统元年,杨寓(杨士奇)始得残帙于给事中夏时,以授浮梁县丞时昌刻之为《可闲老人集》4卷,旧版久佚,流传渐寡。清初金侃得毛晋家所藏别本,改题曰《庐陵集》。事迹见《明史》卷二八五《赵撝谦传》附传。

张适洪武初以儒士征,授水部郎中,旋放归。

杨大中明初留文渊阁数月即归。

按:杨大中,生卒年不详。浙江临海人。著有《随笔录》30卷,见《明一统志》。已佚。

郭槚洪武初被荐,出知饶阳县。大治。后坐事免。逻者途中遇之,搜箧中,唯所著文稿数卷。既归,贫甚。

蓝仁洪武初例徙凤阳,居琅琊数月,放归。

杨基以尝处于张士诚军中而被谪居临濠,旋又自临濠谪居开封。

按:杨基作《梦绿轩》诗,述谪居生活。又作《舟入蔡河怀徐贲》诗。

徐贲以尝处于张士诚军中而被谪居临濠。

顾瑛(顾阿瑛)谪居临濠。

周南老谪于滇地,是年释还。

周沂洪武初行抵金陵上疏,滨海赈事得行。官九江刺史,以抗直犯当道忌,谪戍辽北。士论惜之。

按：周沂,生卒年不详。字公鲁,又字定庵。山东泰州安丰人。著有《梅庄诗钞》《刺史遗集》,见嘉庆《东台县志》卷三九。

平显洪武初以荐授广西藤县知县,谪戍云南。黔国公沐英重其才,辟为教读。

按：平显,生卒年不详。字仲微。浙江钱塘人。博学多闻,诗文皆有典则,并有得于远游之助。著有《松雨斋诗集》8卷,初刻于滇南,后其裔孙重刊。事迹见《明史》卷二八六《王绂传》附传。

史谨洪武初谪居云南。后用荐为应天府推官,迁湘阴县丞。

唐复寓南京。

答禄与权入明寓河南永宁。

赵谦(赵古则)东游,受业于天台郑四表之门。

按：郑四表,生卒年不详。学于张以忠。《宋元学案》列其入《介轩学案》。

朱经旅松江,与邵亨贞交。

按：邵亨贞作《朱仲义持示词卷》词。

陈登明初参赞戎务,与同邑孙炎、金陵夏煜齐名。

按：陈登,生卒年不详。句容坊郭人。著作多散逸。著《西披稿》,佚,见《千顷堂书目》卷一七。事迹见方孝孺《孙伯融炎传》(《国朝献征录》卷一〇)。

赵宗洪武初首倡诗学,与林子羽辈齐名。

按：赵宗,生卒年不详。字迪所。福建人。著有《鸣秋集》。事迹见《万姓统谱》卷八三。

倪瓒旅松江。

许恕避兵海上,业医。

冯渊洪武初避居京口,精于占筮。

按：冯渊,生卒年不详。字济川。江苏仪征人。著有《海底眼索隐》,见嘉庆《丹徒县志》卷二七。事迹见《镇江府志》。

谢肃三月谒淮安龙女祠。

瞿佑与凌云翰、丘彦能、吴敬夫订忘年交。

王逢得儿王掖书信而成诗。

王璲(王汝玉)洪武初举浙江乡试。以荐摄府学教授,改应天训导。

刘驷洪武初征秀才入试者8000人第一,授都御史。寻坐事徙滇卒。

按：刘宗道,生卒年不详。名驷,以字行。福建龙溪人。曾上疏二十事以陈国是。后为人所构,徙云南。据《四库全书总目提要》卷一七五:驷宗陈淳之学,诗文多涉性理,略似语录之体。门人私谥爱礼先生,故以名集为《爱礼集》。《爱礼集》凡文3卷,诗2卷,中庸说1卷,书启3卷,附录1卷。其集为弘治六年浙江参政林进卿所刊。附录《慎独翁行状》,纪驷父宝与驷平生行实颇具,乃其门人漳州陈拯所述。又附《赵先生书》一首,则驷之师赵彦进也。《明史·艺文志》录《刘驷文集》10卷。

牛谅举秀才。为翰林典籍,奉使安南。

滕克恭洪武初征典乡试。

按：滕克恭，生卒年不详。字安卿。祥符人。元集贤学士。著有《春秋要旨》（见《千顷堂书目》卷二）、《谦斋稿》。事迹另见李濂《滕先生克恭传》（《国朝献征录》卷一一五）。

朱伯高洪武初举为江西长芗书院山长。

元杰洪武初重建江西贵溪桐源书院，未就而殁。

按：元杰，高可仰裔孙，生卒年不详。

胡明善重葺安徽歙县紫阳书院，聘唐桂芳主讲。

河北定县建忠孝书院。

按：嘉靖年间，因之创养正书院，后改乐群书院。清乾隆二十二年知县李衡筹资改建燕平书院。光绪初，知县劳乃宣捐俸购置书籍供学子阅读。二十八年改为高等小学堂。

严从礼洪武初重建严周文所创江西泰和朴山书院，以教乡人。

按：严周文从孙。国子学正。

杨纲洪武初复建广西阳朔慈光寺为曹公书院。后又为寺占。

按：原为曹祠部故宅，后改为书院，寻改为慈光寺。院址在县治北鹿山下。曹邺，广西第一个科举入仕文人，曾为祠部郎中，后人称其为曹祠部，并就其故宅建曹公书院以为纪念。不久被改为慈光寺。几毁几建，后为寿阳书院。

张深洪武初建江西横峰荷峰书院。

按：洪武初，另有刘泽民迁建浙江嘉兴宣公书院于城内、李禹江创建禹江书院于安徽宿松县治西北、黄润连建浙江鄞县南山书院、陈用中建浙江宁海竟成书院、刘泽民建浙江嘉兴江南书院、陈汶辉建福建诏安傍江书院、戴天德建江西婺源桂岩书院。西湖书院改为仁和县学、浙江鄞县桃源书院院址移建于罂湖、江西大余道源书院改为县学、福建崇安屏山书院重建、广西桂林宣成书院改为临桂县学。

卢续祖，生卒年不详。明初山阳人。精医，立讲堂。荐至京，题授御医。著有《医经方书》，见同治《山阳县志》卷一八。

肖九贤，生卒年不详。字慕白。会昌人。明医家。内外科皆精。太祖马皇后患乳痈甚危，太医诊治无效，乃揭榜召医。时九贤充里长押解毛竹入都（今南京），应召，投药三日而愈。著有《外科启钥》、《回生要义》等。

僧道泰，生卒年不详。字来峰。明初泰州人。能诗文，通小学，时称名家。辑有《集钟鼎古文韵选》5卷、《禅林类聚》20卷。

按：据《四库全书总目提要》卷四三：黄虞稷《千顷堂书目》载此名，注曰"字来峰，泰州人"。其书分韵集钟鼎古文，然所收颇杂。秦权、汉鉴与三代之文并载之，殊乖条贯。他如《滕公石椁铭》本属伪迹，收之已失别裁，又钩摹全非其本状，则传写失真者多矣。其分韵改"哈"为"开"，改"添"为"凡"，上平有"元"、"魂"而无"痕"，下平多"三宣"一部，皆与《广韵》不同。盖从徐锴《篆韵谱》也。

僧克新洪武初召至南京，尝奉旨往西招谕叶番。

按：克新，生卒年不详。字仲铭，号雪庐，俗姓余。自号江左外史，又称为雪庐和尚。江西鄱阳人。据《四库全书总目提要》卷一七五：所著有《雪庐南询稿》。此本别题《元释集》，仅古今体诗六十余首。考赖良《大雅集》载有克新诗四首，而此本皆无之。盖后人于《雪庐集》摘录抄存，非其全稿也。

僧来复洪武初以高僧召至京，与僧宗泐齐名。

僧宝金洪武初奉诏至南京。召问佛法，奏对称旨，御制诗赐之。

僧常钦洪武初住持甘露说法。

按：常钦，生卒年不详。字惟心，俗姓王。金坛人。受戒普照寺，后住持仪真天宁寺。著有《损叟集》，民国《金坛县志·仙释》本传作《捐叟集》。

日本僧绝海中津至明，于杭州等寺院参究禅学。

道士付自成洪武初以乐舞员召赴阙。

道士丘玄清（邱元靖）洪武初游历武当山，师事张三丰，得授道妙。奉张三丰之命于五龙结庵修炼，后为五龙宫住持。

道士刘古泉洪武初于武当山礼张三丰为师，得道法之妙传。奉师命居武当紫霄峰，修道有成，与杨善澄、周其得、卢秋云一起被誉为"太和四仙"。

按：刘古泉，生卒年不详。湖北人（或作河南人）。事迹见任自垣《太岳太和山志》、《道教大辞典》。

道士彭祖年洪武初回武当山。

按：彭祖年，生卒年不详。四川人。少年时习儒学，天文地理阴阳卜筮医术皆兼及，曾从江真人入大都。（参《道教大辞典》）

朱升奉敕纂修《女诫》成。

按：此为防后妃母预政乱朝而戒之。辑古贤后妃事可为法者，使子孙知所持守。时朱升方进翰林学士。

中书省、御史台正月进《大明律令》。

颁《戊申大统历》。

按：《明史》卷一二八《刘基传》曰："吴元年以基为太史令，上《戊申大统历》。"又《明史》卷三一："吴元年十一月乙未冬至，太史院使刘基率其属高翼上戊申《大统历》。太祖谕曰：'古者季冬颁历，太迟。今于冬至，亦未善。宜以十月朔，著为令。'"明年即洪武元年，岁次戊申，故名为《戊申大统历》。"黄帝迄秦，历凡六改。汉凡四改。魏迄隋，十五改。唐迄五代，十五改。宋十七改。金迄元，五改。惟明之《大统历》，实即元之《授时》，承用二百七十余年，未尝改宪。成化以后，交食往往不验，议改历者纷纷。"

明初编纂《襃贤集》5卷。

按：据《四库全书总目提要》卷六〇：《襃贤集》，不提纂人名氏。取宋元人著作有关范仲淹者及朝廷所降文牒等类，合为一书。一卷为传、碑、铭、祭文，二卷为优崇典礼，三、四卷为碑记，五卷为诸贤赞颂、论疏。中间载至元顺帝至正间，则明初人所编也。

高启为苏州造墨家沈继孙著《墨翁传》；倪云林以《卖墨诗》赠沈继孙。

按：沈继孙，生卒年不详。字宗学，以字行，又字起宗。自号墨翁。江苏吴县人。詹孟评其书兼欧、虞、颜、柳，为有明第一人。尤精医。与王宾友善。著有《增补广韵》、《七音字母》（皆见《千顷堂书目》卷三）等；《墨法集要》，有《武英殿聚珍版丛书》本；《十二经络治疗溯源》，已佚，见《千顷堂书目》卷一四；《本草发挥精华》、《外科新录》4卷，已佚，见《吴县志》艺文考一。

胡翰著《赵氏大墓表》。

梁孟寅洪武初纂《十九史略》成。

按：元庐陵曾先之纂《十八史略》，至宋而止。梁孟寅益以元事，名《十九史略》。嘉靖李纪以旧注未备，为增补以成《史略详注补遗大成》10卷。

明初（或元末）纂《宋遗民录》1卷。

按：据《四库全书总目提要》卷六一：《宋遗民录》，不著撰人名氏。乃洪武中抄本。毛晋刻之，附于《忠义集》之后。或元人所作，或明初人所作，均未可知。后程敏政亦有《宋遗民录》，殆未见此本，故其名相复。纂者不详。

明初编纂《忠传》4卷。

按：据《四库全书总目提要》卷六一：《忠传》，不著撰人名氏。载于《永乐大典》中，题云《国朝忠传》，则明初人所作也。其书集古今事迹，各绘图系说，语皆鄙俚，似委巷演义之流，殆亦明太祖时官书欤。

刘巽洪武初纂修《长兴县志》。

按：已佚。见雍正《浙江通志》卷二五三著录。《千顷堂书目》刘巽误刊作"刘吴"。

明初修《嘉兴府志》、《吴兴续志》、《武康县志》（与《德清县志》合为1册）、《安吉州志》（与《长兴县志》合为1册）、《慈溪县志》、《绍兴府志》、《新昌县志》、《永康县志》、《衢州府志》、《处州府志》。纂修者皆不可考。

王宾洪武初因其曾大父孜所辑《云峤类要》而编为《虎丘志略》。

按：虎丘山有志，始于王宾。成化二十二年刘辉又加修补而刻《虎丘山志》1卷总集1卷传世。

贾嵩元亡后罢官家居时纂修《贾氏族谱》。

按：有叶夷仲序，徐一夔题后。见《始丰稿》。原本未见。贾嵩，生卒年不详。浙江天台人。

柳穆明初纂《浦江柳氏宗谱》。宋濂为序。

按：见《元史艺文志补》及雍正《浙江通志》。《金华经籍志》云未见。柳穆，生卒年不详。柳贯八世孙。

王祎作《德清重建县治记》、《建昌州新作谯楼记》、《送胡先生（瀚）序》。

梁寅跋《白鹿先生诗》于京城天界寺之西台，又作《严氏故居记》。

李翀洪武初著《日闻录》1卷成。

按：《四库全书总目提要》卷一二二曰："翀不见史传。惟书中纪至正甲辰、丙午间事，下距洪武元年仅一二载，其人当已入明。然书中皆称元为国朝，则前代遗老，抱节不仕者也。是书多及历代故事。略如蔡邕《独断》、崔豹《古今注》之体，而辨论差详，多有可采。亦间及元代轶事，盖杂家者流"。其中有殊属臆断者，考证未免少疏，亦有未免传闻附会。"然大致引据详核，足与史志相参考，数典者固宜有取也。旧本久佚，今以《永乐大典》所载，抄合排比，编为一卷。《千顷堂书目》载有是书，而题作者为凌翀。《永乐大典》所题，亦有一条作凌翀，然其余无作凌翀者。今择其多者从之，而附载姓氏之异同，备考核焉"。

《朝鲜医学问答》刊行。

按：朝鲜尹知微提问，中国王应遴等答，研讨后记录成书。

明初译阿拉伯人伊本·西那《医典》为《回回药方》。

按：是书元时传入中国。译者不详。

明初坊间据宋干道三年本刻印《新刊王充论衡》15卷本。

韩奕洪武初著《易牙遗意》2卷。

按：据《四库全书总目提要》卷一一六：是编仿古食经之遗。……周履靖校刊，称为当时豪家所珍。考奕与王宾、王履齐名，明初称吴中三高士，未必营心刀俎若此，或好事者伪撰，托名于奕耶。《增订四库简明目录标注》中《易牙遗意》栏，作者"明黄省曾撰，卖门广牍书，伪题元韩奕"。明田汝成纂辑《西湖游览志余》则有"韩公望《易牙遗意》有桂仙汤"之说。今人邱庞认为"在尚无充分根据的情况下，韩奕对《易牙遗意》的编著权暂还不能推翻。"《易牙遗意》受浦江《吴氏中馈录》影响大，亦有引自刘基《多能鄙事》者。清高濂所纂《遵生八笺·饮馔服食笺》又有转引《易牙遗意》者。是书有副都御史黄登贤家藏本，周履清校刊，称为当时豪家所珍；夷门文牍·食品；景印元明善本丛书十种·夷门文牍·食品。1984年中国商业出版社出版校释标点本。（参《中国大书典》等）

贾铭洪武初著《饮食须知》8卷。

按：贾铭，生卒年不详。自号华山老人。海宁人。据《四库全书总目提要》卷一一六：贾铭入明已百岁，太祖召见，问其平日颐养之法，对云要在慎饮食，因以此书进览。

马顺孙洪武中著《帝王宝范》3卷。

按：据《四库全书总目提要》卷一三一：是书杂采经史，分类编目。当太祖开创之初，尝进于朝，冀采以定制作，兴礼乐。然择焉不精，语焉不详，徒为老生常谈而已。《千顷堂书目》载此书作60卷。考《永乐大典》所载实止3卷，虽编录时或有合并，不应悬绝至此。殆黄虞稷未见原书也。顺孙，生卒年不详。江南人，洪武中布衣。

洪武初奉敕纂《历代驸马录》2卷成。

按：据《四库全书总目提要》卷一三一：明洪武中奉敕撰。取自汉至宋尚主之人，各叙其善恶事迹，以示法戒，亦演以俗语。

洪武初纂《群书集事渊海》47卷成。

按：《四库全书总目提要》卷一三七称：不著撰人名氏。《明史·艺文志》以为弘治时人编，盖据高儒《百川书志》所载也。考李东阳《怀麓堂集》有此书后序，称国初人所辑，内官监左少监贾性在司礼购而得之。捐赀镂版，病其字太小，募善书者录之，稍拓其式。是此书本出自明初，《百川书志》特据贾性重刻之本，遂误以为弘治间人耳。其书分门十，分子目五百七十二，集诸书事迹自春秋迄战国凡数千条，条下各注所出，皆陈因习见。又门目繁碎，配隶或多不当，引据亦多舛误，殊无足采录，即李东阳及刘健原序亦深致微词云。

徐彦纯著《医学折衷》成。

苏伯衡洪武初访元陈高遗稿，釐定成编，题曰《子上存稿》。

按：不知何人改为《不系舟渔集》15卷、附录1卷。见《四库全书总目提要》卷一六八。

戴良隐鄞，著《东山赏梅诗序》。

按：序曰："戊申之冬，豫章龙君子高，偕慈溪桂君彦良、王君彦贞，访沈师程氏于东山。已而钱塘刘君庸道及一二士友，亦来会。……"（《九灵山房集》卷二一）

俞希鲁卒（1279— ）。希鲁字用中。元镇江路丹徒人。举授处州独峰书院山长，移饶州长芗书院。除庆元路教授，擢归安县丞，升江山县尹，

居伊·德·肖利亚克卒（约1300— ）。法国外科医师。著有《大外科学》。

改永康。以儒林郎松江府判官致仕。著有《至顺镇江志》、《竹素钩悬》20卷、《听雨轩集》20卷。事迹见《宋文宪公全集》卷三一。

张翥卒（1287—　）。翥字仲举，号蜕庵。晋宁人。至元初，用隐逸荐，召为国子助教，分教上都。寻退居淮东。会修《宋》、《辽》、《金》三史，起翰林国史院编修官。累迁翰林学士承旨，致仕，加河南行省平章政事，给俸终身。尝从学李存、仇远，传陆九渊之说。为诗格调甚高，词尤婉丽风流。《宋元学案》列其入《静明宝峰学案》。著有《蜕庵集》5卷、《蜕岩词》2卷，又编有《忠义录》。事迹见《元史》卷一八六。

按：据《四库全书总目提要》卷一六七：王士祯《居易录》曰："蜕庵元末大家，古今诗皆有法度。无论子昂、伯庸辈，即范德机、揭曼硕未知伯仲何如。"史称翥遗稿不传，传者有律诗、乐府，仅3卷。王士祯则称"《蜕庵集》四卷，明洪武三年锡山郎成抄本"。四库本乃朱彝尊所藏，明初僧大杼手抄本，前后有来复、宗泐二人《序》《跋》。盖僧大杼与翥为方外交，元末翥没无嗣，大杼取其遗稿归江南，别为选次而录存之为《蜕庵集》。考《元音》、《乾坤清气集》、《玉山雅集》诸书，所录翥诗尚有出此集之外者，则亦非全本也。《四库全书总目提要》卷一九七：《蜕岩词》"春从天上来"题下注曰："广陵冬夜，与松云子论五音二变十二调，且品箫以定之。清浊高下，还相为宫，犁然律吕之均，雅俗之正。"则其于倚声之学讲之深矣。《宋元学案》卷九三云濠谨案：先生著有《蜕庵集》4卷，收入《四库·集部》。又案：金明昌、承安间亦有张翥，字仲扬。刘祁《归潜志》称其诗多浮艳。诸书援引为一人，非也。

陶安卒（1312—　）。安字主敬，福王时追谥文宪。安徽太平府当涂人。著有《陶学士集》20卷。事迹见《明史》卷一三六，《国朝献征录》卷六。明费宏原编、清夏炘改编有《明翰林学士当涂陶主敬先生年谱》1卷。

按：安事太祖凡十有四年，所陈皆王道，所论皆圣学，故君臣契合，宠遇不衰，始终一致。先是安入为侍从，信任方专，有御史忌之，刺其隐微之过者，太祖命黜其人。中书省谓：御史居言路，有失宜容之。太祖曰：去小人，当如扑火，及其未盛而扑之，则易为力，否则害滋大矣。太祖闻安卒，九月癸卯亲制文祭之，（《明通鉴》目录卷一）即《授翰林学士陶安诰》。《国朝献征录》卷六曰："疾剧犹草上时务十二事。赠姑孰郡公。国初诸礼多安裁定，大祀礼专用安议。"

《四库全书总目提要》卷一六九称：其诗一曰《辞达集》、一曰《知新近稿》、一曰《黄岗寓稿》、一曰《鹤沙小记》、一曰《江行杂咏》，本各自为集，《陶学士集》分体编次，与所作词赋共为10卷，其文亦为10卷。而送人之序引居其半。或以安文章宿望，人得其赠言以为荣，故求之者多耶。又安以儒臣司著作，于郊社、宗庙典礼，皆有奏议。若明初分祭南北郊，及四代各一庙之制，皆定于安。又刑律亦安所裁。而集中均不载其文，殆以朝廷公牍，同署者不一人，故不复列入私集也。世言祝寿之序，自归有光始入集。考此集已有二篇，则不自有光始矣。安声价亚于宋濂，然学术深醇，其词皆平正典实，有先正遗风。一代开国之初，应运而生者，其气象固终不侔也。

又按：《中国历代人名大辞典》载：陶安（1315—1371）。未标明出处。《明通鉴》卷一考异：学士之卒，《三编》书之九月，《潜庵史稿》书九月壬寅之下。证之《学士集》，但云"是月戊戌朔"，伯兄撰《年谱》，定为癸卯初六日。

钱惟善卒，生年不详。惟善字思复，号曲江居士，自号心白道人。钱塘人。惟善初应乡试时，题曰《罗刹江赋》。锁院三千人，不知所出。独惟善引枚乘《七发》，证钱塘之曲江即罗刹江，大为主司所称，由是知名。既殁,与杨惟桢、陆居仁同葬于干山,人称三高士墓。著有《江月松风集》12卷。事迹见《明史》卷二八六《杨维桢传》附传。

按：据《四库全书总目提要》卷一六八：其集在明不甚显,故焦竑《国史经籍志》收元人诗集颇夥,而惟善所作不著录。其传于世者,惟赖良《大雅集》所录诗九首而已。《江月松风集》四库本初为惟善手书真迹,藏于练州陆氏家,后归嘉兴曹溶,康熙中金侃于溶家抄得,又以甫里许氏藏本较其异同,始行于世。

郭奎卒于洪武初。生卒年不详。字子章。元明间庐州府巢县人。著有《望云集》5卷。事迹见《明史》卷二八五《王冕传》附传。

按：据《四库全书总目提要》卷一六九:《望云集》,赵汸、宋濂为之序,推崇甚至。嘉靖辛卯吴廷翰重刊是集。

戚伯榆(—1407)、欧阳贤(—1422)、金善(金幼孜)(—1431)、何源(—1453)、刘敬(刘子钦)(—1454)、尤文(—1456)生。

洪武二年　己酉　1369年

正月庚子,御奉天门,明太祖召元故臣马翌等,论元失天下,在于纵弛,非宽之谓也。(《明通鉴》目录卷一)

丁未,享太庙。

按：明太祖始命学士朱升等纂《斋戒文》。定先期斋戒三日。(《明通鉴》卷二)

二月丙寅朔,诏儒臣,发秘府所藏,纂修《元史》。

按：史局设在南京天界寺。并取元虞集所纂《经世大典》等书以备参考。明太祖谕李善长等曰:"元初君臣朴厚,政务简略,与民休息,时号小康。后嗣荒淫,权臣跋扈,兵戈四起,民命贴危。间有贤智之士,忠荩之臣,不获信用,驯至土崩。其间君臣行事,有善有否,贤人君子,或隐或显,诸所言行,亦多可称者。卿等务直述其事,毋溢美,毋讳恶,以垂鉴戒。"元之亡也,危素不死,大兵迫史库,往告镇抚吴勉辈遂出之,《元实录》(《明通鉴》目录卷一记为《十三朝实录》)得无失,至是太祖访以元兴亡事甚悉。(《明通鉴》卷二)

又按：《銮坡前集》卷一《〈元史〉目录后记》曰:"洪武元年秋八月,上既平定朔方,九州攸同,而金匮之书悉输于秘府。冬十有二月,乃诏儒臣发其所藏,纂修《元史》以成一代之典,而臣濂、臣祎实为之总裁。"

三月乙未朔,明太祖与儒臣论《易》,至"天地养万物,圣人养贤以及万民",太祖曰:"人主职在养民,但能养贤与之共治,则民皆得所养。然知人最难。若所养果贤,而使之治民,则国无虚禄,民获实惠。苟所养非贤,反厉其民,何辅于国哉?故人主养贤非难,知贤为难。"(《太祖实录》卷四〇)

辛丑,明太祖与翰林待制秦裕伯等论学术。(《太祖实录》卷四〇)

戊申,明太祖谓翰林侍读学士詹同曰:"古人为文章,或以明道德,或以通当世之务。如《典》《谟》之言,皆明白易知,无深怪险僻之语。至如诸

拜占庭约翰五世被拘威尼斯。

英法战事再起。

葛孔明《出师表》，亦何尝雕刻为文？而诚意溢出，至今使人诵之，自然忠义感激。近世文士，不究道德之本，不达当世之务，立辞虽艰深而意实浅近，即使过于相如、杨雄，何裨实用？自今翰林为文，但取通道理明世务者，无事浮藻。"（《太祖实录》卷四〇）

戊午，诏工部增益太学斋舍。（《明通鉴》目录卷一）

四月乙亥，命中书编《祖训录》。

按：洪武六年成。《四库全书总目提要》卷八三政书类存目著录，题作《明祖训》1卷。《千顷堂书目》著录题为《祖训》，注云："洪武二十八年九月庚戌颁于内外文武诸司。"

五月，高丽称臣。

六月丁卯，谕国子学官曰：欲人材之成效者，必养其德性。（《太祖实录》卷四〇）

庚午，明太祖召国子生谕之曰："……惟其有文武之才则万邦自以为法矣，尔等宜勉之。"（《太祖实录》卷四〇）

八月癸酉，初修《元史》成。时明太祖复遣儒士欧阳佑等十二人往北平、山东采求遗事。（《明通鉴》目录卷一）

丙子，封王颛为高丽国王，颛遣使贡方物。

按：遣成惟德来朝，赐以《六经》、《四书》、《通鉴》以还。

庚寅，诏儒臣纂《礼书》。

按：先是太祖即位，屡敕儒臣编集郊庙、山川等仪及古帝王祭祀感格可垂鉴戒者，名曰《存心录》。寻诏郡县举高洁博雅之士，同修礼书。征入礼局者，凡18人。（《明通鉴》卷二）洪武三年九月礼书成，名《大明集礼》。

九月癸丑，诏有司访求能通声律者送京师。（《太祖实录》卷四五）

十月辛巳，明太祖谕中书省臣曰：朕恒谓治国之要，教化为先，教化之道，学校为本。今京师虽有太学，而天下学校未兴，宜令郡县皆立学，礼延师儒教授生徒，以讲论圣道，使人日渐月化，以复先王之旧，以革污染之习，此最急务，当速行之。（《太祖实录》卷四六）

辛卯，诏天下府州县皆立学。

按：诏曰：古昔帝王育人材，正风俗，莫先于学校。自胡元入主中国，夷狄腥膻，污染华夏，学校废弛，人纪荡然。加以兵乱以来，人习斗争，鲜知礼义。今朕一统天下，复我中国先王之治，宜大振华风，以兴治教。今虽内设国子监，恐不足以尽延天下之俊秀，其令天下郡县，并建学校，以作养士类。其府学，设教授一员，秩从九品，训导四员，生员四十人，州学设学正一员，训导三员，生员三十人，县学设教谕一员，训导二员，生员二十人。师生月廪食米人六斗，有司给以鱼肉，学官月俸有差。学者专治一经，以礼、乐、射、御、书、数设科分教，务求实才，顽不率者黜之。（《太祖实录》卷四六）

李善长、宋濂、王袆等二月始纂修《元史》。

按：中书左丞相李善长为监修官。宋濂二月以前起居注、王袆以漳州通判为总裁，其它纂修人员，命广征山林隐逸之士充之。参与编纂者有：汪克宽、胡翰、宋僖（宋禧）、陶凯、陈基、赵壎、曾鲁、赵汸、张文海、徐尊生、黄箎、傅恕、傅著、谢徽、高启。

八月初成，赐纂修汪克宽等金帛文绮，总裁官宋濂等倍之。诸儒征召入纂修局者，或授官而归，或不受者，赐金币文绮遣之，惟陶凯、曾鲁后至显官云。

宋濂自家乡被召还京师，二月与王袆同任《元史》总裁官。春，与张以宁会于建业。在姑苏见周伯琦。明太祖五月癸卯祀方丘，患心不宁，宋濂言："养心莫善于寡欲。"太祖善之。五月，明太祖自制《扬王行实》，命翰林学士宋濂文其碑。八月，宋濂为翰林院学士。作《进〈元史〉表》以呈。十月甲戌以甘露降钟山，言灾祥，引《春秋》，谓"书异不书祥"。太祖然之。（《明通鉴》目录卷一）

按：宋濂《翠屏集序》曰：（张以宁）"先生长濂凡九岁。濂初濡毫学文，先生已擢进士第，列官州邑。及其教成均，入词垣，先生之文益散落四方，濂得观之，未尝不敛衽，而以未能识面为慊。去年春，始获与先生会于京师，各出所为旧稿，相与剧论至夜分弗知倦，且曰：'吾平生甚不服人，观子之文，殆将心醉也。'濂窃以谓先生素长者，特假夫褒美之辞，以相激昂尔，非诚然也。"

王袆自义乌赴京师，道过钱塘，遇徐一夔。二月丙寅并与宋濂同任《元史》总裁官。六月，拜翰林待制，同知制诰兼国史院编修官。是年，以南京兴工筑城，作《筑城谣》。

李善长二月丙寅为《元史》监修。

汪克宽二月丙寅应诏与修《元史》。书成，将授官，固辞老疾。

高启以荐修《元史》赴南京。授翰林院国史编修官，并授命教授诸王。

宋僖（宋禧）二月丙寅应诏与修《元史》。

按：所撰《外国传》，自高丽以下悉出其手。书成不受职，乞还山。复与桂彦良（桂德偁）同征主考福建。宋僖，生卒年不详。初名元禧，字无逸，号庸庵。浙江馀姚人。事迹见《明史》卷二八五《赵壎传》附传。据《四库全书总目提要》卷一六八：禧学问源出杨维桢。《千顷堂书目》载《庸庵文集》30卷，又《庸庵诗集》10卷。其文集、诗集自明以来，未有刊本，流播绝稀。《四库全书总目提要》统题作《庸庵集》14卷，以备元末之一家。编邑人元代岑安卿《栲栳山人集》3卷，曾为安卿题像，述其生平，亦附载于集中。

陈基二月丙寅应诏与修《元史》。

张文海二月丙寅应诏与修《元史》。

胡翰二月丙寅应诏与修《元史》，书成，授赍归。

赵汸二月丙寅应诏与修《元史》。

赵壎二月丙寅应诏与修《元史》。

徐尊生二月丙寅应诏与修《元史》。

按：书成，受赐归，复召修《日历》。后以宋濂荐授翰林应奉，文字草制，悉称旨。寻以老疾辞还。徐尊生，生卒年不详。字大年。元明间浙江淳安人。著有《春秋论》1卷（见《千顷堂书目》卷二）；《徐尊生制诰》2卷、《怀归稿》10卷、《还乡稿》10卷（《明史》卷九九艺文志）。《严州志》本传亦称有《制诰》2卷、《怀归稿》等20卷。《淳安志·艺文》载有《怀归稿序》，原书未见。事迹见《明史》卷二八五《赵壎传》附传。

陶凯二月丙寅应诏与修《元史》。

黄篪二月丙寅应诏与修《元史》。

傅恕二月丙寅应诏与修《元史》。

傅著二月丙寅应诏与修《元史》。

谢徽二月丙寅应诏修《元史》，授翰林编修，兼教功臣子弟。

曾鲁以修《元史》成，赐金帛居首，乞还山。会礼局方开，复命留之。

吕复奉命自南京出发，至北方采集史料，以供史局编纂《元史》。

按：返归后别纂《北平山东事迹目录》1卷。

梁寅等儒臣八月庚寅应诏纂修《礼书》。

按：首以杨维桢召。维桢谢绝。其它征入礼局者，有梁寅、宋讷、徐一夔、唐肃、刘于、周子谅、胡行简、刘宗弼、董彝、蔡深、滕公琰等，凡18人。洪武三年九月礼书成，名《大明集礼》。

梁寅以名儒就征，在礼局讨论各种礼制，议论精审，诸儒皆推服。

按：书成，不受职，以老病归。建江西新余石门书院。四方士多从学，称为梁五经，又称石门先生。

刘于征入礼局纂修《礼书》。

刘宗弼征入礼局纂修《礼书》。

宋讷以儒士征，与修礼、乐诸书。

按：事竣，不仕归。后以荐授国子祭酒。

林弼以儒士修礼乐书，授吏部主事。

周子谅征入礼局纂修《礼书》。

唐肃征入礼局纂修《礼书》。

胡行简征入礼局纂修《礼书》。

按：胡行简，生卒年不详。字居敬。元明间临江新喻人。元至正进士。授国子监助教，历翰林修撰，除江南道御史，迁江西廉访司经历。遭世乱，乞归，以经学教授乡里。著有《樗隐集》6卷。事迹见《江西通志》中。《四库全书总目提要》卷一六八曰："考《明史·礼志》，载洪武二年诏郡县举高洁博雅之士，同修《礼书》。至者八人，而行简与焉。是明初尚存。故集中《晏公庙喻真人》二碑均有洪武年号。然明《太祖实录》又载'征江西儒士刘于、胡行简等至京，欲官之，俱以老病辞，各赐帛遣还'。则尚未受明官也。行简文章，以冲和澹雅为宗，虽波澜未阔，而能确守法度，不为支离冗赘之词。……焦竑《经籍志》所列元末明初诸集，为数最夥，而独无《樗隐集》之目，是明代传本已鲜。今从《永乐大典》搜辑编缀，釐为六卷，存其概焉"。

徐一夔征修《礼书》。

按：其友人王祎又荐修《元史》，贻书言元朝史料残缺，顺帝朝尤盛，难成良史，辞不往。后起为杭州教授，召修《大明日历》，书成，将授翰林院官，以足疾辞归。

钱宰洪武初征修礼、乐书，寻以病去。

蔡深征入礼局纂修《礼书》。

按：《千顷堂书目》卷二有蔡深《春秋纂》10卷。并曰：蔡深，字渊仲，江西乐平人。元徽州路学教授。明初陶安荐其学行，以老病不赴。

滕公琰征入礼局纂修《礼书》。

董彝征入礼局纂修《礼书》。

陈谟征至京师议礼。宋濂等请留为国学师。陈谟引疾辞。

按：家居教授，屡应聘为江浙考试官。著书教授以终。

沈铉入明，召修礼书，授太常博士，以母老辞归。复征至京卒。

按：沈铉，生卒年不详。字鼎臣。浙江钱塘人。博学，精于《春秋》。著有《希贤集》。事迹见《万姓统谱》卷八九。

杨维桢正月在松江拄颊楼自书海棠城诗卷。率弟子张习、袁用、朱芾、李扩谒张麒三昧轩，观赏元初名画。杨维桢二月作《壶月轩记》，书赠弟子李恒。春，杨维桢赴常熟世家虞伯源之招。杨维桢四月为虞氏撰堂记；为虞伯源门客殷宗义序族谱。翟桂四月请杨维桢为其父撰墓铭。杨维桢六月为松江府吏萧兰撰斋记。吴兴老友褚乐闲子质七月专程来谒文，杨维桢为撰《松月轩记》。杨维桢八月首召纂《礼书》，谢绝。陆颖贵乃笔工，卓然独立而不阿，引杨维桢为知己，杨维桢八月有诗文赠颖贵。李文彬来淞复核田土，杨维桢九月撰文送之还京。陈宁九月以松江知府调官山西行省参政，杨维桢送之。杨维桢九月被召，十二月赴京修礼乐书。舟过崇福寺，主僧性宗来谒。杨维桢撰《绿筠轩志》。王盖是冬出使松江，杨维桢有文送别。杨维桢又有文送松府史于彦珍秩满擢官。

按：《潜溪录》卷六骆问礼《续羊枣集》："杨维祯隐于松江，见太祖高皇帝。太祖曰：'有荐汝者宋濂，今在翰林院，可往见之。对曰：惜其人学不甚博。明日以语宋濂，濂曰：臣学信不及维祯。'"

又按：朱芾，生卒年不详。字孟辨。松江府华亭人。洪武初，官编修，改中书舍人。工词章，兼善翰墨，真草篆隶清润遒劲。画山水人物亦佳。事迹见《明史》卷二八五《赵撝谦传》附传。

黄泽直言申辨，淞民蒙冤拘押迁徙昭雪。杨维桢论其事，以为凡事不可剥极。

金信入淞采风谣，挟诗来谒，杨维桢为作序。

胡大海幕僚、陵阳刘尚贤介金信请文，杨维桢为撰《听雪舟记》。

冯荣以华亭知县擢官来淞，杨维桢有文赠别。

祝挺以上海知县赴召入京，杨维桢以文送之。

曹时复挈家还乡(淮阴)，滨行，踵门请序世谱，杨维桢作之。

祝可来谒杨维桢，杨维桢撰文美其家乡宅园。

刘基四月答太祖论待大臣之体。十月答太祖问丞相人选。

秦裕伯改待制，旋为治书侍御史。

危素等十月以甘露降于钟山，请告庙，明太祖不许。是年，危素与张以宁授为翰林侍讲学士。危素以坐失朝免。

按：危素、张以宁原为元臣。素长于史，以宁长于《春秋》。

张以宁六月与陈光裕(陈南宾)定交。

按：陈南宾《翠屏集序》："予少年读书时，闻其名籍甚，心窃慕之。洪武己酉夏六月，蒙朝廷以贤士举赴京，获一见先生面，先生许可之。七月，予有山东行，不得侍教左右以偿其夙愿。未几而先生逝矣。"

张以宁、牛谅分别以侍读学士、典簿六月壬午遣赍敕书往安南，并赐国王《大统历》，颁涂金银印。

张以宁奉使安南道次长江之西，作《潜溪后集序》寄宋濂。

朱升以年老致仕。

刘迪简征入京，授尚宾馆副使，陈时务五十条。

按：又受命往开封陕西，采访前代政绩。后奉诏使交趾，还至南宁，卒于途。刘迪简，生卒年不详。字简卿。江西安福人。博学通经，著有《尚宾集》。《四库全书总目提要》卷五二《庚申外史》条："书前别附一《序》，称洪武二年迪简受命访庚申帝史事云云，不著其姓。详其文，乃《庚申帝大事纪序》，非此书之《序》，后人移缀此书中耳。考王祎《造邦勋贤录》，称刘迪简，宜春人，国初征授尚宾副使，则迪简当为刘姓。又考黄溥《间中今古录》，称刘尚宾集《庚申帝大事纪》，则此《序》为刘迪简《大事纪序》明矣"。《明史·艺文志》录《刘迪简文集》5卷。事迹见《本朝分省人物考》卷六九。

谢应芳此际流寓吴兴，以诗赠笔工王世超。

孔克仁四月己巳命授诸王子经，功臣子弟亦令入学。

按：孔克仁侍太祖最久，太祖数与论天下形势、前代兴亡。已，出知江州。坐事死。

陈樨荐授翰林学士，迁待制。

按：陈樨，生卒年不详。字子经。浙江奉化人。明初侨居南京。后以非罪死。《宋元学案》列其入《东发学案》。著有《通鉴续编》24卷，《尺牍筌蹄》3卷。《四库全书总目提要》卷四七曰："流寓长洲，后入明为翰林编修，以附杨宪，迁待制，见《明史·杨宪传》。……樨祖著，宋时以秘书少监知台州，尝作书名《历代纪统》。其父泌，为校官，又续有撰述，世传史学。其家世传史学，以司马氏《通鉴》、朱子《纲目》并终于五代，周威烈王以上，虽有金履祥《前编》，然亦断自陶唐，因著此书，首述盘古至高辛氏，以补金氏所未备，为第一卷。次撮契丹在唐及五代时事以志其得国之故，为第二卷。其二十二卷皆宋事，始自太祖，终于二王，以继《通鉴》之后。故以《续编》为名。然大书分注，全仿《纲目》之例，当名之曰《续纲目》。仍袭《通鉴》之名，非其实也"。"然自《通鉴纲目》以后，继而作者，实始于樨。其后王宗沐、薛应旂等，虽递有增修，而才识卒亦无以相胜"。纂《尺牍筌蹄》3卷，《四库全书总目提要》卷一九一以为，是书选录宋代书简，可于《事文类聚》、《翰墨全书》、《书言故事》内随意择用。则村塾俗书，未必真出于樨也。

朱润祖以贡生任溧水训导，迁淳安教谕。

按：朱润祖，生卒年不详。江苏溧水人。著有《寓轩集》10卷。事迹见《千顷堂书目》卷一七。

吴简以诗记吴江是冬酷寒。

王蒙为泰安知州。

倪瓒自松江至甪直度夏，病臂。

按：虞堪以浙江杨维桢所作《古剑行》征倪瓒题。瓒以诗留赠虞堪。

杨基自谪地释还，授荥阳知县，乞留京师，得请，任以太常寺典簿。

按：高启与会，作《赠杨荥阳》诗。张羽侨寓苏州，以诗怀杨基。

徐贲自谪地释还，寓居吴兴。

陆子高（陆冠孝）以献家藏古书而入儒籍。

方孝孺年十三，善属诗古文词，雄迈醇深，千言立就。乡人呼为小韩子。

杨士奇始承母训。

按：杨思尧《太师杨文贞公年谱》曰："陈夫人口授《孝经》、《大学》、《论语》、《孟子》。时公伯退庵先生子与、罗先生子理、邓先生崇志，为学训导。"

僧大同被召赴钟山无遮大会,寻放归。

日本竹田昌庆至明师从道士金翁学医。

按:1378年携医书回国,后被室町幕府任命为医官。

宋濂、王祎等八月癸酉奉敕纂《元史》初成。

按:修成元宁宗以前纪37卷、志53卷、表6卷、传63卷。先是所得《十三朝实录》,唯元统以后之事阙焉。明太祖复遣儒士欧阳佑等12人往北平、山东采求遗事,时尚未至也。顺帝朝因史官职废,皆无实录可据,故未得为完书。太祖复诏仪曹遣使行天下,其涉于史事者,令郡县上之。

又按:《元史》纂修诸人集雨花台下史局,作赏月会,庆史稿初定。高启作纪事诗。

宋濂应汪克宽之求作汪泽民神道碑铭。作《送许时用还越中序》、《用明禅师文集序》、《送用明上人还四明序》、《送觉初禅师还江心序》、《送吕仲善使北平采史序》等。

王祎正月作《漳浦县孔子新庙记》。六月作《代国史院进后妃功臣列传表》、《送许时用归越》。

危素撰《皇陵碑》文。

按:二月,上仁祖陵曰英陵。寻改皇陵,诏立《皇陵碑》,太祖手录大略,命危素撰文。(《明通鉴》卷一)

周忠著《太平十六策》。

按:周忠,生卒年不详。字伯厚。元明间江西金溪人。元末进士不第。会朱元璋起兵,力却陈友谅建昌守将王溥归之。从朱元璋征湖广,参谋左右。吴元年召对称旨。洪武二年复献《太平十六策》,太祖纳之。寻使北元,不知所终。事迹见《光绪抚州府志》卷五〇。

孙蕡作朝云诗。

按:弘治间黄瑜《双槐岁钞》卷一曰:"(孙蕡)工于集句,叙所作朝云诗一百韵,语多不录,录其叙,盖传奇体,以资谈谑尔。"

朱右六月撰《真实尊者一雨大师塔铭》。

贝琼作《己酉岁初度日书怀》,为华亭宋子正撰《方壶记》。

庐陵罗大巳作郭钰《静思集》序。称其有经济,能自守。

赵汸序王祎《华川文集》。

戴良作《书画舫燕集诗序》。

按:序曰:"岁己酉十月初吉,予偕天台毛云庄出游慈水之上,主东山沈师程氏。于时东平李先生元善、四明桂先生同德、钱塘钱君明远、刘君庸道及诸能赋之士,咸在焉。明日,师程之友罗彦直氏,邀予与诸公列饮所居之书画舫。……"(《九灵山房集》卷二一)

殷奎八月作《苏州别驾戚侯行县诗序》。

僧永宁卒(1292—)。永宁俗姓朱,字一源,号幻虚子。元通州人。著有《四会语录》。事迹见宋濂《佛心了悟本觉妙明·净大禅师永宁碑铭》(《国朝献征录》卷一一八),《补续高僧传》卷一四。

博洛尼亚的维塔莱卒(约1309—　)。意大利博洛尼亚画派画家,木雕家。

周伯琦卒(1298—　)。伯琦字全温,号玉雪坡真逸。元饶州人。博学工文章,尤以篆隶真草擅名。著有《说文字原》1卷、《六书正讹》5卷等。事迹见《元史》卷一八七。

按:据《四库全书总目提要》卷四一:"明郎瑛《七修类稿》,载其降于张士诚,士诚破后,为明太祖所诛。谓《元史》称其后归鄱阳病卒为误。考徐祯卿《翦胜野闻》先有此说。然宋濂修史在太祖时,使伯琦果与士诚之党同诛,濂等不容不知。至《翦胜野闻》本出依托,不足为据。瑛所言殆传闻失实也"。《说文字原》、《六书正讹》"二书前有至正乙未国子监丞宇文公谅《总序》。《说文字原》之首有伯琦《自序》,题'至正己丑',而《六书正讹》则无序。意其佚脱也。明嘉靖元年,滁阳于器之重刊于浙中,琼州黄芳为序。崇祯甲戌,胡正言又重刊之"。"大抵伯琦此二书,推衍《说文》者半,参以己见者亦半。瑕瑜互见,通蔽相仿,不及张有《复古编》之精密,而亦不至如杨桓《六书统》之糅杂"。《四库全书总目提要》卷四三称:李京《字学正本》,凡所根据,多得之周伯琦《六书正讹》、张有《复古编》。

汪汝懋卒(1308—　)。汝懋字以敬。元徽州歙人,徙建德淳安。以荐授丹阳县学教谕。累官定海县尹兼劝农防御事。病致仕归故里。《宋元学案》列其入《慈湖学案》。著有《春秋大义》百卷、《深衣图考》3卷、《礼学幼范》4卷、《善行启蒙》4卷、《历代纪年》4卷、《山居四要》4卷和《遯斋稿》30卷等。事迹见《九灵山房集》卷二三墓志铭。

按:《宋元学案》卷七四曰:"其父斗建,受业方蛟峰之门,而先生从游吴朝阳、夏大之、洪本一三君之门。""其弟子曰沈源、唐辕,皆鄞人。"

顾瑛(顾阿瑛、顾德辉)卒(1310—　)。瑛一名阿瑛,又名德辉,字仲瑛,号金粟道人。直隶昆山人。少轻财结客。年三十,始折节读书,与天下胜流相唱和。举茂才,署会稽教谕,辟行省属官,皆不就。年四十即以家产尽付其子元臣,卜筑玉山草堂。池馆声伎,图画器玩,甲于江左。风流文采,倾动一时。后元臣仕为水军副都万户。元亡,随例徙临濠。瑛亦偕往,徙濠梁卒。著有《玉山璞稿》1卷,辑有《玉山名胜集》9卷、《草堂雅集》12卷。事迹见《明史》卷二八五《陶宗仪传》附传,《顾仲英瑛传》(《国朝献征录》卷一一五),《故武略将军钱塘县男顾府君墓志铭》(《强斋集》卷四)。

按:《四库全书总目提要》卷一八八曰:"瑛早擅文章。又爱通宾客,四方名士,无不延致于'玉山草堂'者,因仿段成式《汉上题襟集》例,编唱和之作为此集,自陈基至释自恢,凡七十人。又仿元好问《中州集》例,各为小传,亦有仅载字号里居,不及文章行谊者,盖各据其实,不虚标榜,犹前辈笃实之遗也。其与瑛赠答者,即附录己作于后,其与他人赠答,而其人非与瑛游者,所作可取,亦附录焉,皆低书四格以别之。盖虽以《草堂雅集》为名,实简录其人平生之作,元季诗家,此数十人括其大凡;数十人之诗,此十余卷具其梗概。一代精华,略备于是。视月泉吟社惟《赋田园杂兴》一题,惟限五七言律一体者,赅备多矣。是书世罕传本,王士祯《居易录》记朱彝尊于吴门医士陆其清家仅一见之,此本纸墨犹为旧钞,疑或即陆氏本欤"。《玉山名胜集》,"考宴集唱和之盛,始于金谷、兰亭,园林题咏之多,肇于辋川、云溪。其宾客之佳,文词之富,则未有过于是集者。虽遭逢衰世,有托而逃,而文采风流,照映一世,数百年后,犹想见之。录存其书,亦千载艺林之佳话也"。顾瑛纪游倡和之作《玉山纪游》1卷,元明袁华为类次成帙者也。据《四库全书总目提要》卷一六八,杨循吉

《苏谈》曰："阿瑛好事而能文,其所作不逮诸客,而词语流丽,亦时动人。故在当时,得以周旋骚坛之上,非独以财故也。"

章溢卒(1315—)。溢字三益。浙江龙泉人。王毅弟子,得金华许谦之传。官至御史中丞。纂有《章氏家乘》4篇。卒,太祖悼惜,亲撰文,即其家祭之。事迹见《明史》卷一二八,宋濂《资善大夫御史中丞章公溢神道碑铭》(《国朝献征录》卷五四)。

按:《章氏家乘》宋濂为序,见雍正《浙江通志》。

赵汸卒(1319—)。汸字子常。元明间徽州休宁人。九江黄泽弟子,得六十四卦大义及《春秋》之学。后复从临川虞集游,获闻吴澄之学。乃筑东山精舍。读书著述。通贯诸经,尤长于《春秋》。初以闻于黄泽者,为《春秋师说》3卷,复广之为《春秋集传》15卷。因《礼记》经解有"属辞比事《春秋》教"之语,乃复著《春秋属辞》8篇。又以为学《春秋》者,必考《左传》事实为先,杜预、陈傅良有得于此,而各有所蔽,乃复著《春秋左氏传补注》10卷。洪武二年,与赵壎等被征修《元史》,书成,辞归,旋卒。学者称东山先生。《宋元学案》列其入《慈湖学案》别见《草庐学案》。另著有《周易文诠》、《春秋金锁匙》、《春秋胡传补正》、《春秋大义》、《左氏君子议》、《春秋定是录》、《东山存稿》7卷、附录1卷等。事迹见《明史》卷二八二,詹桓《东山赵先生汸行状》(《国朝献征录》卷一一四)。

按:据《四库全书总目提要》卷四:《周易文诠》4卷,大旨源出程朱,主于略数言理。然其门人金居敬跋,称其契先天内外之旨,且悟后天卦序之义,则亦兼用邵氏学也。汸平生学力,多在《春秋》。《四库全书总目提要》卷二八曰:《春秋集传》15卷,"是书有汸自序及门人倪尚谊后序。尚谊称是书初稿始于至正戊子,一再删削,迄丁酉成编。既而复著《属辞》,义精例密,乃知集传初稿更须讨论。而序文中所列史法经义,犹有未至。岁在戊寅,重著是传。草创至昭公二十八年,乃疾痰难厄,搁笔未续。至洪武己酉,遂卒。自昭公二十八年以下,尚谊据《属辞》义例续之。此书实成于尚谊之手,然义例一本于汸,犹汸书也。汸自序曰:'学者必知策书之例,然后笔削之义可求,笔削之义既明,则凡以虚辞说经者皆不攻而自破'。可谓得说经之要领。"《春秋师说》3卷,题曰"师说",明不忘所自九江黄泽。《四库全书总目提要》卷二八曰:"汸常师九江黄泽。其初一再登门,得六经疑义十余条以归。已复往留二载,得口授六十四卦大义与学《春秋》之要。""汸作《左传补注》序曰:'黄先生论《春秋》学以左丘明、杜元凯为主。'又作泽《行状》,述泽之言曰:'说《春秋》须先识圣人之气象,则一切刻削烦碎之说自然退听。'又称:'尝考古今礼俗之不同,为文十余通,以见虚辞说《经》之无益。'盖其学有原本,而其论则持以和平,多深得圣人之旨。汸本其意,类为十一篇。其门人金居敬又集泽《思古十吟》,与吴澄二《序》及《行状》附录于后。"黄泽所为文十余通,朱彝尊《经义考》又载有《三传义例考》,"皆不传。惟赖汸此书,尚可识黄氏之宗旨"。汸于《春秋》用力至深。至正丁酉,既定《集传》初稿。又因《礼记·经解》之语,悟《春秋》之义在于比事属辞,因复推笔削之旨,定著《春秋属辞》15卷。"其说以杜预《释例》、陈傅良《后传》为本,而亦多所补正。汸《东山集》有《与朱枫林书》曰:'谓《春秋》随事笔削,决无凡例,前辈言此亦多,至丹阳洪氏之说出,则此段公案不容再举矣。其言曰:《春秋》本无例,学者因行事之迹以为例。犹天本无度,历家即周天之数以为度。此论甚当。至黄先生则谓鲁史有例,圣《经》无例。非无例也,以义为例,隐而不彰。则又精矣。今汸所纂述,却是比事属辞法。其间异同详略,触事贯通,自成义例,与先儒所纂所释者殊不同。然后知以例说《经》,固不足以知圣人,为一切之说以自欺而漫无统纪者,亦不足以言《春秋》也。是故但以《属辞》名书。'"前有宋濂序,所论《春秋》五变,均切中枵腹游谈之病。汸尊黄泽之说,《春秋》以《左氏传》为主,注则宗杜预。《左》有所不及者,以《公羊》、《谷梁》二《传》通之。杜所不及者,以陈傅良《左传章旨》通之。《春秋左氏传补注》10卷,"即采陈傅良之说以补《左传集解》所未及。其大旨为杜偏于《左》,傅良偏于《谷梁》。若用陈之长以补杜之短,用《公》、《谷》之是以救《左传》之非,则两者兼得。笔削义例,触类贯通;传注得失,辨释悉当。不独有补于杜解,为功于《左传》,即圣人不言之旨,亦灼然可见。盖亦春秋家持平之论也。至杜预《释例》,自孔颖达散入《疏》文,久无单行之本。《永乐大典》所采录,得见者亦稀。陈傅良之《章旨》,世尤罕睹。汸所采录,略存梗概。是固考古者所亟取矣。"《春秋金锁匙》1卷,"撮举圣人之特笔与《春秋》之大例,以事之相类者互相推勘,考究其异同,而申明其正变。盖合比事属辞而一之。""考宋沈棐尝有《春秋比事》一书,与此书大旨相近,疑汸未见其本,故有此作。然二书体例各殊,沈详而尽,赵简而明。"《东山存稿》7卷、附录1卷,其门人汪荫衮辑遗文为一编。后其门人范准又搜罗补缀,汪仲鲁为之序,但称若干卷而不详其数,似作序时尚未编定。又有嘉靖戊午鲍志定序,称:"文集散佚,间辑于汪、范二君而未备也。先翰林于先生为莫逆交,故诸所撰述,留余家藏书楼中大率悉备。先君子棠野公追念世好,收掇先生遗文,总汇成集,携游北雍。潜川豫菴汪君丞请绣梓。"《四库全书总目提要》卷一六八曰:"有元一代,经术莫深于黄泽,文律莫精于虞集。汸经术出于泽,文律得于集。其渊源所自,皆天下第一。故其议论有根柢,而波澜意度均有典型,在元季亦翘然独出。"《经义考》曰:"《春秋胡传补正》、《春秋大义》、《左氏君子议》、《春秋定是录》各书俱未见,惟《春秋定是录》有自序。"赵汸《春秋师说》等著述,另见《千顷堂书目》卷二述评。

又按:金居敬,生卒年不详。字元忠。休宁人。著有《春秋五论》。《千顷堂书目》卷二曰:"从朱升、赵汸学。凡二家著述,多其校正。"

解缙(—1415)、尹昌隆(—1417)、沈玄(沈以潜)(—1432)、陈继(—1434)、杨翥(—1453)生。

洪武三年　庚戌　1370年

帖木尔灭西察合台汗国。

英人劫掠法国里摩日。

法国德·吉斯克林收复普瓦图、布列塔尼。始建巴黎巴士底要塞。

二月乙丑,以欧阳佑等采元遗事至,诏重开史局,续修《元史》。仍以宋濂、王祎为总裁官。

按:《明通鉴》卷三考异曰:"《明史·本纪》不载续修《元史》月日,《潜庵史稿》系之是月乙丑。又,成书在七月丁亥,征之孙氏《春秋梦余录》同,今据之。"

是月,学士宋濂、待制王祎等进讲《大学》"传"之十章。宋濂于"有德此有人"诸句反复言之,明太祖即谓"人者,国之本,德厚则人怀,人安则国固,故人主有仁厚之德则人归之如父母。人心既归则有土有财,自然之理

也。若德不足以怀众,虽有财亦何用哉"。(《太祖实录》卷四九)

三月,置秘书监,设令、承、直长等官员,掌管内府书籍。

四月,置弘文馆。

按:仿唐宋元制,收藏、校理典籍,教授生徒。明太祖以刘基、危素为弘文馆学士。洪武九年废置。

五月丁酉,诏守令举学识笃行之士。(《明史》卷二)

己亥,定科举法。诏设科举取士,又诏定科举格。

按:盖明太祖及学士刘基所定,仿宋《经》义之例为之,后遂谓之"八股",通名之曰"制义"。(《明通鉴》卷三)《王忠文集》卷一二载《开科举诏》;时所下初设科举条格诏,见于《客座赘语》卷一《经义兼古疏》、王世贞《弇山堂别集·科试考》。

是月,赐高丽王六经、四书、通鉴、汉书。

六月戊午朔,明太祖素服草履,徒步至坛,日曝夜卧于地,凡三日。诏省狱囚,命有司访求通经术者。(《明通鉴》卷三)

甲子,中书省臣等奏:其僧道建斋设醮,不许奏章上表,投拜青祠,亦不许塑画天地神祇。及白莲社、明尊教、白云宗、巫觋、扶鸾、祷圣、书符、咒水诸术,并加禁止。庶几左道不兴,民无惑志。召从之。(《太祖实录》卷五三)

按:明尊教,即指摩尼教。(参见《简明社会科学辞典》)

辛巳,徙苏、松、嘉、湖、杭五郡民无田者往临濠耕种,凡徙4000余户。

癸未,国子学典簿周循理言:请择经明行修之士充学官,而增置其员。明太祖是其言,命中书省增广太学生,定其出身资格,仍择文儒性行端洁者充学官。(《太祖实录》卷五三)

是月,安南国遣使来朝。赐国王陈日煃《大统历》。

七月,续修《元史》成。至此,初修、续修共撰成《元史》210卷,其中本纪47卷,志53卷,表6卷,列传97卷。

八月,开乡试科取士,自应天外,凡十一行省皆举之。(《明通鉴》目录卷一)

九月,御阙楼,编修高启、谢徽俱入对称旨。

是月,儒臣纂修《礼书》成,上之。明太祖赐名《大明集礼》。(《明通鉴》卷三)

十月丙辰朔,诏儒士更直午门,为武臣及功臣子弟讲经史。(《明通鉴》目录卷一)

十二月丙辰朔,以太庙时享未足以展孝思,命陶凯议之。(《明通鉴》目录卷一)

甲子,始建奉先殿,从陶凯等议。

壬午,以日中屡见黑子,下求言之诏。(《明通鉴》目录卷一)

是年,改司天监曰钦天监。并回回历入焉。

按:凡设科四:曰天文,曰漏刻,曰大统历,曰回回历,置监令少监统之。岁造《大统明历》、《御览月令历》、《七政躔度历》、《六壬遁甲历》、《四季天象占验历》、《御览天象录》,各以其时上。其日月交食,分秒时刻,起复方位,先期以闻。(《明通鉴》

汉萨同盟及丹麦人订《斯特拉尔松和约》。

卷三）

诏"儒士魏俊民等类编天下州郡地理形势、降附颠末为书"，撰修全国性志书《大明志书》。（《明史·艺文志》）

是年，高丽始行洪武年号。

宋濂等二月乙丑应诏续修《元史》。七月，成，上之。

按：宋濂、王袆仍为总裁，参与编纂者有：赵壎、朱右、贝琼、朱世濂、王彝、张孟兼、高逊志、李懋、李汶、张宣、张简、杜寅、俞寅、殷弼。先后纂修30人，两局并预者，唯壎一人而已。据《明史》卷二八五本传：赵壎，字伯友，新喻人，好学，工属文。元至正中举于乡，为上犹教谕。洪武二年，太祖诏修《元史》，命左丞相李善长为监修官，前起居注宋濂、漳州府通判王袆为总裁官，征山林遗逸之士汪克宽、胡翰、宋僖（宋禧）、陶凯、陈基、曾鲁、高启、赵汸、张文海、徐尊生、黄篪、傅恕、王锜、傅著、谢徽为纂修官，而壎与焉。以是年二月，开局天界寺，取元《经世大典》诸书，用资参考。至八月成，诸儒并赐赉遣归。而顺帝一朝史犹未备，乃命儒士欧阳佑等往北平采遗事。明年二月还朝，重开史局，仍以宋濂、王袆为总裁，征四方文学士朱右、贝琼、朱廉、王彝、张孟兼、高逊志、李懋、李汶、张宣、张简、杜寅、殷弼、俞寅及壎为纂修官。先后纂修30人，两局并与者，壎一人而已。阅六月，书成，诸儒多授官，惟壎及朱右、朱廉不受归。寻召修日历，授翰林编修。高丽遣使朝贡，赐宴，乐作，使者以国丧辞。壎进曰："小国之丧，不废大国之礼。"太祖甚悦，命与宋濂同职史馆，濂兄事之。尝奉诏撰《甘露颂》，太祖称善。出为靖江王府长史，卒。始与壎同纂修者汪克宽、陶凯、曾鲁、高启、赵汸、贝琼、高逊志并有传。是年续修《元史》事，另可见《太祖实录》、《国榷》卷四、《鑾坡前集》卷一《〈元史〉目录后记》、《鑾坡后集》卷四《吕氏采史目录序》等。

宋濂于正月除亚中大夫、知制诰。作《送杨廉夫还吴浙》。二月诏续修《元史》，仍与王袆同任总裁官。三月，立盱眙扬王神之道，宋濂撰文，岁再祭。五月，太祖剖符封功，召宋濂宿大本堂议五等封爵。宋濂七月以失朝参而降编修。宋濂八月充乡试同考官。宋濂十二月为国子司业。某月，与王彝夜宿国子学，王彝作《陪宋学士国子学夜坐次韵》。

王袆二月诏续修《元史》，仍与宋濂同任总裁官。三月受诏任教大本堂。七月，与宋濂坐失朝降为编修；离南京，出使吐蕃。

徐一夔有《与王待制书》，云其道至嘉兴而脚疾发作，不能前往京师就任《元史》纂修官职，间论及《元史》之编纂。

按：据《明史》卷二八五：洪武二年八月诏纂修礼书，明年书成，将续修《元史》，袆方为总裁官，以一夔荐。一夔遗书曰："迩者县令传命，言朝廷以续修《元史》见征，且云执事谓仆善叙事，荐之当路。私心窃怪执事何惓惓于不材多病之人也。仆素谓执事知我，今自审终不能副执事之望，何也？近世论史者，莫过于日历，日历者，史之根柢也。自唐长寿中，史官姚璹奏请撰时政记，元和中，韦执谊又奏撰日历。日历以事系日，以日系月，以月系时，以时系年，犹有《春秋》遗意。至于起居注之说，亦专以甲子起例，盖纪事之法无逾此也。往宋极重史事，日历之修，诸司必关白。如诏诰则三省必书，兵机边务则枢司必报。百官之进退，刑赏之予夺，台谏之论列，给舍之缴驳，经筵之论答，臣僚之转对，侍从之直前启事，中外之囊封匦奏，下至钱谷、甲兵、狱讼、造作，凡有关政体者，无不随日以录。犹患其出于吏牍，或有讹失。故欧阳修奏请宰相监修者，于岁终检点修撰官日所录事，有失职者罚之。如此，则日历不至讹失，他时会要之修取于此，实录之修取于此，百年之后纪、志、列传取于此，此宋氏之史所以为精确也。元朝则不然，不置日历，不置起居注，独中书置时政科，遣一文学掾掌之，以事付史馆。及一帝崩，则国史院据所付修实录而已。其于史事，固甚疏略。幸而天历间虞集仿六典法，纂《经世大典》，一代典章文物粗备。是以前局之史，既有十三朝实录，又有此书可以参稽，而一时纂修诸公，如胡仲申、陶中立、赵伯友、赵子常、徐大年辈皆有史才史学，廑而成书。至若顺帝三十六年之事，既无实录可据，又无参稽之书，惟凭采访以足成之，窃恐事未必核也，言未必驯也，首尾未必穿贯也。而向之数公，或受官，或还山，复各散去。乃欲以不材多病如仆者承之于后，仆虽欲仰副执事之望，曷以哉！谨奉状左右，乞赐矜察。"一夔遂不至。未几，用荐署杭州教授。

朱右以宋濂荐召修《元史》。史成乞还田里。是年，复与危素相遇于京师，握手道旧，为类编其文集，留四浃旬（浃旬即一旬，十天）而归上虞。

杨维祯正月有《寄宋景濂诗》。

危素四月癸酉复为翰林侍讲学士，庚辰兼弘文馆学士。六月请葬宋会稽六陵。是冬，危氏去居含山。

按：寻谪素居和州，逾二岁，卒。

贝琼客金陵，参与编纂《元史》。始识危素于京师。贝琼作诗《京师雨夜呈宋景濂学士王子充待制张孟兼主事》。

按：《檇李诗系》卷七《贝助教先生琼》曰："其在史馆时，与金华宋景濂友善，凡有撰著，互相推让，亦一时两雄也。"

苏伯衡擢编修。留京校《元史》，是年为朝鲜使者金柱所撰《清宴阁燕记》书跋。

按：《苏平仲文集》卷七《国子学同官记》曰："而余以七月忝授学录，丁未秋学升四品。"《四库全书总目提要》卷一六九曰：《苏平仲文集》"又集末有洪武八年胡翰跋，谓伯衡选为太学六年。考《明史》称伯衡以丙午岁为国子学录，伯衡所著《国子学同官记》称以丁未升学正，其诗又有《庚戌七月十日奉命编摩国史口号》，则伯衡由学正擢编修，实在洪武三年，上距丙午仅五年。翰与伯衡同时，所叙不应有误，或史误移后一年欤"。

戈镐洪武初征礼部主事，与修《元史》。

按：戈镐，生卒年不详。字仲京。江苏丹徒人。著有《凤台集》。事迹见正德《丹徒县志》、《千顷堂书目》卷一七。

朱廉以修《元史》拜翰林编修，迁楚府长史。

按：朱廉，生卒年不详。字伯清。浙江义乌人。幼力学，从黄溍学古文。李文忠镇严州，聘为钓台书院山长。与修《洪武正韵》。纂有《理学纂言》。是书系取朱熹语类，摘其精义。宋濂为之序，称其酷嗜朱子之书，寄迹浦阳江上，编成是书。凡例全仿《近思录》。未见。《明史》卷九九录《朱廉文集》17卷。事迹见《明史》卷二八五《赵壎传》附传。

张宣以考礼征，与修《元史》。

按：太祖召至殿廷，擢翰林院编修，常呼张家小秀才。

张简召修《元史》。

按：张简，生卒年不详。字仲简，号云丘道人、白羊山樵。元明间苏州吴县人。初师张伯雨为道士，隐居鸿山。元末兵乱，以母老归，改服儒生。工诗书画，诗淡雅温丽青深。著有《云丘道人集》（又名《白羊山樵集》）。事迹见《明史》卷二八五《赵壎传》附传。

张适洪武初以秀才举，宋濂荐修《元史》，擢工部都水郎，以病辞免。

按：见《甘白集》中所作其妻《沈氏圹志》。与周正道、陈惟寅辈觞咏自得，与高启、杨基等并称十才子。

王彝以布衣召修《元史》，赐金币遣还。

按：寻选入翰林，以母老乞归养，自号妫蜼子。

杨维桢正月抵金陵，偕杨基游城观灯。以再遣官敦促修《礼》、《乐》书，则赋《老客妇谣》一章进奉。至京师，待纂叙例略定，乃给安车送还。朝中儒臣设帐西门外，为之饯行。宋濂赠诗曰："不受君王五色诏，白衣宣至白衣还。"杨维桢抵家即卒。

梁寅等九月奉敕编纂《礼书》。上之。

梁寅于江西主文衡，所取皆佳士。

按：诏以明经科取士，江西省遣礼币请梁寅。

杨翮与修《礼书》。

唐肃自苏州征至南京，与修《礼书》。擢应奉翰林文字，兼国史院编修官。

按：不久免归。

陶凯七月为礼部尚书，定科举式。十月言保全功臣之道，明太祖从之，敕省台延聘儒士于午门，与诸将说书。是年，请选人专任东宫官、罢兼领之职以专责成，明太祖不从。

刘基四月为弘文馆学士（《诚意伯文集》卷二〇《弘文馆学士诰》）。八月与秦裕伯为京畿乡试考官。十一月乙卯以御史中丞封诚意伯。

秦裕伯八月为京畿乡试考官。

按：秦裕伯，生卒年不详。字景容。大名人。仕元，累官至福建行省郎中。洪武三年始诏设科取士，以裕伯与御史中丞刘基为京畿主考官。裕伯博辨善论说，占奏悉当太祖意，太祖数称之。出知陇州，卒于官。事迹见《明史》卷二八五《张以宁传》附传。

詹同八月与宋濂等为京畿乡试同考官。

罗复仁自安南还，与刘基同为弘文馆学士。

胡铉四月庚辰为弘文馆学士。

王本中四月庚辰兼弘文馆学士。

睢稼四月庚辰兼弘文馆学士。

汪广洋时任中书右丞，十一月乙卯封忠勤伯。

魏观七月丙申以太常卿为翰林侍读学士。十二月甲子，以翰林侍读学士为国子祭酒。

滕德懋三月为户部尚书。

按：长于奏疏，一时招徕诏谕之文，多出其手。滕德懋，生卒年不详。字思勉。元明间苏州府吴县人。事迹见《明史》卷一三八《杨思义传》附传。

乐韶凤授起居注。

按：累迁兵部尚书，与中书省等定教练军事法。改侍讲学士，订正释奠孔子乐章，编集《大明日历》，纂《回銮乐歌》，编《洪武正韵》。寻病免，复起为国子司业，进祭酒。

高启八月授翰林院编修。九月擢户部侍郎。

按：《登金陵雨花台望大江》、《池上雁》等诗作于翰林院。约是年作《会客成均，及玉兔泉煮茗，诸君联句不就，因戏呈宋学士》、《雪夜宿翰林院呈危宋二院长》、《送宋学士子仲珩自京还金华省亲》等。

高启与张孟兼等于莲房联句。

高启、谢徽命分官户、吏部，以皆不习政事，乞还得请。启作《志梦》文，衒说遭际。

谢徽九月擢吏部郎中，辞。明太祖赐金放还。

按：谢徽，生卒年不详。字玄懿。苏州府长洲人。郑元佑晚年定《侨吴集》以授谢徽（见《四库全书总目提要》卷一六八）。历吏部郎中、国子助教。博学工诗文，与高启齐名。著有《兰庭集》6卷（见《明史》卷九九）。事迹另见《吴中人物志》卷七。

又按：其弟谢恭，生卒年不详。字元功。著有《蕙庭集》。

申屠衡征至京师，草谕蜀书称旨，授翰林修撰。

刘崧以荐至京师。

詹凤翔被荐赴京，以病免，归任本府儒学训导。

按：詹凤翔，生卒年不详。字道存。江西乐安人。元末已有文名，自少至老书不去手。著有《大学中庸章句》、《家礼括要》、《律吕新书括要》、《理学类编》及《奎光堂文集》等书。事迹见《千顷堂书目》卷一一、《古今图书集成》氏族典卷三六。

方克勤以郡辟为邑庠师。

朱昶以儒士授本县教谕。

苏琦三月丁酉以郑州知州上言三事，中书省采行之。

李德荐至京师，授洛阳长史，迁济南、西安二府幕，改广西义宁教谕，在职振兴文教。

按：李德，生卒年不详。字仲修。广东番禺人，好为诗，晚年究洛闽之学。著有《易庵集》，已散佚。后人辑其诗，与黄哲、王佐、赵介为《广州四先生诗》。《四库全书总目提要》卷一八九曰：粤东诗派，数人实开其先。事迹见黄佐《教谕李德传》（《国朝献征录》卷八九），《列朝诗集小传》甲集。

张美和（张九韶）荐为县学教谕。

按：辞官还乡之际，明太祖亲著文以赐之。后又与钱宰等人一起征入校书。

陶宗仪流寓松江，与华亭夏庭芝等往还唱和。

邵亨贞、朱经旅江阴。

林弼使安南。

按：《林登州集》卷五有《洪武三年四月望日同牛典簿王编修奉使安南陛辞》。王廉《中顺大夫知登州府事梅雪林公墓志铭》曰："余为翰林编修时，与公同使安南，以洪武三年夏四月发京师。"

蓝智除广西佥宪。

周祯以年老致仕。

按：周祯，生卒年不详。字文典。应天府江宁人。朱元璋平武昌，用为江西省金士,历大理寺卿。受命于李善长,刘荃等定律令。律令既具,吏士使知循守。其后数有厘正,皆以祯书为标准。事迹见《明通鉴》卷一,雷礼《刑部尚书周祯传》(《国朝献征录》卷四四)。

唐文凤(唐子仪)一家相与联诗。

按:《梧冈集》卷四《联句》序曰:"洪武三年十二月廿又三日,喜文虎长兄受丞江安之命,自京便道归省。是夕张灯酌酒,父母在堂,五兄弟次坐。家严首倡二名,相与联诗,以纪家庭一时聚乐之情耳。"

王大渊成进士,授本县训导。

按:王大渊,生卒年不详。字如渊。浙江永嘉人。著有《诗书题断》。是书雍正《浙江通志·经籍》以大渊作渊,府县志亦作王渊。此书亦作《四书题断外书》,兹据王氏录本大渊圹志改正。

周矩成进士。授中牟知县,迁台州同知,谪戍庐陵。

按:士人李祯(李昌祺)自陈有志经学,愿得矩为师。因此得起为庐陵训导。尚书夏原吉治苏松水利,受聘为幕僚。以经义治水。周矩,生卒年不详。字仲方。江西吉水人,工诗。

梁临成进士。官至礼部主事。

按:梁临,生卒年不详。字仲敬。广东新会人。少时尝师罗蒙正,工诗文,长举业。事迹见《古今图书集成》氏族典卷三〇三。

王厘以明经授鄱阳教谕。

按:时学校初兴,厘以斯文为己任,勤于训迪。秩满荐擢翰林修撰,与修国史。顾问奏对称旨,力乞外补,出为南阳知府。王厘,生卒年不详。字有成。江西鄱阳人,博学能文。著有《诗粹》、《群英杂言》。事迹见《同治饶州府志》。

刘崧举经明行修,授兵部职方司郎中,迁北平按察司副使。

按:坐事谪输作,寻放归。

咸惟一以明经授本县训导,以师道自任,讲明伦理,剖析经义。

按:咸惟一,生卒年不详。元明间山东莱阳人。通五经。元末隐居不仕,教授生徒。后升临清教谕。事迹见《古今图书集成》氏族典卷三七四。

徐绩举经明行修,以老辞。

按:后官武冈知州。进顺德知府,授中宪大夫。致仕卒。徐绩,生卒年不详。字伯凝,号雪溪渔者。江苏无锡人。著有《雪溪文集》,见弘治《无锡县志》卷一七。

张著中举人,授肤施令,升临江府同知。

按:张著,生卒年不详。字则明。其先浙江永嘉人,元季迁居常熟。著有《易经精义》,已佚。是书载张金吾《爱日精庐藏书志》。又有《永嘉集》12卷、《长安唱和集》。事迹见《列朝诗集小传》甲集。

钱蒙(钱子正)中举人,官至韩城知县。

按:钱子正,生卒年不详。名蒙,一名师贞,字子正,以字行。号绿苔。一号公叔。江苏无锡人。著有《绿苔轩集》6卷。据《四库全书总目提要》卷一八九:是集与钱子义《种菊庵集》4卷、钱仲益《锦树集》8卷,初各自为书,正统中,仲益族子公善等,始合而刻之为《钱氏三华集》。其曰"三华"者,盖以三者皆钱氏英华。钱师义,生卒年不详。字子义,以字行,号种菊。子正弟。仲益,子正侄,卒于1412年,详见是年条。

冯胜重修江西万安龙溪书院。

僧姚广孝至南京访高启、贝琼。

僧妙声与僧万金同被召，莅天下释教。所作诗文，缮写藏于山房。

按：妙声10年后卒。洪武十七年其徒刻其所著《东皋录》。

又按：《送义上人序》曰："洪武三年春，诏吴郡西白禅师住京师天界寺，时议者以为教门得人，四方英俊之士闻其风者，争集于堂下，禅师以为佛之道大而多容，故来者辄不拒。于是若吾义上人者，亦得在弟子之列。是年秋，余被召至京师，馆于天界，而义方司其藏事，翱翔乎广众中，虽老于游参者莫能尚也。"（《东皋录》）

僧至仁住虎丘岩寺。

僧慧昙出使西域各国。

按：僧慧昙事迹见宋濂《天界善世禅寺第四代觉原禅师慧昙遗衣塔铭》（《国朝献征录》卷一一八）。

宋濂等七月丁亥朔续修《元史》成。

按：凡纪十，志五，表二，传三十六。《元史》始修于洪武二年二月，翌年二月重开书局。此后，合前后二书，复厘分而附丽之，共成210卷（宋濂目录后记）。体例上，各篇之后没有论赞，"据事直书，具文见意，使其善恶自见"（纂修元史凡例）。二十四史，除《元史》，皆有论赞。书方修成，即遭人指责，朱右和解缙分别作《元史补遗》和《元史正误》进行修正，以后又有胡粹中（胡由）《元史续编》为之续补。入清后，顾炎武、朱彝尊、钱大昕等纷起批评。《元史》错误甚多，然保留大量原始资料，如元十三朝实录、《经世大典》、《元朝名臣事略》及一些个人文集，大都失佚，仅见于《元史》。现存最早有洪武三年（1370）刻本（残存244卷），其后有嘉靖十一年（1532）南监本、万历三十四年北监本、清乾隆四年（1739）武英殿刻本和道光四年（1824）改校刻本。1935年商务印书馆据99卷残洪武本和南监本配为百衲本影印出版，1976年中华书局复据此参校他本，标点出版。研究《元史》之作，记载校核类有钱大昕《廿二史考异》、赵翼《廿二史札记》、汪祖辉《元史本证》等；志表补阙类有黄大华《元分藩诸王世表》、《元西域三藩年表》、吴廷燮《元行省丞相平章政事年表》、黄虞稷《辽金元艺文志》、倪璨《补辽金元艺文志》等。中华书局所出标点本，系以百衲本为底本，以残洪武本及南监本作订正，并以北监本、殿本等作校勘，同时参考胡粹中、邵远平、毕沅、魏源、曾廉、屠寄、柯劭忞、钱大昕、汪辉祖诸家元史之作，为目前较好版本。（参《中国学术名著提要》）

宋濂五月作《汪右丞诗集序》。七月续修《元史》成，作、上《〈元史〉目录后记》；作《白云稿序》。十二月作《雅颂正音序》。是年作《吕氏采史目录序》、《京畿乡闱纪录序》、《京畿乡试策问》、《代祀高丽国山川记》、《张氏谱图序》、《使南稿序》、《丹崖集序》等。在南京自定所著《銮坡集》。

按：《汪右丞诗集序》曰："濂也不敏，受公之知十有一年，故窃序其作者之意于篇首。"朱右《白云稿》实成于元代。李孝光、危素诸人序皆作于元代。惟宋濂序云"所谓《书传发挥》、《春秋传类编》、《三史钩玄》、《秦汉文衡》、《深衣考》、《朱子世家》《元史补遗》，皆不在集中。"则是修《元史》后作此序。《四库全书总目提要》卷一六九曰："所著《白云稿》本十卷，今世所传仅存五卷……"。

魏俊民等十二月辛酉奉敕修《大明志》成。

按：先是命魏俊民、黄篪、刘严、丁凤、郑思先、郑权6人编《大明志书》，至是书成，命送秘书监锓梓颁行（《太祖实录》卷五九）。现已失传。是为明代最早之全国性

钢弩首次作为武器用于战争。

志书,编类天下山川、州郡形势,及各地降附始末。而其时尚有多处未入版图之地,故虽有大明而未有一统。待洪武二十七年,则云、贵、川等地尽入版图之内,于是再修成《寰宇通衢》。

王氏勤有堂刻《贞观政要》。

按:是为中国现存最早刻本。

梁寅等九月奉敕编纂礼书50卷成。明太祖赐名《大明集礼》。

按:集明初各种礼仪制度,以明礼序,其后亦与明律相辅,为明代礼法之要典。《四库全书总目提要》卷八二作《明集礼》53卷。曰:"徐一夔、梁寅、刘于、周于谅、胡行简、刘宗弼、董彝、蔡琛、滕公瑛、曾鲁同奉敕撰。考《明典汇》载,洪武二年八月,诏儒臣修纂礼书。三年九月书成,名《大明集礼》。""《明史·艺文志》及《昭代典则》均作五十卷,今书乃五十三卷。考《明典汇》,载嘉靖八年礼部尚书李时请刊《大明集礼》,九年六月梓成。礼部言是书旧无善录,故多残阙,臣等以次诠补,因为传注。乞令史臣纂入,以成全书云云。则所称五十卷者,或洪武原本。而今所存五十三卷,乃嘉靖中刊本,取诸臣传注及所诠补者纂入原书,故多三卷耳。"《曝书亭集》卷四三《书大明集礼卷后》曰:"明太祖草昧之际,征群儒修礼乐书,《实录》系之洪武二年八月。以予考之,乃吴元年六月事也。""是则礼局开设本丁未年,逮己酉杨维桢续至,修饰润色之,庚戌九月书成,命名《大明集礼》。其本末如是,《实录》经永乐初两次改修,渐失其实尔。是编五十卷,万历中,先太傅文恪公以礼部右侍郎掌本部尚书事,拜定陵之赐,简端有内府图书。先公亦以私印识卷尾,兵火之后,予家赐书之存,仅此而已。"

又按:董彝,生卒年不。字宗文。乐平人。元至正间领乡荐。入明为国子监学录。著有《四书经疑问对》8卷又《经疑》10卷,见《千顷堂书目》卷三。

方孝孺初撰《幼仪杂铭》以自警。

刘基五月进《瑞麦颂》、《礼方丘颂》。

朱右作《潜溪大全集序》。

按:序曰:"往予承乏萧山县庠,辱寄示所著《潜溪集》若干卷,……后数年,抵武林,获睹其《后集》、《续集》,若《诸子辩》三十八篇,《燕书》四十篇,《演连珠》五十首,《问对》四十二条,《杂传》数十,至纪功表墓,谈玄赞空,题咏赠送,随物赋形,入无出有,……今天子诏修《元史》,先生实总论裁,予获与编纂,日读制作,时接绪论,知其蕴乎中者富,发乎外者高厚而该博,其笔削之严,是非之公,褒贬劝惩,凡前代兴衰之故,善恶之实,甲兵钱谷军马之数,天文地纪炎祥丰凶之变,了然简册,以垂传将来,则又若山川之出云雨,泽被万物,有非向者所见高广靡测而已。是宜为当代所宗也。"仁和丁立中辑《潜溪录》卷四,丁立中按:"《潜溪大全集》未见传本,各家书目所未载,不知当日已刊行否?朱白云所撰序中亦未详卷数暨何人所编,姑录之以待论定焉。"

杨维桢二月为宋濂作《潜溪新集序》,言为文贵师心独创。又有诗赠宋濂。五月,临终撰《归全堂记》。

按:序曰:"余家浙水东,去宋子之居不百里远,知宋子之劬学,入青萝山中,不下书屋若干年,得郑氏所蓄书数万卷,书无不尽阅,阅无不尽记,于是学成。""抑余闻婺学在宋有三氏,东莱氏以性学绍道统,说斋氏以经世立治术,龙川氏以皇帝王霸之略志事功。其炳然见于文者,各自造一家,皆出于实践,而取信于后之人而无疑者也。宋子之文,根性道,干诸治术,以超继三氏于百十年后,世不以归于柳、黄、吴、张,而必以宋子为归。嘻!三十年之心印,万万口之定价,于斯见矣。"

揭汯作《潜溪新集序》。

按：序曰:"盖积之也厚,蓄之也久,养之也素,故其发也,左右逢源,舒卷随意,惟见其有余,而不见其不足。然此特所观《新集》者而已,皆应制代言,纪功铭德之作。若景濂平日之所著,则有前、后、续、别四集,已盛行于世,及流传海外,学者又当兼取而博习之可也。"

王祎作《福建转运监使司题名记》、《书郑子美文集后》。

高启自定《缶鸣集》12卷。王祎、胡翰、谢徽为之作序。

按：胡翰序曰:"余始得其诗于金华,见之未尝不爱。及来京师,同在史局,又得其所谓《缶鸣集》者,阅之累日不已。"谢徽序曰:"渤海高君季迪,疏爽俊迈,警敏绝人,无书不读,而尤邃于群史。与余友二十年,余知季迪之能言也久,然未尝不以其诗而得之也。"

高启撰《书博鸡者事》。为造访之姚广孝作《独庵集序》。

贝琼作《送衍上人序》。

按：序曰:"今年春来京师,识斯道于王君常宗坐。时方与诸儒编纂《元史》,朝而出,暮而休,亦未暇读其诗也。六月八日,斯道复见余,曰:'衍留龙河第一禅林五月矣。既倦而归,先生可无一言邪?'余因求其所著《独庵集》读之,凡千余篇。"

王彝作《高季迪诗集序》。

按：序曰:"《高季迪诗集》凡若干卷,鄞郡徐贲所编次,而稽岳王彝题其帙曰《高季迪诗集》而为之序焉。"(《王常宗集》卷二)

汪广洋著《凤池吟稿》10卷成。

按：王百顺作有《凤池吟稿辨疑》。

王举直刊刻《雅颂正音》。

按：据《四库全书总目提要》卷一八九:《雅颂正音》,刘仔肩编纂。"洪武初,因荐应召至京,集同时之诗为此书,上自公卿,下至衲子,凡五十余人,而仔肩所作亦附焉。""有宋濂、张孟兼前后二序,皆作于洪武三年。所选之诗,每人寥寥数首,盖是时诸人之集,皆未成编,随得随录,故未能赅备;然明初诸家,今无专集行世者,颇藉以略存梗概。其时武功初定,文治方兴,仔肩拟之《雅》、《颂》,固未免溢美。"张秀民《中国印刷史》误记为洪武三十年刻本。刘仔肩,生卒年不详。字汝弼。元明间江西鄱阳人。王举直,生卒年不详。金陵人,洪武间刻书家。

僧大同卒(1289—)。大同字一云,号别峰,俗姓王。浙江上虞人。出家于会稽崇胜寺。精研佛典,持律甚严。元仁宗延祐中主萧山净土寺,后又主持绍兴宝林寺,传徒甚广。著有《宝林类编》、《天柱稿》。事迹见宋濂《佛心慈济妙辩大师别峰大同公塔铭》(《国朝献征录》卷一一八),《宋学士集》卷五八,《大明高僧传》卷三。

僧梵琦卒(1296—)。梵琦俗姓朱,字楚石,小字昙曜。元明间僧人。浙江象山人。出家后,居嘉兴天宁寺。明初,太祖建法会于蒋山,征江南成德高僧,为第一。行为当世所推崇,禅寂之外,专致净业,自号西斋老人。所作西斋净土诗数百首,皆蕴含净土宗教义以劝世。著有《北游集》、《凤山集》、《西斋集》、《梵琦禅师语录》20卷(《明史》卷九八艺文志)等。

宋濂作《佛日普照慧辨禅师(梵琦)塔铭》。事迹见宋濂《佛日普照慧辨禅师梵琦塔铭》(《国朝献征录》卷一一八),《古今图书集成》神异典卷一八九,《释氏稽古略续集》卷二,《南宋元明禅林僧宝传》卷一〇。

杨维桢卒(1296—)。维桢字廉夫,号铁崖,晚号东维子。善吹铁笛,自称铁笛道人。元明间浙江诸暨人(《宋元学案》卷五二云濠案:贝清江所作传云,世为绍兴山阴县人)。元泰定进士。《宋元学案》列其入《艮斋学案》。著有《礼经约》、《四书一贯录》、《春秋合题著说》3卷、《补正三史纲目》、《史义拾遗》2卷、《宋辽金正统辨》1卷、《历代史钺》200卷、《东维子集》30卷、《铁崖古乐府》10卷、《乐府补》6卷、《丽则遗音》4卷等。著作有名可考者43种,现存已知见者20种。卒后三月,宋濂作《元故奉训大夫江西等处儒学提举杨君(维桢)墓志铭》(《国朝献征录》卷一一五)。事迹另见《明史》卷二八五,《铁笛道人杨维桢自传》、宋濂《杨廉夫维桢墓志铭》(均《国朝献征录》卷一一五),孙小力《杨维桢年谱》。

按:诗名擅一时,号铁崖体,与永嘉李孝先、茅山张羽、锡山倪瓒、昆山顾瑛(顾阿瑛)为诗文友;与碧桃叟释臻、知归叟释现、清容叟释信为方外友。六月,松江郡守林孟善主葬干山之原。王逢、袁华、倪瓒、梦观、钱思复、殷奎诸人有诗文诉哀思之情。宋濂撰墓志,刘性初求贝琼为作传。维桢徙松江时,与华亭陆居仁及侨居钱惟善相倡和。两人既殁,与维桢同葬干山,人目为三高士墓。《春秋合题著说》3卷,《四库全书总目提要》卷三〇称:"究为科举而作,非通经者所尚。""《元史·选举志》所载延祐条例,不言春秋出题之法,以维桢是书考之,盖亦以经文易复,改为合题。明制春秋合题之法,盖沿元旧。"《补正三史纲目》,殆为辽、金、宋三史而作,未见。《四库全书总目提要》卷八九曰:"据孙作所作维桢传,称其生平论史之书,有《太平纲目》四十册,《历史钺》二百卷,今俱亡佚。"《史义拾遗》"传中不载,明皇甫汸始为刊行。大抵杂举史事,自为论断,上自夏商,下迄宋代。"中有作补辞者,……有作拟辞者,……有作设辞者,"大都借题游戏,无关事实。考同时王祎集中,亦多此体。盖一时习尚如斯,非文章之正格,亦非史论之正格,以小品视之可矣。"《东维子集》,其初刊诗文集。《周月湖今乐府序》、《优戏录序》、《朱明优戏序》三序收入《东维子集》,主要版本有:明初黑口大字本、明钞残本、鸣野山房钞本、上海商务印书馆影印鸣野山房钞本、《丛书集成》和《四库全书》本。《铁崖古乐府》10卷、《乐府补》6卷,其门人吴复至正六年所编。维桢以乐府擅名,此其全帙也。《复古诗集》6卷,所载皆琴操、宫词、冶春、游仙、香奁等作,而古乐府亦杂厕其间,乃其门人章琬至正二十四年所编。以其体皆时俗所置而不为,故以复古为名。《丽则遗音》4卷,门人陈存理所编桢应举时私拟程试之作,刊版于钱塘,至正二年,桢自序。其后渐佚不传。《明史·艺文志》中备录维桢著述书目,亦无是集之名。明末常熟毛晋偶得元乙亥科湖广乡试《荆山璞赋》一册,而是集实附卷末,始为重刻以行。(参《四库全书总目提要》卷一八九,《中国学术名著提要》)

又按:据《四库全书总目提要》卷一九一:僧寿宁编《静安八咏诗集》1卷,请序于杨维桢。桢复各为之评点。寿宁,生卒年不详。字无为,号一庵。上海人,居于邑西之静安寺。寺有名迹七,寿宁又手植桧竹桐柏,积十年而参天。自号曰缘云洞,以续古迹为八,因作静安八咏,并汇诸家之作。后嘉靖中邑人伊府纪善张抑及其兄参议纮重校刊之。

施子安(施耐庵)卒(1298—)。耐庵名子安,字彦端,又字肇端,耐庵为其号。或称其为江苏兴化人。曾于元末动乱中迁居浙江,乱平后回归故里，拒绝张士诚之聘。著《江湖豪客传》，即后名之《水浒传》。一说为苏州人，后流寓江阴授馆，晚年迁兴化，卒于淮安。二说均不甚可信。（据《中国历代人名大辞典》）

按：王道生《施耐庵墓志》曰："公殁于洪武庚戌年，享年七十有五。"杨新《故处士施公墓志铭》曰：施耐庵之子施让"生于洪武癸丑"。

朱升卒（1299— ）。升字允升。学者称枫林先生。元明间徽州府休宁人。从定宇学，又师黄楚望。朱元璋克徽州，召见问时务，献策："高筑墙，广积粮，缓称王。"明初为翰林学士。于五经皆有旁注，而《易》尤详。《宋元学案》列其入《沧洲诸儒学案》下。著有《周官仪礼》、《小学旁注》、《书传补正》、《尚书旁注》、《周易旁注图说》2卷及《枫林集》10卷。事迹见《明史》卷一三六，《朱侍讲学士升传子同》（《国朝献征录》卷二〇），《朱学士传》（《新安文献志》卷七六）。

按：《新安文献志》卷七六曰："自幼为学，即以列圣传心为主，践履致用为工。上穷道体，幽探元化。谓圣人精义入神之功，或寄于百家众技之末，是以一事一物，莫不旁搜曲探，沿流沂源。"据《四库全书总目提要》卷七：《周易旁注图说》原本10卷，冠以图说上下二篇。上篇凡8图，下篇则全录元萧汉中《读易考原》之文。据《四库全书总目提要》卷一三：《尚书旁注》6卷，盖乡塾课蒙之本，不足以言诂经也。梅文鼎《序》，谓升有《四书五经旁注》，明嘉靖间程闻礼为重锓，止存《易》、《诗》、《书》三种，余皆散佚。康熙五十年，石城蔡錾再为锓版以行。近坊肆《五经旁训》之本，实倡始于升。经学至此而极陋，又出朱申《句解》下矣。《枫林集》前8卷皆诗文，而以官诰及太祖手敕编入第1卷首。第9卷载《徽州府志》本传1首，廖道南所撰《诗赞》1首，并《翼运节略》10余则。第10卷为附录，皆当时投赠诗文。《四库全书总目提要》卷一七五曰："升于明兴之初，参赞帷幄，兼知制诰，一切典制，多出其手，与陶安、宋濂等名望相埒。陈敬则《明廷杂记》尝称其李善长、徐达、常遇春、刘基四诰，惜《明文衡》未及收入。《明史》本传载太祖大封功臣，制词多升撰，时称典核，盖据是文。然统观全集，文章乃非所长。"《风林类选小诗》1卷，皆五言绝句，始于汉魏，终于晚唐，分38体，而附录闺阁、仙鬼诗于末，实39门，有似于《瀛奎律髓》。

黄珏卒（1300— ）。珏字玉合，号菊东。元明间绍兴余姚人。以黄叔英受蔡氏《尚书》，有所得，尤喜读邵氏《皇极经世》。郡县争聘为师，教授40余年。与太原王万石、上虞谢肃为文字欢。《宋元学案》列其入《东发学案》。

张以宁卒（1301— ）。以宁字志道，学者称翠屏先生。福建古田人，徙家金陵。以春秋致高第，所学尤专春秋，多所自得。《宋元学案》列其入《潜庵学案》。著《胡传辨疑》最辨博，已佚。著《春王正月考》未就，出使安南，死于途中。另著有《春秋尊王发微》8卷、《春秋论继》3卷、《翠屏集》、《张翰讲集》1卷、《淮南集》1卷、《南归纪行》1卷等。事迹见《明史》卷二八五，《名山藏》卷四，杨荣《翰林侍读学士朝列大夫张公以宁墓碑》（《国朝献征录》卷二〇）。

按：《明史》卷二八五称，"元故官来京者，危素与以宁名尤重。素长于史，以宁长于经。素宋、元史稿俱失传，而以宁《春秋》学遂行。门人石光霁，著《春秋钩元》，能传以宁之学"。以宁所著《春秋尊王发微》已佚，见《明史·艺文志》。《春秋论继》

已佚,见《千顷堂书目》。《四库全书总目提要》卷二八曰:"考三正迭更,时月并改。经书正月系之于王,则为周正不待辨。正月正岁二名载于《周礼》,两正并用,皆王制。左氏发传,特曰'王周正月',则正月建子,亦无疑。自汉以来,亦无疑义。至唐刘知几《史通》始以《春秋》为夏正,世无信其说者。自程子泥于'行夏之时'一言,盛名之下,羽翼者众。胡安国遂实以夏时冠周月之说。程端学作《春秋或问》遂坚持门户,以梅赜伪书为据,而支离蔓引以证之。愈辨而愈滋颠倒。""异说纷纷,殆不可解。"《春王正月考》2卷,"独征引五经,参以《史》《汉》,著为一书,决数百载之疑案,可谓卓识。"是书有宣德元年刻本、《四库全书》本等。《翠屏集》4卷,《四库全书总目提要》卷一六九曰:"宣德三年所刊,陈琏为之序,称以宁文集为其子孟晦所编,宋濂序之;诗集为其门人石光霁所编,刘三吾、陈南宾(陈光裕)序之。其孙南雄教官隆,复以《安南稿》续版行世。今三序皆冠集首,而诗文集总题'光霁编次,嗣孙德庆州训导淮续编',与序不同,未喻其故。"《四库全书总目提要补正》卷五三曰:《翠屏集》4卷,"吴氏《绣谷亭薰习录》有《翠屏集》四卷,《至宝集》1卷。云:'其文子孟晦编,洪武三年宋濂。其诗门人国子博士石光霁编,有后序;洪武己巳长史陈南宾、甲戌学士刘三吾并序。后诸孙南雄教官隆复以《使安南稿》续编,宣德三年通政使陈琏序。成化十六年,嗣孙德庆州训导淮重刊,广东提学赵缶后序。《至宝集》者,以宁使安南,太祖所降御制也。洪武三年诏封安南,以宁为正使,典簿牛谅副之,至国,其主既卒,国人请封其子,以宁奏请更诏,帝嘉其能用礼,因御制十诗褒之,并为之序。竟卒于安南,有临终诗并哀挽之作,附于玉音之后。弘治元年,福建按察司佥事杨泽序。'玉缙案:《提要》所见,为宣德三年本,而题淮续编。而吴氏所见,为成化十六年本,则称淮重刊,后宣德五十三年,岂至是始改正耶?不然,何以吴氏但言重刊,不言续编也?真不可解!《至宝集》有弘治元年杨序,又后八年。当是续刊。"(参《四库全书总目提要》、《中国学术名著提要》等)

高明(高则诚)(约1301—)约卒。则诚名明,以字行,号菜根道人。元明间浙江平阳人,一说永嘉人。元至正进士。《宋元学案》列其入《沧洲诸儒学案》下。著有《柔克斋集》20卷。另著有南戏《琵琶记》。事迹见《明史》卷二八五。

按:《柔克斋集》20卷,明中叶时已无传本,大都散佚。民国初年,冒广生辑《永嘉诗人祠堂丛刻》,其中有《柔克斋集》一佚。张宪文、胡雪冈搜集诗文,辑成《高则诚集》,使遗著得以流传。明人汪砢玉《珊瑚网·元名公翰墨》卷上,有高明《唐康居国贤昔祖师墨迹跋后》的墨迹。1956年中国戏剧家协会组织《琵琶记》讨论会,出版《琵琶记讨论专刊》。《宋元学案》卷七〇曰:"弟诚,字则明,亦有文名。时号'高氏两难'。"云濠谨案:《温州旧志》载东海赵汸尝称其学博而深,才高而赡。隆庆《东阳志》则称其从义乌黄文献,盖亦黄氏门人也。

僧善学卒(1307—)。善学字古庭,俗姓马。元明间苏州僧人。著有《法华问答》、《法华随品读》、《辨正教门关键录》、《古庭诗集》等。

按:著述前三种见《中国佛学人名辞典》,后一种见《千顷堂书目》卷二八。

陈基卒(1314—)。基字敬初。元临海人。黄溍弟子。学者称夷白先生。至京师,授经筵检讨。尝为人草谏章,力陈顺帝并后之失,几获罪,引避归。张士诚据吴,引为学士,书籍多出于手。明兴,召修《元史》,赐金而还。《宋元学案》列其入《沧洲诸儒学案》下(补)。著有《夷白斋稿》35卷、外集1卷,《夷白集》12卷。事迹见《明史》卷二八五《赵埙传》附传,尤义《陈基传》。

按：据《明史》卷二八五：初，士诚与太祖相持，基在其幕府，书檄多指斥，及吴亡，吴臣多见诛，基独免。世所传《夷白集》，其指斥之文犹备列云。《四库全书总目提要》卷一六八曰：基寓舍有夷白斋，故以名其稿。大抵皆元世所作。

杨翮约卒，生年不详。翮字文举，上元人。杨刚中子。嗜学好古，尝建长宜斋以贮鼎彝。当代名流，多与之游。著有《佩玉斋类稿》10卷。

按：据《四库全书总目提要》卷一六八：翮初为江浙行省掾，至正中官休宁主簿，历江浙儒学提举，迁太常博士。父刚中，为时名宿，所学具有原本，当代胜流多与之游。翮承其家训，益镞厉为古文辞。观虞集、杨维桢等所作《序》，皆俨然以父执自居，则其指授提撕，必为亲切。故其文章格律，多得自师友见闻，意态波澜，能不失先民矩矱。虽边幅未广，酝酿未深，而法度谨严，视无所师承，徒以才气驰骋者，则相去远矣。是集刊于至正末，而刘仔肩选《雅颂正音》，乃采入其诗。是书乃元代南京地方文献之著者。

王偁（ —1415）、胡广（胡靖）（ —1418）、朱椿（ —1423）、梁混（梁本之）（ —1434）、金问（ —1448）、陈琏（ —1454）生。

洪武四年　辛亥　1371年

正月丙戌，李善长罢。以汪广洋为右丞相，胡惟庸为中书左丞。

按：胡不见本传。

丁亥，明太祖授汤和、傅友德以方略及用兵贵神速。（《明通鉴》目录卷一）

丁末，令直省连举乡试三年，自后三年一举，著为令。（《明通鉴》目录卷一）

是月，御史进拟《宪纲》，凡四十条，明太祖删定颁给。（《明通鉴》目录卷一）

二月，始开会试。

按：陶凯以礼官《主试程文》进，御序其简首，遂为定例。（《明通鉴》卷四考异曰：是年始开会试，陶凯、潘庭坚为考官，见《明史》本传。又，《吴伯宗传》云"是年成进士，考试则宋濂、鲍恂"，盖同考官也。证之宋文宪《会试纪录题辞》，濂、恂之外，尚有詹同、原本，共四人。再证之《题辞》，则庚戌京畿中式乡举七十二人，皆已授官，此时会试，惟十一行省而已。大约一岁一乡举之令即定于此时，故是年秋复行乡举。而王凤洲《笔记》，则云"洪武四年京畿乡试，吴琳、宋濂为考官，寻合诸省之士会试"云云，似壬子乡试在前，而会试反在后。不知会试在春，赐伯宗等进士月日，皆具《实录》，而壬子乡试在秋，则文宪《自序》可证也。今以开科之始，特详著之。）

三月乙酉朔，始策试天下贡士，赐吴伯宗（吴祐）等120人进士及第、出身有差。（《明通鉴》卷四）

穆拉德一世征服马其顿。

拜占庭输诚于土耳其人。

苏格兰斯图亚特王朝立。

按：是为明朝首科进士，以吴伯宗（吴祐）为榜首，一甲3名，二甲17名，三甲100名。先是诏高丽、安南等国皆预乡会试，至是高丽人金涛亦赐进士。本科举行后，次年太祖下令停止科举，至洪武十七年方重新恢复。

五月，明太祖与廷臣论刑，谕陈宁毋法重刑滥。（《明通鉴》目录卷一）

六月戊申，退朝，御东阁，明太祖从容与群臣论及礼乐之事。（《太祖实录》卷六六）

庚戌，明太祖与詹同论：三代而上，治本于心；三代而下，治由于法。故违乎道德仁义，必入于权谋术数。（《明通鉴》卷四）

七月丁卯，中书省奏："科举定制，凡府、州、县学生员，民间俊秀子弟及学官吏胥习举业者，皆许应试。"明太祖曰："科举初设，凡文字词理平顺者，皆预选列，以示激劝；惟吏胥心术已怀，不许应试。"（《太祖实录》卷六七）

十二月辛巳，命礼部：今岁各处乡试取中举人俱免会试，悉起赴京用之。（《太祖实录》卷七〇）

按：时吏部奏天下官多缺员，故有是命。

是年，命僧祖阐、克勤等出使日本，赐日本王良怀《大统历》。

革罢善世、玄教二院。（《太祖实录》卷七〇）

宋濂于二月迁国子司业、封议大夫。宋濂八月充京畿乡闱主考官。时与唐肃应制赋诗，有规谏语，太祖皆不怿。八月宋濂以上《孔子庙堂议》，而触怒太祖，以考孔子祭礼不即上，谪知安远县。约于年底宋濂被召还朝为礼部主事。

按：时魏观亦被谪，而同时王祎亦著《孔庙从祀议》，其语多与濂合。其后助教贝琼希旨，作《释奠解》驳之。厥后上置国子监，先圣改用木主，卒从濂议。其它所论，后代之议论者率多宗之。（《明通鉴》卷四）《明通鉴》卷四考异曰：宋濂议礼，据《明史·礼志》及王圻《续文献通考》，孙氏《春明梦余录》，皆在四年。证之郑楷《宋文宪公行状》，言"三年十二月授国子司业，四年八月谪安远县知县"，是上《庙堂议》当在是年春夏间。今据《状》中谪安远之月，而叙议祀典事于其下。

王祎出使吐蕃途中，于初春接返程诏令。于甘肃道上作诗寄宋濂。

刘基正月还乡。二月抵家，遣子刘琏捧表诣阙谢恩。三月丁未，以弘文馆学士致仕。归，八月太祖手书问天象，基条对，大要言："霜雪之后，必有阳春。今国威已立，宜少济以宽大。"时用法严峻，故基及之。（《明通鉴》卷四）刘基以西蜀全平，复遣子琏进《平西蜀颂》并序。

詹同五月为吏部尚书。

陶凯、詹同六月定九奏乐章，为宴飨之用。

按：先是太祖厌前代乐章率用庾词以为容悦，甚者鄙陋不称，乃命凯等更制其词。

陶凯、潘庭坚二月充首次会试主考官。

王祎出使吐蕃途中，于初春接返程诏令。于甘肃道上作诗寄宋濂。

张羽征至京师，廷对称旨，擢太常寺臣，兼翰林院同掌文渊阁事。

唐肃免官归乡。

窦德远以儒学征授礼部主客郎中。后升本部侍郎。

陈修三月闰月为吏部尚书。

> 按：与侍郎李仁，详定制度。陈修，生卒年不详。字伯昂。江西上饶人。事迹见《明史》卷一三八本传、解缙《嘉议大夫吏部尚书广信陈公修墓志铭》(《国朝献征录》卷二四)。

戴良居慈溪之华屿，撰有《四景楼记》。

宋克赴官凤翔。

> 按：申屠衡为跋所藏《兰亭序》册送行。

王桓以通经学古荐于朝，讲论治道。

方克勤七月被征至京师，授济宁知府。

> 按：方克勤为治，以德化为本，不善近名。

殷奎八月举教谕，试天官中高等，调西安咸阳教谕。以将赴咸阳祭告于杨维桢。

> 按：王彝作有《送殷教谕赴咸阳县序》。

陈遇为明太祖起草平西诏文。明太祖命以礼部官主弘文馆。陈遇辞不任职。

吴简应诏至京，作《富民论》，授昆山主簿，以疾辞归，优游林泉。卒年八十二。

> 按：吴简，生卒年不详。字仲廉，号月潭居士。元明间吴江人。著有《诗义》、《论语提要》、《史学提纲》、《守约斋集》、《月潭诗集》。事迹见《元诗选癸集》辛上。

乌斯道以贡入京。

吕诚自广东谪所放回。

> 按：辑此期诗为《番禺稿》。

杨基从淞江故家得元陆居仁等人文稿合卷。居句容，作赏月诗。

倪瓒是冬过常熟访友。

方孝孺侍父宦游，历览齐鲁故墟，谒周孔庙宅，问陋巷舞云所在。

魏观以国子祭酒降为江西龙南县知县。

杜肃成进士。

> 按：杜肃，生卒年不详。浙江上虞人。著有《春秋疑义》，此书据《绍兴府志》引万历《上虞志》。又有《名家元音》，均佚。

吴伯宗(吴祐)成进士。

> 按：洪武四年初开科，廷试第一。授礼部员外郎，与修《大明日历》。以不附胡惟庸，坐事谪居凤阳。上书论时政，因言惟庸专恣。太祖得奏召还，命使安南。历官武英殿大学士，后坐事降检讨。

叶砥成进士。授定襄县丞。

郑士元成进士。仕至湖广佥事。

> 按：郑士元，生卒年不详。字好仁。浙江宁海人。以布衣上书太祖，登进士。著有《孙武子注》，见《台诗三录》。据《台州经籍志》云已佚。《中国历代人名大辞典》载，名或作士原，字孝仁。后坐空印事，输作江浦。

俞友仁成进士。授长山县丞，历官山西按察佥事。

聂铉成进士。官广宗县丞。

按：秩满入觐。授翰林院待制，改国子监助教，迁典籍，赐归。

袁泰成进士。授雩县丞，改罗山。累迁右都御史。

储立夫中举人。官庄浪州州判。

按：储立夫，生卒年不详。江苏宜兴人。著有《曼声集》，见道光《续纂宜荆县志》卷九。

沈黻举明经，赐光禄酒馔，寻放还。

按：尝应辟署县学西斋事。沈黻，生卒年不详。字有庄。苏州府吴江人。家世治《尚书》。著有《西斋稿》，见道光《震泽镇志》卷六。

郑真乡试第一，授临淮县教谕。升广信府教授。

按：郑真，生卒年不详。字千之。浙江鄞县人。求斋觉民之子。《宋元学案》列其入《艮斋学案》别见《深宁学案》。据《四库全书总目提要》卷一六九，《成化四明郡志》称其研穷六籍，尤长于《春秋》。吴澄尝策以治道十二事，皆经史之隽永，真答之无凝滞。初与宋濂声价相埒，尝与濂共作《裴中著存堂记》，真文先成，濂为之搁笔。因以学官没世，故传述者稀。尝取诸家格言，著为集传、集说、集论。著有《荥阳外史集》，原集百卷，明代已佚其30卷，更多残阙。另著有《学范》6卷，尝采掇乡先生言行文辞萃为一编，曰《四明文献录》。《宋元学案》亦列郑驹入《深宁学案》。驹字千里，求斋觉民之长子也。持身修洁，为文温润缜密。洪武初，聘为郡庠训导，升义乌教谕，皆能以道淑人。宋潜溪自翰林归里，见即推重，以宾礼遇之。弟真、凤，并以文学著名，人目为三骥。

朱伯高受荐为府学教授，江西长芗书院遂废。

钱恕知遂宁，与州同陈善授捐俸重修张九宗书院。

按：新绘七十二贤及历代道学宗儒，奉祀其中。

蒋山太平兴国寺广荐法会，征召高僧18人，僧宗泐、僧吴印皆其中。

卡斯蒂利亚帆桨大船在欧洲首次安装舷炮。

权衡纂《庚申外史》2卷成。

按：权衡，生卒年不详。字以制，号葛溪。江西吉安人。元时拒聘，隐居太行黄华山28年不仕。洪武四年归江西，寓居著述以终。《庚申外史》又名《庚申帝史外闻见录》，2卷，记元顺帝一朝36年（1333—1368）史事。时顺帝犹未追谥，故以其生于庚申年（1320）而名之。又《元史》亦尚未修，故别名《史外见闻录》。所记元末农民因官民反，有他书不见而仅载于该者。又书中所记某些宫闱轶事，多为《元史》等书所未载。洪武初诏修《元史》，采访元顺帝一朝史事，《庚申外史》曾上史馆。是书最早有明万历本。有1922年文明书局铅印《宝颜堂秘籍》本，《海山仙馆丛书》、《学海类编》、《学津讨源》、《豫章丛书》等版本。（参见《四库全书总目提要》卷五二、《中国学术名著提要》）

儒臣七月辛亥朔奉敕纂《存心录》成。

按：始编于洪武元年。集历代祭祀礼仪感应祥异可为鉴者成书。诚谕太子诸王。明太祖览之，谓诸儒臣曰："朕观历代贤君事神之道，罔不祗肃，故百灵效祉，休征类应。及乎衰世之君，罔知攸敬，违天慢神，非惟感召灾谴，而国之祸乱亦由是而致。朕为[此]惧，每临祭，必诚必敬，惟恐未至。故命卿等编此书，欲示鉴戒。夫水可以鉴形，古可以鉴今。是编所以彰善恶，岂惟行之于今，将俾子孙永为法守。"（《太祖实录》卷六七）《四库全书总目提要》卷八三曰：《存心录》不著撰人名氏。皆记明初坛庙祭礼之制，附以灾祥物异。其前有序，称承命作此录，以坚诚敬之心。是奉敕所撰,而其文多残损不完。考《明史·艺文志》有吴沉等编集《存心录》18卷,《精诚录》3卷,皆在《故事类》中。吴沉,生卒年不详。兰溪人。元国子博士师道子,洪武时官东阁大学士。尝著辨言孔子封王之非礼,后嘉靖中更定祀典,实祖其说。则其人娴于说礼可知。而此书内所载礼节皆洪武三年以前之事,则《艺文志》所谓《存心录》者即此书也。惟此本止10卷,与18卷之数不合。检核书首,有私印一,其文曰"尚宝少卿袁氏忠彻印"。盖犹明初旧本,尚无脱佚。又《南雍邕志》载嘉靖间《存心录》版,存者五十八面,阙者三面,所列亦止10卷,与此本同。是史志误衍一"八"字也。

  殷奎作《祭先师铁崖杨先生》。

  贝琼五月撰《清隐堂记》于殳山草堂,又为《半间云记》于清江一曲。

  宋濂八月上《孔子庙堂议》。

  按:《孔子庙堂议》曰:"世之言礼者咸取法于孔子。然则为庙以祀之其可不稽于古之礼乎? 不以古之礼祀孔子是亵祀也,亵祀不敬,不敬则无福奈何? 今之人与古异也。古者将祭,主人朝服即位于阼阶东西面;祝告利成,主人立于阼阶上西面;尸出入,主人降立于阼阶东西面,此皆主人之正位也。辛脊祝盥于洗,升自西阶。主人盥,升自阼阶。祝先入南面,主人从户内西面。祝酌奠主人,西面再拜稽首,皆为几筵之在西也。尸升筵,主人西面立于户内,拜妥尸,尸醋主人,主人西面奠爵拜,皆为尸之在西也。汉晋春秋所载章帝元和二年幸鲁祠孔子,帝升庙西面再拜。开元礼亦谓,先圣东向,先师南向,三献官皆西向,是犹未失古之意也。今袭开元二十七年之制,迁神于南面,而行礼者北面,则非神道向右之义矣。古者造木主以栖神,天子诸侯之庙皆有主,卿大夫士虽无之,大夫束帛以依神,士结茅为菆,无有像设之事。开元礼亦谓,设先圣神座于堂上西楹间,设先师神座于先圣神座东北,席皆以莞,则尚扫地而祭也。今因开元八年之制,抟土而肖像焉,则失神而明之之义矣。……"议上,明太祖以舜、禹、汤、文不宜祀于国学,不悦,遂坐不以时奏,谪知安远县。其后助教贝琼希旨,作《释奠解》驳之。时祭酒魏观亦被谪。而同时王祎亦作《孔庙从祀议》。其语多与濂合。厥后上置国子监,先圣改用木主,卒从濂议。其它所论,后代之议礼者率多宗之。时东阁大学士吴沉尝著《辨》,言:孔子封王为非礼。后布政使夏寅、祭酒邱濬(丘浚)皆沿其说。及嘉靖改称先师,实自沉发之云(《明会要》卷一一)。

  宋濂作《丹崖集序》、《南征录序》、《辛亥京畿乡闱纪录序》、《剡源集序》、《王弼传》、《送国子正苏君还金华山中序》、《詹学士文集序》、《勃尼国入贡记》、《送陶九成辞官归华亭序》等。

  按:《送国子正苏君还金华山中序》曰:"以论乎学术,则嚅哜乡学之懿,溯渊源于伊洛,蹈轨辙于关闽。义理精微,析如蚕丝;训考是非,判若白黑。亦既心凝而身履之矣,又奚藉于予之言哉?……"

  王祎作《谒周公庙记》、《玉枕兰亭帖跋》;过渑池作《驱虎歌》。

  张绅作《送殷先生叙》。

  王彝作《送殷教谕赴咸阳县序》。

  刘基作《苏平伯文稿序》。

  按:序曰:"平仲文稿留余所良久,今得告省亲金华,于其行也,特举古人之大旨,序而归之,以致期望之意云。"

  高启据郡志作《姑苏杂咏》。

  按:据《四库全书总目提要》卷一九一:明周希孟、周希夔同编。上卷为高启原唱，下卷为其祖南老续作。

苏伯衡跋宋李学究本《定武兰亭帖》。

王介卒（1294— ）。介字万石，号豫斋。元绍兴路上虞人。事迹见《密庵文稿壬》卷一。

韩准卒（1299— ）。准字公衡。元济州沛县人。沉重好学。登进士第。为文简古，不事华藻。事迹见《闻过斋集》卷五《权厝志》。

施于仁卒（1306— ）。于仁字寿之，号肃斋。无锡人。著有《毅堂文集》，见《锡山历朝书目考》卷一〇。

陶安卒（1315— ）。一说卒于1368年，详见是年条。

陈灌卒（1325— ）。灌字子将，一字同故。元明间江西庐陵人。天下初定，学校久衰，灌建学舍，选子弟受业。创户帖以便稽民。事迹见《明史》卷二八一。

陈汝言卒（1331?— ）。汝言字惟允，号秋水。苏州府吴县人。征子，汝秩弟。与兄齐名，有大髯、小髯之称。洪武初官济南府经历。著有《秋水轩诗稿》2卷。集前有倪瓒序。事迹见《明画录》，《列朝诗集小传》甲集前，《兵部尚书陈汝言传》（《国朝献征录》卷三八）。

郑和（ —1435）、金实（ —1439）、杨荣（ —1440）生。

洪武五年　壬子　1372年

拉罗谢尔海战，法人败英国，自1340年以来首次控制英吉利海峡。

正月，蒋山广荐佛会。明太祖与群臣及僧千余人与会。

三月壬甲，高丽王颛遣使贺平蜀，且请遣子弟入国子学。明太祖以涉海远，谕不欲者勿遣。（《明通鉴》目录卷一）

四月戊戌，诏礼部奏定乡饮酒礼，命有司行之学校。（《明通鉴》目录卷一）

五月戊午，诏定礼仪风俗。（《明通鉴》目录卷一）

八月丙戌，《申明诫谕书》成，颁示天下。（《太祖实录》卷七五）

十二月甲戌朔，诏中书省："凡有司考课，必有学校农桑之绩，始以最闻，违者降罚。"（《明通鉴》卷四）

辛巳，令百官奏事启皇太子，并诫太子：有天下之责，当正身修德，祈天永命。（《明通鉴》目录卷一）

按：《明通鉴》卷四考异曰：据《明史·本纪》，是年及十年皆记奏事启皇太子事，惟是年则但书"启事"，十年六月始有"裁决奏闻"之语。盖是年奏事，但令皇太子预闻，不令裁决也，至十年，太子已长，谙练国事，故使之裁决以试其否。诸书多并两事为一事，《辑览》亦但记是年启事之语而十年略之，惟《重修三编》始据《本纪》分书，今从之。

是年，明太祖释奠应天府学文庙。见《孟子》有"草芥寇仇"等语，遂令罢孟子配享孔庙，寻以钱唐谏，逾年复之。

诏孔庙春秋释奠止于曲阜，天下不必通祀。钱唐伏阙上疏争之，不听；久之，乃用其言。

按：《明通鉴》卷四考异曰：五年释奠，《明史·本纪》不载，但于十五年纪太学成释奠事。证之《春明梦余录》，则释奠始于五年，盖元年系遣官释奠也。是时即以应天府学为国子学，四年修文庙，五年成，太祖亲行释奠礼，盖在应天府学行礼也。至十五年别立国子监成，太祖复于国子监行释奠礼，此两次释奠之可据者。故秦蕙田《五礼通考》亦引《兖州府志》云："五年，上释奠于太学。"而《典汇》则云："是年释奠于应天府学之文庙。"尤为明析。且罢孟子配享，即在是年，见《明史礼志》及《明阙里志》，是因释奠而罢之明矣。《明史·钱唐传》记其抗疏上谏，则所谓"逾年复之"者，证之王圻《续文献通考》，复配享在六年，则五年之罢是也，今据书于年之末。

创立国子监监生历事制度，监生必历各种事务实习。据此量才派用。

诏集宗泐等名僧于应天府蒋山寺点校开刻《洪武南藏》。

按：又名《初刻南藏》，历时27年刻成。全藏收经1,600余部，共7,000余卷，分作678函，是宋代以后历朝官刻的七部大藏经之一。明代共刻印三部大藏经，即《洪武南藏》、《永乐南藏》、《永乐北藏》。其中永乐二藏流传较广，独《洪武南藏》，则几近烟没。永乐六年遭火焚毁。唯一保留之印本于1934年在四川省崇庆县上古寺中发现，已略有残缺，并杂有部分补抄本和坊刻本在内。（参见范敏《让明珠重辉　国宝永传后世——〈洪武南藏〉再版纪实》《法音》2001年第4期）

琉球国中山王察度奉表称臣。

宋濂二月召为礼部主事，至是亦迁赞善大夫。五月陪太祖祀于方丘，太祖尝问帝王之学何书为要，濂以《大学衍义》为答，并曰"三代治天下以仁义，古多历年所"（《明史》卷一二八）。六月与汪广洋、胡惟庸、沐英、张以宁侍明太祖于武楼，陶凯奉嘉瓜以献，宋濂作《嘉瓜颂》。九月与张孟兼、刘崧、吕复等会于国子学，濂作《玉兔泉联句引》。十一月，郊祀大典既竣，与陶凯、张孟兼等分韵赋诗。十二月壬寅，宋濂擢太子赞善、封议大夫。荐熊鼎说《尚书》于皇太子前。

王琏以会试举子简授编修，肄业文华堂，以宋濂为师。

按：后为吏部主事卒。琏，生卒年不详。字汝器。苏州府长洲人。与弟璲、珵均以文学著称于世。著有《锦江类稿》，见《吴县志》艺文考一。

贝琼是秋与孔正夫相会于钱塘。

按：《清江文集》卷一《迁隐庵记》曰："孔氏之后有散处东瓯者，其五十五世孙正夫，以明经登元戊子进士第，授将仕郎、建德录事，三迁至永嘉尹。性刚而寡与，人咸以迂目之。正夫闻而喜曰：'是非吾之实邪？'乃筑室昆山之麓，题之曰'迁隐'，遂老而不复仕。大明洪武五年秋，会于钱塘，获以觚墨相周旋者累日，因示所著《迁隐生传》，且属予为之记。"

朱右八月梦危素来访于寓，止临水坐大槐下，出橐中文见示，语间而寤。

按：五月，危素卒于含山。

王彝、王行、高启、张适、谢徽等同访狮子林。

按：彝作记。

刘基隐居山中，不预外事。

王祎正月癸丑遣使云南。

陶凯十二月庚辰请仿汉、唐、宋《会要》纪载时政，编辑为书。明太祖从之。（《太祖实录》卷七七）

曾鲁二月丙戌以礼部主事即日超六阶，授礼部侍郎。

按：安南陈叔明弑其王日煃而自立，遣使入贡，却之。太祖以曾鲁发其事而授之。十二月己卯，明太祖谓曾鲁曰："朕求古帝王之治，莫盛于尧舜。然观其授受，其要在于允执厥中。后之儒者讲之非不精，及见诸行事，往往背驰。"鲁曰："尧舜以此道宰制万世，如执权衡，物之轻重长短，自不能违，而皆得其当，此所以致雍熙之治也。后世鲜能此道，于处事之际，欲求其一一至当，难矣。"太祖曰："人君一心，治化之本。存于中者无尧舜之心，而欲施于政者有尧舜之治，决不可得也。"鲁又曰："尧舜之道，载之《典》《谟》者，无以加矣。至于修身理人，本末次第，具在《大学》一书。"太祖曰："《大学》，平治天下之本，其可舍此而他求哉？"（《太祖实录》卷七七）

倪瓒过娄东，会袁华，观元张雨旧为华所书杂诗卷。瓒再过太湖简村。是年自书散曲成一小辑，付照庵高士。

戴良居凤湖，主钱氏家。

傅藻授翰林编修，官至河南按察使。

按：傅藻，生卒年不详。字伯长。元明间浙江义乌人。黄溍弟子。通经史，工词章。编著有《春秋本末》，载《明史》卷九六艺文志，称懿文太子命宫臣傅藻等编纂。书成，明太祖以《春秋》本诸鲁史，而列国之事错见间出。欲究终始，难于考索。藻等乃分列国而类聚之，附以旧文。事之终始，秩然有序。赐名《春秋本末》，刊梓禁中，传示四方。事迹见《雍正浙江通志》卷一八一。

王桓授国子学正。

按：出为卢氏知县，务以德化。告归家居，乡人有不平，咸取决于桓，人称明白先生。《宋元学案》列其入《静明宝峰学案》。著有《明白先生集》。

魏观以荐出知苏州府。

按：前守陈宁苛刻，人呼"陈烙铁"。观至，建校舍，聘周南老、王行、徐用诚与教授贡颖之定学仪，王彝、高启、张羽订经史，耆民周寿谊、杨茂、林文友行乡饮酒礼，政化大行。

殷奎求官近地，忤旨，远遣至陕西咸阳任教职。

按：途中作《关外纪行》诗。袁华以诗送殷奎赴咸阳。

申屠衡谪居临濠。

按：著《扣角集》。

乌斯道五月至石龙县为令。

徐兴祖举于乡。官温州府学教授。

方孝孺历览齐鲁故墟，有愿学之志。

浙江慈溪慈湖书院因以革罢训导，弟子员归于邑学，不治而祀亦废。

江西南昌东湖书院停办，南昌县学迁入其旧址。

僧天伦道彝、僧一庵（字一如）奉太祖之命诏谕日本。

按：馆于洛阳(京都)西山精舍，日本东福寺名僧岐阳方秀因禁官甚严，无以面谒，惟赠答书信，询一庵一如"五法三自性八识二无我，与一百八句相摄如何？""台宗圆教，亦谈华严事事无碍之旨耶？"等有关教理、教义之事10条，并就永明延寿之《宗镜录》，请"分大节以示大义"，并请赐尚未传到日本之书籍：《华严清凉国师大疏》，《晋水源师录疏注经者》120卷、《演义钞》60卷、《科文》20卷（《圭峰行愿品记》、《原人发微录》、《禅源诠都序》，此三部日本未见《科文》）、《起信论圭峰密师疏》（雷庵受禅师，括摘李长者《华严论枢要》束为3卷者，日本未见此本）、梦堂所编《新修科分六学高僧传》。

僧宗喀巴至乌斯藏求佛法，后为黄教创始人。

张正常加授永掌天下道教事。

宋濂作《蒋山广荐佛会记》、《欧阳文公文集序》、《曾学士文集序》、《刘兵部诗集序》等。

按：刘崧自序其诗集曰："每岁汇为一稿，而每稿必因所寓之地以为之名，……他日余友萧翀取而较之，既虑其杂而无所属，复恨其漫而无所征也，乃析诸体而类次之，……厘为三帙，将以藏于家，俟余儿之长而归之，……"

殷奎三月作《祭赵主簿文》。九月撰《题华萼楼残碑》。十一月作《冬至祀先祝文》。

贝琼撰《茶屋记》。

孙道明自跋所钞《南部新书》。

高启序《狮子林十二咏》。

戴良作《移居诗序》，另有《和渊明饮酒》、《连雨独饮》诸诗。

佛经《大藏经》刻印，因刻于南京，史称《洪武南藏》。

按：于永乐元年（1403年刻成）。

僧志德卒（1235— ）。志德，号云岩，俗姓刘。山东东昌人。年十二受经于顺德开原寺。至元末，世祖召见，命主建康天喜、旌忠二寺，日讲《法华》、《楞严》、《金刚》、《华严》等经，赐号佛光大师。事迹见《蒲室集》卷一二塔铭，《释氏稽古略续集》卷一，《大明高僧传》卷二。

僧明德卒（1294— ）。明德，生平事迹不详。学者。著有《四会语录》。

夏鉴卒（1298— ）。鉴字文明，学者称渔乐先生。元末溧水人。著有《溧水志略》、《渔乐集》。事迹见光绪《溧水县志》卷一三。

危素卒（1303— ）。素字太朴，一字云林。元明间江西金溪人。师从吴澄、范椁，通五经。入明为翰林侍讲学士。与宋濂同修《元史》。兼弘文馆学士备顾问。后以亡国之臣不宜列侍从为由谪居和州，守余阙庙。怨恨卒。诗文书法皆有名于时。《宋元学案》列其入《草庐学案》别见《静明宝峰学案》。著有《吴澄年谱》、《草庐年谱》、《说学斋稿》4卷、《云林集》2卷、《危学士全集》14卷等。事迹见《明史》卷二八五，宋濂《故翰林侍讲学士中顺大夫知诰同修国史危公新墓碑铭》（《宋学士全集》卷一八）。

按：王懋竑《书危太仆集后》曰："太仆在黄、柳之后，杰出冠时。至正间，声望甚重。入明以谪死，集遂散佚不大传。其文演迤澄泓，视之若平易，而实不可几及，非熙甫莫知其深也。后之学者，览熙甫之跋与诗，可以识其概矣。蜀瞻笃学嗜古，访求前人文集，不啻若饥渴，而介夫家多异香秘书可传钞，拟与蜀瞻至其家，尽发其藏观之，尚未暇也。"汪由敦《跋危太仆文集》曰："危太仆文一百三十三首，后有震川先生跋，秀水曹倦圃侍郎家藏抄本，所谓《说学斋稿》也。危公以文名至正间，入明隐然为耆宿。其文雄浑博大，前逊虞、欧，后劣王、宋，而醇雅清婉，高处亦诸公所少。南宋冗蔓之习洗涤殆尽，余读而爱之。抄手殊恶，间以意正其阙误，家弟凝之从江西志中校录又二十余首，于是而不可读者或希矣。集有目无序，篇别而不分卷，体亦不备，盖未定之本。"据《四库全书总目提要》卷六〇：初，吴澄孙当尝编次其祖生平事迹为年谱。素为澄之门人，因重加订正为《草庐年谱》，刻于至正乙巳。至明嘉靖甲寅，澄裔孙朝祯复增入《行状神道碑列传祭文》1卷及《历代褒典奏议文移》1卷，邹守益为之序。《四库全书总目提要》卷一六九称：据《千顷堂书目》，其文集本50卷，明代已散佚不存。嘉靖三十八年归有光从吴氏得素手稿传抄，是为《说学斋稿》。素晚节不终，为世僇笑，其人本不足称，而文章则欧、虞、黄、柳之后，屹为大宗。又所作诗名《云林集》，素家居临川，相近有云林山，尝读书其上。方方壶为作《云林图》，陈旅等俱赋诗以记其事，故集即以是为名。乃纳新所编，元时出版。朱彝尊《曝书亭集》有是书《跋》。据《四库全书总目提要》卷一七五，《危学士全集》文13卷、诗1卷，乃其乡人取二集汇辑而成。虽名全集，实非原本。

汪克宽卒（1304— ）。克宽字德辅，一字仲裕。学者称环谷先生。徽州府祁门人。其祖华，受业饶双峰，得勉斋黄氏之传。克宽承基依学，尤邃于经，四方知名士出其门者居多。《宋元学案》列其入《双峰学案》。著有《诗集传音义会通》、《经礼补逸》9卷、《程朱易传义音考》、《春秋经传附录纂疏》、《环谷集》8卷等。事迹见《明史》卷二八二，吴国英《环谷先生（汪克宽）年谱》，吴国英《环谷汪先生克宽行状》（《国朝献征录》卷一一四）。

按：《四库全书总目提要》卷二〇曰：《经礼补逸》9卷，取《仪礼》、《周官》、大小戴《记》、《春秋》三传以及诸经之文有涉于《礼》者。以吉、凶、军、宾、嘉五礼统之。克宽究心道学，于礼家度数，非所深求。于著书体例亦不甚讲。此书实考典文，非考故事，乃多载春秋失礼之事，杂列古制之中。程敏政《篁墩文集》有书是书后曰"环谷汪先生，著书凡十余种。先生既殁，悉被一人窃去，攘为己书。《经礼补逸》一编，尤号精确，乃百计购得之。其原本虽被改窜，然有附丽而无刊补。真赝之迹，皦然甚明。先生元孙文汇等力图刊布。因以手校，且摹先生之像于编首，别为《附录》一卷"云云。《千顷堂书目》卷二曰："克宽殁后，是书为人所窃，几不传。程敏政使族人启访，得手稿乃为刊行。一名《仪礼补逸》，弘治二年己酉曾鲁序。"《四库全书总目提要》卷二八称：《春秋经传附录纂疏》30卷，是书前有克宽自序："详注诸国纪年谥号，可究事实之悉；备列经文同异，可求圣笔之真；益以诸家之说，而裨胡氏之阙疑；附以辨疑权衡，而知三传之得失"。然其大旨终以胡传为宗，而能于胡传之说一一考其援引所自出，如注有疏，于一家之学，亦可谓详尽。明永乐中，胡广等修《春秋大全》，其凡例曰："纪年依汪氏纂疏，地名依李氏会通，经文以胡氏为据，例依林氏"，其实乃全剿克宽此书。《环谷集》8卷，为康熙初其裔孙宗豫所辑。前列行状、墓表、年谱，末附以汪泽民等序文。《千顷堂书目》卷一曰：《诗集传音义会通》30卷，"引古今之书凡百余家。疑者辨之，缺者补之。朱子之欲更定而未及者，从而正之。"

僧宝金卒（1306— ）。宝金，俗姓石，号碧峰。明初僧。西安永寿人。洪武初奉诏至南京,召问佛法及鬼神事,奏对称旨。卒后宋濂为撰《舍利塔铭》。事迹见宋濂《寂照圆明大禅师璧峰宝金公设利塔碑》(《国朝献征录》卷一一八)、《五灯会元续略》卷四。

曾棨（ —1432）、罗肃（罗汝敬）（ —1439）、吴中（ —1442）、杨溥（ —1446）、吴讷（ —1457）生。

洪武六年　癸丑　1373年

正月庚申,礼部奏增广国子生。明太祖曰:"须先择国子学官,师得其人,则教养有效。"(《太祖实录》卷七八)

是月,天下守令朝觐,谕以慈祥岂弟为身之德,刻薄残忍为德之贼。(《明通鉴》目录卷一)

开文华堂于禁中,选年少俊异者,授翰林编修,读书禁中,以宋濂等为之师。明太祖听政之暇,辄幸堂中,评其文字优劣,锡以鞍马、弓矢、白金有差。(《明通鉴》卷五)

初,选朝天宫道士专掌乐舞,供事郊坛。

二月壬午,诏禁扮演古帝王圣贤。(《太祖实录》卷七九)

乙未,诏暂罢科举。令有司察举贤才,以德行为先而文艺次之。(《明通鉴》目录卷一)

壬寅,命御史台及按察使考察天下有司,奏请黜陟。并谕以善待君子,严惩小人。

三月癸卯朔,日食。始定救日、月礼。

戊申,大阅,明太祖亲临校场,谕军士毋虐民,以自绝其衣食之源。(《明通鉴》目录卷一)

是月,颁《昭鉴录》赐太子、诸王。(《明通鉴》卷五)

四月辛丑,命有司察举贤才。

按：是时定制,专用荐辟,其目曰聪明正直、曰贤良方正、曰孝弟力田,又有儒士、孝廉、秀才、人才、耆民等目,皆征召至京,不次擢用。而各省贡士、贡生亦皆由太学以进。于是罢科目者凡10年。《明通鉴》卷五考异曰:《明史·本纪》,罢科举,察举贤才,俱系之二月乙未下,盖牵连并记耳。按《纪事本末》,罢科举在二月,察举贤才在四月,傅氏《明书》,察举贤才之诏系之四月辛丑,其下诏之文,与《明史·选举志》同,今分书之。

己丑,诏有司图山川险易以上。(《明通鉴》目录卷一)

五月壬寅朔,儒臣编辑《祖训录》成。命颁之天下。(《明通鉴》目录卷一)

夏,敕修《律令宪纲》刊,颁之诸司。(《四库全书总目提要》卷八四)

波莫瑞和梅伦堡臣服于神圣罗马查理四世帝。

查理四世帝兼并勃兰登堡。

八月乙亥，建历代帝王庙于京师。（《明通鉴》目录卷一）

九月庚戌，命儒臣择唐、宋名臣笺表可为法式者。词臣以柳宗元《代柳公绰谢表》用韩愈《贺雨表》进。令中书省颁为式，并禁骈丽对偶体。（《明通鉴》卷五）

十一月庚寅，诏刑部尚书刘惟谦详定《大明律》。（《太祖实录》卷八六）

> **按**：据《明史》卷九三：明太祖平武昌，即议律令。吴元年冬十月，命……二十人为议律官，谕之曰："法贵简当，使人易晓。若条绪繁多，或一事两端，可轻可重，吏得因缘为奸，非法意也。夫网密则水无大鱼，法密则国无全民。卿等悉心参究，日具刑名条目以上，吾亲酌议焉。"每御西楼，召诸臣赐坐，从容讲论律义。十二月，书成，……又恐小民不能周知，命大理卿周桢等取所定律令，自礼乐、制度、钱粮、选法之外，凡民间所行事宜，类聚成编，训释其义，颁之郡县，名曰《律令直解》。……洪武元年，又命儒臣四人，同刑官讲《唐律》，日进二十条。五年，定宦官禁令及亲属相容隐律，六年夏，刊《律令宪纲》，颁之诸司。其冬，诏刑部尚书刘惟谦详定《大明律》。每奏一篇，命揭两庑，亲加裁酌。及成，翰林学士宋濂为表以进，曰："臣以洪武六年冬十一月受诏，明年二月书成。……"。《明通鉴》卷五曰：初，明太祖命陶安、周桢等详定《律令》，时刘惟谦为大理少卿，亦与焉。太祖即位二年，授惟谦为刑部尚书，谕之曰为政若舍仁义而专务刑罚，是以药石毒民，非善治之道。寻命惟谦等与儒臣讲《唐律》，日进二十余条，明太祖亲加裁定，择其可行者以为式。至是明太祖命惟谦详定篇目，凡六百有六条，曰《大明律》。

十二月，禁释、道教，诏天下府、州、县止存大观寺一，僧道并处之。又禁女子年四十以下为尼者，著为令。（《明通鉴》目录卷一）

宋濂二月受命为明太祖讲析《大学衍义》中司马迁论黄老事（三月复言黄老神仙之学）。停科举，明太祖令有司择年少俊异者入文华堂肄业，宋濂为之师。七月迁侍讲学士，知制诰，同修国史，仍兼赞善大夫；八月奉旨纂修《大明日历》100卷，择其言行之大者，为宝训5卷，并总裁其事，朝夕禁中，至明年5月乃成（见《潜溪录》卷二《行状》）。九月命参中书大政，婉辞。十一月受诏修《大明律》。

> **按**：宋濂《送徐教授纂修日历还任序》曰："洪武六年秋九月，皇帝御谨身殿，从翰林学士宋濂之请，妙柬文学之士四三人，纂修《大明日历》，而诏濂与吏部尚书詹同司总裁事。当是时，杭州府学教授徐君大章实在选中。开局于内府，日给大官之膳，而令中贵人护闱，非奉敕旨不敢入。其事至严也。濂时与大章辰入申出，凡兴王出治之典，命将行师之绩，采章文物之懿，律历刑法之详，咸以事系日，以日系月，以月系年，必商确而谨书之。濂年加耄，不能有所猷为，惟发凡举例而已。其助我者，大章之力居多。越四月书成，共一百卷。遴日上奏，登盘龙金匮中，奠于丹陛之下。"

詹同七月丙辰以吏部尚书为翰林学士，仍为吏部尚书。九月壬寅请修《大明日历》。

> **按**：以渡江以来，征讨平定之迹，礼乐治道之详，虽有记载，尚未成书，请编《日历》。太祖从之，命同与宋濂为总裁官，侍讲学士乐韶凤为催纂官，吴伯宗（吴祐）、朱右、赵壎、朱廉、徐一夔、孙作、徐尊生同纂修。

孙大雅聘修《大明日历》，授编修，乞改太平府教授。

朱右九月为日历纂修官,十二月为翰林编修。

杜环奉命纂修《昭鉴录》。

按:杜环,生卒年不详,字叔循。金陵人,其先本庐陵人。官至太常寺丞。事迹见《宋学士文集》卷六三,黄佐《太常寺寺丞金陵杜公环传》(《国朝献征录》卷七〇),宋濂《杜环小传》(《国朝献征录》卷一一三)。

张筹供职礼部,奉命纂修《昭鉴录》。

汪广洋正月甲寅罢左丞相,谪广东行省参政。

胡惟庸七月壬子为右丞相。

刘基四月被夺禄,七月入朝谢罪。

乐韶凤七月丙辰以兵部尚书为翰林院侍讲学士。

贝琼是年春宰金华。三月乙丑除南京国子助教,游冶山,作记。与张美和(张九韶)、聂铉并称"成均三助"。

谢徽三月乙丑除国子助教。

开济五月癸卯以河南府学训导为国子助教。

孔克表四月戊子为翰林院修撰兼编修。

牛谅累迁至礼部尚书,参与制定明代礼仪制度。

答禄与权用荐授秦府纪善,改御史。请重刊律令。盱眙民进瑞麦,与权请荐宗庙。太祖曰:"以瑞麦为朕德所致,朕不敢当。其必归之祖宗。御史言是也。"(《明史》卷一三六)

桂彦良(桂德俩)应诏赴都,七月授太子正字。为太子及诸王、功臣子弟师。八月谏太祖用重典。

按:太祖尝出御制诗文,彦良就御座前朗诵,声彻殿外,左右惊愕,太祖嘉其朴直。时选国子生蒋学等为给事中,举人张唯等为编修,肄业文华堂。太祖命彦良及宋濂、孔克表为之师。尝从容有所咨问,彦良对必以正。太祖每称善,书其语揭便殿。(《明通鉴》卷五)

单仲友与同郡桂彦良(桂德俩)举明经,官大理府教授。

赵諔(赵俶)征授国子博士,请颁行正定《十三经》,屏《战国策》及阴阳签卜诸书,勿列学宫。

按:据《明史》卷一三七:太祖尝御奉天殿,召俶及钱宰、贝琼等曰:"汝等一以孔子所定经书为教,慎勿杂苏秦、张仪纵横之言。"诸臣顿首受命。俶因请颁正定《十三经》于天下,屏《战国策》及阴阳谶卜诸书,勿列学宫。明年择诸生颖异者35人,命俶专领之,教以古文。寻擢李扩、黄义等入文华、武英二堂说书,皆见用。

方孝孺在济宁父任所,玩索濂洛关闽之说,拳疑者以质于父兄。

宋讷为北平考官。

按:宋讷有《王子岁考秋闱和北平行省照磨叶叔诗》等。

王宾举茂才。复以文学荐,授修宁教谕,以身作则,教授废寝忘食,士不惩自劝。

按:秩满命供奉翰林,以老辞,教授九江而卒,门人私谥清洁先生。王宾,生卒年不详。字用宾。浙江鄞县人。博学强记,贯穿诸子百家。隐居村野,淡然自适,号水村隐者。纂有《环水王氏重修族谱》,是谱商辂序,见雍正《浙江通志》。著有《书隐集》、《西上集》、《南游集》。未见。事迹见《雍正宁波府志》卷二六。

萧洵出为湖州长兴知县，修学校，建县治及坊巷街道。

按：萧洵，生卒年不详。江西吉水人。著有《故宫遗录》1卷。据《四库全书总目提要》卷七二：洪武初，洵为工部郎中，奉命毁元故宫，因记其制度。后欲刊未果。其本归于吕山高氏家。洪武丙子，松陵吴节从高氏抄传。万历中，武进赵琦美得之，以张浙门家抄本互校，因行于世。其书序次典核，朱彝尊《日下旧闻》全载之。事迹另见《万姓统谱》卷二九。

苏伯衡居里，跋宗泽复官诰文。马琬宦居江西抚州，苏伯衡为序所著《偏旁辨证》。

倪瓒作《松江山色图》，自云昨冬舟过吴淞渚。与苏州赵原商榷，作《狮子林图》，自跋以为非王蒙所能至。在徐达左耕渔轩观怀表《酒狂帖》。

陶宗仪举人才诣金陵，与江阴孙作等会钟山。以病免授职还松江，堵文明为作《归棹发秋江》图，贝琼等题诗。

戴良自昌乐南还，变姓名隐四明山中。常与耆儒遗老宴集赋诗。

殷奎正月与章符梦会于京师。

杨基复起出使湖南广右。入湘。于腊雪中还至武昌。皆有诗述。

袁华作《癸丑正月风雨中偶成》1首。

陈宁八月丁丑遣释奠先师。以冯冕等不陪祀，各停俸一月。

按：自是不预祭者不颁胙，著为令。

唐肃谪凤阳，以所著《丹厓集》示长洲申屠衡。

王佐征为给事中，以不乐枢要，乞归。

按：王佐，生卒年不详。字彦举。元明间广东南海人。与孙蕡齐名，结诗社于南园，开抗风轩以延一时名士，时谓构辞敏捷，王不如孙；句意沉著，孙不如王。元末为何真掌书记，劝真降明。著有《听雨轩集》、《瀛州集》。没后稿多遗逸，仅存诗1卷，郡人彭森刻于建安。后人重辑黄哲、李德、王佐、赵介四人诗为《广州四先生诗》4卷。粤东诗派，数人实开其先。事迹见《明史》卷二八五《孙蕡传》附传，黄佐《给事中王佐传》（《国朝献征录》卷八〇）。

任仲真举人材，官南康郡丞，引疾归。

按：访旧吴江，爱其风土淳朴，遂卜居庞山湖滨。游方孝孺之门。任仲真，生卒年不详。字直生。仁发曾孙。世居吴淞青龙江。幼赋白鹤诗，见赏于杨维桢。比长，喜读经世之略。著有《蕰香小集》、《有竹居诗稿》，见嘉庆《同里志》卷二二。

吴复再被举，旋以事系狱卒。

按：吴复，生卒年不详。字孟修。苏州府吴江人。简子。著有《甲子循环图》、《霞外稿》、《雪区稿》、《盛唐诗选》。《雪区稿》见《千顷堂书目》卷一七，其余见同治《苏州府志》。

又按：吴颐，复弟。生卒年不详。县学训导，有文名。著有《桃溪集》，见《千顷堂书目》。

钱宰授国子助教，以赋早朝诗忤旨，遣归。

魏观以苏州知府擢为四川行省参政，未行，以部民乞留，命还任。三月坐交通高启、王彝等，论死。

按：《王常宗集》卷一《乡饮酒碑铭》曰："皇明既一四海，乃大兴礼乐，以新令俗还古道，为千万世计。惟乡饮酒，由近代以还，蔑之有讲。洪武五年，始诏郡国，以孟春、孟冬举行斯礼而读律焉。其时，江夏魏公实守苏州，奉诏惟谨，既一再行之，然尚恐未能宣上德意。是以明年复参考《仪礼》，以授经历李亭、教授贡颖之，使与郡士周南老、王行、徐用诚共商校之，且使张端及诸生相与习焉。"

儒臣五月壬寅朔编辑《祖训录》成。

按：始编于洪武二年。据《四库全书总目提要》卷八三：其目十有三。明太祖自为序，复命宋濂序之。明太祖序称"开导后人，立为家法。大书揭于西庑，朝夕亲览，以求至当。首尾六年，凡七誊录稿，至今定。命翰林编辑成书，礼部刊印"云云。然则诸词臣仅缮录排纂而已，其文词悉太祖御撰也。其中多言亲藩体制，大抵惩前代之失，欲兼用封建郡县以相牵制。故亲王与方镇各掌兵，王不得与民事，官吏亦不得预王府事。尤谆谆以奸臣壅蔽离间为虑，所以防之者甚至。

宋濂五月作《昭鉴录序》。七月作《太祖圣训录序》。

按：《昭鉴录序》曰："洪武六年三月癸卯朔，上诏秦相府右傅臣文原吉、翰林修撰臣王偁、国子博士臣李叔允……楚府录事臣王镛、靖江府录事臣宋善，类集历代诸王事实。既受命，乃取《东观》诸史相与研磨，善与恶可为劝惩者咸采焉。其文芜事泛，则删取其大概，或有奢淫不轨无复人理者，辄弃而不收。越二十又二日甲子，书成，缮写为二卷。臣原吉等诣阙投进，仍请以太子赞善大夫臣宋濂为之序，上可其奏。先是有诏礼部亦修是书，前尚书臣陶凯，今尚书臣牛谅、主事臣张筹，遂录为一卷，上尘乙夜之览。然二书义例本同，无大相远，臣筹因会萃众论，合而为一，承诏刻梓以传，名之曰《昭鉴》。"

宋濂等奉诏编辑《辨奸录》，刊行。宋濂十二月撰《苏州重修孔子庙碑》。

按：《辨奸录》搜萃历代奸臣事迹，以作为当朝群臣之鉴。

陶凯、张筹等三月辑历代藩王事迹为《昭鉴录》2卷，成。

按：上之，明太祖命曰《昭鉴录》。御制序文，又命宋濂序之。以颁太子、诸王。《四库全书总目提要》卷一三二曰："案《千顷堂书目》曰，太祖尝命礼部尚书陶凯等采录汉唐以下藩王善恶以为鉴戒，编辑未竟，复诏秦王傅文原吉、翰林编修王偁、国子博士李叔元、助教朱复、录事蒋子杰等续修之。洪武六年书成。太子赞善宋濂为序。"清梁清远推测其用意："教导不及，欲以声音感人，且里俗之言易入乎"？（梁清远《雕丘杂录》）。

吴江窦德远纂《松陵志》。

按：窦德远，生卒年不详。苏州府吴江人。《松陵志》见崇祯《吴江县志》卷首。

敕修《律令宪纲》是夏刊。

殷奎正月作《梦得字序》。三月撰《咸阳县学官记》。四月作《咸阳灵采泉文》。六月作《梅隐轩诗序》。

高启为徐贲撰《蜀山书舍记》。以当事力，卜居苏州夏侯里，撰《槎轩记》。

林大同撰《范轩左记》、《范轩右记》。

梁寅十月撰《范庄庙记》。

陈氏书堂刻元镏洪著《伤寒心要》1卷。

贝琼八月作《集效方序》。十月作《爱日轩记》于清溪读书所，又为《尚友斋记》《跋耕渔图》。为无锡张筹撰《一梧轩记》。

谢应芳跋赵孟頫《竹石图》，述先世与孟頫交往关系。

胡翰十二月作《怀素墨迹跋》。

钱世良卒（1291—　）。世良字士能。无锡人。官至南昌太守。著有《萃辉园集》《公余乐府》，见《锡山历朝书目考》卷七。

赵良本卒（1304—　）。良本字立道，号太初子。元婺州路浦江人。少时受学于吴莱，后从朱震亨学医，能传其术。有荐为医学正者，不就。

按：据光绪二十一年补印光绪二十年《浦江县志》卷九及卷一四，著录其纂述与赵良仁传世著述同，皆从丹溪朱震亨游。朱震亨卒于1358年，良仁、良本或实为一人，可定为生活于元末明初。《苏州府志》述赵良仁生平较平实，《浦江县志》述良本事迹颇涉荒诞。良仁，字以德。所著有《医学宗旨》《丹溪药要》《金匮方衍义》即《金匮玉函经二注》22卷附补方1卷（一作《金匮要略心典二注》，赵氏注又称金匮衍、周氏补注又称金匮补注）。

揭泫卒（1304—　）。揭泫字伯防。元龙兴富州人。揭傒斯子。苦学，尽通六经大义。事迹见《文宪集》卷一八。

尤良卒（1309—　）。良字心之，号休斋。无锡人。官至太常少卿。精于文史，工诗。著有《周易微旨》《洙泗钩元》《元史》13卷等，皆已佚，见《锡山历朝书目考》卷七。事迹见《古今图书集成》氏族典卷三二六。

孔森卒（1310—　）。森字英夫。元末钱塘人。明兵定两浙，起摄西湖书院。事迹见《始丰稿》卷一三。

吴彤卒（1317—　）。彤字文明。元明间江西临川人。累迁北平副使。著有《山居》《南游》诸集。事迹见宋濂《北平等处提刑按察司副使吴君彤墓志铭》（《国朝献征录》卷八二）。

曾鲁卒（1319—　）。鲁字得之。江西新淦人。既长，博通古今，数千年国体人才、制度沿革无不能言，以文学闻于时。与修《元史》，诏为总裁。史成，赐金帛，以鲁居首。乞还山，会编类礼书，复留之。引疾归，道卒。属文不留稿，其徒间有所辑录。家故储书甚多，鲁皆一一校雠其讹舛，有《六十一居士集考异》。与编《大明集礼》，著有《守约斋集》等。事迹见《明史》卷一三六，宋濂《中顺大夫礼部侍郎曾公鲁神道碑铭》（《国朝献征录》卷三五）。

按：据《明史》本传：时称南有博学士二人，宋濂及鲁也。淳安徐尊生尝曰："南京有博学士二人，以笔为舌者宋景濂，以舌为笔者曾得之也。"鲁属文不留藁，其徒间有所辑录，亦未成书云。《太祖实录》卷七七载，洪武五年十二月壬辰，礼部侍郎曾鲁卒。《中国历代人名大辞典》记曾鲁（1319—1373），或为阴、阳历换算所致。

王祎卒（1322—　）。祎初名伟，又名㳟，字子充，浙江义乌人。幼秀爽奇敏，师事黄晋卿。洪武初修《元史》，与宋濂同为总裁。赍诏往云南，谕梁王亟宜奉版图归职方，遇害。赠翰林学士，谥文节。正统间改谥忠文。《宋元学案》列其入《东莱学案》、《沧洲诸儒学案》下别见《北山四先生学案》。著有《大事记续编》77卷、《重修革象新书》2卷、《续大政记》、《王忠文公集》等。事迹见《明史》卷二八九，郑济《翰林待制华川王公祎行状》（《国朝献征录》卷二〇），王汝玉《国子博士王仲缙墓表》（《明文衡》卷九二）。

按：王祎，陈文新主编《中国文学编年史》作王祎，于明前期卷加按语详辨，后引古籍材料凡涉王祎子充而作"祎"者径改"祎"为"祎"。

又按：郑济《行状》曰："公卒后之八年，大兵平云南。又十五年，绅往求遗殡不获，因访得公讳所，擗踊号呼，制神主载回。时云南左布政使张公紞，及前山西参政王公景彰，力为采搜死事之详，为文以暴白其大节。公平生慷慨，长身山立，屹然有奇气。人初见之若不敢即，及夫一言之人，则情谊蔼然，恨相知之晚。于经史百氏无不究其极，其为文宏丽沉雄，机轴贯综，自成一家言，天下大夫士争传诵之。"自幼精勤好学，受业于柳贯、黄溍之门。博及群书。修《元史》，祎与濂为总裁。《明史》卷二八九曰："祎史事擅长，裁烦剔秽，力任笔削"。《元史》158卷《许衡传》、164卷《郭守敬传》、189卷《金履祥传》、《许谦传》，皆其拟稿，原稿保存于《王忠文公集》。《天文志》、《河渠志》亦或为其手笔。其续补苏天爵《元朝名臣事略》而成《国朝名臣列传》，亦或多为《元史》所用。《四库全书总目提要》卷四七曰：《大事记续编》77卷，"续吕祖谦《大事记》而作，体例悉遵其旧。""考《何乔新集》尝称祎此书予夺褒贬，与《纲目》不合。如《纲目》以昭烈绍汉统，章武纪年，直接建安，此书乃用无统之例，以汉与魏、吴并从分注。又《纲目》斥武后之号，纪中宗之年，每岁书帝所在，用《春秋》'公在干侯'例，而此书乃以武后纪年。又李克用父子唐亡称天祐年号，以讨贼为词，名义甚正，故《纲目》纪年，先晋后梁，此书乃先梁后晋。皆好奇之过，所言亦颇中其失。然其间考订同异，如《通鉴》载汉武帝仙人妖妄之言，淖方成祸水之说，以为出于《汉武故事》、《飞燕外传》，讥司马光轻信之失。纪光武帝省并十三国，以《地志》正《本纪》之误。此类考证，辨别皆为不苟。又宋庠《纪年通谱》久无传本，刘义叟《长历》仅《通鉴目录》用以纪年，书亦散佚。此书间引及之，亦可以备参稽。至前贤议论，荟萃尤多。瑕瑜不掩，读者节取其长焉可矣。"解题附于各条之下，庶几习其书者获便于观览。《义乌宋先达小传》以事抒见，如以为宋高宗任宗泽为门下侍郎御营付使，"虽曰尊任之，然实夺之权。家传国史皆不书其事，盖讳之也。"补家传国史之阙漏。《重修革象新书》，术数测算之书。据《四库全书总目提要》卷一六〇：删定元赵友钦所著《原本革象新书》原本5卷为2卷。"以原书相校，其所润色者颇多，刊除者亦复不少。然于改定之处，不加论辨，使观者莫能寻其增损之迹，以究其得失。其中舛谬之处，亦未能芟除净尽。"《畴人传》谓：祎以赵友钦所撰，其言涉于芜冗鄙陋，反若昧其旨意之所在。因为纂次，削其支离，正其伪舛，釐其次等，挈其要领，重为2卷。篇目次第，与友钦书少异。胡宗懋曰：嘉靖戊午，有张渊刊本，余刊入《续金华丛书》。《四库全书总目提要》卷一二四曰：《青岩丛录》1卷，"此书论纬书及释道两家源流，堪舆、医书同异，凡五篇。已见祎本集。曹溶《学海类编》摘出别行，并别立此名。"《华川卮辞》1卷，"此书杂论处世为治之理，间用喻语。取卮言日出之义，名曰卮词。亦载祎本集中。曹溶摘出别行，华川二字，亦溶所加也。"《四库全书总目提要》卷一六九曰：祎所著本为《华川前集》10卷、后集10卷，鄱阳刘杰、庐陵刘同合编为《王忠文公集》24卷，卷端胡翰、胡行简二序为前集作，宋濂、苏伯衡二序为后集作，杨寓（杨士奇）序为本集作。《续大政记》据《义乌志》曰：崇祯己卯，兰溪章有成刊行。邹缉《继志斋集序》曰："昔者，君之先待制公与太史宋公皆学问博洽，才气超越，观其于六艺百家之书、诸史百子之言，网罗搜索，无所遗漏，而又本之以《诗》《书》之要，故其发为文章，驰骋变化，纵骤放佚，杰然追踪先秦、两汉之间，而不可以涯涘穷也。"

又按：祎没，其子绅，受业于宋濂，器之曰："吾友不亡矣"。题其书斋名"继志"。

(《明通鉴》卷五)

僧力金卒(1327—)。力金一云万金,字西伯,俗姓姚。吴人。宗衍弟子。精通西竺佛典及东儒诸书。至正年间出主瑞光寺,迁嘉兴天宁寺,赐号"圆通普祐禅师"。著有《淡泊斋稿》。事迹见《增集续传灯录》卷五,《宋学士集》卷二九,宋濂《大天界寺住持白庵禅师力金碑铭》(《国朝献征录》卷一一八)。

张宣卒(1341—)。宣初名瑄(一作璿),字藻重,一作藻仲。元明间常州府江阴人,端子。少负才名,与修《元史》。洪武六年谪徙濠梁,道中卒。著有《春秋胡氏传标注》、《四书点本》、《五经标题》、《青旸集》等。事迹见《明史》卷二八五《赵壎传》附传。

按:《千顷堂书目》卷二曰:明初《春秋胡氏传标注》与《四书》点本并刊于江阴邑庠。乾隆《江阴县志》卷二一有明鲁渊《春秋胡氏传标注序》云:"采三传之要义,撷诸说之精华,音义之未明者释之,议论之未合者辨之,标注音释于胡传之上。"

刘髦(—1445)、钱干(钱习礼)(—1461)生。

洪武七年　甲寅　1374年

二月己亥,以春分日食,改是日行朝日礼,又太祖丁释奠先师改用仲丁。诏修曲阜孔子阙里。(《明通鉴》目录卷一)

戊午,修曲阜孔子庙,设孔、颜、孟三氏学。

八月甲午朔,历代帝王庙成。明太祖躬祀之,已而罢隋高祖之祀,定历代帝王宜祀者35人。(《明通鉴》目录卷一)

十月,始定郊坛分献仪。(《明通鉴》目录卷一)

十一月壬戌朔,《孝慈录》编成。颁示天下。(《明通鉴》目录卷一)

是年,明太祖谋南京狮子山造阅江楼,出《阅江楼记》题,命宋濂等试作。

八思巴后人公哥监藏巴藏卜入朝,封圆智妙觉弘教大国师。

宋濂六月奉旨议终献与分献礼。八月荐会稽郭传。

按:郭传,实僧也。宋濂荐其"学有渊源,其文雄赡新丽,其议论根据《六经》,异才也。"已而濂持其文以进。太祖召见于鄞身殿,授翰林应奉,直起居注。(《明史》卷二八五)

华云龙以淮安侯镇北平,召还,未至,道卒。宋濂受命撰碑,镌其功过以示褒贬。

刘基以瓯闽间设巡检事,为胡惟庸所讦,入朝引咎。是年刘基题《赵文敏自作小象图》。

洪武七年　甲寅　1374年

詹同等五月编《日历》成，上之。同请致仕。明太祖许之，下诏褒美。

按：詹同之致仕也，太祖以方议大祀分献礼，留之，再起学士承旨，未几卒。同遇事规谏，因侍太祖论声色之害，举"成汤不迩声色，垂裕后昆"以对，太祖嘉纳之。（《明通鉴》卷五）詹同，生卒年不详。初名书，字同文。朱元璋下武昌，召为国子博士，赐名同。官至吏部尚书兼学士承旨。卒谥文敏。著有《天衢吟啸集》、《海岳涓埃集》。事迹见王景彰《吏部尚书詹公同传》、黄佐《南痈志》（均《国朝献征录》卷二四）。

徐一夔纂修日历书成，将授翰林院官，以足疾辞，赐文绮遣还。自京返杭州。

乐韶凤等十月受命奏定驾还乐舞。

按：39章，有《酣酒》、《色荒》、《禽荒》诸曲，皆寓规谏。

朱右与修《洪武正韵》。寻迁晋府右长史。

牛谅正月奏：三皇立庙京师，春秋致祭。汉、唐以下，就陵立庙。太祖为更定行之，亦详《礼志》。

按：牛谅，生卒年不详。字士良。东平人。与张以宁使安南还，称旨，三迁至礼部尚书。更定释奠及大祀分献礼，与詹同等议省牲、冠服。御史答禄与权请祀三皇。太祖下其议礼官，并命考历代帝王有功德者庙祀之。是年怠职，降主事。未几，复官。后仍以不任职罢。谅著述甚多，为世传诵。著有《尚友斋集》。事迹见《明史》卷一三六。

桂彦良（桂德俩）论祝文用字。

按：冬至，词臣撰南郊祝文用"予"、"我"字。太祖以为不敬。彦良曰："成汤祭上帝曰'予小子履'；武王祀文王之诗曰'我将我享'。古有此言。"太祖色霁曰："正字言是也。"时御史台具狱，令词臣覆谳。彦良所论释者数十人。迁晋王府右傅。太祖亲为文赐之。彦良入谢。太祖曰："江南大儒，惟卿一人。"对曰："臣不如宋濂、刘基。"太祖曰"濂，文人耳；基，峻隘，不如卿也。"（《明通鉴》卷七）

答禄与权出为广西按察佥事。未行，复为御史。

按：上书请祀三皇。下礼官议，遂并建帝王庙。且遣使者巡视历代诸陵寝。设守陵户二人，三年一祭，其制皆由此始。又请行禘礼，议格不行。改翰林修撰，坐事降典籍，寻进应奉。

朱孟辨在南京任编修，自以诗题《芦洲聚雁图》。为无锡吕敏作《惠麓秋晴图》。

杨基改官山西按察副使。

徐贲至南京。

崔植以荐为宁波府学教授，调处州，以成就后进为务。

按：崔植，生卒年不详。字斯立，号丹山樵者。浙江鄞县人。治《春秋》颇有心得。事迹见《万姓统谱》卷一七。

倪瓒至松江，于春雪后访陶宗仪；到苏州访张适，在适家过夏。

张适作《高季迪哀辞》悼高启。

张羽奉命至临濠祭陵，道经高邮，作《驿船谣》，示民间被官府逼扰状。

孙作在安徽当涂任教职，是年作《游采石诗序》。

按：宋濂《东家子传》曰："越六月书奏，例除翰林编修官。公独以老病，乞外授太平府儒学。"

殷奎自秦归吴省亲，未几，复入关中。

唐桂芳眼疾失明。乌斯道赴会城。

乌斯道赴会城。

蓝仁官于星渚。作《甲寅仲冬摄官诗》。

张撝任新会象山书院山长。

按：广东新会象山书院是年新建。张撝，生卒年不详。字彦谦。广东新会人，为罗蒙正弟子。著有《象山诗集》。事迹见《江门五邑名人辞典》。

《大明律》二月成。宋濂为表以进，明太祖命颁行天下。颁《大明律集解附例》。

按：去冬，诏刑部尚书刘惟谦详定《大明律》。《明史》卷九三曰：每奏一篇，命揭两庑，亲加裁酌。及成，翰林学士宋濂为表以进，曰："臣以洪武六年冬十一月受诏，明年二月书成。篇目一准于唐：曰卫禁，曰职制，曰户婚，曰厩库，曰擅兴，曰贼盗，曰斗讼，曰诈伪，曰杂律，曰捕亡，曰断狱，曰名例。采用旧律二百八十八条，续律百二十八条，旧令改律三十六条，因事制律三十一条，掇《唐律》以补遗百二十三条，合六百有六条，分为三十卷。或损或益，或仍其旧，务合轻重之宜。"洪武九年、二十二年再定，最后成书于洪武三十年。

詹同等五月编《大明日历》成。

按：初，明太祖自起兵临濠及渡江以来，征讨平定之迹，礼乐治道之详，虽有记载，尚未成书。儒臣詹同请编《日历》。太祖从之，命同与宋濂为总裁官，吴伯宗（吴祐）等为纂修官。至是成。詹同、宋濂率诸儒进上，太祖命藏于秘书监。宋濂上《大明日历序》。《大明日历》全书共100卷，载太祖起兵临濠，至六年十二月间之史事，凡征伐次第、礼乐沿革、刑政施设、群臣功过、四方朝贡之类，莫不具备。同等又言："《日历》秘天府，人不得见，请仿唐《贞观政要》分辑圣政，宣示天下。"太祖乃命复辑《皇明宝训》。自后凡有政绩，史官日记录之，分40类，依类增入焉（《明史》卷一三六《陶安传》）。《千顷堂书目》卷四则曰：太祖从宋濂等言，得《大明宝训》5卷。《皇明宝训》15卷，亦纪太祖一代事，盖因濂书而增广之。《皇明宝训》亦见《脉望馆书目》、《皇明修文备史》等。宋濂自序略曰：爰仿《贞观政要》之例，辑成40类，自敬天至制苗蛮为5卷。《大明日历》编纂事，可参见《明史》、《太祖实录》、《潜溪录》卷二《行状》、《銮坡后集》卷九《恭题御和诗后》《送徐大年还淳安序》、《銮坡后集》卷一〇《皇明宝训序》。《翰苑别集》卷四《送徐教授纂修〈日历〉还任序》、《珊瑚木难》卷五陶凯撰《故晋相府长史朱公（右）行状》等。

宋濂等奉敕编《孝慈录》十一月壬戌朔成。

按：贵妃薨，太祖敕礼官定仪，诏翰林稽古典，于是濂等考定丧服古制为是书。书成，名曰《孝慈录》。明太祖亲为之序，命锓诸梓而颁行之。已佚，见于《纪录汇编》者仅数页，亦见《明史·艺文志》及《万卷堂书目》、《千顷堂书目》。

殷奎应郝士景请为撰《咸阳县官显名记》。又有《故善人余景明墓文》。

陶凯序赵嗣道所纂《安洲赵王合谱》。

按：序称嗣道通毛诗，应进士举。雅好古诗，多蓄名人图书。又善鼓琴。纂《续谱》1卷，见《台州经籍志补遗》及《临海集》。赵嗣道，生卒年不详。字叔志。浙江仙居人。

南监取元庆元路王应麟《玉海》版。

洪武七年　甲寅　1374年

贝琼三月撰《存诚斋记》。四月撰《如在堂记》、《九华精舍记》。九月撰《醒心轩记》。十月撰《全清堂记》。另作《欧阳先生文衡序》、《留耕堂记》、《瀛峰祠堂记》等。

宋濂三月进《大明律表》。十一月作《金溪孔子庙碑》。

方孝孺在济宁，著《释统》3章、《深虑论》10篇。

戴良作《题文与可盘谷图文》。

胡翰六月跋《朱文公书虞帝庙乐歌》。

朱元璋著《大明太祖高皇帝御注道德真经》成，并自序。

按：凡76章，皆以修齐治平为目的，不用古注，惟间采元人吴草庐之说。《续修四库全书提要》曰：是书文理不通，语句费解。收入《道藏》洞玄部玉诀类"男"字帙中。《明史·艺文志》、《万卷堂书目》、《佳趣堂书目》皆有著录。

刘基作《高皇帝御制文集后序》。

按：序曰："御制文集五卷，论、记、诏、序、诗、文凡若干篇，翰林学士臣乐韶凤、宋濂等之所编录。臣刘基谨拜稽首读毕而为序曰：……"。

郭传作《高皇帝御制文集后序》。

按：序曰："蓄之厚者施必溥，源之澄者流必清，故其发于外者，其盛大光明有如此。上犹以为未至也，欲去其稿，而翰林学士承旨詹同等固请，'宜锓诸梓，以贻圣子神孙，俾有矜式。'……。"

朱元璋著《明太祖文集》初刻。

按：据《四库全书总目提要》卷一六九：《太祖集》初刻于洪武七年。刘基、宋濂文集所载序文俱云5卷，称翰林学士乐韶凤所编录。然黄虞稷《千顷堂书目》已不著录。所著录者有《太祖文集》30卷。又《太祖文集类编》12卷。又《太祖诗集》5卷。又《太祖御制书稿》3卷。焦竑《国史经籍志》列《太祖文集》20卷，又30卷。《四库全书总目提要》载《明太祖文集》20卷，明巡按直隶督学御史姚士观、南京户部督储主事沈鈇仝校刊，其刻在万历十四年。

倪瓒卒(1301—　)。瓒字元镇，号云林居士，又有荆蛮民、幻霞子、曲全叟、朱阳馆主等号。元明间常州无锡人。藏书处名清秘阁(一称清闭幽迥绝尘阁)。藏书数千卷，皆手自勘定。古鼎法书，名琴奇画，陈列左右。四时卉木，萦绕其外，高木修篁，蔚然深秀，故自号云林居士。传世作品有《水竹居图》、《幽涧寒松图》等，著有《晋陵崇祀先贤传》、《云林堂饮食制度集》1卷、《倪云林诗集》、《清秘阁集》12卷等。事迹见《明史》卷二九八，沈世良《倪高士(倪瓒)年谱》，周南老《处士云林先生倪瓒墓志铭》(《国朝献征录》卷一一五)。

按：《四库全书总目提要》卷一六八称：其诗文不屑屑苦吟，而神思散朗，意格自高，不可限以绳墨。明天顺间，宜兴鹗朝阳有《清秘阁集》刻本。至万历中，其八世孙理等复为汇刊，凡15卷。岁久漫漶，惟毛晋所刊《十元人集》本行世。康熙癸巳，上海曹培廉重为编定，校勘付梓。《四库全书总目提要》卷一七四著录《倪云林诗集》6卷，为明潘瓒校刻，不及新本之完备。明沈世良据文集、董其昌(董文敏)《容台集》、张丑《清河书画舫》、李日华《六研斋笔记》、朱氏(朱存理撰、赵琦美编)《铁网珊瑚》、张泰阶《宝绘录》等书编纂成《倪高士年谱》2卷；温肇桐据周南老《元处士云林先生墓

彼特拉克卒(1304—　)。文艺复兴时期的意大利诗人。他是人文主义之父，著有抒情诗集《歌集》。

志铭》、王宾撰墓志铭、张端撰墓表、钱谦益《倪云林先生小传》及《大明一统志》、《锡山志》，以及所存27幅真迹编纂而成《倪云林先生年表》；容庚编有倪画著录年表《倪瓒画之著录及其伪作》、黄苗子编有《倪云林年表》。

许恕卒（1323—　）。恕字如心，号北郭生。元明间江阴人。性沉静，博学能文。会天下乱，循迹海上，与山僧野子为侣。工诗。著有《北郭集》，其子礼部主事节所辑。事迹见《元诗选三集》辛集。

唐肃卒（1331—　）。肃字处敬，号丹厓。元明间浙江山阴人。通经史，工诗文篆籀，善画山水梅石。与高启等称十才子。著有《丹厓集》、《息耒稿》、《丹厓画谱》。事迹见《明史》卷二八五《王行传》附传，苏伯衡《翰林应奉唐君肃墓志铭》（《国朝献征录》卷二〇），《唐肃传》（《曝书亭记》卷六三）等。

按：申屠衡《息耒稿序》曰："乃肆为古文，本之于经，辅以史汉，而博之以诸子百氏。"

高启卒（1336—　）。启字季迪，号槎轩。苏州长州人。张士诚据吴时，隐居吴淞江青丘，自号青丘子。博览群书，工诗，尤精于史。时苏州知府魏观在张士诚宫址改修府治，获罪被诛。后曾为之作《上梁文》，有"龙蟠虎踞"四字，被疑为歌颂张士诚，连坐腰斩。著有《高太史大全集》18卷、《凫藻集》、词集《扣舷集》等。事迹见《明史》卷二八五，《高季迪传》（《国朝献征录》卷一一五）等。

按：早年居家郡城北，先后与徐贲、高逊志、张羽等比邻，号"北郭十友"。与杨基、张羽、徐贲并称"吴中四杰"，以配唐之王、杨、卢、骆。博览群书，工诗，尤精于史。著有《吹台集》、《江馆集》、《凤台集》、《娄江吟稿》、《姑苏杂咏》，凡2000余首。自选定为《岳鸣集》12卷，凡900余首。启没无子，其侄立，于永乐元年镂版行之。至景泰初，徐庸掇拾遗佚，合为1编，题曰《大全集》18卷，刘昌为之序。是为最早全集本。《凫藻集》5卷，不知何人所编，启平生古文，尽于此集。初无刻本，周忱为苏州巡抚时，始得抄本于郡人周立，立之姑，即启妇也。正统九年，监察御史钱塘郑士昂（郑颙）又得本于忱，因命教授张素校刊之，而忱为之序。《槎轩集》10卷附录1卷，为吴县张习得其稿而于成化十三年刻并名之。《高青丘集》，1985年上海古籍出版社出版清金檀辑注今人徐澄宇、沈北宗校点本。是为迄今最为完善本。清金檀编有《高季迪先生年谱》1卷，收于《四库备要》本《青邱高季迪先生诗集》卷首。（参《四库全书总目提要》卷一六九、《中国学术名著提要》、《中国大书典》等）

魏观卒，生年不详。观字杞山。元明间湖广蒲圻人。朱元璋下武昌，聘授平江学正，累迁两淮都转运使，入为起居注，受命侍太子读书，授诸王经。迁国子祭酒。以老乞归。以改张士诚废宫（即元府治旧址）为府治，触太祖怒，与名士高启同时被杀。著有《蒲山牧唱》、《蒲山集》。事迹见《明史》卷一四〇，廖道南《苏州府知府魏观传》（《国朝献征录》卷八三）。

王彝卒，生年不详。彝字常宗。先世东蜀人，本姓陈氏。父仕元为昆山教授，遂迁嘉定。自号妫蜼子。后以魏观《上梁文》事，与高启并诛。著有《王常宗集》4卷补遗1卷续补遗1卷。事迹见《明史》卷二八五《赵壎传》附传，《王常宗先生小传》（《学古绪言》卷四）。

按：《王常宗集》卷二《聚英图序》曰："又有张孟兼者，年甫出三十，而少余二岁，余最与之相知。"《学古绪言》卷四《王常宗先生小传》曰："方先生之得请而归也，自号妫蛼子以见志。妫,陈姓也。先生本陈氏之裔,欲复姓而未果。"据《四库全书总目提要》卷一六九:其集本名《三近斋稿》(一作《妫蛼子》),弘治中都穆编为文3卷、诗1卷。刘廷璋、浦杲又辑《补遗》一卷。今世所传钞本,又有《续补遗》1卷,不知何人所辑。考其体格,与全集相类,似非赝作也。王士禛《香祖笔记》曰:"《王征士集》,都少卿元敬编。元敬称其古文明畅英发。又或以为'吴中四杰'之一,以常宗代张来仪者。今观其诗,歌行拟李贺、温庭筠,堕入恶道,余体亦不能佳,安能与高、杨相颉颃乎"云云。案彝之学出天台孟梦恂,梦恂之学出婺州金履祥,本真德秀文章正宗之派。故持论过严,或激而至于已甚。集中《文妖》一篇,为杨维桢而作者,曰:"天下所谓妖者,狐而已矣。俄而为女妇,而世之男子惑焉。则见其黛绿朱白,柔曼倾衍之容,无乎不至。虽然,以为人也则非人,以为妇女也则非妇女,而有室家之道焉。此狐之所以妖也。浙之西言文者必曰杨先生。予观其文,以淫词谑语裂仁义,反名实,浊乱先圣之道。顾乃柔曼倾衍,黛绿朱白,奋然以自媚。宜乎世之为男子者之惑之也"云云。其言矫枉过直,而诟厉亦复伤雅。虽石介作《怪说》以诋杨亿,不至于是。士禛所云或亦有激而报之乎。然其文大致淳谨,诗亦尚不失风格,虽不足以胜张羽,必以为一无可取,则又太过。《香祖笔记》成于士禛晚年,诋诃过厉,时复有之,固未可据为定论矣。都穆《王常宗集序》曰:"洪武史臣嘉定王先生常宗,有遗文一编,穆乡尝校定,厘为四卷,藏之箧笥者二十年矣。刘君子珍,世居嘉定,好古博雅,谓是集为里中故物,刻梓以传,而俾穆序之。……先生少贫,尝读书天台山中,师事孟长文氏,长文盖兰溪金文安公弟子。故先生之学,远有端绪,若文则其所自得者为多,而未尝苟同于人。初会稽杨维桢以文雄一时,吴越诸生多归之者,先生独目为文妖,作文诋之,凡数百言。穆于是又有以验先生之学之正,推是心也,岂希宠盗名以徼一时之利者哉?"

陈孟京(—1409)、张瑛(—1436)、盛寅(—1441)、李懋(李时勉)(—1450)、魏骥(—1471)生。

洪武八年 乙卯 1375年

正月丙寅,明太祖与学士宋濂等论用人。曰:"人才不可一概而论,贤能之士或有隐于老佛卜筮负贩者,顾在上者能拔用之何如耳。若近代官人,必举世族,则有志者不得上达多矣。"(《太祖实录》卷九六)

丁亥,始诏天下立社学。

按:府、州、县皆已有学,此令乡里立社学,延聘老师,教导子弟。(《明通鉴》卷五)

二月丙午,御制《资世通训》1卷成。

按:《太祖实录》卷九七曰:太祖"思以化民成俗,复古治道,乃著是书,以示训戒"。皆申戒士庶之意。诏刊行之。

是月,明太祖因试将士,谕以弓力及马力,善驭马者必使其力有余而

查理四世来吕贝克。

英法签订《布鲁日休战协定》。

不尽,则无蹶伤之失。(《明通鉴》目录卷一)

三月戊辰,命御史台选国子生分教北方。(《明通鉴》目录卷一)

癸未,置中都国子学秩正四品,命国子学分官领之。(《太祖实录》卷九八)

四月,御制文祭刘基。基自负王佐才,太祖雅重之,比之子房。(《明通鉴》目录卷一)

五月,命更制《圜丘方丘乐章》。(《明通鉴》目录卷一)

七月辛酉,改建太庙,定同堂异室之制。(《明通鉴》目录卷一)

九月,命皇太子及秦、晋、楚、靖江四王讲武中都,宋濂从。(《明通鉴》目录卷一)

十月,诏翰林考定陵寝朔望节序祭祀礼制。(《明通鉴》目录卷一)

十二月,陕州人献天书,明太祖命斩之。(《明通鉴》目录卷一)

是年,杭州西湖书院之南宋国子监刻版及元代刻版运至南京。

"罗宾汉"出现在英格兰大众文学上。

英语始在英格兰学校中教授。

宋濂正月上《洪武圣政记》2卷。春,宋濂命宋璲还故里,在朝群公大夫士咸赋诗饯璲,刘基作《送宋仲珩还金华序(并诗)》,张孟兼作《题宋仲珩归省卷后》。九月从皇太子及秦、晋、楚、靖江四王讲武中都。太祖命参中书大政,宋濂辞而不受。十一月,游涂山、荆山。

按:时太祖得舆图《濠梁古迹》1卷,遣使赐太子,题其外,令濂询访,随处言之。太子以示濂,濂因历历举陈,随事进说,甚有规益。

刘基三月还乡,病甚剧。

陶凯十二月丙申以致仕湖广参政起为国子祭酒。寻以其老仍命以参政致仕。

赵谦(赵古则)三月征修《洪武正韵》,持议不协,出为中都国子监典簿,罢归,寻以荐为琼山县教谕。

赵埙迁靖江王府长史。

按:赵埙,生卒年不详。字伯友,新喻人。埙好学,工属文。元至正中举于乡,为上犹教谕。纂修《元史》,两局并与者,埙一人而已。书成,诸儒多授官,惟埙及朱右、朱廉不受归。寻召修日历,授翰林编修。《明诗纪事》甲签卷六录诗一首,陈田按:"纂修《元史》,两局皆与者,伯友一人而已。宋景濂《元史目录记》所谓独埙能始终其事也。徐大章《与王待制书》亦称伯友有史才、史学。其为名辈所推如此,惜诗不多见。"事迹见《明史》卷二八五本传,《曝书亭集》卷六二本传。

戴良访高僧龙渊于龙山甘露寺。

乌斯道调永新为令。

谢肃评苏伯衡文章之失。

按:见《霏雪录》卷下。

顾禄供职制诰司,时作宫词被议。太祖检其诗,见遵《洪武正韵》,释不究。

宋善二月己酉为翰林院修撰。

张迥、高达善、黄琮、张美和(张九韶)二月己酉为国子助教。

孙作三月丙子以太平府儒学教授为国子助教。

胡隆成三月丙子以嘉兴府学教授为国子助教。

胡琏官句容教谕，寻以疾归。

方孝孺父以诬诏下狱，孝孺上书愿以身为军赎父罪，不报，竟谪役江浦；寻，释归。

吴云以湖广参政九月戊辰遣再使云南，招谕梁王。

按：云入境，遇害，太祖命与王袆并祀京师，额其祠曰二忠。

方克勤正月以济宁知府善政，赐宴于礼部，以宠异之。五月己巳，方克勤不忍顿民，祷雨，得之，河水骤涨，舟师遂通。

按：时太祖诏朱亮祖偕傅友德镇北平。亮祖至临清，勒民夫浚河。

王受益举本县学教谕。

按：历冀、滁、陕三州学正，官止国子助教。王受益，生卒年不详。字子谦。山阴人。受《春秋》于杨澄原。王纯撰《墓志》曰：先生病《春秋》传注多而局于事例，圣人作经之旨不明，乃取汪克宽《纂疏》、李廉《会通》、程端学《本义》三书，折中是非，务在明经，不为科举地道，名曰《春秋集说》，凡五十余万言。复病其言之多而学者不能悉记，欲定从简，未竟，故不及行于世。

卢熊以工部照磨供职制诰司。

刘墡以诗悼忆倪瓒。

按：刘墡，生卒年不详。字公坦，号小斋。福建靖江人。少聪慧，得赵孟頫赐"小斋"二字。著有《小斋集》。事迹见曹溶《明人小传》。

浦源入闽收买书籍，访福建林鸿，入鸿所结文社。

范敏举秀才。擢户部郎中。

杨士奇从陈谟（海桑）先生学。

乐韶凤、宋濂等辑《洪武正韵》16卷三月成。宋濂十八日奉敕为之序。

按：《明史》卷一三六《乐韶凤传》曰：太祖"以旧韵出江左，多失正，命与廷臣参考中原雅音正之。书成，名《洪武正韵》"。宋濂序曰："恭惟皇上稽古右文，万几之暇，亲阅韵书，见其比类失伦，声音乖舛，召词臣谕之曰：'韵学起于江左，殊失正音。有独用当并为通用者，如东冬、清青之类，亦有一韵当析为二韵者，如虞模、麻遮之属。如斯之类，不可枚举。卿等当广询通音韵者，重刊定之。'于是……钦遵明诏，研精覃思，壹以中原雅音为定。复恐拘于方言，无以达于上下，质正于左御史大夫臣汪广洋、右御史大夫臣陈宁、御史中丞臣刘基、湖广行省参知政事臣陶凯，凡六誊稿，始克成编。其音谐韵协者并之，否则析之；义同、字同而两见者合之，旧避宋讳而不收者补之。注释则一依毛晃父子之旧。勒成一十六卷，计七十六韵，共若千万言。书奏，赐名曰《洪武正韵》。"《四库全书总目提要》卷四二曰："时预纂修者为翰林侍讲学士乐韶凤、宋濂、待制王僎、修撰李淑元、编修朱右、赵壎、朱廉、典簿瞿庄、邹孟达、典籍孙蕡、答禄与权，预评定者为左御史大夫汪广洋、右御史大夫陈宁、御史中丞刘基、湖广行省参知政事陶凯。""濂奉敕为之序。大旨斥沈约为吴音，一以中原之韵更正其失。并平、上、去三声各为二十二部，入声为十部。于是古来相传之二百六部，并为七十有六。其注释一以毛晃《增韵》为稿本，而稍以他书损益之。盖历代韵书，自是而一大变。"但"濂《序》乃以陆法言以来之韵指为沉约,其谬殊甚。"濂另有沿讹踵谬、以私臆妄改者。"盖明太祖既欲重造此书,以更古法,如不诬古人以罪,则改之无名。濂亦曲学阿世,强为舞文耳。然源流本末,古籍昭然,天下后世何可尽掩其目乎?"六易其稿始定。最大特点在于改定《礼部韵略》之韵部。全书分平上去入四声,分韵76部,未标声类,但据反切系联,为31类。此书文字义训,则依据毛晃父子之《增修互注礼部韵略》。明代作家创作南曲,多依此书,乃曲韵南派之创始著作。正德、嘉靖、隆庆、万历、崇祯等朝曾多次翻刻,而清代仅有《四库全书》本。是书刊成后并不通行,然在朝鲜影响较大。《东国正韵》、《训民正音》、《四声通考》均以其为重要参考资料。研究《洪武正韵》著作主要有:上海书店1984年重版张世禄所著《中国音韵学史》、中华书局1963年出版《罗常培语言学论文选集》等书中有关章节。

宋濂辑《洪武圣政记》2卷正月成,凡7类。作《〈洪武圣政记〉序》。

按：序曰:"臣备位词林,以文字为职业,亲见盛德大业日新月著,于是与僚属谋取其有关政要者,编集成书,列为上下卷,凡七类,合若干条,名曰《洪武圣政记》。"《洪武圣政记》2卷,据《四库全书总目提要》卷五二:取太祖即位以来有关政要者,"略仿《贞观政要》之例,标题分记。""濂自为《序》,见所作《文宪集》中,盖当时奏御之书也。梅纯《损斋备忘录》曰:'本朝文章近臣,在洪武初,则学士宋濂,其所记当时盛美,有《洪武圣政记》。自永乐以后,则少师杨寓(杨士奇),有《三朝圣谕录》。至天顺改元,则少保李贤,有《天顺日录》、《二录》。皆近有印本,而《圣政记》独亡,仅见其《序》文,惜哉。'据其所云,则此书在成化间已无传本,不知何以得存于今。然勘验文义,实非赝托。或纯偶未见,遽以为佚欤。然是书之不行于明代,亦可见矣。"此为明人作政要体史籍之始(详参朱仲玉《宋濂与王祎的史学成就》《史学史研究》1983年3期)。

宋濂四月作《郑氏联壁集序》。五月作《韵府群玉后题》。十一月有事凤阳,撰《游涂荆二山记》。是年跋所见《化度寺塔铭》旧拓。

按：《韵府群玉后题》曰:"右《韵府群玉》一书,元延祐间新吴地兄弟之所集也。二阴一名时夫,字劲弦;一名中夫,字复春。博学而多文。乃因宋儒王伯禄所增《书林事类韵会》、钱讽《史韵》等书,会粹而附益之。诚有便于检阅,板行于世盖已久矣。入我圣朝,近臣奉敕编《洪武正韵》,旧韵音声有失者改之,分合不当者更之,定为七十六韵。今重刻是书,一依新定次序,而字下所系诸事并从阴氏之旧。因书其故,以告来学者。"

御制《资世通训》1卷二月丙午成。刊行。

按：《千顷堂书目》卷一一著录题作《太祖御制资世通训》1卷。

秦约纂《崇明志》15卷成。

卢熊访得宋龚明之《中吴纪闻》,校定成书。

殷奎作《叙星贻徐桢伯》。

方孝孺撰《学士亭记》。

朱善秋撰《乙览楼记》。冬撰《曾士衡梅亭记》。

僧无愠著《山庵杂录》成。

按：是为禅宗笔记。收入作者平昔游历丛林、自师友谈论、湖海见闻,所获自南宋末年至明代开国之初止(以元为主),丛林大老(与"尊宿"、"名宿"、"名德"、"大德"、"善知识"等同义)之出处言行、僧俗之善恶报应故事,及作者行历实录和对人、事之评判议论。南宋以来禅宗笔记一直忽略对禅林作品之记载和评论,至是重新受到关注。其中,叙及千濑和尚《扶宗显正论》、雪山昙公《禅门宗要》、道元《性学指要》。《山庵杂录》在世时尚未刊行。其弟子、《续传灯录》作者僧居顶赍稿至南京,请弘道、苏伯衡等作序,尔后命工镂版,始见行于世。明代禅林人士将其列为宗门七书之一(见清自融、性磊《南宋元明禅林僧宝传》卷一二)。

徐一夔作《跋危内翰所撰炬法师塔铭后》。

贝琼二月著《蒙说》,三月撰《清泉书楼记》于成均城南挹翠轩。后又撰《武昌谯楼记》、《风木亭记》、编《申屠衡扣角集记》。十一月为宋濂《翰苑集》前、后、续、别4集作序。

张羽著《沈氏宜春堂画屏记》,记徐贲为吴兴沈氏所作画。

宋濂弟子刘刚请刘基编选《宋学士文粹》10卷刊行。刘基又为此书作序。

按:全书12.2万余字,10位工匠刻52天毕。刘基序曰:"会有诏纂修《元史》,东南名士一时皆集,复命充总裁官。书成,入翰林为学士。海内求文者,项背相望,碑版之镌,照耀乎四方。高丽、日本、安南之使,每朝贡京师,皆问安否,且以重价购其《潜溪集》以归,至有重刻以为楷式者。儒林清议,佥谓开国词臣当推文章之首,诚无间言也。先生之著述多至百余卷,虽入梓者已久,其门人刘刚复请基撷其精深,别成一编,庶几便于诵习。且征言序之。先生赴召时,基与丽水叶公琛、龙泉章君溢实同行。叶君出知南昌府以殁,章君官至御史中丞,亦以寿终。今幸存者惟基与先生耳,然皆颓然日就衰朽,尚可咈刚之所请而不加之意乎?虽然,先生之文其传世决矣,基亦何能与力于其间哉。"

申屠衡应唐肃子之请,作《息耒稿序》。

按:序曰:"洪武甲寅之冬,会稽唐丹崖卒于濠,明年春,其子之淳将裹骨归附先人墓左,持所著文集来请曰:'先君不幸殁于谪所,不肖孤远违二千里外,不得跪床下、受遗训,独手泽尚存,罔敢逸坠。先君留濠凡十有六月,若诗若文,率为好事者持去,其笔于稿者十才二三,历访于交游间,得辄录于稿,共若干首。先君于先生辱知最厚,幸为文序其端,庶以图于不朽也。'"时留钟离之瞿相山也。申屠衡,生卒年不详。字仲权,号树屋佣。元明间河南大梁人,徙居苏州长洲。与贝琼同学于杨维桢,推其博赡。尝客潘元明所。著有《叩角集》,由贝琼于洪武八年手其编(见《清江贝先生文集》)。

徐达左刻所辑《金兰集》3卷。

按:据《四库全书总目提要》卷一九一:达左未仕时,家苏州之光福里,于所居筑耕渔轩,一时名流往还,多为题咏。乃辑同时酬赠之作为《金兰集》3卷。又附录1卷,则达左兄子济出守邵武及归田后与友朋相倡和之诗。其十一世孙志羽为之校梓以行。前载正统九年徐珵所作《耕渔子传》。珵即徐有贞初名。

钱子义著《种菊庵集》4卷并自序。

邵光祖卒(1301—)。光祖,元苏州府吴县人。父江东人,宦游来吴,因家于吴。笃信义,博学好古,研精经传垂30年。吴中学者称为五经师。著有《尚书集义》6卷,已佚;《韵书》4卷,已佚;《切韵指掌图检图之例》1卷。

按:《切韵指掌图检图之例》1卷有《四库全书》本、《墨海金壶》本、《十万卷楼丛

薄伽丘卒(1313—)。文艺复兴时期的意大利人文主义作家。

书》本、《熊刻四种》本、《四部丛刊》本、《丛书集成初编》本。《四库全书总目提要》卷四二著录宋司马光《切韵指掌图》2卷、附检例1卷。称：其《检例》一卷则邵光祖所补正。光祖字宏道，自称洛邑人。其始末未详。考《江南通志·儒林传》，载元邵光祖字宏道，吴人。研精经传，讲习垂三十年，通三经。所著有《尚书集义》。当即其人。洛邑或其祖籍欤？据王行《后序》作于洪武二十三年，称其殁已数年，则元之遗民，入明尚在者也。光书以三十六字母科别清浊，为二十图，首独韵，次开合韵。每类之中，又以四等字多寡为次，故高为独韵之首，干官为开合韵之首。旧有《检例》一卷，光祖以为全背图旨，断非光作，因自撰为检图之例，附于其后。《尚书集义》、《韵书》亦见《吴县志》艺文考七。

华幼武卒(1307—)。幼武字彦清，号栖碧，元明间无锡人，以诗名于吴中。著有《黄杨集》3卷、补遗1卷。《华氏传芳集》卷五有俞贞木撰华幼武圹志铭。

按：《四库全书总目提要》卷一七四曰：友人陈方题其集曰《黄杨》，盖为其爱诗甚笃，而夺于多事，故勉其无厄于闰也。

刘基卒(1311—)。基字伯温。刘濠曾孙。元明间浙江青田人。曾与李善长、宋濂定明典制。后为胡惟庸所谮，忧愤而死。一说为惟庸毒死。谥文成。著有《春秋明经》2卷、《郁离子》4卷、《覆瓿集》10卷等，本各单行，后人合编为《诚意伯刘文成公文集》。或以为刘基尚有《国初礼贤录》、《百战奇略》，误。事迹见《明史》卷一二八，黄伯生撰《诚意伯刘公基行状》(《国朝献征录》卷九)，刘耀东编《刘文成公(刘基)年谱稿》等。

按：《明史》本传曰："基博通经史，于书无不窥，尤精象纬之学。西蜀赵天泽论江左人物，首称基，以为诸葛孔明俦也。""基虬髯，貌修伟，慷慨有大节，论天下安危，义形于色。帝察其至诚，任以心膂。每召基，辄屏人密语移时。基亦自谓不世遇，知无不言。遇急难，勇气奋发，计画立定，人莫能测。暇则敷陈王道。帝每恭己以听，常呼为老先生而不名，曰：'吾子房也。'又曰：'数以孔子之言导予。'顾帷幄语秘莫能详，而世所传为神奇，多阴阳风角之说，非其至也。所为文章，气昌而奇，与宋濂并为一代之宗。所著有《覆瓿集》、《犁眉公集》传于世。"《明通鉴》卷五记为：有谓基有秘授，善阴阳风角之术。明太祖曰："基敷陈王道，数以孔子之言导予，岂有是邪？"《明史》卷九八著录刘基《天文秘略》1卷；《观象玩占》10卷，不知撰人，或云刘基撰。已佚，见光绪《处州志·艺文》。据《四库全书总目提要》卷一一〇：《天文秘略》，无卷数，旧本题新安胡氏撰，不著名字。……前有刘基序，当为元末、明初之人。然词旨肤浅，基集亦不载，殆妄人所依托也。苏伯衡《参政刘公墓碑铭》曰："诚意伯薨之又明年夏，监察御史李铎以上旨来取其《观象玩占》诸书。"《清类天文分野之书》24卷，洪武时奉敕作。《白猿经风雨占候说》1卷，旧本题刘基注，前有其自序，案《明史·艺文志·天文类》载有《白猿经》1卷，不著撰人，疑即是书，殆好事者于天文祥异书中掇拾而成，注文及序均浅陋，亦决非基所作。《国初礼贤录》1卷，旧题刘基撰，《四库全书总目提要》卷五二曰："此书《艺文志》、《千顷堂书目》皆作基撰。然录中所载，即明太祖任用基及叶琛、章溢、宋濂四人事，且有'基驰驿归里，居家一月而薨'之文，则非基所作审矣。其中纪述，多与史传相合，无他异同。又基、溢皆载其卒时事，而宋濂得罪徙蜀事则无之，叶琛事迹亦甚寥寥。盖后人杂采成书，故详略不同如此也。"据《四库全书总目提要》卷一一一：《玉尺经》4卷，旧本题元刘秉忠撰，明刘基注。"顾史不载其著有是书，《永乐大典》备收元以前地理之书，亦无是编，明嘉、隆以前人语地学者皆未尝引及。知其晚出，特依托于秉忠。基注中有贵州北界之语。贵州在元季为顺元宣慰司，明初改贵州宣慰司，永乐间始置贵州布政司。基当太祖时，何由与广东云南并称，是注之伪托，亦不问可知。"《披肝露胆经》1卷，"旧题明刘基撰，《明史·艺文志》亦载有其目。然观书中所分龙诀、穴情两篇，大半剽剟《撼龙》、《葬法》诸书。后附南北平阳论数条，则李国木杂取他家之书附入者。殆嫁名于基者也。"《演禽图诀》，"亦依托基名。"《佐元直指图解》10卷，"旧本题基作、汪元标订、江之栋辑，盖世有《佐元直指赋》一篇，传为基所著，天启丁卯，之栋因演为图式而纂注之，元标则为刊刻以行者。"据《四库全书总目提要》卷一三〇：《多能鄙事》12卷，"是书凡饮食、器用、方药、农圃、牧养、阴阳、占卜之法无不备载，殆托名于基者。"《诚意伯文集》20卷，据《四库全书总目提要》卷一六九："其诗文杂著凡《郁离子》四卷、《覆瓿集》十卷、《写情集》二卷、《春秋明经》二卷、《犁眉公集》二卷，本各自为书。成化中，巡按浙江御史戴鳖等始合为一帙，而冠以基孙廌等所撰《翊运录》。盖以中载诏旨制敕，故列之卷首。然其书究属廌编，用以编入卷数，使此集标基之名，而开卷乃他人之书，殊乖体例。今移缀是录于末简，以正其讹。余十九卷则悉仍戴本之原次，以存其旧。基遭逢兴运，参预帷幄，秘计深谋，多所裨赞。世遂谬谓为前知，凡谶纬术数之说，一切附会于基，神怪谬妄，无所不至。方技家递相荧惑，百无一真。惟此一集，尚真出基手。其诗沈郁顿挫，自成一家，足与高启相抗。其文闳深肃括，亦宋濂、王祎之亚。杨守陈序谓'子房之策不见词章，玄龄之文仅办符檄，未见树开国之勋业，而兼传世之文章，可谓千古人豪'。斯言允矣。大抵其学问智略如耶律楚材、刘秉忠，而文章则非二人所及也。"《明史》卷一二八本传曰："吴元年以基为太史令，上《戊申大统历》。"朱元璋遂定明年即洪武元年刊行天下。洪武元年岁次戊申，故名为《戊申大统历》。基初仕元，不得志，因弃官入青田山中，著《郁离子》。其门人徐一夔《郁离子》序曰："其言详于正己、慎微、修己、远利、尚诚、量敌、审势、用贤、治民，本乎仁义道德之懿，明乎吉凶祸福之几，审乎古今成败得失之迹，大概元室之弊，有激而言也。"《郁离子》最早刊本为明初龙泉章氏本，及洪武十九年其子刘仲璟所刊之本。均佚。现存最早版本为明成化七年收入《诚意伯刘先生文集》之"成化本"、嘉靖年间单行本。明清两代《诚意伯文集》刊本颇多，近代较为通行者：成化六年刊《诚意伯刘先生文集》，为目前所知最早刊本。正德十四年重刊，简称正德本。嘉靖三十五年刻《重编诚意伯文集》。隆庆六年据嘉靖本翻刻《诚意伯刘公文集》，即《四部丛刊》本，上海商务印书馆民国八年、民国十八年曾影印出版。还有据清嘉庆《学津讨原》本重刻之浙江书局本。上海古籍出版社1981年出版魏建猷、董善邦点校本，仍以《学津讨原》本为底本。王馨一参阅谱主行状、诗词及碑铭、县志、史籍等编成《刘伯温年谱》，"后编"列有谱主著作目录及《刘文成公授经图考》。刘耀东以史传碑状记刘事岁月不详，乃据其集及其它记载者钩稽大事，与之相锲合以年次定，语或不同，据以参证，无可考者缺，编成《刘基年谱稿》(《刘文成公年谱》)。(参《明史》、《明通鉴》、《四库全书总目提要》、《中国学术名著提要》、《中国大书典》、《中国年谱辞典》等)

　　黄哲卒，生年不详。哲字庸之，尝构轩名听雪蓬，学者称雪蓬先生。元末明初广东番禺人。工诗，著有《雪蓬集》。已散佚。事迹见《明史》卷二八五《孙蕡传》附传，黄佐《翰林院待制黄公哲传》(《国朝献征录》卷二〇)。

　　按：后人重辑黄哲、李德、王佐、赵介四人诗为《广东四先生诗》4卷。粤东诗派，数人实开其先。

　　吴云卒，生年不详。云字友云。宜兴清泉乡人。著有《天文志杂占》1

卷。事迹见《明史》卷二八九《王祎传》附传,李应祯《嘉议大夫刑部尚书宣兴吴公云传》(《国朝献征录》卷四四)。

胡濙(　—1463)生。

洪武九年　丙辰　1376年

拜占庭约翰五世被废。

德意志士瓦本城市同盟重建。

正月乙丑,享太庙,命翰林院学士宋濂、王府长史朱右等定议王国所用礼。(《太祖实录》卷一〇三)

是月,御便殿,明太祖谕太子诸王以进修业之道。(《明通鉴》目录卷一)

三月癸未,命凤阳武臣子弟肄业于中都国子学。(《太祖实录》卷一〇五)

五月,诏诸王建宫室毋过饰,谕以惟俭养德,惟侈荡心。(《明通鉴》目录卷一)

六月甲午,改行中书省为承宣布政使司。(《明通鉴》目录卷一)

按：废除元代所立行中书省,分全国为十三布政使司,置布政使、参政等官。

九月闰月庚寅,五星紊度,下诏求直言。(《明通鉴》目录卷一)

按：茹太素、曾秉正、郑士利以星变应诏言事。明太祖览秉正疏,嘉之(召为思文监丞,迁通政使。以言事忤旨罢职)。以太素陈时务万言,厌其烦渎,命杖之。继命宫人朗诵,得其可行者四事,乃摘其所陈下所司,自序其首,颁示中外。士利上书,于空印事独详。空印者,先署印而后书,遂起大狱,士利亦以此得罪。同时有方征者,亦坐谪。(《明通鉴》目录卷一)

十一月辛巳朔,明太祖与侍臣论女宠、寺人、外戚、权臣、藩镇、四裔之祸。(《明通鉴》目录卷一)

戊子,徙山西及真定无产者田凤阳。

十二月庚戌朔,颁建言格式。(《太祖实录》卷一一〇)

是年,下令全国各府县编修志书。

遣使召见张正常,赐以金纹法文、玉圭珮法器之属。敕代祠于中岳嵩山。(《道教大辞典》)

宋濂二月充会试同考官,作《会试纪录题辞》。五月,晋王纪谢氏薨,明太祖始命宋濂等考定王妃丧服之制。宋濂六月授翰林学士承旨、嘉议大夫、知制诰兼赞善如故、兼修国史。未几,又官其子璲为中书舍人,孙慎为仪礼序班。官其子孙,太祖自教之,时以为荣。十一月,方孝孺来谒,宋濂与其谈经。宋濂是月致仕。

按：太祖诰曰:"尔濂虽博通古今,惜乎临事无为,每事牵制弗决,若使检阅则有余,用之施行则甚有不足。然方今儒者,以文墨如卿者甚少,朕念卿相从久矣,特授翰林学士承旨。"又一诰云:"然文者翰林院尚未有首臣,朕于群儒者选,皆非真儒,人各虚名而已，独濂一人，侍朕左右十有九年，虽才不兼文武，博通经史，文理幽深，可以黼黼肇造之规；宜堪承旨，宏灿明文，壮朕兴王。特敕尔中书奉行无滞。"（谈迁《国榷》卷六）

张筹进礼部尚书，与宋濂等定诸王妃丧服之制。

按：出为湖广参政，后仍起为礼部尚书。

童冀征入书馆。与宋濂、姚广孝相唱和。

方孝孺年二十，以文为挚谒太史宋濂于禁林，濂器之，乃馆置左右。寻，方孝孺以父卒于京师，与兄扶柩归里，濂赋诗14章送之。

胡惟庸、汪广洋等为《大明律》釐正13条。

按：十月辛酉，明太祖以《大明律》犹有议拟未当者，命中书左丞相胡惟庸、御史大夫汪广洋等详议更定，务合中正。仍具存革者以闻。于是惟庸、广洋等复详加考订，釐正者凡十有三条，余如故，凡四百四十六条。

贝琼改官中都国子监，教勋臣子弟。

陶凯改晋王府左相。

按：陶凯，生卒年不详。字中立。江都人（《四库全书总目提要》），一作乐清人（《宋元学案》）、临海人（《宋元学案》卷八二梓材谨案）。博学，工诗文。太祖尝厌前代乐章多谀辞，或未雅驯，命凯与詹同更撰，甚称旨。太祖曾至侍斋宫，言：宜有篇什以纪庆成。遂命凯首唱，诸臣俱和，而宋濂为之序。凯其后扈行陪祀，有所献，太祖辄称善。一时诏令、封册、歌颂、碑志多出凯手云。凯尝自号耐久道人，太祖闻而恶之，坐事杀之。《宋元学案》列其入《北山四先生学案》。著有《九经类要》1卷、《辜君政绩书》2卷，与撰《洪武正韵》、《昭鉴录》等。事迹见《明史》卷一三六本传。据《四库全书总目提要》卷五九：以至正七年丁亥乡试榜授永丰教谕。适永丰令辜中受代去，县之父老子弟愿以中善政刻诸石。凯因序中政绩，为《辜君政绩书》，以《赠言》、《学记》等篇附焉。

沈梦麟以贤良征，不仕。应聘入浙、闽校文者三，为会试同考者再，太祖称之曰老试官。

按：沈梦麟，生卒年不详。字元昭。元明间浙江归安人。《宋元学案》列其入《北山四先生学案》。其元孙江西按察司佥事清编其著作为《花溪集》3卷。《四库全书总目提要》卷一六八曰："年垂九十而卒。梦麟以前朝遗老，不能销声灭迹，自遁于云山烟水之间，乃出预新朝贡举之事。此与杨维桢等之修《元史》、胡行简等之修《礼书》，其踪迹相类。以较丁鹤年诸人，当降一格。然身经征辟，卒不受官，较改节希荣者，终加一等。""梦麟与赵孟頫为姻家，传其诗法，七言律体最工，时称'沈八句'。刘基早与之游，尝寄赠曰：'杜陵老去诗千首，陶令归来酒一樽。'其文其人，具见于是矣。"

牟完廷试得首选，授吏部主事，擢燕王府纪善。

按：仁宗为世子时尝从受业。牟完，生卒年不详。字元亮。浙江黄岩人。著有《四礼家仪》。事迹见《古今图书集成》氏族典卷三五三。

叶伯巨十一月以平遥训导应诏上万言书，以"分封太侈、用刑太繁、求治太急"为时势三过。言：今天下有三事，其一则分封太侈，将有汉时七国之祸。书上，太祖指为离间骨肉，下狱瘐死。

按：其后靖难师起，人皆服其先见。叶伯巨，生卒年不详。字居升。台州府宁海人。事迹见《明史》卷一三九，方孝孺《叶伯巨郑士利传》（《国朝献征录》卷一一三）。

吴印六月为山东布政使。副使张孟兼与印忤，明太祖先入印言，逮孟兼。

郑士昂（郑颙）等八月癸卯以国子生为监察御史。

张寅等八月丙午以国子生为晋府伴读。

张翱八月丙午以国子生为燕府伴读。

王谦八月丙午以国子生为靖江府伴读。

徐贲奉命赴山西察民情，经大梁，过太行入晋。还南京，为给事中。

赵谳（赵俶）以翰林待制致仕。

按：赵谳，生卒年不详。字本初。元明间浙江山阴人。御史台言："博士俶以《诗经》教成均四年，其弟子多为方岳重臣及持节各部者。今年逾悬车，请赐骸骨。"于是以翰林院待制致仕，赐内帑钱治装。宋濂率同官暨诸生千余人送之。卒年八十一。子圭玉，兵部侍郎，出知莱州，有声。事迹见《明史》卷一三七，黄佐《国子监博士赵俶传》（《国朝献征录》卷七三）。（《明通鉴》作赵谳，《明史》、《中国历代人名大辞典》作赵俶）

管讷（管时敏）征拜楚王府纪善，从王之国。

按：后进左长史，事楚王桢。

程本立举明经、秀才，授秦王府引礼舍人。

按：丁母忧。服除，补周府礼官，进长史。从王入觐，坐累谪云南为吏。

谢肃是秋在上虞。

袁华复跋元张雨杂诗卷，以交游零落，于跋文中述所感。

孙蕡以奉常之节，监祀四川。

朱善九月以公事谒李于庭，应李氏请为撰《寿椿堂记》。十月作《刘稽古序》。是年以家属谪教辽东，略无愠色，日赋诗文，著有《辽海集》。

王达自吴门还无锡，乞戴良为修敝琴，作《梅月窝序》。

吴复以吴江大水，征科未已，作《吴江田父叹》。

胡德裕建安徽绩溪龙峰书院。

日本僧人绝海中津回国。

约翰·巴伯撰成第一部苏格兰民族史诗《百战百胜的征服者，苏格兰王罗伯特·布鲁斯的业绩和生平》。

孙作著《陶先生小传》，志陶宗仪。

陶宗仪著《书史会要》9卷成。刊行。

按：首有宋濂序、曹睿序，引用书目、自序、考详、目录，后有孙作《南村先生传》，郑真跋语，陶珽柱注。陶氏前仅有陈思《书小史》和董史《书录》两家书史之作，陈书所载未详备，董书限于宋一代，而陶氏则自三皇迄于元末，杨守敬云"最为博赡"。后人评此书：掇采至为繁富，文笔简当，间加评述，贵有褒贬。惟其所采之书，间有未及改正者。之后，朱谋垔纂《画史会要》、《书史会要续编》明显受其影响。初刊本外，有明崇祯三年朱谋垔重刊本（另续稿），崇祯八年刊本，清顺治十六年朱统鉽刊本，《三续百川学海》本、《四库全书》文澜阁本。民国十八年武进陶氏影印洪武本和1984年上海书店据1929年武进陶氏逸园景刊明洪武本影印本等。《四库全书总目提要》卷一一三著录"《书史会要》九卷，《补遗》一卷，明陶宗仪撰。《续编》一卷，朱谋垔撰。"

朱珪汇集生平所刻碑文为《名迹录》6卷附录1卷。秦约序之。

按：《四库全书总目提要》卷八六曰："旧本或题曰元人。观其首列洪武二年昆山城隍神诰,升于元代玺书之上,即徐坚作《初学记》,以唐太宗诗冠前代诸诗之例。又顾瑛(顾阿瑛)至洪武中尚随其子徙临濠,而书中有其墓志铭,其为明人确矣。称元人者,误也。珏善篆籀,工于刻印,杨维桢为作《方寸铁志》。郑元佑、李孝光、张翥、陆友仁、谢应芳、倪瓒、张雨、顾阿瑛诸人,亦多作诗歌赠之。又工于摹勒石刻,因裒其生平所镌,编为此集。题曰'名迹'者,其序谓取《穆天子传》'为名迹于弇兹石上'之义。考《穆天子传》,称乃'为铭迹于元圃之上'。其字作'铭'不作'名',珏殆以《说文》无'铭'字,故改'铭'为'名'。然铭非弇兹所称,乃记其迹于弇山之石,又无名字,不知珏所据何本也。汉代诸碑,多不著撰人、书人,刻工尤不显名氏。自《魏受禅碑》,邯郸淳撰文,梁鹄书,钟繇刻字,是为士大夫自镌之始。欧阳修、赵明诚等辑录金石,仅标题跋尾而已。自洪适《隶续》备列碑文,是为全录刻词之始。若自刻其字而自辑其文为一书,则古无此例,自珏是编始也。""魏张晏注《史记·儒林传》,据《伏生碑》,知其名胜。晋灼注《汉书·地理志》,据《山上碑》,知黎阳在黎山之阴。其曰阳者,兼取河水在其阳之义。唐司马贞注《史记·高祖本纪》,据班固《泗上亭长碑》,知'母媪'当为'母温'。宋方崧卿作《韩文举正》,亦皆以石本为据。而欧阳、赵、洪诸家,以碑证史传舛误者,尤不一而足。是编所录,皆珏手镌,固愈于年祀绵邈,搜求于磨灭之余者。如元末郭翼,诸书载其洪武中出为学官,非得是书载卢熊所作翼墓志,不知其卒于至正二十四年,未尝改节仕明也。足见其有资考证矣。"珏,生卒年不详。字伯盛,自号静寄居士。苏州昆山人。从钱塘吴睿学书,凡三代以来金石刻靡不规仿。凡朝廷制诰、词命与公卿大夫家志铭碑版,一时多出其手。另著有《印文集考》,并摹吴睿所书《说文》为《字原表目》。

又按:秦约,生卒年不详。一说生于1316年。字文仲。江苏盐城人,始徙崇明,再徙昆山。光绪《盐城县志》卷一六引《万姓统谱》作姓秦名约文,字仲本。为文原本经义,诗尤工,宣城贡师泰极器重之。纂有《樵史补遗》、《师友话言》、《孝节录》等,著有《樵海集》、《诗话旧闻》。事迹见《明史》卷一三六《曾鲁传》附传,《溧阳县学教谕秦公约传》(《国朝献征录》卷八三)。

方孝孺撰《茹荼斋记》。

宋濂正月作《叶夷仲文集序》、《送许存礼赴北平教授任序》、《跋樗散生传后》。三月作《跋日本僧汝霖文稿后》。九月作《新刻广韵后题》。十一月作《送赵待制(俶)致仕还乡诗序》。吴履致仕归,宋濂戒以保身之道。是年跋柳公权书《度人经》。

按:《新刻广韵后题》曰:"天宝中,陈州司法孙愐以《切韵》为缪略,复增字四万二千三百八十三,雅俗兼收,务矜该博。且取《周礼》之义,又更名曰《唐韵》。宋祥符初,陈彭年、邱雍复重修之,又易名曰《广韵》。至于宋祁景佑《集韵》之出,复增二万七千三百三十一字,而《广韵》微矣。近代书肆喜简而恶繁,《集韵》罕传,而《广韵》独盛行。濂等奉敕校定,一遵《洪武正韵》分合之例,布列如左。注则并仍其旧。旧韵凡二百又六,今省为七十六云。"

贝琼作《唐宋六家文衡序》。

按:即南宋吕祖谦编《古文关键》,取韩愈、柳宗元、欧阳修、曾巩、苏洵、苏轼、张耒六家。至元末朱右《新编六先生文集》,以三苏为一集,又取王安石而黜张耒,始有唐宋八大家之实,惜此书不传。

贝琼改官中都国学,辑是年前杂文为《金陵集》。补跋元张渥所作《九歌图卷》。

唐桂芳自序《白云集》。

按：序曰："予幼承过庭之训，其未出乡里，师授洪杏庭先生、陈定宇先生、胡云峰先生。既游江湖，请业钱水村先生、龚子敬先生，方攻举子声律之学，而未暇慕于古文也。寓金陵而任闽南教官垂二十年，重罹兵燹，曰诗曰文，旧稿放失，譬犹镂冰刻楮，略无爱惜。壬辰以后，次儿文凤编录庚子以来诸生吴汇裒辑。甲寅，予不幸盲废，王公贵人与贤士大夫日过其门，诿以文字，潜驱默运，如绎茧绪，笔悬万言，谁其念之？第四男文奎拜而请曰……"

孙道明校录所得宋魏泰《临汉隐居诗话》1卷。

刘崧跋所见宋人《茧织图》。

周巽著《性情集》。

按：周巽，生卒年不详。江西吉安人。据《四库全书总目提要》卷一六八："巽事迹不见于他书。其诗集诸家亦未著录。惟《文渊阁书目》载有周巽泉《性情集》一部、一册，与《永乐大典》标题同。《吉安府志》又载有周巽亨《白鹭洲》、《洗耳亭》二诗，检勘亦与此集相合。而集中《拟古乐府小序》，则自题曰'龙唐耄艾周巽'云云。以诸条参互考之，知巽为其名，而巽泉、巽亨乃其号与字也。集中自称尝从征道、贺二县猺寇，以功授永明簿。则在元曾登仕版，而所纪干支有丙辰九月，当为洪武九年，则明初尚存矣。"

胡布作《丙辰十月初五发龙江诗》。

按：诗入《元音遗响》。是集10卷，不著编辑者名氏。前8卷为胡布诗，又名《崆峒樵音》。后2卷则张达、刘绍诗。三人皆元之遗民。生卒年不详。他书罕称其诗者，且罕称其人者，故其出处莫之能详。胡布，字子申；张达，字秀充，皆盱江人。刘绍，字子宪，黎川人。详见《四库全书总目提要》卷一八八。

王厚孙卒（1300— ）。厚孙字叔载，号遂初老人。元庆元路鄞县人。王应麟孙。少侍祖父左右，由此熟悉职典故，世胄谱牒。历任郡县训导，象山、浦江教谕。刊行祖父遗书。事迹见《清江贝先生文集》卷三〇。

殷奎卒（1331— ）。奎字孝章，一字孝伯，号强斋。门人私谥文懿先生。苏州府昆山人。年四十六。少从杨维桢习《春秋》。洪武初曾任咸阳教谕。纂有《家祭仪》、《昆山志》8卷、《咸阳志》、《关中名胜集》、《关陕图经》（一作《陕西图经》）、《道学统系图》1卷、《渭城寱语》、《法宝志》1卷、《支离稿》、《娄曲丛稿》、《殷强斋先生文集》（一作《强斋集》）等。事迹见《教谕殷奎传》（《国朝献征录》卷九四）、卢熊《故文懿殷公行状》。

按：一说殷奎（1310—1377）。据《四库全书总目提要》卷一六九："奎受业于杨维桢之门，学行纯正，为当时所重。"《强斋集》"乃其门人余煃所编。诗文杂著凡九卷，又益以其交游赠答诗文暨行实墓志，共为十卷。元明之间，承先儒笃实之馀风，乘开国浑朴之初运，宋末江湖积习，门户流波，湔除已尽，故发为文章，虽不以华美为工，而训词尔雅，亦颇有经籍之光。如奎等者，在当时不以词翰名，而行矩言规，学有根柢，要不失为儒者之言。视后来雕章缋句，乃有迳庭之别矣。集本刊于洪武十五年，昆山儒学训导钱塘陈振祖为之序。其文亦朴雅，可想见一时风气云"。

朱右卒（1314— ）。右字伯贤，一作序贤，号邹阳子。临江人，陈德永弟子。与修《元史》、《日历》、《洪武正韵》等。《宋元学案》列其入《北山四先生学案》。著有《书集传发挥》10卷、《禹贡凡例》2卷、《深衣考》1卷、《性理本原》、《春秋传类编》、《三史钩玄》、《元史补遗》12卷、《朱子世家》1卷、《历代统记要览》1卷、《谱略》1卷、《秦汉文衡》、《李邺侯传》、《委羽古樵隐者传》、《白云稿》等。事迹见《明史》卷二八五《赵壎传》附传,陶凯《故晋相府长史朱公行状》,《曝书亭集》卷六二本传。

按：宋濂《故晋相府长史朱府君墓铭》曰:"君在翰林,每以辞章献,奏对精密,顾盼有威仪,上甚眷重之,每称以'老朱'而不名。君亦自意为难遇,因事多所建明。""其同编辑之书最大者曰《圣政记》、《洪武正韵》,其他稽核旧典以进者,不可胜数。""君善著书,有《春秋传类编》、《三史钩玄》、《秦汉文衡》各三卷,《深衣考》、《朱子世家》、《李泌传》、《历代统纪要览》各一卷,《唐宋文》一十七卷,《汉魏诗》四卷,《元史补遗》十一卷,又为《元史编年》未成。其杂著文有《白云稿》十二卷,行于世。"《宋元学案》卷八二曰:"程门高弟光庭之后。学于陈两峰,又尝受文法于李五峰。""先生在明初与潜溪、子充辈皆朱门之世嫡,然渐趋于文章,而心得则似少减矣。"《书集传发挥》自序曰:"闻父师之教,则不无相发明者,谨述《集传发挥》6卷,《纲领始末》1卷,《指掌图》1卷,《通证》2卷,凡10卷。"又有李祁序。黄氏《千顷堂书目》称又有《禹贡凡例》2卷,戚学标《台州外书》谓:"《禹贡凡例》40条分别明尽,有功经学。"据朱彝尊《曝书亭集》卷六二:"右尝编《性理本原》,揭河图洛书于首,次太极图说,次西东铭,附以通书,以正蒙为未纯不录。其严于论学,若是又以深衣之制世代沿革袭以成俗,无复古意乃援礼经及先儒之说,求合古制,使宜于今,作《深衣考》,学者称焉。"《元史补遗》,见《明史·艺文志》、《千顷堂书目》及雍正《浙江通志》著录。《朱子世家》见陶凯所撰行状、《千顷堂书目》、《明史·艺文志》、《台州经籍志》。《历代统纪要览》有自序,略谓:朱子辨魏尊蜀,黜周宗唐,伏读之余,参考众史,摭其大略。又以诸侯及僭国事,别为谱略1卷附之。是书见《明史·艺文志》、《千顷堂书目》及《台州经籍志》。又有《三史钩玄》,均未见。《李邺侯传》见《明史·艺文志》及雍正《浙江通志》、《台州府志》、《台州外书》,有宋濂书后。《委羽古樵隐者传》见《风雅遗闻》、《委羽山志》。所著《白云稿》10卷,存5卷。《四库全书总目提要》卷一六九曰:"右为文不矫语秦汉,惟以唐宋为宗,尝选韩、柳、欧阳、曾、王、三苏为《八先生文集》。八家之目,实权舆于此。其格律渊源,悉出于是。"清黄瑞编有《伯贤朱先生年谱》(全名《明国史翰林院编修晋府长史伯贤朱先生年谱》)1卷(据《江苏艺文志》、《中国年谱辞典》)。罗仲辉《明初史馆和〈元史〉的修纂》(《中国史研究》1992年第1期)一文中论及明初入史局修《元史》者,"除朱右著有《三史钩元》若干卷,《历代统纪要览》一卷和《元史补遗》十二卷外,其它人再无一部史学著作。"以见朱右之于明初史学成就。

熊鼎卒(1322—)。鼎字伯颖。江西临川人。奉敕纂《公子书》3卷,以训开国武臣之子弟。事迹见《明史》卷二八九,《芝园续集》卷四有《故岐宁卫经历熊府君(鼎)墓铭》。

按：《四库全书总目提要》卷一三一曰:《公子书》,"明洪武中熊鼎等奉敕撰。采摭古事,分为三类。一良臣门,一忠臣门,一奸臣门。其词较《永鉴录》尤俚浅,盖以训开国武臣之子弟,故务取通俗云。"

方克勤卒(1326—)。克勤字去矜,号愚庵。方孝孺父。浙江宁海人。为属吏所诬,又受空印案牵连,逮死。著有《汗漫集》。事迹见《明史》卷二八一,宋濂《济宁府知府方公克勤墓版文》(《国朝献征录》卷九六)。

林环(—1415)、曹端(—1434)、段民(—1434)、章敞(—1437)、

沈升（ —1446）、徐讷（ —1449）、王英（ —1450）、李祯(李昌祺)（ —1452）、袁忠彻（ —1458）、沈澄（ —1463）生。

洪武十年　丁巳　1377年

士瓦本同盟败符腾堡伯爵军于罗伊特林根。

英王爱德华三世卒，理查德二世即位。

约翰·威里克夫宣传宗教改革主张，遭传审。

金帐汗败俄罗斯人。

教皇格列高利第十一返回罗马，教会的"巴比伦之囚"结束。

正月乙酉，明太祖令中书省定奏对式。（《明通鉴》目录卷一）

三月，明太祖与廷臣论七政，以蔡氏左旋之说为非，盖日月五星右旋也。（《明通鉴》目录卷一）

按：据《四库全书总目提要》卷一二：蔡沈《书传》虽源出朱子，而自用己意者多。至明太祖始考验天象，知与蔡《传》不合，乃博征绩学，定为《书传会选》。考《明太祖实录》，与群臣论蔡《传》之失，在洪武十年三月。其诏修是书则在二十七年四月丙戌，而成书以九月己酉，仅五阅月。观刘三吾《叙》，称："臣三吾备员翰林，屡尝以其说上闻。皇上允请，乃诏天下儒士仿石渠、白虎故事，与臣等同校定之。"则是十七年间三吾已考证讲求，先有定见，特参稽众论以成之耳。

六月丙寅，明太祖命群臣，大小政事先启皇太子裁决上闻。并谕太子以仁、明、勤、断。又令儒臣为讲《大学衍义》。（《明通鉴》目录卷一）

七月，始遣监察御史巡按州县，谕以问民疾苦，廉察风俗，申明教化。（《明通鉴》目录卷一）

按：一时监察御史以敢言著者首推韩宜可，劾胡惟庸、陈宁、涂节三人险恶奸佞，宜斩之以谢天下。明太祖大怒，叱为快嘴御史，下锦衣狱，寻释之。（《明通鉴》目录卷一）

八月癸丑，改建社稷，同坛合祭，奉仁祖配。（《明通鉴》目录卷一）

按：从礼部员外郎张筹议也。时筹以迎合太祖意，轻变旧章，论者非之。

选武臣子弟读书国子监，其在凤阳者，肄业中都。

是月，罢弘文馆。

九月辛丑，以胡惟庸为左丞相、汪广洋为右丞相。

按：广洋虽并相，浮沉充位而已。

召国子生分教北方者还朝擢用之。（《太祖实录》卷一一五）

十一月丁亥，冬至，以大祀殿工未成，始合祀天地于奉先殿。明太祖亲制《祝文》。（《明通鉴》卷六）

是年，诏天下沙门，讲《心经》、《金刚》、《楞伽》三经。

阿维尼翁罗马教会教堂的乐师返回宫廷，罗马开始成为音乐中心。

宋濂正月乙酉以学士承旨请致仕。荐苏伯衡自代。明太祖作诗饯之。孙蕡、桂彦良、答禄与权、汪广洋等赋诗送别。二月至金华诣墓所，祭告昭宣制命。会其族人于金华故宅。六月归浦江。居萝山，终日闭门纂述。方孝孺六月即往从学，寓青萝山房；王绅以契家子来游门下。九月朝京,方孝孺随侍。过杭州,至上天竺谒东溟大师(慧日)。十月辛酉,观心亭成。明太祖命其撰记。十一月,陛辞,明太祖与宋濂论《楞伽经》。离京过杭州,得徐一夔文集若干卷,与方孝孺宿南山。十二月,明太祖谓宋璲夜梦宋濂,想其已达钱塘。

按:时太祖厌茹太素疏太繁冗,有言其大不敬及诽谤不法者,濂谓陛下方开言路,乌可深罪。既太祖览其疏,有足采者,乃大悟。赐濂《御制文集》及绮帛,令藏三十二年以作百岁衣。时濂68岁也。令其孙慎护行,濂至家表谢,太祖手诏答之,自是岁一朝。

苏伯衡以宋濂荐,太祖召见,以疾辞,赐衣钞还。

按:宋濂请致仕,太祖问:"谁可代者?"濂对曰:"伯衡,臣乡人,学博行修,文词蔚赡有法。"(《明史》卷三〇《苏伯衡传》)。

张孟兼乞宋濂为其所著文稿加跋。

贝琼辞中都学职,自凤阳还至嘉兴殳山,辑此期杂文为《中都集》。

刘琏授考功监丞,试监察御史,出为江西布政司右参政。

孙蕡外补平原簿。

张美和召至京,擢为国子助教。

林弼是年春再奉旨,与礼部员外郎吴伯宗、顺庆府照磨韩君子煜,同使安南。八月自安南还,过丰城。

朱善召至京师,制作称旨职居翰苑。

按:此据聂铉《朱一斋先生文集序》。雍正《江西通志》卷六八《南昌府三》曰:"又《登科考》,'洪武六年,以有司所取多后生少年,特谕中书省各处科举俱停罢,自是以后,罢进士科者十有一年。至甲子三月,诏礼部复位科举法。'则洪武八年,未尝举行廷试也。郭书《列卿录·朱善传》及聂铉所撰墓志,皆以为洪武八年廷试第一人,或者以辟举召试,所未可知。然别无可考。"

钱甦供职中书省,在南京后湖理档案。

按:钱甦,生卒年不详。字更生,号谦斋。常熟人。与傅著等游。博学专攻性理,著作多湮佚。著有《谦斋存稿》3卷,见《里睦小志》卷下艺文志补之五书目。事迹见《钱甦传》(《国朝献征录》卷一一五)。

钱宰以老告归。

蓝智以荐授广西按察司佥事。

按:蓝智,生卒年不详。字明之,一作性之。元明间福建崇安人。蓝仁弟。据《四库全书总目提要》卷一六九:"其字诸书皆作'明之',而《永乐大典》独题'性之'。当时据明初未远,必有所据,疑作'明之'者误也。"智集散佚,《四库全书》编者从《永乐大典》采掇,釐为《蓝涧集》6卷。事迹见《明史》卷二八五《陶宗仪传》附传,《全闽诗话》卷六《蓝智》。

乌斯道去官永新。

按:后谪戍定远。寻放还。乌斯道,生卒年不详。字继善,乌本良弟。浙江慈溪人。与兄俱有学行。与同郡傅恕、郑真皆有文名。《宋元学案》列乌斯道、乌本良入《静明宝峰学案》。著有《秋吟稿》、《春草斋集》。据《四库全书总目提要》卷一六九:《千顷堂书目》载《秋吟稿》之名,而阙其卷数,盖明代已佚。所著《春草斋集》10卷,诗文各5卷。万历间其八世孙献明续辑附录传赞1卷。宋濂为作集序,所谓俊洁如明月珠者,盖状其圆润。所谓汹涌如春江涛者,则与其文之纤馀为妍,颇不相肖。推濂之意,特状其词源之不竭,非谓其骋才恃气,以惊风骇浪为奇特也。史称斯道工古文,兼精书法,不及其诗,殆在当时文尤见重于世欤。事迹见《明史》卷二八五《赵壎传》附传。

李翀七月丙戌以东宫侍正为赞读。

虞堪入滇为云南府学教授。

按:虞堪,生卒年不详。字克用,一字胜伯。元末明初苏州府长洲人。集从孙。家藏书甚富,多手自编辑。先世手泽,虽千里之外,必购得之。其从祖伯生遗稿,亦堪所编。《四库全书总目提要》卷一六九曰:"相传堪没后,所遗翰墨尚数箧。其子孙不读书,漫置屋中,久而亡之,则其散佚者固亦多矣。"著有《希澹园诗》3卷,"世又有堪诗别本,题曰《鼓枻稿》者,与此集互相检勘,其诗篇数多寡并同。惟前后编次稍异。或即堪之原本,或后人别题以行,均未可定"。存清留耕堂朱氏抄本、《四库全书》本、1991年上海古籍出版社《四库明人文集丛刊》本;《虞山人诗》3卷,有清抄本、《殷礼在斯堂丛书》本,增《补遗》1卷。编虞集所著《道园遗稿》6卷,以补虞集《道园学古录》之遗。

谢林郡府举至京都,授开封新郑县教谕。

按:谢林,生卒年不详。字璃树,一作琼树。武进人。应芳次子。著有《字学源委》5卷,万历《武进县志》卷七称是书"以正近代六书之谬";《延陵通记》(一作《延陵小录》)1卷、《雪樵集》、《煮雪窝稿》。事迹见《明诗综》卷一五。

张筹坐事输劳作,后复官,又以事免。

按:张筹,生卒年不详。字惟中,号一梧。翼子。常州无锡人。洪武中以詹同荐授翰林应奉,改礼部主事,奉诏与陶凯集汉唐以来藩王事迹为《昭鉴录》。进礼部尚书,与宋濂定诸王妃丧服之制。记诵淹博,谙于历代礼文沿革。著有《一梧集》。事迹见《明史》卷一三六。

郑潜致仕。旋卒。

按:郑潜,生卒年不详。字彦昭。元明间徽州歙县人。《四库全书总目提要》卷一六九曰:"程敏政《新安文献志》载其始末甚详。黄虞稷《千顷堂书目》列之元人,误也。虞稷载《樗庵类稿》二卷。今从《永乐大典》裒辑得古体诗五十首、近体诗一百四十六首,并原序三篇,仍可编为二卷,计所遗亦无几矣。是集皆其在元所作。"

梁寅是春筑石门书舍成,开讲授徒,来学益聚。

凌云翰是年秋题画。

按:《柘轩集》卷一《画》诗序曰:"高让士谦为予作《枯木竹石》,并题其上。余遍索交游,得十四人,终之以余诗,凡十六首。二画共三十二首。披图则存没如见,庶几笃友道云。张昱光弼则庐陵人也,王裕好问、陈晔宗亮则山阴人也,朱谊仲谊则维扬人也,章师孟季醇则严陵人也,浦源长源则句吴人也,周昉元亮则新城人也,张舆行中则崇德人也,王立本宗则金华人也,王谦自牧、杨明复初、俞友仁文辅、王正道子宗、万振文远,则皆钱塘人也。"

刘绩寓吴山普光寺。

谢肃自越中北走燕南,西度太行,寓并汾,南取道于覃怀,绝河汴、江淮以还。作太行山五十韵。

瞿佑寄居岳家。制《望西湖》十阕。

吕谊举神童。召见,太祖命读《大诰》,应对豁然。授翰林院博士。

按：吕谊，生卒年不详。庐江府人。七岁能文。事迹见《古今图书集成》氏族典卷四〇六。

僧宗泐十月奉诏与演福寺僧如玘同纂《心经注》、《金刚经注》、《楞伽经注》。

按：次年成。

僧弘道诏注《楞伽经》等。

道士张宇初袭掌道教。

张度修、谢应芳纂《常州府志》(《毗陵志》) 19 卷刊行。

谢应芳自撰《龟巢墓铭》。次所著为《龟巢摘稿》3 卷。

方孝孺撰《宋氏为善堂记》。龙门海禅师于圣寿寺作学士亭，方孝孺、僧来复各作《学士亭记》一篇。

宋濂正月作《郭考功文集序》。三月作《跋张孟兼文稿序后》、《重题玉兔泉卷后》。四月作《方氏族谱序》。夏，作《送布政叶公之官序》。八月作《义乌楼氏家乘序》。

郑济于七月刊行宋濂著《宋学士文粹》10 卷、《补遗》1 卷。作《文粹后识》。

按：郑曰："右翰林学士承旨潜溪宋先生《文粹》一十卷，青田刘公伯温丈之所选定者也。济及弟沔约同门之士刘刚、林静、楼琏、方孝孺相与缮写成书，……于是命刊工十人锓梓以传，自今年夏五月十七日起手，至七月九日毕工，凡历五十二日云。先生平生著述颇多，其已刻行世者《潜溪集》四十卷、《罗山集》五卷、《龙门子》三卷；其未刻者《翰苑集》四十卷，归田以来所著《芝园集》尚未分卷，在禁林时见诸辞翰，多系大制作。窃意刘丈选之或有所遗，尚俟来者续编以附其后。惟先生受知圣主，辅导东宫，名满天下，文传四夷，则不待区区之所赞颂云。"

贝琼辑《中都集》。

周南老著《姑苏杂咏》1 卷。

按：据《四库全书总目提要》卷一九一：明周希孟、周希夔同编。上卷为高启原唱，下卷为其祖南老续作。

倪维德卒 (1303—)。维德字仲贤，号敕山老人。苏州吴县人。幼嗜学，后业医。以《内经》为宗，参酌金人刘完素、张从正、李杲三家之说，医病有奇效。患眼科无专书，著《玄机启微》2 卷附录 1 卷。又校订《东垣试效方》。陶琛为其铭，宋濂为其撰《故倪府君墓碣铭》。事迹见《明史》卷二九九，朱右《敕山老人倪维德传》、宋濂《倪维德墓碣铭》(均《国朝献征录》卷七八)。

按：《原机启微》，明薛己校补。嘉靖刻本、乾隆二十二年施氏明德刻本、清刻本、《薛氏医案》本、1921 年上海大成书局石印本、明王道刻本、北京图书馆藏抄本等。《原机启微》，《中国历代人名大辞典》作《玄机启微》；《三百种医籍录》(贾维诚编著，1982 年版) 又称《元机启微》；薛己校补本为《原机启微》，上海科学技术出版社据此重印。校订《东垣试效方》若干卷，崇祯十五年《吴县志》卷五三作《校订李杲试校方》。

舒頔卒 (1304—)。頔字道原，号贞素。徽州绩溪人。幼有志操，嗜

俄罗斯《拉夫连季编年史》纂成。

伊本·巴图塔卒 (1304—)。阿拉伯旅行家。其旅途见闻口述笔录为游记《在美好国家旅行者的快乐》。

纪尧姆·德·马肖卒 (1300—)。法国诗人、作曲家。

学好义。淹贯诸史，长于诗文，尤善篆隶。晚年结庐，名贞素斋。训课子孙。著有《贞素斋集》8卷、附录1卷，《北庄遗稿》1卷。事迹见舒正仪编《贞素先生舒公(舒𬱟)年谱》，清道光间刻《贞素斋家藏集》本。

张正常卒(1335—)。正常字仲纪，号冲虚子。江西贵溪人。三十九代天师太玄公之子。第四十二代天师。纂有《汉天师世家》。事迹见《明史》卷二九九，宋濂《张真人正常碑铭》(《国朝献征录》卷一一八)。

按：一说卒于1378年(《道教大辞典》)。《汉天师世家》，简称《世家》。宋濂《汉天师贡家序》曰："嗣汉四十二代天师张真人以《世家》1卷，命上清道士傅同虚征濂序。""今所辑《世家》，祖始于留文成侯，而其上则无闻焉。濂因据氏族群书补之，复用史法，略载其相承之绪，使一阅辄知大都。"后经四十三代天师张宇初增删，由五十代天师张国祥续修，于万历三十五年刊入《续道藏》中(《汉天师世家》)。《重刊道藏辑要·翼集》收入题作《汉天师世家》9卷，实即《皇明恩命世录》。《续道藏》收入书帙。

张丁(张孟兼)卒，生年不详。孟兼名丁，以字行。浙江浦江人。征为国子监学录，与修《元史》。书成，授国子学录，历礼部主事、太常司丞。出为山西按察司佥事，擢山东按察司副使，布政使吴印系僧人还俗，孟兼轻侮之。印告太祖，太祖怒而杀之。著有《白石山房逸稿》。事迹见《明史》卷二八五《赵埙传》附传，方孝孺《山东副使张孟兼丁传》(《国朝献征录》卷九五)，《张孟兼传》(《逊志斋集》卷二一)。

按：其被召，同里宋濂实荐之。刘基尝告太祖，孟兼文章，仅次宋濂及基。张以瑢《白石山房遗集序》曰："惜其全集在当时已收入内府，后之贤嗣极意搜罗，仅存十一于千百……亦卓然自成一家言矣。"关世缯《张孟兼先生文集序》曰："当日谨身殿之对，《濂溪集》中备载之。先生之文，与刘、宋二公并峙。所著有《白石山房文稿》及《蜀山遗集》。……余秉铎于兹，读先生遗集，惜其残缺不完，而鲁鱼亥豕之讹，急需订正，因旁搜他集，间得一二以补遗亡。其字句之谬误，悉厘正之，附载外集，以资征信。授之梓人，盖匪独家垂光也。"张德行《孟兼先生遗文序》曰："予兄夫次不忍其湮没，属其后裔思晦搜览群籍，凡有所见，辄为校辑，帙成不多。予兄表章之心，盖亦良苦。嗟夫！慧业天授，嫉忌焉施。一时鲜所称述，越数百年，复有夫次氏暨思晦氏起而裒集之，虽恨未全，以考内府《经籍志》，《张孟兼集》六卷，尚藏秘阁，安知阙略在今日者，不明备于他年，偕文成、文宪并称三先生于不朽欤！"《四库全书总目提要》卷一六九曰：《白石山房逸稿》2卷，"《艺文志》载孟谦文集6卷。焦竑《国史经籍志》亦同。其本久已散佚。近时有孟兼十一世孙思煌者，始摭拾他书所载，重编定为5卷。而集内收他人唱和题赠之作几十之七八，孟兼著作仍寥寥无多。此本不知何人所辑。视思煌本较多数首，疑尚出明人裒集，故思煌未之见也。孟兼与宋濂同里，其被召也，濂实荐之。太祖与刘基论一时文人，基称宋濂第一而已居其次，又其次即孟兼。今虽不睹其全集，而即二卷以观，其诗文温雅清丽，具有体裁，而龙骧虎步之气，亦隐然不可遏抑。接迹二人，良足骖驾。基虽一时之论，即以为定评可矣。"《四库全书总目提要》卷一七五曰：《新本白石山房稿》5卷，"是编乃其十一世孙思煌所重编。"附录《孟兼集叙说》引诸家评说。孟兼十一世孙朝煌、思晦，为兄弟二人，《四库全书总目提要》误作一人。

朱允炆(—1440)、罗亨信(—1457)、陈敬宗(—1459)生。

洪武十一年　戊午　1378年

三月壬午，命："奏事毋关白中书省。"(《明通鉴》卷六)

按：明太祖于是始疑胡惟庸等。

五月癸酉，命东宫文学傅藻等编纂《春秋本末》。(《太祖实录》卷一一八)

九月庚午朔，钦天监进明年大统历。明太祖御奉天殿颁历于诸王、百官。

十二月，以佛经遗佚，命僧宗泐偕其徒使西域求之。(《明通鉴》卷六)

按：凡三年而还。

是年，下令全国纂修图志。

道教第四十二代天师张正常羽化，太祖亲制祭文一通，遣使诣山致祭。(《道教大辞典》)

宋濂十一月朝京。道经杭州，游虎跑、净慈等处，作铭。抵京阅十四日，见太祖于端门。自是，日与太祖游，恩礼备至，岁暮辞还。是年，为华亭朱轩辨作《滩哥石砚歌》。

傅藻等五月癸酉受命编纂《春秋本末》。

吴良修葺皇陵成，太祖复自制皇陵碑，命刻石。

贝琼致仕。

答禄与权以年老致仕。

按：答禄与权，生卒年不详。字道夫。蒙古人。《文渊阁书目》、《明史》艺文志录有《答禄与权文集》1部。事迹见《明史》卷一三六。

叶子奇以事牵连下狱。旋得释。著有《草木子》、《太玄本旨》、《本草医书》、《静斋集》。

按：叶子奇，生卒年不详。字世杰，号静斋。浙江龙泉人。王毅弟子。用荐授巴陵主簿。著有《草木子》、《太玄本旨》、《本草医书》、《静斋集》。《曝书亭集》卷六三《叶子奇传》曰："尝作《太玄本旨》，究通衍皇极之说，儒者称之。洪武十一年春，有司祭城隍神，群吏窃饮猪脑酒，县学生发其事，子奇适至，以株连就逮狱中。用瓦磨墨，有得辄书。事释家居，续成之，号《草木子》。其书稽上下之仪，星躔之轨，律历推步之验，阴阳五行生克之运，海岳浸渎戎貊希有之物，神鬼伸屈之理，土石之变，鱼龙之怪，旁及释老之书，而归于六籍。兼记时事失得，兵荒灾异。曰'草木子'者，以草计时。以木计岁，以自况其生也。"《四库全书总目提要》卷一二二曰："考子奇所著诸书，有《范通玄理》二卷，诗十六卷，文二十卷，《本草医书》、节要各十卷，《齐东野语》三卷，又余录若干卷，纪元季明初事最详。"惟《太玄本旨》及《草本子》存。《草本子》4卷，"此书黄衷序云二十二篇，郑善夫序又云二十八篇。正德丙子，其裔孙溥以南京御史出知福州，重刻之"。"善夫序又云：旧本今纂为四，《野语》今纂为二，并曰《草木

始称室町幕府。

神圣罗马查理四世帝卒。子瓦茨拉夫四世继立。称罗马人民的国王。

莫斯科大公季米特里破金帐汗军。

两教皇并存之教会大分裂始。

子》。则似此四卷已合《野语》为一书"。"子奇学有渊源,故其书自天文、地纪、人事、物理,一一分析,颇多微义。其论元代故事,亦颇详核"。"书前有子奇自序,题戊午十一月,乃洪武十一年,即子奇罢巴陵主簿,逮系之岁。此书盖其狱中所作云"。嘉靖后屡有刻本问世。《四库全书》著录时,尽删其中触及清朝忌讳文字。中华书局1959年《元明史料笔记丛刊》校点本较为完善。其它如《说郛》、《百陵学山》、《景印元明善本丛书》、《括苍丛书》中都收有此书。《太玄本旨》,或作《太玄元旨》9卷,《四库全书总目提要》卷一八〇曰:"扬雄以玄拟《易》,卷首所列旧图,具七十二候。晁说之《易玄星纪谱》亦以星候为机括。子奇独谓《太玄》附会律历节候而强其合,不无臆见。历举所求而未通者八条,以明未足尽易之旨。而又称其能自成一家之学,在两汉不可多得,因别为诠释,以正宋、陆旧注之讹。盖亦如说《易》之家废象数而言义理也。""汉儒所述,其说至明,子奇必以为不协律历,其说殊戾。然《玄》文艰涩,子奇能循文阐发,使读者易明,亦有一节之可取。数百年来,注是书者寥寥,存以备一家可也。"

孙作教授国子监。

胡翰适香溪,过故人陈如珪之旧居。

按:又著《原芝》,《香溪仁惠庙祷雨记》。

蓝仁题虚白道院以怀弟。

按:蓝仁,生卒年不详。字静之。元明间福建崇安人。弟智,字明之(一作性之)。元时,清江杜本隐武夷,崇尚古学,仁兄弟俱往师之,授以四明任士林诗法,遂谢科举,一意为诗。后辟武夷书院山长,迁邵武尉,不赴。内附后,例徙濠梁,数月放归,卒。《全闽诗话》卷六《蓝仁》曰:"二蓝集,闽人无知者。何氏《闽书》:蓝仁有《蓝山集》,蓝智有《蓝涧集》。竹垞尝辑入《诗综》中,以为十子之先,闽中诗派实其昆友倡之。集本合刻,吴明经焯尝于吴门买得《蓝山集》,是洪武时刊,有蒋易、张矩二序,与竹垞言吻合。而《蓝涧》究不可购。徐惟和辑《风雅》时,二蓝阙焉,则此集之亡久矣。"据《四库全书总目提要》卷一六九:仁诗规摹唐调,而时时流入中晚。闽中诗派,明一代皆祖十子,而实蓝仁、蓝智兄弟为之开先。《明史·艺文志》载仁集6卷,朱彝尊作《明诗综》时犹及见之,后外间绝少传本。《四库全书》编者从《永乐大典》中采掇裒辑,得诗500余篇,厘为《蓝山集》6卷。事迹另见《明史》卷二八五《陶宗仪传》附传。

孙蒉官平原主簿,以失职罚修南京城垣。

按:作《输役萧墙》诗。

朱经自杭州至南京,就养朱启文。

笪端恺授龙游县佐。

按:笪端恺,生卒年不详。句容人。明善孙。著有《归耕稿》,见笪重光《江上集》卷一〇。

僧宗泐十二月遣使西域求佛经,作诗纪行,凡三年还。

赵撝谦纂《六书本义》12卷正月成。自序。

按:序曰:自许慎著《说文》,"后世宗之,魏晋及唐能书者辈出,但攻乎点画波折,逞其姿媚而文字破碎,然犹赖六经之篆未易。至天宝间,诏以隶法写六经,于是其道尽废。其有作兴之者,如吕忱之《字林》、李阳冰之《刊定》、徐铉之《集注》、徐锴之《系传》、王安石之《字说》、张有之《复古编》、郑渔仲之《六书略》、戴侗之《六书故》、杨桓之《六书统》、倪镗之《六书类释》、许谦之《假借论》、周伯琦之《正讹》之类,虽曰有功于世,然犹凡例不立,六义未确,终莫能明。"为正本清源,折衷诸家之说,附以己见,凡五易其稿,至是稿成。《四库全书总目》卷四一曰:"是编六书论及六书相生诸图,大抵祖述郑樵之说。"有万历刻本。1986年台湾商务印书馆影印文渊阁四库全书本。尚无对此书深入研究者。

钦天监进《明年大统历》。

任敬修、徐兴祖、张升纂《温州府图志》。

按:刊本已佚。见《千顷堂书目》、雍正《浙江通志》卷二五三著录。任敬序见万历《温州府志》卷一七,略曰:"洪武十一年夏,会省部以修图志责成郡县。于是属府学教授徐宗起、永嘉县学训导张升,集四邑之耆年宿学,相与采摭讨论,考究延祐《东瓯志》而续补其所未备者。"

宋濂三月作《新刻楞伽经序》、《育王禅师裕公三会语录序》。五月作《杜氏宗谱序》。六月作《金刚般若经新解序》。九月作《爱日轩记》。十一月作《恭题御制命桂彦良职王傅敕文后》、《柳氏宗谱序》、《浦阳栖静精舍记》。是年作《徐教授文集序》(徐一夔致书答谢)等。

方孝孺撰《天台陈氏先祠记》。

邵亨贞为陶宗仪撰《南村草堂记》。

朱善七月作《四明袁孟表文集序》。谪居辽东,道过登州,应登州长史沈茂原请为撰《白云祠记》。另撰《官钓突泉记》、《历下亭记》。

瞿佑著《剪灯新话》4卷成书。

按:收文言短篇小说21篇。永乐六年瞿佑被捕入狱,所作二十余种著作散失。永乐十八年春,胡子昂到保安,称其在四川蒲江县任知县时,曾从县学教官田以和处抄得一部《剪灯新话》。在此抄本上,瞿佑亲作校订,后来瞿佑之侄瞿暹刊行,即以这部校订本为底本,此在永乐十九年后。所谓"新话",是相对于前所辑之《剪灯录》而言。自序曰:"余既编辑古今怪奇之事。以为《剪灯录》,凡四十卷矣。好事者每以近事相闻,远不出百年,近止在数载,蓑积于中,日新月盛,习气所溺,欲罢不能,乃援笔为文以纪之。其事皆可喜可悲,可惊可怪者。所惜笔路荒芜,词源浅狭,无觜目鸿耳之论以发扬之耳。既成,又自以为涉于语怪,近于诲淫,藏之书笥,不欲传出。客闻而求观者众,不能尽却之,则又自解曰:《诗》、《书》、《易》、《春秋》皆圣笔之所述作,以为万世大经大法者也;然而《易》言龙战于野,《书》载雉雊于鼎,《国风》取淫奔之诗,《春秋》纪乱贼之事,是又不可执一论也。今余此编,虽于世教民彝,莫之或补,而劝善惩恶,哀穷悼屈,其亦庶乎言者无罪,闻者足以戒之一义云尔。客以余言有理,故书之卷首。"

古杭勤德书堂刻《皇元风雅》前集6卷,后集6卷。

唐之淳(唐愚士)赋《九灵山房图》。

僧宗泐、如玘三月《心经》、《金刚经》新注成。秋七月《楞伽经注》成,宗泐奉诏刊于京师天界寺,如玘复刊于杭之演福寺。

按:《心经注》卷宗首有太祖御制序,《金刚经注》、《楞伽经注》有宋濂序。见《明一统志》及《方外志》。考《明史·艺文志》有《心经注》、《金刚经注》,而《楞伽经注》未著录。南藏中有《心经集注》1卷,北藏中《心经注解》3卷,《金刚经注解》1卷,《楞伽经注解》4卷,今存。

赵宜真集纂《仙传外科秘方》11卷成。

按：本名《仙传外科集验方》，简称《外科方》。前有赵宜真洪武戊午年自序、洪武壬戌年吴有壬序。自序称禾川杨清叟所编之《外科集验方》一帙，曾授吴宁极，宁极之子有章授平善观李先生，先生以授宜真。但"其方简要，惜未版行"。后经宜真辑录整理而成此11卷本之《仙传外科秘方》。因曾以书中之方治愈其徒刘顺川之疾，其徒萧凤冈捐已赀绣梓，散施流通。此书梓版刊行，据有壬序称在宜真仙化之后，"因循至壬戌夏五月而原阳仙化，遗命嘱其徒终其志。将所受《秘方》总编为一卷"。是书收入《道藏》太平部，《道藏举要·第八类》。

苏友龙卒（1296— ）。友龙字伯夔，号栗斋。元金华人。尝学经于许谦。所至有政绩。《宋元学案》列其入《北山四先生学案》。事迹见《文宪集》卷二〇墓铭。

僧智及卒（1311— ）。智及字以中，号广慧，别号西麓、愚庵，俗姓顾。世称广慧禅师。吴县人。著有《四会语录》。事迹见《千顷堂书目》卷一六、《增集续传灯录》卷四。

杨基卒（1326— ）。基字孟载，号眉庵。元明间苏州府吴县人，原籍四川嘉州，其祖官吴中，因而定居。官至山西按察使，被诬夺官，罚服苦役，卒于役所。与高启、张羽、徐贲称吴中四杰。著有《论鉴》、《眉庵集》12卷。事迹见《明史》卷二八五《高启传》附传，《按察使杨公基传》（《国朝献征录》卷九七）。

按：据《明史》卷二八五：九岁背诵《六经》，及长著书十万余言，名曰《论鉴》。会稽杨维桢客吴中，以诗自豪。基于座上赋《铁笛歌》，维桢惊喜，与俱东，语从游者曰："吾在吴，又得一铁矣。若曹就之学。优于老铁学也。"据《四库全书总目提要》卷一六九：《眉庵集》，"初为郑刚版行，成化中吴人张习重刻，嘉兴江朝宗为之序，习为后志云。"《杨孟载集》与高启、张羽、徐贲合为3卷。

王翰卒（1333— ）。翰字用文，初名诺木罕。庐州人，其先西夏人，元初从下江淮，授领兵千户，镇庐州，因家焉。号友石山人。著有《友石山人遗稿》。事迹见《明史》卷一二四《陈友定传》附传。

按：据《四库全书总目提要》卷一六八：《友石山人遗稿》乃其子偁所辑。前有陈仲述序。后附志铭表词等7篇，皆吴海所作也。

张正常卒（1335— ）。一说卒于1377年。详见是年条。

林志（ —1426）、周孟简（周伟）（ —1430）、朱楩（ —1448 一说1438）、朱权（ —1448）、程序（ —1449）生。

洪武十二年　己未　1379年

正月己卯，始合祀天地于南郊。明太祖自制《大祀文》并《迎神》以下

九章之乐。(《明通鉴》目录卷一)

三月戊辰朔,御华盖殿,谕太子为君之道以事天爱民为重,其本在于敬。(《明通鉴》目录卷一)

乙未,明太祖退朝御便殿,召儒臣论治道。以国子官李思迪、马懿独无言,谪之。(《明通鉴》目录卷一)

六月辛巳,明太祖与侍臣论用人之道。(《太祖实录》卷一二五)

八月丁卯,御华盖殿,明太祖与待臣论治身之道。(《太祖实录》卷一二六)

辛巳,诏凡致仕官,复其家。又定给致仕官诰敕。(《明通鉴》目录卷一)

十一月甲午朔,明太祖与翰林侍制吴沉论理财之道。(《太祖实录》卷一二七)

丁酉,明太祖与吴沉论持身保业之道。(《太祖实录》卷一二七)

己亥,明太祖与吴沉论进贤纳谏之道。(《太祖实录》卷一二七)

是年,征天下博学老成之士至京师。(《明通鉴》目录卷一)

宋濂于岁首自京师还潜溪。春,至浦阳嵩溪寻访徐氏里居。八月与胡瀚、朱廉、苏伯衡、郑涛、金元鼎会于郑氏义门。十月朝京师,门生方孝孺从行。明太祖敕谕璋劳宋濂。道至杭州,憩永明寺,游天龙寺。冬,还金华省先墓。

汪广洋十二月贬广南,舟至太平,赐死。

按:广洋时任右丞相,以未曾揭发胡惟庸故。贬地"广南",一作"海南"。

李文忠七月己未还,仍掌大都督府,兼领国子监。文忠请于西安龙首渠凿地引水入城,以便民汲,明太祖从之。

吴伯宗(吴祐)进讲东宫,改典籍。首陈正心诚意之说。太祖嘉之。寻吴伯宗(吴祐)奉使安南称旨,还,改入翰林。

赵谦以征修《正韵》应聘入京,受中都国子监典簿。

吴沉以荐为翰林待制,屡以奏对失旨降官,旋又为待制。

孙作升国子司业。

林弼知登州。

丁鹤年五月还武昌迁葬。十一月寻得母葬地,为诗以记岁月。

杨士奇出教里塾。

赵嘉以博学荐,不就。

按:赵嘉,生卒年不详。字景先。句容上容乡人。著有《景先集》,见弘治《句容县志》卷六。

凌昌举明经,授县学训导,迁太平教授。

按:凌昌,生卒年不详。苏州府吴江人。字正卿。家世业儒。尤邃于书。微词奥义,多所发明,从元儒潘如珪游。元至正间举于乡,道阻不复就试,以图史自娱。为文章汪洋而明洁,放言极论,一归于理。著有《仪古集》,见乾隆《吴江县志》卷四六。

拜占庭约翰五世复位。

条顿骑士团加入汉萨同盟。

威克姆的威廉创建牛津新学院。

傅藻等人编《春秋本末》30卷六月乙酉成。宋濂六月著《春秋本末序》。

> 按：太祖以春秋列国之事，错见间出，欲究终始，乃命东宫文学傅藻等分列国而叙之，附以《左氏传》(《太祖实录》卷一二五)。至是书成，上之。由朱孟辨等书写上板。《千顷堂书目》卷二则曰："先是洪武十一年夏五月皇太子御文华殿，命侍臣讲读《春秋左氏传》。以列国之事，错见间出，难以考究终始，乃命藻等分列国而类聚之，附以《左氏传》。首周王之世，以尊正统，次鲁公之年，以仍旧文。列国则先齐、晋而后楚、吴，以为内外之别。十二年六月书成。太祖闻而嘉之，赐名《春秋本末》。"

卢熊纂修《苏州府志》50卷《图》1卷刊行。

> 按：一说卢熊所纂《吴郡广记》50卷刊行。

谢应芳辑《思贤录》6卷。

俞贞木（又托名唐郭橐驼著）约于是年纂《种树书》成。

> 按：约于"靖难之役"被杀，故其著不得刊行，或假托"唐郭橐驼撰"，刻入多种丛书之中。全书3卷，但现存向刻本不分卷。内容多辑录自《齐民要术》、《四时纂要》、《种艺必用》、《农桑辑要》、《王祯农书》及《农桑衣食撮要》等农书。通行本有《说郛》本、《居家必备》本、浙西村舍刻本、《格致丛书》本、《广百川学海》本、《夷门广牍》本、《丛书集成》本和农业出版社1962年版康成懿校注本。

宋濂春作《浦阳〈嵩溪徐氏宗谱〉序》。五月作《春秋本末序》（是书为傅藻撰）。七月作《恭题赐和文学傅藻纪行诗后》。八月作《郑氏喜友堂诉燕集诗序》。九月作《莲塘张氏宗谱序》、《题蒋伯康小传后》、《理学纂言序》。十月作《题九灵山房集》。十一月作《新注楞伽经后序》。十二月作《杭州天龙寺石佛记》。冬作《梅溪楼氏宗谱序》、《题桂隐遗文后》、《送东阳马生序》。

> 按：《郑氏喜友堂诉燕集诗序》曰："余自禁林致政而归，久不与诸友胥会，怅然而兴返思。洪武己未秋八月壬辰，胡教授仲申、朱长史伯清、苏编修平仲及金征君元鼎，咸集于麟溪郑氏。余同刘继至。郑氏之贤——太常博士仲谋，置酒燕客于喜友堂。……"

方孝孺代宋濂撰《思亲堂记》。

张羽为吴江谢氏撰《晚翠轩记》。

孙作跋《植芳堂记》。

朱善正月撰《梅泉亭记》、《仰高楼记》。朱善归自辽东，见太守于南昌郡，应属为作《纪行小稿序》。

刘炳作《吊余忠愍公祭文》。

乌斯道作《刘职方诗集序》。

> 按：萧鹏举再编次，补入刘崧五十岁后所作诗。

唐文凤（唐子仪）作跋，感叹家世（《梧冈集》卷四）。

谢肃《密庵集》初成。

> 按：谢肃，生卒年不详。字原功。元明间浙江上虞人，与山阴唐肃齐名，时称会稽二肃。《四库全书总目提要》卷一六九曰："《明史·艺文志》、焦竑《国史经籍志》、黄虞稷《千顷堂书目》俱载肃《密庵集》十卷。而传本久稀，藏书家罕著于录。惟《永乐大典》中所收肃诗文颇多。其时肃没未久，而姚广孝等已录其遗集，与古人同列，

知当日即重其文矣。朱彝尊《静志居诗话》称肃'初谒贡师泰于吴山仰高亭,时贡方奉诏漕闽广粟,当泛舟大海,因与同载至海昌,留居州北,执经问难。凡一诗之出,一文之就,折衷论议,必当于理乃已'。是肃之学问渊源,实出师泰。观集中《题天风海涛亭诗序》云:'用先师尚书贡公玩斋所咏诗一句为起,以仰止于公。'又师泰遗集亦肃所刊行,均惓惓不忘其本。故所作古文词,格律具有法程。其在潍州寄人一诗,载所与同征修《礼书》者有张绅、杨翺等十人之名,为《明史·礼志》所未及。又《送行人蔡天英颁琉球国王印宝》一诗。考之《明史·外国传》,但有赐中山、山南、山北三王镀金银印一事,而不言曾遣行人。凡此之类,于考史尤有所裨益。谨采撷编次,厘为八卷。又戴良原序二首,别见《九灵集》中,今并取弁简端,以略还其旧焉。"

袁华于鳌峰精舍跋元邓文原所书《急就章》。

来复刻所著《蒲庵集》10卷。

周霆震卒(1292—)。霆震字亨远,以先世居石门田西,自号石田子初,省其文则曰石初。元明间安成人。刻意学问,多从宋诸遗老游,得其绪论。亲历元代之亡,为诗歌多哀怨之音。门人私谥清节先生。著有《石初集》10卷、附录1卷。

按:因亲见元代之盛,又亲见元代之亡,故其诗忧时伤乱,感愤至深。《四库全书总目提要》卷一六八曰:《石初集》"为庐陵晏璧所编,集后行状志铭之属,亦璧所附也"。"昔汪元量《水云集》,论者以为宋末之诗史。霆震此集,其亦元末之诗史欤"。

僧妙声卒(1308—)。妙声字九皋。元末明初吴县人。元末居景德寺,后居常熟慧日寺,又主平江北禅寺。洪武三年,被召莅天下僧教。著有《东皋录》。

按:《四库全书总目提要》卷一六九曰:"所作诗文,缮写藏之山房。""妙声与袁桷、张翥、危素等俱相友善,故所作颇有士风。"

贝琼卒(1314—)。琼字廷琚,一名阙,字廷臣。元末明初浙江崇德人。闻杨铁崖介古文于会稽,簦笈而从之,不就有司试,而日以著作讲授自娱。应明时就辟召,不旋踵而辞疾退归,卒以著作终其身。著有《中星考》1卷、《清江贝先生集》。事迹见《明史》卷一三七《宋讷传》附传,黄佐《国子监助教贝琼传》(《国朝献征录》卷七三)。

按:《四库全书总目提要》卷一六九曰:"《两浙名贤录》载琼集二十卷,明万历中所刻乃止三卷。"《提要》著录《清江诗集》10卷、文集31卷,称"此本凡诗集十卷,文集分《海昌集》一卷,《云间集》七卷,《两峰集》三卷,《金陵集》十卷,《中都稿》九卷,《归田稿》一卷,仅有钞本流传。康熙丁亥,桐乡金檀购得之,始为刊版"。虽出于维桢之门,宗旨颇不相袭。"史称宋濂为司业,建议立四学,并祀舜、禹、汤、文为先圣,琼作《释奠解》驳之,识者多是琼议。则其考证古礼,尤有依据,不但词采之工矣。""考程庆琬《声文会选》,以贝阙、贝琼为二人。然陶宗仪《辍耕录》载妓女真真事,云嘉兴贝阙有诗。今《真真曲》载此集中,则琼一名阙,审矣。"所著《中星考》,载《经义考》,云尚见,今已佚。跋陈公完所纂《陈白云家乘》,是家乘已佚。一说《清江贝先生集》分《清江诗集》、《清江文集》两部分,41卷,最早刻本为洪武间刊本,上海商务印书馆民国八年曾据以影印。(参《四库全书总目提要》、《中国大书典》)

刘履卒(1317—)。履字坦之,号草泽间民。元明间绍兴上虞人。

入明不仕。洪武中诏求天下博学之士,浙江布政使强起之,至京师,授以官,以老疾固辞。遣还,未及行而卒。编有《风雅翼》14卷。事迹见《浙江通志》之《隐逸传》。

  按:《四库全书总目提要》卷一八八曰:《风雅翼》14卷,"是编首为《选诗补注》八卷,取《文选》各诗删补训释,大抵本之五臣旧注,曾原演义,而各断以己意。次为《选诗补遗》二卷,取古歌谣词之散见于传记、诸子,及乐府诗集者,选录四十二首,以补《文选》之阙。次为《选诗续编》四卷,取唐、宋以来诸家诗词之近古者一百五十九首,以为《文选》嗣音。其去取大旨,本于真德秀文章正宗,其铨释体例,则悉以《朱子诗集传》为准。""叶盛《水东日记》称祭酒安成李先生,于刘履《风雅翼》尝别加注释,视刘益精。安成李先生者,时勉也。其书今未之见"。

  浦源卒(1343—)。源字长源,号东海生。常州府无锡人。少负异才,与高启、徐贲等并称吴下十才子。又与林鸿等并称闽中十才子。著有《浦舍人诗集》(一作《东海生集》)4卷。是集锡山先哲丛刊本复有附录1卷,收丁福保撰《浦舍人传》及其所辑浦源志传。事迹见《明史》卷二八六《林鸿传》附传。

  按:浦葵岩,生卒年不详。字文叔。源侄。纂有《逸士传》8卷、《锡山志》10卷、《家训语》1卷。

  刘琏卒(1379—)。琏字孟藻。浙江青田人。刘基子。为胡惟庸党所胁,坠井死,一说中毒死。工诗,著作多散佚,遗诗有《自怡集》1卷。事迹见《明史》卷一二八《刘基传》附传。

  按:据《四库全书总目提要》卷一六九:《自怡集》,其子廌所编,末附洪武十三年国史院编修官吴从善所作哀辞;卷首载秦府纪善黄伯生序。

  汪广洋卒,生年不详。广洋字朝宗。元明间扬州府高邮人,流寓太平,少事余阙。元末进士。朱元璋召为元帅府令史。历江南行省都事、江西行省参政,入为中书参政。官至右丞相。后以胡惟庸党案,谪海南,赐死。著有《凤池吟稿》10卷。事迹见《明史》卷一二七、《太祖实录》卷一二八,《中书省右丞相忠勤伯汪公广洋传》(《国朝献征录》卷一一)。

  按:宋濂《汪右丞诗集序》曰:"公名广洋,乃皇上之所赐,其字则朝宗也,淮南人。"《四库全书总目提要》卷一六九曰:"至于学问文章,则史称其少师余阙,淹通经史,善篆隶,工为诗歌。""虽当时为宋濂诸人盛名所掩,世不甚称。然观其遗作,究不愧一代开国之音也。"

  王洪(—1420)、**朱有燉**(—1439)、**沈粲**(—1453)、**王直**(—1462)**生**。

洪武十三年　庚申　1380年

  正月戊戌,左丞相胡惟庸谋反,事发,并其党陈宁、涂节皆伏诛,株连

者凡 15000 余人。(《明通鉴》目录卷一)

按：胡惟庸事迹见《国朝献征录》卷一一。

癸卯，始罢中书省。升六部尚书秩正二品。废丞相制度，改大都督府为左、中、右、前、后五军都督府。并著之《祖训》。

按：此为借胡惟庸谋反事而改制，于是政归六部，六部径由皇帝通领，相权、君权合一，强化中央集权。并诏："以后嗣君毋得议置丞相，臣下敢以此请者，置之重典"。(《皇明大训记》)。

二月壬戌朔，诏："举聪明正直、孝弟力田、贤良方正、文学术数之士。凡先后至京师者，有司以礼遣送吏部，随时以闻。"(《明通鉴》卷七)

壬午，命礼部凡贤良方正孝弟力田文学之士举至京者，月给廪饩，以主事一人掌之。(《太祖实录》卷一三〇)

辛卯，诏预刊明年大统历，仍以十月朔进，其诸王及在京文武百官、直隶府州俱于钦天监印造颁给，十二布政司，则钦天监预以历本及印分授之，使刊印以授郡县，颁之民间，自是岁以为常。(《太祖实录》卷一三〇)

丙申，改各州儒学正为未入流官。

按：先是学正秩从九品，至是改之。(《太祖实录》卷一三〇)

四月己丑，明太祖命廷臣各举所知。言：朕之智，岂足以理天下，又岂足以尽知天下之贤！惟在卿等各举所知以闻。(《明通鉴》目录卷一)

五月癸卯，命吏部铨次各处所举儒士及聪明正直之人皆授以官，凡 11 人。(《太祖实录》卷一三一)

六月，以胡惟庸诛，命辑《臣戒录》，颁布中外，以昭炯鉴。(《明通鉴》目录卷一)

吏部言内府书籍已有翰林院典籍掌之，旧制秘书监诚为虚设，宜罢。从之。(《太祖实录》卷二)

按：秘书监始置于东汉桓帝延熹二年(159 年)，至此废止，历时 1220 年。(参见曹之《明代官修书考略》《晋图学刊》1998 年第 4 期)

七月癸巳，罢秘书监，改翰林典籍掌所藏古今图籍。(《明通鉴》目录卷一)

按：并其任于翰林院，设典籍二员，掌凡国家所有古今经籍图书之在文渊阁者。此制一直延续至明末。削弱了皇室藏书管理力量，管理者虚应故事，甚至监守自盗，重要图书渐有散失。

八月辛未，改国子学典膳为掌馔。(《太祖实录》卷一三三)

丙戌，赐天下学校师生廪膳。置应天府儒学。

按：时江宁知县张允昭言："江宁、上元二县在辇毂之下，宜建学校以教京师子弟。"于是命置应天府学以教二县子弟。(《太祖实录》卷一三三)

丙午，始置四辅官。以儒士王本、杜佑、龚敩、杜龚、赵民望、吴源为春、夏官。(《明通鉴》卷七)

按：龚敩(教)，生卒年不详。江西铅山人。《明史·宋讷传》称："讷为祭酒，与讷定学规者，司业王嘉会、龚敩。三人年俱高，须发皓白，终日危坐，堂上肃然。"《四库全书总目提要》卷一六九曰："考《铅山县志》，称'敩先以明经分教广信，辑朱子之说，补六经图。御史叶孟芳荐其学行，征入为四辅官，以老乞归。又召为国子祭酒，

帖木尔伐波斯。

英法停战。

法王查理五世卒，子查理六世嗣位。

莫斯科大公季米特里败金帐汗军。

卒于官。著有《经野类抄》二十八卷。'盖亦穷经笃学之士也。其集见于焦竑《经籍志》者六卷，流传甚鲜。程敏政《明文衡》、黄宗羲《明文海》搜采极博，而均不及其名姓，则亡佚久矣。今惟《永乐大典》尚颇载其诗文。""文则原本经术，结构谨严，实能不愧于作者。其《送周倬张溥使高丽序》，称'洪武十八年命倬等往封国王'，而《明史·高丽传》失载其事。""是亦足以资考证也。"《四库全书》编者掇拾荟粹为《鹅湖集》6卷。

十月甲申，吏部引选国子监生24人，皆授府、州、县官。（《明通鉴》目录卷一）

十二月，天下府、州、县所举士至者860余人，授官有差。（《明通鉴》目录卷一）

是年，减商税，罢不及额者，并罢抽分竹木场。以胡惟庸聚敛，病商故也。（《明通鉴》目录卷一）

日本久不贡，以通胡惟庸，诈贡，将发而胡已败。

置行人司，设行人（正九品），左右行人（从九品），寻改行人为司正，左右行人为左右司副，更设行人。行人司亦有专门藏书，且编有行人司书目。

西湖书院两宋监本移送南京国子监。

按：宋亡后，两宋监本书版先是多移入西湖书院，相继修补出版，是年移送南京国子监，重新整补。

宋濂门生方孝孺九月归宁海省亲，濂欲以孝孺为甥，以承其门，继其学。孝孺征祖母之意，祖母不许。十一月以子璲、长孙慎坐胡惟庸党诛，濂坐诬。十二月，被械至京师，欲诛之，马皇后力白，得免，安置茂州。将辞京师，贻方孝孺书，勉以道学，为君子儒。逾年，行至夔州，道卒。（《明通鉴》卷七）

按：宋濂不朝而被祸，参见《震泽纪闻》、《剪胜野闻》、《国榷》、《潜溪录》等。《明通鉴》卷七考异曰：宋谦安置茂州，《明史·本纪》系之九月，《三编》系之十月。证之《行状》言"是年之冬"，则书十月者近之。今考《逊志斋集》宋仲珩《圹志》，云："三十有七庚申死，季冬入月时加己。"仲珩，即文宪之子璲也。季冬入月，则十一月之末也。又证之文宪孙慎《圹志》，言其死于"庚申十一月二十八日"，则璲、慎二人之被诛，在是年十一月，文宪之安置茂州即在其时。今并系之十一月下，其卒于夔州，据《行状》在十四年五月。

吴沉四月壬申以翰林院待制降为翰林院编修。六月己巳复擢，甲申复降。请宋濂作《吴先生碑》（见《芝园续集》卷三）。荐儒士吕慎民、童冀。

苏伯衡自金华来，舍于浦江黄氏。方孝孺与苏伯衡、黄仲昭会饮。戴良入四明居住。

宋讷十一月丙辰以儒士为国子学助教。

范敏试吏部尚书，本年任户部尚书。太祖以徭役不均，命编造黄册。

按：范敏以百一十户为里长，纠一里之事以供岁役，十年一周，余百户为一甲，后遂仍其制不废。明年以不职罢。范敏，生卒年不详。河南阌乡人。事迹见《明史》卷一三八。

史迁复知廉州。

按：史迁，生卒年不详。字良臣，号清斋。金坛人。著有《青金集》8卷，见《续修四库全书提要》。《列朝诗集小传》甲集有《清吟集》。

朱应辰任苏州府学训导。

按：后改江阴。朱应辰，生卒年不详。字文奎，号寄翁。苏州府吴江人。少治《礼》。元末屡试不中乃弃去。从杨维桢学。博学多技能。著有《漫钞》10卷、《溯芳集》（一作《寄翁集》）3卷。事迹见《列朝诗集小传》甲集。

石光霁以明经举，授国子学正，进博士。

储敬爱举明经，授陕西葭州学政、北平涿州判官，以最荐擢四川道监察御史，兼理兵备事。

按：储敬爱，生卒年不详。字克庄。宜兴人。著有《霜台集》，见道光《续纂宜荆县志》卷九。

刘崧四月为礼侍，寻擢署吏部尚书。寻致仕归。

杨士奇馆山东萧尚鲁先生塾中。

乐韶凤致仕。

按：乐韶凤，生卒年不详。字舜仪。滁州全椒人。博学能文章。与承旨詹同正释奠先师乐章，编集《大明日历》。与编《洪武正韵》。撰《神降祥》、《神贶惠》、《酣酒》、《色荒》、《禽荒》，曰《回銮乐歌》，皆寓规谏。弟晖、礼、毅，皆知名。事迹见《明史》卷一三六，雷礼《兵部尚书乐韶凤传》（《国朝献征录》卷三八）。

孙作罚为民。

张美和（张九韶）解京职还清江。太祖为文赐之。

朱亮祖九月庚寅自广东召还，以诬奏番禺知县道同，太祖怒其不法，与其子暹俱鞭死。命以侯礼葬，御制《圹志》镌其过。

凌云翰、瞿佑结伴赏雪，并有唱和。

凌云翰是年冬被征入京。

林鸿为诸僧吟诗。

按：《全闽诗话》卷六《林鸿》曰："闽当国初，诗法尚沿宋元之故，至鸿始以唐人音调倡鸣乡党，遂为一时风靡之宗。同时如唐泰、黄济、周玄、郑定、高廷礼、王恭、林敏、吴海、林伯璟、郑迪、王臣俦诸人羽翼先后，丕然变其文风。于此一乡开来之功，亦不可泯云。"林鸿，生卒年不详。字子羽。福建福清人。《明史》卷二八六本传曰："性脱落，不善仕，年未四十自免归。""鸿论诗，大指谓汉、魏骨气虽雄，而菁华不足。晋祖玄虚，宋尚条畅，齐、梁以下但务春华，少秋实。惟唐作者可谓大成。然贞观尚习故陋，神龙渐变常调，开元、天宝间声律大备，学者当以是为楷式。闽人言诗者率本于鸿。"为闽中十才子之首。官至礼部员外郎。著有《鸣盛集》4卷，成化初鸿郡温州人知府邵铜所编（《四库全书总目提要》卷一六九）。事迹另见《礼部员外郎林鸿传》（《国朝献征录》卷三五）。

曹端五岁，见河图洛书，即画地以质之父。

张宇初授"正一嗣教道合无阐祖光范大真人"，嗣为四十三代天师。奉诏入京，建斋设醮于紫金山并神乐观。

《臣戒录》辑成。颁布中外。

按：《太祖实录》卷一三二曰："时胡惟庸谋叛事觉，上以朝廷用人待之本厚，而久则恃恩肆惟奸究。然人性本善，未尝不可教戒，乃命翰林儒臣纂录历代诸侯王、宗戚、宦官之属悖逆不道者，凡二百十二人，备其行事，以类书之。既成，赐名曰《臣鉴录》，颁布中外之臣，俾知所警。"

《相鉴》编成。

按：据黄虞稷《千顷堂书目》卷一〇：乃因是年罢中书省，明太祖为申饬诸臣，遂"命儒臣与国子生取历代相臣，贤者自萧何至文天祥八十二人，为传十六卷；不肖者自田虫分至贾似道凡二十六人，为四卷。命编修吴沉序之，太祖亦制序冠焉"。

朱善撰《余廷心后传》。

胡翰十二月撰《芳润斋记》。

吕敏跋徐贲《惠山图》悼贲。

宋濂正月作《柳氏家乘序》。五月作《新刻法华经叙赞》。七月作《和王内翰见怀韵并序》。八月作《胡仲子集序》、《陈氏家乘序》。是年作《兰溪法海精舍记》。

按：《胡仲子集序》曰："濂与先生同师于吴公，相友五十余年，发秃齿豁矣。见世之士多矣，心之所仰而服者惟在先生。则先生之文，岂独今之所难遇乎？学子刘刚撰次成集，而王君士觉为图其传，来请序之。濂不让而书其首篇，所以叹先生之善学古人，而幸天下之见其文也。"《苏平仲文集序》曰："平仲，文定公之裔孙。少警敏绝伦，诵说不劳而习。中岁大肆力于文辞，精博而不粗涩，敷腴而不苛缛，不求其似古人而未始不似也。"

傅著时为常熟教谕，次所著为《味梅斋稿》。宋濂为之序。

倪桓作《鸣盛集序》。

按：序曰："且天性倜傥，乐山水，好翱翔，率尝与予登道山、清泠台、薛老峰，泉石膏肓，风云气概，故其诗迈俗佚尘，良有以也。今年冬，与予相会太和宫，因出所制一编而求序，予辞不获，故秉翰而题其首。"

刘崧作《鸣盛集序》。

按：序曰："元有范、虞、杨、揭、赵数家，颇踵唐人之辙，至于兴象则不逮焉。噫，文与时迁，气随运复，不有作者，孰能与之？今观林员外子羽诗，始窥陈拾遗之阃奥，而骎骎乎开元之盛风，若殷璠所论神来气来情来者，莫不兼备。虽其天资卓绝，心会神融，然亦国家气运之盛驯致然也。谨题其集曰《鸣盛》，为之序云。"

凌云翰作《剪灯新话序》。

马琬跋所见孙过庭《书谱》墨迹。

按：马琬，生卒年不详。字文璧，以字行。号鲁钝生。明初江宁人。少曾从杨维桢学《春秋》。元末寓云间，与清江贝琼善。精小学篆籀。著有《偏旁辨证》，已佚，见《千顷堂书目》卷三。《灌园集》亦佚，见《千顷堂书目》卷一七。

唐桂芳卒（1308— ）。桂芳一名仲，字仲实，号白云，又号三峰。歙县人，唐元子。少从洪焱祖学。明初摄紫阳书院山长。著有《白云集》7卷，集在程敏政所编《唐氏三先生集》中。事迹见钟启晦《南雄路儒学正唐公桂芳行状》（《国朝献征录》卷一〇〇）。

按：《白云集》自序曰："予幼承过庭之训，其未出乡里，师授洪杏庭先生、陈定宇先生、胡云峰先生。既游江湖，请业钱水村先生、龚子敬先生，方攻举子声律之学，而未暇慕于古文也。寓金陵而任闽南教官垂二十年……"据《四库全书总目提要》卷一九一，《唐氏三先生集》凡唐元龄《轩集》诗8卷，文5卷；唐桂芳《白云集》诗5卷，文2卷；唐文凤《梧冈集》诗4卷，文4卷。前列诸集原序，后附以传记、铭志之文，稿成而毁于火。正德戊寅，唐氏裔孙泽濂、得其副于程师鲁，因重为补辑，徽州知府张文林刊之。《明史·艺文志》录唐桂芳《白云集略》40卷。钟启晦《行状》曰："有《武夷稿》、《白云集略》四十卷藏于家。"

李质卒(1316—)。质字文彬，号樵云。元明间广东德庆人。进刑部尚书，官终靖江王右相。工诗，著有《樵云集》。事迹见《明史》卷一三八《周祯传》附传，黄佐《刑部尚书李公质传》(《国朝献征录》卷四四)，陈琏《靖江相府右相李公质墓志铭》(《国朝献征录》卷一〇五)。

韩谔卒(1322—)。谔字致用，号五云生。元明间绍兴会稽人。以荐为温州路学教授，居5年，调建宁路录事，以疾不赴。入明家居著书。《元史·艺文志》录有韩谔《五云书屋稿》6卷。事迹见徐一夔《韩君墓志铭》(《始丰稿》卷九)。

卢熊卒(1331—)。熊字公武。元明间苏州府昆山人。少从杨维祯学，工篆籀。元末为吴县教谕。洪武初，起故官，迁工部照磨。以善书授中书舍人，出为兖州知州。以簿录刑人家属事坐累死。著有《说文字原章句》、《孔颜世系谱》2卷、《吴中氏族志》1卷、《苏州府志》50卷图1卷、《兖州志》、《吴邦广记》50卷、《鹿乡隐书》、《蓬蜗集》、《幽忧集》、《石门集》、《清溪集》。事迹见《知州卢公熊传》(《国朝献征录》卷九六)。

徐用诚卒，生年不详。用诚字彦纯。浙江会稽人。著有《医学折衷》。

按：据《四库全书总目提要》卷一〇四：《玉机微义》50卷，徐用诚撰，刘纯续增。用诚原本，名《医学折衷》，分中风等17类，纯以其条例未备，又益以33类，改名为《玉机微义》。是二人相继而成。"《明史·艺文志》惟著刘纯之名，盖失考也。其书虽皆采掇诸家旧论旧方，而各附案语，多所订正，非饾饤抄撮者可比。嘉靖庚寅，延平黄焯刻于永州，首载杨寓(杨士奇)序，知二人皆明初人。士奇序谓二人皆私淑朱震亨，今观其书，信然。又谓北方张元素再传李杲，三传王好古，南方朱震亨得私淑焉。则于宗派源流，殊为舛迕。张、李、王之学皆以理脾为宗，朱氏之学则以补阴为主，去河间一派稍近，而去洁古、东垣、海藏一派稍远，遗书具存，可以覆案。王祎《青岩丛录》曰：李氏弟子多在中州，独刘氏传之荆山浮图师。师至江南，传之宋中人罗知悌，南方之医皆宗之云云。其宗派授受，亦极明白。士奇合而一之，误之甚矣。"乾隆《绍兴志》引《本草纲目》，称用诚又有《本草发挥》3卷。

宣嗣宗(—1431)生。

洪武十四年　辛酉　1381年

正月戊子，命新授官各举所知。

| 帖木尔征服赫拉特。

德意志士瓦本城市同盟与莱茵城市同盟合并。

威尼斯同热那亚的"百年战争"取胜，进入商业、艺术和科学盛期。

英议会通过《航海条例》。

按：时太祖罢科举，专用辟荐，凡中外大小臣工，下至仓库司局诸杂流，亦令推举文学才干之士。其被荐至者，又令转荐。一时山林岩穴之士，由布衣而登大僚者接迹矣。（《明通鉴》卷七）

丙申，谕部臣，言赏罚在至公，无善而赏，是为私爱，无过而罚，是为私恶。（《明通鉴》目录卷一）

癸丑，命公侯子弟皆入国学。（《明通鉴》目录卷一）

丙辰，诏求山林隐逸士。（《明通鉴》目录卷一）

是月，始定赋役籍。

按：令天下造黄册，册有丁有田，丁有役，田有租。租一年两征，曰"夏税"，曰"秋粮"，皆以户为主。时范敏主户部事，令定册式颁之天下。（《明通鉴》目录卷一）

三月辛丑，颁《四书》、《五经》于北方学校。（《明通鉴》目录卷一）

戊申，命郡县访求明经老成儒士为儒学训导。（《太祖实录》卷一三六）

四月丙辰朔，改建国子学于鸡鸣山下，更名曰国子监。命国子生兼读刘向《说苑》及律令。（《太祖实录》卷一三七）

按：《明通鉴》卷七考异曰：《明史·本纪》不书，但于十五年书"太学成"。证之《典汇》、《春明梦余录》，建国子监在十四年。《潜庵史稿》系之四月丙辰，今从之。

六月丙辰，选国子生得37人以备擢用。（《明通鉴》卷七）

八月丙子，诏求明经老成之士。有司礼送京师。（《明通鉴》卷七）

九月丙午，礼部尚书李叔正言："州县儒学训导多以贤良方正等科荐举至京，致师范缺员、生徒废业。"明太祖曰："学校人才所出，朕方以未得明师为忧，而有司又拔而举之，甚失教育人材之意，其即禁之，著为令。"（《太祖实录》卷一三九）

是月，衍圣公孔希学卒，明太祖遣官致祭。

按：始定诸王大臣赐祭葬之制。（《明通鉴》卷七）孔希学，字士行。孔子五十六代孙。事迹见《国朝献征录》卷六。

十一月甲辰，明太祖召吏部兵部臣谕之曰："三代学者无所不习，故其成才，文武兼备。后世九流判立士习始分服逢掖者，或不闲于武略被介胄者，或不通于经术兼资之者，惟达才乎……今武臣子弟，朕尝令之讲学，其间岂无聪明贤智有志于学者，若概视为武人而不用，则失之矣。卿等其审择用之。"（《太祖实录》卷一四〇）

己酉，禁有司不得差遣学官。

按：时松江府华亭县儒学教谕曹宗儒屡为府县差遣，宗儒以为言，明太祖谕礼部臣曰："教官训导所以作养生徒为国储材。迩者，有司往往委以公务使不得尽必教训，甚非所以崇儒重学之意，其禁止之。"（《太祖实录》卷一四〇）

十二月丁巳，命翰林、春坊官考驳诸司章奏。（《明通鉴》目录卷一）

是年，以国子监藏书板刻岁久残剥，命诸儒考补工部，督匠修治。赵俊奉诏监理，古籍始备。

诏修《云南通史》。

敕建僧道衙门。

朱橚就藩开封。

按：在开封时，亲访田夫野老，得草木之根、苗、花、实、药、茎，可备荒年以佐饥馑之用者，著《救荒本草》。

管时敏从楚王之武昌。方孝孺在缑城。

吴沉或于是年降翰林院典籍。后因顾问奏对失旨，左迁渭源府教谕，未行，复改翰林院典籍。

袁凯以疯疾放归。

杨士奇馆于淘金驿。

凌云翰授成都教授。

按：夏节《柘轩集行述》曰："国朝洪武初建立学校，招延文学老成、经明行修之士，训迪生徒，时则典教叶居仲、徐大章，司训王好问、瞿士衡、莫景行、何彦恭，适同其事，咸得称人。浙省参政鄱阳周公伯温，扁其读书处曰'安易'，总制马公、参政徐公接以宾礼，与之唱和。洪武辛酉，以荐举召授四川成都教授。"

谢肃在上虞。

李敬三月丙申以致仕刑部尚书召为国子监祭酒，明太祖命晓谕诸生，于正课外兼读刘向《说苑》。

李仕鲁命为大理寺卿。

刘崧三月致仕，复召为国子司业，给鞍马，令朝夕见。

陆闿以明经辟为楚府伴读。

按：陆闿，生卒年不详。字伯旸。扬州府兴化人。著有《友兰集》10卷、《续古乐章》、《陆伯阳诗集》。见《万姓统谱》卷一一一。

管讷（管时敏）随楚王就藩武昌。

萧翀授苏州府同知，历山东盐运副使。以贤良应制，赋《指妄草诗》，称旨。

孙彦和举贤良方正，以疾辞。

按：孙彦和，生卒年不详。苏州府常熟人。雅好音律，因自号枕流樵者。著有《虞山樵唱》，林逢吉为之序。事迹见《明清江苏文人年表》。

解缙尽读四书诸经，贯穿其义理，老成不能难也，而文思溢发。

僧宗喀巴深入研究"弥勒五论"、《俱舍论》、《释量论》、《入中论》及律藏、五明等，并在寺院立宗答辩。

方孝孺著《周礼辨正》成，又作《先太守文集后序》。十二月《题大学篆书正文后》。

《明州府志》修于是年改宁波府前。未知纂修人名氏。

按：久无传本。见《文渊阁书目》卷一九旧志类著录。

张羽为吴兴沈氏撰《水南新居铭》。

翰林院奉诏纂《千家姓》成。

按：明太祖命翰林院将古今1968姓编为韵文，定名《千家姓》。

吴植于钱塘邑庠作《剪灯新话序》。

按：吴植，生卒年不详。字子立，自号白玉壶。严州人（今属浙江）。以处士授

步枪约于此时发明于德意志奥格斯堡。

丹麦-挪威殖民格陵兰。

日本宗良撰《新叶和歌集》。

乔叟著成《声誉之堂》。

藤州知州。事迹见《列朝诗集小传》甲集。

胡翰著《胡仲子集》十一月编次成书。

刘刚作《胡仲子集后序》。

按：序曰："敬仿荀卿、贾谊诸书，文居诗赋之首，编次成帙，号《胡仲子集》，通若干篇。既请太史公序其端，将与愿学先生者同以为法，而浦阳义门王氏复之父子，德先生之教言，遂谋刊梓以传。"

王懋温作《胡仲子集跋》。

孙作序许恕遗集。

席应珍卒（1300— ）。席应珍一作席应真，字心斋，号子阳子。海虞人。著有《姑苏志参》、《金薤稿》1卷、《列朝诗集》。

按：幼年即出家为道士，研习老学，精通经箓丹法，兼及儒学典籍，尤其擅长《易》学。并通晓兵法，与姚广孝为忘形交，姚广孝向其执弟子礼，得阴阳术数之学。

胡翰卒（1307— ）。翰字仲申。元末明初金华人。《宋元学案》列其入《龙川学案》别见《北山四先生学案》。著有《春秋集义》、《胡仲子集》等。事迹见《明史》卷二八五，应廷育《金华先民传》，吴沉《衢州府学教授胡公翰墓志铭》（《国朝献征录》卷八五）。

按：据《明史》本传：从吴师道、吴莱学古文，复登同邑许谦之门。与余阙、贡师泰善。遇天下乱，避地南华山，著书自适。自克婺州来归，召至金陵。时方籍金华民为兵，翰从容进曰："金华人多业儒，鲜习兵，籍之，徒糜饷耳。"太祖即罢之。授衢州教授，有荐其文章与宋濂、王祎相上下，复征之。与修《元史》，《元史·五行志》序论即其所撰。书成受赉归，卜居长山之阳，学者称曰长山先生。据《四库全书总目提要》卷一六九：《胡仲子集》10卷，其门人刘刚及浦阳王懋温所编。印版罕传。"史称其文曰《胡仲子集》、诗曰《长山先生集》，今合为一集，岂刚等所并欤。"《东里续集》卷一八《胡仲子文》曰："胡仲子文刻板在金华。吾家二册，周纪善是修所惠者。仲子名翰，一字仲申，与宋学士同门。洪武初尝预修《元史》，其文粹深，宋甚推重云。"

罗复仁卒（1308— ）。复仁，元明间江苏吉水人。少嗜学，陈友谅辟为编修。已，知其无成，遁去。谒太祖于九江，留置左右。在太祖前每直陈得失，太祖喜其质直，呼为老实罗。著有《玉堂唱和稿》。事迹见《明史》卷一三七，王时槐《弘文馆学士罗公复仁传》（《国朝献征录》卷二〇）。

宋濂卒（1310— ）。濂字景濂，号潜溪。元明浙江浦江人。卒于夔州。历任翰林学士、国子司业、嘉议大夫、知制诰、太子赞善大夫。奉命主修《元史》、《大明日历》、《皇明宝训》等。明代礼乐制作，濂所裁定者居多。正德中，追谥文宪。《宋元学案》列其入《东莱学案》、《龙川学案》、《沧洲诸儒学案》下别见《北山四先生学案》。著作除《元史》，尚有《孝经新说》、《周礼集说》、《洪武圣政记》2卷，《浦阳人物记》2卷，《龙门子凝道记》2卷，《萝山吟稿》3卷，《潜溪内外集》30卷，《銮坡集》25卷，《翰苑集》40卷，《芝园集》45卷，《朝京稿》5卷等。后人编刊为《宋文宪公全集》，或《宋学士集》。事迹见《明史》卷一二八，《礼部志稿》卷五七，郑楷《翰林学士承旨嘉议大夫知制诰兼修国史兼太子赞善大夫致仕潜溪先生宋公濂行状》（《国朝献征录》卷二〇),王祎《宋太史传》(《国朝献征录》卷二〇),朱兴悌、戴殿江编、孙锵增辑《宋文宪公(宋濂)年谱》(民国五年(1916)奉化孙氏《宋文宪公全集》本)等。

按:据《明通鉴》卷七:自少至老,未尝一日去书卷,于学无所不窥,为文醇深演迤,与古作者亚。在朝,郊庙、山川、朝会、宴享大制作,以及四裔贡赏、锡劳敕文,元勋、巨卿碑记刻石,悉以推濂,遂为开国文臣首。士大夫造门迄文者,后先相踵。外国如高丽、安南、日本贡使至出兼金购《文集》,且数问宋先生起居。四方学者悉称为"太史公",不以姓氏。虽白首侍从,其勋业、爵位不逮刘基,而一代礼乐制作休明,则濂之功尤多云。宋濂早年曾受业于闻人梦吉,通《五经》。后从吴莱学古文词,尽得其阃奥。又受学于柳贯、黄溍之门,黄、柳自以为不及。其学博而专,体现金华学派治学之特色;务实致用;强调"宗经",文史之学皆从中派生而出。其学术,主要承袭宋儒朱学。容肇祖《明代思想史》将其归入明初朱学中之博学或致知派。为后来心学之先声。又是朱、陆调和者,并受佛家影响。太祖曾戏称其为"宋和尚"。《宋元学案》卷八二百家谨案:"金华之学,自白云一辈而下,多流而为文人。夫文与道不相离,文显而道薄耳,虽然,道之不亡也,犹幸有斯。"谢山《宋文宪公画像记》曰:"文宪之学,受之其乡黄文献公、柳文肃公、渊颖先生吴莱、凝熙先生闻人梦吉四家之学,并出于北山、鲁斋、仁山、白云之递传,上溯勉斋,以为徽公世嫡。予尝谓:'婺中之学,至白云而所求于道者,疑若稍浅,渐流于章句训诂,未有深造自得之语,视仁山远逊之,婺中学统之一变也。义乌诸公师之,遂成文章之士,则再变也。至公而渐流于佞佛者流,则三变也。犹幸方文正公为公高弟,一振而有光于西河,几几乎可以复振徽公之绪,惜其以凶终,未见其止,而并不得其传。虽然,吾读文献、文肃、渊颖及公之文,爱其雅驯不佻,粹然有儒者气象,此则究其所得于经苑之坠言,不可诬也。词章虽君子之余事,然而心气由之以传,虽欲粉饰而卒不可得。公以开国巨公,首倡有明三百年钟吕之音,故尤有苍浑肃穆之神,旁魄于行墨之间,其一代之元化,所以鼓吹休明者与!'"《孝经新说》1卷,已佚。《宋景濂未刻集》2卷,《四库全书总目提要》卷一六九曰:濂集重刻于嘉靖中,行世已久。此本乃"顺治乙未濂裔孙实颖得文征明家所藏旧稿以示金坛蒋超,择其中今本未载者得三十八篇,编为此集,以补其遗。"《篇海类编》20卷,旧题宋濂纂,屠隆订正。《四库全书总目提要》卷四三谓"殆谬妄坊贾所托名也"。《龙门子凝道记》3卷,据《四库全书总目提要》卷一四七:"是书乃元至正间濂入小龙门山所著。有四符、八枢、十二微,总二十有四篇,盖道家言也。旧载《潜溪集》中。嘉靖丙辰与刘基《郁离子》合刻于开封,李濂为之序。"《五牙元精经》据《金华经籍志》见《王忠文集·五牙元精经跋》,称用老氏法制为此经,韵似黄庭,词采似真诰,而玄要眇旨,皆本于《道德经》。未见。宋濂诗文,对扭转元末文坛纤弱缛丽风习颇有贡献。其诗文集于明清两代即多次刊刻,版本甚多,重要者有:《宋学士文集》75卷,明正德九年张氏刻本;后有上海商务印书馆民国八年影印本。《四库全书》著录内府藏本36卷。《(新刊)宋学士全集》32卷,附录1卷本,明韩叔阳汇集,明张元中编,嘉靖间高淳韩氏刻本;崇祯年曾将此本修补刊行;另有清康熙年彭始抟校刻本。《宋文宪公全集》53卷,卷首4卷,清嘉庆年吴县严荣刻本;上海中华书局民国十八年曾据以出版铅印本。各种版本差异甚微。清朱兴悌、戴殿江原编,孙锵增编有《宋文宪公年谱》2卷、附录1卷。(参《四库全书总目提要》、《中国学术名著提要》、《中国大书典》、《浙东学术史》、《中国年谱辞典》等)

又按:序方文大所纂《缑城方氏族谱》。是谱见雍正《浙江通志》。《台州经籍志》云已佚。文大,生卒年不详。宁海人。元英之裔。序桂仲权所辑《桂氏家乘》9

卷。桂书见雍正《浙江通志》。仲权，生卒年不详。慈溪人。序魏镇所辑《上虞魏氏世谱》。是谱见雍正《浙江通志》。镇，生卒年不详。字士圭。上虞人。序周思文所辑《诸暨黄氏族谱》。黄氏居孝义乡，亦称《孝义黄氏族谱》。原本未见。思文，生卒年不详。诸暨人。序黄仁所修《西瓯黄氏家牒》，是牒见雍正《浙江通志》。序《严陵汪氏家谱》，是谱纂者未详，见雍正《浙江通志》。题胡荣所修《寿昌胡氏谱》，是谱见雍正《浙江通志》。荣，生卒年不详，事行无考，寿昌人。据乾隆《绍兴志》引黄氏《千顷堂书目》，谓宋濂序诸暨吴宗元(字筠西)所纂《王氏宗教》。但遍检《文宪集》，未有此作。铭江山伍子安墓。子安，生卒年不详。郡守张实荐为御医学士。著有《活人宝鉴》10卷。《跋郑生琴谱后》，琴谱乃浦江郑瀛所纂《琴谱》2卷。瀛受学于东白何巨济，因辑录手弹者，分正外二调，为谱各1卷。

刘崧卒(1321—)。崧原名楚，字子高。元末明初江西泰和人。明初以人材举，授兵部职方司郎中，迁北平按察司副使，坐事输作京师。寻放还。征拜礼部侍郎，署吏部尚书。请老，许之，复征为国子司业，卒于官。谥恭介。明太祖亲制文祭之。著有《北平八府志》30卷、《北平事迹》1卷、《东游录》、《岭南录》、《槎翁诗集》8卷、《槎翁集》8卷、《职方集》。事迹见《明史》卷一三七，《太祖实录》卷一三七，《侍郎刘崧》(《礼部志稿》卷五五)。

按：《四库全书总目提要》卷一七五曰：《槎翁集》乃其文集，罗允升所校正，而吉安知府徐士元为之刊版。《四库全书总目提要》卷一六九曰："胡应麟《诗薮》称：'当明之初，吴中诗派，昉于高启；越中诗派，昉于刘基；闽中诗派，昉于林鸿；岭南诗派，昉于孙蕡；而江右诗派，则昉于崧。'史亦称崧善为诗，豫章人宗之，为西江派。大抵以清和婉约之音，提导后进。迨杨寓(杨士奇)等嗣起，复变为台阁博大之体，久之遂浸成冗漫。北地信阳乃乘其弊而力排之，遂分正、嘉之门户。然崧诗平正典雅，实不失为正声。固不能以末流放失，并咎创始之人矣。"槎翁之名，或作"崧"，或作"嵩"，《中国文学编年史·明前期卷》30页详辨。

林弼卒(1325—)。弼字元凯。福建龙溪人。元至正进士。入明与修《元史》，授吏部主事，官至登州知府。尝与王廉同使安南，以却贶金为太祖所器。著有《梅雪斋稿》、《使安南集》、《登州集》。事迹见王廉《中顺大夫知登州府事梅雪林公墓志铭》。

按：《登州集》23卷，总名登州，盖汇为一编，总题以所终之官也。《明史·艺文志》录《登州集》6卷。《四库全书总目提要》卷一六九曰："其《使安南集》，宋濂曾为之序，称其文辞尔雅。王祎亦尝赠以诗，与之唱酬。其墓志即王廉所作，称其诗文皆雄伟跌宕，清峻之语，夐出尘表。盖明初闽南以明经学古擅名文苑者，弼实为之冠也。弼又名唐臣，以时禁国号名氏，遂仍旧名。是弼其初名，唐臣乃其改名。朱彝尊《明诗综》则云弼初名唐臣，当由《宋濂序》谓唐臣更名为弼致误，然《宋序》未尝言初名唐臣也。至弼改名既久，而此本之首尚署'林唐臣撰'，殊乖其实。今仍署弼名，著之录焉"。《千顷堂书目》卷一一载：林弼，字庚卿。龙溪人。著有《宋儒会解》。

鲁穆(—1437)、**周忱**(—1453)、**陈晖**(—1455)、**华兴定**(—1459)、**苗衷**(—1460)生。

洪武十五年　壬戌　1382年

正月辛巳朔,明太祖宴廷臣于谨身殿。始用九奏之乐。盖詹同等所定,复更之也。(《明通鉴》卷七)

是月,命编类蒙古译语。

按:以前元素无文字,但借高昌之书制为蒙古字,而译语未有成书,难以通晓。明太祖乃命翰林院侍讲和约尔济勒(火源洁)及编修玛实伊克(马沙亦黑)以华言译其语,凡天文、地理、人事、物类、服食、器用具载,复取《元秘史》参考,纽切其字以谐其声音。既成,诏刊行之。自是使臣往复朔漠,皆能通达其情。(《明通鉴》卷七)

三月,李信为吏部尚书。

按:李信历侍郎,擢尚书,几二年,卒于官。定内外封赠荫叙之典,后垂为一代令甲。信,生卒年不详。山西浮山人。事迹见《明通鉴》卷七、民国《浮山县志》卷二六。

四月丙戌,诏天下通祀孔子。

按:初,太祖即位之二年,诏孔庙春秋释奠止行于曲阜,天下不必通祀。时刑部尚书钱唐伏阙上言,侍郎程徐亦上疏,后宋濂为司业,亦言之,皆不报。至是始诏礼官刘仲质等曰:"孔子道冠百王,功参天地。今天下郡县并建庙学,而报祀之典,止行京师,未遍宇宙,岂非阙典邪!"乃诏仲质等与儒臣共定释奠仪,颁之天下,令每岁春秋以上丁日通祀文庙。(《明通鉴》卷七)

戊戌,置云南大理府及蒙化等州儒学。(《太祖实录》卷一四四)

癸卯,以儒士吴颙为国子监祭酒。明太祖谕之曰:"国学者天下贤材所萃,而四方之所取正,必师道严而后模范正,师道不立则教化不行,天下四方何所取?则卿宜崇重道义,正身率下,俾诸生有所模范。若从以文辞为务,记诵为能,则非所以为教矣。"(《太祖实录》卷一四四)

五月己未,国子监、文庙成。(《明通鉴》卷七)

按:去年始建,至是成。明代太学初建于明初乙巳(1365)年,始称国子学。至是改"学"为"监"。一说闰二月丙辰,改国子学为国子监。

乙丑,太祖幸太学,释奠于先师,行四拜礼。

按:寻颁释奠仪注于府、州、县,并定国学及各行省主祭官之例。颁学校禁例12条,镌立卧碑,置明伦堂之左。其不遵者,以违制论。(《明通鉴》卷七)

丙寅,祭酒吴颙等率师生上表谢。(《明通鉴》目录卷一)

庚午,颁学规于国子监。(《明通鉴》目录卷一)

丁丑,访经明行修士。(《明通鉴》目录卷一)

是月,太祖诏谕曰:"佛寺之设,历代分为三等,曰禅、曰讲、曰教。其禅不立文字,必见性者方是本宗;讲者务明诸经旨义;教者演佛利济之法,消一切现造之业,涤死者宿作之愆,以训世人。"(《金陵梵刹志》卷二)。

佛罗伦萨寡头统治始。是岁施行宪法改革。

波兰兼匈牙利国王安茹的拉约什卒。国乱。

土耳其人入索菲亚。

金帐汗伐莫斯科。

六月戊寅朔，诏国子监教官年老者遇暑月及雨雪朔望，免朝参。(《太祖实录》卷一四六)

八月丁丑朔，诏复设科取士，三年一行，为定制。(《明通鉴》目录卷一)

辛巳，命礼部颁学校禁例12条于天下。(《太祖实录》卷一四七)

庚寅，置延安府吴堡、神木、府谷三县儒学。(《太祖实录》卷一四七)

辛丑，诏征至秀才分六科试用。(《明通鉴》目录卷一)

九月己酉，吏部以经明行修士郑韬等3700余人入见。令各举所知，授布政、参政等官有差。(《明通鉴》目录卷一)

庚午，孝慈皇后葬于孝陵。诸王奔丧送葬毕，将还，太祖命各选僧一人侍从之国，为孝慈皇后修佛事。有吴僧道衍，名在燕府籍中，燕王一见相契，奏请从行，即姚广孝也。(《明通鉴》目录卷一)

十月丙子朔，都察院更置，设十二道。(《明通鉴》目录卷一)

十一月戊午，仿宋置殿阁大学士。又置文华殿大学士，以辅导太子。(《明通鉴》目录卷一)

按：耆老皆固辞不受，赐敕遣返。

壬戌，命礼部臣修治国子监旧藏书。(《明通鉴》目录卷一)

按：礼部修治国子监旧藏书板，工部督修。《明通鉴》目录卷一记并命颁刘向《说苑》、《新序》于天下学校。而《太祖实录》卷一四九则记十月戊子命礼部颁刘向《说苑》、《新序》于天下学校。

庚子，命吏部凡府州县儒学训导九年考满用为教谕。(《太祖实录》卷一五〇)

是月，左、右春坊官更定，寻詹事院改为府，凡诸司奏启，与翰林详看、平驳，遂为词臣迁转之阶。(《明通鉴》目录卷一)

僧录司、道录司始置，府、州、县分设僧纲、僧正、僧会司及道纪、道正、道会司。

方孝孺七月偕叶君夷仲、张君廷璧、林君公辅、陈君元采登台城巾山。十二月以吴沉、揭枢荐，召至京师。乞归以著述。

吴沉为东阁大学士。荐方孝孺。

吴伯宗(吴祐)为武英殿大学士。

宋讷为文渊阁大学士。

鲍恂等为文华殿大学士。

按：考《明史·吴伯宗传》附载鲍恂事，称洪武十五年吉安余诠、高邮张长年、登州张绅并以明经老成为礼部主事所荐，召至京。恂、长年皆以老病辞归。惟绅授鄠县教谕，寻召为右佥都御史，终浙江左布政使。

董伦以张以宁荐授赞善大夫，侍太子，进左春坊大学士。

按：太子薨，出为河南左参议。肇州吏目兰溪诸葛伯衡廉，伦荐之。太祖遽擢为陕西参议。又言儒学训导宜与冠带，别于士子。刘导始注选。诸葛伯衡，生卒年不详。兰溪人。吴礼部门人。见《金华先贤传》。《宋元学案》列其入《北山四先生学案》。

威克利夫被驱逐出牛津，其学说在伦敦宗教会议上受到谴责。

俄罗斯人始操火器。

刘仲质二月为礼部尚书。冬,改为华盖殿大学士。

> 按:刘仲质,生卒年不详。字文质。江西分宜人。《明史》卷一三六本传曰:洪武初,以宜春训导荐入京,擢翰林典籍,奉命校正《春秋本末》。十五年拜礼部尚书,太祖命与儒臣定释奠礼,颁行天下学校。每岁春秋仲月,通礼孔子如仪。时国子学新成,太祖将行释菜。侍臣有言:孔子虽圣,人臣也,礼宜一奠再拜。太祖曰:"昔周太祖如孔子庙,左右谓不宜拜。周太祖曰:'孔子,百世帝王师,何敢不拜!'今朕有天下,敬礼百神,于先师礼宜加崇。"乃命仲质详议。仲质请太祖服皮弁执圭,诣先师位前,再拜,献爵,又再拜,退易服。乃诣彝伦堂命讲,庶典礼隆重。诏曰"可"。又立学规十二条,合钦定九条,颁赐师生。已,复奉命颁刘向《说苑》、《新序》于学校,令生员讲读。是年冬改华盖殿大学士,太祖为亲制诰文。仲质坐事贬御史。后以老致仕。仲质为人厚重笃实,博通经史,文体典确,常当帝意焉。文章不尚浮躁。事迹另见《华盖殿大学士刘公仲质传》(《国朝献征录》卷一二)。

曾泰八月丁酉以秀才擢为户部尚书。上《治平策》。

> 按:泰,生卒年不详。江夏人。有学行,故不次擢用。

任昂十一月为礼部尚书,代刘仲质。

桂彦良(桂德偁)时为太子正字,十月上《治平十二策》(或曰《太平治要》12条)。

> 按:桂彦良至晋,制《格心图》献王。后更王府官制,改左长史。朝京师,上《太平十二策》。太祖曰:"彦良所陈,通达事体,有裨治道。世谓儒者泥古不通今,若彦良可谓通儒矣。"(《明史》卷一三七)

火源洁以翰林侍讲与编修马沙亦黑等正月丙戌奉敕编类蒙古译语《华夷译语》。

> 按:洪武二十二年刊行。

马沙亦黑(伊斯兰天文学家)受命与翰林李翀、吴伯宗(吴祐)等九月同译《回回历法》。

沈士荣九月擢翰林待诏。

> 按:沈士荣,生卒年、籍贯不详。据《明史》卷九八载,著有《续原教论》2卷。

杜隰以太常赞礼郎奉赴缅甸。

> 按:归作《纪行诗》1卷。杜隰,生卒年不详。字宗原。松江府华亭人。著有《双清集》10卷。事迹见《康熙江南通志》卷一四一。

袁凯十月丙申命送皇太子覆讯,多所矜减。太祖以凯老猾持两端,凯惧,佯狂免告归。

> 按:明太祖问:"朕与太子孰是?"凯对言:"陛下法之正,东宫心之慈。"(《明史》卷三〇)

戴良是冬自四明山召至金陵。太祖试以文,欲官之,良以老疾固辞,忤旨。

董纪举贤良方正,廷试对策称旨,授江西按察使佥事。

邓雅以郡举入京后,作《辞聘诗》。

> 按:邓雅,生卒年不详。字伯言,一字伯元。江西新淦人。著有《玉笥集》9卷。据《四库全书总目提要》卷一六八:"原本集首但题邓伯言,而不著其名。今案集中洪武壬戌《辞聘诗》,有"雅以菲才,例蒙郡举"云云,知其名为雅,而伯言乃其字也。又

雅虽辞聘，而末一卷乃为《朝京纪行诗》，且有应制赋《钟山云气氤寒》之作。盖当时未允其辞，起送入都之后，始得放还，与张昱等相类也。时梁寅方讲学石门山中，雅与之游，此集即寅所勘定。然《江西通志》失载其人。此集诸家书目亦未著录。惟此抄帙流传，仅存至今耳。卷首有梁寅序及答书一首，又何淑、丁节、戴正心序各一首，谢观题词一首，皆极相推挹。"

孙蕡起苏州经历。

朱同与友人范准会于京。

刘巧约于是年拆浙江余姚高节书院院舍材料建演武厅，高节书院遂废。

僧宗泐自西域还。访王蒙于龙河客舍，为题所作《萝壁山房图》。

僧姚广孝以僧人宗泐荐，得用，随燕王朱棣北行。

僧道衍住持燕府寿庆寺。

明太祖命京儒臣纂《云南志》，得62卷。

宋讷奉旨为新建太学作记。

方孝孺九月撰《游清泉山记》。

王行为朱应辰撰《蜕窝记》。

谢肃作《送邑大夫王侯朝觐序》。

戴良五月还浦江，作《书天机流动轩卷后》。

按：文曰："良盛年时，识齑国余忠宣公于浦江官舍，公方持使者节行县。欲执弟子礼，莫可也。后游郡城，遂因论诗，获质所疑于公，公为书此四篆以遗，盖良所居轩扁也。携归山中，乡友宋君景濂首为赞一通，且贻书东阳陈君君采记之，而金华胡君仲伸、乌伤王君子充、麟溪郑君仲舒，皆先后为文以寄。即尝命工刻置轩壁矣。亡何，天下大乱，在在兵起，乃一切委弃，避地海隅。及以垂暮之年归视故居，轩虽苟完，而壁间旧刻无复存者。急探行橐，仅得公所书亲迹及四君记文拓本而已。景濂之赞，亦竟不可追踪。卷中跋语，则后追为者也。于是公以淮南行省右丞死节安节，君采以处士死于乡。入国朝，景濂以翰林学士责死西土，子充以翰林待制斥死北地，仲伸亦以儒学教授寄死野人家。同时流辈凋落殆尽，独仲舒以前朝故官家食无恙，然亦颓然老矣。由前至今，俯仰未三十载，而变幻不常如此，所恃以持久者惟字画与文章。又未知去此三十载，其字与文与所蓄之人，还能相守如今日否？学佛之人指幻境为空华，岂不信然欤？良既以四篆四记联之为卷，而复详著其始末于后，暇日一取阅之，安得不为之三叹乎？"

王逢三月谢病闲居最园，作《连理梅颂病前后序》。

朱善作《吴江玩月图诗序》。

傅著跋所见宋李公麟绘《唐明皇击球图》。

按：傅著，生卒年不详。字则明。苏州府长洲人。与修《元史》，以能文称。史成，归为常熟教谕。后迁潞州知州。事迹见《明史》卷二八五《赵壎传》附传。

余燨整理刊行殷奎所著《强斋集》。陈振祖作《强斋集序》。

按：序曰："新安余燨尝从先生学，泊较艺京师，擢居近侍，贵显矣，而尤不忘其师。及再居忧乡里，则纂集先生诗文若干篇，而请序于予。予忝与强斋同事昆学，知强斋者莫予若也。强斋笃志古人，学于六经，无不考，尤邃《礼》、《春秋》。其入关也，即邸舍画《道学统绪图》以寄,书来每以讲学穷理为事。则其著述有关于理学者,固不止此也……。"

建溪精舍刻《傅汝砺诗集》8卷。

孔旸卒(1304—)。旸字子升,号洁庵。元明间温州平阳人。顺帝至正二年进士。入明不复仕。事迹见《苏平仲文集》卷一三。

僧至仁卒(1309—)。至仁俗姓吴,字行中,自号淡居子、又号熙怡叟。鄱阳人。通内外典,尤邃于《易》。著有《澹居稿》2卷,见《明诗综》。事迹见《古今图书集成》神异卷一八九,《元诗选初集》卷六八。

袁华卒(1316—)。华字子英。苏州府昆山人。维桢弟子,开明初春容之派。著有《可传集》1卷,《耕学斋诗集》12卷。辑有《玉山纪游》1卷。事迹见《明史》卷一三三《赵德胜传》附,《四库全书总目提要》卷一六九。

按:《四库全书总目提要》卷一六九曰:《可传集》"其本为至正癸卯杨维桢所删定。华,维桢弟子也。前有维桢序"。其集名亦维桢所题。"此集《明史·艺文志》亦不著录。《千顷堂书目》虽著录而不载卷数。盖黄虞稷亦未见之。"《耕学斋诗集》"不知何人所编。《明史·艺文志》不著录。"《四库全书总目提要》卷一八八曰:"《玉山纪游》一卷,元顾瑛纪游倡和之作,明袁华为类次成帙者也。所游自昆山以外,如天平山、灵岩山、虎邱、西湖、吴江、锡山、上方山、观音山,或有在数百里外者,总题曰'玉山'。游非一人,而瑛为之主;游非一地,而往来聚会悉归'玉山堂'也。每游必有诗,每诗必有小序,以志岁月。所与游者,自华以外,为会稽杨维桢、遂昌郑元佑、吴兴、郯韶、沈明远、南康于立、天台陈基、淮南张迟、嘉兴瞿智、吴中周砥、释良琦、昆山陆仁,皆一时风雅胜流;又有顾佐、冯郁、王濡之三人,里贯事迹皆未详。然以其侪偶推之,定亦非俗士矣。所收不及《玉山名胜集》、《草堂雅集》之富,而山水清音,琴樽佳兴,一时文采风流,千载下尚如将见之也。华已入明,然其诗皆作于至正中;华编是集之时,亦尚在至正中。"

鲍恂卒,生年不详。恂字仲孚,号环中老人。元明间浙江崇德人。从吴澄学《易》。鲍恂召拜文华殿大学士,时年已八十余,以老病固辞。学者称西溪先生。《宋元学案》列其入《草庐学案》。著有《大易传义》、《学易举隅》、《西溪漫稿》。事迹见《明史》卷一三七《吴伯宗传》附传。

按:据《四库全书总目提要》卷七:《学易举隅》3卷,略举读《易》之法,分析门目,指陈纲要,大抵皆约举旧文。卷首有宁王权序,题曰癯蒙单阏,盖宣德十年乙卯。序称程蕃伯昌重加订正。是书本名《学易举隅》,权为刊板,始更名《大易钩元》。所言仅粗陈崖略,不足当钩元之名,题曰举隅,于义为近。

又按:郑宏,生卒年不详。字以仁。嘉定人。少受易于鲍恂。洪武中为礼部郎中。著有《味易馀吟》。《千顷堂书目》卷一注曰:卢文弨校改《味易馀吟》四字为《周易集解》12卷。《中国历代人名大辞典》据《万姓统谱》载:郑闳,明苏州府嘉定人。字以纯。少从鲍恂学《易》。洪武间,授礼部郎中,以病告归。郡邑从学者甚众。永乐间,尝为湖广、福建主考官。有《味易馀吟集》。

李仕鲁卒,生年不详。仕鲁,字宗孔。濮州人。笃学。闻朱公迁得晦翁之传,千里负笈从之,尽传其所学而归。洪武初诏求传朱子学者,郡吏荐，累官大理寺卿。以谏太祖佞佛被杀。《宋元学案》列其入《双峰学案》。事迹见《明史》卷一三九。

按：初，明太祖汰黜天下僧道，禁令甚严。其后以僧宗泐等数至禁中，为所惑，乃诏征东南戒僧，屡建法会于蒋山。吴印、华克勤之属，皆骤擢至大官。陈汶辉疏，太祖不听。诸僧怙宠者，遂请为释氏创立职官，于是以先所置善世院为僧录司，设左右善世、左右阐教等官，皆高其品秩。道教亦然。凡先后度僧、尼、道士，数至逾万。李仕鲁推明朱氏学，以辟佛自任，见世祖之迷佛，上书谏之，遂被杀。其后诸僧益肆为不法事，太祖始悔之。

盛彧卒，生年不详。彧字季文。苏州府常熟人，赘婿昆山。与杨维桢、郑东、陆仁等友善，多唱和之作。著有《归胡冈集》1卷。事迹见《嘉靖昆山县志》卷一二游寓。

赵宜真卒，生年不详。宜真号原阳子。道士。景泰六年追赠为"崇文广道纯德原阳赵真人"。江西安福人。著有《灵宝归空诀》、《原阳子法证语》，刊有《仙传外科集验方》。今《正统道藏》所存《道法会元》所收清微雷法，有赵宜真序、跋数篇。其思想有雷法与内丹相结合之特点，与宋元清微派主张趋于一致。赵宜真弟子颇众，其中最著者为明代高道刘渊然。（参《道教大辞典》）

宋子环（ —1433）、凌安然（凌晏如）（ —1434）、张俊（ —1448）、仪铭（ —1454）、陈祚（ —1456）、龚诩（ —1469）生。

洪武十六年　癸亥　1383年

日本长庆卒，后龟山践位。

帖木尔入坎大哈。

二月乙亥，明太祖观唐太宗《帝范》，谓侍臣曰：子孙宜守祖宗之法。（《明通鉴》目录卷二）

丙申，令天下学校岁贡士于京师，翰林院考试，不中者，罚为吏。

按：初，诏："天下府、州、县学岁贡生各一人于京师，由翰林院考试《经义》、《四书》各一道，判语一条。中式者，一等入国子监，二等送中都，不中者遣还，提调教官罚停廪禄"。用谏官关贤及尚书任昂议也。（《明通鉴》卷八）

三月庚戌，明太祖与侍臣论历代创业及国祚之修短。（《明通鉴》目录卷二）

四月乙亥，明太祖与侍臣言人君好尚，须得其正。故好功不如好德，好财不如好廉，好术不如好信，好谀不如好直，故好得其正则治，失其正则乱。（《明通鉴》目录卷二）

五月，文官封赠、荫叙之典始定。（《明通鉴》目录卷二）

七月庚戌，明太祖谕侍臣以王者之兴以勤俭，其败以奢侈。（《明通鉴》目录卷二）

十月癸巳,诏郡县复设社学。

按：先是命天下有司设社学以教民间子弟,而有司以是扰民,遂命停罢。至是复诏民间自立社学、延师儒以教子弟,有司不得干预。(《太祖实录》卷一五七)

诏颁《乡饮酒礼图式》于天下。

按：是为再颁。复令制大成乐器分颁学宫。

十二月己卯,礼部奏:"考试岁贡生员,文字中式者送国子监,监官再考等分堂,肄业,不中者,生员、教官、提调官罚各如制。"从之。寻命生员中式者送国子监,次等送中都国子监。(《太祖实录》卷一五八)

癸巳,诏:国子监生病者令应天府遣人送还乡。(《太祖实录》卷一五八)

按：时监生多病肿,祭酒宋讷以闻,故有是命。

是年,遣僧智光使尼八剌国。

按：智光早年曾师从南亚僧桑噶实哩习梵文和密法,后奉召至南京译佛典,译有《四众弟子菩萨戒》等14部密乘经典。

李文忠以曹国公兼领国子监事。

按：明太祖谕之曰:"国学为育人才之地,公侯之子弟咸在焉,虽讲授有师,然贵族子弟非得威望重臣以莅之,则恐怠于务学;故特命卿兼莅其事,必时加劝励,俾有成就。"(《太祖实录》卷一五一)。

任昂时为尚书,请更定冕服之制及朝参坐次,报可。

按：又奏毁天下淫祠,又请祀汉文翁、唐张咏及卓茂、黄霸以下10人于其郡。是时以八事考课外吏,及次第云南功赏,事不隶礼部者,太祖皆令任昂主其议。

方孝孺应诏如京师,见太祖,试灵芝甘露论,称旨。

按：太祖曰:此异人也,吾不能用,留与子孙光辅太平。又谓皇太孙曰:此壮士,当老其才以辅汝。谕遣还家,孝孺有奉试灵芝甘露论诗曰:"汉家图治策贤良,董子昌言日月光,自笑腐儒千载后,却劳君主试文章。"

宋讷正月壬戌以大学士兼国子祭酒。

按：时宋讷兼祭酒,凡功臣子弟皆就学,及岁贡士常数千人。讷为严立学规,终日端坐讲解无虚晷,夜,恒止学舍。其后开进士科,所取士由太学进者率三之一云。

全思诚以耆儒征,官至文华殿大学士。

按：后以年老致仕。全思诚,生卒年不详。字希贤。松江上海人。著有《砂冈集》。事迹见廖道南《文华殿大学士兼左春坊左中允上海全公思诚传》(《国朝献征录》卷一二)。

吴沉等二月己丑进《精诚录》。

吴沉六月戊戌进讲《周书》"国罔有立政用憸人"。七月以进讲后期,降官,寻告归。

吴伯宗(吴祐)十二月坐弟罪降官。

王逢是春以文学荐诏至京师,以老疾固辞,特恩放归。

按：作《逐归诗》2首。

王逢携里叟门生,相偕往游文犟州。作《文犟州唱咏并序》。

丁鹤年四月征,不至。

戴良征至京师,试文词,留会同馆,欲官之,以老疾固辞,忤旨,自裁。

开济四月庚寅定《诈伪律》,好为深文,明太祖浸恶之。未几遂败。

王履访华山。

按:一说十七年访华山。

董纪过松江南村访陶宗仪。引疾归,筑西郊草堂以居。

按:董纪,生卒年不详。字良史,以字行,改字述夫。松江府上海人。著有《西郊笑端集》2卷,据《四库全书总目提要》卷一六九:"未及锓版稿藏其门人周鼎家。成化中,鼎孙光禄寺少卿庠始为刊印。"《四库全书》著录两淮盐政采进本,"有宣德辛亥鼎后跋,又有成化戊子钱溥序。盖又从庠刻本传写者也"。又有张汝弼序。明世未经再刻,流播颇稀。

谢肃试才文渊阁。

吴沉等编辑《精诚录》成。

按:先是明太祖将享太庙,致斋于武英殿,召大学士吴沉等谓之曰:"朕阅古圣贤书,其垂训立教,大要有三:曰敬天,曰忠君,曰孝亲。君能敬天,臣能忠君,子能孝亲,则人道立矣。然其言散在经传,未易会其要领。卿等其以类编辑,庶便观览。"至是书成,太祖赐名《精诚录》,命沉序之(王圻《通考》、《太祖实录》卷一五二)。

张羽十一月撰《碑文》,勒石。

按:明太祖手书郭子兴事(自述滁阳王事),素重羽文,故有是命。

方孝孺撰《溪渔子传》。

虞自铭修、胡琏等纂《永州府志》12卷成书刊行。

按:为现存最早之湖南省省域内地志刻本。

日本二条为远撰《新后拾遗和歌集》。

周南老卒(1301—)。南老字正道,自号拙逸(一作隐拙)老人。苏州府常熟人,迁吴县。文英子。著有《易传集说》、《丧祭礼举要》、《学庸章句集解》、《医方集效》、《地理会要》、《拙逸斋稿》2卷、《姑苏杂咏》2卷。

按:《易传集说》见光绪《常昭合南稿》;《丧祭礼举要》见《千顷堂书目》卷二;《学庸章句集解》、《地理会要》见《吴县志》艺文考一;《医方集效》见乾隆《苏州府志》;《拙逸斋稿》见《千顷堂书目》卷一七。万历周希夔校刻《姑苏杂咏合刻》。

戴良卒(1317—)。良字叔能,号九灵山人,又号云林。元明间浦江人。少与宋景濂、胡仲申同学,文亦齐名。洪武初屡征不出。《宋元学案》列其入《沧洲诸儒学案》下别见《北山四先生学案》。著有《春秋经传考》、《九灵山房集》30卷、补编2卷等。事迹见《明史》卷二八五,赵友同《故九灵先生戴公墓志铭》,《戴良传》(《曝书亭集》卷六三),戴殿江、戴殿泗编《戴九灵先生年谱》。

按:戴良通经、史百家暨医、卜、释、老之说。学古文于黄溍,柳贯,吴莱。学诗于余阙。贯卒,经纪其家。元亡后,惟良与王逢不忘故主,每形于歌诗。《春秋经传考》一作《春秋三传纂玄》32卷,《经义考》云佚。《四库全书总目提要》卷一六八曰:《九灵山房集》30卷、补编2卷,"良世居金华九灵山下,故自号九灵山人。其集曰《山居稿》、曰《吴游稿》、曰《鄞游稿》、曰《越游稿》。后跋又云:'集外有《和陶诗》一卷。'今检集中,《越游稿》内已有《和陶诗》一卷。而其门人赵友同所作墓志亦云'《和陶诗》一卷、《九灵集》三十卷,不在集目之内'。或本别有《和陶诗》一卷,而为后人合并于集中者,未可知也。"据《四库全书总目提要》卷一七四：初,良集世罕传本,康熙间,其里人张以培搜采诸书,辑为《九灵山房遗稿》5卷,傅旭元为刊版,而秀水曾安世又为校订编次。后海内藏书,咸登秘府,良之全集复出。《东里文集》卷一一《跋戴九龄和陶诗》曰："少与宋景濂、胡仲申同学,文亦齐名。九灵洪武初屡征不出,变姓名隐四明山中。二十余年后,坐累,卒于京。此集余得之丁鹤年。九灵别有文集四册,余尝于赵彦如家中见之。醇粹博雅,有六一风致,亦一时巨擘也。"

郭槵卒(1322—　)。槵字德茂。门人私谥贞成先生。元明间浙江仙居人,徙居黄岩。著有《易说》。事迹见《万姓统谱》卷一一九。

按：《易说》一书,《经义考》云佚。

又按：郭煜(郭元亮),生卒年不详。名煜,以字行。槵从子。官新昌训导。著有《尚书该义》12卷,载《明史·艺文志》及《千顷堂书目》。《经义考》云已佚。又有诗文集2卷,亦佚。

王沂卒(1316—　)。沂字子舆,泰和人。学者称为竹亭先生,竹亭盖其所居号也。洪武初征为诸说书,授福建监运司副使。以老辞归,不赴。博通经史。著有《王征士诗集》8卷。乃其门人萧翚所编。事迹见梁潜《盐运司副王先生沂行状》(《国朝献征录》卷一〇四)。

开济卒,生年不详。开济字来学。河南洛阳人。深得太祖信任,凡国家经济事宜,经其筹划而有条理,程序可依。然议论巧密,亦数为明太祖切责。因罪被杀。事迹见《明史》卷一三八,《资善大夫刑部尚书洛阳开济传》(《国史实录》见《国朝献征录》卷四四)。

张端卒,生年不详。端字希尹,号沟南。人称沟南先生。元江阴人。博学好修。历官江浙行枢密院都事。著有《沟南漫存稿》。事迹见《龟巢稿》卷一五、《元诗纪事》卷二三。

林时(　—1436)、王稌(　—1441)、曾鹤龄(　—1441)、况钟(　—1443)生。

洪武十七年　甲子　1384年

正月辛丑,明太祖谕礼部臣曰："天下府州县学官总理学事,其训导专教生徒,毋令同署公文以妨讲授。尔礼部其移文天下学校永为遵守。"(《太祖实录》卷一五九)

是月,以孔子五十七代孙孔讷袭封衍圣公。

按：时罢丞相官,遂定制以衍圣公班列文臣之首。(《明通鉴》卷八)

波兰女王雅德维加登位。

三月戊戌朔,颁科举式。

按：乡试八月行,会试次年二月行,乡、会试各三场。第一场试《四书》义三道,《经》义四道,《四书》主朱子《集注》,《易》主程、朱《传义》,《书》主蔡沉《传》,《诗》主朱子《集传》,皆兼古《注疏》;《春秋》主《三传》及胡安国、张洽《传》;《礼记》主古《注疏》。二场试论一,判语五,诏诰章表内科一。三场试经中策五。其应试举人,则国子学生、府州县生员及儒士之未仕者、官之未入流者皆预焉。惟罢闲官吏及倡优之家与居父母丧者,均不准入试。试士官定制,主试二员,同考试官四员,皆于儒官儒士中访明经公正之士,先期币聘,在内由应天府,在外由各布政司主之。乡试中式者,由各布政使司送礼部赴会试,会试中式者,赴殿试,赐进士及第、出身有差。有明一代科举制度始定。(《明通鉴》卷八)

四月庚午,明太祖谓侍臣曰:"朕观《大学衍义》一书有益于治道者多矣,每披阅便有警省,故令儒臣日与太子诸王讲说,使鉴古验今,穷其得失。大抵其书先经后史,要领分明,使人观之易悟,真人之龟鉴也。"(《太祖实录》卷一六一)

庚寅,令增筑国子学舍。(《明通鉴》目录卷二)

按：时天下府州县岁贡生员及四夷酋长遣子入学者几数千人,学舍不能容,故有是命。

是月,明太祖与唐铎论听言须知邪正,又言谤言近于忠,谀言近于爱。(《明通鉴》目录卷二)

六月庚午,御奉天门,明太祖谕礼乐、刑政相辅为治。(《明通鉴》目录卷二)

辛巳,命礼部制大成乐器以颁天下儒学。(《太祖实录》卷一六二)

甲申,置府州县医学、阴阳学府。(《太祖实录》卷一六二)

七月壬戌,盱眙民伪造天书。命斩之。(《明通鉴》目录卷二)

壬子,置云南、楚雄二府儒学。(《太祖实录》卷一六三)

十月闰月庚子,选儒士50人试各道监察御史。(《明通鉴》目录卷二)

辛酉,置辽东都指挥使司儒学。(《太祖实录》卷一六七)

是月,观星盘始造。

按：明太祖依钦天监漏刻博士元统言,擢统为监令,得《大统历法通轨》。时又命纂《天文分野书》,以十二分野星次分配天下郡县。凡郡县下又详载古今建制沿革,通为12卷。书成,颁赐秦、晋诸王。《明史·本纪》不载。据《潜庵史稿》、《典汇》,皆在是月。又征之《历志》,元统上书论历,即在是月。并记之。(《明通鉴》卷八)

十一月庚午,明太祖谕礼部臣曰:"近命辽东立学校。或言边境,不必建学。夫圣人之教犹天也,天有风雨霜露,无所不施,圣人之教,亦无往不行。昔箕子居朝鲜,施八条之约,故男遵礼义,女尚贞信。管宁居辽东,讲《诗》、《书》,陈俎豆,饰威仪,明礼让,而民化其德。曾谓边境之民不可以教乎!夫越与鲁相去甚远,使越人而居鲁,久则必鲁矣。鲁人而居越,久则必越矣。非人性有鲁越之异,风俗所移然也。况武臣子弟久居边境,鲜闻礼教,恐渐移其性。今使之诵《诗》、《书》,习礼义,非但造就其才,他日亦可资用。"(《太祖实录》卷一六七)

按：是年始设卫儒学，最初置于岷州卫。

是月，御东阁，明太祖与侍臣论人臣当以道事君，毋患得患失。(《明通鉴》目录卷二)

是年，遣僧智光出使尼八剌(尼泊尔)。

按：与徒惠辩等参礼麻曷菩提上师，得传《金刚鬘坛场》四十二会，并巡礼地诵宝塔等佛教圣迹。时有中印度僧人桑渴巴辣景仰智光学识而投其门下。

诏每月朔望祭酒以下行释菜礼，郡县长以下诣学行香。(《明史》卷五〇)

正式榜示三年一次按禅、讲、教分别验试给牒度僧。

朱善为广东布政司，未归，明太祖思用老成，驿使召还，授翰林待诏。十二月，朱善奏驰姑表相昏之禁。上疏论婚姻律，明太祖从之。(《明通鉴》卷八)

余熂正月甲子为吏部尚书。

任昂八月戊寅复为礼部尚书。

按：十五年为礼部尚书。增定"国子监规"8条，又条上科场成式。此外如考课外官等不属礼部管辖之事，太祖亦令其主议。昂，生卒年不详。字伯颙。元明间河南南阴人。事迹见《明史》卷一三六本传。

苏伯衡客永嘉。

按：刘绩《霏雪录》卷上曰："洪武甲子冬，眉山苏太史伯衡自钱塘校书回至越，馆于郡庠。余与夏元宾、毛鼎臣、唐愚士(唐之淳)谒之。"

赵俊免官。

按：赵俊，明初人。生卒年不详。太祖时自工部侍郎进尚书。太祖以国子监为藏书板，岁久残剥，命诸儒考补，工部督匠修治。俊奉诏监理，古籍始备。事迹见《明史》卷一三八《薛祥传》附传。

石光霁升《春秋》博士。

元统时为钦天监漏刻博士，十月闰月请以洪武甲子冬至为《大统历》元。报可。

按：元统上言，历以《大统》为名，而积分犹踵《授时》之数，非所以重始敬正也。请以洪武甲子冬至为《大统历》元。闻有郭伯玉者，精明九数之理，宜征令推算，以成一代之制。报可，寻擢统为监令。统乃取《授时历》，去其岁实消长之说，析其条例，得4卷，命曰《大统历法通轨》。元统事见《明史》卷三一，生平事迹不详。

王履游华山，作图四十幅，奇秀绝伦。

按：一说洪武十六年游华山。归作图四十、记四、诗一百五十。昆山幼年长工张一随王履同访华山，助履完成华山图记。《重为华山图序》，即其所绘《华山图册》之自作序文。图册计65帧，现分藏于北京故宫博物院和上海博物馆。明朱存理《铁网珊瑚》、明汪砢玉《珊瑚网画录》、清卞永誉《式古堂书画汇考》、清《佩文斋书画谱》等书著录此册。易见之序文版本有中国古典艺术出版社出版、俞剑华编《中国画论类编》；中华书局《中国美学史资料选编·下册》。

孙作起复为翰林院待诏。

按：孙作，生卒年不详。字大雅，名作，以字行，一字次知。自号东家子。元明间常州府江阴人。与修日历，除翰林院编修。以老病乞外，授太平府教授。入为国子助教，寻迁司业。以事废为民。后复为长乐县教谕。作自号东家子，宋濂为作《东家子传》，推挹甚至。尝著书12篇，号为《东家子》。著有《沧螺集》6卷。事迹见《明史》卷二八五《陶宗仪传》附传，《国子监司业孙作传》(《国朝献征录》卷七三)，《孙作传》(《曝书亭集》卷六三)。

汪睿以处士征授官。召见，命讲《西伯戡黎篇》，授左春坊左司直。常命续《熏风自南来诗》及它应制，皆称旨。时太祖尝以善人呼之。

按：逾年请假归。汪睿，生卒年不详。元明间徽州府婺源人。字仲鲁。事迹见《明史》卷一三七《刘三吾传》附传。

萧岐上《十便书》，凡万余言。召见，授潭王府长史。力辞，忤旨，谪云南楚雄训导。岐即日行，遣骑追还。

按：萧岐幼孤，事祖父母以孝闻，有司屡荐举，不赴。至是复以贤良征，强起之。上《十便书》。岁余，改授陕西平凉。复召考定书传，给驿归。

邹奕知赣州府。

按：后坐事谪甘肃20余年。

曾燧（曾日章）以岁贡授黄陂知县。有政声。累迁为翰林院侍读。

陈恭中举人。

按：官至工部尚书。恭，生卒年不详。字仲复。上元人，朱元璋谋士遇子。编有《金陵陈氏世德录》1卷。事迹见《明史》卷一三五《陈遇传》附传。

广东新会因筑城而毁古冈书院。

道士张三丰作《无根树丹词》，自题为"大元遗老张三丰自记于武当山天柱峰之草庐"。

按：张三丰，生卒年不详。名通，又名全一，一名君宝，字君实，号玄玄子。辽东懿州人。不修边幅，人称"张邋遢"。事迹见《明史》卷二九九本传，蓝田《张三丰真人传》(《国朝献征录》卷一一八)。传说曾在宝鸡金台观死而复活，道徒称为"阳神出游"。永乐间大修武当山，专为其修建"遇真宫"。天顺三年封其为"通微显化真人"。其内丹思想卓越处为：自古道法流传，分为正、邪二教。而儒、道、佛三教皆为正教，虽创始人不同，但"修己利人，其趋一也。"主张修道者即修"阴、阳、性、命"之道，"三教圣人皆本此道以立其教也"。认为"玄学以功德为体，金丹为用，而后可以成仙"。(《大道论》)三丰以清静自然，勿忘勿助，以默以柔为修真指要，主"清静阴阳双修法"，并将丹法理论发挥于内家太极拳技，奠定和发展了武当内家拳。在武当受其道者有邱玄清、卢秋云、刘古泉、杨善澄（称"太和四仙"）等高徒，住持武当观宇。张三丰著作，《明史·艺文志》载有《金丹直指》1卷、《金丹秘诀》1卷，《万历道藏》未收入。据明胡广录呈张三丰文集《捷要篇》，中有《无根歌》、《大道歌》、《炼铅歌》、《琼花诗》、《丽道院》(二阙)、《青羊宫留题》、《金液还丹歌》、《真仙了道歌》等作。"可知三丰在明代即有文集传世。《张三丰先生全集》8卷，题明张君宝（即张三丰）撰，清李西月重编。载《道藏辑要》毕集。前序称："其书曾刊于前明永乐时。"清雍正元年，剑南观察汪锡麟称遇张三丰于峨嵋，乃辑三丰遗书为集家藏；将所藏张三丰"丹经二卷，诗文若干篇"及所记"祖师显迹三十余则"，辑成《三丰祖师全集》家藏之，本欲合此旧本，加搜遗文付梓，未果。李西月得此书"于梦九（即汪锡龄）六世孙名昙者之家，十存七八"，又搜名山碑版、道院抄存者，以补其缺，于清道光二十四年辑成《三丰全书》

行世，全称《张三丰先生全集》，为三丰生平、著述、论道的总集，共8卷。今收《道藏辑要》中。白云观所藏《诸真宗派总簿》所列有三丰祖师所传的派目甚多，其中有三丰祖师"自然派"二支，张三丰在屋山留传邋遢派、拉塔派，新宗派俱归其中，"三丰派"三支，另还有"三丰祖师日新派"和"三丰祖师蓬莱派"，各支均有派目流传。（参《道教辞典》）

又按：洪自诚纂《逍遥墟经》，又名《仙记》，2卷，记老子至张三丰神仙列传之道书，殆为明初之作。是书收入《续道藏》"槐"帙，涵芬楼影印本第1081册。

石光霁著《春秋钩元》。

张九韶（张美和）《元史节要》2卷刊刻。

《大明清类天文分野》编成。

按：以十二分野星次分配天下郡县。凡郡县下又详载古今建置沿革之由，通为12卷。颁赐秦、晋诸王（《太祖实录》卷一六七）。是书久已不传。

朱善是夏在江西作《病鹤巢赋并小序》，以答友人书来问讯；又有《延陵孝子诗序》。

谢肃作《祭浙江潮神文》、《闽宪祭所历山川之神文》。

王叔英（王元彩）作《送台州卫镇抚欧阳侯序》。

朱善作《前吏部主事熊利宾赴京序》。

朱良实自定所著《渔唱稿》。

按：朱良实，生卒年不详。字了诚，号百拙老人。元明间吴江人，元亡，隐居不仕，以诗文自娱。另著有《松陵续集》、《守拙集》。事迹见《元诗选》癸集辛上。

僧妙声之徒僧德瓛始刊行妙声诗文集《东皋录》3卷。

按：毛晋《东皋录跋》曰："师名妙声，字九皋，吴郡人也。《姑苏志》：景德寺僧，有诗名，生平多著述，名《妙声录》，命弟子缮写，藏之山房。总其事者，白莲住山完敬修、虎丘藏主慧无尽、善士陈君锡也。洪武十七年甲子春，法孙德瓛下坡路友而授梓，凡诗三卷，序记、赞铭、传跋、杂文四卷，其中载记同衣行业既多且详，刘子威《吴释传》皆拾其余沫也。……"

钱逵卒（1313— ）。逵字伯行。元明间苏州府长洲人，良佑子。稽古考订，虽老不倦。博通经史，尤工书。著有《鲁巢稿》，见《吴县志》艺文考一。事迹见陶宗仪《书史会要》，《吴中人物志》。

陈遇卒（1313— ）。遇字中行，元明间应天府上元人。朱元璋渡江，以秦从龙荐，遣使聘之，留参密议。其计画多秘不传，而宠礼之隆，勋戚大臣无与比者。朱元璋终始敬信，称先生而不名。赐葬钟山。事迹见《明史》卷一三五，陈镐《陈静诚先生遇传》（《国朝献征录》卷一一六）。

李文忠卒（1339— ）。文忠字思本，小字保儿。追封岐阳王，赐谥武靖。凤阳府盱眙人。事迹见《明史》卷一二六。

按：好学问，尝师事金华范祖干、胡翰，故通晓经义。为诗歌雄骏可观，家居恂恂若儒者。明太祖亲制文祭之。瞿兑之编有《李文忠年表》，附于1937年中国营造学社排印本《岐阳世家文物图像考述》内。

吴祐（吴伯宗）卒，生年不详。伯宗名祐，以字行。江西金溪人。洪

乔叟发表《福勒斯议会》。

约翰·威克里夫卒（约1328— ）。英国神学家、哲学家。宗教改革运动先驱。

福尔登的约翰约卒，生年不详。苏格兰历史学家。撰有苏格兰编年史。

武四年,伯宗成进士,考试官则宋濂、鲍恂也。著有《南宫集》、《使交集》、《成均集》共 20 卷,又《玉堂集》4 卷,皆已不见。原集散佚,后人掇拾残剩,合为《荣进集》4 卷。事迹见《明史》卷一三七,黄佐《武英殿大学士吴伯宗传》(《国朝献征录》卷一二),《武英殿大学士吴伯宗》(《殿阁词林记》卷一)。

按:《四库全书总目提要》卷一六九曰:《荣进集》4 卷,明吴伯宗撰。"所著有《南宫集》、《使交集》、《成均集》,共二十卷,又《玉堂集》四卷,今皆未见。此本中有《奉使安南》、《国学释奠》、《玉堂燕坐》诸诗,疑原集散佚,后人掇拾残剩,合为此编也。一卷冠以廖道南《殿阁词林记小传》一篇,次为乡试、会试、御试卷。二卷、三卷皆诗,而附以赋及诗补遗。四卷为杂文。目录首列序文,而卷首无之,盖传写佚脱。诗文皆雍容典雅,有开国之规模。明一代台阁之体,胚胎于此。其乡试、会试诸篇,可以考见当时取士之制,与文字之式。惟陆深《金台纪闻》称:'洪武前三科犹沿元制,用经疑。至二十一年戊辰,始定今三场之制。'而集中所载试卷,乃经义而非经疑,殊不可解。"

萧仪(—1423)、俞得儒(—1461)、陈瑢(—1465)生。

洪武十八年　乙丑　1385 年

德意志士瓦本同盟各城迫害犹太人。

英法战争再起。

立陶宛大公雅盖洛娶波兰女王雅德维加。两国合并。

正月乙酉,礼部奏:"天下岁贡生员考试不中者当罚为吏。"明太祖曰:"人资质有高下,故成效有迟速,且令还学读书,以俟再试,再试不中者罚之。"(《太祖实录》卷一七〇)

二月甲辰,以久阴雨,诏天下臣民言得失。(《明通鉴》目录卷二)

己未,魏国公徐达卒,明太祖亲制《神道碑文》,推为"开国功臣第一"云。(《明通鉴》卷八)

是月,开会试科,得士黄湜(黄子澄)等人。(《明通鉴》目录卷二)

三月壬戌朔,廷试,赐丁显等 472 人进士及第,出身有差。(《明通鉴》卷八)

按:读卷官初奏一甲三人,花纶、练子宁(练安)、黄湜(黄子澄)也。明太祖以花纶年少,抑置第三,又抑子澄入三甲,擢丁显第一,传者谓太祖以梦故用也。本科因榜眼练子宁(练安)、探花黄湜(黄子澄)永乐时被削籍置法,明成祖令毁本科题名碑,故《明清进士题名碑录》中多有进士阙名,472 人非确数。此为恢复科举后之首科。四年开科,状元吴伯宗(吴祐)止授员外郎,榜眼、探花授主事而已。至是诏更定翰林品员,设学士、侍读、侍讲学士及侍读侍讲。又定进士一甲授修撰,二甲以下授编修、检讨。其秩自学士正五品以下至七品有差。又定进士所授官,其在翰林院、承敕监、中书六科者曰"庶吉士",在六部、都察院、通政司、大理寺者仍称"进士"。其余则以其未更吏事,欲优待而历练之,俾之观政于诸司,给以出身禄米,以待擢升,命之曰"观政进士"。

是月,诏:"礼部选年纪小秀才,将《尚书》陈氏、蔡氏《传》及古《注疏》,参考是非,定夺去取,编成新书,刷板印送各处教习,以为下次科举之用。"于是教官董其事,参考编类成之。(《明通鉴》卷八)

五月戊子,览舆地图,言地广人众,未易周遍。(《明通鉴》目录卷二)

六月,明太祖阅《汉书》,谓侍臣论汉文用人之道有所未尽,以其不能用贾谊,又以私嫌不相窦广国也。(《明通鉴》目录卷二)

七月甲申,礼部言:"府州县岁贡生员不中式者,提调官吏论以贡举非人律,教官训导罚俸一年。贡不如期者以违制论。"从之。(《太祖实录》卷一七四)

八月癸丑,命大都督府选武臣子弟入国子学读书。(《明通鉴》目录卷二)

十月己丑朔,颁《大诰》于天下。(《明通鉴》目录卷二)

甲辰,诏曰:"孟子传道,有功名教。历年既久,子孙甚微。近有以罪输作者,岂礼先贤之意哉!其加意寻访,凡圣贤后有输作者,皆免之。"(《明史》卷三太祖本纪)

是月,筑观星台于鸡鸣山。(《明通鉴》目录卷二)

十二月丙午,诏举孝廉。(《明通鉴》目录卷二)

是年,赐湘、潭、鲁、蜀四王《十七史》等书各一部。

派使节去越南寻聘20名僧人到中国传道。

朱善拜文渊阁大学士,寻主会试。尝讲《家人卦》、《心箴》,明太祖善之。

朱善以大学士、聂铉以国子监典籍二月为会试典试官。

按:聂铉复召典会试。事后乞回乡,令食庐陵教谕奉终身。聂铉,生卒年不详。字器之。江西清江人。与贝琼,张美和(张九韶)齐名,时称成均三助。洪武进士。著有《聂铉文集》,胡俨序之(见《千顷堂书目》卷一八)。事迹见《明史》卷一三七《宋讷传》附传,黄佐《翰林院典籍聂器之传》(《国朝献征录》卷二二),《国子助教聂铉传》(《国朝献征录》卷七三)。

陈光裕(陈南宾)召为国子助教。

按:尝入见,讲《洪范》九畴。太祖大喜,书姓名殿柱。后御注《洪范》,多采其说。

王叔英(王元彩)游天台。交贾氏。

刘三吾正月召授左赞善。

按:以茹瑞荐召至,年七十三矣,奏对称旨,授左赞善,累迁翰林学士。时天下初平,典章阙略。太祖锐意制作,宿儒凋谢,得三吾晚,悦之。一切礼制及三场取士法多所刊定。

宋讷二月因诏陈边事。

余熂四月丁酉以牒祭酒宋讷致仕,与助教金文征俱下狱论诛,以赵瑀代之。未几,亦以罪诛。

按:余熂,生卒年不详。字茂本。元明间苏州府昆山人。少有俊才,从陈潜夫学,得《春秋》之传。事迹见《名山藏》卷四、《昆山人物志》卷三。

朱椿驻凤阳。

桂彦良(桂德俙)告归。

谢肃登福建鼓山。

温祥卿正月甲子以太原同知擢兵部尚书。

按：温祥卿,生卒年不详。元明间山西大同人。精阴阳术数。事迹见《万姓统谱》卷二二,《兵部尚书温祥卿传》(《国朝献征录》卷三八)。

陈济从谢应芳学。

袁凯偕友人元夕观灯,会于萧塘吴隐居景元家。

黄湜(黄子澄)会试第一,授编修,进修撰。

练子宁(练安)成进士。授修撰。八月,以丁内艰归新淦。

丁显成进士。

按：丁显,生卒年不详。字彦伟。福建建阳人。博通经史,作文援笔立成,仕翰林修撰承务郎。获谴归卒。著有《建阳集》。事迹见《状元图考》卷一。

马京成进士。授翰林编修,历左通政、大理卿。

甘节成进士。坐累戍楚雄。以荐起为瑞州训导。

按：训学者从事根本,后学宗之。在瑞州凡十八年。甘节,生卒年不详。字克信。广东保昌人。事迹见《瑞州府志》卷七。

齐鳞成进士。工诗文,以文学异等擢翰林院编修,官至礼部侍郎。

按：齐鳞,生卒年不详。山西五台人。事迹见《造邦贤勋录略》。

邓伟奇成进士。授翰林修撰,终刑部主事。

按：邓伟奇,生卒年不详。字子才。湖广武昌人。博洽善属文,尤长于诗。事迹见《万姓统谱》卷一〇九。

孙文义成进士。拜监察御史,监造榆林版籍。

按：孙文义,生卒年不详。旧名文进。诏改名文义。山东馆陶人。事迹见《古今图书集成》氏族典卷一四九。

林逊成进士。官闽县县丞。

按：林逊,生卒年不详。潮州人。著有《尚书经义》,见《千顷堂书目》卷一。

郑赐成进士。授监察御史。

欧阳贞成进士。

按：欧阳贞,生卒年不详。字元春,号石农户。从揭奚斯学,工古文。精《易》学。江西分宜人。著有《周易问辨》30卷(《千顷堂书目》卷一曰:一名《易疑》)、《史提钩》70卷、《龙江丛稿》、《余学初集》、《贫乐集》。事迹另见《万姓统谱》卷一三一。

徐旭成进士。授御史,改礼科给事中,累官国子祭酒。

蹇义成进士。授中书舍人。

于子仁成进士。授昌乐知县,迁登州知府。

按：以事被逮,弟子礼愿以身代。太祖特免,令复职。于子仁,生卒年不详。字伯安。湖广武冈人。通诸经,为文有奇气,操笔立就。傲倪权奇,所居在武冈云山之麓,晚号七十一云峰道人。著有《七十一云峰诗草》。事迹见《道光宝庆府志》卷一一八。

程通入太学。

僧一如主松江崇庆寺。后又迁主苏州北禅寺、杭州上天竺寺。

十月己丑朔，御制《大诰》颁于天下，以行《大明律》。

按："大诰"一名源于《尚书·大诰》，有"陈大道以诰天下"之意。既定《律令》，有司遵守，而犯法者日多。乃令采辑官民过犯，条为《大诰》。太祖力主施重刑与训导并举。未几，复为《续编》、《三编》。明《大诰》为此而颁行。颁于洪武十八年至二十年(1387)之间。最早有洪武间内府刻本。江苏人民出版社于1988年出版杨一凡著《明大诰研究》，点校《大诰》全文。

乌斯道作《嘉兴学正李君文衍墓志铭》。

梁寅腊月撰《悦云轩记》。

方孝孺在缑城，读书石镜精舍，著《四忧》等箴，及《君学》杂著。

朱善春校《艺南宫》，撰《山南小隐记》、《斐轩记》，又跋《汪氏四友堂遗文续录》。五月进《讲心箴》。

练子宁作《送花状元诏许归娶》。

僧宗泐在槎峰跋所见苏轼《虎跑泉诗卷》。

王蒙卒(1301?—)。蒙字叔明，一作叔铭；以隐居于仁和之黄鹤山，号黄鹤山樵，亦作黄鹤樵者，自称香光居士。浙江湖州人(一作江苏吴兴人)。赵孟頫之甥。敏于文，工画山水人物。受胡惟庸案牵连，下狱瘐死。事迹见《明史》卷二八五本传。温肇桐编有《王叔明先生年表》，附于1945年10月世界书局出版之《元季四大画家·王叔明》之后。

王立中卒(1308—)。立中字彦强。长洲人。著有《息斋》、《寓斋》、文集20卷。见《吴县志》艺文考三。

朱善卒(1314—)。善字备万，号一斋。正德时谥文恪。元末明初江西丰城人。洪武八年廷试第一，除授翰林修撰署院事。知制诰。后谪教辽东，未至辽城，恩赐还乡。尝上疏，请取消姑舅及两姨子女通婚之禁。与刘三吾、汪睿合称三老。著有《诗解颐》4卷、《史辑》、《一斋集》16卷、《辽海集》等。事迹见《一斋集》卷首聂铉所撰墓志铭，《明史》卷一三七《刘三吾传》附传，杨廉《文渊阁大学士朱公善》(《国朝献征录》卷一二)，《千顷堂书目》卷一。

按：《四库全书总目提要》卷一六曰：所著《诗解颐》，"是编不载《经》文，但以《诗》之篇题标目。大抵推衍朱子集传为说。亦有阙而不说者，则拼其篇目略之。其说不甚训诂字句，惟意主借诗以立训。故反复发明，务在阐兴观群怨之旨，温柔敦厚之意，而于兴衰治乱尤推求源本，剀切著明。在经解中为别体，而实较诸儒之争竞异同者为有裨于人事。""《明史》载其引据往史，驳律禁姑舅、两姨为婚之说，极为典核。知其研思典籍，具有发明。盖元儒笃实之风，明初尤有存焉，非后来空谈高论者比也。"据《四库全书总目提要》卷一七五：《一斋集》16卷，"是编《前集》十卷，《后集》五卷。又《广游集》一卷，附刊于后。善以文章为明太祖所知。然核其品第，究不能与宋濂诸人雁行"。

曹宗儒卒(1316—)。宗儒，华亭人。嘉庆《松江府志》卷七九载宗

乔叟著成《特罗勒斯与克丽西达》。

儒所编著有《春秋序事本末》总 36 卷(《明史》卷九六载《春秋序事本末》30 卷、《逸传》3 卷、《左氏辨》3 卷)、《郡望辨》2 卷、《鹤林山居稿》30 卷、《尚友集》3 卷等。

陈雅言卒（1318— ）。雅言以字行。江西永丰人。入明典教县学。知府屡荐，以母老辞。著有《四书一览》、《大学管窥》、《中庸类编》、《书义卓跃》6 卷等。事迹见胡广《陈雅言先生墓志铭》(《国朝献征录》卷八七)。

按：《四库全书总目提要》卷一三曰：《书义卓跃》，"旧本题'庐陵陈雅言撰'。案《经义考》载邹缉所作《墓表》称雅言永丰人。庐陵盖举其郡名。又卷首彭勖《序》称'乡先生雅言陈公'，似乎雅言其字也。旧本又作元人。考黄虞稷《千顷堂书目》称其洪武中荐举不起，复领永丰教事以终。《墓表》称其著述多所发明，有《四书一览》、《大学管窥》、《中庸类编》、《书义卓跃》行于世。今其它书未见，此书则殊无可观。盖元代以经义取士，遂有拟题之书，以便剽窃。此书盖亦其一。故每段必以此题二字冠首。所论亦皆作文之法，于《经》旨无所发明。杨寓(杨士奇)《跋》亦称其专为科举设云。"

张羽卒（1333— ）。羽字来仪，后以字行，更字附凤。元明间江西九江人。以事谪岭南，中路召还，知不免，投水死。文章精洁有法，尤长于诗，明初与高启、杨基、徐贲比唐初四杰。著有《张来仪先生文集》、《静居集》4 卷。事迹见《明史》卷二八五《高启传》附传，《太常寺丞张来仪传》(《实录》见《国朝献征录》卷七〇)，《列朝诗集小传》甲集。

按：《张来仪先生文集》不分卷，存有清抄本，何焯批校黄丕烈跋；光绪二十三年章寿康家抄本，章寿康校并跋，并录黄丕烈题识，另抄本数种。《静居集》，仅录其诗，而文则未及。不知何人删存原集四分之一，改名《静庵集》1 卷。《四库全书总目提要》卷一六九曰："史称其文章精洁有法，尤长于诗。太祖重其文，洪武十六年，尝自述滁阳王事，令羽撰庙碑。何乔远《名山藏》亦称其文词典雅，纪载行事，详而有体。顾其诗名尤著，故编集者亦仅录其诗，而文则未之及也。"

朱同卒（1336— ）。同字大同，号朱陈村民，自号紫阳山樵。徽州府休宁人。朱升子。洪武中举明经，官至礼部侍郎。有文武才，工图绘，时称三绝。坐事死。著有《覆瓿集》7 卷。事迹见《明史》卷一三六《朱升传》附传。

按：《四库全书总目提要》卷一六九曰：《覆瓿集》"集末有范檖跋，称洪武中以人材举，为东宫官，寻进礼部侍郎。而同时范准作《云汉归隐图跋》，则云由吏部员外郎升礼部侍郎。准字平仲，尝受业于升，与同交至契，所记宜得其实。又《明史》但载同坐事死，而不著其详。"

范祖干卒，生年不详。祖干字景先。金华人。从同邑许谦游，得其指要。祖干事亲孝，父母皆八十余而终。家贫不能葬，乡里共为营办，悲哀三年如一日。有司以闻，命表其所居曰纯孝坊，学者称为纯孝先生。《宋元学案》列其入《北山四先生学案》。著有《群经指要》，已佚，见《经义考》载录。《金华府志》作《群经要旨》。《读书记》，已佚，见《千顷堂书目》著录。《读诗记》，已佚，见《千顷堂书目》及《经义考》著录。道光《金华志》又云有《考辨》，未详卷数。《大学中庸发微》1 卷，已佚，载《金华县志》及《金华经籍志》。《柏轩集》4卷。事迹见《明史》卷二八二。

按：戊戌(1358)年，朱元璋下婺州，即置中书分省，召诸名儒令食省中，日令二人进讲经史，敷陈治道，是为明代讲学论道之始。戊戌十二月辛卯，范祖干、叶仪以儒士并召。既至，祖干持《大学》以进。明太祖问："治道何先？"对曰："不出乎此书。"太祖命祖干剖析其义，祖干以为帝王之道，自修身、齐家以至于治国、平天下，必上下四旁均齐方正，使万物各得其所，而后可以言治。太祖曰："圣人之道所以为万世法，吾自起兵以来，号令赏罚一有不平，何以服众？夫武定祸乱，文致太平，悉此道也。"甚加礼貌，命二人为谘议。祖干以亲老辞(《太祖实录》卷六)。李文忠守处州，特加敬礼，恒称祖干为师。《宋元学案》卷八二载：白云尝语人："吾得刘名叔而学知进，得李国凤而学日彰，得范景先而学有传。"先生之学，以诚意为主，而严之以慎独持守之功，尝曰："为学之本，莫大乎正心修身。欲修其身，莫若理会君子之所谓道者三，知斯三者，则知所以修身矣。若切己之实，归而求之，可也；心不在焉，而能自得其根本者，吾未之闻也。"

又按：《宋元学案》列郑谥入《北山四先生学案》：郑谥，字彦渊。范祖干、叶仪之学侣也。所著《心学图说》。详《金华先贤传》。

班禅一世(　—1438)、陈循(　—1462)生。

洪武十九年　丙寅　1386年

正月，明太祖与侍臣论治民犹治水，宜顺其情。(《明通鉴》目录卷二)

二月辛卯，命吏部考国子监怠于训教者罚俸一年，到官未及一岁者半之。(《太祖实录》卷一七七)

是月，御东阁，明太祖与侍臣论仁智。(《明通鉴》目录卷二)

三月辛未，御制《大诰续编》成，颁示天下。(《太祖实录》卷一七七)

辛巳，复赐北方郡县学校五经四书。(《太祖实录》卷一七七)

五月，卖卜者告丽水知县倪孟贤，耆老诣阙诉其诬。命法司论妄告者。(《明通鉴》目录卷二)

七月癸未，诏举经明行修练达时务之士六十以上者，置翰林院备顾问，六十以下者，于六部及布政、按察参用之。七十以上者，郡县礼送京师。(《明通鉴》卷九)

八月乙酉朔，明太祖阅《宋史》至宋太宗改封桩库为内藏库，谓其开私财之端，为贻谋之不善。(《明通鉴》目录卷二)

十月，颁《志戒录》。(《太祖实录》卷一七九)

十二月癸巳，御制《大诰三编》成，颁示天下。(《太祖实录》卷一七九)

是年，福建僧彭玉琳组织白莲会，称晋王，旋被镇压。

帖木尔征服西部波斯。

土耳其人入塞尔维亚尼什。

立陶宛大公雅盖洛正式加冕为波兰国王，称弗拉迪斯拉夫二世，波兰雅盖隆王朝始。

| 米兰大教堂动工。
| 德意志最早的海德堡大学创立。

苏伯衡以所作《染说》赠方孝孺，自云年垂五十。

王观简授苏州知府。七月治奸吏至死，明太祖遣使赍敕劳之。

按：王观，生卒年不详。字尚宾。河南祥符人。性狷介，议度英伟，善谈论，长于应对。与李亨、魏观、姚善、况钟并称姑苏五太守，同祀学官。事迹见《明史》卷一四〇，李濂《苏州府知府王公观传》(《国朝献征录》卷八三)。

程通归乡。

日本良基撰《嵯峨野物语》。

梁寅著《元史略》4卷刊刻。又作《石渠阁赋》。

刘三吾等纂《省躬录》成。

按：初，明太祖命翰林儒臣编辑历代帝王祭祀祥异感应可为鉴戒者为书，名曰《存心录》，朝夕观览。后复命赞善刘三吾专辑汉、唐以来灾异之应于臣下者别为一书，名曰《省躬录》。至是书成，诏颁行之。(《太祖实录》卷一七七)

《志戒录》十月成。颁之。

按：又名《历代奸臣备传》，据《太祖实录》卷一七九：专记汉、唐、宋诸朝逆臣之事。赐群臣及教官诸生讲诵，使知所鉴戒。

王行作《医学正周菊所墓志铭》。

御制《大诰续编》三月为之。十二月癸巳成。颁示天下。

方孝孺九月撰《寿善堂记》。

徐一夔序刘基所著《郁离子》。作《送孙生性初上兴化县主簿序》。

王叔英(王元彩)作《瑞菊轩诗序》。

程本立为人题画。

僧心泰纂《佛法金汤编》成。

按：是编为历代帝王、宰官、名儒弘护佛法事迹之汇编。心泰以为，僧人弘护佛教事迹，有《高僧传》、《传灯录》等，而历代王臣弘护佛教事迹，则散见于各书。故广搜博采，上始西周(释迦牟尼诞时)，下迄元末，凡300人，以时代为序，依次编录。所收传记中，序记铭赞、文论言语之节抄比例大。明谷禅寺住持僧清浚为之《序》。刊行时原为10卷，至万历二十八年，天台山慈云禅寺如惺重刻，编成16卷。收录在《嘉兴续藏经》中。清彭绍升多采此书内容入《居士传》。心泰，生卒年不详。越州人。幼习洙泗之业(儒学)，稍长，出家为僧。师事天台山国清寺昙噩禅师，后迁东山禅寺，传禅说法。

滑寿卒(1304—)。滑寿字伯仁，一字伯本，晚自号撄宁生。元末明初仪真人。先籍河南许昌，祖官江南，遂徙仪真。后寿行医江浙间，又徙余姚。京口名医王居中客仪真，遂从之受《素问》、《难经》。又学针法于东平高洞阳。行医中，参会张仲景、刘守真、李明之三家而通用之，又考订经络俞穴颇详，精于针灸，时称"神医"。首先发现麻疹尚未透发之际口腔斑点，后世称"滑氏斑点"。医著颇丰，危素、宋濂等尝为之序。惜散佚过半。著有《读素问钞》、《难经本义》、《十四经发挥》、《十四经穴歌》、《诊家枢要》、《麻疹全书》(以上皆著于元时)、《医学引谷》4卷、《撄宁生五脏补泻心要》1卷、《滑氏脉诀》1卷、《医学蠢子书》5卷、《本草发挥》4卷、《撄宁生要方》、《滑氏方脉》、《本草韵会》1卷，辑有《内经真诠》、《难经博议》、《脉理存真》等。事迹见《明史》卷二九九，朱右《撄宁生滑寿传》(《国朝献征录》卷七八)。

按：《明史》本传曰：京口王居中，名医也。寿从之学，授《素问》、《难经》。既卒业，请于师曰："《素问》详矣，多错简。愚将分藏象、经度等为十类，类抄而读之。《难经》又本《素问》、《灵枢》，其间荣卫藏府与夫经络腧穴，辨之博矣，而缺误亦多。愚将本其义旨，注而读之可乎？"居中跃然称善。自是寿学日进。寿又参会张仲景、刘守真、李明之三家而会通之，所治疾无不中。既学针法于东平高洞阳，尝言："人身六脉虽皆有系属，惟督任二经，则苞乎腹背，有专穴。诸经满而溢者，此则受之，宜与十二经并论。"乃取《内经骨空》诸论及《灵枢篇》所述经脉，著《十四经发挥》3卷，通考隧穴六百四十有七。他如《读伤寒论抄》、《诊家枢要》、《痔瘘篇》又采诸书《本草》为《医韵》，皆有功于世。晚自号撄宁生。江、浙间无不知撄宁生者。年七十余，容色如童孺，行步蹻捷，饮酒无算。天台朱右摭其治疾神效者数十事，为作传，故其著述益有称于世。

僧无愠卒，生年不详。无愠字恕中，号空室，俗姓陈。元明间僧。浙江临海人。初居径山，两坐浙东名刹。得法于荐福妙道，为"南岳下第二十二世"、临济宗虎丘绍隆派僧人。洪武中，日本国王慕名，奏请住持。太祖召之，以病老辞。著有《恕中禅师语录》6卷、《拈雪窦拈古》、《续大慧竹山颂》、《净土诗偈颂》、《山庵杂录》。事迹见《释氏稽古略续集》卷二，《增集续传灯录》卷六。

按：《恕中禅师语录》据光绪《台志》曰：其嗣法释宗黼等编，宋濂序题《瑞岩和尚语录》，雍正《浙江通志》未著录，后日本编入《续藏经》。又有《山庵杂录》2卷、《续大慧竹山颂》、《净土诗偈颂》，一见《续藏经》，一见雍正《浙江通志·仙释传》引《稽古续录》，未见。一说无愠(？—1397)，见《中国历代人名大辞典》据《列朝诗集小传》闰集。

王礼卒(1314—　)。礼字子尚，改字子让。元明间吉安庐陵人。辑时人诗为《天地间集》，著有《麟原文集》24卷。

按：《四库全书总目提要》卷一六八曰：《江西通志》载吉安人物有王子让，而无王礼，盖误以子让为名也。礼工于文章，著述甚富。尝选辑同时人诗为《天地间集》(案谢翱尝录宋遗民诗为《天地间集》，此袭其名，盖阴以自寓)，其名见于郭钰《静思集》中。今已久佚。惟《麟原文集》尚存，分前、后两集各12卷。前有李祁、刘定之二序。

宋克卒(1327—　)。一说卒于1387年。克字仲温，号南宫生。元明间苏州府长洲人。博涉书史。及壮，学兵法，周游无所遇，益以气自豪。杜门挥毫，日费千纸，遂以善书名天下。时有宋广，字昌裔，亦善草书，称二宋。书法传世作品有《唐人诗卷》等。洪武初，官凤翔府同知。事迹见《明史》卷二八五《王行传》附传，《宋仲温传》、高启《南宫生宋克传》(均《国朝献征录》卷一一五)。

许继卒(1350—　)。继字士修。浙江宁海人。刻意经学，尤善古诗，有魏晋风韵。安贫守道，自号观乐生。洪武中，以荐授台州训导。事迹见《列朝诗集小传》甲集。

吴沉卒，生年不详。沉字濬仲。浙江兰溪人。元国子博士师道子。早以学闻。与兄深传家学。太祖下婺州，召沉及同郡许元、叶瓒玉、胡翰、汪仲山、李公常、金信、徐挚、童冀、戴良、吴履、孙履、张起敬会食省中,日令二人进讲经史。已,命沉为郡学训导。后奉命集诸书有关"敬天、忠君、孝亲"三事者,成《精诚录》,并为纂序,后改国子博士,以老致仕归卒。另编辑有《六经师律》1卷、《存心录》10卷。《宋元学案》列其入《北山四先生学案》。事迹见《明史》卷一三七,黄佐《东阁大学士吴公沉传》(《国朝献征录》卷一二),《金华征献略》卷一二亦有传。

按:《明史》本传曰:"沉尝著辨,言'孔子封王为非礼'。后布政使夏寅、祭酒丘浚(邱濬)皆沿其说。至嘉靖九年,更定祀典,改称'至圣先师',实自沉发之也。"《四库全书总目提要》卷八三曰:《存心录》不著撰人名氏。考《明史·艺文志》有吴沉等编集《存心录》18卷,《精诚录》3卷,皆在《故事类》中。吴沉,生卒年不详。兰溪人。元国子博士师道子,洪武时官东阁大学士。尝著辨言孔子封王之非礼,后嘉靖中更定祀典,实祖其说。则其人娴于说礼可知。而此书内所载礼节皆洪武三年以前之事,则《艺文志》所谓《存心录》者即此书也。《国初事迹》云:太祖改婺州为宁越府,命知府王宗显开郡学,延儒士叶仪、宋濂为五经师,戴良为学士,吴沉、徐原为训导。丧乱之余,学校久废,至是始闻弦诵之声。

又按:叶仪不久辞五经师,归。叶仪,生卒年不详。字景翰。元明间婺州金华人。元儒许谦弟子。太祖克婺州,召见授谘议,以病老辞。宗显聘为五经师。学者称为南阳先生。《宋元学案》列其入《北山四先生学案》。著有《周易集解》,此书《金华经籍志》引《经义考》,未见。《四书直说》,已佚,见《金华文征》、《金华经籍志》、《千顷堂书目》卷三著录。《潜书》1卷,已佚,见《明史·艺文志》及《千顷堂书目》。另著有《南阳杂稿》。吴沉称其理明识精,一介不苟。事迹见《明史》卷二八二《范祖干传》附传。徐原,生卒年不详。字均善,号南洲。兰溪人。后官翰林待诏。《宋元学案》列其入《北山四先生学案》。著有《五经讲义》、《强学斋文集》等,已佚。

再按:吴履,生卒年不详。字德基。浙江兰溪人。元学者闻人梦吉弟子,通《春秋》诸史。李文忠镇浙东,聘为郡学正,后荐于朝,授南康丞。居六年,迁安化知县,进潍州知州。后改州为县,召还,致仕。《宋元学案》列其入《北山四先生学案》。事迹见《明史》卷二八一本传,宋濂《山东潍州知州吴德基履传》(《国朝献征录》卷九六)。

徐琦(—1452)、曹义(—1461)、沈固(—1467)生。

洪武二十年 丁卯 1387年

波兰人归罗塞尼亚。

帖木尔入伊斯法罕。屠城。

土耳其伐希腊。

德意志士瓦本

正月甲子,大祀南郊。礼成,天气清明,明太祖言敬天必先恤民。(《明通鉴》目录卷二)

三月丙辰,常州府宜兴县丞张福生犯法当死,特宥之。

按:先是明太祖以进士国子生皆朝廷培养人材,初入仕有即丽于法者,虽欲改过不可得,遂命凡所犯虽死罪三宥之,福生以国子生故得宥。(《太祖实录》卷一

八一)

五月,御华盖殿,明太祖与侍臣论善恶感召之理。(《明通鉴》目录卷二)

七月丁酉,谕礼部以周太公从祀帝王庙,罢武成王庙专祀。(《明通鉴》目录卷二)

十月丁卯,以北方学校无明师,生徒废学,命吏部选迁南方学官之有学行者教之,增广生员,不拘额数,复其家。(《太祖实录》卷一八六)

十一月丁亥,命礼部选取天下阴阳官子孙年十二以上、二十五以下质美而读书者赴京习天文推步之术。(《太祖实录》卷一八七)

是年,始定鱼鳞图册。(《明通鉴》目录卷二)

按：命国子生武淳等分行天下州县,随粮定区,区设粮长四人,量度田亩方圆,次以字号,悉书主名及田之丈尺,编类为册,状如鱼鳞,号曰"鱼鳞图册"。与黄册并行。《太祖实录》卷一八〇：二月戊子,浙江布政使司及直隶苏州等府县进鱼鳞图册。

是年,高丽仿明制,定百官服。

是年,帖木尔遣使于明,赠以马、驼。

方孝孺受诬械,旋获释。

王叔英(王元彩)以荐为仙都训导,改德安教授,擢汉阳知县。

蒋允汶实授府学训导。

按：蒋允汶,生卒年不详。字彬夫,号苍岩。元明间浙江永嘉人。《宋元学案》列其入《木钟学案》。著有《四书类纂》、《中庸详说》。

吕敏任无锡县教谕,改义宁。

按：吕敏,生卒年不详。字志学,一字巨源,号吕山人。无锡人。元时为道士。与高启、王行、徐贲等称"北廓十友"。著有《无碍居士集》、《义宁集》(一记《义字集》)。事迹见《明史》卷二八五《王行传》附传。

唐之淳(唐愚士)从曹国公李景隆北伐。

程本立是年春入京。冬谪云南。

解缙兄弟及妹婿同中乡试。

胡俨中乡试第二。

夏迪中举人。累官至江西左参政。

按：夏迪,生卒年不详。字廷简。天台人。著有《时思仪略》1卷,见《两浙名贤录》,本《朱子家礼》而参以明制。凡岁时月朔、享祀荐献,以及忌日墓祭,皆为之图。有杨寓(杨士奇)、杨荣序,详见《台州经籍志》。原本未见。事迹见雷礼《南京都察院左副都御史夏迪传》(《国朝献征录》卷六四)。

龚诩6岁,与母氏居二保,从塾师沈以中游学。

孙勉道建福建建阳鹰山书院。

郭伯泰捐金重建福建建阳横渠书院。

按：丁显撰有《黄渠书院记》。

御注《尚书·洪范》二月甲辰成。

按：明太祖命刘三吾序之。《千顷堂书目》卷一注曰："帝尝命儒臣书《洪范》揭于御座之右,因自为注"。

同盟与诸侯、皇帝战事起。

让·德阿拉斯著成《卢西格南历史》。

乔叟发表《坎特伯雷故事集》。

御制《纪非录》成。

按：记历代藩王为恶事迹，列举太祖诸子中秦、周、齐、潭、鲁及侄孙靖江王为恶不法之事。

御制《大诰武臣》十二月颁行。

按：《御制大诰》四编，名称分别为《御制大诰》、《御制大诰续编》、《御制大诰三编》、《大诰武臣》。前三编先后颁于洪武十八年至二十年。均由朱元璋亲自编纂或据其口述记录而成。明时即有四编合刻本。现存大陆者，约有十余种，如：北京图书馆藏《初编》、《续编》、《三编》明洪武内府刻本各1卷、故宫博物馆和清华大学图书馆藏四编《大诰》明洪武版本。1966年，台湾学生书局出版吴相湘主编《中国史学丛书》之一《明朝开国文献》，首次将前三编影印。1967年，日本古典研究会影印《皇明制书》，收录四编《大诰》。江苏人民出版社1988年出版杨一凡著《明大诰研究》，书后附四编《大诰》点校本。研究《大诰》论著，20世纪20年代有沈家本《明大诰峻令考》、《大诰跋》和《书明大诰后》，王国维《书影明内府刻本大诰后》，邓嗣禹《明大诰与明初之政治社会》。1992年法律出版社出版杨一凡著《洪武法律典籍考订》。《明大诰研究》则是杨一凡有关研究之总汇。

山西太原府刊《御制大诰续编》。

李原名等订《礼仪定式》成。

按：谕礼部尚书李原名曰："往者臣僚尊卑礼仪已尝定议颁降，其中节目有未详尽，宜重加考正，著为定式，申布中外。"原名乃集诸儒臣稽考旧制，重加订定，凡二十六条。条列成书，名曰《礼仪定式》，命在京公侯以下，在外诸司官员，并舍人、国子生及儒学生员、民间子弟，务在讲习遵守，违者问如律。（《太祖实录》卷一八六）

曹昭纂《格古要论》3卷成。凡13论。

按：曹昭，生卒年不详。字明仲。江苏松江人。此书是继南宋赵希鹄《洞天清录》等书之后更为完备的文物鉴定书籍。《四库全书总目提要》卷一二三称：其于古今名玩器具真赝优劣之解，皆能剖析纤微。又谙悉典故，一切源流本末，无不鬒然。故其书颇为鉴赏家所重。明景泰七年至天顺三年间，经吉水人王佐增补校定，变更章次，易名为《新增格古要论》，共13卷，对墨迹和古碑法帖部分增补最多。新增本比原著流传为广。是书版本有洪武二十年金陵荆山书林刻本；明万历年间胡文焕《格致丛书》本，5卷，次第与原本及增本皆不同。又有《夷门广牍》本，3卷。《新增格古要论》13卷，有明淑躬堂刊本、明天顺三年刊本、《惜阴轩丛书》本、《丛书集成初编》本等（参《四库全书总目提要》、《中国大书典》）。

王逢八月作《采芝辞》并后序。

应天府沙福智刻后秦释鸠摩罗什译《观世音菩萨普门品经》1卷。

按：北京图书馆藏有是刻本。沙福智，生卒年不详。应天府刻书家。

宋克卒（1327— ）。一说卒于1386年。详见是年条。

桂德偁（桂彦良）卒，生年不详。彦良名德偁，号清溪，以字行。元明间浙江慈溪人，元末乡贡进士。曾任包山书院山长、平江路学教授。为太子及诸王、功臣子弟师。明太祖称为"通儒"。《宋元学案》列其入《慈湖学案》别见《静明宝峰学案》。著有《清节》、《清溪》、《山西集》、《挂笏》、《老拙》等集。事迹见《明史》卷一三七，《晋王府左长史桂彦良传》（《国朝献征录》卷一〇五）。

按：据《明史》本传：迁晋王府右傅。太祖亲为文赐之。彦良入谢。帝曰："江南大儒，惟卿一人。"对曰："臣不如宋濂、刘基。"太祖曰："濂，文人耳；基，峻隘，不如卿也。"彦良至晋，制《格心图》献王。后更王府官制，改左长史。朝京师，上太平十二策。太祖曰："彦良所陈，通达事体，有裨治道。世谓儒者泥古不通今，若彦良可谓通儒矣。"《宋元学案》卷九三梓材案：前明有《应谥名臣录》，先生与焉。文裕疑是私谥。先生在乡里与王子复论学，以存心养性为本。教子弟，必先以孝弟忠信。与人交，久而益敬。云濠谨案：谢山《横溪南山书院记》曰："吾乡之学，朱、陆二派并行，而明初如桂王傅清溪、乌高士春风、向献县遵博，皆出宝峰赵氏之传，宗主慈湖。"是先生为赵氏门人之证。

又按：《宋元学案》列胡舜咨入《静明宝峰学案》。胡舜咨，生卒年不详。字仲子。会稽人。尝随父官游于慈，以邑名三孝乡，又有倡道者杨文元公，遂定居灵山之曲水。学博才赡。所与游者，金华戴良、蛟川丁鹤年、邑人乌斯道、桂彦良，率皆诸名士。洪武初，与彦良并以贤良文学征。拜燕王傅，寻除仪真令。归而教授子弟，闲挟二三子憩山石间。

陈择善卒，生年不详。择善字从之。淮阴安东人。著有《涟隐集》，见《千顷堂书目》卷一七。

张懋丞（ —1444）、万观（ —1450）、赵琬（ —1451）、张思安（ —1465）、吴凯（ —1471）生。

洪武二十一年　戊辰　1388 年

三月乙亥朔，赐任亨泰等 95 人进士及第、出身有差。

按：始命立石题名于太学。复定制："一甲第一人授修撰，二、三编修。著为令。"（《明通鉴》卷九）

辛巳，明太祖与读卷官陈宗顺等论《列子》窃钕事，因试进士《疑信论》。（《明通鉴》目录卷二）

己亥，遣进士分巡天下府、州、县，行监察御史事。（《明通鉴》目录卷二）

按：新进士之任巡按自此始。

七月丙戌，颁赐天下武臣《大诰》，令其子弟诵习。（《太祖实录》卷一九二）

八月癸丑，徙泽、潞民无业者垦河南、北田，赐钞备农具，复三年。（《明通鉴》目录卷二）

乙卯，命六部都察院通政司大理寺等官各举文学干济之士。（《太祖实录》卷一九三）

九月甲午，诏更定岁贡生员例。（《太祖实录》卷一九三）

是月，召见给事中魏敏、卓敬等 81 人，太祖以为合古元士之数，改曰元士。又改源士，未几，复之。（《明通鉴》目录卷二）

帖木尔征服花剌子模。

土耳其人伐保加利亚。

士瓦本同盟军败。

封乌斯藏帕木竹巴首领扎巴坚参为灌顶国师。

十月乙丑,《武士训戒录》颁布。(《太祖实录》卷一九四)

德意志科隆大学建立。

苏伯衡二月聘主会试。

按:苏伯衡博洽群籍,为古文有声。试竣,复辞归。寻为处州教授,坐表笺误,下吏死。二子救父并被刑,士论惜之。

凌汉正月为右都御史。

按:凌汉,生卒年不详。字斗南。原武人。以秀才举荐至京,献《乌鹊论》,授官,历任御史。巡按陕西,疏所部疾困数事。擢右都御史。时詹徽为左,论议不合,每面折徽,徽衔之。左迁刑部侍郎,改礼部。后为徽所劾,降左佥都御史。后复擢右佥都御史。寻致仕归。事迹见《明史》卷一三八《杨靖传》附传,朱睦㮮《佥都御史凌公汉传》(《国朝献征录》卷五六)。

张适在云南,供职鱼课司,自称滇池老渔。

按:《四库全书总目提要》卷一七五曰:其《祭西平侯文》自署"云南滇池渔课司大使"。是洪武末又尝官云南,故集中每自称"滇池老渔"也。

许汝霖为宁波府儒学教授。

按:许汝霖,生卒年不详。字时用。绍兴嵊县人。至正进士。邃于礼学,故元登第,历官江东廉访知事。入明朝,尝为考试官,朝廷欲用之,而汝霖年已八十余,故特授邻郡教授以优之。(《太祖实录》卷一八九)著有《东冈集》、《礼庭遗稿》。事迹另见万历《绍兴府志》卷四六。

程立本在滇典兵事。

程通复上太学。

解缙成进士。四月上书万言,明太祖奇其才。已,又献《太平十策》。

按:未几,改御史。旋以年少,令回家修学。上书请删定《礼记》。

施显成进士第一。官至江西道监察御史。

按:施显,生卒年不详。字孟微。常熟人。著有《两魁遗稿》1卷。事迹见《康熙常熟县志》卷一六。

卢原质成进士。廷试第三。授编修,历官太常少卿。

任亨泰成进士。

按:太祖重其学行,常每呼为"襄阳任",为建状元坊。

游义生成进士。

按:游义生,生卒年不详。字伯方。福建连江人。山东道御史。时太祖以《孟子》中有草芥寇仇之论,非臣子所宜言,撤亚圣配享,并命词臣删节《孟子》。义生与同官十余人谏,忤旨系狱卒,年二十七。事迹见《乾隆福建通志》卷四三。

解纶成进士。授监察御史。后改应天府学教授。

按:解纶,生卒年不详。字大经。江西吉水人。解开长子。事迹见《中国历代人名大辞典》。

卓敬成进士。授户科给事中。

胡俨会试中副榜,授华亭教谕。以内艰去。

李桐(李至刚)举明经,授礼部郎中。

凌德修举明经。

按：初为嘉定训导，迁宁县、广昌教谕。凌德修，生卒年不详。字子成。苏州府吴江人。昌子。吴骥称其文章皆本义理而有实用。著有《盱江集》，见乾隆《吴江县志》卷四六。

姚广孝在北京访石经山隋以来石刻，著《石经山诗序》。

福建布政使司二月癸丑进《礼记注疏》引部。

方孝孺在缑城修家谱。冬，作《去隐序》。

《大诰》八月颁赐武臣，又御制《八谕》，令遵守。

按：明太祖谓兵部左侍郎沈溍等曰："曩因武臣有违法厉军者，朕尝著《大诰》昭示训戒，格其非心，开其善道。今思其子孙世袭其职，若不知教，他日承袭，抚驭军士，或蹈覆辙，必至害军。不治则法不行，治之又非保全功臣之意。盖导人以善行，如示之以大路；训人以善言，如济之以舟楫。尔兵部其申谕之，俾咸诵习，遵守毋怠。"（《太祖实录》卷一九二）

《武士训戒录》十月乙丑颁。

按：据《太祖实录》卷一九四：以将臣于古者善恶成败之事少所通晓，特命儒臣编集，释以直辞，俾莅武职者日亲讲说，使之劝戒。

刘纯著《医经小学》6 卷成。

按：自序："昔丹溪先生以医鸣江东，家君亲从之游，领其心授。纯生晚学陋，承亲之训有年矣！其于经论习而玩之，颇尝得其指归。不自撰度，窃以先生之旨，辑其医之可法，本诸经论之精微，节目更为定次，歌语引例具图，以便记习。至于脉诀之未备者，亦为增正，名曰《医经小学》"。（见《刘纯医学全集》人民卫生出版社 1986 年版）

王逢预为圹铭。

唐之淳（唐愚士）二月跋赵孟𫖯书卷；七月作《游涂山记》；八月题赵孟𫖯书画。

张宇初作《宗濂稿序》。

按：序曰："予友倪君子正，少从学先师夏先生柏承，而授陆氏本心之说于彭先生孟悦。……凡交处十余年，以荐辟除新建教谕，间两还乡里，获与之研究古先贤哲前言往行……尝勉其子衡勿坠其手泽……衡持文若干篇曰《宗濂稿》，请曰：'先君居新建时，县庠乃元江丞相宗濂书院也，故稿以是名。先君托知之深，莫公若也。愿序其端。'"

陈谟卒（1305—　）。谟字一德，号心吾。元明间江西泰和人。洪武初，征诣京师，赐坐议学。学士宋濂、待制王祎请留为国学师，谟引疾辞归。屡应聘为江、浙考试官，著书教授以终。学者称海桑先生。著有《海桑集》10 卷。事迹见《明史》卷二八二，王时槐《陈海桑谟传》（《国朝献征录》卷一一四）。

按：《明史》本传曰："幼能诗文，邃于经学，旁及子史百家，涉流探源，辨析纯驳，犁然要于至当。隐居不求仕，而究心经世之务。尝谓：'学必敦本，莫加于性，莫重于伦，莫先于变化气质。若礼乐、刑政、钱谷、甲兵、度数之详，亦不可不讲习。'一时经生学子多从之游。"《四库全书总目提要》卷一六九曰：《海桑集》"是集有谟家传，称卒年九十六。考集中年月止于洪武十七年。晏璧于永乐七年作《海桑集序》,称谟卒后二十年,则卒于洪武二十一年戊辰也。"其甥杨寓(杨士奇)所编,清康熙庚申,其裔孙邦祥重刊。

王逢卒(1319—)。逢字原吉,自称席帽山人、梧溪子。元明间常州府江阴人。隐于上海之乌泾,筑草堂以居,名最闲园,自号最闲园丁。著有《易传》10卷、《诗经讲说》20卷、《资治通鉴外纪增义》、《梧溪集》7卷。事迹见《明史》卷二八五《戴良传》附传,《列朝诗集小传》甲前集。

按:《梧溪集》7卷,诗多怀古伤今,于张士诚之亡,颇多感慨。《四库全书总目提要》卷一六八曰:"集中载宋、元之际忠孝节义之事甚备。每作小序以标其崖略,足补史传所未及,盖其微意所寓也。是诗传本差稀,王士禛属其乡人杨名时访得明末江阴老儒周荣起手录本,乃盛传于世。"荣起,号砚农,究心六书,毛晋汲古阁刊版多其所校。

吴会卒,生年不详。会字庆伯。元明间抚州金溪人。以一足病废,自称独足先生,所作诗文,即名《独足雅言》,凡20卷。

按:《四库全书总目提要》卷一七四曰:"李梦阳《怀麓堂诗话》尚引其《挽张性诗》,证《杜律注》非虞集作,则正德间尚存。近世已久无传本。是集为其裔孙尚絅所搜辑。以已非原本,故改题曰《书山遗集》,而仍编为二十卷,以存其旧。"

黎恬(—1438)、习经(习嘉言)(—1452)、夏昶(—1470)、孙瑀(孙原贞)(—1474)、费信(—?)生。

洪武二十二年　己巳　1389年

帖木尔败金帐汗军。

穆拉德一世及巴耶塞特征服塞尔维亚。

解散士瓦本城市同盟。

玛格丽特成为丹麦、挪威、瑞典共主。

三月庚午,命天下岁贡生员中式者送国子监,凡231人。(《太祖实录》卷一九五)

是月,榜文云:在京军官军人,但有学唱者,割了舌头。娼优演剧,除神仙、义夫节妇、孝子顺孙、劝人为善及欢乐太平不禁外,如有亵渎帝王圣贤,法司拿究。下棋打双陆者断手,蹴圆者卸脚。(董含《三冈识略》卷一引《遁园赘语》)

四月己亥朔,徙江南民田淮南,赐钞备农具,复三年。(《明通鉴》目录卷二)

八月乙卯,诏天下举高年有德及识时务者。(《明通鉴》目录卷二)

十月丙申朔,明太祖谓吏部侍郎侯庸曰:"人之成才至难,自非圣贤鲜有无过者,若有过能改则志乎善矣,可以录用。比岁受录之人及民间子弟久居学校教养有成,或因小过罢黜者,悉许自新,仍录用之。"(《太祖实录》卷一九七)

癸卯,广西庆远府忻城县儒学教谕骆基奏:"忻城山洞瑶蛮衣冠不具、言语不通，自古以来宾兴所不及。今虽建学立师而生员方事启蒙，难以充贡。"明太祖曰："边夷设学校，姑以导其向善耳，免其贡。"（《太祖实录》卷一九七）

十一月乙丑朔，明太祖御谨身殿，翰林院学士刘三吾，因论治民之道，三吾言南北风俗不同，有可以德化，有当以威刑。明太祖曰："地有南北，民无两心。帝王一视同仁，有彼此之间？汝谓南方风气柔弱，故可以德化，北方风气刚劲，故当以威制，然君子小人何地无之？君子怀德，小人畏威，施之各有攸当，焉可概以一言乎？"（《太祖实录》卷一九八）

是岁，改钦天监令、丞为正、副。又置詹事院，以唐铎任之，仍食尚书俸。（《明通鉴》目录卷二）

周王橚有罪，十二月甲辰贬云南，寻留之京师。

赵谦（赵古则）召为琼山教谕，黎蛋之人，皆知向化，称为海南夫子。

程昆以明经任黟县训导，升浦江知县。

徐达左任建宁县学训导，游武夷九曲。

林钟辟为昆山儒学训导，因家焉。

按：世居华亭。

林鸿归隐。

陶宗仪送友人自姑苏入京。

杨士奇馆武昌。

钟道元以御史建福建泉州温陵书院。

僧溥洽召为僧录司右讲经。

方孝孺在缑城，著《周易考次》成。

赵谦刻所著《学范》2卷。

火源洁以翰林侍讲奉敕纂《华夷译语》1卷刊行。

按：《四库全书总目提要》卷四三曰："前有刘三吾《序》，称'元初未制文字，借高昌之书，后命番僧造蒙古字，反复纽切然后成文，繁复为甚。翰林侍讲火源洁乃朔漠之族，遂命以华文译之。声音谐和，随用各足'云云。其分类编辑，与《蒙古译语》略同，而差为详备。然粗具梗概，讹漏孔多。《钦定元国语解》已有成书，源洁此编，直付之覆瓿可矣。《读书敏求记》又别载《华夷译语》二卷，云为回回馆所增定。今虽未见其本，然明人于翻译绎之学，依稀影响，十不得一，其书亦可想象而知也。"始作于洪武十五年，至是刊行。《华夷译语》，乃明清二代官方编纂之若干种汉语和非汉语对译辞书总称，大多为明清二代抄本，刻本甚少。分为甲、乙、丙、丁四种。是年所刊火源洁纂本即甲种，《涵芬楼秘籍》收录。火源洁，蒙人。生平事迹不详。据《读书敏求录》，火源洁另编《华夷译语》，书前有朱之蕃序，全书13馆，即朝鲜、流球、日本、安南、占城、暹罗、鞑靼、畏兀儿、西番、回回、满喇加、女直、百夷。疑此书即《内板经书纪略》之《增定华夷译语》。乙种又称永乐《华夷译语》，由四译馆编译；丙种又称会同馆《华夷译语》，明茅端征辑；丁种又称会同四译馆《华夷译语》，清乾隆十三年会同四译馆设立后所编纂。研究此书之著作主要有：冯蒸《〈华夷译语〉调查记》（载《文物》1981年第2期），冯蒸《河西译语》初探》（载《亚洲文明论丛》，四川人民出版社1986年版）。

《大明律》八月更定。

按：改按六部官制编目，且以名例冠于篇首，共30卷，依类编次凡460条。《太祖实录》卷一九七载：先是刑部奏言："比年律条增损不一，在外理刑官及初入仕者不能尽知，致令断狱失当，请编类颁行，俾知所遵守。"遂命翰林院同刑部官取比年所增者，参考折衷，以类编附旧律。

桂衡作《剪灯新话序》。

谢晋自作《深翠轩图》，并集姚广孝诸人题作为《深翠轩诗文》1卷。

哈菲兹卒（1325/26— ）。波斯诗人。

梁寅卒（1309— ）。此据《太祖实录》卷一九八。一说卒于1390年。详见是年条。

许原让卒（1326— ）。原让字克谦。苏州人。著有《南北音律》，见《吴郡文编》，已佚。

孙蕡卒（1334— ）。蕡字仲衍，号西庵。广东顺德人。书无所不窥，博学工诗文。与修《洪武正韵》。以尝为蓝玉题画，论死。著有《西庵集》9卷等。事迹见《明史》卷二八五，《列朝诗集小传》甲集，《典籍孙蕡传》（《顺德县志》见《国朝献征录》卷二二），《孙仲衍传》（《国朝献征录》卷一一五），何冠彪《明清人物与著述·孙蕡二题》汇录诸家载记甚详。

按：《西庵集》，《四库全书总目提要》卷四三曰："是编前有黄佐、叶春及所撰小传，称蕡著述甚富，自兹集外，尚有《通鉴前编纲目》、《孝经集善》、《理学训蒙》、《和陶》、《集古律诗》。其《孝经集善》则宋濂为之序。蕡殁，诸书散逸。其诗文今行世者为门人黎贞所编。然佐称《西庵集》八卷，而是编诗八卷、文一卷。卷端题姑苏叶初春选。或初春别加釐订，抑佐但举其诗集欤。"何真据岭南，开府辟士，与同郡黄哲、李德、王佐、赵介并受礼遇，号南园五先生。后惟蕡信集流传。番禺赵纯称其究极天人性命之理，为一时儒宗云。

赵介卒（1344— ）。介字伯贞。元明间广东番禺人。博通诸经及释、老书。入明，闭户读书，不求仕进，屡荐皆辞。坐累逮赴京师，途中卒于南昌。著有《临清集》。已散佚。后人重辑黄哲、李德、王佐、赵介诗为《广东四先生诗》4卷。粤东诗派，数人实开其先。（另有《广中五先生诗》）事迹见《明史》卷二八五《孙蕡传》附传。

高志（ —1437）、刘谦（ —1447）、陈镒（ —1456）、葛哲（ —1461）、李奈（ —1462）、薛瑄（或1392—1464）、黄润玉（ —1477）生。

洪武二十三年　庚午　1390年

拜占庭约翰五世再次被废，同年

二月，明太祖悼惜宋讷卒，自为文祭之，为治葬地。

按：文臣四品给祭葬自讷始。（《明通鉴》卷一〇）

四月壬辰，四川建昌卫土官安配等遣其子僧保等 42 人请入国子监读书。赐袭衣靴袜。（《太祖实录》卷二〇一）

五月乙卯，赐韩国公李善长死，并其妻、女、弟、侄家口七十余人皆坐族。陆仲亨等亦坐诛。（《明通鉴》目录卷二）

按：李善长事迹见王世贞《中书省左丞相太师韩国公李公善长传》（《国朝献征录》卷一一）。

六月庚寅，选耆民有才德知典故者授之官，凡 452 人。（《明通鉴》目录卷二）

七月壬辰朔，明太祖御谨身殿观《大学》之书，谓侍臣曰："治道必本于教化，民俗之善恶即教化之得失也。《大学》一书其要在于修身者，教化之本也。人君身修而人化之，好仁者耻于为不仁，好义者耻于为不义，如此则风俗岂有不美，国家岂有不兴？苟不明教化之本，致风俗陵替，民不知趋善流而为恶，国家欲长治久安不可得也。"（《太祖实录》卷二〇三）

戊申，云南乌撒军民府土官知府何能，遣其弟忽山及啰啰生二人，请入国子监读书，各赐钞锭。（《太祖实录》卷二〇三）

八月壬申，诏毋以吏卒充选举。（《明通鉴》目录卷二）

甲戌，清理邮符。

九月辛卯，云南乌蒙、芒部二军民府土官遣其子以作补驹等，请入诣国子监读书。赐以衣钞。（《太祖实录》卷二〇四）

是年，袁泰请铸监察御史印，书其所按之处曰某道。（《明通鉴》目录卷二）

行都司儒学始设，最初置于北平。

命修《孟子节文》。

按：洪武二十七年成。

朱橚寓居滇阳。

按：当地山民感染瘴疟者众，朱橚遂命本府良医李恒选录古方和家传验方，编成《周府袖珍方》。

刘三吾以翰林院学士降为国子监博士；葛钧以侍讲学士降为国子监助教。

按：时三吾等受命授晋王世子经，吏部侍郎侯庸劾奏三吾等在职怠惰，宜黜降别用。明太祖曰："儒者不任剧事，俱令教国子。"未几，俱复职。（《太祖实录》卷一九九）

刘璟十月授为阁门使。谷王就封，刘璟擢左长史。

王钝迁浙江左布政使。

按：王钝洪武中征授礼部主事，历官福建参政，以廉慎闻。是年迁浙江。在浙十年，名与张𬘡埒。明太祖尝称于朝，以劝庶僚。

陶振举明经，授县学训导，迁安化教谕。

夏原吉中举人。入太学，擢户部主事。

陈琏中举人。入国子监。选为桂林教授。严条约，以身作则。

复位。

拜占庭尽失小亚细亚。

威克利夫的作品传入波希米亚。

宣仲庸以人才举授河南息县知县。

按：宣仲庸，生卒年不详。字显甫。常州府无锡人。凡有科派，必先在神前立誓，然后举办。尤留心学校，策励生徒向学，多所造就。事迹见《乾隆光州志》卷四八。

程通举应天乡试。时方遣诸王将兵，因以封建，策贡士于廷。通所对称旨，擢第一，授辽府纪善。

欧阳贤以书经举乡试。

龚诩十岁，迁居邑之春和里从西斋林先生游，通《春秋》经义。

按：明制儒学教谕一，训谕二，教谕居明伦堂，训谕一居居仁斋，曰东斋，一居由义斋，曰西斋。林先生，名钟，字仲镛。华亭人。

钱古训建福建漳州芗江书院。

张宇初入觐，奏准降敕重建大上清宫。

《洪武通韵》刊行。

按：据《四库全书总目提要》卷四二：《洪武正韵》颁行已久，明太祖以字义音切尚多未当，命词臣再校之。学士刘三吾言：前后韵书惟元国子监生孙吾舆所纂《韵会定正》，音韵归一，应可流传。遂以其书进，明太祖览而善之，更名《洪武通韵》，命刊行。是书已不传。

又按：据《千顷堂书目》卷三：孙吾舆《孝经注解》1卷。洪武初为太常博士，命授静宁侯叶升《孝经》，因为直说以训之。

方孝孺在缑城，辑《武王戒书注》、著《宋史要言》成。

吕诚撰《巨浸记》，记此年沿海潮灾。

童冀作《送郡庠诸贡士会试》。

苏伯衡作《九灵先生画像赞》。

董纪作《庚午除夕风雨大作，因思壬戌岁除，在按察司官舍，无异今夕，瞬息之间已及九载，慨今念昔，不能无怀，遂赋此》。

周藩刻《新刊袖珍方大全》4卷，后又刻（宋）董嗣杲《西湖百咏》1卷。

俞贞木作《书宋中兴四将画像后》。

高逊志在姑苏山塘跋元赵孟頫《卧雪图》。

梁寅卒（1309— ）。一说卒于1389年。寅字孟敬。江西新喻人。于石门山讲学，四方士子多从之学，成梁五经，又称石门先生。著有《周易参义》、《诗演义》、《礼书演义》、《周礼考注》、《春秋考义》、《汉唐以来君臣事略》、《宋元史节要》及《石门集》等。事迹见《明史》卷二八二，《征士梁寅传》(《国朝献征录》卷一一四)。

按：据《明史》本传，世业农，家贫，自力于学，淹贯《五经》、百氏。累举不第，遂弃去。辟集庆路儒学训导，居二岁，以亲老辞归。明年，天下兵起，遂隐居教授。太祖定四方，征天下名儒修述礼乐。寅就征，年六十余矣。时以礼、律、制度，分为三局，寅在礼局中，讨论精审，诸儒皆推服。书成，赐金币，将授官，以老病辞，还。结庐石门山，四方士多从学，称为梁五经，又称石门先生。《四库全书总目提要》卷四曰：《周易参义》12卷，"此乃所作《周易》义疏，成于至元六年，前有寅自序。其大旨以程

《传》主理，《本义》主象，稍有异同，因融会参酌，合以为一，又旁采诸儒之说以阐发之。""其诠释经义，平易近人，言理而不涉虚无，言象而不涉附会。大都本日用常行之事，以示进退得失之机，故简切详明，迥异他家之轇轕。虽未能剖析精微，论其醇正，要不愧为儒者之言焉。"《四库全书总目提要》卷一六曰：《诗演义》15卷，"是书推演朱子《诗传》之义，故以《演义》为名。前有自序云：'此书为幼学而作，博稽训诂以启其塞，根之义理以达其机，隐也使之显，略也使之详。'今考其书，大抵浅显易见，切近不支。元儒之学，主于笃实，犹胜虚谈高论，横生臆解者也。"《四库全书总目提要》卷一六八曰：《石门集》世有两本，一为浙江汪启淑家藏本，7卷，乃马氏玲珑山馆所抄；一为新喻知县崇安暨用所刊本，10卷，析前本卷帙以就成数耳。"寅于《易》、《诗》、《书》、《春秋》、《礼记》、《周礼》皆有训释，又有《策要》、《史断》诸书，颇究心于史学。又有《卮言》、《论林》、《搜古集》、《格物编》诸书，亦兼讲考证。故其文理极醇雅，而持论多有根柢，不同剽掇语录之空谈。"

又按：《太祖实录》卷一九八载：洪武二十二年十二月甲子，征士梁寅卒。《征士梁寅传》(《国朝献征录》卷一一四)则曰：洪武二十三年年八十二以十二月卒。《中国历代人名大辞典》记梁寅(1309—1390)。

宋讷卒(1311—　)。讷字仲敏。正德中追谥文恪。元明间大名府滑县人。与编《礼》、《乐》诸书。累迁文渊阁大学士、国子祭酒。严立学规，勤于讲解。以说经为学者所宗。著有《西隐集》。刘三吾纂讷墓志铭。事迹见《明史》卷一三七，黄佐《国子监祭酒宋公讷传》(《国朝献征录》卷七三)。

按：据《明史》本传：改文渊阁大学士。尝寒附火，燎胁下衣，至肤始觉。太祖制文警之。未几，迁祭酒。时功臣子弟皆就学，及岁贡士尝数千人。讷为严立学规，终日端坐讲解无虚晷，夜恒止学舍。十八年复开进士科，取士四百七十有奇，由太学者三之二。再策士，亦如之。太祖大悦。制词褒美。助教金文征等疾讷，构之吏部尚书余熂，牒令致仕。讷陛辞，太祖惊问，大怒，诛熂、文征等，留讷如故。……卒，年八十。太祖悼惜，自为文祭之。又遣官祭于家，为治葬地。文臣四品给祭葬者，自讷始。正德中。谥文恪。"明开国时即重师儒官。许存仁、魏观为祭酒，老成端谨；讷稍晚进，最蒙遇。与讷定学规者，司业王嘉会、龚敩。三人年俱高，须发皓白，终日危坐，堂上肃然。而张美和(张九韶)、聂铉、贝琼等皆名儒，当洪武时，先后为博士、助教、学录，以故诸生多所成就。魏观事别载。"《四库全书总目提要》卷一六九曰："刘三吾撰讷墓志，称所著《西隐集》十七卷。而《明史·艺文志》、黄虞稷《千顷堂书目》俱作十卷。此本有东莱刘师鲁序，称其集初为上海张趋所手录。滑人王崇之令上海，从其后求得而刻之。岁久漫漶，师鲁因鸠工重刻，盖即十卷之本。岂张趋缮录之时，又有所删并，故与墓志不合欤。集前四卷为赋、诗，后六卷为杂文，附以明太祖手敕四道，及《白云茅屋赋》二篇、记一篇。白云茅屋者，讷所筑别墅之名也。讷领成均胄子之任，师道严正，为一时典型。文章亦浑厚醇雅，其奉敕制太学碑，极为太祖所赏，今具载集中。又有壬子岁考试《秋闱次北平诗》，及《秋闱即事》诸诗。壬子乃洪武六年，盖讷未仕之前，已应聘为北平考官，而本传、墓志均未之载。……"

又按：许存仁，生卒年不详。《明史》卷一三七《宋讷传》附传曰：名元，以字行，金华许谦子也。太祖素闻谦名，克金华，访得存仁。与语大悦，命傅诸子。擢国子博士。尝命讲《尚书·洪范》休咎征之说。又尝问《孟子》何说为要。存仁以行王道、省刑、薄赋对。吴元年擢祭酒。存仁出入左右垂十年，自稽古礼文事，至进退人才，无不与论议。既将议即大位,而存仁告归。司业刘丞直曰:"主上方应天顺人,公宜稍待。"存仁不听,果忤旨。金事程孔昭劾其隐事,遂逮死狱中。事迹另见《明初事迹》、《本朝分省人物考》卷二二。

王永和(—1449)、徐鉴(—1450)、彭勖(—1453)、郑观(—1471)、林文(—1476)、柯暹(—?)生。

洪武二十四年　辛未　1391年

帖木尔伐金帐汗国。

拜占庭约安尼斯五世卒。子曼努埃尔二世继立。

土耳其国君士坦丁堡。

莫斯科公国灭下诺夫哥罗德。

正月丙辰,四川会昌、建昌二府土官遣其子王保等7人入国子监。诏赐钞锭衣衾靴袜。(《太祖实录》卷二〇七)

二月,明太祖阅《汉书》赐民爵,谓汉高立法未善。(《明通鉴》目录卷二)

三月丁酉,赐黄观等31人进士及第、出身有差。

按:观,生卒年不详。贵池人。本姓黄,以父赘许,从其姓。初贡太学,以孝名。至是礼部、廷试皆第一。累官至礼部侍郎,乃请复姓。(《明通鉴》卷一〇)事迹见《礼部侍中黄观》(《太学志》见《国朝献征录》卷三五)。

是月,发库藏得古镜,明太祖因论容貌。(《明通鉴》目录卷二)

五月乙巳,命国子监生解金等43人于在京各卫讲说武臣大诰。(《太祖实录》卷二〇八)

六月丁巳,汰僧道。

按:凡僧道,府不得过40人,州30人,县20人。民年非40以上,女非50以上者,不得出家。

己未,诏廷臣参考历代礼制、冠服。(《明通鉴》目录卷二)

辛酉,选历事官习成等往十二布政司整饬庶务,访求贤才,劝励学校。(《太祖实录》卷二〇九)

己巳,定儒学训导位于杂职之上。

按:时宁波府象山县僧会司奏:"儒学训导每于公会,欲班前列及坐于上。其儒学税课司、河泊所、僧道衙门一体杂职,训导何得独居于前?"礼部侍郎张智奏:"训导为国育材,教化之本,学校兴则风俗美,师道立则善人多,国朝稽古崇文,训导之设,岂同杂职?"太祖曰:"然。训导宜班杂职之首。"(《太祖实录》卷二〇九)

戊寅,命礼部颁书籍于北方学校。(《太祖实录》卷二〇九)

七月庚子,徙富民实京师。(《明通鉴》目录卷二)

甲寅,太祖与群臣论治道,谕之曰:"构大厦者必资于众工,治天下者必赖于群才。然人之才有长短,亦犹工师之艺有能否。善攻木者不能攻石,善斲轮者不能为舟。若任人之际量能授官,则无不可用之才矣。卿等皆朕股肱耳目,宜为朕广求贤才,以充任使,毋求备于一人可也。"(《太祖实录》卷二一〇)

九月乙酉朔,诏礼部:今后科举岁贡于《大诰》内出题,或策论判语参试之。(《太祖实录》卷二一二)

十一月庚戌,皇太子自陕西还。绘图以献。

按:献《陕西地图》。时皇太子已病,病中犹上书言经略建都事。

癸巳,命礼部谕天下学校生员兼读诰律。(《太祖实录》卷二一四)

己亥,命赏民间子弟能诵《大诰》者。(《太祖实录》卷二一四)

十二月戊寅,国子生夏伦、杨砥自福建购书还,命颁于北方儒学。(《太祖实录》卷二一四)

是年,"申明佛教榜册"颁布。(《金陵梵刹志》卷二)

遣使寻张三丰,无踪影。

旨谕禁私出符箓,赐张宇初龙虎山天师正一玄坛印,以俾关防符箓,镇护名山。(《皇明恩命世录》)

铸浑天仪。

周王橚十二月庚午归国。

朱权封宁王。

解缙被特恩,得一岁一归省。

王绅以蜀王遣使币迎至蜀,受命为成都府文学。

按:王绅启蜀王往云南求父祎之遗骸,不获,因作《滇南恸哭记》以归。

尤义征为湖广布政司经历。

王俌入国子监。

樊镇成进士。授监察御史,特升山西按察副使,官至右布政使。

按:樊镇,生卒年不详。河南考城人。通晓经史。

张显宗成进士。授编修,迁国子祭酒。

欧阳贤会试中教官,选授严州、兴化教授。

储埏以府学贡生,官山东布政使。

按:储埏,生卒年不详。宜兴人。著有《宦余录》20卷,见道光《续纂宜荆县志》卷九。一说,据《明史》卷七,永乐十八年三月戊子,山东布政使储埏、张海,按察使刘本等坐纵盗被诛。

陈循正月随兄入塾读书。

杨彝从明太祖游华山,献《览胜赋》。

方孝孺在缑城,著《大易枝辞文统》成。

按:据《逊志斋集》有《与苏先生书》曰:"读《周易》颇厌近时传注繁复附会,欲为枝辞十余卷,发圣贤君子大意,使人不惑于众多纷纭之论,历时已久而未能成书。"卢演《正学先生年谱》则谓:"洪武二十四年,先生年三十五,在缑城著《大易枝辞》成。"《经义考》云佚。

礼部受命印《通鉴》。

徐达左作《游武夷九曲记》。

林鸿作《送黄玄之京》。

王达善作《绿苔轩集序》。

按：序曰："先生之嗣叔达，犹子仲益，相与纂次成集，俾予序之。余托交于子侄之间，承风接响者非一日矣，姑述其概而为之序，……。"

僧宗泐卒（1317— ）。宗泐俗姓周，字季潭。浙江临海人。名所居室为全室。洪武中诏致有学行高僧，首应诏至，奏对称旨。诏笺释佛经。曾奉使西域，还授左善世。太祖欲授以官，固辞。太祖为撰《免官说》。深究胡惟庸案时曾遭株连，太祖命免死。后在江浦石佛寺圆寂。著有《全室外集》9卷，续集1卷等。事迹见《金陵梵刹志》卷一、卷一六，《释氏稽古略续集》卷二，《南宋元明禅林僧宝传》卷一三。

按：《金刚般若波罗蜜经注解》1卷，僧如玘同注，《千顷堂书目》卷一六、《明史·艺文志》作《金刚经注》1卷。《般若波罗蜜多心经注解》，僧如玘同注，《千顷堂书目》卷一六作《全室禅师注心经》1卷，《明史·艺文志》作《心经注》1卷。《楞伽阿跋多罗宝经注解》，僧如玘同注。《全室外集》9卷、续集1卷，《四库全书总目提要》卷一六九曰："是编题曰《外集》，盖释氏以佛经为内学，故以诗文为外，犹宋释道璨《柳塘外集》例也。""《续集》诗文合编，而诗文之间阙四页，其原数遂不可考。""《千顷堂书目》作《全室外集》十卷，盖合此一卷言之耳。宗泐虽托迹缁流，而笃好儒术。故其诗风骨高骞，可抗行于作者之间。徐一夔作是集序……。""《千顷堂书目》载宗泐尚有《西游集》一卷，盖奉使求经时道路往还所作。见闻既异，其记载必有可观。今未见其本，存佚殆不可知矣。徐祯卿《翦胜野闻》谓宗泐奉使西域，未至其地，途遇神僧幻化而归者。盖未知宗泐有此集，故造是齐东之语，与所谓宗泐蓄发还俗者同一谬妄也。"《全室西游集》1卷，见《千顷堂书目》卷二八。《明史》卷九九曰，洪武中，宗泐为右善世，奉使西域求遗经，往返道中之作。《释全室集》1卷，存见《盛明百家诗》本。

僧来复卒（1319— ）。来复俗姓王，一作姓黄。字见心，自号竺昙叟，一作竺㬅叟。江西丰城人，寓居南京。少出家于邑之西方寺。明内典，通儒术，能诗善文。坐胡惟庸党诛。著有《蒲庵集》、《蒲庵集外集》、《四会语录》等，编有《澹游集》3卷。事迹见《古今图书集成》神异典卷一八九，《补续高僧传》卷二五。

按：《蒲庵集》6卷附《幻庵诗》1卷，弟子僧法住编，附法住纂。有洪武间刻本，另有4卷本、3卷本存。《澹游集》，存有清钞本，《增订四库简目标注》曰："所与游者名卿大夫及诸名士投赠诸作，多有《元诗选》所未采者。"

王履卒（1332— ）。一说生于1331年。履字安道，号畸叟，又号抱独老人。苏州府昆山人。笃志问学，博通群集，教授乡里，能诗文。金华名医朱震亨弟子，尽得其术。工绘画，早年取法南宋马远、夏圭。著有《医经溯洄集》、《百病勾玄》20卷、《医韵统》100卷、《伤寒立法考》、《标题原病式》1卷诸书，医家宗之。事迹见《明史》卷二九九，《王安道履传》、李濂《王履传》（均《国朝献征录》卷七八）。

按：《明史》本传曰："学医于金华朱彦修，尽得其术。尝谓张仲景《伤寒论》为诸家祖，后人不能出其范围。且《素问》云'伤寒为病热'，言常不言变，至仲景始分寒热，然义犹未尽。乃备常与变，作《伤寒立法考》。又谓《阳明篇》无目痛，《少阴篇》言胸背满不言痛，《太阴篇》无嗌干，《厥阴篇》无囊缩，必有脱简。乃取三百九十七法，去其重者二百三十八条,复增益之,仍为三百九十七法。极论内外伤经旨异同,并《中风》、《中暑辨》,名曰《溯洄集》,凡二十一篇。又著《百病钩玄》二十卷,《医韵统》一百卷,医家宗之。履工诗文,兼善绘事。尝游华山绝顶,作图四十幅,记四篇,诗一百五十首,为时所称。"《四库全书总目提要》卷一四〇曰:"李濂《医史》有履补传,载其著书始末甚详。观其历数诸家,俱不免有微词,而内伤馀议兼及东垣,可谓少可而多否者。然其会通研究,洞见本原,于医道中实能贯彻源流,非漫为大言以夸世也。"

又按:许谌,生卒年不详。字元孚,号娄愚。苏州府昆山人。少从王履游,博通儒学,深造医道。著有《野情集》(见《昆新两县续修合志》卷四九)。传其学于婿陶浩。浩,生卒年不详。字巨源。昆山人。少业儒,受许谌业,能起奇疾。著有《药案》(见《江苏历代医人志》引《昆山县志》)。

彭琉(—1458)、高穀(—1460)、吴与弼(—1469)、僧根敦朱巴(达赖一世)(—1474)、戴浩(—1483)生。

洪武二十五年　壬申　1392 年

正月癸巳,命天下学校自今府学每岁贡二人、州学二岁贡三人、县学每岁贡一人。(《太祖实录》卷二一五)

二月甲子,命学校生员兼习射与书数之法。(《太祖实录》卷二一六)

六月癸亥,明太祖谕礼部臣曰:"近闻天下学校生员多骄惰纵肆,凌慢师长,宜重禁之,尔礼部其著为学规,俾之遵守。"(《太祖实录》卷二一八)

是月,皇太子新薨,明太祖以时享将及,命翰林院及礼臣议礼。(《明通鉴》目录卷二)

七月己酉,有学正、教谕给由至京师者,召问民事,皆不能对。太祖命谪之远方,并榜示天下学校,以为炯戒。(《太祖实录》卷二一九)

八月丙子,明太祖御东阁门。刘三吾以皇孙世适对。(《明通鉴》目录卷二)

戊寅,《醒贪简要录》颁于内外诸司。(《太祖实录》卷二二〇)

九月乙巳,分遣国子生 171 人分考诸司案牍。(《明通鉴》目录卷二)

是月,诏求精晓历数之士。(《明通鉴》目录卷二)

十月己酉朔,改建钦天监于五府之后。明太祖命五军都督府谕校试军士之令。(《太祖实录》卷二二二)

癸卯,置贵州宣慰司儒学。

十一月戊辰,置云南沅江府儒学。

按:时沅江府言:"土官子弟编氓多愿读书,宜设学校以教之。"诏从之。(《太祖实录》卷二二三)

是年,赐闽人三十六姓于琉球。

日本南北朝终。

帖木尔再侵波斯南部与美索不达米亚。

威尼斯灭都拉斯公国。

高丽李成桂逐其君瑶自立,遣使请更国号,命曰朝鲜。(《明通鉴》目录卷二)

令僧录司造僧籍册,刊布寺院,互相周知,名为"周知板册"。

德意志爱尔福特大学创建。

方孝孺以荐辟至京师,九月除将侍郎、汉中府学教授。

按:《明史》卷一四一曰:"二十五年,又以荐召至。太祖曰:'今非用孝孺时。'除汉中教授,日与诸生讲学不倦。蜀献王闻其贤,聘为世子师。每见,陈说道德。王尊以殊礼,名其读书之庐曰'正学'"。

王绅以父祎死节云南,远在万里,乞请往求遗殖。

刘三吾免官。

黄湜(黄子澄)九月庚寅进修撰,侍东宫讲读。

周王橚正月戊子来朝。

夏原吉授户部主事。

周敬心,时为太学生,九月上书言时政,报闻,终不用。

按:周敬心因太祖诏求晓历数者,上疏极束且论时政数事,谓国祚长短在德不在历数。敬心,生卒年不详。山东人。事迹见《明史》卷一三九。

杨彝讫归东屯,开轩松林史中,因又自号万松老人。

按:杨彝,生卒年不详。字宗彝,别号银塘生。绍兴府余姚人。少卓荦,文章书画,无不精妙,尤长于诗。洪武间任长泰主簿。卒年八十。有集。事迹见《乾隆贵州通志》卷三二。

管讷(管时敏)乞致仕归里。

按:楚王桢请命于朝,留居武昌,禄之终身。筑室黄屯山,命曰全庵。

程通以祖丧返绩溪。

曹端年十七,读毕五经;从宜阳马子才、太原彭宗古游。

按:又构室以陈经籍,书其户曰:"勤勤勤勤,不勤难为人上人;苦苦苦苦,不苦如何通古今。"父命扁曰勤苦斋。

僧宗喀巴开始讲经收徒,并通达显密各派教义。

按:以中观为正宗,月称为依止,以噶当派教义为立说之本,建立体系,从倡导戒律入手,进行宗教改革。并著书立说,广收门徒,终于形成一代宗风,正式创立格鲁派。

石光霁作《春秋书法勾元序》。

按:序曰:"光霁叨蒙齿录,赞教成均,校文之隙,窃拟陆氏所纂之例,辑诸儒至当之论,编《五礼类要》六卷,以二百四十二年之书法汇而分之,萃而会之,俾原始要终,易以探讨。然文辞浩汗,学者未易得其指归。复撮要言,大书以为纲;采精义,细书以为目,名曰《书法钩元》。……"

方孝孺为吴江莫礼撰《寿璞堂记》。

张璹作《游石湖诗序》。

遵正书堂刻《增修笺注妙选群英草堂诗馀前集》2卷,后集2卷。

童冀《后和陶诗》编成。

按:童冀,生卒年不详。字中州,浙江金华人。湖州府教授。调北平,坐罪死。

著有《尚絅斋集》5卷,不知何人所编。就其编目考之,原目当为《金华集》、《南行集》、《雪川集》、《北游集》四种。《四库全书总目提要》卷一六九曰:"冀在明初,与宋濂、张羽、姚广孝相唱和,词意清刚,不染元季绮靡之习。虽名不甚著,而在一时作者之中,固亦足相羽翼也。"事迹另见《金华贤达传》卷一一,《列朝诗集》甲集。

张宇初序王玠纂《还真集》。

按:《还真集》3卷,道教内丹论著。大旨阐述金丹之道妙旨、功法及理论。题"混然子撰"。混然子即王玠,字道渊。元末明初道士。序称混然子"以故姓博学,尝遇异人得秘授,犹勤于论著。予读其言久矣,间会于客邸,匆遽未遑尽究。今春吾徒袁文逸自吴还,持其所述《还真集》请一言。予味之再信达呼金夜还丹之旨,其显微敷畅可以明体会用矣,使由是而修之。虽上溯紫阳清庵,亦未知孰后先也"。是书收入《道藏·太玄部》夫字号,涵芬楼影印本第739册。

谢应芳卒(1296—)。一说生于1295年。应芳字子兰。元明间常州武进人。自幼钻研理学,素履高洁,为学者所宗。元至正初,隐白鹤溪上。颜小屋曰"龟巢",因以为号。著有《思贤录》5卷续录1卷、《龟巢稿》17卷、辑有《辨惑编》4卷、《怀古录》3卷。事迹见《明史》卷二八二。

按:《明史》本传称,其议论必关世教,切民隐,而导善之志不衰。诗文雅丽蕴藉,而所自得者,理学为深。据《四库全书总目提要》卷五九:《思贤录》5卷续录1卷,"是编为其乡宋宝文阁直学士邹浩而作。《正录》成于至正十五年,……有杨惟桢、郑元佑二序。《续录》则皆应芳及知府张度等祭墓之作,成于明洪武十二年。其中又载有洪武十三年以后祭文、碑记诸篇,迄于正统十年,则后人所附入也。"《四库全书总目提要》卷九三曰:《辨惑编》4卷"是编作于至正中。因吴俗信鬼神,多拘忌,乃引古人事迹及先儒议论一一条析而辨之。""末一卷附录书及杂著八篇,皆力辟俗见,斯斯然据理以争,与是编相发明者也。昔宋储泳作《祛疑说》,原本久佚,惟左圭《百川学海》中载其节本。应芳此书,……与泳书相等,而持论较泳尤正大,正不得以平易忽之。曹安《谰言长语》曰:毗陵谢子兰,取圣贤问答之词,辟异端者为书,名曰《辨惑编》。经书子史,先儒扶正抑邪之言备载,真可以正人心。盖深取之也。惟叶盛《水东日记》曰:毗陵谢子兰氏《辨惑编》一书,诚亦辟邪植正,有益于世。其中援经据法,深怪世人惑于淫祀,当矣。乃云自其先人亡后,即以所事神影火之,以其非义之故,此独惜其过当。"

僧弘道卒(1315—)。弘道字竺隐。苏州府吴江人。沈氏子。著有《楞伽经注解》,见《千顷堂书目》卷一六。

苏伯衡卒(1332—)。伯衡字平钟,浙江金华人,友龙子。博涉群籍,文词蔚赡有法,以善古文闻名于时。《宋元学案》列其入《北山四先生学案》。著有《苏平仲集》16卷。事迹见《明史》卷二八五本传,黄佐《国子监学正苏伯衡传》(《国朝献征录》卷七三)。

按:《四库全书总目提要》卷一六九曰:《苏平仲集》"是集卷首有洪武四年刘基序,而集中《厚德庵记》云'庵成于洪武壬戌十二月',则是记乃洪武十五年以后之作,基所序者,尚未定之初稿也。""集为正统壬戌处州推官黎谅所重刊。"今集中《竹坡处士俞元瑞墓志铭》所记在洪武十七年;《书龙渊集后》末题"洪武二十五年二月甲子",最晚。刘基《苏平仲文集序》曰:"余与之同朝,每得而读之,未尝不为之击节焉。荃天子龙兴江左,文学之士彬彬然为朝廷出者,金华之君子居多。典册之施,文檄之行,故实之讲,烨然足以华国,所谓如圭如璋,令闻令望,而颙颙印印者,则莫能或过于平仲,有由然哉。他日征我朝文章言语之工,有以鸣国家之盛而追配汉唐诸作者,其必于平仲有取也夫。"《空同子瞽说》1卷,据《四库全书总目提要》卷一二四:"是书仿诸子文体,多托物寓意之词。已载入伯衡文集第十六卷,此其别行之本。后李梦阳亦著《空同子》,与此同名,实两书。"《地理录》载司马泰《文献汇编》,未见。

袁泰卒,生年不详。泰,山西万泉人,精于法律而失之严刻,为奸邪者所畏。事迹见廖道南《袁泰传》(《国朝献征录》卷五四)。

俞海(—1441)、刘球(—1443)、周叙(—1452)、刘溥(—1453)、金濂(—1454)、孙鼎(—1457)、薛瑄(或1389—1464)、夏衡(—1464)、僧熏努贝(—1481)生。

洪武二十六年　癸酉　1393年

帖木尔灭波斯穆扎法尔王朝。

土耳其灭图尔诺沃王国。

英议会再次通过侵害王权罪法案,规定教皇之权不得逾越王权。

二月乙酉,凉国公蓝玉以谋反伏诛,列侯以下坐党夷灭者凡15000余人。(《明通鉴》目录卷二)

己丑,《逆臣录》颁于天下。(《明通鉴》目录卷二)

三月,颁诸史职掌《稽制录》。(《明通鉴》目录卷二)

按:《明史》卷一三二《李新传》:"时诸勋贵稍僭肆,帝颇嫉之,以党事缘坐者众。新首建言:公、侯家人及仪从户各有常数,余者宜归有司。帝是之,悉发凤阳隶籍为民,命礼部纂《稽制录》,严公侯奢侈逾越之禁。"

五月丙寅,定学官考课法,以科举生员多寡为殿最。

按:先是教官考满兼核其岁贡生员之数,至是太祖以岁贡为学校常例,故专以科举为其殿最。(《太祖实录》卷二二七)

六月,李德芳以钦天监副上书,请仍依《授时法》,以至元辛巳为历元。监正元统奏辨,而一时多是德芳言。

按:自是《大统历》如故,而推算仍依《授时法》。

八月癸未,始命天下府州县儒学训导冠带。(《太祖实录》卷二二九)

十月丙申,擢国子生刘政等64人为行省布政等官。

按:时虽设科,而国子监生与荐举人才,悉参用之,一时由布衣登大僚者,不可胜数。

是月,大成乐器颁于天下府学。(《明通鉴》目录卷二)

十一月,各省学官秩满来朝,召问经史及政治得失,令直言无隐。

十二月庚子,《永鉴录》颁于诸王。(《明通鉴》目录卷二)

是岁,定学校考课法。

按:专以科举为殿最。九年任满,核其中式举人,府9人、州6人、县3人者为最。少者为二等。中举者太少或全无者为殿。

罢中都国子监,将其师生并入京师国子监。

禁百姓以太祖、圣孙、龙孙等所谓犯忌字取名。

朱㮵就藩宁夏,暂驻古韦州城。

方孝孺典京闱试,识拔华亭俞允(俞永)。四月抵汉中,到夔祭宋濂墓下,痛哭而去。

翟善命撰部事,再迁尚书。

郑济以孝悌敦行,召授左春坊左庶子。

按:郑济,生卒年不详。字仲辨。浦江人。宋濂弟子。事迹见《古今图书集成》字学典卷一一七。

芒文缜为贵州儒学教授,训导有方。

按:芒文缜,生卒年不详。江西临川人。事迹见《古今图书集成》氏族典卷三一〇。

刘绩寓萧山。周君尚谦偕会稽文学缪庆元来访。

胡俨丁母忧。

陈山中举人。

曹端始入邑校。

黄润玉5岁,侍母疾夜不就寝,家人称其孝。

道士刘渊然召入禁中,试以道术,赐号"高道"。令在南京朝天宫西山道院居住。

太祖御制《周颠仙传》1卷。

按:《四库全书总目提要》卷一四七曰:"明太祖高皇帝御制,纪周颠仙事迹。颠仙,建昌人。少得狂病,其踪迹甚怪。初谒太祖于南昌,随至金陵。后从征陈友谅,旋即辞去。友谅既平,太祖遣使往庐山求之不得。洪武二十六年,太祖亲制此传,命中书舍人詹希庚书之,勒石庐山。后人录出别行,并附以太祖御制祭天眼尊者文一首,群仙诗及赤脚僧诗各一首。《明史·方技传》叙周颠事,即据此文也。"

奉敕纂《逆臣录》二月己丑颁于天下。

按:《逆臣录》,蓝玉党人供词,明太祖敕命翰林官撰录,并每份供词前有招供人姓名、年龄、籍贯、身份及与蓝玉关系等。

奉敕纂《永鉴录》十二月庚子成,颁于诸王。

按:命儒臣辑历代诸王宗室为恶悖逆者,编次成书。《四库全书总目提要》卷一三一曰:"训诸王也。每条各举古事,而以俗语演之,取其易通晓也。"

奉敕纂《世臣总录》成。

按:《太祖实录》卷二三〇载:《永鉴录》"其书辑历代宗室诸王为恶悖逆者,以类为编,直叙其事,颁赐诸王。又辑历代为臣善恶可为劝惩者,别为一书,名曰《世臣总录》,以颁示中外群臣。"

方孝孺作《应天府乡试小录序》。

翟善等奉敕编纂《诸司职掌》10卷书成。依府、部、寺诸衙门分述其职。

按:《太祖实录》卷二二六曰:明太祖见"诸司职有崇卑,政有大小,无方册以著

奈恩的哥特式市政厅落成。

成法,恐后之莅官者罔知职任政事施设之详","乃命吏部同翰林儒臣仿《唐六典》之制,自五府、六部、都察院以下诸司,凡其设官分职之务,编类为书。"善,生卒年不详。字敬夫。泰兴人。10岁师事朱昶。善明于经术,奏对合帝意。后坐事降宣化知县卒。《明史》卷一三八称,选监生能文章者兼除州县官及学正、教谕,自泰兴翟善始。事迹见《明史》卷一三八《陈修传》附传,雷礼《吏部尚书翟公善传》(《国朝献征录》卷二四)。

王叔英作《送郑生序》。

高棅编《唐诗品汇》成。

按:《唐诗品汇》卷首阐明其编排体例是"分体从类,随类定其品目,因目别其上下、始终、正变,各立序论,以弁其端"。书前有总叙、历代名公叙论、凡例、诗人爵里详节诸项,每诗体之前,有一叙目,为该诗体之总论,主要说明其来源及在唐代之流变。其论诗主要承袭宋严羽《沧浪诗话》之说,尤以盛唐诗歌为重。首次明确提出唐诗发展"有初唐、盛唐、中唐、晚唐之不同"。重盛唐之诗评,则影响前后七子"摹拟盛唐"之文学主张与实践。《四库全书总目提要》卷一八九谓:"明初闽人林鸿,始以规仿盛唐立论,而棅实左右之,是集其职志也。""始于洪武甲子,成于癸酉;至戊寅,又搜补作者六十一人,诗九百五十四首,为《拾遗》十卷附于后。""其凡例谓:大略以初唐为正始,盛唐为正宗,为大家,为名家,为羽翼;中唐为接武;晚唐为正变,为余响;方外异人等诗为旁流。间有一二成家,特立自异者,则不以世次拘之。""《明史·文苑传》谓,终明之世,馆阁以此书为宗。厥后李梦阳、何景明等摹拟盛唐,名为崛起,其胚胎实兆于此。平心而论,唐音之流为肤廓者,此书实启其弊;唐音之不绝于后世者,亦此书实衍其传。功过并存,不能互掩,后来过毁过誉,皆门户之见,非公论也。"成化年间陈炜刻本为目前所见最早刻本,后又有汪宗尼、汪季舒、陆允中、张恂等人之校订本。1982年上海古籍出版社据汪宗尼校订本影印。(参《中国学术名著提要》、《中国大书典》)

俞贞序僧睿略所作《松月集》。

按:序曰:"若松月略禅师,气韵高爽。自幼习儒,早岁从释,遍参老师硕德而有得焉。乃退然阖间之林下,无慕乎外,喜为唐人诗。禅余则吟咏,与朋游唱和。其徒孙永祯掇集成帙,甚肖唐人体制。中年更历世故,披一衲于三橡之下,究竟直指之学,注注发于言辞,警世俗而薄势利,人争传诵之。及屏居双塔精舍,出入尤简。凡骚人韵士相过,则留连徘徊终日不已。余暇造其室,获观其所谓《松月集》者,展诵数遍,不觉令人洒然脱去尘虑。祯求序于卷端。……。"

道士丘玄清卒(1327—)。丘玄清又作邱元靖。武当山全真道士。陕西富平人。事迹见《丘玄清传》(《国朝献征录》卷一一八)。

按:据沈德符《万历野获编补遗》卷三载:明太祖"以二宫人赐之,丘度不能辞,遂自宫。"并载说京师"燕九"之节,即因丘以此日自阉,故名"阉九",转为"燕九",为京师一大节庆。

徐贲卒(1335—)。贲字幼文,号北郭生。苏州府长洲人。其先蜀人,徙居吴淮。元明间苏州府长洲人。为十才子之一,又与高启、杨基、张羽合称吴中四杰。著有《北郭集》6卷等。事迹见《明史》卷二八五《高启传》附传。

按:《四库全书总目提要》卷一六九曰:"其客吴时,尝居城北之齐门,故名集曰

'北郭'。旧本为吴人张习编次。今是集前后无序跋,题曰'陈邦瞻校'。盖万历间重刻之本,又非习所编之旧矣。"

尤义卒(1336—)。尤义字从道。本姓钦。苏州府吴县人。著有《元史辑要》、《牧庵诗集》。事迹见《古今图书集成》氏族典卷三二六。

莫礼卒,生年不详。礼字士敬。苏州府吴县人。著有《北征集》、《东村诗稿》。

按:蓝党事起,同邑顾学文等坐同谋,株连于礼,与员外郎张瑾、主事李鼎、崔龄、徐衍等俱被诛。著述见《横金志》艺文一。

储懋(—1452)、陈贽(—1466)、方勉(—1470)、徐忞(—1475)、僧景隆(—?)生。

洪武二十七年　甲戌　1394 年

三月庚子朔,赐张信等 100 人进士及第、出身有差。

四月丙戌,诏修《书传会选》。(《太祖实录》卷二三二)

六月癸酉,明太祖与侍臣论楚庄王过魏武侯。(《明通鉴》目录卷二)

八月乙亥,遣国子生分行天下,督修水利。(《明通鉴》目录卷二)

十月庚辰,命自今府州县学生员凡食廪十年,考其学无成效者罚为吏。(《太祖实录》卷二三五)

壬午,府军左卫指挥金事凌云言:"武官子弟除嫡长袭父职总军伍,余自十五岁以下令入郡县学讲读经文及御制《武臣鉴戒》诸书,使其通晓礼法,习知今古,俟有成立,优以牧民之职。"从之。(《太祖实录》卷二三五)

是年,制僧人行止"趋避条例"。

朱权之国大宁都司。

方孝孺以所作《蜀道易》长诗,谀蜀献王朱椿。有事成都,为其地新修杜甫草堂作碑记。

刘三吾总《书传会选》事。

钱宰与编《书传会选》成,加博士致仕。是年著《金陵形胜论》。

张美和(张九韶)复至南京,与修《书传会选》。

管讷(管时敏)为赵谦(赵古则、赵撝谦)作《墨窗》诗,美撝谦书艺。

任亨泰五月癸亥为礼部尚书。

按:订定旌表孝行事例。

何初诏入翰林。

按:与学士刘三吾纂修《书传》及《孟子节文》。何初,生卒年不详。字厚铭(一

西吉斯蒙德囚德意志瓦茨拉夫四世。

帖木尔伐亚美尼亚。

英国侵爱尔兰。

说原铭)。元明间湖广常山人。通《易》、《诗》、《书》。著有《尚书传》,原本未见。又有《孝经解》1卷,见《千顷堂书目》卷三、《经义考》著录。已佚。《经业》,是书据雍正《浙江通志》引万历《常山志》,未见。事迹见《光绪常山县志》卷四七。

周是修征辟入京。

石允常成进士。官河南佥事。

叶宗可成进士。

按:初署刑部侍郎,未几乞归养亲。辟为府学训导,以荐任国子助教。叶宗可,生卒年不详。宁波府鄞县人。事迹见《万姓统谱》卷一二四。

任勉之成进士。官睢州知州。

刘本成进士。以行人历官陕西左布政使。

按:为人廉明钢介,因故降交趾参政。后以功升山东按察使。

刘季篪成进士,授行人。擢陕西参政,修水利,宽刑罚。

李泰成进士。为鸿胪寺资宾,改参事府事通事舍人,左迁永平府昌黎县丞。

陈诚成进士。授行人。

俞允(俞永)成进士。授楚王府纪善,历鲁山知县。

按:入为礼部主事,迁员外郎,因事谪长少通判。

唐泰成进士。

钱古训成进士。授行人。

黄绍烈成进士。官瑞安县知县。

按:黄绍烈,生卒年不详。临川人。著有《书经主意》,见《千顷堂书目》卷一。

戴德彝成进士。授翰林编修。

戚伯榆成进士,任行人。

丰寅初充岁贡。官九江德化教谕。

黄润玉六岁就塾,坐立屹然,不与群儿狎,书过目成诵,塾师奇之。

道士孙碧云征召至京师,馆于朝天宫。

刘三吾等九月癸丑奉敕纂修《书传会选》成书。

按:初,太祖观《蔡氏书传》,象纬运行与朱子《书传》相悖,其它注鄱阳邹季友所论有未安者,征天下宿儒订正之。开局于翰林院,由学士刘三吾总其事,与修者有张美和(张九韶)、钱宰、靳权等,书成,定名为《书传会选》。《四库全书总目提要》卷一二曰:"至明太祖始考验天象,知与蔡《传》不合,乃博征绩学,定为此编。""顾炎武《日知录》曰'……每传之末,系以经传音释,于字音、字体、字义辨之甚悉。其传中用古人姓氏、古书名目,必具出处,兼亦考正典故。盖宋元以来诸儒之规模犹在,而其为此书者,皆自幼为务本之学,非由八股发身之人。故所著之书虽不及先儒,而尚有功于后学'云云,以炎武之渊博绝伦,罕所许可,而其论如是,则是书之足贵,可略见矣。""考《太祖实录》,与群臣论蔡《传》之失,在洪武十年三月。其诏修是书则在二十七年四月丙戌,而成书以九月己酉,仅五阅月。观刘三吾叙,称:'臣三吾备员翰林,屡尝以其说上闻。皇上允请,乃诏天下儒士仿石渠、白虎故事,与臣等同校定之。'则是十七年间三吾已考证讲求,先有定见,特参稽众论以成之耳。"《明诗纪事》甲签卷一四《张美和》陈田按:"余考《实录》所纪,与美和同征者:国子监博士致仕钱宰,助教致仕靳权,教授高让,学正王子谦,教谕张士谔、俞友仁、何原铭、傅子裕、周惟善,训导唐棐、周宽、赵信、洪初、万钧、王宾、谢子方、吴子恭,儒士解震生、熊剑、揭轨、萧尚仁、萧子尚、王允升、张文翰、张思哲、宋麟。竹垞《经义考》谓:'当时修书时,尚有许观、景清、卢原质、戴德彝,皆以死建文之难删去。'然考今所传《书传会选》旧本,尚有胡季安、门克新、王俊华等十一人,而无靳权、吴子恭、宋麟三人,岂《实录》所纪,但据始事时所征,其后或去或增,互有不同耶?有明一代官书,以此书为最善,顾亭林《日知录》亟称之。"

又按:俞友仁,生卒年不详。字文辅。浙江仁和人。洪武进士,历官山西按察佥事。工诗能文。事迹见《古今图书集成》氏族典卷九三。

翰林儒臣九月庚申纂修《寰宇通衢》成。

按:《四库全书总目提要》卷七二云:"案黄虞稷《千顷堂书目》曰:'《寰宇通衢》一卷,洪武二十七年九月书成。先是,太祖以舆地之广,不可无书以记之,乃命翰林儒臣以天下道里之数,类编为书。其方隅之目有八。'"

刘三吾修《孟子节文》成,诏命刊刻,颁示天下。

按:刘三吾《孟子节文题辞》曰:"孟子一书,中间词气之间抑扬太过者85条,其余170余条,悉颁之中外校官,俾读是书者知所本旨。自今85条之内,课士不以命题。科举不以取士,一以圣贤中正之学为本。"对此后人多有批评,至永乐朝孙芝奏复《孟子》全书。

李延兴(李继本)代雄县知县作《祷雨文》。

按:李继本,生卒年不详。名延兴,以字行。东安人,占籍北平。元至正十七年进士。著有《一山文集》9卷,《四库全书总目提要》卷一六八曰:"此集前有李敏序,称为其子方曙、方煦所辑。而景泰中黎公颖序则曰其孙容城教谕伸所编。意其父子相继为之欤。朱彝尊《明诗综》搜罗最备,独未录是集。殆以未仕于明,故与杨维桢诸人一例不载。顾嗣立《元百家诗选》亦未收入。则疑流传颇少,嗣立偶未见也。"

钱宰是年作《金陵形胜论》。自序《临安集》。

按:自序曰:"近自成均致事而归,间辑旧所著述,题曰《临安集》,非所谓文也,或得以不坠前人之绪耳。尚庶几知我者,黜其非,正其缪,俾进于道焉。"

石光霁作《翠屏张先生文集刊后序》。

按:序曰:"先生早登科第,晚名翰苑,为文日益工,而求文者日众,然篇什浩繁,不无错简,姑以校其无讹者汇而成编,……"。石光霁,《万姓统谱》作光霄。生卒年不详。字仲濂。元明间扬州府泰州人。元末从学于张以宁,专精授《春秋》之学。张以宁死,访其遗文结集行世。著有《春秋钩元》、《石仲濂集》、《樗散集》。据《四库全书总目提要》卷二八:《春秋钩元》4卷,犹张以宁之传也。大旨本张大亨、吴澄之意,以春秋书法分属五体,凡失体者则书之以示褒贬。因考周礼经注,详录吉凶军宾嘉五体条目。其有五体不能尽括者,如年月日时名称爵号之类,则别为杂书法以冠于首。每条书法之下,采集诸传之词,以切要者为纲,发挥其义者为目。大概以左传公谷、胡氏、张氏(以宁)为主,义有未备者,亦间采啖赵诸儒之说,而总以己意折衷之。序言啖赵之纂例,详于经而略于传,纂疏会通之书,备于传而略于经。兹能损益其所未备。事迹另见《明史》卷二八五《张以宁传》附传,黄佐《国子监博士石光霁传》(《国朝献征录》卷七三)。

蜀府刻《自警编》9卷、刘向《说苑》20卷。

赵谦七月作《造化经纶图》。

俞贞木为治平寺僧跋所藏王蒙《松云小隐图》。

张适卒(1330—)。适字子宣,号甘白。自称"滇池老鱼"。元明间苏州长州人。博学,工诗文,与高启、杨基等称为"十才子"。所著有《甘白集》6卷、《甘白诗集》6卷、《江馆集》1卷、《乐圃集》1卷、《江行集》1卷、《南明集》1卷、《滇南集》1卷,并流传于世。事迹见《四库全书总目提要》卷一七五。

按:《滇南集》一作《滇池集》。《静志居诗话》:"《乐圃》等五种,毁于火,其孙枳得之十之二、三,合为《甘白先生集》。枳,宣德间由进士除大理评事,坐事。迁处州知州,升大理寺左正、保定知府。致仕卒。"

道士殷尚实卒(1366—)。殷尚实法名晊旸,号上清紫晖散人。李时茂弟子。后在游历钱塘登吴山宣法时,遇翠微真人授以紫霞真人《复本篇》及炼丹诀。著有《集虚词》及诗集数十卷存世。

陈振(陈叔刚)(—1440)、兀鲁伯(—1449)、宋琰(—1457)、刘俨(—1457)、刘铉(—1458)生。

洪武二十八年　乙亥　1395年

帖木尔再败金帐汗。

土耳其围君士坦丁堡。

六月壬申,诏诸土司皆立儒学。(《明通鉴》目录卷二)

七月戊午,诏国子生曰:孔子作《春秋》,明三纲,叙九法。九百王轨范,修身立政,备在其中,未有舍是而能处大事决大疑者。近诸王专治他经者众,至于《春秋》鲜有明之,继今宜习读以求圣人大经大法,他日为政临民,庶乎有本。

是月,有道士献书言长生术。命却之。(《明通鉴》目录卷二)

八月,唐铎自龙州还,言赵宗寿已服罪,明太祖乃命杨文等讨奉议、南丹,仍以铎参军事。(《明通鉴》目录卷二)

九月甲辰,监察御史裴承祖言:"四川贵播二州、湖广思南州宣慰使司及所属安抚司州县、贵州都指挥使司、平越龙里新添都匀等卫、平浪等长官司诸种苗蛮不知王化,宜设儒学使知诗书之教……"从之。(《太祖实录》卷二四一)

庚戌,颁《皇明祖训》。

按:初,明太祖命陶凯等编辑《祖训录》,自为之序,命大书揭于右顺门之西庑,随时增益。至是重加更定,名曰《皇明祖训》。《太祖实录》卷二四一记"庚戌,颁《祖训条章》于内外文武诸司"。

十月,定东宫诸王世系,各拟20字。(《明通鉴》目录卷二)

是年，校正经书刻板，印书给散天下学校。

方孝孺自汉中至蜀，蜀王聘为世子师，颜其读书之庐曰正学，又从其请恤太史宋濂遗孤有加。与诸生讲学不倦。

王震主江西乡试，得解缙、胡俨二人。

> 按：震，生卒年不详。字震之。高邮人。父国祥，元扬州路府史，通《易》、《诗》、《礼》三经。震由儒士任本州岛儒学训导。著有《文集》1卷、《诗集》2卷、《哀歌》10章。事迹见嘉庆《高邮州志》卷一〇上本传。

周是修擢周府奉祀正。

王叔英（王元彩）游金华永康。

任亨泰八月戊辰使安南。

> 按：任亨泰，生卒年不详。字古雍。湖广襄阳人。事迹见《明史》卷一三七《吴伯宗传》附传，称：（吴）伯宗之使安南也，以名德为交人所重。其后，襄阳任亨泰亦举洪武二十一年进士第一，以礼部尚书使安南，交人以为荣。前后使安南者，并称吴、任云。

吴溥入太学。

徐枢为秦府良医正，历太医院御医。

> 按：徐枢，生卒年不详。字叔拱，号足庵。松江府华亭人。家传医术，又学诗于杨维祯。升院使，致仕。卒年八十七。著有《足庵集》。事迹见《太医院使徐枢传》（《国朝献征录》卷七八）。

王宾居里，姚广孝自北京庆寿寺寄以所绘《楚江春晓图》。

赵矗中举人。入太学，补汧阳县儒学训导，调三河县，改滑县，所造就者众。

薛瑄是年7岁，随祖父受小学四书，虽千百言，过目成诵。不为嬉戏。性善诗赋。

方孝孺著《帝王基命录》成。

王俊华以詹事府右春坊右赞善奉命纂修《洪武京城图志》成书并刊刻行世。

> 按：书前有杜泽序、王俊华记、"皇都山川封城图考"。

王达撰《竹茶炉记》。

> 按：吴兴竹工制竹茶炉，贮无锡惠山。王达因而作记。

《礼制集要》十一月乙亥成。

> 按：蓝玉事件后，明太祖以功臣多"越礼犯分"，谓刘三吾等以官民服舍器用等第编类成书，申明禁制，使各遵守。至此成书颁行，定名为《礼制集要》。

曹端著《性理文集》成。

周是修作《送同寅尹实王先生诗序》。

王叔英作《送陈克彬归临江序》、《涵清轩诗序》、《养志斋记》。

俞祯作《妫蜼子集序》。

> 按：序曰："先生殁余二十稔，愚始得之，惟世之知者寡，故深自为微，录以序之，……"

舆耕堂刻元程钜夫纂《雪楼集》。

按：又名《楚国文宪公雪楼先生文集》。今之传本，多为30卷本。此刻多年谱1卷。

宋张继先纂、张宇初编《三十代天师虚靖真君语录》刊行。

萧岐卒(1325—)。岐字尚仁。学者称正固先生。江西泰和人。诏征贤良，强起之。上十便书，授潭王府长史。力辞，忤旨，谪云南楚雄训导。岐即日行，遣骑追还。岁余，改授陕西平凉。再岁致仕。复召与钱宰等考定《书》传。赐币钞，给驿归。尝辑《五经四书要义》，又取《刑统八韵赋》，引《律令》为之解，合为1集。尝曰："天下之理本一，出乎道必入乎刑。吾合二书，使观者有所省也。"事迹见《明史》卷一三九，周是修《训导萧先生岐行述》(《国朝献征录》卷九四)。

王行卒(1331—)。行字止仲，号淡如居士，又号半轩，亦号楮园。为"北郭十友"之一。元明间苏州府吴县人。淹贯经史百家言。蓝玉馆于家，数荐之太祖，得召见。后玉诛，行父子亦坐死。著有《宋系统图》2卷，《通意宜资》10卷，《二王法书辨》，另有《墓铭举例》4卷、《楮园集》15卷、《半轩集》14卷、《四六扎子》2卷、《学言稿》12卷、《止仲词稿》、《王半轩先生文集》6卷、《唐律诗选》。事迹见《明史》卷二八五，杜琼《王半轩传》(《半轩集》)，《训导王行传》(《国朝献征录》卷八三)，《王半轩行传》(《国朝献征录》卷一一六)。

按：据《四库全书总目提要》卷一九六：《墓铭举例》以墓志铭书法有例，其大要十有二事。取韩愈等15家所作碑志，录其目而举其例，以补元潘昂霄《金石例》之遗。墓志之兴，或云宋颜延之，或云晋王戎，或云魏缪袭，或云汉杜子夏，其源不可详考。由齐梁以至隋唐诸家，文集传者颇多，然词皆骈偶，不为典要，惟韩愈始以史法作之，后之文士率祖其体。故是编所述以愈为始。《四库全书总目提要》卷一九六曰："是时文士以蓝党诛者，有行与孙蕡。然蕡特为玉偶题一画，无所攀附于其间，其诗今在蕡集中，亦并无假借溢分之语。行则性喜谈兵，当元末两浙兵起时，尝默坐筹其胜负，与所亲言之，恒百不失一二，益以自负。及蓝玉延之课其子，遂数以兵法说玉，颇与密议。又与道衍深相投契，尝告以盍有所待，不当以浮屠老。盖负其桀黠之才，有不肯槁死牖下者。故其文往往踔厉风发，纵横排奡，极其意所驰骋，而不能悉归之醇正，颇肖其为人。诗格亦清刚萧爽，在北郭十子之中，与高启称为勍敌。就文论文，不能不推一代奇才也。"

徐达左卒(1333—)。达左字良夫，号耕渔子、松云道人。苏州人(平江人)。著有《易义奥》、《孝经衍义》、《结游集》、《于讴集》、《金兰集》4卷补录1卷、《耕渔集》，编有《传道四子书》8卷。事迹见《吴下冢墓遗文》卷三。

按：同治《苏州府志》曰：《传道四子书》8卷，"达左以颜、曾、思、孟遗书，真伪不齐，因辑其言行，散见群书者，每一子皆分内外篇。"《四库全书总目提要》卷九五曰：《颜子鼎编》2卷，明徐达左编。高阳删补并注。"阳，嘉兴人。始末未详。观其持论，乃李贽、何心隐之流耳。考历代史志无颜子书。胡应麟《甲乙剩言》称，明太祖时朝鲜国进颜子书，却之。知其伪托也。惟宋张栻采经文为《希颜录》，元高安李纯仁、河北李鼎,递相补益。达左此编,成于至正庚子。前有自序,称鼎所编未及见纯仁所编,集亦有未然,因更定以成此编,阳又因达左之书重为点窜,首列达左旧目,各注其当删之由。次列新目,各注其增入之数。末有阳自识,称损益私裁,先后妄参,盖已非达左之旧矣。考达左原序,讥二家于《庄》、《列》之寓言杂取而不择,伊、雒考亭之绪论犹未尽举。而此本所引《庄》、《列》,连篇累牍,且所注提倡心学,刺刺不休,与达左之旨全乖。盖姚江末派,借颜子以阐禅宗,遂使先儒编辑之本志,窜乱无存。斯非特轻改古书,抑亦厚诬先贤矣。其曰《鼎编》,盖即鼎新之义。即其命名,亦明季纤诡之习也。"《四库全书总目提要》卷一九一又曰:《颜子鼎编》疑即《颜子》2 卷。《颜子》,已为高阳所窜改,改名《颜子鼎编》,然《鼎编》已非达左之旧。《四库全书总目提要》卷一九一曰:《金兰集》3 卷,"达左当未仕以前,家苏州之光福里,于所居筑耕渔轩,一时名流往还,多为题咏。此集乃其所辑同时酬赠之作。又附录一卷,则达左兄子济出守邵武及归田后与友朋相唱和之诗。其十一世孙志羽为之校梓以行。前附载正统九年徐理所作《耕渔子传》。理即有贞初名也。"朱德润为作图,仇机、沙大用作传,高逊志作记,唐肃作铭,王行作序,杨基作说,僧道衍作后序。《耕渔文集》6 卷,《千顷堂书目》卷一七及《吴县志·艺文考一》著录。

赵谦卒(1352—)。谦初名古则,字㧑谦,后更名谦。号琼台外史。浙江余姚人。《宋元学案》列其入《介轩学案》详见《明儒学案》。《明儒学案》列其入《诸儒学案》上一。著有《六书本义》12 卷、《声音文字通》100 卷、《考古文集》2 卷等。时目为考古先生。事迹见《明史》卷二八五,《琼山教谕赵㧑谦传》、《六书本义序》(均《国朝献征录》卷一○○)。

按:《明史》本传曰:"幼孤贫,寄食山寺,与朱右、谢肃、徐一夔辈定文字交。天台郑四表善《易》,则从之受《易》。定海乐良、鄞郑真明《春秋》,山阴赵俶(赵俶?)长于说《诗》,邳雨善乐府,广陵张昱工歌诗,无为吴志淳、华亭朱芾工草书篆隶,㧑谦悉与为友。博究《六经》、百氏之学,尤精六书。作《六书本义》,复作《声音文字通》,时目为考古先生。洪武十二年命词臣修《正韵》,㧑谦年二十有八,应聘入京师,授中都国子监典簿。久之,以荐召为琼山县学教谕。二十八年,卒于番禺。其后,门人柴钦,字广敬,以庶吉士与修《永乐大典》,进言其师所撰《声音文字通》当采录,遂奉命驰传,即其家取之。"据《四库全书总目提要》卷四一:《六书本义》12 卷,"焦竑《笔乘》称其字学最精,行世者惟《六书本义》及《学范》六篇。《学范》芜杂。是编《六书论》及《六书相生》诸图,大抵祖述郑樵之说。"万历《绍兴志》称:大臣有荐谦者,高祖曰:吾欲老其才而用之。为琼山教谕,作《琼台布学范》,教化大行,岭表以南,称赵夫子。原书未见。《六书本义》成于洪武十一年。有万历庚戌刊本。《四库全书总目提要》卷四三曰:《童蒙习句》1 卷,"焦竑《笔乘》载㧑谦著书十种,此书居第八。惟《六书本义》及《学范》行世,余书则邱濬、李东阳、谢迁先后访于岭南不获。"所著《易学提纲》4 卷,今未见。因与方孝孺友善,方有《武王戒书注》,互相劝勉,相约为之,著《戒书补》1 卷,原本未见。《南宫续史断》,已佚,见《余姚县志·艺文》。另有《字学源流》1 卷、《六书指南》6 卷、《正转音略》1 卷等。《明儒学案》谓其著述甚多,而为学之要,则在《造化经纶》一图。未见。

冯胜卒,生年不详。胜初名国胜,又名宗异。凤阳府定远人。好读书,精兵法。名列明开国功臣第三。事迹见《明史》卷一二九,王世贞撰有《宋国公冯胜传》(《国朝献征录》卷六)。

夏云英(—1418)、马愉(—1447)、张益(—1449)、杨自惩

（　—1451）、王暹（　—1464）、王来（　—1470）、孙继宗（　—1479）生。

洪武二十九年　丙子　1396年

<small>英法休战协定延长28年。

土耳其人败基督教联军。</small>

三月壬申，罢扬雄从祀孔庙，增入董仲舒。（《明通鉴》目录卷二）

六月甲辰，命吏部选国子生年三十以上者分隶诸司练习政事，月给米一石，三月则考其勤怠，能者擢用之。（《太祖实录》卷二四六）

七月癸未，颁表笺文式于天下。（《太祖实录》卷二四六）

按：以天下诸司所进表笺，多务奇巧，词体骈丽。令翰林院撰庆贺谢恩表笺成式。

十一月己巳，诏颁《稽古定制》。（《太祖实录》卷二四八）

按：先是明太祖以诸功臣之家不循礼法，往往奢侈自纵以至覆亡，乃命翰林儒臣取唐宋制度及国初以来所定礼制，参酌损益，编类成书。

<small>曼努埃尔·克里索洛拉斯在佛罗伦萨开办希腊课，是为意大利希腊文艺复兴的早期阶段。</small>

朱权奉命纂辑《汉唐秘史》。

方孝孺六月以汉中教授主试应天。

按：《逊志斋集》卷九《上蜀府启》其二曰："郭千户至，传奉教命作文祭忠武侯。谨已撰就，第以京兆生催促上道，弗能陪观盛礼，为渐负耳。林升久处山林，祗承召命，得与相见，足慰桑梓之思。缘臣起行，书室文籍散漫，欲其料理数日，且录臣旧日所注《武王戒书》及《宗仪十篇》以进，故迟留旬日。升此来携臣昔日所著评论宋事《宋史要言》一册，自太宗至哲宗尚未完，不敢上尘睿览。臣归期未能预定。如试事毕，得遣升，仍至汉中教饬，俾辈守视书室，实望外之恩。"

方孝孺、陈光裕（陈南宾）八月聘主四川乡试。

按：南宾，生卒年不详。名光裕，以字行。事迹见《明史》卷一三七《桂彦良传》附传，黄佐《蜀府长史陈南宾传》（《国朝献征录》卷一〇五）。

陶宗仪率学生到京就试，试毕还松江。

顾禄为袁凯所撰华亭县学修缮事碑，陶宗仪篆额。

王绅至滇，谒藩阃文武大臣及士友土人，告以觅父遗殖事，闻者悯之，争相为之咨访。

周是修从周王北征。

胡俨改授长垣县。上书乞近便养亲，诏许之，改饶之余干。

钱古训奉使云南，说服土司思伦发与缅甸息兵。

按：古训，生卒年不详。浙江余姚人。官至湖广布政司参政。著《百夷传》1卷以进。《四库全书总目提要》卷七八曰："请泽州杨砥序之。黄虞稷《千顷堂书目》以此书为李思聪作。今据砥序及夏原吉后序，则实古训所作。虞稷偶失考也。"南京图书馆藏明钞本及景印本。另纂有《东国史略》6卷。

夏原吉归省。

张璹坐党祸籍其家。
> 按：张璹，生卒年不详。字季连。苏州府吴江人。三吴名士多从之游，自号南村居士。著有《陶庵集》，见乾隆《吴江县志》卷四六。

邓林成进士，授浔州府贵县教谕。
> 按：秩满入京，与修《永乐大典》。凡5年，出为南昌教授。后又秩满试高等，迁吏部主事。

王洪成进士。年仅十八。

王暹中举人。
> 按：王暹，生卒年不详。字希白。将乐人。著有《声律发蒙解注》。

朱望中举人。官国子学录。
> 按：朱望，生卒年不详。字廷觐。天台人。纂有《心性至言》。是书载康熙《台志》、雍正《浙江通志》，已佚。又有《拙存斋稿》，夏原吉为序，亦佚。

杨升中举人。官福建邵武教授。
> 按：杨升，生卒年不详。字孟潜。钱塘人。著有《春秋正义》，见《千顷堂书目》卷二。

梁潜选乡试。

曹端年二十一，意志坚定，内不溺于章句文辞之习，外不惑于异端邪说之谬，卓然以斯道为己任。有老僧素谙释典，乡人甚敬信之；端归乡，乡人阴合僧诘之，相与辩论。

管讷（管时敏）作《八月偶书》诗，记湖广此年秋旱。

吴与弼入塾。

吴节钞传萧洵所作元《故宫遗录》。

朱权纂《通鉴博论》3卷成。
> 按：据《四库全书总目提要》卷八九："此书以洪武二十九年九月表上，盖奉太祖敕撰者。前二卷论历代史事大略，后一卷仿史家年表，名之为《天运记》。""又案《明史》权本传曰：'权常奉敕辑《通鉴博论》，又作《史断》一卷。'今考是书凡例云，一取《史断》为法，加诸笔削。下卷之末云，取《史断》之首章以名是书。《史断》者，宋端平三年南宫靖一所作。今尚有传本，非权作也。"

刘纯著《玉机微义》50卷成。
> 按：自序："始，从学于江右冯先生庭干，间尝请其义。授以会稽徐先生所著书一帙……先生讳彦纯，字用诚，早岁尝客吴中，以《春秋》教授乡之俊彦，今没有十二年，始遇其从弟用中，获询先生学行，知深于医者也"。徐彦纯原著《医学折衷》，刘纯仿其体例，补其未备，更名曰《玉机微义》。《四库全书总目提要》卷一〇四以为：纯以其条例未备，又益以33类，改名为《玉机微义》。是二人相继而成。

王绂作《江南春雨图》。王达此年为题记，跋王绂所作《溪山渔乐图》。

山西崇善禅寺了庵性彻刊《古清凉传》2卷，《广清凉传》3卷，《续清凉传》2卷。

张九韶（张美和）卒（1314—　）。美和名九韶，以字行，号吾乐。元明间江西清江人。元末，累举不仕。入明，以荐为县学教谕。后迁国子助教,改翰林院编修。致仕归,太祖亲为文赐之。复与钱宰等并征,修《书》传,既成,遣还。与贝琼、聂铉称"成均三助"。著有《理学类编》8 卷、《元史节要》10 卷、《群书拾唾》12 卷。事迹见《明史》卷一三七《宋讷传》附传。

按:《四库全书总目提要》卷六五曰:《元史节要》14 卷,"是编因当时所修《元史》版藏内府,人间多不得见。于是仿曾先之《十八史略》例,节其要为一书。其编年系事,则仍用《通鉴》之体。前有洪武甲子自序一篇。然纪载多不具首尾,未为该备。且此书成于洪武间,而《顺帝纪》内多有称'明太祖高皇帝'者,疑其经后人所改窜,非九韶原本矣。"《涵芬楼烬馀书录》称美和所编有《群书备数》12 卷。《四库全书总目提要》卷一三七曰:"核检其文,与《群书拾唾》一字不异,盖书肆重刊,改新名以炫俗也。"

刘实(—1461)、杜琼(—1474)生。

阿格诺洛加迪卒(约 1350—)。意大利画家。

洪武三十年 丁丑 1397 年

二月庚辰,颁《为政要录》1 卷。(《太祖实录》卷二四九)

按:其书载文武官属体统及金书案牍次第、军士月给廪饩与宿卫之禁、屯田之政,凡十有三条。《千顷堂书目》卷九称正月颁行。

丙午,立四川永宁宣抚司九姓长官司儒学。

三月癸丑朔,赐陈䢿等 51 人进士及第、出身有差。

是月,始命乙榜署教谕、训导等官。(《明通鉴》目录卷二)

五月甲寅,颁大明律、诰。令刑官撮要附于律文各条下,并御门申谕廷臣。(《明通鉴》目录卷二)

按:《明史》卷九三曰:"三十年,作《大明律》诰成。御午门,谕群臣曰:'朕仿古为治,明礼以导民,定律以绳顽,刊著为令。行之既久,犯者犹众,故作《大诰》以示民,使知趋吉避凶之道。古人谓刑为祥刑,岂非欲民并生于天地间哉!然法在有司,民不周知,故命刑官取《大诰》条目,撮其要略,附载于律。凡榜文禁例悉除之,除谋逆及《律诰》该载外,其杂犯大小之罪,悉依赎罪例论断,编次成书,刊布中外,令天下知所遵守。'"

六月辛巳朔,复试礼部下第士,赐韩克忠等 61 人进士及第、出身有差,时因而试,称"春夏榜"。(《明通鉴》目录卷二)

土耳其伐君士坦丁堡。是年侵希腊。

卡尔马联盟建。

按:南北榜案发,开明朝取士分南北之先例。考官刘三吾、白信蹈所取士宋琮等 52 人,皆为南士。三月廷试,以陈䢿为状元。北方士子不满。太祖命侍读张信等复阅,取录进士中仍有陈䢿。太祖怒杀考官白信蹈、张信及状元陈䢿,刘三吾戍边。又亲阅卷,取 61 人,皆为北士。

七月己巳,申明学规教条。(《太祖实录》卷二五四)

十月乙未,重建国子监先师庙成。(《明通鉴》目录卷二)

是年,改太常司为寺,侍仪司为鸿胪寺。(《明通鉴》目录卷二)

董伦谪云南教[授]。
按：云南初设学[校，董]伦以身教，人皆向学。
陶宗仪二月[与诸]生赴礼部试读《大诰》，赐钞归。
按：是岁，天[下来]读《大诰》师生来朝者凡19.34万余人，并赐钞遣还。又诏：一[切]官民，户户须有[此书]一本。时"所在翻刻印行"，版本有内府本、南监本、扬州府本、[宁]府本、叙州府[本、]江西与贵州布政司本、建阳书坊本等。
刘三吾五[月以]南宫试谪。
按：南宫[取进]士也，翰林院刘三吾偕吉府纪善白信蹈为考官，得泰和宋琮等51人，北[方无]预[焉。]诸生言三吾私其乡。太祖命侍讲张信等覆阅，不称旨。或言"信等故以陋[卷呈，三]吾等实属之"。太祖益怒，信与信蹈及郯等皆论死，三吾以老，与宋琮同戍边（《[明史]卷一三七》）。张信，生卒年不详，字诚甫。定海人。洪武二十七年进士。《宋元[学案》]列其入《静清学案》。
姚善[苏州]知府。
按：[姚善]大[节折]节下士，敬礼隐王宾、韩奕、俞贞木、钱芹，以月朔会学宫，迎芹上座[讲]质经义。[燕]兵南下，芹出守御策示姚善，并荐于朝。
王[叔]英（王元[采）改]德安教授。
[方孝]奇与王叔英[订]交。
[高逊志]再由京师归乡。
[傅安、郭]德文使西域撒马[儿]罕等。
[许]瑞端有劝兄弟同居事[。]
[杨]潜授四川苍溪训导[。]
[汤]绅在滇觅父遗殖，[求]其所在不可得，哭泣悲哀不能置，乃为位祭之。
按：[作]《滇南恸哭记》，[以]志其事。
韩克忠[会]试第一，[授]翰林院修撰。
按：以学行著闻，得太祖信任，擢国子司业。时学政弛废，乃创立法制，编订监规，兴废补坏，遂得重振。
尹昌隆成进士。授监察御史。
冉通成进士。任兵科都给事中。
按：冉通，生卒年不详。四川万县人。好学问，虽在窜逐，读书不辍。
黄淮成进士。
袁克俊时为族人给事，迁建郴州兴宁辰冈书院于辰冈山阴。
付自成乞老请还。退居崇仁县景云观。（见《岘泉集》卷三）
按：尝葺修一新。付自成，生卒年不详。明初道士。师事景云观道士黄素养。尝受法于龙虎山仙官付同虚。精灵宝雷霆之秘。尤以道术闻名。

孔克表等上《群经类要》。
按：孔克表，生卒年不详。温州府平阳人。孔子后裔。元至正戊子进士。博学笃行，尤精史学。洪武中以荐入翰林，注释群经，纂《群经类要》。另著有《通鉴纲目附释》，据宋濂序称：凡朱子微意，先儒有未获及发之而未当者，皆备疏其纲之左目中，音义、事证，及名物、度数之属，仍取史炤、胡三省、王幼学三家荟萃群书折中之，

扬·胡斯在布拉格大学讲授神学。

名曰《通鉴纲目附释》云云(《翰苑续集》卷五)。《温州经籍志》云原书无传本。《文渊阁书目》六,载孔克表《通鉴纲目音训》1册,阙,当即是书刊本,标题偶异也。事迹见《嘉庆重修一统志》卷三〇四。

又按:《宋元学案》列林温入《木钟学案》:"林温,字伯恭。永嘉人。博极群经,而尤长于《春秋》。擢至正甲午进士,历佐省宪二府。"宋潜溪称其"正色直言,百壬畏憺"云。梓材谨案:黄氏《千顷堂书目》言:"明太祖命儒臣孔克表、刘基、林温等以恒言释群经,使人易通晓。亲解《论语》二章以为之式。克表等承释《五经》、《四书》以上,赐名《群经类要》。"盖先生以元进士仕明。

张九韶(张美和)《元史节要》重刊,改为14卷。

御制大明律、诰五月甲寅颁。令刑官撮要附于《明律》正文各条下,总其名曰《大明律》并御门申谕廷臣。

按:初,刑部请将比年《律条》依类编次,明太祖特改名《例律》,冠于篇首。又首列《刑图》,次列《礼图》。《明史》卷九三曰:"盖太祖之于律令也,草创于吴元年,更定于洪武六年,整齐于二十二年,至三十年始颁示天下。日久而虑精,一代法始定。"现存版本有:《玄览堂丛书》(第3、4集),明万历三十年刻本《大明附律》,清光绪三十四年(1908)法律馆重刻明万历三十年(1610)刻本《大明律集解附例》30卷、附1卷,日本享保八年(1723)京都书林柏井藤兵卫翻明刻本《大明律》30卷,《问刑条例》3卷等等。清朝、东南亚邻国封建立法多承袭、仿照、抄录《大明律》,如:清《大清律》、朝鲜李桂成时代《刑典》、《刑法大全》、日本明治维新《改定律例》法典、越南阮世祖时《嘉隆皇帝越律例》、宪祖时《钦定大南会典事例》等。研究《大明律》著作主要有:明雷梦麟《读律琐言》、明王樵、王肯堂父子《读律笺释》、清薛允升《唐明律合编》等。

王叔英(王元彩)作《送洪仲蕃序》。

凌云翰序瞿佑《剪灯新话》。

按:凌云翰,生卒年不详。字彦翀。元末明初浙江仁和人。所作诗文杂著,藏稿于家。至永乐中,其孙始编为《柘轩集》4卷。《四库全书总目提要》卷一六九曰:"坐贡举之人,谪南荒以卒。事见《归田诗话》。瞿宗吉与之最契,语必不诬。或以为卒于官者,误也。"夏节《柘轩集行述》曰:"卒于官,时洪武戊辰岁也。"《中国文学编年史·明前期卷》1368年"瞿佑与凌、丘、吴诸老订交"条载:"凌彦翀,名云翰(1323—1388),钱塘人。元至正十九年登浙江乡试榜,除绍兴兰亭书院山长,不赴。"

方孝孺应蜀王命,作《蜀道易序》、《蜀鉴及蜀汉本末仕学规范》,又有《山中草堂记》。是年,《逊志斋集》编成。

按:《逊志斋集》前有洪武三十年同郡林石、金华王绅仲缜序,则本书当编成于此年。然方孝孺被杀后,藏其文者,罪至死。门人王稌潜录其文,题为《侯城集》,方得以传。《四库全书总目提要》卷一七〇曰:"史称孝孺殉节后,文禁甚严。其门人王稌藏其遗稿,宣德后始稍传播,故其中阙文脱简颇多。原本凡三十卷,《拾遗》十卷,乃黄孔昭、谢铎所编。此本并为二十四卷,则正德中顾璘守台州时所重刊也。"传世明刻本有:嘉靖四十年(1561)台州王氏刻本及明成都刻本等。通行本为1929年上海商务印书馆影印台州王氏本之《四部丛刊》本、1931年中华书局《四部备要》铅印本。

林右作《逊志斋集序》。

按:序曰:"当今之学者则异于是。况闻前朝之故习,窃成说为文词,杂佛老为博学,志气污下,议论卑浅,龊龊然无复有大人君子之态。吾友方君希直奋然而起曰：'是岂足以为学？不以伊周之心事其君，贼其君者也。不以孔孟之学为学，贼其身者也。'发言持论一本于至理，合乎天道，自程朱以来未始见也。天下有志之士莫不高其言论，将尽弃其学而从之。……"

钱宰卒（1302—　）。宰字子予、伯钧。元明间浙江会稽人。元至正中中甲科，亲老不赴公车，教授于乡。明初征修礼乐书，寻以病去。授国子助教，以赋《早朝诗》忤旨，遣归。又召修《书传会选》。书成，优赉，加博士致仕。其集在明代行世已稀，著有《临安集》6卷。事迹见《明史》卷一三七《赵俶传》（赵諔？）附传，黄佐《国子监博士钱宰传》（《国朝献征录》卷七三）。

按：《四库全书总目提要》卷一六九曰："宰学有原本，在元末已称宿儒。韩宜可、唐之淳，皆其弟子。""其集《明史·艺文志》、焦竑《国史经籍志》俱未著录，则在明代行世已稀，今从《永乐大典》中采掇编排，参以诸选本所录，厘为六卷，以备明初之一家。宰本浙东人，集以'临安'名者，盖自以为吴越武肃王十四世孙，从其旧贯也。"

赵善瑛卒（1320—　）。善瑛字延璋。元明间四川成都人。明《诗》、《礼》、《春秋》，隐居乐绩山中教授。入明，徙家成都。事迹见《列朝诗集小传》甲前集。

华惊韇卒（1341—　）。惊韇一作宗韇，字公恺，号贞固处士。卒，私谥孝通。无锡人。幼武次子。自幼刻志读书，尤嗜《易》学，于诸家传注，靡不毕览，以求其指归。奉父命徙居鹅湖，遂为无锡鹅湖华氏始祖。通医术。著有《虑得集》4卷。

按：事详《华氏通四三省公支传芳集》卷三明赵友同《贞固处士传》。华氏之"传芳集"，始创自华晞颜，未竟，至洪武年间乃由华宗韇续成之。所著《虑得集》4卷附录2卷，《四库全书总目提要》卷一二四曰："是编乃其贻训子孙之书，一曰家劝，二曰祭礼习目，三曰冠婚仪略，四曰治丧纪要。又辑其诗文杂著为二卷，附录于后。其曰《虑得集》者，取千虑一得之义也。后其八世孙继祥校刊，卷首增以赵友同所作贞固处士传一首，陈鉴所作墓表一首。"赵友同《贞固处士传》云："于是斟酌古礼，以冠婚丧祭之仪可通行于士遮者，纂若干条，附以古人嘉言懿行总为一帙。"后附诗文杂著2卷。所著《华贞固先生家劝》，为贻训子孙而作，收入清陈宏谋编、华希闵重编《训俗遗规》，由华希闵摘自《虑得集》。辑有华幼武所纂《栖碧先生黄杨集》3卷。另，《华氏传芳集》卷一五邵宝纂《华处士西野君（德）墓志铭》谓，华宗韇纂族谱未成，后由其四世孙华德收辑稽订，谱成，付华德孙华金藏之。是宗韇亦编有族谱，因未成书，故附记于此。

杨靖卒（1360—　）。靖字仲宁。山阳人。洪武十八年进士，选吏科庶吉士。擢户部侍郎，进尚书，兼太子宾客，拜左都御史。坐为乡人代改诉冤状草，赐死。著有《杨靖诗文集》。事迹见《明史》卷一三八，潘埙《刑部尚书杨公靖传》（《国朝献征录》卷四四）。

僧无愠卒，生年不详。一说（1309—1386）。详见是年条。

胡乘龙（胡天游）卒于是年或稍前，生年不详。天游名乘龙，以字行。号松竹主人，又号傲轩。元岳州平江人。七岁能诗。著有《傲轩吟稿》。事迹见《元诗选初集》卷五一。

弗朗西斯科·兰迪尼卒（1325—　）。意大利作曲家，管风琴家。

按：据《四库全书总目提要》卷一六八：邑人艾科为作传，称"使天假其年，遇明太祖，必为刘基、宋濂"，则没于顺帝末年也。

王一宁（　—1452）、唐世良（　—1462）、蒋主孝（　—1472）、吴节（　—1481）、兰茂（　—1476）生。

洪武三十一年　戊寅　1398年

帖木尔伐印度。土耳其人取幼发拉底河以西全境。

二月庚申，命吏部设学于虎踞关，选儒士十人教故武臣子弟之养于锦衣卫者。

三月戊申，命兵部：凡武官袭职子弟当优给者令其读书，俟十五岁方许承袭。若在外卫所来者十岁以上即令袭职，还原卫所，仍俾读书及闲习弓马，以俟比试。（《太祖实录》卷二五六）

五月闰月乙酉，朱元璋崩于西宫，年七十一，遗诏止诸王入临。（《明通鉴》目录卷二）

按：朱元璋（1328—　）。幼名重八，又名兴宗，字国瑞。明开国皇帝，庙号太祖，谥高皇帝，年号洪武。濠州钟离人。其著作明人和今人分别编有《明太祖文集》和《明太祖集》。《御制文集》20卷，残，有明初刻本、嘉靖八年唐胄刻本。徐九皋辑《高皇帝御制文集》20卷，嘉靖十四年徐九皋、王惟贤刻本存。姚士观等订《高皇帝御制文集》20卷，万历十年姚士观、沈鈇刻本存。王弘诲等校正《高皇帝御制文集》20卷，万历间刻本存。《御制文集》30卷，残，明初刻本，《千顷堂书目》著录为《太祖高皇帝御制文集》30卷，注云："甲集二卷，乙集三卷，丙集十四卷、诗一卷，丁集十卷。"《明史·艺文志》作《明太祖文集》50卷《诗集》5卷。明内府钞本《大明太祖高皇帝御制集》21卷存。1991年黄山书社出版胡士萼点校、刘学锴审订《明太祖集》，列入《安徽古籍丛书》。事迹见《明史》卷一、二、三太祖本纪；吴晗纂有《朱元璋传》；孙正容编有《朱元璋系年要录》。

辛卯，皇太孙朱允炆即皇帝位，大赦。是为惠帝（　—1402）。以明年为建文元年。

丙申，惠帝诏："文臣五品以上及州县官，各举所知，非其人者坐之。"（《明史》卷四）

七月，长星西陨，惠帝诏行宽政。

八月，征召修纂者，作开局修《太祖实录》之准备。

十月，惠帝诏求直言，并荐举山林才德之士。（《明通鉴》目录卷二）

齐泰为兵部尚书，黄湜（黄子澄）为太常卿兼翰林院学士，同参军国事。共谋削诸藩国。

方孝孺五月召为翰林侍讲、直文渊阁，日侍左右备顾问。

按：一说汉中府教授方孝孺七月召为翰林院侍讲。《建文年谱》记为六月。

王绅五月闰月以荐入拜国子博士。与刘三吾等游。

史仲彬为翰林侍书。

程本立以董伦等荐，征入翰林。

解缙谪河州卫吏。

毛铉洪武中以荐授国子学录。

按：毛铉，生卒年不详。字鼎臣。浙江山阴人。善诗歌，备汉魏以下诸体，为文亦高简有法。曾从唐肃受《毛诗》。著有《北郭集》。事迹见《列朝诗集小传》乙集。

郑得洪武中由宋濂荐于朝，授高州府知府。与宋濂、刘基善，太祖欲屠苏州，得致二公书，乃免。

按：郑得，生卒年不详。字彦明。明初宝应人。唐平章政事余庆后。父逵，元时自遂昌迁吴，张士诚据平江，携家迁宝应。得博闻强记，有经济才。著有《公余堂稿》，见道光《重修宝应县志》卷二二。

李昱洪武中官国子监助教。

按：李昱，生卒年不详。字宗表，号草阁。元明间浙江钱塘人。《四库全书总目提要》卷一六九曰：《南雍志》作临安人，盖偶署宋代地名，非明之临安。因曾馆于永康、东阳间胡氏，没后，胡伯宏及其友徐孟玑、陈公明辑其诗文《草阁集》6卷。门人唐光祖辑《拾遗》1卷。《拾遗》后又附杂文四篇，题曰《文集》，不知何人所续辑。末附《筠谷诗》1卷，不著名氏，宋濂作昱诗序，称其子辕，字公载，为诗能继其家，《千顷堂书目》亦载有李辕《筠谷集》，注为李昱之子，殆编者以卷帙无多，附其父后。朱彝尊《曝书亭集》有昱《草阁集跋》，而不言末附《筠谷诗》，或所见之本偶佚此卷也。

沈应洪武中选入文华殿说书，除江西布政使参议，后转山东。

按：沈应，生卒年不详。字德干。苏州府长洲人。著有《东涧集》。事迹见《吴中人物志》卷四。

茅莆（茅大芳）洪武中为淮南学官。召对称旨，擢秦王府长尸。

许节洪武中以文学举，起家江山县主簿，擢礼部主事。

按：许节，生卒年不详。字文度。江阴人。恕子。著有《述古斋集》，见民国《江阴县续志》卷一九。

严震直（严子敏）洪武中以富民为粮长，每年解粮万石至京师，无后期，太祖特授为通政司参议。进工部尚书。立法书工匠姓名所业于官，按籍更番召之，役者称便。坐事降御史，数雪冤案。修广西灵渠，筑堤建闸浚渠，漕运悉通。复为工部尚书。

陈晟洪武中以能书荐入中书与诰敕。

按：擢工科给事中，迁五军都督府断事，累官大理寺左丞、湖广按察司佥事、通政司经历，吏部考功司主事等，后以年老乞归。陈晟，生卒年不详。字克昭。定应人。汇辑有《奏本》27051本、《启本》26093本、《题本》3本、图83本。编有《历代忠臣策》1卷、《奏议》3卷，著有《陈布衣遗集》4卷、《赋颂》23卷、《平漠北诗》3卷。

偶桓洪武中官荆门州吏目。

项霦洪武中为江西按察佥事。

按：项霦，生卒年不详。浙江临海人。著有《孝经述注》1卷。《四库全书总目提要》卷三二曰："霦始末无可考。惟《江西志》载：'项霦，浙江临海人。洪武间为按察司佥事。'与黄昭《原序》所言合，当即其人也。""是编用古文《孝经》本。其所诠释，不务为深奥之论,而循文衍义,按章标旨,词意颇为简明,犹说经家之不枝蔓者。《明史·艺文志》不著录,《经义考》亦不载其书,惟《永乐大典》仅存此本。然编次佚脱……"。光绪《台州府志》曰:是书有张金吾《台州丛书续编》,张海鹏《借月山房汇钞》本,刻入《台州丛书续编》,有自序及临川黄昭序。

沈丙洪武中以才荐庆元知县。

按:沈丙,生卒年不详。字南叔。苏州府昆山人。著有《白云集》,见《昆新两县续修合志》卷四九。

齐庄卿洪武中历知新野、房县。

按:告归后辑《齐家图谱》1卷。考《天台齐氏经籍志》:齐氏之谱,代有作者,自庄卿创为此谱后,继之而起者,有静庵正统谱,畏庵长史谱,凤韶万历谱、康侯康熙谱、次风乾隆谱、芝亭嘉庆谱,一家文献,甚为完备。齐庄卿,生卒年不详。天台人。

朱谥洪武中任邳州学正。

按:朱谥,生卒年不详。永嘉人。著有《正蒙述解》又《太极图解》,见《千顷堂书目》卷一一。

何广洪武中以明经荐为县令。

按:累官湖广参议。何广,生卒年不详。上海人。著有《律解辨疑》30卷,见《千顷堂书目》卷一〇。

陈登洪武中以儒士授罗田县丞。善文辞,工篆籀。

卓敬以户部侍郎密疏言燕王雄才大略,北平形胜之地,不可不虑。宜徙封南昌,以利控制,不报。

程通随辽王南归京师,上封事,陈备御策,进左长史。

林嘉猷(林升)洪武中以儒士校文四川。

曹端有斥风水事,劝族人勿用堪舆术。

黄福洪武中由太学生历金吾前卫经历,上书论国家大计,太祖奇之,超拜工部右侍郎。

袁珙洪武中应燕王召至北京,相燕王称其意。

陈德文洪武中举文学,授台州通判。累迁为北平按察使。

王褒洪武中领应天乡荐,历长沙学官、永丰知县。

朱吉洪武中以荐授户科给事中,首次上疏即请宽胡惟庸、蓝玉党禁,以安反侧。

朱肇洪武中领乡荐,入太学,召对称旨,授户科给事中,长沙府同知。

夏太和洪武中任国子监助教。

按:夏太和,生卒年不详。福清人。著有《性理千字文》1卷,见《千顷堂书目》卷三。

徐善述洪武中首贡入国子监。授桂阳学正。

景新洪武中为杭州府学训导。

按:景新,生卒年不详。字德辉。馀姚人。著有《四书启蒙》,见《千顷堂书目》卷三。

虞谦洪武中由国子生擢刑部郎中,出知杭州府。

胡器洪武中由国子生授普安军民府通判,升泉州知府,除弊政,兴利于民,督诸生复学。

高得旸洪武中因有司以文学荐，三为校官。

熊钊洪武中荐入校书会同馆。

按：熊钊，生卒年不详。字伯昭。进贤人。著有《春秋启錀》、《论孟类编》、《五经纂要》，见《千顷堂书目》卷二、卷三。

葛天民洪武中举人才，为大理府同知。

按：葛天民，生卒年不详。江阴人。著有《野樵逸响》1卷。事迹见《千顷堂书目》卷一七。

张存洪武乡贡。

戴思恭洪武中征为御医，所治立效，太祖爱重之。

韩㽕洪武中为燕府良医正。

蒋用文洪武中入太医院，为御医。

李昱洪武中以医名。

按：李昱，生卒年不详。一名东，字静庵。上元人。家有怡晚楼，喜读书，每得异书必手自钞订，至老不倦。著有《怡晚楼集》，见同治《上江县志》卷一二。已佚。

沈绎洪武中谪戍兰州卫，保任肃府良医。

按：沈绎，生卒年不详。字成章。苏州府吴县人。与昆山丁晋、钱塘杨志善，俱以齿德为重，号金城三老。著有《医方集要》、《平治活法》、《绘素集》、《芝轩集》。皆已佚，见乾隆《苏州府志》卷四五。

楼英以医术被召至京，以老疾辞归。

按：楼英，生卒年不详。字全善，一名公爽。萧山人。与金华戴思恭友善。戴得朱丹溪之传，英与议论无间，名益著。著有《仙岩文隽》2卷、《运气类注》4卷、《医学纲目》39卷，未见。事迹见《古今图书集成》艺术典卷五三二。

李景隆六月执周王至京师。八月，废周王为庶人，徙之云南。

朱㭎徙宁夏。

林右洪武中为中书舍人，进春坊大学士，辅导皇太孙。坐事谪中都教授，弃官归。

王景洪武中以明经荐授怀远教谕，擢山西参政。遣戍云南。

王绂洪武中征至京师。寻坐累戍朔州。

楼琏洪武中召为御史。坐事谪戍云南。

范济洪武中以文学举为广信知府，坐事谪戍兴州。

程济十月以四川教谕上书言明年兵起，因下狱。

王文静洪武中以贤良征，辞不就。

按：王文静，生卒年不详。字晏，以字行。舍旁皆植梅，自号梅西。江阴人。书画师宋克、王蒙。著有《蝇声集》，见《千顷堂书目》卷一七。

邓定洪武中隐居不仕。

按：邓定，生卒年不详。字子静。福建闽县人。著有《耕隐集》。事迹见《列朝诗集小传》。

顾协洪武中贡生，隐居厉志，与王达、王绂友善。

按：协，生卒年不详。字允迪，号秋碧。无锡人。著有《鸣志堂集》，见万历《无锡县志》卷二〇。

甘惟寅洪武中屡荐不起。

按：甘惟寅，生卒年不详。字孔肃。元末明初江西丰城人。元末偕弟甘仲肃从进士陈植讲学于龙光书院。著有《樗栎集》。事迹见《光绪江西通志》一三六。

叶颙洪武中召至京，不仕，放归，筑别室于东山碧螺山之阳。长于诗，二修族谱。客死长兴，归葬东山碧螺峰麓。

按：叶颙，生卒年不详。名一作禺，字伯昂，号浮邱醉史。吴县东山人。著有《族谱》、《城南集》，已佚。《城南集》见《吴县志·艺文考一》。另在叶颙条下著录《樵云稿》（即《樵云独唱集》6卷）。考叶颙，明时有二，一为金华人，字景南；一为吴县人，字伯昂。《樵云稿》为景南纂，《吴县志》误著。事迹另见《明诗综》卷一一。

刘炳洪武中出为大都督府掌记，除东阿知县。阅两考，引疾归。

按：刘炳，生卒年不详。字彦昺，以字行。元明间江西鄱阳人。所著诗文本名《春雨轩集》，其门人刘子升所编，杨维桢尝为评定，其评亦附载集中，维桢及危素、宋濂、徐矩皆为作序，王祎、俞贞木、周象初皆为作跋。不知何人改为《刘彦昺集》9卷。事迹见《明史》卷二八五《王冕传》附传，《四库全书总目提要》卷一六九。

赵文洪武中举贤才，以母老辞归。

易恒洪武中应荐至京师，以老辞归。

按：卜居淞南大泗瀼，辟地引艺花竹，名曰泗园。自号泗园叟。易恒，生卒年不详。字久成。苏州昆山人。著有《陶情稿》，明永乐刻本，明陆嘉绩、清盛昱跋，丁书，现见南京图书馆藏。事迹见《千顷堂书目》。

薛伦洪武中举贤良方正，以礼部主事刘镛荐授万安县丞。

按：因母老隐居不出，渡江读书吴山中，7年始归授徒。薛伦，生卒年不详。字叔道。如皋人。从杨维桢游，通《春秋》。著有《叔道诗文集》，见光绪《通州直隶州志》卷一六。

包宏洪武中以文学举，陈情乞养。

按：再以文学举，至京，以应对称旨，奉使山西，察苛政。至洪桐县卒。包宏，生卒年不详。字用夫。江西进贤人。包希鲁子。著有《讷居文集》、《六书补义》。事迹见《雍正江西通志》卷六八。

方定洪武中以《诗经》领乡荐，分教东平州。

按：转海州，与修《永乐大典》，迁泰县教谕。方定，生卒年不详。字志安，号止轩。浙江淳安人。博学善吟咏。著有《止轩稿》、《听松集》。事迹见《光绪淳安县志》卷一〇。

陈贤洪武中辟郡学训导，升清淮教谕，历湖口、南康。

郑济洪武中儋州学正。

按：郑济，生卒年不详。闽县人。著有《书经讲解》，见《千顷堂书目》卷一。

赵新任本县训导。升开封知府、山西右布政使。后官翰林修撰。

俞深以乡贡入太学，历建宁府儒学教授。

按：俞深，生卒年不详。字景渊。桐庐人。著有《洪范畴解》，已佚。《严州志》本传又谓深著有《听松文集》，亦未见。

顾禄洪武中以太学生除太常典簿，迁蜀王府教授。

按：顾禄，生卒年不详。初名天禄，字谨中。松江府华亭人。善书，行楷学苏轼而尤工于分隶。善杂画，喜钩勒竹石。著《赠言小集》1卷，皆题画之作。能诗，太祖曾命尽进其所作，故有集名《经进集》。事迹见《列朝诗集小传》甲集。

顾谅以荐为无锡教谕。

按：顾谅，生卒年不详。字希武。别号西村。上虞人。著有《西村省己录》2卷。《四库全书总目提要》卷九五曰："录中皆论修省之道。其书一刻于正统，再刻于弘治。万历九年，其裔孙充，复求旧本手写刊之。"

又：《千顷堂书目》卷一一载：顾亮《辨惑续编》9卷又《省己录》1卷。字寅仲。上虞人。寓于吴。杨维桢尝为作《顾孝子传》。因应芳之书增损演释之。万历《上虞县志》作顾谅。

景星 洪武中以儒士荐，任杭州儒学训导，学术兼通群经，尤长于《春秋》。

按：景星，生卒年不详。字德辉，号讷庵。浙江馀姚人。著有《四书集说启蒙》。据《四库全书总目提要》卷三六，《大学中庸集说启蒙》2卷，前有星自序，标题为《学庸集说启蒙》，而序中实曰《四书集说启蒙》。《凡例》中如"孟子章指"云云，亦兼言《四书》。蒋骥跋称讷庵先师用功于《四书》十年，去取诸说而为此书。

胡粹中 洪武中为儒学训导。

徐森 洪武中以荐官徐闻教谕。

按：杨荣为之纂墓志铭。徐森，生卒年不详。字宗茂。浙江黄岩人。著有《易说》、《书义》、《诗义》、《礼记义》、《四书辨疑》。俱佚，见雍正《浙江通志》。

梁混（梁本之）洪武中尝为瑞州府学训导，迁溧阳县学教谕。后改授鲁王府记善。

仪智 洪武末举耆儒，授本县训导。

赵友同 洪武末任华亭训导。

高颐 洪武中举孝廉，任海盐知县。

按：高颐，生卒年不详。福安人。著有《诗集传解》20卷，见《千顷堂书目》卷一。

又：《中国历代人名大辞典》据《闽中理学渊源考》卷三二载：高颐，宋福州宁德人，字元龄，号拙斋。著有《鸡窗丛览》、《诗集传解》。

傅淳 洪武中征士。

按：傅淳，生卒年不详。字伯厚。慈溪人。家业世儒，能传其家学。乡人称退密先生。著有《洪范敷言》（见《千顷堂书目》卷一），《性理丛说》、《大学补略》。事迹另见《万姓统谱》卷九五。

刘允 洪武中成进士。授怀庆府通判。

按：后谪瑞安县丞。在职兴学劝农。超拜按察司副使。后留京教授亲王。刘允，生卒年不详。字子允。太平府当涂人。事迹见《嘉庆重修一统志》卷一二一。

梁潜 洪武末中举人。以才荐，知四会县。后历阳江、阳春诸县，皆以廉能称。

王达 洪武中举明经，任无锡县学训导。

按：改大同府学，时著《笔畴》2卷。多抑郁愤世之谈。后迁国子助学。

贝翱 洪武中以明经官楚府纪善。

按：贝翱，生卒年不详。字季翔。浙江崇德人。贝琼子。著有《平澹集》。事迹见《明诗综》卷一三。

朱纯 洪武中以明经行修，特授本县教谕。

按：朱纯，生卒年不详。句容来苏乡人。南强曾孙。治《诗经》。宋濂见其稿，深叹弗及。闻于朝，聘书至而疾革矣，太仆许文尝曰："我朝开基文教之祖，子一先生也。"著有《东溪诗文稿》。已佚。光绪《续纂句容县志》卷一八,并收其诗5首,文2篇。

伍成章洪武中举明经,任旧州训导。

刘有年以明经任州学训导,擢御史,出知太平府。

张𥿢洪武中举明经,出为云南布政使。

按:在滇17年,土地贡赋、法令条格皆所裁定。

蒋悌生洪武中举明经,任本州岛训导。

按:蒋悌生,生卒年不详。字仁叔。元明间福建福宁人。著有《五经蠡测》6卷。据《四库全书总目提要》卷三三:元季避兵蓝田谷中所作。嘉靖戊戌浮梁闵文振纂修州志,始得稿于其裔孙宗雨,序而刻之。前有洪武庚戌悌生自序。后有文振附记。在元明之间,可谓屹然独立,无依门傍户之私。大抵僻处穷山,罕窥古籍,于考据引证,非其所长,而单精研思,则往往有所心得。名虽不及熊朋来,书则实在朋来上也。事迹另见《古今图书集成》文学典卷九四。

陆颙洪武中举明经,官至礼部员外郎。

范准洪武中以明经任县学训导,擢陕西吴堡知县,升工部主事。

按:范准,生卒年不详。字平仲。徽州府休宁人。曾师事朱升,赵汸,汪睿,尝订汸春秋集传行世。著有《西游率稿》、《斋瓮稿》。事迹见《四库全书总目提要》卷一六九《覆瓿集》条、《千顷堂书目》卷一七。

周德(周是修)洪武中举明经,为霍丘县学训导。

按:擢周府奉祀正。逾年,从王北征至黑山。还,迁纪善。《刍荛集》卷五《湖天远思诗序》曰:"戊寅九月,余由汴还朝,改衡府纪善,留京邸。厥明年而道龙亦归辇下。"

赵次钧洪武中乡举明经。任常州训导。

按:赵次均,生卒年不详。字孟鸿,号橄林病叟。无锡人。著有《林文集》,见万历《无锡县志》卷二〇。

黄本洪武中举明经,为武彝训导,历会昌教谕。

按:黄本,生卒年不详。先世迁吴,元末张士诚据吴,本避地吴江同里,授徒资养,遂留家焉。于经史百家之书,研极理趣。著有《白庵遗稿》,见嘉庆《同里志》卷二二。

王亨洪武中举秀才,授刑部郎,擢四川按察司佥事。

按:王亨,生卒年不详。字仲理。无锡人。实孙。通春秋左氏学,工诗。著有《秋林集》,见《锡山历朝书目考》卷一。

陈伸洪武中举秀才。官茶运副使,迁富阳丞。

王宾作梳发诗刺时政。

黄润玉十岁,行道见遗金不拾,途人悉嗟异。

李衡洪武间临川人。

按:李衡,生卒年不详。著有《春秋释例集说》3卷。《千顷堂书目》卷二曰:其说宗吴草庐,而参以会通,纂疏诸说,凡50余家。

王省洪武中以教谕建大成殿于山东济阳闻韶台。是为闻韶书院。

按:原有闻韶台,高34米,广方133米,相传为孔子闻《韶》乐之地。王省事迹见《济阳县学教谕王省传》(《国朝献征录》卷九六)。

李源善战事之暇"颇涉文史",洪武中以三国时赵子龙曾兵定湖南桂阳,因建子龙书院于城东鹿峰山下,并奉祀子龙。

按:洪武中,另有唐文凤(子仪)重建江西兴国安湖书院、毛氏建浙江江山清漾书院、郑深道建福建漳州观澜书院、苏廷贵建福建漳州建溪书院、陈彝则建福建漳浦鸿江书院、黄仲美建江西星子县庐阳书院、查深建江西星子县龙泽书院、吴从敬建江西贵溪读书林、郑伦建江西馀江环谷书院、刘惠廷建江西吉水仁山书院、陈秉献建江西吉水竹林书院、龙叔昭建江西泰和甘泉书院、萧鹏举建江西泰和武山义塾、钟祥建湖北郢门书院、陈思立创建湖南攸县紫麟书院、梁英文建广东顺德昌溪书院。

僧姚广孝洪武中从燕王至北平,住持庆寿寺,而常居府中,时时屏人语。

僧德祥洪武中住持径山。

按:僧德祥,生卒年不详。字麟洲,号止庵。钱塘人。著有《桐屿集》。《四库全书总目提要》卷一七五称:"卷首有福建布政使富春《姚肇序》,称诗集一卷。今本实四卷,又集外诗一首。其为何人所分析,则不可考矣。"

又按:姚肇,生卒年不详。字世初。富阳人。著有《蒙庵诗集》,见《千顷堂书目》卷一八。

道士卢秋云洪武中游武当山,礼张三丰为师,得清静守中之秘。奉师命住武当山南岩修炼。

道士刘可成洪武中居云南禄丰之南隅,有仙术。

按:刘可成,明代道士。生卒年不详。得封"降魔真人"号。事迹见雍正《云南通志》、《道教大辞典》。

道士周枢洪武中到京师祷雨。

按:周枢,生卒年不详。字寰中,号懒懒道人。元末明初道士。安福人。通晓儒书,能诗文,且有道行,居分宜洞灵观。(参《道教大辞典》)

国子博士高允宪、助教杨磐洪武中编《春秋书法大旨》1卷。

按:《千顷堂书目》卷二曰:奉旨编次。依啖赵纂例,分类删繁节要,凡23则。

洪武中修《富春志》。

按:纂修人名氏不可考。见《文渊阁书目》卷一九旧志类著录,注云2册,当修于洪武间。正统《重修富春志》聂大年序曰:"富春旧志,颇残缺失次",则正统前已有纂修。

方孝孺洪武中纂《宁海县志》。

按:已佚。《光绪宁海县志》王显谟序曰:"邑自西晋析置以来,历千余年未有专志。至洪武间,方正学先生有创本,惜格于厉禁,不传。"

留文溟纂修《西安县志》。

按:久佚。见《文渊阁书目》卷二〇新志类著录。又见康熙《衢州府志》卷二九著录。民国《衢州府志》卷首郑永禧《古西安同名异地考》曰:"汉献帝初平三年,分太末置新安,隶衢州。"

平阳洪武中刊《平阳府志》。

周文采洪武中编《医方选要》10卷。

按:刊于弘治八年。现存四种明刻本。《四库全书总目提要》卷一五〇曰:"是书乃其为蜀献王椿侍医时,承献王之命所作,则洪武中人也。每门皆抄录古方,而各冠以论。嘉靖二十三年,通政使顾可学奏进,诏礼部重录付梓,仍行两京各省翻刻。前有献王序及文采自序,并载礼部尚书费寀题覆疏二篇,盖亦翻刻本也。""李时珍《本草纲目》引作周良采,字之讹也。其里贯未详。"

方孝孺序《浦鞭诗词》以自警。为破门先生作《无可与言图》。

朱鏩辑元代诸家文赋为《至治之音》。录传杨维桢所著《铁厓先生赋》1卷。

按:朱鏩,生卒年不详。亦作燧,字子新,自号笠泽渔者。苏州府常熟人。元末家毁于兵,侨居长洲。世有丰产,折节读书,师从贡师泰。另纂有《贡玩斋(师泰)先生纪年录》。其所辑纂见《重修常昭合志》卷一八。

楚府教授庐陵吴勤作《蚓窍集序》。

按:序曰:"尝名其集曰《蚓窍》,盖取韩子《石鼎联句》之语而名之也。以余观之,公之作铿鍧炳耀,流出肺腑,钟山水之秀而鸣治世之音,是奚足以名其集欤?以是名其集者,公之谦德也。"

王璲(王汝玉)跋元袁易《寓钱塘杂诗帖》。

无锡钱仲益在本地任教职,序《虑得集》。

高棅作《唐诗拾遗序》。

按:序曰:"予既爱唐诗,喜编录,初采众作,衰为一集曰《唐诗品汇》,……自洪武甲子迄于癸酉方脱稿,其用心亦勤矣。切虑见知之所不及,选择之所忽急,犹有以没古人之善者,于是再取诸书,深加捃括,或旧未闻而新得,或前见置而后录,掇其漏,搜其逸。又自癸酉迄戊寅是编始就,复增作者姓氏六十有一,诗九百五十四首,为十卷,题曰《唐诗拾遗》,附于《品汇》之后,足为百卷以成集。"

杨士奇作《畦乐诗集序》。

按:序曰:"先生之于诗,可谓至矣。然缘趣而作,既罢即弃去,间存其稿,……士奇自幼聆先生之教,间记所尝诵记若干篇为一卷。……姻家生杨士奇叙。"

刘绩洪武中著《霏雪录》2卷。

按:《四库全书总目提要》卷一二二曰:《霏雪录》2卷,"明镏绩撰。案《说文》有镏字而无刘字,徐铉附注以为镏字,即刘字。此书作镏,盖偶从古体,遂相沿别为一姓,实非有二也。绩字孟熙,先世洛阳人,徙于山阴。其父涣,通《毛诗》,元时尝为三茅书院山长,绩承其家学,故此书辨核诗文疑义,颇有根据。又及与元末诸遗老游,故杂述旧闻,亦多有渊源。""此书成化间尝刊行,有胡谧后序,称绩所著尚有《嵩阳稿》、《诗律》。今俱未见,殆已散佚矣。"刘孟熙与李昌祺、唐肃为友,曾游集曹娥祠(《俪山集》)。李昌祺作有《寄刘孟熙隐者》。

周希孟、周希夔洪武中同编《姑苏杂咏》2卷。

按:据《四库全书总目提要》卷一九一:上卷为高启原唱,下卷为其祖南老续作。启诗凡古今体136首。南老复因其题,各赋五言六韵。末又增选韵吴官词一首,补遗4首,续附词2首。按启所作已具见本集中。南老追其后尘,未能联步,合而刊之,殆有蒹葭玉树之目。

朱㭎刊《文章类选》40卷。

按:《四库全书总目提要》卷一九一曰:《文章类选》,"不著编辑者名氏。前有洪武三十一年凝真子序,并庆府图章。以史考之,盖庆王㭎也。""序称暇日会诸儒,将昔人所集文选、文粹、文鉴、翰墨全书、事文类聚诸书所载之文,类而选之。"

佛典《洪武南藏》刻成。

按：洪武五年敕令于南京蒋山寺点校开刻。

朱权《太和正音谱》成。

按：自言："余因清宴之余，采摭当代群英词章，及元之老儒所作，依声定调，目之曰《太和正音谱》；审音定调，辑为1卷，目之曰《琼林雅韵》；搜猎群语，辑为4卷，目之曰《务头集韵》。"《太和正音谱》凡收曲牌335支，为现存最早北曲曲谱，对北曲创作在曲律上提供了规范，后世曲谱如明范文若《博山堂北曲谱》、清李玉《北词广正谱》和王奕清等编的《钦定曲谱》等均曾取材于此。清《九宫大成南北词曲谱》即据此扩编而成。此亦明初记载杂剧篇目最详备者。对戏曲（包括散曲）风格和流派进行品评，提出"杂剧十二科"和"乐府体式十五家"，依据作品内容对元杂剧进行分类研究，在中国戏曲批评史上尚属首创。原刻本已佚，通行者有影写洪武间刻本，1920年上海商务印书馆辑印《涵芬楼秘籍》本；《啸余谱》本，明人程明善辑刻《啸馀谱》第5卷所收本，卷首书名改题为《北曲谱》，有明万历四十七年(1619)流云馆原刻本和清康熙元年(1662)张汉重刻本；《录鬼簿（外四种）》本，系据《涵芬楼秘籍》本重排，有1957年上海古典文学出版社排印本；1959年中国戏剧出版社排印《中国古典戏曲论著集成》本；除此，还有明人臧懋循、陶梃，清人蒋廷锡和近人之删节本，分别收入《元曲选》、《重校说郛》、《古今图书集成》、《学海类编》、《新曲苑》、《古典戏曲声乐论著丛编》。（参《四库全书总目提要》、《中国学术名著提要》、《中国大书典》）

朱权《琼林雅韵》成。

按：自序曰："卓氏著《中州韵》，世之词人歌客莫不以为准绳。予览之，卓氏颇多误脱；因琴书清暇，审音定韵，凡不切于用者去之，舛者正之，脱者增之，自成一家，题曰《琼林雅韵》。"并有注释，曲韵之有注释，当首推是书。《四库全书总目提要》卷二○○曰："是书凡分十九韵，大抵袭周德清《中原音韵》体例。一穹、窿，二邦、昌，三诗、词，四丕、基，五车、书，六泰、阶，七仁、恩，八安、闲，九鹓、鸾，十乾、元，十一萧、韶，十二珂、和，十三嘉、华，十四砗、磲，十五清、宁，十六周、流，十七金、琛，十八潭、严，十九慊、谦。与《中原音韵》十九韵大略相似，特异其名耳。惟《中原音韵》第十韵标曰先、天，而此书第十韵则标曰乾、元，遂取元韵之半入于一先。又是书每韵皆取平声二字以括三声，而第六韵泰阶泰字则兼用去声，是自乱其例。至云北方无入声，以入声附平、上、去三声之后，与《中原音韵》体例全合，而亦微有不同。如第四韵曰丕、基，其后附"悔"字，谓去声作上声，而《中原音韵》第四韵后不载此条。考"悔"字作上声，其在纸韵，则有《诗》"不我以，其后也悔"可证。其在麌韵，则有陆机《凌霄赋》"悔"与"旅"为韵可证。周德清于此条似乎失收。然曲韵自用方音，不能据古韵为增减。权之所补，亦知其一而不知其二也。"

洪武中刻《仙授理伤续断秘方》。

按：现存。又名《理伤续断秘方》、《蔺道人仙授理伤断方》。骨伤科专著。唐蔺道人纂。

华晞颜卒(1313—)。晞颜一作希颜，字以愚，号东湖。无锡人。辑有《华氏传芳集》，著有《东湖集》。

按：清陆楣《铁庄文集》卷二《华氏三续传芳集序》曰："华氏之有《传芳集》也，创自东湖、贞固(华惊韡)两先生。"清华鸿模等辑《华氏通四三省公支传芳集》凡例曰："我华氏《传芳集》，始创于元时东湖公，未竟，至明洪武戊辰，贞固府君成之，此第一集也。初集久已失传。"《东湖集》见弘治《无锡县志》卷一八。

仵璪卒,生年不详。璪字时杰。元明间凤阳府太和人。入明,应求贤诏,有司举荐入京,授英山令,寻迁翰林学士。本姓午,至此赐姓仵。曾随驾为应制诗,有"万里江山只一望"句,被谪役于菜园。后以撰碑,及批点秘书称旨,复起。官终文华殿大学士。事迹见《古今图书集成》氏族典卷四一七。

徐与老洪武中卒,生年不详。与老字仲祥。钱塘人。寓居无锡,兄释鉴主讲慧山寺,乃从之。葬锡山。著有《大学集义》1卷,与徐鉴同纂《双清集》。事迹见万历《无锡县志》卷一九本传。

陈符（ —1454）、于谦（ —1457）、张楷（ —1460）、蒯祥（ —1481）生。

明惠帝建文元年　己卯　1399 年

帖木尔入印度密拉特。

兰开斯特公爵亨利废英格兰国王理查二世,金雀花王朝终。

正月,惠帝遣儒臣告即位于五岳。

敕修《太祖实录》。（《明通鉴》目录卷三）

二月,惠帝从方孝孺议,更定文武官制。

按：升六部尚书为正一品,设左右侍中,位设郎上。改都察院为御史府,都御史为御史大夫。罢十二道为左、右两院,左曰拾遗,右曰补阙。改通政使司为寺,大理寺为司,詹事府增置资德院。翰林院复设承旨,改侍读、侍讲学士为文学博士。设文翰、文史二馆,文翰以居侍读、侍讲,文史以居修撰、编修、检讨。又,殿、阁大学士并去大字,各设学士1人。改谨身殿为正心殿,增设正心殿学士1人。其余内外、大小诸司及品级、阶勋悉仿《周礼》制更定。（《明通鉴》卷一二）

三月甲午,京师地震。惠帝诏求直言。（《明通鉴》目录卷三）

是月,惠帝幸太学,行释奠礼。（《明通鉴》目录卷三）

七月癸酉,燕王棣举兵反,称靖难之师。（《明通鉴》目录卷三）

是年,建省躬殿成,置古书、圣训,惠帝命方孝孺铭而序之。（《明通鉴》目录卷三）

董伦、王景、廖升、高逊志为纂修《太祖实录》正副总裁,方孝孺总其事。

王景建文初召入翰林,与修《太祖实录》。除礼部侍郎兼翰林侍讲。

高逊志任事翰林院,与修《太祖实录》。

杨寓（杨士奇）任职南京,与修《太祖实录》。

程本立与修《太祖实录》,迁右佥都御史。

王绅建文初为国子博士,与修《太祖实录》,献《大明铙歌鼓吹曲》

12章。

方孝孺正月庚辰进《郊祀颂》。与修《太祖实录》，总其事。七月以省躬殿成，置古书、圣训，铭而序之。送刘基之孙归乡。八月，以翰林侍讲主试应天。

王钝建文初拜户部尚书。

董伦建文初召拜礼部侍郎兼翰林学士，与方孝孺同侍经筵。

按：解缙谪河州，以伦言得召还。伦质直敦厚，尝劝惠帝睦亲藩，不听。

王叔英（王元彩）诏为翰林修撰，上资治八策。

按：方孝孺欲行井田，叔英寄书谓古制不可行于今。

叶砥建文初任翰林编修，历广西按察佥事。

夏原吉等24人遣充采访使，分行天下。昭至北平，密奏燕王不法状。

刘三吾建文初召还。

按：久之卒。刘三吾（1313—?），名如孙，以字行，自号坦坦翁。元明间湖广茶陵人。事迹见《明史》卷一三七本传，《翰林学士刘三吾传》、廖道南《刘三吾传》（均《国朝献征录》卷二〇）。本传曰：三吾博学，善属文。太祖制《大诰》及《洪范注》成，皆命为序。敕修《省躬录》、《书传会选》、《寰宇通衢》、《礼制集要》诸书，皆总其事，赐赉甚厚。太祖尝曰："朕观奎璧间尝有黑气，今消矣，文运其兴乎。卿等宜有所述作，以称朕意。"与汪睿、朱善称"三老。"《四库全书总目提要》卷一七五曰："案郑晓、雷礼、王世贞并谓三吾于洪武三十年以罪诛死。蒋一葵又谓三吾以作大诰漏言赐死。《明史》则称以考试不实戍边，建文初召远。今集中有《赖下御制大明一统赋》，实建文时所撰，与《史》相合。是晓等所载皆不确。知其集在明代不甚传，故以晓等熟于掌故者亦未之见矣。"《坦斋文集》2卷，"成化中桐江俞荩官茶陵时所刊。万历戊寅，茶陵知州韩城贾缘又重刊之。三吾于洪武中典司文章，颇被恩遇。然其文钩棘而浅近，未能凌轹一时也。"

胡俨知桐城。

黄湜（黄子澄）八月丁卯荐李景隆，授大将军，代炳文。

练子宁（练安）二月为御史大夫。

龚诩在京师守金川门。

梁潜除广东四会知县。

程济七月出于狱，授编修，充军师，护诸将北行。

茅誧（茅大芳）擢右副都御史、兼吏部右侍郎。

按：燕师起，遗诗附马都尉梅殷。燕王称帝，逮赴京师。

曹端有罢神赛事。

尹昌隆九月以御史上疏劝惠帝让位于燕王，御史金焦、侍书史仲彬面劾请诛之，惠帝不许。

陶振仰承朱允炆意，作《哀吴王濞歌》，丑诋朱棣。

按：陶振，生卒年不详。字子昌。其先华亭人，赘于庞山谢氏，遂为吴江人。少与谢常学于杨维桢，兼治诗书春秋三经。著有《云间清啸集》1卷（清抄本，北京图书馆藏）、《陶振赋》1卷（见《千顷堂书目》卷三一）、《钓鳌集》（见《松陵文献》卷九）。

卢文政中举人。

按：卢文政，生卒年不详。湖广江夏人。幼嗜学。由吏部主事累官太仆寺丞致仕。年八十余，手不释卷。著有《历代一览》。事迹见《万姓统谱》卷一一。

丘锡中举人。

刘政举乡试第一，出方孝孺门。

钱绅举于乡，授苏州府儒学训导，升鄞县教谕。

按：钱绅，生卒年不详。字孟书。苏州府吴县人。中子。少读书修行，与表兄陈继连居。家藏书甚富，多手自抄录。著有《杂录》。事迹见《列朝诗集小传》乙集。

陈循之从叔一敬罢官，始自江外来归，陈循即往从受业陈一敬。一敬验知陈循读书，窃自喜，间以语同里杨寓（杨士奇）曰：先兄和林公有子矣。

按：陈循父与一敬、杨士奇虽年龄长少不同，然先后学于海桑陈心吾先生之门，而一敬后与杨士奇又皆从处江外，至是始得同归乡里。

薛瑄始为诗赋。

方孝孺二月作《书事》诗。

何道全卒（1319—　）。何道全道号无垢子、松溪道人。祖籍四明，其父迁至钱塘，生何道全。全真派道士。初云游于东海之上，后赴终南山，居于圭峰之墟。其弟子贾道玄集其语录、诗词，编成《随机应化录》2卷。

按：《随机应化录》，全称《无垢子随机应化录》。阐述道教全真派教旨之著作。教理为：以明心养性为修行要旨，以功行双修、福慧双全为玄门纲宗。书前有昆丘灵通子《无垢子随机应化录序》。是书收入《正统道藏》太玄部"唱"字号，涵芬楼影印本第740册。任继愈等编《道藏提要》中有其提要。

俞山（　—1457）生。

建文二年　庚辰　1400年

帖木尔伐安纳托利亚。

土尔其人入埃尔津詹。

废罗马人民的国王瓦茨拉夫四世。

英国侵威尔士。

印加王维拉科查即位。

正月丁卯，惠帝幸太学，释奠于先师。（《明通鉴》目录卷三）

二月癸亥，李景隆贻燕王书，请息兵，王答书索齐泰、黄湜（黄子澄）等。（《明通鉴》目录卷三）

三月丙寅，赐胡广（胡靖）等110人进士及等、出身有差。

五月庚辰，燕兵至济南。时山东参政铁铉督饷还，与高巍遇于临邑，同至济南，与盛庸誓以死守。会景隆为燕师大败于济南城下，遂围城。（《明通鉴》目录卷三）

按：王知不可骤克，令射书城中趣降。有儒生高贤宁在城，乃作《周公辅成王论》，请罢兵，不报。

八月癸巳朔，承天门灾，惠帝诏求直言。（《明通鉴》目录卷三）

九月，惠帝诏录洪武功臣罪废者后。（《明通鉴》目录卷三）

十月，惠帝召李景隆还，赦勿诛。黄湜（黄子澄）痛哭，及练子宁（练安）请诛之，皆不报。(《明通鉴》目录卷三)

是月，敕诸臣纂《类要》。

按：《乌莵集》卷五《送周判官诗文序》："圣天子即位改元之初，政令一新，励精文治，凡天下侧陋遗逸怀奇抱珍之士，莫不搜罗登进，列于庶位。厥明年，复敕儒臣取古今君道、臣道、人事之载于典籍者，𬯎括类聚，分嘉言、善行、惩戒，以为各类之纲，上自唐虞，下逮元季，采辑纂次，辅便观览，因以成一代之制作，亦将以为永世之龟鉴。举中外士流以博洽闻者，会于翰林，开馆武殿之南郎，以从事而草创之。于是，俊髦若天台陈好义、徐好古、叶仲洇、延平郑孟宣、姑苏章谨、建宁苏伯厚、李铎、吴中王汝玉、张拱、高可大、溧水王真、邵武刘仲美、大兴李敏、金华方叔衡、朱子建、宁波史维时、广陵陆伯瞻、浦江赵友同、临江周思、吉郡颜子明、萧用道、杨士奇暨予二十三人，皆与是选。于是天子喜其得人之盛，命文翰博士天台方孝孺总裁之，命侍读绍兴唐愚士、金华楼琏、修撰吉郡胡靖三人者副之，命修撰吉郡王艮、编修荆州杨溥二人董督而讨论之。实建文庚辰十月十二日也。诘旦赐宴馆中，既而大官给酒膳，中使供笔札，事非轻也。居无何，愚士、艮、铎、敏相继物故，友同以丁外艰去，伯瞻以使朝去，子明以辞老去，好义、仲洇、子建、可真、士奇、叔衡、维时升擢国子、王府、翰林官，可大领扶沟令，思领判湖广安陆州。未几，叔衡、仲美又以疾卒于官。"

方孝孺八月请改承天门曰皋门，端门曰应门，午门曰端门，前门曰路门，改谨身殿曰正身殿，惠帝从之。(《明通鉴》目录卷三)九月为《太祖实录》及《类要》诸书总裁，改文学博士，命典会试。

唐之淳（唐愚士）以方孝孺荐，为翰林侍读。

杨士奇用荐征授教授当行，又王叔英以史才荐，遂召入翰林，充《太祖实录》编纂官。

高逊志以翰林改官太常寺少卿，俞木贞致以诗。

高逊志在太常寺西苑跋所见唐临兰亭墨迹册。

刘璟赴阙进《闻见录》数万言。

瞿佑擢为国子监助教兼修国史。

胡广成进士第一。授翰林修撰，惠帝赐名靖。

王艮成进士。授修撰，与修《太祖实录》及类要、时政记诸书。一时大著作，皆归其综理。

卢千驷成进士。

按：卢千驷，生卒年不详。字善德。由苏州迁居泰县。著有《俯仰集》、《悲鸣集》、《说剑集》、《捶琴集》、《沧桑集》、《泡影集》。见《泰县著述考》卷七。

蒋骥成进士。授行人，嗣定西侯，典京营兵。

杨荣成进士。授编修。

杨溥成进士。授编修。

胡濙成进士。授兵科给事中。

吴溥成进士。授编修。

顾谦成进士。以御史出按云南。

潘文奎成进士。

意大利基督教会戏剧进入盛期。

金善(金幼孜)成进士。授户科给事中。

石彦城成进士。授武义县丞。

吴福成进士。授礼科给事中。使琉球。

按：还，与修《永乐大典》。致仕后爱吴中山水，定居苏州。福，生卒年不详。字好德。浙江鄞县人。事迹见《国朝献征录》卷九〇。

雷填成进士。授工科给事中。

按：雷填，生卒年不详。字原中。福建建安人。著有《原中类稿》。事迹见《古今图书集成》氏族典卷一〇八。

黄钺成进士。授刑科给事中，以忧归。

按：黄钺，生卒年不详。字叔扬。常熟人。燕王朱棣南下，杜门不出。寻以户科给事中召，途中自投于水。崇祯末追谥文献。著有《黄给谏遗稿》1卷附录1卷。事迹见《明史》卷一四三，《给事中黄钺传》(《国朝献征录》卷八〇)。

薛瑄年十二，随父任官荥阳，以所作诗赋呈监司，监司奇之。著《平云南赋》上沐公。

黄润玉年十二，闻郡守王琎肇举乡饮酒，往观之，默识其仪，归书于册，师愈奇之。

吴与弼年十岁，随伯父至京省父，即留居京师。

按：其父时任国子司业。(吴聘君年谱)

章参以教谕建福建长泰泰亨书院。又参建福建长泰龙津书院。

按：泰亨书院又名文公书院、登科书院。

解缙作《鉴湖阡表》。

高逊志在太常寺西苑跋所见唐临兰亭墨迹册。

蓝山书舍刻《武夷蓝山先生诗集》8卷。

乔叟卒(约1340—　)。英国诗人。被称为"英国诗人之父"。

让·弗鲁瓦萨尔卒(约1333—　)。法国诗人，编年史学家。著有《编年史》，描述百年战争史事。

徐一夔卒(1318—　)。一夔字大章，元明间浙江天台人。与王祎善。博学工文，与修礼书。"召入史馆，纂修《元史》。自后言教授之贤者，必推先生云。"(《宋元学案》卷八二)与修《大明日历》，特授以翰林官，以足病辞归。《宋元学案》列其入《双峰学案》。纂修《杭州府志》。著有《始丰稿》14卷、《艺圃搜奇》18卷、补阙2卷等。事迹见《明史》卷二八五。

按：宋濂《徐教授文集序》曰："吾友天台徐君大章，赋资绝伦，自少学文即期以载道，非六经所存，不复轻置念于其间。含蓄既久，烨然以文名江南。"《杭州府志》纂于洪武初，未知卷数，刊本9册，已佚。仅见《千顷堂书目》、《文渊阁书目》卷一九旧志类著录。并见雍正《浙江通志》。田汝成《西湖游览志》称其书颇简明。所纂《宋行宫考》1卷，见《千顷堂书目》、《国史经籍志》等书著录，附刊于《始丰稿》中。序台州僧并学所纂《三境图论》，见《始丰稿》。并学，号无为子，台州盘石人，杭净性寺僧。所作《织工对》为研究当时杭州丝织业雇工重要资料。《始丰稿》有光绪间丁氏刻《武林往哲遗著》本。《四库全书总目提要》卷一六九曰："朱彝尊《静志居诗话》曰：'大章遗稿罕传，余于京师见之新城王贻上所。凡四册，比余家藏者倍之。然验其目无诗，犹未是足本。'案今行世凡二本。其一本六卷，当即朱彝尊家所藏。此本自一卷至三卷为前稿，自四卷至十四卷为后稿，皆杂文无诗，当即王士禛家所藏矣。据《千顷堂书目》,载一夔《始丰类稿》十五卷,此本所佚不过诗一卷耳。其文皆谨严有法度,无元季冗沓之习。其《与王袆论修史书》,《明史》载之于本传。陈继儒尝称其《宋行宫考》、《吴越国考》研核精确。王士祯又称其《钱塘铁箭辨》精于考核。其《欧史十国年谱备证》一篇,谓'欧阳氏于吴越改元,止据宝石山制称宝正六年为证'。一夔复得钱镠将许俊墓砖有'宝正三年'字,以证《欧史》之不诬。又谓'元瓘袭位后,不复改元'。立说皆有根据。观其所辨,始知明嘉靖间钱德洪所撰《吴越世家疑辨》,谓'改元之事别无证据者,特为先世讳耳'。是又多资考证,不但其文之工也。"《艺圃搜奇》,《四库全书总目提要》卷一三四称:或题陈世隆所编,其中舛谬颠倒,不可缕举,大抵改易书名人名,以售其欺。原本有录无书者凡13种,清曹寅补录之。寅亦为奸黠书贾所绐也。

　　王绅卒(1361—　)。绅字仲缙,浙江义乌人。王袆子。受业宋濂。蜀献王聘绅,待以客礼。建文帝时,用荐召为国子博士,与修《太祖实录》。与方孝孺友善,卒官。名其斋曰"继志"。著有《继志斋集》12卷。事迹见《明史》卷二八五《王袆传》附传,王汝玉《国子监博士义乌王公绅墓表》(《国朝献征录》卷七三),《博士王君墓志铭》(《明名臣琬琰录》卷十)。

　　按:王汝玉《墓表》曰:"仲缙平生无他嗜好,惟喜为文章,有《继志斋集》三十卷藏于家。葬之五年,王汝玉氏悲待制公不昌其嗣,仲缙之不遂其志,而表其墓。"据《四库全书总目提要》卷一七〇:《继志斋集》,"其集冠以《铙歌》十二首,即建文初所献;次为赋二篇;次为古今体诗及诸杂文;末为《附录》一卷。"王达、邹缉皆有《继志斋集序》。

　　钱芹卒(1329—　)。芹字继忠。苏州府吴县人。著有《兵略》3卷。事迹见《明史》卷一四二《姚善传》附传。

　　按:《兵略》已佚。《吴县志·艺文考一》又著录《永州集》5卷,误。是集纂者为海盐钱琦之子同名者。《四库全书总目提要》卷一七七曰:"芹字懋文,号泮泉,海盐人,琦之次子也。嘉靖戊戌进士,官至永州府知府,故以永州名集。首列奏疏二卷,颇切当时利弊,其《斥异端》一条,盖为陶仲文而发也。惟其学出自湛若水,后乃改从王守仁,故于姚江一派,推挹颇深,持论不无少偏云。"

　　罗本(罗贯中)约卒(约1330—　)。名本,字贯中,号湖海散人。山西太原人,一说钱塘(今杭州)或庐陵(今江西吉安)人。著有《三国志通俗演义》等。事迹见《续录鬼簿》。

　　按:明王圻《稗史汇编》称罗贯中乃"有志图王者"。清徐渭仁、徐鈵所绘《水浒一百单八将图题跋》称其曾入张士诚幕。《西湖游览志馀》则称其"编撰小说数十种",又相传写过《十七史演义》。今存署名罗贯中之作品,除《三国志通俗演义》外,尚有《隋唐志传》、《残唐五代史演义传》和《三遂平妖传》。罗贯中《三国志通俗演义》现存最早刊本为嘉靖本,最为流行的本子是清代毛纶、毛宗岗父子的修改本。除小说创作外,贾仲名(贾仲明)《录鬼簿续编》赞其"乐府隐语,极为清新"。现存戏曲作品有《赵太祖龙虎风云会》杂剧。

　　钟复(　—1443)、**姚龖**(　—1446)、**钱顺德**(　—1456)、**吴惠**(　—1468)、**朱有爋**(　—1472)**生**。

建文三年　辛巳　1401年

帖木尔入巴格达。

英格兰议会通过第一个处异端以火刑法案。

德国侵意大利。

莫斯科大公国灭苏兹达尔公国。

正月丁丑，惠帝复齐泰、黄湜（黄子澄）官。（《明通鉴》目录卷三）

三月闰月癸巳，谪齐泰、黄湜（黄子澄）于外以谢燕，仍遣之募兵。（《明通鉴》目录卷三）

五月甲寅，惠帝用方孝孺言，下武胜于狱。（《明通鉴》目录卷三）

是月，薛岩还，为惠帝述燕王将士同心，未易胜。孝孺曰："此为燕游说也。"（《明通鉴》目录卷三）

七月戊戌，惠帝用方孝孺策，遣锦衣千户张安往贻燕世子书。（《明通鉴》目录卷三）

十一月乙巳，燕王自为文，祭南北阵亡将士，僧道衍劝王毋下城邑，直趋京师，于是始定计南下。（《明通鉴》目录卷三）

是年，大虞胡朝改《协纪历》，行《顺天历》。

陈循二月入邑庠补增广生。

曹端摄渑儒学事，时部使者照刷文卷，以前官卷案不如式墨误下狱，端处之泰然，作诗自遣，有云："仰天心无愧，伏地意不惭。"未几而白。

程本立坐事贬官，仍留纂修。

王翰辞官归乡。

按：王翰，生卒年不详。字时举。元明间河南夏县人。著有《敝帚集》5卷（已佚），《梁园寓稿》9卷。另有《山林愀唱》1卷。事迹见《列朝诗集小传》甲集，《廉州府教授王翰传》（《国朝献征录》卷一〇〇）。

梁潜改知阳春。

薛瑄读书通大义。徐怀玉、魏希文等称小友。

黄润玉年十三，有诏命徙江南富民实北京，其父当行，润玉诣官请代，主事者少之，对曰："父去日益老，儿去日益长。"有司异而从之。

方孝孺等十二月奉敕纂修《太祖实录》成。

朱权六月编《汉唐秘史》2卷成。自序之。

按：是书以刘三吾等洪武间进讲汉唐事实类次成编。其诸帝论赞，皆太祖御撰。

方孝孺献《凝命神宝颂》、《论燕王书》。

曾用臧序《元音》12卷，称定海丞张中达所刻。

按：《四库全书总目提要》卷一八九：《元音》12卷，"不著编辑者名氏。前有洪武甲子乌斯道序，称宁波孙原理汇辑。又有曾用臧序，称为定海丞张中达所刻，未题辛巳九月下澣,而空其年号两字。考辛巳为建文三年,殆以靖难革除,铲削其板,盖犹明初本也。所录自刘因至龙云从,凡一百七十六人。每人之下略注字号爵里,大抵详于元末,而略于元初。末附无名氏诗十一首,又陈益稷诗一首,程文海诗四首,滕宾诗一首,虞集诗五首,别题曰《补遗》。均为原目所不载。"

楼琏作《宋学士续文粹序》。

按:序曰:"当元之衰、国朝之始兴也,地大兵强,据名号以雄视中国者十余人,皆莫能得士。太祖高皇帝定都金陵,独能聘致太史金华而宾礼之。公始见上,上问以取天下大计,公以不杀对,上甚喜,俾授太子经。每询以治道,公未尝不以仁义为言。是时群雄多嗜杀好货,独上御军有法,命将征讨戒以勿杀,所至民欢乐之,识者已谓天下不足平。及海内平定,上方稽古以新一代之耳目,正彝伦,复衣冠,制礼乐,立学校,凡先王之典多讲行之,而太史公实与其事。在翰林为学士,中尝为国子司业,晚为承旨,先后二十年,以道德辅导皇太子。圣德宽大仁明,而天下归心爱戴,称颂洋洋者,公之功居多。海外殊绝罕至之国贡之使,接于国门,至必问公起居安否,购公文集以归,日本至摹刻传诵于其境内。而近则朝廷,远而穷山陋邑,妇人稚子,皆知公为盛德。君子闻其名,见其文,未有不咨嗟敬爱者。公修身于户庭之间,而姓字播于千万里之外,蛮夷异类皆知尊慕之,使中国之美传于无极,其功盖大矣,而当时之人未必能名其为功,此公所以为盛欤!公之为学,博而知要,其德粹然,与世无竞,而端介之气充养有道,不为利害所移,盖仁人长者之风不见于世久矣,乃于公而见之,天之遗斯世不亦厚乎!惜夫世未获尽被公之泽,而公遽以疾终。后十余年,皇太子亦薨于东宫,天下哀痛焉。今上既追崇皇考为孝康皇帝,庙号兴宗,念先皇旧学之臣,悲公之不可作,以近臣荐,召公之孙怿,复官之于翰林,凡兴宗皇帝所欲行而未遂,天下所愿欲而未得者,皇上皆举而行之,善誉洽于万胜,而公之文愈为人所爱重。某早从公游,辱公见知,窃尝叹天下知爱公文,而不能尽得其意,且不能尽观也,以为公昔无恙时,尝择旧文为《文粹》以传矣,因复与同门友浦阳郑楷叔度等,取自仕国朝以来所作,复选录为十卷,名曰《续文粹》,以传于学者。……"

宋濂《宋学士续文粹》刊毕。

按:郑柏《宋学士续文粹跋》曰:"洪武庚申,潜溪先生宋公有西蜀之行,手持所著文集未刊行者《翰苑集》、《芝园集》各四十卷,以授柏曰:'付子斯文,其谨藏之。'柏乃与兄楷约同门友某口,选其精要者,得文一百三十篇,诗赋三十首,缮书为《续文粹》一十卷。今请于家长英斋伯父,命印工应孟性等刊于义门书塾,以广其传。起手于辛巳年春闰月二十一日,毕工于秋七月二十日,凡历一百一十六日云。"

何道全纂、贾道玄编集《随机应化录》2卷成。

俞贞木卒(1331—)。贞木初名桢,后改贞木,字有立。苏州府吴县人。元季不仕。洪武初以荐为乐昌知县等,请归。著有《种树书》3卷、《立庵集》等。事迹见王璲《承事郎都昌令俞先生贞木墓志铭》(《国朝献征录》卷八七)。

按:《种树书》见康熙间钱曾《读书敏求记》,《立庵集》见《千顷堂书目》卷一七。

胡琏卒(1327—)。琏字商用。江西高安人。官句容教谕,寻归。著有《易学会通》、《诸子手笔》。事迹见梁潜《句容县教谕胡公琏行状》(《国朝献征录》卷八三)。

唐之淳(唐愚士)卒(1350—)。之淳名愚士,以字行。浙江山阴人,唐肃子。宋濂亟称之。以方孝孺荐,为翰林侍读,与孝孺俱领修书事。卒于官。著有《唐愚士诗》2卷附会稽怀古诗1卷。事迹见《明史》卷二八五《王行传》附传,《唐愚士侍读传》(《国朝献征录》卷二〇),《侍读唐君墓志铭》(《逊志斋集》卷二二),《列朝诗集小传》甲集。

  按:《四库全书总目提要》卷一七〇曰:《唐愚士诗》"是集仅其丁卯、戊辰二年所作,似非完本。又诗文相间成编,而总题曰'诗',亦非体例,疑当日杂录手稿,存此一帙,后人因钞传之,故编次丛杂如此欤。其诗虽未经简汰,金砾并存,而气格质实,无元季纤秾之习。其塞外诸作,山川物产,尤足以资考核。《会稽怀古诗》一卷,乃其少作。凡五言古诗三十首,题下各有小序,仿阮阅、曾极、张尧同之例。其中如舜庙不取地志象耕之说、禹庙不取禹穴藏书之说,皆为有识。此卷本于集外别行,然篇页寥寥,今缀于集后。"《侍读唐君墓志铭》曰:"某闻君名二十年,相与往还且十余年。及今乃为僚友,方欲与君同进于学,而君弃予死矣。垂绝之属,其何忍辞?君别号萍居,所著有《萍居稿》数十卷,及集录他书又数十卷,可传。"

  邵亨贞卒(1309—)。亨贞字复孺。寓居华亭,卜筑溪上,以贞溪自号。元明间浙江桐庐人。洪武中为松江府学训导。善真、草书,尤工篆、隶。著有《野处集》4卷等。事迹见《列朝诗集小传》甲集。

  按:《野处集》4卷,《四库全书总目提要》卷一六七曰:"杨枢《淞故述》,载其本淳安人。至正间为松江训导,占籍华亭。今考集中有《送族兄安仲还乡序》云:'至元中,大父处县君以弗终仕于宋,晦迹华亭别业,先子遂生华亭。至德间,大父归葬故里,先子弗克举家去,至今为华亭人。'则自其祖已占籍松江,枢所述犹未尽也。是编后有冯迁、汪穆二跋,谓其书本出上海陆深家,深之孙郑以授穆而刊行之。并所著《蛾术诗选》、《蛾术词选》为十六卷。"

  周鼎(—1487)生。

建文四年 壬午 1402年

帖木尔及土耳其人战,获苏丹巴耶塞特一世。

苏格兰侵英格兰。

  五月壬寅,苏州知府姚善、宁波知府王琎、徽州知府陈彦回、乐平知县张彦方各起兵入卫。(《明通鉴》目录卷三)

  六月乙丑,燕兵犯金川门。谷王及李景隆开门迎降。左都督徐增寿谋内应,惠帝手诛之。须臾,宫中火起。皇后马氏崩。惠帝逊位。(《明通鉴》目录卷三)

  燕王遣中使出后尸于火,诡言帝尸,持之而泣。分命诸将守城,还驻龙江。下令大索齐泰、黄湜(黄子澄)、方孝孺等,榜其姓名曰"奸臣"。(《明通鉴》目录卷三)

  按:计左班文臣凡29人:太常寺卿黄湜(黄子澄),兵部尚书齐泰,礼部尚书陈迪,文学博士方孝孺,御史大夫练子宁(练安),右侍中黄观,大理少卿胡闰,寺丞邹瑾,户部尚书王钝,户部侍郎郭任、卢迥,刑部尚书侯泰、暴昭,工部尚书郑赐,工部侍郎黄福,吏部尚书张紞,吏部侍郎毛泰亨,给事中陈继之,御史董镛、曾凤韶、王度、高翔、魏冕、谢升,前御史尹昌隆,宗人府经历宋征,户部侍郎卓敬,修撰王叔英(王元彩),户部主事巨敬。皆悬赏格,购首告及缚送者。(《明通鉴》卷一三)

是夕,惠帝由地道出,从者22人,次于神乐观,与诸臣为师弟子。(《明通鉴》卷一三)

丙寅,诸王及文武诸臣上表劝燕王进。时文武迎降者,知名之士凡20余人,茹瑺列名居首。

按:时文臣叩马首迎附,知名者:吏部侍郎蹇义,户部侍郎夏原吉,侍中刘俊,侍郎古朴、刘季篪,大理寺少卿薛岩,侍讲王景,修撰胡广、李贯,编修吴溥、杨荣、杨溥,侍书黄淮、芮善,待诏解缙,给事中胡濙、金善(金幼孜),兵部郎中方宾,刑部员外郎宋礼,国子助教王达、邹缉,吴府审理副杨寓(杨士奇)等。(《明通鉴》卷一三)

戊辰,诸王、诸臣再劝进,杨荣请先谒孝陵。燕王从之。(《明通鉴》目录卷三)

己巳,燕王谒陵还,御奉天殿,即皇帝位。(《明通鉴》目录卷三)

壬申,葬惠(建文)帝,周王景言依天子礼。

按:所葬实马后。(《明通鉴》卷一三)

丁丑,齐泰、黄湜(黄子澄)、方孝孺被杀,夷其族。一时坐奸党死者甚众。

七月壬午朔,大祀南郊,赦天下。明成祖诏:"自今年六月后仍称洪武三十五年,以明年为永乐元年。"(《明通鉴》目录卷三)

八月丁巳,明成祖分遣御史巡察天下利弊,当兴革者以闻。(《明通鉴》目录卷三)

丙寅,明成祖杀御史大夫景清,夷其族。

按:时称瓜蔓抄。(《明通鉴》目录卷三)

十月己未,明成祖诏重修《太祖实录》。(《明通鉴》目录卷三)

按:十月庚申又谕修实录官曰:自古帝王功德之隆者,必有史官纪载,垂范万年。我皇考太祖高皇帝,神功圣德,天地同运,日月同明,汉唐以来未之有也。比建文中,信用方孝孺等纂述实录,任其私见,或乖详略之宜,或昧是非之正,致甚美弗彰,神人共愤,蹈于显戮,咸厥自贻。今已命太子太师曹国公李景隆为监修,太子少保兼兵部尚书忠诚伯茹瑺为副监修,尔等皆茂简才识,俾职纂述,其端乃心,悉乃力,以古良史自期,恪勤纂述,必详必公,用光昭我皇考创业垂统、武功文治之盛,与乾坤相为无穷斯。汝为无忝厥职矣。(《太宗实录》卷一三)

秋,明成祖遣僧智光赍诏谕馆觉、灵藏、乌斯藏、必力工瓦、思达藏、朵甘、尼八剌等处,并以白金、彩币颁赐灌顶国师等。

李景隆十月己未以曹国公命为重修《太祖实录》监修。

茹瑺十月己未以尚书命为重修《太祖实录》副监修。

解缙十月己未以侍读为重修《太祖实录》总裁。

解缙,黄淮八月壬子朔入直文渊阁,预机务。

按:内阁预机务自此始。

胡俨与解缙等同直文渊阁。

日本今川了俊撰《难太平记》。

按：《明史》卷一四七曰："成祖即位，曰：'俨知天文，其令钦天监试。'既试，奏俨实通象纬、气候之学。寻又以解缙荐，授翰林检讨，与缙等俱直文渊阁，迁侍读，进左庶子。"《明诗纪事》乙签卷四《胡俨》陈田按："宾客于永乐壬午迁侍读，甲申迁谕德，见杨文定所著墓碑。史称进文渊阁，迁侍讲，进左庶子，与碑不合，偶未检耳。"

金善（金幼孜）改翰林检讨，与解缙等同值文渊阁，迁侍讲。

杨寓（杨士奇）授编修，入内阁，参机要。

杨荣入文渊阁，令更名荣。六月戊辰请先谒孝陵，燕王从之。

按：多次从成祖北巡及出塞，凡宣诏出令，及旗志符验，必得荣奏乃发。累官文渊阁大学士。

胡广与解缙迎附，擢侍讲，改侍读，复名广。

按：累官至文渊阁大学士。两从成祖北征，以善书，每勒石，皆令书之。受命在军中讲经史。

袁珙拜太常寺丞。

齐泰、黄湜（黄子澄）五月庚子召还。六月丁丑被杀。

李桐（李至刚）十二月以右通政为礼尚。

蹇义九月为吏部尚书，

夏原吉九月为户部尚书。

王钝（成祖入时）逾城走，为逻卒所执。

按：诏仍故官。未几，与张紞俱罢。寻命同工部尚书严震直（严子敏）等分巡山西、河南、陕西、山东，又同新昌伯唐云经理北平屯种。承制再上疏言事，皆允行。

韩克忠谪为涿鹿令。

王偁征至京师，授国史院检讨。

张显宗擢工部侍郎，奉诏起兵勤王于江西。

吴与弼丁母忧。

程通随辽王在荆州。

曹端有请毁淫祠之事。

黄润玉代父抵京受廛北城外十里所，沙漠寒冱，茫无人烟；润玉与同役筑室成比闾。人不堪其劬瘁，润玉安之，暇则肆力于学，期造乎圣贤之域。

余友谅建文中以贤良方正荐授大理寺少卿。

按：余友谅，生卒年不详，常熟人。著有《鹤林类集》，见《重修常昭合志》卷一八。

郑旭建文中官儒学训导。

按：郑旭，生卒年不详。闽县人。著有《诗经总旨》1卷（见《千顷堂书目》卷一）、《咏竹稿》等。事迹另见《古今图书集成》文学典卷九四。

萧用道建文中举怀才报德，授靖江王府长史，召入翰林。

刘季箎建文中召为刑部侍郎。

韩克忠建文中任河南按察佥事。

严震直（严子敏）建文中督饷山东，致仕。

龚诩建文中为金川门卒，燕兵至，痛哭，寻归。隐居授徒，后周忱巡抚江南，两荐为学官，坚辞。

丰寅初弃官家居。

按：丰寅初，生卒年不详。字复斋（或作复初）。元明间宁波鄞县人。宋尚书稷之后。著有《古易略说》，已佚，见《千顷堂书目》，一作《略记》。事迹见《皇明表忠记》七。

杜琼母顾夫人三月遣杜琼从乡师习句读。

姚广孝建文中劝王举兵。为王策划战守事宜。辅世子居守，守御甚固。成祖即位，姚广孝论功第一，拜太子少师，赐名广孝，而不肯蓄发，常居僧寺。

僧道衍十月为僧录左善世。

张存撰《重修练湖记》。

按：张存，生卒年不详。字性中。丹阳人。年十三补博士弟子员，从刘基、宋濂游，遂潜心理学。以明经补遂安主簿，未几，弃去。遍游名胜，归筑"虚白庐"以老，学者称"雪洞先生"，为明初理学之倡。著有《雪洞先生集》30卷。《千顷堂书目》卷一七有洪武中江西步远主簿张存《雪涧集》，疑"涧"或为"洞"。事迹见光绪《丹阳县志》卷三五。

周传作《兰庭集序》。

张宇初作《翰林学士耐轩王先生文集序》。

按：序曰："予往岁与达善定交锡山，声迹不相闻者稽十载矣。近以二教成均，累会于京。握手寓邸，道说故旧，欢如平生。一何人生之离合，有不可期者若是哉！间示其所著《天游集》若干篇，可谓理造而道著者矣。"

史谨始次所著为《独醉亭集》。

僧宗喀巴在热振寺著成《菩提道次第广论》。

按：原名《胜遍主大金刚持道次第开显一切密要论》，又称《密宗道次第论》、《真言道次第论》。为大乘佛教密宗修行次第的论著。此论广摄印度佛教诸乘学，主要宗依弥勒《现观庄严论》、阿底峡《菩提灯论》及西藏卓垄巴《圣教次第论》。主要阐明三乘渐次修行之道，并论述止观之修持方法。本论结构以阿底峡《菩提道灯论》为据，按"三士道"次第组织。宗喀巴为使广为流传，又于永乐十三年（1415）在格登寺概括要义，撰成《菩提道次第略论》。并将本论内容，以赞颂功德之方式，摄为四十五颂。两论代表了他对佛教的完整看法及其思想体系。此后为此论作摄颂者多。重要著述有僧三世达赖福幢《菩提道讲义》，智幢、法贤、霞玛、札迦等讲义。为此论作注疏者有跋梭天王法幢《朱注》；阿旺饶敦《墨注》；妙音笑《黄注》；扎底格什宝义成《毗钵舍那注》。后此四家注合刊成上下两函。将全论编为摄颂者尚有阿旺罗桑却敦、公薄智精进、阿嘉善慧幢等。阿旺罗桑、智幢、法贤、护教、札迦等皆有依论中所示六加行法编之修法仪轨。1931年法尊在拉萨从安东格西学习此论，后用二年时间译为汉语，印顺法师润色，汉藏教理院以铅字排印，1935年冬初版刊印。1992年上海佛学书局出影印本。台湾蓝吉富主编《大藏经补编》第10册亦予收录。其弟子克主杰曾依此书，摄作要义，作《续部总建立广释》，亦由法尊译汉，名《密宗道次第》，亦称《密宗道次第略论》，收于张曼涛主编《现代佛教学术丛刊·西藏佛学论集》。

一说著成于永乐三年。一说永乐四年著成于西藏绛巴林寺。

茅誧（茅大芳）卒（1348— ）。大芳名誧，以字行。字一作大方。后谥忠愍。扬州泰兴人。博学能诗文。燕师起，遗诗淮南守将梅殷，辞意激烈。闻者壮之。成祖即位，被杀。著有《文城集》、《希董集》。事迹见《明史》卷一四一，郑晓《右副都御史茅公大方传》(《国朝献征录》卷五五)。

按：大芳诗文永乐后被禁，至弘治初，储𤫊始辑其遗集，并以希董为名。嘉靖中初刻为5卷，后翻刻或釐为2卷。

卓敬卒（1349— ）。敬字惟敬，一作惟恭。乾隆时追谥忠毅。浙江瑞安人。洪武二十一年进士。姚广孝故与敬有隙，进言斩之。著有《卓惟恭诗文集》。事迹见《明史》卷一四一，袁袠《户部右侍郎瑞安卓公敬传》(《国朝献征录》卷三〇)，《明卓忠贞公庙碑》(《澹园集》见《国朝献征录》卷三〇)，薛钟斗《卓敬年表》。

按：《明史》传曰：敬立朝慷慨，美丰姿，善谈论，凡天官、舆地、律历、兵刑诸家，无不博究。成祖尝叹曰："国家养士三十年，惟得一卓敬。"万历初，用御史屠叔方言，表墓建祠。

黄湜（黄子澄）卒（1350— ）。子澄名湜，以字行。江西分宜人。洪武十八年，会试第一，授编修，进修撰。建文帝即位，命兼翰林学士，与齐泰同参国政。京城陷，乃就嘉兴杨任谋举事，为人告，俱被执。子澄至，成祖亲诘之。抗辨不屈，磔死。事迹见《明史》卷一四一，郑晓《太常卿黄公子澄传》(《国朝献征录》卷七〇)。

按：《静志居诗话》卷五曰："太常受《易》于欧阳贞，受《书》于周与学，受《春秋》于梁寅。初谒寅时，寅令作《枯梅》诗，立就，甚异之。石门，寅所居也。"

周德（周是修）卒（1354— ）。是修名德，以字行。乾隆四十一年，赐谥节愍。江西泰和人。尝辑古今忠节，事为《观感录》。纂《纲常懿范》10卷，《论语类编》2卷(见《千顷堂书目》卷三)。又著有《刍荛集》6卷。事迹见《明史》卷一四三，杨士奇《衡府纪善周是修传》、郭子章《周纪善逸事》(均《国朝献征录》卷一〇五)。

按：少孤力学。建文间，为衡王府记善，留京师，与翰林撰修，好荐士，屡陈国家大计，燕兵入京城，自缢于应天府学尊经阁。《明史》云：是修外和内刚，志操卓荦。非其义，一介不苟得也。尝曰："忠臣不计得失，故言无不直；烈女不虑死生，故行无不果。"尝辑古今忠节事为《观感录》。其学自经史百家，阴阳医卜，靡不通究。为文援笔立就而雅赡条达。初与士奇、缙、靖及金善（金幼孜）、黄淮、胡俨约同死。临难，惟是修竟行其志云。杨士奇《周是修传》曰："其学自经史百氏，下至阴阳医卜之说，靡所不通。为文章未尝缔思，援笔立就，而雍容雅赡，词理条达。稍暇，著述吟咏，不虚寸晷。所著有《诗小序》、《诗集义》、《诗谱》、《论语类编》、《广衍太极图》、《观感录》、《纲常懿范》、《迩言》、《家训》、《刍荛集》、《进思集》。"《四库全书总目提要》卷一三一曰：《纲常懿范》10卷，"是编前有自序，称因闲居，感其母彭氏教以忠孝大端，因采辑前言往行，凡十六门"，"解缙作是修墓志，杨寓（杨士奇）作是修传，亦皆称其尝撰是书，与此本合。史称其尝辑古今忠节事为《观感录》，与此不同，或一书而二名欤？案是修授命成仁，争光日月。作此书以培植纲常，行不愧言，尤足以风动百世。自宜录之以传久远。然核其所述，大抵荒陋舛鄙，类村塾野老稍知字义者所为，殊不似是修之笔。殆原书久佚，而其后人赝补之，如张九龄《千秋金鉴录》类也。故今惟录其文集,而是书则附存目焉。"据《四库全书总目提要》卷一七〇:《刍荛集》为其孙应鳌所编。末附解缙永乐九年所作墓志铭,杨士奇宣德四年所作传。

方孝孺卒(1357—)。孝孺字希直,一字希古。浙江宁海人。宋濂弟子,尽得其学。蜀献王闻其贤,聘为世子师,名其屋为"正学",学者因称正学先生。建文帝即位,诏为侍讲学士。修《太祖实录》,为总裁。及《类要》诸书总裁。燕兵起,廷议讨之,诏檄皆出其手。《宋元学案》列其入《北山四先生学案》详见《明儒学案》,《明儒学案》列其入《诸儒学案》上一。著有《孝经诫俗》、《周易考次》、《武王戒书注》1卷、《三礼考注》6卷、《大学改本》、《宋史要言》、《帝王基命录》、《辽事颠末》1卷、《逊志斋集》等。所著《释统》、《后正统》,开明代正统论之先。事迹见《明史》卷一四一,明卢演编《方正学先生(方孝孺)年谱》,郑晓《文学博士方公孝孺传》(《国朝献征录》卷二〇)。

按:燕王朱棣起兵入南京,自称效法周公辅成王,召使起草诏书。方孝孺怒问"成王安在?"(《明通鉴》卷一三)并掷笔于地,坚不奉命。遂被磔于市,作《绝命词》。弟孝友,同时就戮,亦赋诗一章死。宗族亲友弟子十族数百人受牵连被杀。黄宗羲《明儒学案》曰:"先生直以圣贤自任,一切世俗之事,皆不关怀。朋友以文辞相问者,必告之以道,谓文不足为也。入道之路,莫切于公私义利之辨,念虑之兴,当静以察之。舍此不治,是犹纵盗于家,其余无可为力矣。其言周子之主静,主于仁义、中正,则未有不静,非强制其本心如木石然,而不能应物也,故圣人未尝不动。谓圣功始于小学,作《幼仪》二十首;谓化民必自正家始,作《宗仪》九篇;谓王治尚德而缓刑,作《深虑论》十篇;谓道体事无不在,列《杂诫》以自警。持守之严,刚大之气,与紫阳真相伯仲,固为有明之学祖也。"《四库全书总目提要》卷一七〇称:"学术醇正,而文章乃纵横豪放,颇出入东坡、龙川之间。盖其志在于驾轶汉唐,锐复三代,故其毅然自命之气,发扬蹈厉,时露于笔墨之间。故郑瑗《井观琐言》称:'其志高气锐,而词锋浩然,足以发之。然圣人之道,与时偕行。周去唐、虞仅千年,《周礼》一书已不全用唐、虞之法。明去周几三千年,势移事变,不知凡几,而乃与惠帝讲求六官改制定礼。即使燕兵不起,其所设施,亦未必能致太平。正不必执讲学家门户之见,曲为之讳。惟是燕王篡立之初,齐、黄诸人为所切齿,即委蛇求活,亦势不能存。若孝孺则深欲藉其声名,俾草诏以欺天下。使稍稍迁就,未必不接迹三杨,而致命成仁。遂湛十族而不悔,语其气节,可谓贯金石、动天地矣。文以人重,则斯集固悬诸日月,不可磨灭之书也。'都穆《南濠诗话》曰:'《方正学先生集》,传之天下,人人知爱诵之。'但其中多杂以他人之诗,如《勉学》二十四首,乃陈子平作;《渔樵》一首,乃杨孟载作;又有《牧牛图》一绝,亦元人作。然两集互见,古人多有。今姑仍原本录之,而附存穆说备考焉。"燕王南下时,谋臣道衍和尚(姚广孝)曰:"城下之日,彼必不降,幸勿杀之。杀孝孺,天下读书种子绝矣。"史称孝孺殉节后,文禁甚严。所著《周易枝辞》、《周礼考次目录》、《武王戒书注》、《宋史要言》、《基命录》、《文统》等皆已不传。其门人王稌(一作王稌)藏其遗稿,抄录成《侯城集》。宣德后始稍传播,故其中阙文脱简者颇多。《逊志斋集》原本凡30卷,拾遗10卷,乃黄孔昭、谢铎所编。正德中顾璘守台州时重刊,并为24卷。《杂诫》刊入《逊志斋集》。序宁海童伯礼所纂《童氏族谱》,见《逊志斋集》。是谱据《台州经籍志》云已佚。序宁海葛养心所纂《泉水葛氏族谱》,见《逊志斋集》。雍正《浙江通志》、康熙《宁海志》误作金学贤序。是谱据《台州经籍志》云已佚。康熙《宁海志》及雍正《浙江通志》谓孝孺序《三都刘氏族谱》。今考《逊志斋集》

无是序。是谱不著纂者名氏。《台州经籍志》云已佚。所刊有与宋濂合辑之《张小山乐府》2卷。（参《四库全书总目提要》、《中国学术名著提要》、《中国大书典》）

姚善卒（1360— ）。善初姓李，字克一。德安府安陆人。姚善任苏州知府，吴中大治，好折节下士，敬礼隐王宾、韩奕、俞贞木、钱芹，以月朔会学宫，迎芹上座，请质经义。事迹见《明史》卷一四二，《苏州府知府姚善传》（《忠节录》见《国朝献征录》卷八三）。

胡子昭卒（1361— ）。子昭初名志高，字仲常。四川容县人。方孝孺任汉中教授时，往从穴学。蜀献王荐为县学训导。建文初与修《太祖实录》，授翰林检讨，官至刑部侍郎。成祖即位，被杀。事迹见《明史》卷一四一《方孝孺传》附传，薛甲《兵部侍郎胡公子昭神道碑》（《国朝献征录》卷四〇），刘应其《胡公子昭忠节祠记》（《国朝献征录》卷四六）。

练安（练子宁）卒，生年不详。子宁名安，以字行。江西新淦人。洪武十八年进士。授修撰。历迁工部侍郎，御史大夫。著有《金川玉屑集》。事迹见《明史》卷一四一，郑晓《都御史练公子宁传》（《国朝献征录》卷五四），《张处士墓志铭》（《中丞集》卷上）等。

按：以贡士廷试对策，太祖善其意，擢一甲第二。建文时与方孝孺并见信用，改吏部左侍郎，旋拜御史大夫。燕王起兵，李景隆北征屡败，子宁请诛之，不听，因大哭求死。燕王即位，缚子宁至，语不屈，被磔死，并遭灭族之祸。当燕王篡位之初，诬建文诸臣为奸党，禁其文字甚严。弘治中，王佐始辑其遗文，名曰《金川玉屑集》。《四库全书总目提要》卷一七〇曰："故徐泰《诗说》有'金川练子宁《玉屑》无多，为世所宝之'语。"提学副使李梦阳立金川书院祀子宁，名其堂曰"浩然"。泰和郭子章重编为《练中丞集》2卷，附以遗事1卷，其裔孙绮复增辑之。

王元彩（王叔英）卒，生年不详。叔英名元彩，以字行，号静学。浙江黄岩人。洪武中，与杨大中、叶见泰、方孝孺、林佑并征至，叔英固辞还乡。后以荐官仙居训导，改德安教授，迁汉阳知县。建文时，召为翰林修撰。燕王兵至，奉命募兵，行至光德。知大事已去，书绝命词，自刭于玄妙观。乾隆四十一年赐谥忠节。著有《静学文集》1卷。事迹见《明史》卷一四三，黄绾《静学王公元采传》、郑晓《翰林院修撰王公叔英传》（均《国朝献征录》卷二一）。

按：《四库全书总目提要》卷一七〇曰："史称叔英在建文朝尝上资治八策。又称方孝孺欲行井田，叔英贻之书曰：'事有行于古亦可行于今者，夏时、周冕之类是也；有行于古而不可行于今者，井田、封建之类是也。可行者行则人之从之也易，而民受其利；难行者行则人之从之也难，而民受其患'云云。今是集三十篇，仅存序、记二体，而所上八策及《贻孝孺书》并无之。按徐敬孚跋，称杨寓（杨士奇）尝欲纂集叔英之文，求无完本，深悼惜之。成化年，有谢世修者，欲募刻以广其传。盖搜葺重编，非其旧本。卷首林佑序作于洪武中者，乃后人所录入，非即为此本作也。叔英尝自云：'赵孟之贵非所慕，陶朱之富非所愿。使吾文如圣贤，是吾心也。'今观是集，大抵皆规橅昌黎，稍失之拘，而简朴有度，非漫无裁制者比。所存虽少，已可以见其生平矣。前有黄绾所为传，称其文章有原本，知时达势，为用世之儒，盖不诬云。"序黄岩林师言所纂《林氏族谱》，见《静学文集》及《三台文献》。《台州经籍志》云《林氏族谱》已佚。

徐兴祖卒，生年不详。兴祖字宗起。浙江平阳人。《宋元学案》列其入《木钟学案》，云濠谨案:《温州旧志》载:"先生明《易》、《诗》、《书》三经。洪武壬子，举授温州府学教授，以性理之学教导诸生，咸尊之曰横阳先生。"著有《易经讲义》，已佚，见《浙江通志·儒林》本传。《四书训解》，已佚，载雍正《浙江通志》及《温州经籍志》。事迹见胡俨《福州府知府张公逊传》（《国朝献征录》卷九一）。

刘政卒，生年不详。政字仲理，一作仲礼。苏州府长洲人。靖难兵起，草《平燕策》将上，以病为家人所沮。闻方孝孺被杀，呕血死。事迹见《明史》卷一四一《方孝孺传》附传。

林升（林嘉猷）卒，生年不详。嘉猷名升，以字行。浙江宁海人。方孝孺弟子。建文初，入史馆为编修，寻迁陕西按察佥事。燕王入京师，坐方党被杀。事迹见《明史》卷一四一《方孝孺传》附传，《陕西按察佥事林嘉猷传》（《忠节录》见《国朝献征录》卷九四）。

按：《明史》卷一四一称，郑公智字叔贞；嘉猷名升，以字行。皆师事孝孺。孝孺尝曰："匡我者，二子也。"公智以贤良举，为御史有声。嘉猷，洪武丙子以儒士校文四川。建文初，入史馆为编修。寻迁陕西佥事。尝以事入燕邸，知高煦谋倾世子状。孝孺间燕之谋，实嘉猷发之。

郑久成（郑居贞）卒，生年不详。居贞初名久成，以字行。福建人。一作徽州府人。洪武举人。授巩昌通判。官至河南参政，所至有善绩。与方孝孺友善，永乐初坐方党被杀。著有《闽南集》。事迹见《明史》卷一四一《方孝孺传》附传，《河南布政使司参政郑居贞传》（《国朝献征录》卷九二）。

程本立卒，生年不详。本立字原道。浙江崇德人。程德刚子。《太祖实录》成，出为江西副使。未行，燕兵入京，自杀。著有《巽隐集》4卷。事迹见《明史》卷一四三，《程本立巽隐先生》（《明儒言行录续编》），戚元佐《佥都御史程公本立传》（《国朝献征录》卷五六）。

按：据《四库全书总目提要》卷一七〇：《巽隐集》为其曾孙山所编。弘治乙丑，桐乡知县莆田李廷梧序之。嘉靖初，南溪吴氏为刊版，西虞范氏又重刊之。岁久皆散佚。万历乙丑桐乡知县濮阳柴得遗稿于其裔孙九泽，而嘱训导李诗校刊者。

楼琏卒，生年不详。琏字士连。浙江义乌人。尝从宋濂学。建文初，以文学举入翰林，为侍读。朱棣杀方孝孺，命琏草登极诏，琏不敢拒，是夜自杀。纂有《义乌楼氏家乘》2卷、著有《居夷集》。事迹见《明史》卷一四一《方孝孺传》附传。

王艮卒，生年不详。艮字敬止（或作钦止）。吉水人。建文二年进士。对策第一。貌寝，易以胡靖，即胡广也。艮次之，又次李贯。三人皆同里，并授修撰，如洪武中故事，设文史馆居之。与修《太祖实录》及类要、时政记诸书。一时大著作皆综理之。数上书言时务。著有《翰林集》。事迹见《明史》卷一四三、解缙《翰林院修撰王公艮墓志铭》（《国朝献征录》卷二一）。

刘璟卒，生年不详。璟字仲璟。浙江青田人。刘基子。福王时谥刚节。乾隆四十一年赐谥忠节。博学知兵，尤深禅学。著有《思遇录》1卷、《易斋集》2卷、《无隐稿》1卷等。事迹见《明史》卷一二八《刘基传》附传，陈中《谷王府左长史青田刘公璟传》、《谷府长史刘璟》（均《国朝献征录》卷一〇五）、《诚意伯次子合门使刘仲璟长史传》（《易斋集》）。

按：谷王就封，擢左长史，靖难兵起，随谷王归京师，授命参李景隆军事，兵败归里。成祖即位，召之，托病不赴，于是被逮至京，下狱自刭死。《四库全书总目提要》卷一七〇曰：《易斋集》2卷，"其遗文久佚不传。明末，杨文骢令青田，从诸生蒋芳华家得抄本，始以授梓。考黄虞稷《千顷堂书目》载《璟集》十卷，疑此尚非完帙。又别有《无隐稿》一卷，今佚不见。其与此本同异，亦莫可考也。璟少通诸经，慷慨喜谈兵，太祖尝以为真伯温子"。胡玉缙《四库未收书目提要续编》卷四《易斋集五卷补一卷》曰："明刘璟撰。案，是集《四库》著录二卷，《提要》云，'考黄虞稷《千顷堂书目》载《璟集》十卷，疑此尚非完帙。'今此本即十卷本，惜仅存前五卷，阙后五卷，为江南图书馆所藏明初刊本。然以《四库》本核之，此多古体诗四十余首，五、七律、七绝诗一百余首，几增三分之一。《补》一卷，即所录《四库》本之诗、赋、琴操、序、传、记、书、铭、箴、颂、题跋也。璟当燕王篡立，捐躯殉节，其人固足重。此集虽残阙，犹是原刻，胜于《提要》所见本，亦足珍已。"

卢原质卒，生年不详。原质字希鲁。浙江宁海人。方孝孺表兄。洪武二十一年进士，授编修。建文时屡有建白。燕兵至，不屈被杀，族其家。事迹见《明史》卷一四一《方孝孺传》附传，《太常寺少卿卢原质》（《忠节录》见《国朝献征录》卷七〇）。

林右卒，生年不详。右字公辅。浙江临海人。洪武中官中书舍人，进春坊大学士，辅导皇太孙，以事谪中都教授。著有《林公辅集》3卷。事迹见《古今图书集成》官常典卷七三六。

按：《四库全书总目提要》卷一七五曰：《林公辅集》3卷，"是集多记序酬应之作，惟题后数则间及史事，亦无特识"。

高逊志卒，生年不详。逊志字士敏。萧县人，徙居嘉兴。建文初，修《太祖实录》，为副总裁官。《静志居诗话》卷五载逊志所著有《辛丑集》、《啬庵集》2卷。事迹见《明史》卷一四三《王艮传》附传，《太常寺少卿高逊志传》（《国朝献征录》卷七〇）。

按：《樵李诗系》卷六《高太常巽志》曰："巽志，一作逊志，字士敏，号啬庵。河南人。元末侨居郡中。"《明史》卷一四三曰："有高逊志者，艮座主也，萧县人，寓嘉兴。幼嗜学，师贡师泰、周伯琦等。文章典雅，成一家言。征修《元史》，入翰林，累迁试吏部侍郎。以事谪朐山。建文初，召为太常少卿，与董伦同主会试。得士自艮外，胡靖、吴溥、杨荣、金善（金幼孜）、杨溥、胡濙、顾佐等皆为名臣。燕师入，存殁无可考。"《静志居诗话》卷五曰："太常之死，传闻异辞。"《明诗纪事》乙签卷二《高逊志》陈田按："士敏父德，所至与宗工巨儒游，如虞文靖公集、欧阳文公玄、余文忠公阙、贡公师泰、程公文、周公伯琦、张公翥、危公素、张公以宁，士敏皆得亲承其绪论文章，故学有渊源，华年笃志，以善属文称。"

戴德彝卒，生年不详。德彝字邦伦。浙江奉化人。洪武二十七年进士。累官侍讲。已，改监察御史。建文时，改左拾遗。燕王入，召见，不屈，死之。事迹见《明史》卷一四一《王度传》附传。

按：《明史》卷一四一载：太祖谕之曰："翰林虽职文学，然既列禁近，凡国家政治得失，民生利害，当知无不言。昔唐陆贽、崔群、李绛在翰林，皆能正言谠论，补益当时。汝宜以古人自期。"

聂大年（ —1456）、僧道孚（ —1456）、钱正德（ —1466）、苏正（ —1469）生；张金陵（ —1457）约生。

明成祖永乐元年　癸未　1403年

正月辛卯，明成祖诏以北平为北京。(《明通鉴》目录卷三)

二月庚戌，设北京留守、行后军都督府、行部国子监。改北平曰顺天府。(《明通鉴》目录卷三)

按：此为始设北京国子监。

丁巳，遣官释奠于先师。(《明通鉴》目录卷三)

五月甲午，礼部言：旧制应天府设学，不设上元、江宁二县学。今既设北京国子监，以顺天府学为之。革大兴、宛平二县，而以大兴学为顺天府学。其顺天府及二县生徒通经能文者，今充北京国子监生，其余皆充顺天府学生。从之。(《太宗实录》卷二〇下)

七月，敕纂修《永乐大典》。

按：成祖曾谕解缙等曰："天下古今事物，散载诸书，篇帙浩繁，未易检阅，朕欲悉采各书所载事物类聚之而统之以韵。尝观阴氏《韵府群玉》、钱氏《回溪史韵》二书，事虽有统而纪载太略。卿等其如朕意，凡书契以来经、史、子、集、百家，至于天文、地志、阴阳、医卜、僧道、技艺之言，备辑为一书，毋厌浩繁。"与其事者凡147人。(《太宗实录》卷二一)

八月庚申，设云南楚雄县儒学。

十月己未，明成祖御奉天门命侍臣辑自古以来嘉言善行有益于太子者为书，以授长子。(《太宗实录》卷二四)

十一月乙亥朔，钦天监进永乐二年大统历，明成祖御奉天殿受之，颁赐诸王及文武君臣，仍赐颁朝鲜诸蕃国，著为令。(《太宗实录》卷二五)

按：明成祖是年赠朝鲜使团"五经"、"四书"等儒学经籍著作，并《通鉴纲目》、《十八史略》、《元史》、《山堂考索》、《诸臣奏议》、《大学衍义》、《春秋会通》、《真西山读书记》、《朱子全书》等著作。

十二月甲戌朔，解缙等奉敕修《古今列女传》成，上之。成祖亲制《序文》颁行。(《明通鉴》卷一四)

壬辰，诏礼部选国子监生三十余人，访太祖御制宸翰于天下。(《太宗实录》卷二六)

是岁，朝鲜国王李旦请以子芳远袭封。许之。自是岁时朝贡以为常。(《明通鉴》目录卷三)

按："请冕服书籍"。成祖赐以金印、诰命、冕服、九章、玺玉、佩玉……及经籍

帖木尔归。

土耳其退出拜占庭之马其顿和帖萨利地区。

等。其中经籍有《五经》、《四书》、《春秋会通》、《大学衍义》等。

遣侯显至乌思藏延聘僧人。

扬·胡斯始反罗马教会。

李景隆等六月辛酉重修《太祖实录》成，奉表进呈。

解缙七月为《永乐大典》监修，总其事。八月，入直文渊阁。

杨士奇入直文渊阁。

> 按：王直《抑庵文集》卷一一《少师泰和杨公传》曰："太宗皇帝即位，遂擢为编修。时方开内阁于东角门内，命解缙、黄淮、胡广、胡俨、杨荣、金幼孜及公七人处其中，典机密。"

胡靖(胡广)正月复名广。二月擢侍读学士。

杨荣更名子荣为荣。秋，杨荣归建安省亲。

高得旸永乐初擢为宗人府经历，充《永乐大典》副总裁。

陈济永乐初因大臣荐，以布衣召为《永乐大典》副总裁。书成，授右春坊右赞善，甚为皇太子所重，五皇孙皆从受经。

曾燨(曾日章)与修《永乐大典》。出使安南为副使。

> 按：后从张辅等攻安南，文檄皆出其手。

王洪永乐初入翰林为检讨，与修《永乐大典》。明成祖颁佛曲于塞外，逡巡不应诏为文，受排挤，不复进用。

吕升永乐初由举人为溧阳教谕，升江西按察佥事，坐事降官，与修《永乐大典》。复为佥事。历山西、福建，所至以兴学为务。入为大理寺少卿。

全整永乐初征召修《永乐大典》，辞不就。

> 按：全整，生卒年不详。字修斋。浙江鄞县人。少从族父全鼎孙、全晋孙习杨简之学。又受《诗》于丁鹤竿之门。《宋元学案》列其入《慈湖学案》(补)。著有《三石山房集》4卷。

刘叔愍永乐初升北京行部员外郎，与修《永乐大典》。

> 按：初为沅陵知县，以爱民为务，民因徭役逃入山谷者悉归复业。后以沅陵地方人士屡请还任，刘叔愍迁辰州同知。及建北京宫殿，刘叔愍率郡民入京就役。

刘季簾永乐初与修《永乐大典》。

陈贤永乐初召入馆阁，与修《永乐大典》，

> 按：在局8年。书成，仍为学官。近40年不调。

赵友同永乐初用荐御医。与修《永乐大典》、《五经大全》诸书。又从夏原吉治水。

虞原璩以工楷书，与修《永乐大典》。

> 按：事竣，不授官，辞归。在乡常与温州知府何文渊辨难经史，商榷时务。尝深夜座谈，以醋代酒，人称"醋交"。虞原璩，生卒年不详。字叔圉(一说圆)，号环庵。浙江瑞安人。著有《礼记稽疑》1卷，已佚。事迹见《古今图书集成》氏族典卷六五。

陈山永乐初授奉化教谕，与修《永乐大典》，升吏科给事中，侍讲东宫。

潘裎永乐初征修《永乐大典》。

檀凯永乐初以举人被征，与修《永乐大典》。

苏伯厚永乐初擢翰林侍书，与修《太祖实录》、《永乐大典》。迁检讨，备讲东宫。

按：《翰林记》卷五《迁转》曰："圣祖定本院官为近侍清贵之职，凡迁转皆出自上裁，未尝付诸铨衡，百余年来，遵之不易。然江倒卧中，自本院官迁转者多大拜。……独元年十一月为异典。时举人王俦以荐为检讨，既命下，上问左右曰：'检讨之下何官？'曰：'博士、典籍、侍书、待诏。'问已除人否？复以'已除'对。上叹曰：'古所谓用人如积薪，此类是也。国家用人以贤以劳。俦之贤既未可知，劳亦未有，而令贤有劳者居其下，何心服士心？'遂命吏部：凡翰林自博士以下，皆升职与俦同，遂升博士张伯颖、王汝玉，典籍沈度、潘畿，侍书苏伯衡、待诏王延龄、刘宗平、解荣皆检讨。"

金实永乐初上书言治道，复对策称旨，除翰林典籍，与修《太祖实录》、《永乐大典》，选为东宫讲官，历左春坊左司直。

蒋骥永乐初与修《太祖实录》。书成，升翰林检讨，与修《永乐大典》。

按：为人牵连，系狱十余年。

梁潜与修《太祖实录》。

按：书成，擢修撰。又代郑赐为《永乐大典》总裁。

卫浩永乐初擢监察御史，官至福建按察副使，与修实录。

按：卫浩，生卒年不详。字季洪，号节庵。常熟人。著有《奏议》。事迹见《万姓统谱》卷九六。

刘辰永乐初与修《太祖实录》，迁江西布政司参政，屡与都司、按察使相争，坐免。

邹济永乐初与修《太祖实录》成，迁礼部郎中。

陆颙与修《太祖实录》。

按：陆颙，生卒年不详。字伯瞻。扬州府兴化人，陆阃弟。诗、书、画皆工，时称"三绝"。咸丰《兴化县志》载其所著有《颐光集》20卷。事迹另见《明画录》。

又按：陆瑄，颙子，著有《东湖外史》。

萧用道永乐初与修《太祖实录》。由靖江王府长史改右长史，从王至桂林。作瑞礼、体仁、遵义、广智、四门箴献王。

朱权二月己未改封南昌而仍其故号（宁王）。

按：据《四库全书总目提要》卷一三七：会有谤之者，乃退讲黄、老之术，自号臞仙，别构精庐，颜曰神隐，并为《神隐志》以明志。永乐六年上之。盖借此韬晦以免患，非真乐恬退者也。

朱有爌永乐初封镇平王。

瞿佑擢为周王府长史。

邹奕以蹇义荐自甘肃召还。

按：邹奕，生卒年不详。字弘道。元明间苏州府吴江人。著有《吴樵稿》，见《千顷堂书目》卷一七。

夏原吉四月己酉往治苏、松、嘉、湖水灾。十一月壬辰召还。

沈度谪滇，是年还。与弟沈粲以善书先后被征入翰林院。

陈登与华亭沈度、吴县滕用亨永乐初同以诏能书者储翰林，入选。历十年始授中书舍人。

张洪以行人出使日本。

按：归纂《日本补遗志》1卷。

□山九月随中官马彬出使爪哇。

> 按："累次较正针路、牵星图样、海屿水势。"著有《顺风相送》1卷。此书原为单独印行，1959年，向达将其与明清间吴波所纂《指南正法》合为1册，题《两种海道针经》。□山生平事迹见《指南正法序》，其姓不可考。

薛瑄侍亲荥阳，年甫十五，通《五经》《四书》大义。诸生咸尊为师。

杨溥永乐初侍皇太子洗马。

马京为刑部左侍郎，辅导皇太子。

蔺芳欲以陈循补食廪生缺。

> 按：然学私例凡补此缺必出重赏以酬退者。陈循耻以赂得廪，乃以未观场屋不敢遽受为辞。

欧阳贤升国子助教兼通《诗》《春秋》。

胡濙迁户科都给事中。

侍郎黄某迁建四川绵竹紫岩书院于城东穿月波井之侧，即张栻之父紫岩先生读书处。

王绂永乐初用荐以善书供事文渊阁，久之除中书舍人。

王璲（王汝玉）永乐初擢翰林五经博士，官至左春坊左赞善。

董伦致仕。

> 按：董伦，生卒年不详。字安常。东昌府恩县人。成祖即位，伦年已八十，致仕。事迹见《明史》卷一五二本传、《礼部右侍郎兼翰林院学士董伦传》（《国朝献征录》卷三五）。

龚诩变姓名隐居任阳。

仪智永乐初历官湖广右布政使，坐事谪役通洲。

范从文永乐初起为金华训导，历东安、金乡三学。

> 按：范从文，生卒年不详。字复之。苏州昆山人。之柔六世孙。著有《小学章诂》、《宗谍补遗》、《复斋集》。事迹见《万姓统谱》卷九〇。

林钟永乐初擢吏部考功郎，拜山东布政使参政。修葺孔庙，择孔氏子弟，授以经史。

> 按：林钟，生卒年不详。字仲镛，号松谷道人。世居华亭，后家昆山。著有《松谷集》，是集名见《菽园杂记》卷一五。

金问永乐初为司经局正字。

胡俨永乐初荐入翰林，任检讨。与解缙等同直内阁，迁国子监祭酒，朝廷大著作皆出其手。

袁忠彻永乐初召授鸿胪寺序班，累进尚宝司少卿。

徐善述永乐初累官春坊左赞善。皇太子每称为先生，尝致书赐酒与诗。

高棅永乐初以布衣被征为翰林待诏，后升典籍。

> 按：其山居时所作名《啸台集》20卷，入京后所作名《木天清气集》14卷。

曹恕永乐初复以佥事王亨荐起，建言四事，皆切时政，复职，教习附马。

> 按：曹恕，生卒年不详。字以忠，号植梧。无锡人。尝荐为漳州训导，以祖母年

高乞休,忤旨,戍山西(一说山东)。吴亮《毗陵人品记》有传。著有《植梧文集》。

盛寅永乐初为医科学正,寻以牵累谪为输作,役于天寿山。监工者奇其术,令主书算。以愈中使疾。中使言于成祖。召见,治病有效,授御医。

童碧瑄充钦天监天文生。入文渊阁纂修天文诸书。

按：童碧瑄,生卒年不详。鄱阳籍,徙家应天,遂为南京人。字玉壶。《帝里明代人文略》有传。著有《玉壶集》。

虞谦永乐初诏为大理寺少卿。

僧一如永乐初年出使日本。二年后归国,住南京大报恩寺。

僧溥洽永乐初为右善世,曾被诬左迁。

李景隆等六月辛酉重修《太祖实录》成。

按：解缙撰表。今之《太祖实录》为再改之本,再改本出自初改本,据此可以一睹渊源。

胡由(胡粹中)纂《元史续编》16卷成。

按：《四库全书总目提要》卷四七曰："此书大旨,以明初所修《元史》,详于世祖以前攻战之事,而略于成宗以下治平之迹,顺帝时事,亦多阙漏,因作此以综其要。起世祖至元十三年,终顺帝至正二十八年。编年系月,大书分注。有所论断,亦随事缀载。全仿《通鉴纲目》之例。然《纲目》讫五代,与此书不能相接。其曰《续编》,盖又续陈桱书也。黄虞稷《千顷堂书目》,载有此书16卷,又别出《元史评》,而不著卷数。疑当时或析其评语别为一本以行,如《后汉书赞》之例欤。"《天一阁书目》称有永乐癸未刻本。当时有人径称之为《元史纲目》。

刘辰纂《国初事迹》成。

按：《四库全书总目提要》卷五二曰："此书卷首有'臣刘辰今将太祖高皇帝国初事迹开写'一行,后俱条分件系,颇似案牍之词,盖即修实录时所进事略草本也。辰于明初尝使方国珍,又尝在李文忠幕下,所见旧事皆真确。其文质直无所隐讳,明代史乘多采用之,故其文散见于他书,转无异闻之可取焉。"胡宗懋曰："借月山房汇抄本"、《金声玉振集》咸列此书,先君子亦刊入《金华丛书》。

佚名纂《奉天靖难记》4卷永乐初编成。

按：一说《奉天靖难记》1卷,刘辰纂,据雍正《浙江通志》,已佚。《四库全书总目提要》卷五二曰："不著撰人名氏。纪明成祖初起至即位事。盖永乐初年人所作。其于懿文太子及惠帝,皆诬以罪恶,极其丑诋。于王师皆斥为贼。故黄虞稷《千顷堂书目》称其语多诬伪,殊不可信。按建文元年十一月,成祖战胜白沟河,上惠帝书,并移檄天下,军中仓卒,语多可笑。姜氏《秘史》所载,最得其真。是书于《上惠帝书》颇有删润,而《移檄》则置之不录。则其文饰概可见矣。"

解缙等诏修《古今列女传》成。成祖亲制《序文》。

按：《四库全书总目提要》卷五八曰："先是,明洪武中,孝慈高皇后每听女史读书,至《列女传》,谓宜加讨论,因请于太祖命儒臣考订,未就。永乐元年,成祖既追上高皇后尊谥册宝,仁孝皇后因复以此书为言,遂命缙及黄淮、胡广、胡俨、杨荣、金幼孜、杨士奇、王洪、蒋骥、沈度等同加编辑。书成上进,帝自制序文,刊印颁行。""时仁孝皇后作《贞烈事实》,以阐幽显微,颇留意风教。故诸臣编辑是书,稍为经意,不似《五经四书大全》之潦草。所录事迹,起自有虞,迄于元明。汉以前多本之刘向书,后代则略取各史《列女传》,而以明初人附益之。去取颇见审慎。盖在明代官书之中犹为善本。""黄虞稷《千顷堂书目》称此书成于永乐元年十二月。今考成祖御制序,实题九月朔旦。知虞稷未见原书,仅据传闻著录矣。"

纪宗德、李孝谦永乐初纂修《宁波府志》,稿成未刊。

按:已佚。见《文渊阁书目》卷二〇新志类著录。张寿镛《四明郡志》跋曰:"永乐《府志》,邑人纪宗德、李孝谦同修,未付梓,故天下莫之传,独全谢山见之耳。"(《约园杂著三编》卷二四)全祖望题词载《鲒埼亭集外编》卷二四。

又按:纪宗德,生卒年不详。浙江鄞县人。博洽经史。弱冠教授里间。与修郡邑通志,以精敏称。尝被征至京,陛对称旨,欲授以职,固辞不拜。事迹见《乾隆鄞县志》卷一四。

胡粹中作《蚓窍集序》。

按:序曰:"时则楚有旧学之臣,曰云间管公时敏。辅翼匡赞,开陈启沃,凡二十五年。而贤王仁厚明恕、寅畏恭俭之德,闻于天下。公自纪善超左长史,属余来备员陪位,得日聆其绪言余论。"

管讷(管时敏)所著《蚓窍集》10卷在武昌刊行。

邹缉作《继志斋集序》。

按:序曰:"惜其仕不大显于时,而遽赍志以没也。仲缙尝欲余为之序,久而未之能复。今仲缙不可作矣,然朋友之义不可以终泯也,故于是书之。"

王孚作《天游文集撮稿跋》。

按:跋曰:"孚由乡贡入太学,获侍先生于馆下,日观先生所作甚多,若《天游小稿》、《梅花百咏》、《古今孝子赞》,俱已梓行。有《诗》、《书》二经心法,学者多传之。《耐轩杂录》五卷、《问津集》一卷、《南归集》一卷、《通书发明》一卷、《天游诗集》十卷、《天游文集》三十卷,编次已完。今于文集中撮其可式者十卷,凡我同志晨夕得用观焉。"

谢晋以绘工征至南京,初辑所著《兰庭集》。

按:《四库全书总目提要》卷一七〇曰:"卷首有汝南周传、浚仪张肯二序。肯序称晋诗二百余篇,而此集所存乃不下四五百篇。考张序作于永乐甲申,而集末有永乐丁酉十月既望之作。丁酉上距甲申凡十四载,积诗之多,宜过于肯序所云。传序谓姑苏之诗,莫盛于杨孟载、高季迪,而孔昭得二君之旨趣。肯序亦谓其得性情之正,而深于学问,然则晋不特以绘事传矣。"

《永乐南藏》刻成,收佛教著作1610部,6331卷,分装636函。

按:后板藏南京大报恩寺。郑和曾先后印造10部,入南北大寺及其家乡云南五华寺。

陶宗仪(1316—)约卒。 宗仪字九成,号南村。浙江黄岩人。于学问无所不窥。入明,有司聘为教官。辑有《国风尊经》1卷、《四书备遗》2卷、《史记注语》、《书史会要》9卷、《元史掖庭记》、《游志续编》不分卷、《说郛》120卷,著有《南村诗集》4卷、《辍耕录》、《古刻丛钞》1卷、《草莽私乘》等。事迹见《明史》卷二八五,《陶宗仪传》(《国朝献征录》卷一一五)。

按:《四库全书总目提要》卷一七曰:《国风尊经》1卷,"是书前有宗仪《自序》。案孙作《沧螺集》有《陶九成小传》,备列其生平著述,无此书名。《明史·艺文志》及朱彝尊《经义考》皆不著录。其书多用《字说》"。"核其词气,似明万历以后人,盖赝托也。"《四书备遗》载《明史·艺文志》。《台州经籍志》云谷应泰尝刊于武林,《经义考》云佚。《史记注语》载《绛云楼书目》。《台州经籍志》云已佚。《游志续编》2卷,继宋陈仁玉《游志》而作,所载多唐宋元人游览之作。朱彝尊云:宗仪所著各书,有俾史学。此其一也。新阳赵元益有刻本。钱谷有手抄本,1924年武进陶氏据以影印,此本最佳。《辍耕录》共收笔记585条,资料大多录自他书,其中不少原著已佚,赖此幸得保存。作者于元末避居松江,耕作之余,常息于树荫之下,写作笔记,积十年而成,故称《辍耕录》。《四库全书总目提要》卷一四一曰:"郎瑛《七修类稿》谓宗仪多录旧书,如《广客谈》、《通本录》之类,皆攘为已作。今其书未见传本,无由证瑛说之确否。但就此书而论,则于有元一代法令制度,及至正末东南兵乱之事,纪录颇详。所考订书画文艺,亦多足备参证。惟多杂以俚俗戏谑之语,间里鄙秽之事,颇乖著作之体。叶盛《水东日记》深病其所载猥亵,良非苛论。然其首尾贯贯,要为能留心于掌故。故朱彝尊《静志居诗话》谓宗仪练习旧章,元代朝野旧事,实偕此书以存,而许其有裨史学。则虽瑜不掩瑕,固亦论古者所不废矣。"有元刻及明刻本多种,旧刻中以《津逮秘书》本较好。1959年中华书局以1923年武进陶氏影印元刻本为底本,断句重印,收入《元明史料笔记丛刊》,是为现通行本。《画诀》1卷、《印章考》1卷载《三续百川学海》,见《千顷堂书目》及《松江府志》、《台州府志》。《草莽私乘》1卷,凡录胡长孺、王恽、许有壬、虞集、刘因、李孝光、金炯、杨维祯、林清源、龚开、周仔肩、揭傒斯、贡师泰、汪泽民14人杂文20篇,皆记当时忠孝节义之作。《四库全书总目提要》卷六一曰:"《王世贞集》有此书跋语云:系宗仪手抄。然孙作《沧螺集》载有《宗仪小传》,纪所作书目有《说郛》一百卷、《书史会要》九卷、《四书备遗》二卷、《辍耕录》三十卷。无此书名,疑好事者依托也。"《古刻丛抄》1卷,所抄碑刻凡71种。《四库全书总目提要》卷八六曰:"皆全录其文,以原额为题。无所考辨,亦无先后次序。盖随得随抄,非著书也。""是书掇拾佚文,首尾完具,非惟补金石家之阙漏,即读史谈艺,亦均为有所裨矣。"杨维祯《说郛序》曰:"孔子述土鼙、萍实于童谣,孟子证瞽瞍朝舜之语于齐东野人,则知《琐语》《虞初》之流,博雅君子所不弃也。天台陶君九成,取经史传记下迨百氏杂说之书二千余家,纂成一百卷,凡数万条,剪扬子语名之曰《说郛》,征余叙引。《说郛》120卷,《四库全书总目提要》卷一二三曰:"考杨维祯作是书序,称一百卷。孙作《沧螺集》中有宗仪小传,亦称所辑《说郛》一百卷。二人同时友善,目睹其书,必无虚说",盖宗仪是书,实仿曾慥《类说》之例,每书略存大概,不必求全。亦有原本久亡,而从类书之中钞合其文,以备一种者,故其体例与左圭《百川学海》迥殊。都印《三馀赘笔》又称《说郛》本70卷,后30卷乃松江人取《百川学海》诸书足之,与孙作、杨维祯所记又异。考弘治丙辰上海郁文博序,称与《百川学海》重出者36种,悉已删除。而考《百川学海》所有,此本仍载。又卷首引黄平倩语,称所录子家数则,自有全书。盖郁文博所编百卷,已非宗仪之旧,此本120卷,为清朝顺治丁亥姚安陶珽所编,又非文博之旧矣。"然虽经窜乱,崖略终存,古书之不传于今者,断简残编,往往而在,佚文琐事,时有征焉。固亦考证之渊海也。"近人张宗祥据京师图书馆明钞残本及其它所见明抄本复为100卷(张宗祥《说郛序》)。前人考定郁文博补刊和陶氏重校本已非陶氏之旧作。据陈先行考证,百卷抄本系直接出于或最为接近陶氏原本。现通行者有顺治三年两浙督学周南、李际期宛委山堂刊120卷本,1927年上海商务印书馆排印100卷本,1986年北京中国书店据涵芬楼1927年版影印。陶珽又辑《说郛续》46卷,543种。《沧浪棹歌》1卷,诗词合为1卷,前有正德丁丑松江唐锦序,称其集不传,惟得此一卷为宗仪所自编。考其中诗词皆已载《南村集》中。《金丹密语》1卷,载《明史·艺文志》、《千顷堂书目》、《天一阁书目》,未见。《古唐类苑》有明写本,前有陶宗仪序五行。(参《四库全书总目提要》、《中国学术名著提要》、

《中国大书典》等)。

严子敏(严震直)卒(1344—)。震直初名子敏,以字行,号西塞山翁。浙江乌程人。成祖初,以故官巡视陕西,卒于泽州。书法古妙。著有《遣兴集》。事迹见《明史》卷一五一。

程通卒(1364—)。通字彦亨。徽州府绩溪人。燕王叛后,通上书数千言,论战守大计。永乐初,锦衣卫都督纪纲发其事,诏械通诣京师,与二子俱论死。著有《贞白遗稿》10卷附《显忠录》2卷。事迹见《明史》卷一四三,《辽府长史程通》、程敏政《长史程公通传》(均《国朝献征录》卷一〇五)。

按：据《四库全书总目提要》卷一七〇:所著述凡百余卷,悉毁于官。后十年,其弟赴荆州,辽王以所图通像及遗稿授之。嘉靖中,党禁渐弛,其从孙长等乃搜访佚篇,裒为6卷,附以辽王并同时诸人赠言及行状小传等篇,别为4卷。天启中,其裔孙枢及子应又集前后建祠请谥之文,为《显忠录》2卷,附缀于末。贞白,其斋名。程敏政《长史程公通传》曰:"公少有至性,又得家庭之教,动必遵礼,嗜学不倦,乡先生奇之。"

张紞卒,生年不详。紞字昭季,号鹦庵。陕西富平人。成祖即位,令解职务,给丰俸。紞出即自缢死。著有《云南机务钞黄》、《冢宰文集》。事迹见《明史》卷一五一、郑晓《吏部尚书张公紞传》(《国朝献征录》卷二四)。

按：据《明史》本传:会修《太祖实录》,命试翰林编纂官,紞奏杨寓(杨士奇)第一。士奇由是知名。据《四库全书总目提要》卷五二:《云南机务钞黄》1卷,是编乃洪武初以云南梁王未下,命颍川侯傅友德等帅师征之,紞以左参政在行间。后平定云南,紞擢布政使,留治其地。擢云南布政使时,因检阅录黄稿本,取前后制敕诏诰之文有关军务者,汇为一编,藏之文庙尊经阁。自为之序。《冢宰文集》1卷,据《四库全书总目提要》卷一七五,为嘉靖中富平训导王道所编。

道士冷谦卒于永乐初,生年不详。冷谦字启敬,号龙阳子。元明间湖广武陵人,隐世为道士。著有《太古正音》1卷、《修龄要指》1卷。事迹见《冷协律谦传》(《国朝献征录》卷一一八)。

按：一说浙江钱塘人。《太古正音》,一称《太古遗音》,琴谱,由宋濂序之,书已佚。另撰有《冷仙琴声十六法》,载入明项元汴《蕉窗九录》中,极大丰富道派琴学美学理论。《修龄要指》,据《四库全书总目提要》卷一四七:洪武初官太常协律郎。世或传其仙去,无可质验也。此本载曹溶《学海类编》中。所言皆养生调摄之事,如十六段锦、八段锦之类,汇辑成编。疑亦依托。

成始终(—1463)、卢祥(—1468)、张复(—1490)生。

永乐二年　甲申　1404年

帖木尔帝国寇中国。

正月丁未,复遣监生刘源等32人分行郡县,访求太祖高皇帝御制诗文。

二月,开会试科,以去年补行壬午乡试也。

按:中式杨相等470人。(《明通鉴》卷一四)

三月乙巳,赐曾棨等470人进士及第、出身有差。

按:有明一代殿试定制始于此。见《明会典·殿试》。

己酉,始选进士为翰林院庶吉士。

按:洪武乙丑始设庶吉士,然择进士为之,不专属之翰林也。至是正式定置翰林院庶吉士,选进士文学优等及善书者为之。(《明通鉴》卷一四)

庚戌,有千户违制荐士,吏部请罪之。明成祖曰:马周为因常何进乎?才则授之官,否则罢之可耳。(《明通鉴》目录卷三)

四月甲申,命授太子《文华宝鉴》。(《明通鉴》目录卷三)

六月,命翰林更试会试下第贡士,得张鋐等60人。明成祖召见,皆赐冠带,送国子监肄业。

按:《明通鉴》卷一四考异曰:据《宪章录》、《通纪》诸书所载,皆在是月。证之《选举志》,言"永乐初会试下第,辄令录其优者,俾入学,给以教谕之俸",即指此也,今据书之。

七月甲辰,吏部言:有进士自陈是云南人,不闲吏事,愿为教官。成祖喜曰:"云南人能中进士,可嘉。就授云南学官,以劝其乡人。"(《太宗实录》卷三三)

壬戌,皇太子千秋节,文武百官行贺礼,赐宴于文华殿。

按:饶州鄱阳县民朱季友进书,词理谬妄,谤毁圣贤。礼部尚书李桐(李至刚)、翰林学士解缙等请置于法。明成祖曰:"愚民若不治之,将邪说有误后学。即遣行人押还乡里,会布政司、按察司及府县官,杖之一百,就其家搜检所著文字,悉毁之,仍不许称儒教学。"(《太宗实录》卷三三、《明通鉴》卷一四)

是月,王达讲《乾》之九四,举储贰为说。

按:太子问杨士奇:"经指于此,必无储贰之说。达不含讥否?"杨士奇释之。又对曰:"今翰林春坊诸臣分撰诸经讲义,有上旨命内阁之臣阅过,有未当处,悉与改正,然后呈御览,允当,然后以讲。内阁解缙专阅《书》,胡广阅《诗》,金幼孜阅《春秋》,臣士奇阅《易》。昨日进呈此条,上问储贰说有据否,臣士奇对以胡瑗之说,上甚喜。盖讲臣非有据不敢妄出意见。"殿下喜,自是讲义有疑处,必召解、胡等四人相与辨析,畅而后已。遂作数巨册,命春坊司经局臣分录讲章,以备常阅。(《圣谕录》卷中)

十月辛未,以云南各处土官不识中国文字,遇有奏报不谙礼体,命礼部各置首领官,择能书而练于事者,往任之。(《太宗实录》卷三五)

十一月丁巳,解缙等进《永乐大典》,明成祖赐名《文献大成》。

十二月辛巳,吏部言:"宁国府学训导考满当调除,其生员告言,训导明经善教,乞仍除本学。庶几,诸生得卒民业,然训导所书考满奏牍有错误,宜治罪。"明成祖曰:"学官明经善教,于今难得。奏牍错误,小过可恕,其宥之复职。"(《太宗实录》卷三七)

是年,命工部修补国子监经籍板。

暹罗使臣来朝,赐《列女传》百册。

赐朝鲜《列女传》610部、《大统历》100本。

有道士献道经者。成祖曰："朕所用治天下者,五经耳,道经何用?"斥弃之。既而谕侍近曰："上好正道,则下不为邪;人主好尚稍不慎憸,人怀侥幸之心者,恣纵妄诞,以提所好,苟堕其计,将来流害无穷矣。故不得不斥。"(余继登《典故纪闻》卷六)

法国探险家贝当古得卡斯蒂利亚王恩里克(亨利)三世之助,占领加那利群岛部分岛屿。

教皇本尼狄克十三创建意大利都灵大学。

解缙二月为会试考试官。解缙等三月己酉受命选新进士28人入文渊阁。六月升翰林大学士。

廖钦以解缙荐,与缙同参《永乐大典》纂务。

蹇义、解缙等四月辛未朔皆兼庶子、中允、谕德等官。

黄淮二月为会试考试官。

陈仲完擢左春坊赞善。与修《永乐大典》。

夏原吉正月复命治水苏、松。

袁凯作一览楼诗和湖广夏原吉。

按：袁凯,生卒年不详。一说生于1310年。字景文,号海叟。以《白燕》一诗负盛名,人称袁白燕。元明间松江府华亭人,博学有才辩。事迹见《明史》卷二八五、《列朝诗集小传》甲集。著有《海叟集》4卷。《四库全书总目提要》卷一六九曰："其集旧有祥泽张氏刻本,乃凯所自定,岁久散佚。天顺中朱应祥、张璞所校选者名《在野集》,多以己意更窜。""弘治间,陆深得旧刻不全本,与何景明、李梦阳更相删定,即所刊《瓦缶集》、《既悔集》。隆庆时,何元之得祥泽旧刻",以活字校印百部传之。万历间,张所望复为重刻。清朝曹炳曾所校,以张本为主,而参以何氏本,正其谬误,较诸本差完善焉。《别本袁海叟诗集》4卷,乃正德元年陆深同李梦阳所删定,而何景明授其门人孙继芳刊于松江。深及梦阳、景明各为之序。其版久佚,传抄之本存于《四库全书》。

曹端有巫觋等事。

李桐(李至刚)七月因山东郡县有野蚕成茧,有司以闻,请贺。明成祖不许。十月丁亥,李至刚等奏："有献文章者,往往辞义纰缪,辄敢上渎。"成祖曰："尔欲罪之耶,彼之来,自谓至敬,但其才智只如此,不足责。可斥还之,亦以抑谀佞之风。"(《明通鉴》卷一四)。

胡俨九月出为国子祭酒,不预机务。

尹昌隆改左春坊左中允。

王钝四月赐敕以布政使致仕。

按：既归,郁郁死。

石允常免死戍边。

按：石允常,生卒年不详。字恒德。浙江台州宁海人。著有《遇安轩集》。《明史》卷一四三有传,另见《千顷堂书目》卷一八。事迹见《常州府同知石允常传》(《国朝献征录》卷八三)。

曾棨成进士。授修撰。与同年进士28人读书文渊阁。善书法,工文章。与修《永乐大典》,进少詹事。

按：馆阁中自解缙、胡广后,诸大制作,多出其手。

王直成进士。选入翰林,读中秘书,寻入内阁,除修撰,典司制诰。

王英成进士。选入文渊阁,掌机密章奏,与修《太祖实录》。

王源成进士。授深泽知县,修学舍,筑长堤,劝民及时嫁娶,革婚姻论财之俗。

毛肇宗成进士。授周王府教授。

按：毛肇宗,生卒年不详。字克敬。浙江山阴人。幼孤,居僧舍苦读。好吟诗,著有《耶溪集》。事迹见《雍正浙江通志》卷一八〇。

方昶成进士。授行人,官至滁州同知。

按：方昶,生卒年不详。字仲年。浙江淳安人。致仕后授徒讲学,项文曜、洪弼皆出其门。事迹见《光绪淳安县志》卷九。

叶仕宁成进士。官仪制郎中,出镇淮安,提督漕运。

叶铭臻成进士。授韩王府伴读,寻乞归。

按：居家遵守礼度,不咸自肃。叶铭臻,生卒年不详。字维新。浙江慈溪人。工诗文。著有《居家集》。事迹见《古今图书集成》氏族典卷三七。

刘敬（刘子钦）成进士。选庶吉士,与修《永乐大典》,授刑部主事,坐累谪戍广西。

孙子良成进士。选庶吉士,与修《永乐大典》,书成擢武选郎中。

按：以谱谪交趾古螺城。累官至山东参政。孙子良,生卒年不详。浙江海宁人。著有《螺城集》。事迹见《东里文集》卷二。

花润生成进士。任古田知县,有政声,擢提学佥事。

按：花润生,生卒年不详。字蕴玉,自号介轩,又号紫云老人。福建邵武人。工诗文,著有《介轩集》。事迹见《嘉靖邵武府志》卷八。

杨勉成进士。选庶吉士、授刑部主事。

按：以荐与修《五经四书大全》及《性理大全》。累进刑部右侍郎,坐事系狱。

李懋（李时勉）成进士。与修《太祖实录》。

按：书成,升翰林侍读。

李昌祺（李桢）成进士。选庶吉士,与修《永乐大典》。

余学夔成进士。改庶吉士,参与《永乐大典》编修,授翰林检讨,迁侍讲。

沈升成进士。授刑部主事。

按：与修五经四书、性理大全。历四川、河南布政司参议,官至太仆少卿。

宋子环成进士。选庶吉士,与修《永乐大典》。历官吏部郎中。

陈敬宗成进士。授刑部主事。

罗肃（罗汝敬）成进士。选庶吉士,就学文渊阁,诵书不称旨,即遣戍江南,数日后召还。后累迁至侍讲。

罗亨信成进士。授工科给事中。

周忱成进士。

周述成进士。授翰林院编修,与从弟孟简入选读书文渊阁,官给纸笔膏烛,一时引以为荣,文章尔雅。

周孟简（周伟）成进士。授编修。

按：官翰林20年,出为襄王府长史,生平无睚眦于人,为世所重。

俞益成进士。以翰林庶吉士与修《永乐大典》。

柴钦成进士。选庶吉士。

按：与修《永乐大典》，言其师赵撝谦所撰《声音文字通》当采录，遂奉命驰传，即其家取之。分修礼、乐、音韵书，义劳疾卒，年三十六。柴钦，生卒年不详。字广敬。浙江余姚人。事迹见《明史》卷二八五《赵撝谦传》附传，刘球《翰林柴钦传》(《国朝献征录》卷二二)。

高暐成进士。

按：高暐，生卒年不详。字汝晦。浙江临安人。累官四川按察司佥事。著有《读易日录》、《复庵集》。事迹见《千顷堂书目》卷一八。

章朴成进士。选庶吉士。

章敞成进士。选庶吉士，与修《永乐大典》。授刑部主事，屡辨冤狱。

萧宽成进士。选庶吉士。

按：参与《永乐大典》编修，历官兵部主事。萧宽，生卒年不详。字雅客。吉水人。

曹睦成进士。选翰林院庶吉士。授秦府伴读，日以劝讲辅德为职。

按：李海诬王不轨，睦上疏为王辩护。曾上疏谏攻交趾，为帝嘉纳。在秦邸三十年，历事四王。曹睦，生卒年不详。字肃宾。浙江瑞安人。事迹见《古今图书集成》氏族典卷二〇九。

彭琏(彭汝器)成进士。官至翰林学士。

按：尝从驾北征，与修《太祖实录》。年逾三十便卒。彭汝器，生卒年不详。名琏，以字行。江西安福人。著有《扈从稿》、《五云稿》。事迹见《古今图书集成》氏族典卷三一四，胡广《翰林院修撰彭公琏墓志铭》(《国朝献征录》卷二一)。

赖礼成进士。历武功、兴宁、沅江知县。

按：赖礼，生卒年不详。字同文。江西南康人。有诗文传于家。事迹见《万姓统谱》卷一〇〇。

翟溥福成进士。授青阳知县，累迁为南康知府。

按：筑鄱阳湖堤。修复白鹿书院，延师授徒。以年老致仕。翟溥福，生卒年不详。字本德。广东东莞人。事迹见黄佐《南康知府翟溥福传》(《国朝献征录》卷八七)。

潘中成进士。授楚王府伴读，持身以礼，词确而论正。

按：潘中，生卒年不详。字大本。浙江钱塘人。事迹见《古今图书集成》氏族典卷一六四。

潘赐成进士。授行人。

按：两使日本，称职，升江西布政司右参政。仇家摘其诗句，指为妖言，落职。

姚俞例贡。授乌程县丞。

按：姚俞，生卒年不详。字献可。通州人。著有《修竹堂稿》，见万历《通州志》卷五。

按察佥事清漳林瑜以行部至吉取郡邑学诸生，陈循居第16名。

广东潮州韩山书院修葺。

北京"万钧钟"始铸。是钟重46.5吨，钟体遍铸经文22.7万字。

僧道衍三月壬申为太子少师。四月，复姚姓，赐名广孝。姚广孝六月辛卯奉使诣苏、湖,振饥。谕以毋为国惜费。八月,御赐寿诗。

礼部九月受命装印《列女传》万本,以赐诸蕃。(《太宗实录》卷三四)

陈琏纂修《颍川郡志》17卷成书。

按:为现存最早之许昌市市域内地志。

郭斯垕《政和县志》4卷成。

按:郭斯垕,生卒年不详。字伯载。会稽人。永乐间任政和典史,与知县黄棠修邑志,人重其学,称会稽先生。《政和县志》,未见。

张胜纂《甲申纪事》2卷。

解缙等十一月丁巳进《永乐大典》,成祖赐名《文献大成》。(《太宗实录》卷三六)

按:继而成祖以为内容不够完备,诏令重修。开馆于南京文渊阁。一说十二月进。一说次年正月重修。总其事者为翰林院学士兼右春坊大学士解缙,与其事者凡147人。既而以所纂尚多未备,复命太子少保姚广孝、刑部侍郎刘季篪与缙同监修,而以翰林学士王景、侍读学士王达、国子祭酒胡俨、司经局洗马杨博、儒士陈济为总裁,以翰林侍读邹缉、修撰王褒、梁潜、吴溥、李贯、杨觏、曾棨、编修朱纮、检讨王洪、蒋骥、潘畿、王偁、苏伯厚、张伯颖、典籍梁用行、庶吉士杨相、左春坊左中允尹昌隆、宗人府经历高得旸、吏部郎中叶砥、山东按察使佥事晏璧为副总裁,与其事者凡2169人。

侍臣辑《文华宝鉴》四月甲申成,上之。命授太子,以明帝王之道。

按:先是成祖命侍臣辑嘉言善行可为法鉴者,为书以授太子,至是成。(《太宗实录》卷三〇)

王绂始次所著为《友石山房稿》(《王舍人诗集》)。

僧居顶卒,生年不详。居顶字圆极(一作元极)。浙江黄岩人。曾任职僧录司讲经。著有《续传灯录》、《居顶文集》等。事迹见居顶《圆庵集》,《增集续传灯录》卷六。

按:《续传灯录》36卷,目录3卷,编撰于明洪武年间,意在承续北宋《景德传灯录》,故名。目录中共标人名3110,正文中收载行状、语录者1203人。其材料多从《五灯会元》、《佛祖慧命》、《禅林僧宝传》、《禅门宗派图》等书中采择。收入日本《大正藏》。

廖钦卒(1342—)。钦字敬先。江西吉水人。与解缙同参《永乐大典》纂务。事迹见《明史》卷二八一《吴履传》附传,胡广《翰林检讨廖公钦墓铭》(《国朝献征录》卷二二)。

杨述(—1454)、廖庄(—1466)、尤谦(—1469)、陈宽(—1473)生。

《帖木尔武功记》撰成。

永乐三年　乙酉　1405 年

帖木尔卒于讹答剌。

威尼斯入帕多瓦、维琴察、维罗纳。

正月壬子，选新进士 28 人及庶吉士周忱读书中秘。（《翰林记》卷四《文渊阁进学》）

五月丙辰，明成祖以书戒谕周、楚、齐、蜀诸王。（《明通鉴》卷一四）

六月己卯，遣中官郑和帅舟师使西洋诸国，并踪迹惠（建文）帝。（《明通鉴》卷一四）

按：共 3.7 万余人，乘"宝船"60 余艘，由太仓刘家港（今浏河）出发。中国郑和下西洋时建造大型远洋船只"宝船"，船长 150 余米，可容千人，为当时世界上最大船舶。

八月己巳，谕礼部臣曰："学校育才以资任用，太祖高皇帝内设国子监，外设府、州、县学，选用师范教育俊秀，严立教法，丰廪饩廥，期待甚至。建文以来，学校废驰，所司又不督励，虚縻廪禄。尔礼部宜申明旧规，俾师教无阙，士学有成，庶几，国家得贤材之用。"（《太宗实录》卷四五）

十月戊子，以祖训分赐诸王。（《明通鉴》目录卷三）

是月，周王上书谢罪，明成祖封其书示齐王。（《明通鉴》目录卷三）

姚广孝、刘季篪与解缙同为重修《永乐大典》监修，3 人总其事。

王景、王达、胡俨、杨溥、陈济 5 人为重修《永乐大典》总裁。

按：一说永乐二年十二月重修。详见是年条。

胡俨正月丙辰请申明洪武中所定学规。从之。（《太宗实录》卷三八）

解缙、胡广等视察南京阳山采石造碑。

按：广归著《游阳山记》。

解缙避暑竹林精舍，题所见宋米友仁《楚山秋霁图》卷。

段民、杨信民、吴敬、张洪、裴俊与修《永乐大典》。

钱仲益、王绂、沈度、曾日章等集宿翰林院，听度演奏商调。

按：绂作《斋宿听琴图》；日章与仲益作纪事长诗。

俞允（俞永）与修《永乐大典》。

按：俞永，生卒年不详。初名允，字嘉言，号月山。松江府华亭人。匿藏方孝孺子，使改姓余，子孙蕃衍，万历中始复姓。著有《山月轩读书记》、《春曹诗稿》。事迹见林大春《俞长沙允传》（《国朝献征录》卷八九）。

王彦文与修《永乐大典》。

按：王彦文，生卒年不详。字益斋。华亭人。著有《诗经旁通》。

滕用亨永乐初荐授翰林待诏，与修《永乐大典》。

王璲（王汝玉）与修《永乐大典》，进检讨，再进左春坊左赞善。

王珊与修《永乐大典》。

按：王琎，生卒年不详。字器之。山东日照人。学通经史，长于《春秋》。宁波知府任时起兵入卫。后罢官卒于家。事迹见《宁波知府王公琎传》(《国朝献征录》卷八五)。

裴士杰与修《永乐大典》。

按：裴士杰，生卒年不详。徐州人。(见1938年郭伯恭《永乐大典考》)

刘恭与修《永乐大典》。

按：刘恭，生卒年不详。字政亨。徐州人。(见1938年郭伯恭《永乐大典考》)

薛富与修《永乐大典》。

按：薛富，生卒年、籍贯不详，据传精通星历和数学。

俞璇与修《永乐大典》。

按：俞璇，生卒年不详。字彦恒，号耐聒。无锡人。少从王达游，博学强记。著有《俞氏日抄》、《学古类编》、《耐聒诗集》(见万历《无锡县志》卷二〇)，《秋香百咏》(见乾隆《无锡县志》卷三九)等。

周忱遇读书文渊阁之选，与修《永乐大典》，历刑部主事、员外郎。

按：先是，明成祖命翰林院学士兼右春坊大学士解缙等，于新进士中选质英敏者，俾就文渊阁进其学。至是……28人入见，明成祖谕勉之……庶吉士周忱自陈年少愿进学，成祖曰："有志之士也。"命增忱为29人。(《菽园杂记》卷六)

蒋用文任事太医院，与修《永乐大典》。

张伦以医生征修《永乐大典》。

史常以书手征写《永乐大典》。

庶吉士章朴十一月以收藏方孝孺书，为序班杨善告发。坐诛。

按：孝孺门人王稌，隐居山中，绝意仕进，辑孝孺遗文，潜录为《侯城集》，遂得行世。章朴，浙江宁海人。以收藏方孝孺集被逮，弟宗简愿以身代，并被害。序《宁海隅南孔氏谱》，是序载康熙《宁海志·艺文》，亦见雍正《浙江通志》及《台州经籍志》。已佚。事迹见《古今图书集成》氏族典卷三五。

林大同叙用洪武旧臣，抱疾入觐，敕归。

按：林大同，生卒年不详。字逢吉，号范轩。苏州府常熟人。著有《易原奥义》(一作《易经奥义》)2卷(见《千顷堂书目》卷一)、《范轩文集》(见《明代版刻综录》)、《松南渔唱集》(见《重修常昭合志》卷一八)。

又按：林复真，生卒年不详。大同子。初名复，字刚伯，号梅雪，又号止庵。与修《永乐大典》及《劝善书》、《道藏》。著有《止庵集》，见康熙《常熟县志》卷二三。

茅誧辟召泰兴县训导，旋擢秦府长史，制词勉以董江都故事，榜其堂曰"希董"，方孝孺为之记。

夏原吉六月甲申遣振苏、松、嘉、湖饥。八月，还南京。

按：作《踏车叹》，记是年松江雨灾。

楼澄以治水条陈夏原吉。

赵友同命从夏原吉治水松江。

李桐(李至刚)为郑和父志墓，述郑和家世。

王景弘任郑和副使，出使西洋。

按：后以郑和第二次、第三次、第七次航行时也都同行。

王景、王达为应天府乡试考试官。

柯暹中举人。明年与修《永乐大典》,授户科给事中,后左迁交趾。

周翰中举人。入太学,以献赋称旨,擢入翰林,与修《永乐大典》。

宣嗣宗举楷书士,授中书舍人。

贝泰中举人。

按:官国子监40余年。贝泰,生卒年不详。字宗鲁。浙江金华人。事迹见《中国历代人名大辞典》。

李应吉中举人。

按:李应吉,生卒年不详。绍兴人。与祁福等友善,以端正士范自任。著《礼记中和记》,载《绍兴府志》。未见。

邹立诚中举人。授金州通判。

按:邹立诚,生卒年不详。字九思。苏州府常熟人。著有《金州稿》、《佳声集》,见雍正《昭文县志》卷七本传。

蔡弼岁贡。除刑部郎,擢琼州知府。

按:蔡弼,生卒年不详。字维德,号慎轩,又号慕葵。无锡人。纂有《平海记略》,著有《鞫狱指南》、《岭南杂咏》。见《锡山历朝书目》卷七。

陈循赴乡试不偶。归,遂以补食廪生。

薛瑄以父改教鄢陵,遂随补鄢陵学生。

按:始厌科举之学,慨然以求道为志。精思力践一言一动必质诸书,微有不合,竟夜反侧不成寐。鄞人陈宗问参政河南行部至荥阳,亟请见,不往,陈异之,因访于学舍,索诗稿观焉,谓曰:子所作,才泓气昌,当为大儒。欲以奇童荐诸朝,固辞,乃止,因赠薛诗。

道士王宗道与胡濙赴成祖朱棣之召,给全真道士度牒,成祖赐金冠鹤氅,令寻张三丰。

康拉德·海泽著成军事技术书《交战》。

仁孝皇后正月自序《内训》,示皇太子诸王。辑《观善书》成。

按:《四库全书总目提要》卷一三一曰:《观善书》"其所采辑兼及三教。盖意主劝戒下愚,不及所作《内训》之纯粹也。"

僧宗喀巴著《密宗道次第广论》22卷成。一说著成于建文四年。详见是年条。

戴思恭卒(1324—)。思恭字原礼,以字行。元明间金华府浦江人。义乌名医朱震亨弟子,尽得其传。永乐初,以年老乞归。三年,复征入,已而乞归卒。著有《证治要诀》、《证治类方》、《类证用药》诸书,又订正朱震亨《金匮钩玄》3卷,附以己意。事迹见《明史》卷二九九,王汝玉《太医院院使浦江戴公思恭墓志铭》、李濂《戴思恭传》(均《国朝献征录》卷七八)。

僧绝海中津卒(1336—)。绝海中津,日本土佐人。入明,住杭州中天竺、灵隐、径山等寺,依明初僧季潭、僧清远、僧良用、僧了道等参究禅学。洪武九年回国,乃后期五山文学主要代表。著有《蕉坚稿》等。

按:绝海在明时,杨铁崖、高青丘、宋景濂及诗僧全室、楚石梵琦在世之时。相传绝海诗得之于全室和尚。高启亦曾在全室门下。高启有赞颂全室和道衍友情之作。高启序道衍诗集《独庵集》,而道衍则序《日本国绝海禅师语录》。绝海与高启年龄相仿，诗风相近。荫木英雄《五山诗史的研究》（笠建书院，1977）称高启影响了绝海。

徐宗实卒（1344— ）。宗实名㞧，字宗实，以字行。号静斋。黄岩人。永嘉史伯璿弟子。洪武中被遣入京，除铜陵主簿。以请归迎母，忤旨，谪输役淮阴驿。后为苏州通判。建文初官至兵部右侍郎。《宋元学案》卷六五列其入《木钟学案》。所著有《静斋集》。其门人曰黄淮。事迹另见黄淮《尚宝司司丞静庵徐公宗实墓表》（《国朝献征录》卷七七）。

夏煜卒，生年不详。煜字允中。金陵人。诗人丁复入室弟子。著有《允中集》，已佚，见《千顷堂书目》卷十七。事迹见《明史》卷一三五《宋思颜传》附传。

按：《明史》卷一三五曰："有俊才，工诗，辟为中书省博士。婺州平，调浙东分省，两使方国珍，咸称旨。太祖征陈友谅，儒臣惟刘基与煜侍。鄱阳战胜，太祖所与草檄赋诗者，煜其一也。洪武元年使总制浙东诸府，与高见贤、杨宪、凌说四人以伺察搏击为事，后俱以不良死。"

陈文（ —1468）、祝颢（ —1483）、应律（应志和）（ —1488）、金润（ —1493）生。

永乐四年　丙戌　1406年

正月，敕谕日本，封其国山，御制碑文，颁立之。（《明通鉴》目录卷三）

三月辛卯朔，明成祖幸太学，行释奠礼。御彝伦堂，赐讲官及大臣坐。（《明通鉴》目录卷三）

乙巳，赐林环等219人进士及第、出身有差。

四月己卯，谕礼部遣使四出购求遗书。

按：成祖视朝之暇，常于便殿阅览图书，问及文渊阁藏书，解缙回答："尚多阙略。"成祖即谓："士庶家稍有余资，尚欲积书，况朝廷乎？"于是命礼部尚书郑赐选派官员至各地购求典籍，凡需购之书，不较其价。（《明通鉴》卷一五）

六月戊辰，设云南镇南州儒学。

七月甲寅，命钦天监举精于实数者，纂修阴阳星命等书。（《太宗实录》卷五六）

乙亥，明成祖御奉天门，翰林侍讲学士武周文陛辞……成祖顾谓翰林侍读胡广等曰：周文亦操履端方。广等对曰：陛下待儒臣进退之际恩礼俱至，儒道光荣多矣。成祖笑曰：朕用儒道治天下，安得不礼儒者！致远必重良马，粒食必重良农，亦各资其用耳。（《国朝献征录》卷二〇，又见余继登《典故纪闻》卷六）

十一月，高文雅上书言时政，首及建文事。

佛罗伦萨入比萨。

按：陈瑛请罪之，成祖曰："草野之人何知忌讳！言苟可采，奈何以直废之！"命吏部量授一官。(《明通鉴》卷一五)

十二月戊子，改陕西宁夏中屯等卫儒学为宁夏等卫儒学。

是月，西僧哈里玛勒至京师。诏赐宴于华盖殿，并金银钞币有差。

是年，赐朝鲜《通鉴纲目》、《汉准》、《四书衍义》、《大学衍义》等书。

琉球中山王遣子入国学，并献阉竖数人。还之。(《明通鉴》目录卷三)

加封乌斯藏僧扎巴坚参为灌顶法师阐化王。

征天下道士至京师，即朝天宫、神乐观、洞神宫，修举金録斋法荐皇考皇姚。

胡广进翰林学士，兼左春坊大学士，阶奉政大夫。

胡俨、张智等三月辛卯朔皆序进讲《尧典》、《泰卦》。

郑棠以礼部尚书李桐(李至刚)荐，纂修《永乐大典》。

按：书成，吏部铨试第一，除翰林院典籍，掌文渊阁秘书，后以检讨致仕归。

王恭以荐待诏翰林。

按：王恭，生卒年不详。字安中，自号皆山樵者。福建长乐人，一说闽县人，闽中十才子之一。年六十余，与修《永乐大典》，授翰林院典籍。事迹见《明史》卷二八六《林鸿传》附传，《翰林院典籍王恭传》(《国朝献征录》卷二二)，林慈《皆山樵者传》。《四库全书总目提要》卷一七〇曰：《白云樵唱集》4卷附录1卷，"其诗凡三集：一曰《凤台清啸》，乃官翰林以后作；此集及《草泽狂歌》，则皆未仕以前所作。恭没之后，湮晦不传。成化癸卯，南京户部尚书黄镐搜恭遗稿，始得此集于吏部郎中长乐黄汝明家。因属汝明编次，分为前、后二集。卷首有永乐三年林环旧序，兼为三集而作者。序中所刻次第，以此集为首。知其诗在《草泽狂歌》以前。卷末又有永乐中林蕙诸人所作《皆山樵者传》、《赞》、《辞》、《说》，则刻成之后，续为增入者也。恭与同邑高棣齐名，同以布衣征入翰林。"《四库全书总目提要》卷一六九曰：《草泽狂歌》，"恭所作三集，《凤台清啸》已不传，故《千顷堂书目》有其名而阙其卷数，范氏天一阁所藏，仅存其《白云樵唱》而无此集。此集出自秀水汪氏，盖几佚而仅存也"。另有《竹居集》1卷。

龚诩授徒于言城周敬修氏。作诗《寄听泉沈兄孟舟》。

按：周敬修，号莱庵，芝州人。

曹端有止赴水陆会等事。

夏原吉以治水往来苏松，夜过唐行而作诗。

任自垣诏赴文渊阁修书。

梁萼应遗贤诏进京，授都昌训导。

沈度在北京真如寺见李龙眠《维摩演教图》真迹，作题语。

王瀹成进士。

按：迁郑王府长史。

吕旦成进士。

按：其父吕昭遗书诫之曰："进士美官，然不能廉，终非吾子"。吕昭，生卒年不详。字克明。苏州府昆山人。嗜学敦行。著有《吕文州文集》。事迹见《知州吕昭传》(《国朝献征录》卷九七)。

刘鉴成进士。

按：刘鉴，生卒年不详。扬州府高邮人。为诸生时，从训导董光学相术，遂精相术。事迹见《古今图书集成》艺术典卷六四八。

陈全成进士。授编修，历侍讲，署院事。

陈孟京成进士。选翰林院庶吉士，与修《永乐大典》。

陈孟洁（陈廉）成进士。选庶吉士，与修《永乐大典》。

按：以酗酒致疾卒。陈孟洁，生卒年不详。名廉，以字行。江西泰和人。事迹见杨士奇《翰林庶吉士陈孟洁墓志铭》（《国朝献征录》卷二二）。

张文选成进士。入翰林。

按：与修《太祖实录》、《永乐大典》。张文选，生卒年不详。字士铨。浙江永嘉人。著有《易经讲义》，已佚，见《经义考》。《四书训解》，已佚，见《续通考》、《经义考》及《温州经籍志》。《宋元学案》列其入《木钟学案》，曰：徐兴祖高弟。尝曰："读书在躬行，不在耳食。"官翰林庶吉士，修《实录》卒（补）。

林环成进士第一。授翰林修撰，升侍讲，与修《永乐大典》。

郑复言成进士。选翰林庶吉士，读中秘书，与修《永乐大典》，授礼部主事。

按：官至太仆少卿。郑复言，生卒年不详。浙江鄞县人。事迹见《万姓统谱》卷一〇七。

魏骥成进士副榜。授松江训导。召修《永乐大典》。擢南京太常寺少卿。

韩缙成进士。授给事中，官至郎中。

按：韩缙，生卒年不详。陕西陇西人。为官清正，不畏权贵，又博学能文，有"陇西韩夫子"之称。事迹见《古今图书集成》氏族典卷一六二。

谢瑾成进士。除刑部员外郎，迁平阳知府，擢广西按察使，政声卓异。

按：谢瑾，生卒年不详。字庭兰。浙江鄞县人。长于诗，好作奇语。著有《蜗濡集》。事迹见《明诗综》卷一八。

鲁穆成进士。授御史，以敢言称。迁福建按察佥事，治狱有铁面之名。官至右佥都御史。

吴与弼学诗赋。

僧根敦朱巴（达赖一世）在纳塘寺出家。

张宇初奉命编纂《道藏》。命早完进来，以通类刊版。

张洪纂《南夷书》1卷。

按：《四库全书总目提要》卷七八曰："是编乃永乐四年缅甸宣慰使那罗塔刼杀孟养，宣慰使刁查及思栾发而据其地。洪时为行人，赍敕往谕。因采摭见闻，记其梗概。所载洪武初至永乐四年平定云南各土司事，皆略而不详。"又据《四库全书总目提要》卷一三一：同时采古人奉使事迹，勒为《使规》1卷。各列事实于前，而断以己意。末为使缅附录，纪当日往返情形，并载所与缅酋书六篇。

解缙为里人龙氏撰《一经斋记》。

王达撰《绿筠窝记》。

按：钱仲益题长诗。

日本今川了俊撰《言尘集》。

曹端纂《家规辑略》成。

按：收入《曹月川集》。

朱橚主持，命滕硕、刘醇等纂《普济方》168卷成。

按：《四库全书总目提要》卷一〇四曰：《普济方》426卷，"是书取古今方剂，汇辑成编，橚自订定。又命教授滕硕、长史刘醇等同考之。李时珍《本草纲目》所附方，采于是书者至多。然时珍称为周宪王，则以为橚子有炖所作，误矣。元本一百六十八卷，《明史·艺文志》作六十八卷，盖脱一百二字也。凡一千九百六十论，二千一百七十五类，七百七十八法，六万一千七百三十九方，二百三十九图，采摭繁富，编次详析，自古经方，无更赅备于是者。其书搜罗务广，颇不免重复抵牾。医家病其杂糅，罕能卒业。又卷帙浩博，久无刊版，好事家转相传写，舛谬滋多，故行于世者颇罕，善本尤稀。然宋、元以来名医著述，今散佚十之七八，橚当明之初造，旧籍多存，今以《永乐大典》所载诸秘方勘验是书，往往多相出入。是古之专门秘术，实藉此以有传。后人能参考其异同，而推求其正变，博收约取，应用不穷。是亦仰山而铸铜，煮海而为盐矣，又乌可以繁芜病哉！"现存主要版本有永乐四年(1406)刻本(168卷，残本)、《四库全书》本(收其全)，人民卫生出版社1958—1959年排印本(以《四库全书》本为蓝本)。

朱橚即去开封刻印《救荒本草》4卷(一作8卷)。

按：是书为十五世纪初中国植物学家调查研究工作之科学记录。当时鲍山《野菜博录》大部分材料采自该书。徐光启曾将它全部收入其《农政全书》之荒政部分(作者署周宪王)。《四库全书总目提要》卷一〇二曰："《明史》本传称，橚好学，能词赋，以国土夷旷，庶草蕃庑，考核其可佐饥馑者四百余种，绘图上之，即此书也。李时珍《本草纲目》，以此书及《普济方》俱云洪武初周宪王著。考宪王有炖于仁宗初始嗣封，其说殊误。是编为嘉靖乙卯陆东所重刊。""前有东序，亦称周宪王著。盖当时以亲藩贵重，刊书皆不题名，故辗转传讹，有所不免。今特为纠正焉。"有永乐四年(1406)开封刻本和嘉靖四年(1525年)山西刻本。通行本另有嘉靖三十四年(1555)开封刻本、明万历十四年(1586)刻本、万历二十一年(1592)胡文焕《致格丛书》本、清《四库全书》本、1957年古典文学出版社本。研究此书之著作有：汪子春等《中国古代生物学史略》(河北科学技术出版社1992年版)、日本天野元之助《明代救荒作物著述考》(《东洋学报》第47卷第一号，1964年版)。(参《中国学术名著提要》、《中国大书典》)

林环作《白云樵唱集序》。

孙燿重辑宋元际吴澄《草庐吴文正公全集》。

按：后有明成化二十年抚州刻本。依抚州本，清万璜辑，成书并刊于乾隆二十一年。据《四库全书总目提要》卷一六六：《吴文正集》100卷，是集为其孙当所编。永乐丙戌，其五世孙燿所重刊。后有燿跋曰："《支言集》一百卷、《私录》二卷，皆大父县尹公手所编类，刊行于世。不幸刻版俱毁于兵火，旧本散落，虽获存者间亦残阙。迨永乐甲申，始克取家藏旧刻本，重寿诸梓。篇类卷次，悉存其旧，不敢更改。惟卷首增入年谱、神道碑、行状、国史传以冠之。但旧所阙简，遍求不得完本，今故止将残阙篇题列于各卷之末，以俟补续"云云。则此本乃残阙之余，非初刻之旧矣。然检其卷尾阙目，惟十七卷《徐君顺诗序》一篇、五十四卷《题赵天放桃源卷后》一篇、五十七卷《题约说后》一篇，又三十七卷《潭南王先生祠堂记》末，注"此下有阙文"而已，所佚尚不多也。

张宇初编纂《道门十规》1卷成。

按：采前代定规，群师遗训纂成，用以规戒教徒科律之书。卷首有张宇初编纂本书论述及经过。正文列述道教源流、道门经箓、坐圜守静、斋法行持、道法传诸、住持领袖、云水参访、立观度人、金谷钱粮、宫观修葺等10方面。是书收入《正统道藏》正一部。

僧宗喀巴著《密宗道次第广论》成于西藏绛巴林寺。一说著成于建文四年，详见是年条。

僧宗喀巴约于是年著《因明七论入门》成。

按：或成于次年。全称《因明七论入门除意暗论》。藏文原本收于《宗喀巴师徒文集》第18帙。今人杨化群译为汉文，收入其《藏传因明学》中，1990年西藏人民出版社出版。《因明七论入门》乃黄教量论纲领，继萨班《正理藏论》之后又一部藏传因明之代表作。《因明七论入门》之思想为其三大弟子所阐发，其中最擅长于因明者为贾杰。

王钝卒（1336—　）。钝字士鲁。元明间河南太康人。元至正丙午进士。洪武初征授礼部主事，历官浙江布政使。建文中召为户部尚书。燕王篡位，仍故官。后以布政使勒致仕。著有《野庄集》6卷。事迹见《明史》卷一五一，朱睦㮮《户部尚书王公钝传》(《国朝献征录》卷二八)。

按：《野庄集》凡诗2卷，文4卷。《四库全书总目提要》卷一七五曰："前有王崇庆序，谓嘉靖中其后裔曰朝献者，始谋梓之。盖集中多称建文为今上皇帝，故靖难后惧触语禁，久而不敢出也。"

徐旭卒（1355—　）。旭字孟昭、孟德。饶州乐平人。为人方正简默，清慎不阿。有文集。事迹见梁潜《修撰公徐旭传》(《国朝献征录》卷二一)。

邹亮（　—1454）、谢琏（　—1460）、吴信（　—1467）、李伯屿（　—1473）生。

伊本·赫尔敦卒（1332—　）。阿拉伯历史学家，哲学家。

厄斯塔什·德尚卒（约1348—　）。法国诗人。

永乐五年　丁亥　1407年

正月，诏天下州郡，军民有披剃为僧赴京请度牒者，付兵部谪为军，发戍辽东、甘肃。(《明通鉴》目录卷三)

按：《太宗实录》卷四九载：时法事泛滥，成祖叹曰：此盖教化不明之过。……世人于佛、老竭力崇奉，而于奉先之礼简略者，盖溺于祸福之说，而昧其本也。率而正之，正当自朕始耳。

二月辛卯，皇长孙出阁就学。明成祖御奉天殿，召太子少师姚广孝、翰林院待诏鲁瑄、郑礼等，谕之曰："人于学问，常以先入之言为主，朕长孙

法国奥尔良公爵路易被杀，法国内战始。

天资明睿,尔等宜尽心开导,凡经史所载孝弟仁义与夫帝王大训可以经论天下者,日与讲说,浸渍之久,涵养之深,则德性纯而器识广,他日所资甚大。不必如儒生绎章句、工文辞为能也。"广孝等稽首受命。(《太宗实录》卷六六)

三月,有守卫于皇城诵经者,成祖斥其要求非分,不务本业。(《明通鉴》目录卷三)

五月丁巳,设湖广思南、思州二宣慰使司儒学。

六月癸卯,谕张辅等访求交趾人材,礼送京师。(《明通鉴》目录卷三)

按:设交趾布政使司,是为越南短暂之"属明时期"(1407—1427)。

壬寅,顾斌以巡按云南监察御史言:"云南所属郡、县皆有儒学,而春、秋释奠先师,惟云南府学行之,请令各府、州、县学皆行释奠礼。"从之。(《太宗实录》卷六八)

九月壬子,郑和自西洋还。

十一月癸丑,皇太子请以仁孝皇后所著《劝善书》颁赐臣民。从之。(《太宗实录》卷七三)

乙丑,以仁孝皇后《内训》赐君臣俾教于家。

戊寅,南阳等府、郏县等县生员高明等言:"初以楷书选入文渊阁修《永乐大典》,今书成,愿就学国子监。"从之。(《太宗实录》卷七三)

是月,仁孝皇后《内训》特赐于臣民。

按:初,后于宫中观览载籍,著是书,以为女范。书成,未上,至是皇太子以进,成祖览之怆然。命刊印,正嘱刊行之始。

十二月甲午,明成祖以太祖戒饬功臣铁榜及《敕旨》颁赐武臣。(《明通鉴》目录卷三)

是年,翰林院下设四夷馆,专事翻译少数民族及邻国语言文学,有鞑靼、女真、西番、西天、回回、百夷、高昌、缅甸等。

尚师哈里玛勒三月丁巳封为大宝法王。

叶砥永乐中历考功郎中,与修《永乐大典》,为副总裁。

丘锡永乐中与修《永乐大典》,改衢州教授。

伍成章永乐中与修《永乐大典》,致仕归。

按:成章,生卒年不详。四川荣县人。于六经子史多所贯穿,尤长于诗书。事迹见《嘉庆嘉定府志》卷三二。

吴福永乐中与修《永乐大典》。出为江西按察司佥事,官至福建右布政使。

按:致仕后爱吴中山水之秀,定居苏州。福,生卒年不详。字好德。浙江鄞县人。事迹见《国朝献征录》卷九〇。

宋绪永乐中与修《永乐大典》。书成,授官不就。

按:时同邑被征者五人。及书成,宋孟岳、赵肤迪、朱德茂、张廷皆授官,绪独辞归。宋绪,生卒年不详。字公传,以字行。浙江馀姚人。编有《元诗体要》14卷。《四库全书总目提要》卷一六九曰:"是集,录元一代之诗。""各体之前,皆有《小序》,仿方回《瀛奎律髓》之例","传本颇稀"。

胡器永乐中与修《永乐大典》。

凌安然(凌晏如)永乐中被征,授中书舍人,与修《永乐大典》。官至都察院掌院事。

石彦城永乐中召修《永乐大典》,书成,迁徐闻知县,大学士杨溥以学术醇正宜居进恃荐。

按:未及征用卒。石彦城,生卒年不详。江西南昌人。事迹见《光绪江西通志》卷一三六。

解缙二月庚寅以翰林学士出为广西参议。寻改交趾。

杨寓(杨士奇)进左谕德。

胡广十一月拜翰林学士兼左春坊大学士。

杨荣命往甘肃经画军务。还奏武英殿。

胡濙主南京国子监事。十一月奉命以访仙人张三丰为名,遍行天下州郡,察访建文帝踪迹。

按:历时17年。擢礼部左侍郎。

管讷(管时敏)卸楚府长史职,留居武昌。

杜琼从中书舍人刘孟切学,遂能通孝经论孟大义。

曹端有建祠堂奉先事。

尹昌隆改礼部主事。

王恭辞官归隐。

俞士吉六月复官。

赵文以梁时荐,授江西鄱阳知县。

吴中正月以右都御史为工部尚书。

王达撰《听雨楼卷诸贤记》,考述王蒙《听雨楼》系名诸人。

解缙等十一月纂修《文献大成》22937卷成。成祖改赐名《永乐大典》,御序。

按:序曰:"……洪维我太祖高皇帝膺受天命,混一舆图,以神圣之资,广述作之奥,兴造礼乐制度文为,博大悠远,同乎圣帝明王之道。朕嗣承鸿基,勔思缵述。尚惟有大混一之时,必有一统之制作,所以齐政治而同风俗,序百王之传,总历代之典。世远祀绵,简编繁夥,恒慨其难一。至于考一事之微,泛览莫周,求一物之实,穷力莫究。譬之淘金于沙,探珠于海,戛戛乎其不可易得也。乃命文学之臣,纂集四库之书,及购慕天下遗籍,上自古初迄于当世,旁搜博采,汇聚群分,著为典奥。以气者天地之始也,有气斯有声,有声斯有字,故用韵以统字,用字以繁事,揭其纲而目必张,振其始而末具举,包括宇宙之广大,统会古今之异同,巨细粲然明备。其余杂家之言,亦皆得以附见。盖网罗无遗,以存考索,使观者因韵以求字,因字以考事,自源徂流,如射中鹄,开卷而无所隐。始于元年之秋,而成于五年之冬,总二万二千九百三十七卷,名之曰《永乐大典》。臣下请序其首。盖尝论之,未有圣人,道在天地;未有六经,道在圣人。六经作,圣人之道著。所谓道者,弥纶乎天地,贯通乎古今,统之则为一理,散之则为万事,支流蔓衍,其绪纷纭,不有统之,则无以一之。聚其散而兼总其条贯,于以见斯道之大而无物不该也。朕深潜圣道,志在斯文,盖尝讨论其旨矣。

然万机浩繁,实资观览,姑述其概以冠诸篇,将以垂示无穷,庶几或有裨于万一云尔。"(《太宗实录》卷七三)计重修时,有正总裁3人,纂修347人,催纂5人,编写332人,誊写1381人,续送教授10人,办事官吏20人,凡2180人。全书辑录古籍七、八千种,几将文渊阁藏书全收录,共22937卷(其中凡例和目录60卷),约3.7亿字,共装成11095册。是中国和世界最早最大之百科全书。该书体例仿元阴时夫《韵府群玉》及宋钱讽《回溪史韵》,并以《洪武正韵》为纲,按其单字排列,先注音义,又依唐颜真卿《韵海镜源》例,注楷、篆、隶各体。"用韵以统字,用字以系事。凡天文、地理、人伦、国统、道德、政治、制度、名物以至奇闻异见,廋词逸事,悉皆随字收载。事有制度者则先制度,物有名品者则先名品。其有一字而该数事,则即事而举其纲。一物则有数名,则因名而著其实。或事文交错,则彼此互见;或制度相因,则始末具毕"(《永乐大典·凡例》)。并命复写一部,锓诸梓,以永乐七年十月讫工(事见明赵友同《存轩集·送礼部员外郎》刘公复命序),后以工费浩繁而罢(事见《旧京词林志》)。永乐十九年(1421)迁都时运贮北京文楼(即今北京故宫午门东角楼)。嘉靖四十一年,选礼部儒士程道南等一百人重录正副二本,命高拱、张居正校理(事见《明实录》)。至隆庆初告成,仍归原本于南京(事见《旧京词林志》)。其正本初贮南京文渊阁,副本别贮皇史宬(事见《春明梦馀录》)。《四库全书总目提要》卷一三七曰:"明祚既倾,南京原本与皇史宬副本并毁。今贮翰林院库者,即文渊阁正本,仅残阙二千四百二十二卷。顾炎武《日知录》以为全部皆佚,盖传闻不确之说。"清初姜绍书《韵石斋笔谈》卷上曰:"文渊阁制既庳狭,而牖复暗黑,抽阅者必秉烛以登,内阁辅臣无暇留心及此,而翰苑诸君所称读中秘书者,曾未得窥东观之藏。至李自成入都,付之一炬,良可叹也!"清徐干学《编珠序》曰:"以余所见皇史宬所藏《永乐大典》,鼎革时亦有佚失。"高宗《命校永乐大典因成八韵示意》有"久阅沧桑惜弗全"之叹。光绪二十六年,八国联军入侵,绝大部分被焚毁,兵燹之余,亦被入侵者劫走。现散藏于近十个国家和地区。1935年上海商务印书馆影印卷一一一二七至一一一四一,共15卷;1959年中华书局影印本,共730卷,另附原书卷二四三五至二四三七"乌"字韵仿制本一册,1986年中华书局又将新征集之67卷影印出版,又连同原影印本730卷合并影印成16开精装本,分装10册出版,为目前最全本。(参《永乐大典·凡例》、《中国学术名著提要》、《中国大书典》等)

陈琏纂《罗浮志》成。

按:卷首自序曰:"永乐五年秋八月,予自涂阳考绩至京师,偕同邑征士袁友信,访神乐观,道士徐子明、邓能宗谈及兹山之胜,徐邓旧住山中,因出《罗浮志》,乃宋是庵王胄所辑而后人所续者,惜非刻本,帙弗全,字多舛谬,幸而指掌诸图记犹在,有足征者,二人固请釐正删补,予嘉其意之勤,遂为之考订去取,汇而成编,增至一十五卷。"又:博罗知县胡琏《新刊罗浮志原序》谓:"近得致政大参吴公出示《罗浮志》,乃东莞致仕亚卿陈公所著,门人罗彦通编录,大参重加搜集考订,披阅之余,不出门庭,山中仙景,尽在目前,遂捐俸绣梓以永其传云。"题为成化五年。明代15卷足本不传,今存10卷。清道光年间,伍崇曜得明初印本,略为校勘,刊入《岭南遗书》,即今人所见10卷本。是书又刊入《丛书集成初编·史地类》。后编入《藏外道书》第19册"宫观地志类"。

曹端作《男女训诫词》成。
龚诩题《枯枝冻雀图》。
赵友同跋所见宋蔡襄诗卷墨迹。

解缙是春作《虚舟集序》。西行,撰《马当山记》。

按:《虚舟集序》曰:"永乐初,敕修金匮石室之书,复有大典命。内外儒臣及四方韦布士集阙下者数千人,求其博洽幽明、洞贯今古、学博而思深如吾太史三山王君孟扬者,不一二见。然孟扬之为人,眼空四海,壁立千仞,视余子者琐琐,不啻卧之地下。以是名虽日彰,谤亦随之。余每拟荐自代,不果。且孟扬视功名泊如,每有抗浮云之志,期在息机与物无竞,故其集以'虚舟'名,亦可见其志焉。"

曾棨作《皆山樵者辞序》。

张宇初序《华盖山浮丘王郭三真君事实》。

按:《华盖山浮丘王郭三真君事实》,仙传类典籍。《道藏》本6卷。乃依据多家著述编辑而成。五代唐宋以来,沈庭瑞(李公谚为之笺注)、章元枢、黄弥坚、李冲元、吴文正、虞文靖等皆为本书编纂者。此书收入《道藏》第556—557册,洞神部谱录类"孝"字帙中。

朱植作《岘泉集序》。

按:序曰:"真人学行渊邃,资识超颖,贯综三氏,融为一涂。旁及诸子百家之言,靡不畅晓。"

程通作《岘泉集序》。

按:序曰:"及观集中所著《冲道》、《慎本》、《太极》、《河图》、《原性》诸篇,义理之玄微,研究之精致,议论之闳肆,其于天地造化、山川人物、礼乐制度,靡不该贯,虽专门擅业、皓首穷经之士,有不能及者。非惟有功于玄教,其于世教亦有裨焉。将见斯集淬于天下后世,与岘泉相与为悠久而无穷也必矣。且真人尝为通著《尚义堂记》,俾先祖父之志行亦得托于不朽,敛襟三复深有感焉。因书此于卷末,以臻其私意云。"

张宇初著诗文集《岘泉集》12卷初成。

按:王绅《岘泉集序》曰:"公以绅有世契,相与极论斯事,必抚掌剧谈而后已。故为序。其曰'岘泉'者,因精舍之称云。"据《四库全书总目提要》卷一七〇:《岘泉集》4卷,"朱彝尊《明诗综》称其集二十卷,诗居其半,王绅为之序。此本皆所作杂文,惟末附歌行数十首。卷首虽载《绅序》,而二十卷之旧已不复存,盖又掇拾重编之本矣。""其中若《太极释》、《先天图论》、《河图原辨》、《荀子辨》、《阴符经》诸篇,皆有合于儒者之言。"以老庄虚无学说结合宋儒性理之学,间采佛教思想,论述天地造化、山川人物、礼乐制度。

王达卒(1343—)。达字达善,号耐轩,又号天游道者。常州府无锡人。自县训导以荐,升国子监助教。以姚广孝言,升翰林院编修,再升翰林院侍读学士。博能经史,与解缙、王洪、王偁、王燧(一说王璲)等号称东南五才子。纂有《易经选注》,著有《桂林机要》、《王天游集》等。事迹见《太宗实录》卷六八,《列朝诗集小传》乙集,黄佐《翰林院侍读学士王达传》(《国朝献征录》卷二〇)。

按:《列朝诗集小传》乙集曰:"今所传《耐轩》、《天游》二稿,诗文皆平蔼,不称其名,何也?达善未仕时,与吴门韩奕先生、王绂、孟端、诗僧真性海,偕游慧山,汲泉瀹茗,孟端作《四仕图》,公望为十六韵题其上。公望、孟端一时高士,不轻许可,而达善得与四子之列,其风流儒雅,必在有过人者,固不当以文辞末枝,轻为轩轾也。"《四库全书总目提要》卷一二四曰:《笔畴》2卷,"是书多抑郁愤世之谈。又有太仓陆之箕序,称是书本载达所著《天游集》中,凡百有七篇。王澄之弟渊,先刊其二十二篇,续又得五十二篇刊之。尚阙其三之一,之箕复为校补成完书,会付渊全刊焉。各条之下,间附之箕案语,亦肤浅罕所考正"。《四库全书总目提要》卷一三一:《景仰撮书》1卷,"是书一名《尚论篇》,取古人可为师法者凡五十二事。皆前列旧文,后系以论,率浮浅无意义,又出《笔畴》之下矣"。《四库全书总目提要》卷一七五曰:《王天游集》10卷,"是集乃其门人王孚所编。卷末又有其门人瞿厚跋,谓其馆阁钜制及《诸子辨》等篇,咸未见录,乃重为增补编次,仍为十卷云云。则厚所复位,非孚之旧本矣。据孚称达所著有《天游小稿》、《梅花百咏》、《古今孝子赞》,俱已梓行。《诗书二经心法》,学者多传之。又有《耐轩杂录》五卷、《问津集》一卷、《南归集》一卷、《通书发明》一卷、天游诗集十卷、文集三十卷,今皆未见。惟《景仰撮书》一卷、《笔畴》二卷,附于此集之末者,今尚有别本行世,盖即从此集抄出云"。

曾燿(曾日章)卒(1345—)。燿字日章。苏州府吴江县人。与修《永乐大典》。从张辅等攻安南,文檄皆出其手。事迹见《古今图书集成》氏族典卷三二一。

张伦卒(1350—)。伦字文伯。苏州长洲人。幼承家学,精医术。以医生征修《永乐大典》。事迹见《吴下冢墓文》卷三。

皇后徐氏(仁孝皇后)卒(1361—)。皇后徐氏,濠人。居金陵。中山王徐达长女,明成祖朱棣后。谥仁孝皇后。撰有《内训》、《劝善书》等。事迹见《明史》卷一一三后妃传。

按:所撰《高皇后传》1卷,已佚,《贞烈事实》1卷已佚,采《女宪》、《女戒》作《内训》20篇,又类编古人嘉言善行作《劝善书》,颁行天下。

戚伯榆卒(1368—)。伯榆字存心,一字惟敬,号友菊,以字行。浙江临海人。历任行人、陕西承宣布政使司右参政、礼部右侍郎等。著有《金鳌诗集》、《皇华集》、《南宁集》、《芹游集》、《友菊诗文集》。

龚理(—1457)、李绍(—1471)、徐有贞(—1472)、华方(—1487)生。

永乐六年　戊子　1408年

金帐汗国侵莫斯科。

正月,朝鲜国王李芳远世子李禔来朝。厚赉,赐其织金、文绮、并制诗赐之。(《明通鉴》目录卷三)

按:赐"世子仁孝皇后《劝善书》150本,《孝慈皇后传》150本"。临行前,又赐"《通鉴纲目》、《大学衍义》各1部,法帖3部,笔150支,墨25丁"。

四月丙申,始命云南以本年八月开乡试科。

按:云南巡按御史陈敏言:"云南自洪武中已设学校,请如各布政司三年一试。"又言:云南郡、县学校官多用土人……不称师范,宜别选用经明行修之士,庶几教育

有法。明成祖俱从之。(《太宗实录》卷七八)

己亥,云南元江军民府儒学言:洪武中创庙学,规制隘陋,请改建,以教夷子弟。从之。(《太宗实录》卷七八)

甲辰,设四川重庆卫酉阳宣抚司儒学。

六月丁亥,张辅、沐晟班师还。上《交趾地图》,计东西相距1760里,南北2800里,人口320万户。明成祖大悦,为赋《平安南歌》。(《明通鉴》卷一五)

八月,浡泥国王来朝。

按:病卒于南京。礼葬安德门外石子冈,胡广著碑记。

九月癸亥,遣郑和复使西洋。(《明通鉴》卷一五)

秋,巡幸北京,诏书命杨士奇视草。(《圣谕录》卷上)

十二月辛丑,广西按察司佥事杨廉言:"田州等府土人罔知礼法,请依左江太平府立学校,教育其子弟,俾讲读经书,俟有成材,依例选贡。"从之。(《太宗实录》卷八六)

杨荣十月以母丧,乞归,明成祖以北巡期迫,不许。

陈济以主纂《永乐大典》劳绩,官右赞善。

夏原吉督工北都三阅月。

仪智是年冬召为礼部左侍郎。

吴溥升国子司业。

沈升以翰林院庶吉士六月丁亥上言五事。明成祖令所司施行。(《太宗实录》卷八〇)

龚诩作《客中思亲诗》。

按:龚诩寓居常熟马子昌氏(龚之门人),母王氏独居昆山。

金问于南京任司经局正字,谢晋与同游龙江关,作纪事诗。

钱仲益在南京,寄诗杨、秦两生。

梁时、王璲(王汝玉)、苏伯厚、滕用亨等同官南京,观元张逊勾勒竹卷。

按:《铁纲珊瑚》画品四载,时所著有《噫馀集》。时,生卒年不详。字用行。苏州府长洲人。事迹见《万姓统谱》卷五〇。

瞿佑四月进周府表至京,拘留锦衣卫。寻窜保安为民。

曹端中举人。

按:任霍州学正16年。

刘髦中举人。不仕。

边宁中举人。任锦州、鄜州学正,诏入文渊阁纂修《永乐大典》,校正七馆书文。

按:边宁,生卒年不详。字定之。乡人称为"边夫子"。河南禹州人。事迹见《雍正河南通志》卷六五。

倪怀敏八月以按察佥事行部至县,试卓尔论,陈循文先成,倪公读毕批曰:论切而明,文赡而整,佳作佳作。

俄罗斯都主教基普里安倡议编撰全罗斯编年史《基普里安编年史》(《圣三一修道院本编年史》)。

吴与弼始学举子业。

秦壬秀建广东东莞养正书院。

按：陈琏《养正书院记》曰："邑人秦君壬秀以好义称，乃欲建学延师以教族里子弟。"遂在何荣逊兄弟捐助之水北地建屋3间，以为授徒讲道之所。屋周"环以清池，荫以嘉木，清旷幽僻"，以期学童耳目不为浮华世俗所惑，而定志专一于学。延请黄受益为师，黄善词赋，尤长于古文辞。院名题额"养正"二字为知县宋叔仁所书。

吐鲁番僧请来授为灌顶慈慧圆智普通法师。

张宇初奉命于上年与是年往武当山寻访张三丰。

陈伸纂《太仓事迹》成。

按：陈伸，生卒年不详。字延龄。自号怡云老人。昆山人。《吴郡文编》载另纂有《琴川新志》，著有《怡云集》。其著述见宣统《太仓州志》卷二五。

曹端著《夜行烛》成。

刘纯纂《杂病治例》1卷成。

按：《四库全书总目提要》卷一〇五曰："是书成于永乐戊子，末附兰室誓戒四则，叙其父橘泉翁受医术于朱震亨。纯承其家学，又从其乡冯庭干、许宗鲁、邱克容游，尽得其法。因撮举纲要，著为一编，分七十二证，每证各标其攻补之法。盖皆其相传口诀，故略而弗详。初无刊本。成化己亥，上元县知县长安萧谦观政户部时，奉命赏军甘州，始从纯后人得其本，为锓板以传。"

朱权纂《神隐》2卷成。

按：又名《壶天神隐》。卷首有《壶天神隐记》。上、下卷前各有作者序文一篇。其序释其题名曰："身虽不能避地，而心能自洁，谓之神隐。"今编入《藏外道书》第18册"传记神仙"类。

王景卒（1336— ）。景字景彰，号常斋。浙江松阳人。博学多才，以古文自名。洪武初，为怀远教谕。以博学应诏。命作朝享乐章，定藩王朝觐仪。累官山西参政，与伦先生谪云南。建文初，召入翰林，与修《太祖实录》。除礼部侍郎兼翰林侍讲。擢学士。重修《永乐大典》总裁之一。著有《玉堂稿》又《南诏稿》（见《千顷堂书目》卷一八）。事迹见《明史》卷一五二《董伦传》附传，陈琏《翰林院学士奉政大夫常斋王公景墓碑铭》（《国朝献征录》卷二〇）。

按：《明诗纪事》乙签卷五《王景》陈田按曰："景彰洪武中以浙江布政使安然荐，直翰林，制《藩王朝觐仪》，改《赐日本书》，作《乐章》与《京城钟鼓楼记》。黄才伯《翰林记》但述永乐元年诏侍臣议作乐章，学士王景等拟述以闻。知其一不知其二矣。景彰谪云南，沐景顒录其诗入《沧海遗珠》。玩其所作，亦当时才士也。所拟《乐章》，已具录首卷。"

郑赐卒，生年不详。赐字彦嘉。福建瓯宁人。洪武十八年进士。召为工部尚书，授刑部尚书，改礼部尚书。终以忧悸卒。事迹见胡俨《资政大夫礼部尚书郑公赐神道碑铭》（《国朝献征录》卷三三）。

李贤（ —1466）、钱溥（ —1488）生。

永乐七年　己丑　1409 年

二月,诏礼部贡士中式者,寄监读书,俟辛卯三月车驾还京师,举廷试。(《明通鉴》目录卷三)

六月己酉,赐书皇太子。

辛亥,行在礼部言:北京国子监生唐谦等,自陈年深,愿出仕,及考试之文理不通。其教官宜论罚;生员年四十之上考不中者,宜发充吏。天下郡邑生员廪食十年学无成,及教官、提调官宜悉论如制。明成祖曰:"北京学校囊因兵废,俟两年后无成效,论罚。余如所言。"(《太宗实录》卷九三)

丁卯,斥吏员为御史者洪秉等 4 人,诏自今御史勿用吏员。著为令。(《明通鉴》目录卷三)

是年,即命杨寓(杨士奇)取朱子本义纂其要,编成《周易直指》以教东宫。

皇太子监国视朝之暇,专意文事,与杨士奇论学。(《圣谕录》卷中)

邹缉、徐善述为会试考试官。

吴与弼省亲于金陵,从杨溥学。

按:见《伊洛渊源录》,慨然有志于道。遂弃举子业,谢绝人事,独处小楼,玩四书五经诸儒语录,收敛身心,沉潜义理,不下楼者二年。

陈继居家,杜琼从学。

王璲(王汝玉)于文华后殿道说赋诗之法。以修纂礼书不合,被黜远里。

按:皇太子时与杨士奇论学、论诗。《震泽编》卷三五《恭题仁庙监国令旨》曰:"尝读《东里集》,谓汝玉于东宫专讲诗法,似非辅导之义。今观仁宗德音,曰政治之方,曰善政之音,至有如暗逐明之喻,其于圣心必大有开发者邪。当时帷幄启沃之言,可以悬想。独诗法乎哉?"

夏原吉二月兼置行在礼、兵二部及都察院。六月,兼掌刑部事。

金善(金幼孜)从幸北京。

梁潜与翰林编修朱公文冕偕被召来北京。

按:梁潜与胡广、杨荣、金幼孜唱和。详见《抑庵文集》卷一三《题梁先生诗后》。

王俸辟居英国公张辅幕下。

祖俊修《永乐大典》成后不欲受官,与杨钦同乞归。

按:讲诗学于乡里,与同县夏鉴、魏文绥、邢养浩、王以文、袁均斋徜徉于三湖间。又与句容刘复初、建康王诚、及同县谢季彰、陶文昭、夏支直、徐友等交友。祖俊,字志远,号

威尼斯入达尔马提亚。

罗马教会三教皇并立。

德籍教授、学生撤离布拉格大学之后,创建莱比锡大学。

胡斯再度当选布拉格大学校长。

淡斋,晚号丹湖。生卒年不详,高淳人。元亡隐居不仕,家湖阳里(溧水与当涂交界处,今属高淳)。著有《继杜集》、《丹湖集》5卷。据《金陵通传》卷九:集由其后人藏于家,顺治间,九世孙登第(字阆仙)与族人必宽重辑编定;登第子嗣英、嗣荐梓之。

陈用成进士。授修撰。

金庠成进士。由监察御史,历刑部侍郎。

按:金庠,生卒年不详。字养正。苏州人。辑有《桥门听雨诗》。《四库全书总目提要》卷一九一曰:"是编乃永乐七年会试,得陈璲等九十五人。时值巡幸北京,诸贡士寓居太学俟廷对,雨中取杜甫'好雨知时节'及'落日放船好'二律,人各一韵,赋诗见志。庠因汇而成帙,凡九十五人。中除前科已经冠带及肄四裔书者不与。余八十人,又以忧去者二人。诗凡七十八首,内阙史安、邓昌二首,盖编录之时,已偶失其稿也。"著有《孔子萃言》、文集40卷等。

曹端成进士。授山西霍州学正。

薛瑄年二十一,在玉田,延年德老成者之家讲论经书子史泛及天文地理。

按:时玉田多贤豪长者,济南王素亨、大梁范汝舟、东莱魏希文、永嘉徐蕴夫、安阳苑仲仁、海昌李大亨皆避师席,谓人曰:圣门有人矣。结为小友,不敢以师自居,遂厌科举之业,慨然有求道之志,经思力行,动必质诸画,一有不合,终夜不寐。与习宋诸儒性理诸书。久之,薛瑄以此为道学正脉,尽焚诗赋草,专精性命。

潘赐至泰和,命三场题试邑诸生,以陈循为第一名。

宗喀巴在拉萨大昭寺行大祈愿法会,兴建甘丹寺,创立藏传佛教格鲁派(黄教),自此成为藏地最大教派。

杨寓(杨士奇)编成《周易直指》。

韩奕刻姚广孝所撰《王宾传》。

按:韩奕,生卒年不详。字公望,号蒙斋。生于元代,入明遁迹。其先安阳人。喜好山水,常周览名山大川。其父韩凝精医理,从其父,传其术。时郡守姚善以礼待之,终不往。著有《易牙遗意》、《呓语稿》、《韩山人集》。《易牙遗意》作者,史有疑议。《四库全书总目提要》卷一一六称"或为好事者伪撰托名于韩奕。"详见洪武三十一年"韩奕洪武初著《易牙遗意》2卷"条。

佚名修《浦江县志》。纂修人名氏不可考。

按:已佚。见《文渊阁书目》卷二〇新志类著录。据万历《浦江县志》倪尚忠序,修于是年。

司礼监受命刊印《圣学心法》4卷。

按:《四库全书总目提要》卷九五曰:"所采皆经史子集之文,每条后各有附注。考《实录》,载永乐七年二月甲戌,上出一书,示翰林学士胡广等曰:朕因闲暇,采录圣贤之言,今已成书。卿等试观之,有不善,更为朕言。广等观览毕,奏曰:帝王之要,备载此书,请刊印以赐。上曰:然。遂名曰《圣学心法》,命司礼监刊行,上亲为之序。则此书实成祖所自编,不由词臣拟进。"

晏璧作《海桑集序》。

按:序曰:"先生殁之二十年,其孙翰林庶吉士孟洁、孟京,与余同以纂修《大典》召赴京师,出示《海桑集》若干卷。……"。

王洪作《夏日文宴诗序》。

按：序记与学馆诸人集会。

梁潜作《九日燕集诗序》。

按：序记合侍从同官之士七人者就北京旅邸饮酒甚欢。

蒋用文所著《静学斋集》有成稿。

曾棨《扈跸集》成。

梁潜作《扈跸集序》。

按：序曰："永乐七年二月，皇上巡幸北京。于时翰林侍讲曾子棨与二三近臣，以文学得预扈从，因次其道途所经，山河之胜，行宫连营，千乘万骑之壮，见于诗凡若干首，名曰《扈跸集》。"

胡奎卒（1335— ）。奎，字虚白，一字应文。元明间浙江海宁人。12岁时尝游贡师泰之门。明初以儒学征，官宁王府教授。胡告老而归，朱权为其编辑诗文，作序流传。著有《斗南老人集》6卷。事迹见《斗南老人集》前朱权序、清朱彝尊《静志居诗话》卷五。

按：《四库全书总目提要》卷一六九曰："是集前有宁王权序，称其'晚年泊舟鄱阳望湖亭，见石刻东坡《黑云堆墨未遮山诗》，次韵和之。俄见一叟来，诵其诗曰：子非斗南老人耶？因以自号。'其事颇怪，疑好事者附会之，莫由诘其真妄也。"

滕用亨卒（1336— ）。用亨名权，因避讳改名，字用衡。苏州长州人。滕德茂从子。工篆隶，善鉴古器、书画。与修《永乐大典》。事迹见《明史》卷二八六《王绂传》附传，《翰林院待诏滕公用亨传》（《国朝献征录》卷二二）。

茹瑞卒（1358— ）。瑞字良玉，号茹庵。湖广衡山人。曾任重修《太祖实录》副监修等。事迹见《明史》一五一。

陈昌（陈孟京）卒（1374— ）。孟京名昌，以字行。陈孟洁从弟。江西泰和人。与修《永乐大典》。事迹见杨士奇《陈孟京墓志铭》（《国朝献征录》卷二二）。

张显宗卒，生年不详。显宗字明远。福建宁化人。洪武进士。授翰林院修撰，历任国子监祭酒、工部右侍郎、交趾左布政使等职。事迹见《交趾左布政使张显宗传》（《国朝献征录》卷一〇三）。

按：《明史》卷一六三《李时勉传》曰："始，太祖以宋讷为祭酒，最有名。其后宁化张显宗申明学规，人比之讷。而胡俨当成祖之世，尤称人师。然以直节重望为士类所依归者，莫如时勉。"

刘定之（ —1469）、沈恒（ —1477）、莫震（ —1489）、华宗康（ —1497）生。

永乐八年　庚寅　1410年

二月戊戌朔，明成祖将亲征，命皇长孙留守北京，命夏原吉辅导，兼掌

德国国王鲁普

雷希特卒。

波兰国王弗拉迪斯拉夫二世·雅盖隆及条顿骑士团战,取波美拉尼亚和普鲁士大部。

行在部院事。(《明通鉴》目录卷三)

六月己酉,诏班师。(《明通鉴》目录卷三)

九月,周王请祀太祖于其国。不许。(《明通鉴》目录卷三)

十月癸卯,御制《务本训》成。(《明通鉴》目录卷三)

按:成祖以皇长孙生长深宫,欲其知稼穑之艰难,因巡幸,命之侍行,使历观民情风俗及农桑劳苦之事,且举太祖创业之难及往古兴亡得失可为鉴者。书成,赐名《务本》云。《明史》卷九载:宣宗,永乐七年,从幸北京,令观农具及田家衣食,作《务本训》授之。

胡广扈从北征。

李昌祺寄诗胡广。

杨荣扈从北征。

金善(金幼孜)从北征,所过山川要害,成祖辄命记之,尝与之论敌中事。于北京治轩名冰雪轩。

按:自后北征皆从。著有《北征录》1卷、《后北征录》1卷。《颐庵文选》卷上有《金谕德北征诗集序》。《四库全书总目提要》卷五二曰:金幼孜事迹具《明史》本传。"幼孜在永乐中,参预机务。因北征阿噜台时扈从出塞,纪所历山川古迹,及行营之所见闻,以成《前录》。本传称成祖重幼孜文学,所至山川要害,辄命记之,幼孜据鞍起草立就。又称所撰有《北征前后二录》,即此本也。《前录》自永乐八年二月至七月,《后录》自永乐十二年三月至八月,并按日记载。其往返大纲,均与史传相合。其琐语杂事,则史所不录者也。"

夏原吉二月辅皇太孙留守北京,总行在九卿事。十一月,扈从车驾还南京,命掌户部事,纳上行在户、礼二部印。

胡俨以翰林祭酒兼侍讲掌翰林院事,辅皇太孙留守北京。

解缙自谪所召还,草书自作杂诗卷。

曹端以霍州饥馑,辄分俸济诸生之贫者。

吴与弼仍从杨溥游,及暮春归,纤道访友人李原道于秦淮客馆,相与携手淮畔,共谈日新之道。决心专治程朱理学,不应科举。

潘赐复至,首即学试诸生,以《无讼论》等题4篇,又令陈循作《永新死节于礼殿者谭氏妇赋》。

刘季箎以故下狱,久以始释,以儒服隶翰林院编纂。寻授工部主事,卒于官。

冒基以藏书献纳公库。

吴讷在南京课徒南宫。

道士张宇清嗣教,诰授正一嗣教清虚冲素光祖演道大真人,领道教事。

托勒密的《地理学》被译成拉丁文。自此"地圆说"

瞿佑刻所著《通鉴纲目集览镌误》3卷,附《纲目考异辨疑》。

钱仲益在汉府长史任,撰《宁静斋记》。

周璟以山西布政使撰《澄溪书院记》。

按：江西宜丰澄溪书院为元代瑞州新昌李泰初为"明道裕后"而创建，并就读其中，"学成为元季四川咸州通判"。后遭兵燹。数十年后，其子李伯隆，"沿基肯构"修复，"时其孙李秉彝，复登是院，俯受父教以范经为专，学日益新，业日益广"。因作者与澄溪李氏桑梓联襟，故为之记。

御制《务本训》十月癸卯成。

解缙作《周佥宪彦奇文集序》。

按：序曰："……虽然，昔孔子惟南至楚，西至河。予与君之所历者，皆圣人之所未尝睹也，而圣人之文存者可见。议论有《易大传》，叙事有《春秋》，其答问言行有《论语》，是岂有待于外哉？周君以为然乎？"

胡俨作《金谕德北征诗集序》。

按：序曰："……维是扈从之臣妙选将相大臣暨文武之士，右春坊右谕德兼翰林侍讲金公幼孜与学士胡公、庶子杨公，实在帷幄，秉代言之政。俨与户部尚书夏公，时被命留北京。……及皇师奏凯而归，幼孜乃出示《北征诗集》，属余为序。……"

《永乐北藏》敕令雕印。

按：御制《藏经赞序》曰："念皇考妣生育之恩，劬劳莫报，乃遣使往西土取藏经之文，刊纸印施，以资荐扬之典，下曁一切众黎，均沾无涯福泽。"西藏文大藏经，明代称《番经》。"遣使取经"，指中官候显及大智法王往西藏取得"梵筴藏经，归，敕寿梓于番经厂，先印一藏，送五台山菩萨顶供养。"据说永乐版藏文藏经，是西藏奈圹古板的覆刻，仅《甘珠尔》，朱色印本。始刻于永乐十七年，完成于正统五年。万历三十三年（1605）据永乐本重刻，并添刻四十二帙续藏，称万历板。

袁珙卒（1335— ）。珙字廷玉，号柳庄。庆元鄞县人。袁珪弟。好学能诗。少从人习相术。著有《柳庄集》。事迹见《明史》卷二九九，《故承直郎太常寺丞柳庄袁先生墓志铭》（《明文衡》卷一〇〇）。

按：《明史》本传称，珙相人即知其心术善恶。人不畏义，而畏祸患，往往因其不善导之于善，从而改行者甚多。为人孝友端厚，待族党有恩。所居鄞城西，绕舍种柳，自号柳庄居士，有《柳庄集》。卒，赐祭葬，赠太常少卿。

萧翀卒（1339— ）。翀字鹏举。江西泰和人。从学于刘子高。事迹见杨士奇《山东盐运司副使萧公翀墓碣》（《国朝献征录》卷一〇四），《列朝诗集小传》乙集。

张宇初卒，生年不详。宇初字信甫，又字子璇，号正一，又号无为子，别号耆山。江西贵溪人。嗣汉四十二代天师张正常之子。道教第四十三代天师。著有《岘泉集》（详见永乐五年条）外，另有《道门十规》、《元始无量度人上品妙经通义》4卷，又编《三十代天师虚靖真君语录》。事迹见《明史》卷二九九《张正常传》附传，明张国祥续补《汉天师世家》，《列朝诗集小传》闰集，雍正《江西通志》卷一〇四。

按：志于文二十余，博通诸子之学。认为文之正气乃三光五岳之灵，"发而为文，文所以载道也，文著而后道明"（《岘泉集》）。其文极论阴符上经之理，而参合于儒家。五言古诗有三谢韦柳之遗响。善画墨竹兰蕙及山水，以秋林平远图闻名。《太宗实录》卷一〇二曰："宇初为人聪敏，涉知儒书，喜为诗、政、画。其道法盖受之

渐行西欧。

波兰天文学家辛德尔于布拉格建成天文钟。

刘渊然。后与渊然忤,互为诋訾,人以是少之。"

梁兰卒,生年不详。兰字庭秀,又字不移,江西泰和人。梁潜之父。田居不仕,自号畦乐。著有《畦乐诗集》5卷。事迹见《梁先生墓志铭》(《东里续集》卷三九),《先君畦乐先生行实》(《泊庵集》卷八),《明诗纪事》甲签卷二三,《明诗综》卷一六。

按:《四库全书总目提要》卷一六九曰:"与杨士奇为姻家,士奇尝从之学诗。此集即士奇所编,前有洪武三十一年士奇序。考士奇所作兰墓志,称卒于永乐八年,则编此集时,兰犹及见之也。旧本列《泊庵集》后,盖用《山谷集》后附刻《伐檀集》之例。今以各自为集,仍分著于录。"

道士卢秋云卒,生年不详。秋云,湖北人。明初武当山全真道士。与周真得、刘古泉、杨善澄一起被誉为"太极四仙"。事迹见《道教大辞典》。

刘珏（ —1472）、陈真晟（ —1473）、范理（ —1473）、秦旭（ —1494）生。

永乐九年　辛卯　1411年

选立西吉斯蒙德为德国国王,称罗马人民的国王。

匈牙利人及威尼斯战。

立陶宛取萨摩吉提亚和多布于条顿骑士团。

正月癸巳,琉球国中山王思绍遣王相之子怀得塞、官子祖鲁古入国子监受学。

三月甲子,补试己丑贡士,赐萧时中等84人进士及第、出身有差。

六月乙巳,郑和自西洋还,俘赐兰国王以献。命释之。(《明通鉴》目录卷四)

七月,《客座赘语》载:"该刑科署都给事中曹润等奏乞敕下法司,今后人民、倡优装扮杂剧,除依律神仙道扮、义夫节妇、孝子顺孙、劝人为善及欢乐太平者不禁外,但有亵渎帝王圣贤之词曲驾头杂剧,非律所该载者,敢有收藏传诵印卖,一时拿送法司究治。奉圣旨:但这等词曲。出榜后,限他五日都要干净将赴官烧毁了,敢有收藏的,全家杀了。"

九月,通政司上言:黄岩县民告豪民收藏建文时所上书,请究治。明成祖以驰禁地前,命勿论。(《明通鉴》卷十六)

十月乙巳,诏复修《太祖实录》。(《明通鉴》目录卷四)

按:成祖即位逾四月,便著手改修《太祖实录》。明谕建文朝所修《太祖实录》:"遗逸甚多,兼有失实"(《太祖实录》卷一三)。又称方孝孺等纂《实录》"任其私见,或乖详略之宜,或昧是非之正,致甚美弗彰,神人共愤,蹈于显戮,咸厥自贻。"而改修未令成祖满意。时又以前监修官李景隆、茹瑺等心术不正,又限期迫促,未及精详,至是复命。

十二月闰月癸亥，明成祖谕兵部臣曰：申明武学旧规。(《太宗实录》卷一二三)

是年，靖宣等国子监监生言：由山西大同等府儒学生岁贡入监，今愿赴国子监读书。从之。

姚广孝、夏原吉十月乙巳为复修《太祖实录》监修。

胡广、胡俨、黄淮、杨荣十月乙巳为复修《太祖实录》总裁官。

杨寓（杨士奇）、金善（金幼孜）等为复修《太祖实录》纂修官。

按：自建文至此凡三修，士奇皆预焉。

胡广八月乙未命为应天府乡试考试官。

杨荣是年春由南京归乡。八月乙未命为应天府乡试考试官。

解缙六月下于狱。

按：解缙奏事入京，时明成祖北征，谒太子而还，遂以"无人臣礼"下狱。

夏原吉考绩受褒奖。

吴与弼以父命还乡授室。

按：长江遇风，舟将覆，与弼正襟危坐。既婚不入室，复命于父而后归。居乡动必以礼，每省亲太学，粗衣敝履，人不识乃父之子。居乡，躬耕食力，弟子从游者甚众。先生谓娄谅确实，杨杰淳雅，周文勇迈。

孙芝奏复《孟子》全书，力诋刘三吾为佞臣。

陈嗣初应召出仕，择门人中克任师表者，乃命杜琼授徒。

按：陈嗣初事迹见杨荣《翰林检讨致仕陈君继墓志铭》(《国朝献征录》卷二二)。

陈瑄十一月以40万卒于浙江筑捍湖堤万八千余丈，又于嘉定濒海地筑土山于青浦，方百丈，高三十余丈，立堠表识。

按：逾年成，赐名宝山，御制文记之。

宋礼二月己未命开会通河，置南旺三十八闸，遏汶水，筑"南旺水柜"，南北分注，运河航运渐顺通。遂罢海运。

陈祚成进士。擢河南参议，以言建都北京非便，谪均州太和山佃户。

陈璲廷试成进士。改庶吉士。

按：未几以事牵连下狱。事白得释。授检讨，与修五经大全诸书。书成乞归。闭门15年。

苗衷成进士。擢编修，屡典文衡。

钟瑛成进士。改庶吉士，授编修，升大理寺正，仍办秘阁事。

按：钟瑛，生卒年不详。字汝器。以丁艰哀毁卒。广东高要人。事迹见《古今图书集成》氏族典卷三四。

俞得儒成进士。授行在监察御史，疏陈六卿旷官事，与六卿辩论，遂出知宾州。

钱干（钱习礼）成进士。授检讨。

臧性成进士。授成县知县，以父老，乞典教本县，被谪戍交趾。

按：后以荐任宜兴知县。臧性，生卒年不详。字孟瘅。宁波府鄞县人。以能书征，缮写《永乐大典》。著有《鄞人宜阳稿》。事迹见《万姓统谱》卷五一。

伦敦市政厅建成。

苏格兰爱丁堡的安德鲁斯大学建成。

檀凯成进士。授思州府通判，扶苗有绩。

> 按：官至应天府丞。檀凯，生卒年不详。字伯和。池州府建德人。永乐初以举人被征，与修《永乐大典》。事迹见《古今图书集成》氏族典卷一六六。

石璞中举人，入国子监，选授御史。

陈循八月赴乡试，第一场毕，以病不能再入场屋。江陵张源来宰邑，与陈循咨以邑中利弊。

彭举、韩忠于广西清湘书院修孔子燕居堂、柳侯祠，建杏坛和育德、咏归二亭。

朱英读书于香明寺。香明寺后改名为白石书院。

道士任自垣除道箓司右元义。

□璃纂《海道经》1 卷是年后成。

> 按：□璃，名璃，其姓不可考。明初人。是书为明初沿海航运航海手册。通行本有《借月山房汇钞》本、《泽古斋重钞》本、《丛书集成初编》本。《四库全书总目提要》卷七五载：《海道经》1 卷，不著撰人名氏。纪海运道里之数……盖航海以风色为主，故备列其占候之术。疑舟师习海事者所录。词虽不文，而语颇可据。考海运惟元代有之，则亦元人书也。后有《海道指南图》，乃龙江至直沽针路。嘉靖中袁褧以二本参校，刻入所编《金声玉振集》，复录元延祐间海道都漕运万户府《海运则例图》、至正间周伯琦《供祀记》二碑，附于其末。

解缙在狱中著《书学传授谱》。

杨士奇五月作《沙羡稿引》，十月作《石台稿引》。

王汝玉作《虚舟集序》。

林环作《白云樵唱集序》。

> 按：序曰："退直之暇，因得先生合集观之。有所谓《白云樵唱》、《草泽狂歌》、《凤台清啸》，凡若干卷。其谈道理致，则天地造化、道德性命，无不臻其妙。……"

苏坤（苏伯厚）卒，生年不详。伯厚名坤（或作垶），以字行，号履素。福建建安人。著有《履素集》10 卷。事迹见胡广《翰林检讨苏公伯厚墓志铭》(《国朝献征录》卷二二)。

高得旸卒，生年不详。得旸一作德旸，字孟升，号节庵。浙江钱塘人。迁居临安。洪武间有司以文学荐，三为校官。永乐初擢为宗人府经历，充《永乐大典》副总裁。以解缙案，连累下狱，瘐死。著有《节庵集》8 卷、续编 1 卷。

> 按：《四库全书总目提要》卷一七五曰："邹济《墓志》谓其生平稿多不存，故所录仅止于此。《志》又称得旸与修《永乐大典》，分掌《三礼》，编摩有方。今核所纂《三礼》诸条，于前人经说，去取尚为精审。盖亦博识之士。"

刘孜（　—1468）生。

永乐十年　壬辰　1412年

二月戊辰，明成祖命礼部尚书吕震谕考官杨寓（杨士奇）、金善（金幼孜）曰："数科取士颇多，不免玉石杂进，今取毋过百人，其务精择，收散木累百，不若得良材一株也。"(《太宗实录》卷一二五)

三月丙申，云南布政司左参议吕名善言："武定、寻甸、广西三府居民繁庶，请设学校。"从之。

按：明成祖谓礼部臣曰："学校，风化所系、从性之善。蛮夷与中国无异，特在上之人作兴之耳。"(《太宗实录》卷一二六)

戊子，赐马铎等106人进士及第、出身有差。

十一月丙申，命郑和复使西洋。(《明通鉴》目录卷四)

戊子，命兵部及五军都督府：自今武官子弟袭职者，循洪武故事。(《太宗实录》卷一三四)

是年，成祖谓礼部大臣曰："……洪武中僧道不务祖风，及俗人行瑜珈法、称火居道士者，俱有严禁。即揭榜申明，违者杀不赦。"(《明会典》卷九五)

成祖召道士孙碧云，赐诗一章，敕授道录司右正一武当山南岩宫住持。

李朝太宗十二年，朝鲜将原藏忠州府之医书移春秋馆，见其中多有中国已佚医药著作。

杨士奇二月辛酉命为会试考试官。

金幼孜二月辛酉命为会试考试官。

杨荣十一月壬午朔经略甘肃。

戴纶以山东昌邑县学训民为礼科给事中，侍皇太子说书。

宋礼四月奏卫河水患，宜开二小河泄之。从之。九月荐兰芳为工部侍郎治河。十二月壬子朔，命采木四川。

费信随杨敕出使南洋。

龚诩作《夜归古娄逢陆渔隐话旧》、《过东易遗老故居》诗。

按：渔隐，字大用。遗老，即沈以中，龚诩童时师。

马铎成进士第一。授翰林院修撰。

按：博通经史百家，仁宗称其为人质实无伪。每翰林学士、国子祭酒有公务出，皆命铎摄其事。马铎，生卒年不详。福建长乐人。事迹见《万姓统谱》卷八五，杨士奇《翰林修撰马君铎墓志铭》(《国朝献征录》卷二一)。

王钰成进士。官翰林编修，以疾致仕。

德国伐意大利。

罗马教会开除扬胡斯教籍。

何贤成进士。任中书舍人。

> 按：历升少詹事，官至太常寺少卿工词翰。何贤，生卒年不详。字彦哲。陕西狄道人。著有《续古乐章》、《东麓文集》。事迹见《乾隆甘肃通志》卷三四。

陈琦成进士。以与修《永乐大典》，超授江西按察使佥事。

> 按：能断疑狱，时称神明。陈琦，生卒年不详。字公瑛。福建福安人。事迹见《本朝分省人物考》卷七五。

陈镒成进士。授御史。

林志成进士。授翰林编修。

> 按：参预编修《性理大全》、《历代名臣奏议》。官至右春坊右谕德兼翰林侍读。

郑阊成进士。授安陆州学正，改无为州。

> 按：官至广信教授。郑阊，生卒年不详。字公望。福建闽县人。郑关弟。博通经史医历，能诗善画，著有《抑斋集》。事迹见《古今图书集成》艺术典卷七八七，《万姓统谱》卷一〇七。

郑阜义成进士。以学行超卓，授山东参政，改广东。

> 按：郑阜义，生卒年不详。字公直。浙江鄞县人。事迹见《万姓统谱》卷一〇七。

饶安成进士。由庶吉士出为陕西佥事。

> 按：饶安，生卒年不详。江西崇仁人，著有《中庵集》。事迹见《古今图书集成》氏族典卷一九五。

贺贤成进士。

> 按：官詹事府少詹事。贺贤。生卒年不详。狄道人。著有《五经集解》，见《千顷堂书目》卷三。

蒋礼成进士。授编修。

> 按：官至礼部郎中兼左春坊中允。有文名。蒋礼，生卒年不详。和州人。事迹见《万姓统谱》卷八六。

黎恬成进士。授陕西道监察御使，迁交趾南灵州知州。

颜泽成进士。

赵琬中举人。授奉化教谕，历国子监司业，累升左春坊左谕德兼经筵官。

菲利波·勃鲁耐勒斯契著成《透视画法规则》。

金问于京城官舍跋元人《墨竹卷》小品。

沈度书《唐十八学士登瀛图记》于宋刘松年所作《登瀛图》后。

僧姚广孝自编散文为《独庵集》。

克拉维约卒，生年不详。西班牙外交家，旅行家。

张胜卒(1332—)。胜字理直。丹徒人。靖难兵起，上疏论时事，不报，遂弃官，归隐京口之儒林里，筑堂曰小隐，自号小隐居士。著有《元末杂志》4卷、《甲申纪事》2卷、《小隐堂诗文集》2卷，见光绪《丹徒县志》卷二六。

钱仲益卒(1332—)。仲益字允升，以字行，自号锦树山人。无锡人。子正俌。著有《钱翰撰集》1卷、《锦树集》8卷。《锦树集》与子正《绿苔轩集》、子义《种菊庵集》合刻为《钱氏三华集》。事迹见《明史》卷一三六

《陶安传》附传。

刘纯卒（约1340— ）。纯字宗厚，祖籍吴陵（今江苏省姜堰、如皋一带）。早年居淮南，从父学医。其父刘叔渊，号橘泉，为朱丹溪弟子。中年移居陕西咸宁，以医为业。曾随军医疗至凉州等地，晚年定居甘州。其著作由陕西布政使司刊刻。著有《医经小学》6卷、《玉机微义》50卷、《杂病治例》1卷及《伤寒治例》1卷，人民卫生出版社曾于1986年汇集、点校出版，名曰《刘纯医学全集》。事迹见《四库全书总目提要》卷一〇四、一〇五。

僧睿略卒（1340— ）。睿略字道权，号简庵。苏州人。著有《松月集》1卷。事迹见姚广孝《故扬州府僧纲司都纲兼天宁寺住持简庵略师塔铭》。

按：《四库全书总目提要》卷一七五曰："尝以'松月'匾其轩，人呼为松月翁，因以名集。前有洪武癸酉俞贞序。后载姚广孝塔铭"。《松月集》1卷，有永乐刻本、清抄本。

萧用道卒（1358— ）。用道字坦行。江西泰和人。永乐初与修《太祖实录》。以疾乞归。成祖怒。贬宣府鹤儿岭巡检卒。所著诗文数十卷藏于家。事迹见《明史》卷一三七《桂彦良传》附传，杨士奇《长史萧用道墓表》（《国朝献征录》卷一〇五）。

张和（ —1464）、赵谧（ —1470）、华荣（ —1476）、夏时正（ —1499）、黄谏（ —?）生。

永乐十一年　癸巳　1413年

正月，诏宥建文诸臣姻党。时钱干（钱习礼）成进士，惧为乡人所持，杨荣为言于明成祖，授检讨。（《明通鉴》目录卷四）

二月辛亥，琉球国中山王思绍遣使太勃等贡马，及送寨官之子邬同志久、同鲁每恰、那晟其三人入国子监受学。

甲子，以巡狩北京，明成祖告天地、宗庙、社稷，辞孝陵。

乙丑，诏皇太子监国，皇太孙扈从，即日车驾发京师。（《明通鉴》目录卷四）

是年，成祖长陵于北京昌平建成（1409— ），是为明"十三陵"皇帝陵寝建筑群最早者。

郑和开始第4次远航（ —1415）。

于南京起大报恩寺。

梁潜适北京。

蹇义以仪智荐，成祖称得人。

奥斯曼土耳其苏丹穆罕默德一世登位。

英格兰亨利四世卒，子亨利五世嗣位。

严本荐至京,试以疑律,敷析明畅,授刑部主事。

钱塘柴车行部至,试陈循讲中庸第三十章。

史中重建湖南衡阳石鼓书院书舍六间以待游学者,有礼殿祀孔子,韩张祠祀韩愈、张栻。

道士任自垣敕往天下寻张三丰。授太岳、太和山提点,领诸宫观事。

姚广孝作《故扬州府僧纲司都纲兼天宁寺住持简庵略师塔铭序》。

程通遗稿编成。

按:胡松有《贞白遗稿序》。序曰:"昔在建文,若方公孝孺、周公是修、黄公观、卓公敬,先生偕之游,虑无不意气相期,凡有著作,辄相酬赏,则先生之为先生,固自有在,而诗若文特其一斑耳。"

僧文王秀卒,生年不详。一说卒于1318年。文王秀号南石。高邮僧人,昆山李氏子,出家淞南绍隆庵,谒行中至仁禅师得法,为南岳20世。与纂《永乐大典》。终退归苏之北山松院。著有《增集续传灯录》6卷、《五灯会元补遗》1卷等。

郑文康(—1465)、游明(—1472)、章纶(—1483)、李实(—1485)、卢格(—1489)、徐伦(—1489)、徐震(—1490)生。邢量(—1491)约生。

永乐十二年　甲午　1414年

土耳其人复霸安纳托利亚。

康斯坦茨宗教会议召开。捕扬·胡斯。

正月丁亥,修曲阜孔子庙。

三月庚寅,车驾发北京,皇太孙从,胡广、金善(金幼孜)、杨荣等皆扈行。

丙戌,云南临安府嶍峨县丞周成言:境内夷民㓋人、啰啰、百夷、普蜡、和泥,其类不一,而㓋人子弟多有俊秀,宜建学校教之,使习诗书、知礼义。从之。(《太宗实录》卷一四九)

四月乙卯,车驾次大石镇。明成祖召杨荣问足食足兵策。(《明通鉴》目录卷四)

六月甲辰,车驾次双泉海,即元太祖发迹之地,旧名撒里怯儿。有宫殿、郊坛,每岁度夏在此。

七月丙子,命颁平虏诏,遣中官赍至北京。(《明通鉴》目录卷四)

八月辛丑朔,车驾至北京,御奉天殿,受朝贺。

十月乙亥,设贵州、镇远、石阡、乌罗、铜仁、新化、黎平六府儒学。

是年,遣中官杨三保往使藏地,令阐化王与阐教、护教、赞善三王及川卜、川藏等共修驿站，诸未成者尽复之。自是道路毕通，使臣往还数万里，无虞寇盗。

胡广、杨荣、金善（金幼孜）三月从北征。
按：时皇太孙侍行。明成祖命胡、杨、金三人，凡行营有暇，即与讲析理义，开其聪明。尚宝司官阙，命杨荣兼之。

胡广、杨荣、金善（金幼孜）等奉敕纂修《五经》、《性理大全》。
按：十一月甲寅明成祖谕胡广、杨荣、金幼孜曰："五经四书，皆圣贤精义要道，其传注之外，诸儒议论有发明余蕴者，尔等采其切当之言，增附于下。其周、程、张、朱诸君子性理之言，如《太极通书》、《西铭》、《正蒙》之类，皆六经之羽翼，然各自为书，未有统会。尔等亦别类聚成，编二书，务极精备。庶几以垂后世。"（《太宗实录》卷一五八）命广等总其事，仍命举朝臣及外教官有文学者同纂修，开馆东华门外。永乐十三年九月告成。

胡广是年冬丁母忧。敕令襄事起复。

黄淮、杨溥等九月闰月甲辰以东宫事下于狱。已而杨寓（杨士奇）释。

曾棨八月丙午命为北京行部乡试考试官。

邹缉八月丙午命为北京行部乡试考试官。

邹缉等倡和《燕山八景图诗》1 卷。
按：据《四库全书总目提要》卷一九一：燕山八景，始见于金明昌遗事。《永乐大典》载洪武北平图经，亦具列其目。然与此编所载名目不符。元陈孚《刚中稿》有神京八景诗，所列八题，惟金台夕照与此编同，馀并与北平图经相合。疑图经所载，本元诗旧名，而此编则明初人所改，至今沿之。此本凡诗 120 首，皆缉首倡，而翰林学士胡广、国子祭酒胡俨、右庶子杨荣、右谕德金幼孜、侍讲曾棨、林环、修撰梁潜、王洪、王英、王直、中书舍人王绂、许翰等 12 人和之。前有胡广序，后有杨荣跋，称为八景图，并集诸作置各图之后，裱为 1 卷，藏之箧笥。则此集乃后人从图卷中录出者。

龚诩避居琴水上，适吴文恪公讷自海虞来教昆庠，送以诗。

杨溥受太子遣迎成祖迟，成祖怒，系狱 10 年。
按：在狱中读经史诸子数周。

曹端在霍州任，参政张氏来察，见其学行卓异，大书廉静二字赠之；当时称廉静先生者本此。

金问因故下狱 10 年。

储懋中举人。除吏科给事中。

唐敏中举人。
按：历浮梁、宁津、栖霞、汶上四教谕。两典江西、河南文衡。唐敏，生卒年不详。字学志，号寒碧居士。山东人。著有《诗经钧旨》、《博古要览》、《寒碧稿》、《归田稿》。事迹见《万姓统谱》卷四八。

僧一如奉诏纂修《大藏经》、《三藏法数》等。

曹宜约纂修《天台县志》16 卷。
按：刊本久佚。见《千顷堂书目》卷二〇新志类著录。光绪《台州府志》经籍考六载曰："是书继宋之瑞《图经》而作。始嘉泰癸亥，终永乐甲午，有自序。"曹宜约自

托马斯·厄·肯培著成《效法基督》。

序末署永乐十二年阳月有。

陈诚撰《西域行程记》（又名《使西域记》）1卷以献。

按：吏部员外郎陈诚与中官李达、户部主事李暹等护送哈烈使者还国，乃行经哈里、赛玛尔堪等17国，十一年返命。绘其山川城郭，志其风俗物产。擢右通政。

又按：一说十三年返。

金问跋所得《万玉清秋图》。

陈德文卒，生年不详。德文字文石，一名莹中。广东保昌人。使西域撒马尔罕等。遍历诸国，采诸方风俗为诗歌。比归，进之成祖，擢佥都御史。后修《西域志》，多据其言。又以随攻北元功，进左佥都御史。事迹见雷礼《都御史陈德文传》(《国朝献征录》卷五四)。

沈讷（ —1459）、史珩（ —1467）、姚夔（ —1473）、杨寔（ —1479）、商辂（ —1486）、陈顼（ —1487）、陈公懋（ —?）生。

永乐十三年　乙未　1415年

土耳其人入阿尔巴尼亚，臣服瓦拉几亚。

勃兰登堡的腓特烈一世成为选侯，德意志霍亨索伦王朝始。

英王亨利五世入法，百年战争再起。

罗马教会三教皇并立终。

二月甲戌，诏行在礼部会试天下贡士于北京。(《明通鉴》目录卷四)

乙未，释工作囚徒共4900余人。

三月己亥朔，策士行在，赐陈循等351人进士及第、出身有差。

庚申，命行在工部建进士题名碑于北京国子监。命杨荣纂记。(《太宗实录》卷一六二)

七月癸卯，郑和自西洋还，俘苏门答剌老王之弟苏干剌以献。

九月，《五经四书大全》告成。成祖亲制序，弁之卷首，命礼部刊赐天下。赐胡广等钞币有差，仍赐宴于礼部。

十一月，麻林国进麒麟，将至，吕震又请贺，明成祖曰："《五经》、《四书》、《性理大全》，此国瑞也，麒麟有无，何所损益！"卒止贺。(《明通鉴》卷一六)(《明史》列传第二一四)命礼部刊赐天下。赐胡广等钞币有差，仍赐宴于礼部。同时预纂修者，自广、荣、幼孜外，尚有翰林编修叶时中等39人。

按：金幼孜、梁潜、夏原吉等皆赋麒麟。

处扬·胡斯以火刑。

梁潜二月甲戌命为礼部会试考试官。

王洪二月甲戌命为礼部会试考试官。

史常任职行人司。

按：杨寓（杨士奇）为跋所藏《绛帖》。

陈瑄以五月乙丑罢海运，请凿清江浦以通北京漕运。

陈诚十月使西域还，录所历山川人物为《使西域记》上之，诏宣付史馆。

按：所历凡十七国山川、风俗、物产悉备(《太宗实录》卷一六九)。一说十一年还。

陈循正月至北京。参加会试。成进士第一。授翰林修撰，累迁户部侍郎，再进尚书。

按：陈循授行在翰林院修撰阶承务郎。赐第于万宝坊，命修《五经》、《四书》、《性理大全》。修书虽胡、杨、金三人当首，然居内阁，无暇及此而兼立例处置诸务悉付修撰萧时中与陈循二人，而三人者视成而已。

洪英会试第一，入翰林，与修三礼。

李贞成进士。授翰林院编修，与修《五经四书大全》。

宋琰成进士。与修《性理大全》、《永乐大典》。

张益成进士。授中书舍人，改大理评事。

丁毅成进士。选庶吉士。

按：读书翰林，刚介敢言。幸臣纪纲势倾中外，众莫敢忤，毅以年少词臣，独持正论与之抗，纲服其直，竟不能害。年三十余卒于官。丁毅，生卒年不详。字士弘。庐州府无为人。事迹见《光绪续修庐州府志》卷三〇、卷三三。

王琏成进士，选庶常，迁监察御史，巡按浙江。

按：王琏，生卒年不详。丹阳人。著有《贻笑集》6卷，见光绪《丹徒县志》卷三五。

方勉成进士。授监察御史，弹劾不避权贵。

按：出按浙江回，力言浙江急务莫切于防倭。后果如所料。官至湖广参议。

方以正成进士。官赣州同知。

按：方以正，生卒年不详。永嘉人。著有《五经解》，《藏山名世集》(见《千顷堂书目》卷一八)。

史常成进士。授行人。

许彬成进士。累迁太长少卿。

牟伦成进士。

按：任监察御史。以直谏忤成祖意，谪戍甘肃。牟伦，字秉常。四川叙州人。能文工诗。事迹见《列朝诗集小传》乙集。

孙瑀(孙原贞)成进士。授礼部主事，历郎中。

严烜成进士。拜监察御史，按山东。

按：复按畿甸及四川、河南，皆有声。后为浙江按察佥事。以养亲乞典学校，除金华教授。严烜，生卒年不详。字熙叔，号韦斋。福建惠安人。著有《韦斋集》。事迹见《本朝分省人物考》卷七〇。

冯吉亨成进士，试兵科给事中，辞不就，乞任教职，任龙泉教谕，官至青州府教授。

按：冯吉亨，生卒年不详。字伯通，号湖南居士。浙江慈溪人。事迹见《万姓统谱》卷一。

邹良成进士。授松溪知县。

按：邑有银矿，为民患，奏罢之。升衡州知府，有惠政。邹良，生卒年不详。江西乐安人。著有《四书遍言》、《存养录》。事迹见《古今图书集成》氏族典卷三五〇。

陈镛成进士。由庶吉士授礼部祠祭主事。

林时成进士。历官陕西按察佥事。首请设学于军卫。

郑瑛成进士。授乐会训导。

按：郑瑛，生卒年不详。字希晦。福建闽县人。著有《弦斋集》。事迹见《明诗纪事》乙签卷七。

郑行简成进士。观政刑部，出知永清县，调知上虞县，劝农桑、兴学校。

饶政成进士。奉敕运江西粮，三年竣役，还朝授御史佥事。

按：性高淡，不乐仕进，上章自陈愿受教职，先后任寿昌、罗山、德安等教谕二十年。饶政，生卒年不详。字文质。安庆府望江人。事迹见《古今图书集成》官常典卷六六一。

夏昶成进士。官至太常寺卿，直内阁。

徐琦成进士。授行人。

唐泰成进士。

按：唐泰，生卒年不详。字师廓。长泰人。学者称东里先生。著有《思诚斋铭》。事迹见《闽中理学渊源考》卷八〇。

黄仲芳成进士。知东阳县，有政声，擢湖广右参议。官终云南右参政。

按：黄仲芳，生卒年不详。字时茂。福建瓯宁人。著有《平恕录》、《澹安集》、《旬宣集》。事迹见《杨文敏公集》卷一二赠序。

萧仪成进士。任吏部主事。与主事陈良因因建言谪戍，得当道疏救，还职。

曹义成进士。授翰林院编修，升礼部主事，累迁南京吏部尚书。

彭勖成进士。授南雄府教授。

彭百炼成进士。官至广西道监察御史。

按：彭百炼，生卒年不详。字若金。江西泰和人。著有《若金集》。《四库全书总目提要》卷一七五曰："是编前有任敬敏序，称遗文分为十四卷。而是编仅二卷，文三十九首、诗四首，后附他人所为碑志题咏而已。考其族孙敏求跋，盖散佚之余，后复重抄成帙也。"

高穀成进士。选庶吉士，授中书舍人。迁侍讲学士。

熊直落第。自京师回乡，学者越数百里从之者益众。

按：《东里文集》卷八有《送胡敬方序》。

御史张惟恕建棠荫书院于河北易县。

朝鲜遣使尹吴真四月来中国，请求《针灸铜人经》。十月，明太医院赠《针灸铜人仰伏彩图》2幅。携回即刊。

根敦朱巴（达赖一世）赴前藏扎什朵喀听宗喀巴讲经，遂列为其门下弟子。

按：宗喀巴曾赠以自穿之五衣作为其将来弘扬律学之因缘。

胡广、杨荣、金幼孜等九月奉敕纂修《五经大全》、《四书大全》、《性理大全》成。成祖亲制序,弁之卷首。

按：同时与修者,自胡广、杨荣、金幼孜外,尚有翰林编修叶时中等39人。朱学作为官方哲学之一尊地位最终确立。《周易大全》24卷为《五经》之首。《四库全书总目提要》卷五曰:"朱彝尊《经义考》谓广等'就前儒成编,杂为钞录,而去其姓名。《易》则取诸天台鄱阳二董氏,双湖、云峰二胡氏,于诸书外未寓目者至多'云云。天台董氏者,董楷之《周易传义附录》。鄱阳董氏者,董真卿之《周易会通》。双湖胡氏者,胡一桂之《周易本义附录纂疏》。云峰胡氏者,胡炳文之《周易本义通释》也。今勘验旧文,一一符合。彝尊所论,未可谓之苛求。然董楷、胡一桂、胡炳文笃守朱子,其说颇谨严。董真卿则以程、朱为主而博采诸家以翼之,其说亦颇赅备。取材于四家之书而刊除重复,勒为一编,虽不免守匮抱残,要其宗旨则尚可谓不失其正。且二百余年以此取士,一代之令甲在焉。录存其书,见有明儒者之经学,其初之不敢放轶者由于此,其后之不免固陋者亦由于此。"《四库全书总目提要》卷一二曰:《书传大全》10卷,"书以蔡沈《集传》为主,自延祐贡举条格已然。然元制犹兼用古注疏,故王充耘《书义程式》得本孔《传》立义也。明太祖亲验天象,知蔡《传》不尽可据,因命作《书传会选》。参考古义,以纠其失,颁行天下。是洪武中尚不以蔡《传》为主。其专主蔡《传》,定为功令者,则始自广等。是其书虽不似《诗经大全》之全钞刘瑾《诗传通释》,《春秋大全》之全钞汪克宽《胡传纂疏》,而实非广等所自纂。故朱彝尊《经义考》引吴任臣之言曰,《书传》旧为六卷,《大全》分为十卷,大旨本二陈氏。二陈氏者,一为陈栎《尚书集传纂疏》,一为陈师凯《书蔡传旁通》。《纂疏》皆墨守蔡《传》,《旁通》则于名物度数考证特详,虽回护蔡《传》之处在所不免,然大致较刘氏说《诗》、汪氏说《春秋》为有根柢。故是书在《五经大全》中尚为差胜云。"《诗经大全》20卷,《四库全书总目提要》卷一六曰:"亦永乐中所修《五经大全》之一也。自北宋以前,说《诗》者无异学。欧阳修、苏辙以后,别解渐生。郑樵、周孚以后,争端大起。绍兴、绍熙之通行本间,左右佩剑,相笑不休。迄宋末年,乃古义黜而新学立。故有元一代之说《诗》者,无非朱《传》之笺疏。至延祐行科举法,遂定为功令,而明制因之。广等是书,亦主于羽翼朱《传》,遵宪典也。然元人笃守师传,有所阐明,皆由心得。明则靖难以后,著儒宿学,略已丧亡。广等无可与谋,乃剽窃旧文以应诏。此书名为官撰,实本元安成刘瑾所著《诗传通释》而稍损益之。"《四库全书总目提要》卷二一曰:《礼记大全》30卷,"以陈澔集说为宗,所采掇诸儒之说凡四十二家,朱彝尊《经义考》引陆元辅之言,谓'当日诸经《大全》,皆攘窃成书以罔其上。此亦必元人之成书,非诸臣所排纂'云云,虽颇涉邻人窃鈇之疑。然空穴来风,桐乳来巢,以他经之蹈袭例之,或亦未必无因欤？诸经之作,皆以明理,非虚悬而无薄。故《易》之理丽于象数,《书》之理丽于政事,《诗》之理丽于美刺,《春秋》之理丽于褒贬,《礼》之理丽于节文,皆不可以空言说,而《礼》为尤甚。陈澔《集说》,略度数而推义理,疏于考证,舛误相仍。纳喇性德至专作一书以攻之,凡所驳诘,多中其失。广等乃据以为主,根柢先失。其所援引,亦不过笺释文句,与澔说相发明。顾炎武《日知录》曰:'自八股行而古学弃,《大全》出而经说亡。洪武、永乐之间,亦世道升降之一会。'诚深见其陋也。"《春秋大全》70卷,据《四库全书总目提要》卷二八:"考宋胡安国《春秋传》,高宗时虽经奏进,而当时命题取士,实惟用三《传》。《礼部韵略》之后所附条例可考也。《元史·选举志》载延祐科举新制,始以《春秋》用胡安国《传》定为功令。汪克宽作《春秋纂疏》,一以安国为主,盖尊当代之法耳。广等之作是编,即因克宽之书,稍为点窜。朱彝尊《经义考》引吴任臣之言曰'永乐中敕修《春秋大全》,纂修官四十二人。其《发凡》云:纪年依汪氏《纂疏》,地名依李氏《会通》,《经》文以胡氏为据,例依林氏。实则全袭《纂疏》

成书。虽奉敕纂修，实未纂修也。朝廷可罔，月给可糜，赐予可邀，天下后世讵可欺乎'云云，于广等之败阙，可谓发其覆矣。其书所采诸说，惟凭胡氏定去取，而不复考论是非。有明二百余年，虽以《经》文命题，实以《传》文立义。至于元代合题之制，尚考《经》文之异同。明代则割《传》中一字一句，牵连比附，亦谓之'合题'。使《春秋》大义日就榛芜，皆广等导其波也。"《四书大全》36卷，《四库全书总目提要》卷三六曰："成祖御制序文，颁行天下，二百余年尊为取士之制者也。其书因元倪士毅《四书辑释》稍加点窜。顾炎武《日知录》曰'自朱子作《大学》、《中庸》章句、《或问》、《论语、孟子集注》之后，黄氏有《论语通释》。其采《语录》附于朱子《章句》之下，则始于真氏。祝氏仿之，为《附录》。后有蔡氏《四书集疏》、赵氏《四书纂疏》、吴氏《四书集成》，论者病其泛滥。于是陈氏作《四书发明》，胡氏作《四书通》，而定宇之门人倪氏（案定宇，陈樵之别号）合二书为一，颇有删正，名曰《四书辑释》。永乐所纂《四书大全》，特小有增删。其详其简，或多不如倪氏。《大学》、《中庸》、《或问》则全不异，而间有舛误'云云，于是书本末言之悉矣。考士毅撰有《作义要诀》一卷，附刻陈悦道《书义断法》之末，今尚有传本。盖颇讲科举之学者。其作《辑释》，殆亦为经义而设，故广等以凤所诵习，剽剟成编欤？初与《五经大全》并颁，然当时程序，以《四书》义为重，故《五经》率皆庋阁，所研究者惟《四书》，所辨订者亦惟《四书》。后来《四书》讲章，浩如烟海，皆是编为之滥觞。盖由汉至宋之经术，于是始尽变矣。特录存之，以著有明一代士大夫学问根柢具在于斯，亦足以资考镜焉。"《四库全书总目提要》卷三七则称："初，明永乐间，胡广等奉诏撰《四书大全》，阴据倪士毅旧本，潦草成书。而又不善于剽窃，庞杂割裂，痕迹显然。虽有明二百余年悬为功令，然讲章一派从此而开。"《性理大全书》70卷，《四库全书总目提要》卷九三曰："是书与《五经四书大全》同以永乐十三年九月告成奏进，故成祖御制序文称二百二十九卷，统七部而计之也。考自汉以来，弟子录其师说者，始于《郑记》、《郑志》，是即后世之语录。其衷诸儒之言以成一书者，则古无是例，《近思录》其权舆矣。宋景定、端平间，周、程、张、朱诸儒皆蒙褒赠，真德秀亦以讲学有名，得参大政。天下趋朝廷风尚，纂述日多。王孝友作《性理彝训》三卷，熊节作《性理群书句解》二十三卷，于是性理之名大著于世。广等所采宋儒之说凡一百二十家，其中自为卷帙者，为周子《太极图说》一卷，《通书》二卷；张子《西铭》一卷，《正蒙》二卷；邵子《皇极经世书》七卷；朱子《易学启蒙》四卷，《家礼》四卷；蔡元定《律吕新书》二卷；蔡沈《洪范皇极内篇》二卷；共二十六卷。自二十七卷以下，捃拾群言，分为十三目，曰理气，曰鬼神，曰性理，曰道统，曰圣贤，曰诸儒，曰学，曰诸子，曰历代，曰君道，曰治道，曰诗，曰文。大抵庞杂冗蔓，皆割裂襞积以成文，非能于道学渊源真有鉴别。圣祖仁皇帝特命儒臣，删其支离，存其纲要，钦定为《性理精义》一书。菁华既撷，所存者仅其糟粕矣。以后来刻性理者汗牛充栋，其源皆出于是书。将举其末，必有其本。姑录存之，著所自起云尔。"开性理类著作汇编风气之先河。作为敕纂之书，乃数百年学校和科举之权威著作。其内容，朱学印迹明显。卷首所列"先儒姓氏"，多为程朱理学家。所收先儒著作，或为朱熹注，或为朱熹著，或为朱熹门人著者占绝大比例。而《正蒙》、《皇极经世书》亦为朱熹所推崇。自27卷以下关于性理语录，大体仿《朱子语类》门目，内容则多取自程朱及朱熹门人后学之说。书以周子《太极图说》冠首，有如《近思录》，盖以周子好性理之基，而上承孔孟道德之传。诚如胡广等进书表所言"家孔孟而户程朱"。《性理大全》集诸儒之言为一体，为后世治儒与研究提供了系统而丰富之资料。以上各部收入《四库全书》。其中，《性理大全》通行本有：明景泰书林魏氏仁宝堂刊本、万历吴勉学刊本、嘉靖张氏新贤堂刊本、明殿刊本、明刊巾箱本、近刊巾箱本、康熙内府刊本。其改编本有清应

撝谦编《性理大中》28卷、李光地奉诏编《御纂性理精义》12卷。(参《四库全书总目提要》及《中国大书典》)

　　修《瑞安县志》，未详纂修人名氏。
　　按：今无传本。见《文渊阁书目》卷二〇新志类、《千顷堂书目》著录。
　　官纂《为善阴骘》10卷颁行，御序。
　　按：一说永乐十七年成。详见是年条。
　　杨寓(杨士奇)跋《永乐大典》修书时邓州人所献汉张芝《芝问帖》。

　　王璲(王汝玉)卒(1349—)。璲字汝玉，本名璲，以字行，号青城山人。苏州府长洲浒墅关人。立中子。少从杨维桢学。坐解缙狱，瘐死。洪熙初，追赠太子宾客，谥文靖。著有《青城山人集》。事迹见《明史》卷一五二《邹济传》附传，《列朝诗集小传》乙集，正德《姑苏志》卷五二，《春坊赞善王公汝玉传》(《国朝献徵录》卷一九)。
　　按：据《四库全书总目提要》卷一七〇：史称璲少从杨维桢游。尝应制撰《神龟赋》，璲第一，解缙次之。其文采为当世所重。然所著诗稿散佚。正统十二年其孙镗始衰次为编，其姻家华靖删定为8卷，即《青城山人集》。吴人徐用理集永乐后诗家330人，以璲压卷。

　　解缙卒(1369—)。缙字大绅。江西吉水人。解纶弟。洪武二十一年进士。曾主持纂修《永乐大典》。累进翰林学士兼右春坊大学士。以才高好直言为人所忌，屡遭贬黜。奏事入京，时成祖北征，谒太子而还，遂以"无人臣礼"下狱，被杀。所著有《太平奏疏》、《解学士集》等。事迹见《明史》卷一四七，《学士解公缙传》(《国朝献徵录》卷一二)，曾棨《内阁学士春雨解先生行状》。
　　按：曾棨《行状》曰："上方锐意稽古礼文之事，诏修《列女传》、《永乐大典》诸书，公为刊定凡例，删述去取，并包古今，搜罗隐括，纤悉靡遗。公在朝专备顾问，言论剀切，无有所隐。弥纶黼黻之功，不可殚述。"《四库全书总目提要》卷一七〇曰："缙所著有《白云稿》、《东山集》、《太平奏疏》等书，殁后多散佚。天顺初，金城黄谏始辑其遗文为三十卷，后亦渐湮。嘉靖中，同邑罗洪先复与缙从孙辑成十卷。《千顷堂书目》又载有《似罗隐集》一卷、《学士集》二十卷，今并未见。《文毅集》16卷，"则康熙戊戌其十世孙悦所补辑也"。"至其奏议，如《大庖西封事》、《白李善长冤》诸篇，俱明白剀切。黄汝亨《狂言纪略》诋其文义繁缛，使当贾长沙，直是奴隶，苛矣。又案《大庖西封事》中有云：'陛下好观韵府杂书，抄辑秽芜，略无文彩。若喜其便于检阅，愿集一二儒英，随事类别，勒成一经'云云。其后成祖修《永乐大典》，缙实为总裁官。果用分韵编类之法，勒为巨帙。一切遗文坠简，竟赖以传于今日，以待圣朝之表章。"《春雨杂述》1卷，《四库全书总目提要》卷一二七曰：旧本题解缙撰，论学书作诗之法，多从书谱诗话中抄撮而成，疑出于依托。《春雨杂述》有《广川学海》本、宝颜堂秘籍本、《说郛》本、古今说部丛书本、《丛书集成初编》本、上海书画出版社《历代书法论文选》本。

　　王偁卒(1370—)。偁字孟扬。福建永福人，先世山东东阿人。洪武庚午领乡荐，乞归养母。成祖即位，征至京师，授国史院检讨，充《永乐大典》副总裁。后坐解缙党，下狱死。闽中十才子之一。著有《虚舟集》5

卷。事迹见《明史》卷二八六《林鸿传》附传,《翰林院检讨王偁传》(《国朝献征录》卷二二)。

按：据《四库全书总目提要》卷一七〇：《虚舟集》,乃其诗集,前有王汝玉(王璲)序,又有解缙序二篇。一题《虚舟集序》,一题《王孟扬文集序》。又有弘治六年桑悦序,则为袁州守王世英翻刻《虚舟集》而作。不言其别有文集,盖当时已失传矣。集末附书评及《自述》、《谏》各一首。

林环卒(1376—　)。环字崇璧。福建莆田人。永乐进士,授翰林修撰。升侍讲。与修《永乐大典》,两考会试。著有《絅斋集》。事迹见《侍讲林公环传》(《国朝献征录》卷二〇),《侍讲林絅斋先生环》(《闽中理学渊源考》卷五二)。

方瑛(　—1459)、陈鉴(　—1471)、朱逊烇(　—1475)、倪谦(　—1479)、朱夏(　—1484)、张穆(　—1487)、贺甫(　—1490)生。

永乐十四年　丙申　1416年

威尼斯人败土耳其海军。

四月甲子,诏齐(泰)、黄(子澄)之党,凡远亲未发觉者,悉宥之。(《明通鉴》目录卷四)

五月丙午,设交趾府、州、县儒学。

十一月壬寅,诏文武群臣集议营建北京。(《明通鉴》目录卷四)

十二月丁卯,复命郑和使西洋。(《明通鉴》目录卷四)

是年,降央却杰兴建拉萨哲蚌寺。

遣陈诚第二次出使西域。

朝鲜始推广元朝司农司编《农桑辑要》之生产技术。

杨荣、金幼孜扈从还南京。

杨寓(杨士奇)在南京得文天祥狱中集杜诗。

胡广四月乙亥受文渊阁大学士。

杜琼祖母王氏夫人卒,葬吴县横山,一名五坞,杜琼因号五坞山人。

况钟任礼部仪制司主事,是年随成祖还南京。

仪智受命辅导皇太孙,进讲书史,以正心术为本。

按：据《明史》卷一五二《仪智传》：十四年诏吏部、翰林院择耆儒侍太孙。士奇及塞义首荐智。太子曰："吾尝举李继鼎,大误,悔无及。智诚端士,然老矣。"士奇顿首言："智起家学官,明理守正。虽耄,精神未衰。廷臣中老成正大,无逾智者。"是日午朝,帝顾太子曰："侍太孙讲读得人未?"太子对曰："举礼部侍郎仪智,议未决。"帝喜曰："智虽老,能直言,可用也。"遂命辅导皇太孙。每进讲书史,必反复启迪,以正心术为本。

刘咸重修河南伊川书院。

程济作《从亡臣传》。

> **按**：济，生卒年不详。陕西朝邑人。

僧姚广孝跋宋僧居简诗卷，隐述朱元璋杀僧徒事。

黄淮、杨寓（杨士奇）等奉敕编《历代名臣奏议》350卷十二月壬申成，明成祖命刊印，赐皇太子、太孙及大臣。（《太宗实录》卷一八三）

> **按**：《四库全书总目提要》卷五五曰："明永乐十四年黄淮、杨士奇等奉敕编。自商、周以迄宋、元，分六十四门。""自汉以后，收罗大备。凡历代典制沿革之由、政治得失之故，实可与《通鉴》、'三通'互相考证。当时书成，刊印仅数百本，颁诸学宫，而藏版禁中，世颇稀有。"无《序》，同年内府刊行，分150册，350卷。此后有明成祖永乐间内府刊抄补本，164册，350卷；明崇祯八年（1635）张溥删正刊印本，80册，319卷，目录1卷，书前有崇祯八年张溥、陈明卿序，但缺御边、夷狄二门；清乾隆间以手抄本为府本，220册，350卷，集于《文渊阁四库全书》内；1964年台北学生书局据永乐十四年内府刊本影印，6册，350卷，集于该局所印中国史学丛书内。现较通行者：崇祯八年聚英堂刊张溥删正320卷本、《四库全书》本等。虽议例芜杂，而采摭赅备，亦古今奏议之渊海也。

马欢撰《瀛涯胜览》初成。

> **按**：马欢于是年远航归来后，欲使时人及后世知汪大渊《岛夷志略》所载不虚，且"尤有大可奇怪者焉。于是采摭各国人物之丑美、壤俗之异同，与夫土产之别、疆域之制，编次成帙"。其后续有增删，直至景泰二年。

王洪作《颐庵诗集序》。

> **按**：王洪与胡俨同游禁林十有余年。

朱有燉刻《东书堂帖》10卷。

王宗道卒（1345— ）。王宗道字景云，一字景仙。明初全真道士。淮安人。初从云水道士何无垢，同游嵩山，后向张三丰执弟子礼，得导引咽漱秘术以及步虚洞微之法。奉命遍访张三丰，终不得遇。封"圆德真人"。

熊直卒（1357— ）。直字敬方。西涧者，其所居之地，学者因以称之。江西吉水人，以子概贵，赠右都御史。事迹见《赠资善大夫都察院右御史熊公神道碑铭》（《东里续集》卷二四），《列朝诗集小传》乙集，《胡敬方传》（《泊庵集》卷一二）。

> **按**：神道碑铭曰："先生幼孤，随母适古田尹吉水胡时中，遂家吉水。尝冒胡氏，而后复焉。自幼端重，好学不懈，昼诵夜思，日从老师硕儒讲说。盖于书无不读，而四书五经、周、程、张、朱之说，力探深究，不畅不已。既壮，充然有得，邑人争聘之为塾师。旁邑之大夫交教致书币，请为学训导。先生不忍去其亲，乃辞而求入吉水学，充弟子员，冀得朝夕侍养。其学之师，不以弟子视先生，反数从质所疑，同门生率执所业求益，而远近之从学者益众矣。先生以为正纲常、明世教者莫严于《春秋》，故来学者皆受之《春秋》。岁大比，县辄以先生荐，就试辄不中。""所著有《春秋提纲》、《西涧稿》、《钟陵稿》、《金陵稿》。又有诗、赋、杂录若干篇。"《四库全书总目提要》卷一七

五曰：《西涧文集》16卷。是集诗2卷、文14卷。有宣德五年杨士奇序。

王绂卒（1362— ）。绂一作帯，又作黼；字孟端，号友石生，又号九龙山人、鳌叟、青城山人。常州府无锡人。能诗。善书法，自谓书必如古人，庶可名业传后。尤擅画山水竹石。有《山亭文会图》、《隐居图》、《雨竹图》。著有《书画传习录》4卷续录1卷附梁溪书画征1卷、《王舍人诗集》5卷。事迹见《明史》卷二八六，王洪《王孟端绂传》（《国朝献征录》卷八一），胡广《征事郎中书舍人王孟端墓表》，章丙如《故中书舍人孟端王公行状》。

按：《书画传习录》，王氏原稿向无刊本，诸书亦未载。后为清嵇承咸发现于旧肆中，费时10年加以校订，并附刊刻。《锡金考乘》卷一二曰："历叙古今来书画名家事迹法派，盖王氏家藏写本，未经传世之书。近为邑人嵇承咸所得，校订付梓。"《四库全书总目提要》卷一七〇曰：《王舍人诗集》"为其子默所编，又名《友石山房稿》。前有曾棨、王进序，后附章丙如、胡广等所作行状、墓表。"胡广《墓表》曰："其友翰林修撰沈度，偕其同寮中书舍人许鸣鹤、朱孔易、朱晖、章丙如、张侗、陈宗渊、庞叙、沈粲，合辞请于予曰：'孟端死，其友太医院御医赵友同既为铭，埋诸幽者有托矣。而表于外者无文。足下知孟端者，宜赐一言，使其有知，无恨于地下矣。'予与孟端交十四五年，相知有素。……"

王褒卒，生年不详。褒字中美。福建侯官人。博极群书，少有诗名。永乐中与修《永乐大典》，擢汉王府纪善，好汲引士类。工诗文，为闽中十才子之一，然其诗殊乏才情。事迹见《明史》卷二八六《林鸿传》附传，《修撰王褒传》（《国朝献征录》卷二一）。

倪敬（ —1460）、杨璇（ —1474）、彭时（ —1475）、董方（ —1483）、胡守法（ —1491）、王玺（ —1492）、胡澄（ —1495）、刘敩（ —1504）、王恕（ —1508）、胡拱辰（ —1508）生。

按：一说倪敬（？—1458）

永乐十五年　丁酉　1417年

土耳其伐瓦拉几亚。

英国入诺曼底。

罗马教会大分裂终。

二月壬戌，云南鹤庆军民府顺州知州王义言："州虽系蛮夷，然归附以来，沾被圣化三十余年，声教所既，语言渐通，子弟亦有俊秀，请建学校教育之，庶几人材可成。"从之。（《太宗实录》卷一八五）

三月丁亥，交趾北江等府、州、县选贡生员邓得等，至京。命送国子监进学，赐赉如云南生例。

按：成祖既平交趾，即命郡县建学教养生徒。至是，始选贡焉。（《太宗实录》卷一八六）

四月丁巳朔，颁五经、四书、性理大全于南京国子监。（《明通鉴》目录卷四）

按：一说三月乙未，颁于六部，并与两京国子监及天下郡县学。(《太宗实录》卷一八六)

七月庚午，设四川乌撒军民府及云南临安府嶍峨县二儒学、贵州镇远府儒学。

八月甲午，瓯宁人进金丹，明成祖以为妖人，令自饵之，毁其方书。(《明通鉴》目录卷四)

九月丁卯，修曲阜孔子庙成，御制文刻石。(《明通鉴》目录卷四)

十二月，朝鲜遣庚顺道到中国学习医学与卜术。
按：回国时携带中国医书与卜书。

是年，命用南北曲调编诸佛名称歌400余种，勒令各地学校生员学唱。

杨士奇留辅太子。
按：十五年复幸北京，太子监国。明成祖亲择侍从臣，翰林独杨士奇，以梁潜副之。

梁潜留辅太子。八月辛卯命为应天府乡试考试官。九月太子赐诗梁潜。十一月以皇上营建北京宫殿瑞光频见，作赋颂之。
按：寻有人诬太子擅宥罪人，牵连及潜。下狱被杀。

陈济命侍皇太孙。

陈全八月辛卯命为应天府乡试考试官。

邹缉八月己丑命为北京行部乡试考试官。

王洪八月己丑命为北京行部乡试考试官。

龚诩与友人袁宗鲁邂逅琴川寓舍。
按：有诗《寄怀》《寄友人》。

梁混(梁本之)为鲁王府纪善。

谢晋作《云阳早行图》送盛寅还吴。

范能诏修县志，与盛颐等编纂成书，上之。征至郡，以母老辞归。
按：范能，生卒年不详。字仲能。昆山人。少从毗陵谢应芳游，精医善吟，尤工书法。纂有《昆山志》8卷，著有《淞南集》《南溪草堂集》(当为门人孙俊纂)，见《昆新两县续修合志》卷四九。

王迪中举人。官广西佥事。
按：王迪，生卒年不详。金华人。著有《王氏遗芳录》，为迪述祖德、诵清芬之作。

尹镗中举人。由教谕擢御史，巡按贵州、江西。

冯芳中举人。官洛阳教谕。
按：冯芳，生卒年不详。字德秀。慈溪人。著有《尚书补注》，未见。

陈衡中举人。官亳州学正。
按：陈衡，生卒年不详。字克平。浙江淳安人。据《四库全书总目提要》卷一七五，著有《半隐集》10卷，末有其甥方汉所撰行状。

韩阳中举人。为苏州、松江两府学司训。
按：转丹阳县教谕。以荐升南京监察御史，直言论事，不避权贵。礼部尚书杨溥以其学行优长,荐为湖广按察佥事,提督学政。

史珩岁贡生,官桂阳知县。

山东曲阜尼山书院重建。

道士徐知证敕封为九天金阙明道达德大仙显灵溥济德微洞元冲虚妙感慈惠护国庇民崇福洪恩真君。

道士徐知谔敕封为九天玉阙宣化扶教上仙昭灵溥高明宏静冲湛妙应仁惠护国佑民隆福洪恩真君。

杨士奇著《周易直指》、《周易大义》。

按:《圣谕录》卷中曰:"永乐十五年,上在东宫,卜筮专用揲蓍而断以《周易》,凡后世俗占法皆不用。尝命臣士奇纂六十四卦三百八十四爻、朱氏《本义》要旨为一编。既进,上悦,名曰《周易直指》。臣进曰:'周易固为卜筮作,然文王、周、孔《彖》、《象》、《十翼》之辞,凡修齐治平为君为臣之道悉具,请编辑以进,用备览阅。'从之。逾年,辑成以进。上览之大喜,名曰《周易大义》。易臣士奇绣衣银带。"

《太祖实录》三修成,凡 257 卷。

按:《太祖实录》初修于建文三年,再修于永乐元年(详参商传《关于〈太祖实录〉三修本的评价问题》,《文史》28 辑)。

《神僧传》正月癸巳成。

按:成祖曾阅释氏书,采往昔名僧行之超卓者,辑为一编,名《神僧传》。于是成,亲制序冠之。(《太宗实录》卷一八四)

沈度跋评所见顾恺之《洛神图》。

僧姚广孝跋徐贲旧所作《狮子林图》。

明刻《永乐南藏》成书,收佛典 1625 部,6331 卷。

尹昌隆卒(1369—)。昌隆字彦谦。江西泰和人。洪武进士,永乐二年擢左春坊左中允,改礼部主事。为尚书吕震诬构见杀。著有《尹讷庵遗稿》。事迹见《明史》卷一六二,史鉴《礼部主事尹昌隆传》(《国朝献征录》卷三五)。《尹昌隆》(《明诗综》卷一九),唐伯元《中允昌隆传》,胡裘《中允尹公讷庵先生行实》。

按:《遗稿》所附罗洪先《前左春坊左中允尹公讷庵先生画像赞》序:"公姓尹,名璟,字昌隆,以字行,泰和灌塘里人也。"《四库全书总目提要》卷一七五曰:《尹讷庵遗稿》8 卷,为其八世孙应中所梓,邹元标序之。附录 2 卷,则载其诏敕、行状、序传之属。《传》中称,为中允时进讲,有《穿杨集》,仁宗命其家录进,中途舟覆没于水。朱彝尊《明诗综》只称有集而不载其名,盖未见此本。

韩夷卒,生年不详。夷字公达。初名诒孙,字伯翼。苏州吴县人。韩奕弟。母早卒,兄育之。从兄学医,精医术,为郡医学正科。永乐时召授御医,乃更今名。后升太医院院判。寻兄卒,夷陈兄抚育情,得假归葬。后从成祖巡,归,病卒。赐葬祭。事迹见《国朝献征录》卷七八。

道士孙碧云卒,生年不详。碧云,明初武当山正一道士。关西人。幼年出家,探究黄老经旨,周易参同,并熟读儒释籍典。曾入华山修道,后留居武当山。逝,成祖赐赞谓:"大哉真仙,无极自然,函三为一,玄之又玄。"其门下形成武当"榔梅派"。

刘清(—1461)、林聪(—1482)、朱英(—1485)、张瑄(—1494)生。

永乐十六年　戊戌　1418年

正月丙寅,陕州民进玄兔。群臣上表及诗文。封示皇太子,斥之不奂。(《明通鉴》卷一七)

二月戊戌,云南丽江军民府检校庞文都言:本府宝山、巨泽、通安、兰州四州归化日久,请建学校。从之。(《太宗实录》卷一九七)

是月,试天下贡士于北京行在。

三月甲寅,赐李骐等250人进士及第、出身有差。

四月乙巳,朝鲜遣延嗣宗等人来索医书而回。

五月庚戌朔,监修实录官行在户部尚书夏原吉、总裁官行在翰林院学士兼右春坊右庶子杨荣等上表进重修《太祖高皇帝实录》。成祖顾原吉等曰:"此本朝夕以资览阅,仍别录一本,藏古今通集库。"(《太宗实录》卷二〇〇)

是月,命提调修纂《大明大一统志》。(《忠靖集》附录《夏忠靖公遗事》)

六月乙酉,诏令天下各地郡、县、卫、所纂修志书,并颁布《纂修志书凡例》。(《太宗实录》卷二〇一)

按:命礼部遣官遍诣郡县,博采事迹,及旧志书。虽仅有凡例而未曾修书,然此后天下各地修志成风。

是月,遣胡濙巡江浙,过南京,察皇太子。及过安庆,以皇太子诚敬孝谨七事密驰奏,成祖于是始释疑。(《明通鉴》目录卷四)

是年,遣陈诚第三次出使西域。

命礼部制定度僧给牒通制。

夏原吉、胡广、杨荣、胡俨等五月庚戌朔奉敕重修《太祖实录》。成,上之。户部尚书夏原吉等进《太祖实录》表。

按:《太祖实录》始于元至正辛卯,终于洪武三十一年戊寅。

夏原吉、杨荣、金善(金幼孜)领《天下郡县志》纂修事。

按:但仅有凡例而未曾修书。

杨荣是年夏掌翰林院事。

曾棨二月丁亥命为行在礼部会试考试官。

王英二月丁亥命为行在礼部会试考试官。

法国王太子查理自巴黎来南方。

罗马教会颁反胡斯敕令。

俄罗斯人始撰《福季编年史》。

梁潜三月为谗憎者构陷被逮，使者至，自行在人皆惊惧，虽至亲者不敢道经其门。陈循与梁居共院，不能退避，凡可损己以庇其所患者，靡不尽力。梁公所作诗文类稿，时多散逸不存，陈循以其所重者在此事后使人访求藏之于家以遗其子。

按：一说皇太子以宥陈千户事被谗，五月诏逮东宫官属梁潜、周冕等。(《明通鉴》卷一七)

陈昂送《史记》胡三省注《资治通鉴纪事本末》各10部于内直庐，承旨命修撰陈循、赞善陈济、编修林志分点句读，遇切要难知处批抹其上，庶俾观者易晓。

陈敬宗为侍讲。

李懋（李时勉）五月辛未以行在主事为翰林侍读。

李昌祺（李桢）除广西左布政使。

曹端丁忧庐墓。

虞谦受命督漕运。

按：作金山妙高台诗。

习嘉言（习经）成进士。

王暹成进士。选庶吉士，授刑部主事。

王一宁成进士。授工部主事，改翰林修撰。

伊凤歧成进士。选庶吉士。

何文渊成进士。授御史，历按山东、四川。

周叙成进士。授编修，官至侍读学士。

晏铎成进士。任监察御史。历两畿、山东，所在有政声。

按：后以言事谪上高县典史。有诗名，为景泰十才子之一。晏铎，生卒年不详。字震之。四川富顺人。著有《青云集》。事迹见《中国历代人名大辞典》。

黄闰成进士。预选翰林院，为忌者所阻。

按：黄闰，生卒年不详。字期馀。江西信丰人。能诗，著有《竹居集》。事迹见《列朝诗集小传》乙集。

彭琉成进士。授政和知县，以禁巡按御史家人谋奸利，被诬谪徙。

董璘成进士。授翰林院编修。

曹铭成进士。授香河知县。

按：上疏言宋儒胡瑗等八人皆有功道学，当从祀孔子庙。升儋州知州。曹铭，生卒年不详。河南新野人。事迹见《万姓统谱》卷三二。

盛祥在北京应试。

姚广孝三月入观，年八十有四矣，病甚，不能朝，仍居庆寿寺。车驾临视者再。

按：据《明史》卷一四五《姚广孝传》：广孝曰："僧溥洽系久，愿赦之。"溥洽者，建文帝主录僧也。初，帝入南京，有言建文帝为僧遁去，溥洽知状，或言匿溥洽所。帝乃以他事禁溥洽。而命给事中胡濙等遍物色建文帝，久之不可得。溥洽坐系十馀年。至是，帝以广孝言，即命出之。

夏原吉、胡广、杨荣、胡俨等五月庚戌朔奉敕重修《太祖实录》成。户部尚书夏原吉等进《太祖实录》表。

  按：夏原吉为监修官，总裁官为文渊阁大学士兼左春坊大学士胡广、翰林院学士兼右春坊右庶子杨荣、国子监祭酒兼翰林院侍讲胡俨。纂修官为翰林院学士兼右春坊右谕德金善（金幼孜）、翰林院学士兼左春坊左谕德杨士奇、翰林院侍读学士曾棨、翰林院侍读兼右春坊右赞善梁潜、翰林院兼左春坊左中允邹缉、翰林院侍讲王英、修撰余鼎、罗肃（罗汝敬）、刑部主事李时勉、陈敬宗等。《太祖实录》凡 257 卷，计 250 册。又《宝训》15 卷，计 15 册。《实录》自是始定。《实录》起元至正辛卯（十一年，1351 年）讫洪武三十一年戊寅（1398 年），首尾 48 年。万历时允科臣杨天民请，附建文元、二、三、四年事迹于后。（参《明通鉴》卷十七等）

曾昶纂修《海宁县志》6 卷。

  按：已佚，见《文渊阁书目》卷二〇新志类、《千顷堂书目》卷七著录。钱泰吉《海昌备志》发凡曰："永乐时，训导邵武曾先生昶实创邑志。今虽失传，嘉靖蔡（完）《志》赖以取征。"民国《海宁州志稿》卷二八本传曰："曾昶，邵武人，永乐戊戌任海宁学教谕，纂辑县志，自宋《图经》以后，昶始修之。"

袁铧纂、袁铉汇成《上虞县志》12 卷。

  按：刊本久绝。见《文渊阁书目》卷二〇新志类、《千顷堂书目》、雍正《浙江通志》卷二五三著录。《千顷堂书目》袁铧误刊作袁锋。乾隆《绍兴志》引《上虞县志·序》：永乐戊戌，邑人袁铧编，其兄铉成之，未见。

僧姚广孝卒（1335— ）。姚广孝幼名天喜，年十四度为僧，名道衍，字斯道。后助燕王谋帝位，复姓。谥恭靖。苏州长州人。通阴阳术数。监修《太祖实录》，与修《永乐大典》。早年从高启游，为"北郭十友"之一。著有《道馀录》2 卷、《姚少师秘书》1 卷、《天象玄机》8 卷、《逃虚子集》11 卷、《逃虚子诗集》、《石城霞外集》1 卷、《诸上善人咏》1 卷、《净土简要录》等。事迹见《明史》卷一四五，《增集续传灯录》卷五，王鏊撰有《资善大夫太子少师赠荣国公谥恭靖姚广孝传》（《国朝献征录》卷六）。

  按：明成祖命有司治丧，以僧礼葬。追赠荣国公。成祖亲制《神道碑》志其功。广孝为高启北郭十友之一。《四库全书总目提要》卷一七五曰：《逃虚子集》11 卷，类稿补遗 8 卷，"所著初名《独庵集》，殁后吴人合刊其诗文曰《逃虚子集》11 卷。后人掇拾放佚，谓之类稿《补遗》8 卷"。附载《道馀录》二卷，持论尤无忌惮。《姑苏志》曰："姚荣国著《道馀录》，专诋程、朱。少师亡后，其友人张洪谓人曰：'少师与我厚，今死矣，无以报之。但每见《道馀录》，辄为焚弃'。"云云。《太宗实录》卷一九八曰："广孝尝著《道馀录》，诋讪先儒，为君子所鄙。若其论文曰：'惟韩退之、欧阳永叔、曾子固真儒者之文，今之为释老文字，往往剿取释老之说，甚至模仿其体以为儒者，不克卓立。'其意盖谓宋、苏辈，识者亦有取焉。"

  又按：王宾殁后，广孝为之传。王宾，生卒年不详。字仲光，号光庵。苏州府长洲人。一作吴县人。少与广孝相善，精医学，隐居奉母。寓虎丘时题所居为"三畏斋"，以见其志。据《四库全书总目提要》卷一七五：《光庵集》2 卷，"集凡文一卷，后附诸家赞颂及《吴中古迹诗》一卷。诗共一百三十七首，各有小序。"另有《吴下名贤纪录》1 卷。编有《虎丘诗集》1 卷，专录虎丘题咏，止及宋元两朝。

赵友同卒（1364— ）。友同字彦如。浦江人，徙居苏州府长州。为宋濂弟子。永乐初用荐授御医，与修《永乐大典》、《五经大全》诸书。著有《存轩集》，所辑有《古文正原》15卷。事迹见杨士奇《太医院御医赵友同墓志铭》(《国朝献征录》卷七八)。

按：据《四库全书总目提要》卷一七五：《存轩集》皆赋颂记序杂文，而无诗。集首结衔称修职郎、太医院御医兼文渊阁副总裁。盖明初官制如此也。

梁潜卒(1366—)。潜字用之。江西泰和人。尝受经于乡先生王子启及舅氏陈仲速。洪武丙子举人。永乐初，召修《太祖实录》，升翰林修撰，累迁右春坊右赞善。会修《永乐大典》，代礼部尚书郑赐为总裁，升侍读。永乐十五年北征，仁宗监国，以释陈千户事牵连坐死。著有《泊庵集》。事迹见《明史》卷一五二《邹济传》附传，杨士奇《赞善梁公潜墓碣铭》(《国朝献征录》卷一九)。

按：杨士奇作墓碣铭曰："用之之学，通诸经，尤长于《诗》、《易》。自十五六，已用意周、程、朱、张之书，壮而益探其微。为文章驰骋司马子长、韩退之、苏子瞻，亦间出《庄》、《骚》为奇，务去陈言，出新意。古诗高处，逼晋宋。所著有史论若干篇，碑、传、记、序、铭、颂、赞、述若干篇，五七言古近体诗若干篇，皆可传后。"《四库全书总目提要》卷一七〇曰：《泊庵集》16卷，"是集前有王直、胡俨二序，俨序称为潜子槩所编。考萧镃《尚约居士集》有陈循墓志，称'梁公潜以职务违错，被逮且籍之。梁平日所作诗文，悉估书册，卖钱入官。循遗人访求，倍价赎还。今锓梓以传者，循所赎也'云云。则其稿为潜所自编，因循而传于世。"俨序盖讳言其赐死而不载其事。此本有文无诗。集末有康熙辛酉潜裔孙天清《续刻家集小引》云："泊庵公诗集已瘗文冢，不复存人间。"则旧本久佚矣。《明诗纪事》乙签卷七《梁潜》陈田按："永乐诗家最为杰出。诗集鲜传，钱牧斋、朱竹垞皆未见，故所录寥寥。余所获《泊庵诗抄》，乃用之曾孙廉嘉靖中刻于辰州者。"

胡广(胡靖)卒(1370—)。广字光大，号晃庵。江西吉水人。胡子祺子。建文二年进士，惠帝以其名与汉胡广同，更名靖，除翰林院修撰。后复名广。卒谥文穆，赠礼部尚书。《五经大全》等书多由其手订。著有《胡文穆集》。事迹见《明史》卷一四七，杨士奇《少师礼部尚书谥文穆胡公广神道碑铭》(《国朝献征录》卷一二)，胡俨《文渊阁大学士兼左春坊大学士赠资善大夫礼部尚书谥文穆胡公墓志铭》(《颐庵文选》卷上)。

按：据《四库全书总目提要》卷一二二：所著有《晃庵》、《扈从》诸集。《胡文穆杂著》乃其随手札记，已载入《文穆集》中。《胡文穆集》20卷，《四库全书总目提要》卷一七五曰："是集其裔孙张书等所刻。凡诗八卷、应制诗文一卷、各体文七卷、题跋二卷、《扈从诗》及《扈从北征日记》一卷，其第十九卷即所谓《杂著》也。"杨士奇《神道碑铭》曰："其学博究经史百氏，下逮医卜老释之说，亦皆旁通。而用志性命道德之旨，晚益有造诣。……公与士奇同郡同官，知契最深。未卒前二年，有后死则铭之约。既卒，其孤又奉临终之命，索文刻墓石。呜呼！士奇先公生五年，岂谓竟铭公之墓哉？盖今九年，乃克成之。"

夏云英卒(1395—)。云英，山东莒州人。幼能诵《孝经》、《法华经》等。琴棋音律及女红皆妙。年十三选为周宪王宫人。后出家为尼。著有《端清阁诗》、《法华经赞》。事迹见《列朝诗集小传》闰集。

文王秀卒，生年不详。一说卒于1413年。详见是年条。

吕原（ —1462）、岳正（ —1472）、王概（ —1474）、陈政（ —1476）、吕㘸(1484)、过眼（ —1484）、盛颙（ —1492）、丘浚（邱濬）（ —1495）（一说1421—1495）、顾恂（ —1505）生。

永乐十七年　己亥　1419年

三月丁巳，御制《为善阴骘》成。颁赐群臣及国子监和天下学校。

按：先是，成祖视朝之暇，御便殿披阅载籍，遇有为善获报者，命近臣辑录之。成祖各为之论断，类为10卷，名曰《为善阴骘》，亲制序冠之。至是书成，命赐诸王群臣及国子监、天下学校。又命礼部：自今科举取士，准大诰例，于内出题。(《太宗实录》卷二〇九)

春，释奠孔子，命陈循行礼，陈循固辞。

按：令旨问杨士奇何也，杨公对曰：往因蹇、邹荐陈循行在，误传殿下已召见之矣。今奉命恐证前误为实耳。时蹇、杨二公俱有故，遂命其它。

五月丙辰，设陕西洮州卫军发指挥使司儒学。

六月丁亥，设云南龙州儒学。

七月庚申，郑和自西洋还。

按：第5次远航结束。

是年，赐朝鲜王《为善阴骘》书600本。

赐书给安南，遣明监生唐义，颁赐《五经四书》、《性理大全》、《为善阴骘》、《孝顺事实》等书于府州县学。

帖木儿遣使入明。

按：使团成员火者·盖耶速丁著有《沙哈鲁遣使中国记》。

将净土经典等颁予设置于越南之僧道司。

杨荣十一月疏陈十事，多指斥府、部法司。明成祖览之，密谕荣，授御史邓真入奏，于是诸司皆请罪，诏即悛改，怙终者不赦。(《明通鉴》卷一七)

杜琼往南京，得其父草堂府君所遗书籍玩器归。

曹端有非修五岳庙等事。

瞿佑谪居涿鹿，谱北曲，教授当地习唱佛曲之学校生员。

刘铉以善书征入翰林。

薛瑄在鄢陵补邑弟子员。

吴凯中举人。

僧清奇复召至京，校雠《三藏》。

按：未毕而卒。清奇，生卒年不详。明太仓僧。与修《永乐大典》。著有《怪庵集》，见宣统《太仓州志》卷二五。

胡斯战争爆发。德意志瓦茨拉夫四世卒。

英国入鲁昂。

德意志罗斯托克大学建成。

葡萄牙王子亨利在萨格里什建立第一所航海学校。

葡萄牙人入北非马德拉岛。

太夫人授商辂《孝经》、《论语》诸书,教之仿字习礼让。

明成祖作《御制为善阴骘序》。
按：序曰："朕惟天下之理一而已矣。《书》曰：'惟天阴骘下民。'盖天下之所以默相保佑之于冥冥之中,俾得以享其利益,有莫知其然而然者。此天之阴骘也。人之敷德施惠于人,不求其知面是又无责报之心者,亦曰阴骘。且人之阴骘固无预于天,而天之所以报之者其应如响。尝博观古人,往往身致显荣,庆流后裔,芳名伟烈传之千万世,与天地相为悠久者,未有不由乎阴骘之所致也。然而代有先后,时有古今,简繁浩穰,难于编阅。万几之眼,因采辑传记,得百六十五人,复各为论断以附其后,并系以诗,次为十卷,名曰《为善阴骘》。特命刻梓以传,……"

王惟善纂《鄢陵志》成,薛瑄为之作序。

侍臣奉敕纂《神仙传》九月癸卯朔成。
按：成祖尝览《列仙传》,因命侍臣博采,重加纂辑。至是成,赐名《神仙传》,亲制序冠之。(《太宗实录》卷二一六)

李祯(李昌祺)《剪灯余话》4卷20篇,又附《贾云华还魂记》,共21篇成。

僧一如等纂《大明三藏法数》50卷成。
按：佛教辞书,全书共汇释佛教法数1555条。丁福保为本书校订后所作序称："其当时与法师同修大藏,同纂此书者,皆极一时之选。"通行本有1923年上海佛学书局版丁福保重校本。

《永乐北藏》始刻。
按：《永乐北藏》于永乐八年敕令雕印,始刻于永乐十七年。详见永乐八年条。

刘辰约卒于是年(约1342—)。辰字伯静。浙江金华人。建文中擢监察御史,永乐初李景隆荐修《太祖实录》。后官至北京刑部左侍郎。纂有《国初事迹》。事迹见《明史》卷一五〇,胡俨《北京行部左侍郎金华刘公辰墓志铭》(《国朝献征录》卷二六)。

徐善述卒(1353—)。善述字好古。浙江天台人。以荐授桂阳州学正。仁宗为太子时,简为左春坊左司直郎,升左赞善。时官僚多得罪,善述亦坐累下狱死。追谥文肃。著有《尚书直指》6卷、纂有《西岸大墓徐氏家乘》,并自序。事迹见《明史》卷一五二《邹济传》附传,杨士奇《左赞善徐公善述墓志铭》(《国朝献征录》卷一九。

按：杨士奇作墓志铭曰："好古一志儒者之学,尤邃《书经》,其讲说及人微言轻经义皆精确,非众所及。"《明史》卷一五二称,见重于皇太子,每称为"先生",尝致书赐酒及诗。迁左赞善,坐累死。与邹济同日赠太子少师,谥文肃。立祠,春秋祀亦如济。《四库全书总目提要》卷一三曰:《尚书直指》6卷,"朱彝尊《经义考》曰'是书徐文肃为东宫讲官时所进,未曾刊行,亦未署名。其后中珰钱能从宫中携出,遂镂版,于是钱溥、刘宣序之,童轩跋之,皆不知为文肃所著。予从曹侍郎溶家见之,因为标出'云云,则此书乃徐善述撰也。""其书隰括蔡《传》大义,已渐类后来讲章,于蔡《传》得失未尝纠定。又所纂之注,亦时有时无,……"。现天一阁有写本。

僧宗喀巴卒(1357—)。宗喀巴本名罗桑扎巴。青海湟中人。藏传佛教格鲁派(黄教)创始人,其弟子在各地广为建寺弘法,以其逝世的十月二十五日为宗教节日。佛教理论家。著有密宗道次第论、《因明七论入门》等。著作甚多,藏文全集拉萨版共 18 帙,160 多种。

段坚(—1484)、王琬(—1503)生。

永乐十八年　庚子　1420 年

六月辛丑,颁《孝顺事实》于文武群臣及两京国子监、天下学校。

按：先是,成祖命翰林儒臣辑录古今载籍所纪孝顺之事可以垂教者为书。每事,成祖亲制论断及诗,名《孝顺事实》,又亲制序冠之。(《太宗实录》卷二二六)

九月己巳,定都北京。命夏原吉召皇太子至京师,并召皇太孙,令随皇太子。(《明通鉴》目录卷四)

丁亥,诏自明年正月改京师为南京,北京为京师,去行在之称。(《明通鉴》目录卷四)

是月,蔺从善、林长槭、徐永达并擢为翰林院编修,侍皇太孙讲读。

十一月戊辰,以迁都北京诏告天下。(《明通鉴》目录卷四)

十二月己亥,命贵州思南等 8 府所选贡生员李正等送国子监进学,赐赍如云南生员例。(《太宗实录》卷二三二)

是岁,改北京国子监为国子监,而称原国子监为南京国子监。

北京天地坛(后改称天坛)始建。为现存最大之古代祭祀建筑群。

杨荣正月闰月丙子为文渊阁大学士兼翰林院学士。

金善(金幼孜)正月闰月丙子为文渊阁大学士兼翰林院学士。

邹缉八月壬寅命为北京行部乡试考试官。

王英八月壬寅命为北京行部乡试考试官。

陈仲完八月壬寅命为应天府乡试考试官。

陈循及林志为应天府乡试考官。

杜琼以读讲大诰率生徒朝于北京。

曹端有不赴斋醮等事。

薛瑄作《赠王汝霖大尹序及留别诗》。

龚诩客居湄水之上,写其隐事著《铁心行》。

李昌祺(李祯)自京过南京,赴广西布政使任。史谨寓南京,以诗送李昌祺赴广西。

按：史谨罢官后侨居南京以终。史谨,生卒年不详。字公谨,号吴门野樵。苏州昆山人。洪武初以事谪居云南。后用荐为应天府推官,降补湘阴县丞。寻罢归,侨居金陵以终。工绘画。筑独醉亭,卖药自给。著有《独醉亭集》3 卷,自编,陈琏序。谨没,其后人掇拾晚年所作附于集末。所载题画之诗特多。事迹见《四库全书总目

阿拉贡侵撒丁、西西里及科西嘉岛。

英格兰亨利五世为法国王位的法定继承人。

波希米亚胡斯派败德军。

葡萄牙人入加那利群岛之戈梅拉岛。

提要》卷一六九,《昆山人物志》卷三,《列朝诗集小传》乙集。

陈敬宗至南京取文渊阁所贮古今书籍,自一部至百部以上,各取一部北上。余悉封藏收贮如故。

> 按:其时,太子监国南京,次年正月,遣修撰陈循如数送至京师100柜之多。

段民七月以刑部郎中为山东参政。

> 按:时以唐赛儿不获,大索天下,凡北京、山东女尼、女道士,悉送京师,海内骚然。民至,抚之,曲为矜宥,人情始安。

薛瑄八月举河南乡试第一。

刘铉中顺天府举人,授中书舍人,与修三朝实录,历教习庶吉士。

戴浩中举人。初判东昌,迁雷州守,筑堤以改良盐碱地。

成功中举人。

> 按:卒业太学,授御史,升四川按察佥事,劝边民部落勿互相并吞。官至湖广副使。成功,生卒年不详。字文焕。山东新泰人。著有《登庸录》。事迹见《古今图书集成》氏族典卷三一三。

黄润玉应顺天乡试中举。授建昌府学训导,后改官南昌。

姜通中举人。官监察御史,谪南陵县丞。

> 按:姜通,生卒年不详。字文中。归安人。著有《西台奏议》。

胡清举于乡。任清平训导。

吴与弼19岁读《伊洛渊源录》,慨然有志于道,绝意科举,潜心于《四书》、《五经》、诸儒语录,体贴于身心。

佚名纂修《奉化县志》成。

> 按:见《文渊阁书目》卷二〇新志类、《千顷堂书目》、雍正《浙江通志》卷二五三著录。纂修人名氏不可考,刊本久佚。

晏璧作《秋香亭记跋》。

李祯(李昌祺)写定《剪灯余话》,自序。

> 按:自序曰:"往年余董役于长干寺,获见睦人桂衡所制《柔柔传》,……因述《还魂记》拟之。后七年,又役房山,客有以钱塘瞿氏《剪灯新话》贻余者,复爱之,锐欲效颦;虽奔走埃氛,心志荒落,然犹技痒弗已。受事之暇,捃摭谀闻,次为二十篇,名曰《剪灯余话》,仍取《还魂记》续于篇末。以其成于羁旅,出于记忆,无书籍质证,虑多抵牾,不敢示人。既释徽纆,寓顺城门客舍,学士曾公棨过余,……辄冠以叙,……遂不复焚,而并识其造作之由于编末,俾时自省览,以毋忘前日之虞,而保其终吉。……"。

曾棨作《剪灯余话序》。

> 按:序曰:"昌祺于余为姻家,且有同年之好,因观是编之作,遂为这序。"

王英、罗肃(罗汝敬)序《剪灯余话》。

胡子昂作《剪灯新话卷后纪》。

> 按:纪曰:"因谈及《剪灯新话》,今失其本,喜余存是稿,遂赋诗留别。缱绻之情为何如也。一日,瑞守唐孟高氏公事抵边城,以斯集奉寄,又得先生亲笔校正,出于一手。不二旬,唐守仍缄回原稿。展玩久之,不能释卷。就中舛误颇多,特为旁注详明,遂俾旧述传记如珠联玉贯,焕然一新,斯文之幸耶。"

偶桓卒(1339—)。桓字武孟,号海翁,眇一目,自号瞎牛。苏州府昆山人。以诗谒倪瓒,瓒称之。洪武中官荆门州吏目。著有《醉吟录》3集、《江雨轩稿》8卷、《凤台吟啸集》,编有《乾坤清气集》14卷等。事迹见《古今图书集成》氏族典卷四四七。

按:据《四库全书总目提要》卷一八九:《乾坤清气集》,"是集录元一代之诗,分体编次,其中如汪元量、瀛国公、元好问等,上该金、宋之末;张以宁、危素等,亦下涉明初。""然元诗选本,究当以此编为善也。"

王洪卒(1379—)。洪字希范,号毅斋。曾祖德甫,祖善,父辉,世居浙江钱塘。少年时才思颖发,与当时王偁、王恭、王褒称词林四王,均有才名。与解缙、王偁、王进、王达号称东南五才子。洪武进士,授行人,寻擢吏科给事中。以荐入翰林,由检讨历官修撰、侍讲,为《永乐大典》副总裁官。著有《学训》、《毅斋诗文集》8卷附录1卷。事迹见《明史》卷二八六《林鸿传》附传,《列朝诗集小传》乙集,《王希范墓志铭》(《明文衡》卷宗八八),胡俨《礼部主事王洪墓志铭》、莫琚《书毅斋王先生诗文集后》(均《国朝献征录》卷三五)。

按:《四库全书总目提要》卷一七〇曰:《毅斋诗文集》,莫琚所编。是集有刘公潜所作挽诗序及莫琚后跋。"其《序文》及《序书》二篇,立论具见根柢。其《序胡俨诗集》,谓:'至元、天历间,赵、虞、范、揭各鸣一时之盛。及其衰也,学者以粗豪为壮,以尖新为奇,语言纤薄,音律怗懘。'论元末之弊,至为切中。则洪之所见,高出当日远矣。虽名位不昌,要为有明初年屹然一作者。《明史·文苑传》称'王偁与修《永乐大典》,学博才雄,自负无辈行,独推让同官王洪。'则洪之文章,概可见矣。"

刘本卒,生年不详。本,顺天府玉田人。镇压唐赛儿起义时,坐"纵盗"被杀。工诗词,著有《云泉集》。事迹见《兰台法鉴录》卷一。

刘叔毖卒,生年不详。叔毖,江西庐陵人。性廉介。永乐初升北京行部员外郎,与修《永乐大典》。郡民载刘叔毖丧归葬辰州。事迹见《湖广辰州府同知刘叔毖传》(《国朝献征录》卷八九)。

岳璇(—1471)、叶盛(—1474)、周洪谟(—1491)、谢省(—1493)生。

皮埃尔·德埃利卒(1350—)。法国神学家。教会改革的倡导者。重视科学,主张改革历法。

永乐十九年 辛丑 1421年

正月癸巳,命郑和复使西洋。(《明通鉴》目录卷四)

二月,周王陛见,明成祖出告词示之,王顿首谢罪。明成祖以至亲有勿问,寻遣归国。(《明通鉴》目录卷四)

三月辛巳,赐曾鹤龄等201人进士及第、出身有差。

四月庚子,奉天、华盖、谨身三殿灾。诏群臣直言阙失。(《明通鉴》目录

奥斯曼土耳其苏丹穆拉德二世登位。

土耳其人在阿尔巴尼亚南部建立军事封建制度"提

马尔"和"扎美特"。胡斯派败德军。

卷四）

癸丑，敕尚书蹇义等26人分行天下，问军民疾苦，及文武官吏虐民者奏罪之。（《明通鉴》目录卷四）

是月，以殿灾，言者多以北京建都不便，而主事萧仪言尤峻。成祖怒，遂杀仪。（《明通鉴》目录卷四）

六月甲寅，礼部言：国子监生岁益增，又会试下第举人例送监。今学舍溢不能容，请以监生南人者送南京国子监，下第举人发还原学进业，以待后科。自今岁贡生员，请如洪武三十年例：府一年、州二年、县三年贡一人。从之。（《太宗实录》卷二三八）

是月，西僧大宝法王来朝。成祖欲郊迎，夏原吉以为不可，乃止。

是年，令翰林院官员高穀等抄写佛经。

土耳其布鲁萨大清真寺建立。

杨寓（杨士奇）居南京20年，是年与蒋用文同赴北京。二月己亥，命为礼部会试考试官。

周述二月己亥命为礼部会试考试官。

薛瑄三月成进士，杨文贞延训子弟，不赴，以省亲归。旋居丧父，悉遵古礼。薛瑄五月庚寅还家省侍。时杨士奇闻薛名，邀致馆中训诸子，薛固辞却之。

陈循四月如数其所得书籍百柜，与林志等30护行至京，书进，陈循等悉留京师。

李懋（李时勉）四月应诏陈十五事，终以论建都斥不用。惟侍讲邹缉上封事，居数月，仍进官。李时勉十一月辛巳，以谏成祖北征沙漠，下于狱。

按：李时勉上书反对都北京。据《明史》卷一六四《邹缉传》：三殿灾，诏求直言，缉上疏。书奏，不省。时三殿初成，成祖方以定都诏天下，忽罹火灾，颇惧，下诏求直言。及言者多斥时政，成祖不怿，而大臣复希旨诋言者。成祖于是发怒，谓言事者谤讪，下诏严禁之，犯者不赦。侍读李时勉、侍讲罗肃（罗汝敬）俱下狱；御史郑维桓、何忠、罗通、徐瑢，给事中柯暹俱左官交趾。惟缉与主事高公望、庶吉士杨复得无罪。是年冬，缉进右庶子兼侍讲。

夏原吉、吴中等十一月丙子下于狱。方宾惧，自杀。

胡俨改北京国子监祭酒。

胡九韶始问学于吴与弼。

万观成进士。授编修，改严州知府。

刘球成进士。授礼部主事。

按：胡濙荐侍经筵，与修《宣宗实录》，改翰林侍讲。一说以杨士奇荐，入侍经筵，改侍讲。

刘矩成进士。授编修，迁修撰。

按：治理学，工文章。以病归卒，年七十一。刘矩，生卒年不详。字仲方。大明府开州人。事迹见张元祯《内翰刘公矩墓表》（《国朝献征录》卷二一）。

裴纶成进士。廷试第三。历官翰林侍讲。

郭永清成进士。历官工科给事中。

按：郭永清，生卒年不详。湖广巴陵人。有逸才，善诗，多隽语。后出使外国，受辱不屈死。著有《黄源集》。

高昭成进士。官贵州道御史，巡按云南。

按：高昭，生卒年不详。字文昱。宝应人。大学士高毂以兄事之，以为昭才十倍于己。《兰台法鉴录》有传。著有《菜庵文集》50卷。

曾鹤龄、于谦、刘谦、陈中、陈振（陈叔刚）成进士。

曹端著《周易乾坤二卦解义》成，又有《答不事鬼神》等。

杨士奇八月为陈循兄弟作《陈氏族谱序》。又有《题胡学士遗墨》。

邹缉作《南行纪咏序》。

按：序曰："《南行纪咏》者，吏部主事乐安萧仪、三山陈君艮之所作也。二君俱以才学见擢，用坐事谪南交。既出都门，自潞河泛舟而南，由汶水逾彭城，渡淮涉江而上。凡道途目之所触，及其朋友故旧之相过，有感于心，皆于诗发之，凡百余篇。未至中途，复被命追还，至是蒙恩得还官。二君既喜不自胜，思尽职以报于上也。因以其所作示余，……余以为此殆不失其性情之正者欤。……"

吴与弼撰《励志斋记》。

谢常撰《梅花轩记》。

按：是年八十余。谢常，生卒年不详。字彦铭，一作彦明。苏州府吴江人。少时师事杨维桢。洪武中举秀才。以母老不受官职，隐居震泽之东溪，教授生徒。弘治《吴江志》卷一五载，常所著有《东溪集》、《桂轩集》。事迹见《明诗综》卷一五七，《列朝诗集小传》乙集。

陈循作《袜线集序》。

按：序曰："吏部主事临川萧君德容，示予以其所为诗文一编，曰：'子，予同年友也。幸为评之。'予不能文，不知所以赞也。然尝与德容同荐而来，阅其文词熟矣。其学问通博，议论多根于理，知其志有不在于文词而已也。别去数年，今又得是编而读之，其述作之体，既变乎科举，而其文之勇跃骤进，有不可以寻尺计者。至其根于理者，则未尝少变也。其真要于实用者欤！"

瞿佑作《重校剪灯新话后序》，后又录《题剪灯录后》绝句4首。

按：永乐六年瞿佑被捕入狱，所作二十余种著作散失。永乐十八年春，胡子昂到保安，称其在四川蒲江县任知县时，曾从县学教官田以和处抄得一部《剪灯新话》。在此抄本上，瞿佑亲作校订，后来瞿佑之侄瞿暹刊行，即以这部校订本为底本，此在永乐十九年后。序曰："今岁胡君子昂以《剪灯新话》四卷见示，则得之于四川之蒲江。子昂请为校正，而唐君孟高、汪君彦龄皆亲为誊录之。字划端楷，极为精致。盖是集为好事者传之四方，抄写失真，舛误颇多，或有镂板者，则又脱略弥甚。故特记之卷后，俾舛误脱略者见之，知是本之为真确，可可从而改正云。"绝句后又有小字曰："昔在乡里编辑《剪灯录》前、后、续、别集，每集自甲至癸，分为十卷。又自为一诗，题于集后。今此集不存，而诗尚能记忆，因阅《新话》，遂附写于卷末云。"

管讷（管时敏）卒（1338— ）。时敏，名讷，字时敏，以字行。华亭人。洪武征拜楚王府纪善，从王之国。后进左长史，事楚王桢。二十五年乞致仕归里。桢请命于朝，留居武昌，禄之终身。筑室黄屯山，命曰全庵。著有《蚓窍集》10卷。事迹见《列朝诗集小传》甲集。

> 按：《四库全书总目提要》卷一六九曰："而名其集曰《蚓窍》，盖取韩愈《石鼎联句》语也。是集即楚王所刊，中有丁鹤年评语。鹤年家于武昌，与时敏皆为楚王所礼重，故并其评语刻之。""时敏又有《秋香百咏》、《还乡纪行》诸编在集外别行，见周子治所作《全庵记》中。今皆未见，殆久而佚矣。"

叶砥卒（1342— ）。砥字周道、履道，号坦斋。浙江上虞人。洪武进士。与修《永乐大典》，为副总裁。仕至饶州知府。著有《退朝稿》、《芝山稿》、《銮坡稿》、《溪居稿》、《南行稿》、《经筵讲义》（见《千顷堂书目》卷一八）、《坦斋文集》。事迹见王直《江西饶州府知府叶公砥墓志铭》（《国朝献征录》卷八七）。

仪智卒（1421— ）。智字居真。卒谥文简。山东高密人。受命辅导皇太孙，进讲书史，以正心术为本。事迹见《明史》卷一五二本传，《礼部左侍郎仪智传》（《国朝献征录》卷三五）。

张杰（ —1472）、赵昂（ —1500）、项忠（ —1502）生。

永乐二十年　壬寅　1422年

土耳其围君士坦丁堡。

法王查理六世卒，子查理七世嗣立。

英王亨利五世卒，子亨利六世嗣立。

胡斯派军败德军。

正月己未朔，日食。止朝贺，诏群臣修省。（《明通鉴》目录卷四）

三月丁丑，以亲征阿噜台告天地、宗庙、社稷。命皇太子监国。（《明通鉴》目录卷四）

戊寅，车驾发京师。

五月丁卯，明成祖谕将士曰：兵犹水也，水无常行，兵无常势，因变取胜者，谓之神。（《明通鉴》卷一七）

戊辰，明成祖自制《平虏曲》，令将士歌之。

八月辛丑，以班师诏告天下。（《明通鉴》目录卷四）

是月，郑和自西洋还。

杨寓（杨士奇）九月癸亥下于狱，寻获释。

蹇义、吕震九月丙寅下于狱，寻俱获释。

陈循讲正分献行礼之所。

> 按：九月壬戌，释奠先师先贤。先是，为北京国子监献官皆本监官，自去岁新都成，礼同京师，翰林院国子监官各二员分献先贤。

曹端起补蒲州学正。

龚诩作《咏采薇》以自况。

邑人建广东乐昌凤山书院。

陈济自序定《通鉴纲目集览正误》59卷。

张崇修、楼观等纂《萧山县志》，书成未刊。

按：稿已散佚。见《文渊阁书目》卷二〇新志类、《千顷堂书目》著录。宣德《萧山县志》吴汝芳序曰："予宰萧山之明年，邑之儒士楼观以前令张公崇所修图志示余，且曰：惜乎书成将欲板行，而会以秩满去任，勿克遂厥志。""永乐十六年夏四月，诏天下纂辑志书。……萧为绍兴支邑。予忝为宰，愧以菲材，恭承明命，与训导南昌祝以中、邑人楼观、戴汝东、张子俊共为搜讨。"（民国《萧山县志稿》卷末）乾隆《绍兴志》：邑令张崇，与训导祝以中，邑人楼观、戴汝东、张子俊修，未见。

曾棨作《王舍人诗集序》。

按：序曰："其所著凡若干卷，君没若干年，其长子阴阳训术默持以至京师，请余为序。……君讳绂，孟端其字，其别号曰友石生，又曰九龙山人云。"

贾仲明作《书录鬼簿后》。

杨寓（杨士奇）以蒋用文旧居南京龙潭，为作《龙潭十景序》。

沈度跋宋李公麟《归庄图》。

张宇清序《吕祖全书》。

许宏著《金镜内台方议》成。

倪峻卒（1300— ）。峻字俊德，一字克明，又字维岳，号静寄道人。无锡人。明萧彦纂《掖垣人鉴》卷七有传。著有记述使越经历之《海篷漫录》3卷。另有《静寄集》4卷、《倪维岳集》等。事迹见《古今图书集成》氏族典卷一〇二。

朱吉卒（1342— ）。吉字季宁。苏州府长州人。以善书改中书舍人，又改侍书，出为湖广佥事。著有《三畏斋集》4卷、《五斋集诗纂》。事迹见《掖垣人鉴》卷五。

按：《三畏斋集》凡诗2卷、杂文2卷。据其后序，当时尝刊版，印本久佚，《四库全书》录其所存传抄本。（《四库全书总目提要》卷一七五）

贾仲明（贾仲名）卒（约1343— ）。一说约卒于1430年。仲明名亦作仲名。号云水散人，元末明初山东淄川人。工乐府，曾侍成祖于燕邸。曾增补钟嗣成《录鬼簿》，著有《云水遗音》。杂剧《升仙梦》，以南北合套，突破元杂剧规律。事迹见《曲录》卷三。

按：《录鬼簿续编》一书未署作者姓名，亦无序跋。游国恩、陈辽等以为贾仲明所作，张志合否之，说见张志合《〈录鬼簿续编〉作者考辨》一文，《郑州大学学报》1988年第6期。

欧阳贤卒（1368— ）。贤，字允贤。江西泰和县蜀江里人。会试中教官，选授严州、兴化教授。升国子助教。兼通诗春秋，卒于官。事迹见杨士奇《南助教欧阳贤墓表》（《国朝献征录》卷七四）。

邹缉卒，生年不详。缉字仲熙。江西吉水人。洪武举明经，授星子教谕。永乐中官翰林侍讲。与修《永乐大典》。官至右庶子兼侍讲。事迹见《明史》卷一六四，黄佐《左春坊左庶子邹公缉传》（《国朝献征录》卷一八）。

按：据《明史》本传：缉博极群书，居官勤慎，清操如寒士。子循，宣德中为翰林待诏,请赠父母。成祖谕吏部曰:"曩皇祖征沙漠,朕守北京,缉在左右,陈说皆正道,良臣也,其予之。"

宋礼卒,生年不详。礼字大本。河南永宁人。累官工部尚书。奉命开会通河。事迹见《明史》卷一五三,朱睦㮮《工部尚书宋公礼传》(《国朝献征录》卷五〇)。

韩雍(　—1478)、周勉(　—1481)、徐颐(　—1483)、娄谅(　—1491)、姚绶(　—1495)生。

永乐二十一年　癸卯　1423年

拜占庭售帖萨洛尼卡于威尼斯。

七月戊戌,明成祖复亲征阿噜台,部诸军俟发。
壬寅,车驾发京师。
十月庚申,下诏班师。(《明通鉴》目录卷四)

罗肃(罗汝敬)七月庚子命为南京应天府乡试考试官。
李骐七月庚子命为南京应天府乡试考试官。
王英八月甲寅命为顺天府乡试考试官。
林志八月甲寅命为顺天府乡试考试官。
李懋(李时勉)七月庚子释于狱,寻复官。
曹端以诸生有亲死欲作佛事责之。
胡濙引谶纬之说固宠,以《太岳太和山瑞光图》献上。
沈粲随成祖北巡。
按:作《居庸关候朝》诗。
史常任福建建宁知府。
按:史常,生卒年不详。字原亨。溧阳人。辑有《一乐堂文》。事迹见《溧阳县志》。
刘安中举人。
陈泰中举人。除安庆府学训导。
俞山中举人。授昆山训导。
谢琚中举人。
按:授西安府训导,累升为河南监察御史。疏言修德弭灾十事,多见施行。谢琚,生卒年不详。山西蒲州人。著有《太极图说》、《月川年谱》。事迹见《雍正山西通志》卷一三八。
颜宗中举人。授邵武知县。
凌志中举人。官湖广参议。
潘俊中举人,官监察御史。

按：潘俊，生卒年不详。字仲杰。昌化人。《昌化志·文苑传》称其精心研理，遇疑义即废寝食，有所得欣然命笔。著述藏于家，《尚书纂注》其一也。引《杭州府志》，无卷数。

潘静中举人。

按：潘静，生卒年不详。字绍安。松阳人。著有《五经疏》、《二十一史定论》、《续性理奥旨》。诸书俱载《松阳志》本传，已佚。

杨述举浙江乡试第一。

按：授宜兴训导，以新教条，及门登科者颇多。升湖广监利县教谕。

蒋明乡试，授湖南慈利教谕。

按：蒋明，生卒年不详。字奎章。苏州昆山人。纂有《昆山志》，邑令郑达刊。著有《文公小学注》、《东归集》，见《昆新两县续修合志》卷四九。

吴与弼作《上严亲书》。

按：吴与弼上其父书略云，乡村僻处，无师友之资，不得大进。

夏节作《柘轩集行述》。

按：序曰："予幼从存斋瞿公，得侍先生几杖，见其谈笑议论，虽古今传记、稗官小说、卜筮阴阳杂家，一切诸书，莫不历览记诵。今先生已殁四十年，旧稿再经兵燹，所存者十不一二。其孙文显能不坠其业，命子昱为邑庠弟子员，数过从予，间至其家报谢。与文显昆仲谈往昔，因出所存稿，盖辑于癸亥之岁者。其间涂注点窜，不可尽识。归至夹城别业，时平地积雪数尺，门无杂宾，推测文义，补缀残缺，其间不能无舛讹之憾。乃次第诗文为若干卷，命长子暹缮写成帙，俾藏于家，以传将来。"

杜琼所为诗文始留稿，署曰《学言》。

高棅卒（1350— ）。棅一名廷礼，字彦恢，号漫士。福建长乐人。博学能文，尤长于诗，为闽中十才子之一，又工书画，时称三绝。画源于米芾父子。专主唐音，实与闽县林鸿共开晋安一派。编有《唐诗品汇》，著有《啸台集》20卷、《木天清气集》14卷等。事迹见《明史》卷二八六《林鸿传》附传，《列朝诗集小传》乙集，林志《漫士高先生棅墓志》（《国朝献征录》卷二二）。

按：《明史》卷二八六称，性善饮，工书画，尤专于诗。其所选《唐诗品汇》、《唐诗正声》，终明之世，馆阁宗之。

刘韶（刘季篪）卒（1363— ）。季篪名韶，以字行。浙江余姚人。洪武进士。与修、监修《永乐大典》。事迹见《明史》卷一五〇、《刑部侍郎刘公季篪传》（《国朝献征录》卷四六）。

朱椿卒（1370— ）。椿，明宗室，太祖第十一子。卒谥献（一作宪）。博综典籍，容止都雅，太祖尝呼为蜀秀才。在蜀聘方孝孺为世子师傅，表其居曰正学，以风蜀人。著有《献园集》17卷。事迹见《明史》卷一一七，《蜀王传》、《蜀献王传》（均《国朝献征录》卷一）。

萧仪卒（1384— ）。仪字德容，江西乐安人。永乐进士。言迁都北京不便，甚切，下狱死。仪有文学，好节义。著有《袜线集》、《南行纪咏》。事迹见《明史》卷一四九《夏原吉传》附传，谢辅《萧仪传》，陈艮《萧仪墓志铭》。

按：《四库全书总目提要》卷一七五曰：《袜线集》15卷，"是集乃其子超进所编。据其原目，凡文十卷，诗十卷。此本仅十五卷，盖诗佚其五卷矣。"《千顷堂书目》卷一八："萧仪《袜线集》二十卷。"注云："仪尝作《石中美传》，杨士奇谓可比韩愈《毛颖传》。"

柯潜（ —1473）、尹宽（1483— ）、黎淳（ —1492）、王越（ —1498）、赵同鲁（ —1503）、曹安（ —?）生。

永乐二十二年　甲辰　1424年

正月癸巳，复命郑和使西洋。（《明通鉴》目录卷四）

三月戊寅，谕将亲征阿噜台。（《明通鉴》目录卷四）

己卯，赐邢宽等148人进士及第、出身有差。

按：邢宽廷试，初以孙曰恭为第一，成祖以"曰恭"乃一"暴"字，及见邢宽，喜而擢为第一，授修撰。

七月辛卯，明成祖崩于榆木川。内侍马云等与大臣杨荣等议，秘不发丧，熔锡为椑以敛，载以龙舆，所至朝夕上食如常仪。

八月丁巳，皇太子即皇帝位，大赦天下。以明年为洪熙元年。

是月，明仁宗诏归解缙妻子、宗族。（《明通鉴》目录卷四）

九月戊戌，邓真以山东按察司、洪顺以佥事上言：比年山东府、州、县学校教官缺人，士子务学亦少，虽科举岁贡不缺，然幸进者五、六人。人才不盛，盖由于此。乞令内外七品以上文官，各举通经一人，授之教职，庶师道立而贤才兴。从之。（《仁宗实录》卷二下）

十月丁卯，礼部引郡县岁贡生奏送翰林院考试。明仁宗召大学士杨寓（杨士奇）等谕曰：朝廷所重安百姓，而百姓不得蒙福者，率由牧守匪人；牧守匪人，率由学校失教故，岁贡中愚不肖者十率七、八，古事不通，道理不明，此岂可授安民之寄！自今，宜戒因循之弊，严考之本，以经四书义不在文词之工拙，但取有理致者。如或难得，即数百人中得一人亦可，盖取之严，则无学者不复萌侥幸之望，而有向进之志矣。（《仁宗实录》卷三下）

是月，衍圣公孔彦缙来朝，赐宅京师。

十一月壬申朔，明仁宗谕礼部臣曰："太学聚天下之士，教之以备任用，盖因其已成而益充之。今郡、县岁贡生员率记诵陈言，以图侥幸，求其实学者百无二、三。尔礼部宜敕有司：督学官，严训诲，必通经成才，方得充贡。盖学者，先立根本于乡学，然后进而充广于太学，若在乡学全未有成，而有望于国学，焉有此理！"（《仁宗实录》卷四上）

甲戌，明仁宗诏诸臣极言时政阙失。（《明通鉴》目录卷四）

丁亥，明仁宗谕二杨、蹇义、金善（金幼孜）为先帝旧人，宜尽言。（《明通鉴》目录卷四）

十二月庚申，作观天台于禁中。

是年，朱逊烓封灵丘王，封国在泽州。

永乐中大修武当山，专为张三丰建"遇真宫"，并数访觅，未遇。

曾棨二月壬子命为礼部会试考试官。

杨荣八月进太常寺卿。九月又进太子少傅兼谨身殿大学士。十二月进工部尚书。

  按：增设谨身殿大学士，自荣始为之。初，解缙等入文渊阁，皆编、检、讲、读之官，不得专制诸司，诸司奏事亦不得相关白。上践阼以来，士奇、荣等皆东宫旧臣，俱掌内制，不次超迁。然居内阁者，必以尚书为尊。自荣后，诸入文渊阁者皆相继晋尚书，于是阁职渐崇。

杨寓（杨士奇）五月以浙江丽水、政和二县山寇起，请遣使招抚。八月进礼部左侍郎兼华盖大学士。九月进少保。十一月进少傅。

吕震九月癸未请以二十七日释服，杨寓（杨士奇）以为不可，明仁宗从士奇言。

虞谦十一月以御史召还，改大理寺卿。谦应诏上言七事，明仁宗命议行之。未几，虞谦以奏事不密改少卿，以杨士奇言仍复之。

杨溥出狱。八月擢为翰林学士、进太常卿。

  按：《明名臣琬琰续录》卷一《少保文定杨公言行录》曰："先生在狱中十余年，家人供食数绝粮，又上命莫测，日与死为邻。愈励志读书不辍。同难者止之曰：'势已如此，读书何为？'曰：'朝闻道，夕死可也！'五经诸子读书之数回，已而得释。晚年遭遇为阁老大儒，朝廷大制作多出其手，实有赖于狱中之功。盖天玉成之如此。"

夏原吉八月丁未出狱，以母丧请终制，仁宗不许。戊午夏原吉复官。是月请罢西洋宝船、交趾采办之事，仁宗从之。夏原吉十一月丙戌获赐银章，进少保。

薛瑄请就教职。

黄淮八月进通政司通政使兼武英殿大学士，俱掌内制。黄淮永乐中曾与解缙等并直文渊阁，进右春坊大学士。

  按：后为汉王高煦所谮，系诏狱10年。

蹇义、杨士奇、金幼孜九月戊戌获仁宗所赐"绳愆纠谬"银章各一，遇言事用印密封以闻。

蹇义九月进少傅，十一月丙戌进少师。

金善（金幼孜）护梓宫归。八月进户部右侍郎，兼大学士如故。

陈循九月升为翰林院侍讲阶承直郎。是年任修撰满九载免考绩。

  按：时仁宗谕思善门选春坊官，吏部尚书骞公、引公与御史黄宗载等八人备选。仁宗曰：陈循北京新科元，朕知其人所存还留翰林院用，故有是命，受命直解资治通鉴，共事者十数人。

王英八月进侍讲学士，寻升右春坊大学士兼翰林侍讲学士。

薛瑄请就教职。

李桐（李至刚）永乐中为右通政，与修《太祖实录》，升礼部尚书。首建建都北平之议。为言者所劾，与解缙同下狱。

黄福永乐中以工部尚书，掌交趾布政、按察二司事，在任19年，随事制宜，上下帖然。及还，交人扶携走送。

陈嵩永乐中以太学生特诏充文渊阁纂修。

按：陈嵩，生卒年不详。字伯高。宁海人。著有《春秋名例》，见《千顷堂书目》及雍正《浙江通志》。《经义考》云佚。

吴溥永乐中升修撰，迁国子司业。

郑棠永乐中官翰林院检讨。

按：郑棠，生卒年不详。字叔美。浙江浦江人，郑濂侄，宋濂弟子。有文行，著有《道山集》6卷。《四库全书总目提要》卷一七五曰：《道山集》"……卷四为经筵讲义，卷五、卷六为《元史评》，以杂著附入，则固唐以来例也。棠以文章选入翰林，由典籍至检讨，而于诗殊不擅长。"《金元史评》（《元史评》），已佚，见《金华贤达传》。

丁礼永乐入觐，献《周礼补注》。

按：丁礼，生卒年不详。字思敬，号兰室。丹徒人。另纂有《镇江府志》，著有《三余集》、《兰室吟稿》。事迹见《千顷堂书目》卷二、《光绪丹徒县志》卷三二。

刘有年永乐中上《仪礼逸经》18篇。

按：刘有年，生卒年不详。字大有。湖广沅州人。据《四库全书总目提要》卷二〇：《明一统志》："沅州刘有年，洪武中为监察御史，永乐中上《仪礼逸经》十有八篇。"杨慎求之内阁，不见其书。朱彝尊《经义考》谓有年所进即元吴澄《仪礼逸经传》，《逸经》八篇，《传》十篇，适符其数。其说似乎有据。今世传《内阁书目》，惟载澄书，不著有年姓名。盖当时亦知出于澄矣。事迹另见《吾学编》卷五八、《千顷堂书目》卷二。

陈璋永乐中曾进二疏。

按：陈璋，生卒年不详。字天章。常熟人。少以家累戍云南，至老归乡。著有《古斋集》。事迹见雍正《昭文县志》卷七本传。

李孝谦永乐中奉命总修郡志，书成而卒。

按：李孝谦，生卒年不详。以字行。浙江鄞县人。李仕开长子。与弟悌谦、忠谦皆孝友好学。《宋元学案》列其入《沧洲诸儒学案》下、《静明宝峰学案》别见《北山四先生学案》。谢山《跋四明文献录题词》曰："处士读书，历尝受业于胡舜咨、戴九灵、杨彦常、吴主一、揭伯防，远有端绪。其生平所著，尚有《经书问难》、《通鉴考证》、《许心百忍箴注》、《急就章解》、《长律英华》、《中林集》，而今不可得见矣。是录之后，又别有《四明名贤记》，今亦不可得。"事迹见《古今图书集成》学行典卷二〇八。

丁晋永乐中选为肃府校尉。

按：丁晋，生卒年不详。字仲敏。苏州府昆山人。与吴县邹奕、沈绎为唱和友。居兰州日久，与绎及钱塘杨志善，俱以齿德见重，称"金城三老"。著有《樵云集》，见《千顷堂书目》卷一八、《昆新两县续修合志》卷四九。

李叙永乐中由乡荐入太学，为祭酒胡俨所重。

况钟永乐中荐授仪制司主事，迁礼部郎中。

怀悦永乐中以纳粟官通判。

按：怀悦，生卒年不详。字用和。嘉兴人。编《士林诗选》1卷，所载皆一时友朋

之作。（见《四库全书总目提要》卷一九一）

张敔永乐中贡入国子监，除广东道监察御史，扈从北征。

按：监闽延平府银屏山务。擢陕西按察使佥事。因被诬，谪广平知县。张敔，字伯起，生卒年不详。庐州府合肥人。著有《京氏易考》。事迹见《光绪续修庐州府志》卷三三。据《四库全书总目提要》卷三九：考明有两张敔。其一字伯起，合肥人。永乐中贡入太学，除广东道监察御史，官至陕西按察使佥事。所著有《京氏易考》，见朱彝尊《经义考》。《雅乐发微》作者张敔，饶州人。朱载堉《律吕精义》第5卷中载有其名。又《明史·陆粲传》，载粲《劾张璁·桂萼疏》，有"礼部员外郎张敔假律历而结知"之语，与此书亦相合，盖即其人也。

陈孜永乐中以人材荐。

按：试政行在兵部，为尚书张本所器重，授职方主事，章疏机务，多所咨决。孜纂《军政条例》上之。陈孜，生卒年不详。字克和。籍贯不明。事迹见《万姓统谱》卷一八。

陈诚永乐中为吏部员外郎。

郑楷永乐中除蜀王府教授，赐号醇翁，升长史致仕。

按：郑楷，生卒年不详。字叔度。浙江浦江人。著有《凤鸣后集》10卷。《四库全书总目提要》卷一七五曰："其曰《后集》，当尚有《前集》也。朱彝尊《明诗综》载义门郑氏有梃、栿、干、桐四人，而不及楷。今观其《谢银钞笺》中称长家兄干，则楷为干弟。殆因不以诗名，故彝尊佚之，抑或偶未之见耶。"事迹另见《古今图书集成》文学典卷九四。

胡由（胡粹中）永乐中官楚府长史。

按：胡粹中，生卒年不详。名由，以字行。浙江山阴人。著有《元史续编》、《读史笔记》、《通鉴正误》、《汉史笔记》，各书载乾隆《绍兴志·经籍》及雍正《浙江通志》，未见。事迹见《千顷堂书目》卷四、《四库全书总目提要》卷四七。

高惠永乐中授刑科给事中，历任山东右参政，按察使佥事、权领都指挥。

按：高惠，生卒年不详。字迪。金华人。著有《四书问答》2卷。见雍正《浙江通志》。已佚。

唐泰永乐中累迁陕西按察副使。

按：唐泰，生卒年不详。字亨仲。福建侯官人。善诗，与林鸿等并称闽中十才子。著有《善鸣集》。事迹见《明史》卷二八六《林鸿传》附传。

唐文凤（唐子仪）永乐中以荐授兴国县知县。改赵王府纪善。

按：知兴国，有政绩，泰和刘鸿尝作《贤令祠记》，见程敏政所编《唐氏三先生集》附录中。唐文凤，生卒年不详。字子仪，号梦鹤。徽州府歙县人。唐桂芳子。父子俱以文学擅名。其五世孙泽撰墓表曰：先生著述在乡校者曰《朝阳类稿》，在兴国者曰《政馀类稿》，又曰《章贡文稿》，在藩府者曰《进忠类稿》，在洛阳者曰《洛阳文稿》，归田后曰《老学文稿》。《四库全书》所录《梧冈集》8卷，盖不逮十之三四（参《四库全书总目提要》卷一七〇）。

张绪永乐中以才名荐，授会昌侯府教授。

按：张绪，生卒年不详。字廷瑞。常熟人。著有《玉河稿》、《肯堂稿》、《江南钓矶稿》。事迹见《图绘宝鉴》卷六。

季篪任昆山县学训导。

蒋用文永乐中升太医院院判。

童文永乐中官太医院医士。

按：童文，生卒年不详。字仕郁。兰溪人。纂有《拾遗方》。

陶华永乐中官本县训科，治病有奇效。曾以砒解羊肉结胸之疾。

按：陶华，生卒年不详。字尚文。余杭人。著有《十段关》1卷、《伤寒全生集》4卷。《八千卷楼书目》曰：陶华著有《医统》。又有日本刊本，计7种。事迹见《古今图书集成》氏族典卷二一〇。

刘均美以医名洪武永乐间。后家金陵，与解扬诸公友善。

按：刘均美，生卒年不详。号阅耕。钱塘人。著有《拔萃类方》40卷，是书据雍正《浙江通志》引成化《杭州府志》。未见。事迹另见《西湖游览志馀》卷一四。

严景永乐中入太医院习医，受业于赵友同、吴敏德。

按：晚年家筑颐老堂，啸咏以终。严景，生卒年不详。字克企，号彦昭。江宁人。笃学，通《易》理。倪谦为纂墓志。著有《颐老集》。事迹见陈镐《严景传》（《国朝献征录》卷七八）。

陈孝积以医道倡于邑，涉猎史学。

按：陈孝积，生卒年不详。龙泉人。纂有《龙泉景物志》等，见《处州志》艺文。未见。

王拳永乐中得异人秘授，精外科。

按：王拳，生卒年不详。淮安大河人。子孙六代皆以外科名世。有"大河外科"之称。著有《大河外科》2卷（嘉靖三十六年刻本，日本藏）。

徐述永乐中召至京，赐袭衣。明成祖欲官之，不果。

按：徐述，生卒年不详。字孟鲁。武进人。世业医。著有《难经补注》。弟迪，工砭法，时称二仙。事迹见1947年存桂堂藏版《常州新河徐氏宗谱》。

苏平永乐中举贤良方正，不就。

陈玉永乐中以人才举秘阁修书，拜官不就。

按：陈玉，生卒年不详。字温瑜，号雪崖。句容人。著有《雪崖集》，见弘治《句容县志》卷六。

韩经永乐中屡征不出，居家教授以终。

按：韩经，生卒年不详。字本常，号恒轩。浙江山阴人，据《四库全书总目提要》卷一七五，其子监察御史阳编其集为《恒轩集》6卷。事迹见《古今图书集成》学行典卷一八九。

陈益永乐中以五经教授于其乡，学者称行素先生。

杭礼永乐中举隐逸不就。

按：杭礼，生卒年不详。字仲恭。武进人。纂有《夫椒野史》，见光绪《武阳志余》卷一〇。夫椒，山名，一说即椒山，指太湖中洞庭西山或马迹山。

徐骥永乐中国子生。

按：徐骥，生卒年不详。字尚德。浦城人。著有《洪范解订正》1卷，见《千顷堂书目》卷一。

张楷成进士。

赵雍成进士。授户部主事，历官云南布政司参政。

贺廉中京闱第二。授连江训导，升代府纪善。

按：一说成化十九年举人。授训导。贺廉，生卒年不详。字以清。苏州府吴县人。以直忤时，终福建按察知事，家居以经义教授乡里，邃《易》。宣德间东山查湾为其立文魁坊。著有《居乐集》。事迹见《万姓统谱》卷一〇四。

孙鼎登乙榜。授江浦儒学教谕，升松江教授，以孝悌立教。

王佐永乐中中举人。入国子监，以学行闻。

王振永乐中举孝廉。授监察御史，任福建、陕西巡抚。

按：后出守交趾。改知温州府，未几致仕归。终身以书史自娱。王振，生卒年不详。字起宗。金坛人。著有《竹雪斋稿》（一作《竹雪集》），见光绪《金坛县志》卷一五。

苏镒永乐中举明经。授中书舍人，升吏部验封主事，迁员外郎，与纂修事，进郎中。

按：苏镒，生卒年不详。字良玉。福建建安人。苏伯厚子。著有《金台寓稿》。事迹见《万姓统谱》卷一二。

翟宏永乐中举明经。授齐东教谕，调于潜。进宁府教谕，王甚礼重之。

按：翟宏，生卒年不详。字宏道，号静轩。无锡人。著有《九峰老人集》，见万历《无锡县志》卷二〇。

又按：翟厚，生卒年不详。字公厚。宏子。承家学，从王达游，学有源委。《毗陵人品记》有传。著有《续通略》、《萤爝集》，编有（王达）《天游文集》10卷等。

王叔纪永乐中举秀才。任湖广平江县丞。

按：王叔纪，生卒年不详。江阴人。著有《平居集》，见民国《江阴县续志》卷一九。

段坚六岁，其祖父鸣鹤教于家塾。

邝玺永乐中创建玉溪书院于湖南宜章玉溪河畔。后为养正书院。

刘髦永乐中建江西永新石潭书院。

何宗顺永乐中建广东顺德锦云书院。

黄广成永乐中建太子泉书院于广西宁明明江城西门外。

按：永乐中，另有观澜书院建成于福建福州螺洲乡洲尾村江浒。相传有三才子（林邑、林峦、林颙）谢绝朝廷征召，读书于此。右旁有著名古迹螺女庙。左边岸际嵌有明王偁手书"曲水观澜"擘窠大字石刻。山东邹平中庸书院修葺、广西宁明明江城西门外太子泉建明江书院、湖南衡阳兴复李宽中秀才书院。

程昆永乐中官蕲州知州。

按：程昆，生卒年不详。字汝器，以字行。徽州府休宁人。师事赵汸。著有《周易集传》10卷、《覆瓿集》。事迹见《万姓通谱》卷五三、《千顷堂书目》卷一。

任道逊永乐中举奇童。历官太常寺卿。

按：任道逊，生卒年不详。字克诚。临安人，一作温州永嘉人。著有《太极心性图说》又《云山樵语》，见《千顷堂书目》卷一一。事迹见吴宽《明故通议大夫资治尹太常寺卿任公道逊志铭》（《国朝献征录》卷二二）。

僧智光永乐中擢僧录司右阐教，升右善世，召居北京崇国寺，封国师号。

僧义金永乐中应诏入京，校雠佛典及三藏法。

按：僧义金，生卒年不详。山西太原人。俗姓张。事了空为师。授官不就，归故山。事迹见《嘉庆重修一统志》卷一三七。

僧洪莲永乐中诏选注《大明三藏法数》，校《大藏经典》，既成，辞还归山。

道士廖时升永乐中选主太湖道会。

按：廖时升，生卒年不详。安徽安庆人。曾奉诏修道经。临终作一谒："有为有作本无为，出入难逃幻化机。五十九年浑一梦，今朝方识未生时。"

道士张真凝永乐中寓居景星观。

按：后入芦林采药，不知所终。张真凝，生卒年不详。号湖上翁。湖广辰州府溆浦县人。初学道于龙虎山中，得传道教秘方。既而访道于终南山，自有所得。

邓梦文自序《八卦馀生》18卷。

按：《四库全书总目提要》卷七曰："其书卷首列《总论》五条。一曰偶感，记《经》文之有会于心者，凡十九处。二曰记臆，指程子、苏轼二家之说大不合于《经》者七十处。三曰论应，斥诸家某爻应某爻之非，而取其不谬于理者十一处。四曰论五位，辨诸家以五爻为君之非凡九处。五曰论变，谓卦不必至三爻而变凡三处。其大旨主于以身为《易》，不假著筮而自然与造化相符。多掊击前人之说，而攻程《传》为尤甚。至《系辞》诸传则并攻《传》文。"梦文，生卒年不详。字志文。安成人。

广成书堂翻刻（元）南山书院本《广韵》5卷。

朱权永乐间著《天运绍统》。

按：校正历代帝王世系"其未有谱者，编其统系，列其次序，纪其甲子，以续绍统而继之运"（转引自饶宗颐《中国史学上之正统论》第59页，上海远东出版社）。

解缙等永乐中纂《天潢玉牒》1卷。

杨荣四月从北征，记其往还始末，著《后北征记》1卷。

按：《四库全书总目提要》卷五二曰："荣以永乐二十二年四月扈从北征，记其往还始末，著此书。编排月日，叙述颇详。榆木川之事，即是役也。其事世多异说，荣所记则与史符合。盖史官以其帷幄之臣，身预顾命，故用以为据。然其实录与否，亦无可考矣。"

崔子璲永乐中编《崔清献全录》10卷。

按：据《四库全书总目提要》卷六〇：皆其五世祖舆之之遗事遗文。舆之，生卒年不详。字正之，谥清献。

刘廌永乐中集其祖父刘基所得御书诏诰及行状事实为《翊运录》2卷。

按：《四库全书总目提要》卷六〇曰："取诰文中'开国翊运'之语为名。同郡王景为之序。成化中，巡按浙江御史戴用以版久漶漫，因增辑重梓，杨守陈为之序。嘉靖初，从处州府知府潘润之请，以基九世孙瑜袭爵。瑜因复增入袭封诰敕，及部议、题本、谢恩表之类，自为后序。"

袁璞永乐中纂修《新城县志》。

按：稿已亡佚。嘉靖《新城县志》洪贯序曰："永乐初，邑人礼部主事袁公璞，搜访遗编，手自誊录，而益以所见闻，为《新城志》。稿存而事多略。"又见《文渊阁书目》卷二〇新志类著录。

周镐夫永乐中纂修《长兴县志》6卷。

按：已佚。见《文渊阁书目》卷二〇新志类、《千顷堂书目》、雍正《浙江通志》卷二五三著录。《文渊阁书目》注曰：与《安吉志》合为1册。

佚名永乐中纂修《海盐县志》。

按：见《文渊阁书目》卷一九旧志类著录，久佚。纂修者名氏不可考。天启《海盐县图经》朱泰祯序曰："国朝永乐有志，半袭李旧。"李即直养所修《武原志》

佚名永乐中纂修《鄞县志》。

按：见《千顷堂书目》、《文渊堂书目》卷二〇新志类著录。纂修者名氏不可考。雍正《浙江通志》卷二五三曰："永乐间修，未刊。"明末鄞县高宇泰《敬止录》曰："永乐《志》不著撰者姓氏，予于《南山集·张德愿墓志》言其博学好古，预修永乐《志》，惜未及刊。同修者钞帙甚伟，最为详备。"

佚名永乐中纂修《黄岩县志》。

按：传本久绝。见《文渊阁书目》卷二〇新志类著录，未详卷数及册数。纂修者名氏不可考。光绪《黄岩县志》王棻序曰："黄岩有志，始于宋大中祥符，重修于嘉定甲申，至明永乐后复修，书皆不传。"光绪《台州府志》经籍考六："谢铎《尊乡录节要》所引邑志，多据是编。"

佚名永乐中纂修《杭州府志》、《顺天府志》成。

按：永乐中另修《临海县志》、《乐清县志》。皆未详纂修人名氏。

黄淮作《省愆集序》。

按：序曰："在狱逾十年，惩艾之余，他无所事，凡触于目而感于心者，一皆形于诗。甲辰秋，伏遇今上皇帝即位，覃恩肆赦，臣淮获全喘息，复从诸大夫后，退食之暇，绸绎腹稿，得诗赋词曲合若干篇，汇次成帙，名之曰《省愆集》，志不忘也。"

麻勉序方文照编《徐仙真录》5卷。

按：《徐仙真录》，乃汇编徐仙即洪恩、灵济真君徐知证、知谔神异灵迹赞颂文集。篇首3序：永乐甲辰二十二年（1424）福建左布政使麻勉及正统八年（1443）闽县学儒训导王用盛《徐仙真录序》、正统六年（1441）泉州府同安县知县朱徽《重刊徐仙真录题辞》，谓此书乃灵济宫祠官方文照汇集成编，刊行于永乐时，正统时增订。然卷三载有成化二十二年（1486）明宪宗《御制重修洪恩灵济宫碑》文，则为成化以后续补。该书收入明《续道藏》"卢"帙，涵芬楼影印本第1086—1088册。是研究徐仙信仰之重要典籍之一。

薛瑄为临川杨万英作《务本堂序》。

尢芳序顾孟容所纂《冠谱》。

按：《四库全书总目提要》卷一一六曰：《冠谱》1卷，顾孟容撰。"孟容，钱塘人。是书统载历代冠制。""卷首有永乐甲辰刑部员外郎尢芳序，谓孟容多艺能，凡所制冠，必遵古制，亦不考之甚矣。"

徐用宣纂《袖珍小儿方》10卷。

按：《四库全书总目提要》卷一五〇曰："用宣，衢州人。《艺文志稿》作徽州人，盖字形相近而讹。其书以《脉诀》为首，《方论针灸图形》次之。总七十二门六百二十四方，搜采颇备，惟论断多袭旧文，无所发明耳。是书作于永乐中，嘉靖十一年赣抚钱宏重刊，以是书原本宋钱乙也。"

王巽纂《遁甲吉方直指》1卷。

按：王巽，生卒年不详。自号秦台子。河南兰阳人。官钦天监五官司历。《四库全书总目提要》卷一一一曰："是书前有自序，谓永乐中上巡狩北京，增《大统王遁历书》，命巽及冬官正皇甫仲和、灵台郎汤铭等推演遁甲，删诸凶时，专注吉门以利用。因集为此书，盖亦《壬遁历》之略例也。然术家主趋避，未有不明于所避而可以凶吉者。专选吉方以求验，非古法矣。"

虞谦官大理寺卿,次所著为《玉雪斋集》。杨士奇序之。

朱绍、朱积同编《鼓吹续编》9卷。

按:据《四库全书总目提要》卷一一一:盖续唐诗鼓吹而作,故所录皆七言律诗。朱绍,字善继;朱积,字善庆。江阴人。二人兄弟也。

沈行永乐宣德间纂《贯珠编贝集》5卷。

按:《四库全书总目提要》卷一七五曰:"是编前有魏骥序,则当在永乐宣德间也。是编皆集句之诗,兼取唐、宋、元人之作。'贯珠'言其声之和,'编贝'言其材之富,然牵强凑合,在所不免。"行,生卒年不详。字履德。浙江钱塘人。一说成化间,与陈言皆以工集句闻名。事迹另见《列朝诗集小传》闰集。

丁鹤年卒(1335—)。鹤年,回回人。好学洽闻,精诗律,赋诗情辞悱恻,晚年学佛,结庐居父墓。著有《海巢集》等。事迹见《明史》卷二八五《戴良传》附传,《丁孝子传》(《春草斋集》卷二)。

按:据《明史》卷二八六,方国珍据浙东,最忌色目人,鹤年转徙逃匿,为童子师,或寄僧舍,卖浆自给。及海内大定,牒请还武昌,而生母已道阻前死,瘗东村废宅中,鹤年恸哭行求,母告以梦,乃啮血沁骨,敛而葬焉。乌斯道为作《丁孝子传》。晚学浮屠法,庐居父墓。鹤年好学洽闻,精诗律,楚昭、庄二王咸礼敬之。正统中,宪王刻其遗文行世。《四库全书总目提要》卷一六八曰:《丁鹤年集》1卷,"元丁鹤年撰。鹤年字亦曰鹤年,盖用孟浩然字浩然例也。色目人。本世家子。遭乱不求仕宦,笃尚志操,兼以孝闻。乌斯道、戴良为作传,皆以申屠蟠拟之。""其诗本名《海巢集》。此本题《丁鹤年先生集》,不知何人所编。"

蒋武生(蒋用文)卒(1351—)。用文名武生,以字行。一字静学。卒谥恭靖。应天句容人。与修《永乐大典》。精医。治病不泥古方,据病情立方,故常有效。著有《治效方论》、《静学斋集》等。事迹见杨士奇《太医院使谥恭靖蒋公用文墓表》、陈镐《蒋恭靖别传》、《蒋用文传》(均《国朝献征录》卷七八)。

马京卒(1351—)。京字子高。武功人。洪武进士。授翰林编修。后辅导皇太子。数为高煦所谮,谪戍广西,仍坐前事,逮下狱。事迹见《明史》卷一五〇《陈寿传》附传。

陈全卒(1359—)。全字果之,号蒙庵。福州长乐人。永乐进士,授编修,历侍讲,署院事。工五言诗,著有《蒙庵集》。事迹见陈循《翰林侍讲陈先生全墓志铭》(《国朝献征录》卷二〇)。

陈济卒(1363或1364—)。济字伯载。常州府武进人。通经史。以布衣召为《永乐大典》都总裁。著有《书传补注》1卷(见《千顷堂书目》卷一)、《书传通证》(一作《书经通证》)、《诗传通证》、《元史举要》、《通鉴纲目集览正误》59卷、《思斋集》、《赞善文集》等。事迹见《明史》卷一五二,金寔《儒林郎右春坊右赞善武进陈公济行状》(《国朝献征录》卷一九)。

按:沈德符《万历野获编》曰:"中外荐其学行,文皇命召至京,以为大典都总裁,书成,拜右春坊右赞善。其为总裁时,故布衣也。又都总裁之名,惟元时有之,在本朝未之见,斯亦异矣。今人但知济曾为重修《太祖实录》总裁耳。"据《明史》卷一五二本传,词臣纂修者,及太学儒生数千人,翻秘库书数百万卷,浩无端倪。济与少师姚广孝等数人,发凡起例,区分钩考,秩然有法。执笔者有所疑,辄就济质问,应口辨析无滞。书成,授右赞善。谨慎无过,皇太子甚礼重之。凡稽古纂集之事,悉以属济。随事敷奏,多所裨益。五皇孙皆从受经。

歧阳方秀卒(1363—)。歧阳方秀,日本理学家。曾以日本假名标注朱熹《四书集注》,在日本创造"汉籍和训"。

李景隆卒于永乐末。景隆小字九江。李文忠子。生卒年不详。凤阳盱眙人。与修《太祖实录》等。事迹见《中国历代人名大辞典》。

周瑾生于永乐时(—?)。瑾字孟瑜,号守一。诸暨人。著有《地理指迷》,已佚。

吴谦生于永乐时(—?)。谦字伯礼,号复民。无锡人。时敏子。曾为安远侯柳溥幕僚。著有《默庵编年纪行集》,见乾隆《无锡县志》卷三九。

华守嘉生于永乐时(—?)。守嘉字本善。无锡人。著有《目耕集》,见《锡山历朝书目考》卷一〇,已佚。

徐寿生于永乐时(—?)。寿字延龄,号南山。无锡人。著有《蚓鸣集》,见《锡金志外》卷二。

钟同(—1455)、刘昌(—1480)、孙琼(—1491)、沈诚(—1493)、梅伦(—1494)、王僡(—1495)、潘琴(—1513)生。

明仁宗洪熙元年　乙巳　1425 年

正月乙亥,明仁宗令内外诸臣修举职业。(《明通鉴》目录卷四)

己卯,建弘文阁,命儒臣入直。(《明通鉴》目录卷四)

按:《殿阁词林记》卷一《武英殿大学士杨溥》曰:"洪熙元年正月己卯,建弘文阁于思善门之左,命溥掌阁事。选侍讲王进侍直,改儒士陈继为博士,学录杨敬为编修,训导何澄为给事中。俱轮班奏对。"《殿阁词林记》卷九《弘文》曰:"洪武三年四月庚辰,置弘文馆,设学士一员及校书郎等官。九年闰九月,定官制,遂罢之。居是职者,刘基、詹同、罗复仁、胡錤也。仁宗即位,建弘文阁于思善门外,盖法国初遗意。永乐二十二年八月,命本院学士杨溥掌之,与侍讲王进时承顾问,讨论经籍。又擢编修杨敬、给事中何澄俾预焉。又起用检讨陈继。凡在阁者五人。驾尝临幸,讲论经史不倦。洪熙元年闰七月,溥等奏纳弘文阁印,各还原任。储闱可之,仍命溥与杨士奇等同治内阁事。"

丙戌,赐三公及六部尚书《天元玉历祥异赋》。

二月壬子,明仁宗谕华盖殿大学士杨寓(杨士奇)等曰:"东宫开讲筵,盖欲皇太子日闻正道,养成德性。讲官当以大经大法进说,其前史所载非圣贤之道、无益于治者,勿言!"(《仁宗实录》卷七上)

三月丁丑,诏求直言。(《明通鉴》目录卷四)

拜占庭帝约安尼斯八世登位。

土耳其人劫掠威尼斯商业据点。

设隆庆、保庆二州儒学。

四月庚戌，郑府长史司审理所审理正俞廷辅言："……臣窃以为进贤之路莫重于科举……庶几士务实学，而国家得贤才之用。"明仁宗谕礼部臣曰："所言当理，其即行之。"又曰："科举之士须南北兼取，南人虽善文词，则北人厚重。比累科所选北人仅得什一，非公天下之道。自今科场取士，以十分论，南士取六分，北士取四分。尔等其定议各布政司名数以闻。"（《仁宗实录》卷九下）

乙卯，朝罢，明仁宗语蹇义、杨士奇昔日艰难，为之泣然。因赐二人玺书印二。（《明通鉴》目录卷四）

五月癸酉，诏修《文皇帝实录》。

按：《明通鉴》目录卷四记诏修《太宗实录》；《明通鉴》卷一八记诏修《文皇帝实录》。

辛巳，大渐，遗诏传位皇太子。是日，仁宗崩于钦安殿。（《明通鉴》目录卷四）

六月庚戌，太子即皇帝位，大赦天下，瞻基即位，是为宣宗。以明年为宣德元年。

七月闰月乙丑，罢弘文馆。

壬子，行在礼部以纂修《仁宗昭皇帝实录》移文南北二京各衙门，及遣进士陆征等分往各布政司暨郡、县，采求事迹，类编文册，悉送史馆，以备登载。

是月，敕修《仁宗实录》。盖两朝实录并修也。

按：《明通鉴》卷一八考异曰：《明史·本纪》及《三编》皆不载，证之《吾学编》、《典汇》，皆书于是年闰月，沈氏《野获编》所记尤详。盖是时《太宗实录》尚未成，此修《仁宗实录》者，即修《太宗实录》之原人，惟监修加入王通耳。故《通纪》于是月书敕修《太宗仁宗两朝实录》，今并记之。今人谢贵安著有《明实录研究》。

八月乙卯，行在礼部奏定科举取士之额。（《仁宗实录》卷九）

按：先是，仁宗以为近年科举太滥，命礼部翰林院定议额数。至是议奏。

癸未，胡概、叶春受命巡抚南畿、浙江。

按：巡抚之名始此。（《明通鉴》目录卷四）

十一月辛酉，贵州镇远府知府颜泽奏：本府儒学自永乐十三年开设，于偏桥等处四长官司夷人之中选取生员，入学读书，期有成效，宜给廪膳以养之。从之。（《宣宗实录》卷一一）

按：颜泽，生卒年不详。字泽民。常州府江阴人。永乐十年进士，累官镇远知府，立学兴教，风化一变。数迁至福建参政，闽人称为佛子。事迹见《毗陵人品记》。

十二月戊辰，贵州铜仁府知府周季言："本府新设儒学，庙堂斋舍未备，生徒讲肄无所，欲发民创构，未敢自擅。"命工部从其所奏。（《宣宗实录》卷一二）

是岁，仁宗定科举南北取士法，宣宗即位，始颁式于天下。著为令。（《明通鉴》目录卷四）

按：仁宗复南京国子监为国子监，而称由北京国子监改称的国子监为行在国子监。

仁宗以后，朝廷先后扩建广寒殿、清暑殿、琼花岛、通集库、皇史宬等藏书处。

"高道"刘渊然获赐"冲虚至道玄妙无为光范衍教庄静普济长春真人"号，与龙虎山张真人同等，主营天下道教事。（《道教大辞典》）

杨士奇四月壬寅草诏，免山东及淮、徐本年夏税及秋粮之半。四月以上书颂太平者，不谓然。宣宗顾蹇义等，以为士奇凡五上章，卿等何无一言。皆惭谢。五月癸酉为纂修《文皇帝实录》总裁。七月闰月乙巳为纂修《仁宗昭皇帝实录》总裁。

杨士奇荐大理寺副仰瞻为左寺丞。

杨溥正月乙卯掌弘文阁事。五月癸酉为纂修《文皇帝实录》总裁。七月闰月乙丑入直文渊阁。与杨士奇等共掌机务。七月闰月乙巳为纂修《仁宗昭皇帝实录》总裁。

杨荣累进谨身殿大学士，工部尚书。五月癸酉为纂修《文皇帝实录》总裁。七月闰月乙巳为纂修《仁宗昭皇帝实录》总裁。

金善（金幼孜）正月进礼部尚书。兼武英殿大学士。是年春归省。五月癸酉为纂修《文皇帝实录》总裁。七月闰月乙巳为纂修《仁宗昭皇帝实录》总裁。

按：《东里文集》卷六有《送礼部尚书兼大学士金公归省诗序》，《文敏集》卷二有《送太子少保金公归省》。

黄淮正月进少保兼户部尚书。寻兼武英殿大学士，与杨荣等同掌内制。五月癸酉为纂修《文皇帝实录》总裁。七月闰月乙巳为纂修《仁宗昭皇帝实录》总裁。

张辅五月癸酉为纂修《文皇帝实录》监修。七月闰月乙巳为纂修《仁宗昭皇帝实录》监修。

按：嗣后，别成《永乐圣政记》3卷。今天一阁有残本2卷。

蹇义五月癸酉为纂修《文皇帝实录》监修。七月闰月乙巳为纂修《仁宗昭皇帝实录》监修。十月丙子受命择文学儒者，往教魏国公徐显宗：有教谕阎颜考绩当升府教授，可用往教。

夏原吉正月命为荣禄大夫、少保兼太子少傅、户部尚书。五月癸酉为纂修《文皇帝实录》监修。七月闰月乙巳为纂修《仁宗昭皇帝实录》监修。

陈振（陈叔刚）任监察御史，与修二朝实录，以老迁翰林修撰。

刘谦与修仁宗实录。

杜琼为修纂。

按：时修太宗文皇帝实录，遣使采访事迹，本府延举之。

梁萼与修太宗实录、仁宗实录。

按：梁萼，生卒年不详。字绍辉。江西临川人。幼孤，警敏嗜学。师事张孟同。后与修太宗、仁宗实录。升衢州府教授。曾五次典京闱文衡。文声甚著。事迹见《万姓统谱》卷五〇。

李懋(李时勉)五月癸酉复上疏言事。与罗肃(罗汝敬)下于狱。

按：罗肃(罗汝敬)以言时政忤旨下狱，直声颇著。

陈循三月承敕命并赠其先公彦和翰林院侍讲阶承直郎、母鲁继母胡皆安人、妻鲁氏封安人。七月得省祭于乡之请。

薛瑄三月丁父忧。

龚诩以官事解还家，季簏与之同行。

娄谅从吴与弼学。

曹端考绩吏部，蒲霍诸生各疏留之，于是复官霍州。

陈继以五经博士供职弘文阁。

王进入弘文阁。

胡俨二月丙寅以国子祭酒加太子宾客，致仕。七月奔讣北京。

按：详见《颐庵文选》卷上《北上倡和诗序》。

王瀹迁政王府长史，数以礼进谏，与王不合。诏改户部郎中。

王英归省。

仪铭以荐授行在礼科给事中。

卫靖官中书舍人。

朱有燉袭爵。

严本调大理寺正，以律论刑，不苟阿徇。

按：严本，生卒年不详。字志道，号伊蒿子。常州江阴人。通群籍，习律法。以博霖《刑统赋》辞约义博，著《刑统辑义》4卷。本立身方严，非礼弗履。事迹见《明史》卷一五〇《虞谦传》附传。

杨勉复侍郎。

按：坐事谪山东右参政，调广东，卒官。杨勉，生卒年不详。字子学。应天江宁人。以荐与修《五经四书大全》及《性理大全》。事迹见《广东右参政杨勉传》(《国朝献征录》卷九九)。

李桐(李至刚)仍为右通政，旋出为兴化知府。

李昌祺(李祯)起为河南布政使，绳豪猾，去贪残。

吴讷授监察御史，出按浙江、贵州，累官南京左副都御史。

宋子环授梁王府、越王府右长史。

张洪召入翰林，官修撰。

陈祚诏选用。

陈瑄十一月上七事，言漕运尤悉，复命督其事。

范济年八十余，诣阙言八事，帝嘉之，作为儒学训导。

按：范济，元末进士。生卒年、籍贯不详。事迹见《明史》卷一六四。

金问得释，升翰林修撰。官至礼部右侍郎。

盛寅在南京太医院任职。宣宗立，盛寅召还。

虞谦为大理寺正卿。

潘赐起南京刑部主事。

彭琉授临清教谕。

刘敬(刘子钦)起为江西新淦县学训导。

按：后居家授徒，及门多才士。

胡俨二月丙寅以国子祭酒加太子宾客，致仕。

蒋骥得释。

瞿佑释归，复原职，内阁办事。

柯暹贬知永新。

按：柯暹（1390—　）。暹字启辉。池州府建德人。著有《东冈集》10卷。《四库全书总目提要》卷一七五曰："永乐乙酉领乡荐，年仅十六。明年与修《永乐大典》，选入翰林。知机宜文字，进《元兔诗》，授户科给事中。以三殿灾，应诏陈言，谪交趾驩州知州。累迁云南按察使，致仕归。事迹附见《明史·邹缉传》。是集乃暹晚年所手订。刘定之序称其诗文奇崛，出人意表。"雍正《江西通志》卷六一则曰："柯暹，字用晦，池州人。洪熙元年知永新州。"

溥洽乞居南京报恩寺养老。

丁嵩中举怀才抱德科，辞不就。

何渊屡官不受。

按：何渊，生卒年不详。字彦澄。丹徒人。博通经史，尤精于医。永乐中征隶太医院。时仁宗在东宫，礼遇极隆。御极后，呼其字而不名。上需药，多用亲札，并识以图书，著日月。渊前后所得积三十纸，装潢成册，杨士奇、杨荣、杨溥等作跋，藏于家。渊以布衣食厚禄，被显赐，名其堂曰皆春，梁潜为之记。渊卒，杨士奇为志其墓。著有《经史析疑》32卷、《内外证治大全》48卷（见光绪《丹徒县志》卷四八），《伤寒海底眼》2卷（抄本，南京图书馆藏）。

陈正伦修葺河南南阳诸葛书院。

张衡建江西安福书冈精舍。

吴与弼撰《吴节妇传》成。

李泰纂《四时气候集解》4卷成。

按：《四库全书总目提要》卷六七曰："大旨以《月令》诸书记载时物，仅得其大略，前人训释，又互有异同，因搜采群籍以为考证。然篇幅太隘，未能详核。"

朱权辑《神奇秘谱》3卷成。

按：为中国现存最早之古琴曲谱集。曲前解题，多为后世传抄。嘉靖汪凉书坊所刻《文选》中曾提及刊刻该琴谱，乃知一嘉靖刊本；另一本为明万历刻本。朱权原序称"上卷太古神品一十六，乃太古之操，昔人不传之秘，故无点句"，而两版本中之《遁世操》等曲均有点句，故知乃后人翻刻。（参《中国大书典》）

仁宗序《天元玉历祥异赋》，赐三公及六部尚书。

按：仁宗初得此书，以示侍臣曰："天道人事，未尝判为土途，有动于此，必应于彼。朕少侍太祖，每教以慎修敬天，朕未尝敢怠。此书言简理当，左右辅臣亦宜知之。"遂命刊印，仁宗亲制序。

金实召入西掖纂《先正格言》。

瞿佑著《归田诗话》3卷。自序。

按：《四库全书总目提要》卷一九七曰："佑永乐中以作诗事系狱，戍保安。至洪熙乙巳始赦归。据所自序，援欧阳修《归田录》为例，则似成于放还后。而末一条叙塞垣事，称'尚留滞于此，未得解脱。'又似戍所之语，殆创稿于保安，归乃成帙欤？后

阿兰·夏蒂埃的法国诗《狠心美夫人》著成。

弘治中庐陵陈叙刻之。以佑别号存斋,易名曰《存斋诗话》,无所取义。今仍题《归田诗话》,从佑所自名也。此书所见颇浅。其以'槌碎黄鹤楼'作李白语,以王建《望夫石》诗为陈克。讥张耒《中兴碑》'玉环妖血无人扫'句谓杨妃缢死未尝溅血,是忘《哀江头》'血污游魂'句也。于考证亦疏。而犹及见杨维桢、丁鹤年诸人,故所记前辈遗文,时有可采焉。"

王进作《王舍人诗集序》。

按:序曰:"其子默衷辑遗稿,得诗若干首,汇次成帙,题曰《友石先生诗集》。将寿诸梓,求余序之。"

吴讷跋元冯子振《居庸关卷》。

杨士奇为金坛虞谦跋所藏明东宫刻《兰亭序》拓本。

僧一如卒(1352—)。一如字一庵,号退翁。浙江上虞人。俗姓孙。13岁入长庆寺披剃为僧,后从吴山宝奎寺具庵和尚受学。一如法师认为《法华经》为如来奥义所寓,非学者所易入,乃集众说撰《法华经科注》。太子少师姚广孝作序,称其为"两浙一人"。

邹济卒(1358—)。济字汝舟。浙江钱塘人。徙居余杭。博学强记,长于《春秋》。与修《太祖实录》。官至左春坊左庶子,授皇孙经。时东宫僚属多得罪,济因此忧郁卒。事迹见《明史》卷一五二,杨士奇《中顺大夫詹事府少詹事赠太子少保谥文敏邹公济墓志》(《国朝献征录》卷一八)。

朱橚卒,生年不详。橚,太祖第五子,谥为"定",因此称为周定王。著有《救荒本草》2卷、《普济方》426卷。曾作《元宫词》百章。事迹见《明史》卷一一六,《周王传》、《周定王传》(均《国朝献征录》卷一)。

按:《四库全书总目提要》卷一七五:《元宫词》1卷,"不著撰人名氏。前有自序,称'永乐元年钦赐余家一老妪,年七十矣,乃元宫之乳母。女知宫中事为最悉,间尝细访之,一一备陈其事。故余诗中所录皆元宫之实事'云云。末题'永乐四年夏四月朔日,兰雪轩制'。后有毛晋跋,亦不知为何许人。案朱彝尊《静志居诗话》曰:'元宫词百首,宛平刘效祖序,称周恭王所撰'。考定王以洪武十四年之国,洪熙元年薨,序题永乐四年,则为定王无疑矣。"

戴纶卒,生年不详。纶,山东高密人。永乐中以山东昌邑县学训民为礼科给事中,侍皇太子说书。事迹见《明史》卷一六二。

陈贤卒,生年不详。贤字廷杰,号古道先生。福建莆田人。与修《永乐大典》。为人严毅方直,学以躬行为先。及门弟子成就者众。事迹见《明史》卷一四六,《南康县学教谕陈公贤传略》(《国朝献征录》卷八七)。

韩克忠卒,生年不详。克忠字守信。山东武城人。洪武三十年进士,授翰林院修撰。以学行淳笃,得太祖信任,擢国子司业。时学政弛废,乃创立法制,编订监规,兴废补坏,遂得重振。事迹见于慎行《翰林院修撰韩公克忠传》(《国朝献征录》卷二一)。

曹冕(—1464)、吴琛(—1475)、杨瑄(—1478)、张弼(—1487)、王一夔(谢一夔)(—1487)、杨守陈(—1489)、刘宣(—1491)、童轩(—1498)、曾彦(—1503)、刘瀚(—1505)、江朝宗(—1506)生。

明宣宗宣德元年　丙午　1426年

正月庚戌,试国子生邓廷秀等288人于承天门外。

按:先是行在礼部以天下教官多缺,奏请于两京国子监选明以堪为师范者,至是选至。宣宗命行在翰林院严试之。(《仁宗实录》卷一五)

四月甲戌,行在礼部奏:思州府儒学选贡生员4人,于例不考,请送监读书。宣宗曰:"出自蛮夷,今能读书,终是未达大体,宜令学官加意训谕,开其知识,庶几可用。"(《宣宗实录》卷一六)

戊寅,御制《外戚事鉴》2卷、《臣鉴》37卷成,制序,颁赐外戚及群臣。(《明通鉴》目录卷五)

五月,敕修两朝实录。(《明太宗文皇帝实录·进实录表》)

按:《太宗实录》未成,《仁宗实录》之修踵至,前虽各有敕修,此则正式下诏两朝实录同修。《进实录表》曰:"宣德元年五月,敕修两朝实录,命臣辅、臣义、臣原吉监修,臣士奇、臣荣、臣幼孜、臣山、臣瑛、臣溥总裁,臣荣、臣英、臣直、臣述、臣时勉、臣习礼、臣学夔、臣循、臣从善、臣骥、臣衷、臣鹤龄、臣洪、臣永清、臣叙、臣日恭、臣敬、臣翰、臣雅、臣耆、臣继、臣中、臣叔刚、臣文奎、臣节、臣锡、臣萼纂修。"

七月,始立内书堂,教习内官监。

按:宦官渐习文黯淡墨,染指司礼、掌印、秉笔之权。洪武间,太祖严禁太监识字。后设内官监典簿,掌文籍,以通书、算之小内使任职。又设尚宝监,掌御宝图书,皆仅识字而已,不明其义。至永乐时,始令教官入宫内教习内官。至是开书堂于内府,改刑部主事刘翀为翰林修撰,专授小内使书,选内使10岁上下二、三百人读书其中。其后大学士陈山亦专是职,遂定翰林官4人教习以为常。自此内官始通文墨,习礼、掌印之下则秉笔太监为重。凡每日所奏文书,自御笔亲批数本外,皆秉笔太监遵照阁中票拟字样,用朱笔批行,遂与外廷交结往来。(《明通鉴》卷一九)

九月庚戌,罢广西思恩、忻城二县儒学。

是月,御制《东征记》示群臣,凡书高煦之罪,及朝廷不得已而用兵,盖详备云。

十月辛未,遣使赐朝鲜王李裪《五经》、《四书》及性理大全1部,共120册;《通鉴纲目》1部,计14册。

十二月乙亥,行在礼部奏:"两京国子监生多给假还乡,经历年久,托故不来。请遣人提问。"宣宗曰:"古云才难,诸生未及仕先负罪名,即为终身之玷。宜量地方远近,定与限期,如再于限外不来,皆发充吏。"于是礼部定限,自移文到日为始,交趾、云南、贵州十阅月,四川、两广九月阅,福建、陕西七月阅,山西、湖广六月阅,江西、浙江、山东、河南五月阅,两京、直隶四月阅。(《宣宗实录》卷二三)

威尼斯及米兰战。

胡斯派败德军。

| 布拉邦特公爵吉恩四世创建卢汶大学。 | 林志七月丙午命为应天府乡试考试官。
余学夔七月丙午命为应天府乡试考试官。
按：余学夔，生卒年不详。字一夔。江西泰和人。参与《永乐大典》编修，授翰林检讨，迁侍讲，参与太宗、仁宗两朝《实录》修撰，著有《北轩集》。
吴与弼丁父忧，奔丧于南京，门人胡九韶从之。
曹端典试陕西，有典文衡、论天道王法及太极图等事。
杨寓（杨士奇）九月戊戌请赐赵王玺书，从之。
于谦为监察御史，扈跸乐安，归，赏赉与诸臣等，寻遣巡按江西。
按：巡按江西，雪冤囚数百。迁户部右侍郎，巡抚河南、山西，前后在任十九年。
陈循、金善（金幼孜）、钱干（钱习礼）以朝廷修太宗、仁宗皇帝实录遣官驿召起，预其事。陈循分修洪武三十五年、永乐元年、二年、三年公事，又独全修仁宗始末。
金幼孜母卒。正月诏起复，修两朝实录，充总裁官。
蒋骥升翰林院侍讲，与修太宗、仁宗《实录》，进侍讲学士，官至礼部侍郎。
杨荣以汉王高煦反，首请帝亲征。加少傅。
杨溥归省。
夏原吉，以旧辅益亲重。汉王高煦反，与杨荣劝宣宗亲征平叛。
薛瑄四月服阕至都，上章愿就教职。宣宗特擢为御史。
按：寻，差监湖广银场，至则疏罢沅州银课。时作《从政名言》2卷。
李懋（李时勉）十月戊寅释于狱。
按：先是宣宗以其触先帝，怒，将杀之，廷诘，令诵其所奏，太息，称其忠，命袭冠带，复其官。
陈敬宗转南京国子监司业，进祭酒。以师道自任，立教条，革陋习。
陈琏为南京国子祭酒。
陈祚擢监察御史，巡按福建，方面大员多被弹劾。
按：以劝宣宗勤学，全家系狱五年，父瘐死狱中。
刘定之正月行冠礼，浏阳训导刘彦本为冠宾。
胡俨构别墅于南昌城南。
按：后集宾主唱和诗为《城南别墅杂咏》。
胡濙四月进行在礼部尚书。
张瑛三月癸丑以行在礼部侍郎兼华盖殿大学士，入直文渊阁。
潘文奎官左春坊司直郎。
按：潘文奎，生卒年不详。字景昭。浙江永嘉人。文章为时所重，尝与修国史。官至福建布政司参议。事迹见《万姓统谱》卷二五。
潘禋以后军都事从柳升攻交趾。升恃胜而骄，谏之，不听。
黄福改南京户部，旋加少保，参赞机务。
王英还朝。
李叙宣德初授监察御史。
按：李叙，生卒年不详。字秉彝。东阳人。《南征纪行录》殆其出巡淮甸时作， |

未见。

张洪任事翰林院，跋欧阳修寄苏舜钦诗卷墨迹。

沈玘宣德初归省坟墓，乡人延以教子弟。终日危坐，讲解经书，多所发明。太仓经学之传，自玘始。

按：后还云南以老。沈玘，生卒年不详。字孟温，苏州府太仓人。著有《释奠仪》、《稽言录》(《稽古录》)、《异端辨》、《昆冈文稿》(《昆圃稿》)4卷。事迹见《菽园杂记》卷一四。

章珪宣德初举贤良方正，官至监察御史。

按：出巡畿甸。章珪，生卒年不详。字孟瑞。号志庵，晚号全名散人。常熟人。著有《章全名先生文集》1卷附1卷。事迹见《古今图书集成》氏族典卷三五。

陈赟出参议广藩。

丁嵩宣德初以诏求直言，上"正心术、重经筵、开言路、用贤才、总大纲、汰冗兵、重守令、崇节俭"八策。应征入京，病卒道中。

按：丁嵩，生卒年不详。云南保山人。自少至壮动无违礼，居乡教授，从者如云。著有《横峰樵唱》。事迹见《永昌府志》卷四二。

冯善宣德初任无锡县教谕。

按：后迁望江教谕。以母老乞归。善冯，生卒年不详。字择贤，号戒轩。无锡人。纂有《家礼集说》(一作《家礼易览》)5卷、《注解文公家礼》12卷(见《千顷堂书目》卷二)、《望江志》、《锡山新志》，著有《戒轩集》。事迹见《毗陵人品记》。

刘溥宣德初以善医授惠州药局副使。

王逢宣德初以荐为富阳县学训导，又以明经辟召，皆不就。

按：王逢，生卒年不详。字原夫。江西乐平人。师事洪野谷，野谷朱公迁弟子也。学者称松陷先生。著有《四书通义》、《通鉴释义》，见《千顷堂书目》卷三、卷四。

又按：何英，生卒年不详。字积中。鄱阳人。学于元儒王松陷，自号梅谷。又得饶双峰、黄勉斋之传。累荐不起。建玉溪书院，以纳天下来学者。著有《易经发明》、《诗经详释》(《诗经增释》)、《四书释要》。事迹见《千顷堂书目》卷一、同治《饶州府志》卷一八。

王来中举人。

李伯屿中举人。历桐庐、山阴训导，秀水、安福教谕。诸生贫而好学者，给之衣食。

黄荣中举人。由教谕升国子博士，进翰林检讨、摄祭酒。

按：致仕家居。黄荣，生卒年不详。字景茂。上元人。著有诗文集，其孙复集。辑有《翰林诗选》4卷。事迹见《金陵通传》本传。

段坚方作字于家塾。

"真人"刘渊然晋"大真人"号。(《道教大辞典》)

御制《外戚事鉴》2卷、《臣鉴》37卷成，制序。

按：《四库全书总目提要》卷一三一曰：《外戚事鉴》"不著撰人名氏。《千顷堂书目》有明宣宗御制《外戚事鉴》五卷。于汉以下历代戚里之臣，举其善恶之迹并其终所得吉凶，类而列之，得七十九人。宣德元年四月书成，皇亲各赐一本。此本所载，大略相符。然所列止五十六人，而书亦祇2卷。殆后人有所窜改合并，并非原书矣。"《臣鉴》"取春秋迄金、元人臣事迹,分善可为法、恶可为戒二类。而宋之张俊亦在善可为法类,品第似未尽允也。"

薛瑄五月作《游龙门记》。

吴与弼作《松涛轩记》。

王羽作《柘轩集序》。

按:序曰:"羽比冠,叨禀府庠。先生适司训事。朔望谒先圣毕,会讲堂,侧闻众先生谈论。虽剧谈吐语,咸根理要,在先生折衷居多。"

僧溥洽卒(1346—)。溥洽字南洲,俗姓陆,放翁之后。浙江山阴人。出家于普济寺。礼雪庭为师,贯串经范,旁通儒典,禅定之余,肆力于词章。著有《金刚经经解附录》2卷、《雨轩语录》5卷、《雨轩集》8卷。事迹见《明史》卷一四五《姚广孝传》,杨士奇《僧录司右善世南洲溥洽法师塔铭》(《国朝献征录》卷一一八),《补续高僧传》卷二五,《明人小传》卷五。

按:一说宣德五年示寂,年八十二。《雨轩语录》据乾隆《鄞县志》引《明史·艺文志》。未见。

林志卒(1378—)。志字尚默,号蔀斋、见一居士。福建闽县人。官至右春坊右谕德兼翰林侍读。著有《周易集说》、《蔀斋集》。事迹见杨士奇《奉训大夫右春坊右谕德兼翰林侍读林君志墓表》(《国朝献征录》卷一九)。

吴溥卒(1363—)。溥字德润,号古厓,江西崇仁人。永乐进士。与修《永乐大典》。为人清慎严重,居国子监20余年,不获升迁。卒于官。著有《古厓集》。事迹见《宣宗实录》卷二一,《故国子司业吴君墓表》(《文敏集》卷二〇),《国子司业吴先生墓志铭》(《东里续集》卷三四),黄佐《司业吴公溥传》(《国朝献征录》卷七三)。

吕震卒(1365—)。震字克声。陕西临潼人。无学术,为礼官。能强记。事迹见《明史》卷一五一本传,《礼部尚书吕公震传》、史鉴《逸题》(均《国朝献征录》卷三三)。

毛吉(—1465)、阎禹锡(—1476)、夏埙(—1479)、文洪(—1479)、张文(—1482)、刘翔(—1490)、程宗(—1491)、张宁(—1496)、黄瑜(—1497)、卞荣(—1498)、秦纮(—1505)、马文升(—1510)生。

宣德二年　丁未　1427 年

佛罗伦萨实施赋税改革。

正月丁未,有司奏岁阅囚数。宣宗谓百姓犯法,由教化未行,命申教化。(《明通鉴》目录卷五)

是月，御文华殿，召杨寓（杨士奇）、杨荣谕以罢交趾兵事。（《明通鉴》目录卷五）

二月，御文华殿，赐辅臣杨士奇、杨荣银章各一。寻又赐尚书蹇义、夏原吉、胡濙。

三月辛卯，赐马愉等 101 人进士及第、出身有差。

辛丑，宣宗罢朝御左顺门，少师、吏部尚书蹇义侍。宣宗曰："朕昨读《汉书》，观其所载循吏，有感于心，因序论之。今以示卿，卿宜有以副朕意。"（《宣宗实录》卷二六）

是月，敕群臣以廉者法之公，仁者德之厚。又与夏原吉论远憸邪。（《明通鉴》目录卷五）

四月己巳，行在礼部奏：天下岁贡生员考试不中者，发回原学肄业，以待再试。考官、提调官如例责罚。宣宗曰："此辈在学，若府州县官勤于提督，教官勤于训诲，未必无成。泰山之溜可以穿石，何况于人！今上下偷惰，虚度日月，是以临文不知所措，循例责状薄示儆耳。宜令内外风宪官严程督之，考其勤惰，明示劝惩，庶几教学有成，国家得用。"（《宣宗实录》卷二七）

七月戊戌，行在礼部奏：会官简视北京国子监生李干等，年老、残疾、貌陋，不堪教用者，凡 1950 人，宜罢为民。其南京国子监生请准此例会简。皆从之。（《宣宗实录》卷二九）

八月庚申，宣宗语行在吏部尚书蹇义、等曰："国家建学育才，以资任用。祖宗以来，得人为多。比者各处考黜生员，例应充吏。有以患病为词者，告乞再试。彼既耻于罢黜，必能悔过自新。又或是学业垂成，不甘中弃者，宜从所请，然须令翰林院严切考试，庶几人知所警，自然向学。"（《宣宗实录》卷三〇）

十月丙寅，明宣宗御武英殿，观唐玄宗所书《孝经》，顾谓侍臣曰：尧协和万邦，本亲于九族；舜绍尧致治，本之克谐以孝，盖帝王之治，皆自亲亲始。（《明宣宗宝训》卷二）

庚午，贵州新化府蛮夷等六长官奏：贵州各得学校新立诸生，皆自童蒙入学，蛮性未除，学业难就。若比内地府学每岁选贡，实无其人，请比县学三年一贡。宣宗曰："边郡立学，欲其从化耳，岂可遽责成材？宜令所司随宜选贡。"（《宣宗实录》卷三二）

十二月己巳，设西宁卫儒学。

曾棨二月丙寅为礼部会试考官。
按：礼部会试天下贡士，翰林拟进陈循名请命为考试官，陈循为免讥谤不预，只进曾棨一人之名。

陈山二月癸亥入直文渊阁，以户部侍郎进尚书兼谨身殿大学士。

陈敬宗往任南京国子监司业。

黄福九月行抵交趾，被贼执，闻福名，送之龙州，乃还。

黄淮八月甲子致仕。
按：《东里文集》卷七《送少保黄公归永嘉诗序》曰："太宗皇帝初临御，擢文学之

威尼斯败米兰。大普洛科普帅胡斯派军伐匈牙利。

葡萄牙人入亚速尔群岛。

臣七人侍从左右,任遇甚厚。公及士奇皆与焉。仁宗皇帝嗣位,七人者五人在。无几,太子宾客豫章胡公引疾去,其四人任遇益厚。皇上嗣位,一循祖宗之旧,以任遇四人。公今又引疾去。四人士奇犬马齿最先,又最病,既不能分寸裨益当前,徒尘缙绅之间,观公之去,其能无愧乎?"

吴讷按浙,铲除府学宋碑上秦桧题记。

金问在翰林院,跋元人所书《蕉池积雪诗卷》。

龚诩馆琴川陈南野氏,作《客中思亲》诗。

谢晋作《西庄图》,自系以诗。

按：谢晋,生卒年不详。名一作缙,字孔昭,号葵丘,又自号深翠道人。苏州府吴县人。工画山水。著有《兰庭集》(一作《兰亭集》)2卷。《四库全书总目提要》卷一七〇曰:尝自戏为谢叠山。其名《明诗综》作晋,而《兰亭集》末《赠盛启东》一首,乃自题"葵邱谢缙"。又附见《沈大本诗》一首,题作"寄谢缙"。案《易象传》称"明出地上晋"。《杂卦传》称"晋,昼也"。以其字孔昭推之,作"晋"有理,作"缙"无义,本集或传写之误耶。其始末不甚可考。得性情之正,而深于学问,不特以绘事传矣。事迹另见《吴都文粹续集》卷二,《列朝诗集小传》乙集,《静志居诗话》卷六。

马愉成进士第一。授翰林修撰。

按：自洪武开科,惟三十年夏榜赐韩克忠第一人,盖专试北士也。是科始分南、北、中卷取士,而北人预首选亦自此始。礼部尚书胡濙请复洪武旧制,以朔日临轩策士,宣宗曰:"设科取求贤,国家大事。"从之。(《明通鉴》卷一九)

杜宁廷试第二。历官至兵部侍郎。

李奈成进士。官陕西右参议。

甘瑛成进士。授礼部主事,升漳州知府。

按：兴学校,释冤狱。再补庐州、邵武知府,以疾乞归。与邑中致仕孙日良等14人联续耆英会,赋诗饮酒。瑛,生卒年不详。字宗华。江西丰城人。事迹见《道光丰城县志》卷一〇。

吴惠成进士。授行人。

谢琏成进士。授翰林编修,进侍讲。

按：上治安策十五事。迁南户部右侍郎。

萧镃成进士。入翰林。

王来以会试乙榜授新建教谕。

邱濬入小学。

巡抚胡㮣建浙江嘉兴宣公书院于府治北。

按：南宋绍定中嘉兴府通判陈埙建宣公祠于城东鸳鸯湖上柳氏园,以祀陆贽。后为书院。又迁建城内。胡㮣再建。

杨士奇撰《滁州重建醉翁亭记》。

曹端著《通书述解书》成,《童子箴》成。

薛瑄作《与杨秀才书》。

杜琼跋所得《吴淞六老图》。

陈继作《娄江胜感接待寺八咏序》。

宣德二年　丁未　1427年

瞿佑卒(1341—　)。佑一作佑，字宗吉。浙江钱塘人。学博才赡，年十四能即席和杨维桢诗，俊语迭出，被誉为"瞿家千里马"。著有《诗经正葩》、《春秋贯珠》、《资治通鉴纲目集览镌误》3卷、《阅史管见》、《四时宜忌》1卷、《剪灯新话》4卷、附录1卷、《存斋诗集》、《乐府遗音》5卷、《归田诗话》等。事迹见《列朝诗集小传》乙集。

按：瞿佑《重校剪灯新话后序》曰："少日读书之暇，性善著述，萤窗雪案，手笔不辍，每为乡丈柘轩凌公所称许，不知者有玩物丧志之讥，而决意不回，殆忘寝食，久而长编巨册，积成部帙。治经则有《春秋贯珠》、《春秋捷音》、《正葩掇英》、《诚意斋课稿》，阅史则有《管见摘编》、《集览镌误》，作诗则有《鼓吹续音》、《风木遗音》、《乐府拟题》、《屏山佳趣》、《香台集》、《采芹稿》，攻文则有《名贤文粹》、《存斋类编》，填词则有《余清曲谱》、《天机云锦》，纂言纪事则有《游艺录》、《剪灯录》、《大藏搜奇》、《学海遗珠》等集。"《剪灯新话》见雍正《浙江通志》。《四时宜忌》1卷，《四库全书总目提要》卷六七称：记十二月所宜所忌，历引《孝经纬》、《荆楚岁时记》、《玉烛宝典》而兼及于《济世仁术》、《法天生意》、《指月录》、《白云杂忌》诸书，甚至道家符箓亦载入。征引虽博，究不免于芜杂也。《乐府遗音》5卷，《四库全书总目提要》卷二〇〇曰："其古乐府绮靡软熟，近于温李，不出元末习气。词欲兼学南北宋，反致夹杂不纯，殊不称其名也。"又有《学海遗珠》、《游艺录》，均未见。一说卒于宣德八年。今人考瞿佑生平事迹者有：徐朔方《小说考信编·瞿佑年谱》，乔光辉《〈瞿佑年谱〉订补》刊于《明清小说研究》2003年第1期，崔江、乔光辉《论瞿佑及〈剪灯新话〉》刊于《淮阴师范学院学报》2005年第5期，李剑国、陈国军《瞿佑续考》刊于《南开学报》1997年第3期，李庆《瞿佑生平编年辑考》刊于台湾《中国文史研究通讯》第4卷第2期等。

李桐(李至刚)卒(1358—　)。至刚名钢，号敬斋，以字行。松江府华亭人。为人敏给，能治繁剧，善傅会。所著有《异域殊闻》。事迹见《明史》卷一五一，杨士奇《资善大夫礼部尚书兼左春坊大学士敬斋李公至刚墓表》(《国朝献征录》卷三三)。

史仲彬卒(1361—　)。仲彬字文质。苏州府吴江人。以旧案被讦下狱死。著有《致身录》、《奇忠志》。

按：据《国榷》，仲彬所著传有胪述从朱允炆出亡经过之《致身录》(又称《世祖学士忠献公致身自序》不分卷)、《奇忠志》1卷附建文从亡诸臣考1卷。据《明史》卷一四三《牛景先传》，缙云郑僖纪事，为《忠贤奇秘录》，传于世。及万历时，江南又有《致身录》，云得之茅山道书中。建文时，侍书吴江史仲彬所述，纪惠帝出亡后事甚具。仲彬、程济、叶希贤、牛景先皆从亡之臣。又有廖平、金焦诸姓名，而雪庵和尚、补锅匠等，具有姓名、官爵。一时士大夫皆信之。给事中欧阳调律上其书于朝，欲为请谥立祠。然考仲彬实未尝为侍书，《录》盖晚出，附会不足信。

虞谦卒(1366—　)。谦字伯益。镇江府金坛人。谦美仪观，风采凝重。工诗画，自负才望。著有《玉雪斋集》。事迹见《明史》卷一五〇，《大理虞公传》(《方麓集》卷十)，杨士奇《嘉议大夫大理寺卿金坛虞公谦墓碑》(《国朝献征录》卷六八)。

按：《东里文集》卷五有《玉雪斋诗集序》。

潘禋卒，生年不详。禋字诚夫。浙江宁波人。永乐初征修《永乐大典》。事迹见《明史》卷一五四《柳升传》附传。

陈镛卒,生年不详。镛字叔振。浙江钱塘人。宣德中随柳升攻安南黎利,深入其境,见升轻敌,言于参赞军务尚书李庆。庆谏,升不听,中伏军没,镛死之。著有《桂林集》。事迹见《明史》卷一五四《柳升传》附传。

张宇清卒,生年不详。宇清字彦玑,别号西壁。宇初之弟。道士。道教第四十四代天师。与修道藏。事迹见《中国历代人名大辞典》。

邢让（ —1471）、刘吉（ —1493）、何乔新（ —1502）、张悦（ —1503）、秦霖（ —1503）、桂庵玄树（ —1508）、沈周（ —1509）、尹直（ —1511）生。

宣德三年　戊申　1428年

西吉斯蒙德及土耳其人战。

英国围奥尔良。

二月,御制《帝训》25篇成,自为序题示子孙。(《明通鉴》目录卷五)

三月甲寅,敕谕两京国子监。(《宣宗实录》卷四一)

四月癸亥,敕:"凡官民建言而有信章疏,尚书、都御史、给事中会议以闻。"(《明通鉴》卷二〇)

七月庚午,行在六科给事中引奏:监生王伦等办事半年,例应给赏回监读书。宣宗因谕伦等曰:"自古大贤君子通知古今,然后能立功名垂远,所以国家立法。令尔等习诗书,又令通政事,宜各勉力,不准国家得人为用;尔亦能立身荣家、显祖宗矣。"伦等顿首而退。(《宣宗实录》卷四五)

十月庚寅,翰林院儒臣进讲《春秋》。

撒马尔罕天文台建。

杨寓(杨士奇)、蹇义等18人,三月召从游万岁山,赐宴西苑,赋诗赓和,时以为太平盛事。

杨士奇、蹇义、胡濙等八月丁未扈从巡边。

蹇义、夏原吉、杨士奇、杨荣四人十月乙酉赐玺书,令辍所务,朝夕左右,其勋阶爵禄并如故。

蹇义四月奏裁内外冗员,从之。

陈循被召命入直南城齐宫前之西廊与太常卿兼翰林学士杨溥共事。

夏原吉持节宁夏,册庆府郡王妃。所过询兵民疾苦,还奏之。

王英升南京礼部尚书。

薛瑄如京师。

按:过洛阳,为房子仪作《祯槐堂记》。一说是年擢广东道御史。

吴与弼始居小陂。

按:吴与弼洪熙宣德间建康斋书院于江西崇仁小陂,又名小陂书院。陈献章、胡居仁、娄谅、胡九韶俱从游受学于此。以躬行践履、率己化人为根本，以早枕夜卧之际之思考省察为途径，以灵活多样方式方法为手段培养生徒。

胡濴三月戊戌以行在礼部尚书言近时学校之弊。戊申，奏：南北两京国子监斋舍、庖库皆敝，教官怠慢、学规废弛，请加饬励。（《宣宗实录》卷四〇）

陈敬宗七月丁卯以南京国子监司业奏：在京各衙门历事监生，近因事简，比旧减半。其办事监生惟是急务，差遣不拘常数，余则斟酌事务敏简，以次量拨，宜以半年更代，庶使均得肄业。又本监所贮永乐年间散余《列女传》三千本，年久损坏，请给授监生。（《宣宗实录》卷四五）

瞿暹乞其伯父长史佑书所为七律50首于《兴观集》卷后。

按：《四库全书总目提要》卷一九一曰："暹旧藏仇远手书七言律诗三十八首，有元末明初诸人题跋。其邑人翰林修撰王希范常以兴观二字题卷端，故暹名之曰《兴观集》。宣德三年，暹又乞其伯父长史佑书所为七律五十首于卷后。故魏骥序曰：'《兴观集》者，钱塘瞿暹集其乡人先达仇山村、瞿存斋二先生所著七言近体八十八首'。世或专称仇远《兴观集》，误也。后缀《山村逸诗》一卷，凡诗五十四首，《杂著》二首，不知何人所附。今《山村遗稿》已有新本，而远《金渊集》复从《永乐大典》中裒集成帙，刊刻以行。"

罗肃（罗汝敬）等五月己巳复遣至交趾，谕黎利再求陈氏后。

陈真晟年十七八，即自拔于流俗，专心致志，以儒为业。

章纶习举子业。

王恕年十三，游邑庠。

黄宗载偕徐敬、吴源重修安徽当涂采石书院。

道士任自垣升太常寺丞，提督太和山，并命为上清派第53代宗师。

道士张懋丞入觐，诰授正一嗣教崇修至道葆素演法真人，领道教事。

吴汝芳修、陈颜仍纂《萧山县志》成书刊行。

按：已佚。见《千顷堂书目》著录。民国《萧山县志稿》职官载：汝方宣德元年任知县。汝芳误作汝方。本志吴自序曰："宰萧后二年，偕邑庠教谕陈颜仍重加考订锓梓。"末署宣德三年戊申。雍正《浙江通志》卷二五三作宣德二年丁未修。乾隆《绍兴县志》卷二〇职官门载曰："吴汝芳，抚州乐安人，始刻县志。有序，作汝方，系刻本之误，宣德元年任。"

刘溥作自传诗《纪怀》。

曹端著《存疑录》、《太极图说述解》、《气化形化死生轮回诗》、《太极图说赞》及《辨戾文》成，自序之。

《四库全书总目提要》卷九二曰：《太极图说述解》1卷、《通书述解》1卷、《西铭述解》1卷，"史称其学，务躬行实践，而以静存为要。读《太极图说》、《通书》、《西铭》，曰：道在是矣。笃志研究，坐下著足处两砖皆穿。盖明代醇儒，以端及胡居仁、薛瑄为最，而端又开二人之先。是编笺释三书，皆抒所心得，大旨以朱子为归，而《太极图》末附载辨戾一条，乃以朱子所论太极阴阳，语录与注解互异，而考定其说。盖注解出朱子之手，而语录则门人之所记，不能无讹。端得于朱子者深，故能辨别微茫，不肯雷同附和，所由与依草附木者异也。前有端自序，作于宣德戊申，惟论《太极图说》,及以诗赞辨戾附末之意,而不及《西铭》。卷末有正德辛未黎尧卿跋,兼《西铭》言之。《通书》前后,又有孙奇逢序及跋,跋但言《通书》,而序则言渑池令张燫合刻三书。盖尧卿始以《太极图说》、《西铭》合编,燫又增以《通书》也。据端本传,其书本名《释文》,所注《孝经》,乃名《述解》。此本亦题曰《述解》,不知何人所改刊。"

陈琏作《翠屏集序》。

按：序曰："闽中近代诸儒多以文章知名,惟国子监丞陈公众仲,翰林直学士林公清源,与国子祭酒张先生志道,其尤著者。……先生平昔著述甚富,后多散佚。文则其子孟晦汇次,太史宋公景濂序之;诗则其门人国子博士石仲濂编次,学士刘三吾、长史陈公南宾序之。今诸孙南雄教官隆基复以《使安南稿》续板行世,先生著述至是始克全见。文采烂然,足以垂后著世,与陈之《安雅堂集》、林之《觉是集》并传无疑矣。"

赵弼二月著《效颦集》3卷成。自序。

按：结集前,书中单篇作品已经"雅传于士林中"。创作时间在永乐末年与洪熙间。书之上卷《张绣衣阴德传》已言及宣德八年事,疑今传本为原本之增删本,"后序"称编述传记26篇,今传本却为25篇(高儒《百川书志》也言20篇),其间差别,恐也是该书后来有所增删所致。《四库全书总目提要》卷一四四称,《效颦集》3卷,记报应之事,意寓劝惩而词则近于小说。《效颦集》自序曰："余尝效洪景卢、瞿宗吉,编述传记二十六篇,皆闻先辈硕老所谈与己目之所击者。……因题其名曰《效颦集》。"有宣德间刻本、上海古典文学出版社排印本。

瞿佑自序《乐全稿》。

按：序曰："《乐全稿》者,自金台抵金陵水路纪行所作也。向以洪熙乙巳冬,蒙太师英国张公奏请,自关外召还,即留居西府。今及三载,又蒙少师吏部尚书蹇公奏准,恩赐年老还乡,太师仍以家舰送至南京。……姑以'乐全'题稿以自勖,抑亦卫武公求箴警之意也。"

张规刻其父张著《永嘉集》12卷。

按：张规,生卒年不详。字运生。常熟人。著有《自怡稿》,见《重修常昭合志》卷一八。

马萨乔卒(1401—)。文艺复兴时期的意大利画家。

胡器卒(约1358—)。器字士琏。江西新淦人。曾任泉州知府,除弊政,兴利于民,督诸生复学。永乐中与修《永乐大典》。事迹见《贵州按察使胡器传》(《实录》见《国朝献征录》卷一〇三)。

陈登卒(1362—)。登字思孝。福建长乐人。于六书本原,博考详究,用力甚勤。自周、秦以来,残碑断碣,必穷搜摩揭审度而辨定之。得其传者,太常卿南城程南云。著有《石田吟稿》。事迹见《明史》卷二八六《沈度传》附传,杨士奇《中书舍人陈登传》(《国朝献征录》卷八一)。

潘亨(—1486)、凌傅(—1486)、黄孔昭(—1491)、秦璠(—1493)、章律(—1493)、徐溥(—1499)、陈献章(—1500)、华炯(—1504)、王徽(—1510)、万玉山(一作1429—1520)生。

按：《吴聘君年谱》误记陈白沙来从吴学。

宣德四年　己酉　1429年

正月,御斋宫,谕杨浦宜直言。(《明通鉴》目录卷五)

三月庚午,江西新建县儒学教谕王来言:宁王府每年祭祀社稷山川,取府、县学生员习乐舞,供祀。今生员有定额……有妨学业,宜令于附近道观选道童充用。命行在礼部议,从其言。如选不及数,则于本府军士、余丁内选端谨者充用。诏从之,命各王府皆准比例。(《宣宗实录》卷五二)

四月,以吏部侍郎郭琎为尚书,代蹇义理部务。

七月己未,幸文渊阁,与辅臣论经史。又召诸学士及史官,赐钞币。(《明通鉴》目录卷五)

是月,户部上户口登耗之数,明宣宗因论隋文帝。(《明通鉴》目录卷五)

九月乙卯,国子监助教王仙奏请学校生员兼习书算。从之。(《宣宗实录》卷五八)

是月,放免南、北监生学无成效及老疾者253人,令还乡为民。(《明通鉴》目录卷五)

十月庚辰,幸文渊阁,御制诗赐杨寓(杨士奇)、杨荣等。

按:是时,秘阁贮书约2万余部,近百万卷,其中刻本十分之三,抄本十分之七,皆贮藏于文渊阁。宣宗曾亲临文渊阁披阅经史,与少傅杨士奇等议论,并赐杨士奇等诗。

丙戌,明宣宗自制《猗兰操》示廷臣,谕以为国荐贤之道。(《明通鉴》目录卷五)

是年,工部尚书吴忠奏修西圆果寺,不许。

王直八月辛巳以右春坊、右庶子兼翰林院侍读学士命为顺天府乡试考官。

李懋(李时勉)八月辛巳以侍读命为顺天府乡试考官。

钱干(钱习礼)七月己未以翰林院侍读命为应天府乡试考官。

杨溥八月己卯以母丧告归,寻起复。

薛瑄八月祭武昌守王大惠。十月过河南祭侍御王尚文。

罗肃(罗汝敬)等三月甲戌自交趾还。黎利贡代身金人,表言而有信陈氏已绝。宣宗复命李琦偕汝敬再往求之。

黄福与陈瑄四月戊子命经略漕运。

张瑛、陈山十月庚寅罢大学士,命授内官小史书。

按:特设文书房,命大学士陈山专授小内使书。后以词臣任之。"文书房"又名"内书堂",专选小太监年十岁上下者二三百人,每人给《内令》一册,《百家姓》、《千字

佛罗伦萨侵卢卡,败热亚那舰队。

威尼斯及米兰战。

贞德及英人战。英人败绩。

法兰西国王查理七世加冕于兰斯。

英格兰国王亨利六世加冕于威斯敏斯特。

文》《孝经》《大学》《中庸》《论语》《孟子》次第给之。宫内又教宫女读书,能通者升女秀才、女史等。宫女的启蒙课本除与小太监相同者外,又多《女训》《女诫》等妇女读物。两类课本由司礼刊印供给。

曹端有典文衡及论诗文等事。

邓林以言事忤旨,谪戍保安。

按：赦归,居杭州卒。在杭多湖山之游,唱和甚富。田汝成作《西湖志》多采之。邓林,生卒年不详。初名彝,成祖为改今名,字士齐,一字观善,号退庵。广东新会人。洪武举人。与修《永乐大典》。工诗文及书法。据《四库全书总目提要》卷一七五：太常寺少卿会稽陈赞为广东参议时掇拾遗稿而成《退庵遗稿》7 卷。另有《湖山游咏录》传世。事迹见黄佐《吏部验封司主事邓林传》(《国朝献征录》卷二六)。

丘陵中举人。授咸阳教谕,擢平乡知县,迁淮安知府,以治行卓异升山西左布政使。致仕归。

按：丘陵,生卒年不详。字志高,号芸庵。河南兰阳人。著有《芸庵集》。事迹见朱睦㮮《山西左布政使丘公陵传》(《国朝献征录》卷九七)。

刘翔中举人。官翰林院检讨。

按：刘翔,生卒年不详。靖江人。著有《诗口义》《礼记说》《春秋口义》,见《千顷堂书目》卷一、卷二。

林昂中举人,官海州学正。

按：林昂,生卒年不详。字居贲。黄岩人。著有《书经讲义》,见宋世荦《三台诗录》,已佚。

商辂选补邑庠生。

按：学谕王端最名有经学,见辂以状元宰相期之。

《资治通鉴节要续编》30 卷成。

按：编年体宋元史。以宋为正统,附辽、金,承认元统。是书多题张光启作,误。当作刘剡编辑,张光启订正。初刻于宣德七年。后又六次重版,流传甚广(详见《中国善本书提要》)。

徐麒修、杨信民笔录《徐氏宗谱》。

陈继作《云深处记》。

曹端纂《儒家宗统谱》成。

薛瑄著《御史箴集解》四月成,并序以自警。又作《五友诗序》。在湖广撰《辰州府退思亭记》。

杨士奇编定《文渊阁书目》。

杜桓编纂《柳黄同声集》2 卷刊刻。

按：杜桓,生卒年不详。字宗表。徽州人。《四库全书总目提要》卷一九一曰："以柳贯、黄溍皆其乡人,因采贯延祐庚申以国子监助教分教上都诗三十二首,至治癸亥考试进士于上都时诗九首,溍至顺辛未以翰林应奉扈从上都诗十二首,合为一集。其时溍集未刻,故所载虞集诸人题跋,较贯诗独详云。"

苏莱曼·切莱比卒,生年不详。

华景安卒(1359—)。景安字康伯,号耕乐,无锡人。名其轩曰绿筠窝。《华氏传芳集》卷七有传。著有《绿筠窝集》1 卷。

华兴仁卒（1364— ）。兴仁字伯谆，号永喜。无锡人。惊韡长子。读书能承父志。《华氏传芳集》卷七有胡溰纂《华伯谆墓志铭》。著有《永喜堂集》。

周翰卒（1366— ）。翰字维翰。浙江鄞县人。除翰林典籍，整修文渊阁藏书。累迁为翰林检讨，与修两朝《实录》，以劳疾卒。事迹见杨士奇《翰林检讨周君翰墓志铭》（《国朝献征录》卷二二）。

徐泰（ —1479）、陈选（ —1486? 1487）、余子俊（ —1489）、缪恭（ —1493）、刘璋（ —1511）、万玉山（一作 1428—1520）、张渊（ —?）生。

土耳其诗人。曾任清真寺教长。撰有宗教诗篇《先知诞生赞歌》。

宣德五年　庚戌　1430 年

二月癸巳，从杨寓（杨士奇）之请，颁宽恤之令。（《明通鉴》目录卷五）

乙未，清明节，明宣宗奉皇太后谒长陵、献陵。时张辅、蹇义、杨士奇等从。

三月庚戌，作《耕夫记》，宣付史馆。（《明通鉴》目录卷五）

丁巳，赐林震等 100 人进士及第、出身有差。

己巳，命大学士杨士奇、杨荣、金善（金幼孜）曰："新进士多年少，其间岂无有志于古人者，朕欲循皇祖时例，选择优秀十数人就翰林院教育之，俾进学励行、工于文章，经备他日之用。卿等可察其人，及选其文词之优者以闻。"于是，士奇等选萨琦、逯端、叶锡、陈玑、林补、王振、许南杰、江渊等 8 人以闻。（《宣宗实录》卷六四）

四月，朝鲜再遣典医监正卢重礼等到中国，特邀太医院周永中、高文中等鉴定朝鲜国产药材 28 种之真伪。

按：卢重礼等回国后，与集贤殿直提学俞孝通合作，纂《乡药采取月令》。

五月癸亥，况钟、何文渊等 9 人以郎中擢为知府，赐敕遣之。（《明通鉴》目录卷五）

按：况钟擢苏州知州，刚正廉洁，锄奸植良，清减赋役，为前后守苏者不能及。

六月己卯，户部请遣官捕近畿蝗，宣宗以捕使之害民不减于蝗，作《捕蝗诗》示之。（《明通鉴》目录卷五）

是月，复命郑和、王景弘使西域，凡历忽鲁谟斯等 17 国。（《明通鉴》目录卷五）

九月丙午，于谦、周忱等 6 人擢为侍郎，巡抚两京、山东、山西、河南、江西、浙江、湖广等省。

十月壬午，驻跸雷家站，谕杨士奇等以唐太宗征辽为勤远略。（《明通鉴》目录卷五）

土耳其入帖萨洛尼卡。

贞德遇俘。

十二月庚辰,大雪盈尺,宣宗喜赋诗,赐廷臣宴。群臣进贺章,宣宗择其有关警戒者别录之,而自为之序。(《明宣宗宝训》卷一)

壬辰,巡按监察御史梁轸乞陕西、宁夏等卫所设儒学与府、州、县学同。(《宣宗实录》卷七三)

福建清江书堂刻书业自是年先后延续100余年。

中世纪英语发展为现代英语。

蹇义、夏原吉等正月壬戌奉敕纂修太宗、仁宗两朝《实录》及《宝训》成,进之。

杨荣四月进少傅,乞辞大学士禄,许之。

周忱以杨荣荐,迁工部右侍郎,巡抚江南,总督税粮。

按:在任22年。官至工部尚书,仍巡抚。

龚诩归昆山,上书周忱。

按:《上周文襄公书》见《野古集》附录。

李懋(李时勉)与修两朝《实录》书成,升侍读学士。

陈继与修两朝《实录》书成,进检讨。

陈循升为翰林院侍讲学士阶奉训大夫。

陈瑄三月请撤楚王护卫,不许。王惧,纳二卫。

于谦升为兵部右侍郎,巡抚山西、河南。

李昌祺起复河南左布政使。

赵新升为吏部右侍郎。

黄福八月己卯改户部尚书,总理淮北、河南、山东屯田事。未几,不果行。

瞿佑适杭州,旋还松江。

唐复知平乐府。

按:唐复,生卒年不详。字复亨,一字素斋。武进人。著有《素斋稿》,见唐鼎元《唐氏先世著述考》。事迹见万历《武进县志》本传。

刘安授金乡县训导,擢山东道监察御史,历山东、陕西按察副使。

王恕成进士,任兵部主事。

按:王恕,生卒年不详。字尚忠。江西湖口人。谙天象兼兵法。官至广东布政司参议,提兵随韩雍后,将帅倚为进止。著有《石钟山志》8卷。《四库全书总目提要》卷一九一曰:"案是时有二王恕。一为三原人,《明史》有传;一即此王恕,字尚忠,湖口人,景泰甲戌进士,官至广东布政司参议。湖口有上下石钟山,即苏轼作记者。恕以其为邑名胜,因辑古今题咏、赋、传、记、跋等文,都为一编。虽以志为名,实总集也。"

刘实成进士。选庶吉士,授金华府通判。

江渊成进士。授编修。

李棠成进士。授刑部主事。

按:为尚书魏源器重。

吴节成进士。授编修,历南京国子祭酒,官终太常寺卿,兼侍读学士。

陈员韬成进士。为御史,出按四川,黜贪奖廉,雪死囚40余人。

范理成进士。(《国朝献征录》卷二七)

按：一说正统七年进士。(《中国历代人名大辞典》)

林文成进士。授翰林编修。

萨琦成进士。授编修。

廖庄成进士，官至刑部左侍郎。

按：为给事中时，尝劾辅臣杨士奇纵子稷恃势稔恶事，下狱。

黄瑜就学，授以《孝经》《论语》诸书，过目成诵。

蹇义、夏原吉等正月壬戌奉敕纂修太宗、仁宗两朝《实录》及《宝训》成。

按：宣宗御奉天门，赐监纂诸臣金币、鞍马。《东里文集》卷二三有《两朝实录成史馆上表》。

季箎在昆山纂《玉峰志》18卷。

薛瑄是春为陈廷斌撰《永思堂记》。六月在靖州宪署作《拱北轩记》，又《月夜杂诗》5首。九月至溆浦，撰有《南轩记》。

费信等约于是年前后绘《郑和航海图》1卷成。

按：原名《自宝船厂开船从龙江关出水直抵外国诸蕃图》。通行本有：明茅元仪《武备志》所附本(有明天启、清道光和日本刻本)、《武便秘书》附录本、1961年9月中华书局版向达整理本。研究此图，论述有范文涛《郑和航海图考》及钮仲勋《中国古代航海图的发展及其成就》有关部分等。

杨士奇作《送余侍讲序》，送余学夔致仕。

杨士奇作《西涧集序》。

按：《四库全书总目提要》卷一七五曰："……有宣德五年杨士奇序，称'苏明允父子，一时皆有文名，而明允老成岿然，时号老苏，其官位竟不显。暨子贵乃进身后之命，敬方亦今之明允乎？'今观其文，视宋濂、王祎，去之尚远，似未容上拟眉山也。"

卢瑛序陈克礼所撰《莺湖八景志》。

按：又有正统十三年陶育序。陈克礼，生卒年不详。逸其名，号雪轩。苏州府吴江人。从游者翕然。云间陶育、桂林屠允时造其庐相唱和。《莺湖八景志》见道光《平望志》卷首。

吴与弼纂《学规》以示诸生为学之法。

罗汝敬作《覆瓿序》。

按：序曰："先生之作有《郁离子》，有《春秋明经》、有《犂眉》、《覆瓿》诸集，寿诸梓者久矣。惟《覆瓿》一编未有序之者，其孙刑部照磨貊间以嘱余。"

吴讷选宋朱熹文，编为《朱子文钞》。

朱有燉著《牡丹百咏》1卷、《梅花百咏》1卷。刻所谱《洛阳风月牡丹仙》等短剧。

贾仲明卒(约1343—)。一说约卒于1422年。详见是年条。

夏原吉卒(1366—)。原吉字惟喆，江西德兴人，迁湖广长沙湘阴。自幼端厚好学。母夫人廖守节教子。终父丧即出，教里塾，取束修以资养。出入乡间，其老长皆忘年宾礼之。历事5朝，外掌度支，内预机务，为

日本《正彻物语》撰成。

哈菲兹·阿卜鲁卒，生年不详。波斯历史学家。随帖木尔征战。纂《史集》。

政能持大体。卒谥忠靖。著有《夏忠靖集》6卷、附录1卷。事迹见《明史》卷一四九，丘浚《夏忠靖公原吉传》、王鏊《又夏原吉传录》(均《国朝献征录》卷二八)，杨士奇《少保兼太子少傅户部尚书赠特进光禄大夫谥忠靖夏公神道碑铭》。

按：据《四库全书总目提要》卷一七〇：原吉诗文集6卷，载于《明史·艺文志》，即《夏忠靖集》旧本。后附遗事1卷，为其孙廷章所辑。刊版久佚。清康熙乙酉，潘宗洛提督湖广学政时得其裔孙之所藏，重为校刊，前有杨溥序。

周伟(周孟简)卒(1378—)。孟简名伟，以字行。江西吉水人。周述从弟，永乐进士。著有《竹磵集》、《翰林集》、《西垣诗集》等。事迹见王时槐《庶子周公述传弟孟简附》(《国朝献征录》卷一八)，王直《襄府长史周君孟简墓志铭》(《国朝献征录》卷一〇五)。

蒋骥卒(1378—)。骥字良夫。浙江钱塘人。建文二年进士。与修太祖、太宗、仁宗《实录》和《永乐大典》。官至礼部侍郎。事迹见杨荣《嘉议大夫礼部侍郎蒋君骥墓表》(《国朝献征录》卷三五)。

僧溥洽卒。一说卒于1426年。详见宣德元年条。

任自垣卒，生年不详。垣或作完，又名一愚，号蟾宇。南京镇江府丹阳县人。出家三茅山元符宫，为道士，遂知名。纂有《太岳太和山志》15卷。

按：《明史》卷九七著录《太岳太和山志》15卷，洪熙中道士任自垣编。而《四库全书总目提要》卷七六曰：《太岳太和山志》17卷，"明田玉撰。玉不知何许人，万历中宦官也。太和山即湖广均州之武当山，相传为北极元武修真地，明成祖即位时，自谓得神之佑，因尊为太岳，敕建宫观，常遣内臣司其香火。嘉靖间，提督太监王佐始创为志，太监吕评续增之。万历癸未，玉复增广为此本。前载修建庙宇始末实事，并仙迹、征应、物产，后载唐、宋、元、明序记诗赋等作。"一说任自垣纂《武当山志》15卷，见《丹阳县志》卷二四、卷三五。

孙贤(—1483)、陈炜(—1484)、白玢(—1486)、彭韶(—1495)、林章(—1510)、闵珪(—1511)生。

安德烈·鲁勃廖夫约卒(约1360/70—)。俄罗斯画家。

宣德六年　辛亥　1431年

四月甲寅，行在吏部奏：求贤所举官43人，例当会官考试，中有南海卫余丁，难与考例。宣宗曰："古人立贤无方，耕钓之中有王佐才，其可以军丁弃之？"命考试如例。(《宣宗实录》卷七八)

六月辛酉，南京礼部言：比因国子监生众多，令天下学校悉依洪武三十年贡额。宣宗从其言。(《宣宗实录》卷八〇)

七月己丑，宣宗谕行在吏部曰："新附马数人，俱年少，宜令习诗书、知礼仪，可如附马井源例，俱与教官一员。"于是，附马李铭、焦敬、王谊各除

土耳其人取埃皮鲁斯和阿尔巴尼亚大部。

拜占庭大疫。

德王西吉斯蒙德获伦巴底王位。

反胡斯派第五次十字军征讨，

学录一员。(《宣宗实录》卷八一)

  是月,明宣宗幸杨士奇第。

  按:时宣宗好微行,士奇以为不可。

  八月,武昌火,延烧楚王宫殿,谱系敕书俱烬。

  宛平民以地施僧寺,请蠲其税,诏还之民。

  是年,南京工部九月受命修国子监书籍阙板。

胡濙正月兼掌户部。

陈祚二月以劝读《大学》下于狱。

  按:时陈祚为江西巡按御史。主事郭循亦以请罢营造,下之狱。惟祚一系凡五年。

  罗肃(罗汝敬)二月丁酉命督陕西屯田。

  王来以荐擢御史,巡按苏松常镇四府,偕巡抚周忱考察属吏。

  李昌祺(李桢)在河南布政使任。

  按:作《夜趋尉氏》、《雨中督民捕蝗》诗。

  刘定之始授徒。

  章纶始有寻师之志。

  江朝宗随父游京师,从学名辈。业《春秋》,学业日进。

况钟作《退思斋自记》。

薛瑄返京师,撰有《东窗记》。

曹端著《性理论文字》成。

朱积得浙江单复所著《读杜愚得》18卷,为刊行。

  按:《四库全书总目提要》卷一七四曰:"复字阳元,会稽人。《千顷堂书目》作嵊县人,洪武中为汉阳河泊官。又云一名复亨,举怀才抱德科,授汉阳知县。传闻异词,未详孰是。是编前有宣德九年黄淮序,称杨士奇得其本于湖湘,以授江阴朱善庆兄弟刻之。考黄伯思《东观馀论》,称尝撰《杜诗编年集》,则编年实始自伯思。其本今已不传。后鲁訔、黄鹤诸家穿凿字句,钩稽岁月,率多未安。"一说是书实刻于天顺朱熊之手。

  潘文奎作《效颦集序》。

  按:潘文奎,生卒年不详。字景昭。浙江永嘉人。文章为时所重,尝与修国史。官至福建布政司参议。事迹见《万姓统谱》卷二五。

陆冠孝(陆子高)卒(1354—)。子高原名冠孝,以字行。又字甫里。长洲人。入赘常熟孙氏。以献家藏古书而入儒籍。著有《小学习成》、《虹霓书》、《祭仪》、《天文会象》、《梅菊诗评》。事迹见雍正《昭文县志》卷九。

金善(金幼孜)卒(1368—)。幼孜名善,以字行。谥文靖。江西新淦人。建文二年进士。与修《太祖实录》及《五经性理大全》,及修两朝《实录》,起复为总裁。著《春秋要旨》3卷,《金文靖集》10卷,《北征录》1卷《后北征录》1卷。纂有《十二公事》等。事迹见《明史》卷一四七,《礼部尚

终败。

贞德以火刑见杀。

英格兰亨利六世在巴黎加冕为法兰西国王。

教皇尤金第四建法国普瓦担埃大学。

日本世阿弥撰成《花镜》。

书武英殿大学士金幼孜传》(《实录》见《国朝献征录》卷一二)。

按：杨士奇《太子少保礼部尚书兼武英殿大学士赠荣禄大夫少保谥文靖金公墓志铭》曰："公自幼嗜学问，内承家训之笃。长从前进士聂铉先生受《春秋经》，得其微旨。"据《四库全书总目提要》卷一七〇：幼孜在洪武、建文之时，无所表见。至永乐以迄宣德，皆掌文翰机密，与杨士奇诸人相亚。《千顷堂书目》载《幼孜集》10卷，又《外集》1卷，又《北征集》1卷。外集未见。朱彝尊《静志居诗话》称其《北征集》，大漠穷沙，靡不见历，时露悲壮之音。则彝尊犹及见之，现亦未见。《金文靖集》为其子昭伯所辑。诗文多应制之作。别冠以《三朝恩荣录》1卷，则其敕谕、诰命、祭文、像赞、神道碑之属。

宣嗣宗卒(1380—)。嗣宗字彦初，松江嘉定人。与修《成祖实录》，进验封郎中，卒官。事迹见杨士奇《宣郎中嗣宗墓志》(《国朝献征录》卷二二)。

谈缙生(—?)。缙字朝章，号敬义，自号荷桥子，无锡人。官东阳训导。著有《家礼杂辨》、《睦亲规矩》、《日省编》、《就正录》、《太极图说》、《荷桥子》(一作《荷桥子集》)、《敬义存稿》。事迹见《毗陵人品记》。

罗伦(—1478)、丁川(—1478)、俞钦(—1484)、张孜(—1487)、李应祯(—1493)、张鼎(—1495)、董越(—1502)、徐恪(—1503)、李昊(—1508)、张珹(—?)生。

宣德七年　壬子　1432年

阿拉贡入那不勒斯。

胡斯派伐波兰与波兰的海沿岸。

法人归沙特尔。

二月，将下宽恤之诏，杨寓(杨士奇)请增数事，从之。(《明通鉴》目录卷五)

三月辛酉，御制《减租诗》示廷臣。(《明通鉴》目录卷五)

己亥，顺天府奏乞如南京应天府额取举人80人。从之。(《宣宗实录》卷八七)

四月己酉，增建国子学舍，诸生有家室者给月粮，如南京例。

己丑，应天府奏请乡试同考官，请命兵部给脚力。宣宗从之，顾谓礼部尚书胡濙等曰："考官取士，但据文章不悖经意即可充选，然应举之人皆凭学校、有司保送，其人果孝弟、忠信而又通今博古，科目取之足为世用；若德行不修而徒有文辞，亦终无益。考官须是学问老成、心术正大之士，不然亦能颠倒是非，卿等宜申明朕意，各使知慎。"(《宣宗实录》卷八九)

五月，御便殿，阅《宋史》，论宋之武事不振在于柄用小人。(《明通鉴》目录卷五)

六月，御制《官箴》，以戒百官。(《明通鉴》卷二一)

七月庚辰，御制《豳风图诗》，揭之殿壁。寻又制《织妇词》示廷臣。

(《明通鉴》卷二一)

> 按：豳风图盖元赵孟頫绘也。

八月乙未,敕京官三品以上举贤才,吏部、都察院黜有司不职者。

> 按：先是宣宗作《招隐猗兰诗》以示廷臣,意在荐贤以自辅。比见推举者少,而有司贪暴不职者亦不闻有所纠劾,故降敕责之。(《明通鉴》卷二一)

十月辛丑,南京礼部尚书张瑛言贤才当因其可取而取之,不必预定多寡。自今两京及各处布政司乡试所取举人勿限多寡。不允。(《宣宗实录》卷九六)

是年,宣宗制《翰林院箴》。

李懋(李时勉)七月辛未以行在翰林院侍读学士命为应天府乡试考试官。

苗衷七月辛未以侍读命为应天府乡试考试官。

周述八月癸巳以左春坊左庶子兼翰林院侍读命为顺天府乡试考试官。

钱干(钱习礼)八月癸巳以翰林院侍读学士命为顺天府乡试考试官。

曹端复典试陕西,有典文衡、论配飨位次等事。

陈继致仕。

> 按：《东里续集》卷九《送陈嗣初诗序》曰："以目眚求致其事归,诏从之。士奇与嗣初同在馆阁,同史事。嗣初博古知要,尤长于《礼》,予资之多矣。于别也,不能已于情,故赋诗送之,且致讯张宗海、尤文度云。"

黄福八月以户部尚书改为南京户部尚书。

> 按：时宣宗于宫中览福奏《漕事便宜疏》,出以示大学士杨士奇曰："福言智虑深远,六卿中无伦比者。"杨士奇对曰："福老矣,朝暮奔走劳悴,殊非国家优老待贤之礼,南京根本重地,先帝以储宫监国。福老成忠直,缓急可倚。"是时大臣多希旨承顺,福持正不阿,宣宗寖疏福,士奇亦忮之。寻有是命。(《明通鉴》卷二一)

薛瑄丁继母忧。

陈瑄、赵新等十一月辛酉召以岁终至京师议粮赋利弊。

> 按：赵新,生卒年不详。字彦铭。浙江乐清人。著有《四书说约》,载《千顷堂书目》及《经义考》。《续文献通考》作《约说》。《温州经籍志》云佚。另有《行素稿》。事迹见《万姓统谱》卷八三。

况钟九月请浚苏、松、嘉、湖湖六,诏与巡抚周忱治之,计其工役以闻。

周忱、况钟奏减苏州官田租72万余石。

沈度以序送吴县陈继解京职还。

章敞等三月自交趾还,黎利复遣人随贡。

林时正月乙酉以陕西按察佥事言二事。

陈敬宗三月辛巳以南京国子监司业奏：助教宋琮等授职年久,皆无皂隶给使,请如北京国子监例给之。

商辂八月应试浙闱不第。

高德中举人,国子监助教。

> 按：高德,生卒年不详。字以化。常熟人。以卖文自给,其文整赡,与邱方相上

下。著有《金台集》、《南雍寓稿》、《纪行集》,见《重修常昭合志》卷一八。

张金陵中举人。

马蕙中举人。历曹县、上蔡教谕,汝宁教授。

按:马蕙,生卒年不详。字彦芳。徐州人。其先昆山人,曾祖良为徐州卫知事,遂占籍。著有《兰斋集》,见同治《徐州府志》卷一九。

徐震从陈继学诗。

章纶始受学于礼部主事黄岩章仲寅先生。

按:章仲寅,生卒年不详。名陬。时举乡贡进士,家居,学行俱优。章纶以同宗子弟执贽踵门讲学三月得其要领。

段坚年十四始入郡庠,为诸生,治易经。

按:见缑山陈氏明伦堂上铭,群居慎口,独坐防心,慨然有学圣之志。

曹端著《孝经述解》成。

御制《官箴》六月成,凡35篇,示百官。

杨信民纂《姓源珠玑》6卷。

按:杨信民,生卒年不详。江阴人。《四库全书总目提要》卷一三七曰:杨信民,"永乐中官日照县。知县是编以《洪武正韵》分隶诸姓,而各系古之名人于姓下。分为八十一类,各以四字标题,别为编目于卷首。书与录绝不相符,体例极为丛脞,其中乖舛,尤不胜摘。""前有宣德七年王直序,称太宗在位时,修《永乐大典》,征天下文学之士集馆阁,信民与焉。当时所用之人如是,宜二万余卷之书皆割裂庞杂,纷如乱丝也。考《明史·列传》,宣德中有杨信民,浙江新昌人。官至金都御史,巡抚广东,以循良称。亦与王直同时。其擢广东左参议,即直所荐。盖名姓偶同,与著此书者非一人云。"新昌杨信民,讳诚,字信民,以字行。事迹见丘浚《金都御史恭惠杨公信民神道碑》(《国朝献征录》卷六三),《广东左参议谥恭惠杨公信民传》(《国朝献征录》卷九九)。

周思得编纂《上清灵宝济度大成金书》成。

按:《上清灵宝济度大成金书》,藏外道书。道教正一斋醮科书集成。40卷。宣德八年刊印,今存,分别收藏于上海图书馆、台北中央图书馆和美国普林思顿大学,本书存世仅此3部。今将上海图书馆藏本编入《藏外道书》第16、17册"仪范类"。卷前有张澹然、吴大节及纂者之序,卷末有杨震宗之跋及顾惟谨之赞。谓周氏初以所传灵虚田宗师符奥旨集为3卷,犹虑未广,复以林灵真先生修纂济度之书34卷,参以平昔所用诸品科范,校雠成帙,费时20余年,通为40卷,即为是书。题中"上清灵宝"为正一派之惯用名称,"济度"即斋醮"济生度亡"之义,"金书"喻言科书之珍重。全书集当时正一派斋醮领科仪之大成,包罗"卫国佑民、捍灾止患、济人度鬼"等各类科范,从设坛建醮的各项制度,到各类科仪之程序,及有关赞颂词章、符文印简、咒诀罡步等,悉录于此编。还附有印、符、灯、坛等各种图式。

涵虚子臞仙(朱权)作《颐庵文集序》、《颐庵诗集序》。

按:文渊阁《四库全书》报存诸序,篇题不存,概以《原序》系之。《颐庵文选》存朱权序文两篇,存熊钊、胡广、邹缉、杨士奇序文各一篇,俱系于《颐庵文选原序》下,失其原题。

孟式序《赞灵集》。

按:孟式,生卒年不详。时任户部主事,爵里沛邑。《赞灵集》乃收录赞颂洪恩、灵济二君徐知证、徐知谔之诗词文集。4卷。《中国丛书综录》著录《赞灵集》4卷,注:"元□□辑"。《四库全书总目提要》以之附于《徐仙翰藻》之后。《道藏经目录》及《道藏目录详注》并漏载此书,或以此书附于《徐仙翰藻》。故不别为著录。此书收入明《续道藏》卿帙,涵芬楼影印本第1085册,文物出版社影印本第35册第493—510页。

王静作《效颦集序》。

唐文凤(唐子仪)卒(1346—)。文凤字子仪,号梦鹤。徽州府歙县人。唐桂芳子。与祖元、父桂芳俱以文学擅名。时号小三苏。知兴国,有政绩,泰和刘鸿尝作《贤令祠记》,见程敏政所编《唐氏三先生集》附录中。著有《梧冈集》。

按:《四库全书总目提要》卷一七〇曰:《梧冈集》10卷,明唐文凤撰。"其五世孙泽撰墓表曰:'先生著述在乡校者曰《朝阳类稿》,在兴国者曰《政馀类稿》,又曰《章贡文稿》,在藩府者曰《进忠类稿》,在洛阳者曰《洛阳文稿》,归田后曰《老学文稿》。'今此编所存者止诗四卷,文六卷,盖不逮十之三四矣。"

刘渊然卒(1351—)。渊然号体元子。江西赣县人。幼年在祥符宫出家为道士,师事胡、张二师得符法,后又礼赵原阳为师,得授金火返还大丹之诀。不仅得全真、清微二派之传,且被尊为净明道第6代嗣师。洪武时赐号"高道"。永乐间赐"真人"号。洪熙时赐"冲虚至道玄妙无为光范演教长春真人"。宣德初年晋"大真人"号。虽以道术见长,被视为正一道士,然实多师承,并对道教在云南之发展有贡献,曾命其徒阐道云南。其徒知名者有邵以正、沈道宇、蒋日和、范勤裕、巩道岩。事迹见《明史》卷二九九,《道教大辞典》。

按:《净明家教录》称其"每与同辈处,语及修行,辄举忠孝为立本"。(《道教大辞典》)

僧贾曹杰·达玛仁钦卒(1364—)。贾曹杰·达玛仁钦。宗喀巴弟子,助宗喀巴创立格鲁派,后嗣法位,著《能显解脱道论》。

沈玄(沈以潜)卒(1369—)。以潜名玄,字以潜,以字行。苏州府吴县人。宣德初,征入京师为医士,未甚知名,院判蒋用文病,举以自代,进对称旨,即日擢为御医。工诗好琴。著有《潜斋集》(见吴宽《匏翁家藏集》卷四一)。事迹见杨士奇《太医院御沈玄墓志铭》(《国朝献征录》卷七八)。

曾棨卒(1372—)。棨字子启,号西墅,卒谥襄敏。江西永丰人。永乐进士。喜推荐士,学博才赡。官至少詹事。著有《西墅集》。事迹见《宣宗实录》卷八六,《曾襄敏公棨传》(《国朝献征录》卷一八),《列朝诗集小传》乙集,杨士奇《詹事府少詹事兼翰林侍读学士赠嘉议大夫礼部左侍郎曾公墓碑铭》。

按:《古廉文集》卷八《与同年曾学士书》曰:"蒙示高作《巢睫集》。读之,长篇多春容演迤,短篇亦皆精严雅丽,信乎四方播诵如南金美玉。"据《四库全书总目提要》卷一七五:《西墅集》10卷,乃万历中永丰知县德清吴期炤所选录。

蒋琬(—1486)、张逊(—1495)、彭华(—1496)、庄昶

（　—1498）、王锜（　—1499）、汪谐（　—1500）、罗璟（　—1503）、丁元贞（　—1510）、周瑛（　—1518）生。

宣德八年　癸丑　1433 年

西吉斯蒙德加冕，称帝。

胡斯派分裂。

波兰颁《克拉科夫特许状》，波兰贵族特权遂扩大。

正月，朝觐官集京师。宴知府何文渊等 7 人于廷，以御制《招隐诗》示之。

三月丙辰，赐曹鼐等 99 人进士及第、出身有差。

戊午，设四川乌蒙军民府儒学。

己未，进士曹鼐等上表谢恩，宣宗御左顺门，召少傅杨寓（杨士奇）、杨荣、尚书胡濙谕曰："今年进士及会试副榜举人中有年少、质美者，卿等选 30 人，具名以闻，仍令进学。"（《宣宗实录》卷一〇〇）

戊辰，宣宗命行在吏部改进士为庶吉士，送翰林同萨琦等进学。仍令侍读学士王直训督之，三月一考其文辞以观。所进举人，俱赐冠带，给训导俸，送国子监进学，以待下科会试，翰林院三月一考其文，与庶吉士同。（《宣宗实录》卷一〇〇）

四月丙午，诏：天下州不及二十里者，岁贡生员一人；过二十里者，贡如旧例。县不及五里者，五岁贡一人；不及十里者，三岁贡一人；过十里者，贡如旧例。（《宣宗实录》卷一〇一）

按：盖陕西汉中郡汉阴县儒学教谕张应衡言：本县仅一里，生员食廪膳者止九人，乞岁减常贡之数。故有是命。

是月，建广寒、清暑二殿，储书籍。

六月乙酉，祷雨不应，作《闵旱诗》示廷臣。（《明通鉴》目录卷五）

八月戊午，有三星见西北方天门，青、赤、黄各一，大如碗，明朗清润，良久聚半月形。杨士奇奏贺景星见。于是礼官胡濙等请表贺，明宣宗虽不许，然文臣自士奇以下皆献颂。（《明通鉴》卷二一）

十一月，命内阁、礼部选三科进士，御试文华殿，拔郑建等 28 人。

按：进文渊阁，与修撰马愉、曹鼐等同命詹事王直教之。其优礼给赐，一如永乐甲申之例。又命内阁试吏部就选外官 60 余人，录其优者知县孔谅等 7 人，以备任用。（《明通鉴》卷二一）

是年，天方、默德那等国来贡，郑和遣人致之也。

按：自第一次航行至宣德八年共 28 年间，郑和奉命 7 次下西洋，途经 30 余国。

朝鲜李朝请求派遣子弟到北京国子监或辽东乡学读书。

按：宣宗以为"不若就本国中务学之便也。今赐王一经，《四书大全》一部、《性理大全》一部、《通鉴纲目》二部，以为教子弟之用"。（吴晗《朝鲜李朝实录中的中国史料》）

黄淮正月己巳以致仕大学士诏乘肩舆登万岁山,时以为荣。二月,主礼部试,王直与之。

> 按:试毕,辞归,宣宗饯之太液池,自制长歌送之。

杨士奇正月己巳作《圣德诗》10章上之。

> 按:诸学士儒臣皆有奏御之作。

杨士奇、杨荣四月命于馆阁中择能书者数十人,取五经、四书及《说苑》之类,各录副本,分贮广寒、清暑二殿及琼花岛,以便观览。

张楷仿雅颂作诗献明宣宗,明宣宗怒,疑其求进,陈循以为诗诚不工,但有忠爱之意,遂释然不加罪。

胡濙九月癸未以行在礼部尚书奏:乞令天下学校,生员年四十五以上,尽送部考选、定夺。从之。(《宣宗实录》卷一〇六)

邓林谪满还家。

> 按:邓林,生卒年不详。初名彝,成祖为改今名,字士齐,一字观善,号退庵。广东新会人。洪武举人。与修《永乐大典》。工诗文及书法。据《四库全书总目提要》卷一七五:太常寺少卿会稽陈赟为广东参议时摭拾遗稿而成《退庵遗稿》7卷,序之。另有《湖山游咏录》传世。事迹见黄佐《吏部验封司主事邓林传》(《国朝献征录》卷二六)。

张益官评事,是年入文渊阁读书。

康有竹为龚诩写画像,龚诩自题。

杨铎成进士。授大理左评事,理狱号平恕。

李贤成进士。授验封主事。

> 按:少师杨士奇欲一见,贤竟不往。

李绍成进士。授翰林检讨,升修撰。

侯润成进士。官礼科给事中。

> 按:侯润,生卒年不详。字仲玑,号省庵。临海人。著有《四书启蒙》,已佚,载康熙《台州志》。又有《省庵集》,载《千顷堂书目》,亦佚。

姜洪成进士。授检讨。

> 按:与修《宣宗实录》。书成,进修撰。姜洪,生卒年不详。字启洪,号松岗。江西乐安人。著有《松岗集》11卷。事迹见《明诗综》卷二〇。

钟复成进士。历官翰林院侍讲。

徐有贞成进士。授编修,进侍讲。

曹鼐成进士。入翰林,为修撰。累迁吏部左侍郎兼文渊阁大学士。

汪敬成进士。

沈周从陈宽学。

刘定之入邑庠为增广生。

章纶入府学。

> 按:知府何侯改仑为纶。

刘氏博济药室刊刻《类证活人书括》4卷。

奥地利维也纳圣斯蒂芬大教堂建成。

葡萄牙人探察西北非洲海岸。

朝鲜卢重礼等纂《乡药集成方》85卷成。

按：编写过程中曾请中国名医对医书内容考辨。据崔秀汉《中国医史·医籍述要》（延边人民出版社1983年出版）统计，参考并引用中医药书籍有212种。

刘敬（刘子钦）作《剪灯余话序》。

按：序曰："洪熙初，余蒙恩归自岭表，访旧于庐陵忠节之邦。客有以《元白遗音》来示曰：'《至正妓人行》，乃吾同年广西布政使李公祯寓房山时所作，暨翰林诸先生所跋也。'读而感之，慨我同志，遂因其人，即其事，致其咏叹之意，书其后而归之。明日又得其《剪灯余话》之编，首阅玉堂大手笔诸公之序，凡三首；其卷四，其编二十，皆湖海之奇事，今昔之异闻。"

瞿佑著《剪灯余话》刊行。

按：即作品完成13年之后。张光启《剪灯余话跋》曰："余甚嘉之，命工刻梓，广其所传，以副江湖好事者观览。"

瞿佑卒（1341— ）。一说卒于宣德二年。详见是年条。

楼澄卒（1348— ）。澄字文渊。父绍从鄞徙吴，遂为苏州吴县人。从贝翔学，深于《书》，晚更嗜《易》。尝教附马都尉胡观家，及归，夏原吉与论水利，欲荐之，以疾辞。据《吴郡文编》卷一九一，澄所著有《林皋集》、《鼓缶集》。都穆辑《吴下冢墓遗文》卷三收陈继《楼公墓志铭》。

陈瑄卒（1365— ）。瑄字彦纯。庐州府合肥人。前后理漕河三十年。卒于官，追封平江侯，谥恭襄。事迹见《明史》卷一五三。杨士奇撰有《平江伯追封平江侯谥恭襄陈公瑄神道碑铭》（《国朝献征录》卷九）。

郑和卒（1371— ）。一说卒于1435年。详见是年条。

宋子环卒（1382— ）。子环字文莹，号莹庵，江西吉水人。永乐进士。著有《词林稿》、《南行稿》、《梁园稿》。事迹见《明史》卷一三七《桂彦良传》附传，杨士奇《越府右长史宋君子环墓志铭》（《国朝献征录》卷一○五）。

吕升卒，生年不详。升字升章，一作升常。浙江山阴人。著有《六经笺注》。事迹见《明史》卷一五○《虞谦传》附传，《大理寺左少卿吕升传》（《国朝献征录》卷六九）。

李宗（ —1473）、刘诚（ —1480）、戴仁（1488— ）、陈钢（ —1489）、汝讷（ —1493）、秦夔（ —1496）、张缙（ —1515）、刘健（ —1526）生。

宣德九年　甲寅　1434年

美第奇家族始

二月庚申，明宣宗视朝罢，出《思贤》之诗以示君臣。（《宣宗实录》卷一

〇八）

四月甲戌，顺天府尹李庸奏：通州儒学文庙及两庑岁久损敝，又神厨神库俱未建，每遇释奠，苟且行事。旧有射圃为军民侵占者，乞究理如例建置，以称朝廷崇儒兴学之意。(《宣宗实录》卷一一〇)

八月戊辰，选习四夷译书学生。

癸酉，命行在翰林院修撰马愉、陈询、林震、曹鼐、编修林文、龚锜、钟复、赵恢、大理寺左评事张益同、庶吉士萨琦、何瑄、郑建、江渊、李绍、姜洪、徐珵、林补、赖世隆、潘洪、尹昌、黄瓒、方熙、许南杰、吴节、叶锡、王玉、刘实、虞瑛、赵智、陈金、王振、逯端、黄回祖、傅纲、萧镃、陈惠、陈睿37人，于文渊阁进其文学。(《宣宗实录》卷一一二)

按：先是，宣宗命萨琦等于文渊阁进其文学，至是，并愉等召入左顺门试之。宣宗亲第高下，赐赍有差，少詹事兼侍读学士王直有训励劳，赐钞一千贯。

九月癸未，明宣宗自将巡边，杨寓（杨士奇）、杨荣等扈从。

十二月壬戌，御制《洪范篇》及御制序示杨士奇等，且谕之……。(《宣宗实录》卷一一五)

岁终，明宣宗不豫，谕旨于杨溥与陈循，可俱入文渊阁共事。

是年，封宗喀巴弟子僧释迦也失为大慈法王。

有僧自陈欲化缘修寺，祝延圣寿者，宣宗斥之。

杨士奇九月扈从巡边。

杨溥八月晋礼部尚书仍兼学士，直内阁。九月扈从巡边。

蹇义九月扈从巡边。

胡濙九月扈从巡边。

徐有贞特进翰林院编修。

曹端寝疾，诸生入问，曰："贤辈尊所闻，行所知，吾无遗患矣。"

陈祚奏劝读《大学衍义》，语类讥诮，致明宣宗怒。陈循劝说，明宣宗意稍解。

陈敬宗为南京国子监祭酒。

李贤是秋奉命察山西旱蝗，造门叩质所疑于薛瑄。

黄淮入京觐见。

刘定之授徒于邑东端威阁。

况钟欲举杜琼异才应诏，固辞而止。况钟在苏州重修范仲淹祠，张益著记。

王景弘又出使苏门答腊。

按：死于爪哇。

李源十二月甲辰以监生为四川永宁宣抚司儒学训导。

按：李源，本永宁儒学生，以选贡入监。宣抚奢苏奏：本司儒学生员，俱土獠夷人，朝廷所授教官，语言不通，难以训诲，源资质敦厚，文学颇晓，乞如云南鹤庆军民府儒学事例，授源教职，训诲诸生，庶有成就。宣宗从其言，故命之。

治佛罗伦萨。

胡斯战争结束。

意大利佛罗伦萨大教堂竣工。

西西里岛最早的卡塔尼亚大学建成。

葡萄牙人入西北非洲。

巩珍纂《西洋番国志》成。

按：据《四库全书总目提要》卷七八：珍，应天人。其仕履始末未详。永乐中，敕遣太监郑和等出使西洋。宣宗嗣位，复命和及王景弘等往海外，遍谕诸番。时珍从事总制之幕，往还3年，所历20国。于其风土人物，询诸通事，转译汉语。靓缕毕记，至宣德九年编成。所记与《明史·外国传》大概相同，疑史采用此书也。《西洋番国志》和《瀛涯胜览》、《星槎胜览》三书，后二者流传甚广，明代即有各种版本；前者首见于钱曾《读书敏求记》，或为钱谦益"绛云楼"藏书毁于火后之劫余。《四库全书总目提要》存目收有是书，乃据浙江巡抚采集本。后又见于乾隆年间彭元端《知圣道斋读书跋尾》，再后少有著录或目睹者。1961年中华书局出版向达校注《西洋番国志》，纳入《中西交通史籍丛刊》。

薛瑄三月撰《赵城县徙作县治记》。

按：一说十月丁卯著

刘定之纂《文安策略》成。

按：《四库全书总目提要》卷一三七曰："是书乃所拟场屋对策之作。分经书、子史、吏、户、礼、兵、刑、工各为一科。周荣作定之年谱，记此书成于宣德九年甲寅。时定之止二十六岁，尚未登第，盖其揣摩程试之具。"

胡濙作赵孟頫书杜甫《秋兴》四诗跋。

沈度卒（1357— ）。度字民则，号自乐。松江华亭人。精于楷书。据《东里文集》卷一四，度所著有《滇南稿》、《西清馀暇自乐稿》等。事迹见《明史》卷二八六，杨荣《翰林学士奉政大夫沈公度墓志铭》(《国朝献征录》卷二〇)。

按：据《明史》本传：弟粲，字民望。兄弟皆善书，度以婉丽胜，粲以遒逸胜。度博涉经史，为文章绝去浮靡。

陈山卒（1365— ）。山字汝静，号半溪。与修《永乐大典》。官至户部尚书兼谨身殿大学士，入阁。以进策忤旨，命辍机务。事迹见雷礼《资政大夫户部尚书兼谨身殿大学士半溪陈公山传》(《国朝献征录》卷一二)。

陈继卒（1370— ）。继字嗣初，号怡庵，苏州府吴县人。以文章擅名翰林，任检讨。据《吴郡文粹续集补遗》，继所著有《怡庵集》40卷、《耕乐集》20卷。事迹见杨荣《翰林检讨致仕陈君继墓志铭》(《国朝献征录》卷二二)、杨士奇《故翰林检讨陈君墓碑铭》(《东里文集》卷一四)。

按：正德《姑苏志》卷五二曰："继为人端恪，其学自经史百氏皆博考深究。文章根义理，辨体制，严矩矱，不肯苟率。一时称为作者。"

梁混（梁本之）卒（1370— ）。本之名混，以字行，号坦庵，江西泰和人。洪武中为瑞州府学训导，迁溧阳教谕，改鲁王府纪善。著有《坦庵文集》8卷。

按：《坦庵文集》附杨士奇《梁先生墓志铭》，又附王直《梁先生墓表》，本之与杨士奇、王直为姻家。《四库全书总目提要》卷一七五曰："本之与其兄潜齐名。萧镃称所作浤渟澄深，端重典则，盖庄人学者之文。然规模与其兄相近，骨力根柢则皆不及其兄也。"

曹端卒（1376— ）。端字正夫，号月川。学者称月川先生，私谥静修。河南渑池人。永乐举人。笃志性理，坐下著足处，两砖踏穿。其学宗朱熹。务躬行，实践，以静存为要。史家皆谓，明儒继绍宋儒之学，当推曹端为先。学者推为明初理学之冠。《明儒学案》列其入《诸儒学案》上二。

著有《四书详说》、《孝经述解》、《周易乾坤二卦解义》、《太极图说述解》、《性理文集》、《儒家宗统谱》、《存疑录》、《曹月川集》等。事迹见《明史》卷二八二，明张信民编《曹月川先生（曹端）年谱》，黄佐《山西霍州儒学学正曹公端传》（《国朝献征录》卷九七）。

按：《明史》本传曰："初，伊、洛诸儒，自明道、伊川后，刘绚、李吁辈身及二程之门，至河南许衡、洛阳姚枢讲道苏门，北方之学者翕然宗之。洎明兴三十余载，而端起崤、渑间，倡明绝学，论者推为明初理学之冠。"黄宗羲《明儒学案》曰："先生之学，不由师传，特从古册中翻出古人公案，深有悟于造化之理，而以月川体其撰，反而求之吾心，即心是极，即心之动静是阴阳，即心之日用酬酢是五行变合，而一以事心为入道之路。故其见虽彻而不玄，学愈精而不杂，虽谓先生，为今之濂溪可也。""先生门人彭大司马泽尝称：我朝一代文明之盛、经济之学，莫盛于刘诚意、宋学士；至道统之传，则断自渑池曹先生始。上章请从祀孔子庙庭。事在正德中。愚谓方正学而后，斯道之绝而复续者，实赖有先生一人。薛文清亦闻先生之风而起者。"《夜行烛》，《四库全书总目提要》卷九五曰："明初理学，以端为冠。而其父崇事佛、老，端因采经传格言切于日用者，辑为此书。名《夜行烛》，以进其父。""端讲学之书，有《理学要览》一卷，《性理论》一卷。又有《儒家宗统谱》、《存疑录》，亡其卷数，并载《千顷堂书目》，今皆未见。"《月川语录》"是编乃真宁赵邦清辑其讲学之语为一卷，非端之全书，亦非端所自著，不足以尽其底蕴。然《千顷堂书目》载《月川语录》作一卷，则所见亦即此本矣。"《四库全书总目提要》卷一七〇曰："明初理学，以端与薛瑄为最醇。瑄诗文集、《读书录》等皆传于世。而端之遗书散佚几尽，其集亦不复存。"《曹月川集》为清朝仪封张伯行裒辑而成。"首以《夜行烛》，次《家规辑略》，次《语录》，次《录粹》，次《序》七篇，次诗十五首。《夜行烛》、《家规》二序不冠本书，而别载于后诗之中，间以《太极图赞》一篇，皆非体例。盖编次者误也。末附诸儒评语及张信民所纂《年谱》。端诗皆《击壤集》派，殊不入格，文亦质直朴素，不以章句为工。然人品既已醇正，学问又复笃实，直抒所见，皆根理要，固未可绳以音律，求以藻采。况残编断帙，掇拾于放失之馀，固宜以其人存之矣。"（参《中国历代人名大辞典》、《明儒学案》、《四库全书总目提要》等）

段民卒（1376—　）。民字时举。常州武进人。永乐二年进士。选庶吉士。与修《永乐大典》。贫不能殓，都御史吴讷祝以衣衾。卒后百余年乃谥襄介。事迹见《明史》一五八本传，杨士奇《嘉议大夫南京刑部右侍郎武进段公民墓志铭》（《国朝献征录》卷四九）。

凌安然（凌晏如）卒（1382—　）。晏如名安然，以字行。浙江归安人。凌贤子。少力学敦行，精六书之法，尤工大篆及二王小楷。与修《永乐大典》。官至都察院掌院事。事迹见《列卿记》，凌士麟纂《凌氏宗谱》。

俞益卒，生年不详。益字友谦。浙江馀杭人。以翰林庶吉士与修《永乐大典》。书成，授靖安知县，改知潜山县。事迹见《潜山县知县俞益传》（《国朝献征录》卷八三）。

巩珍卒，生年不详。珍字国宝。上元人。据《四库全书总目提要》卷七八：珍，应天人。其仕履始末未详。永乐中，敕遣太监郑和等出使西洋。著有《西洋番国志》。

王景弘卒，生年不详。景弘，宦官，航海家。永乐三年任郑和副使，出使西洋。以后郑和第二、第三、第七次航行时也都同行。宣德九年又出使苏门答腊。事迹见《中国历代人名大辞典》。

施度（ —1479）、金绅（ —1482）、胡居仁（ —1484）、王献（ —1488）、李昂（ —1492）、王庭（ —1493）、史鉴（ —1496）、祁顺（ —1497）、刘震（ —1501）、林瀚（ —1519）、王奇（ —1520）生。

宣德十年　乙卯　1435 年

热亚那人败阿拉贡。

法王查理七世及法国勃艮第公爵菲利普达成《阿拉斯和约》。

正月乙亥，明宣宗崩于乾清宫。遗诏传位皇太子，国家重务白皇太后施行。（《明通鉴》卷二十一）

按：《四库全书总目提要》卷一七五曰：《明宣宗诗文》1 卷，"按《明史·艺文志》载《宣宗文集》四十四卷，今未见传本。此册仅《广寒殿记》一卷、《玉僭花赋》一首、诗歌词曲三十九首，非其全帙也。朱彝尊《明诗综》所录宣宗诗，多此册所未载，意者彝尊尚及见其集欤。"

壬午，太子朱祁镇即皇帝位，是为英宗，大赦天下。以明年为正统元年。

按：时年九岁。政事送内阁交杨寓（杨士奇）等议决。

三月戊寅，罢教坊司乐工 3800 余人。

四月壬戌，以元学士吴澄从祀孔子庙庭。

八月丙午，减光禄寺膳夫 4700 余人。

九月壬辰，行在礼部奏：天下岁贡生员，例从行在翰林院考试，中式者送南、北国子监读书；初不中者，仍发原籍住廪肄业，以待复试；再不中者，发充吏役，提调官、教官如例责状。犯在赦前者，免责状。从之。（《英宗实录》卷九）

是月，诏修《宣宗实录》。（《明通鉴》目录卷五）

十月辛亥，诏天下卫所皆立学。（《明通鉴》目录卷五）

是年，朝鲜李朝世宗使臣南智到北京贺圣节，仍奏请胡三省音注《资治通鉴》，赵完璧《源委》及金履祥《通鉴前编》，陈桱《历代笔记》，丞相脱脱撰进《宋史》等书。只赐音注《资治通鉴》一部，其余书板损缺，待刊补完备颁赐。

瑞典乌普萨拉大教堂建成。

帕奥拉的圣方济各创立基督教托钵修会小兄弟会。

杨士奇五月请早开经筵，太皇太后嘉纳。杨士奇等七月建言纂修实录。杨士奇以少傅兵部尚书兼华盖殿大学士为《宣宗实录》总裁。

杨荣以少傅工部尚书兼谨身殿大学士为《宣宗实录》总裁。

杨溥以礼部尚书兼翰林院学士为《宣宗实录》总裁。

王英以詹事府少詹事兼侍讲学士为《宣宗实录》总裁。

王直以少詹事兼侍读学士为《宣宗实录》总裁。

王一宁宣德中召试鉴赏，与修《实录》。

丘锡宣德中与修《太宗实录》，改建昌教授。

按：在任五典文衡，以公明为人所服。性嗜学，垂老手不释卷。锡，生卒年不详。字永锡。福建崇安人。永乐间与修《永乐大典》。卒年八十。纂辑《崇安县志》，著有《永锡文集》。事迹见民国《崇安县新志》卷二五。

杜琼于本府延为修《宣宗实录》七县总裁。

李懋（李时勉）八月癸卯以行在翰林院侍读学士命为顺天府乡试考官。

高穀八月癸卯以侍讲命为顺天府乡试考官。

黎恬宣德中官右春坊右谕德，入翰林预纂述事。

罗肃（罗汝敬）宣德中擢工部右侍郎，两使安南。还督两浙漕运，经理陕西屯田。多所建置。

薛瑄八月复除行在云南道监察御史。越三日，始受事。

按：自戊申官御史五年，买宅京师，仅容卧榻，苦东壁暗甚，力不能办一窗，子淳取车辕为之，薛瑄为作《车窗记》。三杨当国，欲见之，谢不往。

魏骥十月壬子召赴行在。

按：行在翰林院养病修撰王钰、检讨陈璲同召。从尚书胡濙奏请，为明年会试同考官也。

曾坚宣德中历官云南左布政使司。

按：曾坚，生卒年不详。苏州府吴江人。本元礼部员外郎，徐达攻克元都，坚同学士危素等出谒军门，明太祖命仍原官。著有《诗疑大鸣录》1卷。或说字子白，临川人，元至正十四年进士。参见《千顷堂书目》卷一。

赵琬任国子监司业。

吴凯宣德中授刑部主事，有善绩，考最。改礼部，以母老乞归。

顾谦宣德中以荐迁江西按察佥事，再改浙江佥事。以老病乞归。

按：顾谦，生卒年不详。字仲谦。扬州府仪征人。著有《顾氏族谱》、《鲁斋集》、《爱梅轩集》、《遗芳集》。事迹见《万姓统谱》卷九五。

黄润玉宣德中升交趾道监察御史。

潘赐宣德间以鸿胪寺左少卿使日本。归，卒官。

按：潘赐，生卒年不详。字文锡，号容庵。福建蒲城人。著有《容庵文集》、《皇华胜览》。事迹见《古今图书集成》氏族典卷一六四。

陈祚、郭循二月释于狱，又释林长楸，皆复其官。

邹亮上书况钟，自荐。

徐有贞以序送况钟入京述职。

尹镗宣德中督两淮盐政。

按：官至陕西按察使。尹镗，生卒年不详。字子声。顺德府平乡人。著有《尹镗奏议》。事迹见《万姓统谱》卷八〇。

孙芝宣德中以国子生授庆都知县，升沔阳知州。

按：孙芝，生卒年不详。字廷秀。福建连江人。时有建议删削《孟子》书者，芝上疏极论其不可。议遂废。事迹见《本朝分省人物考》。

刘谦宣德时任陕西醴泉知县，以廉惠称。

按：擢行在山西道御史，巡按浙东，抚平盗私发银矿者之仇杀。

徐牧任浙江青田训导。

按：转嘉善教谕，两典河南、福建省试，升任岷府纪善，进长史致仕。徐牧，生卒年不详。字养正。苏州府太仓人。著有《云庄稿》(《昆新两县续修合志》卷四九，作《雪庄稿》)。

聂大年宣德中荐授仁和县训导。

按：后分教常州，迁仁和教谕。

韩忠宣德中授枣阳县学训导。

按：韩忠，生卒年不详。字景贤。河南祥符人。著有《知耻稿》。事迹见李濂《凤阳府学训导韩公忠传》(《国朝献征录》卷八三)。

李贞宣德中以不肯修佛书贬为高州府教授。

按：李贞，生卒年不详。福建南靖人。永乐进士。授翰林院编修，与修五经、四书大全。事迹见《光绪高州府志》卷一九。

郑观宣德中以儒士荐举，为柳升家塾师。

按：柳升死，特旨授官训导，仍馆柳家。明列侯之第有训导者，自观始。

沈士静宣德中聚徒讲论。

按：沈士静，生卒年不详。字玄修。苏州府吴江人。著有《易说宗要》、《悟心微论》，见《庵村志》隐逸。

袁颢宣德中博学而隐于医。

按：袁颢，生卒年不详。浙江嘉善人。著有《周易奥义》8卷、《袁氏春秋》及《脉经主德编》，诸书均见《嘉善县志》。

郭谊，宣德间诸生。

按：郭谊，生卒年不详。字遵王。江阴人。著有《勿告集》，见《杨舍堡城志稿》卷一四。

胡璇宣德间布衣。

按：胡璇，生卒年不详。字舜夫，号云麓。句容人。瑀弟。著有《云麓稿》，见弘治《句容县志》卷六。

何侯召章纶宿知府中，亲授课业参质疑义。秋赴乡试不偶，归读书于净光塔院及天宁寺，同门行多从焉。

刘定之赴乡闱中式。

邹顺举顺天乡试，授工部主事。

按：改刑部，历员外郎郎中，迁辰州知府。邹顺，生卒年不详。字克和。苏州府长洲人。亮弟。著有《学言稿》，见《吴县志》艺文考三。

商辂乡试第一。

段坚年十七，祖父殁，白其父治丧不用浮屠法，动作不苟，人以伊川拟之。

罗伦年五，随母夫人李氏入园收果，长幼竞取，伦独赐而后受。

高吉昌宣德中始造屋数10楹，构堂3间。揭以桐源书院旧匾。堂后为燕居之室，两旁结屋3间为学者讲习之所。

王莹宣德中以肇庆知府于广东高要县城东石头庵改建崧台书院。筑阅江楼以祀乡贤，且为士人讲读之地。

按：宣德中，另有陈梯修葺河南诸葛书院、广西清湘书院讲堂重建、广西璜溪书院重修。

道流窃据四川宜宾涪翁书院之地以为观。

刘定之著《易经图释》成。

按：《四库全书总目提要》卷七曰：《易经图释》12卷，"其书用古本，以上、下《经》及《十翼》厘为十卷。惟《象传》则以《大象》为《象传上》，以《小象》为《象传下》，又与古本小异。然以为《象》分大小，犹之《雅》分大小，出于孔子所定，则于古无征，不足信也。卷首列《先天》、《后天》诸图，率同《本义》，惟不列《卦变图》。盖卦变之说从程子，不从朱子。亦不列《河图》、《洛书》。盖其说皆由太极、两仪、四象、八卦互推，不甚用奇偶方位。其《伏羲先天六十四卦方位图》下注云：'此图二《经》十《传》，皆无明文可见。'又图末总注云：'已上诸图，昔者学《易》之家失其传，而异端方士秘藏焉。邵子始复取归于《易》。程子与之同时，而于《易传》向置之不论，岂未尝得见此于邵子欤？'则虽坚主陈抟之学，而亦微觉其未安矣。""盖大旨在标六爻之义，余皆蔓衍成书，取盈卷帙而已。"

刘宽刻《朱子资治通鉴纲目》59卷。

《宣庙圣政记》21卷成。

按：是书名"圣政记"，和宋濂《洪武圣政记》异，为编年体宣德朝简史。

杜宁宣德中纂修《天台县志稿》。

按：刊本久佚。见《千顷堂书目》、《文渊阁书目》、光绪《台州府志》经籍考六著录。

吕震等宣德中奉敕编《宣德鼎彝谱》8卷。

按：《四库全书总目提要》卷一一五曰："前有华盖殿大学士杨荣序，亦题奉敕恭撰。后有嘉靖甲午文彭跋，称出自于谦家。宣德中，有太监吴诚司铸冶之事，与吕震等汇著图谱，进呈尚方，世无传本。谦于正统中为礼部祠曹，从诚得其副本，彭复从谦诸孙假归抄之。盖当时作此书，祗以进御，未尝颁行，故至嘉靖中始流传于世也。始宣宗以郊庙彝鼎不合古式，命工部尚书吴中采《博古图录》诸书及内府所藏柴、汝、官、哥、均、定各窑之式更铸。震等纂集前后本末，以成此书。"

薛瑄八月作《送山西大参王原之序》。

吴讷跋考赵孟頫书《文赋》。

叶翼宣德中编《馀姚海堤集》1卷。

按：叶翼，生卒年不详。字敬常。宁波人。据《四库全书总目提要》卷一九一：其祖恒。元天历间为馀姚判官，筑堤捍海，民赖其利。至正末，诏封仁功侯，立庙祀之。其子晋，为南台掾，尝辑当时名人序记诗文为一集，未及刊而毁于火。至此翼复襄缀散佚以成是编。

宣德间刊《临川吴文正公集》，附危素所编《吴文正公年谱》。

僧智光卒（1348— ）。智光俗姓王，字无隐。山东武定人。以两次出使尼八剌国之功绩，先后受诏居京城西天寺、崇国寺、大觉寺，并被明成祖赐为"圆融妙慧净觉弘济光范衍教灌顶广善大国师"。译有《四众弟子菩萨戒》、《圣观自在菩萨求修》、《圣观自在略求修》、《青颈大悲观自在菩萨修习要法》、《大悲观音求修》、《狮子吼观音求修》、《观音菩萨辨梦要门》、《大悲观音常修不共要门》、《心经》、《八支了义真实名经》、《仁王护国经》、《大白伞盖经》等14部经典。事迹见《明史》卷二九九《刘渊然传》末,杨荣《灌顶广善西天佛子智光大国师事实》(《国朝献征录》卷一一八),《补续高僧传》卷一。

吴启宗卒(1362—)。启宗字雪轩。丹徒人。隐居南山,以樵自居,故又号南山樵子。著有《南山樵唱集》。事迹见丁淇《京江画征录》卷二(稿本)引《丹徒吴氏宗谱》。

蹇义卒(1363—)。蹇,字宜之,初名瑢。卒谥忠定。巴县(今属四川)人。洪武进士。因奏事称旨,太祖又喜其诚笃,为之更名义。太祖问:"汝蹇叔后乎?"瑢顿首不敢对。太祖嘉其诚笃,为更名义,手书赐之。其为政致力于典章制度之建立健全。与户部尚书夏原吉称"蹇夏"。事迹见《明史》卷一四九。

裴琏卒(1364—)。琏字汝器。湖广监利人。著有《野舟集》。事迹见王直《裴侍郎琏哀辞叙》(《国朝献征录》卷五一)。

郑和卒(1371—)。郑和本姓马,原名文和,小字三宝,世称三宝太监。云南昆阳人。回族。卒于第七次航行归途中。下西洋前后凡18年,经30余国。事迹见《明史》卷三四〇。

按:一说卒于1433年。《中国历代人名大辞典》:郑和(1371或1375—1433或1435)。

俞士吉卒,生年不详。士吉字用贞。浙江象山人。仕至南京刑部侍郎,致仕。著有《栎庵稿》。事迹见《明史》卷一四九《夏原吉传》附传,《南京刑部侍郎俞公士吉传》(《国朝献征录》卷四九)。

朱楷宣德时生(—?)。楷字汝正,又字昭祖,号南滨,无锡人。诸生。著有《安遇集》,见《无锡开化乡志》卷下。

刘戬(—1492)、傅瀚(—1502)、吴宽(—1504)、黄仲昭(—1508)、薛敬之(—1508)、谢铎(—1510)、张元吉(—?)、林同(—?)生。

明英宗正统元年　丙辰　1436年

法王查理七世归巴黎。

正月辛巳,御制洪恩灵济宫碑。(《英宗实录》卷一三)

二月丙辰,始定经筵仪注及知经筵同知、经筵等官。(《明通鉴》目录卷六)

翰林春坊儒臣分直侍讲。

三月己巳,赐周旋等100人进士及第、出身有差。

乙亥，御经筵。

按：先是经筵进讲之制，无定地，亦无定期，至是始定月讲，御文华殿，诏以月之九日行之。续定每月三日，日以逢二为期，以二、八月中旬起，四、十月末旬止，寒暑暂免。遂为定制。（《明通鉴》卷二二）

四月庚子，忠州儒学训导宋广言：欲将各处儒学从祀先贤名爵位次较勘明白，刊成图本，颁行天下学校，永为遵守。从之。（《英宗实录》卷一六）

五月壬辰，初设提督学政官，两京以御史，各布政司以按察副使、佥事为之。著为令。赐敕谕之。（《明通鉴》卷二二）

六月乙卯，行在吏部乞照监察御史陈搏所言：论举人名数定教官九年考核黜陟。（《英宗实录》卷一八）

是月，徙甘肃寄居回回于江南。又徙在京降人于河间、德州。

七月，访孔氏南过之在浙江者，并免圣贤后裔徭役。

八月壬申，行在吏部言：宣德间尝诏天下布、按二司及府、州、县官举贤良、方正各一人，迄今未已，宜止之。英宗以朝廷求贤不可止，但自今来者，会六部、都察院、翰林院堂上官考试，中者，录用；其不中者，黜之。（《英宗实录》卷二一）

是月，河南布政使上言整饬泛滥佛教附著于佛教而行不轨者。英宗嘉之。

还前学士解缙所籍家产。

九月癸卯，何文渊等督两淮、长芦、浙江盐课。

按：钦差巡盐始此。（《明通鉴》目录卷六）

十一月乙卯，诏："京官三品以上，举堪任御史者，四品及侍从言官，举堪任知县者，各一人。"（《明通鉴》卷二二）

是年，遣还西域朝贡者。

按：宣德八年，西域来朝贡者，久留京师，至是悉遣。

直隶隆庆州永宁县知县张宣奏乞设儒学，从之。

英宗改元初政，三杨当国，减诸冗费，其后中官用事，变本加厉。

张辅二月丙辰知经筵事，杨士奇、杨荣、杨溥同知经筵事。

王直、王英、李懋（李时勉）、钱干（钱习礼）、陈循、苗衷、高穀、马愉、曹鼐二月丙辰兼经筵官。

按：经筵定仪注自此始。陈循预受敕兼经筵官。自是日与少傅杨士奇等日侍讲读于英宗前。

王直二月癸卯以少詹事兼翰林院侍读学士命为礼部会试考官。

陈循二月癸卯以侍讲学士命为礼部会试考官。

胡濙二月甲子以行在礼部尚书奏请殿试执事官。

按：英宗命少傅兵部尚书兼华盖殿大学士杨士奇、少傅工部尚书兼谨身殿大学士杨荣、少保行在工部尚书吴中、行在吏部尚书郭琎、礼部尚书兼翰林院学士杨溥、行在兵部尚书王骥、行在刑部尚书魏源、行在都察院右都御史顾佐、行在户部右侍郎吴玺、詹事府少詹事兼翰林院侍读学士王英、行在大理寺右少卿程富、行在翰林院侍

读学士李时勉、钱习礼为读卷官。(《英宗实录》卷一四)

钱干(钱习礼)正统初与修《宣宗实录》。英宗开经筵,为讲官。累擢礼部尚书。王振用事,达官多造其门,习礼耻为屈,乞归。

黎恬正统初与修《宣宗实录》,充经筵官。

卫靖正统中与修《宣宗实录》。

按:卫靖,生卒年不详。字以嘉。苏州昆山人。工书能诗,善画竹石枯木。著有《公余清兴录》。事迹见《画史会要》、《吴先贤赞》、《明画录》、《昆新合志》。

储懋正统中以学行充经筵官,转翰林修撰。与修《宣宗实录》,进侍讲。

刘定之进奏以全俸归家养亲,英宗命故兵部尚书少傅王直、南京礼部尚书王英教公等为文章,大师杨士奇提督与修《五伦书》。

唐世良奉命纂修《闽浙二省实录》。

王瀹擢户部侍郎,巡抚浙江。

按:英宗即位,王瀹擢户部侍郎。王瀹,生卒年不详。字子清。河南太康人。著有《退庵集》。事迹见朱睦㮮《户部右侍郎王公瀹传》(《国朝献征录》卷三〇)。

薛瑄四月升佥事提督山东学政。

按:一说五月以河东薛瑄为山东提学佥事。

是年初设提学宪臣,用吏部尚书郭琎荐,薛瑄出佥事山东,首揭朱子白鹿洞学规示学者俾致知而力行,居敬以穷理,由经以求道。延见诸生亲为讲授,诲育生徒,先力行而后文艺,随其才器成就之。诸生咸慕,皆呼为薛夫子。

马有容是春以太仆寺丞致政、荥泽马士贤司训徽州、保宁尚志训归州,薛瑄并赠以序。

刘士清是秋秩满如京,薛瑄为作序。刘士清是冬补云南宪副,薛瑄序以赠之。

黄淮入京觐见。

彭勖擢御史,督南畿学校。

陈振(陈叔刚)正统初进侍读。

李昌祺(李桢)七月庚午以河南布政使言三事。

章敞正统初纂洪武以来诏格,供诸司参酌,吏不得为奸。

陈泰正统初擢监察御使,先后巡按贵州、山西、山东。

按:时百官俸薄,泰上章乞量增禄廪,俾足养廉,事格不行。后为右佥都御史,寻督治河道。

邹亮正统初以况锺荐,擢吏部司务,迁御史。

杜琼始迁居乐圃里,作如意堂。武功伯徐有贞为记。

徐有贞任事翰林院,著龚开《瘦马图》题记。为杜琼著《如意堂记》。

龚诩自丁未以来客寓海虞陈氏,至是东归。

按:有诗《别诸友》。

孙瑀(孙原贞)正统初用荐擢河南右参政,居官清慎,有吏才。

刘谦正统初升温州知府。

吴骥由浚县训导,改寿昌,迁清丰教谕。

王源出为潮州知府。

> 按：以七十岁致仕，潮民乞留不获，立祠祀之。王源，生卒年不详。字启泽。福建龙岩人。永乐进士。授深泽知县，修学舍，筑长堤，劝民及时嫁娶，革婚姻论财之俗。著有《书传补遗》、《家礼易览》(见《千顷堂书目》卷一)、《韦庵集》。事迹见《广东潮州府知府王公源传略》(《国朝献征录》卷一〇〇)。

吴讷正统初被诬下狱，旋得释。

陈琏正统初历南京礼部侍郎。致仕。正逢黄萧养起义，建镇压之策。

赵羸致仕。

周旋成进士。

> 按：官至左春坊左庶子。据《四库全书总目提要》卷一七五：周旋，生卒年不详。字中规，别号畏庵。浙江永嘉人。著有《畏庵集》10卷，乐清章纶为之序。

王伟成进士。授户部主事。

古镛成进士。

> 按：由翰林庶吉士历山东按察佥事，治黄河于张秋，迁本省按察使。官至大理寺卿。古镛，生卒年不详。山西祁县人。通经术，有干才。事迹见《雍正山西通志》卷一〇七。

史潜成进士。

> 按：史潜，生卒年不详。金坛人。校刊有《名贤诗法》3卷，见《明代版刻综录》卷一。《凡例》曰，此书"博采唐元名人诗法、诗评，旧未分类，今厘为上、中、下三卷，庶便观览，故总名目曰《名贤诗法》"。

刘定之成进士。授翰林院编修。

陈文成进士。授编修。

龚理成进士。

> 按：历官山东左布政。治河通漕，兴礼劝学。在丛莽中访得子贡墓，封而祭之。

章陬成进士。官礼部主事。

> 按：章陬，生卒年不详。字仲寅。台州府黄岩人。著《书经提要》4卷(见《千顷堂书目》卷一)。《四库全书总目提要》卷一三曰："是编以天文、地理、图书、律吕四者皆释经之要，故分为四类，每类又各分细目，系以图说。自序谓见于蔡传不复出。然其图皆从诸书采录，其说亦多袭取陈言，无所考辨。(《明史艺文志》录为《诗经提要》，误)

谢辅成进士。

> 按：历浙江布政司左参政。官至右布政。谢辅，生卒年不详。字廷辅。江西乐安人。著有《守拙集》。事迹见《万姓统谱》卷一〇五。

邱方正统初以贤良方正荐授泰和县丞。

> 按：邱方，生卒年不详。字仲野，号松涛。常熟人。岳裔。博学，其文无纤靡习。杨士奇雅重之，赠诗有"清彻冰壶"之语。著有《松涛集》。事迹见雍正《昭文县志》卷七。

伍礼正统初由明经任苏州训导，历曹州知州。

> 按：伍礼，生卒年不详。字天秋。江西临川人。著有《南坡集》。事迹见《光绪江西通志》卷一五二。

商辂二月会试春闱不第。

姚夔正统初乡试。

刘谦考章纶优等,补廪膳生。

万观始重建浙江桐庐钓台书院。傍辟二轩,山腰仍建亭。

章惠修、方燧纂《平阳县志》正统初成书刊行。
按:已佚。见《文渊阁书目》卷二〇新志类、乾隆《平阳县志》卷一九著录。孙诒让《温州经籍志》卷一〇曰:"乾隆《温州府志》经籍门云:明宣德间知平阳全椒章惠编辑。(乾隆)《平阳县志》则以为惠延方燧修。人物门燧本传亦同。盖惠为主修,故府志遂题其名。此书实出方玉苍手也。又万历《温州府志》治行传云:章惠宣德八年知平阳,《平阳志》载此为正统间修。盖惠正统初犹在任,修志自在统时。府志据其莅官之年,故云宣德间。今并以(乾隆)《平阳志》为正。"

杨士奇修订《解缙传》。
按:杨士奇《朝列大夫交阯布政司参议春雨解先生墓碣铭》曰:"呜呼!此解公大绅之墓葬二十有二年矣,其友杨士奇始克序而铭之。解公没,光大约余各为文字,未及为,而光大殁。余初为《解公传》。去年,得周恂如所录公洪武中奏对稿。近得祯亮将来《世谱》,又改传为此文。虽于公平素磊落轩豁意度有未悉然,所为可传于后者,在此不在彼也。遂以授祯亮。祯亮淳笃有为,今幸蒙天恩,悉还其故庐园田,则奉亲敬长之余,一志于进学进德,庶几称公之子,而亦以副吾辈之望。祯亮勉之!"

杨士奇作《竹林清隐记后》。

费信纂《星槎胜览》原稿成。
按:永乐、宣德间,费信随郑和等通使西洋,先后四次(二、三、四、七),历鉴海外诸国人物、风土、物产。乃研究明代亚非地理及中西交通之重要史料。因不通阿拉伯语,部分资料依据间接渠道获得。其原稿为费信出洋途中随时"伏几濡毫"所记,后经多人,包括邑人周复俊删润而成。版本一为原本,2卷,今可见者有《国朝典故》本,罗以智校传抄明抄本,上虞罗氏影印天一阁本。一为改订本,4卷,可考者8,最古为《古今说海》本。除旧版本外,有冯承钧校注本,1937年商务印书馆初版,1954年中华书局重印(参《中国学术名著提要》、《中国大书典》)。费信(1388—?),江苏昆山人。事迹另见《光绪昆新两县续修合志》卷三〇。

翟厚作《书天游文集卷后》。
按:序曰:"先生以清雄卓越之才,渊源精微之学,道明德立,发于文章,辞理兼到。……先生平生著作甚多,已载于给事中山阳门人王孚之辞。惜夫所采者,如《诸子辨》及馆阁巨制,咸未见录。厚比见诸乡校,恐久湮坠,乃假归,重为增补编次,仍为十卷。慨力绵薄,欲刊未能。迩有南平令尹胡均季渊,道经故里,均,先生门人,又居姻亲家,"官所去建阳书坊不远,往为入梓。

黎久之正统初纂《黎子杂释》1卷。
按:据《四库全书总目提要》卷一二四:此书杂举奇幻之事,推求其理。中有永乐宣德年号,则为宣宗后人。黎久之,生卒年不详。字未斋。临川人,官高要县知县。

杨士奇序《沧海遗珠》4卷。
按:序曰:"诗本性情,关世道,《三百篇》无以尚矣。自汉以下,历代皆有作者,然代不数人,人不数篇,故诗不易作也。而尤不易识,非深达六义之旨而明于作者之心,不足以知而言之。萧统之选古,高适、姚合辈之选唐,下逮宋元,亦各有选。其采之不详,选之不当,皆不免于后来之讥。盖选之不当者,识之不明也。近代,选古惟刘履,选唐惟杨士弘,几无遗憾,则其识有过人者矣。我国家文运隆兴,诗道之昌追古作者,选录者不啻十数家,然惟刘仔肩、王偁所录,为庶几焉。仔肩过略,偁录虽精且详,而犹未免于有遗也。都督沐公以其所得名人之作,择其粹者,通古、近体三百余篇,皆前选所不及者,名《沧海遗珠》,将刻以传,属予序。"《沧海遗珠》4卷,据《四库全书总目提要》卷一八九:不著编者名氏,序称都督沐公所选,又称其字曰景颙,黔宁王之仲子。所录凡二十一人之作,皆明初流寓迁谪于云南者。每人姓名之下,各注其字号里居。以其为刘仔肩、王偁诸家诗选所不及,故曰《遗珠》。

张瑛卒(1374—)。瑛字子玉。洪武举人。永乐间由教谕升任吏科(一作礼科)给事中,充皇太孙伴读。升左春坊左中允。宣宗即位,晋礼部左侍郎兼华盖殿大学士入内阁,未几升尚书。宣德改南京礼部尚书。事迹见杨溥《资善大夫礼部尚书兼华盖殿大学士邢台张公瑛墓碑》(《国朝献征录》卷一二)。

林时卒(1383—)。时字学敏,号逊斋。福建莆田人。永乐十三年进士。首请设学于军卫。官至贵州按察副使。事迹见《见素续集》卷一〇。

金铉卒,生年不详。铉,华亭人。据《松风馀韵》卷三三,铉所著有《凤城稿》、《尚素斋集》。事迹见《明画录》卷二。

钱雷生于正统初(—?)。雷字廷震,号竹楼,又号丹谷沾叟。无锡人。诸生。著有《竹楼文集》、《醉狂集》,见《锡山历朝书目考》卷七。

张泰(—1480)、李锦(—1486)、华积(—1491)、陈音(—1494)、陆容(—1494或1497)、杨文卿(—1497)、费訚(—1498)、周孟中(—1502,一说1437—1502)、陈道(—1504)、张元祯(一说1437—1506)、杨守阯(—1512)、杨春(—1515)、刘大夏(—1516)、杨守随(—1520)、秦励(—1521)、章懋(—1521)、秦旦(—1523)生。

按:一说章懋(1437—1522或1524)。

正统二年　丁巳　1437年

六月乙亥,以宋儒胡安国、蔡沈、真德秀从祀孔子庙廷。

按:时肇庆知府王莹等,以"安国作《春秋传》,沈作《书传》,真德秀作《大学衍义》,均有功于圣门,请从祀孔庙两庑。"下礼部议,奏称"莹等言是",故有是命。(《明通鉴》卷二二)

命副榜举人不愿就教职者,入监读书。(《英宗实录》卷三一)

西吉斯蒙德卒,德意志卢森堡王朝终。婿奥地利大公、哈布斯堡家族的阿尔伯特二世继任。

匈牙利人败土耳其。

按：从宁国府南陵县教谕任伦奏请也。

江西乐安县教谕郑颙（郑士昂）奏：旧制，生员学书习射皆有成规，盖欲文事武备不可偏废。近年以来，专习文辞，不闲书、射，有负作养。英宗命行在礼部申明旧制，行之。（《英宗实录》卷三一）

陕西文县守御军民千户所千户杨瑛奏：洮岷等卫、所，皆有学校，而本所独无，乞如例开设，以训诲武职子弟。事下行在礼部，覆奏，请如所言。（《英宗实录》卷三一）

十二月乙丑，巡按直隶监察御史杨春乞令讲读《大诰》、乞照例设云南提学风宪官。（《英宗实录》卷三七）

是年，僧录司奏请不拘原额给僧童度牒。英宗命有司试之，僧童颇通梵语，俱准给之。

薛瑄九月游灵岩寺，宿寺中，有诗。是年官大理。

黄润玉七月以行在广西道监察御史为广西提学佥事。

龚诩是春筑室于邑之北郊虞浦上艺卉木蔬果，题所居曰"野古斋"，与伯父珩、季父琚咏歌其中。

杜琼始开东原，号东原耕者。

陈镒巡延绥、宁夏边，修荒政。内调。

汝旻首先输粟赈荒，诏赐七品冠带。

按：汝旻，生卒年不详。字思远。苏州府吴江人。著有《桂轩集》，见同治《苏州府志》卷一三八。

施善中举人。

按：施善，生卒年始末不详。曾纂修《安吉县志》，稿本未刊，已佚。嘉靖《安吉州志》陈良谟序曰："乐庵施先生善，曾一修纂，顾未几遽卒，稿不及见。"

邱濬十七岁，始习举子业。

秦纮十二岁，入学，初读孝经小学。

罗伦七岁，祖父训于庭，不匝月而童蒙诸画咸遍。

林挺玉建广东广州崇正书院。

梁氏安定堂刻《韵府群玉》25卷。

陈循所分修《实录》成。

康孔高纂修、金福增修《南阳府志》12卷成书刊行。

按：南阳，今市，属河南省。是书为现存最早之南阳市市域内地志刻本。

龚显修《高邮志》。

按：龚显，生卒年不详，高邮人。正统中任南京户部照磨。事迹见嘉庆《高邮州志》卷一一。

杨士奇作《题雪夜清兴倡和后》。

张益跋夏昶所著《湘江风雨》竹卷。

魏骥作《锦树集序》。

按：序曰："今先生已矣，倏其族之贤者有曰公善、公治，得其遗稿曰《锦树集》

者,诗凡若干篇,以余尝交先生也,征序于其首。"

章敞卒(1376—)。敞字尚文,号质庵。浙江会稽人。永乐进士。由庶吉士授刑部主事,官至礼部侍郎,尝与修《永乐大典》及《五经》、《四书》、《性理大全》。著有《质庵文集》。子瑾亦累官至礼部侍郎。事迹见《明史》卷一五八,杨荣《嘉议大夫礼部左侍郎章君敞墓铭》(《国朝献征录》卷三五),《章尚文传》(《明名臣琬琰录》卷二二),杨溥《礼部左侍郎质庵章先生传》。

按:陈用宾有《重刻质庵章先生文集序》,诸大绶有《明通议大夫礼部左侍郎质庵章先生文集序》。《四库全书总目提要》卷一七五曰:《质庵文集》,"其集本四十卷,其子瑾等所编。因倭乱失散,兹编所存不及十之二三,乃其裔孙元纶所搜辑也。"

按:《四库全书总目提要》卷一七五曰:"其集本四十卷,其子瑾等所编。因倭乱失散,兹编所存不及十之二三,乃其裔孙元纶所搜辑也。"

鲁穆卒(1381—)。穆字希文,浙江天台人。永乐进士。著有《苞经或问》、《礼记日抄》等。事迹见《明史》卷一五八,《右佥都御史鲁公穆传》、《维风编》(均《国朝献征录》卷五六)。

按:《苞经或问》载《明一统志》、《明史·艺文志》、《千顷堂书目》。与《礼记日抄》二书,《经义考》云均未见。

高志卒(1389—)。志字味道,一字淡然。句容人。光绪续纂《句容县志》卷一八载志所著有《味道文稿》。

周述卒,生年不详。述字崇述。东墅其别号也。江西吉水人。永乐二年与从弟孟简并进士及第。成祖至比之二苏。除翰林院编修。与修《永乐大典》、《四书五经性理大全》。升侍读,寻升左春坊左谕德。宣宗时,述预修两朝实录,书成,进左春坊左庶子。卒于官。著有《东墅诗集》。事迹见《明史》卷一五二,《英宗实录》卷三五,王时槐《庶子周公述传弟孟简附》(《国朝献征录》卷一八)。

吴衍(吴希贤)(—1489)、周孟中(—1502)、陈章(—1503)、华祯(—1503)、瞿俊(—1504)、张元祯(—1499)、贺钦(—1509)、史忠(—约1516)、章懋(—1522)生。

按:一说章懋(1436—1521或1524)。周孟中(年谱记为正统元年生,《国朝献征录》记丁巳年生)。一说张元祯(1436—1506)。

季奥尼西·格卢希茨基卒(1362—)。俄罗斯北派画家。

正统三年　戊午　1438 年

正月庚子,直隶池州府知府叶恩乞裁革贵池县学。

按:英宗以学校宜兴不宜废,不听。(《英宗实录》卷三八)

阿尔伯特二世选立为德国国王。

称罗马人民的国王。

法王查理七世颁《布尔日国事诏书》，法国教会自主权始立。

印加王帕查库提·印加·潘尤其征尽秘鲁高原大部。

印度江普尔侯赛因的贾马·穆斯吉德清真寺建成。

三月癸卯，北京国子监助教李洪言三事。

是月，禁天下祀孔子于释老庙宇。（《明通鉴》目录卷六）

四月，《宣宗实录》成，各官升赏有差。

八月辛酉，顺天贡院火。考官曾鹤龄请更试，从之。（《明通鉴》目录卷六）

九月壬辰，行在礼部奏：会官试得四夷馆谙晓回回等字官并监生子弟冀舞等32人第为第三等，请定其赏罚。英宗命一等有官者，月加折钞米二石；兼官者，与冠带；二等、三等，月减折钞米一百，使知自励。（《英宗实录》卷四六）

十一月丙戌，更定州、县岁贡生员例。（《英宗实录》卷四八）

十二月丙辰，下三法司于狱。魏源复预焉。

曾鹤龄与修实录。八月乙卯以行在翰林院侍讲学士命为顺天府乡试考官。

按：在翰林院20年，文章之美，为中外所称。

洪玙八月乙卯以侍讲命为顺天府乡试考官。

按：玙，生卒年不详。字宗器。浙江淳安人。永乐进士。正统初任吏部右侍郎，以进退人才为己任，人不敢干以私。事迹见《嘉靖淳安县志》卷一一。

钱干（钱习礼）七月丙戌以翰林院学士命为应天府乡试考官。

陈洵七月丙戌以侍读命为应天府乡试考官。

杨溥进武英殿大学士。

杨荣进少师。

薛瑄祭司训贾昭。为佥宪杨伯玉妻王氏作墓志铭。

陈循四月蒙恩颁至所赉金币。

胡濙七月癸未朔下于狱，既而释之。

龚诩有诗《谢郭令》。

按：郭令，名南。上虞人。闻龚诩贤，常不远百里来访。

陈敬宗十一月以南京国子祭酒请定入监事例，并禁国子生试杂职者。英宗是其言，命行在礼部行之。（《英宗实录》卷四八）

周忱五月以南畿巡抚请疏通盐课，运苏、松余米赴盐场，纳盐给米。

习嘉言丁母忧。

冯谭中举人，官户部员外郎，拔四川参议。

按：冯谭，生卒年不详。字孟敬，号省斋。无锡人。著有《丽庵集》，见乾隆《无锡县志》卷三九。

金润中举人。授兵部司务，尚书王骥、于谦均重之，尝与之议兵事。

徐辅中举人。官王府审理正。

按：徐辅，生卒年不详。字良弼。崇德人。纂有《吉安郡志》，见雍正《浙江通志》。

章纶与乡贡。

秦纮读《大学》《中庸》。

罗伦八岁,学于里师,时乞书里师,令遍逐诸生授读,诸生未成句读,而伦皆已成诵。

瞿溥福为南康守,倡捐重建江西庐山白鹿洞书院。

按:奠定明、清两代建置的基础。

奉敕纂修《宣宗实录》及《宝训》四月成。

赵文纂《慎独先生圹志》,自述行贯。

沈愚所辑《怀贤录》1卷刻成。

按:《昆新两县续修合志》卷四九注:"为刘过作"。

宋骥纂修《彭城志》19卷刊行。

按:彭城乃今之江苏徐州,此为现存最早之徐州志书,然已无刊本,仅存明抄。是书卷三"山川"部分之"河防、漕运"资料甚为祥备。

徐骏著《五服集证》6卷成。

按:《四库全书总目提要》卷二三曰:"考论五服之制,设为问答以明之。大旨于古制遵朱子《家礼》,当代之制则遵明太祖《孝慈录》。所采诸书,不过十余种而已。《明史·艺文志》作一卷。此本六卷。考《序》末有'大明岁次壬申进德书堂新刊'字,则此本犹属旧刻,不由窜乱。《明史》误以六字为一字耳。"徐骏,生卒年不详。字叔大,号积庵,人称泣鸽先生。常熟人。《五服集证》亦见《千顷堂书目》卷二、《浙江采集遗书总录》乙集。另外著述见《重修常昭合志》卷一八。

吴讷跋元袁易《静春堂诗集》。

朱绰改编《太极葛仙公传》1卷成。

按:原题谭嗣先造,实为朱绰改编。有关葛玄之传记,原有吕先生纂《仙公传》1卷,于元末禁毁《道藏》时失传。丹阳青元观道长贡惟林(竹岩翁)搜访得阁皂山本《仙公传》,已将锓诸梓,病其弗备,而加以补充。贡氏羽化后,其弟子谭嗣先踵成先志,而后请朱绰润色。朱绰再三辞,不获命,乃重编,为1卷。朱绰,生卒年不详。南直隶镇江府丹阳县人。曾在山东为官,秩满还乡。

朱㮵卒(1378—)。㮵,明太祖十六(一说十五)子。号凝真子。卒谥靖。好学有文。编著有《宣德宁夏志》2卷,《文章类选》40卷,《凝真稿》18卷等。事迹见《中国历代人名大辞典》,另见《庆王传》(《国朝献征录》卷一)。

按:一说卒于1448年。见《国朝献征录》卷一。

班禅一世卒(1385—)。班禅一世本名克主杰.·格雷贝桑。后藏堆朵堆人。西藏喇嘛教格鲁派首领,宗喀巴上首弟子,协助宗喀巴宣传格鲁派主张,藏族僧众称其与宗喀巴、贾曹杰为"杰亚赛松",著《因明七论除暗庄严注》等。后被追认为班禅一世。(《中国历代人名大辞典》)

黎恬卒(1388—)。恬字潜辉。江西清江人。黎慎弟。永乐十年进士。宣德时,官右春坊右谕德,入翰林与修纂述事。正统初,与修《宣宗实录》,充经筵官。著有《观过稿》等。事迹见杨士奇《奉直大夫右春坊右谕德熙斋黎公恬墓碑》(《国朝献征录》卷一九)。

按:黎慎,生卒年不详。字元辉。清江人。从梁寅游,涉猎群书。永乐初以明经召至京,授官不就归。事迹见《古今图书集成》文学典卷九五。

雅各布·德拉奎尔恰卒(1371/74—)。意大利雕塑家。

彭教（ —1480）、张稷（ —1485）、冯忠（ —1502）、王钺（ —1505）、黄珣（ —1514）、华珵（ —1514）、虞抟（ —1517）生。

正统四年　己未　1439 年

土耳其人取塞尔维亚大部。

德意志颁布《美因茨国事诏书》。

德国国王阿尔伯特二世及土耳其战，阵殁。

法王查理七世于奥尔良召开三级会议。建常备军。

佛罗伦萨宗教会议缔结条约，决定天主教与东正教合并。俄罗斯东正教会拒绝该决议。

二月闰月乙酉，行在礼部奏：会试取中副榜举人有年及 25 以上者，233 人，请送吏部除授教职；年未及者，58 人，例送监及依亲读书。从之。（《英宗实录》卷五二）

三月己酉朔，以春和下宽恤诏。（《明通鉴》目录卷六）

壬子，赐施盘等 99 人进士及第、出身有差。

四月己丑，设陕西靖虏卫儒学。

六月丁酉，以京畿大水，祭告天地，敕群臣修省。（《明通鉴》目录卷六）

戊戌，下诏宽恤，求直言。（《明通鉴》目录卷六）

八月戊子，湖广按察司副使鲁鼎言朝廷增置风宪官专理学政，然往往督责太严，欲成太速，乞敕所司详议条约。

按：事下行在礼部，覆奏：宜行各处提学官员痛惩前弊，其条约一遵元年所奉敕书。具有成法，无庸更改。从之。（《英宗实录》卷五八）

甲午，江西按察司佥事王钰乞设龙南县学。从之。（《英宗实录》卷五八）

丙申，江西南安府知府林芊言：薛瑄建议生员疾病不堪教养者，罢黜之，追偿所给廪米。窃以为罢之可，不追索廪用。（《英宗实录》卷五八）

丁酉，罢遣国子监及诸司历事监生老疾者 240 人。

十月癸卯，四川泸州同知宗思宧言三事。

十二月癸未，北京国子监监生任得等 533 名奏：坐监年深，被年浅监生搀越取用。事下行在礼部覆奏：今后清军写诰、写本历事监生，令国子监挨次选拔，如有不守礼法、奔竞搀越幸进之徒，依律究治。从之。（《英宗实录》卷六二）

是年，行在礼科给事中刘海乞敕各门卫堂上官躬诣国子监拣选人材。

王直二月丙辰以行在礼部左侍郎兼翰林院侍读学士命为会试考官。

胡濙二月闰月戊申以行在礼部尚书奏请殿试执事官。

按：英宗命少师工部尚书兼谨身殿大学士杨荣、少保礼部尚书兼武英殿大学士杨溥、少保兼工部尚书吴中、行在吏部尚书郭琎、行在户部尚书刘中敷、行在兵部尚书兼大理寺卿王骥、行在刑部尚书魏源、行在都察院右都御史陈智、行在礼部左侍郎兼翰林院侍讲学士王英、行在大理寺左少卿程高、行在翰林院学士钱习礼、行在通政使司左参议虞祥为读卷官。（《英宗实录》卷五二）

薛瑄正月祭刑部侍郎曹弘。二月请致仕，不许。请归省墓，许之。二月闰月乙酉言各处儒学生员多有屡犯刑宪盖缘例许纳米赎罪、还学。是月，祭友人魏纯。四月考绩如京师，未发，为刘文谨作《历亭送别序》。至京师，作《送陈御史祚归葬序》。九月诏复职如山东。祭友人王素亨。十月作《按察司题名记》。十二月有《喜雪诗三十韵》。

按：英宗以瑄言良是，命行在刑部议。于是，侍郎何文渊等覆奏：自今生员有犯除诖误，听赎；被人侵损者，许家人诉；其余廪膳追米，解京增广，发附近军民衙门充吏。从之。（《英宗实录》卷五二）

廖谟十一月以事杖死驿丞，杨士奇、杨溥议不合，遂为王振所持。

杨士奇返乡省墓。邂逅致仕吴讷。

吴讷三月以左副都御史致仕。

李昌祺致仕。

陈祚三月以湖广御史奏辽王有所隐，逮下狱，事定释之，改南京、云南道御史。

刘定之六月应诏以水灾建言十事。竟留中。

周文襄公忱钦龚诩才节，两荐松江太仓学官，龚诩不就，以书辞之。

杜琼到松江访陶宗仪故居，就宗仪所赋南村十咏作《南村十景图》。

丰庆成进士。官河南右布政使。

按：丰庆，生卒年不详。字文庆，寅初子。浙江鄞县人。丰坊祖父。著有《古易筮法》，是书见乾隆《鄞县志》、《千顷堂书目》卷一。事迹见《河南右布政使丰庆传》（《实录》见《国朝献征录》卷九二）。

成始终成进士。授行人，擢御史。

按：土木之变，督兵紫荆关。后出为湖广佥事。

吕因成进士。任监察御史，巡历湖湘，斥奸捕寇，风裁凛然，以云南布政使致仕，居家罕接人事。

刘训成进士。知金坛县。

按：曾以俸禄资邑人王豪、钱澎求学。吏部尚书王翱上疏赞其治行。擢山西参政。刘训，生卒年不详。字忠言。湖广麻城人。事迹见《本朝分省人物考》卷七八。

刘观成进士。

按：不久即称疾辞官，闭门读书。尊朱熹之学，四方问道者甚众，县令刘成为筑书院于虎丘，名"养中"。所居名"卧庐"，学者称卧庐先生。刘观，生卒年不详。字崇观。江西吉水人。与孙鼎（孝贞先生）、李中有"吉水三先生"之称。事迹见《明史》卷二八二本传，王时槐《刘观传》（《国朝献征录》卷一一四）。

杨璇成进士。授户部主事。

张和成进士。

按：未几，以疾还里，从学者甚众。

张穆成进士。任工部主事，累官至浙江布政司右参政。

林聪成进士。授吏科给事中。

单宇成进士。授嵊县知县，迁诸暨、侯官。

胡拱辰成进士。知黟县。擢御史，疏陈时弊八事。

祝颢成进士。授刑科给事中，弹劾持大体，不讦人私。累官山西布政司右参政。兴学重教。

姚堂成进士。官至镇江知府。

莫震成进士。

钱溥成进士。授检讨。

按：教内书馆，修《寰宇通志》。

倪谦成进士。授编修。

按：曾出使朝鲜。

章纶成进士。授南京礼部主事。

焦宽成进士。授崇德知县，喜与诸生讲论经史。

杨寔中举人，授安福训导，兼领龙泉学官。后坐事落职归。

邱濬补郡庠。

秦纮读《论语》《孟子》。

薛敬之五岁，即喜读书，居止不同流俗，乡人以道学呼之。

金实卒（1371—　）。实字用诚。浙江开化人。永乐初，上书言治道。帝嘉之。复对策，称旨，除翰林典籍。与修《太祖实录》《永乐大典》，选为东宫讲官。历左春坊左司直。仁宗立，除卫府左长史。阅经史，日有程限，至老不辍。事迹见《明史》卷一三七《桂彦良传》附传，杨荣《卫王府左长史金公实墓》（《国朝献征录》卷一〇五）。

罗肃（罗汝敬）卒（1372—　）。汝敬名肃，一作简，以字行，号寅庵。江西吉水人。罗复仁孙。永乐二年进士。后累迁侍讲。宣宗时擢工部侍郎，两使安南。还督两浙漕运，经理陕西屯田，多所建置。后以疾告归。著有《寅庵集》。事迹见《英宗实录》卷六〇，《列朝诗集小传》乙集。

按：《四库全书总目提要》卷一七五曰：《寅庵集》"是集为其玄孙廷相所编。诗文无诡僻之习，亦无精深之致。《外集》四卷，皆诰敕、像赞、诔祭之词。《附录》一卷，为《桃林四景》诗文，盖罗氏聚族之地也。"

朱有燉卒（1379—　）。有燉号诚斋，又号全阳子、老狂生、锦窠老人。谥曰宪。明宗室。明太祖第五子周定王朱橚长子。博学善书，留心翰墨，集古名迹十卷，手自临摹勒石，名《东书堂法帖》。另著有《诚斋录》《诚斋新录》等。事迹见《周王传》《周定王》《周宪王有燉》（均《国朝献征录》卷一），《列朝诗集小传》乾集下。

蒋谊（　—1487）、陆钶（　—1489）、施廉（　—1499）、陈琦（　—1504）、王轼（　—1506）、郑纪（　—1508）、华燧（　—1513）、林光（　—1519）、顾达（　—1523）生。

正统五年　庚申　1440 年

　　三月戊申，建北京宫殿。

　　六月甲午，敕谕北京国子监祭酒、司业等官贝泰等：凡洪武、永乐监学常行之规，不许隳废；拨历事者，秘依资次，不许挨越；办事者亦须公当，不许徇私，但有私相嘱托，辄便听从、不奏闻者，必罪不恕！继今务明圣贤之道，正己以淑。生徒毋背义苟利，以坏名祸己，如复不悛，悔将无及！（《英宗实录》卷六八）

　　是月，王振前后度僧道 22300 余人。

　　七月辛丑朔，何文渊等遣分行天下，修备荒之政。（《明通鉴》目录卷六）

　　八月乙未，令各边修举荒政。（《明通鉴》目录卷六）

　　十二月，沐昂请大发兵讨麓川，王振从中主其议，王骥力赞之，遂起大役。

　　是年，令僧道依太宗钦定额数给度牒，其恃顽潜隐民间事，并罪窝家。

　　杨荣二月乞归省墓，命中官护行。七月壬寅，还朝，行至杭州武林阳，以疾卒。

　　吴与弼迁居种湖祖墓，二载而复返居小陂。

　　马愉、曹鼐二月乙亥皆入内阁。入直文渊阁，参预机务。

　　王直理礼部事。

　　何文渊等七月辛丑朔遣分行天下，修备荒之政。

　　赵琬时为国子监司业，五月丙午以监生聂琮违学规，杖之致死。

　　胡濙等九月壬戌奏：欲行在浙江等布政司并直隶府、州、县转行各属提调官及教官，今后起送应贡生员自正统七年始，先将本生姓名、年甲、食粮、年月预申本部知会，俱限正月以里到部听考，若仍有违旧制，过期不到及纵容不应岁贡生员、朦胧应考者，提调官、教官、生员究问如律。从之。（《英宗实录》卷七一）

　　沈周随父入苏州城。

　　顾琳岁贡，任南京大理寺副。

　　秦纮书已读过，以家传习书经。教官去任，秦弃学回家。

　　陆润玉馆吴门沈氏，课沈周读。

　　胡居仁七岁，受学于家塾。言动类成人，塾师异之。

　　贺威重建谢显道祠。

　　按：原为谢良佐读书处，南宋时建成为谢显道祠，宋元即其地建书院，毁于兵。

土耳其人侵贝尔格莱德。

哈布斯堡家族的腓特烈三世选立为德国国王。称罗马人民的国王。

法王查理七世平法国布拉格里叛乱。

印加王帕查库提重建库斯科城。

意大利佛罗伦萨柏拉图学院建立。

英王亨利六世约于此间创办伊顿公学。

刘隽于广西临桂县学西重建宣成书院。

吴堂纂修《重修富春志》7卷成书。

按：富春，今名富阳县，属浙江省杭州市，此为现存最早之富阳地志刻本。原刊本未见，今有正德十六年安福刘初重刊本。见《脉望馆书目》《千顷堂书目》《内阁藏书目录》著录。《文渊阁书目》卷二〇新志类著录《富阳县志》，当即此书。

樊浚纂修《缙云县志》。

按：已佚。李棠序尚见存，载光绪《缙云县志》卷一一。《文渊阁书目》卷二〇新志类著录《缙云县志》，当即是书。樊浚，生卒年不详。字时清。缙云人。事行无考。

吴江莫震辑《嘉鱼志》3卷。

杜琼自光福至万安，遍访苏州西山诸胜，撰《游西山记》。

鳌峰熊宗立种德堂刻《类证注释小儿方诀》10卷。

按：后又刻《外科备要》3卷、《新编妇人良方补遗大全》24卷、《增广太平惠民和剂局方》10卷、《增证陈氏小儿痘疹方论》2卷、《新刊补注释文黄帝内经素问》12卷、《素问入式运气论奥》3卷、《素问内经遗编》1卷。

俞孝通刻印《新注无冤录》。

按：乃中国最早在国外之注释本，系羊角山叟重刊王与《无冤录》，俞氏刻印而主要流传于朝鲜北方；南方于1447年重刊，为朝鲜引进中国法医学而影响300年之久的主要法医著作。

黄淮作《少师东里杨公文集序》。

按：序曰："际遇太宗文皇帝正位宸极，建内阁以严禁密，公与淮等七人首膺拔擢之命，典中秘，兼知外制。历事四圣熙洽之朝。凡大议论、大制作，出公居多。肆其余力，旁及应世之文，率皆关乎世教，……"。

陈琏作《天游集序》。

按：序曰："予记洪武季年，助教国子，与公同寅，友谊甚笃。""公天分甚高，有志古学，自司训教国子，讲授之余，益得肆力于经史百家之言，故学与识益博，才与气益高，故其文典雅而温润，诗则清丽而工致。逮居翰院，以雄才奥学典司帝制，黼黻皇度，地望清高，文名益著。"

胡俨作《两京类稿序》。

按：序曰："今少师建安杨公寿跻七帙，子弟得公平生所为诗文，汇以成编，名曰《两京类稿》，以书来属为之序。思昔太宗文皇帝龙飞之初，余与公等七人首被拔擢，膺词命之寄，继修国史，又同笔研。从事两京，相与者二十余年，无一日之间，然则知公之深者，余因有不得辞焉。"

曾鹤龄作《袜线集序》。

按：序曰："今年其子超、进编次其遗稿，仅盈帙。不远数千里，因进士杨贡诣予求序。"

萧镃作《袜线集序》。

按：序曰："……其子超、进录其遗文所谓《袜线集》者为六卷，将锓诸梓。而超走京师，持以示予，属为序。余受而读之，盖序、记、赋、颂、铭、赞、杂著总之若干篇。……君讳仪，字德容，学者称为冰蘖先生。其州里、世次、行事、卒葬之详，则有少保黄公宗豫所为墓表可考，故不复著于此。"

李淑通自序《原本五行类事占征验》9卷。

日本御伽草子撰《弁庆物语》。

按：《四库全书总目提要》卷一一一曰：《原本五行类事占征验》"旧本题明李淑通撰。前有正统庚申自序，其结衔称赐进士前詹事府通事舍人。其里贯称河南。考太学明进士题名碑，正统庚申以前无所谓李淑通者，疑不能明也。然钱春作《五行类应》，已称淑通有此书，则其来久矣。大旨祖《汉书·五行志》所引董仲舒、刘向、刘歆之说而衍之。故其体例近古，不似五行家之猥鄙，然其为穿凿附会则一也。"

御制《大藏经序》。(《英宗实录》卷七三)

《永乐北藏》十一月刊成。

按：是藏始刻于永乐十七年，卷首正统五年御制序称：共636函，6361卷。千字文编号，始"天"终"石"。万历的母亲又增刊41函，始"鉅"终"史"，410卷，称"续大藏经"。而释典大备。称为《大明三藏圣教北藏》，简称《北藏》。收佛典1657部。

赵文卒(1363—)。文字宗文。苏州长州人。著有《理学述言》1卷、《慎独斋集》40卷、《止义斋集》20卷。事迹见《列朝诗集小传》乙集。

黄福卒(1363—)。福字如锡，号后乐翁。山东昌邑人。洪武甲子举人。福历事六朝，多所建白。成化中谥忠宣。著有《黄忠宣集》。事迹见《明史》卷一五四，《南京守备参赞机务少保兼户部尚书黄福传》(《国朝献征录》卷三一)。

按：《四库全书总目提要》卷一七五曰：《黄忠宣集》8卷，"是集为其子琮所编。冠以奉使安南水程，殊乖体例。余多手札公牍，皆不入格。盖福本以政续传也"。

杨荣卒(1371—)。荣字勉仁，初名子荣。福建建安人。建文二年进士。荣历事四朝，谋而能断。与杨士奇、杨溥通辅政，并称三杨。卒赠太师，谥文敏。著有《后北征录》、《杨文敏集》25卷等。事迹见《明史》卷一四八，《英宗实录》卷六九，杨士奇《少师工部尚书兼谨身殿大学士赠特进光禄大夫左柱国太师谥文敏杨公荣墓志铭》(《国朝献征录》卷一二)，王直《少师建安杨公传》(《抑庵文集》卷十一)，江铁《少师工部尚书兼谨身殿大学士赠特进光禄大夫左柱国太师谥文敏杨公行实》。

按：杨荣久居馆阁，朝廷高文典册，皆出其手，应酬题赠之作，尤为繁富，所作诗文，属正宗台阁体。《英宗实录》卷六九曰："考京闱乡试者一，廷试读卷者九。修四朝实录，皆与总裁。……或谓荣处国家大事，随机应变，无愧唐姚崇，而有所不检亦似之云。"所著《杨文敏集》25卷，卷末附录1卷收录杨士奇、杨溥、王直等人所纂行实、墓志铭、神道碑铭、杨公传、哀辞、诔文等6篇文字。卷首有正统十一年王直著《文敏集原序》。正德十一年，杨亘等重刻《杨文敏公集》25卷本，卷首有王瓒序。《国朝献征录》卷一二传曰："其文施于国家与凡碑铭序记之散于天下者，人皆传诵之。"(参《四库全书总目提要》、《中国学术名著提要》、《中国大书典》等)

陈振(陈叔刚)卒(1394—)。叔刚名振，以字行，号絅斋，福建闽县人。永乐进士。与修二朝实录。谦厚好学，文雅酝藉，以文行重一时。著有《絅斋集》10卷。事迹见刘球《翰林侍读承直郎陈公振行状》(《国朝献征录》卷二〇)。

叶绅（　—1505）、陈璲（　—1506）、周经（　—1510）、秦夔（　—1517）、蔡天佑（　—1534）、汝泰（　—?）生。

正统六年　辛酉　1441年

匈牙利人败土耳其。

葡萄牙人入西非，俘获黑人。

正月己亥朔，钦天监推日食，不应。礼官请表贺，不许。（《明通鉴》目录卷六）

七月丙午，顺天府尹姜涛奏，乞准应天府例增举人名额。从之。（《英宗实录》卷八一）

十月戊辰，设山东鳌山卫儒学。

十一月甲午朔，以奉天、华盖、谨身三殿成，御奉天殿，赐文武落成宴。

按：王振预焉，中官预外廷宴始此。（《明通鉴》目录卷六）

大赦天下。定都北京，文武诸司去行在称。（《明通鉴》卷二三）

按：始去"行在"二字而复以原国子监为南京国子监。

是年令禁僧道伤败风化及私创寺观。

英王亨利六世创办剑桥大学国王学院。

陈循七月己酉以行在翰林院侍讲学士命为应天府乡试考官。

陈用七月己酉以翰林院侍讲命为应天府乡试考官。

按：陈用，生卒年不详。字时显。福建莆田人。正统初转侍讲，以母丧解官归卒。事迹见《皇明三元考》卷二。

薛瑄是春谒先师于阙里，为衍圣公彦缙作《存化书堂记》。八月为大理少卿（一说十月）。著《大理箴》以自警。

胡濙十一月庚申会官考翰林院四夷馆诸百夷等字监生并子弟。

章纶授南京礼部主客清吏。

何文渊、周忱等五月甲寅命分录两京刑狱。

杨溥二月请归省墓，许之，寻还。

贝泰以祭酒致仕归。

按：贝泰，生卒年不详。字宗鲁。浙江金华人。官国子监四十余年。（参《中国历代人名大辞典》）

况钟以苏州知府、陈本深以吉安知府皆进正三品秩，仍视府事。

刘球二月上书谏征麓川，不报。

王文六月为右都御史。

杜琼经有司定为儒籍。

李懋（李时勉）为国子监祭酒，以直节重望，为士类所依归。

按：终明世称贤祭酒者曰南陈北李，南陈者陈敬宗也。

陈敬宗四月壬辰以国子监祭酒言：书库内《文献通考》等板残缺不完，

且委官盘点，命工部计料刊补……英宗悉从之。(《英宗实录》卷七八)

张益、杨翥、徐有贞、张穆等在京，同为人题《归舟图》。

周叙十一月闰月辛卯以翰林院侍读奏政务所当急者三事。

王恕年二十六，以易经举乡试。

张譞亚魁，官永年教谕。

按：张譞，生卒年不详。天台人。著有《永年日钞》，已佚，据光绪《天台志》谓系在永年时作。

金铣中举人，授蕲州知州。

张杰中举人。官山西赵城训导，以讲学为事。

按：薛瑄过赵城，杰以所得质之，薛瑄为之证明，由是其学益深。

张懋中举人，任武邑教谕。

按：张懋，生卒年不详。字时勉，号逊志。常熟人。著有《毛诗特解》、《性理纂言》、《逊志录》、《归闲集》。事迹见雍正《昭文县志》卷七本传。

王玺中举人。授武陟儒学训导，改荆门，升武陟知县，擢湖广道监察御史，持宪严明，官至襄阳知府。

李孜中乡举。

按：历南靖、丰城等县教谕，迁淮安教授。博学多闻，性狷介，不轻与人交往。为文典赡有法，尤喜搜辑郡中故实。李孜，生卒年不详。字日孜。广东保昌人。著有《林塘集》。事迹见《古今图书集成》氏族典卷三九六。

沈周代父听宣于南京。

罗伦从邓表臣学。

段坚始受学于平水周先生之门。

按：因读《通鉴》，感岳武穆之死，作诗吊之，遂质于周先生，先生出《褒忠录》使观，于是遍和录中宋元以来名贤诸诗，而自序其首。周先生，生卒年不详。山西平阳人。以解元为肃王府教授。

张元祯五岁能诗，精气秀爽，诸书过目成诵，开口成文，父命名曰文魁。

书林余氏刻《十八史略》2卷。

郭南纂修《上虞县志》12卷。

按：刊本已佚。见《千顷堂书目》著录。万历《绍兴府志》卷五〇曰："南居曹黎湖侧，欲以湖为己有。又冒郭子仪为祖。遂托修志，尽更旧本。改曹黎为皂李，又妄入汾阳裔孙。后为通判，以贪致富。乃重价购旧志焚之，并毁其板。今所存者南《志》也。久之，南《志》亦毁于火。而其子孙陵替，乃以志为乞贷资。南盖起自县功曹云。近新志录本，知县朱维藩颇有增益。然往事大抵袭郭故，犹未成书。"

朱沅修、陈钧纂《和州志》5卷成书刊行。

按：和州，今和县，属安徽省巢湖市。是书为现存最早之巢湖市市域内地志刻本。

刘同暨朱肇纂修《正统义乌志》10卷，前有朱肇序。

按：朱肇，生卒年不详。字本初。《正统义乌志》已佚，见肇庆《义乌志》。

俄罗斯帕霍米·洛戈费特编撰《年代纪》。

杨士奇作《祭王原采文》。

赵琬为里人撰《重建东钦桥记》。

杨寓(杨士奇)与马愉、曹鼐等纂成《文渊阁书目》20 卷。

按：并奏："文渊阁所贮书籍，有祖宗御制文集及古今经史子集之书，向贮左顺门北廊，今移于文渊东阁，臣等逐一点勘，编成书目，请用宝钤识，永久藏弆"(《明史》卷九六)。《四库全书总目提要》卷八五曰："盖本当时阁中存记册籍，故所载书多不著撰人姓氏。又有册数而无卷数，惟略记若干部为一橱，若干橱为一号而已。考明自永乐间取南京藏书送北京，又命礼部尚书郑赐四出购求。所谓锓板十三，抄本十七者，正统时尚完善无缺。此书以《千字文》排次，自'天'字至'往'字，凡得二十号，五十橱。今以《永乐大典》对勘，其所收之书，世无传本者，往往见于此目，亦可知其储庋之富。士奇等承诏编录，不能考订撰次，勒为成书，而徒草率以塞责。较刘向之编《七略》、荀勖之叙《中经》，诚为有愧。然考王肯堂《郁冈斋笔麈》，书在明代已残缺不完。王士禛《古夫于亭杂录》亦载。国初曹贞吉为内阁典籍，文渊阁书，散失殆尽。贞吉检阅，见宋椠欧阳修《居士集》八部，无一完者。今阅百载，已放失无余。惟藉此编之存，尚得略见一代秘书之名数，则亦考古所不废也。旧本不分卷数。黄虞稷《千顷堂书目》作十四卷，不知所据何本，殆传写者以意分析。今釐定为四卷云。""往"字3 橱之新志，大半册数亦未注。计著录图书 43200 册，7297 部，约 10 万卷以上。它打破传统四分法体系，许多私家目录多效仿此而作，如常熟赵琦美之《脉望馆书目》、毛晋之《汲古阁藏书目》等。清杭州鲍廷博为便于展阅，将其分为 20 卷。有《四库全书》(四卷本)；清嘉庆四年《读画斋丛书》(20 卷)本；民国《丛书集成初编》(20 卷)本；《国学基本丛书》(20 卷)本。

刘髦作《石潭八景诗》。

扬·凡·爱克卒(1390/95—)。佛兰德尔画家。近代佛兰德尔绘画奠基者。

盛寅卒(1374—)。寅字启东，别号退庵。苏州吴江人。郡人王宾从金华戴原礼得医术，宾无子，以术授寅。寅复深研内经及诸方书，遂成名医。著有《医经秘旨》2 卷、《脉药玄微》、《盛御医集》(一作《流光集》)。事迹见《明史》卷二九九，钱溥《太医院御医盛寅墓表》(《国朝献征录》卷七八)。

曾鹤龄卒(1383—)。鹤龄字延年，一字延之，号松坡。江西泰和人。永乐十九年进士。累官侍讲学士。著有《松曝集》28 卷等。事迹见《英宗实录》卷七七，《翰林侍讲学士曾君墓志铭》(《抑庵文集》卷九)，刘球《翰林院侍讲学士奉训大夫泰和曾公鹤龄行状》(《国朝献征录》卷二〇)。

按：《四库全书总目提要》卷一七五曰：其文颇近王直《抑庵集》。直为作墓志。

王稌卒(1383—)。稌字叔丰。浙江义乌人。王绅子。师方孝孺。建文四年方孝孺被杀后，于友人潜收遗骸，藏其遗稿，祸几不测。及卒，门人私谥孝庄先生。著有《金华贤达传》、《青岩稿》、《圣朝文纂》、《续文章正宗》。事迹见《王稌传》(《国朝献征录》卷一一三)。

按：《四库全书总目提要》卷一七〇曰："史称孝孺殉节后，文禁甚严。其门人王稌藏其遗稿，宣德后始稍传播。"

俞海卒(1392—)。海字朝宗，号一瓢。无锡人。著有《一瓢集》，见光绪《无锡县志》卷三九。

谢复(—1505)、吴文度(—1510)、蔺琦(—1511)、华德(—1516)、张吉(—1518)、韩文(—1526)生。

正统七年　壬戌　1442 年

正月，南京所有内署诸书，悉遭大火。凡宋元以来秘本，一朝俱尽矣。(沈德符《万历野获编》卷一)

按：文渊阁外，大本堂藏书亦在被焚之列。是年后，华盖等三大殿也遭大火，藏书无存。祝融无情，一代藏书，均付劫灰。

三月戊寅，赐刘俨等 149 人进士及第、出身有差。

四月丙午，设南京京卫武学，从监察御史彭勖言也。(《英宗实录》卷九一)

十月辛丑，并汉阳县学于本府儒学，从汉阳府官奏请也。(《英宗实录》卷九七)

是冬，王振盗毁洪武时宫门内铁碑。

按："内臣不得干预政事"铁碑。

于北京立观象台。

杨士奇十月请修《建文实录》，不果。

王英二月戊戌以礼部左侍郎兼翰林院侍讲命为会试考官。

苗衷二月戊戌以翰林院侍读命为会试考官。

胡濙三月甲戌以礼部尚书奏请殿试执事官。四月丁巳，奏会同吏部尚书郭琎等拣选监生王盘等 28 人，年老、不堪教养，发回原籍为民。从之。

按：英宗命少师兵部尚书兼华盖殿大学士杨士奇、少保礼部尚书兼武英殿大学士杨溥、吏部尚书郭琎、户部尚书王佐、刑部尚书魏源、都察院右都御史王文、兵部左侍郎邝埜、工部左侍郎王卺、大理寺左少卿薛瑄、通政司右通政李锡、侍讲学士高穀、马愉、侍讲曹鼐为读卷官。(《英宗实录》卷九〇)

李懋(李时勉)二月庚申以国子祭酒奏请禁毁小说。三月辛未，言五事。五月甲戌，乞塞监生请托之路，杜贿赂之门，抑奔竞之风……乞令写诰已满监生，授之职事，专一写诰，久惯便熟，可无误事。

按："近有俗儒，假托怪异之事，饰以无根之言，如《剪灯新话》之类，不惟市井轻浮之徒，争相诵习，至于经生儒士，多舍正学不讲，日夜记忆，以资谈论。若不严禁，恐邪说异端，日新月盛，惑乱人心。乞敕礼部，行文内外衙门，及调提学校佥事御史，并按察司官，巡历去处，凡遇此等书籍，即令焚毁，有印卖及藏习者，问罪如律，庶俾

阿拉贡入那不勒斯。

法人归波尔多、加斯科尼。

人知正道,不为邪妄所惑。"从之。(《英宗实录》卷九〇)

王佐进尚书。调剂国用,节缩有方。

龚诩作诗《落叶吟》,寓意旧君朱允炆以僧装潜还北京事。

陈镒复出镇陕西,

徐珵十二月庚戌以翰林院编修言五事。

商辂二月复会试春闱不第,卒业太学。

刘俨成进士第一。授修撰。历官太常少卿。

姚夔会试第一。授吏科给事中。

按:历南京刑部右侍郎、左侍郎,官至礼部尚书、吏部尚书。

王概成进士。授刑部主事,升员外郎,

按:历湖广右参政,调河南,所至多决滞狱。

卢祥成进士。授南京礼科给事中,多有论劾。以言事谪蒲州判官。

吕原成进士。授编修。

朱骥成进士。官广西布政左参议。

按:朱骥,生卒年不详。字汉房。常熟人。著有《九边经理策》。事迹见韩雍《广西左参议朱公骥墓志铭》(《国朝献征录》卷一〇一)。

李实成进士。除礼科给事中。

李鉴成进士。

按:历官惠州知府,政事精敏。博学工诗。李鉴,生卒年不详。字明远。湖广安化人。著有《慎庵集》。事迹见《乾隆长沙府志》卷二五。

沈彬成进士。官至刑部郎中。

张瑄成进士。授刑部主事,历郎中。

陈宜成进士。授工科给事中。

按:累官至兵部侍郎。陈宜,生卒年不详。字公宜,号静轩。江西泰和人。著有《静轩集》。事迹见《兵部右侍郎陈宜传》(《国朝献征录》卷四三)。《四库全书总目提要》卷一七五曰:《静轩集》13卷,"路璧所作宜小传,称有《金台集》、《金陵集》、《滇南集》、《金台晚集》存于家。此本其季子佩所编录累朝诰敕、家谱、序与搢绅投赠之作,共为七卷,冠于前,并以为佩而作者附载卷内。自第八卷以后,始为宜所著诗文。"

范理成进士。知江陵县。大学士杨溥知其贤,荐知德安。(《中国历代人名大辞典》)

按:一说宣德五年进士。(《国朝献征录》卷二七)

项忠成进士。授刑部主事,历员外郎。

黄谏成进士。授编修,历官侍讲学士。

萧俨成进士。历刑部郎中。

按:累官贵州左布政。萧俨,生卒年不详。字畏之。四川内江人。著有《竹轩稿》、《明风雅广选》。事迹见《吕文懿公全集》卷一一。

韩雍成进士,授御史。

按:巡按江西,黜贪墨吏数十人。

解延年成进士。

按:历官户部郎中,顺庆知府。解延年,生卒年不详。山东栖霞人。著有《叙古千字文集解》(见《千顷堂书目》卷三)、《物类稿》。事迹见《万姓统谱》卷七九。

邱濬补廪饩。

陈勉贡入太学。

> 按：陈勉，生卒年不详。字进之。无锡人。官至工部员外郎。为李时勉所重。著有《秋林集》。事迹见《明画录》。

沈翔见秦纮笔迹异之，遂谋诸县尹摄秦纮复学，改读所业诗经，并要连五经通读。

罗伦年十二，有举补弟子邑庠员者，其父曰："止礼义之地而尚利，毋乃不可乎？"

浙江慈溪慈湖书院毁于火。后重建。

陶山书院建于山东陶馆城隍庙东。

兰茂编《韵略易通》成而序之。

> 按：《四库全书总目提要》卷四四曰："以'东风破早梅，向暖一枝开。冰雪无人见，春从天上来'二十字，尽变古法以就方音。其《凡例》称：'惟以应用便俗字样收入，读经史者当取正于本文音释，不可泥此。'则固已自言之矣。"最早利用韵书形式编成之识字课本，全书共分20韵。横列《早梅诗》以代表各个声母，下隶平、上、去、入四声各字，不注反切可直音，而音可自现。有万历三十七年（1609）吴允中刻本、万历四十一年（1613）高举刻《古今韵撮》本、明宿度校刻本（刻于何时不明）和清康熙二年（1663）李棠馥刻本。《云南丛书》中有题为"嵩明兰茂止庵著"的《韵略易通》，乃是本悟和尚的改本。后人毕拱辰《韵略汇通》是对《韵略易通》的分合删补。樊腾凤《五方元音》也是为改订《韵略易通》而作。有关研究《韵略易通》的著作有：商务印书馆1988年出版《陆志韦近代汉语音韵论集》、中国社会科学院出版社1985年出版王力著《汉语语音史》等。（参《中国学术名著提要》等）

杨士奇纂《三朝圣谕录》3卷成并序。

> 按：序曰："……因记忆榻前所得玉旨之详者，辑而录之，厘为三卷。永乐居首，洪熙次之，宣德又次之。有疑之者曰：'廷陛之密，可存于私乎？'辄应之曰：'吾惟懔乎虑泯吾君之盛美是惧，而遑他恤哉！不观于古乎，欧阳文忠公著《奏事录》及《濮议》，司马文正公著《手录》，具记当时君臣问对之辞，委曲而详尽，所以著一代明良契合之盛事。盖昔之大臣君子往往皆然，义之所不能已也。况臣之所录有圣德焉，有圣训焉，有特恩焉。臣惟惧录之涌详也，而奚暇他卹哉！'疑者既释，敬号曰《圣谕录》云。"《四库全书总目提要》卷五三曰："士奇自降附燕王以后，历事仁宗、宣宗、英宗，以功名终始。是编乃自录其永乐、洪熙、宣德三朝面承诏旨，及奏对之语。盖仿欧阳修《奏事录》、司马光《手录》之例。《明史》士奇本传多采用之。序题壬戌十二月，为正统七年，乃士奇未卒之前二年也。"

吴本增辑《松陵志》成。

梁潜遗稿《泊庵集》编成。

> 按：王直《泊庵集序》曰："梁先生之没既二十五年，其子侯官令叔蒙、刑部员外郎叔车，编次遗文，为十六卷，属直为之序。直与先生居同里，且有连，少从先生游而辱教为多，其何敢辞！"

吴中卒（1372— ）。中字思正，或作司正，卒谥荣襄。山东武城人。

勤敏多计算,京城宫殿及长、献、景三陵,皆所营造。规划井然,然时论鄙其不恤工匠。事迹见《明史》卷一五一,杨士奇《荣禄大夫少师工部尚书赠茌平伯谥荣襄吴公中神道碑》(《国朝献徵录》卷五〇)。

陆简(　—1495)、秦㻞(瓛?)(　—1497)、陈瑷(　—1500)、戴冠(　—1512)、虞臣(　—1520)生。

正统八年　癸亥　1443年

阿拉贡迁都那不勒斯。

基督教联军败土耳其。

四月,以元儒吴澄从祀孔子庙廷。慈利教谕蒋明之请,阁臣杨寓(杨士奇)主其议。

五月丙辰,黜国子监生老疾、鄙猥监生陈义等102人为民。

戊寅,雷震奉天殿鸱吻。英宗辍朝三日,敕群臣修省。(《明通鉴》目录卷六)

六月乙酉,命建南京武学。

七月戊午,王振矫旨下国子祭酒李懋(李时勉)于狱,荷校国子监门。诸生诣阙申救者3000余人。英宗闻,始释之。(《明通鉴》目录卷六)

十一月戊午,颁正统九年《大统历》100本于朝鲜国。

是年,朝鲜制定出《训民正音》。

按:是书借鉴汉语音韵学成果,并多次与明学者讨论,乃中朝文化交流之结晶。

葡萄牙入西非毛里塔尼亚,建要塞。

杨士奇跋所藏欧阳询《梦奠帖》真迹。既耄,子稷杀人。言官交章劾,下狱。诏慰免士奇,士奇感泣,忧不能起。(《明通鉴》卷二三)

杨溥荐孙鼎为御史,督南畿学政,教士务先德行。

薛瑄五月甲辰下于狱。王振将杀之,会救得免。九月论死,瑄在狱,日诵《周易》不辍。秋,诏薛瑄弃市,寻削籍归故里。(《明通鉴》卷二三)

按:回乡就其故宅创办学舍,设教七年,后因薛瑄应诏回京停办。

陈循八月受命释奠先师孔子。

胡清六月癸巳以礼科都给事中言,乞敕今后监生居忧并省祭、公故不过期者,俱作坐监月日。事下礼部议,尚书胡濙等请如清言。

按:迁浙江右参政。胡清,生卒年不详。字士澄。丹徒人。著有《澹庵集》,见正德《丹徒县志》卷三。

龚诩以水潦弥日,作《癸亥民情》。

秦纮姑夫济宁阎景声名达人,恐秦骄惰,勉之。

孙瑀(孙原贞)迁浙江左布政使。

按:邓茂七败后,余部尚众。原贞条上方略,请为备。

刘球被杀,董璘窃得血衣还其家。

按：董璘，永乐进士，授翰林院编修。久之以母老乞归养，母丧终，补修撰，与修《宣宗实录》。主浙江乡试，两主会试，咸称得人。刘球谏征麓川，又言太常宜选用儒臣，并忤宦官王振。会璘乞改官太常，振遂指为同谋，并下狱。球被杀，璘窃得血衣还其家。狱解归里，不复出。事迹见《明史》卷一六二《刘球传》。董璘，生卒年不详。字德文。高邮人。著有《玉堂清余集》等。事迹见嘉庆《高邮州志》卷一〇上本传、《翰林院修按董公璘传》(《国朝献征录》卷二一)。

李时勉坐伐文庙树，枷于监门。

周瑛徙莆田。

张元祯七岁，善草书，工诗，有神童之目。宁国王献王易其名曰元征。

陈循奉敕撰《太学进士题名记》。

毕恭纂修《辽东志》。

按：重修于嘉靖十六年。

杨溥作《忠靖集序》。

按：序曰："常州太守桂林莫君子朴以其俸余锓梓，公之子尚宝司丞瑄请予序。"

吴讷跋同里陈氏所藏文天祥家书墨迹。

胡俨卒(1361—)。俨字若思，号颐庵，江西南昌人。洪武末以举人授华亭教谕。永乐初擢翰林院检讨，与解缙等同直内阁，迁国子祭酒。洪熙元年加太子宾客，致仕，家居二十年而卒。著有《颐庵文选》2卷。事迹见《明史》卷一四七，黄佐《直内阁国子监祭酒兼翰林院侍讲胡公俨传》(《国朝献征录》卷一二)，《国子监祭酒兼侍讲胡俨传》(《实录》见《国朝献征录》卷七三)，杨溥《国子祭酉胡先生墓碑》。

按：初为湖广考官，得杨溥文，大异之，题其上曰："必能为董子之正言，而不为公孙之阿曲。"世以为知人。《四库全书总目提要》卷一七〇曰："史称俨少嗜学，于象纬、占候、律算、医卜之术无不通晓。又称是时海内混一垂五十年，公卿大夫彬彬多文学之士。俨馆阁宿儒，朝廷大著作多出其手。纂修《太祖实录》、《永乐大典》皆为总裁官。而以议论戆直，为同僚所不容。故久于国学，未能大用。"《明史·艺文志》载《颐庵集》本30卷。《颐庵文选》2卷，"此集诗文各止一卷，乃后人选本，非其全帙。"杨溥《国子祭酒胡先生墓碑》曰："先生天资颖悟，自幼好学。受经于伯父虞部员外郎汝器。及游乡校，从郡中请先辈讲学。若书、若琴、若诗、若文，皆有传授。既长，博极群书，至于天文、地理、律历、医卜，皆通其说。先辈皆称许之。"《文敏集》卷一四《颐庵文集序》曰："公豫章世家，少以颖异之资，锐志古圣贤之道，于群经罔不精究，其他子史百家亦探索无隐。且生文献之邦，得贤士大夫相师友。熊伯机以古文辞自高，一见公文，亟称其有所养，悉以古文法授之。公既入翰林，受知圣主，侍讲经筵，主典成均，位望益进，所养益深。其文之正者，有得于孟之绪；雄健宏深，有以造于司马、昌黎之奥，伟然成一家言，足以追古之作者。"

况钟卒(1383—)。钟字伯律，号龙冈、如愚。江西靖安人。正统中秩满当迁，以郡民请留任。著有《况太守集》。事迹见《明史》卷一六一，《苏州府知府况钟传》、《吴中故语》、(均《国朝献征录》卷八三)，清况廷秀编《况太守(况钟)年谱》。

世阿弥卒(1363—)。日本能剧作家和理论家。

辛德尔卒(1370—)。波兰数学家，天文学家。其天文资料后为第谷所用。

按：据《明史》本传，初以吏事尚书吕震，奇其才，荐授仪制司主事。钟用尚书蹇义、胡濙等荐，擢知苏州，赐敕以遣之。……钟虽起刀笔，然重学校，礼文儒，单门寒士多见振赡。有邹亮者，献诗于钟。钟欲荐之，或为匿名书毁亮。钟曰："是欲我速成亮名耳。"立奏之朝。召授吏、刑二部司务。迁御史。诗文存世不多，曾自称"不能文"。《况太守集》，16卷，卷首、补遗各一卷，有光绪十年（1884）刊本，津河广仁堂所刻。另一《况靖安集》，8卷，首尾各一卷，有光绪十七年（1891）刊本，原为靖安县城双溪陈氏藏版，今存江西省图书馆。《四库全书》均不录。况钟延吴敏为上客。吴敏悉力经济其丧而归其榇。敏，苏州府吴县人，字思德，信弟，与信同纂有《吴氏联珠集》（见《太湖备考·书目》卷一四著录），曾孙文之合编，王鏊序。是序《震泽编》未收。

刘球卒（1392— ）。球字廷振，号求乐。江西安福人。永乐十九年进士。授礼部主事，以杨士奇荐，入侍经筵，改侍讲。应诏陈言，又言用兵麓川之失，忤王振，逮系诏狱，被马顺肢解死。景泰初赠翰林学士，谥忠愍。曾家居读书十年，从学者众。善诗文，著有《两溪文集》24卷。事迹见《明史》卷一六二，彭韶《翰林院侍讲承直郎赠翰林院学士谥忠愍刘公球传》（《国朝献征录》卷二〇）、《刘忠愍公死事状》（《念庵文集》卷一三）。

按：球二子，长钺、次釪。皆笃学，躬耕养母。球既得恤，兄弟乃出应举，先后成进士。钺，广东参政；釪，云南按察使。据《四库全书总目提要》卷一七〇：《两溪文集》皆所作杂文，球殁后28年，其子广布政司参政钺所编，彭时、刘定之皆为之序。张瑄后序。

钟复卒（1400— ）。复字彦章，号云川，江西永丰人。宣德进士，官至翰林院侍讲。与刘球善。球欲上书谏征麓川，约复与俱，为复妻所阻。球独上书，被王振杀害。未几复亦病卒，复妻深悔之。著有《云川文集》6卷。

按：据《四库全书总目提要》卷一七五曰：《云川文集》6卷，末附其子同遗文四篇，卷末又附墓志一篇，章纶为撰文，廖庄为书丹皆与同时建言受祸，幸而未死者也。志称同在狱所作诗文稿，纶藏于枕畔，为狱卒窃去，故所存止此。

赵鼎卒（1362— ）。鼎字世铉。平阳蒲州人。洪武举人。年益高学益进，行益修，士子类其造就者益众。事迹见薛瑄《训导赵先生鼎墓表》（《国朝献征录》卷八二）。

朱季塛卒，生年不详。季塛，明宗室。太祖第六子楚王朱桢孙。正统中袭封楚王。卒谥宪。著有《东平河间图赞》、《疏秀轩集》、《维藩清暇录》。事迹见《中国历代人名大辞典》。

孙衍（ —1501）、高铨（ —1511）、李杰（ —1518）、张昺（ —1520）生。

正统九年　甲子　1444年

奥斯曼土耳其　　　二月，新建太学成。

按：先是太学因元陋，吏部主事李贤上言，请以佛寺之费修太学。李懋（李时勉）亦言之。诏始营建，至是遂成。（《明通鉴》卷二三）

三月辛亥朔，以太学新成，英宗幸国子监，行释奠礼。

四月乙巳，吏部言：近奏旨，教官九载任满无举人者，试其学问，果优，仍任教官。乞将今后无举人教官考中者，教授、学正、教谕俱降训导，调任边远。其不中者，仍降杂职，著为定制。从之。（《英宗实录》卷一一五）

七月闰月辛丑，命各处土官衙门应继儿男，俱照军生例，遣送官学读书、乡试。其相离地远者，有司计议，或二卫、三卫设一所。从贵州思南府经历李骥言也。（《英宗实录》卷一一九）

九月丁亥，诏王骥、陈镒经理西北军务。（《明通鉴》目录卷六）

十月乙丑，颁《释道大藏经典》于天下寺观。（《英宗实录》卷一二二）

丁未，建永乐十年进士题名碑于南京国子监。

按：初，太宗皇帝既策进士毕，巡幸北京，故碑未建。及是，祭酒陈敬宗以为言，英宗从之，命翰林院侍讲学士王英撰文勒石。（《英宗实录》卷一二二）

李懋（李时勉）三月辛亥朔进讲《尚书》，词旨清朗。英宗悦，赐予有加。

陈循四月丙戌以学士入直文渊阁。七月壬戌，以侍读命为应天府考试官。

高穀七月丙戌以翰林院侍讲学士命为应天府考试官。

薛瑄三月甲子游禹门。

李俨时为监察御史，十月以忤王振下狱，寻谪戍。

王文正月甲寅命巡视延安、宁夏边。

季簏旅崇明，为其地纂县志。

按：季簏，生卒年不详。字仲怡。苏州府常熟人。纂修《常熟县志》、《昆山县志》、《崇明县志》，据《吴郡文粹续集》卷一载，簏著有《增集群书类疏》12卷、《友梅集》1卷、《怡庵集》。事迹另见《古今图书集成》氏族典卷三七。

支立中举人。官翰林院孔目。

刘弘中举人。任长垣知县、顺天推官，迁东平知州。

按：刘弘，生卒年不详。字超远，号梅堂。无锡人。事迹见《毗陵人品记》。纂有《长垣志》、《农事机要》，辑有《苏诗摘律》6卷。《四库全书总目提要》卷一七四称：《苏诗摘律》6卷，旧本题"长垣县知县无锡刘弘集注"，不详时代，惟取苏轼集七言律诗注之，潦草殊甚。

饶秉鉴中举人。会试下第，卒业国子监。

曹安中举人。任鄢陵训导，升武邑教谕。博学能文。

陈溱中举人。官工部主事，分督济宁河闸。以执法忤中贵人，被诬，谪戍贵州清平卫所。

按：陈溱，生卒年不详。字济宽。湖广蕲州人。著有《独醉稿》。事迹见《古今图书集成》氏族卷一二六。

阎禹锡中举人。授昌黎训导，以母丧归。

苏丹穆拉德二世禅位于子穆罕默德二世。

土耳其人及基督教联军战。

近代西欧奴隶贸易自葡人始。

段坚、阎禹锡同举乡试。

按：是时从段坚学者众。

褚玙中举人，授汝州学正，改沧州，升兴化教授，迁国子监博士。

按：褚玙，生卒年不详。字廷辉。常熟人。著有《葵轩集》4卷。事迹见《万姓统谱》卷七五。

邱濬领乡荐第一。

罗伦年十四授徒于乡，以资养亲；寻，补郡庠弟子员。

章懋9岁，通四书大义。

李锦9岁失恃，如安成依舅氏韩智，为择师友教之。

徐郁以巡按御史迁建安徽歙县紫阳书院于县学后之射圃，仍与紫阳山对应。

张益著《群英翰墨叙》。

僧景隆自撰塔铭。

按：僧景隆（1393—?），字祖庭，号空谷，俗姓吴。苏州人。出家虎丘，师石庵和尚，后随师住灵隐。僧石庵圆寂，遂嗣之。所著有《缁门警训》2卷、《尚直编》1卷、《尚理编》1卷、《慈济方》《慈意方》（《慈义方》）、《慈惠方》1卷、《空谷集》3卷。事迹见《净土圣贤录》卷五。

杨溥、杨士奇以新建太学成作记。

按："正统九年春，修国子监讫工，杨文定公奉旨御制碑文。文定以《重建太学》为题，具稿进呈。命范太监持示杨文贞公，时文贞已卧病，乃作一篇，以《新建庙学》为题，封进，用之。文定不悦，执用其题，文贞具本论：凡言重建者，谓已作之后又作之。庙学虽前元所建，非国朝事，此可不论。今既悉彻而新作之，只当云新建。且庙与学二者，若只书建太学而不云庙，于礼未安。请通改作'新建庙学'四字为宜。廷议虽违文贞之言，然已刻石，无及矣。二公之学识，于是可见。"（《明名臣琬琰续录》卷一《少保文定杨公言行录》）

朱权编纂《天皇至道太清玉册》成。

按：篇首有正统九年南极遐龄老人臞仙书序与《原道》一篇，臞仙乃朱权之号。序谓："其天地之始分，造化之始判，道统之始起，仪制之式，器用之备，衣冠礼乐之制，天心灵秘之奥，道门仪范之规，立为定制，举道书之所用，皆载于此书也。于是命其名曰《天皇至道太清玉册》"。又《原道》篇以黄帝始备万物，老氏强名大道，庄生始立大觉，"此皆中国圣坛人之道也，故曰正道"。其旨汇通儒道，所谓"循乎礼仪，儒道一理也"。故是书之作，以明此正道为目的。是书收入《续道藏》"陪"帙，涵芬楼影印本第1109—1111册，文物出版社影印本第36册。

宣龙子纂《雨旸气候亲机》1卷是年之前成。

按：为制止纯以法术变化天气，和以气象知识"代天宣化济物利人"而作是书。乃道教气象学专著。然非系统之作，而是论著汇集。宣龙子，生卒年不详。字班鳌，道教学者。

刘杰作《王忠文公文集题后》。

按：题曰："予昔在乡校时，获睹金华太守同邑方公素易所集翰林待制子充王先生《华川集》刻本，凡若干卷，披阅终日不能释手，未尝不叹先生之文醇正典则，而喜方公好事而能成人之美也。正统戊午秋，予来官先生之乡邑，始得知先生出使滇南临难不屈忠义之详，又恨弗能起先生于九泉之下，于是具行其实疏，请于朝。寻蒙圣恩赠翰林院学士、奉议大夫，赐谥忠文，闵悼褒崇，极其华显，是则先生孤忠大节自足以传不朽矣。然先生平索著作，惜其刊板多历年所，遗失真存。既而先生之孙叔丰出示遗稿六帙，复得四川宪佥王公迪所藏前集，予因备录而增广之，分为二十四卷三十七类，以篇计之总六百二十有奇，姑以继吾先正方公纂集之素志耳。又赖同寅大尹庐陵刘公同重为校正，佥谓宜绣诸梓以永其传。辛酉春，予述职京师，敬以是编质诸缙绅。今柱国、少师东里杨先生展玩之余，深嘉叹赏，慨然序诸卷端，名曰《王忠文公文集》。其所以发幽潜之光而为之表著，风厉于天下后世之为臣子者，未必无小补云。"

周忱作《高太史凫藻集序》。

按：序曰："其诗有《缶鸣集》，有《娄江吟稿》，有《姑苏杂咏》，皆已久传于世。四方之人莫不知其诗名，而独未见其文也。予来姑苏，访求于先生之内侄周立，得其手抄先生之文曰《凫藻集》，凡五卷。……自是其集留予所者十有余载。今年春，监察御史钱塘郑公士昂过予公馆中，……予因出是编相示，郑公读之既卷，……乃属司训张素略加校正，命长洲县丞邵昕以公钱刻置郡学，且征予为之序。"郑颙《书凫藻集后》曰："予在京师，尝得高先生季迪所著诗曰《缶鸣集》、《姑苏杂咏》者读之，……既而奉命出按吴中，暇日因过巡抚亚卿周公寓所，又得先生之文曰《凫藻集》观之。反复再四，见其能阐造化之秘，发义理之微，穷人事之变，引物连喻，导扬规讽，贯穿经史百氏之言，一本诸至理，而气以昌之。……爰命锓梓，欲其与诗而并传也。"

始刊《正统道藏》

按：正统十年刊毕。

杨寓（杨士奇）**卒**（1365— ）。士奇名寓，以字行，号东里。卒谥文贞。江西泰和人。其先世藏书数万卷，后南北收书甚多。朝廷以博学征入翰林任编修，共事者皆天下宿儒，独推公精博。先后历惠帝、成祖、仁宗、宣宗、英宗五朝，在内阁为辅臣达40余年，任首辅21年。官至礼部侍郎兼华盖殿大学士、兼兵部尚书。英宗嗣位时方九岁，内廷有异议，赖士奇推戴，浮议乃止。又善知人，于谦、周忱、况钟之属皆为所荐。著有《周易直指》、《三朝圣谕录》、《文渊阁书目》、《东里全集》93卷等。事迹见《明史》卷一四八，《英宗实录》卷一四一，《列朝诗集小传》乙集，明杨楷编、杨思尧补编《太师杨文贞公（杨士奇）年谱》，王直《杨文贞公传》、陈赏《东里先生小传》（均《国朝献征录》卷一二）。

按：《英宗实录》卷一四一曰："为人秉谦执虚，薄利笃义。文章谨严有法，议论往返卒归于理，表然为一世之望。临终自志其墓云：'越自授官，所觊行道，心存体国，志在济人。惟理无穷而学殖未充，事有至难而智虑弗逮，故进慕陈善，退勤省躬，而施以公，而守以约。始终一意，夙夜不忘。'考之平日，盖无愧其言云。"《列朝诗集小传》乙集《杨少师士奇》曰："国初相业称'三杨'，公为之首。其诗文号'台阁体'。"《四库全书总目提要》卷一七〇曰：《东里全集》93卷，"集分正、续二篇。正集所载较少，续集几至倍之。其《别集》四种，一即《代言录》，一为《圣谕录》，一为《奏对录》，一为士奇传志诸文，缀于末为附录。李东阳《怀麓堂诗话》曰：'杨文贞《东里集》，手自选择，刻之广东，为人窜入数首。后其子孙又刻为续集，非公意

莱奥纳多·布鲁尼卒（约1370— ）。文艺复兴时期意大利人文主义学者，历史学家，政治家。

也。'然则《续集》乃士奇所自芟弃,非尽得意之作。"《代言录》1卷,乃《东里别集》之一种,所录皆在内阁撰拟碑册诏诰之文,自永乐四年至正统九年。可与实录相参。《奏对录》1卷,皆其正统初在内阁所上奏疏,多关系军国大计,载入《东里别集》中。序仙居潘叔刚所纂《潘氏族谱》,见《东里续集》及《黄少保文钞》。《台州经籍志》云已佚。是谱有黄淮后序。集中有正统五年黄淮著《东里集原序》。《别本东里文集》25卷,记2卷、序6卷、题跋4卷、碑铭10卷、杂文3卷,末1卷题曰方外。凡为二氏所作悉别编焉。盖用杨杰《无为集》例,疑即《怀麓堂诗话》所谓士奇自定之本。现传有明刻《东里文集》22卷本;清康熙十七年杨氏修补明刊《东里文集》25卷本;《四库全书》著录之《东里集》最为详备,93卷,乃士奇著作全集本。李时勉有《东里续文集序》,曰:"少师兵部尚书泰和东里杨先生未仕时游湖湘,与楚府教授吴壹翁为莫逆交。……先生病在床,以其《续文稿》授予曰:'其为我序之,以付孺子藏于家。'予文未成,而先生没。"

又按:郭庆宜,生卒年不详。江西广(西)昌人。从元杨景行学。洪武初由广东按察司佥事改潮(湘)州府经历。与杨士奇善。著有《禹贡传注详节》,见《千顷堂书目》卷一。

张懋丞卒(1387—)。懋丞字文开,别号九阳,乃宇初、宇清之从子,父宇珵。道教第四十五代天师。(《道教大辞典》)

华烬(—1486)、杨杰(—1499)、倪岳(—1501)、朱存理(—1513)、符观(—1528)生。

正统十年　乙丑　1445年

丹麦人始定都哥本哈根。

喀山汗国败莫斯科公国,获瓦西里二世。

正月,天下朝觐官至京师。令举治行超卓之布政丁镒等数人,赐宴礼部,赏衣钞。(《明通鉴》目录卷六)

三月庚寅,赐商辂等150人进士及第、出身有差。

四月,浙江宁、绍久旱,命侍郎王英往祀南镇。至则斋宿三日,大雨,水深二尺。明日,祭后又大雨,人呼曰侍郎雨。(《明通鉴》目录卷六)

八月己酉,省边卫教官冗员。

十月乙巳,吏部覆奏:举人刘震等16名堪任教授、学正;监生考中者侯琰等133名,堪任都谕、训导。从之。(《英宗实录》卷一三四)

按:先是吏部以天下学官多缺,请于国子监取原中副榜举人,及选监生有学问、老成、堪称教职者,送翰林院考试。至是覆奏。

葡萄牙人入撒哈拉沙漠。

薛瑄以子治卒作诗哭之又为文祭之。此后已无心仕进。

陈循预为读卷官。八月丙辰授命释奠先师孔子,以灸火不敢视祀事辞,乃更命钱干(钱习礼)。陈循十月升为户部右侍郎兼翰林院学士,所任事悉如故。以钱习礼为礼部侍郎。

钱习礼二月辛亥以翰林院学士命为会试考官。

马愉二月辛亥以侍讲学士命为会试考官。

胡濙三月乙酉以礼部尚书奏请殿试执事官。

按：英宗命武英殿大学士杨溥、吏部尚书王直、兵部尚书徐晞、刑部尚书金濂、工部尚书王卺、右都御吏王文、户部左侍郎李暹、通政使李锡、大理寺卿俞士悦、翰林学士陈循、曹鼐、侍读学士苗衷为读卷官。(《英宗实录》卷一二七)

曹鼐、苗衷、高榖十月戊辰皆为侍郎，衷、谷皆入阁。

段坚下第归乡里，士大夫多遣子从学，以师道自尊，严教法，士多造就。

黄瑜既冠，授尚书，穷昼夜，手口不僴。得侍讲林环讲义，窃诵默识，大得其旨，适调甄收俊髦遂入邑庠为弟子员。

陈镒十月召还。

王文镇陕西。

杨信民四月乙巳以广东左参议奏乞罢提调官(虽曰职专，徒为文具)。

按：事下礼部议，胡濙等言……凡布、按二司所至处，自应提督、考校府、州、县提调正官，每月朔望，宜照例诣学考其勤惰。

阎禹锡授昌黎训导。

商辂会试、廷试第一，授翰林修撰阶承务郎。

按：宣德四年乡试第一，故号称三元学者。

卞荣成进士。授户部主事，官至户部郎中。

叶盛成进士。授兵科给事中。

按：著有《西垣奏草》9卷。

史敏成进士。授刑部主事，升员外郎、河南部政司右参议。

按：母老，乞归养。

朱英成进士。授御史。

按：赴浙江，分守处州，镇压叶宗留起事。

庄敏成进士，任吏科给事中。

刘孜成进士。授御史。

刘昌成进士。授南京工部主事。

按：后官河南提学副使，擢广东布政司左参政。据《四库全书总目提要》卷一八九：《中州名贤文表》30卷，即其官河南时所搜辑。凡许衡6卷、姚燧8卷、马祖常5卷、许有壬3卷、王恽6卷、富珠哩翀2卷。又略依本集之体，各以碑志、铭传等篇附录于后。考许衡《鲁斋遗书》，马祖常《石田集》，许有壬《至正集》，王恽《秋涧集》，虽尚存传本；而惟《鲁斋遗书》有刊板，余皆辗转传钞，舛讹滋甚，赖此编撷其英华，得以互勘。至姚燧本集50卷，富珠哩翀本集六十余卷，见于诸家著录者，已久佚不传，独赖此仅存。其表章之功，亦不可泯矣。每集末有昌所作《跋语》数则，亦颇见考订。王士禛《香祖笔记》载，其《劝宋牧仲重刻表文》，且云：钦谟诸跋当悉刻之，以存其旧。康熙丙戌宋荦授钱塘汪立名所刊，其附入原跋，盖本士禛之意。昌自序又谓此其内集，尚有外集、正集、杂集若干卷，今俱未见，殆久而散佚。

许篪成进士，官户部员外郎。

按：许麓，生卒年不详。字仲乐，号䌷庵。无锡人。著有《䌷庵集》，见《锡山历朝书目考》卷四。

周洪谟成进士，授编修。

赵昂成进士。

按：授中书舍人，与修《寰宇通志》，擢翰林院编修。官至通政司右参议致仕。

夏时正成进士。除刑部主事。

柴文显成进士。官福建巡按御史。

按：柴文显，生卒年不详。字道明。浙江建德人。治《中庸》最精，称"柴中庸"。

黄镐成进士。试事都察院，以明习法律授御史。

董方成进士。授大理左寺副，升左寺正，精法律。官至刑部尚书。

薛敬之年十一，已解属文赋诗。

章懋十岁，已能文。

张元吉诰授正一嗣教冲虚守素绍祖崇法真人，领道教事。母高氏为"慈惠静淑玄君"。（《道教大辞典》）

吴与弼作《世美堂记》。

朝鲜集贤殿副校理金礼蒙、著作郎柳诚源、司直闵普和等及医官医师金循义、崔闰、金有智等集体编纂《医方类聚》成。

按：现存262卷。其体例仿《外台秘要》、《圣惠方》。据日本宫下三郎统计，其中多引中医药书籍。此书于成化元年（1465）活字版刊行，万历二十年（1592）被日人掠去，藏日本国内厅书陵部，1876年日人出而刊行，始为世人所瞩目。

张宇初、张宇清奉敕纂修、邵以正督校《正统道藏》刊行。

按：始刊于正统九年，计480函，始"天"终"英"。全书5305卷，收书1426种。成祖即位之初，敕第43代天师张宇初编修道藏。永乐四、五年间，又一再催办。永乐八年，张宇初羽化，又诏令44代天师张宇清继续主持编修。至正统九年始行刊版，英宗又诏令通妙真人邵以正督校，重加订正，增所未备。参加纂修者除张宇初、张宇清、邵以正等人外，可考者，永乐时有涂省躬，正统时有喻道纯、汤希文等。编纂《正统道藏》时，搜访不周。于万历三十五年明神宗勒第五十代天师张国祥校刊"续道藏"，名为《万历续道藏》。正、续《道藏》，即中国现存明版《道藏》。正、续《道藏》经板传至清代，日有损缺。迨光绪二十六年八国联军入侵北京，遂全部被毁。明清两代，颁赐各宫观之《道藏》虽多，然以屡经兵燹，存者甚少。《道藏》遂成秘籍。1923年10月至1926年4月，商务印书馆以涵芬楼名义，据北京白云观所藏正、续《道藏》影印，缩印为石印六开小本。自是而后，始有外传。而北京白云观所藏《道藏》虽曾于道光二十五年由王廷弼助资修补，仍有残缺。全藏目录，见所收《道藏经目录》4卷。该馆复就全书中抽选出170种，别印《道藏举要》398册。明代有《道藏目录详注》两种，各4卷，分别为白云霁、李杰所编。均略有题解。白云霁所编《道藏目录详注》收入《四库全书》。近代道教学者陈撄宁曾据《道藏》全书内容、性质作了分析，将之分为14大类。1935年7月由翁独健主编《道藏子目引得》，为检索道书颇为方便。（参《道教大辞典》、《中国大书典》、《中国学术名著提要》）

正统十年　乙丑　1445年

徐麒卒(1361—　)。麒字本中,号心远。江阴人。修有《徐氏宗谱》。事迹见《徐霞客家传》。

张洪卒(1362—　)。洪字宗海,号止庵。苏州府常熟人。以行人出使日本等。与修《永乐大典》。洪熙初召入翰林,官修撰。著有《周易传义会通》15卷、《尚书补传》12卷、《诗正义》15卷、《礼记类纂》、《春秋说约》12卷、《四书解义》20卷、《五经解义》、《小学翼赞诗》6卷、《史记要语》、《南夷书》1卷、《使规》1卷附《使缅录》1卷、《日本补遗志》1卷、《琴川新志》8卷、《张修撰遗集》8卷附录1卷等。据《待漏图序》,有常熟张洪著《清溪集》、《揽辔集》、《归田集》2卷、《金台集》、《永言集》。另有《翰林类稿》、《学选诗》、《和陶诗》、《古今箴铭集》14卷、《历代诗选》、《续文章规范》。事迹见《吴中人物志》卷六,《列朝诗集小传》乙集,《千顷堂书目》卷一、卷三一,重修常昭合志》卷一八、《翰林院修撰张公洪传》、瞿汝稷《翰林院修撰止庵张先生洪墓碑》(均《国朝献征录》卷二一)。

刘髦卒(1373—　)。髦字孟恂。江西永新人。永乐举人。在家乡教读,弟子甚众,人称石潭先生。著有《石潭易传撮要》、《石潭存稿》3卷等。事迹见《千顷堂书目》卷一,《江西通志》卷七七,王直《封编修刘公墓表》(《抑庵文后集》卷二七)。

按：雍正《江西通志》卷七七曰:"髦所著有《易传撮要》、《修身箴》、《覆瓿集》、《石潭存稿》。"据《四库全书总目提要》卷七：《石潭易传撮要》1卷,大旨以程子之全体大用具于易传。朱子尝欲将其要处别写为书,而竟未成编。髦因摘录其文,分类排纂,定为本性道、精公私、正身心、施政治四门。又分子目三十有三。前有萧镃序。《石潭存稿》3卷,《四库全书总目提要》卷一七五曰:"是编上卷为诗,中卷即《易传撮要》,下卷为《义方录》。《义方录》者,皆寄其子定之之手札,而定之汇萃成编者也。"

沐昂卒,生年不详。昂初字景高,改字景颙。明凤阳府定远人。黔宁王英第三子。以右都督镇云南,卒赠定边伯,谥武襄。著有《素轩集》12卷,辑有《沧海遗珠》4卷。

按：《四库全书总目提要》卷一八九曰：《沧海遗珠》,"不著编辑者名氏。前有正统元年杨士奇序,称都督沐公所选。又称其字曰景容,黔宁王之仲子。佐兄黔国公为朝廷镇抚西南一方,考《明史》黔宁王沐英之子晟为黔国公,镇云南;昂为右都督,倾云南都司,则此集当为昂所编。惟昂字景高,不字景容,疑其初字景高,至洪熙元年后避仁宗之讳,改高为容,史未及详。其以第三子为'仲子',则疑误以黔国公为长也。所录凡朱经、方行、朱鯹、曾炬、周昉、韩宜可、王景彰、楼琏、王汝玉(王璲)、逯昶、平显、胡粹中、杨宗彝、刘叔让、杨子善、张洪、范宗晖、施敬、僧天祥、机先、大用二十人之作,共三百余首；皆明初流寓迁谪于云南者。每人姓名之下,各注其字号里居。以其为刘仔肩、王偁诸家诗选所不及,故名曰《遗珠》。二十人皆无专集。此编去取颇精审,所录多斐然可观。自古以来,武人能诗者代代有之,以武人司选录,而其书不愧善本者,惟此一集而已。"

文林(　—1499)、郭绪(　—1508)、胡富(　—1522)生。

康拉德·维茨卒(约1400—　)。德国画家。晚期哥特派。

正统十一年　丙寅　1446 年

<small>土耳其败拜占庭，取科林斯。

葡萄牙人入抵冈比亚河。</small>

正月庚辰，予王振等弟、侄锦衣卫世职。

按：开明代宦官子弟世袭之风气。(《明通鉴》卷二三)

三月庚午，英公张辅及列侯 26 人请诣国子监听讲。

陈循二月癸亥受命释奠先师孔子。

何自学以山西佥事荐吴与弼于朝，请授以文学高职，与弼不出。

按：此后御史徐谦、抚州知府王宇复相继荐之，皆不出。

柯暹四月起复。十二月遭言官弹劾。

龚诩葬淑新于所居之侧，作词刻石以志其圹。

叶盛使湖广。

按：作《驿程纪行》。

刘源八月进《注司马法》5 篇，诏赐钞十锭，遣归。

按：见《千顷堂书目》卷一三。刘源，生卒年不详。江阴人。

姚绶始习举子业。

魏祐校刻谢子方《易义主意》2 卷。孙鼎序。

李昌祺作《丙寅初度作》。

王直作《两京类稿序》。

按：序曰："直在翰林三十七年，辱与处者盖多，惟公相好为最深，……"。

周叙作《双崖文集序》。

按：序曰："发为词章，宏深典丽，追媲古作，非但越乎今人也已。而擢职郎署，扈跸两京，明慎刑罚之余，连篇累牍，益肆厥词。明太宗皇帝在位日久，思弘治理之功，明先圣之道，厘正《五经四书性理大全》，公与纂修。四方万国祥祯叠臻，有所铺张，公多应制。""公所居在吉水槎滩双崖之麓，因以自号，故其平生所作名曰《双崖集》。间汇编之，属序其端。公之子仁俊将复刻梓以传，亦可谓能孝也已。"

周泰编《存存稿》10 卷成。

按：据《四库全书总目提要》卷一九一：《存存稿》，明周泰编。《续稿》周寀编。皆其先世遗集也。凡《石初集》5 卷，周霆震撰；《达止集》3 卷，霆震子庄撰；《提举集》1 卷，庄长子静撰；《蹄涔集》1 卷，庄次子庸撰。泰合编之为 10 卷。泰即庸之孙也。至万历十九年，其裔孙寀又益以周永锡《愚直存稿》1 卷、周正方《佩韦存稿》2 卷，名曰《续编》，合订成帙。其曰《存存稿》者，寀序称或取绵绵之义，或取存其所存。是其命名，其子孙已不得详之。

杨溥卒(1372—　)。溥字弘济。卒谥文定。湖广石首人。建文时与杨荣同成进士。正统时，与杨士奇、杨荣共辅政，时称三杨。时称奇有学行，荣有才识，溥有雅操，皆人所不及。两朝实录总裁。著有《文定集》等。事迹见《明史》卷一四八，《英宗实录》卷一四三，彭韶《荣禄大夫少保礼部尚书兼武英殿大学士赠太师谥文家杨公溥传》(《国朝献征录》卷一二)。

按：《英宗实录》卷一四三曰："溥在内阁，与士奇、荣，皆杨姓，时号'三杨'。三人者各有所长，士奇有学行，荣有才识，溥有雅操，天下引领望焉。"《明诗纪事》乙签卷三《杨溥》陈田按："《文定集》世所罕见，余从真定梁氏购得，甄录较他集为多。"《四库全书总目提要》卷一三〇曰：《水云录》，"《千顷堂书目》列于刘基《多能鄙事》后，即以为永乐中石首杨溥。然考书中自述有戎务之暇语，则其人乃尝为武职者，又所撰有《用药珍珠囊》，其书成于弘治中。盖名姓偶同，非一人也。"《水云录》作者，湖广长沙人，自号水云居士。

沈升卒(1376—　)。升，浙江海宁人。永乐二年进士。与修五经四书、性理大全。历四川、河南布政司参议，官至太仆少卿。事迹见《王文端公文集》卷三八。

姚绶卒(1400—　)。绶字廷章，自号松云。浙江嘉善人。善草书，能画山水，尤工于诗。藏金石书画甚多，人称可闲先生。著有《可闲先生逸稿》。事迹见《可闲先生逸稿·附录》。

丁积（　—1486)、杨时畅（　—1506)、王镐（　—1509)、马中锡（　—1512)、屠勋（　—1516)马廷用（　—1519)、潘珏（　—1522)、王华（　—1522)生。

菲利波布鲁内莱斯卒（1377—　)。文艺复兴时期意大利建筑师。

正统十二年　丁卯　1447 年

三月癸酉，直隶凤阳府知府杨瓒乞敕礼部通行天下：今后增广生员不拘额数。（《英宗实录》卷一五一）

已丑，《五伦》书成，命工部刻版。（《英宗实录》卷一五一）

是月，始设附学生。生员人数大增。

七月壬子，山西右参政林厚请令提调学校官考选文臣之谪戍边者，如洪武初制，令冠儒巾，署训导，不支俸廪，俟教有成效，可量官之。（《英宗实录》卷一五六）

九月庚寅朔，命各处儒学：四十岁以上生员，自正统十年十月十二日为始，二年以里到部者，收考；二年之外到部者，发回原学肄业，依例科贡。（《英宗实录》卷一五八）

十二月丙子，设云南临安府通海县阴阳学。

是年，僧根敦朱巴（达赖一世）在日喀则建立扎布伦寺，成为西藏格鲁

意大利米兰共和国建。

派四大寺之一。

英宗念张元吉幼孤,敕谕禁治族属侵悔,勉学修行。(《皇明恩命世录》)

<small>西西里巴勒莫大学建立。</small>

王一宁七月己亥以翰林院侍讲命为应天府乡试考官。

钱溥七月己亥以检讨命为应天府乡试考官。

于谦七月丁父忧。即起复视事。十一月革山西、河南巡抚官,升兵部右侍郎。

商辂、刘俨等 10 人三月肄业东阁。

李懋(李时勉)三月致仕。朝臣及国子生出饯都门外者凡三千人。

按:彭琉《李懋时勉行状》曰:"今太师吏部尚书王公直为十题,称先生'汉之疏广、唐之杨巨源不能过也'。其余若礼部尚书胡公濙,工部尚书高公榖,左都御史陈公鉴,礼部尚书王公英,国子祭酒萧公镃,侍讲陈公询、徐公理,修撰刘公俨,检讨钱公溥,司业赵公琬,南京祭酒陈公敬宗,皆有文为赠。"

江渊以侍读入文渊阁肄业。

按:与江渊被选入者有裴纶等共十人。

邱濬赴礼闱过梅关,作《初过梅关诗》、《题张丞相庙诗》、《舟过鄱阳遥望鞋山因忆解学士吊李白诗戏作一首》、《过采石吊李白》诸作。

陈献章年二十,充邑庠生,其师某见其文曰:"陈生非常人也。"是年,举乡试第九。两赴礼部不第。从吴与弼讲理学,居半年而归。

按:筑阳春台,读书静坐,数年不出户。入京至国子监,祭酒邢让惊为真儒复出。

罗亨信正月请于北边增置城、卫以备额森,不省。

萧镃升国子祭酒。

吴骥在山西典试事,以所出诗题犯楚王桢讳,被罚俸。

柯暹除云南按察使。

史君实画采薇图遗龚诩,龚题其上。

钱习礼致仕。

王佐中举人。

按:王佐,生卒年不详。字汝学。广东临高人。少年时受业于邱濬。历官高州、邵武同知,任满,改临江府同知致仕。著有《经籍目略》、《原教篇》、《琼台外纪》、《庚申录》、《珠崖录》、《鸡肋集》等。事迹见《琼州府志》卷三三,黄佐《临江府同知王佐传》(《国朝献征录》卷八七)。

李让中举人,官崇安训导。

按:李让,生卒年不详。字崇谦。天台人。纂有《崇安县志》4 卷。据《四库全书总目提要》卷七三:书末有弘治癸亥崇安县丞钱塘沈相刻书跋。而科门中所载乃正德十四年己卯,盖书成之后又有续附也。书分 57 门,猥杂殊甚。卷首列诸儒图像,自胡安国以下凡 16 人,皆略具眉目,不别某某,仅以题识辨姓名,不知何取,与《建阳县志》所绘同一鄙陋也。

李开中举人,任监察御史。后调任玉山知县。

按:李开,生卒年不详。字兆之。海门人。永常子。著有《酰鸡集》,风万历《通州志》卷五。

毕升贡生,任金华、五台、仁和教谕,迁广信府教授。

按:毕升,生卒年不详。字孟辉。卒后,门人私谥曰"文介先生"。丹徒人。著有《慎斋稿》,见正德《丹徒县志》卷三。

江朝宗丁父忧,回籍,读书温泉寺。

庄昶年十一,充邑庠生。

司礼监誊写的本,重新刊印《五经》、《四书》经注。同年又新刊《对类》。

司礼监刻南宋朱熹纂《四书集注》(又名《四书章句集注》)。

薛瑄七月撰《蒲州重修庙学记》。

阎敬刊宋高承纂《事物纪原集类》10卷。

赵琬以钞本《元丰类稿》付宜兴地方官刊行。是为较早传世刻本之一。

刘谦卒(1389—)。谦字自牧。河南祥符人。永乐十九年进士。洪熙时与修成祖实录。正统初升温州知府。事迹见李濂《温州府知府刘公谦传》(《国朝献征录》卷八五)。

马愉卒(1395—)。愉字性和。山东临朐(胊)人。宣德二年进士第一。官至吏部右侍郎。卒,赠尚书兼学士,赠官兼职,自愉始。著有《澹轩文集》。事迹见《明史》卷一四八《杨溥传》附传,《赠学士礼部尚书马公愉神道碑铭》(《国朝献征录》卷一三)。

按:《四库全书总目提要》卷一七五云:"愉没后,诗文散失。成化庚子,山东参政邢居正命青州知府刘时勉裒集遗亡而刊之。"《别本澹轩集》8卷,"愉集散佚之后,其乡人都御史迟翔凤购得残本,更于愉家掇拾逸作,补葺刻之,故曰'续刻'。目中注续刻字者,皆翔凤所增也。"

奚昊(—1482)、贾定(—1497)、宋端仪(—1501)、郁容(—1502)、桑悦(—1503)、李东阳(—1516)、罗玘(—1519)、邓庠(—1524)生。

正统十三年　戊辰　1448年

二月,王振重修庆寿寺,糜饷数十万。(《明通鉴》目录卷六)

三月壬寅,赐彭时等150人进士及第、出身有差。

四月己巳,周叙请求重修《宋史》,以正统归宋。

按:其曰"孔子《春秋》特书王正于元年之首,朱子《纲目》分纪僭窃于甲子之下……不以势之强弱而殊分,不以地之偏全而异称……何也? 史之所载,实天命、人

拜占庭帝约安尼斯八世卒。弟君士坦丁十二世继位。

阿尔巴尼亚人败土耳其。

旁注：俄罗斯主教会议始自选梁赞主教约纳任都主教。

心所在"(《英宗实录》卷一六五)。请求以宋为正史，附辽、金于其后。英宗从之，以叙卒，《宋史定正》未成。丘浚(邱濬)本方孝孺"释统"之意，作《世史正纲》，"以著事变之升降，明正统之偏全，有裨世教"(《丘海里墓记》卷二)，并一改明开国后对元朝统系的认同："后人议元者，乃欲以其混一中国，而进之汉唐之间，何所见耶？……徒以其得地广狭而高下之，是以功利论事也，岂《春秋》意哉。"(《世史正纲》)自此不再承认元朝的正统地位。

七月，始罢保举。

八月己卯，设山东兖州府曹州儒学。

壬午，更定天下州学岁贡生员例。(《英宗实录》卷一六九)

按：从陕西同州知州泰铭言也。

九月癸丑，御制序颁行《五伦书》于天下儒学。(《英宗实录》卷一七〇)

十月，王振重修寺成。诏赐名大兴隆寺，英宗幸寺中。(《明通鉴》目录卷六)

十一月庚子，礼部奏：天下儒学师生蒙赐《五伦》书籍，往往赴京谢恩，荒废学业，乞令就彼望阙谢恩为便。从之。(《英宗实录》卷一七二)

乙巳，罢怀来等卫五处儒学。

陈循三月为读卷官。八月受命释奠先师孔子。

胡濙三月丁酉以礼部尚书奏请殿试举人。

按：英宗命吏部尚书王直、户部尚书王佐、兵部尚书邝埜、刑部尚书金濂、都察院右都御史陈鉴、吏部左侍郎兼翰林院学士曹鼐、掌光禄寺事户部左侍郎奈亨、户部右侍郎兼翰林院学士陈循、兵部右侍郎兼翰林院侍读学士苗衷、通政使司通政使李锡、大理寺卿俞士悦、太常寺少卿兼翰林院侍书程南云、太常寺少卿黄养正为读卷官。(《英宗实录》卷一六四)

高穀二月甲子以工部右侍郎兼翰林院侍讲学士命为会试考试官。

杜宁二月甲子以侍讲命为会试考试官。

杜琼与诸儒结文社。

按：凡8人：杜琼、徐用理、陆康民、王敏道、陈孟贤、王孟南、郑德辉、贺美之。

薛瑄家居7年，邻里罕见其面。江陕诸贤来学者日众。

商辂四月进阶儒林郎。

王一宁迁礼部侍郎。

曹安授徒海盐。

彭时成进士第一，授修撰。

王恕成进士。授大理评事，升寺副。

白行顺成进士。

按：历曹郎，出为平阳、太原、济南知府。升山西参议、都御史。议论卓荦，为一时学者所仰。白行顺，生卒年不详。字致和。陕西清涧人。事迹见《道光清涧县志》卷七。

邢让成进士。授检讨。

刘吉成进士。改庶士，授编修。

刘清成进士。

刘珝成进士。授编修。

张瓒成进士。授工部主事。历知太原、宁波二府。

陈鉴成进士。官翰林学士。

岳正成进士。授编修。

郑文康成进士。观政大理寺。

按：寻因疾归。

倪敬成进士。擢御史。

唐瀔成进士。授户科给事中。

按：劾户科官失职，逮下锦衣卫狱。后出为广东布政司参议，改山东，分守登莱。正孔子、孟子庙典，订伯鱼、子思墓名。致仕归卒，年六十六。唐瀔，生卒年不详。字源洁。福建侯官人。事迹见《乾隆福建通志》卷四三。唐瀔同年同官浙江布政司参议谢琚作墓志铭。

黄溥成进士。擢御史，官至广东按察使。

按：明有两黄溥，此为江西弋阳人，生卒年不详。字澄济，自号石厓居士。著《诗学权舆》22卷，据《四库全书总目提要》卷一九一：是书兼收众体，各为注释。定为名格、名义、韵谱、句法、格调诸目，复杂引诸说以证之。然采摭虽广，考证多疏。另有《石崖集》《漫兴集》。另一黄溥，生卒年不详。字存吾，号南厓，润玉孙。浙江鄞县人。幼传家学，以贡授芜湖训导。著有《简籍遗闻》2卷，据《四库全书总目提要》卷一二六：是书多纪明代轶闻，亦间考证古事。

夏寅成进士。授南京吏部主事，进郎中。

陈献章四月中副榜进士，入国子监读书

秦纮会试中乙榜，不愿就职，入监读书。

段坚应礼部试下第。

邱濬试春官，在乙榜，得校官，不就，卒业太学，祭酒萧镃深器之。

章懋年十三，究心五经。

朱熹八世孙朱洵澍重建福建崇安武夷精舍。自后遂为朱文公祠。

福建崇安芦峰书院、福建建阳瑞樟书院重建。

刘新建四川乐山东坡书院。

徐忞修（正统）《徐氏宗谱》。

按：见吕锡生主编《徐霞客家传》。

沈粲为邹亮书《千字文卷》。

萧镃作《坦庵先生文集旧序》。

按：序曰："永乐中，泰和有两梁先生，皆以文章名当世。伯氏盖泊庵先生，仲氏则坦庵先生也。……镃自少从坦庵先生之门，先生尝言：'作古文当本诸六经，而参之《左氏》、《公》、《谷》、先秦两汉之书。'镃当时亲见先生六籍无所不通，而尤长于《书》、《诗》，一时门人经指授，出而掇高科、跻膴仕者接迹。心窃慕效之，而于古文之说，尚未深喻也。昨者，先生之子国录叔庄，汇集先生之文，属镃为序，因得庄诵焉。然后知先生所教镃者，皆其所自得者也。"

黎谅收集整理《叶适集》。

按：又名《水心文集》。南宋叶适文章，逝后曾由其学生赵汝谠用编年体刊行，至明代即已缺佚。黎谅分类编排为29卷,于景泰二年重新刊行,乃现存《水心文集》最早版本。

善敬堂刻《增广注释音辨唐柳先生集》42卷、别集2卷、附录1卷。

金问卒(1370—)。问字公素。苏州府吴县人。工书,得魏晋笔法,精星历之学。永乐初以善书进,后授司经局正字。坐累与黄淮、杨溥系狱十年。后升为翰林修撰、太常寺少卿兼翰林院侍读学士。官至礼部右侍郎。著有《青杨集》、《桂芳集》、《耻庵集》。事迹见《礼部右侍郎金公问传》(《国朝献征录》卷三五)。

朱权卒(1378—)。权,明太祖十六子(一说十七子)。自号臞仙、涵虚子、丹丘先生。卒谥献。著书内容遍涉经、史、子、医卜、诸术。著有《太和正音谱》2卷、《汉唐秘史》、《神隐志》、《臞仙史略》2卷、《臞仙文谱》8卷、《诗谱》1卷、《诗格》1卷、《肘后神经大全》3卷、《通鉴博论》、《采芝吟》4卷、《神奇秘谱》3卷等。事迹见《明史》卷三○,《英宗实录》卷一七○,《宁献王权》(《国朝献征录》卷一)。

按:《弇山堂别集》卷三二《同姓诸王表》曰:"宁献王权,太祖第十七子,母妃杨氏。"朱谋垔《续书史会要》曰:"宁献王讳权,号臞仙,高皇帝第十六子也。"《续书史会要》"第十六子"曰,以永乐夺位,自居正统,忽朱元璋长子朱标不计。《英宗实录》卷一七○曰:"王天性颖敏,负气好奇。绩学攻文,老而不倦,方之古贤王,追不多让。所著有诗赋杂文及天运绍统录、医卜、修炼、琴谱诸书,又有博山炉、古制瓦砚,皆极精致云。"《国朝献征录》卷一曰:"凡群书有系风化及博物修词,人所未见者,莫不刊布国中。所著《通鉴博论》二卷,《汉唐秘史》二卷,《史断》一卷,《文谱》八卷,《诗谱》一卷,《神隐》、《肘后神枢》各二卷,《寿域神方》四卷,《活人心》二卷,《太古遗音》二卷,《异域志》一卷,《遐龄洞天志》二卷,《运化玄枢》、《琴阮启蒙》各一卷,《乾坤生意》、《神奇秘谱》各三卷,《采芝吟》四卷,其它注纂数十种,经子九流、星历医卜黄冶,诸术皆具,古今著述之富,无逾献王者。又作《家训》六篇,《宁国仪轨》七十四章,皆以恭俭忠孝垂训子孙;盟诸山川社稷之神,有弗率训范者,受显戮。"《四库全书总目提要》卷一一一曰:《肘后神经大全》3卷,"其平生颇讲神仙方技之书,所著《肘后神枢》二卷,《运化元枢》一卷,见《明史·艺文志》。又高儒《百川书志》亦云臞仙肘、后神枢二卷九章七十七条。今是编所载皆推算诸星煞吉凶以为趋避,上卷为值日图,中卷为值时傍图,下卷为值日时断例,卷帙篇章,与明史志及高儒《书志》俱不相合,图说亦皆疏陋,疑已为后人增益,非原本矣。"《原始秘书》10卷,《四库全书总目提要》卷一三七称:是书体例与《事物纪原》相类而荒谬特甚。

朱橞卒(1378—)。事迹见《中国历代人名大辞典》。一说卒于1438年。详见是年条。

张俊卒(1382—)。俊字俊明。应天府江浦人。县庠生。以能书征修《永乐大典》。书成,入太学。擢左军都督府都事。以事谪保安。荐起为德清知县,有惠政。事迹见王直《德清令张君俊墓碣铭》(《国朝献征录》卷八五)。

唐贵(—1495)生。

正统十四年　己巳　1449年

七月己丑，卫喇特及额森分道入寇大同。王振劝英宗亲征，尚书王直帅百官力谏，不省。

八月辛酉，车驾被围土木。

壬戌，大溃，死者数十万。公侯伯张辅等及文臣尚书王佐、邝埜、学士曹鼐、张益等死者50余人。英宗遂北狩。

癸亥，英宗蒙尘。校尉彭彬侍英宗，不离左右。英宗令彬作书，遣人送怀来守臣，言被留状。是夜三鼓，书达京师。（《明通鉴》目录卷六）

乙丑，皇太后命郕王监国，议战守事宜。徐珵倡议南迁，于谦斥之。中官金英叱珵出，议始定。（《明通鉴》目录卷六）

九月戊寅朔，英宗在迤北。时廷臣合词请皇太后，命郕王正大位。王固辞，乃受命。（《明通鉴》目录卷六）

癸未，郕王即皇帝位，大赦天下。以明年为景泰元年，遥尊英宗为太上皇。

十月乙卯，直隶潼关卫奏：本卫儒学科举虽属陕西，而缺官提调考试，士无作兴，学无进益，近于虚设。乞行陕西按察司，令提调学校佥事时加考试，以励向学之心。从之。（《英宗实录》卷一八四）

十一月丁丑朔，杨洪逆进封昌平侯，命帅所部留京营，兼掌左都督府事。洪陈《御寇三策》，代宗以洪宿将，所言多采纳。（《明通鉴》卷二四）

辛卯，大同、左右云川、玉林、天城、镇房、阳和、高山八卫，设儒学四所。至是议者言：地临极边，其军于选、调、差、操之外，别无空闲人力；庙堂斋舍至今未主，乞行革罢。其军中子弟有愿入学者，听于附近学校肄业，依例科贡。从之。（《英宗实录》卷一八五）

十二月乙丑，命南直录府、州、县，岁贡生员俱肄业北监，著为令。以南监监生朱玉等言，各处岁贡生入南监者多，而取历少于北监故也。（《英宗实录》卷一八六）

是年，南京宫内失火，文渊阁藏书悉化为灰烬。

于谦八月戊辰为兵部尚书。十月乙卯提督诸营，癸亥，加少保，总督军务。

陈循二月受命释奠先师孔子。八月进户部，与高穀（工部），皆尚书仍兼学士。土木之变后，与兵部尚书于谦合谋，御也先。

商辂、彭时八月乙亥入阁，九月进兼侍读。商辂正统中建浙江淳安仙

法人归曼恩。

莫斯科大公瓦西里二世立子伊凡为共治大公。

居书院。

按：商辂反对南迁。彭时入阁预机务。辅政近 30 年，颇能持正存大体。后与万安同在内阁，主张不见用。

薛瑄八月以言官程信等荐，起为大理寺丞。十月除大理寺右寺丞。

按：薛在里，家居数年闭门不出，而秦楚吴越间来学者以百数。洛阳阎禹锡徒步来游。九月被召如京师。至京师，上讲学章。

薛瑄正统中初为山东提学佥事，以白鹿洞学规开示学生，亲为讲授，人呼薛夫子。

王恕授大理寺左寺左评事。

刘定之二月升授翰林侍讲。十月以景泰初即位建言十事。

邱濬留读太学。作《捣衣曲》，又拟古作选诗四首。

段坚应诏上书，不报。

按：自齐鲁以至吴越，寻访学问之友，得阎禹锡、白良辅，以沂薛瑄之旨。逾年而归，学益有得。

黄瑜合葬其父母于本邑寿星塘之原，黎淳为纂墓志铭。

仪铭授礼部右侍郎。官至兵部尚书。因灾变濒仍，言消弥在省刑薄敛，节用爱人。录《皇明祖训录》以进。

刘铉进侍讲学士，迁国子监祭酒。

李贤为文选郎中，从英宗北征。

张益五月己亥入直文渊阁。

陈镒以于谦荐，抚京畿。

按：旋召还，进左都御史。

彭琉官至湖广按察副使。

汤熙上《御戎十二策》。

按：石亨知其才而留之，后石亨柄权，熙每劝其解柄谢事，不听。后亨果败。

洪英土木堡之役后任左副都御史，巡抚山东，筑临清城，修运河堤。

叶盛土木之变后率同列请先正逃将之罪。

按：也先犯北京，数上奏章，陈战守之计，升都给事中。擢右参政，督饷宣府。著有《边奏存稿》7 卷。命赴开封，途中作《通州驿夫行》、《伤流民》、《永清妇》诸诗。

江渊土木之变后陈固守之策，由侍讲超迁刑部侍郎。也先逼临京师，受命督军。

金润土木堡之役后赞于谦保卫京师。擢南安知府，乞休家居。

单宇土木堡之役后上疏请罪监军内官，又请毁王振所建大兴隆寺，为廷议所阻。复知侯官，久之卒。

按：单宇，生卒年不详。字时泰，号菊坡。江西临川人。事迹见《明史》卷一六四本传。好学有文名。为政以慈惠闻。著有《菊坡丛话》26 卷，采古今论文之语，编次成帙。每条各注所出，亦有但注"菊坡"二字者，则宇自记其语也。《四库全书总目提要》卷一九七称：是编大旨欲配胡仔之书，故仍以丛话为名。然采摭不及其博。又仔书多论文，此书多记事，仔书多考证，此书但抄撮旧文，例亦小殊。

徐珵于正统末土木之变后倡言南迁，受于谦等斥责。后乃改初名珵为有贞。

王钰正统中起为按察佥事,提都学政。

按:文学优美,所至士心悦服。王钰,生卒年不详。浙江诸暨人。事迹见《东里文集》卷七序。

叶挺正统中郡以明经荐,力辞,隐居教授。

按:叶挺,生卒年不详。字允畴,学者称尚志先生。永嘉人。著有《学庸庭训》2卷(见雍正《浙江通志》,《经义考》云佚)、《理气图说》(见《千顷堂书目》卷一一)。

仪铭正统中历官翰林侍讲,改郲府长史。

孙俊正统中随其兄由华亭徙居昆山淀山湖之滨。从范能游。

按:晚筑草堂于碛溪之南,与乡老日觞咏其中。孙俊,生卒年不详。字叔英,自号南溪遁叟。著有《南溪草堂集》(见《昆新两县续修合志》卷四九,《千顷堂书目》卷一九杭世骏补目作《南溪集》)。一说《南溪草堂集》范能著,孙俊乃范能门人。

杨述正统中数预乡试事,识周洪谟等人之才,人称其有识人之鉴。

吴渊正统中曾参与镇压贵州苗民起事。

按:吴渊,生卒年不详。字文静。丹徒人。因知州盛祥荐为诸生。补太学,后任桂阳知县。著有《拙庵集》,见正德《丹徒县志》卷三。

张继正统中以贤良方正荐,不赴。

按:张继,生卒年不详。字克绍,号正庵。常熟人。本姓严,随父由荆溪迁居常熟。清修笃学,与陈九畴齐名。著有《正庵集》。事迹见雍正《昭文县志》卷九。

张璞正统中历任陈州、沂州学正,刻志于学。

张金陵正统中授应天府学训导,擢南道御史。

按:以劾都御史周铨,为铨党所排,黜贵州雷塘驿丞。

陈中正统中由南京户部主事留史馆,升本部员外郎。

按:尝与修成祖仁宗两朝实录。

陈员韬正统中在闽释被诬为邓茂七党者千家。

按:都指挥蒋贵勒索所部赂,员韬劾罢之。历广东右参政、福建右布政使。陈员韬,生卒年不详。字从周,号勿斋。浙江林海人。宣德五年进士。著有《勿斋稿》。事迹见《明史列传》卷三五。

金濂正统中以参赞军务辟周鼎为幕僚,从至福建。旋授沭阳典史。

周冕正统中由孝廉荐辟,仕至布政司参政。

按:周冕,生卒年不详,沛人。著有《政体备要录》,见同治《徐州府志》卷一九。

袁忠彻正统中坐事下吏,令致仕。

高迁正统中以宦者王振杀刘球,疏救不听,乃辞疾归。

按:高迁,生卒年不详。字景升。金坛人。尝以胡濙荐出使日本。著有《菊庵集》。事迹见《康熙江南通志》卷一四三。

魏骥正统中官至南京吏部尚书。

陈洙正统中以荐辟官左军都督府都事。

按:陈洙,生卒年不详。字文渊。诸暨人。纂有《湖海摘奇》,见《诸暨志》。

倪谦使朝鲜。

徐彪正统中征入太医院。

伍余福正统中中举人,授咸宁教谕。历官陕西按察副使,提督学政。

毛仲正统中贡生。

> 按：毛仲，生卒年不详。字时正。浙江松阳人。著有《易经辨疑》，现未见。事迹详见《松阳志》。

杨琦正统中举人。

> 按：杨琦，生卒年不详。建安人。官温州府学训导。著有《四书辨疑》，见《千顷堂书目》卷三。

袁均哲正统中知郴州。重修湖南郴州景贤书院。知州沈照易名"景贤祠"。

> 按：袁均哲，生卒年不详。字庶民。江西建昌人。著有《群书纂类》12卷（《四库全书总目提要》卷一三七称：是编因临江张九韶《群书备数》补其阙遗，加以注释）、《类林杂说》、《太音大全集》。《太音大全集》又名《太古遗音》，原佚作者名氏，据卷五《琴操辨议》条下落款判为袁均哲编著。此书原为南宋田芝翁所辑《太古遗音》，计3卷。南宋嘉定间杨祖云更名为《琴苑须知》。后屡经增订翻刻。明杨表正《重修正传琴谱》称袁均哲曾"注《遗音》"，《太音大全集·题辞》则有其母本"取诸家琴谱与夫近代所谓太古遗音集"之记载，《太音大全集》或为袁均哲注释《太古遗音》后发展而成。通行本有：《太古遗音》2卷，现仅存上卷残本，明刊本，不著编纂人，北京图书馆藏，为该书现存最早版本；清述古堂旧藏明正德间刊本《太音大全集》5卷，北京图书馆藏，为袁均哲之重编本；《新刊太音大全集》5卷，明嘉靖书林汪谅翻刻本；明正统抄本《太音大全集》，内容与正德本相同。以上3个版本皆由中华书局影印出版。1981年版《琴曲集成》第一册中收录了前两个版本；1961年版《中国古代版书丛刊》收录了第二个版本；1963年版《琴曲集成》第一集上册收录了第三个版本。

罗镃正统中建湖南安乡文溪书院。

> 按：另有福建南平延平书院正统中复毁、广西阳朔慈光寺正统中割地1/3又重建曹公书院、陕西莆城正统中建正学书院。

章懋年十四，通历代史。

庄昶年十三，补廪膳生。

黄润玉撰《仪礼戴记附注》5卷成。

> 按：朱子曾欲编《礼记》，附《仪礼》，未成。黄氏遵朱子遗意，析《仪礼》为4卷，而以《礼记》比类附之，不类者附诸卷首，末亦各有意义。又以五礼独缺军礼，因取《周礼·大田礼》补之，而以《礼记》诸篇载田事者附录，别为1卷，通为5卷，各为之注释，成《仪礼戴记附注》。"凡所以芟经疏之繁，别记说之冗者，非欲求异于前人，第恐简编滋多，徒启学者望洋之叹，而于典礼卒无以究夫本经也"。（《浙东学术史》）

杨铭正统中纂有《正统临戎录》1卷。

> 按：据《四库全书总目提要》卷五三：此书所记，与北征事迹略同，而详悉过之。惟首尾俱作通俗语。盖铭未必知书，当时口述，令人书之于册尔。

周伯器正统中纂修《杭州府志》。

> 按：见《文渊阁书目》卷二〇新志类著录。刊本4册，已佚。民国《杭州府志》卷一七八曰："正统间，仁和周伯器年九十，修《杭州府志》。"周伯器，生卒年不详。

盛祥正统中修《舂陵志》。

> 按：已佚，见《千顷堂书目》卷七。盛祥，生卒年不详。字天瑞。丹徒人。另著有《寅清集》、《逆耳集》，皆佚，见正德《丹徒县志》卷三。

正统十四年　己巳　1449年

张楷正统中纂《律条疏议》30卷成。

按：一名《律条疏义》。因仿照《唐律疏议》对明律进行解释。已知最早刊本为宪宗成化三年(1467)王迪刻本，有倪谦序。另有成化七年(1471)南京承恩寺本及俞谙重刻本。明世宗嘉靖二十三年(1544)，符验据成化三年王迪本重刻(现有1974年日本东京商桥写真株式会社据日本尊经阁藏本影印本)。明末此书已不流行，清代乃至罕见。清修《四库全书》未入，《四库存目》亦未著录。今人张伯元有《张楷〈律条疏议〉考》一文。

刘昌有感于虏患，作《权论》。

简敬正统中刊刻高承纂《事物纪原》10卷

刻金刘完素纂《黄帝素问宣明论方》。

李桢纂、张瑄校《运甓漫稿》7卷正统中刻。

按：据《四库全书总目提要》卷一七〇，《运甓漫稿》皆古近体诗并诗馀，乃天顺三年吉安教授郑纲所编。

赵弼正统景泰间著《雪航肤见》10卷。

按：此书杂论史事。赵弼，生卒年不详。字辅之，号雪航。福建南平人。精于《易》。事迹见《四库全书总目提要》卷一四四、《闽中理学渊源考》卷八四。另有《事物纪原删定》20卷、《效颦集》3卷。李剑国、陈国军《赵弼生平著述考》，刊于《文学遗产》2003年第1期。

钱仲益族子公善等，正统中始刻《三华集》18卷。

按：《三华集》18卷，无锡钱子正及弟子义、侄仲益合刻诗。《四库全书总目提要》卷一八九曰："子正《绿苔轩集》六卷，前有王达序；子义《种菊荟集》四卷，前有洪武八年自序；仲益《锦树集》八卷，前有魏骥序。三集初各自为书，正统中仲益族子公善等始合而刻之。其曰'三华'者，盖以三者皆钱氏英华也。按：子正诗，朱彝尊《明诗综》不载，但附见其名于子义之下，然二人出处始末，均无可考。独仲益以元末进士知华亭县，后为翰林修撰，见于魏骥序中。而《明诗综》载仲益永乐初以翰林编修转周王府长史，与骥序互有异同。又称'仲益诗格爽朗，惜遗集罕传。予从秦对岩前辈购得，亟录八首，犹未尽其蕴'云云。然则彝尊仅见仲益遗集，未见斯本也。盖亦罕觏之笈矣。"《明诗纪事》甲签卷一六《钱子正》陈田按："《提要》称子正、子义出处始末均无可考。《梁溪诗抄》谓子正名蒙，以字行，洪武辛亥进士，官韩城知县。余考洪武辛亥《题名录》，无子正名，则顾氏所考亦不确矣。姑从阙如，以俟知者。"

黄淮卒(1367—　)。淮，字宗豫，卒谥文简，浙江永嘉人。洪武末进士，性明果，达于治体，善谳疑狱。入直文渊阁，升翰林院编修，累进右春坊、大学士。为汉王高煦所谮，坐系诏狱十年。后授武英殿大学士，累加少保。历充《太祖实录》、《太宗实录》、《仁宗实录》总裁，并与杨士奇等奉敕编《历代名臣奏议》。《宋元学案》列其入《木钟学案》。著有《省愆集》2卷、《黄介庵集》12等。事迹见《明史》卷一四七，陈敬宗《荣禄大夫少保户部尚书兼武英殿大学士谥文简黄公淮墓志铭》(《国朝献征录》卷一二)。

按：《四库全书总目提要》卷一七〇曰："淮当革除之际，身事两朝，不免为白圭之玷。史又言淮性颇隘，同列有小过，辄以闻。解缙之死，淮有力焉。人品亦不甚醇。然通达治体，多所献替。其辅导仁宗，从容调护，尤为有功。虽以是被谮获罪，

瓦尔特·鲍尔卒(1385—　)。苏格兰历史学家。著有《苏格兰编年史》。

而赐环以后,复跻禁近。迨至引年归里,受三朝宠遇者,又数十年。遭际之隆,几与"三杨"相垺。其文章春容安雅,亦与"三杨"体格略同。"《省愆集》乃其系狱时所作,故以省愆为名。金幼孜、杨荣等有序。《四库全书总目提要》卷一七五曰:《黄介庵集》12卷,"案《千顷堂书目》载淮所著有《介庵集》、《归田稿》,均不著卷数。此本总名《介庵集》而分《退直》、《入觐》、《归田》三稿。疑黄虞稷未见此本,但据传闻载入。据《目录》,本十二卷,今第七卷已佚,故以十一卷著录焉。"《宋元学案》卷六五云濠谨案:"介庵,其自号也。"序黄岩应谔、应祥同纂《应氏族谱》,见《赤城后集》、《浙江通志》。《台州经籍志》云已佚。黄群《介庵集跋》对黄氏著作多有考述。

徐讷卒(1376—)。讷字敏叔,号南溪,后以字行。常熟人。德贤子。著有《同居集》等。事迹见雍正《昭文县志》卷八本传。

程序卒(1378—)。式字道承,又字若水、以则,号可庵,又号建武居士,常熟人。《海虞艺文志》卷二载式所著有《葩经衍义》、《兰省遗音》2卷。另著有《兵政十策》、《程氏医彀集古》4卷。事迹见《明史》卷一六七《王佐传》中。

王永和卒(1390—)。永和字用节,一字以正,号梧竹。苏州昆山人。赠资善大夫,工部尚书,谥襄愍。著有《梧竹集》。事迹见《明史》卷一六七《王佐传》附传,陈循《工部右侍郎赠书王公永和碑铭》(《国朝献征录》卷五一。

兀鲁伯卒(1394—)。兀鲁伯,伊斯兰学者,天文学家。帖木儿帝国苏丹。建立撒马尔罕天文台。编制《新古拉干历数书》(《兀鲁伯天文表》),含有太阳、行星运行表与恒星位置表。事迹见《中国伊斯兰百科全书》。

张益卒(1395—)。益字士谦,号蠹庵。南京江宁人。永乐十三年进士。与修《宣宗实录》,迁修撰。为三杨所重。工书画。景帝立,赠学士,谥文僖。著有《画法》1卷、《文僖公集》2卷,编有《唐诗绝句选》5卷。事迹见《明史》卷一六七《姚夔传》附传,《直文渊阁翰林院侍读学士赠学士张文僖公传》(《澹园集》并见《国朝献征录》卷一三)。

夏诚卒,生年不详。诚字克诚。浙江仁和人。宣德举人。以御史从英宗北征,死于土木堡。著有《农舍祀先录》。事迹见《明史》卷一六七《王佐传》中。

按:《杭志·艺文》曰是书似言田家荐奠祖先之礼,非言农事也。

王佐卒,生年不详。佐,广东海丰人。永乐中举于乡。入国子监,以学行名。在户部久,不为赫赫名,而宽厚有度,政务纠纷,未尝废学,人称其君子。土木之变,与邝埜等同死难。赠少保,官其子道户部主事。成化初,谥忠简。事迹见《明史》卷一六七,《户部尚书王佐传》(《国朝献征录》卷二八)。

曹鼐卒,生年不详。鼐,字万锺,明真定府宁晋人。宣德八年进士。入翰林,为修撰。累迁吏部左侍郎兼文渊阁大学士。死于土木堡之役。

王弼(—1498)、包泽(—1505)、谢迁(—1531)生。

明代宗景泰元年　庚午　1450年

正月闰月甲子,顺天府府尹王贤奏考试官员事。从之。(《英宗实录》卷一八八)

闰月癸亥,诏会试取士毋拘额。(《明通鉴》目录卷七)

按:巡抚直隶大理寺左寺丞李奎乞令礼部会议,今后会试天下举人,宜照永乐年间事例。从之。李奎事迹见黄佐《大理寺右少卿李奎传》(《国朝献征录》卷六八)。

二月,初开经筵。临讲,掷金钱,赐讲官拾之,以为常。

赠前侍讲刘球,立祠赐谥。

三月辛亥,录土木死事诸臣后。

五月己酉,云南按察司提调学校副使姜浚言二事。

六月己亥,大开言路,吏民皆得上书言事。

八月癸酉,英宗发自卫喇特,巴延特穆尔送之野狐岭。

是月,许仕达上书请定经筵日讲。

是年,罢提学官。

刘定之八月充应天府乡闱考试官。十月还朝言沿途水利。兼授徒于尚书馆。

罗通二月还,上言边报不实,赏功过滥。侍讲刘定之亦以赏重为言,代宗嘉纳之。

商辂正月兼经筵官进讲。八月升翰林院学士,八月甲申英宗至居庸关,鸿胪卿杨善引商辂见,进呈诏书回銮疏。九月奉敕侍讲经筵。

薛瑄正月闰月以大理寺右寺丞命往四川云南,转饷贵州。二月于贵州劝助军饷。九月游唐诗人杜甫故居草堂,同游者佥都御史李匡、大理少卿张固、监察御史罗俊。

薛瑄乞致仕,学士江渊疏留之。

江渊八月辛卯入阁参预机务,官至工部尚书。

陈循八月受命释奠孔子。九月受敕同知经筵事。

杜琼作延绿亭,号延绿亭主人,以鹿皮作冠,又号鹿皮冠道人。

段坚上书请悉征还四方监军,罢天下佛老宫,疏奏不行

彭时正月闰月请终制,遂忤旨。

李贤景泰初拜兵部侍郎,转户部,又转吏部。

周洪谟四月壬午以翰林院编修言学校事。

余枢景泰初领乡荐,授景陵训导。升岳阳王府教授,转楚王府伴读,

土耳其围阿尔巴尼亚克鲁亚。

米兰公国建。

法王查理七世归鲁昂及诺曼底。

德国的索尔德发现锑。

梵蒂冈图书馆建成。

西班牙巴塞罗那大学建立。

每于王前申讲举义,必有关要。

> 按:余枢,生卒年不详。字季枢,一字拱庵,号玉庵。无锡人。攻古文辞,为李懋(李时勉)所知赏。卒,门人私谥渊敏。著有《易赞》、《玉庵集》,见万历《无锡县志》卷二〇。皆已佚。

胡濙景泰初进太子傅。

仰瞻景泰初召为右寺丞。

> 按:执法坚,在位者多不悦,移疾归,加少卿。仰瞻,生卒年不详。字宗泰。苏州府长洲人。著有《小学讲义》(见《千顷堂书目》卷三)、《归休文集》(见《吴县志》艺文考三)。事迹见《大理少卿仰宗泰传》(《国朝献征录》卷六八)。

裴纶景泰初出为山东右布政使。

> 按:裴纶,生卒年不详。字景宜,卒谥文僖。湖广监利人。永乐进士。历官翰林侍讲。事迹见《古今图书集成》氏族典卷一〇七。

郑灵景泰初都宪王竑守居庸,用荐者擢都台检校,置幕下赞理边务,多所筹画。

> 按:郑灵,生卒年不详。字希山。筑室竖土山阿,号云山居士。同安人,居京口。著有《吴子增释》、《孙子本义》。皆已佚。

陈镒六月丁亥下于狱,寻释之。

邢让疏请迎上皇(英宗)。

魏骥以南京吏部尚书九月致仕。

陈敬宗以国子祭酒九月致仕。

王来以右副都御史总督贵州军务。进南京工部尚书。

倪敬自燕京北行。

张和过苏州至江西校文。

沈粲解大理寺职还里,以诗讯叶盛。

叶盛在汴,作《莫杀虎》诗,述吏酷。

庄敏景泰初任雷州知府。

> 按:为政注意兴学。庄敏,生卒年不详。字廷功。福建晋江人。事迹见《古今图书集成》氏族典卷三六。

白鉴恩选贡监。

> 按:白鉴,生卒年不详。字文明。通州人。著有《琐窗新艺》。事迹见嘉庆《白氏宗谱》卷六。

包瑜中举人。官教谕,致仕归。

凌昱中举人。授武昌县学训导。

> 按:凌昱,生卒年不详。字敬舆。钱塘人。其祖云翰所蓄前代典籍甚富,敬舆收藏无遗,于所居作堂贮之,额名为"尊德"。

刘敩中举人。官南京翰林院孔目。

刘濬中举人,官教谕。

朱皑中举人,授御史。

> 按:巡按辽东,改按山东、云南。缘前忤某尚书,遂外补严州府9载。升福建参政,未任而卒。朱皑,生卒年不详。字景文。高邮人。著有《廉叟传》。事迹见嘉庆《高邮州志》卷一〇。

李果中举人。

张九方中举人。授汝宁府推官。被诬,弃官归。

> 按：张九方,生卒年不详。字应皋,自号月林居士。无锡人。《毗陵人品记》有传。著有《归田集》、《覆篑集》。

陈选举浙江乡试。

姚绶充嘉兴府学博士弟子员。

章懋正月补邑庠弟子员。

罗伦以母忧去学。

李东阳四岁,能作径尺书。代宗召试之,甚喜,赐果钞。

汤性方建三元书院于广西藤县。

> 按：原为宋连中三元之翰林学士文简公冯京读书处。以时人对冯之赞誉"三元"命名。

夏昶刻《隋书》85卷。

黄璇纂《建阳县志》4卷、《杂志》3卷成书刊行。

> 按：建阳,今市,属福建省南平市。《四库全书总目提要》卷七三曰："卷首于舆图之外增以先贤画像十二,传刻失真,殆可不必。《杂志》三卷亦璇所作,而题曰知非子黄景衡集。景衡即璇之字,见前志刘章目录序中。盖其书乃修志之余,摭拾佚事,自同于小说家流,故署其号也。《续志》一卷,乃弘治甲子邑人袁铦所撰。名继前志,实则体例各殊。"黄璇,生卒年不详。字景衡。建阳人。

吴惠重刻增补宣德本陈琏纂修《桂林郡志》32卷。

倪谦自朝鲜归,撰《朝鲜纪事》1卷,并辑纪行诗为《辽海编》4卷。

> 按：《四库全书总目提要》卷五三曰："是编乃景泰元年谦奉使朝鲜颁诏纪行之作。自鸭绿江至王城,计一千一百七十里,所历宾馆凡二十有八,语意草略,无足以资考证。"

薛瑄作《游草堂记》。是冬撰《荣养堂记》。

吴敬《九章算法比类大全》11卷成。

> 按：略称《九章比类》。把伊斯兰"格子算"称为"写算",以示与筹算、珠算之区别。初版刻成后,版毁于火,十存其六,明代藏书家多藏此书,入清后流传甚少。目前北京图书馆藏明景泰元年王钧刻、弘治元年吴讷重修本,北京大学图书馆藏弘治元年刻本,上海图书馆收藏一部,亦为明版。吴敬,生卒年不详。字信民,号主一翁。浙江仁和人。

胡濙跋长洲陈氏所藏褚书纸本《兰亭序》。

贾斌八月戊寅以山西都司令史奏进《忠义集》4卷。

> 按：于史传所记历代人臣能直谏、能尽忠、能守节之士,与夫累朝恃宠之宦官,撮其尤者,录成一编。礼部以其言有理,乞鉴纳其所编《忠义集》,不必刊行。

徐庸辑高启全部遗诗为《高太史大全集》18卷刊行。

> 按：序称庸所辑还有《湖海耆英集》12卷。

刘昌作《高太史大全集叙》。

> 按：序曰："……儒士徐庸字用理之所广也。用理既以类广先生文集,乃以示昌。……用理师学于先生之言,得之既深,遂勤图传之。"

古腾贝格印刷《康斯坦茨弥撒之书》。

萧镃作《石溪周先生文集序》。

按：序曰："先生吉水人，石溪其所居之地，集以地名者，所以著其世也。……盖永乐以前诸先辈，以古文名家者不啻十数，而自宣德以来，所以继起而和应者，先生其杰然者也。先生在翰林三十年于今，其所作甚多，不自收拾。此集盖其子滁州学正蒙所编次，殆什之三四而已。"

魏骥作《青城山人集序》。

按：序曰："兹吴门华君汇粹先生之诗，凡若干卷，欲命工以锲于梓，征予序其首简。"

萨塞诺卒，生年不详。意大利哥特派画家。

秦朴卒（1360— ）。朴字物初，号抱拙生，无锡人。以曾孙金赠尚书。博学有文章。尝怀同邑翟厚诸人为真率会，不求闻达而衣冠文物表率乡里。著有《抱拙集》，见《明史·艺文志》、《锡山历朝书目考》卷一。

李懋（李时勉）卒（1374— ）。时勉名懋，以字行，号古廉，卒谥文敬，吉安府安福人。永乐二年进士。选庶吉士。与修《太祖实录》。进翰林侍读。官至国子祭酒。卒谥文敬，成化时改谥忠文。著有《古廉集》11卷附录1卷。事迹见《明史》卷一六三，《英宗实录》卷一九一，《列朝诗集小传》乙集，《祭酒李忠文时勉公传》（《国朝献征录》卷七三），王直《故祭酒李先生墓表》，彭琉《朝列大夫翰林学士国子祭酒兼修国史知经筵官致仕谥忠文安成李懋时勉行状》。

按：《英宗实录》卷一九一曰："少师杨士奇尝称时勉文学老成，操行修洁，节仪足以表俗，刚正足以任事，量足以容物，而志则不可夺。人以为确认。然不及大用，士林惜之。"据《四库全书总目提要》卷一七〇：时勉学术刚正，初以三殿灾，条上时务忤成祖，继以奏上六事忤仁宗，终以不附王振为所构陷。前后濒死者三，而劲直之节始终如一。其在国学，以道义砥砺诸生，人才蔚起，与南京祭酒陈敬宗号"南陈北李"，而时勉尤为人望所归，明以来，司成均者莫能先也。其所著作，以当代重其为人，脱稿多为人持去，故所存者无多。成化中其门人戴难编《古廉集》11卷附录1卷，其孙长乐知县容所刊，并以墓志传赞之类附录于末。

王英卒（1376— ）。英字时彦，别字泉坡，赐祭葬，谥文安。临川人，《明史》载金溪人。永乐二年进士。历任翰林院修撰、侍读、右春坊大学士、史馆总裁讲官、礼部侍郎等要职。文章风格典雅，书法艺术造诣颇高。著有《泉坡文集》。事迹见《明史》卷一五二本传，《英宗实录》卷一九二，陈敬宗《资善大夫南京礼部尚书谥文安王公英传》（《国朝献征录》卷三六）。

按：据《明史》卷一五二本传，宣宗时海内宴安，天子雅意文章，每与诸学士谈论文艺，赏花赋诗，礼接优渥。宣宗尝谓英曰："洪武中，学士有宋濂、吴沉、朱善、刘三吾。永乐初，则解缙、胡广。汝勉之，毋俾前人独专其美。"……英端凝持重，历仕四朝。在翰林四十余年，屡为会试考官，朝廷制作多出其手，四方求铭志碑记者不绝。性直谅，好规人过，三杨皆不喜，故不得柄用。

万观卒（1387— ）。观字经训。江西南昌人。弱冠成永乐十九年进士。事迹见《明史》卷二八一；王直《山东左布政使万公观墓志铭》（《国朝献征录》卷九五）。

徐鉴卒（1390— ）。鉴字子明。宜兴人。著有《续列卿表》10卷。

事迹见《明史》卷二八一《李骥传》附传。

杨信民卒,生年不详。信民名诚,以字行。成化中,赐谥恭惠。浙江新昌人。举于乡,入国学。事迹见《明史》卷一七二。

庞泮（　—1516）、周旋（　—1519）、王鏊（　—1524）生。

景泰二年　辛未　1451年

正月,中官兴安复度僧道5万余人。

二月辛未,幸太学,释奠于先师孔子。

> 按：释奠先师孔子礼成,至彝伦堂,升坐,祭酒萧镃讲《尚书·天聪明章》,词旨敷畅,代宗甚嘉之。时衍圣公孔彦缙率子孙来京师,至国子监听讲,代宗嘉之。自后幸学,必先期召衍圣公,著为令。（《明通鉴》卷二五）

庚辰,巡按山西监察御史涂谦乞敕今后学校,非被贼盗残毁,及虽残毁而尚可修复者,俱不许革。从之。（《英宗实录》卷二〇一）

辛卯,以星变,修省。敕廷臣条议宽恤诸政。（《明通鉴》目录卷七）

三月壬寅,赐柯潜等201人进士及第、出身有差。

癸亥,命不中式举人及监生,愿就教职者,试而授之。（《英宗实录》卷二〇二）

四月辛丑,左春坊、左谕德、管国子监司业事赵琬奏乞敕工部造屋数间覆盖进士题名碑。（《英宗实录》卷二〇四）

六月戊辰朔,钦天监奏日当食。至期不见。

七月辛丑,设山东兖州府曹州阴阳学。

十一月壬寅,户部主事王澍言荐士补学官近年滥开,请革其弊。（《英宗实录》卷二一〇）

是年,北京翰林院官员以"愿将银豆三千斛,活取枯骸百万人"诗,述徐淮大饥。

户科都给事中李侃等奏今后取士之额不可拘,而南北之分则不可改。不允。

朝鲜文宗王令使团于明购《经传通解》、《续仪礼集传》、《通志》、《中庸辑略》、《通鉴纪事本末》、《朱文公集》、《宋朝名臣五百家播芳大全文粹》、《宋朝名臣奏议》等书。

礼部奏请殿试执事官。

> 按：代宗诏命太子太保兼吏部尚书王直、太子太保兼户部尚书金濂、少保兼兵部尚书于谦、户部尚书兼翰林院学士陈循、刑部尚书俞士悦、工部尚书兼大理寺卿石璞、工部尚书兼翰林院学士高穀、都察院左都御史王文、杨善、通政司通政使李锡、大

奥斯曼土耳其苏丹穆拉德二世卒。子穆罕默德二世复位。

土耳其人伐安纳托利亚。

法人归吉耶纳。

苏格兰格拉斯哥大学建成。

理寺卿萧维祯、翰林院学士商辂为读卷官。(《英宗实录》卷二〇一)

薛瑄二月乞致仕,许之。七月召为大理寺卿;复乞致仕,不允。十二月升南京大理寺卿。

按:秋八月,诏复职。户部侍郎江渊上言薛宜留内阁以资启沃,代宗可其奏,诏复除大理右丞。

江渊二月丁丑以户部侍郎兼翰林院学士命为会试考官。六月以天变条上三事。

林文二月丁丑以修撰命为会试考官。

商辂三月奉命廷试吴汇等200人。十月奉敕同尚书陈循日侍经筵讲论。

陈循三月为读卷官。八月受命释奠孔子。与高穀十二月俱少保偕荣禄大夫尚书如故晋兼大学士。而陈循则文渊阁任事并如故,陈循辞乞仍旧职至再,不允。徐珵自结于循,更名有贞。

徐有贞与刘钰、汤胤勣集刘溥家,有贞为钰跋所藏褚临《兰亭帖》。

韩雍以陈循荐为右佥都御史。代杨宁巡抚江西。

邱濬再试礼部不第,告归省亲,所与厚者咸赠以诗,编修岳正序而送之。

陈献章会试下第。

王一宁十二月庚寅以礼部左侍郎兼翰林学士,于文渊阁,参预机务。

萧鎡十二月庚寅以国子监祭酒兼翰林学士,于文渊阁,参预机务。

李贤二月上《正本十策》。

章纶六月建言太平致治十六事。

张杰丁父忧,以奔丧归,自是养母里居不出。

陈镒四月巡抚陕西。

按:陕西饥,军民谣曰:"愿得陈公活我。"乃第三次出镇陕西。

周忱致仕。

柯暹免职。

叶盛自汴还京。

刘铉官国子监祭酒。

柯潜状元,官至少詹事。

王献成进士。与状元柯潜等28人同进学东阁,赐居第等。授编修。

按:与修《寰宇通志》、《宋元通鉴》。

马文升成进士。授御史,为领台事之王文、王翱所倚重,历按山西、湖广。

王越成进士。授御史。

王㒜成进士。授编修。

按:先后与修《大明一统志》、《英宗实录》。

白良辅成进士。擢监察御史。

按:搏击权豪,不避危险。按治山陕,奸宄循迹。官至太仆寺卿。白良辅,生卒年不详。字克佐。河南洛阳人。淹贯经史及性理诸书,与阎禹锡同为薛瑄弟子,研治道学,得其正要。著有《中庸肤见》、《太极解》、《律吕新书释义》。事迹见《千顷堂书目》卷一一、《乾隆洛阳县志》卷七、卷八。

刘宣成进士。授编修,历太常寺卿、吏部侍郎,官至南京工部尚书。

江朝宗成进士。选庶吉士。

孙仁成进士。授南京户部主事。

李宏成进士。擢御史。

按：尝上时政十事,皆经国正论,多见施行。李宏,生卒年不详。广西北流人。事迹见《嘉庆重修一统志》卷四七四。

杨守陈成进士。授编修。

沈肆成进士。官至监察御史。

按：沈肆,生卒年不详。字子贵。平湖人。著有《四书口义》(《经义考》云未见)、《读史备遗》(见《千顷堂书目》卷五)。事迹见《巽川祁先生文集》卷一。

吴琛成进士。擢御史,巡按四川,能黜奸贪,雪冤滞,

张业成进士。官国子监司业。

按：张业,生卒年不详。安福人。著有《书经节传》,见《千顷堂书目》卷一。

陆昶成进士。

按：累迁福建布政司右参政,奉敕巡海道,董理兵饷,以谗罢归。陆昶,生卒年不详。字孟昭。苏州常熟人。著有《荧窗稿》、《秋台集》、《闽海集》、《云泉集》。事迹见杨维新《福建右参政陆公昶墓志铭》(《国朝献征录》卷九〇)。

岳璿成进士。授御史,出任湖州知府,有善政,迁山东左参政。

郑林成进士。官兵科给事中。

按：郑林,生卒年不详。字伯森。常山人。著有《八阵图说》。

赵谧成进士。任户部主事,累迁江西布政使司左参议。

俞钦成进士。授礼部主事。

钟同成进士。授御史,上疏论时政。

姚旭成进士,授刑科给事中,论事忤权贵,谪郑州通判。

夏埙成进士。授御史,先后巡按广西、福建。

按：继至江西清军,擢广西按察使,至任即遣返守城民丁。

秦纮成进士。授南京御史,以劾中官,谪为驿丞。

章表成进士。官至广西布政左参议。

按：章表,生卒年不详。字翔凤,号贞庵。常熟人。珪次子。著有《翔凤集》,见《重修常昭合志》卷一八。

郭纪成进士。选监察御史,累官江西左布政使。

按：郭纪,生卒年不详。山西大同人。少有隽才,肆力于诗、古文。书法、琴曲亦皆精妙。著有《听鹤轩诗集》。事迹见《雍正山西通志》卷一三七。

程宗成进士。授刑部主事,治狱详慎。

按：历官吉安、真定知府。

童轩成进士。授南京吏科给事中。

游明成进士。官刑部主事,擢员外郎。

缪朴成进士。官至南京刑部郎中。

按：缪朴,生卒年不详。字尚质。常熟人。精通经学,邑士多游其门。著有《草

窝稿》,见雍正《昭文县志》卷五。

　　章懋是春受《易》于宗政凌氏。

　　陈循八月奉敕撰《太学进士题名记》。
　　邱濬撰《桐墩记》、《林弁宗敬字说》。
　　郑麟趾纂《高丽史》2卷成,进于朝。
　　按:《四库全书总目提要》卷六六曰:《高丽史》2卷,"旧本题'正献大夫、工曹判书、集贤殿大提学、知经筵春秋馆事兼成均大司成臣郑麟趾奉敕撰'。考《明实录》,景泰二年高丽使臣郑麟趾尝表进是书于朝,凡《世家》四十六卷,《志》三十九卷,《表》二卷,《列传》五十卷,《目录》二卷。朱彝尊《曝书亭集》有是书题跋,称为体例可观,有条不紊。此本仅《世系》一卷,《后妃列传》一卷,盖偶存之残帙,非完书矣。"
　　马欢纂《瀛涯胜览》增补成书。
　　按:通行本有:《记录汇编》本(有《景印元明善本丛书》本、《丛书集成初编》本)、《征信丛录》本、《广百川学海》本、《宝颜堂秘籍》本、《续说郛》本、《胜朝遗事》本、1934年商务印书馆初版、1955年中华书局重印冯承钧《瀛涯览胜校注》本等。后序谓欢同郭崇礼皆伊斯兰教徒,善通译番语,三随軺轺,遂著是书。马欢,一作马观。字宗道,别字汝钦。自号会稽山樵。生卒年不详。浙江会稽人。天方教(伊斯兰教)徒,通阿拉伯文。永乐十一年(1413)至十三年(1415),随郑和四下西洋,任翻译。永乐十四年归国后写成此书。后又随郑和第六、七次出使,对是书加以修订。乃郑和下西洋的最初史料之一,反映十五世纪亚、非地理和中西交通史料。比之杂抄稗史轶闻之同类著作如《星槎胜览》具更高史料价值。明黄省曾所著《西洋朝贡典录》,黄懋澄纂《三保太监西洋记通俗演义》均征引、转述、化用本书内容。除旧版外,有冯承钧校注本。
　　袁忠彻奏进《古今识鉴》4卷。
　　按:据《四库全书总目提要》卷一一一,是编乃宣宗命采古来相人有验者裒为1书,至此始进。
　　黎谅刻南宋叶适著《水心文集》29卷。
　　按:为现存叶适文集最早刻本。

　　周思得卒(1359—　)。思得字养素,号素庵野人。浙江钱塘人。明代龙虎山道士,曾从张宇初、丘月庵等人学道。永乐中召至京师。授履和养崇教弘道高士,管道录司事兼大德观主持。卒赠灵通真人。编纂有《上清灵宝济度大成金书》。事迹见《寻乐习先生文集》卷一九。
　　赵琬卒(1387—　)。琬字叔瑛(一作叔琰),号梅庵。常州府武进人。永乐十年举人。授奉化教谕,历国子监司业,累升左春坊左谕德兼经筵官。著有《梅庵集》。事迹见商辂《论德梅庵先生赵公琬行状》(《国朝献征录》卷一九)。
　　杨自惩卒(1395—　)。杨范之子,杨守陈之父,人称梅读先生。通《易经》,博览百氏书。著有《梅读先生存稿》10卷附录5卷。
　　梁储(　—1527)、丁养浩(　—1528)生。

景泰三年　壬申　1452年

四月，广西土司上其议，即日置东宫官属，王直、胡濙以下皆兼太子师、傅、保。(《明通鉴》目录卷七)

五月庚子，贵州按察司抚镇蛮夷副使张海奏乞将各卫儒学止留教官一员、军生俊秀者35名，余皆发回原卫、所备御、屯种。(《英宗实录》卷二一六)

癸卯，孔子第58代孙公玑奏乞入国子监读书。从之。(《英宗实录》卷二一六)

乙巳，官颜、孟二氏子孙各1人，世袭《五经》博士。

甲寅，革武学。

是年，水患。代宗以太牢致祭于朝宗、顺正、惠通、灵显、广济河伯之神。

胡居仁从于世衡(准)受《春秋》学。

薛瑄是秋以原官大理寺卿召入。乞致仕不允。巡按直隶，监察御史刘孜十一月荐南京大理寺卿薛瑄宜馆阁，不许。

商辂十月戊午以兵部左侍郎翰林院学士兼左春坊大学士言："曩者，大学士陈循等以本院孔目马升九载任满，保升检讨，仍兼其事已经一载。然检讨，国史之职，孔目首领之，官以纂修之职兼案牍之事，甚非所宜，乞敕吏部别选孔目，俾升止任检讨，庶职务不紊，礼统得宜。"从之。(《英宗实录》卷二二二)

江渊二月进吏部侍郎，九月庚寅朔，以母忧起复。御史周文劾之，诏自今官吏不得援例起复。

于谦十二月乞解总督军务，不许。

陈循、高穀四月赐白金各百两，江渊、王一宁、萧镃、商辂半之，为易储也。

高穀十月戊戌以少保兼太子太傅工部尚书东阁大学士乞敕礼部同臣等于翰林院左右春坊并各衙门内，推选进用二三员，供职经筵。疏闻，命陈询、杨鼎侍经筵讲书，王文入文渊阁办事。

王献、刘宣等九月庚戌以翰林院庶吉士擢为本院编修，江朝宗为检讨。

吕原九月闰月癸亥以翰林院侍讲兼右春坊右中允、倪谦以侍讲兼左春坊左中允俱升为本院侍讲学士，仍兼中允。

土耳其围君士坦丁堡。拜占庭乞援罗马教会。

德国国王腓特烈三世加冕，称帝。

刘定之四月升授司经局洗马仍兼翰林侍讲。

商辂四月上疏言边务事。

王恕升左寺副。

罗伦服阕，馆于梁氏，自是凡五年。

王文、杨善正月皆进太子太保。

王文八月辛卯命巡视南京、江淮，以地震及水故也。十月戊戌入阁。

陈镒召还，与王文并掌都察院。

萧镃二月进户部侍郎。

按：以祭酒学士，入直内阁，加太子少师，户部尚书。

赵缙以御史按吴，虐民罔上，龚诩歌《风犬行》以刺之。

叶盛以文送刘昌赴南京。被命督饷宣府镇，作《口外八诗》。

洪英进右都御史，巡抚浙江。乞归。

按：洪英，生卒年不详。字实夫。福建怀安人。著有《澹成集》。事迹见《都察院右都御史洪英传》（《实录》见《国朝献征录》卷五四）。

黄谏十一月壬戌复除翰林院编修，以亲丧服阕故也。

秦纮八月授南京吏部山西道御史。

沈粲书《重建华亭县治记碑》。

章懋是春省试第一。

按：刘克彦批其卷曰：博洽经史，通贯古今，他日成一代大儒以嗣续千古绝学者必吾子也。

胡居仕从于世衡先生受《春秋》。

李东阳六岁，景皇帝召见。

江西信州象山精舍重建。祀陆九渊、陆九龄、陆九皋，李奎为记。

于渊续修河南洛宁书院，延士之有学行者训迪童蒙，使之洒扫进退之节，礼乐射御书数之文，以渐而造夫高之域也。

唐礼扩建广西藤县三元书院。

僧觉澄住南阳香岩寺，不一年离寺，出访名山高僧。

陈循集古帝王行事，修成《勤政要典》。

薛瑄作《答阎禹锡书》。

萧镃作《抑庵文集序》。

按：序曰："盖先生资性敏绝过人，而又会上之作养，充之以问学，自六经、子史、百氏之言，横坚钩贯，靡不为己有。故其为文章，浩乎沛然，不必劳心苦思，而千数百言下笔立就。""其子翰林检讨希稷汇次之为若干卷，属予序。"

刘昌供职南京工部，辑《酬知集》。

僧月湖纂《类证辨异全九集》4卷。

按：此书由其弟子田代三喜携回日本。据陈淑叙序称："上工治病，十全其九"，故名。

李祯（李昌祺）卒（1376— ）。祯字昌祺，以字行。吉安庐陵人。永乐二年进士。选庶吉士。每遇僻书疑事，人多就质。擢吏部郎中，迁广西布政使，坐事谪。著有《剪灯余话》、《运甓漫稿》、《容漆轩草》、《侨庵诗余》等。事迹见《明史》卷一六一，钱习礼《河南布政使司左布政使李公祯墓碑》(《国朝献征录》卷九二)。

  按：《古廉文集》卷四《李方伯诗集序》曰："河南布政李君昌祺集其平生所作之诗，凡若干卷，不远千里以示予。……论方今之作者，李君固其人也。夫诗本性情，学问以实之，仁义以达之，笃敬以足之。学问不足，则其力不固。仁义不至，则其气不充。笃敬或间，则其神不清。三者不备，不可以言诗。三者备矣，又必先明体制，审音律。体制明矣，音律审矣，又必辨清浊，去固陋。清浊辨矣，固陋去矣，又必得夫兴象。则其发也沛然矣。"钱习礼《墓碑》曰："会修《永乐大典》，礼部奉诏选中外文学之士以备纂修，公在选中。例凡经传子史下及稗官小说，皆在收录。与同事者僻书疑事有所未通，质之于公，多以实归。推其该博。"

  徐琦卒(1386—)。琦，宁夏卫人，其先钱塘人，其祖谪戍宁夏。永乐十三年举进士。军卫原无学校，琦始请依府州县例立学，从之。卒谥贞襄。著有《西湖书院志》。事迹见《明史》卷一五八《章敞传》附传，魏骥《资政大夫南京兵部尚书徐公琦墓志铭》(《国朝献征录》卷四二)。

  按：《西湖书院志》据《杭志·艺文》，未见。

  习嘉言(习经)卒(1388—)。嘉言名经，以字行。号寅清居士，晚自号寻乐翁。临安府新喻人。永乐进士，与修《宣宗实录》。官至詹事府詹事。著有《寻乐习先生文集》。事迹见《英宗实录》卷二二〇，《习詹事嘉言传》(《国朝献征录》卷一八)。

  据《四库全书总目提要》卷一七五：经于成祖时亦以试《黄鹦鹉赋》称旨，擢授编修。其子兴化府同知襄编其诗文集为《寻乐文集》20卷。《习詹事嘉言传》曰："书无所不读，自经传、子史、百氏，下至阴阳、医卜、天文、地理之说，横竖钩贯。为文章弘博演迤，若无际涯。……雅负经济，尝陈六事。……其他尊主安民之力略尤多。盖公汲汲以康天下为心，不但专文学而已。"

  周叙卒(1392—)。叙字公叙，一作功叙，号石溪。江西吉水人。永乐十六年进士。授编修，官至侍读学士，属南京翰林院侍读学士。居禁20余年，多所论练。著有《石溪文集》。事迹见《明史》卷一五二、高榖《翰林侍讲学士周公叙墓表》(《国朝献征录》卷二三)，陈循《翰林院侍讲学士周公墓碑铭》。

  按：叙负气节，笃行谊。曾祖以立，在元时以宋、辽、金三史体例未当，欲重修。叙思继先志，正统末，请于朝。诏许自撰，铨次数年，未及成而卒。《石溪文集》诗3卷、赋颂词1卷、文3卷，又以诰敕志传为附录1卷。《四库全书总目提要》卷一七五称：盖台阁一派，至是渐成矣。《英宗实录》卷二一四曰："其所著述有《唐诗类编》及《石溪居士集》，藏于家云。"

  储懋卒(1393—)。懋字世绩，号澹庵。镇江丹阳人。永乐举人，授吏科给事中。正统初以文学充经筵官，转翰林修撰，与修实录，进侍讲。官至户部尚书。事迹见《南京户部尚书储懋》(《国朝献征录》卷三一)。

  王一宁卒(1397—)。一宁名唐，以字行，改字文通，号节斋。浙江仙居人。永乐进士。授工部主事，改翰林修撰。宣德中召试鉴赏，与修

《实录》。正统时入内阁。事迹见《芳洲文集》卷七、陈循《太子少师兼礼部左侍郎翰林院学士直内阁赠太子太保礼部尚书谥文通王君一宁神道碑铭》(《国朝献征录》卷一三)。

吴鋆（ —1499）、李承箕（ —1505）、沈焘（ —1515）、祝萃（ —1518）、刘忠（ —1523）、杨廉（ —1525）、林俊（ —1527）、杭济（ —1534）、沈恺（ —1572）生。

景泰四年　癸酉　1453 年

土耳其灭拜占庭帝国。

英法百年战争终。

四月己酉，诏各布政司及直隶府州县学生员，能出米八百石于临清、东昌、徐州三处赈济，愿入监读书者，听之。(《英宗实录》卷二二八)

六月，代宗特赐商辂戒慎自持银印一颗。

八月丙午，国子监祭酒王恂言："监生坐堂年，深方拨办事历事，今因放回依亲，故坐堂年深者少，乞定别例。"(《英宗实录》卷二三二)

九月乙丑，复定科举岁贡额。

按：胡濙等请："科举以正统中所定额为准，如文字合格者多，量增入之，亦不得过二十名，其岁贡自景泰六年以后宜如正统中所定例。"从之。(《英宗实录》卷二三三)

十一月戊辰，礼部申张鹏所请。

按：先是山西道监察御史张鹏奏："请教储君以固国本，仍先简命师傅以下文学侍从之臣日侍讲读。"至是礼部申鹏所请。英宗命少傅兼太子太师礼部尚书胡濙、少傅兼太子太师吏部尚书王直、少保兼太子太傅户部尚书文渊阁大学士陈循、少保兼太子太傅工部尚书东阁大学士高穀、太子太保吏部尚书兼翰林院学士王文、太子太保兵部尚书兼掌詹事府事仪铭、太子少师兼吏部左侍郎翰林院学士江渊、太子少师兼户部右侍郎翰林院学士萧镃、太子少保兼事锐左侍郎俞山、太子少保兼兵部左侍郎邱俞纲、兵部左侍郎翰林院学士兼左春坊大学士商辂每日更番侍班，命左春坊大学士兼翰林院侍读彭时每日专一讲书，詹事府府丞李侃、李龄、右春坊右赞善兼翰林院检讨钱溥、翰林院编修刘吉每日专侍读书，吏部郎中王谦、中书舍人兼司经局正字赵昂每日更番侍书，务须处心端确，语音顺正，说理明白，字画书楷范，勉尽辅导之职。(《英宗实录》卷二三五)

是年，太监兴安建大隆福寺成，邀代宗监幸，以御史章纶谏而止。

按：自王振佞佛，岁一度僧，大作佛事，数年以来，京城内外，建寺二百余区，以故释教益炽。自代宗即位以来，廷臣谏事佛者甚众，代宗卒不能从。

日本以天龙寺僧东洋允澎为正使，以船 9 艘，人员 1200 人入明朝贡，曾带回《劝忍百箴孝经》2 册，《清江贝先生文集》3 册，《元史》40 册，《诸史会要》、《翰墨全书》等。归国时，正使殁于杭州，书籍由僧九渊龙睬、僧天与清启等人带回。抵日本后，书籍赠给名僧瑞溪周凤。

彭时七月乙丑以左春坊大学士兼翰林院侍读命为应天府乡试考官。

赵恢七月乙丑以右春坊右庶子兼翰林院侍讲命为应天府考官。

陈恂八月壬辰以太常寺少卿兼翰林院侍读学士命为顺天府乡试考官。

吕原八月壬辰以侍讲学士兼右春坊中允命为顺天府乡试考官。

商辂十一月升兵部左侍郎翰林院学士兼左春坊大学士阶嘉议大夫。

林聪是春以易储异议，左迁，商辂请复之。聪又请申起复之禁。

陈循八月甲午受命释奠孔子，加授光禄大夫。十月壬子，命撰南京国子监庙学碑文，从祭酒吴节奏请也。

按：陈循因天象示警，自以为滥居保傅不能毗辅所致，乞赐罢黜别任贤能，不允。以其能知先朝典故内阁事体文辞制作之类。中贵谕旨于陈循等曰：正统年以历代臣鉴颁赐臣下其采可以为君鉴者以闻。

薛瑄八月召调北京大理寺卿。

练纲三月荐堪任吏部者，王翱、年富、薛瑄三人。

王文二月进吏尚，入阁。五月己巳，王文丁母忧，诏起复。文请奔丧还，许之。

陈镒九月致仕。韩雍送之。

按：韩雍有《庆柏轩先生致政荣归序》。

徐有贞十月甲午为佥都御史，治沙湾决河，自是复起用。

史鉴以江南苦水，江北苦旱，诗"遗民日啼饭，已空糟与糠"送梅伦还京职。

邱濬三赴试礼部。

周瑛挟乡书入试京师，始与时彦交游。为主司聂大年所知。

张鼎以《易》举于乡。

娄谅举于乡，退而读书十余年。

张弼、李应祯等会南京。

方瀚成进士。官行人。

按：方瀚，生卒年不详。字源深。莆田人。自称柳东耕老。平生邃礼学。尝慨文公家礼，虽经诸儒注释（解）而去取或晦，朝代迁改，冠服不同，乃作《家礼旁附》，首列图而条析于下，见《千顷堂书目》卷二。

又：《中国历代人名大辞典》据《光绪莆田县志》卷二一载：方瀚，字源深。正统四年进士。授行人。

李应祯中举人。入国子监。

吴宣中举人。授左都督府经历。

按：坐劾长僚不法，逮下狱，十年始得释。改中军都督府，升镇远知府，道病卒。据《四库全书总目提要》卷一七五：吴宣，生卒年不详。字师尼，号野庵。江西崇仁人。著有《野庵文集》，是集乃其门人王君谟等所编，未经刊行，其玄孙道南复订正藏于家。前有道南《自述颠末》一篇。

汝讷乡试中举。

按：得荐与修《英宗实录》。选入史馆，授中书舍人。累擢汀洲知府。

伊斯坦布尔圣索菲亚大教堂改建为清真寺。

	周灏中举人。官松江同知。 **按**：周灏，生卒年不详。字秉（宗？）纯。邵武人。著有《尚书口义》2卷、《四书精解》4卷，见《千顷堂书目》卷一、卷三。 李东阳始知读书为文，皆籍展毓启迪。 江西巡抚韩雍、广信知府姚堂在鹅湖寺旁重为修复鹅湖书院。 **按**：另有金润重建江西大余道源书院、娄谅建江西上饶芸阁、姚堂建江西上饶迷山书院。
德国盲人风琴演奏家康拉德·波曼发表有关管风琴作曲、歌曲及舞蹈的选集《管风琴演奏基音》。	御纂《君鉴》50卷成，制序。 **按**：据《四库全书总目提要》卷一三一：亦分善可为法恶可为戒二类，与宣宗《君鉴》相同。而自29卷及35卷皆记明祖宗之事，则用范祖禹《帝学》例也。 骆象贤纂修《诸暨县志》成书刊行。 **按**：骆象贤，生卒年不详。字则民。诸暨人。所纂《诸暨县志》已佚。隆庆初，其五世孙骆问礼修县志时，尚有存本。见《千顷堂书目》、雍正《浙江通志》卷二五三著录。象贤别有《羊枣集》、《笃终易览》、《溪园遗稿》、《归全集》。事迹见《古今图书集成》氏族典卷五二六。 《分水县志》纂修。 **按**：刊本久佚。见光绪《分水县志》著录。 薛瑄撰《唐陆宣公庙记》。 刘俨作《寻乐习先生文集序》。 **按**：序曰："……先生殁之明年，其子襄自家来归其丧，得先生所遗诗文于寓馆，萃为若干卷以示予，属序其后。……在翰林三十余年，所事惟承顾问、备纂述、考试士类，他不以烦焉。故得尽读天下之书，尽友天下之士，尽考天下土地人物风俗之实。……先生名经，字嘉言，晚号寻乐，故是编曰《寻乐文集》云。"
约翰·邓斯塔布尔卒（约1385— ）。英国作曲家。	任勉之卒（1365— ）。勉之，华亭人。洪武进士。据《松风馀韵》卷三三，勉之所著有《薇庵集》。事迹见《松江志》。 何源卒（1368— ）。源初名德源，字幼澄。苏州府吴江人。授德州学政，州人号曰赛包家。正统初迁江西布政使，自号东吴遗老。《吴都文粹续集》卷四四载，源所著有《澄庵稿》。事迹见《江西布政司右布政何源传》（《国朝献征录》卷八六）。 杨翥卒（1369— ）。翥字仲举，苏州府吴县人。宣德时授翰林检讨，历修撰。官进尚书。著有《睎颜先生集》1卷。事迹见《明史》卷一五二《陈济传》附传，《静志居诗话》卷七。 **按**：据《明史》卷一五二，少孤贫，随兄戍武昌，授徒自给。杨士奇微时，流寄窘乏，翥辄解馆舍让之，而己教授他所。士奇心贤之。及贵，荐翥经明行修。……翥笃行绝俗，一时缙绅厚德者，翥为最。既没，景帝念之，召其子玮入觐，授本邑主簿。 沈粲卒（1379— ）。粲字民望，号简庵。松江府华亭人。与兄度齐名，时号大小学士。嘉庆《松江府志》卷七三载，粲所著有《简斋诗稿》。事迹见钱溥《大理寺左少卿简庵沈公粲墓志铭》（《国朝献征录》卷六八）。 周忱卒（1381— ）。忱字恂如，号双崖。谥文襄，江西吉水人。永乐

二年进士,改庶吉士,与修《永乐大典》。授刑部主事,转越府右长史,超拜工部右侍郎,巡抚江南,升户部尚书,改工部。著有《双崖集》。事迹见《明史》卷一五三,《英宗实录》卷二三四,《周文襄公传》、彭韶《资政大夫工部尚书谥文襄周公忱传》(均《国朝献征录》卷六〇)。

按:据《明史》本传,忱有经世才,浮沉郎署二十年,人无知者,独夏原吉奇之。宣德五年,用大学士杨荣荐,迁忱工部右侍郎,巡抚江南诸府,总督税粮。终忱在任,江南数大郡,小民不知凶荒,两税未尝逋负,忱之力也。遇长吏有能,如况钟及松江知府赵豫、常州知府莫恩、同知赵泰辈,则推心与咨画,务尽其长,故事无不举。《明史》卷一五三附《考证》:"《周忱传》,'忱有经世才,沉浮郎署二十年。'臣方炜按,《今献备遗》云忱预修《永乐大典》、《五经四书性理大全》诸书。史俱不载。岂因懈以经济著,而略其文学耶?"

彭勖卒(1390—)。勖字祖期,号春庵。江西永丰人。永乐十三年进士。尝上疏请正祠祭,除修斋设醮、禁立庵院、罢给僧尼度牒。官至山东按察副使。土木之变后,数言兵事。以老致仕归。著有《书传通释》、《读书要法》。事迹见《明史》卷一六一。

按:《四库全书总目提要》卷一三曰:《书传通释》6卷,其书卷首备列《四代谱系图》,及《定时成岁》、《七政五辰》、《璇玑玉衡》、《河洛九畴》、《声音律吕》、《五服九州岛》等图。编内于蔡传之下摘录诸儒旧说,间于篇题之后,加以案语,总论一篇大旨,率皆陈因之谈。观其自叙,盖节录永乐中《书经大全》为之。考陆容《菽园杂记》曰'正统初,南畿提学彭御史勖,常以永乐间纂修《四书五经大全》讨论欠精,诸儒之说有与《集注》背驰者,当删正自为一书,欲缮写以献。或以《大全序》出自御制而止'云云,则勖于《四书五经大全》均有删定之本,此特其一种耳。夫《大全》之缪在于偏主一家之说,荒弃古来之经义。勖更以其偏主为未坚,必锄尽异同而后已,门户之见尤为深固。史称勖官建宁教授时,疏请春秋祭朱子,蠲其子孙徭役。又创尊贤堂祀胡安国、蔡沈、真德秀。盖尊信至深,所以欲尽废汉唐旧诂云。"

刘溥卒(1392—)。溥字原博,别号草窗。苏州府长洲人。彦敬孙,观子。博通经史,精天文律历之学,亦善画工诗,与汤允绩、晏铎等号"景泰十才子",常被推为盟主。宣德初授惠民局副使,后调太医院吏目。《吴郡文编》卷三三载,溥所著有《草窗集》2卷。事迹见《明史》卷二八六,《院吏目刘溥传》(《国朝献征录》卷七八)。

按:《草窗集》,邱濬、姚绶有序。《四库全书总目提要》卷一七五曰:"史称溥耻以医自名,日以吟咏为事。……称景泰十才子,而溥为之首。今九人之集皆未见,惟溥集存。溥际土木之变,忠愤悱恻之意时见于诗,亦颇有足取者。"

蔡清(—1508)、吴伟(—1508)、张贤(—1514)、孙交(—1532)、张恺(—1538)生。

景泰五年　甲戌　1454年

二月乙巳,以雨旸不进,诏修省,求直言,王竑之请也。(《明通鉴》目录

卷七)

是月,定礼部会试,仍分南、北、中卷。

按:初,诏会试遵永乐间例,不限额,不分地。代宗即位之二年,辛未会试,礼部方奉行,而给事中李侃争之,不从李侃议。去年给事中徐廷璋复请依正统间例,从之。至是,礼部奏请裁定,遂著为令。(《明通鉴》卷二六)

三月壬子朔,赐孙贤等349人进士及第、出身有差。

乙丑,改进士邱濬等18人为翰林院庶吉士,命左春坊大学士兼翰林院侍读彭时、右春坊大学士兼翰林院侍讲刘俨教习文章,少保兼太子太傅户部尚书文渊阁大学士陈循等提督考校。

是月,放归国子生,仅留年深者千余人。

八月庚子,吏科言:"近者,公侯附马伯奏,保家塾教书儒士,往往不通经书,不饬行检,惟事请托,滥膺冠带,寻受以职有玷名器。自后,务须教书三年,送翰林院考试,中式给与冠带,考不中者,发回为民。其考中者,又三年照例授职,满九载赴吏部考核,方许改升。"从之。(《英宗实录》卷二四四)

是年,颁《君鉴录》于群臣。

礼部都给事中张轼等乞敕礼部通查冒籍之人,已经问发者,引照回籍,如遇开科乡试,仍许本地入场。从之。

按:先是礼部祠祭司主事周骎奏顺天府中式举人尹诚等12人冒籍,下锦衣卫狱鞫罪,终身不录用。

朝鲜得到明廷所赐《宋史》一书。

西班牙人入摩洛哥。

吴与弼居小陂,陈献章始来问学。

胡居仁往受教于临川吴与弼之门。

按:遂决意科举,筑室于梅溪山中,事亲讲学,不干人事。

胡濙二月己酉以少傅兼太子太师礼部尚书奏请殿试读卷及拟事官。

按:诏命少傅兼太子太师吏部尚书王直,少保兼太子太傅户部尚书文渊阁大学士陈循……为读卷官。余执事官如例。(《英宗实录》卷二三八)

商辂二月奉命主考会试天下举人。复奉命廷试彭华等350人。

陈循为读卷官。八月受命释奠孔子。乞致仕,不允。

按:中贵谕旨于陈循:上欲有所述作。陈循曰:永乐十六七年之间,太宗皇帝尝命启遍采天下地理古今事物之详以命儒臣编集为一书,当代之制,臣亦在纂修,未成书而止。莫如成此一书。遂命进士分投四方续采未备者,又以《资治通鉴纲目》无宋元事,命率儒臣仿朱子所作例续合共为一书,二书并敕陈循等为总裁官。

薛瑄四月戊子以大理寺卿奏进士除授余放回依亲读书,俟有员缺,以次取用。

按:英宗曰:"科举正要用人,既取中又放回,不若不取,俱留以备选用。"(《万历野获编》卷一五)

王都宪景阳引年归,薛瑄赠以序。

段坚以朝钟失音,请开言路。作《乙亥书议》。请疾归。

江渊正月甲戌抚辑山东、河南及两淮被灾军民。

江渊三月辛酉振淮北饥民。

王文三月辛酉抚恤南畿。

黄溥等十二月劾林聪肋制吏部。王文欲杀之,胡濙论救得免,左迁国子学正。

章纶五月陈言修德弭灾事,忤旨,入狱。

按：作《初入狱诗》《自闵赋》,自是赠所感遇发为声,诗拟古近体五七言长句总若干首,类为《困志集》传于世。

又按：商辂力救之。

王恕以大理寺左寺副为扬州知府。

朝廷修舆地志,郡守汪浒具书请杜琼修辑郡中事以进。

林聪三月以灾异偕同官上八事,杂引五行诸书,累数千言。

吴澄被荐。

按：吴澄,生卒年不详。嘉善人。著有《沙涤难经》,其法以十二支配合十干,错综推演,人之穷通寿夭,一览可得。景泰被荐,挟书以行,不复传世。

胡瑀与修县志。

按：胡瑀,生卒年不详。字廷珍,号云窝。句容人。另著有《云窝稿》,见弘治《句容县志》卷六。

章纶、钟同五月甲子以请复沂王皇太子,下锦衣卫狱。

孙瑀(孙原贞)是冬以闽、浙巡抚请简屯兵,又请籍河南逃民为编户,以免他日患。

李绍阅卷。

孙贤成进士第一。授翰林修撰。

按：侍经筵,与修《寰宇通志》。

段坚成进士。授福山知县,历莱州、南阳知府。

按：以父名差纂山西志,逾年而志成;寻,以疾归,读书于五泉小囿,依岩作洞,以为会友讲习之所。

邱濬成进士。入翰林为庶吉士。

按：寻被命同修《寰宇通志》。辟一室为修藏之所,名曰"槐阴书屋",有记以纪其事。有初入翰诗,初读书中秘与修天下志书诸作。

王恕成进士。任兵部主事。

按：据《四库全书总目提要》卷一九一:此时有二王恕。此为江西湖口人,字尚忠。生卒年不详。谙天象兼精兵法。官至广东布政司参议,提兵随韩雍后,将帅倚为进止。以石钟山为邑名胜,因辑古今题咏赋传记跋等文,都为《石钟山志》8卷。虽以志为名,实总集。

毛吉成进士。授刑部主事。

尹直成进士。授编修。

卢秩、彭华成进士。

杜庠成进士。

按：曾任攸县知县,旋罢。负逸才,仕不得志,放情诗酒,往来江湖间。自称西湖醉老,尝过赤壁题诗,人称"杜赤壁"。杜庠,生卒年不详。字公序。苏州长州人。少从昆山张和学。据《静志居诗话》卷七,庠著有《楚游稿》《江浙歌风集》。事迹见

《列朝诗集小传》乙集。

劳钺成进士。历江浦、临清、山阳三县知县。

杨瑄成进士。授御史。

杨琛成进士。

按：历官礼部郎中。引疾归。杨琛，生卒年不详。字叔巘，号文崖，又号松轩。无锡人。著有《文崖集》，见万历《无锡县志》卷二〇。已佚。

李昂成进士。授工部主事，升青州知府。

李敏成进士。授监察御史。

何琮成进士。选庶吉士，授礼科给事中，历通政司参议，终兵部左侍郎。

何乔新成进士。授南京礼部主事。

按：为刑部郎中，捕治锦衣卫卒，拒都指挥袁彬请嘱，由是知名。

张宁成进士。授礼科给事中，擢都给事中。

按：言京卫武职，人员既众，又多老弱，宜严加考核，格不行。

陈政成进士。选庶吉士。

按：与修《寰宇通志》。

林雍成进士。授行人。

按：官至兵部郎中，乞归。林雍，生卒年不详。字万容。福建连江人。性好程朱之学，居乡修《蓝田乡约》，学者称蒙安先生。事迹见《闽中理学渊源考》卷八一。

郁纶成进士。知崇德县，规划、修缮县城学校、街渠等。

按：郁纶，生卒年不详。字理之。山东德州人。事迹见《万姓统谱》卷一一二。

郁文博成进士。历官湖广按察佥事，筑新宁石城以固防守。致仕归。

易贵成进士。官辰州府知府。

按：易贵，生卒年不详。贵州宣慰司籍，吉水人。著有《诗经直指》15卷，见《千顷堂书目》卷一。

金绅成进士。授刑科给事中。

郑安成进士。授监察御史。

赵博成进士。官兵部主事。

按：赵博，生卒年不详。字克周，苏州府昆山人。著有《效颦集》、《味易稿》，见《昆新两县续修合志》卷四九。

费广成进士。授御史。

徐溥成进士。授编修。累官吏部侍郎。

高宗本成进士。累官监察御史用河南、湖广巡抚。

按：高宗本，生卒年不详。字茂卿，自号江淮逸叟。苏州府太仓人（一说江都人）。著有《扬州府志》10卷（一说《维扬新志》12卷）、《复斋稿》（一作《江淮杂稿》），见宣统《太仓州志》卷二五。

康麟成进士。授御史，巡按福建。

按：官至福建按察佥事，以忤上官归。康麟，生卒年不详。字文瑞。广东顺德人。纂有《雅音汇编》12卷、《世教录》。据《四库全书总目提要》卷一九一：《雅音汇编》以平声三十韵为纲，以诸诗按韵分隶，盖因宋人十二先生诗宗之体，稍变通之，所列始音、正音、遗响亦沿杨士宏唐音之例,无所发明。

章瑄成进士。

按:授职方主事,出守山海关。英宗宠御马指挥都监脱人赤奉命使朝鲜而无官符,瑄不放行。脱归,帝震怒,系阙下,言官论救乃释。官终太仆少卿。章瑄,生卒年不详。字用辉。浙江会稽人。著有《竹庄集》40卷。事迹见《古今图书集成》氏族典卷三五。

阎鼐成进士。授监察御史。

蒋绂成进士。

按:试御史,以不吊石亨母丧,被出为光山知县。调吉水。家居研读书史,工诗文,通医学。蒋绂,生卒年不详。字洪章。号无碍。苏州府常熟人。著有《全天集》、《学古集》、《陈言集》、《无碍集》。事迹见《万姓统谱》卷八六。

韩殷成进士。

按:历仕至刑部郎中。能伸理冤屈,不避权要,人称韩铁笔。尝与给事中白莹赴福建治御史朱容之狱,守正不阿。韩殷,生卒年不详。字阜民,号雪鸿。广东番禺人。著有《雪鸿稿》。事迹见《古今图书集成》氏族典卷一六二。

谢省成进士。历兵部员外郎,出知宝庆,政尚仁恕,悉以民隐上言。

按:以真德秀四事十害为僚属戒。在官三年,政举教行。致仕归。

李东阳八岁,代宗再召见,试讲尚书益稷篇,入顺(奉)天府学为诸生。

山东建莱州东莱书院。

广西布政使周瑛建贵州黄平草庭书院。

陈循奉敕撰《太学进士题名记》。

段坚七月纂《山西志》。

凌志纂修《新城县志》成。

按:已佚。沈庆所作序见道光《浙江新城县志》。沈序作于景泰五年。本志见《千顷堂书目》、雍正《浙江通志》卷二五三著录。凌志,生卒年不详。新城人。永乐举人。

薛瑄是冬作《赠少师江公时用兼冬官序》。

叶盛读唐罗隐《罗昭谏甲乙集》毕,作题记。

陈贽作《退庵先生遗稿序》。

序曰:"……取观先生平昔遗稿于时习,得数册,皆模糊残缺,无次序。因持归,录出纂辑成编,欲梓行而未遑。去年,留任太常,职事颇暇,因手自抄录,……题曰《退庵先生遗稿》。仍录二册,并其旧稿,附使归之时习。而寿梓则尚有待也。……"

赵壮序赵迪《鸣秋集》。

按:赵迪,生卒年不详。字景哲,自号白湖小隐,福建惠安人。以诗名。所著《鸣秋集》2卷,为其仲子壮所编。据《四库全书总目提要》卷一七五:朱彝尊《静志居诗话》谓:"余宪《百家诗》以迪为山人。徐庸《湖海耆英集》载其《元夕应制诗》。徐泰《明风雅》则云迪宜阳人,官吏部侍郎。然《鸣秋集》有景泰五年迪伸子壮后序,中云先人值时多故,投老林泉。而同时闽人均有《輓鸣秋山人诗》。则二徐所云,自是别一人矣。"事迹另见《明词综》卷二。

刘敬(刘子钦)卒(1368—)。子钦名敬,以字行,号密庵。江西吉水人。永乐二年进士,选庶吉士,与修《永乐大典》。洪熙年间为江西新淦县学训导。后居家授徒,及门多才士。事迹见钱习礼《江西临江府儒学新淦县训导密庵刘公子钦墓表》(《国朝献征录》卷八七)。

陈琏卒(1370—)。琏字廷器,别号琴轩。广东东莞人。洪武举人。博通经史,以文学知名,著作颇多。著有《罗浮志》、《永阳志》26卷、《琴轩集》、《归田稿》等。事迹见《南京礼部左侍郎陈公琏传》(《国朝献征录》卷三七)。

仪铭卒(1382—)。铭字子新。山东高密人。仪智子。从吴纳学。正统时历官翰林侍讲,改郕府长史。景泰时官至兵部尚书。因灾变频仍,言消弥在省刑薄敛,节用爱人。录《皇明祖训录》以进。卒谥忠襄。事迹见陈循《荣禄大夫太子太保兵部尚书兼掌詹事府事赠太师谥忠襄仪公铭墓志铭》(《国朝献征录》卷三八)。

金濂卒(1392—)。濂字宗瀚,以军功追封沭阳伯,谥荣襄。山阳人。永乐十六年进士。纂有《诸史会编》。事迹见《明史》卷一六〇,萧镃《金荣襄公濂传》(《国朝献征录》卷二八)。

陈符卒(1398—)。符字原锡。苏州府常熟人,一说太仓人。尝从吴文度读书山中,巡抚周忱拟荐,以母丧辞。通春秋左氏传,为诗上溯汉魏。著有《存诚斋集》,见《吴郡文编》卷一八六。

杨述卒(1404—)。述字宗道,号兰谷。浙江桐乡人。官至辽王府右长史。著有《兰谷集》。事迹见许彬《辽府右长史杨公述墓志铭》(《国朝献征录》卷一〇五)。

邹亮卒(1406—)。亮字克明。苏州府长洲人。早年受知巡抚周忱。工诗文,轻侠无行,为"景泰十才子"之一。后折节读书,为名儒。嗜藏书。著有《鸣珂集》、《漱玉集》。《诗宗韵海》未完稿。事迹见《列朝诗集小传》乙集。

陈益卒,生年不详。益字启行,号行素。江西高安人。永乐间以五经教授于其乡。著有《敝帚集》。

按:《敝帚集》2卷,据《四库全书总目提要》卷一七五:乃弘治乙未其子扬所刊,后毁于火。万历中其裔孙德又重刊之。末以同时诸人哀挽之作别为一卷,附于集末,则皆德所哀集也。

邢宽卒,生年不详。宽字用大。庐州府无为人。永乐二十二年进士。官至南京翰林院侍讲学士,署南京国子监事。事迹见《南京翰林院侍讲学士邢公宽传》(《国朝献征录》卷二三)。

白钺(—1510)、张纶(—1523)、潘府(—1526)、杨一清(—1530)生。

景泰六年　乙亥　1455 年

六月乙亥朔，宋儒朱子嫡裔挺为翰林院《五经》博士，世袭。(《明通鉴》目录卷七)

七月，御史倪敬等应诏上书，请辍宴游、罢兴作及宥直臣章纶等。代宗不怿，寻以考察罢黜 16 人。(《明通鉴》目录卷七)

九月壬寅，命宋儒程颐之后克仁为翰林院五经博士，子孙世袭，以奉其祀。

命有司修先贤颜回、曾参、程颢、朱熹祠宇及定祭仪，仍命翰林院撰文，令其子孙世袭五经博士者，春秋祭之。

冬，不雨雪，代宗诏春官遍谕群工斋戒卜日祈祷，代宗即日御斋宫。商辂作《瑞雪倡和歌序》以纪一时圣心与天相流通。

是年，诏修《宋元通鉴纲目》。

倪谦、钱溥、张和、刘昌、黄谏、金铣等分任纂修《宋元通鉴纲目》。

商辂十月奉敕纂修《宋元通鉴纲目》。

刘实景泰中召修《宋元通鉴纲目》于东阁。

陈献章自临川归白沙，筑春阳台，静坐其中，足不出阃者数年。

薛瑄九月进阶通议大夫。

陈循率儒臣纂修天下地理书成，上表进呈，赐名《寰宇通衢》。未刊。

陈循二月受命释奠孔子。以率儒臣纂修《寰宇通衢》成，增授华盖殿大学士兼文渊阁大学士保傅尚书悉如故。奉命重修南京先圣庙学之碑。

龚诩是春过干山吊铁崖先生墓，有诗。

江渊正月求调兵部，不得。

按：诏授石璞兵部尚书，渊代为工部尚书，遂出阁，渊大失望，盖陈循、王文挤之也。

张绅迁陕西按察司佥事。

按：张绅，生卒年不详。字仲绅，一字士行，自称云门山樵，亦称云门遗老。山东济南人。诗文不经意自成一家。据《四库全书总目提要》卷一一四：绅著有《法书通释》2 卷，汇集晋唐以来名论，亦间及苏轼、黄庭坚、姜夔、吾衍之说。

徐有贞七月乙亥筑沙湾决口堤成。

按：徐有贞至张秋，上《治河三策》。

夏昶自江西瑞州府职入为太常少卿。是年作《湘江春雨图》卷。

夏时正以郎中录囚福建，出死罪 60 余人。

秦纮以劾中官，谪为驿丞。

意大利联盟成立。

英格兰"红白玫瑰战争"爆发。

古登堡约于是年首次用活字印刷成功西方第一部书籍《42 行圣经》。

葡萄牙人探险西非。

聂大年征入翰林，修《实录》。

章懋八月举于乡。魁多士梓其文以式后学者。

张吉四五岁，闻父母之命，即不敢违，训之故事，辄记不忘。

魏氏仁实书堂刻《性理大全》70卷、王幼学《通鉴纲目集览》59卷。

陈关修、汪纶纂《奉化县志》，未刊。

按：久无遗本流传。见《千顷堂书目》。雍正《宁波府志》载陈关景泰六年到任。雍正《浙江通志》卷二五三则云景泰五年修是志。

郑颙（郑士昂）修、陈文纂《云南图经志书》10卷成书刊行。

按：是书为云南省域内最早之地志。

叶盛在口外，作《记书鹧鸪天事》。

邱濬作《贺封礼部郎中俞公序》，作《延祥寺浮图记》。

魏骥作《岁寒拙稿序》。

按：序曰："是集者，今镇守浙江兵部尚书番阳孙公之所著，公尝自题曰《岁寒拙稿》者是也。公自少游庠序，进德之余，于经史子集无所不读，以其蕴蓄之富，发之为文章，其步骤率多出入韩柳欧苏，不立异以倍道，不骋奇以衒俗，温厚和平，明白正大，悉于仁义道德是归。"

王伟作《大司马孙公文集序》。

按：序曰："景泰岁之乙亥，公自浙来朝京师，予往拜于寓舍，请益不恤，谓予庶几可进于道者，出示平昔所为文章，及在兵间区画一切贼情、戎事、方略、奏议、书数。……"。

童轩勉赋五言古诗68首。

按：序曰："予家居无聊，乃稽往事，述旧闻，因而勉赋五言古诗六十八首，漫录于此云。"跋："予既作《感寓》诗，览者率以出韵为言。余惟孙恤《唐韵》大抵为近体而作，非所以施于古诗者也。古诗如《十九首》及汉魏诸名家之作，或二三韵，或上下韵，俱不嫌于并押，是有考于《三百篇》之体也。近代吴才老作《韵补》，亦以'江'、'阳'、'真'、'庚'诸韵相通，岂不以古今之诗不同而古今之韵亦不同与？且唐之诗人杜甫最号大家，律诗中《玉山草堂》一首，亦用'真'、'文'二韵，其古诗三四韵者如《潼关吏》、《彭衙》、《春陵》、《义鹘行》之类，尚多有之。余故不可以不辩也。"

韩雍刻文天祥《文山先生文集》总26卷。

山西布政使刊元房祺所纂《河汾诸老诗集》8卷。

邢让刊唐李翱著《李文公集》18卷。

按：为现所见最早刻本。

僧月湖纂《大德济阴方》。

按：僧月湖，号润得斋，于世花园天皇宝德中（1449—1451年）到中国，乃日本医僧在中国学佛行医之代表。学宗虞天民《医学正传》，兼采众家之长。所著由田代三喜携回日本。

洛伦佐·季佩尔蒂卒（约1378— ）。意大利青铜雕刻家。

陈暐卒（1381— ）。暐字孟东，号安止。苏州府昆山人。祖籍奉化。常以夜学《春秋》于林钟，学《诗》于偶桓。《吴郡文编》卷二〇三载，暐所著有《安止斋稿》（另见《昆新两县续修合志》卷四九）。

钟同卒(1424—)。同字世京,号待时。钟复子。江西永丰人。景泰二年进士。官至贵州道监察御史,以疏争建储下诏狱。事迹见《明史》卷一六二,程楷《贵州道监察御史赠大理寺左寺丞谥恭愍钟公同传》(《国朝献征录》卷六五)。

据《四库全书总目提要》卷一七五:钟复《云川文集》6卷,末附其子同遗文四篇,一曰《直言安国疏》,二曰《送叔祖士杰之任序》,三曰《送伯氏世桢南归序》,四曰《友兰轩诗跋》。卷末又附墓志一篇,章纶为撰文,廖庄为书丹皆与同时建言受祸,幸而未死者也。志称同在狱所作诗文稿,纶藏于枕畔,为狱卒窃去,故所存止此。

朱志壃卒,生年不详。志壃,明宗室。太祖子秦愍王朱樉孙。卒谥康。著有《默庵集》。(《中国历代人名大辞典》)

徐元献(—1483)、姚文灏(—1504)、薛章宪(一作薛章献)(—1514)、张诩(—1514)、黄瓒(—1534)、夏鍭(—1537)生。

弗拉·安杰利科率(1378/1400—)。意大利佛罗伦萨画派画家。作品具有古典主义影响。

皮萨内洛卒(约1395—)。意大利雕刻家,画家。

景泰七年 丙子 1456年

五月戊寅,以水旱星变,敕内氏上群臣修省。(《明通鉴》目录卷七)

辛卯,命宋儒周敦颐十二代孙冕为翰林院五经博士,仍遣还乡奉祠事,子孙世袭。(《明通鉴》目录卷七)

十月己亥,修北京国子监。

是年,福建佥事吕昌奏请增祀黄干、蔡沈、刘爚、真德秀于朱子祠。报可。

大隆善寺灌顶国师沙加请僧道犯罪轻者不还俗。有司议僧道犯罪轻重,悉断还俗,乃律之正条。代宗命如以往律法断之。

胡居仁仲冬从吴与弼往闽,迂道上饶,访友郡庠,登娄谅芸阁,并同造周村,与弼著有《天恩堂记》。

陈述十一月丁卯朔以监察御史荐江西处士吴与弼侍经筵,或用之成均,教育胄子。诏江西巡抚韩雍礼聘送京师。不出。

商辂四月正色抡荐王翱、林聪。五月著兼太常寺卿侍郎学士兼职如故。

邱濬授编修。

刘定之升授右春坊右庶子仍兼翰林侍讲。

按:商辂初拟进兵部尚书,为王文所抑,乃兼太常寺卿赞善兼检讨。钱溥拟升谕德兼侍读,辂谓"溥已越众升二级,不宜复升兼官",于是溥以谕德兼编修。溥不悦,作《老秃妇传》以讥辂,辂亦不与校也。

高穀五月以《寰宇通志》书成,晋少保。

法国昭雪贞德。

匈牙利人败奥斯曼帝国。

按：陈循以下皆加兼官。

陈循七月丙申以少保户部尚书兼大学士言："近见各处学校教官缺员，例许有司访保通经儒士，送巡按等官处考试，中者送进吏部，转送翰林院，复考中者送回本部，除补训导。"（《英宗实录》卷二六八）

陈循、王文等八月辛酉奏究问顺天府乡试情弊。

按：奏曰"永乐年间，四夷馆译字官、监生人等俱许入乡试、会试，其所作文字俱是番书，例不属考官定其去取，俱送翰林院考试，中者送回科专场，第入正榜，此是旧制，永当遵守。今顺天府乡试，送译字官刘淳、马珙二人三场文字到院，臣等委本院修撰陈鉴从公考得一人中式，一人不中，发回试场施行。及科场已毕，而二人皆不中，其提调、考试、监试等官不无互有情弊，况千数百之卷岂能一一从公辨别是非，其间显有未当者，俱当究问。"代宗曰："取人旧制，提调等官何不遵守？具情以闻。"于是，考试官刘俨、黄谏曰徇情用弊实所不敢。代宗曰："考官虽无情弊，终是作事不精，有失旧制，姑宥之。"（《英宗实录》卷二六九）

陈循、王文子九月乡试被黜，讦考官刘俨等。诏赐循、文子俱为举人，一体会试。六科给事中请论循、文罪。勿问。

按：陈循景泰中进华盖殿大学士。循居政地久，熟悉政事，刚果能断，进言多采之。

黄谏八月乙巳以左春坊左中允兼翰林院编修命为顺天府乡试考官。

柯潜七月往应天考试。

王直乞致仕，未允。

章懋九月入太学。

黄瑜七月与同舍生郑贤、李浚自石岐登舟赴省试。是岁，黄瑜始录岁钞。

按：九月揭晓，黄瑜中式57名。

谢迁从舅氏愤斋邹先生学时，已能属对。

段坚读书于五泉小圃，依崖作洞，以为诵读楼息之所。

龚诩以夏秋大旱，作《丙子民情》，观风者采焉。又哭义孙周宝四月病肿死。

徐有贞七月以山东河堤独不决功晋左副都御史。

按：两畿、河南、山东大雨水溢。

赵雍致仕。

按：赵雍，生卒年不详。字景和。福建连江人。著有《云庄集》。

朱英景泰中出为广东右参议，立均徭法。进右参政。

汤允绩景泰中累授锦衣千户，署指挥佥事。

汪敬景泰中为徽州知府赞画税粮本色折纳轻赍。

按：汪敬，生卒年不详。字思敬，以字行，一字益谦。徽州府婺源人。宣德进士。纂修《宣宗实录》事竣，以母老求终养。家居十余年，起授户部主事，以廉能著。著有《学易象数举隅》和《易传通释》。据《四库全书总目提要》卷七："《明史·艺文志》不著录。朱彝尊《经义考》载此书四卷，而《通释》则阙其卷数。《江南通志》载之，则均无卷数。此本二卷，似尚非完书也。其书专明象数，自天地自然之《易》，至邵子《经世》书，全数皆列图于前，而系说于后。大抵皆因袭旧文，纠缠奇偶。""其上卷《图书象数》，下卷《九卦》及《观象》、《玩辞》、《观变》、《玩占》四篇，皆标《通释》之名。岂本与其所谓《易传通释》者共为一帙，后来《通释》残缺，传写者误并为一书，而标题则未及改欤？是不可详矣。"事迹另见《道光徽州府志》卷一四、《千顷堂书目》卷一。

宋琰景泰中累官兵部右侍郎。

张瑄景泰中为吉安知府，破当地尚巫迎神之俗，投神像水中。

按：历广东右布政使，增筑城垣，广修陂塘圩岸。后以右副都御史巡抚福建，擒杀据险立寨之叶旺、叶春等。

苏平景泰中与弟正游京师，与刘溥等常相唱和，称景泰十才子。

按：苏平，生卒年不详。字秉衡，号雪溪。浙江海宁人。少时作《绣鞋》诗，人呼为"苏绣鞋"。论诗甚严。著有《雪溪渔唱》。事迹见《列朝诗集小传》乙集。

李棠景泰中巡抚广西，谢病归。

按：李棠，生卒年不详。字宗楷。卒赠太子少保。浙江缙云人。宣德进士。著有《蒙庵奏议》等。事迹见《明史》卷一五九，《刑部右侍郎李棠传》（《国朝献征录》卷五八）。

饶秉鉴景泰中除肇庆府同知，佐马昂镇压泷水瑶，官终廉州知府。

倪敬景泰中数奉命按部。景泰末以偕同官疏请帝节俭宽恕，谪宜山典史。

徐彪景泰中升院判。

按：徐彪，生卒年不详。字文蔚，号希古。松江府华亭人。世业医。常因论医药而进谏。著有《本草证治辨明》。事迹见姚夔《太医院判徐公彪墓志铭》（《国朝献征录》卷七八）。

廖庄景泰中疏请同群臣朝见英宗于南宫，又言皇侄犹子，宜令亲儒臣、诵经书，以系人心，回天意。疏上，廷杖，贬官定羌驿丞。

韩雍景泰中擢广东副使，巡抚江西。

按：劾奏宁王朱奠培不伏法，后被宁王诬劾，夺官。后再起为大理少卿，迁兵部右侍郎。

章纶景泰中入为礼部仪制郎中。

按：曾上太平十六策，后又抗疏陈修德弭灾十四事，忤旨下狱，遭酷刑濒死。

焦宽景泰中以考最擢湖广道监察御史，迁陕西布政司参政。

按：焦宽，生卒年不详。字仲容。河南叶县人。事迹见《古今图书集成》氏族典卷一九四。

戴浩景泰中改永州，又改巩昌府，岁饥，擅发边储三万七千余石以赈。上疏自劾，代宗原之。

韩阳监省试，同官欲私所亲，为阳所斥。

按：后以广西左布政使致仕。韩阳，生卒年不详。字伯阳。浙江山阴人。韩经子。著有《思庵集》。事迹见《万姓统谱》卷二四。

黄谏主北闱试，被攻有私，高穀方任阁臣，为解免。

金文景泰中成进士，官庶常，出守开封。

按：金文，生卒年不详。字尚德。丽水人。《处州志》本传称敕理南畿狱，证者得雪，以沉香木刻像祠之。著有《谳狱余兴好生录》，未见。事迹见潘琴《开封府知府金公文墓志》（《国朝献征录》卷九三）。

吴启中应天解元。

按：后会试副榜第一，署霍州学正，升浚县知县，后遭父丧归家养母。吴启，生卒年不详。字文举。江阴人。著有《云竹集》，见《江上诗钞》卷九。

桑瑾中举人，官处州府通判。

李纪中举人。官山东阳谷县知县。

按：李纪，生卒年不详。字惟肃。海门人。开弟。著有《阳谷游草》，见乾隆《直隶通州志》卷一九。

娄谅景泰中中举人。尝为成都训导。寻告归。

陈顾景泰中以春秋领乡荐，授开封府武阳县训导。

欧阳清景泰中布衣。

按：欧阳清，生卒年不详。字本源。江都人。精于字学。时外藩入贡闻其名必造其庐。著有《会意分音大广篇韵》10卷、《碎金摄要》1卷、《切韵心法秘要》1卷、《四声等子注》1卷，见嘉靖《惟扬志》卷一二。

薛敬之为渭南学生，居止不同俗流，善为文章，说理而华。

罗伦、庄昶同举乡试。

程叙建安徽祁门县钟山书院。

杨德衍景泰中于四川宜宾之道观（原涪翁书院）以东别建祠，塑黄庭坚像奉祀其中，并建涪翁亭于其后。

按：景泰中，另有蔡绶立二程祠于湖北黄陂、潘氏建浙江景宁贯道书院、吴宣建江西崇仁巴山书院、地方官修福建南平延平书院。李玘、李日良景泰天顺年间重建浙江慈溪慈湖书院。

陈循率儒臣纂修天下地理书成。御制《寰宇通志序》。（《英宗实录》卷二六六）

按：上表进呈，赐名《寰宇通志》。未刊。一说上年成。陈循、彭时、高穀等奉敕编。虽已刻毕，而未颁行天下。永乐十六年诏纂《天下郡县志》，未修。正统年间英宗令纂。纂修者始仿南宋祝穆之《方舆胜览》，遭时人非议，然之后仍仿其书。景泰中再议修志之事，并准依宋《方舆胜览》为式，叶盛乃称："此赵宋偏安之物，况直为四六设。今欲成盛代一统之书，宜有资军国、益劝戒。如地理户口，类不可缺。必如永乐中志书凡例，充广可也。"（《今言》卷一）遂成《寰宇通志》，119卷，先列两京，次叙十三布政使司。陈循为总裁官。书成未刊。至天顺三年，英宗再令李贤等以《寰宇通志》为基础加强综合概括，增删另修，凡99卷。至天顺五年书成，赐名《大明一统志》刊行。《大明一统志》刊后，《寰宇通志》即遭毁版，传世甚稀。有景泰七年本，民国三十六年国立中央图书馆影印景泰刻本，郑振铎辑《玄览堂丛书续集》本。（参《中国大书典》）

弗郎索瓦·维荣编成《小圣约书》。

王仁义序泸州《王氏族谱》。

按：王仁义，泸州王氏三世祖。

黄谏景泰中续辑《帝王纪年纂要》。

按：《四库全书总目提要》卷四八曰：《帝王纪年纂要》1卷，"元察罕撰，明黄谏补。""其书本《皇极经世》为准，自太暤以下诸帝王，各载其在位年数，而略述兴废大旨于每代之前。察罕成此书在皇庆元年，尝奏进于朝，程钜夫为之序。至明景泰中，谏复为《续辑》，改原本每代下至延祐戊午若干年为下至洪武戊申若干年，并补入元代诸帝纪年。然简略太甚，不足以资考订也。"

吴节纂《南雍志》18卷，上元姚让刻之。嗣后祭酒崔铣续而未成。
按：《南雍志》述南京国子监事。

佚名景泰中修《杭州府志》，
按：未详纂修人名氏，见雍正《浙江通志》卷二五三著录。

陈顼景泰中纂修《湖州府志》22卷，稿成未刊。
按：已佚。成化《湖州府志》彭华序曰："景泰间，司训姑苏陈顼因朝廷采辑，乃取该《志》正讹补缺，续以成编，仅藏学官。"本志又见《千顷堂书目》著录。

单瑛、叶仕宁景泰中纂修《青田县志》。
按：已佚。据《青田志·艺文》，邑令单瑛主修，计4卷，见《千顷堂书目》著录。雍正《浙江通志》卷二五三作成化间修，误。仕宁，生卒年不详。字处道。青田人。永乐进士。

金霁跋《东园客谈》。
按：据《四库全书总目提要》卷一四三：《东园客谈》，孙道易撰，"其书多录元之遗民嘉言懿行及近代闻见诸事，以据当时友朋所书辑之，故曰客谈。""后有景泰丙子金霁跋，称旧凡五十帙，散佚不全，幸存止此。则已非完本矣。"《东园友闻》1卷，不著撰人名氏，载曹溶《学海类编》中，核检其文，即剽窃《东园客谈》，改题此名。孙道易，生卒年不详。字景周，自号映雪老人。松江华亭人。

晏璧《史越》刊行。

薛瑄是冬作《送萧都宪序》。

邱濬作《送刑侍御克宽归诗后序》、《赠乡友林廷宾南台御史序》。

元忽思慧纂《饮食正要》3卷刊刻。
按：是为景泰本，1934年上海涵芬楼曾影印之。

张璞与张弼撰《银牛水滴联句》。
按：据《松风馀韵》卷二五，璞所著有《易髓》。张璞，生卒年不详。字廷采，号友山。南直隶松江人。善画工诗。事迹见《东海张先生文集》卷二。

刘昌自定文集。

张瑄以吉安知府刻元李士蟾《经济文集》。

叶盛自宣府还京，初定所著《菉竹堂稿》。
按：据《四库全书总目提要》卷一七五：是集乃盛所自订，惟碑志诸篇尚颇整饬有法耳。

许彬景泰中序孔承庆所著《礼庭吟》。
按：许彬，孔承庆同郡。孔承庆，生卒年不详。字永祚。曲阜人。孔子六十代孙，未及袭封而卒。其外祖王惟善为衷其遗诗以成《礼庭吟》2卷。许彬序之。又有天顺丁丑长洲刘铉序。岁久散佚。康熙庚辰，衍圣公孔毓圻检校先世遗稿，又得而重刊之（《四库全书总目提要》卷一七五）。

僧洪莲卒（1366—　）。洪莲，姓吴，字独芳。太原人。幼孤，事母孝，母没后出家，戒行卓越。永乐中诏选注《大明三藏法数》，校大藏经典，既成，辞还归山卒。事迹见《补续高僧传》卷五。

尤文卒（1368— ）。文字文达，又字十初，元明间常州人。究心理学。弱冠始读程朱遗书及《遂初集》，探其渊源，有"千驷弗视，一介不取"之意，于经学颇有得，学者称为务朴先生。蹇义、胡濙、周忱等凡八荐，终不出。年逾八十，讲学不倦。卒后门人私谥恭靖。纂有《一梅轩日记》，著有《性理说》6卷、《语录》2卷、《中解编》、《十初文集》等。事迹见《古今图书集成》氏族典卷三二六。

按：《千顷堂书目》卷一一载：字务朴。门人私谥孝靖先生。

陈祚卒（1382— ）。祚字永锡，号退庵。苏州吴县人。永乐九年进士。累官福建按察佥事。后以疾归卒。著有《尚书卓跃》6卷、《小学辨惑》、《小学集解正误》1卷。事迹见《明史》卷一六二，吴宽《福建按察司佥事陈公祚墓表》（《国朝献征录》卷九〇）。

按：据《明史》本传，祚天资严毅，虽子弟罕接其言笑，独重里人邢量。量博学士，隐于卜，敝屋数椽，或竟日不举火。祚数挟册就质疑，往往至暮。据《四库全书总目提要》卷六〇：其后陈怡，因辑其年谱行状墓表挽诗之类，以成《直道编》8卷。"吴宽为题此名。与《明史》祚本传亦大致互相出入。案《千顷堂书目》，载有孙堪《直道编》，纪御史陈祚事。堪，嘉靖中人。今未见传本。其与此书为一为二，莫之详矣。"

陈镒卒（1389— ）。镒字有戒，号柏轩。卒谥僖敏。苏州吴县人。永乐十年进士。著有《介庵集》。事迹见《明史》卷一五九。

钱顺德卒（1400— ）。顺德字维孝，号宜晚。无锡人。与钱种德、钱正德合纂有《钱氏传芳集》，见光绪《锡金县志》卷三九。

聂大年卒（1402—）。大年字寿卿，江西临川人。博通经史，工诗，善古文，叶盛称其诗，谓三十年来绝唱也。亦能书，得欧阳询法。尝为郡司训，又尝应聘四省主乡试，不赴。后以荐入京纂修史书，绰有文名。不知终于何官。著有《东轩集》。事迹见《明史》卷二八六，《静志居诗话》卷七，王直《浙江仁和县学教谕聂大年墓志铭》（《国朝献征录》卷八五）。

按：据《明史》本传，始，尚书王直以诗寄钱塘戴文进索画，自序昔与文进交，尝戏作诗一联，至是十年始成之。大年题其后曰："公爱文进之画，十年不忘。使以是心待天下贤者，天下宁复有遗贤哉。"直闻其言，不怒亦不荐。及大年疾笃，作诗贻直，有"镜中白发孰怜我，湖上青山欲待谁"句，直曰，"此欲吾志其墓耳"，遂为之志。

僧道孚卒（1402— ）。道孚，俗姓刘，字信庵。江浦人。七岁出家。后入五台山睹圣相，摄身光中，奇幻百出，遂自号知幻子。英宗召见，称为凤头和尚，授僧录讲经。受司礼阮简之请，主持兴修京西马鞍山废寺。著有《定制戒本》、《戒牒》。事迹见《补续高僧传》卷五。

夏崇文（ —1507）、李贡（ —1516）、李逊学（ —1519）、黄宝（ —1523）、朱见浚（ —1527）、李浩（ —1540）生。

景泰八年　明英宗天顺元年　丁丑　1457年

正月壬午,昧爽,石亨等及徐有贞以兵迎上皇南宫,御奉天门,朝百官。日中,遂即位。诏有贞以原官兼翰林学士入阁,即日下兵部尚书于谦、大学士王文锦衣卫狱。史称夺门之变。(《明通鉴》目录卷七)

丙戌,以复辟告宗庙陵寝。大赦天下。改景泰八年为天顺元年。(《明通鉴》目录卷七)

丁亥,杀少保于谦、大学士王文等,籍其家。言官劾太监兴安。宥之。谪陈循、江渊、俞士悦、项文曜充铁岭卫军。

二月乙未朔,以太后诰废代宗复为郕王。(《明通鉴》目录卷七)

戊戌,汤序请革除景泰年号,不许。(《明通鉴》目录卷七)

癸丑,代宗崩于西宫,谥曰戾,毁寿陵,以亲王礼葬。初欲以汪妃殉葬,李贤谏,止之。(《明通鉴》目录卷七)

三月庚辰,赐黎淳等294人进士及第、出身有差。

按:一说二月,录成,薛瑄为首序。

七月戊辰,敕群臣修省。(《明通鉴》目录卷七)

九月,复仿先朝故事,出御史林鹗等为知府。

十月丁巳,礼部奏近年内外官员子孙多有敷叙父祖远年事功,希求入监。乞禁之。(《英宗实录》卷二八三)

是年,苏鲁大旱,官不恤民,张弼作《淮济旱》诗。

安南遣使黎广老入贡,使者乞以土物易书籍。从之。

王直、胡濙、于谦等正月辛巳上疏请立沂王,商辂主草,奏未上而夺门事起。

王直、高穀、胡濙夺保傅官,直、濙寻致仕去。

石亨等正月辛巳谋迎上皇复辟,遂偕徐有贞定策。十月壬寅,荐处士吴与弼。诏李贤草敕,十二月遣行人曹隆赍礼币往。与弼至是始行。

吴与弼十二月授左春坊右谕德,留京二月,以疾请还。归乡前向英宗陈"崇圣志"、"广圣学"等十事。

徐有贞景泰中进左副都御史,为石亨定计,拥英宗复辟,封武功伯兼华盖殿大学士。是年三月癸酉封武功伯。六月己亥被构下狱。又构诸言官,一时调外36人。徐有贞、李贤等六月庚子皆释之,仍谪戍、调外有差。徐有贞七月乙丑复下于狱。七月癸未谪金齿。

陈循、江渊、俞士悦正月丁亥谪戍边。

奥斯曼帝国迁都伊斯坦布尔。

按：以循顺景帝意，改立景帝子为太子，杖之百，谪戍铁岭卫。石亨等败，循上疏自讼，释为民。被谪戍远东铁岭卫，摘取古人诗句之在心者成绝句以咏其所历、所感并和几千余首分为9卷，名曰《东行百咏集句》。据《四库全书总目提要》卷一七五，后附《年谱》1卷，乃其门人王翔所录。

萧镃、商辂正月丁亥谪除名。

商辂为权奸所陷，下狱废为民。二月原籍还家。归闲十年，省过授徒。

段坚六月建议巡按御史邹永昌为义冢，禁尸投弃水火及暴露者，并自为之记。十月有《哭御史邹公》（永昌）。

许彬、薛瑄正月拜礼部右侍郎兼翰林院学士，以左都御史杨善荐，入直文渊阁，预机务。五月俱升礼部左侍郎直内阁。

许彬七月改南京礼部侍郎。

按：未几，许彬为石亨所忌，贬陕西参政。亨败，复官。

薛瑄以礼部右侍郎、翰林学士，吕原以通政司左参议、翰林侍讲二月主礼闱。吕原六月庚子以通政司参议兼侍讲入阁。

按：入阁预机务，于李贤、彭时相得甚欢

薛瑄六月壬寅以曹、石用事，乞休去。致仕。黄瑜往谒送之，因与论继善成性及相近之义，大相契洽。

按：归里，重新设教，6年后去世。

黄瑜抵京试礼部父老登乙榜，辞不就，遂游太学与天下士讲肄，为文章必援经术证时务，人尽逊谓弗如也。

李贤二月癸卯兼学士入阁。六月甲辰复吏部侍郎。七月庚午复入阁。

沈周以诗送徐有成赴戍。

高穀二月庚子致仕。

岳正六月癸卯召见，命改修撰，以原官入内阁，预机务。在阁二十八日，忤石亨、曹吉祥，被构陷。七月辛未出为钦州同知。寻下狱，谪戍肃州。

刘定之正月改授通政使司右参议仍兼翰林侍讲。奉旨往河南代祀中岳嵩山暨光武周世宗伊厉王墓。十二月改授翰林学士充东宫讲官。

彭时九月甲子以原官兼学士入阁。

刘铉三月甲子朔以国子监祭酒为少詹事。

孙贤三月甲子朔以翰林院侍讲为左春坊左中允。

刘珝三月甲子朔以修撰为右春坊右中允。

廖庄二月召还，授大理少卿。

林聪官佥都御史。

章纶二月释于狱，授礼部侍郎。附马都尉赵辉求作《忠勤堂记》。

按：后调南京，改吏部。以好直言不为当事者喜，为侍郎二十年，不得迁，请老归

袁彬三月以旧恩擢指挥佥事，寻进同知。

哈铭授千户,赐姓杨。

按:杨铭,生卒年不详。蒙古人。初名哈铭。幼从其父为通事。英宗北狩,铭与袁彬俱随侍。及还,赐今姓名。数奉使外蕃为通事。孝宗立,汰传奉官,铭以塞外侍卫功,独如故。事迹见《明史》卷一六七《袁彬传》附传。

杜琼七月往游武林。

刘俨改掌翰林院试。

杨瑄、张鹏入狱。

按:杨瑄五月劾曹、石夺民田。英宗以为直,将擢用之。会星变,掌道御史张鹏纠十三道御史,劾石亨、曹吉祥诸不法状。会亨西征归,事泄,遂与吉祥诉英宗前。及疏入,英宗大怒,下瑄、鹏等于狱。谪戍。七月杨瑄、张鹏遇赦还。以不谢曹、石,复谪南丹。

王概时为河南按察使,四月以事下狱。襄王来朝,言其贤,释之,寻擢大理寺卿。

陈文召为詹事。

吴琛以劾石亨专恣,出知迁安县。旋还台值职,累加右佥都御史。巡抚甘肃。

柯潜更授尚宝司少卿,兼职如故。仍许归省。

刘安天顺初应诏言从祀、军务、水利三事,英宗可其奏。

卢祥天顺初擢礼科都给事中。

卢儒天顺初以荐授中书舍人。

按:卢儒,生卒年不详。字为己,号重斋。苏州昆山人。学问赅博,善笔札,文师韩、柳,书法欧、颜。著有《重斋先生文集》10卷(一作《重斋稿》)。事迹见《明诗纪事》丙签卷一〇。

孙继宗以夺门功进侯。

按:督五军营戎务,兼掌后军都督府事。明代以外戚典兵者自是始。

陈鉴天顺初使朝鲜,还任国子祭酒。

阎禹锡天顺初为国子学正。

倪敬天顺初授祥符知县。改都督府都事。

费广天顺初劾石亨擅权,谪永宁知县,改贵池。

按:费广,生卒年不详。四川合周人。景泰进士。工诗文,著有《约斋集》。事迹见《古今图书集成》氏族典卷四五八。

倪谦天顺初累迁至大学士,侍太子于春宫。后主顺天乡试,因黜权贵之子,被构罪戍边。

曹义天顺初辞官归。

黎淳进士第一。授翰林院修撰,与修《大明统一志》。

文志正成进士。任行人,请以御史巡茶,民便之。

按:历升户部广东司郎中,有能声。曾修《兰州志》。文志正,生卒年不详。字正夫。陕西兰州人。事迹见《乾隆甘肃通志》卷三四。

卢雍成进士。授兵部武库司主事,升武选郎中,出为福建布政使,改浙江,官至湖广右布政使。

左赞成进士。官户部主事、浙江参政、广东布政使。

朱贞成进士。

> 按：朱贞，生卒年不详。字惟正，一字息轩。上元人，旗手卫籍。著有《息轩稿》。事迹见陈镐《四川布政司参议朱公贞传》(《国朝献征录》卷九八),《江宁府志》。

刘璋成进士。历户部郎中，精于会计。

刘瀚成进士。奉使南方。

刘诚成进士。擢翰林院检讨，升秀王府长史。

> 按：常陈忠告于王，曾著《千秋金鉴录》以献。王卒，改宁国府同知，迁湖广布政司参议。

杨继宗成进士。授嘉兴知府。

> 按：大兴社学，子弟8岁不就学，罚其八兄。

何淡成进士。授滨州知州。

> 按：以劝农为首务，又取《吕氏乡约》教民，修学校，延儒师。何淡，生卒年不详。字中美。广东顺德人。事迹见黄佐《贵州布政司左参政何公淡传》(《国朝献征录》卷一〇三)。

胡谧成进士。知江宁县。

> 按：官至山西提学副使。

柳瑛成进士。除给事中，仕终河南按察佥事。

徐琼成进士。授编修，历翰林院侍读学士

徐贯成进士。授兵部主事。

谈纶成进士。总督易州山厂，工部侍郎。

> 按：谈纶，生卒年不详。号野翁。上海人。著有《医家便览》1卷，见《千顷堂书目》卷一四。

彭韶成进士。授刑部主事，进员外郎。

程万里成进士。授吏科给事中。

邢表天顺初成进士。授获嘉知县，以治行擢彰德知府。

山东蒙阴建东山书院。

> 按：李灿然读书处。

黄誉天顺初改建浙江湖州安定书院。

吴骥辑《同里先哲记》成。

> 按：吴骥，生卒年不详。字良材。苏州府吴江人。博学强记，教人严而有法，时称名师。山西、河南、陕西诸省乡试，凡五聘为考官，所取皆名士。著有《蒙庵集》、《归田稿》(见乾隆《吴江县志》卷四六)。

莫旦所纂《松陵志》刊行。

罗伦三月撰《明江西金宪徐君明德先茔记》。

邱濬作《说舟赠林宗敬》、《送陈缉熙修撰使高丽诗》、《雨中有怀》、《考隶送张正夫》。

薛瑄九月撰《陵川县庙学重修记》

牛衷纂《埤雅广要》20卷成，并自序。

> 按：正统天顺间官蜀王府护卫千户，因蜀王命，订正陆佃《埤雅》而作。《四库全

书总目提要》卷一四四称：陆佃虽以引用王安石《字说》为陈振孙所讥，而其博奥之处要不可废。衷所补庞杂饾饤，殆不成文，甚至字谜小说，杂然并载，为荐绅之所难言。乃轻诋佃书，殊不知量。衷，生卒年、籍贯不详。

朱熊刻明单复所撰《读杜愚得》（一作《读杜诗愚得》）18 卷。

按：《四库全书总目提要》卷一七四引宣德九年黄淮序，谓明杨士奇得本书于湖湘，以授江阴朱善庆兄弟（朱绍、朱积）刻之。实刻于朱熊之手。

蒋主忠为同里张氏跋所藏柯九思《竹谱》。

金德玹景泰天顺年间纂《新安文粹》15 卷。

按：《四库全书总目提要》卷一九一曰："苏大重订正之。其第十五卷则苏大自载其诗文也。德玹字仁本；大，字景元，皆休宁人。"生卒年不详。"程敏政《新安文献志》成于弘治初。《文献志》载此书之目于事略。此书补遗之内亦出敏政名，则二书同时所作，略有先后耳。中间所录之文，不及《文献志》之博，而颇有《文献志》所不载者。二书固互相表里也。"德玹又著有《道统源流》、《四书音释》等。

朝鲜将访问该国之明使节与本国文臣相互唱和之诗歌编辑成集并刻印刊行，定名为《皇华集》。

按：至明末，共编成 23 集。

吴讷卒（1372— ）。讷字敏德，号思庵。卒谥文恪。苏州府常熟人。永乐中以知医荐至京。教功臣子弟。累官南京左副都御史。被诬下狱，旋得释。致仕归家，布衣素蔬，大肆力经史百氏之籍，研穷濂洛关闽诸儒之学。著有《祥刑要览》2 卷、《棠阴比事补编》1 卷续编 1 卷、《历代名臣谏疏》、《文成先生小学集解大成》6 卷、《小学句读》10 卷、《性理群书》14 卷、《北溪性理字义节要》、《吴文恪公大全集》、《思庵先生文粹》11 卷、《古学备体》前集 21 卷后集 14 卷、《文章辨体》总 56 卷、《百家词》131 卷等。事迹见《明史》卷一五八，《英宗实录》卷二七六，钱溥《南京都察院左副都御史谥文恪吴公讷神道碑》（《国朝献征录》卷六四），徐有贞《明故通议大夫都察院左副都御史思庵吴公神道碑》（《吴都文粹续集》卷四四）。

按：《明史》本传称：讷博览，议论有根柢。于性理之奥，多有发明，所著书皆可垂于后。李子器《思庵先生文粹叙》曰："其平生性度文雅，辉光宣著，至于发言为诗，抒言为文，连篇累牍，莫不根据道理、关系名教，无一点风云月露之态，读是集者，岂徒可以言语文字视之哉？本朝文章，自方正学而下，则先生与薛文清而已。"《祥刑要览》2 卷，《四库全书总目提要》卷一〇一称："此书乃其致仕后所作。盖为通俗之文，以戒不甚读书者。"《文章辨体》50 卷，外集 5 卷，每体首列《序说》一篇，详论诗文体制源流、性质、名称。诗文又分体选录，故曰《文章辨体》。吴讷以为《唐文粹》、《宋文鉴》、《元文类》等只载一代之作，《文选》则编次无序，惟《文章正宗》义到精密。而众体备出，欲识体而卒难寻考。故作《文章辨体》。后徐师曾所著《文章明辨》即据《文章辨体》修订补充。《四库全书总目提要》卷一九一曰："是编采辑前代至明初诗文，分体编录，各为之说。内集凡四十九体，大旨以真德秀《文章正宗》为蓝本。外集凡五体，则皆骈偶之词也。程敏政作《明文衡》，特录其叙录诸体，盖意颇重之。陆深《溪山馀话》亦称《文章辨体》一书，号为精博，自真文忠《文章正宗》以后，未有能过之者。今观所论，大抵剽掇旧文，罕能考核源委，即文体亦未能甚辨。"然真正较纯粹的

洛伦佐·瓦拉卒（1407— ）。意大利人文主义学者。著有《论君士坦丁赠礼》，抨击教廷。

安德烈亚·卡斯坦尼奥卒（1421— ）。文艺复兴时期意大利画家。

辨"体"自觉,始于此书。人民文学出版社1962年出版校点本,以明嘉靖三十四年徐洛刊本为底本,与天顺八年刊本相校,与《文体明辨序说》(徐师曾)合而为一。《古学备体》吴讷辑,祝文彦订。

又按:陈宏尝学于吴讷。宏,生卒年不详。字德容,以字行,号留庵。常熟人。著有《历代序略补遗》、《训释伊洛精义钞》、《陈征士文集》20卷(见康熙《常熟县志》卷二三),《怡静挽诗卷》(见《重修常昭合志》卷一八)。

(以上参见《中国学术名著提要》、《中国大书典》)

罗亨信卒(1377—)。亨信字用实,号乐素。广东东莞人。永乐二年进士。改庶吉士。官至左副都御史。著有《觉非集》。事迹见《明史》卷一七二,黄佐《都察院左副都御史罗公亨信传》(《国朝献征录》卷六〇),祁顺《罗亨信传》。

按:生平著述,每不留稿。《觉非集》10卷,据《四库全书总目提要》卷一七五:乃其后人收拾散逸,而邱濬、祁顺为之诠次。其中颂美中官之文至十余篇,编录者略不删汰,殊不可解也。

孙鼎卒(1392—)。鼎字宜铉,号饮斋。江西庐陵人。与刘观、李中齐名,有吉水三先生之目。以亲老致仕。著有《诗义集说》。事迹见《明史》卷一六一《彭勖传》附传,《千顷堂书目》卷一,《监察御史孙公鼎传》(《京学志》见《国朝献征录》卷六五)。

宋琰卒(1394—)。琰字廷珪,号拙庵。浙江奉化人。永乐进士。与修《性理大全》、《永乐大典》。累官兵部右侍郎。事迹见李贤《通议大夫南京兵部右侍郎拙庵宋公琰墓表》(《国朝献征录》卷四三)。

刘俨卒(1394—)。俨字宣化,号时雨。谥文介。江西吉水人。正统七年进士第一。曾与修《五伦书》、《历代君鉴》、《宋元通鉴纲目》等。累官太常寺少卿、春坊大学士,掌院事。著有《刘文介公集》30卷。事迹见《明史》卷一五二《周叙传》附传,李贤《中顺大夫太常寺卿兼翰林院侍读掌院事赠礼部左侍郎谥文介刘公俨墓碑》(《国朝献征录》卷二〇)。

按:据《明史》卷一五二:景泰中典顺天乡试,力持公道,黜大学士陈循、王文之子,几得危祸,盖刚正不挠之士也。《刘文介公集》策表讲章1卷、记4卷、序14卷、杂著6卷、五七言古今体诗5卷。

于谦卒(1398—)。谦字廷益,号节庵。浙江钱塘人。永乐十九年进士。英宗复辟,石亨等诬谦议改立太子,又谋迎立襄王子,被杀。成化初,追复原官。弘治初,赠特进光禄大夫、柱国、太傅,谥肃愍,万历改谥忠肃。著有《于忠肃集》(或题《于肃愍集》)。事迹见《明史》卷一七〇,《列朝诗集小传》乙集。《维风编》、王世贞《兵部尚书于公谦传》(均《国朝献征录》卷三八)。

按:倪岳作谦神道碑,称"谦平生著述甚多,仅存《节庵诗文稿》、《奏议》各若干卷。祸变之余,盖千百之什一"云云。是其殁后遗稿多散佚,世所刊行者乃出后人撮拾而成,故其本往往互有同异。《明史·艺文志》载谦奏议10卷,文集20。又嘉靖中河南刊本诗文共8卷,而无奏疏。《四库全书总目提要》卷一七〇称:《于忠肃集》13卷(直隶总督采进本),前为奏议10卷,与《艺文志》合。后次以诗1卷、杂文1卷、附录1卷,与《艺文志》、嘉靖本皆迥异,盖又重经编次,非其旧本。"又按王世贞

《名卿续记》及李之藻序谦集,皆谓谦尝再疏请复储。今集中实无此疏,《明史》亦不著其事。惟倪岳《神道碑》称:'景帝不豫,谦同廷臣上章乞复皇储。'是当时所上乃廷臣公疏,非谦一人,故集中不载其稿。世贞等专属之谦,殆亦考之未审欤。"《于忠肃奏疏》10卷,载《杭志·艺文》及《八千卷楼书目》,有明刊本、武林往哲遗著本。谦又有《廷枢纪闻》不分卷,载江苏国学图书馆目录精钞本,丁丙《善本书志》谓始正统七年,至十四年,按年排记,月日不繁不遗,盖当时实录,以未奉敕撰述,故曰私编云。(参《四库全书总目提要》、《两浙著述考》)

俞山卒(1399—　)。山初名基,字积之,号梅庄。浙江秀水人。工诗,善大篆,亦精墨梅。著有《梅庄集》。事迹见《明史》卷一五二《陈济传》附传,《明故资善大夫吏部左侍郎俞公山墓志铭》(《国朝献征录》卷二六)。

张金陵卒(约1402—　)。金陵字慎旃,号承瀚。江西吉水人。宣德举人。著有《人瑞轩集》。事迹见倪谦《监察御史张先生金陵墓表》(《国朝献征录》卷六六)。

龚理卒(1407—　)。理字彦文,号静轩。乡里私谥清惠。苏州昆山人。绂父,干祖。正统进士。历官山东左布政。治河通漕,兴礼劝学。著有《最美集》。事迹见《古今图书集成》氏族典卷三五。

何文渊卒,生年不详。文渊字巨川,号钝庵。永乐十六年进士。英宗复辟后,或传朝命逮捕,惧而自缢。事迹见章纶《吏部尚书何公文渊行状》(《国朝献征录》卷二四)。

江渊卒,生年不详。渊字世用。四川江津人。宣德五年进士。授编修。著有《观光集》。事迹见《明史》卷一六八、雷礼《资政大夫太子少师工部尚书直内阁玉全江公渊传》(《国朝献征录》卷一三)。

萨琦卒,生年不详。萨琦字廷珪。福建闽县人。其先西域人。宣德五年进士。授编修。事迹见《明史》卷一六三《刘铉传》附传,《礼部右侍郎萨琦传》(《国朝献征录》卷三五)。

按:《明史》称:琦有文德,狷洁不苟合。名行与铉相颉颃云。

卢允贞(　—1490)、赵宽(　—1505)、丁玑(　—1513)、储罐(　—1513)、刘溥(　—1518)、吴俨(　—1519)、刘玑(　—1532)、董沄(　—1533或1534)、乔宇(　—1524)生。

天顺二年　戊寅　1458年

正月辛巳,严僧道滥度之禁。敕今后僧徒每十年一度,著为令。

是月,礼部请皇太子出阁讲学,从之。英宗命李贤拟讲读官进。并询以先读何书,贤以《尚书》、《大学》对。(《明通鉴》卷二八)

三月壬寅,礼部请皇太子出阁,英宗命吏部礼会翰林院定拟讲读等官

奥斯曼帝国入雅典。

葡萄牙伐摩洛哥。

并讲读仪注以闻。(《英宗实录》卷二八九)

己酉,吏部、礼部会翰林院选拟皇太子出阁侍班、讲读等官以闻。

按:侍班官则吏部尚书兼学士李贤日侍不更,太常寺少卿兼学士彭时、翰林院学士吕原每人更侍一日,詹事府詹事陈文、少詹事刘铉日侍不更,翰林院学士李绍、刘定之、侍读学士钱溥每人更侍一日,讲读官翰林院学士倪谦……8人更番,4人一日……英宗悉从之。(《英宗实录》卷二八九)

四月乙丑,皇太子出阁讲读。

按:英宗语廷臣曰:"东宫讲读,宜在文华殿。朕欲移居武英殿,但早晚朝见太后不便。"乃以左廊居东宫。(《明通鉴》卷二八)是后,每日读书习字常在殿之东厢,即所谓左春坊也。(《英宗实录》卷二九〇)

五月,严自宫之禁。(《明通鉴》目录卷七)

八月,诏修《大明一统志》。(《明通鉴》卷二十八)

按:谕李贤、彭时等曰:"朕欲览天下舆图之广,我太祖、太宗尝命儒臣纂辑,未竟厥绪。景泰间虽有成书,繁简失当。卿等尚折衷精要,继成初志。"是为改《寰宇通志》而修成90卷。于天顺五年(1461)四月书成。《明一统志》所载修撰《职名》略云:资政大夫吏部尚书兼翰林院学士李贤,中宪大夫太常寺少卿兼翰林院学士彭时,翰林院学士奉政大夫吕原、林文、刘定之,侍读学士钱溥,侍讲万安、李泰,左中允孙贤,右中允刘珝,翰林院修撰陈鉴、刘吉、童缘、黎淳,左赞善牛纶,司经局校书徐溥,翰林院编修文林郎王㒟、戚澜、李本、邱濬、彭华、尹直、徐琼、陈秉中、杨守陈,翰林院检讨邢让、张业,太常寺卿夏衡,顺天府府丞余谦,礼部郎中王叔安,礼部员外郎陈钢、凌耀宗、林章、叶玟、何暹,征仕郎中书舍人韩定、谢宇、曹冕、温良,从仕郎中书舍人马麟、刘珙、黄清、焦瑀、凌晖、王暕,登仕佐郎鸿胪寺序班李惠、陈福、蔚瑄、周璟、吴震、陈经、王礼,将仕佐郎鸿胪寺序班门升、刘询、梁俊、毛显,翰林院秀才姜立纲。

李贤等为纂修《大明一统志》总裁官。

刘定之五月掌翰林院印。修《大明一统志》,为副裁。

江朝宗与修《大明一统志》。

按:书成升翰林院编修,后升翰林院侍读,参加经筵讲授。

吴与弼三月应聘上道。于五月壬寅抵京,授左春坊谕德,辞不拜。召对文华殿,遣使赐纱罗羊酒柴米。再疏辞,不允。不受职而求观秘阁书,英宗谓,欲观秘书,需先受职,遂辞还乡。以大学士李贤请入内阁讲中庸,三疏恳辞,不允。七月四疏始准辞,乃进封事十策,"崇圣志、广圣学"等,英宗遣行人送归;十月抵家。

李贤十月奏罢锦衣官校刺事。时英宗用门达、逯杲等为耳目,不听。

薛瑄家居不外出,四方从学者日众,市馆不能容。

商辂四月命工造屋数楹于深洞岭畔,曰"仙居书屋"。

龚诩以诗挽县令郑达卒于官。

段坚赴京之吏部,过杨伯起墓,有诗。

黄瑜在太学好诗。南京佥都督张通见而大重之,都督词翰杰出,尝为黄瑜作坊牌匾及友琴堂大字。

按:他如太宰王翱、侍郎薛远、学士李贤、邱濬皆极器重焉。李公欲延入馆阁,黄瑜辞不就，作《七诱》以明志。

叶盛四月以山西参政召至京师，授佥都御史，巡抚两广。盛请终制，不允。

> 按：著有《两广奏草》16卷。酷治瑶人，并作《南征纪行》自炫。《四库全书总目提要》卷五六曰："据卷首嘉靖辛亥张寰序，称盛著作颇多，其子若孙已刻之家塾。独《两广奏议》未有刻本，至是始续成之云云。盖初刻本自为一帙，后乃与他奏议合为一编，故又有此别行之本传于世也。"

黄谏四月己卯，改尚宝司卿兼翰林院侍讲为翰林院学士。

> 按：后谪广州通判，从学者甚众。后召还，卒于梅岭驿。黄谏（1412—?），字廷臣，别号兰坡。扬州府高邮人，先世于明初至兰州。正统进士。分任纂修《宋元通鉴纲目》。博学多艺，工隶篆行楷，亦善画。生平好评品泉水。著有《书传集解》、《诗经集解》、《从古正义》6卷、《使南稿》、《月令通纂》4卷、《兰坡集》等。事迹见《黄学士谏传》（《国朝献征录》卷二〇）。

万安、李泰四月己卯改司丞兼编修为侍讲。

> 按：李泰，生卒年不详。字叔通，一字仙源，私谥安敏先生。河南鹿邑人。诸生，习《春秋》。洪武进士。著有《月令节侯考》。已佚，见《金陵通传》本传。另著有《江东雪崖老人诗韵释义》5卷、《经史观象》、《小学故事》等。姚福《定轩诗话》有传。事迹另见《光绪鹿邑县志》卷八。

方汉以经魁授山东道监察御史，巡按陕西、甘肃等。

阎禹锡十月以国子监学正乞申洪武学规，立武学，英宗然之。

陈真晟同伊川故事，诣阙上《程朱正学纂要》，乞召见而陈其说，不报。

> 按：其书首取程氏学训，次采朱子论说，次作二图，一著圣人心与天地同运，一著学者之心法天之运，终言立明师、辅皇储、隆教本数事，以毕图说之意。书奏，下礼部议，侍郎邹干寝其事。真晟归，闻吴与弼方讲学，欲就问之。过南昌，张元祯止之宿，与语，大推服曰："斯道自程、朱以来，惟先生得其真。如康斋者，不可见，亦不必见也。"遂归闽，潜思静坐，自号漳南布衣。

童轩下狱，有诏宥之。

陈兰修浙江湖州安定书院。

吴与弼跋《忠国公石亨族谱》。

钱溥撰《浚江纪略》，记上海凿治吴淞江。

章懋九月撰《浦江县迁建庙学记》。

薛瑄四月撰《宁州重修庙学记》。

邱濬作《筠记》、《送陈廷玉教桂平序》、《送琼郡叶知府序》、《大司寇刘公哀辞》。

陈诚卒（1365— ）。诚字子实。江西吉水人。洪武二十七年进士。尝副中使李达使西域诸国。著有《使西域记》、《陈竹山文集》4卷。事迹见《明史列传》卷一五。

> 按：据《四库全书总目提要》卷一七五：《陈竹山文集》分内、外二篇。内篇2卷，皆其奉使时所撰述。外篇2卷，则皆当时投赠诗文并其先世诸状也。

袁忠彻卒(1376—)。忠彻字静思，一作号静思。浙江鄞县人。袁珙子。幼承父术，精相法。亦仕至尚宝少卿。著有《人相大成》、《凤池吟稿》、《符台外集》。编有《古今识鉴》4卷。事迹见《明史》卷二九九《袁珙传》附传，李贤《尚宝司少卿袁公忠彻墓表》(《国朝献征录》卷七七)。

彭琉卒(1391—)。琉字敏敬，号慎庵。江西安福人。永乐十六年进士。授政和知县。仁宗时授临清教谕。官至湖广按察副使。著有《备忘录》、《慎庵集》。事迹见李贤《湖广等处提刑按察司副使慎庵彭公琉墓表》(《国朝献征录》卷八八)。

刘铉卒(1394—)。铉字宗器，号假庵。苏州府长州人。平生谨于言行，好学不辍，工诗善文。永乐中顺天府举人，授中书舍人，与修三朝实录，历教习庶吉士。官以国子监祭酒为少詹事。著有《天文明解》、《假庵稿》6卷等。事迹见《明史》卷一六三，《英宗实录》卷二九六，《列朝诗集小传》乙集，李贤《中顺大夫詹事府少詹事赠礼部左侍郎谥文恭刘公铉神道碑》(《国朝献征录》卷一八)，《刘文恭墓志铭》(《吴都文粹续集》卷三九)。

按：据《明史》本传，铉性介特，言行不苟。教庶吉士及课国子生，规条严整，读书至老弥笃。文征明《刘文恭公诗集叙》曰："公刚方博大之气、端居自守之节，盖尝以古人自期，文章翰墨特其余事耳。然所论著精深博雅，当其时亦未见有以过之者。尝言：'前辈为文，杨文贞公必历时乃就，而王汝玉日可数篇，然精驳杂出，非杨公比也。今曹文襄、张士谦文亦易成，而余非岁月不可。'其意隐然有自负者。"

倪敬卒，生年不详。事迹见《中国历代人名大辞典》据《静志居诗话》卷七。一说倪敬(1416—1460)。详见1460年条。

戴豪(—1494)、唐骥(—1498)、朱诚泳(—1498)、邝璠(—1521)、张嵩(—1531)、杨循吉(—1546)、张志淳(—?)生。

天顺三年　己卯　1459年

奥斯曼帝国征服塞尔维亚。

二月辛巳，邹干等奏乞不许私自习学译写番字。(《英宗实录》卷三〇〇)

八月己未，禁文武大臣往来交通，违者依铁榜例论罪。(《明通鉴》目录卷七)

九月甲辰，浙江温州府永嘉县教谕乞敕自后考官出题举于作文，一惟明文是遵。(《英宗实录》卷三〇七)

十月庚午，以李贤言，诏自今章奏勿用"夺门"字，诸以夺门昌功者，令自首更正。(《明通鉴》卷二十八)

是年，贺炀上书论时事，请举人才，严甄选。英宗善之，下所司行之。

封张三丰为"通微显化真人"。

吴与弼九月遣门人车泰进谢表。

刘定之八月丁巳充顺天府乡闱考试官。

倪谦八月丁巳充顺天府乡闱考试官。倪谦主北闱试,被诉有弊,下狱坐重典。韩雍复力谏,得成开平。

钱溥七月丁亥以翰林院侍读学士命为应天府乡试考官。

万安七月丁亥以侍讲命为应天府乡试考官。

段坚选山东福山知县。

按:建社学于县之东。刊布《教民俗言》、《藏书箴》。

叶盛四月壬子朔以巡抚两广破泷水猺。

杨贡十月请杜琼乡饮。

吾冔中举人。入国学。为江浦教谕,乞归。

按:里居20年,四方从学者千余人,称之为文山先生。

陈纪中举人,官宁国通判。

按:陈纪,生卒年不详。字德廉,号樗散。临海人。著有《颜子始末》。《临海志》称其又有《通鉴测义》、《朱子感兴诗考订》、《樗散稿》等书。皆佚。

童俊中举人。官赵州知州。

按:童俊,生卒年不详。字邦英。兰溪人。著有《书韵会通》,见《千顷堂书目》卷三。

张元祯、黄仲昭同举乡试。

高崇、唐瑜重建浙江西安(今属衢州)清献书院。

郭应成建河南修武集贤书院。

李贤、彭时等奉敕编纂修《大明一统志》凡90卷书成。刊布天下。

按:此为一说。多以为天顺五年书成刊布,详见是年条。

张恒纂修《重刊襄阳郡志》4卷成书刊行。

按:襄阳,今襄樊市,属湖北省。是书为现存最早之襄樊市市域内地志刻本。

马愈撰《马氏日钞》1卷成。

邱濬有《松轩记》、《筠庄记》、《送云南傅参议序》。

祝颢官山西,撰《代州雁门关创建龙门寺记》,记其地军役频繁,造寺为行馆。

薛瑄著《读书续录》。四月撰《大宁县儒学重修记》。

按:《四库全书总目提要》卷九三曰:《读书录》11卷,续录12卷,"其书皆躬行心得之言。两录之首皆有自记,言其因程子心有所开、不思则塞之语,是以自录随时所得,以备屡省。其后万历中有侯鹤龄者,因所记错杂,更为编次,删去重复,名《读书全录》。然去取之间,颇失瑄本意。"

叶盛《菉竹堂稿》编成,作《文庄公自序》。

按:自序曰:"《菉竹书房诗文》二册……盖始于壬申,终于丙子……"。

吴节作《东冈文集序》。

按:序曰:"茂选天下英儒聚于馆阁,纂修《永乐大典》,以备一代之制。……若宪使柯公其一也。……晚而致政家居,汇其先后所著之文,并为一帙,目曰《东冈集》。一日,巡按绣衣刘公泰、太平太守俞公端,得其本读而悦之,将刻梓以传,走书征为序。予悉交于公,知公之抱负有素。……"

俞端作《书东冈文集卷后》。

吉安教授郑纲编李祯(李昌祺)《运甓漫稿》7卷。

按：一说正统中即已刻。

波基奥·布拉齐奥利尼卒（1380— ）。意大利人文主义历史学家。

陈敬宗卒(1377—)。敬宗字光世，号澹然居士，又号休乐老人。明浙江慈溪人。永乐二年进士。选庶吉士。德望文章，名闻天下，为士林所重。与修《永乐大典》、《四书五经大全》、两朝实录等，官至国子监祭酒，赠礼部侍郎，谥文定。著有《澹然集》。事迹见《明史》卷一六三，《英宗实录》卷三〇二，黄佐《朝议大夫南京国子监祭酒赠礼部右侍郎谥文定陈公敬宗传》(《国朝献征录》卷七四)。

按：据《明史》本传：初，敬宗与李时勉同在翰林，袁忠彻尝相之。曳二人并列曰："二公他日功名相垺。"敬宗仪观魁梧，时勉貌稍寝，后二人同时为两京祭酒。时勉平恕得士，敬宗方严。终明世称贤祭酒者，曰南陈北李。潘汝祯《重刻澹然文集序》曰："只字片语，总根理要，关世教，而从实敷华，其华自腴。"据《四库全书总目提要》卷一七五：所著诗文集，《明史·艺文志》作18卷。万历四十四年慈溪知县吴门陈其柱编《澹然集》，仅诗3卷、文2卷，非完本。

华兴定卒(1381—)。兴定字伯训，号乐农。无锡人。华惊鞾三子，兴仁弟。笃好古学，精通医术。尝名其室曰乐农窝。《华氏传芳集》卷八有明翟永龄纂《华处士墓表》。其文集已不可见。明刻本《华氏传芳集》卷首有其《刻传芳集引》文1篇，卷八收其文1篇。

沈讷卒(1414—)。讷字文敏。苏州府昆山人。方三子。《吴郡文编》卷二〇三载，讷所著有《兔园遗册》、《下里遗音》(又见《昆新两县续修合志》卷四九)。

方瑛卒(1415—)。瑛，滁州全椒人。方政子。赐谥忠襄。景泰中封南和伯，充总兵官，率京军镇压湖广苗民起事，进爵为侯。通古兵法，尝上《练兵方略》及《阵图》。事迹见《明史》卷一六六，李贤《南和伯进封侯谥忠襄方公瑛神道碑》(《国朝献征录》卷九)。

伊凤歧卒，生年不详。凤歧，字邦翔。江西吉水人。历官翰林院编修，与修《宣宗实录》，书成，升侍读。以言论忤当道，罢归。

陈茂烈(—1516)、王鸿儒(—1519)、都穆(—1525)、杨廷和(—1529)、王琼(—1532)、邹文盛(—1536)生。

天顺四年　庚辰　1460年

奥斯曼帝国征服伯罗奔尼撒。

二月丁丑，礼部尚书萧晅奏请殿试执事官。

按：英宗命吏部尚书兼翰林院学士李贤、吏部尚书王翱、户部尚书年富、刑部尚书陆瑜、工部尚书赵荣、左都御史寇深、通政使张文质、太常寺少卿兼翰林院学士彭时、翰林院学士林文为读卷官,余执事如例。(《英宗实录》卷二一二)

是月,命皇子德王、秀王等出阁读书。(《明通鉴》卷二八)

三月庚辰,赐王一夔(谢一夔)等156人进士及第、出身有差。

十一月闰月丁巳,月食不应,汤序下于狱。(《明通鉴》目录卷七)

吕原二月乙卯以翰林学士命为会试考官。

柯潜二月乙卯以尚宝司少卿兼翰林院修撰命为会试考官。

刘定之四月奉旨教是科庶吉士习为文章,同教者翰林侍讲学士。

周宝四月葬于昆城祖墓旁,龚诩乃为诗以铭之。

徐有贞十二月戊寅旨释为民。

按:有贞归,冀复召,不得,阅十余年卒。

张宁以给事中往解朝鲜与邻部相仇杀。还,擢都事中。

按:宁作《奉使录》2卷。《四库全书总目提要》卷一七五曰:"上卷首叙奉使召对及奏稿数篇,余皆途中留题之作。下卷则至朝鲜以后篇什,题曰《皇华集》,注云'朝鲜刻本'。前有崔恒序,乃奉国王李瑈命编次而序之者也。"已编入《方洲集》。

周瑛再入京师,以友人吴释思之介,始与丘时雍、梁廷美、胡以道、贺克恭相交,号为知己。

刘实擢南雄知府,因忤逆朝使宦官,被诬下狱。

王恕九月以扬州知府为江西右布政使,平赣州寇。

倪谦自戍所遣回,携倪岳同客宣城。

杨一清访巴陵。

卞荣解户部郎中职还,是年以诗跋《倪云林集》。

王一夔(谢一夔)成进士。授修撰,进左谕德。

刘健成进士。授编修。

祁顺成进士。授兵部主事,进郎中。

汪谐成进士。选庶吉士,授编修。

张悦成进士。授刑部主事,进员外郎。

张元祯成进士,选翰林庶吉士。

按:未几,许归娶,复趋朝。与修《英宗实录》。

陈炜、周宗智成进士。

陈选会试第一,成进士。累官广东右布政。

陈维裕成进士。任御史,屡纠大臣。

按:时曹吉祥、石亨恃复辟功,横行不法,维裕疏劾之。陈维裕,生卒年不详。字饶初。福州长乐人。著有《友竹集》。事迹见民国《长乐县志》卷二三。

林同成进士。授工部主事。

按:历转户部员外郎、郎中,撮钱谷枢要,作《指南录》,官至广东左布政使。林同(1435—?),字进卿。福建龙溪人。事迹见林俊《广东左布政使林公同墓志铭》(《国朝献征录》卷九九)。

周经成进士。选庶吉士。

英国内战,亨利六世遇俘。

法国南特大学、瑞士最早的巴塞尔大学建成。

英国温彻斯特大教堂竣工。

郑纪成进士。改翰林庶吉士，授检讨。以乞养归。

郑环成进士。授翰林院编修，累官太常少卿。

按：郑环，生卒年不详。字瑶夫，号粟庵。浙江仁和人。著有《粟庵遗稿》2卷。据《四库全书总目提要》卷一七五：是集有其子孟绳跋，称环集本10卷，不戒于火。乃其搜辑另编者。杨守陈作环墓碑。

姜琏成进士。授山东宁海知州，改永平。

按：姜琏，生卒年不详。字廷器。兰溪人。著有《丧礼书》，此书据《金华经籍志》引《分省人物考》，未见。

饶钦成进士。授户部陕西司主事。

按：迁云南澄江知府。秩满请归。在茅山下万松间作书舍，自号万松散人。饶钦，生卒年不详。字克恭。徽州府祁门人。著有《万松遗稿》。事迹见《万姓统谱》卷三二。

秦夔成进士，授南京兵部主事。

按：历武昌知府。在任除奸植善，兴学劝农，创养济院，定均徭法。监司下其规约于诸郡行之。

涂观成进士。官宁国知府。

按：涂观，生卒年不详。丰城人。著有《六书音义》16卷（弘治十八年徐竑序之，见《千顷堂书目》卷三）。编有《正统世年表》（见《千顷堂书目》卷四）。

黄孔昭成进士，授屯田主事。

曹英成进士。任湖广道监察御史，巡按四川。

按：以言事忤旨，左迁邵阳知县。后引疾致仕。曹英，生卒年不详。字天华。陕西临洮人。著有《遣兴集》、《默翁集》等。事迹见《古今图书集成》氏族典卷二〇九。

谢润成进士。授刑事部主事，迁员外郎。升浙江按察司佥事。

按：谢润，生卒年不详。字德泽。徽州府祁门人。精《春秋》。事迹见《万姓统谱》卷一〇五。

厉升岁贡入国子监，授青田知县。

按：致仕归，民立祠祀之。厉升，生卒年不详。字文振，号雪庵。无锡人。著有《雪庵集》。事迹见邵宝《厉青田升传》（《国朝献征录》卷八五）。

谢迁十二岁。父以礼经授谢迁，谢迁初作经义即成章，不烦改。

日本一条兼良作《伊势物语注》。

章黼纂《韵学集成》成。

按：据《四库全书总目提要》卷四四：自宣德七年始，以29年之力，纂成此书。是书分部，一准《洪武正韵》。章黼，生卒年不详。字道常。苏州府嘉定人。

王瓒纂修《龙游县志》10卷成书刊行。

按：久佚。见《千顷堂书目》著录。民国《龙游县志》卷末余绍宋曰："王瓒所修本，何人纂辑亦无考。惟两旧志官师载教谕朱宗荣，注曰撰次邑十卷。考宗荣为成化初年任，恰与王瓒同时，意者宗荣所撰，即瓒所修之天顺《志》欤？""宋代方志渐兴，州县多有专志。南渡以后，吾县人文至盛，疑亦有之，惜无考耳。今可考者，以明天顺间知县王瓒所修本为最早。今《文渊阁目》既载有《龙游县志》，则正统以前已有纂修，惜未详纂修者名氏、卷数及年代，未知究出何时何人手耳。"

钱礼纂修《严州府志》。

按：已佚。见《千顷堂书目》、雍正《浙江通志》卷二五三著录。

薛瑄是春撰《济南府舜庙碑》。

邱濬作《南海亭冈黄氏祠堂记》、《偏凉亭记》、《送郑均州序》、《送梁景熙之萧山县序》、《送张城中书使朝鲜国》。

叶盛作《书行箧残书后》。

胡澄撰《警时新录》1卷。

按：《四库全书总目提要》卷一二四曰："皆警戒下愚之语，故其词不文。各证以见闻实事，亦多芜杂。"

梁栗作《跋先公坦庵文集后》。

按：序曰："先公坦庵自筮仕瑞学，迄考终鲁藩，历任甫四十年。著述亦颇繁夥。在瑞与溧，文稿间存一二；惟蜀鲁所作，赖弟枢随录，亦不能无遗。先公弃背之五年，栗学录北监，遂以暇日编集成卷。既十年，乃求国子祭酒萧君孟勤选择其精粹者，分为八卷，又为序以弁之。欲锓梓以传，而力有弗逮。又十年，子宪分教镇江满考，懋丞建阳之三载，始克市板刊行。"

蹇曦刻《倪云林先生文集》7卷。

沈琮刻宋陈刚中《观光》、《交州》、《玉堂》三稿。

邵以正辑《玄宗内典诸经注》11卷成。

按：道经丛集，今存天顺四年自刻本。序、跋均作于天顺四年，当于是年成书。其中10种见于《道藏》，独李简易当为南宋玉溪子，《道藏》中有《玉溪子丹经指要》即为李简易述，题为袁州人，与此处"宜春李简易"同。本丛集所辑，皆为明代前重要道经。曾收入明阎鹤洲辑《道书全集》中，然篇目不全相同。今编入《藏外道书》第七册"教义教理类"。

苗衷卒（1381—　）。衷字公彝。凤阳定远人。官至兵部尚书。卒谥文康。著有《史阁纪闻》、《归回录》、《雪窝稿》。事迹见雷礼《资善大夫兵部尚书兼翰林院学士赠少保谥文康苗公衷传》（《国朝献征录》卷一三）。

高穀卒（1391—　）。穀字世用，一字育斋。卒谥文义。兴化人。永乐进士，选庶吉士。官进尚书，兼翰林学士，仍掌阁务。尊为"五朝元老"。据《皇明名臣琬琰录》卷七，穀所著有《育斋文集》10卷。事迹见《明史》卷一六九本传，李贤《工部尚书谨身殿大学士兼东阁大学士致仕高公穀神道碑铭》（《国朝献征录》卷一三）。

张楷卒（1398—　）。楷字式之。浙江慈溪人。永乐进士。以荐升陕西佥事，再升右佥都御史。著有《四书糠秕》，载《千顷堂书目》卷三、《经义考》。已佚。又有《理易》、《春秋糠秕》等书，均未见。事迹见李贤《南京都察院右佥都御史张公楷神道碑》（《国朝献征录》卷六四）。

谢琏卒（1406—　）。琏字重器。福建龙溪人。宣德二年进士。授翰林编修，进侍讲。上治安策十五事。事迹见《户部侍郎谢公琏传》（《国朝献征录》卷三〇）。

倪敬卒（1416—　）。敬字汝敬，号月楼。无锡人。峻孙。正统十三年进士。著有《谏疏》、《倪汝敬集》、《月楼集》。事迹见《明史》卷一六二。

班舒瓦卒（约1400—　）。法国勃艮第乐派作曲家。

按：《华氏传芳集》卷一一《华思浩墓志铭》附有倪敬纂《三省记》文1篇。一说倪敬(？—1458)。《中国历代人名大辞典》据《静志居诗话》卷七。

赵士贤（ —1511）、祝允明（ —1527）、邵宝（ —1527）、顾清（ —1537）、吴一鹏（ —1542)生。

天顺五年　辛巳　1461年

奥斯曼帝国征服小亚北部特拉比松。

法王查理七世卒，子路易十一世嗣位。

英国爱德华入伦敦。

五月辛丑，以《大明一统志》成，赐总裁、纂修等官。（《英宗实录》卷三二八）

八月，与李贤论人才，因称工部尚书赵荣之忠，命兼大理卿，食两俸。（《明通鉴》目录卷七）

十一月庚戌，命修南京国子监，从祭酒吴节奏请也。（《英宗实录》卷三三四）

丙辰，与李贤言不忘南城患难时。（《明通鉴》目录卷七）

吴与弼是冬谪楚，拜旧师杨溥之墓。

李贤八月甲申加太子少保。

岳正八月放还。

段坚五月上水灾封事。十一月上地震封事。

叶盛二月请罢广东采珠池。从之。

陈循十二月获释为民。纂进呈《皇明中兴四朝神功圣德颂》凡四章各百句七言近体诗20首。

龚诩十月八十诞辰，画史张文著为祝寿图，镇海指挥使彭城武政倡群贤为诗其上。

徐有贞从云南戍所放回，自号天全居士。

史敏在汴藩任，以河决，失所著诗文全集。

按：史敏，生卒年不详。字德敏。淮安府山阳人。正统进士。平生坦直无他营。于书无所不读，诗文词曲各臻其妙，书法隶真草咸存古意。《山阳志遗》卷三载敏所著有《松泉集》。事迹见乾隆《淮安府志》卷二二。

朱佑赴南昌府同知任。

按：据《松风馀韵》卷九，佑所著有《葵轩稿》。朱佑，生卒年、籍贯不详。

刘孜是春为右副都御史，巡抚江南十府，一遵周忱遗法，民以为便。

毛吉出为广东佥事，分巡惠、潮二府。

沈彬得风疾，回籍养疴。

按：沈彬，生卒年不详。字原质。浙江武康人。正统进士。官至刑部郎中。据《四库全书总目提要》卷一七五：遗稿多散佚，殁后百有余年，至隆庆己巳，其乡人周维新始序而刻之《兰轩集》4卷,以墓志、墓表诸篇附于后。

邵宝2岁,生后能言且行,曾祖存一翁诵书,邵宝常侍其傍,口作诵态。

刘昌创建大梁书院于河南开封城南熏门内。

僧觉澄住金陵高座寺。

李贤等四月乙酉奉敕纂《大明一统志》90卷成。御制序文冠其首。邱濬进《大明一统志表》。(《英宗实录》卷三二七)

按:御序曰:"我太祖高皇帝受天明命,混一天下……顾惟覆载之内,古今已然之迹,精粗巨细皆所当知。虽历代地志具存可考,然其间简或脱略,详或冗复,甚至得此失彼,舛讹殽杂,往往不能无遗憾也。肆我太宗文皇帝,慨然有志于是,遂遣使遍采天下郡邑图籍,特命儒臣大加修纂,必欲成书,贻谋子孙,以嘉惠天下后世。惜乎书未就绪而龙驭上宾。朕念祖宗之志有未成者,谨当继述。乃命文学之臣重加编辑,俾繁简适宜,去取惟当。务臻精要,用底全书,庶可继成祖之志,用昭我朝一统之盛,而泛求约取,参极群书,三阅寒暑,乃克成编。名曰《天下一统志》,著其实也。"《四库全书总目提要》卷六八曰:"案沈文《圣君初政志》称,洪武三年命儒臣魏俊等六人编类天下郡县地理形势,为《大明志》,今其书不传。后成祖采天下郡县图经,命儒臣纂辑为一书,亦未及成而中辍。至英宗复辟后,乃命贤等重编。天顺五年四月,书成奏进,赐名《大明一统志》。御制序文冠其首,锓版颁行。考舆志之书出自官撰者,自唐《元和郡县志》、宋《元丰九域志》外,惟元岳璘等所修《大元一统志》最称繁博。""知明代修是书时,其义例一仍《元志》之旧,故书名亦沿用之。"以彰善为主臬,净化封建纲常,载述一代典章制度,对于"资政、存史、教化"均有重要作用,并推动明朝修志事业之发展。颁行时,《寰宇通志》即遭毁板,故传世甚少,今见收于《玄览堂丛书续集》。《大明一统志》有天顺五年万寿堂刻本、弘治十八年慎独斋刻本、万历十六年归仁斋刻本、《四库全书》本。研究《大明一统志》之著作有:清顾炎武《日知录》、今人陈光贻《稀见地方志提要》、彭静中《中国地方志简史》、王晓严《方志演变概论》、梅辛白《〈寰宇通志〉与〈明一统志〉之比较》、王剑英《明代总志评述》等。(参《中国学术名著提要》、《中国大书典》)

怀宁危山纂修《桐乡县志》7卷。

按:久佚。见《千顷堂书目》、雍正《浙江通志》卷二五三引《续见闻杂记》。

王直自撰墓志。

薛瑄作《泰山庙碑》。七月撰《平阳府儒学重修记》。

章懋十一月撰《南岑吴氏祠堂记》。

邱濬十一月作《送乡友冯元吉教谕序》。

魏骥作《宋学士文集序》。

按:序曰:"今浙藩左参政黄公以圣朝翰林学士宋公平生所著述,有曰《潜溪前集》、《潜溪后集》、《潜溪续集》、《潜溪文粹》等集,皆一时门人故旧各出己见者,其间匪朝廷大论撰与应酬公卿大夫士庶之碑铭序记之类,公病其不能各以其类而会萃之,乃于政事之暇,于各集之所载者抉择之,俾各类从,以归于一。既成,易其各集之名,而题之曰《宋学士文集》。将锓梓以广其传,征予序其由。……"

歙西鲍氏耕读书堂刻宋鲍云《天原发微》5卷。

郑文康刻所著《平桥稿》18卷。

按：据《四库全书总目提要》一七〇：初刊于天顺辛巳，叶盛为之序。旧板久佚。康熙癸酉，其裔孙起泓又为重刻。凡诗5卷、文13卷。

元揭傒斯著《揭文安公文粹》1卷刊行。

按：揭傒斯诗文别集又有《揭文安公全集》、《文安集》、《秋宜集》等。各本卷数不一，版本流传繁复。

多米尼科·委内齐亚诺卒（1438— ）。意大利佛罗伦萨画派画家。

钱干（钱习礼）卒（1373— ）。习礼名干，以字行。卒谥文肃。江西吉水人。永乐九年进士，授检讨。与修《宣宗实录》。英宗开经筵，为讲官。累擢礼部尚书。著有《应制集》1卷、《词垣稿》、《词垣续稿》、《归田稿》、《钱习礼文集》14卷。事迹见《明史》卷一五二《英宗实录》卷三二七，王直《嘉议大夫礼部有侍郎谥文肃钱公习礼神道碑》（《国朝献征录》卷三五）。

按：在翰林三十余年，以文章以论为士类所推重。凡所著述论思，联为大卷。据《明史》本传，习礼与练子宁（练安）姻戚。习礼笃行谊，好古秉礼，动有矩则。

俞得儒卒（1384— ）。得儒字大雄。浙江鄞县人。永乐九年进士。授行在监察御史，疏陈六卿旷官事，与六卿辩论，遂出知宾州。事迹见《南山黄先生家传集》卷四八墓志铭。

曹义卒（1386— ）。义字子宜，号默庵。应天府句容人。永乐十三年进士。授翰林院编修，升礼部主事，累迁南京吏部尚书。天顺初辞官归。据《国榷》，义所著有《默庵集》5卷。事迹见《南京吏部尚书曹义传》（《国朝献征录》卷二七），《古今图书集成》氏族典卷二〇九。

葛哲卒（1389— ）。哲字明仲。苏州府昆山人。世业儒，尤精医药。其弟睿，字季真，亦善医，起为本县医学训科，时称"二葛"。著有《保婴集》4卷（见《千顷堂书目》卷一四、《昆新两县续修合志》卷四九）。

刘实卒（1396— ）。实字嘉秀，号敬斋。江西安福人。宣德五年举进士。居三年，选庶吉士。授金华府通判。景泰时召修《宋元通鉴纲目》于东阁。天顺时擢南雄知府。苦节自持。政务纷沓，未尝废书，士大夫重其学行。其殁也，南雄人为之立祠。著有《孝经集解》1卷（见《千顷堂书目》卷三）。事迹见《明史》卷一六一，刘定之《庶吉士刘公实传》（《国朝献征录》卷二二）。

刘清卒（1417— ）。清字廉夫，号樗庵，又号水月主人。滁州人。正统十三年进士。天顺元年左迁为四川参政。著有《樗庵集》。事迹雷礼《刑部侍郎刘清传》（《国朝献征录》卷四六）。

钱福（ —1504）、许天锡（ —1508）、毛澄（ —1523）、鲁铎（ —1527）、席书（ —1527）、高友玑（ —1546）生。

天顺六年　壬午　1462年

正月庚戌，敕谕天下提督学校监察御史等官陈政等曰："朕惟自古帝王治天下者，率以兴学育材为首务，而学之兴废，人材之盛衰，治道之隆替系焉，此盖已然之明验也……尔凡提督去处，即令有司每乡每里俱设社学，择立师范，明设教要以教人之子弟，年一考较，责取勤效，仍免为师之人差徭一。师生于学校一切事务并要遵依洪武年间卧碑行，不可故违。"
(《英宗实录》卷三三六)

九月，广锦衣卫狱。

> 按：时门达用事，广布旗校，告讦日至，狱舍不能容。

是年，复设提学官。各赐敕谕18条，俾奉行之。

山西巡抚李侃考察属吏，奏罢布政以下160人。并自劾请罢，不许。
(《明通鉴》目录卷八)

吴与弼三月至胡居仁故里，书其居曰：礼吾书舍。春，谒朱子考亭以申平生慨慕之怀。

刘吉七月壬寅以翰林院修撰命为应天府乡试考试官。

邢让七月壬寅以检讨命为应天府乡试考试官。

陈鉴八月庚午以翰林院修撰命为顺天府乡试考试官。

刘宣八月庚午以翰林院修撰命为顺天府乡试考试官。

张元祯九月授编修。

段坚重修邑庠。阎禹锡为之记。

章纶记镇江人建祠纪念南宋时抗金战死之忠义军都统制魏胜。

吕原八月以丧归，诏起复。原乞终制，不许。十一月归营葬事，以毁卒。

黄瑜官肇庆府知府。

> 按：在肇庆刻《书学会编》4卷。据《四库全书总目提要》一一四：明有两黄瑜，皆字廷美，皆景泰天顺间人。其一为黄佐之祖，有《双槐岁抄》。此黄瑜则天顺六年官肇庆府知府，此书即其在肇庆所刻也。凡四种，一为刘次庄《法帖释文》，一为米芾《书史》，一为黄伯思《法帖刊误》，一为曹士冕《法帖谱系》。

叶盛时专抚广东。

> 按：颜彪五月庚子击广西猺贼，破之。彪滥杀冒功，谤者并咎叶盛。

李贤请从尹旻议。

> 按：尹旻三月以陕西通政司参议奏寇退河开，请召官军还。

钱溥等二月遣封黎灏为安南国王。

法王路易十一取塞尔达纳及鲁西荣。

波兰人败条顿骑士团。

莫斯科大公瓦西里二世卒。子伊凡三世嗣位。

卢秩以监察御史巡按真定等府。

按：修真定县学，并建府学、尊经阁、读书楼，以励士子。卢秩，生卒年不详。江西新淦人。事迹见《古今图书集成》氏族典卷八九。

沈愚与夏昶、张和等会里中玉山。

按：沈愚，生卒年不详。字通理，号倥侗生。苏州府昆山人。沈方子。家有藏书数千卷，博涉百氏，以诗名吴中，与刘溥等称景泰十才子。善行草，晓音律。业医授徒以终。所辑有《怀贤录》1卷。著有《药能》、《箦籁集》20卷、《吴歈集》5卷等。事迹见《明史》卷二八六《刘溥传》附传、《昆山人物志》卷五。

又按：其弟沈鲁，生卒年不详。字诚学。凡大家贵族碑版之制，多出其手。以《春秋》教授学者，人称玄谷先生。巡抚周忱下车问政，郡守况钟赠以金，力辞不受。与同邑顾恂等为斯文会。著有《坐道论》2卷、《经制权略》3卷、《人伦师表》、《老成集》、《元谷集》、《薄游集》、《灵岩稿》、《金陵集句》、《古风集句》、《斯文会诗》1卷。事迹见《列朝诗集小传》乙集。

曹安在江西校文。

金铣升广信府知府。

按：聘典江西文试，擢礼部员外郎，充中秘编纂官，书成，升广信知府。未几乞归，以文酒自娱。

胡汉中举人，授陕西澄城县教谕，因诬罢职。

按：胡汉，生卒年不详。字朝宗。句容人。曾聘顺天府乡试考官。精于经学，善诗文，远近士多从之。著有《良常集》，见弘治《句容县志》卷六。

马绍荣中举人。

冯釴中举人，授永州东安教谕，左迁贵溪训导。

按：曾校文河南、江西。冯釴，生卒年不详。字仲举。苏州昆山人。著有《晋斋稿》，见《昆新两县续修合志》卷四九。

陈易中举人，授黄州府同知。

按：陈易，生卒年不详。字一元，号柘庵。常熟人。喆子。著有《柘庵集》。事迹见雍正《昭文县志》卷五本传。

商辂仲子良臣八月以书经中式浙江乡闱。

李东阳八月举顺天乡试。

章懋八月举乡试。

李锦举乡试。

屠勋名闻两浙。

按：屠勋试乡闱。提学副使筱庵张公奇之，谓可魁一省，既而下第，筱庵搜落卷得其文，称叹久之，曰："考官主偏见而不识义理，兹士之不遇。命也！"由是两浙皆知公名。（《东江家藏集》卷二八）

江西巡抚御史吕洪即江西金溪槐堂书院废址建三陆祠，增祀陆九韶。

古缉重修福建建阳考亭书院。

叶氏南山堂刻《新增说文韵府群玉》20卷。

周翔修、张湜纂《直隶安庆郡志》12卷成书刊行。

按：是书今惟国家图书馆尚有庋藏，为安庆市市域内现存最早之地志刻本。

黄润玉纂《宁波府简要志》5卷，卷二赋役表，止于是年。

按：黄润玉卒后，其孙溥增纂天顺六年后事。《四库全书总目提要》卷七三称："是编以旧志太冗，乃删除繁赘，定为是编。体例简洁，亦康海《武功志》之亚。然《武功志》艺文散入各类中，此则仅存其篇题，而文皆不录，则未免太简矣。"

薛瑄为门人李昶撰《一乐堂记》。十一月为李文英撰《双桂堂记》。

按：一说李文英是冬过河汾谒薛瑄，为薛瑄二子撰《双桂堂记》。

陈献章撰《辅城记》。

钱溥使安南，册封其王黎灏，纂《使交录》18卷。

按：《四库全书总目提要》卷六四称：多载赠答诗文，而其山川形势、土俗人情，乃略而不详。

邱濬作《题蓝关图跋》、《别知己赋》、《赠广西按察使江君诗序》、《赠新兴贺知州序》、《赠韩敬夫序》、《送钱学士使交南》、《送王给事中使交南》。

陈循作《东行百咏集句引》。

按：引曰："余承恩遣东行之日，……因忆古人诗篇有在心者，遇可以咏所存所历所感，不恤原题之意，篇摘一句，集以成绝，得三百首。其中间有地名及数目字之类，拘拘不可用者，则易一二字以从实，亦十百中不过一二。复各和为韵语，通千余首，均分十卷……"。

刘定之作《东冈集序》。

按：序曰："太学生池阳柯薰以《东冈集》谒余，盖其父宪使公诗文也。公名暹，字启晖。少师杨文贞公士奇尝更字以'用晦'。"

金铣定所著《省庵集》。

程宗时任江西吉安知府，刊《欧阳文忠公全集》总159卷。

按：是书收欧阳修著作19种，为独撰类丛书最早之刊本。据《中国丛书综录》著录，王应麟之《玉海》有元刊、明正德、嘉靖万历、崇祯补刊、清康熙补刊本，然该书以《玉海》为正，其它乃属附刻，且经两代五朝补刊，故正宗首刊之独撰类丛书当推程刊《欧集》。

王直卒（1379— ）。直字行俭，号抑庵。卒谥文端。江西泰和人。永乐进士。正统间拜吏部尚书。天顺初以老疾乞休。著有《抑庵集》13卷。事迹见《明史》卷一六九，《英宗实录》卷三四四，《王文端公传》、李贤《吏部尚书致仕赠太保谥文端王公直神道碑铭》（均《国朝献征录》卷二四）。

按：据《明史》本传：直幼而端重，家贫力学。举永乐二年进士，改庶吉士，与曾棨、王英等28人同读书文渊阁。直为人方面修髯，仪观甚伟。性严重，不苟言笑。及与人交，恂恂如也。在翰林二十余年，稽古代言编纂纪注之事，多出其手。与金溪王英齐名，人称"二王"，以居地目直曰"东王"，英曰"西王"。据《四库全书总目提要》卷一七〇：《抑庵集》，称此集为其子检讨稹所编，成化初，其次子稙复加校订，而以原集未录及致仕后所作别为后集。

陈循卒（1385— ）。循字德遵，号芳洲，江西泰和人。永乐十三年进士第一。官至户部尚书、华盖殿大学士。著有《芳州集》、《东行百咏集句》。事迹见《明史》卷一六八，《国朝献征录》卷一三，王翔《芳洲先生年谱》。

按：柯挺《芳州文集序》曰："乃阅公所为文集，若陈说上前，则三代礼乐六经精微之旨；若代天言，则典谟训诰之体；若抒性灵，则风雅之遗；若所酬答、按事属辞，扬微阐幽，则玄酒之味、太音之声。"郭子章《陈芳州先生文集序》曰："官侍从三十年，拜相五年，元相八年，国家大诏令、大典册多出公手。"《四库全书总目提要》卷一七五曰：《芳州集》10卷，"其裔孙以跃所辑。附录一卷，则谕祭文、志铭、祭文、挽诗、乞恩复官疏及祀乡贤文移。"《东行百咏集句》9卷，乃其被谪东行时集古人诗句以成七绝。后附《芳洲年谱》1卷，乃其门人王翔所录。

李奈卒（1389— ）。奈字时珍，其先陇西巨族，八世祖让元金牌千户始徙家蒙阴。宣德进士。著有《春秋管窥王霸总论》，见《千顷堂书目》卷二。事迹见《陕西布政使司右参议李公奈墓表》（《国朝献征录》卷九四）。

唐世良卒（1397— ）。世良字用彰，号颐庵。武进人。顺之伯祖父。奉命纂修《闽浙二省实录》。著有《颐庵稿》20卷，见道光《武阳合志》卷三三。

陆润玉卒（1401— ）。润玉，华亭人。据《东海集》，润玉所著有《梦庵集》。事迹见《列朝诗集小传》。

吕原卒（1418— ）。原字逢原。浙江秀水人。正统七年，进士及第。授编修。与李贤、彭时相得甚欢。贤处事果断，原济以持重，庶政称理。进翰林学士，遭母丧，归葬，以哀毁卒。谥文懿。著有《宋元通鉴续编》、《介轩集》12卷。事迹见《明史》卷一七六，李贤《直内阁翰林院学士奉政大夫赠礼部左侍郎谥文懿吕公原神道碑铭》（《国朝献征录》卷一三）。

按：《宋元通鉴续编》义例甚精，光绪《嘉兴志》引《嘉禾献征录》，今未见。

道士邵以正卒，生年不详。以正号承康子，别号止止道人。云南人，祖籍苏州。刘渊然弟子。曾敕命督校《正统道藏》。著有《长春刘真人语录》。其弟子知名者有喻道纯。事迹见《明史》卷二九九《刘渊然传》。

陈恪（ —1518）、李堂（ —1524）、王瓒（ —1524）、罗侨（ —1534）、杭淮（ —1538）、徐霖（ —1538）、朱谏（ —1541）生。

天顺七年　癸未　1463年

奥斯曼帝国入爱琴海米蒂利尼港。

奥斯曼帝国征服波斯尼亚。

莫斯科大公国灭雅罗斯拉夫公国。

法王路易十一归索姆河。

二月戊辰，会试，贡院火，烧死举子90余人。英宗怜之，赐死者俱进士。诏以八月补行。（《明通鉴》目录卷八）

是月晦，夜半，空中有声。李贤谓："无形有声，谓之鼓妖。上不恤民，则有此异。"英宗命条宽恤事宜以进。（《明通鉴》卷二九）

八月，礼部请补行会试。以会试请英宗命太常寺少卿兼翰林院学士彭时、侍读学士钱溥为考官。（《英宗实录》卷三五六）

陈文二月壬戌以礼部侍郎兼学士入阁。是月为会试考官。

柯潜二月以尚宝司少卿兼翰林院修撰命为会试考官。

张元祯八月为会试分考官；寻，上疏数言，疏入不报。

按：得太仓陆釴为省元。人始未信，后果有大名。

姚夔正月为礼部尚书。

龚诩五月作寿藏于鹿城祖茔之昭，同邑沈鲁记之。同邑缙绅士钱昌、谈懋、周琪、顾铸、朱泰安、夏昶、唐益、马成、孙琼、陈锦、叶盛、武政、张翔、骆巽、陈翔、周汇相与咏歌成卷，外孙周雍与绂绘图于前，进士郑文康、陈德容跋其尾。

龚诩清明偕八九伴吊御史李乐庵、刘龙洲、易蓬峰、陈信卿诸无嗣之墓，作诗《谢同游》。

史鉴以输赈粟赴通州，撰《江海经行记》。

叶盛在粤，辑《五岭奇观》。

按：多事屠戮，被召回，著《原谤》自辨。

段坚入觐京师疏请从祀元儒刘静修先生。

娄谅上春官，至杭复返。

韩雍八月以巡抚宣大佥都御史议事入觐，留为兵部右侍郎。以王越代抚宣大。

袁彬十一月下于狱。

按：门达构彬并及阁臣李贤，有军匠杨垻讼其冤狱，始解，调彬南京锦衣卫。

陆瑜、程信十二月辛卯下于狱，既而释之。

项忠为右副都御史，巡抚陕西。

按：项忠平洮、岷叛羌，疏郑、白二渠，溉泾阳、三原等五县七万余顷，民祠祀之。

王锜访徐有贞，有贞与说天象。

朱存理从吴县邢量学。

按：量年近五十。

刘昌改官河南，自嵩县巡行至汝州。

张杰丁母忧，有司劝以复出，蹙然以忧，亦不出。

王贵由人才荐举通经，官左春坊司谏。

按：九载不迁。归田后益肆力濂洛关闽之学，诗文多涉世教。王贵，生卒年不详。字玉川。苏州府吴江人。著有《玉川书塾问答》20卷，见《垂虹识小录》卷三。

李东阳八月会试中式。

刘大夏二月会试中式。贡院火，得脱。

章懋八月再试不第。九月入太学读书。

黄瑜再会试不第。

按：会天变求言，黄瑜抗疏言六事以斥中官，远倡优，为说凡千言，忤权贵，议削黄瑜仕籍，赖王翱、薛远求之，得免黜是誉日章。

罗伦赴试春闱，以丁父忧奔丧归。

童轩识倪岳。

广东潮州韩山书院修葺。

威尼斯图书馆建立。

姚堂著《润州先贤录》6卷成。

> 按：《四库全书总目提要》卷六一曰："录镇江先贤自周末迄宋，分高风、忠节、相业、直谏、德望、文学6门。列其人之事实，并后人所为记赞诗文，间及其人之著述。所载仅二十人，不及《京口耆旧传》十之一也。"堂，生卒年不详。字彦容。慈溪人。正统己未进士，官至镇江府知府。

薛瑄撰《安邑夫子庙碑及处士杨礼墓表》。

邱濬《朱子学的》成，自序。是年另作《送广东夏廉宪诗》1首、《闻人说海北事有感》2首、《题谢氏先人手书》。

> 按：《四库全书总目提要》卷九五曰：《朱子学的》，"是编上卷分下学、持敬、穷理、精蕴、须看、鞭策、进德、道在、天德、韦斋等十篇，下卷分上达、古者、此学、仁礼、为治、纪纲、圣人、前辈、斯文、道统等十篇。蔡衍鎤序曰：上编自下学以至天德，由事而达理，而终之以韦斋，所以纪朱子之生平言行，犹《论语》之有乡党也。下编自上达以至斯文，由理而散事，而终之以道统，所以纪濂、洛、关、闽之学之所由来，犹《论语》之有尧曰也。然濬阐朱子之言以示学者，即仿朱子编《近思录》、《小学》之体足矣，何必摹拟《论语》，使之貌似圣人？况扬雄、王通之僭经，朱子尝深讥之。濬之是编，岂朱子所乐受乎？"一说成于成化。

吴宽自撰《医俗亭记》。

龚诩自序《野古集》。

> 按：因斋名而题之曰《野古集》。

赵洪刊刻方孝孺诗文集。

> 按：徐阶《逊志斋集重刊序》曰："逊志先生集，其初刻于蜀，有临海林公右、金华王公绅所为序，然林序称洪武三十年，而不书辑者之姓名，亦不著卷数，王序则直题为文稿。今以传考之，洪武之末，先生时犹教授蜀藩，则殆先生所自辑且未成之书也。厥后先生树奇节，罹惨祸，集因讳不传。天顺癸未，临海教谕赵君洪始购遗文二百六十首，以属梓人，而集乃行于世。"

钱溥序刊宋方逢辰等《蛟峰集》。

弗朗索瓦·维永卒（约1431— ）。法国抒情诗人。

弗拉维奥·比昂多卒（1392— ）。文艺复兴时期意大利人文主义历史学家。首次提出"中世纪"一词。

胡濙卒（1375— ）。濙字原洁，一字文安，号洁庵，一作淡庵，常州武进人。建文二年进士。历仕六朝，以老致仕。卒赠太保，谥忠安。留心医学，尝与戴元礼讲《内》、《难》诸经，推仲景为医学正宗。著有《卫生易简方》12卷、《芝轩集》。事迹见《明史》卷一六九，李贤《礼部尚书致仕赠太保谥忠安胡公濙神道碑铭》（《国朝献征录》卷三三）。

> 按：据《明史》本传，胡濙节俭宽厚，喜怒不形于色，能以身下人。在礼部久，表贺祥瑞，以官当首署名，人因谓其性善承迎。南城人龚谦多妖术，濙荐为天文生，又荐道士仰弥高晓阴阳兵法，使守边，时颇讥之。据《明史》卷九八，永乐中，濙为礼部侍郎，出使四方，辑所得医方（《卫生易简方》4卷）进于朝，一作12卷。据《皇明名臣琬琰录》卷二四，胡濙所著有《澹庵集》5卷，其次子罐编。

沈澄卒（1376— ）。澄字孟渊，晚自号玺庵，一说号蜜庵。苏州府长洲人。所居曰"西庄"。好自标置，恒著道衣，逍遥池馆，海内名士造门甚众。翰林顾仲瑛坐事，系狱10年，衣食之需皆澄周之。子贞吉、恒吉皆有文名。著有《玺庵集》。事迹见《清河书画舫》、《刘完庵集》。

成始终卒(1403—)。始终字敬之,号淡庵。常州府无锡人。昌子。尝师从张思安。正统四年进士。著有《蓬庵集》、《观光集》、《淡庵纪竹集》(《千顷堂书目》著录作《淡轩纪行集》)7卷等。事迹见《明诗综》卷二〇。

朱友垓卒,生年不详。友垓,应天人。蜀献王椿孙。宣德十年进封蜀定王。著有文集10卷。事迹见《吾学编》。

熊卓(—1509)、张莱(—1517)、蒋冕(—1533)、周伦(—1542)、毛纪(—1545)、朱希周(—1546)生。

天顺八年　甲申　1464年

正月庚午,英宗崩,年三十有八。

乙亥,太子朱见深继位,是为宪宗。废宫人殉葬制。大赦天下。以明年为成化元年。

三月庚午,补行廷试,赐彭教等247人进士及第、出身有差。

四月,钦天监推日食不见,下天文生贾信于狱。

八月癸未,初开经筵。是日早朝毕,宪宗御文华殿。李贤讲《大学》经之一章,陈文讲《尚书·尧典》首章。自是每月三旬遇二日辄开讲。(《宪宗实录》卷八)

甲申,命儒臣复日讲之制。(《明通鉴》目录卷八)

戊戌,诏修《英宗实录》。(《明通鉴》目录卷八)

十月甲辰,立武举法,如文闱试士例。(《明通鉴》目录卷八)

李贤、陈文、彭时八月戊戌为纂修《英宗实录》总裁官。

李绍、刘定之、吴节八月戊戌为纂修《英宗实录》副总裁。

刘定之二月升授大常寺少卿兼翰林侍读学士。三月充廷试读卷。四月奉旨教是科庶吉士习为文章,同教者翰林侍读学士。寻命充经筵官、《英宗实录》副总裁。

孙继宗八月戊戌为纂修《英宗实录》监修。

柯潜等八月戊戌纂修《英宗实录》。

尹直以经筵讲官与修《英宗实录》。有议革去景帝年号者,编修尹直以为不可,遂止。

邱濬充经筵讲官。纂修《英宗实录》。

按:是年作《秋兴诗》、《送尚宝凌卿使交南》。

刘吉召纂《英宗实录》,进礼部左侍郎。

刘健十一月丙寅起复翰林院编修,纂修《英宗实录》。

奥斯曼帝国侵小亚卡拉曼王朝。

卡斯蒂利亚人入直布罗陀。

岳正、杨瑄、张鹏三月召还朝，复其官。

岳正九月甲子复翰林院修撰，预纂修《英宗实录》。

杨瑄赦还，官至浙江按察使。

张瑄为广西右布政使时，值广西诸峒蛮勾广东肇高雷连土寇为乱，遣左参将范信、都指挥徐宁督官兵四千、土兵一万讨之，以瑄监其军。

按：瑄因述其征剿始末为《南征录》1卷（《四库全书总目提要》卷五三）。

朱瑾受命就一邑事修实录。

姚夔等六月丁酉进经筵仪注。

王渊、王徽等五月率同官上言四事，末请禁宦官典兵干政，不报。十一月丙寅复上疏，因极言宦官之害，并劾大学士李贤不职状。宪宗怒，欲罪之，张宁率六科论救，乃谪外。

李贤五月丁巳以天威（大雨雹，大风拔郊坛树）请修省，纳之。

张元祯五月以翰林编修上疏陈三事，以其言多窒碍，寝之。

按：先是宪宗践阼，元祯疏请行三年丧，亦不报，未几，与修《英宗实录》，与执政议不合，遂引疾去。

章纶以南京吏侍言山陵尚新，元朔未改，乞俟来春举行大婚。疏至，而册立吴氏为皇后之诏已行。纶言虽不用，一时咸重之。

叶盛八月入京师议事，迁左佥都御史，代李秉巡抚宣府，以韩雍代盛巡抚广东。

按：盛有《上谷奏草》8卷。旋任吏部侍郎。搜河套之议起，盛知时无良将，力言不可。转吏部左侍郎。

王恕升河南左布政使。

商辂二月闻遗诏《哭赋英宗睿皇帝诗》一律。

张杰作《责躬诗》，自此益肆力于学，遂无仕进意。

袁彬复掌锦衣卫事。

按：门达二月下于狱，籍其家，谪戍南丹卫。彬送达，饯馈如故旧，时以彬为长者。

薛远延黄瑜长安西邸以淑其子，礼为上宾。

夏昶、徐有贞、杜琼、陈宽等会灵岩山。

按：有贞著《灵岩雅集志》自矜。

徐有贞游焦山，著《壮观亭记》。

龚诩自题其居为逸老庵。沈鲁记之。

游明天顺中为福建按察司佥事。提督学校。进副使。

陈泰进右副都御史。

郑安抗疏陈八事。迁陕西按察副使。

按：郑安，生卒年不详。字康民。广东海阳人。景泰五年进士。授监察御史。弹劾不避权贵。事迹见《万姓统谱》卷一〇七。

支立天顺中官翰林院孔目。

按：支立，生卒年不详。字中夫。浙江嘉兴人。精熟五经，人称"支五经"。著有《五经解》，据《经义考》，未见。为常州学官时作《十处士传》1卷，取布衾、木枕、纸帐、蒲席、瓦炉、竹床、杉几、茶瓯、灯檠、酒壶十物,仿《毛颖传》例为之。《四库全书总目提要》卷一四四曰:"盖冷官游戏,消遣日月之计。末有自跋……"事迹另见《万姓统谱》卷四。

杨铎天顺中历迁贵州布政司参政,秩满,以边民上书起乞留,升俸仍旧职。

胡涟天顺中例赐寿官。

按:胡涟,生卒年不详。句容人。著有《松巢集》,见乾隆《句容县志》卷九。

项忠天顺中历官陕西按察使、陕西巡抚。

刘安致仕。

许彬以侍郎致仕。

按:许彬,生卒年不详。字道中,号东鲁。山东宁阳人。永乐十三年进士。改庶吉士。彬性坦率,好交游,不能择人,一时浮荡士多出其门。晚参大政,方欲杜门谢客,而客恶其变态,竞相腾谤,竟不安其位。著有《东鲁先生文集》。事迹见《明史》卷一六八,雷礼《通议大夫礼部左侍郎兼翰林院学士赠礼部尚书东鲁许公彬传》(《国朝献征录》卷一三)。

钱溥正月壬午下于狱。词连韩雍,贬浙江参政。

韩雍以牵累贬官。

按:会大藤峡徭、僮等族民众起事,乃改左佥都御史,参赞军务,督兵镇压。迁左副都御史,提督两广军务。

戴浩天顺中致仕

姚旭天顺末为平阳知府,政不扰民。

按:升河南参政卒。

朱熊天顺中奉父命,出粟赈饥。

按:朱熊,生卒年不详。字维吉。常州府江阴人。善围棋。征为通政司知事。著有《救荒活民补遗书》。《四库全书总目提要》卷八四曰:"取宋从政郎董煟原书,而益以有明恤赈制诏,及前代好施获福事迹","盖乡里劝施之格言,而非经国之硕画;二氏因果之绪论,而非儒者之正理也。"事迹另见《光绪江阴县志》卷一八。

李东阳成进士。授编修。有旨选进士18人,李东阳等入翰林为庶吉士。柯潜教以古文词学。

按:累迁侍讲学士,充东宫讲官。官翰林时与同年进士及同游士大夫联句之作,编为《联句录》5卷,自为序,而丹徒知县江夏王溥刊行之。《四库全书总目提要》卷一九一曰:"其时馆阁儒臣,过从唱和,以文章交相切劘。说者谓明之风会,称成、弘为极盛,即此亦可以想见也。"

彭教成进士第一。授翰林修撰,

按:与修《英宗实录》。官至翰林侍讲。

陆釴成进士第二。授编修,历修撰、谕德,侍东宫。

丁川成进士。授监察御史。

马愈成进士。官至南京刑部主事。

闵珪成进士。授御史。

罗璟成进士。授编修,进修撰,

按:与修《宋元通鉴纲目》。

王轼成进士。授大理评事。

卢玑成进士。

刘大夏成进士。授职方郎中。

吴伯通成进士。

吴衍（吴希贤）成进士。授检讨。

余志成进士。官刑部主事。

按：出为广州通判，升石阡知府。余志，生卒年不详。字志学。福建建宁人。以贡入国子监。著有《桥门集》、《秋台集》等。事迹见《建宁县志》卷一〇。

张泰成进士。授检讨，迁修撰。

陈音成进士。选庶吉士，授编修，累迁南京太常寺少卿。

陈宾成进士。授吏部考功司主事，历郎中，官至福建布政使。

按：陈宾，生卒年不详。字朝用，号蓉湖，自号晋庵居士。无锡人。士名子。为李东阳所重。著有《晋庵集》，见乾隆《无锡县志》卷三九。

周宾成进士。

按：周宾，生卒年不详。字汝钦。江西安福人。著有《四书音考》，见《千顷堂书目》卷三。

姚绶成进士。授监察御史。

倪岳成进士。授编修。

傅瀚成进士。除检讨。

焦芳成进士。授编修。

谢铎成进士。授编修，进侍讲，直经筵。遭丧服除。

虞瑶成进士。官给事中，终兵部侍郎。

薛纲成进士。拜监察御史，巡按陕西，于边防事多所建言。

按：官至云南布政使。薛纲，生卒年不详。字之纲。浙江江阴人。著有《三湘集》、《崧荫蛙吹》。事迹见《万姓统谱》卷一一八。

娄谅再上等乙榜，分教成都。

按：寻告归，闭门著书，成《日录》40卷、《三礼定讹》40卷。著《春秋本意》12篇，不采三传事实。其学以收放心为居敬之门，以何思何虑、勿忘勿助为居敬要旨。然其时胡居仁颇讥其近陆子，后罗钦顺亦谓其似禅学云。门人有夏尚朴等。

周瓘天顺中贡生。官常德府训导。

按：周瓘，生卒年不详。字廷彰。缙云人。辑有《两汉书疏》。

金旅天顺中岁贡生。仕云南永昌府判。

按：金旅，生卒年不详。字崇吉。浙江丽水人。著有《易意》，是书据《经义考》云未见。

鲍宁天顺中处士。

按：鲍宁，生卒年不详。字廷谧。歙县人。著有《天原发微辩正》5卷又《问答节要》2卷，见《千顷堂书目》卷一一。

马中锡入邑庠为诸生。

郑节天顺中建江西贵溪草峰书院。

按：天顺中，另有浙江鄞县桃源书院再构；湖南衡阳石鼓书院修葺；海南琼山东坡书院迁于小西门外，旧址遂废；江苏淮安建节孝书院；周兑建湖北麻城龙溪书院。

天顺中，英宗多次从杨节誉问道，并欲授之带俸锦衣卫指挥使，节誉终不受。曾吟诗，其中有"三朝鹓序班联肃，九度龙颜面问奇"之语。

按：节誉，又称杨法师。生卒年不详。江西南昌府进贤县人。早年曾受学高道傅椿年，得传道法，声望日隆。

胡守法天顺中擢道录司左演法兼朝天宫住持。

日本建仁寺住持僧天与清启受室町幕府第八代将军足利义政之委派访明。

按：行前，请相国寺僧等甹西堂，等持寺僧周继西堂，东福寺僧应昙西堂等人，录列未曾东传而又希冀获得之中国图书目录，其文曰："书籍铜钱，仰之上国，其来久矣。今求二物，伏希上达，以满所欲。书目见于左方：《教乘法数》全部、《三宝感应录》全部、《宾退录》全部、《北堂书钞》全部、《兔园策》全部、《史韵》全部、《歌诗押韵》全部、《遯斋集》全部、《张埓休画墁集》全部、《遯斋闲览》全部、《石湖集》全部、《挥尘录》全部附《后录》11卷并3卷并《余录》1卷、《百川学海》全部、《老学庵笔记》全部。"许之。

黄润玉纂《四明文献录》成。

按：是乃人物小传集，为宁波郡祠作。共收35位乡贤，9位任职宁波官员。一说成于成化二年。详见是年条。

卢祥纂修《东莞志》12卷成书刊行。

按：是书为现存最早之东莞地志，原刻印本，今不见。今见存者题为《重刻卢中丞东莞旧志》。

《襄阳郡志》天顺中纂修。

吴与弼撰《节寿堂记》。十一月撰《中和斋记》。

莫震题记倪瓒《水竹居图》。

胡居仁作《丽泽堂学约序》。

蔡朔作《解学士文集序》。

按：序曰："天顺癸未秋，予以南京户部郎中出知湖广宝庆，越明年春，挥使姚侯深得内翰金城黄先生所编先生全集，不自私，捐赀锓梓以广其传，其用心亦仁矣哉！工完，请余序。"

沈琮作《丹崖集跋》。

按："刘师邵箧录本至南京以视余，因录之，余又箧而至广。先生在国初以文章推重江南，有'唐、刘、毛、蔡'之称。曰'唐'者，盖谓先生与先生之子愚士也。先生入翰林时，又游于宋太史公景濂、王忠文公子充诸先生间，而宋、王之文梓行久矣，而使先生一代之制作可以无传乎？爰为捐俸，以寿诸梓。若先生之文，则诸先生序之并附录中论之已详，无俟余赘。"

彭时作《文章辨体序》。

按：序曰："今传于世，若《梁昭明文选》、《唐文粹》、《宋文鉴》，固已号为撷其英、拔其粹矣，然《文粹》止录一代之作，《文选》虽兼备历代，而去取欠精，识者犹有憾焉。至宋西山真先生集为《文章正宗》，其目凡四，曰辞命、曰议论、曰叙事、曰诗赋，天下之文诚无出此四者，可谓备且精矣。然众体互出，学者卒难考见，岂非精之中犹有未精者邪？海虞吴先生有见于此，谓文辞宜以体制为先，因录古今之文入正体者，始于

德国约·米勒撰成《论各种三角形》，系统总结三角学。

古歌谣辞,终于祭文,厘为五十卷;其有变体,若四六律、诗词曲者,别为《外集》五卷,附其后。名曰《文章辨体》。辨体云者,每体自为一类,每类各著序题,原制作之意而辨析精确,一本于先儒成说,使数千载文体之正变高下,一览可以具见,是盖有以备《正宗》之所未备,而益加精焉者也。非先生学之博、识之正、用心之勤且密,宁有是哉!先生之孙淳为监察御史,尝携是编至京。今都宪万安刘公显孜,昔与淳同官,获一见焉,而爱好之不忘。至是奉命巡抚南畿,访求于先生仲子铨、曾孙木,得之,亲为校正讹谬,将刻诸梓以广其传。于是邑人之尚义者争捐赀为助,而板刻遂成。"

刘孜刻吴讷编《文章辨体》递修本。

邵龄重刻南宋吕祖谦编辑《宋文鉴》。

按:原名《皇朝文鉴》,邵龄据宋坊本重刻,商辂作序,始改此名。

张和命其地学官刻元柳贯《柳待制文集》。以所得《宋文鉴》150卷付严州府官,俾刊行。

代府天顺中刊南唐谭峭著《谭子化书》6卷。

张瑄天顺中刊元李士瞻著《经济文集》6卷。

库萨的尼古拉斯卒(1401—)。德国哲学家,数学家,科学家。

薛瑄卒(1389或1392—)。瑄字德温,号敬轩。山西河津县平原村(今属万荣县)人。从高密魏希文、海宁范汝舟治理学,即尽焚前所作诗赋。永乐十九年进士。宣德中授御史。正统间初为山东提学佥事,以白鹿洞学规开示诸生,亲为讲授,人呼薛夫子。天顺间官礼部右侍郎兼翰林院学士,入阁预机务。寻致仕。成化初,谥文清。隆庆五年,诏从祀孔庙,称先儒薛子。《明儒学案》列其入《河东学案》上。著有《读书录》12卷、《续录》12卷、《薛文清集》(一名《敬轩集》)24卷、《从政名言》等。事迹见《明史》卷二八二,李贤撰《通议大大夫礼部左侍郎兼翰林院学士直内阁薛公瑄神道碑铭》(《国朝献征录》卷一三),(明杨鹤、杨嗣昌编《薛文清公年谱》,清杨希闵编《明薛文清公(薛瑄)年谱》)。

按:《宪宗实录》卷十曰:"卒后,往往有建请从祀者,下翰林议。学士刘定之议谓:'瑄直躬慕古,谈道淑徒。进不附丽,退不慕恋,允为一代名臣。然论其于朱熹之道,所得尚未若黄幹、辅广之亲承微言,金履祥、许谦之推衍绪论,而遽言从祀,恐建言者非愚则谀。'"《明史》卷二八二曰:"而英宗之世,河东薛瑄以醇儒预机政,虽弗究用,其清修笃学,海内宗焉。"其学全本程、朱,以为自朱熹后,无烦著作,直须躬行。修己教人以"复性"为主。以理气"无缝隙"补正朱熹"理在气先"说。称"圣人相传之心法,性而已"。"只是一个性字,分而为仁、义、礼、智、信,散而为万善。"复性,即以道德修养,复延至湛然纯善之本体之性。以"豁然贯通"之直觉方法,由"格物"而知性复性。学者或称之为"朱学中的涵养或躬行派"。其讲学,"从学者甚众",并从而形成"河东学派",及其后来的学传"关中之学"。"河东学派"含薛瑄及其一传弟子们,从其再传弟子周蕙至四传弟子吕柟则称"关中之学"。瑄之弟子名列儒林者有阎禹锡、张鼎、段坚,再传有人称小泉先生之周蕙,周之门人有薛敬之、李锦、王爵、夏尚朴等,薛敬之之门人中著名者吕柟为"关中之学"代表人物。《四库全书总目提要》卷五八曰:"大抵朱、陆分门以后,至明而朱之传流为河东,陆之传流为姚江,其余或出或入,总往来于二派之间"。黄宗羲《明儒学案》曰:"先生以复性为宗,濂、洛为鹄,所著《读书录》大概为《太极图说》、《西铭》、《正蒙》之义疏,然多重复杂出,未经删削,盖惟体验身心，非欲成书也"。被后世程朱学派视为明代"正学"主要著作之一。清人称其为"明初理学之冠"。《读书录》有明嘉靖四年(1525)刻本、《四库全书》本、《西京清麓丛书》本、光绪二十六年(1894)泾阳柏经堂刊本。改编本有明万历侯鹤龄刻《读书全录》本(去取之间，颇失作者原意);《正谊堂全书》本，张伯行据薛瑄前后两录重加分类，编为8卷，《丛书集成初编》据此本排印;清道光二十八年(1848)戴楫刻《读书录条贯》(共13卷)本亦据薛瑄书分类编排。研究《读书录》资料有侯外庐、邱汉生、张岂之主编《宋明理学史》等。《四库全书总目提要》卷一七〇曰:《薛文清集》24卷，"是集为其门人关西张鼎所编。初，瑄集未有刊本。瑄孙刑部员外郎諶以稿付常州同知谢庭桂，雕板未竟而罢。弘治己酉，监察御史杨亨得其稿于毗陵朱氏，鼎又从亨得之。字句舛讹，多非其旧。因重为校正，凡三易稿而成书。"鼎自为序。通行本有清初张伯行所编《正谊堂丛书》本(作10卷)、《四库全书》本(作24卷)、1935年上海商务印书馆《丛书集成初编》(据《正谊堂全书》本排印)。《四库全书总目提要》卷一七五曰:《河汾诗集》8卷，"其孙祺于成化间裒拾遗稿而成，门人阎禹锡为之序。考所载诗赋皆已编入全集中，此犹其初出别行之本也。"明杨鹤、杨嗣昌编《薛文清公年谱》1卷，收入明薛肯获重刊本《读书录》第11册。年谱原为薛瑄门人张鼎编次，岁久版佚。瑄八世孙士宏偶以旧本示满朝，荐及鹤订定。清杨希闵编有《明薛文清公(薛瑄)年谱》。《薛瑄全集》于1990年纪念薛瑄诞辰六百周年学术思想讨论会前夕经山西人民出版社出版。(以上按语，多征引自《四库全书总目提要》、《中国学术名著提要》及《中国大书典》。)

夏衡卒(1392—)。衡，字以平。华亭人。据《松风馀韵》，衡所著有《樗庵集》。事迹见《太常寺卿夏衡传》(《国朝献征录》卷二二)。

王暹卒(1395—)。暹字景旸，号慎庵。浙江山阴人。永乐十六年进士。著有《王暹奏议》20卷、《慎庵集》40卷。事迹见《都察院右都御史王暹传》、姚夔《资德大夫都察院右副都御史王公暹墓表》(均《国朝献征录》卷六〇)。

张和卒(1412—)。和字节之。苏州府昆山人。穆兄。正统四年进士。未几，以疾还里，从学者甚众。景泰间授南京刑部主事，官至浙江提学副使。既仕犹苦学。著有《秋台清话》、《篠庵论抄》、《篠庵集》10卷。张和、欧阳溥存刊元柳贯纂《柳待制文集》20卷标目2卷附录1卷。事迹见刘昌《按察副使张君和传》(《国朝献征录》卷八四)。

按:读《汉书》必30遍。分修《宋元通鉴纲目》，义例多出其手。

曹冕卒(1425—)。冕字廷端，号可斋。句容人。义子。著有《可斋稿》，见弘治《句容县志》卷六，卷一一其墓表作《可斋集》。

萧镃卒，生年不详。镃字孟勤。江西泰和人。萧翀子。宣德二年进士。入翰林。官至户部尚书、文渊阁大学士，兼翰林院学士。英宗复辟，罢官为民。成化初追复其官。镃学问该博。著有《尚约居士集》等。事迹见《明史》卷一六八《陈循传》附传，雷礼《资善大夫太子少师户部尚书兼翰林院学士尚约萧公镃传》(《国朝献征录》卷一三)。

按:《四库全书总目提要》卷一七五曰:《尚约居士集》，明萧镃撰。"镃为萧鹏举之子，鹏举学诗于刘崧，镃亦不坠其家法。史称其学问该博，文章尔雅。其门人邱濬序，称其文正大光明，不为浮诞奇崛，盖洪、宣间台阁之体大率如是也。"

李敏卒,生年不详。敏字公勉。卒赠太子少保,谥恭靖。河南襄城县人。景泰五年进士。里居时筑室紫云山麓,聚书数千卷,与学者讲习。事迹见《明史》卷一八五本传,张良知《资政大夫户部尚书赠太子少保谥恭靖李公敏传》(《国朝献征录》卷二八)。《中州人物考》称其年六十七。

张琦天顺中登甲第,未几即卒。

按:张琦,生卒年不详。字廷珍。浙江慈溪人。时海盐张宁、余姚魏瀚、嘉兴姚绶俱有才名,人称浙江四才子。事迹见《乾隆宁波府志》卷二六。

龚艮天顺时人。艮,生卒年不详。字熙止。编有《历代甲子编年》1卷,见《千顷堂书目》卷四。

李文祥(　—1493)、陈钦(　—1506)、周季凤(　—1528)、张路(　—1538)、贾咏(　—1547)、陈经纶(　—?)生。

明宪宗成化元年　乙酉　1465年

阿拉贡兼西西里、那不勒斯国王阿方索五世卒。

法国"公益同盟"败法王路易十一,入索姆河流域及诺曼底。

囚英格兰亨利六世于伦敦塔。

二月,雪于少保狱,释其子冕、婿朱骥并王文子宗彝。

按:赵敔为于谦讼冤,从之。敔,生卒年不详。字叔成。常州府武进人。景泰进士。事迹见道光《武阳合志》卷三三。

三月丁巳,幸太学,释奠于先师孔子,始加牲用乐。礼毕,幸彝伦堂,祭酒司马恂、司业张业讲书。

丙寅,孔氏五十九代孙孔彦禧奏乞入国子监读书,许之。(《宪宗实录》卷一五)

五月戊申朔,诏修比干庙。(《明通鉴》目录卷八)

是年,令民间子弟愿入社学者听,贫乏不愿者勿强。

铅活字印刷术传入意大利,罗马建成印刷作坊。

李东阳擢翰林编修。

邱濬擢升侍讲,主试应天。

吴节八月壬午以太常寺少卿兼翰林院侍读学士命为顺天府乡试考官。

柯潜八月壬午以翰林院学士命为顺天府乡试考官。

马绍荣成化初与修《英宗实录》,授中书舍人,历吏部验封司员外郎。

尹直成化初为经筵讲官,与修《英宗实录》。进侍读,历侍读学士。谋为礼部侍郎,为吏部尚书尹旻所格,既而以中旨得之。后任南吏部侍郎。

汪谐成化初与修《英宗实录》,升修撰。

按:历右春坊右谕德。预纂《续资治通鉴纲目》,进右庶子。官至礼部右侍郎。

周洪谟十二月乙亥以翰林院侍读升为侍读学士。

王㒞三月己巳以左春坊左庶子兼翰林院侍讲升为南京翰林院

学士。

李本四月癸未以翰林院编修升为侍读。

张宁、岳正四月出为知府，阁臣李贤尼之。

按：张宁自礼科都给事中出守汀州，使道过家。岳正复修撰，出为兴化知府，选辞归。

倪谦入史局。成化初复职，官至南京礼部尚书。

李应祯在北京官中书舍人，以拒为宪宗写佛经，被责。

夏时正成化初累迁南京大理寺卿。

陈炜成化初选监察御史。

按：有都指挥自英宗时得幸，连起大狱陷无辜。炜与同官疏其奸，谪戍岭表，人皆称快。历江西按察使、右布政使。平反疑狱，为民兴利除弊。

夏寅成化初任江西按察副使专督学政。

按：其教务先德行进。复文信国祠，葺白鹿洞书院，修陶侃读书台，作《拜文公像》一文。后升浙江参政、山东右布政使。

王恕三月以河南布政使司为右副都御史，巡治南阳荆襄流民。五月，恕丁内艰，许奔丧，以请终制，不允。

段坚再请从祀刘静修先生。择郡县子弟800人，教于郡治之书院，刊书于郡庠。十月以荐升莱州知府。

张元祯五月疏陈三事：勤讲学、公听政、广用贤。疏入，以言多窒碍难行寝之。

彭韶成化初以疏论权幸奸邪，两下诏狱。

程万里成化初上破鞑靼毛里孩策，宪宗不能用。

按：官至南京工部右侍郎，以忤汪直，被劾致仕。

项忠成化初言三边大将遇敌逗留，虽云才怯，亦由权轻，请许以便宜行事。所司不用。

刘大夏授兵部职方司主事。

韩雍六月大会诸将于南京，议直捣大藤巢穴。与赵辅等十一月直趋大藤峡口，水陆并进。十二月乙亥朔断大藤峡，改曰断藤。捷闻，雍进都御史，提督两广军务。

按：韩雍作歌自炫。

马文升成化初巡按陕西，助总督项忠镇压满四起事。

卢玑成化初上疏忤旨，谪戍铜鼓卫。

按：卢玑，生卒年不详。字舜臣。浙江松阳人。研究理学有名。著有《贞字补遗》10卷（见《千顷堂书目》卷一一）、《河图衍义》，《经义考》云是书未见。事迹见《古今图书集成》氏族典卷八九。

童轩调浙江寿昌县。

张瓒成化初惩市舶中官福住之党。大臣会荐为广东参政。

陈选迁河南兵备副使；寻改提学。

姚绶成化初为永宁知州，解官归，筑室名丹丘，吟咏其间，人称丹丘先生。

顾琳乞致仕。

> 按：居家15年，闭门读书。顾琳，生卒年不详。字汝玉。江阴人。著有《平反录》、《乡田集》。事迹见《毗陵人品记》。

龚诩作《苦水谣》。记吴中大水。

沈周作《低田妇》诗，记湖民疲于排涝。作《水乡孥子》诗，伤农家小儿。

刘珏绘《骢马南巡图》，莫旦跋之。

许昕中举人。官掖县知县。

> 按：许昕，生卒年不详。字寅东。常熟人。著有《归田集》，见《重修常昭合志》卷一八。

唐镛中举人。官湖广岳州府通判。

> 按：三年，丁艰归。唐镛，生卒年不详。字元振，号海萍。武进人。著有《海萍集》，见唐鼎元《唐氏先世著述考》。

施文显中举人。以经学授徒。

陈钢中举人。授黔阳知县，教民改居丧击鼓歌舞之俗，筑石堤，拓官道。

> 按：改长沙通判，监修王府第，第成，王赐之金帛，不受，请王旧颓材修岳麓书院。工书画。

姚诚中举人。官山西闻喜知县。

> 按：改河南新郑。卒年八十三。姚诚，生卒年不详。字通夫。陕西兰州人。著有《休田集》。事迹见《乾隆甘肃通志》卷三四。

桑悦中举人。会试得副榜。除泰和训导。迁柳州通判，丁忧，遂不再出。

王鏊十六岁，国子监诸生即传诵其文。

王琼七岁，见树影即以手画地曰某字，人呼为天识字。

岳正在福建莆田紫璜山重建涵江书院。

姚旭、曾玑增修江西大余道源书院。

> 按：侍郎叶盛为之记。姚旭，生卒年不详。字景旸。安庆复桐城人。景泰二年进士。官至河南参政。著有《菊潭集》。事迹见《掖垣人鉴》卷八。

李金建广西澄迈秀峰书院。

袁彬纂《北征事迹》1卷。

> 按：七月，诏询袁彬从行事迹。袁彬以锦衣校卫从英宗北征。土木之变英宗被俘后，随侍不少懈。英宗复辟后，深得眷宠。彬具以本末，作《北征事迹》1卷上之，宣付史馆。所述与刘定之《否泰录》大略相似。然有《否泰录》所载而是书阙者，亦间有互异者。《四库全书总目提要》卷五三曰："《千顷堂书目》载此书云：一作尹宣撰。未知何据，似不然也。"袁彬，生卒年不详。字文质。江西新昌人。事迹见《明史》卷一六七。

戈直集解本《贞观政要》刊刻。

> 按：是本流传至今。元戈直据各种古本，校勘、注释并加按语，重新整理，并集唐宋名家儒臣柳芳、欧阳修、曾巩、司马光等22人论断附于篇末，刊于元至顺四年，

是为首次整理本,即戈本。1978年上海古籍出版社以涵芬楼影印元戈直注成化本校点刊行,删去名家评论。

僧宏斌纂《江心志》

按：已佚。见《千顷堂书目》卷八、雍正《浙江通志》卷二五四、《温州经籍志》卷一二著录。本志有知府邵铜序,载乾隆《永嘉县志》卷二三。江心寺在永嘉县江心孤屿,唐咸通时建。

胡居仁是冬作《移居记》。

陈瑛跋《芳洲年谱》。

陈璲卒(1384—)。璲字廷嘉,号逸庵。浙江临海人。永乐七年会试、九年成进士。改庶吉士。以事牵连下狱。释,授检讨,与修《五经大全》诸书。书成乞归。正统初以荐升广西按察佥事提督学政。后改江西,日与诸生讲学,务以见诸践履为先。致仕居家惟以成就后学为务。事迹见《江西按察司佥事陈先生璲墓表》(《国朝献征录》卷八六)。

张思安卒(1387—)。思安字克让,号介轩。无锡人。著有《介轩诗文集》。事迹见《毗陵人品记》本传。

郑文康卒(1413—)。文康字时乂,号介庵。苏州昆山人。正统进士。观政大理寺,寻因疾归。父母相继亡故后,绝意仕进,专心经史。好为诗文。著有《介庵杂录》6卷、《平桥稿》18卷。事迹见《列朝诗集小传》。

毛吉卒(1426—)。吉字宗吉。浙江余姚人。景泰五年进士。著有《观易阙疑》12卷,已佚,见乾隆《绍兴府志》。事迹见丘浚《副使赠按察使谥忠襄毛公吉传》(《国朝献征录》卷九九)。

朱瑾卒,生年不详。瑾字楚琦。宝应人。受业于高昭。初试棘闱不利,辄弃举子业,与邑人周安、施琳偕隐结社。博览群书,尤通《尚书》、《周礼》。景泰时,邑令朱瑗、巡抚都御史王竑荐,辞不就。后会修《天顺实录》、《淮扬志》等。既归,畜双鹤自随,颜其亭曰"驯鹤",日鼓琴其中,乡人称"琴鹤先生"。据《山带阁集》卷二八,瑾所著有《驯鹤亭稿》3卷。事迹见道光《重修宝应县志》卷二二,朱曰藩《宝应朱氏家乘》。

胡九韶卒,生年不详。九韶字凤仪。抚州府金溪人。少从与弼学。凡与弼学有进益,无不相告。诸生来学者,与弼令先见九韶。及与弼殁,门人多转师之。《明儒学案》列其入《崇仁学案》二。事迹见《明史》卷二八二《吴与弼传》附传。

陈中成化初卒。中字舜用,福建莆田人。永乐十九年进士。正统时由南京户部主事留史馆,升本部员外郎。尝与修成祖仁宗两朝实录。事迹见《本朝分省人物考》卷七四,《明诗纪事》卷二一一。

罗凤(—1496)、黄畿(—1513)、王云凤(—1517)、靳贵(—1520)、潘铠(—1520)、李熙(—1524)、余祐(—1528)、冒鸾(—1533)、张简(—1536)、田代三喜(—1537)、姚镆(—1538)、王承裕(—1538)、罗钦顺(—1547)生。

成化二年　丙戌　1466年

_{波兰人取西普鲁士，条顿骑士团衰落。}

正月丁卯，礼部奏请会试禁约。（《宪宗实录》卷二五）

三月甲辰，赐罗伦等353人进士及第、出身有差。

戊申，状元率诸进士诣国子监文庙行释菜礼。礼部请命工部于国子监立石题名。宪宗命太子少保礼部尚书兼文渊阁大学士陈文撰记。（《宪宗实录》卷二七）

五月己卯，禁侵掠古帝王、名臣、忠烈陵墓。（《明通鉴》目录卷八）

八月丁卯，谕祭于谦墓，复其子冕官。（《明通鉴》目录卷八）

_{波斯大不里士蓝色清真寺建成。}

陈献章复游太学。

按：祭酒邢让试以《和杨龟山此日不再得》诗，诗中有"吾道有宗主，千秋朱紫阳。说经不离口，示我入德方"及"枢纽在方寸，操舍决存亡"等句，即警以杨时不如，飏言于朝，以为真儒复出。于是"名振京师，一时名士，如罗伦、章懋、庄昶、贺钦辈，皆乐从之游。"钦复禀学焉。

薛敬之以积廪贡入太学，与同舍陈献章，一时并称。

按：时太学生警其言貌，以为关西横渠复生，由是名动京师。

陈肃与陈献章读书国子监，因师事之。

刘定之二月充礼部考试官。四月奉旨教是科庶吉士习为文章，同教者翰林学士柯潜。十二月丙辰入阁预机务，进本辞职。不允。

邱濬官侍讲。

万安二月充礼部考试官。

黎淳三月丁巳以翰林院修撰升为左春坊左谕德。

陈鉴六月辛亥以翰林院修撰升为侍读。

商辂十二月召令复起。以旧官入阁。

胡居仁二月丁父忧。

李贤三月己酉丁父忧，乞终制，不许。

彭时七月乞归省，许之。

倪谦致仕。

章懋二月会试第一。三月登进士第。三月闰月选翰林院庶吉士

段坚重修郡学。

叶盛再官宣府镇，是年著《枣阶记》。

吴宽以三十余日力手录《山海经》18卷毕事。

邢让迁国子祭酒，督诸生读经，痛惩谒告之弊，忌者甚众。

彭韶以举劾忤旨，下狱，寻释之。

姚夔奏罢南畿及浙江等地诸生纳米入监。

罗伦成进士第一。三月戊申率诸进士诣国子监文庙行释菜礼。三月乙卯授翰林院修撰。五月癸酉抗疏论李贤起复，落职，谪泉州市舶司提举。御史陈选、杨琅皆论救，不报。

李旻成进士。授修撰，历国子祭酒，明习典礼。

文澍成进士。历南京刑部郎中，知重庆府。

按：后迁思南府致仕。文澍，生卒年不详。字汝霖，号橘庵。湖广桃源人。学问淹博，亦善诗文。事迹见《王文成公全书》卷二五。

庄昶成进士。选庶吉士，授翰林检讨。

按：因谏内廷张灯忤旨，谪桂阳州判官，改南京行人司副。以忧归，居定山二十余年。

江沂、张弼成进士。

李杰成进士。改庶吉士，授编修，历南京国子监祭酒。

沈海成进士。官重庆知府。

按：沈海，生卒年不详。字观澜，号葵轩。江苏常熟人。著有《葵轩遗稿》4卷，见康熙《常熟县志》卷二三。

张鼎成进士。授刑部主事。迁员外郎。

陆容成进士。授南京吏部主事。

陆简成进士。授编修，官至少詹事，兼侍读学士。

陆渊之成进士。官至河南布政使。

陈琦成进士。授南京大理寺副，历寺正。

按：擢江西佥事，官至贵州按察司副使。

林瀚成进士。授编修。

柳琰成进士。授户部主事，左迁通判南阳，改广平，稍迁吉安同知。

按：官户部时与长沙李东阳、天台谢铎辈相唱和。

娄谦成进士。

按：曾任御史。出为提督学政。躬自施教，士子受其影响，学风得正。累迁四川布政使。

贺钦成进士。授户科给事中。

按：因亢旱，上章极谏，寻告病归。读《近思录》有悟，乃师事陈献章，不复出仕。

徐舟成进士。官兵部侍郎。

按：徐舟，生卒年不详。字辑之。曹州人。著有《律法详明》，见《千顷堂书目》卷一〇。

黄仲昭成进士。选庶吉士，著《选庶吉士记》。

商良臣成进士。累官翰林侍讲。

蒋谊成进士。授杭州推官，擢御史。屡有劾奏。

韩文成进士。除工科给事中。

程敏政成进士。授翰林院编修。

按：升侍讲，充经筵讲官。复以同修《续资治通鉴纲目》成，升左春坊左谕德，充东宫讲读官。时翰林"学问该博称程敏政，文章古雅称李东阳，性行真纯称陈音，各为一时冠"。(《明史》卷二八六)

何升以贡授曲阳训导。

按：何升，生卒年不详。字寅宾。苏州府吴江人。源孙。著有《归闲稿》，见同治《苏州府志》卷一三八。

王琼八岁，通尚书。

窦昱建浙江萧山道南书院。

黄润玉编《四明文献录》1卷编成刊行。

按：天顺八年始编。为宁波郡祠作。共收35位乡贤，9位任职宁波官员。见《浙江采集遗书总录》著录，系浙江第五次范懋柱呈送书。今未见传本。《四库全书总目提要》卷六一曰："人各有传，并系以赞。据卷末其孙溥跋，盖原本尚有诸人小像。后莫息重刊，以非真本削除之。跋又称是书未出以前，有伪本诧润玉之名以行，润玉知而毁之。"一说成于天顺八年。

邱濬作《赠琼郡林同知序》、《毛宗吉传》、《学拙先生传》、《缴进两广事宜》。

罗伦撰《宋文丞相祠堂记》。

钱溥撰《济川桥记》。

胡居仁续《白鹿洞学规》6则。

按：先是父阅后会事潮阳李龄延主白鹿书院讲席甫定规约，会母丁忧，归，续学规6则。规以6则为大纲，条引经书先儒之言为注，选言精简，非融洽通贯不能，不可视为抄掇语。

木讷作《归田诗话序》。

按：序曰："余同乡宗吉瞿先生早以明经荐，筮仕于仁和、临安、宜阳三邑庠，升国子助教，文名播于篇章，脍炙人口旧矣。复升藩府长史，克胜辅导之任。无何，居闲，寓金台，太师英国张公延为西宾，甚加礼貌。先生不以夷险易心，暇日则笃评古人篇什，取其旨趣微妙者著之。及触景动情，形于吟咏以自遣者，亦录之者凡百二十条，析而为上中下三卷，目曰《归田诗话录》，先生自述其事弁诸首。……"

章懋作《中秋赏月赋》。

张瑄刻元许谦《白云集》。

金铣在广信府任，刻元祝尧所著《古赋辨体》10卷。

多那太罗卒（1386— ）。文艺复兴时期意大利人文主义雕刻家。

陈贽卒（1393— ）。贽字惟成，号蒙轩。浙江余姚人。以荐为杭州府学训导。与修《宣宗实录》，总两浙十一郡事。数迁为广东布政司左参议。官至太常寺少卿。事迹见《太常寺少卿进阶亚中大夫陈公贽墓志铭》（《国朝献征录》卷七〇）。

钱正德卒（1402— ）。正德字维义，号阅耕。无锡人。与钱顺德、钱种德合纂有《钱氏传芳集》。见光绪《锡金县志》卷三九。

廖庄卒（1404— ）。庄字安止，号东山。江西吉水人。宣德五年进士。八年改庶吉士。与知县孔友谅等七人历事六科。官至刑部左侍郎，谥恭敏。所著有《廖恭敏佚稿》等。事迹见《明史》卷一六二，《南京礼部右侍郎廖公庄传》（《国朝献征录》卷三七），袁裹《通议大夫刑部左侍郎赠刑部尚书谥恭敏廖公庄传》(《国朝献征录》卷四六)。

  按：《四库全书总目提要》卷一七五曰："所著有《东山居士集》，日久散佚，惟自序尚存。《千顷堂书目》则载庄《渔梁集》二卷，今亦惟存其自序。是两集皆亡，黄虞稷特据所征各家书目载之耳。"《廖恭敏佚稿》1卷、附录1卷，"此本为庄裔孙仲蔚及其里人李日东所辑，仅奏疏五篇，其大要已见于本传。杂文二十篇，诗五首，则又草草应酬之作，庄固不必藉是以传。《附录》一卷，皆祭文、碑志之属，庄亦不必藉是为重也。"

  李贤卒(1408—)。贤字原德。谥文达。河南邓州人。宣德八年进士。曾奉敕编《大明一统志》。历官华盖殿大学士。著有《天顺日录》1卷、《古穰杂录》3卷、《古穰集》30卷等。事迹见《明史》卷一七六，朱睦㮮《大学士李文达公传》(《国朝献征录》卷一三)。

  按：《天顺日录》1卷，随手记载，于天顺时事颇详。《古穰杂录》，笔记，间抒议论，而述时事者为多。《古穰集》为其婿程敏政所编。凡奏疏2卷，书1卷，记2卷，序3卷，说、题跋1卷，神道碑4卷，墓碑、碣1卷，墓表2卷，墓志2卷，行状、传1卷，祭文、铭箴、赞赋、哀辞1卷，古今体诗2卷和陶诗2卷，天顺日录3卷，杂录奏疏杂文3卷。中多记载时事，亦有足备史乘参核者，未可弃也。(分别见《四库全书总目提要》卷五三、卷一二七、卷一七〇)《明史》卷一七六本传曰："自三杨以来，得君无如贤者。然自郎署结知景帝，超擢侍郎，而所著书顾谓景帝为荒淫。其抑叶盛，挤岳正，不救罗伦，尤为世所惜云。"

  邹智(　—1491)、李晓(　—1494)、陆淞(　—1524)、张琎(　—1531)、夏尚朴(　—1538)、张芹(　—1541)、秦镗(　—1544)、湛若水(　—1560)生。

成化三年　丁亥　1467年

  二月癸丑，礼部奏不许四夷馆私收教习。(《宪宗实录》卷三九)

  是月，御经筵，刘定之请免宣赐酒馔，从之。(《明通鉴》目录卷八)

  三月甲午，命在京三品以上官子孙一人入监读书。(《宪宗实录》卷四〇)

  是月，户部尚书马昂请清理京营文案，陈文谓必得内臣共事，乃荐太监怀恩。

  四月，毛宏等以灾变，请省游宴、赏赐之费，报闻。(《明通鉴》目录卷八)

  五月，荆门州训导高瑶上书，请追崇景泰谥号。下廷议，久不决。(《明通鉴》目录卷八)

  八月丁巳，宪宗御奉天殿。监修官太保会昌侯孙继宗、总裁官礼部尚书兼翰林院学士陈文等率纂修官等官行礼，进《英宗实录》。(《宪宗实录》卷四五)

日本应仁之乱爆发，战国时代始。

土耳其围阿尔巴尼亚克鲁亚。

法国大胆查理继任勃艮第公爵。

陈献章是春自京师南归,时年四十。

商辂三月戊辰召还,以故官兵部左侍郎即太常寺卿兼翰林院学士,内阁参预机务。四月首条时政八事。宪宗深嘉采纳。辂请召还元年以后建言被斥者,于是罗伦等皆复官。惟给事中毛宏请并召王徽等,不许。

罗伦六月以福建市舶副提举复翰林修撰,调南京。

按:与友人章懋、庄㫤、黄仲昭、陈庄阐明道学,慨然有继往开来之志。

章懋十月丁未以翰林院庶吉士擢为编修。十二月辛丑以翰林编修谪临武知县。

按:黄仲昭谪湘潭知县、检讨庄㫤谪桂阳判官,以其谏罢元宵张灯诗词也。以与罗伦言事被黜相先后,人称为"翰林四谏"。

黄仲昭授编修,以谏预作鳌山烟火诗,左迁湘潭知县,以给事毛弘言荐,改南京大理寺评事。

庄㫤官北京,因不奉诏作元宵放灯诗被杖谪任桂阳州判。

孙继宗、陈文等奉敕纂修《英宗实录》八月成,进呈之。

江朝宗是秋与纂《英宗实录》,迁翰林院侍读学士兼东宫侍讲。

胡居仁二月葬父于梅溪下。

邱濬八月升侍讲学士,作《史馆进书诗》。

邱濬母李太夫人奉旨建坊,彭时为《铭》。

彭时二月召还。

段坚以《实录》书成,升授工部右侍郎兼翰林院学士赐白金文绮。复刊《教民俗言》并自序。

刘定之五月受大常寺少卿兼翰林侍读学士。

杨守陈七月丁丑以翰林院编修升为侍讲。

周洪谟八月庚子以翰林院侍读学士升为南京国子监祭酒。

商良臣正月除编修。

王恕二月为左副都御史。

叶盛是秋自宣府召还,迁礼部侍郎,偕给事毛宏按事南京。与陆容等谋共纂元以来本土人诗为《昆山片玉》。

贺钦二月为给事中。

王伟复官。

邢让二月等奏请将学规镌立太学中门外,使师生人等永远遵守。

姚夔等三月甲申奏:修明学政十事,请榜谕天下学校,永为遵守。宪宗是之,皆准行。(《宪宗实录》卷四〇)

吴宽以诗题刻帖匠何东山所制帖。

龚诩有诗《有感》。

沈贞、嘉定马愈等为东禅寺僧题刘钰所著游图,寺僧装为《上方石湖图咏》1卷。

张元祯致仕。

杨一清中乡试。

商良辅十三岁，奉旨荫补国子生。

李敏以浙江按察使丁忧归里，于河南襄城紫云山中建小屋数楹，积书千卷，读书讲学其中，并置学田以供膏火。不久士子云集至屋舍不能容，适侍御史白行中巡历至此，见其隘陋，命知县、教谕等加以改建，名为书院。

按：成化十五年李敏任兵部尚书，列状以闻，诏赐"紫云书院"额。一说成化四年李敏建紫云书院。

日本儒学萨南学派创始人桂庵玄树以居座身份来华朝贡。

按："游于京杭间，出于学校，受朱子学，博窥曹端四书详说，其它注释粹者、潜心玩里，有所不得，辄就巨儒，审询研究，居七年，业大进，内外精蕴，莫不通悟"。

加封张元吉"正一嗣教体玄崇默悟法通真阐道弘化辅德佑圣妙大真人"，掌天下道教事。

孙继宗、陈文等奉敕纂修《英宗实录》及《宝训》成。礼部上《进英宗睿皇帝实录仪注》。

按：进阁臣陈文等官。赐稽考参对官编修李东阳等人白金24两、文绮2表、裹罗衣1袭，各升俸一级。

娄谅始有《日录》册子，记其为学工程，间有所得，辄书数语。

陈顼著《闲中今古录》。

按：见《善本书所见录》卷三。《千顷堂书目》卷一二作2卷。

李溥修、樊莹纂《常山县志》。

按：刊本已佚。见《千顷堂书目》、雍正《浙江通志》卷二五三、康熙《衢州府志》卷二九、光绪《常山县志》卷六六著录。

邱濬作《同寿夏太常八十岁诗序》。

章懋在京，作《送金教授之安庆序》。

柯潜作《归田诗话序》。

按：序曰："盖述其师友之所言论，宦游四方之所习闻，而有关于诗道者。自序其端，藏之于家久矣。其侄德恭、德宣、德润，共谋刻梓以传。德恭之子中书舍人廷用，求余一言志之。"

邵铜作《鸣盛集后序》。

按：序曰："……国朝诗派起于先生。……号称十才子，皆出于其门嗣。……余自出守东瓯，每于听政之暇，览其旧稿，慨然兴思。因详加校勘，补其阙略，缮写成编。乃捐己俸，召工锓梓以传。"

张时启作《抑庵文集续编后序》。

按：序曰："前集公之长子翰林检讨希稷所编，集既锓梓以传矣，四方之士病其讹舛者多，盖有掩卷而叹息者。公之次子存斋居士希诚深知其然，亟取公遗稿精校而重刻焉。篇目虽如故，而讹舛则无矣。是为前集十三卷者也。然公平日于文章不经意，存稿其散在四方而为士林所传诵，固有多于所存者，此希诚所为尤惓惓也。乃广求博访，得公真迹辄录焉，盖积久益多，遂续加编集以刻，是为后集三十七卷也……"

某氏刊《剪灯新话》4卷附录1卷。

王襖撰《承恩寺记》。

沈固卒(1386—)。固字仲威。镇江府丹阳人。永乐间举人。累官户部尚书。著有《耐翁稿》。事迹见《明史》卷一七一《杨善传》附传,《户部尚书沈固传》(《国朝献征录》卷二八)。

吴信卒(1406—)。信字思复,号柚庄。苏州吴县人。琳子。著有《山居杂咏》、《柚庄遗稿》,辑有《洞庭清气集》。事迹见顾亮撰《柚庄老人寿藏铭》。

按:《清气集》辑本乡东西二山人士之作。《太湖备考·书目》卷一四列于吴思政名下,并云有吴惠序。是书辑者,待考。

史珩卒(1414—)。珩,字廷用。苏州府吴江人,著有《宜晚楼集》。《史氏家乘》卷一二载珩所著有《琴谱》2卷。

汤允勋卒,生年不详。汤允绩又名汤胤绩,字公让。凤阳人。汤和曾孙,诸生,少负才使气。工诗。与刘溥等唱酬,景泰十才子之一。著有《东谷集》。据《金陵诗征》卷一四,胤绩所著有《五云漫稿》、《东谷遗稿》13卷,所辑有《风雅遗音》、《蛙池鼓吹》。事迹见《明史》卷二八六《刘溥传》附传。

吴廷举(—1532)、秦金(—1544)、蔡潮(—1549)生。

成化四年　戊子　1468年

法国大胆查理拘法王路易十一。
阿尔巴尼亚斯坎德培卒。

四月,加西僧封号。(《明通鉴》目录卷八)

八月己亥,礼部覆奏邢让成化三年二月所言学政事宜。(《宪宗实录》卷五七)

九月甲申,董旻、胡深等9人受杖。

按:先是以星变求言,六科魏元等上宗社大计,不纳。寻劾户部尚书马昂,于是旻等率同官并劾商辂、程信、姚夔。宪宗怒,因并前劾商辂之御史林诚,皆下狱,既而释之。

是岁,加乌斯藏喇嘛扎巴坚参、扎实巴、琐南坚参国师号。

陈献章复入京师。
尹直七月己巳以翰林院侍读学士命为应天府乡试考官。
邱濬官侍讲学士。
罗伦四月复南京翰林院前职。是年秋,辞疾抵家,卧病养心之暇,苦礼记注说之繁,命门人录其要,以便观览。
商辂十月进兵部尚书。

彭时等六月请遵遗诏合葬皇太后于裕陵。七月言四夷馆教习译写番字事。八月廷议欲以朱永代刘玉，彭时以项忠才能办贼。会忠奏至，亦请勿更调他军，于是永止不行。九月壬申，以地震、星变下诏自责，敕群臣修省，彭时请固根本，均恩爱，为万贵妃宠盛言也。(《明通鉴》卷三一)

按：周太后欲别葬，宪宗不决。于是给事中、御史聚百官哭文华门，得允，乃出。

刘定之五月因久旱风霾进奏四事。中使传旨命刘定之制元宵诗，却立以俟。刘定之据案顷刻成七言四句诗百首以进。十月赐金襄犀带，进礼部侍郎，随兼翰林院学士，内阁办事。进本辞职，不准。十二月，文华后殿经筵讲毕，宪宗赐刘定之二品服。

程万里是秋论御边。

程敏政游梁氏园。

按：以诗约同寅汪伯谐、彭敷五、倪舜咨、李宾之、宋尔章五太史及同年张汝弼驾部倡为兹游。

韩雍是春以两广地大事殷，请分设东西巡抚，报可。

章懋以临武知县、黄仲昭以湘潭知县正月改南京大理寺评事。

按：章懋调临武时，刑科左给事中毛宏具疏乞留，故有是改。

毛宏正月率六科论求章懋等，改为南京评事、行人等官。

庄昶正月以桂阳判官改南京行人司右司副。

王恕二月以巡抚河南、左副都御史为南京刑部左侍郎。

杨鼎十月进户部尚书。

马文升八月为副都御史，巡抚陕西。

段坚往小泉访周蕙不遇，乃留诗而去。

王瑄是春偕王琼前往风峪店头之原谒墓。

按：拜扫毕，王瑄览荒冢之巍然，感謦劾而无闻，爰搦管题七律一章于献殿壁上，以志慨。

倪岳任职翰林院，作《游瓮山寺序》，记京郊是年禊会。

黄仲昭罢翰林谪官南都，偶得闽本《朱文公文集》，因取浙江本校之。

何乔新迁福建按察司副使。

按：邱濬《赠何君廷秀赴福建按察司副使序》曰："矧廷秀励行嗜学，发于文章，典重有法，凡今之政务法比，无不精炼，夫人能知之，予何言？"

桑悦除泰和训导。

吴宽寓南京珍珠桥，作诗赠南京老笔工陆志学。

李锦游成均，友天下士，其学益进，大司邢让深器之，令诸子受业焉。

樊阜中举人。官延平府学训导。

按：樊阜，生卒年不详。字时登。浙江缙云人。著有《樊山摘稿》。事迹见《雍正浙江通志》卷一八二。

郑膏中举人。官吉水县丞。

按：郑膏，生卒年不详。字山龄，号璧庵。苏州府昆山人。文康子。著有《璧庵集》4卷，见《昆新两县续修合志》卷四九。

杨缨中举人。官建昌部导。

按：杨缨，生卒年不详。字士瞻，号立斋。江苏无锡人。著有《蛙吹集》，见《锡山历朝书目考》卷七。

谢迁应浙江乡试不偶，归，益励志进学。

李奇箕年十七，侍叔父官广东，有《鸰原聚乐集记》。

邵宝九岁，受业于某公。

按：邵宝祖、父俱从先生受学，时年七十三矣。先生初出对云：低低粉壁画出万里江山，邵宝应声曰：小小池塘浸入一天星斗，为人传诵。

迁东坡书院于海南琼山府城东。

波西米亚的第一本印刷书籍于比尔森出版。

黄仲昭是秋作《兴化县科第题名记》。

张瓒修、杨寔纂《宁波郡志》33卷刊行。

按：是志修纂于天顺间，刻未半，而张瓒迁去，方逵继任，后由方逵督之，刊成于是年。安福刘釪为之序。

邰阳书堂刻宋宋敏求纂《长安志》20卷，元李好文绘《长安志图》3卷。

程敏政开始编辑《新安文献志》。

按：《新安文献志凡例》见《篁墩文集》卷五九。

罗伦撰《邵武县学复地记》。

邢让刊宋吕本中纂《宫箴》1卷、晋郭璞纂《山海经》18卷。

胡居仁续《白鹿洞学规》6则，著《白鹿洞讲义》。

玉峰书堂刻寇平《全幼心鉴》8卷。

邱濬作《乐素罗公觉非集序》、《石钟山赋》、《德馨堂铭》、《赠廉州邢知府序》、《陈庄靖公哀辞》、《霸州庙学记》、《东莞县儒学记》。

按：《觉非集序》曰："公之孙珙裒集公遗文，得四百五十余首，用公别号名之曰《觉非集》，来京师求予序其首。"

龚诩作《自题于寿藏图卷后》。

何乔新作《同年燕集诗序》。

李龄作《金文靖公文集序》。

按：序曰："今年春，督学至临江，公之冢嗣给事君昭伯始以斯集见示，且俾序其首简。""洪武庚辰，由乡荐登进士第，授户科给事中，恭遇太宗文皇帝即位，首以文名与少师杨公士奇等擢入内阁，参掌机密，弼亮四圣，公忠鲠亮，勋业巍然，而凡典章训诰之制、赋颂诗歌序记之作，温润而清丽，诚足以宣扬皇泽，发明功德，播管弦，垂翰简，以昭一代文明之治于无穷，其有裨于世道也大矣！"

程宗在吉安刻《东坡七集》成。

约翰内斯·古登堡卒（约1396— ）。德国发明家。发明近代铅活字印刷术，研制成功双面印刷机。

弗·斯夸尔乔

吴惠卒（1400— ）。惠字孟仁，号天乐道人。苏州府吴县人。宣德二年进士。擢桂林知府，升广东参政，致仕归。筑宅东山岱心湾。以经义教授乡邦，多所造就，吴中"易学"之盛，皆其渊源。尤善行草。王鏊为纂墓志。著有《奏议》1卷、《海行日记》、《天乐翁集》等。事迹见《广东右参政吴惠传》（《国朝献征录》卷九九）。

卢祥卒（1403— ）。祥字仲和。广东东莞人。正统进士。官至右佥都御史巡抚延绥。有守边功。以迁为吏部所沮,遂归。著有《行素集》,纂有《东莞志》等。事迹见黄佐《金都御史卢公祥传》(《国朝献征录》卷六三)。

陈文卒(1405—)。文字安简,号裴斋,卒谥庄靖。庐陵人。正统元年进士及第。授编修。历云南、广东布政使。及参大政,无所建明,专务请属,睚眦之怨必报,士论鄙之。纂修《英宗实录》总裁之一。另纂有《云南图经志书》等。事迹见《明史》卷一六八,刘定之《资政大夫正治上卿太子少保礼部尚书兼文渊阁大学士赠少傅谥庄靖陈公文传》(《国朝献征录》卷一三)。

刘孜卒(1411—)。孜字显孜。江西万安人。正统十年进士。授御史,出按辽东,擢山东按察使。官至南京刑部尚书。以治行卓异迁左布政使,升右副都御史,巡抚江南十府。仿周忱遗规,斟酌行之。事迹见《南京刑部尚书刘孜传》(《实录》见《国朝献征录》卷四八)。

甘莹卒,生年不详。莹字德辉,号玉骢子,湖广蕲州人。成化四年举人。授福宁知府。抵任数日而卒。平生涉猎经史百家,工诗章乐府。著有《经学至馀》、《风月闲情》等。事迹见光绪《黄州府志》卷一九。

徐穆(1511—)、费宏(—1535)、郑岳(—1539)、徐琏(—1544)、王九思(—1551)生;王启(—1534)约生。

内卒(1397—)。文艺复兴时期意大利帕多瓦派画家。

成化五年　己丑　1469年

二月乙卯,衍圣公孔宏绪有罪,削爵。
三月辛丑,赐张升等247人进士及第、出身有差。
六月,给事中李森上书陈十事。
八月,复御经筵,视午朝。
是月,李森上疏,禁勋戚占民田。(《明通鉴》目录卷八)
 按:时郎中彭韶、御史李琮勘武强武邑田,忤旨下狱。言官论救,得释。

邱濬三月充殿试读卷官。是年丁母忧。
商辂奉宪宗命廷试费訚等250人。
刘珝二月壬辰以太常寺卿兼翰林院侍读学士命为会试考官。
刘吉二月壬辰以翰林院侍读学士命为会试考官。
陈献章复会试下第归。四月东归,章懋作诗勉之。五月至南京谒罗伦。
林光以会试入京,见陈献章于神乐观,语大契。
 按:遂从归江门,筑室深山,往来间学者20年。白沙称"其所见甚是超脱,甚是

卡斯蒂利亚公主伊萨贝拉与阿拉贡的斐迪南二世联姻。

法王路易十一制定《圣米歇尔王诏》。

喀山汗国纳贡于莫斯科。

威尼斯首次建立铅活字印刷所。

完全。盖自李大而外,无有过之者。"(《明儒学案》卷六)

李东阳与同馆谢铎、张泰诸公切靡为诗古文,著《李谢唱和同声集》。当时又以李张并称云。

罗伦九月以南京翰林修撰予告。

按:引疾归隐金牛山。专研经学,建书院,授徒讲学,四方来学者甚众。又与胡居仁、张元祯、娄谅等于弋阳圭峰、余干应天寺等地讲学,开明代书院会讲之先声。一说福建泉州提举市舶使罗伦在虎头山净真观聚集生员讲学,声名大振。

万安五月辛丑以礼部侍郎兼学士入阁。

按:安以与万贵妃联宗,遂被宠,益自固。

王恕丁父忧去。

邢让擢礼部右侍郎。

彭时十月以疾在告。逾三月,诏趣起视事,免朝参。是冬,无雪。奏停采办,抽分以纾民困,宪宗优诏答之。

黄瑜授惠州府长乐县知县。

按:两广兵兴,朝旨不限士之贯籍,惟其贤能则授以牧民之任,黄瑜遂得授。

曹安在云南。

徐有贞游常熟尚湖,舟中为刘珏题所藏宋高克明《雪意卷》。

叶盛有事南京,复北归,登金山,题《泉石生涯》卷。

段坚访隐士周蕙于泰州之小泉。访张杰于凤翔。

韩雍十一月起复总督两广,罢东西巡抚。

童轩擢云南按察佥事,提调云贵学校公务。

章纶正月以朝觐考察与都御史高明议下协,乞与明俱罢,宪宗优容不问。

岳正二月以入觐致仕去。

倪谦复侍郎职。

陈宣以巡抚贵州御史劾奏太监钱能在途索扰,敕禁治之。

卓天锡聘朱昱修郡志,书成未刻。

饶秉鉴罢田归里。

按:志在以诗书安天下,以言济世而不朽,闭门著书。饶秉鉴,生卒年不详。字宪章,号雯峰。江西广昌人,著有《春秋会传》15卷(见《千顷堂书目》卷二:罗伦序其书)、《提要》1卷(大旨以胡传为宗)、《雯峰集》等。事迹见何乔新《雯峰先生饶公秉鉴墓表》(《国朝献征录》卷一〇〇)。

张升成进士第一。授编修。官至礼部尚书。

丁镛成进士。授南京刑部主事,历郎中,出为兴化知府。

按:丁镛,生卒年不详。字凤仪。应天府上元人。性爱佳山水,常寄宿山寺。嗜文学,尤爱诗。著有《石崖集》。事迹见《嘉庆重刊江宁府志》卷三八。

江源成进士。任上饶知县。

按:迁户部主事,历郎中,清慎自持,且有文誉。以忤权贵出为江西按察佥事。擢四川副使乞休归,优游泉石,以诗自娱。江源,生卒年不详。字一原。广东番禺人,著有《桂轩集》。事迹见《光绪广州府志》卷一一八。

杨光溥成进士。授刑部主事。

> 按：时魏国公兄弟仇讦累年，光溥理之即决。后累官山西按察司副使。杨光溥，生卒年不详。山东沂水人。著有《剪灯琐话》、《沂水文集》、《素封亭稿》等。事迹见《万姓统谱》卷四一。

李晟成进士。授宜阳知县，升监察御史。喜谈兵。

吴珵成进士。授南京工部主事。

> 按：历员外、郎中，性好学，诗文未尝属草，画山水法戴进。卒年五十二。吴珵，生卒年不详。字元玉，号石居，晚号青龙上人。苏州府吴江人。著有《石居遗稿》。事迹见《吴江县志》、《金陵琐事》。

邵珪成进士。授户部主事。

周瑛成进士。任广德知州，以有善政，赐敕旌异。

周孟中成进士。累迁广东布政使。

高铨、李昊成进士。

祝澜成进士。授兵科给事中。

> 按：以奏请修人事以弭天灾等十余事，忤旨，谪为安州判官。后起国子监丞，再谪为云南布政司经历。祝澜，生卒年不详。字有本。江西德兴人。事迹见《万姓统谱》卷一一一。

费訚成进士。授编修，累迁国子监祭酒。

奚昊成进士。授刑部主事，精律法，有片言折狱誉。

> 按：进员外郎、郎中，数治重狱，皆称旨。

屠勋成进士。授工部都水主事，分司请江浦。历刑部郎中。

董越成进士。授编修。

瞿俊成进士。由御史迁广东按察副使。

程希隆（一说程希）建安徽休宁县率溪书院，为程氏家塾。

易居仁建安徽天长始兴书院，后改为社学。

> 按：易居仁，生卒年不详。泰和人。天顺进士。

苏致中建江西九江靖忠书院。

李昂建山东青州松林书院。

山东沂水建沂水书院。

> 按：又名东皋书院，副使杨光溥读书处。

刘济建河南郏县青云书院。

张真人元吉四月有罪下狱。

李东阳作《送四川按察副使彭君序》、《送周扬州序》。

罗伦作《与陈直夫书》。二月作《题未轩诗》。是春作《山阴居兰陈先生哀辞》。五月作《送白沙先生诗序》。

赵琬撰《重修魏村闸记》。

> 按：一说赵琬卒于1451年。详见是年条。

邱濬于馆阁群书中手抄《曲江武溪集》，作《怀乡赋》、《赠曲靖蔡知府序》、《送徐庶子归省序》、《寿占藤两傅先生序》。

谢庭桂、朱维刊薛瑄所著《河汾诗集》8卷。

倪谦刻所著《辽海编》4卷。

刘效据昆山卫靖旧所得之杨维桢《古乐府》稿本,为校订刊行。

弗拉·菲利波·利比卒(1406—)。文艺复兴时期意大利佛罗伦萨派画家。

龚诩卒(1382—)。诩一名翊,字大章,号纯庵,苏州昆山人。龚詧子,门人私谥为安节。正月癸未,整衣端坐诵大学首章而逝。著有《野庵事宜》、《野古集》3卷附录1卷、《龚安节先生遗文》1卷。事迹见《明史》卷一四三《牛景先传》附传,龚绂《龚安节先生(龚诩)年谱》,《龚大章先生诩传》(《国朝献征录》卷一一六)。沈鲁《钝庵先生墓铭》。

按:《野古集》,据《四库全书总目提要》卷一七〇:"是集乃崇祯乙亥其八世从孙挺所刻。前有李继贞序,称删其十之二三。""末附《上周忱书》及王执礼、张大复等所作《家传》、《墓志》、《谥议》、《像赞》等篇。"诩族侄绂编《龚安节先生年谱》1卷,附《野古集》后,《又满楼丛书》有单刻本。《龚安节先生遗文》1卷,赵诒翼、赵诒琛辑录。

吴与弼卒(1391—)。与弼初名梦祥,字子傅。吴溥子。江西崇仁人。专治程朱理学,不应科举。所著语录体《日录》1卷,悉言生平所得。学者称康斋先生,胡居仁、陈献章、娄谅等均其弟子。《明儒学案》列其入《崇仁学案》一。著有《康斋文集》12卷。事迹见《明史》卷二八二,《列朝诗集小传》丙集,娄谅《吴康斋先生与弼行状》(《国朝献征录》卷一一四),清杨希闵《吴聘君(吴与弼)年谱》。

按:据《明史》本传,与弼始至京,李贤推之上座,以宾师礼事之。编修尹直至,令坐于侧。直大愠,出即谤与弼。及与弼归,知府张瑄谒见不得,大恚。募人代其弟投牒讼与弼,立遣吏摄之,大加侮慢,始遣还。与弼谅非弟意,友爱如初。编修张元桢不知其始末,遣书诮让,有"上告素王,正名讨罪,岂容先生久窃虚名"语。直后笔其事于《琐缀录》。又言与弼跋亨族谱,自称门下士,士大夫用此訾与弼。后顾允成论之曰:"此好事者为之也。"与弼门人后皆从祀,而与弼竟不果。所著《日录》,悉自言生平所得。其门人最著者曰胡居仁、陈献章、娄谅,次曰胡九韶、谢复、郑伉。与弼自认其理学得自朱学,强调存天理去人欲,而读书在于反求吾心,则近于陆学之涵养本心。黄宗羲尝僭评一时诸公:"薛文清多困于流俗,陈白沙犹激于声名,惟先生醇乎醇"云。于《明儒学案》列为卷首,以为虽"一禀宋人成说",然开心学之端,经陈献章而王守仁,蔚为大观,"吁戏!椎轮为辂之始。增冰为积水所成。微康斋,焉得有后世之盛哉!"刘宗周称吴与弼之学,"多从五更枕上汗流泪下得来"。"与弼之学,实能兼采朱、陆之长,而刻苦自立。及其门陈献章得其静观涵养,遂开白沙之宗;胡居仁得其笃志力行,遂启余干之学。有明一代,两派递传,皆自与弼倡之,其功未可尽没也。"从此衍变为王守仁心学之"发端"(王守仁即从娄谅与陈白沙门人湛若水问学)。吴与弼"刻苦自立",只求心得,"不事著述"。故著作不多。《康斋文集》,又称《吴康斋先生集》。是集含《日录》、奏疏、书帖、跋等5卷,诗7卷。其中《日录》为其日常"学之所得",章衮以之为"一人之史,皆自言己事,非若他人以己意附成说,以成说附己意"。《康斋文集》主旨"涵养道性本原"。弘治七年由吴泰刊印。后多次重版。《四库全书总目提要》卷一七〇曰:"其集初刻于抚州,凡四卷,岁久漫漶。此本乃崇祯壬申江南提学副使陈维新所刻。"分为诗七卷,奏疏、书、杂著一卷,序一卷,记一卷,目录一卷,跋、赞、铭、启、墓志、墓表、祭文一卷。其诗自永乐庚寅至正统辛酉,皆编年。以下则有《洪都稿》、《游金陵稿》、《适上饶稿》、《金台往复稿》、《西游稿》、《适闽稿》、《东游稿》、《东游饶州稿》诸名，而所注某稿止此之后，又有附赘之诗，盖亦以编年续入者也。与弼出处之间，物论颇有异同。尹直作《琐缀录》，诋之尤力。"清康熙年间将《日录》汇入《广理学备考》，称《吴先生集》。研究《康斋文集》之著作有：黄宗羲《明儒学案·崇仁学案》，《宋明理学史》等。

又按：郑伉，生卒年不详。字孔明。浙江常山人。诸生。与兰溪章懋、开化吾畀为友。弃科举业，往江西崇仁师事吴与弼。学成辞归，日究诸儒论议，一切折衷于朱熹之学，痛恶佛、老。《明儒学案》列其入《崇仁学案》二。著有《易义发明》、《读易管见》、《观物馀论》、《蛙鸣集》、《卦赞》，诸书载《常山志·艺文》。多烬于火。事迹见郑善夫《敬斋郑先生伉墓表》(《国朝献征录》卷一一四)。(以上按语多征自《明史》、《明儒学案》、《四库全书总目提要》、《中国学术名著提要》及《中国大书典》、《中国明代思想史》等)

苏正卒(1402—)。正字秉贞，号云壑。浙江海宁人。少从修撰张洪习举子业，不久弃去。名"景泰十才子"之列。著有《云壑集》。事迹见《明史》卷二八六《刘溥传》附传。

尤谦卒(1404—)。谦字士谦，号菊轩。无锡人。著有《梅花书屋全稿》。著有《枕肱吟》4卷、《傍锄漫稿》4卷，见《锡山历朝书目考》卷二。

刘定之卒(1409—)。定之字主静，号呆斋。江西永新人。刘髦子。谥文安。正统元年会试第一，殿试及第。授编修。官至礼部左侍郎。学问渊博，善文工诗。著有《易经图释》12卷、《宋论》3卷、《否泰录》、《策略》10卷、《呆斋集》等。事迹见《明史》卷一七六，彭时《嘉议大夫礼部左侍郎兼翰林院学士赠礼部尚书谥文安刘公定之神道碑》(《国朝献征录》卷一三)。

按：《宋论》，取宋史自太祖迄卫王事迹，每条节文提要，各为论于其后。《四库全书总目提要》卷八九以为"持论颇正，故郑瑗《井观琐言》以为胜于《宋史笔断》。然亦取太宗弑夺之说，至谓尼玛哈为太祖复生。委巷鄙言，何可训也。"《否泰录》1卷，据《四库全书总目提要》卷一三七，记英宗北狩之事，自言参用杨善《奉使录》、钱溥所述《袁彬传》。所记讫于英宗初归之时，未叙及后来丁丑复辟之事。据《四库全书总目提要》卷一七五，《呆斋集》45卷，前稿16卷，存稿24卷，皆分类编录，如《代祀录》、《永新人物录》、《经筵讲章》、《策略》皆在其中。而乡会三场试卷亦皆附列。续稿5卷，则成化乙酉以后所作，不复分类，以一岁为一卷。据《明史》卷一七六本传，定之谦恭质直，以文学名一时。尝有中旨命制元宵诗，内使却立以俟。据案伸纸，立成七言绝句百首。又尝一日草九制，笔不停书。有质宋人名字者，就列其世次，若谱系然，人服其敏博。

王伟卒，生年不详。伟字士英。湖广攸县人。正统元年进士，改庶吉士。授户部主事。累擢为兵部右侍郎。著有《诗学正蒙》等。事迹见《明史》卷一七〇《于谦传》附传，《兵部右侍郎王伟传》(《国朝献征录》卷四〇)。

按：《四库全书总目提要》卷一七五曰："伟所著有《诗学正蒙》，久已散佚。其《桐山文集》，繁昌吴琛序刻之，今亦未见。"《桐山诗集》，"凡诗九卷，又以伟《引疾告归疏》及赠行之作为《附录》一卷，乃其弟杰所录，其子添桢所重刊出。"

石璞卒，生年不详。璞字仲玉，河南临漳人。永乐九年举于乡，入国子监，选授御史。累迁兵部尚书。天顺间召为南京左都御史，年老不能任事。事迹见《明史》卷一六〇,崔铣《资政大夫南京都察院左都御史临漳石公璞传》(《国朝献征录》卷六四)。

伦文叙(—1513)、毛宪(—1535)、胡铎(—1536)、陈沂(—1538)、赵永(—1548)、钱琦(—1549)、孙懋(—1551)生。

成化六年　庚寅　1470 年

奥斯曼帝国取希腊优卑亚岛。

法王路易十一及瑞士盟。

英王亨利六世复位。

二月辛未,宋旻等4人巡视畿南、浙江、河南、四川、福建,考察官吏,访军民疾苦。

按：藩有巡抚省分者,不遣尚书。白圭议也。

七月戊子,礼部申明监生拨历事例。(《宪宗实录》卷八一)

是夏,都给事中邱宏请自今遇灾,抚、按核实,即予蠲除。又请没中官赀以振饥民,宪宗不许。请驱除游僧,放百兽房所蓄禽兽以省冗食。疏上,报闻而已。(《明通鉴》目录卷八)

是年,宪宗欲建佛阁于西山,六科给事中言四方旱涝相仍,不宜以无名之工起不急之务。命已之。

给事中潘荣请弭灾变,言甚恳切,宪宗不能用。

巴黎首设印刷作坊。

葡人入西非圣多美岛。

尹直以侍讲学士请修《大时通典》,并续成《宋元纲目》。章下所司行之。

孙贤与修《英宗实录》成,进太常卿,兼侍读学士。

按：以家艰还。服满后命以学士掌翰林院事,即引疾归。

范理、商辂、姚夔、杨守陈、卢楷及杨守阯浙江解元同仕于朝者始邀为六元文会。

姚夔为吏部尚书,邹干进礼尚代夔。姚夔请遣使振恤,从之。

按：六月,顺天、河间、永平诸府大水,民食草木殆尽。

刘玉还京师,章懋感当年同选为庶吉士者24人或夭或谪或去而慨。

章懋迁福建佥事。

邱濬为母守制。

张悦十二月己未以江西按察司佥事调浙江提调学校。

韩雍正月乞终制,不许。

陈音三月以编修上书,请御经筵,斥异教。又请召李秉、罗伦、王徽、章懋等,忤旨,切责。

彭时请免夏税、盐钞及太仆寺赔课马。又以京师米贵,乞发仓储平粜。诏所司行之。

按：五月丙申，振畿南及山东、河南饥。

彭韶升四川按察副使。

杨守随以巡按江西御史疏陈六事，时不能用。

夏时正是春以南京大理巡视江西，除无名税 10 余万石，奏罢不职官吏 200 余人，汰诸司冗役数万，增筑南昌江堤等，民赖其利。

叶盛七月丙戌命振畿内饥民。

罗伦自广昌归邓淮，并为其画象作记，作有《牧庵先生画象记》。

史鉴作《黜陟使》、《征租吏》、《衹候人》等乐府诗 3 章，刺当时败行官吏。

倪谦住宅遭火，稿失甚多。

庄昶由南京归乡。

张珹偕太仆寺丞金湜使朝鲜，赠一品服。

按：还朝，未几卒。张珹，生卒年不详。字世琏。泰兴人。博究群籍，旁通轩岐之言。著有《西庄遗稿》（见嘉庆《泰州县志》卷五）等。

张成德贡生，官南充县。

按：张成德，生卒年不详。字溰，号逊志，又号北野。浙江仙居人。著有《史略窃言》8 卷，见《浙江通志》及《台志》，已佚。又有《逊志存稿》亦佚。

黄瑜初视篆，见邑学卑隘，首捐俸 30 石为之倡迁建于城东。政暇，则至学与师生讲论经史。

沈周作图写萝卜、紫茄、笋，并著《三苏生传》。

王琼十二岁，自是伏案读书至为勤恳。

陈献章作《东晓序》。作《伍光宇卜筑白沙为读书之所七绝》2 首、《吴村吊庄节妇墓五律》2 首。九月序《李文溪集》。是秋作《谏潘季亨诗序》、《书孔高州平贼诗卷后》。

商辂是冬作《六元文会诗序》。

周瑛作《僧倪廷瞻知怀庆府序》。

陈喆辑是年诗为《北游纪行集》。

按：陈喆，生卒年不详。字成夫，号雪崖居士。江苏常熟人。隐居好学。《北游纪行集》见《千顷堂书目》卷八。另著有《春秋胡传集解》30 卷、《居官一览》、《沥胆录》、《家话》、《雪崖集》1 卷等，见《重修常昭合志》卷一八。

何乔新作《鼓山纪游诗序》。

彭时作《两溪文集序》。

按：序曰："其子广东参政铖、浙江副使釫，相与类集公文，锓梓以传，属时序之。"

张瑄作《两溪文集后序》。

按：序曰："先生盖余试礼部时同考官也。……若夫先生之平生履历、出处大节，则有彭、刘两阁老之文在，益足以信后传远。"

童轩刻所著《枕肱集》20 卷。

刘基《诚意伯文集》（成化本）刊刻。杨守陈作《重梓诚意伯刘先生文集序》。

> **按**：序曰："国初诚意伯刘公伯温，尝著《郁离子》五卷、《覆瓿集》并《拾遗》二十卷，《犁眉公集》五卷、《写情集》暨《春秋明经》各四卷，其孙廌集御书及状序诸作曰《翊运录》，皆锓梓行世。然诸集涣耐无统，板画久而湮埋，学者病之。巡浙御史戴君用与其采薛君谦、杨君琅谋重锓，乃录善本，次第诸集，而冠以《翊运录》，俾杭郡守张君僖成之，属守陈序。……"

夏昶卒（1388— ）。夏昶榜姓朱，名昶。字仲昭，号自在居士，又号玉峰。苏州府昆山人。永乐十三年进士，改庶吉士。官至太常寺卿，直内阁。据《无声诗史》卷一，昶所著有《居易稿》等。事迹见《明史》卷二八六《王绂传》附传。

方勉卒（1393— ）。勉字懋德。徽州府歙县人。永乐十三年进士。授监察御史。出按浙江回。力言浙江急务莫切于防倭。后果如所言。官至湖广参议。著有《怡庵集》。事迹见《湖广布政司右参议方公勉行实》（《家乘》见《国朝献征录》卷八八）。

王来卒（1395— ）。来字原之。浙江慈溪人。宣德二年以会试乙榜授新建教谕。官至南京工部尚书。著有《抑庵奏议》。事迹见《明史》卷一七二，《南京工部尚书王来传》（《国朝献征录》卷五二）。

赵谧卒（1412— ）。谧字子安，号真斋。陕西泾阳人。景泰二年进士。任户部主事。累迁江西布政使司左参议。著有《真斋集》。事迹见张元祯《江西布政司左参议赵谧墓碣》（《国朝献征录》卷八六）。

陈泰卒，生年不详。泰字吉亨。福建光泽人。永乐二十一年举人。除安庆府学训导。官进右副都御史。著有《拙庵集》。事迹见《明史》卷一五九，《都察院右副都御史陈泰传》（《国朝献征录》卷五九）。

唐寅（ —1523）、黄琮（ —1524）、丰熙（ —1537）、皇甫录（ —1540）、方鹏（ —约1541）、吴山（ —1542）、吴昂（ —1544）、文征明（ —1559）生。王盘（ —1530）约生。

成化七年　辛卯　1471年

英格兰国王亨利六世遇弑于伦敦塔。

印加王图帕克·尤潘基登位。

二月丙寅，放国子监愿回依亲监生赵恕等三百余人。

癸酉，刘泰等国子监生奏欲减历事月日。（《宪宗实录》卷八八）

三月，朱永等破寇于怀远等堡，寻上《战守二策》。

五月己亥，礼部言："袭封衍圣公孔弘泰奉命在国子监读书习礼一年，今已届期，乞遣归奉祭。"命仍留之。（《宪宗实录》卷九一）

> **按**：李东阳撰有《衍圣公孔弘泰墓志铭》（《国朝献征录》卷六）。

八月乙丑,开设浙江太平县阴阳医学。

十二月甲戌,彗见天田,西指。下诏自责,敕群臣修省。(《明通鉴》目录卷八)

壬午,宪宗避正殿,撤乐、御奉天殿。召见大臣彭时、商辂等,言未毕,而万安遽叩头呼万岁出。中人传笑,以为万岁阁老。

胡先生过白沙与陈献章青灯叙旧。陈百病交攻,胡教以心驭气之术。

李立武是春过白沙访陈献章。

陶元素主浙江、河南乡试。

按:是年与天顺三年两主浙江、河南乡试。陶元素,生卒年不详。字希文,上元人,教授为生。著有《史镌》、《华山杂著》、《松云稿》、《万竹山房稿》。事迹见《金陵通传》本传。

章懋六月以三载考绩乞归省。

李昊三月癸未为翰林检讨,侍忻王读书。

商辂是冬以慧星出天田,疏辞职,因条时政七事以上,宪宗深然之论,曰:"卿等宜益勉佐理。"(《明通鉴》卷三二)

彭时上政本七事,姚夔率同官陈二十八事,谕德王一夔(谢一夔)上言五事,皆不能用。

按:王一夔应诏陈正宫闱、亲大臣、开言路、慎刑狱、诚妄费五事,被旨切责。

刘玑建言设左右起居注之官。

王恕十月乙亥以刑部侍郎总理河道。浚扬州河450余里,役9万余人。

邢让三月坐前在国子监用会馔钱事,与祭酒陈鉴并除名。

按:初,让在太学,力以师道自任,修《辟雍通志》,督诸生诵《小学》及诸经,痛惩谒告之弊。时以此见称,而名位相轧者多忌之。至是以国子监用会馔钱事,劾后祭酒陈鉴等,并追论让前在监中同罪,坐死。诸生诉阙下请代,复诏廷臣杂治,卒论死,赎为民。

余子俊正月巡抚延绥,始建边墙议。

岳睿超擢右佥都御史,巡抚辽东。

柯潜以守制辞祭酒职。

曹安在云南。

周瑛出知广德州。

张杰聘摄城固学事,亦谢不出。

段坚作《旄头唫》。

倪岳作纪事诗,记南京苦雨,民困。

叶盛在北京,作《西兵未解,城中时疫死亡相枕藉》诗。

张泰入翰林院,作讽时诗《天上何所有》。

黄仲昭自南都归省,著《东里黄都史出嗣阮庵记》。

刘珏、沈周、史鉴、陈蒙同访杭州,阻雪嘉兴。珏作《临安山色图》。

按:陈蒙,生卒年不详。字允德,号育庵,别号东邱道人。太仓人。《寓意录》载

葡人入取普林西比岛。

蒙所著有《泛雪集》(又见《千顷堂书目》卷二〇、《列朝诗集小传》丙集)、《育庵集》(又见宣统《太仓州志》卷二五)等。

史鉴著宝石山、鄂王墓、三天竺、凤篁岭、六通寺等十记，叙杭州游。

马文升五月抚陕西，修茶政，易番马。

王镐中举人。

按：历任南京刑部主事、南昌武宁知县、常宁知县等职。

王鹏中举人。知衡州府。

按：王鹏，生卒年不详。祥符人。著有《洗冤叙述录》，见《千顷堂书目》卷一〇。

石璟中举人。屡应会试不第。专事教学。学有渊源。

按：石璟，生卒年不详。字廷用。凤阳府临淮人。及卒，门人私谥贞文先生。事迹见《安徽通志》卷二二一。

张公悦临邑考校，擢置案首，大器谢迁。谢迁乡试又不偶。

王琼读书晋祠。

黄畿七岁，善属对解鼓琴风姿娟娟如琼瑶，见者呼为玉童子。

王承裕七岁，能诗。

杨纲撤慈光寺，全改为曹公书院。

邵有良重建四川蒲江鹤山书院。

雅各布·奥布雷克特作成《马太受难曲》。

陈献章九月作《寻乐斋记》，《送张方伯诗跋》。《绿围伍氏族谱序》。十二月代兄作《请期启》，凡2篇。

周瑛知广德，撰《医隐记》。

南京承恩寺僧著《大明律疏义》31卷刊刻。

胡居仁作《复于先生书》。

王恕八月撰《书西园草亭碑下方》、《书荣寿堂碑下方》、《增修观音禅寺记》。

北京永顺堂刊《新刊全相唐薛仁贵跨海征辽故事》与《新编说唱全相石驸马传》。

唐李翱著《李文公集》刊刻。

托马斯·马洛礼卒(约1417—)。英国作家。著有英国尔部散文作品《亚瑟王传奇》。

魏骥卒(1374—)。骥字仲房，号南斋，晚号平斋。卒谥文靖。浙江萧山人。永乐中，以进士副榜授松江训导。召修《永乐大典》。官至南京吏部尚书。著《通记》、《松江府志》、《萧山县水利事述》、《南斋摘稿》。事迹见《明史》卷一五八，《南京吏部尚书魏骥》、《维风编》(均《国朝献征录》卷二七)，毛奇龄《明南京吏部尚书荣禄大夫谥文靖魏公传》(《西河合集》卷七三)。

按：《萧山水利事述》已佚。见《千顷堂书目》著录。乾隆《绍兴志》载：骥以尚书家居，凡邑中水利兴废，利害所关，塘闸堰坝共16所，勒为成书，授门人御史何舜宾。舜宾清理湘湖，忤邑令邹鲁，被陷死，婿福建副使富铉，以此书并事迹及禁革湘湖榜例皆刊板。《南斋摘稿》10卷，《四库全书总目提要》卷一七五曰：是编为其孙婿福建布政使钱塘洪钟所编。前集4卷，两京居官时所作；后集6卷，自景泰辛未归田至成化辛卯所作。身历七朝，各有著述。前有钟序云："公为文，一本诸性情所发，初不事雕刻，务奇巧。其稿具存，皆公亲书。但其简帙浩繁，未易偏刻。再阅原稿，凡题上有点注者，皆公墨迹。玩其词意，皆有益于事者也。因摘取以付梓，名曰《摘稿》。"黄虞稷《千顷堂书目》别载有骥前后集20卷，盖其未摘之全稿。今未见传本，其存佚不可考。

吴凯卒（1387— ）。凯字相虞，号冰蘗道人。苏州府昆山人。诸生，以能书与修《永乐大典》，书成，取赏而还。永乐十七年举人。景泰中授刑部主事，改礼部，以母老乞归。事迹见叶盛《礼部主事吴公凯墓志铭》（《国朝献征录》卷三五）。

郑观卒（1390— ）。观字尚宾，改字允巽。常州府武进人。宣德中以儒士荐举，为柳升家塾师。升死，特旨授官训导，仍馆柳家。明列侯之第有训导者，自观始。历监察御史，升广西按察佥事。事迹见王玘《广西按察佥事郑先生观墓碑》（《国朝献征录》卷一〇一）。

李绍卒（1407— ）。绍字克述。江西安福人。宣德八年进士。改庶吉士，授翰林检讨。升修撰。天顺间擢礼部侍郎。自壮至老，未尝一日去书。事迹见《明史》卷一六三《邢让传》附传，彭时《通议大夫礼部右侍郎安成李公绍神道碑》（《国朝献征录》卷三五）。

陈鉴卒（1415— ）。鉴字缉熙。苏州府长洲人，寓在辽东盖州。正统十三年进士，官翰林学士。使朝鲜，还任国子祭酒。以前任邢让用会馔钱事，牵连下狱。免官归。著有《介庵集》等。事迹见吴宽《朝列大夫国子祭酒陈公鉴墓志铭》（《国朝献征录》卷七三）。

岳璇卒（1420— ）。璇字文玑。开封府祥符人。景泰二年进士。授御史，出任湖州知府，迁山东左参政。超擢右佥都御史，巡抚辽东。著有《仕优小稿》。事迹见李濂《佥都御史岳公璇传》（《国朝献征录》卷六三）。

邢让卒（1427— ）。让字逊之。山西襄陵人。举于乡，入国子监。为李时勉所器，与刘珝齐名。正统十三年进士。改庶吉士，授检讨。修《英宗实录》、《辟雍通志》。竟以在国子监用会馔钱事坐死，赎为民。著有《国子监志》、《辟雍稿》。事迹见《明史》卷一六三，《礼部左侍郎邢让》（《国朝献征录》卷三五）。

黄琮（ —1525）、胡瓒（ —1529）、李昆（ —1532）、顾潜（ —1534）、许诰（ —1534）、李时（ —1538）、汪佃（ —1540）、柴奇（ —1543）生。

成化八年　壬辰　1472年

三月癸丑，赐吴宽等251人进士及第、出身有差。

法王路易十一

及法国大胆查理战。

莫斯科大公伊凡三世娶拜占庭帝国索菲亚公主为妻。

巴伐利亚公爵创办慕尼黑大学。

戴特里奇·平宁入今纽芬兰岛。

葡人入抵今西非贝宁。

五月辛酉，裁革湖广夷陵州儒学训导二员。

七月，敕修隆善寺成。工匠皆授官，写碑者进秩工科给事中。王诏力谏，不报。（《明通鉴》目录卷八）

十月己丑，开设福建永安县医学。

李东阳二月乞归展墓，许之。初识吴宽。

按：李东阳作《留别京中诸友诗》。吴江大雨成灾，洲沉岛没，李东阳经过，作《风雨叹》。

商辂三月奉命廷试吴宽等，四月赐诰命阶资政大夫兵部尚书兼翰林院学士。

彭时、姚夔三月命为殿试读卷官。

万安二月癸酉以礼部左侍郎兼翰林院学士命为会试考官。

胡居仁复访娄谅于闽中，相与极论，累日所得匪鲜，撰《芸阁记》。

王恕以刑部左侍郎奉敕巡视河防，撰《重修江海潮神祠记》。

陈献章作诗《壬辰九日圭峰作七律》。陈献章六月作《告伍光宇文》，为外兄何经作《处素记》。十二月撰《番禺何廷矩母周氏墓志铭》。

阎禹锡六月丙戌擢为监察御史，提调北直隶学校。

罗伦疾稍愈，以族属未化，谕之以约束，本之律令，乡人化之。

丘霁十月具书诣门请乡饮，杜琼固辞之。

马文升九月邀击套寇于韦州，败之。

叶盛赴宁夏，作《初至宁夏》诗。

按：叶盛正月以侍郎遣巡边。宪宗因白圭议大举，盛主守而圭主谋出师，议遂寝。二月，白圭以搜套，调兵10万，以输饷责之河南、陕西、山西民，不给则预征来年赋。给事中梁璟、侍讲倪岳力言不可行，不纳。会叶盛自边还，搜套议亦寝。

史鉴作《饮马长城窟行》，记鞑靼侵平凉，西师抵御不利。

按：鞑靼僧嘉策凌以女妻们都尔，立为可汗，策凌自为太师。

张弼、李应祯、邵珪、李杰等在京，作《灯夕联句》。

沈贞以诗自题73岁小像。

杨守随是冬以灾异陈时政七事。

姚夔九月以江浙大水，请敕廷臣共求安民弭患之策。

夏埙以右副都御史巡抚四川，在蜀二年，善听断，民不冤。

段坚七月改授河南南阳府知府。十月创志学书院于河南南阳郡城之西。

按：改尼寺为之，取志伊尹之志、学颜渊之学之义而命名。建讲堂、左右斋房，斋东凿井建亭，院植莲花青竹，占地十六亩之多。聚俊秀子弟500余人，聘内乡柴升等5人为师，讲授"五经"及诸儒遗书。每年两次由主教者在大成殿、企德堂主持祭祀。一说在河南南阳以僧寺改建豫山书院。

劳钺官至湖州知府，建府学，纂府志。

黄瑜致仕。

吴宽会试、廷试皆第一。授修撰。侍孝宗东宫，进讲闲雅详明。

刘震成进士第二。授翰林编修，进侍讲，累迁南京国子监祭酒。
按：严课试，济寒士，节公用以修南监舍。
文林成进士。历知永嘉、博平二县，迁南京太仆寺丞。
按：建言时政十四事。告归数年，复起知温州府。
邓庠成进士。擢御史。
司马垔、张昺成进士。
乔缙成进士。授兵部主事。
按：后擢四川参议。
任彦常成进士。除南京户部主事，历任福建按察司佥事、提督学政。
按：致仕归，与金冕、沈庠等12人游，结诗社，题曰"清恬雅会"。任彦常，生卒年不详。字吉夫，号克斋。上元人，南京江阴卫籍。著有《克斋稿》。事迹见《千顷堂书目》卷二〇，《金陵诗征》卷一五，陈镐《福建按察司佥事陈公祚墓表》(《国朝献征录》卷九〇)。
华清成进士。授苏州府推官，以耿直免官。
按：华清，生卒年不详。字廉夫。湖广应城人。工诗，兼擅书画。著有《西山集》。事迹见《万姓统谱》卷一〇五。
刘宇成进士。任上海知县，入为御史。
阴子淑成进士。知荆门州。兴学校。建陆九渊祠。
按：累迁江西按察使。阴子淑，生卒年不详。字宗孟。成都府内江人。秉衡子。事迹见《古今图书集成》氏族典卷三六四。
孙需成进士。累官为南京御史。
按：以劾僧继晓忤旨，被廷杖，出为四川副使。
杨一清成进士。授中书舍人
吴郁成进士。授工部主事，历官郎中，有廉能声。
按：官至云南布政司左参议，分守安普道，施政宽猛相济，各族悦服。吴郁，生卒年不详。字文盛，号冰潭。徽州府休宁人。著有《冰潭稿》。事迹见《万姓统谱》卷一〇。
吴文度成进士。授龙泉知县。
按：征授南京御史，以妖僧继晓事被杖。后为汀州知府。
张稷成进士。授御史，监光禄寺，巡按福建。
陈理成进士。
按：陈理，生卒年不详。江苏溧水人。著有《音点春秋左传》16卷。现存弘治十四年陈理徽州府学刻本，见《明代版刻综录》卷七。
赵英成进士。授河南宜阳知县，升监察御史，巡按山东。
汪山成进士。授行人，擢监察御史，出按陕西茶马，复巡按云南。
按：官至浙江按察司佥事。汪山，生卒年不详。字仁夫。徽州府歙县人。有奏议及诗文集。事迹见《道光徽州府志》卷一四。
文洪中举人。官涞水教谕。
按：因以名集，《涞水集》2卷，据《四库全书总目提要》卷一七五：洪自序称检前后所作，汰之得百篇。盖所自编。然末附遗文7篇，则后来又有增入。
张公再考校，仍置案首，谢迁遂补廪膳生。

邵宝十三岁，游学吴中。

但丁的《神曲》首次在福利尼奥出版。

张谷钞补宋本《资治通鉴纲目》成完帙，自作题记。

商辂奉命撰《进士题记》。

段坚十月撰《志学书院碑记》

周瑛五月作《好生录序》。

倪岳为泰和尹氏撰《翠玉楼记》。

吴宽为杜琼撰《重建延绿亭记》。

邱濬作《南海县学记》、《送张方伯入觐序》。

庄昶作《南郑录后》。

李果刊宋高承纂、李果批总《事物纪原集类》10卷。

按：李果，生卒年不详。安成人。景泰庚午举人。济南府知府。著有《四书音考》，见《千顷堂书目》卷三。

北京永顺堂刊《新编说唱包龙图断歪乌盆案》。

米开罗佐卒（1396— ）。意大利建筑师，雕刻家。

莱昂·巴蒂斯坦·阿尔贝蒂卒（1401— ）。文艺复兴时期意大利人文主义学者，诗人，建筑师。

努诺·贡萨尔维斯卒，生年不详。葡萄牙画家。葡萄牙画派奠基人。

蒋主孝卒（1397— ）。主孝字宗伦，一字务本。句容人。用文三子。习儒工医，与弟主忠及王贞庆、汤胤勣等均有诗名，号"景泰十才子"。尝语其子谊曰："杨仲弘谓作诗取材于汉魏，而音律则以唐人为守。"《金陵诗征》卷一四载主孝所著有《务本斋诗》、《樵林摘稿》。

按：著述见《千顷堂书目》卷一九。作品另见《明诗综》卷二五、《列朝诗集》乙集。

又按：蒋主忠，字存恕，又号慎斋。主孝弟。著有《童子启蒙》、《脉诀本义》、《慎斋集》7卷（见《千顷堂书目》卷三附小学、卷一四、卷一九），《金陵纪胜》、《续貂小稿》、《诗法钩玄》（见光绪《续纂句容县志》卷一八）。

朱有燉卒（1400— ）。有燉，明宗室。太祖孙，周定王朱橚子。嗜学工诗。作《道统论》数万言。又采自夏至元历代公族贤者作《贤王传》。事迹见《国朝献征录》卷一。

徐珵（徐有贞）卒（1407— ）。有贞初名珵，字元玉，号天全。苏州府吴县人。宣德八年进士。选庶吉士，授编修。官至兵部尚书，兼华盖殿大学士，封武功伯。著有《史断》、《武功集》5卷、《天全翁集》。事迹见《明史》卷一七一，王世贞《武功伯徐公有贞传》（《国朝献征录》卷一〇），《天全先生徐公行状》（《家藏集》卷五八）。

按：正德《姑苏志》卷三四曰："武功伯徐有贞墓在贞山。"下注："山西右参政祝颢《祭墓表》：'惟公天赋绝伦，学精群籍，才高当世'。"《四库全书总目提要》卷一七〇曰："有贞究心经济，于天官、地理、兵法、水利、阴阳、方术之书无不博览，惟倾险躁进，每欲以智数立功。名与石亨等倡议夺门，倪幸孤注之一掷，幸而得济，又怙权植党，威福自专，卒亦为人构陷。所谓君以此始，必以此终，实深为君子所诟病。祝允明为有贞外孙，所作《苏谈》，往往回护，其词究不足以夺公论也。然其干略本长，见闻亦博。故其文奇气坌涌，而学问复足以济其辨。集中如《文武论》、《制纵论》及《题武侯像·出师表》诸篇，多杂纵横之说。学术之不醇，于是可见；才气之不可及，亦于是可见。拟诸古人，盖夏竦《文庄集》之流。遗编具存，固不必尽以人废也。"《国朝献征录》卷一〇曰:"天下亦颇惜有贞才,而惜于谦甚于有贞,其冤有贞又不如冤于谦。以故里居者十余年无推毂之者,晚乃放浪山水间,颇以词翰着声竟郁郁不得志而死。"

刘珏卒(1410—　)。珏字廷美,号完庵,苏州府长洲人。擅行草,长山水,精于鉴赏,富于收藏。老而也学,工于唐律,时人称为刘八句。著有《完庵诗集》1卷。事迹另见《列朝诗集小传》乙集,《刘完庵墓志铭》(《吴都文粹续集》卷四二)。

按:《疑年录汇编》卷六载《完庵诗集》6卷。《四库全书总目提要》卷一七五曰:《完庵诗集》,"不著撰人名氏。惟篇首有吴宽序,称完庵先生刘公,少为刑部。属出佥山西按察司事,居三载,弃官归吴中。所与倡和者,武功徐公,参政祝公及隐士沈石田数人。考《江南通志·人物·文苑类》中载,刘珏字廷美,长洲人,正统三年举人,官至山西按察司佥事,老而好学,工于唐律,时人称为'刘八句'。所叙仕履,与宽序合。又《艺文类》中载,《完庵诗集》,长洲刘珏撰,与书名亦合,则此集盖珏所作。然其诗有亮节而乏微情,不能如志所称也。"

游明卒(1413—　)。游明字大升。江西丰城人。景泰进士。天顺中为福建按察司佥事。提督学校。进副使。既卒,八郡诸生皆设位于僧寺而哭祭之。事迹见《万姓统谱》卷六二。

岳正卒(1418—　)。正字季方,号蒙泉。顺天府漷县人。正统十三年会试第一,赐进士及第。由编修改修撰。天顺中入阁预机事。以谋去石亨、曹吉祥不成,谪钦州同知。后逮系,杖戍肃州。宪宗立,复本官,留侍经筵。又以忤大学士李贤,出为兴化府知府。嘉靖中,追赠太常寺卿,谥文肃。著有《深衣注疏》、《类博杂言》1卷、《类博稿》10卷附录2卷。事迹见《明史》卷一七六本传,李东阳《直内阁翰林院学士岳公正传》、黄仲昭《兴化郡守蒙泉岳公祠记》(均《国朝献征录》卷一三),《蒙泉公补传》(《怀麓堂集》卷七一)。

按:据《明史》卷一七六本传,无子,大学士李东阳、御史李经,其婿也。《蒙泉公补传》曰:"晚好《皇极书》,有所论述及经解,皆未及就。惟《类博稿》仅有十卷,行于世。《深衣纂误》一卷藏于家。"《四库全书总目提要》卷一七〇曰:《类博杂言》,"此书杂论阴阳五行及医卜星算之说,中间论大衍之数及《皇极经世》之数,亦颇有发明。《明史·艺文志》作二卷。今已编入《正类博稿》中"。"史称所草《承天门灾谕廷臣诏》,剀切感人,举朝传诵"。《类博稿》"为其门人李东阳搜辑遗稿而成,凡诗二卷、杂文八卷。又附录二卷,前一卷载诸人志铭传赞等作,后一卷则东阳以叶盛所作志铭多所隐讳,为正补传也。《传》称:'正晚好《皇极书》,故所作《杂言》二篇,皆阐邵子之学。而诗亦纯为邵子《击壤集》体。'""正统、成化以后,台阁之体,渐成咀缓之音,惟正文风格峭劲,如其为人。东阳受学于正,又娶正女,其《怀麓堂集》亦称一代词宗,然雍容有余,气骨终不逮正也。"

张杰卒(1421—　)。杰字立夫,号默斋。陕西凤翔人。正统举人。官山西赵城训导,以讲学为事。薛瑄过赵城,杰以所得质之,薛瑄为之证明,由是其学益深。后肆力于学,无仕进意。《明儒学案》列其入《河东学案》上。

按:段坚赠诗"圣贤心学真堪学,何用奔驰此外寻"。杰答诗亦有"今宵忘寝论收心"之句,学者争传诵焉。其工夫以"涵养须用敬,进学在致知"二语为的。用五经教授,名重一时,学者称五经先生。有劝杰著书者,曰:吾年未艾,犹可进也,俟有所传得,为之未晚。

吕夔(—1519)、王守仁(—1528或1529?)、钱贵(—1530)、张嘉谟(—1533)、林庭㭿(—1541)、罗钦德(—1550)生。

成化九年 癸巳 1473年

法国大胆查理入阿尔萨斯、洛林。

二月,宪宗亲制序于《资治通鉴纲目》卷首,命刻梓以传。

按:先是,宪宗命儒臣考订宋儒朱熹《资治通鉴纲目》,尽去后儒所著考异考证诸书,而以王逢集《览尹起莘发明》附其后,至是上呈。(《宪宗实录》卷一一三)

三月甲辰,命福建按察司佥事钟城提调学校。(《宪宗实录》卷一一四)

四月丁丑,以灾伤,下诏宽恤。(《明通鉴》目录卷八)

七月壬辰,余子俊败释嘉策凌于榆林涧。

按:余子俊筑榆林以北边墙1770里(东起清水营,西至定边营)。

是月,宪宗命中官至兵部查宣德间郑和下西洋水程。

按:尚书项忠使吏检旧案。刘大夏先入,隐匿档案。曰:"三保太监下西洋,费钱粮数十万,军民死者万计,纵得珍宝,于国家何益?旧案虽在,亦当毁之,以拔其根,尚究其有无耶?"尚书曰:"公阴德不小,此位不久属公矣。"成化十一年果为兵部尚书。

八月乙酉,赐岷府南渭王堂《四书大全》、《洪武正韵》等书,从其请也。(《宪宗实录》卷一一九)

十一月戊申,宪宗谕彭时等曰:"朱文公《通鉴纲目》可以辅经而行,顾宋元二代至今未备,卿等宜遵朱子凡例编宋元二史,上接《通鉴》共为一书。"(《宪宗实录》卷一二二)

是年,北京真觉寺(五塔寺)金刚宝座塔建成。建筑风格仿印度造型。

桂庵玄树回日本。在九州岛各地讲授朱子学。

德意志特利学大学创建。

商辂二月某日早朝罢,应制作《西洋驹诗》一章以进。三月疏救民困,宪宗是其言。五月晋户部尚书兼职如初。

邱濬创建石室落成,藏书其中,以培后学。

刘昌自岭南参政北归,叶盛为跋所得宋李公麟《君臣故实》8图。

谢铎以翰林编修校勘《宋元通鉴纲目》将竣,上书论治道,皆切时务。宪宗嘉纳之,而不能用。

段坚创建节义祠,自题其门。宜阳县知县赵英记之。

按:取"文教大同"之意,因"文同则治同",进而"天下一家,华夷一统",故名。

院舍三进：前座为大门；中座为讲堂6楹；后座为寝室、厨房、浴室。书院为郡子弟肄业之所，延师讲学。赵英，生卒年不详。字储秀。陕西兰州人。累官至山西布政司参政，兼保定知府。所至皆有政声。著有《斐然稿》、《修河类稿》。事迹见《乾隆甘肃通志》卷三四。

周瑛是秋自广德至南都，作《徐氏贞节挽诗序》。

沈钟任山西学使，以诗记五台山大显通寺。

王恕四月奏山东、畿内灾及山东画晦，宪宗恻然，复下宽恤之诏。王恕四月改南京户部左侍郎。

黄瑜既致仕归，徙家会城番山下，手植槐二，构亭其中，自称双槐老人。

程敏政往游梁氏园。

按：会者同年商懋衡、陆廉伯、李世贤三太史，章元镒、张天瑞二给事。

章懋五月以南京大理寺左评事为福建按察佥事。

何乔新迁河南按察使。

阎禹锡七月壬寅乞免诸生追廪之例，从之。

杨一清徙丹徒。

谢珍岁贡。官湖广景陵县丞，升江陵县知县，后乞归。建芸香阁以藏书。

按：谢珍，生卒年不详。字世宝。江苏江阴人。著有《芸香阁文集》，见民国《江阴县续志》卷一九。

谢迁中乡试第一。

邵宝习举子业。

涂棐创建同文书院于海南琼山府治西。

陈琦建江西新干惜阴书院。

江西真人张元吉正月释归。给事中虞瑶等言法不可贷，宪宗卒宥之。

按：张元吉（1435—？）。字孟阳，号太和，懋丞之孙。道教第四十六代天师。事迹见《明史》卷二九九《张正常传》，《万历野获编》补遗卷四，《道教大辞典》。

儒臣二月丁丑考订朱熹《资治通鉴纲目》成。

按：尽去后儒所著考异考证诸书，而以王逢集《览尹起莘发明》附其后。宪宗制序于卷首。一说二月，明宪宗命儒臣考订朱熹《资治通鉴纲目》，八月校勘完毕，翰林院编修谢铎言："是书法春秋，实际为经世之大典，帝王之龟鉴……"（《明宪宗实录》卷一一九，台北：中央研究院历史语言研究所影印本，1962）。十一月，宪宗谕大学士彭时："朱文公《通鉴纲目》可以辅经而行，顾宋元二代至今未备，卿等宜尊朱子凡例编宋、元二史，上接《通鉴》，共为一书。"（《明宪宗实录》卷一二二）十二年（1476），《续资治通鉴纲目》成书，宪宗亲制序文。弘治十六年（1503），明孝宗以《通鉴纲目》和续编深切治道，命撮取节要，撰次一本，分次进呈。战国以前之事据《通鉴节要》、《通鉴前编》，战国以后据《通鉴纲目》，宋元之事据《纲目前编》贯穿成编，编辑《通鉴纂要》。于是，纲目学在明代成为显学。（参杨艳秋《论明代前期史学之衰落》，《求是学刊》2005年第1期）

吴中修、王文凤纂《广州志》32卷成书刊行。

罗氏竹坪书堂刻《子午流注经》3卷。

邱濬撰《癸巳初度词》、《琼州府学祭器记》、《琼山县学记》、《崖州学记》、《学士庄记》、《野花亭记》、《藏书石室记》、《封川县修城记》、《武溪集序》、《曲江集序》。

按：《封川县修城记》琼台会稿不载，见肇庆府志中。

王儇撰《西华塘记》。记苏州光福浚西华塘3100丈成。

叶盛在京录《金石录》。

陈炜刻《朱子语类》。

韩雍作《书东里文集续编后》。

按：书曰："庐陵杨文贞公即世三十载，其所著《东里诗文集》传于世久矣，然才二十八卷耳，士君子恒以不得见全集为憾焉。成化七年秋，其子尚宝卿稹奉使广西，为予曰：'稹幼侍先公，凡所著作稿，皆先兄收。兄没，诸子姓珍惜秘不发。稹又悉侍从，不能归。兹幸归而得之，图惟梓传，敢以累执事。'予敬诺焉。稹既还京师，编录成卷六十有二，托吏部侍郎叶公与中校正，乃以寓予，且属序一言。……然公诗文旧刻，永嘉黄文简公、江陵杨文定公序之详矣，后生小子何敢置喙于其间……"。

徐孚敬作《书静学王先生文集后》。

按：书曰："先生洪武中与同郡方公孝孺、林公佑以文行著名。林公尝叙先生之文而先没，方亦继先生谢世。今其文章有刊刻流布者矣。先生之文，东里杨少师存日，欲加纂集，求无完稿，深悼惜之。今宝庆太守谢君世修甫，慨生也后而不及拜先生以承其教，幸得先生文，将以私钱募工刻之，为序于后……爰以书来告，且俾相其事……"。

姚福著《清溪暇笔》2卷成，作者自序。

按：《四库全书总目提要》卷一七〇曰："是编皆札记读书所得，及杂录耳目见闻。其首卷所述明初轶事，多正史所不载。惟体用字见《周易正义》，福乃以为宋儒以前无此字，出于佛典。至其取郑谧之说谓异姓可以为后，而深驳陈淳之论，其为乖剌，又不止训诂间矣。"自序称，所著《风树稿》，志早孤也；《定轩集》，志所居也。"其间得于宾客之绪余，省于经史之糟粕，或亲观诸物，或有感于心，多则百余言，少则数拾字，或书于版籍，纪于方册，日渐以多，其中可惊可喜，可怪可笑，可考可疑者有之，惟言人之不善者芟焉。亦复不忍弃去，录为二卷，题曰《青溪暇笔》，别其在诗文之外也。……此外，有《窥豹录》、《兵谈纂类》、《神医胗籍》、《避喧录》、《立身警策》、《咏史诗叙说》、《古千字文解》、《发蒙教》，或已板行，或已稿立，兹不缕赘……"姚福，生卒年不详。字世昌，自号守素道人。应天府江宁人。事迹见《千顷堂书目》卷一二，《光绪江宁府志》卷五四。

苏韡刻宋余靖著《武溪集》21卷、唐张九龄著《张子寿文集》20卷。

按：苏韡，生卒年不详，江苏江阴人，字廷茂。事迹见《万姓统谱》卷一二。

陈宽卒（1404— ）。宽字孟贤，号醒庵。苏州府吴县人。陈继子。与弟陈完自相师友，兄弟皆工诗，善画山水。与昆山夏昶、吴县徐有贞、杜琼等相往来，曾雅集于灵岩山。沈贞吉兄弟学于继，沈周又受业于宽。吴中称经学者，皆宗陈氏。著有《醒庵诗集》。事迹见《历代画史汇传》卷六。

李伯屿卒（1406— ）。伯屿字君美。松江府上海人。宣德举人。官至淮王府左长史。著有《文翰类选大成》。事迹见《淮府左长史李伯屿传》（郡志见《国朝献征录》卷一〇五）。

按：据《四库全书总目提要》卷一九二：《文翰类选大成》163卷，冯原同编。原，慈溪人，官淮王府纪善。是书奉淮王之命作。前有淮王序，自称西江颐仙，即祁铨。是书总录前代及明人诗，分体编次。

又按：据《千顷堂书目》卷二：冯厚，生卒年不详。字良载。慈溪人。举明经。官淮府长史。与李伯屿同编《文翰类选大成》。学者称坦庵先生。著有《春秋卑论》。据《古今图书集成》氏族典卷二五：冯厚另著有《洪崖稿》、《中都稿》、《南阳稿》、《测蠡管见》。

范理卒（1410— ）。理字道济，一字士伦，号省庵。浙江天台人。宣德进士（《国朝献征录》）一说正统进士（《中国历代人名大辞典》）。官至南京吏部左侍郎。著有《诗经集解》30卷、《读史备忘》8卷、《天台要览》8卷、《德安府志》10卷、《说苑要语》。事迹见杨守陈《正奉大夫正治卿南京吏部左侍郎范公理墓志铭》（《国朝献征录》卷二七）。

按：《诗经集解》见《明史·艺文志》、《千顷堂书目》。《经义考》云未见。《浙江通志》载是书作3卷。又载有《说苑要语》，未见。《天台要览》未见传本，见《明史·艺文志》、《千顷堂书目》著录，亦作《天台要略》。光绪《台志》曰：《读史备忘》有正统初刻本，有清雍正壬午理八世孙其揆刻本存。《德安府志》10卷，载《明史·艺文志》、《分省人物考》，未见。

陈真晟卒（1410— ）。真晟字剩夫，一字晦夫，自号漳南布衣。家本泉州，以父隶镇海卫戍籍，遂为福建漳州镇海卫人。诸生，不应乡试。专治程朱理学。《明儒学案》列其入《诸儒学案》上四。著有《陈剩夫集》。事迹见《明史》卷二八二，周英《布衣陈先生真晟传》（《国朝献征录》卷一一四）。

按：据《明史》本传，笃志圣贤之学。读《大学或问》，见朱子重言主敬，知"敬"为《大学》始基。又得程子主一之说，专心克治，叹曰："《大学》，诚意为铁门关，主一二字，乃其玉钥匙也。"天顺二年诣阙上《程朱正学纂要》。其书首取程氏学制，次采朱子论说，次作二图，一著圣人心与天地同运，一著学者之心法天之运，终言立明师、辅皇储、隆教本数事，以毕图说之意。书奏，下礼部议，侍郎邹干寝其事。真晟归，闻临川吴与弼方讲学，欲就问之。过南昌，张元祯止之宿，与语，大推服曰："斯道自程、朱以来，惟先生得其真。如康斋者，不可见，亦不必见也。"遂归闽，潜思静坐，自号漳南布衣。真晟学无师承，独得于遗经之中。自以僻处海滨，出而访求当世学者，虽未与与弼相证，要其学颇似近之。据《四库全书总目提要》卷一七五：天顺中，尝诣阙上书，献所撰《程朱正学纂要》，兼上书执政，均不见收。又上书当路，献所撰《正教正考会通》，亦不见省而罢。又作《学校正教文庙配享疏》，拟诣阙再上，未及行而卒。《陈剩夫集》4卷，殁后其乡人林祺所编。康熙己丑，仪封张伯行官福建巡抚，乃为序而刻之。所献二书，皆载集中。

姚夔卒（1414— ）。夔字大章。浙江桐庐人。姚伯华孙。谥文敏。正统七年进士，乡、会试皆第一。官至吏部尚书。著有《姚文敏集》。事迹见《明史》卷一七七，商辂《资德大夫正治上卿太子少保吏部尚书赠荣禄大夫少保谥文敏姚公夔墓志铭》（《国朝献征录》卷二四）、《姚文敏公神道碑》（《明文衡》卷七九）。

按：《宪宗实录》卷一一三曰："夔豪俊慷慨，学通而文赡。但颇不拘小节，晚节为妻子所累，言官喋喋不置。"《姚文敏集》8卷，本名《矗矗堆稿》，后其子玺刊版，改题此名（《四库全书总目提要》卷一七五）。

柯潜卒（1423— ）。潜字孟时，号竹岩，福建莆田人。景泰二年举进士第一。慈懿太后之丧，与修撰罗璟再疏请合葬，竟得如礼。翰林后堂有二柏，为潜手植，号学士柏；前有瀛州亭，号为柯亭。邃于文学。官至詹事府少詹事。著有《竹岩诗集》1卷、《文集》1卷、《补遗》1卷。事迹见《明史》卷一五二，《中顺大夫詹事府少詹事兼翰林院学士掌院事竹岩柯公潜传》（《国朝献征录》卷一八），吴希贤《中顺大夫詹事府少詹事兼翰林院学士竹岩柯公行状》。

按：《宪宗实录》卷一一九曰："潜在太学者，亦未有名。一登伦魁，遽奋发淬励，学遂大进。为文峭厉，诗亦有风致。为人高介有节，仪观修整，时以公辅望之。但其乡人有上书攻大学士商辂者，或疑潜使之。及其守制家居，颇为乡人所议，责备者为之不满云。"《四库全书总目提要》卷一七〇曰："惟《文集》乃传本甚稀。据集首董士宏序，则原集在嘉靖中曾经刊版。然今福建所采进者，仅属抄本。又据康大和序，知当时已多阙佚。今则并康序中所称《记盆鱼》、《序愚乐》等作，亦俱未见，殆更为后人妄有刊削，弥致散亡。钞录亦多舛误，弥失其真。今就是集所存诗文各一卷，重为订正。并从郑岳《莆阳文献》、郑王臣《莆风清籁集》中录诗十首、文二首，为补遗一卷，附缀于末，以存梗概。"

李宗卒（1433— ）。宗字德绍，号雪窗，江阴人。以诗、字、棋三绝称。著有《雪窗家藏集》，见《千顷堂书目》卷一九。《江上诗钞》卷九有其小传。

僧觉澄卒，生年不详。觉澄号古溪，人称香岩和尚。本姓张。山西蔚州人。幼为牧童，十四岁从云中天晖和尚出家，读藏经5年。工诗，著有《药师科仪》、《雨华集》。

陈澜（ —1507）、李梦阳（ —1529）、顾鼎臣（ —1540）、邓韨（ —1561）生。

成化十年　甲午　1474年

奥斯曼土耳其侵阿尔巴尼亚斯库台。

卡斯蒂利亚和莱昂国王恩里克（亨利）卒。其女伊莎贝拉一世嗣位，

四月丙寅，增云南乡试举人5名。

辛巳，改陕西文县千户所儒学为本县儒学。设县儒学并设阴阳医学。

五月戊申，申藏妖书之禁。（《明通鉴》目录卷八）

九月乙丑，裁减广东廉州府学训导一员。

壬戌，国子监监丞黄明善升为云南按察司佥事，提调云南、贵州学校。（《宪宗实录》卷一三三）

是月，以司业耿裕言，令侯、伯、附马年少者皆入国子监。（《明通鉴》目录卷八）

十月辛丑，户部主事吴玉升为广西按察司佥事，提调学校。（《宪宗实录》卷一三四）

十二月甲午，都察院左都御史李宾等奏榜妖书名目示天下。奏可。（《明通鉴》卷三二）

李东阳升翰林院侍讲。

商辂三月疏陈弭盗之方，宪宗然之。

陈献章九月作五古诗《代简答罗一峰殿元》。十二月作七古诗《题马默斋壁》。

周洪谟八月癸巳以南京国子监祭酒起复至京调国子监。

邱濬丁忧起复还任。与修《宋元续通鉴纲目》。

按：上年预修，分为七馆编纂。邱濬起复，彭时等请令濬同编纂，再加一馆，为八馆云。

刘珝进吏部左侍郎，充讲官。

朱英四月以右副都御史巡抚甘肃，先后奏陈安边二十八事。

张鼎出知山西太原府。

韩雍三月以两广总督请致仕，许之。

韩文三月自庆阳还，奏张谨所劾王越、刘聚等滥杀邀功事实，请治之，诏勿问。文又率同官奏起致仕尚书王竑、李秉而斥王越，并涉宫闱隐事，宪宗怒，挞之文华殿，既而释之。（《明通鉴》卷三二）

余子俊六月闰月乙巳以巡抚延绥筑边墙成，乞终养，不许。

伍余福五月丙午以陕西按察司佥事升为副使，仍提调学校。

张瓒以右副都御史巡抚四川。破松、茂诸寨。

按：所著有《东征纪行录》1卷，录其为四川巡抚时，以播州宣慰司杨辉言，所属大坝干、湾溪寨及重安长官司为生苗窃据，率兵讨平之。自重庆启行，迄于班师之事。据《四库全书总目提要》卷五三，《明史》张瓒传载此事在成化十年，与此书互异。然此书为瓒所自记，年月必无舛误也。"惟天坝干之役，或言杨辉溺爱少子友，欲官之，诈言生苗为乱。瓒信而兴师，其功不无矫饰。今观录中所记，瓒但驻于黄平，居中调度，实未督兵亲行。或出于所属之妄报，瓒不加审核，遽以入告欤。此则当以史文为据，不以所自记者为据矣。"

刘昌在里（吴县），与杜琼、陈顾、陈璃、李应祯、贺甫等合纂郡志，得稿100卷。

钱溥出所收资料，资地方官修《云间通志》。

许岳英聘钱悌修邑志。

按：钱悌，生卒年不详。字舜夫。浙江嵊县人。博览经史，善属文。纂《嵊县志》，著《古斋诗文集》。

沈周作讽时诗《虎来》。作《支硎山图》，杜堇、卞荣各为题诗。

童轩以精历算，在北京掌钦天监事。

偕夫阿拉贡的斐迪南共治。

法王路易十一建康斯坦茨联盟。

莫斯科大公国灭罗斯托夫公国。

印刷术约于此时引入西班牙。

西班牙萨拉戈萨大学建立。

涂棐筑"表贤亭"于城西，为多士矜式，以邱濬与薛尚书远、邢总宪宥、林侍御杰为四贤，提学胡荣为记。

张弼在兵部任事，于署后天趣轩跋文天祥书东坡词。

罗伦游新城福山寿。

于镃中举人。知万载县。

按：于镃，生卒年不详。字南金，号契翁。江苏金坛人。湛父。平生喜读书，尤究心理学，宗法程朱。著有《契翁中说录》（亦作《中说》、《中说指归》）2卷。事迹见《千顷堂书目》卷一一。北京图书馆藏有嘉靖于湛刻本。

张旭中举人。授浙江孝丰知县，补广东高明知县，河南伊阳知县。

按：张旭，生卒年不详。字庭曙。徽州府修宁人。著有《梅岩小稿》30卷。事迹见康熙《休宁县志》卷五。

吴廷举中举人。

姚昕中举人。官芜湖令。

按：姚昕，生卒年不详。字公哲。遂安人。著有《麟经直指》，未见。

陈庸登科。

按：陈庸，生卒年不详。字秉常。广东南海人。陈献章弟子。献章示以自得之学。张东所因庸以见陈献章，有问东所何如？献章曰："余知庸，庸知诩。"年五十以荆门州同入仕。莅任五日，不能屈伸，即弃官归隐。督学王弘欲见之，不可得。同门谢佑卒而贫，庸葬之，病革，设陈献章像，焚香再拜而逝，年八十六。《明儒学案》列陈庸、谢佑入《白沙学案下》。

李承箕年二十三，有声场屋，时人见其言行，皆以道学称之。

邵宝受业于蒿庵俞公铠。

按：同业者丁松年、莫潜止3人。时蒿庵授书经至禹贡，邵宝以撮要进，先生取而掷之曰：他人读撮要，子须读全文，子不闻徐武功治水成功因熟读禹贡故耶？邵宝遂受读。后督漕至安平，读武功碑，益思先生言。邵宝后有曰：蒿庵先生尝谓我云，凡与人交，必先观其处父母兄弟妻子如何，此而或薄交，必不终，三四十年来验之尤信。

夏尚朴九岁始就外传，屹然有大人之志。

段坚重建诸葛书院于卧龙冈。

张瑄序刊元陈友仁所辑《周礼集说》11卷《钢领》1卷、宋俞庭椿纂《复古编》1卷。

崇仁书堂刻《春秋胡传》30卷。

丁元吉编《陆右丞蹈海录》1卷，记宋陆秀夫抗元死事。

按：据《四库全书总目提要》卷六○，采《宋史》本传及龚开所作《传》、黄溍所作《年谱》，益以诸家题咏，汇为一编。并载秀夫遗文二首。末附《桑海遗录序》、《大忠祠碑》及祭文一首。《明史·艺文志》著录《丁元吉全集》64卷。丁元吉，生卒年不详。江苏镇江人。玑父。

徐颐修《徐氏宗谱》（成化）。

按：见吕锡生主编《徐霞客家传》。

陈顾撰《渔乐翁传》，写一好义医生。

成化十年　甲午　1474年

周瑛撰《考功司题署记》。七月撰《放鹿记》。

章懋作《送周宏毅还淳安序》。

罗伦十月有《寿丁氏节妇姑孺人八十序》。

陈让等修、夏时正等纂《杭州府志》。

按：次年刊本。

劳钺修、张渊纂《湖州府志》。

按：次年刊本。

许岳英修、钱悌纂《嵊县志》。

按：刊本已佚。见《千顷堂书目》著录。本志许岳英序，载康熙十年修《嵊县志》12卷。弘治《嵊县志》周山后序曰："成化甲午，令许岳英重修，秉笔者匪其人。收录失当，类纂紊次，又为人所厌观。予与夏生雷为庠生时，即欲笔削。奈攻举子业弗遑，恒叹息焉。"

宋约修、胡祚、胡暹纂《汤溪县志》。

按：已无传本。见《内阁藏书目录》、《千顷堂书目》、雍正《浙江通志》二五三卷。

胡谧纂《成化山西志》16卷成。

丘霁修《苏郡志》，请杜琼参校优劣不纪述。

胡居仁作《棠溪书院记》。

汤琛为张洪刻《使规》。

按：汤琛，生卒年不详。字鲁宝。江苏常熟人。天顺进士。著有《牡丹百咏》、《梅花百咏》。事迹见《万姓统谱》卷四八。

《黄帝内经素问》刊刻。

毕玉刻晋王叔和纂、宋林亿等校定《脉经》10卷。

按：叶德辉跋，北京图书馆藏。毕玉，生卒年不详。淮安山阳人。

戴难作《古廉文集跋》。

按：吴节有《谥忠文古廉文集序》。序曰："先生殁，遗文多散失。门人戴难裒集得若干篇，谨录成帙，征予序附。其孙知县颙付诸梓。"李颙有《古廉文集跋》。

松江重刻陶宗仪《南村辍耕录》30卷。

王谔编纂《明珠玉》8卷成。

按：王谔，生卒年不详。字秉忠。江阴人。据《四库全书总目提要》卷一九一：选明一代之诗，自刘基以下凡数百家，而所录祇七言律诗一体，盖用《唐诗鼓吹》例。

孙瑀（孙原贞）卒（1388—　）。原贞名瑀，以字行，江西德兴人。永乐十三年进士。原贞所至有劳绩，在浙江尤著名。官至兵部尚书。著有《岁寒集》。事迹见《明史》卷一七二，《宪宗实录》卷一三五，《兵部尚书孙原贞传》（《国朝献征录》卷五七）。

按：陈敬宗《大司马孙公文集序》曰："《大司马孙公文集》若干卷，自朝廷应制、中外历官、省方抚民、吊古、平寇，以及四方贤达所请若碑铭、序记、颂赞、诗歌、骚词、挽章之类，诸体咸备……"据《四库全书总目提要》卷一七五："《岁寒集》2卷，乃其孙孚吉等所编，前有李东阳序。"

僧根敦朱巴（达赖一世）卒（1391—　）。达赖一世本名根敦朱巴，又译作罗伦嘉穆错，又名僧成。后藏萨迦寺附近霞堆人，西藏喇嘛教格鲁派

纪尧姆·迪费卒（约1400—　）法国勃艮第乐派作曲家。

阿法纳西尼基丁卒，生年不详。俄罗斯旅行家，商人。著有《三海纪行》。

(黄教)首领。早年曾向罗敦巴学过因明,后又向宗喀巴学习法称《量抉择论》,宗喀巴逝世后又复从贾曹点学习因明。著有《因明正理庄严论》(又名《量理庄严论》)、《释量论释》等20余种。

按:前者至今仍为藏地三十六寺学习因明之必备要论,后者则于1980年由法尊编译为汉文。其弟子有然降巴·门朗白瓦、都迦瓦、都拿巴、班钦·隆日嘉措等。《土观宗派源流》称其"法嗣子孙,不可数计"。后三世达赖索南嘉措追尊其为达赖喇嘛一世。

杜琼卒(1396—)。琼字用嘉,号东原吴人,又号王坞山人、鹿冠道人。苏州吴县人。博综古今。知府况钟两度推荐,均固辞不就。自号鹿冠老人。晚年家居东原,学者称东原先生,门人私谥渊孝。著有《纪善集》(《纪善录》)、《耕馀杂录》1卷、《东原集》6卷。

按:《四库全书总目提要》卷六一曰:《纪善录》"是书皆载吴中循吏、先贤,其列女有操行可纪者亦并见焉。自洪武迄正统,凡四十人。盖随所见闻录之。故多节取一事。不为全传。亦表微阐幽之意也。"《四库全书总目提要》一七六曰:《东原集》"后有正德己卯俞弁跋,称刻本体制未备,此集乃其乡人'金都御史'张企翱所辑补云。"沈周编有《杜东原先生年谱》1卷,见《过云楼书画记》卷四。事迹另见《列朝诗集小传》乙集。

杨璇卒(1416—)。璇字叔玑,号宜闲。常州府无锡人。正统四年进士。授户部主事,累迁右副都御史,抚治荆襄,巡抚河南。著有《杨宜闲文集》(北京图书馆藏明刻本6卷)。事迹见《都察院右副都御史杨璇》(《实录》见《国朝献征录》卷六〇)

王概卒(1418—)。概字同节,号恕斋。江西庐陵人。谥恭毅。正统七年进士。累擢为大理寺卿,官至刑部尚书。精习律令,为大理寺卿时,与两法司会谳,多所平反。著有《王恭毅驳稿》。事迹见商辂《资善大夫刑部尚书谥恭毅王公概神道碑铭》(《国朝献征录》卷四四)。

按:据《四库全书总目提要》卷一〇一:《王恭毅驳稿》2卷,官大理寺时案牍之文。时高铨方为左评事,因为编次成帙。

叶盛卒(1420—)。盛字与中。号蜕庵,卒谥文庄。苏州昆山人。正统十年进士。官至礼部右侍郎,转吏部左侍郎。其藏书楼称菉竹堂,藏书数万卷,皆手自雠录,每经一地,则携钞胥钞书,并用官印识于卷端。著有《经史言天录》、《水东日记》、《卫族考》1卷、《宣镇诸序》1卷、《叶文庄奏疏》(《西垣奏草》9卷、《边奏存稿》7卷、《两广奏草》16卷、《上谷奏草》8卷)40卷、《开封纪行稿》5卷、《菉竹堂书目》6卷、《菉竹堂碑目》6卷、《幸学诗跋》1卷、《泾东小稿》8卷、《秋台诗话》1卷、《菉竹堂稿》8卷、《叶文庄公全集》30卷、《叶文庄集》90卷等。事迹见《明史》卷一七一本传,彭时《通议大夫吏部左侍郎谥文庄叶公盛神道碑》(《国朝献征录》卷二六)。

按:钱大昕称其"藏书之富,甲于海内"。其书橱铭曰:"读必谨,锁必牢,收必审理,阁必高,子孙了,惟学教,借非其人亦不孝。"《明史》卷一七一本传称,盛清修积学,尚名检,薄嗜好,家居出入常徒步。生平慕范仲淹,堂寝皆设其像。志在君民,不为身计,有古大臣风。李东阳《叶文庄公集序》曰:"《叶文庄公集》若干卷,帙同而名异。其曰《水东稿》者,为诸生及为给事中参政,为都御史巡抚宣府而作。曰《开封纪行稿》者,为给事奉使河南而作。曰《菉竹堂稿》者,为广东西巡抚而作。曰《泾东稿》者,为礼、吏二部侍郎而作。诗则以次汇录,文则计体而分,皆公手自编定。而总之曰《文庄集》者,则其子贡士晨所名,盖将为天下道,而不敢以私集视也。予尝计而论之曰:公之文博取深诣,而得诸欧阳文忠公者为多。公虽未尝自言,然观其纡余委备,详而不厌,要知为欧学也。夫欧之学,苏文忠公谓其学者皆知,以通经学古为高,救时行道为贤,犯颜敢谏为忠,盖其在天下,不徒以文重也。"《四库全书总目提要》卷五六曰:"盛初官兵科给事中,有《西垣奏草》九卷。出官山西参政,协赞军务,有《边奏存稿》七卷。巡抚两广,有《两广奏草》十六卷。巡抚宣府,有《上谷奏草》八卷。其子淇,初并《水东稿》、《开封纪行稿》、《菉竹堂泾东稿》,合为九十卷,刻于衡州。"《叶文庄奏疏》40卷,"此本则崇祯辛未其六世孙重华所刊也。"《菉竹堂书目》,据《四库全书总目提要》卷八七:此其家藏书之目。前有成化七年自序。其叙列体例,大率本之马端临《经籍考》。在储藏家称极富,故于旧书著录为多。又别有《新书目》一卷附于后,中载夏言、王守仁诸人集,皆不与盛同时。盖其子孙所续入也。据《四库全书总目提要》卷一四一:《水东日记》38卷,记明代制度及一时遗文逸事。多可与史传相参。其间好自叙居官事迹。王士禛作《居易录》,多自记言行,有如家传,其源滥觞于此,古人无是体例也。因成于淞水之东,故名。最早之弘治刊本为38卷,嘉靖时叶盛玄孙叶恭焕,以家藏本补刻后两卷,为40卷。此后又有明末刻本,康熙十九年据以上各本校勘刻印。是书收入《四库全书》者为38卷;收入《金声玉振集》者为1卷;收入《纪录汇编》、《景印元明善本丛书十种》为摘抄7卷;另外还收入《胜朝遗事二编》。《菉竹堂稿》8卷乃盛自订,凡诗词4卷,文4卷。《叶文庄集》90卷,其中包括《奏议》40卷等。(参《四库全书总目提要》、《中国大书典》)

卢雍(　—1521)、张原(　—1524)、周广(　—1531)、何孟春(　—1536)、何瑭(一作何塘)(　—1543)、孙玺(　—1544)、王廷相(　—1544)、孙绪(　—1547)、黄衷(　—1553)、陈洪谟(　—1555)、马理(　—1555)、刘麟(　—1561)、乐䪡(　—1563)生。

成化十一年　乙未　1475年

三月壬子,赐谢迁等300人进士及第、出身有差。

四月,《宋元通鉴纲目》成。诸总裁纂修官皆升赏有差。

十月丙申,国子监生361人奏乞通查冒滥者。(《宪宗实录》卷一四六)

十二月辛卯,命申明国子监学规。(《明通鉴》目录卷九)

丁酉,申自宫之禁。

按:时有自宫被戍者314人,仍杖而遣之。(《明通鉴》目录卷九)

是年,奉葬杜琼于横山祖墓,凡三吴之耆宿门生缁黄名流会葬者数千人。

按:门生赵同鲁等会谥渊孝先生,陈颀、史鉴为之诔。

奥斯曼帝国征服克里米亚。

英国爱德华入法。

鞑靼继续扰边,沈周作《从军行》。

彭时二月己酉以少保吏部尚书兼文渊阁大学士命为殿试读卷官。

商辂等三月奉命廷试王鏊等300人。四月晋文渊阁大学士。七月蒙宪宗赐御制《四季联诗》及《大明一统志》、《贞观政要》等书,随纂《四季诗》4章以进。

徐溥二月乙酉以詹事府少詹事兼翰林院侍读学士命为会试考官。

邱濬充会试副总裁。

> 按:彭华二月乙酉以翰林院侍读学士命为会试考官。华以疾且有从子入场,上疏辞免。遂改邱濬。

彭时正月晋少保。

萧子鹏别归赠诗陈献章。

罗伦结茅于金牛山中。

> 按:东曰静观,西曰正密,居焉。四方学者往来益众,先生于讲明性学者纳之,务举业者辞焉。

段坚遣祭太保李文达于邓州。

章懋正月巡视盐法。六月巡建宁行槖籴法。

马文升二月总制三边。

陈颀过沈周有竹居,跋所藏宋林逋二帖。

黄仲昭相继丁内外艰。

李东阳积忧成疾,越年始痊。

刘珝、刘吉四月乙酉入阁。

刘珝以本官兼翰林学士,入阁参与机务。

> 按:寻进吏部尚书,谨身殿学士。后因万安构陷,乞休归。

刘吉兼翰林学士。

> 按:为人精于营私,常受言官攻击。

卜同成进士。累官湖广佥宪。

> 按:卜同,生卒年不详。字从大。江苏宜兴人。才思敏捷,千余言可立就。著有《毅斋集》,见道光《续纂宜荆县志》卷九。

马中锡成进士。授刑科给事中。

王弼成进士。除溧水知县,入为刑部主事,出任兴化知府。

王鏊成进士。授编修。

刘戬成进士第二。授编修,进侍讲。

苏章成进士。官武选主事。

杨珽成进士。授丹徒知县。擢御史。

李兴成进士。授冠县知县,历监察御史。

> 按:李兴,生卒年不详。字伯起。河南嵩县人。著有《西巡奏议》、《嵩南野录》。事迹见《雍正河南通志》卷五九,朱睦㮮《李兴传》(《国朝献征录》卷六五)。

吴珏成进士。官夔州知府。

吴瑞成进士。授南京吏部考功司主事,署司事。

按：改工部，历都水司郎中，总督济宁以南河道。

何钧成进士。授太常寺博士，擢御史，官至户部侍郎。

张锐成进士。官至山东参政。

按：被劾罢官，讲学不倦，陕西人称张夫子。张锐，生卒年不详。字抑之。陕西秦州人。事迹见《冯少墟集》卷二二。

周木成进士。官至浙江布政右参政。

郑錡成进士。除靖江令。

按：郑錡，生卒年不详。字威甫，号听庵。浙江兰溪人。自幼力学，博综子史，尤深于《易》。著有《听庵集》。事迹见唐龙《靖江知县郑錡传》（《国朝献征录》卷八三）。

徐源成进士。授工部主事。

按：有藏书数千卷。

郭绅成进士。知宁海县。

按：至官，刊方孝孺遗著，祠祀之。

彭纲成进士。历兵部员外郎。

谢迁成进士。授翰林院修撰。

秦巘（巚？）成进士。初仕于刑部。累迁至贵州按察副使。隐居以终。

董潮成进士。知祁州，升九江知府。

按：董潮，生卒年不详。字信之。慈溪人。纂有《九江府志》。此书自序称：协成是事，为同寅杨公琰，吴公寅。原本未见。

董宣中举人。官青田教谕，仕至王府讲读。

按：董宣，生卒年不详。字继善。上元人。著有《青田杂录》（一作《青田语录》）。事迹见《兰台法鉴录》卷一三。

邵宝补邑庠生。

按：提学御史戴公珊于同进14人中特赏异之，问从何人学，邵宝对曰：监生俞铠。明日因召至明伦堂谓曰：昨日小秀才当教他多读书，此人他日有用。先是，参政盛公颙还自广西，见邵宝文，特访之。

江璞创建大中书院于广东南雄。

按：后改为宏道、天峰、道南书院。

阎鼐建山东诸城沧浪书院。

李东阳撰《兵部武选员外郎郭君墓表》、《姚孟栗墓志铭》。

陈献章撰《容处士墓志铭》，有诗《夏赠陈秉常容彦昭易德元使永丰谒罗一峰》。

李侃修、胡谧纂《山西通志》17卷、图1卷刊行。

按：是书为山西首部省志，为后世增修山西省志所本。山西于明代有抵御瓦剌、鞑靼侵扰，拱卫京师之职，故书中记载烽堠、关隘、驿递与兵备较祥。另对铁器及煤窑开采等记载亦颇为祥备。是书尚全文收录金元时期之《泽州图经》、《盐池图记》等地志文献，俾赖是书得以流传。

陈让等修、夏时正等纂《杭州府志》63卷、首1卷、附图刊行。

按：纂于成化十年（1474）年。以洪武中徐一夔《杭州府志》及永乐、景泰续《志》

增修。《四库全书总目提要》卷七三据浙江范懋柱家天一阁藏原刊本存目,题为《成化杭州府志》,谓其:"所收颇冗滥,如载凌云翰嘲析产小词之类,皆非地志之体,其凡例称,引用诸书皆简节全文,或因而足以己意,故皆不注所出。"《明史》艺文志著录卷数为 64 卷,盖合卷首为一体也。南京图书馆藏有成化刊本。

又按:陈让,生卒年不详。字德光,号云轩。清河人。天顺八年进士,授宝坻令。累官杭州知府,被柱无能为力职。

劳钺修、张渊纂《湖州府志》刊行。

按:安成彭华序,称是书系增陈顼《府志》所未备。同年劳钺序。见《千顷堂书目》著录。劳钺,生卒年不详。字廷器。江西德化人。景泰进士。事迹见《雍正浙江通志》卷一五一。

伍余福纂《陕西志》30 卷成。

按:据《四库全书总目提要》卷七三:是编成于成化乙未,以府、州、县、卫、所、寺、监为纲,而各系门目于其下,如《一统志》之例。陕西为古都会地,旧迹颇多,金石尤富,诸书记载颇详。其所采撷,尚未能详备。

江沂刊宋人岳珂所著之《桯史》15 卷,并作题记。

按:江沂,生卒年不详。建安人。成化二年进士。

商辂九月撰《重建南京朝天宫》。

罗伦是冬撰《西隐堂记》。

徐传序《群公小简》。

按:据《四库全书总目提要》卷一九二:《群公小简》6 卷,不著编辑者名氏。序称苏文忠、方秋崖、赵清旷、卢柳南、孙仲益五先生之所著,而第 6 卷乃为欧阳修作。后有成化二十年周信跋。

罗伦作《丰岭罗氏族谱序》。

邱濬作《会试录序》、《题文公手迹后》。

黄瑜自编文集 10 卷,仲冬,广东按察司佥事营道赵宏为作序。

梅志暹辑《重阳庵集》1 卷成。

按:梅为重阳庵道士。此书为杭州吴山重阳庵之庵志。重阳庵始于唐开成年间,明代成为全真道教之丛林。卷前江王比序曰:"前主山梅炼师尝裒辑之,并其兴建首末文记诸作,汇而为帙,题为《重阳庵集》,俾予为之序。"题为成化十一年,当成于是年。后于嘉靖年间又经俞大彰重编。曾刊入《武林掌故丛编》。今编入《藏外道书》第十二册"宫观地志类"。雍正《浙江通志》卷二五四题梅古春辑。

保罗·乌切洛卒(1397—)。文艺复兴时期意大利画家。致力于建立新绘画透视法制。

德克·包茨卒(约 1400—)。尼德兰画家。

徐恣卒(1393—)。恣字景南,号退庵,别号梅雪。江阴人。麒长子。尝筑室数椽,与文人墨客吟咏其间。事迹见《徐霞客家传》。

张翱卒(1394—)。翱字羽翱,号介然,原名珍,字济时。浙江钱塘人。

按:藏书甚多,均分类庋藏,颇有条理。《武林藏书录》载:"翱既长,藏书遂富,为武林诸家之冠"。又王士祯《居易录》载:"杭州张氏藏书甚富,造楼水中,庋置甲乙,悉有次弟。以小舟通之,晴后即禁往来。"

朱逊烇卒(1415—)。逊烇,明宗室。代王朱桂第六子。好学工诗,尤善医,尝施药治瘟疫,全活甚多。卒谥荣顺。著有《云溪稿》。

彭时卒(1416—)。时字纯道。江西安福人。正统十三年进士第一。释褐逾年参大政，前此未有。成化中彭时官至吏部尚书、文渊阁大学士。卒谥文宪。著有《可斋杂记》、《彭文宪集》等。事迹见《明史》卷一七六，商辂《文渊阁大学士谥文宪彭公时神道碑铭》(《国朝献征录》卷一三)。

按：《四库全书总目提要》卷一四三曰：《可斋杂记》1 卷，"此书述其生平阅历，始正统乙丑，在国子监肄业，多称李时勉善教事。次叙廷试第一及入翰林事，多陈梦兆禨祥及诸琐事。次记景泰初入内阁事，所载英宗北狩，额森内侵，夺门复辟，曹吉祥谋逆，皆甚寥寥，王文入相事独详。叙周、钱二太后并尊及钱太居祔庙事，往反曲折尤悉。盖平生经济在策项忠一事，平生大节则在此一事。证以本传，一一相合，知非诡词以自炫。"据《四库全书总目提要》卷一七五：《彭文宪集》原本 10 卷，岁久散佚，其六世从孙笃福掇拾刊为 4 卷。

吴琛卒(1425—)。琛字舆璧，号愚庵。太平府繁昌人。景泰二年进士。擢御史，巡按四川。成化间吴琛巡抚湖广，后继韩雍总督两广，著有《愚庵集》。事迹见《副都御史吴公琛神道碑铭》(《国朝献征录》卷五八)。

万宁生(—?)。

按：万宁，字咸邦。湖北黄冈人。幼年即从父习医，十八岁悬壶于世，声名日隆。湖北提学薛文宗荐之曰："善医国手，唯万氏一人而已。"此后入宫中听用。著《万氏医贯》。事迹见《贩书偶记续编》。

张璁(孚敬)(—1539)、康海(—1540)、僧根敦嘉错(达赖二世)(—1542)、温仁和(—1543)、张璧(—1545)生。

成化十二年　丙申　1476 年

四月戊子，礼部言："南直隶府县岁贡生员考中者，例送南监。景泰间，因北监充拨数少暂留，今宜仍旧例。"从之。(《宪宗实录》卷一五二)

是月，薛为学等以灾异请饬边备。(《明通鉴》目录卷九)

五月庚戌，设大同左云川卫、大同右玉林卫、天城镇虏卫、阳和高山卫四儒学。

六月，赵王见㴶有罪，削冠带，令就学读书，以冀悛悔。(《明通鉴》目录卷九)

七月辛亥，命宋儒学朱熹十世孙炖袭翰林院五经博士，奉祀事。(《宪宗实录》卷一五五)

九月戊申，命监察御史林荣提调北直隶学校。(《宪宗实录》卷一五七)

十二月己丑，升郧县学为郧阳府学。

是年，增孔庙笾豆佾舞数。

奥斯曼帝国围阿尔巴尼亚克鲁亚。

法国大胆查理及瑞士人战。

英国于威斯敏斯特首次建立卡克斯顿印刷局。

李东阳始入经筵侍班兼撰讲章。

商辂二月升太子少保改吏部尚书兼职如故，复赐冠带金麒麟一品服。七月乙丑上弭灾八事。宪宗悉嘉纳。八月奏罢建玉皇阁。

周洪谟二月己卯以掌国子监事礼部左侍郎命理部事。

段坚是春朝唐王，谈关中事。

陈献章门人番禺何静来从学。

章懋满考入都，乞致仕归。

按：既归，屏迹不入城府，奉亲之暇，读书讲学，四方学者高其风，称枫山先生。毕心体认之学，而言必根志，志必宣用，用必副功。枫山授受，提挈纲要，以自得悟领之精，盖至是公之得益深，士之风为之一变，学子至不能容，白沙、一峰、定山皆极推与。朝论时有所荐，张庄简、储殖庵、潘南山，尤道味同也。

王恕八月改右都御史，巡抚云南，治中官钱能私通安南事。

按：一说改左副都御史，巡抚云南。

马文升八月整饬辽东边务。

倪岳作《观新修运河》诗，记京东官修河百时里成。

张弼等同年会于报恩寺。

曹安之京师，除武安邑，往返涉历山川甚多。

蔡清年二十四，始为密箴。

王守仁五岁不言，一日与群儿戏，有神僧过之，曰："好个孩童，可惜道破。"祖父悟更其名为守仁，即能言之。

按：一日诵祖父所读过书，讶问之，曰："闻祖父都读时已默记矣。"

浙江布政使宁良即孤山万寿寺故址重建西湖书院，名"孤山"。

按：岁久圮。另有吴伯通以提学佥事重修河南上蔡谢显道祠（上蔡书院）；蔡琪重修海南琼山东坡书院，亦称东坡祠；杨冠时为广西平乐府知府，建明贤书院于府署前南门内。

张岫刊宋包拯纂《孝肃包公奏议集》10卷。

商辂等十一月乙卯奉敕纂修《续修通鉴纲目》27卷成。

按：内阁大学士商辂为总裁，有上表。宪宗制序文以冠其首（《宪宗实录》卷一五九）。书成不久，即有周礼《发明》、张时泰《广义》之作。邱濬又自出己意纂《史略》。记为次年。

汪贵修、吴福纂《淳安县志》成书刊行。

按：已佚。见《千顷堂书目》、雍正《浙江通志》卷二五三著录。

唐诏修、季璘等纂《六合县志》成。庄昶、郑瑛序《六合县志》。

史鉴以官命纂《运河志》，记吴中运河。

邱濬撰《雨中待朝偶成》、《茅山复古堂记》、《可继堂记》。

陈献章撰《恩平学记》。作五古诗《梦观化书六字壁间曰造物一场变化》。

张元祯撰《南昌县庙学兴造记》。

于冕作《节庵先生存稿跋》。

按：跋曰："亟访旧稿无得，仅于士林得抄录计若干首。如梁晋所作，得之都宪无锡杨公、今南昌二守同邑夏世芳。兵部所作，得之少宰昆山叶文庄公、今祠部主事表弟董序。近于乡曲之家，又得公进士、御史时所作……去年秋，得告南还，南京大理寺卿仁和夏先生致政家居，间求是正。先生欣然为之手校，而又序其首简，因题之曰《节庵先生存稿》……此其节余，然亦不可不传，故用谨刻诸梓。若天假之以年，当极搜罗以为续稿。"

张瓒刻宋程颢、程颐著《二程全书》。

按：又称《河南程氏全书》和《二程集》。

惠山寺僧人从豪家收回本寺旧藏竹茶炉，无锡刘弘作《复竹茶炉诗卷序》述其事。

按：据《竹炉图咏》，弘所著有《苏诗摘律》。

林文卒（1390— ）。文字恒简，号澹轩，谥襄敏。福建莆田人。宣德进士，官至太常寺少卿，兼翰林院学士，谥襄敏。著有《淡轩稿》。事迹见《太常寺少卿兼翰林院侍读学士林文传》（《国朝献征录》卷二〇、卷七〇）。

按：据《四库全书总目提要》卷一七五：《淡轩稿》12卷，补遗1卷。凡有二本，初刻者为其孙岳州同知希范；重刻者为其曾孙南京大理寺寺正炳章。

兰茂卒（1397— ）。兰茂字廷秀，号止庵、和光道人。云南嵩明人。通经史术数之书。音韵学家。著《韵略易通》外，又有《经史馀说》、《声律发蒙》、《元壶集》、《止庵吟稿》、《兰隐君集》等。其《滇南本草》3卷为中国现存最早之地方中草药专书。事迹见《明诗纪事》甲二三。

按：乾隆《云南通志》卷二一曰："读书过目成诵，耻为章句学，返求六经，究心濂洛关闽之旨，欣然有得，乃匾其居曰'止轩'。"卷二九之八李澄中《兰隐君祠堂记》曰："凡黄冠缁流、医方卜筮、星历风角之书，靡不穷究其奥，乡里称为贤。会王尚书骥征麓川，先生授以方略，遂成功。'若要麓川破，船往山上过'，居人至今犹传其语。所著有《元壶集》、《鉴例折衷》、《经史余论》、《安边策条》、《止庵吟稿》、《声律发蒙》、《山堂杂稿》等书，行于世。四方学者多师事之，……"

华荪卒（1412— ）。荪字祖芳，号集义。无锡人。晚年多病，故又号南林病叟。晚年筑安老堂于别业，与邑人结为诗社，倡酬往还。《华氏传芳集》卷一有其自为墓志。著有《吟篷卷》、《丛藻》等。

按：《梁溪诗钞》卷四小传曰："为一舟，名吟篷，遂游云水间，有《吟篷卷》，一时名辈题咏甚多"。华荪自为墓志铭曰："湖海能吟者贻之以诗，而世上所遗所得巨公诗文，编选总为一集，名曰《丛藻》，提学按察副使云间夏正夫为之序。"

陈政卒（1418— ）。政字宣之。广东番禺人。景泰五年进士。选庶吉士，与修《寰宇通志》。擢御史，官至云南按察副使。事迹见黄佐《云南按察司副使陈公政传》（《国朝献征录》卷一〇二）。

阎禹锡卒（1426— ）。禹锡字子与。河南洛阳人。正统九年举人。官至御史，督学畿内。《明儒学案》列其入《河东学案》上。著有《自信集》。事迹见《明史》卷二八二《薛瑄传》附传，马中锡《监察御史阎公禹锡墓志铭》（《国朝献征录》卷六五）。

按：从薛瑄授宋儒周敦颐、二程之学，得其大旨而力行之。据《明史》卷二八二，

雷乔蒙塔努斯卒（1436— ）。德国天文学家、数学家。完成校订托勒密希腊天文学著作。

闻河津薛瑄讲濂、洛之学,遂罢公车,往受业。久之,将归,瑄送至里门,告之曰:"为学之要,居敬穷理而已。"禹锡归,得其大指,益务力行。督畿内学,取周子《太极图》、《通书》为士子讲解,一时多士皆知向学。《明儒学案》曰:"励士以原本之学,讲明《太极图说》、《通书》,使文清之学不失其传者,先生之力也。所著有《自信集》。或问先生与白良辅于文清,文清曰:'洛阳似此两人也难得,但恐后来立脚不定,往别处走。'观先生所立,虽未知所得深浅,亦不负文清之所戒矣。"

桂华(—1522)、景旸(—1524)、边贡(—1532)、潘希曾(—1532)、刘大谟(—1543)、顾璘(—1545)、周用(—1548)、刘节(—1555)、潘埙(—1562)生。

成化十三年　丁酉　1477年

奥斯曼帝国侵威尼斯。

瑞士人杀法国大胆查理。

法王路易十一取法勃艮第公国。

莫斯科大公国伐诺夫哥罗德。

三月,以都御史李宾奏,谕法司慎勘妖言之狱。(《明通鉴》目录卷九)

六月丁巳,命南京工部修理南京国子监文庙两庑厨库。(《宪宗实录》卷六七)

七月,董方、李宾等致仕。

按:一时大臣以次陈免者凡数十人。

九月甲申,吉王见浚之国。就藩长沙。刻《先圣图》及《尚书》于岳麓书院以授学者。

十一月己丑,增置陕西榆林卫学训导二员。从巡抚都御史丁川等请也。

是年,日本足利义政遣正使竺芳妙茂长老、副使庆瑜首座等入贡到达中国(两年前出发),上书请求铜钱、勘合符和典籍:"书目列于左方:《佛祖统记》全部、《教乘法数》全部、《法苑珠林》全部、《宾退录》全部、《兔园策》全部、《遁斋闲览》全部、《类说》全部、《百川学海》全部、《北堂书钞》全部、《石湖集》全部、《老学庵笔记》全部"。只得到《法苑珠林》一书,因与前次所请大致相同,唯此书乃前次所缺。

德意志符腾堡公爵创建图宾根大学。

瑞典乌普萨拉大学始创。

商辂等四月晋官。与项忠五月丙子请罢西厂,从之。六月丁巳致仕。十月携诸孙抵家。

章懋正月三载考绩,唐彬与诸公送之于河酌酒为别,章懋留别诗。十月上疏乞归田里,有乞休疏。

邱濬八月己未以翰林院学士升为国子监祭酒。八月癸亥,命经筵侍班。

耿裕三月己卯以国子监祭酒命经筵侍班。

刘健七月辛未以左春坊左庶子命为应天府乡试考官。

周经七月辛未以翰林院侍读命为应天府乡试考官。

彭教八月壬寅以翰林院侍读命为顺天府乡试考官。

黎淳十二月辛亥以詹事府少事兼翰林院侍读奏近年有司多有不遵科场出题作文定式。

王恕四月改南京都察院右都御史。参赞机务，仍署院事。以巡抚云南，劾中官钱能。

按：能贿中贵，请召还，遂有是命。

林光自罗浮至成真，与罗伦相偕游天王合，并筑庵于合旁。

周洪谟正月以国子祭酒奏增孔子庙笾豆、乐舞之数。下礼部议。

王㒜作记，记扬州兵民二万人在宜陵镇浚治白塔河成。

张弼以作《假髻行》刺时贵，自京职排出，官江西南安。作《过徐州》诗，述南行途中所见徐州大充大潦景象。

沈周以诗送张弼赴南安任。作诗《端午漫书》诗，自述生活。

曹安校文山西。

文洪在涞水任县学教谕。

按：作《易水吊荆轲赋》。

秦纮为右佥都御史，巡抚山西。

章纶构藏书楼。

陈钺十二月以结汪直，擢右副都御史，巡抚辽东。

周瑛舟行适京师。

丁伯通中举人。

按：丁伯通，生卒年不详。山西宁化人。官庆阳府推官。清苦好学，著有《纲目续编》。事迹见《雍正山西通志》卷一三八。

刘鸿中举人。

按：刘鸿，生卒年不详。字云表，以居七星坳，自号七星居士。江西泰和人。屡入京会试不第，漫游山水以终。著有《七星诗文存》12卷。据《四库全书总目提要》卷一七五：是集为泰和知县区时行所编。前有正德五年罗钦顺序。

齐恩中举人。官无为州训导。

按：齐恩，生卒年不详。字立斋。天台人。著有《尚书辨误》，见光绪《台州志》及齐氏《经籍志》。已佚。

柯昌中举人。官阳江知县。

按：柯昌，生卒年不详。字廷言。浙江黄岩人。纂有《永宁樵话》。是书据《台郡小识》曰：王若浩尝得其残帙，乃载黄岩故事，惜破烂无从卒读。《委羽山志》又尝引之。今未见。又有《确庵稿》，今亦佚。事迹见《石龙集》卷一一。

姚明中举人。授贵溪知县，调南靖。

按：姚明，生卒年不详。字景昭，号月桥居士。苏州府吴江人。著有《月桥遗稿》。事迹见乾隆《吴江县志》卷四六。

杨舫中举人。官莒州知州。

按：杨舫，生卒年不详。字弘载。江苏常熟人。杨集子。纂有《莒州志》（见《重修常昭合志》卷一八）、《水利书》1卷（见《千顷堂书目》卷八）、《杨莒州文集》（见雍正《常熟县志》卷二三）。

洪贯举乡试。除邓州教谕。

按：洪贯，生卒年不详。字唯卿。浙江鄞县人。著有《周易解疑》，是书《经义传》云未见。事迹见《七修类稿》卷三二。

张吉举乡试第一。

蔡清年二十五，举福建乡试。

谢先生十月经初至特加礼重，以五经之学勉邵宝。

邹智年十二能文，家贫，读书焚木叶继晷者三年。

龚绂三月纂《龚安节（诩）先生年谱》1卷。

胡荣序夏时正所纂《先贤祠录》。

按：《先贤祠录》见《千顷堂书目》、雍正《浙江通志》卷二五四著录。旌德先贤祠在钱塘县保佑坊，祀唐许由以下199人。

谢铎自序《尊乡录》41卷。

按：《尊乡录》见《台州经籍志》卷一〇著录，已佚。又两节本：一为《尊乡录详节》10卷，见《明史·艺文志》著录。据《赤城新志》记载，此节本有刘通判致中、黄训导彦良为刊板行世，今亦已佚。一为《尊乡录节要》4卷、《拾遗》1卷，弘治七年黄岩王弼刊本。今有清临海卢炯重刻本。《四库全书》据浙江汪启淑家藏本存目，误以刻书人王弼为撰书人。

李楫修、莫旦纂《新昌县志》16卷刊行。

按：万历《绍兴府志》卷五〇曰："吕尚书光洵谓其叙述详而乏体要。张子苾曰：尝见其书俚甚，学究笔也。"清周中孚曰："新昌旧无志书，成化丙申，汀州李楫知县事，因嘱景周（旦之字）纂修为是编。自图象以迄纪异，凡分42门，其书不期月而告成，故分门丛杂，体例多乖。如记邑人事迹，至分23门之多，殊为繁缛。至官是地者，只有来官1门，记名宦25人，而余则并其名氏仕贯，一概缺如，亦嫌过略。其前图像内，及于礼器割牲释奠，与夫乡贤去思德政诸祠，图所不当图，已属可笑。而又图及邑之先贤遗像凡20，竟似家乘之作，此更舛陋矣。虽创始者难为功，而亦足见古地志之非尽可观也。"

朱福修，陆希和、俞谧纂《遂安县志》成书刊行。

按：本志见《千顷堂书目》、雍正《浙江通志》卷二五三著录。已佚。朱福序载民国《遂安县志》卷末。

张元祯撰《忠洁王庙重修记》。

黄仲昭撰《泉州府改造布政分司记》。

陈献章作《书思德亭碑后》。又有《登陶鲁壮哉亭五律》、《三赠文都七律》、《承张方伯报旌表家慈书至五律》、《示建贞节亭役者七绝》、《病中写怀寄李九渊五古》。

邱濬作《太学私试策》3首、《丁酉春偶书诗》、《会通河土桥石闸记》。集朱子微言汇为20篇仿《论语》作《朱子学的》。

按：一说《朱子学的》成于天顺八年。详见是年条。

段坚二月刊《崇正辩》，邱濬序。

陈茂烈年十八，即有志圣贤之学，作《省克录》以自考。

李东阳作《贺陈先生诞孙诗序》、《送施彦章通判黄州序》。

卡克斯顿印刷乔叟的《坎特伯雷故事集》。

波兰的扬·奥斯特罗鲁格撰成《治国纪事》。

成化十三年　丁酉　1477年

周瑛作《都蔡氏上寿序》、《赠王司训书满序》、《江上唱和诗序》。

卞荣跋元吴镇《渔夫图》。

贝琳修辑《七政推步》7卷是秋成。

按：《四库全书总目提要》卷一〇六曰：即焦竑《国史经籍志》所载玛沙伊赫之回回历也。考《明史·历志》，回回历法元时入中国而未行。洪武初，得其书于元都。十五年，命翰林李翀、吴伯宗（吴柘）同回回大师玛沙伊赫等译其书。遂设回回历科，隶钦天监。而贝琳自跋又称，洪武十八年，远夷归化献土盘法，预推六曜干犯，名曰经纬度。时历官元统译为汉算，而书始行于中国，与史所载颇不合。一说永乐中辑。

北京永顺堂刊《新刊全相说唱开宗宝贵孝义传》上下两卷。

黄润玉卒（1389—　）。润玉字孟清，以曾讲学南山书院，人称南山先生。宁波府鄞县人。举顺天乡试。历官广西按察司佥事、湖广佥事。晚年在家乡建南山书院讲学，学宗朱熹。对明前期浙东学派有较大影响。《宋元学案》列其入《慈湖学案》详见《明儒学案》。《明儒学案》列其入《诸儒学案》上三。著有《周礼题词》并自序、《经书补注》、《宁波府简要志》5卷等。据近人张寿镛《南山著作考》近20种。事迹见《明史》卷一六一，杨守陈《湖广等处提刑按佥事察司佥事南山黄公润玉墓碣铭》（《国朝献征录》卷八八）。

按：时人将其与薛瑄并称，全祖望则称黄氏乃宁波"朱学大宗"，与黄震、史蒙卿并称浙东"朱学三家"。承黄震"博学、审问、慎思、明辨"之治学精神，宗朱而不尽合于朱。自言"愚观经书注释，间有得失先正所未正者"，于是纂成《经书补注》。《经学补注》4卷，是书据《鄞县志》引《甬上耆旧传》，或作《四书注》。王圻谓其言多有可采，殆不止四书，尚有诸经在内也。嫌《四书大全》难究朱学"统宗"："子朱子《大学》、《中庸章句》，各有'或问'，附于本章之左，学者得以兼读。自辑释行，置'或问'为长物，而惟支节是讲，故后学莫究其统宗"，于是"摭取程朱语而疏其右"，成《中庸脉络》、《大学旨归》，两书合称《学庸通旨》。据杨守陈云：润玉以《礼记》深衣制，郑氏误注为裳，而《玉藻》"长中继掩尺"注亦误，因考定深衣古制为《考定深衣古制》1卷。守陈又云：润玉又有《学庸通旨》2卷。守陈所云二书，均未见。其学有心学色彩。其言古本《大学》以及格物之义"最详"。王守仁之说出其后，不若黄氏"浑成"。黄氏此说，"实开新建之先"。《读周礼》，拟进学宫作取士用。《含山县图志》成于黄氏含山知县任上。《千顷堂书目》卷二曰：《仪礼戴注附注（记）》5卷，"析仪礼为4卷，以礼（戴）记比附类之。其不类者载诸卷首末。又以军礼独缺，取周官大田礼补之。及《礼记》载田事者别为一卷，通为笺释。"

沈恒卒（1409—　）。恒字恒吉，号同斋。苏州府长洲人。澄次子，贞吉弟，周父。幼从陈继学。据《吴都文粹续集》卷四〇，恒所著有《同斋稿》。事迹见《明画录》卷三。

朱应登（　—1526）、陆深（　—1544）、陈琛（　—1545）、唐龙（　—1546）、翟銮（　—1546）、黄绾（　—1551）、刘龙（　—1553）、杨士云（　—1554）、蓝田（　—1555）生。朱真淤（　—1526）约生。

成化十四年　戊戌　1478 年

伊斯坦布尔托普卡珀宫建成。

奥斯曼帝国入阿尔巴尼亚克鲁亚，遂围斯库台。

瑞士人败米兰。

莫斯科大公国灭诺顿夫哥罗德共和国。

正月戊申，皇太子出阁就学。宪宗命太常少卿王献等入侍。

按：一说二月戊申（《明通鉴》卷三三）。命太子少保户部尚书兼文渊阁大学士万安，户部尚书兼翰林院学士刘珝，礼部尚书兼翰林院学士刘吉提调各官讲读，太常寺少卿兼翰林院学士王献，詹事府少詹事兼翰林院侍读黎淳，翰林院学士谢一夔（王一夔），右春坊、右庶子汪谐，司经局洗马郑环、罗璟更番侍班，学士彭华，侍读学士江朝宗，左春坊左庶子刘健，左谕德程敏政，侍读周经，修撰陆钺、张升、张顾更番讲读，经改古中允，升改左赞善，修撰傅瀚兼校书，太常寺少卿谢宇，礼部员外郎凌晖兼正字，通事舍人选除二员。翌日，改鸿胪寺序班耿宁、纪本为之。（《宪宗实录》卷一七五）

三月壬申，开设陕西榆林卫阴阳学。

丙子，命万安、刘珝、刘吉、尹旻、余子俊、林聪、王复、王越、张文质、邢简、宋旻、黎淳、谢一夔（王一夔）、江潮宗为殿试读卷官。（《宪宗实录》卷一七六）

己卯，赐曾彦等 350 人进士及第、出身有差。

四月戊申，设贵州程番府儒学。

癸丑，礼部详定监生依亲坐监事例。（《宪宗实录》卷一七七）

是月，赵侃等请罢监生选授州县，礼部以仍从旧制，寝之。（《明通鉴》目录卷九）

李东阳以诗送桑悦出京。

商辂建造御书楼。

刘吉二月庚子以礼部尚书兼翰林院学士命为会试考官。

彭华二月庚子以翰林院学士命为会试考官。

谢一夔（王一夔）三月丙戌命教庶吉士。

王㒜五月庚辰以南京国子监祭酒奏本监事宜。

周孟中二月辛丑以南京吏部主事升为福建按察司佥事，提调学校。

吴伯通三月庚午以河南按察司佥事命提调学校。

王恕三月以南京参赞机务、右副都御史为南京兵部尚书，仍参赞机务。

张元祯五月丁父忧，居丧三年，一遵礼仪。

沈周宿吴宽医俗亭，雨话竟夕，为作《雨夜止宿图》。

汪直五月奏武科乡、会试如文闱例，从之。六月癸卯行辽东边。巡抚陈钺媚直，遂与马文升有隙。

陈钺在辽东以掩杀冒功激变。马文升驰往宣玺书抚慰，事得平息。

谢迁考书最，授敕命进阶文林郎推。

杨继宗九月擢为浙江按察使。

金绅八月癸巳遣振江西水灾。至则先奏停力役、征收等事，然后施行荒政。

史鉴、吴宽同游光福、邓尉、玄墓，凡4日，宽撰《光福山游记》。

吴宽访苏州陈湖，著《东湖记》。

桑悦自京赴训导任，迂道涞水访文洪，游黄金台，洪著记。

陆简著记常州造祠，纪念宋末抗元战死之姚山言、王安节等人。

秦夔著记无锡惠山听松庵造松风阁。

彭韶迁广东布政使。

张弼至南安。

梁储成进士第一。授编修。

丁玑成进士。除中书舍人。

按：上疏极论治道本末、时政得失，以直谏触宪宗怒，谪普安州判。

丁积成进士。任新会知县。

于材成进士。授编修。

按：于材，生卒年不详。字国用。湖广宁远人。以文名世，分校会试，得铅山费宏、永新刘炳，后皆为名臣。以父丧哀毁早逝，时论惜之。事迹见《湖南通志》卷一六八。

马廷用成进士。选庶吉士，授编修，进侍读，与修《大明会典》。

王汶成进士。授中书舍人。

按：王汶，生卒年不详。字允达。浙江义乌人。著有《齐山文集》，学者称齐山先生。纂有《仁怀厅志》20卷。《金华经籍志》曰：是志见《佩弦斋杂存》，今有传本。仁怀位于贵州西北部。事迹见《明史》卷二八九《王祎传》、《明代名人墨宝小传》。

毛科成进士。官累云南、贵州提学副使。

叶应成进士。官广西庆远府知府。

按：叶应，生卒年不详。字子明。归善人。著有《易卦方位次序图》1卷又《易卦图衍》、《太极图说》。事迹见《千顷堂书目》卷一。

包裕成进士。授抚州推官。

按：郡无冤狱，时称"小包"。征授御史，有骞谔风。

冯忠成进士。官刑部主事，升员外郎，出为扬州知府。

按：转彰德知府，修复韩魏公（韩琦）祠，著文以纪。

伊乘成进士。授南京刑部主事，进员外郎、擢四川按察司佥事。

按：年未五十，乞归里，家居20年，闭户读书纂述。伊乘，生卒年不详。字德载。应天府上元人，吴县籍。少从鄞县杨某学《易》。著有《六书考》、《音韵指掌》、《史学撮要》、《郡邑纂类》、《伊乘集》8卷，编有《皇明风雅》、《李杜诗句图》。事迹见《千顷堂书目》卷三、《嘉庆重刊江宁府志》卷三〇。

刘机成进士。授检讨。

刘忠成进士。授编修，迁侍讲，直经筵。

孙衍成进士。授深州知州，历兵部车驾司郎中。

按：以抑太监横索，被诬入狱。官至延平知府。郡本无志，聘士修之。

严永濬成进士。授户部主事，历郎中。

按：出知西安府，官到浙江参政。严永濬，生卒年不详。字宗哲。湖广华容人。著有《两山集》。事迹见《古今图书集成》氏族典卷三七一。

杨杰成进士。选庶吉士，授编修。

杨廷和成进士。授检讨。

杨守阯成进士。授编修。迁南京侍读。

杨时畅成进士。选庶吉士，授检讨

陈章成进士。授刑部主事。

陈璚成进士。选庶吉士，出为给事中，官至南京左都御史。

林俊成进士。授刑部主事，进员外郎。

按：曾上疏请斩僧继晓并治中贵梁芳罪，触宪宗怒，下狱，贬姚州判官。

周洪成进士。授蒲圻知县。

按：劝农力田，植桑麻，令妇女业纺织，治丝缲，制筒车，创坡堰。修学宫，置社学，设田30亩为教读资。周洪，生卒年不详。字廷诰。松江府上海人。事迹见嘉庆《松江府志》卷五二。

敖山成进士。选庶吉士，授编修，进江西提学副使。

按：丁忧后，改山西提学副使，辞归。有文名。敖山，生卒年不详。山东莘县人。著有《灿然稿》。事迹见《古今图书集成》氏族典卷二一二。

袁庆祥成进士。官至广东按察佥事。

按：袁庆祥，生卒年不详。江西雩都人。国子生。在内承运库任职，以疏谏宪宗任用宦官、用财无度、佞佛诸事，被杖。著有《松崖集》。事迹见《嘉庆重修一统志》卷三三一。

贾定成进士。授知绛州。

按：值大饥疫，参酌古今救荒诸法，为救荒八事，行之颇验。官至山西按察司佥事。

夏崇文成进士。授吏部主事，两上疏言时务利病，时论韪之。

涂升成进士。授盐亭知县，改蒲台，擢监察御史。

曹璘成进士。授行人，选授御史。

龚弘成进士。历官兖州知府，奏免额外税粮万石。

虞臣成进士。授兵部主事，历郎中。

戴豪成进士。授兵部主事，历员外郎，擢职方郎中。

邵宝就钱希斋公讲理学。四月问学于定山庄昶先生。夏秋以疾居宿学宫者。

蒋冕从邱濬学。

按："公与冕论学曰：小子知乎圣贤之学乎？所谓圣贤之学无他焉，曰心而已矣。其所以求心之要，亦无他焉，曰静而已矣。静以学焉，学以求诸心而无所放焉，学之道得矣。今之静者，非处夫穷山深谷者也，非杜绝人事而不与之交接者也。……是故学不在外而在内，静不在境而在心。……凡夫所谓身心体认之实者，使皆有以得之。为圣贤之学在是矣。"（王国栋《邱文庄公年谱》）蒋冕《琼台诗话序》曰："以性命道德之懿，文章学问之要，政治理乱之端，修为涵养之方，委曲指示，务欲冕大有所造诣而已。"

浙江金华正学祠（又名四贤祠），赐题"正学"匾额。

李蕙倡众增修安徽当涂采石书院。

彭韶著《国朝名臣录赞》成。

按：开明人作名臣录类人物传记集之先河。今福建图书馆有一部原刻本，北大有一部崇祯刻本。

李东阳撰《嘉议大夫南京都察院左副都御史陈君玉汝神道碑铭》、《广东布政司右参议戴师墓表》。

商辂撰《敕建正学祠记》。

庄昶撰《婺源三贤祠堂记》。

罗伦撰《浮庵记》。

张弼撰《梅岭均利记》，记南安、南雄以梅岭为界，时起纷争。作《曲水棹歌》10章，记故乡百曲港近事。

彭韶以张弼请，作《铁汉楼记》。

邱濬作《送刘端本知兴化府序》、《故都御史姑苏韩公挽诗序》、《除夕诗》。

史鉴作《诛巫序》。

黄仲昭作《洪山严氏清隐图序》。

周瑛作《赠周佥事入闽提学序》

吴宽为史鉴跋所藏褚遂良《文皇哀册》墨迹。

傑原刊《重修政和经史证类备用本草》30卷。

桑悦作《异鸟赋》。

北京永顺堂刊《新编全相说唱足本花关索传》。

按：《新编全相说唱足本花关索传》分为4集：前集《新编全相说唱足本花关索出身传》、后集《新编全相说唱足本花关索认父传》、续集《新编全相说唱足本花关索下四川传》、别集《新编全相说唱足本花关索贬云南传》。永顺堂所刊之《花关索传》，为《三国志平话》之外的又一部关于三国故事的民间传说。其前集末有"成化戊戌仲春永顺堂重刊"，当有初刊本。

张世用刻南宋章樵注《古文苑》21卷本。

韩雍卒（1422— ）。雍字永熙。苏州长州人。正统七年进士，授御史。官至左副都御史，总督两广。正德间谥襄毅。著有《襄毅奏议》1卷、《苑洛集》10卷、《襄毅文集》15卷，辑有宋文天祥所纂《文山先生文集》26卷。事迹见《明史》卷一七八，《四库全书总目提要》卷一七〇，刘珝《都察院右都御史韩公雍墓志铭》（《国朝献征录》卷五八）。

按：《四库全书总目提要》卷一七〇曰："明自正统以后，正德以前，金华、青田流风渐远，而茶陵、震泽犹未奋兴。数十年间，惟相沿台阁之体，渐就庸肤。雍当其时，虽威行两广，以武略雄一世，不屑屑以雕章绘句为工。而英多磊落之气，时时发见于文章。故虽未变体裁，而时饶风骨。其杂文亦高视阔步，气象迥殊。韩愈所谓独得雄直气者，殆于近之。朱彝尊《明诗综》但称雍有集而不著集名，所录雍诗一篇，又非佳作。其《赐

意大利特雷维佐出版最早的印刷算术著作。

游西苑记》,《日下旧闻》亦不载。《静志居诗话》绝无一字及雍,殆偶未见斯集欤。"

杨瑄卒(1425—)。瑄字廷献。江西丰城人。景泰五年进士。官至浙江按察使。著有《复辟录》。事迹见《明史》卷一六二,杨守陈《浙江按察司按察使杨公瑄墓志铭》(《国朝献征录》卷八四)。

按：据《四库全书总目提要》卷五三："当徐有贞等夺门时,杨瑄为御史,事皆目睹。又尝劾曹吉祥、石亨,坐谴论戍,于二人事迹,知之尤悉。故其辨于谦、王文之被诬,石亨、曹吉祥之恣肆,皆与史合。后附李贤《天顺日录》、祝允明《苏材小纂》、陈循《辨冤疏》、叶盛《水东日记》、王琼《双溪杂记》数条,盖皆同时亲与其事者。"

丁川卒(1431—)。川字大容,号东陵。浙江新昌人。天顺八年进士。授监察御史。成化中上疏论谏会昌侯孙继宗父子权重,及万妃干预外政。官至延绥巡抚。著有《东陵文集》。事迹见《桃溪净稿文》卷一一。

罗伦卒(1431—)。伦字应魁,改字彝正,学者称一峰先生。江西永丰人。成化二年,廷试,对策万余言。直斥时弊,名震都下。擢进士第一。授翰林院修撰。官场起落。以金牛山人迹不至,筑室著书其中。开门教授,从学者众。嘉靖初追赠左春坊谕德,谥文毅。《明儒学案》列其入《诸儒学案》上三。著有《五经疏义》、《周易说旨》、《一峰集》等。事迹见《明史》卷一七九,陈献章《翰林院修撰罗公伦传》、邹智《序正一峰先生事状》(均《国朝献征录》卷二一),贺钦《罗修撰伦墓志》(《国朝献征录》卷二三),《列朝诗集小传丙集》。

按：《明儒学案·师说》："先生之学,刚而正。或拟之孔融,非是。又传先生既谪官,过崇仁,求谒康斋。康斋不见,意待再三而后见之。先生怒,投一诗去。康斋之不见,所以进先生之意深矣,惜先生不悟也。又当时张廷祥独不喜康斋,故先生亦不喜之,然康斋终不可及也。"陈献章为之传曰："孤忠大节文文山为宋一人。高风直气罗一峰为今一人"。《四库全书总目提要》卷一七一曰："伦与陈献章称石交,然献章以超悟为宗,而伦笃守宋儒之途辙,所学则殊。"何乔新《一峰集序》曰："一峰罗先生应魁既殁,其所与游雯峰先生饶公秉鉴之弟秉元,得其诗文遗稿一帙,厘为十有二卷,附以大夫君子祭诔哀挽之辞,因其别号通谓之《一峰集》,刻而传之。雯峰属予为之序,予辞谢不敢当。未几,秉元、雯峰相继殁,雯峰之子廷赞因子弟乔年申其父叔之请,求序益坚,予诺之,未果为也。……所著《周易传》、《中庸解》、《礼记集注》,皆别为卷,不在集中。"

王尚絅(—1531)、田汝耔(—1532)、崔铣(—1541)、崔桐(—1556)生。

奥斯曼帝国征服阿尔巴尼亚。

威尼斯人纳贡于奥斯曼帝国。

西班牙建国。

奥地利入尼德兰。

葡萄牙承认西班牙领有加那利群岛。

成化十五年　己亥　1479年

十二月,监察御史进言乞如各布政司亦如两京例,命翰林院官主试为是。(《宪宗实录》卷一九八)

邱濬正月以大祀郊,奉旨分献中镇。

商良臣三月进讲经筵。

李东阳诸人游朝天宫、慈恩寺。

按:《怀麓堂集》卷二四有《游朝天宫慈恩寺诗序》。

江朝宗贬官广东,任市舶提举。

吴伯通任河南提学副使。

按:针对学风日下,乃会同抚宪李衍,修建开封百泉、汝宁汝南、洛阳洛伊及开封大梁四大书院。博通"六经",躬为讲解。未几,擢浙江副使。聚诸生于杭之贡院数百人,崇祀先贤,"有司建广安甘棠书院以处其众"。

沈周作文记宜兴一带、太湖暴涨成灾。

李应祯以尚见虎,作纪事长歌,写附上年沈周所作《西山虎图》后。

李应祯至宜兴,与李瑞卿同观其地尹氏所藏褚临《兰亭序》。

吴宽、李应祯同游东洞庭山,宽撰《兴福寺记》,复同游无锡惠山,观竹茶炉,得见炉工同时所作瓦杓,作纪事诗。

周瑛是冬以州政入考京师,黄孔昭、谢鸣来谒,并出其所编《赤城论谏录》属序,周作《赤城论谏录序》。

刘大夏匿兵部永乐间讨安南故牍。

按:汪直欲邀边功,请于宪宗,索兵部永乐间讨安南故牍。大夏不予,告余子俊,谓边衅一开,则生民糜烂矣。

王恕正月特命为兵部尚书兼都察院左副都御史,授敕巡抚南直隶苏松等11府州地方,总理粮储兼管浙江杭嘉湖三府粮储。

胡谧、沈继先、杨文卿、黄珣、谢迁、杨守陈、杨守阯,浙江解元同仕于朝者为七元文会。

王越十月私于朱永,欲参东征军务,为陈钺所沮,钺竟得之。时称越、钺相况云。

汪直、陈钺等十月闰月出塞,掩杀贡使60人。陈钺十二月召还,进户部尚书。

钱溥自南京解职还,以豪绅资格役使本乡人为营造园宅,激起乡里讥评。

黄仲昭乞休。自是家居10年。

马文升五月壬戌下于狱。五月庚午谪戍。

周洪谟疏进于朝,请敕修诸经。宪宗以大全诸书久为学者所诵习,不允所请。

湛若水年十四,始入小学。

王承裕年十四五,在蒲田从萧氏学,由是尊师乐学,益深造焉。

钱钺置田30亩以供河南上蔡谢显道祠祀事。

宋鉴建舞泉书院于河南舞阳城东。

方士李孜省四月为太常寺丞,寻改上林苑副监。

陈献章十二月撰《林彦愈墓志铭》。

丹麦国王克里斯蒂安一世创建哥本哈根大学。

按：是冬著《吴川县城记》。是年作《罗一峰挽诗七律》3首、《和梅侍御见寄五古》、《挽竹斋七绝》、《赠马龙如湖南奠罗一峰先生五古》、《登崖石观奇石》。

吴宽著《己亥上京录》。综是年经历。

庄昶撰《宿州儒学会讲亭记》。

王㒜作《戚墅堰桥记》，以三诗跋宋李公麟《山庄图》。

刘昌以李龙眠《君臣故实》8图，征吴宽题。

何乔新作《送金宪万君赴京诗序》。

胡居仁作《与晏洧书》。

桑悦在江西作《南都赋》、《北都赋》。

谢铎作《逊志斋集后序》。

按：谢铎后序曰："先生之文不见于世也久矣！天顺中，赵教谕洪实始锓梓以传，既而铎与文选黄君孔昭颇加搜辑，于是叶文庄公盛、秋卿林公鹗、王忠文公之孙汶，诸所传录者，皆粹焉。既又从柳别驾演尽得常人之所藏者，视昔盖不啻倍蓰，而先生之文乃始稍稍以完。今年春，宁海令郭君绅闻之，以书来曰：'先邑人也，是不可废，愿益得以传诸梓。'铎与文选君亟喜而授之。……常本旧称《逊志斋集》者，讹缺为甚，谨具存之，不敢别有所更益。教谕之编，有的知其非出于先生者，乃不敢取。其曰'正学'者，盖蜀献王所赐，'逊志'则先生所自号，今并入之，以复其旧。而其续得者当更为别录云。"

蜀藩府再刻元刘因纂《静修先生文集》。

按：此刻书名《静修先生丁亥集》，凡30卷。

安托内洛达·梅西纳卒（约1430— ）。意大利画家。

孙继宗卒（1395— ）。继宗字光辅。卒谥荣襄。山东邹平人。孙忠子。宣宗章皇后兄。天顺改元，以夺门功进侯，明代以外戚典兵者自是始。宪宗即位，复督十二团营。监修《英宗实录》。朝有大议，必继宗为首。事迹见《中国历代人名大辞典》。

杨寔卒（1414— ）。寔字诚之，号南里。浙江鄞县人。正统六年举人，授安福训导，领龙泉学官。著有《南里类稿》。事迹见《怀麓堂文稿》卷一六。

倪谦卒（1415— ）。谦字克让，号静存。卒谥文僖。学者称为静存先生。应天上元人。正统四年进士。授编修，曾出使朝鲜。官至南京礼部尚书。与纂《宋元通鉴纲目》、与修《英宗实录》、《寰宇通志》，著有《朝鲜纪事》1卷、《辽海编》4卷、《倪文僖集》32卷，辑有《奉使朝鲜倡和集》1卷。事迹见《宪宗实录》卷一八八，陈镐《南京礼部尚书谥文僖倪公谦传》（《国朝献征录》卷三六）。

按：《宪宗实录》曰："入翰林，与钱溥齐名。谦比溥稍庄重，但好交匪人，竟以是取败。尝使朝鲜，朝鲜人服其敏捷。景泰中，别选内官之聪慧者数人，俾谦教之，后俱柄用。谦踬而复起者，此数人之力也。"《明诗纪事》乙签卷一七《倪谦》陈田按："尚书在朝，颇称躁进，卒以万安铭墓，尤致讥议。"据《四库全书总目提要》卷一七〇：李东阳《倪文僖集·序》称，谦所著有《玉堂稿》100卷、《上谷稿》8卷、《归田稿》42卷、《南宫稿》20卷，又有奉使朝鲜之作为《辽海编》，别行于世。今皆未见。《倪文僖集》谦所自编，盖合《玉堂》诸稿删次也。于生平著作，汰存六分之一者也。

夏埙卒(1426—)。埙字宗成。浙江天台人。景泰二年进士。授御史。成化时以右副都御史巡抚四川。著有《稗政丛说》、《介轩稿》、《说苑要语》、《岭南稿》、《三巴稿》。事迹见谢铎《嘉议大夫都察院右副都御史夏公埙墓志铭》(《国朝献征录》卷六〇)。

文洪卒(1426—)。洪字功大,一作公大,号希素。苏州府长洲人。成化八年中举人,官涞水教谕。因以名集《涞水集》。另著有《括囊稿》2卷,收入《文氏五家诗》。事迹见《列朝诗集小传》丙集。

按:《四库全书总目提要》卷一八九《文氏五家诗》条称:长洲文氏三世五人,中惟文征明名最盛,其家学之渊源,则自洪始。

徐泰卒(1429—)。泰字士亨,更字大同,号白生。江苏江阴人。著有《生白斋集》,见乾隆《江阴县志》卷一七。明徐溥《谦斋文录》有其墓表。

施度卒(1434—)。度字彦章,号敬斋。江苏无锡人。著有《敬斋文集》,见《锡山历朝书目考》卷一〇。

徐祯卿(—1511)、林塾(—1519)、穆孔晖(—1539)、王济(或? —1540?)、王教(—1541)、吕柟(—1542)、李中(—1542)、刘天和(—1545)、娄志德(—1546)、章拯(—1548)、韩邦奇(—1555)、许相卿(—1557)、张含(—1565)生。

成化十六年　庚子　1480年

正月,孙博言事,末言厂校缉事多毛举细故中伤大臣,乞加禁革。(《明通鉴》目录卷九)

按:汪直闻之,怒,呼博面加诘责。人咸为博危之。

八月辛酉,曲阜孔庙大成殿重修。

九月庚辰,开设福建漳州县阴阳学。

丁亥,升顺府同知雷霖为山西按察司佥事,提调学校。(《宪宗实录》卷二〇七)

李东阳七月戊子命为应天乡试考试官。

按:还过徐州,坐苏墨亭,作歌题所访得之苏轼题名石刻。是年作《徐州洪》诗,为沈周所藏林逋二帖作歌。

罗璟七月戊子以司经局洗马命为应天府乡试考官。

杨守陈八月癸丑以翰林院侍讲学士命为顺天府乡试考官。

陆简八月癸丑以右春坊右谕德命为顺天府乡试考官。

邱濬加礼部侍郎,掌国子监事。

胡居仁正月起行,聘主白鹿书院讲事。二月到院。五月访章懋。

奥斯曼帝国入南意大利奥特朗托。

西班牙设宗教裁判所。

蒙古对俄罗斯人的长期统治告终。

巴黎国立图书馆建立。

商辂五月与新安黄华叙契阔。

按：黄华，字秀夫。

陆容在兵部郎中任，以有边警，为公事所羁，不赴吴宽、李东阳、张泰等人联句会。

黄仲昭以疾归，始买田结屋于下皋之阳，以为耕读之计。

强珍四月以巡按辽东御史劾陈钺欺罔，不听，仅停钺岁禄。

按：强珍事迹见《南京通政司右通政强珍传》(《国朝献征录》卷六七)。

吴原等六月再劾陈钺，不问。十月，南京十三道御史劾陈钺，不报。

周瑛是冬以广德迁南京礼部郎中，明年赴任。

何乔新巡抚山西，禁边地军民出塞伐木捕兽。

桑悦迁长沙通判。

彭韶以广东布政请罢市舶司。

按：时韶与乔新同官京外，一进称"何、彭"云。

吴宽在北京作《哀流民辞》。

陆釴官北京，为吴宽跋所临《怀素自叙帖》。

陈颀为沈周跋其家所藏王蒙《听雨楼图卷》。

戴仁以巡盐至杭州，于官廨种竹，撰《此君亭记》。

金润作《海天气重春雨多》画卷。

万杏坡徙居风罗田县，医术大行，名著当时。

按：万杏坡，生卒年不详。江西南昌人。精于幼科，尤善痘疹。事迹见《四部总录·医药编》。

李文利中举人。官思南府教授。

按：李文利，生卒年不详。字乾遂，号两山。福建莆田人。长于乐律，著有《大乐律吕元声》6卷，附《律吕考注》4卷，据《四库全书总目提要》卷三九，是书据《吕氏春秋》黄钟长三寸九分之说，驳司马迁黄钟长九寸之误。《明史·艺文志》又载黄积庆作《乐律管见》2卷驳文利之说。事迹另见《教授李文利传》(《国朝献征录》卷一〇一)。

余泰中举人。授兴宁知县。

按：邑俗健讼，案件有经10余年不绝者。泰道官，数日剖决殆尽，修明礼教，以化民俗。乞休归，杜门不出，卒年七十二。生卒年不详。福建将乐人。著有《春庵集》。事迹见《延平府志》卷二八。

沈溥中举人。官苏州通判。

按：沈溥，生卒年不详。字弘济。浙江乌程人。著有《口川渊源录》，见《千顷堂书目》卷一二。

夏赉中举人，授河南息县教谕。

邵宝八月应天府乡试中式。

按：时主考洗马罗璟、侍讲李东阳，同考本经房为教谕方临。

李承箕在乡试，以主试阴嫉而落之。

按：寻，读书邑之大崖山僧舍，别号大崖居士。

王琼举于乡，与阳曲杜孝廉蓁订交。

黄畿补郡庠生，通《毛诗》、《春秋》，摭茹百家，涤去陈语，务追庄骚薄坟典奇峭天出。督学张习称之曰:汉魏乃有此作,然竟不能取合有司。

陈钢官黔阳。陈沂从往,作《赤宝山赋》,年十二。

何瑭(一作何塘)7岁,入郡城见弥勒象,抗言去之,人皆惊骇。

段坚九月创建豫山书院。

按:河南布政使陆渊之守叙州时有记。

丁祐等重建江西婺源明经书院,中作堂为讲道之所,左有祠以奉炳文,右为室以居诸生肄业者。学士程敏政有记。

按:另有李兴建山东邹平范公书院,朱铨建河南宝丰程子书院,安徽歙县紫阳书院是年修。

蒋谊著《续宋论纪》。

谢铎纂《伊洛渊源续录》成。

莱奥纳多·达芬奇发明降落伞。

按:谢铎前序称:"昔晦庵先生尝取周、程、张子之书,绪其表章,以示当世。既又虑夫世之学者,徒得其言而不得其所以言,乃复取其平生出处履历之详,以及师友之所授受者,粹而录之曰:《伊洛渊源录》,以见圣贤之所谓学者,皆言行一致,体用一源,而理之未始不该于事,事之未始不根于理也。""先生既没,其遗言绪论散见《六经》、四子者,固已家传而人诵矣。独其授受源委,与夫出处履历之详,穷乡下邑之士,或所未究,则无以尽见其全体大用之学。铎僭不自量,于是窃取先生之意,具逸斋撰《行状》,与其师友之间凡有预闻于期道者,定为《续录》6卷,以见先生继往开来之功,于是为之,而是《录》之不可不续也"。

李东阳撰《金尚义墓志铭》、《会合联句诗序》、《应天府乡试录序》、《校文毕即事呈洗马罗先生明仲诗》、《徐州洪苏墨亭书坡老石刻后序》。

刘忠等修、卢守仁纂《台州郡志稿》。

按:是稿当时未曾刊行,现今已佚,惟卢守仁序见存于《赤城后集》。弘治《赤城新志》谢铎序曰:"成化庚子,郡守刘公忠始属教谕卢公守仁踵为之。未就,而刘以代去。越十年,马公岱至,更举以属于予。予属稿未半,而马复以免去,束其稿又五六十年矣。"此稿当时并未梓行,故公私藏书目录皆未见著录。

周宗智纂修《金华府志》20卷成书刊行。

按:本志淳安商辂序曰:知府周宗智撰。"复校订于同知洛阳李珍,通判柳江丁瑢。"又见《千顷堂书目》、雍正《浙江通志》卷二五三、《金华经籍志》外编著录。《四库全书总目提要》卷七三曰:"而志中乃载及隆、万时事,岂后来又因宗智之本稍益以近事耶?"宗智,生卒年不详。大冶人。天顺进士。

胡居仁撰《贯道桥记》、《延宾馆记》。

邱濬作《瀛州桥记》、《天妃宫碑》、《口占鹧鸪天词》。

陈献章为陶鲁作《电白儒学记》。

按:是年作诗《庚子元旦五律》、《题应宪副真率卷七绝》、《庚子岁九月中于西田获早稻七古》。

李东阳作《城南登高诗序》。

赵珤作《翠屏集序后》。

按:序曰:"德庆州学训导张淮氏,以其高大父翠屏先生文集一帙,介州判官吾友庄世范蕲序之。予阅其集,见学士景濂宋先生、三吾刘先生、侍郎琴轩陈先生皆序诸首简矣,而其圹志又撰于子钦刘先生之手,是皆以文章名工者,予小子何人,敢以秋蝉而鸣于韵钧之侧……"

姚绶作《草窗集序》。

黄孔昭作《新刊逊志斋集后序》。

按：序曰："惜其遗文散佚,天下仅见赵教谕刻本,孔昭乃与谢侍讲铎,日加访采,而其邑之秀彦犹能各以所藏来告,遂合叶、林二亚卿,王、李二中书,与柳常州之所得者汇次之,而是编成焉,于是先生之文亦庶几其全矣。然先生之学已不愧存殁,文之全不全亦奚损益哉？惟吾后人小子欲求先生之道者,非此则无以考其全也。集既成,福建林金宪克贤、宁海郭县尹绅,各以书来请寿诸梓。孔昭与侍讲图斯文永久,莫如先生桑梓之地,故奉以属郭尹。郭尹又搜访于其邑,得诗与文若干首附益之。方经画召工,而金义士明、陈训导熙、郑学究公洵、秀才杨颙、金远辈,咸奋义助相校书,董治务有司任,不日月板将告成。"

郭绅刊刻方孝孺著,谢铎、黄孔昭辑《逊志斋集》30卷《拾遗》10卷附录1卷。

按：徐阶《逊志斋集重刊序》曰："顾其所取博而未精,识者以为憾。"

杨·德鲁哥茨卒（约1415— ）。波兰历史学家,撰有《波兰史》。

刘昌卒（1424— ）。昌字钦谟,号椒园。苏州府长州人。正统十年进士,授南京工部主事。历官河南提学副使,擢广东布政司左参政。博学多闻,勤于撰述。著有《两镇边关图说》2卷、《河南志》、《中都志》、《南京詹事府志》20卷、《苏州续志》、《炎方恸哭记》1卷、《县笥琐探》1卷、《五台集》22卷、《中州名贤文表》30卷等。事迹见《列朝诗集小传》乙集,《广东布政使司左参政刘公昌墓志铭》（《国朝献征录》卷九九）。

按：《四库全书总目提要》卷一八九曰：《中州名贤文表》,"是编,即其官河南时所搜辑。凡许衡六卷,姚燧八卷,马祖常五卷,许有壬三卷,王恽六卷,富珠哩翀二卷。又略依本集之体,各以碑志、铭传等篇附录于后。""每集末有昌所作跋语数则,亦颇见考订。""昌自序又谓此其内集,尚有外集、正集、杂集若干卷。今俱未见,殆久而散佚欤。"

刘诚卒（1433— ）。诚字则明,一字敬之。广平府鸡泽人。天顺元年进士。擢翰林院检讨,升秀王府长史。曾向王献《千秋日鉴录》。官至湖广布政司参议。事迹见何乔新《朝列大夫湖广布政司右参议刘君诚墓志铭》（《国朝献征录》卷八八）。

张泰卒（1436— ）。泰字亨父,号沧州。苏州府太仓人。天顺八年进士,授检讨,迁修撰。著有《沧州集》。事迹见《明史》卷二八六,《列朝诗集小传》丙集,陆容《翰林院修撰沧洲张先生行状》。

按：少与同里陆釴、陆容齐名,号称"娄东三凤"。初与李东阳齐名,后李东阳久持文柄,所学弥老弥深,而泰不幸早终,未及成就。弘治间艺苑皆称李怀麓、张沧州。《沧州集》10卷、续集2卷。李东阳作序曰,将及于古人,而不意其遽止。（《四库全书总目提要》卷一七五）

彭教卒（1438— ）。教字敷五,号东泷。江西吉水人。天顺八年进士。授翰林修撰,与修《英宗实录》。官至翰林侍讲。著有《泷江集》、《东泷遗稿》。事迹见《四库全书总目提要》卷一七五,彭华《翰林侍讲彭公教墓志铭》(《国朝献征录》卷二〇)。

按：《东泷遗稿》4卷，诗文类多应酬之作。李东阳序之。

殷云霄（ —1516）、黄巩（ —1522）、陈腾鸾（ —1527）、夏良胜（ —1538）、徐问（ —1550）、屠侨（ —1555）、曾玙（ —1558）、胡缵宗（ —1560）、严嵩（ —1567）、林春泽（ —1583）、张明道（ —?）生。

成化十七年　辛丑　1481年

二月辛未，开设河南伊阳县阴阳医学。

三月庚辰，户部尚书翁世资命为经筵侍班。

戊子，命万安、刘珝、刘吉、尹旻、王越、翁世资、施纯、陈钺、林聪、刘昭、何琮、宋旻、彭华为殿试读卷官。(《宪宗实录》卷二一三)

辛卯，赐王华等298人进士及第、出身有差。

四月乙丑，开设福建永定县阴阳学。

七月己亥，汾川王贡錝求书籍，宪宗以《劝善书》、《为善阴隲》、《孝顺事实》与之。(《宪宗实录》卷二一七)

十一月戊戌，开设广西田州府儒学。

十二月丁亥，开设广东饶平县阴阳学。

丙辰，重建湖广偏桥卫学。

徐溥二月辛亥以太常寺卿兼翰林院学士命为会试考官。三月庚辰命仍为经筵讲官。

王献二月辛亥以詹事府少詹事兼翰林院学士命为会试考官。

周洪谟二月进尚书，代张文质也。三月庚辰以礼部尚书命为经筵侍班。

商良臣七月升侍讲。

胡居仁三月与邱崇育、徐旭、周璘相偕游西湖。

邱濬七月得蒋冕上书、再上书。十月得蒋冕三上书。

段坚七月自南阳致政归。

陈献章作《辛丑元旦七律》、《游心楼为丁县尹作七律》、《重赠张诩七律》、《次韵陈冷庵佥宪见寄七绝》、《中秋夜示江右李刘二生七律》、《木犀开时江右李士达刘希孟已去容贯范规江浦未还有独赏之叹七绝》、《别意七绝》、《九月先子忌日七绝》、《晓过金洲七律》、《望鼎湖崇山七绝》、《小湘峡食嘉鱼》、《悦城五律》、《自三洲还至禄步村七绝》、《夜过三洲岩读濂溪题名示诸生七绝》、《三洲岩闻虎七绝》、《寄题三洲岩五古》、《和尚石五

奥斯曼帝国苏丹穆罕默德二世卒。子巴耶塞特二世嗣立。

格拉纳达王国侵西班牙的萨阿拉城堡。

法王路易十一取法国安茹、曼恩、普罗旺斯诸领地。

莫斯科大公国入立沃尼亚。

律》、《苍梧寄陈庸时馆浔州七绝》、《题林良为朱都宪写春晓图七绝》（林良，字以善，南海人）、《经坡亭七绝》、《问厚郭胡父子起居于乡人苏某》、《附录双凤石七绝二首》。

刘大夏以为朝鲜请改贡道不可，奏寝之。大夏在兵部，以笞中官何九之兄，九诉于宪宗，系之狱。会太监怀恩力救，乃杖二十，释之。

陈钺正月改兵部尚书，以翁世资任户部尚书代钺。

李孜省八月进右通政，寄俸，仍掌上林苑事，又特命预郊坛分献。

陈谟九月壬午以礼部员外郎升为云南按察司佥事，提调云南、贵州学校。

蔡清秋自京师归，以疾淹留严陵。

何乔新升都察院右副都御史，巡抚山西，兼督三关兵备。巡临太原从亡友王侍御彦昭家，见王琼文，击节叹赏，王琼由是名益噪。

按：彦昭名鉴。

沈周游余杭。

按：作《大石状》长诗，作《余杭大石图》。

倪岳以所作雨花台征金琮和。

马祥成进士。

按：马祥，生卒年不详。字瑞甫。陕西同州人。历山东都转运使。博学能文，士林称为关西夫子。事迹见《万姓统谱》卷八五。

王华成进士。授编修。

王宗锡成进士。知余姚县，擢南京广东道御史，巡按江西。

按：官至山东按察副使。王宗锡，生卒年不详。字元善，号鹤皋。江苏常熟人。著有《西台奏草》1卷，见康熙《常熟县志》卷二三。

方向成进士。擢南京户科给事中。

邓淮成进士。

石巍成进士。官兵部主事。

按：为李孜省所忌，出为永州府通判，官至苏州知府。石巍，生卒年不详。字民望。山东曹县人。讲授学徒，多所成就。学者称雪斋先生。著有《小学家礼》、《周易论语集旨》、《西征纪》。事迹见《山东通志》卷九〇。

卢格成进士。授贵溪知县，升江西道御史。

丘天祐成进士。授瑞安知县，改饶平知县，下车即访陈献章于白沙，究性命之学。

按：丘天祐，生卒年不详。字恒吉。福建莆田人。事迹见《光绪莆田县志》卷一九。

冯玘成进士。官至福建按察副使。

按：冯玘，生卒年不详。字良玉，号醒庵居士。江苏常熟人。著有《醒庵奏议》1卷、《醒庵集》，见《重修常昭合志》卷一八。

刘玑成进士。授曲沃知县。

按：擢衣部主事，历九江、衢州知府。丁母忧归，主讲正学书院。

孙交成进士。授南京兵部主事。

杨奇成进士。授户部主事。

杨春、娄性成进士。

宋端仪成进士。授礼部主事，进员外郎，官至广东按察佥事，督广东学校。

张天瑞成进士。授翰林院编修。

张吉成进士。授工部主事，以劾左道李孜省、妖僧继晓，谪判广东。

陈宣成进士。授工部主事。

按：升刑部郎中，后以事谪知彝陵。历河南知府，署后掘得藏金，以充边饷。官至云南左参政，致仕归。陈宣，生卒年不详。字文德。浙江平阳人。著有《潜斋集》。事迹见《雍正浙江通志》卷一九一。

赵宽成进士。授刑部主事，

按：历员外郎、郎中通究律例，讼至立解。出为浙江按察司副使，掌学政。

周琦成进士。为南京户部员外郎。

按：时岭南僮民起事，琦上疏指陈，时论是之。周琦，生卒年不详。字廷玺。广西马平人。邃于理学，笃守程朱。著有《东溪日谈录》18卷，琦之学出于薛瑄，是编记所心得。事迹见《道光广西通志辑要》卷五。

郑瑗成进士。官南京礼部郎中。

按：郑瑗，生卒年不详。字仲璧。福建莆田人。著有《井观琐言》3卷又《蜩笑偶书》1卷，见《千顷堂书目》卷一二。

郭绪成进士。授户部主事。

黄珣成进士。授翰林院编修，历官国子监祭酒，终南京吏部尚书。

梅纯成进士。除怀远知县。

按：忤时罢归。复袭世职为指挥，官至中都副留守。乞归，一意著述，见奇书即购之。精校雠。梅纯，字一之，号损斋，生卒年不详。河南夏邑人（一作南京孝陵卫人）。梅殷玄孙。著有《性理彝训》、《损斋备忘录》1卷、《东皋杂谈》、《损斋集》、编《续百川学海》100卷（见《千顷堂书目》卷一五，《千顷堂书目》注引《遗书目》作"吴永著"，今传本作吴永辑）、辑《艺海汇函九十二种》161卷。《四库全书总目提要》卷一二七称：《损斋备忘录》，"是书上卷分纪事、纂言、知人、格物四类，下卷分说诗、论文、补阙、拾遗、辨疑、刊误六类。其说诗论文，颇能中理，而亦每伤于迂阔。"事迹另见《古今图书集成》氏族典卷三四。

韩鼎成进士。任给事中。

富铉成进士。官佥事。

按：富铉，生卒年不详。浙江绍兴人。乾隆《绍兴志》引《浙江遗书录》曰：《萧山水利志》前2卷为富铉辑，续刻、三刻为萧山人清·张文瑞纂，专记萧山江塘及湘湖水利。是书载《绍兴志·经籍》，未见。又此书《四库》列存目，云铉作，有清·来鸿雯重订。文瑞又有附集1卷，子学懋编。

蔺琦成进士。任兵科给事中，历左右都给事中，论疏数十，多切时务。

张诩是春来从陈献章学。

邵宝会试不第，归，与师陈先生、杨士瞻、冯文卿同舟。

按：至家读书于保安寺之东林房，从学者至。

蒋冕以试春官不第，归省老母。

湛若水年十六游府庠,抚台视学教官肃诸生以跪迎,若水执以为不可。

桂华六岁,受业于李硕,凡授书不与之解则不读,既解不复读。

陈琛五岁,始入小学。

王华建湖南祁阳梅庄书院。

胡居仁创建南谷书院于江西余干安乐乡之南极峰,以为聚徒讲学之所。

按:自为诗曰:"心迹高栖结构幽,吾人于此足藏修。此山萃箨青云锁,南谷深沉紫雾浮。敬意毋荒时翼翼,善心不昧日休休,君今莫道功名事,争似箪瓢乐更优。"后圮。

吴伯通以提学副使建河南汝南书院。

吴伯通就河南辉县苏门山麓、百泉湖东侧太极书院旧址建百泉书院。

按:百泉书院有三重,前为先贤祠,中为讲道堂,后为主敬堂。从庠生中择数十优者肄业其中。吴亲定条规,率令督课。

吴伯通檄巡按都御史李衍建伊洛书院于河南洛阳安乐窝。

按:置十贤祠祀伊洛诸儒,建讲堂"主敬斋"为师生肄业之所,先生员中颖异者居宿。吴亲定教条,暇时督课。后废。

方士顾珏正月为太常少卿。二月以母丧乞诰赠,许之,并赠其父。

道士邓常恩十月为太常寺卿。

英国的威廉·卡克斯顿印制出版第一本带图解的英文百科全书《世界镜鉴》。

李东阳撰《兵部郎中乔君墓志铭》。

按:又有《自止夜归用陶韵诗》。

邱濬撰《余姚县学进士题名记》。

邱濬著《世史正纲》32卷成。

按:刊于弘治元年(详参李悼然《丘濬之史学》(邱濬)台湾《明史研究专刊》第7辑)。《四库全书总目提要》卷四八称:"是书本明方孝孺释统之意,专明正统。起秦始皇帝二十六年,讫明洪武元年,以著世变事始之所由。于各条之下随事附论。然立说多偏驳不经。""王士祯《池北偶谈》,称其议论严正,殊为太过。陶辅《桑榆漫志》,称其义严理到,括尽幽隐,深得"麟经"之旨。胡应麟《史学佔毕》,称《春秋》之后有朱氏,而《纲目》之后有邱氏,更乖舛矣。"

胡居仁五月作《游西湖记》。

黄颙作《踏车行》。记嘉定春夏旱,七月大风雨,岁大饥。

黄仲昭作《寿乐轩居士李公七十序》。

周瑛正月作《赠马君知姚安府序》。

邱濬作《辛丑初度诗》、《岁暮书怀》、《送林黄门使满剌加国序》、《送琼州知府彭公赴任序》、《送国子监司业费先生归荣序》、《送陈秉和南归诗序》、《送蒋生归省诗序》。

蒋冕五月辑邱濬遗诗为《琼台诗话》2卷,有《琼台诗话序》。又著《上公邱濬书》。

按:序曰:"又三年,辛丑会试不利,将南归省母。因虑平日之所闻,久则不能无遗忘也,著为《诗话》二卷,总若干则。凡先生之乡人暨当世之士夫所谈论,有及于此者，冕或闻之，亦谨录于其间。窃惟冕之所闻于先生者，非止一端，他日尚当更有所论著，以为一书，如程朱门人录其师说者然，然未敢必其能成否也，谨书以俟。倘遂此志，则甚幸幸甚矣！是书所论著者，止于诗词，故谓之《诗话》云。"《四库全书总目提要》卷一九七曰："冕为邱濬之门人，因袤辑濬生平吟咏，各详其本事。盖即吴沆后人辑《环溪诗话》之例。"

萧尚彝作《古廉文集后序》。

按：序曰："翰林学士国子祭酒古廉李先生之殁三十余年，其孙颙宰惠之长乐，数年始克汇集先生文稿若干卷，托广州郡守乡先生伍公校正，寿梓以传。属予一言以序诸末简。"

戴仁跋所见宋范仲淹与尹师鲁二札。

孙仁刻宋孙觌《内简尺牍》10卷。

僧熏努贝卒(1392—)。熏努贝，藏传佛教僧人。著有《青史》。

吴节卒(1397—)。节字与节，号竹坡。江西安福人。为文授笔立就，多至数千言，滔滔不绝。宣德五年进士。授编修。历南京国子祭酒。官至太常寺卿，兼侍读学士。为纂修《英宗实录》副总裁。著有《南雍旧志》及诗文集。事迹见周洪谟《太常寺卿兼翰林院侍读学士吴先生节神道碑铭》(《国朝献征录》卷二〇)，《太常寺卿兼翰林院侍读学士吴节传》(《实录》见《国朝献征录》卷七〇)。

按：《四库全书总目提要》卷一七五曰：《吴竹坡文集》5卷、诗集28卷，为其七世孙琦所刊。后附彭华所作行状。

蒯祥卒(1398—)。祥字廷瑞。苏州府吴县香山人。木工。累官营缮所丞、太仆寺少卿，官至工部左侍郎。自永乐至天顺，凡内殿陵寝，皆其营缮，主持建造北京皇城宫殿(今太和、中和、保和三殿)、承天门、裕陵等。事迹见《工部左侍郎蒯祥传》(《国朝献征录》卷五一)。

周勉卒(1422—)。勉字元学，号守斋。苏州府太仓人。著有《通奉府君遗稿》(一作《元学遗稿》)。事迹见宣统《太仓州志》卷二五。

王思(—1524)、汪玉(—1529)、卢襄(—1531)、蔡昂(—1541)、李廷相(—1544)林希元(—1565)、徐咸(—1566)、戴鲸(—1567)生。

按：有资料称1540年吴承恩以文诔同里蔡昂。

让·富凯卒(约1420—)。法国画家。

成化十八年　壬寅　1482年

三月壬申，万安请罢西厂，从之。(《明通鉴》目录卷九)

按：时汪直宠已衰，故安乘间请之。

西班牙及格拉纳达王国战。

八月丙寅,命监察御史戴仁提调北直隶学校。(《宪宗实录》卷二三〇)

十一月戊午,南京国子监火。

戊寅,开设广西庆远府河池县儒学。

十二月庚午,御制《文华大训》成,令讲官侍皇太子读。(《明通鉴》目录卷九)

按:嘉靖八年,世宗御制序文颁行。

孟冬,宪宗祭大庙,邱濬与祀,作《大庙斋居》诸诗以记其事。

是年,某巡抚奏请僧道犯罪轻者,勿令还俗。经都察院会六部议,覆奏,宪宗从之。

葡萄牙人入今加纳沿海。

印刷术传入丹麦。

陈献章以布政使彭韶、都御史朱英交荐,诏至京师(《陈白沙集》附录《行状》)。大臣尼之,令就试吏部。辞疾不就,疏乞终养,授翰林院检讨而归。正月书《游心楼记》。(丁积以是春大旱,于圭峰绝顶祷雨,)陈献章代作《祷雨祭五方神文》、《祷雨告各神文》、《祷雨文》。五月撰并书《潘季亨墓志铭》。撰《朱夫人墓志》。九月在南安横浦驿读东海先生《玉枕山诗话》。十月过永丰,作《告罗一峰墓文》。十一月在永丰,作《祭先师康斋墓文》。

按:一说献章北上,过南安,晤张弼,弼辑二人问答诗为《玉枕山诗话》(《东海文集》卷三)。《游心楼记》,林光(缉熙)撰,陈献章书之。《祭先师康斋墓文》前为县令莆田翁俨撰。陈献章是年有诗《立春日呈丁县尹七律》、《丁侯约游圭峰斋次以病不果七律》、《闻方伯彭公上荐剡二首五律》、《舟经西樵七律》、《至陈冕家五律》、《金洲石五律》、《金洲别陈冕七绝》、《古椰寄周京五律》、《古椰道中有怀七绝》、《水闷七律》、《过端砚坑七古》、《大水浮舟至七星严顶题其上七绝》、《别苍梧席间呈谢大参段都阃七古》(谢瑀,字叔和,闽清人,官广东布政)、《出肇庆怀马元真七绝》、《留别诸友四首七律》、《示儿六首七绝》、《石门次林缉熙韵二首七律》、《蒙裏驿呈送行诸友》(按:蒙裏驿在英德)、《南雄读罗一峰书院记》、《度岭》、《横浦桥》、《濂溪台七绝》、《金鳌阁七绝》、《次韵张东海七律》、《南安赠龙溪李知县七律》、《夜书南安店壁六言绝》、《玉枕山和南安太守张汝弼》、《题云岭》、《题刘主事挽册》、《赠刘进夫还永丰兼寄罗养明杨荣夫罗清极湖西诸友二首七绝》、《过康斋墓七律》、《与丰城知县王本俭七绝》、《宿回龙寺》。

张弼作"多少高人眠不著,鸡鸣催入紫宸班"诗讽陈献章北上就征。

李东阳《除夕书怀》有句"明年又卜新居去,应忆城南守岁时"。

沈贞题沈周《秋林曳杖图》,年八十三。

邱濬正月得门人蒋冕四上书。

胡居仁是冬寓鄱城永福寺,作《夜存子说》。

商辂四月送门生黄华宰金溪。

商良臣正月奉命内馆授书。

章懋三月访友人吾景端于开化之文山。

邵宝十一月入南雍,渡江见庄昶于清江书院。留三日始入京师见提学娄先生于会同馆。

王守仁随亲入京。

按:过金山寺,与客酒酣拟赋诗,未成,守仁从旁赋。客大惊异。复命赋蔽月山房诗,守仁随口应出。一日与同学走长安街,遇相士,感相士言,归问塾师:"何为第一等事?"塾师曰:"惟读书登第耳。"先生疑曰:"登第恐未为第一等事,或读书学圣贤耳。"

桑悦调柳州通判。

段坚葬故友唐廷器,作诗哭之,并志其墓。

封翁得薛文清公《读书录》传抄本,手抄训王琼。

刘吉正月庚寅丁忧固辞起复,而阴托贵戚万喜为之地,得不允。

万安、刘珝、刘吉十二月以《文华大训》书成,晋兼东宫官讲官,彭华以下升赏有差。

马仪三月劾陈钺掩杀贡夷罪,诏钺致仕。而仪以讼马文升等,为宪宗所恶,亦谪南京闲住。

按:陈钺,生卒年不详。字廷威。河间府献县人。天顺元年进士。授御史。诏附汪直。直败,被劾致仕。后下狱。事迹见《陈钺》(《国朝献征录》卷三八)。

万安等八月癸亥奏四夷馆翻译番文官署丞李华等10人译学少精,在馆年深,才可别用。

陈选为广东右布政司。

程宗七月庚午遣往云南勘木邦狱。

张昺四月以铅山知县召为监察御史。

按:昺善治疑狱,以政绩闻于朝,故有是命。时先后以治行称者,有黔阳令陈纲,新会令丁积,皆终郡县吏。

秦旭、李庶、陈公懋、潘绪等10人在无锡结碧山社。

尹玺贡生。任浙江寿昌知县。

按:尹玺,生卒年不详。字大玉。海门人。尝纂(弘治)《海门县志》,未完成。崔桐纂辑《海门县志集》时其志尚存。见万历《通州志》卷五、顺治《海门县志》卷前罗大猷序。

王承裕十八岁,制先师孔子木主,朝夕朝拜。

王守仁(阳明)十一岁,随父亲王华寓京师。

陆渊之以"一地等观非古迹",遂毁四川宜宾之道观(原涪翁书院)而兴其堂,将杨德衍所塑黄庭坚像迁于其中。

按:周洪谟有记。

陆渊之建翠屏书院于四川宜宾城西翠屏山腰。

按:陆渊之,生卒年不详。字克深。浙江上虞人。成化二年进士。官至河南布政使。《四库全书总目提要》卷一七五称:《东皋文集》13卷、附录1卷,是集为其门人王汝邻所刻,前有其门人刘瑞序。

山东建邹平长白书院。

朱昱增修《重修毗陵志》40卷。

按:成化五年,常州知府卓天锡聘朱昱修郡志,书成未刻。至此,新淦孙仁来知府事,仍嘱昱增修之。昱后序曰:以宋《咸淳志》为本,以洪武十年续志及永乐十六年、景泰五年敕天下郡县纂辑志书之副稿。成化二十年修成。咸淳《毗陵志》为史能之撰,洪武续志为谢应芳撰,其书皆有体例,故所修比他志为善。

郭忠修、刘宣纂《处州府志》18卷。

按：成化二十二年刊本。

戴琥纂《绍兴府境全图记》，绘图刻石。

按：已佚。见乾隆《绍兴府志》卷七七著录。

邱濬撰《岁暮偶书》、《明故中顺大夫都察院左佥都御史邢公墓志铭》。

王恕是秋撰《修巡抚厅事记》。

王㙩撰《常州新城记》。

王承裕著《修笔录》，又作《屋隙诗》。

程充校刊元朱震亨《丹溪心法》3卷本。

御制《文华大训》十二月庚午成。

按：书凡28卷，列纲四：曰《进学》，曰《养德》，曰《厚伦》，曰《明治》。宪宗亲制文弁其首，命詹事彭华、中允周经等进讲文华殿，侍皇太子读。谕曰：朕惟古昔帝王之有天下，必立言垂训以贻子孙，……肆我高皇帝《储君昭鉴录》、太宗文皇帝《文华宝鉴》及《圣学心法》，宣宗章皇帝《帝训》四书垂示炳若日星，……乃与万机之暇，博阅载籍，自孔、孟、濂、洛诸儒之论述，伏羲、神农、黄帝、尧、舜、禹、汤、文、武以及汉、唐、宋诸贤君之蹈覆与我祖宗之谟烈，皇考之戒饬，凡有切于储副今日之所学，与夫异日之所行，采汇为编，名曰《文华大训》以授太子。（《宪宗实录》卷二三五）

黄仲昭作《书晦庵先生文集后》，校本《朱文公文集》梓刻。

张弼作《书方正学逊志斋集后》。

按：序曰："二十年前，瑞安杨元霁知吾华亭，尝出方先生《逊志斋稿》见示，乃录本也。且道先生大节颇详。谨读而妄书其后曰'笃信好学，守死善道。宇宙之间，仅见此老。'后得刻本，则又加多。窃谓孔子此八字而岂过乎？犹以见之未尽为恨。今年，二儿子弘宜知宁海，乃先生之阙里也。得全集十二本寄南安，秉烛疾读，掩卷深思，如读程朱之集……"

张稷刻宋章樵注《古文苑注》21卷。

卢卡·德拉·罗比亚卒（1399/1400— ）。意大利雕刻家。

林聪卒（1417— ）。聪字季聪，卒谥庄敏。福建宁德人。正统四年进士。授吏科给事中。成化中官至刑部尚书。卒谥庄敏。事迹见《明史》卷一七七本传，彭华《太子少保刑部尚书赠荣禄大夫少保谥庄敏林公聪墓志铭》（《国朝献征录》卷四四）。

按：《明史》卷一七七本传称，景泰时，士大夫激昂论事，朝多直臣，率聪与叶盛为之倡。

张文卒（1426— ）。文字存简。泰州人。颐子。著有《审济录》1卷（见康熙《扬州府志》卷二八）、《张存简杂稿》（见道光《泰州志》卷三〇）。事迹见程敏政《浙江按察司副使张公文墓志铭》（《国朝献征录》卷八四）。

金绅卒（1434— ）。绅字缙卿。应天府上元人。润子。景泰五年进士。授刑科给事中。官至刑部右侍郎。著有《心雪稿》（《雪心稿》?）、《江西巡视稿》。《南畿志》有传。事迹另见《南京刑部右侍郎金公绅传》、《又传》（均《国朝献征录》卷四九）。

按：据《谦斋文录》卷六，绅所著有《雪心稿》、《青琐献纳稿》。

奚昊卒（1447— ）。奚昊字时亨，别号干东子。松江府华亭人。成化五年进士。授刑部主事,进员外郎、郎中。精律法。著有《干东子集》。事迹见李东阳《刑部郎中奚君昊墓志》、嘉兴屠滽《奉议大夫刑部郎中奚君行状》(均《国朝献征录》卷四七)。

余本(　—1529)、毛伯温(　—1545)、夏言(　—1548)、张文麟(　—1549)、江晓(　—1553)、顾可学(　—1560)、陈良谟(　—1572)、薛侃(　—?)生。

按：薛侃生年,据《明史》卷二七〇本传,南海彭泽与侃及少詹事夏言同年生。

成化十九年　癸卯　1483年

七月己未,命监察御史司马垔提调南直隶学校。(《宪宗实录》卷二四二)

按：以御史视学南畿,校文日阅千卷,评品次第不爽。擢福建副使。寻乞归,辟园亭,杜门谢人事,以诗酒自娱。博极典籍。司马垔,生卒年不详。字通伯。浙江山阴人。成化进士。著有《兰亭集》。事迹见《乾隆绍兴府志》卷四八。

九月壬寅,设河南召县阴阳医学。

丙辰,开设直隶潼关卫阴阳医学。

是月,李裕请召忤直得罪者,宪宗恶其纷扰,命停俸半年。(《明通鉴》目录卷九)

十一月己亥,开设万全都司阴阳医学。

十一月丁未,直隶苏州府儒学生赵汴等20人,俱以骂太监王敬坐罪。

按：苏州学校生员拒为太监王敬钞星相要术书,地方官谋兴大狱,戴冠等起抗辩,事得寝。

李东阳擢翰林院侍讲学士。

陈献章正月入京,过定山,庄昶相留越月,提学南畿侍御上饶娄克让来会于白马庵,三人相与论学赋诗。既别,昶买舟送至扬州,两人高谈性理,为同舟少年所戏;及还,送之龙江关。正月会娄谦于白马庵。三月到京,公卿大夫造其门者数百。九月召授检讨。许归养。(《陈白沙集》卷一有《乞终养疏》)

按：自此屡荐不出,居乡里讲学,时张诩、湛若水、李承箕等纷纷投至门下,遂成江西学派。娄谦,督两畿陕西学政。陈献章是年有诗《和娄侍御七绝》、《白马庵联句二首五律》、《赠江通判》、《过潮县风大作取舟中酒饮之七绝》、《补诗》、《出潞河》、《至直沽》、《直沽逢周京》、《乞恩南归先寄诸乡友候我于曹溪者》、《南归先寄马默斋并诸乡旧二首七律》、《寄怀故里十首》、《漉酒巾》、《舟中次麦岐韵》。

章懋正月讲学枫林山。

按：诸生如张子昊、董子遵、陆子震、姜子芳、郑子绪、黄子传、俞子潦、唐子仁、

法兰西瓦卢瓦王朝国王路易十一卒。子查理八世嗣位。

英国爱德华卒。

西班牙败格拉纳达人。

俄罗斯入西伯利亚。

葡萄牙人入抵刚果河口。

唐子龙、黄子迪辈笃信，每有所闻，辄私记之。

商良臣七月奉命主考应天府乡试，随具陈情疏乞恩归省，诏从之。

张升七月庚子以左春坊左谕德命为应天府乡试考官。

张升称古法占候与实际历数有差异，自创新占候法，奏请以新法占候。事下钦天监议，被格不行。

倪岳八月丙寅以翰林院学士命为顺天府乡试考官。

王臣十一月戊戌以翰林院编修升为侍讲。

王琼尝游冠山，见元左丞吕思诚石洞，作《冠山行》。

段坚构东园南村于城南，徜徉吟咏，手录成帙，凡40首，题曰《东园南村吟稿》，自序之。

王恕九月连疏劾中官王敬、妖人王臣臣，伏诛。

彭韶十二月调于贵州，梁芳构之也。

刘大夏二月为福建参政。

何乔新八月乙丑命巡视边关。

童轩以疾归养。

周瑛谪抚州。

郑纪起复。

朱伯骥中举人。为广州推官。

按：朱伯骥，生卒年不详。字南溪。湖广通山人。往从陈献章游。弃官归，课子讲学，放歌山谷。事迹见《湖北通志》卷一五一。

宋佳中举人。官徽府长史。

按：宋佳，生卒年不详。字子美。浙江奉化人。著有《尊心录》12卷，见《千顷堂书目》卷一一。

贺廉中举人。

按：一说永乐二十二年贺廉中京闱第二，授连江训导，升代府纪善。详见是年条。

蒋绩中举人。授开化知县。

按：蒋绩，生卒年不详。字洪勋，号补漏。江苏常熟人。绂弟。著有《补漏集》，见《重修常昭合志》卷一八。

湛若水下第归，谒庄昶于定山。

王守仁始就塾师，豪迈不羁，父常怀忧，惟乃祖知之。

余祐（子积）来从胡居仁学。

按：时年十九，胡以女妻之，后登弘治二年进士，至吏部右侍郎。

何瑭（一作何塘）10岁，始入塾读书。

江夏僧继晓八月壬申请旌其母，许之。

陈铎《词林要韵》1卷成。

按：陈铎，生卒年不详。字大声，号七一居士。此书由《中州音韵》和《琼林雅韵》二书拼合而成。现存此书，曾被认为是宋本。一说陈铎（约1488—约1520年）。事迹见《列朝诗集小传》丙集。

章纶子玄应录《章纶行实》。

谢铎以翰林院侍讲兼修国史撰《章纶墓志铭》。

邱濬撰《金侍郎传》。

王恕七月作《祭大兄约斋先生文》、《汪文节公坟祠记》。

缪樗纂修《东阳县志》9卷。自序。

按：刊本未见。《千顷堂书目》、雍正《浙江通志》卷二五三、康熙《东阳县志》并有著录。

沈周著《石田杂记》1卷成。

按：《四库全书总目提要》卷一四三曰："此编乃所记闻见杂事。末有伍忠光跋，称先生化后二十余年，而是记存于糊工故纸之中，手墨宛然，疑即先生绝笔。友人何良辅持以示予，因命工梓之云云。"

周瑛撰《莲溪书屋记》。

黄仲昭十月撰《和美林氏祠堂记》。

陈献章作《与钟百福书》。

莫震作《石湖叙情会诗序》。

邱濬《书八学士图》、作《寿严陵先生七十岁诗序》。

万安作《少保姚文敏公文集序》。

按：序曰："少保姚文敏公既卒，葬之明年，其仲子中书舍人玺执其遗文若干卷过予，请曰：'先君积学励行，历典清要者数十年，今其已矣，而精神心术之微，幸脱煴烬而未泯者，惟此二三册尔。……'"

黄镐作《白云樵唱集跋》。

按：跋曰："右皆山樵者传、赞、辞、说，乃前辈解大绅、王孟扬、曾子棨、林慈、林仲贞诸先生为王皆山先生作也。皆山先生善鸣于诗，遗有《白云樵唱》诗稿，予已为之版行。又得福州举人吴锵以此文寄到南京，予重前辈之文章，而益信皆山先生之才之德足为后学之模范也，遂录此附于《白云樵唱》之后。"

黄镐刻高棅《高漫士啸台集》，作《高漫士啸台集序》。

按：序曰："逮先生没，诗稿散人间，时同乡门人金吾挥使彭伯晖藏有斯集全稿，方锓梓，竟未成而没。成化癸卯冬十月，伯晖之子致仕，都阃大用，出斯稿请曰……遂付本部郎中先生同邑后学陈孟明考订，将以梓行。而郎中玉融林邦拱谓'先辈声光既蒙表正，敢请序以纪其实。'……抑予闻先生于永乐初，起为翰林，待诏为典籍之时，又有《木天清气诗集》，惜予求未之见也。……"

陈音作《高漫士啸台集后序》。

按：序曰："吾闽高漫士先生，当国初隐于长乐之龙门，宿学既富，复栖身玩宇楼二十年，屏谢纷嚣于天下，书无所不读，而尤肆力于诗，尝谓诗至于唐，作者愈盛而诸体毕具，既为之品汇编次，复模仿其体，随兴趣所到，见诸篇什。"

戴浩卒（1391—　）。浩字彦广，号默庵。浙江鄞县人。永乐十八年举人。初判东昌，迁雷州守，筑堤以改良盐碱地。改永州，又改巩昌府。天顺间致仕。著有《默庵诗稿》。事迹见丰熙《陕西巩昌府知府戴公浩墓志铭》（《国朝献征录》卷九四）。

祝颢卒（1405—　）。颢字惟清。苏州长州人。正统四年进士。累官山西布政司右参政。兴学重教,有"教人与治人不同,贵在随材成就,毋强以文辞"之语。年六十致仕。著有《侗轩集》。事迹见吴宽《山西布政使司右参政祝公颢神道碑铭》(《国朝献征录》卷九七)。

按:一说《侗庵集》。

章纶卒(1413—)。纶字大纶。谥恭毅。温州府乐清人。正统四年进士。以好直言不为当事者喜,为侍郎二十年不得迁,请老归。著有《拙斋集》、《困志集》、《章恭毅公集》等。事迹见《明史》卷一六二本传,明章玄应编《章恭毅公(章纶)年谱》。事迹见谢铎《通议大夫南京礼部左侍郎赠南京礼部尚书谥恭毅章公纶墓志铭》(《国朝献征录》卷三七)。

按:《天一阁书目》谓《章恭毅公奏议》1卷刊本首尾残缺。《浙江通志》作《章恭惠公奏议》,误也。《进思录》亦见《天一阁书目》,称有刊本。卷首氏族实纪云本吴姓,中更袭章姓,而重于复,至曾孙广西参议朝凤入仕籍,始克承先志,奏归本宗。嘉靖三十七年戊午刻是集,未见。

董方卒(1416—)。方字仲矩。顺天府漷县人。正统十年进士。精法律。官至刑部尚书。事迹见周洪谟《刑部尚书董公方墓志铭》(《国朝献征录》卷四四)。

徐颐卒(1422—)。颐字惟正,号一庵,江阴人。贼长子。精六书。举中书舍人,直文华殿,后引疾告归。卒后李东阳、祝允明、文征明为传赞。修《徐氏宗谱》,见《徐霞客家传》。

尹宽卒(1423—)。宽字孟常,号江南布衣。苏州府吴江人。隐居不仕,与郡人杜琼、陈宽齐名。据《松陵文集》卷三编八,宽所著有《易斋集》。外弟汝讷编次。事迹见乾隆《吴江县志》卷四六。

孙贤卒(1430—)。贤字舜卿。河南杞县人。景泰五年进士。授翰林修撰。侍经筵,与修《寰宇通志》。成化六年与修《英宗实录》成,进太常卿,兼侍读学士。后掌翰林院事,即引疾乞休。卒谥襄敏。事迹见朱睦㮮《翰林院学士孙公贤传略》(《国朝献征录》卷二〇)。

徐元献卒(1455—)。元献字尚贤,号梓庭。江阴人。颐长子。著有《达意稿》。事迹见民国《梧塍徐氏宗谱》卷五三《旧传辑略》。

程万里卒,生年不详。万里字道远。湖广华容人。天顺元年进士。官至南京工部右侍郎。著有《闲情集》。事迹见《南京工部右侍郎程万里传》(《国朝献征录》卷五三)。

黄镐卒,生年不详。镐字叔高。福建侯官人。谥襄敏。正统十年进士。试事都察院,以明习法律授御史。官终南京户部尚书。事迹见《明史》卷一五七、《南京户部尚书黄公镐传》(《国朝献征录》卷三一)。

何景明(—1521)、齐之鸾(—1534)、孟洋(—1534)、王艮(—1541)、魏校(—1543或1545)、陈道复(陈淳)(—1544)、黄焯(—1547)、费宷(—1548)、蒋信(—1559)、徐献忠(—1559)、金贲亨(—1564)、周积(—1565)、顾应祥(—1565)生。

成化二十年　甲辰　1484年

二月乙丑,设河南宝丰县阴阳医学。

丙戌,命万安、刘珝、刘吉、尹旻、张文质、施纯、张鹏、张鎣、刘昭、李佑、潘荣、宋旻、王献、李东阳为殿试读卷官。(《宪宗实录》卷二四九)

三月庚寅,赐李文等300人进士及第、出身有差。

李东阳以侍讲学士侍东宫班。充殿试读卷官。

章懋八月讲易义于枫林山。

商辂送御史刘士元还朝。

黄瑜六月详识总督尚书余子俊上言边务,以车战为守边简易之法于《岁钞》且赋二诗志喜。

周瑛自南京礼部郎中出守抚州,著《贺包封君以六十受恩命序》。

吴宽以翰林学士表杜琼墓道,称其为今世之隐君子也。

陈献章作诗《春中四绝》、《梦长髯道士以一囊贮罗浮遗予二首七绝》、《梦长髯道士示范规三首七律》、《梦崔清献坐床上李忠简在床下予参其间二首七律》、《朱侍御将还京过白沙言别七律》、《侍御再过白沙出示同寅周先生送行诗因附其韵七律》、《家兄往东向村收早稻登舟后雷雨大作章》、《闻缉熙授平湖掌教二首》、《闻廷实谢病归寄之俱七律》。

李君昆以侍御史被命清理军伍两广,始过白沙,与陈献章定交焉。

邱濬作《甲辰初度诗》

王守仁寓京师,丁母忧,居丧哭泣哀。

娄谦五月乙巳以监察御史升为陕西按察司副使,提调学校。

按：娄谦,生卒年不详。字克让,江西上饶人。成化二年进士。事迹见《监察御史娄公谦传》(《京学志》见《国朝献征录》卷六五)、《四川左布政娄公谦》(《国朝献征录》卷九八)。

周洪谟七月戊戌以礼部尚书奏近例文职官遣子入监读书事。

林俊六月升刑部四川司,署员外郎事。十月丁巳以论劾僧继晓下狱,经历张黻以救俊亦下狱,各杖三十,太监怀恩力救,俊得谪姚州判官。

按：时言路久塞,两人直声震都下,为之语曰:"御史在刑曹,黄门出后府。"(《明通鉴》卷三五)

王恕五月复改南京兵部尚书,仍参赞机务。十一月自南京上书论救林俊、张黻,怀恩叹曰:"天下忠义,斯人而已!"(《明通鉴》卷三五)

马文升五月巡抚辽东。

朱英六月召为右都御史。

奥斯曼帝国入多瑙河口及德涅斯特河口要塞。

罗马教皇训令《最高要求》反对巫术和妖术。

德国人瓦尔特在天文观测时使用时钟,是为天文钟的起源。

葡萄牙人入抵今纳米比亚。

屠勋升南京大理寺丞。

彭韶擢右副都御史。

李锦谒松江府同知。

陈公懋删改《四书朱子集注》进呈。

按：命毁之，仍命有司治罪。一说在弘治元年。详见是年条。

王敕成进士。授翰林编修。

按：谪判夷陵，升四川佥事、河南提学副使，终南京国子祭酒。博极群书，尤善风角，习堪舆。王敕，生卒年不详。字嘉谕。山东历城人。著有《五经通旨》、《漫游云芝》、《大成乐谱》等。事迹见《历乘》卷一六。

王琼成进士。授工部主事，进郎中，出治漕河。

按：虎谷王云凤，晋之和顺人；晋溪王琼，太原人；白岩乔宇，乐平人。三公同登进士，天下称河东三凤。

王云凤成进士。授礼部主事。

按：劾太监李广，下狱，降知州。后升陕西提学佥事，历副使、按察使、诏为国子祭酒，以右佥都御史巡抚宣府。与王琼、乔宇同科成进士，号称河东三凤。

乔宇成进士。授礼部主事。

按：与王琼、王云凤同科成进士，号称河东三凤。

白钺成进士。授编修。

冯允中成进士。官御史。

按：历按两淮、苏松。刘瑾专权，怒其不附，矫旨逮允中。免官归。冯允中，生卒年不详。字执之。湖广永兴人。著有《晞发集》。事迹见《万姓统谱》卷一。

吕献成进士。授刑科给事中。

杨循吉成进士。授礼部主事。

按：据《明史·文苑传》，杨循吉"好读书，每得意则手舞足蹈，不能自禁，人称'颠主事'"。

李贡与兄李赞同成进士。累官右都御史。

按：李赞授吏部文选主事。李赞事迹见《太仆寺卿李赞传》（《国朝献征录》卷七二）。

李显成进士。授户部主事。

按：调南康知府，仿朱熹白鹿洞规，兴学劝士。李显，生卒年不详。字荣宗。湖广桃源人。事迹见《嘉庆常德府志》卷二七。

李浩成进士。累迁兵部员外郎。

张贤成进士。授单县知县。历四川顺庆知府。

张诩成进士。授户部主事。

按：丁忧后，隐居不仕，累荐不起。

张恺成进士。授兵部主事，守山海关。

张志淳成进士。官至户部侍郎，坐刘瑾党勒致仕。

陆万里成进士。任章邱知县。

按：陆万里，生卒年不详。宜兴人。著有《国史举领》20卷，见道光《续纂宜荆县志》卷九。

陈大章成进士。官至太仆寺少卿。

陈世良成进士。授乐安知县，改南和。

邵宝成进士。授河南许州知州，仿朱熹社仓，立积散法。

按：邵宝二月会试中式。发榜日，中式者至礼部堂群揖主司。时鲍庵吴公见邵宝执侍讲王臣袂而指曰：此无锡邵国贤也。自是名益重。

范轮成进士。

按：仕至南京礼部郎中。所著《礼制会纂》载入会典。范轮，生卒年不详。字希戴。苏州府太仓人。事迹见宣统《太仓州志》卷二五。

庞泮成进士。授工科给事中，屡迁刑科都给事中。

按：时所上疏，为《石壁谏垣稿》2卷、附录1卷。乃卒后其子栎取关国家利害之大者17篇，梓以传。前有夏缑序，后有潘球跋。清乾隆时，旧板已毁，族孙甲世汉章等重刻，复搜其诗文杂稿，请齐召南编次，取《明史》本传、邵宝纂神道碑冠于首，末缀附录1卷，召南为序，今存。

祝萃成进士。授刑部主事，改工部，从侍郎徐贯治水苏松，以功进员外郎。

按：其父祝淇，生卒年不详，著有诗文集《履坦幽怀集》2卷，乃其家刻，为馀姚胡培所编。《四库全书总目提要》卷一七五曰：淇字汝渊，号梦窗，海宁人。以子萃贵，封刑部主事。《明诗综》作"祝祺"，云"或作淇"。此本乃其家刻，明作"淇"字，则《诗综》误也。

姚文灏成进士。累官湖广提学佥事。

黄金成进士。历官吏部郎中、广西藩参。

黄宝成进士。历吏部郎。

黄瓒成进士。累官江西右布政。

蔡清成进士。

按：即乞假归讲学。已，调进，得礼部祠祭主事。王恕长吏部，重清，调为稽勋主事，恒访以时事。清乃上二札：一请振纪纲，一荐刘大夏等30余人。

潘珏成进士。授蕲水知县，累官福建按察司佥事。

林光复出会试中乙榜。授平湖教谕。

按：历兖州、严州府学教授，国子博士，襄府左长史。中举后，从陈献章学。白沙责其出平湖、兖州甚切。

象山书院重建于江西贵溪。

按：另有李衍改开封大梁书院为巡抚治所，迁书院于丽景门外二程夫子祠处，于讲堂祀二程。都御史、监察御史及提学副使等为之倡置学田。中宫寺僧正礻商募捐重建湖南祁阳浯溪书院，副宪沈庆置田300亩以供经费。谢廷举重建湖南常宁芹东书院。芹东书院即后集贤、双蹲书院。

蔡清六月作《静之字说》。

卓天锡修、孙仁增修、朱昱纂《重修毗陵志》40卷成书刊行。

按：《四库全书总目提要》卷七三曰：是志"所修比他志为善，惟命周忱赈荒，以王恕为巡抚诸敕谕，不专为常州一府，而牵连载之，未免失于泛滥云"。朱昱，生卒年不详。字懋易。武进人。另有《三原县志》16卷。事迹见道光《武阳合志》卷三三。

王㒜纂《常州府志》40卷。

王恕二月跋《范文正忠烈庙手卷》。

胡居仁二月撰《归儒峰记》。

黄仲昭撰《重建三山城橹记》。

张元祯撰《吉水张氏祠堂记》。

邱濬作《甲辰初度》。

程敏政作《瓜祝倡和诗序》。

王承裕著《太极动静图说》。

按：一说著于次年。

张习刻元萨天锡《雁门集》8卷。

抚州刻宋元际吴澄《草庐吴文正公全集》。

阿希克帕夏扎德卒（1400— ）。奥斯曼帝国历史学家。著有《奥斯曼王室编年史》。

路易·浦尔契卒（1432— ）。意大利诗人。著有史诗《摩尔干提》。

朱夏卒（1415— ）。夏字曰南，号勉斋。苏州府昆山人。不求仕进，授徒讲学。晚岁与甘霖、沈鲁诸人为斯文会，绘图纪盛。刊刻周邓析所纂《邓析子》2卷。著有《朱勉斋诗集》1卷（见《振绮堂书录》）。

吕㚄卒（1418— ）。㚄字希颜，号复庵。苏州府常熟人。正统进士。以云南布政使致仕，居家罕接人事。著有《复庵集》（见《重修常昭合志》卷一八）。

过眼卒（1418— ）。过眼字时霁，一字野舟。无锡人。著有《窥豹集》、《园扉集》、《唱和集》，（见《锡山历朝书目考》卷一〇）。

段坚卒（1419— ）。坚字可大，初号柏轩，又号容思，私谥"文毅先生"。陕西兰州人。景泰五年进士。《明儒学案》列其入《河东学案》上。著有《容思文集》、《柏轩语录》等。事迹见《明史》卷二八一。

按：一说其字"可久"。取九容九思之意更号容思。重教化，能以儒术饰吏术。创志学书院。务致知而践其实。虽未尝及瑄之门，而郡人陈祥赞之曰："文清之统，惟公是廓。"则固私淑而有得也。《明史》卷二八一本传称，坚之学，私淑河东薛瑄，务致知而践其实，不以谀闻取誉，故能以儒术饰吏治。明彭泽编、清张仲英参订《段容思先生年谱纪略》1卷。是谱清道光四年（1824）段坚十四世孙段殿公刻。据段殿公称，谱主所著《容思文集》、《柏轩语录》均已散佚，故谱中所录诗文弥足珍贵。（参《明史》、《明儒学案》）

又按：周蕙，生卒年不详。字廷芳。扬州府泰州人。为临洮卫卒，戍兰州。闻段坚讲学，时往听之。久之，诸儒令坐听，既而与之坐讲。于是笃信力行，以程、朱自任。又从学于安邑李昶。后居泰州之小泉山，人称小泉先生。以寻父舟覆，溺死于长江。《明儒学案》列其入《河东学案》上。蕙门人著者，薛敬之、李锦、王爵、夏尚朴。事迹见《明史》卷二八二《薛瑄传》附传，冯从吾《周廷芳蕙传》（《国朝献征录》卷一一四）。

陈炜卒（1430— ）。炜字文曜，号耻庵。福建闽县人。陈叔刚子。天顺庚辰进士，官至浙江左布政使，未上卒。妙翰墨，善吟咏，片言只字，为人宝惜。著有《耻庵集》。事迹见彭韶《浙江等处承宣布政使司左布政使耻庵陈公炜墓志铭》（《国朝献征录》卷八四）。

按：据《四库全书总目提要》卷一七五，《耻庵集》10卷，乃正德初其从子墀为东莞知县时所刊。嘉靖中其孙全之复补辑之，而以赞挽诸诗附于其末。

俞钦卒(1431—　)。钦字振恭。浙江新昌人。景泰二年进士。授礼部主事。累迁兵部侍郎。著有《思庵集》。事迹见《兵部左侍郎俞钦传》(《国朝献征录》卷四〇)。

胡居仁卒(1434—　)。居仁字叔心，号敬斋。江西余干人。弱冠时奋志圣贤之学，游吴与弼之门。退而益加充广，尽弃旧学。绝意仕进。后主白鹿书院。学者称为敬斋先生。万历中追谥文敬。《明儒学案》列其入《崇仁学案》二。著有《易象钞》、《居业录》、《胡文敬公集》等。事迹见《明史》卷二八二，《胡敬斋传》(《明文海》卷三九八)，陆瑞家《敬斋先生居仁传》(《国朝献征录》卷一一四)，清杨希闵编《胡文敬公(胡居仁)年谱》。

按：曾与同门娄谅、罗伦等为会于弋阳之龟峰、余干之应天寺，故其学称"余干之学"。闻吴与弼讲学崇仁，往从之游，绝意仕进。其学以主忠信为先，以求放心为要，操而勿失，莫大乎敬，因以敬名其斋。筑室山中，四方来学者甚众。学者称为敬斋先生。督学李龄、钟成相继聘主白鹿书院。又为贵溪洞源书院师。人以为薛瑄之后，粹然一出于正，居仁一人而已。其私淑弟子魏校公开称颂陆学。《明儒学案》载："周翠渠曰：'君学之所至兮，虽浅深予有未知。观君学之所向兮，得正路抑又何疑。倘岁月之少延兮，必日跻乎远大。痛寿命之弗永兮，若深造而未艾。'此定案也。其以有主言静中之涵养，尤为学者津梁。然斯言也，即白沙所谓'静中养出端倪，日用应酬，随吾所欲，如马之御衔勒也'，宜其同门冥契，而先生必欲议白沙为禅，一编之中，三致意焉，盖先生近于狷，而白沙近于狂，不必以此而疑彼也。先生之辨释氏尤力，谓其'想象道理，所见非真'，又谓'是空其心，死其心，制其心'。此皆不足以服释氏之心。"《十五家年谱丛书·十四册·胡文敬公年谱》称"慕道安贫，日寻孔颜之乐，穷理讲学，深得濂洛之传……其著述议论，广大精微，高明平实，莫非羽翼六经，发挥斯道。其有功于圣门非浅鲜已也。"《四库全书总目提要》卷五曰：《易象钞》4卷，"是书前有居仁自序，称：'读《易》二十年，有所得辄钞积之，手订色成帙，取先儒图书论说合于心得者录之。'三卷以下则皆与人论《易》往复劄记及自记所学，又为隐括歌辞以举其要。居仁之学虽出于吴与弼，而笃实则远过其师。故在明代，与曹端、薛瑄俱号醇儒。所著《居业录》，至今称道学正宗。其说《易》亦简明确切，不涉支离玄渺之谈。考万历乙酉御史李颐《请以居仁从祀孔子庙庭疏》，称所著有《易传》、《春秋传》，今颇散佚失次。朱彝尊《经义考》载有居仁《易通解》，注曰'未见'，而不载此书，岂此书一名《易通解》欤？然李颐时已称散佚失次，何以此本独完？疑后人裒其绪言，重为编次，非居仁手著也。"《四库全书总目提要》卷九三曰：《居业录》为其讲学语录，"居仁与陈献章皆出吴与弼之门，与弼之学介乎朱、陆之间，二人各得其所近。献章上继金谿，下启姚江。居仁则恪守新安，不逾尺寸，故以敬名其斋。而是书之中，辨献章之近禅，不啻再三。盖其人品端谨，学问笃实，与河津薛瑄相类。而是书亦与瑄《读书录》并为学者所推。黄宗羲《明儒学案》乃谓其主言静中之涵养，与献章之静中养出端倪，同门冥契。特牵引附合之言，非笃论也。正德中有张吉者，尝删其书为要语。又有吴廷举者，删其书为粹言。此本为弘治甲子余祐所编，犹为原帙。"卷首有祐《居业录原序》，卷末有明陈文衡《居业录序》。黄宗羲《明儒学案》有节录。清张伯行将其收入《正谊堂丛书》。其弟子余祐最著，居仁以女妻之。《四库全书总目提要》卷一七一曰：《胡文敬集》，"居仁本从吴与弼游，而醇正笃实，乃过其师远甚。其学以治心养性为本，以经世宰物为用，以主忠信为先，以求放心为要。史称薛瑄之后，惟居仁一人而已。居仁病学者撰述繁芜，尝谓朱子注《参同契》、《阴符经》皆可不作。故《易传》、《春秋传》外,于经书皆不轻为之注。讲授之语,亦惟《居业录》一编。诗文尤罕。是集乃其门人余祐网罗散失而成。虽中多少作,然近里著己皆粹然儒者之言,不似吴与弼书动称梦见孔子也"。(参《明儒学案》、《四库全书总目提要》、《中国历代人名大辞典》、《中国学术名著提要》、《中国大书典》等)

孙一元（　—1520）、尹襄（　—1526）、舒芬（　—1527）、陶滋（　—1538）、张邦奇（　—1544）、戴金（　—1548）、王崇庆（　—1565)生。

成化二十一年　乙巳　1485 年

神圣罗马腓特烈三世出奔。

兰开斯特的亨利·都铎归英格兰,遂杀理查三世。都铎王朝始,玫瑰战争终。

莫斯科大公国灭特维尔公国。

正月丙戌,诏廷臣言时政阙失。(《明通鉴》目录卷九)

庚寅,赦天下,诏行宽恤之政。(《明通鉴》目录卷九)

是月,廷臣上封事,优诏答之。(《明通鉴》目录卷九)

按：贬李孜省,革僧继晓为民。时言者浸及宫闱,宪宗不怿,命书60人姓名于屏后,皆贬看法不用。

二月庚午,置云南腾冲军民指挥司儒学。

十二月庚子,南京礼部、国子监并南直隶提调学校御史俱乞量增应试额数。(《宪宗实录》卷二七三)

谢迁充经筵讲官。

彭韶、王恕上书论星变,宪宗不悦。

彭华十二月甲申入阁。

王恕六月以南京兵部尚书奉诏请裁锦衣卫内官子弟27人,不允。王恕十二月加太子少保。

邵宝八月除河南开封府许州知州。朝之士大夫皆叹且惜之,西涯李氏辑诸君所赋之诗序以赠之。

陈献章作诗《寄张兼素七律》、《浴日亭次东坡韵》、《扶胥口书事借浴日亭韵》、《别榄山》、《馆廷实进士于白沙社兼呈丁明府》、《次韵乡人送酒》、《廷实归赠瑞香花次韵》、《林缉熙县博张进士廷实何孝子子完先后见访既而缉熙往平湖廷实归五羊子完返博罗四绝》、《挽总督朱公二首七律》、《八月题画王大姥像寿家八十一七律》、《次韵张廷实谢病后约游罗浮见寄二首七律》、《次韵张东所见寄七绝》、《九月九日寄丁明府五律》、《菊节后五日丁明府携酒来饮白沙补会诗三首五律》、《对菊五首七绝》、《晨起将出寻梅四首七律》。

周洪谟议九事。

王琼授工部屯田主事。

马文升十一月召。

马中锡迁云南按察佥事。

杨一清归云南会宗族。

林俊复旧职南京管事,添注南京刑部贵州司。

按:到南京,计日分程,率以数刻理刑名,数刻温旧习,总博群书,深极造诣,下至稗官小说,靡不总贯条析。

薛敬之以太宰尹氏荐,知山西应州。

夏尚朴、娄谅之子受举子业,遂因之从谅禀学焉。

张吉以诏求直言,上疏劝亲贤图治、修德远邪,又讽礼部尚书尹氏,远贬广东通判。

张弼致仕。

按:桑悦《思玄集》卷六有《南安郡守张侯去思碑记》。《东海诗集》卷三则有《与桑民悦宿别》。

刘珝九月甲子致仕。

储巏等此际在南京共举檀园社。

莫旦解新昌县教职还。

孙仁召为户部左侍郎,寻致仕。

按:先是,累官陕西右参政。《西岳神祠事录》7卷,《四库全书总目提要》卷七七曰:"乃其官西安知府时作。以记西岳神祠之事。所录文章,具载首尾年月,撰人姓名。较张维新《华岳全集》所载,颇为完整有体。"孙仁,生卒年不详。字世荣,池州府贵池人。景泰进士。另著有《东山奏议》、《东山稿》。事迹见杨廷和《通议大夫户部左侍郎孙公仁行状》(《国朝献征录》卷三〇)。

苏章以星变应诏上书,劾僧继晓、方士李孜省,请诛窜之。触怒宪宗,下吏贬姚安通判,后迁延平知府。

按:因裒其所作共为1集,故以《滇南行稿》为名。是集4卷,末附词4阕,祭胡敬斋文1篇。附录1卷,则其行实及诸家题跋与入祀乡贤文卷也。苏章,生卒年不详。字文简,号云崖。江西余干人。少问学于陈献章,尝出胡居仁于狱,与吴与弼友善。成化进士,官至延平府知府。(《四库全书总目提要》卷一七五)

彭纲以宪宗因星变求直言,上言请诛李孜省、僧继晓,被贬为永宁知州,改汝州。

按:官至云南提学副使。彭纲,生卒年不详。字性仁。江西清江人。事迹见《中国历代人名大辞典》。

冯琦重建江西武宁柳山书院。

黄畿于会城内越井冈左建粤洲草堂,读书其中,自号清虚子。纂《三五元书》。

李东阳撰《江南道监察御史李君士常墓志铭》。是年以文送无锡邵宝赴许州知州任。

陈献章作《丁氏族谱序》。四月闰月作《道学传序》。

徐山修(成化)《徐氏宗谱》。

按:见吕锡山主编《徐霞客家传》。徐山,生卒年不详。字仲仁。江苏江阴人。

胡匡纂修《内黄县志》6卷成书刊行。

按：内黄，今属河南省安阳市。是书为现存最早之安阳市市域内地志刻本。

曹孚撰《仁济渡记》，记里中兴建。

徐溥撰《宜兴东关广济桥记》。刻宋苏轼《楚颂帖》墨迹竟事，作跋记。

蔡清《密箴》止于是年。八月撰《泉州府重修儒学记》。

王承裕弱冠著《太极动静图说》。

按：一说著于上年。

文林官南京太仆寺，著《马策》。

祝允明著《读书笔记》1 卷。

张习作《眉庵集后志》。

邵珪居里跋赵孟頫《墨兰竹石卷》。

李实卒（1413— ）。实字孟诚，别号虚庵。四川合州人。正统七年进士。官至湖广巡抚。著有《出使录》1 卷。事迹见《明史》卷一七一《杨善传》附传，何悌《右都御史合阳李公实传》（《国朝献征录》卷六〇）。

按：据《四库全书总目提要》卷五三，《出使录》一名《使北录》，所记在漠北见英宗及与额森辩论之语。

朱英卒（1417— ）。英字时杰，号诚庵。湖广桂阳人。正统十年进士。授御史。成化中历福建、陕西副政使，皆推行均徭法。总督两广，首荐陈献章膺辟召，招抚诸山瑶、壮，增户口 20 余万。入掌都察院事，加太子少保。正德中，追谥恭简。著有《淡庵纪年》、《诚斋遗稿》、《认真子集》。事迹见《明史》一七八，《都察院右副都御史朱英传》、刘珝《太子少保都察院右都御史赠荣禄大夫太子太保朱公英神道碑》（均《国朝献征录》卷五四）。

按：《宋史》编成后，即下杭州刻版，是为首刊本。朱英成化中在广州得《宋史》抄本，为之重刻，即为成化本，此版后入南京国子监。

张稷卒（1437— ）。稷字世用。扬州宝应人。成化八年进士。授御史，监光禄寺，巡按福建。著有《条陈时政疏》1 卷、《竹西稿》10 卷。事迹见《明史》卷一八〇《王瑞传》，李东阳《监察御史张君稷墓志铭》（《国朝献征录》卷六五）。

李本卒，生年不详。本字立之。四川富顺县人。正统戊辰进士，改翰林院庶吉士。历官检讨、编修、侍读。与修《一统志》、《英宗实录》。久之升南京太常寺少卿礼部侍郎，遂升尚书。《南京礼部尚书李本传》（《国朝献征录》卷三六）。

郑善夫（ —1523）、孙绍祖（ —1526）、周冲（ —1532）、张潮（ —1544）、赵可与（ —1561）、季本（ —1563）、顾可久（ —1561？1563？）、孙承恩（ —1565）、王洙（ —?）生。

成化二十二年　丙午　1486 年

　　三月壬申，礼部覆奏琉球国中山王尚真咨、礼部官生蔡宾等 5 人在南京国子监肄业已经 5 年，乞放回本国省亲。(《宪宗实录》卷二七六)
　　六月乙亥朔，敕廷臣修举职业。(《明通鉴》目录卷九)
　　九月庚申，申定国子监监生拨历之例。(《宪宗实录》卷二八二)
　　十一月丙寅，更定会试取士额数。(《宪宗实录》卷二八四)

　　李东阳八月己卯以翰林院侍讲命为顺天府乡试考官。
　　汪谐七月丙辰以右春坊右庶子命为应天府乡试考官。
　　程敏政七月丙辰以左春坊左谕德命为应天府乡试考官。
　　王恕九月罢南京兵部尚书，改马文升为南京兵部尚书。
　　王守仁仍寓京师。
　　按：是年，出游居庸三关，即慨然有经略四方之志，经月而始返。曾梦谒马伏波将军庙赋诗。时闻畿内秦中有乱，欲为书献于朝，其父龙山公斥之为狂，乃止。
　　尹直以万安、李孜省力，为户部左侍郎兼翰林学士，九月丁卯入阁。旋进兵部尚书。
　　邵宝毁尼寺改建黄丞相(谥忠定)祠。十月举乡饮礼。
　　陈献章作诗《读张进士挽丁明府七律》、《四月二十七日五鼓失脚仆地衰年久病气弱无力之验也为诗自悼二首五律》、《次韵秋兴感事录寄东所四首五律》、《次秋兴韵寄东所兼呈云谷五律》、《得林子逢书感平湖事赋此次前韵二首五律》、《读缉熙近诗时缉熙典文衡闽中欲便首还家数夕前梦见之五古》、《悼林琰七律》、《赠丁一桂五律》、《金宪莆阳李公自海南征黎过白沙七绝》、《诚庵朱公归葬郴阳适宪长陶公遗生员陈谏偕景云往祭其墓并以公意作诗赠之二首七律》、《宪副翁公以占城国主自海南来省过白沙索和李黄门诸公韵七律》。
　　杨循吉服官北京，求去，得请；复被阻。
　　按：与吴江赵宽、华亭陈章、侯直(公绳)等集会，著《七人联句诗记》。此际别作半语体之述怀诗，嘲讪时流。
　　林光六月来访章懋于山中，请益而去
　　何乔新九月以陈选道卒，奉使往勘蕃州狱。
　　尹旻五月以尹龙通贿事发，致仕去。
　　李旻、王华、胡谧、沈继先、谢迁、杨守陈、杨守阯为后七元会。
　　按：浙江解元同仕于朝者邀为文会。其六元文会始于成化六年，范理、商辂、姚夔、杨守陈、卢楷及杨守阯。至成化十五年复为七元会，则胡谧、沈继先、杨文卿、黄

哈布斯堡王朝马克西米利安一世选立为德国国王。与父神圣罗马腓特烈三世共治。

葡人入今尼日利亚海岸。

珦、谢迁、杨守陈、杨守阯。杨守阯兄弟先后三会皆与焉,故杨守阯录赠答唱和诗文汇为《浙元三会录》。

谢一夔(王一夔)任工部尚书。

闵珪八月以江西巡抚谪为广西按察使。

薛敬之谒选山西应州知州,课绩为天下第一。

史鉴以诗赞誉台州写生画家钟希哲之艺术。

沈钟至北京。

按:沈钟,生卒年不详。字仲律,号休斋。江苏上元人。洪武中,其先自长洲甫里徙京师,遂为上元人。与沈周、吴宽相酬唱。与罗伦、章懋、黄仲昭、庄昶、周孟中、林孟和、支玄、项麒、陈壮称"十君子"。著有《休斋集》1卷、《晋阳稿》1卷。据《式古堂书画汇考》书三〇,钟所著有《休翁诗集》、《思古斋文集》30卷。事迹见《国朝献征录》卷九五。

李承箕中举人。

按:一试礼闱而归,徒步岭南师事陈献章。久之有所悟,归隐黄公山不复仕进。

戴经中举人。历官延平、九江推官。

按:官至泰安知州。戴经,生卒年不详。字孟常。浙江秀水人。著有《浔阳余稿》、《双湖集》。纂有《秀水县志》。事迹见《雍正浙江通志》卷一七九。

文征明从吴宽学文,从李应祯学书。

李轼贡生。官广东雷州府通判。

按:李轼,生卒年不详。字景瞻。静海乡人。笃学好古。著有《观海集》、《过苏编》。

邹智举乡试第一。

余祐、王承裕同举乡试。

王舆、秦升捐资建甘棠书院于四川广安城东。

按:提学吴伯通回乡省亲讲学于此。书院格局近按周敦颐《学圣要诀》规制,中堂5间名一要堂、俨若思堂;左右两斋各5间,左额为"敬"、"静"、"明"、"动"、"公",右额为"义"、"虚"、"通"、"直"、"博"。又刻嵌朱熹《白鹿洞学规》于壁,以为学则。伯通,字原明,生卒年不详。四川顺庆人。天顺进士。著有《达意稿》、《闻见录》、《石谷韵语》、《策问答》、《顺天府志》等。事迹见《尧山堂外纪》卷八六。

僧根敦嘉错(达赖二世)11岁,入札什伦布寺。

按:幼年随父习宁玛派教法。

金、玉二阙真君四月封为上帝,遣万安祭于灵济宫。

道士张三丰封为"韬光尚志真仙"。

塞尔的安托万著成《短篇小说百回集》。

陈献章九月撰《鲁封公墓志铭》。十二月作《祭诚庵先生文》。

胡谧纂修《河南总志》19卷、《图》1卷成书刊行。

按:胡谧,生卒年不详。字廷慎。浙江会稽人。景泰八年进士。知江宁县,廉明有威。任河南按察副使时,建大梁书院,祀周敦颐以下10人,大力兴学,同时参与编纂《河南总志》,体例得当,为河南省首部省志。擢广东参政,不久病卒。一说官至山西提学副使。著有《渐斋稿》,见《明诗综》卷一八上。纂成《山西通志》(《四库提要》存目著录此志以胡谧为马湖府人)。

郭忠修、刘宣纂《处州府志》18卷刊行。

按：处州府，今丽水市，属浙江省。是书足本今惟日本国会图书馆尚有庋藏，为现存最早之丽水市市域内地志刻本。

李咨修《襄陵县志》19卷刊行。

陈尧弼刊刻元苏天爵《治世龟鉴》1卷。

邵宝撰《许濠复水录》记许州新作四关门复水濠。

邱濬撰《平定交南录》1卷成，作《萧阁先生赞》。

都穆辑《吴下冢墓遗文》3卷。

按：《四库全书总目提要》卷八七曰："穆好金石遗文，所作《西使记》、《金薤琳琅》诸书，载古碑为多。此书专录吴中铭志之文，凡三十四首，皆诸家集中所不概见，故谓之《遗文》。"

僧宝成《释氏源流》4卷刊行。

按：1993年上海古籍出版社影印出版。是为现存最早亦最完整明初刻本。

曹安著《谰言长语》1卷。自序。

按：《四库全书总目提要》卷一二二曰："是书前有安自序，谓皆零碎之词，故名曰《谰言长语》。谰言者逸言也，长语者剩语也，则长当读为长物之长矣。书中多据所见闻，发明义理。""其论读经一条，尤切中明代俗学之弊。成化丙午顾纯题词，以《辍耕录》、《水东日记》比之。正德乙亥史纪重刊跋，又以《霏雪录》比之。今以四书相较，刘绩、叶盛二家书大致相近，陶宗仪书直小说家言，远不逮此书也。"曹安（1423—　），字以宁，号蓼庄。松江府华亭人。正统甲子举人。官安邱县教谕。事迹另见《古今图书集成》文学典卷九六。

李东阳作《书蒙翁类博稿后》。

按：序曰："此我外舅蒙泉先生岳翁遗稿也。公在国子时，已名能古文歌诗，然稿成辄弃去。及第为翰林，著作甚富。入内阁典机务，攻曹、石罪逆，得祸几死。戍甘之行，第宅为势家所夺，书册荡逸，委不复顾。比召归，坐席不得暖，又出守兴化以去。及致政家居，检阅旧稿，存什一而已。公属既纩，阳以治命拾遗文，得文于其从子坪。窃惧阙略，不敢就次，乃与公门人潘君辰、李君经稍加搜访，或摘残草，手自誊识。越十有余年，始克成编，为十卷。属公同年都御史张公瓒刻于淮安，未竟而张公卒。乃属我同年知府陈君道刻于金华，名曰《类博稿》者，存公旧也。"

闵珪作《北郭集序》。

按：序曰："先生去今百余年之久，集未有传。广东佥宪张君企翱始寿诸梓，以予吴兴人，知先生有素，书来请序于篇。……然予非知诗者，此得之李职方贞伯。贞伯、企翱皆先生里人，故其知之深、爱之笃如此，敢并序之。"

《钟情丽集》4卷成，署玉峰主人著。

按：孙楷第《日本东京所见小说书目》卷六《明清部五》："《新刻钟情丽集》四卷，明弘治癸亥（十六年）刊本。末卷木记题'金台晏氏校正新刊'。题'玉峰主人编辑，南辕通州门中人校正'，卷首有二序。一为成化丙午序，后署'南通州乐庵中人书'，已残缺不全。一为成化丁未序，署简庵居士。《钟情丽集》相传为明丘文庄作，未知是否。而以此弘治刊本证之，与文庄时代亦相当。"陶辅《桑榆漫志》称玉峰主人即为邱濬，但联系邱濬为人，又疑书系"他人伪作"。王永宽、王钢《中国戏曲编年史（元明卷）》引《坚瓠四集》卷二"孙汝权"条归《钟情丽集》于邱濬。而徐朔方《小说〈钟情丽集〉的作者不是邱濬》、台湾陈益源《元明中篇传奇小说研究》，均引朱鸿林《邱濬和他的〈大学衍义补〉:十五世纪中国的治国思想》并加补充说明邱濬与玉峰生不是同一个人。

翼城王泰刊宋文彦博著《文潞公诗集》3卷。

商辂卒(1414—　)。辂字弘载,号素庵。卒谥文毅。浙江淳安人。举乡试第一。正统十年,会试、殿试皆第一。终明之世,三试第一者,辂一人而已。除修撰。官迁兵部、吏部尚书,谨身殿大学士。著有《商文毅疏稿略》、《商文毅公集》等。另有《商文毅藏书目》1卷。事迹见《明史》卷一七六、商振伦纂《明三元太傅商文毅公年谱》、尹直《少保吏部尚书兼谨身殿大学士赠太傅谥文毅商公辂墓志铭》(《国朝献征录》卷一三)。

按:《商文毅疏稿略》1卷(浙江范懋柱家天一阁藏本),《四库全书总目提要》卷五五曰:"是集为其子侍讲良年所编。后有其孙汝赜跋,称辂《素庵文集》凡数十卷,两遭回禄,悉为煨烬,幸此卷独存,因锓诸梓云云。此本为天一阁所抄,则刊版又佚矣,其偶传者幸也。""是集所载,乃其全文,尤足以补史阙也。"《商文毅公集》10卷,《四库全书总目提要》卷一七五称,一名《素庵集》,为万历中淳安知县汉阳刘体元所编。《蔗山笔尘》杂论史事。序金华童常所纂《童氏族谱》3卷,见雍正《浙江通志》,已佚。《商文毅藏书目》见《脉望馆书目》及《也是园书目》。玄孙商振伦纂《明三元太傅商文毅公年谱》4卷,明万历四十四年元始堂刻本。年谱卷首有周洪谟序。附谱主诗文。

又按:商良臣,字懋衡,商辂子。成化初进士,累官翰林侍讲。

潘亨卒(1428—　)。亨字从礼,小字驹儿,号竹鹤道人,晚号冰壑老人。淮安山阳人。著有《冰壑遗稿》4卷。事迹见《山阳潘氏统宗谱》卷二。

凌傅卒(1428—　)。傅字汝弼。句容人。著有《鸣蝉稿》、《象山稿》,见弘治《句容县志》卷六。

陈选卒(1429—　)。选字士贤,别号克庵。浙江临海人。陈员韬子。天顺四年会试第一,成进士。正德中谥忠愍。《明儒学案》列其入《诸儒学案》上三。辑朱子《小学集注》选本。著有《冠祭礼仪》1卷、《孝经集注》1卷等。事迹见《明史》卷一六一,《广东布政司左布政使赠光禄卿谥恭愍陈公选传》(《京学志》见《国朝献征录》卷九九)。

按:《明史》称其年五十八,编修张元桢为选治丧,殓之。张聚哀悼。或说卒于1487年。《明儒学案》称:"先生躬行粹洁,卓然圣人之徒无疑。其平生学力,尽见于张聚一疏,至诚而不动者,未之有也。《通纪》评理学未必尽当,而推许先生也至矣。文肃好古信道,真不愧先生友者。"据《明史》卷一六一本传,宪宗即位,尝劾尚书马昂、侍郎吴复、鸿胪卿齐政,救修撰罗伦,学士倪谦、钱溥。言虽不尽行,一时悼其风采。已,督学南畿。颁冠、婚、祭、射仪于学宫,令诸生以时肄之。作《小学集注》以教诸生。按部常止宿学宫,夜巡两庑,察诸生诵读。除试牍糊名之陋,曰:"己不自信,何以信于人?"《冠祭礼仪》1卷,见雍正《浙江通志》、《吾学编》。《经义考》作《冠仪》1卷,云未见。《孝经集注》1卷,见《吾学编》。《经义考》云未见。旧与《小学注》合刻,有乾隆己巳仁和黄暹金柱重刻本。后刻入《台州丛书续编》。

白玢卒(1430—　)。玢字宗璞。江苏武进人。著有《远行稿》、《思亲轩稿》。事迹见倪岳《南京尚宝司卿白君玢墓志铭》(《国朝献征录》卷七七)。

按：两种著作见道光《武阳合志》卷三三。

蒋琬卒(1432—)。琬字重器。扬州府江都人。蒋贵孙，嗣定西侯。总兵甘肃。召还。督十二团营。上言请修复北京外城。后率京军秋大同、宣府，按辽东边事。累加太保兼太子太傅。卒赠凉国公，谥敏毅。著有《蒋琬文集》10卷。事迹见《明史》卷一五五《蒋贵传》。

李锦卒(1436—)。锦字在中，号介庵。陕西咸宁人。受业于周蕙，通程朱理学。举天顺六年乡试，入国学。为祭酒邢让所知。以主敬穷理为归。成化中选松江同知。《明儒学案》列其入《河东学案》上。事迹见《明史》卷二八二《薛瑄传》附传，《松江府同知李锦传》(《国朝献征录》卷八三)。

华烒卒(1444—)。烒字文高，一作文皋，号东郊。无锡人。燧弟。《华氏山桂公支宗谱》卷首有《承事郎东郊府君传》。据《锡山书目考》卷二，烒所著有《宋史发明》、《东效集》，并见《华氏传芳续集》郑一五明陆简撰《承事郎华君墓志铭》。

丁积卒(1446—)。积字彦诚，号三江渔樵。江西宁都人。成化十四年进士。师事邑人陈献章，为政以敦风化为本，而主于爱民。事迹见《明史》卷二八一。

李玉(—1536)、刘天民(—1541)、方献夫(—1544)、蒋山卿(—1548)、何廷仁(—1551)、王以旗(—1553)、江汝璧(—1558)、朱淛(—1552)、张寰(—1561)生。

成化二十三年　丁未　1487年

二月己卯，礼部奏："成化二十二年天下乡试录文多乖谬及犯讳违式，乞将考试官、训导黄奎等追夺聘礼，与录文举人卫杰等，俱令御史究问。然兹弊之来，盖以教职易至，淹滞人不乐为。而就职者，多非有学识之士，及至聘，以典文罕称其选。自今副榜举人入监三年及未入监者，许令就教职。……"(《宪宗实录》卷二八七)

三月丁巳，赐费宏等351人进士及第、出身有差。

八月甲申，宪宗命皇太子视事文华殿。(《明通鉴》目录卷九)

己丑，宪宗崩，遗诏太子即位。(《明通鉴》目录卷九)

九月壬寅，太子即皇帝位。是为孝宗。大赦天下，以明年为弘治元年。

十月丁卯朔，汰传奉官、文武2000余人。又西番法王、国师及僧道、授真人、高士之等一千数百人。

英王亨利七世创立星室法庭。

西班牙入马拉加。

莫斯科大公国及立陶宛战。是年，入喀山汗国。

十二月壬午，始建奉慈殿，祀孝穆皇太后。孝宗求太后家，不可得，乃封后父庆元伯，母伯夫人，立庙桂林，以太后自言贺县人也。

按：时阁臣尹直纂《册文》，有云："睹汉家尧母之门，增宋室仁宗之恸。"孝宗每诵之，辄郄歔泣下。（《明通鉴》目录卷九）

是月，孝宗践阼，将建棕棚于万岁山，太学生虎臣上书谏，孝宗遣中官慰谕，并毁棕棚，仍授臣七品官。（《明通鉴》目录卷九）

是年，日本田代三喜乘商船入明。

按：逗留12年，学李东垣、朱丹溪之术，又游于月湖之门。

弘治改元，诏中外诸司，撰集事迹，上史馆为实录。

按：祝允明等数弟子员司其事，因私纂纪为《苏村小纂》6卷，记天顺以后苏州人物。

邱濬以《大学衍义补》160卷成书，作《奏大学衍义补表》，特进礼部尚书掌詹事府事。

胡居仁讲学桐源书院，门人徐宏嗣主教事，一时称盛。王增佑有记。

吴宽迁左庶子。二月丁丑，以右春坊右谕德命为会试考官。

尹直二月丁丑以太子少保兵部尚书兼翰林院学士命为会试考官。尹直十一月癸丑罢。李裕、刘敷皆致仕去，李孜省党也。

按：《明史》卷一六八本传曰："孝宗立，进士李文祥、御史汤鼐、姜洪、缪樗、庶吉士邹智等连章劾直。给事中宋琮及御史许斌言，直自初为侍郎以至入阁，夤缘攀附，皆取中旨。帝于是薄其为人，令致仕。"

章纶赠南京礼部尚书，赐谥恭毅，以其子玄会为鸿胪寺主簿，太子少保兵部尚书兼翰林院学士，知制诰，同修国史经筵官。尹直撰神道碑铭。

汤鼐、姜洪、李文祥十月皆上书劾万安、刘吉等，请召王恕、马文升等，报闻。

李文祥上封事，言在位者多非其人，权移内侍，道路侧目云云。

按：谪陕西咸宁县丞。以荐召为兵部主事，监司以下馈赠皆不纳，未逾月，贬贵州兴隆卫经历。都御史邓廷瓒用兵苗乡，咨以兵事，大奇之，欲荐为监司，固辞不得。乃奉表入都，仍固乞告归。

刘震七月庚子以翰林院编修升为侍讲。

杨守随正月以前劾李孜省，至是起复，出为南宁知府。

徐溥十月癸巳兼学士入阁。参预机务，进礼部尚书。

刘健十一月乙卯擢礼部侍郎兼学士，入阁。

谢迁升左春坊左庶子兼翰林院侍读加支从四品俸。

罗璟授福建提学副使。

陆釴进太常少卿兼侍读。

杨守陈成化中历侍讲、侍讲学士。

按：编《文华大训》，改变不录涉及宦官诸事之成例，备列善得失。

王琼评邱濬之书《大学衍义补》能博而不能约。

按：洛阳刘少师希贤健尝戏之曰：邱先生是有一屋散钱，却少一条索子。史家亦称邱濬性褊隘,著书议论诸多偏激,尝讥范仲淹多事,谓岳飞未必能恢复,秦桧有再造功。闻者无不骇其言。

王恕致仕归,适提学宪副广信娄谅来访于西园精舍,欲谋复学古书院,不果。十一月复为吏部尚书,十二月进为太子太保。

马文升十一月为左都御史。

何乔新出为南京刑部尚书。成化中以河南按察使助都御史原杰招抚南阳流民,亲入山谷劝说,附籍者甚众。

按:历山西巡抚、刑部侍郎。孝宗嗣位,辅臣万安、刘吉忌其刚正,何乔新出为南京刑部尚书。既而入为刑部尚书,有所施为,辄遭刘吉阻隔,又遭忌者中伤,遂致仕归。

邵宝作政惠仓,立诸乡社学。

按:作《守官箴》以自警、作《同官箴》以相劝。何以守官,曰:敬与廉。

彭华三月丁未致仕。

彭韶改刑部右侍郎。

董越迁右庶子

曹璘九月请行三年丧,削万贵妃谥。

按:孝宗纳其奏,而戒勿言贵妃事。

李应祯成化中以善书选为中书舍人,诏命写佛经,抗疏谓只闻有九经,不闻有佛经。

盛颙以无锡惠山重建漪澜堂著记。

杨一清自京口北行,跋所见苏轼书陶诗卷。

方汉成化中巡按四川。升南通政司右参议,转北通左参,旋晋南京太仆寺卿。

按:方汉,生卒年不详。字孔殷,号寿山。浙江淳安人。著有《寿山文集》。事迹见《光绪淳安县志》卷九。

祁顺成化中使朝鲜。

杨铎成化中官至云南布政司左参政。

按:杨铎,生卒年不详。字文振。河南原武人。宣德进士。与修《宣宗实录》。事迹见《云南参政杨公铎传》(《祥符文献志》见《国朝献征录》卷一〇二)。

包瑜成化中官浮梁知县。

按:包瑜,景泰举人。淮王币聘修书,进讲便殿赐坐。进所著《通鉴事类》、《春秋左传事类》。淮王甚喜,梓行于世。居七年告归,又著《春秋讲义》等。《春秋讲义》无卷数、《春秋左传事类》40卷,见《括苍汇记》及《经义考》,今未见。《周易衍义》,已佚,见《青田志》引《经义考》。据《四库全书总目提要》卷一三七:黄虞稷《千顷堂书目》载包瑜《周易衍义》,注曰成化中浮梁知县。《韵府续编》40卷,其书补阴氏《韵府群玉》之遗,丛脞庞杂,殊无可采。惟间附考证案语,与《韵府群玉》体例小有不同。《纲目事类》无卷数。《史书系韵》300卷见《括苍汇纪》及《浙江通志》。《读史六事》,见雍正《浙江通志》及《处州志》。瑜,生卒年不详。字希贤。浙江青田人。事迹另见《光绪处州府志》卷二一。

阮琳成化弘治间曾官教谕。

按:阮琳,生卒年不详。字廷佩,号晶山。兴化府莆田人。著有《图书纪愚》一卷。《四库全书总目提要》卷七称，此书首载太极、河、洛诸图，次及六十四卦横方图，终之以五行生克。大率因前人旧说，无所发明。

吴轮成化中诸生。

按：吴轮，生卒年不详。字国乘，自号九龙山人。高淳人。宗尹曾祖父。弃业隐九龙山。结社友谈经于潘城。邑令延为介宾，不赴。著有《慎斋野史》、《笔花集》。事迹见乾隆《高淳县志》卷二〇本传。

吴绶成化间任锦衣指挥佥事。

按：吴绶，生卒年不详。字孟章。滁州人。著有《诗坛丛韵》26卷，程篁墩为之序。见《千顷堂书目》卷一五。

张宁成化中出为汀州知府，以简静为治。以病免归。

按：致仕后家居30年，累荐不起。

张元祯成化中上疏言"勤讲学、公听政、广用贤"三事。后与当权者不合，称疾辞官居家20年，与胡居仁、娄谅、罗伦等人在弋阳龟峰、余干应天寺等处举办讲会。

钱溥成化中累官至南京吏部尚书。

倪岳成化中累迁礼部右侍郎。

诸葛骏成化中为永嘉训导。

按：诸葛骏，晋江人。著有《易经集说》，见《千顷堂书目》卷一。

黄孔昭成化中为文选郎中。

按：选郎向皆闭门谢客，孔昭独不然，见客必询访人才高下。由是诠叙平允，其以私干者悉拒之。

虞瑶成化中以进言忤昭德宫，下懿旨将置之死，同列为击闻鼓救免。

按：虞瑶，生卒年不详。字邦琼。浙江缙云人。著有《台谏奏疏存稿》。

童轩成化中累进右副都御史提督松潘军务。

黎淳成化中进左春坊左庶子，与修《续通鉴纲目》。

阎鼐成化中以忤中贵，出为诸城知县。

按：在任振兴学校，曾捐俸建沧浪书院。阎鼐，生卒年不详。永平府滦州人。事迹见《古今图书集成》氏族典卷三七〇。

施文显成化末授许州同知。

费宏成进士第一。授修撰。

丁养浩成进士。选行人，擢御史。

王启成进士。授霍县知县。

按：历江西按察佥使，修白鹿洞、濂溪二书院及文天祥祠，毁淫祠400余所。

王鸿儒成进士。累擢为山西副使。

毛纪、苏葵、杨子器、李文祥、张嵿、陈镐、夏鍭成进士。

石珤与兄石玠同成进士。

按：石珤与修《大明会典》。累擢为礼部尚书兼学士掌詹事府事。授检讨。石玠，授汜水知县，擢御史。石玠事迹见《户部尚书石公玠传》(《国朝献征录》卷二九)。

卢濬成进士。授刑部主事，官至邵武知府。

叶绅成进士。除户科给事中，历礼科左给事中。

吉人成进士。授中书舍人。

朱绶成进士。

按：以翰林院检讨侍岐王讲读，历楚荆二王府长史。朱绶，生卒年不详。浙江嘉兴人。著有《易经精蕴》，《千顷堂书目》卷一作4卷，又云一作25卷，《明史艺文志》作24卷。

祁司员成进士。初令唐山，拜御史，历知徽、池二郡。

按：为御史，在广西条上边策十数事。祁司员，生卒年不详。字宗规。浙江山阴人。著有《祁氏奏议稿》。《绍兴志》本传称有《先忧集》、《仕优稿》及《奏议》，均未见。

刘孟成进士。官延绥巡抚，都御史。

按：刘孟，生卒年不详。安福人。著有《字林纂要》，见《千顷堂书目》卷三。

杨廉成进士。授庶吉士。

李堂成进士。官至工部右侍郎。

李逊学成进士。选庶吉士，授检讨，充经筵官，历陕西提学副使。

吴俨成进士。授编修，历侍讲学士，掌南京翰林院。

吴鎏成进士。授兵部武选司主事。

吴廷举成进士。授广东顺德知县。

按：任职十年，曾令拆毁淫祠250所，将材料用于修造书院和筑堤防洪。御史汪宗器以为必有所中饱，执下狱，查核无所得。

邹智成进士。改庶吉士。

按：是冬，值星变，智上言以为大臣不职、阉官弄权所致，请孝宗修德用贤，以消天变，请黜万安、刘吉、尹直，而用王竑、王恕、彭韶。不报。是岁，始谒梁储，又有《送提学潘先生副宪陕西序》。

邵棠成进士。任四川成都府崇庆州知州。

按：后升南京留都政府户部员外郎。又为楚王府参政，荆南道道台，终为秦王府参政。因病归里。邵棠，生卒年不详。字民爱。江苏通州人。著有《梦菊斋集》，见嘉靖《通州志》。

陈恪成进士。授宿松知县。属其从弟忱修县志。

按：陈忱，字克诚，号醉月，纂《宿松县志》，又有《览胜纪游集》，未见。

陈经纶成进士。授南京户部主事，以忤权贵，谪象州同知。至官安抚猺民，修学劝教。

罗玘成进士。授编修。

周旋成进士。选户科给事中。

按：在科9年，屡上疏。后出参广藩。

姜麟成进士。以事使贵州。

按：因慕陈献章，特取道白沙往谒受业。姜麟，生卒年不详。字仁夫。浙江兰溪人。事迹见《皇明世说新语》卷五。

涂瑞成进士。授编修。

程楷成进士。授编修。

蒋冕成进士。授翰林院庶吉士。

蒋浤成进士。官至参议。

按：家居数十年，杜门读书。喜读《性理大全》、《通鉴纲目》，每阅一遍，用一色笔评注,至五色皆备。蒋浤,生卒年不详。字惟深。应天府上元人。事迹见《康熙江南通志》卷一六三。

潘府成进士。授长乐知县。

> 按:教民行《朱子家礼》。开南山书院聚徒讲学,布衣疏食不入城市。迁南京兵部主事,陈军民利病七事。

艾杰成化中中举人。授四川江安教谕。

> 按:力变文体。擢成都府教授。艾杰,生卒年不详。字世英。湖广崇阳人。著有《崇阳县志》。事迹见《湖广通志》卷一三五。

陈昂成化中中举人。授太常寺典簿,明饬礼乐,考究律吕,累迁太仆寺少卿。

> 按:陈昂,生卒年不详。字钦颙。福建南靖人。著有《法燮遗论》。事迹见《本朝分省人物考》卷七六。

苏洹成化中起经明行修之士,应荐。

> 按:与修宪宗、孝宗实录,以疾辞归。苏洹,生卒年不详。字景济。福建瓯宁人。著有《贻拙集》、《燕游倡和集》。事迹见《福建通志》。

陈炫成化中岁贡。

> 按:陈炫,生卒年不详。字伯晦,号了庵。著有《孝经章句》1卷,用朱子《刊误》,因旧简所在而明辨于其下,未尝易其编次。首有自序。见《赤城新志》、《临海县志》、雍正《浙江通志》、光绪《台州经籍志》。现未见。

王钟成化中贡士,官奉化教谕。

> 按:王钟,生卒年不详。字秀夫。江苏通州人。著有《临川集》,见万历《通州志》卷五。

应纲成化中贡士,官归德州训导。

> 按:应纲,生卒年不详。字恒道。浙江永康人。著有《孝经刊误集注》1卷,见《千顷堂书目》卷三。

魏俑成化中训导。

> 按:魏俑,生卒年不详。字达卿。石城人。著有《读史编》,见《千顷堂书目》卷五。

李承箕会试下第。

桂华十二岁,说理益进。

毛伯温六岁,从杨师发蒙。

张文麟六岁,从钱先生学。

李廷珍建同仁书院于广西柳州。

汪镛重建广西清湘书院。

李龄成化中增廓白鹿洞,置学田、祠器、书籍,聘胡居仁主洞事。

> 按:嗣后御史陈铨、唐龙、提学佥事苏葵,副使邵宝、蔡清、李梦阳相继振起之。

邵宝成化中别建东林书院于江苏无锡城南,祀杨时及诸贤于内,与门人华云讲学其中。

> 按:东林书院又名龟山书院,宋时杨时侨居于此,聚诸贤讲学。元至正间废为东林庵。

朱彦宗、朱彦霖读书好礼,成化中承祖父朱希成之志,建龙川书院以祀陈亮,择师儒教陈、朱二姓子弟及来学者。

按：浙江永康邑人朱希成为陈亮七世孙婿,欲就陈亮末第时于县东北龙窟山之南小崆峒讲学游憩之旧址兴书院,未成。

谢庭桂成化中建延陵书院于江苏江阴顺化坊。

按：成化中另有李汝嘉增修浙江清献书院。方中、姚堂、汪滢兴修江西玉山怀玉书院,复原田奉祀赡学。段坚修葺河南南阳诸葛书院。湖南浏阳文靖书院改为龟山寺,书院遂废。陈钢重建湖南黔阳宝山书院,祀唐义士张抃、饶敏学二人。唐珣等复兴四川合州濂溪书院。唐珣建福建福州登云书院。祝祥创建陇干书院于甘肃静宁城隍庙西。王恕建江苏扬州资政书院。刘永宽建成浙江淳安清溪书院。谢复建安徽祁门南山书院。胡天龄重建安徽绩溪绿照亭并讲学其中。辜瑷建江西余江临池书院。费喧建江西铅山东冈书院。河南南召建鹿鸣书院。薛纲建湖北武汉芹香书院。王庆建湖北咸宁相山书院。何珣创建湖南衡阳资政书院。周斌建湖南武冈谏议书院。韩雍建蓣漪书院于广西苍梧县治桂江西岸白鹤观前。沈庸以广西宜山县举人建竹池书院。宋景建四川郫县子云书院于水月寺。李长馥募修四川犍为县水月寺为子云书院(宋知县宋锦建亭,原为邵伯温故宅)。陆渊之建四川长宁清平书院。吴伯通建四川岳池甘泉书院。

僧根敦嘉错(达赖二世)受沙弥戒。

道士胡守法成化中封真人。

徐霖成化中以嘉兴知府召沈嵩高祷雨,赠诗谢之。

按：沈嵩高,生卒年不详。浙江嘉兴府秀水县象贤乡人。幼从道士蒋大方学五雷法,后于清真观出家为道士。

张瑄成化中刻《周礼集说》于建阳书院。

邱濬《大学衍义补》160卷成。作《奏大学衍义补表》,又上《漕运议》。另有《丁未偶书梁父吟》诸作。

按：《四库全书总目提要》卷九三曰:"濬以宋真德秀《大学衍义》止于格致、诚正、修齐,而阙治国平天下之事。虽所著《读书乙记》,采录史事,称为是书之下编,然多录名臣事迹,无与政典,又草创未完。乃采经传子史,辑成是书,附以己见,分为十有二目,于孝宗初奏上之。有诏嘉奖,命录副本付书坊刊行。濬又自言:《衍义补》所载,皆可见之行事,请摘其要者下内阁议行。帝亦报可。至神宗复命梓行,亲为制序。"万历三十三年重刊,18册,160卷,卷首1卷,有神宗朱翊钧序。书前另有宪宗成化二十三年著者序。明代又有张溥刊本、陈仁锡刊本、乔应甲扬州刊本、续补全书本。常见本有:湖南刊本(残存153卷,卷首1卷),《四库全书》本,杨藻堂四库全书荟要本,清同治十三年(1874)重印郭氏刻本160卷、卷首1卷,1931年琼州海南书局铅印本160卷、卷首1卷等。对《大学衍义补》进行系统研究的著作有:明代凌迪知《大学衍义补精华》17卷,明代胡士宁《读大学衍义补虞见》2卷,清代陈宏谋《大学衍义补辑要》12卷等。(参《四库全书总目》、《中国学术名著提要》、《中国大书典》)

司礼监成化中刻《大明成化庚寅重刊改并五音集韵》15卷。

按：《五音集韵》,金韩道昭纂,成书于金泰和八年。

陈献章二月作《祭丁知县文》。七月代容圭撰《丁知县行状》。秋,撰《朱惟庆墓志铭》。

按：丁积,新会知县。陈献章是年作诗《候缉熙七律》、《次韵张廷实舟中写兴七律》、《寄张兼素七律》、《缉熙至用寄兼素先生韵写怀七律》、《代简答黄大理仲昭》、《代简答林蒙庵用前韵》、《袁侍御讣至二首七绝》、《袁侍御挽诗二首七律》、《留朱甘节七律》、《中秋与朱甘节白沙赏月兼寄其从子玭七律》、《读林进士信宜祭母墓文二首七绝》、《题林进士继母陈氏挽卷七绝》、《乐岁呈杨尹七绝》、《题健斋费子充殿元号七绝》。

刘濬成化中官邹县教谕，作《孔颜孟三氏志》6卷。

按：《四库全书总目提要》卷五九曰："邹，孟子所生也，孟庙在焉。濬因考证孔、颜、孟三氏世系，以及褒崇诸典，汇辑成书。先以《地图》，次以《世系年谱》，次以《庙制》，次以《志事》。附《述圣》于卷后。而前列《提纲》一卷，则壬子四月紫阳杨奂所述《东游记》也。"刘濬，生卒年不详。永嘉人。景泰举人。

周瑛自抚州改守镇远，始修《镇远府志》。又著《政议陈六事》于朝。

按：《镇远府志》越年而成，有序；又著《怡寿堂序》、《石崖书室记》。

柳瑛著《中都志》10卷成。

朱迪修、洪贯纂（成化中）《海宁志补》4卷。

按：已佚。见《千顷堂书目》、乾隆《鄞县志》卷二一著录。民国《杭州府志》卷一七八引万历《杭州府志》外志缘起曰："朱迪未详其人，闻成化中鄞县进士洪贯修吾邑县志，或即朱迪续之耶。"

欧阳汶修、尹士达纂（成化中）《永康县志》。

按：已佚。见雍正《浙江通志》卷二五三、光绪《永康县志》著录。

何昌成化中纂修《宣平县志》4卷。

按：已佚。见乾隆《宣平县志》卷五何昌传。

戴用成化中任巡按浙江御史，以《翊运录》版久漶漫，因增辑重梓，杨守陈为之序。

张吉三月著《贞观小断》成，凡32则，有序。

按：周瑛守镇远时，曾与张吉游。张吉《古城集》有《与周梁石同访镇远道士不遇，因观梁石所注悟真篇，有怀而作，赠梁石》。

鲍泰成化中作《天心复要》3卷。

按：《四库全书总目提要》一七〇曰："专言历法，而于岁实朔策汉以来所定小馀疏密，或增或损之故，茫然不解。"鲍泰，生卒年不详。徽州人。

黄仲昭撰《一乐堂记》。

蔡清三月撰《辋川桥记》。

马愈作《长洲县十字河重建两石桥疏》。

按：马愈，生卒年不详。字抑之，嘉定人。著有《马氏日钞》，见《吴都文粹续集》卷三五。

祝允明作《丁未年生日序》。

黄仲昭是秋作《天海别意诗序》。

吴宽复读宋刘克《诗说》一过，跋之。

陈钢于树叶上摹写《兰亭序》，陈沂装治成册，钢跋之。

陆釴序同里严景和所刻唐陆龟蒙《甫里先生文集》20卷。

按：此集南宋叶茵初刻于宋宝祐五年。严景和依叶本重刻。

张习作《北郭集后序》。

按：后序曰："习自幼借录以观，得之私淑者夥矣。兹已老，更加编校，图梓以传，并述诸故老谈先生所学所履之概如右，尚俟博识君子昇详正云。"

杨端成化中编《琼花谱》1卷。

按：据《四库全书总目提要》卷一一六：寓居扬州时，采摭前人琼花篇什，汇为一编。端，生卒年不详。字惟正，浙江鄞县人。

都穆著《听雨纪谈》1卷。自序。

按：序曰："斋居无事，客有过我，清言竟日，漫尔笔之，得数十则，命之曰《听雨纪谈》。既而以其琐杂无补，亟欲毁弃，而客以为可惜，聊复存之。"《四库全书总目提要》卷一二七曰："《听雨纪谈》一卷，明都穆撰。穆有《壬午功臣爵赏录》，已著录。穆登弘治己未进士。而此书自题成化丁酉九月所作，距其登第时二十有一年。又考穆教授濠上几二十年，始补博士弟子，三年而成进士，则其时并未为诸生矣。其书皆参考经史异同。陶珽尝刊入《续说郭》，多所删节。此为李蘅《琐探》中所载，犹全本也。"正德嘉靖本，都穆序为"成化丁未"，而四库馆臣指为"成化丁酉"，未知孰是。

都印辑《都氏月楼集》成。

刘绩《霏雪录》2卷成化中刊行。

朱静庵成化、弘治间著有《静庵集》。

按：朱静庵，生卒年不详。浙江海宁人。尚宝司卿朱祚女，光泽教谕周济妻。博览群书，酷爱吟咏。事迹见《列朝诗集小传》闰集。

左赞成化中编刻北宋李觏著《盱江文集》。

乔缙成化中刻汉贾谊《贾长沙集》。

唐府刻元张伯颜本《文选》60卷。

周鼎卒（1401— ）。鼎字伯器，一名铸，字九鼎。浙江嘉善人。博览群书。参赞军务金濂辟为幕僚，从至福建。旋授沐阳典史，为王竑所恶，罢官归。遨游三吴，卖文为生。与修《杭州府志》。著有《桐村集》、《疑舫集》、《土苴集》。事迹见《列朝诗集小传》。

华方卒（1407— ）。方字守方，号时茸。无锡人。辑有《华氏传芳集》11卷。

按：华察续之。南京图书馆藏。

陈颀卒（1414— ）。颀字永之。苏州府长洲人。博学工诗文，清修介特，名重于时。与沈周等善。少通医，及老，亦赖以自给。纂修《湖州府志》稿成未刊。著有《味芝居士集》20卷、《闲中今古录》、《适楚集》、《游梁集》等。事迹见《吴中人物志》卷七，《列朝诗集小传》丙集。

张穆卒（1415— ）。穆字敬之。苏州府昆山人。张和弟。正统四年进士。累官至浙江布政司右参政。据《吴郡文编》卷一○四，穆所著有《勿斋集》20卷。事迹见黄云《张参政穆行状》(《国朝献征录》卷八四)。

王一夔（谢一夔）卒（1425— ）。一夔字大韶，号约斋。本姓谢，祖以避仇改。江西新建人。天顺四年进士。累官至工部尚书。著有《谢文庄集》。事迹见何乔新《资政大夫工部尚书赠太子少保谢公一夔行状》(《国朝献征录》卷五○)。

张弼卒(1425—)。弼字汝弼,号东海。松江华亭人。成化二年进士。久任兵部郎,议论无所顾忌。出为南安知府,律己爱物,大得民和。著有《鹤城稿》、《天趣稿》、《面墙稿》、《清和稿》、《庆云稿》、《东海文集》等。事迹见《明史》卷二八六,谢铎《江西南安府知府张公弼墓铭》(《国朝献征录》卷八七),《中议大夫江西知南安府张公墓表》(《震泽编》卷二六)。

按:《墓表》曰:"公天分高朗,出语不凡。其发于文,则病近世萎靡腐烂之习,痛扫去之,自立一家言。顾尝自许得古人矩度,而世莫之知也。"据《明史》本传,弼自幼颖拔,善诗文,工草书,怪伟跌宕,震撼一世。自号东海。张东海之名,流播外裔。为诗,信手纵笔,多不属稿,即有所属,以书故,辄为人持去。与李东阳、谢铎善。尝自言:"吾平生,书不如诗,诗不如文。"东阳戏之曰:"英雄欺人每如此,不足信也。"铎称其好学不倦,诗文成一家言。《东海文集》5卷,据《四库全书总目提要》卷一七五,前4卷皆杂文,后1卷皆附录吊挽铭赞之作。考吴钺序,称其子辑录诗文若干卷,则其文原与诗合刻。

陈选卒(1429—)。一说卒于上年。详见是年条。

张孜卒(1431—)。孜字存善,号裕斋,泰州人。顾四子。久试不遇。晚年隐居城隅,筑室云庄,因自号云庄老叟。据《柴墟文集》,孜所著有《裕斋集》。

蒋谊卒(1439—)。谊字宣(一作宗)谊,号未斋,又号石屋居士,晚号憨翁。应天府句容人。主孝子。成化二年进士。授杭州府推官,擢御史。著有《续宋论纪》(一作《续宋论》)、《竹石屋闲钞》、《石屋闲钞》、《纪行集》(一作《纪行录》)、《吹呋余音》、《憨翁新录》、《经纬文衡》等。事迹见陈镐《监察御史蒋公谊传》(《国朝献征录》卷六六)。

徐爱(—1517)、张诗(—1535)、林文俊(—1536)、霍韬(—1540)、南大吉(—1541)、刘夔(—1543)、张䋲(—1543)、欧阳铎(—1544)、王献(—1547)、王道(—1547)、刘魁(—1552)、魏庠(—1554)、张治道(—1556)、黄鲁曾(—1561)、聂豹(—1563)、张衮(—1564)、陈交(—1569)、顾元庆(—1565)、郎瑛(—1566)生。

按:一说徐爱(1488—1518),或因阴、阳历换算所致。

明孝宗弘治元年　戊申　1488年

勃兰登堡侯国定都柏林。

正月丁巳,增设陕西西宁卫医学。

辛未,敕谕礼部曰:"朕惟进学修德以正身,乃治天下之本。兹欲于三月御经筵,其具仪择日并合行事宜来闻。"(《孝宗实录》卷一〇)

是月,汤鼐复劾刘吉,又劾中官李荣、萧敬,而荐谪进士李文祥。

闰月戊辰,诏修《宪宗实录》。(《孝宗实录》卷一〇)

按：《震泽长语》卷上曰："前代修史，左史纪言，右史纪动，宫中有起居注。如晋董狐，齐南史，皆以死守职。司马迁、班固，皆世史官。故通知典故，亲见在廷君臣言动而书之，后世读之如亲见当时之事。我朝翰林皆史官，立班虽近螭头，亦远在殿下。成化以来，人君不复与臣下接，朝事亦无可纪。凡修史，则取诸司前后奏牍，分为吏、户、礼、兵、刑、工，为十馆，事繁者为二馆，分派诸人，以年月编次，杂合成之。副总裁删削之，内阁大臣总裁润色。其三品以上乃得立传。亦多纪出身、官阶、迁擢而已，间有褒贬，亦未必尽公。后世将何所取信乎？"

甲申，修国子监，以将视学也。

辛丑，命兴王、岐王、益王、衡王、雍王出阁读书。(《孝宗实录》卷一一)

是月，诏天下举异才。

按：《明通鉴》卷三六考异曰：《明史本纪》不载修实录，举异材事，今一据《明书》，一据《纪事本末》增。

二月丁未，耕藉田。礼毕，宴廷臣，教坊以杂会伎进，马文升斥去之。

按：自成祖后，惟登极躬祭一行之，至是定每岁仲春，皆躬自行礼，著为定制。(《明通鉴》目录卷一〇)

三月癸酉，幸太学，释奠于先师，加币，用太牢，改分献曰"分奠"(《明通鉴》卷三六)。礼毕，御彝伦堂授经于讲官、祭酒、司业，赐之坐讲。祭酒费誾讲《商书》说天命惟天聪明一节，司业刘震讲《周易》干卦大人者与天地合德一节。

丙子，初开经筵。早朝毕，御文华殿。刘吉讲《大学》经首一节，刘健讲《尚书·尧典》首一节。自是每三月中旬遇三日辄开讲。

按：《明通鉴》卷三六考异曰：是月乙丑朔，丙子十二日，正后定之讲期，故《会典》据之以为定制。

丁丑，复召儒臣日讲。(《明通鉴》目录卷一〇)

是月，储巏请起用直谏诸臣，从之。终为阁臣刘吉纠驳，不尽。(《明通鉴》目录卷一〇)

四月甲寅，张九功奏请釐正祀典。(《明通鉴》目录卷一〇)

是月，张升劾刘吉十罪，左迁。

八月壬子，礼部奉旨会考钦天监、天文生及阴阳人等，请存留供事者261人，黜退者108人，其以事故未经考选者，从本监陆续考选闻奏。从之。(《孝宗实录》卷一七)

是月，张九功等请更正文庙祀典，不果行。(《明通鉴》目录卷一〇)

九月戊寅，增设福建漳州府漳平县医学。

是年，令革法王、佛子、国师、真人封号。

张懋正月闰月戊辰为纂修《宪宗实录》监修。

刘吉、徐溥、刘健正月闰月戊辰为纂修《宪宗实录》总裁。

邱濬、杨守陈、汪谐正月闰月戊辰为纂修《宪宗实录》副总裁。

杨守陈三月丙子请依祖制开大、小经筵，日再御朝。从之。(《明通鉴》卷三六)

按：杨守陈弘治初擢吏部右侍郎。修《宪宗实录》充副总裁。上疏言帝王治世

奥斯曼帝国兴建迪尔内巴耶塞特清真寺。

葡萄牙人入抵非洲好望角。

之道。后以编纂事繁,乞解部务,以相本官兼詹府,专事史馆。

程敏政等正月闰月戊辰为《宪宗实录》纂修官。

程敏政是冬因御史王嵩等以雨灾弹劾被勒令致仕。回休宁读书南山中。郎中陆容等为之辩解。

谢迁正月开经筵,奉敕充讲官仍日侍讲读,与修《宪宗实录》。谢迁二月以中官郭镛请预选妃嫔,言山陵未毕,宜俟祥禫后徐议,从之。

张元祯以刘健、王恕等力请旨起用纂修《宪宗实录》。

按：及至,升左春坊赞善。侍经筵,作讲章进,劝行王道疏几万言。官至詹事。

杨时畅与修《宪宗实录》。升修撰。与修《大明会典》。

按：书成,由左谕德升侍讲学士。

马绍荣弘治初与修《宪宗实录》,升太常少卿,官至太常侍卿。

杨守阯五月丙子以纂修《宪宗实录》召至京,改翰林院侍读。

按：寻掌翰林院。再迁南京吏部右侍郎,充《会典》副总裁。

曾彦五月丙子以纂修《宪宗实录》召至京,改翰林院侍读。

张嶷弘治初以修《宪宗实录》,往苏诸府采轶事。

施文显弘治初与修《宪宗实录》。

按：官至信阳知州,兼通医术,所至常施术愈人。施文显,生卒年不详。字焕伯,号肤庵。苏州长洲人。事迹见邵宝《信阳州知州施君文显墓表》(《国朝献征录》卷九四)。

谢铎弘治初以原官召修《宪宗实录》,擢南京国子祭酒。

按：《王氏家藏集》卷三一《方石先生墓志铭》曰:"孝皇初新庶政,征贤铨德,廷臣交章论荐。会修宪宗实录,遂诏起之。长沙李文正公贻书劝驾,极言君子道隆、乘运拯世之义。先生乃勉力入朝。"章懋为文送之,《枫山集》卷四《追送谢侍讲铎赴召后序》曰:"先生如京师,取道吾婺,中书王舍人允达率诸士友,祖饯双溪之浒,众客为诗以侈其行。王君既以先生出处之义法乎圣贤者序其前矣,然引而未发也。某辱知先生最旧,适有他故,弗遑走送,意甚缺然。将欲赠之以言,而兹行之端由,非浅薄所能识也,敢推本王君之论而质诸先生可乎?"累官礼部右侍郎管祭酒事,居5年引疾归。

林沂等正月荐章懋。

章懋八月复郑纪、贺钦书。

李东阳二月以丧其疏辞不赴。

王守仁七月亲迎夫人诸氏于洪都。合卺之日,王守仁偶游铁柱宫,叩道士,得养生术。是冬归越谒娄敬。

按：时王守仁好学书,尝示学者曰:"吾始学书,对模古帖,止得字形,后举笔不轻落纸,凝思静虑,拟形于心,久之始通其法。"既后读明道先生书曰:吾作字甚敬,非是要字好只此是学既非要字好又何学也,乃知古人随时随事只在心上学此心精明字好亦在其中矣。后与学者论格物举此为证。(《王文成全书》卷三二《年谱》)

费闿三月癸酉进讲《商书·说命篇》。费闿时为祭酒,三月,孝宗举行临雍释奠礼,闿因录其礼仪奏议。及官礼部时,乃编次成书,付淮安知府徐镛刻之。

李承箕四月入南海,禀学于陈献章之门。十一月归,陈献章为序送之

《送李世卿还嘉鱼序》。李承箕作《玉台高唱和诗序》、《石翁庆寿诗序》。

按：筑楚云台居之；献章与之登临吊古，赋诗染翰，投壶饮酒。久之，归筑钓台于黄公山，读书静坐其中，不复仕进。

御史曹璘请御经筵，罢内史书堂，孝宗不怿。曹璘弘治初出按广东，访陈献章于新会。

按：服其言论，遂弃官居山中读书，30年不入城市。曹璘，生卒年不详。字廷辉。湖广襄阳人。(《中国历代人名大辞典》)

邱濬作《戊申岁次韵》诸作、《即事诗》、《尚约先生集序》、《送董尚矩庶子颁诏朝鲜》。拟《贺耕耤田表》、《皇上躬耕耤田诗》。

陆釴官太常寺，此际辞还，撰《病逸漫记》。

按：《四库全书总目提要》卷一四三称，是书杂记当时事实。或比明史加详；或犹可以备志乘之采。然其他多冗琐之谈，不尽足资考证也。

金铣居里，撰《台山寺兴造记》。

按：金铣，生卒年不详。字宗润，号省庵。淮阴山阳人。纂李昶所修（成化）《淮安府志》（见《山阳艺文志》卷二史敏《成化淮安府志后序》），著有《漫叟日录》、《群仙事略记》、《省庵集》（见同治《山阳县志》卷一八）。

朱诚泳袭封秦王。

按：长安有鲁齐书院，久废，诚泳别易地建正学书院，又于其旁建小学，择军士弟子延儒生教授。

莫旦、曹孚、赵宽等泛莺脰湖同诣洚溪。宽作《游莺湖诗引》。

按：曹孚，生卒年不详。字顒若，自号枫江布衣。苏州府吴江人。谨六世孙。与同邑史鉴、尹宽、凌震为诗酒交，时有"四大布衣"之名。据《松陵文集》，孚所著有《平望镇志》、《枫江集》。事迹见《松陵诗征》。

王庭官沈王府，作《崔莺莺考证》。

沈周以"黄溪雪后烂生光"诗送都穆赴吴江史鉴家教读。

都穆在史鉴家见鉴所藏宋薛尚功摹钟鼎款识真迹。

史鉴家焚，所藏晋唐书画一箱，以沈周借观，留水月观，得不毁。

邵宝六月勘事于汝州，谒两苏墓。是年表汉御史大夫晁错墓，书碑阴记。表汉荀氏八龙冢。谒子产祠。奉诏毁诸新建寺观及淫祠修庙学。谕诸生以义利公私之辨及忠孝大节读书为文之方而许之，风化蔚然改观。建尊经阁。刻朱子讲座铭于壁。作严师堂。作品字亭。

王恕正月以不得其职，拜疏乞去，不许。三月请幸学释奠，用币太牢，分献官陪拜，从之；改献曰分献。七月以近赐内臣蟒服庄田宜裁革，孝宗以旧劳置之。十二月，太监蒋琮劾周纮、张昺、刘吉构之也。王恕及言官论救，不听，寻调降纮等于南京。

按：正月，言官劾总督宋旻、邱霶等37人，刘吉取中旨允之。

张昺七月上言政衰之渐。

孙交以王恕荐，弘治初入吏部。

蔡清授礼部主客司，主事王恕奏改吏部稽勋司主事，清因上时事管见三札。

彭韶六月命清理淮、浙盐法。

邹智以与汤鼐、李文祥等劾阁臣万安、刘吉、尹直下狱，议者欲处死。刑部实录彭韶不判案，获免，谪成广东石城吏目。是年，撰《勤政堂记》。

按：孝宗登极，王恕任吏部尚书，智与麻城李文祥、寿州汤鼐，以气节相许。至官，即从陈献章问学；顺德令吴廷举于古楼村建亭居之，扁曰"谪仙"。

马文升三月陈时政十五事。

周洪谟四月以天寿山震雷风雹，请修省。

贺钦六月以归养、户科给事中迁陕西布政司右参议，檄未至而母死，辞不就，因上四事：资真儒以讲圣学、荐贤才以辅治道、遵祖训以处内官、兴礼乐以化天下。孝宗是之。

何乔新正月为刑部尚书。南京诸僚送行。

童轩复旧任。

王臣四月壬戌以右春坊右庶子兼翰林院侍讲奏经筵大讲虽遇寒暑不辍。

刘戬奉使颁诏安南，不受馈遗，交人重之。

林俊为云南提刑按察司副使。

包裕巡按贵州。

按：后累擢云南按察副使。以疾致仕归。包裕，生卒年不详。字好问。广西桂林人。著有《拙庵稿》。事迹见《广西通志辑要》卷三。

张吉以覃恩转肇庆同知，考绩入京，挚见当路，除以所刻《先儒学范》、《晦庵诗略》等书为投刺外，别无他用。是年，以外官得进阶中宪大夫，有《东台赋》。

张鼎擢右佥都御史，巡抚保定等府。

王玉弘治初每用药有奇效，孝宗与太后甚嘉宠之。累官通政使。

按：王玉，生卒年不详。字汝瑛。江苏宜兴人。著有《璞庵医案》，见道光《续纂宜荆县志》卷九。

毛纪弘治初授检讨，进修撰，充经筵讲官。

方向弘治初劾大学士刘吉及权宦等多人，遂为宦官陈祖生所陷，下狱，谪多罗驿丞。

按：后官至琼州知府。方向，生卒年不详。字与义。安庆府桐城人。著有《素亭集》。(《中国历代人名大辞典》)

吉人与刘概、汤鼐等弘治初为文会，相友善。

按：吉人，生卒年不详。字惟正。陕西长安人。成化进士。事迹见《中国历代人名大辞典》。

刘吉弘治初以深受信用，乃数兴大狱，贬斥异己。

杨春弘治初授行人司正，擢湖广按察佥事，提督学政，所识鉴之士多登科第。

杨琏弘治初累迁山东按察佥事。

按：杨琏，生卒年不详。字用章。河南祥符人。著有《絃斋稿》。事迹见朱睦㮮《佥事杨用章琏传》(《国朝献征录》卷九五)。

李应祯弘治初,历太仆少卿。

缪恭弘治初因诏求直言,以书生上书陈六事:保神器、崇正学、绍绝属、怀旧勋、广贤路、革冗员。

按:皆人所不敢道者。疏入,敕有司遣还家。既归,杜门不出。

黎淳弘治初官至南京礼部尚书。

张时泰以岁贡任秀水县训导。张时泰以国子监生进所纂《续资治通鉴纲目广义》17卷。

按:张时泰,生卒年不详。字吉甫。上海人。著有《续资治通鉴纲目广义》17卷,见《松江府志》卷五二。

萧子鹏弘治初征遗逸,补嘉兴府训导。

按:萧子鹏,生卒年不详。字宜冲。江西新淦人。闻康斋讲道,往师之,康斋没,以陈献章得康斋之传,卒业于门。长于词赋,尝演天地自然图。著有《太极说》、《雪丘集》。事迹见《明诗综》卷二三,《皇明世说新语》卷七。

卢雍致仕。

按:卢雍,生卒年不详。字廷佐,号保竹。应天府江宁人。天顺进士。著有《祥刑集览》(见《千顷堂书目》卷一〇)。事迹见《国朝献征录》卷八八。

乔缙弘治初致仕。

夏寅弘治初致仕。

按:夏寅,生卒年不详。字时正,后改字正夫,号止庵。松江府华亭人。正统十三年进士。官至山东右布政使。事迹见《明史》卷一六一本传,顾清《山东布政使司右布政使夏公寅传》(《国朝献征录》卷九五)。著有《禹贡详节》1卷、《政监》32卷。《千顷堂书目》卷一曰:《禹贡详节》"因禹贡山川与今地理不合,考而正之"。《政监》首列经传尚书春秋,次自汉迄元史事,各加评断。《四库全书总目提要》卷八九称:"皆前人绪言,无大阐发。又间或不免于偏驳。"

桂华十三岁,作《五兰集》,以拟邵子中有戛禽失雏飞隔须臾更隔山头去之句。其父见之如伤桂华,遂焚其稿。

按:一日,其父召桂华谓曰:"直是与天地相似方始是人。"桂华问其说,其父曰:"君子法天体道自始学至成德至天下平只此一事。"桂华终身诵之。

张文麟改从灵山殿东住头一家任先生。

何景明始能言。

邵宝弘治初以知州建河南许昌聚星书院。

按:有严师堂、诚敬堂、尊经阁、品士亭、杏檀。尊经阁内祀濂溪、明道、伊川、横渠、涑水、康节、考亭七先生。旁列斋庑,名格致、诚敬、修齐、治平。邵讲学其中,赵忠宪有碑记。

又按:另有四川新都建平山书院。江苏常熟建学道书院。薛瑄门徒王盛,任河东道参政,捐款修缮薛瑄所设学舍,取其谥号题额"文清书院"。书院在山西河津旧城南街。赵炯改建云南腾冲首建之春秋书院于州学前,名秀峰书院,后又改为凤山书院、来凤书院。徐政重建陕西三原学古书院。

朝鲜成建从中国购回《东垣十书》等。金元四大家之李东垣、朱丹溪学说,在朝鲜日益盛行。

胡守法弘治初掌道录司事。

陈公懋上所著《尚书》、《周易》、《大学》、《中庸》注。

按：称"臣有一得，颇能折衷。"通政司言："公懋不称军民籍，自名为庶人。所进多穿凿悖理。"孝宗命焚所著书，押遣还乡（《孝宗实录》卷一四）。一说进所纂《说经书》，为孝宗逐还。陈公懋（1414—?），字行之，号玉溪，自号锡谷老人。江苏无锡人。勉弟，为碧山十老之一。博学，好著述。著有《删改四书朱子集注》，见《千顷堂书目》卷三。一说进呈于成化二十年。

陈献章《与陶方伯书》中称：承命修本邑志成，将刻板，乞一经目定之。是冬撰《处士陈君墓志铭》。是年撰《李处士墓志铭》。

按：李处士名阜，字元春，李承箕世卿父。

陈献章是年作诗：《元旦试笔七律》、《闰正月书登陶鲁壮哉亭以遗守祠者五律》、《次韵李长抵江门》、《送子长还五羊》、《寄廷实用前韵》、《约诸友游圭峰文都报子病不果行》、《与廷实游圭峰别后奉寄且申厓山之约二首》、《寄文都曝日台》、《次韵顾通守》、《留世卿饮用前韵》、《次世卿雨中韵》、《与世卿间谈兼呈李宪副九首》、《月下怀世卿时在南山》、《寄世卿玉台四首》、《记旱用前韵》、《一之夜归楚云台失足坠沟诸生拽出之予闻大笑与世卿各赋诗唁之》（以上俱七律）、《偕一之世卿诣楚云台七绝》、《楚云台呈世卿》、《江村晚望寄世卿圭峰》、《寄吴明府》、《同世卿游玉台五律》、《游圭峰同世卿》、《九日李鸿兄弟携酒从予登小庐峰寄世卿圭峰》、《书所见寄世卿圭峰》、《廷实屡约游厓山不遂世卿在数千里不期而同次旧韵寄廷实》、《代陈汝岳谢世卿撰玩琴轩记七律》、《得邓俊圭书》、《与世卿同游厓山七古》、《生日答吴献臣五律》、《六十一自寿二首七律》、《世卿赴顺德吴明府之召五日不返诗以促之二首七律》、《临安太守钟宣美将赴任过白沙言别出庄定山诗次韵二首七律》、《送姜酒七绝》、《赠世卿六首五古》、《送世卿还嘉鱼五首五古》、《和世卿留别韵二首七律》、《图新书舍怀世卿时别半月》、《次韵寄廷实五律》、《题南浦送别图为蒋方伯答石阡太守祁致程七绝》、《世卿寄经飞来寺和予壬寅秋诗复韵答之七律》、《得世卿南安书七律》。

邱濬作《冯氏族谱序》、《余肃敏传》。

何新撰《章纶传》。

胡瑄修、李锦纂《泰安州志》10卷成书刊行。

按：是书为现存最早之泰安市域内地志刻本。

莫旦纂《吴江志》22卷成书刊行。

按：莫旦居石湖，复纂《吴江志》，陆续得22卷。是书为现存最早之吴江地志刻本。

柳瑛纂《中都志》10卷刊行。

按：初，明太祖吴元年，改濠州为临濠府。洪武三年改为中立府，定为中都。立宗社，建宫室。七年，又改为凤阳。此志曰中都，用太祖制。是志编修于天顺二年至成化二十三年，为现存最早之滁州市市域内地志刻本。《四库全书总目提要》卷七三谓是书："体例庞杂，最为冗滥"。柳瑛，生卒年不详。子廷玉。明凤阳府临淮人。事迹另见《掖垣人鉴》卷五。

刘玑纂修《岳州府志》10成书刊行。

按：是书为现存最早之岳阳市市域内地志刻本。

刘熙修、何纪纂《衡山县志》6卷成书刊行。

按：衡山，今属湖北省衡阳市。是书为现存最早之衡阳市市域内地志刻本。

戴冠纂修《绍兴府志》，稿成未刊。

按：已佚。见《千顷堂书目》著录。万历《绍兴府志》卷五〇孙鑛曰："弘治中，戴冠尝重修郡志，未及梓。其书藏张修撰子苁家。子苁尝以示余，繁简无法，且笔力萎弱，不脱学究气。"

何锓修、萧山黄萃、朱琪纂《萧山县志》。

按：刊本已佚。见《千顷堂书目》、雍正《浙江通志》卷二五三著录。

陆容写定《太仓志》稿。

杨奇弘治初上《裕国安民疏》。

按：杨奇，生卒年不详。字秀夫。山西壶关人。成化进士。事迹见《雍正山西通志》卷一一三。

王恕撰《复古学书院记》。

周瑛三月撰《洗心亭记》。十月作《贺林素庵处士应诏冠带序》。

董越为朝鲜颁诏正使，途中纪行之诗，为《使东日录》1卷。

按：《四库全书总目提要》卷一七五曰："是集乃弘治元年越为朝鲜颁诏正使途中纪行之诗。考越奉使时官庶子，而刻本首行结衔乃作儒林郎大理寺。'寺'字以下刊板刓灭，不可辨其姓名，疑或校刊者所题欤。"董越又有《朝鲜赋》1卷，自序曰："予使朝鲜，经行其地者浃月有奇，凡山川、风俗、人情、物态，日有得于周览咨询者，遇夜辄以片楮记之，纳诸巾笥。然得此遗彼者尚多。竣事道途，息肩公署者凡七日，乃获参订于同事黄门王君汉英所纪。"欧阳鹏《朝鲜赋序》曰："秋八月归复使命，首尾留国中者不旬日，于是宣布王命，延见其君臣之暇，询事察言，将无遗善。余若往来在道，有得于周爰谘访者尤多。于是遂馨其所得，参诸平日所闻，据实敷陈，为《使朝鲜赋》一通，万有千言。其所以献纳于上前者，率皆此意。"《四库全书总目提要》卷七一曰："孝宗即位，越以右春坊右庶子兼翰林院侍讲，同刑部给事中王敞使朝鲜，因述所见闻，以作此赋。又用谢灵运《山居赋》例，自为之注。所言与《明史·朝鲜传》皆合。知其信而有徵，非凿空也。考越自正月出使，五月还朝，留其地者仅一月有余。而凡其土地之沿革，风俗之变易，以及山川、亭馆、人物、畜产，无不详录。自序所谓得于传闻周览，与彼国所具风俗帖者，恐不能如是之周匝。其亦奉使之始，预访图经，还朝以后，更徵典籍，参以耳目所及，以成是制乎？越有《文僖集》四十二卷，今未见其本。又别有《使东日录》一卷，亦其往返所作诗文，不及此赋之典核。别本孤行，此一卷固已足矣。"《四库全书总目提要》卷七八曰："《朝鲜杂志》一卷，旧本题明董越撰。越有《朝鲜赋》，已著录。是书繁碎无体例。以越所撰《朝鲜赋》校之，皆赋中越所自注。盖好事者抄出别行，伪立名目，非越又有此书也。"

吴讷重修吴敬所纂《九章算法比类大全》。

邱濬作《尚约先生集序》。

按：序曰："天顺改元，先生南归家居。岁甲申，捐馆舍，今二十又五年矣。仲子昉以膺贡来京师，得祁门司训，将之任，以先生遗稿见属为序。"

汪广洋《凤池吟稿》重刊。

按：王百祥《凤池吟稿序跋》曰："汪先生当草昧之初，力挽宋元旧习，为明朝诗学正宗。"

罗伦文集弘治初刊刻。

按：聂豹《重刻一峰先生集序》曰"先生文集，弘治初年邑令揭阳王公尝刻之，毁于火……"

安德烈亚·韦罗其奥卒（1435— ）。意大利佛罗伦萨派画家。

应律（应志和）卒（1405— ）。志和名律，以字行，号复庵，晚号宜休居士。浙江太平人。邃于性理之学，黄淮一见，遂定为忘年之交。由是声誉日起，远近交辟。历任盐城、兰阳训导，终鄱阳教谕。著有《复庵存稿》。事迹见《桃溪净稿文》卷一四、卷三二。

钱溥卒（1408— ）。溥字原溥，号九峰、瀛州遗叟。谥文通。松江华亭人。正统进士。官至南京吏部尚书。修《寰宇通志》。分任纂修《宋元通鉴纲目》。使安南，册封其王黎灏，纂《使交录》18卷。著有《秘阁书目》、《瀛洲集》、《朝鲜杂记》3卷。事迹见《南京吏部尚书钱公溥》（《松江府志》见《国朝献征录》卷二七）。

按：《四库全书总目提要》卷八七曰：《秘阁书目》，"是编前有自序，盖其致仕归里后所作。称自选入东阁为史官，日阅中秘书凡五十余大橱，因录其目，藏以待考。近儿子山自京授职回，又录未收书目，芟其重复，并为一集。所载书只有册数而无卷数，大抵多与《文渊阁书目》相出入。正统六年杨士奇等奏疏一篇，亦附于后。黄虞稷《千顷堂书目》载此书为马愉撰，而溥别有《内阁书目》一卷。然溥序实载此书卷首，疑虞稷所纪误也。"

戴仁卒（1433— ）。仁字以德。句容人。弘治《句容县志》卷一一有其墓碑铭。著有《白轩稿》。

按：《白轩稿》已佚，见弘治《句容县志》卷一一。光绪《续纂句容县志》卷一八作《白溪遗稿》。

王献卒（1434— ）。献字惟臣，号退庵。浙江仁和人。景泰二年进士。授编修。与修《寰宇通志》、《宋元通鉴》等。累官至太常寺卿兼翰林院侍读学士掌院事。事迹见《通议大夫太常寺卿兼翰林院侍读学士掌院事赠礼部左侍郎退庵王公献墓志铭》（《国朝献征录》卷二〇）。

杨继宗卒，生年不详。继宗字承芳。山西阳城人。天顺元年进士。擢嘉兴知府，大兴社学。超迁浙江按察使，旋以右佥都御史巡抚顺天。左迁云南副使。累官佥都御史，巡抚云南。天启初，谥贞肃。事迹见《明史》卷一五九，《都察院左佥都御史杨继宗传》、吴道贤《杨公清政录》（均《国朝献征录》卷六三）。

徐爱（ —1518）、沈教（ —1550）、张治（ —1550）、杨仪（ —约1558）、薛己（ —1558或1559）、杨慎（ —1559）、华云（ —1560）、陈儒（ —1561）、沈仕（ —1565）生。陈铎（ —约1520）约生。

弘治二年　己酉　1489年

莫斯科大公国灭维亚特卡。

十二月辛卯，赐故少保于谦谥，立祠，赐额曰"旌功"。（《明通鉴》目录卷一〇）

是年，僧录司左善世周吉祥等因寿州僧告知州刘概擅权拆毁寺观，奏请治刘概罪，并请免行拆毁寺观令。孝宗严斥。吉祥等以故违禁例阻挠新政获罪。

李东阳四月服阕，以从龙恩选春坊左庶子仍兼侍讲学士，与修《宪宗实录》。是岁掌司经局印。

王守仁始慕圣学，冬，携夫人诸氏归余姚，舟至广信，谒娄谅，语宋儒格物之学，谓圣人必可学而至，遂深契之。

按：王守仁接人故和易善谑，一日悔之，遂端坐省言。人未信，王守仁正色曰："吾昔放逸，今知过矣。"（《王阳明先生年谱》）

张元祯为南畿乡试考官。

按：学诗数年，才思大进，故后与长洲文待诏衡山诗文唱和结成翰墨因缘。

董越七月壬戌以右春坊右庶子兼翰林院侍读与张元祯命为应天府乡试考官。

李杰八月辛卯以左春坊左庶子兼翰林侍读学士命为顺天府乡试考官。

林瀚八月辛卯以左春坊左谕德命为顺天府乡试考官。

马中锡八月辛卯以陕西按察司管粮佥事改为提调学校，寻改副使。

郑纪十月庚子以浙江按察司提学副使升为国子监祭酒。

陈献章作诗《次姜仁夫留别七绝》9首、《赠张进士入京八首七绝》（廷实）、《次韵邹汝愚阳江道中见寄七律》、《何宇新赴南京来白沙告别云此行复见定山时秋已尽矣以诗送之二首七绝》、《得廷实书》、《用韵寄潘时用》、《用韵寄姜仁夫》、《用韵寄缉熙平湖》、《用韵效寒山》、《寄饶平邝明府》。

姜仁夫是春使贵州还过白沙。

王琼使内泉都事，执贽于同乡杨侍讲廷俊（名杰号立斋）之门。

谢铎三月来访章懋乞文而别。

都穆留光福、邓尉10日，撰《游郡西诸山记》。

朱存理以所得元邓文原《巴西邓先生文集》示杨循吉，循吉著记。

杜堇在北京，图写李东阳、吴宽、陈璚、王鏊、李杰、陆简诸人菊会像，宽撰《冬日赏菊图记》。

史鉴以汝泰介，观里中顾氏所艺菊，撰《菊花记》。鉴开始纂辑《大明文约》。

金瑛、金礼并立《重建清真寺记》碑于开封犹太会堂，开封府儒学增广生员金钟撰碑文。

张吉三月赴任肇庆，顺道过家，营改葬先妣事。

夏鍭三月上疏论救邹智、李文祥等，疏入，留中。

邹智下狱，议者欲处以死，彭韶辞疾，不为判案。获免。左迁广东石城所吏目，与张吉邂逅一见，遂成莫逆。

邹智再谒南海梁储。闻陈献章讲学新会，往受业，自是学益粹。

欧洲人开始在印刷书内使用"十"符号（加号）和"一"符号（减号）。

莫斯科克里姆林宫圣母领报大教堂建成。

王恕四月以吏部尚书乞致仕，不许；诏免其午朝及风雨朝参。（《明通鉴》卷三六）

邵宝二月作范忠宣公祠于襄城。作裴晋公祠于郾城，记而复系之以迎神送神辞使歌于享。

马文升擢代兵部尚书，兼督团营。

按：兵部尚书余子俊二月卒。以屠滽代文升为左都御史。

何乔新条上律文当更议者，悉为阁臣刘吉所格，不行。

按：七月癸亥，以京师阴雨，南京风雷，诏廷臣修省，未直言。科、道应诏言事，皆留中。

秦纮三月总督两广。

薛敬之是春在应州，以萧家寨有暴水涌出为患，又为文祭告，水乃下泄去。

夏辑中举人。除福建沙县知县。

按：以忤刘瑾罢归。瑾诛，起补浙江瑞安知县，调广东曲江。以疾乞归。夏辑，生卒年不详。字良成。高淳人。与王守仁为友。著有《怀慈集》，见《金陵通传》卷一六。

单镛岁贡生，任昌黎训导。

按：单镛，生卒年不详。沛人。巡检祥子。著有《柏庵杂著》，见同治《徐州府志》卷一九。

顾潜应天乡试。

乔通领乡贡。

按：乔通，生卒年不详。字世亨。山东临清人。任河南登封教谕。诸生因成才者众。累迁国子学助教，监察御史。事迹见《万姓统谱》卷二〇。

王艮七岁受书乡塾，信口谈说，若或启之，塾师无能难者。

舒芬六岁诵诗习礼，辄了大义。

刘彬建广东梅县周溪书院。

李东阳作《族高祖希遽先生墓表》。

臧衍纂修《长兴县志》6卷。

按：已佚。见《千顷堂书目》、雍正《浙江通志》卷二五三著录。据同治《湖州府志》卷五八记载，是书前有定山庄昶、慈水冯忠二序。

陆钺撰《春游西山记》。

邵宝九月作《辨盗文》。

邱濬作《己酉秋思》诗，《送太子少保礼部尚书涪陵刘公致仕序》、《寿致仕廉宪张公七十诗序》、《孔侍郎传》。

桑悦作《穷居感怀书集》。

周瑛作《敖使君和梅花百咏序》。

邹智作《读石翁诗》。

是年刻南宋《小儿卫生总微方论》。

冀绮刻《五色线》3卷。

按：《明代版刻综录》作《五色线集》2卷。《四库全书总目提要》卷一四四曰："不著编辑者名氏。载毛晋《津逮秘书》中，考《中兴馆阁书目》有此书名。"《善本书室藏书志》卷二一曰：旧藏止上下二卷，刊入《津逮秘书》，冀刻乃有中卷。

陈道刻《笔畴》。

祝允明著《志怪录》5卷。首作者本年自序。

按：序曰："《志怪》凡五卷，语怪虽不若语常之为益，然幽诡之物，固宇宙之不能无，而变异之事，亦非人寻常念虑抽及。今苟得其实而记之，则卒然之顷而逢其物、值其事者，固知所以趋避，所以劝惩，是已不为无益矣。况恍语惚说，夺目惊耳，又吾侪之所喜谈而乐闻之者也。昔洪野处志《夷坚》，至于四百二十卷之富，彼其非有喜乐者在也，则胡为乎不中辍而能勉强于许久也？吾是以知吾书虽鄙芜，不敢班洪，亦姑从吾所喜，乐而从之，无伤矣。若有高论者罪其谬悠，而一委之以不语常之失，则洪书当先吾而废，吾何忧！《志怪》，亦取漆园吏词。"

邱濬子敦与门人蒋冕编邱濬《琼台类稿》52卷、《琼台吟稿》12卷，程敏政、何乔新、蒋冕有序。

按：《篁墩文集》卷二八《丘先生文集序》曰："顾此集虽出于所学之绪余，然闳肆而精醇，明润而雅洁，究本之论，扶世立教之意，郁乎粲然，将上班于毛、董、韩、李、欧、曾、陶、杜之间，视世所谓训诂之陋、声律之卑，殆将挥远之而以为羞道者矣。"《篁墩文集》卷三八《书琼台吟稿后》曰："公每谓'作文必主于经，为学必见于用，考古必证于今。'鄙意适然，遂为知己。故公有制作，必示予，予得纵观焉。如所谓《大学衍义补》者，已经进御。他如《世史正纲》、《朱子学的》之类，率皆有关于世教人心，不可少者。"蒋冕《琼台诗稿序》曰："先生官礼部尚书，掌国子监事，天下之士不称其官，而称为琼台先生，表其所生之地以寓仰重之意也。故诗集因以名云。"

李东阳作《桃溪净稿序》。

按：序曰："同官十有余年，先生学愈高，诗亦益古，日追之而不可及。然先生爱我日至，每有所规益，必尽肝腑。见所撰述，亦指摘瑕垢不少匿。及先生以忧去，谢病几十年，每恨不及亟见。见所寄古乐府诸篇，奇古深到，不能释手。比以史事就召，尽见其《桃溪杂稿》若干卷，乃起而叹曰：'诗之妙一至此哉！'夫学有二要，学与识而已矣。学而无识，譬之失道兼程，终老不能至。有识矣，而学力弗继，虽复知道，其与不知者均也。汉唐以来，作者特起，必其识与学皆起乎一代，乃足以称名家，传后世。肩差而踵接者，代亦不过数人。"

张鼎作《敬轩文集序》。

按：序曰："自幼笃信好古，博学善记。所著有《读书录》、《续读书录》、《河汾诗集》，行于世。惟文集则先生孙前刑部员外郎諶曾托前常州同知谢庭桂板刊，未就。今年夏四月，前监察御史畅亨——先生同乡，谪官陕右，道过镇阳，予因访前集。畅曰：'某于毗陵朱氏得之矣。'予喜而阅之，但舛讹非原本矣。因仿唐昌黎集校正编辑，总千七百篇，分为二十四卷。凡三易稿，始克成编。"

莫震卒（1409— ）。震字廷威。苏州府吴江人。一说福建侯官人。正统四年进士。任嘉鱼知县。官至延平同知。莫震修、孙允恭纂《嘉鱼志》3卷，莫震纂、莫旦增补《石湖志》6卷。著有《家礼节要》1卷、《霆威日记》6卷、《由斋录》（《由庵集》）19卷、诗文集22卷。事迹见《古今图书集成》氏族典卷三七。

卢格卒（1413—　）。格字正夫。浙江东阳人。成化辛丑进士，官至监察御史。著有《荷亭辩论》10卷、《荷亭文集》。事迹见《雍正浙江通志》卷一八一。

按：《荷亭辨论》，《四库全书总目提要》卷一二七曰："尝筑荷亭，读书其中。因以名书。"前有刘宗周序。胡宗楙曰：是书《明史》未载，卢抱经从同邑卢朝生处借钞重订，加入《荷亭文集》6卷付刊。万卷堂、也是园各目作8卷。

徐伦卒（1413—　）。伦字宗彝，号苇轩。苏州府吴县人。屡应举不售，遂绝意进取，筑室光福东崦之浜，曰"苇轩"。惟爱古鼎图书之品，终日著书，吟咏老犹不倦。著有《苇轩集》10帙。事迹见《光福志》本传。

杨守陈卒（1425—　）。守陈字维新，号镜川。卒谥文懿。浙江鄞县人。景泰二年进士，改庶吉士。弘治初擢吏部右侍郎。后以编纂事繁，乞解部务，以本官兼詹事府，专事史馆。曾参修《英宗实录》等。著有《读易私钞》、《书私钞》1卷、《诗私钞》4卷、《春秋私钞》、《孝经私钞》8卷、《诸经私钞》100卷、《五经考证》无卷数、《李文懿公集》。事迹见《明史》卷一八四，何乔新《嘉议大夫吏部右侍郎兼詹事府丞谥文懿杨公守陈墓志铭》（《国朝献征录》卷二六）。

按：《明史》本传曰："祖范，有学行，尝诲守陈以精思实践之学。举景泰二年进士，改庶吉士，授编修。成化初，充经筵讲官，进侍讲。《英宗实录》成，迁洗马。寻进侍讲学士，同修《宋元通鉴纲目》。母忧服阕，起故官。孝宗出阁，为东宫讲官。时编《文华大训》，事涉宦官者皆不录。守陈以为非，备列其善恶得失。书成，进少詹事。孝宗嗣位，宫僚悉迁秩，执政拟守陈南京吏部右侍郎，帝举笔去'南京'字。左右言刘宣见为右侍郎，帝乃改宣左，而以守陈代之。修《宪宗实录》，充副总裁。"其学术来源于家学及黄南山。专经、博涉、兼有朱陆之学、强调自得、务著述。其"诸经私钞"体例几仿吕祖谦《读诗记》。全祖望以为"精思深造以求自得，不随声依响以为苟同"（《城北镜川书院记》）。《读易私钞》自序谓："《易》道广大，卜筮特其一端，非学者所当务；《易》理无穷，程、朱间有微漏，诸儒亦或可补。故首抄古文以见其源，次抄今文分附各卦之末。凡主义理者抄之，主卜筮者不抄。"是书见《经义考》。《书私钞》自序略称："取《尧典》以下经传手自钞录，凡经有错简者移之，阙讹重复者明言之，《蔡传》欠明备者采诸家补之，以私说附焉。"原书未见。《诗私钞》自序谓：朱子《集传》主泆溔，而郑、卫诸风尽断为淫诗，东莱固尝议之，马端临亦尝辨之。少从祖栖云先生受诗，已疑淫诗之繁。因专钞《集传》，于疑者仍从《传笺》，或易以他说，或写愚见附焉。何乔新纂墓志谓："守陈校定群经，多超然独见，先儒论议所未及。《五经考证》有守陈自序，略谓治经于《周易》，或主理，或主占，《诗》主美刺，《春秋》主褒贬，亦有不主此者。三代之正朔，则《诗》与《春秋》两传各异。日月五星之左右旋转，周公之东征，则《诗》《书》两传各异，岂可信一经之文，徇一家之说？乃考汉魏以上诸书言五经者类抄之，参互考订，以求至当。惜家无四库之藏，无以足吾证耳。"

余子俊卒（1429—　）。子俊字士英。四川青神人。谥肃敏。景泰二年进士。成化中，以右副都御史巡抚延绥，筑边墙一千七百余里。调陕西，于西安开渠，经汉故城以达渭水，人称余公渠；又于泾阳凿山引水溉田千余顷。事迹见《明史》卷一七八，丘浚《兵部尚书余肃敏公子俊传》（《国朝献征录》卷三八）。

按：据《明史》本传，子俊沈毅寡言，有伟略。凡奏疏公移，必自属草，每夜分方寝。尝曰："大臣谋国，当身任利害，岂得远怨市恩为自全计。"

陈钢卒（1433—   ）。钢字坚远，号迟宜子。南京人。举成化元年举人，授黔阳知县。著有《遗泽稿》。事迹见《明史》卷二八一，顾璘《长沙通判陈公钢传》(《国朝献征录》卷八九)。

按：据《明史》本传，迁长沙通判，监修吉王府第。工成，王赐之金帛，不受。请王故殿材修岳麓书院，王许之。

吴衍（吴希贤）卒（1437—   ）。希贤名衍，以字行，改字汝贤。福建莆田人。幼敏异，精《毛诗》。性豪迈负奇气。尝与修《英宗实录》，以南京翰林院侍读学士卒官。著有《听雨亭稿》。事迹见《南京翰林院侍读学士吴公希贤传》、林俊《南京翰林院侍读学士静观吴公墓碑》(均《国朝献征录》卷二三)，《见素集》卷一八。

陆钺卒（1439—   ）。钺字鼎仪，号静逸，初冒姓吴。苏州昆山人。与张泰、陆容齐名，号"娄东三凤"。天顺八年进士。授编修，历修撰、谕德。官进太常少卿兼侍读。著有《春秋钞略》、《礼记参注约言》、《贤识录》1卷、《病逸漫记》1卷、《春雨堂稿》30卷等。事迹见《明史》卷二八六《张泰传》附传，《明故中顺大夫太常寺少卿兼翰林院侍读陆公行状》(《林麓堂集》卷四三)。

按：《贤识录》1卷多记洪武间事。《四库全书总目提要》卷一四三以是与《山东通志》为同一作者，即鄞县陆钺。光绪《昆新合志》卷四九、《明清江苏文人年表》均以是书作者为昆山陆钺。

何琮卒，生年不详。琮字文璧。浙江仁和人。景泰进士。纂有《西湖图说》。事迹见《兵部左侍郎何琮传》(《国朝献征录》卷四〇)。

按：《西湖图说》已佚，见《千顷堂书目》、雍正《浙江通志》卷二五三、民国《杭州府志》卷八七著录。

万安卒，生年不详。万安字循吉。四川眉州人。正统十三年进士。改庶吉士，授编修。后进吏部尚书、华盖殿大学士。无学术，终被劾休去。事迹见《明史》卷一六八，《国朝献征录》卷一三。

左赞卒，生年不详。赞字时翊。江西南城人。天顺元年进士。官户部主事、浙江参政、广东布政使。为文谨绳尺，崇理致。著有《桂坡集》15卷、《桂坡遇录》。事迹见《椒丘文集》卷三一，何乔新《广东布政司右布政使左公赞墓表》(《国朝献征录》卷九九)。

按：《桂坡集》，据《四库全书总目提要》卷一七五：凡前集5卷、后集8卷，皆诗赋杂文，而以所作方外诸篇别为1卷，附于末，盖用杨杰《无为集》例。乐府1卷中，有古题而忽以词曲续其后，则从来无此体例，殆以宋人词曲亦标乐府之名，故合为一。赞尝删定《李觏集》，盖亦颇留心诗古文者。

僧雪庭卒，生年不详。雪庭禅师，俗姓桂，江阴人。著有《幻寄集》20卷，见乾隆《江阴县志》卷二〇。

薛蕙(—1541)、徐敬德（朝鲜）(—1546)、周凤鸣(—1550)、陆之箕(—1554)、祝咏(—1556)、李濂(—1566)、郑若庸(—

1575)生。

弘治三年　庚戌　1490 年

西班牙围格拉纳达。

正月,白昂上书论治河。(《明通鉴》目录卷一〇)

三月庚午,赐钱福等 298 人进士及第、出身有差。

五月戊午,定四夷馆翻译考选之法。(《孝宗实录》卷三八)

是秋,诏修斋于大兴隆寺。理刑知县王岳途过,忤中使,罚跽寺前。御史任仪劾中使,皆下吏,贬知县。(《明通鉴》目录卷一〇)

内阁因《宪宗实录》久不就绪,请李东阳等 4 人校正。

王守仁以父华丁外艰归余姚,命从弟及妹婿讲析经义,读书每至夜分。王守仁娶妻,舟过广信,访吴与弼弟子娄谅,闻宋儒格物之学,遂以为圣人必可学而至(后在京师面对竹子格之,沉思而未得其理)。

李东阳掌春坊印。三月充殿试读卷官。正月与费訚、傅瀚、李杰、谢迁、吴宽、林瀚、刘震、谢铎祭邵珪。

邱濬三次上疏陈情乞恩休致,未蒙允许,令朔望朝参以终史事。三月充殿试读卷官。

刘吉三月丁卯以少傅兼太子太师吏部尚书谨身殿大学士命为殿试读卷官。

王恕三月丁卯以太子太保吏部尚书充殿试读卷官。

谢铎五月甲戌擢南京国子祭酒。

吴宽为常熟钱承德(世恒)所藏宋文天祥寄妹三诗手迹作跋。

按:据《匏翁家藏集》卷五二,承德自著有《五峰居士集》。

谢迁再疏恳乞送父还乡且省母,许之。

徽府知邵宝有《文苑英华》,赍书并官版《通鉴纲目》一部来借,云以纲目为质。邵宝曰:此书吾借于王金事,不敢擅主。问及王金事,曰:吾已送邵太守矣。邵宝力辩借送之异,即还书于王金事,令自进之且为启令诸生王辂纳还《纲目》。

邵宝立社约。正颖考叔墓。改魏文帝庙以祠汉愍帝。九月增置书籍于学宫。劝谕义官吴芳、罗荣等出银买于南京等处及王金事埙送到经史子集共 830 部计 4290 卷。

彭韶十二月辛亥上言宦官太盛,幸门犹开。孝宗是其言而不能用。

王琼与友辈恒品评古今人物,是年曾论及三杨。

按：指杨士奇、杨荣、杨溥。《晋国垂棘》续编载王琼三杨论。

沈周为朱存理所逼，用倪云林法作溪山长卷，跋述其事。

庄昶作《雪蓬歌》，讽刺金陵人，为倪岳所恶。十二月自白沙还，乃游衡山，

文征明从李应祯于吴江史鉴家观颜鲁公《瀛洲帖》。

徐霖在苏州，与沈周、都穆等共作诗会，常熟吴麟为写《八士图》。

陆容以公务至乐清，游雁荡山灵岩寺，著记。

秦纮平田州之乱，召岑溥还，留官军戍之。

杨廉授南京户科给事中。

黄仲昭升江西提学佥事。

邹智题曹璘岁寒图。

按：曹璘，生卒年不详。字廷辉。湖广襄阳人。成化进士。事迹见《明史》卷一八〇。邹智题曰："西泉曹先生自为布衣时，与同郡张君廷仪、艾君邦彦交，绘《松竹梅图》以自识。后先生为谏官，正色危言，稍得行其所学，而二君犹布衣也。弘治三年秋，先生谢病归襄阳，取其图授智，俾永言之，以泄其思，并持以遗二君云。"

钱福成进士。授修撰。

按：三年告归。

王钺成进士。任翰林检讨，改长史。

左然成进士。授户部主事，升员外郎。

按：左然，生卒年不详。字允之。宁国府泾县人。左激孙。精研易学。著有《赏溪吟稿》。事迹见《万姓统谱》卷八四。

卢翊成进士。历官御史，出按四川，兼视水利。

按：修都江堰。拜按察副使，分守松潘。修铁索桥及栈阁道路。迁云南布政司参政。兴修水利以解洱海等地苦旱。官至广西布政司。卢翊，生卒年不详。字凤卿。苏州常熟人。事迹见《康熙江南通志》卷一四〇。

刘绩成进士。官至镇江知府。

按：刘绩，生卒年不详。字用熙，号芦泉。湖广江夏人。著有《三礼图》、《六乐说》、《管子补注》。《三礼图》4卷，《四库全书总目提要》卷二二曰："是书所图，一本陆佃《礼象》、陈祥道《礼书》、林希逸《考工记解》诸书，而取诸《博古图》者为尤多，与旧图大异。考汉时去古未远，车服礼器犹有存者。郑康成图虽非手撰，要为传郑学者所为。阮谌、夏侯伏朗、张镒、梁正亦皆五代前人。其时儒风淳实，尚不以凿空臆断相高。聂崇义参考六本，定为一家之学。虽踵谬沿讹，在所不免，而递相祖述，终有典型。至《宣和博古图》所载，大半揣摩近似，强命以名。其间疏漏多端，洪迈诸人已屡攻其失。绩以汉儒为妄作，而依据是图，殊为颠倒。然所采陆、陈诸家之说"，"此书并采用其说，亦足以备一解。至于宫室制度，舆轮名物，凡房序之位，輢较之分，亦皆一一分析。不惟补崇义之阙，且以拾希逸之遗。其他斑荼曲植之属，增旧图所未备者又七十余事。过而存之，未始非兼收并蓄之义也。"《四库全书总目提要》卷三九曰：《六乐说》，"此其论乐之书也。前有自序，谓蔡氏《律吕新书》不合者多，因以古义求已亡之器，以古器推未言之义，作为此书。然持论偏执，且多疏略。"《管子补注》24

卷，《四库全书总目提要》卷一〇一称，《管子》旧注，颇为疏略。"绩本之以作是注，故于旧解颇有匡正。皆附于原注之后，以绩按别之。虽其循文诠解，于训诂亦罕所考订，而推求意义，务求明惬，较原注所得则已多矣。案明有两刘绩，一为山阴人，字孟熙。《千顷堂书目》载此书于绩名下，注江夏人，则为字用熙者无疑。坊刻或题曰宋刘绩，误也。"

杨文成进士。官金华府教授。

按：入为国子监丞，应诏陈言多切时弊。寻迁寿州长史。引疾归。杨文，生卒年不详。字宗周，学者称淡成先生。江苏无锡人。著有《书补解》（见《锡金考乘》卷一二）、《周易发微》（《千顷堂书目》卷一）、《中庸臆说》、《铅虚集》（见乾隆《无锡县志》卷三九）。

李昆成进士。历礼部主事，改兵部。

李承芳成进士。官大理寺评事。

按：李承箕兄，生卒年不详。字茂卿。嘉鱼人。《明史·儒林传》与其弟承箕同附《陈献章传》末。著有《东峤集》15卷。《四库全书总目提要》卷一七六曰："曾玙序谓：其识类许鲁斋，志类范叔子，睦族类范文正，而诗文则甚自类，盖讥其无所师法也。"

吴瓒成进士。知弋阳，调永新。

按：官至南通州知州，乞归。卒年九十余。吴瓒，生卒年不详。字器之。浙江仁和人。著有《尚书别解》、《春秋别解》，皆未见。《毛诗别解》，据《杭州府志·艺文》，无卷数可考。另著有《武林纪事》（见《千顷堂书目》卷七）。事迹另见《雍正浙江通志》卷七八。

吴世忠成进士，授兵科给事中。

陆淞成进士。与修《大明会典》，授礼部主事。

陈珂成进士。授刑部主事。

周洪成进士。官安庆知府。

按：周洪，生卒年不详。字大猷。浙江衢县人。著有《宾馆常录》。

周炯成进士。官至山西布政使。

按：炯，生卒年不详。字光宇，自号简默。江苏常熟人。木子。少时尝纂《万言书》。著有《简默遗文》4卷，见《重修常昭合志》卷一八。

郑瑾成进士。授邹平知县，改长州，再改楚雄判官。

按：郑瑾，生卒年不详。字温卿。浙江兰溪人。著有《道德经正解》、《阴符经正解》并自序（见《金华文征》）、《蛙鸣集》等。事迹见《明诗纪事》丁签卷六。

段敏成进士。知新城、庐陵，有异政。

按：历浙西参议，调运军需，支持镇压峒民起事，升副使。卒年五十五。段敏，生卒年不详。字怿勤，号南州居士。镇江金坛人。著有《南州集》。事迹见《方麓居士集》卷一〇传。

徐纮成进士。官刑部主事。

按：历广东按察司佥事，升云南副使，卒于官。

席书成进士。授郯城知县，历官户部员外郎，因云南灾异，上疏言源在朝廷弊政。

高友玑成进士。

按：历任刑部主事、员外郎，九江太守，广西布政使司右参政，江西布政使司左参政，山西、陕西按察使，都察院右副都御史，总督漕运右都御史，工部尚书。

黄暐成进士。官至刑部郎中。

黄傅成进士。官至监察御史。

按：黄傅，生卒年不详。字梦弼。浙江兰溪人。著有《白露山人遗稿》。《四库全书总目提要》卷一七六曰："是编诗文各一卷，其居在邑之白露山阳，故以山自号，因以名集。傅受业章懋之门，清苦自持，不愧其师。集中有'死卧溪山鬼亦清'句，可以见其志节。然年未四十而卒，文章则未成就也。"

符观成进士。授溧阳知县。

童琥成进士。授刑部主事。

按：官至江西按察副使。童琥，生卒年不详。字廷瑞。浙江兰溪人。著有《集古梅花诗》、《拾遗集》。事迹见《明诗纪事》丁签卷六。

靳贵成进士。授编修。

蔡炼成进士。官工部主事。

按：蔡炼，生卒年不详。字懋成。绍兴府余姚人。管理山东河道时，以济宁州城东南有太白楼，为李白遗迹，因录诸题咏碑刻之文，合为一集《太白楼集》10卷，而二贤祠碑，亦附入焉。二贤祠者，州人所建以祀白及贺知章者（《四库全书总目提要》卷一九二）。

王九思春试不第，归祥符。

何景明能属文。

陈琛十四岁，在郡城从诸葛先生发习举子业。

无锡华燧会通馆以锡活字（张季民谓为铜活字）印成宋赵汝成辑《宋诸臣奏议》150卷。

按：中国最早之金属活字印本。此后，至正德元年十余年间，先后用铜活字印成《锦绣万花谷》40卷、后集40卷、续集40卷，《容斋五笔》74卷、《文苑英华纂要》84卷、《古今合璧事类》前集63卷、《百川学海》、《音释春秋》、《九经韵览》12卷、《盐铁论》10卷、《十七史节要》、《记纂渊海》200卷、《会通馆校正选诗》、《君臣政要》、《会通馆印正文苑英华辨证》10卷诸书。

邢表为四川左布政使，以张咏为蜀名宦，属颜端、徐瀚辑录《张乖崖事文录》4卷，为之序。

按：邢表，生卒年不详。字居正，顺天府文安人。天顺初进士。官至右副都御史巡抚四川。事迹见《雍正畿辅通志》卷七四。颜端，应山人，生卒年不详，官成都县教谕；徐瀚，生卒年不详。杭州人。官华阳县教谕。详见《四库全书总目提要》卷六〇。

陈勉修、许浩等纂《桐城县志》2卷成书刊行。

按：今惟国家图书馆藏之（庋于台湾），为现存最早之桐城地志刻本。

陈道修、黄仲昭纂《八闽通志》87卷成书刊行。

按：是书始修于成化二十年，刊行后次年，复有递修本。是为福建首部省志。《四库全书总目提要》卷七三谓是书"于舆地中较为详整。然以户口、水利列于《食货门》中，则牵强不伦"。

波希米亚的埃格尔著成《基督圣体节剧》。

谭秀修、陈遑等纂《海盐县志》。

按：已佚。夏时正序尚存，载光绪《海盐县志》卷末。本志见《千顷堂书目》、雍正《浙江通志》卷二五三著录。《千顷堂书目》又著录朱祚修《海盐县志》，无卷数。考光绪《海盐县志》朱祚传，祚成化二十二年举人，与谭秀修志时间近，当为一书。

邵宝纂《许州志》。

按：得22卷，成于弘治六年。

陈献章是夏撰《襄阳府先圣庙记》。是秋撰《程乡社学记》。十一月作《祭容彦礼文》。

按：是年作诗《寿张抚州六十一》、《有怀世卿四首五古》、《赠曹侍御璘七律》、《周侍御文化将访白沙阻风连日诗以迓之三首七绝》、《程乡学生钟宏求社学记赠之七律》、《赠邹处士还合州二首七绝》、《赠余进士行简别七律》、《次韵子长至白沙》、《邀马元真》、《再和示子长》、《与子长谈诗忽闻有谈方伯刘先生德政者》、《候元真不至用前韵》。

庄昶八月撰《筹河台记》。

庄昶撰《游衡山记》。

张元祯撰《彬州治所重建记》。

储巏撰《睢宁县河防记》。

祝允明撰《谯楼鼓声记》。

欧阳鹏作《朝鲜赋序》。

张宁跋旧时廷试策。

蔡清作《上天台谢祭酒先生书》。

按：书曰："清家居时，提学周时可先生尝为清道及盛德，云秉礼持义，一时学士大夫所共推重。清虽不肖，心已知向往矣。已而得《赤城论谏录》读之，又得《逊志斋集》及《赤城诗集》读之。三集者，皆执事所订定表章，其所关涉，与近时人所刊行泛泛者迥不类。捃事所养，于是益昭然可辨。私心益用勤向慕不能忘。第愚下之资，不能遂藉是以私淑为愧耳。三集之中，《逊志》一编，则天地正气沉郁百年而几泯灭者，一旦遂得其全以显行于当世，捃事与黄亚卿公及前学谕赵先生之功大矣。"

张吉是秋为吴献臣重刻《先儒学范》序。十一月撰《端州石凤记》。

蔡清作《上天台谢祭酒先生书》，论及《逊志斋集》。

张元祯五月为谢省作《逸老堂集序》。

邱濬作《少保姚文敏公遗集序》。

按：序曰："是集旧名《矗矗堆稿》，累厄于火，而所存百十耳，因易今名云。"

李东阳作《沧州诗集序》。

按：序曰："予先生同年进士，又同官甚厚，先生之卒，其孤琏尚在襁褓。求其遗诗不可得。后静逸陆先生取诸其从子璇，以留其家，而静逸亦卒。因与谢方石、吴匏庵二先生录其若干篇为十卷，文太仆宗儒以付其所部成府判桂刻于淮安。"

大同徐杰刊元余阙著《青阳先生文集》9卷、明张毅辑《忠义附录》1卷。

张复卒（1403— ）。复字复阳，号南山。浙江平湖人。初为儒者，后从朱艮庵学道。自幼学书好习古，能运帚作大字。善画，山水仿吴镇。又善诗文,通《周易》。

按:《明画录》载有张复,字复阳,秀水人。明代画坛有两"张复",历来画史记载多有混淆。详见沈歆《明代画坛二张复考辨》,《南京艺术学院学报》(美术与设计版)2009年第1期。

徐震卒(1413—　　)。震字德重,号静庵。苏州吴县人。曾从邑人陈继学诗,有诗名。与西蜀晏铎、海昌苏平倡和,附景泰十才子。久之,归隐洞庭山中。著有《静庵稿》。事迹见《震泽编》卷二七。

贺甫卒(1415—　　)。甫字美之。苏州府吴县人。其先自蜀徙吴。父承宗,隐居教授,通五行家言。甫有通变之才。持邦人风俗者数十年。与修《苏州府志》100卷。据《吴郡文编》卷一八〇,甫所著有《感楼集》(也见《吴县志》艺文考一)。

刘珝卒(1426—　　)。珝字叔温,号古直。卒谥文和。山东寿光人。正统十三年进士。改庶吉士,授编修。官至户部尚书、谨身殿大学士。著有《刘古直集》。事迹见《明史》卷一六八,徐溥《光禄大年柱国太子太保户部尚书兼谨身殿大学士赠太保谥文和刘公珝神道碑铭》(《国朝献征录》卷一四)。

按:《刘古直集》16卷,《四库全书总目提要》卷一七五曰:"是集乃其子太常寺卿鈗所编,凡诗五卷、文十一卷,志表祭文附于末。珝当万安、刘吉等朋比乱政之时,颇能持正。故本传称'安贪狡,吉阴刻。珝为稍优,顾喜谈论,人目为狂躁'。又《万安传》称'在内阁者刘吉、刘珝。安为首辅,与南人相党附。珝与尚书尹旻、王越又以北人为党,互相倾轧。然珝疏浅而安深鸷,故珝卒不能胜'。"据《明史》卷一六八本传,学士刘定之称为讲官第一,宪宗亦爱重之。入阁预机务。"帝每呼'东刘先生',赐印章一,文曰'嘉猷赞翊'。"子刘鈗,字汝中。博学有行谊,与长洲刘棨并淹贯故实,时称"二刘"。

卢允贞卒(1457—　　)。允贞,字德恒,号恒斋。苏州人。一说江宁人,或标上元人。雍女,倪岳妻。著有《恒斋稿》1卷。事迹见《青溪漫稿》传。

贝琳卒,生年不详。琳字宗器,号竹溪。浙江定海人。以军籍居南京。幼业儒而又慕天官学,遂学象数于何司历,尽得其秘,后荐充天文生例,入钦天监。正统、景泰间从征,占候有功。成化时累迁钦天监副。事迹见《畴人传》卷二九,陈镐《钦天监副贝琳传》(《国朝献征录》卷七九)。

邵珪卒,生年不详。珪字文敬。常州府宜兴人。成化五年进士。授户部主事,历郎中,出为严州知府,迁知思南。诗有"半江帆影落樽前"句,人称邵半江。著有《半江集》。事迹见《怀麓堂文集》卷六。

汪禔(　　—1530)、黄省曾(　　—1540)、戴暨(　　—1556)、皇甫冲(　　—1558)、许宗鲁(　　—1559)、吴廷翰(　　—1559)、黄佐(　　—1566)、刘文敏(　　—1572)、胡松(　　—1572)生。

弘治四年 辛亥 1491 年

法王查理八世取法国布列塔尼,自此,法兰西大一统。

瑞士人败神圣罗马帝国军。

八月丁卯,孝宗御奉天殿,监修官太傅兼太子太师英国公张懋,总裁官少傅兼太子太师、吏部尚书谨身殿大学士刘吉等率纂修官上表进《英宗实录》,孝宗起立受之表。(《孝宗实录》卷五四)

九月甲申,巡按直隶监察御史王鉴言革正科场之弊。(《孝宗实录》卷五五)

是年,林元甫等言乡试务遵依定制。

邱濬八月丁卯以《宪宗实录》成,加太子太保。十月乙丑进升文渊阁大学士,入阁预机务。邱濬具表辞入阁。

李杰七月癸未以左春坊左庶子兼翰林院侍读学士升为南京国子监祭酒。

李杰、李东阳等人八月丁卯以《宪宗实录》成赐白金 30 两、文锦 3 表、裹罗衣 1 袭。

李东阳八月丁卯以《宪宗实录》成升太常寺少卿仍兼侍讲学士。是年署翰林院印。

谢迁四月满三载书最,进阶奉政大夫。八月丁卯以《宪宗实录》成升詹事府少詹事兼翰林院侍讲学士加支从三品俸。

刘吉八月丁卯以《宪宗实录》成进少师、华盖殿大学士。

徐溥八月丁卯以《宪宗实录》成进太子太傅、户部尚书兼武英殿大学士。

刘健八月丁卯以《宪宗实录》成进礼部尚书兼文渊阁大学士。

张元祯与修《宪宗实录》成,升谕德,以不得近养辞,升南京翰林院侍讲学士。

张元祯与抚州知府周瑛等同游白鹿洞书院。

谢铎正月辛丑上书陈六事。

按:其正祀典则请罢吴澄从祀而进宋儒杨时,礼部持之不行,明年,谢病去。

刘大夏与顺德知县吴廷举为忘年友。刘大夏有时造访陈白沙家倡和及论修身治国之道。白沙尝问其学,刘大夏曰:"予存心之功十九,致知之功十一。"人以为名言。

杨循吉解京职。

吴宽以"郎官信美秩,视之等秋毫"诗送杨循吉致仕。

周瑛以镇远知府任满归,应李承箕属为题嘉鱼李氏义学。

史鉴与李应祯、朱存理、汝泰等集沈周家，观所藏钟繇《荐季直表》真迹，应祯撰记。

何乔新八月以刑部尚书致仕。

秦纮三月逮，以安远侯柳景讦之也。十二月复召为南京户部尚书。

彭韶九月为刑部尚书。

屠勋入京为大理左少卿。

祝允明以文记所见宋李公麟史事8图。是年著《金石契》1卷。又自书所作讽世词《苏武慢》12章，贻同里朱凯（尧民）。

史学授户部山东司主事，在淮安督察储粮。

按： 升浙江司员外郎。在山东、河南监兑。后任河南司郎中，调山东左参政。因事逮入诏狱，削职为民。遂回乡读书谈道，专事著述。史学，生卒年不详。字文鉴。江苏溧阳人。纂有《金渊孝友录》、《溧阳人物记》，辑有《文献全集》18卷、《金渊文献录》。以上均见嘉庆《溧阳县志》。

蔡清丁母忧。

张鼎晋户部右侍郎；寻，疫病请归。

吴瑞归。

按： 吴瑞，生卒年不详。字德徵。苏州府昆山人。成化十一年进士。少以《易》学起家，居官未尝废学，尝榜其徐州署曰"穷经"。家居20年，唯以书自课。工古文词，求者户恒满。别业在玉山西，混迹田夫野老中，自号西溪居士。晚岁营地陈墓镇，题曰紫霞堆，自为之志。著有《西溪集》、《宦游稿》、《居闲稿》。事迹见黄云《吴郎中瑞墓志铭》（《国朝献征录》卷五一）。

周瑛归莆田，过武昌。

陈蓍在江西吉安任府学训道。

按： 陈蓍，生卒年不详。字凤翔。江苏常熟人。与吴宽、李杰、王鏊友善。据《海虞文征》，蓍所著有《一得居士集》20卷。事迹见雍正《昭文县志》卷七本传。

张文麟从东邻缪廷善先生。

齐之鸾九岁，习毛氏诗，即能属文。

何景明八岁，能作文。

王珣重修浙江湖州安定书院。

按： 另有李德恢重建浙江桐庐钓台书院。河北阳原县建宁邑书院。郑清建江西永丰一峰书院。青海西宁建宁邑书院。山西襄汾由庙学扩建为书院，后废，此即姑汾书院之先。许鹏以山西永济知州重建首阳书院于宣化坊，李东阳为之作《记》。

张懋、刘吉等八月丁卯纂修《宪宗实录》293卷及《宝训》10卷成。

按： 张懋《进实录表》曰："乃于弘治元年闰正月，敕臣懋监修，臣吉、臣溥、臣健总裁，臣濬、臣谐副总裁，臣瀚、臣闾、臣杰、臣东阳、臣迁、臣宽、臣简、臣越、臣彦、臣守阯、臣戬、臣鏊、臣杰、臣储、臣元祯、臣机、臣廷和、臣卫、臣芮、臣忠、臣焕、臣珣、臣天瑞、臣澜、臣春、臣瑞、臣时畅纂修。臣懋暨臣吉等，弘开馆局，序列文儒，发内府精微之秘藏，采外廷远迩之陈奏。风化攸系，虽微必书；治体所关，有闻必录。详制度则究其因革，原事功则备其始终。贤否决于众论之同，是非公于天定之后。传其信，不传其疑；过于文，宁过于质。兹以四年八月，恭成《宪宗纯皇帝实录》二百九十三卷,《宝训》十卷,合《目录》、《凡例》总三百五册,谨缮写进呈,允为不朽之传,大著无前之绩。"

孙交编王恕《吏部奏议》9卷,李东阳序之。

按：据《四库全书总目提要》卷五五,王恕《吏部奏议》9卷,弘治四年文选郎孙交编次,李东阳序之。后兵部尚书王宪取其自大理寺左寺副至南京兵部尚书时奏议6卷刻于苏州,御史程启元又刻于三原。正德辛巳三原知县王成章合二本刻之,为《王端毅公奏议》15卷。

朱存理纂《蠹斋先生传》,悼邢量。

王珣修、汪翁仪等纂《湖州府志》24卷成书刊行。

按：初,宋谈钥尝辑《吴兴志》而文颇芜陋。明景泰间,训导陈硕乃因谈志,续为一编。成化甲午,知府九江劳钺又令郡人张渊补所未备,增为22卷。珣以郡县续有分析,复嘱郡人汪翁仪、唐应征、陈远等论次增辑。

程敏政纂修《休宁志》38卷成书刊行。

按：是书今惟国家图书馆存卷一至十九,卷二六至三八。为现存最早之休宁地志刻本。

陈暹纂修《仙溪志》16卷成书刊行。

按：是书为现存最早之莆田市市域内地志刻本。

杨循吉撰《开治白茅纪略》。

陈献章作诗《吊邹汝愚四首七律》、《候方伯刘先生四首七绝》、《陪刘先生往厓山舟中作七律》、《东山至厓山议立慈元庙感昔梦成诗呈东山七律》、《张克修别驾梧州守来别白沙》2首五绝。十二月作《望云图诗序》。《吊邹汝愚》4首七律。

邵宝上《巡抚时政书》。

邱濬作《入阁谢恩表》、《凤翔府重修儒学记》、《初入阁诗》、《思归偶书》、《修撰费宏子允告病南归临行书此为别》、《辛亥除夕》。

李东阳作《两畿录刊诗序》。

朱存理作《书杨铁崖遗文二》,记抄录杨维桢遗文。

按：其一："蜀中刻《东维子集》一部,刻手甚孟浪,编者亦疏略无次序。问是何宦游人得漫抄而不暇校正者,予阅之,良为惋惜。广东又刻《古乐府》一本,昆山王氏亦刻此《古乐府》并《丽则遗音》,刻皆不精。予录此遗文,计一百二十八篇,皆李武选所示,对校《东维子集》所遗者。"其二："予得武选先生所借本,录以成帙。少时曾于诸友人家所见者,悉为手录别楮。一日捡得之,又将萃集焉。偶过东昆,遇戚校书,谈老铁之文,乃出抄本四册,传是郑进士文康家,亦不为全编,因乞归校诸本,凡得若干篇。通前共一百三十八篇。武选又尝借予陶南村《杂抄》一册,密行细字凡八百余番,皆元人文字,其内有老铁文最多。予录其目,将并抄入,恨失去原本云。是松人宋主事家所藏,何时得物色其人,并得其书假录之,一幸也。"

朱存理辑《蓟溪编》,并自定《野航诗稿》。

张习作《刊半轩集后录》。

按：后录曰："习童时,尝聆先赠承德府君谈先生学之博、才之丰而文之雄,未尝不耸动座人,愚固蒙昧,已志之矣。稍长,不幸先君弃背,无的质问。后获先生所著《学言稿》观之,益深敬信。及闻杜东原老师——自言从庐山陈五经,五经实先生弟子一尝述闻于五经者,为之传,具载履历甚详;并示《半轩集》,乃元末诸作,尤为粹美。再于旧交姜晞说所,得《楮园集》甚夥。然与前二帙亦有同者,皆抄本,玄豕鲁鱼,纷乎其间。乃汇而录之,诵而味之,更其讹,阙其疑,如是自占毕游仕途,逾三十祀矣。迨官广东,重加厘正为十二卷,总名之曰《半轩集》。锲梓垂成,乡契许廷章寄来数十篇,作补遗于后。兹委政归,复于士友陈思耘、朱野航处假有多者抄入。吴山陈文显,故儒家也,言其故祖允中尝从先生于书馆抄的本,因时有忌,久藏不出。近出示,簿帙已残毁,比城中诸稿多异题四五十首。遂欣录补完。"

程敏政作《梁园赏花诗引》。

张习编次高启《槎轩集》、杨基《眉庵集》、徐贲《北郭集》、张羽《静居集》为吴中四大家集。陆续刊行,是年竣事。

邢量卒(约1413—)。量字用理。苏州府长洲人。隐居苏州葑门,以医卜自给。为陈祚所重。其自学经史外,凡释老方技之说,无所不通。室中卧榻之外,皆为藏书,手自校定。著有《蠢斋集》,已佚,见《吴郡文粹续集》卷五四朱存理《蠢斋先生传》,云:"集数百卷"。事迹见《明史》卷一六二《陈祚传》、《邢公量传》(《国朝献征录》卷一一六)。

按:朱存理《蠢斋先生传》曰:"隐君子邢氏,名量,字用理,号蠢斋,学者称蠢斋先生。自少以疾不娶,居一巷中,萧然室庐,读书乐道以终。存理少时从先生讲《孝经》、《论语》,日接见。先生时年及五十,不茹荤酒,蔬盐不给,其貌甚癯而丰鬒,服垢蹑弊,混迹庸人,未尝一至城府。闭门静坐,点校诸经,及博观子史百家。坐中之客,惟禅人道侣。有显者知先生,因造门,先生避去。家畜一童,既死,无应门之人,邻有代劳薪水者,辄辞。病革,豫自为志。有书数百卷,卒后,悉散去。存理收其遗文数篇,太史吴君序之。太史未仕,尝与先生游者也。呜呼!所谓独行不愧影,独寝不愧衾,先生其人也。"

胡守法卒(1416—)。守法字浩然,号充庵,一号纯和子。苏州嘉定人。初为儒学《易》,因病入道,以校《道藏》授神乐观提点。成化时封真人。弘治初掌道录司事。事迹见徐溥《冲虚静默悟法崇道凝诚衍范显教真人克庵胡公守法墓道碑》(《国朝献征录》卷一一八)。

周洪谟卒(1420—)。洪谟字尧弼,号箐斋、南皋子,卒谥文安。四川长宁人。正统十年进士。授编修。善文辞,熟当代典故,喜谈经济。累迁至礼部尚书。著有《群经辨疑》3卷、《箐斋读书录》2卷、《南皋子集》20卷、《箐斋集》50卷。事迹见《明史》卷一八四,《维扬志》、徐溥《资德大夫正治上卿太子少保礼部尚书谥文安周公洪谟神道碑》(均《国朝献征录》卷三三)。

按:《群经辨疑》3卷,《四库全书总目提要》卷三四曰:盖其官祭酒时与诸生讲论之语。自序称宁为朱子忠臣,无为朱子佞臣。成化十五年尝疏进于朝,并请敕修诸经。宪宗以《大全》诸书久为学者所诵习,不允所请。观此书,颇可得其用意所在。《箐斋读书录》2卷,《四库全书总目提要》卷一二六曰:"是书卷首一行题南皋子述,篇中皆自称南皋子。前有正德丁卯陈旦引词,云是文安先生精神心术所在。羽翼经传,阐明意义,最为精切。"

娄谅卒(1422—)。谅字克贞,号一斋,门人私谥文肃先生。江西上

托·马斯·巴赞卒(1412—)。法国历史学家。著有《查理七世和路易十一统治时期的历史》。

饶人。天顺末,选为成都训导。寻告归,闭门著书,成《日录》40卷、《三礼订讹》40卷。《明儒学案》列其入《崇仁学案》二。著《春秋本意》12篇。事迹见《明史》卷二八三。

按:从临川吴与弼治理学。与弼告以为学须亲细务。谅本豪迈,由此折节,虽扫除细事,必身亲之。王守仁少时曾从谅学。则姚江之学,谅为发端也。同属于"余干之学",较之胡居仁更为明显接近于陆学。《明史》卷二八三本传谓"其学以收放心为居敬之门,以何思何虑、勿忘勿助为居敬要旨"。"然其时胡居仁颇讥其近陆子,后罗钦顺亦谓其似禅学云"。康斋之门,最著者陈石斋、胡敬斋与谅三人而已。敬斋之所警者,亦惟石斋与谅为最,谓两人皆是儒者陷入异教去,谓谅"陆子不穷理,他却肯穷理;石斋不读书,他却勤读书。但其穷理读书,只是将圣贤言语来护己见耳。"谅之书散逸不可见,观此数言,则非仅蹈袭师门者也。所著《日录》40卷,词朴理纯,不苟悦人。《三礼订讹》40卷,"谓《周礼》皆天子之礼,为国礼。《仪礼》皆公卿大夫士庶人之礼,为家礼。以《礼记》为二经之传,分附各篇,如《冠礼》附《冠义》之类。不可附各篇者,各附一经之后。不可附一经者,总附二经之后。其为诸儒附会者,以程子论黜之。著《春秋本意》十二篇,不采三传事实,言:'是非必待三传而后明,是《春秋》为弃书矣。'"

又按:潘润,生卒年不详。字德夫,号玉斋。江西永丰人。娄谅弟子。讲身心之学,终日终身出入准绳规矩。李梦阳督学江右,以人才为问,诸生佥举润。梦阳致礼欲见之。时润居忧,以衰服拜于门外,终不肯见。梦阳叹其知礼。焚香静坐,时以所得者发为吟咏。终成都教谕。《明儒学案》列其入《崇仁学案》四。

孙琼卒(1424—)。琼字蕴章。苏州府昆山人。宗子。正统十三年进士。著有《鹿城遗稿》。事迹见黄云《孙郎中琼墓志铭》(《国朝献征录》卷四七)。

刘宣卒(1425—)。宣字绍和,一字应召,号静斋,江西安福人。父成卢龙而死,宣补其役,因为卫学生。景泰二年进士。授编修。官至南京工部尚书。卒谥文懿。著有《冲澹集》。事迹见王时愧《南京工部尚书刘公宣传》(《国朝献征录》卷五二)。

程宗卒(1426—)。宗字源伊,号希轩。式任。苏州府常熟人。景泰二年进士。授刑部主事。官至南京工部尚书。著有《禹贡图说》、《抚彝录》(《抚夷录》)4卷《归田录》4卷、《奏议》20卷、《司空集》、《宦游集》。刊《欧阳文忠公全集》总159卷等。事迹见徐溥《资善大夫南京工部尚书常熟程公宗神道碑》(《国朝献征录》卷五二)。

黄孔昭卒(1428—)。孔昭初明濯,后以字行,改字世显,号定轩,晚号洞山迁叟。浙江太平人。天顺四年进士。累迁南京工部右侍郎,以疾卒。嘉庆中追谥文毅。孔昭嗜学敦行,与陈选、林鹗、谢铎友善,并为士类所宗。尝与谢铎同编《赤诚论谏录》,又著有《定轩存稿》。事迹见《明史》卷一五八,吴宽《南京工部右侍郎黄公孔昭传》(《国朝献征录》卷五三)。

华积卒(1436—)。积字守成,号竹友。无锡人。著有《言志集》,见《锡山历朝书目考》卷一〇。

邹智卒(1466—)。智字汝愚,号立斋,又号秋因。四川合州人。成化二十三年进士,改庶吉士。上疏极言时事。谪广东石城所吏目卒。天启初追谥忠介。《明儒学案》列其入《白沙学案》下。著有《立斋遗文》。事迹见《明史》卷一七九,《庶吉士邹公智别传》(《国朝献征录》卷二二),金祺《广东石城千户所吏目邹君汝愚著志铭》。

  守法真人卒,生年不详。守法真人,南京苏州府嘉定县人。字浩然,姓名不详,以号行。始学易,为儒生。已而从应元孙真人学,又学于通妙邵以正,尽得其术。曾奉诏偕天下高道校理道藏。宪宗询以天人感应之理,真人对曰:"惟德动天,至诚感神,此外无他道也"。

  刘泉(—1533)、孙存(—1547)、邹守益(—1562)、邵经邦(—1565)、沈启(—1568)、吕怀(—?)生。

  按:吕怀约生于是年。嘉靖四十年,吕怀七十寿庆,周怡五月为文致祝,有《寿巾石吕先生七十叙》。

弘治五年　壬子　1492年

奥斯曼帝国入匈牙利。

西班牙灭格拉纳达。

西班牙驱逐犹太人。

哥伦布入美洲。

  五月,诏求遗书,从大学士邱濬之请也。(《明通鉴》目录卷一〇)

  李东阳五月进讲《孟子》。
  按:李东阳始入日讲拜经筵讲书音节清畅特为称旨。
  徐溥为首辅,与刘健、李东阳、谢迁等协心辅助。官终华盖殿大学士。
  按:在内阁12年,从容辅导,爱护人才。屡遇大狱及逮言官,委曲调剂,安静守成。以目疾乞归。
  杨守阯八月丙午以左春坊左谕德命为顺天府乡试考官。
  梁储八月丙午以司经局洗马命为顺天府乡试考官。
  邵宝四月议计口浇田法。八月为乡试受卷官。建言地方时政四事。
  邱濬四月因灾异列时弊22事,纳之。五月辛巳奏请访求遗书。疏入,孝宗嘉纳之,遂下诏求遗书。以目疾辞位,不允。
  按:《请访求遗书奏》见《重编琼台会稿》卷七。集完备者,存于内阁,检其有副本者,分贮于两京国子监。濬请于文渊阁附近,别建重楼,不用木料,而用砖石建造,"将累朝实录、御制玉牒,及干系国家大事文书,盛以铜柜,度于楼之上层。如诏册制诰,行礼仪注,前朝遗文旧事,与凡内府衙门所藏文书,可备异日纂修全史之用者,盛以铁柜,度之下层,每岁曝书……"(《孝宗实录》卷六三)
  王守仁举浙江乡试。是年,为宋儒格物之学。始侍父于京师,编求考亭(朱晦庵)遗书读之。
  按:一日,思先儒谓一草一木,皆涵至理,因取竹格之,沉思不得,遂遇疾。先生自委圣贤有分,乃随世就辞章之学。
  陈献章作诗《闻黄泽发解七绝》、《送子长往怀集取道谒张梧州二首五绝》。

李承箕筑室于黄公山成,陈献章题之曰"黄公山钓台",王鏊为纂记。是岁,再谒陈献章于白沙。

马文升及子五月加少保。文升极陈赋役之害,纳之。

罗璟诏为南京国子监祭酒。

张悦论荐,章懋辞免。

蔡清上疏请振纪纲,荐刘大夏等30余人。

张吉进表至阙下,时吏部尚书为王恕,于张吉相知,乃加意相待。

杨廉以灾异上疏言六事。

黄瑜觅寿藏于白云山之麓。

按:有携瓶来售者,上有篆曰景定辛酉预备瓶寻有售碗碟盘盂者,色黝润若饶磁,询所由来,曰得诸刘冢,黄瑜以景定乃宋年号,辨其非南汉物,遂识于岁钞。

徐恪以副都御出河南,王鏊是年为作《主一斋诗》。

王鏊校文南京,还东山,作《登鼋山绝顶》诗。

陈音始进本寺卿。

程敏政复原职。

按:后又进为太常卿兼侍读学士,掌院事。后历官至礼部右侍郎专典内阁诰敕。

张升复原职。

林俊改湖广按察使。未几,推榆林都御史。

陆深始嗜《战国策》。

邵宝是年尝见吴宽某诗卷。

朱诚泳始识强晟。

罗钦顺、湛若水同举乡试。

按:湛若水从陈献章游,不乐仕进。母命之出,乃入南京国子监。

顾清魁乡试。

郑满中举人。官至濮州知县。

按:郑满,生卒年不详。字守谦。浙江慈溪人。著有《诗经讲义》、《勉斋遗稿》等。《勉斋遗稿》是集为其仍孙梁敬所编,凡文二卷,诗一卷。大旨不诡於正,而颇乏修词之功(《四库全书总目提要》卷一七六)。

祝允明中举人。

何瑭(一作何塘)年十九,为郡庠生,期以圣贤之学为学,读许衡、薛瑄遗书,辄欣然忘寝食。

毛伯温十一岁,延太和徐匡为师。

齐之鸾十岁,受业袁宏之门,属文不事斤削,袁公益珍惜,为更名曰之鸾。

按:齐之鸾二岁时取名云鸾。

黄佐三岁画地作天字。

福建光泽云岩书院毁于兵,李茂继造茅屋奉以香火,命子庆元读书于此。

福建延平府通判应无征、推官王铎图就延平府治之东兴建道南书院。

按：邱濬纂《道南书院记》。

詹氏进德精舍翻刻南山书院本《广韵》5卷。

柳琰修、曾春纂《嘉兴府志》32卷成书刊行。

按：《四库全书总目提要》卷七三，误题柳琰为"柳琬"，评是书"序述参差，详略失当"。本志见《万卷堂书目》、《千顷堂书目》、《明史·艺文志》、《续通志》、《续文献通考》、《竹垞行笈书目》、《八千卷楼书目》著录。柳琰，生卒年不详。字邦用。仪征人。弘治初守郡，奏荐第一。擢知嘉兴府。修（弘治）《嘉兴府志》（曾春纂、林光校正，存有弘治五年刻本）。著有《东津集》4卷（见康熙《仪征县志》卷一五）。

徐绍先修、汪纶纂《奉化县志》成书刊行。

按：已佚。见《千顷堂书目》、雍正《浙江通志》卷二五三著录。本志徐绍先序尚存，曰："遂谓邑之耆儒汪师古先生访焉。先生盖尝留心于此者，乃出其晚年手钞私稿，谓闻见增益，颇多于前，题《县志续考》。余喜而遍阅之，见其群分类例，各有条理。于是币请搜检异同，编成10卷。……捐俸命梓，以广其传。"

王约修、孔彦雍、包瑜纂《平阳县志》10卷成书刊行。

按：已佚。见《千顷堂书目》、乾隆《平阳县志》卷一九著录。彦雍，唐山知县铎从子。

李承箕撰《顺德县学题名记》，又有《送罗冕服周序》。

蔡清撰《具庆堂记》。

赵同鲁撰《华山天池院记》。

邱濬上《请建储三表》、作《庆成宴偶成》、《内阁晚归口号》、《二月偶成》、《四月偶成》、《九月偶书》、《十月望雪》、《闻中书怀颁秫日有感》、《除夕偶书》、《唐丞相张文献公开凿大庾岭碑阴记》。

任顺作《谰言长语跋》。

按：跋曰："先生少负俊才，游松庠，其学不经师授，自得于心。登正统甲子乡第，历涉仕途四十余年，著述甚富。此其一也。自六经百家子史以及稗官小说，辄搜括无遗，其纪事纂言皆有考据，非臆见浅识者所可及。始顺与修《宪宗实录》于公府，先生时为总裁，蒙点铁之功居多，后犹以不肖录之念远垂顾盼相与剧谈累日，乃出是书，使为之校雠。"

祁顺作《觉非集序》。

无锡华燧以铜活字印行《锦绣万花谷》120卷。

王玺卒（1416— ）。玺字廷用，号贞斋，陕西盩厔人。正统六年举人。授武陟儒学训导，官至襄阳知府。著有《贞斋集》。事迹见《王端毅公文集》卷六墓志铭。

盛颙卒（1418— ）。颙字时望，号冰壑，常州府无锡人。景泰二年进士。授御史。终以左副都御史巡抚山东。著有《冰壑集》。事迹见《明史》卷一六二《杨瑄传》附传，丘濬《都察院左副都御史盛公颙墓志铭》（《国朝献征录》卷六〇）。

黎淳卒（1423— ）。淳字太朴，湖广华容人。天顺元年进士。授翰

纽伦堡的地理学家马丁·贝海姆制作出第一个地球仪。

迭戈·德·圣佩德罗著成西班牙最早的官廷爱情小说之一《爱情之狱》。

埃利奥·安东尼奥·内夫里加编著成《拉丁语—西班牙语词典》。

贾米卒（1414— ）。波斯诗人，学者。

彼埃罗·德拉·弗朗西斯卡卒（约1420— ）。文艺复兴时期意大利画家。

林院修撰,与修《大明一统志》。成化中进左春坊左庶子,与修《续通鉴纲目》。官至南京礼部尚书。著有《龙峰集》13卷。事迹见《南京礼部尚书黎淳》(《国朝献征录》卷三六)。

李昂卒(1434—)。昂字文举,浙江仁和人。景泰五年进士。授工部主事,升青州知府。通达经典,谙练时务。著有《李昂奏议》3卷。事迹见《巡抚都御史李公昂传》(《国朝献征录》卷五九)。

刘戬卒(1435—)。戬字景元,江西安福人。成化十一年进士。授编修,进侍讲。奉使安南。与修《宪宗实录》,迁右春坊右谕德。著有《晋轩集》。事迹见王时槐《右春坊右谕德刘公戬传》(《国朝献征录》卷一九)。

张岳(—1552或1553)、胡侍(—1553)、张经(—1555)、黄弘纲(—1561)、朱廷立(—1566)、苏佑(—1571)、魏良弼(—1575)、司马泰(—?)生。

弘治六年　癸丑　1493年

奥斯曼帝国侵达尔马提亚及克罗地亚。

神圣罗马腓特烈三世帝卒。子马克西米利安一世嗣位。

西班牙殖民新大陆。

印加王瓦伊纳·卡帕克登位。

波兰颁《彼得库夫法令》,授予贵族以特权。

哥伦布第二次远航美洲。

达芬奇设计飞行器。

三月癸未,赐毛澄等298人进士及第、出身有差。

四月壬寅,谢绶以巡抚源广都御史乞仍于安国书堂遗址立胡安国祠,春秋祭祀,以季子宏配享,庶衡之学者所景仰。命礼部知之。

己酉,张海、缑谦遣经略哈密。

八月癸酉,命监察御史林瑠提调南直隶学校。(《孝宗实录》卷七九)

十一月,诏举天下才德之士隐下山林者。(《明通鉴》目录卷一〇)

李东阳二月庚子奉命为会试考官,得弋阳汪俊为第一,松江顾清第二。四月因旱应诏上疏条摘《孟子》七篇大义,论时政,切于君心治道者七条极论其理而利疾得失以类附焉。上之,孝宗称善。(《明通鉴》卷三七)

按:四月辛酉,以久旱,敕修省,求直言。《明通鉴》卷三七考异曰:"久旱求言,据《本纪》在是年四月,而东阳本传列之五年。其实五年并无久旱求言事,疑误记也。"

陆简二月庚子以詹事府少詹事兼翰林院侍读学士命为会试考官。

徐溥三月庚辰以太子太傅户部尚书兼武英殿大学士命为殿试读卷官。四月甲辰,言涂旦建议、欲选新进士改庶吉士入翰林院读书事。

按:涂旦四月丁酉以兵科给事中言:"永乐甲申间,命学士解缙选进士曾棨等29人,俾读书文渊阁,自后相陈,遂为故事。我朝人才之盛多由于此,乞循祖宗旧制,合今礼部所取进士抡选之,改为庶吉士,入翰林院读书。抡送之法在精采择以抑其滥进,严考试以探其心术,限年岁以责其进学。"礼部覆奏,谓选择教养之法,累朝已有成规,惟在敕内阁大臣参酌历科事例举行耳。从之。(《孝宗实录》卷七四)

徐溥以所获《怀素自叙帖》墨迹示吴宽。

邱濬正月以吏部考察请历官未及三载者，俱令回任；三考非有贪暴实迹者，免黜。自是与王恕有隙。三月庚辰，以太子太保礼部尚书兼文渊阁大学士充殿试读卷官。是年作《癸丑科胪侍班口占》、《首夏偶书》、《内阁晚归口号》。

王恕二月求去，不允；恕复执，疏三上，遂坚退。五月闰月致仕。

刘文泰以太医院院判劾吏部尚书王恕，恕疑文泰受邱濬指而言者哗然，言疏稿出邱濬手，恕竟坐罢。

王守仁是春会试下第。归余姚结诗社龙泉山。

按：时同舍有以下第为耻者，然守仁不以为耻，曰：世以不得第为耻，吾以不得第动心为耻。大学士李西涯戏曰，君今岁不第，来科必状元也。试作来科状元赋，王守仁悬笔立就，诸老咤为天才。一日思先儒谓"众物必有表里精粗，一草一木楷至理"，官署中多竹，即取竹格之。沉思其理不得，遂遇疾。

邵宝六月仿朱熹社仓，作总社仓立积散法。奉诏进阶奉直大夫。同月毁龙骨。

按：五月，郑州某地陷若干丈，水暴出，民以为有神物焉，远近争赴祈祷，巫称龙骨，获厚利。邵宝恐其久而惑众，乃取所谓龙骨毁之于庭，杖巫而遗之，复作辞以贻州人俾勿惑。

吴宽作《久旱大热诗》。

耿裕六月改吏部尚书。

倪岳六月代任礼部尚书。以八月辛未，雨雹，大如弹丸，上弭灾急务。

张元祯九月复谢病归。

刘大夏二月丁巳擢右副都御史，治张秋河。六月病，三乞致仕，许之。

彭韶七月以刑部尚书致仕。

周瑛起复为四川参政。

王琼署都水郎中治漕河。

唐恂十一月以顺天府尹荐布衣潘辰，授翰林院待诏，掌典籍。

按：府尹唐恂举辰，吏部以辰生长京师，寝之。恂复奏，给事中王纶、夏昂亦交章荐，乃授翰林待诏。

涂升十二月论治河。

张吉转梧州知府。

沈周作刺时诗《鸶鸟行》。

李晟改都察院照磨，往参大同军事。迁郧阳同知，以非所愿，上书言之，为当道所恶，遂归。

按：年八十余卒。李晟，生卒年不详。字孔阳。山东濮州人。成化进士。著有《六经举要》、《经世通略》、《平戎兵式》。事迹见《乾隆山东通志》卷二八之三。

张悦四月上书请修德图治，纳之。

李梦阳成进士。授户部主事。

王承裕成进士。授兵科给事中。旋告归侍父。

> 按：是年，父王恕年七十八，乞休得请，承裕侍归；定省之暇，于从游之士，建弘道书院及改经堂，讲学治易其间。

毛澄成进士。授修撰。

田岩成进士。授户部主事，榷杭州北关，擢南京吏部郎中，出为宝庆知府。以亲老乞归。

> 按：田岩，生卒年不详。字景瞻，号南山。福建晋江人。从蔡清学《易》。

邝璠成进士。官吴县知县，擢江西瑞州知府。

许天锡成进士。授吏科给事中。

> 按：与言官何天衢、倪天明并负时望，人称"台省三天"。

吴一鹏成进士。授编修。

何垕成进士。任郎官。

> 按：居官介甚，刘瑾欲得其所藏古琴，不肯与，谓一琴不足惜，惜因而有附瑾之名。出为程番知府，善抚绥境内苗民。何垕，生卒年不详。字朝举。江西新城人。著有《易经诸解》。事迹见《皇明书》卷四〇。

何孟春成进士。授兵部主事，累迁员外郎、郎中。

邹文盛成进士。授吏科给事中。

汪俊成进士。授编修。

沈焘成进士。选庶吉士，授编修。

陆相成进士。官至长沙知府。

> 按：陆相，生卒年不详。字良弼。浙江余姚人。著有《阳明先生浮海传》1卷。《四库全书总目提要》卷六〇曰："是书专纪王守仁正德初谪龙场驿丞，道经杭州，为奸人谋害，投水中。因飘至龙宫，得生还之事。说颇诡诞不经。论者谓守仁多智数，虑刘瑾追害，故弃衣冠，伪托投江，而实阴赴龙场。故王世贞《史乘考误》尝力辨此事为不实。而同时杨仪《高坡异纂》亦载此事，与相所纪略同。盖文人之好好异久矣。"

杭济成进士。官至福建布政使。

罗钦顺成进士。授编修。

> 按：迁南京国子监司业，与祭酒章懋以实行教士。

周季凤成进士。授刑部主事。

郑岳成进士。授户部主事，累迁江西左布政使。

郑宣成进士。由行人选御史。

> 按：以抗礼逆瑾谪兴化推官，寻升江西参事，御寇有功，进参议，乞归。郑宣，生卒年不详。字士达。丽水人。著有《宋元纲目愚见管》20卷，据《处州志》引范邦甸进呈书录。未见。

赵士贤成进士。由庶吉士授户部给事中，改兵科，累迁都给事中。

> 按：曾上疏请选帅练兵、令勋戚子弟入国学、禁道士为太常正官。

胡瓒成进士。

胡焯成进士。官户部主事。

姚镆成进士。除礼部主事。

冒鸾成进士。历任南京刑部主事、员外郎，福建布政使司左参议。

秦金成进士。历任户部主事、员外郎、郎中，河南提学副使、山东右布政使、都察院右副都御史，礼部、兵部、户部、工部尚书等。

顾清成进士。授编修，进侍读。登第后寄诗所知（《东江家藏集》卷六）。

> 按：长沙李文正公主会试，公名第二。廷试，吴文肃公为掌卷官。或欲导公往见，辞，竟不往。洎吴得公卷，极力赞美。以九重字失，提置二甲一人，改翰林庶吉士，读书中秘。时傅文穆公与李文正公伯宗、程公敏政，皆负文章重名，慎许可。与同年毛文简公澄、罗文庄公钦顺、汪宗伯俊，又每以名节自相砥砺。（《文简集》卷五四《故南京礼部尚书顾文僖公墓志铭》）

顾英成进士。授万载知县，改南御史。

> 按：升四川建昌兵备副使，以刚直忤时致仕。顾英，生卒年不详。字顺中。浙江慈溪人。性嗜书，无一日废读，著有《南台奏稿》、《发斋集》。事迹见《东泉文集》赠序。

徐穆成进士第二。授编修，进侍读，

> 按：与修《历代通鉴纂要》，宋元论断，多出其手。

高台成进士。官郎中。

> 按：高台，生卒年不详。浙江山阴人。著有《书经辨义》，见乾隆《绍兴府志》。

黄澜成进士。授翰林编修。

祝允明从试不第。

何景明随父梅溪公之官陕西会宁驿丞，时临洮守李默庵闻其奇，召置门下，甚爱重，为延师授春秋。

> 按：李默庵，名纪，字默庵，山西潞州人。

张文麟随先公学于苏州汤氏。

王艮年十一，贫不能学，辞塾师就理家政

黄佐四岁受孝经。

樊祉建辽右书院于辽宁锦州。

赵鹤龄建山东莒县文学书院。

陈献章三月撰《罗伦传》。七月撰《程乡儒学记》。九月撰《增城刘氏祠堂记》。

> 按：是年作诗《闻东山领都宪之命寄之七绝》、《永丰刘景惠持凶友罗一峰事状来白沙道其翁程乡宰肃庵愿友之意赠以是诗》、《予欲为一峰传而患无所本，其子梁撰状托肃庵子景惠至白沙予将为传用前韵》、《赠潘上舍汉用前韵》（以上皆七律）、《次韵顾别驾寄彭司寇二首七律》、《雨后示刘宗信林时嘉二首五绝》、《赠闵督还升秋官二首五绝》、《赠罗梁还程乡五首七绝》、《蓬岛烟霞图罗定直七绝》、《遇雨诗》（序曰易菊主偕其侄婿杨和从子庸信宿白沙遇雨偶忆庄定山与予于白马庵夜雨联句云公来天阁雨天共主人情菊主感叹再三诵之予因旧韵以复）。

刘大夏自为《寿藏》记叙其生平。

董锡修、杨大雍纂《浑源州志》5卷成书刊行。

> 按：为现存最早之大同市市域内地志刻本。

李德恢纂修《严州府志》22卷首1卷成书刊行。

> 按：同知莆田李伯通、通判无为董谟同修，桐庐县学唐珪校正。前有淳安胡拱辰序，末有淳安宋旻后序。《明史》卷九七艺文志著录作23卷，盖并卷首在内。雍正《浙江通志》卷二五三题《严陵志》，误。

由哈特曼·谢德尔编著的关于从创世到当代的附有插图的世界历史《纽伦堡编年史》以拉丁文和德文出版。

理查德·平森印刷其第一本注有日期的书籍：亨利·帕克著《财主与乞丐的对话》。

雅克·利菲弗·德埃塔普勒《亚里士多德自然平衡八行体诗释义》著成。

刘玙修、贾暹等纂《建宁府志》60卷成书刊行。

邵宝纂修《许州志》20卷成书刊行。

按：因前知州陈琏旧本为之。先是检详群书七年矣，至是始聘南阳张举人景纯临颍杨知县盛开局率诸生从事。九月志成有序。

章懋修《兰溪县志》成

张逊纂修《涿州志》12卷。

李东阳作《癸丑会试录序》、《学士柏诗序》。

邱濬撰《道南书院记》。

黄仲昭撰《南昌县学记》。

李承箕撰《东亭驿记》。

贺钦是秋撰《辽右书院记》。

杨循吉为新安徐氏纂《江山历览图记》，又题沈周所作图。

王偰在南京吏部任，撰《重修鸡鸣寺记》。

周瑛是春作《锦江赠别诗序》。

刻《武经七书》。

按：受马文升议，刊之，分送两京武学。

邝璠首刻所著《便民图纂》15或16卷。

按：后有弘治十五年本、嘉靖二十三年(1544)本、万历二十一年(1593)本。有石声汉、唐成懿校注本，1959年由农业出版社出版。后人认为此书并非成于一时一人之手。据书首《题农务女红之图》称，作此书乃有感于"宋楼琫旧制《耕织图》，大抵与吴俗少异，其为诗文又非愚夫愚妇之所易晓。因更易数事，杂以吴歌，其事既易知，其言亦易入用"。目的"劝于民"。此书大致据原有《便民纂》，撷取《种树书》、《多能鄙事》以及吴谚等编纂而成。

周恭辑《医说续编》18卷刊刻。

按：是书系补充增益宋张杲所著《医说》而成。参见《续修四库全书提要》。《千顷堂书目》卷一四作50卷。周恭，生卒年不详。字寅之。苏州府昆山人。世昌祖。博洽群书，为诗古雅典则。授徒市药以自给。时与高士沈周辈谈论古今。性嗜梅，年四十始得数亩之宅，环树以梅，自号梅花主人。另著有《西滨丛话》(一作《西滨丛语》、《西洪丛语》)4卷、《事亲须知》50卷、《医效日抄》(一作《医效日记》)4卷、《医史》、《卜史》、《枕流集》、《樵玉稿》10卷。著述见《昆新两县续修合志》卷四九。

刻元朱震亨《丹溪心法》。

《嵩阳杂识》1卷成，著者不详。

薛敬之编次《思庵野录》九月成，又为《思庵野录引》。

李东阳作《倪文僖公集序》。

按：序曰："公既没，青溪乃取公所自编订者，为三十二卷，刻梓以传。东阳始得而备见之。……文有《玉堂稿》百卷，《上谷稿》八卷，《归田稿》十二卷，《南宫稿》二十卷，通为卷百七十，则裒为家集。青溪与其弟工部主事阜共藏之，而《辽海编》别行于世云。"

倪岳作《倪文僖集跋》。

按：跋曰："先少保文僖府君，自游庠序即负重名，平生制作极富。成化庚寅，回禄之变，岳方归省于家，仓卒之际，挈一笥以出，及归他已无及。由是先世所藏荡然一空,惟先君文稿幸在笥中得存。岳即收拾花散亡,今为百七十卷,钞录数本,与诸弟共藏之。其间有经先君手自校订者,得诗若文八百九十篇,别为三十二卷,谨用刻梓以传。"

桑悦作《重刊虚舟集序》。

按：序曰:"闽之三山世英王先生,初为名进士,入翰林为庶吉士,授地官主事,擢副郎,出守袁州,以文章学行发为政事,其岂弟有循吏之风,咸重得大臣之体。公既,尤留心文事,慨其乡有王君孟扬素以文名当世,欲翻刻其《虚舟集》,而乞予言以弁其首。……孟扬父友石山人,仕元为总管,国朝死节。先生并刻其诗,亦属予为之序。"

周礼著《湖海奇闻集》6卷成,双桂堂刊。

按：书前5卷为正文,末1卷为附录。《百川书志》卷六记此书曰:"余杭周礼德恭著。聚人品、脂粉、禽兽、木石、器皿五类灵怪,七十二事。"是书首柏昂序于弘治癸丑闰五月。

周礼著《秉烛清谈》5卷成。

按：《百川书志》认为是仿《剪灯新话》之作,共27篇。

金润卒(1405—)。润字伯玉,号静虚。应天府上元人。正统三年举人。授兵部司务。尚书王骥、于谦皆重之。擢南安知府,乞休家居。著有《心学探微》12卷、《静虚稿》(外稿)。据《皇里明代人文略》,润所编著另有《南山十秀集》。事迹另见,童轩《南安府知府封南京刑部右侍郎金公润墓碑》(《国朝献征录》卷八七)。

谢省卒(1420—)。省字世修,号愚得,晚更号召南逸老,学者私谥贞肃先生。浙江太平人,一作黄岩人。景泰五年进士。著有《行礼或问》、《逸老堂净稿》。事迹见《明人小传》卷一,《桃溪净稿文》卷一四。

按：《行礼或问》,已佚,见其从子铎所纂墓志。铎又有《读行礼或问篇》,曰:"叔父博学好古而深于礼,在宝庆尝撮取冠婚丧祭四礼大要,施之民而行之于家。既又惧夫人之不能无惑也,乃取经传子史之有关是礼者,旁考博采,订以耳目之所见闻,隐以心思之所防虑,条分例释,别为《或问》,以附四礼之后。"

沈诚卒(1424—)。诚一作良诚,字文实,号希明,又号味菜居士。上元人。著有《居家日记》。事迹见《唐伯虎先生集》卷下。

刘吉卒(1427—)。吉字祐之,号约庵。卒谥文穆。保定府博野人。正统十三年进士。改庶吉士,授编修,充经筵官。与修《寰宇通志》、《大明一统志》、《英宗实录》、《文华大训》、《宪宗实录》等。累迁户部尚书、谨身殿大学士。事迹见《明史》卷一六八,徐溥《特进光禄大夫柱国少师兼太子太师吏部尚书华盖殿大学士赠太师谥文穆刘公吉神道碑》(《国朝献征录》卷一四)。

秦璠卒(1428—)。璠字景美,号东皋。无锡人。著有《左传断例》、《小学校注》、《韵叶》、《通鉴纲目详节》、《管子正录》、《东皋集》。

按：前5种未行于世,见《锡山秦氏文钞》卷一小传秦毓钧注,《锡山秦氏文钞》卷一收其文3篇。

章律卒（1428— ）。律字鸣凤，号容斋，晚号怡晚散人。苏州府常熟人。景泰五年进士。官至右副都御史，巡抚云南，召还掌南京都察院事。著有《都宪奏议》1卷、《春泽文稿》。事迹见《京都察院左副都御史章公律墓志》（《国朝献征录》卷六四）。

缪恭卒（1429— ）。缪恭字思敬，号守谦，又号责庵。浙江太平人。通《春秋》。弘治初诏求直言，恭以诸生上书陈六事，皆人所不敢道者。遣回家，杜门不出，自称小茅山饿夫。著有《茅山秽稿》。事迹见《桃溪净稿文》卷一四。

李应祯卒（1431— ）。应祯一名甡，又名应熊，字贞伯。苏州府长洲人。景泰四年举人。入国子监。弘治初历太仆少卿。善文词，甚负时誉。好古博学，篆楷俱入品格。卒之日，无以敛，友人文林、史鉴买地以葬。与修《苏州府志》100卷，著有《忠节录》、《李氏遗集》4卷、《范庵集》。事迹见《列朝诗集小传》丙集、《姑苏名贤小纪》上。

按：《苏州府志》，刘昌、杜琼、陈颀、陈璚、李应祯、贺芮等合纂。

汝讷卒（1433— ）。或作汝纳。讷字行敏。苏州府吴江人。景泰四年乡试中举。得荐与修《英宗实录》。选入史馆，授中书舍人。累擢汀州知府。纂有《松陵志》20卷，著有《学鸣集》15卷、《北游集》。事迹见《怀麓堂文稿》卷四。

王庭卒（1434— ）。庭字元直。苏州府昆山人，资俾。著有《崔莺莺考证》（见王仁宝辑《娄水文征》）。事迹见《昆新两县续修合志》卷二六。

李文祥卒（1464— ）。文祥字天瑞。湖广麻城人。成化末登进士。上封事，谪陕西咸宁县丞。贬贵州兴隆卫经历。御史邓廷瓒用兵苗乡，咨以兵事，大奇之，欲荐为监司，固辞不得。著有《检斋稿》。事迹见《明史》卷一八九。

朱申凿卒，生年不详。申凿，应天人。蜀献王椿曾孙。著有《惠园集》（见《千顷堂书目》卷一七）。事迹另见《国朝献征录》卷一。

常伦（ —1526）、吴鼎（ —1545）、杨爵（ —1549）、陈逅（ —1557）、仇英（ —1560）、冯恩（ —1573）生。

成吉思帖木尔后裔巴卑尔成为费尔干纳的统治者。

意大利战争爆发。

正式确定教皇子午线。

莫斯科大公国取维亚兹马公国及奥卡河上游之地。

弘治七年　甲寅　1494年

二月甲子，以去冬南京风雨之变，遣使祭告。敕廷臣修省。（《明通鉴》目录卷一〇）

李东阳三月、八月、九月俱进讲《孟子》。八月为礼部侍郎兼侍读学士，入内阁专典诰敕。是年作诗贺傅瀚寿辰。

湛若水往江门，二月来学陈献章，悟"随处体认天理"六字符诀，乃定居楚云台。

黄瑜三月自香山省稼回至白沙访陈甫先生，相见大笑，讲话竟日，各赋一诗而别。

熊成章时任巡按广东御史，特意为陈献章在白沙村建嘉会楼，以纳学者。

邱濬八月进少保兼太子太保、户部尚书武英殿大学士，复以疾辞，温旨慰留。

徐溥八月加少傅兼太子太溥、吏部尚书谨身殿大学士。具疏辞，不允。

刘健八月升太子太保兼礼部尚书、武英殿大学士。具疏辞，不允。

庄昶九月复起，邱濬尼之，仍授行人司副。明年，以老疾罢。

刘大夏二月以河复决张秋，请自决口西岸凿月河以通漕。五月甲辰，命太监李兴、平江伯陈锐同刘大夏治张秋决河。

按：陈镐撰有《平江伯陈锐传》(《国朝献征录》卷九)。

邵宝为户部员外郎。

耿裕、马文升九月俱晋太子太保。

白昂、屠滽九月俱太子少保。

刘璋二月任工部尚书。

沈周以苏州端阳苦雨，在仿董北苑画跋中自述"农计萦怀，殊无乐地"。

徐贯七月丙午治水苏、湖。

黄仲昭以吏谒张瓒，桂华在座。

按：瓒，生卒年不详。字宗器。湖广孝感人。正统进士。官至漕运总督。著有《东征纪行录》1卷、《土苴内外集》、《征夷杂记》。事迹见廖道南《户部侍郎张瓒传》(《国朝献征录》卷三〇)，《右副都御史张公瓒传略》(《国朝献征录》卷五九)。

周瑛升四川布政使。

储罐为吏部考功郎中。

毛伯温十三岁，始学时文，遂能发挥题旨，见者奇之。

杨慎七岁入学。

按：母氏黄夫人教之句读，授以唐诗，辄成诵。又以笔管印纸作圈，令杨慎书字于中，曰：吾虽不知书然即此则楷正自可观。

黄佐五岁，随父执养亲礼，日探家笥藏书，问知经史难字，观周程六君子象，即自誓必如此而后为人。

陈宣建墨池书屋于湖北宜昌。

按：相传其地为晋郭璞、宋苏轼洗砚处。

陈钢等重建湖南长沙岳麓书院。

按：陈钢迁长沙府通判，以监修吉王府有功，王赐之金帛，不受，请得故殿材修

苏格兰阿伯丁国王学院建成。

玉米约于此时由美洲传入西班牙。

岳麓书院,岳麓得以复盛。首创崇道祠,祀朱熹、张栻,以突出其理学传统。

廖佐于广西藤县三元书院增建楼堂以祀冯京。

樊祉创建正学书院于辽宁辽阳。

按:初名辽左书院。御史汪赐、刘民德、葛绘、杨百之、王重贤、常时平、曾铣相继修葺。

僧根敦嘉错(达赖二世)入拉萨哲蚌寺。

塞巴斯蒂安·布兰特著成《愚人船》。

约翰·利德盖特著成《王子的衰亡》。

沃尔特·希尔顿著成《尽善尽美阶梯》。

约翰·路希林著成关于神秘主义的论文《美妙的圣言》。

琼·莫伯恩努著成关于乐器的首篇系统论文《音乐见习之灵感》。

卢卡·迪帕乔利著成《代数学》。

李东阳撰《南京太常寺卿陈公音神道碑铭》。

章律修、张才纂、徐珪重编《重修保定志》25卷成书刊行。

按:为现存最早之保定市市域内之地志刻本。

吴凤翔修、李舜明纂《重修无锡县志》36卷刊行。

马暾纂修《重修徐州志》10卷成书刊行。

按:赵明奇《徐州地方志通考·上稿》考证,弘治本《重修徐州志》是现存最早之徐州市市域内之地志刻本,也是唯一私修徐州志书。现仅存1—2卷。

姚昻纂修《永州府志》10卷成书刊行。

严春刻宋龚明之《吴中纪闻》6卷。

钱福撰《捍患堤记》,记上海人于西乡筑堤百余里防涝。又撰《清风亭记》。

周瑛八月撰《贵藩重修后堂记》。

按:吴兴张公廉由贵州按察使擢本司左布政使。走使蜀藩。周瑞应嘱作记。

陈献章六月撰《肇庆府城隍庙记》,十月跋《清献崔公剑阁诗》。

按:是年作诗《左行人寄倭金酒浅醉答七绝》、《刘景仁自雷州别二亲还永丰过白沙七绝》、《次韵别驾宿碧玉楼韵五首七绝》、《嘉会楼上梁和顾别驾》、《用别驾韵答熊侍御七律》。

章懋正月作《与门人黄子传书》。

邱濬著《进秩偶书》、《受一品封》诸作,作《甲寅初度》、《感怀》。

张元祯为郭瑫刻《白鹿洞志》,著《白鹿洞志序》。

刘氏明德书堂刻《卫生宝鉴》24卷、补遗1卷,

按:无年号刻《大广益会玉篇》30卷。

韩邦奇著《木轩墨迹记》。

陈璘题沈周所作《孤木寒鸦》扇。

周瑛作《皇叶使节诗序》。

庸愚子(蒋大器)作《三国志通俗演义序》。

按:由序后印章可知,庸愚子即金华蒋大器。序曰:"夫史,非独纪历代之事,盖欲昭往昔之盛衰,鉴君臣之善恶,载政事之得失,观人才之吉凶,知邦家之休戚,以至寒暑灾祥,褒贬予夺,无一而不笔之者,有义存焉。吾夫子因获麟而作《春秋》。《春秋》,鲁史也。孔子修之,至一字予者,褒之;否者,贬之。然一字之中,以见当时君臣父子之道,垂鉴后世,俾识某之善,某之恶,欲其劝惩警惧,不致有前车之覆。此孔子立万万世至公至正之大法。合天理,正彝伦,而乱臣贼子惧。故曰:'知我者其惟《春秋》乎,罪我者其惟《春秋》乎!'亦不得已也。孟子见梁惠王,言仁义而不言利;告时君必称尧、舜、禹、汤;答时臣必及伊、傅、周、召。至朱子《纲目》,亦由是也,岂徒纪历

代之事而已乎？然史之文，理微义奥，不如此，乌可以昭后世？语云：'质胜文则野，文胜质则史。'此则史家秉笔之法，其于众人观之，亦尝病焉。故往往舍而不之顾者，由其不通乎众人，而历代之事愈久愈失其传。前代尝以野史作为评话，令瞽者演说，其间言辞鄙谬，又失之于野，士君子多厌之。若东原罗贯中以平阳陈寿传，考诸国史，自汉灵帝中平元年，终于晋太康元年之事，留心损益，目之曰《三国志通俗演义》。文不甚深，言不甚俗，事纪其实，亦庶几乎史。盖欲读诵者，人人得而知之，若诗所谓里巷歌谣之义也。书成，士君子之好事者，争相誊录，以便观览，则三国之盛衰治乱，人物之出处臧否，一开卷，千百载之事，豁然于心胸矣。其间亦未免一二过与不及，俯而就之，欲观者有所进益焉。予谓诵其诗，读其书，不识其人，可乎？读书例曰：若读到古人忠处，便思自己忠与不忠；孝处，便思自己孝与不孝。至于善恶可否，皆当如此，方是有益。若只读过，而不身体力行，又未为读书也。……"

　　王㒜刻所著《思轩文集》23卷。

　　吴与弼《康斋文集》12卷刊成。

　　洪洞郑杰刊唐许浑纂《增广音注唐郢州刺史丁卯诗集》1卷。

　　僧祖浩与其徒僧道瑢同编《齐山诗集》7卷成。

　　按：二人并齐山寺僧。齐山在池州贵池县，有十余峰，以其正相齐等而得名，或云唐刺使齐映有善政，尝好游之，因而得名。自唐杜牧齐山登高有诗，后之游者多继作。《齐山诗集》7卷汇采成帙，并杂著记序附焉(《四库全书总目提要》卷一九一)。

　　秦旭卒(1410—)。旭字景旸，号修敬。常州府无锡人。究心学问。友人私谥贞靖。著有《修靖集》。清秦毓钧纂有《修敬公年谱》。事迹另见《怀麓堂文后稿》卷一六墓表。

　　张瑄卒(1417—)。瑄字廷玺，号古愚，晚号安拙翁，又号观庵。应天府江浦人。正统七年进士。授刑部主事，历郎中。官至南京刑部尚书。纂有《五经研朱集》22卷，著有《南征录》、《闽汴纪行录》、《阙洛纪巡录》17卷、《张瑄奏议》8卷、《张氏室宝检讨》1卷、《观庵集》15卷、《香泉稿》6卷、《安拙类稿》、《粉署余闲稿》1卷、《凝清集》8卷。事迹见《明史》卷一六〇，童轩《资政大夫南京刑部尚书观庵张公瑄墓志铭》(《国朝献征录》卷四八)。

　　梅伦卒(1424—)。伦字彦常。苏州府吴江人。鼐子。著有《归田集》、《余庵集》，见乾隆《吴江县志》卷四六。

　　陆容卒(1436—)。容字文量，号式斋。苏州府太仓人。成化二年进士。授南京吏部主事。与张泰、陆釴称"娄东三凤"。官至浙江右参政。著有《诗说质疑》、《菽园杂记》15卷、《式斋封事录》、《水利集》、《问官录》、《兵署录》、《浙藩稿》、《乙戊稿》、《式斋笔记》、《式斋迩察》、《式斋先生文集》37卷附录4卷。事迹见《明史》卷二八六《张泰传》附传，《列朝诗集小传》丙集，吴宽《浙江布政使司右参政陆公容墓碑》(《国朝献征录》卷八四)，《参政陆公传》(《篁墩文集》卷五〇)。

　　按：《静志居诗话》卷八曰："参政与张亨父、陆鼎仪齐名，号'娄东三凤'。"钱谦益《列朝诗集小传》丙集曰："居官手不释卷，家藏万余卷，皆手自雠勘"。《参政陆公传》曰："所著诗文曰《式斋稿》、《浙藩稿》、《归田稿》。奏议在朝曰《式斋笔记》，在浙

皮科·德拉·米兰多拉卒(1463—)。意大利哲学家。

波利齐亚诺卒(1454—)。意大利诗人，人文主义学者。

多米尼科·吉兰达约卒(1449—)。文艺复兴时期意大利画家。

梅洛佐·达·福尔利卒(1438—)。文艺复兴时期意大利翁布里亚画派画家。

曰《封事录》。记事之书曰《菽园杂记》、《式斋迩察》、《太仓志》。别有《兵署录》、《水利集》、《问官录》，总若干卷。"《菽园杂记》15卷，记朝野史实、典章制度及生产技术等，《四库全书总目提要》卷一四一曰："是编乃其劄录之文，於明代朝野故实，叙述颇详，多可与史相考证，旁及谈谐杂事，皆并列简编，盖自唐、宋以来说部之体如是也。其中间有考辨。""王鏊尝语其门人曰：本朝纪事之书，当以陆文量为第一。即指此书也。虽无双之誉，奖借过深，要其所以取之者，必有在矣。"最早有嘉靖年间刻本。通行本以《墨海金壶》本为最完善。1982年，中华书局以四库刻本《墨海金壶》本为底本和《守山阁丛书》本作校勘、标点，收入《元明史料笔记丛刊》出版。

又按：《中国历代人名大辞典》载：陆容(1436—1497)。但未标明出处。

陈音卒(1436—)。音字师召，号愧斋。福建莆田人。天顺末进士。改庶吉士，授编修。累迁南京太常寺少卿。刘吉嫌其迂腐，十年不得调。弘治五年始进本寺卿。音负经术，士多游其门者。然性健忘，世故琐屑事皆不解。世多以不慧事附之以为笑，然不尽实也。称愧斋先生。事迹见《明史》卷一八四《张元祯传》附传。

戴豪卒(1458—)。豪字师文。浙江太平人。成化十四年进士。弘治间官至广东右参政。著有《赘言录》。事迹见《怀麓堂文后稿》卷一六。

按：《四库全书总目提要》卷一九二载：《二戴小简》2卷，"不著编辑者名氏。所载一曰《赘言录》，明戴豪撰。一曰《筠溪集》，戴颙撰。豪字师文，台州太平人。成化戊戌进士，官至广东布政司参政。颙字师观，豪之弟。正德辛未进士，官至兵科给事中。《万姓统谱》载豪所著有《赘言录》若干卷；《太平志》载颙有《倦歌集》，又有《筠溪杂稿》。此本以两人书简各一卷，合为一编。盖摘录于全集之中，故仍以原集标目，非其完本也。"

李晓卒(1466—)。晓字东白，号鹤巢。丹徒人。著有《蛩吟稿》，见李士林《京江李氏宗谱》。

华钥(—1539)、朱纨(—1550)、陆粲(—1551)、项乔(—1553)、王宠(—1533)、应槚(—1554)、陈九川(—1562)、张选(—1568)、南逢吉(—1574)、金銮(—1583)生。

弘治八年　乙卯　1495年

沃尔姆斯帝国议会组建。

神圣同盟败法王查理八世。

梅毒传遍欧洲。

四月乙亥，河南按察司佥事车玺升为本司副使，仍提调学校。(《孝宗实录》卷九九)

五月，定国子监生拨历事例。(《明通鉴》目录卷一〇)

七月丁亥，封宋儒杨时将乐伯，从祀文庙。(《明通鉴》目录卷一〇)

是年，占城复奏安南侵扰。孝宗欲遣大臣往，徐溥等言："《春秋》，王者不治夷狄。"命已之。(《明通鉴》目录卷一〇)

陈献章作诗《病中写怀二首七律》、《八年春部书复至顾别驾以两司之命来劝驾用旧韵写怀韵答之二首七律》、《彭司寇挽词三首》。

湛若水游陈献章之门，授以程子之书。

李东阳二月乙丑入文渊阁预机务。二月疏辞内阁之命，孝宗不允。

谢迁二月乙丑入文渊阁预机务。八月至京具辞内阁重任，孝宗不允。十月服除至京师。

> 按：时与刘健、李东阳在阁，同心辅政，时人语曰："李公谋，刘公断，谢公尤侃侃。"

刘大夏以左侍郎委邵宝详议章奏，叶淇以尚书委邵宝阅本部章奏考国朝以来尚书侍郎氏名书于碑。

刘大夏是秋召还，授左副都御史，寻迁户部侍郎。

林俊是年秋监湖广乡试。十二月朝觐京师。

庄昶北行，于张家湾旅次跋所见李公麟画。庄昶三月升南京吏部验封司郎中。

> 按：寻，以病迁延不愈，乞归乡里。

周瑛五月以四川布政司右参议为右布政使。

桑悦归家侍亲。

黄昭仲致仕。

陈播中举人。官慈溪教谕。

> 按：陈播，生卒年不详。字中定，一字舜田。学者称静成先生。江苏常熟人。陈宏子。著有《静成斋稿》10卷，见《重修常昭合志》卷一八。事迹另见雍正《昭文县志》卷八本传。

桑翘中举人。官泉州通判。

> 按：桑翘，生卒年不详。字民起，号草溪，一号寒青。苏州太仓人。桑瑾子。桑悦弟。著有《寒青集》（见雍正《昭文县志》卷七本传）、《西岩即事》（见《重修常昭合志》卷一八）。

贡斌与其子安甫同领乡荐，选南京左府经历司都事，累官户部员外郎，后致仕。

> 按：贡斌，生卒年不详。字良用，更字朝用，号月楼。江苏江阴人。著有《公余酬应录》2卷，见民国《江阴县续志》卷一九。

金濂由岁贡授象山训导。

> 按：金濂，生卒年不详。字懋光。苏州府太仓人。精史学。著有《读史会编》120卷、《历年甲子图》，见宣统《太仓州志》卷二五。

文征明从吴宽学。

陈应春邀张文麟附学其师陈子身。

舒芬年十二，郡守祝瀚命赋驯雁立成，荐补郡博弟子。

杨慎八岁，与其弟惇出就外傅。

黄省曾六岁始就塾，好古文，通解尔雅。

郑惟桓重建湖南衡山文定书堂，改称书院，祀胡安国及其二子寅、宏像。

李翰谋于杨一清，嘱知县朱学通扩陕西武功县绿野亭建绿野书院。

葡萄牙人入取佛得角群岛。

	按：逾年乃成。详见弘治九年条。 熊绣创建榆阳书院于陕西榆林城内新楼西。 僧根敦嘉错（达赖二世）受比丘戒。
日本饭尾宗祇《新撰菟玖波集》成书。 第一部意大利浪漫派史诗、马泰亚·马里奥·博亚尔多的作品《奥兰多·因纳莫拉托》发表。 丹麦文《韵文编年史》成书。	庄昶四月作《小学图跋》。 李东阳撰《詹事府詹事赠礼部侍郎陆公简墓志铭》。 陈献章作《奠邱阁老文》。 黄瑜二月辑录《岁钞》成书10卷凡220篇，定名《双槐岁钞》，自为序。 　按：其首尾贯串，在明人野史中颇有体要。自序曰："予质性疏鲁，虽颇嗜学，然于道望洋，殊未有得。乃日事操觚，每遇所见所闻暨所传闻，大而缥缃之所纪，小而刍荛之所谈，辄即抄录。岁自景泰丙子，以迄于今，四十年于兹，而编成焉。……'双槐'，亭名，在广郡会城，予解组后栖息处也。" 许浩著《复斋日记》2卷成，自序。 　按：是书记明初以来朝野事迹，与叶盛《水东日记》颇相出入。（《四库全书总目提要》卷一四三） 潞州刊马暾纂修《潞州志》12卷 　按：一说21卷。是书为现存最早之长治市市域内之地志刻本。 程伦修、方泌纂《开化县志》10卷。 　按：刊本已佚。见《千顷堂书目》、康熙《衢州府志》卷二九著录。 王琼著《漕河图志》8卷。 　按：《四库全书总目提要》卷七五曰："先是，成化间三原王恕作《漕河通志》十四卷，弘治九年琼以工部郎中管理河道，乃因恕之书而增损之，首载《漕河图》，次记河之脉络源委及古今变迁，修治经费，以逮奏议碑记，罔不具悉。《明史》本传称琼出治漕河三年，胪其事为志。继任者案稽之，不爽毫发，由是以敏练称。盖其书之切于实用如此。" 李东阳撰《胡文定公书院记》。 杨循吉撰《浚白茅河记》。 邱濬正月作《京师元夕月圆诗》。 文征明从唐寅借观宋黄伯思《东观馀论》2卷，读后作题记。 洪常（子经）序日本桂庵玄树《岛隐集》。 　按：桂庵玄树"通儒学，旁及庄列，无一之不究心矣"。由日本入明，游历苏杭，与刘洪、卢瑀、俞泽等交游。回国后，至是年，将所著《岛隐集》托带至中国，请朝列大夫洪常序。洪常欣然序之。 徐祯卿著《新倩籍》。 无锡华燧以铜活字印行《文苑英华纂要》84卷、宋洪迈所撰著《容斋随笔》5集总74卷。 李瀚刊《三辅黄图》6卷。 张习编刊陈基《夷白斋集》12卷。
科西莫·图拉卒（约1430—　）。	胡澄卒（1416—　）。澄字景高，临川人。著有《警时新录》1卷。是书末附澄墓志。见《四库全书总目提要》卷一二四。

邱濬卒(1418—)。邱濬又作丘浚,字仲深,号琼台,卒赠太傅,谥文庄。琼州琼山人。举乡试第一,景泰五年成进士。改庶吉士,授编修。濬既官翰林,见闻益广,尤熟国家典故,以经济自负。累官至礼部尚书。弘治时兼文渊阁大学士参预机务,为尚书入内阁者之始。喜储书,于琼山县学辟"石室"藏之,以饷士人。尝采群书补宋真德秀《大学衍义》为《大学衍义补》。先后参与编修《寰宇通志》、《英宗实录》、《续通鉴纲目》、《宪宗实录》,著《家礼仪节》、《世史正纲》、《朱子学的》2卷、《琼台集》、《邱文庄集》。事迹见《明史》卷一八一,《考宗实录》卷九七,黄佐《大学士丘公濬传》(《国朝献征录》卷一四),何乔新《太学士文庄邱公墓志铭》,清王国栋编《邱文庄公(邱濬)年谱》。

按:何乔新作墓志铭曰:"读书秘阁,自六经诸史,九流笺疏之书,古今词人之诗文,下至医卜老释之说,靡不探究之,文章雄浑壮丽,四方求者沓至,碑碣铭志序记词赋之作,流布远迩,然非其人,虽以厚币请之,不与。修英宗实录,或谓少保于谦之死,当著其不轨之迹,公曰:'己巳之变,微于公,天下不知何如?武臣挟私怨,诬其不轨,是岂可信哉?'众以为然,功过皆从实书之。……及为祭酒,尤谆谆为学者言之,文体乃复浑厚。士有慕道学者,或过为险异之行以邀名,因考会试,发策言之士,乃知道以中庸为至,诡异不足贵也。其在大学论者,谓师道尊严,无愧李文忠公,综理微密,则文忠不及。尝谓朱子家礼,最得崇本敦实之意,然仪节疏备,为考诸儒所言,作《家礼仪节》,使好礼者可举而行。朱子微言,散见传注语录,学者卒未易求,乃采其精切者汇为二十篇,仿鲁《论语》,作《朱子学的》、《朱子纲目》。以正统为主,然秦隋之末,有不可遽夺,汉唐之初,有不可遽与者,乃作《世史正纲》,著世变之升降,明正统之偏全。又谓西山真氏《大学衍义》,有资治道,而于治国平天下之事缺焉,乃采经传子史,有及于治国平天下附以己见,作《大学衍义补》。……平生著述甚多,有《琼台吟稿》、《琼台类稿》、《家礼仪节》、《朱子学的》、《世史正纲》、《大学衍义补》行于世。又作《庄子直解》,未成。公博极群书。凡举僻事问之,则曰出某书某篇。退取书阅之,良是。尤熟本朝掌故,乐为学者道之,緉緉如目前事。"《四库全书总目提要》卷二五曰:《家礼仪节》8卷,"是书取世传朱子《家礼》而损益以当时之制。每章之末又附以馀注及考证,已非原本之旧。"《重编琼台会稿》24卷,据《四库全书总目提要》卷一七〇:"其文集世不一本。初其门人蒋冕等刻其诗曰《吟稿》,续又裒其记序表奏曰《类稿》。嘉靖中,郑廷鹄合二稿所载,益以所得写本,釐为12卷,名曰《会稿》。天启初,其裔孙尔毂遴《类稿》十之二,增《会稿》十之三,并《吟稿》合刻,曰《重编会稿》,即此本也。虽不及《类稿》、《会稿》之完备,而简汰颇严,菁华俱在,足以括濬之著作矣。"

姚绶卒(1422—)。绶字公绶,号穀庵,自号仙痴,晚号云东逸史。浙江嘉善人。天顺进士。授监察御史。永宁知州任解官归,筑室名丹丘,人称丹丘先生。著有《大易天人合旨》10卷、《云东集》。事迹见清沈铭彝编《云东逸史(姚绶)年谱》。

按:《大易天人合旨》据《经义考》引俞汝言曰:"绶著《大易天人合旨》,里中无有藏者,盖名为书画所掩也。"原本未见。

王㒜卒(1424—)。㒜字廷贵。常州府武进人。景泰二年进士,授编修。先后与修《大明一统志》、《英宗实录》。为南京国子监时严立程制。

文艺复兴时期意大利斐拉拉画派画家。

巴托罗缪·贝尔梅霍约卒,生年不详。西班牙画家。

官至南京吏部尚书。纂有《毗陵志》40卷、著有《思轩文集》23卷、《王文肃集》12卷。事迹见黄佐《南吏部尚书王公傲传》(《国朝献征录》卷二七)。

按：《王文肃集》12卷，《四库全书总目提要》卷一七五曰："此集亦名《思轩稿》。卷首载李东阳所作传，谓其官吏部尚书时，上疏陈八事，多见采纳。今其疏不见集中。"《千顷堂书目》卷一九有《思轩集》12卷，《中国善本书提要》曰："余虽未见十二卷本，疑其内容与此(指23卷本)不相复，殆为傲卒后所刻者。"

彭韶卒(1430—)。韶字凤仪，号从吾。卒谥惠安。福建莆田人。天顺元年进士。弘治中由刑部侍郎进尚书。为《问刑条例》主要编定者。著有《政训》2卷、《天曹日录》、《彭惠安集》10卷等。事迹见《明史》卷一八三，林俊《资善大夫太子少保刑部尚书彭惠安公韶神道碑》(《国朝献征录》卷四四)，《赠太子少保彭惠安公祠堂碑》(《椒丘文集》卷二八)。

按：韶嗜学，公暇手不释书。正德初，林俊言韶谥不副行，乞如魏骥、吴讷、叶盛，改谥文。竟不行。《政训》2卷，《四库全书总目提要》卷一三一曰："是编凡文公政训一卷，皆采摭《朱子语类》中论政之语。西山政训，则真德秀《西山集》中所载帅长沙及知泉州日告谕官僚之文也。西山政训之末，旧附心、政二经，见张悦序中。此本乃陈继儒刻入《宝颜堂秘笈》者，因心、政二经有别本自行，故所存仅此二卷云。"《彭惠安集》10卷，据《四库全书总目提要》卷一七〇：初名《从吾滞稿》。嘉靖中重刊，乃改题此名。然据郑岳原序，已有原稿散佚之语，则似已非其旧本。《别本彭惠安公文集》7卷，乃御史陈时周所重编，已多所刊削，非尽精要。附录1卷，则杨守陈、陈献章等赠言及府志传论也。据《明史》卷一八三本传，韶与何乔新同官，并有重名，一时称"何彭"。莅部三年，昌言正色，秉节无私，与王恕及乔新称三大老郑岳《彭惠安公文集序》曰："公尝序西畴常言，有曰：'即其所行而为学，即其所学而为方言。'公盖自道之矣。"

张鼎卒(1431—)。鼎字大器。陕西咸宁人。成化二年进士。官至户部右侍郎。为薛瑄弟子，终身恪守师说。瑄殁后，其文集散漫不传。鼎为瑄搜集校正，凡数年，始得成书。学者称自在先生。《明儒学案》列其入《河东学案》上。事迹另见《户部右侍郎张鼎传》(《国朝献征录》卷三〇)。

张逊卒(1432—)。逊字时敏，号钝轩。无锡人。纂有《涿州志》。据《匏翁家藏集》卷六三，逊所著有《钝轩集》。事迹见《毗陵人品记》本传，邵宝《福州府知府张公逊传》(《国朝献征录》卷九一)。

陆简卒(1442—)。简字廉伯，一字敬行，号治斋，别号龙皋。常州府武进人。成化二年进士。授编修。官至詹事府少詹事，兼侍读学士。著有《龙皋文集》等。事迹见李东阳《嘉议大夫詹事府詹事兼翰林院侍读学士赠礼部右侍郎治斋陆公简墓志铭》(《国朝献征录》卷一八)。

按：据《四库全书总目提要》卷一七五：《龙皋文集》19卷，有文无诗，冠以日讲直解及经筵讲章。李东阳为撰墓志，称其文缜密峻洁，力追古作，而不轻应接，求之经岁而不得者。又曰所著已累百数十卷，今所存者仅若此，则知其佚者多也。其文义蕴未深，而平正朴实，于长沙一派为近。盖何、李未出之前，文格大率如是也。

唐贵卒(1448—)。贵字用思，一字勉仁，号曾可。武进人。顺之祖父。据《遵岩文集》卷四一，贵所著有《使广纪行》1卷、《黄门集》2卷。唐鼎元《唐氏先世著述考》载《使广集》2卷。事迹见《古今图书集成》氏族典卷二九一。

张忠（ —1552）、周诗（ —1556）、王邦瑞（ —1561）、吴子孝（ —1563）、许论（ —1566）、谢榛（ —1575）、刘邦采（ —1580）、姚咨（ —?）生。

弘治九年　丙辰　1496 年

二月，增文庙佾舞 72 人，如天子制。（《明通鉴》目录卷一〇）

三月丙申，赐朱希周等 298 人进士及第、出身有差。

三月闰月，御文华殿，少詹事王华进讲《大学衍义》，因及唐李辅国与张后表里用事，指李广也。孝宗赐劳之。

四月戊子，武冈知州刘逊下于狱，科道庞伴、刘绅等论救，并下泮、绅等 62 人于狱。六科署空，尚书屠滽请命他官代收部院封事。学士杨守阯贻书诋之。（《明通鉴》目录卷一〇）

十二月己卯，杨廉上疏。孝宗曰：薛以性理之学继宋诸儒后，实我朝名儒，卿等奏俗建祠秩祀并刊文集，悉准行，其祠额特名正学。（《孝宗实录》卷一二〇）

陈献章《与金都宪书》："敝居与嘉会楼相迩，当道东西行部往来过此，某得以扶病见之，诚嘉会也"。

按：金泽，生卒年不详。字德润，浙江鄞县人。事迹见《南京都察院右都御史金公泽传》（《国朝献征录》卷六四）。陈献章是年作诗《次世卿韵再至白沙七绝》、《茂卿评事惠扇次韵七律》、《次韵刘少参嘉会楼二首七律》、《答邓督府七律》、《次韵李宪副留别七律》、《待黄太守见访时当考绩入京七律》、《次韵吴明府二首七律》、《题黄公钓鱼台五律》、《世卿将归二首》、《曾世卿三首五律》、《寄邓俊圭》、《寿月溪翁为顺德主簿张如玘七律》、《得廷实报定山归隐忆东白仲照五首七绝》、《赠刘别驾肃庵解官归永丰三首七绝》、《九日嘉会楼登高四首》、《楚云台观民泽所栽菊寄民泽》、《野菊吟寄子长再次》、《寄小园冈书屋和民泽》（以上俱五律）、《答阳江柯明府》。

李东阳以礼部左侍郎兼文渊阁大学士寻擢礼部尚书兼官如故。充廷试读卷官。四月、五月、八月、十月俱进讲《孟子》。

徐溥、刘健等为殿试读卷官。

徐溥等三月闰月甲子，以内阁书籍浩繁，请以翰林院待诏潘辰管典籍事，仍乞谕吏部于教官内选除典籍一员，与之供事。从之。遂升河南息县教谕夏赉为翰林院典籍。（《孝宗实录》卷一一一）

按：夏赉，生卒年不详。浙江富阳人。修《息县志》8 卷，后人奉为楷模。是书据《浙江通志·经籍》，未见。

费尔干纳的巴卑尔围攻撒马尔罕。

神圣罗马帝马克西米利安之子，勃艮第公爵菲利普与西班牙公主联姻。

玉米约于此时由葡萄牙传入亚洲。

德国瓦伦泰恩于本世纪提出金属"三原学说"。

约翰·阿尔科克建立剑桥大学耶稣学院。

哥伦布于海地建圣多明各。是为欧洲人在西半球所建最早城市。

格列高里·伊斯托马首次完成沿科拉半岛海岸及俄罗斯至西欧的航行。

俄罗斯普斯科夫圣显教堂建成。

邵宝二月为会试同考官。

谢迁二月乙卯以詹事府詹事兼翰林院侍讲命为会试考官。

王鏊二月乙卯以翰林院侍读学士命为会试考官。

顾潜等进士20人三月闰月己酉选为翰林院庶吉士读书，张升、王鏊教之。

刘震四月戊子以右春坊右谕德管国子监司业事升为南京国子监祭酒。

李逊学五月丁未朔以翰林院检讨升为浙江按察司佥事，提调学校。

王鸿儒八月庚子以南京户部员外郎升为山西按察司佥事，提调学校。

王守仁落第，归余姚。结诗社龙泉山寺。

徐贯八月擢工部尚书。

姚文灏时提督松江等处水利工部主事，七月言治水六事，孝宗从之。

王琼以工部郎中管理河道，乃因王恕成化间所作《漕河通志》14卷而增损之为《漕河图志》3卷。改户部陕西司郎中，倡修《大明会典》。

按：一说上年著《漕河通志》成。《漕河图志》有明刊本。姚汉源、谭徐明以日本藏本覆印本为底本，以北京图书馆善本部所藏胶卷参校订补，成点校本，1990年由水利电力出版社出版。书前有王琼自序，书后有何宗理跋。

尹直五月以致仕尚书上表贺圣节，并以太子年当出阁，进《承华箴》，孝宗鄙其献谀希恩，却之。

李瀛至苏州访文征明，诉遭际，征明为作《衍毁》。

吴宽撰《沙湖堤记》，记苏州唯亭人在沙湖筑夹堤，避涛患。吴宽撰记，记浒墅关民造普思桥成。

吴麟写牡丹于妙智庵，沈周为作纪事诗。

何景明归自临洮。

湛若水春游罗浮。

庄昶赴通政司告行本部，即告归定山。

罗玘邮《华赠卷》。

按：《圭峰集》卷一有《华赠卷后序》。

黄仲昭乞致仕归。

王艮丁母忧，居丧哭泣哀。

林俊推江西右布政使、陕西左布政使。七月疏致按察使事，不待报而行抚按。疏请得旨，准暂回原籍养病，不为例。

吴廷举升四川成都府同知。

周旋出参广藩。

按：时修《广西通志》60卷。

薛敬之迁金华同知，东南学者如陈聪辈数十人，皆抠衣门墙，居二年致仕。

周瑛丁母忧，归莆田。

徐珪十二月上书，以满仓儿之狱，请革东厂，黜为民。

弓元成进士。授湖广岳州推官，官至监察御史，巡按江西。

按：上修内攘外一疏，切中时事，不能用。乞归，种树著书。一时名士争与之交。弓元，生卒年不详。字大方，江浦人。著有《午梦录》10卷、《大方文集》16卷。辑有庄昶著《定山先生文集》10卷。事迹见《金陵通传》卷一六本传。

王涣成进士。由长乐知县擢御史。

按：出巡山海关，遭都御史刘宇承刘瑾意诬陷，被斥革为民。刘瑾诛，复官致仕。

王瓒成进士。

按：初任翰林院编修，参与纂修《大明会典》。充经筵讲官。

王九思成进士。授检讨。

王崇献成进士。授礼部主事。

甘振成进士。为南京户部主事，历员外郎。

按：母卒后不复仕，隐居白石山。学者执经就讲者甚众。甘振，生卒年不详。字大声。广西桂平人。事迹见《桂平县志》卷三四。

左辅成进士。授浮梁知县。

按：迁瑞州府同知，谪安南教授，再谪南城训导，日与诸生讲论不辍。左辅，生卒年不详。字弼之。宁国府泾县人，著有《周易本义附说》、《南庠日讲集》等。事迹见《嘉庆泾县志》卷一八、《千顷堂书目》卷一。

包泽成进士。拜监察御史。

边贡成进士。除太常博士，擢兵科给事中。

朱谏成进士。官至吉安知府。

朱希周成进士。孝宗喜其姓名，擢为第一，授修撰。

刘玉成进士。知辉县，迁监察御史。

刘瑞成进士。选庶吉士，授检讨。

刘溥成进士。授永宁知县，修复程子书院，率士子往习儒业。

刘麟成进士。除刑部主事。

汝泰成进士。拜南京考功主事，出知永州知府。

按：汝泰（1440—？），字元吉，一字其通，苏州府吴江人。讷从子。未第时，与同郡李应桢、吴宽，同邑姚明、史鉴并以文学著名，所纂文章传播远近。著有《来斋集》，见乾隆《吴江县志》卷四六。

李熙成进士。任御史。

吴宗周成进士。

按：寿宁侯张鹤龄倚酒戴帝冠，长随何鼎持大瓜欲击之。竟下鼎锦衣狱，宗周抗疏救之，孝宗不纳。历官临江知府。吴宗周，生卒年不详。字子旦，号石冈。宁国府宣城人。编有《来苏吴氏原泉诗集》8卷，辑其先世以来之诗，始宋迄明。据宗周自序称，以先人之作为内集，外人所赠为外集，附以拙作（《四库全书总目提要》卷一九二）。

汪循成进士。授永嘉知县，官至顺天府通判。

张羽成进士。由淳安知县擢御史。

张珊成进士。授尉氏知县，改宣扬。

张芝成进士。官湖广按察副使。

按：张芝，生卒年不详。字庭毓。安徽歙县人。著有《经世续卦》，见《千顷堂书目》卷一一。

陈澜廷试第三。授翰林编修。

按：与修《大明会典》，书成，晋修撰。

陈琳成进士。授监察御史。

按：上端本修政十五事，出督南畿学政。

陈茂烈成进士。

按：奉使广东，受业陈献章门下，献章语以为学主静，退而与张诩论难，乃作《静思录》。

陈洪谟成进士。授刑部主事，转员外郎。

范兆祥成进士。授翰林院检讨，侍泾王讲读。

按：因灾异陈言触忌，下锦衣卫狱。出为泾王府长史，以忤中官，复逮诏狱，谪戍永州。寻放归。范兆祥，生卒年不详。字延和。江西丰城人。著有《半松遗墨》。事迹见《雍正江西通志》卷六八。

罗凤成进士。出知兖州，被劾改知镇远。

按：又忤巡方，再移知石阡。

周玺成进士。授吏科给事中，屡迁礼科都给事中。

赵鹤成进士。授户部主事，历郎中。

皇甫录成进士。授都水主事，出知顺天府，被劾归。

贾咏成进士。改庶吉士，授编修。

顾璘成进士。授广平知县。

按：邵宝嘱其持身当以储罐为方，终不为非人累。《息园存稿文》卷一《关西纪行诗序》曰："弘治丙辰间，朝廷上下无事，文治蔚兴，二三名公方导率于上。于时，若今大宗伯白岩乔公宇、少司徒二泉邵公宝、前少宰柴墟储公罐、中丞虎谷王公云凤，皆翱翔郎置，为士林领袖。砥砺乎节义，刮磨乎文章，学者师从焉。璘方举进士，得从宴游之末，奉以周旋。窃见诸公契谊笃厚，切切以艺业相窥疑，无猜嫌，虽古道德之世，无以加也。"

顾潜成进士。初授翰林院庶吉士。直隶提学御史。

黄衷成进士。授南京户部主事，监江北诸仓，历户部员外郎、湖州知府、晋广西参政。

按：后抚云南，镇湖广皆有政绩。官至兵部右侍郎。

童品成进士。

按：朱彝尊《经义考》称其官至兵部员外郎。朱国桢《涌幢小品》则称其登第后为兵部主事，仅两考，引年致仕。家居十九年，以读书丧明而卒。其学问行谊，不后于章懋，而以有传有不传为惜。所述本末甚详，知《经义考》以传闻误也。童品，生卒年不详。字廷式，号慎斋。浙江兰溪人。所著《周易翼义》，见《经义考》、《熏习录》并著录，今存。《周易传存疑》及《格物志》，《金华经籍志》云未见。《春秋经传辨疑》1卷，《四库全书总目提要》卷二八曰："是书前有自序，题'成化戊戌冬十一月'。末又有弘治壬戌二月跋，云'是岁品以儒学生教授于陆生震汝亨之家，成此一帙，距今二十五年'云云。考国桢所纪品以成化丙午始举于乡，是书之成在前八年，故自称曰儒学生。其登第在宏治丙辰，下距壬戌七年，正仅满两考之岁。盖序作于未第时。跋作于致仕后也。《春秋》三传，左氏采诸国史，公、穀授自经师。草野传闻自不及简策之记载,其义易明。是编论左氏所载事迹凡九十三条,于三传异同者,大抵多主左氏而驳公、毂,盖由于此。然……则亦非坚持门户,偏党一家者也。刻本久佚,故朱彝尊《经义考》注云'未见'。此盖传钞旧本,幸未佚亡者,固宜亟录而存之矣。"《四书旁训》、《四书精义》、《学庸大义辨疑》、《孟子篇类》,见《金华先民传》、《兰溪志》及《经义考》,而据《金华经籍志》,《四书旁训》佚,余未见。《复位孝经传注》1卷,已佚,见《金华经籍志》引《经义考》及《千顷堂书目》。《金华文献录》一书见《金华先民传》,胡宗懋谓未刊行。《正蒙发微》2卷,见《金华先民传》。《皇极经世书内篇注》见黄氏《千顷堂书目》。《正俗编》无卷数,见《兰溪县志》。《增注黄庭经》,见《金华先民传》及《金华经籍志》,未刊。

熊卓成进士。授平湖知县,擢监察御史,多所奏劾。

潘镗成进士。授满城知县,后擢御史。

按:陈时务大计四事,孝宗嘉纳之。

张绶贡生。任东阳训导。

按:张绶,生卒年不详。字朝绅,号卓斋。江苏无锡人。著有《卓斋集》,见乾隆《无锡县志》卷三九。

翁文岁贡。

按:翁文,生卒年不详。字本道。浙江萧山人。纂《萧山县志补遗》,见《千顷堂书目》、雍正《浙江通志》卷二五三。

陈琛受学于李木斋先生。

按:李木斋,生卒年不详。讳聪,字敏德。时以翰林检讨丁外艰教授于学宫。批陈琛文曰:"光辉射牛斗,雄壮倒昆仑,有此学力,允惬予望。"

张文麟拜张起斋(名凤来)尊人克理为师。

穆孔晖年十八丁母忧,哀毁呕血,以善丧闻。

吕柟年十七八,梦程明道、吕东莱氏,就正所学,由是学益进,督学杨邃庵(杨一清?)、王虎谷拔入正学书院。

蒋信年十四,居丧毁瘠,与同郡冀元亨友善。

聂豹十岁,即颖敏不群。

黄佐七岁,黄瑜教以数与方名,黄佐偶弄笔作河洛点画,黄瑜大喜,遂遗就外傅。一日问诸师曰:大学自纲领条目外,何以释本末而不及终始耶。为文已融如宿儒矣。师辞不能教。

杨一清卜地重建陕西西安正学书院。

按:中为祠,左为提学分司,右为书院,名"正学"。有前后堂,左右庑,环为肄业之室。堂后为会馔之所。大学士李东阳为之作记(《怀麓堂集》卷六五《重建正学书院记》)。

王天宇建弘道书院(宏道书院)于陕西三原永清坊。

按:书院成,即立教规20条,明德、学道以及游艺、会食,皆有规矩。考经堂存书数千卷。诸生有堂上生、堂外生之别,二生依成绩可升降。副使王云凤为之作记。

陕西武功绿野书院建成。

按:县城南郭外旧有绿野亭,宋儒张载曾与武功弟子游亭,并讲学其中。弘治八年巡按御史李翰谋于提学副使杨一清,嘱知县朱学通扩亭建之,逾年乃成,名绿野书院。前为横渠祠,后建讲堂学舍,以训导赵文杰为师,立规约大致与白鹿、睢阳书院相类。西安、凤翔诸生闻风踵至，杨坐堂上，督劝之。

胡安·德尔恩西纳编成复活节剧《坎西奥内罗》。

弗兰基诺·加福里关于作曲论文《实习音乐》著成。

章懋纂《婺乡贤志》2卷。

按：是书见《枫山先生实纪及年谱》，称弘治九年冬十月，与参议吴公纪书曰：承以《乡贤祠志》见委，取法《朱子名臣言行录》及《伊洛渊源录》之例，杂取诸贤言行事实，逐条附列，以为遗事。又录所述作以为遗文，分上下两卷。又谓前所议勋业一条未定，今复更定，总以名臣称之。祠中诸贤各随所长，分类而列之卷首，以见所以崇祀之意云。原书未见。

章懋正月《复鹅湖费宏（阁老）书》。十月《与吴纪书》。

按：吴以金华多名贤，请章校定其德业闻望之最者，为志立祠郡中，以风励后学。

李东阳撰《进士题名记》、《户部左侍郎吴公原道神道碑铭》。

薛敬之撰《金华乡贤祠志》若干卷。

周瑛抱忧家居，撰《重修蔡忠惠祠记》。

林瀚兼祭酒事，刻费訚《临雍录》于国子监。

按：《四库全书总目提要》卷八三曰："弘治元年三月，孝宗举行临雍释奠礼，訚时为祭酒，因录其礼仪奏议。及官礼部时，乃编次成书，付淮安知府徐镛刻之。至弘治九年，林瀚兼祭酒事，又刻于国子监。"

王僖征修、程文纂《句容县志》12卷成书刊行。王韶校正。

按：是书类目无大门，故细目繁多。然资料颇丰。此为现存最早之句容地志刻本。是志原刻本外，1981年上海古籍出版社影印《天一阁藏明代方志选刊》本。王僖征，籍贯、生卒年不详。程文，生卒年不详。字仲昭。江西浮梁人，训导。王韶，生卒年不详。字思舜，号朴庵。别号归闲道人。句容人。王韶另辑有《容山钟秀集》6卷。（参《中国大书典》等）

刘允修、沈宽纂《夷陵州志》10卷《拾遗》1卷成书刊行。

按：是书为现存最早之宜昌市市域内地志刻本。

许鹏修、杨莹纂《蒲州志》刊于蒲州。

杨一清校刻《鹖子》、《子华子》、《尹文子》、《鹖冠子》、《公孙龙子》5书成。

刘宇编《安老怀幼书》。

按：《四库全书总目提要》卷一〇五曰："初，宋咸淳中陈直撰《养老奉亲书》。元大德间邹铉续为《寿亲养老新书》。黄应紫合为一篇刻之。宇于成化戊戌得其本，弘治庚戌重为刊行，改名《安老书》，仍为三卷，复得雪川娄氏《恤幼集》，又补刻于后，总为四卷，题曰《安老怀幼书》。雪川娄氏，明洪武永乐间御医也。宇得之于其曾孙去。"

郁文博作《较正说郛序》。

按：文博，生卒年不详。松江府上海人。景泰进士。弘治间校刊陶宗仪《说郛》。事迹见《古今图书集成》氏族典卷五〇七。郁文博序曰："《说郛》一百卷，乃元季寓吾松南村天台陶九成取经史、传记、诸子百氏、杂书之所编，予未尝见。成化辛丑，予罢官归乡，于士人龚某家得借录之，遍阅其中所载，有足裨予考索之遗，廓予闻见之隘。然字多讹缺，兼有重出与当并者，未暇校正。继而屡为司牧部使者借去分命人录，而所录之人不谨，遇有字误，虑对出被责，辄将予旧本字涂改相同，以掩其过,而字之讹缺者加多。予愤其人而无可奈何。迩年以来,借录者颇简,遂欲校正,复遍阅之,见其间编入《百川学海》中六十三事。《学海》近在锡山华会通先生家翻刊铜板活字,盛行于世,不宜存此徒烦人录,于是以其编入并重出者尽删去之。当并者并之,字之讹缺者,亦取诸载籍逐一比对,讹者正之,缺者补之,无载籍者以义厘正之。终岁,手录仍编为一百卷,犹恐有未尽善,留俟后之君子重校而刊行焉。"

李承箕二月《书李先公遗书后》。

薛章献(一作薛章宪)得孙作遗集《沧螺集》,以付徐经。徐经刻《沧螺集》,吴县都穆为司校订。薛章献作《记沧螺集后》。

按:薛记曰:"乡先生孙公大雅,在洪武初以文名一世。于时,学士金华宋公于文最少许可,雅重公,特为作传,郑重委曲,考其文可见已。章宪生后公百年,时时从人得片言只语,犹能想见风采。以不得遍睹公平生论述为慊,求之且廿年矣,乃得公所为文曰《沧螺集》于都君玄敬,既又得公诗于黄君应龙,各丐以归,如得重货。以示中表弟徐直夫而谋梓之,未果也。岁乙卯九月,玄敬、直夫同领乡荐,归自南都,乃重言焉。直夫于是捐金佣工,而玄敬手为板勘,始得竣事。"宋濂《东家子传》曰:"仆尝窥其成书一二,如鲁斋王公、仁山金公、白云许公诸乡先正,义有未竟,理有未白,公一一析决,不啻亲承曾、思之传,洞瞩千古之上,析之则理胜,辟之则辞严,动有据依,皆非臆说,此公之学不可及者一也。他人之文,束于理则辞不畅,肆于辞则理不直,惟公折旋蚁封,不失毫发,下上峻坂如履康庄,此公之文不可及者二也。"

张习编刊元郑天佑《侨吴集》12卷。

卢雍(师邵)录元郑杓《衍极》5卷。

李瀚刊金元好问所著《中州集》10卷。

李瀚、刘玘刊唐韦应物所著《韦苏州集》10卷《拾遗》1卷,

张宁卒(1426—)。宁字靖之,号方洲。浙江海盐人,景泰进士。著有《方洲集》。事迹见《明史》卷一八○,《福建按察司佥事陈公祚墓表》(《太学志》见《国朝献征录》卷九一)。

按:《方洲杂言》1卷,皆见闻琐屑之事(《四库全书总目提要》卷一四三);《读史录》6卷,载尤氏《明艺文志》。又有删改史论18卷,均未见。《奉使录》2卷,乃天顺四年出使朝鲜所作,已编入《方洲集》;《方洲集》26卷,《四库全书总目提要》卷一七○曰:"是集首有弘治四年仁和夏时正序,称《方洲集》四十卷。又有馀姚谢丕续集序,称'夏复拾林下之作为四卷'。又有钱升募刻疏,称'僭作补遗',是又在四卷外矣。而今本乃止二十六卷,合以所附《读史录》仅三十卷,或钱升重刊改并欤。宁官给事中,謇谔自持,六科章奏,多出其手,每有大议,必问张给事云何。石亨、曹吉祥恶之。会有边衅,奏使宣抚,竟谕定而还,其才略为一时所称。后以建言忤李贤,与岳正同调外,其气节尤为天下所重。"

彭华卒(1432—)。华字彦实。江西安福人,彭时族弟。景泰五年会试第一。与万安、李孜省朋比,排挤异己。官至吏部侍郎,入内阁,未几以疾去。卒谥文思。与修《大明一统志》、《英宗实录》、《续资治通鉴纲目》。著有《彭文思集》。事迹见《明史》卷一六八《万安传》附传,《太子少保礼部尚书兼翰林院学士彭华传》、李东阳《资善大夫太子少保礼部尚书兼翰林院学士赠资政大夫太子少傅谥文思彭公华墓志铭》(均《国朝献征录》

卷一四）。

按：《四库全书总目提要》卷一七五曰："所著有《素庵集》九卷,李东阳序称其文严整峭洁,力追古作者。今未见传本。"其六世孙笃福编《彭文思集》6卷,"视原集仅十之三矣"。

秦夔卒（1433— ）。夔字廷韶,号中斋。常州府无锡人。天顺四年进士。授南京兵部主事。历武昌知府。累迁江西右布政使,卒于任。兴学劝农,创养济院,定均徭法。著有《五峰遗稿》24卷、《中斋集》。《锡山秦氏文钞》卷一收其文10篇。事迹见倪岳《江西布政使司右布政使秦公夔墓志铭》(《国朝献征录》卷八六）。

史鉴卒（1434— ）。鉴字明古,号西村。苏州府吴江人。珩子。于书无所不读,尤熟于史。并深究钱谷水利之事。论千载事,历历知见。对时事及时人言论,得于闻见学者,勤于笔录。巡抚王恕与论政务,深器其材。文章记事有法。诗学魏晋。弘治、正德间,吴中高士首推沈周,史鉴次之。著有《礼纂》、《礼疑》、《西村十记》1卷附录1卷、《小雅堂日钞》、《西村杂言》、《西村集》等。事迹见《列朝诗集小传》丙集,吴宽《史明古公鉴墓表》(《国朝献征录》卷一一六）。

按：据《四库全书总目提要》卷一七一：《西村集》8卷、附录1卷。案宪宗、孝宗时有两史鉴。其一长洲人,弘治己未进士,见《太学题名碑》。其一吴江人,字明古,号西村,隐居不仕,即撰此集者也。所著诗4卷,文4卷,嘉靖间其孙周裒而刊之,以墓表及诸人哀挽之诗附于后。周用、卢襄各为之序。其文究悉物情,练达时势,多关于国计民生,而于吴中水利言之尤详。第5卷皆明初诸人《列传》,叙次简明,疑其欲为野史而未就也。案王士禛《香祖笔记》曰："吴江门人徐翰林电发（案电发乃检讨徐釚之字）,寄《西村集》28卷,其乡前辈史鉴明古著也。集中有曾祖文质府君行状（案文质乃史彬之字）,只言洪武中缚贪吏诣阙事,无一语及靖难。集是陈继儒仲醇选"云云。是鉴集本28卷。此本8卷,尚非完帙。然今未见继儒所选本,故仍以此本著录,而附载其卷帙之异同,备考证焉。

罗凤卒（1465— ）。凤字汝文,一字印冈,号简翁。上元人。弘治九年进士。建芳澜阁以储书。博雅好古,所蓄法书及名画金石遗刻数千种,著有《金陵罗氏书目》4卷。

按：一说罗凤（1465—?）。《中国历代人名大辞典》：凤字子文,号印冈。江西泰和人,寓居上元。著有《延修堂漫录》。事迹见《四库全书总目提要》卷一四三。查《四库全书总目提要》卷一四三,则：《延修堂漫录》36卷,明罗凤撰。凤字子文,号印冈,应天人。弘治丙辰进士,官至石阡府知府。此书征引蒐辑,颇为繁富。然或录汉、晋以来遗事,而错以有明;或详有明一朝人物典制,而复泛摭前代;古今混淆,巨细错杂,此其失也。又其所载明一代事,如谓刘基识天子气之类,皆杂取小说,不足徵信。惟辨袁忠彻《符台外集》谓元顺帝为瀛国公子之谬。谓瀛国公六岁降元,至元世祖崩时,年二十四,元顺帝生於延祐庚申,其时瀛国五十矣。设使真有感梦涉疑,从释夺后之事,在世祖未崩之前,其去顺帝生时二三十年矣。此论最善,可以释千古之疑也。

欧阳德(—1554)、骆文盛(—1554)、周复俊(—1574)、钱德洪(—1574)、陆治(—1576)、潘恩(—1582)生。

弘治十年　丁巳　1497年

正月，吏部都察院考察，学士杨守阯请京官四品不与考察，从之。

按：学士不与考察自守阯始。（《明通鉴》卷三八）

二月，孝宗游后苑毕，御经筵。学士王鏊进讲"文王不敢盘于游畋"，反复规切，孝宗为动容。顾李广曰：殆为若曹耳。自是遂罢游猎。（《明通鉴》卷三八）

是月，视进渐宴。中官李广以斋醮烧炼被宠，大学士徐溥等危言切谏，孝宗为感动。（《明通鉴》卷三八）

三月辛亥，以旱蝗，修省，求直言。（《明通鉴》目录卷一〇）

是月，诏修《大明会典》。（《明通鉴》卷三八）

按：谕曰："以本朝官职制度为纲，事物名数仪文等级为目，一以祖宗旧制为主，而凡损益同异，据事系年，汇列于后，粹而为书，以成一代之典。"（《孝宗实录》卷一二三，《大明会典》卷首）孝宗即亲定书名为《大明会典》。历时5年，至弘治十五年二月书成。未刊。首刊于正德四年。故名《正德会要》180卷。《大明会典》官修凡3次。第2次嘉靖八年（1529）由大学士霍韬等奉敕续修，名《续修大明会典》，53卷。书成于嘉靖二十八年（1549），未刊行。万历四年（1576）由申时行等奉敕三修，名《万历重修会典》，是为通行本228卷。书成于万历十五年（1587）。

九月已未，李东阳之子兆先命为国子监生，从其请也。（《孝宗实录》卷一二九）

徐溥、刘健、李东阳、谢迁三月为纂修《大明会典》总裁官。

按：李东阳是年作《弘治丁巳春丁代祀孔子庙廷诗》。

刘键、李东阳、谢迁三月甲子召议政于文华殿。

程敏政、王鏊、杨守阯三月为纂修《大明会典》副总裁官。

张元祯召修《大明会典》，进翰林学士。

汪俊五月以翰林院庶吉士为编修。

刘大夏六月己卯理宣府、大同军饷。

王守仁始学兵法，以当时边报甚急。

按：朝廷推举将才，王守仁念武科之设，仅得骑射勇力之士，不可以收韬略统御之才，于是兵家秘书无不究。每遇宾宴，常聚果核列阵势为戏。

叶绅请为太子择讲官。

庄昶以老病去官。

童轩致仕。

桑悦丁父忧。

巴卑尔入撒马尔罕。

莫斯科大公伊凡三世编订法典。

佛罗伦萨大饥。

葡萄牙人达伽马绕过好望角。

按：作有《鹤溪府君泣血志》。

钱福解翰林职，至江阴教读梧塍徐氏。

胡爟因灾异应诏上言，极陈中官李广等以左道惑乱帝听，滥设斋醮，耗蠹国储及戚畹、方士、传奉冗员之害。

按：几得罪，因李广死，得免。胡爟，生卒年不详。字仲光。太平府芜湖人。弘治进士。著有《蒲塘集》。事迹见《户部主事胡爟传》(《国朝献征录》卷三〇)。

马文升九月加柱国。十月请法古南北军制，从之。

何景明入邑庠。

陈琛读《易》于资寿寺。

施溥改安徽宿松禹江书院为社学。

马文盛重修山东滕州性善书院。

刘玉修葺河南辉县百泉书院。

吴廷举建东湖书院于广西梧州府治城东门外。

约翰·阿尔科克著成《完美之丘》。

华燧会通馆铜字活印晋杜预纂《校正音释春秋》12卷。

李东阳撰《金华府乡贤祠记》。

章懋二月修《乡贤祠志》成。

黄畿十二月奉其父黄瑜柩葬于会城北景泰坑龙冈之原，同年云南按察使副使南海陈骐为撰墓志。

按：嘉靖三年刑部尚书莆田林公俊为撰墓表后崇祀惠州名宦郡邑乡贤。

陈相修、谢铎纂《赤城新志》23卷成书刊行。

按：是书即为台州府志，此地梁始置赤城郡，盖以山为名，后人修志，多以梁郡名之。是志谢铎自跋曰："右《赤城新志》二十三卷，实继筼窗旧志而作。故所记载，皆断之嘉定十六年始。惟图、谱、表三卷，则兼采旧志。以总要所在，而不容以年断也。补遗、考异二卷，亦因旧志而作，而兼及于今。计续旧志十五卷，通前后而书者八卷。其异于旧志者，艺文则别为编。于寺观、仙释一概不录。"

钟城纂修《太平府志》20卷成书刊行。

按：是书为现存最早之旧太平府、今黄山市区域地志完整刻本(庋于台湾)。

吴文度修、杜观光纂《汀州府志》17卷《附录》1卷成书刊行。

按：吴文度以言事自御史杖谪为汀州府知府，是年修纂府志成。

程敏政作《书新安文献志后》。

按：序曰："初予编《新安文献志》成，今少宰郓城似公适以谪来知郡事，许为刻布。既而公被征入朝，不久复受诏巡抚南畿，遂下令于郡置文梓以俟，而缮写未竟，不及付刊也。乙卯冬，予以忧还里。嗣岁春，始复葺旧书，而似公所置文梓无恙。因言于同守济阳彭君哲航，至休宁置南山僧舍，召工从事。而工巨役繁，无所从出，会太守山阴祁君司员至，乃与彭君各捐俸金为倡，且用儒学生汪祚等言，求助于先贤之有后者。既而侍御三山李君烨以谪来知休宁事，益用作兴。务底于成。通守南海黄君惟节、郡推马平王君经暨、歙令丰城熊君信、祁门令江夏韩君伯清、婺源令宋城乔君恕、黟令长乐高君伯龄、绩溪令番阳胡君汉、休宁丞缙云李君文、主簿商郡侯君晟、典史宣平朱君盛，各以其所劝助者求相成之，工以克定。"

王宗植作《新安文献志跋》。

按：跋曰："先生编意，肇自齐梁而讫于我大明永乐，此后则嗣续编者。宗植盖尝在校勘之列，窃谓宜少引而伸之。否则，近世名卿若亚参方公、宪副庄公、都宪程公、大司寇杨公、少司马吴公、大司马程公及乡先生鲍谥斋、吴可筠诸硕儒，皆不及登载矣。既而郡侯下令，俾六邑先贤之子孙助刊书之费，乐从者甚众。众乃以为是编也既公其事于人，则先生亦有不得专者。宗植乃与高明尹、张君旭、上舍郑君鹏、庠生李君泛、程君曾辈，僭取宣德以来诸先达之文五十一篇，诗五十九首，以类增入，用以满愿。见者之心。而一郡之文献益备。"

黄仲昭作《延平府志序》。

陈献章是春撰《丁知县庙记》。五月有《书忍字赞》。是冬撰《韶州风采楼记》。十月作《祭先妣林夫人文》。

按：春韶守钱君镛作风采楼。是年有诗《答张梧州书中议世卿定山熊御史荐剡所及四首七绝》、《张廷举送姜酒至七绝》。

张元祯撰《重修白鹿洞书院记》。季夏撰《新创东湖察院记》。

姚文灏编《浙西水利书》3卷成。

按：收集自宋以来有关浙西水利论述47篇编成是书。自序。大义以开江、置闸、围岸为首务，而河道及田围则兼修之。其于诸家之言，间有笔削弃取。如单锷《水利书》及任都水《水利议答》之类，则详其是而略其非。而宋郏氏诸议，则以其凿而不录。盖斟酌形势，颇为详审，不徒采纸上之谈云（《四库全书总目提要》卷六九）。有《豫章丛书》本等。此后归有光《三吴水利录》、张国维《吴中水利全书》乃至清傅泽洪《行水金鉴》皆受其影响而作。

张习撰《治水分司题名记》，记吴中治水官吏，自称年耄。

太仓建州，里人聚土造镇洋山，祝允明、桑悦各著记。

吴宽得宋洪皓《鄱阳集》，读后作题记。又题所见元朱思本《贞一斋稿》。

钱同爱以所得善本《文选》示同里友人，杨循吉、祝允明各为著题记，唐寅记名，张灵（梦晋）附名允明文末。

贺钦仲冬卧病家居，为《赠金德容之任石州序》。

沈周住城东吉草庵，作《草庵纪游诗引》，曲写其地周遭荒寞景象。

邵宝正月清理十三司正统以来稿簿各以字号编次。

王琼撰《四科十三司条例》。

国子监前赵铺刻《涧谷精选陆放翁诗集》前集10卷，《须溪精选陆放翁诗集》后集8卷，别集1卷。杨循吉为作序。

杨一清序刊《后山诗注》12卷。

华宗康卒（1409— ）。宗康字思淳，号三省。无锡人。惇韡孙。藏书数千卷，日披阅自娱。著有《诗学》、《三省集》、《鹅湖集》、《启蒙集》。《华氏通四三省公支传芳集》卷四有《三省府君宗谱传》。

黄瑜卒（1426— ）。瑜字廷美。广东香山人。景泰间以乡荐入太学。知长乐县。未几归老，植槐构亭，自称双槐老人。著有《书经旁通》10卷，《双槐岁钞等》。事迹见清黄佛颐编《双槐公（黄瑜）年谱》、《列朝诗集

约翰内斯·奥克冈卒（1410— ）。法国佛兰德乐派作曲家。

贝诺佐·戈佐利卒（1420— ）。文艺复兴早期意大利画家。

小传》丙集。

按：《双槐岁钞》，记载国事。孙佐得吴元年以来案牍，乃足而成之。刘节《双槐岁钞叙》曰："宋左禹锡裒诸家杂说为《百川学海》，元陶九成纂经史百氏为《说郛》，类书纪载，庶其备矣。今予观于黄公《双槐岁钞》，甚有所得，而叹古人多遗论也。……平生操觚著述，凡所闻见，朝披夕撰，日积月累，始景帝嗣位七载，逮孝皇御极八骥，《岁钞》乃成。圣神功德书焉，人文典礼书焉，天地祥眚书焉，经史异同书焉，懿行美政书焉，异端奇术书焉。考诸既往，验诸将来，大有关系，殊非裂道德、乖伦彝、拂经背正、费岁月于铅椠者比也。故今考之，为卷十，为目二百二十。约可谈博，小可括大，简可胜繁，无蹈袭，无补缀，无剽窃，可信可法，可观可兴，可以训诫劝惩，罔不具焉。……孔子曰：'多闻择其善者而从之，多见而识之。'此万世作者法程也。兹长乐公，殚智竭劳毕四十年，遵孔氏之遗教，辑儒者之完书，示今传后，不亦贤于人远矣哉！我朝宣、正以至弘、德，馆阁台省宗工学士各纪闻见，著为录记谈说，自成一家。迩年尚述大夫萃而传之，名曰《今献汇言》。博物洽闻，殆与黄公斯钞互相羽翼，左、陶二子，恶足专美前世哉！"嘉靖癸卯，其孙佐作《修省直言》曰："先大父长乐府君，蕴道立德，思奋庸于时。领荐后即挈家游宦，十有五年于外，乃返会城以老。故见闻甚富，然必参伍研核，岁增月润，始成是编，惟馆阁一二事，犹阙疑焉。比佐窃禄留院，堂之东一巨柜，扃镭案牍，虽吴元年楮墨，完整如新，因据而补之，洪武中科第及永乐初吉士姓名是也。"

祁顺卒(1434—)。顺字致和，号巽川。广东东莞人。天顺进士，官至江西左布政使。著有《石阡府志》、《巽川集》。事迹见张元祯《江西布政使司布政使祁公顺墓志铭》(《国朝献征录》卷八六)。

按：据《四库全书总目提要》卷一七五，《巽川集》16卷附录2卷，前载有韵之文，次为诗词，次为散体。末附张元正所作墓志、贾宏所作墓表，各为1卷。

陆容卒(1436—)。一说卒于1494年。详见是年条。

杨文卿卒(1436—)。文卿字质夫。浙江鄞县人。曾任刑部主事，累官山东提学副使。平居待人宽和，每临事则确然不可夺。为政廉，身后橐无余资，惟图书数箧而已。著有《崧畦集》、《笔谈类稿》、《苕溪集》。事迹见《古今图书集成》氏族典卷二三一。

秦巘(璛?)卒(1442—)。巘(璛?)字廷赞。苏州府昆山人。成化十一年进士。累迁至贵州按察副使。隐居以终。著有《廷赞集》。事迹见《古今图书集成》氏族典卷一三四。

贾定卒(1447—)。定字仲一，号一庵。河南通许人。贾恪子。成化十四年进士。授知绛州。值大饥疫，参酌古今救荒诸法，为救荒八事，行之颇验。官至山西按察司佥事。事迹见《山东参议贾公恪传附子定》(《祥符文献志》见《国朝献征录》卷九五)。

陆采(—1537)、**皇甫涍**(—1546)、**程文德**(—1559)、**夏浚**(—1562)、**李日章**(—1563)、**陈建**(—1567)、**文彭**(—1573)、**华察**(—1574)、**唐枢**(—1574)、**柯维骐**(—1574)、**李元阳**(—1580)、**皇甫汸**(—1582)**生**。

按：一说文彭(1498—1573)。见《中国历代人名大辞典》。

弘治十一年　戊午　1498年

二月甲午，徐溥等以皇太子将出阁讲学，请以程敏政、杨守阯、李旻、梁储充侍班官，李杰、焦芳、王鏊、王华、杨杰、刘机、江澜、白钺、杨廷和、张天瑞、费訚充讲读官，吴俨、靳贵、周文通、刘棨俱更直供事。又以詹事府缺官管事，请改敏政为詹事兼学士，升鏊为少詹事兼侍读学士。孝宗俱从之，仍命刘健、李东阳、谢迁提调各官讲读。（《孝宗实录》卷一三四）

是月，以皇太子将出阁，加阁臣刘健等兼东宫官。

三月，皇太子出阁讲读。东宫宦竖不欲令太子近儒臣，数以事间讲读。詹事吴宽上疏，请勿以风雨寒流暑废，孝宗嘉纳之。（《明通鉴》目录卷一〇）

九月，经筵春坊亦开讲，车驾复临幸。

十月，李广惧罪，自鸩死。孝宗疑广有异书，遣使索其家，得贿籍，多文武大臣，馈广白米各百千石。左右谓此隐语，黄者金，白者银也。孝宗怒，下法司按问。编修罗玘请密谕贿者使引疾退。遂有论及周经者，经请廷鞫，孝宗慰答之。仍赐广祭。（《明通鉴》目录卷一〇）

是年，清宁灾，一时南北言官交劾广党。阁臣刘健、李东阳等请置不问。国子生江瑢，劾健等杜抑言路，健等请罢，孝宗慰留之，而下瑢狱。二人力救，始释。

张元祯召修《大明会典》，为副总裁。至，复迁翰林学士掌院事。孝宗隆其名，特置日讲兼侍东宫讲读。数月，以母忧去。

陈献章十月复征翰林院检讨。

汪廷贞慕陈献章甚，作怀沙亭以想象之。

杨慎赋近体诗有"一盏孤灯照玉堂"之句，石斋见曰：句则佳矣，第憾太孤寂耳。

王守仁谈养生。读朱晦庵《上宋光宗书》，曰："居敬持志，为读书之本；循序致精，为读之法。"乃悔前日探讨虽博，未尝循序以致精，宜无所得。（《王阳明全集》1224页）

按：自念辞章艺能不足以通至道，求师友于天下又不数遇，心持惶惑。偶闻道士谈养生，遂有遗世入山之意。

李东阳二月进太子少保兼官如故。十一月以清宁宫火灾引咎乞致仕，孝宗不允。

刘健进太子太傅，代徐溥为首辅。十一月以清宁宫火灾引咎乞致仕，

法王查理八世卒，奥尔良公爵路易十二继位。

达伽马入印度卡利库特港。西欧经非洲南端通印度的航线开通。

哥伦布入南美大陆奥里诺科河口。

孝宗不允。

徐溥三月丁酉朔,上皇太子出阁讲学仪注。七月癸亥以大学士致仕。

> 按:徐溥以《怀素自帖》墨迹征李东阳题。解阁职还,作《含清楼歌》。

谢迁十一月升太子少保兵部尚书兼东阁大学士。因清宁宫灾疏请修人事以应天变,孝宗嘉纳之,引咎乞避位,不允。

张元祯四月升翰林院学士、侍经筵,为日讲官,并侍春宫讲读。十一月丁母忧,赐宝钞以荣归;及抵家,昼夜号哭,身不离柩,庐于墓侧。

梁储七月甲辰以司经局洗马命为应天府乡试考官。

刘机七月甲辰以翰林院侍读命为应天府考官。

刘大夏六月病,三乞致仕。许之。

> 按:刘自为《寿藏》记叙其生平履历,以免后人纂述虚辞标榜。否则,纵可欺人,独不自愧于地下邪。筑草堂于东山下,日课诸子孙读书、力田、种树及诲以修身齐家之道。越二年,秋起都察院右都御史总督两广军务兼巡抚。

王臣六月戊寅以南京工部郎中升为云南按察司副使,提调学校。

王云凤以礼部郎中疏劾太监李广谪知河南陕州。二月命下,同人设宴联饯,各选陕地名胜为题赋诗以寓赠言之意。无锡邵宝时为户部郎中,爰搜诸作集成一帙,名曰《分题寓别集》。

王云凤十二月丁卯升陕西按察司佥事奉敕提督学校。

> 按:是冬,太监李广败,在朝之士争言王云凤前劾李广被诬状且荐其贤。

邵宝等约为同乡诗会。

顾清等会饮陈德卿家。

薛敬之致仕。

储巏丁母忧。

陈御史铨求遗才得桂华,奇之,补弟子员。

桂华补弟子员。终生为仕,以讲学优游、倡明道学为务。

黄畿自丁外艰即弃举子业,隐居粤山之椒,别号粤洲,后又居罗浮,始留心象数之学,论人休咎多奇中。

庞泮擢福建右参政,迁河南右布政使,转广西左布政使。

文林官温州,沈周作图送行,并图朱存理、杨循吉、唐寅、徐祯卿诸人貌。

唐寅举乡试第一,座主梁储奇其文,还朝示学士程敏政,敏政亦奇之。

黄铠在南京应试。

> 按:黄铠,生卒年不详。字廷卫,一字君宪。江苏无锡人。据《锡山书目考》,铠所著有《毛诗童见》、《紫微精舍杂著》、《皆春堂集》等。

何景明中举人。

蔡芳中举人。官光禄署正。

> 按:蔡芳,生卒年不详。字茂之。浙江平阳人。著有《丧礼酌宜》,见《千顷堂书目》卷二。据《经义考》云未见。《千顷堂书目》卷二又著录《春秋训义》11卷,折衷诸传而定是书。

马理以春秋中乡试。

崔铣举乡试，入太学，与四方诸名士为友，约明经修行，毋慕高虚，毅然以洙泗为师。

陈琛应福建乡试，落榜，归，有诗。

周木时任浙江右参政，就凤凰山万松岭报恩寺故基创建书院，名"万松"。

按：规模略如学宫，中有仰圣门、大成殿、明道堂、毓秀阁、飞跃轩。右有居仁斋、颜乐亭，左有由义斋、曾唯亭。聘衢州孔子58代孙孔绩奉祀事。针对士人"驰骛于记诵词章"而"不复知明伦之意"的弊端，教学以明五伦为宗旨，以朱熹《白鹿洞书院揭示》为学规。后圮。先后重修为敷文、太和书院。周木，生卒年不详。字近仁，号勉思。江苏常熟人。汇侄。成化进士。与修《宪宗实录》。潜心理学，不屑词藻。著有《易心逸说》（见康熙《常熟县志》卷二三），《考定古今孝经节文》1卷、《奏疏》、《朱丹溪素问纠略》、《勉思生文集》（见《重修常昭合志》卷一八），《延平答问续录》1卷（见《千顷堂书目》卷一一），刻《五经》5卷（弘治九年刻，北京图书馆藏）。

张子麟于河南上蔡谢显道祠增建讲堂书屋，延师授徒，名显道书院。

按：吕柟著有《上蔡谢显道书院记》。

李琮修葺河南辉县百泉书院，创思贤亭，祀孙登、嵇康、邵雍、李之才、姚枢、许衡、窦默诸儒。

按：知府陈庆尝相与讲学，诸生多有所成。

蔡霄杰建云南洱源龙华书院。

田代三喜携医家方书回日本。

按：三喜继承月湖重视李朱学说，回国后大力提倡，乃日本倡导李东垣、朱丹溪学说之开山祖，亦批评传入日本之宋代局方学派善用温热代表人物。

张邦奇年十五，著《易解》及《释国语》。

李瀚刊秦吕不韦所撰、汉高诱注《吕氏春秋训解》26卷，宋程颐程颢所撰《二程全书》65卷，宋洪迈所撰《容斋随笔》16卷、《续笔》16卷、《三笔》16卷、《四笔》16卷、《五笔》10卷。又刊金元好问所著《遗山先生文集》40卷、《附录》1卷、《诗集》20卷。

按：一说李瀚刊宋洪天迈所撰《容斋随笔》5集74卷，并作序。

无锡华燧刻所辑《九经韵览》，又以铜活字印行《古今合璧事类备要》前集69卷。

章懋七月作《乡试录序》。

符观修、汪淮等纂《溧阳县志》5卷成书刊行。

按：是书为现存最早之溧阳地志刻本。

袁文纪纂修《龙游县志》14卷成书刊行。

按：已佚，惟樊莹序见载于民国《龙游县志》，其序略曰："托高、王二氏编摩成帙，就正秋官吴公。"高、王、吴三氏事迹均无考。见《千顷堂书目》、《康熙衢州府志》著录。

汪循纂修《永嘉县志》16卷。

按：刊本未见。本志有太平谢铎序，载谢铎《桃溪净稿》及《乾隆永嘉县志》。孙诒让编纂《温州经籍志》时，亦未见此书传本。

刘洪慎独斋刻《资治通鉴纲目》59卷。

威尼斯出版阿里斯托芬的喜剧集。

菲利普·德科曼内斯著成《回忆录》。

约翰·路希林编著成拉丁戏剧《亨诺》。

欣雷克·范阿尔克马的作品荷兰动物史诗《列那狐故事》著成。

按：自是至嘉靖十三年(1534)36年间先后刻印《山堂群书考索》前集66卷、后集65卷、续集56卷、别集25卷,《十七史详节》273卷,《文献通考》348卷,《资治通鉴节要》20卷,《孙真人备急千金要方》30卷,巾箱本《西汉文鉴》21卷、《东汉文鉴》19卷。重刻《资治通鉴纲目》59卷,(宋)刘达可《璧水群英待问会元》82卷,(明)邵宝容《春堂集》66卷;无年号刻胡寅《读史管见》80卷,明《一统志》90卷。

陈献章三月撰《重修梧州府学记》,又有《遗言湛民泽》。十一月闰月有《祭陶方伯文》。

按：是年有诗《蒋韶州书至代柬答之五古》、《蒋韶州世钦挽诗二首七绝》、《次韵送海北使阮刊七绝》、《谢伯琦得孙送姜酒至七绝》、《邸报刘亚卿以今年十月得请还东山七律》、《喜闻刘亚卿得还东山七绝》、《赠杨中七绝》。

李东阳撰《亡弟东溟圹志铭》。作《重建茶陵州学记》、《重建深州庙学记》。

吴天禬卒,吴宽为书墓表;祝允明撰墓碣铭。

按：吴天禬(？—　)字原敬,苏州府吴县人。诗文见《吴县志》艺文考一。

张元祯撰《忠臣庙记》。

都穆撰《游张公洞记》。

榆关(关)城四月重修告竣,王琼内兄佥都御史白思明作记,以稿寄王琼,属为斧正焉。

王琼作《次乔白岩韵赠虎谷入觐擢陕西提举诗》1首。

王云凤就道,王琼作《次王伦韵送应韶之陕州诗》。

邵宝六月上《修内治以安人心疏》。

戴冠作《黄白米歌》,遣其时朝臣以金银贿中官事。

赵淮刻《群书会元截江网》35卷。

按：见《明代版刻综录》。赵淮,生卒年不详。江苏江宁人。

张元祯序《二麓正议》。

按：《四库全书总目提要》卷一九一曰:《二麓正议》3卷,"明汤光烈及其子蘁所著也。""元祯携之入都,欲荐于朝。会元祯卒,不果。光烈于正统时尝上《御戎》、《勤王》、《择官养民》、《开科取士》四疏;蘁尝作《野史辨证》,以纠李贤《天顺日录》之舛。其郡人艾璞合刊之,名《二麓正议》,而以诗歌杂著及同时赠答之作,各附载于后。前有弘治戊午张元祯序,盖刊于蘁未北上之日也。""考张元祯之学出于吴与弼,而蘁之学出于元祯。"

杨廉纂《皇明名臣言行录》4卷、《皇明理学名臣言行录》。

按：是书扩充彭韶书而来,收明名臣54人。《皇明理学名臣言行录》收薛瑄等11位理学家事迹。

洪钟作《南斋先生魏文靖公摘稿序》。

按：序曰:"姑苏叶文庄公志其墓有云,公文字山刊板刻几遍天下。信然也。其稿具存,皆公亲书,宁国君尝编次成帙,将图梓行,赍志而没。钟忝馆甥,幸获拜观而遍阅之,起而叹曰:惟公弘才正学,充诸内而形于言,粹然道德之敷陈,真典则之文,有非工富丽、尚清峻者之所能及也,其可以不传乎？但其简帙浩繁,未易遍刻,乃再阅原稿,凡题上有点注者皆公墨迹,玩其词意,其有补于事者也,因摘取以刻诸梓,盖亦千百中才什一耳,名之曰《南斋先生魏文靖公摘稿》。"

徐祯卿次此期所著为《叹叹集》。
李瀚嘱王龙覆雕元高氏刊本《河汾诸老诗集》8卷。
宋鉴刊宋戴复古著《石屏诗集》10卷、宋戴敏著《东皋子诗》1卷。
储巏辑金元好问诗文为《遗山集》40卷。
金舜臣刊元王恽著《秋涧大全集》。
岳家书房刊刻《新刻大字魁本全像参增奇妙注释西厢记》。

按：上图下文，半页12行，行18字，四周双栏，黑口。为现存最古《西厢记》本。现藏北京大学图书馆。

王越卒(1423—)。越字世昌。卒谥襄敏。大名府濬县人。景泰二年进士。有文武才，官至兵部尚书，以功封威宁伯。谥襄敏。著有《王太傅集》2卷。事迹见《明史》卷一七一，王直《威宁伯王公越传》(《国朝献征录》卷一〇)。

按：《四库全书总目提要》卷一七五曰：《王太傅集》，称王太傅者，其赠官也。是集分体编辑，附录杂文。前有嘉靖九年吴江吴洪序，称其遗稿散佚不见，有郓人高德崇录所见闻，刻之于学舍，乃行于世。后越曾孙绍思，别辑全集。《王襄敏集》2卷、续集1卷，是编即其曾孙绍思所辑。第1卷为疏议，皆处置边务及奏报捷音。第2卷为杂文。《续集》1卷，为诗及诗馀，而以李东阳所作墓志、崔铣所作神道碑，附录于末。

童轩卒(1425—)。轩字士昂。江西鄱阳人。景泰二年进士。官至南京礼部尚书。著有《平斋老人传》、《筹边录》、《孙子释文》、《纪梦要览》3卷、《谈命辨》、《枕肱亭诗集》10卷《枕肱亭文集》20卷目录2卷及附录、《清风亭稿》7卷等。事迹见倪岳《资政大夫南京礼部尚书致仕赠太子少保童公轩墓志铭》(《国朝献征录》卷三六)，《明故资政大夫南京礼部尚书致仕赠太子少保童公神道碑铭》(《怀麓堂集》卷七八)。

按：《平斋老人传》见《千顷堂书目》卷一五，收入明司马泰《文献汇编》。《纪梦要览》3卷，《四库全书总目提要》卷一一一曰："收梦论一卷、历代纪梦事实二卷，卷末禳梦符及占梦法，则鄙俚荒唐，为异端邪说之尤矣。周官占梦，其法不传。汉志有《黄帝长柳占梦》十一卷、《甘德长柳占梦》二十卷，久佚。轩乃摭村巫瞽说以当之，不亦陋乎。"据《四库全书总目提要》卷一七〇：《千顷堂书目》载《清风亭稿》10卷，其门人李澄所编，而刘珝、张弼评之，后有魏骥、杨守陈、沈周诸人题词。浙江巡抚采进本较《千顷堂书目》少3卷，未知为原本佚脱、为黄虞稷误记也。轩别有《枕肱集》20卷，又有《海岳涓谈》、《谕蜀稿》，《千顷堂书目》尚著录，现未之见，其存佚盖莫之详。

卞荣卒(1426—)。荣字华伯。常州府江阴人。正统十年进士，官至户部郎中。著有《卞郎中诗集》7卷。事迹见薛章宪《前户部郎中卞公荣墓志铭》(《国朝献征录》卷三〇)。

按：据《四库全书总目提要》卷一七五：《卞郎中诗集》7卷为其门人无锡吴键所刊，附以杂文10余篇。

费訚卒(1436—)。訚字廷言，号补庵。镇江府丹徒人。成化五年进士。授编修，累迁国子祭酒。官至礼部右侍郎。著有《临雍录》、《瀛州奇处录》、《自考集》、《诒笑集》(一作《贻笑集》)、《向阳书舍稿》、《补庵集》等。事迹见《礼部右侍郎费訚传》(《国朝献征录》卷三五)。

米赫万德卒(1433—)。波斯文历史学家。撰有史著《乐园》。

安东尼奥·波拉约洛卒(1432/33—)。意大利雕刻家，画家。

米切尔·帕赫卒(约1435—)。德国晚期哥特式画家，木雕家。

按：柳诒征《里乘》曰："费公遗著，今皆不传。余读《世史正纲》，得公《后序》一篇；读《钱氏家谱》，得《墓志铭》一篇。"

王弼卒（1449— ）。弼字存敬，号南廓，浙江黄岩人。成化十一年进士。除溧水知县，入刑部主事，出任兴化知府。早有诗名，才思豪逸，后师山谷，故多拗句，造思甚苦。著有《尊乡录节要》4 卷。事迹见林俊《兴化府知府王公弼墓志铭》（《国朝献征录》卷九一）。

按：初，谢铎曾著《尊乡录》41 卷，载其乡先达事实。弼复以己意节其大略为《尊乡录节要》4 卷。

唐骥卒（1454— ）。骥字良伯。丹徒人。据明靳贵《戒庵文集》，骥所著有《古愚稿》。

朱诚泳卒（1458— ）。诚泳号宾竹道人。明宗室。应天人。谥曰简。太祖第二子秦王朱樉玄孙。弘治元年袭封秦王。长安有鲁齐书院，久废，诚泳别易地建正学书院，又于其旁建小学，择军士子弟延儒生教授。从汤潜名学，博通群书，擅声律。著有《世德录》、《经进小鸣集》（《小鸣稿》10 卷）。薨后，长史强晟集其生平善行数十余事，为《遗行录》，藏于府中。事迹见《明史》卷一一六《诸王列传》、《孝宗实录》卷一三八，《国朝献征录》卷一，《列朝诗集小传》乾集下。

按：据《明史》卷一一六："性孝友恭谨，晋铭冠服以自警。秦川多赐地，军民佃以为业，供租税，岁歉辄蠲之。长安有鲁斋书院，久废，故址半为民居，诚泳别易地建正学书院。又旁建小学，择军校子弟秀慧者，延儒生教之，亲临课试。王府护卫得入学，自诚泳始。所著有《经进小鸣集》。"《四库全书总目提要》卷一七一曰：《小鸣稿》，"案朱彝尊《诗话》称：'王年十龄，嫡母陈妃以唐诗教之，日记一首。嗣位后日赋一篇，三十年靡闲。'（案诚泳袭爵仅十一年，此云三十年当并其初封镇安王时言之也。）既薨，纪善强晟校刻其诗。嘉靖初，王孙定王维焯表上之，诏送史馆。史称'经进'，盖由于此。此本不题'经进'字，盖刻在前而进在后也。"

林春（ —1541）、白悦（ —1551）、万表（ —1556）、王渐逵（ —1559）、黄峨（ —1569）、薛甲（ —1572）、文彭（ —1573）、王畿（ —1583）生。

按：一说文彭（1497—1573）。

弘治十二年　己未　1499 年

奥斯曼帝国海军败威尼斯。

西班牙迫穆斯林改宗。

瑞士独立。

三月丁丑，赐伦文叙等 300 人进士及第、出身有差。

六月甲辰，陈仁以阙里先师庙灾请修省。（《明通鉴》目录卷一〇）

七月己卯，李杰遣诣曲阜祭告。（《明通鉴》目录卷一〇）

十二月，屠滽、马文升请罢传奉官。

按：时上一月中传奉升授200余人，濂等力谏，不报。言官交章谏，而给事中张宏至陈初政渐不克终八事，言尤切至，章下有司而已。(《明通鉴》目录卷一〇)

坂净运于日本后土御门天皇明应年间(1492—1499年)到中国，得明研究张仲景学术之中国学者传授后回到日本。

按：在其曾祖父坂净秀《鸿宝秘要抄》基础上，采用张景仲《伤寒论》之医方，于1508年更纂《续添鸿宝秘要抄》8卷。

李东阳二月丙申以太子少保礼部尚书文渊阁大学士充会试考试官。三月为殿试读卷官。

程敏政二月丙申以礼部右侍郎兼翰林院学士命为会试考官。

程敏政主持会试，言官三月劾鬻题，敕廷臣会鞫。以试题外泄，敏政被劾为通关节于唐寅等，四月下狱。勒致仕，愤恚发疽卒。

按：敏政与李东阳主会试。举人徐经、唐寅预作文与试题合，给事中华昶劾敏政鬻题。时榜未发，诏敏政毋阅卷。其所录者，令东阳会同考官覆校。二人卷皆不在所取中，东阳以闻。言者犹不已，敏政、昶、经、寅俱下狱，坐经尝赞见敏政，寅尝从敏政乞文，黜为吏。敏政勒致仕，而昶以言事不实调南太仆主簿。敏政出狱，愤恚发疽卒。后赠礼部侍郎。或言敏政之狱，傅瀚欲夺其位，令昶奏之。事秘，莫能明也。

唐寅在北京应试，牵连科场鬻题案，被下狱，事白谪杭州为吏，不就归。以愤书寄文征明，自述遭狱破家后景况。

刘健三月为殿试读卷官。

杨慎是春丁母黄夫人艰，继闻祖母叶夫人太之丧，随陈献章(石斋)守制回蜀。

按：少师留耕授杨慎易象句读两旬而洽不遗一字，尝拟作《古战场文》，其仲父廷仪(号瑞虹)极称之，又拟《过秦论》，少师庭诧诸子曰：此儿丰骨不凡，殆吾家贾谊也。

赵善鸣来从陈献章学。

王守仁成进士，观政工部。秋，命督造威宁伯王越墓，事竣，威宁家出威宁所佩宝剑为赠。复命，时闻达虏猖獗，上疏陈边务八事。寻授刑部主事。

按：王守仁偶闻道士谈养生，遂有遗世入山之意。时王守仁与太原乔宇、广信汪俊、北地李梦阳、河南何景明、姑苏徐桢卿、南都顾璘、山东边贡诸名士，以才能相驰骋，学诗古文。

湛若水八月与张博之、邓顺之、赵景凤、李子长、李天秩相偕游西樵，作记。

章懋授学于家。

王恕季秋致仕归里，始于先茔二门前造一石渠，以通灌溉；盖欲图坚久而导庆泽于无穷，因自号石渠。

马中锡致仕。

周瑛致仕。

徐桢卿发疏为朱存理募赀买驴，钱同爱助银六钱，朱良育(叔英)、祝

西班牙阿尔克拉大学建立。

意大利人入亚马逊河口。

西班牙人探察委内瑞拉海岸。

允明各五钱,邢参三钱,唐寅赠旧刻《岁时杂记》1部,抵钱一两五钱。

吴宽与诸僚友置酒合贺同生正统庚申,至今同跻六十者。

陶成北行过通州张家湾,逗留看丁香花,失期不与试归。在北京大兴隆寺会都穆。

沈周游宜兴,以长序述张公洞奇观。又作《感宜兴善权寺寥落》诗。

钱福题无锡邹氏所藏赵孟頫写陶潜像。

杨循吉四月请复建文尊号,礼部格不行。

许天锡十二乙巳以福建建安书林火,请勘定修补。

李瑛是春与同里王韶、戎世安、孙士勉诸友采访茅山风物,为华阳之游。

按:李瑛,生卒年不详。字廷玉,号璞庵。句容人。著有《名山百咏》,见光绪《续纂句容县志》卷一八。

柴伸知龙门县。

按:柴伸,生卒年不详。云南临安人。尝著《愚牧解》。事迹见《同治广东通志》卷二四七。

丁仁成进士。授行人。

按:历任南京工部郎中,广西参议。丁仁,生卒年不详。字明德,号梅谷居士。江苏常熟人。积俸购书,以博洽名。稿存于家,未编定付梓。著有《梅谷集》等,见《重修常昭合志》卷一八。

丰熙成进士。授编修,进侍讲,迁右谕德。

左经成进士。

按:左经,生卒年不详。字载道。蜀人称为"左五经"。四川湄州人。著有《武昌集》。事迹见乔世宁《湖广按察司佥事左公经传》(《国朝献征录》卷八八)。

朱应登成进士。除南京户部主事,历官陕西提学副使、云南参政。

向锦成进士。除东流知县,擢凤阳府同知,升南礼部郎中,出为廉州知府。

按:安南难民入境,钦州以"获寇"上报。锦向御史力争。后竟以此为御史所恨,免归。向锦,生卒年不详。字中美。浙江慈溪人。著有《寓廉集》。事迹见《乾隆宁波府志》卷二一。

刘龙成进士。授编修,充经筵讲官。

许诰成进士。授户部给事中

孙绪成进士。授户部主事。

杨清成进士。由户部员外郎历官浙江布政司参议。

按:杨清,生卒年不详。字廉夫。清河人。弃官乡居,与马淳、王豸友善。著有《友竹贻后卷》。

余祐举成进士。授南京刑部贵州司主事,转广西司员外。

张琦成进士。任南大理评事,历寺正。

按:出为兴化知府,升本司右参政致仕。刻意攻诗。张琦,生卒年不详。字君玉。浙江鄞县人。著有《白斋集》。事迹见《列朝诗集小传》丙集。

张凤翔成进士。官户部主事,移病归。

按:诗赋信手涂抹,不经师匠,如村巫降神之语。与李梦阳同举于乡,声名出李上。年仅三十而卒。张凤翔,生卒年不详。字光世,号伎陵。陕西洵阳人。著有《张伎陵集》7卷。据《四库全书总目提要》卷一七六,是集前六卷为诗,附赋三篇,后一卷为杂文。与李梦阳为同年,梦阳为作小传。事迹另见《列朝诗集小传》丙集。

陈伯献成进士。历南京吏科给事中。

按:尝疏逆党罪状,官至广西提学副使,以母老乞归。陈伯献,生卒年不详。字惇贤。福建莆田人。工画善文,画宗王维,文近曾巩。著有《峰湖集》。事迹见《历代画史汇传》卷六。

林庭㭿成进士。授兵部主事,历郎中,出为苏州知府。

杭淮成进士。授刑部主事,迁员外郎。

罗侨成进士。授新会知县。

罗钦德成进士。除两浙都转运副使,历浙江按察副使。

周伦成进士。授新安知县,擢大理寺少卿,官至南京刑部尚书。

贺泰成进士。授衢州推官。入为御史。

按:武宗收京师无赖及宦官养为义子,一日赐国姓者达127人。泰抗言其非,谪衢州推官。后以广东参议终。贺泰,生卒年不详。字志同。苏州吴县人。编有《唐文鉴》21卷,前有林瀚序。事迹见《明史》卷一八八本传。

都穆成进士。授工部主事、官至礼部朗中。

钱仁夫成进士。历官工部员外郎。见刘瑾专政,即引疾归。

按:后瑾诬逮外有清望者,人始服其明决。幼嗜性理,好著书,善书画。

童器成进士。

按:童器,生卒年不详。字大用。浙江平阳人。著有《易经诸意》(《经义考》云已佚)、《东川集》(见《千顷堂书目》卷二一)。

徐琏成进士。

熊桂成进士。为大理评事。

按:熊桂,生卒年不详。字世芳。南昌新建人。著有《大理驳稿》(《驳稿》)、《石崖稿》,见《千顷堂书目》卷一〇。事迹见《山东左参政熊公桂墓志铭》(《国朝献征录》卷九五)。

何景明试春试,礼闱以文多奇字覆省卷见除不第,入太学,匝月,林祭酒瀚作诗赠之。

按:祭酒赠诗诸生,前未有也。

诸绚来就河阳徐氏文辉(名廷光)馆,以乡里谒知县杨柳塘(名于器),柳塘引张文麟诣诸绚寓,拜为师。

毛伯温从学于黎举人,得窥所浅深,不往,乃与王内翰思及杜元吉辈朝夕讲习。

邹守益九岁,从父南大理官邸,罗钦顺见而奇之,棘寺寮案,相庆署中有颜子。

沈杰于浙江清献书院立祠主祭,又命知县戴礼于正堂东西各添屋3楹为斋沐所,建爱直亭于堂后竹林中。

按:清献书院为北宋名臣赵抃故居。

张宝、主簿何雍以"明性道德之美,致君泽民之术",令寺僧退去,重建安徽舒城龙眠书院。

胡瀛迁迓山祠于学宫北，又迁于学宫东。

按：湖北阳新东湖堤原为宋谢枋得读书处，后建迓山祠，人称其地为谢公埠。

刘秋佩以户部给事中、金华知州辞官回乡，就白云关佛寺创建白云书院于四川武隆。招收生徒讲授儒学经典，并致力传授王守仁"致良知"与"知行合一"学说。

谢朝宣建云南太和苍山书院（又名苍麓书院）于城外西南角苍山下、洱海前。

按：督学王臣撰有记。前有明伦堂，后有尊经阁，下建升仙桥，有斋舍10余间。

刘台建河南浚县黎公书院。

费尔南多·德罗哈斯著成西班牙最早的喜剧之一《塞莱斯蒂纳》。

锡山华燧会通馆活字印宋谢维新纂《古今合璧事类备要》。

曾显纂修《直隶凤阳府宿州志》2卷成书刊行。

按：是书为现存最早之宿州市市域内地志刻本。今度于台湾与天一阁有全帙收藏。

陈宣修、乔缙纂《河南郡志》12卷成书刊行。

按：是书为现存最早之洛阳市市域内地志刻本。见《千顷堂书目》。日本国会图书馆与尊经阁文库藏有全帙。陈宣，生卒年不详。字潜斋。平阳人。官河南府知府。乔缙，生卒年不详。字廷仪。卒年七十二。河南洛阳人。少聪颖，师事河东薛瑄。著有《性理解惑》、《河南郡志》等。事迹见朱睦㮮《四川布政司参议乔缙传》（《国朝献征录》卷九八）。

陈献章夏撰《慈元庙记》。

章懋十月撰《清远阁记》。

王臣以督学撰《苍山书院记》。

张元祯撰《洞学田记》。

陈献章自跋《赠江门钓台诗》曰："达磨西来，传衣为信。江门钓台亦病夫之衣钵也，兹以付民泽，将来有无穷之托，珍重珍重。"视湛若水为自己学术传人。

按：是年有诗《漫笔五律》、《力疾书慈元庙碑七古》、《忆平江诗七绝》、《秋坐碧玉楼三首五律》。

湛若水是年作《赠陈献章钓台诗》。

陶成偕朱应登至北京应试，辑友人送行文为《北观》一书。

按：李东阳书"北观"二字以赠之，程敏政为序，比之宋陈亮。陶成，生卒年不详。字懋学，后更敬学，号云湖仙人。宝应人。与唐寅、祝允明交好。事迹见丘浚《浙江按察司副使陶公成神道碑》（《国朝献征录》卷八四）。程敏政称为才子，名骤起。邑人郑本、刁锐摹成笔意，皆有名于时。

李承箕作《送许生还上虞序》。

王鏊作《跋叶文庄公手书》。

按：跋曰："成化初，鏊以童子游学京师，时文庄公为礼侍，陆参政文量初第进士。简中所称'用光'者，张姓，为太学生，亟称鏊于文庄所，间以所业见于礼部之厢房，公奖励备至，有'将来忠肃'之许，盖以鏊与王忠肃同嫌名，故云。成化十一年，鏊始登第，则文庄已下世，参政时为兵部郎，往来相好也。弘治壬子岁，予校文南畿，参政子伸，名在选中。未几，参政亦故。今年为弘治十二年，伸来会礼部，出其父所得文庄手书一卷，览之，慨念今昔，为之泫然。敬书其后，归之。"

王恕始著《石渠意见》。

按：家居，编集《历代名臣谏议录》124卷；又取经书传注，有所凝滞，再三体验，行不去者，以己意推之，名曰《石渠意见》。《四库全书总目提要》卷三四曰：《石渠意见》4卷《拾遗》2卷《补阙》2卷，"考《明史》恕本传，其初致仕在成化二十二年。孝宗立，复召用。后与邱濬不合，求去，以弘治六年闰五月复致仕。自是家居凡十五年。此本首篇自题云'己未季秋'据《七卿表》，当在弘治十二年，则是书作于再致仕时。故自序称作《意见》时八十四，作《拾遗》时八十六，作《补阙》时八十八。可谓耄而好学矣。其书大意以《五经》、《四书》传注列在学官者，于理或有未安，故以己意诠解而笔记之。间亦有所发明可取者，而语无考证，纯以臆测武断之处尤多。如谓《左传》为子贡等所作之类，殊游谈无根也。"

张津上呈所纂《兵略》30卷。

按：是书据乾隆《绍兴志》引《明实录》，原本未见。

黄佐著《漱芳录》，自序。

张汝舟刻宋黄庭坚纂《山谷老人刀笔》20卷。

杨一清刻《孟东野诗集》10卷。

彭城马暾于潞州刊宋陈师道所著《后山先生集》30卷。

按：马暾，生卒年不详。字廷震。徐州人。马蕙子。纂有《重修徐州志》（北京图书馆藏弘治刻本），《潞州志》（北京图书馆藏弘治刻本）。著有《书斋手稿》（见嘉靖《徐州志》卷一二）。

王岳刻《古文苑》。

夏时正卒（1412—　）。时正字尚一，一字季爵。浙江仁和人。正统十年进士。乞休归。僦居民舍，布政使张瓒为建西湖书院居之。纂修《太常志》、《杭州府志》，著有《禹贡略》1卷、《深衣考》、《家礼》4卷、《三礼仪略》10卷、《举要》10卷、《余留稿》等。事迹见《明史》卷一五七，王鏊《南京大理寺卿夏公时正墓志铭》（《国朝献征录》卷六九）。

按：据《明史》本传，时正雅好学。闲居久，多所著述，于稽古礼文事尤详。乾隆、光绪《杭州府志》俱作《三礼仪略举要》10卷。考时正自巡视江西乞归后，贫甚，僦居民舍。布政使张瓒为筑西湖书院居之，殚心著述，于稽古礼文事尤详，此书当即时作也。今已佚。《千顷堂书目》卷二曰：《士仪礼略》10卷，"以朱子家礼为未成之书，而晚年多从仪礼，故从仪礼参定。又《举要》10卷，即删前书"

徐溥卒（1428—　）。溥字时用，号谦斋。卒谥文靖。宜兴人。景泰五年进士及第。纂修《英宗实录》充总裁官。时领修《大明会典》。官至华盖殿大学士。著有《文靖疏稿》2卷、《谦斋文录》4卷。事迹见《明史》卷一八一，《孝宗实录》卷一五四，吴俨《光禄大夫柱国少师兼太子太师吏部尚书华盖殿大学士赠特进左柱国太师谥文靖徐公溥行状》（《国朝献征录》卷一四）。

按：《谦斋文录》4卷，据《四库全书总目提要》卷一七〇："溥于孝宗时在内阁十二年，与刘健、谢迁等协心辅治，不立异同。然于事有不可者，侃侃力争，多所匡正。

马尔西利奥·菲奇诺卒（1433—　）。意大利哲学家，神学家，语言学家。主持佛罗伦萨柏拉图学园。致力于译注柏拉图著作。

如谏止李华复官,执奏不撰《三清乐章》,因视朝渐晏,上疏抗论,并著说直之节。孝宗时朝廷清暇,海内小康,论者谓溥等襄赞之力为多。今集中奏议尚存,其指事陈言,委曲恳至,具见老成忧国之忱,与隆、万以后讦激取名,嚣争立党者,词气迥殊。盖有明盛时,士大夫风气如是也。"

王锜卒(1432—)。锜字元禹,号苇庵,别号梦苏道人。苏州府长州人。少读书于妇翁刘草窗,得其议论为多。隐居荻溪,以著述自娱。著有《寓圃杂记》10卷、《梦余录》。事迹见《列朝诗集小传》丙集,《吴中人物志》卷九。

按:《寓圃杂记》10卷,从其平生所记中"削芜置疑"而成。据《四库全书总目提要》卷一四三,载洪武迄正统间朝野事迹。于吴中故实尤详。然多掇拾琐屑,无关考据。最早有弘治三年刻本,祝允明为之序。后收入《玄览堂丛书三集》。另有节本。(参《中国大书典》等)

庄昶卒(1437—)。昶字孔旸,号定山。天启初,追谥文节。应天府江浦人。成化二年进士,改庶吉士,授翰林检讨。官至南京礼部郎中。其学以无言自得为宗,受用于浴沂之趣。刻意为诗,而喜用道学语。与纂《江浦志稿》。《明儒学案》列其入《诸儒学案》上三。据《明儒学案》,昶所著有《庄定山集》10卷。事迹见《明史》卷一七九,庄昶长子庄会纂《定山年谱》,唐守勋《明定山庄先生墓碑铭》。

按:据《明史》本传,母忧去。继丁父忧,哀毁,丧除不复出。卜居定山二十余年,学者称"定山先生"。巡抚王恕尝欲葺其庐,辞之。昶生平不尚著述,有自得,辄见之于诗。荐章十余上,部檄屡趣,俱不赴。大学士邱濬素恶昶,语人曰:"率天下士背朝廷者,昶也。"大学士徐溥语郎中邵宝曰:"定山故翰林,复之。"濬闻曰:"我不识所谓定山也。"邑令张凤聘庄昶、郁珍、石淮纂《江浦志稿》,书成以张去官未刊,已佚。昶孙兰枝有《定山集补遗辨误》1卷,已佚。《四库全书总目提要》卷一七一曰:"惟癖于讲学,故其文多阐《太极图》之义,其诗亦全作《击壤集》之体,又颇为世所嗤点。""盖其学以主静为宗,故息虑澄观,天机偶到,往往妙合自然,不可以文章格律论,要亦文章之一种。"

施廉卒(1439—)。廉字彦清,号北野,更号听雪。无锡人。以医称。为碧山吟社十老之一。筑"野翁园"。著有《中和堂集》、《野翁吟稿》,见《锡山历朝书目考》卷七。

杨杰卒(1444—)。杰字廷俊,号立斋。山西平定人。成化十四年进士。选庶吉士,授编修。累官至司经局洗马,充东宫讲读官,与修《大明会典》,事未终而卒。事迹见《国朝献征录》卷一九。

程敏政卒(1445—)。敏政字克勤,号篁墩。徽州府休宁人。成化二年进士及第,授编修。以学问该博著称。修《英宗实录》、《续资治通鉴纲目》。官至礼部右侍郎兼侍读学士。据《明史》、《四库全书总目》、《安徽文献书目》、蒋元卿《皖人书录》和瞿冕良编著《中国古籍版刻辞典》,程敏政自纂的有:《心经附注》、《宋遗民录》、《新安程氏统宗世谱》、《休宁志》、《宋纪受终考》、《篁墩集》等。编辑的有:《新安文献志》、《道一编》、《明文衡》、《咏史集解》、《唐氏三先生集》等。刻印除自纂和编辑部分外,还有:宋真德秀《心经附注》、吴儆《竹洲集》、江应辰《江文定集》、范祖禹《范太史集》；元汪克宽《礼经补逸》、吴澄《仪礼逸经》、敖继公《仪礼集说》、唐元《筠轩集》；明李贤《李古穰集》、唐桂芳《白云集》、唐文凤《梧冈集》、程章辑《明良庆会录》等。事迹见《明史》卷二八六，《列朝诗集小传》丙集，《孝宗实录》卷一五一，《礼部右侍郎兼翰林院学士程敏政传》(《国朝献征录》卷三五)《詹事兼学士程敏政》(《殿阁词林记》卷六)。

按：精于考证，而"于朱子之说尤深考核，自以为得我师焉"(李东阳：《篁墩文集原序》)。《心经附注》4卷，据《四库全书总目提要》卷九五，以南宋真德秀《心经》"未为赅备。又其注中或称《西山读书记》，疑非德秀自作。乃补辑釐为四卷，名曰《附注》。前后皆有敏政序，末私印文曰伊洛渊源，盖敏政自以为程子裔云"。《道一编》6卷，《四库全书总目提要》卷九五曰："不著撰人名氏。编朱、陆二家往还之书，而各为之论断，见其始异而终同。考陈建《学蔀通辨》曰：程篁墩著《道一编》，分朱、陆异同为三节。始焉如冰炭之相反，中焉则疑信之相半，终焉若辅车之相依。朱、陆早异晚同之说，于是乎成矣。王阳明因之，遂有《朱子晚年定论》之录，与《道一编》辅车之说，正相唱和云云。然则此书乃程敏政作也。"倡导学者治学超越朱、陆门户，"尊德性"与"道问学"(《道一编目录后记》)。其心性之学亦颇有特色。《宋纪受终考》3卷，《四库全书总目提要》卷八九曰："其《篁墩集》中有《宋太祖太宗授受辨》一篇，专辨僧文莹《湘山野录》诬太宗烛影斧声之事。末自注云，犹恐考核未精，故别成是书。然观文莹所言，实无确指，徒以李焘《长编》误解文莹之言，遂成疑案耳。宋濂、黄溍始首辨其诬。敏政是书，又博采诸书同异，一一辨证，然仍宋、黄二家之绪论也。"《新安文献志》100卷，于南北朝以后文章事迹凡有关于新安者，悉采录之。其六十卷以上为甲集，皆本郡先达诗文，略依真德秀《文章正宗》之例，分类辑录。其六十卷以下，则皆先达行实，不必尽出郡人所论。征引繁博，条理淹贯，凡徽州一郡之典故，荟萃极为赅备。遗文佚事，咸得藉以考见大凡。故自明以来，推为巨制(《四库全书》之《新安文献志》卷首提要)。纂修谱牒《新安程氏统宗世谱》20卷，为合族谱。入谱人物逾万。《篁墩集》93卷，《四库全书总目提要》卷一七一曰："是集为敏政所自订。据《千顷堂书目》，尚有《外集》十二卷、《别集》二卷、《行素稿》一卷、《拾遗》一卷、《杂著》一卷。今皆不在此编中，疑其本别行也。敏政学问淹通，著作具有根柢，非游谈无根者比。特以生于朱子之乡，又自称为程子之裔，故于汉儒、宋儒判如冰炭，于蜀党、洛党亦争若寇仇。门户之见既深，徇其私心，遂往往伤于偏驳。""集中徵引故实，恃其淹博，不加详检，舛误者固多，其考证精当者亦时有可取。要为一时之硕学，未可尽以芜杂废也。其集名曰'篁墩'者，考新安有黄墩，为晋新安太守黄积所居。子孙世宅于此，故以'黄'为名。自罗愿《新安志》、朱子《文集》所载皆同。敏政乃称'黄'本'篁'字，因黄巢而改，遂称曰'篁墩'，为之作记，且以自号。其说杜撰无稽，然名从主人，实为古义，今亦仍其旧称焉。"《明文衡》自序曰："文之来尚矣，而后世词华之习蠹之。故近有为道学之谈者曰：'必去而文然后可以入道。'夫文载道之器也，惟作者有精粗，故论道有纯驳，使于其精纯者取之，粗驳者去之，则文固不害于道矣。而必以焚楮绝笔为道，岂非恶稗而并剪其禾，恶莠而并掩其苗者哉？汉唐宋之文皆有编纂，精粗相杂。我朝泛扫积弊，文轨大同，作者继继有人，而散出不纪，无以成一代之言。走因取诸大家之梓行者，仍加博采，得若干卷。其间妄有所择，悉以前说为准，以类相次，郁乎粲然。可以备史氏之收录，清庙之咏歌，著述者之考证。缮写成帙，以俟后人。或曰：'朱子尝讥文自文而道自道者，其语甚力。然则近世道学之谈，未易非也。子之是举，无乃劳乎？'走曰：'不然。考朱子之云，盖为苏氏之文驳故耳。至于楚词、韩文,注释校订不遗余力,则我先正固尝以文为意矣。必如子说,则是释家不立文字之教,走岂敢以为是乎?"《四库全书总目提要》卷一八九曰:"《明文衡》98卷,"为类凡三十有八。悉从《玉台新咏》之例,题作者姓名。惟方孝孺则书字,盖是时靖难文禁稍弛,而尚未全解,故存其文而隐其名也。""然所录皆洪武以后,成化以前之文。在北地、信阳之前,文格未变,无七子末流,摹拟诘屈之伪体。稽明初之文者,固当以是编为正轨矣。"《咏史集解》7卷,程敏政编,林乔松注。《四库全书总目提要》卷一九一曰:"乔松,晋江人,始末未详。其注此书,则官景宁县知县时也。其书取古人咏史之作,依代编次。自三代迄宋末,止七言绝句一体。采辑颇备。"《唐氏三先生集》28卷,凡唐元筠轩集诗8卷、文5卷,唐桂芳《白云集》诗5卷、文2卷,唐文凤《梧冈集》诗4卷、文4卷。前列诸集原序,后附以传记铭志之文。《四库全书总目提要》卷一九一曰:稿成而毁于火。正德戊寅,唐氏裔孙泽濂,得其副于程师鲁,因重为补辑,徽州知府张文林刊之。后三集另分别行之。《列朝诗集小传》丙集曰:"《篁墩文集》九十余卷,李长沙为序。他所撰辑《宋纪受终考》、《遗民录》、《新安文献志》,皆可观。惟著《苏氏梼杌》,力诋眉山,以报蜀九世之仇,则腐而近愚,且比于妄矣。为贤者讳,君子略之可也。"《静志居诗话》卷八曰:"篁墩数与西涯酬和,集中存诗数千,究乏警策。至其辑录诸书,若《明文衡》、《新安文献志》,甄综有法。余如《宋纪受终考》、《宋遗民录》,皆有功史学。独是议孔庙祀典,而屏郑康成不与,未免过于刻薄。若夫《苏氏梼杌》一编,谓眉山父子罪浮于王安石,盖借文公《杂学辩》而周内之,其意第欲为伊川复仇,不知徒贻有识者笑也。"

文林卒(1445—)。林字宗儒,苏州府长州人。文洪子。成化八年进士,官至温州知府。学问该博,尤精于易数。作诗文明畅不蹈袭。著有《文氏族谱》、《奏议》3卷、《马策》3卷、《琅琊漫抄》1卷、《文温州集》12卷。事迹见《列朝诗集小传》丙集,《温州府知府文林传》(《国朝献征录》卷八五),《明故中顺大夫浙江温州府知府文君墓碑铭》(《家藏集》卷七六),杨循吉《明故中顺大夫温州府文公墓志铭》。

按:"为诗文明畅,有新意,不蹈袭。所著述多成编。其学自堪舆、卜筮之类,其说皆通,可谓博矣。(《家藏集》卷七六)"《琅琊漫抄》,《四库全书总目提要》卷一二七称,杂记琐闻逸事,间亦考证经史。凡48则,无甚可采。书有文壁(文征明)跋。《文温州集》12卷,《四库全书总目提要》卷一七五曰:"林尝为温州府知府,故其集以温州名。其中《陈马政》诸篇,皆官南京太仆寺丞时作。总题以温州,从所终也。"桑悦作《桑民怿祭文》、沈周作《沈石田祭文》、唐寅作《唐子畏祭文》祭文林。

吴鋆卒(1452—)。鋆字汝砺。苏州府吴县人。好学有诗才。成化二十一年进士,授兵部武选司主事。著有《懒溪集》6卷。事迹见王鏊《兵部武库郎中吴鋆》(《国朝献征录》卷四一)。

陈如纶(—1552)、沈应龙(—约1554)、李舜臣(—1559)、周延(—1561)、张永明(—1566)、郑晓(—1566)、谢瑜(—1567)生。

弘治十三年　庚申　1500年

五月,屠滽、周经、徐琼、白昂、徐贯皆以星变请致仕,许之。廷臣争上

章留经，论荐者中外凡八十余疏，皆不报。以侣钟、傅瀚、闵珪、曾鉴为户、礼、刑、工尚书代之。(《明通鉴》目录卷一〇)

按：徐琼，生卒年不详。字时庸，号东谷，又号明农翁。江西金溪人。曾上疏禁奢侈，广用人，抑奔竞，开言路。官至礼部尚书。事迹见张升《太子太保礼部尚书东谷徐公琼墓志铭》(《国朝献征录》卷三三)。

六月，召南京尚书倪岳为吏部尚书。以小王子居河套，犯延绥神木堡，时廷议用兵延绥，上疏论边患。

按：时廷推文升，言官以兵部非文升不可，加文升少傅以慰之。召南尚书戴珊为左都御史。侍郎史琳为右都御史，经略紫荆关。(《明通鉴》目录卷一〇)

九月甲寅，修四夷馆。

十二月戊申，兵科给事中戴铣奏刊印黄淮、杨士奇等纂《历代名臣奏议》。既礼部覆奏，孝宗命赐五府六部、都察院、通政司、大理寺、詹事府、国子监、翰林院、左右春坊、司经局并六科十三道各一部，翻刻罢。(《孝宗实录》卷一六九)

陈献章殁之前，朝服朝冠焚香北面五拜三叩首曰吾辞吾君，作诗。

按：七月，陈献章葬圭峰之麓，远近会葬者几千人。

湛若水以陈献章卒，为之制斩衰之服，庐墓三年不入室，如丧父。曰："道义之师，成我者与生我者等。"

按：后若水凡足迹所至，必建书院以祀白沙。

李承箕十二月自白沙还，复游衡山。

王守仁授刑部云南清吏司主事。"闻鞑虏狂獗"，上《陈言边事疏》。

按：建议采取蓄材备急、舍短用长、简师省费、屯田足食、行法振威、敷恩激怒等措施，加强北方边防。

邵宝四月除江西按察司副使提调学校。十二月考试南昌三学诸生。始著《学史》。

按：王守仁送行时雨赋。邵宝提学时修白鹿书院学舍以处学者，教人以致知力行为本。撰《学史》13卷。

潘府以刑部主事疏荐章懋。

按：春，廷臣论荐，章懋辞免。

谢铎擢礼部右侍郎，管祭酒事。屡辞，不许。

刘大夏五月起右都御史，总督两广军务。

何景明伯兄景韶作令巴陵，何景明同之任所。

林俊起南京都察院右佥都御史。十一月至南京，号令严肃，营务一新，而身正率物，与张简肃公敷华、林文安公瀚、杨邃庵公一清，并名清约，称四君子。

王瓒丁父忧。服除，主编《温州府志》于温州。

文征明作文天祥像，沈周以诗合卷。

杨慎与恒忱二弟是春作《世耕庄赏棋赋诗》。

王轼督贵州军务，平定女土司米鲁。

国参政团"组建。

莫斯科大公国败立陶宛人。

葡萄牙人入巴西。

英国首次使用黑铅笔。

按:《平蛮录》即其奏捷之疏(《四库全书总目提要》卷五三)。

桂华闻其父桂皞有《从敬斋游张古山和诗》,又得《和武康汪先生诗》、改李伯嘉所作《春雨即事》。

戴冠在绍兴学官任,作《会稽怀古诗》。

张灵为唐寅作《荷池清夏图》。

彭韶疏论佥都御史张岐憸邪,宜召王竑、李秉、叶盛,忤旨,下诏狱。给事中毛弘等救之,不听,卒输赎。

齐之鸾补邑庠生。

吴子孝五岁,能对语多奇句。

邓淮建浙江温州鹿城书院。

按:有堂若干间,中祀先贤程颢、程颐、朱熹、张栻,旁祀乡先儒从二程朱张者共23人。辟馆舍若干间,为学生所居。学规仿白鹿洞书院。后因燹,仅存数椽。又重建。

江西大余道源书院毁于水灾。

曹豹以"兴学育才化民正俗"为急,改河南郏县高阳寺为崇正书院。

按:"因黜浮图,以隆正学",故名。大学士贾咏为之作记。立门宇,建七贤祠,祀周敦颐、程颢、程颐、张载、朱熹、苏轼、苏辙七贤;推举山长,"择士之通敏博洽有器局者居之"。

《一千零一夜》在埃及定型。

胡安·德·拉科萨绘制出新世界地图。

希罗尼穆斯·布伦斯维格著成首部草药医学书《抗感冒的书皮》。

湛若水二月作《奠先师白沙先生文》。

黄仲昭以事至三山,并应李氏属撰《福建等处承宣布政使司题名记》。

李端修、桑悦纂《太仓州志》10卷成书刊行。

按:为现存最早之太仓地志刻本。

卢希哲纂修《黄州志》10卷成书刊行。

按:为现存最早之黄冈市市域内地志刻本。

祝允明序王錡所著《寓圃杂记》10卷,序论正史与稗官野史关系。

张吉撰《广西按察副使》。

章懋八月与门人董子遵书。

倪岳撰《浚治许浦塘记》。记常熟民22000人浚许浦、梅李等塘成。

邵宝十二月撰《品字亭记》。

黄仲昭仲春撰《重建南溪书院记》。

李承箕八月作《程节妇钟氏诗序》。十二月撰《游衡山记》。孟冬,跋《两先生赠麦秀夫诗》。

弘治《问刑条例》颁行。

按:整理修订条例279条,形成明例以辅律之立法制度。

蔡清十一月自序《艾庵密箴》。

桑悦为里友撰《友鹤记》,丹徒杜堇作图。

按:杜堇,本姓陆,后改。生卒年不详。字耀南,号柽居古狂、青霞亭长。镇江府丹徒人。时称白描第一手,又能作飞白体。文亦奇古。事迹见《图绘宝鉴》卷六。

尹直著《皇明名臣言行通录》12卷。

按：是书"补凤仪（彭韶）所未赞，增方正（杨廉）所未收"（《自序》）而成，凡69人。今天一阁有原刻本一部。

费宏作《陶学士先生文集序》。

按：序曰："其学以濂、洛、关、闽为师，读书守居敬持志、循序致精之法，博涉经史。尤精于《易》。所为诗文甚富，其存者，在元有《辞达类钞》，在中书有《知新近稿》，赴武昌有《江行杂咏》，守黄州有《黄冈寓稿》，在桐城有《鹤沙小纪》，总若干卷；今刻置太平郡斋，则前守严陵徐公时中图其始，今守嘉兴项公诚之成其终，当涂学谕铅山张君天益校其讹，次其类，而郡倅董君德美、张君瑞夫、辛君公应、李君宗汉、守仪皆与闻其事焉。盖距先生之卒已百三十余年矣。"

张祐作《陶学士先生文集跋》。

胡道作《存斋诗话序》。

按：《四库全书总目提要》卷一九七曰："后弘治中，庐陵陈叙刻之，以佑别号'存斋'易名曰《存斋诗话》，无所取义。今仍题《归田诗话》，从佑所自名也。"

赵昂卒（1421—　）。昂字伯颙，号竹溪。顺天府大兴人。正统十年进士。授中书舍人，与修《寰宇通志》，擢翰林院编修。官至通政司右参议。著有《竹溪小稿》。事迹见李东阳《通政使司右参议进阶朝列大夫赵公昂墓志铭》（《国朝献征录》卷六七）。

陈献章卒（1428—　）。献章字公甫，号石斋，晚号石翁，居白沙里，学者称白沙先生，广东新会白沙里人。正统十二年两赴礼部不第。从吴与弼讲理学。归筑阳春台，数年不出。入京至国子监，邢让以为真儒复出。成化十九年授翰林检讨，乞终养归。万历初，从祀孔庙，称先儒陈子，追谥文恭。白沙村濒临西江入海之江门，明清学者称其学为江门之学。又工书画，山居偶乏笔，束茅代之，遂自成一家，时呼为茅笔字。《明儒学案》列其入《白沙学案》上。著有《白沙诗教解》、《白沙集》9卷。事迹见《明史》卷二八三，清阮榕龄编《编次陈白沙先生（陈献章）年谱》、《翰林院检讨陈公献章传》（《太学志》见《国朝献征录》卷二二），张诩《白沙先生行状》。

按：陈献章《复赵提学》称："仆才不逮人，年二十七始发愤，从吴聘君学，其于古圣贤垂训之书，盖无所不讲；然未知入处。比归白沙，杜门不出，专求所以用力之方，既无师友指引，惟日靠书册寻之，忘寝忘食，如是者亦累年而卒未得焉。所谓未得，谓吾心与此理未有凑泊吻合处也。于是舍彼之繁，求吾心之约，惟在静坐，久之然后见吾此心之体，隐然呈露，常若有物，日用间种种应酬，随吾所欲，如水之有源委也。于是涣然自信曰：作圣之功，其在兹乎！""江门之学"又称"江门心学"，陈子"天地我立，万化我出"之心学世界观，三个环节乃是"元气塞天地"、"道为天地之本"、"心具万物、万理"。以静为主，教学者端坐澄心，于静养中出端倪。虽出自宋儒陆九渊，但强调心之知觉作用乃决定万事万物之枢纽，即所谓"身居万物中，心在万物上"。黄宗羲《明儒学案》称其学术思想"以虚为基本，以静为门户，以四方上下、往古来今穿纽凑合为匡郭，以日月、常行、分殊为功用，以勿忘、勿助之间为体认之则，以未尝致力而应用不遗为实得。远之则为曾点，近之则为尧夫，此可无疑者也。故有明儒者，不失其矩矱者亦多有之，而作圣之功，至先生而始明，至文成而始大。向使先生与文成不作，则濂、洛之精蕴，同之者固推见其至隐，异之者亦疏通其流别，未能如今日也"。"有明学术,至白沙始入精微。其吃紧工夫,全在涵养。喜怒未发而非空,万感交集而不动,至阳明而后大。两先生之学,最为相近,不知阳明后来从不说起,其故何也。薛中离,阳明之高第弟子也,于正德十四年上疏请白沙从祀孔庙,是必有以知师门之学同矣。罗一峰曰:'白沙观天人之微,究圣贤之蕴,充道以富,崇德以贵,天下之物,可爱可求,漠然无动于其中。'信斯言也,故出其门者,多清苦自立,不以富贵为意,其高风之所激,远矣。"意味着明初以来朱学一统局面之结束,始开明中期心学盛行之转化。"今考先生证学诸语,大都说一段自然工夫,高妙处不容凑泊,终是精魂作弄处。盖先生识趣近濂溪而穷理不逮,学术类康节而受用太早,质之圣门,难免欲速见小之病者也。似禅非禅,不必论矣。"《明史》卷二八二称:"原夫明初诸儒,皆朱子门人之支流馀裔,师承有自,矩矱秩然。曹端、胡居仁笃践履,谨绳墨,守儒先之正传,无敢改错。学术之分,则自陈献章、王守仁始。宗献章者曰江门之学……。"《明史》卷二八二本传曰:"其学洒然独得,论者谓有鸢飞鱼跃之乐,而兰溪姜麟至以为'活孟子'云。"《广东新语》卷一二曰:"粤人以诗为诗,自曲江始。以道为诗,自白沙始。"《白沙集》又名《白沙子全集》、《白沙子集》、《陈白沙集》、《陈献章集》。据《四库全书总目提要》卷一七〇:"是集为其门人湛若水校定,万历间何熊祥重刊之。"内文4卷,体现继承陆九渊"心即理"的观点,多各地儒学、社学、县学、书院等记。诗5卷,行状、志表附于后。"史称献章之学以静为主。其教学者但令端坐澄心,于静中养出端倪,颇近于禅,至今毁誉参半。其诗文偶然有合,或高妙不可思议;偶然率意,或粗野不可乡迩,至今毁誉亦参半。《王世贞集》中有《书白沙集后》曰:'公甫诗不入法,文不入体,又皆不入题,而其妙处有超出法与体题之外者。'可谓兼尽其短长。盖以高明绝异之姿,而又加以静悟之力,如宗门老衲,空诸障翳,心境虚明,随处圆通。辨才无碍,有时俚词鄙语,冲口而谈;有时妙义微言,应机而发。其见于文章者亦仍如其学问而已,虽未可谓之正宗,要未可谓非豪杰之士也。"清康熙四十九年何九畴重编。通行本有:弘治十八年(1505)罗侨刻本(诗文各10卷)、正德三年(1508)林齐刻本、嘉靖十二年(1533)高简、卞峡刻本(8卷)、次年萧世延刻本(21卷)、万历何熊祥刻本(9卷)、清康熙四十九年(1710)何九畴刻本(6卷),1987年中华书局出版的《陈献章集》收集其诗文及有关资料最全。有关研究《白沙全集》的著作有章沛《陈白沙哲学思想研究》等。《白沙诗教解》10卷附《诗教外传》5卷,湛若水注。《四库全书总目提要》卷一七五曰,《白沙诗教》凡166篇,"皆阐发性理之作。《诗教外传》则皆献章语录之类,足与诗相发明者。若水以类排纂,各为之标目。献章于诗家为别调,不妨存备一格。若水务尊师说,必以为风雅正宗,至别撰此书以行。言之似乎成理,而实则不然。王士禛《居易录》曰:'如欲讲学,何不竟作语录。'可谓要言不烦矣。"清代有《白沙语录》行世,系从《白沙集》中摘选论学之语编辑成书。另有称《白沙子》者8卷,有影印嘉靖间刻本。研究白沙之著作有:黄宗羲《明儒学案》卷五、蒙培元《理学的演变:从朱熹到王夫之戴震》第五章、章沛《陈白沙哲学思想研究》等。(参阅《四库全书总目提要》、《中国学术名著提要》、《中国大书典》等)

又按:李孔修,生卒年不详。字子长。生卒年不详,广东顺德人。好读书,尤精《周易》。居广州之高第街,张东所识之,引入白沙门下。20年不入城市,儿童妇女皆称曰"子长先生"。卒,无子,葬于西樵山。或问:"子长废人,有诸?"陈庸曰:"子长诚废,则颜子诚愚。"霍韬曰:"白沙抗节振世之志,惟子长、张诩、谢祐不失。"《明儒学案》列其入《白沙学案》下。事迹见《李孔修传》(《顺德县志》见《国朝献徵录》卷一一四)。

谢祐,生卒年不详。字天锡,号葵山。广东南海人。白沙弟子。尝寄甘泉诗曰:"生从何来,化从何处去。化化生生,便是真元处。"卒后附祀于白沙。按其诗未免竟是禅学,与白沙有毫厘之差。《明儒学案》列其入《白沙学案》下。事迹另见《兰台法鉴录》卷七。

何廷矩,生卒年不详。字时振。广东番禺人。初为诸生,及师事白沙,即弃举子业。学使胡荣挽之秋试,必不可。白沙作诗称之。《明儒学案》列其入《白沙学案》下。著有《礼意大全》存《羊录》10卷,见《千顷堂书目》卷二。

汪谐卒(1432—)。谐字伯谐。浙江仁和人。天顺四年进士。选庶吉士,授编修。成化初与修《英宗实录》,升修撰。历右春坊右谕德。预纂《续资治通鉴纲目》,进右庶子。修《宪宗实录》,充副总裁。官至礼部右侍郎。著有《寅轩集》。事迹见《礼部右侍郎兼翰林院学士汪谐传》(《国朝献征录》卷三五)。

按:《中国历代人名大辞典》载汪谐(1432—1500),所据《怀麓堂文后稿》卷二四墓志铭。而《孝宗实录》卷一五六记弘治十二年十一月己未,养病礼部右侍郎兼翰林院学士汪谐卒。《国朝献征录》传载"十二年十二月卒,年六十八"。

陈瑗卒(1442—)。瑗字大玉,号朴庵。陕西甘州人。成化八年进士。以清慎著名。弘治中曾上书言权贵役民之害,深切其弊。累迁福建右布政使,浚城中湮塞多年之渠,使舟楫得以通行。官至右副都御史,总督南京粮储,督理旧仓之修葺,以善储存。事迹见李濂《副都御史陈公瑗传》(《国朝献征录》卷五九)。

顾梦圭(—1558)、龚用卿(—1563)、黄廷用(—1566)、项元淇(—1572)、郭鎜(—1573)、薛应旂(—1576)、张时彻(—1577)、吴鹏(—1579)、屠大山(—1579)、杨应诏(—?)生。吴承恩(—1582?)约生。

按:吴承恩(1500?—1582?),见《中国历代人名大辞典》据《大泌山房集》卷一二。

弘治十四年　辛酉　1501年

五月戊辰,遣官修曲阜文庙。(《明通鉴》目录卷一〇)

王守仁以刑部主事审录江北,游九华山,宿无相化城诸寺。问道者蔡那纳克约于本世纪初在印度旁遮普创立锡古教。蓬头以仙。又访地藏洞之异人。

李东阳五月以疾上疏乞休,不许。

邵宝正月之进贤小试于吉水。试毕,安福刘参议景玉来谒。六月之南康白鹿院。留三日,之九江谒周濂溪墓。十月作《谕来学文》揭白鹿书院。邵宝迁江西提学副使,主修白鹿洞书院并定规制。

巴卑尔入撒马尔罕。

罗代里戈·德·巴斯蒂兹探察巴拿马海岸。

亚美利哥·维斯普奇第二次西航美洲。

书籍印刷和排印迅速发展。

按：于周、朱二先生祠基础之上建宗儒祠，另从祀朱之弟子黄干等14人。新建忠节祠祀诸葛亮、陶渊明等。又建独对亭，增置学田。亲往教授诸生，其教，以致知力行为本。作讲义《白鹿洞谕来学文》以励学者，又作《白鹿洞书院习士相见礼说》，又于书院刻书数种以作教材，如《易经》、《书经》、《春秋》、《礼记》等。

章懋四月奉旨不准辞，待服满著到任管事。八月升南京国子监祭酒。懋以丁父忧，不就。十一月奏免新任。

杨守阯以南侍郎命摄祭酒，而虚位以待章懋。

按：时以为异数云。

谢迁以虏犯大同，官军失利，立疏十二事以进。

马文升正月庚戌朔以地震言，此外寇侵陵之兆，上陈修德弭灾数事，嘉纳之。四月戊寅朔，请刊印《武经总要》一书，颁赐在京武职大臣各边将领。

按：陕西延安、庆阳二府，同华诸州，咸阳、长安诸县，潼关诸卫，连日地震，朝邑频震十七日。命各给《武经七书》一部，令其读习。《总要》已之。（《孝宗实录》卷一七三）

刘大夏十月召为兵部尚书，代文升。

按：大夏自两广至，以疾辞。孝宗问之，曰："臣老且病，见天下民穷财尽，度力不办耳。"孝宗默然。（《明通鉴》卷三九）

刘大夏既召，以南京刑部侍郎潘蕃为右都御史，总督两广。

秦纮九月甲辰起户部尚书兼副都御史，总制三边军务。纮至，躬祭阵亡将士，录死事诸臣，劾败将杨琳等4人罪，又请兴屯田，增城堡，诏令便宜行之。（《明通鉴》卷三九）

林俊正月庚戌朔疏述古宫闱、外戚、内侍、枋臣之祸，报闻而已。

王鏊是春上御边八策，并请仿前代荐举之例，以收异材，时不能用。

谢铎起为礼部侍郎，管祭酒事。

齐之鸾食廪，立就千言，声益振，与范半星、谢桐冈为笔砚友。

郑鹏中举人。除淮安教授。

按：郑鹏，生卒年不详。字于汉。福建闽县人。著有《编苕集》。事迹见《明诗纪事》丁签卷九。

陈沂以太医院医籍在南京应乡试。

何瑭（一作何塘）举河南乡试第一。

石斋是春服阕诏趣入阁，杨慎随侍北上，至都习四书文，受业于闽之乡贡士魏浚。

陈琛受学于虚斋蔡先生。应乡试。

按：时虚斋先生以南吏部郎中终养归。

毛伯温与友人郭君楫读书桥坑，遇宗主试，入县庠。继为邑守张君淳所奇，起送督学首选应试，下第，归，处乡之桐坑。

游潜举于乡。

按：游潜，生卒年不详。字用之。江西丰城人。尝任云南宾州知州。被劾致仕。著有《博物志补》2卷，补张华之书，体例略如李石所续（《四库全书总目提要》卷一四四）；另著有《梦蕉诗话》。《四库全书总目提要》卷一九七谓《梦蕉诗话》"此书中论蔡确一条,谓因自称不肖而人误以为不笑,既而误以不笑为哭,既而又误以哭为酷,遂为部使者所斥。潜殆以'酷'罢官欤？所论诸诗,明人居其大半,率无深解。"事迹另见《明诗纪事》丁集。

吕柟举乡试。

王艮年十九,奉父命周游四方,以山东阙里所在,径趋山东。

薛侃年十九,闻讲《中庸》,遂志圣贤之学。

南大吉年十五,尝赋诗言怀。

黄佐年十二,学举子业成,更学为古文词及皇极象数之学,撰座右铭正骚粤会赋。

程文德五岁,就外傅读小学,四书目数过辄又成诵云。

张宝、主簿何雍重建安徽舒城龙眠书院告成。

胡光购云南蒙化城西北旧浮图地建崇正书院。

按：讲堂后建观文楼,置书60余种,为滇西诸学积书之冠。佥事郁容纂有记。崇正书院即明志书院、文昌书院、文华书院。

钱福序吴中官吏所刻《吴越春秋》。

按：是为《吴越春秋》明首刻本。

刘氏文明书堂刻《广韵》5卷

王恕复为《石渠意见拾遗》,时年86。

李东阳撰《儿子兆先墓志铭》。

陆弥望撰《明故友欧鲍先生墓志铭》。

按：陆弥望,生卒年不详。字道参。兴化人。另著有《省斋集》,见咸丰《重修兴化县志》卷九。

吴杰修、张廷纲、吴祺纂《永平府志》10卷成书刊行。

按：永平府治卢龙,是书为现存最早之秦皇岛市市域内之地志刻本。

王珣修、胡汝砺纂《宁夏新志》8卷成书刊行。

按：是书为国内收藏今宁夏回族自治区区域刻本最早之地志,尤于研治明代九边重镇颇有文献价值。

徐恂修、周山、夏雷纂《嵊县志》10卷成书刊行。

按：是书刻本上海图书馆存残本:卷二至卷六。是书见《千顷堂书目》著录。雍正《浙江通志》卷二五三误徐恂为陈恂。周山,字静之,成化十六年举人,官保德知州。夏雷,字时震。弘治二年举人,官湖广罗田知县。

易纲纂修《武康县志》成书刊行。

按：已佚。有莆田陈琳序,见康熙《武康县志》。序曰："衡阳易君来令是邑,政事之暇,乃仿《一统志》凡例,摘其事迹,分类而书,以为《武康县志》。……君名纲,字正道。督而修之者,邑丞许君英,判簿李君睿。而索余文者郑君美,今为其邑幕云。"

都穆撰《长洲县建官渎朱泾二桥记》。

李承箕五月作《送柯容甫还莆田序》。

罗钦顺是冬撰《清塘陆氏始祖祠堂记》。

章懋《复东阳御史庐格书》。仲冬,作《与谢木斋阁老书》。

王守仁作《游九华赋》。

徐祯卿自京口北渡，撰《江行记》。

祝允明于嘉兴途中书《夜坐记》。

杨慎作《过渭城送别诗》及《霜叶赋》，《吊马嵬坡诗》。是秋偶作《黄叶》诗，尚书李梦阳读之，喜曰：若可为吾小友也，乃进之门下，命拟《出师表》及《傅奕请汰僧尼表》，梦阳览之，谓不减唐宋词人。是年杨慎有《题赤壁图诗》。

涂祯仿宋刻九行本（宋嘉泰本）复刻《盐铁论》10卷。都穆序之。

按：后翻刻本多出涂本。

无锡华珵刻宋左圭辑《百川学海》100种179卷。

温州重刻南宋陈埴著《木钟集》11卷。

刘震卒（1434—　）。震字道亨，号励斋。江西安福人。成化八年进士。授翰林编修，进侍讲，累迁南京国子监祭酒。著有《双溪集》。事迹见吴宽《朝议大夫南京国子祭酒刘公震墓碑》（《国朝献征录》卷七四）。

孙衍卒（1443—　）。衍字世延、延之，号雪岑。松江府华亭人。成化十四年进士。授深州知州。官至延平知府。郡本无志，聘士修之。著有《雪岑稿》。事迹见杨廉《延平府知府孙公衍墓志铭》（《国朝献征录》卷九一）。

倪岳卒（1444—　）。岳字舜咨。应天府上元人。倪谦子。卒谥文毅。明世父子官翰林，俱谥文，自岳始。天顺八年进士。改庶吉士，授编修。好学能文，通晓经世之务。官礼部尚书，尝劝帝勤讲学、开言路、宽赋役、黜奸贪、省营造。历南京吏、兵二部尚书，还为吏部尚书，铨政称平。前后陈请百余事，多剔刷军国弊政，论西北用兵之害尤切，以为当重将权，增城堡，明赏罚，实屯田，以加强守备。兵部不能用。著有《青溪漫稿》。事迹见《明史》卷一八三，吴宽《吏部尚书倪文毅公岳传》（《国朝献征录》卷二四），《故太子少保吏部尚书赠荣禄大夫少保谥文毅倪公行状》（《震泽集》卷二五）。

按：《四库全书总目提要》卷一七〇曰：《青溪漫稿》24卷，"岳承其家学，研精典籍。明代父子俱入翰林，官九列，俱有文集传世者，以倪氏为首。其居官不徇名誉，铨政平允，与王恕、彭韶等俱为孝宗时名臣。史称其为礼部长贰时，礼文制度，率待岳而决，论事未尝苟同。前后陈请百馀事，军国弊政，剔抉无遗。疏出，人多传录之。今集中疏议共五十九篇，与所谓百馀事者不合，疑刊集时已有所删择。然如《正祀典》、《陈灾异》及《论西北用兵》诸奏，皆建白之最大者，已具在其中，所言简切明达，得告君之体，颇有北宋诸贤奏议遗风。他文亦浩翰流转，不屑为追章琢句之习。盖当时正人在位，为明治全盛之时。故岳虽不以文名，而乘时发抒，类皆经世有本之言，如布帛菽粟之切于日用，亦可知文章之关乎气运矣。"

宋端仪卒（1447—　）。端仪字孔时，号立斋。福建莆田人。成化十七年进士。官至广东提学佥事，督广东学校。慨建文朝忠臣湮没，乃搜辑遗事，为《革除录》，建文时殉节诸臣事始有记载。另著有《考亭渊源录》、《立斋闲录》。事迹见《明史》卷一六一，黄仲昭《广东按察司提学佥事宋君端仪墓志铭》（《国朝献征录》卷九九）。

按：《考亭渊源录》24卷，薛应旂重修。《四库全书总目提要》卷六一曰："此编仿

《伊洛渊源录》之例，首列延平李侗、籍溪胡宪、屏山刘子翚、白水刘勉之四人，以溯师承之所自。次载朱子始末。次及同时友人，张栻以下七人。次则备列考亭门人，自黄榦以下二百九十三人。其二十三卷则门人之无记述文字者，但列其名，凡八十八人。末卷则考亭叛徒赵师雍、傅伯寿、胡纮等三人，亦用《伊洛渊源录》载邢恕例也。史称端仪慨建文朝忠臣湮没，乃搜辑遗书，为《革除录》。建文忠臣之有录，自端仪始。然其书今未见，即此书原本亦未见，世所行者惟应㧑重修之本。应㧑作《宋元通鉴》，于道学宗派，多所纪录，此书盖犹是意。然应㧑初学于王守仁，讲陆氏之学。晚乃研穷洛、闽之旨，兼取朱子。故其书《目录》后有云：'两先生实所以相成，非所以相反。'遂以陆九渊兄弟三人列《考亭渊源录》中，名实未免乖舛也。"《立斋闲录》4卷，杂录明代故事，皆采碑志说部为之。

马绍荣卒，生年不详。马绍荣本姓周，字宗勉，号景范。苏州府常熟人。天顺六年举人。成化初与修《英宗实录》，授中书舍人。弘治初与修《宪宗实录》。官至太常寺卿。著有《千文四通》4卷、《纪盛诗集》。事迹见《太常寺卿马公绍荣传》(《国朝献征录》卷二二)。

朱曰藩（　—1561）、范大澈（　—1562）、沈越（　—1570）、朝鲜李滉（退溪—1570）、何迁（　—1574）、黄正色（　—1576）、文嘉（　—1583）、孙升（　—1560）生。

弘治十五年　壬戌　1502年

三月庚寅，赐康海等297人进士及第、出身有差。

七月己卯，录刘基后裔瑜，世袭指挥使。

是月，自六月至此，南京大风雨，孝陵神宫监及懿文陵树木、桥梁、墙垣多摧拔者，江水泛溢，入城五尺余。

按：镇江暴风雨成灾，杨一清作《水灾纪异》长诗。

十月，户部上天下会计之数。

按：尚书佀钟谓常入之赋以灾伤减，常出之费以请乞增，请敕廷臣求所以足用之术。吏部侍郎韩文亦以为言。乃下廷臣议。十二事中，有权幸所不便者，留中数月。钟等复请之，它皆报可，而事关权幸者终格不行。(《明通鉴》目录卷一〇)

十二月己酉，翰林院纂修《大明会典》成，进呈。赐总裁等官宴于礼部，命英国公张懋及六部尚书、都察院左都御史侍宴。

王守仁八月渐悟仙释之非。以病告归越，筑室阳明洞中，行导引术，久之，遂先知。

按：王守仁复命回部，时太原乔宇、广信江俊、河南李梦阳、何景明、姑苏顾璘、徐祯卿、山东边贡、泰州储瓘俱以才名相知，为古诗文。王守仁一日喟曰：吾安能以有限精神为无用虚文，遂告病归，筑阳明洞旧基为书屋，究仙经秘旨，久之，忽能预

克里米亚灭金帐汗国。

萨菲王朝立伊斯兰教什叶派十二伊玛目派为波斯国教。

立陶宛败莫斯科大公国。

萨克森的选帝侯弗里德里希创立维登堡大学。

西班牙巴伦西亚大学建立。

达伽马在印度的科钦建立葡萄牙殖民地。后航抵东非海岸。

韦斯普奇在第二次航海后得出结论,南美不同于印度,是一独立的大陆。

哥伦布第四次西航美洲。

葡萄牙人贩运首批非洲黑奴至美洲海地岛。

知。友人王思舆等来访,方出五云门,先生命仆迎之,且历语其来迹,众惊异以为先知。久之,悟曰:此籢弄精神,非道也,又屏去,已而静久思离世远去,唯祖母岑与龙山公在念,久之,又忽悟曰:此念生于孩提,此念可去,是断灭种性矣。渐悟仙释二氏之非,遂屏去之。

李东阳充殿试读卷官。

吴宽二月己酉以吏部左侍郎兼翰林院学士命为会试考官。

刘机二月己酉以翰林院侍读学士命为会试考官。

李梦阳与何景明、康海等相识。

邵宝之白鹿书院,作独对亭,修学舍,清学田。改建宗儒祠祔诸儒,七月之浮梁。七月以工师求大木孔子佩像环五老峰三题,命桂华赋之。桂华一日夜三赋具成。

罗钦顺四月以翰林编修为南京国子监司业。

章懋四月为南京国子祭酒,懋待服除赴任。

王鸿儒以山西按察佥事为副使,仍提督学校。

张元祯擢南京太常寺卿。

马文升八月辛亥请减膳撤乐及弭灾数事。

刘大夏八月辛亥亦条上非旧制而不便于军民者厘革之。

张邦奇始取柳柳州非国语者读之,以其多畔于道,为之辨说 15 条。

林俊巡视江西。

周瑛八月以右布政使致仕。

唐寅出游浙闽赣,此际归。

周经夏间来太原王琼家,约游晋祠,周公览其胜境,不禁兴发,题诗二律于壁。题罢,王琼偕登映月楼,周公复题一律。在晋祠逗留数日,游兴益毫,又偕王琼作天龙之游,作《题天龙》。

按:正嘉间学使莆田周宣、麻城曾大有、庐陵陈凤梧、浙江杨文卿等先后来游晋祠,壁间均有和韵,一时大有眼前有景道不得,崔颢题诗在上头之誉也。一说县令刘经邀王琼偕游晋祠,作诗《纪胜七律二章》。王琼次韵随书于壁。

康海进士第一。授翰林修撰。与李梦阳等提倡文学复古,为前七子之一。

何景明成进士。授中书舍人。

按:是时北地李献吉、武功康德涵、鄠杜王敬夫、历下边廷实,皆好古文辞。先生与论文,语合,乃一意诵习古文,而与献吉又骏发齐名,忧愤时事,尚节义而鄙荣利,并有国士之风焉。(乔世宁《何先生传》)

王廷相成进士。改庶吉士,授兵科给事中,以忧去。

王尚絅成进士。授兵部职方主事,改吏部,出为山西参政。

按:三疏乞养,不待报即归,隐居 15 年,时乘驴出游,又筑读书台,与古人神交。

石邦柱成进士。任南海知县。

按:服阕满,累官彬州知州,清王府占田。后为工部郎。忤意,出为瑞州知府,以疾罢归。建龙泉书院,教族人与乡子弟。邦石柱,生卒年不详。字安国。广西苍梧人。事迹见《广西通志辑要》卷一〇。

乐韺成进士。授宣城知县。

吕㰌成进士。授南京工部主事分司真州。

孙伟成进士。官鹤庆知县。

按：孙伟，生卒年不详。字朝望，号鹭沙。江西清江人。著有《鹭沙集》。事迹见《环溪集》卷二一。

李时成进士。授编修。

李廷相成进士。

何棐成进士。授浦城知县，擢御史。

何瑭（一作何塘）成进士，改翰林院庶吉士。

张芹成进士。授福建推官。

张嘉谟成进士。授兵部武选司主事。

陈霆成进士。授刑科给事中。

陈察成进士。授南昌推官。

林塾成进士。官至浙江布政司参议。

金贤成进士。官给事中。

按：金贤，生卒年不详。字士希。其先本西域默伽国人，祖以进麒麟至官鸿胪少卿，家于金陵。后忤刘瑾出为大名府知府。再徙延平，请老归。著有《春秋记愚》10卷或问百篇，见《千顷堂书目》卷二。

周用成进士。授行人。

赵永成进士，授编修。

查约成进士。历福建佥事。

按：延平、邵武、福州军发生骚乱，单车往谕，事即平息。累迁至福建左布政使。查约，生卒年不详。字原博，号愚斋。浙江海宁人。著有《愚斋集》。事迹见《名山藏·臣林记》卷一八。

徐问成进士。授广平推官。召为刑部主事。

按：出为登州知府，滨海多盗，尽捕之。调临江，修坏堤72处。累迁广东左布政使。

章拯成进士。授刑部主事。

鲁铎成进士。授编修。

温仁和成进士。选庶吉士，授编修，

按：以忤刘瑾，出为户部主事。

滕霄成进士。授编修，转修撰，与修国史。官至司经局洗马。

按：文章为时人推重。滕霄，生卒年不详。字子冲。福建建安人，隶山东济阳籍。著有《九川文集》。事迹见《万姓统谱》卷五七。

潘希曾成进士。改庶吉士，授兵科给事中。

吕柟会试不第，入太学，与马理、崔铣等诸同志，讲学于宝邛寺，相与切磋，务事力行，不尚口耳之学。

聂豹年十六，督学无锡二泉邵宝取为弟子员，一见奇之。

吴子孝七岁，能赋诗。出游，过某妪家，见壁上画，索笔戏题之。

安徽歙县修紫阳书院。

王珀杨重建江西都昌经归书院,祀元儒陈澔,因陈字云住,亦称云住书院。

林俊、王绖、王纯、祝瀚、叶天爵曾增修江西修水濂山书院。

周伦增修河北安新静修书院。

德国的彼得·亨莱茵制成第一块手表"纽伦堡蛋"。

安布罗焦·卡莱皮诺著成有数种文字对照的词典《丰饶角》。

康拉杜斯·塞尔蒂斯的人道主义诗《阿莫雷斯》著成。

刘健等十二月己酉纂修《大明会典》成。凡180卷,大学士刘健等表上之。

按:明孝宗《明会典序》曰:"朕惟自古帝王君临天下,必有一代之典,以成四海之治。虽其间损益沿革未免或异,要之不越乎一天理之所寓也。纯乎天理,则垂之万世而无弊。杂以人为,虽施之一时而有违。盖有不可易焉者。唐虞之时,尧舜至圣,始因事制法,凡仪文数度之间,天理之当然,无乎不在,故积之而博厚,发之而高明。巍然焕然,不可尚已。三王之圣,禹汤文武,视尧舜固不能无间。而典制寖备,纯乎是理则同。是以雍熙泰和之盛同归于治,非后世之所能及也。自秦而下,世之称治者,曰汉、曰唐、曰宋,其间贤君屡作,亦号小康。但典制之行因陋就简,杂以人为而未尽天理,故宋儒欧阳氏谓其治出于二,其不能古若也,夫岂无所自哉。洪惟我太祖高皇帝以至圣之德驱胡元而有天下,凡一政之举、一令之行必集群儒而议之。遵古法,酌时宜,或损或益,灿然天理之敷布,神谟圣断,高出千古。近代积习之陋,一洗而尽焉。我太宗文皇帝、仁宗昭皇帝、宣宗章皇帝、英宗睿皇帝、宪宗纯皇帝,圣圣相承,先后一心。虽因时损益,而率由是道。百有余年之太平,端有在矣。朕祗承天序,即位以来,早夜孜孜,欲仰绍先烈,而累朝典制散见叠出,未会于一。乃敕儒臣发中秘所藏《诸司职掌》等诸书,参以有司之籍册,凡事关礼度者,悉分馆编辑之。百司庶府以序,而列官各领其属,而事皆归于职。名曰《大明会典》。辑成来进,总一百八十卷。朕间阅之,提纲挈领,分条析目,如日月之丽天而群星随布。我圣祖神宗百有余年之典制,斟酌古今,足法万世者,会萃无遗矣。特命工锓梓,以颁示中外。俾自是而世守之,不迁于异说,不急于近利。由朝廷以及天下诸凡举措,无巨细精粗,咸当乎理而得其宜。积之既深,持之既久,则我国家博厚高明之业,雍熙泰和之治,可以并唐虞、轶三代而垂之无穷,必将有赖于是焉,遂书以为序。弘治十五年十二月十一日。"一说次年正月成。未及刊行,正德六年颁行。

戴敏修、戴铣纂《易州志》20卷成书刊行。

按:易县现存最早之地志刻本。

彭泽修、汪舜民纂《徽州府志》12卷成书刊行

按:为现存最早之旧徽州府志刻本。《四库全书总目提要》卷七三云:是书"分目过多,如'沿革'之外,又出'郡名'一门,'人物'至分为十四类,皆伤烦碎。又'风俗'、'形胜'二门皆标题夹注,有似类书,亦乖体例"。

庄㡷修《宝坻县志》7卷。

按:庄㡷,邑令。《千顷堂书目》卷六注曰:别本修下有㡷字鹤溪,武进人。弘治丙辰进士。

邵宝作《浮梁县记》、《告周程二先生文》。

王恕是春撰《麟游县改建庙学记》。仲夏撰《石渠桥记》。九月自撰《石渠老人履历略》,又为《增修龙首通济二渠记》。是年撰《玩易轩记》。

都穆旅杭州,撰《宝石山记》。是年序刊汉徐干《中论》2卷。

蔡清撰《逸乐会集记》。

黄谦(㨿之)著《古今文房登庸录》1卷。
按：据《四库全书总目提要》卷一四四，黄谦，生卒年不详。江苏江宁人。

周瑛作《赠明府吴侯书满序》。

桑悦跋元俞和所书《悟真篇》。

吴珏所著《续牧民心鉴》8卷刻于郡斋。
按：吴珏又有《夔门集》、《怡泉集》，均佚。吴珏，生卒年不详。字孟璋，号夔门。临海人。著有《表忠图赞》5卷，上自殷比干，下迄宋岳飞，凡百数十人，人为之图，图为之赞，刻于夔州学舍。有说，见《三台文献》，今未见。《劝学图赞》辑经史中古人言行有关世教者图而赞之，并自为说，以训夔之诸生。见省府志。今未见。

邝璠在吴中编刻《便民图纂》。
按：是为综合性农书，16卷。万历癸巳(1593)永清刻本将第1、2卷合为1卷，为15卷本。祖本是成化弘治间所刻之《便民纂》14卷，当时并无插图，从其类目上看，可知与后来《便民图纂》大致相同。是书初版为邝璠任知县时刻行，未载著者姓名，成书于是年或稍前。有弘治壬戌(1502)刻本，收入《明史·艺文志》农家类。嘉靖甲辰(1544)广西刻本、嘉靖壬子(1552)贵州刻本(《四库全书总目》据以存目)、与万历癸巳(1593)永清刻本及1959年中华书局上海编辑所版，农业出版社石声汉、康成懿校注本。(参《中国学术名著提要》、《中国大书典》)

华珵用铜活字刊宋陆游《渭南文集》15卷，《剑南续稿》8卷。
按：一说刊《渭南文集》50卷。

卢雍校刊《松陵集》，都穆跋之。

浦杲作《题王常宗集》。

刘廷璋作《王常宗集跋》。

项忠卒(1421—)。忠字荩臣。号乔松。卒谥襄毅。浙江嘉兴人。正统七年进士。官至刑部尚书。子经，经子锡，锡子治元，皆举进士。著有《藏史居集》。事迹见《明史》卷一七八，戚元佐《兵部尚书项襄毅公忠传》(《国朝献征录》卷三八)。

季奥尼西卒(约1440—)。俄罗斯画家。

何乔新卒(1427—)。乔新字廷秀，号椒丘，何文渊子。江西广昌人。景泰五年进士。官至刑部尚书。谥文肃。博学多闻，为诗多援据典故。著《周礼集注》、《元史臆见》、《勋贤琬琰录》2卷、《椒邱文集》44卷等。事迹见《明史》卷一八三，蔡清《刑部尚书椒丘何公乔新传》(《国朝献征录》卷四四)，林俊《刑部尚书赠太子少傅谥文肃何公神道碑》。
按：据《明史》本传，博综群籍，闻异书辄借钞，积三万余帙，皆手较雠，著述甚富。与人寡合，气节友彭韶，学问友邱濬而已。《周礼集注》7卷，《四库全书总目提要》卷二三曰："是书谓《冬官》不亡，大约沿俞庭椿、王舆之、邱葵及晏璧伪托吴澄之说，臆为窜乱。"《周礼明解》12卷，《千顷堂书目》卷二曰："每篇首仿郑本列其目次，则取四家所论定其属，黜考工记别为卷，不使列诸圣经。参考诸儒，附以肥见，作集注以俟后之君子择焉。"《策府群玉》3卷，《四库全书总目提要》卷一三七曰："是编乃私备对策之用，掇拾补缀，不足以言著书。盖康熙甲辰其裔孙在闽欲刊印《椒邱全书》，而力不能及，谋之其友魏应桂，先刻此书。取其易于剽窃，可炫俗目，人必争售。冀借纸墨之赢资，以助全集剞劂之功，其用心良苦。"《椒邱文集》前3卷，"是集前三卷为策略,盖科举之学;次五卷为史论;次十二卷为杂文;次十四卷为诗;次六卷为碑、诔;次三卷为奏议。《外集》一卷,则往来赠答之文,为婺源余莹所编辑。乔新不以文章名,而所作详明剀切,直抒胸臆。学问经济,实具见于斯。"蔡清所作传曰:"……所编选有《文苑群玉》、《唐律群玉》、《续编百将传》、《勋贤琬琰集》,皆藏于家。"

董越卒(1431—)。越字尚矩,赣州府宁都人。成化五年进士。授编修。曾出使朝鲜。纂修《宪宗实录》成,升太常寺少卿,兼侍讲学士。官至南京工部尚书。谥文僖。著有《使东日录》、《朝鲜赋》、《圭峰文集》、《董越文集》42卷等。事迹见《孝宗实录》卷一八七,李东阳《资政大夫南京工部尚书赠太子少保谥文僖董公越墓志铭》(《国朝献征录》卷五二)。

按:李东阳纂墓志铭曰:"公博古典,习闻本朝故事,而职务清简,无由自见,大夫士议礼者多取焉。"

傅瀚卒(1435—)。瀚字曰川。江西新喻人。谥文穆。天顺八年进士。弘治中累官至礼部尚书。时天下多灾,瀚上军民所不便者,请帝躬行节俭。又言光禄寺拖欠行户物价甚巨,原因在于供奉太滥,愿帝敦行俭素。纂修《宪宗实录》。适修《大明会典》,充副总载官。事迹见《孝宗实录》卷一八四、王鏊《礼部尚书赠太子太保谥文穆傅公瀚行状》(《国朝献征录》卷三三)。

周孟中卒(1437—)。孟中字时可,号韦庵、畏斋。江西吉安人。成化五年进士。累迁广东布政使。弘治中官至右副都御史。其学本于主敬穷理。著有《畏斋集》。事迹见杨廉《都察院右副都御史畏斋周先生孟中墓表》(《国朝献征录》卷五五)。

冯忠卒(1438—)。忠字原孝,号松崖。浙江慈溪人。成化十四年进士。官刑部主事。出为扬州知府。转彰德知府,修复魏公(韩琦)祠,著文以记。著有《松樵集》。事迹见《东川刘文简公集》卷一六。

郁容卒(1447—)。容字宏德,苏州府昆山人(一作太仓人)。据《娄水文征》,郁所著有《见庵集》。事迹见雍正《昭文县志》本传。

徐贯卒,生年不详。贯字元一。浙江淳安人。天顺进士,官至工部尚书。熟于边务谋划,巡视福建海道,料理苏松水患,绩亦可记。以疾乞致仕,卒谥康懿。著有《余力稿》。事迹见《太子太保工部尚书徐贯传》(《实录》见《国朝献征录》卷五〇)。

按:《四库全书总目提要》卷一七五曰:《余力稿》12卷,"是集乃贯所自定。前有弘治己未自序。其子颐初刊于舒城,间有遗佚。嘉靖壬子,其次子健倅归州时,复增订梓行。"

高叔嗣(—1538)、张鹏(—1545)、屠应埈(—1546)、袁袠(—1547)、胡彦(—1551)、钱薇(—1554)、张元冲(—1563)、李开先(—1568)、吴悌(—1568)、陈尧(—1574)、朱衡(—1574)、顾存仁(—1574)、文伯仁(—1575)、张时宜(—1577)、魏良辅(—1583)、陈垲(—1588)生。

弘治十六年　癸亥　1503 年

二月戊申，大祀南郊，改卜也。将郊，赐阁臣刘健、李东阳、谢迁蟒衣，人一袭。

按：阁臣赐蟒始此。（《明通鉴》目录卷一一）

壬戌，增设云南府昆明县儒学教谕、训导各一员。

三月，诏修《历代通鉴纂要》。（《翰林记》卷一三）

按：谢铎《与李西涯论〈历代通鉴纂要〉书》曰："夫法古求治，固圣主望道未见之盛心；稽古陈谟，亦人臣纳约自牖之素志。而诸老先生乃以编纂之任分委某等，此又古者大臣以人事君之义。某虽驽下，敢不黾勉从事。……某愚窃谓：今之《纂要》，合无先为编年，略如《春秋》、《左传》之例，而又每事别记，以仿佛《书》与《国语》之例，庶几统绪可正，事体不遗。盖统绪莫大于创业守成，而事体莫要于知人立政。一览之余，诚知历代创业之艰难与夫守成之不易。凡其统绪所在，孰为正而可法，孰为不正而可戒；某君以用某人行某政而治，某君以用某人行某政而乱。邪正治乱之间，惕若覆车之在前，俨乎高山之可仰，则所谓宏纲要义，足为监戒，可以裨益宸聪，恢弘治化者，端在是矣。……孔子万代帝王师，孔子不言，谁敢复言之哉？苟于孔子所不言而复言之，以是而求治。以是而陈谟，亦多见其惑矣。某愚以为今日之《纂要》，欲自三皇五帝始合，亦断自伏羲、炎、黄，庶几上不失《易》、《书》之旨，而近亦经世稽古录之遗意也。"

八月癸卯，司礼监太监肖敬传旨：《本草》旧本繁简不同，翰林院其遣官二员会同太医院官删繁补缺，纂辑成书，以便观览。（《孝宗实录》卷二〇二）

是月，录故赠侍讲学士刘球裔孙祠为通政司知事。（《明通鉴》目录卷一一）

九月丁丑，诏清理盐法。

按：召见阁臣刘健等于便殿，因论理财，李东阳极论盐法之敝由于陈乞之多，遂有是命。（《明通鉴》目录卷一一）

是年，孔子六十二代孙袭封衍圣公孔闻韶入觐京师。事毕将还，朝臣咸赋诗赠行。

按：馆阁自大学士刘健以下 35 人为 1 轴，吴宽为之序。卿寺自马文升以下 36 人为 1 轴，谢铎为之序。闻韶为李东阳婿，故朝士出东阳之门者，又别为 1 轴，凡 21 人，靳贵为之序。陈镐时为山东提学副使，乃合而梓之。以圣系出自殷后，故以《振鹭集》为名。然衍圣公非三恪之列，数典颇为不切。

王守仁移钱塘西湖，往来南屏虎跑诸刹。

按：有僧坐禅，三年不语不视，先生喝之，僧惊视对语。先生问其家，对曰有母

西班牙殖民事务办事处在马德里建立交易社以处理美洲事务。

俄罗斯取波兰第聂伯河左岸。

英国坎特伯雷大教堂竣工。

西班牙人入百慕大群岛。

葡萄牙人取东非桑给巴尔岛。

葡萄牙人占领东非桑给巴尔领。

在,曰起念否?对曰不能不起。先生即指爱亲本性,谕之。僧泣涕谢。明日问之,僧已去矣。

李东阳二月进太子太保户部尚书谨身殿大学士,复奉命修《历代通鉴纂要》。

张元祯正月以翰林学士为南京太常寺卿。八月抵任,随取纂修《历代通鉴纂要》为副总裁;至则十月改太常寺卿兼翰林院学士,仍侍经筵日讲,并侍春宫读官。元祯短小,孝宗特设低几就之。

王瓒返北京,参与纂修《历代通鉴纂要》。

何景明往造李梦阳。

谢迁二月升太子太保礼部尚书兼武英殿大学士。是夏授荣禄大夫。

章懋四月以南京国子祭酒服阕莅任,复固辞,不允,乃之任,六馆之士,人人自以为得师。九月试诸生。

按:年谱记为三月具奏恳辞不允。八月赴任。

邵宝七月之金溪行金溪县牌。十月之赣州,禁祖父母父母丧久不葬者。十月壬子奏:"元儒都昌县人陈澔世治《礼经》,深有所得,尝纂《集说》一书,传在学者。太宗朝纂集《五经》,特取其书与程朱《易》《诗》颁布学校,可谓有功于后学矣。今都昌虽建祠宇而未列秩祀,乞下所司令春秋致祭。"从之。(《孝宗实录》卷二〇四)

马文升六月以吏部尚书考满晋少师兼太子太傅。

罗钦顺慨然志道。

刘大夏是夏以京师大旱,引咎乞致仕,不许。

林俊屡裁抑宁王。寻以母忧归。

周用在里读书,作《鸥鸟赋》。

程文德七岁,受业于举人胡琏。

唐枢七岁,始入里塾。

庐浚修复江西大余道源书院。

威廉·邓巴作的寓言洞房赞《特里西尔和罗伊斯》。

托马斯·厄肯培的作品《效法基督》首次被译为英文。

《大明会典》正月成。李东阳进表。

按:一说上年十二月成。晋阁臣官及宫衔,副总裁吴宽、王鏊等以下升赏有差。

娄性表进《明政要》于朝。

按:《四库全书总目提要》卷五三曰:"性,上饶人。成化辛丑进士,官至南京兵部武库司郎中。《明史·马中锡传》所谓兵部郎中娄性与守备太监蒋琮相评坐除名者,即其人也。是书仿《贞观政要》之体,编载明太祖、太宗、仁宗、宣宗、英宗五朝之事。凡四百五十二条,分类四十。弘治十六年表进于朝。自称篇目皆其父谅所定,凡历十余年始纂成书。所录英宗之事,大抵在天顺以后,则以正统初政之不纲也。谅字克贞,吴与弼之门人。王守仁亦尝从之受业。事迹具《明史·儒林传》。"

顾潜十一月癸酉奏进所纂辑《稽古治要》一书。

按:《稽古治要》分为仁、敬、孝、友、勤、俭、刚、明、公、信十类,其事自唐虞三代以迄宋,"凡奉天法祖,教太子、处宗室、辨人才、恤民困、纲谏诤、节财用、斥佛老、重爵赏、慎刑辟、御夷狄、待戚属,一切政体之大要者无不略备。"(《孝宗实录》卷二

○五）。

陈璘刊元郑镇孙所纂《历代世谱》10卷。

王恕著《石渠意见补缺》并序，年八十八。

杨子器修、桑瑜纂《常熟县志》4卷成书刊行。

沈杰修、吾冔、吴夔纂《衢州府志》15卷成书刊行。

按：是书由致仕教谕郡人开化吾冔承知府沈杰之意所纂，郡人教谕西安吴夔助之，现惟天一阁尚有度藏，为今衢州市市域内现存最早之地志刻本。见《千顷堂书目》等著录。《明史·艺文志》并作14卷，偶误。康熙《衢州府志》既录吾冔《府志》，又著录吴夔《府书》，一书误作两志。吾冔，字景瑞。浙江开化人。通经学。著有《周易传疑会同》（亦作《周易要语》）、《五经解》（《五箴解》?）、《朱子读书法》、《还山稿》（见《千顷堂书目》卷一九）。

邓淮修、王瓒、蔡芳纂《温州府志》22卷成书刊行。

按：是书卷数，《明史》艺文志误作23卷。刊年，乾隆《温州府志》误作癸卯。是志现惟天一阁尚有度藏。

杨渊纂修《抚州府志》28卷成书刊行。

按：是书为现存最早之抚州地志刻本，今惟天一阁度藏。

陈效修、周瑛、黄仲昭纂《大明兴化府志》54卷成书刊行。

按：是书为现存最早之旧兴化府志。

阎起山撰《吴郡二科志》1卷。

按：阎起山，字秀卿。

尹直《南宋名臣言行录》16卷成。

按：《四库全书总目提要》卷六一曰："此书续朱子《名臣言行录》而作。前有弘治癸亥自序，云取《宋史列传》，自陈俊卿以下，芟繁节冗，撮采其要，得百二十有三人。然朱子所作《名臣言行录》，原以网罗旧闻，搜载轶事，用备史氏之采择。若徒抄录史文，一无考证，则《宋史列传》具在，亦何必徒烦笔墨乎。"今天一阁有写本一部。

王守仁撰《平山书院记》

黄仲昭三月作《兴化府志后序》。九月撰《宗湖堂记》。

张吉七月撰《平乐府重修儒学记》。

贺钦撰《义州重建缘边营堡记》。

都穆游句容，撰《茅山记》，复至宜兴，撰《善权洞》、《张公洞》、《南岳铜官二山》等记。

李杰撰《五岳楼记》，记苏州玄妙观兴建。

章懋在南雍作《送牧给事中考绩序》。

杨慎作《招张禹山诗》。

邵宝作《祭一峰罗先生文》。

徐祯卿与文征明合纂太湖纪游诗为《太湖新录》1卷。

莫止作《五湖舟中》诗。

按：莫止，生卒年不详。江苏无锡人。据《盛明百家诗后编》，止所著有《南沙集》、《石巢存稿》（见乾隆《无锡县志》卷三九）。

邵宝三月作《毁淫祠颂》、《谒韩文公祠》。八月作《之吉安关行总司》。十月作《闻师蒿庵先生讣》。十一月之南安，作《长至日释菜于濂溪祠》。

袁庆祥作《广孝记》刻石于学。

罗钦顺正月作《送南京光禄卿杨公致仕还淮贤序》。是年撰《婺源县重修察院记》。

徐霖考论宋黄庭坚所书《清公颂》,议宋濂误失。为盱眙陈氏跋所藏宋人书《南华经》。

吴宽作《刘文恭公诗集序》。

按：序曰："公既没,藏于箧中率多乱稿,其子瀚从仕中外,皆以刑狱为职,未暇编次,及是以陕西按察副使致仕,始以其暇为之,以宽居同里,及仕又尝同朝,契好甚久,乃奉其遗稿以示,俾序其首。"

苏州金兰馆用铜活字印《石湖居士集》34卷,《西庵集》10卷。

《钟情丽集》4卷刊出。题"玉峰主人编辑"、"南辕通州门人校正",末卷木记题"金台晏氏校正新刊"。

河东运使刊薛瑄著《敬轩薛先生文集》24卷。

吴江刊行宋人所著《永嘉先生八面锋》,都穆跋考著者。

日本田代三喜著《当流和极集》。

按：三喜另有《当流大成捷径印可集》、《小儿诸病门》、《三喜直指篇》、《医案口诀》等,合称《三喜十卷书》。

王琬卒(1419—)。琬字朝用,以字行,改字廷臣。苏州府吴县人。鏊父。正德初屡赠封至武英殿大学士。著有《王氏家谱》1卷。

赵同鲁卒(1423—)。同鲁字与哲。苏州府长洲人。友泰孙。涉猎群书,下手辄千言。志在用世,喜论事。成化年间,苏州大饥,以布衣上书当道。据《吴都文粹续编》卷四一,同鲁所著有《仙华集》。事迹见《明诗综》卷二六。

曾彦卒(1425—)。一名雅彦,字士美。江西泰和人。成化进士。以纂修《宪宗实录》召至京,改翰林院侍读。著有《中晚集记》。

张悦卒(1427—)。悦字时敏,号定庵。谥庄简。松江华亭人。天顺四年进士。弘治间为吏部左侍郎,官至南京兵部尚书。著有诗文集《定庵集》5卷。事迹见《明史》一八五三,曹时中《资政大夫太子少保南京兵部尚书赠太子太保谥庄简张公悦墓志铭》(《国朝献征录》卷四二)。

秦霖卒(1427—)。霖,无锡人。著有《湖南杂录》、《卑牧吟稿》,见《锡山历朝书目考》卷二。

徐恪卒(1431—)。恪字公肃,一字主一。苏州府常熟人。讷子。成化二年进士。授工科给事中。弘治四年官右副都御史,巡抚河南。与湖广巡抚韩文易任。后改南京工部侍郎。著有《都宪公奏议》5卷、《主一斋稿》30卷。事迹见《明史》卷一八五,李东阳《南京工部右侍郎徐公恪神道碑》(《国朝献征录》卷五三)。

罗璟卒(1432—)。璟字明仲,号冰玉。江西泰和人。天顺末,进士及第。授编修,进修撰。与修《宋元通鉴纲目》。孝宗即位,授福建提学副使。弘治时召为南京国子监祭酒。著有《北上稿》。事迹见《明史》卷一五二《柯潜传》附传,李东阳《朝列大夫南京国子监祭酒罗公璟墓志铭》(《国朝献征录》卷七四)。

华祯卒(1437—)。祯字守吉。无锡人。耕植之暇多种子竹,赏其音,每坐啸移日,因号听竹处士。兴叔孙。著有《鉴古要论》、《经史格言》。

按:著述见《锡山历朝书目考》卷一○。《华氏传芳续录》卷一四有李东阳纂《听竹处士墓表》,曰:"平生泛涉经籍,见'格言''要论'则揭而训于庭。"

陈章卒(1437—)。章字一夔。松江府华亭人。成化十四年进士。为尚书何乔新所重。官至广东高州知府,奉御史檄,诣雷州。据《松风馀韵》卷一二,章所著有《北行录》、《西潭集》、《垣西草堂集》、《居松集》。事迹见《知府陈章传》(《国朝献征录》卷一○○)、《四友斋丛说》。

桑悦卒(1447—)。悦字民怿,号思玄居士。苏州府常熟人(一作太仓人)。琳子。成化元年举人。会试得副榜。除泰和训导,迁柳州通判,丁忧,遂不出。官至柳州府通判。纂修《苍梧府志》、《太仓州志》10卷附校勘记1卷、著有《易钞》、《周礼义释》、《春秋集传》、《刘氏贞节传》1卷、《思玄庸言》(《桑子庸言》?)1卷、《思玄集》(《思元集》)16卷等。事迹见《明史》卷二八六《徐祯卿传》附传,《列朝诗集小传》丙集,《桑悦传》(《国朝献征录》卷一○一),杨循吉《故柳州府通判桑公墓志铭》。

按:杨循吉《墓志铭》曰:"吴郡思弘先生桑公,少好词赋,师司马相如、扬雄,以其长擅名。一时至为他文章,皆本是。凡为集十卷。既而力探群经。自《易》、《春秋》、《周礼》皆有义释,又类合数十家,总二十余万言。"据《明史》卷二八六,书过目,辄焚弃,曰:"已在吾腹中矣。"敢为大言,以孟子自况。或问翰林文章,曰:"虚无人,举天下惟悦,其次祝允明,又次罗玘。"为诸生,上谒监司,曰"江南才子"。初,悦在京师,见高丽使臣市本朝《两都赋》,无有,以为耻,遂赋之。《桑子庸言》1卷,《四库全书总目提要》卷一二四曰:"考悦《思元集》中有道统论曰,夫子传之我。又学以至圣人论曰,我去而夫子来。可谓肆无忌惮,史所诋者不虚。史又称悦在长沙著此书,自以为穷究天人之际,今观所论,实无甚精奥也。"《四库全书总目提要》卷一七五曰:《思元集》16卷,"是编赋一卷、文八卷、诗六卷、诗馀一卷,附刻一卷,则悦之志传也。史称悦为人怪妄敢,为大言以欺人。朱彝尊《静志居诗话》称悦在长沙,著《庸言》,自诩穷究天人之际,非儒者所知,又自称其诗根于太极。则史所云怪妄,不虚也。所作《两都赋》,有名于时,然去班固、张衡实不可道里计。而夸诞如是,浅之乎其为人矣。"

李学诗(—1541)、闵如霖(—1559)、胡松(—1566)、汪宗元(—1570)、张后觉(—1578或1580)、尤时熙(—1580)、王栋(—1581)、张节(—1582)、徐阶(—1583)、田汝成(—?)生。

弘治十七年　甲子　1504年

正月,以道士崔志端为礼部尚书。言官劾以羽流,孝宗曰:"先朝有

巴卑尔取喀布尔。

西班牙女王伊莎贝拉卒。

西班牙人取西西西里与那不勒斯。

亨利七世将英格兰的行会及贸易公司置于王权的管理之下。

之,既擢用矣。"不听。(《明通鉴》目录卷一一)

二月己未,申谶纬妖书之禁。(《明通鉴》目录卷一一)

是月,诏建延寿塔于朝阳门外,刘健等力谏,寝之。(《明通鉴》目录卷一一)

三月癸未,定祔庙制。

按:先是廷议仿唐、宋制,二后三后皆祔焉。孝宗以事须师古,于是尚书吴宽援《鲁颂》祔宫、《春秋》考仲子之宫,以为庙无二配,宜别立庙祀所生。因议暂祀太皇太后于奉慈殿,而徙孝穆纪太后居左。遂为明一代之制。(《明通鉴》目录卷一一)

四月闰月辛酉朔,曲阜文庙成,遣大学士李东阳祭告。还,上疏言奉使所过目击灾伤状,请敕廷臣直言,凡事关内臣贵戚者,毋令掣肘。孝宗嘉叹,悉付所司。(《明通鉴》目录卷一一)

乙亥,以四方灾异,敕群臣修省,从给事中杨褫之请也。(《明通鉴》目录卷一一)

五月壬寅,礼部覆奏监察御史何克衢所言革冗食禁滥用一事。(《孝宗实录》卷二一二)

九月丁巳,谕讲官直言,毋有所讳。(《明通鉴》目录卷一一)

按:时诸臣进讲有言他字者,李荣等以为触上不敬。孝宗恐诸臣因此顾忌,不肯尽言,因有是命。

是年,令各府、州、县建立社学,访保明师。民间幼童年十五以下者,送进读书,讲习冠婚丧祭之礼。

威尼斯议修建苏伊士运河。

哥伦布结束其最后一次航海。

西班牙人建立西半球最早的圣多明各主教辖区。

王守仁九月改兵部武选清吏司主事。秋,王守仁在京师,聘主山东乡试,识拔多士。

按:试录中"其策问议国朝礼乐之制:老佛害道,由于圣学不明,纲纪不振,由于名器太滥;用人太急,求效太速;及分封、清戎、御夷、息讼,皆有成法"。

李东阳四月闰月以重建阙里庙成,奉命祭孔。衷其途中所作记、序、铭文、奏疏、诗章等篇,共为一编《东祀记》,而冠以敕文祝词,又以记行志附于后。有《祭尼山庙文》、《谒尼山庙诗》。五月还自阙里,以灾变乞休,不允。十二月乞致仕,不允。

按:李东阳定《阙里志》,逾年书成。

何瑭(一作何塘)十月以翰林院庶吉士为编修。

顾潜奉命提督京畿学校。

杭济四月丁巳以吏部郎中升为福建按察司副使,提调学校。

刘大夏二月会廷臣条上十六事。是月,孝宗以岁饥民穷为忧,刘大夏乃条上,皆权幸所不便者,力尼之,大夏等再请,乃下,举朝欢悦。四月闰月庚辰,孝宗以庶政滋弊,害及军民,上干和气,令所司详议。于是刘大夏等复应诏陈数事,皆嘉纳之。五月壬辰,罢南京、苏、杭织造中官,从刘大夏之请也。六月癸未,和硕犯大同。中官苗逵劝孝宗出师,孝宗为之动。越三日,召刘大夏于便殿,力阻之,戴珊亦从旁赞决,由是不果出。孝宗之召大夏也,复问前所对民穷财尽语,大夏乃举南北军转漕、番上之苦及边军困敝、边将侵克状,乃下诏严禁。孝宗复谕大夏今后事有当行罢者,具揭帖以进。大夏以揭帖滋弊,不可为后世法,孝宗然之。八月复召论军务。大夏乃力陈镇守中官之害。(《明通鉴》卷四〇)

按:时孝宗欲宿兵近地为左、右辅,大夏请置东、西二卫,中官监京营者忌失兵,揭蜚语宫门。孝宗曰此必若辈不利失兵者为之耳。由是大夏益倚任,间不得行。(《明通鉴》卷四〇)

张元祯七月掌詹事府事。

章懋九月奏乞放归田里,不允。

邵宝二月之建昌小试。四月谒陆象山墓。

何景明授中书舍人。

按:冬,张夫人卒,何景明有《悼亡诗》3首。

谢迁以灾异迭见乞避位,不允。再疏恳辞且举礼部尚书吴宽吏部侍郎王鏊自代二王公雅有时望故特举之,孝宗甚嘉悦,而吏部侍郎焦芳者交结近幸汲汲求进,以谢迁所举妨其路,深憾之。

储巏九月以太仆少卿请复置起居注。储巏因送王九思归省,席上联句,遂与孙绪相知。

按:洪武间设起居注,后刻,至是巏始请之,乃有是命。

秦纮五月召代户部尚书。十月以年老连章乞致仕。

按:时召秦纮为尚书,未任,赐敕乘传归。

高铨正月辛未陈荒政八事,报可。

按:复振应天饥,专敕南京工部侍郎高铨巡视。

马文升、戴珊正月主考察京官。八月丁亥召于暖阁,谕以明年考察事。

按:给事中吴舜、王盖疑见黜,乃讦文升、珊,孝宗命黜舜、盖二人。阁臣刘健等请宥之,不纳。

杨循吉在常熟尚湖与常熟桑瑾(廷璋)、桑瑜(廷瓒)、狄云汉、钱仁夫等会。

按:桑瑾、桑瑜、云汉生卒年不详。桑瑾,字廷璋,号瀹斋。卒私谥渊静先生,改谥贞文。苏州府太仓人。琳弟。瑾弟瑜为温州通判,瑾子翘为泉州通判,翘孙大协为杭州通判,琳子、瑾侄悦为柳州通判,瑾为处州通判,人称"桑氏五通判"。瑾著有《谈易备忘》2卷、《三经易集说》3卷、《玩易随笔》、《读史景忠录》4卷、《节义林前后集》8卷、《韵府摘玉》4卷、《萝窗杂记》1卷、《同舟稿》1卷、《瀹斋诗文草》15卷续集7卷。据《海虞文征》卷一一,《萝窗杂记》1卷记为《梦窗杂记》1卷。事迹见雍正《昭文县志》卷七本传。瑜,字廷瓒,号检斋。瑾弟。所著有《检斋诗文集》8卷续集8卷、《吟窗选粹》12卷。事迹见雍正《昭文县志》卷七本传。

唐寅二月与祝允明、文征明游东禅寺。

郑纪致仕。

王廷相十月为给事中。

赵秉贞中举人。官淳安知县。

按:改衡阳县。赵秉贞,生卒年不详。字正夫。江西新建人。著有《公馀录》。事迹见《雍正江西通志》卷六八。

徐泰中举人。官光泽知县。

> 按：徐泰，生卒年不详。字丰崖，一说字子元。浙江海盐人。著有《春秋鄙见》，据《经义考》已佚。《玉池谈屑》4卷，见《明史》艺文志、雍正《浙江通志》及光绪《嘉兴府志》，未见传本。另有《明代风雅》、《诗谈》等。事迹见《雍正浙江通志》卷一七九。

秦镗中举人。

穆孔晖举山东乡试第一。

夏尚朴领乡荐。

郑禧领乡荐。官瑞金令。

> 按：郑禧，生卒年不详。字宗庆。浙江缙云人。著有《周易本义音释》，见《处州府志》及《经义考》。

毛伯温与萧惟聪、郭楫、周凤等会讲仙槎寺，历试郡邑督学所皆居前列，补增广生。

欧阳德九岁，以奇童称，邑尹延见，进退如成人。

林廷玉建洣江书院于湖南茶陵近狮口山地州学旁。

> 按：有端教化、善风俗二坊，另有乡贤祠、讲堂、吸秀亭及"主敬"、"行恕"、"修德"、"凝道"等四列号房，并著《洣江书院记》教诸生"由言语文字之末，钩深索赜，以求精微奥妙之理"。

毛科在元代书院旧址上重建贵州贵阳文明书院。

> 按：建孔庙，设师文、学孔二斋及乐育轩。择"五经"教读6人，招诸生200余人分斋教诲。毛亦亲临奖劝督率。

王彦奇重修陕西延安嘉岭书院、建陕西延安龙溪书院。

> 按：宋范仲淹建嘉岭书院于旧府治东南。城东南有嘉岭山，范曾守鸟延屯兵于此，遂名嘉岭山书院。延明经之士为诸生讲解，严立教条。徐崇德撰《嘉岭山书院记》，载院沿革及重修情况并列举王彦奇创建本府龙溪书院及育英书院之情况。

姚镆移建广西桂林宣成书院于府学和县学间。

> 按：另有尹嘉言建尊经阁于四川泸州穆清祠，穆清书院（后名鹤山书院）未能全面恢复。辽左书院增建，易名正学书院。

菲利皮诺·利比卒（约1457—　）。意大利早期佛罗伦萨画派画家。

周德清编辑《中州音韵》刊刻。

> 按：旧题"高安周德清编辑，吴兴王文璧校正"。大约成书于弘治年间。王文璧，约永乐中至正德初浙江吴兴人。隐居乐道，通书史，善音律。订正家藏故本，纂成《中州音韵》。是书音系，学者尚无定论，其语音基础，亦未确认。或以为据近代北音所作音切；或以为乃曲音南化之产物。日本内阁文库藏明刊本。收入曲韵丛书《啸余谱》（明万历己未古歙程明善校本、清康熙前壬寅西吴张汉重校本）、《古今图书集成》。1976年北京大学翻印本（以张汉重校本为底本）最为流行。张竹梅2007年出版所著《中州音韵研究》。（参《中国大书典》）

黄金撰《开国功臣录》31卷成。

> 按：刊于正德二年。录徐达等597人。是录大抵"主功，而尤以忠义为重，所以示劝也"（黄珣《序》）。

秦纮撰《秦襄毅公自订年谱》、《秦氏家训》26条成。

杨循吉为史忠撰《痴翁别传》。

李东阳作《纪行杂记》、《寿方石先生七十诗序》、《复畏吾村旧茔告先考墓文》、《迁葬告先考文》、《将合葬告先妣文》、《合葬告先考妣文》、《安葬告兆先文》、《迁葬告曾祖考妣文》。

郭经修、唐锦纂《上海志》8卷成书刊行。

按：是书为现存最早之上海地志刻本。记述简而不遗，备而不泛，兼收并蓄而无所相淆，堪称明志之上乘者。其所记史料亦颇为详实，乃研究上海早期史之重要资料。

李宗仁修、杨怀纂《延安府志》8卷成书刊行。

按：是书为现存最早之延安市市域内之地志刻本。

魏津纂修《偃师县志》4卷成书刊行。

按：是书为现存最早之偃师地志。

尹直纂《明良交泰录》18卷成。

按：《四库全书总目提要》卷九五曰："是编为其致仕以后所作。成于弘治十七年，而表上于正德六年。书中皆援引经史，附以论断。"

黄畿三月著《皇极经世书传》成。凡8卷，自为序。

按：自隐居粤洲，尝读邵子《皇极经世》作而叹曰：自箕子以来合术于道，其惟尧夫乎，由是稽元微订音声垂二十年始悟其理。遂著《皇极经世传》。《四库全书总目提要》卷一一〇曰："是书有佐附记曰：《皇极经世》，未有全书，先君得诸遂藏，手自录之。今《性理》所载乃蔡西山《指要》，非其全也。祝泌氏钤以泰为元，六十四卦皆用四爻，与邵子异矣，廖应淮《元元集》从之。惟朱隐老始宗本旨为之说，然未尽也。先君自成化乙巳隐居粤洲草堂，始悟气以六变，体以四分，用九则三十六宫，用六则二十四闰，声音律吕，圆唱方和，而后乾坤坎离用焉，天地万物之理贯于一矣。又称凡所注释有未备者，佐附以肤见，则推步也。年月日时分秒昼夜进退积成一元消长，则命算工补其阙焉。然则是书佐所续成也。又称畿有自序，此本无之，殆传写佚脱矣。"

唐锦刻所著《龙江梦馀录》4卷。

宋孟元老《东京梦华录》重刻。

罗钦顺三月撰《胡氏重建祀先堂记》。

章懋三月奏《修举学政疏》。九月作《上洛阳刘阁老书》。十月《上弊政疏》。

张元祯作《会试录序》。

李辅撰《新修正学书院记》。

杨慎是秋作《雁来红赋》。

余祐八月作《胡敬斋先生集序》，又为《居业录序》。

按：敬斋集序曰："敬斋胡先生，学以治心养性为本，经世宰物为用，每惠朱子之后，经传既明，学道之士，类多口语籍籍，无得于心，而其去道远矣。故于经书惟加熟读详玩，涵泳义理，不轻为之注焉，而况诗文又非传注之比，是以所作既少，而所存尤少，载此集者，皆祐于先生既没之后，访之远迩，收之散亡，间多少时之作，亦不忍删。盖先生虽不役心诗文，而凡有所作，罔不关切民彝物理，非欲学无用之空言也。就中与人书疏，析义精详，体道真切，尤非汉唐诸人可及，读者能以程朱轨辙求之，则其造诣宏深，真足以羽翼斯道之传而永垂世教，岂无能辨者哉！"

罗钦顺十二月作《自赞》并小序。

黄佐四月撰《志学铭》以自勖。

何瑭(一作何塘)为《仁寿延恩诗引》。

吴宽作《完庵诗集序》。作绝笔书与沈周。

刘宗器安正堂刻《针灸生资》7卷。

按：自是至万历三十九年(1560)，凡50余年间，先后刻《新刊京本详增补注东莱先生左氏博议》25卷，《类聚古今韵府群玉续编》40卷，《集千家注批点杜工部诗集》20卷，《象山先生集》28卷、外集5卷，朱公迁《诗经续义》20卷，重刊《宋濂学士文集》26卷、附录1卷，《增刊校正王状元集诸家注分类东坡先生诗》30卷，《韩文正宗》2卷，陈傅良《止斋集》26卷、附录1卷、遗文1卷，陈喆《春秋胡传集解》30卷，刘达可编《璧水群英待问会元选要》82卷，秦观《淮海集》40卷、后集6卷，《新编事文类聚翰墨大全》125卷。

雷燮纂《奇见异闻笔坡丛脞》1卷成。

按：是书现存梅轩刻本，无序跋目录，第一页第一行题"卷之一"，但未见第二卷，当是残本。现存作品二十四篇，篇末有"南谷曰"之评论，或疑南谷即为作者。雷燮生平不详，建安人。见《千顷堂书目》卷一二。

都穆在沈津家见赵孟頫所临褉帖，作题记。北行，道京口，撰《焦山》记。

钱皋为乐清令，访求元李孝光遗稿，得全集于儒生周伦家，因俾纶编次刊版。皋自为之序，仍以《五峰集》为名。

黄佐读离骚，有感于屈子之不闻，因次其韵以成篇，曰《正骚》。又取大人正己而物正之义，更名曰《正己赋》。

何景明九月以冯侍御宴集出白菊咏赏，作《白菊赋》。

文征明次是年所著为《甲子杂稿》。

魏氏仁实书堂刻《楚辞集注》8卷、后语6卷、辨证2卷。

李东阳《拟古乐府》成编，前有引，称汉魏乐府歌辞"质而不俚，腴而不艳"。

沈津校刊唐张鷟《龙筋凤髓判》2卷。又刻《燕几图》，邢参作题记。

吴门刊印《文必雕龙》。

吉州车霆刊唐李石著《司牧安骥集》5卷。

罗侨刻《白沙全集》诗文各10卷。

胡韶补修重刻《宋文鉴》。

宜兴善权寺僧人辑《善权寺古今文录》成。

刘敦卒(1416—)。敦字于学，号学古。江西安成人。景泰举人。迁南京翰林院孔目。著有《尚书句解》，见《千顷堂书目》卷一。事迹另见杨廉《南京翰林院孔目学古刘公敦行状》(《国朝献征录》卷二三)。

华炯卒(1428—)。炯字文熙，号南湖。无锡人。方长子。与弟燧、烍俱授七品官秩，晚年筑室曰养和轩，因又以为号。暇则取古今书史图志，时加讨论。与弟燧修辑宗谱，重刻先世遗书。著有《南湖稿》。《华氏传芳续集》卷一五有明林瀚撰《华君墓志铭》。

吴宽卒(1435—)。宽字原博,号匏庵。卒谥文定。苏州府长洲人。成化八年,会试、廷试皆第一,授修撰。官至礼部尚书。与修《宪宗实录》。为诸生时,即有声望,遍读《左传》、《史记》、《汉书》及唐宋大家之文。其抄本用红印格,为由抄书起家的藏书家。其时李东阳为首的"茶陵诗派"正活跃于馆阁,吴宽被视为其党僚。著有《书经正蒙》、《匏翁家藏集》。纂有《平吴录》3卷、《唐宋名贤历代确论》100卷、《汤媪传》1卷。事迹见《明史》卷一八四,《列朝诗集小传》丙集,王鏊《资善大夫礼部尚书兼翰林院学士掌詹事府事赠太子太保谥文定吴公宽神道碑》、徐源、李杰各撰行状(均《国朝献征录》卷一八)。

按:序修成于弘治中之《刘氏族谱》,称:"自元季大乱,湖湘之人往往相携入川,为避兵计。"据《四库全书总目提要》卷五三,《平吴录》1卷,"不著撰人名氏。末有袁裦跋,称此书相传为吴文定公所撰。"则所谓吴文定者,乃宽也。《千顷堂书目》别载有黄标《平吴录》一卷,与此书同名。其书见陆楫《古今说海》中,与此本详略不同,截然二书。《唐宋名贤历代确论》100卷,《四库全书总目提要》卷八八曰:"不著撰人名氏。前有明吴宽序,称皆唐宋人所著,其说散见文集中。或病其不归于一,辑成此篇,以便观览。锡山钱孟濬因其书不能家有,刊以传世云云,亦不详作者为谁。近世所行刊本,或有题为华亭钱福所辑者",宽、福二人同时,不应不知为福作。考《宋史·艺文志》有《名贤十七史确论》104卷,盖即此书。所引唐人之文,皆《唐文粹》诸书所未录。盖宋时经义、诗赋两科,皆试策论,故书坊多刻此种以备揣摩之用。然去取较有翦裁,视陈继儒《古论大观》之庞杂丛胜者,固不可同年语矣。《匏翁家藏集》,为吴宽所自订,凡70卷。《四库全书总目提要》卷一七一曰:"集为宽所自订。李东阳、王鏊二《序》皆称诗三十卷、杂文四十卷,总为七十卷。今此本诗目相同,而文集实多七卷,又附以补遗文六篇。《后序》亦称宽子中书舍人奭蒐阅笥稿,得诗三十卷、文四十七卷,与《前序》颇不合,疑七十卷以上乃宽原编,而其后七卷则出奭等所附益也。宽学有根柢,为当时馆阁钜手。平生学宗苏氏,字法亦酷肖东坡,缣素流传,赏鉴家至今藏弆。诗文亦和平恬雅,有鸣鸾佩玉之风。朱承爵《存馀堂诗话》极称其《雪后入朝诗》,虽非高格。至谓其诗格尚浑厚,琢句沉著,用事典切,无漫然嘲风弄月之语,则颇为得实。以之羽翼茶陵,实如骖之有靳。至其作《史彬墓表》,称其以力田拓业,代为税长,而不载有从建文君出亡之事。后人因据以正《致身录》诸书之讹,是尤可以资考订矣。"其子吴奭正德三年刊刻为77卷。是为最早刊本;后有《四库全书》本,题名《家藏集》;上海印书馆民国八年影印正德本。

陈道卒(1436—)。道字德修,号南山。淮阴盱眙人。著有《南山类稿》等。事迹见刘健《南京刑部尚书陈公道神道碑》(《国朝献征录》卷四八)。

瞿俊卒(1437—)。俊字世用,号学古。苏州府常熟人。成化五年进士,由御史迁广东按察副使。据《学古斋集》附录,俊所著有《留余堂集》10卷、《学古斋集》4卷。事迹见《万姓统谱》卷一三,《常熟先贤事略》卷一〇。

陈琦卒(1439—)。琦字粹之,苏州府吴县人。成化二年进士。授南京大理寺副,历寺正。擢江西佥事,官至贵州按察司副使。著有《冷庵集》。事迹见王鏊《贵州按察司副使陈公琦墓志铭》(《国朝献征录》卷一〇三)。

姚文灏卒(1455—)。文灏字秀夫,号鄱动野人,晚号学斋。江西贵溪人。成化进士。累官湖广提学佥事,以廉直自任。著有《经说》、《中庸本义》、《有学斋稿》、《浙西水利书》等。事迹见邵宝《奉议大夫湖广按察司佥事姚君文灏墓志铭》(《国朝献征录》卷八八)。

钱福卒(1461—)。福字与谦。松江府华亭人。弘治三年进士,官翰林院修撰。家近鹤滩,因以自号。诗文藻丽敏妙,名声煊赫。远近以笺版乞题者无虚日。著有《鹤滩集》6卷。事迹见李东阳《翰林修撰钱福墓表》(《国朝献征录》卷二一)。

按:《四库全书总目提要》卷一七六曰:《鹤滩集》末为《鹤滩纪事》一卷,盖后人缀缉遗闻,又多溢美,亦不尽可凭。

张天瑞卒,生年不详。天瑞字天祥。山东清平县人。成化十七年进士。与修《宪宗实录》,升侍讲,充经筵讲官,升左春坊左庶子。与修《资治通鉴纂要》。事迹见《左春坊左庶子张天瑞传》(《国朝献征录》卷一九)。

都印卒,生年不详。印字维明,号豫庵。苏州府吴县人。太常寺卿穆之父也。穆官工部主事时,封如其官,年已八十。据《吴都文编》,印所著有《三馀赘笔》等。事迹见《四库全书总目提要》卷一二七。

按:《四库全书总目提要》卷一二七曰:《三馀赘笔》"是书杂录见闻,亦间有辨论,然多撦拾旧文。其引《唐六典》解世俗长功短功之名,未免附会古义。谓郑本伯爵,《春秋》书爵非贬,段必敌人之名,故书曰克,决非其弟,尤悖谬之甚。惟论邓攸杀子不情,朱子不当载之于《小学》书中,颇为有见。及陶九成著书、吕洞宾始末、赵缘督姓名、宋高宗作幽闲鼓吹数条,差资考证耳。"馀姚王守仁为作寿序,附录卷末。

杨佑(—1543)、查秉彝(—1561)、罗洪先(—1564)、李遂(—1566)、谭太初(—1578)、俞大猷(—1580)、吴情(—1582)、吕本(—1587)生。陆埰(—1553)约生。

弘治十八年　乙丑　1505 年

波兰《腊多姆宪法》规定,不经贵族议会同意,国王无权公布法律。

莫斯科大公伊凡三世卒,子瓦西里三世嗣位。

三月乙未,浙江按察司佥事陈辅、云南曲靖军民府知府焦韶、直隶广平府知府陈钦俱升为按察使副使,辅、韶云南,钦广东提调学校。(《孝宗实录》卷二二二)

癸卯,赐顾鼎臣等303人进士及第、出身有差。

四月己卯,礼部主事彭绮陈五事。(《孝宗实录》卷二二三)

辛酉,礼部覆奏南京国子监祭酒章懋所言学校事。(《孝宗实录》卷二二三)

五月庚寅,大渐,召阁臣刘健等授遗诏,谕以东宫年幼,好逸乐,烦卿

等辅导之。(《明通鉴》目录卷一一)

辛卯,召太子,谕以法祖用贤。午刻,孝宗崩。(《明通鉴》目录卷一一)

壬寅,太子即皇帝位。以明年为正德元年,大赦天下,除弘治十六年以前逋赋。(《明通鉴》目录卷一一)

六月庚申,上大行皇帝尊谥曰敬皇帝,庙号孝宗。

十月甲寅,彭缙奏请令天下提学官严督各学。(《武宗实录》卷六)

十一月甲申,以刘健等之请,始御文华殿日讲。

戊戌,冬至节。先是武宗遣李东阳祭灵济宫、金玉二阙真君,刘健等力言佛、老二教圣王所禁,一应寺观祭祀,概宜停罢。报闻。(《明通鉴》目录卷一一)

是月,命行人存问前太子太保、吏部尚书王恕,时年九十。

十二月丁巳,诏修《孝宗实录》,阁臣刘健等为正总裁,张元祯、焦芳副之。(《明通鉴》目录卷一一)

按:《明通鉴》卷四〇考异曰:"修《实录》,《明史本纪》不具,《明书》系之是年十二月。据《武宗实录》,为是月丁巳,从之。"

是月,南京御史陆昆疏陈重风纪八事,章下所司,时不以用。(《明通鉴》目录卷一一)

礼部尚书张升条奏四方灾异,因陈弭灾数事,下所司议当兴革者以闻。(《明通鉴》目录卷一一)

按:张升,生卒年不详。成化时为钦天监天文生。事迹见《天文生张升传》(《国朝献征录》卷七九)。

王守仁为兵部主事,在京师与翰林庶吉士湛若水一见定交,共同倡明"圣学"。开始招收门人。

按:门人始进,学者溺于词章记诵,不复知有身心之学,先生首唱言之,使人先立必为圣人之志。闻者渐觉兴起,有愿执贽及门者,至是专心授徒讲学。《明史·儒林传》称:"宗守仁者曰姚江之学,别立宗旨,显与朱子背驰,门徒遍天下,流传逾百年,其教大行,其弊滋甚。"

湛若水成进士。选庶吉士,擢编修。

按:学士张元祯、杨廷和为考官,抚其卷曰:"非白沙之徒不能为此。"置第二。时王守仁在吏部讲学,若水与相应和。"一见定交,共倡圣学为事。"王氏曰:"吾求友于天下,三十年来,未见此人。"湛氏云:"某平生与阳明公同志,他年当与同作一传矣。"寻丁母忧,庐墓三年。筑西樵讲舍,士子来学者,先令习礼,然后听讲。

张懋十二月为《孝宗实录》监修。

刘健五月受顾命,辅佐武宗。七月加左柱国。十二月为《孝宗实录》正总裁。刘健等请勤政讲学,报闻而已。

谢迁五月受顾命,辅佐武宗。七月奉敕加少傅兼太子太傅尚书大学士如故,疏辞,不允。逾月加柱国。十二月为《孝宗实录》正总裁。

张元祯二月请讲《太极图》、《西铭》等书,孝宗观之,喜曰:"天生斯人,以开朕也!"(《明通鉴》卷四〇)欲大用,不果。四月命掌内阁制诰,劝请太极

马丁·路德进入埃尔富特的奥古斯丁修道院。

意大利人希皮奥内·德尔费罗解答三次方程。

西班牙入北非海岸。

葡萄牙人弗朗西斯科·阿尔梅达受命出任首任葡属印度总督。

葡萄牙人入基尔瓦、索法拉,毁蒙巴萨,逐阿拉伯人。

西铭性理,及春宫兼讲孝经小学等书。七月升吏部左侍郎,加俸一级,仍兼学士,掌詹事府事,管制诰,侍经筵,七疏乞休不允。元祯七疏乞休,刘健力保持之(逾年,健去,元祯亦卒)。元祯十二月为《孝宗实录》副总裁。擢吏部侍郎,入东阁,专典诰敕。言官以其迂阔,交劾之。

焦芳为《孝宗实录》副总裁。

涂瑞弘治中与修《宪宗实录》,书成,升修撰,侍经筵。

按:涂瑞,生卒年不详。字邦祥。广东番禺人。涂俊生孙。仪表丰伟,弱冠即以文学称于乡里,尤善书法。时人以其才学、书法、仪表称翰林三妙。事迹见《古今图书集成》氏族典卷九八。

杨廷和(杨慎之父)以左春坊大学士兼侍读学士二月主礼闱。杨廷和弘治中侍皇太子讲读。

杨慎从入闱,同考官刘式臣房中有崔铣卷,式臣疑其刻深未录,杨慎见之,爱其奇隽,呈石斋,遂擢魁诗经,铣知而以小座师称先生,累官至南京祭酒,时杨慎以议礼被谪,上书论救罢归。

李梦阳三月下狱。五月受顾命,辅佐武宗。七月加少傅兼太子太傅,逾月加柱国。

按:李梦阳陈二病、三害、六渐,末斥贵戚张鹤龄招纳无赖,罔利赋民,势如翼虎。鹤龄奏辨,摘疏中张氏语,诬梦阳讪母后。后怒,母金夫人复诉于孝宗,孝宗不得已下之狱。问刘健,健曰:"此小臣狂妄耳。"谢迁曰:"赤心为国耳。"金夫人怒不已,左右请予梦阳杖,孝宗语刘大夏曰:"若辈欲以杖毙梦阳耳。联宁杀直臣快左右心乎?"卒释之。它日,孝宗游南宫,独召鹤龄语,左右不闻。但见鹤龄免冠首触地,自是稍敛戢。梦阳有《述愤》诗。《明通鉴》卷四〇考异曰:"据《三编》,梦阳下狱在三月,其上疏在二月,出狱在四月,皆见《空同集》,今类记于三月下。其游南宫一事,亦见《梦阳秘录》中,盖得之光禄卿张璞云云。《明史》本传及《三编》俱采入,今从之。"

程敏政弘治中官至礼部右侍郎兼侍读学士。见唐寅乡试卷,激赏之。

王鏊弘治中历侍讲学士,充讲官,擢吏部右侍郎。以忧去。

蔡清八月以南京吏部郎中为江西按察司副使,提调学校。

王恕弘治中累官吏部尚书。

戴珊以老疾乞骸骨,不许。大夏复为言之,孝宗以"主人留客坚,珊独不能为朕留耶?"大夏出,以告珊,珊泣曰:"臣死是官矣。"力疾视事,竟卒于官。(《明通鉴》卷四〇)

章懋五月疏乞去位,不允。

屠勋九月为右都御史。

周伦服官北京,以宫中斋醮烦兴,僧徒杂沓,疏请制止。

孙需弘治中累官右副都御史,巡抚河南,岁凶,筑汴河堤以工代赈。镇守中官刘琅、大臣之子贪横于乡,需抑之,为所忌,被诬诳,改抚陕。

陈暐弘治中官苏州府通判。与祝允明等采郡中石刻,汇录为《吴中金石汇编》8卷。

按:陈暐,生卒年不详。字耀卿。河南人。事迹见《四库全书总目提要》卷八六。

周绂弘治中以名医征至京。

按：绂，生卒年不详。字济广，号月窗，以字行。无锡人。医名满吴中。校正金刘完素所著《素问玄机原病式》1卷。南京图书馆藏有嘉靖刻本。

涂升弘治中疏劾太监李广及其党羽。官至广东按察副使。

董淞弘治中以荐应敷陈王道赴阙，献十万言。

按：董淞，生卒年不详。字子壬。浙江海宁人。著有《修定乐经》，未见，载《杭州府志·艺文》。事迹见《古今图书集成》氏族典卷三六。

虞臣弘治中官至四川布政司右参议。

邓淮弘治中官温州府知府。

按：以南宋时温州之士游二程张朱之门者，有周行己等23人。乃命永嘉知县汪循即鹿城建书院，祀二程张朱，而以行己等侑焉。复辑诸人志铭家传及其遗事绪论见于志书语录中者，汇为《鹿城书院集》。（《四库全书总目提要》卷六一）邓淮，生卒年不详。字安济。吉水人。成化进士。

卢濬弘治中官黄州知府。

按：卢濬，生卒年不详。字希哲。浙江天台人。成化二十三年进士。辑黄州古迹题咏《古黄州遗迹集》1卷，大旨以诗赋为主，而以唐许远祠祭文3篇错杂诸诗之内。又宣至于遗像碑记亦附卷末。著有《渺粟稿》、《黄州集》。事迹见《明诗纪事》丙签卷九。

杨子器弘治中官常熟知县。

按：因旧《琴川志》而葺之，改题《常熟县志》4卷。《慈溪志》又称子器为高平令，曾修县志，王守仁为之序，原本未见。杨子器，生卒年不详。字名父，号柳塘。浙江慈溪人。成化进士。著有《家礼从宜》4卷、《杨嘉山读礼录》1卷（见《千顷堂书目》卷二）。

蔡维藩弘治中任庆云县官，后调安东县。

按：蔡维藩，生卒年不详。淮阴盱眙人。少时幼弟为庸医所误，遂于习儒之暇兼读医书，终有所得。合纂宋陈文中《陈蔡二先生合并痘疹方》1卷（见《痘疹大全》本），著有《痘疹方训蒙》（见乾隆《盱眙县志》艺文）、《痘疹集览》4卷（见《中国医籍通考》卷三方论六）、《蔡氏小儿痘疹袖金方论》1卷附《合用药方并群臣佐使之法》1卷（明抄本，上海图书馆藏）。

许浩弘治中以贡生官桐城县教谕。

按：许浩，生卒年不详。字复斋。浙江余姚人。著有《复斋日记》、《宋史阐幽》1卷、《元史阐幽》1卷等。《四库全书总目提要》卷八九曰：《宋史阐幽》"是编因与邱濬读《宋史》而作，其是非皆不谬于圣贤。"《元史阐幽》"大抵皆取《续纲目》所书而论断之，凡五十二条，持论虽正，而亦不免于偏驳。"

邵宝八月具疏乞终养。除浙江按察使。作诗《别庐山》。邵宝之白鹿书院，留二十日之宁州谒濂溪祠。

马中锡命巡抚辽东。

唐寅入皖游齐云山。

何景明五月奉哀诏使云南道，过巴陵与兄景韶相见。

按：过云溪驿，有诗。至云南，云南君长及中贵人咸重何景明，请题咏。十月，归，抵永宁遇盗。

徐祯卿从李梦阳游,悔其少作,改趋汉、魏、盛唐。

马理自京师归,过渭南问礼于薛敬之。

王艮有疾,从医家受倒仓法;既愈,乃究心医道。

张吉条称便宜上之,复为疏进正心之说,与地方用事大臣不合,引疾求去,不允。

夏尚朴会试南宫,适友刘绚病危笃,遂不及试,为调药饮食不懈;刘没,又亲扶柩南归。

毛伯温与谢、郭二君处壶兰若庵。

仪真蒋山卿至南京访顾璘、朱应登问文学。

陈琛以诗送虚斋。

顾鼎臣成进士。授修撰,再迁左谕德,拜礼部右侍郎。

王大用成进士。

王韦成进士。授吏部主事。

按：自诸生时,屹然有公辅望。莆田林公俊、海陵储公罐,并引为忘年交。又与陈沂、顾璘友善,切劘为古文辞。

王大用、方献夫、张简、蔡天佑、蔡潮、顾可学、翟銮成进士。

田登成进士。任乐亭知县,以治行卓异擢江西监察御史。

按：官至湖广副使。田登,生卒年不详。字有年。陕西长安人。著有《吟呻一览诗集》。事迹见《列朝诗集小传》丙集。

田汝籽成进士。授行人,选兵科给事中。

刘节成进士。历浙江左布政使。

严嵩成进士。授庶吉士。授编修。

按：移疾归,结交名流,读书钤山10年,以诗文获盛名。还朝,进侍讲。

吴昂成进士。授宣城知县,改新建。

按：积书万卷,遍读之。

张文麟成进士。复取庶吉士。

张邦奇成进士。授检讨,出为湖广提学副使。

陆深成进士二甲第一。授编修。

陈璋成进士。

按：为刘瑾所扼,以进士致仕。刘瑾诛,授刑部主事,潜心法律。嘉靖中,历大理寺卿,平反甚多。官至刑部左侍郎。卒年七十二。陈璋,生卒年不详。字宗献,号省斋。浙江乐清人。著有《比部招拟》(见《千顷堂书目》卷一〇)、《恤刑录》。事迹见雷礼《刑部侍郎陈璋传》(《国朝献征录》卷四六)。

周广成进士。历知莆田、吉水。

郑铭成进士。授户部主事,历郎中,出为袁州知府。

按：郑铭,生卒年不详。字克信。广东新会人。著有《冈州近稿》、《使滇杂兴》。事迹见《明诗纪事》丁签卷一〇。

郑善夫成进士。授户部主事。

孟洋成进士。授行人。

按：进御史,以论张璁、桂萼事谪桂林教授。

胡铎成进士。授刑科给事中。

胥文相成进士。授漳浦知县，官至柳州知府。

> 按：胥文相，生卒年不详。字士衡。胡广巴陵人。著有《岳栖集》。另有《洞庭君山集》3卷，辑屈原而后历代题咏湖山及岳阳楼者，共为一编（《四库全书总目提要》卷一九二）。事迹见《万事图书集成》氏族典卷六三。

姚继岩成进士。授工部主事，历吏部郎中。

秦伟成进士。

> 按：与马理、吕柟相友善，修养日深。历官山西布政司参政。

顾应祥成进士。授饶州府推官。

倪宗正成进士。由庶吉士出知太仓州，入为武选员外郎。

> 按：官终南雄知府。倪宗正，生卒年不详。字本端。绍兴府余姚人。嘉靖中赐祭葬，赠学士，谥文忠。乾隆《绍兴志》称其精于《易》学。《余姚志》又曰："与蔡虚斋、胡支湖有《三先生易说》行世。"著有《易说》，是书未见。《四库全书总目提要》卷一七六曰："所著有《丰富集》、《突兀稿》、《观海集》、《太仓稿》，晚年复有《小野集》十六卷。"《倪小野集》22卷，"盖国朝康熙中，其七世孙健宗汇辑重刻，而题以最后之名者也。"事迹另见《明诗综》卷二八。

徐祯卿成进士。授大理寺副，坐失囚，贬国子博士。

殷云霄成进士。累官南京工科给事中。

黄巩成进士。授德安府推官。

黄琮成进士。授青田知县，遭刘瑾忌谪长乐教谕。

盛仪成进士。授监察御史，屡劾天下不职吏。

> 按：后官至太仆侍卿。盛仪，生卒年不详。字德章，号蜀岗。扬州府江都人。著有《嘉靖维扬志》。事迹见崔桐《太仆寺卿蜀冈盛先生仪传》（《国朝献征录》卷七二）。

崔铣成进士。选庶吉士，授编修。

董玘成进士。授编修。

> 按：历刑部主事、侍读、左谕德。

穆孔晖成进士。选庶吉士，读书中秘。

魏校成进士。授南京刑部主事。

王绪弘治中中举人。

> 按：王绪，生卒年不详。字绍夫。江西乐平人。官四川忠州知州。著有《易学辨疑》，见《千顷堂书目》卷一。

李壁弘治中中举人。

> 按：李壁，生卒年不详。字白夫。广西人。任兰溪教谕，从章懋讲学。搜集《三礼》经传，考订钟律及乡射冠婚仪。累官至户部员外郎。著有《名儒录》、《明乐谱》等。事迹见《泾野先生文集》卷二。

陆之箕弘治中贡生。

霍韬十九岁，始入乡塾。

> 按：始以家贫未能就学。

程文德受业于举人林文俊。

陈凤梧改湖北黄陂二程祠为二程书院。

苏葵弘治中以翰林编修升江西提学佥事。在任增修白鹿书院。

按：苏葵，生卒年不详。字伯诚。广东顺德人。成化进士。官至福建布政使。著有《吹剑集》。事迹见《福建右布政使苏葵传》(《顺德县志》见《国朝献征录》卷九〇)。

沈晖弘治中捐赎苏轼书堂遗址建苏东坡祠，人称东坡书院。

按：江苏宜兴旧有苏轼所筑书堂，其址入保宁寺，元时寺僧慕苏轼名，复草堂。

王云凤弘治中建陕西蓝田芸阁书院。建书楼于陕西西安正学书院，广收书籍以资诸生诵览。

按：蓝田芸阁书院，原为吕大忠及叔弟四人读书处。

欧阳旦弘治中建湖南浏阳南山书院，祀欧阳玄。

按：此为元代欧阳玄读书处。

邵宝弘治中重建江西九江濂溪书院院舍。

按：弘治中另有孙公盘修葺安徽阜阳西湖书院。程瑱5世孙程儒重建安徽绩溪擢阳书院。湖南衡阳石鼓书院修葺。汪廷贞于海南琼山创建义学，内有怀沙亭，后废；举人陈家珍、柯呈秀等曾修葺，改为乐古书院。山西大同建务学书院。张岫建辽宁北镇县崇文书院。严纮建江苏江浦县石洞书院。林廷瓛建浙江永嘉鸡鸣书院。潘府建福建长乐南书院、凤岐书院，建广东恩平凤凰书院。杨南金建江西泰和清风书院。章舜建江西上犹兴文书院。王旋建河南郏县符井书院。钟文俊建湖北荆门象山书院。董朴建湖北麻城白臬书院，又名白果书院。熊经建湖北麻城东溪书院。湖南鄞县光岳书院改为按察分司。张举政毁湖南岳阳五显庙建天岳书院。杨禠建湖南常德闻山精舍。湖南郴州改建濂溪书院。吴廷举创建凤山书院于广东顺德城西凤凰山麓。士民公建广东潮州义安书院。杨孟瑛建四川丰都平山书院，又名平都书院，王守仁有记。毛科建贵州铜江书院，又名铜仕书院。汪藻建贵州定番(今惠水)中峰书院。胡光建云南景东明志书院。雷杲建云南洱源凝川书院。陕西建扶林多贤书院。阎仲实建陕西陇县岍山书院。

| 雅各布·温普费林著成《德国概况》。 | 弘治中刊刻《新增说文韵府群玉》。
弘治中刻元刘鉴所撰《经史正音切韵指南》1卷。
施盘弘治中刊《分类通鉴》4卷于郡斋，不著纂者名氏。
陈镐纂《阙里志》成。 |

按：据《四库全书总目提要》卷五九：阙里向无志乘，仅有《孔庭纂要》、《祖庭广记》诸书，稍称完备。弘治十七年阙里孔庙大修竣工。闰四月，吏部尚书、华盖殿大学士李东阳奉旨至曲阜祭告孔庙。此间，东阳与巡抚都御史等共议纂修一部《阙里志》。提学副使陈镐参阅衍圣公孔闻韶所提供之孔府文献资料，至弘治十八年修成，李东阳亲作序，刻版印行。共计13卷，详细记述孔子生平事迹、阙里庙制、历代皇帝封赐、祭孔礼乐等，是一部较为完整的孔氏家族史。崇祯年间，六十五代孙胤植又取该志再三研订，纲目无改于旧，而捉笔纂要，斥赝登遗，重新修订补充，编为24卷。

夏英、陆勉修、黄仲昭纂《邵武府志》25卷成书刊行。

按：是书为现存旧邵武府最早之地志刻本。黄仲昭二月始修《邵武府志》，凡十阅月而脱稿，复为之序。

王涣修、刘则和、潘援纂《长乐县志》8卷成书刊行。

按：是书为现存最早之长乐地志刻本。

李敏纂修《将乐县志》14卷刊行。

按：是书修于弘治十五年，为现存最早之三明市市域内地志刻本。

李孟旸纂修《睢州志》9卷成书刊行。

按：是书为现存最早之商丘市市域内地志。

保德刊周山修《保德州志》。

任棱、周玉弘治中纂《临海县志》。

按：已无传本。光绪《台州府志》经籍考六载曰："是书见《临海志》本传，吴珏有后序，见《夔门残稿》。"吴珏后序末署弘治甲子秋八月朔。此书当成于弘治十七年前。

张邦佐弘治中纂修《宁海县志》。

弘治中刊安徽《徽州府志》、李鉴所纂《河东盐池录》4卷、徐应纂修《应州志》、许鹏修、杨莹纂《蒲州志》。

僧道瑞弘治中辑《仙岩志》6卷。

按：已佚。见《千顷堂书目》、《述古堂藏书目》、《瑞安经籍目》著录。

无锡华燧会通馆活字印宋潘自牧纂《记纂渊海》200卷。

李东阳作《寿太子太保吏部尚书王公九十诗序》、《寿兵部尚书刘公七十诗序》。

章懋九月作《送万太守福之金华序》、《送吴参政之四川序》。

杨孟瑛撰《浚复西湖录》1卷。

按：未见传本。《千顷堂书目》、《述古堂藏书目》、雍正《浙江通志》卷二五四著录。

王云凤弘治中撰《宏道书院记》。

贺志同刻晋代张华所撰《博物志》10卷，书有都穆之跋。又刻宋代李石所撰《续博物志》10卷，都穆作后记。

陆奎章纂《香奁四友传》2卷成。

按：陆奎章，生卒年不详。字子翰。武进人。曾领嘉靖乡荐，除武康知县，不乐为官，乞改宁波教授。另著有《陆诗别传》。事迹见《万姓统谱》卷一一一。

邵宝作《别庐山诗》、《别白鹿书洞》。

弘治中，礼部进呈周礼所著《通鉴外纪论断》、《朱子纲目折衷》、《续编纲目发明》、《训蒙史论》，奉孝宗旨刊行天下。

按：见《杭州艺文志》。周礼，生卒年不详。字德恭，号静轩。弘治前后余姚人。因累试不第，隐居于南京护国山。

徐纮纂《明名臣琬琰录》、《续录》。

按：徐纮，生卒年不详。字朝文。常州武进人。弘治进士，官至云南按察司副使。《四库全书总目提要》卷五八曰：《明名臣琬琰录》24卷，"是书乃仿宋杜大珪《名臣碑传琬琰集》而作，所辑自洪武迄弘治九朝诸臣事迹。《前录》所载一百十有七人，《续录》所载九十五人，凡碑铭志传以及地志言行录之类悉具焉。""且其中如郁新、吴寿昌等凡数十人，皆史传所不详。考献徵文，亦足以资证据。固非小说家言掇拾传闻，构虚无据者比也。"事迹另见《毗陵人品记》卷八。

集贤书堂刻周藩《袖珍方大全》4卷。

何景明十月作《嗤盗文》。是年作《渡泸赋》、《画鹤赋》、《进舟赋》，得诗共一百首,何景明诗所谓《使集》者也。

李东阳作《集句后录小引》。

弘治中刻唐《司牧安骥集》5卷本。

李廷梧序《巽隐集》。弘治中刻西汉陆贾纂《新语》2卷。

计宗道作《思玄集序》。

按:序曰:"凡所著作甚富,晚年厌其浮于理者,删去不少,如《易》、《春秋》、《周礼》与夫子史多所发明成卷,惜乎伯道无儿,身后散逸无几,此尤不幸也。幸而有此集,则有文为不大可不朽,不幸之中,是不有幸焉者在乎!昔稿比参今本,句字间亦自重订,宗道因次之为十六卷,集曰《思玄》,取张平子赋题以为号。"

王鏊刻所修《震泽编》8卷。杨循吉序之。

按:《震泽编》,蔡升撰、王鏊重修。据《四库全书总目提要》卷七六:"前有弘治十八年杨循吉序,称其'操觚之妙,天机独运。中间有似《尔雅》者,有似《山海经》者,有似柳子厚诸山水记者,用能绘画造物,陈诸简牍'。未免誉过其实。升书本名《太湖志》,鏊为重修,乃取《禹贡》之语改今名云。"

莫息(冰泉)辑无锡本土人诗为《锡山遗响》10卷。

崔嵩刊元刘因著《静修先生丁亥集》6卷、《遗文》6卷、《遗诗》6卷、《拾遗》7卷、《续集》3卷、《附录》3卷。

张珊刊宋陈傅良著《止斋陈先生文集》52卷。

书林魏氏仁实书堂刻《道德经》2卷、《列子冲虚至德真经》8卷。

王瓒任经筵讲官兼崇圣堂教书,"于秘阁录出公(陈傅良)集五十二卷"。(《止斋陈先生文集序》),并商请同年巡抚浙江侍御史张伯纯出资刊刻。即今留传《止斋文集》。

雅各布·奥布雷赫特卒(1452—)。佛兰德尔作曲家。

刘瀚卒(1425—)。瀚字约之,号樗庵,刘铉子。苏州府长洲人。天顺元年进士。官至陕西按察副使。据《吴郡文编》卷一七一,瀚所著有《樗庵集》。事迹见李东阳《陕西按察司副使刘公瀚墓志铭》(《国朝献征录》卷九四)。

顾恂卒(1418—)。恂字惟诚,号桂轩。江苏昆山人。以子鼎臣贵,卒赠礼部尚书、武英殿大学士。著有《鳌峰集》、《西湖纪游》、《永思录》、《桂轩集》。事迹见顾易《先桂轩府君(恂)年谱》。

秦紘卒(1426—)。紘字世缨。山东单县人。景泰二年进士。授南京御史。官至总制三边军务。卒谥襄毅。著有《秦襄毅公自订年谱》、《秦氏家训》。事迹另见袁袠《资善大夫户部尚书赠太子少保谥襄毅秦公紘传》(《国朝献征录》卷二八)。

王钺卒(1438—)。钺字茂杨。浙江临海人。王镐之弟。著有《木讷稿》。

叶绅卒(1440—)。绅字廷缙,号毅斋。苏州府吴江人。成化二十三年进士。弘治时请为太子择讲官。官至尚宝少卿。著有《黄门奏疏》10卷、《毅斋文集》40卷。事迹见《明史》一八〇。

谢复卒(1441—)。复字一阳。徽州府祁门人。弃科举,于陈献章从吴与弼学。主知行并进,以记诵古训为余事。晚居西山之麓。学者称西山先生。《明儒学案》列其入《崇仁学案》二。著有《西山类稿》5卷、《日抄语录》。事迹见《明史》卷二八二《吴与弼传》附传,王讽《谢西山先生复传》(《国朝献征录》卷一一四)。

按:居家孝友,丧祭冠婚,悉遵古礼。《四库全书总目提要》卷一七五曰:"少从吴与弼游,与陈献章为同门友,而笃实胜于献章。故集中有《书献章诗后》一篇,颇诋其晚涉于佛、老。其宗旨可见。然其诗文则不出讲学之门径,与谈艺家又别论云。"

包泽卒(1449—)。泽字民望,号东川。浙江鄞县人。弘治九年进士。拜监察御史。自称"阎罗包老",一时为名御史。著有《东川政绩》。事迹见张时彻《云南道监察御史东川包公泽墓碑》(《国朝献征录》卷六五)。

李承箕卒(1452—)。承箕字世卿,读书大厓山,自号大厓居士。湖广嘉鱼人。成化二十二年举人。一试礼闱而归,师事陈献章。《明儒学案》列其入《白沙学案》上。著有《李大厓集》。事迹见《明史》卷二八三《陈献章传》附传,王鏊《李大厓先生承箕墓表》(《国朝献征录》卷一一四)。

按:尝徒步至岭南,从陈献章游,及归,遂隐居黄公山,不复仕进。唐伯元谓其晚节大败,不知何指。其文出入经史,跌宕纵横。作诗文下笔立就,若不经意,工草书,人争传阅。与兄李承芳皆好学,人称嘉鱼二李。承箕不著书,尝曰:"《六经》而外,散之诸子百家,皆剩语也。"又曰:"莫笑老慵无著述,真儒不是郑康成。"《李大厓集》20卷附录1卷,据《四库全书总目提要》卷一七五:是编乃其弟子立卿所刻。《明史·艺文志》载《大厓集》20卷,与此本合。附录1卷,则墓表、行状及陈献章所赠诗文。前有其兄承芳所作《采菊稿引》。《采菊稿》者,即献章所赠古诗凡13首,装潢成卷,以其首句有采菊二字,因以名。盖欲假献章以重承箕。殊非体例,此宜入附录。明李整纂《大厓李先生年谱》1卷。明刻本。附于《大厓李先生文集》20卷后。

赵宽卒(1457—)。宽字栗夫,号半江。苏州府吴江人。成化十七年进士。授刑部主事。通究律例。出为浙江按察司副使,掌学政。官至广东按察使。著有《半江集》。事迹见王鏊《广东按察使赵君宽墓志铭》(《国朝献征录》卷九九)。

按:《半江集》15卷,《四库全书总目提要》卷一七五曰:"是集初为其邑人王思诚所刊,王守仁、费宏皆为之序。守仁序不载卷数,但惜其遗稿散佚。宏序称诗六卷,文如之。此本凡诗八卷,文七卷,盖其仲子论掇拾补辑,又增三卷也。"

钱宝弘治中京口人,字文善,号复斋。生卒年不详。著有《医案》、《运气说》2卷、《复斋集》。程敏政志其墓。事迹见《千顷堂书目》卷一四。

刘安弘治中卒。安字元静。河南开封人。生卒年不详。永乐举人。宣德五年授金乡县学训导。天顺时诏言从祀、军务、水利三事。事迹见李濂《陕西按察副使刘公安传》(《国朝献征录》卷九四)。

吕高(—1557)、许应元(—1564)、彭年(—1566)、刘绘(—1573)、葛守礼(—1578)、雷礼(—1581)、孔天胤(—1581)、黄光升(—1586)、李诩(—1593)生。

明武宗正德元年　丙寅　1506 年

法王路易十二于图尔召开三级会议，宣布布列塔尼及勃艮第为王室不可转让之领地。

二月庚寅，武宗初开经筵，李东阳为之讲《大学》首章。

三月甲申，武宗幸太学，释奠于先师。礼毕，御彝伦堂，祭酒、司业进讲。

九月戊寅，刘健等大臣请复开经筵。

按：武宗自开讲以来，不时以种种理由传旨暂免经筵。

十月丁巳，大学士刘健、谢迁，户部尚书韩文等因刘瑾等宦官导武宗佚游，恣横枉法，由李梦阳合九卿诸大臣上言，请诛刘瑾等。瑾得焦芳飞报，乘隙进谗。遂擢刘瑾掌司礼监，马永成、谷大用分掌东厂、西厂，内外大权悉归刘瑾。刘瑾等肆与朝官为难，自是朝中杖贬日多，大臣不安于位。

十一月癸巳，诏赐宜山王诠满《四书集注》、《洪武正韵》各一部。(《武宗实录》卷一九)

甲辰，罢户部尚书韩文。给事中徐昂、户部郎中陈仁疏救，中旨责其党护，徐昂除名，陈仁坐谪。(《武宗实录》卷一九)

十二月癸酉，诏除曲阜孔氏田赋，授孔氏后裔之在浙江衢州者孔彦绳（孔子第 59 代孙）为翰林五经博士，子孙世袭，并减其祭田之税。(《武宗实录》卷二○)

罗马的圣彼得教堂重建。

东印度群岛的香料始入欧洲。

法兰克福大学建立。

王守仁（王阳明）十二月乙丑在兵部主事任首抗疏救南科道戴铣、薄彦徽等，忤旨下诏狱，廷杖三十，寻，谪为贵州龙场驿驿丞。(《武宗实录》卷二○)

按：戴铣、薄彦徽等因谏忤旨逮系诏狱，阳明上疏论救而获罪。龙场驿之谪，可谓王阳明学术活动之真正开端。是后，阳明足迹所至，体道讲学不辍，"良知"之说形成，阳明心学始兴。是年徐爱、蔡宗兖、朱节来学。

湛若水邂逅王阳明，及王阳明去龙场，书《九章》以赠。

刘健六月丙寅请续修《玉牒》。

刘健、谢迁十月戊午致仕。

黄澜九月上京修《孝宗实录》。

韩文、李梦阳以疏请诛刘瑾，被勒令致仕。

李东阳六月六十寿诞，李梦阳赋长句三十八韵寿之，颂其书法、功业及文章。罗玘亦有诗颂之。

李东阳十月戊午，与刘健、谢迁各具疏乞休，而李东阳独留。先是，三人以内侍刘瑾等人蛊惑上心，连章请诛之。疏实李东阳秉笔，第太监等至客议时，李东阳辞颇缓，中人皆以为事不由之，故事败，独李得留，并于十二月升任少师，兼太子太师、吏部尚书、华盖殿大学士，成内阁首辅。

焦芳十月壬戌以吏部尚书兼文渊阁大学士，王鏊以户部尚书、文渊阁大学士，并入内阁预机务。

  按：焦芳粗鄙无学，好谩骂，刘健、谢迁等皆恶之。焦芳乃一意阿刘瑾，阴结宦官以干进。王鏊虽持正，不能与之抗，唯与李东阳弥缝其间，遇事亦有所补救。

王鏊以杨循吉不守志书成规，拒不延之共修《姑苏志》。

  按：同年，《姑苏志》60卷成书。《四库全书总目·姑苏志》提要曰："陈继儒《见闻录》称鏊修志时，以杨循吉喜谣诼，不欲与之同局，志成，遣使送之循吉，循吉方栉沐，不暇抽看，但顾签票，云：'不通，不通。'使者还述其语，鏊以问之，循吉曰：'府志修于我朝，原当以苏州名志。姑苏，吴王台名也，以此名志，可乎？'鏊始大服云云。考鏊《自序》，纪其初修志时，有欲属诸杨仪部，而杨仪部固辞之语。是鏊未尝摈去循吉不与共事，继儒所载恐不足信。至志书题古地名，自宋代已有是例。核以名实，良有未安。"

蔡清授江西提学副使，巡视学校，始诣白鹿洞书院，谒先圣孔子，有《白鹿洞书院告夫子文》。

邵宝在江西按察副使任奏修德化县濂溪书院。

章懋正月疏乞休致，不允；二月上《治道要务疏》；六月奏《乞修庙学疏》；七月、八月复乞休致。

王恕为前太子太保、吏部尚书，八月上疏论及时事，如严军法以肃边境、裁冗员以节财用、重爵位以惜名器、禁奢侈以化民风、存羡余以备不虞、给民业以均贫富等。

王鸿儒谢归。

马中锡十一月丁亥由兵部右侍郎升为本部左侍郎，直抚辽东。

顾清以不附刘瑾，出为兵部员外郎。

张元祯十二月进吏部侍郎，未及任而卒。

张吉转本司按察使。

薛敬之进阶朝列大夫。

何塘抗疏乞复史职，不报。

黄佐召补弟子员，试孔氏遗书，论置第一。

潘蕃正月癸卯由总督两广军务兼理巡抚左都御史升任南京兵部尚书。

王瓒纂修《泰陵实录》（《明孝宗实录》）。升侍讲。

  按：王瓒因经筵讲对时进《举直错枉章》，暗讽刘瑾专权乱政，被刘瑾矫旨严责。幸得李东阳援救，降为国子司业。瑾诛，升国子祭酒，礼部右侍郎，转左侍郎，一度代理部务（《永强王氏宗谱·瓯滨公行状》）。

杨循吉在苏州。时苏州设局修弘治一朝史实，循吉总局事。

王献臣修拙政园。

杨慎与同乡冯驯、石天柱、刘景宇等结为丽泽会，与永昌张含相倡和。

都穆官北京，与李梦阳等访西山，作《游西山记》、《再游西山记》；寻改官南京，南行过徐州，作《云龙山记》。

徐祯卿致书河南李梦阳，述南游所见所感。

祝允明春过沈与文所,为书旧作《卢姬曲》。
史忠作《卧痴楼图》,自题以曲。
沈周自题小像,并作卧游小册成。
王磐作散曲《咏喇叭》,刺过境官船之扰民。
南大吉年二十,以古文鸣世。
涂升正德初奉命采珠,以拒刘瑾私请,瑾衔之。后以他事,罚米输边。

按:涂升,字卿仪。生卒年不详。江西丰城人。涂观子。著有《南巡录》。

汪循正德初以刘瑾擅权,一日三上疏,请裁革中官。又陈内修外攘十策,为刘瑾所忌,罢官归里。

按:汪循字进之。生卒年不详。徽州府休宁人。著有《仁峰文集》。

陈察正德初擢南京御史。
陈琳正德初以刘瑾逐刘健、谢迁,逮戴铣、陆昆等,抗章谓"自瘘痹其股肱,塞其耳目"。忤瑾怒,谪揭阳丞。瑾诛,迁嘉兴同知。(《武宗实录》卷二十)
周玺正德初上疏请毁新立寺观,摒逐法王、真人,止醮事。

路希林编成语法书及词典《希伯来语的发音和缀语》。

司礼监重刻《少微通鉴节要外记续编》。

按:是书为我国现存最早明线装书之一,在印刷史上具有较重要地位。

王朝佐纂《东嘉先哲录》20卷成。

按:王朝佐,字廷望,浙江平阳人,弘治丙辰进士,官南京工部员外郎。

石禄修、唐锦纂《大名府志》10卷刊刻。
景芳纂修《临漳县志》10卷刊刻。
王鏊等纂《姑苏志》60卷刊刻。

按:《四库全书总目·姑苏志》提要曰:"苏州自宋范成大、明卢熊二志后,纂辑久缺。宏治中吴宽尝与张习都穆续修,未竟,惟遗稿仅存。后广东林世远为苏州守,以其事属鏊,鏊乃与郡人杜启、祝允明、蔡羽、文璧等共相讨论,发凡举例,咸本于宽,而芟繁订讹,多所更益,凡八月而书成。首列沿革、守令、科第三表;自沿革、分野以下,分为三十一门,而人物门中又分子目十三。繁简得中,考核精当,在明人地志之中犹为近古。"

于凤喈修、邹衡纂《嘉兴府志补》12卷成。
储珊修、李锦纂《新乡县志》6卷成。
王雄修、承天贵纂《汝州志》8卷刊刻。
会通馆印铜活字本《君臣政要》、《文苑英华辨证》。
戴铣成《诸子实纪》12卷。
现存最早彩印本书籍《圣迹图》刊行。
林俊编成《见素文集》。
王恕九月纂《增修庆善寺记》。
周瑛十月纂《莆城辟郡学记》。

哥伦布卒(1451—)。

江朝宗卒(1425—)。朝宗字东之,号乐轩。重庆巴县人。著有《紫轩集》、《蜀中人物记》等。多散佚。今能见者唯一篇为杨基《眉庵集》所写

"原序",有"文章足以华国,学识足以代言"句(蒋云汉《江学士墓表》《巴县志》卷一〇)。

张元祯卒(1436,一说1437—)。元祯字廷祥。江西南昌人。天启初,追谥文裕。天顺四年进士,改庶吉士,授编修。官终吏部左侍郎兼翰林院学士。与罗伦、胡居仁友善。曾预修《英宗实录》、《通鉴纂要》,充《孝宗实录》副总裁。著有《东白张先生文集》。事迹见《明史》卷一八四、《明儒学案》卷四十五。

王轼卒(1439—)。轼字用敬。湖广公安人。谥襄简。天顺八年进士。著有《平蛮录》。事迹见《明史》卷一七二。

陈璚卒(1440—)。璚字玉汝,号成斋。苏州府长洲人。尝与杜琼、陈顾等合纂府志。著有《成斋集》。

杨时畅卒(1446—)。时畅字知林。杨鼎子。陕西咸宁人。官至太常少卿兼侍讲学士。曾预修《宪宗实录》、《明会典》等。

陈钦卒(1464—)。钦字谅之,号自庵。著有《自庵稿》。

传教士方济各·沙勿略(—1552),包节(—1556)、周怡(—1569)、归有光(—1571)、何良俊(—1573)、尹台(—1579)、陈柏(—1580)、陈绍儒(—1581)、林庭机(—1581)、范钦(—1585)、陈士元(—?)生。

正德二年　丁卯　1507年

正月,武宗耽于佚游,辍朝半月,内外章奏悉付刘瑾。

按:时刘瑾权倾中外,公侯勋戚,莫敢钧礼,诸司科、道以下,私谒皆相率跪拜。凡内外奏章皆先具"红本"投瑾,再由通政司以"白本"转上皇帝。刘瑾不学无术,无能批答奏章,皆持之归私第与妹婿礼部司务孙聪及松江市侩张文冕相参决;言词鄙冗,焦芳为之润色。

闰月庚戌,杖给事中艾洪、吕翀及南京给事中戴铣、御史薄彦徽等21人于阙下,俟后皆谪为民。戴铣以受杖创甚,寻卒。

按:此辈以请留刘健、谢迁而为刘瑾所恨。

二月己卯,大学士李东阳疏请早朝。

己未,以詹事兼翰林院学士杨廷和为南京吏部侍郎,翰林学士刘忠为南京礼部左侍郎。

按:先是,武宗御经筵,二人皆直讲。讲毕,因致讽谏语,武宗遂远之,令至南京。

三月,刘瑾列刘健、谢迁、韩文等53人为奸党,矫诏榜示朝堂;召群臣跪金水桥南,"宣戒"之。并以谢迁忤己之故,不许其家乡余姚人做京官。

神圣罗马帝国帝国议院建。

法王路易十二入热亚那。

罗马教会始售赎罪券。

俄罗斯—立陶宛战争爆发。

又令六科官员寅入酉出，使不得息，以困苦之。

按：据《明史》卷三百四《宦官列传》，此53人为：刘健、谢迁、韩文、杨守随、林瀚、张敷华、李梦阳、王阳明、王纶、孙磐、黄昭、刘瑞、汤礼敬、陈霆、徐昂、陶谐、刘菠、艾洪、吕翀、任惠、李光瀚、戴铣、徐蕃、牧相、徐暹、张良弼、葛嵩、赵士贤、陈琳、贡安甫、史良佐、曹闵、王弘、任诺、李熙、王蕃、葛浩、陆昆、张鸣凤、萧乾元、姚学礼、黄昭道、蒋钦、薄彦徽、潘镗、王良臣、赵佑、何天衢、徐珏、杨璋、熊卓、朱廷声、刘玉。

是月，命各镇守太监照巡抚都御史之例干预刑名政事。

五月，武宗好僧道，一日之内度在京在外僧道4万人。

己巳，宁王朱宸濠厚赂刘瑾，至是得复护卫。

按：朱宸濠于正德十四年反，王阳明起兵讨之。

六月，始授内臣父兄官。

七月癸卯，《历代通鉴纂要》成，刘瑾矫旨黜誊写不谨官20余人。

按：此为刘瑾借故裁抑儒臣之举。时此书总编纂李东阳详核誊写有差讹者，惟沈世隆、吴瑶、张桓、华淳、邵文恩五人，而刘瑾并黜二十余人。在此事件中，礼部左侍郎兼翰林院学士刘玑、学士刘春、太常少卿兼翰林院侍读学士费宏、侍读徐穆、编修王瓒被夺俸两月，受命编纂光禄寺卿周文通及吏部稽勋司郎中沈魁、大理寺左侍正赵式、中书舍人乔宗、方英、李淇、徐富、鸿胪寺序班汪麟等夺俸三月，太仆寺少卿季通、礼部祠祭司郎中胡清、大理寺左寺副何泽、右寺副刘学、右评事李理、中书舍人王珙、刘讯、鸿胪寺序班周令、林应喜、钱禄、张天保等俱令致仕，中书舍人沈世隆、吴瑶、鸿胪寺主簿董汉、序班郭晟、沈秀……俱为民。

八月丙戌，营建"豹房"，以为武宗游乐之所，教坊乐户入"豹房"承应者日以百计。

是月，以《历代通鉴纂要》成，晋焦芳少傅兼太子太傅、谨身殿大学士，王鏊少傅兼太子太傅、武英殿大学士。李东阳等亦加俸进级。

十月癸未，火星入太微帝座前，钦天监监正杨源疏谏收揽政柄，触刘瑾怒，矫旨杖而谪戍之。源以创重卒于途。

十一月丙辰，以衍圣公孔闻韶之请，授生员孔闻礼为翰林院《五经》博士，主邹县子思庙祀事；尼山、洙泗二书院各设书录一人，荐孔氏家族之贤者充任。

癸亥，《通鉴纂要》改誊毕，刘瑾矫旨超擢誊写官员张骏等十余人为礼部尚书及光禄、鸿胪、尚宝卿或中书舍人不等。

是年，刘瑾议革天下提学官。吏部尚书许敬谓提学为化育人材之本，不可。止之。

马丁·路德任牧师。

王华（王阳明父）迁南京吏部尚书。

湛若水闰正月有赠王阳明诗九章，有序。

王守仁（阳明）是夏赴谪所至钱塘，刘瑾遣人随侦，阳明托言投江以脱之。至十二月始离钱塘往龙场驿。过长沙，讲学岳麓书院。次年春，至龙场。

徐爱，王阳明妹婿，有志于学，因阳明将赴龙场，纳贽而师事之。

按：《理学宗传》卷一三系此条于正德元年丙寅。

徐爱、蔡宗兖、朱节同为阳明弟子，是岁同举乡贡，阳明作《别三子序》以赠之。

梁储二月戊寅以吏部左侍郎充《实录》副总裁。

刘机二月戊寅以礼部右侍郎充《实录》副总裁。

刘忠二月戊寅以翰林院学士充《实录》副总裁。三月己未升任南京礼部左侍郎。

杨廷和三月己未由詹事入东阁，专典诰敕。五月迁南京户部尚书。十月丙戌，召入阁，改户部尚书兼文渊阁大学士，预机务。

刘宇九月癸卯由兵部尚书升为太子太傅。

鲁铎迁国子监司业，累擢南祭酒；寻改北铎，屡典成均。教士切实，为学不专章句。

崔铣、湛若水为编修，穆孔晖、张邦奇为检讨。

张邦奇年24，取平日过失详书为《观颐录》，以为自励，有序。

张吉转山东布政使。

蔡清九月乞致仕，许之。

王艮客山东，过阙里，谒孔子庙。归，取《孝经》、《论语》、《大学》日诵之，置书袖中，逢人质义，务见诸行。

何景明恐祸及，谢病归，家居著述。

顾璘、陈沂、朱应登、都穆等同游南京牛首山，都穆作记。

都穆为葛立方《韵语阳秋》作序。

刘春、吴俨七月任顺天府乡试考试官。

张含中云南乡举，入京会试过金陵，以其弟张合十岁所作诗示顾璘。

郑若庸秋试不售。

储巏官南京，与谢承等十人再结秣陵吟社。

祝允明为唐寅作《梦墨亭记》。夏，跋元赵雍《天间骐骥图》，书刘基《二鬼》诗，秋寓南京，晤沈与文，为书自作诗《丹阳晓发》。

唐寅作《高士图》卷，请祝允明书赞其上。后筑室桃花坞，作《桃花庵歌》。

杨一清还居京口，以二诗跋王绂《山水卷》。

杨慎九月与弟杨惇同举四川乡试。慎十月娶妻王氏。

邹守益年十七，以《春秋》举江西乡试。

舒芬以《诗经》举江西乡试。

易翼之中举人，官四川长寿知县。

按：易翼之字孔章，一作孔昭，云南腾越人。归隐后，居龙川江讲学，从者甚众，为一时师表。著有《四书音义会编》、《春秋经传会编》、《诗话类抄》、《古今诗评》、《腾司志稿》。

刘魁中举人。

李东阳、谢铎等奉敕修成《历代通鉴纂要》92卷。（《武宗实录》卷二七）

德国马丁·沃

尔德西马勒出版木刻版世界地图。始以"亚美利加"命名新大陆。

按：是书始奉敕修纂于弘治十六年（1503），由明孝宗"亲分义例，预锡名称"，系参《通鉴节要》、《通鉴前编》、《通鉴纲目》、《通鉴纲目续编》等书，"摘其尤切治道者，各照原文，通加节省，贯穿成编，以便御览。"

黄金《皇明开国功臣录》31卷刊行。

罗钦顺著《寿叔父西皋七十序》、《泰和杨氏主修族谱序》。

娄性《皇明政要》40卷刊行。

霍韬著《家训》20篇。

尹直《謇斋琐缀录》8卷刊行。

罗钦顺作《寿叔父西皋七十序》、《泰和杨氏重修族谱序》。

马丁·贝海姆卒（1459— ）。德国地理学家，航海家。制成现存最早的地球仪。

贞提尔·贝利尼卒（约1429— ）。意大利画家，威尼斯画派。

夏崇文卒（1456— ）。崇文字廷章。夏原吉孙。湖广湘阴人。辑有《夏忠靖遗事》。

陈澜卒（1473— ）。澜字本初。顺天府宛平人。正德初预修《孝宗实录》。

周玺卒，生年不详。玺字天章，号荆山。庐州卫人。弘治九年进士。著有《垂光集》。事迹见《明史》卷一八八。

程楷约于此年前后在世。楷字正之，号念斋。生卒年不详。江西饶州人。成化进士。著有《程念斋集》10卷。

按：据《四库全书总目提要》卷一七五：是集末有方冀《跋》，称其家居时所著有《东楼南楼日录》，游太学时有《屏岚书屋稿》，官翰林时有《来英亭稿》，皆散落不存。此本乃其郡人史简所摘抄，凡文7卷、诗词8卷。古文具有间架，而酝酿未深；诗词亦多率意之作，不留心于陶炼。

王维桢（ —1555）、孙宜（ —1556）、沈錬（ —1557）、唐顺之（ —1560）、卢柟（ —1560）、沈坤（ —1560）、瞿景淳（ —1569）、陈言（ —1577）、张之象（ —1587）生。

正德三年　戊辰　1508年

德王马克西米利安一世称帝。

法人，西班牙人，德人及罗马教会建康布雷同盟。意大利战争再起。

威尼斯人败德人。

正月丁未，大祀南郊。

辛亥，吏部会都察院考察内外官吏，因不附刘瑾而被罢黜及降调者，方面大员以上五十余人。

庚申，兵部议上武举条格，参酌文举会、殿二试例，行武举，赐宴名会武。议上，从之。

按：五月甲辰，兵部奏：武举中式安国等60名。（《武宗实录》卷三八）

三月乙卯，赐吕柟等349人进士及第、出身有差。（《武宗实录》卷三六）

按：是春进士试，刘瑾先期录50人姓名以示有司，因广50名之额。明代宦官干预科场,由此可见。

四月丙申,以御制文集《孝顺事实》、《四书大全》、《资治通鉴纲目》、《历代名臣奏议》诸书赐宁王朱宸濠。(《武宗实录》卷三七)

五月壬寅,吏科给事中安奎、御史张彧奏劾文武官员130余员,忤刘瑾意,被逮系锦衣卫狱。李东阳力救,始获释,然俱黜为民。

六月丁卯朔,工科给事中许天锡暴卒。时天锡奉诏清核内库,得刘瑾侵匿数十事。其卒,一谓自经以尸谏,一谓为刘瑾遣人缢杀。

按:据《明史》卷一八八本传,时言官何天衢、倪天明与天锡并负时望,都人有"台省三天"之目。刘瑾用事,尤恶谏官,一时惧祸者往往自尽,以求免下狱、廷杖之辱。

壬辰,有匿名书数刘瑾罪。瑾矫旨召百官跪奉天门下,及日暮,尽收百官下锦衣卫狱,凡三百余人,刑部主事何钺、顺天推官周臣、礼部进士陆伸三人中暑死,其他因暑热而病者无算。明日大学士李东阳力救,众方获释。

丙申,诏授孔子62代孙衍圣公孔闻韶、族人孔彦邃为洙泗书院学录,孔彦章为尼山书院学录。(《武宗实录》卷三九)

七月,以武宗爱好北曲,命各地选乐工送京师。

八月辛巳,始立内厂,刘瑾自掌。残暴酷烈尤甚于东、西厂。

是月,刘瑾创罚米法,群臣凡忤刘瑾者如韩文、张缙、刘大夏等皆入于罚米例中。

是年,以刘瑾之请于朝阳门外建成玄明宫,祀北极玄帝,武宗亲书额,李东阳为之记。

广河南、陕西、山东、山西乡试额。

按:给事中赵铎承刘瑾旨,请广河南、陕西、山东、山西乡试额。乃增陕西为百,河南为九十五,山东、山西俱九十,超江、浙、闽、楚四大省而出其上。而以会试分南、北、中卷为不均,乃增四川额十名,并入南卷,其余并入北卷,南北均取一百五十名。盖瑾陕西人,而阁臣焦芳河南人,各徇其私。瑾、芳败,旋复其旧。

王守仁(王阳明)"龙场悟道"。

按:是春,王阳明至龙场驿,日夜端居澄默以求静一,忽中夜大悟格物致知之旨。体悟后,王阳明求证于己所默记之《五经》,发现皆相吻合,因而著《五经臆说》,以为《五经》皆人心中之物,"圣人之道,吾性自足。向之求理于事物者,误也。"(《王阳明全集》卷三十三,第1228页)

王阳明构龙冈书院,教人以学;又构寅宾堂、何陋轩、君子亭、玩易窝以居之。以立志、劝学、改过、责善四教条示龙冈诸生。以知行合一学说、《五经臆说》开导诸生。黔人始知有心性之学。

谢铎十一月以礼部侍郎兼国子祭酒致仕。

李梦阳被逮至京师,赖翰林修撰康海之救乃得释。

按:李梦阳先是代韩文起草请诛刘瑾疏,刘瑾将其贬谪、令其致仕,至是又将其逮至京师,将置之死,赖翰林修撰康海之救乃得释。康海与李梦阳素以诗文相唱和,

纪尧姆·比代著成《学说汇编注释》。

梦阳系狱,求救于康海。海与刘瑾同乡,因说之,梦阳乃得释。又,同时都御史张敷华致仕归,身行触石几死,刘瑾恨犹未已,欲坐以罪,亦赖康海幸免。然康海后竟以是坐刘瑾党,瑾败,遂落职。

焦芳以其子焦黄中进士试未得一甲之故时时詈李东阳。

按:是科进士试,焦芳欲置其子黄中为一甲。黄中素无学,李东阳、王鏊以焦芳之故置之二甲首,焦芳不悦,言于刘瑾,遂以内批授黄中翰林检讨。焦芳以黄中故时时詈东阳。

康海母逝,康海亲作行状,王九思作墓志铭,段德光作传,李梦阳作墓表。

按:康海未按惯例请台阁大臣撰墓志,李梦阳不悦。此亦标志着前七子脱离了茶陵派。

陆深、康海同官翰林,深为海作《咏蚕食叶图》诗。

刘大夏年七十三,以忤刘瑾谪戍肃州。至戍所,诸司惮瑾,绝馈问,儒学生徒传食之。

王鏊、梁储二月任会试考试官。

何瑭(一作何塘)同会试考官。以不附刘瑾出为开封同知。

余祐以忤刘瑾落职;瑾诛,荐起知福州府。

蔡清起国子祭酒,未至而卒。

杨廷和八月加少保兼太子太保。

张芮为翰林学士,以不附刘瑾谪为镇江府同知。

王廷相为兵科给事中,以宅忧不赴部领符,谪亳州判官。

罗钦顺为南京国子司业,四月以送亲逾限削籍,停司业不补。

舒芬卒业南雍,励志为圣贤之学。

王艮十一月请以身代父行役。

杨循吉应同年进士、庐州守马金之邀为庐州纂志,因议不和,走还;而以所集资料别纂《庐阳客记》一卷。

按:《四库全书总目·庐阳客记》提要曰:"此编凡十一目,简洁古峭,颇有结构……然漏略太甚,不足以备考证。"

朱存理作《龟峰胜概记》,记江苏吴县之光福山。

唐寅作《唐长民圹志》,以哀其殇侄为题,自书所罹京狱事。又作《夏山欲雨图》,写唐人"山雨欲来风满楼"诗意。

祝允明秋书《严先生祠堂记》。

靳贵为镇江公祭宋抗金名将宗泽作乐辞。

吴文度为刘瑾排挤,辞职南归。

岳麓书院山长陈论于书院创射圃,令诸生习射其中。

吕柟是春中进士第一,授翰林修撰。

刘澄甫成进士,授行人。

按:刘澄甫字子静,号山泉,生卒年不详。山东寿光人。著有《山泉集》。

刘秉监成进士,授刑部主事。

按:刘秉监字遵教,号印山,生卒年不详。江西安福人。出为河南佥事,毁当地淫祠无数。勤治学,为湛若水弟子,又深信王阳明之说。有讲学之会,必往赴。传附见《明儒学案·御史刘三五先生阳》后。

吴山成进士。授刑部主事,升员外、郎中。

按:吴山巡抚河南,以河南惟河患最甚,遂根极利害,著《汾河通考》。

邵锡成进士,授行人。

按:邵锡字天佑,号石峰,生卒年不详。保定安州人。著有《石峰奏议》。

陈伯谅成进士。

按:陈伯谅字执之,福建福清人。中该科第七名进士,官拜富阳、崇德两县知县,累官河南道监察御史,庚午年(1510)提督两京学政。著有《东漈出山文稿》。

徐爱中进士,授祈州知州。

韩邦奇成进士,授吏部主事。

欧阳铎中进士,授行人。为延平知府,毁淫祠数十百所,以其材葺学宫。

潘埙成进士,授工科给事中。

方鹏、王崇庆、毛伯温、刘大谟、刘天和、孙玺、胡缵宗、景旸、夏良胜、唐龙、曾玙、钟芳、钱琦成进士。

安国中武会举第一。

按:安国字良臣。生卒年不详。陕西绥德卫人。其人初为诸生,通《春秋》子史,知名里中。

杨慎赴春试,主考王鏊、梁储已置之首选,因卷偶触烛,遂落第。

夏尚朴以逆瑾方炽,不与试,时有诗誉之。

刘宇子刘仁求,一甲不得,厚贿刘瑾,内批授庶吉士,寻进编修。

按:刘宇字至大。生卒年不详。河南钧州人。附刘瑾,官至吏部尚书兼文渊阁大学士。瑾败,削官致仕归。

欧阳德年十三,为弟子员,督学北郡李氏大奇之,名动三楚。

王恕三月纂《齿一道人传》。

徐霖书《墨溪居士传》。

程瞳《新安学系录》16卷刊行。

按:程瞳字启曈,号峨山,生卒年不详。新安(今安徽徽州)人。弱冠即弃举子业,潜心于六经性理之学,年八十卒。该书自《序》曰:"新安为程子之所从出,朱子之阙里也。故邦之人于程子则私淑之,有得其传者。于朱子则友之事之,上下论讲问答,莫不充然各有得焉。嗣时以还,硕儒迭兴,更相授受,以寿其传。由宋而元以至我朝,贤贤其承,绳绳相继,而未尝泯也。盖朱子之没,海内学士群起著书,争奇衒异,各立门户,浸失其真。诸先哲秉相传之正印……乃于圣人之经,濂洛诸书,具为传注,究极精微,阐明幽奥。朱子之所未发者,扩而充之;有畔于朱子者,刊而去之。由是,朱子之学焕然于天下。……瞳乃不自揆,疏授受之序,采事行之实,萃为一编,目曰《新安学系录》。"

陆深以忤刘瑾外放,自京南还,寓安福里,自辑《江东藏书目录》。

日本坂净运纂《续添鸿宝秘要钞》8卷。

按:坂净运为日本研究及推广张仲景医学的先行者之一。他总结自己的医疗经验,以及家传之学,在曾祖坂净秀《鸿宝秘要钞》一书的基础上,采用张仲景《伤寒论》之医方,更撰成此书。

文徵明作《四体千字文》。

祝允明自书所作《语怪续编》;又过停云馆,题文徵明所藏王羲之《七月帖》。

靖江王府朱约麒刻唐《陆宣公奏议》。

林齐重刻陈献章《白沙子全集》。

徐祯卿自定所著《迪功集》6卷、《谈艺录》1卷。

王恕卒(1416—)。恕字宗贯,号石渠。三原(今属陕西)人。正统进士。累官吏部尚书。卒谥端毅。著有《王端毅文集》及《石渠意见》、《玩易意见》、《王端毅公奏稿》、《石钟山志》等。事迹见《明史》卷一八二、《明儒学案》卷九。

胡拱辰卒(1416—)。拱辰字共之,谥庄懿。浙江淳安人。正统四年进士。曾疏陈时弊八事。《明史》卷一五七。

日本临济宗僧桂庵玄树卒(1427—)。桂庵玄树曾在建仁寺、东福寺学《四书》新注。入明,在苏杭之间留学7年,精《尚书》,回国后到萨摩藩(今鹿儿岛)讲授宋学,并刻板印行新注《大学章句》,为日本刊行朱熹新注之始。改进方秀"和训"授与门人,后人称为"桂庵和尚家法和点"。著有《岛阴渔唱》、《岛阴杂著》、《南游集》等。

李昊卒(1431—)。昊字志远,号坦拙。应天府上元人。著有《坦拙集》。

黄仲昭卒(1435—)。仲昭名潜,号未轩、退岩居士,以字行。福建莆田人。学者称"未轩先生"。祖寿生,翰林检讨,有学行。父嘉,束鹿知县,以善政闻。成化二年进士。后除江西提学佥事,诲士以正学。久之再疏乞休,日事著述。著有《未轩集》、《八闽通志》等。事迹见《明史》卷一七九、《未轩公文集附录理学名臣行录》、林瀚撰《墓志铭》。

薛敬之卒(1435—)。敬之字显思,号思庵。陕西渭南人。师从周蕙,精研理学。事迹见《明史》卷二八二《薛瑄传》附传,《思庵行实》,《吕泾野先生文集》卷三四,《冯少墟集》卷二二,《关学编》卷三,《理学宗传》卷二二,《明儒学案》卷七。

按:据《明史》卷二八二,尝语人曰:"周先生躬行孝弟,学近伊、洛,吾以为师。陕州陈云逵忠信狷介,事必持敬,吾以为友。"宪宗初,以岁贡生入国学,与同舍陈献章并有盛名。……所著有《道学基统》、《洙泗言学录》、《尔雅便音》、《思庵埜录》诸书。其门人以吕柟最著。

郑纪卒(1439—)。纪字廷纲,号东园。福建仙游人。天顺四年进士,历任国子祭酒、户部侍郎、户部尚书等职。武宗在东宫行冠礼,纪采自周文王以来嘉言善行,凡百条,各绘图作赞,名《圣功图》以进。著有《东园诗文集》。

郭绪卒(1445—)。绪字继业。河南太康人。成化十七年进士。任官云南，颇得当地士民之心。著有《抚蛮录》、《学吟稿》。事迹见《明史》卷一六五。

蔡清卒（1453—　）。清字介夫，号虚斋。福建晋江人。成化进士。官江西提学副使，因不满于宁王朱宸濠之骄恣致仕。万历中赠礼部侍郎，追谥文庄。著有《易经蒙引》、《四书蒙引》、《虚斋集》、《密箴》等，皆奉诏刊行。事迹见《明史》卷二八二、《明儒学案》卷四六。

按：据《明史》本传，蔡清少走侯官，从林玭学《易》，尽得其肯綮。其学，初主静，后主虚，故以虚名斋。平生饬躬砥行，贫而乐施，为族党依赖。以善《易》名。嘉靖八年，其子推官存远以所著《易经蒙引》、《四书蒙引》进于朝，诏为刊布。万历中追谥文庄，赠礼部右侍郎。其门人陈琛、王宣、易时中、林同、赵逯、蔡烈并有名，而陈琛最著。

又：《四库全书总目提要》卷五《易经蒙引提要》曰："是书专以发明朱子《本义》为主，故其体例以《本义》与《经》文并书。但於《本义》每条之首加一圈以示别，盖尊之亚於《经》也。然实多与《本义》异同。""朱子不全从程《传》，而能发明程《传》者莫若朱子。清不全从《本义》，而能发明《本义》者莫若清。醇儒心得之学，所由与争门户者异欤！"

吴伟卒（1453—　）。伟字士英、次翁，号小仙、鲁夫。江夏（今湖北武昌）人。善画人物山水，画风粗豪，所创"江夏派"，实为"浙派"支流。亦工诗，散见于《夷白斋诗话》等书中。

许天锡卒（1461—　）。天锡字启衷，号洞江。闽县人。弘治六年进士。著有《黄门集》。

皇甫濂（　—1564）、袁炜（　—1565）、钱榖（　—1572，或1578）、赵贞吉（　—1576）、陈鎏（　—1581）、莫如忠（　—1588）、陈束（　—1540）生。

正德四年　己巳　1509年

二月辛未，大学士李东阳等言：四夷馆教师必番字番语与汉字文义俱通，方能称职。乞敕陕西、云南镇抚等官，访取精晓鞑靼、西番、高昌、西天、百夷言语文字，兼通汉字文义之人，照例起送赴部。（《武宗实录》卷四七）

丙戌，刘健、谢迁被黜为民。

按：初，刘健、谢迁在内阁时，诏天下举怀才抱德之士，至是，浙江大吏以余姚周礼、徐子元、许龙及上虞徐文彪四人应诏。四人皆谢迁乡人，而草诏由刘健，刘瑾、焦芳遂以此论二人罪，并榜禁余姚人不得选京官。

三月甲辰，武宗御经筵。

按：自正月以来，屡奉停免，至此始行。

伊斯坦布尔震。

法国败威尼斯人。

德国迫害犹太人。

英格兰及爱尔兰国王亨利八世嗣位。

西班牙人建圣多明各总督辖区。

己酉,从刘瑾党张綵之请,诏吏部考察京官不必以时。自此天下官以微罪而去者多于朝觐。

四月乙亥,大学士王鏊致仕。中外大权悉归于刘瑾。

乙酉,以《孝宗实录》成,赐监修等官宴于礼部。

是月,以王云凤为国子祭酒。

> 按：时国学教废,云凤立条约示诸生,约束甚严。寻乞养病归。

五月壬子,吏部论升纂修《实录》翰林官。而刘瑾恨诸翰林不屈己,悉出之外。

是月,以《实录》成,进焦芳少师兼太子太师、华盖殿大学士。李东阳加俸一级。

十二月庚戌,刘瑾追夺前致仕大学士刘健、谢迁及尚书马文升、刘大夏、韩文、许进等675人诰命、玉带、服物。

是年,为预备边储,令纳银生员年25岁以上发监肄业,25以下送监寄名,放回依亲,扣年25岁以上起送复班。

伊位斯谟在剑桥大学讲学,将其《愚蠢颂》献给托马斯·莫尔。

吴世忠拆毁长沙道林寺,以其材扩建岳麓书院,并增建文庙。

王守仁(王阳明)应提学副使席书之聘主贵阳文明书院,王刻印宋谢枋得《文章轨范》,并作序颁行,以作教材。在书院开讲"知行合一"说,王学形成并逐渐扩大影响。

> 按："知行合一"乃阳明心学之特色。此说乃发陆子心学之秘蕴而得。其主旨见于《传习录》中,以为"知是行的主意(目的),行是知的工夫(手段)"，"知是行之始(始原),行是知之成(成就)"，"行之明觉精察处便是知,知之真切笃实处便是行"。

席书于提学副使任修葺贵阳书院,聘王阳明主贵阳书院,身率贵阳诸生以师礼事之。

> 按：是岁阳明始论知行合一。始席书提督学政,问朱陆同异之辨。阳明不语朱陆之学,而告之以其所悟。书怀疑而去。明日复来,举知行本体证之以《五经》、诸子,渐有省。往复数四,豁然大悟,谓"朱陆异同,各有得失,无事辩诘,求之吾性本自明也。"遂与毛宪副修葺书院,身率贵阳诸生,以所事师礼事之。(《王阳明全集》卷三十三,第1229页)

徐爱未领会阳明知行合一之训,质疑于阳明。阳明以"如好好色,如恶恶臭"启导之。

王艮默坐体道,有所未悟,则闭关静思,夜以继日,无间寒暑,有必为圣贤之志。

王鸿儒正月以山西提学副使起为国子祭酒。寻,以忤刘瑾回籍。

沈周春游宜兴善卷洞,作《小水洞图》;归,次纪游诗成稿。

唐寅目睹吴中大水,作《野望悯言》画卷。冬,雪中过江阴访朱承爵,为作《春风第一枝图》。

孙一元旅吴门、常熟,在吴门会沈周、文徵明,并与周同作白荷花诗;在常熟与钱仁夫同游致道观,仁夫作长诗赋七星桧。

柴奇客江阴,作《游散墩湖山记》。

顾璘、朱应登等于南京牛首山大观堂作诗联句。

王廷相撰《悼时赋》。

杨廷和、李东阳五月因刘瑾党指摘其所上《大明会典》中小误,被夺俸二级。

潘辰以刘瑾摘《会典》小疵,复降为典籍,俄还故官。

按：潘辰,字时用,景宁人。生卒年不详。少孤,随从父家京师,以文学名。弘治六年诏天下举才德之士隐于山林者。与修《会典》成,进五经博士。南京缺祭酒,吏部推石珤及辰。帝以命珤,而擢辰编修。居九年,超擢太常少卿,致仕归,卒。特赐祭葬。士大夫重其学行,称为"南屏先生"。事迹见《明史》卷一五二《陈济传》附传。

汪俊为南京工部员外郎。

崔铣为南京吏部主事。

穆孔晖为南京礼部主事。

按：穆孔晖预修《孝庙实录》成,以忤刘瑾,调南京礼部主事；瑾诛,还旧职。

邵宝、都穆共同校辑《惠山集》三卷。时邵因忤刘瑾已被免副都御史之职回无锡。

何瑭(一作何塘)以预修《孝庙实录》成,晋修撰；寻,以事致仕归。

张吉转广西左布政使。会召驰驿还京,将委以重任,竟为刘瑾所阻。

杨应诏九岁,丁母忧于广,归葬旋里。

《孝宗敬皇帝实录》224卷修成,李东阳表上之。

按：初,修《孝宗实录》,焦芳为副总裁；刘健、谢迁去后,芳入内阁,遂操史笔,凡所褒贬,多挟恩怨。同官李东阳等畏避其恶,皆不敢为异同,故奏表中有"传疑传信,庶以备于将来"之语,盖为焦芳改窜《实录》之张本。

王洙纂《王槐斋先生年谱》,传其父王镐仕历政绩。

陈渊修、都穆纂《练川图记》2卷刊刻。

罗钦顺十一月纂《慈节堂记》。

祝允明初夏为唐寅题所藏《褚摹兰亭》。

张吉二月发济南舟中,读陆象山语录,作《陆学订疑》。五月作《陆学订疑序》。

刘恒任吴县知县,刻《越绝书》,都穆跋之。

太监廖某于中州翻刻永乐本《袖珍方》。

《巍巍不动太山深根结果宝卷》、《正信陈疑无修证自在宝卷》刊行。

按：二书为我国最早刻印之宝卷。

赵俊刻8卷本《世说新语》。

沈周卒(1427—)。周字启南,号石田、白石翁。长洲人。画风沉着浑厚,与唐寅、文徵明、仇英合称"明四家",与唐寅共创的水墨写意花鸟对明代绘画影响尤巨。著有《客座新闻》、《石田集》、《江南春词》等。事迹见《明史》卷二九八。

亚历山大·巴克利翻译塞巴斯蒂安·布兰特的《愚人船》并在英格兰出版。

德国"施万克"故事集《幸运者及其儿子们》著成。

约翰·费希尔的《七篇忏悔者的圣歌》在伦敦出版。

按：据《明史》本传，祖澄，永乐间举人材，不就。所居曰西庄，日置酒款宾，人拟之顾仲瑛。伯父贞吉，父恒吉，并抗隐。构有竹居，兄弟读书其中。工诗善画，臧获亦解文墨。邑人陈孟贤者，陈五经继之子也。周少从之游，得其指授。……及长，书无所不览。文摹左氏，诗拟白居易、苏轼、陆游，字仿黄庭坚，并为世所爱重。尤工于画，评者谓为明世第一。

贺钦卒（1437— ）。一说卒于1510年。钦字克恭，自号医闾山人。辽东义州卫人。成化二年进士。后辞官归里课徒，提倡"以圣贤为志，知即行之"，重视静悟和朋辈相互讨论的教学方法。一生教读四十年，为理学在东北的传播做出贡献。著作有《医闾先生集》。事迹见《明史》卷二八三、《医闾先生集》卷首附《镇海县志》本传、《明儒学案》卷六等。

按：据《明史》本传，钦少好学，读《近思录》有悟。成化二年以进士授户科给事中。已而师事陈献章。既归，肖其像事之。……钦学不务博涉，专读"四书"、"六经"、小学，期于反身实践。谓为学不必求之高远，在主敬以收放心而已。

李旻卒（1445— ）。旻字子阳，号东崖。浙江钱塘人。成化甲辰科状元。浙江后七元会成员之一。

王镐卒（1446— ）。镐字茂东，号槐斋，晚号帻东遗老。成化举人。著有《帻东遗老集》。生平参其子王洙所撰《王槐斋先生年谱》。

熊卓卒（1463— ）。卓字士选。江西丰城人。著有《熊士选集》。

江澜卒，生年不详。澜字文澜。浙江仁和人。成化戊戌进士，翰林庶吉士。历编修、侍读、讲官、侍读学士、少詹事、吏部右侍郎、左侍郎，至南京礼部尚书。谥文昭。曾预修《宪庙实录》、《大明会典》、《孝庙实录》。

卜大同（ —1555）、王慎中（ —1559）、赵时春（ —1568）、周大章（ —1570）、黄姬水（ —1574）、姚一元（ —1578）、陆树声（ —1605）生。

正德五年　庚午　1510年

罗马教会退出康布雷同盟。

葡萄牙人入取印度果阿。

莫斯科大公国灭普斯科夫共和国。

非洲的黑奴到达美洲。

二月辛丑，兵科给事中屈铨请颁行刘瑾所定《见行事例》，国子祭酒王云凤亦以为请。

按：后以刘瑾败，《见行事例》未获刊行。

是春，日本国王源义澄遣使宋素卿来贡。

六月庚子，武宗通晓佛经梵语，至是自封"法王"，自称"大庆法王西天觉道圆明自在大定慧佛"，并以"法旨"与"圣旨"并称。

按：武宗崇奉藏传佛教，该岁在西华门内豹房创立"护国禅寺"，"延住番僧，日与亲处"（据《武宗实录》卷一一七）。至此更以藏传佛教领袖自居。皇帝自封法王，前所未有。而之所以如此崇奉藏传佛教，乃因迷恋其"秘密教"。据沈德符《万历野获编补遗》卷四《札巴坚参》,所谓"秘密教",就是流行于元代宫廷的"演揲儿法",即房中术,"至是番僧循用其教,以惑圣主",武宗整日与藏僧混处狎昵于豹房之中。

八月,刘瑾信术士之言,谓其从孙刘二汉当大贵,遂谋不轨。太监张永与瑾不协,密奏刘瑾谋反,瑾被执。乙未,谪为奉御,发往凤阳闲住。

丁酉,藉刘瑾家。戊申,刘瑾凌迟死,其族人十五人伏诛,其逆党六十余人皆诛贬。独焦芳、焦黄中父子遁走。

是日有旨:"巡抚、兵备官裁革者添补考察京官。乡试解额并会试南北中卷俱如旧制。余姚、万安、南城三县仍选京官。翰林官调外任者具名以闻。……其余事应改正者,诸司详拟以闻。"(《武宗实录》卷六六)

按:据《明史·列传》卷一九二,是时廷臣奏刘瑾所变法,吏部24事,户部30余事,兵部18事,工部13事,诏悉厘正如旧制。

九月丙辰,礼部议国子监坐监人数岁以三千为常。

己未,封张永之兄张富泰安伯、弟张容安定伯。

按:时刘瑾虽诛而张永用事,政仍在内。内臣导武宗嬉游如故。

寻又以平宁夏叛逆功,晋李东阳左柱国,杨廷和少傅兼太子太傅、谨身殿大学士,刘忠少傅兼太子太傅、武英殿大学士,梁储少保兼太子太保、武英殿大学士。六部尚书皆有升赏。

是年,琉球遣官生蔡进等五人入南京国学。

王守仁(王阳明)三月升庐陵县知县,在县凡七阅月。为政不事威刑,惟以开导人心为本。

王阳明十一月入觐,馆于大兴隆寺,后军都事黄绾请见,阳明与定交,并相偕与湛若水共订"三人终身共学"之盟。

按:黄绾至嘉靖元年复执贽称门人。

王阳明十二月升南京刑部四川清吏司主事。是时于学论实践之功。

按:自阳明揭良知宗旨后,往往令人感觉领悟太易,人们认虚见为真得,不复向里着实践之功。为此,阳明与黄绾、应良论圣学,以为学者欲为圣人,必须廓清心体,使纤翳不留,真性始见,方有操持涵养之地。

王阳明是岁有《与辰中诸生书》,语门人悟入之功:静坐悟性。

按:辰中,指常德辰州;诸生,冀元亨、蒋信、刘观时辈。阳明于函中谓:静坐非欲坐禅入定也,欲以此补小学,收放心一段功夫;又谓静坐与举业两不相碍,"举业不患妨功,惟患夺志。"当时学者不知学诸己,阳明遂用静坐而收敛放心的小学功夫来弥补。然此教法几乎以追逐光景为悟,从而流入空虚,产生弊害。故后来阳明又专提廓清心体和存理去欲的实践工夫,阐述省察克治之要,提倡事上磨炼(参正德十三年条)。

罗侨四月以大理寺右评事上疏建言:"慎逸游,屏玩好,放弃小人,召还旧德。"又请"敕有司慎守成律,毋妄有轻重。"自揣必死,舆棺待命。刘瑾大怒,令廷臣议罪。李东阳力救,得改原籍教职(吉安府教授)(《武宗实录》卷六二)。

李东阳在刘瑾伏诛后上疏自劾,连乞致仕,不许,武宗仍以其为首辅。

达芬奇设计水平水车(水轮机原理)。

李梦阳作诗送吴江史永龄赴秋试。

王云凤九月以国子祭酒请致仕，不许，改南京右通政。

按：初，王云凤为陕西提学副使，笞辱诸生，同于拷讯，有致死者，刘瑾闻而喜之；复以张䌽荐，擢为祭酒。后上章请颁刘瑾《见行事例》，又欲请瑾临太学，士论鄙之。及是，为科道所劾，心不自安，遂有是请，然犹以平日之名，得免于罪。

白钺九月以礼部尚书改内阁管诰敕。

费宏九月以礼部侍郎为礼部尚书。

杨一清十二月建言，谓太仓银当专备三边军饷，乞省无益之费为天下惜财。从之，诏以十万两入内库。

崔铣被召还史馆，上书劝及时悟主救民荐贤。

康海财物被盗。因所失皆刘瑾寄存之物，顺德知府郭绅不得已，敛诸州县民财至数千两偿康海，其事始寝。

何瑭（一作何塘）为翰林修撰，三月予告。

罗钦顺十月仍南京国子司业。

章懋十一月起南京太常寺卿，辞不就。

蒋冕、朱希周七月为应天府乡试考试官。

傅珪、毛澄为顺天府乡试考试官。

南大吉举乡试。

黄佐举乡试第一，束装北上，作《九渊问》以见志。是岁，得严氏诗缉读之，采入其旧著《诗传通解》中，日加删润。

顾璘任开封府知府。

储巏自南户部乞休还。

徐祯卿作《猛虎行》以诮刘瑾，时祯卿已由大理寺副降为国子监博士。

何景明复职，并直内阁制敕房。

文徵明作序送刘璘复知西安府。

朱承爵以所得苏轼父子六帖寄请祝允明题定。

周冲为万安训导。

周怡六岁，始就学，自后早晚必揖文庙，风雨无违。

伊拉斯谟著成《基督教君主教育》。

托马斯·莫尔著成《米兰杜拉的约翰·皮库斯·厄尔的一生》。

文徵明为西安华理作《华尚古小传》。

章懋六月修《兰溪县志》成。

周季凤纂修《云南志》44卷刊刻。

祝允明为丹阳孙育作《南山小隐记》。

邵宝为孙一元作《太白山人歌》。

钱贵纂《吴越纪余》5卷成。

都穆跋常熟钱仁夫所藏山谷书札诗帖；又作《延陵吴季子墓碑考》。

按：钱仁夫，字士弘，号东湖，生卒年不详。苏州常熟人。著有《归闲文纂》、《水部诗历》。

文徵明作《洛神图》，祝允明为书《洛神赋》。

楚王府刻汉刘向《新序》、《说苑》。

朱应登以木活字印行《鲍参军集》。

陈霆著《水南稿》。

马文升卒(1426—)。文升字负图。河南钧州人。景泰二年进士。马文升文武双全,为五朝元老,谥端肃,事迹见《明史》卷七十本传。《明史》卷九九《艺文志》录有《马文升奏议》16卷、《文集》1卷。其中《奏议》今有《马端肃公奏稿》16卷本。另外还有《西征石城记》1卷、《抚安东夷记》、《兴复哈密记》1卷,合称《马端肃公三记》,流传于世。

王徽卒(1428—)。徽字尚文,号辣斋。应天府人。天顺四年进士。徽至普安,兴学校教士,始有举于乡者。事迹见《明史》卷一八○。

林章卒(1430—)。章字以成。浙江钱塘人。弘治时,预修《宪宗实录》、《大明一统志》、《续通鉴纲目》。

谢铎卒(1435—)。铎字鸣治,号方石。浙江太平人。天顺八年进士。预修《英宗实录》、《宪宗实录》。曾官国子监祭酒,任敕修《历代通鉴纂要》副总裁。卒赠礼部尚书,谥文肃。著有《赤城论谏集》、《伊洛渊源续录》、《赤城新志》、《桃溪净稿》。事迹见《明史》卷一六三。

按:据《明史》本传,铎经术湛深,为文章有体要。两为国子师,严课程,杜请谒,增号舍,修堂室,扩庙门。置公廨三十余居其属。诸生贫者周恤之,死者请官定制为之殓。家居好周恤族党,自奉则布衣蔬食。

贺钦卒(1437—)。一说卒于1509年。详见是年条。

周经卒(1440—)。经字伯常,号松霞。天顺中年进士。孝宗立,进太常少卿兼侍读。官至礼部尚书。

吴文度卒(1441—)。文度字宪之。原籍福建晋江,随父居江宁。成化八年进士。官至南京户部尚书。有《文石类稿》。事迹见《明史》卷一八六《张泰传》附传。

白钺卒(1454—)。钺字秉德。真定府南宫人。成化进士,授编修。习典故,美词瀚,以文字典礼之职终其身。曾与修《宪宗实录》、《大明会典》、《历代通鉴纂要》等。

何钧卒,生年不详。钧,河南灵宝人。成化进士。明习法律,所至有声。

王立道(—1547)、邵圭洁(—1563)、章时鸾(—1579)、张瀚(—1593)、高岱(—?)生。

吴承恩(1510?—1582?)约生。

按:一般认为吴承恩生年约1500—1510年,卒年约1580—1582年。《明清小说研究》2005年第4期有蔡铁鹰《1506—1580,吴承恩的生卒年》一文,可参考。

正德六年　辛未　1511年

<small>反法"神圣同盟"建立。

波兰农奴制合法化。</small>

二月，会试进士。

三月戊辰，赐杨慎等350人进士及第、出身有差。

按：授其中33人为翰林院庶吉士，与一甲进士杨慎等3人读书，命吏部右侍郎兼翰林学士靳贵、翰林院侍读学士蒋冕教习文业。

是年，规定考试阅卷官17人，后增至20人。

越南武琼进《大越通鉴通考》26卷。

王守仁（王阳明）正月调吏部验封清吏司主事。时有《答徐成之书》论朱、陆同归。

按：是时学者王舆庵持是象山（陆九渊）而非晦庵（朱熹）论，徐成之与之辩而不决，阳明曰："是朱非陆，天下论定久矣。久则难变也。虽微成之之争，舆庵亦岂能遽行其说乎！"成之谓阳明漫为含糊两解，以阴助舆庵。阳明以《答徐成之书》解之，以为朱子之学以"道问学"为主，其目的是为救正学者躐等妄为之弊；陆子之学以"尊德性"为主，其目的是救正学者陷空支离之弊。究其实，朱子亦以尊德性为要，而陆子亦以道问学为要。该书信中阳明曰："仆尝以为晦庵之与象山，虽其所以为学者若有所不同，而要皆不失为圣人之徒。晦庵折衷群儒之说以发明六经、语、孟之理于天下，其嘉惠后学之心真有不可得而议者；而象山辨义利之分，立大本、求放心以示后学笃实为己之道，其功亦讵可得而尽诬之？而世之儒者附和雷同不究其实，而概目之以禅学，则诚可冤也已！故仆尝欲冒天下之讥以为象山一暴其说。"（《王文成公全书》卷二十一）

王阳明二月为会试同考官，同僚方献夫受学。

按：时方献夫为吏部郎中，位在王阳明上。比闻王阳明讲学，深自感悔，遂执贽事以师礼。

王阳明以吏部主事同考官会试，得邹守益卷，乃以冠南宫。

王阳明十月升文选清吏司员外郎，职事之暇与湛若水、黄绾讲学聚会，以学问相砥切。

按：湛若水《奠王阳明先生文》述此际聚首论学情形曰："聚首长安，辛壬之春。兄复吏曹，于我卜邻。自公退食，坐膳相以。存养心神，剖析疑义。我云圣学，'体认天理'。'天理'问何，曰廓然耳。兄时心领，不曰非是。言圣枝叶，老聃、释氏。予曰同枝，必一根柢。同根得枝，伊尹、夷、惠；佛于我孔，根株咸二。"

罗钦顺纂《当涂县儒学重修记》、《题宋元祐幸学诗卷后》。

王艮四月某夕梦天堕压身，万人奔号求救，艮举臂起之，见其日月星辰失次，复手整之，觉而汗溢如雨，心体洞澈。自此行住语默，皆在觉中。题记壁间，是为悟入之始。后王艮赴赣拜王阳明为师，声名出诸弟子上。

刘忠四月癸未致仕。

按：是时，刘忠典会试甫毕，武宗以试录文义多舛，召李东阳示之，忠遂有是请。

杨一清、李东阳二月为会试读卷官。

柴奇观政吏部，上书杨一清，请以没收刘瑾资财治东南水利。

穆孔晖同考礼部会试。

费宏二月为会试知贡举。十二月癸巳，以礼部尚书兼文渊阁大学士，预机务。

靳贵二月入总文衡。言者诋其家人受贿卖题，因告病家居。次年靳氏复为考官，言官攻之，遂致仕。

章懋为南京太常寺卿，二月具奏辞免，不允；四月，任南京礼部右侍郎；八月，具疏谢恩；十月，有《复编修董公玘书》。

何瑭（一作何塘）复原官，献时政论三篇。又为兵论五篇，皆议格不报。

罗钦顺为南京国子司业，是秋上《献纳愚忠疏》。

韩邦奇是冬以京师地震上疏陈时政阙失，忤旨，不报；寻，黜为平阳通判。

张邦奇七月上疏乞归省亲，有别友序；九月，著《南行记》。

康海旅居扬州，研音律。

归有光读书卢兖州家，而知有紫阳先生，能读其书。

邵宝奉命赴黔，中道得改京职命。

马中锡以荐为右都御史提督军务，与张伟统兵镇压刘六、刘七起义。

孙一元寓杭州。

陈霆自六安通判召还京曹。

冒鸾以释将乐县囚与巡按贺泰忤，乞终养归。

邹守益二月会试第一，三月进士试第三，授翰林编修。

王蓂成进士，官至浙江按察使。

按：王蓂，字东石，又字时祯，生卒年不详。金溪人。武宗时官刑部主事，疏请择宗室之贤而年少者一人育之宫中，俟皇太子生，然后封以亲藩，礼遣之国，如宋仁宗故事。不报。又屡疏谏武宗巡游，恺切忠直，人皆壮之。著有《东石讲学录》、《历代忠义录》、《大儒心学录》、《古今谏议集疏》、《东石文集》等。《忠义录》14卷，取史传忠义之事，分类编辑。《东石讲习录》11卷，系其门人黄文龙所编，为其生平讲学之语，《四库全书总目提要》以为"蓂与陆九渊为乡人，故其说一以九渊为本"。《心学录》4卷，"乃蓂养亲家居之时，取陆九渊之言，择其发明心学者汇为一编，凡五百二十条，而以己意推阐之。大旨亦主王守仁晚年定论。"（《四库全书总目提要》卷六九）又曾选吴澄之文为《草庐吴先生辑粹》6卷。又：《四库全书总目提要·忠义录》以为蓂"景泰辛未（1451）进士"，疑此"景泰辛未"当为"正德辛未"之误。此据《江西通志·抚州府》卷八二人物传、《千顷堂书目》著录等改。

杨慎三月戊辰殿试第一，授修撰。

王道成进士，选入中秘，以乱奉祖母避地江南，因上疏乞补学职，得应天府学教授。

齐之鸾成进士,改庶吉士授刑科给事中。

刘泉成进士,选庶吉士,授翰林院编修。

刘夔成进士,选庶吉士,授兵科给事中。

许成名成进士,选庶吉士,授编修。

按:许成名字思仁,生卒年不详。山东聊城人。官至礼部左侍郎,为讲官达十年。曾纂修《武宗实录》、《大明会典》。文章典丽而不乏大气,擅长近体诗。

孙懋成进士,授浦城知县。

孙绍祖成进士,授编修。

孙承恩成进士,授编修。

贡珊成进士,授唐山知县。

按:贡珊字廷甫,生卒年不详。宁国宣城人。著有《易经发钥》。

吴嘉聪成进士,授丰城知县。

吴阎成进士,授行人。

余本成进士,授编修。

余翱成进士,授历城知县。

邹輗成进士,授浦江知县。

汪珊成进士,授监察御史。

汪元锡成进士,授兵科给事中。

汪文盛成进士,授饶州推官。

应良成进士,授编修。

陆俸成进士。

按:陆俸字天爵,号桃谷,生卒年不详。苏州吴县人。后弃官归隐桃花坞。著有《桃谷遗稿》。

陈寰成进士。

按:陈寰字原大,号琴溪,生卒年不详。苏州常熟人。著有《琴溪集》。

张翀成进士,授刑科给事中。

按:张翀字习之,生卒年不详。四川潼川人。著有《张太常文集》。

林文俊成进士,授编修。

杨守礼成进士,授户部主事。

杨璨成进士,授桐乡知县。

南大吉成进士,授户部主事。

赵汉成进士,授建昌推官。

按:赵汉字鸿达,生卒年不详。浙江平湖人。著有《渐斋诗草》。

顿锐成进士。

按:顿锐字叔养,生卒年不详。涿鹿右卫人。著有《鸥汀长古集》、《渔啸集》、《顿诗》等。

姜清成进士,授大理少卿。

按:姜清字源甫,生卒年不详。江西弋阳人。著有《姜氏秘史》,于建文一朝事迹,记述颇为精核。为治前明史重要参考文献。

夏尚朴成进士,授南京礼部主事,迎母及盲姊就养京邸。

戴颙成进士，选庶吉士。

按：戴颙字师观，生卒年不详。浙江太平人。著有《倦歌集》、《筠溪杂稿》。

屠侨成进士，授御史。

樊继祖成进士，授临颖知县。

按：樊继祖字孝甫，号双岩，生卒年不详。山东郓城人。曾以右佥都御史巡抚大同，平大同兵变。历官兵部尚书总督宣大、工部尚书督采川木。著有《云朔行稿》、《南园漫兴》。

王思、王以旂、毛宪、尹襄、张璧、张潮、徐咸、柴奇、常伦、费寀成进士。

戴祥重建安徽绩溪槐溪书院，汪章锡为之撰记。

祝允明著《九朝野记》4卷成。

刘节纂修《颖州志》6卷刊刻。

陈策纂修《饶州府志》4卷刊刻。

沈津辑《欣赏编》10种14卷成，唐寅为其中《谱双》作序。

按：沈津字润卿，生卒年不详。江苏苏州人。家世业医，正德时选入太医院，充唐藩医正。著有《忠武录》5卷、《吏隐录》4卷、《邓尉山志》1卷。所辑《欣赏编》收元、明人文房、博戏、音乐、导引等方面的著作。又，明吴兴人茅一相曾编《续欣赏编》10卷，并将两书合刻。

尹直卒（1427—　）。直字正言。吉安府泰和人。景泰五年进士，授编修。成化初为经筵讲官，与修《英宗实录》。进侍读，历侍读学士。官至户部左侍郎兼翰林学士、兵部尚书。谥文和。著有《名相赞》1卷，取汉唐宋相业足称者，始萧何，终文天祥，凡87人，采摭事实，各为之赞。《南宋名臣言行录》16卷，为续《朱子言行录》而作。《謇斋琐缀录》8卷，所载多明代掌故。事迹见《明史》卷一六八。

刘璋卒（1429—　）。璋字廷信，号梅坡。福建南平人。天顺初进士。有《梅坡集》。事迹见《明史》卷一八五《贾俊传》附传。

闵珪卒（1430—　）。珪字朝瑛。浙江乌程人。卒谥庄懿。天顺八年进士。珪久为法官，议狱皆会情比律，归于仁恕。有《闵庄懿集》。事迹见《明史》卷一八三。

蔺琦卒（1441—　）。琦字廷玺。山东德干人。成化进士。有论疏数十。

高铨卒（1443—　）。铨字宗选。扬州府江都人。成化进士。

赵士贤卒（1460）。士贤字孟希。湖广石首人。弘治进士。累迁都给事中。

徐穆卒（1468—　）。穆字舜和。江西吉水人。弘治进士。

徐祯卿卒（1479—　）。祯卿字昌穀，一作昌国。江苏吴县人。弘治进士。曾官大理左寺副，国子博士。与唐寅、祝允明、文徵明齐名，称"吴中四才子"。后与李梦阳等并称"前七子"。著有《谈艺录》、《迪功集》及《剪胜野闻》等。事迹见《明史》卷二八六。

菲尔东的《德国音乐提要》出版。是为欧洲最早的乐器手册。

按：据《明史》本传，资颖特，家不蓄一书，而无所不通。自为诸生，已工诗歌，与里人唐寅善，寅言之沈周、杨循吉，由是知名。……其为读，喜白居易、刘禹锡。既登第，与李梦阳、何景明游，悔其少作，改而趋汉、魏、盛唐，然故习犹在，梦阳讥其守而未化。卒，年三十有三。祯卿体癯神清，诗熔炼精警，为吴中诗人之冠，年虽不永，名满士林。

陆师道（ —1574）、俞允文（ —1579）、严讷（ —1584）、侯一元（ —1585）、陈以勤（ —1586）、王襞（ —1587）、冯惟敏（ —1590）、李先芳（ —1594）生。

按：王襞生年据《王东厓先生遗集》卷首附录《年谱纪略》。《澹园集》卷三一作正德辛巳（1521年）生，误。又，一说陆师道生卒年为1517—1580。

正德七年　壬申　1512 年

乌兹别克人称雄河中。

奥斯曼帝国苏丹巴耶塞特二世逊位。

法国败西班牙人及罗马教会。

五至八月，刘六、刘七败死。

按：刘六、刘七自去岁起义，曾占领孔庙，又一度进逼京师。

九月丙申，赐义子127人皆国姓。自后赐姓者日益多。

十月甲子，增建豹房二百余间。工部上言，豹房之建，已费白金二十四万余两，国乏民困，乞即停止或量减其半。不听。（《武宗实录》卷九三）

十一月，江彬以镇压刘六、刘七起义，班师入京，赂钱宁引入豹房得武宗宠，充为义子，擢都指挥佥事，出入豹房同卧起，宠在钱宁之上，宁心忌之。

王守仁（王阳明）三月升考功清吏司郎中。十二月升南京太仆寺少卿，便道归余姚省亲。

湛若水出使安南，王阳明为文以赠。

按：王阳明《别湛甘泉序》曰："甘泉之学，务求自得者也"；"吾与甘泉，有意之所在，不言而会；论之所及，不约而同，期于斯道，毙而后已者。"

湛若水欲买地萧山、湘湖之间，结庐与王阳明、黄绾共之。

章懋四月与编修湛若水游北山。

黄绾是冬以疾告归，王阳明为文及诗送之，且托之结庐天台、雁荡之间以共老焉。

穆孔晖、顾应祥、郑一初、方献科、王道、梁穀、万潮、陈鼎、唐鹏、路迎、孙瑚、魏廷霖、萧鸣凤、林达、陈洸及黄绾、应良、朱节、蔡宗兖、徐爱是岁同受业于王阳明。

徐爱是冬以祁州知州考满进京，升南京工部员外郎，与阳明同舟归越。舟中阳明与论《大学》宗旨。今之《传习录》所载首卷即是。

按：徐爱《传习录序》曰："爱因旧说汩没，始闻先生之教，实骇愕不定，无入实处。其后闻之既久，渐知返身实践，然后始信先生之学为孔门嫡传，舍是皆傍蹊小径、断港绝河矣。如说格物是诚意功夫，明善是诚身功夫，穷理是尽性功夫，道问学是尊德性功夫，博文是约礼功夫，惟精是惟一功夫，诸如此类，皆落落难合。其后思之既久，不觉手舞足蹈。"

熊世芳重修安徽歙县紫阳书院，刊朱熹《白鹿洞揭示》于堂，亲教授其中。王阳明揭一"心"字以示诸生。

李东阳十二月丁卯以大学士致仕。

陈九川年十九，始为李东阳所知。

罗钦顺为南京国子监司业，七月改南京太常寺少卿。

杨慎在翰院。

储罐再以南户部职起用。

穆孔晖为翰林院检讨，七月改南京国子司业。

王鸿儒为国子祭酒，十二月改户部右侍郎。

邹守益引疾归。读《大学》、《中庸》，不解为何"《大学》先格致，《中庸》首揭慎独。"

王艮筑斗室于居后，暇则闭户，坐息其间，鸣琴雅歌。

王道为翰林院庶吉士，三月改应天府教授。

张吉转湖广按察使。

吕柟起官旧职，上疏劝学；疏入，嘉纳之。

祝萃任陕西提学副使，转任广东左参政。

唐寅客无锡华云剑光阁，为作《山静日长图》。

刘文敏年二十三，与刘邦采共学，常思所以自立于天地间者。

杨爵年二十始读书。

罗洪先九岁，始就塾。

周怡八岁，发愤力学，始治《诗经》。

李梦阳于江西进贤创建钟陵书院，并为记。

程杲重建广东高要崧台书院，为诸生讲明彝伦之理，以为国家培养人才。

都穆任礼部主客司郎中，辑洪武故牍为《壬午功臣爵赏录》1卷，又辑《壬午功臣别录》1卷。

陈威、喻时、顾清纂修《松江府志》32卷刊刻。

于凤喈修、邹衡纂《嘉兴府志补》12卷刊刻。

张文麟自编年谱《端岩公年谱》叙事止于是岁。

按：时张氏年31，任职刑部，记刘瑾就刑前后事特详。

罗钦顺作《安庆府重修儒学记》。

张邦奇三月作《东轩记》。

王韦为许陛跛所藏元人书梅花诗墨迹。

黄省曾刻唐《刘义诗》。

徐问是夏自西部谒告归乡，作《江南保障诗序》。

托马斯·穆尔纳著成德国讽刺诗《伪誓》。

哥白尼著成《试论天体运行的假设》。

米歇尔·科隆布卒(约1430—)。法国哥特式雕刻家。

杨守阯卒(1436—)。守阯字维立,号碧川。浙江鄞县人。成化十四年进士。弘治初参修《宪宗实录》,充《会典》副总裁。守阯好学,师事其兄守陈,而学行与兄相伯仲。著有《碧川文选》、《浙元三会录》等。

戴冠卒(1442—)。冠字章甫。长洲人。弘治年间任绍兴府训导。笃古好学,文章著名于时,李东阳深爱其文。著有《戴学宪集》及《濯缨亭笔记》、《礼记集说辨疑》。

马中锡卒(1446—)。中锡字天禄,号东田。河间故城(今河北故城东北)人。成化十一年进士。能诗文,有《东田集》、《东田漫稿》。传奇小说名篇《中山狼传》一说为他所作,明人王九思、康海等曾据以改编为杂剧。事迹见《明史》卷一八七。

黄金卒,生年不详。金字良贵,号东涧。安徽定远人。成化甲辰进士,官吏部郎中,历广西布政司参议。著有《开国功臣录》等。

按:《开国功臣录》31卷,《续录》1卷,录开国功臣591人生平。黄金生长于"龙飞之乡",郡学中多有开国功臣传记资料,自少即羡慕开国功臣,立志撰写合传。后因应科考、为官,中辍。转勋部后,因有余暇,试写了五卷,刊刻于世。致仕后,得集中精力,完成全书。该书标志私人开始挑战当代史禁区。对该书某些细节、年月之讹误,王世贞、钱谦益等曾在《史乘考误》、《太祖实录辨证》中有详细考订。

张建行(—1566)、赵釴(—1569)、谢谠(—1569)、赵伊(—1573)、高拱(—1578)、僧德宝(—1581)、汪镗(—1588)、茅坤(—1601)生。

正德八年　癸酉　1513年

德人及英人败法国于加来。

正月乙酉,以边将江彬、许泰分领京营,皆赐国姓。

二月丙午,以平乱功,封太监谷大用弟谷大亮、陆訚侄陆永皆为伯。

四月庚申,武宗御经筵,以讲官修撰何瑭(一作何塘)语触忌讳,传谕内阁欲挞之,阁臣杨廷和等委曲申救,乃以举止不恭谪为开州同知。

十二月辛亥,追赠诚意伯刘基太师,赐谥文成;谥翰林学士承旨宋濂文宪,国子祭酒宋讷文恪。

是年,武宗宠钱宁,令掌锦衣卫,典诏狱,言无不听;其名刺自称皇庶子。宦官张锐掌东厂,威势与钱宁相等,号曰"厂卫"。

巴斯科·努涅斯·德巴尔沃亚入太平洋。

胡安·庞塞·德莱昂入今佛罗

王守仁(王阳明)二月至越。五月终,与徐爱、蔡宗兖、朱节从上虞入四明,观白水,寻龙溪之源;又与徐爱至雪窦,上千丈岩,以望天姥、华顶;遂从奉化、宁波还余姚。其间黄绾有书与阳明,阳明有《与黄宗贤书》回复。

按：在此书函中，王阳明提出"立诚"说，以"立诚"为"心髓入微"工夫，为教学之头脑，并视诚意为圣门第一义。据王阳明自述，其存理去欲、省察克治之功，皆据"立诚"说而提出。

王阳明十月至滁州。滁州山水佳胜，阳明督马政，地僻官闲，日与门人遨游，月夕则环龙潭而坐者数百人，歌声振山谷。诸生随地请正，旧学之士亦日来臻，从游之众自是始。

王阳明与孟源论静坐。

湛若水与王阳明晤滁阳，究理学。

按：湛若水《奠王阳明文》述此会曰："奉使安南，我行兄止。兄迁太仆，我南兄北。一晤滁阳，斯理究极。兄言迦、聃，道德高博，焉与圣异，子言莫错。我谓高广，在圣范围；佛无我有，《中庸》精微；同体异根，大小公私；敦叙彝伦，一夏一夷。"

穆孔晖以外艰归。

杨慎是秋丁继母喻夫人忧返蜀，至冬始达。

伦文叙、贾泳七月任应天府乡试考试官。

吴一鹏、刘龙为顺天府乡试考试官。

吴一鹏在南国子监任祭酒。

杨一清十二月辛丑以吏部尚书论救巡按陕西御史刘天和、王廷相。二人皆以忤太监廖铠而被逮问。次岁，刘天和降为金坛县丞，王廷相降为赣榆县丞。

朱应登在陕西任学使，至武功会见康海。

都穆奉命使宁夏，往还游陕洛诸山，各作记。

何瑭（一作何塘）四月以经筵触忤忌讳，谪开州同知，再乞归；既归，居城南别业八年，杜门却扫，不接外事。

顾璘以得罪中官，被逮问，谪官广西全州。南行过里，与徐霖、乔宇会；过杭州，至虎跑访孙一元。

王韦、陈沂、文徵明等会于金陵，同以诗送顾璘。

郑若庸三试失利。

张吉转贵州左布政使，未赴，以疾归第丐休。

薛蕙领乡荐，偕计入京；时信阳何景明为中书舍人，蕙乘夜谒见，雅相钦挹，遂成莫逆。

祝允明以江阴丁文祥自号"也罢"，为作《丁也罢君小传》；又在东禅寺书东坡纪游卷。

邵宝病痹。

黄佐随父行，途次仪真，父卒，扶柩而还。

张綎中举人。

按：张綎此后八试进士不第，遂谒选得武昌通判，迁光州（今河南潢州县地）知州。

贡汝成中举人。

按：贡汝成字玉甫，宁国宣城人。官至翰林待诏。嘉靖初曾参修《大礼集议》。平生好访求古今书籍，博学多识，善于为文。著有《吹剑录》等。

里达。

拉斐尔计划发掘古罗马。

西班牙萨拉曼罗马式大教堂兴建。

葡人入马尔代夫。

梅鷟中举人。

赵可与中举人。

桂华中举人。

王栋年十一,时因疫气大炽,父命效童生植杏故事,备药材遍施村镇。不幸为马所伤,乃弃医业儒。

赵吉贞六岁诵书,日尽一卷。

宁王朱宸濠建阳春书院。

黄澍于云南姚安创建栋川书院。

李东阳正月《求退录》三卷成编,自为序。

鲍雄刻戴铣所编《朱子实纪》,内收戴铣所编《朱子年谱》。

按:戴编《朱子年谱》源于宣德间李方子撰《紫阳年谱》。李谱多有疏漏,戴谱参校《朱子语类》、《朱子大全》、《行状》、《本传》及李心传《道命录》等书为作是正,间附案语,极具参考价值。

陈文修、黄章纂《崇明县重修志》10卷刊刻。

王希贤纂修《长子县志》2卷刊刻。

陈洪谟修、周瑛纂《漳州府志》34卷刊刻。

吴潜修、傅汝舟纂《夔州府志》12卷刊刻。

黄佐十二月作《南海李氏孝思亭记》。

王鏊作《吴江城记》。

薛侃作《知非记》。

建阳刘洪慎独斋刻《群书集事渊海》。

朱承爵著《灼薪剧谈》。

唐寅作《倦绣图》。

鲍松辑刊《李杜全集》。

无锡华坚兰雪堂印铜活字本《白氏长庆集》71卷、《元氏长庆集》60卷。

黄云作《娄江观潮诗序略》。

马基雅维利撰成《君主论》。

潘琴卒(1424—)。琴字舜弦,号鹤溪。浙江景宁人。天顺元年进士。著有《竹轩稿》。

朱存理卒(1444—)。存理字性甫。长洲人。一生淡于仕进,以布衣终。与徐祯卿、杨循吉、祝允明、唐寅等友善。工诗文,著有《甫田集》、《野航文稿》、《野航诗稿》、《楼居杂录》、《鹤岑随笔》、《经子钩元》、《吴郡献征录》等,并曾辑《珊瑚木难》,辑补元龚璛《存悔斋诗》。

丁玑卒(1457—)。玑字玉夫,号补斋。镇江丹徒人。论学以内外动静交养互发为主。著有《洪范正误》1卷、《四礼仪注》4卷、《大学疑义》1卷、《补斋集》10卷。皆已佚。

按:林俊《见素集》有《补斋丁先生传》作《补斋集》若干卷、《大学衍义》1卷,又云:"又欲继朱子之志,以《仪礼》为经,《礼记》及诸经有及于礼者为传,而补以注疏,未成书。"又谓其有《中庸语孟说》,未脱稿。

又按:丁元吉,字无咎,玑父,生卒年不详。精研《易》理,扁所居曰"易洞"。学者称易洞先生。著有《易洞先生文集》64卷等。

又按:俞桂,字时芳,号霁野。生卒年不详,丹徒人。潜心于《易》,尝与丁元吉居寿丘山同修郡志。丁玑倡伊洛之学,桂命子灿往从之游。

又按:韦椿,字大年,号秋山居士,生卒年不详,丹徒人。曾从丁元吉究心理学,兼综经史。著有《史外别言》、《答客言》、《考槃集》、《自鸣稿》、《秋山漫稿》。

储巏卒(1457—)。巏字静夫,号柴墟。泰州人。成化十九年乡试第一,明年会试第一。授南京吏部主事,历迁户部左侍郎。刘瑾用事,引疾归里。瑾诛后,复起调南京吏部侍郎。卒谥文懿。为文森然有法度,与李梦阳、何景明、徐祯卿等常作诗唱酬。其诗仿陶韦,文亦恬雅。有《駉野集》、《柴墟集》、《储文懿公奏疏》等。巏于宋谢翱、金元好问、明张丁诸人诗文集之校辑、刊刻亦颇有功。事迹见《明史》卷二八六。

按:据《明史》本传,进士顾璘尝谒尚书邵宝,宝语曰:"子立身,当以柴墟为法。"柴墟者,巏别号也。

黄畿卒(1465—)。畿字宗大,号清壶子,晚号粤州,学者称粤州先生。广东香山人。正德元年补郡庠生,一生教学授徒。清黄伟颐编有《粤州公年谱》,可参。

伦文叙卒(1469—)。文叙字伯畴。广东南海人。弘治十二年进士第一,授翰林修撰,官至右春坊右谕德。有《迂冈集》、《白沙集》。

郭绅卒,生年不详。绅字廷章。江西宜春人。成化进士。曾刊方孝孺遗著。

严世蕃(—1565)、冯惟讷(—1572)、张天复(—1573)、马自强(—1577)、赵镗(—1584)、李春芳(—1585)、王敬臣(—1595)、徐栻(—1591)生。

正德九年 甲戌 1514年

正月壬午,以乾清宫火灾,武宗下罪己诏,并谕文武百官同加修省。

按:乾清宫是月因宁王朱宸濠遣人入宫悬灯不戒于火被烧毁。廷臣应诏言事者后先相望,然多被贬为驿丞。重建需费白金百万两,诏加天下赋,令一年内征齐。

二月庚子,武宗始微行,近倖钱宁、张锐、张雄日导游,夜至教坊观乐。

三月辛巳,赐唐皋等396人进士及第、出身有差。

四月丁酉,宁王朱宸濠交通钱宁,请复护卫屯田,诏许之。次月,大学

奥斯曼帝国伐波斯。

法人败退意大利。休战。

莫斯科大公国入斯摩棱斯克。

士费宏因请致仕。

五月癸酉，着江西提学副使李梦阳冠带闲住。诸生万余为讼冤，不听。

九月庚午，武宗以狎虎受伤，逾月不视朝。

十月甲午，刑部主事李中疏请"毁佛寺，出番僧，以谨华夷大防"。时武宗于西华门豹房之地建护国佛寺，延进番僧，日与起处。李中之疏入，不报，寻，谪中为广东驿丞。（《武宗实录》卷一百七）

皇庄占地三万七千五百九十五顷，遍布京畿。

葡萄牙商船首次抵中国，不得登陆。

葡萄牙人始入刚果猎取黑人。
葡萄牙人入今阿根廷沿岸。

王守仁（王阳明）四月升南京鸿胪寺卿，滁州诸友送至乌衣。

王阳明五月至南京。自是，徐爱、黄宗明、薛侃、马明衡、陆澄、季本、许相卿、王激、诸偁、林达、张寰、唐愈贤、饶文璧、刘观时、郑骝、周积、郭庆、栾惠、刘晓、何鳌、陈杰、杨杓、白说、彭一之、朱箎辈同聚师门，日夕切磋。阳明见年来讲学，学者渐有放言高论、流入空虚、为脱落新奇之论之弊，故此后在南京讲学，只教学者存天理、去人欲，为省察克治实功。

按：刘晓字伯光，号梅源，安福人。生卒年不详。乡举为新宁令。见阳明於南京，遂禀受焉。阳明赠诗"谩道《六经》皆註脚，还谁一语悟真机。"归集同志为惜阴会。有学者举质鬼神无疑，对曰："人可欺，鬼神不可欺，今世可欺，后圣有作，真伪不可欺。"事迹见《明儒学案》卷十九。

王嘉秀、萧惠好谈仙佛，王阳明警之。

按：阳明曰："吾幼时求圣学不得，亦尝笃志二氏。其后居夷三载，始见圣人端绪，悔错用功二十年。二氏之学，其妙与圣人只有毫厘之间，故不易辨，惟笃志圣学者始能究析其隐微，非测忆所及也。"（《王文成公全书》卷一《传习录》上）

梁储、毛澄二月任礼部会试考试官。

吕柟正月言乾清宫灾上六事：听朝政、还宫寝、亲郊社、朝两宫、遣义子番僧边军、罢各镇守官贪婪，不报。（《武宗实录》卷一〇八）

李中为刑部主事，十月疏谏护国佛寺驻番僧，不报；寻，谪广东通衢驿丞。

张原十月戊午以吏科给事中降为贵州新添驿驿丞。

按：张原上疏言六事：汰冗食、慎工作、明赏罚、广言路、进德学……。其进德学曰："修德所以善治，而讲学又所以修德也。诚宜清心窒欲，励志省非，深宫燕闲之余，取《论语》、《孟子》、《尚书》及《贞观政要》、《大学衍义》、《陆贽奏议》时赐省览，紬绎大义，采其切近精实者施之践履。"疏入，不报。寻传旨：原骤升言路辄撼往事奏扰，降远方杂职。（《武宗实录》卷一一七）

汪俊为翰林编修，六月进为侍读。

张诩拜南京通政司左参议，辞之，一谒孝陵而归。

韩邦奇迁浙江按察佥事。

顾清任事詹事府。

张邦奇省觐还京师，道杭城，闻三竺之胜，携友游焉，有《赠天竺无际师序》。

朱应登移官云南，康海作序送行。

唐寅客南昌，作《荷花桥记》，记进贤桥工；旋从南昌宁王朱宸濠处脱归，继祝允明《也罢君小传》作《三也罢说》，述"也罢"二字音训。

祝允明以友人无锡华夏来访，为书前后《出师表》于所藏《武侯图》上。

文徵明书杨维桢、顾阿英所作《花游曲》贻吴县王守。

霍韬中进士第一，告归，读书西樵山中，无仕进意。

马理成进士，授稽勋主事，改文选，与郎中不合，引疾告归者三年。

沈教成进士，授桐城知县。

李濂成进士，授沔阳知州。

应典成进士。

按：应典字天彝，号石门，永康人。生卒年不详。由职方司主事，仕至尚宝司丞。初谒章懋於兰江，奋然有担负斯道之志。后介黄宗明见王守仁於稽山，授以致良知之学。归而讲学五峰书院。事迹见《明儒学案》附案。

吴仕成进士。

按：吴仕字克学，号颐山，生卒年不详。常州宜兴人。官至四川布政司参政。有《颐山私稿》。

陈器成进士。

按：陈器字德器，号三石山人，生卒年不详。浙江临海人。著有《石居漫兴稿》。

林士元成进士，授行人。

按：林士元字舜卿，生卒年不详。广东琼山人。官至浙江按察使。著有《学思子》、《读经论》。

林炫成进士。

按：林炫字贞孚，生卒年不详。福建闽县人。著有《卮言余录》。

周在成进士，授宝坻知县。

按：周在字善卿，生卒年不详。苏州太仓人。著有《燕京逮事录》、《行台纪兴》。

范永銮成进士。

按：范永銮字汝和，生卒年不详。湖广桂阳人。官至四川右布政使，致仕归。以桂阳地僻少书，购《春秋》诸传、《两汉书》等二十余种，以备诸生观览。

金贲亨成进士。

薛蕙成进士，授刑部贵州司主事；寻，以疾在告。

黄宗明成进士，除南京兵部主事，进员外郎。

蔡昂成进士，授编修。

蓝瑞成进士，授青州推官。

按：蓝瑞字伯麟，生卒年不详。河南邓州人。官终汉中知府，后辞官归里。著有《日省篇》、《求仁录》、《湍南稿》。

刘天民、孙存、李中、张原、张治道、陈九川、林春泽、周凤鸣、蒋山卿、黄焯、戴金、陶滋成进士。

万表年十七袭父职，读书学古，不失儒者本分。

谢榛年十六，学作乐府商调。

杨应诏年十四，从祖父古庵公宦于广。

张士隆于山西运城创建河东书院。书院后改名三圣庙、崇圣馆、育才馆，清康熙十年复原名。

日本山崎宗鉴著成《新撰犬筑波集》。

意大利出版首次用阿拉伯铅字印刷的书《七季节三女神教规》。

张邦奇七月始为《易说》。

舒芬著《易笺问》成，梅鹗为之引。

王鸿儒纂《椽曹名臣录》2卷成。

陈论首修《岳麓书院志》。

邵宝《容春堂前集》编成。

刘坦修、郑恢纂《涿州志》12卷刊刻。

任洛修、谭桓同纂《桐乡县志》10卷刊刻。

吴宣济等修、陈泗等纂《永康县志》8卷成。

严嵩纂修《袁州府志》14卷刊刻。

朱崇学纂修《宜城志》3卷刊刻。

吕柟作《泾阳县修城记》。编次自戊辰至甲戌所作诗为《泾野九咏》，有序。

黄珣卒（1438— ）。珣字廷玺。浙江余姚人。成化进士。与胡谧等为七元会。嘉靖时追谥文僖。

华珵卒（1438— ）。珵字汝德，号上古生。无锡人。卒业太学，授光禄寺署臣。不乐仕进，与沈周游。家有尚古楼，藏法书名画鼎彝甚富。

张贤卒（1453— ）。贤字尧臣，另号任真子。河南祥符人。成化进士。著有《二渠巴语》。

张诩卒（1455— ）。诩字廷实。南海人。成化进士，授户部主事。再遭亲丧，隐居不仕。受学于陈献章，著有《东所文集》、《南海杂录》、《白沙遗言纂要》。事迹见《明史》卷二八三《陈献章传》附传、《明儒学案》卷六。

　　按：陈献章谓其学以自然为宗，以忘己为大，以无欲为至。

薛章宪（一作薛章献）卒（1455— ）。章宪，字尧卿，晚号浮休居士。江阴人。诸生。少攻举子业，通《易》、《诗》、《书》三经，屡试不售，乃弃去，隐而不仕。性喜山水，与沈周友善。工诗文，著有《鸿泥堂小稿》8卷、《鸿泥堂续稿》10卷。

吴维岳（ —1569）、李攀龙（ —1570）、海瑞（ —1587）、陈善（ —1589）、姜宝（ —1593）、颜鲸（ —1591）、余曰德（ —1583）、沈应魁（ —?）生。

正德十年　乙亥　1515 年

正月乙亥,大学士杨廷和、吏部尚书杨一清等以皇帝长期视朝太稀、太晚,上疏切谏。不报。

二月,以巡按广东御史高公韶之请,以唐故宰相张九龄子张拯祔祀韶州九龄祠。又以故大学士邱濬祔祀苏轼于琼州奇甸书院。

丁卯,给西域乌斯藏大德法王诰命。

按:据《武宗实录》卷一二一"正德十年二月戊戌"载,武宗崇奉藏传佛教,崇信西僧,"诵习番经,崇尚其教,常被服如番僧,演法内厂"。内厂有绰吉我些儿者,出入豹房有宠,遂封大德法王。至是遣其徒二人还乌斯藏,请给国师诰命如大乘法王例,岁时入贡。

三月丙寅,杨廷和丁父忧,请回籍守制,不允。凡三请,始听之。阁臣之得终父母丧者,自廷和始。

四月,江西副使胡世宁上书言朱宸濠逆状,被逮系下狱。

九月,遣宦官刘允赴乌斯藏迎活佛,馈赐以巨万计,沿途骚扰。

是年,令两京武学幼官及军职子弟之有志科目者,亦许应试,惟不充贡。

奏准,两京文职衙门及各布政司,凡有弟男人等,回籍乡试者,令赴告本州县取结明白,转送提学官考试入场,不许径于仕宦衙门移文起送。其提学官一体遵守,不许阿循,违者,通查参究。

选留泰国阿瑜陀王国之贡使数人于四夷馆内教授泰语。

王阳明正月上疏自陈,不允。

王阳明官南京,立再从子正宪为后。

按:王正宪,字仲肃,阳明季叔克之孙,守信之第五子。时年 8 岁。

王阳明八月拟《谏迎佛疏》。

罗钦顺作《北极玄天真武庙重修记》。

黄佐是春作《重修廉州府儒学记》。

邹守益作《寿姚君鹏程序》。

陆深复翰林院职,作《南山野唱序》。

张志淳自序《南园漫录》。

按:《四库全书总目提要》卷一二二云:《南园漫录》"是书前有正德十年自序,称因读洪迈《容斋随笔》、罗大经《鹤林玉露》二书,仿而为之。卷首数条,皆掎摭《容斋随笔》之语,辨其是非,盖其书之所缘起也。其馀则述所见闻,各为考证"。"中颇纪载时事,臧否人物,故卷末又有嘉靖五年题后一篇,辨何乔新《抚夷录》之失实,而以

奥斯曼帝国征服东安纳托利亚及库尔德斯坦。

法王朝路易十二卒,侄弗朗索瓦一世继位。

法国入米兰,意大利战争再起。

葡萄牙人入波斯霍尔木兹岛。

古巴哈瓦那建城。

西班牙人入南美拉普拉塔河口。

书中所载自比于孙盛书枋头事。其所纪录,亦可与《明史》相参考云。"又:志淳,号南园野人,卒年不详。应天江宁人。尝考证山茶、杜鹃二花,作《永昌二芳记》。事迹见《明史》卷一九四《焦芳传》附传、《四库全书总目提要》卷一一六。

黄省曾作《吊陆机文》。

杨典是岁在御史任荐王阳明改祭酒,不报。

钱德洪年二十,博综朱氏之学,久之,读《传习录》,与所学未契,疑之。

湛若水二月以母忧归西樵,筑大科书院以教诸生。

杨慎十二月服满,北上还京。

杨廷和三月丁父忧,三请乃许奔丧。

杨一清闰四月以吏部尚书兼武英殿大学士,入内阁,预机务,代杨廷和。

王鸿儒为南京户部右侍郎,五月改吏部右侍郎。

罗钦顺为南京太常寺少卿,五月改南京吏部左侍郎。

毛纪迁礼部尚书。

黄宗明授南京武库主事。

张邦奇五月为湖广提学副使。

蒋信一病几殆,乃谢去医药,借寓道林寺一室,昼夜闭目趺足,默坐澄心,久之,冷然有省,而疾亦去。

王鏊为苏州人所筑文天祥纪念堂作记。

祝允明任广东兴宁县知县,治民酷辣。

都穆至丹阳访孙育,作《经山》记。

张邦奇闰四月著《易说》毕。

白鹿洞书院刻《诗经集解》。

司礼太监张雄捐刻《改并五音类聚四声篇》。

程遵纂修《赵州志》8卷刊刻。

张钦纂修《大同府志》18卷刊刻。

吴宗器纂修《莘县志》10卷刊刻。

熊相纂修《瑞州府志》14卷刊刻。

陈霖纂修《南康府志》10卷刊刻。

朱允明纂修《正德兴宁志》4卷成。

曹璘纂修《光化县志》6卷刊刻。

王鏊刻《大唐六典》。

程曈纂《闲辟录》10卷成。

按:作者不满于心学的朱陆早异晚同论,遂取朱陆遗书,考其岁月之先后,以明朱陆之学不同。

刘璋辑录洪武以来善书画者370余人,成《明书画史》。

按:刘璋字圭肃,生卒年不详。苏州府嘉定人。非精于会计之刘璋。

林塾《拾遗书》1卷成。

章懋三月有《复佥宪韩公邦奇书》。

吉王府刻汉贾谊《新书》10卷。

无锡华坚兰雪堂印铜活字本《蔡中郎文集》10卷、《蔡中郎外传》1卷、《艺文类聚》100卷。

张岳是春撰《清介叟家集叙》。

陆采据陆粲所具草稿,写定《明珠记》传奇。苏州曲师为陆氏兄弟所作《明珠记》传奇订正腔拍,教伶工试演。

按：钱谦益《列朝诗集小传》丁集上云："(采)年十九,作《王仙客无双传奇》。子馀助成之。曲既成,集吴门老教师精音律者,逐腔改定。然后妙选梨园子弟登场教演,期尽善而后出。"王世贞《曲藻》云："《明珠记》即《无双传》,陆天池采所成者,乃兄浚明给事助之,亦未尽善。"今人徐朔方以为旧传陆采作《明珠记》传奇不可信,而从吕天成《曲品》"此系天池之兄给谏陆粲具草,而天成踵成之者",较王世贞所记为可信(见《晚明曲家年谱》第一卷102页)。

张缙卒(1433—)。缙字朝用。山西阳曲人。成化五年进士。官至南京户部尚书。著有《玉雪堂稿》。

杨春卒(1436—)。春字元之,号留耕。四川新都人。成化进士。提督学政,所识鉴之士多登科第。

沈焘卒(1452—)。焘字良德,号东溪。苏州长洲人。弘治六年进士,选庶吉士,授编修。官至詹事府右春坊右谕德。尝以家学为校正《本草》总裁。又曾预修《孝宗实录》。

韩鼎卒,生年不详。鼎字廷器,号斗庵。陕西合水人。成化进士。选礼部给事中,官至兵部右侍郎,著有《斗庵集》、《尚宝实录》及《庆阳府志》10卷。

徐源卒,生年不详。源字仲山,号椒园道人。苏州长洲人。成化十一年进士。精诗善书,书有米家父子风。著有《山东泉志》、《瓜泾集》。

孙楼(—1584)、叶朝荣(—1586)、罗汝芳(—1588)生。

按：一说孙楼生于1516年。

正德十一年　丙子　1516年

元旦,文武百官待漏入贺,空腹而待,至日暮始成礼。散朝夜已深,竞奔赴家,前仆后跌,互相蹂践,右将军赵朗竟死禁门。

五月,录自宫男子3460人充海户,时未录用者尚数千人。

是年,土耳其传教士赛义德·阿里·阿克巴尔·契达伊在中国旅行后,据亲身经历用波斯文于君士坦丁堡写成《中国志》。

按：此书于1582年译成土耳其文,改名《中国和契丹的法典》。

奥斯曼帝国征服叙利亚和迦南。

西班牙哈布斯堡王朝始。

法国始独立叙任主教。

王阳明九月以尚书王琼特举,升都察院左佥都御史,巡抚南赣汀漳等处,以平定大帽山、大庾山、横水、浰头寨等地农民起义。

王阳明十月归省至越。

黄宏纲(弘纲)举于乡,从王阳明学于虔台。

杨一清八月陈政讥切近倖,被钱宁、江彬等排挤、诬陷致仕。

杨慎入翰林,为经筵展书官。

崔铣充经筵讲说。十二月为侍读。

罗钦顺为南京吏部右侍郎,上灾异自陈乞休疏。

章懋六月有与门人陆震书。

张邦奇为浙江按察佥事,十月削籍。

徐爱归里省亲。

穆孔晖十月服阕,改国子祭酒。

薛蕙起于家,复除刑部福建司主事。

蒋冕以礼部尚书兼文渊阁大学士,预机务。

都穆客吴兴。

李廷相、温仁和主顺天乡试。

冀元亨举湖广乡试。

聂豹年三十,以《易经》中江西乡试。

罗洪先年十三,始慕为古文,复慕罗伦之为人。

卢多维科·阿里奥斯托著成《疯狂的奥兰多》。

加西亚·德雷森德编著成《韵文通论》。

伊拉斯谟发表《新约》。

安东尼·菲茨赫伯特编著成《大节略》。

托马斯·莫尔著成《乌托邦》。

彼得·马特著成《数十年》。

无锡华坚兰雪堂印铜活字本《春秋繁露》17卷。

黄省曾撰《拜五经》。

韩邦靖纂《朝邑县志》成。

康海纂《武功县志》成。

祝允明书《待漏院记》;纂《兴宁县志》。

陈霆纂修《新市镇志》8卷成。

黄文鸾纂修《新城县志》13卷刊刻。

杨缙纂修《归化县志书》10卷刊刻。

罗钦顺是春作《南京户部题名记》。

张芹著《建文忠节录》成。

杨一清是冬还居京口,为孙育《宋陈少阳先生尽忠录》作序。

何瑭(一作何塘)撰《怀庆府志序》、《重修鲁斋许文正公祠堂记》、《韩文公庙碑记》。

罗钦顺七月撰《刘文懿公享堂钟铭》并序。

湛若水作《新会县重修子城记》。

陈沂编刊《金陵古今图考》。

薛敬之《野录》三月刻行,荫子薛淑为后序。

吴守大《名臣像图》1卷成。

王廷相十月撰《摄生要义序》。

王鏊刻所辑古词令书《春秋词命》。

刘大夏卒(1436—　)。大夏字时雍,号东山。湖广华容人。"弘治三君子"(王恕、马文生)之一。卒谥忠宣。天顺八年进士。著有《东山诗集》、《刘忠宣公集》。事迹见《明史》卷一八二。

　　按：据本传,朝鲜使者在鸿胪寺馆遇大夏邑子张生,因问起居曰:"吾国闻刘东山名久矣。"安南使者入贡曰:"闻刘尚书戍边,今安否?"其为外国所重如此。

史忠约卒于是年后(1437—1516以后)。忠字廷直,本姓徐,名端本。童年哑默,年十七始能言,人以为痴,因自号敦翁,又号痴仙,亦号痴痴道人。江宁人,家有卧痴楼。性卓荦不群,豪放不羁。工诗善画,能为乐府新声。与同邑徐霖、陈铎,苏州沈周等交善,以隐终。是年尚在世。著有《卧痴阁汇稿》传于世。

屠勋卒(1446—　)。勋字元勋,号东湖,浙江平湖人。成化五年进士。官至刑部尚书。著有《太和堂集》。

李东阳卒(1447—　)。东阳字宾之,号西涯,长沙茶陵人。谥文正。天顺八年进士。官至吏部尚书、华盖殿大学士。刘瑾专权时,比附斡旋,为清议不耻。但为营救蒙害直臣也不遗余力。后辞官家居。东阳为明代一大诗家,其诗多题赠应酬之作,典雅流丽。由于其政治地位之显赫,在当时影响颇大,形成以他为首的"茶陵诗派"。所著《怀麓堂诗话》强调取法唐诗,开前后七子拟古倾向之先河。其文始主平正典雅,后归于沉博伟丽。亦工书,犹长于篆、隶。著有《怀麓堂集》、《求退录》、《燕对录》等。事迹见《明史》卷一八一。

　　按：据《明史》本传,李东阳为文典雅流丽,朝廷大著多出其手。工篆隶书,碑版篇翰流播四裔。奖成后进,推挽才彦,学士大夫出其门者,悉粲然有所成就。自明兴以来,宰臣以文章领袖缙绅者,杨士奇后,东阳而已。

庞泮卒(1450—　)。泮字元化。浙江天台人。成化二十年进士。著有《谏垣》、《微垣》、《归田》三稿。事迹见《明史》卷一八〇。

李贡卒(1456—　)。贡字惟正,号舫斋。芜湖人。成化二十年进士。官至兵部右侍郎。学问渊博,文词清丽丰赡。著有《舫斋集》等。

陈茂烈卒(1459—　)。茂烈字时周,号梅峰。福建莆田人。弘治八年进士。十八岁时作《省克录》,谓颜渊克己与曾参日省乃为学之法。后受业陈献章之门,献章语以主静之学。退而与张诩论难,作《静思录》以阐扬主静之学。又有《孝廉集》。事迹见《明史》卷二八三、《明儒学案》卷六。

　　按：据《明史》本传,茂烈为诸生时,韩文问莆田人物于林俊,曰:"从吾。"谓彭时也。又问,曰:"时周。"且曰:"与时周语,沉疴顿去。"其为所重如此。

殷云霄卒(1480—　)。云霄字近夫。山东寿张人。弘治十八年进士。作蓄艾堂,聚书数千卷,以作者自命。著有《石川集》。事迹见《明史》卷二八六《郑善夫传》附传。

苏志仁(　—1553)、杨继盛(　—1555)、蔡汝南(蔡汝楠)(　—1565)、吕调阳(　—1580)、令狐璁(　—1582)、洪朝选(　—1582)、孙楼

乔万尼·贝利尼卒(约1430—　)。意大利画家。威尼斯画派奠基人。

（ —1584）、万士和（ —1586）、查铎（ —1589）、赵锦（ —1591）、欧大任（ —1595）、方弘静（ —1611）生。

> 按：查氏生平见《毅斋查先生阐道集》卷末附录焦竑撰《墓志铭》及查琪撰《行实》，《澹园续集》卷一三。

一说孙楼生于上年。

正德十二年　丁丑　1517年

奥斯曼帝国征服埃及，尽取也门。

德意志宗教改革始。

三月庚寅，策试举人伦以训等350人。

癸巳，赐舒芬等进士及第、出身有差。

八月，武宗微服至昌平，阁臣梁储、蒋冕、毛纪追及沙河，请回跸，不听。

九月，武宗度居庸关至宣府，掳掠妇女，扰乱民生，所至市肆萧然，白昼闭户。武宗又自称"总督军务威武大将军总兵官"，命户部"发银一百万两输宣府以备赏劳"。户部尚书力持不纳，乃减半。

十月，鞑靼小王子犯边。武宗自称"威武大将军朱寿"，率太监张永、江彬等亲征。中外事无大小白江彬乃奏。还驻大同。廷臣切谏，不省。

十一月，武宗至宣府，即留其地度岁。备诸戏剧，大肆淫乐。

是年，宁王府吏阎顺、陈宣入京告发宁王亲信谋反事，反遭刑责。

葡萄牙安特拉特率舰与使者皮莱士以进贡为名入广州，发铳示威，要求通商，为明拒绝，退泊东莞南头，盖房树栅，恃铳自固。

> 按：此为西方殖民者东来之始，亦为中国与西欧海上交通之始。

奥斯曼土耳其帝国苏丹赛里木占领开罗后，带一皮影戏返君士坦丁堡，供太子弟莱曼娱乐。中国皮影戏自此始在土耳其流行。

西班牙人入尤卡坦半岛。

欧洲人开始饮用咖啡。

王守仁（阳明）正月抵赣镇压农民起义军，至年底，平大庾、横水、左溪、桶冈诸地义军。其间立兵符、行十家牌法。

> 按：兵符为调遣军队的符节凭信。王阳明所设兵符有伍符、队符、哨符、营符、阵符等。又十家牌法，其制仿保甲法，编十家为一牌，开列各户籍贯姓名、年貌行业，日谕一家，沿门按牌审察，遇面生可疑人即行报官究理；或有隐匿，十家连坐。

王阳明五月奏设和平县，移枋头巡检司。

王阳明六月疏请疏通盐法。

王阳明九月改授提督南、赣、汀、漳等处军务，给旗牌，得便宜行事。

> 按：南赣旧止以巡抚莅之，至都御史周南会请旗牌，事毕缴还，不为定制。至是，以阳明疏请，遂有提督之命。

王阳明十二月班师。师之所至,百姓顶香迎拜。所经州县隘所,各立阳明生祠,远近乡民,各肖其像于祖堂岁时尸祝。

王阳明闰十二月奏设崇义县治。

徐爱告病归,与陆澄等同谋买田雪上(浙江湖州),为诸友久聚之计。王阳明闻而贻诗慰之。

湛若水服阕,得疏养病,筑室讲学于西樵大科峰下。是岁,始编次《二礼经传测》。

毛澄擢礼部尚书。

梁储、靳贵、蒋冕三月充殿试读卷官。

崔铣四月罢经筵引疾求去,少傅梁储素重之,固留再三,为会试同考官,试毕遂去。

黄佐再上春闱,以疾不克终试,同乡大学士梁储慰留之,佐焚其路引,有终焉之志。

杨慎春为殿试展卷官,得舒芬卷,力争置之首第。

杨慎因武宗再出居庸关,抗疏切谏,不报,乃以养疾乞归。

杨慎冬还蜀抵家,夫人王氏病重。

毛纪为东阁大学士,入预机务。

毛纪、顾清三月奉命教汪细、余敬勋等翰林院庶吉士34人读。

罗钦顺为吏部右侍郎,十一月上乞归省疏。

王鸿儒为吏部右侍郎,六月改左侍郎。

陈霁九月任国子监祭酒。

余本十一月任广东按察司副使,提调学校。

朱豹任浙江奉化知县。

王艮撤神佛像祀祖先,作《孝弟箴》。

马理作《明渭南思庵薛先生入陕西会城乡览祠记》。

何瑭(一作何塘)作《修武县志序》、《复许文正公祀田记》、《孟县改建韩文公祠记》、《重修沁河堤记》。

蔡羽作《林屋洞记》。

方鹏作《重建甫里先生祠记》。

按：苏州甫里是岁重建陆龟蒙纪念堂。

顾璘自金陵赴官台州,行前与王韦、罗凤、顾璘等会高桥门外,顾璘作《天宁寺游记》。

俞弁得《剡溪诗话》,疑非宋高似孙著,作题记述所见。

章懋八月有与门人张大轮书。

文徵明作《湘君图》,书《九歌》。

都穆以事至京口,访瘗鹤铭,拓得20字,并得宋陆游"踏雪观瘗鹤铭"题语。

唐寅避暑石湖,作《饮仙图》,书《饮中八仙歌》于上。

祝允明解去兴宁县职去粤,作《越台诸游序》;旋客东山王鏊家,书《杨太真传》。

　　王涣为文徵明题所作《飞鸿雪迹图》。

　　按：王涣，字时霖，号毅斋，生卒年不详。浙江象山人。著有《墨池手录》。

　　蔡宗兖成进士。

　　按：蔡宗兖字希渊，号我斋，生卒年不详。浙江山阴人。师从王阳明。著有《蔡氏律同》、《寓莆集》。蔡宗兖、许相卿、季本、薛侃、陆澄皆阳明门人，是岁同中进士。事迹见《明儒学案》卷十一。

　　季本成进士，授建宁府推官。

　　陆澄成进士，授南京刑部主事。

　　薛侃成进士，疏乞归养。

　　马汝骥成进士，选庶吉士。

　　刘讱成进士，授宁国推官。

　　按：刘讱号春冈，生卒年不详。河南鄢陵人。累官至刑部尚书。著有《春冈集》、《省台集》。

　　刘黻成进士，授行人。

　　按：刘黻字伯绣，生卒年不详。湖广衡阳人。官至巡按御史。著有《易卦变》、《两州奏议》、《童训》等。

　　江晖成进士，授翰林修撰。

　　按：江晖字旸，一字景孚，生卒年不详。浙江仁和人。为文钩玄猎秘，杂以古文奇字，与曹嘉、王廷陈、马汝骥齐名。有《亶爰子诗集》。

　　伦以训成进士，授翰林院编修。

　　吴鼎成进士，授临淮知县。

　　陈沂成进士，授编修。

　　陈逅成进士，授福清知县。

　　陈良谟成进士，授工部主事。

　　张岳成进士，授行人。

　　林希元成进士，授南京大理评事。

　　按：累迁大理寺正。因得罪大理寺卿陈琳，被贬为泗州判官。复起为大理寺寺副，升广东按察司佥事，主管盐政、屯田事宜。后改提学，升南京大理寺丞。

　　杨士云成进士，选庶吉士，授工部给事中。

　　杨最成进士，授工部主事。

　　杨淮成进士，授户部主事。

　　周诏成进士。

　　按：周诏号台山，生卒年不详。四川富顺人。撰有《石鼓书院志》。

　　柯相成进士，授吉安永新知县。

　　按：柯相字元卿，号狮山，生卒年不详。池州贵池人。曾从王阳明平朱宸濠之乱，有大功而不受。著有《狮山文集》。

　　舒芬中进士第一，授翰林院修撰。

　　俞夔成进士。

　　按：俞夔字舜臣，生卒年不详。浙江建德人。著有《六诏纪闻》、《扬芬录》。

　　聂豹成进士。是冬以例给假归省；既归，杜门却扫，慨然以古人自期。

颜木成进士,授许州知州。

按:颜木字惟乔,号淮汉先生,生卒年不详。湖广应山人。著有《随州志》、《家政集》、《选诗评》、《烬余稿》。

伍余福成进士。官陕西按察司副使。

王邦瑞、王渐逵、汪佃、胡侍、夏言、张经、朱豹、陈琛、娄志德、崔桐、戴暨成进士。

张元冲年十六,自塾归,遇虎,伤臂,神色不渝。

罗洪先年十四,慨然有志圣贤之业。

吕经于山西蒲州创建河东书院。

方献夫于广东南海创建石泉书院。方讲学其中,其论议与湛若水不同,以"性相近"为宗旨,谓"充塞天地,贯彻古今,无非一本此理"。嘉靖进士陈激衷曾掌教于此。

湛若水于广东南海创建云谷书院。书院地处山林之间,环境幽静,与大科、石泉、四峰书院并称明代西樵四大书院,为当时学术中心所在。教人以体认大理为宗旨,属白沙学派。

卢雍重修四川蒲江鹤山书院。

黄佐修改其旧著《诗传旁通》,并及礼乐,更名曰《诗经通解》,有序。

张奎修、夏有文等纂《金山卫志》6卷刊刻。

胡瑾修、葛茂等纂《博平县志》8卷刊刻。

倪玒修、沈概纂《嘉善县志》6卷刊刻。

夏良胜纂修《建昌府志》19卷刊刻。

马龠纂修《德安府志》12卷刊刻。

李璇修、车明理纂《长葛县志》6卷刊刻。

聂贤修、曹璘纂《襄阳府志》20卷刊刻。

薛敬之《思庵野录》八月刻行,刘春作序。

韩袭芳于浙江庆元用铜活字刻印《诸葛孔明心书》。

按:是书为中国最早铜活字书籍之一。

霍韬是夏作《叙采樵卷后》。

顾元庆开始编刊《阳山顾氏文房小说》。

武定侯郭勋刻唐《元次山文集》。

按:凡武定侯郭勋所刻,明人称为"武定板"。

王鏊刻唐孙樵《孙可之文集》。

邵宝著《容春堂前后集》成稿。

薛章宪《鸿泥堂小稿》8卷刻成,有都穆序。

臧贤编《盛世新声》成。

虞抟卒(1438—)。抟字天民,号花溪恒德老人。浙江义乌人。能诗,精医术。著有《医学正传》、《苍生司命》、《方脉发蒙》、《百字吟》、《半斋稿》。

泰奥菲洛·福兰戈著成讽刺诗《混合作品》。

约翰·路希林著成《犹太教的神秘学》。

巴托洛梅·德托雷斯·纳阿罗编著成西班牙七部喜剧集《泄密者》。

亨利希·伊萨克卒(约1450—)。德国佛兰芒学派作曲家。

弗拉·巴托罗米奥卒(1472—)。意大利画家。

张莱卒(1463—)。莱字廷心,号心庵。镇江丹徒人。正德九年进士,授户部主事。游学于丁畿门下,终身不忘读书。明经饬行,学术日进。诗文皆质胜于文,颇有可观之处。著有《京口三山志》。

王云凤卒(1465—)。云凤字应韶,号虎谷。山西和顺人。成化进士。以劾太监李广,下狱,降知州。后升陕西提学佥事,历副使、按察使、诏为国子祭酒,以右佥都御史巡抚宣府。《明史》卷九六、九九分录其《小学章句》4卷、《虎谷集》21卷。

徐爱卒(1487—)。一说(1488—1518)。详见1518年条。

陈策卒(1447—)。策字廷献。武陵人。成化二十三进士,授宜兴知县,擢御史,出按贵州、广西,监河南乡试。

焦芳卒,生年不详。芳字孟阳。河南泌阳人。天顺八年进士。大学士李贤以同乡故,引为庶吉士。事迹见《明史》卷三六〇。

吕献卒,生年不详。献字丕文。新昌人。官至南京兵部右侍郎。著有《书经定说》,见《千顷堂书目》卷一。事迹另见《国朝献征录》卷四三。

吴懋(—1565)、徐学诗(—1567)、高仪(—1572)、吕潜(—1577)、朱大韶(—1577)、徐中行(—1578)、何心隐(即梁汝元, —1579)、徐师曾(—1580)、陆师道(—1580)、吴钦(—1580)、王好问(—1582)、胡直(—1585)、朱睦㰍(—1586)、顾起纶(—1587)、林兆恩(—1598)、刘凤(—1600)生。

按:一说陆师道(1511—1574)。

正德十三年　戊寅　1518年

罗马教皇遣使会路德于奥格斯堡。

正月,佛郎机(明朝称西班牙、葡萄牙为佛朗机)来贡。

二月,武宗以太皇太后王氏丧,自宣府还。四月,至昌平祭陵,北游密云。七月,自称朱寿,诏将巡边,旋出居庸关,驻宣府。九月,至大同,自封镇国公,所至大掠妇女,恣意淫乐。十月,至榆林。十一月,至绥德,至总兵官戴钦家,纳其女还。十二月,复往榆林,经石州,至太原,遂于其地度岁。车驾所至,掠民家女数车以随,在道日有死者。远近骚动,民皆逃匿。

是年,钦天监博士朱裕以弘治中推算日、月食屡不准,上年及是日连推日食起复又皆不合,疏请修改历法。(《武宗实录》卷一六九)

为营建宫室或总理赈济或防御"房寇"或为传奉事或为重大灾伤、急切民患,广开国子监纳银入监之途。

王守仁(阳明)正月征三浰,途中有《与杨仕德薛尚谦》书,提倡事上磨炼。

按:时薛侃(尚谦)为王阳明子正宪师。书中曰:"破山中贼易,破心中贼难。区区剪除鼠窃,何足为异。若诸贤扫荡心腹之寇,以收廓清平定之功,此诚大丈夫不世之伟绩。"阳明以往提倡静悟存养,至此痛感此一教法偏静陷空之弊,遂提倡事上磨炼,从而使阳明心学成为直接与陆子心学血脉相通的学说。

王阳明三月疏乞致仕,不允。袭平大帽、浰头诸义军,四月班师,令赣属各县俱立社学,以宣风教。

按:时阳明著有《训蒙大意》以示教读刘伯颂等曰:"今教童子者当以孝弟忠信、礼义廉耻为专务。其培植涵养之方,则宜诱之诗歌以发其志意,导之习礼以肃其威仪,讽之读书以开其知觉。今人往往以歌诗习礼为不切时务,此皆末俗庸鄙之见,焉足以知古人立教之意哉!"其时城中立五社学:东曰义泉书院,南曰正蒙书院,西曰富安书院,又西镇宁书院,北曰龙池书院。选生儒行义表俗者,立为教读。选子弟秀颖者,分入书院。

王阳明征战期间,其门弟子薛侃、欧阳德、梁焯、何廷仁、黄弘纲、薛俊、杨骥、郭治、周仲、周冲、周魁、郭持平、刘道、袁梦麟、王舜鹏、王学益、余光、黄槐密、黄莹、吴伦、陈稷刘、鲁扶毅、吴鹤、薛桥、薛宗铨、欧阳昱,皆讲聚不散。

王阳明五月奏设和平县。

王阳明六月升都察院右副都御史,荫子锦衣卫,世袭百户。辞免,不允。

王阳明九月修濂溪书院。

按:因四方学者辐辏,原所寓射圃至不能容,遂修濂溪书院以居之。

王阳明十月举乡约,以敦礼让之风,成淳厚之习。

舒芬三月上《隆圣孝疏》。是疏凡五上,皆不允。

何景明升任陕西提学副使。

按:景明在陕,教授诸生,编纂方志,多所建树。其教诸生专以经术世务,遴秀出者于正谊书院,亲为说经,不用诸家训诂,士始知有经学。

王阳明是岁作《训蒙大意》、《示教》、《读刘伯颂》及《教约》等文,论及儿童教育之心得和规则。

按:王阳明自去岁以来在南赣平定横水、桶冈、浰头寨等地起义军,痛感当地民俗之不善,故建立社学以致力于儿童教化。其儿童教育持以情为中心的理情一致主义立场,即尊重儿童性情之自然,顺应其本性而加以诱导教化,以发扬其善心并使之生意畅达。

文徵明得谢晋旧所辑《深翠轩诗文》,为补所佚图。

张邦奇仲秋作《读书录要语序》。

刘麟解云南按察使职还吴兴,孙一元作《刘元瑞惠宝剑歌》。

邵宝作《梅花山茶图》。

洪范正月升任河南按察司副使,提调学校。

齐之鸾三月升吏科给事中,七月转兵科左给事中。

贾咏六月由南京国子监祭酒改国子监祭酒。

伦敦皇家内科医生学院建立。

东亚瓷器传入欧洲。

近视眼镜出现。

汪伟由南京国子监司业升任本监祭酒。

马理复任，值武宗南巡，与黄鞏诸同志伏阙极谏，乃受廷杖；未几，送母还乡，设教于武安王祠，藩枭诸君为建嵯峨精舍以居生徒。

杨慎妻王氏七月卒，慎作《亡妻墓志铭》。

唐寅、郑若庸至丹阳与孙育共修禊，寅作《纪事长歌》，并为孙育写《丹阳景图》。

文徵明、蔡羽、王宠等同游无锡惠山，徵明作《惠山茶会图》。

孙一元卜居吴兴湖南后林村，以诗讯上元顾璘（时顾任职台州）。

尤时熙年十六游郡庠，即有声。

罗洪先年十五，闻王阳明讲学虔台，心向往之。比闻《传习录》出，奔借手抄，玩读忘倦。

张羽于永年创建漳川书院。

按：清乾隆二十一年改紫山书院。

倪玑于浙江嘉善创建思贤书院。

按：书院每月初二、十六为会。当会之日，辰而入，终酉而出。或举经书大旨以究微义，或呈所得所疑课业以证新功，或歌咏以陶适性情，或瞑坐以究极理奥。

王廷相于四川成都创建大益书院。

卢雍、吴祥于四川邛崃创建魏了翁祠及鹤山书院。

德国数学家亚当·里斯出版其第一本实用算术书。

王阳明七月刻《古本大学》。

按：王阳明在龙场时，疑朱子《大学章句》非圣门本旨，故手录古本，伏读精思，始信圣人之学本简易明白，其书止为一篇，原无经传之分。至是刻录成书，傍为之释，而引以叙。其《大学古本序》曰："《大学》之要，诚意而已矣。"因而他反对以格物为先、诚意为后的朱子《大学》说。阳明认为：诚意之极，止至善而已矣。止至善之则，致知而已矣。正心，复其体也；修身，著其用也。以言乎己，谓之明德；以言乎人，谓之亲民；以言乎天地之间，则备矣。……是故不务于诚意而徒以格物者，谓之支；不事于格物而徒以诚意者，谓之虚；不本于致知而徒以格物诚意者，谓之妄。支与虚与妄，其于至善也远矣。

邵宝著《学史》13卷定稿并刊行。

按：是书初稿完成于弘治十八年，至是修改定稿并首刊。是后，正德十五年二刻，嘉靖七年三刻，嘉靖二十七年四刻。

薛鎏修、陈艮山纂《淮安府志》16卷、《图》1卷刊刻。

李天畀修、陈惟渊纂《盱眙县志》2卷刊刻。

何绍正修、孙溥等纂《池州府志》12卷刊刻。

何瑭（一作何塘）纂修《怀庆府志》12卷刊刻。

朱允明纂修《正德兴宁志》4卷刊刻。

熊相纂修《四川志》37卷刊刻。

吴德器修、徐泰纂《蓬州志》10卷刊刻。

王阳明著《朱子晚年定论》，门弟子刻之。

按：是乃王阳明有感于程篁墩《道一编》之朱陆同异论所反映的党同伐异立场

而作,亦阳明为堵朱子学者对己之新说的攻击非难之口而作。阳明所作该书序略曰:"世之所传《集注》、《或问》之类,乃其中年未定之说,自咎以为旧本之误,思改正而未及。而其诸《语类》之属,又其门人挟胜心以附己见,固与朱子平日之说犹有大相缪戾者。而世之学者局于见闻,不过持循讲习于此,其于悟后之论,概乎其未有闻。"遂将朱子晚年悔悟之说作为与己说同旨的证据,故而将朱子书函中所谓晚年定说加以收录编纂。然其所谓"晚年定说"却并非皆朱子晚年之说,其中亦混杂有中年未定之说。此书刊行后,引起了一场朱陆学术之争,于明代理学学术史上有着极重要之地位。正德十五年夏,罗钦顺作《与阳明书》,加以辨析。此后,陈建又作《学蔀通辨》加以反驳。

薛侃八月刻《传习录》。

按:此为王阳明讲学语录,徐爱汇辑,1卷、序二篇,爱卒后,薛侃、陆澄各录1卷,刻于赣州。

黄省曾校刻汉王逸《楚辞章句》17卷。

刘成德刊《唐二皇甫(冉、曾)诗集》。

张芹刊程敏政辑《唐氏三先生(唐元、唐桂芳、唐文凤)集》。

何瑭(一作何塘)作《鲁斋全书序》。

区玉主持刊刻、刘洪校雠督工《山堂群书考索》刊行。

周瑛卒(1432—)。瑛字梁石,号翠渠。福建莆田人。学者称翠渠先生。成化进士,历知广德州。弘治初为四川参政,进右布政使。其学以居敬为主,谓敬则心存,然后可以穷理。著有《祠山杂辨》、《教民杂录》、《经世管钥》、《律吕管钥》、《子书管钥》、《翠渠类稿》,今存《翠渠摘稿》与《书纂》。事迹见《明史》卷二八二、《明儒学案》卷四六。

按:据《明史》本传,瑛始与陈献章友,献章之学主于静。瑛不然之,谓学当以居敬为主,敬则心存,然后可以穷理。自《六经》之奥,以及天地万物之广,皆不可不穷。积累既多,则能通贯,而于道之一本,亦自得之矣,所谓求诸万殊而后一本可得也。学者称翠渠先生。

张吉卒(1441—)。吉字克修,号翼斋、默庵、怡窝,晚号古城。江西余干人。成化进士,官至贵州左布政使。学诸经及宋儒之书,以陆象山为正宗。著有《古城集》、《陆学订疑》。事迹见《明儒学案》卷四六。

李杰卒(1443—)。杰字世贤,号石城雪樵。苏州府常熟人。成化进士。任南京国子监祭酒等。

祝萃卒(1452—)。萃字维贞,号虚斋。海宁人。成化进士。博学多闻,善于著述,天文、地理、数学、医学无不精通。对于后学能因材施教,循循善诱。著有《虚斋先生遗集》。

刘溥卒(1457—)。溥字润民,号博庵。山东新城人。弘治进士。

陈恪卒(1462—)。恪字克谨,号矩斋。浙江归安人。成化进士。著有《小孤山诗集》。

徐爱卒(1488—)。爱字曰仁。余姚人。少温文敏达,从王守仁(阳明)游,阳明器之,妻以女弟。举正德进士,历官南京工部郎中。生平整

卡比尔卒(1440—)。印度诗人。

理、汇辑阳明讲学语录,成《传习录》。卒,阳明哭之恸。事迹见《明史》卷二八三《钱德洪传》附传、《明儒学案》卷一一。

按:此生卒年系据《圣学宗传》卷一三、《理学宗传》卷二一;《明儒学案》卷十一则系之正德十二年(1517)。又:据《明史》卷二八三《钱德洪传》附传,良知之说,学者初多未信,爱为疏通辨析,畅其指要。守仁言:"徐生之温恭,蔡生之沉潜,朱生之明敏,皆我所不逮。"

沈明臣(—1587)、朱厚烷(—1591)、李时珍(—1593)、秦鸣雷(—1593)、史桂芳(—1598)、梁纪(—1599)、严果(—1600)、郭郛(—1605)生。

正德十四年　己卯　1519 年

神圣罗马马克西米利安一世帝卒,孙西班牙国王奥地利的查理继位,称查理五世。

瑞士宗教改革运动始。

丹麦推行路德派宗教改革。

二月,武宗自称"总督军务威武大将军太师镇国公",将南巡。谏止者百余人(其中下锦衣卫狱者六人,跪于午门外五日者一百零七人,并多杖贬,死伤相继),因罢南巡之行。

三月辛亥,以礼科给事中邢寰奏称岁贡出身者入仕太迟,多到衰老,请增其数,礼部覆奏:请如弘治九年例倍增,顺天应天二府四年许贡十二名;其余府学每年贡二名;州学四年贡六名;县学、卫学每年贡一名。以明年为始,至十八年止。诏从之。(《武宗实录》卷一七二)

六月乙亥,宁王朱宸濠反。七月,兵败被俘。

按:宁王袭封于南昌,因武宗游幸不时,又无太子,至是趁间反。集兵十万,从南昌出鄱阳湖,下九江、南康等地,欲攻下南京即帝位。巡抚南赣都御史王阳明会吉安知府伍文定起兵共讨之。

七月丁未,以校正《文献通考》毕,赐大学士杨廷和、梁储、蒋冕、毛纪等银币。

十一月,武宗以亲征朱宸濠为名南下,至涿州而王阳明捷报奏至,且谏止亲征,群臣亦谏,不从。

武宗南下途中,江彬告发钱宁与朱宸濠通,帝遂籍钱宁家。

十二月,武宗至南京。

是年,定宗学教习之制。规定:凡世子、长子、众子、将军中尉年未弱冠者,于王府长史、纪善、伴读、教授等官内,择学行优异者为之师,各随资质,严立课程,如法教诲,不得虚应故事。

刘允往乌斯藏为武宗寻能知三生之活佛。

吐鲁番请通贡,许之。

朝鲜理学家赵光祖在朝鲜国"士祸之乱"中被赐死。

按:赵氏为朝鲜著名理学家,著有《静庵五卷》,以伦理观为中心谈及理气,提出行三代之治，务以格君心为务，君心是治之本，不正其本，政体无由立，教化无由行。多次上书建议设贤良科，选拔官员不由科举，而选官民中才行兼备者等。在士祸之乱中被进谗言，以"少不凌长"被赐死。

王守仁（王阳明）正月疏谢升荫，并乞致仕，不允。

王阳明二月奉命勘处福建叛卒，其南赣事，由兵备副使杨璋暂摄之。

王阳明六月奉勅勘处福建义军。至丰城，闻宁王朱宸濠反，遂返吉安，与知府伍文定等起兵讨朱宸濠。甲辰，义兵发吉安；丙午，大会于樟树；己酉，誓师；辛亥，拔南昌。其间，王阳明有《飞报宁王谋反疏》、《再报谋反疏》。

王阳明七月上《奏闻宸濠伪造檄榜疏》。

按：是日，参政季敩同南昌府学教授赵承芳旗校十二人传檄至军门，阳明固封以进。其檄略曰："陛下在位一十四年，屡经变难，民心骚动，尚尔巡游不已，致宗室谋动干戈，冀窃大宝。且今天下觊觎，岂特一宁王？天下之奸雄，岂特在宗室？言念及此，懔骨寒心。昔汉武帝有轮台之悔，而天下向治；唐德宗下奉天之诏，而士民感泣。伏望皇上痛自克责，易辙改弦；罢出奸谀，以回天下豪杰之心；绝迹巡游，以杜天下奸雄之望；定立国本，励精求治，则太平尚有可图，群臣不胜幸甚。"（《王文成公全集》卷一二）

王阳明七月上《江西捷音疏》、《擒获宸濠捷音疏》。

按：王冕（知县）七月丁巳执朱宸濠于樵舍，江西平。

王阳明得朱宸濠簿籍，所记平日馈送者姓名，遍于中外，因簿籍牵连者甚众，令焚之。

王阳明八月具疏谏止武宗"亲征"，不听。

按：是时江西捷音已上，武宗不发，曰："元恶虽擒，逆党未尽，不捕必遗后患。"于是假威武大将军镇国公行事，命太监张永、张忠、安边伯许泰、都督刘晖，率京边官军万余"亲征"，给事祝续、御史张纶，随军纪功。阳明具疏谏止。（《武宗实录》卷一七七）

王阳明九月献俘发南昌，张忠、许泰等欲追还之，议将纵俘于鄱阳湖，俟武宗亲与之遇，战，而后奏凯论功。连遣人追至广信，阳明不听，乘夜过玉山、草萍驿，渡钱塘，至杭州，以朱宸濠付张永。

王阳明十一月奉旨巡抚江西。

黄省曾始执贽王阳明，作《会稽问道录》10卷。

邹守益谒王阳明于虔台，相与论格物之学，又以《中庸》积疑质正。守益豁然有悟，遂执贽称弟子。

钱德洪与范引年、郑寅、柴凤、徐珊、吴仁等会中天阁受学于王阳明。

王襞九岁，随父王艮至会稽，奉王阳明命，从王畿、钱德洪学。

罗钦顺是秋再上乞休疏。

杨慎续娶黄氏（女诗人黄峨）。

崔铣作后渠书屋，躬耕授徒，删定二程遗书，又作郡志。

吕柟为陕西考试官，试毕，录卷并叙诸首，有《陕西乡试录序》。此后

麦哲伦横渡太平洋。

马丁·路德论辩教皇代表于莱比锡。

又有《山西乡试录后序》。

张邦奇归隐于四明，于其庐之东，植竹数竿，以为赏玩。有《赠古涛师画竹序》。

黄宗明升武选员外郎；朱宸濠反，上江防三策，又上《谏南巡疏》；寻，以疏奏不果，告病归宝岩山中。

柴奇自京赴南光禄少卿职，途中失所著《石池诗文稿》、《素树轩纪闻》。

王廷相十二月作《深衣图论序》。

霍韬正月有《送于盤出山序》。

徐霖在武宗南巡时得乐工臧贤荐引，被征至山东临清为制乐曲。武宗欲授霖教坊司官，霖固辞。武宗曾两幸其家，钓鱼于园池，霖进词曲之技。

祝允明辞应天府通判职还。

唐寅作五十自寿图，自题长律。

柳金钞录五代杜光庭《录异记》并作跋尾，俞弁借录，亦跋于后。

孙一元复至武塘访吴江袁仁，仁作《送太白山人归隐苕溪序》。

舒芬是春以疏议车驾，廷杖，谪福建市舶副提举。

崔桐、蒋山卿等官北京，以谏阻武宗南巡，同被杖责。

薛蕙以武宗南幸，抗疏力谏；寻，调吏部验封司主事。

王畿举于乡。

陈缟中举人。

按：陈缟字美中，生卒年不详。湖广郴州人。曾任泰和县训导，迁奉化知县，升监察御史，督两淮盐政，条陈盐法12事。出为贵州巡按，卒于道。有《西昌北上稿》。

万表中浙江武举。

归有光应童子试。

罗汝芳从母氏受《孝经》。

成英于淮安创建忠孝书院，祀徐积、陆秀夫。

张文林于安徽歙县创建紫阳书院。

按：张文林以原歙县紫阳书院以紫阳名，不在其山，义不相称，乃另建一书院于紫阳山麓。

吴廷璧于四川峨眉创建峨山书院。

李璧改建四川剑阁兼山书院。彭泽为记。

伊拉斯谟编写成《口语》。

何瑭（一作何塘）作《温县知县王侯德政记》。

寇天叙修、刘雨等纂《应天府志》若干卷成。

闵槐纂修《平阳志》成。

王道修、韩邦靖纂《朝邑县志》2卷刊刻。

康海纂修《武功县志》3卷由冯玮刊刻。

王诰修、刘雨纂《江宁县志》10卷刊刻。

李东修、杨琬等纂《丹徒县志》4卷刊刻。

陆粲《庚己编》或成于是年。

建阳刘洪慎独斋刻《文献通考》。此板计改错讹字11221字,后人公认为精品。

湛若水三月叙《遵道录》于大科书院。

兴王府刻明周文寀《医方选要》10卷。

武定侯郭勋刻《白乐天文集》。

辽王府(恭王朱宠㳛)刻明宋公传《元诗体要》14卷。

林瀚卒(1434—)。瀚字亨大,号泉山。闽县人。谥文安。成化进士,累官南京吏部尚书。纂修《续通鉴纲目》、与修《宪宗实录》。著有《文安公集》。事迹见《明史》卷一六三。

林光卒(1439—)。光字缉照,号南川、南翁。广东东莞人。成化二十年进士,历官国子监博士、襄王府左长史等职。通经史,得吴澄论学诸书。师从陈献章,教育思想深受其师影响。教学反对唯书不疑,注重独立思考。强调课授生徒应授人以渔,重视方法教授。著有《晦翁学验》、《南川冰蘖全集》等。事迹见《明儒学案》卷六。

马廷用卒(1446—)。廷用字良佐,号紫崖。四川南充人。成化进士。著有《紫崖集》。

罗玘卒(1447—)。玘字景鸣,人称圭峰先生。南城(今属江西)人。博学,好古文,务为奇奥。成化末进士,授编修。正德初,迁南京太常。刘瑾乱政,李东阳依违其间;玘为东阳所举,贻书责以大义,且请削门生籍。累抉南京吏部侍郎。卒谥文肃。著有《类说》、《圭峰奏议》、《圭峰文集》等。事迹见《明史》卷二八六。

周旋卒(1450—)。旋字克敬。浙江慈溪人。成化进士。著有《慈溪志》、《西溪小稿》、《杜诗质疑》、《东湖十咏》等。

李逊学卒(1456—)。逊学字希贤,号梅斋。河南上蔡人。成化进士。累官至礼部尚书兼翰林学士掌詹事府事。

吴俨卒(1457—)。俨字克温。宜兴人。卒谥文肃。成化二十三年进士,历侍讲学士。刘瑾专权,知俨家富有,啗以美官,俨拒之,遂罢。瑾诛,复职,升南京礼部尚书。俨文局度春容,诗亦娴雅,著有《吴文肃公摘稿》4卷。事迹见《明史》卷一八四。

吕䕫卒(1472—)。䕫字祖邦。江西永丰人。弘治进士。著有《草堂馀兴稿》。

林塾卒(1479—)。塾字从学,号秋旦、石泉。福建莆田人。弘治十五年进士。官至浙江布政司参议。曾录建文朝诸臣事迹为《拾遗书》。

王鸿儒卒(1459—)。鸿儒字懋学。南阳人。谥文庄。少家贫,工书,为府佐书。知府重之,遣入学,为诸生。成化二十三年进士。历官南京户部尚书。著有《凝斋集》、《凝斋笔语》等。事迹见《明史》卷一八五、《明儒学案》卷七。

达芬奇卒(1452—)。

按：据《明史》本传，鸿儒为学，务穷理致用，为世所推。

陈世良卒，生年不详。世良，字崇之，号青屿。浙江海盐人。成化进士。著有《青屿奏议》，又有《青屿稿》，均佚。

任环（ —1558）、徐栻（ —1581）、文肇祉（ —1587）、李材（ —1595）生。梁辰鱼约生于是年（ —1591）。

按：梁辰鱼生卒年有"1522—1588"（周贻白《中国戏剧史》135页）、"1520—1580"（赵景深《戏曲笔谈》60页）、"1521—1584"（刘大杰《中国文学发展史》下册973页）、"1509—1582"（陈其湘《梁辰鱼生平探索》，《中国文学研究》1987年第3期）、"1519—1591"（徐朔方《晚明曲家年谱》第一卷121页）等多说。徐说以梁辰鱼《鹿城集》卷二十一《丁卯冬过周荡村别业，与玉堂弟夜坐作》"先人别业沧江畔，四十年馀一度来。……自笑明春同半百，梅花残腊莫相催"句明确丁卯为隆庆元年，当时四十九岁，而定其生年为正德十四年，又据张大复《皇明昆山人物传》卷八本传"得岁七十有三"，定其卒年为万历十九年。兹依徐说。

正德十五年　庚辰　1520年

奥斯曼帝国苏丹苏莱曼一世嗣立。

查理五世加冕，称帝。是年，会英王亨利八世。

罗马教会绝罚马丁·路德。

葡萄牙人入帝汶。

正月初，武宗在南京迎春，演剧作乐，杨循吉、徐霖奉命为制乐曲。

二月丙戌，礼部会试，取中榜举人张治等350名。

按：因武宗南巡，是春未及廷试。

三月，太常寺奏：祭陵，豕为必用之物，请弛豢养及宰杀之禁。从之。

按：先是，以"猪"音同国姓"朱"，禁养猪。

八月丁卯，监察御史朱裳因学校生儒多尚艺文，不以德行为重，乞令提调学官考试兼取德行文艺，各立五等，定为升降之法。诏可。

闰八月，武宗对去岁平朱宸濠事欲自以为功，遂与诸近侍戎服，张大旗、整军容出城数十里；令卸去朱宸濠等之桎梏，纵之鄱阳湖，俟武宗亲与之遇，伐鼓鸣金而擒之，示为己所俘。乃为凯旋状，行献俘礼毕，始离南京北返。

九月，武宗在淮安舟覆落水，自是得病。

是年，朝廷征诏天下郡县志书。此为明代志书兴盛之一大契机。

法兰西王家图书馆建立。

麦哲伦入太平洋。

意大利希皮奥内·德尔·费罗解答三次方程。

巧克力从墨西哥传入西班牙。

王守仁（王阳明）正月赴召，以张忠、许泰等人谗阻，不得面圣，次芜湖，寻得旨返江西。正月晦日，重过开元寺，留石刻于读书台后，记平朱宸濠事；次日，游白鹿洞，徘徊久之，多所题识。

王阳明以武宗车驾未还京，心怀忧惶，二月观兵九江。因游东林、天池、讲经台诸处。

湛若水是春避地发履塚下，与霍韬、方叔贤同时家居为会。

王阳明三月三疏请省葬，不允。

王阳明五月以江西诸郡大水上疏自劾。

王阳明六月至吉安，游青原山，和黄山谷诗，书之于碑。至泰和，少宰罗钦顺以书问学，遂作《答罗整庵》，剖论大学古本、改本之是非。

王阳明七月"尊奉大将军钧帖"作《重上江西捷音疏》。

按：王阳明去岁七月已上《江西捷音疏》及《擒获宸濠捷音疏》。至是，以武宗久留南都，群党欲自献俘以攘功，遂以大将军钧帖令重上捷音。王阳明欲使武宗早日"北旋"，乃节略前奏，入诸人名于疏内，再上之。于是武宗受江西俘"凯旋"返京。

王阳明八月咨部院雪冀元亨冤状。

按：冀元亨，阳明门人，阳明子正宪师，其学以务实不欺为主，主讲濂溪书院。始朱宸濠未反时，欲拢络阳明，佯贻书阳明问学，阳明使元亨往报。既见，朱宸濠以语挑之，元亨佯不喻，独与论学；朱宸濠厚赠之，不受。及朱宸濠败，张忠、许泰欲诬阳明与朱宸濠通，捕元亨。元亨备极拷掠，无片语阿顺。于是科道交疏论辩，阳明备咨部院白其冤。世宗初事白。事见《明史·列传》第八十三《王守仁传》附《冀元亨传》。

王阳明闰八月奉命重奏捷音，叙及亲征所遣张忠、朱晖等人之功；同时四疏省葬，不允。

王阳明九月还南昌。

王艮九月始入王阳明之门。

按：王艮，原名银，泰州人。是月，服古冠服，执木简，以二诗为贽请见。阳明异其人，降阶迎之。既上坐，问"何冠？"曰："有虞氏冠。"问："何服？"曰："老莱子服。"曰："学老莱子乎？"曰："然。"曰："将止学服其服，未学上堂诈跌，掩面啼哭也。"银色动。及论致知格物，曰："吾人之学，饰情抗节，矫诸外；公之学，精深极微，得之心。"遂反服执弟子礼。阳明易其名为艮，字汝止。（《王文成公全集》卷三十三）

舒芬以翰林谪官拜王阳明，称弟子。

按：舒芬，进贤人，以翰林谪官市舶，自恃博学，见阳明问律吕。阳明不答，且问元声。芬对曰："元声制度颇详，特未设密室经试耳。"阳明曰："元声岂得之管灰黍石间哉？心得养则气自和，元气所由出也。《书》云：'诗言志'，志即是乐之本；'歌永言'，歌即是制律吕之本。永言和声，俱本于歌。歌本于心，故心也者，中和之极也。"芬遂跃然拜弟子。（《王文成公全集》卷三十三）

陈九川、夏良胜、万潮、欧阳德、魏良弼、李遂、舒芬及裘衍是时日侍王阳明讲席；王臣、魏良政、魏良器、钟文奎、吴子金等亦来相依。

按：魏良政字师伊。生卒年不详。举乡试第一，寻卒。燕居无堕容，尝曰："学问头脑既明，惟专一得之。气专则精，精专则明，神专则灵。"又曰："不尤人，何人不可处？不累事，何事不可为？"《明儒学案》卷一九有传。

又按：魏良器字师颜，号药湖。生卒年不详。洪都从学之后，随阳明至越。事迹见《明儒学案》卷一九。

唐龙、邵锐皆守旧学，疑阳明之说；唐龙复以"撤讲慎择"劝阳明，阳明作《复唐佐虞》答之。

按：唐龙时任巡按御史，邵锐时为督学佥事。以唐、邵疑阳明之说，人多避畏阳明，指阳明门人为异物。对唐龙"撤讲慎择"之劝，阳明引孔子"有教无类"、孟子"君子之设科也，来者不拒，往者不追"语，曰："吾真见得良知人人所同，特学者未得启悟，故甘随俗习非。"又曰：求真才者，"譬之淘沙而得金，非不知沙之汰者十去八九，然未能舍沙以求金为也。"故来依阳明之门者仍日众。（《王文成公全集》卷三十三）

霍韬是秋过洪都，与王阳明论《大学》，辄持旧见。阳明曰："若欲以是求得入圣门路，盖亦难矣。"

邹守益再见王阳明于虔台。

石珤、李廷相二月任礼部会试考试官。

杨一清为娱乐武宗，在镇江私邸上演王实甫《西厢记》。

杨慎九月北上，仍旧官。

舒芬闰八月以丁父忧奔丧归里。

皇甫松因武宗南巡嬉游无度，作《己庚小志》。

王鏊作"相国移家江水湄，金山望幸已多时"诗，刺杨一清。

王鏊以吴人在石湖建祠纪念宋范成大，为作记。

穆孔晖为国子司业，五月为翰林侍读。

聂豹是春就吏选，授直隶华亭知县。日与诸生论学不倦。

万表举武会试第十八名，荐为第一。是秋，视卫篆；冬，授都指挥浙江把总。

王宠在太湖包山精舍作《感旧赋》，述从学蔡羽往事。

蔡昂因病回乡。吴承恩受其雅遇。

杨爵年二十八，闻朝邑韩邦奇讲性理之学，躬辇米往拜，叩其学。

杨应诏年二十，游黉宫，为郡之王公大人及督学等所优重。

陈霆徙寓南京。

叶竦携浙江龙泉二十二都安仁村刘、项两姓倡建仁山书院，未果。嘉靖三年朱世忠、刘尚诚、项尚达、项珪等助成之。

和气明亲回日本。

按：和气明亲为日本宫廷侍医和气氏家族之后代，他为进一步掌握当代中医学新知，于弘治十七年（1504）来中国，向明武宗皇帝献药。在中国期间曾师事熊宗立，请教医学疑难问题。熊宗立医学著作之能在日本刻印出版，和气明亲当是起了中介作用。

马蒂厄斯·格吕内瓦尔德作成《圣伊拉斯谟与莫理斯》。

黄傅纂修《江阴县志》14卷刊刻。

吴臻修、洪暄纂《无为州志》10卷刊刻。

叶溥修、张孟敬纂《福州府志》40卷刊刻。

黄省曾作《西洋朝贡典录》3卷成。

何瑭（一作何塘）作《贾贤权驿序》、《河内县重修庙学记》。

霍韬孟春为兵备王蘖谷作《民谣序》，又撰《贺秦先生序》。

邵宝作《超然堂纪略》。

舒芬作龚坊《龚氏谱序》。

张岳是冬作《新昌蔡氏族谱序》。

蔡羽、王宠等同访西洞庭山,羽作《登缥缈峰记》。

霍韬二月作《樵储录序》。

仇英与文徵明合作《莲舍图》。

王阳明刻《象山文集》并序之。

按：象山与晦庵同时讲学,自天下崇朱说,而陆学遂泯。阳明于正德六年曾论朱陆同归；席书在阳明论学于龙场时亦深病陆学不显,作《鸣冤录》以寄阳明。至是,阳明刻《象山集》并为序以表彰之。此序以朱陆同归论的形式,婉转地表现了扬陆的倾向,辨驳世人以陆学陷于禅的诽谤。

荣王府刊行《灵棋经》。

朱承爵刻所编宋陆游《放翁律诗钞》。

王鏊作《悯松》诗卷。

都穆序昆山县官所刻宋严羽《沧浪先生吟》。

武定侯郭勋刻《白香山诗集》、《诗韵释义》。

沈龄应杨一清之请,为作《四喜》传奇上演,以娱乐武宗。

按：徐朔方认为,《四喜》为《四节》之误(参《晚明曲家年谱》第一卷41页)。

杨循吉在金陵得《董解元西厢》,校订一过。

万玉山卒(1429,一作1428—)。玉山初名福敦。湖广罗田人。出家为僧,释名道玑；后为道士,号玉山。研习丹经,兼通占候、符水等术,精医,擅画竹兰。弟子陶仲文言之于世宗,赠号清徽神霄演法真人。

王奇卒(1434—)。奇字世英,号古行。浙江天台人。诸生。治《尚书》兼通《易》、《诗》二经,又治天文卜筮星数之学。以故为提学所黜,乃遍历江湖,以星历占筮之术闻名。

杨守随卒(1436—)。守随字维贞,号贞庵,又号文湖。浙江鄞县人。谥康简。侍郎守陈从弟。成化进士。事迹见《明史》卷一八六。

虞臣卒(1442—)。臣字元凯。苏州昆山人。成化十四年进士。著有《竹西亭稿》、《述古录》。

张昺卒(1443—)。昺字仲明,号栋庄主人,又号寓庵。浙江慈溪人。成化八年进士。事迹见《明史》卷一六一。

靳贵卒(1465—)。贵字充遂,号戒庵。丹徒人。弘治三年进士,授编修。官至武英殿大学士,卒赠太傅,谥文禧。生平周旋于权宦之间,而不失富贵。著有《正内编》6卷、《诵抑斋文稿》40卷《诗稿》8卷等；其存世者有《戒庵文集》20卷。

潘镗卒(1465—)。镗字宗节,号石湖、团山野人。庐州府六安人。弘治进士。著有《团山集》。

孙一元卒(1484—)。一元字太初,号太白山人。为宗室安化王宗人,王被诛,变姓名避难。踪迹奇诡,遍游名胜,足迹半天下。正德间侨居乌程,与刘麟、龙霓、陆崐、吴珫结社唱和,称"苕溪五隐"。著有《太白山人漫稿》8卷。事迹见《明史》卷二九八。

僧梯罗嗢他卒(1453—)。缅甸诗人。编有缅甸最古纪年史。

拉菲尔·圣齐奥卒(1483—)。文艺复兴时期的意大利画家,建筑师。

佩德罗·阿·卡布拉尔卒(1467/68—)。葡萄牙航海家,首航巴西。

按：《太白山人漫稿》8卷有《四库全书》本，书前提要与《四库全书总目》文字有差异。

黄云约于是岁前后在世，卒年七十余。云字应龙，号丹岩。昆山人。少从沈鲁游，家贫好学，凡刑名、钱谷、水利、算数、军旅、仪制无不究心，期为有用之学。弘治中以赠贡授瑞州训导。丁外艰归，遂绝意仕进。著有《黄丹岩先生集》10卷。其中诗4卷，文6卷，门人朱昌实编，中多与沈周、文徵明诸人往来题咏之作。

日本吉田宗桂（ —1572），谭纶（ —1577）、张绪（ —1593）生。

正德十六年　辛巳　1521年

奥斯曼帝国入贝尔格莱德，遂侵匈牙利。

沃尔姆斯帝国会议召开。

路德避瓦德堡。

法人及神圣罗马查理五世帝战。

莫斯科大公国灭梁赞公国。

西班牙灭阿兹特克王国。

三月，武宗卒于"豹房"（1491— ）。遗诏遣放豹房番僧及教坊司乐人。

四月，武宗从弟、兴献王子朱厚熜即位，是为世宗，改明年为嘉靖元年。

世宗继位六日，诏议本生父兴献王朱祐杬尊号。于是"大礼议"起，争论持续三年。

按：《明史·列传》卷七十九《毛澄传》、卷八十四《张璁传》，《明史演义》第五十六回《议典礼廷臣聚讼》等述"大礼议"颇详。大略曰：礼部尚书毛澄秉杨廷和旨意，会群臣六十余人议，以为"宜称孝宗为皇考，改称兴献王为皇叔父兴献大王"，自称侄皇帝。世宗览曰："父母可互易若是耶？其再议。"秋七月，观政进士张璁（张孚敬）上大礼疏，曰："朝议谓陛下入嗣大宗，宜称孝宗皇帝为皇考，改称兴献王为皇叔父，王妃为王叔母者，不过拘执汉定陶王、宋濮王故事耳。夫汉哀、宋英皆预立为皇嗣，而养之于宫中，是明为人后者也。故师丹、司马光之论施于彼一时则犹可。今武宗皇帝已嗣孝宗十又六年，比于崩殂，而廷臣尊《祖训》，奉遗诏迎取陛下入继大统，遗诏直曰'兴献王长子伦序当立。'初未尝明著为孝宗后，比之预立为嗣、养之宫中者较然不同。夫兴献王往矣，称之曰皇叔父，鬼神固不能无疑也。礼，长子不得为人后；况兴献王惟生陛下一人，利天下而为人后，恐子无自绝父母之义。故陛下为继统武宗，而得尊崇其亲则可；谓嗣孝宗以自绝其亲则不可。"此疏迎合了世宗之意，议尊兴献王为皇考。世宗喜，遂手诏杨廷和、蒋冕、毛纪等，欲尊父为兴献皇帝，母为兴献皇后，祖母为兴献皇太后。杨廷和等持不可，封还手诏。张璁（张孚敬）揣世宗意，著《大礼或问》上。章下礼部，毛澄等知事不可已，乃谋于内阁，请以皇太后旨行之。十月己卯朔，以皇太后旨追尊兴献王为兴献帝，祖母宪宗贵妃邵氏为皇太后，母妃蒋氏为兴献后。世宗不得已乃报可。是时清议皆目张璁（张孚敬）为邪说，交章劾之，出张璁为南京兵部主事。十二月，复传谕："兴献帝后皆加称皇字"。内阁杨廷和封还手敕。尚书毛澄据疏力争，又偕大臣合谏，皆不纳。次年正月，世宗不得已，勉从众议，称孝宗为皇考，兴献帝后为本生父母不称皇。如此逾年，不复有他议。至嘉靖三年正月,大礼议复起。这场政治上的对抗是通过史学论争的形式表现出来的,争论双方都希望通过讲史、引史、考史致胜对方,这对明代史学产生了深远的影响。在此背景下,宋史研究出现新热潮,史学出现了通俗化趋势,对往古史书、史料的怀疑、批判有了新的进展。

朱厚熜未至京师前,大学士杨廷和总朝政三十七日,凡先朝弊政多所革除。革锦衣内监旗校工役十余万人,佞幸得官者一半斥去。解散威武团练营;哈密、吐鲁蕃、佛郎机(葡萄牙)诸贡使皆遣归国;停京师不急之务,收宣府行宫金宝归内库。

五月丙辰,因去岁武宗南巡,未及廷试。至是,世宗继位,御西角门策之,赐杨维聪等330人进士及第、出身有差。

逮捕武宗时佞倖诸臣,杀钱宁。

六月乙未,以正德十四年朱宸濠之乱,江西遂废乡试。至是,巡按御史唐龙请于来岁开科年依额倍取。礼部覆议从之。

下江彬等于狱,杀之,并籍其家,得黄金七十柜,银二千二百柜,其他珍宝无数。

革锦衣卫冒滥军校三万余人。

武宗正德间,尤崇佛教,法王、佛子、禅师、国师之号充斥京师。世宗即位,于六月,革传升僧道教坊官三百余员,尽削内外金刚老及把总、大管家等各色名目。

十一月戊辰,为纂修《武宗实录》,发正德间留中不报疏八百余篇十余本付史局。

是年,游居敬疏斥湛若水倡邪学,令毁书院。

黎贯请复设起居注官。

广东海道副使汪鋐在屯门岛逐葡萄牙入侵者,毙天主教传教士梅尔古劳,获中国教徒彼德罗。此为天主教在华传教之最早记录。

杨廷和四月为朱厚熜(世宗)即位草《登极诏》。

杨廷和六月请开经筵。

杨廷和上《请正大狱疏》;并设计下江彬等于狱。

杨廷和为《武宗实录》总裁。

王守仁(王阳明)最早于是岁正月揭"良知"之教,并奉之为"圣门正法眼藏",以之为教学之头脑。

> 按:王阳明历来以立志或立诚为学之头脑,凡示学者,皆以存天理去人欲为本;然因晚年叠经变故,始信"良知"二字真足以使人忘患难、出生死,"譬之操舟得舵,平澜浅濑,无不如意,虽遇颠风逆浪,舵柄在手,可免没溺之患矣"。自后于悟导诸生时,便以为立志或诚意或天理皆不及良知直截,以"我此良知二字,实千古圣圣相传一点滴骨血也",又曰:"某于此良知之说,从百死千难中得来,不得已与人一口说尽。只恐学者得之容易,把作一种光景玩弄,不实落用功,负此知耳"。作于是时之《与邹谦之》书函中曰:"得此(良知)二字,真吾圣门正法眼藏。"自此有良知之说,以为教学之头脑。(《王文成公全集》卷三三)

麦哲伦船队横渡太平洋。

丝绸织造业传入法国。

王阳明登录陆象山嫡派子孙,仿各处圣贤子孙事例,给予优免。

按：王阳明以象山得孔孟正传,其学术久抑而未彰,文庙尚缺配享之典,子孙未沾褒崇之泽,牌行抚州府金溪县官吏,登录陆氏嫡派子孙,免其差役;其有俊秀子弟,具名提学道,送学肆业。

王阳明五月集门人夏良胜、舒芬、万潮、陈九川等于白鹿洞,同事《南昌府志》之修纂。

按：时南昌府知府吴嘉聪欲成府志,适蔡宗兖为南康府教授,主白鹿洞事,遂使开局洞中,集阳明门人共事焉。

霍韬五月至白鹿洞过阳明论《大学》。

王阳明五月遗书邹守益,促束装北上以图相会。

湛若水五月以《学庸测》寄示王阳明,阳明有书答之。

按：王阳明《答甘泉》："'随处体认天理'是真实不诳人语,鄙说初亦如是,及根究老兄命意发端处,却似有毫厘未协,然亦终当殊途同归也。修齐治平,总是格物,但欲如此节节分疏,亦觉说话太多。且语意务为简古,比之本文反更深晦,读者愈难寻求,此中不无亦有心病,莫若明白浅易其词,略指路径,使人自思得之,更觉意味深长也。"（《王文成公全集》卷三三）

方叔贤五月以《大学原》寄示王阳明,阳明有书答之。

按：王阳明《答方叔贤》略曰：道一而已,论其大本大原,则《六经》、《四书》无不可推之而同者,又不特《洪范》之于《大学》而已。譬之草木,其同者,生意也;其花实之疏密,枝叶之高下,亦欲尽比而同之,吾恐化工不如是之雕刻也。今吾兄方自喜以为独见新得,锐意主张是说,虽素蒙信爱如鄙人者,一时论说当亦未能遽入。君子论学,固惟是之从,非以必同为贵。至于入门下手处,则有不容于不辨者,所谓毫厘之差千里之谬矣。致知格物,甘泉之说与仆尚微有异,然不害其为大同。若吾兄之说,似又与甘泉异矣。（《王文成公全集》卷三三）

伦以训（彦式）五月请兄伦以谅贻书王阳明问学,阳明有书答之。

按：伦以训问："学无静根,感物易动,处事多悔,如何?"王阳明《答伦彦式》曰："心一而已,静其体也,而复求静根焉,是挠其体也;动其用也,而惧其易动焉,是废其用也。故求静之心即动也,恶动之心非静也,是之谓动亦动,静亦动,将迎起伏,相寻于无穷矣。故循理之谓静,从欲之谓动。欲也者,有心之私皆欲也。故循理焉,虽酬酢万变,皆静也。"（《王文成公全集》卷三三）

以训（1497—1540）字彦式,号白山。广东南海人。官至国子监祭酒。著有《白山集》。

王阳明五月奉诏入朝。

王阳明归省前有《与陆原静》札论养生。

按：王阳明函中略曰："闻以多病之故,将从事于养生,区区往年盖尝弊力于此矣。后乃知其不必如是,始复一意于圣贤之学。大抵养德养生,只是一事,原静所云'真我'者,果能戒谨不睹,恐惧不闻,而专志于是,则神住气住精住,而仙家所谓长生久视之说,亦在其中矣。神仙之学与圣人异。自尧、舜、禹、汤、文、武,至于周公,其仁民爱物之心,盖无所不至,苟有可以长生不死者,亦何惜以示人?如老子、彭篯之徒,乃其禀赋有若此者,非可以学而至。后世如白玉蟾、丘长春之属,皆是彼学中所称述以为祖师者,其得寿皆不过五六十,则所谓长生之说,当必有所指矣。元静气弱多病，但遗弃声名，清心寡欲，一意圣贤，如前所谓'真我'之说。不宜轻信异道，徒自惑乱聪明，弊精劳神，废靡岁月。"（《王文成公全集》卷三三）

王阳明六月奉内召，寻，止。升南京兵部尚书，参赞机务。便道归省，八月至越，九月归余姚省祖茔。

钱德洪率二姪钱大经、钱应扬及郑寅、俞大本，因王正心之介执贽请见王阳明，时阳明省亲余姚，讲学中天阁。

夏淳、范引年、吴仁、柴凤、孙应奎、诸阳、徐珊、管州、谷钟秀、黄文焕、周于德、杨珂等七十四人，在余姚，执贽阳明，称弟子。

王阳明十二月封新建伯，子孙世世承袭。

王阳明《传习录》初刊本传至朝鲜。

按：时距《传习录》之初刊仅三年。讷斋朴祥（1472—1530）记录朝鲜学界对阳明之学最初的反应说："阳明文字东来，东儒莫知为何等语，先生见其《传习录》，斥谓禅学。"（《纳斋集·年谱》）

杨廷和三月引《皇明祖训》，请立兴献王长子朱厚熜；并受太后命草遗诏，革除武宗时弊政。

杨慎七月直经筵，首作讲官。五月为殿试受卷官。

杨慎进《尚书》金作赎刑之章，言圣人赎刑之制。

梁储五月在大学士任上致仕。

王济授横州通判，摄知州事。

薛侃授行人司行人。

章懋五月由南京礼部右侍郎改尚书。九月具奏辞免升职，不允。

汪俊五月由翰林院侍读学士改礼部右侍郎。

韩邦奇五月由江西按察佥事改山东布政司参议。

王韦任河南提学副使，以所作诗卷付子王逢元。

蔡昂与修《武宗实录》。

魏校任钦差，提督学校广东等处提刑按察司副使，十二月谕民兴复民间社学，令凡为父兄者，如有子弟，年六七岁至二十岁未冠者，俱要送入社学；倡优隶卒之家，子弟不许妄送社学。

魏校又谕民曰：为父兄者，有宴会，如元宵俗节，皆不许用淫乐琵琶、三弦、喉管、番笛等音，以导子弟未萌之欲，致乖正教。府县官各行禁革，违者治罪；其习琴瑟笙箫古乐器听。不许造唱淫曲，搬演历代帝王，讪谤古今，违者拿问。

魏校巡历南雄，考按图志，开列书铺当禁之书：一曰时文，蠹坏学者心术；二曰曲本，海人以淫；三曰佛经，四曰道经，扇惑人心。如再发卖前项书籍，重治以罪，再不许开书铺；大书告示，张挂关隘去处，不许从外省贩卖前项书籍，私入广东境内。

黄佐在词林，以乾清宫告成，奉命作《乾清宫赋》。

林希元上《新政八要》，极言宦官之弊。

万表署都指挥佥事督运，以母老乞迎养，载之舟中，以便朝夕。

黄宗明升工部屯田司郎中，不起。

郑若庸被黜学籍，避仇河南，馆赵康王朱厚煜处，为厚煜辑类书《类隽》。

徐霖从北京南还，陈沂作序送行。

钱贵以国子监生试吏部，授太常寺典簿。

孙需正德中为南礼部尚书，以忤刘瑾致仕。瑾诛，起复，至南京吏部尚书，乞休归。

> 按：孙需字孚吉，别号冰蘖翁。卒谥清简。生卒年不详。德兴（一作饶州）人。成化进士。著有《冰蘖稿》。

龚弘正德时累迁右副都御史总督河道，帝称之为干事老臣。官至工部尚书。

> 按：龚弘字元之。生卒年不详。苏州府嘉定人。成化进士。著有《玉书楼稿》、《嘉定县志》。

陈镐正德间为湖广布政使，迁右副都御史，巡抚湖广。

> 按：陈镐字宗之，号矩庵。生卒年不详。浙江会稽人。成化进士。著有《阙里志》、《振鹭集》、《金陵人物志》、《矩庵漫稿》。

吴世忠正德间官至右佥都御史，巡抚延绥，引疾归。

> 按：吴世忠字懋贞，生卒年不详。江西金溪人。弘治进士。

黄澜正德中充经筵讲官，进讲《论语》、《尚书》。官至南京翰林院侍读学士。

> 按：黄澜字源续，号壶阴。生卒年不详。弘治进士。

刘龙与刘春专管教习新选廖道南、江汝璧等翰林院庶吉士24人。

江汝璧成进士，选庶吉士，授编修。

孙应奎成进士，授章丘知县。

鄞县陆釴成进士，授编修。

伦以谅成进士，授山西道御史。

> 按：伦以谅字彦周，生卒年不详。广东南海人。伦文叙之子，伦以训兄。著有《石溪集》。

刘濂成进士，授杞县知县。

> 按：濂字濬伯，生卒年不详。真定南宫人。官至监察御史。嘉靖中极言严嵩不可用，后嵩竟为首辅，遂谢病归。有《易象解》、《乐经元义》、《九代乐章》等。

刘世龙成进士，授太仓知州。

> 按：刘世龙字元卿，生卒年不详。浙江慈溪人。以忤世宗下狱，斥为民。著有《丛疣集》。

邵经邦成进士，授工部主事。

周祚成进士。

> 按：周祚字天保，浙江山阴人。生卒年不详。其时李梦阳崛起河洛，江南士子多心非之，唯祚是其学，致书以师礼事之。著有《周氏集》、《定斋集》。

黄佐成进士，选庶吉士，授编修。

敖英成进士，授南京工部主事。

> 按：敖英字子发，江西清江人。生卒年不详。著有《心远堂稿》、《慎言集训》、

《绿雪亭杂言》、《东谷赘言》。

王洙、毛凤韶、李默、吴廷翰、张孚敬（张璁）、张寰、张衮、朱纨、陈腾鸾、童承叙、廖道南成进士。

张崇德于河南临汝创建圣学书院。王尚絅撰《圣学书院碑铭记》，勉励诸生师孔子、二程，自幼志于圣人之道，涵养践履、致知笃行，言必行，行必果。

留志淑、洪晰于安徽祁门创建东山书院。

龙大有于河南濮阳创建明道书院。

湛若水正德间于广东赠城创建明诚书院。后辞官讲学其中。

刘鹤年正德间于云南嵩明创建碧澜书院。

唐胄正德间于海南琼山创建养优书院，为其弃官归乡读书之所。张简题额。

邵宝正德间于江苏无锡惠山寺创建二泉书院。

王时正正德间于安徽宁国创建西津书院（原名凤山书院、又名明德书院）。

杨桧正德间于四川新宁创建龙池书院。

陈文徽正德间于海南琼山创建桐墩书院。

邹守益作《安福重修儒学记》。

舒芬作《顺昌县志序》。

吕经、李文洁修《绛州志》7卷刊刻。

王江、王正纂修《凤翔府志》8卷刊刻。

胡缵宗纂修《安庆府志》31卷成。

马性鲁纂修《顺昌邑志》10卷刊刻。

唐胄纂修《琼台志》44卷刊刻。

无锡安国印铜活字本《东光县志》6卷。

按：《东光县志》已佚。据已有资料看，此书可能为我国明代仅有的铜活字本县志。

建阳刘洪慎独斋刻《史记大全》刊行。此板计改差讹字245字。

王崇献正德间纂修《宣府镇志》10卷刊刻。

杜纬修、刘芳纂［正德］《长垣县志》9卷刊刻。

何孟春自云南以所注《孔子家语》寄建宁知府张文麟，请付建阳书坊刊行。

僧真空正德间辑《韵书四种》。

唐寅与朱承爵共校古《啸旨》。

文徵明复为王守补《花游曲图》。

朱承爵校刊庾信《庾开府集》、杜牧《樊川诗集》。

柴奇次所作为《黼庵稿》。

陈沐木活字本《对床夜话》刊行。

依纳修·罗耀拉撰成《神操》。

路德始译《圣经》。

马基雅维利著成《战争艺术》。

梅兰希顿著成论路德教义的著作《公社所在地》。

楚王府正德间刻楚端王朱荣㳦《正心诗集》9卷。

铜活字本《武经总要》正德间刊行。

按：是书内附精图，为中国较早较精铜活字书籍之一。

麦哲伦卒（1480— ）。

若斯坎·德普雷卒（约1440— ）。法国作曲家。

马丁·瓦尔德西勒姆卒（约1470— ）。德国地图绘制家。

皮耶罗·迪·科西莫卒（1462— ）。文艺复兴时期意大利画家。

章懋卒（1436— ）。懋字德懋，号闇然子，晚号毂滨遗老。兰溪人。谥文懿。成化中，进士第一，授编修。因疏谏元夕张灯，廷杖谪官。累迁福建按察司佥事。后以读书讲学为事，学者称"枫山先生"，官终南京礼部尚书。所著诗文辞意醇厚，前期和后期作品略有不同，有《枫山语录》、《枫山集》等。事迹见《明史》卷一七九、《明儒学案》卷四五。

按：《历代教育名人志》章懋生年为1437年，卒年为1524年。卒年一作1522年。

又按：据《明史》本传，章懋为学，恪守先儒训。或讽为文章，曰："小技耳，予弗暇。"有劝以著述者，曰："先儒之言至矣，芟其繁可也。"通籍五十余年，历俸仅满三考。难进易退，世皆高之。

邝璠卒（1458— ）。璠字廷瑞，号阿陵。河间府任丘人。弘治进士。曾刻《便民图纂》。

卢雍卒（1474— ）。雍字师邵。苏州府吴县人。著有《古园集》。

何景明卒（1483— ）。景明字仲默，号大复山人。河南信阳人。弘治十五年进士，官至陕西提学副使。与李梦阳同为"前七子"首领，是明代文学拟古主义倾向的代表人物，主张文仿秦汉，诗宗盛唐，时人称"何、李"。著有《四箴杂言》、《雍大集》、《大复集》。刘海涵编有《何大复先生年谱》1卷，述其一生事迹、仕历、交游、著作，尤详其诗文创作，可参。

陈铎（约1488— ）约卒。铎字大声，号秋碧。下邳人。正德中袭济州卫指挥，居金陵。工诗善画，尤善乐府，时称"乐王"。所著散曲有《秋碧乐府》、《梨云寄傲》、《太平乐事》、《滑稽余韵》各一卷；其中《滑稽余韵》以民间小令136首改写而成，广泛描绘了各行各业的下层人物，真实反映了明代中叶社会的风貌。所作杂剧有《花月妓双偷纳锦郎》、《郑耆老义配好因缘》各一本，作品多写闲情逸致和颓废生活。另著有《词林要韵》、《草堂余意》、《可雪斋稿》、《月香小稿》、《香月亭诗集》等。

冀元亨卒，生年不详。元亨字惟乾，号闇斋。武陵人。正德十一年举人。笃信阳明之学，从王守仁于赣。以曾与朱宸濠论学，为张忠、许泰诬陷系狱。世宗嗣位，事白，出狱五日，卒。事迹见《明史》卷一九五《王守仁传》附传、《明儒学案》卷二八。

梁有誉（ —1555）、曹大章（ —1575）、项笃寿（ —1586）、徐渭（ —1593）、徐学谟（ —1593）、潘季驯（ —1595）、吴文华（ —1598）、王樵（ —1599）、陈嘉谟（ —1603）、陆光祖（ —1598）生。

梅新林　俞樟华　主编

中國學術編年

明代卷【下】

陈玉兰　胡吉省　撰

华东师范大学出版社

华东师范大学出版社六点分社　策划

全国高等院校古籍整理研究工作委员会重点项目
浙江省人文社科基地浙江师大江南文化研究中心重点项目

顾　问（按姓氏笔画）

甘　阳　朱杰人　朱维铮　刘小枫　刘跃进　安平秋　李学勤　杨　忠
束景南　张涌泉　黄灵庚　常元敬　崔富章　章培恒　詹福瑞

主　编

梅新林　俞樟华

总策划

倪为国

编　委（按姓氏笔画）

王德华　毛　策　叶志衡　包礼祥　宋清秀　邱江宁　陈玉兰　陈年福
陈国灿　林家骊　胡吉省　姚成荣　倪为国　曾礼军

明世宗嘉靖元年　壬午　1522年

正月甲子，开馆纂修《武宗实录》。

世宗勉从众议，称孝宗为皇考，兴献帝、后为本生父母不称皇。

按：上年大礼议，群臣以杨廷和为首，多主张世宗应以孝宗为"皇考"，称本生父为皇叔；进士张璁迎合帝意，上疏议尊兴献王为"皇考"。如此"继统"与"继嗣"之矛盾实为世宗派权贵与武宗旧臣实力派权势之争。至是，世宗不得已，勉从众议，称孝宗为皇考，兴献帝后为本生父母不称皇。如此逾年，不复有他议。然至嘉靖三年正月，大礼议复起。

六月，禁宦官弟侄世袭锦衣卫职。

七月己酉，诏两京国子监及各省提学官修补残缺经史，禁书坊妄肆改窜。

十月诏礼部国子监及各提学官，禁以陆九渊为正学，而宗朱熹。（《世宗实录》卷一九）

按：时学者乐陆学之简捷，诋朱学为支离，以故阳明之学盛行。此诏则从给事中章侨、御史梁世骠等之请。自是对阳明心学谤议日炽。

是年，令公侯伯未经事任、年三十以下者，照例送监读书。寻，令已任者亦送监。

定武举乡、会试试期及各考官员数。

从宣慰杨相之请，赐播州儒学《四书集注》。

以给事中夏言奏倭祸始于市舶，遂革福建、浙江二市舶司，惟存广东市舶司。

毁剖玄明宫佛像金屑一千三十两。

麦哲伦环球航行成功。此后始有西方对东方的殖民扩张，同时也拉开了"西学东渐"、"东学西传"的序幕。

王守仁（王阳明）正月、七月一再疏辞封爵，乞普恩典，不报。

王阳明二月丁父忧。

湛若水往吊王阳明父海日翁之丧，阳明曾与论"致良知"。

按：湛若水《奠王阳明先生文》曰："壬午暮春，予吊兄戚。云致良知，奚必故籍？如我之言，可行厮役。"

王阳明丁忧后卧病，远方同志日至，乃揭帖于壁，一切谢免。

程启充御史、毛玉给事倡议论劾王阳明以遏其学，陆澄时为刑部主事，上《辨忠谗以定国是疏》为辩。（《王文成公全集》卷三四）

按：王阳明于此类辩难，持"无辩止谤"态度。

巴卑尔入坎大哈。

奥斯曼帝国入罗得岛。

英人袭扰法国沿海。

西班牙人重建特诺齐蒂特，改名为墨西哥城。

西班牙人入尼加拉瓜。

巴黎市政府首次发行公债。

西班牙人入秘鲁勘探。

麦哲伦船队完成第一次环球航行。

养蚕业传入墨西哥。

王艮冠服车轮悉古制，大异人情。王阳明以其意气太高、行事太奇，稍抑之。

金克厚为王阳明父海日翁之丧监厨。

金克厚、钱德洪、何廷仁同贡于乡。

齐之鸾除湖州长兴县知县，政余校刻唐《语林》。

薛侃上封事，为贵倖倾构；诏下廷讯，备极惨毒，侃从容应对，死不能屈。世宗察无他，释之，编氓以归。

尤时熙举河南乡试，授教谕。是岁，时熙从王阳明门人刘魁学，始尊师门良知之说。

湛若水以荐复补编修，与修《武宗实录》，升翰林院侍读。是岁，上《再论圣学疏》。

崔铣预修《武宗实录》，仍充经筵讲官。

吕柟预修《武宗实录》。

李梦阳因曾为朱宸濠作《阳春堂记》，削籍。

杨慎奉使还蜀，代祀江渎及蜀藩诸陵寝，著《江祀记》。与熊浃等游浣花溪，载酒赋诗。十二月北上复命。

王宠在唐寅桃花庵中，书《五柳先生传》于赵孟頫所绘陶渊明像上。

杨一清游宜兴张公、善卷二洞，作记。

罗钦顺四月以吏部左侍郎改南京吏部尚书，九月以父年逾八十归养。

孔穆晖为侍读，八月主试顺天。

顾可久迁户部员外郎。

陈洪谟巡抚江西。

杨廉为礼部尚书。

夏尚朴起山东提学副使。

魏校起为广东提学副使。

霍韬起为兵部职方主事，屡有建言，不报，仍谢病归山。

韩邦奇起山东参谋，乞休。

何瑭（一作何塘）起为山西按察司提学副使，以父忧不就。

薛蕙自文选司主事，升验封司员外。

何孟春二月由南京兵部左侍郎入为吏部右侍郎。

陈九川进礼部员外郎中。

王绾为南京都察院经历。

余祐起河南按察使，调广西。

郑岳起抚江西。

朱豹官南昌。

按：朱豹字子文，上海人，生卒年不详。正德十二年进士。官至福州知府。诗学中唐，著有《朱福州集》。

黄瓒自北京回仪真。

王瓒丁母忧。

温仁和官侍讲,再次主顺天乡试。言者劾其关节受贿,然世宗未予处理。

周怡年十八游邑庠,李橘赴太平任司训,始与相识。

罗洪先始就试,补邑庠弟子员。

尤敷中举人。

浦南金中举人。

按:浦南金字伯兼,生卒年不详。苏州嘉定人。著有《修辞指南》、《诗学正宗》等。

杨继盛牧牛过里塾有读书志。

姚继岩嘉靖初历太常少卿,伏阙争大礼。

按:姚继岩字元宵。生卒年不详。扬州府通州人。弘治进士。著有《海山诗集》。

董玘嘉靖初与修《武宗实录》,记载详而不冗,简而能尽,又校焦芳所修《孝宗实录》之讹谬。

赵永嘉靖初为国子监祭酒,寻迁南京礼部侍郎。大学士杨一清重其才,示意欲引以自助。赵永正色拒,遂请致仕去。

陈察嘉靖初按四川。

按:帝亲审讯杨言,落其一指。察强谏,退又具疏申理,直声震朝野。又以请召还言官多人,贬海阳教谕。累迁山西左布政使,官至金都御史,巡抚南赣。乞休,荐万镗等用,忤旨斥为民。察字元习,生卒年不详。苏州府常熟人。弘治进士。著有《虞山集》。

彭簪于湖南衡山就邺侯书院旧址创建集贤书院。书院内祀唐宋以来名贤。

程洸于四川夹江创建宿进专祠并以为书院。

按:夹江邑人宿进尝于瓦砾中得宋人谢达夫诗句"两峰环抱揖平川"、张沦湖诗句"平川麦穗霭如云",拟建书院,定名平川,未果。

王腾于正定创建崇正书院。

秦伟于山西太谷创建凤山书院。书院设山长,初由知县、教谕、训导聘用,后改由绅士公议聘请。生徒须经严格考试、择优录取。

按:秦伟,字世观,生卒年不详。陕西三原人。弘治末进士。

张越于山西汾阳创建仰高书院。

于祥于广东仁化创建濂溪书院。

林元叙、吕柟于山西解州创办解梁书院,收远近六县学子就读。

北京金台书铺汪谅依据宋元板翻刻《史记》、《玉机微义》、《武经直解》等。

按:此次刊行书籍,出现了正式出版广告。然《玉机微义》为明人医书,广告称其刻据宋元旧板,误。或为书商为求利有意使然。

舒芬作《何椒丘文集序》、《吉水县志序》、《武宁县迁学记》、《仰范

约翰·波利编著成《诚挚的辱骂》。

亚历山德罗·亚历山德里编著成不连贯的百科全书

《才能录》。

阿尔卡拉大学出版《多语种圣经合参》。

堂记》。

徐问作《临江府名宦祠记》、《高峰书院记》、《爱日堂铭》。

罗钦顺作《吏部题名记》、《承德堂记》。

王济作传奇《连环记》。

倪玑修、刘堪纂《定州志》4卷刊刻。

何景明纂《雍大记》36卷刊刻。

胡缵宗纂修《安庆府志》31卷刊刻。

刘继善纂修《南平县志》17卷刊刻。

崔铣纂修《彰德府志》8卷刊刻。

薛纲纂修、吴廷举续修《湖广图经志书》20卷刊刻。

祝允明纂《罪知录》10卷成。

按：此为祝允明最后的著作，书中反对程朱思想，对历史人物的评价提出了许多与传统大相径庭的看法，如"汤武非圣人"、"伊尹不臣，不可谓圣贤"等等。

修髯子撰《三国志通俗演义引》。

按：是岁刊行之《三国志通俗演义》题"晋平阳侯陈寿史传，后学罗贯中编次"，24卷，240则，每则有一标题，前有弘治七年(1494)金华蒋大器(庸愚子)所作序及该序。此为现存《三国演义》最早版本，一般认为比较接近罗贯中原著。

王廷相十月编次自弘治壬戌至正德己巳所得诗赋文，共得180首，题为《沟断集》，并自为之序。十二月，复编次自正德庚午至甲戌所作诗文370余首，题曰《台史集》，亦自序之。

顾元庆刊唐张固纂《幽闲鼓吹》并作跋尾。

王济作传奇《连环记》。

章懋卒。一说卒于1521年。详见1521年条。

胡富卒(1445—)。富字永年。徽州绩溪人。成化十四年进士。官至南京户部尚书。卒谥康惠。著有《龙峰集》。事迹见《明史》卷一八六。

潘珏卒(1446—)。珏字玉汝，号澹翁，晚更号万卷山人。徽州府婺源人。成化进士。著有《澹翁稿》。

王华卒(1446—)。华字德辉，号实庵，晚号海日翁。王阳明父。尝读书龙泉山中，学者称龙山先生。先世会稽山阴人，后徙居余姚。成化十七年状元，授翰林院修撰。与修《宪庙实录》。为《大明会典》纂修官。与编《通鉴纂要》。以阳明功，赠新建伯。著有《龙山稿》、《垣南草堂稿》、《礼经大义》诸书，及《杂录》、《进讲余抄》等稿，凡46卷。

桂华卒(1476—)。华字子朴，号古山。江西安仁人。正德八年举人。尝从胡居仁门人张正游。终生不仕，以讲学优游、倡明道学为务。著有《古山集》。明桂萼编有《古山先生年谱》1卷，于其交游之人、讲学之所，著录详明，可参。

黄巩卒(1480—)。巩字伯固，号后峰。福建莆田人。弘治十八年进士。正德中，以谏武宗南巡，请诛奸佞江彬以谢天下，被廷杖五十，削职为民。归，潜心著述。世宗立，召为南京大理寺丞，次年病卒。天启初，追谥忠裕。著有《后峰集》。事迹见《明史》卷一八九。

按：据《明史》本传，黄巩尝叹曰："人生至公卿富贵矣，然不过三四十年。惟立身行道，千载不朽。世人顾往往以此易彼，何也？"

王韦约卒。生卒年不详。韦字钦佩。应天府上元人。弘治进士。官至太仆寺少卿。工诗文，与同里陈沂、顾璘，号"金陵三俊"。其后宝应朱应登继起，称"四大家"。著有《南原集》7卷。为诗婉丽多致，隽味难穷，然失纤弱。事迹见《明史》卷一七四《文苑传》、《明史》卷二八六《顾璘传》。

殷士儋（ —1582）、刘尧晦（ —1585）、张祥鸢（ —1586）、胡登洲（ —1597）、王时槐（ —1605）、刘效福（ —1589）、恽绍芳（ —?）生。

杨继洲（ —1620）约生。

嘉靖二年　癸未　1523年

三月戊午，赐姚涞等410人进士及第、出身有差。

按：是科南宫策问题以心学为问，阴诋王阳明。

四月，世宗听信太监崔文，崇道教，建斋醮于宫中，召道士邵元节入居显灵宫，专司祷祀。

按：后封邵氏为"清微妙济守静修真凝元衍范志默秉诚致一真人"，总领道教。道士势力日盛。

六月，日本贡使宗设抵宁波。

按：未几，宋瑞卿偕宋瑞佐复至，双方为争与明通商特权，互争真伪。宗设怒杀瑞佐，焚其舟，追赶宋瑞卿至绍兴城下，沿途杀掠，浙中大震。是为"争贡之役"。

是年，以朱熹裔孙朱墅为《五经》博士，主婺源庙祀。

王守仁（王阳明）居忧在越。

欧阳德、王臣、魏良弼二月成进士，王阳明喜曰："圣学从兹大明矣。"

按：是时对阳明心学谤议日炽，是科南宫策士即以心学为问，阴以排斥阳明门弟子。阳明门人徐珊读策问题，不答而出，钱德洪亦下第；然同门欧阳德、王臣、魏良弼等直接发师旨不讳，竟登第。阳明曰："吾学恶得遍语天下士？今会试录，虽穷乡深谷无不到矣。吾学既非，天下必有起而求真是者。"（《王文成公全集》卷三十四）

邹守益如越，复谒王阳明，月余别去。入京复职，与经筵。会大礼议起，守益偕同官上疏，不报。

邹守益、薛侃、黄宗明、马衡、王艮等二月在余姚侍王阳明，共议时人对阳明心学谤议日炽之故，阳明与论《孟子》"乡愿狂狷"之辨。

英人入法皮卡尔迪。

法人及奥斯曼帝国盟。

瑞典瓦萨王朝建。

方济各会教士在墨西哥开办西半球第1所学校。

按：诸生论谤议日炽之故，有谓阳明势位日隆，是以忌嫉谤；有谓阳明学问日明，为宋儒争异同，因而以学术谤；有谓天下从游者众，又以身谤。阳明谓诸生所论均未及，一切只因自己从前乡愿，而今狂狷之故。乡愿媚世，狂狷不与俗谐。（《王文成公全集》卷三十四）

王畿试礼部不第，无复仕进之意，专志于学，归而卒业王阳明之门。阳明为治静室居之。逾年大悟，尽契师旨。

薛侃有与王阳明书，谓"自咎罪疾，只缘轻傲二字。"阳明《与尚谦（薛侃）书》答曰："知得轻傲处，便是良知；致此良知，除却轻傲，便是格物。"（《王文成公全集》卷三十四）

南大吉如绍兴，从王阳明游。

林见素十一月自都御史致仕归，道钱塘，访王阳明。阳明趋迎于萧山。

张元冲十一月问仙、佛二氏之用，王阳明答之。

按：张元冲问："今观二氏作用，亦有功于吾身者，不知亦须兼取否？"阳明曰："圣人尽性至命，何物不具？何待兼取？二氏之用，皆我之用；即我尽性至命中完养此身谓之仙；即吾尽性至命中不染世累谓之佛。但后世儒者不见圣学之全，故与二氏成二见耳。圣人与天地万物同体，儒、佛、老、庄皆吾之用，是之谓大道。二氏自私其身，是之谓小道。"（《王阳明年谱》之"癸未"条）

尤时熙见王阳明《传习录》，豁然有契，遂弃词章，一意圣人之学。

黄佐三月作《道州谯楼记》。

何瑭（一作何塘）七月作《叶正郎出守广南序》。

杨廷和、毛纪、蒋冕、毛澄、林俊等正月因议大礼与世宗意相左，被劾，乞归，不许。

杨廷和四月上《请速停斋醮疏》，不听；闰四月上《请一法令以息群议疏》；九月上《请逮问谷大用疏》，斥其窃弄威权，霸占产业。

杨廷和十二月以是年各地水旱异常，民至断炊为由谏止宦官提督织造，不听；杨廷和亦不奉命。

毛澄充知贡举官。二月以礼部尚书致仕。

按：世宗欲追尊生父兴献王为兴献皇帝，曾遣宦官谕意。宦官长跪稽首，以世宗意，出橐金予澄，欲澄改"继嗣"立场为"继统"。澄愤然求去。致仕归，卒于道中。

蒋冕、石珤二月任礼部会试考试官。

薛蕙为会试同考官。

林俊六月以刑部尚书致仕。文徵明以诗送之。

按：林俊于嘉靖元年夏四月由工部尚书改授刑部，时年已七十，数引疾乞归，不许。因请帝"亲近儒臣，正其心以出号令，用浑璞为天下先。初诏所革，无迁就以废公议。"又言："推尊所生，有不容己之情，有不可易之礼。"又数为帝言："亲大臣，勤圣学，辨异端，节财用。"朝有大政，必侃侃陈论，持正不避嫌怨。既屡见革，遂乞致仕。

罗钦顺为南京礼部尚书，三月召为礼部尚书，辞不赴。

汪俊为吏部侍郎，七月改礼部尚书，以代罗钦顺。

崔铣四月改南京国子祭酒。

崔铣讲《论语》，开陈治本，启沃恳切，擢国子祭酒。

何瑭（一作何塘）再起提举浙江，寻，晋南京太常寺少卿，与国子祭酒湛若水、司业郭杏东相与力倡修明古《大学》之法。

湛若水五月上言，请复省览讲章，报闻。

蔡汝南（蔡汝楠）八岁侍父听讲于湛若水座下，辄有解悟。

吕柟五月上言，宜亲贤远奸，报闻。

文徵明以吏部尚书李充嗣之荐，于闰四月，以南直隶生员参与礼部试，超授翰林院待诏，与修《武宗实录》。

按：自弘治乙卯至嘉靖壬午，文徵明除弘治十四年因父丧守制未能与试外，凡赴乡试九次，然每每见斥。至是，因吏部尚书乔宇、刑部尚书林俊力为主张，由李充嗣奏荐于朝，始得超拔。是岁，徵明有《谢李宫保书》，中有曰："公卿不荐士久矣。何也？科举之法行也。世之所尚者在是，上之所用者在是，是以有志事功、有志文章、有志节义行能者，皆俯焉求合有司之尺度，以求自见于世也。然者科目之外，岂复有遗才哉？"可见其对科举制的看法。

黄佐以出次潞河，与文徵明并舟而归；至杭渡江访王阳明，相与论良知之学；及归，有司请修《广州志》。

霍韬四月过济宁，谒阙里，循洙泗，入孔林，仰乔木焉。

王艮四月以淮扬大饥，贷粟赈济。

唐寅见丹徒杜堇所绘崔莺莺等绝代名姝册，别摹为一帙，系以长文，祝允明复为题诗。

王廷相以右副都御使巡抚四川，讨平芒部首领沙保，迁南京兵部尚书，参赞机务。

孙承恩以翰林院编修使越，道阻归。

黄宗明起补南京刑部四川司郎中。

丰坊成进士，授礼部主事。

刘隅成进士，授行人。

按：刘隅字叔正，生卒年不详。山东东阿人。官至副都御史。著有《古篆分韵》、《治河通考》。

李新芳成进士。

按：李新芳字元德，号漳野，生卒年不详。山西潞州人。官至监察御史。著有《漳野文集》。

李舜臣成进士，授户部主事。

李日章成进士，授刑部主事。

李义壮成进士，授仁和知县。

应廷育成进士，授南京刑部主事。

陆时雍成进士，授上高知县。

按：陆时雍字幼淳，生卒年不详。浙江归安人。官至江西按察副使。著有《南游漫稿》、《平川遗稿》。

杨宜成进士，授御史。

徐阶中进士第三人，授翰林编修。

黄直成进士，授漳州推官。

按：黄直字以方，号卓峰，生卒年不详。江西金溪人。师从王阳明，笃信王学。著有《望莱集》、《还江集》。

章衮成进士，授御史。

潘恩成进士，授祁州知州。

姚涞成进士，授翰林修撰。

龚辉成进士，授工部主事。

按：龚辉字实卿，号笑斋，生卒年不详。浙江余姚人。著有《西槎疏草》、《全陕政要》。

魏良弼成进士，知松阳县。

屠大山成进士，授合州知州。

王献、朱廷立、吴鹏、周延、陈儒、张时彻、郑晓、高叔嗣、顾梦圭、戴鲸、华钥成进士。

钱术于河北威县创建洛阳书院。清光绪十四年，李敬亭曾任山长。

胡明善于湖南宁乡创建玉潭书院，聘周子采为山长，朔望进诸生讲明经义。

霍韬于广东南海创建四峰书院，讲学其中。强调"为学须刻励处恭，切当用功，从天理上思，便是穷理，穷理即所以养心"。曾有《心性图解》，以训导诸生。叶春及曾掌教于此。该书院与大科、石泉、云谷并称为明代西樵四大书院。

弥勒创建云南虹溪书院。

谢蕡纂《后鉴录》3卷成。

薛俊纂《日本国考略》1卷成。

黄春纂修《武义县志》5卷刊刻。

太监潘真、赵荣重刻《泰岳太和山志》15卷。

舒芬服阕，应诏复官翰林。道经济南，入谒孔子，并录所撰《谒阙里记》，其所绘阙里图、所貌夫子宫墙图、所行释菜礼仪及士相见礼仪，并问答五章、联句三十五韵，总题曰《东观录》。

徐珊刻王阳明《居夷集》。

归有光作《项脊轩志》。

王廷相正月编次正德甲戌至丙子所为诗文，汇为《近海集》，自序之。

王廷相三月作《吴中稿序》。

唐王府朱弥鍗刻唐庄王朱芝址《一斋诗》10卷。

刘忠卒（1452— ）。忠字司直，号野亭。河南陈留人。谥文肃。成化十四年进士。官至吏部尚书兼文渊阁大学士。著有《野亭遗稿》。事迹见《明史》卷一八一。

张纶卒（1454— ）。纶字大经，号敬轩。宁国宣城人。成化进士。官至右都御史。著有《敬亭稿》。

汉斯·萨克斯为路德作寓言诗《威腾堡的夜莺》。

安东尼·菲茨赫伯特著成第一本英格兰农业手册《耕作之书》。

乌尔利希·冯·胡登卒（1488— ）。德国人文主义者，作家，诗人。

卢卡·西诺列

黄宝卒（1456— ）。宝字廷用。湖广长沙人。成化二十年进士。著有《东冈集》。

毛澄卒（1461— ），字宪清，号白斋，晚更号三江，卒谥文简。昆山人。弘治六年进士。累官礼部尚书，充经筵官东宫侍讲。曾与修《会典》、《通鉴辑要》、《孝宗实录》、《武宗实录》，端亮有学行。著有《圣驾临雍录》1卷、《大礼奏议》1卷、《嘉靖二年会试录》、《三江遗稿》2卷、《毛文简公类稿》18卷、《文简公遗稿》2卷等。事迹见《明史》卷一九一。

唐寅卒（1470— ）。寅字伯虎，一字子畏，号六如居士，别署桃花庵主、逃禅仙吏等。苏州吴县人。初学画于周臣，毕生致力绘画，擅山水、人物、花鸟，工笔、写意俱佳。善书法，亦工诗文。文宗六朝，诗风秾丽纵放，与祝允明、徐祯卿、文徵明并称"吴中四才子"。画与沈周、仇英、文徵明合称"明四家"。著有《六如居士集》、《画谱》等。事迹见《明史》卷二八六《徐祯卿传》附传、可参阅风所编《唐六如年谱》及温肇桐《唐伯虎先生年表》、杨静庵《明唐伯虎先生寅年谱》等。唐寅曾刻有"江南第一风流才子"印，故后世戏曲小说多以风流韵事附益之。

按：据《明史》本传，唐寅诗文，初尚才情，晚年颓然自放，谓后人知我不在此，论者伤之。吴中自枝山辈以放诞不羁为世所指目，而文才轻艳，倾动流辈，传说者增益而附丽之，往往出名教外。

沈龄卒（1470— ）。龄字寿卿，一字元寿，自号练塘渔者。究心古学，落拓不事生产。尤精乐律，慕柳耆卿之为人，撰歌曲，教童奴为俳优。画竹仿文洋州，书法出入苏文忠、赵承旨，诗歌清绮绵婉，名满大江南北。著有《四节记》、《还带记》、《千金记》、《三元记》等传奇作品。

郑善夫卒（1485— ）。善夫字继之，号少谷。福建闽县人。弘治十八年进士。与李梦阳、何景明、徐祯卿、边贡、朱应登、顾璘、陈沂、康海、王九思等号十才子。所交尽名士，与孙一元、殷云霄、方豪尤友善。作诗，力摹少陵。善画。著有《郑少谷集》、《经世要谈》。事迹见《明史》卷二八六。

韩邦靖卒（1488— ）。邦靖字汝庆，号五泉。朝邑人。正德戊辰进士。有《韩五泉诗集》等。

孙钰（ —1573）、诸大绶（ —1573）、袁尊尼（ —1574）、林大春（ —1588）、顾从义（ —1588）、王宗沐（ —1591）、王遴（ —1606）生。

利卒（1445/50— ）。文艺复兴时期意大利画家。

嘉靖三年　甲申　1524年

二月丁酉，下给事中邓继曾于狱。

按：继曾上书谏勿刚愎专断，当与大臣共政。世宗震怒，立下继曾诏狱掠治，寻谪金坛县丞。自继曾得罪后，世宗厌薄言官，自此廷臣废黜相继。

皮萨罗入秘鲁。

莫斯科大公瓦西里三世伐喀山。

是月，大礼议复起，以兴献王为"皇考"，称孝宗为"皇伯考"。

按：先是，世宗于嘉靖元年正月勉从众议，称孝宗为皇考，本生父母帝、后，不称"皇"。如此逾年，并无异议。然至是年正月，南京刑部主事桂萼与张璁（张孚敬）同官，日夜私讠朝议。而南京兵部侍郎席书、员外郎方献夫亦各具疏与璁意合。桂萼揣帝意，上疏请改孝宗为皇伯考，兴献帝为皇考，别立庙大内，正兴国太后之礼，定称圣母，并录席书、方献夫二疏以闻。世宗得疏心动，手诏下廷臣议。于是礼部尚书汪俊会廷臣73人议萼疏非是，议上留中，而特旨召张璁（张孚敬）、桂萼、席书于南京。汪俊不得已，乃集群臣请加皇字以全徽号。议上，世宗亦留之十余日始报可。

六月丙午，擢桂萼、张璁（张孚敬）为翰林学士，方献夫为侍讲学士。

按：时廷臣交章劾张璁等，世宗独听信璁等言，特进三人官。修撰杨慎等三十六人上书言不能与同列，乞归。世宗大怒，自是而大礼之讼兴。

七月戊寅，更定章圣皇太后尊号，去本生之称。群臣伏阙力争，因此下狱者达134人，待罪者86人。其中180余人受廷杖，廷杖致死者16人，充军者11人，削职为民者4人。

按：先是，世宗命内阁拟撰本生圣母章圣皇太后册文。至是，世宗采张璁（张孚敬）、桂萼议，谕大学士毛纪等去册文"本生"字，纪等力言不可。世宗召百官至左顺门，敕曰："本生圣母章圣皇太后，今更定尊号为圣母章圣皇太后。"何孟春与尚书秦金、学士丰熙等及翰林、寺部、台谏诸臣各上言，力争"本生"二字不宜削。章十三上，俱留中不报。戊寅，上朝罢，斋居文华殿。尚书金献民、徐文华倡言曰："诸疏留中，必改孝宗为伯考，则太庙无考，正统有间矣。"孟春曰："宪宗朝，尚书姚夔率百官伏哭文华门，争慈懿皇太后葬礼，宪宗从之。此国朝故事也。"修撰杨慎曰："国家养士百五十年，仗节死义，正在今日。"给事中张翀、王元正等遂撼留群臣于金水桥南，曰："万世瞻仰，在此一举。今日有不力争者，共击之。"何孟春、金献民、徐文华复相号召，于是秦金等凡23人、丰熙等凡20人、谢贲等凡16人、余翱等凡39人、马理等凡12人、黄待显等凡36人、余才等凡12人、陶滋等凡20人、赵儒等凡15人、毋纯德等凡12人，以及内阁毛纪、石瑶等俱赴左顺门跪伏。有大呼高皇帝、孝宗皇帝者。世宗闻之，命司礼监谕退者再，群臣伏而不去，自辰迄午。世宗怒，命司礼监录诸姓名，收系为首者丰熙、张翀、余宽、黄待显、陶滋、相世芳、毋纯德等8人于狱。杨慎、王元正乃撼门大哭，一时群臣皆哭，声震阙廷。世宗大怒，遂逮系马理等凡134人于狱，何孟春等86人姑令待罪。总220人。命拷讯丰熙、杨慎、王元正、张翀、刘济、黄待显、陶滋、余宽、相世芳、余翱、毋纯德等11人，编伍充军；其余四品以上者俱夺俸，五品以下者杖之。于是编修王相等180余人各杖有差，杖死者16人：翰林王思、王相，给事中裴绍宗、毛玉、张原，户部申良、安玺、杨淮，礼部许谕、臧应奎、张深，兵部余祯、李可登，刑部胡琏、殷承叙，御史胡琼。为民者4人：给事张汉、张原、安监，御史王时柯。至此，持续三年之大礼议方告结束。其涉及方面之广、人数之众，对当时政治、文化、学术产生了广泛影响。不少官员因议礼不合而被斥逐，从此潜心学术。（《世宗实录》卷四十一）

九月丙寅，更定大礼，称孝宗曰"皇伯考"，昭圣皇太后曰"皇伯母"，献皇帝曰"皇考"，章圣皇太后曰"圣母"。

是年，诏修郡国志书进史局。

佛郎机（炮）正式开铸于北京。

鲁迷国(即土耳其帝国)始遣使来明。

王守仁(王阳明)在越，门人大进。主讲于稽山书院，发《大学》万物同体之旨。

王阳明四月服阕。于"大礼"，避而不谈。

按：霍韬、席书、黄宗贤、黄宗明四月先后皆以"大礼"问王阳明，阳明皆不答。

王阳明八月中秋宴门人百余人于天泉桥，有诗。

舒柏八月有"敬畏累洒落"之问，刘侯有"入山养静"之问，王阳明皆答之。

按：王阳明曰："洒落生于天理之常存，天理常存生于戒慎恐惧之无间，孰谓敬畏之心反为洒落累也？"又曰："君子养心之学如良医治病，随其虚实寒热而斟酌补泄之，初无一定之方。若专欲入坐穷山，绝世故，屏思虑，则恐既已养成空寂之性，虽欲勿流于空寂，不可得矣。"（《王文成公全集》卷三四）

王阳明八月复论圣学无妨于举业。

王阳明门人十月立阳明书院于越城。

南大吉为阳明座主，正月在郡守任入阳明之门称门生，并为辟稽山书院。

按：南大吉在原稽山书院旧址增建明德堂、尊经阁，试八邑诸生，选其优者升于其中，身率讲习以督之。于是湖广之萧璆、杨汝荣、杨绍芳，广东之杨仕鸣、薛宗铠、黄梦星，直隶之王艮、孟源，南赣之何秦、黄弘纲，安福之刘邦采、刘文敏，新建之魏良政、魏良器，泰和之曾忭等三百余人，皆入稽山书院。

周怡见《传习录》续刻，慨然以为圣学，遂有向道之志。

董沄(澐)年六十八，春，游会稽，闻王阳明讲学，强纳贽拜师，是后自号从吾道人。次岁阳明为作《从吾道人记》。

黄佐初夏作《游南岳记》。

黄佐孟冬作《泰泉书院兴作记》。

韩邦奇起山西左参谋，分守大同，有《同州重修州廨记》。

罗钦顺作《韶州府重修庙学记》。

湛若水是秋升南国子监祭酒，筑观光园，集居四方学者，又申明监规，陈为六事。

霍韬九月有《答彭仁卿书》。

余祐三月作《枫山章先生文集序》。

归有光作《书斋铭》。

杨廷和为首辅大学士，二月以议礼不合，累疏乞致仕。获许，以蒋冕代。

按：杨廷和以议礼不合，又以谏织造忤旨，求去。诏许。廷和去而大礼议复起。首辅蒋冕、毛纪亦因持议不合，先后致仕，任职皆不过数月。

蒋冕代杨廷和为首辅，五月为谏世宗逐汪俊及召张璁(张孚敬)、桂萼事，乞致仕。获允，以毛纪代。

毛纪代蒋冕为首辅，七月因议大礼中世宗笞罚廷臣动以数百，请宥伏

乔瓦尼·达·韦拉扎诺入抵纽约湾和休斯顿河。

阙诸臣，世宗衔其亢直，听之致仕去。

汪俊为礼部尚书，二月集议大礼。三月复上疏论大礼，寻，罢，席书代之。

> **按**：汪俊字抑之，生卒年不详。江西弋阳人。弘治进士，授编修。正德中，与修《孝宗实录》。学宗洛闽，与王守仁交好而不同其说。学者称石潭先生。事迹见《明儒学案》卷四八。

湛若水为侍读，二月上疏以《易》屯、否二卦说时事。疏入，下所司知之。八月，升南京国子监祭酒。

邹守益四月复上疏，请罢兴献帝称考立庙，谪广德州判官。守益取道于越，省王阳明而后履任。

杨一清十二月戊午起为兵部尚书，总制三边。

黄宗明在南京刑部主事任、黄绾在都察院经历任，四月同张璁（张孚敬）、桂萼上言大礼，报闻。

吕柟五月以修省自劾，语涉大礼，下诏狱，降解州判官。

薛蕙为吏部员外郎，与张璁（张孚敬）、桂萼等争"大礼"相持不下。蕙撰《为人后解》、《为人后辨》及辨璁、萼所论七事，合数万言，六月上于朝。疏入，世宗以蕙出位妄言，下镇抚司拷讯。

舒芬以议大礼，凡三上疏，获罪杖于廷。

杨慎七月以两上议大礼疏，触犯世宗，下狱，廷杖，毙而复苏，谪戍云南永昌卫。

崔铣为南京国子祭酒，八月以灾异自劾，并及大礼，世宗不怿，罢归。

霍韬八月驰疏论大礼两考之失。

张邦奇为四川提学副使，十一月念母老致仕。

归有光补学官弟子。

欧阳德迁南京国子司业、南京尚保卿，迁太仆少卿，奏改南鸿胪。

罗汝芳始从新城张洵水学，自是一意以道学自任。

祝允明夜宴陈氏山亭，灯下草书《赤壁赋》卷。

陆深观鲜于枢书昌黎《石鼓歌》，作题记。

郎瑛旅金陵。

汪渊于广西桂林创建桂林书院。书院分东西两区，东区习《礼》、《易》、《春秋》，西区习《诗》、《书》。生徒有生活费，有病可医治。

许廷光增修四川成都大益书院。范水鸢等置学田于双流。

王启于昆明创建五华书院，并自为记述其详。嘉靖三十一年黄琮等增修，成为云南最大书院。

道士邵元节征入京。

约翰·瓦尔特尔和马丁·路德合作创作成赞美诗《颂

许相卿所纂《史汉方驾》35卷刊行。

许诰纂《通鉴纲目前编》3卷成。

郑晓纂《九边图志》30卷成。

郑洛书修、高企纂《上海县志》8卷刊刻。

熊相纂修《蓟州志》18卷刊刻。

姚鸣鸾修、余坤等纂《淳安县志》17卷刊刻。

吴宣济等修、陈泗等纂《永康县志》8卷由胡楷刊刻。

秦镒修、饶文璧纂《东乡县志》2卷刊刻。

无锡安国印铜活字本《吴中水利通志》17卷、《重校魏鹤山先生大全集》110卷。

南大吉十月续刻《传习录》于越。

按：《传习录》薛侃首刻于赣州，凡3卷；至是，南大吉取阳明论学书，复增至5卷。

湛若水著《心性图说》。

王磐著《野菜谱》。

建阳书林刘宗器安正堂重刻宋濂《学士文集》26卷。

章懋卒（1436— ）。一说卒于1521年，详见是年条。

邓庠卒（1447— ）。庠字宗周，号东溪。湖广宜章人。成化进士。官至南京户部尚书。著有《东溪稿》。

王鏊卒（1450— ）。鏊字济之，谥文恪。苏州吴县人。成化进士，授编修。官至户部尚书兼文渊阁大学士。刘瑾欲杀大臣刘大夏、韩文，鏊力救得免。著有《春秋词命》3卷、《孝宗实录》224卷、《史余》1卷、《奏议》2卷、《食货录》、[正德]《姑苏志》60卷、《震泽纪闻》2卷、《震泽编》8卷、《震泽长语》2卷、《守溪笔记》1卷、《守溪长语》1卷、《本草单方》8卷、《震泽先生集》36卷等。事迹见《明史》卷一八一。

按：据《明史》本传，王鏊博学有识鉴，文章尔雅，议论明畅。晚著《性善论》一篇，王守仁见之曰："王公深造，世未能尽也。"少善制举义，后数典乡试，程文魁一代。取士尚经术，险诡者一切屏去。弘、正间，文体为一变。

乔宇卒（1457— ）。宇字希大，号白岩。谥庄简。山西乐平人。祖毅，工部左侍郎。父凤，职方郎中。皆以清节显。成化二十年进士。著有《乔庄简公集》。事迹见《明史》卷一九四。

按：据《明史》本传，乔宇幼从父京师，学于杨一清。成进士后，复从李东阳游。诗文雄隽，兼通篆籀。

王瓒卒（1462— ）。瓒字思献，号欧滨。温州府永嘉县人。累官礼部左侍郎，追赠礼部尚书，谥文定。《明史》虽未予立传，而曾两任祭酒，四典会试，侍讲经筵，纂修国史。纂《温州府志》。另《浙江心寺集》1卷，见《万卷堂书目》著录。

李堂卒（1462— ）。堂字时升，号堇山。浙江鄞县人。成化二十三年进士。官至工部右侍郎，总理河道。著有《正学类稿》、《四明文献志》、《堇山集》。

李熙卒（1465— ）。熙字师文。南京上元人。弘治进士。著有《尚友集》、《明农稿》、《饮虹稿》。

歌集》。

皮特勒斯·阿皮安努斯编著成第一本地理学理论教科书《宇宙志》。

达伽马卒（约1460— ）。

陆淞卒(1466—)。淞字文东,号东滨。浙江平湖人。弘治进士。预修《大明会典》。

黄琮卒(1470—)。琮字元质。应天府上元人。弘治进士。著有《乞养堂稿》。

按：一说黄琮(1471—1525)。

张原卒(1474—)。原字士元,号佩兰,又号玉坡。陕西三原人。正德九年进士,授吏科给事中。以争大礼杖死。著有《玉坡奏议》。事迹见《明史》卷一九二。

景旸卒(1476—)。旸字伯时。扬州仪真人。正德三年进士。与乡人蒋山卿、赵鹤、朱应登并工诗文,称"江北四子"。著有《前溪集》。

王思卒(1481—)。思字宜学,号改斋。江西泰和人。正德六年进士。从王阳明于赣州,赞讨朱宸濠军机。著有《改斋集》。事迹见《明史》卷一九二。

按：据《明史》本传,王思志行迈流俗,与李中、邹守益善。高陵吕柟亟称之,尝曰："闻过而喜似季路,欲寡未能似伯玉,则改斋其人也。"改斋者,思别号也。

黄暐约于是岁前后在世。暐字日昇,号东楼,生卒年不详。苏州府吴县人。弘治三年进士。曾官工部主事,迁刑部郎中。性刚廉,用法平恕,忤权贵,引疾归。著有《使陕录》(已佚)及《蓬窗类记》5卷。

按：《蓬窗类记》为研究由明前期向中期过渡阶段南北地区特别是苏州地方社会变迁的珍贵材料。关于《蓬窗类记》,《四库全书总目提要》曰："此书杂记旧事,上自朝廷典故,下及该谐鬼怪之属,无所不录。分功臣纪、科第纪、赋役纪、国初纪、妖人纪、灾异纪、异人纪、厚德纪、政绩纪、忠烈纪、高士纪、异行纪、固介纪、颖慧纪、德怨纪、节妇纪、著作纪、诗话纪、技艺纪、冠衲纪、梦纪、果报纪、滑稽纪、怪异纪、黠盗纪、祛惑纪、商贩纪、释冤纪。诸目所载,吴事尤多,然颇芜杂不尽可据。前有王鏊序,称故友黄君,少攻举业,未甚该洽。及筮仕,乃始泛观博取。此书所记,虽不能无猥琐,而崇正之意亦寓其间。"牛建强《明人黄暐〈蓬轩类记〉相关问题考释》(见《史学月刊》2004年第12期)认为,《蓬轩类纪》为黄暐笔记之原名,而《蓬窗类纪》为误称;其孙黄省曾依据材料归属吴地和非吴地的原则将《蓬轩类纪》分解,重组为《蓬轩吴记》和《蓬轩别记》。而《蓬轩吴记》2卷《别记》1卷,又有题杨循吉撰者。

朱察卿(—1572)、郭谏臣(—1580)、吴国伦(—1593)、耿定向(—1596)、林士章(—1600)、赵志皋(—1601)、陈大科(或1534—1601)、丘集(—1603)、陆应阳(—?)生。

嘉靖四年　乙酉　1525年

正月甲戌,诏修《献皇帝实录》。

三月，光禄寺署臣何渊"请建世室，祀皇考于太庙"，下廷臣议。

按：自此，祔祀之议起。朝臣交章谏不可。五月庚午，廷议为献帝别立一庙，祔庙之议始寝。

五月，复传奉官。

按：初，世宗即位，尽革先朝传奉之例。自此，倖门再启。

六月，以《武宗实录》成，进大学士费宏少师兼太子太师，石珤、贾咏皆太子太保、武英殿大学士。

八月，天方(阿拉伯)等国贡使至。

十二月辛丑，《大礼集议》成，颁布天下。

闰十二月戊午，以《大礼集议》成，凡附议者皆升赏有差。

是年，复开输粟入监之例。

按：输粟入监之例于世宗继位之初已停，至此复开。然须提学官考其能通文义者，两京、十三省限五千人。

王守仁(王阳明)正月作稽山书院《尊经阁记》。

按：其记略曰："《六经》者，吾心之记籍也。而《六经》之实则具于吾心；犹之产业库藏之实，种种色色，具存于其家，其记籍者，特名状数目而已。而世之学者不知求《六经》之实于吾心，而徒考索于其影响之间，牵制于文义之末，硁硁然以为是《六经》矣。"(《王文成公全集》卷三四)

王阳明夫人诸氏正月卒。

南大吉匾莅政之堂为"亲民堂"，山阴知县吴瀛重修县学，提学佥事万潮与监察御史潘倣拓新万松书院于省城南，咸以记请，王阳明皆为作记。

席书在尚书任、石金在御史任以王阳明服阕，六月交章论荐，皆不报。

王阳明九月归余姚省墓，与诸生约每月以朔、望、初八、廿三为期，定会于龙泉寺之中天阁，并书壁以勉诸生。

王阳明是岁有《与顾东桥》书，中论格物，与朱子异。

程文德作《丽泽书院记》。

席书闰十二月戊午以《大礼集议》成加太子太保。

张璁(张孚敬)闰十二月戊午以《大礼集议》成进詹事兼翰林学士。

穆孔晖预修《武宗实录》成，升左春坊左庶子，兼翰林院侍讲学士，修《武官续黄》。

霍韬是秋作《东山序》。

杨慎正月力疾抵云南永昌。

邹守益正月大会同志于广德复初书院，聘王艮主讲，艮作"复初说"。

聂豹始召入为福建道监察御史，数月凡三上疏，以直声振于时。

黄宗明为南京刑部郎中，六月奏都察院经历何渊祔庙之谬，报闻。

黄宗明出为吉安知府，迁福建盐运使。至吉安，首建白鹭洲书院，以道德勖诸生。

王艮七月应郭氏之聘，开讲孝丰，刻诗学宫，以示诸生。

王畿偕钱德洪赴冲元会，道出睦州，作《邹东廓先生续摘稿序》。

五世帝及法人战，获法国弗朗索瓦一世。

英人、法人议和。

普鲁士公国建。

印加王瓦斯卡尔登位。

西班牙步兵首次使用滑膛枪。

马铃薯传入西班牙。

变奏曲问世。

何瑭(一作何塘)四月取自弘治甲寅以来所作诗稿若干首录之,以备遗忘,有序。

韩邦奇七月在山西按察副使任致仕。

万表推浙江掌印都指挥。

朱曰藩在金陵,与王宠谛交。

翟銮与谢丕八月主顺天府乡试。

罗洪先初就洪都乡试,得举;继辍会试归侍父疾,遂偕王鲁直、周钦之师事同邑李中。

陈鹤是春中举。

李廷宝中举人,授清苑知县。

按:李廷宝,字国用,号浍溪,山西曲沃人。生卒年不详。官至荣王府长史。喜读书,仕籍30年,手不释卷,著有《曲沃县志》5卷、《清苑县志》、《曲沃先贤事迹略》、《董子故里志》6卷、《兵机要略》、《牧民毅矩》、《毅轩诗文集》等。

邵圭洁中举人,选德清教谕。

徐献忠中举人,授奉化令。

周怡在家肄业,五经子史,莫不究心。

郭郛8岁,即知诵读,谐声律。

郑若庸乡试不售,旋遭斥革。

按:沈德符《野获编》卷二十五《著述·类隽类函》云:"少粗侠,多作犯科事,因斥士籍。"

归有光以第一名补苏州府学生员。应应天乡试,不第。

刘阳举乡试,任砀山知县。

按:刘阳字一舒,号三五,江西安福人。生卒年不详。少受业於彭石屋、刘梅源,见阳明语录而好之,遂如虔问学。官至御史。徐文贞当国,陪推光禄寺少卿,不起。筑云霞洞於三峰,与士子谈学。事迹见《明儒学案》卷十九。

方润于浙江缙云创建五云书院。

邹守益于安徽广德创建复初书院,传阐阳明致良知之学。

萧凤鸣于河南睢县创建锦囊书院。书院佳木葱郁、四面环水,名人学士多乐登临。刘淮、鲁邦彦题咏最多。学者吕柟、金弦尝讲学其中。

周夔于四川富顺宋李见"读易洞"旧址创建学易书院。嘉靖六年侯秩增修并为记。

丢勒编写第一本德国几何学手册。

《大礼集议》十二月成书。

按:《大礼集议》凡6卷:方献夫所辑张璁(张孚敬)、桂萼、席书、方献夫、霍韬等五臣所献奏议为第1、2卷;侍郎胡世宁等所奏为第3卷;世室建议为第4卷;张璁依编年法为《纂要(上、下)》为第5、6卷。

湛若水编次《二礼传测》成,序之。

舒芬丁母忧家居,著《五官序辨》、《六官图释》、《剔伪》等,凡13卷,题曰《周礼定本》。

费宏等奏上《武宗实录》197卷,该"实录"六月完成。

金燫《历代诸史会编》112卷刊行。

程敏政《宋遗民录》15卷刊行。

郁衮《革朝遗忠录》2卷附录1卷刊行。

戴光、谢秉秀纂修《邹县地理志》4卷、《图》1卷刊刻。

郝成性修、陈霆纂《德清县志》10卷刊刻。

林庭㭿修、周广纂《江西通志》37卷刊刻。

费寀纂修《铅山县志》12卷刊刻。

陈能修、郑庆云等纂《延平府志》23卷刊刻。

张治纂修《茶陵州志》2卷刊刻。

湛若水以翰林侍读为南祭酒,编纂《圣学格物通》100卷。

按：是书越四年始进。

郑岳纂《莆阳文献》88卷成。

按：《中国史学史资料编年》系此书于嘉靖三年,误。嘉靖三年林俊作是书序时曰："吾未见成书。"

王宠作《五叩》,送袁褧北行。

陆采《怀香记》传奇或于是年作。

祝允明书《和陶饮酒诗册》,又为都穆所纂《太仓州志》作序。

邹守益六月作《芸田说》示诸生。

陈沂、文徵明等在北京潜游西苑,合作《西苑诗》1卷。

何孟春在南京整次所著《余冬序录》。

张岳与王祯甫八月游员常,有《游员常诗序》。

王朝用刻黄云《黄丹岩先生集》10卷。

黄省曾刻嵇康《嵇中散集》10卷。

晋王府刻元张伯颜本《李善文选注》60卷。

楚王府刻明林应龙棋谱《逸情录》20卷。

徽王府月轩道人刻明张禄辑《词林摘艳》。

杨廉卒(1452—)。廉字方震。丰城人。谥文恪。成化进士。早年即以文行见称。历官南京礼部侍郎、礼部尚书。著有《皇明名臣言行录》、《月湖集》。事迹见《明史》卷二八二。

按：据《明史》本传,杨廉与罗钦顺善,为居敬穷理之学,文必根《六经》,自礼乐、钱谷至星历、算数,具识其本末。学者称月湖先生。尝以帝王之道莫切于《大学》,自为给事即上言,进讲宜先《大学衍义》,至是首进《大学衍义节略》。帝优诏答之。疏论大礼,引程颐、朱熹言为证,且言："今异议者率祖欧阳修。然修于考之一字,虽欲加之于濮王,未忍绝之于仁宗。今乃欲绝之于孝庙,此又修所不忍言者。"

都穆卒(1459—)。穆字元敬。吴县人。7岁能诗,及长,不习章句,泛览群籍,教授濠上二十年。与沈周等友善,时作诗酒会。弘治十二年进士。官至礼部主客司郎中,加太仆寺少卿。尝奉使秦川。致仕后住苏州阊门外南濠街,故号南濠居士。著有《周易考异》、《使西日记》2卷、《壬午功臣爵赏录》1卷《别录》1卷、《史外类抄》、[嘉靖]《太仓州

卡尔帕乔卒(约1460—)。意大利威尼斯画派叙事体画家。

志》8卷、《练川图记》2卷、《游名山记》、《金薤琳琅》10卷、《玉壶冰》1卷、《吴下冢墓遗文》3卷、《南濠居士文跋》4卷、《听雨纪谈》1卷、《都公谈纂》2卷、《铁网珊瑚》20卷、《寓意编》1卷、《都玄敬书画溪囊杂要》20卷、《南濠诗话》1卷、《南濠文略》、《南濠诗略》、《方外集》、《工部器皿志》等。

黄琮卒(1471—)。一说黄琮(1470—1524)，详见1524年条。

刘瑞卒，生年不详。瑞字德符，号五清。四川内江人。谥文肃。好学洁修，遇事辄有论建。弘治九年进士，选庶吉士，授检讨。刘瑾用事，谢病归，授徒自给。瑾诛，复官。累官至南京礼部右侍郎。著有《五清集》、《外台集》。事迹见《明史》卷一八四。

宗臣(—1560)、张居正(—1582)、孟秋(—1589)、项元忭(—1590)、孙鑨(—1592)、汪道昆(—1593)、来知德(—1604)、宋旭(—1606)、杜思(—?)、郑茂(—?)生。

嘉靖五年　丙戌　1526年

巴卑尔建莫卧尔帝国。

奥斯曼帝国灭匈牙利雅盖隆王朝。

西班牙禁伊斯兰教。

二月甲寅，以龙虎山上清宫道士邵元节为真人，赐银印。

三月戊戌，策试天下贡士赵时春等。选新进士20人为庶吉士，送翰林院读书。

丁未，以守令迁转太频，政多苟且，定"久任法"，九年考满有政绩者乃迁。

七月丙戌，起妖人李福达之狱。

按：李福达为弥勒教主，屡被遣戍，后化名张寅以炼金术得武定侯郭勋信任，继续秘密传教，至是旧案复发，下狱。此案关涉在大礼仪之争中支持嘉靖帝的新贵，嘉靖皇帝在郭勋等的蛊惑下以为众朝臣在借端打击自己的亲信，再加上皇帝原本就崇奉道法仙术，因而让张璁、桂萼等力为翻案。结果，李福达(所谓"张寅")官复原职，所有参与此案审理或心存异议官员50余人一律免职并获重罪。直至嘉靖四十五年，李福达之孙李同因传教事被捕，招供其祖上数代皆弥勒教主，方真相大白。事见《明史·列传》第九十四等。

十月庚午，以御制《敬一箴》及注、范俊《心箴》、程颐《视听言动四箴》，颁赐内阁与学宫。

十月丁丑，翰林院编修孙承恩取唐虞至宋元人事君事迹之可法戒者，隐括成诗610首以献，世宗嘉纳之，赐名《鉴古韵语》。

是年奏准，殿试中受卷、弥封官不许检看文字及与掌卷官往来。各卷糊名毕，用关防钤盖，送掌卷官处，转送读卷官。除内阁首一人总看各卷，不必分授。其余读卷官，各将所看文字第为三等。先将上等一卷，送内阁公同定拟一甲三名,余卷从内阁至翰林院,各填一卷,周而复始。

恢复吉安(今属江西)白鹭洲书院。

按:明开国以来,对书院未有倡导。成化以后,书院始渐兴起,至嘉靖而达极盛,明代新创书院约三分之一建于嘉靖年间。明代书院由衰复兴原因为官学日渐成为科举附庸,而学者为救治时弊,遂多立书院讲学。

因建板书籍校勘不精,错讹较多,时人建议专设儒官校经。侍读汪佃往行。

琉球国中山王尚清送蔡廷美等四人至明国子监就读,至嘉靖十一年归国。

王守仁(王阳明)是年在越。

王阳明三月有《与邹守益》书,与论古今之礼。

按:是书略曰:"天下古今之人,其情一而已矣。先王制礼,皆因人情而为之节文,是以行之万世而皆准。其或有反之吾心而有所未安者,非其传记之讹阙,则必古今风气习俗之异宜者矣。"(《王文成公全集》卷三四)

王阳明三月论祠堂位祔之制。

南大吉入觐,见黜于时,罢官,致书王阳明,阳明四月复大吉书。

王阳明四月有答欧阳德书。

聂豹是夏以御史巡按福建,渡钱塘往见王阳明。别后致书,阳明答之。

按:是为聂豹初见王阳明,豹自称晚生。后六年,豹出守苏州,其时阳明谢世已四年,豹见钱德洪、王畿曰:"吾学得诸先生,尚冀再见称赞,今不及矣。兹以二君为证,具香案拜先生。"遂称门人。

钱德洪、王畿是岁并举南宫,俱不廷对,偕黄弘纲、张元冲同舟归越,王阳明令之引导初及门弟子。

刘邦采合安福学者定期为"惜阴"之会,远近学者闻风而至者百数,王阳明十二月为作《惜阴说》。

王阳明与董沄(沄)守岁于书舍。

徐问作《武进县儒学贡士题名记》。

邹守益谪判广德州,筑复古书院以集生徒,刻《谕俗礼要》以风民俗。

穆孔晖主考武举,入直便殿日讲;未几,进掌院事,兼撰文官。其诰勅崇雅革浮,为一代词命之体。

温仁和、董玘教习庶吉士。

按:董玘字文玉,生卒年不详。浙江会稽人。弘治进士。迁詹事兼翰林院学士,累擢为吏部左侍郎,仍兼学士。以忧归,为胡明善等挟嫌论劾,不复出。

霍韬升少詹事,兼侍讲学士。请令六部长贰、翰林、给事、御史,俱调外任、练政体;监司守令政绩卓异,即擢卿丞;有文学者入翰林,举、贡入仕,皆得擢翰林,升部院,不宜困以资格。下其奏于有司,悉格不用。(《世宗实录》卷六四)

杨一清五月庚子为吏部尚书兼武英殿大学士,加少师,仍兼太子太

皮萨罗再入秘鲁。

傅,复入阁。

湛若水北上考绩,何瑭(一作何塘)为序送之。

王艮八月讲学安定书院,作《安定集讲说》。

王栋、林春、张淳、李珠、陈苣等数十人十月来从王艮学,艮揭《大传》、《论语》首章于壁间,发易简之旨。

邹守益在广德,作《广德州志序》。

何瑭(一作何塘)九月著《阴阳管见》。又有《王侍御出守汝宁序》。

薛侃作《寿海阳先生司教序》。

吕柟三月作《重修薛文清公祠堂记》。

罗洪先奉父命续家谱,自是,收辑散亡,致力于学。

黄宗明为吉安知府,正月改福建都转运使。

黄绾为南京都察院经历,正月改南京工部员外郎。

杨慎六月闻父病,匹马间道返蜀省亲。次月又携家就戍所。十二月闻武定土司凤朝文之乱,乃戎服率旅僮及步骑百余往援守军,乱军散去,慎复归会城。

文徵明是冬经三次辞呈获准,放舟南下归长洲,从此家居创作。

何孟春自南京夺职还郴州。

马理力保魏校等。

按:贾咏、廖纪乘大计外吏之机,欲以私恨去广东副使魏校、河南副使萧鸣凤、陕西副使唐龙。考功郎中马理力争曰:"三人督学政,名著天下,必欲去三人,请先去理。"乃止。

陈九川为礼部主客郎中,三月下狱。

王宠复游梁溪,会华云。是岁书《离骚经》。

张岳使过广信,访郡守张景周,并谋刊司马温公《太玄集注》,有《太玄集注序》。

唐枢成进士,除刑部主事,以疏论李福达罢归。

唐枢与同年董氏等十七人会于同官讲学,有《礼曹会约》。

龚用卿中进士第一,授翰林修撰。

陆粲举进士,选庶吉士。

翁万达举进士,授户部主事。

王慎中成进士,授户部主事,寻,改礼部祠祭司。

按:王慎中时年十八。时四方名士唐顺之、陈束、李开先、赵时春、任瀚、熊过、屠应埈、华察、陆铨、江以达、曾忭辈,咸在部曹。慎中与之讲习,学大进。

江汇成进士,授兵部主事。

按:江汇字东之,生卒年不详。江西进贤人。官至河南右布政使。著有《游楚稿》。

江以达成进士,授刑部郎中。

按:江以达字于顺,号午坡,生卒年不详。江西贵溪人。官至湖广提学副使。为人廉介方刚,不避权势,为人所构,削籍。论诗专推何景明、李献吉,且谓献吉之文在苏轼、欧阳修之上。著有《江午坡集》。

苏祐成进士，授吴县知县。

李学诗成进士，授永平府推官。

李元阳成进士，授江阴知县。

应槚成进士，授刑部主事。

陆埛成进士，授南京刑部主事。

杨仪成进士，授工部主事。

邹守愚成进士，授户部主事。

赵时春成进士，授户部主事。

戴嘉猷成进士。

按：戴嘉猷字献之，号前峰，生卒年不详。徽州绩溪人。著有《前峰漫稿》等。

田汝成、冯恩、李遂、吴麟、张鹏、闻人诠、华察、袁袠、陆粲、屠应埈成进士。

俞允文年十五，为《马鞍山赋》，长老异之。

周怡始入邑庠，督学张袞见其文，即置第一。

何棐于江西浔阳创建肄武书院，招收武弁子弟，教习武经、韬略、兵法。

《献皇帝实录》六月丙子成。

黄佐《广州人物传》24 卷成。

罗钦顺作《万安县重修儒学记》。又有《祭三江先生毛文简公文》、《祭枫山先生章公文》。

刘启东、贾宗鲁等纂修《高淳县志》4 卷成。

屠继祖修、濮溉纂《桐庐县志》8 卷刊刻。

毛凤韶纂修、王庭兰校正《浦江志略》8 卷刊刻。

张士镐修、江汝璧纂《广信府志》20 卷刊刻。

柴镳修、林希元纂《永春县志》9 卷刊刻。

吕柟纂修《阳武县志》3 卷刊刻。

崔铣丁父忧，著《松窗寤言》、《中庸凡演》、《大学文》，又著《士翼政议》、《中说考》、《文苑春秋》。

王艮十月作《明哲保身论》，又作《乐学歌》。

方鹏著《责备余谈》。

孙承恩以世宗朱厚熜旨意，作《鉴古韵语》。

章恩刻所著《金陵揽胜诗》1 卷。

按：章恩字元之，山阴人，生卒年不详。工诗，多题咏名胜之作。

晋王府刻宋吕祖谦《宋文鉴》105 卷。

刘健卒（1433—　）。健字希贤，号晦庵。河南洛阳人。卒谥文靖。父亮，三原教谕，有学行。健少端重，与同邑阎禹锡、白良辅游，得河东薛瑄之传。天顺四年进士，授编修。成化时，修《英宗实录》，进修撰。累官

赫克托·伯塞著成《苏格兰人历史》。

路德著成《德国弥撒》。

旅行家非洲的利奥撰成《非洲地理历史》。

西皮奥内·费罗卒（1465—　）。意大利数学家。

至首辅。著有《晦庵集》。事迹见《明史》卷一八一。

按：据《明史》本传，健学问深粹，正色敢言，以身任天下之重。……李东阳以诗文引后进，海内士皆抵掌谈文学，健若不闻，独教人治经穷理。其事业光明俊伟，明世辅臣鲜有比者。

韩文卒（1441— ）。文字贯道，号质庵。洪洞人，宋宰相琦后。卒谥忠定。成化二年进士。著有《忠定公集》。事迹见《明史》卷一八六。

潘府卒（1454— ）。府字孔修，号南山，浙江上虞人。成化二十三年进士。为外官时，以《朱子家礼》化民。官至太常少卿。著有《孝经正误》。事迹见《明史》卷二八二、《明儒学案》卷四六。

祝允明卒（1460— ）。允明字希哲，生而枝指，故自号枝山，又号枝指生、枝山老樵。苏州长洲人。博览群籍，为文多奇气；尤工书法，小楷学钟繇、王羲之，狂草学怀素、黄庭坚，笔势劲健，而自成风格，与唐寅、文徵明、徐祯卿并称"吴中四才子"。著有《苏村小纂》6卷、《江海歼渠记》1卷、《枝山前闻》1卷、《九朝野记》4卷、《文房职官谱》、[正德]《兴宁县志》4卷、《祝子知罪录》10卷、《读书笔记》1卷、《怀星堂全集》30卷、《浮物》1卷、《蚕衣》1卷、《祝子志怪录》5卷、《猥谈》1卷、《语怪》1卷、《义虎传》1卷、《祝氏小集七种》7卷、《祝氏集略》等。事迹见《明史》卷二八六《徐祯卿传》附传。

朱真淤卒（约1477— ）。真淤，明宗室，卒谥靖。情雅好文，诗调高古，边塞诗感慨有意。著有《星海集》。

朱应登卒（1477— ）。应登字升之，号凌溪。宝应人。弘治十二年进士。工诗文。初，上元顾璘、陈沂、王韦号"金陵三俊"，应登继起，称"朱、王、顾、陈四大家"。与仪征景旸、蒋山卿，江都赵鹤为"江北四子"。又与李梦阳、何景明、王九思等号"十才子"。谢政归后，隐居不出，精研经史，推订律历。著有《凌溪先生集》18卷、《存笥集》1卷等。事迹见《明史》卷二八六《顾璘传》。

尹襄卒（1484— ）。襄字舜弼，号巽峰。吉安府永新人。正德进士。由庶吉士历司经局洗马。著有《巽峰稿》。

孙绍祖卒（1485— ）。绍祖字远宗，号我山。山西代州人。正德六年进士。官至右春坊右中允。其书法为时人推崇、效仿。

常伦卒（1493— ）。伦字明卿，号楼居子。山西沁水人。正德进士。曾官大理寺评事。工乐府，善书画。有散曲《写情集》，风格颇放。又著有《常评事集》。

邹德涵（ —1581）、丁自申（ —1583）、张四维（ —1585）、王世贞（ —1590）生。

按：一说邹德涵（1538—1581）。

嘉靖六年　丁亥　1527年

正月庚子,诏开馆纂修《大礼全书》,以阁臣费宏等及席书为总裁官,张璁(张孚敬)、桂萼副之。

按：八月庚申,谕学士张璁(张孚敬)、桂萼纂修《大礼全书》,亲定名曰《明伦大典》,并命增入宋儒欧阳修等论以资考证。

九月壬午,桂萼等治李福达狱具,上之。

按：先是此狱已具,桂萼等以私怨奏劾言官诸曹行私,尽反是狱。百官下狱革职者凡五十余人。世宗以桂萼等"平反"此案有功,恩赐有加。命辑《钦明大狱录》,颁行天下。

十月丙寅,谕内阁:"选择翰林诸臣,称职者留用,不称者量除他官。"(焦竑《玉堂丛语》之八)

按：张璁(张孚敬)以议礼骤拜文渊阁大学士,预机务,诸翰林耻之,不与为伍。璁颇有怨愤。焦竑《玉堂丛语》之八引杨一清等言:"翰林清要之地,诚不可以匪人处之。且文学政事,材各有宜,枉而用之,终无成绩。宋两制儒臣,皆尝惕历州郡,遂多名臣,内外均劳,自昔然矣。臣请选自讲读以下,其学有本原,文能华国,行义无玷者,存留供职,以备经筵史局之选。即文学未称,而材识疏通,堪理政事者,请下吏部,量才外补。"上报可。于是自讲读以下量才外补,因此改官及罢黜者22人,诸庶吉士皆除部属及知县,由是翰林诸臣,十去其七,为明代翰林之厄。

乙巳,从天文生金钟奏,拟对天文官生每年按季考试,以定去留。

戊午,从礼部尚书桂萼奏,对天下医士岁加考试,并分等次。

是年,令两京乡试,除主考照例奏请简命礼部,仍会吏部于两京六科部属等官内访举,每经一员,随考试官入院,各总校本房。其余仍用教官,各部政司预呈礼部,亦会举京官或进士,每处二员。主考监临官不许干预帘内职事。

奏准,乡试除主考官上请会举,其同考官、巡按御史移文别省请取,止具某经员数,不许明列姓名,听彼处巡按御史会提学官推举开送。

奏准,岁贡出身教职,历任三年,教育成效,提学官考试文学优长者,许就任地方入试。

令国子监博士等官,或附近教官内,选有学行者一员,专在驸马府教习经书,礼部以时稽校,教育有成效,奏荐擢用。寻,题准,升授礼部主事职衔教习。(以上见《世宗实录》卷八〇)

王守仁(王阳明)五月丁亥起为兵部尚书,兼左都御史,总制两广、江

莫卧尔帝国及印度诸邦联军战。

法国入热那亚及米兰,意大利战争复起。

英王亨利八世向罗马教会申请离婚。

瑞典立路德宗新教为国教。

第一所新教大

学在马尔堡建立。

西班牙人首入夏威夷。

西、湖广军务,讨田州叛乱。

按:先是,广西田州岑猛为乱,提督都御史姚镆征之,奏称岑猛父子悉擒已降,论功行赏已讫。然其遗目卢苏、王受等又构众煽乱,攻陷思恩。姚镆复合四省兵征之,久弗克,为巡按御史石金所论。朝议用侍郎张璁(张孚敬)、桂萼荐,起王阳明总督两广及江西、湖广军务,度量事势,随宜抚剿。王阳明疏辞,不允。

钱德洪、王畿九月访张元冲于舟中,因论为学宗旨,在心体原来是否有善恶的问题上相持难下,遂请益于阳明。阳明嘱其切记四句为学宗旨:无善无恶是心之体,有善有恶是意之动,知善知恶是良知,为善去恶是格物。自是,海内相传"四有四无"之说。(《王文成公全集》卷三四)

王阳明于九月壬午发越中,钱德洪、王畿从行。

王阳明九月甲申渡钱塘,游吴山、月岩、严滩,有诗付桐庐尹沈元材刻置亭壁。是游另有钱德洪、王畿及建德尹杨思臣与俱。

钱德洪、王畿九月侍王阳明偶登杭州城南天真山。二人归越州后,阳明自衢州寄诗盛称天真山之奇。

按:诗名《德洪汝中方卜书院盛称天真之奇并寄及之》。诗曰:"不踏天真路,依稀二十年。石门深竹径,苍峡泻云泉。泮壁环胥海,龟畴见宋田。文明原有象,卜筑岂无缘?"嘉靖九年五月,阳明门人薛侃建精舍于天真山,祠阳明。中有环海楼、太极云、泉泻云诸亭,名皆取自阳明诗。

王阳明九月丙申至衢州,雨中,书院诸生出候,阳明示之以诗。

按:诗名《西安雨中诸生出候因寄德洪汝中并示书院诸生》。诗曰:"几度西安道,江声暮雨时。机关鸥鸟破,踪迹水云疑。仗钺非吾事,传经愧尔师。天真石泉秀,新有鹿门期。"

王阳明戊戌过常山,有诗曰:"乾坤由我在,安用他求为?千圣皆过影,良知乃吾师。"

王阳明舟发广信往南昌,沿途诸生徐樾、张士贤、桂轼等请见,阳明俱谢以兵事未暇,许回途相见。

徐樾自贵溪追王阳明至余干,阳明令登舟相见,以烛光为喻,打消其禅定之意。

按:徐樾方自白鹿洞打坐,有禅定意。阳明曰:"此体岂有方所,譬之此烛,光无不在,不可以烛上为光。……"樾领谢而别。

王阳明十月至南昌,谒文庙,讲《大学》于明伦堂。

王阳明十月至吉安,诸生彭簪、王钊、欧阳瑜等偕旧游三百余人,迎入螺川驿中,阳明立谈不倦。

按:王钊字子懋,号柳川,安成人。生卒年不详。始受学梅源、东廓,既学於文成。尝为诸生,弃之。栖栖於山巅水涯寂寞之乡,以求所谓身心性命。

王阳明十一月抵肇庆,寄书钱德洪、王畿。

按:时二人主绍兴书院,应元主余姚各会,魏廷豹主阳明家事。

王阳明十一月至梧州,十二月上《赴任谢恩遂陈肤见疏》。是时又有与黄绾、与方献夫等人书。

王阳明十二月被命暂兼理巡抚两广,疏辞,不允。

黄绾八月上《明军功以励忠勤疏》,颂王阳明等平朱宸濠功,请"亟召

（王）阳明，令与大学士杨一清共图至治。另择才能，为两广总制。仍敕该部给阳明应得铁券禄米"。

　　按：是疏谓：曩者陛下登极，命取（王阳明）来京宴赏，封之新建伯，而升南京兵部尚书。言者又谓不当来京宴赏，以致奢费。夫陛下大官之厨，日用无纪，较诸一飨之宴，所费几何，犹烦论之；北京岂无一职，必欲置之南京，此乃邪比蔽贤嫉功之所为也。阳明后丁父忧，服满遂不起用，反时造言排论。然虽蒙拜爵升官，铁券未给，禄米未颁，朝事无与，迹比樵渔。

　　王艮至金陵，会湛若水、吕柟、邹守益、欧阳德聚讲南京新泉书院，艮作"天理良知说"。

　　按：时湛若水揭"随处体认天理"六字以教学者，其意与王阳明不同，艮作是说以申之。

　　谢迁年七十九，世宗以手敕起为内阁大学士；居数月，仍以老辞归。

　　吕柟转南吏部考功郎中。

　　邹守益自广德升任南主客郎中，在南都有《南京礼部主客司题名记》。

　　欧阳德擢刑部员外郎，以荐特改翰林编修，迁南京国子司业。作讲亭，进诸生，与四方学者论道其中。

　　薛蕙丁母忧。

　　杨慎中秋后三日游大理，至弥渡，访太狂草堂。

　　霍韬、黄宗明、黄绾正月奉敕纂修《大礼全书》。

　　方献夫、霍韬五月以纂修大礼赴召。

　　霍韬九月由少詹事升詹事，疏辞，不允。十二月条上旧章十二章，世宗大是之，下所司。

　　黄宗明召修《明伦大典》，以丁母忧未行。

　　黄绾六月召擢光禄寺少卿，预修《明伦大典》。九月，改大理寺少卿，仍纂修。十月，兼侍讲学士。

　　罗钦顺二月服阕，起任礼部尚书，以代席书。三月上《辞免礼部尚书疏》。五月起为吏部尚书，遣官即家促就道。六月，上《辞免吏部尚书疏》。七月，致仕。

　　聂豹复命，未几，巡按福建。

　　王廷相五月编次督学山东所著杂体诗文六十篇成，题曰《泉上稿》，有序；七月，作《家居集序》；十二月，自序《慎言》。

　　徐问三月有《凤山诗引》。

　　何孟春是春自南京工部左侍郎引疾归。

　　马理升南通政赴任。

　　何瑭（一作何塘）晋本寺正卿，再晋南京工部右侍郎；未几，改户部，再改礼部，再谢病归。以御史毛凤韶等累疏乞留，乃许留京调理。又晋南京都察院右都御史，掌院事，不就。

　　按：毛凤韶字瑞成，生卒年不详。湖广麻城人。正德进士。曾任浦江知县，擢监察御史，官终云南佥事。著有《浦江志略》、《聚峰文集》。

　　王廷相由山东右布政使改右副都御史，巡抚四川。

魏校、韩邦奇十月分别起为河南、四川提学副使。

唐枢为刑部主事，四月以论李福达大逆忤旨，削籍。

余祐十一月由太仆寺少卿改吏部右侍郎。

王承裕为户部右侍郎，四月改南京吏部尚书。

万表告病，阅月乃瘳。

文徵明卸职南还，过金陵，晤杭淮。

方鹏客宜兴。

王宠寓石湖精舍，草书枚乘《七发》；又书张衡《舞赋》于仇英所作《瑶台清舞图》上；书自作《包山杂诗》卷，贻华云。

文徵明、文嘉、许榖同访金陵城北嘉善寺，刻诗竹上。

刘玉坐李福达狱削籍，卒于家。

按：刘玉字咸栗，生卒年不详。江西万安人。弘治进士。博通载籍，于天文、地理、军谋、师律、仪章、法制皆详其本末。著有《执斋集》。

周怡在章衮察院读书，与章氏二子朝夕无少息。

欧阳德于安徽六安创建格致书院（后又名龙津精舍、龙津书院），并讲学其中，传播良知之学。书院以"辟异端，息邪说，使斯民率由正路"为宗旨。

王秉良、孙存等扩建岳麓书院，计有四斋、六舍、东西两讲堂、成德堂、延宾集贤二馆等，并置有学田二千余亩，规模空前。

广西宜山创建龙谿书院，创建人不详。

马尔科·吉罗拉莫·维达著成《诗的艺术》。

小汉斯·荷尔拜因著成《托马斯·莫尔和他的家庭》。

周仁俊、顾清编《周文襄公年谱》由顾氏家塾刊刻行世。

按：年谱此后有清光绪十五年陆鼎翰校补集印本。自洪武十四年（1381）谱主周忱生时记起，至景泰六年（1455）赐谥为止，详其仕历、政绩。前有谱主木刻像、像赞。

黄佐纂《广州志》70卷50余万言成，命其门客缮写校正付梓，有《广州志叙录》。

冯曾修、李汛纂《九江府志》16卷刊刻。

张琏纂修《耀州志》2卷成。

王蕢纂修《金溪县志》9卷成。

邵有道纂修《汀州府志》19卷刊刻。

李文兖修、田顼纂《尤溪县志》7卷成。

张天真纂修《辉县志》10卷刊刻。

邓韨纂修《濮州志》10卷刊刻。

郑若庸《玉玦记》传奇作于是年或略后。

吕柟是冬作《甘泉行窝记》。

黄暐《蓬窗类记》5卷刊行。

许宗鲁辑《六子书》刊行。

按：是书有嘉靖六年芸窗书院刊本、樊川别业刊本。又有嘉靖十二年耶山精舍刊本、吴郡顾氏世德堂刊本。六子为老子、列子、庄子、荀子、扬子、文中子。

桂萼上《禹迹九州图》。

邹守益四月刻《阳明文录》于德信州。

按：邹守益录阳明文字请刻。阳明自标年月，命钱德洪类次，且遗书德洪曰："所录以年月为次，不复分别体类，盖专以讲学明道为事，不在文辞体制之间也。"明日，德洪又掇拾所遗请刻，阳明曰："此便非孔子删述《六经》手段。三代之教不明，盖因后世学者繁文盛而实道衰，故所学忘其本耳。比如孔子删《诗》，若以其辞，岂止三百篇；惟其一以明道为志，故所取止。此例《六经》皆然。若以爱惜文辞，便非孔子垂范后世之心矣。"德洪曰："先生文字，虽一时应酬不同，亦莫不本于性情；况学者传诵日久，恐后为好事者挽拾，反失今日裁定之意矣。"王阳明遂许刻附录1卷，以遗邹守益，凡四册。（事见《王文成公全集》卷三四）

梁储卒（1451— ）。储字叔厚，号厚斋，晚号郁洲。广东顺德人。谥文康。受业陈献章。成化进士第一，授编修。同修《会典》、《孝宗实录》。累擢吏部尚书，华盖殿大学士。工诗文书法，著有《郁洲遗稿》。事迹见《明史》卷一九〇。

林俊卒（1452— ）。俊字待用，号见素，晚号云庄。莆田人。隆庆初谥贞肃。成化进士。历官刑部员外郎、刑部尚书。以直声名都下。著有《见素文集》、《西征集》。事迹见《明史》卷一九四、《见素集》后所附林达所编《林见素生平纪略》。

朱见浚卒（1456— ）。见浚，明英宗第七子。曾刻《先圣图》及《尚书》于岳麓书院以授学子。

邵宝卒（1460— ）。宝字国贤，号二泉。无锡人。学于江浦庄昶。成化二十年进士。累官江西提学副使，厘革浇俗，修白鹿书院学舍以处学者。学宗程朱，教人以致知力行为本，自称"愿为真士大夫，不愿为假道学"。刘瑾诛，升户部侍郎，拜南礼部尚书，恳辞。嘉靖初起前官，复辞。卒赠太子少保，谥文庄。著有《简端录》12卷、《程子明道先生定性书说》1卷、《左觿》1卷、《学史》13卷、《容春堂杂抄》1卷、《大儒奏议》6卷、[弘治]《许州志》3卷、《慧山记》4卷、《漕政举要》18卷、《容春堂前集》20卷《后集》14卷《续集》18卷《别集》9卷、《杜少陵先生分类诗注》24卷、《惠山集》6卷、《泉斋勿药集》14卷、《对客燕谈》1卷等。事迹见《明史》卷二八二。

按：据《明史》本传，邵宝之学以洛、闽为的，尝曰："吾愿为真士大夫，不愿为假道学。"举南畿，受知于李东阳。为诗文，典重和雅，以东阳为宗。至于原本经术，粹然一出于正，则其所自得也。博综群籍，有得则书之简，取程子"今日格一物，明日格一物"之义，名之曰日格子。所著《学史》、简端二录，巡抚吴廷举上于朝，外《定性书说》、《漕政举要》诸集若干卷。学者称二泉先生。其门人，同邑王问，字子裕，以学行称。

席书卒（1461— ）。书字文同，号元山。潼川遂宁人。谥文襄。弘治三年进士。"大礼"议起，书迎合帝意，官至礼部尚书。著有《大礼集议》，辑《漕船志》、《漕运录》。另著有《元山文选》。事迹见《明史》卷

马基雅维利卒（1469— ）。

一九七。

　　按：据《明史》本传，席书以议礼受帝知，倚为亲臣。初进《大礼集议》，加太子太保；寻以《献皇帝实录》成，进少保。眷顾隆异，虽诸辅臣莫敢望。

　　鲁铎卒（1461—　）。铎字振之，号莲北。景陵人。谥文恪。弘治十五年中进士第一。奉使安南。历两京国子祭酒，教务实学。著有《鲁文恪存集》。事迹见《明史》卷一六三。

　　陈腾鸾卒（1480—　）。腾鸾字士远，号浴江。福建莆田人。正德十六年进士。著有《浴江集》。

　　舒芬卒（1484—　）。芬字国裳，号梓溪先生。江西进贤人。正德十二年进士第一。精通《周礼》，兼通诸经及天文律历。著有《易笺问》、《书论》、《周礼定本》、《内外集》、《东观录》等。事迹见《明史》卷一七九、《舒文节公全集》卷首、《方山先生文录》卷一四、《明儒学案》卷五三等。

　　按：据《明史》本传，舒芬丰神玉立，负气峻厉，端居竟日无倦容，夜则计过自讼。以倡明绝学为己任。其学贯串诸经，兼通天文律历，而尤精于《周礼》。尝曰："《周礼》视《仪礼》、《礼记》，犹蜀之视吴、魏也。贾氏谓《仪礼》为本，《周礼》为末，妄矣。朱子不加是正，何也？"疾革，其子请所言，惟以未及表章《周礼》为恨。学者称"梓溪先生"。万历中，追谥文节。先是，修撰罗伦以谏谪福建提举，逾六十年而芬继之。与伦同乡同官，所谪地与官又同，福建士大夫遂祀芬配伦云。

　　陶大临（　—1574）、张佳胤（　—1588）、邓元锡（　—1592）、许国（　—1596）、梁梦龙（　—1601）、李贽（　—1602）、王之垣（　—1604）、章潢（　—1608）、张凤翼（　—1613）、僧明昱（　—1616）、孙应鳌（　—1584）、谢汝韶（　—1592?）生。高濂（　—1603或略后）约生。

　　按：一说，邓元锡（1528—1593）。

嘉靖七年　戊子　1528年

奥斯曼帝国入布达佩斯。

英格兰大疫。

　　正月癸未，初考核天下巡抚官。

　　三月，诏儒臣重校《大明会典》，订正讹谬，增入续定事例。

　　六月辛丑朔，《明伦大典》书成，世宗亲制《序文》，命张璁（张孚敬）为《后序》，宣示史馆，刊布天下。

　　按：先是改《大礼全书》名为《明伦大典》，并命增入欧阳修等论述以资考证。以纂修功，加张璁少傅兼太子太傅，桂萼少保兼太子太傅，方献夫太子太保。余自阁臣杨一清以下，升赏有差。监生陈云章竟至超授国子监博士。是月，以书成，超拜霍韬为礼部尚书，掌詹事府事。

　　癸丑，浚通惠河成，自此漕艘直达京师。

　　按：此御史吴仲之功。世宗因仲治河有功，采录其所进献之《通惠河志》入

《会典》。

甲午,礼部尚书张璁(张孚敬)启奏请修《嘉靖政要》,请以侍读学士张璧、侍讲学士张潮司其事。翌日降旨允行。(《世宗实录》卷九〇)

八月,用兵部侍郎张璁(张孚敬)言,各省主试皆遣京官或进士,每省二人。

按:初,两京房考皆用教职,至是命各加科部官一员,阅两科,两京房考复罢、科部勿遣,而各省主考亦不遣京官。

十二月壬申,诏以《明伦大典》赐建议诸臣及发明典礼者,仍发福建书坊刊行。

是月,世宗以王琼议,许土尔番通贡。

按:前此,以土尔番据哈密,闭关绝其贡四年。至是,遂置哈密存亡不问。河西以此稍获休息,而西番诸部首领桀骜愈甚。

是年,大铸嘉靖钱。又补铸前朝未铸年号钱。自此铜钱作为钞币的辅助地位逐渐结束,并为白银向正式货币发展开辟了道路。

王守仁(王阳明)二月招降岑猛余部,思恩、田州平。阳明建学校于焉。

按:王阳明《案行广西提学道兴举思田学校》曰:"照得田州新服,用夏变夷,宜有学校;但疮痍逃窜之余,尚无受廛之民,即欲建学,亦为徒劳;然风化之原,终不可缓。"乃案行提学道着所属儒学遵照,"但有生员,无拘廪增,愿改田州府学,及各处儒生愿附籍入学者,各赴告本道,径自查发,选委教官一员,暂领学事,相与讲肄游息,或兴起孝弟,或倡行乡约,随事开引,渐为之兆,俟休养生息一二年后,该府建有学校,然后将各生徒通发该学肄业,照例充补增廪,以次起贡,俱无违错。"(《王文成公全集》卷一八)

王阳明三月疏辞兼理巡抚两广,而荐致仕副都御史伍文定、刑部左侍郎梁材、南赣副都御史汪鋐,皆堪选任;上优诏慰答,不允辞,许以便宜行事。

王阳明六月奏田州改田宁府。

王阳明六月兴南宁学校。

按:王阳明认为:理学不明,人心陷溺,是以士习日偷,风教不振。乃日与各学师生朝夕开讲,已觉渐有奋发之志。又恐穷乡僻邑,不能身至其地,故委原任监察御史降合浦县丞陈逅主教灵山诸县;原任监察御史降揭阳县主簿季本主教敷文书院。并行牌晓谕各生徒。(《王文成公全集》卷十八)

王阳明在南宁创敷文书院,以"宣扬至仁,诞敷文德"。并于八月公布《经理书院事宜》。

陈大章是岁游学南宁,王阳明以其通晓冠婚乡射诸礼,令南宁府官吏馆穀之于学舍,于各学诸生中选取有志习礼及年少质美者,相与讲解演习。

按:事见王阳明八月所作《牌行南宁府延师讲礼》。大章,字明之,号月陇,生卒年不详。凤阳府盱眙人。成化进士。善画菊,有诗名,尤工行草。

聂豹与王阳明论学,洋洋数千言;复建养正书院、射圃亭于会城,集八

法国费内尔测定地球体积。

闽秀士教之；重刻《传习录》、《道一编》、《二业合一论》、《大学古本》，以示诸生。

王阳明十月有与聂豹书及与邹守益书，皆论及"勿忘勿助"之说。

  按：与聂豹书谓："我此间讲学，却只说个必有事焉，不说勿忘勿助。""不去必有事上用工，而乃悬空守着一个勿忘勿助，渀渀荡荡，只做得个沉空守寂，学成一个痴騃汉，事来，即便牵制纷扰，不复能经纶宰制。此皆由学术误人之故。"与邹守益书曰："随处体认天理，勿忘勿助之说，大约未尝不是。只要根究下落，即未免捕风捉影。纵令鞭辟向里，亦与圣门致良知之功尚隔一层。"（《王文成公全集》卷三四）

王阳明十月病甚，前此已上疏请告，荐郧阳巡抚林富自代，至是不俟命竟归。归途谒伏波庙，有诗二首。又祀增城先庙。

  按：王阳明五世祖讳王纲者，死苗难，庙祀增城。

王阳明在增城过湛若水庐，题诗于壁，又作《题甘泉居》文。

王阳明十月归途中有与钱德洪、王畿、何性之书，问各地生徒聚讲情况，兼述己之病况，并约后会之期。

王阳明十一月丁卯卒于南安。临逝，门人周积问遗言，阳明微哂，曰："此心光明，亦复何言。"卒时，门人南安推官周积、赣州兵备张思聪、布政使王大用视含敛。十二月，门人张思聪与其他官属师生设祭入棺。次日舆榇登舟。

  按：《世宗实录》系之八年正月，乃赴告至京之月。世宗以阳明上疏乞骸骨、不待朝命即擅自回乡，又以其学多不经，于明年二月甲戌，诏停新建伯世袭，并恤典皆不行。至隆庆初，廷臣多颂其功，诏赠新建侯，予伯爵世袭，谥文成。

邹守益于阳明卒后服心丧，在部日与湛若水、吕柟聚讲。

周怡闻邹守益倡道南都，徒步往从之。

湛若水四月由南京国子祭酒改南京吏部右侍郎。

王艮以阳明卒于师，迎哭于桐庐，经纪其事，而还家开门授徒，远近咸至。

徐樾、张士贤十一月来从王艮游。

汪鋐时任提督都御史，迎祭王阳明于道。

王畿送王阳明至严滩。

王阳明丧至南安，巡按御史储良材、提学副使门人赵渊等请改岁行。

唐枢自京师宦学南还湖中，日举王阳明"致良知"说为教，复立"讨真心"为宗，著《真谈》以立其义。

杨慎是春因疫疠大作，徙居洱海城。疫息，仍居云峰。

杨廷和在《明伦大典》修成后被削职。

黄绾以预修《明伦大典》，进詹事、锦衣佥事。十月为南京礼部右侍郎。

霍韬四月由詹事改礼部尚书；六月疏辞，不允。

张邦奇四月由左春坊左庶子兼翰林侍讲改南京国子祭酒。

张邦奇等奏请重刊监中所藏《二十一史》。重刻损毁残缺之《梁书》、

《史记》、《汉书》、《后汉书》板。又购得《辽史》、《金史》，亦行刊刻。新板本不亚于宋、元。

何瑭（一作何塘）作《赠石嵩处士仇时闲序》，又有《烈妇李氏诗传序》。

黄省曾游太华山，赋诗41首，有《华山游诗序》。

魏校升太常寺少卿，转大理寺。

魏校在苏州讲学。

韩邦奇、方鹏八月主顺天乡试。因试录抬头违式、擅改经文、字义差讹、词语重复，而被责以主考失查，九月韩邦奇由右春坊右庶子谪南京太仆寺丞，方鹏夺俸四月。

陆深服阕，由国子监司业升祭酒。

黄佐出为江西按察司佥事；寻，补广西督学官。至广西，稽查书院，日与诸生发明"理一分殊"之旨，辑《理学本源》，颁行郡邑；未几，以母疾去官。

按："理一分殊"意谓终极的道理只有一个，表现却千差万别。

王廷相正月为兵部右侍郎；三月，兼右佥都御史，提督延绥宁夏边防筑垣；十二月，为兵部左侍郎。

何瑭（一作何塘）自南工部北调，去金陵。

陆粲以给事中上疏，言资格独重进士，致贡、举无上进之阶；州县教职过轻，王官终身禁锢，皆请变通。复陈久任使、慎考察、汰冗官、仿唐宋数岁一举法复制科诸事，皆未见用。（《世宗实录》卷八五）

陆粲以工科给事中典浙试。

顾清解南礼部职还。

陈琛被荐。

朱曰藩为宝应民浚宋泾河成，作记。

马理引疾告归。

汪一中授金华知县。

按：汪一中字一谦，生卒年不详。贵州普定人。著有《宋元品藻》、《陶陶亭集》。

罗洪先计偕至京，赴会试，途遇雩都何廷仁、黄宏纲（弘纲），遂与定交。

皇甫冲中举人。

唐尧臣中举人，授湖州通判。

按：唐尧臣字士良，生卒年不详。江西南昌人。官至浙江按察佥事，任用戚家军大破倭寇。著有《雨余阁笔》。

杨枢中举人。

按：杨枢字运之，号细林山人，生卒年不详。松江华亭人。著有《淞故述》，载松江遗闻逸事。

林春举乡试。

归有光应应天乡试，不第。

杨爵以《书》经举乡试第三名。

赵贞吉举乡试。

王重贤于辽宁创办辽左习武书院，吉日聚武士之秀者，读书习射其

| 瑞士帕拉塞尔苏斯编著成第一本外科手册《婴儿外科》。

马丁·阿格里科拉发表《德意志音乐简编》。

中。书院定会士程,优以供给,使各肄业者娴习骑射,精通韬略。嘉靖四十四年会试中式二十人。

谭缵于河南淮阳创建知德书院,撰《增修厄台改为绝粮祠知德书院碑记》以记其事。

王阳明于广西南宁创建敷文书院,集诸生讲学其中,论辩致良知之学。书院以"宣扬至仁,诞敷文德"为宗旨,在广西历史上影响颇大,后代名人多有题咏。

晋王府刻《春秋左传类解》。
崇王府刻明刘绩《春秋左传类解》20卷、《地谱世系》1卷。
杨一清等六月修《大礼全书》成,改名《明伦大典》。
郑瀛修、何洪纂《德州志》刊刻。
易鸾纂修《和州志》17卷刊刻。
吴臻修、洪暄纂、李玻补正《无为州志》10卷刊刻。
袁淮修、侯廷训纂《泗志备边》3卷刊刻。
杨应奎纂修《南阳府志》12卷成。
徐问四月游善卷洞,作《善卷洞铭》并《序》。
湛若水纂《格物通》成。

按:嘉靖四年(1525),圣旨命文臣摘录经书和历代史书中有关帝王道德和理政的内容,逐日进览。湛若水仿宋真德秀《大学衍义》和明邱浚《大学衍义补》之体例,摘录五经、诸子、史书及明圣祖圣宗格言大训等著作之文字,加以疏解,编成此书。此书对儒家政治学说没有提出新的理论,但它分类编排关于治国的理论、原则、经验教训及有关规定,为帝王学习儒家政治学说和伦理思想提供了方便。

罗钦顺纂成《困知记》前记2卷。

按:是书有前记2卷,续记2卷,三续、四续、附录、续补、外编各1卷。续记2卷分别编成于嘉靖十年和十二年。全书历时20年陆续撰成,主要内容有:阐明"理气合一"的哲学,重新解释程、朱的"理一分殊"说,批判陆、王心学,批判佛教。

陆采校刊《艺文类聚》100卷毕。
齐之鸾《悠然亭集》成。
黄瓒著《雪洲集》。
俞弁著《山樵暇语》。
日本阿佐井宗瑞在日本翻刻熊宗立所纂医书《名方类证医书大全》(成书于1446年,又名《医书大全》),此为日本首次翻刻中国医书。
薛己木活字本《立斋外科发挥》刊行。
光泽王府(光泽王朱宠瀼)刻宋林景熙《林霁山集》5卷。

阿尔布莱希特·丢勒卒(1471—)。德国油画家,版画家,雕刻家,建筑家。

符观卒(1444—)。观字衍观,号活溪。江西新喻人。弘治三年进士。著有《活溪存稿》。
丁养浩卒(1451—)。养浩字师孟,别号西轩。浙江仁和人。成化二十三年进士。官至云南布政使。著有《西轩效唐集录》。

周季凤卒(1464—)。季凤字公仪。号未轩。江西宁州人。弘治进士。著有《未轩漫稿》。

余祐卒(1465—)。祐，理学家。字子积。江西鄱阳人。师事居仁，居仁以女妻之。弘治十二年进士。著有《性书》。事迹见《明史》卷二八二《胡居仁》附传、《明儒学案》卷三。

按：据《明史》卷二八二，余祐之学，墨守师说，在狱中作《性书》三卷。其言程、朱教人，专以诚敬入。学者诚能去其不诚不敬者，不患不至古人。时王守仁作《朱子晚年定论》，谓其学终归于存养。祐谓："朱子论心学凡三变，存斋记所言，乃少时所见，及见延平，而悟其失。后闻五峰之学于南轩，而其言又一变。最后改定已发未发之论，然后体用不偏，动静交致其力，此其终身定见也。安得执少年未定之见，而反谓之晚年哉？"其辨出，守仁之徒不能难也。

王守仁卒(1472—)。守仁字伯安，号阳明子。余姚人。弘治进士。曾于阳明洞讲学，世称阳明先生，其学称"阳明学"或"王学"。官至南京兵部尚书。为明代最重要的思想家，以为格物致知当求诸心，不当求诸物，提倡"心学"，并提出"知行合一"与"知行并进"说。其说以反教条、反传统之态出现，比程朱理学空谈天理性命更简单易行，故其学一度风靡于南北二京。其文博大昌达，诗亦秀逸有致，世称"姚江派"。著有《王文成公全书》38卷，其中以门人所记《传习录》最为重要；又有《居夷集》、《抚夷节略》、《王经臆说》、《大学古本旁注》、《阳明乡约》等。事迹见《明史》卷一九五。

按：关于王阳明生平行年，明邹守益有《王阳明先生图谱》1卷，明李贽有《阳明先生年谱》2卷，明钱德洪、王畿有《王文成公年谱》4卷，清俞嶙有《王阳明先生年谱》1卷，清刘原道有《阳明先生年谱》1卷，清杨希闵有《明王文成公年谱节钞》2卷；另有余重耀《阳明先生传篡》4卷、马叙伦《王阳明先生年谱校录》、陈筑山编《王阳明年谱传习录节本》、钱穆编《阳明年谱》、毛春翔《〈阳明先生年谱〉校记》、日本志贺一郎编《王阳明与湛甘泉关系年表》等。阳明学在明中叶后影响甚大。其弟子亦遍及各地，以地望分有江右、浙中、北方、南中、粤闽王学之别，泰州学派亦与王学有关。王学于明后期传至日本，对日本思想学术界亦颇有影响。

又按：据《明史》本传，守仁天姿异敏。年十七谒上饶娄谅，与论朱子格物大指。还家，日端坐，讲读《五经》，不苟言笑。游九华归，筑室阳明洞中。泛滥二氏学，数年无所得。谪龙场，穷荒无书，日绎旧闻。忽悟格物致知，当自求诸心，不当求诸事物，喟然曰："道在是矣。"遂笃信不疑。其为教，专以致良知为主。谓宋周、程二子后，惟象山陆氏简易直捷，有以接孟氏之传。而朱子《集注》、《或问》之类，乃中年未定之说。学者翕然从之，世遂有"阳明学"云。

石珤卒，生年不详。珤字邦彦。藁城人。谥文隐。隆庆初，改谥文介。成化二十三年与兄玠同登进士第，改庶吉士，授检讨。累官礼部左侍郎，迁吏部尚书兼文渊阁大学士。诗文通达平正，有茶陵体。著有《熊峰集》。事迹见《明史》卷一九〇。

戚继光(—1587)、陈吾德(—1589)、王之士(—1590)、邓元锡(—1593)、韩士能(—1598)、孙七政(—1600)、蔡国珍(—1611)、徐用检(—1611)生。

按：一说，邓元锡(1527—1592)。

嘉靖八年　己丑　1529年

奥斯曼帝国围维也纳。

《康布雷和约》签定。

施佩耶尔帝国议会召开。

《萨拉戈萨条约》签定。

三月甲寅，赐罗洪先等进士及第，出身有差。

四月己巳，大学士杨一清等考选翰林院庶吉士，得胡经等20人。

按：先是廷试授职，阁臣桂萼请自一甲三人外，停选庶吉士，杨一清等以为馆阁储才之地，考选仅取三人过少，复增取20人。从之，著为令。

是春，限翰林之额，侍读、侍讲、修撰各三员，编修、检讨各六员，著为令。

按：是春世宗亲阅廷试卷，手批一甲罗洪先、杨名、欧阳德，二甲唐顺之、陈束、任瀚六人对策，各加评奖。大学士杨一清等遂选唐顺之、陈束、任瀚及胡经等共二十人为庶吉士，疏其名上，请命官教习。忽降谕云："吉士之选，祖宗旧制诚善。迩来大臣循私选取，市恩立党，于国无益，自今不必选留。唐顺之等一切除授，吏、礼二部及翰林院会议以闻"。（《明史》卷七十《选举志二》）尚书方献夫等遂阿旨谓唐顺之等不必留，并限翰林之额，著为令。盖顺之等出张璁（张孚敬）、霍韬门，而心以大礼之议为非，不肯趋附，璁心恶之。又，张璁欲倾杨一清，故以立党之说进，而故事由此废。

五月己酉，令两京文职四品以上，翰林院五品及在外三品以上官，各举堪任知府者一人，翰、詹、科、道及在外五品以上各举堪任知州、知县者一人。所举不拘进士。（《世宗实录》卷一〇〇）

十月己卯，诏除外戚世封，著为令。

是月，许广东仍通番舶，漳州私市禁之。

是年题准，公侯伯等爵，无分已袭未袭，已任未任，但年三十以下、十四以上者，通行查出，开送礼部，转送国子监，行祭酒司业，将《大学》、《论语》、《孟子》诸书，相兼点授，令其在家讲读，仍每十日赴营观操。

马丁·路德首次编写《教理问答》。

西班牙人入抵马绍尔群岛。

钱德洪、王畿闻王守仁（王阳明）讣，正月三日成丧于广信，并发《讣告同门》书。

按：先是，德洪与畿西渡钱塘，将入京殿试，得王阳明归书，遂迎至严滩。于是闻讣。遂奔丧至广信。

钱德洪、王畿疑于服制，以师服问于竹峰邵子。

按：钱德洪、王畿奔师阳明丧于广信，拟所服问于竹峰邵子。邵子曰："昔者孔子没，子贡若丧父而无服制也。"德洪、畿曰："然。然则今日若有间也。夫子没于道路，执丧者弗从。宽（德洪原名）也父母在，麻衣布经弗敢加焉；畿请服斩以从，至越则释，麻衣布经，终葬则释；宽居越则经，归姚则否，何如？"邵子曰："亦宜。"于是畿服斩以行。（钱德洪《师服问》）

嘉靖八年　己丑　1529年

王阳明丧正月庚子发南昌，六日至弋阳，钱德洪、王畿等来会。初十日，丧至玉山，弟守俭、守文，门人栾惠、黄洪、李琪、范引年、柴凤至。

王阳明丧二月庚午至越，每日门人来吊者百余人，书院及诸寺院聚讲如阳明生前。

按：据程辉所作《丧记》，前来哭奠友人有侍郎湛若水，副都御史刘节等，门人有：侍郎黄绾，给事中毛宪，员外郎王臣，主事石简、陆澄，按察使顾应祥，副使郭持平、萧璆、应良，知州王直、刘魁，训导周桐、周衢，教授周冲、陈烨、陈煉、李敬、应佐，监丞周仲、周浩、周甸，辨印生钱君泽，私淑门人知县咸贤，武林驿丞何图，赣州卫指挥同知刘锃，指挥佥事杨基，广州府右卫指挥佥事武鉴，南昌卫指挥佥事赵昇，广州府前卫舍人孙绍英等。

又按：陆澄，字原静、清伯，生卒年不详。浙江归安人。正德进士。师从王阳明，《传习录》多为其所记。事迹见《明儒学案》卷十四。

王阳明十一月十一日被安葬于洪溪，会葬者千余人。

再按：洪溪去越城三十里，入兰亭五里。据程辉所作《丧记》，参加会葬者有：副都御史王尧封，御史端廷赦、陈世辅、梁尚德、万潮、黄卿、万廷彩、庞浩、傅钥、党以平、汪金、区越、梁世骠、江良材、林茂竹、王臣、刘宗仁、李节、刘翱、孙仁、洪珠、孔庭训、洪暂，杭州知府娄世德，同知杨文昇，通判周忠、刘坎溶，推官刘望之，运同钱澜，副使李信，判官林同、方禾，钱塘知县王桥，会稽知县王文儒，山阴县丞应佐，余姚主簿彭英，典史刘文聪，教谕徐锐，训导谢贤、陈元，广东御史何齮，布政邵锐，姻人大学士谢迁，尚书韩邦问，编修周文烛，御史毛凤，都御史胡东皋，参政汪惇，副使吴便，司马公轻，佥事汪克章、沈钦，司马相、韩明，知府陆宁、金椿，运同徐冕，知县宋溥、金谧，陶天祐、刘瀚、田惟立、徐玺、徐俊民、吴昊、叶信、汪以毅、周大经、周文燦、胡瀛、陈廷华，知县王轼，乡生钱继先、王廷辅、王文轩、夏文琳、何炫、徐应、周大贲、高隆，友生尚书伍文定，侍郎杨大章、陈筐、严毅、杨霓、杨誉，知府吴叙，廉使韩廉、徐彬、邹鹄，员外郎张璿、施信、史伯敏、王代、于震、朱梁，晚生佥事汪应轸，知府朱衮、李节，郎中胡廷禄、陈良谟，主事叶良佩、田汝成、王度、王渐逵、王一和、王之训、王文辐、王文骖、良直、费思义，门人大学士方献夫，侍郎黄绾，编修欧阳德，给事中魏良弼、李逢，行人薛侃、应大桂，郎中邹守益，员外郎蓝渠，主事潘颖、黄宗明、翁万达、石简、胡经，参政万潮，副使萧鸣凤，参议王洙，博士马明衡，监丞赵显荣，助教王崐、薛侨，知县薛宗铠、周桐、刘本、刘樽、诸训、诸阳、诸守忠，举人诸大纲、杨汝荣、金佩、金克厚，佥事韩柱，主事顾敦复、胡冲、徐沂、徐楷、徐潞、叶锴、徐霈、张津、钱翀、钱翱、钱祚诏、凌世华、朱篪、龚溥、龚渐，员外郎龚芝、杜应豸，县丞朱绂、周应损、秦鞔、章乾、杨柱，从弟王守第。

湛若水三月吊王阳明，有《奠王阳明先生文》。

按：是文于两人遇合及持论同异均有所述。

湛若水作《阳明先生墓志铭》。

黄绾纂《阳明先生行状》。

黄宗明以师王阳明之卒拟《处分家务题册》。

薛侃以师王阳明之卒拟《同门轮年抚孤题单》。

程辉为钱德洪门人，作阳明《丧纪》。

王艮如会稽会葬王阳明，大会同志聚讲于书院，订盟以归。

王艮十二月有《答太守任公书》，谢抚台刘节之疏荐。

桂萼是春匿王阳明讣不报,而参其擅离职役及处置广西思田、八寨恩威倒置,又诋其擒朱宸濠军功冒滥,乞命多官会议。又言王阳明事不师古,言不称师;欲立异以为高,则非朱熹格物致知之论;知众论之不与,则为朱熹晚年论定之书,以异说号召门徒,互相倡和,才美者乐其任意,庸鄙者借其虚声,传习转讹,背谬弥甚。宜免追伯爵以章大信,禁邪说以正人心。世宗允之,命多官会议,削王阳明世袭伯爵、并朝廷常行恤典赠谥,同时下禁伪学诏,以阳明心学为伪学。

按:先是,张孚敬(张璁)见王阳明所处岑猛诸子及卢苏、王受得宜,征剿八寨有方,极口称叹,即荐于朝,欲取以作辅臣,共成天下之治。桂萼等闻之不乐,乃唆使锦衣卫都指挥聂能迁诬奏王阳明以金银百万贿赂张孚敬(张璁),俾其荐王阳明为两广巡抚。阳明门人黄绾疏辩其诬。奉旨,聂能迁下狱杖死。至是,桂萼等再设计害王阳明。

汪鋐疏论阳明伪学,复劾黄绾党邪不忠。

汪鋐劾黄绾回护属官邹守益,难居大臣,议调边方参政。不报。

黄绾上疏,抗辩朝中对王阳明爵荫赠谥诸典不行、且下诏禁"伪学"事。疏入,不报。

按:黄绾之疏言王阳明功之大者有四,学之大要有三。其辩王学非伪学曰:"其学之大要有三:一曰致良知,实本先民之言。盖致知出于孔氏,而良知出于孟轲性善之论。二曰亲民,亦本先民之言。盖《大学》旧本所谓'亲民者,即百姓不亲之亲。凡亲贤乐利、与民同其好恶而为絜矩之道者'是已。此所据以从旧本之意,非创为之说也。三曰知行合一,亦本先民之言。盖'知至至之,知终终之',只一事也。阳明发此,欲人言行相顾,勿事空言以为学也。是阳明之学弗诡于圣,弗畔于道,乃孔门之正传也。可以终废其学乎?"(《王阳明年谱·嘉靖八年》引)

黄绾以女许阳明之子王正亿,时正亿四岁,悯其孤而抚之。

周延于给事中任抗疏论列朝中对王阳明爵荫赠谥诸典不行、且下诏禁"伪学"事,谪太仓州判。

湛若水是秋转礼部右侍郎,预议南北郊分祭礼议。

薛蕙服阕,仍绝意仕进。

聂豹以期满候代建宁,遂上疏乞养病,在闽有《巡闽稿》;寻,得报升宁波知府,复二上乞休疏;再改知苏州。

吕柟六月作《潮州府海阳重修儒学记》。是岁又有《白石书院记》。

邹守益作《扬州府新置学田记》、《焖然亭记》。

归有光作《先妣事略》。

周怡在南都,受业于邹守益之门。

蔡昂为《大明会典》催纂官。

魏校三月由大理寺少卿改国子监祭酒。八月,以经筵进讲不称旨,改太常寺少卿。十月,提督四夷馆。

何瑭(一作何塘)再调南都察院。在南京右都御史任再致仕家居,作《仇生北归序》。

霍韬九月疏乞给假养母,不许。

陆粲八月劾张孚敬多作威福，世宗罢张孚敬（张璁），又以"不早日纠弹"为罪谪陆粲。

张孚敬（张璁）九月复入阁。

杨一清四月己巳奉旨考选庶吉士，以唐顺之、陈东、任翰三人廷试策为上。

杨一清以不附张孚敬（张璁），张孚敬乃劾杨一清为太监张永弟作墓志，杨一清遂致仕。

杨慎寓赵州，闻父死讯，得允奔丧返蜀。

王廷相三月议立各乡社义仓。

黄宗明服阕，七月征拜光禄寺卿，辑《光禄须知》，为疏以进。

王承裕七月在南京户部尚书任被劾罢。

谢少南与陈凤、高远、金大车于青溪结文会。

吴承恩作《海鹤蟠桃篇》，寿漕督唐龙母。

李梦阳就医镇江，以集稿付吴县黄省曾。

吴一鹏解南京职归长洲。

许诰八月由翰林院侍讲学士升太常寺卿，管国子监祭酒事。

唐顺之举会试第一，改翰林院庶吉士。后调兵部主事，引疾归。

王表中进士。授户部主事，升郎中。

按：王表，字邦正。生卒年不详。常州府无锡人。著有《读书纪要》、《仕途录要》、《代奕稿》、《消夏编》。

沈谧成进士，授行人。

沈恺成进士，授宁波知府。

郑世威成进士，授刑部主事。

李开先成进士，授户部主事。

吴子孝成进士，授台州推官。

汪宗元成进士，授行人。

陈束成进士，授礼部主事。

张明道成进士，授都察院都事。

按：张明道（1480—?），字希程，湖广罗田人。平生好读朱熹《通鉴纲目》，以此启迪后学。著有《纲目发明》。

杨逢春成进士，授昆山知县。

杨名成进士，授编修。

杨爵成进士，授行人。

杨祐成进士，选庶吉士，授兴国知州。

胡松成进士，授东平知州。

项乔成进士，授南京工部主事。

罗洪先成进士，授修撰；谒见魏校。

赵文华成进士，授刑部主事。

程文德中进士第二，授编修。

黄训成进士。

按：黄训，生卒年不详。徽州歙县人。著有《名臣经济录》、《读书一得》。

薛甲成进士，授兵科给事中。

蔡瑷成进士，授行人。

按：蔡瑷字天章，真定宁晋人。曾师从韩邦奇、湛若水。著有《洨滨语录》、《洨滨集》。

熊过成进士。

按：熊过字叔仁，号南沙子，生卒年不详。四川富顺人。与王慎中、唐顺之等称嘉靖八才子。著有《周易象旨决录》、《南沙集》。

张选、张忠、皇甫汸、杨守谦、祝咏、曾铣、黄正色、黄光昇、葛守礼、夏浚成进士。

查铎年十四，丁母忧。

王宗沐七岁，从祖父读书，过目不忘。

张居正五岁，始授句读，辄授辄记。

潘珍、王舜渔于辽宁河西创建仰高书院，后改名河西书院。

郭持平、聂豹等于福建晋江创办一峰书院。书院倡行"殚心力学""励乎品谊"。所延聘者多高德博学，先后来院讲学者有王宣、张岳、唐次梁等。

侯泰重建登封嵩阳书院，焦子春、崔应科、刘景耀、常克念等先后肄业其中。

吴绍周修复云南蒙化崇正书院，因诸葛亮淡泊明志，更名明志。诸生云集。李元阳撰《明志书院记》述其详。

有关炼金术的手册《完善的炼金技术》在沃尔姆斯出版。

李如玉著《周礼会要》15卷，是岁诣阙上之，得旨嘉奖。

按：李如玉，同安儒生。

陆粲以疏斥厂卫专权并及他事，谪贵州都匀驿丞，途中著《左氏春秋镌》。

蔡存远献其父清所著《易书四书蒙引》于朝。诏发建宁书坊刊行。

杨循吉、苏佑纂《吴邑志》16卷、曹自守撰《图说》1卷刊刻。

按：《四库全书总目·吴邑志》提要曰：此志"较他志乘为典核。然首叙吴国本末为《史考》，已非一邑之事；又引《春秋》所载吴事为《经考》，又并非吴地之事矣。仍不免志书牵引之习也。"

王璜纂修《浚县志》2卷刊刻。

卢镗纂修《临颖志》8卷刊刻。

桂萼《广舆图叙》4册成，进上御览。世宗命写副留存内阁。

林希元著成《荒政丛言疏》。

按：是书为作者在广东任上博采先贤论述，结合自己在泗州救荒经验编成应诏上奏。书中提出救荒六纲二十三目，对每目都作了说明。书见于《林次崖先生文集》中。又有《救荒丛书》本、《四库全书》本、《守山阁丛书》本等。

高贲亨重刊《伊洛渊源录》、《伊洛渊源续录》。

霍韬仲冬删修《家训》14篇、附录3篇成，有《家训前编序》。又撰有

《会试录后序》。

胡明善刻朱升所辑《小四书》。

王梅南刊《东垣十书》。

光泽王府（光泽王朱宠瀼）刻宋刘炎《迩言》12卷、金李杲《东垣十书》。

晋王府（晋端王朱知烊）刻宋姚铉《唐文粹》100卷、世宗御制《敬一箴》。

陆深自祭酒外谪延平府同知，编次入闽所作为《豀山余话》。

蔡羽作《碧山精舍记》，刻所著《林屋集》20卷。

靖江王府刻《分类补注李太白集》30卷、《集千家注批点杜工部诗集》20卷。

杨廷和卒（1459— ）。廷和字介夫，号石斋。新都人。杨慎之父。成化进士，改庶吉士，授检讨，后进修撰。曾与修《宪宗实录》、《大明会典》。超擢左春坊大学士，充日讲官。历任文渊阁大学士、吏部尚书、武英殿大学士。李东阳致仕后，为首辅。追谥文忠。著有奏疏稿《杨文忠公三录》；又有《石斋集》、《乐府余音》等。后者因刊本混杂于其子杨慎所作《升庵十五种》内，故论者每误为慎所作。世宗以议礼不合，故赠恤不行。隆庆初，复官，赠太保，谥文忠。事迹见《明史》卷一九〇。

按：据《明史》本传，初，廷和入阁，东阳谓曰："吾于文翰，颇有一日之长，若经济事须归介夫。"及武宗之终，卒安社稷者，廷和力也，人以东阳为知言。

胡瓒卒（1471— ）。瓒字伯珩，号紫山。广平永平人。弘治六年进士。官至南京工部尚书。著有《紫山诗稿》。事迹见《明史》卷二〇〇《蔡天祐传》附传。

李梦阳卒（1473— ）。梦阳字献吉，号空同子。陕西庆阳人。弘治六年进士。官至江西提学副使。生平谓汉后无文，唐后无诗，慨然以复古为己任。梦阳诗作宗杜甫，狂傲可喜；为文则佶屈聱牙，殊少精彩之处，而时人多尊之。著有《空同子集》、《弘德集》。事迹见《明史》卷二八六。

按：据《明史》本传，李梦阳才思雄鸷，卓然以复古自命。弘治时，宰相李东阳主文柄，天下翕然宗之，梦阳独讥其萎弱。倡言文必秦、汉，诗必盛唐，非是者弗道。与何景明、徐祯卿、边贡、朱应登、顾璘、陈沂、郑善夫、康海、王九思等号十才子，又与景明、祯卿、贡、海、九思、王廷相号七才子，皆卑视一世，而梦阳尤甚。吴人黄省曾、越人周祚，千里致书，愿为弟子。迨嘉靖朝，李攀龙、王世贞出，复奉以为宗。天下推李、何、王、李为四大家，无不争效其体。华州王维桢以为七言律自杜甫以后，善用顿挫倒插之法，惟梦阳一人。而后有讥梦阳诗文者，则谓其模拟剽窃，得史迁、少陵之似，而失其真云。

汪玉卒（1481— ）。玉字汝成，号雷峰，一号嘿休。浙江鄞县人。正德三年进士。以防御宁王朱宸濠有功，擢彬桂兵备副使。辞职归田后，兴修书院，聚徒讲学。著有《四书粹义》、《书经存疑》、《杂录记》、《敝箧留稿》。

僧摩诃罗多他罗卒（1468— ）。缅甸诗人。

约翰·斯克尔顿卒（约1460— ）。英国诗人，讽刺文学家。

安德烈·桑索维诺卒（1467— ）。意大利建筑师，雕刻家。

余本卒（1482—　）。本字子华，号南湖。浙江鄞县人。正德进士。官至南京右通政。著有《南湖文录》等。

盛时泰（　—1578）、周子义（　—1586）、魏时亮（　—1591）、凌迪知（　—1600）、郭棐（　—1605）生。

嘉靖九年　庚寅　1530年

奥斯曼帝国颁《苏莱曼法典》。

神圣罗马查理五世帝于意大利波洛尼亚加冕。

奥格斯堡帝国议会召开。

里斯本震。

莫斯科公国伐喀山。

横跨大西洋的奴隶贸易兴起。

二月，命大学士张璁（张孚敬）会给事中夏言议郊祀礼。

按：自是，大祀之礼分南北郊。夏言渐用事。

五月己亥，更建四郊。

六月庚午，刻《大明集礼》成，世宗亲制序文。

八月丙戌，梓《大明集礼》成，世宗令礼部校正谬误，补足缺文，颁布天下。

按：据《四库全书总目提要》卷八二："《明史·艺文志》及《昭代典则》均作五十卷，今书乃五十三卷。考《明典汇》，载嘉靖八年礼部尚书李时请刊《大明集礼》，九年六月梓成。礼部言是书旧无善录，故多残阙，臣等以次诠补，因为传注。乞令史臣纂入，以成全书云云。则所称五十卷者，或洪武原本。而今所存五十三卷，乃嘉靖中刊本，取诸臣传注及所诠补者纂入原书，故多三卷耳"。"序为世宗御制，题为'嘉靖九年六月望日'。而《世宗实录》载九年六月庚午，刻《大明集礼》成，上亲制序文。是月己未朔，则庚午乃十二日，与《实录》小有异同。疑十二日进书，望日制序，记载者并书于进书日也。"

癸亥，从巡抚都御史刘节之请，立曲阜孔、颜、孟三氏学。

按：凡三氏子弟，立16塾。8岁以上皆就塾，15以上，提学官试其学业有成者，送入三氏学。

戊午，高金抗疏申论不可遽行沙汰天下生员，以为生员名额应视地方人才多寡为差，并责成提学官严加考校。（《世宗实录》卷一〇六）

九月辛卯，都御史汪鋐进佛朗机铳，并请仿造以用于西北城堡墩台。自此西方火炮得以传入中国。

十月辛未，世宗以更定郊制，命大学士张璁（张孚敬）会礼部尚书李时等将新郊制相关内容纂辑成书，凡三册。（《世宗实录》卷一一八）

按：首载神位、礼器、坛制、祝词、乐舞、仪注之类；二、三两册，则备书年月日敕谕及大小官员章奏。

十一月辛丑，颁示更定文庙祀典及从祀先贤先儒人名于天下。

按：孔子神位题"至圣先师孔子"，去其王号及"大成文宣"之称。改大成殿为先师庙。其四配称"复圣颜子、宗圣曾子、述圣子思子、亚圣孟子"，十哲以下及门人弟子皆称"先贤某子"、"先儒某子"，不复称公、侯、伯。罢公伯寮、秦冉、颜何、荀况、戴圣、刘向、贾逵、马融、何休、王肃、王弼、杜预、吴澄从祀；增后苍、王通、欧阳修、胡瑗、陆九渊入祀;放林放、遽瑗、卢植、郑众、郑玄、服虔、范宁祀于其乡。两庑从祀凡九十一人。敕天下学官别建启圣公祠,春秋祭祀与文庙同。(《世宗实录》卷一一九)

是年,周禋请复起居注之职。

除禁中佛殿,并毁大善殿金范佛像。

薛侃五月建天真精舍于杭州城南天真山,祠阳明。

按:阳明于起征思、田途中,曾吟诗盛称天真山之奇,有卜筑愿,见嘉靖六年。阳明既卒,薛侃患同门聚散无期,忆师遗志,遂筑祠于山麓。同门黄沄、刘侯、孙应奎、程尚宁、范引年、柴凤等董其事,邹守益、方献夫、欧阳德等前后相役;中斋厨具备,可居诸生百余人。每年祭期,以春秋二仲月仲丁日,四方同志如期成礼义,悬钟盘,歌诗,侑食。祭毕,讲会终月。

杨一清四月丙寅夺职。

桂萼十二月壬午以大学士进所著《三才日历志》,世宗嘉纳之,以其书留览。

王俊柏进其所著《太文录》,世宗令下礼部看详。尚书李时等言:其书大抵仿周天子太极立为赞说,推衍天地、阴阳及国家、人物之理,用心虽勤,于道无补,恐不足以信今而传后。

霍韬贻书夏言,切责之;夏言恚,上其书,并劾韬五罪,世宗怒甚,三月下韬于都察院狱。张璁(张孚敬)力为解,不听。四月,宥霍韬罪,罚金还任。七月,霍韬以忧去。(《世宗实录》卷一一一)

杨慎正月还滇,二月与李元阳重游大理点苍山,作《游点苍山记》。

王艮复至南京,会邹守益、欧阳德、万表、石简,聚讲于鸡鸣寺;其间,万表出《病怀诗》相质。

吕柟移居鹫峰东所,程惟信来聚,论学以去,柟作序送之。

罗洪先正月请告南归,因病殆馆仪真同年项瓯东家数月,此间始识王艮。复见聂豹于苏州、谒李中于浙邸,订其旧学。

顾梦圭在金陵,作《柏鹿记》。

蔡羽为袁表作《闻德斋记》。

程文德正月有《赠虚谷姚君守金华序》。

魏校七月在提督四夷馆、太常寺卿任致仕。

顾鼎臣七月以詹事署府。

穆孔晖以翰林侍讲署院。

王廷相正月由兵部左侍郎改南京兵部尚书。

陆深在太原,跋赵孟頫书《绝交书》卷。旋解山西提学副使职南还,以所书渡淮诗贻同行黄标。

文嘉以所得原拓《淳化阁帖》贻无锡华夏,文徵明作记。

徐阶官翰林院,十一月以疏争更易孔子塑像事忤世宗朱厚熜,谪福建延平府推官。

林文俊由右赞善升南京国子监祭酒。

葡萄牙殖民巴西。

欧洲普遍使用手纺车。

法王弗朗索瓦一世创建法兰西学院。

威尼斯乐派约于此时兴起。

李材年十二丁母忧。

岳麓书院获世宗颁赐御制"敬一箴"及"程子四箴"。王学弟子王乔龄、季本、张元忭、邹元标等相继来此讲学，传播阳明心学。书院学风大盛。

欧阳德正月知六安州，建龙津书院，聚生徒讲学。

罗汝芳在东昌知府任建见泰书院，邹善在提学副使任建愿学书院，两人皆宗王阳明，时相讨论。

邹守益正月谪广德州判官，建复初书院，与学者讲授其间。

张仲孝建近圣书院于河北饶阳。以"欲为良农者必讲于谷，欲为良医者必讲于针砭之术，欲为君子者必讲于圣贤之学，内之以修身，外之以救世"为宗旨。

陈讲于山西太原创建河汾书院。书院由学使从秀才中选拔优等生前来肄业。

王臣、薛侃、钱德洪、王畿于杭州创建天真书院。

黄佐、龙大有集资重建广西平乐道乡书院。

按：道乡为宋邹浩别号，邹因忤蔡京被贬平乐。后人建道乡书院以资纪念。

郑重威重建四川遂宁张九宗书院。嘉靖二十一年扩大规模，完善规制。

邱道隆于四川眉山创建鹤山书院，以纪念宋儒魏了翁。王元正为记。

李希英于贵州镇远创建紫阳书院，并自为记。

梅兰希顿著成《自辩书》。

乔治·阿格里科拉编著成《论金属》。

彼得·马特著成《新路数十年》。

蔡清《易经蒙引》是夏板行，薛宗铠为作跋。

陆深纂《史通会要》3卷成。

按：《四库全书总目》曰陆深"以刘知己《史通》刊本多误，为校定之，凡补残刊谬若干宗。以其《因习》上篇阙佚，乃订正《曲笔》、《鉴识》二篇错简，类为一篇以还之。复采其中精粹者，别为《会要》三卷，而附以后人论史之语，时亦以己见参之。"

顾磐纂《通州志》6卷。

按：磐字子安，生卒年不详。通州人。正德八年举人，著有《海涯集》。

杨循吉纂修、戴儒补修、宋秉中补纂《章邱县志》4卷刊刻。

宋佐、闻人诠纂修《宝应县志略》4卷成。

钟汪修、林颖等纂《通州志》6卷刊刻。

莫尚简修、张岳纂《惠安县志》13卷刊刻。

李宗元纂修《沈邱县志》5卷刊刻。

甘泽纂修《蕲州志》9卷成。

陆深著《停骖录》。

薛蕙著《老子集解》成。

日本清原宣贤著成《庄子抄》，讲解《庄子》。

薛侃六月作《瑞芝记》。

何良俊纂《四友斋画论》成。

黄省曾刻李梦阳《李空同先生集》66卷。

《章懋文集》十月始刻于毘陵,毛宪为之序。

杨一清卒(1454—　)。一清字应宁,号邃庵,又号石淙,谥文襄。其先云南安宁人。父景,以化州同知致仕,携之居巴陵。成化进士。为刘瑾所诬下狱,由李东阳、王鏊等力救方免罪。刘瑾被杀,擢户部尚书,又改吏部,兼武英殿大学士,入参机务。曾为内阁首辅。博学善权变,尤晓畅边事。著有《石淙类稿》、《关中奏议》。事迹见《明史》卷一九八。

钱贵卒(1472—　)。贵字元抑。苏州长洲人。著有《吴越纪余》、《易通》。

胡世宁卒(1469—　)。世宁字永清,号静安,一作静庵。浙江仁和人。谥端敏。弘治癸丑进士,授安德推官,迁南京刑部郎中,官至刑部尚书。著有《胡端敏奏议》、《读易私记》等书。

汪褆卒(1490—　)。褆字介夫,号檗庵。祁门人。曾执教太平味泉书舍,重视体育在教学中的作用。又革新古制投壶格谱及仪节,著有《投壶仪节》、《檗庵遗稿》等。

王磐约卒于是年(约1470—　)。磐字鸿渐,号西接。江苏高邮人。所作散曲,题材广泛,著有《王西楼乐府》。

林润(　—1569)、董传策(　—1579)、林景旸(　—1604)、王圻(　—1614)生。何震(　—1605)约生。

狩野正信卒(1434—　)。日本画家,狩野派始祖。

威廉·邓巴卒(约1460—　)。苏格兰诗人。

嘉靖十年　辛卯　1531年

四月己卯,礼部以国子监生徒少,议裁减各衙门历事监生135名,诏着为例。

按:是岁监生在监者不及400人,而诸司历事岁额以千计。弘治八年,监生在监者少,而吏部听选至万余人,有十余年不得官者。祭酒林瀚以坐班人少,不敷拨历,请开科贡。礼部尚书倪岳覆奏,科举已有定额,不可再增,惟请增岁贡人数,而定诸司历事,必须日月满后,方与更替,使诸生坐监稍久,选人亦无壅滞。至是,国学缺人,视弘治间尤甚,李时引倪岳前议,请参酌举行。诏从之,独不增贡额。未几,复以许诰、胡时善之请,诏增贡额,如倪岳、李时前议。(据《明史》卷六九《志》第四五《选举一》)

戊辰,世宗以御制《敬一箴》、《心箴》等颁赐天下学校,令提学官建亭、刻石、竖碑。(《世宗实录》一二四)

六月丙戌,兵部请建敬一亭于京卫武学,刻御制《敬一箴》,如儒学例。从之。

闰六月丁亥,礼部言:皇上顷从行人薛侃议,将《论孟古义》颁布天下,

英王亨利八世始截留罗马教会之年贡。

德意志新教诸侯始结成"士马尔卡登同盟"。

印加帝国内战爆发。

以示程式,诚得返朴还淳之理。但文章习尚久而后成,今科举在迩,行之天下势不能遍,即使习学,未必如式,妄意模拟,必多于诞。士子既不得以旧学自显其才,有司又不得以新格辨别贤否,一时科目或至失人。请暂令今岁科目不必尽拘格。俟明年会试行之,则风声所激,文体自变。世宗是之,罢《古义》不用。(《世宗实录》一二七)

戊子,令两京国子监及天下提学官:学校选举事例,仍以两京国子监官属吏部简别贤否开奏,以各府县学官属巡按,会同提学官考选贤否,上之吏部,奏请定夺。(《世宗实录》一二七)

是年,有沙汰天下州郡学生员之令,以御史杨宜力争而止。

题准,直隶、德州左等卫儒学,听山东提学官管辖,于山东布政司应试。辽东儒生,听辽东巡按御史考送顺天府应试。

西班牙格拉纳达大学建立。

"伟大的彗星"(后来被称为哈雷慧星)引起迷信高潮。

安普卫特开设欧洲首家证券交易所。

皮萨罗再入秘鲁。

黄弘纲会黄绾于金陵,以王阳明子王正亿请婚。

按:阳明卒,忌之者行谮于朝,遂革赐典世爵,时胤子正亿方四龄,家乡之恶少遂鱼肉之。八年夏,阳明门人大学士方献夫署吏部,择刑部员外王臣升浙江佥事,分巡浙东,经纪阳明其家。冬,黄弘纲以钱德洪、王畿将赴京殿试,恐正亿失所托。适黄绾升南京礼部侍郎,弘纲问计。绾曰:"吾室远莫计,有弱息,愿妻之。情关至戚,庶得处耳。"至是钱德洪、王畿遂趋金陵为正亿问名,复使同门王艮行聘礼焉。

湛若水八月进《天德王道第一疏》并颂赋;九月,进《天德王道第二疏》,又进《君臣同游雅诗疏》;十月,由礼部右侍郎改本部左侍郎;十一月,进《圣学疏》;十二月,进《劝收敛精神疏》。

邹守益请告趋会稽哭王阳明,存抚其孤,聚同志讲学于天真书院。四月,与魏校等在吴中力论知行合一之旨。是冬,邹守益进阶奉政大夫。

何瑭(一作何塘)八月作《孟县重修县学记》。

邹守益为同游董燧作《乐安董氏新谱序》。

周怡随邹守益赴会天真,既别归家,相违二十年。是秋,周怡丁父忧。

徐樾十一月复来从王艮学。王艮与四方来学之士发挥百姓日用之学甚悉。

张璁(张孚敬)二月癸酉作《禘义》一篇献世宗,以答世宗"禘祫"义之询。

张璁七月戊午罢。

杨慎三月约李元阳同游剑川。

马理起光禄卿,未几复归林下,凡十年。

桂萼正月乙巳致仕。

聂豹十月丁父忧。

夏言迁礼部尚书。

魏良弼以疏救马敭等罪,下狱拷讯;寻,复职。

孔穆晖三月失日讲,宥之;七月,改南京太仆寺少卿。

薛侃闰六月上《论孟古义》,命颁天下,寻,已之;七月,削籍。

孙承恩与席春（席书弟）七月主考应天府乡试。

蔡昂与吴惠主考顺天府乡试。

黄省曾以《春秋》魁乡榜，以母老，遂罢会试。

王文禄中举人。

任中立中举人，授沂水知县。

按：任中立，生卒年不详。山西大同人。著有《管窥集》。

杨应诏举于乡，北游燕赵齐鲁，久而归。

朱应辰充贡生。

按：朱应辰字拱之，一字振之，号淮海，宝应人。生卒年不详。曾十应南都试不第。与蔡羽、文徵明称莫逆交，行事亦相类。时人称淮海先生。著有《逍遥馆漫抄》10卷、《逍遥馆拾遗诗》1卷（一名《淮海集》）及散曲集《淮海新声》。

王宠八应乡试皆不举，是岁书自作草堂杂诗帖。

归有光在乡里与同学少年结南社、北社。应应天乡试，不第。

袁褒雪后过停云馆，文徵明为作《袁安卧雪图》。

华夏以所藏王羲之《袁生帖》真迹示文徵明，文徵明为疏记始末。

冯世雍于安徽歙县创建斗山精舍，湛若水、邹守益、王畿先后来此传播王湛之学。

蔡瑷于河南商丘改建社学为应天府书院。

刘长春于湖南慈利创建月川书院。

邱道隆重建四川合州濂溪书院，定名合宗。

日本曲直濑道三始从医学家田代三喜学医。是后继承三喜学术传统，倡导李东垣、朱丹溪医学学术思想与理论技术，并广招生徒，弘扬李、朱学说，从而形成日本汉方医学之后世派。

按：所谓后世派，又称后世方派，也称李朱学派，是一个推崇中国金元医学，特别是元代李东垣、朱丹溪学术思想的医学学派。该学派之形成，约孕育于公元十五世纪中叶。时日僧月湖至中国学习佛法，同时学习朱丹溪之学理与医疗技术，遂以医名。所撰《类证辨异全九集》、《大德济阴方》两书，对李、朱学说多所推崇。此后，日本医学家田代三喜于1487—1498年入中国攻读中医学。随月湖学习，对李、朱学术研读更深。1498年回日本时带回月湖著作两部，倡导李、朱之学，一时在日本古河一带颇具影响。曲直濑道三师从三喜，学成后于1545年回京都，因治愈将军足利义辉、大臣毛利元等人之重疾，受正亲町天皇召见而被赐号翠竹院，且在京都创建学舍，名"启迪院"，行医治病，广招生徒，弘扬李、朱之学。至是，日本汉方医学之后世派形成。因此，可以说，后世派导源于僧月湖，田代三喜为其开山祖，而中兴发展于曲直濑道三、曲直濑玄朔。

陆粲撰《春秋胡氏传辨疑》成。

祝銮纂修《太平府志》12卷刊刻。

连矿修、姚文烨等纂《建平县志》9卷刊刻。

许仁修、蒋孔炀纂《德化县志》10卷刊刻。

李文兖修、田项纂《尤溪县志》7卷刊刻。

伊拉斯谟出版第一套亚里士多德作品全集。

比图斯·里纳努斯编著成德国历史《日耳曼事物志》三卷。

方员、刘钜纂修《淇县志》10卷刊刻。

林富修、黄佐纂《广西通志》60卷刊刻。

曾储修、童承叙纂《沔阳志》18卷刊刻。

崔世节出按湖南,刻晋张华《博物志》,并作《跋》。

黄宗明九月上《光禄须知撮要》5卷。

湛若水作《表章忠义录序》。

程文德有《阳明文录后跋》。

罗钦顺四月作《云亭乡约序》。

徐阶辑所著为《少湖集》7卷。

万表养疴金陵,暇中手录诸书,题曰《灼艾集》。

章懋《文集》9卷正月刻成。

罗钦顺二月有《自题半影二首》。

光泽王府(光泽王宠瀼)刻宋《陈后山诗注》。

蒂尔曼·里门施德卒(约1460—)。德国雕刻家。

乌尔利希·慈温利卒(1484—)。瑞士政治家,宗教改革家。

谢迁卒(1449—)。迁字于乔,号木斋。余姚人。谥文正。成化进士第一,授修撰。入阁,参预机务。寻,加太子少保、兵部尚书,兼东阁大学士,仪观俊伟,秉节直亮。与刘健、李东阳同辅政,而迁见事明敏,善持论。武宗继位,请诛刘瑾,不成,与刘健同致仕。及瑾诛,复职,致仕。著有《归田稿》。事见《明史》卷一八一。

张嵿卒(1458—)。嵿字时俊,号枫丘。浙江萧山人。成化二十三年进士。弘治初为修《宪宗实录》,采逸事于苏松诸府。嘉靖初总督两广军务,擒获入侵西草湾之佛郎机(葡萄牙)人别都卢。官至工部尚书。著有《苍榆近稿》。事迹见《明史》卷二〇〇。

张璬卒(1466—)。璬字伯纯。山西泽州人。弘治九年进士,授尉氏知县。官至陕西按察佥事。著有《邃言》。

周广卒(1474—)。广字充之,号玉岩、抑斋。苏州昆山人。初以乡举入太学,师章懋。在里闲,与魏校友善。弘治十八年进士。官至南京刑部侍郎。平生严冷无笑容。居官公强,弗受请托,士类莫不惮之。著有《玉岩集》。事见《明史》卷一八八。

王尚絅卒(1478—)。尚絅(一作纲)字锦夫,号苍谷。河南郏县人。弘治十五年进士。授兵部职方主事。为终养乞归,隐居十五年,筑读书台,读书其中。著有《苍谷集》。

卢襄卒(1481—)。襄字师陈,号五坞山人。苏州府吴县人。嘉靖二年进士。著有《五坞草堂集》、《石湖文略》。

桂萼卒,生年不详。萼字子实,号古山。安仁人。谥文襄。正德六年进士。著有《经世民事录》、《舆图记叙》、《桂文襄公奏议》。事迹见《明史》卷一九六。

按:据《明史》本传,桂萼所论奏,《帝王心学论》、《皇极论》、《易·复卦》、《礼·月令》及进《禹贡图》、《舆地图说》,皆有裨君德时政。性猜狠,好排异己,以故不为物论所容。始与璁相得欢甚,比同居政府,遂至相失。

陈珂卒,生年不详。珂字希白,号东瀛。浙江嵊县人。弘治进士。官至大理寺卿。著有《五经发挥》(见《千顷堂书目》卷三)、《孙子断注》。事迹见《国朝献征录》卷六八。

于慎思(—1588)、僧明得(—1588)、钱立(—1593)、顾养谦(—1598)、殷都(—1601)、张士佩(—1609)、沈鲤(—1615)、沈一贯(—1615)生。

按：一说顾养谦(1537—1604)。

嘉靖十一年　壬辰　1532年

三月戊辰,赐林大钦等进士及第、出身有差。

四月庚子,赐韩府襄城王朱旭撮《祖德》、《含春堂诗》、《敬一箴》、《明伦大典》各一帙。

辛丑,会试武举取60人。

六月庚寅,圣旨：岁贡廷试不中五名以上,提学官降级别用；三名以上,提问。

按：以生员被黜五名以上降提学官湖广副使崔相、四川副使张鲲、河南副使敖英、山西佥事王邦瑞各一级。(《世宗实录》卷一三九)

八月己卯,彗星现,凡115日乃灭。

按：十年六月,彗星现凡二十四日。世宗以连年彗现,许依照旧例敕群臣言时政,然不乐闻谠言。杨名、冯恩皆以言事下狱。

乙未,翰林院侍讲学士廖道南以世宗祭历代帝王礼成,上《景德崇圣颂》,并陈二议：一曰复史职,二曰储史官。世宗嘉其意。

十月甲申,复考选庶吉士例。

按：自张璁(张孚敬)建议诸庶吉士皆除部属、知县,遂停考选庶吉士例,至是始一行之。

十二月丙戌,以世宗将幸太学,召衍圣公孔闻韶及颜、孟二氏博士赴京观礼。

是年,因建板书刊刻四书五经违背官制,为求利盲目改刻袖珍板,字多错讹,福建提刑按察司发牒文给建宁府,要求整顿建板书市场。本年二月提刑按察司发建宁府公牒强调：严督务要照式翻刻,县仍选委师生对同,方许刷卖,书尾就刻匠户姓名查考。再不许故违官式,另自改刊。如有违谬,拿问,追板铲毁,决不轻贷。

黄绾、方献夫正月合阳明门人聚会京师庆寿山房,发明师旨。

奥斯曼帝国取巴格达。

神圣罗马查理五世帝败奥斯曼帝国军于维也纳。

《纽伦堡和约》订立。

《卡罗来纳法典》颁布。

法人、英人缔盟士马尔卡登同盟。

英格兰议会支持国王亨利八世,反对罗马教会。

西班牙获阿塔瓦尔帕。初,王弟阿塔瓦尔帕败俘印加王瓦斯卡尔。

巴西首次栽培

甘蔗。

造纸术传入瑞典。

黑奴始来巴西。

按：自王阳明没，桂萼当朝，学禁方严。薛侃等既遭罪获谴，京师讳言学。至是岁，编修欧阳德、程文德、杨名在翰林，侍郎黄宗明在兵部，咸贤、魏良弼、沈谧在科，与大学士方献夫俱主聚会。于是黄绾以进表入京，钱德洪、王畿以殿试进京，与林春、林大钦、徐樾、朱衡、王惟贤、傅颐等四十余人始定日会之期，聚于庆寿山房。

王正亿九月赴金陵依外舅黄绾。

按：王正亿自父阳明卒后，外忧内患相逼，于是阳明门人佥事王臣、推官李逢，与欧阳德、王艮、薛侨、李琪、管州等议以正亿趋金陵依外舅。

方献夫五月入阁。

钱德洪、王畿同北行赴试，观政吏曹。畿授南职方主事，寻，以病归。

钱德洪是秋赴苏州执教，湛若水序别之。

罗洪先十一月辛未假满复原职（翰林院修撰），与欧阳德、徐阶共事，每过从论学，归辄记之，久遂成帙。

欧阳德擢南京国子司业，复迁尚宝卿。

罗汝芳闭关临田寺，几上置盂水及镜，朝夕对之坐，欲心与水镜无二，久之遂成重疾。以读《传习录》，病顿瘳。

万表推江西掌印都指挥，以母病不赴。

归有光与同县俞仲蔚订交。

按：归有光古文、俞仲蔚诗歌、张子宾制艺号称昆山三绝。

黄宗明四月由光禄寺卿改兵部右侍郎。

韩邦奇四月由河南按察副使调大理寺少卿。

黄省曾五月北归，过淮阴，谒漂母祠，有《记》。

马理十一月任南京光禄寺卿。

黄佐暮春招邀友朋数辈，宴集粤洲草堂，赋诗唱酬，有《春日草堂雅集诗序》。

杨慎正月应聘修《云南通志》，馆于滇之武侯祠。后以流言辞去。

文徵明作《王氏拙政园记》。

顾鼎臣由礼部右侍郎升吏部左侍郎兼翰林院学士，掌詹事府事，专管教习。

周怡庐墓读《礼》。

冯恩官御史，以劾张孚敬（张璁）被逮下锦衣卫狱。

魏良弼受廷杖，死而复苏。

杨爵以御史谢病归。

文徵明为华夏跋考所藏五字损本《兰亭序》；又作《舟行》、《马行》二图送王穀祥入京。

徐问自粤布政改黔抚。

周伦自南京解职回昆山。

林文俊二月由南京国子监祭酒改国子监祭酒。

张潮、郭维藩二月任礼部会试主考。

刘夔七月癸亥由江西按察司副使改任河南提调学校。

田汝成七月癸酉由礼部仪制司署郎中升广东按察司副使提调学校。

孔天胤成进士，七月癸亥由陕西按察司佥事改提调学校。

吕怀成进士。改翰林院庶吉士。

许应元成进士，授秦安知州。

苏志皋成进士，授浏阳知县。

　　按：苏志皋字德明，号寒村，生卒年不详。顺天固安人。官至右佥都御史。精擅词作，著有《寒村集》。

李徵成进士，授行人。

　　按：李徵字诚之，号云华，生卒年不详。湖广桃源人。官至江西布政使。著有《元光漫稿》。

来汝贤成进士，授礼部主事。

　　按：来汝贤字子禹，生卒年不详。浙江萧山人。著有《菲泉存稿》。

吴悌成进士，授乐安知县。

闵如霖成进士，授编修。

沈越成进士，授罗田知县。

陈让成进士，授绍兴推官。

陈垲成进士，授行人。

林春举会试第一，选户部广西司主事，调礼部主客司主事，复调吏部文选司主事，请告归，起补郎中。

洪垣成进士，授永康知县。

周复俊成进士，授工部主事。

徐樾成进士，历官部曹臬藩。

赵伊成进士，授刑部主事。

谢瑜成进士，授南京御史。

蒋信成进士，授户部主事。

樊深成进士，授苏州推官。

　　按：樊深字希渊，号西田，生卒年不详。应天句容人。著有《西田语略》。

蔡汝南（蔡汝楠）成进士，授行人；从王慎中、唐顺之、高叔嗣辈学为诗。

尹耕、白悦、包节、吕本、李文凤、陈如纶、雷礼、顾存仁、皇甫涍、钱薇、钱德洪成进士。

陆之裘是春函慰王宠乡试受挫。

胡直年十六，补邑庠弟子员。

耿定向7岁，父手书《大学》授之，为命今名。

齐之鸾于山东临清改守府为清源书院。

熊茂毁广东恩州真武堂，改建为濂溪书院。

陶谐于广西梧州创建岭表书院。书院筑台曰圣谟台，台上嵌石碑，刻古代圣贤训诫箴言，以警生徒。程文德受聘任主讲。

许安纂修《浮山县志》8卷刊刻。

杨经纂修《固原州志》2卷刊刻。

弗郎索瓦·拉伯雷的《巨人传》

第一部出版。

罗伯特·埃斯蒂埃尼编著成第一本拉丁语—英语词典《拉丁语词典》。

马基雅维利的《君主论》发表。

奥托·布伦费尔斯编写成《草药之王》。

孙存修、王宠怀纂《荆州府志》12卷、《图》1卷刊刻。

徐咸《近代名臣言行录》6卷刊行。

按：是书成于去岁，至是刊行。录正统至正德间42位名臣事迹。

陈沂作《蓄德录》成。

华麟祥刊行《事类赋》。

丰坊作《世统本序》。

按：是为丰坊《世统》一书之序。原书已不存，此序见《皇明文征》卷四十六。丰坊字存礼，又字存叔、人翁，号南禺外史，生卒年不详。浙江鄞县人。精书法，尤长草书。著有《书诀》、《五经世学》、《淳化帖书评》、《帖笺》、《辨帖笺》、《宦游琐记》等。书迹碑刻《底柱行》等十余种今存天一阁。另，世传子贡《诗传》、申培《诗说》及丰稷、丰庆、丰耘、丰熙等《鲁诗世学》皆丰坊一人伪造（参朱彝尊、姚际恒等考证）。然此类书虽系伪书，却对宋儒统治下已显僵死的《诗经》研究模式之突破，也不无益处。

韩邦奇作《北畿乡试同年叙齿录序》。

唐枢主讲于嘉禾，应答来学者所问，有《嘉禾问录》。

何瑭（一作何塘）作《贺薛生入学序》、《行山别意引》。

陆深著《停骖续录》3卷。

杨仪著《高坡异纂》成，自序之。

按：此书所记，皆神怪异常之事。《四库全书总目》曰："小说之诞妄，未有如斯之甚者。"

辽东闾山刻《太上老君八十一化图说》刊行。

按：是书为连环画图书，旧称《化胡经》，元朝时曾遭禁。

霍韬著《叙雁来轩集》。

弋阳王府刻朱权《臞仙西江诗法》1卷。

孙存以湖广荆州府知府上所集刊《大明律读法》。

按：该书首书律书，次录御制诸书于律有所发明者，次附书钦定条例，次分注细书诸注解与正德新例法司现行事件。书进，世宗以《大明律》乃圣祖钦定，孙存等乃敢擅自增释，辄行刊刻以紊成典，诏下都察院参看。遂逮孙存及同知李章、通判吴望、推官宋毂等下巡按御史问，书板毁之。

孙交卒（1453—　）。初名蛟，字志同，号九峰。湖广陆安人。谥荣僖。成化十七年进士。著有《国史补遗》、《晚节园集》等。事迹见《明史》卷一九四。

刘玑卒（1457—　）。玑字用齐，号近山。湖广咸宁人。成化进士。著有《正蒙会稿》。

王琼卒（1459—　）。琼字德华，号晋溪。山西太原人。成化二十年进士。历任工部屯田主事，户部、兵部尚书等职。卒谥恭襄。著有《晋溪奏议》、《掾曹名臣录》、《漕河图志》、《双溪杂记》、《晋溪集》、《西番事迹》等。事迹见《明史》卷一九八、张友椿编《王恭襄公年谱》。

吴廷举卒（1467—　）。廷举字献臣，号东湖。其先嘉鱼人，祖戍梧州,遂家焉。成化二十三年进士。毁淫祠,修学宫、书院,大化其民。嘉靖初以右都御史致仕。著有《西巡类稿》8卷。事迹见《明史》卷二一〇。

按:据《明史》本传,其在太学时,兄事罗玘。玘病痫,仆死,自煮药饮之。负以如厕,一昼夜数十反。玘尝语人曰:"献臣生我。"廷举好薛瑄、胡居仁学,尊事陈献章。居湫隘,亡郭外田,有书万卷。及卒,总督姚镆庀其丧。隆庆中,追谥清惠。

李昆卒(1471—)。昆字承裕,号东冈。山东高密人。弘治进士。著有《东冈小稿》。

边贡卒(1476—)。贡字廷实,号华泉。山东历城人。弘治进士。官至南京户部尚书。倡导文学复古运动,与李梦阳、何景明、徐祯卿、王廷相、康海、王九思称"前七子"。又与李梦阳、何景明、徐祯卿并称四杰。诗风婉约,内容贫乏。文学成就在于散曲和杂剧。著有《华泉集》。事迹见《明史》卷二八六。

潘希曾卒(1476—)。希曾字仲鲁,号竹涧。浙江金华人。弘治十五年进士。著有《竹涧集》。

王道(1476—)卒。一说王道(1487—1547),详见1547年条。

周冲卒(1485—)。冲字道通,号静庵。宜兴人。曾游学于王阳明、湛若水之门,认为"湛之体认天理,即王之致良知",与蒋信集《新泉问辨录》,以折衷王、湛之学。事迹见《明儒学案》卷二五。

沈节甫(—1601)、周世选(—1606)、顾九思(—1610)、萧大亨(—1612)、孙丕扬(—1614)、穆文熙(—1617)生。王叔承(—约1596)生。

嘉靖十二年　癸巳　1533年

正月丙午,河南巡抚、都御史吴山献白鹿,礼部请告太庙、世庙,百官表贺。自是诸瑞异表贺以为常。

按:《世宗实录》卷一四七载:"大学士李时、方献夫、翟銮,各以白鹿呈瑞奏献诗章,吏部尚书汪鋐、修撰王用宾、编修童承叙各献以颂,礼部尚书夏言、左侍郎湛若水、右侍郎席春、学士蔡昂、修撰姚涞、编修张衮、祭酒林文俊各献以赋……。"

三月乙巳,初开经筵。

丙辰,世宗幸太学。大学士李时、方献夫、翟銮,衍圣公孔闻韶,尚书汪鋐、王宪、许瓒,侍郎顾鼎臣分献,遣侍郎周用祭启圣公。礼成,上伦堂,祭酒林文俊讲《虞书·益稷篇》,司业冯汝骥讲《易·顾卦》。

四月己卯,以科、道数日未见题请,谕吏部令科、道从实互举,以听去留。于是科、道官复相互纠劾如初。

庚寅,顾鼎臣请授曾子嫡裔袭五经博士,比孔颜孟三氏子孙,从之。

奥斯曼帝国及奥地利人议和。

英格兰国王亨利八世与罗马教会决裂。

莫斯科大公瓦西里三世卒,子伊凡四世嗣立。

西班牙灭印加帝国。

七月庚午，世宗以翰林侍从人少，诏改唐顺之、陈束、杨沦、卢淮、陈节之、胡经试、周文烛七人为翰林院编修。

欧阳德等合阳明门人聚会于金陵。

按：自王阳明没后，同门即襄事于越。三年之后归散四方，各以所入立教，聚会无时。是岁，欧阳德、季本、许相卿、何廷仁、刘晹、黄弘纲嗣讲东南，钱德洪亦假事入金陵。于是远方志士四集，或讲于城南诸刹，或讲于国子鸡鸣，相互唱和、疑义相析，阳明之学颇有继兴之机。

邹守益七月与同志聚讲于青原，有《青原嘉会语》。

杨慎西游大理诸处，会禺山张含于霁虹桥，刻诗崖崿以志别。

陈沂任山东参政，有事胶东，作《游劳山记》。

文徵明作《拙政园诗记》，详述园隶王氏时景况。

顾璘为同里许陞题《秋原游瞩卷》。

张孚敬（即张璁）正月复奉诏任大学士入阁。

穆孔晖二月由南京太仆寺少卿改南京太常寺少卿。

湛若水四月在礼部左侍郎任奉命祭东岳。七月，升南京礼部尚书。

霍韬五月服阕复任；七月为吏部右侍郎；八月为左侍郎。

何瑭（一作何塘）正月作《郑王加冠序》。

程文德十月作《登泰和快阁记》。

徐阶作《重建了斋先生祠记》。

王道五月由左春坊左谕德改南京国子祭酒。

文徵明是夏避暑洞庭。

黄绾七月由南京礼部右侍郎改左侍郎。

韩邦奇九月服阕，补吏部。

黄宗明九月由福建左参政召为礼部右侍郎。

王廷相九月在左都御史任奉诏申饬《宪纲》十五章，命举行。

马理十月疏病，后归林下十年。

李舜臣十二月丙戌由户部浙江司郎中升江西按察司佥事，提调学校。

何迁客京师，再遇钟应宸，为作《未庵解》。

罗洪先充经筵官，以父丧归。

薛蕙丁父忧。

万表居母丧。是冬升漕运参将。

唐顺之入翰林院为编修，校累朝实录。其间与王慎中、华察、吕高等友善，旋与高交恶。

蔡昂作《瑞鹿赋》以谀朱厚熜；同年，昂以讲筵缺席，谪湖州通判，旋复召回。

冯恩受朝审，不肯跪，并历数张孚敬（张璁）等人罪，人称"四铁御史"（指口、膝、胆、骨）。时其子年十三，刺血书，请代父死。

杭淮解职居故里宜兴。

方鹏复以争论南旺阻浅事夺官。

嘉靖十二年 癸巳 1533年

刘凤从父自广西还长洲。
刘漳于河南新野创建白水书院。
熊爵于四川乐山倡建九峰书院。彭汝寔为记。
胡直年十七，游学邑城，酷嗜词章。
李贽七岁，父白斋公教之读书习礼。

夏言以礼部尚书撰述《四郊礼议疏》，三月壬子以进。世宗览之，褒其爱君守正、著集精详，名其书曰《郊礼通典》。
湛若水二月以礼部左侍郎进《古文小学疏》。
光泽王府（光泽王朱宠瀼）刻宋南宫靖一《小学史断》2卷。
唐瑶《历代志略》4卷刊行。
　按：唐瑶为唐顺之祖。此书记八类十五事，每事皆撮史书诸志之略而成。
黄姬水著《贫士传》2卷。
鄞县陆钺等纂修《山东通志》40卷刊刻。
　按：《四库全书总目提要》卷七三史部二九地理类存目二《山东通志》条曰："明有两陆钺。其一昆山人，见《明史·文苑传》。此陆钺字举之，号少石子，鄞县人。正德辛巳进士，官至山东提学副使。与其兄铨并附见《明史·王慎中传》。是编在地志之中，号为佳本。体例不务新奇，而详核有法。惟《海市常变图》稍嫌枝蔓，幻化无定之形，岂绘画所可该括耶？"
徐一鸣纂修《长沙府志》6卷刊刻。
蔡汝南（蔡汝楠）撰《德清令陶公碑》。
何迁著《觉处玄同篇》，又作《一鉴子记》。
罗钦顺《困知记·续记》2卷撰成。
霍韬编刊《明良录》9卷。
王廷相《慎言》三月由门人焦维章书后并校刊。
　按：此书为王廷相哲学代表著作之一。主要论述了"气本"论、"知行兼举"的认识论、人性论等。这是中国哲学史上具有唯物论性质的一部重要著作。
黄省曾著《客问》40章。
陶华纂《伤寒六书》由湖广布政使司刊行。
顾元庆编刊《阳山顾氏文房小说》，得40种58卷。
高简、卞峡重刻陈献章《白沙子全集》。
周王府刻朱有炖《诚斋录》4卷、《新录》1卷；又重刻诚斋《牡丹百咏》、《梅花百咏》、《玉堂春百咏》。
博平王府刻《续编锦囊诗对故事》4卷。

董澐（董沄）卒（1457— ）。澐字复宗，又字子寿，号萝石、白塔山人，晚号从吾道人。浙江海盐人。以能诗著名。晚年始游会稽，从王阳明讲学。著有《日省录》、《求心录》，诗文集《董从吾稿》。一说卒于1534年。事迹见《明儒学案》卷一四。
蒋冕卒（1463— ）。冕字敬之，卒谥文定。广西全州人。成化二十

尼古拉斯·尤德尔编著成《拉丁语兴盛期》。

维特·施托斯卒（1438/1447— ）。德国晚期哥特式雕塑家，木刻家。

卢多维·阿里奥斯托卒（1474— ）。

| 文艺复兴时期的意大利诗人。 | 三年进士。著有《琼台诗话》、《湘皋集》。事迹见《明史》卷一九〇。

冒鸾卒（1465— ）。鸾字廷和，号复斋，更号东皋，晚号得庵。江苏如皋人。弘治六年进士。历任南京刑部主事、员外郎，福建布政使司左参议。著有《得庵集》、《梦椿轩集》等。冒广生编有《冒得庵参议年谱》，可参。

张嘉谟卒（1472— ）。嘉谟字舜卿，号城南。陕西宁夏卫人。弘治十五年进士。著有《云岩集》。

田汝耔卒（1478— ）。汝耔字勤甫，号水南。河南祥符人。弘治十八年进士。曾任江西提学佥事，累官至湖广副使。辞归后，以经籍自娱。著有《周易纂义》、《律吕会通》、《采莳集》、《归田集》。

刘泉卒（1491— ）。泉字应占，号蒙庵。江西安福人。正德六年进士，选庶吉士，授翰林院编修。嘉靖初，预修《武宗实录》。

王宠卒（1494— ）。宠字履仁，更字履吉，号雅宜山人。吴县人。少与兄守同学于蔡羽。居洞庭西山3年，又读书石湖之畔20年，非省侍不入城市。以诸生贡太学。工书画篆刻，尤善行草。师法王献之、虞世南，婉丽遒逸，疏秀有致。与祝允明、文徵明齐名。著有《新安王氏统宗谱》20卷、《东泉志》4卷、《济宁闸河志》4卷、《雅宜山人集》10卷等。又有《包山集》，为宠与文彭读书治平寺时所结集包山记游诗。

蒋以忠（　—1589）、张九一（　—1598）、程大位（　—1606）、袁黄（　—1606）生。史槃（　—1629或略后）生。

嘉靖十三年　甲午　1534年

| 英格兰议会通过《至尊法案》。立圣公会。

俄波战争再起。 | 七月丁丑，重书累朝及恭睿献皇帝宝训、实录。

八月，陈侃、高澄出使琉球。

九月辛未，始议建九庙。

十一月，河决赵皮寨，南徙入淮，庙道口复淤，漕路为阻。

十一月，命辅臣礼部尚书夏言、侍郎黄绾、黄宗明观文华殿东室图书。

是年，建皇史宬（又名表章库），面积二千多平方米，为艺术性、实用性兼备的宫殿式建筑，通体为石结构。内列雕龙鎏金铜皮大木柜，以储档案。为明清帝王档案库。

按：大礼之议后，嘉靖帝在张璁（张孚敬）建议下下令重录明代立国以来各朝实录一套，建皇史宬以贮藏之。

| 依纳爵·罗耀 | 邹守益等正月在安福建复古、连山、复真诸书院。

嘉靖十三年　甲午　1534年

按：王阳明在越时，刘邦采首创"惜阴会"于安福，间月为会五日。阳明曾为作《惜阴说》，见嘉靖五年事。既后，邹守益以祭酒致仕归，与刘邦采、刘文敏、刘子和、刘晹、欧阳瑜、刘肇衮、尹一仁等建复古、连山、复真诸书院，为四乡会。春秋二季，合五郡，出青原山，为大会。凡乡大夫在郡邑者，皆与会焉。于是四方同志之会相继而起。

邹守益二月在南京礼部主客郎中任上被夺官。

邹守益、聂豹、罗洪先及诸士友仲春会讲于郡之青原。

聂豹六月丁母忧，自是杜门不出，凡十余年。

李遂为衢州知府，三月建讲舍于衢州山麓，祀阳明。

按：嘉靖六年阳明起征思、田，舟次衢州，门人栾惠、王玑等数十人雨中出候，阳明以诗示之。明年，阳明卒，丧还玉山，栾惠偕同门王修、徐霈等迎榇于草萍驿，凭棺而哭者数百人。至衢州，诸生追师遗教，莫知所寄。钱德洪、王畿、王玑、应典等定每岁会期。是岁同门李遂为知府，从诸生之请，筑室于衢之麓，设阳明位，岁修祀事。诸生柴惟道、徐天民、王之弼、徐惟缉、王之京、王念伟等，又分为龙游、水面会；徐用检、唐汝礼、赵时崇、赵志皋等为兰溪会，与杭州天真山之会远近相应，往来讲会不辍。

王杏为巡按贵州监察御史，五月建王公（阳明）祀于贵阳。

按：王阳明昔居龙场，主讲书院，夷人向化，士类感德。是岁王杏巡按贵阳，阳明门人汤冔、叶梧、陈文学等数十人请建祠以慰士民之怀。王杏乃为赎白云庵旧址立祠，置膳田以供祠事，并为立石作《碑记》。

黄绾二月由礼部右侍郎调云南参政。三月抚赈大同。

黄省曾十月作《重修东岳行宫记》。

霍韬作《宋余襄公祠记》。

王廷相二月为兵部尚书，兼左都御史，提督团营。

吕柟三月由南京尚宝司调南京太常寺少卿。

徐阶三月由黄州同知调浙江提学佥事。

费寀三月癸未任南京国子监祭酒。

方献夫四月己酉致仕。

按：方献夫缘议礼骤贵，以世宗恩威难测，三疏引疾，至是许之。

穆孔晖七月在南京太常寺卿任自陈致仕。

张孚敬（张璁）求去，世宗不许，且加诘责。

张岳起知廉州。

尤时熙丁外艰。

杨慎在云南，纳新喻人周氏为妾。

陆深在江西布政司紫薇楼下观宋人《长江万里图》，作题记。

潘恩在广西任学使，登邕之南丘，作《怀归赋》。

冯恩免死罪，戍雷州。

柴奇解应天府尹职归昆山。

蔡羽官南京翰林院孔目。

唐顺之自黜京职，取道河南归，访朱仙镇岳庙，游嵩山少林寺，作纪事诗。

拉创耶稣会。

郎瑛访金陵报恩寺。

廖道南、张衮主顺天府乡试。

秦鸣夏由庶吉士授翰林院编修。

李本、郭希颜授翰林院检讨。

罗汝芳定志于张洵水。

归有光应应天乡试，不第。

许潮中举人。

按：许潮字时泉，生卒年不详。湖广靖州人。工词曲。有《太和元气记》等词曲作品。

周怡举乡试，与宣城梅守德同读书于古冲李默公署。

薛应旂举于乡。

庞嵩举于乡，讲业罗浮山，从游者云集。

张居正十岁，已通六经大义，以能属书摘辞闻郡中。

来知德方十岁，已通举业。

尹耕于河北藁城创建滹阳书院。

按：尹耕字子莘，生卒年不详。蔚州卫人。嘉靖进士。性嗜酒，好谈兵。曾作《塞语》11篇，申明边防虏势之要害。严嵩见而才之，起知州，迁兵部员外郎，擢河南兵备佥事。被劾下狱，戍辽左。著有《朔野集》。

戚贤于安徽全椒创建南谯书院。王阳明高足王畿、钱德洪、罗汝芳等先后来此聚徒讲学，宣扬阳明之学。

刘漳、贾枢于河南叶县创建问津书院。

许燧重修湖南靖州鹤山书院。

熊爵重修四川大益书院。陆深为记。

弗郎索瓦·拉伯雷的《巨人传》第二部《高康大》出版。

马丁·路德译成《圣经》。

安都六月上《十九史节略》470卷，礼部请焚之。

按：安都，河南太康县儒士。此书以正统论为主旨，剸迁、固之失，正蜀汉之统，斥武后之奸，明充、昭之弑，六朝惟存本号，附辽金于宋纪。世宗览后以为历代史书已有定论，无需攟拾妄议。下礼部议，礼部请焚其书。世宗允之。

秦王府（秦定王朱惟焯）刻《史记》刊行。

顾春刻《壬子年拾遗记》。

李正儒纂修《藁城县志》12卷刊刻。

李复初纂修《蠡县志》5卷刊刻。

伍余福纂修《安吉州志》16卷刊刻。

闻人诠修、陈沂纂《南畿志》64卷刊刻。

孙巨鲸修、王崇庆纂《开州志》10卷刊刻。

王汝霖修《山阳县志》。

黄省曾汇刊《山海经水经合刻》58卷。

许论上《九边图论》。

马荩臣纂《吴越备史图表》1卷刊行。

徐阶作《君子尊德性而道问学》，以示诸生；又有《杭州北关志后序》。

何迁作《说政》。

何瑭（一作何塘）著《阴阳管见后语》成，序之。

晋王府简王朱新㙉刊行《初学记》。

黄省曾校刊葛洪《西京杂记》6卷。

罗钦顺整理旧稿，编成《整庵存稿》20卷。

袁褧辑唐寅所作诗文为《六如居士全集》。

万表著《灼艾续集》、《余集》成。

陆粲自永新乞休归里，与弟陆采合作《南西厢》传奇。

陆采编次所著为《天池山人小稿》。

蔡天佑卒（1440— ）。天佑字成之，号石冈。河南睢州人。弘治十八年进士。著有《石冈集》。

杭济卒（1452— ）。济字世卿，号泽西。常州宜兴人。弘治六年进士。与弟杭淮俱善诗。著有《二杭集》。

黄瓒卒（1455— ）。瓒字公献。仪征人。成化二十年进士。历官江西右布政。宁王朱宸濠不法，诸司多为所制，瓒独不屈。官终南京兵部右侍郎。著有《雪洲集》、《续集》。

董沄（澐）卒（1458— ）。一说卒于1533年。详见是年条。

罗侨卒（1462— ）。侨字维升，号东川。江西吉水人。弘治十二年进士。著有《东川集》。事迹见《明史》卷一八九、《明儒学案》卷四六。

按：据《明史》本传，罗侨敦行谊，动则古人。罗洪先居丧，不废讲学，侨以为非礼，遗书责之。其峭直如此。

王启卒（约1468— ）。启字景昭，号学古、东瀛。浙江黄岩人。成化进士。尝修白鹿洞、濂溪、五华书院及文天祥祠。著有《周易传疏》（见《千顷堂书目》卷一）。

顾潜卒（1471— ）。潜字孔昭，号桴斋、西岩。苏州昆山人。弘治九年进士。纂辑《稽古治要》，著有《静观堂集》。

许诰卒（1471— ）。诰字廷纶，号函谷山人。河南灵宝人。弘治进士。官至户部尚书。著有《通鉴纲目前编》。

齐之鸾卒（1483— ）。之鸾字瑞卿，号蓉川。安庆桐城人。正德六年进士。官至河南按察使。能诗，著有《悠然亭集》、《蓉川集》。事迹见《明史》卷二八〇。

孟洋卒（1483— ）。洋字望之，一字有涯。汝宁信阳人。弘治十八年进士。官至大理寺卿。著有《孟有涯集》。

耿定理（ —1584）、贾三近（ —1592）、陈大科（或1524—1601）、张献翼（ —1601）、支大纶（ —1604）、王锡爵（ —1610）、张位（ —?）生。

奥托·布隆费尔斯卒（1488— ）。德国植物学家。

阿文提努斯卒（1477— ）。德国人文主义学者，历史学家。

柯勒乔卒（1494— ）。文艺复兴时期意大利画家。

嘉靖十四年　乙未　1535年

英格兰国王亨利八世诛杀托马斯·莫尔。

法人及奥斯曼帝国盟。

二月己亥，始改建九庙。

按：于是尽撤故庙，悉加改建。诸庙各为都宫，庙各有殿有寝。太祖庙寝后有祧庙，贡奉祧主。太庙门殿皆南向，群庙门东西向，内门殿寝皆南向。明年十二月辛卯，九庙成。

二月庚申，会试取中式举人许谷等320名。

四月丙申，赐韩应龙等进士及第、出身有差。

按：是年廷试，以庄肃皇后之丧，越月始行之。是春殿试，世宗亲制策问，手自批阅，擢韩应龙第一。降谕论一甲三人及二甲第一名次前后之由。礼部因以圣谕列登科录之首，而十二人对策，俱以次刊刻。

七月丙戌，奉使琉球之左给事中陈侃撰《使琉球录》一册进呈，请下史馆以备采择，从之。

八月乙巳，世宗以辽东兵变，过在抚臣。令推举抚臣如京堂例，会九卿推之。

辛丑，诏建辽东广宁右屯儒学。

甲寅，以《五伦书》、《性理大全》、《四书五经集注》各一部颁赐南京国子监。

是年，广东都指挥使黄庆受佛郎机贿，开壕镜为佛郎机通商地，年租银二万两。

按：佛郎机，即今葡萄牙。壕镜，今澳门。

剑桥大学禁授教会法。

湛若水八月过江浦祭庄昶，有《祭庄定山先生文》；十月祭告祖陵，上颂十二章。

吕柟七月由南京太常寺少卿迁国子祭酒，先后讲学于柳湾精舍、鹫峰东所、太常南所，风动江南，学子来听者千余人。

杨应诏春官不第，归，卒业于邹守益，旋往白下从吕柟游。

顾鼎臣四月升礼部尚书兼翰林院学士，仍掌詹事府事，教习庶吉士。

周怡礼闱下第，归途坠马伤腰，创甚，月余乃痊。

费寀为南京国子监祭酒，九月条上太学事宜如赐书、举贡等六条。

程文德五月纂《却雨台记》。

黄省曾六月有《送田子提学湖广序》。

归有光续《项脊轩志》。

皇甫汸作《宬皇史》诗，记北京筑皇史宬藏史籍事。

唐顺之二月引疾忤上，令以原官员外郎致仕。

王廷相三月由南京吏部右侍郎改兵部右侍郎。

韩邦奇四月由左金都御史改右副都御史，巡抚辽东。

张含六月作《元郎歌》贺杨慎得子。

顾璘是秋邀徐霖、罗凤、陈沂等作菊宴，王逢元绘菊石。

薛应旂在浙江慈溪任知县。

王慎中在常州与徐问、毛宪、唐顺之等交往，作《鸣雁篇》。旋改官南京户部员外郎，至金陵与顾璘会。

钱德洪丁内艰归，修复中天阁之会。

陆深任四川布政使，经陕赴蜀，次所作纪游文为《知命录》。

赵贞吉、李玑等新科进士30人四月戊申选改庶吉士，送翰林院读书。

许榖成进士。

按：许榖字仲贻，号石城，生卒年不详。应天府上元人。为顾华玉高弟。后继华玉主盟词坛。著有《二台集》、《归田集》。

刘绘成进士，授行人。

刘尚义成进士，授行人。

按：刘尚义，生卒年不详。山西汾州人。官至河南按察副使。有《柏山集》。

沈桂奇成进士，授工部主事。

按：沈桂奇字奕倩，号少汾、秋白，生卒年不详。广东南海人。师从湛若水。著有《问疑续录》。

沈应龙成进士，授刑部主事。

沈良才成进士，授兵科给事中。

何维柏成进士，授御史。

张永明成进士，授芜湖知县。

张瀚成进士，授南京工部主事。

赵贞吉成进士，授编修，迁国子司业。

康大和成进士，选庶吉士，授编修。

郭磐成进士，选庶吉士，授翰林检讨。

梁格成进士，授济阳知县。

按：梁格字君正，生卒年不详。山西稷山人。著有《四书古义补》、《定斋存稿》。

王立道、王维桢、尹台、陈尧、陈棐、林庭机、骆文盛、黄廷用、舒缨、敖铣、薛应旂成进士。

曹煜任巡按直隶监察御史，是岁建仰止祠于九华山，祀王阳明。

按：九华山在青阳县，阳明曾两游其地，宿华城寺数月，寺僧颇藏其墨迹。王阳明卒后，寺僧刻其像于石壁，而亭其上，知县祝增葺之。至是，曹煜因诸生请，建祠于亭前，扁曰"仰止"。邹守益捐资，令僧买赡田，岁贡祠事。越隆庆戊辰，知县沈子勉率诸生讲学于斯，增葺垣宇赡田。

王阳明私淑弟子王杏应阳明黔籍门人汤晔、叶梧、陈文学等所请，会同周忠、韩志英等于贵阳创建贵山书院，以"追崇先生"、"取先生遗教"。王杏亲撰《新建阳明书院记》述其详。

王书绅以陕西巩昌历代人才辈出，而近年全郡乏登科第者，捐资兴建崇羲书院，遴选河西才俊之士，礼聘名儒教之。因伏羲生于其地，故名崇羲。姚镆撰有《崇羲书院记》。

金贲亨督福建学政，于是岁建道南书院，祀程颢、杨时、罗从彦、李侗、朱熹五先生，并序、刊《道南书院录》五卷。

孔天胤建贞文书院于河北祁州，以崇祀明状元董君章、李公平。

马里诺·萨努多的《日记》撰成，它成为威尼斯历史和日常生活的原始资料。

马荐臣纂《五代史吴越世家疑辩》1卷成。
金贲亨序刊《道南书院录》5卷。
金江成纂《义乌人物记》2卷。
詹荣纂修《山海关志》8卷刊刻。
叶恒嵩修、刘濂纂《南宫县志》5卷成。
夹璋纂修《醴泉县志》4卷由刘佐刊刻。
胡缵宗纂《秦安志》9卷由亢世英刊刻。
倪复纂修《奉化县图志》12卷刊刻。
顾存仁修、杨抚等纂《余姚县志》17卷成。
高鹤纂修《定远县志》10卷刊刻。
刘天授修、林魁等纂《龙溪县志》8卷刊刻。
东时泰纂修《范县志》8卷刊刻。
苟汝安纂修《灵宝县志》2卷刊刻。
陈洪谟纂修《常德府志》20卷刊刻。
戴璟修、张岳纂《广东通志初稿》40卷刊刻。
陆深纂《平胡录》成。
郑若庸作《遂初园记》。
程文德十月有《祭白沙先生辞》。
蜀王府刻唐刘知几《史通》20卷。
蔡羽为顾璘作《鞠宴倡和诗引》。
钱榖手写《唐朝名画录》。
钱德洪、王畿、黄绾等二月刻王阳明《文录》成。

按：先是，钱德洪、王畿奔阳明之丧过玉山，检收遗书。越六年，钱德洪教授姑苏，过金陵，与黄绾、闻人铨等议刻《文录》。德洪作《购遗文疏》，遣诸生走江、浙、闽、广、直隶搜猎逸稿。至是，鸠工刻成。

陆采所著《览胜纪谈》10卷刊行。
何迁著《学说》四章。
林希元刻罗钦顺著《困知记》。
霍韬作《钓台集叙》、《赠白山大司成序》。
林华订正其师徐问所著《读书劄记》，并为作后序。
周臣作《长江万里图》卷。
陆粲著《事茗辨》。
金陵书坊赵君耀刻《胎产须知》。

袁褧序刊《世说新语》。

余光著《古峰子集》，康海为作序。

方鹏所著《矫亭存稿》18卷刊行。

杭淮著《杭双溪诗集》8卷成。

楚王府重刻汉刘向《新序》、《说苑》20卷。

徽王府刻《会通馆本锦绣万花谷前后续集》120卷。

岷王府朱誉榛刻岷靖王朱彦汰《雪峰诗集》8卷。

按：朱誉榛为彦汰之子。

张简卒（1465—　）。简字允敬，号可斋。常州府江阴人。弘治进士。正德初预修《孝宗实录》。

费宏卒（1468—　）。宏字子充，号鹅湖。铅山人。谥文宪。成化二十三年进士第一。预修《武宗实录》。为首辅。后为张璁（张孚敬）、桂萼所构，致仕去。及萼死、璁去位，复官如故。著有《宸章集录》、《费文宪公集》等，另著有《鹅湖摘稿》已佚。事迹见《明史》卷一九三。

按：世宗以张孚敬（张璁）致仕，内阁乏人，起宏官如故。宏承张璁、桂萼苛严之后，易以宽和，朝士皆慕乐之。宏二月复奉召入阁，七月至京师，至是卒。世宗闻其卒，嗟悼不已，体恤加等，赠太保，谥文宪。据《明史》本传，费宏持重识大体，明习国家故事。为人和易，好推毂后进。

毛宪卒（1469—　）。宪字式之，号古庵。武进人。正德六年进士，授刑部给事中，在朝以戆直称。后谢病归，与王阳明、湛若水以讲学为事，学者称古庵先生。著有《毗陵正学编》1卷、《谏垣奏草》4卷、《古庵文集》10卷、《毗陵人品记》10卷、《三近斋语录》1卷。

张诗卒（1487—　）。诗字子言，号昆仑山人。北平行都司人。从吕柟学举业，从何大复学诗。文章雄豪多变。著有《昆仑山人集》。

陈文烛（　—1594后）、赵用贤（　—1596）、姚汝循（　—1597）、许孚远（　—1604）、曾朝节（　—1604）、朱赓（　—1608）、王稚登（　—1612）、申时行（　—1614）、僧袾宏（　—1615）生。

华恩达米卒（约1475—　）。波斯历史学家。

嘉靖十五年　丙申　1536年

三月辛酉，圣旨：岁贡赴京廷试不中，准令回学肄业；再试不中，照例充吏，免罚提调官、教官、提学官，不必降级。

按：先是，嘉靖十年有岁贡廷试不中提学官参究降级之令。自嘉靖十一年始至十四年，天下郡邑缺贡达1190处。

提学官畏避降罚，于各府、州、县学该贡年份多不起贡。（《世宗实录》卷一八五）

意大利战争复起。

葡萄牙始设异端裁判所。

英格兰国王亨利八世没收教产。

英格兰灭威尔士。

丹麦、挪威立路德宗为国教。

五月乙丑,毁禁中佛像。

按：禁中有大善殿,元时所建,藏金银诸佛像及佛骨佛牙等物。世宗以无嗣,方信用龙虎山邵元节真人,命其祷祠。于是燔禁中佛物于通衢。

六月,从巡茶御史刘良卿请,饬茶马法：禁私茶易马；多开商茶通行内地,官榷其半以备边饷。

八月丁丑,神御阁成,奉御容、《祖训》、《实录》于其中。其《训》《录》所藏,更名为皇史宬。

闰十二月甲戌,以道士邵元节为礼部尚书。

按：邵元节自三年召入京师,命专司祷祠,封真人,总领道教,班二品。是岁十月戊子,皇子生,遂有此命。元节擢礼部尚书,一说在十二月。

是月,严嵩代夏言为礼部尚书。自是,嵩渐用事。

是年奏准,公侯伯子孙,已、未袭爵管事,并驸马年二十五以下者,俱遵照旧规,送国子监读书、习礼。

世宗以"元修《宋史》,统序失正,编纂亦未尽善",命大学士李时等重修《宋史》。旋中辍。

德国哈尔特曼发现磁偏角。

美洲第一所高等院校墨西哥圣克鲁斯学校创办。

湛若水六月以南京礼部尚书改南京吏部尚书。十月,上所著《二礼经传测》,礼部尚书夏言云："其立论以《曲礼》为先,似与孔子戾,但好学不倦宜加奖。"上曰："既戾孔子之言,何以传后?"罢其书不省。(沈德符《万历野获篇》卷二五)

湛若水南归,创莲洞书院于峨嵋,修甘泉馆于古甘泉洞,又为朱明书馆于罗浮。

邹守益大会士友于复初书院,作"惜阴说"。

王艮五月会王畿于金山,访唐顺之于武进。十二月丁父忧。

洪垣八月在御史任为王艮构东淘精舍。

董燧、聂静是春同受业于王艮之门。

吕柟八月由国子祭酒改南京户部右侍郎。继升礼部右侍郎,讲学于礼部南所；未几,以庙灾自陈致仕；归,讲学于北泉精舍。

杨应诏从吕柟游归,作道宗堂于华阳山,祀孔子、朱熹诸贤及吕氏,悬其教语,以示仰佩；作《日史》以自警,因感时而著《中兴十策》。

夏言十二月以礼部尚书兼武英殿大学士,入内阁预机务。闰十二月为首辅。

霍韬六月以吏部侍郎为南京礼部尚书。

王廷相四月秩满,进太子少保。

王畿为南兵部职方郎中,周怡往拜从学。

黄绾为礼部左侍郎,六月以忧去。

归有光应贡入太学,游两京。

张邦奇七月由吏部右侍郎改左侍郎。

薛侃游江浙,会罗洪先于青原书院。寻,入罗浮,讲学于永福寺。

黄佐起为翰林院编修、左春坊左司谏。至京师,作《九经政要箴》,将进之,以辅臣不悦,未果。寻,进经筵讲官,升翰林侍读,掌南京院事。升南京国子祭酒,颁《五伦条约》,作《南廱志训》,又出旧著《乐典》,以示诸生。

万表推南京锦衣卫佥书。

陈儒十月庚寅以浙江按察司副使提调学校。

杨慎第三次返蜀,至喜州(云南大理县北),复寓点苍山感通寺之写韵楼。

顾璘以所著《国宝新编》一卷寄袁褧。

崔桐在故里海门任纂志事。

朱曰藩客南京,得见元人《大圣降水母》小说,遂记其事于《大圣降水母图跋》中。

唐顺之移居宜兴,自号荆州。

沈敕选贡。

按:沈敕字克寅,生卒年不详。常州宜兴人。官至江西布政司都事。曾收罗自汉唐以来有关其邑艺文人物之诗文传记,辑为《荆溪外纪》。

罗汝芳入郡学。

李材年十八,游吉中,道遇聂豹、刘文敏,延至舟中,叩其所学,相与论辩,久之别去。

王宗沐年十四,工属文。是岁游会稽,访王阳明旧迹,因得其学之概。

张居正年十二,就郡试,名在第一,郡太守李士翱奇之,补博士弟子高等。

邹守益等于江西吉安建青原会馆。

按:王阳明于正德年间讲学青原山,邹守益等受业。嘉靖间,邹守益致仕归,与刘邦采等成立四乡会,于青原山讲学,世称青原会。邹守益、罗洪先、聂豹、欧阳德等相继主盟,会讲于此。浙江王畿、钱德洪等亦率徒众来会。之后王时槐、胡直、刘方兴、刘大敏、刘元卿等亦相继会盟、会讲。万历间,邹元标、刘同开等又来此联讲会。

邹守益于江西安福创建复古书院。聂豹为记。书院有田若干以资会馔之费,会有定期,司会有长。

张景任巡按浙江监察御史,嘱提学佥事徐阶重修天真精舍,立祠田。

按:此举黄绾所作《碑记》述之甚详。天真精舍,嘉靖九年阳明门人薛侃首建,前已及。继而门人佥事王臣、主事薛侨,有事于浙,又增治之,始买田七十余亩。至是,侍御张景按浙,乃嘱提学佥事徐阶,命绍兴推官陈让,以会稽废寺田八十余亩为庄,属之书院。又出法台赎金三百两,命杭州推官罗大用及钱塘知县王钺买宋人所为龟畴田九十余亩以益之。

梁璟于山西崞县创办崞阳书院。

彭汝寔为四川绵竹紫岩书院之重修作记。

刘新野发茶课若干责成莫汝高创建甘肃徽县徽山书院,延乡贡士史衢为山长,与学正徐行共掌教学。龚守愚撰有《徽山书院记》。

湛若水十月丙午以南京吏部尚书进所纂《二礼经传测》。

约翰·加尔文

撰成《基督教信仰典范》。

路德撰成《桌上谈》。

雷金纳德·波尔著成《为一神教派辩护》。

孙锦修《顺德志》35 卷刊刻。

吴宗元修、崔桐纂《海门县志集》6 卷刊刻。

吕景蒙修、胡衮纂《颖州志》20 卷刊刻。

朱麟修、黄绍文续纂《广德州志》10 卷刊刻。

黎晨修、李默纂《宁国府志》10 卷刊刻。

汪庆舟修、袁宗与等修《始兴县志》8 卷。

徐颢修、杨钧等纂《临江府志》9 卷刊刻。

康河修、董天锡纂《赣州府志》12 卷刊刻。

刘节纂修《南安府志》35 卷刊刻。

张颖纂修《舞阳志要》12 卷附《外志》1 卷刊刻。

钟添纂修《思南府志》8 卷刊刻。

杨珮纂修《衡州府志》9 卷刊刻。

甘泽纂修《蕲州志》9 卷刊刻。

朱纨官蜀中,参与镇压少数民族,合所作炫功诗五十首编为《茂边纪事》1 卷。

陆粲作《与华修撰子潜论修史书》。

按：此信见于《明文海》卷一七四,写于明政府意欲重修宋元史的背景之下。陆氏主张修史应走传统的司马迁的史学道路,反对以正统思想为指导的对历史的改编,认为那样只有社会价值,而没有历史科学价值。此信同时说明,在理学充斥社会的时代里,吴地学者仍然没有被理学化。

陆深在蜀,著《蜀都杂钞》,又校订重刻唐刘知己《史通》。

夏尚朴作《息庵记》。

韩邦奇作《永和孝图序》。

黄省曾十二月作《吴郡崇庆禅院净因堂碑记》。

徐问三月作《新建宝丰桥记》。

聂豹七月作《永丰乡约后序》。

程文德十二月作《复古书院记》。

霍韬在南都,著《家训续编》16 篇。

薛蕙是冬删定所著《老子集解》,又自序之。

余光作《两京赋》。

邹守益序钱德洪所辑《阳明先生文录》。

王廷相编定所著诗文集为《王氏家藏集》41 卷。

按：是书后经人不断增补,故各版本卷数多寡不等。嘉靖末年有《王氏家藏集》六十五卷本,其中《慎言》、《雅述》、《内台集》、《丧礼备纂》等哲学与思想代表作为原刻本所无。

王廷相《内台集》是秋刊于东省,张鹏为之序。

无锡秦氏绣石书屋刻《锦绣万花谷》前、后、续、别集 150 卷。

蔡羽解金陵职回吴县,辑《南馆集》13 卷。

徐阶辑岳飞诗文为《岳集》5 卷刊行。

光泽王府刻元杨载《翰林杨仲弘诗》8 卷。

薛应旂作《三槐余庆图诗序》。

周王府刻明刘国翰《记事珠》14卷。

刘天和撰刊《问水集》。

按：作者于嘉靖十三年任总理河道，其时黄河南徙，旁溢四出，刘天和疏浚河道，大修堤防，其间作了大量实地调查，将有关内容汇辑成编，名为《问水集》。

黄衷纂《海语》3卷成。

按：是书乃其晚年致政家居时所作，记海洋番舶、山川风土，反映了当时东南亚史地与中国南洋交通情况。

日本阿佐井宗瑞在日本刻印熊宗立所著医书《勿令子俗解八十一难经》（1438年成书）。

邹文盛卒（1459— ）。文盛字时鸣。湖广公安人。弘治六年进士。官至户部尚书。与孙交、秦金、赵璜咸称长者。著有《默庵集》。事迹见《明史》卷一九四。

胡铎卒（1469— ）。铎字时振，号支湖。浙江余姚人。弘治十八年进士。官至南京太仆寺卿。著有《支湖集》。事迹见《明史》卷一九六《张璁传》附传。

何孟春卒（1474— ）。孟春字子元，号燕泉。郴州人。谥文简。弘治进士。"大礼"议起，张璁（张孚敬）列上礼官欺妄十三事，孟春偕九卿具疏驳斥。疏上留中，又偕大臣229人伏阙号泣。世宗大怒，逮18人，孟春被夺俸一月，出为南京工部左侍郎。旋引疾归。孟春少游李东阳之门，学问宏博。著有《孔子家语注》、《何文简疏议》、《余冬序录》、《余冬诗话》、《何燕泉诗》等。事迹见《明史》卷一九一。

李玉卒（1486— ）。玉字廷佩，号南楼。六安卫千户。精擅针灸，又善方剂。事迹见《明史》卷二九九《凌云传》附传。

林文俊卒（1487— ）。文俊字汝英，号方斋。福建莆田人。正德六年进士。官至南京吏部右侍郎。著有《方斋诗文集》。

黄宗明卒，生年不详。宗明字诚甫。鄞人。正德九年进士。尝从王守仁（王阳明）论学。事迹见《明史》卷一九七、《渭厓文集》卷六《神道碑》、《明儒学案》卷一四。

王世懋（ —1588）、罗万化（ —1594）、张朝瑞（ —1603）、王家屏（ —1604）、宋应昌（ —1606）、管志道（ —1608）、朱载堉（ —1611）、吕坤（ —1618）、徐元泰（ —?）生。

按：一说张朝瑞（1537—1609）。

贝赫扎德卒（约1455— ）。波斯画家。

赫克特·博伊斯卒（约1465— ）。苏格兰人文主义历史学家。

伊拉斯谟卒（1466— ）。尼德兰神学家，人文主义思想家。

吉尔·维森特卒（约1470— ）。葡萄牙剧作家，诗人，演员。

加西亚·德·雷森迪卒（约1470— ）。葡萄牙诗人，编年史家。

嘉靖十六年　丁酉　1537年

莫卧尔帝国伐孟加拉。

奥斯曼帝国及威尼斯人战。

奥地利人及奥斯曼帝国战。

二月壬子，安南黎宁遣国人郑惟僚等赴京师告难。

按：初，安南权臣莫登庸用事，篡黎氏王位，改元明德。国人立黎宁为世孙，权主国事，遣人至京师，乞明廷兴师问罪。世宗拟用兵，群臣多谏不可。四月庚申礼、兵二部会廷臣议，列莫登庸十大罪，请克期征讨。兵部侍郎潘珍谏阻，革职。两广总督潘旦亦驰疏谏不可。无何，世宗意忽变，调军暂停。八月，云南巡抚汪文盛获登庸间谍及所撰伪大诰上闻，世宗复命守臣遵前诏征讨。广东按臣余光进言宜抚，夺俸一年。

四月壬申，命罢各地私创书院。

按：时御史游居敬论劾湛若水倡其邪学，广收无赖，私创书院，世宗慰留若水而毁其书院，因有此命。是为明代书院振兴后首次厄运（参见1526年）。

九月癸卯，南京应天府进呈乡试录，世宗阅其题策，以国家祀、戎大事为问，所对语多讥讪。令锦衣官校逮考官谕德江汝璧、洗马欧阳衢至京师，寻，谪江汝璧福建提举市舶司，欧阳衢广东南雄府通判。并敕所取贡士不许会试。

十月癸丑，赐郑王朱厚烷《皇上祖训》、《五伦书》、《为善阴骘》、《通鉴纂要》各一部。

己未，命朱熹十二世孙朱鉴袭翰林院五经博士，奉祀事。

是年，礼部尚书严嵩连摘应天、广东试录语，激世宗怒。应天主考及广东巡按御史俱逮问。

按：严嵩奏：南京进呈试录考试官批语失列名，事属不敬，考试、提调诸官皆当提问；广东所进试录字如圣谟、帝懿、四郊、上帝，俱不行抬头，及称陈白沙、伦迂冈之号，有失君前臣名之义，宜治罪。（《世宗实录》卷二百六）

题准，今后顺天府乡试儒士，务要查审辨验籍贯明白，其附籍可疑之人，取有同乡正途出身官印信保结，方许应试。

选取译字生120名。

按：时严嵩为礼部尚书，礼部请选译字诸生，嵩索要货贿，并高其价。御史桑乔列其状，请罢黜之，不从。

瑞士洛桑大学创立。

湛若水三疏乞归田，时年72。

王艮细玩《大学》，因悟格物之旨。

吴悌十一月在御史任荐王艮。

吕柟升南京礼部右侍郎，未几，以灾异自劾，致仕去。

聂豹是夏以病移居翠微山。

杨慎是秋寓高峣别业。

张邦奇八月以吏部左侍郎兼翰林院学士,署院。

黄省曾谒霍韬于南都,为作《大宗伯霍公疏要序》。

薛应旂病火,再疏请学职,得江西九江教授。是岁,以巡按御史主福建乡试,有《福建乡试录序》。

罗洪先丁母忧。

王教五月壬午升国子监祭酒。

张衮五月乙巳升翰林院侍读学士,掌南京翰林院事。

姚涞、孙承恩八月癸丑主顺天府乡试。

李义壮升广西按察司佥事,提调学校。

按:李义壮字稚大,生卒年不详。广州南海人。嘉靖进士。官至右佥都御史巡抚贵州。著有《三洲稿》。

舒缨谪官通州同知,凿运河三十里。

顾璘官湖广,西行途中作《六忆》诗寄罗凤、徐霖、陈沂等;登衡山,辑此行诗文为《登衡小记》。

袁袠作《江南春词序》,述吴中先辈和倪瓒《江南春词》事,文嘉补图。

陆采北游幽燕,行半道得病还。

周怡在南雍,以"大同诚一"立训。

冯惟敏是春中举人。

归有光应应天乡试,不第。

耿定向年十二,通书大义,应父命往访彭即乡,遂相与定交。

张居正年十三,就省试,不第。

按:据《行实》,是时大司寇顾璘开府楚中,以为张居正系天授王佐,"即令早在朝廷,宜亦无不可。然莫若老其才,他日所就,当益不可知。"遂不第。

沈谧十一月建书院于文湖,祀王阳明。

按:文湖在秀水之北四十里。沈谧初读《传习录》,有悟阳明之学,即期执贽请见。因阳明征思、田,弗遂。阳明卒后,谧闻薛侃讲学京师,以为传阳明之道者尚有人,遂拜薛侃,建书院,率同志王爱等数十人讲学其中,置田若干亩以赡诸生。是岁,巡按御史周汝员立阳明位于中堂,春秋二仲月祀之。又,此后,沈谧起佥江西,复为阳明遍立南赣诸祠。谧卒后,参政孙宏轼、副使刘慤设谧位,附食于阳明。谧子沈启原增置赡田,与王爱等议附薛侃之位,祭期定于季丁日。祭日,同门与祭天真者俱趋文湖。

周汝员以御史按浙,十月与知府汤绍恩建新建伯祠于越州阳明书院楼前,每年春秋二仲月,郡守率有司主行时祀。

冯时雍于河北广平泊镇南李家湾创建董子书院,自为山长,讲学书院。并另聘有主讲,教授"四书"、"五经"、唐宋诗词等。提倡独立研讨。制订学规十条,中有"精诚为学,以正其心,以广其才"、"敬师不傲,谨虚为人"、"勤功自励,博学穷理"等。

顾璘于湖北通城创建青阳书院。

马元吉于湖南芷江创建文清书院。

按：薛瑄曾以御使监湖南银场驻沅州府，手录《性理大全》一书以诏沅州士子穷究性命之学。以此，元吉以薛瑄谥号文清名其书院，后因学者多称薛瑄为明山先生，更名为明山书院。

西塞罗的《歌剧全集》在威尼斯出版。

罗伯特·雷科德编著成《用笔学习和计算入门》。

塞巴斯蒂亚诺·塞尔利奥编著成《建筑术专论》。

帕拉塞尔苏斯编著成星占学手册《天文学大全》。

徐阶作《圣人贵未然之防》，以示江西乡试诸生。又有《跋叙齿录》。

仇英馆昆山周氏，自是岁始为作长卷《子虚上林图》，6年方毕事。

张邦奇著《春秋说》。

毕恭等修、任洛等重修《辽东志》9卷刊刻。

张裕纂修《浒墅关志》18卷刊刻。

杨辅等纂修《重修邳州志》10卷刊刻。

张孚敬（张璁）纂修《温州府志》8卷刊刻。

董弦等纂修《内黄县志》9卷刊刻。

余鎬纂修《宿州志》8卷刊刻。

黄金修、廖芝纂《松溪县志》14卷刊刻。

刘訒纂修《鄢陵县志》8卷刊刻。

陆舜臣纂修《德庆州志》16卷刊刻。

陈沂纂、金銮增订《金陵世纪》4卷成。

湛若水二月有《谒朱文公先生庙庭文》。

邹守益作《邓氏族谱序》。

聂豹十二月作《永宁重修儒学记》。

宁王府刻朱拱㮷《天启圣德中兴颂》。

吴朴成《渡海风程》2卷。

王齐纂修《雄乘》2卷刊刻。

黄省曾九月作《见古楼记》。

李贽年十二，试作《老农老圃论》。

郑宗古刻罗钦顺《困知录》。

汪克俭刊吕柟《宋四子抄释》。

杨仪编《文章表录》1卷、《七桧山人古虞文录》2卷成。

楚王府（朱显榕）刻宋唐慎微《重修政和经史证类备用本草》。

钱璠编辑《续古文会编》5卷由东湖书院活字印行。

高叔嗣辑张九龄、张说集刊为《二张集》。

游居敬辑刊《韩柳文》。

张含辑自滇入京诗为《艰征集》，杨慎为作序。

司马泰辑《骚坛白战录》1卷。

南陵王府（南陵王朱睦㮸）刻宋董嗣杲《西湖百咏》1卷。

夏鍭卒（1455— ）。鍭字德树，号赤城。浙江天台人。成化二十三年进士。著有《赤城集》。

顾清卒（1460— ）。清字士廉。松江华亭人。谥文僖。弘治进士。

与同年生毛澄、罗钦顺、汪俊相砥以名节。学端行谨，恬于进取。曾与修《大明会典》、《孝庙实录》。著有《东江家藏集》、《傍秋亭杂记》，编有《松江府志》。事迹见《明史》卷一八四。

丰熙卒(1470—   )。熙字原学，号五溪，又号一斋。浙江鄞县人，丰坊之父。弘治十二年举殿试第二。事迹见《明史》卷一九一。

陆采卒(1497—   )。采原名灼，字子玄，号天池山人，别署清痴叟。长洲人。诸生。少读书不屑章句，从妇翁都穆学古文词，尤以善曲擅名。著有《国朝史余》8卷、《天池山人小稿五种》5卷、《天池声隽》40卷(已佚)，又有《明珠记》、《南西厢记》、《怀香记》、《椒觞记》、《分鞋记》等。

姚涞卒，生年不详。涞字维东、遂东，号明山。浙江慈溪人。嘉靖二年进士第一，授翰林修撰。长于史学，著有《诸边图》、《明山文集》、《国朝人物考》等。

日本田代三喜卒(1465—   )。田代三喜名导道，字祖范，号范翁、迥翁、支山人、意足轩、江春庵、日玄、善道等。出身日本医学世家。乘商船入明，携中国医学方书回日本，在日本倡导李东垣、朱丹溪医学，使该国医风为之一变。三喜也是批评传入日本的宋代局方派善用温热的代表人物，著有《当流和极集》、《当流大成捷径印可集》、《小儿诸病门》、《三喜直指篇》、《医案口诀》等，合称《三喜十卷书》。

莫是龙(—1587)、帅机(—1595)、潘士藻(—1600)、张朝瑞(—1609)、唐鹤徵(—1619)生。

按：一说张朝瑞(1536—1603)，唐鹤徵(1538—1619)。

嘉靖十七年　戊戌　1538年

正月，广西道御史吴悌疏请宽宥应天中式贡士，容许赴礼部参加会试，后礼部复请，乃诏送国子监肄业。

二月庚午，礼部会试，取中式举人袁炜等320人。

三月壬辰，赐茅瓒等进士及第、出身有差。

是月，琉球国中山王尚清送梁炫、郑宪、蔡朝器、陈继成4人至明国子监就读。

按：此为继嘉靖五年之后又一次派送。嘉靖二十三年三月归国。

四月戊午，罢征安南。

是月，吏部尚书许瓒继去岁游居敬之后再请毁书院。以为抚按司府多建书院聚生徒，供亿科扰，亟宜撤毁。诏从其言。

五月乙亥，从给事中朱隆禧等言，诏凡武举开科试卷分别边方、腹里

奥斯曼帝国海军及威尼斯与西班牙战。

《尼斯和约签订》，法德休战。

查理五世、罗马教会、威尼斯人盟。

英格兰人诛杀约克一族。

及南方为三等。

六月丙辰,始定明堂大享礼。严嵩以议对符合世宗意,深蒙眷宠。

九月戊寅,上太宗文皇帝庙号曰成祖。同日,上献皇帝庙号曰睿宗。遂奉睿宗神主祔太庙,位居武宗之上。

> 按:此为议礼之余绪。

十一月丙子,诏禁各处游民及罢黜生员潜居京城,建言希用。

十二月癸卯,章圣皇太后蒋氏崩。

> 按:自是,皇太后合葬礼议、献皇迁陵议、世宗亲幸承天议起。

是年题准,会试校文,务要醇正典雅,明白通畅,合于程式者,方许取中。其有似前驾虚翼伪、钩棘轧茁之文,必加黜落,仍听考试官摘出。不写经传本旨、不循体制,及引用庄、列不经之言,悖谬尤甚者,将试卷送出,以凭本部指实奏请除名,不许再试。

是年,始行选贡之法。凡贡至京师,黜退多者,提学官降用。

_{西半球最早的圣多明哥大学建立。}

顾鼎臣八月为大学士入阁,惟有职无权,充位而已。

季本在庐陵,立怀德祠,以祀阳明。三月,邹守益、聂豹等至,举春祭并约同志会讲,聂豹有《括言》。

邹守益以荐起为南京吏部考功郎中。

罗洪先迁厝父母于庐陵之盘龙山,访聂豹于翠微庄。

欧阳德二月由南京尚宝司卿改太仆寺少卿。

蔡汝楠(蔡汝南)丁母忧。

赵贞吉四月上《乞求真儒疏》,不报。

李文察表进所著《李氏乐书》,诏授太常寺典簿。

张含是秋应春试不第而返,过高峣,访杨慎;西归永昌,杨慎为饯别。

顾梦圭官广东参议,疏请停采珠,世宗不听,作《采珠叹》长诗以志慨。

皇甫汸任职工部虞衡司,以监运陵石稽缓,谪黄州府推官。

顾璘以《登衡小记》寄王慎中。

朱承爵校阅宋钱杲之《离骚集传》。

田汝成至苏州访黄省曾,与同至杭州,合著《西湖游咏》1卷。

顾存仁官礼科给事中,以请赦杨慎等忤朱厚熜,被杖谪编管居庸关外。

潘恩以任蜀参职入川。

李默二月辛亥升云南按察司副使,提调学校。

杨沦二月己未升山东按察司副使,提调学校。

田顼十月丁巳升贵州按察司副使,提调学校。

冯惟讷成进士,令宜兴。许毂以诗送之。

张元冲成进士,授中书舍人。

刘起宗成进士,授户部给事中。

刘乾成进士。

按：刘乾字仲坤，生卒年不详。保定唐县人。好读古书，喜谈兵事。历官知县、教授。有《易庵初稿》《滩上集》。

吴维岳成进士，授江阴知县。

汪宗伊成进士，授浮梁知县。

按：汪宗伊字子衡，号少泉，生卒年不详。湖广崇阳人。官应天知府，有惠政。累官户部尚书。著有《南京吏部志》。

沈𬭼成进士，授溧阳知县。

陆师道成进士，授工部主事。

陈绍儒成进士，授户部主事。

张元冲成进士，授中书舍人，改吏科给事中。

杨载鸣成进士。

按：杨载鸣字虚卿，生卒年不详。江西泰和人。官至通政使。著有《大拙堂稿》。

南逢吉成进士，授礼部主事。

周怡成进士，授顺德推官。

徐楚成进士。

按：徐楚号青溪，生卒年不详。浙江淳安人。著有《青溪诗集》。

赵恒成进士。

按：赵恒字志贞，生卒年不详。福建晋江人。著有《春秋录疑》。

袁炜成进士，授编修。

查秉彝成进士，授黄州推官。

谭大初成进士。

曹守贞成进士，授遂昌知县。

按：曹守贞字子一，生卒年不详。扬州江都人。吕柟弟子。精研理学。著有《畸侔轩稿》。

章焕成进士，授刑部主事。

按：章焕字扬华，又字茂实，生卒年不详。苏州长洲人。著有《平倭四疏》、《华阳漫稿》。

卜大同、茅坤、陈维岳、沈启、陈昌积、莫如忠、陈鎏、胡宗宪、侯一元、俞宪、谭太初成进士。

李贽年十二，作《老农老圃论》，不反对学农学圃，而反对象樊迟那种隐士式生活态度。

王锡爵五岁就傅读书。

李遂于浙江西安创建衢麓书院。邹守益、陈九川、钱德洪、王畿、王玑等先后任主讲。

按：李遂字克斋，故书院亦名克斋讲舍。

傅凤翔任巡按浙江监察御史，建阳明祠于龙山。

按：龙山在余姚县治右。正德十六年，阳明归省祖茔，门人夏淳、孙升、吴仁、管州、孙应奎、范引年、柴凤、杨珂、周于德、钱大经、应扬、谷钟秀、王正心、王正思、俞大本、钱德洪、周仲实等，侍阳明讲学于龙泉寺之中天阁。阳明亲书三八会期于壁。此后，吴仁聚徒于阁中，讲学不辍。嘉靖六年，阳明出征思、田，每遗书钱德洪、王畿，必念及龙山之会。是岁傅凤翔遂以诸生之请建祠于阁之上方，每年春秋二仲月，有司主行时祀。

姜仪于湖南临武创建武溪书院。

蔡邦圯于广西义宁创建南隅书院。

吴铠于宁夏银川创建养正书院（又名鼎新书院），集诸生分馆习业。

按：此书院于嘉靖四十三年因地震而毁，隆庆元年重建。殷武卿作记，详载书院沿革及改建经过。

马罗用法语著成《大卫诗篇三十首》。

保罗·里本编著成早期德国诗剧《卡那地区婚礼上的戏剧》。

梅兰希顿著成《道德教义基础》。

闻人诠重刊《旧唐书》。

按：闻人诠字邦正，生卒年不详。浙江余姚人。王阳明弟子。嘉靖进士。官南京提学副使时，曾刻五经、三礼、《旧唐书》，参与编定《阳明文录》。著有《饮射图解》、《东关图》。

李默《建宁人物传》4卷刊行。

戴璟《新编汉唐通鉴品藻》30卷刊行。

李纪纂《史略详注补遗大成》10卷成。

按：李纪，字大正，生卒年不详。金溪人。《四库全书总目提要》卷五〇曰：初，元庐陵曾先之撰《十八史略》，至宋而止。明初临川梁孟寅益以元事，名《十九史略》。嘉靖戊戌，纪复以旧注未备，为增补以成是编，然舛陋亦甚。据所列引用书目十余种，曰万氏《史略筌蹄》，曰郭氏《帝王世纪》，曰朱子《四书》，曰倪氏《四书辑释》，曰蔡氏《书传》，曰邹氏《音释》，曰陈氏《礼记集说》，曰朱子《诗传》，曰《资治通鉴》，曰《吕氏集注》，曰刘氏《翰墨全书》，曰《左氏春秋传》，曰《林朱音训》，曰李氏、刘氏《宋鉴》。是恶足以谈史乎！

秦纮自编《秦襄毅公年谱》1卷由秦学书刊刻。

按：是谱为谱主八十岁时自述，迄于弘治十八年（1505）。历述求学、入仕经历及政绩，对时局的看法与政治主张等。卷前有谱主小像及倪岳的赞辞。年谱有隆庆三年秦秉淳递刻本。

李廷宝纂修《清苑县志》6卷刊刻。

康镕修、宋纲纂《荣河县志》2卷刊刻。

林永昌修、张季霖纂《恩县志》9卷刊刻。

杨逢春修、方鹏纂《昆山县志》16卷刊刻。

宋佐、闻人诠纂修《宝应县志略》4卷由杨瞻刊刻。

林有年纂《仙游县志》8卷刊刻。

陈应宾修、闵文振纂《福宁州志》12卷刊刻。

闵文振纂修《宁德县志》4卷刊刻。

郭楠纂修《南宁府志》10卷刊刻。

文章修、张文海纂《增城县志》19卷刊刻。

吕柟应门人王子难之请，为作《世德流光堂记》。

邹守益作《全椒县儒学增修记》、《宁国县重修儒学记》。

薛应旂五月作《友士轩记》；九月作《观易台记》。

许论《九边图论》1卷刊行。

湛若水九月有《题先圣孔夫子像赞》。

王艮有《再答子仁(林春)书》。

唐枢讲学于大巡冷塘周氏景行馆,以即弟子问之意,著《景行馆论》31篇,门人梓之,有序。

王廷相《雅述》始刻行,谢锭为序。

按：此为王廷相哲学代表著作之一。其内容与《慎言》互相补充、互相发明,又体现了作者丰富的无神论思想,在中国哲学史上具有较高学术价值。

周王府刻《金丹正理大全》42卷。

黄省曾卧病青山,作《大司马王公家藏集序》。

舒缨辑此期诗文为《通川集》。

张綎刻所著《入楚吟》及《杜工部诗释》。

陈鹤辑《赵望亭诗集》。

武冈王府刻武冈保康王朱显槐《少鹄诗稿》8卷。

张恺卒(1453—)。恺字元之,号企斋,更号东洛。常州府无锡人。成化进士。著有《常州府志续集》8卷。

杭淮卒(1462—)。淮字东卿,号复溪。宜兴人。弘治十二年进士。官至南京总督粮储、右副都御史致仕。与兄济并负诗名,与李梦阳、徐祯卿、王阳明、陆深等相唱和。著有《双溪文集》10卷、《双溪诗集》8卷。

徐霖卒(1462—)。霖字子仁,号九峰道人,又号髯翁。吴县人,徙居金陵。殚力藻翰。解音律、好词曲、工书法、善绘画。所填南北曲,竞传都下。与陈铎齐名,均为当时南京曲坛祭酒。顾璘为作《墓志铭》云:"自前元赵孟頫亡,书学遂微,篆法尤多失正。至周伯温(伯琦)始复振。本朝少师李文正公(东阳)远续其绪,时则徐君子仁出,以其超颖之姿,躬诣堂室。早尚雄丽,晚益朴古拔人俗,绰登神品。馀若真行皆入妙。碑板书师颜柳,楷法题榜大书师本朝詹孟举,并绝。海内四方,操金币走其门求书者,恒满宾馆,声沛夷裔。朝鲜、日本使臣得其书者什袭为珍。以故有豪士乐志适如李北海风。"著有《中原音韵注释》、《南京志》、《续书史会要》、《丽藻堂文集》、《端居咏》、《远游纪》、《北行稿》、《皖游录》、《古杭清游稿》,辑有《雅颂词录》、《明诗综诗稿》,编有《快园诗文类选》,撰有《枕中记》、《柳仙记》、《留鞋记》、《梅花记》、《种瓜记》、《两团圆》、《绣襦记》等,惜多不存。

张路卒(1464—)。路字天驰,号平山。祥符人。画家。人物画师法吴伟,笔势粗放,山水兼学戴进。亦工花鸟。与朱端、蒋嵩、汪肇等同列为浙派名家。

王承裕卒(1465—)。承裕字天宇,号平川山人。陕西三原人。弘治六年进士。著有《太极动静图说》、《论语近说》、《论语蒙读》等。事迹见《冯少墟集》、《明儒学案》卷九。

姚镆卒(1465—)。镆字英之。浙江慈溪人。弘治六年进士。历任祠祭主事、营缮员外郎、广西提学佥事、福建副使、贵州按察使,福建、山东布政使,左都御史、太子少保、兵部尚书等。著有《东皋文集》《明山集》等。上海图书馆藏有清姚世琰编《先大司马事实汇集》稿本,可参。事迹见《明史》卷二〇〇。

夏尚朴卒(1466—)。尚朴字敦夫,号东岩。永丰人。正德初赴京会试,见刘瑾乱政,不试而归。正德六年成进士。嘉靖初,起山东提学副使,历南京太仆寺少卿。与魏校、湛若水辈日相讲习。言官劾大学士桂萼,语连尚朴。吏部尚书方献夫白其无私,寻,引疾归。早年师娄谅,传主敬之学,常言"才提起,便是天理。才放下,便是人欲"。魏校亟称之。著有《中庸语录》《东岩集》等。事迹见《明史》卷二八三《娄谅传》附传、《明儒学案》卷三。

按:王守仁少时,亦尝受业于娄谅。

陈沂卒(1469—)。沂字宗鲁,后字鲁南,号石亭,又号小坡。鄞县人,以医籍徙居南京。正德十二年进士。历山东左参政、山西太仆卿,乞归。筑遂初斋,杜门述著。少好苏轼诗,中年宗盛唐,文宗《史记》《汉书》,与何景明、李梦阳同属复古派。初与顾璘、王韦称"金陵三杰",后益以宝应朱应登,称"江东四大家"。曾与修《武宗实录》。一生著述甚多,有《询刍录》1卷、《维祯录》1卷、《畜德录》1卷、《金陵人物志》、《皇明翰林志》、《金陵古今图考》1卷、《金陵世纪》4卷、《金陵志》、[嘉靖]《南畿志》64卷、《南畿志图》1卷、[嘉靖]《山东通志》40卷、《金陵名山记》、《献花岩志》1卷、《泰山考》、《诲似录》、《存疾录》、《忠义说义》、《忍书》、《拘虚晤言》1卷、《石亭杂录》、《语怪录》、《善谑录》、《拘虚迂读》、《遂初斋集》、《拘虚集》《纪游集》5卷、《拘虚诗谈》1卷等。撰有杂剧《善知识苦海回头记》。事迹见《明史》卷二八六《顾璘传》附传。

李时卒(1471—)。时字宗易,号序庵,又号松溪。河间任丘人。谥文康。弘治十五年进士。官至礼部侍郎兼文渊阁大学士,入参机务。为政以安静为主,虽无大匡救,而时论以为贤。著有《南城召对集》。事迹见《明史》卷一九三。

夏良胜卒(1480—)。良胜字于中。江西南城人。少为督学副使蔡清所知,曰"子异日必为良臣,当无有胜子者",遂名良胜。王阳明弟子。正德三年进士。著有《东洲初稿》《中庸衍义》《铨司存稿》。事迹见《明史》卷一八九。

陶滋卒(1484—)。滋字时雨。山西绛州人。正德九年进士。著有《石鼓文正误》。

高叔嗣卒(1502—)。叔嗣字子业。河南祥符人。嘉靖二年进士。少时受知于李梦阳。著有《苏门集》。事迹见《明史》卷二八七。

按:据《明史》本传,叔嗣少受知邑人李梦阳,及官吏部,与三原马理、武城王道同署,以文艺相磨切。其为诗,清新婉约,虽为梦阳所知,不宗其说。陈束序其《苏门集》,谓有应物之冲澹,兼曲江之沈雄,体王、孟之清适,具高、岑之悲壮。王世贞则曰:"子业诗,如高山鼓琴,沈思忽往,木叶尽脱,石气自青;又如卫洗马言愁,憔瘁婉笃,令人心折。"而蔡汝楠推之为明代诗人第一。

陈言卒,生年不详。言字献可,号东涯。浙江海盐人。著有《易疑》。

邹德涵（　—1581）、张元凯（　—1582）、张元忭（　—1588）、刘东星（　—1601）、于孔兼（　—1615）、唐鹤徵（　—1619）生。

按：一说唐鹤徵(1537—1619),一说邹德涵(1526—1581)。

嘉靖十八年　己亥　1539年

正月丁酉,以上帝尊号及皇祖谥号礼成,遣使诏谕朝鲜及安南。

二月庚子朔,立皇子朱载壡为皇太子。

癸丑,安南莫方瀛遣使款镇南关乞降,并籍其土地户口,听明朝处分。

按：莫方瀛,庸登之子。

乙卯,世宗幸承天,车驾发京师。

按：初,诸臣谏幸承天者,俱下锦衣狱。是日,车驾离京,夏言、严嵩等扈从。大学士顾鼎臣等在朝辅皇太子监国。车驾先后次真定、卫辉、钧州等,沿途亲祭大河之神,望祭北岳、中岳。三月庚辰至承天府。壬辰车驾发承天,四月壬子返京师。

七月庚午,颁赐御著《太狩龙飞录》于文武大臣及各王府。

是年,以曾子裔孙曾质粹为翰林院世袭《五经》博士。

令今后乡试进到试录,礼部详阅举奏。如有叛经离道、诡辞邪说,定将监临考试诸官罪黜;取中举人,辨验公据得实,革退为民。

道士邵元节卒。赠"少师",以伯爵礼葬,谥"文康荣靖"。

命道士陶仲文继总领道教,封为"神霄保国弘烈宣教振法通真忠孝秉一真人"。

许日本国王源义植修贡之请,期以十年。

日本正式派遣以湖心硕鼎为正使、天龙寺僧策彦周良为副使的访中贸易使团,经两月航行抵宁波。

湛若水六月由南京吏部尚书转南京兵部尚书,参赞机务。十月,条上《留守十事》,允行之。十一月上《治权论》,欲激安南吏民共讨莫氏分地。

罗洪先十一月造访王艮,林春率同郡诸生、黎洛溪率邑诸生,并集王艮家堂上,艮以病不能出,罗洪先乃就榻旁请益,艮作《大成歌》寄赠罗洪先。

罗洪先召拜左春坊左赞善。

吕柟五月由南京礼部右侍郎改礼部,兼詹事府少詹事。七月,自陈致仕。

邹守益五月由南京吏部考功郎中改司经局洗马,兼翰林院侍读。

邹守益再入京师,求刘野亭遗稿谋刻之,有《野亭少傅刘公摘稿序》。

英王亨利八世定《六信条法》。

西班牙人入取古巴。

活字印刷术传入墨西哥。

又有《宣城县昌黎别业记》。

霍韬、邹守益共上《圣功图》，引古十三事，世宗以语涉谤讪，宥韬罪。

霍韬五月由南京礼部尚书改礼部，进太子少保，署詹事府。

薛蕙五月由考功郎中改右春坊右司直，兼翰林检讨。

黄绾五月趋召，请关防节制云贵两广，许之。寻，起礼部尚书、兼翰林学士。闰七月，充赴安南正使。未行，乞赠诰，落职。

崔铣为王廷相作《雅述序》。

薛应旂作《建昌县学门记》。

王廷相三月秩满，进太子太保。

夏言编御制诗歌以进。五月为首辅，为拥张璁（张孚敬）派尚书霍韬、武定侯郭勋所攻击，世宗不问情由，责夏言"怠慢不恭"，令致仕。数日，怒解，复谕留之。

华察二月以正使出使朝鲜，与副使薛廷宠、朝鲜大臣成世昌等唱和。

按：唱和之作汇为《皇华集》，在朝鲜刊行。归作《东行纪兴》。

杨慎八月在高峣，作《跋张含结交行》。十一月再领戍役于重庆，乃取东道，由贵竹、遵义北上渝州。

黄省曾十月丁母忧，哀毁过度，致羸疾。

唐顺之起为吏部主事，兼右春坊右司谏。因与左春坊左赞善罗洪先、春坊校书赵时春请朝太子，致世宗大怒，复削籍归。自是退居阳羡山中，读书十余年之久。

归有光读书于苏州邓尉山中。

皇甫汸抵黄州谪所，作《赤壁赋》。

皇甫涍以未扈从南巡黜京职，谪大名通判。

徐阶任提学副使，建仰止祠于洪都，祀王阳明。

按：自徐阶典江西学政，大发阳明学宗旨，以倡率诸生。于是同门吉安邹守益、刘邦采、罗洪先，南昌李遂、魏良弼、魏良贵、王臣、裘衍，抚州陈九川、傅默、吴悌、陈介等，与各邑选士俱来会合焉。魏良弼立石纪事。

徐阶督学江西，就士人家摹得王阳明燕居像二、朝衣冠像一。

按：嘉靖四十三年，徐阶曾作《阳明先生画像记》。

徐阶五月由江西提学副使改司经局洗马，兼翰林院侍读。

曾孔化、贺钧、周祉、王时椿等吉安士民共建报功祠于庐陵，祀王阳明。

按：王阳明正德五年任庐陵令，凡七阅月，民得实惠，并渐向化。既而提督南赣，所为亦切民命。故其民颇追怀之。

吴嶔入学籍，师事唐顺之。

张居正年十五，谒顾璘，璘以相才目之，属文为赠。

王世贞十四岁，读王阳明著作，手不释卷，爱之逾三苏以上。

耿定向年十四，负笈从师，去家七十余里。

章潢年十三，见乡人负债缧绁者，恻然代偿。

日本吉田宗桂首次来华。

按：居留两年，访求医方，学习医术，收集医药书籍。其间，与中国画家方仕相交。

张之象刻所辑《韵经》5 卷。
龙大有辑刊《交泰录》3 种 5 卷。此为当时史料丛书。
顾元庆移家阳山，与岳岱寻山中诸胜，辑《阳山新录》。
冯汝弼修、邓韨等纂《常熟县志》13 卷刊刻。
刘大直修、余宽等纂《临海志》26 卷刊刻。
孙维礼、杨钧纂修《怀远县志》2 卷刊刻。
林希元纂修《钦州志》9 卷刊刻。
汪德修、颜木纂《随志》2 卷刊刻。
王应电刻所编《同文备考》10 卷。
傅凤翱辑《皇明诏令》21 卷成。
王艮有《答徐子直书》。
归有光著《尚书叙录》成。
蜀王府分署刻明孙应奎《内经类钞》1 卷。
霍韬三月作《世谊序》。
魏校刊刻明方鹏所著《矫亭存稿》18 卷《续稿》8 卷成。
陈霆刻所著《两山墨谈》18 卷。
崔铣十二月作《扬子折衷序》。
薛甲辑自屈原至曾巩等 11 家文为《大家文选》22 卷刊行。
吕柟《司马文正公集略》刻于赣州，门人薛应旂撰序。
徐充积所著《铁砚斋稿》，得 30 余册。
岳岱辑并世 14 人诗为《今雨瑶华》1 卷。
沈王府刻沈宪王朱勋濂《云仙集》。
徽王府刻明张鲲《风宣玄品》16 卷。

乔治·福斯特编写俗歌《条顿人的快乐小调》。

加尔文编写成《给罗马人使圣徒书注解》。

梅兰希顿著成《宗教改革家的主体》。

奥劳斯·马格纳斯绘制成《世界地图》。

郑岳卒(1468—　)。岳字汝华，号山斋。莆田人。弘治六年进士，为户部主事。迁江西左布政使，为朱宸濠所忌，夺官。世宗初，起抚江西。寻召为大理卿，数有忠谏，后以议大礼乞休去。著有《山斋集》24 卷。又编有《莆阳文献》，其中《列传》75 卷，传主 246 人；还收从南北朝梁陈时郑露起至明代神宗时莆田人撰写的诗赋文 13 卷，其中诗赋 203 首、铭文 2 篇、箴 5 篇、先锋赞 1 篇、杂著 3 篇、说 4 篇、题跋 15 篇、论辩 3 篇、祭文 6 篇、书启 12 篇、序文 68 篇、记 15 首、奏议 30 篇，内容丰富。

张璁(张孚敬)卒(1475—　)。璁字秉用。嘉靖十年，以名嫌御讳请更，乃赐名孚敬，字茂恭，御书四大字赐焉。永嘉人。正德进士，累官华盖殿大学士。为人刚明果敢，然性狠愎。卒谥文忠。著有《奏对稿》、《谕对录》、《张文忠集》。事迹见《明史》卷一九六。

穆孔晖卒(1479—　)。孔晖字伯潜，号玄庵。山东堂邑人。弘治十

那纳克卒(1469—　)。锡克教创始人。

八年进士。晚年学宗王阳明,并融入佛道学说。著有《读易录》、《尚书困学》、《前汉通纪》、《诸史通编》、《大学千虑》、《游艺集》、《玄庵晚稿》。事迹见《明儒学案》卷二九。

许宗鲁卒(1490—)。宗鲁字东侯,号少华。咸宁人。正德进士,历官监察御史、湖广学政、保定巡按、辽东巡抚,所在多有善政。著有《辽海集》、《归田集》、《少华集》等。

华钥卒(1494—)。钥字德启,号水西、白贲子。无锡人。嘉靖二年进士,授户部主事。官至兵部郎中。有《水西居士集》。

黄河水(—1581)、沈懋学(—1582)、温纯(—1607)、钱一本(—1610)、余懋学(—?)、祝世禄(—1610)生。

按：祝世禄生年据《澹元续集》卷十五为1540年,姜亮夫《表》作嘉靖十八年(1539)生。

嘉靖十九年　庚子　1540 年

英格兰国王亨利八世诛杀托马斯·克伦威尔。

法国始驱逐吉普赛人。

正月,增七庙乐舞生1229人。

二月己卯,罢武科乡试。

五月丙申,国子司业王同祖请敕两京公、侯、伯子弟,凡未仕者悉入国子监就学,俟学有成,方请叙荫。世宗是其言,寻命已任事者亦送监肄业。自是少年勋戚颇以入学为荣。(《世宗实录》卷二三七)

六月丁卯,户部尚书梁材罢。

按：嘉靖中岁,大臣多阿谀取宠,梁材独不挠,以是终不容。自材去,边储国用大窘。

八月丁丑,太仆卿杨最被杖死。

按：世宗好神仙术,纳方士段朝用言,令太子监国,己专事奉道。举朝震愕,无敢谏者。太仆卿杨最力谏,杖死。然监国之议亦罢。

甲申,以秉一真人陶典真子陶世同为太常寺丞,婿吴浚深、陶良辅俱食博士俸。

按：陶典真,名仲文。邵元节以病衰谏代者,封秉一真人。十一月壬子,世宗以久疾有瘳,嘉陶仲文祈祷有功,进少保、礼部尚书。

葡萄牙人入浙江宁波属双屿岛建立天主教会,有传教士8名,发展教徒万余名。

造纸术传入丹麦。

迈克尔·塞尔

湛若水六年考满,以踰耆,五月以南京兵部尚书致仕。

邹守益与南江宪副輗祗共谒林庄公墓下,敦年谊,叙宗盟。

邹守益三月由司经局洗马升南京太常寺少卿、兼翰林侍读学士,掌南院事。是夏集同志于京师，作《医说》以别。十一月，为国子祭酒。

杨应诏北上，始谒邹守益于南京翰林别署。应诏以《自警十箴》质正，守益以为"真得吕氏笃实之传"。

杨应诏是秋起补河南道按察御史。

张邦奇任会试主考官、《玉牒》纂修官。

罗洪先抵京入春坊进讲，与唐顺之、赵时春相比而居。三人交好浸密，十二月各上疏，请来岁元旦朝正后，皇太子出御文华殿，受群臣朝贺。时帝数称疾不视朝，讳言储贰临朝事，见疏大怒，手诏切责，遂除三人名，谪为民。洪先与顺之各置小舟联发。

罗汝芳之南昌赴大会，见颜钧，相与辩论，遂师事之。

按：此会，罗汝芳自述遘危病，而生死得失能不动心。钧皆不取，以为"是制欲，非体仁也"。汝芳曰："克去己私，复还天理，非制欲，安能体仁！"钧曰："子不观孟子之论四端乎？知皆扩而充之。若火之始燃，泉之始达。如此体仁，何等直截。故子患当下日用而不知，勿妄疑天性生生之或息也。"汝芳时如大梦得醒，乃知古今道有真脉，学有真传，遂于稠人中稽首师事焉。（见《明儒学案》卷三二、卷三四）

杨慎是夏由重庆北上，经遂宁归故乡新都；八月由家去黔，应聘入闱，有《贵州乡试录序》。

廖道南原任翰林院侍讲学士，三月戊午进《〈文华大训箴〉解》。诏留览。

崔铣是秋入贺圣节，过家疾作，遂请致仕。

许瓒十二月乙酉在吏部尚书任进《婴童百问医书》。命礼部校刊。

章衮八月升陕西按察司提学副使。

按：章衮字汝明，号介庵。生卒年不详。江西临川人。嘉靖进士。著有《童子琐言》、《章介庵集》。

黄佐十二月甲申升任侍读，掌南京翰林院事。

唐顺之复官北京，同年又以言事除籍。

王文禄至姑苏访黄省曾，于一笑轩共论注杜诗法。

黄省曾二月作《虹月斋记》；三月作《吴郡定慧禅寺苏文忠公啸轩碑记》；六月，以羸疾未瘳，为便后人考索，作《临终自传》；七月，复作《临终自祭文》。

湛若水正月作《读崔后渠叙扬子折衷》。

聂豹为戴伯常作《艮斋记》。

徐阶是春作《崇雅录序》。

霍韬八月著《宋三子说》。

周怡是春作《龙岗叙别漫记》。

何迁作《郁台寺记》、《横溪记》、《和萱霁色图序》。

欧大任在金陵读书，结交王逢元。

吴承恩以文诔同里蔡昂。

按：一说蔡昂（1481—1541）。详见1541年条。

顾梦圭改官福建按察，在福建与田汝成会。

韦图斯发现由肺进行的血液循环。

从酒精和硫酸中生产出醚。

田汝成客苏州,会袁袠。

查铎补邑弟子员,从宣城古陵沈氏游。

邓元锡从黄在川游,喜观经史,不以举业为意。

张治、龚用卿七月癸巳受任应天府考试官。

童承叙、李学诗八月丙寅任顺天府乡试主考官。

王襞丁父忧。

冯恩自雷州戍所赦还。

张含作《宝石谣》,反映皇差在滇搜采宝石酷虐。

尤时熙升国子学正,为祭酒徐阶所重。

徐渭年二十,中秀才。此后屡试不第。

凌约言以选贡中乡试,授全椒知县。

按:凌约言字季默,号藻泉,生卒年不详。浙江乌程人。凌震子,凌迪知父。少承家学,又师从施青阳。著有《风笙阁简钞》、《椒沜稿》等。

陈址中举人。

按:陈址字道从,生卒年不详。福建连江人。曾知广东临高县,作《正始编》化其婚俗。著有《易经摘说》、《春草集》。

康正宗中举人。

按:康正宗字宾峰,生卒年不详。湖广邵阳人。著有《游涉集》、《兰闺绣谱》、《广骚》。

张居正年十六,乡试及第。

归有光举应天乡试第二名。北上赴礼部试。

按:此后八次会试,均未得第。

王世贞年十五,受学于周道光,学《易》于山阴骆行简。行简教之作诗。

周桐、应典等王阳明门人建书院于寿岩,祀王阳明。

按:寿岩在永康西北。周桐、应典等建书院于此,并与同门李珙、程文德等讲阳明之学焉,诸生来此就业者有卢可久、程梓等百又余人。中立阳明之位,岁时奉祀,定期讲会。

又按:卢可久字德卿,永康人。生卒年不详。从阳明子于越,三月,既得良知之学,辞归。孝事二亲,居丧尽礼。室人早丧,鳏居四十年,守严一介,芥视千乘,襟怀洒落,略无撄滞。所著有《光余或问》、《望洋日录》、《草窗巷语》、《文录》等书。事迹见《明儒学案》附案。

英国雷科德撰成《技术的基础》(算术书)。

奥古斯蒂努斯·斯图库斯著成《永恒的哲学》。

衡王府刻《五经白文》23卷。

陆粲著《左传附注》5卷成。

李文凤纂《越峤书》20卷成。

按:"夫安南,越之荒峤也"。是书以编年形式,述安南建置兴废、风俗制度等。文凤字廷仪,生卒年不详。广西宜山人。嘉靖进士。官至云南按察司佥事。另著有《月山丛谈》。

邹守益有《叙漳南道志》。

郜相修、樊深纂《河间府志》28卷刊刻。

嘉靖十九年　庚子　1540年

颜木纂修《应山县志》2卷刊刻。
杨守礼修、管律纂《宁夏新志》8卷刊刻。
易时中修、王琳纂《夏津县志》2卷刊刻。
马奇纂修《郓城志》2卷刊刻。
赵鼐修、冷儒宗纂《大冶县志》8卷刊刻。
谢注纂修《朝城志》8卷刊刻。
曾才汉修、叶良佩纂《太平县志》8卷刊刻。
张良知纂修《许州志》8卷刊刻。
冯炫纂修《婺源县志》6卷刊刻。
魏庠刊刻从兄魏校及其门人徐官所纂《六书精蕴》6卷《音释》1卷成。
徐忠辑《金石文》7卷成。
唐王府刻明沈津《忠武录》。
高儒纂《百川书志》成。

按：此书史部野史、外史、小史类颇著录演义传奇，创目录著作新特色，为研究金、元、明通俗文学提供了重要目录资料。儒字子醇，号百川子，涿州人。出身武人而雅好文学。与高儒同时之藏书家晁瑮于嘉靖间亦编成《晁氏宝文堂书目》，打破四部分类法，分三十三子目，其中子杂、乐府二类收元明话本、小说、杂剧、传奇，为明代书目所仅见。

蔡羽著《太薮外史》1卷。
顾璘编次所著，得《浮湘集》4卷、《中山集》4卷、《凭几集》5卷《续集》2卷、《息园存稿》23卷、《缓恸集》1卷、《近言》1卷。
朱警辑《唐百家诗》刊行。
方鹏自定《矫亭续稿》8卷。
皇甫涍辑晋僧支遁诗18首、文16篇为《支道林集》1卷刊行。
唐王府刻唐成王朱弥鍗《翁天小稿》12卷。

李浩卒（1456—　）。浩字师益。山西曲沃人。成化二十年进士。官至礼部尚书。著有《南庄稿》、《归田集》。

皇甫录卒（1470—　）。录字世庸，号近峰。苏州长洲人。弘治九年进士，授都水主事。著有《明记略》、《近峰闻略》、《下陴纪谈》、《蘋溪集》、《容台集》、《果山集》。

汪佃卒（1471—　）。佃字有之，号东麓。江西弋阳人。正德进士。官至南京太常寺少卿。著有《东麓遗稿》。

顾鼎臣卒（1473—　）。鼎臣字九和，号未斋。昆山人。弘治十八年进士第一。卒谥文康。著有《洪范讲章》1卷、《明状元图考》5卷、《未斋集》22卷、《顾文康公全集》25卷。事迹见《明史》卷一九三。

按：据《明史》本传，嘉靖初，直经筵。进讲范浚《心箴》，敷陈剀切。帝悦，乃自为注释，而鼎臣特受眷。……帝好长生术，内殿设斋醮。鼎臣进《步虚词》七章，且列上坛中应行事。帝优诏褒答，悉从之。词臣以青词结主知，由鼎臣倡也。

康海卒（1475—　）。海字德涵，号对山，又号沜东渔父、浒西山人。

佛朗西斯科·圭恰迪尼卒（1483—　）。文艺复兴时期意大利历史学家。

乔万尼·巴·罗索卒（1495—　）。意大利画家。枫丹白露画派奠基人之一。

比维斯卒（1492—　）。西班牙人文主义学者。主张建立高等学校，支持妇女教育。

陕西武功人。弘治进士。为复古派"前七子"之一，其主要成就在戏曲，有杂剧《中山狼》等。另有散曲集《沜东乐府》和诗文集《对山集》，并纂有《武功县志》。事迹见《明史》卷二八六《李梦阳传》附传、韩结根编《康海年谱》。

按：康海卒年一作1541年。

王艮卒（1483—　）。艮，初名银，字汝止，号心斋。泰州人。拜王阳明为师，声名出诸弟子上。追随讲学多年，广播王阳明学说。王阳明死，返乡里讲学终身。其弟子中颇有樵夫、陶工、农民等下层人物，其学往往不为师说所囿，提出"百姓日用即道"的命题，主张从现实生活中寻求真理。属王学左翼，时人称"泰州学派"。学者称心斋先生。著有《王心斋先生遗集》。事迹见《明史》卷二八三《王畿传》附传。可参明张峰编《王心斋先生年谱》，明董燧、王元鼎、王翘林所编之《王心斋年谱》、《谱余》、《续谱余》，及近人袁承业编《明儒王心斋先生弟子师承表》等。

按：据《明史》卷二八三，王畿，学者称龙溪先生。其后，士之浮诞不逞者，率自名龙溪弟子。而泰州王艮亦受业守仁，门徒之盛，与畿相埒，学者称心斋先生。阳明学派，以龙溪、心斋为得其宗。……艮读书，止《孝经》、《论语》、《大学》，信口谈说，中理解。有客闻艮言，诧言："何类王中丞语。"艮乃谒守仁江西，与守仁辨久之，大服，拜为弟子。明日告之悔，复就宾位自如。已，心折，卒称弟子。从守仁归里，叹曰："吾师倡明绝学，何风之不广也！"还家，制小车北上，所过招要人士，告以守仁之道，人聚观者千百。抵京师，同门生骇异，匿其车，趣使返。守仁闻之，不悦。艮往谒，拒不见，长跪谢过乃已。王氏弟子遍天下，率都爵有气势。艮以布衣抗其间，声名反出诸弟子上。然艮本狂士，往往驾师说上之，持论益高远，出入于二氏。艮传林春、徐樾，樾传颜钧，钧传罗汝芳、梁汝元（即何心隐），汝芳传杨起元、周汝登、蔡悉。《王心斋先生遗集》又名《心斋王先生全集》、《明儒王心斋先生遗集》，凡5卷。初由王艮子王衣、王襞和门人董燧将王艮的《格物要旨》、《勉仁方》等篇汇编成册，称江浦本。后王襞、董燧与门人聂静又增刻《语录》、《年谱》。万历年间，王艮孙王之垣据董、聂旧本，复加历代祭文，刻成《心斋王先生全集》。

霍韬卒（1487—　）。韬字渭先，号兀厓，更号渭厓。南海人。谥文敏。正德进士，告归，读书西樵山，经史淹洽。后累官礼部尚书。任职期间多所建树，惟量褊狭，所至与人相竞。著有《诗经解》、《兀涯西汉书议》、《象山学辨》、《程朱训释》、《明诏制》、《明良集》、《渭厓文集》、《霍文敏公全集》等。事迹见《明史》卷一九七、《明儒学案》卷五三。霍韬另有《石头录》3卷，为自编年谱（"石头"为其居址），详记仕历、上疏、上谕、召见等。其子霍与瑕尝为补编，门人何世守为作参订。

黄省曾卒（1490—　）。省曾字勉之，号五岳山人。吴县人。弱冠与兄鲁曾散金购书，覃精艺苑。从王阳明、湛若水游；又学诗于李梦阳。著有《易学奥旨》、《经说》1卷、《洪武宫词》、《高士传》、《列仙传》2卷《续仙传》1卷、《安桂坡传》1卷、《怀贤录》1卷、《舆地经》1卷、《吴风录》1卷、《西洋朝贡典录》3卷（为明代与南洋交通史的重要著作之一）、《申鉴》5卷、《会稽问道录》10卷、《仕意篇》1卷、《老子集解》2卷、《农圃四书》4卷、

《稻品》1卷、《蚕经》1卷、《道经摘要全集内集》20卷、《骚苑》3卷、《五岳山人集》38卷、《黄氏诗法》1卷等,辑有《名家诗法》8卷、《三十六家唐诗》24卷等。事迹见《明史》卷二八七《文徵明传》附传、《明儒学案》卷二五。

  按:据黄省曾《临终自传》,省曾于临终前手勒所著为《馔黄集》百卷。

  伍余福卒,生年不详。余福字君求,一字畴中。吴县人。正德十二年进士。致仕后惟以简册自娱。著有[嘉靖]《安吉志》16卷、《三吴水利论》1卷、《苹野纂闻》1卷。

  按:《四库提要》著录伍余福,字天赐,临川人,正德十二年进士,官陕西按察司副使,提督学政,著有[成化]《陕西志》30卷、《三吴水利论》1卷、《苹野纂闻》1卷。所言当非一人,而著作归属似有杂错,待考。

  又按:伍余福一作伍福。

  方鹏卒(1470—)。鹏字子凤,亦字时举,号矫亭。昆山人。正德三年与弟凤同中进士。官至右春坊右庶子,兼翰林院修撰,充经筵讲官,主顺天乡试,迁南京太常寺卿,引疾致仕。著有《纪元要览》、《责备余谈》、《续观感录》12卷、《昆山人物志》10卷、[嘉靖]《昆山县志》16卷、《矫亭存稿》18卷《续稿》8卷等。

  陈束卒(1508—)。束字约之,号后冈。浙江鄞县人。嘉靖己丑进士,官至河南提学副使。事迹见《明史·文苑传》。陈束诗学初唐,与王慎中、唐顺之、赵时春、熊过、任瀚、李开先、吕高称嘉靖八才子。著有《后冈集》。

  王济卒,生年不详。济字伯禹,号雨舟、紫髯仙伯、白铁道人。浙江乌程人。诸生。屡应乡试不第。授广西横州判官。曾访其地风土物宜,成《君子堂日询手镜》、传奇《连环记》等。以母老乞归,与刘南垣、孙太初、张允清结岘山社相唱和。

  吴中行(—1594)、唐伯元(—1598)、陈履祥(—1610)、方学渐(—1615)、林烃(—1616)、焦竑(—1620)、祝世禄(—1610)生。

  按:一说焦竑(1541—1620)。祝世禄生年此据《澹元续集》卷十五,姜亮夫《表》作嘉靖十八年生。

嘉靖二十年　辛丑　1541年

  二月丙寅,下监察御史杨爵锦衣卫狱,拷掠几死。

  按:杨爵,富平人。时世宗经年不事朝政,但日事斋醮、大兴土木,十年未止,幸臣严嵩等务为谀谀,杨爵为此上疏力谏,触世宗怒。未几,以九庙灾,颁诏行宽恤之政。户部主事周天佐、陕西巡按浦鋐因上书论救,皆杖死。周、浦素有声望者,两人死,民心大震。

奥斯曼帝国入布达和佩斯。

英格兰国王亨利八世兼称爱尔兰国王。

戊寅，承天府知府吴惺奏请纂修《承天府志》，并图上纯德山形势、显陵规制。下礼部议。尚书严嵩以为"所拟具当，但总裁、分纂贵在得人。今督工部尚书顾璘文字素著，足任笔削，宜令兼督有司聘委文学官儒分纂，璘为总理，草成进览，下内阁审详，恭请裁定，然后刊布四方，仍付史馆，别议增入《一统志》中，以成一代之典。"诏如议。(《世宗实录》卷二四六)

甲申，礼部会试取中式举人林树声等300名。

三月乙巳，赐沈坤等进士及第、出身有差。

四月乙未，安南莫登庸纳款请降，许之。

按：兵部尚书毛伯温奉命征讨安南，驻大军于境。登庸惧，遣使诣军门乞降。已而留孙福海守国，亲率侄文明等四十余人入镇南关稽首上降表。世宗诏改安南国为安南都统使司，授登庸都统使，秩从二品，改其十三道为十三宣抚司，仍三岁一贡以为常。

七月丁酉，俺答及其属阿不孩遣使石天爵款大同阳和塞求贡，不许。

按：阿不孩，一译阿布噶。天爵，本中国人，被掠入寇为间谍。先是，正月丙午，海西部长卜尔噶遣人献金牌、马匹款塞。世宗以其诚伪不可知，下兵部议，未决。此次又以寇情多诈，拒之。敕令三边严加防御，并悬赏格购俺答、阿不孩首以振国威。八月，以求贡不允，俺答、阿不孩、济农分道入寇，边情日紧。明年闰五月，俺答复遣天爵款塞求贡，巡抚大同龙大有欲掩为己功，诱而擒天爵，诡言用计擒获。诏磔于市。自是，边患复炽。

九月乙未，郭勋下狱。

按：先是，勋与辅臣夏言常相倾轧。言官窥世宗眷言而恶勋，因共劾勋。世宗以勋议礼有功，欲宽之，而廷臣恶勋甚，勋遂坐不轨罪，逾年，死狱中。

十二月己巳，诏宋儒程颐二十世孙程心传袭五经博士。

是年，钦降考选庶吉士题，文曰《原政》，诗曰《读大明律》。

约翰·加尔文在日内瓦建立基督教新教加尔文宗。

埃尔南多·德索托入密西西比河。

弗朗西斯科·德奥雷利亚纳入亚马逊河。

意大利塔塔格里亚提出三次方程之一般解法。

邹守益六月在国子祭酒任以疏中触讳落职。

邹守益作《资治通鉴补刊序》。

杨应诏是夏别邹守益而归，是后二十年未见。

杨爵被逮，周怡欲疏救，以母夫人在署难之。

杨爵、钱德洪、刘魁、周怡以事下狱，相与讲学不辍。

按：钱德洪释，杨爵仍留狱中，读书赋诗，如是者五年，著《周易辨录》、《中庸解》。

聂豹召知平阳属州县。

崔铣五月在南京礼部右侍郎任致仕。

王廷相七月在左都御史任被罢。九月因与郭勋案牵连被黜。

罗洪先自归田，削迹城市。是冬贻书上官，请丈量田亩，为毁言撼阻；复为书促郡县，成之。

杨慎八月应聘纂修《蜀志》，十月还滇。

夏言三月庚子任廷试读卷官。

嘉靖二十年　辛丑　1541年

夏言与郭勋交恶日甚，世宗令致仕去。十月复奉召入阁。

何廷仁始谒选，得新会令，喜曰："兹非白沙先生之乡耶？十年梦寐，今始及门。"至则扫祠宇，召诸生聚而教之，来学者众。

温仁和、张衮二月甲子任礼部会试主考官。

龚用卿六月癸未升南京国子监祭酒。

归有光徙家安亭讲学，沈果从游。归有光应礼部试下第南还。

文徵明为苏州新建文天祥祠书《正气歌》；又为稿本黄庭坚《涪翁杂录》作跋。

仇英摹《清明上河图》，文徵明作题记。

金銮侨寓南京，作怀顾璘督工荆楚诗。

周复俊入川为提学副使，作《大益书院志叙》。

王慎中改官河南，是岁复被黜，过常州见唐珏。

李时行成进士，授嘉兴知县。

按：李时行字少偕，生卒年不详。广州番禺人。官至南京兵部车驾主事。罢官归，遍游吴越齐鲁名山。著有《驾部集》。

严讷成进士，授编修。

何光裕成进士，授刑科给事中。

何迁成进士，除户部主事。

汪来成进士。

按：汪来字君复，生卒年不详。天津卫人。历官庆阳知府。著有《北地纪》。

应云鸑成进士，授临川知县。

按：应云鸑字瑞伯，生卒年不详。浙江象山人。官至兵部郎中。著有《临川集》、《象山杂稿》。

陆树声成进士，授编修。

张鹗翼成进士，授兵部职方司卿，提督四夷馆。

按：张鹗翼字习之，生卒年不详。松江上海人。著有《须野集》、《易说辨讹》。

陈以勤成进士，授检讨。

陈洪濛成进士，授刑部主事。

陈善成进士，授歙县知县。

杨宗气成进士，选庶吉士，授工科给事中。

高拱成进士，选庶吉士，授编修。

高志大成进士。

按：高志大字士迪，生卒年不详。上海人。南京行人司左司副。著有《高庙圣政记》24卷，于元明之际考据事实颇明。今佚。

赵镗成进士，选庶吉士，授御史。

徐儒成进士，授安庆推官。

按：徐儒字孔霖，号惠湲，生卒年不详。浙江江山人。王阳明弟子。官至广东左布政，归隐讲学。

万士和、潘晟、林懋和、沈坤、胡彦、洪朝选、高仪、谢东山成进士。

李开先四十岁，因上疏抨击朝政，罢官还乡。

王时槐年二十，始师事刘文敏，刻意为学。

徐珊访其师王阳明讲学遗址，于湖南辰州创建虎溪精舍，大集多士，以倡王学。罗洪先为记。

> 按：正德六年（1511）王阳明离开贵州龙场回京，途经辰州与郡人唐愈贤等讲良知之学于虎溪白云轩，并作《与辰州诸生论收放心书》，以明致良知之道。

王阳明弟子蒋信重修贵阳文明书院，并建祠祀阳明，以纪念王阳明讲学文明书院。蒋信亲撰《重修文明书院记》。

曾仲魁于安徽石埭创建长林书院。

詹巴蒂斯塔·钦齐奥·吉拉尔迪编成《天下》。

柯维骐《史记考要》10卷刊行。

魏焕纂《皇明九边考》10卷成。

湛若水作《归去纪行略》；四月有《武夷风月代券付洪子歌》。

罗洪先《广舆图》2卷约成于是岁。

吕柟纂修《高陵县志》7卷刊刻。

南大吉纂修《渭南县志》18卷刊刻。

蔺世贤修、魏廷揆纂《郃阳县志》2卷刊刻。

张琏纂修《耀州志》二卷刊刻。

夏玉麟等修、汪佃等纂《建宁府志》21卷刊刻。

卢镗纂修、杜枏增纂《临颍志》8卷刊刻。

杨鸾修、秦觉纂《云阳县志》2卷刊刻。

何迁作《敬事说》；又有《五刑加减律议》。

李开先著《中麓画品》。

弋阳王府朱多焜刻《宁藩书目》。

魏有本刊刻《新刻名臣言行录》10卷。

> 按：是岁，魏氏巡抚河南，合杨廉、徐咸两书，以此名刊行之。

唐枢著《感学编》（原名《素史氏感学编》）成。

顾元庆辑刊《顾氏明朝四十家小说》是岁成。

顾元庆辑自作《夷白斋诗话》、《云林遗事》、《阳山新录》、《檐曝偶谈》等。

洪楩编短篇小说集《清平山堂话本》约刊于是岁以后。

唐顺之五月校刻徐问《山堂萃稿》成，并序其首。

汝王府刻《秦汉文》在本年之前刊行。

顾璘批点元杨士弘所辑《唐音》刊行。

蜀王府（成王朱让栩）刻明方孝孺《逊志斋集》24卷、《附录》1卷，活字本宋苏辙《栾城集》84卷。

唐王府刻唐王朱弥钳《谦光堂诗集》8卷。

顾瑭、顾琬、顾玠合作《芳园会册》。

帕拉塞尔苏斯

朱谏卒（1462— ）。谏字君佐。浙江乐清人。弘治进士。著有《雁山志》。

张芹卒（1466— ）。芹字文林，号欺庵。江西峡江人。弘治十五年进士。著有《备遗录》。事迹见《明史》卷二八〇。

林庭㮊卒（1472— ）。庭㮊字利瞻，号小泉。福建闽县人。弘治十二年进士。著有《小泉录稿》。

康海卒（1475— ）。一说卒于1540年，详见是年条。

崔铣卒（1478— ）。铣字子钟，号后渠。河南安阳人。弘治十八年进士。预修《孝宗实录》。后任南京国子监祭酒、南京礼部右侍郎。卒后赠礼部尚书，谥文敏。铣为著名经学家。其学以程、朱为宗。著有《读易余言》、《中庸凡》、《程志》、《皇明理学名臣言录》、《文苑春秋》、《松窗寤言》、《崔后渠集》等。事迹见《明史》卷二八二、崔汲编《崔文敏公年谱》、《明儒学案》卷四八。

按：据《明史》本传，崔铣少轻俊，好饮酒，尽数斗不乱。中岁自厉于学，言动皆有则。尝曰："学在治心，功在慎动。"又曰："孟子所谓良知良能者，心之用也。爱亲敬长，性之本也。若去良能，而独挈良知，是霸儒也。"又尝作《政议》十篇，其《序》曰："三代而上，井田封建，其民固，故道易行；三代而下，阡陌郡县，其民散，故道难成。况沿而下趋至今日乎。然人心弗异，系乎主之者而已。"凡篇中所论说，悉仿此意。

王教卒（1479— ）。教字庸之，号中川。祥符人。嘉靖二年进士，历官国子祭酒、兵部侍郎。任国子祭酒时，重教兴学，以张扬儒学为己任，多所作为。著有《中川遗稿》33卷。

蔡昂卒（1481— ）。昂字衡仲，号鹤江。楚州人。正德进士。善文工诗，以所作《瑞鹿赋》、《韩城荒城》等名世。著有《颐贞堂稿》等。

刘天民卒（1486— ）。天民字希尹，号函山。山东历城人。正德九年进士。官至四川按察司副使。工诗，晚年好为词曲。有《函山集》、《蛮吟集》等。

南大吉卒（1487— ）。大吉字元善，号瑞泉。陕西渭南人。师从王阳明。正德六年进士。著有《瑞泉集》。事迹见《冯少墟集》卷二二、《关学编》卷四、《明儒学案》卷二九。

薛蕙卒（1489— ）。蕙字君采，号西原。凤阳亳州人。正德九年进士。其学术宗周敦颐、二程，证以佛、道之说。著有《约言》、《西原遗书》、《考功集》。事迹见《明史》卷一九一、《明儒学案》卷五三。

按：此卒年据《薛考功集》卷末附王廷相撰《薛先生行状》、唐顺之撰《墓志铭》及文徵明撰《墓碑铭》。《明儒学案》卷五十三、《疑年录》卷七、《国榷》卷五七谓卒年五十九，误。据《明史》本传，薛蕙貌癯气清，持己峻洁，于书无所不读。学者重其学行，称为"西原先生"。

林春卒（1498— ）。春字子仁，号东城，又号方城。扬州泰州人。师从王艮，志行敦实。嘉靖十一年进士。官至吏部文选郎中。著有《东城集》。事迹见《荆川先生文集》卷一四《墓志铭》、《明儒学案》卷三二。

李学诗卒（1503— ）。学诗字正夫。山东平度州人。嘉靖进士。官至左春坊左中允兼翰林修撰，充经筵讲官。有诗文集《桃花洞集》

卒（1493— ）。瑞士医学家，炼金家。

传世。

蔡羽卒，生年不详。羽字九逵，号林屋山人、左虚子。吴县人。应乡试十四次，皆受挫。嘉靖二年岁贡赴部选，后授南京翰林院孔目。与沈周、文徵明交往甚频。文法先秦、两汉，诗风近李贺。著有《太薮外史》1卷、《辽阳海神传》1卷、《林屋集》20卷、《南馆集》13卷等。事迹见《明史》卷二八七《文徵明传》附传。

顾大典（ —1596后）、黄洪宪（ —1600）、张榳（ —1610）、陈第（ —1617）、焦竑（ —1620）、吴达可（ —1621）生。

按：焦竑生年，此据《明史》卷二八八本传及钱大昕《疑年录》。《明儒学案》卷三五作卒年八十一，则当生于嘉靖十九年（1540），可参。

嘉靖二十一年　壬寅　1542年

奥斯曼帝国海军及法人侵尼斯。

意大利战争再起。

英格兰伐苏格兰。

罗马设立宗教法庭。

七月己酉，夏言罢。

按：六月辛巳，世宗以久雨伤禾，切责内阁。严嵩素恨夏言，因诬劾夏言欺谤君上舞文弄法。夏言以此失宠。是日，适逢日食，世宗以为臣下傲视君上之征，乃下手诏，革夏言职。于是御史乔佑、给事中沈良才等皆上疏论夏言之罪。世宗大怒，凡贬黜13人，夺俸半年16人，夺俸二月24人。（《世宗实录》卷二六四）

八月癸巳，礼部尚书严嵩加武英殿大学士，入阁预机务。

按：严嵩无他才略，惟一意取媚君上，窃权罔利。世宗英察自信，果于刑戮，而刚愎自用，顾护己短，嵩以此得因事激其怒，戕害异己及与己有私怨者以成就其私心，凡被诛斥者不可胜计。

十月丁酉，世宗宿端妃曹氏宫，宫婢杨金英等伺其熟睡，缢杀之，未死。

按：事发，中外震恐。皇后命磔端妃曹氏、宁嫔王氏、宫女杨金英、徐菊花、邓金香等于市。自是世宗移御西苑，不复还大内。

是年，应"真人"陶仲文请，作雷坛，务为弘侈；营造大亨殿、大高元殿，以为祀天神之所。

比萨大学建立。

西班牙入菲律宾。

薛应登（甲）访郁孤山上阳明旧迹，见阳明石刻为风雨所坏，补完之，并移置于阳明祠中。费宏为作《移置阳明先生石刻记》。

按：王阳明督兵于赣日，曾取《大学》、《中庸》古本序其大端，与濂溪《太极图说》联书石于郁孤山之上。

又按：费宏卒于嘉靖乙未（1535），而所撰《移置阳明先生石刻记》谓薛甲移置阳明祠石刻在嘉靖壬寅（1542），待考。

聂豹任职平阳，为诸生讲艺；复令诸生采唐虞至宋元人品之著者186

人，刻诸石，作《人物题名记》以风之。

罗洪先既归二年，二弟寿先、居先请析居，洪先尽推先世田宅，于舍外别建宅以居，题曰"芳馆"。时郡中邹守益、欧阳德、聂豹咸家居，又有彭石屋、刘师泉时相往返，会者至数百人。

张邦奇二月以太子宾客、吏部左侍郎、兼翰林学士署詹事府；四月为礼部尚书，仍署府事。

周怡升吏科给事中，仍以本职推官。

杨慎七月还云南永昌卫戍所。

杨爵作狱中诗集序，又有《梦游山赋》。

吴承恩是春正写作《西游记》，友朱曰藩作《赠吴汝忠》诗，承恩答以《赠子价》，对《西游记》之写作进行探讨。

仇英作《苏州图》巨卷，长三丈二尺，文徵明为作《吴都赋》。

何瑭（一作何塘）是秋撰《陶氏家教序》。

程文德二月有《送莫尧卿之教南康序》。

潘恩出蜀赴山东新职，周复俊以文送之。

沈鍊去溧阳。

王道十月由南京国子监祭酒起为国子祭酒。

徐阶十二月为国子祭酒。

张潮正月乙巳受命教习庶吉士，仍旧经筵日讲。二月丙寅奉命掌翰林院事。

夏浚六月辛丑升福建按察司副使，提调学校。

张衮四月辛亥任太常寺卿，掌国子监祭酒事。

邓元锡丁父忧。

尤时熙年四十，始从刘魁学。

胡直因友人往谒欧阳德，执弟子礼。

章潢年十二补弟子员。

蒋信于贵阳创建正学书院。院名取阳明心学为正学之意。蒋亲撰《正学书院落成记》述其详。

周志伟、朱世忠、王廷干于浙江临海白云山创建赤城书院。是年即有三人捷南宫，黄绾为之记。

范引年建混元书院于青田，祀王阳明。

按：范引年，王阳明门人，以经师为有司延聘主青田教事，讲艺中时发师旨。诸生叶天秩等七十余人，闻之惕然有感。因追范子之学之所自，遂建书院，肖阳明像于其中。范引年卒，亦春秋配食。此事经过，钱德洪所作《仰止碑记》所述甚详，御史洪恒亦有记。又，是后，提学副使阮鹗在混元书院基础上增建心极书院，王畿为作《碑记》。

聂豹是冬著《大学古本臆说》。

黄佐是夏作《重修应天府儒学记》。

徐阶是春作《泰宁县重建察院记》。

结构》。

俄国《尼康编年史》纂成。

吴朴纂《龙飞纪略》8卷成。

按：吴朴字华甫，福建诏安人。生卒年不详，约生活在正德、嘉靖间。诸生。嘉靖十六年曾以幕僚随林希元从征安南。归后，一度以他事下狱。吴朴博洽群书，于天文、地理、古今事变、四夷、山川等无所不究，著作颇富，今存者惟《渡海风程》及此书。此书纲目体，初名《征伐礼乐书》，叙洪武、建文朝事。以歌颂明太祖业迹为宗旨，为明代开国史资料，内容偏重典章制度之兴废。书中提出了中外通商的主张，也提出了一些颇有意义的作史原则。此书历十七寒暑而成，书成后即以抄本形式广为流传。嘉靖二十三年（1544）由友朋捐款首刊于福建，嘉靖三十一年重刊于南京。

许相卿纂《革朝志》10卷成。

按：此书为纪传体建文朝史，由一君纪、九列传组成。

皇甫冲奉父命为删定《皇明纪略》，得4卷。

朱当㴲辑刊《国朝谟烈辑遗》20卷。

李濂成《祥符乡贤传》8卷。

唐顺之有《叶包庵先生寿序》。

邹守益九月有《谒奠天华精舍四贤祠文》。

赵廷瑞修、马理纂《陕西通志》40卷刊刻。

朱怀干修、盛仪纂《惟扬志》38卷刊刻。

张铎修、浦南金纂《湖州府志》16卷刊刻。

朱彤纂修《崇武所城志》3卷成。

邵蕡修、牛凤纂《叶县志》4卷刊刻。

张梯修、葛臣纂《固始县志》10卷由南坰草堂补刻。

谭大初纂修《南雄府志》2卷刊刻。

符锡修、秦志道纂《韶州府志》10卷、《图》1卷刊刻。

吴惺修、方远宜纂《兴都志》24卷刊刻。

周复俊在蜀，序刊《全蜀艺文志》64卷。

按：关于《全蜀艺文志》之作者，《四库全书总目提要》等皆题周复俊，亦有题杨慎者。蓝勇曾撰文考证，将著作权归之于杨慎，文见《文史杂志》1997年第1期。

樊得仁刊韩邦奇撰《性理三解》。

按：樊得仁，生卒年不详。关学之代表人物韩邦奇之门人，福建道监察御史。《性理三解》为韩氏《正蒙拾遗》、《洪范图解》、《启蒙意见》三书之合。

益王府刻明张九韶《理学类编》8卷。

德王府刻《药师本愿功德宝卷》。

郭云鹏校刊《曹子建集》10卷，附《疑字音释》1卷。

詹姆斯·怀亚特卒（1503—　）。英国诗人。

吴一鹏卒（1460—　）。一鹏字南夫，号白楼。长洲人。卒谥文端。弘治六年进士。与尚书毛澄、汪俊力争大礼。累进尚书，入内阁典诰敕。任《武宗实录》副总裁官。著有《吴文端集》。事迹见《明史》卷一九一。

周伦卒（1463—　）。伦字伯明，号贞翁，谥忠襄。昆山人。弘治进士，官至南京刑部尚书。卒谥康僖。著有《西台记闻》2卷、《医略》4卷、

《贞翁净稿》12卷等。

吴山卒(1470—)。山字静之,号讱庵。吴洪子。苏州府吴江人。正德三年进士。著有《汾河通考》。

藏传佛教僧人根敦嘉错卒(1475—)。其人为西藏日喀则西北达那地方人。长期传法,曾任哲蚌寺堪布,创设甘丹颇章,建立管理寺属庄园的第巴制度。去世后被追认为达赖喇嘛二世。

李中卒(1479—)。中字子庸。江西吉水人。光宗时,追谥庄介。正德九年进士。拜官三月即以上书请毁佛寺、出乌斯藏僧人而被贬。嘉靖中,官至副都御史。曾在五经书院讲学。著有《谷平文集》等。事迹见《明史》卷二三〇、《明儒学案》卷五三。

按：据《明史》本传,少学于同里杨珠,既而扩充之,沉潜邃密,学者称谷平先生。门人罗洪先、王龟年、周子恭皆能传其学。其族人李楷,又传洪先之学。

又据《明史》卷二八二《刘观传》附传,观前有孙鼎,庐陵人。永乐中为松江府教授,以孝弟立教。后督学南畿,人称为贞孝先生。又有李中,吉水人,官副都御史,号谷平先生,在观后。是为吉水三先生。

吕柟卒(1479—)。柟字仲木,别号泾野,学者称泾野先生。高陵人。正德三年进士第一。累官至礼部侍郎。著有《周易说翼》、《尚书说要》、《毛诗说序》、《春秋说志》、《礼问内外篇》、《四书因问》、《小学释》、《史约》、《寒暑经图解》、《史馆献纳》、《宋四子钞释》、《南省奏稿》、《泾野子内篇》、《泾野诗文集》、《高陵志》、《解州志》等。事迹见《明史》卷二八二。

按：据《明史》本传,吕柟受业渭南薛敬之,接河东薛瑄之传,学以穷理实践为主。官南都,与湛若水、邹守益共主讲席。仕三十余年,家无长物,终身未尝有惰容。时天下言学者,不归王守仁,则归湛若水,独守程、朱不变者,惟柟与罗钦顺云。……柟弟子泾阳吕潜,字时见,举于乡,官工部司务。张节,字介夫。咸宁李挺,字正五。皆有学行。事迹又见《明儒学案》卷八。

童承叙卒,生年不详。承叙字汉臣,一字士畴。湖广沔阳人。正德十六年进士。著有《平汉录》、《沔阳州志》、《内方集》。

邓以讃(—1599)、苏浚(—1599)、屠隆(—1605)、谭希思(—1610)、王伯稠(—1614)、李廷机(—1616)、郭子章(—1618)、刘一相(—1624)、周履靖(—1632)、王弘海(—1617)生。王骥德(—1623)约生。

嘉靖二十二年　癸卯　1543年

正月甲寅,诏各抚、按等官将所属大小官员课第殿最,汇进揭贴,封送吏部,以备朝觐考察之黜陟,著为令。

奥斯曼帝国侵波斯。

法国及西班牙战于尼德兰。

西班牙宗教法庭将首批再洗礼教派在火刑柱上烧死。

教皇保罗第三发表《教廷禁止书目》。

五月丁卯,以纂辑誊写《累朝御制文集》、《圣学心法》及《四书五经》、《性理大全》成,翟銮、严嵩、张璧、张治、张湘、江汝璧、华察、秦鸣夏、闵如霖、浦应麟、周文烛、孙升、吴山、周令、沈文东、任廷弼等受赏赐有差。

六月癸未,吏部奉诏裁革冗员,查各衙门添注官见在员数。世宗以既有添注,每遇实缺,却往往别推,以致冗食者多,令自此往后内外官遇有实缺,即以添注者补之。著以为令。

壬寅,下吏科给事中周怡于狱。

按:时许瓒长吏部,而严嵩等柄政,多所请托,瓒于是上书揭发,世宗方宠信嵩,切责瓒,瓒乃不敢言。周怡因上疏论嵩,劾嵩奸伪。诏杖之阙下,禁锢于诏狱。十三道御史徐宗鲁等论救,皆坐夺俸。

九月,逮山东巡按御史叶经,杖死阙下。继而谪布政以下官。

按:世宗览山东所进乡试小录,手批其第五问"防边御虏策"曰:"此策内含讥讪,礼部其参看以闻"。于是尚书张璧等言:"今岁虏未南侵,皆皇上庙谟详尽,天威所慑,乃不归功君上,而以丑虏餍饱为词,诚为可恶。考试官教授周鑛、李弘,教谕刘汉、陶悦、胡希颜、程南、吴绍曾、叶震亨、胡侨,率意为文,叛经讪上,法当重治;监临官御史叶经漫无纠正,责亦难辞;其提调官布政使陈儒、参政张臬、监试官副使谈恺、潘恩,均有赞襄之职,俱属有罪"。世宗曰:"各省乡试出题刻文,悉听之巡按,考试教官莫敢可否……叶经职司监临,事皆专任,并同周鑛等陈儒等俱令锦衣卫差官校逮系至京治之"。寻逮经、儒、臬、恺、恩至,上以叶经狂悖不道,命廷杖之,继而降儒等边方杂职。寻贵州试录至,亦以忤旨,御史为民,右参政等各降三级。(据王世贞《弇山堂别集·科试考》)

先是,严嵩官礼部,受秦王、晋王重贿,叶经奏劾之,嵩惧甚,力弥缝,得免。是科,山东进乡试小录,世宗怒其第五策防边一问语含讥讽,时叶经为监临官,嵩因构陷之。乃降旨斥经狂悖,杖八十,黜为民。经创重卒。初,言官劾嵩,嵩以初得政,未敢显为挤陷,至周怡下狱,嵩知上眷甚殷,故恣意报复。而嵩之借事激上怒以杀异己者,自经始。其后,给事中王鳃、沈良才等,御史喻时、陈绍,山西巡抚童汉臣,福建巡按何维柏等相继得罪。

沈良才字德夫,号凤冈,生卒年不详。扬州泰州人。官至兵部侍郎。以劾严嵩罢官。著有《沈凤冈集》。

是年议准,在京应试监生,备查在监年历,果无增减月日、托故迟延、及选期未及先到等项情弊,方许收考。其历满岁贡援例监生,有志进取者,许赴原籍提学官处同生儒考选应试。究顺天府学冒籍生员,俱遣回原籍降等肄业。

又题准,湖广清浪、镇远、五开、平溪、偏桥等卫军生,改就贵州乡试。

使用火药之鸟铳始传入日本。

张居正致力于制艺及古典,并涉猎佛学,奉教于中溪李尊师。

钱德洪被放归农。

邹守益是春游衡岳,登岳麓诸峰,访先正祠;又申濂溪《无欲篇》以示楚学者,著《南岳风咏稿》而归。

罗洪先始闻聂豹主寂之论。

聂豹升陕西按察司副使,兵备潼关,乞休南归。著有《知晋桥》。

按：此据《华阳馆文集》卷一一《双江聂公行状》。《世经堂集》卷一八徐阶撰《墓志铭》以为豹是岁受谤逮系锦衣卫狱，可参。

杨慎十二月得子，时当道及交游士大夫俱诗章晏贺。年底，慎匆促还蜀，复领戍役。

归有光讲学授徒于安亭江上。

郭廷冕三月出按江北，道经仪封，谒王廷相请教，王氏出示《公移驳稿》，有《凌川公移驳稿叙》。

唐顺之作《镇江丹徒县洲田碑记》，反映豪绅地主侵占洲田情况。

陆深作《跋狮子林图记》，记徐贲、姚广孝事。

徐问十月以考绩行，东园徐氏送之江干，以诗卷乞序，有《东园诗序》。

文徵明为居节作《湖山新霁》小景。

万表推广西副总兵，至临江，复以病乞归。

马理二月复起南京光禄寺卿，至即以年七十一例乞致仕归，隐于商山书院。

徐问与马理同自晋陵山中起官南京，遂相与识，马氏因以其父碑铭相请。

张邦奇三月由南京吏部尚书改南京兵部尚书。

徐阶任国子监祭酒，杨继盛在监受学。

陈棐以礼科给事中历陈京闱之弊，请令所司核究顺天府学冒籍生员，俱遣回籍，降等肄业。得旨允行。

仇英作着色仕女，自《梅花驿使》至《汉宫春雪》凡十帖，彭年书散曲其上。

周文烛正月丁卯升国子监司业。

袁袠卸广西提学佥事职还吴县。

华察、闵如霖七月主应天府乡试。

秦鸣夏、浦应麟八月主顺天乡试。

杨守谦服阕，九月丁巳复官陕西提调学校。

胡直是秋举乡试归，复谒欧阳德；旋又北行赴试。

许邦才举乡试第一，先授赵州知县，未到任，又上疏改调永宁知县。

王世贞年十八，举应天乡试。

罗汝芳举乡试，与同志会滕王阁。

王宗沐举乡试。

刘元凯重修安徽黄山文峰书院，更名为天都书院。

贾璋于山东龙口创建河滨书院。

闵文振重建湖南安仁清溪书院。

刘景韶于广东潮阳创建文昌书院，以为诸生讲业之所。

陈霆著《宣靖备史》4卷。

伍光忠刻南唐吴淑《江淮异人录》并作《跋》。

哥白尼《天体运行》出版。

| 第 1 部拉丁化芬兰语文献出版。 | 杨慎成《滇载记》。
王治修、马伟纂《沛县志》10 卷刊刻。
许东望修、张天复等纂《山阴县志》12 卷成。
祝珝修、杨鸾等纂《罗田县志》8 卷刊刻。
顾存仁修、杨抚等纂《余姚县志》17 卷刊刻。
林策修、张烛纂《萧山县志》6 卷成。
龚暹纂修《宁州志》18 卷刊刻。
徐麟纂修《武宁县志》6 卷成。
陈德文纂修《袁州府志》10 卷刊刻。
按：此陈德文为泰和人，号石阳山人，著有《陈工部集》、《石阳山人建州集》1 卷、《石阳山人蠡海》2 卷、《石阳山人病诗》1 卷等。与字文石之陈德文为二人。
赵勋修、林有年纂《瑞金县志》8 卷刊刻。
邢址修、陈让纂《邵武府志》15 卷刊刻。
朱簠修、郭睿等纂《顺庆府志》8 卷刊刻。
杨思震纂修《保宁府志》14 卷刊刻。
杨爵作《处困记》。
梁辰鱼《浣纱记》传奇约作于此年前后。（参见徐朔方《晚明曲家年谱》第一卷，第 133—140 页）
耿定向补诸生，著《五伦图说》。
应天府学刻《性理大全书》。
郭云鹏刻《分类补注李太白诗文》30 卷。
薛应旂所辑《六朝诗集》24 家 55 卷刊行。
陆之裘所辑《太仓文略》4 卷刊行。
万表著《灼艾别集》成。
崇王府刻宋包拯《孝肃包公奏议集》10 卷。
沈恺在宁波知府任，防倭海上。是岁著《夜灯管测》。
周用以工部主管在济宁治河，发《江南灾伤疏》。
陈尧在台州府知府任，始定所著《梧冈诗集》。|

| 哥白尼卒（1473— ）。 | 柴奇卒（1471— ）。奇字德美。昆山人。正德六年进士。谏南巡、劾权幸，又上边储屯政诸疏，颇著直声。官至应天府尹。著有《嘉树轩记闻》、《石池稿》、《气遗集》等，皆已佚，今存者有《黼庵遗稿》10 卷。
温仁和卒（1475— ）。仁和字民怀，号托斋。四川华阳人。弘治进士。官至礼部尚书兼翰林院学士。
何瑭（一作何塘）卒（1474— ）。瑭字粹夫，号柏斋。河南武陟人。谥文定。弘治进士。官至南京右都御史。于学持心物二元论，不满王阳明之心学，又以为陆九渊、杨简之学流入禅宗，主张阴阳为世界之根源，阳为精神，阴为物质。著有《儒学管见》、《阴阳管见》、《乐律管见》、《柏斋三书》、《柏斋集》、《柏斋何先生乐府》等。事迹见《明史》卷二八二、《明儒学|

案》卷四九。

按：据《明史》本传，嘉靖初，起山西提学副使，以父忧不赴。服阕，起提学浙江。敦本尚实，士气丕变。未几，晋南京太常少卿。与湛若水等修明古太学之法，学者翕然宗之。……王守仁以道学名于时，瑭独默如。尝言陆九渊、杨简之学，流入禅宗，充塞仁义。后学未得游、夏十一，而议论即过颜、曾，此吾道大害也。

刘大谟卒（1476—　）。大谟字远夫，号东皋。河南仪封人。正德三年进士，授户部主事。累官至左副都御史。有《东皋集》。

魏校卒（1483—　）。校字子才。昆山人。其先本李姓，居苏州葑门之庄渠，因以为号。弘治十八年进士。著有《大学指归》2卷《考异》1卷、《周礼沿革传》4卷、《春秋经世》1卷、《官职会通》2卷、《庄渠文集》16卷。以上各书由门人归有光编次为《庄渠先生遗书》，明嘉靖四十年（1561）王道行为刊行。魏校另著有《六书精蕴》6卷、《诗稿》4卷、《体仁说》1卷（佚）、《师说》（佚）、《门下质疑》10卷（佚）、《巷牖录》等。事迹见《明史》卷二八二、《明儒学案》卷三。

按：此据《皇明名臣墓铭》兑集陆鳌撰《行状》。《国榷》卷五八则作卒于嘉靖二十四年（1545年），待考。据《明史》本传，校私淑胡居仁主敬之学，而贯通诸儒之说，择执尤精。尝与余祐论性。……唐顺之、王应电、王敬臣，皆其弟子。

刘夔卒（1487—　）。夔字舜弼，号黄岩。山西襄垣人。正德六年进士，选庶吉士，授兵科给事中。著有《黄岩集》。

张綎卒（1487?—　）。綎字世文，号南湖居士。高邮人。王磐婿。正德八年（1513）举人。八试进士不第，选为武昌通判。与兄经、纮，从弟绘有"张氏四龙"之称。归隐南湖，构草堂，贮书数千卷，昼夜诵读，目为之眚。擅诗文，尤工长短句，精研杜诗。著有《杜工部诗通》16卷（一作《杜诗通》）、《杜律本义》4卷、《杜工部诗释》3卷、《入楚吟》1卷、《张南湖先生集》（其中《诗集》4卷《文集遗稿》1卷《诗余集》1卷《诗集遗珠》1卷）、《诗余图谱》3卷，辑有《草堂诗余别录》，并曾刻《淮海集》、《西昆酬唱集》等。其中对词学贡献尤巨，所撰《诗余图谱》为第一部词谱类著作，风行一时，后人续有增补；该书《凡例》中提出的词分"婉约豪放二体"说对后人影响不小。

按：张綎生卒年颇多争议。昌彼德《明人传记资料索引》据《南湖先生诗集》附录《南湖墓志铭》，推算张綎1487年生，1543年卒；《江苏艺文志》（扬州卷）从之。张仲谋《明词史》则考证曰："其（张綎）同乡朱日藩（号射陂）嘉靖壬子（1552）所作《南湖集序》，其中写道：'去年秋，先生嗣子惟一刻先生全集成，持过泾上，以序见属。集自弘治辛酉，迄嘉靖庚子，编年分类，凡四卷。各以其时，长短句附诸后。'《乾隆高邮州志》卷一〇本传中称张'五十七卒'，而其全集所收诗词作品下限嘉靖庚子（1540），当即为其卒年，以此上推，张綎当生于成化二十年甲辰（1484），弘治辛酉（1501）起存作品时正十八岁也。"《明清江苏文人年表》1551年下则谓张氏是岁编定《杜工部诗通》16卷，下注据《杜工部诗通跋》。

马汝骥卒（1493—　）。汝骥字仲房。绥德州人。正德丁丑进士。官至礼部右侍郎，兼侍读学士。有《西玄集》。

杨佑卒（1504—　）。佑字汝卿，一字晋卿，号丹泉先生。浙江兰溪人。嘉靖八年进士。官至湖广按察司佥事。著有《端居集》。

张燕翼（　—1575）、张鼎思（　—1603）、僧达观（真可）（　—1603）、意大利传教士罗明坚（　—1607）、陈所蕴（　—1626）、丁宾（　—1633）、姚舜牧（　—1624）生。

嘉靖二十三年　甲辰　1544年

奥斯曼帝国取克罗地亚。

德法休战。

英国入法。

英国入苏格兰。

瑞典国王始世袭。

三月丁巳，赐秦鸣雷等317人进士及第、出身有差。

八月甲午，翟銮罢。

按：严嵩入阁，翟銮以资历较深位居其上，嵩恶之。会銮子翟汝俭、翟汝孝与其师崔奇勋、姻亲焦清同中进士，嵩遂嘱给事中王交、王尧日劾会试主考官少詹事江汝璧、房考编修彭凤等朋私通贿；且追论顺天主考秦鸣夏、赞善浦应麟阿附銮罪。世宗怒，诏勒銮父子及奇勋、清并分考官编修彭凤等俱为民，而下主考江汝璧及乡试主考秦鸣夏等诏狱，杖六十，褫其官职。銮先是以行边起用，通贿略，得再柄政，声誉日衰。至是复为子所累，终不复振。逾三年卒。嵩自是权焰熏天。

十月戊辰，小王子等寇万全右卫。戊寅，略蔚州，至完县，京师戒严。

十一月庚子，京师解严，世宗以为修玄获神佑，归功于真人陶仲文，特加仲文秩少师。

按：陶仲文进少师，仍兼少傅、少保，一人兼领三孤，终明之世，惟仲文一人。于是顾可学、盛端明、朱隆禧辈皆因缘以进。

是年，日本遣使来贡，以其未及期，且无表文，却之。其来人利互市，留海滨不去，与当地奸民勾结，于是渐成倭患。

普鲁士柯尼斯堡大学建立。

德国乔格·阿格里科拉创设物理地质学研究。

德国哈尔特曼发现磁倾角。

湛若水游南岳，于湖南衡山创建甘泉书院、白沙书院，有《岳游纪行略》。是岁，归天关行乡约，立约亭于华光里。

按：是年，湛若水应蒋信之请，偕门人骆光知、周荣朱、黄云淡等讲学衡山，以为钟秀之区，无过于此，乃建甘泉书院。又在其上建白沙书院，以祀其师陈献章。蒋信为记，力倡"勿忘勿助"，以求心之本体。邑人旷世嘉等皆从游其间。湛后以事去，请道士蒋明昶守院。十年后，湛以九十三岁高龄再至，重修书院，与衡士讲学其中。

黄佐为门人董宜阳作《上海董氏小宗祠记》。

罗钦顺八十寿庆，黄佐撰《寿整庵先生序》祝之。周怡在狱中亦寄诗奉祝。

周怡在镇抚司狱，与杨爵、刘魁共论心性之学。又往来赋诗，积而成集。后门人吴达可按察江右，汇集付梓，曰《三忠文选》，邹元标为之序。

徐阶十一月由国子祭酒改兵部右侍郎。

程文德十二月由广东提学副使改南京国子监祭酒。

杨慎至泸州，与曾屿同游九十九峰山，四月返云南永昌卫戍所。

韩邦奇七月起为右副都御史，总督河道，巡抚江西。

张岳七月起为右副都御史，提督两广军务、兼理巡抚。

尤时熙升户部浙江司主事。

张璧九月以礼部尚书兼东阁大学士，预机务。

沈恺改官副宪，杨枢在宁波与相见。

徐献忠在奉化知县任，以傲抗沈恺，被排挤去职。

文徵明作金山长卷，图写镇江之金山；又与仇黄合作《寒林钟馗图》，徵明题讽时诗其上。

朱曰藩、张羽以诗记北京观星台。

张潮是春以太子宾客礼部尚书兼翰林院学士为会试考试官。

江汝璧是春以左春坊左庶子为会试考试官。

按：张潮入贡院，三场毕，以病死，舆尸出。考试唯江汝璧一人，后序则属同考修撰茅瓒。嗣后江汝璧被王交等劾朋私通贿，下镇抚司逮问，廷杖。

王交、王尧日为刑科给事中，论劾少詹事江汝璧、修撰沈坤、编修彭凤、欧阳焕、署员外郎高节朋私通贿，大坏制科；且欲追顺天乡试主考秦鸣夏、浦应麒阿奉翟銮之罪。疏上，相关人员究情罪轻重，被削籍、革职、廷杖、降调、充军不等。

按：内阁首臣翟銮二子既联中乡试，又连中会试，二子并其师崔奇勋、姻亲焦清四人会试俱一号，且皆为彭凤所取。王交等疏上后，俱削为民。又，一说此乃严嵩因翟銮位在己上而恶之，遂令人诬劾。

黄宏纲（弘纲）为汀州府推官。

吴承恩是春充贡生。

罗汝芳举会试，与同志大会灵济宫，闻父病，不廷试而归，因在家乡讲学。

邓元锡从邑人罗汝芳游，继往吉安从学于诸先达，遂欲弃举子业，为大母不许。

张居正入京会试不第。

胡直会试下第，萌遐举离世之念。是岁，复谒欧阳德。

归有光应礼部试下第南还。

孙应鳌在京应试落第。

王宗沐成进士，授刑部主事。是岁，始专力于古文辞，与同官李攀龙、王世贞以诗文相友善。闻归安鹿门茅坤善文，欲往访之，不果。

刘悫成进士。

按：刘悫号唐岩，生卒年不详。江西万安人，刘玉子。著有《唐岩文集》。

刘凤成进士，授中书舍人。

迟翔凤成进士，授户部主事。

按：迟翔凤字德征，号朐冈，生卒年不详。山东临朐人。官至兵部侍郎。著有《四书说》、《朐冈集》、《易经说》。

苏志仁成进士，授池州府推官。

李于麟中进士，授刑部主事，与李开芳、谢榛、吴维岳倡诗社，与王世贞订交。

李攀龙成进士，授刑部广东司主事。

汪一中成进士，授开封推官。

沈束成进士。

按：沈束字宗安，号梅冈，生卒年不详。浙江会稽人。以忤严嵩下狱。严嵩败，累官至南京右通政。著有《周易通解》。

陈皋谟成进士，授蒲州知县。

按：陈皋谟字思赞，生卒年不详。应天江阴人。著有《薄游稿》、《北游稿》、《南都稿》。

张鉴成进士，授会稽知县。

按：张鉴字汝明，生卒年不详。四川南充人。官至山东巡抚。著有《皇极经世衍义》、《赋役法》。

张炼成进士，授行人。

按：张炼字伯纯，号太乙，生卒年不详。陕西武功人。官至湖南按察司佥事。著有《经济录》、《太乙诗集》。

郭文周成进士，授中书舍人。

按：郭文周字景复，号东山，生卒年不详。福建福安人。著有《东山诗文集》、《按粤封事》。

赵锦成进士，授江阴知县。

赵钍成进士，授刑部主事。

倪润成进士，授南城知县。

按：倪润字伯雨，生卒年不详。淮安大河卫人。好理学，辑有《云门录》。

徐学诗成进士，授刑部主事。

谢谠成进士，授泰兴知县。

秦鸣雷成进士，授修撰。

瞿景淳成进士，授编修。

陈士元、朱曰藩、任环、皇甫濂、姚一元、谭纶成进士。

徐珊建虎溪精舍于辰州，祀王阳明。

按：徐珊，王阳明门人。虎溪精舍在辰州隆兴寺之北。昔王阳明还自龙场，与门人冀元亨、蒋信、唐愈贤等讲学于龙兴寺，使静坐密室，感悟心体。是岁，徐珊为辰州同知，请于当道，与同门大作祠宇，置赡田。邹守益为作《（虎溪）精舍记》，罗洪先为作《性道场记》。精舍内有见江亭、玉芝亭、鸥鹭轩，徐珊与其弟杨珂多有题识。

卢卡·吉尼出版第一本植物标本集。

德国塞巴斯蒂安·芒斯特编著成《宇宙志大全》。

杨爵在狱著《易辨录》。

鲁王府刻宋杨万里《诚斋易传》20卷、宋张先生校正《杨宝学易传》20卷。

张岳十月编次《张氏族谱》7篇10卷成。谱自汉世留侯张良迄于岳自身，凡五十三世。有《延寿张氏族谱序》。

陈霆刻所著《唐余纪传》24卷。

吴朴《龙飞纪略》8卷刊行。

魏焕《皇明九边考》10卷刊行。

按：是书谢国桢跋称"刊于嘉靖辛丑"，误，辛丑为成书时间。

李濂成《祥符文献志》17卷。

张良知纂修《汉中府志》10卷刊刻。

管景纂修《永丰县志》4卷刊刻。

郑礼纂修《永城县志》6卷刊刻。

陈德宁修、方清纂《安化县志》6卷刊刻。

沈王府刻唐徐坚等《初学记》。

邝璠《便民图纂》刊行。

顾可学奏进周文采洪武中所编《医方选要》。

陆楫辑《古今说海》142卷由云间陆氏俨山书院刊行。此书有是岁唐锦所撰《古今说海引》。

欧阳清辑《五子书》刊行。

顾存仁自关外戍所还，辑所作为《居庸山人诗》。

陈如沦自辑《二余词》1卷。

钱穀录存南唐冯延巳所著词集《阳春集》。

淮王府刻《增修诗话总龟》48卷、《后集》50卷。

秦镗卒（1466— ）。镗字国和，号乐易，又自号类樗子。无锡人。弘治十七年举人。嘉靖中，以亲老不赴会试，遥授南京都察院都事。绝意时名，寄情于诗，人称贞靖先生。著有《樗林摘稿》3卷《附录》1卷。

秦金卒（1467— ）。金字国声，号凤山。无锡人。谥端敏。弘治六年进士。官至礼部、户部、兵部、工部尚书等。著有《凤山奏稿》、《凤山诗集》、《安楚录》、《抚州政要》、《通惠河志事》等。事迹见《明史》卷一九四，秦毓钧编有《端敏公年谱》。

徐琏卒（1468— ）。琏字宗献，号玉峰。陕西朝邑人，一作真定武邑人。弘治十二年进士。著有《玉峰集》、《群书纂要》。

吴昂卒（1470— ）。昂字德翼。浙江海盐人。弘治十八年进士，授宣城知县。以廉介为同僚所忌，致仕归。著有《周礼音释》。

孙玺卒（1474— ）。玺字朝信，号峰溪道人。浙江平湖人。正德三年进士。有《峰溪集》。

王廷相卒（1474— ）。廷相字子衡，号浚川，又号平厓。河南仪封人。谥肃敏。弘治进士。官至南京兵部尚书，参赞机务。后因附外戚郭勋落职，斥为民。善诗文，为"前七子"之一。博学好论，以为孔丘之正统儒学，自孟轲始即渗入异端，故对孟轲以下诸儒皆论批，而对宋以来儒学批驳尤多。认为"元气之上无物、无道、无理"，反对程、朱"理在气先"说。又主张思、见、闻与"接习"（实践）并重，反对王阳明"致良知"说。廷相于

迈克尔·施蒂费尔编著成《算术积分法》。

克莱芒·马罗卒（约1496— ）。文艺复兴时期的法国诗人。

自然科学与音律学深有研究,著有《岁差考》、《玄浑考》、《律尺考》、《律吕论》等;亦是位博物学家,通农学,曾序《齐民要术》;还编有《王氏家藏集》、《王浚川所著书》等。事迹见《明史》卷一九四、《明儒学案》卷五〇、葛晋荣编《王廷相生平学术编年》、《王廷相年谱》等。

按:据《明史》本传,廷相博学好议论,以经术称。于星历、舆图、乐律、河图、洛书及周、邵、程、张之书,皆有所论驳,然其说颇乖僻。

陆深卒(1477—)。深初名荣,字子渊,号俨山。上海人。谥文裕。弘治十八年进士。世宗南巡,掌行在翰林院印。进詹事府詹事。赏鉴雅博,为词臣之冠,然颇倨傲。著述宏富,有《史通会要》、《传疑录》、《同异录》、《知命录》、《金台纪闻》、《停骖录》、《南巡日录》、《河汾燕闲录》、《蜀都杂钞》、《春风堂随笔》、《玉堂漫笔》、《春雨堂杂钞》、《书辑》、《豁山余话》、《俨山外记》、《行远集》、《古奇器录》等,另有《俨山集》百卷。事迹见《明史》卷二八六。

按:据《明史》本传,陆深少与徐祯卿相切磨,为文章有名。工书,仿李邕、赵孟頫。

李廷相卒(1481—)。廷相字梦弼,号蒲汀。山东濮州人。弘治十五年进士。官至南京户部尚书。著有《南铨稿》。

陈道复卒(1483—)。道复初名陈淳,以字行,后改字复甫,号白阳山人。长洲人。诸生。少从文徵明游,凡经学、古文、词章、书画皆臻其妙。为明代写意花卉画的杰出代表,风格疏爽,与徐渭(号青藤道士)并称"青藤、白阳"。亦工山水画,学小米而笔势放纵。著有《陈白阳集》10卷《附录》4卷。

按:一说陈道复卒于1539年。

张邦奇卒(1484—)。邦奇字秀卿、常甫,号甬川。浙江鄞县人。谥文定。弘治十八年进士。预修《孝宗实录》。修建明山、岳麓、崇正书院,大化其民。后历官四川提学、福建提学、右庶子兼翰林院侍讲、南京国子监祭酒、吏部侍郎、吏部尚书、太子宾客、礼部尚书、南京兵部尚书。嘉靖任会试主考官、《玉牒》纂修官。著有《易说》、《诗说》、《书说》、《春秋说》、《释国语》、《大学传》、《中庸传》、《甬川史说》。事迹见《明史》卷二一〇、《明儒学案》卷五十二。

按:据《明史》本传,邦奇之学以程、朱为宗。与王守仁友善,而语每不合。躬修力践,跬步必谨。昼之所为,夕必书于册。

张潮卒(1485—)。潮字惟信,号亭溪,更号玉溪。四川内江人。正德六年进士,选庶吉士,授编修。官至礼部尚书。著有《玉溪稿》。

方献夫卒(约1486—)。献夫字叔贤。南海人。谥文襄。弘治十八年进士。正德中,与主事王守仁论学,悦之,遂请为弟子。寻谢病归,读书西樵山中者十年。世宗初,以议大礼称旨,累迁吏部尚书,入阁辅政。因攻者日起,上疏引疾去。著有《周易传义约说》、《西樵遗稿》。事迹见《明史》卷一九六。

欧阳铎卒(1487—)。铎字崇道,号石江。江西泰和人。谥恭简。

正德三年进士。有经济才，官至南京吏部右侍郎。铎有文学，内行修洁。仕虽通显，家具萧然。著有《欧阳恭简公集》。事迹见《明史》卷二三〇。

朱胤杙卒，生年不详。胤杙号南山道人，明宗室，袭封沈王。耽好文学，素嗜谈禅，诗多妙悟。著有《清秋唱和集》、《保和斋集》。

钟芳卒，生年不详。芳字仲实。广东崖州人，改籍琼山。正德三年进士。著有《皇极经世图赞》、《续古今纪要》、《崖志略》、《钟筠溪家藏集》。

魏允中（　—1585）、余继登（　—1600）、刘元卿（　—1609）、陈与郊（　—1611）生。

嘉靖二十四年　乙巳　1545年

正月乙巳，以录皇史宬所贮《列祖御制文集》及《四书》、《五经》、《性理大全》、《二十一史》等书成，自总裁监修官以下俱升赏有差。

六月壬辰，新太庙成。

七月，世宗于宫中筑坛求福。

按：世宗自二十年"宫婢之变"后，便日求长生，君臣不相接，惟"真人"陶仲文时得相见，见辄赐坐，并称之为师而不称名。

八月壬辰，以万寿节，加严嵩少师。又欲加真人陶仲文伯爵，仲文疏辞。请赠荫，许之，诏追赠其三代，给予诰命，荫其孙入国子监。于是嵩亦三上疏辞少师，许之。升通政使顾可学为工部尚书，带俸。此辈皆以供奉玄教升赏。无名之升，无端之赏，自是日盛。

九月丁丑，起原大学士夏言复故官。

按：十二月戊申，夏言至京师，复入阁。凡所批答略不顾严嵩，嵩嗫不敢吐一语，而恨之入骨。自是二人之隙大起。

严嵩等闰正月癸巳请续纂《大明会典》。报可。

按：续纂起嘉靖八年，迄二十三年，凡例照已成原书。分工如下：大学士严嵩、许瓒、张璧为总裁官；吏部侍郎兼学士孙承恩、张治为副总裁官；左春坊左谕德闵如霖、左中允郭希颜、右春坊右中允孙升、右赞善吴山、司直郎吕怀、谢少南、翰林院修撰茅瓒、编修李玑、赵贞吉、郭朴、康大和、嵇世臣、袁炜、检讨林廷机、黄廷用、陈东光、王维桢、卢宗㺶为纂修官；以光禄寺少卿曹梁、谈相、大理寺正吴昂、寺副徐大纶、齐璋、评事王槐、吴应凤、赵性、鲁业恕、季芮、叶彬、署评事徐应丰、何迁、孙学思、中书舍人颜从礼，翰林院典籍张口、通政司经历吕升、鸿胪寺主簿吴自成、章子谊、李凤、署丞崔禋、蔡梧、孙仕、汪𣿰为誊录官；通政司通政使张电、太常寺卿张文宪为催纂官；大理寺寺副刘恺、任卿为收掌官。

夏言九月丁丑复故官。十二月戊申，至京师，复入阁。十二月甲寅，

奥斯曼帝国及奥地利人盟，订立《亚德里亚堡停战协定》。

特兰托宗教会议召开，反宗教改革始。

法国舰队伐英格兰。

上秘鲁发现巨型银矿。

充《大明会典》总裁官。

邹守益会富池师训甲。

罗汝芳始建从姑山房,以待来学之士及共讲之人。一说是年罗汝芳正学于颜钧。

罗洪先游衡岳。冬,谒罗钦顺。

王宗沐使道丹徒,适茅坤为令,相留竟日乃去。是岁,宗沐入西省,始交吴竣伯。

薛侃始还家,门人记所闻,曰《研几录》。

郎瑛复游金陵,止顾璘家,于顾璘所藏朱权纂辑之《神奇秘谱》中得嵇康《广陵散》四十一拍。

韩邦奇闰正月由右副都御史转刑部右侍郎。

杨慎二月徙居大理。四月属简绍芳隶书汉王褒《移金马碧鸡文》于罗汉寺之崖。九月还戍所。

何廷仁升南工部主事。

薛应旂五月由南京吏部考功郎中调外任。

张岳为提督两广、右副都御史,七月以广东封川叛獞、广西马平来宾叛獞请讨,从之。

胡直丁祖母忧。

徐问三月由南京礼部右侍郎改南京户部尚书。罢南京职归武进。

杨爵、周怡、刘魁八月获释,寻,复逮系于狱。

皇甫汸自浙江黜还长洲。

陆师道解礼部主事职还长洲,从文徵明学画。

张衮罢南光禄寺卿职。

舒缨改官南工部营缮司,以忤长官黜。

孟秋是夏始从张后觉游。

王之士年十八即知学,父授以《毛诗》。

法国克劳德·加拉蒙德设计凹凸体印刷术。

意大利帕多瓦建成欧洲最早植物园。

《玉牒》十一月甲戌纂修成。礼部及纂修官吏部左侍郎孙承恩等进呈。

杨爵八月作《周易辨录序》。又有《续处困记》。

周王府聚乐堂刻明朱睦㮮《韵谱》5卷。

沈王府刻《雅音会编》12卷。

徽王府芸窗道人重刻明李原名等《礼仪定式》1卷、宋阮阅《诗话总龟》。

邹守益八月作《古城寿言》。

张凤翼新婚,十九岁作传奇《红拂记》。

程文德是秋作《雅亭记》、《寿欧阳饬庵先生八秩序》。

杨仪著《金姬传》2卷。

廖希颜修、孙继鲁纂《三关志》10卷刊刻。

姚本纂修《冠县志》5卷刊刻。

沈敕纂修《荆溪外纪》26卷刊刻。

王崇纂修《池州府志》9卷刊刻。

王蒉纂修《金溪县志》9卷刊刻。

高相纂修《罗川志》4卷刊刻。

韩玉纂修《通许县志》2卷刊刻。

褚宦修、李希程纂《兰阳县志》10卷刊刻。

陈桂芳纂修《清流县志》5卷刊刻。

叶联芳纂修《沙县志》10卷刊刻。

方员、刘钜纂修，刘伯璋增订《淇县志》10卷刊刻。

刘大谟等修、王元正等纂、周复俊等重编《四川总志》16卷刊刻。

王臣修、陈元珂纂《新宁县志》10卷刊刻。

陆师道抄传《墨庄漫录》10卷。

廖道南纂《殿阁词林记》22卷成。

陆深撰《俨山外集》刊行。

毛纪卒（1463— ）。纪字维之，号鳌峰逸叟。山东掖县人。谥文简。成化二十三年进士第一。与修《武宗实录》。累官迁礼部尚书，兼东阁大学士，以定策功加伯爵。"大礼议"之争，杨廷和等相继去位，遂为首辅。著有《鳌峰类稿》、《密勿稿》、《归田杂识》、《辞荣录》及《联句私钞》等。事迹见《明史》卷一九〇。

张璧卒（1475— ）。璧字崇象，号阳峰。湖广石首人。正德六年进士，授编修。官至礼部尚书、东阁大学士。著有《阳峰家藏集》。

顾璘卒（1476— ）。璘字华玉，号东桥居士。吴县人，居上元。弘治九年进士。官至南京刑部尚书致仕。既归，构息园，大治亭舍，宾客常满，为当时南都文坛领袖。与李梦阳、何景明、徐祯卿、边贡、朱应登、陈沂、郑善夫、康海、王九思等号"十才子"。与陈沂、王韦号"金陵三俊"，后宝应朱应登继起，称"四大家"。著有《国宝新编》1卷、《近言》1卷、《顾氏七记》、《兴都志》24卷、《浮湘稿》4卷、《山中集》4卷、《凭几集》5卷《续集》2卷、《息园存稿》14卷、《文集》9卷、《缓恸集》1卷、《东桥诗集》14卷《文》12卷、《顾华玉词》1卷等，并编有《盛明十二家诗选》、《批点唐音》15卷等。事迹见《明史》卷二八六。

按：据《明史》本传，顾璘少负才名，与何、李相上下。虚己好士，如恐不及。在浙，慕孙太初一元不可得见。道衣幅巾，放舟湖上，月下见小舟泊断桥，一僧、一鹤、一童子煮茗，笑曰："此必太初也。"移舟就之，遂往还无间。抚湖广时，爱王廷陈才，欲见之，廷陈不可。侦廷陈狎游，疾掩之，廷陈避不得，遂定交。

陈琛卒（1477— ）。琛字思献，别号紫峰，福建晋江人。正德十二年进士。著有《易经通典》、《四书浅说》、《正学编》、《紫峰集》等。事迹见《明史》卷二八二《蔡清传》附传。陈琛之子陈敦履、陈敦豫及孙陈复君编有《陈紫峰先生年谱》，于琛之家事、受业、科第、仕历、学行、行谊等叙述甚详，可参。

> **按**：据《明史》卷二八二，蔡清门人陈琛、王宣、易时中、林同、赵逮、蔡烈并有名，而陈琛最著。……杜门独学。清见其文异之，曰："吾得友此人足矣。"琛因介友人见清，清曰："吾所发愤沉潜辛苦而仅得者，以语人常不解。子已尽得之，今且尽以付子矣。"

刘天和卒（1479— ）。天和字养和。麻城人。谥庄襄。正德三年进士。曾任总理河道，疏汴河与山东七十二泉。所著《问水集》系论述黄、运河道及其治理的重要文献，其中"植柳六法"一直是黄河护岸保堤的有效措施。另著有《仲志》。事迹见《明史》卷二〇〇。

毛伯温卒（1482— ）。伯温字汝厉，号东塘，天启初，追谥襄懋。江西吉水人。正德三年进士。历任浙江绍兴府推官、河南道监察御史、都察院右佥都御史、兵部尚书等。著有《毛襄懋先生全集》。事迹见《明史》卷一九八。其子毛栋编有《先公（毛伯温）年谱》1卷，附于全集之后，可参。

魏校卒（1483— ）。一说卒于1543年。详见是年条。

薛侃卒（1486— ）。侃字尚谦，号中离。揭阳人。正德十二年（1517）进士。历官行人司行人、行人司司正。嘉靖十年（1531）因上疏请立嗣，触帝怒，被革职为民。归乡后在中离书院讲阳明心学。阳明学在岭南传播，薛侃与有功焉。著有《中离集》、《研几录》、《图书质疑》。事迹见《明儒学案》卷二七〇、《明儒学案》卷三〇，饶宗颐有《薛中离年谱》。

吴鼎卒（1493— ）。鼎字维新，号泉亭，又号支离子。浙江钱塘人。正德十二年进士，授临淮知县。历南京礼部郎中，官至广西布政参议。著有《过庭私录》。

张鹏卒（1502— ）。鹏字鸣南，号漳源。山西沁州人。嘉靖五年进士，授河南推官。著有《北还集》、《遗文谏草》、《东巡录》。

朱俊格卒，生年不详。俊格，明宗室，太祖第十三子代王朱桂五世孙。嗜学，好属文，藏书数万卷。尤好古篆籀，手模六十余卷勒石，成《崇理帖》。又有《天津集》。

陈于陛（ —1596）、孟化鲤（ —1597）、于慎行（ —1607）、僧洪恩（ —1608）、吴梦旸（ —1615）、瞿九思（ —1616）、华善继（ —1621）生。

> **按**：瞿九思生年一说为1547年。

嘉靖二十五年　丙午　1546年

奥斯曼帝国入摩尔多瓦。

二月甲辰，赐韩王朱融燧《皇明祖训》、《皇明典礼》、《洪武礼制》各一部。

八月癸巳，以万寿，加辅臣夏言正一品俸，严嵩特进光禄大夫。又加封真人陶仲文为"神霄紫府阐范保国弘烈宣教正法通真忠孝秉一真人"，掌道教事，给诰印。升带俸尚书盛端明、顾可学俱为礼部尚书。

是年，土尔番求通贡。

自是年始，从给事中万虞恺言，各省乡试请聘教官，不足则聘外省推官、知县以益之。

以醴泉出承华殿，停诸司封事二十日。后复以庆贺斋祀悉停封奏。

邹守益大会士友于青原，发《孟子》大丈夫之旨。

胡直复与欧阳昌、罗鹏读书龙洲，时与康恕唱和自遣，向学之心益驰。

王宗沐在京师，时茅坤入为吏部郎，因得叩其所学；旋，坤以谪去。

罗洪先以季弟罗居先如南雍，相送至金陵。春，过湖口，附何廷仁舟泊南康。复自白鹿入天池过昆陵，访唐顺之。罗洪先十月辟石莲于近里，自是多洞居。

聂豹十月被逮，罗洪选送至境上。

周怡释放南归；寻，丁母忧。

俞允文与刘麟、张寰等在吴兴结崇雅社。

万表四月以广西署都指挥改署都督佥事总兵官，提督漕运，镇守淮安。

王道服阕，六月补南京太常寺卿；十月，升南京户部右侍郎；十一月，改礼部侍郎，署国子祭酒。

张岳十二月升刑部右侍郎，仍总督两广。

欧阳德十月复任南京鸿胪寺卿；十二月，为太常寺卿。

杨慎七月迁居大理，九月还戍所。

汪道昆年二十二，游学浙江，问礼于姚江邵公，友其地之贤豪，栖息天目诸山。秋试中式。

李贽年二十，离家谋生。幼年起即反对宗教和道学。

曾铣总督三边，十二月庚子条陈复河套八议。

按：二十六年十一月，铣复条陈边务十八事，进《营阵八图》，世宗皆嘉之。

徐渭至太仓谋生计，不遇，返浙江。

高濂二十岁，获交汪道昆。

李本、吴山八月庚寅任顺天府乡试主考官。

吕怀十一月甲子由南京国子监司业改右春坊右中允，掌南京翰林院事。

曹大章卒业南国子监。

吕潜以《诗经》举于乡。

孙楼中举人。

陈完中举人。

林万潮、徐昇重修江西兴国安湖书院。罗洪先为记。

神圣罗马查理五世帝及新教诸侯士马尔卡登同盟战。

英法媾和。

英格兰海军部建立。

皮埃尔·莱斯科始建巴黎卢浮宫。

墨西哥发现银矿。

郑相于河南夏邑创建崇正书院,以"崇正学,迪正道"。

秦志道于海南澄迈创建天池书院。

张守约于浙江崇德重建传贻书院。

意大利医师杰罗拉莫·弗拉卡斯托罗阐明其对传染病及流行病的见解。

阿雷蒂诺编写成意大利悲剧《奥里齐亚》。

汉斯编写成德国悲剧《利萨贝塔》。

艾蒂安·德拉博埃西著成《苦行僧的谈话》。

王洙著《宋史质》100卷成。

按:王洙(1485—?)字崇教,号一江,浙江临海人。正德十六年进士,历官行人、刑部郎、河南副使、广东参议等。嘉靖十一年(1532)致仕。此后16年,"乃取元脱脱所修《宋史》,考究颠末,参极群书,删其繁,存其简,去其枝叶,存其本根",而成此书。此书是一部改编《宋史》而成的纪传体宋史,在改编中,编者以理学主体思想为指导,宣传非历史主义的文化民族主义、历史虚无主义,在清代,受到四库馆臣的猛烈抨击。

廖道南著《楚纪》60卷成。

按:此为湖北通志之一种。

田汝成作《夷坚志序》。

张岳作《东泉文集序》。

归有光著《三吴水利录》成。

按:以《三吴水利录》4卷上当事,议浚吴淞江,不报。后海瑞得书,行其法,大利生民。

胡缵宗纂修《巩郡记》30卷由清渭草堂刊刻。

吴祯纂修《河州志》4卷成。

王琮纂修《淄川县志》6卷刊刻。

萧彦修、郑禧纂《宣平县志》4卷刊刻。

严嵩纂修《袁州府志》20卷刊刻。

许来学修、袁琚纂《于都县志》2卷附《外志》1卷刊刻。

何孟伦纂修《建宁县志》7卷、《附录》1卷刊刻。

蔡时雍修、王显志纂《杞县志》8卷刊刻。

牛孟耕纂修《裕州志》6卷刊刻。

刘汝松等修、朱衣纂《汉阳府志》10卷刊刻。

洪楩平山堂刻《分类夷坚志》。

罗钦顺自刻《困知录》。

杨仪录传《北堂书钞》。

沈王府刻宋张杲《医说》10卷。

王世贞补注《世说新语》。

徐问著《山堂萃稿》16卷成。

谢说《谢海门稿》刊成。

许穀谪居杭州,辑此时所作诗为《武林稿》。

马丁·路德卒(1483—)。

杨循吉卒(1458—)。循吉字君谦,号南峰。吴县人。成化二十年进士。多病,年三十一即致仕归,结庐支硎山下,以读书著述为事。武宗驻跸南都,召赋《打虎赋》称旨。武宗以俳优畜之,不授官,循吉以为耻,辞归。著有《春秋经解摘录》、《辽小史》1卷、《金小史》8卷、《吴中往哲记》1卷、[嘉靖]《吴邑志》16卷《图说》1卷、[弘治]《章丘县志》4卷、《苏州府纂修识略》5卷、《庐阳客记》1卷、《金山杂志》1卷、《蓬轩吴记》2卷《别记》1卷、《吴中故语》1卷、《苏谈》1卷、《奚囊手镜》13卷、《雪窗谭异》13卷、《松筹堂集》12卷、《南峰乐府》1卷、《南峰逸稿》10种22卷等,编有《大明文宝》80卷。事迹见《明史》卷二八六《徐祯卿传》附传。

按:《蓬轩吴记》2卷《别记》1卷,一题黄暐撰,参见嘉靖三年甲申"黄暐"条按语。

高友玑卒(1461—)。友玑字肃政,自号南屏道人。浙江温州人。弘治三年进士。官至工部尚书。晚年创办南屏书院,收纳子孙、族人、乡人以培养人才。有《南屏集》。生平参高谊所编《南屏道人年谱》。

朱希周卒(1463—)。希周字懋忠,号玉峰。苏州府昆山人,徙吴县。谥恭靖。弘治九年进士。刘瑾摘修《会典》小疵,降职。《孝宗实录》成,复官。官至南京吏部尚书。事迹见《明史》卷一九一。

唐龙卒(1477—)。龙字虞佐,号渔石。浙江兰溪人。后谥文襄。正德三年进士。官至吏部尚书。著有《渔石集》。事迹见《明史》卷二二〇。

翟銮卒(1477—)。銮字仲鸣。谥文懿。其先诸城人。曾祖为锦衣卫校尉,因家京师。弘治十八年进士。曾为首辅。事迹见《明史》卷一九三。

娄志德卒(1479—)。志德字存仁,号勿斋。河南项城人。正德十二年进士。著有《两浙赋役全书》。

皇甫涍卒(1497—)。涍字子安,号少玄。长洲人。嘉靖十一年进士。官终浙江按擦使佥事。好学工诗,与兄冲,弟汸、濂,时称"皇甫四杰"。著有《春秋书法纪原》、《续高士传》10卷、《逸民传》2卷、《皇甫少玄集》26卷《外集》10卷。事迹见《明史》卷二八七。

屠应埈卒(1502—)。应埈字文升,号渐山。浙江平湖人。屠勋子。嘉靖五年进士。著有《兰辉堂集》。事迹见《明史》卷二八七《王慎中传》附传。

朝鲜哲学家徐敬德卒(1489—)。徐敬德为朝鲜气一元论创始者,朝鲜学界评论其学谓真正精通伏羲易学者,朝中仅此一人。徐氏精通理学,并吸收张载气论,首次建立了朝鲜唯物主义气哲学体系。清乾隆年间所编《四库全书总目》录有徐氏《徐花潭集》,在中国史料中记录朝鲜哲学家论著单行本,此为唯一,足见其思想影响之大。

盛敏耕(—1598)、王士性(—1598)、郑汝璧(—1607)、刘日升(—1617)、王化醇(—1621)、僧德清(—1623)、杨东明(—1624)生。

按:杨东明生年一作1548年。

嘉靖二十六年　丁未　1547年

订立《亚德里亚堡和约》。奥地利人纳年贡于奥斯曼帝国。

英格兰和爱尔兰国王亨利八世卒。子爱德华六世嗣位。

俄罗斯伊凡四世亲政，加冕，称沙皇。

莫斯科大火。

三月庚午，赐李春芳等进士及第、出身有差。

五月，总督三边曾铣请于进士、举人、监生内铨选年力精锐、才干强敏者补边方守令。世宗是其言，诏两广、四川、云、贵边方皆用此例。

七月丙辰，河决山东曹县。

十二月乙亥，倭犯宁波、台州，大肆杀掠，官军莫有御者。自是，倭患日盛。

是年，日本以天龙寺僧策彦周良为正使，遣使团一行600人，乘船4艘，抵达宁波，其中50人赴京。该使团于嘉靖二十七年回国。

以僧锁南嘉措为僧根敦嘉措转世，迎至哲蚌寺坐床。藏传佛教活佛转世继承制度始此。

邹守益游庐山，开讲于白鹿洞，揭濂溪"易恶至中"语及朱子象山等语，以晓学者，著《学圣编》。是岁，有《遵道书院记》。

邹守益暨郡友正月约于青原，联舟于文江，为聂豹初度之庆，有《双江聂子寿言》。

湛若水作《静观堂记》。

洪垣从学湛若水，湛若水建二妙楼居之。

聂豹于陕西按察副使任，先守平阳，值房寇，括民财佐费，罚重囚，被劾，闰九月，下锦衣狱。

夏言二月力主收复鞑靼所占河套失地。

胡直为先祖母卜兆致讼。是冬，又生飘然遐举离世之念，遂偕友王讬往访罗洪先，居石莲洞一月，乃禀学焉。

罗洪先至庐山。其族中之长者委以谱事，遂闭户洞中三月，集《世系图》、《内外传》、《名位表》。

王宗沐谒欧阳德于司成，寻，以迁官广西别去，有《三柏堂赋》。

欧阳德五月己卯晋太常寺卿；寻，召入掌国子祭酒事，九月，擢礼部左侍郎。

杨爵、周怡十一月皆释为编氓。

尤时熙以母老乞终养归。

韩邦奇九月由南京右副都御史改南京兵部尚书。

张岳十月由提督两广、兵部右侍郎改兵部左侍郎，还朝。

万表是冬为参将督漕至潞河，以病不能入朝，怃然有归欤之怀。复念年已五十,潦倒无成,益伤格物之学不明,孔曾之道日丧,乃赋《病怀》十首系之。

杨慎是春居滇之高峣水庄,名十二景,日与士大夫交游。

唐顺之致书王慎中,极论近古以来人各有集,愈垒愈多,虽以大地为架亦难安置之弊。

文徵明于玉磐山房书魏良辅《南词引正》。

唐枢出游至蒲,与本兵杨氏谈政论学,有《偶客谈》,门人刘鉴序而梓之。

王道五月改吏部右侍郎。

刘魁致仕归澄江。

盛时泰初访栖霞山,见梵志诗刻石,作记。

朱纨七月丁巳以巡抚南赣、汀、漳都御史改巡抚浙江,兼管福建福州、兴化、漳州、泉州、建宁五府海道,以一事权,备海寇及倭。

归有光应礼部试下第南还。

孙承恩、张治二月己丑任礼部会试主考官。

李春芳擢进士第一,以修撰超授翰林学士,入翰林院,因撰青词得朱厚熜眷。

张居正成进士,选庶吉士。读中秘书,作《翰林院读书说》。

按：文称"学不究乎性命,不可以言学;道不兼乎经济,不可以利用"等,颇可见其造诣及抱负。

程文德闰九月作《乐聚亭记》。

王世贞成进士。是年在大理寺见习,识同年山东濮州李先芳,经李先芳介绍,与李攀龙订交。

李先芳成进士,授新喻知县。

陆光祖成进士,授濬县令。

汪道昆成进士,改字伯玉。十二月授义乌知县。是年曾侨寓扬州。

马一龙成进士。

王时槐成进士,除南京兵部主事。

刘斯洁成进士。

按：刘斯洁字蕿山,生卒年不详。顺天昌平人。官至南京礼部尚书。著有《太仓考》。

刘泾成进士,授御史,巡城。

按：刘泾字叔清,号次山,生卒年不详。河南怀庆卫人。官至山西按察副使。著有《理学四先生言行录》、《晋阳集》。

何镗成进士。

按：何镗字振卿,号宾岩,生卒年不详。浙江处州人。官至广东按察使。著有《括苍汇纪》、《古今游名山记》等。

狄斯彬成进士,授御史。

按：狄斯彬字文中,生卒年不详。应天溧阳人。著有《稽命集》。

恽少芳成进士。

按：少芳字光世，号少南。武进人。生卒年不详。官刑部主事，累擢福建参议。著有《考槃集》4卷、《林居集》12卷。

宋仪望成进士，授吴县知县。

汪镗成进士，授编修。

张可述成进士。

按：张可述，生卒年不详。四川洪雅人。著有《梓里资谈》、《云樵记》。

张柱成进士，授户部主事。

按：张柱，生卒年不详。山东寿光人。官至山西右布政使。著有《诸史日抄》。

张春成进士，授编修。

按：张春字仁伯，生卒年不详。江西新喻人。少师事欧阳德弟子，深究理学。以忤严嵩，挂冠归田，设堂讲学，以阐扬良知之学为己任，从游者日众。著有《晚籧子语录》、《东瀛社稿》。

陈梦鹤成进士，授工部主事。

按：陈梦鹤字子羽，生卒年不详。山东益都人。著有《河闸类考》、《武铨邦正》、《西平游览志》。

杨继盛成进士，授南京吏部主事。

杨巍成进士，授武进知县。

徐栻成进士，授宜春知县。

曹金成进士。

按：曹金字汝励，生卒年不详。河南祥符人。著有《万历开封府志》、《传川文集》。

谢江成进士，授行人。

按：谢江字仲川，生卒年不详。河南洛阳人。著有《岷阳集》、《滋心语录》等。

王樵、王遴、朱大韶、张天复、杨豫孙、陈言、陈嘉谟、殷士儋成进士。

按：杨豫孙字幼殷，华亭人。生卒年不详。授南考功主事，转礼部员外郎中。出为福建监军副使，移督湖广学政。陞河南参政。入为太仆寺少卿，改太常。以右佥都御史巡抚湖广，卒官。著有《西堂日记》等。事迹见《明儒学案》卷二七。

日本医家吉田宗桂第二次来华。

按：深入考察中医学并访师求友，居留凡七年。其间曾为明世宗治病，世宗曾赠以元代画家所绘《颜辉扁鹊图》、《圣济总录》、药笥等。吉田宗桂返日时，将珍贵医籍《圣济总录》带回日本。又，其次子吉田宗恂亦以精于分辨药物、长于医术而闻名，曾奉德川家康之命研制著名中成药"紫雪丹"，因治愈后阳成天皇（1586—1610）之疾病，授予法印。吉田宗桂之孙吉田宗达继承家学，亦以医术名于时。

于湛于湖北郧县创建郧山书院。

陶师文于湖北宜都创建清江书院。

乔瓦里乔治·特里西诺的史诗《意大利已解放哥特人》著成。

威廉·鲍德温著成《道德哲学

周复俊任事北直霸州，重订顾璘所批《唐音》。

王坤序刊所撰《史学纲领》。

唐枢仲秋著《国琛集成》。

田汝成著《西湖游览志》24卷、《西湖游览志余》26卷成。

杨慎、陈垲各跋是岁所刊之《越绝书》。

杨旦修、浦南全纂《嘉定县志》12卷刊刻。

史直臣纂修《涿州志》12卷刊刻。

唐交修、陈玮纂《武安县志》4卷刊刻。

连应魁修、李锦纂《泾阳县志》12卷刊刻。

赵锦修、张衮纂《江阴县志》21卷刊刻。

李光先修、焦希程纂《宁海州志》2卷刊刻。

李宜春纂修《颖州志》2卷刊刻。

萧璞等纂《蕲水县志》4卷刊刻。

郭春震纂修《潮州府志》8卷刊刻。

张寰游庐山、武夷山还，著《两山游录》6卷。

罗钦顺自刻《困知记》6卷。

按：此书各卷先后成于嘉靖七年(1528)至嘉靖二十五年之间。全书著成前已有嘉靖十六年郑宗古刻本及自刻本等行世。此为最后一个自刻本，包括卷上下、续卷上下、三续、四续共六卷，附录一卷。此后主要版本有：明隆庆四年(1570)周弘祖刻本，万历二十年(1592)李桢重校本，天启三年(1623)罗斑仕刻本，《四库全书》本等。全书以札记、随想、书信形式，批判地继承程、朱格物致知思想，批评王学"良知"学说，并进而追击至佛教，在明清之际，具有思想启蒙的意义。

黄绾著成《明道编》。

按：是书今存6卷，内容涉及"人心"与"道心"之关系、"格物致知"新解、"义利皆不可轻"思想、理学及心学批评等。此书作为明朝中期王学兴盛之际发出的不同声音，在思想史上颇具意义和地位。学术界对此书评价颇有分歧，或以之为具现代启蒙意义的"实学"思想，或以之为王学内部思想之争。

聂豹在诏狱，著《困辨录》。

按：此书论述精神修养问题。其中所体现的思想在当时学者中有不少争论。王阳明不赞成聂豹专言"勿忘勿助之功"；王畿、黄绾、陈九川、邹守益、刘文敏等也各致辨难；唯罗洪先观点与聂氏相合。黄宗羲《明儒学案》以为聂豹主静之说不同于禅学，与王阳明致良知之说也没有根本冲突。

曹大章为魏良辅所著《南词引正》作叙。

吴崟得魏良辅所著《南词引正》二十则，为校定成帙。

杨爵四月作《自招魂》。

谢少南辑此期诗为《粤台稿》。

何良俊辑《刘氏二书》(刘向《说苑》20卷、《新序》10卷)刊行。

唐王府朱弥鍗忠敬堂刻宋《东莱吕氏两汉精华》28卷。

郭云鹏以宝善堂名刻陈亮所辑《欧阳先生文粹》20卷，附己所辑遗粹10卷；又刻柳宗元《河东先生集》总55卷。

贾咏卒(1464—　)。咏字鸣和，号南坞。河南临颖人。谥文靖。弘治九年进士。

罗钦顺卒(1465—　)。钦顺字允升，号整庵。江西泰和人。弘治六

瑞士音乐理论家亨利库斯·格拉雷努斯发表其关于12个教堂调式的著作《十二音体系作曲法》。

最早的拉丁化立陶宛语文献出版。

彼得罗·本博卒(1470—　)。文艺复兴时期意大利诗人。

塞巴斯蒂亚诺·皮奥姆波卒（1485— ）。意大利威尼斯派画家。

年进士。迁南京国子司业，热心奖掖后进，中有湛若水、严嵩等人。官至南京吏部尚书。里居二十年，潜心格物致知之学。早年笃信佛教，后断然舍之。批判朱熹"理在气先"之说。又曾致书王阳明辨心学。年近八旬，在家乡创桃冈书院。其教育思想具有实学特征，是明清之际启蒙教育思潮的思想先驱之一。卒赠太子太保，谥文庄。著有《困知记》、《论学书》、《整庵存稿》、《整庵续稿》。事迹见《明史》卷二八二、《明儒学案》卷四七。

按：据《明史》本传，钦顺里居二十余年，足不入城市，潜心格物致知之学。王守仁以心学立教，才知之士翕然师之。钦顺致书守仁，略曰："圣门设教，文行兼资，博学于文，厥有明训。如谓学不资于外求，但当反观内省，则'正心诚意'四字亦何所不尽，必于入门之际，加以格物工夫哉？"守仁得书，亦以书报，大略谓："理无内外，性无内外，故学无内外。讲习讨论，未尝非内也。反观内省，未尝遗外也。"反复二千余言。钦顺再以书辨曰："执事云：'格物者，格其心之物也，格其意之物也，格其知之物也。正心者，正其物之心也。诚意者，诚其物之意也。致知者，致其物之知也。'自有《大学》以来，未有此论。夫谓格其心之物，格其意之物，格其知之物，凡为物也三。谓正其物之心，诚其物之意，致其物之知，其为物也，一而已矣。就三而论，以程子格物之训推之，犹可通也。以执事格物之训推之，不可通也。就一物而论，则所谓物，果何物耶？如必以为意之用，虽极安排之巧，终无可通之日也。又执事论学书有云：'吾心之良知，即所谓天理。致吾心良知之天理于事物，则事事物物皆得其理矣。致吾心之良知者，致知也。事事物物各得其理者，格物也。'审如所言，则《大学》当云'格物在致知'，不当云'致知在格物'，与'物格而后知至'矣。"书未及达，守仁已殁。钦顺为学，专力于穷理、存心、知性。初由释氏入，既悟其非，乃力排之，谓："释氏之明心见性，与吾儒之尽心知性，相似而实不同。释氏之学，大抵有见于心，无见于性。今人明心之说，混于禅学，而不知有千里毫厘之谬。道之不明，将由于此，钦顺有忧焉。"为著《困知记》，自号整庵。

孙绪卒（1474— ）。绪字诚甫，号沙溪。河间府故城人。弘治十二年进士。著有《沙溪集》。

黄焯卒（1483— ）。焯字子昭。福建南平人。正德九年进士。官至湖广参政。著有《尊美堂政录》、《修来篇》、《中庸论语读法》、《贻光堂集》。

王献卒（1487— ）。献字惟从，号南沣，又号木石子。湖广咸宁人。嘉靖二年进士。官山东巡察海运副使。曾烧石开道成渠，使江淮之船达于胶莱，有案牍《胶莱新河议》。

王道（1487— ）卒。道字纯甫，号顺渠。武城人。正德六年进士，官至吏部侍郎。初师王守仁，后学于湛若水。以为王之"致良知""执一而废百"，过于拘执。主张理气合一，性见于情。著有《易诗书大学纪》、《顺渠先生文录》等。事迹见《明儒学案》卷四二。

按：此据《顺渠先生文录》卷末附严嵩撰《王公神道碑铭》、《国榷》卷五十九。姜亮夫《综表》引韩邦奇撰《墓志铭》作生于成化十二年（1476），卒于嘉靖十一年（1532），年五十七。孰是，待考。

孙存卒（1491— ）。存字性甫，号丰山。滁州人。正德九年进士，授礼部主事。官至河南布政使。精于律法，曾辑《大明律读法》。著有《岳麓书院图志》、《丰山集》等。

袁褧卒(1502—)。褧字永之,号胥台山人。长洲人。嘉靖五年进士。历官刑部主事、南兵部主事、广西按察使佥事等。后告病归,读书于横山草堂。著有《周礼直解》、《皇明献实》40卷、《吴中先贤传》10卷、《岁时记》1卷、《修身集》1卷、《世纬》2卷、《袁永之集》20卷等。

王立道卒(1510—)。立道字懋中,号尧瞿。无锡人。嘉靖十四年进士,选庶吉士,授翰林院编修。善诗,诗风婉弱而冲容淡宕,不为奇险之语。著有《具茨集诗文》。

廖道南卒,生年不详。道南字鸣吾。蒲圻人。正德进士。官至翰林院侍讲学士。著有《楚纪》60卷、《殿阁词林记》22卷,纂修《蒲圻县志》。《明史》卷九九艺文志录有《廖道南文集》50卷、诗6卷。

华叔阳(—1575)、顾绍芳(—1593)、南轩(—1597)、杨起元(—1599)、华善述(—1609)、瞿九思(—1616)、沈朝阳(—1623)、严澂(—1625)、李维桢(—1626)、丁云鹏(—1628)、周汝登(—1629)、范守己(—?)生。

按:瞿九思生年一作1545年。

嘉靖二十七年　戊申　1548年

正月癸未,罢夏言;十月癸卯,杀言于西市。至是,严嵩得专权黩贿,祸及天下。

二月癸丑,筑永陵。

三月癸巳,杀总督陕西三边侍郎曾铣。

按:初,世宗信用铣,力主复河套之议。正月癸未,夏言罢,并逮总督陕西三边侍郎曾铣。至是意忽中变。严嵩知世宗意,乃构铣罪,并及首辅夏言。先是,言承召入阁,对严嵩大加陵轹,时士大夫方怨嵩贪赃忌刻,朝士见言能压制之,深以为快。而言以废弃久,务求张大己权,又奴视群臣,排斥异己,朝士因之失望。铣既就逮,世宗初无意杀之。严嵩欲构陷铣以及于夏言,乃代在狱甘肃总兵官仇鸾上疏诬铣克扣军饷,掩饰败迹,贿赂当途。于是乃以《交结近侍律》,斩铣西市。铣既没,家无余资,妻子狼狈远徙,天下闻而冤之。自铣弃市,朝中鲜有积极边事者。

六月戊申,日本贡使周良等六百余人,驾海舟百余艘入浙江界,求请诣阙朝贡。诏送五十人进京,余留嘉宾馆。

按:去岁十一月,周良等先期求贡,以人船逾额,诏敕守臣勒回。旧例,贡以十年为期,来者无得逾百人,舟无得过三艘。日人利其犒赏,逾额来贡。

癸亥,增设湖广承天府儒学、文庙乐舞学。

九月壬午,俺答率众犯宣府东路,深入永宁、怀来,畿辅震动。

丁酉,授衍圣公孔贞幹弟孔贞宁翰林院五经博士,专主子思庙祀。

奥斯曼帝国伐波斯。取大不里士及凡城。

奥斯曼帝国海军及葡萄牙战。复取也门。

是年,从祭酒程文德之请,于选贡岁贡唯留即选者于部,而其余尽使入监。

郑亲王朱厚烷(朱载堉父)因世宗崇奉道教,设坛斋醮,连上《居敬》、《穷理》、《克己》、《存诚》四箴和《演连珠》十章等,劝皇帝斥神仙、罢土木、修德进学,获煽惑群小、玩弄章句、规谏至尊及骄淫、欺谩、不臣、无亲诸罪,被削去王爵,废为庶人,禁锢于老家安徽凤阳达19年之久。(《世宗实录》三三八)

意大利西西里墨西拿大学创立。

罗洪先六月与钱德洪、贡玄略、王济甫同舟,追及王畿于丰城。七月,丰城之会散,王畿与贡玄略、王济甫先归,邀罗洪先同择龙虎山为江浙会所。八月,罗洪先至龙虎山,过玄冲观,登爱山楼,意甚悦之。邑令王西石以洪先聚讲无所,遂修玄潭之雪浪阁,既成,集士友会西石。

钱德洪应同志朱衡、刘道、刘弼、刘岘、王舜韶、吴文惠、刘中虚之请,讲学于万安精修观,诸生听讲者150余人。

钱德洪与举人周贤宣等八月拟建云兴书院于万安以祀王阳明,中遭异议,止之。

按:书院在万安白云山麓。是后,至嘉靖四十三年,朱衡为尚书、周贤宣为方伯,遂与太仆卿刘悫续成书院建造,祭祀规制亦大备。

钱德洪九月谒湛若水。继踰庚岭,与诸生邓鲁、骆尧知、胡直、王城、刘应奎、钟大宾、魏良佐、潘槐、莫如德、张昂等六十三人谒明经书院阳明祠。复与邓鲁、胡直等共阐师说。

陈大伦九月建明经书院于韶,祀王阳明。

按:陈大伦,阳明门人。先是,同门知府郑骝作明经馆,与诸生课业,倡明师学。至是,陈大伦守韶,因更建书院,立阳明之位,与陈白沙并祀。又,隆庆三年,知府李渭曾大修明经书院祠宇。

邹守益遵刘魁嘱为作《复修云津书院记》。

薛应旂十一月作《舒城县儒学尊经阁记》。

罗洪先作《夏游记》。

唐枢作《鹅湖书院谒辞》。

唐顺之七月作《书秦风蒹葭三章后》。

王沐八月作《乔松益寿赋》;十月作《贞心晚节册序》。

胡直游韶,太守陈大伦延至明经书院教六邑俊彦。钱德洪至韶,陈大伦亦延至书院中,始与胡直遇。

胡直寓韶州,因病问禅于邓仲质,为休心息念之学,久之有见。由是始益究出世之旨,而疑儒学有未尽。与钱德洪晤,论学未合乃归。

王畿五月期会匡庐天池。

孙承恩十二月辛未以礼部尚书兼翰林院学士掌詹事府事充《会典》副总裁。

杨慎是春至晋宁。

罗汝芳从楚人胡宗正学《易》。

周怡居母忧,读《礼》、修宗谱,谱遵欧阳氏谱式。

王世贞是秋任刑部主事,以李先芳之介入吴维岳、王宗沐、袁履善等人组建之诗社。

徐问至江阴访吴季子墓。

程文德九月甲戌在国子监祭酒任以国学空虚,疏议岁贡生员于廷试之后,择当年应选者留部候选,余者尽令入监肄业,以实国学。得旨报可。

唐枢与会青原山中,与邹守益、刘狮、彭石屋诸友相与讲论,有《青原易著》。

张寰、顾梦圭正月元日同登马鞍山顶,梦圭作诗纪事。

张寰、岳岱在横山堂观宋陈与义所书诗帖,寰作记。

何迁是夏以罪谪迁南都铨司。

万表十二月由漕运总兵官、署都指挥佥事改南京中军都督府佥书。

张岳为右副都御史,总督贵州广西军务,六月讨叛苗龙许保。

王文禄客宜兴,述张公洞胜概,答客问。

雷礼六月丙辰升为浙江按察司提调学校副使。

李本七月壬午由南京国子祭酒改为国子祭酒。

朱纨攻占宁波双屿岛,驱逐葡萄牙殖民者,并毁天主教堂。

伊王府刻宋朱熹《四书集注》26卷。

衡王府刻《洪武正韵》。

王士翘《西关志》32卷刊行,费寀、欧阳德序之。

陆之箕、陆之裘与修《太仓州志》。

王樵著《戊申笔记》1卷,记此年朝事。

黄姬水校刊汉荀悦《汉记》30卷、晋袁宏《后汉记》30卷。

徐师曾作《读陈氏吴江志》,评陈理所纂县志。

陈士元纂修《滦州志》5卷刊刻。

张景达修、张玺纂《冀州志》10卷刊刻。

唐交等修、高浚等纂《霸州志》9卷刊刻。

乔永殿纂修《乐平县志》6卷刊刻。

鄢桂枝修、杨汝江纂《翼城县志》6卷刊刻。

朱木修、高凌云纂《昌乐县志》8卷刊刻。

郑希侨修、刘继先等纂《武定州志》2卷刊刻。

陈甘雨纂修《莱芜县志》8卷刊刻。

周士佐修、张寅纂《太仓州志》10卷刊刻。

  按:张寅字仲明,号晓川,江苏太仓人。正德十六年(1521)进士。授高安知县,改宜春令、南京河道御史,谪为高唐州判官。入为南京文选司郎中,改右春坊右司直兼翰林检讨。《明史》有传。著有《晓川奏疏》6卷、《晓川文略》6卷、《瑞莲集》等。

宋国华修、吴宗尧等纂《休宁县志》8卷刊刻。

曾嘉诰修、汪心纂《尉氏县志》5卷刊刻。

依纳修·罗耀拉的《神操》出版。

约翰·贝尔编成第一部英格兰历史剧《肯基·约翰》。

邓迁修、黄佐纂《香山县志》8卷刊刻。

钱穀校定宋朱长文《吴郡图经续记》。

俞宪《皇明进士登科考》12卷刊行。

湛若水于西樵烟霞洞著《非老子略》，辨《道德篇》非老聃所作。

聂豹在狱，著《被逮稿》、《困辩录》、《幽居答述》等。又作《秀川罗氏族谱序》。冬，复自序《困辩录》。

陈建纂《治安要议》成。

陈建著《学蔀通辨》成。

按：此书为驳朱陆早异晚同之论而著。作者在嘉靖十二年至十三年（1533—1534）任福建侯官县教谕时，与福建提学潘潢谈朱陆异同问题，成《朱陆编年考》一书。其后陈建复对朱陆问题进行深入研究，在任江西临江府学教授时，编《周子全书》、《程氏遗书类编》，"庶学者得以睹大贤言行之全也"。

胡侍自序《真珠船》。

汪瑗著《楚辞集解》成。

按：参熊良智《〈楚辞集解〉刻本的几个问题》一文，《四川师范大学学报》1994年第4期。

张含著《张愈光诗文选》8卷。

宁王府刻朱拱樋《匡南先生诗集》4卷、朱拱梃《樵云诗集》10卷。

沈王府刻《圣迹图》1卷。

赵王府味经堂刻明张天瑞《云坪集》4卷。

赵永卒（1469— ）。永字尔锡。凤阳府临淮人。弘治十五年进士。著有《类庵稿》、《北归稿》。事迹见《明史》卷一六三《鲁铎传》附传。

周用卒（1476— ）。用字行之，号伯川，一作白川。吴江人。弘治十五年进士。累官至吏部尚书。卒谥恭肃。工诗文书画。著有《读易日记》1卷、《禹贡纂注》1卷、《楚辞注略》1卷、《周恭肃公集》、《周恭肃公词》1卷。事迹见《明史》卷二二〇。

章拯卒（1479— ）。拯字以道，号朴庵。浙江兰溪人。弘治十五年进士。著有《朴庵文集》。

夏言卒（1482— ）。言字公谨，号桂洲。江西贵溪人。正德进士。世宗时，疏谏革除弊政。后迁礼部尚书，进武英殿大学士，旋为首辅执政。为嵩所攻，夺职放归。以"怨望讪上"罪为世宗所杀。谥文愍。著有《赐闲堂稿》、《南宫奏稿》、《桂洲文集》、《鸥园新曲》等。事迹见《明史》卷一九六，明林日瑞编有《夏桂洲先生年谱》。

费寀卒（1483— ）。寀字子和，号钟石。江西铅山人。正德六年进士。著有《费文通集》。

戴金卒（1484— ）。金字纯甫，号龙山。湖广汉阳人。正德九年进士。著有《三难轩质正》。

蒋山卿卒（1486— ）。山卿字子云，号南泠。仪征人。正德九年进士。武宗南巡，与顾璘等以谏谪。后官至广西布政司参政，卒以逸言罢。

比归，倘徉诗酒，校雠文艺。著有《南泠集》20卷、《北湄集》4卷、《休园集》等。

曾铣卒，生年不详。铣字子重。黄岩人。嘉靖进士。谥襄愍。著有《重论复河套疏》等。

马守真(一作马守贞)(—1604)、冯梦祯(冯梦桢)(—1605)、瞿汝稷(—1610)、僧慧经(—1618)、陈禹谟(—1618)、朱之蕃(—1624)、杨东明(—1624)、蔡毅中(—1631)、伍袁萃(—1624)生。

按：杨东明生年一作1546年。

嘉靖二十八年　己酉　1549年

四月，罢巡视浙闽朱纨职。

按：次年七月，朱纨自杀死。朱纨既罢，海禁益弛。终嘉靖之世，几无宁岁。

六月丁卯，建云霭益州、大姚县二儒学。

是月，日本国复求贡，许之。

八月己亥，诏户部核天下出纳之数以闻。户部报岁入二百余万两，岁出三百四十七万两。

十月甲子，建宁夏后卫儒学，设教授一员。

张居正授翰林院编修。上陈时政疏，以君臣上下谐调比之人体血气流通，针对世宗八九年不曾视朝、所与居者唯宦官宫妾的时局，疏请世宗"通上下之志，广开献纳之门，亲近辅弼之佐使。群臣百僚，皆得一望清光而通其思虑。君臣之际，晓然无所关格。"疏上，不报。

徐阶二月就任礼部尚书；七月，考汰太医院医士。

张治五月乙亥以礼部尚书文渊阁大学士充《会典》总裁官。

李本五月乙亥以少詹事兼翰林院学士充《会典》总裁官。

欧阳德二月由礼部左侍郎改吏部左侍郎、兼翰林学士，署詹事府事，教庶吉士；五月乙亥以吏部左侍郎兼翰林院学士充《会典》副总裁官。

王畿是夏赴宁国水西会，有《水西会约题词》。仲秋，王畿偕钱德洪携浙、皖诸友赴会冲元，凡百余人，有《冲元会记》。

罗洪先与王西石、李中溪论学。

邹守益九月偕诸友赴中玄约，罗洪先以外舅归窆之故，未能赴会。

汪道昆应聘任浙江秋试考官。

胡直家居，与乡彦曾于乾、罗潮、萧隆佑、王讬、欧阳昌等为讲会。冬，胡直赴会试，与王翯同舟，朝夕论学。

法英舰队战。

俄罗斯伊凡四世建"重臣会议"。伐喀山。

欧洲出现宫廷弄臣。

梅兰希顿反对哥白尼学说。

西班牙人、耶稣会士方济各·沙勿略入日本九州鹿儿岛。

唐枢仲冬访同野王氏于四明郡城，相与论学，有《明谈述》。

王世贞、李攀龙、谢榛等集北京，谢榛与李攀龙论诗法不合。

冯惟讷再旅宜兴。

徐学谟随归有光入京应试，于骡车中论文，归有光不取李梦阳。

韩邦奇十二月在南京兵部尚书任致仕。

顾应祥七月由巡抚云南右副都御史改南京兵部右侍郎。

敖铣、黄廷用七月癸酉任应天府乡试主考官。

康大和、闫朴八月甲辰主考顺天乡试。

按：康大和字原中，号砺峰，生卒年不详。福建莆田人。嘉靖进士。曾预修《大明会典》。官至南京工部尚书。著有《砺峰集》。

查铎举乡试，仍讲学萧寺；旋遘重疾，就医湖阴。

颜鲸举于乡。

耿定向下第，始发愤。

江西宜春改建春台山韩文公祠为昌黎书院，以为袁州府宜春、萍乡、分宜、万载四县生童治学之所。

周嫯于山东登州创建瀛洲书院。

蔡汝楠（蔡汝南）重修湖南衡阳石鼓书院，扩建主静、定性二斋，订立规约，以"学文敦行"、"辨志慎习"、"笃伦常"、"识仁体"训士。刊行《说经札记》、《衡湘问辨》、《太极问答》等，聘请赵大洲、茅鹿门等海内名公讲学其中，邹鲁洙泗之风宛然。

漆登于四川屏山薛瑄讲学处创建楼山书院。书白鹿洞朱熹所制学规及《吕氏乡约》于堂，以为持循。隆庆元年，吴宗尧重修，又置四书五经及薛著《读书录》等藏于院。

弗里德里克·戴代金德著成《格罗比亚努斯》。

阿香·迪·贝雷发表《为法语的声誉辩护》。

西格蒙德·冯·赫伯斯坦著成有关俄罗斯的报道《莫斯科评论》。

益王府刻《重编广韵》5 卷。

按：此书由益藩端王朱佑槟（卒于嘉靖十八年，即 1539 年）编次，其子庄王朱厚烨刊刻，与宋陈彭年《广韵》、明初《洪武正韵》相比，在编排体例、收字、释字方面都自具特色。该书为免与官修韵书《洪武正韵》分庭抗礼之嫌而用了《广韵》旧名，实则与《广韵》无涉。

金贲亨著《台学源流》7 卷成。

湛若水撰《庐陵黄氏总谱序》。

归有光筑思子亭，作《思子亭记》。

郑晓《删改史论》2 卷刊刻。

陈九德《皇明名臣经济录》18 卷刊刻。

朱召修、曾汝檀纂《漳平县志》10 卷刊刻。

赵瀛修、赵文华纂《嘉兴府图记》20 卷刊刻。

唐臣修、雷礼纂《真定府志》33 卷刊刻。

沈朝宣纂修《仁和县志》14 卷成。

谢庭桂纂、苏乾续纂《隆庆志》10 卷刊刻。

徐效贤等修、石道立纂《澄城县志》2 卷刊刻。

尤麒修、陈露纂《武城县志》10卷刊刻。

张时纂修《归州全志》2卷刊刻。

余杰修、刘轩纂《新化县志》11卷刊刻。

高廷愉纂修《普安州志》10卷刊刻。

范镐纂修《宁国县志》4卷刊刻。

徐咸《皇明名臣言行录》前集12卷、后集12卷刊行。

罗洪先、聂豹季秋各作《重刻一峰先生集序》。

王慎中序《唐顺之文集》。

蒋孝在《旧编南九宫目录》及《十三调南曲音节谱》的基础上编成《南九宫谱》,蒋氏为南九宫六百五十二曲补上曲文,其十三调五百零三曲依旧只存目录。

张之象刻所著《剪绿集》2卷。

杨慎夏秋在高峣,与滇之乡大夫数游昆明池,有《池赏诗社集》。

蜀王府朱承爚刻明蜀成王朱让栩《长春竞辰稿》。

郑王府郑恭王朱厚烷刻明何瑭(一作何塘)《柏斋集》11卷。

华人通事杨林纂《满剌加译语》,此为华人所纂首部马来语词典。

蔡潮卒(1467—)。潮字巨源,号霞山。浙江临海人。弘治十八年进士。著有《湖湘学政》。

钱琦卒(1469—)。琦字公良,号东畲。浙江海盐(一作海宁)人。正德三年进士。历任凤阳府泗川盱眙知县,刑部主事、郎中,临江知府、贵州思南知府。著有《钱子测语》、《祷雨录》、《东畲集》、《临江集》。清钱仪吉编有《东畲公年谱》,可参。

杨爵卒(1493—)。爵字伯珍,一字伯修,号斛山。陕西富平人。万历中,赐谥忠介。从同郡韩邦奇游,遂以学行名。嘉靖八年进士。著有《周易辨说》、《中庸解》、《杨忠介公集》。事迹见《明史》卷二九〇、《杨忠介公文集》附录卷第一吴时来撰《杨御史传》、卷四李桢撰《墓表》、《冯少墟集》卷二二《关学编》卷四、《明儒学案》卷九。

张文麟卒(1482—)。文麟字公瑞,号端岩。苏州府常熟人。弘治十八年(1505)进士,授刑部主事。官至福建建宁府知府。有《借月山房丛抄》。

唐文献(—1605)、王肯堂(—1613或1614)、梅鼎祚(—1615)生。

按:一说梅鼎祚(1553—1619)。

玛格丽特·德·纳瓦拉卒(1492—)。法国作家。

索多马卒(1477—)。意大利画家。

嘉靖二十九年　庚戌　1550年

伊斯兰教在西瓜哇传播。

英格兰人、法国人、苏格兰人缔结三国和约。

俄罗斯伊凡四世颁新法典。

三月壬午，赐唐汝楫、吕调阳、张金和等320人进士及第、出身有差。

五月辛卯，《大明会典》重修成，徐阶等诣奉天殿进呈。

七月，逮巡视浙闽都御史朱纨并副使柯乔、都指挥卢镗等。纨自杀死。自是，中外诸臣不敢复言海禁事。

八月甲子，鞑靼俺答犯宣府。继而攻占蓟州，进兵密云、怀柔、通县，分兵掠昌平，京师戒严。世宗诏檄诸镇兵勤王，用仇鸾为平虏大将军，节制诸路兵马。严嵩戒诸将勿出击，俺答兵焚掠内地八日而去。史称"庚戌之变"。丁亥，严嵩为委过，杀兵部尚书丁汝夔、侍郎杨守谦。

　　按：此变终以捷闻，世宗优诏慰仇鸾，加太保，赐金币。则其时朝臣之昏聩、将官之懦弱、士气之低落、三军之乏才、持事者之颠倒黑白，尽皆暴显无余。

十月癸未，定武举额90名。

十一月癸巳，分遣御史魏谦吉等选边军入卫京师。自是塞上有警，边将不得征调，边事日坏。

是年，琉球来贡，携陪臣子五人入国学。

罗马乐派约于此时兴起。

小提琴问世。

钱德洪应史际、吕光洵之聘于正月嘉义书院建成之后讲学其中。

　　按：同志周贤宣、赵大河，诸生彭若思、彭适、袁端化、王襞、徐大经、陈三谟等数十人，史际率其子侄史继源、史继志、史铨、史珂、史继书、史继辰、史致詹，并钱德洪子婿叶迈、郑安元、钱应度、钱应量、钱应礼、钱应乐等定期来会，常不下百余人。

钱德洪四月送王阳明子王正亿入胄监，至金陵，遂趋新泉精舍讲会。

钱德洪是岁作《天成篇》揭嘉义堂示诸生。

　　按：《天成篇》略曰："人者，天地之心，万物之灵也，所以主宰乎天地万物者也。""吾心为天地万物之灵者，非吾能灵之也。天作之，天成之，不参以人，是之谓天能，是之谓天地万物之灵。""圣人可学而至，谓吾心之灵与圣人同也。然则非学圣人也，能自率吾天也。""率是灵而无间于欲焉，是天作之，人复之，是之谓天成，是之谓致知之学。"

何迁任吏部文选司郎中，四月偕四司同僚邀钱德洪登报恩寺塔，坐第一层，以"静坐"问。

　　按：何迁问曰："闻师门禁学者静坐，虑学者偏静沦枯槁也，似也。今学者初入门，此心久濡俗习，沦浃肤髓，若不使求密室，耳目与物无所睹闻，澄思绝虑，深入玄漠，何时得见真面目乎？师门亦尝言之，假此一段小学之功。今禁此一法，巩令人终无所入。"德洪对曰："师门未尝禁学者静坐，亦未尝立静坐法立人。只教致良知。师尝言之矣，'吾讲学亦尝误人，今较来较去，只是致良知三字无病'。"（《王阳明全集》卷四《顺生录》之十一《年谱·附录一》）

邹守益六十寿辰，周怡二月为文以祝，有《寿东廓师六十叙》。

罗洪先致祝邹守益六十寿。守益出《会语》一册相示，洪先多所商榷。洪先又联近乡立仓同江，以便漕舟。

邹守益至祁门，会讲于东山。是岁，有《题春台会录》。

罗洪先以俺答进犯京师，警报叠至，忧急病作，几不起。

刘魁是夏访周怡，并拜周母墓。

何廷仁冰雪之际访罗洪先于石莲，聂豹亦至。

罗汝芳约同志大会留都。及秋，会江省月余，沂流至螺川，集会九邑同志。

徐阶八月进太子太保。

聂豹九月以礼部尚书徐阶之荐特召为巡抚蓟州右佥都御史。十月，转兵部右侍郎。

顾应祥七月由南京兵部右侍郎改刑部尚书。十二月，上《详定司刑条例》，刊之。

程文德五月由南京国子监祭酒改礼部右侍郎。

万表以病乞归，时与王畿阅本朝名臣奏议及十三省九边图考，采其有关国体切于时政者，汇为一编，曰《经济录》。

胡直下第归。

胡直五月馆兴化李春芳家，始得尽闻王艮之学，深为叹服。

王世贞之父王忬在庚戌之变中以御史巡按顺天府，与将士们奋起作战，王世贞有诗文多篇纪事讽时。

皇甫冲是秋闻俺答兵大举入寇，愤作长诗；其《兵统》、《灭胡经》16卷成于是岁。

徐学诗九月以刑部郎中疏劾严嵩父子纳贿乱国等罪，请罢之。十月辛巳下于狱。

按：时诏廷臣陈制敌之策，徐学诗乃愤然劾严嵩，以为"大奸柄国，乱之本也"，疏上，方士陶仲文密言学诗为私修隙，遂下学诗于狱。

吴承恩至京。

朱曰藩在故里宝应，作《自松林泛舟上城东南角晚集介公房记》。

欧大任以《扬子秋风十载余》诗寄王逢元金陵。

卢柟以谢榛屡为作诗鸣冤，此年得释；致书王世贞，说出狱事。

按：卢柟著有《蠛蠓集》5卷。

王寅自松江何良俊处西还。

赵贞吉四月己亥由翰林院编修升为右春坊右中允，管国子监司业事；八月由左谕德兼监察御史谪荔浦典史。

王宗沐赴官广西，道武林，晤海樵陈山人，应属为作《海樵诗集序》。及至广西，与诸生讲学于三贤书院。时茅坤亦官广西，悉出其往日所为文以示宗沐。

薛应旂十月由礼部署郎中转浙江提学副使。

张治、欧阳德二月壬寅任礼部会试主考。

朱衡五月己卯升福建按察司提学副使。

闫朴六月己亥升南京国子监祭酒。

吴山闰六月丙子升左庶子兼翰林院侍讲掌南京翰林院事。

王宗沐作《书吴伯竣家乘贤母传后》、《湘皋集序》。

崔桐作《修筑捍海堰记》、《海门迁县记》；并刻所著《东洲集》20卷。

杨慎四月应云南台司之请，作《海品修浚碑记》。

何迁有题卷《送鹿园万先生还越》。

程文德撰《婺集同声诗序》。

海瑞以应试入京，与江阴张衮会。

归有光应礼部试下第南还。

刘效祖中进士。

吴国伦成进士，授中书舍人。

张佳胤成进士，授滑县知县。

陈耀文成进士，授中书舍人。

按：陈耀文字晦伯，号笔山，生卒年不详。河南碓山人。著有《经典稽疑》、《正杨》、《学圃萱苏》、《天中记》等。

林大春成进士，授行人。

徐中行成进士，授刑部主事。

徐学谟成进士，授兵部主事。

魏裳成进士。

按：魏裳字顺甫，生卒年不详。湖广蒲圻人。著有《云山堂集》、《湖广通志草》。

梁有誉成进士，授刑部主事。

丁自申、王好问、方弘静、吕调阳、朱天球、沈应魁、陈柏、宗臣、高岱、董传策、潘季驯成进士。

吕坤年十五，读性理诸书，欣然有会。

史际任吏部主事，建嘉义书院于溧阳，祀王阳明、湛甘泉。

按：书院在溧阳救荒浒。史际以岁荒，筑浒塘以活饥民，塘成而建书院于上。延四方同志讲会，馆穀之。籍其田之所入，以备一邑饥荒，故名曰"嘉义"。历三年，至是岁，书院建成，钱德洪主教事，立王阳明与湛甘泉位，春秋奉祀。又，史际师湛甘泉先生。

吕怀等阳明门人四月建大同楼于新泉精舍，设王阳明、湛甘泉像，合讲会。

按：精舍在金陵崇礼街。初，史际师湛甘泉，筑新泉精舍，买田为馆穀之资。至是，吕怀与李遂、刘起宗、何迁、余胤绪、吕光洵、欧阳塾、欧阳瑜、王与槐、陆光祖、庞嵩、林烈及诸生数十人，建大同楼于精舍，设阳明与甘泉像为讲会。会毕，退坐昧昧室，默坐终夕而别。

意大利邦别利出版《代数学》，引

林希元改编《大学经传定本》及《〈四书〉、〈易经〉存疑》。

按：十二月辛未奏乞刊布。其书因间与朱传不合，诏毁之，并下希元于巡按御史问。寻夺其冠带为民。

秦王府(秦宣王朱怀埢)重刻《史记》,又刻宋鲍云龙《天原发微》5卷。

王洙《宋史质》100卷刊刻。

张峰判应天府,翻刻其师王阳明《山东甲子乡试录》于嘉义书院。

按:是书皆出王阳明手笔,张峰得阳明继子王正宪原刻本翻刻之。

倪辂《南诏野史》1卷刊刻。

栗永禄纂修《寿州志》8卷刊刻。

邵时敏修、王心纂《皇明天长县志》7卷刊刻。

王尚用修、陈梓等纂《寻甸府志》2卷刊刻。

翁相修、陈棐纂《广平府志》16卷刊刻。

按:陈棐字汝忠,号文冈,生卒年不详。河南鄢陵人。嘉靖进士。官至都御史、宁夏巡抚。著有《陈文冈集》。

胡容修、王组纂《威县志》8卷刊刻。

陈讲等纂修《潼川志》10卷刊刻。

程嗣功修、骆文盛纂《武康县志》8卷刊刻。

钱德洪增录《朱子晚年定论》2卷,合阳明原刻1卷,共3卷,史际令其孙史致詹刻于嘉义书院。

罗洪先序聂豹《困辩录》。

田汝成跋周诗所辑《邂逅集》。

何良俊刻所纂注《何氏语林》30卷,又序顾从敬所刊《类编草堂诗余》。

衡王府刻明张时彻《急救良方》2卷。

宁王府刻朱拱樤《豫章既白诗稿》。

弋阳王府刻晋陶潜《陶靖节集》。

《两淮盐法志》成书。

按:据《四库提要》。

罗钦德卒(1472—)。钦德字允迪,号毅轩。江西泰和人。罗钦顺弟。弘治十二年进士。著有《浮沤杂草》。

徐问卒(1480—)。问字用中。武进人。弘治十五年进士。疏陈武备八事。官至户部尚书。居官清廉。巡抚贵州时,建贵阳书院。其学力主穷理致知、敬义直方。隆庆初谥庄裕,学者称养斋先生。著有《读书札记》8卷、《小山堂外纪》、《山堂萃稿》16卷《续稿》4卷、《养斋集》二集34卷《三集》24卷等。事迹见《明史》卷二一〇、《明儒学案》卷五二。

张治卒(1488—)。治字文邦,号龙湖。湖广茶陵人。正德十六年进士。官至南京吏部尚书、文渊阁大学士。著有《龙湖文集》等。

沈教卒(1488—)。教字敬敷,号平墅。浙江慈溪人。正德进士。曾巡按云南,平安铨、凤朝文起事。著有《风化录》、《戎政录》。

周凤鸣卒(1489—)。凤鸣字于歧。苏州昆山人。正德九年进士。著有《东田集》。

朱纨卒(1494—)。纨字子纯,号秋厓。苏州府长洲人。正德十六

入虚数,并完全解决3次方程之代数解。

托马斯·克兰默著成《为天主教圣礼学说辩护》。

西格蒙德·冯·赫伯斯坦著成《自然化石》。

G.D.雷蒂库斯研究出《三角表》。

乔治·瓦萨里作成《艺术家的生命》。

约翰·马贝克编写《英国国教祈祷文曲调书》。

汉斯·塞巴尔德·贝哈姆卒(1500—)。德国版画家。

年进士。著有《茂边纪事》1卷、《秋厓奏议》10卷、《甓余杂集》10卷。事迹见《明史》卷二五〇。

杨守谦卒,生年不详。守谦字允亨,号次村。徐州人。嘉靖八年进士。累官保定巡抚。隆庆时追谥恪愍。纂有《大宁考》。

陈霆卒,生年不详。霆字声伯,号水南。德清人。弘治十五年进士,授刑科给事中。正德初,以忤刘瑾,谪判六安。瑾诛后,起为山西提学佥事。嘉靖中,隐于渚山著述。著有《宣靖备史》、《唐余纪传》、《山堂琐语》、《两山墨谈》、《渚山堂诗话》、《渚山堂词话》、《水南先生稿》。

舒缨约卒于是岁以后,生年不详。缨字振伯。余姚人。嘉靖十四年进士,历官王府长史。著有《通川集》、《黎州野乘》。

萧良有（ —1602）、孙继皋（ —1610）、顾宪成（ —1612）、汤显祖（ —1616）、臧懋循（ —1620）、吴道南（ —1623）、朱谋㙔（ —1624）、邹迪光（ —1626）、赵南星（ —1627）、俞安期（ —1627后）、尹守衡（ —1631）生。

嘉靖三十年　辛亥　1551年

奥斯曼帝国取阿曼马斯喀特。
奥斯曼帝国及圣约翰骑团战,取的黎波里。
神圣罗马查理五世帝迫害犹太人。
奥地利人及奥斯曼帝国战。
阿斯特拉罕汗国纳贡于俄罗斯。
墨西哥城大学（今国立自治大学）创建。
秘鲁利马大学创建。

正月,锦衣卫经历沈鍊疏劾严嵩、严世蕃父子黩、贿十大罪,并及吏部尚书夏邦谟诌谀状,请均斥罢。被杖,谪佃保安州。沈鍊既被谪,中外慑严嵩之威,益箝口。

三月己未,俺答遣子脱脱贡马求款,乞开西北马市,许之。四月丙戌,开马市于大同镇羌堡。五月乙巳,开宣府马市,如大同例。

按：脱脱一译托克托。

十月癸未,命有司修理承天府文庙儒学。

是年,户部通计京、边岁用至590万两,尚书孙应奎蒿目无策,乃议于南畿、浙江等州县增赋百二十万。加派于是始,民益困。

程文德正月由礼部右侍郎改左侍郎；十一月,改吏部左侍郎。

汪道昆入为南京工部主事,改北京户部。

聂豹奉命巡视九门,乃条陈六事,多所采纳。得旨协理京营戎政。

胡直挈家归义和沧洲故居。

罗汝芳会乐安及宜黄归,立义仓,创义馆,建宗祠,置醮田,修祖墓,讲里仁会于临田寺。

周怡是秋往山阴访王畿,相偕游天台,聚讲数月,返,过武进访唐顺之。

徐阶为礼部尚书，二月请早建储、立太子，不允。十一月进少保、吏部右侍郎、兼东阁大学士。

何良俊、莫如忠等游泖湖，良俊作记。

杨慎十月游易门。

杨继盛任兵部主事，三月癸卯闻开马市，抗疏陈十不可、五谬，下狱，贬狄道县典史。

王世贞以三年考满，升任刑部员外郎。

闵如霖二月辛酉升太常寺卿，管国子监祭酒事。

林懋和七月己亥升为湖广按察司提学副使。

按：林懋和字惟介，生卒年不详。福建闽县人。嘉靖进士。著有《栎寄集》、《双台诗选》。

林庭机十一月戊子升为国子监司业。

吴山十二月癸亥升为左春坊左庶子兼翰林院侍讲学士，管国子监祭酒事。

王维祯十二月癸未升为右春坊右谕德，掌南京翰林院事。

宗臣任吏部考功司主事。

卢柟走彰德，依赵康王朱厚煜，作《梦洲赋》。

文徵明以八十二岁高龄与吴子孝同登吴山绝顶，子孝作纪事诗。

徐渭读书杭州玛瑙山寺，绘《四书绘》。

赵锦任巡按贵州监察御史，是岁建阳明祠于龙场。

按：龙场旧有阳明所创龙冈书院。至是，赵锦建祠三楹于书院北，奠阳明位于中堂。巡持都御史张鹓翼、廉史张尧年、参政万虞恺、提学副使谢东山，共举祠祀。

又按：谢东山，字少安，号高泉子，生卒年不详。四川射洪人。嘉靖进士。著有《近譬轩稿》、《黔中小稿》。

刘激于湖南益阳创建龙洲书院，并撰《龙洲书院志》以记其事。又聘蒋信等讲授心法。

马宣于湖南耒阳重修杜陵书院。

按：唐大历五年(770)，杜甫客死耒阳，县人慕其文行，建书院奉祀。

杨继盛于甘肃临洮捐建超然书院，以祀五帝、三王、周公、孔子及先代名儒。

林兆恩创立三一教，并招收门徒，倡导儒、道、佛三教合一。

邹守益是冬作《潜江县重修儒学记》。

罗洪先为龙场阳明祠作《祠碑记》。

按：其记略曰："予尝考龙场之事，于先生之学有大辨焉。夫所谓良知云者，本之孩童固有，而不假于学虑，虽匹夫匹妇之愚，固与圣人无异也。乃先生自叙，则谓困于龙场三年，而后得之，固有不易者，则何以哉？……今之言良知者，莫不曰固有固有。问其致知之功，任其固有焉耳，亦尝于枯槁寂寞而求之乎？所谓盗聪明、增机械，亦尝有辨于中否乎？生于忧患，死于安乐，岂有待于人乎？"

罗洪先是夏有《譙南书院记》，又有《吉水县儒学尊经阁记》。

莫尔的拉丁文原版《乌托邦》由拉尔夫·鲁滨逊译成英文。

皮埃尔·贝隆著成《特种鱼自然史》。

瑞士康拉德·冯·格斯纳关于现

代动物学的著作《动物史》著成。 德国赖恩霍尔德根据哥白尼学说，制成普鲁士星表。	王宗沐作《崇迪堂记》、《使粤集后序》。 薛应旂作《平阳县重修庙学记》。 黄训《皇明名臣经济录》53卷刊刻。 张瀚《皇明疏议辑略》37卷刊刻。 高汝行纂修《太原县志》6卷刊刻。 刘鲁生修、李廷宾纂《曲沃县志》5卷刊刻。 郑相修、黄虎臣纂《夏邑县志》8卷刊刻。 许东望修、张天复等纂《山阴县志》12卷刊刻。 林鸾纂修《襄城县志》8卷刊刻。 万炯修、张应辰纂《商城县志》8卷刊刻。 杨培之纂修《巴东县志》3卷刊刻。 孟仲遴纂《清河县志》4卷、《续录》1卷刊刻。 余承勋纂修《青神县志》7卷刊刻。 李逊纂修《安庆府志》31卷刊刻。 万鉴修、张淑誉纂《盂县志》13卷刊刻。 杨应奎纂修、张霈补遗《南阳府志》12卷成。 孙楼自序《博雅堂所藏典籍目》。 王畿是秋过苏州，有《道山亭会语》。 程文德七月纂《朴亭雅集》。 黄佐孟夏选定《舒芬文集》为5卷，序而刻之。 蔡汝南(蔡汝楠)作《叙〈传习录〉后》。 张文龙集其师韩邦奇之所作，编次为22卷成，附识于卷末。 萧世廷重刻陈献章《白沙子全集》。 何良俊拟刘义庆《世说》编成《何氏语林》30卷，文徵明、陆师道序之。 吴郡袁氏嘉趣堂刻袁褧所辑《金声玉振》成。 弋阳王府朱多焜刻弋阳端惠王朱拱樻《东乐轩诗集》6卷。 徽王府月轩道人重刻明张禄辑《词林摘艳》。
多米尼科·贝卡富米卒（约1486— ）。意大利画家，雕塑家。	王九思卒(1468—)。九思字敬夫，号渼陂，别号紫阁山人。鄠县人。弘治九年进士。工词曲，善歌弹，为明代中叶颇有成就的戏剧家，与李梦阳、何景明、徐祯卿、边贡、朱应登、顾璘、陈沂、郑善夫、康海等号十才子，又与梦阳、景明、祯卿、贡、海、王廷相号七才子。著有诗文集《渼陂集》，杂剧《沽酒游春》、《中山狼》(一折)，散曲集《碧山乐府》等。事迹见《明史》卷二八六《李梦阳传》附传。 　　按：据《明史》卷二八六，康海、王九思同里、同官，同以瑾党废。每相聚沜东鄠、杜间，挟声伎酣饮，制乐造歌曲，自比俳优，以寄其怫郁。九思尝费重赀购乐工学琵琶。海搊弹尤善。后人传相仿效，大雅之道微矣。 孙懋卒(1469—)。懋字德夫，号毅庵。浙江慈溪人。正德六年进士。著有《孙毅庵集》。事迹见《明史》卷二三〇。

黄绾卒(1477—　)。绾字宗贤(一说叔贤),号久庵,又号久翁、石龙。太平(今安徽当涂)人。以祖荫入官。官至南京礼部尚书兼翰林院学士。为学凡三变:初师谢铎,宗程、朱理学;后转师王阳明,习心学;晚年主张"良知"来源于日常生活,谓"致良知"说为"空虚之弊,误人非细",并以为宋儒之学是禅学,"神学益盛,实理益失",对理学和心学均取批评态度。著有《明道编》、《石龙集》等。事迹见《明史》卷一九七、《明儒学案》卷一三。

何廷仁卒(1486—　)。廷仁初名秦,以字行,改字性之。江西雩都人。嘉靖初举人。治学初慕陈献章,后师王守仁。学者称善山先生。事迹见《明儒学案》卷一九。

陆粲卒(1494—　)。粲字子余,一字俊明,号贞山。长洲人。少谒同里王鏊。嘉靖五年进士。挺直敢言。著有《左传附注》5卷《后录》1卷、《左氏春秋镌》2卷、《春秋胡氏传辨疑》2卷、《庚已编》、《洞箫记》、《陆子余集》8卷、《陆子余遗集》4卷、《陆子余尺牍》1卷,与其弟陆采合作有传奇数种。事迹见《明史》卷二六〇。

白悦卒(1498—　)。悦字贞夫。武进人。嘉靖十一年进士。悦以诗文名于时,著有《白洛原遗稿》8卷。

胡彦卒(1502—　)。彦号白湖子。湖广江夏人。嘉靖二十年进士。著有《茶马类考》。

林章(　—1599)、胡应麟(　—1602)、邢侗(　—1612)、林之盛(　—1620)、邹元标(　—1624)、唐时升(　—1636)生。

按：唐时升生年一作1552年。

嘉靖三十一年　壬子　1552年

七月壬寅,以倭警,命巡抚山东都御史王忬巡视浙江兼辖福建滨海诸府。

按：自朱纨罢后,巡抚并巡视不设者四年,倭患益炽。六月丙子,倭寇浙江,大掠舟山等地,复登岸流劫温、台、宁、绍间,浙东骚动。于是,诏令暂复巡视。

八月壬戌,仇鸾死。

按：仇鸾初与严嵩结为父子,自得世宗信用后,与嵩争宠。嵩乃与锦衣陆炳共图鸾,揭其通房纳贿状。仇鸾大惧恨,发疽死。诏暴鸾罪,追戮其尸,传首九边。

九月丁酉,河决徐州房村集,至邳州新安,运道淤阻五十里。

徐阶正月以礼部尚书请裕王、景王冠婚,令上仪注。

徐阶三月以礼部尚书入内阁为东阁大学士。

俄罗斯灭喀山汗国。

意大利菲尼圭拉发明凹版印刷术。

按：严嵩忌之，徐阶度未可与争，乃谨事嵩。时仇鸾与严嵩相恶。

聂豹九月以兵部左侍郎协理京营戎政。

周怡是春赴会宛陵。继自宛陵至西江直入关。复至吉安泰和访刘魁，适刘氏新病卒，即为文祭奠之。又往拜罗钦顺之墓。至安福访邹守益，并为撰其夫人墓表。再往吉水会罗洪先。寻，邀刘邦采、刘阳入衡山，聚讲于南岳之南台，作寺碑记。

欧阳德三月由前礼部侍郎起为礼部尚书。时德守制，令服阕赴任，仍令徐阶掌礼部事。十月，欧阳德入朝，大学士徐阶解部事。

何迁以南考功部郎序满，顺道返里，有《书报恩寺藏罗汉浮海图后》。

薛应旂作《宁波正学祠记》、《重刻朱子晚年定论》、《郭溪窗稿序》。

王宗沐正月作《乾乾亭记》、《广西序齿录序》、《刘参军集序》。

徐阶八月作《瑞谷赋》，有序。

杨慎九月复归蜀至泸州，张含有诗记事。

赵文华密以王宗茂疏示严嵩。

按：十月，南京御史王宗茂拜官甫三日，即劾严嵩负国八大罪。疏至通政司，赵文华密以示严嵩，留疏数日始上，由是严嵩得预为防备。遂以王宗茂诬诋大臣罪，谪为平阳县丞，并夺其父王桥之官。

王世贞作长诗《将军行》，记仇鸾奸谋败露、被剖棺磔尸事。

王世贞、宗臣、李攀龙、谢榛、徐中行等聚北京，结成复古文学流派，延画工作《六士图》，以张声势。

宗臣解考功职还兴化。

梁有誉以病告归，王世贞以诗送之。

皇甫冲自序所著虞山《纪游诗》。

万表是春以海寇构乱，作《海寇议》。

包节官湖广按察，为中官所陷，遣戍西宁。

杨继盛在京口会唐顺之，同游焦山。

薛应旂八月以巡按浙江、监察御史、提学副使，主考乡试，有《浙江乡试录序》。

薛应旂在浙江提学副使任，识拔徐渭。

尹台、郭棐七月庚寅主考应天府乡试。

秦鸣雷、郭朴八月丁巳主顺天乡试。

胡直是冬与欧阳绍庆赴会试。

李贽中福建乡试举人。

按：《焚书》卷三述其事举业之经过谓：稍长，读传注不省，不能契朱子深心。因自怪，不欲弃置不事。而闲甚，无以消岁日。乃叹曰："此直戏耳，但剽窃得滥目足矣。主司岂一一能通孔圣精蕴者耶？"因取时文尖新可爱者，日诵数篇，临场得五百，题旨下，但作缮写誊录生，即高中矣。

耿定向举于乡。

来知德举乡试，以终养不上公车。

周大章、施显卿中举。

归有光应礼部试下第南还。

张烜任提督南赣都御史,建复阳明王公祠于郁孤台。

> 按:祠建于嘉靖初,地在赣州郁孤台前,濂溪书院之右。其初塑像设祀,俱有成式。后因对阳明其人其学的谤禁,遂为承风者毁废。至是,因阳明弟子、署南赣兵备佥事沈谧之请,张烜重加建复。

沈谧建复南安阳明王公祠。

> 按:南安青龙浦,为阳明卒地,士民相与建祠于学宫之右。后以京师流言,亦为承风者迁于委巷。至是,沈谧与有司师生重加建复,复旧址原制。事迄,具申军门,张烜亦从之。

沈谧修举南赣阳明所立社学。

> 按:王阳明征三浰班师,立法定制,令赣属各县俱立社学,事见正德十三年。继后,腾谤者尽堕成规,而五院社学亦为强暴者私据。至是,沈谧修举废坠,五社之学复完。

龚秉德于浙江永嘉重建东山书院。

黄洪昆、刘起宗、邱时雍于安徽泾县创建水西精舍,邹守益作《水西精舍记》记其事。

> 按:张榮、邹守益、罗洪先等先后来此讲学。书院以阐传王阳明良知之学为宗旨。由王阳明弟子主坛,每年举行春秋两会。每逢讲会,学士荐绅云集,其盛况可与白鹿洞、石鼓、岳麓、睢阳书院媲美。

张灯于湖南湘阴创建仰高书院。

杨逢春于湖南邵阳改濂溪祠建为东山书院,集诸生习经读史,并授明心性之学。所培养之士本末皆有可观。

耶稣会士西班牙人沙勿略窜入广东海外上川岛。

伊王府刻元陈致虚《周易参同契注解》3卷。

陈建《皇明启运录》8卷刊刻。

> 按:该书在吴朴《龙飞纪略》基础上改写,详于明朝开国大政,曾先后参考《高皇帝御制文集》、《五伦书》、《御制大诰》、《皇明祖训》、《皇明玉牒》、《续资治通鉴纲目》、《孝慈皇后传》、《大明会典》、《大明一统志》(以上制书)、《国初事迹》、《草木子》、《草木子余录》、《双槐岁抄》、《天顺日录》、《水东日记》、《震泽长语》、《皇明传信录》、《余东序录》、《菽园杂记》、《九朝野记》(以上杂史笔记)、《翊运录》、《皇明开国功臣录》、《皇明名臣言行录》、《革朝遗忠录》、《革除遗书》、《殿阁词林记》、《殿阁词林续记》、《功臣本传》(以上人物传)、《皇明诏令》、《皇明政要》(以上政书)、《中都志》、《广州志》(以上方志)以及《龙飞纪略》、《皇明群书提要》。

陈士元著《荒史》成。

> 按:该书以罗泌《路史》为蓝本,撰述洪荒开辟之事,上自元始,迄于帝挚,有十二本纪。

吴朴《龙飞纪略》再版。

孔天胤序刊《西京杂记》。

李鸿渐修、任庆云纂《商略商南县集》8卷刊刻。

李遇春纂修、李东甲等校补《略阳县志》6卷刊刻。

皮埃尔·德隆萨尔的《爱神》第一集完成。

艾蒂安·若代尔编成《克莱奥帕特里俘虏》。

弗郎切斯科·洛佩斯·德戈马拉出版其著作《印度通史》。

巴尔托梅奥·欧斯塔基奥著成《骨板剖析》。

英国爱德华·沃顿撰成《动物的区别》。

王家士修、祝文等纂《临朐县志》4卷刊刻。

汪瑀修、林有年纂《安溪县志》8卷刊刻。

徐恕修、王继洛纂《郑州志》6卷刊刻。

姚卿修、孙铎纂《鲁山县志》10卷刊刻。

黄国奎修、盛继纂《兴宁县志》3卷刊刻。

丘时庸修、王廷干纂《泾县志》11卷刊刻。

蔡汝楠（蔡汝南）作《湖广乡试录叙》（包括《前叙》、《后叙》）。

万表著《道德经赘言》成，丰道生为之序。

芝城（建宁）蓝印铜活字本《墨子》15卷刊行。

陆师道影抄宋本《汉隶字源》毕，以奉文徵明。

熊大木序刊所纂《大宋中兴通俗演义》。

顾存仁刊元刘履所编《选诗补注》14卷成。此版本由龚白谷手书、李潮摹刻。

杨仪作《剑南神曲》。

张之象刻所辑《唐雅》26卷。

陈鹤题名阅定《十二家唐诗》。

郭云鹏刻黄鲁曾所辑王建、花蕊夫人、宋徽宗、王珪四家词。

张逊业辑《唐十二家诗》由江都黄埻东壁图书府刊行。

明斯特尔卒（1489— ）。德国地理学家。

朱澣卒（1486— ）。澣字必冻，号损岩。莆田人。嘉靖癸未进士。授湖广道盐察御史。有《灭马山房遗稿》传世。

刘魁卒（1487— ）。魁字焕吾，号晴川。江西泰和人。王阳明弟子。曾与杨爵、周怡等共讲学。历官钧州知府、潮州同知、工部员外郎。著有《省愆稿》。事迹见《明史》卷二八三本传、《明儒学案》卷一九。

按：此据姜亮夫《综表》引《明史》卷二〇九。而《明史》刘魁本传并未载刘氏生卒年寿，则姜氏所著录当另有所本。今暂从之，以俟再考。

张岳卒（1492— ）。岳字维乔，号净峰。福建惠安人。谥襄惠。自幼好学，以大儒自期。与陈琛、林希元以痴迷学术而并称"泉州三狂"。正德进士，授行人。曾总督两广；又总督湖广、贵州、四川军务。著有《小山类稿》。事迹见《明史》卷二〇〇、《明儒学案》卷五二。

按：此据《世经堂集》卷一七徐阶撰《墓志铭》。《国榷》卷六〇则作嘉靖三十二年正月卒。据《明史》本传，岳博览，工文章，经术湛深，不喜王守仁学，以程、朱为宗。

张忠卒（1495— ）。忠字显父，号梅江。河南任丘人。嘉靖八年进士，授南陵知县。官至光禄寺卿。著有《玉林集》。

翁万达卒（1498— ）。万达字仁夫，号东涯。揭阳人。谥襄敏。嘉靖五年进士，累官至兵部尚书。著有《潮州耆旧集》、《东涯集》、《稽衍集》等。

陈如纶卒（1499— ）。如纶字德宣，号午江，别号二余。太仓人。嘉靖十一年进士，知侯官县。改刑部主事，擢福建布政右参议，所至以清介著。著作之存者有《冰雪堂缀逸稿》2卷、《兰舟漫稿》1卷、《二余词》1卷、

《游闽稿》1卷。

徐樾卒,生年不详。樾字子直,号波石。江西贵溪人。初为王阳明弟子,后为王艮高足,成泰州学派传人。嘉靖进士。官至云南左布政使,为沅江土官那鉴所害。著有《波石集》。事迹见《明儒学案》卷三二。

利玛窦(—1610)、吴崇礼(—1626)、唐时升(—1636)、许世卿(—?)生。

按:唐时升生年一作1551年。

嘉靖三十二年　癸丑　1553年

二月甲戌,会试取中式举人曹大章等400名。

三月甲午,赐陈谨、曹大章、温应禄等进士及第、出身有差。

闰三月甲戌,海贼纠群盗勾集各岛倭夷,大举入寇,连舰百余艘,蔽海而至,自台州、宁波、嘉兴、湖州、苏州、松江,至于淮北,滨海数千里同时告警。

五月丁未,选进士万浩、姚洪漠等俱改庶吉士,送翰林院读书。

九月己巳,武举开科取文质等90名。

十月乙未,武举乡试三次中式者准径起送会试,永为定例。

十一月甲辰,以民间通行钱币薄劣,谕工部铸洪武至正德九号钱,每号百万锭,嘉靖钱千万锭,每锭五千文。与旧钱并用,令上钱七文、劣钱二十一文各当银一分。禁私造钱流通。

是年,上海始筑城以防倭寇,周围九里。

按:葡萄牙殖民者以海船遇难,借地晒物为由,扩展澳门租地,进而侵占整个澳门。自此,澳门遂成葡萄牙殖民地,也成了西方传教士、医生、商人在华立足的最早场所和进入内地的跳板。

直隶怀安(今属河北)人李宾创立黄天教。

按:李宾号普明,又称虎眼师,著有《普明如来无为了义宝卷》。其教由李氏世传,历时近四个世纪,佛道相混,以道为尊。

杨继盛正月因上表劾严嵩十大罪、五奸,被杖下狱,朱笈在京任礼部主事,暗中以饮食接济。

孙承恩以不遵旨戴道士帽朝见,被罢礼部尚书职,归华亭。

王畿举会于郡城,有《水西精舍会语》。

罗洪先是秋游玉笥,登九仙台。反复定性书,于"自私"二字,颇有省发。是岁,移居阳田。

聂豹正月升兵部尚书,力辞不允;九月,进太子少保,荫锦衣千户。

加尔文杀西班牙学者塞尔维特。

英国、葡萄牙始争西非。

英格兰国王爱德华六世卒。异母姐玛丽一世登位。

程文德正月以吏部左侍郎知贡举。三月,以吏部左侍郎兼翰林学士署詹事府詹事。五月丁未,进士万浩、姚洪漠等俱改庶吉士,送翰林院读书,程文德教习之。十月,请赈荒河东、山东、徐邳、淮扬,课有司册记。

蔡汝南(蔡汝楠)是秋作《四书名儒雅意录序》。

薛应旂作《重修三学射圃记》、《二忠祠记》。

颜钧游京师,受阁臣徐阶之邀于灵济宫主会来京觐见之官员350人,讲学3日,又应邀与会试举人700人讲学3日,轰动京城,三公以下,望风请业。

闵如霖九月壬戌以礼部左侍郎兼翰林院学士,同教习庶吉士。

顾应祥致仕。

梁辰鱼是秋南游浙江永嘉、杭州等地。

李攀龙出守顺德。

何良俊官南京翰林院孔目,其间会见北曲老乐工顿仁。顿仁以教曲为生。

盛时泰为南京牛首山僧重修辟支塔成作记。

杨慎借领戎役之机携子还蜀,侨寓泸州。其时慎已多病。

徐阶、敖铣二月甲寅为礼部会试考试官。

敖铣三月乙丑升为太常寺卿管国子监祭酒事。

按:敖铣字纯之。生卒年不详。嘉靖进士。江西高安人。

陈善十二月丙申升广西按察司佥事,提调学校。

胡直又下第,谒选,得句容教职,著《博约说》。

罗汝芳入京赴廷试,入为部郎,出知宁国府。是年悟《易》于胡宗正。

任环在苏州同知任率兵在浙东战胜倭寇,梁辰鱼、皇甫冲、文徵明、唐顺之、顾梦圭、归有光、张寰等皆有诗记颂。

潘恩官浙江,在海盐会同武官击走倭寇。

张之象遭倭寇破家,自龙华徙居桦江城内。

王应电家毁于倭乱,流寓江西泰和,以所著书就正于罗洪先,洪先大服。

王应电侨寓江西泰和,翰林陈昌积以师礼事之。

按:陈昌积号两湖,生卒年不详。江西泰和人。嘉靖进士。著有《陈两湖集》、《松风轩藏稿》。

向淇成进士,授邯郸知县。

按:向淇字子瞻,生卒年不详。湖广沅陵人。少从武陵蒋信游。任职南京户部时,聚四方同志,讲学于甘泉书院,以体认为宗。迁广西参议,葺先贤祠书院,以化其民。

李蓘成进士,授检讨。

按:李蓘字子田,号黄谷,生卒年不详。河南内乡人。官至提学副使。家多藏书,博学多识,为人放任。议论多诟病道学,讥评气节。著有《于塸注笔》、《黄谷琐谈》、《宋艺圃集》、《元艺圃集》、《李子田文集》。

吴时来成进士,授松江推官。

何东序成进士,授徽州知府。

按：何东序字崇教,号肖山,生卒年不详。山西猗氏人。以忤高拱,归田。著有《九愚山房诗集》。

张四维成进士,授编修。

张九一成进士,授黄梅知县。

罗汝芳成进士,选太湖县知县。

郑茂成进士,授海盐知县。

按：郑茂字士元,号峃园,又号壶阳,卒年不详。福建莆田人。著有《峃园诗集》、《靖海纪略》。

徐浦成进士,授弋阳知县。

按：徐浦字伯源,号台石,生卒年不详。福建浦城人。著有《归闲吟稿》。

徐师曾成进士,授兵科给事中。

姜宝成进士,授编修。

孙应鳌成进士,选庶吉士,授户部给事中。

郭汝霖成进士,授行人。

梁梦龙成进士,授兵科给事中。

马自强、刘尧晦、林有望、胡汝嘉、南轩成进士。

沈谥修复阳明王公祠于信丰县。

按：据沈谥《虔南公移录》："赣州府所属十一县,俱有前都察院右副都御史阳明王公祠,巍然并存。"自去岁提督南赣都御史张烜建复阳明王公祠于郁孤台后,各地踵武。是岁,除信丰县外南康县三月改建王公祠,安远县知县吴卜相三月请建王公报功祠,瑞金县知县张景星四月请建王公报功祠,崇义县知县王廷耀六月重修阳明王公祠。沈谥,嘉靖进士。王阳明弟子。生卒年不详。

吕怀、成守节九月改建阳明祠于琅琊山。

按：吕怀时为太仆少卿,成守节时为巡按御史。祠旧在丰乐亭右,湫隘不容俎豆。兹改建紫薇泉上。是岁,王畿谒是祠,与吕怀、咸贤等数十人大会于祠下。十月,钱德洪亦来谒。

谢少南刊吕柟纂《吕泾野五经说》。

谢少南所校《三辅黄图》6卷刊行。

颜鲸著《春秋贯玉》4卷成。

"就正斋"翻刻《新刊古本四明先生续资治通鉴节要》。此系该书第九次翻刻。

归有光著《备倭事略》。

翁氏辑刊《武学经传》三种。

王宗沐《皇明名臣言行录》刊刻。

沈应魁《皇明名臣言行录新编》34卷刊刻。

按：沈应魁(1514—?),字文仲,生卒年不详。江苏常熟人。嘉靖进士。

秦瀚《战国人才言行录》10卷刊刻。

按：《四库全书总目》称是书成于隆庆中,误。

汉斯·萨克斯著成《特里斯坦和伊索尔德》。

多明戈·德索托著成《法律的正义》。

托马斯·威尔逊著成《修辞学》。

佩德罗·德谢萨·德莱昂《秘鲁编年史》。

吕柟《泾野先生春秋说志》5卷刊刻。

周文龙修、孙绍等纂《磁州志》4卷刊刻。

谢滩纂修《钧州志》8卷成。

王廷耀修、郑乔纂《崇义县志》2卷刊刻。

刘坦修、郑恢纂《涿州志》12卷增刻。

金江纂修《高唐州志》7卷刊刻。

董邦政修、黄绍文纂《六合县志》8卷刊刻。

陈应信修、胡东陵纂《湘潭县志》2卷刊刻。

冯继科等纂修《建阳县志》16卷刊刻。

邵鸣歧纂修《息县志》8卷刊刻。

王宗沐三月刻《朱子大全私钞》成，复为文论次朱陆异同。是岁，复刻《象山粹言》6卷，有序。

周复俊为杨慎刻《南中集抄》。是岁复俊改官滇。

宁王朱权辑《梅花百咏》重刊。

蔡汝南(蔡汝楠)撰《入蜀短吟小叙》。

廖道南《殿阁词林记》刊刻。

弗朗索瓦·拉伯雷卒(约1494—)。文艺复兴时期法国作家。

阿里奥斯托卒(1474—)。意大利诗人。

黄衷卒(1474—)。衷字子和，号病叟。广东南海人。弘治进士。曾督粮广西，抚云南，镇湖广。官终兵部右侍郎。工诗，有《矩洲集》；另著有《海语》，述海中荒忽奇谲之状甚详。

刘龙卒(1477—)。龙字舜卿，号紫岩。山西襄垣人。弘治十二年进士，授编修，充经筵讲官。正德初，预修《孝宗实录》；嘉靖初，预修《武宗实录》。官至南京兵部尚书参赞机务。卒谥文安。著有《紫岩集》。

江晓卒(1482—)。晓字景熙，号瑞石。浙江仁和人。著有《春秋补传》、《瑞石稿》、《归田录》。

梅鷟卒(约1483—)。鷟字致斋。旌德人。官南京国子监助教，终盐课司提举。著有《尚书考异》、《尚书谱》，力辨《古文尚书》之伪，以为《古文尚书》二十五篇为皇甫谧所作。初，朱熹尝疑《古文尚书》，吴澄继之，至鷟始大放厥词，发展了朱熹等的研究。清儒阎若璩撰《尚书古文疏正》、惠栋撰《尚书古文考》，皆原本梅氏之书。梅鷟另著有《古易考原》、《春秋指要》、《仪礼翼经》、《太玄圕注》等。

王以旂卒(1486—)。以旂字士招，号石冈。江宁人。谥襄敏。正德六年进士。官至兵部尚书，曾总制三边。著有《漕河奏议》、《襄敏集》。事迹见《明史》卷一九九本传。

张岳卒(1492—)。一说卒于1552年。详见是年条。

胡侍卒(1492—)。侍字奉之，号濛溪。陕西咸宁人。正德十二年进士。著有《墅谈》、《真珠船》。

项乔卒(1494—)。乔字迁之，号瓯东。浙江永嘉人。嘉靖八年进士。著有《董子故里志》、《瓯东私录》、《瓯东文集》。

陆埌卒(1504?—)。埌字秀卿，号簧斋。浙江嘉善人。嘉靖五年进士。官至右佥都御史，巡抚河南。著有《陆簧斋集》、《簧斋杂著》、《诗传存疑》。

苏志仁卒(1516—)。志仁字道先。广东海阳人。嘉靖二十三年进士。著有《抱拙堂稿》、《中兴别响》、《日记存疑》。

吴麟卒，生年不详。麟字允祥，号苕源。浙江孝丰人。嘉靖五年进士。官至山东按察副使。著有《苕源存稿》。

江盈科(—1605)、沈璟(—1610)、僧传灯(—1627)、朱鹭(—1632)生。

嘉靖三十三年　甲寅　1554年

正月，杖言官。

按：给事中张思静等，因元旦贺表中失抬"万寿"字，廷杖四十。

五月，设总督大臣督理南直隶、浙江、山东、两广、福建等处军务，统摄剿倭。

六月壬辰，擢徐州兵备副使李天宠以佥都御史巡抚浙江，代王忬。

按：时宣大告警，改忬右副都御史，巡抚大同。忬在浙闽，严侦哨，谨斥堠，起用卢镗及谏擢汤克宽、俞大猷等，后皆为名将。至是去，而海上复骚然。

是年，京师饿殍遍地，疾疫流行。北寇屡犯边，关南数震；倭寇沿海肆剽掠，民多涂炭，而朝廷无良策。

罗汝芳入觐，劝徐阶聚四方计吏讲学。

徐阶与欧阳德、聂豹、程文德大会四方之士于灵济宫，与论良知之学，赴者五千人。

徐阶八月进太子太傅，武英殿大学士。

程文德供事西苑，撰青词颇寓规讽，世宗疑之欲远己命，遂调南京工部右侍郎。

聂豹四月加太子少傅，仍荫入监读书；十月，加太子太保。十二月，请申饬督抚，缮城治械，守要害，练土著，明赏罚，及有司去留，违者军法从事。世宗是之。

胡直二月闻欧阳德讣，为位哭之。

湛若水年九十，广东巡按十月请存问之，报寝。

王畿是春赴江右之约，及秋入武夷，历鹅湖，返棹广信，莅闻讲书院之会，有《闻讲书院会语》。

天主教在英格兰复辟。

俄罗斯伐阿斯特拉罕汗国。

圣保罗城始建。

造纸术传入挪威。

罗洪先偕友人赴赵贞吉天池之会。至九江,展濂溪墓,为书三碑;在海天,值王畿,遂同舟西归。

蔡汝南(蔡汝楠)期会赵贞吉于四祖山中,适王畿、管南屏、沈古林自黄梅往会赵氏,蔡氏久候贞吉不至,乃赋诗而去。贞吉至,与诸同人各次韵赋诗为别。

万表是春复起为南京都督佥书。

周怡是秋往新安赴休宁斗山会,有书奉龙溪。

王宗沐参议粤东。

吕本进太子太保、文渊阁大学士。

吕坤避地省城,与诸大夫共游湖山,自足为适。

杨慎在滇最亲密诗友简西峃正月六日将归蒙山,慎作诗《新正六日送简西峃登舟》。

顾梦圭作《甲寅时事记》,记昆山抗倭始末,责总兵梁凤畏葸。

薛应旂五月著《御寇论》。

归有光因倭寇抄掠吴地,直犯淮阳,作《御倭议》上当政者;又作《甲寅十月纪事》诗,反映倭寇抄掠及官府征科横暴。

按:时人诗文中述及倭事者颇多,如王稚登《海夷》诗,述江南北倭患;孙应鳌《海上行》,记倭寇掠淮阳事;朱曰藩《松陵杨明府歼倭卷》、张之象《平倭歌》,述吴江抗倭事迹。唐顺之《咏俞虚江参将》四首,言俞大猷吴淞抗倭政绩等。

罗洪先撰《夏游记》。

湛若水有《奠欧阳南野文》。

邹守益仲冬有《平川郭郡侯寿言》。

邹守益作《重刻临川吴文正公年谱序》。

王世贞父王忬是秋进都察院右副都御史,巡抚大同,防御俺答骚乱。

王世贞升任刑部郎中,其长子王士骐是岁生。

王世贞同僚余曰德参加诗社。

华察与顾可久、华云等举碧山吟社。

徐师曾开始编著《文体明辨》。

张寰、彭年、张凤翼、袁尊尼等是冬集石湖,彭年作《冬流石湖记》。

文徵明题唐寅旧所作《伏生授经图》,又于陆师道斋头临宋徽宗《宣和石谱》讫;自跋所藏钞本《大唐西域记》。

周大章在里参与盛墩抗倭战事。

唐顺之当倭寇大侵大江南北之际,被任为兵部职方郎中,与浙江巡抚胡宗宪共同抵御倭寇。

皇甫汸就官云南,再经赤壁,以短章记旧游。至滇与周复俊会,并同游清溪洞。

谢榛至彰德,与郑若庸同见赵康王朱厚煜。

宗臣还京职。

吴欽授诗平陵。

李玑三月庚申升国子监祭酒。

按：李玑字邦佐，号西野，生卒年不详。江西丰城人。嘉靖进士。官至南京礼部尚书。著有《西野遗稿》。

闵如霖四月辛巳以礼部左侍郎兼翰林院学士掌翰林院事。

沈坤五月庚子升为右春坊右谕德，署掌南京翰林院事。

林庭机七月丙辰升任南京国子监祭酒。

潘士藻年十八，补邑诸生。

汤显祖5岁，始上学读书。

王宗沐夺回为僧侣所据江西玉山怀玉书院。

按：仿白鹿洞书院规制，置田奉祀养士。嘉靖三十七年受聘，次年主持会讲。东南数省王学弟子皆来赴会，一度成为南方王学讲学基地。《阳明全书》、《阳明年谱》先后于此辑成。

欧阳德改建天真仰止祠。

按：天真书院乃嘉靖九年阳明门人王臣、薛侃、钱德洪始建，其地本天真、天龙、净明三寺，中堂为阳明祠。欧阳德以为，祠为阳明神明所依，建于山麓不足以安阳明之魂。适其徒御史胡宗宪、提学副使阮鹗俱有事于浙，即责其改建祠于上院。于是胡宗宪、阮鹗谋于同门黄弘纲、陈宗虞，是岁改祠于天真上院，距书院半里许。以薛侃、欧阳德、王臣附焉。邹守益《天真仰止祠记》述其颠末甚详。

刘畿于浙江瑞安仙岩宋陈傅良读书处创建心极书院。

按：择春秋二仲上辛日恭修祀事，率僚友学官弟子赴书院讲明正学。

闾东、刘起宗建水西书院，祀王阳明。

按：时闾东为巡按直隶监察御史，刘起宗为宁国知府。水西在泾县大溪之西，有上中下三寺。初，诸生会集，寓于各寺方丈。既而诸生日众，僧舍不能容，乃筑室于上寺之隙地，以备讲肆。又不足，提学御史黄洪毗与知府刘起宗创议建精舍于上寺右。未就，巡按御史闾东、提学御史赵镗继至，起宗复申前议。于是属知县邱时庸恢弘其制，督成之。南陵县有寡妇陈氏遣其子曹廷武输田八十亩有奇以廪饩来学。于是书院馆穀具备，遂成一名区。刘起宗礼聘钱德洪、王畿间年至会。

又按：刘起宗，字宗之，号初泉，生卒年不详。四川巴县人。刘春孙。嘉靖进士。致仕后，潜心理学，有《圀中图说》。

余兆先增建湖南桂阳濂溪书院，罗洪先为记。

薛甲著《易象大旨》成，何迁为之序。

皇甫冲著《枕戈杂言》，言倭事。

杨慎刻《山海经补注》，跋于卷尾。刘大昌作《刻山海经补注序》；周奭作《山海经补注跋》。

张佳胤于白马令任上序刊《越绝书》。

张佳胤纂修《滑县志》6卷刊刻。

赵宸《读史愚见》4卷刊刻。

区大任《百越先贤志》4卷成。

《皇明留台奏议》20卷刊刻。

张灯纂修《湘阴县志》2卷刊刻。

意大利乌利亚·阿尔德洛万迪编成《植物标本集》。

唐宁修、林爱民纂《兴国州志》7卷刊刻。

陈廷举修、郑廷峻纂《上高县志》2卷刊刻。

郝廷玺纂修《宜城县志》3卷成。

寿濂纂修《柘城县志》10卷刊刻。

杨邦梁等纂修《郾城县志》12卷刊刻。

何麟纂修《真阳县志》10卷、《补遗》1卷刊刻。

黄显修、陈九川等纂《抚州府志》16卷刊刻。

萧珮纂修《汜水县志》6卷刊刻。

郑梓刊所辑《明世学山》50种57卷。

万表《皇明经济文录》41卷刊刻。全书分开国保治、六部、两直隶十三省、九边四部分，共收文727篇。

黄贯曾辑刊《唐诗二十六家》。

姚咨手抄唐皇甫枚《三水小牍》并作《跋》。

按：姚咨（1495—?）字舜咨，亦字潜坤，号茶梦主人，又号皇象山人。喜藏书，见善本常手自缮写。著有《潜坤集》、《春秋名臣列传》、《续百川学海》。

苏州东吴书林刻《薛方山先生文录》。

杨士云卒（1477— ）。士云字从龙，号弘山。云南太和人。正德十二年进士。官至户科左给事中。著有《弘山集》。

陆之箕卒（1489— ）。之箕字肖孙，又字汝瞻，号复泉。太仓人。弘治贡生。辑有《史馂》、《汉隽逸》，著有《长白山人集》。

按：其弟陆之裘，字象孙，官景宁教谕，著《南门续集》1卷。太仓知州莆田萧奇勋合二集而刻之。

应槚卒（1494— ）。槚字子材。浙江遂昌人。嘉靖进士。著有《总督苍梧军门志》。

骆文盛卒（1496— ）。文盛字质甫，号两溪，侣云道人。浙江武康人。嘉靖十四年进士。著有《骆两溪集》。

欧阳德卒（1496— ）。德字崇一，号南野。泰和人。谥文庄。早年师事王守仁。嘉靖二年进士，官至礼部尚书。任外职、居京官，皆收招生徒，教学不辍。曾先后与邹守益、罗洪先等讲学。又与徐阶、聂豹、程文德主盟京师学坛，阐扬"良知"之学，与会者五千余人。教学主张"学务实践，不尚空虚"。著有《欧阳南野集》30卷、《南野文选》4卷。事迹见《明史》卷二四三、《明儒学案》卷一七。

沈应龙（1499— ）约卒。应龙字翔卿，浙江乌程人。嘉靖进士。官至南京刑部侍郎。著有《恤刑录》。

钱薇卒（1502— ）。薇字懋垣，号海石。浙江海盐人。师从湛若水。与同年生蒋信辈朝夕问学。嘉靖十一年进士。著有《海石先生文集》。事迹见《明史》卷二八〇。

陈让卒，生年不详。让字原礼，号见吾。福建晋江人。嘉靖十一年进士。学术既尊朱熹，又信王阳明，折衷其间，人称宋儒良师益友。著有《见吾集》。

谢少南约卒，生年不详。少南字与槐，又字应午。上元人。嘉靖十一年进士。官至河南布政司参政。有文才，尤工诗。著有《河垣稿》、《谪台稿》及诗集《粤台稿》。

顾允成（ —1607）、李化龙（ —1611）、郭正域（ —1612）、张大复（ —1630）、王士骐（ —?）生。

嘉靖三十四年　乙卯　1555年

正月癸亥，命宋儒朱熹十三世孙袭五经博士。

倭寇再入浙，自柘林夺舟犯乍浦、海宁，陷崇德，转掠塘栖、横塘等处。杭城数十里流血成川。

二月丙戌，遣工部右侍郎赵文华祭告海神并区处防倭事。

五月甲午朔，总督张经大破倭贼于王江泾。

按：自军兴以来，此役称战功第一。

己酉，逮总督张经及参将汤克宽。

九月，以北寇自春入秋数犯宣、蓟，边庭连丧大将，世宗再下赏格，购俺答首者赐万金，爵伯，获邱富、周原者三百金，授三品武阶。

按：邱富、周原，白莲教徒。寇颇爱重之，每入犯，必置酒问计。

十月庚寅，杀前任总督南直隶、浙闽等省都御史张经，巡抚浙江都御史李天宠，并及兵部员外郎杨继盛。

按：初，倭寇犯杭城，张经以狼、土兵未至，持重不与战。至赵文华视师，恃严嵩党庇，颐指大吏，经守便宜不听，且虑文华轻浅泄师期，每出兵，竟不以告。文华怒，乃密疏劾经"养寇失机"，并及汤克宽，而攘王江泾之功为己有。狼、土兵素服经，经既去，无人能制，复为民害，东南事愈不可为。经略海疆而有才者，先后罢、死者朱纨、张经，调任者王忬，莫不严嵩及其党构之。时议以为，三人留其一，海氛可靖。天下由此恶嵩父子及文华益甚。又，继盛临刑赋诗，曰："浩气还太虚，丹心照千古。平生未报恩，留作忠魂补。"

十一月辛亥，琉球国中山王尚清所遣官生蔡朝用等五人在南京国子监就读五年，至是请归国省亲听用，许之，遣使送归。

邹守益是春与同志会于复古书院，极论好学辨志之旨。

邓元锡举乡试，为侍养不赴会试，复从邹守益、刘邦采、刘阳诸儒论学，得其要旨，居家著述，得《五经绎》、《函史》。

奥斯曼帝国及波斯萨菲王朝媾和。

《奥格斯堡和约》签订。确认新旧教平等。

西伯利亚汗国臣服俄罗斯。

法国、葡萄牙始争巴西。

烟草首次从美洲传入西班牙。

法国贝朗开创比较解剖学。

罗洪先将西游白河旧庐,留滞楚之旅舍。适王畿自浙来会,遂相与避暑山中。其间人迹罕至,遂习静坐。昼夜块坐,凡三阅月,恍然彻悟。时有与友人蒋信书。

罗洪先九月始归。会凌海楼于玄潭,有《别凌海楼语》。

罗洪先撰《龙场阳明祠记》。

邹守益撰《正学书院记》。

蔡汝南(蔡汝楠)撰《浙江乡试录序》、《德清筑城碑》。

薛应旂赴榆林视察军事,有《游红石硖记》。

唐顺之为书籍装订工胡贸作《胡贸棺记》。

湛若水作《湛子知言自序》。

归有光在北京作《祭椒山文》。

胡直聘校河南乡试。

聂豹以疏上忤旨降二级,久之,乃以年老多疾乞罢归。

按:此据《华阳馆文集》卷一一《双江聂公行状》。而《世经堂集》卷一八徐阶所撰《墓志铭》则以为聂氏致仕南归在嘉靖三十三年(1554),可参。

程文德二月由詹事、吏部左侍郎改工部;文德疏解,遂以欺讪罪削籍。

万表是秋病事转剧,恳疏乞归。未几,复推浙直海防总兵官。言者以久病不堪任事,始归山中。

张元忭归娶于越,邀朱赓等同学于侍御俞所,俞氏以师友待之。

杨应诏七月谒晦庵(朱熹)先生祠于沧洲,是冬有《游紫阳洞记》。

按:明年,应诏复偕唐顺之、朱子重重谒晦庵祠。

王世贞、吴国伦、宗臣是春得梁有誉病逝讣告,"相与为位,哭泣燕邸中。"

王世贞作《哀梁有誉》文。

张佳胤加入李攀龙、王世贞为首的诗社。

杨继盛被杀,宗臣等解衣为殓。

朱天球、薛天华、杨豫孙、董传策赴刑场哭祭杨继盛,人称"四君子"。

杨慎八月自泸州返永昌,由泸州东渡沱江,得简西峃书,作《乙卯八月过江得简西书,因寄三十韵》,追忆滇黔旧游之情。

张之象、金銮、陈芹等在姚渊中林堂作秋会。张之象辑《金陵唱和编》。

张之象以"十载圜墙白发生"诗赠卢柟。

卢柟至南京,与盛时泰会,时泰邀游钟山。

吴承恩客南京,与张之象、朱曰藩、黄姬水等会朱大韶南监官舍。吴承恩又与何良俊、张之象、文嘉、盛时泰等集听乐工李节弹筝。

文嘉和吴承恩诗《帝京乐》。

黄姬水因避倭寇徙家南京。

朱大韶三月乙巳由翰林院检讨升南京国子监司业。

文徵明书《后赤壁赋》于仇英所作《后赤壁图》上。

徐师曾、孙应鳌同在京任给事中。

陆治补《麓山吊屈图》于长洲王忬祥所书《九歌卷》上。

戚继光从山东调浙江，任参将。

梁辰鱼由江苏溯长江而上，至汨罗江，作诗《舟过湘江吊屈大夫》、《屈原庙》、《三闾大夫墓》，并作散曲《过湘江吊屈大夫》。

陈尧作《题鸧原纪变卷》诗，反映地方官截杀良民，冒充倭寇要功事。

吴子孝作《杨林行》诗，记反击倭寇获胜。

郭罃二月辛卯升国子监祭酒。

王维桢、袁炜八月己巳为顺天乡试主考。

顾宪成六岁，始就塾。

牛木山于山东莱阳创建泮东书院。

张久一于湖北黄梅创建调梅书院。

湛廷诏于广东英德创建会英书院。院名取"会聚英才"之意。

益王府刻益庄王朱厚烨篆书《孝经》、《忠经》各1卷。

柯维骐《宋史新编》成。

按：有本纪14卷、志40卷、表4卷、列传142卷。该史以道德论人，务求会通辽、金、宋三史，而以宋为正；务求致用求真，提高编纂质量，对后世修宋史影响颇大。取材不广为其不足。

陈建《皇明资治通纪》42卷刊刻。

按：是书为家刻本，合《皇明启运录》及《皇明历朝资治通纪》34卷而成。刊刻后，大受士子欢迎。然隆庆五年遭禁，原版被毁。

潘埙《淮郡文献志》27卷刊刻。

按：潘埙得吴承恩之助，编成《淮郡文献志》，收入宋龚开所作《宋江三十六人赞》。

喻南岳修、邵德久等纂《六安州志》3卷刊刻。

牟蓁修、蒋椿等纂《含山邑乘》3卷刊刻。

仇天民纂修《平山县续录志》刊刻。

谢东山修、张道等纂《贵州通志》12卷刊刻。

邹守愚修、李濂纂《河南通志》45卷成。

刘畿修、朱绰等纂《瑞安县志》10卷刊刻。

刘昭文纂修《南康县志》13卷刊刻。

周泗修、康绍第纂《巩县志》8卷刊刻。

余承勋纂修《马湖府志》7卷刊刻。

薛应旂改官陕西，著《方山文录》成稿。

华察《岩居稿》8卷刊行。

按：书为作者退休后所作。是书另有嘉靖三十五年王其勤序刻本、王懋明刻本、四十五年龚用卿序刻本等。

辽王府辽国宝训堂刻梁萧统《昭明太子文集》5卷。

朱日藩编次所著《山带阁集》，陆续得33卷；其为张寰跋所藏宋画《香

刘易斯·布雷赫特编成《海峡险流》。

乔格·威克拉姆编成《平板车小丛书》。

皮埃尔·贝隆著成《鸟类自然界的历史》。

山九老图》在此年。

周王府朱睦㮮辑刻《苏文忠公表启》2卷、明翁万达《翁东涯集》17卷。

阿格里科拉卒（1494— ）。德国采矿和冶金学家，作家。

马理卒（1474— ）。理字伯循，一作伯原，号溪田。三原人。天启初，追谥忠宪。正德九年进士。先后师事王恕、王承裕父子，又与吕柟等游，学名震京师，影响及安南、高丽等国。著有《溪田文集》11卷、《溪田文集补遗》1卷、《周易赞义》等。事迹见《明史》卷二八二、《冯少墟集》卷二二、《关学编》卷四、《明儒学案》卷九。

按：据《明史》本传，同里尚书王恕家居，讲学著书。理从之游，得其指授。杨一清督学政，见理与吕柟、康海文，大奇之，曰："康生之文章，马生、吕生之经学，皆天下士也。"登乡荐，入国学，与柟及林虑马乡，榆次寇天叙，安阳崔铣、张士隆，同县秦伟，日切劘于学，名震都下。高丽使者慕之，录其文以去。连遭艰，不预试。安南使者至，问主事黄清曰："关中马理先生安在，何不仕也？"其为外裔所重如此。……理学行纯笃，居丧取古礼及司马光《书仪》、朱熹《家礼》折衷用之，与吕柟并为关中学者所宗。

陈洪谟卒（1474— ）。洪谟字宗禹。湖广武陵人。弘治进士。官至兵部侍郎。致仕，居高吾山下，筑亭名静芳，自号高吾子。著有《静芳亭摘稿》（又名《高吾摘稿》）、《治世余闻》）等。

刘节卒（1476— ）。节字介夫，号梅国，改号雪台，老称涵虚翁。江西大庾人。弘治十八年进士。官至刑部侍郎。著有《春秋列传》、《宝制堂录》、《梅国集》。

蓝田卒（1477— ）。田字玉甫，号北泉。山东即墨人。嘉靖二年进士。著有《北泉集》。事迹见《明史》卷二六○《叶应聪传》附传。

韩邦奇卒（1479— ）。邦奇字汝节，号苑洛。陕西朝邑人。谥恭简。正德三年进士。官至南京兵部尚书。一生好学不倦，于经子史及天文、地理、乐律、术数、兵法无所不窥，并皆有所得。著有《易说》、《书说》、《毛诗未喻》、《礼记断章》、《正蒙拾遗》、《新书直解》、《易学启蒙意见》、《禹贡详略》、《苑洛志乐》、《洪范图解》等。事迹见《明史》卷二一○、《冯少墟集》卷二二、《关学编》卷四、《明儒学案》卷九。

按：据《明史》本传，邦奇性嗜学。自诸经、子、史及天文、地理、乐律、术数、兵法之书，无不通究。著述甚富。所撰《志乐》，尤为世所称。

屠侨卒（1480— ）。侨字安卿，号东洲。浙江鄞县人。谥简肃。正德六年进士。著有《东洲杂稿》、《南雍集》。事迹见《明史》卷二二○《周用传》附传。

张经卒（1492— ）。经字廷彝，号半洲。侯官人。正德进士。曾任兵部侍郎总督两广军务。并负御寇全责，总督诸军。因得罪严嵩党羽赵文华，被冤杀。诗文今存《半洲稿》4卷。

仇英卒（1493— ）。英字实父，号十洲。太仓人，移居苏州，为工匠。后从周臣学画，为文徵明所赞赏，因而知名。与沈周、文徵明、唐寅并称"明四家"。卖画为生，擅画人物，尤工仕女、山水、花鸟。善水墨、白描。

王维桢卒（1507—　）。维桢字允宁，号槐野。陕西华州人。嘉靖十四年进士。历修撰、谕德，官至南京国子祭酒。谙九边要害，有经世之才。诗文效法李梦阳，著有《槐野存笥稿》。事迹见《明史》卷二八六《李梦阳传》附传。

　　按：据《明史》卷二八六，维桢颙而晰，自负经世才，职文墨，不得少效于世，使酒谩骂，人多畏而远之。于文好司马迁，于诗好杜甫，而其意以李梦阳兼此二人。终身所服膺效法者，梦阳也。王维桢以为七言律自杜甫以后，善用顿挫倒插之法，惟梦阳一人。

卜大同卒（1509—　）。大同字吉夫。浙江秀水人。嘉靖十七年进士。官至福建按察副使。曾设策防御倭寇，著有《备倭图志》。

杨继盛卒（1516—　）。继盛字仲芳，号椒山。容城（今属河北省）人。嘉靖进士，历南京兵部右侍郎。从尚书韩邦奇游，覃思律吕之学，手制十二律，吹之声毕和。邦奇大喜，尽以所学授之，继盛名益著。劾嵩十大罪五奸。嵩构之。临刑赋诗，为天下传诵。穆宗立，追谥忠愍。著有《杨忠愍集》。事迹见《明史》卷二九〇。

梁有誉卒（1521—　）。有誉字公实。顺德人，嘉靖二十九年进士。为"后七子"之一，又与乡人欧大任、黎民表、吴旦、李时行结诗社，号为"南园后五先生"。有《比部集》、《兰汀存稿》二册。事迹见《明史》卷二八七《李攀龙传》附传。

　　按：据《明史》卷二八七，攀龙之始官刑曹也，与濮州李先芳、临清谢榛、孝丰吴维岳辈倡诗社。王世贞初释褐，先芳引入社，遂与攀龙定交。明年，先芳出为外吏。又二年，宗臣、梁有誉入，是为五子。未几，徐中行、吴国伦亦至，乃改称七子。

冯应京（　—1606）、茅国缙（　—1607）、董其昌（　—1636）、陈实功（　—1636）生。

嘉靖三十五年　丙辰　1556 年

三月癸亥，大学士李本建言考察大臣，世宗嘉其言，令分别去留。于是考察尚书、侍郎、九卿及巡抚、都御史等 15 人，考察科、道等官 38 人，皆承严嵩之旨。

　　按：时严世蕃不法，政以贿成；赵文华出江南，刑赏倒置，公私匮竭，皆为士论不容。严嵩欲诛锄异己，以餍众志，乃嗾本为之。而本亦借以行其私，凡严氏及文华所不悦者，一切屏斥无疑，公论为之不平。

丁丑，赐诸大绶、陶大临、金达等 303 人进士及第、出身有差。

九月戊寅，命孔子六十五代孙孔尚贤袭封衍圣公。

神圣罗马查理五世帝逊位。弟奥地利大公斐迪南一世继位。

俄罗斯灭阿斯特拉罕汗国。

耶稣会士萨尔维斯入澳门传教。

伊斯坦布尔的苏莱曼清真寺竣工。

钱德洪应邀自水西书院往蕲州崇正书院,与诸生钟沂、史修等一百十余人合会于崇正书院立诚堂。

钱德洪聚青原、连山之间,议葺《阳明先生年谱》。

聂豹十一月为郭应奎作《仁寿堂记》。

程文德七月作《浦江县令许定斋去思记》。

周怡是冬作《歙县新城记》。

王稚登作《观潮歌》,述及是年江南潮患。

欧大任以倭掠江南经年未已,在粤作《东南叹》。

刘麟跋赵孟頫书《文赋》,论赵书。

湛若水十一月作《纪梦诗》。

王世贞被命省谳畿辅诸郡。趁省谳之机,探望沈錬,作诗《与朱宪懋学夜访保安沈子炼有作》。返京后,被调离刑部,迁按察副使奉玺书往治青州部兵事。

王世贞在青州,作散曲《水仙子·丙辰偶成》,针贬世宗崇奉道教、严嵩父子横行不法。

吴承恩作《围棋歌》,赠浙江围棋名手鲍景远。

杨慎为盛时泰作《苍润轩记》。

何良俊以《黎阳豪士歌》赠卢柟。

黄姬水以诗送卢柟还浚县。

薛应旂自陕西罢职归武进。

俞大猷败倭于黄浦。

戚继光十二月始于浙江组织民壮为"戚家军"。

陆树声任南监司业,寓金陵。

沈坤二月癸巳升为南京国子监祭酒。

王宗沐三月丙寅升江西按察司提学副使。

王宗沐以副使视江右学政,作《谕志檄》,葺阳明祠,创正学、怀玉书院,修白鹿洞。

李攀龙八月辛亥升陕西按察司提学副使。

瞿景淳、董份九月戊辰主武举会试。

潘晟九月丁丑升南京国子监祭酒。

杨应诏年几六十,是春复下第,欲诣阙下,献所著《中兴十策》,为人劝止,未果。

李材复上春官,聂豹门人浙士张君秩以计偕来谒。

罗洪先撰《双江公七十序》。

李贽以道远不往会试,选授河南辉县教谕。

按:辉县旧名共城,共城有邵雍安乐窝在苏门山百泉之上。李贽生于泉州,泉州为温陵禅师福地,故自号温陵居士。又官于百泉,自谓与泉有夙缘,因又自号百泉居士。

　　胡直成进士，授兵部主事，始得尽交海内诸学士，如耿定向、罗汝芳辈，相与切磋，商订所学。

　　方莱崇成进士。

　　按：方莱崇字士功，生卒年不详。江西新建人。历刑部员外郎，以讯狱忤旨罢归。家居四十余年，讲学著书。著有《初政纪录》《元隐轩集》。

　　孙丕扬成进士，授行人。

　　李时渐成进士，授户部主事。

　　按：李时渐字伯鸿，号磐石，生卒年不详。山东寿光人。曾监税浙江、知岳州台州、按察陕西，所在多治声。被诬劾罢官归，恬然不以为意。著有《梦觉录》《三台文献录》。

　　劳堪成进士。

　　按：劳堪字道亭，号庐岳。生卒年不详。官至福建巡抚。后以朋党贪酷削籍戍边。著有《诗林伐柯》《皇明宪章类编》等。

　　吴文华成进士，授南京兵部主事。

　　辛自修成进士，授海宁知县。

　　张士佩成进士，授绍兴推官。

　　林润成进士，授临川知县。

　　耿定向成进士，除行人，擢监察御史。

　　诸大绶成进士，授翰林修撰。

　　颜鲸成进士，授行人。

　　邹应龙成进士，授行人。

　　邹善、凌迪知成进士。

　　陶大临成进士。授编修。

　　黎民衷成进士。

　　按：黎民衷字惟和，号云野，生卒年不详。广东从化人。著有《司封集》。

　　姚汝循、蔡国珍成进士。

　　归有光应礼部试下第南还。

　　顾宪成七岁，始受《大学》《中庸》。

　　越民表于云南捐建定远书院。

　　王应时于徐州创建养正书院，徐州、邳州士子都肄业于此。

　　赵镗二月修建复初书院，祀王阳明。

　　按：书院在广德州治。初，邹守益谪判广德，创建书院，置赡田，以延四方来学。率其徒濮汉、施天爵过越，见阳明而还。复初之会，遂振不息。后濮汉、施天爵宦游，是会兴复不常者几二十年。至钱德洪、王畿主水西书院之会，往来广德，诸生张槐、黄中、李天秩等邀会五十人，过必在此信宿。是岁，濮汉、施天爵致仕归，应知州庄士元、州判何光裕之请，提学御史赵镗复大修书院，设王阳明位，以岁修祀事。

　　沈宠在湖广兵备佥事任，是岁五月，与州守同门谷钟秀建仰止祠于蕲州麒麟山之崇正书院，祀王阳明。钱德洪为作《仰止祠记》。

徐渭在福建延平府顺昌县内兄家始撰《南词叙录》。

日本僧昌虎是岁返日。

按：僧昌虎，日本南禅寺首座僧，奉命于奈良天皇享禄年间（1528—1531）至中国求学方医。是岁返日，与郑舜功同行。郑舜功奉直隶总督杨宜之命，出海"哨探夷情"，于是岁抵日，次年回国。郑舜功在日本传明人之医方，并辨和、汉药种之品类，令画工土佐光信绘药种之图形，由僧昌虎译成和文。故僧昌虎与郑舜功合作，曾对中医药名之翻译为日文、药材品种鉴别及药图绘制等，做过大量研究工作。

胡安·德阿维拉著成《奥蒂菲尼亚》。

乔格·阿格里科拉的《论金属》出版。

罗洪先续《秀川族谱》，《传》、《表》成。

周复俊《元史弼违》2卷刊刻。

按：此书今佚，仅存序。

无锡顾起经奇字斋刻《类笺王右丞诗文集》。

顾起经编《王右丞年谱》1卷刊刻。

按：此谱附于顾氏奇字斋刊本《类笺唐王右丞诗集》后；又附于万历三十四年武陵家塾刊本《王右丞诗集》后。

邵经邦著《弘简录》254卷成。

按：此书续《通志》而作，记唐宋史事，而体例仿《晋书》，重治乱纲常，以唐宋为正统，而以五代及辽、金为载记，以割据十国及西夏、南诏等四裔政权为附载。刊刻于嘉靖三十六年至四十年。

王鏊《震泽纪闻》2卷刊刻。

黄蓥修、冯光浙等纂《石埭县志》8卷刊刻。

李河图修、俞贡纂《黄陂县志》3卷刊刻。

赵惟勤纂修《获鹿县志》12卷刊刻。

沈绍庆修、王家士纂《光山县志》9卷刊刻。

姚良弼修、杨宗甫纂《惠州府志》16卷刊刻。

王宗沐纂修《江西大志》7卷刊刻。

毛德京修、杨民彝等纂《象山县志》15卷刊刻。

太监张随刻周应宾《普陀山志》6卷。

何镗辑刊刘基、宋濂之著为《刘宋二子》。

赵王府刻明薛瑄《敬轩薛先生文集》24卷、薛瑄《薛文清公读书录》《续录》、宋朱熹《通鉴纲目》59卷。

王世贞撰《世说新语补》成，并序之。

按：王氏自序曰："余少时得《世说新语》善本吴中，私心已好之，每读辄患其易尽……最后得《何氏语林》，大抵规摹《世说》，而稍衍之至元末；然其事词错出，不雅驯。……因稍为删定，合而见其类，盖《世说》之所去，不过十之二，而何氏之所采，则不过十之三耳。"

包节所辑《苑诗类选》30卷刊行。

李开先55岁，自序诗文《闲居集》。

唐顺之居宜兴，纂《文编》64卷。

云南姚安府刻杨慎《檀弓丛训》。

辽王府刻明朱宪㸅《种莲岁稿》6卷、《文略》2卷。

崔桐卒(1478—)。桐字来凤,号东洲。海门人。从张成学。正德十二年进士,授编修。官终礼部右侍郎。桐经史淹贯,著有《经传类义》20卷、《提纲旁览》10卷、《两汉因隽待问稿》20卷、[嘉靖]《海门县志》6卷、《志愚录》10卷、《艺林会材》20卷、《南览录》1卷、《崔东洲集》20卷《续集》11卷、《崔桐诗卷》等。事迹见《明史》卷一七九《舒芬传》附传。

张治道卒(1487—)。治道字孟独,号太微山人。陕西长安人。正德九年进士。著有《太微集》。

祝咏卒(1489—)。咏字鸣盛,号岣嵝。湖广衡阳人。嘉靖八年进士。官至陕西布政司参政。著有《使西漫兴》、《蜀中稿》。

戴暨卒(1490—)。暨字时重,号东石。浙江鄞县人。戴鲸弟。正德十二年进士。著有《戴中丞集》。

周诗卒(1495—)。诗字以言,号虚岩山人。昆山人。生平无妻子,以诗文游公卿间,又精医术。著有《虚岩山人集》6卷、《与鹿集》11卷。

万表卒(1498—)。表字民望,号鹿园。浙江鄞县人。正德十五年武进士。久督漕运,深悉河道通塞;又通经术,熟悉先朝故实;精医药,信佛好施。著有《海寇议》、《玩鹿亭稿》、《万氏家钞济世良方》。事迹见《明儒学案》卷一五。

包节卒(1506—)。节字元达,先世嘉兴人,徙居华亭。嘉靖十一年进士。历官御史。后为中官廖斌所陷下狱,谪戍庄浪卫。念母不能终养,忧病而卒。著有《陕西行都司志》及《包侍御集》。事迹见《明史》卷二七〇。

孙宜卒(1507—)。宜字仲可,号洞庭渔人。湖广华容人。著作有《国朝事迹》、《宋元史论》、《大明初略》、《逊言》、《天文书》等。

邹守愚卒,生年不详。守愚字君哲,福建莆田人。嘉靖进士。官至户部尚书。著有《俟知堂集》。

李默约卒,生年不详。默字时言。福建建瓯人。正德进士。为人博雅有才,官至翰林学士。为赵文华所构陷,瘐死狱中。著有《建宁人物传》、《群玉楼集》等。

潘之恒(—1622)、冯从吾(—1627)、徐学聚(—?)生。

洛伦索·洛托卒(约1480—)。文艺复兴晚期意大利画家。

嘉靖三十六年　丁巳　1557年

英人、西班牙人败法国于南意大利。

流行性感冒席卷全欧洲。

正月丁卯，改浙江巡抚阮鹗于福建。其浙江巡抚命胡宗宪兼理。福建设巡抚始于此。

四月甲午，倭犯如皋，登岸焚劫。

九月癸亥，杀前锦衣卫经历沈錬。

是年，葡萄牙始于澳门设置官吏，不久，耶稣会学校也在澳门成立，是为中国境内第一所教会学校。

"真人"陶仲文因病乞准还山，四年后卒。

德国耶拿大学创建。

王畿自齐云趋会星源，馆普济山房，聚处凡数十人，有《书婺源同志会约》。又赴新安福田之会，有《书进修会籍》。又赴宁国水西会，先后至者数百人，聚会十三日始解，有《水西同志会语》。五月，王畿寿六十，与会同人属周怡为文致祝。同月，王畿由宛陵访杨应诏于华阳山中，询以山中藏修所得；及别，应诏复列其相谈语为赠，有《与王龙溪别言》。

王畿主泾县水西会，周怡与焉。

罗洪先是秋重至青原。

李攀龙作《赠王元美按察青州诸郡序》。

欧阳德文集刻成，弟子王宗沐为作《南野先生文集序》。

胡宗宪以总制司马平海寇归，思敷文教以戢武士，命同门杭二守、唐尧臣重刻阳明《文录》、《传习录》于天真书院，并重修仰止祠。

蔡汝楠（蔡汝南）有《赠督府梅林胡公平夷祝颂序》；又为唐枢《酬物难》撰序。

徐渭入胡宗宪杭州军幕。

李材是岁始有"知体"之疑。

耿定向奉命宣诏于楚，便道还里，始与耿定理论学。

杨慎长子杨周仁六月卒，无嗣，慎归四川新都；八月其弟又卒。

王世贞正月立春冒风雪赴山东任所，二月便奉命募兵三千从征，作诗《发青州兵有感》。又在青州任撰次西曹所作诗，为《金虎集》32卷，别集6卷。其撰《艺苑卮言》，编次朝廷典故《丁戊小识》亦始于是岁。

宗臣被排出官福建，过南京，作《游燕子矶记》。

冯惟敏任涞水知县，为一巡院所虐，逮系济南，愤作《七歌》。

陈鹤徙寓南京，与何良象、王寅等在永宁寺会。

张凤翼作《清舞赋》题于仇英《瑶台清舞图》卷端。

嘉靖三十六年　丁巳　1557年

郭第游嵩、岱，继访朱曰藩，曰藩为书《郭四朝传》。

赵文华八月辛丑罢。

孟化鲤年十三，究《易》及子史诸书。

顾宪成八岁，从俞氏受《论语》。是岁，迁居石村。

宋继祖重修浙江宁波南山书院。

按：书院原为宋代沈焕讲学处，宋理宗曾赐额，时比白鹿洞书院。后为沈焕祠，嘉靖七年，周懋申请重建为书院，未果。是年重修成。

周王府刻唐李鼎祚《周易集解》。

季本《春秋私考》36卷刊刻。

柯维骐《宋史新编》初刊。此系会通宋、辽、金三史的纪传体史著。

钱穀辑《历代隐逸传》成帙。

张天复《皇舆考》10卷刊刻于武昌。

按：《皇舆考》有不同的版本，不同的卷帙。《千顷堂书目》、《明史艺文志》、《四库全书总目》皆作《皇舆考》十二卷，乃增刻本。嘉靖三十八年，应明德翻刻黄州本；万历五年，张元忭重校，朱琏重刊本，皆为十卷。万历十六年，张象贤刊刻本始增为十二卷。万历二十九年，天复孙张汝霖、张汝懋整理为《广皇舆考》，则分为二十卷。

高岱著《鸿猷录》16卷成。

按：《鸿猷录》为明朝前期及中期军事史，分"太祖开创丕基"、"成祖肃清内难"与历代"诛戮权奸"、"翦除盗贼"、"讨伐蛮夷"五部分。书成后，即以手抄本形式流传。嘉靖四十四年，由其家人刊刻于世，称"家刻本"。万历四年，罗瑶出"蜀刻本"。万历八年，林应训出"苏刻本"。万历四十七年，李征仪出评校本。高岱（1510—？），字伯宗，号鹿坡居上，湖广京山（今属湖北）人。嘉靖进士。另著有《楚汉余谈》、《樵论》、《西曹集》等。

薛应旂《四书人物考》40卷刊刻。

江一麟修、陈敬则纂《安吉州志》8卷刊刻。

李廷宝修、乔世宁纂《耀州志》11卷刊刻。

董谷纂修《续澉水志》9卷刊刻。

梁明翰、傅学礼纂修《庆阳府志》20卷刊刻。

按：此志卷十官师表有补刻，记事至隆庆四年。

张佳胤纂修、孙应魁增补《滑县志》6卷刊刻。

蔡完修、董谷纂《海宁县志》9卷刊刻。

陈耀文纂修《确山县志》2卷刊刻。

胡居安纂修《仁化县志》5卷刊刻。

李孔明纂《广东韶州府翁源县志》成。

吴思立修、陈尧道等纂《大埔县志》9卷刊刻。

林策修、张烛纂《萧山县志》6卷刊刻。

文徵明于停云馆东庑以小楷书《西厢记》成册。

谢谠《四喜记》传奇作于是年或略后。

罗伯特·雷科德发表《智力魔石》，是为英国首篇代数学论文。

托马斯·图塞尔编写成《耕作要点一百条》。

吴子孝刻所著词集《玉霄仙明珠集》2卷。

张寰以所著《蓬窗稿》示常熟邓钹。

姚堵辑刊《姚氏世刻》。

秦王府刻宋蔡沈《至书》1卷。

何良俊编定《书画铭心录》1卷。

雅各波·蓬托莫卒(1494—)。意大利画家。

许相卿卒(1479—)。相卿字伯台，号云村。浙江海宁人。正德十二年进士，官至兵科给事中。嘉靖三年后，因建言不为所纳，遂托病归，从此专事著作。著有《革朝志》、《云村集》14卷、《黄门集》12卷等。事迹见《明史》卷二八〇。

陈逅卒(1493—)。逅字良会，一作鲁山。苏州常熟人。正德十二年进士。官至河南副使。著有《石淙山人漫稿》。事迹见《明史》卷二七〇《朱澍传》附传。

田汝成卒(1503—)汝成字叔禾。浙江钱塘人。嘉靖进士。历官西南，终福建提学副使。博学工文，尤善叙述。熟谙前朝遗事，撰《炎徼纪闻》。归里后，盘桓湖山，有《西湖游览志》及《西湖游览志余》。另有《辽记》、《田叔禾集》。

吕高卒(1505—)。高字山甫。镇江府丹徒人。嘉靖初与陈束、王慎中、唐顺之、熊过、任翰、李开先、赵时春为"八才子"。著有《江峰稿》。

沈錬卒(1507—)。錬字纯甫，号青霞。浙江会稽人。嘉靖进士，除溧阳知县。忤御史，调茌平。入为锦衣卫经历，刚直敢言。后为严嵩陷害弃市。长于文，而所著书多被毁，仅存《青霞集》。

赵文华卒，生年不详。文华字元质，号梅林。浙江慈溪人。嘉靖八年进士，授刑部主事。谄事严嵩，官至工部侍郎。纂《嘉兴府图记》，叙述颇有体例，收入《四库全书》。另有《文华全集》。事迹见《明史》卷三八〇《严嵩传》附传。

岳元声(—1628)、杨廷筠(—1627)、王澹(—?)生。

按：王澹，号澹翁，别署雪渔。流落京师20余年，后为香河知县沈惟炳幕宾，与修《香河县志》，著有《墙东集》22卷，谢肇淛、王骥德为之序。

嘉靖三十七年　戊午　1558年

神圣罗马查理五世卒。斐迪南一世称帝。

三月，给事中吴时来、刑部主事张翀、董传策，交章劾首辅严嵩，俱谪戍边远烟瘴卫所。然自是世宗稍厌嵩。

十月己未，命郎中唐顺之视师浙江，与胡宗宪协谋剿倭。

十一月丙戌，俞大猷于沈家门横击柯梅倭寇，沉其米船，寇遂扬帆南去。自是倭患尽移于福建，并湖广间亦纷纷以倭警闻。

是年，国子监革助教二人及掌馔。

按：国子监原设祭酒2人及掌馔，司业1人，监丞1人，典簿1人，博士1人，助教6人，学正5人，学录1人，典籍1人，掌馔1人。

礼部进芝草一千八百余本，世宗命广求径尺以上者，冀食之成仙。

王宗沐四月赴讲复古书院，时邹守益为主讲，宗沐有《复古书院讲义》。

蔡汝楠（蔡汝南）三月与王畿同过访天池法会，相与次韵为偈，有《天池法会偈引》。

耿定向偕弟耿定理入都，始获从罗汝芳、胡直游。

邹德涵受学于耿定向，以廷试假归。

唐顺之正月邀会齐云岩，时兵事起，顺之欲与罗洪先共订出山，洪先坚拒。

唐顺之、罗洪先被宰臣严嵩起为兵部主事，洪先以毕志林壑报之。

唐顺之七月以兵部、署职方郎中蘮兵蓟镇。九月，自蓟州还，条上蓟镇兵食九事。十月，奉命视师浙江，与胡宗宪协谋剿倭。于胡幕中识徐渭。同年，顺之自乍浦下海至舟山，月夜渡蛟门，作纪事诗。

张衮、薛甲各作《江阴新建杨舍城记》，唐顺之为甲书碑。

海瑞任淳安县令。

杨慎是冬自滇中戍所暂归泸州。以滇士之谗，抚臣王昺使四指挥将慎锁来。慎至滇，则昺已败。然慎遂不能归，病寓禅寺中。

王世贞与李攀龙在青州，时相唱答。后李攀龙归济南，王世贞作《李于鳞罢官歌》。

宗臣行军过汀州，作《滴水岩记》；又作《七月西征记》，叙述抗倭战后，官兵在汀州扰民情景。

宗臣在福州西门率众击退来犯倭寇，有《西门记》记其事。

汪道昆官襄阳，以祀事至武当山。

董传策在京任御史，劾严嵩，获谴。

冯惟敏免官。

文徵明书自作杂花诗卷。

张天复四月癸巳升湖广按察司提学副使。

张元忭举乡试。

谢汝韶中举。

许孚远荐于乡，退而学于唐枢之门。

王之士举于乡，既而摒弃帖括，潜心理学，作《养心图》、《定气说》，书之座右，闭关不出者九年。

顾宪成九岁，受《孟子》及《虞书》。

英格兰女王玛丽一世卒。异母妹伊丽莎白一世继位。

英人丧失加来。

俄罗斯发动立沃尼亚战争。夺取波罗的海的出海口。

葡人入马尔代夫之马累。

日内瓦大学创建。

邹守益、刘邦采、刘阳、尹一仁、周儒等创建复真书院,聚经、子、史诸书,俾学者探讨。书院每岁一大会、三小会,大会时大江南北学子不远千里前来,盛况空前。

邹守益作《武夷第一曲精舍记》。

文徵明作《梁伯龙(辰鱼)诗序》。

张翀因忤严嵩被贬贵州都匀,筑草亭读书。

按：嘉靖四十二年草亭规制略备,县士人纷纷就读门下,名读书堂。因翀字鹤楼,故亦称鹤楼书院。

王栋除江西建昌南城县训导,两奉柱史,聘主白鹿洞南昌府正学书院。

朝鲜柳成龙从由明朝返回朝鲜的几位使者丢弃的包裹中拾得《阳明集》一本。

按：阳明学一传到朝鲜便被居正统地位的朱子学家们斥为异端。李退溪作《传习录论辩》,对《传习录》逐条加以批判。李栗谷谓"王阳明说朱子之害赛过洪水猛兽。"较早在朝鲜传播阳明思想的,是徐敬德之门人南彦经及其学生李瑶,然其时阳明学在朝鲜尚未形成学派。

犹太神秘主义的希伯来神秘哲学作品《光明篇》印刷。

意大利乔塞福·扎利诺作《和声规律》。

约翰·诺克斯发表《对残酷压迫妇女的第一声怒吼》。

薛应旂刻所著《甲子会纪》5卷,又刻《四书人物考》20卷。

汪道昆合刊《骚选》于襄阳。

应廷育《金华先民传》10卷成。

按：应廷育字仁卿,生卒年不详。浙江永康人。嘉靖进士。官至按察司佥事。

采朱德《倭变事略》成。

罗洪先《广舆图》2卷重刊。

按：重刊者为南京十三道监察御史。其后,胡松于嘉靖四十年又重刻,前有胡松序、徐九皋序。嘉靖四十五年,韩君恩又重刊于青郡,前有霍冀序、韩君恩序。万历七年,钱岱重刊,前有钱岱序。

田汝成《炎徼纪闻》刊刻。

顾应祥《人代纪要》刊刻。

郭汝霖《使琉球录》2卷成。

按：郭汝霖字时望,号一厓,生卒年不详。江西永丰人。嘉靖进士。曾奉使封琉球王。著有《使琉球录》、《石泉山房集》。

曹一麟修、徐师曾等纂《吴江县志》28卷刊刻。

褚相修、杨枢纂《霍州志》8卷刊刻。

萧廷宣纂修《长泰县志》2卷刊刻。

汤相、莫亢纂修《龙岩县志》2卷刊刻。

李汝宽修、晁瑮纂《新修清丰县志》16卷刊刻。

潘仲骖纂修、赵慎修续纂修《大名府志》29卷刊刻。

徐渭作《四声猿》杂剧。是年前后为《西厢记》作校注。

邓元锡作《平陵东赋》。

吕得胜纂《小儿语》成。

按：吕得胜子吕坤有《续小儿语》，两书皆用格言韵语形式写成，是对儿童进行道德教化和行为习惯培养的教材，在明清两代多次被翻刻。

王世贞春订定杨慎所编《尺牍清裁》，增葺为二十八卷。六月作《艺苑卮言叙》，《曲藻》初稿成。

按：此原为《艺苑卮言》中专论曲的部分，经七年修改后，于嘉靖四十四年(1565)正式定稿。

杨仪自跋所钞宋人笔记《珩璜新论》。

曾玙卒(1480—　)。玙字东玉，号少岷山人。四川泸州人。正德三年进士。著有《少岷拾存稿》。

江汝璧卒(1486—　)。汝璧字懋穀，号真斋。江西贵溪人。正德十六年进士。历左春坊左谕德，充经筵讲官。以谏征伐及论郊祀事下诏狱，谪福建市舶司提举。起国子司业，官至少詹事兼翰林学士。著有《碧洋摘稿》。

杨仪约卒，生年不详。仪字梦羽，号五川。常熟人。嘉靖五年进士。官至山东按察司副使。后因病家居，以读书著述为事。筑万卷楼及七桧山房，藏书其中，所藏多宋元善本、法书名画及鼎彝古器。殁后书归外孙莫是龙。著有《乐书》、《明良记》、《螭头密语》1卷、《垄起杂记》1卷、《格物通考》20卷、《骊珠随录》5卷、《高坡异纂》3卷、《金姬传》1卷《别记》1卷、《杨氏南宫集》7卷、《七桧山人词》1卷、《古虞文录》2卷《古虞文章表录》1卷等。

薛己卒(1488—　)。己字新甫，号立斋。江苏吴县人。世业医，其父薛铠著有《保婴撮要》。薛己幼承家学，精擅内、外科医术。行医之余，致力于医学理论总结。己自著与注释医书16种，后人汇为《薛氏医案》，其中《口齿类要》为现有较早的口腔、喉科专著。

按：一说卒于1559年。

皇甫冲卒(1490—　)。冲字子浚。长洲人。嘉靖七年举人。与弟涍、汸、濂皆好学，工诗，人称"皇甫四杰"。后又与同乡张凤翼、燕翼、献翼并负才名，称"前有四皇，后有三张。"冲著有《闸河志》4卷、《三峡山水记》1卷、《绪言》、《申法》、《灭胡经》16卷、《枕戈杂言》1卷、《几策兵统》、《皇甫子浚全集》60卷等。

顾梦圭卒(1500—　)。梦圭字武祥，号雍里。昆山(今属江苏)人。嘉靖二年进士。官至江西右布政使致仕。工诗文，善词曲。著有《疣赘录》9卷续录2卷。有散曲见存于《南词韵选》中。另有《入蜀稿》、《北海集》、《齐梁集》、《武平集》、《还山集》等，皆已佚。

任环卒(1519—　)。环字应乾，号复庵。长治人。嘉靖二十三年进士。整饬苏、淞二府兵备道。官至山东右参政。为文高简有法度，著有《山海漫谈》。事迹见《明史》卷二五○《曹邦辅传》附传。

冯琦(　—1603)、赵邦柱(　—1610)、沈瓒(　—1612)、黄汝亨(　—1626)、何乔远(　—1631)、黄凤翔(　—1631)、朱国祯(　—1632)、薛三

萨·德·米兰达卒(约1481—　)。文艺复兴时期葡萄牙人诗人。

省(—1634)、曹于汴(—1634)、陈继儒(—1639)、郝敬(—1639)、范允临(—1641)、张萱(—1641)生。

嘉靖三十八年　己未　1559年

英格兰议会通过《至尊法案》。恢复国教。

意大利战争结束。

圣马利诺共和国制定宪法。

罗马教会颁布"禁书目录"。

三月庚寅，赐丁士美等进士及第、出身有差。

甲午，逮总兵官俞大猷至京师。

九月辛卯，诏取武举85人。

十一月丙子，诏以宋儒朱熹原籍直隶婺源县子孙世袭五经博士。

按：朱熹祖居婺源，后以游宦移家建安，两地皆建有祠宇。明朝官其一人为五经博士，世袭，奉建安祠。后有请官婺源朱氏子孙，奉祠如建安者，许之。乃以朱墅为五经博士，然未有世袭明旨。至是，墅老，请授其子朱镐。诏从其请。

是年奏准，袭封衍圣公年少未学，照公侯伯例，送监读书、习礼。

湛若水年九十四，以伏生言语支离之年，因自号默翁，有《默堂记》。

罗洪先复徙居松原，题其堂曰"体仁堂"。寻，著《覊丁记》。入冬以病谢客，屏居止止所中。又制为半榻，越冬春默坐其间。

胡直出为楚皋佥事，领湖北道，因过里以《博约说》就质于罗洪先。

周怡是春往杭州从王畿赴天真会。

唐顺之三月进为太仆寺少卿；九月，为佥都御史，巡抚凤阳。

唐顺之在崇明、通州等地御倭军中。是岁顺之疏荐戚继光。

王世贞父王忬五月被严嵩爪牙都御史鄢懋卿授意御史方辂以滦河失职事弹劾，严嵩拟旨论死系狱。王世贞求礼部尚书兼东阁大学士徐阶营救。徐阶答以"当泯默"，"俟天定"。

蔡汝楠(蔡汝南)将赴江西，尽出其平生著述，乞序于朱衡，衡为作《自知堂集序》。

耿定向授云南道御史。

耿定向是冬与诸大绶晤语于京邸。

朱曰藩在南京为主事，正月初七与何良俊、盛时泰等寄诗泸州贺杨慎新岁。邮政之日，慎已离泸州赴滇。

何良俊、金大舆、盛时泰、顾应祥、黄姬水、文伯仁等崇拜杨慎者在南京集会，合作《人日草堂诗》1卷寄慎滇中，慎已先死。

杨慎还滇后暂住高峣，应人之请，抱病作《赵州云南县重修宝泉坝碑记》。

赵贞吉三月由南京光禄寺卿改南京工部右侍郎。

严嵩三月丙戌为廷试读卷官。

曹大章附严嵩，作诗寿嵩八十岁。

按：次岁，曹大章以与严嵩子交恶而被黜。

高仪六月癸卯升翰林院侍讲学士。

秦鸣雷八月癸亥升南京国子监祭酒。

章潢年三十三始学《易》。

归有光、侯尧封同赴京应考，同受挫后南归。有光作《偕老堂记》，寿尧封父母。

归有光居乡里，读费信《星槎胜览》、马欢《瀛涯胜览》二书，作题记。

邹德涵会试不第，卒业于太学。

刘一儒成进士。

按：刘一儒字孟真，生卒年不详。湖广夷陵人。历官刑部侍郎、南京工部尚书。天启中追谥庄介。著有《刘庄介公瑞芝堂集》。

岑用宾成进士，授南京户科给事中。

宋纁成进士。

按：宋纁字伯敬，号栗庵，生卒年不详。河南商丘人。官至右佥都御史，巡抚保定。著有《四礼初稿》。

沈节甫成进士，授礼部主事。

张槚成进士，授御史。

何源成进士，授吏部文选司主事。

按：何源字仲深，号心泉，生卒年不详。江西广昌人。官至吏部侍郎，典京察公允无私，为海瑞所称。著有《心泉集》。

张卤成进士，授高平知县。

按：张卤字召和，号浒东，生卒年不详。河南仪封人。官至南京太常寺卿。著有《嘉隆疏草》、《张浒东集》。

林士章成进士，授翰林编修。

查志隆成进士。

按：查志隆字鸣治，生卒年不详。浙江海宁人。著有《山东盐法志》、《天津存稿》、《皖城存稿》。

钱镇成进士。

按：钱镇字守中，号澹庵，生卒年不详。浙江归安人。理学名儒。著有《国计边防风俗书》、《经正录》。

魏时亮成进士，授中书舍人。

舒化成进士。

按：舒化字汝德，号继峰，生卒年不详。江西临川人。官至刑部尚书。辑有《问刑条例》、《刑书会据》。

丁士美、王世懋、邓球成进士。

汤显祖与谢廷谅为少年知友，俱十岁，皆不惯传注帖括的父师教育方式，而对古文辞赋有所涉猎。

顾宪成十岁，受《夏书》、《商书》、《周书》。

邹元标九岁，通五经。

僧真可上人（达观）在苏州出家。

马蒂亚斯·弗拉修斯著成《基督教会史》。

德国萨克雷德于巴塞尔出版《百科全书》。

蜀王府刻《洪武正韵》。

金贲亨《道南书院录》5卷重刊。有嘉靖二十六年魏濬跋、嘉靖三十八年舒春芳序、杨应诏序、刘佃跋。

薛应旂著《甲子会纪》成。

边像纂修《蒲州志》3卷刊刻。

胡顺华纂修《兴化县志》4卷刊刻。

叶恒嵩修、刘濂纂《南宫县志》5卷刊刻。

徐甫宰纂修《武平志》6卷刊刻。

张炎道修、李曰巽纂《海丰县志》2卷刊刻。

周怡四月撰《怀玉山记》。

鲁王府朱观熰刻《金精直指》1卷。

邓元锡八月作《招来辞》。

唐顺之交欢严嵩，并序胡宗宪所刻严嵩《钤山堂集》。

顾可久刻所著《唐王右丞诗集注说》6卷。

张烈官工部主事，视察南旺水利，浚七十二泉，著《巡泉诗稿》。

周复俊四至滇南，其刻杨慎遗著《七十行戍稿》亦在是岁。

徐渭著《南词叙录》。

按：此为最早的一部关于南戏的概论性著作，也是宋、元、明、清四代专论南戏的唯一著作，其内容涉及南戏的源流及发展情况，南戏的风格特色，南戏的声律，以及作家作品评论、常用术语、方言考释等，并附有戏本目录。

狩野六信卒（1477— ）。日本狩野派画家。

马泰奥·雷阿多·科隆博卒（约1516— ）。意大利解剖学家。

文徵明卒(1470—)。徵明，初名璧，字徵明，后以字行，更字徵仲，号衡山居士。长洲人。幼时学文于吴宽，学书于李应桢，学画于沈周。正德末，以岁贡生荐试吏部，授翰林院待诏。预修《武宗实录》，不久辞归，致力艺事。工行、草书，尤精小楷。最善画山水，得沈周指授，师法宋元，得力于赵孟頫、吴镇、王蒙，而自成一格。偶画花卉、人物，亦颇隽秀。名重当代，门生甚多，有"吴门派"之称。与唐寅、祝允明、徐祯卿即称为"吴中四才子"。画与沈周、唐寅、仇英合称"明四家"。兼能诗文，诗学白居易、苏轼。著有《甫田集》。事迹见《明史》卷二八七、周道振等编《文徵明年谱》、《文徵明书画简表》等。

按：据《明史》本传，吴中自吴宽、王鏊以文章领袖馆阁，一时名士沈周、祝允明辈与并驰骋，文风极盛。徵明及蔡羽、黄省曾、袁褒、皇甫冲兄弟稍后出。而徵明主风雅数十年，与之游者王宠、陆师道、陈道复、王谷祥、彭年、周天球、钱谷之属，亦皆以词翰名于世。

蒋信卒(1483—)。信字卿实，号道林。湖广武陵人。师从王阳明、湛若水。嘉靖十一年进士。官贵州提学副使时，建正学、文明二书院。临卒作诗曰："吾儒传性即传神，岂向风尘滞此身。分付万桃冈上月,要须今夜一齐明。"著有《蒋道林文粹》、《桃岗讲义》、《桃岗目录》、《古大学义》等。事迹见《明史》卷二八三《湛若水传》附传、《明儒学案》卷二八。

  按：据《明史》卷二八三,信初从王守仁游时,未以良知教。后从湛若水游最久,学得之湛氏为多。信践履笃实,不事虚谈。湖南学者宗其教,称之曰正学先生。

  徐献忠卒(1483—)。献忠字伯臣,号长谷。松江华亭人。辑有《吴兴掌故集》,著有《水品》、《唐诗品》、《六朝声偶》、《长谷集》等。

  按：一说徐献忠(1493—1569)。

  薛己卒(1488—)。一说卒于1558年。详见是年条。

  杨慎卒(1488—)。慎字用修,号升庵。新都人。天启中,追谥文宪。正德六年进士第一,授翰林修撰。充经筵讲官,预修《武宗实录》。召为翰林学士。受业于李东阳门下,与何景明等为友。诗文甚多,虽亦有拟古倾向,但不专主盛唐、秦汉。风格清新,与"七子"不同。学问淹博,能诗文词曲,亦擅考证金石史地。著作多达百余种,宏富为明代第一。著有《丹铅录》、《墨池琐录》、《谭苑醍醐》、《诗话补遗》、《词林万选》、《艺林伐山》、《韵藻》及地理志《云南山川志》、《滇记》、散曲集《陶情乐府》、杂剧《洞天玄记》等。后人辑其著作之要者编为《升庵集》。事迹见《明史》卷一九二。

  按：据《明史》本传,尝奉使过镇江,谒杨一清,阅所藏书,叩以疑义,一清皆成诵。慎惊异,益肆力古学。既投荒多暇,书无所不览。尝语人曰:"资性不足恃。日新德业,当自学问中来。"故好学穷理,老而弥笃。……明世记诵之博,著作之富,推慎为第一。诗文外,杂著至一百余种,并行于世。

  吴廷翰卒(约1490—)。廷翰字崧伯,号苏原。庐州无为人。正德十六年进士。官至山西参议。中年辞官归里。早年与王阳明持论不同,曾与其门人欧阳德辩论。后受王廷相影响,反对程朱理学。著有《湖山小稿》、《苏原全集》等。

  程文德卒(1497—)。文德字舜敷,号松溪。浙江永康人。万历间,追谥文恭。初受业章懋,后从王守仁游。嘉靖八年进士。官至南京工部侍郎,因上疏劝谏被革职。既归,聚徒讲学。著有《松溪集》、《程文恭遗稿》。事迹见《明史》卷二八三《罗洪先传》附传、《明儒学案》卷十四。

  王渐逵卒(1498—)。渐逵字用仪,一字鸿山,号青萝子、大隐山人。广东番禺人。正德十二年进士,官刑部主事。曾赴会稽,谒王阳明墓,与其门人讲学,久之乃归。著有《青萝文集》。

  李舜臣卒(1499—)。舜臣字懋钦、一字梦虞,号愚谷,又号未邨居士。山东乐安人。嘉靖二年进士。官至太仆寺卿。潜心儒经。尝谓汉儒之说较后人可信,以其去古未远也。又以六书正汉儒注疏之误。著有《愚谷集》。

  闵如霖卒(1503—)。如霖字师望,号午塘。浙江乌程人。嘉靖十一年进士。官至南京礼部尚书。著有《午塘集》。

王慎中卒(1509—)。慎中字道思，初号遵岩居士，后号南江。泉州晋江人。嘉靖五年进士。后忤夏言落职。乃肆力于古文，初主秦汉，后尊欧阳修、曾巩作文法。与唐顺之齐名，为唐宋派代表作家之一。著有《遵岩先生集》。事迹见《明史》卷二八七。

按：据《明史》本传，慎中举进士后，授户部主事，寻改礼部祠祭司。时四方名士唐顺之、陈束、李开先、赵时春、任翰、熊过、屠应埈、华察、陆铨、江以达、曾忭辈，咸在部曹。慎中与之讲习，学大进。为文，初主秦、汉，谓东京下无可取。已悟欧、曾作文之法，乃尽焚旧作，一意师仿，尤得力于曾巩。顺之初不服，久亦变而从之。壮年废弃，益肆力古文，演迤详赡，卓然成家，与顺之齐名，天下称之曰王、唐，又曰晋江、毗陵。家居，问业者踵至。……李攀龙、王世贞后起，力排之，卒不能掩。攀龙，慎中提学山东时所赏拔者也。

陆之裘约卒，生卒年不详。之裘字象孙，号南门。太仓人。陆之箕之弟。正德间贡生。官景宁县教谕。曾与修《太仓州志》。工诗词歌曲。著有《南门仲子集》、《南门续集》2卷，编有《太仓文略》4卷。

陈泰来（ —1594）、何出图（ —1617）、赵宧光（ —1625）、叶向高（ —1627）、归子顾（ —1628）、孙如法（ —1615）、庄起元（ —1633）、庄廷臣（ —1643）、意大利传教士龙华民（ —1654）生。

嘉靖三十九年　庚申　1560年

法国凯瑟琳·德·梅迪奇摄政。
奥斯曼帝国及西班牙战。
俄罗斯人败立沃尼亚骑士团。

二月甲辰，命宋儒程颐二十代孙程宗孟袭翰林院五经博士。

十月壬寅，谕景王朱载圳出京至封地。

按：世宗用方士言，久不立储。景王年少，左右颇怀觊觎之心，语渐闻于中外。故有此谕。明年二月景王之国于德安。

是月，杀总督蓟辽右都御史王忬。

按：初，严嵩属意其党以滦河之败劾王忬，忬子王世贞百计求救，而当道畏嵩，莫敢持一言。至是，忬竟死西市。

十一月，真人陶仲文、锦衣都督陆炳俱死。

是年，始建塔尔寺（在今青海湟中）。

按：此为藏传佛教格鲁派著名寺院，亦是西北地区佛教活动中心，其藏、汉风格结合而成的古建筑群与壁画极具文物价值。

意大利那不勒斯创立自然科学社。

湛若水二月致书新安洪垣等，约复游武夷。三月，偕诸生开讲龙潭书院，提掇性道之蕴、尧舜禹汤文武相传之绪；并自下学立志以至笃恭不显、无声无臭之妙，详加发挥。

邹守益五月复国子监祭酒原官，致仕。

罗洪先有《答双江公书》，驳其专主寂静。又著《异端论》三篇，斥释氏精髓之弊。

罗汝芳出审大同宣府狱；比返，过鲁问道于泰山丈人，学益进。

唐顺之二月讨定扬州、仪真乱兵。又病中登舟，巡视江海，卒于南通舟中。

周怡三月与从兄往西江，赴怀玉会，遂游怀玉山。途次广信，访桂荣，为桂氏题石梁卷后。

蔡汝楠（蔡汝南）五月领使西藩，重历昔日宦游之地，得诗若干，曰《西游篇》，有题词。

耿定向在云南道监察御史任，劾吏部尚书吴鹏纳贿等六事，首及其婿翰林学士董份，各疏辨，不允。

李贽辉县教谕任满，升南京国子监某官。数月，丁父忧去。

按：时倭寇肆海上，所在皆兵燹。贽夜行昼伏，六月余方抵家。至家亦无暇试孝子事，而率其弟侄辈为城守备。

王世贞二月闻宗臣讣，仿楚人《九歌》作《少歌》三章。

王世贞父王忬十月以边吏陷城律弃市，李攀龙单骑出吊。王世贞十一月底返乡，其妹十二月以伤毁过度而殁。

徐献忠作《布赋》，述松江布。

张元冲五月由江西布政使改右副都御史，巡抚江西。

王宗沐擢按察使。

朱衡为右副都御史。

何心隐为泰州学派传人，是岁入京师讲学。

徐学谟官湖广荆州府。

董传策戍广西南宁。

李春芳八月己未以礼部右侍郎兼翰林院学士改掌翰林院事。

金大舆以诗送黄姬水还长州。

顾宪成年十一，随父还泾里，读韩文。

焦竑读书天界寺。

蔡瑷于河北宁晋创建洨滨书院。

按：蔡瑷字天章，号洨滨，故名。书院息存堂有湛若水所作箴。

郭应奎于江西泰和创建萃和书社，每月朔望讲学。

卢宣于山东蓬莱创建道乐书院。

朝鲜李滉（退溪）在其家乡建陶山书堂，以中国朱子之学培养学生，被誉为"朝鲜朱子"、"朝鲜朱子学集大成者"。

按：李滉（1501—1570）28岁入国学，后官至大提学。李朝中宗末年，弃官返乡隐居，于静思中探性穷理。于中国朱子之学深信不移，以之为正统，奉为金科玉律，而视其余为邪说。

俄国莫斯科红场瓦西里升天大教堂建成。

造纸术传入芬兰。

| 皮埃尔·龙沙作成关于宗教战争的诗《议论诗》。 | 马荩臣《五代史吴越世家疑辨》1卷刊刻。

按：前有钱德洪序。是书虽由荩臣撰述，实属德洪授意。书中援引极富，但病在空言争论。

吴蕃《三传》8卷刊刻。

按：吴蕃字伯生，安徽休宁人。《三传》集上古至元季孝子、义士、高士数百人事迹。

徐咸《皇明名臣言行录续集》8卷刊刻。

周希哲等修、张时彻等纂《宁波府志》42卷刊刻。

赵时春纂修《平凉府志》13卷刊刻。

萧蕃修、郑孝纂《兴济县志》2卷刊刻。

谢绍祖纂修《重修如皋县志》10卷刊刻。

杨载鸣纂《惠志略》刊刻。

盛时泰辑已所评跋姚淛、罗棻诸家藏拓文为《玄牍记》成。

徐献忠所辑《吴兴掌故集》17卷由太仓张节刊行。

郑若庸移居山西清源，中复还居彰德，辑所作为《北游漫稿》。

按：该书有隆庆三年（1569）汪良迪刻本，汪锡爵序。

蔡汝南（蔡汝楠）辑东游诗若干篇成，并作《东游篇序》。

薛章宪《鸿泥堂续稿》10卷刻成，沈翰卿作后序。

冯惟讷纂《诗纪》总192卷刊行。

王世贞将家难后作品编为《幽忧集》2卷。

黄姬水自南京回故里长洲，辑南京所作诗为《白下集》11卷。

汪道昆编次所著《高唐记》、《洛神》、《五湖记》、《京兆记》四杂剧为《大雅堂杂剧》。

晋王府宝贤堂刻宁王朱权《臞仙肘后经》。

弗郎切斯科·帕特里齐著成关于哲学史的作品《历史故事》。|

| 杜·倍雷卒（1522— ）。法国诗人。

菲利普·梅兰希顿卒（1497— ）。德国神学家，教育家。

巴乔·班迪内利卒（1493— ）。意大利雕刻家。 | 湛若水卒（1466— ）。若水初名露，字民泽，改名后字元明。广东增城人。因居甘泉乡，故号甘泉，学者称甘泉先生。初师事陈献章，不乐仕进。后以母命，举弘治进士，授翰林院编修。历官南京国子监祭酒及吏、礼、兵三部尚书。足迹所至，必建书院以祀其师陈献章。因久仕学官，所建书院甚多，"相从士三千九百余"。尝与王阳明同时讲学吏部，各立门户。王主"致良知"，湛主"随处体认天理"。他自称"阳明与吾言心不同。阳明所谓心，指方寸而言。吾之所谓心者，体万物而不遗者也"。著有《二礼经传测》、《春秋正传》、《古乐经传》、《圣学格物通》、《心性图说》、《白沙子古诗教解》、《甘泉集》、《甘泉新论》等。事迹见《明史》卷二八三、《明儒学案》卷三七、日人志贺一郎编《湛甘泉略历》。

按：据《明史》本传，若水生平所至，必建书院以祀献章。……若水初与守仁同讲学，后各立宗旨，守仁以致良知为宗，若水以随处体验天理为宗。守仁言若水之学为求之于外，若水亦谓守仁格物之说不可信四。又曰："阳明与吾言心不同。阳明所谓心，指方寸而言。吾之所谓心者，体万物而不遗者也，故以吾之说为外。"一时学者遂分王、湛之学。……湛氏门人最著者，永丰吕怀、德安何迁、婺源洪垣、归安唐枢。怀之言变化气质,迁之言知止,枢之言求真心,大约出入王、湛两家之间,而别为一义。垣则主于调停两家,而互救其失。皆不尽守师说也。

胡缵宗卒(1480—)。缵宗字孝思、世甫,号可泉,亦号鸟鼠山人。陕西巩昌府秦州(今天水)秦安人。父、祖两代以通经、精毛诗而闻名于陇右。正德三年进士,曾任苏州知府等。受知于杨一清与李东阳。为著名学者、诗人、书法家、水利学家。著有《鸟鼠山人小集》。事迹见《明史》卷二二〇《刘讱传》附传。

顾可学卒(1482—)。可学字与成。常州府无锡人。谥荣僖。弘治进士。以延年术求进。曾以《医方选要》、"秋石"、"红铅"等进献,官至吏部参议。生平见《明史》卷三七〇本传。

华云卒(1488—)。云字从龙,号补庵。无锡人。从邵宝、王阳明学。嘉靖二十年进士,授户部主事。官至南京刑部郎中。著有《锡山先贤录》。

孙升卒(1501—)。升字志高。余姚人。嘉靖乙未进士。官至南京礼部尚书。著有《孙文恪集》。

唐顺之卒(1507—)。顺之字应德,一字义修。武进人。嘉靖八年进士第一。谥文襄。人称荆川先生。为文主张"直抒胸臆,信手写出","开口见喉咙",反对摹拟古人。推崇唐宋文,与王慎中、茅坤、归有光等同被称为"唐宋派"。其散文辞意明畅,著有《荆川先生集》。事迹见《明史》卷二五〇、《明儒学案》卷二六。

卢柟卒(1507—)。柟字次楩,一字少楩,又字子木。河南浚县人。博学强识。曾因负才忤县令,被诬系狱数年。得谢榛及平湖县令之助,始平反其狱。后遍游吴会,无所遇,益落魄。善文,其骚赋最为王世贞称赏,诗亦豪放。为"广五子"之一,著有《蠛蠓集》5卷。另有传奇《想当然》一本。《明史》有传,事迹参吴道省《卢柟生卒年考》(《殷都学刊》2001年第3期)。

沈坤卒(1507—)。坤字伯载,号十洲。直隶太和人,祖籍昆山。嘉靖二十年状元。曾掌南京翰林院事。嘉靖三十六年始丁母忧家居,亲与抗倭斗争,有"抗倭状元"之称。后被谗死于狱中。

宗臣卒(1525—)。宗臣字子相,号方城山人。扬州兴化人。嘉靖二十九年进士。诗文主张复古,与李攀龙、王世贞常相切磋,为"后七子"之一。其诗摹拟李白,惟成就不大。著有《西征记》1卷、《海防二三策》、《性理要抄》4卷、《宗子相集》15卷。

陈鹤卒,生年不详。鹤字鸣轩(一作鸣野),号海樵生。山阴人。嘉靖四年举人。以袭祖军功,为百户。弃官称山人,筑室飞来山之麓,以读书著述为事。工诗善画。画水墨花草著名于时。著有《海樵先生集》、《越海樵诗集》。复工传奇散曲,有传奇《孝泉记》,曲作集《息柯余韵》,散曲作品并散见《南北宫词纪》中。

晁瑮卒,生年不详。瑮字石君,号春陵,开州(今河南濮阳)人,嘉靖癸丑进士。官至国子监司业。著名目录学家,所著《宝文堂书目》颇知名。

董嗣成(—1595)、袁宗道(—1600)、陈勋(—1617)、龙膺(—1619后)、徐媛(—1620)、方大镇(—1630)、徐复祚(—1630后)、吕胤昌(—?)、叶茂才(—1631)、余象斗(—1637?)、意大利传教士郭居静(—1640)生。

按:吕胤昌字玉绳,号麟趾,又号姜山。余姚人。

嘉靖四十年　辛酉　1561年

法国波瓦西会议召开。

西班牙人迁都马德里。

立沃尼亚骑士团亡。

铅活字印刷术传入印度。

利玛窦始入耶稣会所办小学就读。

九月辛丑,苏、松、常、镇、杭、嘉、湖七府大水。

是年,应天主考中允无锡吴情取同邑十三人,被劾,与副考胡杰俱谪外。南畿翰林从此遂不得典应天试。

罗汝芳归省江西南城,学者大集。

耿定向是秋被命巡按西夏,与仲弟相晤于汉江之浒。时胡直之学,以无念为宗,举以相质,语见《汉浒订宗》。

李材为"性觉"之论。

王宗沐十月作《山西武举乡试录序》。

赵贞吉是春应大足县令之属为纂《大足县儒学尊经阁记》。

王稚登至昆陵见薛应旂、唐鹤徵等,作《雨航记》;游茅山,作《采真篇》2卷;过长洲,访顾元卿,元卿示以所作《大石八景记》。

谢缙作《月下静钓图》、《竹堂听瀑图》。

赵贞吉八月补户部右侍郎,寻为言官论罢。因过访大司许氏虢州西峪之岁寒堂,有《岁寒堂记》。

赵贞吉以休致还山,道周南,访蔡汝楠(蔡汝南)。蔡氏出示任少海近日游函崤间所著四图并赞诗,赵氏仿其例著为七图,有《周南留著图录序》。

钱榖在彭年处得陶宗仪《游志续编》,携归手自缮录。

吕怀七十寿庆,周怡五月为文致祝,有《寿巾石吕先生七十叙》。

何迁四月由总督漕运、右副都御史,改南京刑部右侍郎。

潘季驯巡按广东,倡行均平里甲之议,广人便之。

按:其法,先考察州县之冲要偏僻,以此计算用度之繁简,令百姓各随丁力输银于官。每遇供应过客及一切公费,官府发银,使吏胥老人承买。其里长止于在官勾摄公务,甲首则悉放归农。

颜鲸授山西道监察御史。

顾允默是春下第南都，作《酬知赋》。

何良俊自南京移居苏州，出其所得《董解元西厢》全本，吴人争相传钞。

俞允文、顾从义、董宜阳、沈明臣等集宜兴，各作纪游诗，允文辑为《荆溪唱和诗》1卷。

童珮自浙江侨寓无锡。

董传策抵南宁，游其地诸山。

谭纶丁父忧，带海盐戏帮从浙江回江西宜黄原籍达四年之久。

按：海盐新腔改变了宜黄子弟的弋阳旧腔。这和汤显祖晚年戏曲活动关系至深。汤氏"四梦"的演唱和这种新腔是不能分割的。

孙应鳌闰五月丙午升陕西按察司提学副使。

吴情、胡杰七月甲午奉命主应天府乡试。

裴宇、胡正蒙八月甲子奉命主顺天府乡试。

杨起元年十五，补诸生。

李登拔贡，授新野知县。

孟化鲤年十七，补诸生，慨然以古道自任。

山西大同创建云中书院。创建人不详。该书院为大同创办最早、年代最久的学校。

彭谨于云南楚雄创建雁峰书院。

范钦创建天一阁藏书楼于宁波。是为我国现存最古的藏书楼。

按：此藏书楼因得元揭傒斯所书吴道士龙虎山天一池石刻而命名。

朝鲜李滉（退溪）与奇大升（高峰）自是岁始至1566年进行了一场四七理气辩论。此后，朝鲜学界分为主理主气两大派，理气之辩断断续续持续了300年。

按："四"指"四端"，"七"指"七情"。"四端"指仁、义、礼、智四种道德观念的端绪、萌芽。李退溪心性之学认为，性为心之体，情是性之发。性分为本然之性与气质之性。本然之性为善是理之体用；气质之性可善可恶是气之体用。因此，理发四端之情为道心，气发七情为人心。奇高峰撰《非四端七情分理气辩》来反驳退溪之观点。争辩结果，奇高峰复撰《四端七情后说》，对四七理气说不复坚持否定态度，而对"七情之发"一说仍保留怀疑态度。与李退溪齐名的朝鲜哲学家、思想家、政治家兼教育家李珥（栗谷，1536—1584），年轻时曾求学于李退溪，然在理气观上却赞成齐高峰的观点，否定退溪将理气判为二物。李珥之友成牛溪（1536—1598）则认为，既然朱子将人心道心分作两边说，那么退溪理气互发说当然可以成立。于是成牛溪以书简质问栗谷，故继退溪、高峰辩论之后，又掀起了一次理气之辩的高潮。在后一场论辩中，栗谷提出了"理通气局"的新观点，丰富了自己的理论，遂与李退溪被学界并称为"朝鲜理学之双璧"。退高、牛栗的四七理气之辩，把朝鲜性理学推向了高潮，从而引导朝鲜学界跃过伦理阶段达到论理的哲学阶段，在心性论与理气观方面，对朱子理学有补充与发展。这种性学与理学的隆盛，完成了朝鲜思想史的精华。但朝鲜理学家们始终对自然及宇宙论问题没有给予充分的研究，而偏重于人间性情与道德问题和社会伦理的探讨，在心性理气的辩论中形成了以李退溪为首的主理派和以李栗谷为首的主气派。然而，在退溪、栗谷过世后，主理派与主气派末流的论争则走向了极端,论辩性质渐变为派系党争。

英格兰国教会定《信仰忏悔》。

加布里埃莱·法洛皮乌斯汇编成《解剖学观察资料》。

托马斯·诺顿翻译加尔文的作品《基督教信仰典范》。

沈王府沈宣王朱恬烄刻汉焦延寿《焦氏易林》2卷。

王廷相《丧礼备纂》十二月始刻,张卤为序。

王骥德就其祖《红叶记》传奇改成《题红记》。

胡松序刊罗洪先《广舆图》2卷,并为补倭及琉球两图。

按:约嘉靖二十年,罗洪先成《广舆图》,以稿本付胡松。

朱希召《宋历科状元录》8卷刊刻。

周大章纂《吴江修城碑阴记》,追记1554年筑城备倭事。

唐顺之《左编》142卷刊刻。

按:《左编》全称《历代史纂左编》,初名《史大纪》,是年由顺之友胡松首刊。万历四十年吴用先曾加重刊。全书按君、相、名臣、谋、将、后、镇、夷、儒、经史、方技等部编排撰写,尊正统,斥僭纂,置隋文帝于外戚,诎魏、辽、金、元于夷裔,未突破以道统、治统思想治史框架。又:唐顺之另有《两汉解疑》2卷,《两晋解疑》1卷。

郑若曾《筹海图编》13卷刊刻。

按:《千顷堂书目》、《明史艺文志》及《四库全书总目》皆称此书为胡宗宪所撰,误。若曾字伯鲁,号开阳,昆山人,曾为胡宗宪幕僚。另著有《海运图说》2卷、《郑开阳杂著》11卷(凡《万里海防图论》、《江防图考》、《日本图说》、《朝鲜图说》、《安南图说》、《琉球图说》、《海防一览图》、《海运全图》、《黄河图议》、《苏松浮粮议》10种)。

周王府刻明朱睦㮮编《俪德偕寿录》4卷。

邵经邦《弘简录》254卷刊刻。

黄佐纂修《广东通志》70卷刊刻。

胡宗宪修、薛应旂等纂《浙江通志》72卷刊刻。

孙世芳修、荣尚约纂《宣府镇志》42卷刊刻。

李思悦修、洪一鳌纂《寿昌县志》12卷刊刻。

徐师曾辑《临川王氏文粹》4卷。

新乐王朱载玺刻高唐王朱厚煐《琴谱》、《瑟谱》1卷。

王道行刊刻魏校所纂、归有光编次《庄渠先生遗书》7种27卷成。

博斯卒(约1450—)。尼德兰画家。

邓韍卒(1473—)。韍字文度,号梓堂。江苏常熟人。弃举业,以图籍自娱。好宋儒学说,工书画,能诗文。著有《常熟志》、《濮州志》、《易解》、《泉坊议事录》、《松韵录》等。

刘麟卒(1474—)。麟字元瑞,又字子振,谥清惠。湖南安仁人,流寓浙江长兴。弘治进士。官至工部尚书。博学能文,与顾璘、徐祯卿称"江东三才子"。著有《刘清惠集》。事迹见《明史》卷一九四。

赵可与卒(1485—)。可与字令中,号青石。江西安成人。正德八年举人。官至福建都转运使。著有《青石遗稿》。

顾可久卒(1485—)。可久字与新,号洞阳。无锡人。正德九年进士,以疏谏南巡,谪国子监学正。嘉靖初迁户部员外郎。议大礼,忤旨。

后以广东兵备副使放归。著有《琼管山海图说》2卷、《洞阳公命子书》、《王右丞诗集注》6卷等。

按：一说卒于1563年。

张寰卒（1486— ）。寰字允清，号石川。昆山人。正德十六年进士。授济宁知州，调濮州。官至通政司右参议。筑崇古楼，聚书甚富。纵意山水，与刘麟、龙霓、俞允文等在吴兴结崇雅社。所著有《耆龄考终录》2卷、（庐山、武夷山）《两山游录》6卷、《川上稿》2卷、《蓬窗稿》等，并曾校刊宋王庭珪《卢溪先生文集》50卷。

黄鲁曾卒（1487— ）。鲁曾字得之，号中南先生。苏州吴县人。尝编王宠、黄省曾《南华合璧集》及王守、蔡羽《王蔡青蓝集》为《吴中二集》。著有《得之诗集》、《续吴中往哲记》。

陈儒卒（1488— ）。儒字懋学，号芹山。嘉靖二年进士。著有《芹山集》。

黄弘纲（宏纲）卒（1492— ）。弘纲字正之，号洛村。江西雩都人。师从王阳明。与何廷臣、钱德洪、王畿，均以善推演师说著称。著有《黄洛村集》。事迹见《明史》卷二八三《何廷仁传》附传。

按：《黄洛村集》2卷，据《四库全书总目提要》：其孙黄宜璞所刻，上卷书翰，多与邹守益、罗洪先、聂豹辈讲学之语。盖宏纲师事王守仁，传良知之说也。下卷杂著及诗数十首，则率皆应俗之作。

王邦瑞卒（1495— ）。邦瑞字维（惟）贤，号凤泉。河南宜阳人。谥襄毅。正德十二年进士。官至兵部尚书。著有《王襄毅公集》。事迹见《明史》卷一九九。

周延卒（1499— ）。延字南乔。江西吉水人。谥简肃。嘉靖二年进士。著有《简肃公遗稿》。事迹见《明史》卷二二〇。

朱曰藩卒（1501— ）。曰藩字子价，号射陂。宝应人。应登子。嘉靖二十三年进士。历礼部郎中。官至九江府知府。性耽风雅，其书，或评曰明代第一；隽才博学，究心佛典、六经之书，重经手录，各为篆注，惜不传。诗文为杨慎推重。著作之存者有《宝应朱氏家乘》、《茶事汇辑》（一作《茶薮》）4卷、《山带阁集》33卷、《池上编》2卷、《朱子价集》1卷；散曲在《乐府先春》中。又辑有《七言律细》2卷。

查秉彝卒（1504— ）。秉彝字性甫，号近川。浙江海宁人。嘉靖十七年进士。著有《觉庵存稿》。事迹见《明史》卷二一〇《厉汝进传》附传。

汪一中卒，生年不详。一中字正叔。徽州歙县人。嘉靖进士。官至江西副使。著有《南华山房集》。

王衡（ —1609）、僧圆澄（ —1626）、刘鸿训（ —1631）、南企仲（ —1643）、吴道行（ —1644）生。日本藤原惺窝（ —1619）生。

按：一说王衡生卒年为1564—1607。

嘉靖四十一年　壬戌　1562年

神圣罗马斐迪南一世帝及奥斯曼帝国休战。

法国宗教战争爆发(到1598年)。

巴黎大疫。

二月辛酉，诏罢亲耕亲蚕礼。

三月壬寅，赐申时行等进士及第、出身有差。

五月壬寅，严嵩罢，下嵩子严世蕃于狱。

按：方士蓝道行以扶乩得幸，乃诈为神语，具道严嵩弄权状。御史邹应龙乘间抗疏劾严世蕃。世宗尤降旨慰嵩，令致仕。法司奏论世蕃及其子严鹄、严鸿并客罗龙文戍远边，从之。

八月乙丑，诏重录《永乐大典》。

按：初，三殿火灾，文楼藏《永乐大典》急命取出，得以不毁。至此时，欲重录其副，贮之他处以备不虞。于是礼部左侍郎高拱、左谕德兼侍讲瞿景淳充总校官。右中允张居正同修撰林燫、丁士美、徐时行，编修吕昊、王希烈、张四维、陶大临，检讨吴可行、马自强充分校官。儒士程道南等百余人分录。至隆庆初告成，仍归原本于南京。其正本贮文渊阁，副本别贮皇史宬。

九月丙午，诏取武举官生85人。

是月，三殿成，改奉天曰皇极，华盖曰中极，谨身曰建极。

十一月乙酉，诏求方书。

按：世宗求长生，晚年益急。乃命御史姜儆、王大任分行天下，访求方士及符箓秘书。

己酉，倭陷福建兴化府。擢俞大猷、戚继光为福建正副总兵官御倭。

是年，耶稣会会士卡纳罗任澳门第一任主教，强当地华人就葡俗。

罗汝芳出守宁国，建志学书院及水西书院。

王宗沐复官广西，应诸生之邀讲学于贡院，并叙诸生齿录条约数事于籍，名曰《道南会录》，有序。

查铎春闱不第南还，与新安许氏、太邑焦氏、同邑萧氏聚集台山讲学。

王畿是冬自洪都趋抚州，莅拟砚台之会，有《抚州拟砚台会语》；又赴松原新庐会罗洪先，有《松原晤语》。

周怡九月闻邹守益讣，约诸门下至岳庙为位哭奠。

按：此据《理学宗传》卷二一及《周恭节公年谱》。另据《华阳馆文集》卷一一，王畿十一月曾自浙至江西，问疾于邹守益，守益拱手南昌别，翌日乃卒，则卒时当为十一月，与此异。

王襞饬其弟子董燧编次《心斋先生年谱》成，谋刊于金陵，未果。

李贽三年服满，举家入京，以避倭难。

耿定向按关西还，过华山，友人董氏以古刻石经相赠，作《留经记》。

三月辛卯提调南直隶学校。七月晋大理右寺丞、右都御史。十一月晋大理左侍丞。

海瑞以淳安县令调任江西兴国知县。

何心隐教道士蓝道行以扶乩降"神语",揭露严嵩父子擅权,严氏始失势。

徐阶使御史邹应龙劾严世藩,推翻严氏父子,遂代嵩为首辅。

徐阶八月以阁臣被命主持《永乐大典》录副事宜。

梁辰鱼是夏入胡宗宪幕任书记。

按：梁辰鱼游杭州、金华,欲入胡幕府。王稚登赠诗。时胡总督东南沿海各地进剿倭寇。茅坤、沈明臣、徐渭等均在其幕中。

胡宗宪十一月丁亥因南京给事中陆凤仪劾胡宗宪党严嵩及奸欺贪淫十大罪下狱,总督府被撤,梁辰鱼归乡,俟又寄居金陵。

胡宗宪十二月至京师,世宗以其擒海盗首领有功,释令闲住。

顾允默作《送梁伯龙赴越镇之辟》、王稚登作《送梁伯龙谒胡尚书》,送梁辰鱼赴胡宗宪幕。

蔡汝楠(蔡汝南)四月为兵部右侍郎,协理戎政。

汪道昆在闽任兵备道,得戚继光援兵,击退莆田倭寇。

陈第以书生仗剑投军,向戚继光献平倭计策。

潘恩以子潘允端被劾,自左都御史致仕。

裴宇二月乙卯升翰林院侍读学士,掌翰林院事。

袁炜、董份二月辛酉奉命主考礼部会试。

瞿景淳、张居正九月癸巳奉命主考武举会试。

潘季驯六月己卯由河南道御史提调北直隶学校。

孙世芳八月丁丑由翰林院修撰升右春坊右中允管国子监司业事。

高仪十月丁巳升太常寺卿,管国子监祭酒事。

申时行中状元,授翰林院修撰。

王锡爵得榜眼,授翰林院编修。

刘继文成进士,授万安知县。

按：刘继文字永谟,号节斋,生卒年不详。凤阳灵璧人。官至户部侍郎。与海瑞并称,有天下清官第二之誉。

许孚远成进士,授南工部主事。

按：释褐后与四方学者游,始专究反身自省之功。

李材成进士,授刑部主事。自是始渐悟知本之说。

林烃成进士,授户部主事。

徐用检成进士,除兵部主事。

郑履淳成进士。

按：郑履淳为郑晓之子,生卒年不详。浙江海盐人。著有《郑端简公年谱》9卷述其父事。年谱分7卷,附编2卷,包括墓志、行略、祭文、乞恤典疏等;有版本另附1卷编者所做思亲诗文,共10卷。记事起弘治十二年(谱主生),迄嘉靖四十五年(谱主卒)。

项笃寿成进士,授刑部主事。

郭棐成进士,授礼部主事。

郭谏臣成进士,授袁州司理。

王之垣、周世选、萧大亨成进士。

汤显祖年十三,从泰州学派王艮三传弟子罗汝芳学理学,又学经义和古文辞于司谏徐良傅。

> 按:罗汝芳师从王艮弟子颜钧,其学均直指本心,不斤斤于文义训解,抛除一切依傍,追求精神自由。时罗氏归省南城,显祖从学,对汤显祖以后的思想解放具有决定性影响。徐良傅为嘉靖十七年进士,在吏科给事中任以进谏罢官归里,聚生徒百十人,以古文法和经义教授,为汤显祖文学启蒙人。

汪应昂于云南太和捐建源泉(后名崇敬)书院。邑人李逸民有《源泉书院记》。

徐中行改嘉靖十三年廖志显建汝南笃志书院为天中书院。李攀龙纂《天中书院记》。

邹守益是秋作《复古书院志序》。

王宗沐九月纂《会灵精舍记》。

何良俊自吴门还居故里华亭,纂《四友斋记》。

周复自滇还官南太仆寺,自序其《北征图诗》。

僧达观受戒,闭关三年。

拉伯雷的《巨人传》第五部在其逝世后发表。

托夸多·塔索发表史诗《里纳尔多》。

水之文修、李献阳纂《澧州志》6卷刊刻。

徐麟纂修《武宁县志》6卷刊刻。

束载修、张可述纂《洪雅县志》12卷刊刻。

周粟纂修《观海卫志》4卷成。

丘时庸原本,赵恩、郑文瑞增补《泾县志》12卷刊刻。

方信纂修《新安志补》8卷刊刻。

刘启东、贾宗鲁等纂修《高淳县志》4卷重刻。

颜鲸上《漕政便宜六事》。

章潢辑《图书编》127卷。

毛宪《毗陵正学编》1卷刊刻。

归有光赴京试,南还,著《壬戌纪行》2卷。

鲁王府刻明任瀛《翰林古文钞》8卷。

王稚登自定《金闾集》。

张凤翼作《苦雨谣》、《苦雨吟》。

加布里埃尔·法洛皮奥卒(1523—)。意大利解剖学家。

马泰奥·班代洛卒(1485—)。

邹守益卒(1491—)。守益字谦之,号东廓。江西安福人。隆庆初,谥文庄。正德六年中进士第一,授编修。官至侍读学士。其学先宗程、朱,后师事王阳明,并笃守王学传统,强调"慎独"、"戒惧"为致良知主要修养方法。著有《东廓集》、《东廓语录》。事迹见《明史》卷二八三、《明儒学案》卷一六。

按：据《明史》本传，邹守益天姿纯粹。王守仁尝曰："有若无，实若虚，犯而不校，谦之近矣。"里居，日事讲学，四方从游者踵至，学者称东廓先生。

陈九川卒（1494— ）。九川字惟濬，号竹亭、明水。江西临川人。师从王阳明。正德九年进士。致仕后，游学名山，阐扬王学。学术以致良知为宗，提倡以格物致知。事迹见《明儒学案》卷一九。

夏浚卒（1497— ）。浚字月川。江西玉山人，嘉靖八年进士。著有《重刻月川类草》传世，又有《皇明大纪》。

按：王重民《中国善本书提要》推断《皇明大纪》为吴朴所著，误。

范大澈卒（1501— ）。大澈字子宣，一字子静，号讷庵。浙江鄞县人。范钦侄。从钦游京师，为鸿胪寺序班，曾出使琉球、朝鲜。月俸悉以聚书。著有《灌园丛说》、《卧云山房遗稿》等。

陶望龄（ —1609）、吴亮（ —1624）、高攀龙（ —1626）、缪昌期（ —1626）、徐光启（ —1633）、单本（ —1636后）、阮自华（ —1637）生。葡萄牙传教士鄂本笃（ —1607）生。

意大利作家。

扬·范·斯勒霍尔卒（1495— ）。尼德兰画家，人文主义者，建筑家。

嘉靖四十二年　癸亥　1563年

四月，戚继光、李显、俞大猷等合攻福建平海卫之倭，大破之，复兴化。浙闽倭患历时20余年，至此渐平。

七月，耶稣会士贝雷士和德密拉二位神父首抵澳门。

十月，西域乌斯藏、阐化等王遣使入贡请封，礼官循例遣番僧22人为正副使赍负诰敕前往宣封，以序班朱廷对监之。至中途骚扰，番僧不受约束，廷对还，具白其状。自此请封诰敕不遣京寺番僧赍负，著为令。

是年，封张三丰为"清虚元妙真君"。

耿定向任提学御史，八月与知府罗汝芳规地建祠于宣城，祀王阳明。时周怡亦于宣城建志学书院祀王阳明。

按：钱德洪、王畿初赴水西书院之会，过宁国府，诸生周怡、贡安国、梅守德、沈宠、余珊、徐大行等二百余人，延至景德寺，讲会相继不辍。是岁，耿定向、罗汝芳规寺隙地，建祠立祀，自后讲会益盛。

耿定向是冬校士吴门，与诸生研习《中庸》，有《吴门晤语》。又著《明哲保身说》、《出世经世说》。

张祥鸢作《重表漫塘先生墓记》，志宋刘宰。

周怡是春有《奉祝郡侯近溪罗公寿序》。

李材得谕旨归，过钱塘，王畿、钱德洪、唐枢、管志道毕至，因侨寓天真书院，讲论累日。

《昂布瓦兹和约》结束了第一次法国宗教战争。

英格兰颁布《徒工法令》。

英格兰宗教会议通过国教会教义《三十九条信纲》。

英格兰入爱尔兰。

俄罗斯入立陶宛。

李贽自去岁入京，居京邸十阅月，不得缺，乃假馆授徒为生。

钱德洪至滁阳会胡松，商议刻阳明年谱事。

罗洪先五月得寒疾，六月瘳。

罗洪先祠墓志始成。

徐阶官首辅，松江地方官夺济农仓原址为阶扩建宅第，工匠以千计。

董燧是夏解组西归，携所编《心斋先生年谱初稿》，过聂静共参订之。

王宗沐三月东归，度衡入山，居会灵精舍，撰赠言以送衡令孙侯。

潘晟服阕复原职南京国子监祭酒。

颜鲸出按河南。

陆治旅嘉兴，作《金明寺图》。

刘凤解河南职回长洲。

王栋丁母忧归。

戚继光破倭于连江马鼻，陈第与诸绅勒石纪其功。

欧大任是春进京应贡生试，与李攀龙、王世贞、徐中行等交往。

许邦才转周府右长史。

按：许邦才字殿卿，生卒年不详。山东历城人。与李于麟等交善。著有《海右倡和集》、《瞻泰楼集》、《梁园集》。

焦竑年二十三，始有志于学，而苦其难入。

汤显祖年十四，补县诸生。然于帖括外，已能古文辞。

冯应京九岁，始就小学。

谢廷杰于安徽黟县创建碧阳书院。

第一个英文版本的约翰·福克斯的著作《殉教者之书》出版。

昂布卢瓦兹·帕雷发表《外科学》第五卷。

约翰·舒特发表《建筑物的第一道重要底色》。

永丰县令吴凤瑞为王应电刊所著《周礼传》10卷《（周礼）图说》2卷《翼传》2卷。

按：王应电字昭明，号明斋，昆山人。受业于魏校。笃好《周礼》，覃研十数载，因显以探微、因细而绎大，成《周礼传诂》数十卷。吴凤瑞刻本《翼传》卷分上、下，其中上卷凡4篇：《冬官补义》、《天王会通》、《学周礼法》、《治地事宜》；下卷凡3篇：《握奇经传》、《非周礼辨》、《经传正讹》。此7篇，《昆新两县续修合志》卷四九俱各自为卷，分别著录。《四库提要》同。

又按：王应电又精研字学，著有《同文备考》、《书法指要》、《六义音切贯珠图》、《六义相关图》、《六义图解》等。

钱德洪等四月纂《阳明先生年谱》成。

按：王阳明既没，门人薛侃、欧阳德、黄弘纲、何性之、王畿、张元冲谋修年谱，使各分年分地搜集成稿，总裁于邹守益。钱德洪分得阳明始生至谪龙场一段，寓于史际嘉义书院，于嘉靖二十九年具稿以付守益。又越十年，守益复书曰："同志注念师谱者，今多隔世人矣，后死者宁无惧乎？谱接龙场，以续其后，修饰之役，吾其任之。"钱德洪遂复寓嘉义书院具稿，得三之二。嘉靖四十一年十月，至洪都，而闻守益讣。遂与巡抚胡松吊安福，访罗洪先于松原。洪先读年谱大悦，遂相与考订。越是岁正月，钱德洪初定稿于怀玉书院。复经王畿、张叔谦、王新甫、陈大宾、黄国卿、王健等交互校阅，至是定稿付梓。

钱德洪作《阳明先生年谱序》。

王畿作《刻阳明先生年谱序》。

罗洪先作《阳明先生年谱考订序》。

按：《序》称："洪先谈学三年，而先生卒，未尝一日得及门"，则洪先非阳明门人。然因"先生（阳明）事业多在江右，而直笔不阿，莫洪先若，遂举丁丑以后五年相属"，则谱中嘉靖十二至十六年事出洪先笔。又据钱德洪与罗洪先相互往还《论年谱书》数通，可见洪先于德洪初稿多有润饰是正。然据次春钱德洪与罗洪先论年谱书，此版年谱未及悉采洪先考证："接兄峡江书，兼读师谱考订，感一体相成之心。……去年归自怀玉，黄沧溪读谱草，与见吾、肖溪二公互相校正，亟谋梓行。未几，沧溪物故，见吾闽去，刻将半矣。六卷已后，尚得证兄考订。然前刻已定，不得尽如所拟，俟翻刻，当以兄考订本为正也。"

胡松是岁巡抚江右，序《阳明先生年谱》并付之梓。

孙应鳌官秦中，序刻《世史正纲》。

徐学谟序宋人所纂《岳阳风土记》。

吴祯纂修、刘卓增订《河州志》4 卷由金台刘氏仕优堂重刻。卷二职官增补至隆庆五年。

李元阳纂《大理府志》10 卷刊刻。

汪集修、万浩纂《进贤县志》8 卷刊刻。

何愈修、张时彻等纂《定海县志》13 卷刊刻。

李贵纂修《丰乘》10 卷刊刻。

郝廷玺纂修《宜城县志》3 卷刊刻。

李士元修、沈梅纂《铜陵县志》8 卷刊刻。

王稚登著《吴郡丹青志》。

郑晓《古言》、《今言》刊刻。

熊秉元刊行雷梦麟所纂《读律琐言》。

按：是书为明代具有代表性的律学著作之一，以其对律文注释的周备准确而广为流传，在一定程度上影响了明代中后期的司法审判实践。

蜀王府刻《金丹正理大全》。

按：《金丹正理大全》一作元萧廷芝《金丹大成集》。

海瑞在淳安知县任，编次所作为《淳安稿》1 卷。

乐護卒（1474— ）。護字鸣音，号木亭。江西临川人。弘治进士。精天文、数学。著有《木亭杂稿》。

季本卒（1485— ）。本字明德，号彭山。浙江会稽人。正德进士。师从王阳明。著有《易学四同》、《诗说解颐》、《春秋私考》、《四书私存》、《说理会编》、《读礼疑图》、《孔孟图谱》、《庙制考义》、《乐律纂要》、《律吕别书》、《蓍法别传》。

按：所著经说大体旨在阐明阳明学说。其中《诗说解颐》40 卷，分《正释》30 卷、《字义》8 卷、《总论》2 卷，对《诗经》诗旨之探讨、诗义之说解，颇具特色，并对同时丰坊之伪书（如子贡《诗传》、申培《诗说》等）颇多攻击，是一部颇有影响的著作。事迹见《明儒学案》卷十三。

苏尔达斯卒（约 1483— ）。印度诗人。

迭戈·德西洛埃卒（约 1495— ）。文艺复兴时期西班牙雕刻家，建筑家。

顾可久卒(1485—)。一说卒于1561年。详见是年条。

聂豹卒(1487—)。豹字文蔚，号双江。永丰人。隆庆初，谥贞襄。正德十二年进士。除华亭知县。累官至太子太保。东南倭乱加剧，聂豹无所谋划，复以奏疏触世宗怒，被降俸，引疾致仕。于学服膺"致良知"说，私淑王阳明，自称弟子。但认为"良知"不是现成的，须通过"动静无心，内外两忘"的涵养工夫，才能达到，倾向宋儒的"主静"说。著有《困辨录》及《双江文集》。事迹见《明史》卷二二〇、《明儒学案》卷一七。

按：据《明史》本传，豹初好王守仁良知之说，与辨难，心益服。后闻守仁殁，为位哭，以弟子自处。及系狱，著《困辨录》，于王守仁说颇有异同。

吴子孝卒(1495—)。子孝字纯叔，号海峰，晚号龙峰。长洲人。嘉靖八年进士，选庶吉士。著有《江上日录》1卷、《仁恕堂录》、《问马集》1卷、《玉涵堂诗稿》10卷等；尤长于作词，颇具凄惋之致，存有《玉霄仙明珠集》6卷。

李日章卒(1497—)。日章字尚綗，号海楼。松江华亭人。嘉靖二年进士。官至山东按察副使。娴习律例。著有《狎鸥亭稿》。

龚用卿卒(1500—)。用卿字鸣治，号云冈。福建怀安人。嘉靖五年进士。曾预修《明伦大典》、《明会典》。著有《使朝鲜录》、《云冈集》。

张元冲卒(1502—)。元冲字叔谦，号浮峰。浙江山阴人。嘉靖进士。授中书舍人，改吏科给事中。请罢遣中官织造，谏世宗玄修不视朝，一时称为敢谏。出为江西参政，广东按察使，江西左右布政使，升右副都御史，巡抚江西。王阳明弟子。阳明谓门人真切纯笃者以元冲为最。门人私谥曰文静先生。建正学书院于江西、怀玉书院于广信。曾与修《文成年谱》。事迹见《明儒学案》卷一四。

邵圭洁卒(1510—)。圭洁字伯如，又字茂斋，号北虞。常熟人。嘉靖四年举人，选德清教谕。有文名，与瞿景淳、严讷等结社会文，时称"十杰"，推圭洁为领袖。工古文辞，留心经济。著有《经济录》、《筑城议》1卷、《北虞先生遗文》6卷，辑有《唐诗绝句选》。

归子慕(—1606)、赵琦美(—1624)、丁元荐(—1628)、孙承宗(—1638)、张介宾(—1639)生。

嘉靖四十三年　甲子　1564年

神圣罗马斐迪南一世帝卒，子马克西米立安二世嗣位。

二月，伊王违制建宫室，选民女，事闻，削世封，废为庶人。韩王纵宗室140余人越关至陕西会城索逋禄，蒙诏切责。

十月己丑，从南京御史奏，两京同考用京官进士，《易》、《诗》、《书》各二人，《春秋》、《礼记》各一人，其余"仍择年力精壮文行俱优之教职充之"。
(《世宗实录》卷五三九)

> 按：初，世宗用张璁议，各省主试多遣京官，而两京房考亦各加科、部官一员。至是给事中辛自修等交摘去岁顺天科场奸弊，礼部议请仍循旧例选用各省教职，从之。自是各省主考亦罢京官不遣。

十一月丙寅，更定岁贡法，令天下督学官每岁严加考校，如正贡考不称则起次贡，次贡复不称则起次贡以下者，必得其人。已廷试岁贡，如一省发回五人以上，提学官降级别用。

钱德洪是岁有与罗洪先《论年谱》书，论及阳明《文录外集》并《传习续录》编次刊刻之由。

> 按：是书复去，罗念庵随以讣报。

钱德洪是春与王敬所为赤城之会，俟后归天真书院。

徐阶八月以万寿节，进兼建极殿大学士。

周怡是秋与姪子德往杭州赴天真会。

王畿是春赴宛陵会（时罗汝芳为宣州守，大集六邑之士千余人），有《宛陵会语》。赴水西会，道出阳羡，时耿定理校文宜兴，出访，有《东游会语》。

李材是春请告南归，访王畿于金波园中，相与为湖上之会，往复证悟。临别，材出卷授畿索书绪言，畿有《书见罗卷兼赠思默》。

耿定向是春护送两亲归里，舟行至安庆遇风险，心怔不宁，乃悟孟子"不动心"之旨，有《不动心解》。

李贽在京假馆授徒十余月，至是得缺，仍官国子监博士。时秦鸣雷、陈以勤为国子监祭酒，潘晟、吕调阳为国子监司业。李贽方官国子监时，次男又病卒。未几，大父讣至，只身归泉州营葬。

> 按：李贽此番归泉州凡三年，留妻及三女于共城耕作度日，未数月二女以饥夭。

林润十一月辛丑以南京御史，劾严世蕃及其党罗龙文诸不轨状。

> 按：初，严世蕃谪戍雷州，未至而归。罗龙文一诣戍所，即逃归徽州。世蕃于籍中袁州大起园亭，势焰不少衰。会林润巡视江防，知其本末，乃驰疏尽发其罪。诏润即逮世蕃、龙文至京，下法司论罪。

颜鲸授北畿督学。

王世贞三十九岁，决意寄情山水，终老林下，始构离薋园于城居之旁。

严讷在京主吏部，荐海瑞，遂调海瑞为户部主事。

徐学谟免荆州府职。

韩爌任提学御史，奉命查革京学冒学生员，查得冒籍当革者五十余人，激诸生怒。给事中何起鸣归罪于爌，因劾其伪学多言，久失士心。爌仓皇自辩，诋起鸣为邪党。得旨："起鸣论劾轻率，爌奏辩分戾，均失言官体，各夺俸二月。"(《世宗实录》卷五四一)

姜金和十一月乙巳升左春坊左谕德，掌翰林院事。

汪镗、孙世芳七月己酉主应天府乡试。

西班牙入菲律宾。

英格兰入西非贩运黑奴。

马拉车从荷兰传入到英格兰。

祝世禄年二十五，始补弟子员。秋，举于乡。

张凤翼中举人。

吴崇节中举人。

按：吴崇节字介甫，自号狎鸥子，生卒年不详。江西弋阳人。著有《古史评要》、《狎鸥子摘稿》。

顾宪成年十五，就读邻塾。有题壁联曰："读得孔书才是乐，纵居颜巷不为贫。"

汤显祖十五岁，与姜鸿绪、帅机、饶仑、周献臣、曾如海等结社里中，共研古今文字声歌之学，亦讲论理学。

史守节任巡按江西监察御史，重修江都王公仰止祠。

按：祠为徐阶督学江右时所创建，见嘉靖十八年事。徐阶年二十及第博学宏词，然志不在文词，日与欧阳德穷究心学。闻阳明先生良知之说而深契焉。乃阐明其学以训诸生，复营建祠宇以祀之。至是，祠宇倾圮，史氏加以重修，大学士李春芳为作《碑记》。

昌应时拓建湖南武冈文昌宫为鳌山书院。

按：文昌宫原为嘉靖四十一年蒙大赉所建。

《苏格兰诗篇》发表。

巴尔托洛梅奥·欧蒂基奥发表《解剖学手册》。

俄国《喀山编年史》于此间成书。

益王府刻《四书集注》。

周王府聚乐堂刻宋张洽《春秋集注》。

《世史正纲》重刊。

欧大任作《两游西山记》。

俞允文书《九龙山居记》。

汪道昆为栖霞山僧撰《般若台记》。

沈启著《吴江水考》。

按：是书记叙太湖及其入海水道状况，并汇辑管理、工程、灾害等方面史实和治水议论，以为当政者参考。

徐阶作《阳明先生像记》。

按：像为徐阶嘉靖己亥督学江西时所摹，次年以赠吕生。《记》述阳明之功，并为阳明"以论学为世所忌，竟夺爵"鸣不平。

李先芳等纂修《亳州志》4卷刊刻。

蔡懋昭、徐应解纂修《新河县志》6卷刊刻。

方瑜纂修《南宁府志》11卷刊刻。

杨宗气修、周斯盛纂《山西通志》32卷刊刻。

潘庭楠纂修《邓州志》16卷刊刻。

郑乔纂修《归州志》4卷刊刻。

杨准修、赵镗等纂《衢州府志》16卷刊刻。

朱冠、耿宗道纂《临山卫志》4卷成。

鲁王府朱健根刻晋葛洪《抱朴子》70卷。

杨应诏《闽南道学源流》16卷刊刻。

按：杨应诏号天游，福建建安人，嘉靖十年进士。生卒年不详，生平见载于《明儒学案》卷八、《闽书》和民国《建瓯县志·儒林传》。是书《四库全书总目》卷六一著录作《闽学源流》，历载闽地杨时以后诸儒，终于蔡清，各志其行，详其传授渊源，凡百九十五人。应诏著作另有《五经辨疑》、《四书要义》、《困学录》等。

程曈《闲辟录》刊刻。

王稚登著《晋陵集》。

王稚登至北京，在袁炜家任记室，辑此时诗为《燕市集》。

徐献忠所著《长谷集》15卷刊行。

张情解职还，作《不负云山巢记》；梁辰鱼集杜诗题《不负云山集》。

潘埙卒（1476—　）。埙字伯和，号熙台，又号平田野老。淮安府山阳人。正德三年进士。著有《楮记室》等。事迹见《明史》卷二三〇。

金贲亨卒（1483—　）。贲亨字汝白，号一所。台州临海人。正德九年进士。曾任贵州提学检事、福建按察司提学副使、江西按察司副使等。著有《台学源流》、《道南录》、《学易记》、《一所诗文集》等。清人黄瑞编有《金一所先生年谱》，于其仕历、著述叙述颇详。

张衮卒（1487—　）。衮字补之，号水南。常州江阴人。正德十六年进士。著有《张水南集》。

罗洪先卒（1504—　）。洪先字达夫，号念庵。江西吉水人。谥文庄。嘉靖八年中进士第一。授修撰，即请告归。后召拜左春坊左赞善，罢归。洪先为著名理学家、地图学家。学宗王阳明，认为经过"主静"工夫，达到"无欲"之境方能"致良知"。精舆地，历十余年，据元朱思本《舆地图》增补成《广舆图》，成为明季清初地图的范本，嘉靖、万历间一再刊印。为文则初学李梦阳，后从唐顺之等同切磋，晚乃自成一家。著有《念庵集》及《冬游记》。事迹见《明史》卷二八三、《明儒学案》卷一八。

按：据《明史》本传，洪先归，益寻求王守仁学。甘淡泊，炼寒暑，跃马挽强，考图观史，自天文、地志、礼乐、典章、河渠、边塞、战阵攻守，下逮阴阳、算数，靡不精究。至人才、吏事、国计、民情，悉加意谘访。曰："苟当其任，皆吾事也。"……洪先虽宗良知学，然未尝及守仁门，恒举《易大传》"寂然不动"、周子"无欲故静"之旨以告学人。又曰："儒者学在经世，而以无欲为本。惟无欲，然后出而经世，识精而力钜。"时王畿谓良知自然，不假纤毫力。洪先非之曰："世岂有现成良知者耶？"虽与畿交好，而持论始终不合。山中有石洞，旧为虎穴，葺茅居之，命曰石莲。谢客，默坐一榻，三年不出户。

许应元卒（1505—　）。应元字子春。浙江钱塘人。嘉靖十一年进士，授秦安知州。官至广西布政使。著有《水部稿》等。

皇甫濂卒（1508—　）。濂字子约，一字道隆，号理山。长洲人。皇甫汸之弟。嘉靖二十三年进士，授工部都水主事。寻谪外，历兴化府同知。工诗，与兄冲、涍、汸并负才名，时称"皇甫四杰"。皇甫兄弟与黄鲁曾兄弟为中表，与张凤翼昆季同有名于吴中。濂归家后游心典籍，多所撰述。著有《逸民传》2卷、《老子道德经集解》2卷附《音释》1卷、《水部集》20卷及《皇甫理山集》等。

安德烈亚·维萨里乌斯卒（1514—　）。佛兰德尔医师，解剖学家。

米开朗基罗·邦纳罗蒂卒（1475—　）。文艺复兴时期意大利艺术大师。

约翰·加尔文卒（1509—　）。

王衡（ —1607）、安希范（ —1621）、李之藻（ —1630）、孙慎行（ —1635）、王在晋（ —1643）、张自烈（ —1650）、钮少雅（ —1651年后）、姚文蔚（ —?）生。

按：李之藻生年一作1565年。王衡生卒年或作1561—1609。

嘉靖四十四年　乙丑　1565年

西班牙始殖民菲律宾。

俄罗斯伊凡四世实施特辖制，并组建特辖军团。

正月庚辰，以宗室蕃衍，岁禄不继，礼部集廷臣议处王府事宜凡六十七条，上之，诏编印成书颁行，赐名《宗藩条例》，以定吉凶大礼及岁时给赐之制。

按：初，御史林润疏言宗藩积弊，请亟议善处之策，得旨允行。会南陵王朱睦㮮条陈七事："一立宗学以崇德政；一设选科以省禄费；一严保勘以杜冒滥；一革冗职以除素餐；一戒奔竞以息贪饕；一准拜扫以广孝思；一立忧制以省禄费"。礼部请下其疏于各王府，令杂议以上，听部臣会官定拟请裁。于是各王纷纷陈说利弊。至是议定，俱入《条例》行之。（《世宗实录》卷五四三）

二月甲午，礼部会试取中式举人陈栋等400名。

三月戊申，吏部尚书严讷请于杂流冗职中超擢吏士以治事。从之。

丁巳，赐范应期等进士及第、出身有差。

辛酉，逮严世蕃、罗龙文至京师，伏诛。

按：籍其家，黄金可三万余两，白金三万余两，他珍宝服玩所值又数百万。严嵩及诸孙皆为民。后二年，嵩老病，寄食墓舍以死。

是月，以两房中书阙，徐阶请就下第贡士选文学能书者题授。

五月戊申，工部左给事中张岳奏请：庶吉士之选，宜议为定制，每科取选，每选不过三十人，每留不过四五辈；限年四十之内，减年冒进者黜之；所试文字以纯正典雅为尚，钩棘靡丽者去之；又咨访以求其德行，过堂以验其容止，慎饬关防以严考试，精选贤良以端师范，随材援任以称器使。从之。（《世宗实录》卷五四六）

是年，世宗微闻会试中挟书之弊，始命添设御史二员，专司会场搜检。其犯者，送法司究问，枷号一月，发回充吏，满日为民。嗣后遂成定制。

按：科场之禁，在唐宋甚宽，如挟策者，亦止逐出，不锢其再试。明朝此禁甚严，至三木囊头，斥为编氓，然仅行之乡试，会试则不然。明太祖尝云："此已歌鹿鸣而来者，奈何以盗贼待之！"明代开国以来，搜检之法，有行有不行，而试录中，则仍无搜检官，犹尊祖制。至嘉靖末年，时文冗滥，千篇一律，记诵稍多，即撷第如寄。无赖孝廉，久弃帖括者，尽抄录小本，挟以入试。时世宗忌讳既繁，主司出题，多所瞻顾，士子易以揣摩，其射覆未有不合者。至嘉靖四十一年壬戌而澜极。先是，三十八年己未，御史已有建言宜搜检者，上不允。至是，世宗方命官搜检。此后，会试虽有严有宽，而解衣脱帽，且一搜再搜，无复明初待士之体。

是年殿试，世宗始不御殿。

耶稣会士贝雷士在澳门一处高地上建立耶稣会公学。

嘉靖中，南北国学皆空虚，至是议尽发下第举人入监。

  按：然虽立期限以趣下第举人入监，而不愿入监者终不可力强。于是生员岁贡之外，不得不频举选贡以充国学。贡生入监，初由生员选择；既命各学岁贡一人，故谓之"岁贡"。其例后亦屡有所更。

徐阶四月一品十五年考满，授上柱国，荫尚宝司丞。

秦鸣雷七月辛丑改礼部左侍郎为吏部左侍郎兼翰林院学士，掌詹事府事，总校《永乐大典》。九月庚子，高仪、王太任协同总校《大典》。

耿定向在直隶提学史任上奏科场事宜，主张主考官发初场试卷付同考分经校阅，二三场更易品订，毋专委一人，致令偏重初场，遗真才积学之士。

  按：又，陈联芳御史亦言科举考试当重后场以罗实学，及令两京阅卷不必书各房字样，主考止以文字去取，毋以考官为额数分房为次第。以上礼部议覆，俱允行之。后，隆庆元年监顺天乡试御史凌儒、陈联芳条上科场六弊：一买求，二请代，三通同，四夹带，五传递，六偏重。请尽行厘革。内偏重一事，谓考官故抑贡生及世家子弟，盖为臆说。

严讷卸京职回常熟。

海瑞升任户部主事。十一月上疏，指斥皇帝。疏上，留中不发。

  按：户部主事海瑞以世宗二十余年不视朝，深居西苑，专意斋醮，督抚大吏争上符瑞，礼官辄表庆贺，廷臣自杨最、杨爵得罪后，无敢言时政者。至是，乃市一棺，诀别妻子，独上疏论之。此为嘉靖朝最后建言之名疏。

钱德洪年七十，作《颐闲疏》，驰告四方，自是不复远游。

罗汝芳入觐，徐阶询以时务，对曰："人才为急务，欲成人才，其必由讲学乎？"于是遂合同志，大会于灵济宫。

王畿是春之留都，大会于新泉之为仁堂，有《留都会记》。耿定向送畿至新安江舟中，有《新安福田山房下邑会籍》。

王畿是夏赴吊罗洪先，复至安城永丰，展拜聂豹、邹守益诸人墓，与李材等人会洪都，有《洪都同心会约》。舟过彭蠡入白鹿，有《白鹿洞续讲义》。

周怡是秋应督学耿定向之邀往广德主复初书院会；既又讲学建平。

王宗沐是夏避暑于天台山之万年寺。

王宗沐解官归西湖，茅坤来会，出示所刊《白华楼集》若干卷，宗沐为之序。

颜鲸九月丁巳被命提调北直隶学校。

颜鲸以言事谪楚安仁尉。

罗马天主教入传菲律宾。

李材闻父疾驰赴南都。

王襞年五十七，会讲金陵。

孟化鲤入洛，初谒尤时熙，录尤氏语为《尊闻录》；又手录其《拟学编》，藏之私箧中。是岁，化鲤自洛归，始为邑人创立兴学会。

焦竑试北京，黜归，从耿定向读书清凉山下崇正书院，定向令充学长。

焦竑始率乡人谈孔孟之学。

徐渭发狂疾，自刺未死。

冯惟敏赴镇江任教职，行前在北京晤散曲家沈仕，相约游金山。

张佳胤七月壬子调云南按察司提学副使。

林树声十月甲子升太常寺卿，管南京国子监祭酒事。

高拱、胡正蒙二月甲戌奉命主考礼部会试。

归有光年六十，始中进士第，任浙江长兴县令。

归有光为王问、王鉴父子作《宝界山居记》。

王鉴成进士。

按：《四库全书总目提要》卷一三："《禹贡山川郡邑考》4卷，明王鉴撰。鉴字汝明，无锡人。嘉靖乙丑进士，官至太仆寺卿。事迹附见《明史·邵宝传》。其书以《禹贡》水道为主，每条用水名标目，而历引诸书所载源流分合於下。其名为《经》文所无而见於蔡氏《传》者，并附释之。山名亦同此例。郡邑名则专取蔡《传》所有者释之，然地名仅载其沿革至到，山名引书亦颇略。惟水道稍详，亦未为该博。朱彝尊《经义考》不著录。《无锡县志》列鉴名于《文苑传》，亦不言其著有此书。疑草创之稿，未行于世欤？"

王圻成进士。任江西清江县知县。

王弘诲成进士，选庶吉士。

乔懋敬成进士。

按：乔懋敬字允德，生卒年不详。松江府上海人。累官至湖广右布政使。著有《古今廉鉴》。

许国成进士，授检讨。

李栻成进士。

按：李栻字孟敬，生卒年不详。江西丰城人。官至浙江按察司副使。著有《困学纂言》。

沈鲤成进士，授检讨。

宋应昌成进士，授绛州知州。

宋诺成进士，授户部主事。

按：宋诺字子重，号金斋，生卒年不详。河间故城人。官至兖州知府。著有《金斋集》。

陈吾德成进士，授行人。

陈文烛成进士，授大理评事。

陈文焕成进士，授御史。

按：陈文焕号静庵，生卒年不详。江西临川人。著有《钓台集》。

杨时乔成进士，除工部主事，榷税杭州。

嘉靖四十四年　乙丑　1565年

查铎成进士，授湖广德安府推官。

徐元泰成进士，授魏县知县。

按：徐元泰（1536—?），字汝贤，号华阳，生卒年不详。宁国宣城人。官至刑部尚书。著有《喻林》。

袁尊尼登进士第，授刑部主事。

魏焕成进士，授嘉兴推官。

按：魏焕字原德，号东洲，生卒年不详。湖广长沙人。历兵部员外郎、四川佥事。颇留意边防形势。著有《九边考》、《蜀东抚苗实录》等。

范应期、周子义、顾养谦、钱立、萧廪成进士。

顾宪成年十六，始习举子业，学作破题，援笔立就。

徐鉴于浙江分水创建兴贤书院。

李一迪、赵汝泉、李永年于湖北宜昌创建六一书院。内祀欧阳修（六一居士），故名。

僧达观始云游四方。

张之象《太史史例》100卷刊刻。

高岱《鸿猷录》刊刻。

归有光作《震川别号记》。

何璧《古今人物志略》12卷刊刻。

苏志皋纂修《固安县志》9卷刊刻。

赵公辅修、吴瑄纂《靖安县志》6卷刊刻。

杜思修、冯惟讷纂《青州府志》18卷刊刻。

吴宗吉修、纪士范纂《清河县志》4卷刊刻。

张灯纂修、李廷龙续修《湘阴县志》2卷刊刻。

李之茂等纂修《滋阳县志》6卷刊刻。

王叔杲修、朱得之纂《靖江县志》8卷成，隆庆四年刊刻。

朱得之纂《三子通义》刊行。

按：朱得之字本思，号近斋，直隶靖江人。生卒年不详。贡为江西新城丞，邑人称之。从学於阳明，所著有《参玄三语》等。事迹见《明儒学案》卷二五。

肃王府肃王妃吴氏刻板印造《三官经》。

张献翼《纨绮集》成书。

郑晓《征吾录》2卷刊刻。

王世贞《艺苑卮言》，几经补订，至是定稿刊行。书凡6卷。《艳异编》或成于是年。

赵王府刻赵康王朱厚煜《居敬堂集》10卷。

张含卒（1479—　）。含字愈光，一字禹山，自号遯野荒民。江宁人，云南永昌籍。正德二年举人，后不谒选，隐于里。其学出于李梦阳，又与杨慎为同学契友。博极群书，工诗。著有《张愈光诗文选》6卷（杨慎选）、《张禹山戊己吟》3卷《续》1卷（杨慎评）、《双溪点春园诗集》3卷、

皮埃尔·龙沙发表《哀歌集》。

詹巴蒂斯塔·钦齐奥·吉拉尔迪编成《寓言一百首》。

阿瑟·戈尔丁翻译奥维德的著作《变形记》前四册。

雅格布斯·安康西奥著成《撒旦的诡计》。

托马斯·库珀发表《罗曼语和不列颠语双解词典》。

皮埃尔·德拉普莱斯发表《现代史》。

贝尔纳迪诺·泰莱西奥发表《物性论》。

康拉德·格斯纳卒（1516—　）。瑞士医生，博物学家。

《履影诗集》1卷等，另辑有《李杜诗选》11卷、《唐诗绝句精选》4卷、《拾遗》1卷等。

林希元卒（1481— ）。希元字茂贞，一字思献，号次崖。福建同安人。正德十二年进士。任广东按察司佥事时，因与兵部尚书张瓒意见不合，罢归乡里。晚年将所著《大学经传定本》、《四书存疑》、《易经存疑》呈世宗，请下旨颁行，被削除官籍。另有《林次崖集》。事迹见《明史》卷二八二《蔡清传》附传。

按：据《明史》卷二八二，林希元所著《存疑》等书，与（陈）琛所著《易经通典》、《四书浅说》，并为举业所宗。

周积卒（1483— ）。积字以善，号二峰。浙江江山人。师从王阳明。正德五年举人，卒业于南京国子监。善断狱。王阳明卒于南安，为之殡殓。从章懋、蔡清学《易》。著有《读易管见》（见《千顷堂书目》卷一）。

顾应祥卒（1483— ）。应祥字惟贤，号箬溪。浙江长兴人。弘治十八年进士，授饶州推官。师从王阳明，精博多识，嗜书好学，于九流百家皆有所得，而尤精算学，著有《测圆海镜分类释术》、《弧矢算术》、《授时历撮要》。又著《传习疑录》、《龙溪致知议略》申述王说。另有《惜阴录》、《南诏事略》、《归田诗选》等。事迹见《明儒学案》卷一四。

顾元庆卒（1487—）。元庆字大有，号大石先生。长洲人。家有"夷白堂"，藏书万卷，颇择善本而刊刻之，署名阳山顾氏山房，著名的有《文房小说》42种，《明朝四十家小说》等。著有《山房清事》、《云林遗事》、《夷白斋诗话》等。

王崇庆卒（1484— ）。崇庆字德徵。大明府开州人。正德三年进士，官至南京吏、礼二部尚书。著有《周易议卦》、《五经心义》、《海樵子》、《山海经释义》等。

孙承恩卒（1485— ）。承恩字贞甫，号毅斋。松江华亭人。孙衍子。正德六年进士。官至礼部尚书。文章儒雅浑厚，精于书法，擅长丹青，尤擅人物。著有《历代圣贤像赞》、《让溪堂草稿》、《鉴古韵语》。

沈仕卒（1488— ）。仕字懋学，又字子登，号青门山人。仁和人。任侠多情，流连诗酒，终老于江湖。工散曲，善画花鸟山水。所作散曲，多描绘闺情享乐，时称为"青门体"。有散曲集《唾窗绒》。

邵经邦卒（1491— ）。经邦字仲德，自号弘斋先生。仁和人。正德十六年进士。为明代重要史家。曾谪戍福建镇海卫，闭户读书，与丰熙及同戍陈九川，时相讨论。著有诗文集《弘艺录》，史记《弘简录》、道学论《弘道录》、《学史会同》（今不传）。其治史讲正统、讲纲常、讲治乱，提倡史志的记载功能。事迹见《明史》卷二六〇。

袁炜卒（1508— ）。炜字懋中，号元峰。浙江慈溪人。谥文荣。嘉靖十七年进士。官至户部尚书兼武英殿大学士。著有《袁文荣诗略》。事迹见《明史》卷一九三《严讷传》附传。

蔡汝楠（蔡汝南）卒（1516— ）。汝楠字子木，号白石。浙江德清人。

嘉靖十一年进士。著有《自知堂集》、《说经札记》。事迹见《明史》卷二八七《高叔嗣传》附传、《明儒学案》卷四〇。

按：据《明史》卷二八七，汝楠始好为诗，有重名。中年好经学，及官江西，与邹守益、罗洪先游，学益进，然诗由此不工。

吴懋卒(1517—)。懋字德懋，号高河。云南大理人。工书法，精擅古文。与杨慎相善，为慎所推重。官至阶州知州。著有《南霞集》。

胡宗宪卒，生年不详。宗宪字汝贞，号梅林。绩溪人。万历初谥襄懋。嘉靖十七年进士。抗倭颇有贡献。以严嵩党下狱死。著有《筹海图编》，记中日交通及明代抗倭事。事迹见《明史》卷二五〇。

按：《筹海图编》，实出幕僚郑若曾之手。若曾字伯鲁，号开阳，生卒年不详。昆山(今属江苏)人。先后师事魏校、湛若水、王阳明，入宗宪幕府佐其平倭，拒绝叙功，归著《万里海防图论》、《江防图考》、《日本图纂》、《朝鲜图说》、《安南图说》、《琉球图说》、《海防一览图》、《海运全图》、《黄河图议》、《苏松浮粮议》等十种，汇为《郑开阳杂著》，内容涉及国防、交通、水利、地理、中外关系，所绘各图尤为细致。

顾源卒，生年不详。源字清父，号丹泉、宝幢居士。南京人。精研禅理。工书法水墨。书法宗孙过庭、李怀琳，主张四分古法六分己意，笔力遒劲。山水师法小米，自成一家。著有《玉露堂稿》。

严世蕃卒(1513—)。世蕃号东楼。江西分宜人。严嵩子。专权纳贿，无所不用其极。好字画古董，搜括不遗余力。著有《寿春堂集》。

唐汝询(—1619后)、瞿汝说(—1623)、顾起元(—1628)、祁承爜(—1628)、李之藻(—1630)、李日华(—1635)、程嘉燧(—1643或1644)、朱大启(—1642)生。

按：一说李之藻生于1564年。

嘉靖四十五年　丙寅　1566年

正月，徐阶请考补四夷馆译字生，从之。

二月癸亥，户部主事海瑞，见世宗久不视朝，专意斋醮，督抚大吏争上符瑞，廷臣表贺，无敢言者，乃独上疏论之。下诏狱。

按：刑部议决处以绞刑，世宗不作批复。海瑞系狱中十月。

六月辛酉，礼部疏论大学、儒学之弊，以为"迩者，国子监学舍倾圮，生徒止二百人，又四方读书缀文之士争务剽窃以为捷径。于是教化学术悉为虚文，而朝廷不得真才之用。……请敕工部修理监舍，请征下第举人及岁贡年未五十者入监，举人毋得概就。……各提学官必身先化导，以德行督课，诸生毋专事文艺，此儒学所当议处者也。至于文体弊坏，内而两都，外而列郡，靡然同风，其弊皆由书肆刊文盛行，便于采摘，请悉按天下私鬻

奥斯曼帝国苏丹苏莱曼一世卒。子塞里姆二世嗣位。

奥斯曼帝国取希腊开俄斯岛、纳克索斯岛。

尼德兰革命爆发。

冗书无当实用者，一切铲毁"。报可。（《世宗实录》卷五五九）

十二月庚子，世宗卒。大学士徐阶草遗诏，切中时弊。同列高拱因阶不与共谋，不悦，遂与阶有隙。

按：《遗诏》言：奉宗庙四十五年，深惟享国最久，累朝未有，一念惓惓，惟敬天勤民是务。祗缘多病，过求长生，遂致奸人诳惑，补过无由。自即位至今建言得罪诸臣，存者召用，没者恤录。方士付法司论罪。一切斋醮工作及政令不便者，悉罢之。（《世宗实录》卷五六六）

壬子，裕王朱载垕即位，是为穆宗庄皇帝。以明年为隆庆元年。大赦天下。免明年天下田租之半及嘉靖四十三以前逋赋。其他悉奉遗诏行之。

是月，下方士王金等于狱，释前建言得罪诸臣海瑞等凡32人。

是年，工部尚书朱衡循盛应期所凿故道，开昭阳湖东新河，成。自是漕艘由境山入，通行至南阳。

日本吉田意休返日。先是，吉田意休在中国学习针灸医学达七年之久。

最早的报纸之一《手抄消息》在威尼斯出现。

英格兰出现独立于英国教会之独立教会，始有"清教徒"之称。

李贽回到北京，补礼部司务。与友人李逢阳、徐用检为同僚。由于李、徐影响，开始研究王阳明、王畿学说，反对朱熹，始信王氏之学，认为"唯阳明之学乃真夫子。"

按：李贽《阳明先生年谱后语》曰："余自幼倔强难化，不信学，不信道，不信仙释。故见道人则恶，见僧则恶，见道学先生尤恶。不幸年甫四十，为友人李逢阳、徐用检所诱，告我龙溪先生（王畿）语，示我阳明先生书，乃知得道真人不死，实与真佛真仙同，虽倔强，不得不信之矣。……余今者果能读先生之书，果能次先生之谱，皆徐李二先生力也。"

张居正四月癸酉升翰林院侍读学士，掌翰林院事。

秦鸣雷四月癸酉奉命教习庶吉士。

陈以勤五月丙午由礼部左侍郎改吏部左侍郎兼翰林院学士掌詹事府事校《大典》兼教庶习士。

胡杰三月甲寅由国子监司业改为左春坊左中允，分校《永乐大典》。十一月，改为南京国子监祭酒。

罗汝芳建前峰书屋于从姑山，四方来学者益众。

唐枢八月聚友于金波园，有《金波园聚友咨言》。

王栋服阕，赴铨部侯选，授山东泰安州训导；未几，迁江西南昌教谕。

耿定向驻泗校士，著《立本说》，又为《知天说》（一），又以书招邹德涵。

李材奉父归，寻，以父卒里居，终年蔬食苫席，鸡骨累然。

胡直简晋本省督学副使，辑《正学心法》，以倡多士，其要旨在于求仁；旋以疏病乞归。

王世贞寒食日念父王忬冤情未得昭雪，作诗《寒食志感示儿辈》。

王世贞始营别业于隆福寺西，建阁贮藏经，名之曰小祇林，亦称小祇园。

王世贞次子士王骐生。

徐渭因胡宗宪事精神失常,误杀妻子,被逮下狱。

吴承恩在长兴任县丞,作《长兴》诗六章;后客杭州,作《醉仙词》。

邹善十月丙戌升山东副使,提调学校。

俞大猷九月任广西总兵官。

陆树声主南京国子监,自号十砚主人。

汪道昆因其卫卒打死乡绅,被劾免闽抚职,赴太仓。

陈尧免刑部侍郎职。

归有光赴长兴任,公余收集金石遗文。

冯惟敏自镇江至南京,访金銮、许穀、邢一凤等,各赠以诗。

冯惟敏以双调新水令题上元姚涮市隐园十八景;

冯惟敏以《广陵怀古诗》寄欧大任。

欧大任任江都县学训导,作《苣蓿斋记》。

陆弼从欧大任学,同大任作《广陵怀古诗》。

蔡国熙于宁夏银川创建朔方书院,祠孔子,配祀乡先生张载。

按:书院内设射圃,命诸生习射其中,以示不忘御侮之意。主要建筑体仁堂东壁揭以《白鹿洞教规》、《君子小人义利之说》,西壁为张栻《西铭》、王阳明《立志》。王道行撰有《朔方书院记》,详述书院创建过程、规模,赞为"大有造于西鄙之士",并望其成为"朔方之白鹿也"。

王崇献嘉靖间以右佥都御史巡抚宁夏。乞休归,家居三十余年。

按:王崇献字季徽。王珣子。生卒年不详。山东曹县人。著有《韵语拾遗》。

陈琳嘉靖时终南京兵部右侍郎。

按:陈琳字玉畴,一作玉涛,号石峰。生卒年不详,年六十六。福建莆田人。

赵鹤嘉靖间官金华知府。

按:赵鹤,字叔鸣,号具区,生卒年不详。扬州府江都人。弘治进士。累官至金华知府,以忤刘瑾遭谪,终山东提学佥事。生平好学不倦,晚著诸经,考论历代史,正其谬误。诗耻凡语,爱谢灵运、孟郊及元刘因。编有《金华正学编》12卷。《金华正学编》,唐邦佐重辑。《四库全书总目提要》卷一七六云:"初,嘉靖间鹤官金华知府,以宋吕祖谦、何基、王柏,元金履祥、许谦皆金华名儒,因录五家之文涉于讲学者数篇,及其本传、行状、墓志等各为二卷。万历庚寅,邦佐复取鹤原书为之删订,而益以明章懋。以祖谦、朱子之友,基等皆传朱子之派,故命曰正学。"另有《书经会注》、《维扬郡乘》、《具区文集》、《金华文统》13卷,《金华文统》于正学编外,兼录金华耆旧之文。

嘉靖间重要学术活动之不知年者:

仇森、仇朴于山西长治创建东山书院。

葛涧为方便其师湛若水在扬州讲学,购地建屋,创办甘泉行窝。行窝先后更名为甘泉山书馆、甘泉书院、湛公书院、梅花书院。

浙江杭州虎林书院创建,创建人不详。万历二十七年,更名虎山书院。

胡瓒宗、沈教于安徽桐城创建桐溪书院成。

李时赴广西岑溪讲学，因创橘园书院。李别号橘园，故名。

邹善于济南改湖南书院为至道书院。

河南洛阳瀍东书院创建。

蒋信于湖南常德创建桃冈精舍。书院名为蒋信之师湛若水题。

陈祥麟于湖南东安创建清溪书院。

广东海康创建平湖书院。院名取苏轼"西湖平，状元生"诗意。

吴国伦于广东茂名创建高文书院。

吴时来以弹劾严嵩被贬广西横州，因建乌石书院以课生徒，并亲为记。

王宏诲于海南安定创建尚友书院。

张思聪于四川阆中创建锦屏书院，并建三贤祠祀朱熹、张栻、黄裳。陈宗虞有《三贤祠记》。

徐景元于四川犍为创建五龙书院。

田稔于贵州思南创建为仁书院，并亲为讲学。

按：为仁书院原为王阳明私淑弟子李渭讲学地，称为仁堂。

汪应昂于云南太和创建龙关书院。

李元阳于云南太和捐建桂香书院。

唐龙选陕西士子肄业于西安正学书院，一改学趋诡异之习，铲其奇靡而约诸理，所登第者悉为名臣。

郗元洪于陕西商州创建商山书院。

汤宽于甘肃酒泉创建酒泉书院。

"旱罗盘"（支轴指南针）于嘉靖年间从日本传入中国。一说我国12世纪南宋的风水阴阳先生已使用旱罗盘。

顾名世在上海露香园摹仿绘画风格，创为"顾绣"，对明清以来陈设性刺绣颇有影响。与湘绣、广绣、蜀绣并称"四大名绣"的苏绣后亦吸收其优点。

张松溪以"内家拳"著名于世。

按：此后拳术渐出现"内家'、"外家"的分派。内家拳以柔克刚、以静制动、寓攻为守、以气运力，对后来的太极、形意、八卦等拳术的创始发展颇有影响。至明末始出现"内家'、"外家'的正式提法，"外家拳"指少林拳等硬派拳术。

威廉·艾德林顿翻译阿普莱斯的作品《金驴记》。

琼·博丁发表哲学史著作《通晓历史之规则》。

李元阳刊行《十三经注疏》于闽中，即所谓闽本。后归于南京国子监，是为明南监本。

史馆诸臣修《承天大志》二月成。

李廷观重刊桂萼《广舆图叙》。

薛应旂自刻所编《宋元资治通鉴》157卷。

按：其中宋纪128卷，元纪29卷。编排连书，正文与论赞不分，不便阅读。

项笃寿辑《全史论赞》81卷刊刻。

李廷宝《从祀先贤事迹系》24卷刊刻。

吕坤是冬作《宁陵县志跋》。

王稚登访慈溪、宁波，归著《客越志》。

杨守正修、胡琏纂《城固县志》6卷刊刻。

尹际可修、徐麟趾纂《崞县志》8卷刊刻。

何东序修、汪尚宁等纂《徽州府志》22卷刊刻。

李辅等修、陈绛等纂《全辽志》6卷刊刻。

孟重修、刘泾纂《怀庆府志》13卷刊刻。

程文箸修、王叔杲纂《永嘉县志》9卷刊刻。

钱德洪刻《阳明文录续编》并《家乘》3卷。

周怡二月作广德《复初书院记》。

邓元锡作《北田学舍记》。

郑晓《吾学编》69卷成。

按：此为纪传体史书，记明洪武至正德间史事。仿正史之体，分记、表、述、考，凡十四篇，分别为《皇明大政记》、《皇明逊国记》、《皇明同姓诸侯表传》、《皇明异姓诸侯表传》、《皇明直文渊阁诸臣表》、《皇明两京典铨（尚书）表》、《皇明名臣记》、《皇明逊国臣记》、《皇明天文述》、《皇明地理述》、《皇明三礼述》、《皇明百官述（附表）》、《皇明四夷考》、《皇明北虏考》。篇首各系小序。全书取材宏富，考核精详，叙事原委毕具。此书系边写边刊，嘉靖四十三年开始刊刻，隆庆二年全书刊完。复刊于万历二十七年，流传极广。清乾隆年间遭禁。

归有光在长兴任知县，辑此前文稿为《都堂稿》4卷。

何良俊刻所著《何翰林集》。

冯惟敏在镇江刻所著《山堂辑稿》。

夏尚朴之《文集》刻成，吕怀序之。

按：吕怀（约1491—?），字汝德，号巾石，一号健乾。广信永丰人。嘉靖进士。官至南京太仆寺少卿。为湛若水弟子。著《心统图说》，要在阐明王阳明之良知说与湛若水之天理说宗旨本同，异在气质变化。另著有《律吕古逸》、《律吕广义》、《韵乐补遗》、《巾石类稿》30卷（据《千顷堂书目》）与《周易卦变图传》等。嘉靖四十年，吕怀七十寿庆，周怡五月为文致祝，有《寿巾石吕先生七十叙》。事迹见《明儒学案》卷三八。

太监春山翻刻《雍熙乐府》刊行。

嘉靖间刊纂重要书籍之不知年者：

晋王府刻《四书五经注解》、明赵松雪《读书谱》。

顾玄纬辑《小十三经》刊行。

毕效钦辑刊《五雅》。

陈尧《史衡》6卷刊刻。

黄鲁曾辑刊《汉唐三传》。

李默编《紫阳文公先生年谱》刊行。

按：年谱又有万历三十年刻本。共五卷，前二卷为年谱，后三卷为附录。为朱谱中之重要者，后纂者常以之为据。谱中述及谱主家事、受业、科举、仕历、学术、政绩等内容，尤以谱主讲学及著述事为详。内中双行小注甚多。谱前有魏了翁为已佚李方子谱所撰原序及李默、戴铣、朱家楸、熊寅撰写之序文，又有谱主遗像及赞诗。谱后有朱凌、朱崇所写跋文。

尹耕纂修《两镇三关通志》刊刻。

佚名纂《涉县志》1卷成。纪事至嘉靖三十六年。

姚本修、阎奉恩纂《邠州志》4卷刊刻。

宋廷佐纂修《乾州志》刊刻。

杨循吉纂《苏州府志纂修识略》6卷刊刻。

按：《四库全书总目·苏州府志纂修识略》提要曰："正德元年，以修孝宗实录，礼部遣官至江南采访事迹，苏州亦开局编类，而请循吉总其事。因为撮纪大略，凡分十五目，所录皆得旨。"

梅守德修、任子龙纂《徐州志》12卷刊刻。

黄漳纂修《宜黄县志考订》14卷刊刻。

侯泰、王玉铉纂修《登封新志》6卷刊刻。

张宗仁纂修《延津志》1卷成。

李嵩纂修《归德志》8卷刊刻。

李玘修、刘梧纂《惠州府志》12卷。

徐阶等修、林爌等纂《承天大志》40卷刊刻。

岳岱纂修《阳山志》成。

佚名纂《吉安府志》刊刻。

佚名纂《长泰县志》2卷成。

佚名纂《荥阳县志》2卷成。

佚名纂《仪封县志》成。此志记事至嘉靖三十三年。

《秘阁元龟政要》16卷成。

按：该书作者不详。全书按编年体记元至正十二年至明洪武三十一年间史记，其中史料多有正史、实录等文献所未载者，有较高价值。勿药所作跋猜测此书即吴朴《龙飞纪略》，误。《四库全书总目》称此书嘉靖以后人所作，似误。

佚名辑《十二子》刊行。

按：十二子为：公孙龙子、小荀子、尹文子、邓析子、玄真子、天隐子、鹿门子、无能子、鬼谷子、鹖子、关尹子、亢仓子。

顾应祥《授时历法撮要》刊行。

何镗辑《汉魏丛书》，共一百种，收古经逸史、稗官野乘之作。

陆楫等辑《古今说海》，135种，多选杂记传奇。

顾春辑《六子书》（亦称《世德堂六子》）。

顾元庆辑刊《顾氏文房小说》。

熊大木于嘉靖间编印通俗小说《全汉志传》、《唐书志传》等。

范钦辑四明范氏天一阁刊《范氏奇书》。

王廷相作《王浚川所著书》刊行。

王道行刊魏校纂《庄渠先生遗书》。

赵王府居敬堂刻宋晁迥《法藏碎金录》10卷。

武定侯郭勋刻《三国志通俗演义》、《忠义水浒传》20卷100回；又选录北剧，编刻《雍熙乐府》。

郑晓纂《郑端简公全书》嘉靖万历间由项笃寿万卷堂刊行。

薛应旂辑刊《六朝诗集》。

佚名辑《唐人小集》刊行。

陆汴辑《广十二家唐诗》(一名《中唐十二家诗集》)刊行。

宁王府刻朱拱樋《瑞鹤堂近稿》。

赵王府刻宋严粲《诗缉》36卷、明刘三吾《书传会选》6卷。

赵王府味经堂刻明崔铣《洹词》12卷。

徐咸卒(1481—)。咸字子正，号东滨。浙江海盐人。正德六年进士。历任沔阳、襄阳知府。后辞职家居，以著书为业。著有《近代名臣言行录》、《四朝闻见录》、《西园杂记》、《泽山野录》、《东滨三稿》、《宦游稿》、《归田稿》、《归田续稿》等。

郎瑛卒(1487—)。瑛字仁宝，号藻泉。浙江仁和人。所著以《七修类稿》最为有名。又有《萃忠录》、《青史衮钺》等。

李濂卒(1489—)。濂字川甫，一作川父，号嵩渚。河南祥符人。正德八年乡试第一，明年成进士。少负俊才，学信陵君、侯生之为人。博学多闻，精擅古文。著有《祥符先贤传》、《汴京遗迹志》、《医史》、《观政集》、《嵩渚集》等。事迹见《明史》卷二八六。

　　按：据《明史》本传，李濂既罢归，益肆力于学，遂以古文名于时。初受知梦阳，后不屑附和。里居四十余年，著述甚富。

黄佐卒(1490—)。佐字才伯，号泰泉。广东香山人。谥文裕。正德十六年进士，选遮吉士，授编修。累擢少詹事。与大学士夏言论事不合，罢归。日与诸生讲学论道，学者称泰泉先生。著作有《泰泉乡礼》7卷、《乐典》36卷、《革除遗事节本》6卷、《广州人物传》24卷、[嘉靖]《广西通志》60卷、《翰林记》20卷、《南雍志》24卷、《庸言》12卷、《六艺流别》20卷、《泰泉集》10卷等。事迹见《明史》卷二八七、《明儒学案》卷五一。

　　按：据《明史》本传，黄佐学以程、朱为宗，惟理气之说，独持一论。平生撰述至二百六十余卷。所著《乐典》，自谓泄造化之秘。……佐弟子多以行业自饬，而梁有誉、欧大任、黎民表诗名最著。

朱廷立卒(1492—)。廷立字子礼，号两崖。湖广通山人。王阳明弟子。嘉靖进士。曾巡按顺天，督学北畿。官至礼部侍郎。著有《盐志》、《马政志》、《家礼节要》、《两崖集》等。

许论卒(1495—)。论字廷议。河南灵宝人。从父历边境，尽知厄塞险易，著《九边图论》上之，自是以知兵闻。

张永明卒(1499—)。永明字钟诚，号临溪。浙江乌程人。谥庄僖。嘉靖十四年进士。著有《庄僖公文集》。事迹见《明史》卷二二〇。

郑晓卒(1499—)。晓字窒甫，号淡泉。浙江海盐人。隆庆初，谥端简。嘉靖二年进士，官至刑部尚书、吏部尚书。郑晓为学，强调博古通今，

拉斯·卡萨斯卒(1474—)。西班牙历史学家。

而尤主用世。其著述影响有明一代史家。代表作为《吾学编》。另有《古言》、《今言》、《征吾录》、《吾学编余》、《删改史论》、《郑端简公文集》、《国朝制书》、《九边略》、《郑淡泉集》传世。事迹见《明史》卷一九九。

  按：据《明史》本传，晚通经术，习国家典故，时望蔚然。为权贵所扼，志不尽行。既归，角巾布衣与乡里父老游处，见者不知其贵人也。

  黄廷用卒（1500—　）。廷用字汝行，号少村、四素居士。福建莆田人。嘉靖十四年进士。著有《少村漫稿》。

  胡松卒（1503—　）。松字汝茂，号柏泉。滁州人。谥恭肃。幼嗜学，尝辑古名臣章奏，慨然有用世志。嘉靖八年进士。官至吏部尚书。著有《滁州志》、《胡恭肃集》。事迹见《明史》卷二二〇。

  按：据《明史》本传，胡松洁己好修，富经术，郁然有声望。晚主铨柄，以振拔淹滞为己任。

  李遂卒（1504—　）。遂字邦良，号克斋，又号罗山。江西丰城人。谥襄敏。弱冠，从欧阳德学。嘉靖五年进士。官至南京兵部尚书。著有《督抚经略疏》及诗文稿。事迹见《明史》卷二五〇。

  按：据《明史》本传，遂博学多智，长于用兵，然亦善逢迎。

  班禅三世卒（1505—　）。班禅三世本名温萨巴罗桑敦主，后藏温萨人。西藏喇嘛教格鲁派首领。后被追认为班禅三世。

  彭年卒（1505—　）。年字孔嘉，号隆池山樵。长洲人。少时与文徵明游，以词翰名。家徒壁立，卒后，其家鬻其诗文草，始得资营葬。著有《林山录》1卷、《隆池山樵诗集》2卷。

  张建行卒（1512—　）。建行字子行，号咸西。凤阳人。著有《毛诗问难》、《乐志园集》。

  刘士骥（　—1610）、刘光复（　—1623）、葡萄牙传教士罗如望（　—1623）、吴士奇（　—1634）、陈于廷（　—1635）、朱燮元（　—1638）、意大利传教士高一志（　—1640）、叶宪祖（　—1641）、僧圆悟（　—1642）、王嗣奭（　—1648）生。

明穆宗隆庆元年　丁卯　1567年

法国宗教战争再起。

西班牙国王腓力二世下令严禁改宗基督教之摩尔人保有旧俗。

西班牙入尼德兰。

正月，葬世宗于永陵。

是月，诏赠恤建言已故诸臣。

  按：戮死者，复职、赠荫、谕祭，有杨继盛、郭希颜、沈錬、杨允绳等4人；廷杖死者，复职、赠荫，有杨最、王思、薛宇铠、何光裕、裴绍宗、张原、浦鋐、曾翀、叶经、周天佐、伍瑜、臧应奎、殷承叙等13人；系狱戍边及斥死牖下者，复职、赠官，有唐胄、李璋、丰熙、杨慎、杨名、王元正、罗洪先、徐文华、张衎、张侃、刘济、刘琦、马录、程启充、卢琼、陈让、桑乔、包节、王宗茂、余翔、方一支、刘魁、余宽、黄待显、陶滋、相世芳、王与龄、张钥等28人。(《穆宗实录》卷二)

三月丙子，以巡按御史刘思问奏，诏建云南新兴州江川县儒学。

是月，大学士徐阶等请开经筵，许之。

四月，《永乐大典》录副完毕，与事诸臣徐阶等，各增俸、加衔、进职。

是月，诏赠王阳明(王守仁)新建侯，谥文成。(《穆宗实录》卷七)

按：嘉靖七年王阳明卒后，被削夺原世袭伯爵封号、并朝廷常行恤典赠谥。至是，以辛自修等上疏，经吏、礼二部会议，得封谥。制曰：王阳明"绍尧孔之心传，微言式阐；倡周程之道术，来学攸宗。蕴蓄既宏，猷为丕著；遗艰投大，随试皆宜；勘乱解纷，无施勿效"，然"谤起功高，赏移罚重；爰遵遗诏，兼采公评，续相国之生封；时庸旌伐，追曲江之殊卹，庶以酬劳。兹赠为新建侯，谥文成。"

又按：据佚名《题赠谥疏》，是岁赠谥已故大臣如下：

原任新建伯南京兵部尚书兼都察院左都御史王阳明，今赠新建侯，谥文成。

原任少师兼太子太师吏部尚书华盖殿大学士杨廷和，今赠太保，谥文忠。

原任少傅兼太子太傅户部尚书谨身殿大学士蒋冕，今赠少师，谥文定。

原任太子太保吏部尚书兼武英殿大学士石瑶，今赠少保。

原任少保兼太子太保吏部尚书乔宇，今赠少傅，谥庄简。

原任太子太保兵部尚书兼都察院左都御史王廷相，今赠少保，谥肃敏。

原任太子太保兵部尚书聂豹，今赠少保，谥贞襄。

原任太子太保兵部尚书彭泽，今赠少保，谥襄毅。

原任太子少保户部尚书王杲，今赠少保。

原任太子少保户部尚书梁材，今赠太子太保，谥端肃。

原任礼部尚书汪俊，今赠太子少保，谥文庄。

原任刑部尚书喻茂坚，今赠太子少保。

原任刑部尚书刘玓，今赠太子少保。

原任刑部尚书林俊，今赠太子少保，谥贞肃。

原任南京工部尚书吴廷举，今赠太子少保，谥清惠。

原任南京兵部尚书湛若水，今赠太子少保。

原任兵部左侍郎张汉，今赠兵部尚书。

原任南京兵部左侍郎程文德，今赠礼部尚书。

原任南京工部左侍郎何孟春，今赠礼部尚书，谥文简。

原任南京礼部右侍郎吕柟，今赠礼部尚书，谥文简。

原任兵部右侍郎兼都察院左副都御史曾铣，今赠兵部尚书，谥襄愍。

原任兵部右侍郎兼都察院右副都御史杨守谦，今赠兵部尚书，谥恪愍。

原任兵部右侍郎兼都察院右佥都御史商大节，今赠兵部尚书，谥端愍。

原任南京刑部右侍郎江晓，今赠工部尚书。

原任都察院右副都御史孙继鲁，今赠兵部左侍郎，谥清愍。

原任詹事府少詹事兼翰林院侍读学士黄佐，今赠礼部右侍郎。

原任都察院右佥都御史朱方，今赠都察院右副都御史。

原任南京国子监祭酒邹守益，今赠礼部右侍郎，谥文庄。

原任刑部左侍郎刘玉，今赠刑部尚书，谥端毅。

原任太子太保吏部尚书熊浃，今赠少保，谥恭肃。

原任太仆寺卿杨勔,今赠右副都御史,谥忠节。

原任左春坊左赞善罗洪先,今赠光禄寺少卿,谥文恭。

原任兵部员外郎杨继盛,今赠太常寺少卿,谥忠愍。

五月,诏病故大臣有应得恤典赠谥而未得者,许部院科道官议奏定夺。

六月甲申,诏修《世宗实录》,以内阁徐阶、李春芳、郭朴、陈以勤、张居正等五人为总裁官,礼部尚书高仪副之,左春坊左谕德兼翰林院侍读姜金和等为纂修官。

十二月,诏廷臣博访边才。

是年,御史刘翾请补取士制额以补守令之缺。从之。

是科应天乡试揭晓后,主考孙铤、王希烈出谒文庙,下第者遮道,颇不逊。御史以闻,置为首者如法。

造纸术传入俄罗斯。

张居正正月壬午升为礼部右侍郎兼翰林院学士。二月乙未,以礼部侍郎为吏部左侍郎兼东阁大学士,预机务。六月为《世宗实录》总裁官。

徐阶三月请开经筵。四月以《永乐大典》录副完毕增俸。六月为《世宗实录》总裁官。

陈以勤二月乙未以吏部侍郎为礼部尚书兼文渊阁大学士。六月为《世宗实录》总裁官。

李春芳拜首辅。旋进吏部尚书。

李春芳六月为《世宗实录》总裁官。

高仪六月为《世宗实录》副总裁官。

潘晟、诸大绶被命充纂修《玉牒》官。

辛自修、岑用宾、王好问、耿定向等上疏,为王阳明请复伯爵,并请恤典赠谥。

按:岑用宾字允穆,生卒年不详。广东顺德人。嘉靖进士。以多所论劾,屡遭贬谪。著有《小谷集》。《请恤典赠谥疏》以为大学士杨廷和、蒋冕、石瑶,尚书王阳明、王廷相、毛澄、汪俊、乔宇、梁材、湛若水、喻茂坚、刘讱、聂豹,侍郎吕柟、周广、江晓、程文德,少詹事王伟,祭酒王云凤、魏校、邹守益21人,奇勋大节,俱应得恤典而未得者。文臣中如曾铣、杨守谦、商大节、程鹏、朱芳、张汉、王杲、孙继鲁八人,或志在立功,身遭重辟;或事存体国,罪累流亡,亦应查复原官,量加优恤。又以为以往曾给过恤典者,如尚书邵元节、陶仲文、顾可学、徐可成、甘为霖,侍郎郭文英、张电、朱隆僖等,或秽迹昭彰,人所共指,或杂流冒滥,法所不容,俱不应得而得者。

王杰五月庚申由南京国子监祭酒改国子监祭酒。

吕调阳五月辛未升南京国子监祭酒。九月壬子改国子监祭酒。

按:后官礼部尚书。侍穆宗经筵,往往引经传,列古文以规时政。

海瑞被释出狱,在短期内历任尚宝司丞、大理寺右寺丞、南京通政司右通政,皆闲曹。

杨时乔是冬上时政要务疏,穆宗褒纳之,擢礼部员外郎,迁南京尚宝丞。

王锡爵充经筵讲官。

赵贞吉正月起户部右侍郎。十月，以詹事府、吏部左侍郎改南京礼部尚书。

周怡正月复吏科给事中，二月改南京太常寺少卿。七月以疏奏触中贵，忤旨外调，任山东按察司分巡右道佥事，驻莱州府。

高拱因言官谓其以私怨逐胡应嘉，颇不自安，乞罢归。

王畿五月七十初度，王宗沐为序寿之。

王宗沐丁父忧。

魏良弼晋太常少卿致仕。

颜鲸历湖广提学副使，降山东参议，改太仆少卿。

王世贞、王世懋因父王忬遭严嵩构陷，伏阙讼冤；忬复原官，然未获恤典。

李攀龙按原官起用为浙江按察司副使。

归有光在长兴充浙江乡试外帘官。

冯恩为徐阶所排挤，以大理寺丞致仕。

杜思升湖广副使。

按：杜思，1525年生，字子睿，号武川，卒年不详。浙江鄞县人。治《易》经。观政吏部。授工部主事。曾任山东青州府知府。著有《考信编》。

张元凯至山西清源，见郑若庸，作《郑客行》，述若庸此时遭遇。

姚汝循自大名黜职还江宁。

冯惟敏应滇闱聘，离镇江至云南。

汪道昆陪同张献翼、顾圣遍访洞庭诸胜，道昆作《游洞庭山记》。

童珮自浙江龙游还寓无锡，是岁为王稚登《客越志》作序。

梁辰鱼、莫是龙、孙七政、殷都、吴崟等，在金陵组鹫峰诗社。

按：孙七政《松韵堂集》卷十二《社中新评》列同社43人。

沈懋学、蒋以化三月在南京应试，中举人。

魏显国中举人。

陈与郊中举人。

杨起元举乡试第一。

顾大典应天乡试第三十四名中举。

高濂入北京国子监，秋试失利。

顾宪成年十八，与弟顾允成受业于张少弦。允成奇慧好弄，不善举子业，遂更他师。

李渭为韶州知府，大修府城明经书院阳明祠宇，并集诸生与黄城等身证道要，阳明之学在此复振。

王时槐、陈嘉谟等于江西吉安唐杜审言读书处联讲，世称西原惜阴讲会，刘文敏、刘邦采等均讲学于此，一时称盛。

张九功重修陕西三原学古书院，乔世宁撰碑。

乔治·特伯维尔著成《墓志铭式诗文、警句、歌曲及短诗》。

圭恰迪尼的著作《意大利历史》出版。

爱德华·黑克翻译托马斯·厄·肯培的作品《效法基督》。

衡王府重刻《洪武正韵》刊行。

王宗沐《续资治通鉴》64卷刊刻。

按：是书记宋元两代事，始著于嘉靖三十四年，成于隆庆元年，同年刊刻于家。明末刻本改题《宋元资治通鉴》，如吴勉学刻本、吴中珩刻本等。

申家瑞修、李文等纂《仪真县志》14卷刊刻。

按：李文，字孟博，自号云壁山人，江苏仪征人。嘉靖十五年（1536）选贡入监生，历任浙江开化、湖南安乡县令。秩满辞官，后放逸山水，不知所终。诗文皆有名于时。

崔学履纂修《昌平州志》8卷刊刻。

陆柬纂修《宝庆府志》5卷刊刻。

蔡懋昭纂修《赵州志》10卷刊刻。

归有光作《梦鼎堂记》，同僚吴承恩书之。

董启予刻阳明先生《文录续编》并《家乘》成

按：王阳明《文录》久刻于世，同志又以所遗见寄，汇录得为卷者六。嘉兴知府徐必进见之，以为于师门学术皆有关切，不可不遍行。董启予遂征少师徐阶序，命工入梓。

邓元锡七月作《祭东廓先生文》。

《永乐大典》四月录副完毕。

周复俊序顾存仁《居庸山人诗》。

程文德《松溪文集》仲春梓行，王崇为之序，冯熊作后序。

董传策自广西释回，辑此期诗为《采薇集》、《幽贞集》、《邕歙集》，别著《奇游漫记》。

顾存仁起废复官，刻所著《东白草堂集》；其所纂《居庸内编》、《居庸外编》是岁成稿。

王稚登再至京，辑此期诗为《燕市后集》。

严嵩卒（1480— ）。嵩字惟中，号介溪，又号勉庵。江西分宜人。弘治进士。官至太子太师。摄朝政达二十年。文武官员有与之不合者，如夏言、杨继盛等均遭杀害。晚渐为世宗疏远。御史邹应龙等弹劾世蕃，世蕃被杀。嵩亦被革职，藉没家产。诗文颇著清誉，著有《钤山堂集》、《南宫奏议》、《历官表奏》、《嘉靖奏对录》、《南还稿》等。事迹见《明史》卷三八〇。

按：曹国庆编有《严嵩年表》、《严嵩年谱》。王世贞闻严嵩流窜死，作长诗《袁江流》痛斥严嵩。

戴鲸卒（1481— ）。鲸字时鸣，号南江。浙江鄞县人。嘉靖二年进士。著有《四明文献录》、《闽广集》、《东白楼稿》、《郡志征》、《四明风雅录》。

陈建卒（1497— ）。建字廷肇，号清澜。广东东莞人，为岭南著名学者。其学术研究，前期重理学，后期重史学。主要著述有《拟古乐府通考》、《朱陆编年考》、《学蔀通辨》、《皇明历朝资治通纪》34卷、《治安要议》

6卷、《皇明启运录》、《古今至鉴》等。又曾编《周子全书》、《程子全书》，大有造于后学。

谢瑜卒（1499— ）。瑜字如卿，号狷斋。浙江上虞人。嘉靖十一年进士。著有《游峨集》、《狷斋诗稿》。事迹见《明史》卷二一〇。

徐学诗卒（1517— ）。学诗字以言，别号龙川。浙江上虞人。嘉靖二十三年进士。授刑部主事，迁郎中。因劾严嵩父子，被下狱削籍。先劾嵩者叶经、谢瑜、陈绍与学诗皆同里，时称"上虞四谏"。隆庆初起南京通政司参议，未赴而卒。学诗虽不以诗名，而音节颇清亮。曾与李攀龙相赠答，故流派与之相近。著有《石龙庵诗草》4卷、《龙川集》等。事迹见《明史》卷二一〇。

朱睦㮮卒，生年不详。睦㮮，明宗室，封南陵王。嘉靖四十二年条上立宗学、革冗职等七议，以省禄费。后颁《宗室条例》，多采其议。

陈邦瞻（ —1623）、谢肇淛（ —1624）、王惟俭（ —约1626）、娄坚（ —1631）、刘一燝（ —1635）、陈际泰（ —1641）、班禅四世（ —1662）、佘翘（ —1612）生。

隆庆二年　戊辰　1568年

正月己卯，吏科给事中石星上书论内臣威福自恣，并谏穆宗毋极嬉游娱乐。廷杖六十，黜为民。

三月乙丑，策试天下贡士。

庚辰，赐罗万化、黄凤翔、赵志皋等进士及第、出身有差。

是月，皇帝诏书"朝政许诸人直言无隐"。

六月辛巳，选进士徐显卿、陈于陛、张一桂、沈一贯等三十人为翰林院庶吉士，命管詹事府事礼部尚书兼翰林院学士殷士儋、赵贞吉管教习。

十月，诰封王阳明新建侯，谥文成。

按：据《王阳明全书》卷二《静心录》之九所录《诰命》曰：阳明"爰从弱冠，屹为宇宙英豪；甫拜省郎，独奋乾坤正论。身濒危而志愈壮，道处困而造弥深。绍尧孔之心传，微言式阐；倡周程之道术，来学攸宗。……"

冬，江西巡抚刘光济请行"一条鞭法"。

按：其法总括一州县夏税、秋粮、存留、起运之额，及均徭、里甲、土贡、雇募、加增之额，通十岁为一条，总征而均支之，丁粮毕输于官。立法较为简易。至是江西始请行之。

卡内罗充任澳门区主教。

赵贞吉正月以南京礼部尚书召直讲，添注詹事府。

西班牙舰队袭英人贩奴船于墨西哥。

《郎朱莫条约》结束了第二次法国宗教战争。

英人袭西班牙舰队。

戏剧首次在马

德里上演。

科斯坦佐·瓦罗利奥研究人脑解剖。

利玛窦前往罗马，入日尔曼公学。

按：调吏部右侍郎林燫南京。贞吉年逾耆，气甚壮，吐议侃侃，穆宗心属焉。

殷士儋、赵贞吉管教习庶吉士。

徐阶七月丙寅以大学士致仕回故里华亭。

按：穆宗即位以来，徐阶所诤多宫禁事，中官侧目。会阶以谏幸南海子不听，遂乞休。而给事中张齐以私怨劾阶，阶固请归。许之。举朝皆疏留，报闻而已。群臣杨博等遂交章劾齐。是为朋党修隙之渐。

张居正八月条上核名实、饬武备等六事。

魏时亮言："督学者天下名教所系。当择学行兼懋者，毋限以时。教行望竣，则召为祭酒，或入翰林，以示风励。"（见《明史》卷二二一）下部议，不行。

吕调阳十二月丙子在礼部右侍郎兼翰林院学士任被命充纂修《世宗实录》副总裁官。

王畿抵姑苏，赴蔡春台之请，有《竹堂会语》。

罗汝芳闻颜钧以刚直取罪，监禁留都，乃贷金二百，率二子及门人买舟往救；钧赖之不死，遣戍邵武。

王栋创水东大会，建义仓，著《会学十规》，大发诚意之旨，刻《遗集》、《会语》行于世。

周怡六月升南京国子监司业。

王世贞上《应诏陈言疏》。

王世贞以言官荐，四月起为河南按察司副使，整饬大名等处兵备。疏以病辞，不允。八月就任视事。除夕奉命接替李攀龙擢升浙江布政使司左参政。

朱察卿至绍兴狱中探望徐渭。

徐渭作《送王新建赴召序》，送王正亿。

王正亿六月袭伯爵。

按：去岁以辛自修、岑用宾等上疏，诏复王阳明原封伯爵，与世袭。至是，阳明嗣子王正亿袭伯爵。

俞大猷以广西总兵官兼督广东兵。

归有光调顺德府通判，专管马政。

欧大任至金陵，与修实录。

汪道昆旅焦山，以诗讯冯惟敏、欧大任、陆弼。

顾大典出任绍兴府学教授。

沈璟、沈瓒从沈侃作西湖游。此年璟入学籍。

张元忭父逮系于滇，元忭随侍。

姜宝任南国子监祭酒。

文彭任南国子监博士。

诸大绶、张四维为武举会试考试官。

庄元臣成进士。

按：庄元臣，字忠甫，江苏吴江人，生卒年不详。约生活于嘉靖至万历年间，著有《叔苴子内外篇》、《三才考略》、《金石撰》、《觉参符》、《时务策》、《凤阁草》等。其中

《庄苴子外篇》体现了他的既重农又肯定工商之社会功能的经济思想。

江以东成进士，授户部主事。

按：江以东字贞伯，生卒年不详。滁州全椒人。官至江西提学副使。著有《江岷岳文集》。

孙从龙成进士，授行人。

按：孙从龙字汝化，生卒年不详。苏州吴县人。著有《周易参疑》。

李维桢登进士第，选庶吉士，授编修。

李颐成进士，授中书舍人。

李乐成进士，授江西新淦知县。

按：李乐字彦和，号临川，生卒年不详。浙江归安人。官至福建按察司佥事，江西参议。著有《见闻杂录》。

余懋学成进士，授抚州推官。

沈思孝成进士，授番禺知县。

罗万化成进士，授修撰。

黄凤翔成进士，授编修。

赵志皋成进士，授编修。

顾大典成进士，授会稽教谕，迁处州推官。

蔡汝贤成进士。

按：蔡汝贤字用卿，一字思齐，号龙阳，生卒年不详。松江华亭人。著有《东南夷图说》、《岭海异闻》、《谏垣疏草》、《批云汇集》。

蔡文范成进士，授刑部主事。

华叔阳成进士，授礼部主事。

贾三近成进士，授吏科给事中。

喻均成进士。

按：喻均字邦相，生卒年不详。江西新建人。著有《山居文稿》。又与刘元卿共撰《江右名贤编》。

朱东光、朱赓、刘东星、沈一贯、张朝瑞、林景旸、郑汝璧、蒋以忠、朱孟震、徐显卿、于慎行、韩士能成进士。

冯应京年十四，读宋儒程子遗书，有会于心，其有志于理学自此始。

左思明于河南永城创建太邱书院，选拔有才志者肄业其中。

卡内罗在澳门创办仁慈会，并于议会广场建立了米斯力科地亚医院及其附属教堂。此为西方人在中国所建第一所医院。

徐栻修、张泽等纂《楚雄府志》6卷刊刻。

卫钧修、杨来游纂《任县志》8卷刊刻。

宋之韩修、吕调元纂《襄陵县志》12卷刊刻。

邓球《皇明泳化类编》136卷刊刻。

郑晓《吾学编》69卷刊刻。

徐阶始辑《二鉴钞》。

焦竑作《崇德录序》。

《圣经》首次被译成捷克文。

帕克编著成《主教圣经》。

《罗马史简编》发表。

王世贞为张凤翼作《求志园记》。

唐枢季冬著成《政问录》，此系与门人问答语，门人丁应诏序之。

王稚登著《青雀集》。

海瑞在金陵刻所著《备忘集》。

按：此为海瑞生前自编自刻的文集之一。后人将此书与《备忘续集》（初刻于万历八年）、《淳安稿》、《淳安县政事》（初刻于嘉靖四十一年）等合编，而以《备忘集》为总名。

王完所辑《丘陵学山》74种是岁刊成。现存3种8卷。

山阴王府刻五代释延寿《禅宗永明集》。

山阴王府朱俊栅刻《摩诃般若波罗蜜多心经》。

汝王府汝安王妃李氏刻《观音救苦经》。

朝鲜李滉向李朝宣祖献上"圣学十图"。

按："圣学十图"之前五图为"太极图、西铭图、小学图、大学图、白鹿洞规图"，其要旨为"本于天道，而功在明人伦懋德业"。后五图为"心统性情图、仁说图、心学图、敬斋箴图、夙兴夜寐箴图"，此后五图"原于心性，而要在勉日用崇敬畏"。全图旨意反映在大学图之附言上："敬者，又彻上彻下，著工收效，皆当从事而勿失也。故朱子之说如彼，而今兹十图皆以敬为主焉"。许多学者评价李氏之学为敬学，主要由于在"圣学十图"中反映出来的李氏50年苦思穷理而获道学精华要义。此种由心性论分析而得的持敬修养论，可谓李氏对朱子学有所发展之处。

朝鲜李朝翻印中国小说《剪灯新话》以流传。

按：此后，李氏又将《三国演义》、《水浒传》、《西游记》、《红楼梦》、"三言"等数十部中国古典小说名著用朝鲜语翻译出版。

让·古戎卒（约1510— ）。文艺复兴时期法国雕刻家，建筑家。

安德烈斯·德·乌尔达内塔卒（1498— ）。西班牙航海家，修士。

沈启卒（1491— ）。启字子由，号江村。吴江人。嘉靖十七年进士。以博学闻，于经、子、史、阴阳历律、堪舆等无所不窥。著有《吴江水考》、《南船记》等。

张选卒（1494— ）。选字舜举，号静思。无锡人。嘉靖八年进士，授萧山知县。著有《张静思文集》。事迹见《明史》卷二七〇。

李开先卒（1502— ）。开先字伯华，号中麓，别号中麓放客。山东章丘人。嘉靖进士。曾因上疏抨击朝政，罢官家居。交文友结词社，潜心文学创作和民间作品的搜集整理。诗文词曲皆精，著述甚富。与陈束、王慎中、唐顺之、熊过、吕高等并称"嘉靖八才子"。喜藏书。所作戏曲，有传奇《登坛记》、《宝剑记》、《断发记》三种，《登坛记》已佚；杂剧六种，现仅存《园林午梦》、《打哑禅》等二种。散曲有《中麓乐府》、《中麓小令》。另有《词谑》，评选了一些散曲和杂剧曲文，也辑录了一些戏曲史料。诗文有《闲居集》。今人辑印其作品为《李开先集》。事迹见《明史》卷二八七《陈束传》附传。

按：据《明史》卷二八七，性好蓄书，李氏藏书之名闻天下。

吴悌卒（1502— ）。悌字思诚，别号疏山。江西金溪人。卒谥文庄。嘉靖十一年进士。悌学宗王守仁，反躬自得为多，学者称疏山先生。时称悌与吴岳、胡松、毛恺为南都四君子。著有《疏山遗集》。事迹见《明史》卷二八三。

赵时春卒(1509—)。时春字景仁,号濬谷,陕西平凉人。嘉靖五年进士。常思以武功垂名青史。作文豪放恣肆,与唐顺之、王慎中齐名。著有《平凉府志》、《濬谷集》。事迹见《明史》卷二〇〇。

吕得胜卒,生年不详。得胜字寿宫,号近溪,又号渔隐闲翁。开封府宁陵县人,吕坤之父。无科第仕籍,家富厚。著有《小儿语》。

袁宏道(—1610)、曾鲸(—1650)生。

隆庆三年　己巳　1569年

二月丙子,南京国子监祭酒姜宝条奏整饬国子监务以广圣教八事,如:请罢纳粟事例以塞幸达、催取取人入监、请复国初积分之法、公侯伯子孙例该送监者尽数查送教养等,俱从之。(《穆宗实录》卷二九)

是年,澳门于嘉靖三十七年至是年间建成望德堂、圣劳楞佐堂、圣安多尼堂,是为在中国境内兴建的第一批教堂。

王襞是春以父《心斋年谱》事来会于永丰,与心斋门人董燧、聂静谋梓刻之。及秋七月《年谱》刻成,董燧复为撰《心斋先生年谱后》。

按:董燧字兆时,号蓉山。生卒年不详。江西临川人。嘉靖间举人。少从王艮、聂豹讲良知之学。官南京刑部郎中。著有《蓉山集》。

周怡五月升翰林院,提督四译馆、太常寺少卿;是岁十月卒。

刘文敏年八十,犹陟三峰之巅,静坐百余日,谓其门人王时槐、陈嘉谟、贺泾曰:"知本体虚,虚乃生生;虚者,天地万物之原也。吾道以虚为宗,汝曹念哉!"(《明儒学案》卷一九)

李材是春服阕至京,仍补比部。十二月到京,补刑部主事。

赵贞吉八月以礼部尚书兼翰林学士,复兼文渊阁大学士,直文渊阁。

胡直与友人相期习静山中,作《闭关录》以自警。

海瑞是夏以右佥都御史巡抚应天十府,驻苏州。仅八月,遭弹劾离职。

按:海瑞被命巡抚应天,贪吏、势家、织造中官畏瑞,不敢作恶。江南民间开始流传海瑞巡按故事。

高拱复入阁为首辅,兼领吏部。

王锡爵六月乙酉升南京国子监司业。

陆树声十二月丙午以吏部左侍郎兼翰林院学士掌詹事府事,教习庶吉士。

西班牙侵苏禄等地,摩洛战争始。

授美第奇家族获托斯卡纳大公称号。

西班牙征"什一税"于尼德兰人。

法国宗教战争再起。

波兰立陶宛合并。

克里米亚汗国侵俄罗斯人。

王世贞从大名启程赴任，正月望日至齐河与李攀龙相会，此为两人最后一次相聚。李攀龙作诗《早春元美自大名见柱齐河时元美代余浙中》；王世贞作诗《齐河行与于鳞醉别作》。

王世贞四月抵任，分守所属杭、嘉、湖三府。

王世贞是冬奉命自浙江参政迁山西按察使。因母病，上疏乞休，返里侍奉。

欧大任、陆弼、葛幼元等三月会扬州禅智寺，大任作《上巳禊游记》。

陆弼、葛幼元等奉欧大任结竹西社。

查铎闰六月任给事中。

归有光任顺德府通判。

孟化鲤始晤孟秋于太学。

汤显祖师事张振之。

孙应鳌解抚职，去郧阳。

胡汝嘉至金陵访文彭，为题唐人临本《乐毅论》。

孙柚筑室秦坡涧下，作《藤溪记》。

冯惟敏东还，过广陵，赴保定府通判任。

戚继光正月改总理练兵都督为蓟州总兵官。

冯应京年十五，充博士弟子。

唐汝询五岁，双目全盲，以耳听受学。

周恪重建浙江淳安瀛山书院。

利玛窦是岁年底参加圣母报喜团。

阿方索·德埃尔西利亚—苏尼加发表史诗《阿劳卡纳人》。

理查德·托泰尔翻译亨利·德布雷克顿的著作《论英格兰的法律和习惯》。

梅尔卡托发表《宇宙志》。

尼德兰墨卡托用圆标投影法绘成世界地图。

宋仪望七月作《重刻王心斋年谱序》，中有语曰："盖致良知以格物，格物以致其良知，其归一也。"

王宗沐十一月作《临海县重修儒学记》于龙阳山中。

许孚远作《德清山馆记》。

陆树声为松江人重修陆机、陆云祠作《重修二俊祠记》。

王世贞刊行所著《凤洲笔记》。

孙应元著成《九边图说》，历叙北方诸镇形势、军备等，各镇均附总图、分图，为记载明代北方史地的要籍。

陈尧作《清波堂记》，述备倭往史。

尹梓等纂修《丰县志》2卷刊刻。

邓南金修、李明通纂《登封县志》10卷、《图》1卷刊刻。

夏维藩修、周卫阳纂《单县志》2卷刊刻。

汤一贤纂修《宝应县志》2卷刊刻。

薛应旂《重编考亭渊源录》24卷刊刻。

郑若庸《北游漫稿》5卷成篇，王锡爵为之序。

徐官著《古今印史》成。

黄美中校印木活字本王世贞《凤洲笔记》。

唐枢八月著《证道编摘略》成，门人范应期序之。

归有光辑《兔园杂钞》10卷成。

何良俊刻所著《四友斋丛说》30卷。

按：此书为一部笔记。"四友斋"为何氏书斋名，"四友"指庄子、王维、白居易和何良俊自己。全书分经、史、杂记、子、释道、文、诗、书、画、求志、崇训、尊生、娱老、正俗、考文、词曲、续史等十七门，内容极为广泛。此30卷为初刻本，后又续撰8卷，合为38卷，重刻于万历七年(1579)。万历时沈节甫摘抄其中的明代掌故，成《四友斋丛说摘抄》6卷。

衡王府重刻明张时彻《摄身众妙方》11卷、《急救良方》2卷。

五泉书院刻明徐一鸣《渌汗集》。

吕坤作《李文定公贻安堂集跋》。

潘恩刻《诗韵辑略》、《玄览堂诗抄》。

鲁王府三畏堂刻梁刘勰《文心雕龙》。

宁王府刻朱多炡编《友雅》3卷。

陈交卒(1487—)。交字汝同。苏州常熟人。著有《五经注释》。

徐献忠卒(1493—)。献忠字伯臣，号长谷。华亭人。王世贞私谥曰贞宪。嘉靖举人，曾任奉化令。后弃官寓居吴兴，与何良修、董宜阳、张之象为友，俱以文章气节名，时称"四贤"。著有《金石文》、《水品》、《吴兴掌故集》、《长谷集》及《乐府原》、《六朝声偶》等。

按：一说徐献忠(1483—1559)。参见1559年相关条目。

黄峨卒(1498—)。峨字秀眉。四川遂宁人。杨慎妻。能诗词，尤擅散曲。后人编有《杨夫人乐府》、《杨状元妻诗集》。

周怡卒(1506—)。怡字顺之，号讷溪。浙江太平人。天启初，追谥恭节。从学于王畿、邹守益。嘉靖十七年进士。著有《讷溪奏疏》等。事迹见《明史》卷二九〇、《明儒学案》卷二五。

瞿景淳卒(1507—)。景淳字师益，号昆湖。常熟人。谥文懿。嘉靖二十三年进士。累官至礼部左侍郎，兼翰林院学士，总校《永乐大典》，修《嘉靖实录》。著有《瞿文懿公集》16卷、《制科集》4卷、《制敕稿》1卷。《古今史学得失论》、《续史》为其重要史学评论文章，不见众文集，流传较稀。事迹见《明史》卷二一六。

谢谠卒(1512—)。谠字献忠，号海门。浙江上虞人。著有《海门集》、《草言》及传奇《四喜记》。

赵釴卒(1512—)。釴字子举，一字鼎卿。安庆桐城人。嘉靖二十三年进士。官至右佥都御史，巡抚贵州。著有《古今原始》、《无闻堂稿》。

吴维岳卒(1514—)。维岳字峻伯。孝丰人。嘉靖进士。历官右佥都御史，巡抚贵州。曾与李攀龙等组织诗社。王世贞以其与俞允文、李先芳、欧大任、卢柟为"广五子"。尝读书天目山，著有《天目山斋岁编》24卷。

林润卒(1530—)。润字若雨。福建莆田人。嘉靖三十五年进士。曾劾奏严世蕃、罗龙文不法事。著有《愿治疏稿》。事迹见《明史》卷二

老勃鲁盖尔卒(1525—)。佛兰德尔画家。

一〇。

熊廷弼（ —1625）、毕自严（ —1638）、李柽（ —1640）、胡震亨（ —1645）生。汪廷讷（ —1628后）约生。

隆庆四年　庚午　1570年

奥斯曼帝国及威尼斯战。入塞浦路斯尼科西亚。

《圣日尔曼和约》结束了第三次法国内战。

罗马教会绝罚英女王伊丽莎白一世。

瑞典独立。

俄罗斯入诺夫哥罗德。

意大利丹蒂用摆式风力计测量风力。

七月戊辰，礼部复南京河道御史王嘉庆奏，请令今后试录、第录中式士子之文，考试官稍为删润，两京乡试宜增设御史二人缉治怀挟诸弊。得旨允行。（《穆宗实录》卷四七）

己巳，禁章奏浮冗。

按：时高拱言，"比来章奏，铺缀连牍，言多意晦，端绪难寻，反可窜匿事情，支词假饰，非人臣奏对之体，请严加禁约。"从之。（《穆宗实录》卷四七）

九月甲戌，河决邳州。

壬戌，诏考察给事中、御史。

马自强正月丙申以司经局洗马管国子监司业原官兼翰林院侍讲，还掌局事，纂修《世宗实录》，充经筵讲官。

王希烈八月丁酉以礼部左侍郎兼翰林院侍读学士充《实录》副总裁。

诸大绶八月丁酉以右侍郎兼翰林院侍读学士充《实录》副总裁。

张四维八月丁酉以翰林学士充《实录》副总裁。

李贽官南京刑部员外郎。

按：在任七年。其间讲学，反对道学家空谈，注重实践，与焦竑朝夕过从，互为知己。李贽《寿焦太史尊翁后渠公八袠华诞》曰："予至京师，即闻白下有焦弱侯竑其人矣。又三年，既而徙官留都，始与侯朝夕促膝，穷诣彼此实际。……宏甫（李贽自号）之学虽无所授，其得之弱侯者亦甚有力。"

又按：李贽官南京期间（是岁至万历四年）曾再见王畿，一见罗汝芳。

李贽以李蓬阳之介，始识李材，共论学问。

焦竑是秋与邹德涵同舟北上，次年三月始别去。

胡直是夏晤耿定向于赤壁，因相与论学，语在耿著《知命说》中。

耿定理谪判广西横州；寻，起浙江衢州推官。

邹元标从胡直游，即有志为己学。

姜宝因案解南监职听勘。

海瑞在应天巡抚任，请开白茆河。

徐阶被迫退部分民田，海瑞发书劝补退。

王锡爵二月乙卯由南京国子监司业改为国子监司业。

汤显祖是春中江西乡试第八名举人。

王世贞七月就山西任。监乡试，撰《五策》及《试录后序》。

王世贞十月闻母病危，驰归，途中接讣告，遂扶服奔丧。

> 按：此后两年，王世贞以丁母忧，谢客无事，居小祇园。家居期间，又重订《艺苑卮言》增益至8卷，并附录4卷。此书在文艺理论批评的内容和形式两方面都有独到见解和特色，是研究作者文艺思想和明代文学的重要史料。

梁辰鱼由金陵返昆山，专心钻研昆腔，得魏良辅之传。此后，又与郑思笠、唐小虞、陈棋泉等共同研究乐理，创制新调，进一步改善昆腔。

赵贞吉正月进太子太保。二月署都察院。十一月致仕。

朱衡请周天球入京修河志。

汪道昆再至武当山，作《太和山后记》。组丰干社诗会，据其《丰干社记》，顾圣少以布衣来会。

> 按：顾圣少，字季狂。生卒年、爵里不详。游燕、赵、齐、鲁间，客诸王邸，死于闽。著有《顾山人集》。

归有光改官南太仆寺，留北京修《马政志》。

范应期二月庚申升为南京国子监司业。

陶大临九月壬辰升南京翰林院侍读学士掌本院事。

陆弼至淮安访知府陈文烛，与吴承恩、吴从道同集龙兴寺，文烛作纪事诗。

郭郛擢国子助教，迁户部主事。

欧大任赴任光州学正。

顾大典应聘为江西秋试房考官。

张元忭是岁谒孔林，游太学，有《东游记》。

贾三近以给事中上疏言"抚按诸臣，遇州县长吏，率重甲科而轻乡举"之弊。

> 按：疏曰"同一宽也，在进士则为抚字，在举人则为姑息；同一严也，在进士则为精明，在举人则为苛庚。是以为举人者，非华颠豁齿不就选"。终以为："乡举岂乏良材，宜令勉就是途，因行激劝"。诏皆俞允。

顾宪成补诸生，应应天乡试。此间读《太极图说》、《识仁篇》、《西铭》，至忘寝食。问学于薛应旂，受《考亭渊源录》。

顾宪成、顾允成从薛应旂学。

孟秋举顺天乡试。

潘士藻举乡试。

林之盛中举人。

黄翼重修陕西凤翔歧阳书院。周易为记。

衡王府刻《四书集注》19卷。

郑良弼《春秋续义纂要发微》7卷成。

唐枢季夏著《春秋读意》成，门人潘季刚序之。

朱睦㮮《皇朝中州人物志》16卷刊刻。

蔡国熙《守令懿范》4卷刊刻。全书分儒牧、循牧两部分，前有皇甫

托马斯·柯克迈耶著成《波兰王国》。

约翰·巴伯著成《布鲁人》。

罗伯特·亨利

逊著成《伊索道德寓言》。

巴拉提奥写出《关于建筑学的四本书》。

亚伯拉罕·奥特里乌斯编著成《地球地形图》。

汸、蔡国熙、严诚序，后有邰永春、袁随、蔡春台、刘世昌、林奇林、徐师曾后序及跋等。

邓球《皇明泳化续编》17卷刊刻。

张昶《吴中人物志》13卷刊刻。

欧大任著《广陵十先生传》。

罗廷绣纂修《淳化志》8卷由童恩善刊刻。

王纳言修、石邦政纂《丰润县志》13卷刊刻。

王叔杲修、朱得之纂《靖江县志》8卷刊刻。

刘储修、谢顾纂《瑞昌县志》8卷刊刻。

高岱《鸿猷录》再版。

高濂《玉簪记》作于是年。

王畿仲秋有《建初山房会籍申约》。

周王府刻明梁桥《皇明圣制策要》。

唐枢门人吴思诚录枢平日教诲，积而成编，题曰《积承录》，许孚远序之。

孟化鲤将其师尤时熙《拟学编》釐为8卷，是岁始刻行之。

王栋正月有《诚意问答》，门人李梃记之。

郑若庸《蛣蜣集》8卷成，郑存仁为序。

徐芝编成象棋谱《适情雅趣》。

按：此书前八卷残局谱选自明代已成秘本的象棋名谱《梦入神机》，后二卷全局谱选自《金鹏秘诀》(今佚)。徐芝字玉川。金陵人。明代著名棋谱还有祖龙氏编成于嘉靖元年的《百变象棋谱》。

汪文川刊《曾思二子全书》。

俞允文刻所辑《昆山杂咏》28卷。

徐师曾著《文体明辨》68卷成。

弗朗西斯科·普利马蒂乔卒(1504—)。意大利风格主义画家，建筑师。

雅各波·桑索维诺卒(1486—)。意大利雕刻家，建筑师。

若奥·德·巴罗斯卒(约1496—)。葡萄牙人文主义历史学家。

沈越卒(1501—)。越字中甫，号韩峰。应天江宁人。嘉靖十一年进士。著有《通鉴纪事前编》、《嘉隆两朝闻见纪》、《宋史详节》、《诸史撮抄》、《春秋分国本末便览》、《春秋经传集解》等。

汪宗元卒(1503—)。宗元号春谷。湖广崇阳人。嘉靖八年进士。历官南京太仆寺卿、右副都御史、总理河道。著有《南京太常寺志》、《春谷集》。

周大章卒(1509—)。大章字一夔，号禹川。吴江人。嘉靖举人。以御倭有功，授兵备道。后任余姚教谕。著有《周禹川集》。

李攀龙卒(1514—)。攀龙字于麟，号沧溟。历城人。嘉靖进士。累官至河南按察使。官郎署时，与谢榛、吴维岳、梁有誉、王世贞称"五子"。继"前七子"倡导文学复古运动，与王世贞同为"后七子"首领。其诗文多摹拟古人，故虽有工力而成就不大。著有《古今诗删》、《诗学事类》、《唐诗选》、《诗文原始》、《沧溟集》等。事迹见《明史》卷二八七。

按：据《明史》本传，攀龙之始官刑曹也，与濮州李先芳、临清谢榛、孝丰吴维岳辈倡诗社。王世贞初释褐，先芳引入社，遂与攀龙定交。明年，先芳出为外吏。又二年，宗臣、梁有誉入，是为五子。未几，徐中行、吴国伦亦至，乃改称七子。诸人多少年，才高气锐，互相标榜，视当世无人，七才子之名播天下。摈先芳、维岳不与，已而榛亦被摈，攀龙遂为之魁。其持论谓文自西京，诗自天宝而下，俱无足观，于本朝独推李梦阳。诸子翕然和之，非是，则诋为宋学。攀龙才思劲鸷，名最高，独心重世贞，天下亦并称王、李。又与李梦阳、何景明并称何、李、王、李。其为诗，务以声调胜，所拟乐府，或更古数字为己作，文则聱牙戟口，读者至不能终篇。好之者推为一代宗匠，亦多受世抉摘云。

杨宗气卒，生年不详。宗气字子正，号活水。浙江归安人，著籍延安。嘉靖进士。官山西巡抚，曾纂修《山西通志》。

袁中道（ —1623）、米万钟（ —1628）、张民表（ —1642）生。

隆庆五年　辛未　1571年

三月己卯，赐张元忭等进士及第、出身有差。

己丑，诏封俺答为顺义王，名其所居曰归化城（今内蒙呼和浩特）。

按：四月己酉，授俺答弟楞作力、子锡林阿并为都督同知，巴噶奈济昭勇将军，指挥使如故，又授宾菟等61人指挥以下官。八月癸卯，许河套互市。九月癸未，开三镇贡市。自是边境休息，不用兵革者二十余年。

六月戊戌，设镇雄府儒学教授一名。

是夏，诏江西烧造瓷器十二万有奇，陕西织造羊绒三万二千二百匹有奇，凡费一百数十万。

七月，诏凡仓、驿杂职，得授本省地方，如教官例。

按：故事，国家用人，不得官于本土，以免滋奸究，贻害一方。至是阁臣高拱言，"学、仓、驿递等官，非有民社之责，其官甚卑，其家甚贫，一授远方，或弃官而不能赴，或去任而不能归，零丁万状，其情可悯。"请得授本地。报可。（《穆宗实录》卷五九）

是月，诏以故礼部侍郎薛瑄从祀孔子庙廷。明儒之从祀文庙，瑄独居首。

是秋，建蓟州敌台成。

按：嘉靖以来，蓟镇墩台未建，总督谭纶、总兵戚继光巡行塞上，乃议建敌台。台高五丈，虚中为三层。台宿百人，铠仗糗粮俱备。继光又立车营，制拒马器。至是，蓟门军容为诸边冠。

是年，高拱言："国初举人跻八座为名臣者甚众，后乃进士偏重而举人甚轻，至于是极矣。请自授官以后，惟考政绩，不问出身。"（《明史》卷七一）从之。

奥斯曼帝国征服塞浦路斯岛。

西班牙入取吕宋岛。始建马尼拉。

葡萄牙入安哥拉，建殖民地。

罗马教会、威尼斯人、西班牙人、奥地利人败奥斯曼帝国于勒班陀海战。

克里米亚人焚莫斯科。

印加帕克·阿马鲁一世及西班牙战。

利玛窦入圣安德烈备修院。

申时行正月丁丑由翰林院修撰升左春坊左中允,兼翰林院编修,掌本坊事。

王锡爵正月丁丑由国子监司业升右春坊右中允,兼翰林院编修,掌本坊事。

马自强十月戊申以詹事府少詹事兼翰林院侍读学士掌翰林院事。

王宗沐拜右副都御史、总督漕运,兼巡抚凤阳。

王锡爵充会试同考官。

高仪、吕调阳六月甲寅奉命教习庶吉士。

姜宝被削籍。

王稚登旅无锡,在澄怀阁看黄公望《富春山居图》。

王圻内任御史,以党徐阶为当权派所恶,出为福建佥事。

徐师曾解京职,还故里吴江。

汪道昆荐起徐学谟。

胡汝嘉升广西按察司佥事,提调学校。

陶大临六月庚子升为南京国子监祭酒。九月己丑升任詹事府少詹事兼翰林院侍读学士。

丁士美十月甲辰升太常寺卿管国子监祭酒事。

林士章十月甲辰升南京国子监祭酒。

宋仪望十一月己未调福建按察司提学副使。

按：宋仪望字望之,号阳山,生卒年不详。江西永丰人。嘉靖进士。少师事聂豹,宗阳明学说。著有《华阳馆集》。事迹见《明儒学案》卷二四。

王时槐出为陕西参政,乞致仕,遂去官。自是屏绝外务,反躬密体者三年,乃有见于空寂之体。

袁尊尼宦居金陵,为陈芹题邀笛阁。

盛时泰、陈芹等集南京,结青溪社,辑刊《青溪社稿》。

张献翼、金銮、梅鼎祚等在南京参加青溪社。

邓以讚会试第一,选庶吉士。

刘台成进士,授刑部主事。

刘垓成进士,授太平府推官。

按：刘垓字达可,生卒年不详。湖广潜江人。历任礼部郎中、云南按察佥事。在云南时,巡视学政,得士人心。致仕归,闭门讲学。

李祯（字维卿）成进士,授高平知县。迁御史。

吴中立成进士,不仕。

吴中行成进士,授编修。

陈大科成进士,授河南推官。

陈履成进士。

按：陈履原名天泽,字德基,生卒年不详。广东东莞人。官至广西按察副使。致仕后,以吟咏自娱。著有《悬榻斋稿》。

陈荐成进士。

按：陈荐字君庸,号楚石,生卒年不详。湖广祁阳人。官至吏部尚书。著有《古今衷辨》。

张元忭中进士第一,授翰林修撰。

张元忭是春始识邹德涵,一见辄契。

邹德涵中进士,授刑部主事。

孟秋中进士,知昌黎县。

唐鹤徵中进士,选礼部主事。

顾九思成进士,授丰城知县。

施策成进士,授礼部主事。

按:施策字懋扬,号励庵,生卒年不详。无锡人。以太仆寺卿乞归后,居大池山中,以吟诗自娱。著有《崇正文选》、《唐诗类选》、《励庵诗集》等。

黄洪宪成进士,授编修。

秦燿成进士,选庶吉士,改兵科给事中。

按:秦燿字道明,生卒年不详。无锡人。著有《寄畅园诗集》。

丁宾、冯时可、刘伯渊、赵用贤、郭子章成进士。

顾允默继续在南国子监读书。

汤显祖春试不第。

按:有谓汤之落第系由于陈继儒之中伤,非是。

许仪后被日本人携至日本国九州萨摩。

按:因精通医药之道,乃以医为业,并曾以高明的医术,任日本国关白(相当于中国宰相)丰臣秀吉的侍医。

吕坤著《四礼翼》成,有序。

姚咨《纂补春秋诸名臣传》13卷刊刻。

楚王府刻朱权《太玄月令经》。

戚继光编成《练兵纪实》。

陈鎏《皇明历科状元录》4卷约刊于此年。

按:此书具体刊刻时间不明,记事至隆庆五年科,姑系于此。

王宗沐《续资治通鉴》重刊。

史朝富等纂修《永州府志》17卷刊刻。

李东纂修、李进思续纂《蓝田县志》2卷刊刻。

朱东光修、侯一元等纂《平阳县志》8卷刊刻。

张德夫修、皇甫汸纂《长洲县志》14卷刊刻。

陈鎏跋所见宋人书《金刚经》。

云南木活字印陈善《黔南类编》8卷。

胡直著《困学日记》。

汪道昆编集成《副墨》(《太函副墨》原编)。

高濂作《节孝记》传奇。

叶伯寅校刻唐冯贽《云仙杂记》,俞允文序之。

唐枢门人吴允恭录唐枢语成《因领录》,门人费攀龙序之。

陆弼入闽,辑闽浙游诗为《慢亭集》,秋还江都。

弗郎切斯科·帕特里齐发表《论述逍遥学派》。

休·拉蒂默著成《效果甚佳的布道》。

俞宪辑成《盛明百家诗》前后编 303 卷,序而刊之。

按:俞宪字汝成,号是堂,生卒年不详。无锡人。嘉靖十七年进士。另著有《是堂学诗》、《鹈鸣集》。

唐王府朱宙楧刻明雷鸣春《雷氏白云楼集》3 卷;又重刻元《张伯颜本文选》。

切利尼卒(1500—)。意大利雕刻家。

苏祐卒(1492—)。祐字允吉,一字舜泽,号榖原。山东濮州人。嘉靖五年进士。官至兵部尚书。喜文学,为文典丽,而诗风粗豪。著有《榖原文草》、《榖原集》等。

归有光卒(1506—)。有光字熙甫,又字开甫,号震川。昆山人。初中进士不第,乃徙居嘉定安亭江上,读书讲学。从学者常数百人。人称震川先生。嘉靖四十四年始成进士,授长兴令。后官至南京太仆寺丞,留掌内阁制敕房,与修《世宗实录》,卒于官。有光重视唐宋文,尤推重欧阳修。与王慎中、唐顺之、茅坤等形成文坛另一流派,称"唐宋派",斥主张"文必秦汉"的王世贞辈前后"七子"为"妄庸巨子"。所作散文,对清代桐城派颇有影响。其为文,原本经术,有《易经渊旨》1 卷;另有《易图论》上下篇、《尚书叙录》、《中庸解》等十种,皆已佚。有光最好《太史公书》而得其神理,所评《史记》,颇称善本;又有《读史纂言》10 卷。其他著作之存者有《备倭事略》1 卷、《壬戌纪行》2 卷、《马政志》1 卷、《三吴水利录》4 卷续增 1 卷、《道德经评注》2 卷、《老庄评注》(一作《道德南华经评注》)12 卷、《兔园杂抄》10 卷。所为诗文,有其曾孙归庄辑刊之《震川先生集》30 卷《别集》10 卷。另曾辑评《文章指南》5 卷、《诸子汇函》26 卷等。事迹见《明史》卷二八七。

按:据《明史》本传,有光为古文,原本经术,好《太史公书》,得其神理。时王世贞主盟文坛,有光力相触排,目为妄庸巨子。世贞大憾,其后亦心折有光,为之赞曰:"千载有公,继韩、欧阳。余岂异趋,久而自伤。"其推重如此。……有光制举义,湛深经术,卓然成大家。后德清胡友信与齐名,世并称归、胡。

马一龙卒(1499—)。一龙字负图,一作应图,号孟河,别号玉华子。溧阳人。嘉靖丁未进士,官至南京国子监司业。著有《农说》,从理论上总结分析水稻耕作技术。另著有《元图大衍》、《玉华子游艺录》。

沈宠卒,生年不详。宠字畏思,号古林,宁国宣城人。嘉靖十六年举人,授获鹿知县。官至广西参议。本贡安国、欧阳德弟子,后又师从王畿、钱德洪。知府罗汝芳创讲会,御史耿定向聘其主讲席。

童珮约卒,生卒年不详。珮字子鸣,又字少瑜。龙游人。世为书商,独珮以诗文游公卿间。曾受业于归有光。卒后,王世贞为作传,王稚登为作墓志。著有《童子鸣集》。

西班牙传教士庞迪我(—1618)、刘元珍(—1621)、毕懋康(—1644)、王徵(—1644)、汪若霖(—?)生。

按:刘元珍生年据《明儒学案》卷六〇,《明史》卷二三一。

隆庆六年　壬申　1572 年

正月甲申，命颜氏裔孙颜嗣慎袭授翰林院五经博士。

二月丙申，倭犯广东。

五月庚戌，穆宗卒，年三十六。

六月甲子，太子翊钧即皇帝位，时年十岁，是为神宗显皇帝。改明年为万历元年。颁诏赦天下。

七月庚午，张居正始为首辅。冯保为司礼监太监。高拱被褫夺官衔职位，遣返原籍。

庚寅，考察京官。

按：张居正请大计廷臣，藉以斥诸不职及附丽高拱者。

十月癸酉，神宗敕礼部采取穆宗朝事迹，开馆纂修《穆宗实录》。并谕成国公朱希忠、大学士张居正、吕调阳各专敕一通，以纂修事宜相委托，令分任监修官、总裁官。

十二月己巳，神宗御文华殿讲读毕，张居正率讲官进《帝鉴图说》。神宗嘉纳。

按：该书大要言前史所载兴亡治乱之迹。撮录古代天下之君善可法者八十一事、恶当戒者三十六事，每事一图，期幼君"以古为鉴"。

景德镇至明代已成为我国瓷业中心，隆庆、万历年间景德镇名窑有崔公窑、周窑、壶公窑等。除景德镇外，明代名窑还有在今福建德化的德化窑，以烧制白瓷著称，以及在今广东佛山的石湾窑，仿钧窑而有所创造。

人痘接种法约在隆庆年间首先在宁国府太平县试行。17 世纪末传入俄国、土耳其及西欧。

张居正七月庚午始为首辅。

张居正九月辛亥为《世宗实录》开馆六年、迄无成功事上疏，请责成专人、立为程限。报"俱依拟行"。

按：《神宗实录》卷五录居正之言曰："事必专任乃可以图成，工必立程而后能责效。《世宗肃皇帝实录》开馆纂修今经六年，迄无成功，盖未尝专任责成之故也。盖编纂之事，草创、修饰、讨论、润色，必工夫接续不断乃能成书，而职责要紧又在副总裁官。吏部右侍郎诸大绶、礼部右侍郎王希烈原系《世宗皇帝实录》副总裁，今各馆草稿俱未经修饰，宜责二臣专管；申时行、王锡爵则专管《穆宗皇帝实录》。仍立为程限，每月各馆纂修官务要编成一年之事，送副总裁看详，副总裁务要改完一年之事，送臣等删润；每年五月间、十月台票间臣等将完稿本各进呈一次。大约终月可完一

奥斯曼帝国海军败威尼斯。

尼德兰人反。

巴黎圣巴托罗缪之夜大屠杀起。

波兰和立陶宛雅盖隆王朝终。

西班牙弑印加图帕克·阿马鲁一世。

彼埃尔·龙伦敦的文物协会成立。

丹麦第谷发现仙后座超新星。

利玛窦入罗马公学。师从后任耶稣会总会长的克洛德·阿夸韦瓦。

年之事，终季可完三年之事，从此渐次积累，然后成功可期。其余副总裁官或部暇相与讨论，或讲优令其补凑，不必责以程限，恐致两妨。各纂修官务以职业为重，不得别求差假，图遂私情。书成之日，分别叙录，但以效劳多寡为差，不复计其年月久近。此虽纂修一事，而综核名实之道实寓于此。顾皇祖历世四纪，编纂卒难就绪；皇考临御六年，刻日自可竣工。俟纂成之日，令两馆各官并纂《肃皇帝实录》，则两朝大典可以次第告成。"

高拱被褫夺官衔职位，遣返原籍。

按：高拱为隆庆朝首揆（首席内阁大学士）。至是，自倚元老重臣，以帝年幼、宦官冯保专权，奏请绌司礼权还之内阁，使人报张居正。张居正私以语冯保，冯保诉于太后，谓高拱擅权，蔑视幼君，遂以两宫懿旨逐拱。此事为张居正在辛后两年（1584）被夺官籍家埋下契机。

王锡爵六月充《穆宗实录》副总裁。

王畿、罗汝芳讲学南京，李贽遂与之相识，深为钦慕。

李贽是岁始识耿定理。

按：李贽女婿庄纯夫为耿定理弟子，因为之介。

唐枢以所著《木钟台初集》、《木钟台再集》、《木钟台杂集》邮寄武林，与门人朱炳如，并命之序。

唐枢是春与友人苏汝砺论学，苏氏诠次其所记枢语，以质正于枢，久而成帙，题曰《未学学》，门人金拜为序。

唐枢四月病肺，养疴于木钟堂，不接门下士。门人陆光宅来谒，因以所著《周礼因论》授之，并命为跋，光宅有《周礼因论跋》。

陆治与王世贞、王世懋等同访洞庭二山，世贞作长记贻治。

孙七政依附王世贞，为"七子派"。

王时槐出为陕西参政，以京察罢归。

许孚远八月由吏部主事降两淮运司判官。

张元凯北行至潞河，作《军中乐》20章。

吴承恩以所藏唐李邕《娑罗树碑》旧拓示陈文烛，吴从道定为真本，文烛请从道摹勒上石。

徐渭作诗《邦宪死》，哀朱察卿。

沈明臣作《黄浦先生传》，记朱察卿。

张祥鸢赴滇任知府，作诗《贵州道中》、《渡盘江》，又作《横山水洞记》。

欧大任游洛，作《伊阙记》、《白马古迹记》。

袁尊尼二月壬辰升山东提学副使。

胡汝嘉二月调任浙江提学副使。

马自强四月己卯受命教习庶吉士。

万浩四月庚辰改任礼部右侍郎，管国子监祭酒事。

李长春五月戊申服阕授编修。

丁士美十月甲寅以太常寺卿兼翰林院侍读学士掌翰林院事。

按：丁士美（1521—1577）字邦彦，号后溪。淮安府清河人。嘉靖三十八年状元。曾预修《永乐大典》。

冯应京年十八,升增广生,六试省闱不第。
刘元卿于江西莲花倡建复礼书院。
吴维京于贵州石阡创建龙川书院(又名明德书院)。
胥铉隆庆年间于云南剑川创建金华书院。
李希松隆庆年间于陕西合阳创建古莘书院。

徐师曾著《礼记集注》。
梁梦龙辑《史要编》10卷刊刻。
按：此书为中国史学史资料汇编,集历代史著序跋表共114篇,大有利于史学史研究。
黄汴《一统路程图记》8卷刊刻。
柳应侯修、陈久春纂《巢县志》刊刻。
李可久修、张光孝纂《华州志》24卷刊刻。
黄一龙修、林大春纂《潮阳县志》15卷刊刻。
罗许修、徐大佑纂《景州志》6卷刊刻。
邹应龙修、李元阳纂《云南通志》17卷成。
郑准纂修《东阳县志》17卷成,万历间由贡修龄刊刻。
胡用宾修、侯一元纂《乐清县志》7卷刊刻。
范惟恭修、王应元纂《高邮州志》12卷刊刻。
管大勋修、刘松纂《临江府志》14卷刊刻。
陈复亨纂修《海州志》10卷刊刻。
谢廷杰刻王阳明著《王文成公全书》。
按：时谢廷杰以侍御按浙,首修王阳明祠,置田以供岁祀;既而汇其文为《全书》寿梓,凡38卷,其首3卷为《传习录》,徐爱所辑;次28卷为《文录》,为《别录》,为《外集》,为《续编》,皆阳明卒后钱德洪所辑;最后7卷为《年谱》,为《世德纪》,钱德洪、王畿所撰辑。
徐阶作《王文成公全书序》。
祝允明《罪知录》重刊。
杭州昭庆寺经房刻《楞严经》。
皇甫汸刻所著《岳游漫稿》2卷。
陈文烛自定《淮上诗》4卷。
王栋致仕归里,著《会语续集》行于世,又创族谱以睦族人。
王世贞重订所著《艺苑卮言》增为8卷,作《后记》付印。
杭州翁文溪刻《批点分类诚斋先生文脍前后集》刊行。
梅鼎祚辑《宛雅》成。
隆庆年间辑刊重要书籍之无法系年者：
李斗修、薛一鹗纂《芮城县志》刊刻。
《兴平续志》1卷刊刻。
钟崇文纂修《岳州府志》18卷刊刻。
欧大任著《欧虞部集》隆庆、万历间刊行。

让·德塞尔著成《宗教与共和国状况随笔》。

亨利·埃斯蒂埃尼完成《希腊语宝库》。

巴塞尔著成《识别含金沙技术》。

马修·帕克著成《古代不列颠传道书》。

倪伯鳌纂《十洲宫词》嘉靖、隆庆间刊行。

约翰·诺克斯卒（约 1514— ）。苏格兰宗教改革家。

布龙齐诺卒（1503— ）。意大利佛罗伦萨画派家，诗人。

沈恺卒（1452?— ）。恺字舜臣，号凤峰。华亭人。嘉靖进士。官宁波时，厉禁通番下海。官至湖广参政，忤权贵乞归，闭户著述。著有《夜灯管测》、《环溪集》。

陈良谟卒（1482— ）。良谟字忠夫（一作中夫），号栋塘。安吉人。正德进士。官至贵州布政司参政。辞官归。性格恬谈寡欲，诗文温醇典雅。著有《见闻纪训》、《天目山房集》、《和陶小稿》等。

刘文敏卒（1490— ）。文敏字宜充，一作直充，号两峰。江西安福人。弃科举，一心治学。读《传习录》而好之，遂与从弟刘邦采等共拜王阳明为师，穷研心学。著有《论学要语》。事迹见《明儒学案》卷一九。

胡松卒（1490— ）。松字茂卿，号承庵。徽州绩溪人。正德九年进士。官至工部尚书。著有《承庵文集》。事迹见《明史》卷二二〇。

薛甲卒（1498— ）。甲字应登，号畏斋。常州江阴人。嘉靖八年进士。官至江西按察副使。学宗陆九渊、王阳明，并能参融二家之说。著有《易象大旨》、《心学渊源录》、《艺文类稿》。事迹见《明儒学案》卷二五。

项元淇卒（1500— ）。元淇字子瞻，号少岳。浙江秀水人。著有《少岳山人集》。

钱榖卒（1508— ）。榖字叔宝，号罄室。苏州吴县人。少时游学文徵明门下，取文氏书读之，得点染水墨法。得见异书，辄手自抄录，所录古文金石书积有几万卷。著有《三国类钞》、《隐逸集》、《长洲志》等。

按：一说卒于1578年。参见是年条。

冯惟讷卒（1513— ）。惟讷字汝言，号少洲。青州临朐人。冯惟敏之弟。嘉靖进士。工诗文，著有《风雅广逸》、《文献通考纂要》、《史记旁注》、《杜律删注》、《冯光禄集》等。

高仪卒（1517— ）。仪字子象。浙江钱塘人。嘉靖二十年进士。终以高拱荐，起侍东宫讲读，兼文渊阁大学士。卒谥文端。著有《高文端奏议》。

朱察卿卒（1524— ）。察卿字邦宪。上海人，朱豹之子。为太学生，慷慨任侠。与沈明臣、徐渭、俞允文、王稚登友善。著有《朱邦宪集》15卷。

宋懋澄（ —1622）、尹嘉宾（ —1622）、沈守正（ —1623）、杨涟（ —1625）、丘兆麟（ —1629）、俞彦（ —1641后）生。郑之文（ —1641后)、陈汝元（ —1629后）约生。

明神宗万历元年　癸酉　1573年

正月庚子，起妖人王大臣狱。张居正、冯保欲藉以构陷高拱，吏部尚书杨博、左都御史葛守礼阻之。

三月丙申，诏举将才。

十月丙辰，命英国公张溶补充世宗、穆宗两庙《实录》监修官。

十一月庚辰，张居正为政，立章奏考成法，以整顿吏治。

按：初，诸司章奏，部、院覆行，抚、按勘者，常稽不报。至是，张居正请申成宪，先酌量道里远近，事情缓急，定程限，立文簿，月终注销。自是政体为肃。

是年奏准，试录序文，必典实简古、明白正大，俱若成化、弘治间文体。督抚等官，不许妄加称奖，以蹈浮靡之弊。

又奏准，士子经书文字，照先年题准，限六百字上下。冗长浮泛者，不得中式。

广西容县经略台真武阁建成。全阁用近三千条大小格木构件，以杠杆结构原理，串连吻合，相互制约扶持，合为一体，为建筑史上奇迹。

广东潮州人林凤起事海上，旋败屯澎湖。明年至吕宋与菲律宾人及华侨共同反抗西班牙殖民者暴政。

汪镗五月戊戌以礼部左侍郎兼翰林院侍读学士充《世宗实录》副总裁。

罗汝芳起复入京，见相国张居正，张问山中功课，对曰："读《论语》、《大学》，视昔差有味耳。"居正默然。谒补得东昌，治东昌如宁国。十月，迁云南按察副使。（《明儒学案》卷三四）

吕调阳入文渊阁，以朴忠受知。

王锡爵八月主顺天乡试，从落卷中见魏允中文，击节叹赏，出访其人，以大魁期之。

王畿赴南滁讲会，适耿定理为会于金陵，畿遂以秋杪发钱塘，有《南游会记》。

张位上《史职疏》，官方恢复起居注之职。

耿定向二月迁工部屯田主事。九月晋尚宝丞。

张绪自繁昌往会耿定向。

胡直晋广东按察使，监乡试。寻，入觐过里，为终养乞病归。

邹德涵十一月请以王阳明从祀孔庙，下礼部议。

吕潜调工部司务。

莫卧尔帝国灭古吉拉特。

西班牙入突尼斯。

尼德兰人败西班牙。

第四次法国宗教战争结束。

王世贞正月除母服，四月抵都下，起为湖广按察使。夏，抵武昌，监湖广乡试，撰《试录序》。十月，擢广西布政使司右布政，遂沿大江东还。十二月岁暮，抵家，得擢太仆寺卿之报。

盛时泰携所作《两都赋》到太仓访王世贞。

陆治为王世贞作《洞庭诗画》16帧。

陈第随俞大猷习兵法。

陆树声解吏部侍郎职还华亭。

王樵起补浙江佥事，擢尚宝卿。

谢榛再到彰德，晤郑若庸，同客赵穆王朱长清处，为制乐曲。

莫是龙被召至金陵校书。

莫是龙、朱孟震等集南京，再结青溪社。

董传策官南礼部，以受贿被劾落职。

徐中行过淮安访吴承恩、陈文烛，在韩侯祠共论古诗文。

按：此会吴承恩持文以汉魏为近古、诗以唐人为近古的观点。

林景旸任礼科给事中。

张祥鸢解滇职东还，作诗《沅江晓渡》。

金銮作《八十自寿》套曲。

孟化鲤举河南乡试。

范应期、何洛文七月癸未典顺天府乡试。

李日华升南京国子监司业。

姚弘谟十二月丁卯改为南京国子监祭酒。

瞿九思中举人。

沈璟中乡举。

臧懋循中乡举。

顾允成补郡诸庠生。

高攀龙年十二，工文章。

余懋学万历初以弹劾张居正，斥为民。

按：余懋学（1539—？）字行之，徽州婺源人。隆庆进士。居正死，官至南京户部侍郎。对时政多有建白。著有《九经通考》、《二史考误》、《仁狱类编》、《大政辑要》、《说颐》等。

刘伯渊万历初官工部郎中，分署临清，掌陶冶，陶人称便。

按：伯渊字静之，号念廷，生卒年不详。浙江慈溪人。隆庆进士。官至江西按察副使。有《灌息亭集》。

邹善万历初累官广东右布政使，以病归。

按：邹善号颖泉，邹守益子。生卒年不详。江西安福人。嘉靖三十五年进士。历任刑部主事、山东提学副使、广东右布政使，以太常寺卿致仕。有《颖泉先生语录》。

陈文焕于浙江建德创建会文书院。书院教学以穷理尽性为要，正心修身为本。

孙琉于山东平阴捐建云门书院。书院初名兴文馆，收生员及童生来学,以自学为主,辅以讲论、课试。

万振孙扩建湖北襄樊昭明书院,更名为岘山书院。

按:仿岳麓、白鹿书院规制,购经籍藏其中。万历二十年,李祯改称武侯书院。

蔡光于湖南宁远创建崇正书院。书院以"明圣学,端士习"为宗旨,故名崇正。

按:书院一说建于万历四年。

郑之韶于湖南蓝山创建宗濂书院。万历四年张朝臣为记,戒诸生"借书院为名利之阶"。

李材于广东肇庆创建端溪书院。

高则益、唐炼于广西桂平创建浔江书院。

广西桂平创建桂邑书院,创建人不详。书院后改名思灵。

赵时胜重修四川绵竹紫岩书院。杨淮为记。

赵贞吉八月作《四川修拓贡院记》。

益王府刻梁顾野王《大广益会玉篇》30卷。

顾起纶改编《补注蒙求》为《标题补注蒙求》。

林有望辑《新刊未轩林先生古今名家史纲疑辨》4卷刊刻。

按:林有望字未轩,生卒年不详。安庆桐城人。嘉靖三十二年进士。是书为史考类论文汇编,凡收古今名家单篇论文273篇,成于隆庆五年,是年由金陵书贾饶氏刊刻。

高拱《边略》5卷刊刻。全书由《防边纪事》、《伏戎纪事》、《安边纪事》、《靖南纪事》、《绥广纪事》5篇组成。

按:《四库全书总目》将《边略》一分为五,漏收《安边纪事》一种。《中国史学史资料编年》仅收《靖南纪事》、《防边纪事》2种,系于隆庆四年,误。

王世贞著《国史对策》成。

张第修、张成教纂《邯郸县志》8卷刊刻。

胡时化修、魏豫之等纂《合肥县志》2卷刊刻。

朱泰等修、包大爟纂《兖州府志》51卷刊刻。

罗青霄纂修《漳州府志》33卷刊刻。

陈光前纂修《慈利县志》18卷刊刻。

郭大纶修、陈文烛纂《淮安府志》20卷刊刻。

耿定向官符台,著《知天说(二)》。

万恭纂刊《治水筌蹄》。

按:作者曾任总理河道,是书成于治河期间,为治水工具书。作者另著有《漕河奏议》,已佚。

徐渭从杭州狱中释出,辑《玄钞类摘》6卷。

何良俊著《四友斋丛说》刊刻。

何良俊续纂《四友斋丛说》。

周怡奏疏并文集27卷刊行。

陈尧为《游艺集》作序。

约翰·菲斯查特著成《弗勒哈茨》。

托夸多·塔索著成《阿明达》。

弗朗索瓦·霍夫曼著成《法国高卢》。

奥兰多·迪拉索著成《保护音乐》。

沈王府刻沈宣王朱恬烄《绿筠轩稿》4卷。

益王府刻益宣王朱翊鈏辑并批点《盛明十二家诗选》12卷。

上海顾从德芸阁木活字印杨循吉《松筹堂集》12卷。

建阳游榕印铜活字本徐师曾《文体明辨》84卷。

冯恩卒(1493—)。恩字子仁。华亭人。嘉靖五年进士。以行人劳王阳明军,因执贽为弟子。擢南京御史,极论张孚敬(张璁)、方献夫、汪鋐等奸状,下狱论死。及朝审,不肯跪,且历数其罪,时称"四铁御史"。其子年十三,刺血书请代父死;乃得谪戍雷州。赦归。进大理寺丞致仕。著有《刍荛录》。事迹见《明史》卷二九〇。

文彭卒(1497—)。彭字寿承,号三桥。长洲人。文徵明长子。以明经廷试第一,仕至南国子监博士。继承家学,能诗文,工书画,尤精篆刻。与何震并称"文何"。著有《五经讲义》4卷、《印章集说》1卷、《印史》1卷、《文三桥先生印谱》1卷及《文博士集》等。

按：文彭生年《历代教育名人志》作1498年。

郭鋆卒(1500—)。鋆字允新,号三泉。山西高平人。嘉靖十四年进士,选庶吉士,授翰林检讨。官至南京工部右侍郎。参与重修《大明会典》。著有《国学文集》。

刘绘卒(1505—)。绘字子素,一字少质,号嵩阳。河南光州人。嘉靖十四年进士,授行人。曾两劾夏言,因此而罢。著有《嵩阳集》。事迹见《明史》卷二八〇。

何良俊卒(1506—)。良俊字元朗,号柘湖。松江华亭人。嘉靖中,以岁贡生入国学,特授南京翰林院孔目。弃官归隐,专事著述。自称与古人庄周、王维、白居易为友,因名所居曰"四友斋"。著有《何氏语林》、《四友斋丛说》、《何翰林集》、《柘湖集》等。其《四友斋丛说》卷三十七有《曲论》一篇,为戏曲作家作品专论。该文首倡南曲北曲并重,提倡风格多样,倚重音律声情,强调本色当行,对后来曲家如沈璟等有一定影响。

赵伊卒(1512—)。伊字子衡。浙江平湖人。嘉靖壬辰进士。官至广西按察副使。著有《序芳园集》。

张天复卒(1513—)。天复字复亨,号内山、初阳、镜波钓叟。浙江山阴人。嘉靖二十六年进士。著有《皇舆考》、《鸣玉堂稿》。

孙钰卒(1523—)。钰字文鼎,号剑峰。浙江余姚人。嘉靖三十二年武举人。好读书作诗。著有《思则堂》稿。

诸大绶卒(1523—)。大绶字端甫,号南明。浙江山阴人。嘉靖三十五年进士第一。预修《承天大志》、《世宗实录》,校录《永乐大典》。官至吏部侍郎兼侍度学士。卒谥文懿。著有《诸文懿公集》。

僧明龙卒,生年不详。明龙俗姓姚,名东阳。淮安宿迁人。本诸生,嗜佛经。出家居北直隶羊山秀峰庵,阐扬三教宗旨。

冯复京(—1622)、僧汉月(—1635)、李奇玉(—1644)、陈懿典

（　—1657）、汪起凤（　—1624）、南居益（　—1644）生。

万历二年　甲戌　1574年

正月甲午，因辅臣张居正之请，诏吏部都察院引天下朝觐官之廉能者，赴皇极门召见。

二月甲寅，先是，礼科给事中林景旸疏请续纂《大明会典》、《文献通考》。至是，礼部复曰：《会典》续修俟两庙《实录》进呈之后，《文献通考》则无需续修。神宗从之。

按：《神宗实录》卷二四录礼部此复曰："《（大明会典）》书成于弘治之末，至今代更四圣、岁逾六纪，典章法度不无损益、异同。其条贯散见于简册、卷牍之间凡百，有司艰于考据，诸所援附鲜有定画，以致议论繁滋，法令数易。吏不知所守，民不知所从，甚非所以定国是而一人心也。但今两庙《实录》已渐次告成，而披阅校正日不暇给，若复兼修《会典》，未免顾此失彼，势难并行。合候《实录》进呈日，将《会典》专一纂修。自嘉靖二十八年至隆庆六年详加编摩，附于嘉靖年间续修《会典》之后，泄辑成书，永为遵守。及照《文献通考》乃先朝儒士马端临所著，以续《通典》之末，彼其纪载该博，诚足以裨《考》、《鉴》之资，第其书出臣下私述，原非制书，今欲付之史局编摩，似于事体未当。且《会典》既修，则国朝二百余年之文献布在方策，固已灿然可考，而《通考》一书可无俟于续修矣。"

三月癸巳，赐孙继皋等进士及第、出身有差。

四月丙寅，诏内外官行久任法。

按：此从给事中张楚城议。其法：知县必历俸六年乃升取知府，知州必历俸六年乃升迁；间有才不宜于官，官不宜于地者，听抚、按官量行更易；其藩、臬二司参政、参议等官升迁，约以三年；在内科、道、部、曹升司、寺，约以六年。由是藩、臬、守、令皆得自展。

五月乙未，刑科给事中乌昇等奏请将《〈大明律〉注》参酌考订，并续增条例，共成一书，颁行中外。刑部复曰：《大明律》乃圣祖神谋独断，参酌历代刑律，明白洞彻，原无微文隐义，不可通晓之处；诸家注释往往各执己见，纷如聚讼，如此参订奉旨，遂为不刊之典。至于问刑条例，可补律文之所未悉，咨各衙门将嘉靖三十四年后典刑名相关事体备查，过部参定，陆续颁布中外。神宗报可。（《神宗实录》卷二五）

七月丙戌，以《穆宗实录》成，加监修官张溶少保。

是年，命工部重建北京贡院。敕吏部慎选提学官。

范礼安任远东耶稣会传教团监理神父。

张四维九月辛巳起原掌詹事府吏部左侍郎掌府事，充《世宗皇帝实

奥斯曼帝国苏丹塞里姆二世卒。子穆拉德三世嗣位。

奥斯曼帝国取突尼斯。

西班牙围尼德兰莱登。

法王查理九世卒。王弟亨利三世继位。黑奴始入巴西。

巴西始运入黑奴。

录》副总裁。

王锡爵三月充会试同考官。七月,《穆宗实录》成,升侍讲学士。八月,升国子监祭酒。

王宗沐十二月由巡抚凤阳、右副都御史改南京刑部尚书。

耿定向是春奉命册封鲁府。八月晋尚宝少卿。

刘元卿下第,遂弃举业,从徐用检、耿定向游,得闻耿氏"生生不容已"之旨。

邹德涵授刑部浙东司主事。

陈嘉谟起湖广参政,不赴;又以其学未明,非息机忘世,无以深造,遂乞致仕。

王世贞抵京,九月迁都察院右副都御史,抚治郧阳提督军务。

莫是龙在王世贞弇山堂观韩幹《呈马图》。

钱穀为王世贞之北行作纪行图,起太仓至扬州,三十二幅。

王艮子王襞讲学南京,李贽以襞之学得王艮一派之真传,师事之。

许孚远擢南太仆寺丞。

瞿九思为县令所诬,被削士籍,入狱。五年后出狱,隐京西百里高姓老翁家,授徒讲学,俟机上诉。

吕调阳、王希烈二月辛亥充礼部会试主考官。

林士章八月戊申升任礼部右侍郎兼翰林院侍读学士。

俞大猷调京师领车营训练。陈第随从入京,经俞公推荐,得谒戚继光于蓟门,并上书于谭大司马纶公,论独轮车制,司马叹服,即补授教车官,以董其事。

顾大典改官南京兵部主事,转吏部郎。

张凤翼、沈懋学同赴试北行,过济阴访太白楼。

徐渭览诸暨五泄诸胜,自作小记。

欧大任赴京任国子监助教。

孙继皋进士第一,除修撰。

李尧民成进士,授永年知县。

按:李尧民字耕尧,号雍野,生卒年不详。山东济宁人。历官知县、御史、大理少卿、应天府尹。著有《快独集》。

李本固成进士。

按:李本固字叔茂,生卒年不详。河南汝阳人。曾巡按陕西、云南,所在豪右屏迹。官至南京大理寺卿。著有《汝南遗事》等。

何思登成进士,授编修。

按:何思登字一举,生卒年不详。湖广蒲圻人。官至云南按察副使、广西副使。著有《翼正录》。

沈璟成进士,授兵部主事。

张世则成进士,授密云知县。

林兆珂成进士。

按：林兆珂字孟鸣，生卒年不详。福建莆田人。著有《毛诗多识编》、《考工记述注》、《檀弓述注》、《杜史钞述注》、《宙合编》、《林伯子诗草》等。

范涞成进士。

按：范涞字原易，生卒年不详。徽州休宁人。官至福建右布政使。著有《两浙海防考续编》。

周梦旸成进士。

按：周梦旸字启明，生卒年不详。湖广南漳人。官至山东参政。著有《水部备考》、《常谈考误》。

赵南星成进士，除汝宁判官。

唐伯元成进士，知万年县，改泰和。

支大纶、吕坤、邹迪光、邢侗、李三才、李化龙、余孟麟、祁承㸁、陈与郊、谭希思成进士。

吕坤廷对授襄垣令。

汤显祖春试不第。

邹应龙重修昆明五华书院。

按：邹应龙字云卿，号兰谷，生卒年不详。甘肃兰州人。嘉靖进士。劾倒严嵩父子。

杭州玛瑙寺僧通晓刻《五大部直音集韵》。
周复俊仿《华阳国志》著《东吴名贤记》2卷。
陈士元《荒史》刊刻。
刘岕修、陈瑄纂《太和县志》7卷刊刻。
李仲奎修、赵邦治纂《新修馆陶县志》4卷刊刻。
刘廷锡纂修《潍县志》10卷刊刻。
黄骅等纂修《六合县志》8卷刊刻。
杜渐修、费柏纂《江华县志》9卷刊刻。
周邦杰修、秦梁等纂《无锡县志》24卷、《图》1卷刊刻。
严从简著《殊域周咨录》24卷成。
唐枢孟夏著《易修墨守》成，门人王思宗序之。
张元忭二月作《彭山季先生祠堂碑》。
盛时泰为浙江曲家屠本畯作《离骚草木疏补序》。
陈文烛至四川任学使，作《峨眉山游记》。
胡汝嘉官河南沁阳，作《沁桥行》、《王屋山行》。

按：胡汝嘉字懋礼，号秋宇，生卒年不详。金陵人。嘉靖进士。在翰林以言事忤当政。书、画、诗、词曲均擅，著有杂剧《红线记》及小说《兰芽传》、《女侠韦十一娘传》及《菁园集》、《沁南稿》等。

李贽十二月作《苏子由（辙）解老序》。
益王府益宣王朱翊鈏刻元谢应芳《辨惑篇》5卷、明顾亮《辨惑续篇》。
顾宪成著《学庸说》。

让·博丹著成《论法国物价极度高昂之原因》。

于贝尔·朗盖特著成《为反对独裁而辩护》。

贾斯特斯·利普斯编辑塔西佗的《编年史》。

乌里西·阿尔德罗万迪著成《药物精典》。

林希逸著《鬳斋三子口义》刊行。

萧禀辑《陆王二先生要语类抄》刊行。

顾起纶辑刊《国雅》并附自著《国雅品》。

桑大协木活字本《思玄集》刊行。

皇甫汸刻所著《皇甫司勋集》60卷。

欧大任序陆昺所著《南浮集》。

三余斋木活字印董传信《诗史》10卷。

建阳游氏饶氏印铜活字本《太平御览》1000卷。

乔吉奥·瓦萨里卒（1511— ）。意大利画家，建筑师，艺术史家。

戈伊斯卒（1502— ）。葡萄牙人文主义学者。

南逢吉卒（1494— ）。逢吉字元真，号姜泉。陕西渭南人。南大吉弟。曾师从王阳明。嘉靖十七年进士。著有《姜泉集》、《越中纪传》。

周复俊卒（1496— ）。复俊字子吁，号木泾子。昆山人。嘉靖十一年进士。官至南京太仆寺卿。少时游方鹏之门，精研要理，学问赅博，与王同祖、顾梦圭称"昆山三杰"。在滇时，曾与杨慎切磋，慎为评定其诗。著有《元史弼违》2卷、《东吴名贤记》2卷、《泾林杂记》2卷、《泾林诗文集》8卷；纂有《马鞍山志》1卷、（嘉靖）《霸州志》9卷；编有《金蜀艺文志》64卷（与杨慎合编）、《玉峰诗纂》6卷、《太仓文略》6卷等。

钱德洪卒（1496— ）。德洪本名宽，以字行，改字洪甫，学者称绪山先生。余姚人。嘉靖进士。累官刑部郎中。因触世宗怒，下狱，后斥为民。为王阳明的忠实门生，循阳明之说，讲学近三十年。著有《平濠记》、《绪山会语》、《绪山集》等。事迹见《明史》卷二八三、《明儒学案》卷十一。

按：据《明史》本传，王守仁自尚书归里，德洪偕数十人共学焉。四方士踵至，德洪与王畿先为疏通其大旨，而后卒业于守仁。……德洪既废，遂周游四方，讲良知学。时士大夫率务讲学为名高，而德洪、畿以守仁高第弟子，尤为人所宗。德洪彻悟不如畿，畿持循亦不如德洪，然畿竟入于禅，而德洪犹不失儒者矩矱云。……初，守仁倡道其乡，邻境从游者甚众，德洪、畿为之首。其最初受业者，则有余姚徐爱，山阴蔡宗兖、朱节及应良、卢可久、应典、董沄之属。

华察卒（1497— ）。察字子潜，号鸿山。无锡人。嘉靖五年进士。历兵部郎中、翰林修撰，进侍读。充会试同考官，出使朝鲜。以劾罢官，既而起原官，掌南京翰林院事。工诗，曾与顾可久、华云等举碧山吟社。著有《礼记集说辨疑》1卷、《岩居稿》8卷、《翰苑稿》、《知退轩稿》、《碧山堂集》、《留院稿》、《东行纪兴》，另辑有《华氏传芳集》11卷《华氏传芳续集》5卷、《锡山揽袂录》等。

柯维骐卒（1497— ）。维骐字奇纯，人称稀斋先生。莆田人。嘉靖二年进士。授南京户部主事。引疾未赴。专心读书著述，累荐不出。曾合宋辽金三史为《宋史新编》，另著有《史记考要》、《续莆阳文献志》及诗文集等。事迹见《明史》卷二八七。

按：据《明史》本传，自是谢宾客，专心读书。久之，门人日进，先后四百余人，维骐引披靡倦。慨近世学者乐径易而惮积累，窃二氏之说以文其固陋也，作左右二铭，训学者务实。以辨心术、端趋向为实志,以存敬畏、密操履为实功,而其极则以宰理人物、成能天地为实用,作讲义二卷。《宋史》与《辽》、《金》二《史》,旧分三书,维骐乃合之为一,以辽、金附之,而列二王于本纪。褒贬去取,义例严整,阅二十年而始成,名之曰《宋史新编》。又著《史记考要》、《续莆阳文献志》,及所作诗文集并行于世。

唐枢卒(1497—)。枢字惟中,号子一、一庵,学者称一庵先生。浙江归安人。嘉靖五年进士。师从湛若水,为学主张"讨真心"。又留心经济,尝亲历塞北、西南,精研舆地之学。高足有许孚远、王爱等。著有《礼玄剩语》、《真谈》、《景行馆论》、《一庵语录》、《木钟台集》等。事迹见《明史》卷二六〇、《明儒学案》卷四〇。

何迁卒(1501—)。迁字益之,号吉阳。湖广德安人。嘉靖二十年进士。累官刑部侍郎。其学术出于湛若水,而不拘于湛说。王阳明主"致良知",湛若水宗"随处体验天理",而迁言"知止",大约出入于两家之间。著有《吉阳集》、《友问》等。事迹见《明儒学案》卷三八。

陈尧卒(1502—)。尧字敬甫,号梧冈,一号醒翁。通州人。嘉靖十四年进士。累官刑部左侍郎致仕。著有《史衡》6卷《西巡录》1卷、《贵阳行纪》1卷、《遵圣录》1卷、《虚舟集》1卷、《东园日录》20卷、《八书》1卷、《大观楼漫录》1卷、《哀玉集》1卷、《陈梧冈文集》5卷《陈梧冈诗集》3卷《陈梧冈诗续集》5卷。

朱衡卒(1502—)。衡字士南。江西万安人。嘉靖十一年进士。著有《道南源委录》等。事迹见《明史》卷二二三。

顾存仁卒(1502—)。存仁字伯刚,一字子奇,号怀东。太仓人。嘉靖十一年进士。以疏请赦戍臣杨慎、马录等,并请惩吴璋、叶挺秀,忤旨廷杖六十,编管居庸关外保安州。官至大理少卿,进太仆寺卿。致仕卒。王世贞、皇甫汸为作记。著有《易说》,已佚。纂有《太仆寺志》14卷、[嘉靖]《余姚县志》17卷。撰有《东白草堂集》、《句余八景》等。事迹见《明史》卷二九〇《杨最传》附传。

黄姬水卒(1509—)。姬水字淳父,又字志淳,号质山。吴县人。黄省曾之子。幼有文名。学书于祝允明。中年由吴县迁居白下。晚年,诗名益盛,被誉为东南诸诗人之冠。著有《两汉纪》60卷、《贫士传》2卷、《高素斋集》28卷、《白下集》11卷等。其《黄淳父先生全集》,系其婿顾九思合《高素斋》、《白下》二集及未刊之作辑成。又曾与皇甫汸等合纂[隆庆]《长洲县志》14卷。

陆师道卒(1511—)。师道字子传,号元洲、五湖。苏州长洲人。师从文徵明,精擅小楷、古篆、水墨,长于诗文。嘉靖十七年进士。官至尚宝司少卿。著有《左史子汉镌》、《五湖集》。事迹见《明史》卷二八七《文徵明传》。

按:一说陆师道(1517—1580)。参见1580年条。据《明史》卷二八七,善诗文,工小楷古篆绘事。人谓徵明四绝,不减赵孟𫖯,而师道并传之,其风尚亦略相似。平居不妄交游,长吏罕识其面。

袁尊尼卒（1523— ）。尊尼字鲁望。苏州长洲人。嘉靖进士，授刑部主事。历南京吏部考功郎。擢山东提学副使，致仕。诗文近似"七子"，为王世贞所推重。著有《礼记集说正讹》、《鲁望集》。

陶大临卒（1527— ）。大临字虞臣，号念斋。浙江会稽人。嘉靖进士。为吴时来定劾严嵩疏草。官至吏部侍郎。卒谥文僖。

钟惺（ —1624）、过庭训（ —1625）、徐日久（ —1631）、文震孟（ —1636）、张燮（ —1640）、归昌世（ —1646）、王思任（ —1646）、冯梦龙（ —1646）、曹学佺（ —1647）、文从简（ —1648）生。

万历三年　乙亥　1575 年

莫卧尔帝国伐孟加拉。

哈布斯堡的鲁道夫即任波西米亚国王。

法国宗教战争复起。

二月辛巳，谕吏部："南京职务清简，官不必备。先朝有一人兼掌六部者，自后南京员缺，非紧要者不必一一推补。"（《神宗实录》卷三五）

丙申，始命日讲官分直记注起居，纂辑章奏，临朝侍班。

是月，张居正请敕吏部举督学务求方正博学者；督学所至，务兴起教化；督学宜以时遍历郡邑，兴廉举孝，察学官、博士、弟子之贤否而进黜之；督学务在敦本尚实，毋得群聚党徒，虚论横议。报可。

四、五月间，张居正整饬学政。

按：明朝学制，南北两京设国子监，各府、州、县有府学、州学、县学。洪武年间规定，府学四十人，州学三十人，县学二十人，称为廪膳生员。宣德以后又陆续添加增广生员、附学生员。生员皆有免役特权，并可通过科举取得举人、进士出身，走上仕途。张居正则在整饬学政中规定："大府不得过二十人，大州、县不得过十五人，如地方乏才，即四五名亦不为少。"然在实际执行中，由于"督学官奉行太过，童生入学，有一州县仅录一人者"。此固然有张居正严肃吏治、整饬士风的因素，然也因此堵塞了中小地主阶级及其知识分子通过入学，取得某些封建特权，进入仕途的道路。

六月戊辰，浙江杭州、嘉兴、宁波、绍兴四府，海潮沸溢，涌高数丈，人畜淹没，船舰毁散者无算。是夏，苏、松、常、镇亦大水。

十月丙戌，申严举人入监之法。令举人未经入监及学业未毕而告归者，三个月内起送到部，发监肄业。赴部会试者除监满授拨历外，其余必由两监起文方许会试。（《神宗实录》卷四三）

按：是年题准，两京各省举人，有未经入监，及监事未毕告回原籍者，俱限三个月内，起送到部发监肄业。其入南监者，仍赴该监，依期起文会试。若未经入监，虽有原籍起送公文，不准入场。以后每科会试毕日，凡举人下第及中副榜，不愿就教者，查照前例尽数分送两监肄业，并不许假借告病依亲等各项名色，告假回籍。

十一月乙未朔，湖广道御史沈梗奏，乞将见行事例悉令诸司循年顺月、别类分门，汇书进呈，刊布天下，与《会典》、《律令》并传，使中外人人得以通晓。奉旨：国家典章法度，备载《会典》，待纂修《实录》完日命官续修，不必又创一书，徒滋繁冗。（《神宗实录》卷四四）

是年奏准，五军都督府，将现在未任公侯伯等爵而应袭子弟，但年十四以上，三十以下者，通行查出，送监习学，不许隐匿，违者参究。仍行吏、兵二部知会，于袭爵之日，查其曾否入监，方准承袭。其袭后，但年三十以下者，仍送回国子监肄业。应任用者，兵部查其习学有无进益，方行推任。遇有册封、差遣，亦照旧规，查其曾经在监习礼者，方许差用。其送监习学者，除赴京营操演外，余日俱要赴监读书、观礼。本监堂上官，用心教习，务臻成效。但有不行赴监及纵肆自恣者，参治。如果在监日久，学业有成者，亦听本监官酌量出学待用；若仍愿在监者听，令照旧肄业，本监官更加优异，仍报部纪录，以示激励。（《神宗实录》卷三七）

西班牙奥斯定会士马丁·德拉达和马林率西班牙传教团至福建，图谋传教未成。

张居正等十一月丁酉，以神宗将举郊禋大典，辑《郊礼新旧图考》进呈。

张四维、林士章正月庚申分别以翰林院学士、侍读学士充经筵讲官。

张四维八月以礼部侍郎起为礼部尚书兼东阁大学士，预机务。

王锡爵为国子监祭酒，条上监规，欲行国初积分法以重胄子之选；又申令公、侯、伯并应袭自十六岁以上至三十岁并赴监习礼习射。

王畿是秋赴新安讲会，有《新安斗山书院会语》。

耿定向晋太仆少卿；寻，晋都察院右佥都御史、协理院事。

王宗沐迁南京刑部右侍郎，召改工部；寻，进工部左侍郎。

吕坤调大同，有《赠郭汾源尹尉氏序》。

王栋应州守萧抑堂之聘，主讲泰山安定书院。萧氏构吴陵精舍祀王艮，栋任督理之责。

陈第以俞大猷之荐，诸生授京营教官，旋被任为潮河提调，复又擢为游击将军，镇守蓟门。

徐渭是冬纵观南京名胜，作《燕子矶》诗及《穀日大雪口号》。

史槃作《破瑟赋》，受知于徐渭。

王世贞以都察院右副都御史治郧阳，游武当山，作记。

陆树声在故里华亭，跋宋画《江山万里图》。

戴洵二月乙未升国子监司业。

史钶五月乙未授翰林院编修。

胡维新九月庚子调任云南提学副使。

李纯朴于湖北监利创建大观书院，并为记。书院以"由下学以期上达，观六艺之广崇，穷道德之渊深，近稽濂溪，上溯洙泗，潜心圣学，寤寐性

奥斯曼帝国埃迪尔内塞里姆清真寺建成。

尼德兰莱登大学创立。

造纸术传入墨西哥。

真"为宗旨,力戒"蔽于训诂,蔀于章句,塞于功利"。

李建中于四川蓬溪创建蓬莱书院。

张居正等辑《郊礼新旧图考》。

按:此书二册,首叙天地之祭分合沿革之由,次具祭坛陈设规制图,次列仪注、乐章等。末有张居正附言,叙明代天地之祭之分合。

朱睦㮮《春秋诸传辨疑》四卷刊刻。

苏州严氏木活字印严讷《春秋国华》17卷。

刘凤著《续吴先贤赞》15卷。

耿定向是春作《黄州府志序》;又著《知天说》(三)。

《楚纪》刊刻。

吴道明修、杜璁等纂《庐州府志》13卷刊刻。

陈春修、汪文纂《东流县志》12卷刊刻。

唐诰修、齐珂等纂《和州志》8卷刊刻。

杨维新修,张元忭、徐渭纂《会稽县志》16卷刊刻。

吕一静修、康大和纂《兴化府志》26卷刊刻。

张卤纂修《仪封县志》4卷刊刻。

林策修、张烛纂、魏堂续增《萧山县志》6卷刊刻。

余一龙著《两浙海防类考》成。

徐阶作《修筑捍海诸塘纪略》、《万安桥记》。

王世贞纂定前后诗赋文说为《弇州山人四部稿》。

陈鎏集四十余年来诗为《己宽堂集》。

张凤翼《求志园集》成书于是年或略前。

张献翼《文起堂集》成书。

徐学谟刻所著《移虞稿》。

汤显祖所著《红线逸草》刊于临川。

孙楼重新校注《琵琶记》并撰题辞。

约翰·菲斯查特将拉伯雷的《巨人传》改编成《历史汇集》。

克里斯托弗·萨克斯顿编辑成《英格兰和威尔士地区地图集》。

乔治·特伯维尔著成《隼科之书》。

魏良弼卒(1492—)。良弼字师说,号水洲。新建人。天启初,追谥忠简。嘉靖二年进士。历迁刑科给事中、礼科都给事。隆庆初,进太常少卿,致仕。有《水洲文集》。事迹见《明史》卷二六〇、《明儒学案》卷十九。

谢榛卒(1495—)。榛字茂秦,号四溟山人,又号脱屣山人。临清人。终生未仕。早年工词曲,作乐府商调,少年争歌之。后刻意为诗,与李攀龙、王世贞、宗臣、梁有誉、徐中行、吴国伦等组织诗社,推为社长,并称"嘉靖七才子",史称"后七子",倡导文学复古运动。后因与李攀龙等不合而被排挤。主张熟读盛唐诗,只须领会精神、声调,不必模拟字句。作诗以五律见长。著有《四溟山人全集》24卷。事迹见《明史》卷二八七。

按：《四溟山人全集》24卷，明万历二十四年（1596）初刻、三十二年（1604）重修。据《明文海》卷一六一朱安涊《与谢四溟论诗书》，谢榛还有《代卷录》《游燕集》《中州行稿》等稿本。今谢榛著作通行版本有朱其铠、王恒展、王少华点校本《谢榛全集》，齐鲁书社2000年版。

文伯仁卒（1502—　）。伯仁字德承，号五峰、葆生、摄山老农。长洲人。文徵明侄。工画山水，布局奇兀，然略嫌郁密塞实。

陈鎏卒（1506—　）。一说（1508—1581），详见1581年条。

曹大章卒（1521—　）。大章字一呈，号含斋。金坛人。嘉靖三十二年进士，官翰林院编修。以与严世蕃交恶被黜。擅戏曲，曾为魏良辅《南词引正》作序。著有《曹太史含斋集》15卷及传奇《雁书记》。又撰有《燕都妓女品》《莲台仙会品》《秦淮士女表》《广陵女士殿最》各一卷。其散曲作品在《南词韵选》中。

张燕翼卒（1543—　）。燕翼字叔诒。苏州长洲人。与兄弟凤翼、献翼并有才名，号称"三张"。善画兰竹石，工诗擅书。

华叔阳卒（1547—　）。叔阳字起龙，号玄谷。无锡人。华察之子，王世贞之婿。隆庆二年进士。官礼部主事。所作五言诗颇有父风，七言则兼涉太仓门派。著有《政堂稿》《华礼部集》《玄谷集》。

意大利传教士熊三拔（　—1620）、左光斗（　—1625）、魏大中（　—1625）、李流芳（　—1629）、僧元来（　—1630）、僧多罗那他（　—1634）、鹿善继（　—1636）、严衍（　—1645）、钱士升（　—1652）、范凤翼（　—1655）、沈国模（　—1656）生。

万历四年　丙子　1576年

正月，辽东巡按御史刘台以忤张居正，廷杖，远戍，除名为民。

四月，祭酒孙应鳌请罢太学纳贡制。从之。

按：孙氏疏曰：太学非举贡及勋胄恩荫不入。自景泰初年，边储匮极，始议开纳，然止以生员廪增附为差，亦时开时报。至隆庆间，遂令停廪、降增及降附并黜退者，皆得纳银入监矣，提学宪条何以行于儒生乎？提学所摈斥尽可归诸太学，则太学毋乃为提学藏垢纳污之薮欤？商贾舆台隶役咸厕其中，甚有身未成童，一丁不识者皆骤躐贤关，他日服官，为民蠹贼，不问可知矣。亟宜停止。允之。（《神宗实录》卷四十九）

五月壬寅，河南抚按孟重等条上宗学事宜十二事，如学制、师职、教规等。得旨，如议以行。

六月庚辰，复遣内臣督苏、杭织造。

莫卧尔帝国征服孟加拉。是年建"信仰之殿"。

神圣罗马马克西米利安二世帝卒。子鲁道夫二世嗣立，兼任奥地利大公，称鲁道夫五世。

法国胡格诺派领袖那瓦尔的亨利潜归南方。法国北方天主教派组"天主教同盟"。
西班牙入安特卫普。南北尼德兰皆反。

壬午,神宗朱翊钧从张居正等之请下诏续修《大明会典》。七月壬子开馆。

按:是书重修于嘉靖二十八年,进呈未刊。至是已历二十余载,礼部以续修题请。从之。

乙酉,大学士张居正等请以礼部尚书兼学士马自强、礼部左右侍郎兼侍读学士汪镗、林士章、少詹事兼侍读学士申时行、王锡爵充修辑《会典》副总裁官;左右中允兼编修陈经邦、何洛文,右赞善兼检讨许国、陈思育,修撰赵志皋、田一俊、徐显卿、张位、韩世能、于慎行、朱赓、李长春、孙继皋,编修沈渊、习孔教、范谦、黄凤翔、刘瑊、盛讷、黄洪宪、让虞夔、刘元震、公家臣、史鈳、余孟麟、王应选、检讨刘克正、刘楚先、王祖嫡、赵用贤充纂修官;管典籍事右评事沈洎,詹事府主簿兼正字何初、孔目、杨士谦充收掌官;大理寺右寺正刘大武,右评事张德化、刘叔龙、王赞衮、郑瑶,顺天府通判陈珩,中书舍人包渐、林试、吴果、顾祖源、吴庚、汪民敬,鸿胪寺主簿程大宪、马继志,署丞赵应宿、孙说、章如铤、谢同枢、汤应龙、崔光弼、吴子像、陈晋卿、杨继成,序班口伯辉、沈云庆、王延年、孙承爵、王国新、业文光、刘瑄、田畯、马应乾,译字官序班田东作,监修馆办事主簿周大珪充誊录官。上报可。时马自强等方纂修《世宗实录》,诏不妨以原务兼修。

己丑,以司业戴洵改左中允兼编修,充《会典》纂修官。

七月壬寅,遣御史督修江、浙水利。

是年复议两京同考、教官衰老者遣回,北京取足于观政进士、候补甲科,南京于附近知县、推官取用。至是教官益绌。

是年至万历六年间,英女王伊丽莎白曾制订《契丹探险》计划。

按:从唐宋之交开始,西方称中国为契丹。英女王曾于1581、1583、1596年三度派使者来中国,未果。

立天主教澳门教区。

波兰华沙大学建立。

英国诺曼发现地球磁力之倾角。

丹麦第谷建立天文台。

黄凤翔正月甲寅与编修沈渊充居注馆编纂章奏官。

王锡爵升詹事府少詹事,仍充《世宗实录》副总裁。《实录》纂成,晋詹事府詹事兼侍读学士。

王弘诲九月丁未以《实录》纂修检讨充《会典》纂修官。

李贽年五十,始研究佛教,认为儒、释、道三教无异同。

王襞复会讲于金陵。

罗汝芳署提学事。

杨起元二月始受业罗汝芳。

杨起元有《初信学题》、《再证学改题》诸诗。

顾宪成举应天乡试第一,从事性命之学,日取濂、洛、关、闽诸书,究极其旨。是冬丁父忧。

高攀龙应童子试,师事邑中茹澄泉,与孝廉许静余等以学行相砥砺,暇则默探诸儒《语录》、《性理》诸书。

王世贞是秋以旨除南京大理寺卿,未到任,张居正授意南京给事中杨节上疏弹劾,乘机取旨,令回籍听候别用。自是,王世贞遂栖息于弇山园(即小祗园)中。

汤显祖客姜奇方安徽宣城任所及龙宗武芜湖任所,与沈懋学、梅鼎祚定交;旋入南京国子监,于报恩寺读藏经。

徐渭应宣大巡抚吴兑之请北上,在京晤李如松。

汪道昆解兵部职回安徽歙县,作诗《祺中感》。

王稚登客昆陵吴氏独居楼,跋考唐李邕尺牍墨迹。

姚弘谟十一月丙戌由原任南京国子监祭酒起为国子监祭酒。

刘台以忤张居正,廷杖,远戍,除名为民。

按:刘台字子畏,生卒年不详。江西安福人。隆庆进士。官至辽东巡按御史。以劾张居正,贬戍死。天启初,追谥毅思。著有《精忠堂稿》。

何洛文、许国八月丙寅充顺天府乡试考试官。

胡应麟中举人。

张照建松阳书院于河北灵寿。王赞称其"储珪璋之用而备千栋之选,进蒙与敬业,造之者预矣;课儒于尚论,育之者备矣,达才成德为国家虑远矣"。

苏万民于安徽青阳创建蓉城会文馆,后改名蓉城书院。

杨士元于阳新创建叠山书院,并亲为讲授、课士。

凌稚隆《史记评林》130卷成。

郑汝璧著《皇明功臣封爵考》8卷成。

凌迪知《国朝名臣类苑》46卷成。

朱仁儆木活字印李备《新刻史纲历代君断》。

刘应节、杨兆修《四镇三关志》10卷刊刻。全书分建置、形胜、军旅、粮饷、骑乘、经略、制疏、职官、才贤、夷落十考。

吴㧑谦修、余乾行等纂《遂安县志》10卷刊刻。

王廷稷修、李彭年等纂《营山县志》8卷刊刻。

侯国安修、杨时中纂、郭爵补修《丘县志》2卷刊刻。

张照修、王缵等纂《灵寿县志》10卷刊刻。

唐文华修、李楡纂《德州志》12卷刊刻。

许兼善修、朱安期纂《永春县志》9卷刊刻。

邹应龙修、李元阳纂《云南通志》17卷刊刻。

温朝祚修、方廉纂《新城县志》4卷刊刻。

周世昌纂修《昆山县志》8卷刊刻。

郑天佐、李征等纂修《桃源县志》2卷刊刻。

胡汉纂修《郴州志》20卷刊刻。

陆西星《方壶外史》8卷成。

让·博丹著成《共和国》。

乔治·盖斯科因著成《斯蒂尔·格拉斯》。

克卢修斯发表其关于西班牙和葡萄牙花卉的论文。现代植物生态学始。

施显卿著《古今奇闻类记》。

按：施显卿字纯甫，无锡人。生卒年不详。嘉靖举人。官新昌县知县。《古今奇闻类记》10卷，《四库总目》系杂取小说史传编成。

孙楼作《后纪黜》。

郑若庸所辑《类隽》30卷，在山西清源刊行。

按：赵康王朱厚煜聘入邺，接席与交，乃为王著书。仿《初学记》、《艺文类聚》为《类隽》一千卷，凡20年而成。厚煜死，去赵居清源。

王世贞追忆十七年前旧游，补作《游泰山记》，并刊刻《弇州山人四部稿》。

顾宪成九月刻所著《百二草》。

刘凤刻所著《刘子威集》。

姚汝循著《屏居集》。

吴兴凌氏桂芝馆自去岁始刻凌迪知所辑《文林绮绣》，至是刊成。

西班牙地理学家拉达据泉州土话（闽南话）用西班牙文编著成《华语韵编》，此为第一部中外语言字典。拉达曾抵福建沿海。

杰罗拉莫·卡尔达诺卒（1501— ）。意大利医生，数学家。

汉斯·萨克斯卒（1494— ）。德国诗人，剧作家。

提善卒（1490— ）。文艺复兴时期意大利威尼斯画派画家。

陆治卒（1496— ）。治字叔平，号包山子。吴县人。诸生。曾从文徵明学画。工山水，亦能诗和散曲。所著有《纂注孔子家语》10卷、《包山集》4卷。散曲作品在《吴骚集》、《太霞新奏》中。

薛应旂约卒于此年（1500— ）。应旂字仲常，号方山。江苏武进人，嘉靖十四年进士。为学折中朱、王，自成一派；晚年尚践履，反空谈。治史重实用借鉴。著有《宋元资治通鉴》、《四书人物考》、《甲子会记》等。曾就学于王阳明，晚研究宋代理学，有《考亭渊源录》、《方山文录》等。事迹见《明儒学案》卷二五。

黄正色卒（1501— ）。正色字士尚，号斗南。无锡人。嘉靖八年进士。著有《辽阳稿》。事迹见《明史》卷二七〇《张选传》附传。

赵贞吉卒（1508— ）。贞吉字孟静，号大洲。内江人。谥文肃。以博洽名。最善王守仁学。嘉靖十四年进士。累官至礼部尚书、文渊阁大学生。因与高拱不合，乞休归。其学宗释氏，著有《文肃集》。事迹见《明史》卷一九三、《明儒学案》卷三三。

尤敷卒（1503— ）。敷字尚虞，号敬斋。昆山人。嘉靖元年进士，官湖广宜春、福建诏安等县知县。著有《安安堂稿》。

刘永澄（ —1612）、俞琬纶（ —1618）、蔡复一（ —1625）、刘铎（ —1626?）、瑞士传教士邓玉函（ —1630）、王志坚（ —1633）、张瑞图（ —1641）、黄公辅（ —1659）、陆梦龙（ —1634）生。

万历五年　丁丑　1577年

二月乙丑，命大学士张四维、申时行为会试主考官。取冯梦祯（冯梦桢）等300名。

三月乙巳，赐沈懋学等进士及第、出身有差。

按：首相张居正欲其子及第，罗海内名士以彰显之。闻汤显祖及沈懋学名，命诸子延致。显祖谢勿往，春试遂不第。沈懋学则以一甲一名进士及第，张居正次子张嗣修以第二名及第。

春，令毁天下书院。（《神宗实录》卷八三）

五月壬寅，考选庶吉士，俱送翰林院读书。

九月癸未，会试天下武举，取中80人。

是月，张居正居父丧，而夺情在官守制，不奔丧。王锡爵等诣张居正劝守制，不纳。众官劾张居正"谋位忘亲"、劾张居正"夺情"者多杖贬。

按：翰林编修吴中行、翰林检讨赵用贤、员外郎艾穆、主事沈思孝九月十八日首上疏劾张居正夺情，被廷杖；侍讲于慎行、修撰习孔教疏救不纳。最后一位弹劾张居正的邹元标被廷杖并充军贵州。居正知天下不附己，乃以星变为由考察京官。罢异己侍讲张位、赵志皋、修撰习孔教、南京御史朱鸿谟、侍郎何维柏等。渐而以居正权势之盛，趋附者俱以织锦为名帖，以大红绒书姓名，一时成风。

又按：何维柏字乔仲，生卒年不详。广东南海人。嘉靖进士。以劾严嵩下狱、除名、归田。万历初，官至南京礼部尚书，为张居正所排挤，罢归。著有《天山草堂存稿》。

是年题准，各房阅卷，凡士子文字合式者，除正卷外，悉将备卷每房少或五七卷，多则十余卷，批详次序，开列数目，一并查对姓名、籍贯，付礼部提调司官，以次填入副榜，不必拘定额数。

聘请泰国阿瑜陀耶王国通事渥文源等至京教习泰文。

按：次年增设暹罗馆，复以之任教师。

西班牙国王复信马尼拉总督弗郎西斯科·德桑德，不批准其武力入侵中国，以达到在华传教及贸易之计划。

张四维、申时行二月乙丑为会试主考官。

罗汝芳进表入京，讲学于广慧寺，朝士多从之游。

李贽以南京刑部郎出任云南姚安知府，道过湖北黄安，访耿定理，并识其兄耿定向。因留其女及婿于耿氏家从耿定理学，相约三年任满复来相就。

李贽为守，法令清简，簿书有隙，即与名僧参论玄虚。

奥斯曼帝国及波斯战。入第比利斯。

《贝日拉克和约》结束了法国第六次宗教战争。

尼德兰人再反。

英国弗朗西斯·德雷克开始环球航行。

利玛窦离开罗马，前往葡萄牙。

王畿是夏赴水西之会，道出桐川，有《桐川会约》。

王畿赴宣歙之会，道出太平九龙山，有《太平杜氏生修家谱序》。

邓以讚闻八月念母怀归，过钱塘，访张元忭，与王畿、元忭相偕游吴山诸胜，有《秋游记》。

胡直丁母忧。

王稚登八月中秋赴常州，作《中秋马驮沙看月记》、《闰中秋毗陵看月记》。

汪道昆在安徽故里，作《水嬉记》。

俞安期至徽州，招交汪道昆。

朱孟震任重庆府知府，是岁入京。

张元凯为七十寿作《钱翁歌》。

王锡爵以詹事掌翰林院。

王衡作《和归去来辞》，寄其父王锡爵。

朱睦㮮以文行卓异而为周藩宗正。

董其昌馆陆树声家，始习作画。

林章幕游戚继光蓟北军中。

张位十二月己亥升国子监司业。

冯梦祯（冯梦桢）入翰林院，与沈懋学、屠隆等以文字交。

沈懋学中进士第一，授翰林修撰。

江东之成进士，授行人。

刘敏宽成进士。

按：刘敏宽字伯功，生卒年不详。山西安邑人。历官兵部左侍郎兼右佥都御史，总督陕西三边。著有《延镇图说》。

李植成进士，授御史。

吴安国成进士，授宁波知府。

按：吴安国字文仲，生卒年不详。苏州长洲人。官至浙江参议。著有《累瓦三编》、《今是堂集》、《葆光轩稿》等。

吴达可成进士，授会稽知县。

余继登成进士，授检讨。

陆可教成进士，授编修。

陈泰来成进士，授顺天教授。

张栋成进士，授新建知县。

张鼎思成进士，授吏科给事中。

杨起元成进士，入中秘读书，仍从罗汝芳学。

邹元标成进士，以抗疏切谏张居正，谪戍贵州都匀卫。

按：邹元标被释南归，其师朱鸿谟亦北返归田，遂相携出石城门，洒酒赠剑而别。先是，元标入贺至京师，侍罗汝芳月余，每夜半相与论学别去。

周汝登成进士，擢南京工部主事。

屠隆成进士，授颖上知县。

曾朝节成进士，授编修。

张元忭以邹元标疏言忤旨、廷杖远戍，作《壮哉行为邹进士赋》。

丁此吕、刘一相、冯梦桢（冯梦祯）、朱维藩、顾绍芳成进士。

汤显祖会试不售，回江西临川。经南京，游国子监。是岁作《厂意赋》，厥后以海若为别号。

段蒙冈修复贵州都匀鹤楼书院，并礼聘邹元标为书院主讲。

王似于湖南兴宁创英选会，日与资深学优者会文其中，并建汉宁书院以课士。

世宗肃皇帝《宝训》、《实录》八月甲戌纂成，进呈达览。

卜大有《史学要义》5卷刊刻。

　按：卜大有字谦夫，号益泉，生卒年不详。浙江秀水人，嘉靖二十六年进士。家学渊源有自，父卜宗洛为太学生，兄卜大同、弟卜大顺皆为进士。著有《经史要义》、《益泉集》。《经史要义》分《经学要义》与《史学要义》两种，是年由浙江巡抚徐栻刊刻于世。《史学要义》为历代学人论史学论文汇编，收文近三百篇，大体由综论、正史、杂史三部分组成。

盛时泰纂《牛首山志》。

朱学介修、猴纯纂《兴县志》2卷刊刻。

李廷龙修、朱之蕃纂《南阳府志》刊刻。

程嗣功修、王一化纂《应天府志》32卷刊刻。

周易纂修《重修凤翔府志》5卷刊刻。

蔡迎恩修、甘东阳纂《广西太平府志》3卷刊刻。

喻文伟修、刘筹等纂《宿迁县志》8卷刊刻。

张第纂修《温县志》2卷刊刻。

姚应龙纂修《徐州志》6卷刊刻。

陈俊修、梅鼎祚等纂《宁国府志》20卷、《图》1卷刊刻。

周应中修、杨芳纂《真定县志》8卷刊刻。

沈维龙纂修《庆元县志》刊刻。

潘恩作《建青浦城记》。

王汝懋自京南还，登岱，作《东游记》。

顾大典初定所著《清音阁集》。

太监李佑刻所辑薛瑄、王守仁等人语录《群贤要语》2卷。

　按：李佑，号槐亭，顺义人，时为司礼监太监。

许孚远撰《觉觉堂记》。

山阴王府朱俊栅刻《华严原人论》。

　按：是书或作代王府刻。

蜀王府刻宋唐慎微《重修政和经史证类备用本草》。

陆明扬辑《紫薇堂四子》刊行。

王稚登编次在靖江时所作为《明月篇》2卷。

拉斐尔·霍林谢德出版上下两册的历史书籍《英格兰、苏格兰和爱尔兰的编年史》。

威廉·艾洛特著成《藏书宝库》。

理查德·伊登著成《东、西印度群岛旅行史》。

威廉·哈里森著成《英格兰描写》。

汪道昆闰八月中秋日为王世贞作《弇州山人四部稿序》。

梅鼎祚二月游黄山,编诗集《黄白纪游》。

乔治·盖斯科因卒(约1525—)。英国诗人,作家。

郑若庸卒(1489—)。若庸字中伯,号虚舟。昆山人。诸生,以任侠不羁被斥,隐支硎山。精诗古文,兼工词曲,有名吴下。诗与谢榛齐名。著有《类隽》30卷,《北游漫稿》诗2卷文3卷。所著尚有《蛣蜣集》8卷、《市隐园文记》3卷、《郑虚舟尺牍》2卷及传奇《玉玦记》、《大节记》、《五福记》、《珠毯记》等4种。另有《虚舟词余》、《稗史乐府》等。

张时彻卒(1500—)。时彻字维静,号东沙,又号九一。浙江鄞县人。嘉靖二年进士,官至南京刑部侍郎、南京兵部尚书。因受严世蕃排挤,辞职归里。与范钦、屠大山主甬上文柄,称东海三司马。编纂《宁波府志》、《定海县志》,又留心药理,纂有《救急良方》。另著有《张司马集》、《芝园全集》、《东沙史论》、《四明风雅》、《明文范》等。

张时宜卒(1502—)。时宜字仲衡,号东山。云南剑川人。太学生。著有《东山诗草》。

陈言卒(1507—)。言字宜昌,号石溪。福建莆田人。嘉靖二十六年进士。官至南京刑部郎中。著有《尚书讲义》。

马自强卒(1513—)。自强字体乾,号乾庵。同州人。谥文庄。嘉靖三十二年进士。累官至礼部尚书加太子太保兼文渊阁大学士。著作有《马文庄公集》。事迹见《明史》卷二一九。

朱大韶卒(1517—)。大韶字象玄,号文石。松江华亭人。嘉靖进士。官南京国子监司业。归,筑藏书精舍构文园,日以文酒为事。著有《经术堂集》。

吕潜卒(1517—)。潜字时见,号愧庵。泾阳人。嘉靖二十五年举人。师事吕柟,平生以讲学为事。其学以穷理、实践为主。事迹见《明史》卷二八二《吕柟传》附传、《明儒学案》卷八。

谭纶卒(1520—)。纶字子理,号二华。江西宜黄人。谥襄敏。嘉靖二十三年进士。沉毅知兵。初守台州,御倭有功,累擢巡抚。先后巡抚福建、四川、两广,积首功二万一千有奇。与戚继光共事齐名,称"谭戚",为明中晚期名将。著有《谭襄敏奏议》、《谭襄敏公遗集》。事迹见《明史》卷二二二。

张铨(—1621)、法国传教士金尼阁(—1628)、张丑(—1643)、张慎言(—1645)、吴钟峦(—1651)、茅瑞征(—?)生。

万历六年　戊寅　1578年

二月戊子，神宗行冠礼，加元服。庚子，立皇后王氏。

七月，诏司礼监会同礼部拣选内竖3570名应用。

是年，西藏黄教（藏传佛教格鲁派）首领锁南嘉错应俺答汗邀请，至青海仰华寺供养。

按：再明年赠以"达赖喇嘛"尊号，是为"达赖三世"（前二世追认），"达赖"蒙语意为"大海"，"达赖"尊号始此。从此，黄教传入蒙族地区。

户部奏天下户口之数，户一千六十二万一千四百六十六，口六千六十九万二千八百五十六。复用大学士张居正议，丈量天下田亩，限三载竣事。

耶稣会传教士范礼安神父首次巡视澳门传教工作，建议采取适合中国情形之传教方针。

按：范礼安次岁7月离开澳门，前往日本。

张居正三月甲子归葬父。六月乙未还朝。

王锡爵进礼部右侍郎。旋告假省亲归。

按：张居正葬父期间，太宰王国光邀九卿合疏请亟召张居正还朝，使吏持牍请王锡爵署名，王锡爵峻拒之。由是张居正与王锡爵嫌隙愈深，锡爵遂告归。

申时行三月以吏部侍郎兼东阁大学士，预机务。

申时行与修嘉靖、隆庆两朝《实录》及《大明会典》。

张元忭免父丧，起家奉旨教习内书堂。寻，管理诰勅，直起居馆。

许国二月戊子升南京国子监祭酒。

耿定向以原职起抚福建。

陆树声游天台。

沈懋学南还安徽。

邹元标寓贵阳，作《文江证道记》。

杨起元授编修，至从姑山房寻访罗汝芳，相与论学。

顾宪成葬父于泾西之新阡。

史孟麟始游顾宪成之门。

高攀龙与李复阳、顾宪成讲学。

屠隆自颍上知县调青浦，作《发颍阳记》。

梁辰鱼作诗题顾正谊《秋林归棹图》。

钱榖七十一岁，客金陵，作《兰竹卷》。

奥斯曼帝国征服格鲁吉亚。

奥斯曼帝国入埃塞俄比亚海岸。

摩洛哥人摧毁葡萄牙在西北非的势力。

西班牙败尼德兰人于布拉邦特的占布鲁城。

德雷克航入抵加利福尼亚一带。

菲律宾马尼拉大教堂建成。

潘季驯是夏改刑部侍郎为工部侍郎兼右都御史,总理河漕,寝复老河故道及浚海议。

顾起纶游天台山归,编此行所作诗为《赤城集》。

曹于汴是春丁父忧。

王世贞闻知交徐子与卒于江西,亲临吊唁,作《长兴哭子与归途即事有感》6首。

聂良杞于河南辉县重修百泉书院,颁学约六条以励诸生。

传教士利玛窦3月29日偕孟三德神父、罗明坚神父从里斯本出发,从海路前往印度。9月13日入果阿,居住至1582年,继续攻读神学,同时教文学,习钟表、机械、印刷手艺。

彼埃尔·龙沙作成《致爱伦娜十四行诗》。

约翰·李利编著《解剖学圣贤尤菲绮斯》。

雅克·库贾斯著成《罗马法注解》。

赵恒《春秋录疑》16卷刊刻。

姚舜牧《重订春秋疑问》12卷刊刻。

钱普《史记钩玄》4卷、《晋书钩玄》2卷刊刻。

何镗编辑《修攘通考》6卷刊刻。

按：此书由苏轼《地理指掌图》、桂萼《大明舆地图》、罗洪先《广舆地图》、许论《九边图论》四书组成。

乔懋敬《古今廉鉴》8卷刊刻。

杨阳明修、徐楚纂《严州府志》25卷刊刻。

张云翔修、赵学之纂《凤阳府志》6卷刊刻。

顾问纂《任丘志集》8卷刊刻。

柯一泉修、杨州鹤纂《庆云县志》10卷刊刻。

周绍稷纂修《郧阳府志》31卷刊刻。

林云程修、沈明臣等纂《通州志》8卷刊刻。

栗祁修、唐枢等纂《湖州府志》14卷刊刻。

王懋德修、陆凤仪纂《金华府志》30卷刊刻。

龚锡爵修、尹台纂《永新县志》8卷刊刻。

王世贞作《童子鸣传》。

按：童子鸣名佩,著有《童子鸣集》、《佩萸杂录》及《龙游县志》等。

法国传教士金尼阁以欧洲语言文学授王徵,王徵后助之成《西儒耳目资》一书。中分三谱,以西洋之音通中国之音。后方以智之新字母,参用《金尼阁谱》,即此书。

徐师曾作《吴江县水利功成碑记》。

邓以讃七月作《秋游记》；十月,作《重修华容县学记》。

劳堪《宪章类编》42卷刊刻。前有徐栻序。

谢汝韶辑《二十家子书》由吉藩崇德书院刊行。

陆西星著《南华真经副墨》8卷成。

按：此书为《庄子》义疏。陆西星字长庚,号潜虚,又号方壶外史,生卒年不详。江苏兴化人,为内丹东派之祖。据孙楷弟等先生考证,即为《封神演义》作者。有《宾翁日记》、《道源汇录》、丹法代表作《南华真经副墨》等。又有佛学论著《楞严述旨》10卷、《楞严经约说》1卷。《方壶外史》为其著述汇辑。

  柯尚迁著成《数学通轨》。书中所载算盘图，形制与现行算盘相同。

  李时珍著成《本草纲目》52卷。

  按：医家本草，自神农所传，止365种，先后增补，合1558种。然品类既烦，名称多杂。时珍乃穷搜博采，芟烦补缺，历三十年，阅书八百余家，三易其稿而成此书。书中增药374种，厘为16部，凡52卷，为中国医学史上一部伟大著作。又，书中介绍了六十九种药酒，表明我国药酒品种至明已大备。又据此书，时美洲玉米已传入中国。

  楚王府正心书院刻《文选》。

  邓元锡四月编次文集《潜学稿》成，王材序之；是夏撰《先祠谱》。

  梅鼎祚《与玄草》编成。《予宁草》杀青。编《汉魏诗乘》。

  冯惟敏六十八岁，作散曲《戊寅试笔》。

  张后觉卒（1503— ）。 后觉字志仁，号弘山。山东茌平人。以岁贡生授华阴训导。致仕归。著有《弘山集》。事迹见《明史》卷二八三《尤时熙传》附传、《明儒学案》卷二九。

  按：《历代教育名人志》卒年作1580年。据《明史》卷二八三，早岁，闻良知之说于县教谕颜钥，遂精思力践，偕同志讲习。已而贵溪徐樾以王守仁再传弟子来为参政，后觉率同志往师之，学益有闻。……东昌知府罗汝芳、提学副使邹善皆宗守仁学，与后觉同志。善为建愿学书院，俾六郡士师事焉。汝芳亦建见泰书院，时相讨论。犹以取友未广，北走京师，南游江左，务以亲贤讲学为事，门弟子日益进。凡吏于其土及道经茌平者，莫不造庐问业。巡抚李世达两诣山居，病不能为礼，乃促席剧谈，饱蔬食而去。平生不作诗，不谈禅，不事著述，行孚远近，学者称之为弘山先生。……其门人，孟秋、赵维新最著。

  谭太初卒（1504— ）。 太初字宗元，号次川。广东始兴人。嘉靖十七年进士。著有《次川存稿》。

  葛守礼卒（1505— ）。 守礼字与立，号与川。山东德平人。谥端肃。嘉靖八年进士。著有《静思稿》。事迹见《明史》卷二一四。

  钱榖卒（1508— ）。 榖字叔宝，号罄室。长洲人。少孤贫，壮年读书，从文徵明学书画、诗文，见异书必手自抄写。所录古文金石书几万卷，穷日夜校勘，至老不衰。辑有《历代隐逸传》、《吴中人物志》、《南北史摭言》、《三国文章类抄》、《苏州三刺使诗》、《吴都文粹续集》56卷、《静观室三苏文选》16卷、《钱罄室杂录》等。

  按：此据《江苏艺文志·苏州卷》。《明史》本传曰卒于1572年，《中国文学史大事年表》从之，然1574年钱氏尚为王世贞作《纪行图》。

  姚一元卒（1509— ）。 一元字惟贞，号画溪。浙江长兴人。嘉靖二十三年进士。著有《按陕行稿》。

  高拱卒（1512— ）。 拱字肃卿，号中玄。河南新郑人。谥文襄。嘉靖二十年进士。以徐阶荐入阁；又以忤阶，称病辞官。再起，为首辅，

佩德罗·努内斯卒（1502— ）。葡萄牙数学家，地理学家。

兼领吏部。有"救时宰相"之称。被张居正罢去官职。拱学问广博,学术上主张理论应"救时"、"致用",提倡务实学风;认为天人感应和灾异说"必不可信,是术家者流幻妄之说";又提出认识必待验证而后知是非。著述甚富,著有《春秋本旨》、《问辨录》、《玉堂公草》、《政府书答》、《防边记事》、《病榻遗言》、《纶扉内外稿》、《高文襄公集》等。事迹见《明史》卷二一三。

按:其中《问辨录》以问答体式,批评被以为科举考试依据的朱熹《四书章句集注》,不少议论颇能切中要害,对破除时人对朱子理学之迷信,有一定作用。

徐中行卒(1517—)。中行字子与,号龙湾,又号天目山人。浙江长兴人。嘉靖二十九年进士。授刑部主事,罢官至江西左布政使。入李攀龙、王世贞等诗社,为"后七子"之一。著有《天目山堂集》20卷、《青萝馆诗》6卷。

盛时泰卒(1529—)。时泰字仲父,号云浦,晚号大城山樵。上元人。嘉靖间贡生,屡试不第。以作《两都赋》谒王世贞而得名。卜居大城山中,又于方山祈泽寺构野筑,文徵明题其轩曰"苍润",杨慎为作《苍润轩记》。生平博学多文,善画水墨山水竹石,又喜藏书。著有《金陵纪胜》3卷、《牛首山志》2卷、《栖霞小志》1卷、《大城山志》、《祈泽寺志》、《苍润轩碑跋》1卷、《苍润轩玄牍记》2卷、《阅古编》、《游吴杂记》、《游燕杂记》2卷等,其全集《(大)城山堂集》(又名《苍润轩集》)已佚。

许自昌(—1623)、管宗圣(—1641)、沈德符(—1642)、刘宗周(—1645)、姚士晋(—1653)、张文郁(—1655)生。

万历七年　己卯　1579年

莫卧尔帝国颁《马赫扎尔》。自命为伊斯兰法律最高解释者。

英格兰成立伊斯特兰公司,经营波罗的海与斯堪的那维亚半岛贸易。

波兰伐俄罗斯人。

尼德兰南北分裂。

正月戊辰,因士大夫竞相讲学,张居正恶之,尽改天下书院为公廨。先后毁应天等府书院凡64处。

按:朱明王朝以程朱理学为统治思想,有悖于此者即被视为离经叛道。然嘉靖以后,王(阳明)学得到推广和传播;尔后,泰州学派如王艮、颜钧、罗汝芳、何心隐、李贽等不仅批评程朱理学,且对君主专制和封建伦理提出挑战。此辈四处讲学,被统治者视为异端。对此,明政府措施有二:一者立足于禁,如嘉靖十六、二七年之毁书院;另者兴理学或讲王学以抑制所谓"异端",大学士徐阶执政时期用此法。张居正则主禁。先是,原任常州知府施观民,以科敛民财、私创书院,坐罪褫职。而是时士大夫复竞相讲学,张居正特恶之,故尽改各省书院为公廨。

五月,张居正因京松大水,请停苏杭织造。诏减其半。七月乙丑,复以水灾,罢苏杭织造。

六月辛卯，诏核两畿、山东、陕西勋戚田赋。

> 按：初，穆宗时，著条例规定，宗室买田不输赋役者没收田地入官，勋戚田地赋役一律听从有司征收，而乞请免赋役者仍不绝。至是复加清丈，有逾额及隐占者按律处治。

八月，诏减蠲徭征派。

是冬，河漕都御史潘季驯报两河工成。

> 按：两河之役，筑高家堰堤六十余里，归仁集堤四十余里，柳浦湾堤东、西七十余里，塞崔镇等决口百三十，筑徐、睢、邳、宿、桃、清两岸遥堤五万六千余丈，砀、丰大坝各一道，徐、沛、丰、砀缕堤百四十余里，建崔镇等处减水坝四座，迁通济闸于甘罗城南，淮、扬间堤坝，无不修筑。凡费帑金五十六万有奇。自后数年，河道无大患。明年二月戊戌，以功加季驯太子太保，进工部尚书兼左副都御史。督漕侍郎江一麟等迁擢有差。

罗汝芳入粤，由南海历惠湖至闽，遍访同志。

王家屏六月癸巳以修撰充《会典》纂修官。

王锡爵女昙阳子幼奉观音大士，至是岁九月九日"得道化去"，缙绅相送者骈集。时王世贞、王锡爵并家居，王世贞作《昙阳大师传》，青浦县令屠公有《送昙阳大师》绝句19首，王锡爵亦手书昙阳三叹小词以警世。

> 按：万历九年五月，给事中牛维垣、御史孙承南以此事参劾王锡爵与王世贞以亲媚张居正。

徐阶致函张居正，隐诋海瑞泄愤。

王弘诲五月甲寅升国子监司业。

孙应鳌六月乙亥起为国子监祭酒。

高启愚、罗万化七月庚戌主应天府乡试。

周子义、陈思育八月戊寅主顺天府乡试。

刘东星十月丙申升浙江提学副使。

王世贞是春针对南京兵科给事中王良心、福建道御史王许之的论劾，奏上《乞恩勘辩诬蔑仍正罪削斥以明心迹以伸言路疏》。并于夏朔日作《题辩疏后》。

俞安期作长律一百五十韵投王世贞，以通声气。

顾宪成正月服阕。十二月，偕弟允成北上应会试。是岁，门人丁元荐来游。

张元忭教习内书堂。

吴承恩摭拾龙蜕不经故事作《瑞龙歌》。

> 按：淮安河决口，发现类似马骨的动物骨，居民谣传为龙蜕。王世贞亦有《蜕龙亭记》。

梁辰鱼至青浦访屠隆，隆上演辰鱼所作《浣纱记》传奇。

殷都客芜湖，作书致宣城沈懋学。

陈文烛在蜀，作《都江堰记》。

德雷克西渡太平洋。

立陶宛维尔纽斯大学创立。

沈璟改官礼部仪制司。

张献翼以所藏文徵明《醉翁亭图》示皇甫汸。

戚继光十月大破犯辽东土默特。

刘宗周从母氏依道墟章氏。

何心隐以"妖道"罪被缉捕,仍撰《原学原讲》论讲学之益,旋捕遇害。

按：张居正反对聚徒讲学,诏毁天下书院,心隐则撰文力主"必学必讲",遂遭南安朱心学逮捕,于押解途中,惨遭湖广抚臣王之垣杖杀。

刘世光中举人。

按：刘世光字晦卿,生卒年不详。淮安山阳人。有折狱才。著有《二金草》、《青藜馆集》。

范礼安神父7月离开澳门,前往日本。

罗明坚入澳门,遵照范礼安之指示学习汉语,继而传教。

保罗·帕鲁塔开始编著《威尼斯历史》。

耿定向辑《小学新编》、《闺训礼纂》。

杜思著《考信编》刊刻。

按：此书前有万历七年蔡文范序,后有万历七年卢致跋。又,此书《中国史学史资料编年》系于嘉靖十五年。

邓元锡著《函史》下编成。

萧崇业、谢杰著《使琉球录》成。

唐伯元修、梁庚等纂《泰和志》10卷刊刻。

刘伯缙修、陈善等纂《杭州府志》100卷刊刻。

刘芳声修、田九垓纂《合州志》8卷刊刻。

吴仕诠修、黄汝金纂《溧水县志》8卷刊刻。

袁应祺修、牟汝忠纂《黄岩县志》7卷刊刻。

许珽修、杜为栋纂《即墨志》10卷刊刻。

潘颐龙纂修《福州府志》36卷刊刻。

史灿修、刘大恩纂《新蔡县志》8卷刊刻。

田琯纂修《新昌县志》13卷刊刻。

熊子臣修、何镗纂《括苍汇记》15卷刊刻。

黄源修、罗应霖纂《长宁县志》10卷刊刻。

沈孟化修、张梦柏等纂《江浦县志》12卷刊刻。

安嘉士修、刘绍先纂《定襄县志》8卷成。

李日华著《梅墟先生别录》1卷,记周履靖事。

徽州虬村黄氏刻板《性命双修万神圭旨》。

朱东光刊张登云辑《中都四子集》。

茅坤辑唐宋《八大家文钞》刊行。

孙应鳌著《学孔精言舍汇稿》12卷成。

梅鼎祚《南游集》成。

叶宗春著《叙劝善记》。

按：徽州府祁门县清溪村郑之珍，是年61岁生日前编成《目连救母劝善记》。

吴鹏卒（1500—　）。鹏字万里，号飞鸿。浙江秀水人。嘉靖进士。著有《飞鸿亭集》。

屠大山卒（1500—　）。大山字国望，号竹墟。浙江鄞县人。嘉靖二年进士，官合州知州。晚年好黄老之学，著有《竹墟集》。

尹台卒（1506—　）。台字崇基，号洞山先生。吉安府永新人。嘉靖十四年进士，授编修。迁国子司业，所奖拔多为名士。旋还任修撰，专理诰敕。历官南京礼部尚书。留意理学，其学不榜门户，能密自体验。著有《洞农堂集》。

章时鸾卒（1510—　）。时鸾字孟泉。池州青阳人。著有《名贤言行录》。

俞允文卒（1511—　）。允文初名允执，字仲蔚。昆山人。嘉靖中为诸生，年未四十即弃去举业，专力于诗文书法。尝赴苕上诗社，王世贞折节与之交。其书法，都穆以为昆山三绝之一。所著有《仲蔚先生集》24卷，另辑有《昆山杂咏》28卷、《秘笈类函》22册、《名贤诗评》20卷（与李仲芳合辑）。事迹见《明史》卷二八八《王穉登传》附传。

何心隐卒（1517—　）。心隐原姓梁，名汝元，字柱乾，号夫山。江西永丰人。曾举江西乡试第一。后从泰州学派颜钧（山农）学，遂弃举子业。曾在家乡创办"聚和堂"，自理一族之政，试行其社会理想。因以计促严嵩罢相，为其党所仇，遂改名，广游天下讲学，为泰州学派代表人物。著有《爨桐集》（中华书局曾题以《何心隐集》标点出版）。据王之垣《历仕录》谓，何心隐变其姓名尚有：何雨山、梁无忌、梁纲、梁光益。

按：其学进一步发展王艮学说，公开批判道学和名教，认为"心"为万物本源，物欲为人的本然要求，反对道学家将人欲看成罪恶；但同时提倡"寡欲"、"育欲"。心隐被李贽称为"圣人"、"英雄莫比"，然与李贽一样，作为十六世纪的"异端"思想家，皆为当道所不容。

董传策卒（1530—　）。传策字原汉。华亭人。嘉靖二十九年进士，除刑部主事。因疏劾严嵩，谪戍南宁。累迁南京礼、工二部侍郎。所著有《廓然子稿》、《蓬庐稿》等。事迹见《明史》卷二一〇。

张翀卒，生年不详。翀字子仪。广西柳州人。天启初，谥忠简。嘉靖三十二年进士，授刑部主事。官至刑部右侍郎。著有《浑然子》。事迹见《明史》卷二一〇。

陈仁锡（　—1634）、姚希孟（　—1636）、黄毓祺（　—1649）、唐志契（　—1651）生。

按：一说陈仁锡（1581—1636）。

万历八年　庚辰　1580 年

第七次法国宗教战争爆发。

西班牙入葡萄牙。

英国伦敦震。

三月丁卯，赐张懋修等 300 人进士及第、出身有差。

按：懋修进士第一。张懋修、张敬修，皆张居正之子。懋修为居正第三子，为一甲一名进士；敬修为长子，二甲第十三名。

九月癸酉，张居正以重修《大明会典》送呈草稿体例尚有未当、纪载颇多缺憾上奏，论"事必专任乃可责成"，请以吏部左侍郎余有丁、詹事府詹事许国充续修《大明会典》专职副总裁。神宗是之。（《神宗实录》卷一〇四）

戊寅，命翰林院修撰沈懋学、范谦，编修邓以讚、王懋德充《大明会典》纂修官。

十月辛丑，汰内外冗官。

十一月丙子，诏令各省丈量民田。

按：总计天下田数 713976 顷，视弘治时增加三百万顷。

是年奏准，士子经书文字，限五百字，过多者不许誊录。

俺答尊乌斯藏僧锁南嘉措为达赖喇嘛，是为达赖三世。

按：达赖一世、达赖二世追认。

琉球遣陪臣子 3 人入南京国学。

弗朗西斯·德拉克返抵英格兰。

意大利佛罗伦萨设厂制成蓝花软瓷，是为中国制瓷法西传后所造首批瓷器。

徐学谟因与张居正厚，是岁径拜礼部尚书。

李贽为请致仕自三月起闭门不理事，巡按刘维及当事潘枲为作《高尚册》以遂其志。

郭万民自三月起从李贽学。

李贽七月辞姚安知府任，尽游滇中胜迹。郭万民相从。

李贽七月得御史刘维为请于朝，得离任致仕。顾养谦作《赠姚安守温陵李先生致仕去滇序》。

耿定向、耿定理是岁丁父忧。李贽驰书焦竑约往吊相会。

王世贞谒见自称为"昙鸾菩萨化身"的昙阳子，自称弟子。

按：昙阳子为王世贞晚年知交王锡爵之女，世贞曾为作《昙阳仙师授道印上人手迹记》、《昙鸾大师纪》、《金母记》和《昙阳大师传》等。

王世贞是夏患眼疾，不能多读书，作《咏史》诗 80 首。

沈懋学至太仓访王世贞、王锡爵，与共谈玄。

沈懋学、冯梦祯（冯梦祯）、沈明臣等同客青浦屠隆官廨，懋学作诗《泛舟青溪》。

王稚登至青浦访屠隆。

冯梦祯（冯梦祯）游金山，见所庋景泰刻《藏经》。

汪道昆、潘之恒、汪道贯、汪道会、郭第等在安徽结白榆社，辑刊《白榆社稿》。

吕坤上元日撰《省心纪序》。

焦竑作《书宏甫高尚册后》。

俞安期在徽州，加入汪道昆所结社。

郭郛出知马湖，未三载即赋归田。

欧大任作诗赠沈璟，时大任改官大理寺评事。

梁辰鱼客杭州，与沈懋学、冯梦祯（冯梦桢）会初阳台。

陈文烛以巡漕再至淮扬，作《瓜州大观楼记》。

汤显祖作《哭陈宝鸡》诗，悼陈以忠。

臧懋循在北京会见欧大任，大任作《西春亭赏芍药记》。

臧懋循赴荆州府任教授。

戴洵二月辛巳升南京国子监祭酒。

周子仪四月丁酉升国子监祭酒。

陈经邦、朱赓九月己卯典武举试。

戚继光发明"自犯钢轮火"，或为最早的地雷。

顾宪成三月成进士，与南乐魏允中、漳浦刘庭兰以道义相琢磨，时称"三解元"。

顾宪成六月授户部广东司主事。

伍袁萃成进士，授贵溪知县。

刘日升成进士，授永州司理。

杨东明成进士，授中书舍人。

于孔兼成进士。

杨镐成进士，授南昌知县。

李汝华成进士，授兖州推官。

李同芳成进士，授刑部主事。

按：李同芳字济美，号晴原，生卒年不详。苏州昆山人。官至广东按察使、副都御史巡抚山东。著《视履类编》记录平生善迹。

李天麟成进士。

按：李天麟字公振，生卒年不详。山东武定人。官至监察御史巡按湖广。著有《楚台记事》、《词致录》。

李茂春成进士。

按：李茂春字蔚元，号槐墅，生卒年不详。河南杞县人。官至山西参政。著有《盐梅志》。

余寅成进士，授工部都水司主事。

按：余寅字君房，一字僧杲，生卒年不详。浙江鄞县人。官至太常少卿。为人有操持。著有《乙未私志》、《同姓名录》、《农丈人文集》。

邹观光成进士，授吏部主事。

按：邹观光字孚如，生卒年不详。德安云梦人。著有《邹孚如集》。

汪可受成进士，授金华知县。

张恒成进士。

按：张恒字伯常，一字明初，生卒年不详。苏州嘉定人。官至江西右参政，以善断狱名于时。著有《因明子》、《学薮撤辨》、《明志稿·续稿》、《长吟草》等。

孟化鲤是春偕王宗沐北游，抵山海关，访孟秋，相留数日而别。孟秋述所谈语以赠。

孟化鲤成进士，授南户部主事。

周应治成进士，授分宜知县。

南企仲成进士，授刑部主事。

钟羽正成进士，授滑县知县。

黄淳成进士，授宁海知县。

按：黄淳字鸣谷，生卒年不详。广州新会人。著有《鸣山堂集》、《李杜或问》。

黄克缵成进士，授寿州知州。

按：黄克缵字绍夫，生卒年不详。福建晋江人。力排东林党。著有《疏治黄河全书》。

钟化民成进士，授惠安知县。

龙膺、周孔教、董嗣成、臧懋循成进士。

汤显祖春试不第。

意大利传教士利玛窦来中国，传入西洋画法。

意大利耶稣教会士罗明坚以重贿入居肇庆。

让·博丹著成《巫师魔术》。

弗朗索瓦著成《关于政治和军事方面的二十四个论点》。

约翰·斯托著成《英格兰编年史》。

范大冲著《三史统类臆断》成。

茅一相辑刊《万历续编》。

陈魁士纂修《舒城县志》10卷刊刻。

聂良杞修、崔守一等纂《辉县志》8卷刊刻。

张廷榜修、龚秉忠纂《太平县志》10卷刊刻。

王世贞跋考宋钱选所作《洪崖先生像》。

西班牙传教士、编年史学家何塞·德·阿科斯塔出版《印度诸地的自然和道德史》，其中对中国和日本有全面叙述。

陆树声著《清暑笔谈》。

海瑞刊行所著《备忘续稿》。

张凤翼家居卖文；是岁自定《处实堂集》。《文选纂注》全书刻成。

王世懋序刻《世说新语》于豫章。

许孚远作《赠同郡六子序》。

屠隆仍在青浦任，自定所著《由拳集》。

王稚登刻所著《竹箭编》。

宁王府刻朱多煃《朱宗良集》。

汪道贯刻《泛舟诗》。

雷伐尔·霍林希德卒，生年不详。英格兰编年史家。

刘邦采卒（1495— ）。邦采字君亮，号师泉。江西安福人。事迹见《明史》卷二八三《何廷仁传》附传、《明儒学案》卷一九。

按：据《明史》卷二八三，族子晓受业守仁，归语邦采，遂与从兄文敏及弟任九人谒守仁于里第,师事焉。……弃官归。邦采识高明,用力果锐。守仁倡良知为学的,久益敝,有以揣摩为妙悟,纵恣为自然者,邦采每极言排斥焉。

李元阳卒(1497—)。元阳字仁甫,号中溪。云南太和人。嘉靖进士。官御史,遇事敢言;巡按关中,不法吏属望风解绶。著有《中溪集》。

尤时熙卒(1503—)。时熙字季美,河南洛阳人。嘉靖元年举人,曾官元氏、章丘教谕。学宗王阳明,以"致良知"之说为教,讲学伊水三十余年。著有《拟学小记》、《圣谕衍》等。事迹见《明史》卷二八三、《明儒学案》卷二九。

按:据《明史》卷二八三,念母老,乞终养归,遂不出,日以修己淑人为事,足未尝涉公府。斋中设守仁位,晨兴必焚香肃拜,来学者亦令民谒。晚年,病学者凭虚见而忽躬行,甚且越绳墨自恣,故其论议切于日用,不为空虚隐怪之谈。……学者称西川先生。其门人,孟化鲤最著。

张后觉卒(1503—)。一说卒于 1578 年。详见是年条。

俞大猷卒(1504—)。大猷字志辅,号虚江。福建晋江人。谥武襄。抗倭名将。历任参将、总兵等官。与戚继光齐名。好《易》,常用以推衍兵家奇正虚实。武艺高强,善棍术,时称俞公棍,与明代流行的紫薇山棍、青田棍、扒权棍、少林棍、巴子棍等齐名。著有《洗海近事》、《续武经总要》、《剑经》、《正气堂集》。事迹见《明史》卷二一二。

按:据《明史》本传,少好读书。受《易》于王宣、林福,得蔡清之传。又闻赵本学以《易》推衍兵家奇正虚实之权,复从受其业。尝谓兵法之数起五,犹一人之身有五体,虽将百万,可使合为一人也。已,又从李良钦学剑。家贫屡空,意尝豁如。

陈柏卒(1506—)。柏字子坚、宪卿,号苏山。湖广沔阳人。嘉靖二十九年进士。与程德、邹守益倡明学术,从学者日众。著有《见南山集》、《苏山集》、《兼山集》等。

吕调阳卒(1516—)。调阳字和卿,号豫所。广西临桂人。嘉靖进士。卒谥文简。著有《帝阁图说》。

徐师曾卒(1517—)。师曾字伯鲁,号鲁庵。吴江人。嘉靖进士。历吏部给事中。世宗时,宰相严嵩擅权,杀戮谏官,言官多缄口,遂称疾乞休。师曾学识渊博,精通经史、律历、医药、篆籀,尤长于诗古文。著有《今文周易演义》12 卷、《礼记集注》30 卷、《世统纪年》6 卷、《小学史断》4 卷、《六科仕籍》26 卷、[嘉靖]《吴江县志》28 卷、《正蒙章句》8 卷、《经络全书前编》2 卷、《校注病机赋》3 卷、《途中备用方》2 卷、《宦学见闻》、《文体明辨》84 卷、《诗体明辨》26 卷、《湖上集》14 卷、《咏物诗编》12 卷等。其中《文体明辨》、《诗体明辨》为明代文体研究集大成之作。

吴钦卒(1517—)。钦字宗高,自号未了庵,学者称崑麓先生。武进人。嘉靖举人,任直隶长垣教谕,迁国子博士。升福建汀州通判,不赴归。早年师事唐顺之、薛应旂等。后曾与莫是龙、梁辰鱼等在金陵举鹫峰诗社。喜谈兵,通经学,工制义及诗词散曲。尝主讲元城书院,授诗平陵。著有《诗经讲义》、《四书讲义》、《正脉》等,散曲作品在《南词韵选》中。

郭谏臣卒(1524—)。谏臣字子忠,号鲲溟。长洲人,嘉靖四十一年进士。授袁州府推官,擢吏部主事,屡有陈谏,词意正直。出江西布政司

安德烈亚·帕拉第奥卒(1508—)。意大利建筑师。

路易斯·瓦斯·德卡蒙斯卒(1524—)。文艺复兴时期葡萄牙诗人。

参政，罢归。著有《郭鲲溟集》、《举诸集》。

谭大初卒(1504—)。大初字宗元，号次川，谥庄懿。广东始兴人。嘉靖十七年进士，累官至南京户部尚书。著有《次川集》。

吕天成(—约1618)、杨景辰(—1629)、凌濛初(—1644)、耿华国(—1666)、林古度(—1666)生。周朝俊(？—1624后)约生。

万历九年　辛巳　1581年

奥斯曼帝国及西班牙媾和。

联省共和国成立。

英格兰成立利凡特(东方)公司，经营东地中海地区贸易。

波兰围普斯科夫。

俄罗斯加强农奴制。

俄罗斯哥萨克人入西伯利亚。

正月辛未，裁汰冗官。

按：是日，吏部议，"各部员外郎、主事以下应裁者，归并兼管，令在任候裁"。户部议，"凤阳营田金事各员应裁者，归并州县"。辛巳，吏部复议"裁革北直隶保定等府同知、通判官以下五十五员，南京、福建仓大使等四十六员，浙江布政使司都事等官二十员，江西、陕西、延绥、郧阳等处司、府、州、县佐贰杂职等官三十员，南赣、贵州司、府、县、驿等官十员，南京中、左二府锦衣卫各金书、大教场等营把总八员"。俱报可。(《神宗实录》卷一○八)

己卯，命翰林官分番入直，每日轮四员，同日讲诸臣在馆祗候。

二月丁巳，命编修盛讷充编纂《六曹章奏》官。

是夏，户部尚书张学颜上《会计录》，以考核出纳簿籍，节省用度。

按：学颜精心计，张居正深倚任之，乃撰《会计录》以核算出纳。又奏呈《清丈条例》核定两京、山东、陕西勋戚庄田，清除溢额、脱漏、诡借等各种弊端。又以此法通行天下，查得未曾登记之湖陂八十余万顷，用其赋抵补因赋役误计而赔累者，小民蒙利。自正德、嘉靖虚耗之后，至万历十年间，最称富庶，学颜有力焉。

是年，张居正尽核天下徭赋及诸司之冒滥冗费，大行一条鞭法。此为张居正推行赋役改革措施，其法为赋役合并，全国均平，以增加政府财政收入。一条鞭法颇利于商品经济之发展和资本主义生产关系之萌芽，然遭地主阶层之阻挠和反对，实行久即停止。

莱昂纳多·德萨抵达澳门，成为第一个真正澳门主教区主教。

意大利利玛窦受神父职，次岁奉远东传教团视察员范礼安神父之命，前往马六甲，转往中国。抵广州后，撰《乾坤体义》，尝制浑天仪、天球仪、地球仪诸器以示人。徐光启、李之藻、周子愚辈从之游，习其术。之藻作《浑盖通宪图说》，此实为中国人介绍西洋天文学著作之第一部。

伽利略发现摆锤的等时性规律。

李贽正月末至湖北黄安依耿定理，时耿定向丁父忧在籍。贽与定理论学颇相得，而与定向则微有龃龉。

按：此聚三年，其讲学语多不可考。黄宗羲《明儒学案》卷三五记《耿楚倥论学语》有云："卓吾寓周柳塘湖上。一日论学。柳塘谓：'天台(定向)重名教，卓吾识机趣。'楚侹诮柳塘曰：'折篱放犬'。"

焦竑十二月自南京至黄安访李贽。

王宗沐以京察拾遗罢。

孟秋以京察坐贬归。

朱孟震以所藏《香山九老图》贻王世懋，王世贞为作考跋。

莫是龙为屠隆篆书《长水塔院记》。

沈明臣至吴县会张元凯，各以诗诉遭际。

高攀龙补邑诸生。

高启愚五月丁卯升南京国子监祭酒。

鹿善继七岁，从祖父受章句。

周诗建文清书院于河北元氏。以建于原薛文清（薛瑄）公祠得名。"学以复性为主，言以明性为先，行己立朝磊落光明，终始粹美，立德立言与天地俱存"为其宗旨。

张居正二月乙卯进《太祖列圣宝训实录》。是书分为四十类，曰创业难，曰励精图治，曰勤学，曰兴教化等，以经筵之暇进讲。

凌稚隆《汉书评林》刊刻。

屠隆游京口三山，序《三山志》；其作《三吴水利总论》亦在是岁。

杨嘉言纂修《胙城县志》8卷刊刻。

赵范修、诸镐纂《重修磁州志》8卷刊刻。

向日红纂修《清河县志》12卷刊刻。

陈嘉策修、何棠等纂《绩溪县志》12卷刊刻。

王应山纂《闽大记》55卷成。

常存仁修、郭朴纂《彰德府续志》3卷刊刻。

李先芳纂修《濮州志》6卷刊刻。

虞怀忠等修、郭棐等纂《四川总志》34卷刊刻。

陈楠刊李耳、辛鈃、列御寇、庄周《四子书》。

湖州凌瀛初刻《世说新语》。

按：是书为湖州套印的代表作，也是现知最早的湖州套印书籍之一，在我国印刷史上具有较高地位。全书正文黑色，标点批点用朱、蓝、黄三色。其中蓝笔为刘辰翁所点，朱笔为王世贞所点，黄笔为刘应登所点。

慎懋官《华夷花木鸟兽珍玩考》12卷刊行。

王世懋罢陕西学使职归太仓，辑此期诗刊为《关洛纪游稿》2卷。

海瑞在故里广东刻所著《续备忘集》2卷。

唐顺之《荆川稗编》刊行。

梅鼎祚《庚辛草》成。

周履靖曾师事皇甫汸，汸是岁为序定所著《闲云稿》。

王栋卒（1503— ）。栋字隆吉，号一庵。泰州人。一生以教为志，从学者日众。著作有《王一庵先生遗集》。卷首附有《年谱纪略》。事迹见

理查德·马尔卡斯特写成关于教育方面的论文《见解》。

威廉·巴勒著成《论指南针和磁针的变化》。

乔治·皮蒂埃将斯塔法诺·瓜佐的《文明谈话》译成英文。

《明儒学案》卷三二。

雷礼卒(1505—)。礼字必进,号古和。江西丰城人。嘉靖进士。著述甚丰,传世者有《皇明大政记》、《列卿纪》、《国朝进士列卿表》、《南京太仆寺志》等。《皇明大政记》为成书较早之明代编年史。

按:《列卿纪》165卷,以年表和行实为经,以各大小职能部门为纬,年表不用表谱体,叙述中广用互见法,于写史体例有巨大突破。该书援引甚富,为今人研究明代政治人物、职官制度之第一手资料。

孔天胤卒(1505—)。天胤字汝阳,号文谷子,又称管涔山人,死后门人称文靖先生。汾州人(今文水县)。嘉靖进士。曾与王道行、吕仲和、裴邦奇等组织诗社。著有《孔文谷文集》20集、《孔文谷诗集》14卷,《霞海篇》1卷,均被《四库全书》著录。编纂《汾州志》8卷,已流失。

陈绍儒卒(1506—)。绍儒字师孔,号洛南。广东南海人。嘉靖十七年进士。官至南京工部尚书。著有《大司空遗稿》。

林庭机卒(1506—)。庭机字利仁,号肖泉。福建闽县人。嘉靖十四年进士,改庶吉士,授翰林院检讨,迁司业,升为南京国子监祭酒,累官至南京工部尚书。后改为礼部尚书。卒赠太子太保。谥文僖。著有《世翰堂集》。

陈鎏卒(1508—)。鎏字子兼,号雨泉。吴县人。嘉靖十七年进士。除工部主事。历官员外郎、郎中、四川提学佥事、云南副使、四川右布政使。工书法,与祝允明、文徵明先后各成一家。亦能诗文,著有《别本续千字文》、《便蒙类音》2卷、《原草》2卷、《皇明历科状元录》4卷、《已宽堂集》3卷、《陈子兼文稿》等。

按:陈鎏生卒年有两说。申时行所撰墓志铭作1506—1575;此据文震孟所撰传及茅坤所撰墓志。

僧德宝卒(1512—)。德宝字月心,别号笑岩,俗姓吴。四川金堂人。为明代禅宗临济宗代表人物,著有《笑岩集》。

徐栻卒(1519—)。栻字世寅,号凤竹。苏州常熟人。嘉靖二十六年进士。官至南京工部尚书。著有《仕学集》。事迹见《明史》卷二二〇《刘应节传》附传。

邹德涵卒(1526—)。德涵字汝海,号聚所。江西安福人。邹守益孙,邹善子。隆庆五年进士。德涵师事耿定理,以悟为宗,变其父祖所传阳明之学。著有《邹聚所文集》。事迹附见《明史·儒林传》邹守益传。

按:此生卒年据焦竑《澹园集》卷二七,《耿天台先生文集》卷一二中耿定向撰《墓志铭》亦同。《明儒学案》卷一六谓卒年五十六,阙生年。而姜亮夫《综表》作生于嘉靖十七年(1538),卒万历九年,年四十四,恐误。

黄河水卒(1539—)。河水初名德水,字清父。苏州吴县人。曾随顾从义游云南,辑此期诗为《碧鸡集》。另著有《燕市集》、《国华集》等。

陈洪濛卒,生年不详。洪濛字元卿,号抑庵。浙江仁和人。嘉靖二十年进士。曾在浔阳城内丰储坊建濂溪书院。著有《性理纂要》、《诸子粹言》。

陈仁锡（　—1636）、施绍莘（　—1640）、邵潜（　—1665）、周振（　—1644）生。

按：一说陈仁锡(1579—1634)。施绍莘生年一作1588年。

万历十年　壬午　1582年

正月，淮、扬海溢，浸丰利等盐场三十，淹死二千六百余人。

二月癸巳，顺义王俺答卒。

丁酉，免天下积年逋赋。

按：凡免一百余万有奇。是时帑藏充盈，国最完富，故有是举。

四月，前少师、大学士徐阶年八十，阁臣请存问，从之。

五月庚申，免先圣、先儒后裔丁粮。

按：自圣裔外，并及宋儒朱熹、李侗、罗从彦、蔡沈、胡安国、游酢、真德秀、刘子翚等有差。又故大学士杨荣后裔亦如之。

六月乙巳，加张居正太师。

按：有明一代文臣真封三公者，自居正始。

九月丙辰，皇长子朱常洛生，其母王氏原为宫人。

十二月壬辰，谪太监冯保为奉御，安置南京。

按：初，保内倚太后，外倚张居正，专擅威福。至神宗亲政，居正又卒，犹肆横如故，故有是贬。籍其家，金银百余万，珠宝瑰异无数。保与居正相结，至是追劾居正者纷起。

是月，改蓟镇总兵官戚继光于广东。

按：继光在蓟镇十六年，当国大臣徐阶、高拱、张居正，先后倚任之；居正尤深相倚重，凡边事无不与之商榷，继光有所行事，居正居中相应，毫无掣肘，故继光得大展其才。及是居正殁甫半岁，遽调之广东，继光悒悒不得志，赴粤逾年，即谢病归，居三年卒。

是年，下诏否定以往丈量全国土地之成绩，以为其中多有不法行为，不得作为税收依据。由此揭开大规模反张（居正）运动之序幕。

令全国州县学皆设武举生员，提学官一体考取。

意大利耶稣会传教士利玛窦（Matteo Ricci）、罗明坚（Michel Ruggieri）、巴范济入华。利玛窦留居澳门研习汉语、汉字，参与撰写范礼安著《圣方济各·沙勿略传》的三章《论中国的奇迹》（全书写成于1583年6月13日）。罗明坚正式于广东肇庆传教，后又传教于广州、绍兴、桂林等地。此为明代首入中国内地之西方传教士。

番薯是年由华侨陈益自越南传入。

约是年前后，葡萄牙人将烟草、望远镜等首次介绍入中国。至崇祯时

印度莫卧尔帝国丈量全国土地。实行宗教宽容，立"丁—伊—伊拉希"教。

德意志新教及天主教争科隆大主教职。

波兰人取立沃尼亚。

俄罗斯哥萨克人败西伯利亚汗国。

格列高里历颁布。

已颇有人以吸烟为乐。

西洋乐器与宗教音乐此前已传入澳门,此后随传教士来华亦传入内地,但仅限于教堂。

李贽开始勤于读书著述。其读苏辙《老子解》,颇有异议,是冬,作《解老》1卷。

张居正去相,李材以荐特起授青州兵卫。

张四维继任首辅。

张元忭以皇嗣诞生,奉诏至楚。是岁,丁内艰。

许孚远十一月由建昌入觐,过兰溪,与徐用检论学舟次,有《兰江退盟》。

顾宪成十二月调官吏部稽勋司主事。

冯从吾六月始从顾宪成问学。

臧懋循是秋自荆州至金陵,与欧大任、郭第、陆昺、陆弼等作秋会。

王世贞是岁继续作《咏史》诗,起自先秦,止于于谦,凡一百首。

陈第作长诗《塞外烧荒行》,斥当权派排挤戚继光。

沈璟与莫是龙相会。

屠隆调京,任礼部主客司主事。离青浦赴京,途经太仓,与王世贞、陈继儒、王衡等相会;宿王世懋憺圃,为作《关洛纪游稿》序。

顾大典、张献翼、欧大任等集金陵沈氏东园。

王寅旅金陵,与欧大任同游莫愁湖,大任作《孙楚酒楼歌》。

欧大任以"把臂林间白发多"诗赠金銮。

归子慕、顾绍芾在昆山故里共结社。

瞿九思冤案昭雪,返乡,以讲学、著述为业。

高攀龙举于乡。

吕胤昌顺天府乡试中式。

孙能传中举人。

按:孙能传字一之,生卒年不详。浙江奉化人。官至工部员外郎。尝与张萱同纂《内阁藏书目录》,著有《谥法纂》、《益智编》、《剡溪笔谈》等。

理查德·黑克卢伊特著成《涉及发现新世界的戴弗斯航海》。

乔治·布坎南著成《苏格兰的政务历史》。

胡维新所辑《两京遗编》刊成。

范守己著《肃皇外史》46卷成。

按:是书又名《肃皇大谟》,为编年体嘉靖朝史。

郑儒泰著《读史备忘》8卷刊刻。

叶朝荣修、戴震亨纂《彭泽县志》9卷刊刻。

周汝登纂《嵊县志》12卷刊刻。

吴一鸾纂修《蒙城县志》8卷刊刻。

王承蕙纂修《陕州志》8卷刊刻。

李贽是春有《寿焦太史(竑)尊翁后渠公八袠华诞序》。

莫是龙在北京，著《笔麈》1卷。

赵用贤辑刊《管韩合刻》。

凌汝亨刻《管子》。此为较早套印书籍之一。

徽州虬村黄氏刻板、郑之珍高石山房印《新编目连救母劝善戏文》刊行。

胡直著《翊全录》。

孟化鲤作《孟我疆先生集序》。

屠隆为梁辰鱼所著《鹿城集》作序。

潘恩卒（1496—　）。恩字子仁，号笠江，又号湛川。上海人。谥恭定。嘉靖二年进士。历为山东副使、江西副使，进浙江右参政。因御倭寇有功，以右副都御史巡抚河南，以左都御史致仕。所著有《笠江集》、《诗经辑说》。事迹见《明史》卷二二〇《周延传》附传。

皇甫汸卒（1497—　）。汸字子循，号百泉。长洲人。嘉靖八年进士，官工部主事。以监运陵石迟缓，贬黄州推官。迁南京稽勋郎中，再贬开州同知，量移处州府同知，擢云南佥事。有才名，与兄冲、涍、弟濂，时称"皇甫四杰"。工诗，善书法，诗名与王世贞相埒。著有《百泉子诸论》1卷、《解颐新语》8卷、《皇甫司勋集》60卷、《皇甫司勋庆历稿》、《岳游漫稿》、《皇甫百泉还山诗》等；纂有［隆庆］《长洲县志》14卷；辑有《皇明文苑》68卷。

吴承恩（1500？1510？—　）约卒。承恩字汝忠，号射阳山人。山阳人。嘉靖二十三年补岁贡生。任长兴县丞未几，辞归，至南京任荆王府纪善。后漫游江浙，与文徵明、徐中行多有唱和。晚年绝意仕进，专事著述。承恩博览群书，尤喜野言稗史。长篇神魔小说《西游记》为其代表作。亦工诗文，著有《射阳先生存稿》4卷。另撰有《花草新编》及短篇文言小说《禹鼎记》，皆已佚。

张节卒（1503—　）。节字介夫，号石谷。陕西泾阳人。先为湛若水弟子，继受学于吕柟，柟称其守道不回。事迹见《明史》卷二八二《吕柟传》附传、《明儒学案》卷八。

令狐璁卒（1516—　）。令狐璁字仲平，号涿轩。山西猗氏人。嘉靖举人。曾任确山教谕、朝邑知县、合州知州。著有《性理纂要》、《大学衍义日抄》、《家礼集要》、《保生心鉴》等。

洪朝选卒（1516—　）。朝选字舜臣、汝尹，号芳洲。福建同安人。嘉靖二十年进士。著有《江防信地》、《静庵集》等。

王好问卒（1517—　）。好问字裕卿，号西塘。嘉靖二十九年进士。除太常博士，历官南京兵部尚书。工诗词，有《春煦斋集》。

殷士儋卒（1522—　）。士儋字正甫，号棠川先生。山东历城人。谥文通。久之，改谥文庄。嘉靖二十六年进士。选庶吉士，授检讨。久之，充裕王讲官。凡关君德治道，辄危言激论，王为动色。迁右赞善，进洗马，直论如故。官至礼部尚书。著有《金舆山房稿》。事迹见《明史》卷一九三《赵贞吉传》附传。

张居正卒(1525—)。居正字叔大，号太岳。湖北江陵人。谥文忠。嘉靖进士，授编修。神宗时主国事，朝政为之一新。著有《书经直解》、《帝鉴图说》、《张太岳杂著》、《张太岳集》等。事迹见《明史》卷二一三。

按：张居正性深沉机警，多智数。为首辅，务尊主权，课吏职，信赏罚，一号令，神宗亦悉心听纳。边事委李成梁、戚继光，十余年无大患。力筹富国，清邮传，核地亩。神宗初政，起衰振隳，纲纪修明，海内殷阜，居正之力。然褊狭多忌，刚愎自用，身死未几，遂遭削夺，子孙并至祸败。据《明史》本传，张居正尝纂古治乱事百余条，绘图，以俗语解之。复属儒臣纪太祖列圣《宝训》、《宝录》分类成书。

张元凯(1538—)约卒。元凯字左虞。吴县人。早岁从父官闽中，历抗倭军事。后以世职为苏州卫指挥。再督漕北上，有功不得叙，处免归。折节读书，寄情诗酒。与王世贞兄弟善，殁后，世贞序其诗。著有《伐檀斋集》12卷。

沈懋学卒(1539—)。懋学字君典。宣城人。万历五年进士第一，授翰林修撰。值吴中行等攻击张居正父丧夺情，懋学拟疏救，为人所持，不果进。乃贻居正子嗣修书；又与工部尚书李幼滋书以争之。引疾归卒，追谥文节。著有《沈太史郊居遗稿》。事迹见《明史》卷二一六《田一俊传》附传。

意大利传教士艾儒略(—1649)、毕方济(—1649)、水佳胤(—1651)、钱谦益(—1664)、计成(—?)生。

万历十一年　癸未　1583年

奥斯曼帝国征服达吉斯坦。

奥兰治的威廉为荷兰执政。

英女王伊丽莎白一世逐罗马天主教耶稣会士。

瑞典尽取芬兰湾于俄罗斯人。立沃尼亚战争结束。

正月丙子，御史杨四知言端士习、正风俗二事。乞令提学官于考较士子之际，对经书文虽可观而论策交白卷之士，必降黜；若果博通古今之士，即使经书义稍次，奖拔必加。

闰二月甲子，诏封俺答子乞庆哈为顺义王。

按：乞庆哈，一译彻辰汗，为黄台吉更名。

三月甲申，追夺张居正官阶。

按：冯保既得罪，新进者益务攻居正，诏夺上柱国、太师，再夺谥。居正诸所引用者，先后斥削殆尽。明年四月籍居正家，子敬修不胜拷掠，自缢死。

庚子，赐朱国祚等进士及第、出身有差。

按：辅臣张四维子张甲征、申时行子申用懋皆中是科进士，参与廷对。御史魏允贞因言，"自居正三子连登制科，流弊迄今未已。请自今，辅臣子弟中式，俟致政之后，始许廷对，庶倖门稍杜。"神宗切责允贞言过当，贬秩外调。然自是辅臣居位，其子弟无复登第者。

五月，努尔哈赤起兵征尼堪外兰。此为满族爱新觉罗氏努尔哈赤（1559—1626）统一女真各部之始。

十一月戊子，陕西道御史杨四知进成祖、仁宗、宣宗《三朝圣谕录》、大学士李东阳所辑《燕对录》、大学士李时所辑《世宗召对录》，请神宗退朝之暇，宣召臣工咨访是非。报闻，三《录》留览。

十二月乙丑，命翰林院编修鲁朝节、陆可教、冯琦、检讨余继登充《会典》纂修官。

是年淑嫔郑氏进为贵妃，为此后系列宫廷斗争埋下伏线。

诏定科场事宜，各省主考仍遣廷臣。

按：嘉靖七年，从兵部侍郎张璁言，各省主考皆遣京官或进士，两京房考各加科部官一员。然因主考与监临官礼节小嫌，故行止二科而罢。至是仍遣廷臣。浙江、江西、福建、湖广皆用编修、检讨，他省用科部官，而同考亦皆用甲科，教职仅取一二而已。

御史孟一脉陈五事，中有曰："士习邪正，系世道隆污。今廉耻日丧，营求苟且。亟宜更化救弊，先实行而后才华。"（《明史·列传》第一二三）

左副都御史邱橓陈吏治积弊八事，言："臣去国十余年，士风渐靡，吏治转污，远近萧条，日甚一日。此非世运适然，由风纪不振故也。""荐举纠劾，所以劝儆有司也。今荐则先进士，而举监非有凭藉不与焉。劾则先举监，而进士纵有訾议者不及焉。晋接差委，专计出身之选。于是同一官也，不敢接席而坐，比肩而行。诸人自分低昂，吏民观瞻顿异，助威骄纵之风，大丧贤豪之气，此资格之积弊六也。州县佐贰虽卑，亦临民官也，必待以礼，然后可责以法令也。役使谴诃，无异舆隶。独任其污黩害民，不屑禁治。礼与法两失之矣。学校之职，贤才所关。今不问职业而一听其所为。及至考课，则曰此寒官也，概与上考。若辈知上官不我重也，则因而自弃；知上官必我怜也，又从而日偷。此处佐贰教职之积弊七也。科场取士，故有门生座主之称。君巡按举劾，其职也。乃劾者不任其怨，举者独冒为恩。尊之为座主，而以门生自居，筐箧问遗，终身不变。假明扬之典，开贿赂之门，无惑乎清白之吏不概见于天下也。方今国与民俱贫，而官独富。既以官而得富，还以富而市官。此馈遗亡积弊八也。陛下诚大乾刚，痛惩吏弊，而风行草偃，天下可立治矣。"（据《明史·列传》第一〇四）疏奏，神宗称善，敕所司下抚按奉行，不如诏者罪。

李贽十二月闻王畿讣，设位于龙潭以奠，作《王龙溪先生告文》。

周子义正月甲子以礼部右侍郎兼侍读学士充《会典》副总裁官。

徐显卿正月甲子复除侍读仍充《会典》纂修官。

王锡爵去岁丁父忧，至是读《礼》家居。

张四维四月以丁忧归去。

申时行为内阁首辅。

苏格兰爱丁堡大学创建。

李材于云南保山讲学,听者甚众。欲就地建院,未果。后陈严之、邓子龙建成书院,以李材别号见罗名之。

孟化鲤建两贤祠,设尤时熙、薛应旂之位,率诸生展拜,日讲学其中。

邹元标八月为吏科给事中。十二月上书言培君德、亲臣工、肃宪纪、崇儒术、饬抚臣等六事,章下所司。是岁晤赵南星于天津,南星作长歌以赠。

莫如忠、莫是龙是秋父子偕董其昌等游泖湖,如是作《秋日泛泖图》。

顾宪成三月调考功司;秋自吏部文选司主事职请假回无锡。

沈璟以亲丧暂居吴江故里。

陈第辞官归乡,次年于家乡福建安连江县城西郊筑"倦游堂"以读书著述,又辟"世善堂",大力收藏图书(历时30年,收藏书1900种,万余卷,其中珍本300余种)。

欧大任作诗题余孟麟溪云阁。

吴中行复职入京,冯梦祯(冯梦桢)与谈翰林旧典,作《记衙门四例》。

林章自南京狱中释出。

高启愚改官国子监祭酒。

罗万化升国子监祭酒。

冯时可旅黔。

范谦三月升广西提学副使。

臧懋循改官南京国子监博士。

徐学谟以旧与张居正接近,自北京被排黜归嘉定。

卢龙云成进士。

按:卢龙云字少从,生卒年不详。广东南海人。官至贵州布政司参议。著有《四留堂稿》、《谈诗类要》。

汤显祖成进士,官南京太常博士。

安世凤成进士,授户部主事。

按:安世凤字凤引,生卒年不详。河南商丘人。著有《燕居功课》、《墨林快事》。

刘应秋成进士,授编修。

孙如法成进士,授刑部主事。

吕胤昌成进士,授宁国府推官。

李廷机以进士第二授编修。

按:顺天乡试第一。万历十一年,会试复第一,以进士第二授编修。累迁祭酒。

李开芳成进士,授户部主事。

按:李开芳字伯东,号还素,人称鹏池先生,生卒年不详。福建永春人。精书画。著有《天风堂集》。

何继高成进士。

按:何继高字汝登,号泰宁,生卒年不详。浙江山阴人。为官刚介,执法不阿,与海瑞齐名。官至江西布政使参政。著有《圣授图理数解》、《孙子解》、《长芦盐法志》。

陈汝璧成进士,授绍兴推官。

按：陈汝璧字立甫,生卒年不详。湖广沔阳人。著有《兰省集》、《隐园诗》。

张贞观成进士,授益都知县。

按：张贞观字惟诚,号惺宇,生卒年不详。徐州沛县人。著有《披垣谏草》。

茅国缙成进士,授章丘知县。

徐学聚成进士,授浮梁知县。

徐常吉成进士。

按：徐常吉字士彰,生卒年不详。常州武进人。著有《毛诗翼说》、《事词类奇》等。

潘士藻成进士,司理温州。

饶伸成进士,授工部主事。

钱一本成进士,授庐陵知县。

樊玉衡成进士,授广信推官。

按：樊玉衡字以齐,一字钦之,号友轩,生卒年不详。湖广黄冈人。著有《智品》。

方应选、叶向高、周应宾、岳元声、郭正域成进士。

刘永澄八岁就外傅,慕文天祥为人,设位朝夕展拜。

罗明坚、利玛窦于肇庆建仙花寺。

郭子章重修广东潮州韩山书院,撰联颂扬韩愈兼明己志："跃虎凤,翔蛟龙,斯文百代雄山斗；尊孔孟,拂佛老,正气千年配邹鲁。"

傅逊《春秋左传注解辨误》2卷,《补遗》1卷刊刻。

按：傅逊为古娄人,自称吴郡后学。

项笃寿所纂《今献备遗》42卷刊刻。

按：此书为袁衷《皇明献实》之翻版,仅对其文字加以润色。

严从简著《殊域周咨录》24卷刊刻。

雷礼著《国朝列卿表》139卷由项笃寿刊刻行世。此书系《国朝列卿纪》单刻本之一。

徐学谟著《世庙识余录》26卷成。

按：《世庙识余录》与《世宗实录》有异,于嘉靖朝史实多有发明。是书于万历三十六年由其子刊刻行世。

许孚远作《新建长武县儒学记》。

邹元标作《仁文书院记》。

王骥德《题红记》或刻于是年。

王弘诲纂《白沙先生年谱》1卷刊刻。

按：此年谱收入本年郭惟贤、汪应蛟等刻《白沙先生文编》卷六,系据谱主陈献章诗、文、书信以及墓志铭、名臣录等,概述其生平。一说是谱编者为唐伯元。

焦竑作《尊师天台先生六十序》。

李弘道纂修《罗山县志》4卷刊刻。

易可久修、吴必学等纂《延平府志》34卷刊刻。

杨瑞云修、夏应星纂《盐城县志》10卷刊刻。

罗贝尔·甘尼尔编成《犹太人》。

弗郎切斯科·圣索维诺著成《不同王国和共和国政府的行政管理》。

约瑟夫·贾斯特斯·斯卡利格著成关于年代学基础书《须及时校订》。

托马斯·史密斯著成有关英格兰政府机构的书《英国共和国》。

艾梅修、毛以徐纂《滨州志》4卷刊刻。

潘仲骖纂修、赵慎修续纂修《大名府志》9卷增刻。

吕乾健修、宋繻等纂《商丘县志》10卷刊刻。

姜师闵修、赖汝霖纂《景宁县志》6卷成。

王守诚修、张四箴纂《顺德府志》成。

罗汝芳门人杜应奎、聂继皋等及诸孙集刻汝芳《会语》6卷。

陈士元著《归云别集》刊行。

董传策著《董幼海先生全集》刊行。

林春泽卒（1480—　）。春泽字德敷。福建侯官人。正德九年进士。著有《人瑞翁集》。

金銮卒（1494—　）。銮字在衡，号白屿。陇西人，侨寓建康。性任侠，好交游，通音律，工诗和乐府，尤以作讽刺小曲见长。往来淮扬、两浙，与盛时泰、陈芹、许縠、余孟麟、吴怀梅诸人交谊颇笃，结青溪诗社。所著有《金白屿集》1卷、《徙倚轩诗集》1卷、《箫爽斋乐府》2卷，所编有《摄山栖霞寺志》3卷，所校刊有《西厢记》。

王畿卒（1498—　）。畿字汝忠，号龙溪。山阴人。王阳明门生。嘉靖进士。官至兵部郎中。其学说被内阁大学士夏言斥为伪学，遂谢病归。后讲学四十余年，仍传播王阳明学说。认为"良知"是无善无恶的"心之本体"，也是"生天生地"的宇宙根源；为学以"致知见性"为主。把王阳明的"良知"学说引向禅学，对王学末流之失，影响较大。著有《龙溪全集》、《语录》、《大象义述》。事迹见《明史》二八三、《明儒学案》卷一二。

按：据《明史》本传，王畿尝云："学当致知见性而已，应事有小过不足累。"故在官弗免干请，以不谨斥。畿既废，益务讲学，足迹遍东南，吴、楚、闽、越皆有讲舍，年八十余不肯已。善谈说，能动人，所至听者云集。每讲，杂以禅机，亦不自讳也。学者称龙溪先生。其后，士之浮诞不逞者，率自名龙溪弟子。而泰州王艮亦受业守仁，门徒之盛，与畿相埒，学者称心斋先生。阳明学派，以龙溪、心斋为得其宗。

文嘉卒（1501—　）。嘉字休承，号文水。长洲人。文徵明次子。官和州学正。擅画山水，笔墨秀润。亦工小楷书，精于鉴别古书画。著有《钤山堂书画记》、《和州诗集》。

魏良辅卒（1502—　）。良辅字尚泉。新建人，流寓太仓。精声律，为明代戏曲革新家。吸取海盐腔、弋阳腔及江南民歌小调发展成"水磨腔"，即昆腔，是为昆曲之始。又吸收元杂剧的北曲音乐，使昆腔能兼唱南北曲，集南曲之清柔婉转与北曲之激昂慷慨于一体。有戏曲论著《南词引正》（又名《曲律》），为昆曲演唱经验之总结及理论之概括。此书对当时昆腔之发展和提高颇具意义，至今仍可资借鉴。

徐阶卒（1503—　）。阶字子升，号存斋。华亭人。嘉靖进士。世宗时，历官礼部尚书，东阁大学士。时严嵩为首辅，深忌之。阶智足相驭，嵩不能图，故久安于位。与严嵩争权，使御史邹应龙劾严世蕃，终而推翻严氏父子，代嵩为首辅。后为高拱所扼，致仕归。卒谥文贞。著有《世经堂集》、《少湖文集》。事迹见《明史》卷二一三、《明儒学案》卷二七。

余曰德卒（1514—　）。曰德初名应举，字德甫。南昌人。嘉靖庚戌进士，官至福建按察司副使。《明史·文苑传》附见王世贞传中。与魏裳、汪道昆、张佳允、张建一，称嘉靖后五子。有《余德甫先生集》14卷。

丁自申卒（1526—　）。自申字明岳，号槐江。福建晋江人。嘉靖进士。授南京工部主事，历顺庆、梧州知府。筑希郊堂，藏书数万卷。

朱孟震约于此年前后在世，生卒年不详。孟震字秉器，新淦人。隆庆二年进士。官至副都御史，巡抚山西。著有《朱秉器集》、《玉笥诗谈》、《河上楮谈》、《汾上续谈》、《浣水续谈》、《游宦馀谈》等。

艾南英（　—1646）、沈自晋（　—1665）生。

万历十二年　甲申　1584年

二月己巳，释建文诸臣外亲谪戍者后裔。

按：时御史屠叔方请宥诸臣外亲在戍者还乡，诏"自齐泰、黄子澄外，其坐方孝孺等连及者，俱免之"。于是浙江、江西、福建、四川、广东得免者凡三千余人。

三月乙卯，减江西烧造瓷器。

按：自嘉靖中，遣官赴江西造内殿醮坛瓷器三万后，添设饶州通判，专管御器厂烧造，隆庆间遂骤增至十余万。至是以御史言，命减之。

四月，御史丁此吕劾侍郎高启愚主南京试，以"舜亦以命禹"为题，为张居正劝进。阁臣申时行谓此吕以暧昧陷人大逆，尚书杨巍因请出此吕于外。言官李植、江东之遂劾时行、巍等蔽塞言路。自是言官与政府日相水火。

按：丁此吕字右武，生卒年不详。江西新建人。万历进士。著有《世美堂稿》。

是月，神宗命司礼监张诚等籍没张居正家。江陵守令先登录张家人口，封锁门户。张家饿死十余人，长子敬修被拷打，自杀。经申时行、潘季驯疏救，始命酌留田宅养居正母。

八月丙辰，尽削张居正官，夺玺书、诰命。诏以罪榜示天下，谓当剖棺戮尸而姑免之。其弟都指挥张居易，子编修嗣修等，俱发戍烟瘴地。自是终万历世，无敢言居正者。

按：高拱遗著《病榻遗言》刊行，书中历数张居正、冯保"罪恶"而为己洗刷。此书成为万历帝最后清算张居正之催化剂。

十一月癸酉朔，《大统历》推日食九十二秒，《回回历》推不食。已而《回回历》验。以《回回历》纂入《大统历》中以备考验。

十二月，诏以陈献章、胡居仁、王阳明从祀孔庙。

法国吉斯公爵及西班牙。

英格兰人与西班牙绝交。

西班牙杀奥兰治的威廉。

俄罗斯伊凡四世卒。

西伯利亚汗国及俄罗斯战。

按：先是，隆庆元年，给事中赵思诚、御史石槚疏题王守仁、陈献章不宜从祀，而副都御史徐栻、给事中魏时亮、赵参、鲁宗、洪选，御史谢廷杰、梁许、萧廪、徐乾贞，进士邵德泳俱言二臣当从祀。其后御史詹事上疏言："孔子有功万世，宜享万世之祀。诸儒有功孔子，宜从孔子之祀。……若薛文清瑄、王文成守仁、陈检讨献章，其最著者也。曩言官以三人从祀上请，皇上从礼臣议，以薛瑄入祀矣，乃守仁、献章格于议而不得与夫！守仁之功烈文章、献章之出处大节，谁不知之。臣考其学问，虽专言良知，专言主静，若近于偏枯。顾言知而未废行，言静而未尝离动。合一之功，与宋诸大儒之论同归一致，独奈何议论之纷纷也。臣欲陛下大奋乾断，为斯文主，将王守仁、陈献章从祀。"下礼部议。而议者于王守仁多有訾诋，故部议独祀胡居仁。神宗因询内阁："文臣从礼奈何不及武臣？"阁臣言："武臣从祀于太庙，所以彰武功，儒臣从祀于孔庭，所以表文治。武功莫盛于二祖，文治莫隆于皇上，此典礼不可缺者。"神宗悦，于是申时行等乃言："彼訾诋守仁、献章者，谓其各立门户，必离经叛圣，如佛、老、庄、列之徒而后可，若守仁言'致知'出《大学》，言'良知'出《孟子》；献章主静，沿于宋儒周敦颐、程颢，皆祖述经训、羽翼圣真，岂其自创一门户耶！谓其禅家宗旨必外伦理，遗世务而后可。今孝友出处如献章，气节文章功业如守仁，而谓之禅，可乎！……诚祀守仁、献章，一以明真儒之有用而不安于拘典，一以明实学之自得而不专于见闻。斯于圣化大有裨益。若居仁纯心笃行，众论所归，亦宜并祀。"神宗曰："皇祖世宗尝称王守仁有用道学，并陈献章、胡居仁既众论推许，咸准从祀孔庙。朝廷重道崇儒，原尚本实，操修、经济都问学问。亦不必别立门户，聚讲空谈，反累盛典。礼部其遵旨行。"(《神宗实录》卷一百五十五）经明世而得从祀孔庙者，止薛瑄、居仁、献章、守仁四人。

英格兰人入抵弗吉尼亚。

铅活字印刷术传入秘鲁。

李贽寄《与焦漪园太史（竑）》书，同时寄示《何心隐论》、《答邓明府》等文，对何心隐致追慕之意，对耿定向颇致微辞。

按：李贽与焦竑书谓"何心老英雄莫比。观其羁绊缧绁之人，所上当道书，千言万语，滚滚立就，略无一点乞怜之态，如诉如戏，若等闲日子。今读其文，想见其为人。其文章高妙，略无一袭前人，亦未见从前有此文字。"何心隐被系时，李贽以为，以耿定向与张居正、李幼滋（主杀何心隐者）之素交，若加申救，并非难事。然耿定向不敢沾手，恐以此犯张居正不说学之忌。李贽以是不满于耿定向。其《何心隐论》曰："吾又因是而益知谈道者之假也。由今而观之彼其含怒称冤者，皆未尝识面之夫。其坐视公之死，反从而下石者，则尽其聚徒讲学之人。然则匹夫无假，故不能掩其本心；谈道无真，故必欲划其出类，又可知矣。"

李贽妻女归闽。自是，贽既无家累，又断俗缘，专参佛理。耿定向恐子侄效李贽而有弃世之病，数致书规切。

李贽因耿定理之逝而感戚寥，又因与耿定向论学不合，遂作《与耿司寇告别书》，辞别耿家。

李贽只身迁居麻城，依周思久、周思敬兄弟，日以读书为事。

按：袁中道《李温陵传》谓李贽"所读之书皆抄写为善本，东国之秘语，西方之灵文，《离骚》、班、马之篇，陶、谢、柳、杜之诗，下至稗官小说之奇，宋元名人之曲，雪藤丹笔，逐字雠校，肌襞理分，时出新意。"

李贽在麻城，与梅国桢过从甚密。梅氏孀居的女儿梅澹然曾拜李贽为师，梅家其他女眷如澄然、明因、善因菩萨也和李贽有所接触，彼此往来通信，探讨学问。李贽将其间谈论佛学的文稿刊刻，题为《观音问》。

罗汝芳问心于武夷先生。

陈于陛四月庚申以司经局洗马兼翰林院修纂与翰林院编修史钶、杨德政充《会典》纂修官。

申时行等十月甲辰请修《玉牒》，报可。

申时行十月上疏请以王阳明、陈献章从祀学宫。

耿定向三月由福建巡抚任被召回京任都察院左佥都御史，七月抵任。八月，晋左副都御史。

耿定向八月由都察院左佥都御史升左副都御史协理院事。

耿定向是冬疏请从祀文成公，得旨。

潘季驯因替张居正老母求情而被革刑部尚书职为民。

王锡爵十二月服满，拜礼部尚书兼文渊阁大学士。明年六月入阁。

王家屏以吏部左侍郎兼东阁大学士入预机务。

唐伯元为南京户部郎中，上疏言王阳明不宜从祀孔庙，谪为海州判官。

王时槐是岁始悟"生生真机，无有停息，不从念虑起灭"，自是，其学以透性为宗。

胡直是冬特诏起为福建按察使。

邹元标正月由吏科给事中降南京刑部照磨。

邹元标访孟秋于蓬门，相与论学，未契，乃相偕游泰山，旬日别去。

邓元锡八月有《祭大司成王公文》。

顾宪成家居读《易》。

王世贞正月被起为应天府尹，二月擢南京刑部右侍郎。皆具疏以病辞，得旨准在籍调理，故均未到任。

汤显祖不受辅臣申时行、张四维招，出为南京太常博士，正七品。

高攀龙丁嗣母忧。

欧大任以"风霜千字挟，江汉九歌遗"诗迎汤显祖。其辞职南还，在丹阳与陆昺、吴梦旸别，在是岁。

梁辰鱼居昆山故里，欧大任过其地相会。

姜宝复起官南京太常寺。

顾大典任山东按察副使，作《将隐斋图》。

黄凤翔二月壬戌升南京国子监祭酒。

王世懋十月甲辰任福建提学副使。

王世懋序王伯稠《白虹集》。

孙如法授刑部主事。

屠龙作《消摇令》套曲，隐诋俞显卿，自鸣高逸。

孙应鳌罢南京工部尚书职回如皋。

龙膺自歙赴京，汪道昆、郭第、潘之恒等举白榆社作别。膺过吴，以汪道昆介，见王世贞，世贞赠之以诗。

按：郭第，字次肯，长洲人。生卒年不详。好行游，盖不惟无家且无籍。据俞宪所记，姚山人咨传于太末（龙游）童氏，曾为刻其诗30余首。俞宪据以选入《盛明百家诗》前编，为《郭山人集》。

赵用贤与执政不合，抗辩求去，汤显祖以书劝阻。

方应选官冀州，征屠龙为家庆文。

刘宗周始就塾。

邓球于湖南祁阳创建文昌书院，集诸生日讲课其中。

按：文昌书院一说建于万历十六年（1588）。邓球（1525—1595）字应鸣，号寄漫子，湖广祁阳人。嘉靖进士。曾任宜兴知县、铜仁知府。著有《理学宗旨》、《闲适剧谈》。

张文诰于广东阳春创建育英堂。育英堂清代改为瑞云书院。

林立于海南临高改嘉靖二十五年陆汤臣所建二贤祠为澹庵书院，以为诸生讲学肄业之所。

利玛窦六、七月间，始与一秀才合作，审订罗明坚编写的《教理问答》，并将书从口语改写为文言文。

焦尔达诺·布鲁诺著成《驱逐趾高气扬的野兽》。

尼古拉斯·桑德斯著成《英格兰教会分裂恶化的原因》。

霍金纳德·斯科特著成《揭露巫术》。

衡王府重刻《洪武正韵》。

王世贞著《皇明名臣琬琰录》32卷、《嘉靖以来首辅传》8卷成。

郭大有《新刻官板大字评史心见》12卷刊刻。

萧彦等《掖垣人鉴》16卷刊刻。

孙旬辑《皇明疏钞》70卷成。

益王府刻《重刻古先君臣图鉴》。

北京铁匠胡同叶铺新刻《真楷大字全号缙绅便览》1卷、《南北直隶十三省府州县正佐首领全号宦林便览》2卷。

按：叶铺此举与洪氏剞劂斋崇祯间刊刻《缙绅录》同开清代琉璃厂书铺刊刻《缙绅录》之先河。

胡应麟著《三坟补遗》成。

郭实修、王学谟纂《续朝邑县志》8卷刊刻。

刘兑修、孙丕扬纂《富平县志》10卷刊刻。

吴道迩纂修《襄阳府志》51卷刊刻。

李懋桧纂修《六安州志》8卷刊刻。

徐贞明著《潞水客谈》是岁重刻。

按：是书约成于万历四年（1576）前后，用宾、主问答形式，阐述作者关于西北水利之构想。是书颇受明、清人推崇，被公认为讨论北方水利最为著名之论述。清雍正时开发京畿水利，颇受此书观点与方法之影响。

王文禄编《丘陵学山》100种112卷定稿。

按：王文禄字世廉，生卒年不详。浙江海盐人。嘉靖十年举人。喜声乐，性嗜书，遇有异书辄供给倾囊购之。另有《艺草》、《邑文献志》、《廉矩》、《文脉》。

王稚登重游宜兴，著《荆溪疏》2卷。

唐汝询以盲人苦学自成，是岁始著《唐诗解》。

杨一统辑《唐十二名家诗》刊行。

衡王府刻明袁袠《胥台先生集》20卷。

梅鼎祚作杂剧《昆仑奴》成。

意大利传教士罗明坚用中文写作之天主教教理《天主实录》(一名《圣教实录》),经利玛窦和文士修订,于肇庆印出。是为西人最早用中文写作并印行之天主教义纲领。

利玛窦刊《畸人十规》,此为汉语所写之宣教书。

利玛窦应肇庆知府王泮之请,将所携世界地图予以绘刻印,名《山海舆地图》。此为新型世界地图传入中国之始。图中绘列经纬度、赤道、五带,并稍变常法,移绘中国近图中央,地名均汉译。

郑世威卒(1503—)。世威原名钺,字中孚,号环浦,谥恭介。福建长乐人。嘉靖八年进士,累官至刑部右侍郎。著有《岱阳汇稿》、《长乐乘》、《经书答问》等。

严讷卒(1511—)。讷字敏卿,号养斋。常熟人。谥文靖。嘉靖二十年进士。授翰林编修,迁侍读。寻入直西苑,撰青词。累官吏部尚书、武英殿大学士,入参机务。与修《承天大志》、《永乐大典》。后因供奉青词积劳成疾,乃乞归。著有《春秋左传注解辨误》、《春秋国华》17卷、《海虞世家碑铭志传》(与陈瓒合撰)、《馆阁表奏》2卷、《严文靖公集》12卷。事迹见《明史》卷一九三。

赵镗卒(1513—)。镗字仲声,号方泉,晚号留斋居士。浙江江山人。嘉靖二十年进士。官至右佥都御史。著有《留斋漫稿》。

孙楼卒(1515—)。一说生于1516年。楼字子虚,号百川。常熟人。嘉靖二十五年举人。授湖州府推官。改汉中,致仕归。性好书,手自校雠。所藏逾万卷,且多秘本。著有《吴音奇字》1卷、《博雅堂藏书目录》、《学海》、《孙百川文集》12卷、《丽词百韵》等。散曲作品见于《南北宫词纪》中。

孙应鳌卒(1527—)。应鳌字山甫,号淮海。贵州清平人,徙居江苏如皋。谥文恭。嘉靖癸丑进士,累官至南京工部尚书。通经、知乐律。著有《淮海易谈》4卷、《律吕今解》2卷、《律吕发明》2卷、《四书近语》6卷、《世史正纲》、《教秦绪言》1卷、《论学汇编》8卷、《庄子要删》10卷、《幽心瑶草》1卷、《学孔精言舍汇稿》12卷、《孙山甫督学文集》4卷、《孙山甫督学诗集》4卷等。

耿定理卒(1534—)。定理字子庸,号楚倥先生。湖广黄安人。诸生。耿定向弟。与兄俱讲学,专主禅机。事迹见《明儒学案》卷三五。

黄尊素(—1626)、周顺昌(—1626)、孙奇逢(—1675)生。

万历十三年　乙酉　1585 年

印度莫卧尔帝国征服克什米尔。

奥斯曼帝国取东非拉木、蒙巴萨。

奥斯曼帝国入波斯大不里士。

法国宗教战争复起。

英格兰人及西班牙战于尼德兰。

西班牙入布鲁塞尔，安普卫特等。

英国德雷克侵西班牙美洲殖民地。

二月，奏准，各省乡试考官仍用京官主考。

按：凡遇乡试之年，巡按御史奏请，礼部会同吏部，于在廷诸臣内访其学行兼优者，疏名上请，每省分遣二员，仍酌量道里近远，先期奏差。

又，乡、会试程式文字，仅就士子中式试卷，纯正典实者，依制刊刻，不许主司代作。

按：其后场果有学问该博，即前场稍未纯，亦许甄录。中间字句不甚妥当者，不妨稍为修饰，但不许增周过多，致掩本文。

又，议行覆试制，以为科举中革奸之法。

按：其法，取覆试卷，比照中式卷，若不甚相远，即准中式，其荒谬不堪者，即斥落为民。其借故不赴覆试者，即行除名，并咨到司，坐以应得之罪。

是月，左春坊左谕德兼翰林侍读张一桂、司经局洗马兼修撰陈于陛主顺天试。右春坊右谕德兼翰林院侍读于慎行、右春坊右中允兼翰林院修撰李长春主应天试。翰林院修撰孙继皋主浙江、翰林院编修黄洪宪主福建、翰林院编修张应元主湖广、翰林院编修余孟麟主江西试。余六科给事中、各部员外郎主事有差。

按：顺天乡试后，冒籍之说纷起。冒籍诸生八人，被酷加讯治；考官等亦被究责。此为自来冒籍受法最为严酷且滥及者。明初冒籍之禁颇严，然冒籍者被斥回籍后终许再试。嘉靖二十二年，顺天中式陆光祚、毛延魁、陈策，俱以冒籍被劾，礼部请发回原籍，上命姑准留之，但不许今科入试，而贷其父叔等罪；至嘉靖四十三年顺天乡试，给事中辛自修又纠章礼等五人冒籍，诏复试，仅斥二人，其余俱无所问；至是，给事中钟羽正发浙人冯诗、章维宁、史记纯、胡正道、陈邦训等八人冒籍，俱奉严旨，冯诗、章维宁二人枷示顺天府前，讯治中，二生被重创，荷三木，穷冬盛寒，皆濒死而甦，满日同六人俱发为民，禁锢终身。八人中史记纯之父为编修史珂，至革职闲住；提学御史董裕，以失觉察谪调；正主考左谕德张一桂调南京。

三月，录建言诸臣，以邹元标为南京兵部主事。

是月，毁天下私创书院、庵院。

五月癸酉，杨文举、彭梦祖任云南考试官。周梦祖、熊敦朴为贵州考试官。

丙戌，黄洪宪、蔡文范任福建考试官。唐尧钦、王德新为四川考试官。杨廷相、江铎为广东考试官。张栋、林光何为广西考试官。

按：蔡文范字伯华，生卒年不详。江西新昌人。隆庆进士。著有《缙云斋稿》、《甘露堂集》。张栋字伯任，一字可庵，生卒年不详。苏州昆山人。万历进士。著有《可庵书牍》。

八月，李植等以大峪山寿宫地有石，不吉，劾阁臣申时行等。复勘大峪山,终吉。乃调植等于外。结植者吴中行、赵用贤、沈思孝等求去,而抗疏言朋党事。党论之兴自此始。

  按:李植字汝培。生卒年不详。扬州江都人。万历进士。沈思孝字纯父,号继山,生卒年不详。浙江嘉兴人。隆庆进士。官至右都御史。著有《晋录》、《溪山堂草》。

  李贽三月再至麻城,曾致信焦竑,说明与耿定向之冲突。
  耿定向四月晋刑部左侍郎。
  梁辰鱼二月会梅鼎祚于虎丘。
  罗汝芳大会江省同志于会城。
  赵用贤五月丙申以司经局洗马管司业事原官兼修纂,同谕德赵志皋等纂修《玉牒》。
  海瑞正月复官,被召为南京右佥都御使,寻升任南京吏部右侍郎。在任力惩贪污。
  李材升本省按察使,整饬金腾兵备。
  许孚远督学关中,主讲正学书院,并礼聘王之士为主讲。
  孟秋起官西曹,邹元标转铨部,是春复相聚于京师,有《书邹南皋卷》。
  顾宪成反对豪家子弟凭籍父兄势力进身,是春作书阻王衡应试。
  顾宪成家居读《春秋》,名所居曰"小心斋"。
  陈继儒在太仓王锡爵家坐馆,与王衡同读书支硎山;其为王衡作《真傀儡》杂剧在此年。
  王衡与陈继儒同应应天(南京)京兆试,落第。
  苏浚二月壬戌升浙江佥事,提调学校。
  徐贞明条例事宜,请郡县有司以垦田勤惰为殿最,能垦田百亩以上,即为世业,子弟得寄籍入学;其卓有明效者,仿古孝弟力田科,量授乡遂都鄙之长。
  张佳胤闰九月以戎政尚书总督蓟辽召为兵部尚书。
  臧懋循在南京国子监被劾行为不检,夺职还居杭州。
  王世贞二月以诗送王锡爵赴任北上。
  王世懋复起为福建提学副使,著《闽部疏》。
  高攀龙为严立课程,作《日鉴篇》,以德业之敬怠,分注于天时人事之下,以备日稽月考。
  汪道昆以戚继光游歙,复与举白榆社。
  莫是龙入京,与人考辩灯市所鬻古画。
  潘之恒客南京,收集戏剧及伶工艺事资料,备写剧论。
  顾大典调福建提学副使,跋《李少卿帖子》。
  王稚登在常州天宁寺见僧人洪恩,为跋所得宋秘阁《黄庭经》。
  陈所闻寓莫愁湖阁,作社。
  汤显祖接吏部验封郎中所致书,劝与执政通,可升为吏部主事。汤显

意大利佛罗伦萨乌斐齐美术馆建成。

英格兰移民抵弗吉尼亚及卡罗来纳边界之劳诺克岛。

荷兰数学家西蒙·斯蒂文提出流体静力学悖论。

祖作书却之。

孙柚仍居藤溪。

> 按：孙柚字梅锡，号遂初，生卒年不详。常熟人。性豪放好客，建别业于虞山北麓，名藤溪，与王稚登、莫是龙辈觞咏其中。能诗善曲。著有《藤溪稿》、《苏门稿》、《栖霞稿》、《秋社篇》及传奇《琴心记》等。

许世卿中举人。

> 按：许世卿(1552—?)，字伯勋，号静余，江苏无锡人。东林讲学会中，高攀龙以前辈事之。有训子名言："口不说欺心语，身不为欺心事；出不惭朋友，入不惭妻子，方可名学人"。事迹见《明儒学案》卷六十。

刘宗周从季叔受《论语》。

孟三德神父8月奉范礼安神父之命来肇庆主持传教。

罗明坚神父10月携艾美达修士前往绍兴传教，次岁6月被逐回肇庆。

楚人金来阳率其子弟同学林子之道，后林兆恩命之为荆楚领袖。同年，林兆恩命游思忠偕张洪都传教于金陵。

四川岳池创建凤山书院，创建人不详。

塞万提斯著成《加拉黛亚》。

卢卡斯·詹斯松·瓦格赫伦著成航行说明书《蔡瓦尔特的镜子》。

凌稚隆著《春秋左传注评测义》70卷刊刻。

许相卿著《史汉方驾》35卷重刊。

张应登编《岳忠武公年表》附《汤阴精忠庙志》卷一后刊行。

> 按：本年表非表格体，做横排分行纪年记事。所记照岳珂谱中各年记事纲要部分。同卷中尚有《庙图志》、《先茔志》、《世系志》、《遗像志》。

王绍雍等编《王襄敏公年谱》1卷附《黎阳王襄敏公集》后刊行。

> 按：是谱为谱主王越曾孙王绍雍、玄孙王正蒙编撰。谱主在边任职四十余年，身历战阵一百九十四次。谱中详记其仕历、战绩、家事等。谱后附《墓志铭》、《神道碑》。

姜宝编《松溪程先生年谱》刊刻于金陵。

> 按：是谱据谱主程文德之孙程顺孙所供稿增件编辑而成。述及谱主家事、受业、科第、学行等。谱前有谱主遗像及姜宝撰写的《像赞》，另有《赠官诰命》、《赐谥诰命》及《谕祭文》。谱后附罗洪先撰《墓志铭》、赵志皋撰《程文恭公传》。谱主程文德，字舜敷，号松溪，谥文恭，嘉靖八年进士。

恽应翼修《新修安定县志》7卷成。

余之祯纂修《吉安府志》36卷刊刻。

王元宾纂修《滕志》8卷刊刻。

朱睦㮮纂《开封府志》34卷刊刻。

黄仕祯修、黄元美等纂《将乐县志》12卷刊刻。

叶初春修、叶春及纂《顺德县志》10卷刊刻。

耿定向纂修《黄安初乘》2卷成。

傅良言修、詹莱纂《常山县志》15卷刊刻。

孟秋作《陕州创建西川尤先生祠记》。

杨起元作《见心堂记》。

沈璟作《吴江县重建儒学记》。

罗日褧《咸宾录》8卷成。

秣陵周氏大有堂重刻《御制大明律例招拟折狱指南》18卷刊行。

按：此书为法律书，然首册载钦定时估例，记各种商品行市，足资后学研究万历初年物价及经济之用。

王泰亨、张仲立、秦汝约校刊王世贞所编《世说新语补》于吴中，王世懋序之。

按：先是，何良俊仿《世说》体作《何氏语林》，王世贞取其语言雅驯者，与《世说新语》合而编之，名《世说新语补》。至是，张仲立等校刊之。次岁，王世懋指摘此刻之失，重校刊于闽中，陈文烛序之。

王世懋著《王奉常杂著》刊行。

冯时可著《岩栖稿》。

按：冯时可字敏卿，号无成，生卒年不详。松江华亭人。隆庆进士。官至按察使。著有《左氏释》、《易说》、《上池杂识》、《雨航杂录》及诗文集。

西班牙传教士冈萨雷斯·德·门多萨所纂《中华大帝国史》在罗马首次印行。该书为最早全面介绍中国概貌之西文著作，旋译成意、法、英、德文在欧洲广为印行。

按：门多萨曾于1580年受命前来中国，然只到墨西哥，便中途而返。他根据许多第二手资料，用西班牙文写成此书，印行后引起了整个欧洲之注意，为欧洲中国热之兴起、为中国文化在西欧之传播奠定了良好基础。

范钦卒（1506— ）。钦字尧卿，又字安卿，号东明。鄞县人。嘉靖十一年进士。官至兵部右侍郎，以避严嵩父子还乡。嘉靖四十年至四十五年，创建天一阁藏书楼，聚书七万余卷，尤以明版地方志及登科录为世人所贵。晚年订立"代不分书，书不出阁"等训规，与张时彻、屠大山主甬上文柄，时称"东海三司马"。著有《四明范氏天一阁书目》、《奏议》、《抚掌录》、《明文臣爵谥》、《古今谚》等。校勘诸书31种。后世子孙皆能护书、增书。

按：明清时浙东藏书家，范钦号称第一。其所藏书，清人阮元、钱恂曾先后为之编目。书楼现为国内最古老私人藏书楼，系全国重点文物保护单位。现存271种明代方志中有216种由上海古籍书店分两次影印出版，名《天一阁藏明代方志选刊》和《续编》，内有孤本84种。

侯一元卒（1511— ）。一元字舜举，号二谷。浙江乐清人。侯廷训子。嘉靖十七年进士。著有《二谷读书记》。

李春芳卒（1513— ）。春芳字子实，号石麓。兴化人。谥文定。嘉靖二十六年擢进士第一。以修撰超授翰林学士。累官礼部尚书。隆庆初拜首辅。旋进吏部尚书。与严讷、郭朴、袁炜同有"青词宰相"之目。著有《贻安堂集》，所辑有《明隽》。事迹见《明史》卷一九三。

胡直卒（1517— ）。直字正甫，号庐山。泰和人。嘉靖进士。曾任

皮埃尔·德·龙沙卒（1524— ）。法国诗人。

加罗斯卒（1530— ）。法国诗人。

亚里山大·斯科特卒（约1525— ）。苏格兰诗人。

四川参议、广西参政,官至福建按察使。师欧阳德、罗洪先,得王守仁之传。公开接受佛教"三界唯心"观点,以为儒、佛在"天地万物不外乎心"一点上并无不同,反对程朱一派"究理致知"之说。曾与门人讲学螺水之上。著有《胡子衡齐》、《衡庐精舍藏稿》。事迹见《明史》卷二四三《邹元标传》、《明儒学案》卷二二。

刘尧晦卒(1522—　)。尧晦一作尧诲,字君纳,号凝斋。湖广临武人。嘉靖三十二年进士。官至南京兵部尚书。著有《虚籁集》。

张四维卒(1526—　)。四维字子维,号凤磐。蒲州人。谥文毅。嘉靖进士,授编修。万历间,以张居正荐,为礼部尚书兼东阁大学士,入赞机务。在阁谨小慎微,听命于居正。居正卒,为首辅当国,力反前事,颇属时望。能诗文,著有《条麓堂集》；工曲,有传奇《双烈记》、《章台柳》、《螭蟑记》三种；散曲有《溪上闲情集》。事迹见《明史》卷二一九。

魏允中卒(1544—　)。允中字懋权。大名南乐人。与无锡顾宪成、漳浦刘廷兰均乡试第一,又同登万历八年进士第,时称"庚辰三解元"。著有《魏仲子集》。

顾同应(　—1626)、陈龙正(　—1645)、文震亨(　—1645)、黄道周(　—1646)、顾梦麟(　—1653)、葡萄牙传教士曾德昭(　—1658)、喻昌(　—1664)、蓝瑛(　—1664)、方维仪(　—1668)、方震孺(　—1645)生。

万历十四年　丙戌　1586 年

英人破"巴宾顿阴谋"。

正月壬戌,礼部题请广会试制额。神宗特定取 350 人,著为例。

礼部复议会试试录程文宜录乡试例,删润原卷,不宜尽掩初意。至于经房,额设十七员,《书》、《易经》旧例各有四房,《易经》卷多,宜增一房。从之。

是月,皇三子朱常洵生,进其母贵妃郑氏为皇贵妃。而恭妃生皇长子已五岁,未加封。中外物议沸腾,疑上将立常洵。自是,国本(指立太子)之争开始。

按：皇长子朱常洛万历十年九月生,时已五岁,其母恭妃王氏,原为宫人,至是尚未进贵妃,科臣姜应麟等有疏争之,被降边方杂职。给事中杨廷相、御史陈登云等,具疏申救,不听。此后,因神宗爱郑贵妃,迟迟不立长子为太子,廷臣力争,达十五年之久。争国本者,后多为东林党人。

甲午,礼部取中会试举人袁宗道等 350 名。

二月丁卯,遣大学士王家屏祭先师孔子。

己巳,吏部题复：今后凡遇科年,考选庶吉士,率以二十余人,储养成才,留授编简官不过七八辈,其余酌量才品,分授科道部属等官,著为定例,永远遵守。神宗是之。

是月,户科给事中姜应麟、吏部员外郎沈璟、刑部主事孙如法、员外郎李懋桧、郎中刘复初等谏"国本",皆得罪。

三月庚戌,神宗策天下贡士于廷,制曰:"盖闻上古无为而治,不赏而民劝,不怒而威于鈇钺,何其盛也。而儒者之论治曰:有功不赏,有罪不罚,虽唐虞不能化天下。……则二帝三王所由固与上古殊路欤,何同归于治也?"(《神宗实录》卷一七二)

癸卯,以阁臣申时行之请,诏"诸曹建言,止及所司执掌,仍听其长择而进之,不得专达"。于是门户之祸大起。

是日,修复湖广汉阳县儒学。

癸丑,赐唐文献、杨道宾、舒弘志等351人进士及第、出身有差。

五月乙未,礼部有题复南京御史"崇实学以罗真才"疏,提出乡会试务要三场匀称,方许中式,如后场驰骋赅博而初场不过平平者,拔置前列,以示激励。(《神宗实录》卷一八六)

六月甲戌,考选庶吉士袁宗道等23人。

十二月,礼部进《宗藩要例》。

是年,南京户部给事中王嗣美奏劾应天壬午科(万历十年)乡试主考沈懋孝,谓沈任主考后将新置良田千余亩。应试者凡行贿五六百亩即可录取。又谓近年考试贿赂公行,录取者半为富室。

命翰林院侍讲曾朝节,编修杨政德、陆可教、冯琦编纂《六朝章奏》。

努尔哈赤征建州诸部,与明通好。

李贽有《答耿司寇》长书,标志着与耿定向最终决裂。

按：是岁耿定向先有《与李公书》,规李贽当以"不容自已"为志,而不当以"无所不已"之"寂灭"为宗;又曰:"比来目见学术浇漓,人心陷溺,虽不敢妄拟孔孟,窃亦抱杞人天坠之忧矣。"李贽答书揭耿定向道学之过失,毫不留情,曰:"试观公之行事,殊无甚异于人者。人尽如此,我亦如此,公亦如此。自朝至暮,自有知识以至今日,均之耕田而求食,买地而求种,架屋而求安,读书而求科第,居官而求尊显,博求风水以求福荫子孙,种种日用,皆为自己身家计虑,无一厘为人谋者。及乎开口谈学,便说尔为自己,我为他人;尔为自私,我为利他;我怜东家之饥矣,又思西家之寒,难可忍也。某等肯上门教人矣,是孔孟之志也。尔等不肯会人,是自私自利之徒也。某行虽不谨,而肯与人为善,某等行虽端谨,而好以佛法害人。以此而观,所讲者未必公之所行,所行者又公之所不讲。其与言顾行行顾言何异乎?以是谓非孔圣之训乎?翻思此等,反不如市井小夫,身履是事,口便言是事。"又曰:"今某之行事,有一不与公同乎?亦好做官,亦好富贵,亦有妻孥,亦有庐舍,亦会宾客,公岂能胜我乎?何为乎公独有学可讲,独有许多不容已处也?我既与公一同,则一切弃人伦、离妻室、削发披缁之语,公亦可以相忘于无言矣。何也?仆未尝有一件不与公同也,但公为大官耳。学问岂因大官长乎?学问如因大官长,则孔孟当不敢开口矣。且东郭先生(邹守益)非公所得而拟也。东郭先生专发挥良知之旨,以继往开来为己任,其妙处全在不避恶名以救同类之急,公其能此乎?我知公详矣,公其再勿说谎也。须如东郭先生方可说是真不容已。近时唯龙溪先生(王畿)足以继之,近溪先生(罗汝芳)稍

伽利略发明比重秤。

奥地利格拉茨大学创立。

英格兰托马斯·卡文迪什开始其环球航行。

最早拉丁文拉脱维亚语文献出版。

俄罗斯入西伯利亚建秋明城。

能近之。公继东郭先生不得也。何也？名心太重，回护太多也。实多恶也，而专谈志仁无恶。实偏私所好也，而专谈泛爱博爱。实执定己见也，而专谈不可自是。公看近溪有此乎？龙溪有此乎？况东郭哉？此非强为尔也，诸老皆实实见得善与人同，不容分别故耳。既无分别，又何恶乎？公今种种分别如此，举世道学无有当公意者，虽以心斋先生（王艮）亦入杂种，不入公彀率矣，况其他乎？其同时所喜者，仅仅胡庐山（胡直）耳。麻城周柳塘，新邑吴少虞，只此二公为特出，则公之取善亦太狭矣。何以能明明德于天下也？"该函凡3833字，从中可见李贽于学术人心切实而坚定的见解，也可见出其人格。

耿定向接李贽长书后，答以《与李公书》。

按：是书略曰：窃意公所云明德者，从寂灭灭己处，觑得无生妙理，便谓明了。余所谓不容已者，即子臣弟友根心处，识取有生常道耳。

罗汝芳在金陵，焦竑与姚汝循访之，相与论学。

周柳塘自麻城往访罗汝芳，并相偕下南昌、游两浙，至金陵。日与朱廷益、焦竑、李登、陈履祥、汤显祖等谈学城西。未几，同志会集凭虚阁，会兴善寺，门人集罗汝芳《会语续录》，由赵瀎阳刻于太学。

罗汝芳至南京讲学，汤显祖日往讨论。时刑部右侍郎复古派后七子领袖王世贞及其弟太常少卿王世懋并官南京，显祖且为世懋部属，以文学主张不同，不相往还。

焦竑、汤显祖等集南京城西永庆寺谈学。

顾宪成作《李见罗先生文集序》。

梅鼎祚八月访汤显祖于南京，乞序《玉合记》传奇。归后改定，冬月竣刻。

沈瓒在南京刑部任职。

王锡爵二月任会试主考官；《大明会典》副总裁。

李长春三月戊午升左春坊左庶子兼翰林院侍读，赵用贤升右春坊右庶子兼翰林院侍读，各掌本坊印信。

李长春五月壬戌升任国子监祭酒。十月丁亥国子监祭酒进刊《论语注疏》，神宗命留览。

赵用贤、盛讷九月癸卯任武举考试官。

王弘诲、韩世能、赵志皋、赵用贤正月甲子俱补充经筵讲官。

赵志皋三月丙午升为南京国子祭酒。

顾宪成九月补吏部验封司主事。

顾宪成在无锡故里借泮宫临时讲学，高攀龙从学。

许孚远以校士抵华阴，有《游华岳记》。

邹元标三月由吏部员外郎任引疾去。

孟化鲤六月为户部贵州司主事，有《计曹私记》。时江南山左大饥，化鲤奉命往赈。是岁，改验封事。

习孔教四月己巳升为右春坊右中允，管国子监司业事。

杨起元病目，为颐养，建敦仁精舍于郡城东门外。

汪道昆旅焦山，立《浮玉山铭》，又为僧人洪恩题所得《黄庭经》拓。

汪道昆自焦山至杭州，与王世贞、王稚登、屠龙、潘之恒、汪道会、邬佐卿等共举南屏社。

俞安期旅江西。

沈鲤四月庚寅在礼部尚书任以应天乡试有弊，疏请待罪同勘。

余孟麟五月戊戌升任南京国子监司业。

按：余孟麟字幼举，江宁人。万历二年进士，历官翰林院编修，南国子监祭酒。

罗大紘成进士。

按：罗大紘字公廓，号匡湖，江西安福人。生卒年不详。官礼科给事中，后谪归。学於徐鲁源，林下与南皋讲学。事迹见《明儒学案》卷二三。

安希范成进士，授行人。

李日茂成进士。

按：李日茂字文华，号培吾，生卒年不详。河间青县人。官至山东按察司副使。著有《永思斋文集》。

李沂成进士，授吏科给事中。

吴崇礼成进士，授蒲县知县。

吴应宾成进士，授编修，以疾告归。

何乔远成进士，授刑部主事。

何淳之成进士。

按：何淳之字仲雅，号太吴，生卒年不详。应天江宁人。工书画，尤精山水兰竹、行书。著有《足园集》。

闵远庆成进士。

按：闵远庆字基厚，生卒年不详。浙江乌程人。官至四川按察佥事。曾与何继高、冯学易合纂《长芦盐法志》。

林祖述成进士。

按：林祖述字道卿，生卒年不详。浙江鄞县人。官至广西提学佥事。著有《星历释义》。

袁宗道进士第一，授庶吉士，进编修。

袁黄成进士，授宝坻知县。

唐文献成进士，授修撰。

钱士鳌成进士，授六安知州，调知福宁。

按：钱士鳌字季梁，号存庵，生卒年不详。浙江钱塘人。著有《钱麓屏遗集》。

顾允成三月登第，廷对策中直斥郑贵妃进封事，执政震骇，置之末第。

顾允成为海瑞被诬劾抗辩，被削进士籍归。

黄承玄成进士，授工部主事。

按：黄承玄字履常，号与参，生卒年不详。浙江嘉兴人。著有《鸥盟堂集》、《北河纪略》、《河槽通考》等。

丁元荐、邹德泳、沈瓒、何出图、黄汝良成进士。

陈继儒自除学籍。

刘宗周从学于族舅章某，弱不好弄，一意为学。

利玛窦在肇庆交结官吏士子，诱化世人。

罗明坚入杭州。

威廉·韦布著成《论述英格兰诗歌》。	郑良弼著《春秋续义纂要发微》7卷刊刻。
西泽·巴罗尼乌斯著成《教会编年史》。	许孚远作《雁塔题名记》、《赠梁方伯开府宁镇序》。
威廉·卡姆登著成《英国》。	蔡汝贤《东夷图像》、《东夷图说》刊刻。

王圻著成《续文献通考》254卷。

按：是书仿《文献通考》体例，记南宋宁宗嘉定末至明神宗万历初之间典章制度，尤详于明代。乾隆朝钦定本《续文献通考》（"三通"馆臣编撰）大量取材于是书。

胡应麟著《四部正讹》3卷成。

按：该书考辨104种古籍之真伪，并从理论上较为系统地论述了伪书产生的原因和辨别的方法，为我国的辨伪学奠定了基础。

王元修等纂修《雄乘》2卷刊刻。

曾一侗修、詹应阳纂《商河县志》10卷刊刻。

李思悦修、洪一鳌纂、李世方增修、易文增纂《寿昌县志》12卷刊刻。

周弘禴纂修《代州志书》2卷刊刻。

恽应翼修《新修安定县志》7卷成。

郭之藩修、叶春及纂《永安县志》2卷、《图》1卷刊刻。

张文锆修、罗兆旗纂《阳春县志》15卷刊刻。

王世懋重新校刻王世贞所编《世说新语补》于闽中，陈文烛序之。

按：去岁，此书已有张仲立等吴中之刻。

卓明卿编《唐诗类苑》木活字本100卷刊行。

按：《四库提要》以为是书为卓氏窃用张之象稿子辑成。

张承刊所著《张伊嗣全集》。

张凤翼作传奇《祝发记》。

佘翘成《幼服集》，梅鼎祚为序。

菲利普·锡德尼卒（1554— ）。英格兰诗人，评论家。	黄光昇卒（1505— ）。光昇字明举，号葵峰。福建晋江人，嘉靖八年进士。著述有《诏代典则》、《历代纪要》、《海塘记》等。
路易斯·德莫拉莱斯卒（约1509— ）。西班牙风格主义画家。	陈以勤卒（1511— ）。以勤字逸甫，号松谷、青居山人。四川南充人。谥文端。嘉靖二十年进士。官至礼部尚书兼文渊阁大学士、吏部尚书。著有《青居山房稿》。事迹见《明史》一九三。

叶朝荣卒（1515— ）。朝荣字良时，号桂山。福建福清人。隆庆间恩贡，官养利知州。著有《诗经存固》、《芝堂遗草》等。

万士和卒（1516— ）。士和字思节，号履庵。江苏常州人。嘉靖二十年进士，授礼部主事。万历初任礼部尚书，以忤首辅张居正去官。卒谥文恭。著有《履庵集》。事迹见《明史》卷二二〇。

朱睦㮮卒（1517— ）。睦㮮字灌甫，号西亭，明宗室，封镇国中尉，覃精经学，尤邃于《易》、《春秋》。后举文行卓异为周藩宗正，约宗生以三六九日讲《五经》，盛寒暑不辍。尝以古人经解残缺散佚，乃访求缮写。若李鼎作《易解》、张治《春秋传》，皆叙而传之。尝倾资购江都葛氏、章丘李氏藏书,建万卷堂。著有《五经稽疑》、《授经图传》、《韵谱》、《陂上集》、《建文逊国褒忠录》、《中州文献志》、《万卷堂书目》、《河南通志》、《开封郡志》等。

项笃寿卒(1521—)。笃寿字子长,号少溪。浙江秀水人,嘉靖四十一年进士,为大史家郑晓婿。著有《今献备遗》、《全史论赞》等。二子项德桢、项梦原集其章疏为《小司马奏草》。

张祥鸢卒(1522—)。祥鸢字道卿,别号虚斋。金坛人。嘉靖三十八年进士。官至云南府知府。与杜静台友善,切究心性之学;亦工诗,与嘉靖七子时有往来。著有《华阳洞稿》22卷、《虚庵集》。

周子义卒(1529—)。子义一作子仪,字以方,号儆庵。无锡人。嘉靖四十四年进士。官国子监祭酒,训士有方。精研濂洛关闽之学。著有《中书直阁记》、《国朝故实》、《交翠轩佚稿》。

张纶卒,生年不详。纶字宣甫,号钓石。山东汶上人。嘉靖四十二年举人,授秀水训导。官至户部员外郎。著有《图书考》。

董斯张(—1628)、谭元春(—1637)、徐宏祖(徐弘祖、徐霞客)(—1641)、沈颢(—1661后)、刘若金(—1665)生。

万历十五年　丁亥　1587年

二月丁卯,宴《会典》总裁、纂修官于礼部;六月己卯,命礼部即刻《大明会典》颁行天下。

戊辰,禁士子为文用佛经、道藏语。

六月戊辰,敕内外文武官,冠婚、丧祭、宫室、舆马、衣服,毋得逾制奢僭。

七月,河决开封。

江南水,江北蝗,山西、陕西、河南、山东旱。

八月丁卯,命礼部会同翰林院取自开国至嘉靖初年中式文字之纯正典雅者110余篇刊布学宫,以为准则。

　　按:明诸生应试之文,通谓之举业。四书义一道,二百字以上;经义一道,三百字以上。皆取书旨明晰而已,不尚华采。其后标新领异,益漓厥初。礼部因有是请,以期中式之文,纯正典雅。

十一月戊子,陨阳兵变,毁诸生庐。

　　按:时佥都御史抚治陨阳李材,好讲学,遣部卒供生徒役,卒多怨;又改参将公署为学宫。参将米万春唆部卒为乱。事闻,诏材还籍听勘。

甲寅,差通事官伴送在南京国子监读书之琉球国官生郑周等三人回国任用。

波斯萨菲王朝复兴。

法国胡格诺派败天主教军。

英人杀苏格兰玛丽。

英人袭西班牙海岸。

西吉斯蒙德三世·瓦萨当选为波兰国王。波兰瓦萨王朝始。

格鲁吉亚人与俄罗斯盟。

俄罗斯入西伯利亚建博尔斯克要塞。

葡萄牙入柔佛。

是年京察。北察主计人之一为都御史辛自修,南察主计人有右都御史海瑞,二人欲借京察整饬吏治。顾宪成在北察中支持辛自修,顾允成等在南察中支持海瑞。辛、海失败,二顾亦被降斥。此为东林党人在整治吏治中初露头角。

是时科举考试程式文字有程文、墨卷。

按:程文明时指主司所作范文,墨卷为所选士子所作中式文字。顾炎武《日知录》卷十六曰:文章无完格。立一格而后为文,其文不是言矣。唐之取士以赋,而赋之末流最为冗滥。宋之取士以论策,而论策之弊亦复为如之。明之取士以经义,而经义之不成文又有甚于前代者。皆以程文格式为主,故日趋而下。贾、董、公孙之对,所以独出千古者,以其无程文格式也。欲振今日之文,在毋拘之以格式,而俊异之才出矣。

是年,册封僧锁南嘉措为朵儿只唱达赖喇嘛,此为达赖喇嘛三世。

努尔哈赤筑城于赫图阿拉,启建楼台,布教令于部中,禁暴乱,戢盗贼,立法制。

督察院左都御史奏,白莲教、无为教、罗教,曼引株连,流传愈广,踪迹诡秘,兹直隶、山东、河南颇众。

罗汝芳门人为建讲所,扁曰"明德堂"。是秋,建阳尹崔肖迎汝芳,过新城,与邓元锡倾论而别;至建宁,大会同人,有《建阳会语》。

申时行十月请发留中(皇帝把臣下之章奏留于宫禁,不交议也不批答,称"留中")章奏。

申时行等遵旨将辛未、丁丑二科《进士题名记》文撰完,誊录进呈御览,发工刻石。

耿定向十一月由刑部左侍郎改南京右都御史。

王世贞十月再度出仕,补为南京兵部右侍郎。

王世贞父王忬以苏州抚按等疏奏是岁得赐祭葬,并得赠兵部尚书。世贞作《恭谢天恩疏》,感激涕零。又作《先司马祭赠圣纶碑阴记》,刻于其父坟墓碑亭。

顾宪成任职吏部稽勋司,三月以言事谪官湖南桂阳,旋改浙江处州府推官。筑于愧轩。

许孚远四月由陕西按察副使改顺天府丞。

张元忭免丧再补修撰,四月升左春坊左谕德、兼翰林侍读;七月,充经筵讲官;十一月,为会于灵济宫,应友人问作《不成章不达说》。

屠龙过杭赴宣城。

汤显祖以察典赴北京,旋还临川。

朱维藩官南礼科,冬议浚秦淮河,引长江水入留都,时人为作《金陵浚河赋》。

冯梦祯(冯梦桢)被议浮躁,谪出翰林院,寓西湖,潘之恒与会。

刘宗周从外大父章颖受书。

吕坤守济南,辑《子平要语》,教誉者习之,有《子平要语引》。

潘士藻为福建道御史，不三月以上修省疏，左迁粤照磨，越四岁方得召还。

魏钟宁于广东电白创建志学书院。院名取《大学》"志在于学，以大学为标的，格致诚正为实功，修齐治平为实用"，达到"立志笃，趋向定，他歧不为惑，异端不为摇，客形外物不为夺"之意。

马鸣鸾于云南祥云创建九峰书院。

孟三德返澳门。

李长春四月丁丑以国子监祭酒刊《易经注疏》毕，进呈达览。

朱谋㙔著《骈雅》成。

按：是书仿《尔雅》体例而专释联语，收词范围极广，足资释疑难而广见闻，为明人著述中不可多得者。作者朱谋㙔字郁仪，又字明父。明皇室宗亲、宁献王曾孙，袭封镇国中尉。万历二十二年（1594）理石城王府事，典理藩政三十余年。病卒，私谥贞静先生。生平好藏书，为官之暇，闭户读书，贯串群籍，熟谙朝廷典故。著述甚丰，计有《易象通》、《诗故》、《春秋戴记》、《鲁论笺》、《六书本源》、《古音考》、《说文举要》、《七音通轨》、《说文质疑》、《六书著论》、《六书贯玉》、《字原表微》、《古文奇字辑解》、《方国殊语》等凡一百十二种。所著《水经注笺》最为人所称道。

申时行等正月甲辰进重修《大明会典》。

包大爟《圣门通考》12卷、包㞟《圣门续考》3卷刊刻。

包大爟编《圣门年谱》附书林清心堂刊本《圣门通考》后刊行。

按：是谱分上、下两部分。谱上为孔子年谱，表格体，纵列时间，横列地点，谱主一生主要事迹按其发生之时间与地点分别概述于相应之时地交叉格内。此表亦记孔门弟子事。所记谱主生年为鲁襄公十六年（前557），卒年为鲁哀公十七年（前478），全谱记至周贞定王元年（前468）。谱下为孔子弟子年谱，包括《子迟年谱》（谱主樊须，字子迟）、《秦商年谱》（谱主秦商，字丕慈，一作子丕）、《颜路年谱》（谱主颜无繇，字路，一曰名繇，亦作由，字季路）、《曾点年谱》（谱主曾点，字皙，曾参之父）、《冉耕年谱》（谱主冉耕，字伯牛）、《子路年谱》（谱主仲由，字子路，又字季路）、《漆雕开年谱》（谱主漆雕开，字子若，一作开）、《有若年谱》（谱主有若，字子有）、《闵子年谱》（谱主闵损，字子骞）、《孔鲤年谱》（谱主孔鲤，字伯鱼）、《子我年谱》（谱主宰予，字子我）、《南宫适年谱》（谱主南宫适，字子容，又称南宫括）、《冉求年谱》（谱主冉求，字子有）、《仲弓年谱》（谱主冉雍，字仲弓）、《商瞿年谱》（谱主商瞿，字子木）、《子羔年谱》（谱主高柴，字子羔，一作子皋）、《颜子年谱》（谱主颜回，字子渊）、《子旗年谱》（谱主巫马施，字子期，一作子旗）、《颜刻年谱》（谱主颜刻，一作颜高，字子骄）、《子贡年谱》（谱主端木赐，字子赣，一作子贡）、《子游年谱》（谱主言偃，字子游，一作子由）、《原宪年谱》（谱主原宪，字子思，亦作原思）、《子羽年谱》（谱主澹台灭明，字子羽）、《子华年谱》（谱主公西赤，字子华）、《卜子年谱》（谱主卜商，字子夏）、《叔鱼年谱》（谱主梁鳣，字叔鱼）、《子亢年谱》（谱主陈亢，字子亢，一作子禽）、《曾子年谱》（谱主曾参，字子舆，曾点之子）、《颜辛（子柳）年谱》（谱主颜辛，字子柳，亦称颜柳）、《子张年谱》（谱主颛孙师，字子张）、《子贱年谱》（谱主宓不齐，字子贱）、《子析年谱》（谱主伯虔，字子析，一作子晳，又作子楷）、《子石年谱》（谱主公孙龙，字子石）、《子期年谱》（谱主叔仲会，字子期）、《孔伋年谱》（谱主孔伋，字子思，孔子之孙，孔鲤之子）。

《沃尔克斯布奇的浮士德博士》首次在法兰克福印行。

安东尼奥·阿古斯蒂诺著成有关古钱学一书《铭文及勋章的对话》。

约翰·诺克斯的《苏格兰宗教改革史》。

理查德·黑克卢伊特著成《有关数名法国船长四次航行到佛罗里达的著名历史》。

郭棐纂修《宾州志》14卷刊刻。

邹浩纂修《宁远县志》8卷刊刻。

熊荩臣修、何自谦纂《铜陵县志》10卷刊刻。

萧良干修、张元忭等纂《绍兴府志》50卷刊刻。

庄诚修、王利宾纂《赵州志》4卷刊刻。

屠隆著《荒政考》约成于是岁。

按：屠隆在此书中考证古今，间参己意，总结出了"救荒之要策，经效之良方"三十条。

姜宝在南京礼部，刻所纂《稽古编大政记纲目》8卷。

邹泉《尚论编》20卷刊刻。

按：邹泉字子静，号峄山，昆山人。正德时诸生。后弃举业，著书涧谷中。另著有《四书折衷、翼衷》、《诗经约说》、《宗圣谱》、《经世格要》、《口义会粹》等。

敕纂《大明会典》成并刊行。

焦竑著《老子翼》，收李贽《解老》于《老子翼》中。

焦竑刻所著《焦氏类林》8卷。

按：是书亦为绍续刘义庆《世说新语》者。李登撰《刻焦氏类林引》，姚汝绍、王元贞各撰《焦氏类林序》。

汤显祖作《紫钗记》传奇。

吕本卒（1504—　）。本字汝立，号南渠。浙江余姚人。嘉靖进士，授检讨。历两京国子监祭酒。累官吏部侍郎、东阁大学士，复进太子太保、文渊阁大学士。在朝多体严嵩之意。嵩败，遂不复召。著有《馆阁类录》、《期斋集》。

张之象卒（1507—　）。之象字月麓，号王屋山人。松江华亭人。著有《诗苑繁英》、《司马书法》、《楚骚绮语》、《唐诗类苑》、《彤管新编》等。

王襞卒（1511—　）。襞字宗顺，自号天南逸叟。泰州人。王艮之子。从父艮传王阳明之学。学者称东厓先生。著有《东厓遗集》3卷。事迹见《明儒学案》卷三二。

海瑞卒（1514—　）。瑞字汝贤，号刚峰。广东琼山人。回族。嘉靖举人。曾官应天巡抚，官终南京右都御史。一生为官清廉，提倡勤俭，惩治贪污，平反冤狱，为时人所爱戴。锐意兴革，力行一条鞭法，士族以此多诟病之。卒谥忠介。著有《海刚峰集》。事迹见《明史》卷二二六。

按：据《明史》本传，海瑞生平为学，以刚为主，因自号刚峰，天下称刚峰先生。尝言："欲天下治安，必行井田。不得已而限田，又不得已而均税，尚可存古人遗意。"故自为县以至巡抚，所至力行清丈，颁一条鞭法。意主于利民，而行事不能无偏云。

顾起纶卒（1517—　）。起纶字更生，号玄言。无锡人。以国子生授云南某卫经历，累官郁林州同知，后因罪罢归。好读书，工诗古文辞，善书法。在滇，与杨慎、皇甫汸相唱和。著有《句漏集》4卷、《赤城集》3卷、《知非历》10卷、《昆明集》2卷、《泽秀集》7卷、《国雅品》1卷；辑有《类选诗苑秀句》12卷、《振秀集》2卷、《枫潭集抄》2卷《文抄》2卷、《国雅》20卷《续国雅》4卷、《明诗总集》24卷。

沈明臣(1518—　)约卒。明臣字嘉则。鄞县人。嘉靖中为诸生,有诗名,与徐渭同参胡宗宪幕。后宗宪为严嵩党诬陷卒于狱,明臣持所作诔词,遍为讼冤。著有《吴越游稿》、《丰对楼文集》、《丰对楼诗选》、《越草》及《荆溪唱和诗》等。

文肇祉卒(1519—　)。肇祉字基圣,号雁峰。苏州人。文彭子,文徵明孙。官上林苑录事。有《文录事诗集》,并辑有《文氏五家集》。

戚继光卒(1528—　)。继光字元敬,号南塘、孟诸。山东蓬莱人。明朝抗倭名将。对练兵、治械、阵图等均有创见。提倡拳术以御倭;能吸取花拳绣腿某些长处,对后世拳术的发展影响较大。所著多兵家言,诗文乃其余事。著有《纪效新书》、《练兵纪实》、《止止堂集》。事迹见《明史》卷二一二。

按：继光先后用兵南北,并有威名。在南方战功特盛,为一代抗倭名将;在北疆则专主守,修举边防。继之者踵其成法,数十年得无事。所著《纪效新书》、《练兵纪实》,为后世用兵者取法。据《明史》本传,戚继光更历南北,并著声誉。在南方战功特盛,北则专主守。所著《纪效新书》、《练兵纪实》,谈兵者遵用焉。

莫是龙卒(1537—　)。是龙字云卿,改字廷翰,号秋水,又号俊明。华亭人。莫如忠之子。十岁能文。工书善画,皇甫汸、王世贞极称其艺。著有《石秀斋集》、《画说》;辑有《崇兰馆续帖》。

萧廪卒,生年不详。廪字可发,号兑嵎。江西万安人。嘉靖四十四年进士。著有《兑嵎先生集》。事迹见《明史》卷二二七。

按：据《明史》本传,廪初从欧阳德、邹守益游。制行醇谨,故所至有立。

汪道贯约于此年前后在世,生卒年不详。道贯字仲淹。安徽休宁人。汪道昆之弟。工词赋,尤善书法。著有《汪次公集》,李维桢为作序,以王世懋为比。

吕维祺(　—1641)、范景文(　—1644)、阮大铖(　—1646)、葡萄牙传教士傅汎际(　—1653)、柳敬亭(　—约1670)、陈元赟(　—1671)、宋应星(　—?)生。

万历十六年　戊子　1588年

二月癸亥,礼部请于孔、颜、孟三氏之外,另增曾氏子孙为四氏学。

按：曾氏裔流寓江西永丰,支族单弱,至嘉靖中始奉钦旨依世袭博士,复还山东。

三月壬辰,诏复建文帝年号,改正《景皇帝实录》。

是月,开始重录《明实录》小型本。

法国天主教派围巴黎。法国亨利三世出奔。

英格兰人败西班牙"无敌舰队"。

| 英国成立非洲（几内亚）公司，专事奴隶贸易。
| 俄罗斯入北高加索建捷克列城。

按：至万历十八年十二月完工，以供神宗御览。实录开始外传。

春，黄洪宪为顺天（北京）乡试主考官，沈璟为同考官，申时行四子、女婿及另一辅相王锡爵子王衡皆与试，考官通同作弊。王衡应顺天乡试，名在第一。

五月乙酉，神宗视朝，廷试天下岁贡生，分上、中、下卷，上、中准贡，下卷发学肆业，仍得提学官照例查究。

六月乙卯，禁现任官立生祠。

是月，礼部奏题奏《为科场伊迩乞饬典试诸臣斥违式试卷以正文体以罗真才事》，乞饬典考诸臣必不取违式试卷苟且完责，申令诸生之怀奇韫异欲见所长者，第于理致之中发挥理趣，不得凑泊文字、饾饤浮词。

苏、松等府大旱，太湖水涸。

八月，右庶子黄洪宪等疏《为文衡重任简名惕衷恳乞圣明申饬责成以重大典事》。

按：疏上于是岁顺天乡试前，大略谓私揭中伤及阅卷去取全由同考，与夫弥封对读朦胧改窜之弊，俱与主考无涉。是科乡试场中发生失火及遗失试卷事，据传达室是有人为徇私有意为之；而中式举人之答卷亦多有可参究之处。故高桂等认为是疏是在为主考徇私舞弊又免遭究责张本。故次岁正月礼部郎中高桂疏、二月刑部去南司主事饶伸疏俱请重治黄洪宪作奸市私之罪，并恳恩复试以昭公道。

十一月庚戌，南京兵部右侍郎王世贞条上军政，中有曰：武官六年比试，首二场马步射不入格者仍令入第三场；其骑射策论各有一长者免黜，若才伟略奇、明识博览，绰绰有艺文之长者，即不习骑射，亦破格收录。（《神宗实录》卷二五〇）

辛酉，禁章奏浮冗。

是年，御史马象乾、给事中李沂疏论巨珰张鲸不法，奉旨廷杖，经王锡爵疏救得免。

努尔哈赤征服完颜部，至是，建州五部统一。

按：五部为苏克素护河、浑河、完颜、董鄂、哲陈。

| 罗马的梵蒂冈图书馆开放。

李贽削发为僧，居麻城城外芝佛院。

按：李贽《与曾继泉》曰："其所以落发者，则因家后闲杂人等时时望我归去，又时时不远千里来迫我，以俗事强我，故我剃发以示不归，俗事亦决然不肯与理也。又此间无见识人多以异端目我，故我遂为异端以成彼竖子之名。兼此数者，陡然去发，非其心也。"又汪静峰《墓碑记》记李贽语曰："吾宁有意剃落耶？云夏头热，吾手搔白发，中蒸蒸出死人气，秽不可当。偶见侍者方剃落，使试除之，除而快焉，遂以为常。"

王世贞三月初抵南京兵部侍郎任，谒孝陵，游灵谷寺、燕子矶、牛首山等，皆有诗文记述。

赵用贤四月丁巳以南京国子监祭酒条上申饬南雍七事，如：复勋胄入监之制，请命公、侯、驸马、伯子孙非以成均教习者，不准承袭；严监生久旷之罚；复监试防简之役，等等。（《神宗实录》卷一九七）

汤显祖改官南京詹事府主簿。从七品。

孙如法自潮阳贬所告归。

朱国祚以翰林院修撰充起居注馆编纂官。

邓以讚、李廷机、周应宾、邹德溥以编修俱充起居注馆编纂官。

顾宪成是秋重定《大学》。升浙江处州府推官。

顾允成起江西南康府教授，以母老致仕。未几，丁母忧。服阕，再起保定教授。

许孚远九月具揭为李材辨诬，广东道试御史管九皋劾孚远，命降二级调外。

杨起元校士于闽，作《潘氏世德册序》、《福建乡试录序》。

高攀龙入南雍，与司成赵定宇略师生之分，结忘年交。

高攀龙在南京国子监读书，受学于赵用贤。

祝世禄受聘典学河南。

刘炅成举人，官崇安教谕。

按：刘炅字瞻华，生卒年不详。江西南昌人。著有《说梦集》。

钮少雅至昆山访师习昆曲，得太仓张新点授。

徐光启就馆广东，在韶关开始与西教士接触。

顾大典卸事回吴江，作《谐赏园记》，自记所构园林。

沈璟迁光禄寺丞。

卫承芳重建温州鹿城书院。

佘翘三试未果，谒汤显祖于南京。

罗明坚携大量材料离开澳门经里斯本到罗马，企图游说西方国家与中国互通使节，以便传教。未果。后编绘《明代中国地图集》。

范礼安自果阿入澳门，居留二年，派艾美达修士入肇庆。

利玛窦在罗明坚返回意大利后，主持中国传教团工作。八、九月间被肇庆耆宿控告与澳门葡人勾结谋叛，幸得解决，并获准许居留凭证。十二月，新任制台刘节斋谕示彻查肇庆神父奸细案，拟将利玛窦解回澳门或押往韶州。次岁八月，刘节斋予利玛窦六十两银子，令其返回故里，利氏拒绝，被押解上船。舟行至广州，忽被召回肇庆，制台命其在广州、肇庆以外另选广东一地居留。

国子监校刊《十三经注疏》、《尚书》毕，祭酒田一隽进呈御览。

王升《读春秋左传赘言》12卷刊刻。

申时行等五月丁未奏上太祖高皇帝、成祖文皇帝《实录》各15卷。

申时行二月戊寅进《圣祖御书》。

《大明会典》七月丙戌重刻成，进呈颁布。

赵用贤在南京国子监任，先后重刊《南齐书》、《北齐书》、《周书》、《陈书》。

梅鼎祚编集《古乐苑》。

徐咸《近代名臣言行录》重刊于安徽。

邹泉《宗圣谱》14卷刊刻。

马中良修、蒋守伦纂《交河县志》7卷刊刻。

马洛编成《浮士德博士》。

威廉·摩根将《圣经》译成威尔士语。

约阿基姆·卡梅拉里乌斯著成《田园产物》。

蒂莫西·布莱特著成速记手册《用符号进行迅速和机密缩写的技术》。

颜洪范修、张之象等纂《上海县志》10卷刊刻。

余镗修、王良贵纂《宁津县志》8卷刊刻。

姜师闵修、赖汝霖纂《景宁县志》6卷刊刻。

桑东阳修、邢侗纂《武定州志》15卷刊刻。

郑一麟修、叶春及纂《肇庆府志》22卷刊刻。

范涞修、章潢纂《新修南昌府志》30卷刊刻。

万民纪修、周汝登纂《嵊县志》13卷成。

李贽著《初潭集》12卷。

按：是书自序曰："初潭者何？初落发龙潭即纂此，故曰初潭也。夫卓吾子之落发也有故，故虽落发为僧，而实儒也。是以首纂儒书焉。首纂儒书而复以德行冠其首，然则善读儒书而善言德行者，实莫过于卓吾子也。"

《之国供应事宜书册》五百本印成。

按：此书为潞王之国时所刻。为研究明代诸王就藩仪礼及藩王生活情况较好资料。

王宗沐三月订次《王龙溪先生全集》，并为之序。

保罗·委罗内塞卒（1528— ）。意大利威尼斯派主要画家。

锡南卒（1489— ）。奥斯曼帝国建筑师。

陈垲卒（1502— ）。垲字山甫，号宅平、紫墩居士。浙江余姚人。嘉靖十一年进士。工诗文，诗风平易，文风儒雅，不尚奇崛。著有《受欺稿》。

莫如忠卒（1508— ）。如忠字子良，华亭人。嘉靖十七年进士。累官浙江布政使。寻告归，杜门著书。洁修自好。夏言死，经纪其丧。善草书，诗文有体要。所著有《崇兰馆集》，并辑有《古文厚》、《吴松诗委》。事迹见《明史》卷二二八《董其昌传》附传。

汪镗卒（1512— ）。镗初名镗孙，字振宗，号远峰。浙江鄞县人。嘉靖二十六年进士。累官至礼部尚书，掌詹事府兼翰林院大学士。著有《余清堂稿》。

罗汝芳卒（1515— ）。汝芳字惟德，号近溪。南城人。嘉靖进士，除太湖知县。官至布政司参政，为言官劾罢。学于颜山农。汤显祖曾师之。主张用"赤子良心，不学不虑"之法去"致良知"，是王学中更接近禅宗的一派。著有《孝经宗旨》、《近溪子文集》、《近溪子明道录》等。事迹见《明史》卷二八三、《邹学愿学集》卷六《墓碑》，《圣学宗传》卷一八，《明儒学案》卷三四。

按：据《明史》卷二八三，王守仁弟子王艮，艮传林春、徐樾，樾传颜钧，钧传罗汝芳、梁汝元（即何心隐），汝芳传杨起元、周汝登、蔡悉。……东昌知府罗汝芳、提学副使邹善皆宗守仁学，与后觉同志。善为建愿学书院，俾六郡士师事焉。汝芳亦建见泰书院，时相讨论。

林大春卒（1523— ）。大春字邦阳，一字井丹。广东潮阳人。嘉靖二十九年进士。著有《井丹集》。

顾从义卒（1523— ）。从义字汝和，号砚山。上海人。精于鉴赏，笃志摹古。著有《法帖释文考异》。

张佳胤卒（1527— ）。佳胤字肖甫，号居来山人。四川铜梁人。天启初，谥襄宪。嘉靖二十九年进士。官至太子太保，谢病归。与王世贞等相唱酬，为嘉靖七子之一。七子仕宦多不达，独佳胤以功名始终。著有《居来山房集》。事迹见《明史》卷二二二。

于慎思卒（1531—　）。慎思字无妄，号航隐。山东东阿人。于慎行兄。工诗擅赋，著有《庞眉生集》。

僧明得卒（1531—　）。明得俗姓周，号月亭，又号千松。乌程人。一生以传法为己任。

王世懋卒（1536—　）。世懋字敬美，时称少美。太仓人。王世贞之弟。嘉靖三十八年进士。历陕西、福建提学副使，至太常少卿。好学善诗文，文学主张与其兄相近。著作较多，《易解》、《经子臆解》、《窥天外乘》、《读史订疑》、《澹思子》、《望厓录内外编》、《王奉常杂著》、《日省斋杂著》、《饶南九府图说》1卷、《闽部疏》1卷、《名山游记》1卷、《锲二王分类批点注释国朝名儒垂世胪言》6卷（王世贞辑、王世懋注）、《二酉委谈》、《西征集》2卷、《白门略稿》1卷、《王奉常文集》54卷《诗集》15卷等。

张元忭卒（1538—　）。元忭字子荩，号阳和。浙江山阴人。天启初，追谥文恭。师从王畿，受良知之学，躬为实践。隆庆五年进士。官至翰林侍读。著有《绍兴府志》、《云门志略》、《翰林诸书选粹》、《不二斋文选》等。事迹见《明史》卷二八三《邓以赞传》附传、《明儒学案》卷一五。

按：据《明史》卷二八三，以赞、元忭自未第时即从王畿游，传良知之学，然皆笃于孝行，躬行实践。以赞品端志洁，而元忭矩矱俨然，无流入禅寂之弊。

施绍莘（　—1640?）、僧明河（　—1640）、杨嗣昌（　—1641）、李中梓（　—1655）、华允诚（　—1648）生。

按：施绍莘生年一作1581年。华允诚生年据《明史》卷二五八、《明儒学案》卷六一。

万历十七年　己丑　1589年

正月，高桂在礼部郎中任上上疏，请对去岁顺天乡试中式部分举人重加复试。从之。

按：先是，庶子黄洪宪典顺天分试，王锡爵子王衡为举首，申时行婿李鸿亦与选。礼部主事于孔兼疑举人屠大壮及鸿有私。尚书朱赓、给事中苗朝阳欲寝其事。郎中高桂遂发愤，摘可疑者八人，其疏中以为去岁顺天乡试场中失火失卷事形迹可疑，中式举人李鸿卷中有明显关节处；屠大壮、茅一桂、潘之程、任家相、李鼎、张毓塘等卷大率不通或有字句疵谬处；而以故相张居正三子连占科名，不能见信于天下，故请让是科乡试榜首王衡即辅臣王锡爵之子与上述举人一并复试。

王锡爵、申时行等为举人复试事上疏申辨，并极诋高桂。

葡萄牙败奥斯曼帝国海军于东非海岸。

西班牙入法。

法王亨利三世遇刺。瓦罗瓦王朝终。胡格诺派领袖，那瓦尔的亨利·波旁立，称亨利四世。法兰西波旁王朝始。

英人袭西班牙拉科鲁尼拉。

俄罗斯入取北高加索卡巴尔达。建察里津城(今伏尔加格勒)。

俄罗斯正教会自立。

按：二月，高桂疏中有七名举人及王衡俱行复试，礼部复试结果为"七卷文理平通，一卷文理亦通"，圣旨"都准会试"，夺高桂俸二月。旋有刑部云南司主事饶伸疏，请发下复试原卷，九卿科道从公细阅。(《神宗实录》卷二〇八)

二月甲申，饶伸在刑部云南司主事任上疏《邪臣朋奸欺群循私灭法恳乞圣断以培公道以快人心事》，以语侵辅相，圣旨拿送镇抚司究问。

按：饶伸曰："臣闻复试之日，尚多不能文者，左都御史吴时来不问可否，辄曰'通得'。高桂力斥之，而时来忍耻力持，竟尔朦胧拟请"。"伏乞皇上大奋乾断，将高桂所论循私举人严究斥退，发下复试原卷，九卿科道从公细阅，量留一二可录者，以示圣恩，重治黄洪宪作奸市私之罪。"又曰："(王)锡爵为相三年矣，不闻与人为善，而闻与人饰非，自锡爵趋909，而忠臣贤士悉被斥远，佞夫险人躐跻显要。今又巧护其私以凌轹正直，欺诳皇上，其势又将为居正之续矣。""乞速赐罢斥。"圣旨："饶伸这厮妄言，排击大臣，刁讦辅相，好生无理！显是党护高桂，朋奸呈臆，甚失国体。饶伸著拿送镇抚司，究问朋党主使来说。"削饶伸籍；贬高桂三秩，调边方。又：饶伸字抑之，生卒年不详。江西进贤人。万历十一年进士。官至刑部左侍郎。以浩博闻于时，曾辑《学海》六百余卷。(《神宗实录》卷二〇八)

丙午，礼部取中会试举人陶望龄等350人。

三月乙丑，赐焦竑、吴道南、陶望龄等进士及第、出身有差。

四月壬辰，内阁考试愿就教职举人393人，取中上卷8卷，中卷368卷。

丙午，内阁会同翰林院会考各处岁贡，取中上卷8卷，中卷370卷，其下卷3卷发回该学肄业。

六月癸巳，改进士王肯堂、刘田宁、顾际明、庄天合、董其昌等22人为庶吉士。

九月甲戌，照颜、孟二氏例拨给曾子六十二代孙世袭五经博士曾承业祭田。

丙辰，取中武举赵绅等100名。

十二月己亥，提学御史杨四知请京师各坊建立社学，以训童蒙。从之。

是月，雒于仁疏献《四箴》以指陈神宗阙失，即嗜酒、恋色、贪财、尚气。神宗怒，明年正月，斥雒于仁为民，章奏留中。

是年，申严匿名揭帖之禁。

封努尔哈赤为都督佥事。

基辅学院建立。

伽利略成为比萨大学的数学教授。

英国威廉·李发明第一台针织机。

荷兰史芬特发表静力学著作，提出平行四边形原理。

汪可受(静峰)是岁初至麻城龙湖看望李贽。

按：后汪静峰为李贽作《墓碑记》。

李贽十一月二十四日闻罗汝芳讣，作《罗近溪先生告文》。

耿定向九疏乞休，皆不允。十月复召为户部总督仓场尚书。十一月，致仕。

耿定向十二月奉旨归里调治，暇时辄率群从入天台山，杖履逍遥其间，学者称天台先生。

申时行七月戊辰请令讲官分撰《通鉴纂要》讲章，接续《书经》之后，每日进览。以知善恶得失之归，鉴治乱兴废之迹。

申时行等十二甲午将连年所撰《孟子讲章》四本类写装潢进呈，请加观览并发司礼监续刊。

王锡爵四月奏《请视朝建储疏》。神宗以"朕自冬春以来动火头眩，不耐烦劳"为由辞。

顾宪成、允成兄弟丁母忧。

潘季驯督工夏镇。

按：六月河决夏镇，十月癸卯，黄河决口工成。

吕坤四月有《与吴伯与绝交书》。

高攀龙七月丁嗣艰归，家居读《礼》三年。

王世贞六月四日以三品考满离任北上。十三日抵淮安，得升南京刑部尚书之报，遂南还。二十三日便道抵家，谒先祠，哭弟王世懋。八月二十七日，至南京上任。九月二十四日，南京广西道监察御史黄仁荣弹劾世贞考满欺冒。世贞奉旨照旧供职，并奏上《为恳乞天恩辩明考满事情仍赐罢斥以伸言路疏》。事白后，再上乞休疏，不允。

屠龙、冯梦祯（冯梦桢）集嘉兴，观伶工上演《无双记》。

冯梦祯（冯梦桢）旅吴门见王伯稠，与顾绍芳会于皆山楼。

汤显祖迁南京礼部祠祭司主事。正六品。

沈瓒自金陵往游栖霞山，作诗《栖霞道中早行》。

邹迪光解湖广职回无锡，始于惠山下经营愚公谷。

孙七政、屠龙同抵吴江，与顾大典会于谐赏园。

陈所蕴官南曹，是岁在南京结清真会。

王衡中北闱试，此年为御史所纠，指为依势得售。

沈璟解光禄寺寺丞职还吴江。

吕胤昌自宁国府推官升吏部主事。

朱赓为礼部尚书，二月辛巳因病不与总理会试事，以右侍郎田一儁代之。

许国、王弘诲二月壬午任礼部会试主考官。

焦竑是春以殿试第一名，官翰林院修撰。

王士骐成进士。授兵部主事。

刘文卿成进士。

按：刘文卿字徯如，生卒年不详。江西广昌人。官至南京兵部员外郎。能文，有《刘直洲集》。

吴道南成进士，授编修。

叶茂才成进士，授刑部主事。

吴炯成进士，授杭州推官。

张纳陛成进士，授刑部主事。

按：张纳陛字以登，号文石，生卒年不详。常州宜兴人。曾参与东林讲会。又与史孟麟、吴正志创丽泽大会，东南士子争赴之。著有《易学饮河》。

宗名世成进士，授肥乡知县。

按：宗名世字良弼,生卒年不详。扬州江都人。著有《史略》、《含香堂集》。

　　祝世禄成进士,选知休宁。

　　郝敬成进士,知缙云县,调永嘉,入为礼科给事中,改户科。

　　赵邦柱成进士,授户部主事。

　　姜志礼成进士,授建昌推官。

　　按：姜志礼字立之,生卒年不详。镇江丹阳人。著有《姜同节集》。

　　黄辉成进士,选庶吉士,授编修。

　　陶望龄成进士,授编修。

　　高攀龙成进士,授行人。

　　董其昌成进士,授编修。

　　逯中立成进士,授行人。

　　按：逯中立字与权,号确斋,生卒年不详。山东聊城人。著有《周易札记》、《两垣奏疏》。

　　方大镇、冯从吾、朱国祯、陈所蕴、应朝卿、傅新德、薛敷教成进士。

　　刘宗周是岁学经义于鲁念彬,念彬令取《左传》、《史记》,授以纵横变化之法;先是,宗周从外祖章颖受学,章颖老儒,墨守先辈;至是,有从此失彼之感。故每遇私试,一题必为二义,以正者呈章颖、奇者呈念彬,二师交相称善。

　　黄道周入小学,受《论语》。

　　王骥德晤冯梦祯(桢)于绍兴。

　　刘永澄年十四,补诸生。

　　张朝瑞于浙江金华扩建正学祠为崇正书院。书院规模宏大,为金华士子重要游学之所。

　　利玛窦8月15日乘船离开肇庆,28日被送至韶州城,在西关择得地址为居留地。建立内地第二座教堂。是岁年底,与当地中国官员交往,始研究中国儒、释、道三教。

　　范礼安10月从印度召来苏如汉、罗如望,命之由澳门入内地。

　　瞿太素往韶州拜谒利玛窦,居韶一年,学习西方文化和天主教教义。

乔治·普坦哈姆著成《英格兰散文艺术》。

贾斯特斯·利普修斯著成《政治或文明教义》。

理查德·黑克卢伊特著成《英格兰国家的重要航海和发现》。

　　黄凤翔七月以国子监祭酒将《礼记注疏》装潢以进。

　　按：黄氏以为此书有切于当日之要务。如"《曾子》论孝则曰敬父母之遗体,见圣躬之当珍护焉;《学记》篇有云学然后知不足,见圣学之当缉熙焉……《教世子》篇有保傅之设、齿学之仪,见皇储之当早建预教焉。"

　　胡应麟《经籍会通》4卷、《史书占毕》6卷成。

　　宁王府刻《骈雅》。

　　湖州凌氏刻《吕氏春秋》。

　　熊元修、马文炜纂《安邱县志》28卷刊刻。

　　刘会修、戴文明等纂《萧山县志》6卷刊刻。

　　王訢修、王三余纂《重修安平县志》刊刻。此志万历二十四年有增刻本。

魏显国《历代史书大全》成。

按：魏显国字汝忠，号古渠，生卒年不详。江西南昌人。隆庆元年举人。著有《历代相臣传》、《儒林全传》、《历代守令传》、《元相臣传》。

冯梦龙、陆光祖等鸠工兴刻《径山藏》于山西五台山妙德庵。

按：洪武、永乐年间，明太祖朱元璋、成祖朱棣先后下令刊印佛藏，是为《南藏》、《北藏》。万历初，民间僧俗冯梦龙、陆光祖、僧密藏、紫柏等，因感北板稍精，而藏板于禁中，请印甚难；南板藏于南京大报恩寺，请印虽易，而字板已有损，差错甚多，不利刊行弘扬佛法。于是奔走募缘，发起重刻《大藏》。为省资费，改原《南藏》、《北藏》经摺本为线装，是年起刻。僧真可主持。后相继由德清、密藏、幻余等主持刻经。后因北地苦寒，南迁至浙江余杭县天目山径山寂照庵、兴圣万寿禅寺刻板。后又于嘉兴、吴江、金坛等地散刻。最后集中经版在嘉兴楞严寺印刷，故亦称《径山藏》、《嘉兴藏》或《楞严寺藏》。至清顺治元年四方刻板催归径山。康熙十六年正藏全部完工。历时凡两朝九十八年。分"正藏"、"续藏"，康熙十六年(1677年)后补刻"又续藏"，共收佛典2141部，12600卷。

徽州虬村黄氏刻板、歙县方氏美荫堂印方氏《墨谱》。

天都外臣（汪道昆）作《水浒传叙》。

按：是岁刊行之《忠义水浒传》一百卷一百回本，因卷首有署名为"天都外臣"之序文，故一般称为"天都外臣"本，为百回繁本中重要版本。

徐学谟作《鹅池生传》。

西岩山人作《录异记跋》三则。

梅鼎祚辑刊《唐（李杜）二家诗钞评林》。

王世贞始将多年著述编次为《弇山堂别集》100卷。

按：全书次年春编成，在南京刊刻付印。这是一部曾被誉为一代实录的史学著作。中有《史乘考误》一篇，对明初以来的国史、野史、家史作了全面的总结和批判。

陈善卒（1514—　）。善字思敬，号敬亭。浙江钱塘人。嘉靖二十年进士。官至云南左布政使。著有《杭州府志》、《黔南类编》等。

查铎卒（1516—　）。铎字子警，号毅斋。宁国泾县人。嘉靖进士。以疾归，重修水西书院，阐扬王畿、钱德洪学说，后进多归之。著有《毅斋闻道集》。事迹见《明史》卷二二七《萧彦传》附传。

刘效祖卒（1522—　）。效祖字仲修，号念庵。滨州人。散曲家。著有《词脔》、《云林记》、《良辰乐事》等。

孟秋卒（1525—　）。秋字子成，号我疆。山东东平人。儿时受《诗》，至《桑中》诸篇，辄弃去不竟读。隆庆五年进士，授昌黎知县。官至尚宝司少卿。天启初，赐谥清宪。著有《道脉说》、《大道吟》、《气志吟》、《孟我疆集》。事迹见《明史》卷二八三《孟化鲤传》附传、《明儒学案》卷二九。

按：据《明史》卷二八三，化鲤自贡入太学，即与秋道义相勖，后为吏部郎，而秋官尚宝，比舍居，食饮起居无弗共者，时人称"二孟"。化鲤之学得之洛阳尤时熙，而秋受业于邑人张后觉。时熙师曰刘魁，后觉则颜钥、徐樾弟子也。

陈吾德卒（1528—　）。吾德字懋修，号有斋，一作省斋。广东归善人。嘉靖四十四年进士。著有《谢山存稿》。事迹见《明史》卷二一五。

蒋以忠卒(1533—)。以忠字伯孝,号贞庵,更号存方。常熟人。蒋以化之兄。隆庆二年进士。为长乐令。官至福建按察副使。居官廉洁,有文名。著有《毛诗笔记》、《皇明盛事录》、《段锦日钞》、《稽丁编》4卷、《清权山人集》,并与弟以化合辑类书《艺圃琳琅》4卷。

吴中立卒,生年不详。中立字公度。福建浦城人。隆庆五年进士,不仕,归而结庐武夷山,以著述自娱。诏授礼部主事,以病乞归。著有《易诠古本》、《道德经注》、《圆觉经注》、《河上遗言》、《学庸大旨》。

叶绍袁(—1648)、庄恒(—1651)、梁维枢(—1662)、顾天锡(—1663)、吴孔嘉(—1667)、苗胙土(—1646)生。

万历十八年　庚寅　1590年

印度莫卧尔帝国征服奥里萨。

奥斯曼帝国取波斯格鲁吉亚、阿塞拜疆、希尔凡。

法国亨利四世围法巴黎。

英国舰队袭掠西属西印度群岛。

俄罗斯败瑞典,入爱沙尼亚。

俄罗斯入伏尔加中游建萨拉托夫要塞。

正月甲辰朔,神宗召见阁臣申时行等,以雒于仁去岁十二月《四箴疏》示之,将置于仁重典。时行等营救不得,乃诫此疏不可发外,恐外人信以为真。居数日,于仁斥为民。自此,章奏留中,遂成故事。

二月,罢日讲。

按:时神宗每遇讲期多传免,申时行请免讲日仍进讲章以备观览,自后讲筵遂永罢。

乙酉,更定《宗藩事例》,许无爵者自谋生计。

四月戊寅,南京户科给事中郝杰陈学政数事,如禁党聚、禁改学、禁呈言、禁钻刺等,并乞敕提学官考试惟以激劝德行为先,不专以品课词章为主。从之。(《神宗实录》卷二二二)

五月丁巳,命翰林院修撰王庭譔、编修周应宾、检讨季道统编纂《六曹章奏》。

神宗定陵于万历十二年始建,至是年完工。

按:此为明十三陵已经发掘之明陵,其建筑与随葬品对研究明代陵寝极具价值。

铅活字印刷术传入日本。

英国首家造纸厂建于达特福。

伽利略进行自由落体实验。

荷兰詹森发明复式显微镜。

李贽是春至湖北公安县,止于荒村野庙。

耿定向正月往归黄城,三月抵里,六月"闻谤",作《求儆书》以自辩,号召门徒向李贽进攻。

按:此所谓"谤"指李贽《焚书》中与耿定向的书札七封及《何心隐论》等文对耿毫无回护的讽嘲责难。

王锡爵两上《请建储疏》,并屡辞召命,以疾求归、以终养请归,俱不许。

赵南星以吏部员外郎上疏,言"天下四大害",即干进、倾危(倾轧)、吏治日坏、乡官横行。(《神宗实录》卷二一六)

邹元标二月补吏部验封司员外郎。是秋赴铨曹,舟过池阳,登九华,谒阳明祠,重修之,有《重修阳明先生祠记》。十二月调南京刑部署员外郎主事添注。

邹元标调任南比部,与潘士藻相处期年,颇相契合。

汤显祖在南京邹元标家初会达观禅师。

袁宗道以翰林予告返乡,袁宏道以会试下第居乡,袁中道亦家居。三袁同访李贽于村落野庙,中道编述其间问答之语为《柞林纪谭》。

李颐为陕西道御史,二月丁亥上疏言故儒胡居仁之学。

按:李氏曰:胡居仁质本深潜,学繇积累……其平居著述有《易传》、《春秋传》,今颇散逸失次,存于世者有《居业录》,有《粹言》,有《文集》,其间议论广大精微,高明平实,莫非羽翼六经、发挥斯道,其有功于圣明非浅鲜也。宋儒自周、程、张、朱而下,我朝理学若薛瑄、胡居仁皆传得其宗者。夫薛瑄济时行道,其学术事功如景星庆云,人共快睹;居仁隐居草泽,不求闻知,而名动海内,称之者辄等之瑄。(《神宗实录》卷二二〇)

王世贞三月奉旨回籍调理。

王世贞作诗《庚寅元日立春祝圣毕始以红锦袍谒陵》,再上疏乞致仕。

汪道昆二月晤胡应麟于严州,为作《诗薮序》。

杨东明予告家居,有《曹县社仓序》、《同善会序》。

周汝登谪官海上,至王艮故里,并展拜祠下。

陈文烛任南京大理寺卿,有《茅山乾元观记》。

刘宗周是春患足疾,稍瘥,侍外大父往寿昌。旋复病目,久不瘥。

孙奇逢始入小学。

是年,葡萄牙人在澳门出版《绝妙论著》一书,向西方介绍中国的历史地理、政治制度、人口物产以及在瓷器、印刷、绘图、航海、天文、火药等科技方面的成就。

孟三德七月初被任命为澳门公学神长、驻华传教团团长,入韶州。

西班牙多明我会会士高毋羡在菲律宾用西班牙文翻译明初范立本所编童蒙汉籍《明心宝鉴》。此为中国文学作品译为西文之肇端。

按:此书译竣后,高毋羡将之交给同伴伯纳维特带回马德里,伯氏写了献书辞,献给西班牙国王菲利普二世。

西洋传教士在澳门使用西洋活字印行教会书籍,中国领土内首次出现西洋印本。

国子监校刻《诗经注疏》成,祭酒刘元震十二月己卯进呈达览。

申时行等十二月辛卯进呈自万历十七年所纂《孟子·离娄章句》讲章二本、《礼记·曲礼》讲章三本,仍乞发司礼监续刊。

《万历十九年大统历》十月己巳钦天监进于皇极门,给赐百官。

《累朝训录》1928卷十二月庚寅誊写成,大学士申时行进呈御览。

埃德蒙·斯宾塞作成《仙后》1—3集。

罗伯特·威尔逊编成《伦敦的三位老爷和三位太太》。

罗伯特·格林出版《丧服》和《永不太迟》。 马洛编成《马尔他的犹太人》。 何塞·德阿科斯塔著成《印度自然史和道德史》。 伽利略发表《论重力》。 莎士比亚编著《亨利六世》中下篇。	魏显国《历代史书大全》由吴兴凌氏书铺以铜活字刊印。 王世贞《镌王凤洲先生会纂纲鉴历朝正史全编》23卷刊刻。 **按**：是书为纲鉴体史书。纲鉴体兴起于隆庆年间，兴盛于万历年间，为应科举考试而生，相传创始者为唐顺之。此类史著，多书坊所为，而托名名人。 《明实录》微型本抄成。 陈遴玮修、王升纂《宜兴县志》10卷刊刻。 刘思诚修、高知止纂《平原县志》2卷刊刻。 南轩撰修《渭南县志》16卷刊刻。 彭遵古等纂修《勋台志》10卷刊刻。 王守诚修、张四箴纂、张延庭续修《顺德府志》成。 潘季驯著《河防一览》14卷成，次岁刊行。 **按**：作者曾四任总理河道，历时27年，此书即为作者治河方法与指导思想之总结，是中国河工史上重要专著之一，对后世治河理论与实践有深远影响。潘季驯之子潘大复为突出本书主旨，曾将此书加以删削编排，成《河防一览榷》12卷。 吕坤以山西按察使集《闺范图说》一书。 **按**：神宗以赐郑贵妃。贵妃刻印之，并增刊十二人，首汉明德皇后，终郑贵妃。科臣戴士衡纠吕坤勾结宫掖、包藏祸心；全椒知县樊玉衡并纠贵妃。后万历二十六年及三十一年之"妖书案"缘此。 陈继儒作《青浦河工告成记》。 王衡杂剧《郁轮袍》七折或是年作。 张凤翼作《灌园记》传奇。 陈与郊编《黄门集》三卷。 李贽《焚书》初刻。 **按**：此为李贽诗文集，集中反映作者学术思想，表达了他对道学家及其所尊奉的孔孟之道的批评。初刻后，万历二十八年又重刻，万历三十年及天启五年（1625）两度被禁毁，清乾隆时仍被列为禁书。 蔡弘甫序耿定向《求儆书》并刻行之。 蒋克谦辑录《琴书大全》成。 **按**：是书为有关古琴之类书。作者蒋克谦，字国光，金台人，生卒年不详，活动年代约当1562至1627间。曾官锦衣卫都指挥佥事。善弹琴，精绘画。承家学，多藏书。《琴书大全》系积祖孙四代人之成果而成，涉猎古籍范围极广，资料极为丰富。 汤显祖序陈完遗集。 **按**：陈完字名甫，号海沙，生卒年不详。通州人。嘉靖二十五年举人。官都察院都事。撰有杂剧20余种。著有《皆春园集》4卷、《海沙文集》及杂剧20余种，所辑有《词场合璧》10卷。 陆树声著《耄余杂识》。 范钦辑《烟霞小说》刊行。 许自昌所作传奇《水浒记》在南京刊行。 休阳吴氏漱玉楼刻《王维诗集》。 王世贞著《弇山堂别集》100卷刊刻。 丘度辑吴承恩诗文遗作为《射阳先生存稿》，陈文烛为作序。

冯惟敏卒（1511— ）。惟敏字汝行，号海浮。青州临朐人。嘉靖十六年举人。历官涞水知县、镇江教授、保定府通判等职。与兄冯惟健、弟惟讷皆以诗文著名于时。尤工散曲，其曲继承元代豪放派曲家传统，有曲中辛弃疾之称。著有散曲集《海浮山堂词稿》4卷、《石门集》、《击节余音》及杂剧《梁状元不伏老》一种。

项元忭卒（1525— ）。元忭初名笃周，字子京，号墨林山人、香严居士、退密斋主人。浙江秀水人。项笃寿弟。精于鉴赏古玩字画，收藏甚富。所藏书画有天籁阁项墨林印记。著有《天籁阁帖》。

王世贞卒（1526— ）。世贞字元美，号凤洲，别号弇州山人。太仓人。王世懋之兄。嘉靖二十六年进士，授刑部主事，累官至南京刑部尚书。于有明中叶之文坛，世贞既以政术显世，又以文章鸣世，从而领袖天下。与李攀龙、谢榛、徐中行、梁有誉、宗臣、吴国伦合为"后七子"，世贞为其首。主张文必秦汉，诗必盛唐，倡导复古摹拟。晚年诗境始渐平淡。所著极为繁富，仅赋、诗、文、说四部，有《弇州山人四部稿》及《续稿》381卷；史学有《弇山堂别集》100卷；另有《韵学全书》8卷、《嘉靖以来首辅传》8卷、《皇明名臣琬琰录》32卷、《国朝公卿年表》24卷《皇明盛事述》3卷《异典述》5卷、《伏阙稿》2卷、《锦衣志》1卷、《读书后》8卷、《弇州山人题跋》7卷、《王氏书苑》10卷《画苑》10卷、《觚不觚录》1卷等等。小说《剑侠传》、历史传奇剧本《鸣凤记》据考也出其手。事迹见《明史》卷二八七。

按：据《明史》本传，世贞好为诗古文，官京师，入王宗沐、李先芳、吴维岳等诗社，又与李攀龙、宗臣、梁有誉、徐中行、吴国伦辈相倡和，绍述何、李，名日益盛。……世贞始与李攀龙狎主文盟，攀龙殁，独操柄二十年。才最高，地望最显，声华意气笼盖海内。一时士大夫及山人、词客、衲子、羽流，莫不奔走门下。片言褒赏，声价骤起。其持论，文必西汉，诗必盛唐，大历以后书勿读，而藻饰太甚。晚年，攻者渐起，世贞顾渐造平淡。病亟时，刘凤往视，见其手苏子瞻集，讽玩不置也。世贞自号凤洲，又号弇州山人。其所与游者，大抵见其集中，各为标目。曰前五子者，攀龙、中行、有誉、国伦、臣也。后五子则南昌余曰德、蒲圻魏裳、歙汪道昆、铜梁张佳胤、新蔡张九一也。广五子则昆山俞允文、浚县卢柟、濮州李先芳、孝丰吴维岳、顺德欧大任也。续五子则阳曲王道行、东明石星、从化黎民表、南昌朱多煃、常熟赵用贤也。末五子则京山李维桢、鄞屠隆、南乐魏允中、兰溪胡应麟，而用贤复与焉。其所去取，颇以好恶为高下。

王之士卒（1528— ）。之士字欲立，号秦关。陕西蓝田人。嘉靖举人。寻弃帖括，潜心理学，作《养心图》、《定气说》，书之座右，闭关不出者九年。尝赴都门讲会，与诸老先生问难。晚诏授国子博士，未及见而卒。事迹见《明儒学案》卷九。

吴时来卒，生年不详。时来字惟修，号悟斋。浙江仙居人。嘉靖三十二年进士。屡劾严嵩私人而及嵩，被诬下狱。隆庆初复官。万历间官至左都御史。著有《悟斋稿》、《江防考》等。事迹见《明史》卷二一〇。

徐贞明卒，生年不详。贞明字伯继，号孺东。江西贵溪人。水利学家。曾在京畿主持兴水利种水稻，以减东南漕粮，著《潞水客谈》，以为论

狩野永德卒（1543— ）。日本画家。

乔赛福·扎利诺卒（1517— ）。意大利作曲家，音乐理论家。

述。事迹见《明史》卷二二三。

沈宜修（ —1635）、范文若（ —1637）、吴执御（ —1638）、赵均（ —1640）、瞿式耜（ —1650）、邢昉（ —1653）、冒起宗（ —1654）、张镜心（ —1656）、徐波（ —1663）、谭贞默（ —1665）、陈函辉（ —1646）生。

万历十九年　辛卯　1591年

莫卧尔帝国入南信德。

奥地利及奥斯曼帝国战。

西班牙阿拉贡人反。

葡萄牙人入锡兰康提王国。

克里米亚人入莫斯科。

正月乙丑，从抚按之请，山西老营堡儒学优等生员准考取应贡。

二月庚午，礼部复国子监祭酒刘元震条陈有曰：国学空虚，人才稀少，乞常控额外，六年间行选贡之法，尽数送南、北二监肄业，以充太学，并申明经学以端士习。（《神宗实录》卷二三二）

七月，宁波、绍兴、苏州、松江、常州五府海溢，大水，溺人数万。

八月甲辰，试庶吉士15名，上卷8名授翰林院编修简讨，中卷7名授科道官。

九月甲戌，申时行致仕。

按：时行在阁九年，政令务承上指，不能有所匡正。又惩张居正严明之弊，一切务为简易。由是上下恬熙，法纪渐至不振。

十月乙巳，原任左军都督府佥书黄应甲献《火器图说》。

十一月，辽东总兵官李成梁以欺罔罪罢。

按：成梁镇辽二十二年，先后奏大捷者十，边帅武功之盛，二百年间罕有其匹。其始锐意封拜，师出必捷。后贵极而骄，奢侈无度，贿送权门，缘饰边功，终至于败。

十二月甲午，诏定戚臣庄田。

是年，礼部奏请禁除左道异教。

山东乡试，预传典试者名。已而果然。言者遂劾礼官，皆停俸。

会试用考试官员，同考试官十八员，分阅五经，谓之十八房。

朝命升努尔哈赤为建州卫都督。

爱尔兰都柏林大学（三一学院）创建。

德国韦达始用字母表示数字系数的一般符号。

李贽被逐，因送袁宏道至武昌，遂游黄鹤楼，止洪山寺。

按：李贽《与周友山书》曰："蒙忧世者有左道惑众之逐，即日加冠蓄发，复完本来面目，二三侍者人与员帽一顶，全不见有僧相矣。如此服善从教，不知可逭左道之诛否？""不肖栖守黄麻，一十二年矣。近日方得一览黄鹤楼之胜。"

袁宏道诣李贽问学，留龙湖三月余，贽送之武昌而别。

刘东星因袁宏道始见李贽于武昌。

按：见刘东星俟后所作《书道古录首》。

耿定向门徒蔡毅中（弘甫）著《焚书辩》，攻击李贽为"左道惑众"的淫僧异道,并为其师洗刷。

申时行、许国、王锡爵三辅臣先后退休或告假还乡。

王家屏为首辅,请临朝,请预教皇储,皆不纳,引疾罢,柄国仅半年。

萧良有十月壬子以国子监司业校刊《孟子注疏》成,举篇中要旨上陈。

张应登乞纂《孝经全书》颁行学宫。

汤显祖是秋上《论辅臣科臣疏》,抨击救灾使臣杨文举,痛斥执政,又弹劾大学士申时行,被谪任广东徐闻典史。之任途中,曾至澳门。

沈瓒任南京刑部主事,以诗送汤显祖贬官广东徐闻。

王时槐诏起贵州参政;十月,升南京鸿胪卿、太常卿,复以新衔致仕。

顾宪成十二月复司理福建泉州。

陈继儒得华亭同乡徐元普赠田50亩。

冯梦祯(冯梦桢)再至吴门,与王士骐会。

潘之恒在北京与龙膺会于何氏吟梅馆。

顾绍芳入京补职,复因病回昆山。

黄道周父以事至新安,购《通鉴纲目》以归,手为点定。道周昕夕研读,遂知忠良邪正之辨,人治王道之大。

刘宗周在寿昌,目疾方瘳,从外大父受《易》。

孟养浩、姜镜五月主考福建乡试。陈尚象主考四川。唐世尧、叶修主考广东,胡桂芳、吴家喜主考广西。

李廷机六月主考浙江乡试,朱国祚、叶初春主考江西,张应登、唐伯元主考湖广。

陆可教、余继登七月丁卯为应天乡试考官。

归子慕、佘翘、陈禹谟中举人。

曹于汴举乡试第一。

凌濛初年十二,入学。

汤显祖在贬所徐闻建贵生书院。

许国、凌璀于安徽歙县重建斗山书院。

王如坚于河南沁阳创建怀仁书院。范泰恒撰《怀仁书院设教纪略》。

朱梓于贵州天柱创建开化书院。书院后改名凤城。

任应征重修仕学书院,更名为子贡书院,选拔秀异之士群聚读书,按月考课。

艾美达卒于韶州。12月,孟三德从澳门派遣裴德立入韶助利玛窦。

邢云路纂修《临汾府志》10卷刊刻。

李时芳修、王尔彦纂《蒲台县志》12卷刊刻。

王时泰修、王东鲁纂《阳武县志》刊刻。

冯维贤修《潞城县志》8卷成。

舒应元修、陈瑁纂《宁德县志》8卷刊刻。

陈槃纂修、王一龙增修《广平县志》5卷刊刻。

罗伯特·格林著成《菲洛梅拉》。

莎士比亚著《亨利六世》上篇。

菲利普·西德尼著成《阿斯特罗菲和斯黛拉》。

| 埃德蒙·斯宾塞发表《抱怨》。 | 乔因羽修、晋朝臣纂《洪洞县志》8卷刊刻。
张应诏纂修《咸阳县新志》2卷刊刻。
于邦栋修、南宫纂《重修歧山县志》6卷刊刻。
徐学谟纂修《湖广总志》98卷刊刻。
焦竑有《赠尊师少傅许公归新安序》。
耿定向作《刘调甫述言序》。
杨东明作《广仁会序》。
罗日褧《咸宾录》8卷刊刻。

按：罗日褧字尚之，江西南昌人。生平事迹不详。

谈修作《诘惠山神文》，讽刺无锡绅宦在惠山造周子仪祠。
阎鹤洲编《道书全集》26册86卷由积秀堂刊行。
李材在狱中著《哲范》4卷、《鞭后卮言》1卷、《福堂稿》1卷。
袁黄刊行所撰《宝坻劝农书》，提出治理盐碱地方案。
周寀辑刊《安城周氏家集》。

按：据《四库全书总目提要》卷一九一：周泰编《存存稿》。至是年，寀又益以周永锡《愚直存稿》一卷，周正方《佩韦存稿》二卷，名曰《续编》，合订成帙。

沈定王朱珵尧《沈国勉学书院集》12卷由沈王府刊行。
詹景凤自序其《东图全集》。

按：詹景凤（1532—1602）字东图，号白岳山人，安徽休宁人。擅书画，兼善鉴藏。另撰有《画苍补益》、《书苑补益》、《詹氏小辨》等。

汪道昆刻所著《太函集》。
高濂刻所著《雅尚斋遵生八笺》20卷。

梁辰鱼（1519—　）约卒，年约七十三。字伯龙，号少白，自署仇池外史。昆山人。早年任侠好游，不屑就诸生试。后以例贡入太学，亦弗就。广交游，足迹遍吴楚间。营华屋，招来四方豪杰。王世贞、李攀龙等七子及戚继光等皆折节与交；又曾与徐渭、茅坤、沈明臣等于胡宗宪幕中共事，复与莫是龙、孙七枚、殷都等于金陵组织鹭峰诗社。善度曲，得魏良辅真传，晚年创作以昆腔演唱之传奇剧本《浣纱记》，于昆腔之传播与发展具相当影响。此外传奇尚有《鸳鸯记》一种，已佚；杂剧有《红线女》、《红绡记》、《无双补传》三种，后二种已失传；另有散曲集《江东白苎》。诗文集有《鹿城诗集》28卷《二集》18卷及《伯龙诗》、《远游稿》等。

颜鲸卒（1514—　）。鲸字应雷，号冲宇。浙江慈溪人。嘉靖三十五年进士。曾上漕政便宜六事。著《春秋贯玉》等。事迹见《明史》卷二八〇、《明儒学案》附案。

赵锦卒（1516—　）。锦字元朴，号麟阳。浙江余姚人。谥端肃。笃信阳明之学，教人躬行。嘉靖二十三年进士。官至南京刑部、礼部、吏部尚书。事迹见《明史》卷二一〇。

按：据《明史》本传，赵锦始终历清操，笃信王守仁学，而教人则以躬行为本。守仁从祀孔庙，锦有力焉。始忤严嵩，得重祸。及之官贵州，道嵩里，见嵩葬路旁，恻然 |

焦尔达诺·布鲁诺著成《论无限性、宇宙和诸世界》。

弗朗索瓦·维埃特著成《解析法序言》。

悯之，属有司护视。后忤居正罢官，居正被籍，复为营救。人以是称锦长者。

朱厚烷卒（1518—　）。厚烷，载堉之父，嘉靖六年袭封第五任郑亲王。因当朝世宗皇帝朱厚熜崇奉道教，上书劝谏，因而获罪，被废为庶人。著有古乐谱书《操缦谱稿》等。

王宗沐卒（1523—　）。宗沐字新甫。临海人。天启初，追谥襄裕。嘉靖二十三年进士，授刑部主事，与同官李攀龙、王世贞辈以诗文相友善。宗沐尤习吏治。历江西提学副使。修白鹿洞书院，引诸生讲学其中。累迁右副都御史，进刑部左侍郎。著有《敬所文集》、《海运详考》、《海运志》、《漕抚奏议》。事迹见《明史》卷二二三、《明儒学案》卷一五。

魏时亮卒（1529—　）。时亮字工甫，又字舜卿，号敬吾。江西南昌人。天启中，谥庄靖。嘉靖三十八年进士。著有《大儒学粹》。事迹见《明史》卷二二一。

　　按：据《明史》本传，时亮初好交游，负意气。尝劾罢左都御史张永明，为时论所非。时亮亦悔之。中遭挫抑，潜心性理之学。

顾允默卒，生年不详。允默字懋仁，一字希雍。昆山人。顾梦圭之长子，与弟、妹均擅曲。诸生。与梁辰鱼、王稚登友善，皆以作曲知名。所著有《顾伯子集》1卷及《五鼎记》传奇。

徐㭿卒（1513—　）。㭿字子瞻。闽县人。官永宁知县。著有《徐令集》。

沈自徵（　—1641）、方孔炤（　—1655）、日耳曼传教士汤若望（　—1666）、李天植（　—1672）、侯峒曾（　—1645）、马士英（　—1646）生。李玉（　—1671？）约生。

万历二十年　壬辰　1592年

正月丙子，礼部以会试将近，条议科场规则六章，如文体纯正典雅，程录用士子原文等。

是月，礼科给事中李献可偕六科诸臣疏请立储豫教，神宗大怒，谪献可及吏科给事中钟羽正边方杂职，出吏科给事中舒弘绪南京，杖户科给事中孟养浩，斥谏官二十一人，夺礼部员外郎董嗣成职。

二月丁巳，命会试举人，取三百名。

三月戊寅，赐翁正春、史继阶、顾天埈等进士及第、出身有差。

五月，日本关白丰臣秀吉率师入侵朝鲜，逼王京。朝鲜王弃王京，奔平壤，令次子李珲摄国事。已，复走义州，求内附。

　　按：初，倭酋有丰臣秀吉者，起自人奴，随倭关白信长，会信长为其下所弑，乃统信长兵，自号关白，劫降六十余州。朝鲜与日本对马岛相望，往来互市。至是秀吉遣渠帅行长、清正等，以舟师进逼釜山。丰臣秀吉一译平秀吉。

法王亨利四世败西班牙。

六月丁未，考选庶吉士，取王象节、李名芳等18人送院读书。

七月癸酉，礼部请以四川佥事张世则所进《貂珰史鉴》为内书堂课程。

甲戌，倭陷朝鲜，入王京，劫王子、陪臣，掠府库，朝鲜八道几尽没，旦暮渡鸭绿江，请援之使络绎于道。

八月乙巳，以兵部右侍郎宋应昌经略备倭军务。

十月壬寅，命李如松提督蓟辽、保定、山东军务，充防海御倭总兵官，并其弟李如柏、李如梅皆充御倭副总兵官，援朝鲜。

是年，巡按御使甘某禁迎神赛会搬演杂剧故事。

罗马城市庞贝被发现。
英人抵槟榔屿。
英人抵今福克兰群岛。

赵志皋等十月甲午奉旨誊写日讲《孟子直解》二本进览。己酉，赵志皋等将讲章《通鉴纂修要类》缮写进呈。

周孔教任河南巡按御史，十二月戊子论中州道德节义之盛，以为有明道德之臣有二人：学正曹端为理学倡，主事尤时熙接明道脉。

潘季驯在总督河道尚书任罢归。

按：季驯四任治河，前后二十七年，习知地形水势，以借水攻沙，筑堤束水为河、漕兼利之策。以劳疾乞休，归后三年卒。

王稚登为顾大典作《谐赏园赋》。

许孚远四月由广西按察副使改通政司右通政。

顾允成又以抗疏谪光州判官。

顾宪成正月举"公廉寡欲天下推官第一"；秋升验封司员外郎。

杨起元改建敦仁精舍于魁湖，更为之记。

周汝登与邹元标是夏曾论学于金陵。

冯从吾正月疏言朝政，神宗怒，欲廷杖，以阁臣力解得免；寻，告归。是冬卧病山斋，友人萧辉之雪夜造访，相与谈学，有《雪夜纪谈》。

高攀龙在京谒选，上《崇正学辟异说疏》；寻，复上《今日要务疏》。六月，授北京行人司行人。十二月，在金陵，谒邹南皋、朱虞荛、瞿洞观诸先生。

袁中道五月至武昌访李贽间病大作，七月自武昌雇舟回公安；李贽亦病，两月后始愈。

王骥德是岁前后设席山阴署中，与毛允遂等人研讨词曲，为忘年之交达三十年之久。

陈所闻、盛敏耕、王元贞、姚汝循等在南京共结白社。

顾起元、俞彦等在南京结文社。

焦竑奉使大梁，于中尉西亭处得苏辙诗及《春秋解》。

沈瓒经杭州赴江西佥事任，作诗《钱塘送别者》。

王衡跋陈继儒所藏颜书《朱巨川告身卷》。

臧懋循自麻城刘承禧处得元剧曲二百余种归。

汤显祖自徐闻归临川。

史槃淹留京师，失意欢场，作《宜春令》套曲。

刘宗周始作日记。

李日华主鸳湖诗社。

黄道周八岁，即能为比偶文。

邓元锡授翰林待诏。

陈于陛、盛讷二月戊戌任礼部会试考试官。

冯琦、余继登九月丁卯为武举考试官。

冯应京成进士，观吏部政。是秋，以母老请告归。

江盈科成进士，授长洲知县。

毕自严成进士，授松江府推官。

汤兆京成进士，授丰城知县。

按：汤兆京字伯闳，生卒年不详。常州宜兴人。知丰城，以治最征御史。请罢税监、矿使，皆不报。居官廉正，遇事敢言，屡遭排击而无人能以一言污之。著有《灵蘧阁集》。

刘一焜成进士，授行人。

按：刘一焜字元丙，生卒年不详。江西南昌人。历官吏部考功郎中，佐侍郎杨时乔典京察，尽斥首辅沈一贯所私之人。改文选司，迁右佥都御史巡抚浙江。累疏请罢织造中官。筑尧山海塘，浚余杭南湖，有利当地。著有《石闾山房集》。

李本固成进士。

按：李本固字维宁，生卒年不详。山东临清人。官至太仆寺少卿。著有《古易汇编》等。

李腾芳成进士，选庶吉士。

吴用先成进士，授临川知县。

余懋衡成进士，授永新知县。

汪若霖成进士，授行人。

徐必达成进士，授溧水知县。

按：徐必达字德夫，生卒年不详。浙江秀水人。著有《南京都察院志》、《光禄寺志》。

姚文蔚成进士，选庶吉士。

曹于汴成进士，授淮安推官。

谢肇淛是春登进士第，除湖州府推官，始与王稚登交往。

史学迁、朱燮元、李日华、吴士奇、陈懿典、袁宏道、翁正春成进士。

李祯重建湖南道州濂溪书院，辟异说而崇正学。吴中传为记。

张膏为援朝军队医师赴朝鲜。

按：张氏擅长眼科，在任随军医师期间，为日军所俘，遂传其术给赞州渡边氏。赞州渡边氏之子孙即以眼医为业，并发展成为桔本流。张氏后来被遣返回中国。

利玛窦神父二月应瞿太素之邀入南雄，与官员、商人、士子交往。六月底，在韶州居民与天主教传教士冲突事件中，利玛窦伤。十一月，利玛窦入澳门见范礼安。

许仪后通过好友朱均旺将日本欲侵略朝鲜的情报送回中国。

按：据史载，许仪后在任丰臣秀吉侍医期间，获悉日本将大规模侵略朝鲜，并进而入侵中国的战争计划,克服重重障碍,于1592年通过好友朱均旺将此情报送回中国,经福建巡抚急报朝廷,并由朝廷转告朝鲜,从而使中、朝两国有所准备。

托马斯·基德编成《西班牙悲剧》。

约翰·李利编成《弥达斯王》。

莎士比亚著成《理查德三世》、《错误的喜剧》。

伽利略发表《机械学》。

顾宪成著《大学通考》、《大学质言》。

程荣刻所辑《汉魏丛书》。

何允中所辑《广汉魏丛书》刊行。

按:是书又有清嘉庆中刊本。

邓元锡《函史》刊刻。

按:《函史》分上下编,成书有先后,大体先写下编,后写上编,随写随刻,自万历八年至二十年,有多种版本。万历二十年之念初堂活字本是定本。后有崇祯刻本、顺治刻本。

魏显国《列国史补》刊刻。是书多由其子魏一鹏执笔。

吴瑞登《皇明绳武编》成。

按:吴瑞登字云卿,江苏武进人。《绳武编》分格致、诚正、修身、齐家四纲,十二目五十子目。

邓元锡仲秋作《江右名贤编序》。

张世则《貂珰史鉴》4卷成。

按:张世则字惟范,号准齐,生卒年不详。山东诸城人。万历进士。

林致礼修、朱润纂《西宁县志》10卷刊刻。

莫应奎等修、吴天德纂《宁都县志》8卷刊刻。

沈榜著《宛平县志》成。

按:沈榜于万历十八年任宛平知县。此书为宛平建县二百余年来首部志书。

李言恭、郝杰《日本考》五卷约成于此年。

焦竑有《状元率进士谢恩表》(代作),又有《上元县志序》、《重修太仓银库记》、《和州重迁儒学记》。

焦竑作《开对江河记》。

邓以讃是春作《瀛海长春录序》。

《钩玄录》刻于是岁,此为坊刻十八房稿之始。

按:自去岁始,会试用考试官二员,同考试官十八员,谓十八房。房稿与程墨、行卷、社稿皆科举时代为应试而作之文字。房稿为十八房进士之作;程墨为三场主司及士子之文;行卷可以指举人之作;社稿为诸生会课之作。参《日知录》卷十六《十八房》。

李桢重校刊罗钦顺《困知录》。

邓钟著《筹海重编》成。

顾大典作传奇《青衫记》。

陈与郊《古名家杂剧》或辑于是年后。

程大位著《直指算法统宗》17卷成。

按:此书略称《算法统宗》,为明代数学代表著作,亦为普及珠算方法之实用算书,在中国历史上流传极广,影响极大。此书不仅对传统数学从筹算向珠算之转变起了决定性作用,而且对明代实用数学之发展起了极大的推动作用。明末清初传统数学典籍大多散佚,许多数学家如徐光启、李之藻、梅文鼎等皆从此书中学习《九章算数》等古算书知识，并以此为数学研究之基础。

李贽居武昌，批点《忠义水浒传》。

吴承恩《西游记》由金陵世德堂刊行。

按：此为《西游记》最早刊本，20卷，一百回，名《新刻出像官板大字西游记》，题华阳洞天主人校，有秣陵陈元之序。

张嗣修辑其父张居正著作为《张太岳集》。

按：是书又名《张文忠公全集》，46卷，汇集了张居正被谴后未逸作品，占张氏全部著作的五分之四，是研究明代中期政治和经济的重要资料。书中所反映的注重社会实务的思想和改革主张，对清初学风转变有过一定影响。

谢肇淛编次任胡州推官时诗为《下菰集》。

陆树声著《长水日抄》。

徐学谟著《归有园稿》。

孙鑨卒（1525— ）。鑨字文器，号端峰，一说瑞峰。浙江余姚人。著有《松菊堂集》。

邓元锡卒（1527— ）。元锡字汝极，号潜谷。南城人。为诸生时，曾游罗汝芳之门。嘉靖三十四年举于乡。复从邹守益、刘邦采、刘阳诸宿儒论学。后不复会试，杜门著述，逾三十年，《五经》皆有成书，闳深博奥，学者称潜谷先生。乡人私谥文统先生。著有《潜学稿》及《五经绎》、《函史》、《邓潜谷集》等。事迹见《明史》卷二八三、《明儒学案》卷二四。

按：一说，邓元锡（1528—1593）。参见1593年条。

又按：据《明史》本传，邓元锡之学，渊源王守仁，不尽宗其说。时心学盛行，谓学惟无觉，一觉即无余蕴，九容、九思、四教、六艺皆桎梏也。元锡力排之，故生平博极群书，而要归于《六经》。所著《五经绎》、《函史上下编》、《皇明书》，并行于世。

贾三近卒（1534— ）。三近字德修，号石葵。山东峄县人。隆庆二年进士。官至兵部右侍郎。或云《金瓶梅》系其所作。著有《滑耀编》、《东掖漫稿》。事迹见《明史》卷二二七。

高毋羡卒，生年不详。高氏曾译明初范立本所撰童蒙汉籍《明心宝鉴》，此为中国文学作品西译之始。

谢汝韶（1527？— ）约卒。汝韶字其盛，号天池。福建长乐人。嘉靖三十七举人，历官义乌、安仁知县，吉府长史。著有《碎金集》、《天池存稿》。

洪垣约卒，年九十。垣字峻之，号觉山。婺源人。嘉靖十一年进士，官至温州知府。师从湛若水，而不尽守师说，调停于王、湛两家，互救其得失。著有《觉山洪先生史说》。事迹见《明儒学案》卷三九。

王铎（ —1652）、吴有性（ —1672）、黄檗（ —1673）、袁于令（ —1674）、孙承泽（ —1676）、王时敏（ —1680）、何腾蛟（ —1649）生。邵弥（ —1642）约生。

罗伯特·格林卒（1558— ）。英国作家。

米歇尔·蒙田卒（1533— ）。文艺复兴时期法国思想家，作家。

巴托罗缪·阿曼纳蒂卒（1511— ）。意大利雕刻家，建筑师。

万历二十一年　癸巳　1593 年

法王亨利四世改宗罗马天主教。

英格兰废圈地禁令。

正月癸亥，李如松攻倭于平壤，克之。甲戌，复开城。

是月，以王锡爵为首辅。王锡爵遵圣谕拟传帖二道。其一，仿汉明德皇后抱奴子为子故事，使常洛拜中宫为母。其二，三子并封，即将皇长子、皇三子、皇五子并封为王，俟后择其善者立为太子。于是神宗于正月辛巳下并封三皇子为王之旨。举朝大哗，群臣力谏。(《神宗实录》卷二五六)

二月辛卯，诏寝三王并封之命。

二、三月，京察。主计人为吏部尚书孙鑨、左都御史李世达、考功司郎中赵南星。此次京察以严于自身、严于要津、贪吏必察为原则，大臣所欲庇者多被黜。首辅王锡爵等阁臣俱痛恨，思报复。赵被斥为民，孙被迫致仕，论救者亦多被贬谪，行人高攀龙由是远谪广东揭阳。此为导致东林党形成之关键事件。

三月己卯，命翰林院编修黄汝良、全天叙编纂《六曹章奏》。

五月丁卯，大学士王锡爵等请讲《诗经》、《孝经》，以为诗得性情之正，孝为德之所先。不报。

倭退据釜山，朝鲜略定。

河决单县，邳城陷水中。

九月乙卯，礼部尚书掌詹事府事陈于陛请敕纂辑本朝正史。

按：《神宗实录》卷二六四录陈氏此疏曰："我朝史书独有列圣《实录》藏之金匮石室，似只仿宋世编年《日历》之体，但可谓之备史，未可谓之正史。至于《大明会典》屡修颁布，凡六曹政体因革损益之宜虽已该载，而庙堂之谟、谋、册、诰，臣工之议论、文章不与焉，但可谓之国有典制、百司遵行之书，而非史家之体。盖本朝纪、表、志、传之正史经二百余年来学士大夫蹈袭因循，缺略不讲，在今日似不可不亟图者。如《实录》有圣德之总叙，《宝训》皆列圣之渊猷。此外有御制《文集》，有《圣政记》，有《皇明诏制》及诸家所编如《大政记》、《昭代典则》、《孤树裒谈》、《宪章录》、《鸿猷录》之类，参以《三朝圣谕录》、前后《北征录》、《天顺日录》、《燕对》、《宣召》、《视草》、《宸章》等录，更加采辑藻润即可为《列圣大纪》。帝系宗谱有《玉牒》、《公侯绍封》，有《兵曹底簿》、《封爵考》，参以《吾学编》同姓异姓王侯，《内阁典铨》诸表及《列卿表》之类，更加考订增益，即可以为《累朝年表》。制书如《一统志》、《官制》、《大明律例》、《大明集礼》、《洪武礼制》、《明伦大典》之类；诸司刊布者如《宗藩军政条例》、《会计录》、《太仓考》、《漕河图志》、《海运编》、《太学》、《马政》、《盐法志》之类；四方形势如《广舆图》、《九边图说》、《星槎胜览》、《瀛涯胜览》、《炎徼纪闻》、《殊域周咨录》之类，折衷以《实录》、《会典》所纪载，参以《衍义补》、《名臣经济录》、《疏议》诸书，《吾学编》。中天文、地理、三礼、百官、四夷、北虏诸考述，即可以为国家诸大志。《实录》中有后妃事迹，廷臣三品以上有小传，益以《开国靖难诸臣录》、《群忠遗录》、《名臣言行录》、《名臣记献实》《殿阁词林记》《琬琰录》《今献备遗》之类，其诸高逸、孝节等目更采摭于郡国志，即可以为国史之列传。特诸书散轶浩瀚，未经裒聚隐括，茫无统纪，是以昭代久虚之典，必须圣明在上，力为表彰整辑，然后可以苞举艺文，总一流略，勒成巨编……"

努尔哈赤败九部军于古埒山。

按：初，叶赫部长与努尔哈赤有隙。至是，叶赫部约集哈达部、乌拉部、辉发部、嫩江科尔沁部、锡伯部、卦勒察部、珠舍里路、纳殷路九部兵马，分三路入犯建州，败绩。是役，努尔哈赤杀九部兵四千，获马三千匹，盔甲千副。建州部自此威名大震。

是年，福建旱饥，陈经纶建议多种番薯（此前，经纶父陈振龙曾从菲律宾买回薯藤，在福建长乐试种成功），巡抚金学曾采纳。番薯此后在闽推广。

按：陈经纶（1464—?），字汝学，卒年不详。广东新会人。著有《寒泉遗稿》。

袁宏道、袁中道、袁宗道至黄州龙潭问学于李贽。袁宗道有《记龙湖》。

按：据《袁中郎传》，是会，李贽曾曰，三袁中伯也稳实，仲也英特，皆天下名士也；然于入微一路，则望之袁中郎。

袁中道客南京，与冯梦祯（冯梦桢）会鹫峰寺，作《牛首纪游》诗。

陈文烛、冯梦祯（冯梦桢）同游金陵天界寺，文烛作记。

顾宪成二月奏为建储重点国本攸关事；七月升验封司郎中；八月调考功；十月调文选司；十一月，以病辞，不许。

邹元标三月降为浙江按察司知事。

吕胤昌京察被斥。

吕坤五月，由巡抚山西右佥都御史改左佥都御史。九月，疏请严荐举连坐法等，上大是之。

李材六月获释免死，发戍漳之镇海。

董其昌五月辛巳铨注翰林院编修。

汤显祖量移浙江遂昌知县。建相圃书院。

许孚远以中丞镇抚八闽。

高攀龙十二月复命建言，谪广东揭阳典史。

安希范疏请复高攀龙、吴弘济官，以奖忠良，并严谕内阁无挟私植党。帝怒斥为民。

邓元锡被征为翰林待诏，甫就道而卒。

刘元卿任国子博士。

王敬臣以国子博士致仕。

冯应京丁母忧。

周汝登晤达观大师于金陵贺氏园中，有《达观大师像赞》。

杨东明以河决大浸齐、梁、淮、徐之间，方数千里，人相食，乃绘《流民图》，并申之以说。疏入，神宗恻然。是岁，有《敬老录序》。

王衡随父再至京师，"闭置一室"，谢客读书。

法王亨利四世建法国第一座植物园。

伽利略发明空气温度计。

殷都自南刑部罢职还。

陈继儒坐馆徐迎庆家,教迎庆。

归子慕在杭州,读书僧舍。

陈于陛上《恭请圣明敕儒臣开书局纂辑本朝正史以垂万世疏》。

魏允贞于山西太原创建三立祠书院(又名三立书院)。

按:书院原祀奉王通、司马光、薛瑄,后增祀山西历代名宦乡贤。以"学之道,惟有知行两端;人之为学,惟有求知求行"为办学宗旨。崇祯七年,袁继咸主院,朝夕劝课,每月大会三集,初集讲圣谕,地方绅士、乡老都参加;二集讲经济,凡国家大政、地方利害都加讨论,地方官吏必须参加;三集讲制举义。后为成例。书院人才辈出,万历三十七年,中举者五十余人。

何镁合邑民于江西德兴创建兴贤书院。书院后订有立品、敦行、惜阴、课艺等条约八则,以"敦行实践,率己化人","刻苦用力,毋始勤终怠,毋进锐退速"等训士。

曾凤仪重修湖南衡山集贤书院,置田租六十六石以崇祀朱熹、张栻、李泌、韩愈、周敦颐、赵忭等,并作记以申崇祀之由:群贤"生平大节瑰玮不群,规恢圣谟,照耀古今,挺然直与名岳等,登其山,想见其人,人与山交相重也,祀山因以祀人也"。

利玛窦神父1月从澳门回韶州。

王忠铭为南京礼部尚书,是秋返故里海南岛,途经韶州,结交利玛窦,交谈一昼夜,自是成为天主教会保护人。

日本《伊曾保物语》成书。

罗伯特·亨利逊著成《克丽西德的遗嘱》。

乔治·皮尔编成《爱德华一世年代记》。

莎士比亚著成《泰特斯·安德罗尼库斯》、《驯悍记》。

皮埃尔·卡龙著成《三条真理》。

詹巴蒂斯塔·德拉波尔塔著成《光学的折光》。

北监所刻《十三经注疏》板成。是板以李元阳闽刻为底本,自万历十四年开刻,费时七年。

按:一说1619年李长春等刻于北京国子监,所谓明北监本也。

许孚远是夏作《经筵讲章序》。

郭子章著《圣门人物志》12卷成。此书万历二十二年三月刊刻。

蜀王府刻《通鉴纲目全书》。

邓元锡《皇明书》45卷成。

按:此书仿《函史》而作,系《函史·上编》的延伸。作者生前未刊,万历三十四年刊于江西吉安。全书起开国,迄嘉靖,其中列传有至万历者。在晚明流传甚广。

吴瑞登纂《两朝宪章录》20卷成。二十二年夏,刊刻于世。

襄王府刻明冯柯编《宗藩训典》12卷。

王逊自编年谱《王氏萍踪岁记》成。

按:此谱记事详实,具有较高史料价值。对研究中国早期遗嘱样式尤有价值。

王彦淳编《太宰五台先生陆公纪年事略》成。

按:谱主为陆光祖。是谱叙谱主一生仕历事迹较详,且时有议论,可补《明史》本传不足。谈迁《国榷》记谱主卒年与此谱不同,当误。

刘永澄年十八,著《刘氏谱略》。

沈应文、谭希思等修、张元芳纂《顺天府志》6卷刊刻。

程三省修、李登等纂《上元县志》12卷刊刻。

林子燮纂修《福宁州志》10卷刊刻。

林兆珂、伍让等纂修《衡州府志》15卷刊刻。

许璜修《桃源县志》。

潘敦复纂修《乐亭志》12卷刊刻。

王稚登为赵枢生作《彦材先生叙》。

徐渭作《畸谱》，自叙一生经历。

邝璠《便民图纂》重刊。

李材是岁著《正学堂稿》及《正学堂续稿》凡44卷。

史槃作《鹣钗记》传奇。

吕坤《呻吟语》6卷刊行。

按：是岁三月坤撰《呻吟语序》，谓其撰此书断续近三十年时间，后因其友司农大夫刘景泽所请而刊行。其撰著此书的目的是批判当时流行的学术思想。

吕坤刻《续小儿语》。

按：此书续其父吕得胜之《小儿语》。两书皆韵语写成，同为对儿童进行道德教化和行为习惯培养的教材。

胡承龙在金陵刊行李时珍所著《本草纲目》。是为此书于1578年编成后之首刊本，称"金陵本"。

按：万历癸卯年(1603)，夏良心据金陵本重刊于江西，此本为官刻，刻版纸墨均优于金陵本。据江西本覆刻者有石渠本、湖北本、立达堂本、张朝璘本等10种。崇祯十三年(1640)武林钱蔚起六有堂据江西本为底本翻刻，称武林钱衙本，此后据此本翻刻者又有30余种版本。

邓元锡著《引空上人别语》。

张瀚著《松窗梦语》8卷成。

按：张瀚宦游四十余载，足迹遍及北方的陕、甘，南方的闽、粤及巴蜀等地。本书即为他晚年追忆一生经历之作。

邓以讚作《刻张宫谕文集序》。

许自昌翻刻《分类补注李太白诗》二十五卷。

利玛窦将《四书》译成拉丁文，寄回意大利，是为《四书》最早西译本。

罗明坚译《大学》第一章刊于罗马《百科精选》。

高毋羡《天主教教义》在马尼拉刊刻。

高毋羡译自西班牙文《自然法的修正与改进》之题为《新刻僧师高毋羡撰无极天主正教真传实录》，是年以中文刊行于菲律宾马尼拉。是书九章，除三章宣扬天主教义，一章论地理，其余五章均与生物学知识有关。为最早以中文介绍西方生物学知识之著作。

日本林罗山纂成《既见书目录》。据此目录，李时珍所著《本草纲目》是岁始传入日本。

按：此书传入日本后，很快为日本朝野特别是医药学界所重视。许多医家据以学习、研究、发挥，乃至大量翻刻印行、日译出版，使此书逐渐取代了唐《新修本草》、宋《经史证类本草》等名著的地位。

克里斯多弗·马洛卒(1564—)。文艺复兴时期英国剧作家,诗人。

李诩卒(1505—)。诩字厚德,号戒庵老人。江苏江阴人。七赴场屋皆落第,遂居家以著述自娱。穷究性命之学,与唐顺之等相切磋。著有《戒庵老人漫笔》。

张瀚卒(1510—)。瀚字子文,号元洲。浙江仁和人。谥恭懿。嘉靖十四年进士。著有《松窗梦语》、《奚囊蠹余》、《台省疏稿》、《明疏议辑略》、《吏部职掌》、《武林怡老会诗集》等。事迹见《明史》卷二二五。

姜宝卒(1514—)。宝字廷善,又字凤阿,丹阳人。与兄寀力学,博极群书。嘉靖三十二年进士,选庶吉士,授编修。时严嵩当国,宝屏迹权门,读书道院,日与同志诸贤讲学都门。遭嵩忌,出为四川提学佥事,转中州参政,提督八闽学政。后为南京太常少卿,升国子祭酒。家居著书15年,不通朝问。官至礼部尚书,加太子少保致仕。著有《周易传义补疑》12卷、《春秋读传解略》12卷、《春秋事义全考》16卷、《四书解略》6卷、《资治大政记纲目》《上编》40卷《下编》32卷、《姜凤阿文集》38卷、《姜凤阿诗集》10卷。另有散曲作品在《乐府先春》中。

李时珍卒(1518—)。时珍字东壁,号濒湖。蕲州人。以历来本草多有舛误,立志重修,成《本草纲目》,收药1932种,为中医药物学总结性的巨著,亦是一部博物学著作,与《天工开物》、《农政全书》同为明代科技名著。另有《濒湖脉学》,《奇经八脉考》等。事迹见《明史》卷二二九。

按:据《明史》本传,好读医书,医家《本草》,自神农所传止三百六十五种,梁陶弘景所增亦如之,唐苏恭增一百一十四种,宋刘翰又增一百二十种,至掌禹锡、唐慎微辈,先后增补合一千五百五十八种,时称大备。然品类既烦,名称多杂,或一物而析为二三,或二物而混为一品,时珍病之。乃穷搜博采,芟烦补阙,历三十年,阅书八百余家,稿三易而成书,曰《本草纲目》。增药三百七十四种,厘为一十六部,合成五十二卷。首标正名为纲,余各附释为目,次以集解详其出产、形色,又次以气味、主治附方。书成,将上之朝,时珍遽卒。未几,神宗诏修国史,购四方书籍。其子李建元以父遗表及是书来献,天子嘉之,命刊行天下,自是士大夫家有其书。

秦鸣雷卒(1518—)。鸣雷字子豫,号华峰。浙江临海人。嘉靖二十三年进士。官至南京户部尚书。著有《谈资》、《倚云楼遗集》。

张绪卒(1520—)。绪字无意。四川汉川人。受业于邹守益,与耿定向、罗汝芳等讲学不辍。学者称甑山先生。

徐渭卒(1521—)。渭初字文清,后改文长,号天池、天池山人、青藤道士、田水月、山阴布衣等。山阴人。二十岁举秀才,后屡试不第。为浙闽总督胡宗宪聘为幕府书记。胡获罪被杀后,遂潦倒,以鬻书画糊口。渭与李贽皆晚明进步思想家。于文学主独创,反摹拟,对"公安派"颇有影响。亦擅杂剧,以《四声猿》为著名,对汤显祖深有影响。其著作传世者,尚有《文长集》16卷、《阙编》10卷、《徐文长三集》29卷、《徐文长逸稿》24卷、《畸谱》1卷、《南词叙录》、《笔玄要旨》等。《南词叙录》为我国古代戏曲理论史上论述南戏的重要著作。徐渭又工书法,长于行草。善绘画,特长花鸟,用笔放纵,水墨淋漓,因其豪放、泼辣,故有"大写意"之称。与陈道复并称"青藤、白杨",对形成水墨大写意花卉画派影响至深。其画今存

《墨葡萄》、《水墨卉卷》、《芭蕉雪梅图》、《雪蕉图》、《梅实图》、《黄甲图》等。事迹见《明史》卷二八八。

按：徐渭作品现有中华书局排印本，名《徐渭集》，除《徐文长三集》、《徐文长逸稿》外，另收有1925年慈溪抱经楼沈氏据旧藏抄本排印的《徐文长佚草》。

据《明史》本传，渭天才超轶，诗文绝出伦辈。善草书，工写花草竹石。尝自言："吾书第一，诗次之，文次之，画又次之。"当嘉靖时，王、李倡七子社，谢榛以布衣被摈。渭愤其以轩冕压韦布，誓不入二人党。后二十年，公安袁宏道游越中，得渭残帙以示祭酒陶望龄，相与激赏，刻其集行世。

徐学谟卒（1521—　）。学谟初名学诗，字叔明。嘉定人。嘉靖二十九年进士。官至礼部尚书。著有《春秋臆》、《春明稿》、《世庙识余录》、[万历]《湖广总志》、《海隅集》、《归有园稿》等。

吴国伦卒（1524—　）。国伦字明卿，号川楼、南岳山人。湖广兴国人。嘉靖二十九年进士。官至河南左参政。工诗文，与李攀龙等号称"后七子"。著有《春秋世谱》、《甄甄洞稿》等。

汪道昆卒（1525—　）。道昆字伯玉，一字玉卿，号太函，又号南溟。徽州歙县人。嘉靖进士，除义乌知县。后擢右副都御史，巡抚湖广。官至兵部左侍郎。曾在沿海参加抗倭战争。与李攀龙、王世贞等友善。以王世贞亦曾官兵部侍郎，时人因称王、汪为"两司马"。汪所作诗文有《太函集》、《太函副墨》。并作杂剧五种，今存《高唐梦》、《五湖游》、《远山戏》、《洛水悲》四种，总名为《大雅堂乐府》。事迹见《明史》卷二八七《王世贞传》附传。

按：据《明史》卷二八七，王世贞《艺苑卮言》曰："文繁而有法者于鳞，简而有法者伯玉。"道昆由是名大起。晚年官兵部左侍郎，世贞亦尝贰兵部，天下称"两司马"。世贞颇不乐，尝自悔奖道昆为违心之论云。

邓元锡卒（1528—　）。

按：此据冯先恕《疑年录释疑》。《国榷》则以为卒于万历二十二年十二月，可参。一说，邓元锡（1527—1592）。详见1592年条。

钱立卒（1531—　）。立字守礼，号卓庵。浙江仁和人。嘉靖四十四年进士。官至广西按察副使。著有《归田稿》。

顾绍芳卒（1547—　）。绍芳字实甫。昆山人。万历五年进士，选庶吉士，授检讨。官至左春坊左赞善。善诗，尤工五律。朱彝尊称其诗近孟浩然。著有《宝庵集》24卷。

朱载玺卒，生年不详。载玺，明宗室，袭封新乐王。善文辞，好著述。欲表见宗藩有才艺者，索天下同姓者所纂述，得数十种，合刊为《绮合绣扬集》。著有《楼居稿》。

李应昇（　—1626）、意大利传教士罗雅各（　—1638）、孙传庭（　—1643）、凌义渠（　—1644）、倪元璐（　—1644）、冯舒（　—1649）、金之俊（　—1670）、僧普荷（　—1673）、吴麟徵（　—1644）生。

万历二十二年　甲午　1594年

印度莫卧尔帝国复取坎大哈。

法王亨利四世加冕于沙特尔，归巴黎。

正月，朱载堉条奏七事，俱为宗藩应试胪列，自是，许宗室应科举入仕途遂允为永制。自此，朱邸诸侯，始以清流自奋。

二月癸丑，皇长子出阁讲学。时年已十三。

三月癸卯，诏修国史。

按：去岁礼部尚书掌詹事府陈于陛为史官，建议修国史，欲焦竑领其事。竑逊谢，乃先撰《经籍志》，其他率无所成。

甲辰，诏定参修正史官员。

按：以礼部尚书陈于陛、南京礼部尚书沈一贯、詹事刘虞夔、少詹事冯琦充副总裁官；礼部尚书罗万化、吏部右侍郎盛讷、礼部左侍郎范谦、刘元震、右侍郎孙继皋、少詹事曾朝节、祭酒陆可教兼充副总裁官；左庶子余继登，右谕德萧良有、洗马李廷机，右中允刘应秋，修撰唐文献、焦竑，编修邹德溥、郭正域、黄安良、全天叙、吴道南、黄辉、庄天合、董其昌，检讨王图、萧云举、区大相、周如砥、林尧俞充纂修官。此后，正史纂修官续有所增，如补礼部左侍郎刘楚先为副总裁，增翰林院修撰翁正春、朱国祚，编修冯有经、史继阶、杨继礼、陈懿典、韩爌、袁宗道、陶望龄、顾天峻，检讨傅新德、刘生中、商克正、王象节、李腾芳，右中允周应宾、国子监司业叶向高等为纂修官。

又按：陆可教字敬承，生卒年不详。浙江兰溪人。万历进士。官至南京礼部右侍郎。著有《葵日集》。林尧俞，字咨伯，福建莆田人。万历十七年进士。由庶吉士累官礼部尚书，以屡忤魏忠贤等，党祸起，引疾归。

五月丁亥，廷试选贡生员1033名，岁贡生员394名。

是月，吏部会推阁臣。该部文选司郎中顾宪成在王锡爵将谢政、因而廷推阁臣时，举荐因"争国本"而遭斥出阁之原大学士王家屏，以及在去岁京察中为权臣所忌恨之孙鑨、李世达，为神宗所恶，被革职回无锡。

按：顾宪成既废，家居，乡里故有东林书院，为宋代杨时讲道处，宪成与弟顾允成倡修之，偕同志高攀龙、钱一本、薛敷教、史梦麟、于孔兼诸人，讲学其中，海内闻风景附。其讲学之余，往往讽议时政，裁量人物，朝士慕之，亦遥相应和。由是东林名大著。其后孙丕扬、邹元标、赵南星等相继讲学，自负气节，与政府相抗。是为东林党议之始。而浙之宁波人沈一贯以善迎帝意入阁，渐成浙党。此东林、浙党所自始，其后更相倾轧垂五十年。参东林书院修成之1604年。

八月丁未，正式开馆纂修本朝正史。

是月，孙丕扬为吏部尚书，患中贵请谒，乃创为掣签法，大选急选，悉听其人自掣，使人请寄无所。一时选人盛称无私，然铨政自此大变。

十月，召见倭使小西飞，命：一勒倭尽东归，一既封不与贡，一誓无犯朝鲜。

十二月丙寅，大学士赵志皋进呈万历二十一年起所撰《易经》、《礼记》《通鉴纂要》讲章以备神宗温习,仍另书发司礼监刊板。

是年,礼部薛继茂敷陈科场事宜八条,以正文体为第一义。

蒙古科尔沁部、喀尔喀五部通好于努尔哈赤。努尔哈赤征服长白山诸部。

山西曲周人韩太湖创立弘阳教。后得到宫廷太监资助,刊印大量弘阳教经卷,宣传劫变思想,认为释迦佛为红阳教主,未来才是白阳,奉混元老祖(即老子)为最高神祇,故亦称"红阳教"、"混元教"。在民间广泛流传。至清代屡禁不绝。

澳门圣保禄学院成立。

朝鲜李瑶向李朝宣祖王介绍阳明思想。

章潢赴庐陵重九之会,与罗汝芳、邹元标、王时槐诸人聚晤,论为学宗旨;潢以为只与人为善,便是宗旨。

汪本钶到龙潭从李贽学。

按:据汪本钶《哭李卓吾先师告文》,李贽日课之举子业,夜与之谈《易》一卦,以为"丈夫生于天地间,太上出世为真佛,其次不失为功名之士。"

王锡爵五月致仕。

顾宪成九月抵家,始作《小心斋劄记》。

焦竑为东宫讲官,取故事之可为劝戒者,绘为《养正图解》,序而上之。

高攀龙悟于揭阳途上。

高攀龙是冬过清漳,见李材,其门人陈古池出所记李氏语,名《尊闻录》者示攀龙,并乞为序,遂作《尊闻录序》。

吕坤九月由左佥都御史改刑部右侍郎;十月复由刑部右侍郎改为左侍郎。

鹿善继八月应顺天乡试,未得解归,始研王阳明《传习录》。

沈瓒自江西卸职回吴江,为沈璟课子。

俞安期作《憨知》吊汪道昆。

龙膺赴扬州,与陆弼等结横山社,同年谪任两淮盐运判官。

周履靖旅松江,与陈继儒会,编次何三畏等此年游南湖诗成帙。

俞安期度岭游桂,辑《栖霞编》及《桂林游洞杂咏诗》。

蒋一葵、方时化中举人。

刘永澄八月举贤书。是岁始与文震孟订交。

刘宗周随母氏立家于道墟,从鲁念彬于章又玄宅。

孙奇逢始学作文。

黄道周十岁,作古文词,若有神授。

康丕扬建密云白檀书院。

许孚远于福建福州创建共学书院。

王演畴于浙江宁海创建缑城书院。

祝世禄、邵庶于安徽休宁万安山创建还古书院。

荷兰几内亚公司成立。从事贩奴、走私。

罗马教会逮捕布鲁诺。

荷兰人威廉·巴伦支入北冰洋,入抵新地岛。

按：该书院为明中后叶阳明学派举行讲会的中心。自万历二十五年至崇祯十二年，共集新安六邑之士讲会七次，每会十天。邹守益、王艮、钱德洪、王畿等曾来院讲学，高攀龙曾撰《教言》十五则寄会，盛况空前。然主坛者多存门户之见。清初，名儒汪星溪来院讲学，一宗宋代讲学遗风，阐扬程朱理学，阳明之学渐衰。继而主讲者有吴儒遴、汪学圣、汪浚、施璜等。

史邦载于河南禹县创建颍滨书院。侯恪为记。

传教士郭居静7月奉派入韶州。

利玛窦蓄发，儒服，勤研汉典，以拉丁文译"四书"并以其教义注解，仿文言作文。

克里斯托福·马洛编成《爱德华二世》。

约翰·李利编成《博姆比老大娘》。

托马斯·纳什著成《不幸的旅行者》。

乔治·皮尔著成《阿尔卡萨战役》。

莎士比亚著成《维诺那二绅士》、《爱的徒劳》、《罗密欧与朱丽叶》。

理查德·胡克著成《教会政策法》。

皮爱尔·马蒂厄著成《法国最后动乱历史》。

伽利略的《金箴》发表。

国子监校刊《公羊》、《谷梁》、《周礼》、《仪礼》、《尔雅》成，三月戊申司业周应宾进呈御览。

国子监刊完《十三经注疏》，装缮成帙进呈留览。

陈所蕴以冰玉堂名刻《苏氏易解》。

陈与郊撰《文选章句》28卷。

沈王府重刻《雅音会编》12卷。

赵标辑刊《三代遗书》。

焦竑以开史局，条上四议。其《国朝献征录》120卷成于是岁以后。

按：是岁，大学士陈于陛倡修国史，聘焦氏领其事。此书似为撰者参修国史时辑录的资料长编，保存明代传记资料极为丰富。然引述芜杂，时有牴牾，并非均为可据。

《锲品皇明资治通纪钞》10卷刊刻。

高攀龙叙《王文成年谱》，又作《阳明说辨》，共四首。

宋应昌《经略复国要编》14卷约成于此年。

按：应昌曾率军抗日援朝。《经略复国要编》记载在朝鲜各种公文，系研究抗日援朝第一手资料。

吴瑞登《两朝宪章录》20卷刊刻于河南。

卢傅印《职方考镜》6卷刊刻。

罗希益修、龙子甲纂《望江县志》8卷刊刻。

苏民望修、萧时中纂《永安县志》9卷、《图》1卷刊刻。

蔡立身纂修《青阳县志》6卷刊刻。

张祥修、阎邦宁纂《原武县志》2卷刊刻。

周世选、夏维藩纂修《故城县志》5卷刊刻。

司马暐纂修《仁化县志》2卷刊刻。

陈淓修、吴敏道纂《宝应县志》12卷刊刻。

宁王府刻《玄览》8卷。

邓钟奉两广总督萧彦命，删《筹海图编》成《筹海重编》。

鲁王府（鲁王朱寿鏳）刻明刘应泰编《鲁府秘方》。

萧大亨《夷俗记》1卷刊刻。

天海藏著《题水浒传叙》。此序见是岁双峰堂刻本《水浒传》。

朱鹭《建文书法拟》5卷成。

华善继刻所著《折腰漫草》。

沈璟增补蒋孝旧谱为《南九宫十三调曲谱》成。

李先芳卒（1511— ）。先芳字伯承，号北山。四川监利人。寄籍山东濮州。嘉靖二十六年进士。中年罢官，优游林下，以诗酒声色自娱。通晓音律，尤工琵琶。著有《读诗私记》、《江右诗稿》、《李氏山房诗选》等。事迹见《明史》卷二八七《李攀龙传》附传。

按：据《明史》卷二八七，攀龙之始官刑曹也，与濮州李先芳、临清谢榛、孝丰吴维岳辈倡诗社。王世贞初释褐，先芳引入社，遂与攀龙定交。明年，先芳出为外吏。

陈文烛约卒于是岁以后（1535— ），确切卒年不详。文烛字玉叔，号五岳山人，湖广沔阳人。嘉靖进士。授大理寺评事。累迁南京大理寺卿。著有《淮安府志》、《西园文集》、《二西园诗集》，总49卷，王世贞、归有光、茅坤等，皆为作序。

罗万化卒（1536— ）。万化字一甫，号康州。谥文懿。会稽人。隆庆二年状元。官至礼部尚书，国史馆副总裁。主修《大明会典》。

吴中行卒（1540— ）。中行字子道，号复庵。常州武进人。隆庆进士，选庶吉士，授编修。张居正遭父丧，夺情视事，中行上疏极谏。居正怒，廷杖几毙，舆疾南归。居正死，廷臣交荐，复召故官。终于侍讲学士，掌南京翰林院事。又被劾归。所著有《赐馀堂事》。事迹见《明史》卷二二九。

陈泰来卒（1559— ）。泰来字伯符、上交，号员峤。浙江平湖人。万历五年进士。著有《员峤集》。事迹见《明史》卷二三一《于孔兼传》附传。

郑鄤（ —1639）、茅元仪（ —1641）、何楷（ —1644）、吴应箕（ —1645）、张国维（ —1646）、谈迁（ —1658）生。刘侗（ —约1637）约生。

墨卡托卒（1512— ）。尼德兰地图学家。

托马斯·基德卒（1558— ）。英国剧作家。

于托列托卒（1518— ）。文艺复兴时期意大利威尼斯派画家。

帕莱斯特里纳卒（1525— ）。意大利作曲家。

奥兰多·迪·拉字卒（1530/32— ）。尼德兰作曲家。

万历二十三年　乙未　1595年

正月癸卯，遣都督佥事李宗城、指挥杨方亨充正、副使，封倭酋丰臣秀吉为日本王。

二月丁未，会试天下举人。

三月壬午，殿试中式举人汤宾尹等300名及前科未经殿试举人任时芳等304名。

乙未，廷试天下贡士304名，赐朱之蕃、孙慎行、汤宾尹等进士及第、

奥斯曼帝国苏丹穆拉德三世卒，子穆罕默德三世继臣。

法王亨利四世及西班牙战于封丹－弗朗塞兹。

| 英国侵西属美洲。 | 出身有差。

五月,兵部侍郎邢玠总督贵州,檄谕杨应龙来降,应龙乃缚黄元等十二人代死,复输四万金助采木自赎。是时倭寇未平,朝廷欲缓应龙,以专事东方。诏许降,革职,以其子朝栋理宣慰司事。

六月甲寅,改庶吉士高承祚、何宗彦、顾秉谦等18人,与一甲进士朱之蕃、孙慎行、汤宾尹俱送翰林院读书。

九月乙酉,诏以建文朝事附《国史·太祖本纪》末,复其年号。

是月,青海部长永邵卜寇甘肃,西宁参将达云败之。

按：永邵卜一译永什卜,顺义王俺答从子。先曾授都督同知,再进龙虎将军。以贡市在宣化,守臣待其厚,不可逞,乃随俺答西迎活佛,留据青海,数为边患。

淮水溢,浸泗州祖陵,于是导淮分黄议起。

十月丁巳,兵科给事中王士昌,以《春秋》一书,众家各是其说,未有画一之论,疏奏乞敕礼部行词局诸臣精详校勘,颁行天下。

十二月,定宗室科举入仕例,准许宗室子弟皆得儒服应试入仕,惟不得任京朝官,颁诏天下。

按：旧制,宗室无就试者。自去岁朱载堉条上七事为宗藩应试胪列,遂许宗室科举入仕,因才器使,诏允行,并命定为永制。

是年,以陈于陛疏请修史,命词臣分曹类纂,于陛及尚书沈一贯、少詹事冯琦为副总裁,而阁臣总裁之。

按：此修史之举,惟焦竑撰成《经籍志》,余诏令征用,未及上任,事即报罢。

陶望龄病痊,三月戊寅充正史纂修官。

刘楚先六月甲子以礼部左侍郎充纂修正史副总裁。

朱国祚、顾天峻六月甲子充正史纂修官。

叶向高八月壬寅由国子监司业升左春坊右中允兼编修,充正史馆纂修官。

杨道宾、袁宗道、黄辉补充编纂章奏官。

赵志皋等以万历二十二年起所撰《易经》、《诗经》、《通鉴纂要》讲章类写装潢进呈。

朱载堉疏上历算岁差之法,并进呈所撰《圣寿万年历》二卷、《律历融通》四卷、《万年历备考》三卷及《东律书》等。其说甚辨,识者称之,而礼官不能从。

邢云路任河南佥事,亦因《大统历》与实际天象不合而上疏奏请改历,并献上所制新历,亦未见启用。

按：邢云路字士登,安肃(今河北徐水县)人。万历庚辰(1580)进士。官终陕西按察司副使。他在天文历算方面所做的工作另有：万历三十八年应召入京,参议改历之事；万历四十四年献《七政真数》(已佚),叙推算历数之法。天启元年,以古今交食实例数则推出《授时历》之不足。

焦竑作《汪溪金氏族谱序》。

高攀龙作《薛守溪六十序》。 |

波兰入乌克兰莫吉廖夫。

俄瑞战争结束。

荷兰人始入抵东印度群岛。

英人入抵圭亚那。

鹿善继得其父所寄王阳明全书,读《传习录》。

袁宏道、江盈科同官苏州,中道客苏州,三人同游上方寺,宏道作记。

顾大典以文徵明《醉翁亭图》赠谢肇淛。

顾宪成是春一病几殆。

高攀龙从广东揭阳卸职回无锡。

屠龙至遂昌访汤显祖,同游含晖洞、青城山等地,各作纪事诗。屠龙在遂昌,见汤显祖所评《董西厢》,欲以己所评互易,显祖不允。

焦竑进所纂《养正图解》,谋用以教育皇太子,为同官所指摘。

冯梦祯(冯梦桢)于杭州致书焦竑,赞其进献《养正图解》。

冯梦祯(冯梦桢)至南京就任南监祭酒,过吴时与王稚登相会。

杨起元游学至粤东莞,应乡人之请撰《董公祠记》。

归子慕作《自讼赋》。

祝世禄为南科给事中。

孙慎行中进士第三人,授编修。

朱之蕃成进士。除翰林院编修。

刘永成中会试乙榜。

刘一燝成进士,选庶吉士,授检讨。

杨廷筠成进士。

李长庚成进士,授户部主事。

林茂槐成进士。

按:林茂槐字稚虚,生卒年不详。福建福清人。官至吏部郎中。著有《诸书字考》、《增删说类》。

张所望成进士。

按:张所望字叔翘,生卒年不详。松江上海人。著有《阅耕余录》。

张汝霖成进士,授广昌知县。

来俨然成进士,授兵部主事。

按:来俨然字望之,生卒年不详。陕西三原人。著有《自愉堂集》。

陈全之成进士。

按:陈全之字粹仲,生卒年不详。福建闽县人。著有《蓬窗日录》。

汤宾尹成进士,授编修。

按:汤宾尹字嘉宾,号霍林,生卒年不详。宁国宣城人。为攻击东林党人的"宣昆党"之首。著有《易经翼注》、《睡庵集》。

曹学佺成进士。授户部主事。

王惟俭、孙如游、何宗彦、米万钟、陈于廷、范允临、蔡复一成进士。

刘宗周应童子试,纳卷者误以字为名,遂易名宗周。

元宗孔复建湖南城步儒林书院于隘头山。

按:儒林书院为元皇庆二年(1313)绥宁苗人杨再成捐资创建,为国内最早苗族书院。

徐秉正为邹元标弟子陈尚象、吴铤等所请于贵州都匀创建南皋书院。

江东之为记。

利玛窦誊清拉丁文译"四书"手稿,此后对新来传教士讲授"五经";停止散发在肇庆刊印的《教理问答初阶》,拟重加编写。此时利玛窦已"穿着打扮悉随乡俗",俨若中国"读书人"。

利玛窦四月随兵部侍郎北上。4月舟行入南雄;又舟行入赣州,舟覆遇险,得救,留南昌数日;5月底入南京;6月16日,请求定居南京,被拒绝;次日乘船回南昌;6月底抵南昌,在南昌被称为"举人",对士大夫显露出过目成诵本领,拜会显宦、皇亲、名流,结识大儒章斗津,得见总督,获面允留居南昌。于8月底晋见建安王,以后又多次拜谒,互有馈赠;是后,乐安王也予接见,弋阳王未得见。

传教士苏如汉12月下旬入南昌,协助利玛窦传教。是时罗如望、郭居静在韶州。

利玛窦引见郭居静,谢姓知府待以秀才礼。

利玛窦是岁书信中提及倭犯朝鲜事,未及万历立嗣之争。

乔治·皮尔编成《老妇的故事》。

莎士比亚发表《理查二世》、《仲夏夜之梦》

菲利普·西德尼著成《为诗歌辩护》。

安德鲁·蒙塞尔著成《英格兰书籍出版目录》。

安德烈亚斯·利巴维乌斯著成《各种化学配药操作法》。

太监孙隆于苏州刊行《改并五音类聚四声篇》。

南轩纂《通鉴纲目前编》25卷成。

叶贵金陵近山书林刊《皇明人物考》6卷。

按:此书题焦竑编次,翁正春校正,书前有万历二十三年瞿九思《题辞》、王世贞《皇明考》及《大明论断》。考王世贞卒于万历十八年,估计此书为书贾仿冒。

张位、陈于陛八月壬寅纂《万历壬辰、乙未二科进士题名记》进览。

朱谋㙔纂《藩献记》成。

王体复纂修《太平县志》8卷刊刻。

戴任等纂修《帝里盱眙县志》12卷刊刻。

宋沛修、延论纂《平定州志》刊刻。

林国相等修、杨起元纂《惠州府志》21卷刊刻。

陈继儒授读嘉兴包氏,其所辑《宝颜堂秘籍》付刊在是岁。

董逢元辑刊《四子全书》。

瞿汝稷著《指月录》32卷成。

按:《指月录》全称《水月斋指月录》,为儒者谈禅之书。虽非《灯录》,其实质与《灯录》并无二致。

歙县吴勉学师古斋刻《徽郡注释对类大全》。

建阳叶贵近山书舍金陵三山分铺刻熊瓃《卜居秘髓图解》。

冯从吾冬日编次其与诸生讲诵之语录,题曰《订士编》,有跋。

汤云孙、赵开美刻《东坡志林》,赵用贤序之。

王樵自刻所著《尚书日记》。

利玛窦在南昌撰刊《交友论》及《西国记法》;刻印所著宣教之著《天国实义》上下卷;复将有关世界地图之说明注释辑录成册,成《万国图志》刊印,此为中国首部世界地理著作。

王敬臣卒(1513—)。敬臣字以道，号少湖。长洲人。岁贡生，受业于魏校，其学以慎独为先，以标立门户为戒，乡人尊为少湖先生。万历中征授国子博士，辞不行，诏以所授官致仕。著有《俟后编》。事迹见《明史》卷二八二《魏校传》附传。

按：据《明史》卷二八二，初，受校默成之旨，尝言议论不如著述，著述不如躬行，故居常杜口不谈。自见耿定向，语以圣贤无独成之学，由是多所诱掖，弟子从游者至四百余人。其学，以慎独为先，而指亲长之际、衽席之间为慎独之本，尤以标立门户为戒。乡人尊为少湖先生。

欧大任卒(1516—)。大任字桢柏。广东顺德人。嘉靖中以贡生历官国子博士。官终南京工部侍郎。工诗，王世贞目之为广五子之一。著有《欧虞部集》。事迹见《明史》卷二八七《黄佐传》附传。

按：据《明史》卷二八七，(黄)佐学以程、朱为宗，惟理气之说，独持一论。……佐弟子多以行业自饬，而梁有誉、欧大任、黎民表诗名最著云。

李材卒(1519—)。材字孟诚。号见罗。江西丰城人。嘉靖四十一年进士。邹守益弟子。拜官后，自以为学术未成，遂乞假归，与唐枢、王畿、钱德洪相切磋。历官一地，则聚一地生徒讲学。著有《李见罗书》、《将就纪》、《观我堂摘稿》、《正学堂稿》及《续稿》共44卷。事迹见《明史》卷二二七、《明儒学案》卷三一。

按：据《明史》本传，李材所至，辄聚徒讲学，学者称见罗先生。系狱时，就问者不绝。至戍所，学徒益众。

潘季驯卒(1521—)。季驯字时良，号印川。乌程人。嘉靖二十九年进士。水利学家。曾四次总督治理黄河，卓有成效，其法"以堤束水，以水攻沙"，并主张借黄通运河。所著《河防一览》为明代治黄的代表著作。另著有《潘司空奏疏》、《总理河漕奏疏》、《宸断大工录》(《四库全书本》改名《两河经略》)、《两河管见》、《留馀堂集》等。事迹见《明史》卷二二三。

冯梦祯(冯梦桢)卒(1548—)。

按：一说1546—1605，详见1605年条。

董嗣成卒(1560—)。嗣成字伯念。乌程人。万历进士。历官礼部员外郎，后贬职归。工诗，著有《青棠诗集》。事迹见《明史》卷二三三《李献可传》附传。

帅机卒(1537—)。机字惟审，号谦斋。临川人。隆庆戊辰进士，授汝宁教授。有《阳秋馆集》。

万恭约卒，生年不详。恭字肃卿。江西南昌人。嘉靖二十三年进士。曾总理河道，筑堤三百七十余里，建平水闸二十余。所著《治水筌蹄》是16世纪70年代治黄通运的代表著作，首倡"束水攻沙"的理论与方法，对潘季驯及其《河防一览》颇有影响。事迹见《明史》卷二二三。

达海(—1632或1639)、于奕正(—1635)、陈士京(—1659)、黄文焕(—1664)、朱羽南(—1669)、冯铨(—1672)、李生光(—?)生。

按：李生光字闇章，山西绛州人。卒年不详。明亡，自号汾曲遗民，不仕，以课

托卡托·塔索卒(1544—)。文艺复兴后期意大利诗人。

授生徒为业。平生笃信道学，以卫道为己任。工诗，诗作常寓兴亡感慨之意。著有《儒教辨正》、《崇正黜邪汇编》、《西山阁笔》等。

万历二十四年　丙申　1596 年

莫卧尔帝国统一北印度。

奥斯曼帝国苏丹穆罕默德三世伐匈牙利。

法国天主教同盟臣服法王亨利四世。

英人、荷人共袭西班牙加的斯。

波兰加强控制乌克兰。

四月戊午，命内阁誊进《累朝宝训》及《实录》，以补乾清宫火灾亡失旧本。

己亥，赴朝鲜正使李宗城自倭奔还京师。

按：宗城以贪淫为倭守臣所逐，弃玺书夜遁。事闻，诏逮下狱。五月庚午，复议封倭。随遣都督佥事杨方亨、游击沈惟敬往。

七月乙酉，始开矿于畿内，领以中官王虎。

按：是时，承宁夏、朝鲜用兵之后，国用大匮，营建宫室，计臣束手。于是议开矿助大工，允之。丙戌，又开矿汝南，领以中官鲁坤。于是，中使四出，山东、永平、昌黎、山西、浙江、陕西相继遣领。矿使扰民，海内骚然。反矿税成为东林党议之重要内容。

九月乙未，杨方亨至日本。关白丰臣秀吉怒朝鲜王子不来谢，复欲侵朝鲜。

是秋，河复决单县。杭、嘉、湖大水。

是年，边官宣谕努尔哈赤，禁与朝鲜往来。

蓬莱修水城防倭，城内可停泊船舰，操练水师；城门外分建码头、平浪台、防波堤，用以消波阻沙，减冲缓流。在中国海港建设史上占有重要地位。

据《唐县志》，是年已用"火爆法"采矿，或说即用火药爆破技术采矿之始。

按：采矿又有"烧爆法"（即用火烧矿床，再淋以水，使矿石爆裂，以便开采）此前早已使用。又据《物理小识》，至迟明末已发明炼焦法，提高了冶金技术。

英国引进西红柿。

荷兰人巴伦支航入抵北冰洋斯瓦尔巴德群岛。

德国法本里斯发现第一颗变星。

赵志皋五月辛卯在大学士任题翰林院修撰翁正春、编修冯有经充起居注馆史官。

李贽是秋以刘东星之约至山西，刘东星子刘用相同行。汪可受以考校士子至上党，与李贽相会。李贽主于山西沁水坪上刘东星家，教授刘用相、刘用健等六七人。直至次年秋方离去。

李贽年七十，写《豫约》，作为遗嘱。

李祯疏言日本封贡事。主张以战守为实务。

按：旋摄兵部事，规划军事颇当。终坐事致仕。后起南京刑部尚书。李祯字维卿。生卒年不详。陕西庆阳人。隆庆进士。

万历二十四年　丙申　1596年

李贽是岁有《与城老书》、《答梅琼宇书》、《与耿克念书》等，述及与麻城耿氏、周氏之恩怨及龙潭精舍创建情形。

按：因李贽"有伤风化"的言行，麻城一史姓道台（系耿定向门生），以芝佛院之创建未经官方批准为由，欲驱逐李贽。李贽被迫远行。

汪静庵以试士至山西，与李贽约见于上党之精舍。

袁宏道有致董其昌书，此为最早提及《金瓶梅》的文献。从中可见是时《金瓶梅》已在文人圈中以抄本形式流传，袁氏所见并非全本，且不明来历如何。

高攀龙连遭父母丧。

孙如法、吕胤昌得汤显祖所寄诗。孙如法晤汤显祖于绍兴。

顾宪成作《示儿帖》。

顾允成九月始病不食者四旬。

冯从吾是秋与朋辈立会讲学于宝庆寺，并撰会约以示诸生。

刘宗周始与章怀德交。

钱希言为谢肇淛题《醉翁亭图》。

钱希言在扬州与陆弼相会，复折还镇江，辑此时所作诗为《桃叶编》。

吴梦旸、臧懋循旅金陵，寓鹫峰寺。

陈龙正年十二，性喜仙佛，欲学长生，复欲出家，以父严责，不敢复言。

李天植于山东菏泽创建重华书院。

范应宾、僧无念禅师于河南商城创建花坛书院，又名黄檗禅林。书院讲学尚谈性理，重清议，亦时议朝政。后渐为无念禅师把持，成为讲经传道之所。

利玛窦等6月在南昌迁入所购新居。至是，基督教已有两个据点、四位神父和两位修士。利玛窦以为，在此开始阶段不宜开设教堂和小堂，只如豫章书院般设立讲堂。利氏决计暂不谈宗教，而仅仅作为西学代表出现，更为广泛地介绍西方人文科学和自然科学，在章斗津主持的豫章学院，多次辩论，妄图利用儒家学说，证明基督教教义符合中国古代一切优秀传统。

叶向高奏进所校《唐书》。神宗命留览。

国子监校刊《汉书》30册、《晋书》30册成，进呈。

冯梦祯（冯梦桢）在南京国子监祭酒任，重刊《三国志》、《魏书》。

冯应京除户部主事，督饷蓟边，创《户部职掌》及《经武考》诸编。

支大纶《世穆两朝编年史》6卷刊刻。是书由《永陵编年史》、《昭陵编年史》合成，刊行后，纸贵一时。

朱正色《涉史雄谭》8卷刊刻。全书分驭虏、弭盗、处番、兵机、军务、玄悟、朗鉴、泛应、烈女九目。

廖道南《通纪》刊刻。

胡乔岱《嘉谋录》18卷刊刻。

约翰·哈林顿发表《阿贾克斯的变态》。

莎士比亚著成《约翰王》、《威尼斯商人》。

埃德蒙·斯宾塞著成《仙后》第4—6集。

西泽·巴罗尼乌斯著成《罗马殉教录》。

J·凯普勒发表《神秘的宇宙》。

G·D·雷蒂库斯的《三角学表》发表。

王士骐《皇明御倭录》9卷成。

蔡逢时《温处海防图略》2卷刊刻。

项德桢编《项襄毅公年谱》5卷，附《实纪》4卷、《遗稿》1卷项皋谟刻本刊行。

按：是谱前有陆树声《辑先襄毅公年谱引》、编者《重辑先襄毅公年谱引》。另有《凡例》。所受褒赐、奠章、挽诗、遗著作为附录。体例严明，附录详备。谱主项忠，字荩臣，号乔松，谥襄毅，浙江嘉兴人，正统七年进士。官至陕西巡抚、兵部尚书。有《藏史居集》。

郭棐撰《粤大记》定稿并刊行。

佘翘辑《翠微集》成，求序于梅鼎祚。

方应选修、张维新纂《汝州志》4卷刊行。

按：方应选字众甫，别号明斋，生卒年不详。松江华亭人。万历十一年进士。官至卢龙兵备副使。著有《方众甫集》。

崔维岳修、汪文奎等纂《宿州志》26卷刊刻。

董复亨纂修《章邱县志》34卷刊刻。

乔允升修、寇嘉会纂《太谷县志》10卷刊刻。

于慎行纂修《兖州府志》52卷刊刻。

尤应鲁修、乔允修纂《泗水县志》12卷刊刻。

林熿等纂修《福州府志》36卷刊刻。

谢思聪修、郝持等纂《林县志》8卷刊刻。

唐之儒修、荆朝玺纂《宁远县志》20卷刊刻。

李培修、黄洪宪等纂《秀水县志》10卷刊刻。

张士雅修、盛唐纂《重修嘉善县志》12卷刊刻。

杨其善纂修《灵邱县志》10卷刊刻。

周士英修、吴从周纂《义乌县志》20卷刊刻。

王樵主修《镇江府志》。

屠本畯著成《闽中海错疏》，记福建海产无脊椎动物和鱼类等，为我国正确记载海产动物生态的较早文献。

按：屠本畯字叔田，浙江鄞县人。另著有《离骚草木疏补》、《茗笈》、《酒鉴》等。

王圻《谥法通考》16卷刊刻。

焦竑刻所辑《中原文献》。又撰《永新县迁复庙学记》。

刘元卿《诸儒学案》25卷刊刻。

吴瑞登《诸儒述概天集》24卷成。是书体例，颇似后来学案。全书记自董仲舒至李侗五十七人。前有唐一鹏序。

刘东星序刻李贽所著《道古录》。

孟化鲤是夏仿《虞城会约》例，为杨东明编次《兴学会约》以示学者，并为之序。

张铺为太监李志惠刻《真武妙经》5048卷。

太监李志惠刻《玄天上帝百字圣号》、《武当山玄天上帝垂训》、《元始天尊说北方真武妙经》5048卷。

万历二十四年　丙申　1596年

　　按：李志惠，安陆人，时为御用监太监。

　　沈节甫所辑《由淳录》由忠恕堂刻成。

　　甘旸撰《印章集说》1卷成。

　　按：是书又名《印正附说》、《甘氏印正附说》，凡六十七则，附刻于甘氏《集古印正》之后，为印学概要之作，在印学史上具有开创性。

　　陈大科校刊骆宾王《灵隐子》。

　　陈大科、陈尧佐刊行沈明臣《丰对楼诗选》43卷。

　　赵王府冰玉堂刻明谢榛《四溟山人全集》24卷。

　　利玛窦《舆地全图》由建安王印制刊行。

　　颜钧卒(1504—　)。钧字子和，号山农，又号樵夫，晚年因避明神宗朱翊钧讳，改名铎。江西吉安人。徐樾弟子，泰州学派思想家。有《山农集》。

　　耿定向卒(1524—　)。定向字在伦，号楚桐。湖北黄安人。谥恭简。嘉靖进士。擢御史，出按甘肃。万历间，累官至户部尚书。后告归，居天台山，讲学以终。其学以王阳明之学为本，与李贽相对立。李贽《焚书》对其人其学多批驳。著有《耿子庸言》、《耿天台文集》、《先进遗风》等。事迹见《明史》卷二二一、《明儒学案》卷三五。

　　按：据《明史》本传，其学本王守仁。尝招晋江李贽于黄安，后渐恶之，贽亦屡短定向。士大夫好禅者往往从贽游。贽小有才，机辩，定向不能胜也。

　　许国卒(1527—　)。国字维桢。徽州歙县人。嘉靖四十四年进士。官至礼部尚书兼东阁大学士，入参机务。卒谥文穆。著有《文穆公文集》。事迹见《明史》卷二一九。

　　王叔承(约1532—　)约卒。叔承字子幻，号昆仑山人。江苏吴江人。著有《吴越游编》、《楚游编》、《岳游编》、《荔子编》等。事迹见《明史》卷二八八《王穉登传》附传。

　　赵用贤卒(1535—　)。用贤字汝师。常熟人。卒谥文毅。隆庆五年进士。为"续五子"之一。万历初，官检讨，五年疏论张居正夺情，与吴中行同被杖戍。居正没，起官。终吏部侍郎，兼翰林学士，专修《大明会典》，纂《玉牒》。用贤嗜收藏图籍，藏书二千余种，上万册，编有书目。辟藏书室名脉望馆。与其子赵琦美开常熟私家藏书风气之先。所刊《五经》、《管子》、《韩子》、《玉海》等，皆称善本。著有《三吴文献志》（未完稿）、《国朝典章因革录》、《松石斋文集》30卷《松石斋诗集》6卷等。

　　按：其子琦美亦好藏书，精校勘，辑有《脉望馆书目》。

　　顾大典(1541—　)约卒。大典字道行，号衡寓。吴江人。隆庆二年进士。授绍兴府教授。曾任福建提学副使，后谪知禹州，自免归。工书善绘事，又妙解音律。家有谐赏园、清音阁，常自按红牙度曲，与沈璟等诗酒流连。著有传奇《青衫记》、《葛衣记》、《义乳记》、《风教编》四种，总名《清音阁四种》；另有《清音阁集》6卷、《海岱吟》、《闽游草》等。散曲作品在《词林逸响》中。

乔治·皮尔卒(1556—　)。英国剧作家。

让·博丹卒(1530—　)。法国政治哲学家。

陈于陛卒（1545—　）。于陛字元忠，号元垒。四川南充人。隆庆二年进士。官至礼部尚书，东阁大学士，文渊阁大学士。少时从父学习国史，既为史官，益潜心史学，尝参与世、穆两朝实录，并以副总裁修纂国史。著有《万卷楼稿》。事迹见《明史》卷二一七。

  按：据《明史》本传，于陛少从父以勤习国家故实。为史官，益究经世学。以前代皆修国史，疏言："臣考史家之法，纪、表、志、传谓之正史。宋去我朝近，制尤可考。真宗祥符间，王旦等撰进太祖、太宗两朝正史。仁宗天圣间，吕夷简等增入真宗朝，名《三朝国史》。此则本朝君臣自修本朝正史之明证也。我朝史籍，止有列圣实录，正史阙焉未讲。伏睹朝野所撰次，可备采择者无虑数百种。倘不及时网罗，岁月浸邈，卷帙散脱，耆旧渐凋，事迹罕据。欲成信史，将不可得。惟陛下立下明诏，设局编辑，使一代经制典章，犁然可考，鸿谟伟烈，光炳天壤，岂非万世不朽盛事哉！"诏从之。二十二年三月，遂命词臣分曹类纂，以于陛及尚书沈一贯、少詹事冯琦为副总裁，而阁臣总裁之。

钟化民卒，生年不详。化民字维新，别号文陆。钱塘运河镇博陆人。万历八年（1580）进士，授惠安知县，任河南巡抚，多惠政，有"钟青天"之称。幼而好学，经济、天文、地理、韬略之书，无不通谙。著有《读易钞》14卷、《体仁图说》、《日省录》、《励学篇》、《经济日钞》、《应变录》、《亲民类编》、《阅视类编》、《求生录》等，杭郡建祠于西湖跨虹桥左侧以祀。

朱维藩约卒，生卒年不详。维藩字介卿，陕西山阳人。万历五年进士。历官江西按察副使。曾取徐常吉《谐史》及贾三近《滑稽耀编》等游戏文，削删补缀，改编为《谐史集》4卷。

陈子壮（　—1647）、张采（　—1648）、黄景昉（　—1662）、范文程（　—1666）、文柟（　—1667）、方拱乾（　—1667）、萧云从（　—1673）、郑敷教（　—1675）、于琳（　—1680）、杜越（　—1682）生。魏学洢（　—1625）约生。

万历二十五年　丁酉　1597年

神圣罗马鲁道夫二世帝取特兰西瓦尼亚。

风暴毁西班牙征英舰队。

法人败西班牙人于亚眠。

俄罗斯颁布禁止农奴逃亡法。

正月丙辰，朝鲜遣使求援。

  按：初，杨方亨诡报倭受封即回和泉州，然倭方责备朝鲜，留兵釜山如故。至是，方亨始直吐本末，委罪沈惟敬。上大怒，命逮惟敬。

二月甲申，增贡士选额，北监15名，南监10名。

三月乙巳，以山东右参政杨镐为佥都御史，经略朝鲜军务。己未，以兵部侍郎邢玠为尚书，总督蓟辽、保定军务，经略御倭。

五月甲辰，内阁会同翰林院官考试各处岁贡，取中上卷6卷，中卷355卷；选贡取中上卷3卷，中卷33卷。

六月丁丑,内阁会同翰林院考试各处愿就教职岁贡,取中上卷5卷,中卷328卷。

是月,神宗朱翊钧以皇极门左右两廊遭火灾,命罢修国史。

八月丁丑,倭破闲山,犯全庆,逼王京。邢玠闻闲山已失,退守王京。

庚辰,命编修史继偕、顾天峻、杨继礼、陈懿典、检讨傅新德纂修《六曹章奏》。

十月甲戌,诏授黎惟潭为安南都统使。

按:安南自莫登庸篡立请封,再传至弘瀷,为黎宁臣郑检所逐。黎宁死,再传至惟潭,渐强盛,举兵攻杀弘瀷子茂洽,复据安南,至是款关求贡。

是年,辽东巡按御史李氏思孝川边方中式不易,奏请以辽东士子编为边字号。

意大利天主教耶稣会传教士龙华民在葡萄牙殖民势力支持下入华。初在韶州传教,后继利玛窦任在华耶稣会会长,在华传教时间达五十八年之久。

李贽五月至京师,寓西山极乐寺,汪本钶有出世志,至京相就。李贽至大同,寓梅国桢大同巡抚署中。

李贽作《净土诀》,并刻梓。又有《送汪鼎甫南归省母诗》并序、《九日极乐寺闻袁中郎且至因喜而赋诗》等。

刘东星正月六十寿辰,李贽作《寿刘晋川六十序》。

李廷机六月丙寅以国子监祭酒升詹事府少詹事兼翰林院侍读学士,充正史副总裁。

焦竑为皇长子讲官,九月戊戌进《养正图解》,神宗留览并以之赐皇长子。

全天叙、焦竑八月丁酉主顺天乡试;朱国祚、叶向高主应天;杨道宾、戴士衡主浙江;董其昌、程绍主江西;刘日宁、黄炜主福建;蒋春芳、李长庚主河南;钱养廉、沈朝焕主山东;何倬主山西。

焦竑为顺天乡试副主考,所取举子曹蕃等九人,文多险诞语,又于落第试卷中拔取徐光启,为给事中项应祥、曹大咸所弹劾,贬官福建宁州同知。李贽有书慰焦竑谪官。是岁,焦竑有《刻两苏经解序》。

顾宪成病渐瘳。病中体究心性,并为劄记。是岁撰《还经录》、《答门人书》等以论学,又课士于同人堂。

吕坤上疏陈天下安危,言财政支出浩大,催科繁重,人民将悉成寇仇。疏入,不报,坤乃于四月称病去官,居家讲学著述。

鹿善继与孙奇逢定交。

周汝登与邹元标再会于铁佛庵中,汝登应元标之请为撰《邹子讲义序》。

邹元标是春作《明新书院记》。

曹于汴是春作《修社学记》、《安定祠碑记》。

杨起元作《明德罗子祠堂记》。

周汝登以量移至岭表，公事之暇，与憨山上人时相过从，并识其徒觉音。

黄道周如平和，过王阳明庙。

冯应京转兵部主事。

刘永澄与文震孟会于虎丘，同上公车。

袁宏道解吴县知县职，与江盈科同游虎丘，作《虎丘记》，自称吴客；又游无锡，作《游惠泉记》、《惠泉后记》；其听朱艺人讲说《水浒平话》，作纪事诗，亦在是岁。

按：是年游吴、越等地所作收为《解脱集》。

徐光启举乡试第一。

陈仁锡年十九，中举。

陈汝元顺天乡试中举。

胡震亨中举人。

查应光中举人。

按：查应光字宾王，生卒年不详。徽州休宁人。著有《回书易经》、《陶瓶集》、《丽崎轩诗文集》、《丽崎轩词》。辑有《古文逸选》。

郑之文在南京国子监就读，与吴兆等合作杂剧《白练裙》刺屠龙与王稚登。

凌濛初年十八，补廪膳生。

刘宗周二月由会稽县弟子员补绍兴府诸生。

周应治于广东惠阳创建天泉书院，择博士之贤者督导诸生，辨质疑难。周亦时至书院谈道说理。

按：周应治字君衡，生卒年不详。浙江鄞县人。万历八年进士。著有《霞外尘谈》、《广广文选》。

周应鳌于广东吴川创建正谊书院、江阳书院。

郑金于山西寿阳创办寿阳书院。清代改受川书院。

范礼安7月自日本入抵澳门，在此逗留至次岁初。在此期间，命利玛窦接替年老体弱的孟三德为来华传教团教长，命李玛诺为澳门公学神长。利玛窦在10月的日记中以为谋求机会直诣万历皇帝的条件已经具备。

利玛窦在南昌，5月、12月间接待前来拜会的乡试、会试士子不可胜数。然在10月前，受洗的中国人仍仅百余。利玛窦认为在中国传教有六大困难。

龙华民12月底奉范礼安派遣由澳门入抵韶州，任韶州居留地教长。

徐光启是年赴广西途中遇见郭居静。

约翰·李利编成《月里嫦娥》。

托马斯·纳什编成《犬岛》。

金陵毕氏刊焦竑所辑《两苏经解》。

杨一奇辑、陈简补《史谈补》5卷刊刻。

雒于仁《历代人鉴便览》5卷刊刻。

程鹏搏修、乔璧星纂《临城县志》8卷刊刻。

陆以载等纂修《福安县志》9卷刊刻。

《重修镇江府志》36卷刊刻。

《淄川县志》37卷刊刻。

《雍胜略》24卷刊刻。

恽应翼修、张嘉孚纂《新修安定县志》7卷刊刻。

卓佃修、王圻纂《青浦县志》8卷刊刻。

卢梦麟修、王所用纂《河内县志》5卷刊刻。

马协修、吴瑞登纂《辰州府志》8卷刊刻。

王耒贤、许一德纂修《贵州通志》24卷刊刻。

罗士学纂修《沛志》25卷刊刻。

卢大谟修、杨堂等纂《重修宁羌州志》4卷刊刻。

陈继畴修、王秩登纂《泰兴县志》4卷成。此志明代有刻本，不知年；清嘉庆有增补本。

俞安期与李应祥合纂《汴京遗迹志》。

王稚登旅泰兴，纂《泰兴县志》。

焦竑九月上《皇长孙养正图解》。

何出光等纂《兰台法鉴录》20卷刊刻。

郭光复《倭情考原》1卷成。

蒋一葵以尧山堂名刻明王崇庆《山海经释义》。

冯从吾十二月作《闱中士大夫会约》。

汪廷讷寓金陵，为《古今事文玉屑》作序。

周应宾《旧京词林志》6卷刊刻。

焦竑是秋作《顺天府乡试录后序》。

梅鼎祚刻所辑《书记洞诠》120卷。

李贽于大同梅国桢巡抚署著《孙子参同》13篇，又修订所著《藏书·世纪》8卷、《藏书·列传》60卷。

周履靖《夷门广牍》丛书106种，凡16卷，由金陵荆山书林刻行。

按：据徐朔方《晚明曲家年谱》所记，《夷门广牍》今存万历二十五年金陵荆山书林刻本。所收书计：艺苑十种：《文章缘起》、《释名》、《诗品》、《文录》、《谈艺录》、《骚坛秘语》、《诗源撮要》、《籁记》、《啸旨》、《广易千文》；博雅五种：《异域志》、《溪蛮丛笑》、《格古要论》、《群物奇制》、《墨经》；尊生十二种：《胎息经》、《天隐子》、《赤凤髓》、《炼形内旨》、《玉函秘典》、《金司玄玄》、《逍遥子导引诀》、《修真演义》、《既济真经》、《唐宋卫生歌》、《益龄草》、《怪疴单》；书法三种：《书法通释》、《干禄字书》、《学古编》；画薮七种：《画评会海》、《天形道貌》、《淇园肖影》、《罗浮幻质》、《九畹遗容》、《春谷嘤翔》、《绘林题识》；食品九种：《山家清供》、《茹草编》、《水品》、《茶品要录》、《茶寮记》、《汤品》、《易牙遗意》、《酒经》、《食时五观》；娱志八种：《绿绮新声》、《玉局钩玄》、《投壶仪制》、《马戏图谱》、《五木经》、《诗牌谱叙》、《九经》、《拇指篇》；杂占十四种：《黄帝授三子玄女经》、《黄帝宅经》、《青乌先生葬经》、《探春历记》、《风握奇经》、《禄嗣奇谈》、《灵笈宝章》、《许负相法》、《四字经》、《土午经》、《天文占验》、《占验录》、《黄石公望空四字数》、《质龟论》；禽兽六种：《禽经》、《兽经》、《相鹤经》、《鱼经》、《蚕书》、《促

莎士比亚编著《亨利四世》上下篇。

弗朗西斯·培根发表《文明与道德小品》。

让·德塞尔著成《法国历史总编》。

苏格兰的詹姆斯六世著成《对魔鬼的研究》。

织经》;草木七种:《种树书》、《兰谱奥论》、《梅品》、《菊谱》、《耒经》、《稻经》、《芋经》;招隐七种:《逸民传》、《香案牍》、《列仙传》、《神仙传》、《续神仙传》、《梅墟别录》、《梅坞遗琼》(原为八种,实为七种);闲适十四种:《五柳赓歌》、《中峰禅师梅花百咏》、《群仙降乩语》、《闲云稿》、《野人清啸》、《燎松吟》、《寻芳稿》、《千片雪》、《鸳湖倡和》、《山家语》、《泛泖吟》、《毛公坛倡和》、《香查草》、《鹤月瑶笙》(原作十五种,实为十四种);觞咏四种:《青莲觞咏》、《香山酒颂》、《唐宋元明酒词》、《狂夫酒语》。《四库全书总目》评曰:"所收各书,真伪杂出,漫无区别。如《郭橐驼种树书》之类,殆于戏剧。其中间有一二古书,又删削不完。如《释名》唯存《书契》一篇,而乃题曰《释名全帙》,尤为乖舛。其所自著,亦皆明季山人之窠臼。卷帙虽富,实无可采录也。"

　　王士性著《广志绎》成。

　　罗懋登序刊所纂《西洋记》。

　　按:是书一名《三宝太监西洋记通俗演义》,二十卷一百回,演述郑和使南洋诸国事。

　　吴敬所编《国色天香》(全称《公余胜览国色天香》)由金陵书林周氏万卷楼刊行,谢友可撰序。

　　新都吴氏树滋堂刻《秦汉印统》8卷。

　　吉王府吉宣王朱翊銮重刻宋朱熹《楚辞集注》8卷。

　　赵王府刻明徐珮《天池雪堂汇稿》18卷。

　　李登用家藏活字印自著《冶城真寓存稿》8卷。

　　按:李登字士龙,号如真,生卒年不详。应天上元人。精书法,尤精小篆、钟鼎文。其才为耿定向所重。著有《六书指南》、《撼古遗文》、《书文音义便考私编》等。

　　佚名年画《寿星图》是岁彩印。彩印年画至迟在本年出现。

　　汪光华玩虎轩刻《琵琶记》。

胡安·德·埃雷拉卒(约1530—)。西班牙建筑师。

弗朗西斯科·德·埃雷拉卒(约1534—)。西班牙诗人,文学家。

　　胡登洲卒(1522—)。登洲字明普。陕西咸阳人。回族。伊斯兰教经师。传曾朝觐麦加,归国后改革口头传授经文教义的旧习,倡立经堂教育制度,开清真寺设学之风。其学说后发展为经堂教育的"陕西学派",马德新、常志美均出自其传授系统。

　　姚汝循卒(1535—)。汝循初名理,字汝循。后改字叙卿,别号凤麓。江宁人。嘉靖三十五年进士。隆庆初,以谤降为民,归里十年,历游燕、赵、楚、蜀间。起为贵阳州同,转嘉州知州。又以忤张居正罢归。晚居秦淮,辟锦石山斋以储书及古法书名画,颇称富。工诗,与李登、王元坤、陈所闻、盛敏耕、王元贞等共结白社。晚好讲学。所著自大名罢官归田后有《屏居集》8卷;嘉州罢归后有《浪游集》6卷;晚年退耕,有《耕余集》8卷,总为《锦石山斋集》;另辑有《金陵风雅》40卷。

　　孟化鲤卒(1545—)。化鲤字叔龙,号云浦。河南新安人。万历八年进士。初为诸生,即有求道之志,师事尤时熙。曾任官司户部、吏部,以忤旨归乡,筑书院讲学。著有《尊闻录》、《性理音释》、《孟叔龙集》等。事迹见《明史》卷二八三、《明儒学案》卷二九。

　　按:据《明史》本传,既归,筑书院川上,与学者讲习不辍,四方从游者恒数百人。……化鲤自贡入太学，即与秋道义相勖，后为吏部郎，而秋官尚宝，比舍居，食饮起居无弗共者，时人称"二孟"。化鲤之学得之洛阳尤时熙，而秋受业于邑人张后觉。时熙师曰刘魁，后觉则颜钥、徐樾弟子也。

南轩卒（1547—　）。轩字叔后，人称渭上先生。陕西渭南人。嘉靖三十二年进士。著有《通鉴纲目前编》、《关中文献志》、《渭上稿》等。

朱载堉卒，生年不详。载堉字昇甫，号大隐山人，明宗室，袭封樊山王。以文行称，读《易》穷理。著有《大隐山人集》、《三经词》。

陈士元卒（1506—　）。士元字心叔，小字孟卿，号养吾，一号江汉潜夫，又称环中迂叟。德安应城人。嘉靖进士。官至滦州知州。通经史，精究姓氏之学。著有《荒史》、《古俗字略》、《梦林元解》、《名疑》、《姓汇》、《姓觽》、《易象钩解》、《五经异文》、《孟子杂记》、《梦占逸旨》、《归云集》等。

陆光祖卒（1521—　）。光祖字与绳，别号五台。浙江平湖人。谥庄简。嘉靖二十六年进士，官至吏部尚书、刑部尚书。有《庄简公存稿》。

项圣谟（　—1658）、陈宏绪（　—1665）、李实（　—1674）、何悟（　—1679）、闵声（　—1680）、张岱（　—1684）、徐汧（　—1645）、陆符（　—?）生。

按：陈宏绪生年据姜亮夫年表。《明儒学案》卷二十一记生于1605年。

万历二十六年　戊戌　1598年

正月丁未，礼部议科场事五款。其一议文体，强调务根朱注，本经传，禁佛老之谈及影入时事。

是月，抗倭明军在蔚山大败。

按：去年，邢玠、杨镐、麻贵等合力攻蔚山，不克。至是倭援骤至，杨镐不及下令，策马先奔，麻贵继之，一时诸军皆溃，死者无算。是役谋之经年，倾海内之全力，合朝鲜通国之众，委弃一旦，中外嗟恨。镐、玠诡以捷闻。事泄，上震怒。罢镐职听勘。

二月，邢玠募江西水兵，议海运为持久计。于是都督陈璘以广兵、刘𫄨以川兵、邓子龙以浙兵先后至朝鲜。

三月庚子，廷试天下中式举人顾起元等300人。

癸卯，赐赵秉忠、顾起元等进士及第、出身有差。

五月壬寅，廷试岁贡951人，选贡442人。

六月，有人撰《闺范图说跋》，标其名曰《忧危竑议》，盛传京师。此跋文托朱东吉问答，谓郑贵妃万历十八年《闺范图说》之刊刻，实乃籍以立己子为太子之依据。因当时科臣戴士衡曾纠是书编者吕坤勾结宫掖、包藏祸心，全椒知县樊玉衡并曾纠贵妃，至是，贵妃兄郑国泰、侄郑承恩疑此

莫卧尔帝国伐德干。

法王亨利四世颁《南特赦令》，法国宗教战争结束。

俄罗斯灭西伯利亚汗国。

俄国留里克王朝终。鲍里斯·戈多诺夫选立。

"忧危竑议"出于二衡之手,疏乞逮问,神宗知捏名,遂止不究。

  按:此据《先拨志始》。《晚明东林党议》则谓"遂重谪二人",《神宗实录》卷三二三谓"将士衡发烟瘴永戍"。

七月庚寅,考选庶吉士黄国鼎等21人送翰林院读书。

是日,丰臣秀吉死。有司侦知之,促诸将进兵。

十一月戊戌,倭弃蔚山遁。官军邀击于海上,大将邓子龙与朝鲜将李舜臣死之。

十二月,歼乙山倭贼,朝鲜平。

李贽夏五月寓南京永庆寺。

李贽在南京,住永庆寺讲学,三见利玛窦,其《与友人书》于利玛窦之人品学问及为人处事方式皆极尽恭维,然不赞成他在中国传教。

焦竑在北京晤李贽,旋委职与李贽偕往南京。焦竑约于是岁见利玛窦,其《答金伯祥问》等言及之。

焦竑是春迎李贽至南京,为精舍以居之。

邹元标作《弋阳县新建文庙并修儒学记》。

方时化挈家就李贽学。

杨起元讲学南京,盛赞李贽。

佘永宁、吴世徵以杨起元之言往问学于李贽,永宁后述其问学语为《永庆答问》一卷。

徐光启至南京遇利玛窦。

顾宪成八月始会同志于二泉,与管志道辩"无善无恶"之说,复作《质疑编》。

顾宪成会南浙诸同人,讲学惠泉上。

邹元标等在江西吉水县讲学,主要讲学处有仁文书院、崇桂书院、泮东书院,时通称"江右书院"。

吕坤三月丁酉奏辩科臣戴士衡论坤假托《闺范图说》包藏祸心事。五月疏陈天下安危。是岁,吕坤上疏论及"邪说之民,白莲结社,所在成聚",反映白莲教在民间广为流行。

许孚远八月为兵部左侍郎。

吕胤昌调任南太仆丞。

周汝登为广东按察司佥事。于北上入贺途中为憨山上人之徒觉音撰《书觉音卷》。是岁又有《重刻评选杨太史公时义》。

袁宏道是春至仪真,与潘之恒等春游,作东郊踏青诗。

臧懋循、袁中道等是夏同客仪真,曾与谢肇淛纳凉天宁寺。

曹学佺官南京大理寺,与臧懋循、吴梦旸、柳应芳、张正蒙等结社,辑《金陵社集诗》。

高攀龙在太湖北岸构水居,作《水居记》、《可楼记》。

刘宗周始入京应礼部试,下第而归。自是,病目三年。

黄道周喜谈黄白术,有弃家出世之意。

刘永澄应进士试不第,筑土室,键户读书。

俞安期游燕赵齐鲁后回吴江,作《憨宗》吊王世贞。

李日华客苏州,以长歌记吴中新兴乐器三弦。

冯梦祯(冯梦桢)被勘后自金陵归杭州,与唐文献会于大佛寺。后至苏州,观徐氏班演《琵琶记》。

沈一贯、曾朝节二月庚申充礼部会试考试官。

范醇敬、袁宗道九月甲午充武场考试官。

刘光复成进士,授诸暨知县。

李思诚成进士,授编修。

李春熙成进士。

按:李春熙字暤如,号泰阶,生卒年不详。福建建宁人。官至南京户部郎中。著有《玄居集》。

李之藻成进士,授南京工部员外郎。

吴元成进士。

按:吴元一名玄,字又于,生卒年不详。常州武进人。吴亮弟。官至江西布政使。平生痛恨东林党,著《吾徵录》以诋毁东林。另著有《率道人集》。

何士晋成进士,授宁波推官。

何栋如成进士,授襄阳推官。

张邦翼成进士,授临海知县。

陈邦瞻成进士,授南京大理评事。

倪尚忠成进士,授顺德知县。

按:倪尚忠字世卿,生卒年不详。浙江浦江人。著有《居云集》、《鸣籁集》、《醉吟集》等。

范凤翼成进士,授滦州知州。

黄汝亨成进士,授进贤知县。

顾起元、归子顾、熊廷弼成进士。

孙奇逢成邑庠生。

陈龙正年十四,学为时艺。

山东德州创建崇仁书院。

潘纵、严期周等明朝衙门医官应朝鲜宣祖帝之邀,赴朝进行医学教授及诊疗。

利玛窦神父携郭居静神父6月下旬离开南昌,随王忠铭首次晋京,抵达南京后,结交总督赵可怀;8月底沿运河北上;9月上旬抵通州起岸,未得进入京城;11月上旬赁舟南返。往返途中,利玛窦确定所经各大城市纬度,辨明马可·波罗所说Cathay究竟是不是中国,编制汉语拉丁拼音表。

罗如望神父奉派至韶州。后至南昌。

本·琼生著成《个性互异》。

莎士比亚编著《无事生非》、《亨利五世》。

约翰·弗洛里奥编纂成英意词典《词的世界》。

约翰·曼伍德著成《森林法论文》。

菲利贝尔·马雷夏尔著成《艺术和科学的指南》。

卡洛·鲁伊尼著成《对病弱之马的分析及治疗》。

提科·布拉赫著成《天文仪器革新》。

意大利雅·佩里等作成意大利第一部歌剧《达夫尼》。

安梦松《孔圣全书》14卷刊刻。

张朝瑞《孔门道传录》16卷刊刻。

赵志皋八月丙辰进新誊《累朝宝训》及《实录》2345卷,装为百套。

《明实录》微型本重抄成,历时凡二年。

屠叔方《建文朝野汇编》20卷成。

按:屠叔方,生卒年不详,浙江秀水人。万历五年进士。

焦竑《国史经籍志》5卷成。

马协纂修《广宗县志》8卷刊刻。

周诗等修、李登等纂《江宁县志》10卷刊刻。

张德夫修、皇甫汸纂、张凤翼补辑《长洲县志》14卷、《艺文志》10卷刊刻。

孙居相修、雷金声纂《恩县志》6卷刊刻。

胡颂纂修《金华县志》10卷刊刻。

苏宇庶纂修《旌德县志》10卷刊刻。

刘元会修、李戴纂《延津县志》4卷刊刻。赵文炳于湖广巡按御史任上,汇编吕坤任提刑按察使及巡抚时所作官箴、告示成《实政录》一书,并刊行之。

谭希思《四川土夷考》刊刻。

杨一魁十月戊寅在河道总督任进《全河图说》。

李贽著《易因》,并梓行之。

赵士祯进所纂《神器谱》,分述各种铳器制用方法,绘图立说。士祯字常吉,松江嘉定人。

陈大科刻《初学记》。

焦竑刻所辑《诗学会海大成》。又作《崇报祠记》。

李贽与焦竑偕往南京,舟中汇零星杂文稿为《老人行》二册。

李贽是冬序刊所选《龙溪王先生文录钞》。

谢肇淛编此期诗为《銮江集》。

汤显祖委遂昌县职还临川,居玉茗堂作曲,撰传奇《牡丹亭》(即《还魂记》)成。

屠龙所著《昙花记》传奇在杭州刊行。

建阳书林双峰堂余文台刻《海篇正宗》。

按:是书卷一载有"琉球国夷字音释",为我国最早日本文字记录之一。

林兆恩卒(1517—)。兆恩字懋勋,号龙江,道号子谷子、心隐子。福建莆田人。三一教主。主张儒、释、道三教本源同一。招徒讲学,后又派徒到各地讲学,信徒广布福建、浙江、江苏等地,由一个学术流派演变为"三一教"。著有《林子全集》、《林子三教正宗统论》、《三教分摘便览》、《三教会编》等。

按:国内外现存的不同版本的林兆恩全集就有16种之多,分存于日本尊经阁文库、日本内阁文库、美国普林斯顿大学及北京图书馆、南京大学图书馆、台湾中央研究院等处。

史桂芳卒(1518—)。桂芳字景实，号惺堂。江西鄱阳人。嘉靖进士。任歙县知县，历延平、汝宁知府，迁两浙运使。学宗陈献章，著有《惺堂文集》。事迹见《明儒学案》卷六。

吴文华卒(1521—)。文华字子彬，号小江，晚号容所。福建连江人。嘉靖三十五年进士。尝巡抚广西，平瑶民起事；巡抚广东，平岑冈山寨，所在多见武功。官至南京工部尚书。卒谥襄惠。著有《济美堂集》。事迹见《明史》卷二二一《郭应聘传》附传。

韩士能卒(1528—)。士能字存良，号敬堂。苏州长洲人。隆庆二年进士。预修《世宗实录》、《穆宗实录》。著有《云东拾草》。

顾养谦卒(1531—)。一说顾养谦(1537—1604)。详见1604年条。

张九一卒(1533—)。九一字助甫，号周田。河南新蔡人。嘉靖三十二年进士。结诗社于京师，与余曰德、汪道昆、魏裳、张佳胤称"后五子"。著有《绿波楼诗集》、《朔方奏议》。事迹附见《明史》卷二八七《王世贞传》。

唐伯元卒(1540—)。伯元字仁卿。广东澄海人。万历二年进士。官至南京吏部文选司郎中，佐孙丕扬澄清吏治。受业于吕怀，深恶王阳明之学，会礼官议王阳明从祀，倡言排之，谪海州判。著有《二程年谱》、《醉经楼集》等(一说《醉经堂集解》)。事迹见《明史》卷二八二本传、《明儒学案》卷四二。

按：《明儒学案》卷四二作卒年五十八，此据姜亮夫《综表》。

盛敏耕卒(1546—)。敏耕字伯年，号壶林。上元人。诸生。盛时泰之子。与顾起元、陈所闻、张四维等友善。有才气，不遇于时。工诗古文词，善作散曲。曾与李登等同纂[万历]《上元县志》。著有《轩居集》10卷。散曲作品在《南北宫词纪》中。

王士性卒(1546—)。士性字恒叔，号太初，又号元白道人。浙江海盐人。万历五年进士。以诗文名天下，且好游历，足迹几遍全国。著有《五岳游草》、《广游志》、《广志绎》等。

金声(—1645)、刘城(—1650)、陈洪绶(—1652)、万泰(—1657)、谢泰定(—1667)、王鉴(—1677)、李魁春(—1677)生。

万历二十七年　己亥　1599年

正月丙午，礼科给事中罗栋见神宗喜阅佛、道二藏，又见矿、税扰民，题请神宗"于万机之暇简阅二藏，悟道家要旨不过以清虚无欲为戒；佛家要旨不过以苦空去欲为教。"(《神宗实录》卷三三〇)

二月，努尔哈赤命额尔德尼、噶盖等制"国书"(满文)。

法王亨利四世实行关税保护政策。

飓风阻西班牙征英舰队。

按：国书即无圈点满文,亦称老满文。国书创制以蒙古字为本,协以满族语音。此为满洲有文字之始。

四月丙子,起礼部右侍郎兼翰林院学士冯琦、右春坊右谕德兼翰林院侍读唐文献为《玉牒》纂修官。

七月戊申,工科左给事中郭如星请罢选贡,以为选贡之举非祖制,其始欲以选贡备岁贡之乏而后则妨岁贡之途。神宗然之。

十月甲申,南京国子监祭酒郭正域疏请申饬监规,其中有曰:时文不足以尽才,科目不足以得士,请下礼部访求各州县九流异学之士,如宋司马光十科例,求善推步,或谙钟律,或通阵法,或工六书,各为一科。(《神宗实录》卷三四〇)

十二月丁丑,武昌、汉阳民变,反税监陈奉。

按：自是岁至万历四十二年,反对矿税监之民变如火如荼。其中主要有荆州、湖口、临清、蔚州、新会、苏州、景德镇、云南、门头沟、广昌、陕西辽东、福州等地民变。

是年京察。北察主计人为吏部尚书李戴。李一切秉承浙党沈一贯旨意。因此铨政益颓废。

德国首次确定各种邮件的邮资。

袁宗道忧李贽《藏书》之刻,曰:"祸在是矣。"

按：《藏书》刊行后,以其不合于"儒者相沿之是非"的言论,而引起强烈反响,招致诸多诋毁贬抑。顾宪成《顾端文公集》卷六谓"学术到此,真成涂炭";顾炎武《日知录》卷十八斥李贽"小人之无忌惮,而敢于叛圣人者";黄宗羲《读通鉴论》卷末《叙记》竟认为该书"导天下于邪淫,以酿中夏衣冠之祸";《四库全书总目提要》则以李贽为"名教之罪人",认为"其人可诛,其书可毁。"

焦竑序李贽《藏书》。

按：该书为以人物为中心的贯通古今的史评,上起战国,下迄于元,涉及八百余重要历史人物,各为传记,并系以叙论。焦竑《序》称李贽"高迈肃洁,如泰、华崇岩,不可昵近。听其言,泠泠尘土俱尽,而实本人情、切物理,一一当实不虚。"此外又有梅国桢序说明命名之由:"分类定品,一切断以己意,不必合于儒者相沿之是非,知其与世不相入,而曰吾姑书之而姑藏之,以俟夫千百世之下有知我者而已。"

焦竑作《繁昌县重修儒学记》。

刘东星任山东河漕总督,是冬招李贽赴济宁,贽复函刘东星之子刘用相,言著《易因》未毕。后刘用相至南京。

王稚登序张丑所辑《名山藏》。

许孚远七月在兵部左侍郎任致仕。

冯梦祯(冯梦桢)旅金坛,与王樵、王肯堂等会面。

臧懋循、冯梦祯(冯梦桢)在西湖舟中观松江班演《玉玦记》。

归子慕至无锡访高攀龙,于漆湖精舍共论学。

周汝登被命任云南布政使司左参议,以病,再上乞休疏。

周汝登是秋与陶望龄共祭告阳明祠,定为月会之期,务为发明阳明之遗教,有《告阳明夫子文》。

黄道周寓博罗,贵族有以女议婚配者,道周谢之。

张大复（元长）旅京师。

叶永盛于杭州栖霞岭创建崇文书院。永盛于公余集内商子弟于西湖跨虹桥西，授以文题，众舫领题散去，少顷画角一声，群舫毕集，各以文进，面定甲乙，名曰"舫课"。时人目为风流盛事。

萧廷对于云南石屏创建秀山书院。

利玛窦过镇江，在知府王应麟邸过新年，有高人雅士多人作陪；年后，乘王知府官舟去南京；抵南京后，寄寓承恩寺；在南京礼部尚书王忠铭府邸欢度元宵；方面大员竞相邀请；与后来任首辅的南京礼部侍郎叶向高结成友谊；相与往还者另有户部尚书张孟南等；经多人挽留，决定定居南京；买房安顿后，结识名士李贽；8月后，编写《二十五箴言》；祭孔前夕，被王忠铭带往南京天坛目睹次日祭孔典礼预习；进一步研究儒家学说，传授西方数学；观赏郭守敬制造的天文仪器；以官费刊印《舆地图》，广为散布，并被翻印；结识大儒厉汝进；与僧三槐辩论。

王肯堂刊印利玛窦所讲科学与伦理学。

郭居静、庞迪我由澳门入广州。

沈越《嘉隆两朝闻见纪》12卷刊刻。

按： 沈越未成书而卒，此书由其子沈朝阳参吴瑞登《两朝宪章录》、范守己《肃皇外史》两书撰成，并于次年自刻于世。

李贽《藏书》68卷首刻于金陵。

按： 先是，李贽《焚书》、《说书》已刻于亭州。李贽是岁《答焦漪园书》曰："年来有书三种，惟此一种定千年是非。人更八百，简帙亦繁，计不止二千页矣。更有一种，专与朋辈往来谈佛乘者，名曰《李氏焚书》，大抵皆因缘语、愤激语，不比寻常套语，恐览者或生怪憾，故名曰《焚书》，言其当焚而弃之也。又一种则因学士等不明题中大旨，乘便写数句贻之，积久成帙，名曰《李氏说书》，中间亦甚可观。如得数年未死，将《语》、《孟》逐节发明，亦快人也。惟《藏书》宜闭秘之，而喜其论著稍可，亦欲与知音者一谈。"全书以纪传体裁记载战国至元之间约八百人事迹。纪传前均撰有总论，末附评语。其中颇多惊世骇俗之论，具有一定的启蒙意义，影响所及，已越出国界。然刊行后，屡遭禁毁。

王有容修、田蕙纂《应州志》6卷刊刻。

徐准修、涂国柱纂《永平府志》10卷刊刻。

成性纂修《肃宁县志》2卷刊刻。

陈宗愈修、王人聘等纂《南靖县志》10卷刊刻。

马应龙纂修《杞乘》48卷刊刻。

苏浚纂修《广西通志》42卷刊刻。

曾惟诚纂修《帝乡纪略》11卷、《图》1卷刊刻。

张宁修、陆君弼纂《江都县志》23卷刊刻。

方学渐《桐彝》3卷、《续》2卷成。

李贽所编《龙溪王先生文录钞》9卷刊行。

顾宪成八月纂《质疑续编》。

意大利的乌利西·阿尔德罗万迪发表其鸟类学论文

莎士比亚著成《裘利斯·恺撒》、《皆大欢喜》、《第十二夜》。

英格兰的詹姆斯六世著成《皇家尊法》。

袁宏道《西方合论》10卷成。

> 按：《西方合论》为明代阐述教禅一致、禅净合一之主要著作。全书以华严十门为构架，具有完整的思想体系。

汪廷讷著《人镜阳秋》22卷成。

吕天成作传奇《神女记》、《戒珠记》、《金合记》。《绣榻野史》、《闲情别传》或于是年前后所作。

陈继儒馆太仓王士骐家；所纂《秦汉文脍》、《古论大观》刊行。

利玛窦《交友论》由南京教堂重刊。

徽州虬村黄氏刻板、汪廷讷环翠堂印《人镜阳秋》刊行。

云南丽江土司木增用银粉印《大乘观世音菩萨普门经》刊行。是书为中国罕见银粉印书籍。

萨阿德丁卒（1536— ）。奥斯曼帝国历史学家。

埃德蒙·斯宾塞卒（1552— ）。文艺复兴时期英国诗人。

梁纪卒（1518— ）。纪字理夫，号晴石。山西稷山人。通经史。著有《樗栎子》。

王樵卒（1521— ）。樵字明逸，一说字明远，号方麓。金坛人。嘉靖二十六年进士。授行人。官至南京都察院右都御史。卒谥恭简。樵精于经学，著有《周易私录》、《尚书日记》16卷、《书帷别记》4卷、《诗考》、《周官私录》、《春秋辑传》13卷《宗旨》1卷《春秋凡例》2卷、《四书绍闻编》、《戊申笔记》1卷、《紫薇堂劄记》1卷、《槜李记》1卷、[万历]《重修镇江府志》36卷、《大明律附例》30卷、《读律私笺》29卷、《计曹判事》、《西曹判事》、《老子解》1卷、《评定周易参同契》、《方麓集》（一作《方麓居士集》）16卷等。事迹见《明史》卷二二一。

> 按：据《明史》本传，樵恬澹诚悫，温然长者。邃经学，《易》、《书》、《春秋》皆有纂述。

邓以赞卒（1542— ）。以赞字汝德，号定宇。江西新建人。隆庆五年进士，授编修。从王畿游，传王阳明致良知之学。著有《文洁集》。事迹见《明儒学案》卷二一。

苏浚卒（1542— ）。浚字君禹，号紫溪。晋江人。万历元年解元。著有《易经儿说》、《四书儿说》、《韦编微言》等。

杨起元卒（1547— ），年五十三。起元字贞复，号复所。广东归善人。万历五年进士。师从罗汝芳，学王阳明心学。官至吏部左侍郎。天启初追谥文懿。著有《证学编》、《杨文懿集》等。事迹见《明儒学案》卷三四。

林章卒（1551— ）。章本名春元，字初文。福清人。万历初举于乡，累试不第。曾走塞上从戚继光。后挈家侨居金陵。性耿直，曾上疏请止矿税，密揭逮治，下狱。工诗文剧曲，著有《林孝廉集》及杂剧《青虬记》、《欢灯记》等。

江东之约卒，生年不详。东之字长信，号念所。徽州歙县人。万历五年进士，授行人，擢御史。首发徐爵、冯保等人奸。由此受知于帝。后巡抚贵州，征杨应龙败绩，黜革为民，愤恨而死。著有《瑞阳阿集》。事迹见《明史》卷二三六。

孟三德10月卒。

按：孟三德。号宁寰。葡萄牙人。1572年入印度，奉范礼安之命，辅罗利工作于澳门，后经罗氏入肇庆，复被逐，相率入韶州，诱劝青年士民入教，不久，孟氏返澳门。

僧智旭（　—1655）、毛晋（　—1659）、王节（　—1660）、徐孚远（　—1665）、葡萄牙传教士郭纳爵（　—1666）、丁耀亢（　—1669）、费经虞（　—1671）、吴甘来（　—1644）、郭之奇（　—1662）生。

万历二十八年　庚子　1600年

四月己丑，升左春坊左庶子范醇敬为詹事府少詹事兼翰林院侍读学士，管纂修《玉牒》。

七月丁巳，翰林院取中教职岁贡生员上卷5卷、中卷994卷。

壬戌，命翰林院编修邓仕龙、郭淐、检讨孙如游、赵用光、朱延喜编纂《六曹章奏》。

十一月，郭正域充东宫讲官，颇受眷于东宫。后妖书事起，太子力为回护。

是年，山阴（今浙江绍兴）人赵古元与县吏陈天宠在徐州以白莲教组织起义，旋败。

李贽元日约方时化、汪本钶、马逢赐、刘用相同访吴明贡。李贽于吴明贡书屋尽读《王阳明先生全书》。

李贽是春因刘东星亲至南京相迎，自南京至济宁漕署。在署中编成《阳明先生道学钞》8卷、《阳明先生年谱》2卷，并付刻。

李贽闻袁宗道卒，有《哭袁大春坊》诗。

李贽是夏从济宁回麻城，又遭暴徒驱逐迫害。由于杨定见、马经纶之协助，避入河南商城黄檗山中，所居寺院及备葬骨之塔，皆被焚毁殆尽。

李贽是秋读《易》于黄檗山中，改正《易因》。

李贽令汪本钶校录《王阳明先生全书》。

马经纶（字诚所）自北通州访李贽于黄檗山中，留四十日。

李思诚与黄国鼎、杨希圣、周大登、温体仁授翰林院编修。

按：赵师圣、高承祚等授检讨；梁有年、张凤翔等授给事中；林秉汉、杨文荐等授御史。

陈大科官两广，因酷治僮族被劾罢官。

冯应京佥宪湖广，创乡约、保甲、社仓三事，有《蓄艾编》。

陈继儒拒不入东林。

罗马教会杀布鲁诺。

英国东印度公司创立。

波兰—瑞典战争起。

俄罗斯征服西伯利亚涅涅茨人。

欧洲音乐进入巴洛克时期。

荷兰的眼镜商发明望远镜。

归子慕再至无锡，访高攀龙漆湖精舍。

刘永澄会试北上，复与文震孟同公车。

冯梦祯（冯梦桢）客苏州，过赵宦光山房观瀑。

刘元珍为南职方。

黄汝良为署监事右中允，正月辛酉呈进国子监校刊《宋书》、《北史》。黄汝良七月充应天府乡试考试官。

朱国祯、吴用先五月往主福建乡试。

杨继礼、姚文蔚六月往主江西乡试。

按：姚文蔚（1564—?），字养谷，浙江钱塘人。万历进士。著有《周易旁注会通》、《省括编》。

杨道宾、顾天埈八月为顺天府乡试考试官。

王嗣奭乡试中举。

许伯衡中举人。

按：许伯衡号听庵，生卒年不详。苏州昆山人。曾修纂《晋宁志》。著有《滇南杂记》。

孙奇逢八月举顺天乡试。至京师与左光斗、魏大中、周顺昌相尚以气节。

鹿善继举顺天乡试，不第。

徐光启北上应试，在南京始识利玛窦。

凌濛初二十一岁，丧父。

邓国材重建湖南衡山文昌书院，集士子攻帖括于其中。

按：书院又名"文峰"、"雪峰"。后改称"旻峰"。

郭居静、庞迪我是岁初乘船入南京，徐光启路过南京与晤。

利玛窦、庞迪我携两名修士、四名仆人，5月乘太监官舟二次北上入京；过济宁，再次会晤李贽并受到仓运督办款待；7月3日，受阻于税监马堂；7月18日，始得再启程入天津。

莎士比亚编著《哈姆莱特》、《温莎的风流娘儿们》。

英国威廉·吉尔伯特作成《磁体》。

赵志皋、沈一贯十二月壬辰进呈自万历二十七年起所纂《大学衍义》讲章四本、《通鉴纂要》讲章四本以备省览，仍乞发司礼监续刊。

国子监校刊《宋书》、《北史》，署监事右中允黄汝良正月辛酉呈进。

黄与参、于尚宝刻行李贽所编《阳明先生年谱》及《阳明先生道学钞》。

黄光升《昭代典则》28卷刊刻。

按：《昭代典则》系编年体明史，起开国，迄隆庆六年。《四库全书总目》称纪事至隆庆二年止，误。

陆应阳《广舆记》24卷刊刻。前有申时行、冯时可序。清康熙时，蔡方炳曾加增补。

朱谋㙔《藩献记》4卷刊刻。

王命爵等修、王汝训等纂《东昌府志》22卷刊刻。

刘应钶修、沈尧中纂《嘉兴府志》32卷刊刻。

余士奇修、谢存仁纂《祁门县志》4卷刊刻。

王廷谏修、董复亨纂《内黄县志》26卷刊刻。

王钦诰纂修《项城县志》10卷刊刻。

刘曰旸修、陈荐夫等纂《古田县志》14卷刊刻。

顾宪成纂《证性编》。

袾宏《禅关策进》1卷成。

汪廷讷著《人镜阳秋》22卷刊刻。

梅鼎祚序刊所著《青泥莲花记》成。

焦竑刻李贽所评选《坡仙集》。又作《幕府寺修造记》。

陆卿子刻所著《考槃集》6卷。

按：陆卿子名服常，字卿子，以字行，生卒年不详。江苏长洲人。陆师道之女，赵宧光之妻。工诗，与徐媛齐名，称"吴门二大家"。与夫偕隐寒山，长斋绣佛，吟咏为乐。所著尚有《玄芝集》4卷、《卧云阁稿》4卷、《寒岩剩草》。

周汝登有《不隔丝毫卷序》。

江盈科在苏州刻所著《雪涛阁集》。

唐汝询为顾正谊编纂《顾氏诗史》15卷成。

汤显祖作传奇《南柯记》。

屠隆编定所著《白榆集》，丁应泰、程涓序之；屠隆又刻所评《董西厢》。

杨信民《姓源珠玑》由苏州世裕堂刊行。

汤显祖《南柯记》由苏州书业堂刊行。

苏州常春堂刻《苏长公合集》。

刘凤卒（1517—　）。凤字子威。长洲人。嘉靖二十三年进士。官至河南按察使佥事。论归，遂一意著述。家富收藏，为文奥劲，晚好禅。著有《续吴先贤赞》15卷、《续吴录》2卷、《吴释传》1卷、《逸民传》2卷、[隆庆]《长洲县志》14卷、《吴郡考》2卷、《谶纬》、《刘子威杂俎》10卷、《刘子威玄应录》6卷、《刘子威集》52卷《续集》2卷、《子威先生澹思集》16卷、《刘子威禅悦小草》15卷等。

严果卒（1518—　）。果字毅之，号文石，自号天隐子。吴县东山人。时王世贞总持文坛，海内才士俱上赞贡，独果与徐渭、汤显祖不为所致，以布衣终其身。曾辑《严氏族谱》，著有《天隐子遗稿》17卷。

林士章卒（1524—　）。士章字德斐，号璧东。福建漳浦人。嘉靖进士。万历中重修《明会典》，充副总裁。官至南京礼部尚书。

孙七政卒（1528—　）。七政字齐之。常熟人。廪监生。曾与梁辰鱼、莫是龙等同组鹫峰诗社。所居西爽楼、清晖阁蓄古鼎彝书画甚富。与王世贞等友善，诗类"七子"派。著有《松韵堂集》12卷。

凌迪知卒（1529—　），字稚哲，号绎泉。浙江乌程人。凌濛初之父嘉靖进士。官至兵部员外郎。著述颇丰。所纂《万姓统谱》收上古到明万历间人物，为我国第一部专收人名之工具书。另有《史汉评林》、《左国腴词》、《太史华句》、《西汉隽言》、《文选锦字》、《名世

理查德·胡克卒（1553/54—　）。英国基督教神学家。

类苑》等。

潘士藻卒(1537—)。士藻字去华,号雪松。徽州婺源人。万历十一年进士。著有《闇然堂集》、《洗心斋读易述》。事迹见《明史》卷二三四《李沂传》附传、《明儒学案》卷三五。

黄洪宪卒(1541—)。洪宪字懋中,号葵阳。浙江嘉兴人。隆庆五年进士,出张居正门下。居正没,力主居正有功于国,为人所忌,辞归。著有《朝鲜国纪》、《读礼日钞》、《碧山学士集》等。

余继登卒(1544—)。继登字世用,号云衢。河北交河人。万历五年进士,授检讨。曾参与修撰《会典》,进修撰,直讲经筵。与同官冯琦共进《通鉴》讲义,附以时政缺失。历少詹事兼侍读学士,充正史副总裁。已,擢詹事,掌翰林院。后升礼部右侍郎,官终礼部尚书。谥文恪。著有《淡然轩集》。其《典故纪闻》为记述明初至隆庆年间典故的笔记,有不少珍贵史料。事迹见《明史》卷二一六。

袁宗道卒(1560—)。宗道字伯修。湖北公安人。万历十四年进士第一,授庶吉士,进编修。与弟宏道、中道齐名,史称"三袁"。为"公安派"创始者。在"后七子"倡导"诗必盛唐"时,主张学白居易、苏轼,崇尚本色,反对模拟,并名其书房为"白苏斋"。其文学主张、诗文风格与宏道相近,而才气则稍逊。著有《尚书纂注》、《白苏斋集》。

刘应秋卒,生年不详。应秋字士和,号兑阳。江西吉水人。谥文节。万历十一年进士,授编修,累官至国子监祭酒。生平负才气,好讥评时事,故以此取忌。著有《大司成文集》。事迹见《明史》卷二一六。

孟称舜(—1655以后)、僧具德礼(—1667)、黄家舒(—1669)、王瑞国(—1677)、吴坤元(—1679)、薛凤祚(—1680)、朱之瑜(朱舜水)(—1682)、卢象昇(—1639)、徐开任(—?)生。

万历二十九年　辛丑　1601年

莫卧尔帝国入南印度。

三月己卯,赐张以诚、王衡、曾可前等301人进士及第、出身有差。

是月,武昌民再变。

七月甲辰,改选庶吉士,得项鼎铉、王升、李胤昌、钱象坤、许獬、王之翰等22人。

按:后项鼎铉因廷试、馆选二卷笔迹不同,不准改选;复因复试称疾不出,降边方杂职。

十月己卯,立皇长子朱常洛为皇太子,时年二十。同日封诸子朱常洵为福王、朱常浩瑞王、朱常润惠王、朱常瀛桂王。至此,从1586年开始的立嗣之争(争国本)才告结束。

十一月辛亥,命翰林院修撰朱之蕃、编修汤宾尹、陈之龙、检讨南师仲编纂《六曹章奏》。

是年,诏尽逐在京山人。

努尔哈赤实行牛录改制。

按:其法,分部众每三百人为一牛录。设牛录额真(佐领)一员,上又设甲剌额真(参领)、固山额真(都统)等。

圣旨,书坊刊刻书籍,须送提学官查阅,果有稗圣贤经传者,方许刊行;如有敢倡异说,违背经传,及借口著述,创为私史,颠倒是非,用泄私愤者,俱不许擅刻。如有不遵提学查阅,径自刻行者,严行究治。

李贽见逐于麻城士绅,所在芝佛院毁于火。

按:见逐原因,据马经纶《与当道书》,盖"缘麻城人以异端目之,以宣淫诬之。"所谓"宣淫",即张问达论劾李贽疏中所谓"勾引士人妻女,入庵讲法,至有携衾枕而宿者,一境如狂。又作《观音问》一书,所谓观音者,皆士女妻也。"而所谓士人妻女,据马经纶次岁《与当道书》,"盖指梅衡湘守节之女言也。"李贽讲学,不避男女,与梅澹然女士论道,又载之《观音问》一书,并以为"谓人有男女则可,谓见有男女则可乎?"李贽以是为当地士绅所切齿。

李贽在通州读《易》,是岁改《易因》成,名曰《九正易因》。以为文极必开动乱之机,由乱复归于治,有待于新一代创业之君弃文就质。

李贽曾寓北京西山极乐寺,又因访姚广孝遗书、遗像而至崇国寺。

杨定见被指控私藏李贽在家,当道檄令县学行查。

马经纶二月迎李贽至通州。并作《与当道书》,为李贽疏通,且为杨定见洗刷。

袁中道至通州访李贽,李贽为作《书小修手卷后》。

顾宪成十月以册立皇子恩诏复还原职。

黄道周始治律吕。

冯应京以上疏劾税监陈奉之不法九大罪,削籍逮系。在狱四年,与何栋如、王之翰、华钰等,讲学著述不辍。

周汝登腊月作《立命文序》;二月会讲于惠安寺,有《剡中会语》;仲秋与友生五十余人宴于天泉桥。

高攀龙八月偕同志会讲于乐志堂。

杨道宾十月乙丑升国子监祭酒。

王衡在舆论指摘中捷会试,入翰林为修撰。

温纯任都察院左都御史。

按:纯为蔡毅中旧日座师。

刘永澄成进士,选读中秘书,以善病告归,授顺天府儒学教授,北方学者称"淮南夫子"。

刘宗周成进士,授行人。丁母忧。

刘定国成进士,授全椒知县。

德国与法国缔结邮政协定。

按：刘定国原名是，字去非。生卒年不详。江西南昌人。官至南京工部尚书。著有《学易札记》、《鸿雪馆集》。

李坛成进士，授行人。

李朴成进士，授彰德推官。

吴亮成进士，授御史。

汪起凤成进士。

南居益成进士。

余文龙成进士。

按：余文龙字起潜，生卒年不详。福建古田人。著有《史商》。

张以诚成进士，授翰林院修撰。

陈勋成进士，授南京武学教授。

陈伯友成进士，授行人。

陈玉辉成进士，授吉水知县。

按：陈玉辉字达卿，号荆碧，生卒年不详。福建惠安人。著有《客客轩散言》、《适适斋鉴须集》。

袁子让成进士，授嘉定知州。

按：袁子让，生卒年不详。湖广郴州人。著有《字学元元》、《香海堂集》。

秦聚奎成进士，授绩溪知县。

按：秦聚奎字仲默、因应，生卒年不详。湖广汉阳人。著有《勿忘集》、《与还斋稿》、《闻见录》。

郑以伟成进士，授检讨。

茅瑞徵成进士，授泗水知县。

蔡毅中成进士，任翰林院庶吉士。

按：蔡毅中曾著《焚书辩》攻击李贽。

周永春、俞彦、茅瑞征、瞿汝说成进士。

张可大中武进士。

周汝登于浙江嵊县鹿山创建宗传书院。

利玛窦、庞迪我一月底向神宗进赠天主、圣母像、十字架、《圣经》、《万国图志》及自鸣钟、西琴等。一月底至二月，二人多次应召入宫调自鸣钟，皇上数次派太监询问欧洲事，并命造一钟楼装大自鸣钟；神宗命内臣四人从庞迪我学西琴，以后利玛窦编写"西琴八曲"；二月底，二人表示定居北京之愿望，结交祁光宗和其他士大夫，再与李贽来往。3月初，礼部主客司蔡郎中下令逮捕利玛窦、庞迪我等，审问明白后，于中旬送四夷馆居住；下旬，奉召在午门外"参拜龙座"，然后，利玛窦、庞迪我谒见代署尚书事之礼部侍郎；礼部认为不宜留居京都，请遣之广州，押解登舟回国，表奏留中不发。5月底，迁出四夷馆，租赁民房居住，从此皇家给予实物供应；此后，利玛窦去狱中探望与阉党斗争之冯应京，遂成莫逆之交，冯为利氏著作写序，称之为"利进士"。6月至9月，各衙各署官长前来拜会利玛窦，武英殿大学士沈一贯亦予接见，互有馈赠；相与往还者尚有礼部尚书冯琦、尚书李戴、萧尚书、王侍郎等显宦；与南京工部尚书、居住于北京之李之藻

万历二十九年　辛丑　1601年

交往频繁。

徐光启在韶州再晤郭居静。

罗如望入南京。

顾宪成集《五经余》。

焦竑作《栖霞寺五百阿罗汉记》。

朱吾弼重编、朱家楙校、朱崇沐刻《紫阳文公先生年谱》刊行。

江盈科《皇明十六种小传》4卷刊刻。

魏时应修、田居中等纂《建阳县志》8卷刊刻。

李乐纂修《重修乌青镇志》5卷刊刻。

杨守介纂修《怀仁县志》2卷刊刻。

路一麟纂修《灵石县志》4卷刊刻。

赵完璧纂修《河间乘史》刊刻。

朱栴纂《宁夏志》2卷刊刻。

翟燿修、石经世纂《饶阳县志》3卷、《续志》1卷刊刻。

杨洵修、徐銮等纂《扬州府志》27卷成。

史树德修、杨文焕等纂《新修余姚县志》24卷刊刻。

刘时征修、滕元庆纂《江华县志》4卷刊刻。

冯应京著《经世实用编》成。

歙县吴勉学师古斋刻王肯堂辑《古今医统正脉》全书44种成。

徐学聚开始著《国朝典汇》。

按：徐学聚(1556—?)，字敬舆，浙江兰溪人。万历进士。官至副都御史巡抚福建。著有《两浙名贤录》、《国朝典汇》。

张凤翼作《平播记》传奇。

陈邦泰刻张凤翼著《红拂记》传奇。

赵开美刻《东坡问答录》。

许自昌刊所著《咏情草》一卷。

汤显祖归家三年后吏部考察以"浮躁"罢职闲住，作《邯郸记》传奇。

茅坤卒(1512—　)。坤字顺甫，号鹿门。归安人。嘉靖进士。善古文，好谈兵，屡迁广西兵备佥事，镇压瑶民起义，连破十七寨。迁大名兵备副使，旋落职归乡。时倭寇屡犯两浙，胡宗宪请至幕中，与筹兵事。后因家人横于乡里，乃削籍乡居，专事著述。论文反对"前后七子"，提倡宗法唐宋古文，以阐发儒家"六经"为宗旨，编选《唐宋八大家文钞》，后世"八大家"之说，盖始于此。与王慎中、唐顺之、归有光等，同被称为"唐宋派"。著有《白华楼藏稿》，为世所稀见。另有《茅鹿门集》行世。事迹见《明史》卷二八七。

按：据《明史》本传，坤善古文，最心折唐顺之。顺之喜唐、宋诸大家文，所著文编，唐、宋人自韩、柳、欧、三苏、曾、王八家外，无所取，故坤选《八大家文钞》。其书盛行海内，乡里小生无不知茅鹿门者。鹿门，坤别号也。少子维，字孝若，能诗，与同郡

皮埃尔·夏隆著成《智慧》。

本托·谢特拉·平托著成首部巴西史诗《寓言法》。

莎士比亚著成《特洛伊洛斯与克瑞西达》。

约翰·惠勒发表《商业协定》。

第谷卒(1546—　)。丹麦天文学家。

托马斯·纳什卒(1567—　)。英国剧作家，诗人。

臧懋循、吴稼澄、吴梦旸,并称四子。

陈大科卒(1524—　)。一说生于1534年。大科字思进,号如冈。通州人。隆庆五年进士。累官至右都御史,兼兵部尚书,总督两广。著有《陈如冈文集》,辑有类书《粹白裘》12卷。另曾校刻书籍多种,如《尔雅》、《说文解字》、《五经旁训》、《初学记》、《升庵全集》(杨慎)、《丰对楼诗选》(沈明臣)、《灵隐子》等。

赵志皋卒(1524—　)。志皋字汝迈。浙江兰溪人。谥文懿。隆庆二年进士。万历初,以疏救吴中行、赵用贤,又请将中行等论张居正夺情疏宣付史馆,忤居正,谪官。居正没,位至首辅。著有《灵洞山房集》、《内阁奏题稿》、《四游稿》等。事迹见《明史》卷二一九本传。

梁梦龙卒(1527—　)。梦龙字乾吉,号鸣泉。真定人。崇祯末,追谥贞敏。嘉靖三十二年进士。有经济才,试办通海运,有成效。通戎机,尝为李成梁后援,屡败来敌。官至兵部尚书。著有《史论编》、《海运新考》。事迹见《明史》卷二二五。

殷都卒(1531—　)。都字无美,号斗墟。嘉定人。官兵部侍郎。曾持御史中丞节出抚郧口。与梁辰鱼、莫是龙友善。工诗、散曲。著有《殷无美诗集》,散曲见存于《南词韵选》中。另辑有《酒史》。

沈节甫卒(1533—　)。节甫字以安,号锦宇。浙江乌程人。嘉靖三十八年进士。官至工部侍郎。著有《玩易楼藏书目录》。

张献翼卒(1534—　)。献翼字幼于,后更名敉。长洲人。嘉靖中国子监生。与兄张凤翼、张燕翼并有才名,时称"三张",献翼尤甚。晚年与王稚登争名不胜,颓然自放。因被疑为传奇《蕉扇记》作者,为怨家刺死。精于《易》,沉湎于《易》学,笺注十年三易其稿。著有《周易约说》3卷、《读易臆说》2卷、《易杂说》2卷(以上总名《张氏三易》)、《读易纪闻》6卷、《读易韵考》7卷、《学易标闻》、《学易漫闻》、《春秋公谷传》32卷、《张敉舞志》12卷、《语言谈》1卷、《家儿私语》1卷、《幼于生志》1卷、《义妓传》1卷、《留思别案》1卷、《兰芬集》2卷、《文起堂集》10卷《续集》5卷《新集》1卷、《纨绮集》11卷等。又曾与纂[隆庆]《长洲县志》,辑有《文苑英华摘粹》10卷。

按:《列朝诗集小传》丁集上"张太学献翼"云:"幼于死之前三日,遗书文文起,以遗文为嘱,及其被杀也,人咸恶而讳之,故其集自《纨绮》诸编外,皆不传于世。"然《文起堂集》10卷存,见《四库全书总目》著录。

刘东星卒(1538—)。东星字子明,号晋川。沁水人。隆庆二年进士。著有《明灯道古隶》、《晋川集》等。

李颐卒,生年不详。颐字惟贞,号及泉。江西余干人。隆庆二年进士。进工部侍郎,管理河道。以劳卒。著有《奏议》。

堵胤锡(　—1649)、陈名夏(　—1654)、查继佐(　—1677)、恽日初(　—1678)、左懋第(　—1646)生。

万历三十年　壬寅　1602年

闰二月乙卯,礼科给事中张问达特疏劾李贽。圣旨谓李贽敢倡乱道,惑世诬民,便令厂卫五城严拏治罪。其书籍已刻未刻,令所在官司尽搜烧毁,不许存留。如有徒党曲庇私藏,该科道及有司访奏治罪。(《神宗实录》卷三六九)

三月乙丑,纳礼部尚书冯琦之言,重申"仙佛原是异术","勿与儒术并进以混人心。"

按:据《神宗实录》卷三七〇诏书曰:"祖宗维世立教,尊尚孔子;明经取士,表章宋儒。近来学者不但非毁宋儒,渐至诋讥孔子,扫灭是非,荡弃行简,安得忠孝节义之士为朝廷用。只缘主司误以怜才为心,曲收好奇新进以致如此。新进未成之才,只宜裁正待举,岂得辄加取录以误天下。……仙佛原是异术,宜在山林独修,有好尚者任解官自便去,勿与儒术并进以混人心。"

是日,御史康丕扬疏劾僧达观。

按:次岁,杀僧达观(即真可)。《神宗实录》卷三七〇录康丕扬此疏语曰:"(达观)狡黠善辩,工于笔术,动作大气魄以动士大夫。如广平太守蒋以忠参拜,公然坐受……后再至真定,从讲益多,甚有妻女出拜,崇奉茹斋,跪进饮食。指以五台刻经借取重利,数盈三万。其自南入都也,贵人争候,倒屣恨迟,入见跪伏,转相慕效,识连中外,交结奥援。近有一大臣,雅负时望,身止一子,缘其崇信流僧,遂即祝发从游,父死不奔丧,滥觞之极至此。况数年以来,遍历吴越,究其主念总在京师。始而由丹阳金坛归于燕,继而由五台、留都再归于燕,终由真定五台率入于燕,意欲何为?夫尽人咸可说法,何必朝暮;深山尽中习静,安用都门?而必恋恋长安与缙绅日为伍者何耶?"

六月壬辰,廷试天下岁贡、恩贡、选贡生,俱准贡。

是月,礼部条陈取士十五款,中有曰:作文必依经傍注,参佛者罚出。凡书必有裨经传者方许刊行,非圣数道之书有禁。神宗嘉纳之。(《神宗实录》卷三七三)

十二月乙未,以礼部题奏,禁以小说俚语入奏议。

按:礼部此奏曰:作字必依《正韵》,不得间写古字,用语必出经史,不得引用子书及杂以小说俚语。诏是之,并严行申饬,违者参究。

庚戌,大学士沈一贯等进《大学衍义》讲章八本,以备省览。

是年,两京缺尚书三,侍郎十,科、道九十四;各省缺巡抚三,布、按、监司六十六,知府二十五。朝臣力请简补,不报。

从南京祭酒郭正域之请,罢国学纳贡制。

按:万历四年祭酒孙应鳌曾疏请罢太学纳贡制,得旨允行。然仍有以贡入监

荷兰东印度公司成立。

者,故正域复有此请。

巴黎慈善团体建立。

意大利温琴齐奥·卡斯卡里多发现硫酸钡。

李贽寓通州马经纶家,多病,二月初五日草《遗言》。

沈一贯为首相,闻李贽著书诋己,恨甚。

张问达二月乙卯以礼科给事中特疏劾李贽。

按：疏曰："李贽壮岁为官,晚年削发。近又刻《藏书》、《焚书》、《卓吾大德》等书,流行海内,惑乱人心。以吕不韦、李园为智谋,以李斯为才力,以冯道为吏隐,以卓文君为善择佳耦,以秦始皇为千古一帝,以孔子之是非为不足据。狂诞悖戾,不可不毁。尤可恨者,寄居麻城,肆行不简。与无良辈游庵院,挟妓女,白昼同浴。勾引士人妻女,入庵讲法,至有携衾枕而宿者,一境如狂。又作《观音问》一书,所谓观音者,皆士人妻女也。后生小子,喜其猖狂放肆,相率煽惑。至于明劫人财,强搂人妇,同于禽兽而不知恤。迩来缙绅士大夫,亦有诵咒念佛,奉僧膜拜,手持数珠,以为戒律,室悬妙像,以为皈依。不知尊孔子家法,而溺意于禅教沙门者,往往出矣。近闻贽且移通州。通州距都下四十里。倘一入都门,招致蛊惑,又为麻城之续。望敕礼部檄行通州地方官,将李贽解发原籍治罪。仍檄行两畿及各布政司将贽刊行诸书,并搜简其家未刻者,尽行烧毁,无令贻祸后生。"疏上,得旨："李贽敢倡乱道,惑世诬民,便令厂卫五城严拏治罪。其书籍已刻未刻,令所在官司尽搜烧毁,不许存留。如有徒党曲庇私藏,该科道及有司访奏治罪。"(《神宗实录》卷三六九)

温纯任都察院左都御史,闰二月与都察院礼科给事中张问达奏劾李贽,贽三月十二日被逮下狱,其书籍已刊未刊者,令所在官司尽搜烧毁,不许存留。李贽在狱中,有诗《系中八绝》。

马经纶在李贽被逮时与贽同行。并作《与当道书》,为李贽申辩。

按：书曰："《藏书》品论人物,一史断耳。即有偏僻,何妨折衷。乃指以为异为邪。如此,则尚论古人者,只当寻行数墨,惟残唾是咽,不敢更置一喙耶?宋朝之伪元晦(朱熹),为其居敬穷理之说,另一门户,与前人知行先后之传不同,故从而伪之也。卓吾先生乃阳明之嫡派儿孙也。行己虽枘凿于世人,而学术自渊源于先正。平生未自立一门户,自设一藩篱,自开一宗派,自创一科条,亦未尝抗颜登坛,收一人为门弟子。今李氏刊书遍满长安,可覆按也。乃不摘其论学之语,商量同意,而顾拈其评史之词判定邪正,何也？"

马经纶为李贽系狱事,奔走营救,有《与李麟野都谏转上萧司寇》、《与太史黄毅庵、黄慎轩,都谏桂徵堂、杨凤麓、白绍明、杨盘石,吏部主事王澹生》、《与胡少白员外》、《与黄慎轩宫谕》、《与王宪葵仪部》、《与周砺斋司业》、《与王泰宇金吾》、《与王翼廷主事》、《与杨淇园道长转上沈相公》等书信,为李贽辩护或求情。

李贽三月十五日以剃刀自刎狱中,二日后气绝。

马经纶于李贽自刎后不久亦病卒。

按：马经纶(1562—1605),字主一,号诚所。通州人。神宗时官御史。帝寻端罪言官,经纶抗疏言之,斥为民。既归,杜门却扫凡十年,卒。门人私谥闻道先生。

汤显祖三月得知李贽自杀,作《叹卓老诗》哀之。

朱赓、沈鲤奉命同知经筵日讲、提调纂修《玉牒》、东宫径筵侍班及看评福王讲章。

来知德以司马王象乾、中丞郭子章之荐，除翰林院待诏；疏辞，令以原衔致仕。

周汝登九月会讲于婺之霞源书院，有《新安会语》。

孙奇逢以父命从季父受学。

邢昉年十三，留心诗古文辞。

李正华于南皮创建瀛州书院。清乾隆三十六年改清风书院。

李玛诺神父是岁初由澳门来韶州，代利玛窦管理华中、华南天主教居留地。

利玛窦在北京继续广泛交往；8月，李玛诺从韶州抵京，是后二余月与利玛窦讨论传教组织问题。

李贽订《九正易因》成。

焦竑《国史经籍志》5卷由陈汝元函三馆刊刻。

范涞《两浙海防类考续编》10卷刊刻。前有史继辰序及范涞自序。

雷礼等《皇明大政记》25卷刊刻。

杨道宾九月己巳以祭酒进呈自定《三国志》、《五代史》。神宗留览。

张朝瑞《表忠汇录》6卷成。

何出图自编《职方公年谱》成。

按：年谱一名《何伯子自注年谱》。万历三十年前由谱主自订，此后事为他人所补。谱中叙述科场之弊、长子县情及中朝抗倭、中日议和之事甚详。

郭子章辑《秦汉图记》由陕西布政司刊行。

顾宪成纂《桑梓录》。

《明宝训》40卷刊刻。

郭棐纂修《广东通志》72卷刊刻。

李体严修、张士科纂《永宁县志》6卷刊刻。

朱万春修、王教纂《淄川县志》37卷刊刻。

张蕴道修、陈禹谟纂《获嘉县志》10卷刊刻。

李贞修、王正容纂、徐汝冀续修《宁阳县志》刊刻。

秣陵周氏大有堂刻《皇明宝训》。

按：此书记洪武、永乐至隆庆训谕极全，与各朝《实录》同为研究明史第一手资料。

黄道周作《畴象》。

高攀龙辑《朱子节要》成。

赵开美序刊《仇池笔记》。

按：是书二卷，旧题苏轼撰，内容多记杂事琐闻，部分与《东坡志林》互见。

顾宪成六月为高氏撰《朱子节要序》。

冯梦祯（冯梦桢）刊行所编《先秦诸子合编》。

焦竑作《花岩志序》，又作《先师天台耿先生祠堂记》。

汤显祖作《宜黄县戏神清源师庙记》，又为顾允成作《小辨轩记》。

本·琼编成《劣等诗人》。

约翰·马斯顿发表《安东尼奥与梅利达》。

莎士比亚著成《终成眷属》。

康拉德·柯切尔发表《希腊文〈旧约全书〉词汇索引》。

托马斯·布隆代维利著成《行星理论》。

提科·布拉赫著成《在天文仪器上的实践》。

理查德·卡鲁著成《对康沃尔的全面评述》。

邹元标孟秋应张元忭子之请,为编次选定《张氏文选》,复为之序。

李三才辑李梦阳、何景明诗集刊为《李何二先生诗集》。

袁宏道自是岁始于苏州陆续刊行所著诸书,计有《潇碧堂集》20卷、《广庄》1卷、《瓶花斋集》10卷、《瓶史》1卷、《解脱集》4卷、《锦帆集》4卷、《敝箧集》2卷、《去吴七牍》1卷。

洪应明于秦淮著成《仙佛奇踪》。

按:洪应明字自诚,号还初道人,生卒籍里未详,与于孔兼善。所著《菜根谭》以禅劝世,风行海内外。

许自昌刻所著《卧云稿》。

吕天成《曲品》二卷初稿成。

按:是书复经万历三十八年(1610)更订,于万历四十一年最终定稿。

徽州虬村黄氏刻行《仙媛纪事》、《女范编》。

按:《女范编》一作《古今女范》。

利玛窦修改《山海舆地图》(参见1584年),改称《坤舆万国全图》,在北京刊行。

阿戈斯丁诺·卡拉齐卒(1557—　)。意大利画家。

李贽卒(1527—　)。贽初姓林,名载贽,后改姓李,单名贽,字宏甫,号卓吾,又号笃吾,别号温陵居士。福建晋江人,回族,信伊斯兰教,世代为巨商,自祖辈起,家势渐衰。嘉靖三十一年举人,历官共城教谕、南京国子博士、礼部司务、南京刑部主事、刑部员外郎等职,终至云南姚安知府。后弃官独居讲学。其学深受王阳明、王艮、王畿及禅学影响,然公开以"异端"自居,鼓吹个性解放,对程朱理学作了激烈攻击,以"敢倡乱道,惑世诬民"之罪下狱。在文学方面,反对前后七子复古摹拟,倡"童心说";他最早重视对通俗文学的研究和批评,曾评点《水浒传》、《西厢记》等,以为《西厢记》、《水浒传》为"古今至文"。其散文,能摆脱传统古文格局,文风豪畅明快,极富思想性和战斗性。著有《焚书》、《续焚书》、《藏书》、《续藏书》、《初潭集》、《明灯道古录》、《李温陵集》等。

按:对李贽的盖棺之论,褒贬不一。袁中道批评李贽有"虽好之,不学也。其人不能学者有五,不愿学者有三"之说,见其《李温陵传》。沈德符《野获编》卷二七二"大教主"条谓贽"聪明绝代,议论间有过奇,然快谈雄辨,益人意智不少。秣陵焦弱侯竑、沁水刘晋川东星,皆推尊为圣人。流寓麻城,与余友丘长孺一见莫逆。因共彼中士女谈道,刻有《观音问》等书,忌者遂以帷箔疑之。然此老狷性如铁,不足污也。独与黄陂、耿楚侗(定向)深仇,至詈为奸逆,似稍过"。而顾宪成、史孟麟等东林一派学者,虽也赞成李贽对假道学的抨击,然欲以朱熹学说救王阳明末流放荡之失,则对李贽颇致不满。

萧良有卒(1550—　)。良有字以占,号汉冲。湖广汉阳人。万历八年进士。著有《玉堂遗稿》。

胡应麟卒(1551—　)。应麟字元瑞,更字明瑞,号石羊生,又号少室山人。兰溪人。万历间举人,久试进士不第,筑室山中,藏书四万余卷,手自编次,多所撰著。携诗谒王世贞,世贞喜而激赏之,归益自负。诗文承

"七子"余风而有变化。著有诗文集《少室山房类稿》120卷;另有《诗薮》、《少室山房笔丛》等,均颇具学术价值。事迹见《明史》卷二八七《王世贞传》附传。

按:《诗薮》为胡氏诗歌批评理论代表作,书中提出了"体以代变"的文学史观,重点论述了诗歌之体格声调与兴象风神之间的关系。《明史》卷二八七称,所著《诗薮》20卷,大抵奉世贞《卮言》为律令,而敷衍其说,谓诗家之有世贞,集大成之尼父也。其贡谀如此。《少室山房笔丛》48卷是一部以考证为主的笔记。全书分十二部:《经籍会通》考论图籍的撰著流传收藏情况;《丹铅新录》和《艺林学山》驳斥杨慎考据之谬误;《史书佔毕》系对史书及史事之评论;《九流绪论》考论诸子百家之源流;《四部正讹》系辨订伪书之作;《三坟补逸》论述汲冢遗书;《二酉缀遗》采摘古籍中之奇闻怪事;《华阳博议》杂述古人博闻强记之事;《庄岳委谈》广论社会杂事,其下卷专论小说戏曲;《玉壶遐览》和《双树幻钞》分别谈论道教、佛教。

徐显卿卒,生年不详。显卿字公望,号检庵。长洲人。隆庆二年进士。历官编修,充经筵日讲官。升吏部右侍郎,请告归。著有《天远楼集》27卷,王稚登为作序。

张溥(　—1641)、祁彪佳(　—1645)、史可法(　—1645)、高承埏(　—1647)、李雍熙(　—1668)、顾枢(　—1668)、冯班(　—1671)、唐宇昭(　—1672)、钱邦芑(　—1673)、金俊明(　—1675)、王崇简(　—1678)、僧见月(　—1679)、徐士俊(　—1681)、李清(　—1683)、陶汝鼐(　—1683)、朱嘉征(　—1684)、李世熊(　—1686)、葛麟(　—1645)生。

按:冯班生年一作1604年。

万历三十一年　癸卯　1603年

二月,真假楚王事件。

按:楚宗室朱华越奏楚王朱华奎为异姓假王。沈一贯当国,意不欲发其事。礼部侍郎郭正域上疏请勘。故楚王一案衅在楚,并在朝廷。后郭正域将楚王贿赂书贴进上,揭发楚王贿沈一贯百金,并许万金为谢。郭被浙党弹劾去位,楚王得以免勘。此事次年引起民变。

三月乙丑,诏公主子孙皆入国学肄业。

五月甲子,辅臣请考取各官名下世业子弟入馆习译番文。

六月丙戌,廷试天下万历三十一年及二十八年岁贡、恩贡、选贡生员,命辅臣与翰林院掌院学士严加考试。

十一月,妖书之狱兴。

按:是月,《续忧危竑议》(标其名为《国本攸关》)复出。东厂太监陈矩得是书奏闻。书托"郑福成"问答。"郑福成"喻郑贵妃之子福王当成。大略言:"帝于东宫不得已而立,他日必易。其特用朱赓内阁者,实寓更易之意。"言词诡妄,时谓之妖书。

奥斯曼帝国苏丹穆罕默德三世卒。艾哈迈德一世继位。

英国女王伊丽莎白一世卒,都铎王朝终。苏格兰王詹姆士六世兼英格兰王,称詹姆斯一世。英国斯图亚特王朝始。

英格兰大疫。

俄罗斯哥萨克人侵希瓦汗国。

帝怒,敕锦衣卫搜捕甚急,遂兴大狱,都城人人自危。大学士沈一贯欲借此事迫害东宫讲官郭正域,并及大学士沈鲤。太子常洛在东宫传语:"何为杀我好讲官!"正域获免。次岁四月,以刻书匠徐承惠之招供,处原顺天府学已革生员皦生光极刑,了结此案。

是年,努尔哈赤自呼兰哈达移居赫图阿拉,筑城居之。

日本德川家康于江户成立幕府,统一日本,建立中央集权制封建国家,此后力倡朱子学说。

按:江户时代之前期(约1603—1735年)为日本朱子学之勃兴期,出现了许多各具特色之朱子学派,标志着宋代理学在日本之传播进入了真正发展阶段。江户时代之朱子学门派,有以藤原惺窝及其弟子林罗山为代表之京师朱子学派,以安东省庵、贝原益轩为代表之具有民间儒学色彩之海西朱子学派,以谷时中、山崎暗斋为代表之新南学即海南诸子学派,以怀德堂为中心颇具有町人文化色彩之大阪朱子学派,以会泽正志斋为代表之水户学派等等。

法国入加拿大河(今圣劳伦斯河)。

法国布里乔·迪阿夸彭登特发现静脉瓣。

张问达二月乙卯在礼科给事中任条上关节、文体、冒籍等科场事宜。

唐文献由詹事府少詹事升詹事兼翰林院侍读学士,杨道宾由国子祭酒升詹事府少詹事兼翰林院侍读学士,俱充《玉牒》纂修官。

唐文献作《时事大异》诗,述因妖书案而令锦衣卫捕人事。

顾宪成九月议复东林书院。

焦竑十月主讲新安还古书院。

刘宗周三月至德清执贽许孚远。

黄道周七月献时事策以干藩臬,不用而去。

凌濛初、冯梦祯(冯梦桢)同旅吴地,舟中合评苏轼《禅喜集》。

屠龙客福建晋安,于集会中表演渔阳三挝,嘱林古度为作《挝喜歌》。

刘永澄任北京国子监学正,著《邸中杂记》1卷论朝事。

杨时乔是冬召拜吏部左侍郎。

汤显祖闻达观禅师于北京监狱被害,作诗《西哭》三首悼之;

汤显祖为郑子文《旗亭记》传奇题词。

陈禹谟赴陕西,著《秦游纪事》1卷。

黄汝良五月丁卯升国子监祭酒。

陶望龄、周如砥七月主应天乡试。

萧云举、翁正春八月主顺天乡试。云举十月被命为国子监祭酒。

袁中道、沈守正中举人。

鹿善继八月应顺天乡试,仍不第。

史记言于河南济源创建启运书院。王所用为记。

王廷谏于河南滑县创办秋声书院。

方大美于开封创建游梁书院。书院"学术一尊孔孟"。

谢之藩于湖南安仁创建南湫书院。

徐光启再至南京遂受洗。

按:此为中国大臣第一位受洗者。

范礼安 2 月来澳门，命利玛窦留任驻华传教团教长，批准李玛诺代管其他三居留地。翰林院编修黄辉、吏部尚书李戴、礼部蔡郎中批驳利玛窦天主教学说，神父们闭门不出。

> **按**：黄辉字平倩，一字昭素，生卒年不详。四川南充人。万历进士。袁中道称其诗奇而藻，倍誉之。然作品多散佚不存。著有《贻春堂集》、《铁庵诗选》。

王震著《春秋左翼》43 卷刊刻。

朱东光刊李栻所辑《历代小史》。

> **按**：朱东光字元曦，生卒年不详。福建浦城人。隆庆进士。曾刊《中都四子集》等。

饶汝梧《历代史正》2 卷刊刻。

陈继儒《逸民史》22 卷成。

李梦熊修、顾震宇纂《沧州志》8 卷刊刻。

孟楠修、蒋奇镈纂《乐安县志》20 卷刊刻。

王之臣修、陈烨纂《诸城县志》12 卷刊刻。

任弘烈修、段廷选纂《泰安州志》10 卷刊刻。

侯大节纂修《卫辉府志》16 卷刊刻。

堵奎临修、钟譔纂《瑞金县志》11 卷刊刻。

赵士祯著《神器谱》，阐述西洋铳炮之使用和制作方法。

顾起元为《吕氏家塾读诗记》作序。

高攀龙著《张子正蒙注》成。

吕坤五月始著《交泰韵》，凡四阅月书成。

胡氏文会堂刻胡文焕所辑《格致丛书》198 种。

> **按**：胡氏另辑刊有《百家名书》100 种、《寿养丛书》35 种、《胡氏粹编》5 种。

胡文焕编《群音类选》（为《格致丛书》之一）成。

沈璟《红蕖记》、《十孝记》、《分钱记》三传奇入选胡文焕编《群音类选》。

王圻《续文献通考》254 卷刊刻。

> **按**：《中国史学史资料编年》系此条于万历十四年，钱茂伟《中国史学编年考》以为有误。今从钱说。

顾宪成三月作《朱子二大辨序》。

> **按**：朱子尝谓海内学术之弊，不过两说：江西顿悟与永康事功。若不竭力争辨，此道无由得明。顾允成读之有感，因取朱子集中与象山、龙川往复之书，辑而行之，名曰《朱子二大辨》。

沈一贯、沈鲤、朱赓三月癸亥献所著《守成》、《遣使》、《权宜》三论。

周汝登作《题阳和张先生文选序》。

冯应京《皇明经世实用编》28 卷成。

张鼎思重刻《本草纲目》。

俞安期所辑《唐类函》200 卷刻成。

薛朝选《外史志异》刊行，德江主人作《外史志异叙》。书记神奇怪

纽多泽基斯的《标准语法》。

约翰尼斯·奥尔瑟西亚斯著成《政治方法汇集》。

托马斯·克雷格著成《封建法律》。

简·格雷特著成《罗马古碑文全集》。

理查德·诺尔斯著成《土耳其通史》。

异事。

许自昌刻所编《前唐十二家诗》24卷。又重行校刊陆龟蒙《甫里集》20卷、辑刊《陆鲁望皮袭美二先生集合刻》。

陈继儒刻所纂《古文品外录》34卷，又刻所辑《古逸民史》22卷。

臧懋循纂辑《诗所》56卷成。

吴大经自定所著《丛桂轩集》。

按：吴大经字元常，常熟人。弃举子业，隐居山林。工诗，诗学陆游。所著尚有《在原咏》1卷。

陈嘉谟卒(1521—)。嘉谟字世显，号蒙山。江西庐陵人。嘉靖二十六年进士。官至湖广参政，乞归。致力于学术，与王时槐阐明良知之说。凡及其门者，告之曰："有塘南在，可往师之。"塘南，时槐别号也。著有《念初堂集》。事迹见《明史》卷二八三《王时槐传》、《明儒学案》卷二一。

丘集卒(1524—)。集字子成。嘉定人。家贫，好读书，精《三礼》。著有《阳春草堂集》、《西行山稿》、《横槊小稿》。

张朝瑞卒(1536—)。朝瑞字子祯。淮安海州人。隆庆二年进士。著有《忠节录》、《明贡举考》、《南国贤书》、《孔门传道集》等。

按：一说张朝瑞(1537—1609)。

张鼎思卒(1543—)。鼎思字睿甫，号慎吾。河南安阳人。万历五年进士。著有《琅邪漫录》、《琅邪代醉编》。

高濂约于是年卒(1527或略前—)。濂字深甫，号瑞南，一作瑞南居士。钱塘人。著有《遵生八笺》、《芳芷栖词》、传奇《玉簪记》与《节孝记》等。

僧达观(真可)卒(1543—)。真可字达观，号紫柏，以字行，俗姓沈。江苏吴江人，主张儒、释、道三教一致，以梵夹本《大藏经》不便阅读，创刻方册《万历藏》(参见1589年)。与僧袾宏、僧德清、僧智旭并称明末"四大高僧"。以"妖书"案被诬下狱死。著有《紫柏老人集》、《般若心经说》等。

冯琦卒(1558—)。琦字用韫，一字琢庵。山东临朐人。天启初，谥文敏。万历五年进士。改庶吉士，授编修。预修《会典》成，进侍讲，充日讲官。官至礼部尚书。著有《宗伯集》《北海集》，编有《经济类编》。事迹见《明史》卷二一六。

按：据《明史》本传，时士大夫多崇释氏教，士子作文，每窃其绪言，鄙弃传注。前尚书余继登奏请约禁，然习尚如故。琦乃复极陈其弊，帝为下诏戒厉。……琦明习典故，学有根柢。数陈谠论，中外想望丰采，帝亦深眷倚。

申佳胤(—1644)、德国传教士瞿安德(—1651)、万寿祺(—1652)、王忭(—1653)、吕宫(—1664)、刁包(—1669)、王弘祚(—1674)、施端教(—1674)、程正揆(—1677)、阎尔梅(—1679)生。

按：一说程正揆(1604—1676)。

万历三十二年　甲辰　1604年

三月乙丑，廷试天下贡士308名，赐杨守勤、孙承宗、吴宗达等进士及第出身有差。

是春，工部侍郎、总理河道李化龙征集民工开泇河，以通运道。时称东运河。四月工成。此为明代治河通运一大成就。

六月乙未，考选庶吉士王家植等23人，送翰林院进学。

丙戌，诏补阙官、恤刑狱。

九月，楚王以去岁得以免勘，至是奉表谢恩，复以厚贿遍谢当事及附合免勘楚宗者。宗人欲申其冤，进抢私书，并攫其金。巡道副使逮捕三十二人。此事激起民变，市民三千余人杀巡抚赵可怀。

是岁吴建领导斋教起义。

按：斋教系由明教演变而来，融有白莲教成分，流行于闽、浙、赣诸省，崇奉弥勒佛，称之为无极圣祖。教徒吃斋，每当朔望，则持香烛赴斋堂诵经集会，"天国普有"为该教宗旨。

是岁七月，荷兰人澎户。

顾宪成自万历二十二年因争国本（争立太子）被革职，至此十年。在家乡无锡东门修成东林书院（故杨时书院，为宋徽宗时大儒杨时讲学处），与同道高攀龙、安希范、刘元珍、钱一本、薛敷教、叶茂才及兄弟顾允成共八人聚众讲学，被称为"东林八君子"。自是，每岁一大会，每月一小会，天下趋之。

按：八人大都为在野官吏，非但讲学，且议论朝政、品评人物，并主张治学重在经世致用。反对神宗长期不问朝政，宠幸外戚和郑贵妃，又长期不立太子；反对神宗派宦官四处搜括矿税。鉴于当政首辅态度暧昧，一味邀媚取容，八人又提出要争京察以整饬吏治，争李三才为相以加强内阁，其目的为挽救明朝垂危统治。其人坚决反对豪绅大肆兼并土地，代表了中小地主之利益；反对矿税监，在一定程度上反映了新兴市民阶层之要求。最初称东林者只限于在无锡东林书院讲学者，俟后讲学于江右书院之邹元标、徽州书院之余懋衡、关中书院之冯从吾以及其同好都被包括在东林之内，顾宪成、赵南星、邹元标号称为"东林三君"；顾宪成、高攀龙、钱一本、冯从吾又号为"东林四大君子"，此类称号，皆"论道而不论地"。往后，人员越众，凡与之遥相应和之争国本、议三案、反对郑贵妃、拥护李三才之人，在非东林党人看来，也都一概为东林党了。非东林党指浙党，如沈一贯、姚宗文；齐党，如亓诗教；楚党，如官应震；昆党，如顾天峻；宣党，如汤宾尹等。反东林最力者为浙党，其中有当权首辅沈一贯、方从哲。曾任数年首辅的叶向高虽曾被人称为东林党人，然其人少有作为，让"东林君子"们失望。

法国、奥斯曼帝国缔定商约。

英人、西班牙人签定和约。

波兰及伪季米特里伐俄罗斯。

俄罗斯哥萨克人建托姆斯克。

法人入居今加拿大东南部。

法人入抵今法属圭那亚。

德国开普勒发现蛇夫座超新星。

顾宪成、顾允成于江苏无锡重建东林书院，携高攀龙、钱一本、唐鹤徵、薛敷教、龚道立、史孟麟、于孔兼等讲学其中，一时同志毕集，讲学之风日盛，为吴中自古未有。

  按：书院所订《东林会约》，首列孔子、颜渊、曾参、子思、孟子语录，明确为学要旨；次列朱熹所定《白鹿洞学规》，以其中的五教之目、为学之序（博学之、审问之、慎思之、明辨之、笃行之）、修身之要、处事之要、接物之要作为基本内容；又申之以"饬四要、辨二惑、崇九益、屏九损"，以针砭其时王学末流空疏腐败的学风。书院定期集结讲会，每年一大会，每月一小会，设门籍稽核考察赴会学者的学、用、言、行，以期学以致用、实学实行。讲学中注重诗教，学习间隙以歌诗为涤荡凝滞、开发性灵之助。教学提倡自由辩难、质疑、讨论，相互提高。求学者不分尊卑，听教不拒。书院讲学内容以儒家经史著述为主，而兼及天文地理、格物致知。李之藻、徐光启、杨廷筠等经常到会讲释西学。讲学之余，则志在人心世事，奉顾宪成"风声雨声读书声、声声入耳，家事国事天下事、事事关心"为圭臬，议论朝政得失，又兴教化、育善才，立志救世。后书院以此触怒阉党而于天启五年遭毁。

  薛敷教字以身，号玄台，生卒年不详。常州武进人。万历进士。与高攀龙同出赵南星门下，以名教自任。著有《泉上杂语》、《续宪章录》、《浮弋集》。

黄道周居大朋山。是春欲往阙下上书，不果。

冯应京奉诏释还，深居简出。

李流芳、程嘉燧同旅京口，流芳作《游焦山小记》。

沈德符寓苏州，观女伶上演全部北《西厢》。

陈第至南京访焦竑，借阅抄写焦氏所藏书，共论古诗无叶音说，因著《读古音考》。

冯梦龙在沈德符处见钞本《金瓶梅》。

陈新闻以散曲记雨花台游，焦竑为作《雨花台歌》。

冯梦祯（冯梦桢）建快雪堂，作《结庐孤山记》。

顾起元作《纪事》诗，记楚藩乱事。

汤显祖作《送张伯昇世兄归吴序》，送太仓张际阳。

刘宗周服阕，补行人司行人，刘永澄与定交。

孙逢奇二月下第归，鹿善继以王阳明语相勉。

陈禹谟在南京国子监任学正。

李廷机七月甲戌在礼部左侍郎任疏议科举之弊。

沈一贯、朱赓题推大学士沈鲤、礼部左侍郎掌院事唐文献堪充正、副主考官。沈鲤固辞。

周应宾、唐文献八月乙酉奉命教习翰林院庶吉士。

  按：周应宾（？—1626）字嘉甫，浙江鄞县人。万历十一年进士。官至礼部尚书，掌詹事府事。著有《九经考异》、《普陀山志》、《旧京词林志》、《月湖草》。

董其昌九月壬戌春命提督湖广学政。是岁游茅山，过金坛访王肯堂，得见黄公望《天池石壁图》。

朱国祯十一月辛卯升任南京国子监司业。

刘士骥成进士，授翰林院编修。

杨鹤成进士，授雒南知县。

李邦华成进士，授御史。

按：李邦华字孟闇，一字懋名，生卒年不详。江西吉水人。师从邹元标。官至兵部侍郎、左都御史。

吴宗达成进士，授编修。

余懋孳成进士，授山阴知县。

陈所学成进士。

按：陈所学字正甫，号志寰，生卒年不详。湖广景陵人。官至户部尚书。曾力折魏忠贤。著有《松竹园集》。

陈臣忠成进士。

按：陈臣忠字景周，生卒年不详。福建莆田人。官至南京礼部郎中。著有《尺牍隽言》。

钱春成进士，授御史。

黄体仁成进士。

按：黄体仁字长卿，生卒年不详。松江上海人。曾续纂《上海志》。著有《四然斋文集》。

樊良枢成进士，授仁和知县。

按：樊良枢字尚植，号致虚，生卒年不详。江西进贤人。著有《易疑》、《诗商》、《樊致虚诗集》。

魏浚成进士。

鲍应鳌成进士，授户部主事。

按：鲍应鳌字山甫，生卒年不详。徽州歙县人。著有《明臣谥汇考》。

真宪时成进士，授刑部主事。

按：真宪时字法侯，号存古，生卒年不详。福建松溪人。阐明心学为治平之要。著有《爱书》、《百将传标旨》。

徐光启三月登进士第，选庶吉士。辑此年所作诗文为《甲辰馆课》。

徐光启在京期间与利玛窦交往密切，从此不断利用闲暇时间协助利玛窦撰写文学著作；并向利玛窦学习西方天文、数学、测量、水利。年底，徐返回上海。

过庭训、孙承宗、刘廷元、来宗道、张鼐、张铨、骆从宇、周炳谟成进士。

孙奇逢会试不第。

无锡十月重修东林书院成。

按：院有堂三，其后之中和堂，祀孔子，亦谓之庙。院规：岁一大会，月一小会，各三日。其后，顾宪成等岁集友人为会，至者尝千人。顾宪成揭孔孟要义及《白鹿洞规》昭学者，而申之以饬四要、破二惑、崇九益、屏四损。宪成等讲习之余，往往讽议朝政，为忌者指目。故书院立甫八载，即有徐兆魁之弹劾。

顾宪成四月重建道南祠祀宋儒杨龟山。

韩浚于嘉定创建明德书院。

冯应京刊印利玛窦著作。

传教士李玛诺、费奇观、黎贝罗入京。

利玛窦等友人中有不少东林党人，其中有多人猛烈抨击基督教。

洛彼·德·维加著成《喜剧》。

约翰·马斯顿编成《不满者》。

莎士比亚编著《一报还一报》。

罗伯特·考德雷著成《字母表》。

雅克·奥古斯特·德索编著《现世历史》。

约翰·凯普勒著成《光学》。

国王詹姆斯一世著成《强烈反对烟草》。

内格里发表《舞剧的创作》。

焦竑著《毛诗古音考序》、《书画墁录》。

国子监校刊《南史》、《元史》竣，祭酒萧云举疏呈御览。

顾宪成著《毗陵人物志》。

王兆云《词林人物考》12卷刊刻。

按：王兆云字元桢，麻城人。是书录有明一代文士，起洪武，迄万历，仿《昭明文选》之例，其人见在者不登。各人各详其事迹与著作，凡四百六十七人。

朱鹭著《建文书法拟》刊刻。

按：此书表彰建文一朝忠义，为陈公允辑《建文忠编》之蓝本。

谢陛著《季汉书》60卷成。

按：谢陛字少连，徽州府歙县人。博综典籍，尤精史学。尝游秣陵、关中，与诸名士谈艺结社。著有《定唐书》、《西宁卫志》、《读书说》、《花乘》、《黄山总记》等。《季汉书》之作，仿朱熹以蜀汉为正统之意，以蜀为本纪，列魏、吴为世家，颇得王士祯、叶向高、王图、陈邦瞻、于若瀛、邹观光辈推重。此数人皆为之序。

卜世昌刊刻《皇明资治通纪全书》。

李纯卿、李槃《世史类编》45卷刊刻。

按：此书起太初、迄元朝，为编年体中国通史。书题临淄李纯卿草创，阳明王守仁复详，木斋谢迁补遗，凤洲王世贞会纂，大兰李槃增修，书林泗泉余彰德绣梓。前有曹于汴《便蒙经书世史总序》、万历三十二年冯梦桢（冯梦祯）《世史便蒙集叙》、万历三十一年叶从文《李大兰先生便蒙古史叙》、李槃《正学堂类编世史便蒙集序》，后有周之锦《圣纪世史便蒙类编后跋》等。钱茂伟《明代史学编年考》曰："从便蒙、类编等词来分析，这是一部通俗中国通史读物。中国古代的雅史学发达，通俗史学没有地位，不登大雅之堂，于是出现伪托名人现象。"

程元初著《历代二十一传》刊刻。

按：此书合二十一史，每代各为一传。有《四库存目丛书》本，残存12卷。

周仲士纂修《怀柔县志》4卷刊刻。

张世臣修、陈宇俊等纂《新修崇明县志》10卷刊刻。

龙文明修、赵燿等纂《莱州府志》8卷刊刻。

唐懋德纂修《临洮府志》26卷刊刻。

王文璧修、罗元龄等纂《汤溪县志》8卷刊刻。

李存信修、黄佑等纂《泰州志》刊刻。

熊应煌等纂修《石埭县志》6卷刊刻。

周汝登作《重修曹溪志序》。

屠龙作《常熟破山寺记》。

王骥德《男王后》杂剧或作于是年。

李之藻再次印刷《舆地图》。

徽州虬村黄氏刻板《帝鉴图说》。

范明泰辑刊宋米芾原纂《米襄阳志林》。

王圻整理增图本《辍耕录》印行。

杨慎孙、杨宗吾重刻《山海经补注》，并跋于尾。

蒋以化刻所著《抢揄子评古》1卷、《覆瓿语》1卷、尺牍集《瑶翰》2卷、

《俚蹄》2卷。

> **按**：蒋以化字仲学，号养庵。生卒年不详。江苏常熟人。蒋以忠之弟。隆庆元年举人。官至监察御史。所著尚有《西台漫记》，所辑有《花编》。

陈新闻辑《北宫词纪》6卷，陈邦泰为刊行。

徐光启、冯应京（慕岗）序利玛窦所著《二十五箴言》。

利玛窦刊印《天主实义》；其《交友论》再版。

赵王府冰玉堂重刻明谢榛《四溟山人全集》24卷。

太监刘住刻《三官经》一藏5048卷刊行。

来知德卒（1525—　）。知德字矣鲜，号瞿塘。山东梁山人。嘉靖三十一年举人。尤精《易》，著有《周易集注》、《理学辨疑》、《心学晦明解》、《瞿塘日录》、《来瞿塘集》等。事迹见《明史》卷二八三、《明儒学案》卷五十、三。

> **按**：据《明史》本传，其学以致知为本，尽伦为要。所著有《省觉录》、《省事录》、《理学辨疑》、《心学晦明解》诸书，而《周易集注》一篇用功尤笃。自言学莫邃于《易》。初，结庐釜山，学之六年无所得。后远客求溪山中，覃思者数年，始悟《易》象。又数年始悟文王《序卦》、孔子《杂卦》之意。又数年始悟卦变之非。盖二十九年而后书成。

王之垣卒（1527—　）。之垣字尔式，号见峰。山东新城人。嘉靖四十一年进士。授荆州府推官，擢刑科给事中、户部左侍郎。著有《历仕录》，详记其劾诛何心隐事。《明史》卷九七录有王之垣《承天大志纪录事实》30卷。

林景旸卒（1530—　）。景旸字绍熙。松江华亭人。隆庆二年进士。官至南京太仆寺卿。著有《玉恩堂集》。

支大纶卒（1534—　）。大纶字心易，号华平。浙江嘉善人，万历二年进士。有《世穆两朝编年史》。

许孚远卒（1535—　）。孚远字孟中，号敬庵。德清人。谥恭简。嘉靖进士，授工部主事。官终兵部左侍郎。学宗王阳明，著有《敬和堂集》。事迹见《明史》卷二八三、《明儒学案》卷四一。

> **按**：此据《刘宗周年谱》。《明儒学案》卷四一作万历二十二年卒，误。据《明史》本传，孚远笃信良知，而恶夫援良知以入佛者。知建昌，与郡人罗汝芳讲学不合。及官南京，与汝芳门人礼部侍郎杨起元、尚宝司卿周汝登，并主讲席。汝登以无善无恶为宗，孚远作《九谛》以难之，言："文成宗旨，原与圣门不异，以性无不善，故知无不良。良知即是未发之中，立论至为明析。无善无恶心之体一语，盖指其未发时，廓然寂然者而言之，止形容得一静字，合下三语，始为无病。今以心意知物，俱无善恶可言者，非文成之正传也。"彼此论益龃龉。而孚远抚福建，与巡按御史陈子贞不相得，子贞督学南畿，遂密讽同列拾遗劾之。从孚远游者，冯从吾、刘宗周、丁元荐，皆为名儒。

曾朝节卒（1535—　）。朝节字直卿。湖广临武人。万历五年进士。曾官经筵日讲官、詹事府掌府事、礼部尚书兼翰林院学士。著有《易测臆言》、《古本大学解》、《紫月集》等。

王家屏卒(1536—)。家屏字忠伯,别号对南。山西大同山阴人。谥文端。隆庆进士,授编修。万历初,授修撰,充日讲官。终首辅,请临朝,请预教皇储,皆不纳,引疾罢。著有《王文端奏疏》、《王文端集》。事迹见《明史》卷二一七。

顾养谦卒(1537—)。养谦字益卿,号冲庵。南通州人。嘉靖四十四年进士。曾总督蓟辽军务,力主从朝鲜撤军。著有《冲庵抚辽奏议》、《督抚奏议》、《读礼辨疑》、《益卿诗文全集》。

按：一说顾养谦(1531—1598)。

马守真(一作马守贞)卒(1548—)。守真小字玄儿,又字月娇,号湘兰子。金陵人。居秦淮为妓。工诗书,擅音乐,善画兰竹,笔墨秀雅有致。殁后,王稚登序其诗并为作传。著有诗集2卷及传奇《三生传》一本。

邝露(—1650)、胡统虞(—1652)、陈贞慧(—1656)、冯班(—1671)、周灿(—1673)、却英多吉(—1674)、程正揆(—1676)、陈确(—1677)生。

按：一说冯班(1602—1671)、程正揆(1603—1677)。

万历三十三年　乙巳　1605 年

印度莫尔卧帝国阿克巴帝卒。

英国发生"火药阴谋案"。

波兰—瑞典战争复起。

俄罗斯戈都诺夫卒,子费多尔继位,旋遇弑。伪季米特里入莫斯科。

俄罗斯哥萨克人侵希瓦汗国。

三月,诏留去年大计被黜之科、道官。

是春京察。

按：北察主计人为吏部尚书杨时乔、左都御史温纯。二人力主"肃百僚,振风纪"。沈一贯始议改人主计,未成。及计典上,沈又密疏神宗,使留察疏不下,后多数被察官吏留免。温纯被迫致仕,支持京察之刘元珍、庞时雍、朱吾弼等东林党人反被除名。

四月己未,廷试岁贡生员高应奎等 404 名,恩贡生员张鸣鹫等 30 名,分别准贡。

又,先是,岁贡、选贡廷试无定期,礼部请自是岁以后比照乡试、会试例,定拟四月十五日初试,五月十五日再试,岁以为常。从之。

五月戊子,廷试愿就教职之岁贡、恩贡生员,岁贡上卷 3 卷、中卷 364 卷,恩贡上卷 1 卷、中卷 28 卷。

八月辛未,大选进士吴汝显以下共 422 名。

十月己巳,大选进士田一井等以下共 387 名。

十一月,皇长孙朱由校生。

按：朱由校后继位为熹宗。

十二月己未,谕内阁,谓已有邱濬(丘濬)所纂《大学衍义补》一书,古今事理备具,考论节目精详,有裨政治。(《神宗实录》卷四百十六)

按：是月壬戌，内阁撰上《御制重刊大学衍义补序》。

是月，始行宗室科举入仕之制。

按：万历二十三年郑王世子朱载堉已有是请，至是始行之。

意大利传教士利玛窦始用拉丁字标注汉音。

章潢为江西隐士，十月戊辰被遥授为顺天府儒学训导，有司旌表其门，量给月米。

顾宪成三月课士于丽泽堂。

顾宪成、刘元珍九月讲学东林。宪成著《丽泽衍》。

刘宗周三月自京师归，途中吊许孚远于德清。

刘永澄是春有诗送刘宗周归养，又有《三上相国沈公书》。秋，予告归里。

黄道周复游粤，数月而返。

孙奇逢丁忧，筑庐墓侧曰"时思亭"，鹿善继时往过之。

陶望龄十月己亥升任国子监祭酒。

冯梦祯（冯梦桢）自扬州还，途经京口，作《游金山记》。

邢昉在家乡高淳读书来禽园，学李梦阳诗，手抄一册。藏之箧衍。与里中胡印度、李武冶等结社课诗文。

僧石头和尚能诗，与邢昉交最善。

董其昌在武昌任学使，被诸生哄逐，此年卸任回华亭。

顾起元解京职回江宁，遇河决舟坏，失所著《说略》稿。

朱之蕃出使赴朝鲜。

凌濛初二十六岁，母蒋氏病故，在家守制。

瞿式耜从钱谦益学诗书于拂水山庄。

范文若中举人。

查继佐五岁，从父受《四书》，逾岁成诵。

吕纯如于河南偃师创建二程书院，集生徒肄业其中。

利玛窦是岁建议所有来华神父学习中国文化，并视之为决定传教团存亡之关键。又以为，只有通过传播西方科学，方能在中国土地上立足，因而于五月十二日去信要求耶稣总会"派数学家并随身带科学书来北京"。

传教士骆入禄、林安多、高一志（即王丰肃）三人初春抵南京，与罗如望一同传教。

瞿太素三月在南京受洗。

艾田为犹太裔进士，六月谒见利玛窦，从此利氏探索中国犹太人来源和基督教及犹太教更早时代传入中国之情况。

利玛窦等于北京创建南堂。此后，传教士以此为据点，大量翻译、编印教内书籍。据张秀民统计，明代南堂所出教会书籍，有名可考者有《圣经直解》等39种。

北美首个法国殖民据点罗亚尔港建。

安杰洛·罗斯卡在罗马建成首家公共图书馆。

安特卫普发行报纸《新时代》。

葡萄牙传教士鄂本笃入肃州(今甘肃酒泉)。

按：鄂本笃受罗马教廷委派，欲开辟一条从印度至中国之陆上通道，于1602年启程，历经撒马尔干、喀什噶尔，越帕米尔，跨塔克拉玛干沙漠，于是岁十二月进入嘉峪关，抵达肃州。鄂本笃之探险经历证实当时西方所谓"契丹"即中国北部地区。

塞万提斯所著《堂吉诃德》第一部出版。

乔治·查普曼编成《愚人》。

塞缪尔·丹尼尔编成悲剧《菲洛塔斯》。

本·琼生编成悲剧《西雅努斯》。

莎士比亚编著《李尔王》、《麦克佩斯》。

迈克尔·德雷顿发表《诗集》。

弗朗西斯·培根著成《学问的促进》。

贾斯特斯·利普修斯著成《警告和政治范例》。

加斯帕德·鲍欣著成《解剖学家手术室》。

张杞《新刻麟经统一编》12卷刊刻。

按：张杞字成夫，湖州人。万历丁酉举人。官福清教谕。此书有《四库存目(春秋类)丛书》本。

内阁纂《玉牒》成。

陈邦瞻纂《宋史纪事本末》109卷刊刻。

按：元代所修《宋史》向有"芜杂"之称，不便初学。陈氏此书遵循纪事本末之体，以简驭繁，将此一时期各朝治乱兴衰之种种事迹分条排列，"前后始末"，一览了然。故《四库全书总目》以为："读《通鉴》者不可无袁枢之书，读《宋史》者亦不可无此一编也。"

周汝登著《圣学宗传》18卷刊行，陶望龄序之。

按：此乃中国第一部通代性学术史著作。汝登思想之核心为前圣"一脉相传"论，此书即周氏按其一己之心学思想建构而成，其撰著颇受宗教"传灯录"之影响，宗派色彩极浓。黄宗羲《明儒学案》对此颇著微词，以为"各家自有宗旨，而海门(汝登号)主张禅学，扰金银铜铁为一器，是海门一人之宗旨，非各家之宗旨也。"

顾宪成作《重刻万历丙子南畿同年录序》。十二月作《学蔀通辨序》。

刘宗周日记自是岁以至于乙酉，完整无缺。

卜世昌、屠衡著《皇明通纪述遗》12卷成。

按：卜世昌，浙江秀水人，诸生。自幼嗜史书，与鄞县诸生屠衡(屠隆子)有自成一家之志。乃"取稗官丛说，伦鸠编次，疑者阙之，芜秽者裁之，鄙陋者文之"而成是书。《四库全书总目》以为此书"多据拾稗史之言，冗杂特甚。"

韩浚修、张应武纂《嘉定县志》22卷刊刻。

吴文辉修、唐鹤徵纂《武进县志》8卷刊刻。

汤日昭修、王光蕴等纂《温州府志》18卷刊刻。

管一德纂《皇明常熟文献志》12卷刊刻。

杨洵修、徐銮等纂《扬州府志》27卷刊刻。

刘九经纂修《郿志》8卷成。

按：此志后经陈超祚续修，于清顺治十四年刊刻。

孙崇先纂修《颖州志》刊刻。

王存敬修、孙秉阳纂《怀远县志》12卷刊刻。

苏州龚绍山刻《陈眉公先生批评春秋列国志传》。

冯应京《经世实用编》刊刻。前有汪国楠序。

邹元标正月为周汝登《东越证学录》作序。

黄吉士巡按江淮，从蓰使乔公籍睹李廷机著《汉唐宋名臣录》，两人共谋梓之。

高攀龙客杭州，与一先儒后释之僧人论战，撰《异端辨》。

张大复(元长)刊行所著《闻雁斋笔谈》。

歙县程氏滋兰堂刻《墨苑》。

按：是书所附《天老对庭图》，有五色图数十幅，为国内最早彩印之一。在印刷史上具有较重要地位。

西藏文《大藏经》(《番藏》)147函、《续藏》42帙刊行。

按：此据永乐板重刊。《番藏》一说145函。

陈所闻复辑《南宫词纪》，陈邦泰为刊行。

唐顺之《荆川先生右编》40卷刊刻。

袁宏道著《袁使君集》14种57卷刊行。

袁黄著《了凡杂著》由建阳余氏刊行。

利玛窦著《乾坤体义》上中下3卷刊行。

按：此书介绍日、地、月三球之大小、距离等，为西方天文学传入中国之首部著作。

利玛窦所撰《西字奇迹》在北京印行，此为在华刊印之第一部拉丁拼音语文书，拉丁字母及拼音法传入中国自此始。

陆树声卒(1509—)。树声字与吉，号平泉。松江华亭人。谥文定。嘉靖二十年进士，授编修。曾掌南京国子监，整饬学规，著条例以励诸生。万历初，官至礼部尚书。著有《长水日钞》、《陆学士杂著》、《陆文定公集》。事迹见《明史》卷二一六。

郭郛卒(1518—)。郛字惟藩，号蒙泉。泾阳人。嘉靖三十七年举人。其学以"持敬"为主。

按：郭郛事见《冯少墟集》卷二二、《关学编》卷四、《明儒学案》卷八、《国榷》八〇。据《明史》卷二八二《吕柟传》，(吕)潜里人郭郛，字维藩，由举人官马湖知府。蓝田王之士，字欲立。由举人以赵用贤荐，授国子博士。两人不及柟门，亦秦士之笃学者也。

王时槐卒(1522—)。时槐字子直(或作子植)，号塘南。江西安福人。嘉靖进士。历官太仆寺少卿。后出为陕西参政，以京察罢归。万历中，起贵州参政，鸿胪太常，皆不赴。讲学以终。学主慎独。著有《友庆堂合稿》、《广仁类编》。事迹见《明史》卷二八三。

按：据《明史》本传，时槐师同县刘文敏，及仕，遍质四方学者，自谓终无所得。年五十，罢官，反身实证，始悟造化生生之几，不随念虑起灭。学者欲识真几，当从慎独入。其论性曰："孟子性善之说，决不可易。使性中本无仁义，则恻隐羞恶更何从生。且人应事接物，如是则安，不如是则不安，非善而何？"又曰："居敬、穷理，二者不可废一。要之，居敬二字尽之。自其居敬之精明了悟而言，谓之穷理，即考索讨论，亦居敬中之一事。敬无所不该，敬外更无余事也。"事迹见《明儒学案》卷二十。

郭棐卒(1529—)。棐字笃周。广东南海人。少时师从湛若水。嘉靖四十一年进士。著有《广东通志》、《岭海名胜记》、《四川通志》、《粤大记》等。《粤大记》32卷，约成于万历二十六年，系广东历史人物传，今有中山大学出版社标点本。

何震卒(约1530—)。震字主臣,一字长卿,号雪渔。婺源人。皖派(或称徽派)篆刻家。与文彭善。曾仿元吾丘衍《学古编》撰《续学古编》二卷,为重要印学著作。又有《印选》等。

屠隆卒(1542—)。隆字长卿,又字纬真,号赤水,又号鸿苞居士、一衲道人。鄞县人。万历进士。曾任青浦知县、吏部主事。两次被黜,遂放情诗酒、卖文为生。著有《读易便解》、《考槃余事》、《义士传》、《冥寥子》、《画笺》等,有诗文集《由拳集》、《栖真馆集》、《白榆集》、《采真集》、《南游集》。工曲,有传奇《彩毫记》、《昙花记》、《修文记》。又有学者考证《金瓶梅》为屠隆所作。事迹见《明史》卷二八八《徐渭传》附传。

按:《中国善本书提要》著录有《白榆集》诗8卷文20卷,原题"东海屠隆纬真著,太末龚尧惠梓行"。有丁应泰《屠赤水白榆集序》(1600)、程涓《白榆集序》(1600)。

冯梦祯(冯梦桢)卒(1548—)。梦祯字开之。浙江秀水人。万历五年进士,与沈懋学、屠龙并以文章名世。著有《快雪堂集》64卷、《快雪堂漫录》1卷、《历代贡举志》等。

唐文献卒(1549—)。文献字元徵。松江华亭人。谥文恪。万历十四年进士第一,授修撰。官至礼部右侍郎,掌翰林院事,著有《占星堂集》。事迹见《明史》卷二一六。

江盈科卒,生年不详。盈科字进之,号绿萝山人。湖广桃源人。万历二十年进士。官至四川提学副使。著有《明臣小传》16卷、《雪涛阁集》。

黄淳耀(—1645)、顾柔谦(—1665)、陈宏绪(—1665)、陈之遴(—1666)、朱朝瑛(—1670)、周茂兰(—1686)、陈邃(—1691)、程邃(—1691)生。

按:一说陈宏绪生于1597年,卒于1665年。

万历三十四年　丙午　1606年

奥地利、奥斯曼帝国签订《齐特瓦托罗克条约》。

俄罗斯大贵族杀伪季米特里,舒伊斯基选立,称瓦西里四世。

四月癸丑,廷试天下贡生。

是日,辅臣沈鲤等言:自神宗登极以来,月讲官原设六员,兼讲经史,后以讲筵稀御,乃进讲章二本,寻又以讲官乏人止进《通鉴》讲章一本。顷者神宗锐业务学,命兼讲《春秋》,日进二本如故。沈鲤等奉谕推择儒臣中资望最深者三人,即尚书于慎行、侍郎叶向高、杨道宾,并充日讲官,与李廷机分撰经史讲章,凡四员。然廷机杜门不出,慎行辞本未下,向高、道宾尚未得旨。自春及夏,求如往时止进讲章一本亦不可得。

五月癸酉,以纂修《玉牒》成,赐辅臣沈一贯等、纂修官王图、中书官包渐林等银币有差。

七月辛巳，顺天监生陈复亨等请以恩诏条例增解额，不许。

八月丁酉，始令宗室将军镇辅得与生员一体应试，进士出身者二甲选知州，三甲选推官、知县，其以乡举出仕者亦照常除授，俱不得选除京职。此从李廷机言。

十一月，礼科右给事中汪若霖疏请重修正史。谪颖州判官，寻卒。

> 按：此据《神宗实录》卷四二七。《西园闻见录》卷二九则系之于万历二十一年，钱茂伟《明代史学编年考》以为误。若霖（1571— ），字时甫，光州人，万历进士。其此疏曰："祖宗朝稽古定官，恢煌制作，于是有修撰、编检诸臣，史职代有编摩，《圣政》《宝训》诸书，则灿然矣。而自后史局浸成浮寄之区，谟烈鲜扬，仅遵《实录》；起居有注，第缮报章。甚乃刈落忠直之言，傅会奸人之事，而国家典制，海宇传宣，以借资于他曹之管蠡，取信于野史之雌黄。……往者大学士陈于陛疏修正史，条画甚明，奉旨编研，业有端绪。而于陛没，同列憎成，遂使九重懿举，委于半途；列圣芳猷，厄其全璧，臣窃伤之。……臣所谓史局纂修宜竟也。"

十二月丙午，诏谕礼臣重申文体之禁。

> 按：《神宗实录》卷四二八录此诏有曰：文体敝坏至今日而极，非独士习之陋，亦因阅卷官自由此轨而进，相师相尚莫知其非，以此取士，安得不靡然从之。今后房考官见有离经畔注、穿凿揣摩及摭拾佛书、俗语、隐讳怪诞者必弃不取，甚者参罚。

蒙古五部喀尔喀上汗号于努尔哈赤，称"淑勒昆都伦汗"，以示服从其统领。

顾宪成、高攀龙讲学于常熟虞山书院。宪成六月撰《虞山商语》，九月复撰《虞山商语二》，攀龙为撰《小引》。

焦竑正月辛未由修撰降为广东都司断事。

沈德符在京邸遇袁宏道，问《金瓶梅》全帙事。袁答曰只阅数卷，未见全本。

陶望龄二月省养。

孙奇逢居父忧。

谢肇淛官南刑部。

朱之蕃使朝鲜还，辑朝鲜国议政府左赞成柳根等诗为《东方和音》，附己所著《使朝鲜稿》刊行。

龙膺改官陕西佥事，以所著《九芝集》稿委托俞安期。汪宗姬在南京为点定刊行。

顾起元、俞安期共作《雁字》诗，与龙膺争胜。

刘永澄六月溽暑中辑古人放怀山水、寄情闲逸之语为《吾心亦凉》，并自作跋语。

曹学佺在南京任户部郎中。

鹿善继八月领顺天乡荐。次岁会试不第。

吴道南、孙如游八月主顺天乡试。冯有经、傅新德主应天乡试。赵用光、曹于汴主江西乡试。何宗彦、翁宪祥主福建，王畿、胡东渐主四川。

彭道古、张汝霖、丁遂为山东乡试主考，十一月壬申因所取不当各被

英人创建普利茅斯弗吉尼亚公司和伦敦弗吉尼亚公司。

荷兰人入抵澳大利亚北部约克角半岛西海岸。

伽利略发明比例指南针。

罚俸三月。

> 按：张汝霖字肃之，生卒年不详。浙江山阴人。万历进士。官至广西参议。著有《易经澹窝因指》、《四书荷珠录》、《郊居杂记》。

李流芳中举人。

越其杰中举人。

> 按：越其杰字自兴，又字卓凡，生卒年不详。贵州贵阳人。马士英妹夫。有文武才。曾败奢崇明兵。著有《蓟门集》、《白门集》、《横槊集》、《知非集》、《屡非集》等。

江东伟中举人。

> 按：江东伟字中立，号青来，一号壶公，生卒年不详。浙江开化人。少聪慧，读书过目不忘。后患足疾，遂闭门著书。诗作有凌云之气。著有《芙蓉镜》、《孟浪言》、《韵言》、《卮言》等。

罗讲于江西泰和重修匡山书院。曾皋为记。

> 按：匡山书院为后唐长兴间罗韬所创，唐明宗以其风化一地，命翰林学士赵凤大书"匡山书院"为匾额，并颁有敕书。宋重和元年，裔孙罗宏曾加重修。后遭兵毁。明永乐中，裔孙罗汝止、罗养吾复加修葺，以教乡人子弟。

范礼安拟入华，暴卒于澳门，未及与利玛窦面商。三月开始，因1603—1604年葡萄牙寇取澳门附近之青洲小岛，遂尽逐外国传教士，直至1607年始告平息。

托马斯·德克发表《伦敦的七大重罪》。

本·琼生著成《福尔蓬奈》。

约翰·马斯顿发表《寄生虫》。

莎士比亚编著悲剧《麦克白》和《李尔王》

约翰·阿恩特著成《瓦赫雷斯基督教》。

约瑟夫·贾斯特斯·斯卡利格著成《当世百科全书》。

陈第著《毛诗古音考》成。

> 按：陈氏首倡"时有古今，地有南北，字有更革，音有转移"的古音思想，订正叶韵之说。全书共胪列《诗经》中押韵字四百四十四个，每字先注古音，间附解说，后列证据。自陈第此书出，我国对上古音之认识才逐渐清楚，对上古音之研究方进入新阶段。因而，此书在我国音韵学史上占有重要地位。

郑王府世子朱载堉将所著《乐律全书》48卷进献朝廷。

> 按：是书为作者于1581至1606年间所著14种书之汇编本，主要包括《律学新说》、《算学新说》、《律吕精义》内外篇以及乐谱舞谱，为一部囊括律学、乐学、舞学、历法、算学等多种学科之综合性巨著。该书明确区分律学、乐学、舞学为三门不同学科，对古乐器及舞器作了详尽考证，记录了大量乐谱、舞谱。尤其是，此书在世界上率先完成了十二平均律（朱载堉称之为"新法密律"）之数理计算，因而在世界文化史上具有很高地位。德国物理学家赫尔姆霍茨（1821—1894）说："在中国人中，据说有一个王子叫载堉的，他在旧派音乐家的大反对中，倡导七声音阶。把八度分成十二个半音以及变调的办法，也是这个有天才和技巧的国家发明的。"英国学者李约瑟说："朱载堉对人类的贡献是发现了将音阶调谐为相等音程的数学方法。……朱载堉的著作曾经得到很高的评价，他的理论在他自己的国家却很少付诸实践，这真是不可思议的讽刺。……第一个使平均律数学上公式化的荣誉确定应当归之中国。"（转引自戴念祖《明代的科学艺术巨星——朱载堉》，人民出版社1986年版。

徐孝《合并字学篇韵便览》初刊。

> 按：《合并字学篇韵便览》主编徐孝，校刊张元善。共包括《合并字学集篇》（以部首序目的字书）、《合并字学集韵》（韵书）、《四声领率谱》（反切总汇）、《图经》（韵图）。

赵宧光刻所著《说文长笺》、《六书长笺》。

北监司业张位重刻《二十一史》板成。是板系据南监本重刻,自万历二十四年开雕,费时凡十年,费工部银凡六万金,至是乃成。

陈邦瞻《元史纪事本末》27卷刊刻。

余邵鱼序刊所撰《列国志传》。余象斗撰《题列国序》。

按:冯梦龙曾据《左传》、《国语》、《史记》诸书改编《列国志传》成《新列国志》。

沈德符著《万历野获编》成。

卜世昌《皇明通纪述遗》12卷刊刻。

诸葛元声《两朝平攘录》5卷刊刻。

袁黄著《历史纲鉴补》39卷成。

魏显国《历代相臣传》168卷、《历代守令传》24卷刊刻。

按:魏显国先成《历代相臣传》,由邓以诰主持刊刻于衡阳。复补撰《酷吏传》,与原先所撰《循吏传》稿合为一书,曰《历代守令传》刊行于世。俟后,显国见周汝登《圣学宗传》,颇致不满,为"辟邪说淫辞以反经卫道",将后一书之《道学列传》单行于世。此后,其孙魏维藩根据《道学列传》撰成《儒林全传》20卷,有《四库存目丛书》本。

李廷机著《汉唐宋名臣录》5卷刊行。

木活字本《沙南方氏族谱》刊行。

赵琦美校订后魏杨衒之《洛阳伽蓝记》毕。

杨东明著《助工修学记》。

李汝华《虔台舆图要览》6卷刊刻。

沈文系纂修《新宁县志》8卷刊刻。

徐待聘修、马明瑞等纂《上虞县志》21卷刊刻。

刘曰旸修、陈荐夫等纂、王继祀续修、丁朝立等续纂《古田县志》14卷刊刻。

张文燿修、邹廷彦纂《重庆府志》86卷刊刻。

余承勋纂修、余茹重修、康丕显补修《青神县志》6卷刊刻。

程子鏊修、徐鲁源纂《兰溪县志》9卷刊刻。

李光前纂修《巴东县志》4卷刊刻。

郑晓《删改史论》2卷、《国朝制书》1卷刊刻。

按:王询《重刻郑端简公史论跋》谓此书"其词简,其事核,其义精,其论确,学者诚得是编而读之,则二十一史反赘矣。书藏上海图书馆,为海内孤本。

冯从吾著《关学编》成,自序之。

御敕刻印《三官赐福妙经》一藏刊行。

徽州虹村黄氏刻板《古列女传》刊行。

焦竑门人谢与栋是秋铨次竑讲会语录,名《古城答问》;余永宁铨次金陵讲会语录为《明德堂答问》。

陈继儒序李如一所辑《藏说小萃》。是书是岁由李铨前书楼刊刻。

史槃《童羖斋集》成,陈继儒为序。

陈禹谟刻所辑类书《骈志》。

蒋一葵刻所著《尧山堂外纪》及所辑《尧山堂八朝偶隽》。

袁宏道自序所著《觞政》。

按：袁氏在《觞政》中将《金瓶梅》和《水浒传》并列为"逸典"。

沈氏尚白斋刻《宝颜堂秘笈》（正集）21种49卷，续集50种100卷。

按：是书正集又名《陈眉公（继儒）订正秘笈》。续集又名《陈眉公家藏秘笈续函》。

又有《宝颜堂秘笈广集》（亦名《陈眉公家藏广秘笈》）54种103卷，万历四十三年刊；再有《普集》（又名《陈眉公普秘笈一集》），泰昌元年刊；另有《汇集》（又名《陈眉公家藏汇秘笈》）、《秘集》（亦名《眉公杂著》），是岁刊。广集、普集、汇集又有亦政堂刊本。

署名兰陵笑笑生之长篇小说《金瓶梅》至迟是岁成书刊行。

按：此为明代世情小说代表作，多反映市民生活习俗。结构完整，语言熟炼，对我国古典长篇小说发展很有影响。然秽笔较多，历代均禁。

焦竑刻所著《澹园集》、《焦氏笔乘》。

佘翘刻所著《偶记》，焦竑为作序。

湖北重刻李时珍《本草纲目》。

黄一明刻《风流绝畅图》刊行。

按：是书除墨印外，尚有彩印本，为中国最早彩印书籍之一，亦是中国最早一本双印书籍之一。

帅机等所选汤显祖《临川汤海若玉茗堂文集》（又名《玉茗堂集选》）刊于南京文枼堂，是集有赋2卷、诗13卷。

陈汝元《金莲记》传奇刊刻。

徐光启与利玛窦合译克拉韦乌斯神父选编之欧几里德《几何原本》。至明年春译成前六卷，对明季清初科学界影响颇大。

按：此为欧洲自然科学著作之首部中译本。原书30卷，所译为前6卷。"几何"一词由徐光启首创，地圆说及经纬度亦由其译成中文后才得以普及。

利玛窦发表《畸人十篇》，手稿为士大夫传抄。

按：《庄子·大宗师》曰："畸人者，畸于人而侔于天。"所谓"畸人"乃与世俗不同的"通天道"（掌握自然规律）的"异人"。《畸人十篇》由徐光启笔录，共十篇。作者以"畸人"自居，引用中国儒、释、道三家学说以与西方古代哲学家、宗教家的思想比较以为自己是"侔于天"即掌握了天道规律的人。此书共两卷，即《天主十诫》（按，罗明坚神甫曾在利玛窦的协助下，将"天主十诫"译为中文的《祖传天主十诫》）和"天使祝词"与"主祷文"，1608年在北京印行，1609年在南京和南昌重刻，收入了《天学初函》，并一直流传到20世纪初。

王遴卒（1523— ）。 遴字继津，谥恭肃。顺天府霸州人。天启中，追谥恭肃。嘉靖二十六年进士。与同官杨继盛友善，为严嵩陷害，曾下狱。后历任工、户、兵三部尚书，赠太子太保。有自编年谱《王氏萍踪岁记》2卷。事迹见《明史》卷二二〇。

按：年谱记事较详，且全录当时有关邸报、敕谕、奏本、呈文、公文等，材料丰富，文献详实。末全录《王氏俟命遗言》，对身后殡葬、治家、训子等交代甚明，为极有价值的中国早期遗嘱样本。

宋旭卒于是年后不久（1525— ）。 旭字初旸，号石门。浙江嘉兴人。

善画山水,兼长人物,风格写实,为华亭派中自有创意的画家。

周世选卒(1532—)。世选字文贤,号卫阳。河间故城人。嘉靖四十一年进士。官至南京兵部尚书。著有《卫阳集》。

程大位卒(1533—)。大位字汝思,号宾渠。安徽休宁人。数学家,著有《直指算法统宗》。除数学外,在文字书法方面也颇有造诣。

袁黄卒(1533—)。黄字坤仪,号了凡。浙江嘉善人。万历十四年进士。官至兵部职方司主事。曾佐宋应昌援朝御倭。精通天文、术数、医学、水利。著有《历法新书》、《皇都水利》、《群书备考》、《立命编》、《评注八代文宗》、《袁了凡纲鉴》。

宋应昌卒(1536—)。应昌字时祥,一说字思文,号桐冈。浙江仁和人。嘉靖四十四年进士。以兵部侍郎经略朝鲜、蓟辽等处军务,与李如松援朝。著有《朝鲜复国经略》。

冯应京卒(1555—)。应京字可大,号慕冈。凤阳府盱眙人。万历进士,授户部主事累迁湖广按察佥事。因裁抑税监陈奉,被诬系狱,以星变获释。卒前受洗为基督徒。谥恭节。著有《月令广义》、《经世实用编》等。事迹见《明史》卷二三七、《仰节堂集》卷五《墓志铭》、《明儒学案》卷二四。

按:据《明史》本传,应京志操卓荦,学求有用,不事空言,为淮西士人之冠。

归子慕卒(1563—)。子慕字季思,号陶庵。昆山人。归有光少子。万历十九年举人。再试礼部不第,隐居江村,与高攀龙、吴志远交契,讲求性命之学。学者称清远先生。崇祯初诏赠翰林院待诏。有《陶庵集》、《陶庵遗稿》。

李沂卒,生年不详。沂字景鲁。嘉鱼人。万历十四年进士。著有《中秘草》3卷,《四库总目》传于世。

钱肃乐(—1648)、王光承(—1677)、王化泰(—1682)、朱鹤龄(—1683)、傅山(—1684)生。

万历三十五年　丁未　1607年

三月戊寅,廷试礼部贡士施凤来等302人。

辛巳,赐黄士俊、施凤来等进士及第、出身有差。

四月戊戌,廷试就教举人350名。

七月丁巳,考选庶吉士,改钱龙锡、林欲楫、姚宗文等18人为庶吉士。

九月,努尔哈赤亲自统兵征辉发,辉发遂亡。

按:今存满文老档记事以是年为最早。满文老档共180册,为研究满族早期社

荷兰海军败西班牙于直布罗陀港外。

会历史与语言文字的重要文献。

是年,荷兰再至福建请求通市,仍未获准(参见1601年)。

伦敦弗吉尼亚公司在北美建立第一个英国殖民据点詹姆斯敦。

顾允成卒,宪成追述其生平以悼之。

刘宗周假馆大善寺,教授宗人戚属。

高攀龙始实信程子"鸢飞鱼跃与必有事焉"之旨。

高攀龙立家训。

黄道周四月丁外艰。

于慎行五月为礼部尚书兼东阁大学士,预机务。

刘永澄养静焦山。

许学夷与徐宏祖同游惠山。

徐宏祖始游太湖,深入西洞庭山林屋洞。

张大复馆常熟。

杨廷筠为直隶巡按,三月己卯荐举隐士陈继儒。

按:《神宗实录》卷四三一曰:"继儒华亭人,早谢青衿为古人之学,留心经济而澹于荣利,不谈性命而渐于道德。自嘉靖以来学者无先之者。"

陈继儒造生圹于东佘山。

许自昌以赀授文华殿中书舍人。

南师仲六月己卯升国子监司业。

周如砥七月丁酉升国子监祭酒。

朱赓与赵世卿、杨时乔、杨道宾、黄汝良等11人为廷试读卷官。

张瑞图殿试以第三人及第。

按:其策言曰:"古之用人者,初不设君子小人之名,分别起于仲尼。"论者以为悖妄,然亦得中式。

安伸成进士,授武强知县。

按:安伸号葵盟,生卒年不详。山东淄川人。知武强,筑滹沱河堤,大利士民。擢御史,巡视京、通二仓,清除积弊。崇祯初官至太仆少卿。著有《柱史草》、《黉麓漫吟》。

杨涟成进士,授常熟知县。

来斯行成进士,授刑部主事。

按:来斯行字道之,号槎庵,生卒年不详。浙江萧山人。官至福建右布政使。著有《经史典奥》。

邹维琏成进士,授延平推官。

陈所行成进士,授永宁知县。

按:陈所行字力如,生卒年不详。山西武乡人。著有《令永纪略》、《芝应轩草》。

程正己成进士,授行人。

按:程正己字道先,号澄源,生卒年不详。山西长治人。著有《湛园集》。

左光斗、李标、林欲楫、施凤来、钱龙锡成进士。

传教士费奇观离京入南昌创办备修院。10月,南昌知府勒令将天主教居留地新购房屋归还原主,禁传教。

传教士熊三拔入京协助利玛窦工作。

传教士苏如汉 8 月卒于澳门。

传教士鄂本笃 4 月 11 日卒于肃州，10 月利玛窦接收了其笔记，整理为《札记》三章，对认识中亚细亚极其重要。

邓元锡著《五经绎》序刊。

姚士粦著《后梁春秋》2 卷刊刻。

国子监校刻历代史书成，进呈御览。

王圻刻所纂《稗史汇编》。

童时明著《昭代明良录》20 卷成。

按：此书宗旨为阐述作者"明良"（君主之明与大臣之良）思想，故而不同于一般明史著作。编排上略君详臣，君仅 4 卷，臣有 16 卷。

焦竑作《嘉善寺苍云岩记》。

顾宪成五月作《虞山书院记》；七月著《痞言寐语》。

高攀龙作《常熟县重建仪门记》。

郭良翰《历代象贤录》20 卷成。

按："象贤"即后世之任子法。此书专述历代任子之贤者而传之。书前有《皇朝任子考》。作者郭良翰字道宪，福建莆田人，尚书郭应聘子。授都察院照磨，升太仆寺丞，出守黎平。致仕归，筑万卷书堂，著述甚富。

吴道行纂《熙朝奏疏》成。

冯惟敏等纂修、王国桢续修、王政熙续纂《保定府志》40 卷刊刻。

郑汝璧修、刘余泽纂《延绥镇志》8 卷刊刻。

苏近修、张士佩纂《韩城县志》8 卷刊刻。

李乔岱纂修《休宁县志》8 卷刊刻。

杨国桢纂修《徐沟县志》2 卷刊刻。

郭青螺翻印《坤舆全图》成。

徽州虬村黄氏刻行《明状元图考》。

李廷机著《九边屯政考实》成。

刘永澄作《闸说》，反映河事败坏。

俞氏翏翏阁刊俞安期所辑《庄骚合刻》。

冯从吾《辨学录》成，涂宗濬序之。

邓元锡《潜学稿》仲春刊行，陶望龄为作序。

僧圆澄著《慨古录》成。

按：《慨古录》全书可分丛林积弊、政府宗教政策不当、救治之道三部分。

李云鹄刻同族《六李集》。

沈璟著《义侠记》传奇定稿，吕天成为之序。又作《坠钗记》传奇。

叶宪祖《鸾鎞记》传奇或作于是年前后。

南京僧录司刻行《金陵梵刹志》。

《万历续道藏》修成，凡 180 卷，为《正统道藏》的续编（参见 1445 年）。

李之藻所著《浑盖通宪图说》在北京刊行。

蒙泰韦尔迪的《奥尔菲奥的故事》使歌剧成为一种艺术形式。

奥诺雷·德于尔费著成《阿斯特里》。

托马斯·海伍德编成《被仁慈杀死的女人》。

西里尔·图尔纳著成《报仇者的悲剧》。

乔治·查普曼编成《贝西·丹布瓦》。

约翰·马斯顿发表《你要干什么》。

莎士比亚编著《安东尼和克娄巴特拉》、《雅典泰门》。

约翰·考埃尔编成法律词典《译员》。

约翰·诺登发表地质勘测手册《勘测员对话》。

按：此书据西方天文学阐释浑天、盖天说，对明末清初历法改革有所影响。李又将所译克拉韦乌斯关于测象仪之著作付梓。

徐光启入翰林院，与利玛窦合译《几何原本》成。

利玛窦口译、徐光启笔录之《测量法义》成书。

　　按：此书为《几何原本》之应用的具体说明。徐光启于该书序文中称，中国原有测量之术，然不能言明其是，此书则弥补了其中不足。

托马斯·德洛尼卒（1543—　）。英国诗人

　　温纯卒（1539—　）。纯字景文，一字叔文，号一斋。陕西三原人。天启初，追谥恭毅。嘉靖四十四年进士。著有《温恭毅公集》。事迹见《明史》卷二二〇。

　　罗明坚卒（1543—　）。意大利传教士。罗明坚号复初。意大利那波利人。奉派入中国澳门、肇庆、杭州传教。回罗马，企图游说西方国家与中国互通使节，以便传教。未果。著有《圣教实录》，系欧洲人最早用汉文写成的教义纲要，该书最早使用"天主"一词。曾用拉丁文译出《大学》部分章节及《孟子》，具有儒经西译开创之功。

　　于慎行卒（1545—　）。慎行字可远，后改字无垢。东阿人。隆庆进士。谥文定。万历初，参与修《穆宗实录》，成，进修撰，充日讲官。后以忤首辅张居正，称病引归。居正死，起故官，由侍讲学士擢礼部右侍郎，寻迁礼部尚书。官终太子少保兼东阁大学士，入参机务。他学贯百家、明习典故，诸大礼多其裁定。文学为一时之冠，诗尤典雅和平，自饶清韵。著有《读史漫录》、《笔麈》、《穀城山馆诗集》、《穀城山馆文集》等。事迹见《明史》卷二一七。

　　按：据《明史》本传，慎行学有原委，贯穿百家。神宗时，词馆中以慎行及临朐冯琦文学为一时冠。

　　郑汝璧卒（1546—　）。汝璧字邦章，号崑岩。浙江缙云人，隆庆二年进士。曾官兵部右侍郎、右佥都御史。著有《明帝后纪略》、《皇明功臣封爵考》、《明臣谥类钞》、《由庚堂集》等。

　　顾允成卒（1554—　）。允成字季时，号泾凡。无锡人。隆庆四年与兄宪成从薛应旂学。万历十一年进士，十四年殿试时，因对策语侵郑妃，抑置末第。会房寰疏诋海瑞，允成偕同年生抗疏劾寰，坐夺冠带还家。后起南京教授，累迁礼部主事，又因忤阁臣谪官。乞假归，与兄宪成讲学东林，不复出仕。著有《易图说亿言》4卷、《惟此四字编》、《朱子两大辨》3卷、《俳言》、《小辨斋偶存》8卷。事迹见《明史》卷二三一、《明儒学案》卷六〇。

　　茅国缙卒（1555—　）。国缙字荐卿，号二岑。浙江归安人。茅坤子。万历十一年进士。官至工部郎中。曾删评汉、晋、南北朝各史。著有《菽园诗草》。

　　鄂本笃卒（1562—　）。葡萄牙传教士。鄂本笃1602年自印度亚格拉启程，经中亚，越帕米尔高原，于1605年入肃州，为明末唯一从陆路来华之传教士。其旅行记后由利玛窦整理转述，为中西交通史重要资料。

王衡卒(1564—   )。衡字辰玉,号缑山,别署蘅芜室主人。江苏太仓人。王锡爵之子。万历年举顺天乡试第一,时其父被劾,遂不复会试。至万历二十九年,锡爵罢相已久,始登进士,入翰林为编修。后辞官归里,先其父卒。衡诗文俱名家,著有《春秋纂注》4卷、《论语驳异》、《诸子语类》、《秦汉人文选玉》、《王文肃公年谱》、《悬壶故事》、《缑山先生集》27卷、《纪游稿》1卷、《归田词》等。生平尤致力于戏曲研究和创作,所作杂剧有《郁轮袍》、《真傀儡》、《长安街》、《再生缘》、《裴湛和合》等。

按:一说王衡(1561—1609)。**又按**:《再生缘》作者一说为吴大山。

朱明镐(—1652)、意大利传教士潘国光(—1671)、姜埰(—1673)、顾宸(—1674)、刘醇骥(—1675)、沈寿民(—1675)、胡承诺(—1681)、白焕彩(—1684)、傅山(—1684)、张穆(—1688)、王庭(—1693)生。

按:一说朱明镐(1608—1652)。

万历三十六年　　戊申　　1608年

四月壬申,大学士朱赓会同翰林院官考试岁贡、恩贡生,取中岁贡上卷3卷,中卷1663卷,恩贡中卷2卷。

五月壬寅,大学士朱赓等会同翰林院官考试吏部开送愿就教职岁贡、恩贡生,取中上卷4卷,中卷1056卷。

十一月癸丑,大学士李廷机、叶向高疏请朱赓恤典,并为代奏遗疏。

十二月壬申,礼部请补陈献章、胡居仁谥。

顾宪成诏起南京光禄寺少卿。

高攀龙赴毘陵经正堂会。

周汝登仲春撰《天真讲学图序》赠紫亭甘公。

刘宗周迁居武勋坊,仍授徒于大善寺。

黄道周馆于卢司徒。

刘永澄补户部主事。十一月丁母忧。

王骥德前此居燕京,考察元杂剧发祥地风土人情。讲《西厢记》于北京湛园米家。是岁南返,抱病撰写《曲律》。

王稚登作《道本上人施粥疏》,反映江南水灾为患,人民生活痛苦。

唐鹤徵为南京太常寺卿,九月以疾去。

孙奇逢丁内艰。

陈以闻在苏州任知县,识冯梦龙。

德国新教诸侯组建"新教同盟"(福音同盟)。

波兰伪季米特里二世入俄罗斯。

法人入加拿大建魁北克城。

荷兰首次使用支票—现金证书。

伽利略制成天文望远镜。

林尧俞五月甲寅升南京国子监祭酒。

周如砥在国子监祭酒任以病乞归。

利玛窦 3 月开始考虑撤销在韶州的天主教居留地；8 月 22 日被传入宫，献六轴十二幅《坤舆全图》；获准在太监和官员陪同下在城墙行走；其 8 月所写书信中强调数学和天文学的特殊重要性；在《札记》中盛赞中国印书既方便又自由，"每年出版的新书比任何国家都多得多"，因此介绍基督教和科学的书出了很多，又说，这些书在介绍基督教的时候，"词句都是满怀敬意的"。

郭居静 9 月由南京入上海，住在徐光启在城内的家里，这是促成上海天主教会发展的最早核心。

利玛诺神父调回澳门，由龙华民接替管理南方三个天主教居留地。

罗如望入南昌，把南京在主教居留地的领导责任移交高一志。

乔治·查普曼发表《法国的司令官、比龙的公爵夏尔的阴谋和悲剧》。

托马斯·米德尔顿编成《我的主人们，一个发疯的世界》。

理查德·韦斯特发表《警句百条》。

约瑟夫·霍尔著成《美德与罪恶的性质》。

圣弗朗西斯·德萨莱斯著成《永恒虔诚导言》。

爱德华·格里姆斯通著成《荷兰通史》。

李廷机、叶向高十二月丙子进呈所纂《通鉴纂要》讲章八本。

沈朝阳纂《通鉴纪事本末前编》成。

按：此书起盘古，迄周威烈王，撰写时曾较多参考金履祥《通鉴前编》、陈桱《通鉴外编》、《左传》、《国语》、《史记》。

钱岱《两晋南北合纂》40 卷成。

按：岱字汝贤，号秀峰。常熟人，隆庆五年进士。

苏文韩著《晋书纂》刊刻。

周履靖《锦笺记》刊行于南京。

徐学谟著《世庙识余录》26 卷刊刻。

范守己纂《明史提纲》43 卷成。

按：范守己（1547—　），字介孺，河南洧川人，万历二年进士。官至按察佥事。著述有《肃皇外史》、《明史提纲》、《曲洧新闻》、《史删》、《春秋传》、《天官举正》、《御龙子集》、《郢垩集》等。

朱谋㙔《邃古记》8 卷刊刻。

按：此书纪事始于盘古，迄于唐虞，出入于刘恕《外纪》、胡宏《皇王大纪》、罗泌《路史》、《前纪》间，多有荒诞不经之说。

郑贤主编《古今人物论》36 卷刊刻。贤字元直，莆田人。此书为历代人物考辨论文汇编。

陈鏊纂修、王一龙增修《广平县志》5 卷增刻。

宋子质修、王继文纂《马邑县志》2 卷刊刻。

栗可仕修、王命新纂《汶上县志》8 卷刊刻。

吴学周修、陆应阳等纂《象山县志》16 卷刊刻。

杨维岳纂修《忻州志》4 卷刊刻。

王联芳修、武士望纂《临潼县志》4 卷刊刻。

徐汝冀纂修《沂州志》10 卷刊刻。

谈自省修、杜华先纂《冠县志》6 卷成。

黄似华修、李本固纂《汝南志》24 卷刊刻。

茅瑞征修、吕元音纂《黄冈县志》10卷刊刻。

陈所蕴跋所得黄公望《天池石壁图》。

刘永澄著《离骚经纂注》。

冯梦龙《双雄记》传奇或是年作。

梅鼎祚作传奇《长命缕记》。

余懋学著《诸史随笔》2卷刊刻。

王士骐《中弇山人稿·正统论》刊刻。

范朴著《观史雅言集》刊刻。

邢云路著《戊申立春考证》成。

按：邢云路在任陕西按照察司副使时，在兰州立一高六丈之圭表（比郭守敬当年所树四丈圭表尚高二丈，为我国古代圭表高度之最），并在万历三十六年戊申岁冬至日前后四十五日间进行了实测。测得此年立春时刻与钦天监所推不同，遂成此书。此书最为令人注目之成果为邢氏所测之岁实（即回归年长度）新值：三百六十五日二十四刻二十一分九十秒，换写成今数即365.242190日，这一数值与今推理论准确值相比，全年误差仅2.3秒。这不仅在当时，甚至在整个古代中国时期都是最精确之数值。若与当时西方所用的365.2425日相比，更是遥遥领先。

焦竑十二月作《和州儒学尊经阁记》。是岁又有《宁国府重修庙学记》、《嘉善寺苍云崖记》。

顾宪成正月著《仁文商语》；三月著《虞山商语三》、《南岳商语》；十月著《经正堂商语》、《当下绎》。

蔡献臣初刊顾宪成《小心斋劄记》。

按：是书著于万历二十二年（1594）至三十九年间，故蔡氏此刻仅12卷，非为完本。后宪成子顾与淳刻有16卷本；康熙年间，宪成曾孙顾贞观刻《顾端文公遗书》37卷，内收《小心斋劄记》为18卷。此书为作者潜心读书研究及答门人问的笔记。

南京都察院修补旧刻《鹤林玉露》16卷印行。

冯从吾《疑思录》是夏刊行，周传诵为作序。

张萱在苏州为椎吏，以焦竑劝，刻所著《疑耀》7卷。

《混元弘阳如来无极飘高祖临凡宝卷》、《销释孟姜忠烈贞节贤良宝卷》刊行。

王肯堂辑《六科证治准绳》是岁刊成。

徐光启著成《甘藷疏》，对推广甘薯种植起宣传推动作用。

雁宕山樵撰《水浒后传序》。

赵琦美在北京，以脉望馆名校刊唐段成式《酉阳杂俎》，李云鹄序之。

郭子章《郭子六语》序刊。

按："六语"指谣语、谚语、谐语等。

汤显祖序李至清所著《问剑集》。

佘翘所作传奇《量江记》在金陵刊行。

汪廷讷所作传奇《三祝记》在金陵刊行。

利玛窦在《畸人十篇》中首次介绍了古希腊寓言家伊索（即利氏所称"厄琐伯"），且最先援用了《伊索寓言》。此为西方世俗文学正式传入中国之开端。

　　杨巍卒(1517—)。巍字伯谦,号梦山。山东海丰人。嘉靖丁未进士。官至户部、吏部、工部尚书。工诗,著有《存家诗稿》8卷。

　　章潢卒(1527—)。潢字本清。江西南昌人。乡人私谥文德先生。与邓元锡、刘元卿、吴与弼并称"江右四君子"。辑群书127卷名《图书编》,著有《周易象义》、《诗经原体》、《书经原始》、《春秋窃义》、《礼记劄言》、《论语约言》等。事迹见《明史》卷二八三《邓元锡传》附传、《明儒学案》卷二四。

　　朱赓卒(1535—)。赓字少钦。浙江山阴人。隆庆进士。累官礼部尚书,兼东阁大学士,参预机务。谥文懿。著有《文懿公集》12卷。

　　管志道卒(1536—)。志道字登之。苏州昆山人。隆庆五年进士。著有《问辨牍》、《理学酬咨录》、《龙华忏法》。

　　僧洪恩卒(1545—)。恩,诗僧。本姓黄,字三怀,上元人,年十二,出家于长干寺。以通《华严经》知名。后讲经雪浪山中。著有《雪浪集》2卷,上卷为诗,下卷为偈语杂著。

　　陈子龙(—1647)、李雯(—1647)、朱明镐(—1652)、金圣叹(—1661)、梁以樟(—1665)、成克巩(—1691)、张仁熙(—1691)、张怡(—1695)、僧天然和尚函罡(—?)生。

　　按：一说朱明镐(1607—1652)。

阿尔贝里科·真蒂利卒(1552—)。意大利法学家。

詹博洛尼亚卒(1529)。意大利风格主义雕刻家。

万历三十七年　己酉　1609年

日本入琉球,获中山王尚宁。

神圣罗马鲁道夫二世帝签《庄严诏书》,允授捷克贵族及城市以信教自由。

德国天主教同盟成立。

西班牙人承认荷兰独立。

波兰伐俄罗斯人。

　　四月丙寅,廷试天下岁贡生员。

　　是月,倭寇温州。

　　努尔哈赤幽禁其弟舒尔哈齐,诛舒尔哈齐长子阿尔通阿、三子扎萨克图、亲信乌尔坤蒙兀,大权独揽,建州部空前统一。

　　五月己亥,下诸岁贡生员堪授教职者李星枢等488人。

　　六月壬寅,从福建学者熊尚文请,以延平府宋儒罗从彦、李侗从祀孔庙。

　　七月癸巳,以修撰张以诚,编修孙承宗、吴宗达、骆从宇,检讨彭凌霄直起居馆。

　　按：张以诚字君一,号瀛海,生卒年不详。松江华亭人。万历二十九年进士。著有《毛诗微言》。

　　九月庚辰,以翰林官壅滞日甚,难以疏通,令照往例隔科一选,明岁暂停。

癸卯,左都御史詹沂封印自去。

按:詹沂请告已数年,皆不报。至是拜疏出城候旨,又无旨意,乃径归去。事后亦无咎责。自此诸官多有挂冠而去者,朝事糜烂,愈难收拾。

十二月,争李三才入阁。

按:李三才曾以右佥都御史总督漕运,巡抚凤阳等地。其人治河惩贪,谏止矿税监,有"东南一带长城"之谓。东林党人欲推李三才入阁。是月,浙党邵辅忠首先发难,参论三才。当时参者十一,保者十九,争论直延至三十九年二月,李三才被迫离职。

是年,利玛窦在北京创立天主会,规定入会教士按月聚会,济贫为务;并督建北京大教堂。

顾宪成是岁以衰病恳恩乞休。

黄道周服除,奉母侨居浦邑。

高攀龙赴金沙志矩堂、毗陵经正堂会。

钟惺客金陵,与袁中道会面,旋即还楚。

袁中道乘舟东游,在南京会焦竑、凌濛初。旋经淮阳北上,著《东游日记》;又追忆仪真旧游,作《过真州记》。

焦竑作《续藏书序》。

按:序曰:"宏甫(李贽)殁,遗书四出,学者争传诵之。其实真赝相错,非尽出其手也。"

凌濛初年三十,迁居于南京珍珠桥。

按:此后多次参加科举考试,连续四次,都只得副榜贡生。

沈德符见袁中道所携《金瓶梅》全本,借抄携归。冯梦龙见之,怂恿书坊以重价购刻。

陈第解军职浪游,在南京与焦竑共论学;焦竑为陈第《伏羲图赞》作序。

梅鼎祚约焦竑、赵琦共为钞书会,三年一集,互钞异书。

俞安期、潘之恒等在南京同组织冶城大社。

蒋孟育、赵用光八月典顺天乡试。何宗彦、南师仲典应天。袁宏道、朱一冯典陕西。

按:南师仲,字子兴。陕西渭南人。万历进士。官至南京礼部尚书。著有《玄麓堂集》。

徐宏祖游齐鲁燕蓟,上泰山,游孔林。

王稚登在杭州,见周朝俊所作《红梅记》传奇,为作题序。

谢肇淛改官北京工部。

陆弼在故里江都结淮南社。

按:陆弼亦作陆君弼(1528—1613),字无从。江都人。万历十八年贡生。隆庆元年从欧大任学,三年奉欧大任结竹西社,复与丹徒茅溱等会禅智寺。好读书,万历十四年助吴琯增辑《唐诗纪》170卷成。曾被征与纂正史,未上而罢,卒年七十余。好

伊斯坦布尔的布卢清真寺兴建。

伽利略首次用天文望远镜观察,发现木星的卫星、月斑和太阳黑子。

博涉，多所撰述。善诗文、工曲，著有《广陵耆旧传》、《北户录补注》4卷、《芳树斋集》4卷、《正始堂集》26卷及传奇《酒家佣》、《存孤记》等；纂有[万历]《扬州府志》27卷、[万历]《江都县志》23卷；又曾校刻屠本畯《毛诗郑笺纂疏补协》等。

吴道南三月丁未在礼部侍郎任上疏申饬科场事宜，如严限字之制、重主考之任、慎分房之选等。（《神宗实录》卷四百五十六）

汤宾尹奉命管国子监司业。

史学迁四月戊寅任南直隶提学御史。

傅新德十一月乙巳升太常寺卿管国子监祭酒事。

> 按：傅新德字元明，又字商盘，生卒年不详。山西定襄人。万历进士。著有《南雍诫勖浅言》、《文恪集》。

傅山三岁，能诵《心经》。

汪可受等在西安府东南为冯从吾讲学建关中书院。

> 按：万历二十四年，冯从吾讲学于宝庆寺，二十六年闲讲。三十四年复宝庆之会。余懋衡按秦，曾创正学书院，引从吾讲学其中。是岁，汪可受、李天麟、杜应占、闵洪学、陈宁、段猷显为方便冯从吾讲学复建关中书院。冯氏在此主讲近十年，传阐程朱理学，四方从学者至五千余人。制定《学会约》、《关中士大夫会约》，并撰《关中书院记》。

叶中声于海南琼海创建应台书院。

利玛窦2月15日汇报来华传教团情况，指出满怀希望的八个原因，主要是：学问极受敬重，"很容易讲道理来证明我们信仰的真理"，说儒教虽不关心超自然的事，但伦理观点"完全与我们一致"；但同一封信中又说，要争取皇上恩准永久居留中国是根本不可能的，因为谁也见不着万历帝，"洋人上本皇帝，那就更不许可"；9月，利玛窦开始编写逐年大事记（即《中国札记》），汇编各居留地汇报和他自己的笔记，于逝世前夕写完最后一行；12月，说北京已收四百多基督教徒。

> 按：利玛窦《中国札记》1616年由法国万达琪神父编辑出版。时全国已收基督教徒两千多人。

本·琼生编成《沉默的女人》。

莎士比亚著成《辛白林》。

培根的著作《论古人的智慧》发表。

加西拉索·德拉维加著成《秘鲁征服史》。

雨果·格劳秀斯著成《公海自由论》。

约翰·凯普勒著成《恒星的运动》。

胡仕化以所著《大学注解正宗》进呈。

佚名序刊《续编三国志后传》。

黄凤翔《嘉靖大政类编》2卷刊刻。

> 按：《中国史学史资料编年》系之于万历二十五年，且作茅元仪作，误（茅元仪生于万历二十二年）。此据《明史艺文志》。钱茂伟《明代史学编年考》有考证。

徐景凤刻杨君谦著《南峰全集》，中有《辽小史》、《金小史》等。

吴亮《万历疏钞》成。

李维桢续补刊刻雷礼原纂《国朝进士列卿表》。

孔贞丛编《孔子年谱》黄克缵序刊本刊行。

> 按：此谱收入编者所修《阙里志》，纲目体，其中引述颇多，时而加附按语，内容较详，但所引多不注明出处。谱前附《世家志》，内含《毓圣事迹》、《姓谱》。谱后附《宗子世纪》。

宋楼钥编、元范之柔补遗《范文正公年谱》1卷、《补遗》1卷由康丕扬刊行。

  按：是谱据《涑水纪闻》《家录》《遗事》《祠堂记》《言行录》《东轩笔录》《资治通鉴长编》等编纂而成。记谱主读书长白山醴泉寺，叙谏仁宗废郭皇后，奏阎文应毒杀郭皇后，述朝廷党争、经略陕西诸事，均足资参考。《补遗》记谱主为江淮安抚请朝廷除放客户盐钱，康定初经营鄜延事，均甚详。对庆历新政多有补充。惜此谱误将宝元作一年，康定为二年，故年谱所载多与《宋史》不合。谱主范仲淹，字希文，宋苏州吴县人，大中祥符间进士。

  周汝登作《冏贤祠记》。

  翟燿修、石经世纂《饶阳县志》3卷、《续志》1卷补刻。《续志》系秦继宗纂修。

  聂心汤纂修《钱塘县志》10卷刊刻。

  张鹤胜修、褚鈇纂《榆次县志》10卷刊刻。

  刘梦阳纂修《白水县志》6卷刊刻。

  刘廷元修、王学曾纂《南海县志》13卷刊刻。

  王命璇修、黄淳纂《新会县志》7卷刊刻。

  王道一等纂修《汾州府志》16卷刊刻。

  方立诚纂修《绛州志》8卷刊刻。

  侯加乘修、邢其谏纂《济阳县志》10卷刊刻。

  车鸣时纂修《政和县志》8卷刊刻。

  黎民范修、陈玄藻纂《蒲城县志》16卷刊刻。

  张尚儒纂修《归州志》5卷刊刻。

  顾震宇等纂修《仙居县志》12卷成。

  张涛修、谢陛纂《歙志》30卷刊刻。

  彭以明《二十一史论赞辑要》36卷刊刻。

  襄王府重刻明冯柯编《宗藩训典》12卷刊行。

  于慎行《读史漫录》刊刻于福建。万历四十二年重刊。

  王维俨刻李贽《续藏书》27卷。

  焦竑作《琴瑟合奏谱序》。

  李贽所纂《阳明先生道学钞》8卷、《阳明先生年谱》由武林继锦堂刊行。

  顾宪成二月著《经正商语二》；六月著《识仁答语》

  高攀龙作《默石翁劄记序》。

  秦烁刻《古今合璧事类备要》刊行。

  王圻、王思义父子刻所编《三才图会》106卷。

  按：古人称"天、地、人"为三才。是书汇辑众书有关天、地、人之图谱，故名。王思义，字明允，王圻子，以著述承其家学，著有《宋史纂要》20卷、《香学林集》26卷、《故事选要》4卷。

  黄正位辑《阳春奏》刊行。

  俞安期重刻《续世说新语》，并作跋语。

  臧懋循刻《梦游录》、《仙游录》二弹词。

查尔斯·巴特勒著成《雌性君主国，或有关蜜蜂的论文》。

阿明尼乌卒(1560—)。荷兰基督教新教神学家。

周朝俊《红梅记》传奇作成。

倪元璐年十七，已有《星会楼稿》，甚传国门。

汪廷讷著《坐隐先生全集》由汪氏环翠堂刊行。

唐汝询辑此时所作诗为《姑蔑集》。

代王府重刻明朱成铄《经元斋小稿》20卷刊行。

邹迪光刻所辑《文府滑稽》。

俞安期刻所编《诗隽类函》。

利玛窦《畸人十篇》由南京教堂重刻。

徐光启著《勾股义》成。

按：此书运用欧氏几何定理，阐明中国传统数学之勾股数学。

张士佩卒(1531—)。士佩字政夫。陕西韩城人。嘉靖三十五年进士。官至南京户部尚书。著有《六书赋音义》。

张朝瑞卒(1537—)。一说张朝瑞(1536—1603)。详见1603年条。

刘元卿卒(1544—)。元卿字调父，号旋宇，里西有泸潇二山，学者称泸潇先生。江西安福人。为"江右四君子"之一。引疾归，肆力撰述，著有《诸儒学案》、《礼律类要》、《大学新编》、《山居草》、《还山续草》、《贤弈编》、《思问编》等。事迹见《明史》卷二八三《邓元锡传》附传、《明儒学案》卷二一。

华善述卒(1547—)。善述字仲达，号玉溟，自号玉川子，晚号被褐。无锡人。与兄华善继俱有才名。弃举业，以隐终。李攀龙为撰《隐士玉川子华仲达墓志》。所著有《被褐先生稿》17卷《萧萧斋诗稿》。

王衡卒(1561—)。一说1564—1607，详见1607年条。

陶望龄卒(1562—)。望龄字周望，号石篑。浙江会稽人。万历十七年进士，授编修，官至国子祭酒。笃嗜王阳明说，所宗者周汝登。与弟陶奭龄皆以讲学名。著有《解庄》、《水天阁集》、《歇庵集》。事迹见《明史》卷二一六《唐文献传》附传、《明儒学案》卷三六。

杨时乔卒，生年不详。时乔字宜迁，号止庵。江西上饶人。农学家。谥端洁。嘉靖四十四年进士。著有《马政纪》、《马书》、《牛书》等。《马书》论述养马、相马、疗马等法，辑录明以前大量资料，与成书于上年的《元亨疗马集》(俞仁、俞杰著)同为明代农学遗产。事迹见《明史》卷二二四、《明儒学案》卷四二。

按：据《明史》本传，时乔受业永丰吕怀，最不喜王守仁之学，辟之甚力，尤恶罗汝芳。官通政时具疏斥之曰："佛氏之学，初不溷于儒。乃汝芳假圣贤仁义心性之言，倡为见性成佛之教，谓吾学直捷，不假修为。于是以传注为支离，以经书为糟粕，以躬行实践为迂腐，以纲纪法度为桎梏。逾闲荡检，反道乱德，莫此为甚。望敕所司明禁，用彰风教。"诏从其言。

邵曾可(—1659)、贺行素(—1665)、傅以渐(—1665)、马世俊(—1666)、范印心(—1668)、李腾蛟(—1668)、吴伟业(—1672)、王勋(—1673)、郭金台(—1676)、纪映钟(—1680后)、冯溥(—

1692)生。

万历三十八年　庚戌　1610 年

　　三月癸巳,赐韩敬、马之骐、钱谦益等 298 人进士及第、出身有差。

　　是月,有庚戌科场案。汤宾尹为会试同考官,与各房互换闹卷,共十八人。此后因此引起激烈党争。

　　按:是岁,侍郎王图等主庚戌会试,汤宾尹以庶子为分校官。举人韩敬,尝受业宾尹,及会试,敬卷为他官所弃,宾尹越房搜得之,强总裁侍郎录敬为第一。其他考官效之,如此越房互换闹卷,取中十八人。榜发,士论大哗。知贡举侍郎吴道南欲劾之,未果。其时,宾尹为祭酒,而方图掌翰林院,衔之。此为庚戌科场案,是万历间诸党纷争之重大事件。是科,钱谦益、钟惺、王志坚等同登进士第。后万历四十年十一月,进士邹之麟分校顺天府乡试,所取有私,御史孙居相并是岁会试发之。时汤宾尹已罢官,然朝中多其党,因此引起激烈党争。

　　四月庚寅,廷试天下岁贡、恩贡生员 1431 人。

　　己未,廷试岁、恩贡生 1257 人。

　　九月甲子,取武中式举人谢俊神等一百名。

　　十一月丁卯,以军饷匮乏,诏谕朝臣筹划,并规定"不得请发内帑。"

　　按:自万历二十年以来,先后用兵宁夏、朝鲜、播州,计费帑金一千三百余万。又先后修建被灾两宫三殿,资金无着,于是矿税大兴。时内帑所藏矿税甚多,而神宗拥为己有,不肯移作国用。

　　是月,南京工部员外郎李之藻等参用利玛窦、庞迪我、熊三拔等所传西洋历法据以修历。西历入中国自此始。

　　周子愚请令西人庞迪我、熊三拔等尽译所携西法之书。

　　部分朝臣请参用外僚入阁,意在凤阳巡抚李三才,引起朝中争论。东林党领袖顾宪成致书首辅叶向高、吏部尚书孙丕扬,推荐三才;御史多人上章劾三才。引起党争。

　　按:时在朝者有宣党、昆党,台谏中分齐、楚、浙三党,多攻击东林,排斥异己。

　　努尔哈赤征东海那木都鲁、绥芬、宁古塔、尼马察四路,召服诸部。返兵途中袭击雅兰路。

　　是年,定武会试进士额,以百名为率。

　　饮茶风气是岁起于荷兰,数十年间很快波及巴黎、伦敦、莫斯科等欧洲都会。

　　利玛窦卒。传教士龙华民继利玛窦任在华耶稣会会长,一反利玛窦允许中国教徒参与祀孔祭祖的做法,而诬斥为迷信,引起传教士与教徒间的激烈争论,成为 17、18 世纪基督教在华传教史上"中国礼仪之争"之

德国天教主同盟及新教同盟议和。

法王亨利四世遇弑。

波兰败俄罗斯人于克鲁申诺。入抵莫斯科。

俄罗斯瓦西里四世退位。波兰入莫斯科。

先导。

> 按：时收天主教徒二千五百人。

荷兰东印度公司使用"股票"这一词语。

英人哈得孙再航北美，探寻通太平洋水道。

英国托马斯·哈里奥特发现太阳黑子。

尼古拉斯·皮尔里斯克发现猎户星座。

焦竑年七十，邹元标为序祝之。

顾宪成二月推翰林院提督四彝馆、太常寺少卿。五月推都察院左佥都御史。

顾宪成建燕居庙以奉先师神位。

高攀龙六月讲学焦山，段幻然主会。又赴嘉禾天心书院会。八月，会东林。

孙奇逢以母忧家居，邑学博士谢梦豹尝相过论学。

瞿九思洁志潜修三十年，著书几十数种，至是为御史史学迁所荐，被征为翰林院添注待诏。九思作《陈情疏》，力辞不就。神宗令有司岁供米六十石。为感圣恩，九思搜罗万历以来东征西讨事实，始纂《万历武功录》。

> 按：史学迁，生卒年不详。山西翼城人。家贫嗜学，尝徒步百里外从师学《春秋》。万历二十年进士。编《四礼图》以正翼城婚、冠、丧、祭之俗。著有《四书心言》、《麟经三易草》等。

李廷机与叶向高、孙丕扬、李化龙、孙玮、萧云举、王图、曲廷乔、翁正春三月任殿试读卷官。

汤宾尹九月癸卯升南京国子监祭酒。

顾秉谦、刘一燝九月丁巳任武举会试主考。以卿贰乏人，用大理寺寺丞吴崇礼知贡举。

郑之文任南京工部主事。

李流芳游宜兴善卷寺，为寺僧作《善卷洞图》，系以长诗。

李之藻十一月参用西历修正历法。

> 按：十一月壬寅朔，日食，钦天监推演日食时分及亏圆不确，礼官因请通历法者与监官考证历法。南京工部员外郎李之藻等遂参用西人利玛窦、庞迪我、熊三拔所传之西洋历修正历法。此为西历入中国之始。

> 又按：利玛窦死后十九年，崇祯帝于1629年（崇祯二年）开历局，以徐光启为监督，用龙华民等神父修历；次年，又召汤若望等入局。编成的《崇祯历书》未及正式颁布而明已亡，清政府命据其数据编定历书，即"时宪历"——就是沿用至今的农历（夏历）。

王志坚登进士第，旋在南京兵部任郎中，邀同舍郎为读史社。期间以十七史之文与《资治通鉴》相参核，随事论断，著为《读史商语》。

文翔凤成进士。

> 按：文翔凤字天瑞，号太青，生卒年不详。三水人。历知莱阳、伊县。以副使提学山西，入为光禄寺少卿，不赴，卒于家。学问渊博，工诗赋。著有《太微经》、《文太青文集》。

杨嗣昌成进士，授杭州教授。

朱大启成进士，授南昌推官。

庄起元成进士，授浦江知县。
庄廷臣成进士，授永嘉知县。
张廷玉成进士。
按：张廷玉字汝光，号石初，生卒年不详。陕西延安人。著有《理性元雅》。
张慎言成进士，授寿张知县。
陆梦龙成进士，授刑部主事。
陈翼飞成进士，授宜兴知县。
按：陈翼飞字元朋，又字小融，生卒年不详。福建漳州人。长于作诗，著有《慧阁集》、《紫芝集》等。又有《史待》50卷，已佚。
陈无藻成进士，授礼部主事。
按：陈无藻字尔鉴，又字季琳，生卒年不详。福建莆田人。著有《颐吟诗集》。
钟惺成进士，授行人。
龚之伊成进士。
按：龚之伊字茹溪，生卒年不详。湖广澧州人。精熟二十一史，尤精佛书。著有《桃花庵集》、《甲寅集》、《简金集》等。
陶珽成进士。
按：陶珽，生卒年不详。云南姚安人。曾增辑陶宗仪《说郛》为《续说郛》。
马之骐、尹嘉宾、丘兆麟、吴淳夫、钱谦益、蔡国用成进士。
曹于汴与孙承宗同试南宫。
鹿善继二月会试不第。
查继佐十岁，在市上听露天说书，并借观《水浒传》。
冯梦龙读书西堂。
陈确七岁，始入小学。
耶稣会士艾儒略、毕方济、金尼阁入澳门。

袁黄著《鼎锲赵田了凡袁先生编纂古本历史大方纲鉴补》39卷刊刻。
姚舜牧著《史纲要领》36卷刊刻。
是年《新锲校正标题皇明资治通纪》11卷刊刻。
焦竑作《晏氏家谱序》。
焦竑校订坊本《洛阳伽蓝记》毕，作记。
张大复诣吴门，著《庚戌纪游》。
李日华旅居休宁，作《礼白岳记》。
王骥德《曲律》成。
阮以临修、黄秉中纂《普宁县志略》10卷刊刻。
郭造卿、郭应宠纂《卢龙塞略》20卷首1卷刊刻。
吴崇节《新镌古史要评》5卷刊刻。
万廷言《经世要略》刊刻。
按：万廷言字以忠，号思默，南昌之东溪人。生卒年不详。受业于王阳明先生，登进士第。历礼部郎官，出为提学佥事。罢官归，杜门三十余年，匿迹韬光，研几极深。著有《经世要略》等。事迹见《明儒学案》卷二一。

佩雷斯·德伊塔著成《格拉纳达内战》。
约翰·弗莱契著成《忠实的牧女》。
本·琼生完成《炼金者》。
莎士比亚著成《冬天的故事》。
简·贝吉恩编成第一本化学教科书《酪氨酸化学》。
约翰·斯皮德编成《大不列颠领域》。

高举发任浙江巡抚,刻行《明律集解附例》。

按：此书为明代后期地方政府编辑之法律注释书。书之订正人为浙江巡按御史郑继芳等十数人,校订人为浙江布政使司及浙江按察使司。

王象乾正月乙未进呈《皇明开天玉律》。

陈禹谟十一月庚申在兵部尚书任以所辑《兵略》32卷进呈。

冯从吾三月订正薛敬之《野录》3卷、遗稿数篇、行实一帙,重刻行之,并自为序。

吴撝谦在南京汇刻顾宪成所著《小心斋札记》。

顾宪成正月刻《泾皋八书》；三月著《明道商语》；八月,刻《经俟录》。是岁又序施策所编《崇正文选》。

郑王府刻朱载堉《图解古周髀算经》1卷、《嘉量算经》3卷、《问答》1卷。

福王府刻《佛说金轮佛顶大威德炽盛光如来陀罗尼经》。

按：此书或谓在京刊刻。

杨尔曾杭州夷白堂精刻所纂《海内奇观》。

僧怀林著《批评水浒传述语》。

按：是岁容与堂刊印《李卓吾先生批评忠义水浒传》,分为有序本与无序本两种。有序本有李贽序,无序本无之,然有"小沙弥怀林"所撰四篇文字。由于天都外臣本已非原刊,而是康熙年间之补刊本,故容与堂刊本可谓现存最早的完整的百回本,在《水浒传》版本史上有重要地位。

周汝登《王门宗旨》14卷成。

黄希武辑《古文会编》刊行。此为我国较早用活字印刷之书籍。

谢肇淛在北京,跋所钞《王黄州小畜集》。

王稚登辑旅杭所作为《越吟》。

徽州汪廷讷环翠堂刻《坐隐先生集》、《坐隐园戏墨》、《坐隐一百二十咏》。

徐复祚以忍辱头陀名作传奇《红梨记》。

徽州虬村黄氏刻板、起凤馆印行《王李合评北西厢记》。

利玛窦《万国舆图》(又称《山海舆地全图》)重刊。

卡拉瓦乔卒(1573—)。意大利早期巴洛克画家。

顾九思卒(1532—)。九思字兴睿,号韦所。苏州长洲人。隆庆五年进士。官至通政司右通政。著有《掖垣题稿》。

王锡爵卒(1534—)。锡爵字元驭,号荆石。太仓人。嘉靖四十一年举会试第一,廷试第二,授编修。以詹事掌翰林院,因忤张居正,归省亲遂不出。后拜礼部尚书兼文渊阁大学士。首请禁诡谀、抑奔竞、戒虚浮、节侈靡、辟横议、简工作。为内阁首辅。以册立事为朝官不满,乃上书引疾乞归。卒,谥文肃。所著有《左氏释义评苑》20卷、《春秋日录》30卷、《召见记》、《文肃王公奏草》22卷、《密揭辨议》1卷、《请储沥疏》2卷、《王荆石先生批评韩柳文》22卷、《荆石王相国段注百家评林班马英锋选》10卷、《王文肃公文集》55卷等,另辑有《国朝馆课经世宏辞》15卷(与沈一贯合)、《历朝尺牍大全》12卷、《翰林诸名公评注先秦两汉文榖》5卷等。事迹见《明史》卷二一八。

钱一本卒(1539—　)。一本字国瑞,号启新。武进人。万历十一年进士。初讲学于郡守欧阳东凤所建经正堂。重修东林书院成,与顾宪成分主讲席。生平潜研《六经》、濂洛诸书,尤精于《易》。著有《像象管见》9卷、《启新斋易像抄》6卷《启新斋易像续抄》2卷、《易人象图说》1卷、《四圣一心录》6卷、《范衍》10卷、《石经旧本大学》1卷、《西台奏稿》2卷、《龟记》4卷、《经正堂会语》2卷、《遁世编》14卷、《四不如类抄4种》12卷、《钱启新集》等。事迹见《明史》卷二三一、《明儒学案》卷五九。

按:据《明史》本传,一本既罢归,潜心《六经》、濂、洛诸书,尤研精《易》学。与顾宪成辈分主东林讲席,学者称启新先生。

祝世禄卒(1539或1540—1610),字延之,号无功。饶州德兴人。万历进士。官至尚宝司卿。从耿定向学。著有《祝子小言》、《环碧斋诗集》及《环碧斋尺牍》。事迹见《明儒学案》卷三五。

谭希思卒(1542—　)。希思字子诚,号南岳。湖南茶陵人,万历二年进士。有编年体明史《皇明大政纂要》63卷,万历四十七年正式刊于南京。事迹见《明史》卷二二一《袁洪愈传》附传。

瞿汝稷卒(1548—　)。汝稷字元立,一字槃谈,号洞观。常熟人。以荫补官,三迁刑部主事,迁长芦盐运使。以太仆少卿致仕。好学工诗文,尝与陆化淳校正明耿橘所撰《常熟县水利全书》。著有《指月录》32卷、《旃檀林》1卷、《瞿太仆文集》40卷、《瞿冏卿集》14卷等。其中《指月录》亦题《水月斋指月录》,为研究禅宗重要资料。

孙继皋卒(1550—　)。继皋字以德,号柏潭。无锡人。私谥文贞。万历二年进士第一,除修撰。因极谏忤旨致仕。著有《尚书臆解》、《国朝名臣言行纪》10卷、《孙宗伯尺牍》、《孙宗伯集》10卷;另有杂编百卷,议帝王统系、议礼、议乐、议诸家、议文体、议书画等,未署题,已佚。

利玛窦卒(1552—　)。意大利传教士。利玛窦号西泰,为明末来华传教士中影响最大者。为了传教而与徐光启、李之藻等中国学者的合作,对西方科学技术传入中国,促进中西文化交流大有贡献。译著有《坤舆万国图说》、《天主实义》、《几何原本》、《利玛窦中国札记》等。

沈璟卒(1553—　)。璟字伯英,又字聃和,号宁庵,又号词隐生。吴江人。万历进士。工诗文、书法,致力于戏曲声律之研究,对昆腔整理颇有贡献,并形成了以其为中心的注重声律的戏曲创作流派"吴江派"。著有传奇《红蕖记》、《坠钗记》、《埋剑记》、《义侠记》、《双鱼记》、《桃符记》、《博笑记》等19种,合称《属玉堂传奇》。另著有《属玉堂诗文稿》,编有《南词韵选》19卷。并将蒋孝《南九宫谱》增订为《南九宫十三调曲谱》21卷、《南九宫词谱》26卷。又有《遵制正吴编》、《唱曲当知》、《古今词林辨体》等,均已佚。沈氏于戏曲创作反对雕琢词藻,强调文字朴素,但过于追求声律,影响了内容的表达。

按：徐朔方辑校《沈璟集》收沈氏今存戏曲、清曲、诗词文等,后附《沈璟著作出版流传简况》等多种附录,为目前收集沈氏著作最为完备的本子。

　　赵邦柱卒(1558—　)。邦柱字安甫,号观一。湖广咸宁人。万历十七年进士。著有《南游稿》、《悠然斋尺牍》等。

　　刘士骥卒(1566—　)。士骥字允良,号祝阳。山东禹城人。万历三十二年进士,官翰林院编修。能诗文。著有《蟋蟀轩草》。

　　袁宏道卒(1568—　)。宏道字中郎,号石公。湖北公安人。万历二十年进士。官至吏部郎中。与兄宗道、弟中道并称"公安三袁",而以宏道成就最著,为明中叶文坛重要流派"公安派"的创始人。在文学上反对前后七子的形式主义与拟古主义,强调抒写"性灵"。肯定小说、戏曲及民歌在语言学上的地位,并给以极高的评价。其文清隽流畅,在明代散文中独具一格。然由于过分强调"性灵",忽视现实生活的反映,故创作成就与其文学主张不甚相称。著有《袁中郎集》、《破砚斋集》、《觞政》、《瓶花斋杂录》,并编有《明文隽》。另有《西方合论》,为明代宣扬净土宗思想的居士著作。事迹见《明史》卷二八八。

　　按：据《明史》本传,先是,王、李之学盛行,袁氏兄弟独心非之。宗道在馆中,与同馆黄辉力排其说。于唐好白乐天,于宋好苏轼,名其斋曰白苏。至宏道,益矫以清新轻俊,学者多舍王、李而从之,目为公安体。然戏谑嘲笑,间杂俚语,空疏者便之。其后,王、李风渐息,而钟、谭之说大炽。钟、谭者,钟惺、谭元春也。

　　朱天球卒,生年不详。天球字君玉,号国器。福建漳浦人。嘉靖二十九年进士。杨继盛被害,与薛天华、杨豫孙、董传策往哭于西市,并经理杨继盛丧事,时称为"四君子"。官至南京工部尚书。一生修心砥行。卒赠太子太保。著有《湛园存稿》。

　　张槚卒(1541—　)。槚字叔养,号心吾。江西新城人。嘉靖三十八年进士,累官至南京工部右侍郎。著有《存笥录》。

　　陈履祥卒(1540—　)。履祥字考祥,一字光庭,号九龙。祁门人。著有《四书翼》、《九经翼》、《易会通》等。

　　叶纨纨(　—1632)、金绳(即金铉,—1644)、僧弘仁(　—1663)、潘平格(　—1677)、李渔(　—1680)、彭士望(　—1683)、李因(　—1685)、黄宗羲(　—1695)生。

万历三十九年　辛亥　1611 年

伊斯坦布尔大疫。

神圣罗马鲁道

　　二月,凤阳巡抚李三才因入阁事遭反对,遂力请去职,不得命,自引而归。由此引发激烈党争。

　　三月甲寅,大学士李廷机、叶向高题请纂修万历二十七年以后《玉牒》，并题供事官张大续等 15 人任修纂。

是月，大计京官，祭酒汤宾尹、谕德顾天埈等降黜有差。

按：是时，廷臣党势日盛，国子祭酒汤宾尹与谕德顾天埈，各招收党徒，专与东林作对，谓之宣党、昆党。又有齐、楚、浙三党。齐则亓诗教、周永春、韩浚、张延登为之魁，而燕人赵兴邦辈附之；楚则宫应震、吴亮嗣、田生金为之魁，而蜀人田一甲、徐绍吉辈附之；浙则姚宗文、刘廷元为之魁，而商周祚、毛一鹭、过庭训等附之。与汤宾尹、顾天埈声势相依，并以攻东林、排异己为事，创"大东小东"之说，目东宫为"大东"，东林为"小东"。是岁北察主计人为吏部尚书孙丕阳等。考察主要有（一）乙巳京察中为沈一贯所庇者；（二）各党骨干。南察主计者为南京吏部侍郎史继偕，"齐、楚、浙人之党也"。察中以李三才、王元翰画线。北察虽以东林党暂时胜利告终，但旋即受到浙、齐、楚党的攻诘。孙丕阳也因荐才不被采纳，被迫致仕。

五月壬寅，御史徐兆魁劾东林诸人，首诬诋顾宪成。东林党争起。

按：徐兆魁劾顾宪成党李三才，阴持计典。且谓苏州浒墅有小河，东林专其税，为书院费。税使至，宪成辄以书招之，即不赴，必致厚馈。讲学所至，仆从如云，县令馆毂供应，非二百金不办。会时必谈时政。郡邑行事，偶相左，必令改图；又劾宪成受黄正宾贿。其所言绝无左验。光禄寺丞吴炯上疏为一一致辨，以为宪成被诬，天下将以讲学为戒，绝口不谈孔孟之道，国家正气将从此而损，此非细事。行人刘宗周亦言顾宪成、高攀龙、刘永澄、姜士昌、刘元珍皆贤人，于玉立、丁元荐有国士风。吴炯字晋明，生卒年不详。松江华亭人。万历进士。官至南京太仆卿。著有《丛语》等。

十月丁卯，户部尚书赵世卿请告，不得命，径自去。

按：朝臣不待命而自归者，先后有左都御史詹沂、凤阳巡抚李三才、吏部尚书孙丕扬、阁臣李廷机等，而朝廷皆置若罔闻，吏治痿痹可见一斑。

是年，蒙古诸部请和，边境稍宁。

日本林罗山为德川幕府起草大规模禁止天主教之禁教令。

按：林罗山（1583—1657）名忠，字子信，号罗山。18 岁时读朱熹集注，深为信服。曾因未经敕许，私自召集学生讲解朱注四书，受到弹劾。后师从藤原惺窝，学业大进。罗山曾任将军侍读，又任民邦卿，一生服务于家康、秀忠、家光、家纲四代将军，参与幕府制定律令、起草文书。其为学尊奉程朱而不囿于程朱，承认理为万物之本体，但在理气问题上又不严守朱熹之理先气后说，而主张理气合一。此外，林罗山彻底批判佛教，又排斥天主教，著《排耶稣》，与天主教神学展开论战，其论战武器即宋代理学之理气一元论。林罗山哲学之功绩在于全面发展了朱子学，使朱子学不仅成为修身齐家之武器，而且成为治国平天下之武器，并使朱子学成为德川幕府之官学，成为占统治地位之意识形态。

汪辉、钱象升、徐光启、来宗道、张鼐等俱往司礼监书堂教书。

顾宪成正月建宗祠，立家训，集《语孟说略》。八月会东林。

徐兆魁御史攻击东林党人，首劾顾宪成。

刘永成四月晤顾宪成于东林；五月访文震孟于山中，复相偕同至锡山，过高攀龙水居；六月至杭，邀刘宗周会于西湖，各论所学。寻，还焦山，暮冬归里。

高攀龙三月讲学于金沙矩志堂，四月讲学于荆溪明道书院。始信大

夫二世帝弟马蒂亚斯继任波希米亚国王。

英王詹姆斯一世解散议会。

瑞典国王查理九世卒，古斯塔夫二世·阿道夫继任。同年，卡尔玛战争爆发。

德国法本里夏斯发现太阳自转。

学"知本"之旨,订古本《大学》。

孙奇逢是秋寓京师,馆兵部郎杜诗家。

孙慎行、何宗彦八月由左谕德改左庶子。

蒋孟育八月升南京国子监祭酒。

曹于汴擢太常少卿。

陈继儒见倪元璐题扇诗,叹为仙才。

钟惺在成都,作《浣花溪记》。

范凤翼解京职回故里通州,与杨麓、汤有光等组织山茨社。

丁元荐在扬州与刘永澄结交。

刘永澄至杭州,刘宗周自绍兴来会。

祁彪佳随父宦寓金陵。

唐汝询客江西进贤,作《钟陵七歌》。

俞安期以自刻《翏翏集》饷李日华。

黄道周举邑试、郡试皆第一。

陈龙正年二十六,始有志于经济。

查继佐年十一,读《战国策》,曰:"一部《水浒》,却从此书出。"又,是岁,查继佐始学制义。

陈以跃于贵州思南中和创建大中书院。

《圣经》"詹姆斯版本"在英国译成。

马尔科·德多米尼斯发表有关彩虹的科学论断。

乔治·查普曼完成对荷马的《伊里亚特》的翻译工作。

莎士比亚著成《暴风雨》。

西里尔·图尔纳发表《无神论者的悲剧》。

艾蒂安·帕基埃著成《对法国的研究》。

约翰·斯皮德编成《大不列颠历史》。

李贽《续藏书》初刻,焦竑序之。

按:此书为续《藏书》而作之人物传论,取材于明代传记和文集。《藏书》记人自战国至元末,本书则自明初至万历以前。该书与《藏书》一样以其资料丰富、内容翔实、据事直书、无所避讳而名,在明清两代也因此遭禁。

刘孟雷《圣朝名世考》刊刻。

张信民编、王以悟订正、曹继儒校录《明理学曹月川先生年谱纂》2卷刊行。

按:此谱系张信民据谢氏和范氏所编两旧谱裁酌编定,分上下两卷。上卷记学行、著述、仕历、言论等颇详。下卷记谱主去世后,从宣德十年(1435)至万历三十九年(1611)间,历朝为其立祠祭祀、表彰封赠,以及刊刻著述情况。卷前有王以悟序,卷后有张信民跋。是谱杨殿珣《中国历代年谱总录》未著录。曹谱尚有清康熙四十九年张伯行正谊堂刻《曹月川先生集》本、清咸丰十一年刻《曹月川先生遗书》本,又有范守己编《御龙子集》本《曹正夫先生年谱》1卷。谱主曹端,字正夫,学者称月川先生,河南渑池人。其学以朱熹为宗,一生反对佛老。著有《夜行烛》、《四书详说》、《疑存录》、《儒宗统谱》、《太极图说述解》等。

赵之韩修、王濬初纂《浑源州志》2卷刊刻。

傅淑训修、阎期寿等纂、郑际明等续修《泽州志》18卷刊刻。

李思孝修、冯从吾等纂《陕西通志》35卷刊刻。

胡继先纂修《邹志》四卷、《图》1卷刊刻。

刘维栋纂修《大田县志》31卷、《图》1卷刊刻。

李采修、范醇敬纂《嘉定州志》8卷刊刻。

靳一派修、李太冲等纂《崇德县志》12卷刊刻。

王在晋刻《越镌》21卷。

张大龄《玄羽外编》46卷刊刻。

按：张大龄字玄羽，四川眉州人。此书分《史论》4卷、《说史隽言》18卷、《晋五胡指掌》6卷、《唐藩镇指掌》6卷、《随笔》8卷、《支离漫语》4卷。《四库全书总目》谓此书"评骘史事，大都穿凿附会，无所发明。其论正统，欲以汉配夏，唐配商，以明配周，而尽黜晋与宋元，尤为纰谬。"

姚文蔚《右编补》10卷刊刻。

俞焕章《读史图纂》成。

薛敬之《野录》八月重刻，六世孙薛标作跋语。

周从龙著《绎圣二编》序刊。

焦竑正月著《李龙眠画观世音菩萨三十二相赞》。又编次所著为《澹园续集》，刊行之，门人徐光启为作序。

赵琦美跋《圣宋皇祐新乐图记》。

顾宪成三月为高攀龙作《志矩堂商语》；八月作《心学宗序》；十一月作《自反录》、《万历奏议序》；十二月刊行所著《泾皋藏稿》。

陈禹谟刻所著《说储》、《说储二集》。

朱简摹编《印品》成。

按：此为兼有评说与考证之摹古印谱，对后世影响甚大。朱氏自万历二十五年至是岁，以14年心血撰成之。

陈继儒去泖桥，辑所作为《泖桥稿》。

陈第编定所著《寄心集》。

单本约于是年作《蕉帕记》传奇。

徽州汪廷讷环翠堂精订陈大声《草堂余意》刊行。

徽州虬村黄氏刻板、泊如斋印《徐文长先生批评北西厢记》刊行。

熊三拔著《简平仪说》刊行。

按：该书介绍利玛窦平仪说，取浑圆为平圆，以平圆测量浑圆之数。

方弘静卒（1516— ）。弘静字定之，号采山。歙县人。嘉靖进士。授东平知州，迁南京户部郎中，出为四川佥事，累官南京户部侍郎。少时与乡人结诗社，晚年多所结撰，著有《四礼议》、《均输议》、《复古编》、《千一录》、《素园存稿》诸书。

蔡国珍卒（1528— ）。国珍字汝聘，号见麓。江西奉新人。谥恭靖。嘉靖三十五年进士。著有《怡云堂集》。事迹见《明史》卷二二四。

徐用检卒（1528— ）。用检字克贤，号鲁源（一作字鲁源）。金华兰溪人。嘉靖四十一年进士。官至南京太仆寺卿。著有《三儒类要》、《鲁源文集》。事迹见《明儒学案》卷四。

朱载堉卒（1536— ）。载堉字伯勤，号句曲山人。明太祖六世孙。精研音律、历法、天文与数学，创用等比级数来划分音律的方法，系统阐明了十二平均律的理论，对历算岁差的方法亦颇有研究。一生著作甚丰，有

约翰尼斯·埃卡德卒（1553— ）。德国作曲家。

《瑟谱》10卷,《律学新说》4卷,《律吕精义》20卷,《乐学新说》和《算学新说》不分卷,《律历融通》4卷,《圣寿万年历》2卷,《万年历备考》3卷,《操缦古乐说》与《旋宫合乐谱》不分卷,《乡饮诗乐谱》6卷,《六代小舞谱》、《小舞乡乐谱》、《二佾缀兆图》、《录星小谱》皆不分卷,《律吕正论》4卷,《律吕质疑辨惑》1卷,《嘉量算经》3卷,《圜方句股图解》、《醒世词》、《韵学新说》、《切韵指南》、《先天图正误》五书或不分卷、或不明卷数。所著总凡23种。内容涉及乐律、器乐、乐谱、舞谱(包括舞蹈绘画)、算学、历法、度量衡等,尤其是律(律数、律吕、律历)。其所创十二平均律理论,为世上空前的突破。

陈与郊卒(1544—)。与郊字广野,号禺阳、隅园、高漫卿、任诞轩、玉阳仙史。浙江海宁人。万历二年进士。官至太常寺少卿。作有杂剧《昭君出塞》、《文姬入塞》,传奇《灵宝刀》等。另辑有《古名家杂剧》、《檀弓辑注》、《古今乐考》,著有《隅园集》、《杜律注评》、《黄门集》、《广修辞指南》等。

李化龙卒(1554—)。化龙字于田,号霖寰。山西长垣人。谥襄毅,万历二年进士,授嵩县知县,绳县中滑吏于法,县中大治。巡抚辽东,与总兵官董一元击败靼鞑入侵。总督湖广川贵军务,平息杨应龙之乱。又以工部侍郎总理河道,开浚淤河,为漕渠水利。官至兵部尚书。著有《平播全书》、《治河奏疏》、《场居集》等。事迹见《明史》卷二二八。

按:据《明史》本传,李化龙具文武才。播州之役,以刘綎骄蹇,先摧挫之而荐其才,故綎为尽力。开河之功,为漕渠水利,详见《河渠志》。

僧函可(—1659)、雷士俊(—1668)、方以智(—1671)、马光裕(—1671)、陆世仪(—1672)、张履祥(—1674)、张文嘉(—1678)、黄周星(—1680)、徐夜(—1683)、上官铉(—1683)、僧木庵性瑫(—1684)、杜濬(—1687)、张吴曼(—1690后)、冒襄(—1693)、吴殳(—1695)、吴乔(—1695)、孙临、祝渊生。

万历四十年　壬子　1612年

奥斯曼帝国放弃南高加索。

神圣罗马鲁道夫二世帝卒。王弟波希米亚国王马蒂亚斯继任,称帝。

俄罗斯人归莫斯科。

正月辛酉,孔、颜、曾、孟四氏学请加廪增如府学例。得旨。

二月乙亥,礼部条议乡试十款,中有曰:科场题目须正大冠冕,《春秋》题必以圣经为主,以胡传为宗,不得穿凿附会。(《神宗实录》卷四九二)

四月,首辅叶向高力谏革弊政,行新政,不理;遂无月不求去职。

按:叶向高言:臣进退去留可以置之不问,乃官僚可尽空乎?言路可尽废乎?各省之按差可终不代乎?今中外离心,人人愁叹,即辇毂之下肘腋之间,怨声愤盈,祸机不测。而陛下务与臣下隔绝,帷幄不得关其忠,六曹不得举其职,举天下无一可

信之人，而自以为神明之妙用，臣恐自古圣帝明王无此法也。(《神宗实录》卷四九四）

四月丙寅，南京各道御史联名上书：朝廷、地方大员缺位甚多，台省空虚，政务废弛；皇帝深居宫中二十余年，未尝一接见大臣，天下将有陆沉之忧。疏上，不理。(《神宗实录》卷四九四）

按：其时政府中，内阁只叶向高一人，且杜门不出已久；六卿唯赵焕一人，且兼署兵部；兵部尚书李化龙卒，召王象乾未至；户部、礼部、工部侍郎只各一人。督察院自温纯罢去，八年无正官；六科只数人；十三道皆以一人兼领数职。外官，则巡按十余年不得代；督、抚、监司亦屡缺不补；郡守缺十之五六。而文武大臣候职待选者积数千人，哀求授职。

是月，蒙古科尔沁部长明安与建州努尔哈赤联姻。自此，两部联姻代代不绝。

七月乙未，礼部题请加直隶、浙江等处解额。不报。

是科各省乡试，部臣屡疏请考官，上谕久之始下。而其时已七月将终，于是应天、浙江、江西、湖广、陕西乡试皆延期十至二十日。

进士邹之麟分校乡试，私举子童学贤，为御史马孟祯、给事中陈伯友等所发。御史孙居相并发前岁汤宾尹、韩敬科场事。诏礼部会吏部都察院议之麟、学贤罪，而不及宾尹、敬。孙振基抗疏请并议，未得命。翁正春等议黜学贤、谪之麟，亦不及宾尹、敬。振基再疏论劾。神宗乃下廷臣更议。御史王时熙、刘策、马孟祯亦论宾尹。南京给事中张笃敬证之尤力。而赵兴邦及给事中亓诗教亦劾正春不议乡试主考官为徇私。正春求去，不许。

八月，河大决徐州。

九月，努尔哈赤以乌拉部长布占泰复背盟，亲自统兵征伐，攻克六城，约和而归。

中山王尚宁归琉球，尚宁遣使来告。

按：礼部因其国残破，定十年一贡之例。然明年琉球修贡如故。

钱象坤、徐光启、周炳谟、丘士毅、黄立极、张鼐闰十一月戊子知起居注。

周道登正月戊申升国子监祭酒。

温体仁四月庚辰升南京国子监司业。

朱国祯五月癸卯升国子监祭酒。

朱延禧、郭淐八月己巳主考顺天乡试。

张邦俊八月辛酉在南京御史任就科场愆期事上疏，"恳祈皇上此后凡系大纲常、大典礼，仰符天理，俯协人情，而勿以疑贰参之。"

高攀龙继主东林书院。是岁始实信《中庸》之旨。

顾宪成置义庄，录《嘉言》、《善行》二编。

刘宗周正月赴京师，道过无锡，谒高攀龙，相与讲学，有《问学三书》。

按：三书一论居方寸，二论穷理，三论儒释异同与主敬之功。

荷兰首次将曼哈顿作为毛皮贸易中心。

英国入居百慕大群岛，始运入黑奴。

德国西蒙·马略再次发现仙女星座。

刘永澄病，刘宗周正月于赴京途中访之，相与究养心之旨而别。二月，刘永澄补兵部职方司主事，未赴任而卒。

刘宗周四月奉命副刑科给事中彭惟成册封益王。五月闻刘永澄之卒，过宝应，登堂拊棺哭之，三宿乃去。七月，与彭惟成等至江西建昌，行册封益王礼。八月，宗周自建昌归里省墓。

徐光启被命治历法，其笔述《泰西水法》在是岁。

周汝登四月改南京善宝司卿。

孙奇逢寓京师，贾三槐受学焉。

谭元春客金陵，与林古度等游灵谷寺。

臧懋循客松江，与陈继儒会面。

潘之恒作《贾扣传》，追述郑若庸、谢榛三十年前在彰德踪迹。其旅嘉兴见李日华谈纂《黄海》事在是岁。

李流芳、程嘉燧在杭州，同游西溪。

傅汝舟自序所作《七幅庵草》。

按：傅汝舟，字木虚，一名舟，号丁戊山人，一曰磊老，福建侯官人，有《英雄失路集》2卷、《拔剑集》2卷、《筌篌集》2卷等。

熊廷弼在江南学使任，修江苏句容华阳书院，其识拔诸生冯梦龙在是岁。

黄道周补郡弟子员。

李朴疏请任用邹元标、赵南星，为顾宪成辨谤。为齐、楚、浙三党所不容。

傅山六岁，闻父言服黄精可以不死，出入啖之，不肯食谷，强之乃饭。

日本林道春（罗山）研究李时珍《本草纲目》，著成《多识篇》5卷，摘录《本草纲目》并加训点、考订其和名。

按：1631年《新刊多识篇》5卷刊行于京都，又名《古今和名本草并异名》。

唐顺之《历代史纂左编》重刊。

汪国楠《皇明名臣言行录新编》44卷刊刻。此书主要内容为沈应魁《皇明名臣言行录新编》、徐咸《皇明名臣言行录续编》。

许自昌《樗斋漫录》成书。

屠本畯《憨士列传》刊刻。

童时明《明代名良录》20卷刊刻。

王樵、王肯堂《大明律附例笺释》刊行。

按：是书原名《读律私笺》，又名《王肯堂笺释》、《读律笺释》、《律例笺释》。王樵、王肯堂父子撰。王樵《读律私笺》约成稿于万历中期，未及刊行。王肯堂以其父遗稿为基础，参酌《会典》诸书，采明律各注家之长，又补充万历年间新颁条例，加以注释，编成本书，并改现名。这是明代最负盛名的注律书，影响所及，直至清代。

程百二纂《方舆胜略》18卷、《外夷》6卷刊刻。

按：此书曾援引利玛窦传入之世界地图《山海舆地全图》，又有徐光启、张京元等人之评论，有较高文献价值。

托马斯·德洛尼的作品《博学的托马斯》在其逝世后发表。

迈克尔·德雷顿著成《多福之邦》。

塞缪尔·珀切斯出版《遗腹子哈克路特》。

莎士比亚编著《亨利八世》。

约翰·韦布斯特编成《白魔鬼》。

克鲁斯卡学院出版意大利的《词汇汇编》。

韩晟修、毛一鹭纂《遂安县志》4卷刊刻。

万廷谦修、曹文礼等纂《龙游县志》10卷刊刻。

李思恭修、丁绍轼等纂《池州府志》10卷刊刻。

关廷访修、张慎言纂《太原府志》26卷刊刻。

贾三策修、王孙昌纂《成安县志》5卷刊刻。

杨国桢纂修、王敷学续修《徐沟县志》2卷刊刻。

周一梧等纂修《潞安府志》20卷刊刻。

赵彦复纂修《沃史》26卷刊刻。

张思恭修、郑寅纂《稷山县志》8卷刊刻。

王道修、韩邦靖纂《朝邑县志》2卷重刻。此志后有多种刻本。

王仪修、杨梦衮纂《青城县志》2卷刊刻。

唐学仁修、谢肇者浙纂《永福县志》6卷刊刻。

阳思谦修、黄凤翔等纂《泉州府志》24卷刊刻。

黄士绅等纂修《惠安县续志》4卷刊刻。

高尚志纂、高坚续纂《澧纪》19卷刊刻。

王应山纂《闽都记》33卷刊刻。

宁王府刻《水经注笺》40卷。

瞿九思纂《万历武功录》14卷成,刊行。

按：此书形式仿《史记》，编排大体按地域划分。有较高史料价值,对后人治明军事史尤为有用。

冯从吾著《关中书院科第题名记》。

杨东明是冬作《郡庠诸士会约序》。

焦竑作《明道书院重修记》。

徐复祚传奇《投梭记》、《梧桐雨》作于是年前后。

于孔兼辑《六子书》刊行。

按：六子为魏校、罗钦顺、崔铣、吕柟、罗洪先、王慎中。

何熊祥重刻陈献章《白沙子全集》。

冯从吾《池阳语录》二月刊行,门人韩梅为序。

李堪《玉洞藏书》4卷成。

按：此书前2卷取宋张伯瑞《悟真篇》，每句各加注释,附以诸仙修炼之说;后二卷注汉魏伯扬《参同契》。

王英明著《历体略》前2卷刊行。

按：该书凡3卷,末一卷成书年代不详。作者王英明字子晦,四川开州人,万历三十四年(1606)举人。该书反映了西方天文知识传入中国后,与中国传统天文学相融合的情形。

喻政编《茶书二十七种》刊行。

甄伟序刊所著《西汉通俗演义》、《东汉通俗演义》。

传教士熊三拔口述、徐光启笔录之《泰西水法》在北京刊印,此为我国首部介绍西洋农田水利技术之专著。

焦竑、吕坤各作《杨晋庵文集序》。

雅各布·伯麦发表《黎明》。

安东尼奥·内里著成《玻璃的艺术》。

约翰·史密斯绘制成《弗吉尼亚地图》。

徽州虬村黄氏刻板、泊如斋印《闺范图说》约于是年刊行。

徽州虬村黄氏刻板《大雅堂杂剧》刊行。

徽州虬村黄氏刻板、武林容与堂印《李卓吾批评玉合记》刊行。

乔万尼·加布里埃利卒（约1550— ）。意大利作曲家。

萧大亨卒（1532— ）。大亨字夏卿，号岳峰。山东泰安人。嘉靖四十一年进士。曾任边防大吏二十余年，著有《两镇奏议》、《藩封纪略》、《夷俗记》等。

王稚登卒（1535— ）。稚登字百榖（也作伯谷）。吴郡人。幼颖异，及长，负盛名。嘉靖末，游京师，入太学。将荐之朝，不果。尝及文徵明门，继文徵明后，主吴门骚坛三十余年。万历中，征修国史，未上而史局罢。所著有《弈史》1卷、《法因集》4卷、《谋野集》10卷、《谋野乙集》10卷、《谋野丙集》10卷、《明月篇》2卷、《竹箭编》2卷、《荆溪疏》2卷、《延令纂》2卷、《南有堂诗集》10卷、《诗韵辑要》5卷、《尊生斋集》16种（原16种，今存5种——《虎苑》2卷、《吴郡丹青志》1卷、《吴社编》1卷、《采真篇》2卷、《梅花什》1卷，存美国国会图书馆）；又有《王百榖全集》汇诗文札记21种42卷；另有传奇《全德记》、《彩袍记》等，其散曲作品在《吴骚合编》中。另辑有《吴骚集》、《八公游戏丛谈》等。

顾宪成卒（1550— ）。宪成字叔时，别号泾阳。学者称泾阳先生。世称东林先生。无锡人。崇祯初，谥端文。万历八年进士。宪成自幼有志圣学，尝从张原浩、薛应旂学，主张"与世为体"，治学经世，留心时政。与弟允成倡修东林书院，偕高攀龙等讲学其中。讽议朝政，臧否人物，颇得士流响应，形成清流集团，被称为东林党。著作存于《顾端文公遗书》中，计有《小心斋札记》18卷、《东林会约》1卷、《虞山商语》1卷、《仁文商语》1卷、《南岳商语》1卷、《经正堂商语》1卷、《志矩堂商语》1卷、《当下绎》1卷、《证性编》8卷、《还经录》1卷、《自反录》1卷、《泾皋藏稿》22卷。事迹见《明史》卷二三一、《明儒学案》卷五八。

按：据《明史》本传，宪成姿性绝人，幼即有志圣学。暨削籍里居，益覃精研究，力辟王守仁"无善无恶心之体"之说。邑故有东林书院，宋杨时讲道处也，宪成与弟允成倡修之，常州知府欧阳东凤与无锡知县林宰为之营构。落成，偕同志高攀龙、钱一本、薛敷教、史孟麟、于孔兼辈讲学其中，学者称泾阳先生。当是时，士大夫抱道忤时者，率退处林野，闻风响附，学舍至不能容。宪成尝曰："官辇毂，志不在君父，官封疆，志不在民生，居水边林下，志不在世道，君子无取焉。"故其讲习之余，往往讽议朝政，裁量人物。朝士慕其风者，多遥相应和。由是东林名大著，而忌者亦多。

邢侗卒（1551— ）。侗字子愿。山东临邑人。万历进士。官至陕西行太仆卿。善画能诗文，尤以书法著名，与董其昌并称为"北邢南董"。兼能画兰竹。家资巨万，筑来禽馆奉客。著有《来禽馆集》；墨迹刻石曰《来禽馆贴》，其中《十七贴》尤著称于世。事迹见《明史》卷二八八《董其昌传》附传。

郭正域卒（1554— ）。正域字美命。江夏人。谥文毅，万历十一年进士。曾与修《玉牒》。著有《黄离草》、《江夏志》、《武昌志》、《韩文杜律》、《批点考工记》、《皇明典礼志》等。事迹见《明史》卷二二六。

沈瓒卒(1558—)。瓒字子勺，号定庵。吴江人。沈璟之弟。万历十四年进士，曾任刑部主事，江西佥事。后调任广东佥事，甫入境病卒。工诗，尤好散曲，但所作曲多托他人之名，故曲名不盛。著有《静晖堂集》、《近事丛残》。散曲作品今见《太霞新奏》等曲选中。

刘永澄卒(1576—)。永澄字静之，号练江。宝应人。万历二十九年进士。补顺天儒学教授，迁国子监学正。严课程，饬行检，与东林诸君子过从，讲学契性命之旨，北方学者称为淮南夫子。著有《东汉人物纂》、《甲乙杂志》1卷、《邸中杂记》1卷、《家塾绪言》2卷、《吾心亦凉》1卷、《离骚经纂注》1卷、《刘练江集》8卷等。事迹见《明儒学案》卷六〇。

佘翘卒(1567—)。翘字聿云。铜陵人。中应天乡试。屡上春官不第。治一画舫，往来湖上，筑学圃，著书其中。所著有《翠微集》、《浮斋集》，及杂剧《量江记》、《赐环记》、《琐骨菩萨》等。

吴易(—1646)、传教士卜弥格(—1659)、方文(—1669)、宋之绳(—1669)、周亮工(—1672)、卫周祚(—1675)、僧髡残(—1675)、刘体仁(—1677)、张尔岐(—1677)、孙宗彝(—1683)、钱澄之(—1693)、高珩(—1697)、钱陆灿(—1698)、吴道凝(—?)生。

万历四十一年　癸丑　1613年

正月庚申，谕朝鲜练兵防倭。

按：朝鲜以日本数度遣使要挟，兵端渐露，请选将派兵援助；明廷以粮饷不济，令其自行募兵防御。

是月，努尔哈赤复征乌拉，灭之。

二月庚戌，命会试增额50名，照癸未、丙戌、己丑军科350名例。

按：叶向高主持会试。时内阁只叶向高一人，屡请增阁臣，皆置而不理，于是章奏皆送闱中。

三月癸酉，赐周延儒、周顺昌、鹿善继等350人进士及第、出身有差。

是月，廷臣交章请福王之国，福王索田四万顷。

五月己巳，诫廷臣毋植党妄言。

按：锦衣卫王曰乾讦奏郑妃内侍姜严山，与孔学等及妖人王三诏，用厌胜术诅咒皇太后、皇太子，欲拥立福王。首辅叶向高因请速定福王之国之期，以释天下之疑。并请将曰乾疏留中不发，以免上惊太后，下惊太子，中令郑妃、福王不安；而别谕法司治诸人罪。神宗是其言。又：《先拨志始》系此事在九月。

七月甲子，兵部尚书兼掌督察院事孙玮拜疏自去。

八月，考选庶吉士23名。

德国新教联盟与荷兰盟。

卡尔玛战争结束。

米哈伊尔·罗曼诺夫选立。俄罗斯罗曼诺夫王朝始。

九月戊午，礼部疏陈职掌十事，中有曰：迩来文字多背朱注，不知《通鉴》《性理》为何物，今须经、书、论三篇完好者，方取优等。(《神宗实录》卷五一二)

是月，努尔哈赤攻叶赫部，取璋城、吉当阿城、乌苏城、雅哈城等大小城寨十九处。叶赫部向明廷告急求助。

十一月己卯，增设直隶、湖广学臣各一员。

十二月，以宋儒罗从彦、李侗从祀孔庙。

是年，南直隶分上下江，湖广分南北，始各增提学一员。提学之职，专督学校，不理刑名。所受词讼，重者送按察司，轻者发有司，直隶则转送巡按御史。督、抚、巡按及布、按二司，亦不许侵提学职事。

荷兰阿姆斯特丹证券交易所建立。

叶向高二月癸巳受命总裁会试。方从哲由国子监祭酒升吏部左侍郎副之。

李朴时任户部郎中，以党祸方兴，乃上书力挤齐、楚、浙三党诸大僚，被贬。

按：朴字继白，陕西朝邑人。生卒年不详。万历二十九年进士。著有《调刁集》《雪亭集》等。

郑三俊四月壬寅改福建提学副使。

刘宗周三月北行过宝应，访刘永澄之里，撰文祭之，复撰《淮南赋》以诔之，私谥曰贞修先生。十月上《修正学以淑人心以培国家元气疏》。不报。

高攀龙三月讲学于金沙志矩堂；九月静坐武林弢光山中，著《静坐说》。

高攀龙十一月延钱一本讲《易》于东林。

孙慎行五月由少詹事改礼部右侍郎，署部事。

陈仁锡是秋旅杭州，看月26夜，逐夜作记。

董其昌客虎丘山寺，作《溪山秋霁卷》。

王圻与唐汝询等作癸丑唱和诗。

徐宏祖宁波访族兄后渡海游普陀，还游天台、雁宕，作记。

李流芳于吴江舟中作《西湖采蓴图》，又自取"雷峰倚天如醉翁"诗意作《雷峰暝翠图》。

张岱于绍兴天章寺侧，访得兰亭真址，作《古兰亭辨》。

俞安期旅京口，辑《三山诗》。

鹿善继是春会试赐进士出身，观政兵部。时孙奇逢馆于都门，鹿善继时与过从，并偕访周顺昌，周顺昌赠以《杨忠愍(继盛)集》。鹿善继为周顺昌《制义》作序。

周顺昌成进士，授福州推官。

吕维祺成进士，除兖州推官，入为吏部主事。

刘鸿训成进士，授编修。

李蕃成进士，授御史。

李日宣成进士，授中书舍人。

范景文成进士，授东昌府推官。

吴甡成进士，授邵武知县。

陆化熙成进士。

> 按：陆化熙字羽明，生卒年不详。苏州常熟人。官至广西提学佥事。著有《诗通》、《目营小辑》。

程玉润成进士。

> 按：程玉润字铉吉，生卒年不详。苏州常熟人。著有《易窥》、《周易演旨》。

孔贞时、杨景辰、李继贞、李孙宸、吴伯与、周延儒、穆文熙成进士。

黄尊素屡试不利。

孙奇逢下第，寓京师，与周景文论交，与鹿善继读王阳明所著《传习录》。

傅山7岁就小学。是岁数得怪异之症。

法国传教士金尼阁受命返回欧洲汇报教务。途中翻译利玛窦遗稿。

意大利传教士艾儒略来华。

朱睦㮮《圣典》24卷刊刻。

钱岱《两晋南北合纂》刊刻。

喻政修、林烃等纂《福州府志》76卷刊刻。

吕昌期修、俞炳然纂《续修严州府志》24卷刊刻。

田龙修、龚逢泰等纂《保定县志》9卷刊刻。

马孔昭纂修《猗氏县志》10卷刊刻。

马梦吉等修、林尧俞纂《兴化府志》59卷刊刻。

袁业泗修、刘庭蕙等纂《漳州府志》38卷刊刻。

周之纲《史乘纂误》刊刻。

> 按：是书专门考辨明代有关野史与国史记载事实之误。

谢肇淛奉命至山东张秋管河，著《北河纪略》。

童时明著成《三吴水利便览》，论述太湖流域地形水势和水利工程技术等。

王在晋刻所著《海防纂要》13卷《图》1卷。

> 按：先是，防倭要书已有郑若曾辑《筹海图编》、邓钟辑《筹海重编》、范公溇辑《海防类考》。此书参以往籍，补以近事，以助防海筹画。此书列有《参过书籍》，中有不少已佚文献，值得注意。

郭子章《郡县释名》26卷刊刻。

魏浚《西事珥》8卷刊刻。

> 按：魏浚字禹卿，号苍水，生卒年不详。福建松溪人。万历三十二年进士。官至佥都御史巡抚湖广。该书为作者官粤西督学时作。《四库全书总目》以为"虽不立地志之名，然核其编次，固地志之类，但不立门目耳。其考要颇不苟，叙述亦为雅洁，无说部沓杂之习。"浚另著有《易义古象通》、《方言据》、《峡云阁存草》等。

吴从先《史纲评要》刊刻。

威廉·布朗作成《英国田园诗》。

莎士比亚编著《亨利八世》。

塞万提斯著成《训诫小说集》。

乔治·查普曼编成《为贝西·丹布瓦报仇》。

奥利维尔·德塞拉著成《财富的起因》。

《爪哇世系》（《爪哇诸王志》）撰成。

按：从先字宁野、号小窗。新安人。卒年不详。明之出版商。与焦竑、陈继儒、冯梦祯、汤宾尹、黄汝亨、何伟然等人皆有交往。编撰有《小窗自纪》4卷、《小窗清纪》5卷、《小窗艳纪》14卷、《小窗别纪》4卷。此书一说李贽撰。此从钱茂伟《明代史学编年考》系之吴从先。钱书以为："从有关情况来看，所谓李贽《史纲评要》，可以肯定是一部伪书。"又曰："《史纲评要》是否是李贽所作？这是一个值得进一步研究的问题。"

吴从先纂《小窗清纪》。

张一卿《续史疑》2卷刊刻。

于慎行《读史漫录》重刊。

陆化熙《目营小辑》4卷成书。

按：据《四库全书总目提要》：是书以十三省布政司为纲，系以所属府州县卫所。凡土贡之宜、盐课之增损、屯田之税钞，悉随地诠叙。至太仆寺、行太仆寺并各苑马寺监马数增耗，及边关堡寨之废置、武弁员额驻屯之处，多有《明会典》所未载者。

过庭训《圣学嫡派》4卷刊刻。

邹元标是夏著《匡山阳明先生书院记》。

冯从吾《太华书院会语》四月刊行，张辉序之。

刘宗周是岁有《与陆以建年友书》五通。

黄道周著《大咸经》。

按：以形声色九九相推，各得七百二十九，本河图曲折之势，两相阴阳。以六因之，尽万物之用。大要与太元同蓁。其所差者，谓元会运，与岁月日时约略相等。

顾起元访得所著《说略》副本，重订为30卷刊行。

徐媛所著《络纬吟》12卷刊行。

徽州虬村黄氏刻印《小瀛洲社会图》。

北京观音寺胡同党家刻《三官经》一藏印行。

按：此藏为信官陈文英夫妇还愿而印。

毛以燧为王骥得所订古本《西厢记》作序。

吕天成增补《曲品》。

按：是书初稿完成于万历三十年（1602），曾于万历三十八年更定，至是定稿。全书收载戏曲作家95人，散曲作家25人，传奇作品212种。是第一部品评戏剧的专著，也是现存最早的传奇作家传略和作品目录，保存了丰富的戏曲资料。

利玛窦、李之藻合译《同文算指》成书，次年刊行。

按：此书系据克拉维斯《实用算术概论》与程大位《直指算法统宗》（参见1592年）编译而成，为介绍西方笔算之首部著作，亦为中西算术融汇之始。

朝鲜徐浚等编《东医宝鉴》。

按：该书参考中国医籍数十种，选方丰富实用，内容简明扼要，对介绍中国医学颇有贡献。此书明末清初传入中国，对中国医学发展亦有积极影响。

张凤翼卒（1527— ）。凤翼字伯起，号灵虚，别署灵虚先生、泠然居士。长洲人。嘉靖举人。四次会试不第，鬻书自给。擅作曲，与弟燕翼、献翼并有才名，号为"三张"。其词曲传奇，自魏良辅后，为吴中所宗。有诗文集《处实堂集》8卷《续集》10卷；传奇9种，现存《红拂记》、《祝发记》、

《窃符记》、《虎符记》、《灌园记》、《炭廖记》6种，合称《阳春六集》，以词藻华丽著称。另散曲集有《敲月轩词稿》。

王肯堂卒(1549—)。肯堂字宇泰。江苏金坛人。王樵子。万历十七年进士，选庶吉士，授检讨。倭寇入朝时，疏陈十议，愿假御史衔练兵海上。因此书留中不发，遂引疾归。后荐补南京行人司副，官至福建参政。好读书，著书、编书甚多。除续编其父遗著外，另著有《尚书要旨》、《论语义府》、《郁冈斋笔麈》等。尤精于医学，著有《证治准绳》120卷，被誉为医学圭臬，广为流传。另辑有《古今医统正脉全集》。事迹见《明史》卷二二一《王樵传》附传、卷二九九《吴杰传》。

按：一说卒年为1614年。

叶小纨卒，生年不详。小纨字蕙绸。吴江人。与姐叶纨纨、妹叶小鸾并有文才。姐妹早卒，小纨伤之，作杂剧《鸳鸯梦》以寄意。其父刊二女之作曰《午梦堂十集》，而以小纨之《鸳鸯梦》附之。另著《存馀草》，已失传。

周孔教卒，生年不详。孔教字明行，号怀鲁。江西临川人。万历八年进士。曾知福建福清、浙江临海，督直隶学政。官至右副都御史、总理河道。著有《周中丞疏稿》、《怀鲁先生集》、《千金堤志》、《荒政议》等。

卜舜年（ —1644）、刘汋（ —1664）、王纲（ —1669）、归庄（ —1673）、乔迈（ —1673）、陆圻（ —约1673）、吕阳（ —1674）、孙廷铨（ —1674）、陈瑚（ —1675）、孙默（ —1678）、顾炎武（ —1682）、曹溶（ —1685）、彭珑（ —1689）、陈忱（ —?）生。

万历四十二年　　甲寅　　1614年

三月丙子，皇子福王常洵赴洛阳就国。

按：福王以万历二十九年受封，始则以王府未就，继则以赐田未足，终则以圣母寿期为由，迟迟不之国。由于东林党人力争，李太后赞助，至是之国。神宗初定给庄田四万顷，因廷臣之请，减半。而河南肥沃之田不足，从山东、湖广补给，实给一万九千顷。又给所没张居正田产及江都至太平沿江荻洲杂税，并四川盐井榷茶银，又淮盐一千三百引设店洛阳以销售。侵扰数省，国课为坏。

五月甲寅，御史董定策上疏论明代圣学之传，以为曹端宜从祀学宫。

按：《神宗实录》卷五二〇录此疏曰："圣祖开天文教翔涌于时，正学崛起，无右于薛文清瑄。乃若先文清而倡明道学，则原任学正渑池曹端，嗣是王文成守仁倡良知之学于姚江，东面群起宗之，则又有原任户部主事河南尤时熙、原任吏部郎中新字孟化鲤。"

是月，福建税使高寀，造海船通倭贸易，载货数十万入海，贸易所得丝毫不予百姓，激起民变。寀怙恶率兵杀人烧民房，突入巡抚署，挟制有司。

法王路易十三亲政。召开三级会议未果。

英王詹姆斯一世解散议会。

瑞典入诺夫哥罗德。

大学士叶向高等疏劾,不理。

是年,达赖喇嘛四世派觉囊派僧人多罗那他去漠北传教,被蒙古汗王尊称为"哲布尊丹巴"(意为"尊胜")。

闻香教主王森被捕。

按:王森(?—1619),蓟州人。迁居滦州石佛庄。以土地兼并严重,赋税苛重,连年灾荒,遂创闻香教(至清又称大乘教清茶门,为白莲教之一支),组织起义。教徒不下二百万,遍布河北、山东、山西、河南、陕西、四川等地,组织严密。万历二十三年(1595)王森被捕,以行贿得释。继又入京师传教,此时,再被捕;越五年,死狱中。其子王好贤及弟子徐鸿儒继续传教。

明朝输往爪哇瓷器达七万余件。

弗吉尼亚的殖民者在缅因和斯科舍阻止法国移民。

荷兰格罗宁根大学建立。

孙慎行八月甲午在礼部侍郎署尚书任因党人攻击拜疏自去。

按:孙慎行素讲学东林,为党人所忌。及在礼部,遇事切谏。韩敬科场案久不定,慎行特拟黜,党人祖敬者,迫论汤宾尹越层取卷时,齐分考俱效之,因欲十七人并罪,借以宽敬。慎行集廷臣议,卒坐敬关节,为十七人昭雪,党人益恨之。遂自投劾去。

叶向高为东阁大学士,以进言多不为用,先后乞休书凡六十余上,八月癸卯终被允致仕归。

顾秉谦八月戊戌升为礼部右侍郎,仍兼翰林院侍读学士协理詹事府事,权习庶吉士。

刘宗周三月告归。

高攀龙、刘元珍十一月各撰《祭练江兄文》,以祭刘永澄。

高攀龙赴荆溪明道书院会。

邹元标三月著《许州新修儒学记》。

陈仁锡辑杭州看月所作为《西湖观月记》。

汤显祖作《续栖贤莲社求友文》。

周顺昌作《福州高珰纪事》反映税监横行不法。

陈继儒为贺世寿所订《鹤林寺志》作序。

周汝登创建阳明祠于南都,相与讲会,论辨阳明之学。

孙奇逢在京师,周起元时相过从。

汤显祖十二月丁母忧。

邹迪光作《汤显祖传》寄显祖。其自辑《愚公谷乘》亦在此年。

钟惺与林古度在南京同游栖霞山。

赵琦美在北京,是年起校阅所得各本古今杂剧,分作题识。

陈所蕴仕南太仆寺少卿。

李日华过歙县,与潘之恒见。

唐汝询作《吴中迎神竹枝词》,刺吴人迷信神异。

李流芳游徽州后回嘉定。

邢昉就学宜兴。

臧懋循在松江东园养病,旋返杭州。

毕懋康于济南趵突泉东创建历山书院。书院规制为当时济南最大。

济南六郡学子负笈来学，文风盛极一时。

沈王府重刻明徐宗濬《续韦斋易义虚裁》8卷。

鹿善继著《四书说约》以诲弟子。

唐顺之《左氏始末》12卷刊刻。是书由顺之弟唐正之与门人金九皋、郑激编次，弟唐立之校勘。

陈第著《屈宋古音考》，焦竑为作序。

方从哲十二月辛丑类写装潢《通鉴纂要》讲章四本进览。

王世贞《弇州史料》100卷刊刻。

按：此书为明史资料汇编，可谓王氏撰写《明史》之草稿。

徐渭《畸谱》刊行。

按：此谱附于是年《徐文长文集》，又附于天启三年张维诚刊本《徐文长文集》、1936年上海杂志公司版《中国文学珍本丛书》第一辑《徐文长逸稿》、1988年中华书局版《徐渭集》。是谱为徐渭七十三岁时自著，历述生平，于数事较详，有自辨意。未及书画文字事。

周世选等纂修、李元忠增修、沈元昌等增纂《故城县志》5卷刊刻。

戴瑞卿等纂修《滁阳志》14卷刊刻。

王九畴修、张毓翰纂《华阴县志》9卷成。

殷之辂修、朱梅等纂《福宁州志》16卷、《图》1卷刊刻。

陈良谏纂修《罗源县志》8卷刊刻。

周宪章纂修《归化县志》10卷、《图》1卷刊刻。

欧阳保等纂修《雷州府志》22卷刊刻。

王在晋刻所著《通漕类编》9卷。

洪垣《觉山洪先生史说》2卷刊刻。

张燧《千百年眼》12卷刊刻。

按：此书起上古，迄元代，共有札记522条，内容大体可分为三部分：史事考据、史事论述、历史现象归纳。

袁无涯刻《水浒传》。

按：此本有杨定见所撰《水浒传全书小引》。

黄道周作《师表》。

高攀龙七月在宜兴，著《困学记》。

钟惺、谭元春合辑《古诗归》、《唐诗归》。

冯从吾是夏作《圣学启关臆说序》。

周汝登门人祁承㸁编次其师讲学之语为《或问十条》。

袁中道刻所著《珂雪斋近集》。

马之骏等刻高拱《高文襄公集》。

按：是书18种44卷。另有万历间刻本，收书11种66卷；又有清康熙中新郑高有闲笔春堂刊本，收书10种59卷。

徽州虹村黄氏刻板、香雪居印《新校注古本西厢记》刊行。

利玛窦口授、李之藻笔录之《圜容较义》刊行。

托马斯·奥弗伯里著成《特征》。

沃尔特·雷利著成《世界史》。

约翰·内皮尔著成《奇异的对数典范描述》，是为最初的对数表。

圣托里奥发表《治疗平衡论》。

按：是书以算学周圆之理，证明天地浑圆之说。

熊三拔口授、周子愚、卓尔康笔录之《表度说》刊行。

按：是书根据天文学原理，说明立表测日影以定时之方法。

马蒂奥·阿莱曼卒（1547— ）。西班牙作家。

格列柯卒（1541— ）。西班牙画家。

王圻（1530— ）约卒。圻字元翰。上海人。嘉靖四十四进士。擢御史，因忤时相，贬为邛州判官。历官陕西布政参议，后辞归，筑室淞江之滨，种梅万株，名"梅花源"。以著书为事。著述宏富，著有《续文献通考》254卷、《东吴水利考》10卷、《谥法通考》、《两浙鹾志》、《海防志》，编有类书《三才图会》及《稗史汇编》175卷。皆卷帙浩繁。用力之勤，一时无二。另有诗文《洪洲类稿》4卷。事迹见《明史》卷二八六《陆深传》附传。

按：据《明史》卷二八六，乞养归，筑室淞江之滨，种梅万树，目曰梅花源。以著书为事，年逾耄耋，犹篝灯帐中，丙夜不辍。所撰《续文献通考》诸书行世。

孙丕扬卒（1532— ）。丕扬字叔孝。陕西富平人。天启初，追谥恭介。嘉靖三十五年进士。官至刑部、吏部尚书。曾创铨选掣签法，以杜中贵请托，选人称为无私。事迹见《明史》卷二二四。

申时行卒（1535— ）。时行字汝默，号瑶泉，晚号休休居士。长洲人。谥文定。嘉靖四十一年进士第一，授修撰。历左庶子，掌翰林院事。以文字受知于张居正。万历中，累官吏部尚书，继为首相，然专承上意，不能建树。评弹《玉蜻蜓》演其一生事迹。曾与纂《世宗实录》、《穆宗实录》、《大明会典》等。著有《书经讲义汇编》12卷、《虞商周书说》、《群书纂粹》8卷、《外制草》10卷、《储汇录》2卷、《召对录》1卷、《纶扉奏草》1卷、《赐闲堂集》40卷等。事迹见《明史》卷二一八。

王伯稠卒（1542— ）。伯稠字世周。苏州府昆山人。随父入京师，为顺天府诸生。在京见城阙戚里之盛，辄有歌咏，号神童。东归后闲居僧舍，常经月不窥户。

王肯堂卒（1549— ）。一说卒于1613年，详见是年条。

姜垓（ —1653）、宋琬（ —1673）、陈子升（ —约1673）、僧通琇（ —1675）、僧能仁（ —1675）、俞汝言（ —1679）、邱维屏（ —1679）、僧今释（又名性因、澹归，俗名金堡—1680）、马负图（ —1681）、钱邦寅（ —1683）、傅眉（ —1684）、曹垂璨（ —1688）、宋徵璧（ —?）、僧澹然（ —?）生。

万历四十三年 乙卯 1615年

俄罗斯人败瑞典于普斯科夫。

正月乙卯，因太子已辍讲十年，大学士方从哲以出阁讲学为请。不报。

五月己酉，宫廷发生"梃击案"，为晚明三大案之一。

按：是晚，蓟州人张差手持枣木棍潜至皇太子所居慈庆宫，击伤守门内侍李鉴用，继而闯入宫内，至前殿檐下为内侍擒获。时人疑此事系郑贵妃指使，目的在谋杀太子。一时中外籍籍。御史刘廷元等浙党以疯癫具狱；刑部主事王之寀则认为不癫不狂。给事中姚永济、韩光佑、刘文炳、何士晋、亓诗教，御史过庭训、牟志夔，户部主事张廷，大进寺王士昌，行人司正陆大受等相继疏请严鞫。会审中词连郑贵妃宫中太监刘成、庞保。郑贵妃之父郑国泰无奈辇金26万致刘廷元邸中，分馈诸权要。于是合喙共持疯魔之议。五月二十八日，已二十五年不临朝的明神宗不得已召见廷臣，以释群臣之疑，并于次日以斩张差了结此案。然是后围绕此案，争论不已。此案牵连甚广，遂成日后党争事件。

九月戊子，大学士方从哲、吴道南尊旨考试庶吉士曾楚卿等17人，散馆授职，拟上卷12卷，中卷5卷。

十一月壬寅，礼部题纳贡之失。

是年，礼部申饬文禁，强调科举应试文必尔雅纯粹，平正通达，一一合先民典型；如否，则虽才情奇艳者不录；怪僻者予以惩戒。又规定应试文限字以五百为率。(《神宗实录》卷五四〇)

是科乡试，有以"《六经》乱天下"语入乡试策问。

自是岁始，坊刻科举程式文字约有四种：曰程墨，为三场主司及士子之文；曰房稿，十八房进士之作；曰行卷，举人之作；曰社稿，诸生会课之作。至一科房考之刻，有数百部。参顾炎武《日知录》。

努尔哈赤正式建立八旗制度。

按：努尔哈赤原拥有四固山，旗分黄、白、蓝、红四色。至是将四色镶之为八色——黄、白、蓝旗镶以红边，红旗镶以白边，而成八固山，即八旗。一旗即一固山，下设五甲喇，一甲喇为五牛录，每牛录为三百人。八旗制实为军政合一之制。(参见1601年)。八旗制下女真人出则为兵，入则为民，彻底结束部落无统之局面。

努尔哈赤创建议政会议，规定：每五日一次，使诸贝勒大臣聚集衙门议事，凡决军机、定国策、裁要案、举新汗，皆须众议。

努尔哈赤始建佛寺及玉皇庙。

时有天主教徒五千人。

孙如游二月己卯任礼部右侍郎仍兼翰林院侍读学士，同刘楚先教习庶吉士。

刘一燝六月辛卯升国子监祭酒。

顾起元为南京国子监祭酒。

倪元璐为父倪涷乞誌铭于邹元标。

李三才上疏力为东林申辨，落职为民。

丁元荐家居，因见乡试策问有"《六经》乱天下"语，极诋之，以为"乱政之叛高皇，邪说之叛孔子者"，为党人所恨。

周顺昌自福川以诗扇贻鹿善继。

鹿善继是秋谒选授户部山东司主事，职盐法。

伽利略首次被宗教法庭传讯。

詹佐为粤之潮州守，是春两遣使致币，欲迎黄道周居郡斋，令其子侍道周讲论。

汤显祖正月丁父忧。门人许重熙来谒，以文十卷付之。

钟惺是春典黔试，事毕还京。

唐汝询在上海组织雅社，作《雅社约》；其所著《唐诗解》刻印亦在是岁。

臧懋循寓杭州昭庆寺，刻所辑《元曲选》50种，并派专人至南京出售。

陈仁锡至无锡，问学于钱一本。

黄尊素是春馆于甬上洞桥董武铭家，黄宗羲随从就学。

按：黄宗羲在董家与董武铭之子董天鉴同学，长大成至交。天鉴有四子，其中董允瑫、董允璘颇有文名，俱出宗羲之门。

黄尊素是秋举于乡。

王骥德游览通州。

俞琬纶在北京，以文记口技。

顾炎武是岁患痘疮，右目为眇。

方以智五岁，曾祖方学渐卒。

陈确始从伯兄问学。

张履祥从父受《孝经》。

金铉六岁出就外傅。

姜台于安徽宣城创建宛陵精舍。

按：陈履祥、梅守德、沈宠等先后主坛，宣扬阳明心学。郭忠贞、吴箕、胡希瑗、王点等先后任山长。

汪应蛟、余懋衡在婺源重修紫阳书院。

按：此前，汪应蛟、余懋衡先重修三贤祠（嘉靖时与紫阳书院并建一处），辟正经堂，春秋举会，讲学其中。是岁重修紫阳书院。此外歙县有崇文书院。因婺源、歙县同属徽州府，故汪、余之讲学活动通称"徽州讲学"。东林、江右、关中、徽州称为四大书院。四大书院在学术上往复商议，道义上声气相通，政治上相互支持。

谢继科于海南琼台原宋东坡书院旧址创建粟泉书院。

塞万提斯著成《堂吉诃德》。

威廉·卡姆登发表《英国编年史》。

塞缪尔·科斯特编成《一个富人的故事》。

安托万·德蒙克莱蒂安著成《政治经济学论文》。

敦·穆罕默德·斯里·拉朗撰成《马来纪年》（《马来历史》）。

余敷中《麟宝》63卷刊刻。

荣王府刻《四书集注》19卷。

梅膺祚约于是岁纂成《字汇》并序刊之。

按：此书按部首编排，改良《说文解字》，将其部首简化成214个，是一部比较通俗、便于查检之大型语文字典，曾风行明末。当时袭用"字汇"之名另编或续编之工具书颇为不少，如《字汇补》、《同文字汇》、《玉堂字汇》、《彩云字汇》、《文成字汇》之类；此书对后世字典辞书之编撰也颇具影响。作者梅膺祚字诞生，安徽宣城人。生卒年不详。为明代宣城"林中七子"之一梅鼎祚之从弟，清代数学家梅文鼎之先辈。此书纂于作者42岁前后。梅氏又曾与陈俊修等人编纂《宁国府志》。

涂山《明政统宗》30卷刊刻。

按：此为编年体明史，题目仿纪事本末。作者涂山字子寿，生卒年不详。江西豫章人，布衣。

马维铭《史书纂略》221卷刊刻。

按：马维铭(1556—?)字新甫，号羼提生，浙江平湖人，万历八年进士。历仕安徽太平知县、兵部主事、署职方司印。另著有《经略朝鲜疏》1卷、《文选补》4卷、诗文集56卷等。《史书纂略》系按时代顺序撰写之中国通史，"代各为系"，列传不分类，是对写史体例之突破。

周永春《万历丝纶录》6卷刊刻。

按：《礼记》曰："王言如丝，其义如纶"。此书为作者官礼科给事中时，所钞辑敕谕六曹圣旨，依曹编辑。始于万历元年，迄于去岁。六曹各为起迄，故为6卷。永春字孟泰，号毓阳，生卒年不详。山东金乡人，万历二十九年进士。与亓诗教同为齐党之魁。著有《殿诤录》6卷、《兵机密纂》、《万历起废考》3卷、《政纪纂要》4卷等。

何栋如《皇祖四大法》12卷刊刻。

按："四大法"指心法、治法、祀法、兵法。栋如字充符，生卒年不详。无锡人，万历进士。尝任南京兵部主事。

毛一公《历代内侍考》14卷成。

林之盛《皇明应谥名臣备考录》12卷约成于此年。

冯从吾《元儒考略》4卷成。

黄汝亨著《廉吏传》成。

按：此书《中国史学史资料编年》系之万历二十六年作者中进士时。此据作者于万历四十三年所撰该书序。

周王府刻明朱勤美《王国典礼》8卷。

杜应芳修、陈士彦纂《河间府志》15卷刊刻。

黄骅等纂修、张启宗增修、施所学增纂《六合县志》8卷刊刻。

傅淑训修、曹树声纂《平阳府志》10卷成。

王家宾修、钟羽正纂《青州府志》20卷刊刻。

张鲤修、边有猷纂《封丘县志》刊刻。

朱谋㙔所著《水经注笺》刊行，是为《水经注》首部重要注本。

华善继刻明夏世隆所著《地理玄珠》22卷成。

熊尚文《兰曹读史日记》4卷刊刻。

按：此书杂采史传旧文，上起唐尧，下迄元代，随事论断，类乎时文评语。

钱世扬《古史谈苑》36卷刊刻。

邹元标是冬作《星子县新迁儒学记》。

吴从先刻所编《小窗艳纪》。

李绍文著《云间杂识》。

高攀龙著《理义说》、《气质说》、《未发说》、《朋党说》。

鹿善继著《认理提纲》。

按：是书"大抵引人寻孔颜乐处，从乍见孺子一端体认良心。"

余永宁序《性命圭旨》。

按：此书为道家要籍，传为尹真人弟子所著，以老君、释迦、孔子为三圣，体现了全真道流行后三教合一说盛行之现象；又以图配文说明内功修炼过程及细节，皆兼采儒、释。

陈继儒《宝颜堂秘笈广集》(亦名《陈眉公家藏广秘笈》)54种103卷是岁刊。此集又有亦政堂刊本。

程百二辑刊《程氏丛刻》。

李贽选《李卓吾先生合选陶(潜)王(维)集》刊行。

陈仁锡辑陈淳、沈周集刊为《陈沈二先生稿》。

陈玉陛辑刊《二陈先生(陈察、陈寰)全集》。

屠绳德辑刊《屠氏家藏二集》。

陈继儒纂《叙列国传》。

臧懋循选编《元曲选》，五十种先刊。

按：次岁，臧氏复编《元曲选后集》。两书共选元杂剧百种，为收罗最富、流传最广之元杂剧选本。

臧懋循作《元曲选序》。

按：次岁，臧氏复撰《元曲选后集序》。两序阐明编选《元曲选》之主旨，通过对明代戏曲创作之批评，总结戏曲创作之经验，为戏曲作者树立仿效之楷模。《序》中所论戏曲与生活之关系、戏剧情节之真实性诸问题，为戏曲理论之一大突破，对以后李渔等之戏剧批评有较大影响。

徽州虬村黄氏刻板、刘氏印《昆仑奴》刊行。

法国传教士金尼阁在返欧途中将利玛窦遗稿翻译成拉丁文，并大加增润，纂成《基督教远征中国史》，在德国奥格斯堡出版。

按：此书比较全面地介绍了中国的文化和现状，引起了强烈反响，一再重刊，并一再转译。《利玛窦中国札记》英译者序曰："它打开了中国与欧洲关系的新纪元，留给我们一份世界上最伟大的传教文献……它对欧洲文学和科学、哲学和宗教等生活方面的影响，可能超过任何其他十七世纪的历史著述。"

葡萄牙传教士阳玛诺著《天问》刊行。

按：此书介绍伽利略所制新式望远镜。

沈一贯卒(1531—)。一贯字肩吾。号龙江。浙江鄞县人。谥文恭。隆庆二年进士。曾入阁为首辅五年。著有《易学》、《吴越游稿》、《庄子通》、《啄鸣诗文集》，编有《经世宏辞》。事迹见《明史》卷二一八。

沈鲤卒(1531—)。鲤字仲化，号龙江。河南归德人。谥文端。嘉靖四十四年进士。官至礼部尚书兼东阁大学士。平生好荐贤士，而不使人知。于时政多所建白。以数请立太子、复建文年号、重修《景帝实录》、罢矿税，忤中贵，罢归。著有《亦玉堂稿》、《文雅社约》等。事迹见《明史》卷二一七。

僧袾宏卒(1535—)。袾宏字佛慧，别号莲池，俗姓沈。仁和人。尝主持云栖，与紫柏真可、憨山德清、蕅益并称为明代四大高僧。本属禅宗，后宗净土，其教理之解释多用华严宗。一生着重传布持名念佛的净土信仰，并主张儒、道、释三教一致。著有《禅关策进》、《云栖法汇》、《阿弥魄经疏钞》、《梵网菩萨戒经义疏发隐》、《沙弥律仪要略》、《续武林西湖高僧事略》、《缁门崇行录》、《楞严摸象记》、《水陆仪文》、《竹窗随笔》、《正讹集》、《山房杂录》等。

方学渐卒(1540—)。学渐字达卿。桐城人。为诸生祭酒二十余年,万历间举人。不仕。精医学,明性学,该贯百家,自成一格。讲学于桐川秋浦间,弟子常数百人。如高攀龙、顾宪成诸先生倡学东南,皆推之为职志,四方学者多归之。揭性善之旨,平生孝友笃行,门人私谥曰明善先生。著有《易蠡》、《性善绎》、《心学宗》、《桐夷》、《迩训》、《桐川语》诸集凡数十万言。事迹见《明儒学案》卷三五。

吴梦旸卒(1545—)。梦旸字允兆。归安人。布衣,与同郡臧懋循、茅维、吴稼澄并称"四子"。禀性刚直,不避权贵。好吟诗,善度曲。著有《射堂诗钞》14卷。

孙如法卒(1559—)。如法字世行,号俟居。浙江余姚人。万历十一年进士。工书法,精于校勘,擅长词曲。所著有《春秋古四传》6卷、《广战国策》17卷等。

于孔兼卒(1538—)。孔兼字元时,号景素。金坛人。万历八年进士,历官礼部郎中。著有《浮云山居集》、《江洲馀草》。

梅鼎祚卒(1549—)。鼎祚字禹金,号胜乐道人。徽州宣城人。少负诗名,及长,弃举子业,以古学自任,诗文为王世贞所赏。万历时,申时行荐于朝,辞不赴。隐居书带阁,藏书著述其中。依其父所藏书数万卷编纂,并约刘子威、焦弱侯等交流图书。与汤显祖交厚。著作宏富,尤工戏曲。现存传奇《玉合记》、《长命缕》和杂剧《昆仑奴》。诗文有《鹿裘石室集》65卷、《梅禹金集》20卷;小说有《才鬼记》、《青泥莲花记》;又辑有《历代文纪》300余卷、《汉魏八代诗乘》20卷、《古乐苑》52卷、《唐乐苑》20卷、《书记洞诠》120卷、《苑雅》10卷、《续苑雅》8卷等。

按:一说梅鼎祚(1553—1619)。

蒋赫德(—1670)、童养性(—1672)、龚鼎孳(—1673)、吴淇(—1675)、葛芝(—约1678)、谢文洊(—1681)、周肇(—1683)、李明性(—1683)、王余佑(—1684)、应撝谦(—1687)、曹素功(—1689)、陈天清(—1689)、盛符升(—1700)、党成(—1692)、王之锐(—1693)、王建常(—1694后)、汪昂(—约1695)、查士标(—1698)、贾润(—?)、邹漪(—?)生。

按:一说葛芝(1618—约1678),应撝谦(1619—1687)。

万历四十四年 后金太祖天命元年 丙辰 1616年

正月壬申朔,努尔哈赤于赫图阿拉正式称汗,建元天命,国号金,史称后金。金后改为清,是为清太祖高皇帝。

按:是日诸贝勒大臣会议,应上努尔哈赤尊号。八大臣跪进表章,尊为"天命抚

威尼斯及奥地利战。

黎塞留出任法

国国务大臣。

奥斯曼帝国及波斯战。

英王詹姆斯一世始售贵族爵位，以改善财政状况。

育诸国伦庚寅汗"，简称"天命汗"。后追称是年为金国天命元年，史称后金。时努尔哈赤年五十八。

正月戊子，唐大章、成基命、魏广微受命补《起居注》。

是月，山东大饥，人相食。时青州举人张其猷上《东人大饥指掌图》，各系以诗，有"母食死儿，夫割死妻"之语。

二月戊辰，会试天下举人，中式350人。

按：其中第一为沈同和，都下竟传为白丁，三月丙戌令复试，文理荒悖，下法司议罪。

三月乙酉，赐钱士升、阮大铖、黄尊素等进士及第、出身有差。

癸酉，大学士吴道南、礼部尚书刘楚先等以所录士文不雅正，上疏自劾，请求罢斥。

按：《神宗实录》卷五四三录此疏语曰："臣等入场，私见今来士子背传注而侮圣经，坏文体而遵异教。欲得平正典雅之文以为士式。不谓误收杂用旧文之沈同和，谨行简举以求罢斥。"神宗俱原之。

五月，用给事中余懋孳奏，会试中《诗》、《易》各增一房，总为20房，其中翰林12人，科部各4人，不复变。

按：初制，会试同考8人，3人用翰林，5人用教职。景泰五年从礼部尚书胡濙请，俱用翰林、部曹。其后房考渐增。至正德六年，令增会试同考官为17人，其中翰林11人，科部各3人。分《诗经》房五，《易经》、《书经》各四，《春秋》、《礼记》各二。万历十一年，以《易》卷多，减《书》之一以增于《易》。十四年，以《书》卷复多，乃增翰林一人。至是，《诗》、《易》又各增一房，遂共为20房。又：余懋孳字舜仲，生卒年不详。徽州婺源人。万历三十二年进士。官至给事中。著有《莪言》。

六月丁卯，河决开封。

八月，皇太子于辍讲十二年后，复出阁讲学。

九月癸酉，掌宗人府事驸马都尉侯拱宸进代、韩等王十三府《玉牒》。

是年，兵科给事中熊明遇上疏以为"朝廷无纪纲，远方无吏治，士大夫无人心"。"三无"说反映明末政风与士风。（《神宗实录》卷五百四十五）

南京礼部侍郎沈㴶等遂起逐天主教会。

按：先是，南京礼部侍郎沈㴶、郎中徐如珂、给事中晏文辉等疏请驱逐西方传教士。至此，神宗颁发谕旨，禁止天主教在华传教，将传教士王丰肃等遣送至广东，听其回国。直至1623年，沈㴶为首辅叶向高排斥，明末反天主教运动遂止。

荷兰威勒布罗德·斯内利乌斯发现折射定律。

布拉格音乐学院建立。

英人入抵今巴芬岛。

荷兰人首次绕经南美大陆极南端，发现今合恩角。

刘一燝正月己亥由国子祭酒升任詹事府少詹事，纂修《玉牒》。

邹元标作序祝周汝登七十寿庆。

刘宗周教授于陈氏石家池。

黄道周杜门著《易象》。

高攀龙赴毗陵经正堂会。

鹿善继丁母忧，居家课徒。

孙奇逢居京师，薛凤祚、贾尔霖来从学焉。

曹于汴筑仰节堂成，有记。

周玄暐三月辛未以所著《泾林续记》牵涉时事又干宫禁被逮下狱。

按：周氏昆山人，原任电白知县，罢官家居，雄于赀而好讥议。

来知德四月以孝行敕旌。

李日华始任南京礼部仪制司主事。

张大复、归昌世、顾咸正等在故里昆山组织雪堂社。

钟惺自燕京南还，与林古度同游泰山，作《岱记》；后憩金陵，定所著《舟岳集》。

唐汝询寓南京，作《可赋亭记》，并辑此时所作诗为《可赋亭集》。

俞安期客江西南城，辑《游麻姑仙坛记》。

邢昉筑草堂花犇山庄。

徐宏祖自浙入皖，访齐云山、黄山，复还浙入闽，访武夷，作记。

吴道南典会试，取吴江沈同和第一，同里赵鸣阳第六。同和素不能文，以贿得与鸣阳同号舍，文多出鸣阳手。榜发，都下大哗。道南亟检举。诏令复试。沈、赵并谪戍。道南先是以发韩敬科场事，为党人所嫉。至是，李嵩与周师旦连章劾之，道南疏辨乞休。

盛以弘八月丙辰升为国子监祭酒。

公鼐、薛三省九月癸未为武举会试考试官。

方孔炤成进士，入选京师。

汤道衡成进士。

按：汤道衡字平子，生卒年不详。江苏镇江丹阳人，汤三才子。历南昌、东昌知府，有吏才。崇祯中，官至右佥都御史，巡抚甘肃。著有《礼记纂注》。

刘铎成进士，授刑部郎中。

吴极成进士。

按：吴极字元无，生卒年不详。汉阳人。著有《易学》。

沈惟炳成进士，授香河知县。

徐应秋成进士。

按：徐应秋字君义，号云林，生卒年不详。衢州西安人。官至福建左布政使。著有《骈字凭霄》、《玉芝堂谈荟》。

侯恪成进士，授编修。

按：侯恪字若木、若朴，号木庵，生卒年不详。河南商丘人。曾典起居注，直书温体仁在朝形状，忤体仁，谢病归。著有《燧园诗集》。

钱士升成进士，授修撰。

黄承昊成进士，授大理评事。

按：黄承昊字履素，生卒年不详。浙江嘉兴人。精研医理，著有《折肱漫录》。又曾辑纂评注《薛氏内科医案》。

黄尊素成进士，授宁国推官。

魏大中成进士，授行人。

刘荣嗣、阮大铖、李棒、李应昇、杨维垣、袁中道、瞿式耜、钱继登成进士。

方以智六岁，已知文史。

荷兰入抵澳大利亚西海岸。

荷兰入抵南太平洋汤加群岛。

罗如望是年禁教后，入居江西建昌、福建漳州、江苏嘉定等地教徒家，最后入居杭州杨廷筠家。

托马斯·米德尔顿编成悲剧《女巫》。

保罗斯·博尔杜安努斯编成《哲学图书目录》。

闵齐伋套印《春秋左传》。

沈朝阳纂《通鉴纪事本末前编》刊刻。

焦竑刻所辑《国朝献征录》120卷于南京。

按：此为作者万历间与修正史之副产品，颇得明末清初士人好评。天启六年，黄尊素被逮前，嘱子宗羲所读书即此；万斯同于明人所修当代史颇致微词，然于《献征录》，则曰："可备国史采择者，唯此而已。"

贺仲轼纂《冬官记事》成。

按：作者另有《两宫鼎建记》3卷，与此书内容几乎完全相同。作者之父贺盛瑞以缮司郎中主持乾清、坤宁两宫之建造，以清正廉洁，得罪意欲从中谋利之权要，因而被诬罢官，悲愤而亡。此书意在为父辩诬，然其中所述主要为明代官营建筑业状况，颇具经济史料价值。

赵滂编《晦庵先生年谱》刊行。

按：此谱附于《程朱阙里志》4卷，为初刻本，纲目体。其中所加小注及按语颇多，内容亦较全面。是谱源自戴铣谱，内容几与戴谱同，仅于淳熙三年(1176年)处有所差异。

张丑纂《清河书画舫》12卷成。

毛调元《境古录》8卷刊刻。

刘敏宽、董国光纂修《固原州志》2卷由刘汝桂刊刻。

王鹤龄修、陶万象纂《枣强县志》4卷刊刻。此志清胡梦龙曾增修。

安嘉士修、刘绍先纂、王立爱增修、刘国治增纂《定襄县志》8卷刊刻。

王之采纂《庄浪汇记》8卷刊刻。

余新民修、褰逢泰纂《阶州志》2卷刊刻。

刘世纶修、白我心纂《重修通渭县志》刊刻。

李应魁纂《肃镇华夷志》4卷刊刻。

邹元标是夏著《正宗会馆记》。

陈第编定《世善堂藏书目录》2卷。

刘宗周著《酒色财气四箴》示学者。

陈继儒刻《晚香堂苏帖》28卷。

朱之蕃刻所辑《明百家诗选》。

臧懋循续刻《元曲选》后集50种，与前刻合为百种。

周之标刊刻《吴歈萃雅》。

许自昌刻所著《橘浦记》传奇。

徽州虬村黄氏刻《青楼韵语》、《元曲选》。

传教士金尼阁著《中国传教史》。

威廉·莎士比亚卒(1564—　)。

僧明昱卒(1527—　)。明昱。苏州人。为明代唯识宗代表。著有《成唯识论俗诠》等。

林烃卒（1540— ）。烃字贞耀，号仲山。福建闽县人。嘉靖四十一年进士。官至南京工部尚书。著有《覆瓿草》。

李廷机卒（1542— ）。廷机字尔张。晋江人。万历十一年进士，累迁祭酒，官至礼部尚书、东阁大学士。谥文节。故事，祭酒每视事，则二生共举一牌诣前，大书"整齐严肃"四字。盖高皇帝所制，以警师儒者。廷机见之惕然，故其立教，一以严为主。著有《皇明国史纂》、《汉唐宋名臣录》、《宋贤事汇》、《通鉴性理纲目》、《四书臆说》、《李文节文集》诸书。事迹见《明史》卷二一七。

瞿九思卒（1545或1547— ）。九思字有道，一字睿夫，号慕川。湖北黄梅人。曾问学于王门弟子罗洪先、邹善、胡直、耿定向、罗汝芳等，而不主一派。曾主修《湖广通志》，主持白鹿洞书院、濂溪书院。著有《万历武功录》14卷、《文莫堂集》、《六经以俟录》、《孔庙礼乐考》等。事迹见《明史》卷二八八。

按：据《明史》本传，九思学极奥博，其文章不雅驯，然一时嗜古笃志之士亦鲜其俦。

汤显祖卒（1550— ）。显祖字义仍，号若士，又号海若，别号清远道人。临川人。少时即有文名，因拒绝张居正延揽，至万历十一年始中进士。历官南京太学博士，礼部主事。以上疏弹劾申时行，贬为广东徐闻县典史；后改任浙江遂昌知县，又因不附权贵，被劾归里。家居二十余年，精研词曲和传奇，专事著述。汤显祖少年受学于王学左派罗汝芳，中年结交佛学大师达观，罢官后又与思想家李贽来往，在哲学思想上深受此三人影响，具有注重人生、追求个性自由的启蒙精神。在文学上强调真情与灵感，反对前后七子泥古不化的文风，是公安派反复古运动的先驱。著有诗文集《玉茗堂全集》、《红泉逸草》、《问棘邮草》等；传奇有《紫箫记》、《紫钗记》、《还魂记》（又称《牡丹亭》）、《南柯记》、《邯郸记》五种，后四种合称《临川四梦》或《玉茗堂四梦》。其中以《还魂记》最负盛名。汤显祖为关汉卿以后又一戏剧大家，反对沈璟拘守曲律的复古守旧倾向，其文词风格颇为后来戏曲作家所摹拟，被称为"临川派"或"玉茗堂派"。清代的李渔、洪昇也颇受其影响。事迹见《明史》卷二三〇。

叶小鸾（ —1632）、柴绍炳（ —1670）、魏裔介（ —1686）、黄宗炎（ —1686）、刘汉卿（ —1690）、罗文藻（ —1691）、张璐（ —1693）、余怀（ —1695）、乔腾凤（ —1700）、史标（ —？）生。

英国文学家。

米盖尔·德·塞万提斯卒（1547— ）。西班牙文学家。

加西拉索·德·维加卒（1539— ）。西班牙编年史家。

万历四十五年　后金天命二年　丁巳　1617年

二月，封福王庶长子朱由崧为德昌王。

是月，考察京官，尽斥东林。

奥斯曼帝国苏丹艾哈迈德一世

辛。弟穆斯塔法一世继位。

英、法缔定通商协定。

俄瑞战争结束。瑞典人退出诺夫哥罗德，遂取卡累利阿。

按：是春京察，北察主计人为吏部尚书、楚党郑继之，刑部尚书兼署都察院事、浙党李鋕。被察人员有：（一）辛亥京察之主计人和支持者；（二）争福王之国者和争梃击案之官吏；（三）揭发韩敬科场舞弊之官吏；（四）不同政见之官吏。京察后，齐、楚、浙三党鼎足，盘踞言路，专以掊击东林为事，殃及居林下者，朝廷善类为之一空。

四月己亥，礼部疏题，敦促皇太子出阁讲学。不报。九月，各衙门复题请，亦不报。

按：时皇太子已36岁。

己酉，廷试岁贡生员。

五月戊寅，内阁会同翰林院官考试愿就教职岁贡，取中上卷4卷，中卷291卷。

六月，以先贤周敦颐后裔周汝忠袭翰林院五经博士。

九月辛未，以大学士方从哲题请，补周延儒等6人为《六曹章奏》纂修官。

是年，已有天主教徒13000人。

英王詹姆斯一世封本·琼生为桂冠诗人。

威勒布罗德·斯内利乌斯确立用于制图学的三角测量方法。

葡萄牙入安哥拉筑本格拉城堡。

邹元标是秋与会于青原，为少参吴氏撰《康斋先生语略序》。

魏大中四月渡江访刘宗周。

冯从吾四月致书刘宗周，以学业相勖勉。

高攀龙赴荆溪明道书院会。

徐光启使宁夏，陈述同行，述归撰《古夏纪游》。

黄尊素授宁国府推官，黄宗羲随侍。

孙奇逢归容城。

瞿式耜授江西吉安府永丰县令。

黄宗羲随父宦游，过金陵赴宣城。

张大复客杭州，访冯梦祯（冯梦桢）快雪堂遗址。

陈继儒至白门，与钟惺结交。

冯班始与毛晋结交。

方孔炤至嘉定任，方以智随宦至蜀。

金绳八岁，改今名铉，字伯玉。

郎兆玉修复河南上蔡书院，复元代书院旧制，集徒授业。

约翰·加尔文的选集在日内瓦出版。

泰奥菲尔·德维奥编成诗体悲剧《皮拉穆斯与蒂斯贝》。

托马斯·米德尔顿和威廉·罗利合作编成喜剧《合理的争吵》。

施天遇《春秋三传衷考》12卷刊刻。

钟惺所辑《三注钞》刊成。

按：《三注钞》系《三国志注钞》、《世说新语注钞》、《水经注钞》。

陈于廷刊沈节甫所辑《纪录汇编》成。

许重熙纂《国朝殿阁部院大臣年表》16卷刊刻。

按：许重熙字子洽，江苏常熟人。生卒年不详。曾与朱谋㙔、钱谦益等游。此书曾于崇祯二年、五年两次重加增补。

如惺《大明高僧传》8卷成。

按：此书又名《明高僧传》，记北宋宣和六年至明万历二十一年469年间高僧事迹。

陈其柱编《澹然先生年谱》2卷刊行。

按：此谱附于《陈文定公澹然遗书全集》。首有万历四十五年蔡献臣《序》，称此谱为谱主自撰。年谱大字列纲领，小字双行作注释或附谱主诗文。其中谱主选庶吉士、修《永乐大典》一段历史记载较详。谱中歌功颂德文字较多，不似谱主自撰。谱后附行状、墓志铭等。谱主陈敬宗(1377—1459)，字光世，号澹然居士，晚号休乐老人，谥文定。浙江慈溪人，永乐进士。著有《澹然集》。

康海纂修《武功县志》4卷由许国秀刊刻。

刘希夔纂修《齐东县志》29卷刊刻。

杨应聘、杨寿纂修《朔方新志》5卷刊刻。

张栋等纂修《新城县志》12卷刊刻。

李思启等纂修、冯舜臣补辑《襄阳县志》刊刻。

林国相等修、杨起元纂、龙国禄增修《惠州府志》21卷刊刻。

姚宗仪纂《常熟县私志》28卷刊刻。

张燮著《东西洋考》成。

按：此书为记载明代东南亚史地之中西交通史名著。

李日华整理近八年所作日记《味水轩日记》。

刘宗周三月作座右铭四则；四月和杨时《此日不再得》诗；又作《表贞录跋》，叙其母氏生平。

沈节甫《记录汇编》123种刊行。

李贽著、李维桢删订《李氏六书》6卷由痂嗜轩刊行。

按：此六书子目为《历朝藏书》1卷、《皇明藏书》1卷、《焚书书答》1卷、《焚书杂述》1卷、《丛书汇纂》1卷、《说书》1卷。又，此本《说书》1卷，有非李贽原撰，而出自莆人林龙江之手之说。顾大韶《说书删定小记》曰："龙江，道人也，亦有《说书》，莆人宗之。岂李氏《说书》刻亭州时，好事者欲广其编帙，以博厚赏，而为之增入耶？抑先生尝与龙江一再来往，偶混其中，刻时非先生之意，以故弗及订正耶？本宁（李维桢字）先生《六书》所载，择其羽翼圣经，或有补考亭之缺者存之，一切佛乘等语，不以概收，得帙将七十，而以《道古录》一书类次于内，则粹乎其为完书矣。"

文翔凤《皇极篇》刊行。

赵崡所著《植品》约成于是岁。据是书，西红柿是时已传入我国。

顾起元著《客座赘语》。

东吴弄珠客作《金瓶梅序》。

按：此序见于是岁所刊百回本《金瓶梅词话》中。为现存最早《金瓶梅》刊本，其卷首另有欣欣子《金瓶梅词话序》和廿公《跋》。

华淑所辑《闲情小品》刊成。

冯从吾著《冯少墟集》（一名《冯恭定公全书》）刊行。

穆文熙卒(1532—)。文熙字敬甫。东明人。万历四十一年进士。著有《战国纂评》、《逍遥集》等。

陈第卒(1541—)。第字季立，号一斋。福建连江人。万历时诸生。初为都督俞大猷幕僚，后出守古北口，历蓟镇游击将军。致仕归，读书著

弗朗西斯科·苏亚雷斯卒(1548—)。西班牙神学家，哲学家。

述。善诗,尤善音韵,认为"时有古今,地有南北,字有更革,音有转移"。论证了古今音的不同,为后世开辟了研究古音的途径。著有《毛诗古音考》、《读诗拙言》、《屈宋古音义》、《东番记》及《寄心集》、《一斋诗集》、《粤草》、《五岳游草》等。陈第好藏书,收罗甚富,76岁时撰《世善堂书目》载1900余部,皆五代以后书,都是世所未见之本。其书目清鲍以文刊入《知不足斋丛书》。

刘日升卒(1546—)。日升字扶生,号明自。江西庐陵人。万历八年进士。累官应天府尹。师王时槐,潜心讲学,与邹元标友善。著有《符司记》、《慎修堂集》。

何出图卒(1559—)。出图字启文,号见寰。河南扶沟人。隆庆元年举人,万历十四年进士。官至山西长子县令、兵部职方司郎中,于抗倭援朝及中日议和之事多所筹划。著《雪藜稿》,编纂有《长子县志》、《扶沟县志》及《职方公年谱》等。

陈勋卒(1560—)。勋字元凯,号景云。福建闽县人。万历二十九年进士。著有《元凯集》、《坚卧斋杂著》。

王弘诲卒(1542—)。弘诲字少传,号忠铭。广东琼州安定人。官至南京礼部尚书。初释褐,值海瑞廷杖下诏狱,力调护之。张居正当国,作《火树篇》、《春雪歌》以讽。著有《天池草》、《尚友堂稿》。

熊伯龙(—1669)、王炘(—1672)、林时益(—1678)、严沆(—1678)、曹尔堪(—1679)、陆求可(—1679)、方孝标(—约1680)、沈起(—1681)、阿旺罗桑嘉措(—1682)、于成龙(—1684)、任辰旦(—1686)、魏象枢(—1686或1687)、陈赤衷(—1687)、朱用纯(—1688)、邓汉仪(—1689)、陆元辅(—1691)、杨炤(—1692)、万斯年(—1693)、杜岕(—1693)生。

按:陈赤衷生年此据《清儒学案》卷二、《清史列传》卷六八。又,《南雷文定后集》卷三黄宗羲所撰《墓志铭》则谓卒于康熙丁卯(1687),年六十一,则与此相差十年。

万历四十六年　后金天命三年　戊午　1618年

奥斯曼帝国苏丹穆斯塔法一世退位,艾哈迈德一世子奥斯曼二世继位。

欧洲"三十年战争"遂爆发。

三月,金汗努尔哈赤以"七大恨"告天誓师,发兵攻抚顺。四月甲辰,抚顺陷。

按:"七大恨"为杀我父祖,助叶赫部,挟令杀我部众,夺我已聘之女转嫁蒙古,驱逐我部众不准我部众收获耕种之粮谷,听信叶赫人致书以恶语辱我,助哈达部。

闰四月乙卯,廷试贡士1379人。

庚申,大学士方从哲推荐与浙党关系密切之杨镐为辽东经略,主张

"大张挞伐，以振国纲"。

六月，因辽饷缺乏，开俊秀监生捐例；裁衙役工食钱之半。

七月庚寅，考试往年岁贡1020人。

是年，以中国教区直属罗马耶稣会。

吕纯如任山西提学副使，八月丁卯疏请以宋资政殿大学士范仲淹、明霍州学正曹端从祀孔庙。

按：吕纯如述曹端生平及著述，并引前人对曹氏之评价曰：正德中兵部尚书彭泽称曹端为"我朝理学之冠"，薛文清亦深服其教，谓"出吴与弼之右"。（《神宗实录》卷五七三）

郑以伟、来宗道七月庚子主应天乡试。

张鼐七月壬寅任国子监司业。鼐因病不能视事。

张邦纪七月升国子监祭酒。

施凤来八月任南京国子监司业。

林欲楫、马之骐、丁绍轼、王祚远、冯铨等五月丁丑充起居注馆纂修。

按：林欲楫字平庵，生卒年不详。福建晋江人。万历三十五年进士。官至礼部尚书兼詹事府詹事。著有《易经勺解》。

盛以弘由祭酒升少詹事，纂修《玉牒》。

葛寅亮七月丁亥在提督武汉等处学校副使任进《大学》、《论语》讲义。

黄尊素八月任应天乡试同考官，取徐石麒、朱天麟等为举人。

黄道周八月举乡试。与督学岳和声讲学于会城。道周极论喜怒哀乐未发之旨。十一月往京师，作《逆流序》。

孙奇逢是冬与太仆杨茂读书西张寺。

瞿式耜是冬兼任吉水县令。

袁中道自京赴皖，任徽州府教授；其序定所著《珂雪斋前集》在是岁。

龙膺任南京太常寺卿。

赵琦美官太仆寺丞，曾解马到辽东。

潘之恒旅吴门。

茅元仪徙寓金陵乌龙潭。

方孔炤任职蜀中，公务之暇，爱光学仪器，方以智颇受影响。

徐宏祖游庐山，归途重游黄山，作记。

金圣叹十一岁，病不入塾，得读《妙法莲花经》、《离骚》、《史记》、《水浒》诸书。

查继佐始出应县试。其本名"继佑"，以试册误书"佐"，遂仍之。

沈德符41岁，中乡试举人。

陈山毓中乡试解元。

按：陈山毓字贲闻，生卒年不详。浙江嘉善人。精擅骚赋。著有《靖质居士集》、《赋略》。

吴敬臣中举人。

按：吴敬臣字伯一，生卒年不详。浙江龙泉人。工诗画，通音律，尤精抚琴。著

葡萄牙入东帝汶。

有《竹林百咏》、《撷璘》、《唾壶余玉》。

黄世忠中举人，授浙江东阳教谕。

按：黄世忠字屏周，生卒年不详。号石圃老人。著有《经济集》、《碧涧流玉》。

顾炎武六岁，读《大学》。

法国传教士金尼阁再度入华。

按：金尼阁于传教之余，根据利玛窦等人拼音方案，于1626年编成《西儒耳目资》，为西人学习汉语提供耳目之助。此书使上述拼音方案更加系统化、科学化，为中国音韵学开辟了一条新道路。

罗伯特·鲍尔弗著成《亚里斯多德逻辑工具论概要》。

约翰·斯托和豪斯合著成《英格兰编年史概要》。

伦敦皇家内科医生学院出版《伦敦药典》。

约翰·雅各布·朔伊奇泽著成《瑞士地形自然史》。

詹姆斯一世著成《体育之书》。

曾熙丙刻张邦翼纂《汉魏丛书钞》4卷。

张弘道、张凝道《皇明三元考》14卷约刊刻于此年。

王家植《史荟》5卷刊刻。

田仰纂修《益都县志》9卷刊刻。

曾邦泰等纂修《儋州志》三集刊刻。

李廷材等修、吕克孝等纂《如皋县志》刊刻。

刘泽远修、寇慎纂《同官县志》10卷刊刻。

张启蒙修、柏可用纂《重修汉阴县志》6卷刊刻。

蒲秉权修、徐中素等纂《建昌县志》10卷刊刻。

宋大奎修、郭如泰纂《福山县志》12卷刊刻。

周宇纂修《滦志》6卷刊刻。

耿启修、曹于汴纂《安邑县志》10卷刊刻。

谭性教修、张宁纂《襄城县志》8卷刊刻。

笪总良修、柯仲炯纂《铅书》8卷刊刻。

余枢修、熊师望纂《江浦县志》12卷刊刻。

刘广生修、唐鹤徵等纂《重修常州府志》20卷刊刻。

沈维龙纂修、汪献忠增补《庆元县志》刊刻。

赵宧光作自传文《寒山自叙》。

郭良翰著《理学宗旨》36卷成。此书开后来学案之端。

汪本钶搜集李贽诗文，编刻《续焚书》，焦竑序之。

按：焦竑序曰："新安汪鼎父从卓吾先生数十年，其片言只字，收拾无遗。先生书既尽行，假托者众，识者病之。鼎父出其《言善篇》、《续焚书》、《说书》，使世知先生之言有关理性，而假托者之无以为也。"

潘曾纮所辑《李温陵外纪》5卷被附刻于汪本钶辑、新安海阳虹玉斋刻《李氏续焚书》5卷之后。

刘逊之刻《言善篇》4集。是书又题《卓吾老子三教妙述》。

焦竑序刊《玉堂丛语》8卷，郭一鹗序之。

按：是书仿刘义庆《世说新语》之体，采撷明初以来翰林诸臣遗言往行，分条记载。

俞安期刻所编《启隽类函》。

程嘉燧客山西长治，编次所著《浪淘集》18卷。

胡应麟著《少室山房四集》由新都江湛然刊行。

顾起元自定《嫩真草堂集》，又撰《重修浦口城记》，自刻《客座赘语》10卷。

邢昉著《蕤池草》。

高攀龙作《戊午吟》。

王路《花史左编》刊行。

按：是书天启间有重刻本。

华淑取俞宪《盛明百家诗》并汇集其所未见，辑为《明诗选》12卷。卷首附《盛明百家诗选姓氏爵里》。

吕坤卒（1536—　）。坤字叔简，号新吾、心吾，晚号抱独居士、了醒亭居士。河南宁陵人。万历进士。历官山西巡抚，擢刑部侍郎。立朝持正，为人所忌，致仕归乡。晚年以讲学著书为事。其学倡实用，自称"不儒不道不禅，亦儒亦道亦禅"，博采百家，通其大意，穷其旨趣，而以自得为宗。著有《吕新吾全集》、《去伪斋全集》、《呻吟语》、《阴符经注》、《四礼疑》、《四礼翼》、《实政录》、《闺戒》、《闺范图说》等。事迹见《明史》卷二二六、《明儒学案》卷五四。

按：据《明史》本传，初，坤按察山西时，尝撰《闺范图说》，内侍购入禁中。郑贵妃因加十二人，且为制序，属其伯父承恩重刊之。士衡遂劾坤因承恩进书，结纳宫掖，包藏祸心。坤持疏力辨。未几，有妄人为《闺范图说》跋，名曰《忧危竑议》，略言："坤撰《闺范》，独取汉明德后者，后由贵人进中宫，坤以媚郑贵妃也。坤疏陈天下忧危，无事不言，独不及建储，意自可见。"其言绝狂诞，将以害坤。帝归罪于士衡等，其事遂寝。……坤刚介峭直，留意正学。居家之日，与后进讲习。所著述，多出新意。

郭子章卒（1542—　）。子章字相奎，号青螺。江西泰和人。隆庆进士。历官广东潮州知府、四川提学佥事、浙江参政、山西按察使、贵州巡抚，后以功进太子少保、兵部尚书。著述宏富，有《粤草》、《蜀草》、《晋草》、《楚草》、《黔草》、《闽草》、《浙草》、《平播始末》、《群县释名》、《阿育王山志》、《老解》、《蠙衣生马记》、《蠙衣生剑记》、《博集稀痘方论》、《六语》等及《圣门人物志》、《豫章诗话》、《易解》等。

陈禹谟卒（1548—　）。禹谟字锡元，号抱冲。常熟人。万历十九年举人。授获嘉教谕。官至四川按察司佥事。学贯经史，著述颇丰，有《经籍异同》3卷、《类字判草》2卷、《禹贡图说》、[万历]《获嘉县志》10卷、《秦游记事》、《左氏兵略》32卷、《骈志》20卷、《广滑稽》36卷、《说储》8卷《二集》8卷、《学半斋集》、《经言枝指》99卷等。

僧慧经卒（1548—　）。慧经俗姓裴，号无明。江西崇仁人。为明代禅宗曹洞宗代表人物，一时号称"曹洞中兴"。著有《无明慧经禅师语录》。

庞迪我卒（1571—　）。西班牙传教士。庞迪我号顺阳。1599年来华，成为利玛窦重要助手。前年因反教运动，被逐至澳门。著有《庞子遗诠》、《七克大全》等。

俞琬纶卒（1576—　）。琬纶字君宣。长洲人。万历进士。曾任西安令。风流文采,掩映一时。台宪劾其"聊有晋人风味,绝无汉官威仪"。琬纶闻之,笑答曰:"'绝无'可称知己,'聊有'不无遗憾"。罢官后,以著述自娱。工书法,诗词乐府均有名。所著有《挑灯集异》、《自娱集》10卷《诗余》1卷。

吕天成约卒于是年(1580—)。天成字勤之,号棘津,别号郁蓝生。浙江余姚人。万历间诸生。承家学,幼嗜曲,擅填词,尤精于四声阴阳之学。为沈璟嫡派,曾代刊沈氏未刻之著,与王骥德亦称文字交。工古文辞,毕生从事小说戏曲创作,著有《曲品》,为现存最早的戏曲作家传略与作品目录,并论及戏曲创作问题。著有《烟鬟阁传奇》十余种,杂剧八种(今仅存《齐东绝倒》一种),传奇《神女记》、《戒珠记》、《金合记》。另著有《绣榻野史》、《闲情别传》小说及《红青绝句》等。

侯方域(—1654)、朱以海(—1662)、黄宗会(—1663)、柳如是(—1664)、宋徵舆(—1667)、任元祥(—1673后)、任源祥(—1676)、葛芝(—1678后)、陈廷会(—1679)、沈昀(—1680)、施闰章(—1683)、吴嘉纪(—1684)、耿介(—1688)、钱汝霖(—1689)、龚贤(—1689)、吴正治(—1691)、王士鹄(—1693)、尤侗(—1704)生。

按:一说葛芝(1615—约1678)。

万历四十七年　后金天命四年　己未　1619年

二月,杨镐誓师于辽阳,分兵四道攻金。皆败绩。明朝在辽东之统治开始动摇。

三月甲申,礼科给事中亓诗教奏曰:"皇上御极之初日讲不辍,经筵时御,何为因循至于今日,竟视东宫如漫不相关之人,视东宫讲学如漠不切己之事?且不惟东宫也,皇长孙十又五岁矣,亦竟不使授一书、识一字,我祖宗朝有此家法否?"(《神宗实录》卷五八〇)

戊戌,策试天下贡士。

辛丑,赐庄际昌、吴炳、范文若等350人进士及第、出身有差。

四月戊辰,廷试本年岁贡生365人。

壬申,廷试乞恩举人269人,各授教职。

五月丙申,礼科给事中亓诗教题请速补行丙辰科庶吉士之选。留中不报。

六月乙丑,吏部听选监生王应遴奏称修志草稿初成。

癸酉,擢熊廷弼为兵部右侍郎兼右佥都御史,经略辽东。

神圣罗马马蒂亚斯帝卒,奥地利大公斐迪南二世选立。

荷兰入雅加达。

波希米亚人废斐迪南二世,立新教之巴拉丁伯爵腓特烈五世。

葡萄牙入锡兰贾夫纳。

俄罗斯入西伯利亚建叶尼塞克斯城堡。

第一次美洲殖民地代表议会召开。

按：熊氏在辽一年，审时度势，分布战守，残疆为之起色，后金再入皆不得逞。

七月，大学士方从哲率百官伏文华门请阅视增兵发饷章奏，不理，诸军机要务废搁如故。

八月，金兵攻克北关，灭叶赫部。至此，海西女真之扈伦四部均为金所灭。

十二月庚戌，命改进士倪启祚等23人授翰林院庶吉士。

是月，再加天下田赋，以补辽饷。

是年，国子监博士徐大相、南京国子监学录乔拱璧皆疏劾司礼中官卢受，不报。

刘鸿训、杨景辰、孔贞时为起居注官。
按：孔贞时字太华，生卒年不详。池州府建德人，籍隶应天府句容。万历进士，选庶吉士，授检讨，历起居注。编纂《六曹章奏诰敕》，著有《鲁斋文集》。

黄道周自燕都归，复杜门著《三易洞玑》，未就。

鹿善继六月服阕，补户部河南司主事，继署广东。时辽饷绝，而广东金花银适至，善继请于尚书借给之，坐是降级调外，遂移疾归。

朱之蕃临宋公麟所作苏轼像。

徐光启以辽事急，自请赴朝鲜连结外势，不许；其纂著《农政全书》始于此年。

瞿式耜在永丰县令任。冬，卸去所兼吉水县令职。

潘之恒、钟惺、谭元春、茅元仪、傅汝舟等先后集金陵乌龙潭，之恒作《乌龙潭瘖园记》，元春作《三游乌龙潭记》。

潘之恒作《秦淮看月记》。

谭元春作长歌赞上海顾氏露香园绣品。

邢昉筑鲁稽斋。

方以智随祖父方大镇游庐山白鹿洞。

方孔炤迁官福建福宁，方以智随父离蜀至闽。孔炤在福宁任上问学于熊明遇、郑三俊，以智亦得长见识。
按：熊明遇，字良孺，进贤人。万历二十九年进士，是时为福建佥事。好西学，与徐光启合译《泰西水法》，并曾序意大义来华传教士熊三拔所著《表度说》。为明季热心介绍西学的人物之一。

朱舜水见国事日非，慨然绝仕进之怀。

钟惺与林古度同至苏州甪直访许自昌，游观梅花墅。

俞安期闻边警，作"百年留得桑弧在，老去犹思一射胡"诗。

李流芳北行至凤阳，病还，作《跋盆兰卷》。

凌濛初约于此年前后作《绝交举子书》，产生断绝功名念头，作归隐打算。作《抒山赋》、《戴山记》、《戴山诗》。当时年四十左右。

杨镐被逮下诏狱，论死。

周顺昌被内召，卸闽职还京。

史继偕、韩爌二月乙卯为会试正副考试官。

魏玛公国颁布世界最早的强制教育令，是为初等教育之萌芽。

汉堡交换银行建。

北美首批黑奴运抵弗吉尼亚。

史继偕与方朋哲、赵焕、李汝华、张问达、韩爌、刘一燝、张邦纪、周希圣、韩浚三月乙未为殿试读卷官。

> 按：李汝华，字茂夫，生卒年不详。河南睢州人。万历八年进士。

何如宠七月任国子监祭酒。

谭贞默执掌鸳湖诗社，任社首。

孟时芳七月升南京国子监祭酒。

孔贞运成进士，授编修。

孙传庭成进士，授永城知县。

周振成进士。

贡修龄成进士，授东阳知县。

> 按：贡修龄初名万程，字国祺，生卒年不详。常州江阴人。官至江西参政。著有《匡山集》、《斗酒堂集》。

吴炳成进士，授蒲圻县知县。

何吾驺成进士，授少詹事。

汪邦柱成进士，授湖广武昌道右参议。

> 按：汪邦柱字如石，生卒年不详。徽州休宁人。尝与江柟合著《易经会通》。

宋景云成进士。

> 按：宋景云字祥祯，生卒年不详。山东博兴人。著有《毛诗发微》。

张玮成进士，授户部主事。

> 按：张玮字席之，生卒年不详。常州武进人。少时孤贫，而持身谨洁。师从孙慎行，曾讲学于东林书院。学主慎独。官至左副都御史。著有《如此斋集》。

陈子壮成进士，授编修。

周诗雅成进士，授广平知县。

> 按：周诗雅字延吹，生卒年不详。常州武进人。著有《南北史钞》等。

项梦原成进士。

> 按：项梦原字希宪，生卒年不详。浙江秀水人。著有《宋史偶识》。

顾锡畴成进士，授检讨。

樊维城成进士，授海盐知县。

颜继祖成进士，授工科给事中。

> 按：颜继祖，生卒年不详。福建漳州人。著有《双鱼集》、《又红堂诗集》。

丁乾学、叶宪祖、范文若成进士。

陈确始应童子试。

金铉十岁，善属文。

张履祥九岁，丁父忧。

顾炎武七岁始就塾。

陈儒、方有度于山西长治创建共学书院。书院先后改名文昌、启文、上党。

傅振商重修陕西三原学古书院，题其堂为"传心"。

陈元赟为明末武术家、医学家，是岁东渡日本（一说1621年赴日）。

> 按：陈氏东渡后，在日本定居半个世纪，向日本传播中国饮食、诗文书画、武术、

茶文化以及医药文明，等等。其间，结识了许多日本文化界、医药界朋友，颇受日本各界之重视与欢迎，尤与日本名医黑川道祐、板坂卜斋交往密切。其于医学，重视《丹溪心法》之研读宣示，对日本丹溪学派之发展不无影响。陈氏东渡十年后，移居日本西久保国寺，传少林拳法于浪士三浦义辰等三人。三浦等三人为日本柔道创始人，故而陈氏对日本柔道发展史亦起一定的作用。

巴达维亚华侨创办华文教育学堂明诚书院，此为东南亚华侨社会最早的华文教育学堂。

法国传教士金尼阁携数千部西文书籍自欧洲入澳门。

耶稣会士邓玉函、汤若望入澳门。

郝敬《春秋直解》15卷、《读春秋说》1卷刊刻。

湖州闵齐伋四色套印《国语》。

郑汝璧《皇明帝后纪略》刊刻。

谭希思著《皇明大政纂要》63卷刊刻。

杨时伟辑刊《合刻忠武靖节二编》。

许自昌辑《捧腹编》成。

杨时伟编《诸葛忠武侯年谱》刊行。

按：此谱收在《诸葛忠武书》卷一。谱前有陈元素、陆广明《序》，又有编者《按》，谓：古年谱往往无事则阙，此谱特加变化，于无事之年系以时事，以志时艰。是谱记谱主仕历、政绩、武功、事迹较简明。《诸葛忠武书》卷二《传略》分绍汉、连吴、南征、北伐及遗事、杂述，亦编年记事，叙述较详，可合观。谱主诸葛亮，三国蜀相。

沈得符著《万历野获编续编》。

段展修、丁懋逊纂《新修霑化县志》7卷刊刻。

陈时宜修、张世雍等纂《潼川州志》54卷刊刻。

韩国藩修、侯裒等纂《邵武府志》64卷刊刻。

吴之暤修、杜应芳等纂《四川总志》27卷刊刻。

龚诏山刊印《隋唐两朝志传》，林瀚序之。

按：是书题"东原贯中罗本编辑，两蜀升庵杨慎重批评"，12卷120回，首有杨慎、林瀚二序。实则罗贯中《隋唐志传》原本已不传，此本系林瀚于正德年间据隋唐诸书重加纂辑而成。

谢肇淛《史考》9卷刊刻。

王志坚《读史商语》4卷刊刻。

按：《四库全书总目》曰此书"以十七史之文，与《资治通鉴》参核，随时论断，较他家史论抱残守匮者颇殊。……惟好为高论，……非论史之道矣。"

钟惺著《史怀》17卷成，先刻行9卷。

按：《明史·钟惺传》称钟惺官南京礼部仪制司主事时，僦秦淮水阁读史，恒至丙夜，有所见，即笔之，名曰《史怀》。陈广宏《钟惺年谱》以为此说有误，认为撰此书在官南京之前。

崔顺立、安国臣等朝鲜内医院教习御医受朝鲜国派遣来中国请问医学，中国派御医傅懋光等答疑讨论，研讨记录成书，命为《医学疑问》。

按：是岁，朝鲜集国内医学发展之疑难问题，请中国太医院给予阐释讨论。万

波蒙和弗莱契合编成《王而非王》、《少女的悲剧》。

奥诺拉特·拉康作成《田园诗集》。

格奥尔格·鲁道夫·韦克尔林作成德国诗集《骑士团与颂歌》。

开普勒著《宇宙和谐》，提出行星运动的第3定律。

俄罗斯伊凡·季莫费耶夫发表《年代纪》。

历皇帝命太医院组织名医答疑,并批准太医院衙门"发门票以便往来",令太医院医官"务各尽心"。还任命学验俱丰的太医院吏目、教习官、御医傅懋光(1573—1644)为接待朝鲜医学团之正教,主答朝鲜医学家之医学疑义;任命太医院太医朱尚约、杨嘉祚及教习官赵宗智、钱国祚为副教。此次医学研讨地点设在京城太医院,答疑时间为每逢单日举行,由中国正、副教轮流答疑。参加医学交流研讨会之人员,除中朝双方当事医学家及各自记录人员外,尚有更多持"门票"之学者参与听讲。研讨会内容涉及医学运气学说、医学基础理论、各种病症诊治、针灸以及药物之品种鉴别,朝鲜药与中国药之品种真伪、炮制加工,还有极罕见的中医名词术语之解释等。《医学疑问》一书,正是此次两国医学家高层次问答、解疑之真实记录。该记录整理出版后,得到中朝两国医学家之珍惜,发挥了广泛的作用。

朱简纂《印经》、《印章要论》成。

按:朱简字修能,号畸臣,后更名闻。生卒年不详。安徽休宁人。工诗,与李流芳、陈继儒等唱和。对文字学研究功力深厚,尤精古篆;在印章理论上也多建树。著有《印图》、《印品》、《菌阁藏印》、《修能印谱》等。在《印经》一书中,朱简在历史上第一次从古印中判断出有先秦印;第一次建立了印章艺术流派说,并记录了明代印坛之流派现象;此外又论述了以刀法表现书法美之观点。

王嗣奭纂《杜诗笺选》。

叶应祖刻王稚登《王百穀全集》。

臧懋循改订刊行汤显祖《玉茗传奇四种》。编刊《兵垣四编》6卷。

塞缪尔·丹尼尔卒(约1562—)。英国诗人。

卢多维科·卡拉齐卒(1555—)。意大利画家。

唐鹤徵卒(1538—)。鹤徵字天卿,号凝庵。常州武进人。唐顺之子。隆庆五年进士。以疏劾中官,遭嫉,引疾归。与龚道立、顾宪成讲学东林书院,以博学闻。著有《宪世篇》等。《明史》艺文志录有《周易象义》4卷,《辅世编》6卷、《续编》5卷。事迹见《明儒学案》卷二六。

按:一说唐鹤徵生于1537年。

梅鼎祚卒(1553—)。一说梅鼎祚(1549—1615),详见1615年条。

龙膺(1560—)约卒,年六十余。膺字君御(一作朱陵),武陵人。万历八年进士。官至南京太常寺卿。工诗文,亦善戏曲。诗文集有《纶澑文集》、《纶澑诗集》,传奇有《蓝桥记》、《金门记》。

日本藤原惺窝卒(1561—)。藤原惺窝,名肃,号惺窝,原为禅僧,后读到宋儒关于性理的书籍,遂转变思想,专攻理学。受歧阳方秀四书朱注和训之影响,彻底弃禅从儒。其哲学思想完全遵循朱熹的性理说,对佛教采取批判态度,成为日本朱子学派之开创人,在理学传播日本的过程中具有划时代的意义。其最大贡献在于使儒学在日本最终摆脱了禅学之束缚,成为完全独立学派。此外,藤原惺窝还广收门徒,兴扬理学,其嫡传高徒有5人,其中以林罗山为最。

唐汝询(1565—)约卒。汝询字仲言。华亭人。五岁而瞽。未瞽即能识字。既瞽,父兄授以《三百篇》及唐诗,无不琅琅上口。曾纂《唐诗解》、《唐诗十集》等书,援据赅博,时有新意,当时目为异人。亦工诗,著有《编蓬集》及《姑蔑集》等。

童时明卒,生年不详。时明字泰征,号惺余,又号东里居士、越西逸史。浙江淳安人。著有《明代明良录》、《三吴水利便览》、《随笔小史》等。

顾横波（ —1664）、对哈纳（ —1675）、申涵光（ —1677）、周容（ —1679）、南鼎甫（ —1684）、叶万（ —1685）、应撝谦（ —1687）、宗谊（ —1688）、王揆（ —1689）、顾有孝（ —1689）、于觉世（ —1691）、王夫之（ —1692）、雷发达（ —1693）、吴绮（ —1694）、沈珩（ —1695）、黎士弘（ —1697）、刘原渌（ —1700）、陆㙗（ —约1701）、潘江（ —1704）、方其义（ —?）、赵进美（ —?）、萧伯升（ —?）、潘江框（ —?）生。

按：萧伯升（孟舫）生年据《施愚山集》卷二十《寄萧孟舫》。一说，应撝谦生卒年为（1615—1687）。

万历四十八年　明光宗泰昌元年　后金天命五年　庚申　1620年

正月，金侵朝鲜，朝鲜国王李珲遣使向明告急。

四月癸亥，廷试天下贡士1254名。

禁当时盛行之白莲、无为诸教。

六月戊午，礼部题：考试过岁贡生员，分送南北两监读书。其就教职贡生送吏部复试。从之。

七月庚辰，大学士方从哲从考试过岁贡生员中取中上卷6卷，中卷861卷，以为俱堪任教职。

丙申，神宗朱翊钧崩。

八月壬申，以詹事府少詹事孟时芳同原任礼部侍郎顾秉谦纂修《玉牒》。

丙午朔，皇太子朱常洛即皇帝位，是为光宗，大赦天下。以明年为泰昌元年。

是日，直隶提学御史周师旦上疏，以为国家待士有体，新例不宜滥觞。为辽饷而议开纳生员一事，其事甚辱，其名甚丑。其疏下户部议，户部竟罢之。（《光宗实录》卷三）

是月，命考选馆选诸官，悉尊遗诏补用。即日下巡按巡盐诸差，并南京巡视各差，共五十余员。大学士方从哲前以疏救御史刘光复，革职为民，至是复爵。

光宗亲点吏部右侍郎史继偕、南京礼部右侍郎沈㴶俱升礼部尚书，兼东阁大学士，入阁办事，此从辅臣方从哲之请。又点何宗彦、朱国祚、刘一燝、韩爌，各升礼部尚书，兼东阁大学士，入阁办事。又召辅臣叶向高于田

奥斯曼帝国败波兰。

德国天主教联盟军入布拉格。

德意志通货膨胀。

瑞典取立沃尼亚。

俄罗斯入乌拉尔斯克。

间。又谕礼部,封皇弟瑞王于汉中府,惠王于平阳府,桂王于东昌府。惠王请改荆州,桂王请改衡州,从之。

给事中周朝瑞疏奏"慎初三要",并请"停止金花银两",被降级调外。

优擢原东宫讲官。

起升邹元标为大理寺卿,王德完为太仆少卿。原任户科孟养浩、杨东明、程绍,吏部白所知,俱起升太常少卿。姜应麟、钟羽正、李本固、丁懋逊、史弼,俱起升太仆少卿。原任吏部郎中张凤翔、耿廷柏,俱起升南京太常少卿。汪应蛟起升南京户部尚书。饶伸、冯若愚,俱升南京光禄少卿。刘元珍、胡克俭、王惟俭、白瑜,原任知府钱策,俱升光禄少卿。饶位、何暴、冯从吾、黄龙光、邹德泳、何士晋、邵辅忠,俱升尚宝卿。区大伦、秦聚奎、涂乔迁、柳佐,俱升光禄丞。王佐、林材、刘文炳、刘时俊、袁可立,俱升尚宝丞。吕图南、升南京通政司右参议。万连昆,升南京礼部郎中。原任通判夏燧,升工部郎中。原任同知王邦才,升南京户部员外。郭尚宾,升南京兵部主事。史孟麟,升南京礼部主事。郝名宦,南京刑部主事。原任知县韦国贤,南京工部主事。一时共起升大小官四十八员。

按:邹德泳字汝臣,号泸水,生卒年不详。江西安福人。邹善从子。万历十四年进士。官至太常卿。著有《圣朝泰交录》。

谕内阁发内帑银一百万两修文华殿。

光宗旨谕礼部,欲尊遗旨封皇贵妃郑氏为皇后,尚书孙如游、大学士方从哲持不可,未果。

郑贵妃欲邀光宗欢心,饰美女以进。光宗羸体益剧。

甲戌晦日,光宗病深,召见阁臣方从哲等,谕辅皇子为君。

努尔哈赤亲征明,抵沈阳北门。

光宗病,促举封后礼,群臣不奉命。

九月乙亥朔,光宗崩。

按:此为"红丸案"。光宗重病,御药房太监崔文昇下泻药,病益剧;鸿胪寺丞李可灼进红丸,自称仙药,光宗服二丸而死,在位仅一月。或疑系神宗之妃郑贵妃指使下毒,引起争论。大学士方从哲拟旨令李可灼引疾归,赏以金币。朝中大哗,交章攻方,并及郑贵妃进女乐事。是后围绕此案争论不已。此为红丸案,为晚明三大案之一。

九月己卯,为免光宗选侍李氏操纵朝政,给事中杨涟、御史左光斗力迫李氏迁出乾清宫,移居哕鸾宫。

按:此为"移宫案"。光宗死,皇长子朱由校当立。光宗专宠选侍李氏与心腹宦官李进忠(即魏忠贤)相结,利用皇长子年幼(16岁)之机,欲仿前朝垂帘故事,图专大权,谋与皇长子同居乾清宫。朝臣杨涟、左光斗以选侍尝邀封后,不可以冲主付托,于是议移宫。大学士方从哲欲缓之,经东林党人力争,选侍被迫移居哕鸾宫养老,让皇长子还乾清宫。后御史贾继春上疏,言移宫是"逼迫庶母"。是为移宫案,为晚明三大案之一。从此围绕此案党争不已,成为派系斗争题目。

庚辰,皇长子朱由校即位,是为熹宗。以今年八月以前为万历四十八年,以后为泰昌元年,明年为天启元年。

甲午，熹宗封乳母客氏为奉圣夫人，官其子，移之居咸安宫，衣食几与三宫等。客氏私内阉魏进忠，熹宗并荫进忠兄锦衣卫千户。魏客勾结，窃取内廷权力。

> 按：魏进忠旋升任司礼监秉笔太监，改名忠贤。

以国势日衰，遂起用东林诸君子。

> 按：起邹元标为大理寺卿。……以侍读学士刘一燝、韩爌为礼部尚书兼东阁大学士，值文渊阁。仍谕内阁，特召旧辅叶向高。

是月，努尔哈赤命由界藩城迁都萨尔浒城，专心并力以图辽沈。

十月丁未，辽东经略熊廷弼在辽主守，受到浙党攻击，至是被迫辞职，从此与浙、齐、楚党分道扬镳。继以佥都御史袁应泰经略辽东。

> 按：廷弼整顿辽东防务，渐有起色。然其为人性刚，失意于朝臣，至是罢。

十二月丁卯，巡抚陕西李起元以宋儒张载未有奉祀，疏请照周、程例官其十四世孙滦州附学生员张文运翰林院五经博士，以守祠墓。诏下所司。

辛酉，大学士方从哲致仕。

> 按：方从哲性柔懦，不能任大事。在内阁多年，无所匡救。至是，言官多劾，乃请致仕。从之。

是年，徐光启派守备张焘、孙学诗至澳门购得西洋火炮四门，并运抵广州；次岁，运抵北京；再次岁，孙元化仿制西洋火炮成功。

邹元标八月为大理寺卿。十二月为刑部右侍郎。
高攀龙八月讲学东林。
邹元标十月疏荐高攀龙。
冯从吾八月为尚宝司卿。
孙慎行十月为南京礼部尚书。十二月为礼部尚书。
黄道周以《三易洞玑》未成，昼则布算，夜测分野，键户不与人交。
鹿善继二月归里。魏大中来访，适孙奇逢亦在坐，相与如容城拜杨继盛祠，徘徊赋诗而去。八月，鹿善继复官，典新饷。
瞿式耜离永丰任。
袁中道改官南京礼部主事。
刘元珍起光禄少卿。
徐宏祖在福建仙游游览，访九鱼鲤湖，作记。
董其昌复被起用为太常寺少卿。
丁耀亢到江南、游于董其昌之门。
范文若任山东汶上知县，治民严刻。
毛一鹭二月己巳奉命提督苏、松等处学政。
洪承畴七月丁亥升浙江提学佥事。
公鼐八月甲寅任国子监祭酒。十二月甲寅升詹事府詹事，教习庶吉士。
李腾芳、郑以伟九月乙酉奉命教习庶吉士。
查继佐以家贫，应聘为童子师。

英国清教徒乘坐"五月花号"入北美新英格兰。

英国达德利始用煤代替木炭炼铁。

荷兰德贝雷尔始制潜水艇。

欧洲首份周报在阿姆斯特丹出版。

瑞典建成乌普萨拉图书馆。

胡承诺补诸生。

方以智十岁，随父居福建建宁，好击剑，作文慕扬雄。

施闰章三岁，丁母忧。

陈鉴于广西梧州创建梧阳书院，选府属十县生徒肄业，亲为讲授。

万历年间重要学术活动之不知年者有：

韩萃善、刘一相、曲迁乔、韩取善四进士于山东淄博槐荫书院讲学。

葛寅亮于湖北创建江汉书院。

彭元锦于湖南永顺老司城创建若云书院，招土司、土官子弟肄业其中。书院系湖南土家族最早书院之一。

李征于湖南桃源创建漳江书院。

王纳言于湖北随州即其学宫遗址创建汉东书院。

宝应朱应辰于湖南东安创建景濂精舍，集诸生讲学其中，县中文雅始盛。

侯国治于广西思恩创建阳明书院。相传王阳明讲学处多榕树，故又名榕树园。

茅一桂于海南万宁创建万安书院。

饶景晖于四川南充城北创建嘉湖书院。后昝云鹤、吴嗣量迁至北关外，并亲为讲授，造就不少人才。

谢于教于云南大姚创建日新书院。

徐应斗于云南石屏创建龙泉书院。

方应明于山西壶关创建尚友书院，后改称壶林书院。

施观民于江苏常州创建龙城书院。清乾隆年间，学者卢文绍掌教，教学以识字为先，专经课古，尤重《说文解字》。肄业有成者有李兆洛、臧在东、顾子明等。

施宏猷、章仲甫、万国寿、陆行素、杨怀凤、吕坚、汪昌源等于安徽宣城创建同仁会馆，传阐王阳明之学。会馆月一会，郡邑官吏、荐绅及父老子弟与会，讲学歌诗。四月朔日，大会三日，徽州六邑之士、王学士子咸集，盛况远播。

周汝登、金九陛、杨道臣于安徽全椒创建望阳书院。

王国柱于河南西平创建文城书院。

傅梅于河南登封创建存古书院。傅梅好古玩，每出游，见残碑断碣，即携归书院，以保存文物，并供生徒鉴赏以长见识。

欧阳烈于广东吴川重建翔龙书院。

贺沚、林有鹗于海南文昌创建玉阳书院，为会文讲课之所。

约翰·海因里希·阿尔斯特德著成《七册分类百科全书》。

天然和尚拟注《周易》。

张铨《国史纪闻》12卷成。此书据各种"传述"资料撰成，虽著者以"求真"思想为指归，而终不免有所失实。后刊于天启四年。

程开祜纂《筹辽硕画》46卷成。

按：谢国桢《明清笔记谈丛·明清边防史乘十种跋》中该书跋曰："开祜字仲秩，号二安居士，安徽天都（今歙县）人，官光禄寺署正，喜刻书，盖徽商而雄于赀者。是书仿编年之体，纂辑自明万历四十六年夏迄四十九年秋，内外臣僚关于辽事奏疏，边防要务，搜集成帙，凡46卷。……可为史资者正复不少。"又曰："是书中土久佚。"

沈惟炳纂修《香河县志》11卷刊刻。

张蒙正修、姜允清纂《威县志》8卷刊刻。

杨道臣纂修《全椒县志》4卷刊刻。

徐应元纂修《登州府志》18卷刊刻。

顾起元辑《金陵古金石考目》。

陈继儒为《致身录》作序。

刘锡元作《庚夏七发》，辑入所著杂文集《扫余之余》3卷中。

按：刘锡元字玉受，长洲人。生卒年不详。万历三十五进士。累官贵州提学佥事。后以军功进右参政。所著尚有《归涂闲纪》。

许自昌刊《唾馀草》1卷。

舒芬著《梓溪文钞》刊行。

《宝颜堂秘笈普集》（又名《陈眉公普秘笈一集》）58种88卷是岁刊。

方孔炤刻其父方大镇《宁澹语》于福建建宁。

张丑得陆典常所赠宋人写本《酉阳杂俎》续集10卷，跋而藏之。

陈仁锡刻《国朝诗馀》及《类编笺注草堂诗馀》。

吴炳作传奇《西园记》。

冯梦龙《春秋指月》12卷刊刻，所编《古今谭概》刻成。

冯梦龙修改增补罗贯中《三遂平妖传》为四十回刊行。

张誉著《平妖传叙》。

武林舒载阳藏珠馆刻《徐文长先生评唐传演义》刊行。

太监金忠刻所纂辑《御世仁风》4卷刊行。

万历年间辑刊重要著述之不知年者有：

周王府刻宋赵汝楳《周易辑文》6卷。

宁王府刻朱谋㙔《周易象通》、《古文奇字》、《异林》。

陈禹谟著《经言枝指》刊行。

王一清著《四经》刊行。

练川明德书院刻《韵学集成》。

传李廷机编《增定课儿鉴略妥注善本》刊行。

按：系据《资治通鉴》按代或按人编成五言韵文，每课四至八句不等，附有注解、复习思考题，为编纂得体的儿童历史教科书。（李廷机卒于1616年）

凌稚隆辑刊《史汉评林》。

邢侗纂修《南宫县志》13卷。此志纪事至万历三年。

狄同煃修、张弘文纂《大城县志》8卷刊刻。

刘璞修、赵崡纂《鄠县志》11卷刊刻。

佚名纂《甘镇志》6卷刊刻。此书有清顺治十四年杨春茂重刻本。

弗朗西斯·培根著成《伟大的复兴：新工具》，创立归纳推理法。

埃德蒙·冈特著成有关对数论文《标准三角测量》。

吕鹏云修、吕封齐纂《钜野县志》10卷刊刻。

何世学纂修《丹徒县志》4卷刊刻。

佚名《赣榆县志》刊刻。此志记事至万历十九年，姑系于此。

戴日强纂修《余杭县志》10卷刊刻。

李得中修、李日滋等纂《广德州志》20卷刊刻。

丁继嗣等修、朱东光纂《建宁府志》52卷刊刻。

张大光等纂修《福宁州志》16卷刊刻。

杜汝亮修、郑人文纂《氾乘》刊刻。

秦之英修、赵五臣纂《五陟志》7卷刊刻。

李文昇纂修《浚县志》刊刻。

林庭植纂修《龙川县志》9卷成。

郭子章纂《黔记》60卷刊刻。

曹志遇等纂修《高州府志》10卷刊刻。

徐天祐纂修《荆门州志》14卷刊刻。

郭棐纂修《粤大记》32卷刊刻。

佚名纂《道州志》刊刻。

贺祥著《史取》12卷成。

汪士贤辑、新安汪氏刊《山居杂志》。

高鸣凤辑《今献汇言》。

万郁文瑞尚友轩刊《老庄合刻》。

吴勉学辑《二十子》刊行。

史起钦辑《史进士新镌诸子纂要》刊行。

杨瑞辑刊刘基、叶子奇之论为《括苍二子》。

周子义等辑《子汇》刊行。

沈津辑、茅一相续辑、茅一相刊《重订欣赏编》。

李维桢辑徐用诚、虞搏所著医书，浙江布政司刊为《合刻二种医书》。

吴琯所辑《薛氏医按》24种刊行。

吴勉学辑刊《痘疹大全》。

金陵唐富春刻铜活字本《武经总要》。

朱载堉《万年历》、《历学新说》刊行。

郭子章著《六语》刊行。

王兆云著《青箱余》由书林聚奎楼刊行。

周嘉胄著《装潢志》成，为我国较早论述书画装裱技艺之专著。

长篇神魔小说《封神演义》成书于隆庆、万历间。由许仲琳据宋元话本《武王伐纣平话》，参考古籍，博采民间传说，虚构演绎而成。

万历间辑刊著名类书有《山堂肆考》（彭大翼辑）、《唐类函》（俞安期辑）、《图书编》（章潢辑）、《万姓统谱》（凌迪知辑）。

潘是仁辑《宋元四十三家集》刊行。

许自昌辑刊《李杜合刊》。

马元调辑《元白长庆集》刊行。

文肇祉辑刊《文氏家藏诗集》。

冯琦辑刊《冯氏五先生集》。

陆树声著《陆学士杂著》刊行。

朱孟震著《朱秉器全集》刊行。

冯时可著《冯元成杂著》刊行。

吕坤著《吕新吾全集》刊行。

郝敬著《山草堂集》万历、崇祯间刊行。

祝世禄《环碧斋集》刊行。

陈第所著《一斋集》由会山楼刊行。

李贽著《李氏丛书》12种26卷刊行。

杨起元著《杨贞复六种》刊行。

杭城书林翁倚山重刻《万氏家传济世良方》、双桂堂刻顾炳《历代名公画谱》、武林书堂蒋德盛刻《敬斋古今注》、继锦堂刻《阳明先生道学钞》刊行。

籍山书院刻《重刊经史证类大全本草》刊行。

杭州胡文焕文会堂编《百家名书》103种刊行。

建阳萃庆堂余泗泉刻《吕纯阳得道飞剑记》等。

建阳书林文台、余象斗刻《大方万文一统内外集》、《校正演义全像三国志传评林》20卷、《全像忠义水浒志传评林》25卷刊行。余象斗自编《西汉志传》、《南游记》、《北游记》、《皇明诸司廉明奇判公案》等亦于此期刊行。

三建书林刘龙田乔山堂刻《胤产全书》、《千家姓》、《百家巧联》、《天下难字》、《类定缙绅交际便蒙文翰品藻》、《五订历朝捷录百家评论》、《孔子家语衡》、《绣像古文大全》、《钱太史评注李于鳞唐诗选玉》、《文房备览》、《西厢记》、《三国志传》、《古今玄相》、《图象麻衣相法》、《渊海子平大全》、《雪心赋》、《万物皆备类纂》、《阴阳捷径》、《福地先知》及3种伤寒书共计22种。

苏州叶瑶池刻《五车韵瑞》。

苏州叶敬池刻《李卓吾批评三大家文集》。

益王府刻益敬王朱常迁《东馆缶音》20卷。

新安柳塘书院刻《程策会要》。

瀛山书院刻《金粟斋先生文集》。

江之源(道宗)《江道宗百花藏谱》刊行。

沈士龙、胡震亨辑《秘册汇函》。

民间曲调《打枣竿》(一作《打草竿》)在万历至崇祯年间流行于北方，后传入南方，盛行于天启、崇祯间，改称《挂枝儿》，内容多写恋情，以冯梦龙所辑最多。

息机子辑《杂剧选》刊行。

臧懋循辑《元曲选》刊行。

王骥德辑《古杂剧》刊行。

万历间刊行丛书有《纪录汇编》(沈节甫辑)、《历代小史》(李栻辑)、《子汇》(周子义等辑)、《稗海》(商濬辑)、《宝颜堂秘笈》(陈继儒辑)、《格致丛书》(胡文焕辑)等。

杨继洲卒(约1522—)。继洲字济时。浙之衢州人。世传医业,万历中曾任太医院医官。精擅针灸。所著《针灸大成》,以家传《卫生针灸玄机秘要》为本,结合本人行医经验,内容包括经络、腧穴、针法、灸法理论及临床医案,并附有四明陈氏的《小儿按摩经》等,既集明前针灸文献之大成,又为明代针灸术的总结性著作,历来为医家所重。

焦竑卒(1541—)。字弱侯,又字从吾、叔度,号漪园,又号澹园,著文亦常自署漪南生、澹园子、澹园居士、澹园老。江宁人。追谥文端。初从耿定向学,后就学于罗汝芳。万历十七年以进士第一官翰林修撰。益讨习国朝典章。大学士陈于陛建议修国史,欲竑专领其事,竑逊谢,乃先纂《经籍志》,其他率无所撰,馆亦竟罢。皇长子出阁,以他为讲官。因对时事多有议论,为执政者所恶。主顺天乡试,被劾,谪福宁知州。其学宗罗汝芳,与李贽交往最深。认为佛经所说,最得孔孟"尽性至命"精义,汉宋诸儒注反成糟粕。企图引佛入儒,调和两家思想。竑博极群书,善为古文,典正驯雅,卓然名家。著作有《俗书刊误》、《明史经籍志》、《老子翼》、《庄子翼》、《易荃》、《禹贡解》、《焦弱侯问答》、《国朝献徵录》、《澹园集》、《焦氏笔乘》、《玉堂丛语》、《焦氏类林》等。事迹见《明史》卷二八八、《明儒学案》卷三五。

按:据《明史》本传,焦竑博极群书,自经史至稗官、杂说,无不淹贯。善为古文,典正驯雅,卓然名家。集名《澹园》,竑所自号也。讲学以汝芳为宗,而善定向兄弟及李贽,时颇以禅学讥之。一说焦竑生于1540年。

臧懋循卒(1550—)。懋循字晋叔,号顾渚。浙江长兴人。万历八年进士,历任荆州府教授、夷陵知县、南京国子监博士。贬官后乡居,专事音韵、戏曲之研讨。曾遴选杂剧百种,以御戏监本加以校订,于万历四十三年、四十四年编成《元曲选》前后两集。所著有诗文集《负苍堂集》,选编刊刻有《古诗所》、《唐诗所》、《仙游录》、《梦游录》、《侠游录》等,另改编刊印汤显祖的《玉茗堂四梦》。

林之盛卒(1551—)。之盛字贞伯,号徼庵。钱塘人。万历四年举人。有《建夷考》、《应谥名臣传》等。

徐媛卒(1560—)。媛字小淑。长洲人。嫁副使范允临,夫妇俱工诗和散曲,筑室于天平山下,极唱随之乐。媛与陆卿子友善,二人亦常相唱和。吴中士大夫交口称誉,称吴门二大家。媛著有《络纬吟》。

熊三拔卒(1575—)。意大利传教士。熊三拔字友纲,1606年入华，成为利玛窦重要助手，曾协助徐光启、李之藻翻译《行星说》，万历末，遂逐至澳门，终老焉。遗著 12 种，中有《泰西水法》、《简平仪说》、《表度说》等。

汪可受卒，生年不详。可受字以虚，号静峰、三磐居士。黄梅人。万历八年进士。平生任内外职凡 40 年，颇重教育。著有《道心亭说》、《下车草》等。

汤传楹（ —1644）、张煌言（ —1664）、沈谦（ —1670）、魏际瑞（ —1677）、姚文然（ —1678）、董说（ —1686）、孙枝蔚（ —1687）、毛先舒（ —1688）、陆嘉淑（ —1689）、谷应泰（ —1690）、梁清标（ —1691）、吴骐（ —1695）、王弘撰（ —1697后）、宗元鼎（ —1698）、黄与坚（ —1701）、钱瑞征（ —1702）、倪会鼎（ —1706）、毛骙（ —?）、袁继梓（ —?）生。

明熹宗天启元年　后金天命六年　辛酉　1621 年

二月癸卯，给事中张鹏云，御史马逢皋，吏部尚书张问达，礼部尚书孙慎行，刑部侍郎邹元标，光禄少卿高攀龙，给事中惠世扬、周希令、彭汝楠、沈维炳、薛文周，御史张慎言，礼部主事刘宗周等，先后请究"梃击"、"红丸"、"移宫"三大案，纠弹刘廷元、方从哲等，魏忠贤衔之。

三月丁卯，敕礼部采辑事实，送翰林院纂修神宗显皇帝、光宗贞皇帝两朝实录。

按：圣谕中定所与修官员名单为：以少师兼太子太师英国公张维贤为监修官；少师兼太子太师吏部尚书建极殿大学士叶向高、太子太保户部尚书兼文渊阁大学士史继偕、沈?、何宗彦、朱国祚为总裁官；礼部尚书兼翰林院学士孙慎行、詹事府掌府事吏部左侍郎兼翰林院侍读学士顾秉谦、吏部右侍郎兼翰林院侍读学士盛以弘、礼部左侍郎兼翰林院侍读学士周道登、右侍郎兼翰林院侍读学士郑以伟、李腾芳、詹事府詹事兼翰林院侍读学士教习庶吉士公鼐、詹事府詹事兼翰林院侍读学士署院事钱象坤、少詹事兼翰林院侍读学士孟时芳、周如磐、国子监祭酒吴宗达、左春坊左庶子兼翰林院侍读孙承宗为副总裁官；右春坊右庶子兼翰林院侍读掌司经局事骆从宇等为纂修官。此名单此后续有所增，如增何宗彦、朱国祚、顾秉谦总裁，朱国祯、黄汝良、朱之蕃、温体仁、张邦纪、萧云举、王图、朱延喜、黄立极、徐光启副总裁，叶灿、缪昌期、姜逢元、李国樻、罗喻义、孟绍虞、庄际昌、贺逢圣、林釬、朱继祚、张翀、丁乾学、金秉乾、姚希孟、杨世芳、丁进、刘宇亮、唐大章、傅冠、吴士元、马成基、李光地、李标为纂修官等。（《熹宗实录》卷八）

己酉，福建道御史周宗建上疏言纂修《实录》、正史事宜。报闻。

壬子，金兵入浑河。甲寅围沈阳。乙卯攻陷沈阳。壬戌，克辽阳。丁

神圣罗马斐迪南二世帝解散新教同盟，入巴拉丁。

法国胡格诺派复叛。

西班牙及荷兰再战。

瑞典入波兰里加。

卯,京师戒严。

四月戊寅,募兵于通州、天津、宣府、大同。甲午,募兵于陕西、河南、山西、浙江。

丙戌,廷试天下贡生,取岁贡411名,恩贡1080名。

五月,太监魏忠贤与客氏朋比为奸,矫诏杀中官王安。

按：此后,魏为司礼监秉笔太监,提督东厂,控制内廷。是为魏氏专权之始。

六月己卯,神宗、光宗两朝《实录》开馆纂修。

九月乙卯,四川永宁宣抚司奢崇明反。十月乙酉,围成都,建国大梁,设丞相以下官。

是月,葬光宗于庆陵。

是年,荷兰入侵台湾。

德国首次种植马铃薯。

法国斯特拉斯堡大学开学。

荷兰威勒布罗德·斯涅尔发现光折射定律。

朱国祚六月己卯充经筵日讲、《玉牒》提调、《实录》总裁。

朱国祯十一月丙寅由礼部侍郎改兼翰林院侍读学士,协理詹事府事,充《实录》副总裁。

翁正春十一月丙寅由吏部左侍郎改礼部尚书,充《实录》副总裁。

左光斗闰二月乙亥奉命提督北直隶学校。

孙奇逢至京,赴鹿善继约。时左光斗督学畿辅,归京与晤。

邹元标、杨东明、冯从吾会讲于首善书院。

邹元标四月入朝,任吏部侍郎,十二月改左都御使。是岁请诏用高攀龙、赵南星等。

高攀龙三月北行,就光禄寺丞职。

刘宗周三月诏起为礼部仪制司添注主事；十月,参劾宦官魏忠贤、保姆客氏。

徐光启为朝臣所扼,退居天津开垦,著《北耕录》；光启再请出使朝鲜,被劾回原籍上海。

赵琦美到江阴晤李如一,访得邵亨贞遗集。

黄道周是秋公车北上。

周嘉谟为吏部尚书,十二月因恶魏忠贤等结党,受魏忠贤排挤罢归。

丁元荐起为尚宝寺少卿。

丁耀亢在江南,与赵宧光、陈元素等缔交。

钱谦益典浙江试事,以关节案被控究。

吴宗达闰二月甲子升国子监祭酒。

朱延禧九月甲寅起升南京国子监祭酒。

黄儒炳、黄立极七月癸卯主应天乡试。

骆从宇、周炳谟七月戊辰主顺天乡试。

按：骆从宇号乾沙,浙江武康人。生卒年不详。万历三十二年进士。著有《澹然斋存集》。

张溥补博士弟子。是年始与张采定交。

钟惺九月乙丑奉命提督福建学政。

缪昌期以屡言阉事，为执政排黜，是岁召还，典湖广试事。

鹿善继以才望改兵部职方。

瞿式耜奉调江陵，永丰民攀留。

张次仲中举人。

> **按**：张次仲初名允昌，字孺文，号待轩、钝庵，生卒年不详。浙江海宁人。著有《周易玩辞》、《困学记》、《待轩集》等。解《易》宗王弼、程颐。

李世熊中乡试副榜。

傅山年十五应童子试，提学文翔凤拔补博士弟子员。

查继佐应道试，游府庠。学使者为闽中洪承畴。

张履祥受学于桐乡陆时雍。

> **按**：陆时雍，字仲昭，号澹我，桐乡人。工诗文，尚气节。生卒年不详。崇祯癸酉(1633)下诏举岩穴之士，时雍与之，然终不遇，久留北京，因寄馆于顺天丞戴澳家，澳因事被劾，拉时雍以为证，下狱，卒于狱中。著有诗文集，又尝选《古诗镜》、《唐诗镜》，又注《离骚》、《韩非子》、《淮南子》、《扬子》等书，殁后张履祥为之作传。

顾炎武九岁，读《易》。

兵部尚书崔景荣请传教士阳玛诺、毕方济译西方兵书。

瑞士传教士邓玉函来华，在澳门行医。此间邓氏解剖日本传教士尸体，为西方医生在华首次人体解剖实践。

邢云路所纂《古今律历考》72卷约成于是岁。

> **按**：此书为作者晚年对各代律历情况的考察、总结、评判，为今人所能见到的同类著作中最早、最宏大的一部。

吕邦燿《续宋宰辅编年录》26卷刊刻。

颜季亨《国朝武功纪胜通考》8卷刊刻。

> **按**：季亨字会通，吴人。另著有《经世急切时务九十九筹》10卷等。

黄凤翔《嘉靖大政编年记》刊刻。

廖用贤《尚友录》22卷刊刻。

> **按**：廖用贤字宾于，号吸露垒居士，生卒年不详。福建绥宁人。此书为历史人物类工具书，成于万历四十五年。

瞿式耜是春与父瞿汝说共纂《皇明臣略》。

南轩纂修、南师仲增订《渭南县志》16卷刊刻。

袁文新修、柯仲炯等纂《凤阳新书》8卷刊刻。

王九畴修、张毓翰纂《华阴县志》9卷刊刻。

周之冕修、王懋续纂《新修来安县志》10卷刊刻。

冯任修、张世雍等纂《成都府志》58卷刊刻。

余文龙修、谢诏纂《赣州府志》20卷成。

茅元仪纂刊《武备志》240卷。

> **按**：元仪自万历四十七年开始编纂，是年脱稿付梓。全书180万字，分兵诀评、战略考、镇练制、军资乘、占度载五门，广采历代军事书籍二千余种，且颇多科学、交

约翰·巴克利著成寓言政治小说《阿吉尼斯》。

约翰·弗莱契编成喜剧《徒劳的搜索》。

罗伯特·伯顿著成《剖析忧郁症》。

开普勒著《哥白尼天文学概要》，该书被天主教会取缔。

通、体育等方面史料,为资料丰富的军事百科全书。书中所载"火龙出水"等,为现代火箭前身;《郑和航海图》亦赖此书传世。此书之出版,奠定了茅元仪著名军事理论家的地位。另著有《石民四十集》等。

茅瑞征《万历三大征考》5卷、《东夷考略》3卷刊刻。

按:茅瑞征(1577—?),瑞征字伯符,号五芝,别号苕上愚公、浣花居士、清远居士、澹泊居士,浙江归安人,文学家茅坤从孙,万历二十九年进士。官至南京光禄寺卿。著有《芝园秘录》、《明末崇祯遗事》、《五芝纪事》、《象胥录》、《东夷考略》、《东事答问》、《澹朴斋集》等。其中《东夷考略》为兵书,包括《女真通考》、《海西女真考》、《建州女真考》以及《辽东全图》、《沈阳图》、《东事答问》、《苕上愚公传》等,乾隆四十三年(1778年)遭禁毁。

钱谦益著《国史问策》。

按:此书又名《史法》。

谈迁始著《国榷》。

陆化熙《目营小辑》4卷刊刻。

闵声等辑刊《兵垣四编》。

湖州茅氏套印《硃批武备全书》、《皇明将略》。

王象晋著成《群芳谱》。

按:此书记述谷、蔬、果类、茶、竹、桑麻、花卉等栽培植物形状特征颇详,在遗传选种学上有一定意义。清康熙时《广群芳谱》即据此增广而成。象晋字荩臣,山东新城人。

程宗猷纂《耕余剩技》刊行。

陈仁锡是岁始陆续刊行所纂《古文奇赏》4集。

史槃八十九岁,作《吐红记》传奇。

冯梦龙《情史类略》成于是年之后。

按:此书一名《情史》,又作《情天宝鉴》,凡八百七十余篇,选录历代笔记或小说辑成,凡二十四类。

邹迪光刻所著《始青阁稿》。

凌濛初刻所纂《东坡禅喜集》、《山谷禅喜集》。

韩敬刻汤显祖《玉茗堂集》(又称《汤若士全集》)。该书收录汤显祖30岁以后诗文。

吴达可卒(1541—)。达可字安节。宜兴人。万历五年进士。屡陈新政要计,当局不纳。官至通政使,乞休去。著有《奏疏遗稿》、《三忠文选》等。事迹见《明史》卷二二七。

华善继卒(1545—)。善继字孟达,号济川。无锡人。嘉靖贡生,官至永昌府通判。精星术,直抉躔度岁差之秘。好为古文辞,与弟善述并有才名。著作存者有《咫闻录》5卷、《璇玑抉微》(一作《星命抉微》)5卷、《折腰漫草》8卷、《孟达诗集》14卷、《孟达集》12卷。另有《三命珠钤》、《五星玄珠》、《五星一贯》等已佚。

按:《咫闻录》见《明史·艺文志》,作者著录为"华继善";《折腰漫草》或称《华孟达诗稿》,或称《济川诗集》;王世贞曾作《华孟达诗选序》、《华孟达集序》。

王化醇卒(1546—)。化醇字和甫,号应峰。无锡人。嘉靖中国子生。曾杂采唐人咏花诗38种,编为《百花鼓吹》、《梅花鼓吹》。

安希范卒(1564—)。希范字小范,号我素。无锡人。万历十四年进士,授行人,迁礼部主事,改南京吏部。后斥为民。在家乡参与东林讲学之会。著有《天全堂集》。事迹见《明史》卷二三一。

刘元珍卒(1571—)。元珍字伯先,号本儒。无锡人。万历进士,授南京礼部主事,迁职方郎中。因在京察中抗疏劾沈一贯,忤神宗,除名罢归。家居,讲学东林。光宗即位,起光禄寺少卿,寻卒于官。事迹见《明史》卷二三一、《明儒学案》卷六〇。

张铨卒(1577—)。铨字宇衡,号见平。山西沁水人。谥忠烈。万历三十二年进士。有《国史纪闻》12卷。事迹见《明史》卷二九一。

杨思圣(—1664)、马骕(—1673)、封濬(—1676)、张潊(—1678)、史大成(—1682)、汤之锜(—1682)、顾景星(—1687)、戴本孝(—1691)、王大经(—1692)、刘丁(—1692)、张沐(—1702)、宋实颖(—1705)、毛乾乾(—1709)、朱素臣(—1701)、吴尔壎(—?)生。

天启二年 后金天命七年 壬戌 1622年

正月癸丑,礼科给事中惠世扬条议科举考试当正文体、重后场等六事。中有曰:首场间有弋获,不过摘句寻章;至通达时务必于后场见之,宜特拔以罗异才。(《熹宗实录》卷一八)

丁巳,金兵克西平堡,入广宁,陷城四十余。王化贞、熊廷弼同走入关,均被逮下狱论死。

按:先是,巡抚王化贞与经略熊廷弼战守之议不合,化贞无戎才,徒为大言以诳世人,廷弼有所建白,多为其牵掣。而朝臣多右化贞,欲调廷弼别用。廷议纷纭之际,金兵已渡辽河,围攻西平。西平堡下,远近四十余城守御官皆降。金兵乘胜进克义州而还。事后,朝廷逮化贞、廷弼对勘。杨涟议熊廷弼奉旨守关,不可谓逃,又不当与王化贞同列。时持公平之论者咸以为允当。此案立谳者为刑部主事顾大章。御史杨维垣疏参大章鬻狱,又谓大章受熊廷弼四万金代为营脱。后魏忠贤借熊案杀杨涟、左光斗,实本杨维垣此疏。

癸亥,准五经博士孔胤植管理衍圣府事。

三月己亥,从魏忠贤请,举办内操,演习火器。

按:次年,又遣宦官刺探边事。此为魏忠贤收揽军权之始。

甲寅,赐文震孟等进士及第、出身有差。

按:是科会试,命大学士何宗彦、朱国祚为主考。嗣后以二辅臣典试为常。故

穆斯塔法一世复任奥斯曼帝国苏丹。

波斯与英人缔盟,逐葡人于霍尔木兹,败莫卧尔帝国。

德国新教联军及天主教军战。

法王路易十三及胡格诺派战。

法国黎塞留任红衣主教。

英王詹姆斯一世解散英格兰议会。

教皇法庭确定1月1日为新年的开始。

事,阁臣典试,翰、詹一人副之。

是月,王在晋任辽东经略。王主张弃关外,阁臣孙承宗巡视辽东,议守关外。

金帝命皇子八人俱为和硕贝勒,共议国政。

五月丙午,山东闻香教(白莲教分支)徐鸿儒、王好贤(王森之子)起义,自号中兴福烈帝,称大成兴胜元年,破郓城。

> 按:此次起义,各地白莲教教民纷起响应,举事凡七月而灭。

是月,熹宗下诏祭葬方孝孺并追谥,抚恤方孝孺后裔。

八月癸酉,刑科给事中刘弘化题请熹宗重讲筵日讲,以开发圣虑。

是月,以顾秉谦为礼部尚书。

> 按:是时魏忠贤用事,以言官数攻之,乃阴结外廷诸臣助己。秉谦与侍郎魏广微率先诣附,遂有是命。其后,士夫阿附忠贤者日众,于是士风日下。

九月庚子,兵科都给事中朱童蒙以左都御史邹元标、副都御史冯从吾等于都城创建讲坛,恐开门户,疏请亟行禁谕。得旨:讲学原是教人忠孝,自祖宗朝未有此禁;但不可自立门户,致起争端。(《熹宗实录》卷二六)

乙卯,封皇弟朱由检为信王。

是月,诏行武举殿试,如文臣之进士殿试例。

是年,荷兰侵澳门。荷兰战舰十五艘攻澳门,被击败,其将高文律(Kovenloet)率残部北上,企图以澳门为例,占地通商。

令兵部至澳门请耶稣会士陆若汉等24人来华铸西洋大炮。

> 按:命传教士罗如望、阳玛诺、龙华民制造铳炮,曾从徐光启学西洋炮法之山东右参议孙元化负责监制,招聘葡兵至京演习仿制之葡炮。

奥地利萨尔茨堡大学建立。

埃德蒙·冈特发现,磁针不是在同样的地方始终保持同样的倾斜度的。

英国最早的《新闻周刊》创刊。

邹元标四月壬辰以左都御史上疏言"光宗皇帝大事未明,难以传信",乞《实录》据实开载,以成信史。报闻。(《熹宗实录》卷二一)

邹元标、冯从吾先是在京师建首善书院,与高攀龙讲学其中。十月为反东林党者劾罢。

> 按:《明史》卷二四三:时邹元标任都御史。元标自还朝以来,不为危言激论,与物无忤。然小人以其东林也,犹忌之。给事中朱童蒙、郭允厚、郭兴治虑明年京察不利己,潜谋逐之。会元标与副都御史冯从吾建首善书院,集同志讲学,童蒙首请禁之。……而魏忠贤窃柄,传旨谓宋室之亡由于讲学,特加严谴。从吾言:"宋之不竞,以禁讲学故,非以讲学故也。我二祖表章《六经》,天子经筵,皇太子出阁,皆讲学也。……臣壮岁登朝,即与杨起元、孟化鲤、陶望龄辈立讲学会。京师讲学,昔已有之,何至今日遂为诟病?"与元标连疏求去。冬十月并罢。

邹元标十月在京师,与赵南星会于天宁寺,出其文稿请赵氏题,南星有《邹尔瞻先生文集序》。

邹元标等议复张居正原官,被阉党论劾去。

赵南星代邹元标为左都御使。

高攀龙正月升光禄寺少卿;十一月晋太仆卿。

叶向高十月丁卯以大学士上疏论讲学不宜有禁。

按：《熹宗实录》卷二七录叶氏此疏语曰："……夫讲学之禁从来未有，二科臣之疏屡奉内传，频更票拟，至谓宋室祸败由于讲学，谁为此言以告皇上，独不思宋方盛时正以濂、洛、关、闽讲明学术，比及南宋王淮、韩侂胄、陈贾辈始立伪学题目，构陷朱熹诸贤而宋祚遂终。……"

何宗彦、朱国祚二月辛未主考会试。

叶向高、韩爌、何宗彦、朱国祚等为廷试读卷官。

朱国祚九月乙未条陈铨法。

白瑜拜刑部侍郎。

按：《四库全书总目提要》卷五九：瑜字绍明，永平人，万历乙未进士，官至刑部左侍郎。事迹见《明史》卷二四二。此书乃因张玭《夷齐录》损益而成，所载视旧《录》加详。

刘一燝三月丁酉朔因不徇魏忠贤而遭倾陷，罢归。

孙慎行、刘宗周二月上疏劾方从哲。宗周又上《修学中兴第一要义疏》。

孙慎行四月在礼部尚书任追论红丸事，复劾方从哲庇李可灼。七月罢官。

刘宗周四月奉命赍壬戌会试录往南京。五月谒孝陵，焚《会试录》。事毕，经梁武墓，拜方孝孺衣冠。继游栖霞山、牛首山、燕子矶、雨花台后回绍兴。

刘宗周六月升光禄寺添注寺丞；七月，自南京归里省墓。

孙奇逢二月过山海关。

钱谦益典试浙江，所取举人钱千秋卷七篇大结迹涉关节，榜后为人所讦，谦益自检举，千秋谪戍。未几，赦还。

按：崇祯二年会推阁臣，谦益以礼部侍郎与焉，而尚书温体仁不与。体仁摘钱千秋事，出疏攻谦益。谦益由此罢，遂终明世不复起。

董其昌以太常寺少卿管国子监司业事。

黄尊素三月考授御史，七月以悬缺假归故里。

黄宗羲自宣城还余姚，赴郡城应童子试。

瞿式耜复任永丰。

李流芳赴京复南返。

茅元仪随孙承宗督师辽东御后金。

鹿善继奉旨从孙承宗督师榆关，厥后恢复辽疆四百余里，凡五城七十二堡，皆善继所与密画。

张岱在苏州葑门外荷花荡观荷，作记。

黄儒炳正月乙丑升南京国子监祭酒。

来宗道、张鼐九月壬寅主考武场会试。

陈继儒旅杭州，跋所见王维《弈棋图》。

钱希言为杜文焕《太霞洞集》作序。

按：钱希言，字象先，号简栖，1612年前后在世，具体生卒年不详。常熟人。诸生。博览好学，工诗。恃才负气，人争避之，卒以穷死。著有《辽邸纪闻》1卷、《楚小志》1卷、《西浮籍》1卷、《荆南诗》2卷《附录》1卷；另有丛书《松枢十九山九种》52卷附录1卷，子目为：《讨桂编》20卷、《樟亭集》3卷、《织里草》1卷、《桃叶编》1卷、《听滥志》2卷、《桐薪》3卷、《二箫篇》2卷、《戏瑕》2卷、《狯园》16卷。又，此丛书据《重修常昭合志》卷18尚有《辽志》、《剑筴》27卷、《赋湘楼集》、《小辋川集》、《西浮集》、《荆南诗》等六种。

周顺昌委吏部文选司职南归，作《中朝豺虎方盈阙》诗别文震孟。

文震孟中状元，授修撰。未几，以疏忤魏忠贤，贬秩调外，震孟不赴调而归。

按：文震孟冬十月上《勤政讲学疏》言："陛下昧爽临朝，寒暑靡辍，政非不勤。然鸿胪起奏，跪拜起立，如傀儡登场已耳。请按祖宗制，唱六部六科以次白事，纠弹敷奏，陛下与辅弼大臣而裁决焉。若仅揭帖一纸，长跪一诺，北面一揖，安取此驾行彡绣、横玉腰金者为？……近日举动，尤可弄者。"疏上，魏忠贤屏不即奏，乘帝观剧，摘疏中"傀儡登场"语，谓比帝于偶人，不杀无以示天下，帝领之。一日，讲筵毕，忠贤传旨，廷杖震孟八十。内批贬秩调外，言官交章论救，不纳，震孟亦不赴调而归。（《熹宗实录》卷二七）

王锡衮成进士，入翰林院为庶吉士。

卢象昇成进士，授户部主事。

朱之俊成进士。

按：朱之俊字沧起，生卒年不详。山西汾阳人。官至翰林院侍讲。著有《周易纂》、《春秋纂》等。

李元鼎成进士。

按：李元鼎字梅公，生卒年不详。江西吉水人。官至光禄寺少卿。降李自成授太仆寺少卿。降清擢兵部右侍郎。著有《石园集》。

李嵩成进士，授山西翼城知县。

按：李嵩字影石，号景峰，生卒年不详。真定枣强人。官至布政使。著有《按晋疏草》、《白雪堂集》等。

吴执御成进士，授济南推官。

吴麟徵成进士，授建昌推官。

吴振缨成进士，授中书舍人。

按：吴振缨字长组，生卒年不详。浙江归安人。著有《颠石斋诗集》。

陈盟成进士。

按：陈盟号鹤滩，生卒年不详。四川富顺人。官至礼部尚书兼翰林院学士。著有《崇祯阁臣行略》。

陈仁锡成进士，授编修。

张国维成进士，授番禺知县。

南居仁成进士，选庶吉士，授编修。

黄道周成进士，授编修。

按：时魏珰虐焰方炽，黄道周与文震孟、郑鄤相约尽言报国。

华允诚成进士，从同里高攀龙讲学首善书院。先后旋里，遂受业为弟子，传其主静之学。

傅朝佑成进士，授中书舍人。

倪元璐成进士，授编修。

苗胙土成进士。

倪嘉庆成进士，授户部主事。

按：倪嘉庆字笃之，生卒年不详。应天江宁人。明亡为僧，名函潜、大然，字笑峰。著有《灵潭集》。

王铎、冯元飚、祁彪佳、张文郁、郭都贤成进士。

陈龙正是岁始觉向来喜文章经济之意，均属可耻。

吴梅村始受业于张天如。

王夫之与次兄同入塾，从长兄受读。

陆世仪年十二，能诗歌。

陈子龙从王玄圆学诗赋。王志坚起督浙江驿传。

查继佐与同里诸子十二人（号"十二翁"）创为月课。

张履祥从桐乡陆时雍受《易》。

方以智年十二，丁母忧，自福宁归桐城；仲姑方维仪抚育之，一如己出。

顾炎武10岁，读古兵家孙子、吴子书，及《左传》、《国语》、《战国策》、《史记》。

冯从吾、邹元标在京城创首善书院，意欲通过讲学"提醒人心，激发忠义。"

冯嘉会、邱兆麟重建开封大梁书院。

德意志天主教耶稣会传教士汤若望携带欧洲新式天文望远镜入华。初在京学汉语，将塞都利《远镜说》译为中文，继入西安。崇祯三年（1630年）被召回北京，参与修订历法。

董其昌纂《万历事实纂要》、《神庙留中奏疏》成。

过庭训《本朝京省人物考》77卷刊刻。

何乔远《闽书》刊刻。

按：此为福建现存首部省志，有福建人民出版社整理本。

潘敦复纂修《乐亭志》12卷增刻。

方尚祖纂修《封川县志》22卷成。

史继偕《皇明兵制考》约刊于本年。

按：史继偕字世程，号莲岳，福建晋江人。有资料称其著有《云台藏稿》、《奏议》、《八闽人物》、《太史一家》、《越章录》、《怡云草》。

鹿善继为范景文序《蒠议》。

陈弘绪自作《酉阳山房藏书记》。

郭良翰《理学宗旨》36卷刊刻。

高攀龙是岁著《乾坤说》、《心性说》、《寅直说》。复撰疏陈务学之要、致治之本。

朱国祯《涌幢小品》32卷刊刻。

毛晋刻《屈陶合刻》。

菲利普·马辛杰和托马斯·德克尔合编成悲剧《纯洁的殉教者》。

夏尔·索雷尔著成法国讽刺小说《弗朗西恩》。

亚历山德罗·塔索尼作成嘲弄地模仿英雄风格的诗《掳掠水桶》。

培根著成《亨利七世统治史》。

卡米洛·巴尔多著成《关于如何从信中看出写信人的性格和个性的论文》。

朱之蕃刻所纂《三家咏物诗》。

许经作《掷杯记》传奇。

潘之恒卒(1556—)。之恒字景升,号鸾啸生、冰华生等。安徽歙县人。出生于世家,早年师从汪道昆、王世贞。因仕途坎坷,寄情山水,遍游大江南北,先后与李贽、梁辰鱼、张凤翼、汤显祖、沈璟、屠隆、臧懋循及袁宏道兄弟等人结交。长期生活于戏剧繁盛之苏州、南京等地,结识许多戏曲演员和歌姬名妓,多次主持"曲燕"活动。晚居黄山,专心整理著述。著有《新安山水志》、《黄海》、《山海注》、《亘史》、《涉江集》、《金昌集》等。

尹嘉宾卒(1572—)。嘉宾字孔昭,号澹如。江阴人。万历三十八年进士。官至湖广提学副使。工诗善书,著有《焚余集》。

宋懋澄卒(1572—)。懋澄字幼清,又字稚源、自源,号叔意。华亭人。万历四十年举于乡。三上春官,不第卒。著有《九籥集》。

冯复京卒(1573—)。复京字嗣宗。江苏常熟人。著有《六家诗名物疏》60卷、《遵制家礼》4卷、《先贤事略》10卷、《族谱》4卷,作《明史右略》未成而殁(已成21卷)。

吴蕃昌(—1656)、曹本荣(—1665)、陈允衡(—1672)、郁禾(—1678)、李鄴嗣(—1680)、王恕(—1682)、徐晟(—1683)、龚佳育(—1685)、张烈(—1685)、郭棻(—1690)、徐枋(—1694)、李之芳(—1694)、计六奇(—?)、黄宗辕(—?)、曾畹(—?)生。丁澎(—1686)约生。

天启三年　后金天命八年　癸亥　1623年

正月己酉,阉党顾秉谦、魏广微俱以阿附魏忠贤入阁为礼部尚书,兼东阁大学士,预机务。是为魏忠贤揽政柄之始。

乙卯,荷兰入澎湖、台湾,寇厦门。福建巡抚南居益出兵收复澎湖,而荷兰据台湾如故。

二月,御史周宗建上书直攻魏忠贤,被夺俸。

按:周宗建为直攻魏忠贤第一人,疏上,忠贤泣熹宗前以激之怒,熹宗乃令宗建陈交通诸大臣状,自是党祸萌。

是月京察。北察主计人为吏部尚书张问达、左都御史赵南星。赵著《四凶论》,罢斥了亓诗教、赵兴邦、官应震和吴嗣亮。对其他贪官污吏之惩处也一如癸巳京察,吏治为之一振。

波斯入巴格达。

穆拉德四世任奥斯曼帝国苏丹。

神圣罗马夺巴拉丁选帝侯位,旋授于巴伐利亚。

古斯塔夫二世改革瑞典中央政府。

美洲的新荷兰正式建省。

四月乙酉,熹宗敕谕吏部,令翰林院请假、告病官员前来供职,并严斥史馆工作效率低下。

五月,魏忠贤及熹宗乳母客氏大杀妃嫔。

六月乙亥,光宗皇帝《实录》、《宝训》编成。

十月,以赵南星为吏部尚书。南星尽荐东林诸君子入朝。东林与阉党之争益烈。

按:时东林势炽,党徒盈朝,激扬风议,魏阉颇悼之。

十二月癸巳,封李倧为朝鲜王,暂统国事。

庚戌,魏忠贤以司礼监秉笔太监提督东厂,用田尔耕掌锦衣卫事、许显纯为镇抚理刑,罗织锻炼,严刑惨酷。

按:神宗末,厂卫活动渐少,至是重见活跃,为害更甚于前。魏忠贤多假此报复挟制诸臣。

是岁,括天下库藏输京师。

朱童蒙正月疏攻理学大臣邹元标。

朱国祯拜礼部尚书兼东阁大学士,改文渊阁。

朱国祚致仕。

按:刑部尚书王纪为魏忠贤所逐,朱国祚疏救,魏忠贤不悦,国祚遂致仕。

高攀龙四月抵家,复寻东林之社;十一月,升刑部右侍郎。

刘宗周五月升尚宝寺少卿;九月升太仆寺添注少卿。

邹元标是冬应冯从吾之嘱作《薛思庵先生野录序》。

黄道周迎母至京就养。

曹于汴授吏部右侍郎,四辞不得,乃引疾归。

黄尊素是冬授山东道监察御史。

祁彪佳赴福建兴化任推官。

凌濛初不复一意归隐,入京谒选。

董其昌调掌南京翰林院事,其《杜少陵诗意图》作于是岁。

陈仁锡丁内艰。

鹿善继从孙承宗督军宁远。

孙承宗镇山海关,袁崇焕筑宁远城。

张采、张溥至金坛访周钟。

瞿式耜离永丰任。九月,丁父忧。

施绍莘客杭州,作《钱塘怀古》散套。

冯梦龙客麻城,潘一桂作《送冯犹龙入楚》诗。

徐宏祖游嵩山,继游华山,复循汉水东下游武当山,作记。

陈洪绶自浙赴京,沿运河过丹阳北上。

方以智随父宦游京师,驰驱齐鲁,留意名山大川,兴怀成咏。

钱继登五月庚子升江西按察司副使,提督学政。

按:钱继登字尔先、龙门,生卒年不详。浙江嘉善人。万历四十四年进士。曾巡抚淮扬。致仕后,潜心经史,精研佛学。著有《鏧专堂集》、《东皋问耕录》、《易窥》、

英国制定最早的发明专利法。

《南华拈笑》、《孙武子绎》、《经世环应编》等。

钟羽正官至工部尚书，以愤群阉用事，自引归。

按：钟羽正字叔谦，生卒年不详。山东益都人。万历八年进士。著有《崇雅堂集》、《青州风土记》。

李三才起为南京户部尚书。

烟霞外史于泰和堂作《韩湘子叙》。

黄宗羲补诸生，好窥群籍，不琐守章句，于制义课余，潜购诸小说观之。秋，随父至京，在李皇亲园中得见朱大典。

陈确读书菩提寺。

顾炎武从大父读《资治通鉴》。

陆世仪随父馆顾东明家。

金铉应童子试，补京兆尹弟子员。

施闰章从父读《孝经》。

安东尼奥·乌尔塔多·德门多萨编成喜剧《为了爱而爱》。

菲利普·马辛杰编成悲剧《米兰的公爵》。

威廉·德拉蒙德发表其作品《柏树林》，以哲学观念论述了死亡。

高攀龙著《周易孔义》成。

孙奇逢与鹿善继商定《四书说约》。

高升铺刻《新刻照千字文集音辨义》。

吴世济所编《汉魏丛书钞》刊成。

王惟俭《宋史记》约成于此年。

按：此书无正统之见，增加了以往宋史不录之宋初诸国年表、辽金二国表及辽金二国传，然取材太窄。

吴孝章《名臣志钞》24卷成。

沈梦熊《皇明相业考》1卷、《皇明军功考》1卷刊刻。

董其昌纂《南京翰林院志》。

陈继儒《建州考》刊刻。

吕鹏云修、吕封齐纂万历间《钜野县志》10卷由方时化刊刻。

徐凤翼修、徐日葵纂《江山县志》10卷刊刻。

何三畏《云间志略》24卷刊刻。此书为华亭县人物传。

《巨鹿县志》10卷刊刻。

林应翔修、叶秉敬等纂《衢州府志》16卷刊刻。

樊维城辑刊《盐邑志林》。

颜季亨《经世急切时务九十九筹》10卷刊刻。

顾起元著《蛰庵目录》。

何乔远《名山藏》抄本传世。

陈司成著成《霉疮秘录》，为首部论治性病之中医专书。

徐日久著《鹭言》成。

曹于汴《仰节堂集》刻行，戴任为作《后语》。

陈仁锡《明文奇赏》由苏州酉酉堂刊行。

许宇刊《词林逸响》。

李绍文辑《艺林累百》。

按：《四库全书总目提要》云："是书全仿宋刘义庆《世说新语》，其三十六门亦仍其旧。所载明一代佚事琐语，迄於嘉、隆，盖万历中作也。前有释名一则，详列书中诸人名字谥号爵里。陆从平序谓'绍文近以文学受知於熊剑化，剑化复为厘其谬误'。然今书方正门以文徵明论先人世谊语属之对上相杨公，品藻门以王畿贪嗔痴救戒定慧语属之对陆树声，皆与他说部不合，是传闻异词，未能尽确。又以杨士奇为东杨，杨荣为西杨，其释名亦颇多舛互。"

汪廷讷搜集陈铎所作曲，编为《陈大声乐府全集》刊行，汤有光为作序。

梅鼎祚《鹿裘石室集》65卷刊行，李维桢、汤宾尹、吴伯舆、高维岳等序之。

按：《四库全书总目》卷一八〇别集类存目七《梅禹金集》20卷提要云："是集乃其诗，凡分《庚辛草》四卷、《与元（玄）草》八卷、《予宁草》八卷。鼎祚辑《八代诗乘》，又辑《古乐苑》，于诗家正变源流不为不审，而所作止此，则囿于风气，委曲谐俗之过也。"此评概未见《鹿裘石室集》，复加对明诗心存偏见之故。

王骥德著成《曲律》。

按：是书为我国最早且较全面的戏曲理论专著，主张戏曲作品既要重视曲律，又要讲究内容和词藻，对作曲、唱曲、剧本结构等方面都有系统论述。此书与吕天成《曲品》，被誉为"论曲双璧"。

王思任作《批点玉茗堂牡丹亭叙》。

按：此《叙》从人物塑造、创作主旨、语言特色三方面论述《牡丹亭》的成就，于明代研究《牡丹亭》的著作中最为精辟，影响也最大。

茗柯生刊行沈璟《博笑记》。

意大利传教士艾儒略著成《职方外纪》，为首部系统介绍五大洲各国风土、民俗、气候、名胜之中文地理著作。又撰《西学凡》，述欧洲学校育才之法。此为西方教育史传入中国之始。

僧德清卒（1546— ）。德清俗姓蔡，字澄印，别号憨山。安徽全椒人。与真可、袾宏、智旭并称明末"四大高僧"。主张禅、华严二宗融合，儒、释、道三教一致。著有《法华经通义》、《中庸直指》、《老子道德经注》、《庄子内篇注》及《憨山语录》等。

沈朝阳卒（1547— ）。朝阳字宗明。南京人。沈越子。曾整理刊刻其父《嘉隆两朝闻见纪》。著有《阙里书》、《通鉴纪事本末前编》。

吴道南卒（1550— ）。道南字会甫，号曙谷。江西崇仁人。谥文恪。万历十七年进士。官至礼部尚书兼东阁大学士。为史官时适逢开局修正史，道南分辑河渠，所著有《国史河渠志》。既归，撰《大政议》，未及上而卒，谥文恪。著作另有《日讲录》、《巴山草》等。事迹见《明史》卷二一七。

瞿汝说卒（1565— ）。汝说字星卿，号洞观，苏州常熟人。万历二十九年进士。著有《皇明臣略》。

刘光复卒（1566— ）。光复字敦甫，号贞一，晚号见初。池州青阳人。万历二十六年进士。著有《见初集》。

杜尔西达斯卒（1532— ）。印度诗人，宗教改革家。

罗如望卒(1566—)。葡萄牙传教士。罗如望一译罗儒望，号怀中。生于葡萄牙拉梅戈，明末入华。在中国澳门学习神学。卒于杭州。著有《天主圣教启蒙》、《天主圣像略说》。

陈邦瞻卒(1567—)。邦瞻字德远，号匡左。高安（今属江西）人。万历二十六年进士。在军政方面颇有政迹。于南京吏部郎中任上，取冯琦和沈越原稿，编成《宋史纪事本末》和《元史纪事本末》。另著有《莲华山房集》。事迹见《明史》卷二四二。

袁中道卒(1570—)。中道字小修。湖北公安人。万历进士，授徽州府学教授，历国子监博士，官至南京礼部郎中。与兄宗道、宏道并称"三袁"，为"公安派"代表作家之一。其文学主张崇尚自然，反对摹拟。著有《禅宗正统》、《珂雪斋集》、《游居柿录》。

沈守正卒(1572—)。守正又名迁，字允中，又字无回。浙江钱塘人。万历三十一年中举。著有《诗经说通》、《四书丛说》、《雪堂集》。

许自昌卒(1578—)。自昌字玄祐。长洲甫里人。不乐仕进，有一随子（陆龟蒙）之风。好奇文异书，手自校刊多种，于陆龟蒙旧居筑梅花墅以聚之，为著名藏书家、刻书家。钟惺、陈继儒、谭元春时常与之砥砺文章并寓居梅花墅。自昌亦工乐府，擅作曲，所作传奇有《水浒记》、《桔浦记》、《灵犀佩》、《弄珠楼》、《报主记》、《临潼会》、《瑶池会》等8种，其中前三种存；所著诗文存者有《樗斋漫录》12卷、《卧云稿》1卷、《樗斋诗钞》4卷（另有《秋水亭草》、《唾余草》等已佚）；小说有《捧腹编》10卷。自昌所刻书主要有《太平广记》500卷《目录》10卷、《前唐十二家诗》24卷、《李杜全集》47卷、《合刻陆鲁望皮袭美二先生集》38卷、《琼台先生诗话》2卷、《玉茗堂批评节侠记》2卷、《玉茗堂批评种玉记》2卷等。

王骥德(1542?—)约卒。骥德字伯良，又字伯骥，号方诸生、玉阳生、别署方诸仙史、秦楼外史、玉阳仙史。会稽人。出身著作之家，受家学影响，自幼嗜好歌乐。弱冠承父命改写祖父剧作《红叶记》为《题红记》。初为徐渭弟子，后又出入孙月峰、孙如法、沈璟之门，亦颇受汤显祖影响。与吕天成、顾大典、史槃、叶宪祖、屠龙、毛允遂等友善。晚年曾两次入燕京，考察元杂剧发祥地风土人情，南返后抱病撰写《曲律》，此为生平最后著作。一生著述甚丰，曲论除《曲律》外，又有《南词正韵》、《声韵分合图》；诗文有《方诸馆集》；散曲有《方诸馆乐府》；杂剧有《男王后》、《金屋招魂》、《弃官救友》、《两旦双鬟》、《倩女离魂》五种。又曾校注过《西厢记》和《琵琶记》。

李三才卒，生年不详。三才字道甫。陕西临潼人，寄籍顺天府通州。万历二年进士。累官至户部尚书。时顾宪成讲学东林，与之深相结交。因入阁事遭反对，遂力请去职，不得命，自引而归。由此引发激烈党争。

吴炎(—1663)、顾朱(—1666)、张贞(—1675)、丁琡(—1683)、郝浴(—1683)、周篔(—1687)、叶封(—1687)、传教士南怀仁(—1688)、笪重光(—1692)、梅清(—1697)、顾贞立(—1699)、

严绳孙（ —1702）、王钺（ —1703）、王泽宏（ —1705）、王撰（ —1709）、毛奇龄（ —1716）、甘京（ —？）、王望如（ —？）生。

天启四年　后金天命九年　甲子　1624年

正月，刑科给事中解学龙请修正史。熹宗命待《实录》成再议。

按：《熹宗实录》卷三八解氏之言曰："史家之体有编年，祖之《春秋》；纪传本之'三传'。我朝列圣《实录》只仿编年，而事之首尾不相贯，人之本末不可知。况革除、土木，至今公案未定。其间一姓递承，委裘无恙，乃操觚者拘其忌讳，致令参稽尚仍。夫蠹简只为袭笱，何以传信？至家乘野书，皆得肆其私笔，宁非圣朝之一大缺事哉！今宜开局纂修正史……"然政府无心于此事。

二月，金与蒙古科尔沁奥巴洪台吉会盟修好。

按：科尔沁部曾从明伐建州，兵败逃回；又曾助乌拉部长布占泰抗击努尔哈赤，复败。是时，察哈尔林丹汗欲吞并科尔沁部，科尔沁部遂与金盟。

四月乙巳，下内阁中书汪文言镇抚司狱。

按：文言任侠有智术，神宗末，用计破齐、楚、浙三党；光宗初立，外廷倚刘一燝，内廷倚王安，多行善政，文言亦多出力。及魏忠贤杀王安，文言亦下狱，得末减，首辅叶向高用为内阁中书，韩爌、赵南星、杨涟、左光斗、魏大中俱与之善。给事中阮大铖与光斗、大中有隙，遂使人劾文言与光斗、大中交通为奸利。魏忠贤欲借此罗织东林，狱上，黄尊素设奇计救汪文言出狱，止坐之廷杖除名，忠贤之志不获逞。

是月，封李倧为朝鲜国王。

六月癸未朔，左副都御史杨涟劾魏忠贤二十四大罪，左光斗力赞之。自后，南北诸臣七十余人交章共劾魏忠贤，国子监师生千余人亦请究魏忠贤二十四大罪。熹宗并置不纳，仅传旨切责。

按：国子监中疏劾魏忠贤者有：署国子监祭酒、礼部右侍郎蔡毅中，监丞金维基，博士门洞开邓光舒、王裕心，助教张翰南、张伯征、姚士儒、孙士裕、董天允，学正王永兴、蒋绍煃，学录聂云翔、杜士基，典簿万民懿，典籍陈烈公等。自杨涟劾魏忠贤二十四罪后，魏忠贤逢人便曰："东林杀我！"自是始开列黑名单，迫害东林党人，并毁书院。东林与阉党之斗争日显。

魏广微入阁。

按：魏广微，魏允贞子。允贞为言官，与赵南星交最契，公正发愤，得罪阁臣以去。广微于南星执子侄礼甚恭，南星以广微不肖，弗为之礼，每向人曰："魏见泉（允贞字）可谓无子。"广微深以为恨，后结魏忠贤，初自称宗弟，继称宗侄，欲藉力报复。又，自顾秉谦、魏广微入阁，政归魏忠贤。其后入阁者黄立极、施凤来之属，皆阉党。标志着魏忠贤完全控制外廷。

是月，首善书院罢讲，逐主讲者邹元标、冯从吾。此距书院初建，阅月仅二十。

欧洲"三十年战争"，德国天主教同盟胜。

红衣主教黎塞留成为法国首相。

英王詹姆斯一世召集议会，宣布垄断企业为非法。

按：万历初，邹、冯以建言受杖去，里居讲学四十年；泰昌初应征入京，总副台宪。公暇，辄会讲城隍庙百子堂，听者数百人。始议建书院宣武门，周宗建董之。讲堂三楹，后堂三楹，供先圣，陈经史典律。院碑一，叶向高文，董其昌书。会讲有期。未几，崔呈秀、魏忠贤势盛，党祸深，御史倪文焕等诋邹、冯为伪学，斥逐之，并请碎其碑，有疏曰邹、冯等"聚不三不四之人，说不痛不痒之话，作不深不浅之揖，嗷不冷不热之饼。"次岁，乃碎其碑，焚弃经史典律于堂中，院且拆矣。会崇祯改元，倪文焕等伏法，院遂以存。后礼部尚书徐光启率西洋汤若望等借院修历，暂署日历局。时亦有议复书院，立先圣主，设经史典律，起所碎碑讲学者。

七月辛酉，首辅叶向高屡于东林与魏忠贤之间两为调停，亦被指为东林党，至此罢归。阉党开始全面镇压东林党人。

是月，河决徐州，水灌州城，深一丈三尺。

九月壬子朔，从御史刘芳之请，敕各省搜访志传以备史馆。

是月，袁崇焕筑宁远城就，并偕总兵马士龙东巡广宁。

十月，御史高攀龙、尚书赵南星揭御史崔呈秀贪墨，拟遣戍。崔夜走魏忠贤所，乞为养子。忠贤悦，遂出中旨，免其勘，复起用；并矫旨责赵南星等朋谋结党。

十月丁酉，赵南星罢。己亥，高攀龙罢。

按：初，魏阉势焰日炽，而东林势力时亦尚盛，南星长吏部，攀龙及杨涟、左光斗秉宪，李胜芳、陈于廷佐铨，魏大中、袁化中掌科道，郑三俊、李邦华、孙居相、饶伸、王之寀辈俱置卿二，中外望治。魏忠贤等侧目，急欲去诸人。乃嗾御史陈九畴劾南星等朋比结党，两人遂引去。自此，朝中小人日进，君子渐空。

是月，周起元以具疏劾苏松兵略道朱童蒙不法，被削籍为民，追夺诰命。

吕鹏云、徐大化、孙杰俱擢京卿。霍维华、王志道、郭兴治、徐景濂、贾继春、杨维垣，俱起复原官。

十一月辛亥，削吏部侍郎陈于廷、副都御史杨涟、佥都御史左光斗籍，且夺涟、光斗诰命。

己巳，首辅韩爌罢。

按：叶向高罢，爌为首辅，每事持正。然爌智术不如向高，虽廉直自持，不敌阉党，乃抗疏乞休。

是月，大学士孙承宗将入觐，魏忠贤惧其将清君侧，阻之。

按：杨、左之狱起，魏大中子魏学洢、左光斗弟左光明先后投鹿善继家。时善继在辽，其父鹿太公客之，与所善孙奇逢谋，持书走关门，告其难于孙承宗。孙承宗、鹿善继在此朝政混乱、贤奸倒置之际，谋借巡视蓟门，请入觐，欲与文武各官商榷可否，面奏机宜。阉党大哗，谓其将提兵清君侧，遂严旨阻之。

十二月辛巳，复逮汪文言下镇抚司。

按：初，文言下狱，事旋解。御史梁梦环知魏忠贤恨未已，乃复劾文言，且及东林诸人。于是东林之祸起。

丙申，首辅朱国祯罢。

按：韩爌既罢，国祯为首辅，阁臣魏广微与魏忠贤表里为奸，国祯无能为力。数月中，首辅三罢，进黜皆由阉党，天下大权悉归魏阉。

是月，御史崔呈秀疏荐孙杰、吴淳夫等十四人才品宜擢用，并谀魏忠贤修城之功。颂珰始此。

是年，明收复澎湖后，荷兰军残部逃至台南，筑赤嵌城（今台湾安平），自此占据台湾实行殖民统治达三十八年。

刘宗周十月著《方逊志先生死事存疑》；十一月作《陈思石先生八十序》。

董其昌奉旨采万历留中之疏，得三百帙，又仿史赞例，各附笔断，至四月己丑，共成40卷，且荐南京太常寺卿李维桢史才。熹宗是之。

魏广微手写所欲起用之人黄克缵、王绍徽、王永光、徐大化、霍维华等五六十人目为正人，各加两圈或三圈；又将《缙绅便览》中如韩爌、缪昌期、曹于汴、李邦华、郑三俊等约百余人目为邪党，重者三点，次者二点，托内阉王朝用转送魏忠贤以行黜陟。

崔呈秀造《东林同志录》，罗列"东林党"姓名。

王绍徽仿《水浒传》，编东林108人为《东林点将录》，献魏忠贤，以按名黜汰。

韩敬是冬造《东林点将录》，将《水浒》108将诨号一一按于东林人士头上，邮至都门，俾阉党按籍搜索，无可逃遁。

  按：此《点将录》或为韩敬据王绍徽原本增改而成。此108员名单为：
开山元帅托塔天王南京户部尚书李三才。
总兵都头领二员：
天魁星及时雨大学士叶向高，
天罡星玉麒麟吏部尚书赵南星。
掌管机密军师二员：
天机星智多星左谕德缪昌期，
天闲星入云龙左都御史高攀龙。
协同参赞军务头领一员：
地机星神机军师礼部员外郎顾大章。
正先锋一员：
天杀星黑旋风吏科都给事中魏大中。
左右先锋二员：
天暗星青面兽浙江道御史房可壮，
地周星跳涧虎福建道御史周宗建。
马军五虎将五员：
天勇星大刀手左副都御史杨涟，
天雄星豹子头左佥都御史左光斗，
天猛星霹雳火大理寺少卿惠世扬，
天威星双枪将太仆寺少卿周朝瑞，
天立星双鞭将河南道御史袁化中。
马军八骠骑八员：
天黄星小李广福建道御史李应昇，

英人始入居印度东部。

荷兰人入居新阿姆斯特丹。

法国伽桑狄创近代原子论。

天捷星没羽箭陕西道御史蒋允仪，
天空星急先锋山东道御史黄尊素，
天退星插翅虎浙江道御史夏之令，
天凶星没遮拦吏科给事中刘宏化，
天满星美髯公刑科给事中解学龙，
地猾星毛头星刑科给事中毛士龙，
地镇星小遮拦工科给事中刘懋。
总探声息走报机密头领二员：
天速星神行太保尚宝司丞吴尔成，
地速星中箭虎光禄寺少卿丁元荐。
行文走檄调兵遣将头领一员：
地囚星旱地忽律广西道御史游士任。
掌管钱粮头领二员：
天富星扑天雕礼部主事贺烺，
地狗星锦毛犬尚宝司卿黄正宾。
定功赏罚军政司头领二员：
地正星铁面孔目左佥都御史程正，
地奴星催命判官左通政涂一榛。
掌管行刑剑子手头领二员：
地损星一枝花礼部尚书孙慎行。
地平星铁臂膊刑部侍郎王之寀。
捧把帅字旗将校一员：
地贼星鼓上皂内阁中书汪文言。
守护中军大将十二员：
天寿星混江龙大学士刘一燝，
天微星九纹龙大学士韩爌，
地短星出林虎大学士孙承宗，
地转（一作剑）星立地太岁吏部尚书周嘉谟，
地角星独角龙吏部尚书张问达，
天伤星武行者左都御史邹元标，
天贵星小旋风右都御史曹于汴，
地轴星轰天雷礼部尚书王图，
天牢星病关索刑部尚书乔允升，
地强星锦毛虎工部尚书冯从吾，
地巧星笑面虎吏部左侍郎陈于廷，
天巧星浪子左春坊左谕德钱谦益。
四方打听邀接来宾头领十二员：
地明星铁笛仙户部左侍郎郑三俊，
地壮星母夜叉礼部右侍郎张鼐，
地妖星摸着天光禄寺少卿史记事，
地全星鬼脸儿光禄寺丞李炳恭，
地文星圣手书生翰林院修撰文震孟，
地阔星摩云金翅翰林院检讨姚希孟，

地阴星母大虫翰林院检讨顾锡畴，
地异星白面郎君翰林院庶吉士郑鄤，
地满星玉幡竿吏部员外郎周顺昌，
地兽星紫髯伯吏部员外郎张光前，
地惠星一丈青吏部员外郎孙必显，
地暗星锦豹子礼部主事荆养乔。
马步三军头领四十六员：
天慧星拚命三郎刑部尚书王纪，
天孤星花和尚兵部左侍郎李瑾，
天暴星两头蛇兵部右侍郎孙居相，
地勇星病尉迟兵部右侍郎李邦华，
地恶星没面目兵部右侍郎刘策，
地佐星小温侯兵部右侍郎何士晋，
地奇星圣水将户部右侍郎陈所学，
天哭星双尾蝎左副都御史孙鼎相，
天佑星金枪手右佥都御史徐良彦，
地刑星菜园子右佥都御史周起元，
地丑星石将军右佥都御史张凤翔，
地火星独火星右佥都御史朱世守，
地巧星玉臂匠右佥都御史程绍，
地暴星丧门神右佥都御史王洽，
地健星险道神右佥都御史李若星，
天异星赤发鬼左通政使刘宗周，
地俊星铁扇子大理寺少卿韦藩，
地定星小霸王太常寺少卿韩继思，
地会星神算子太常寺少卿赵时用，
地佑星赛仁贵太常寺少卿李应魁，
地阔星眼犰狳太常寺少卿程注，
地稽星操刀鬼光禄寺少卿沈应奎，
地飞星八臂哪吒吏部郎中夏嘉遇，
地走星飞天大圣吏部郎中邹维琏，
地察星青眼虎吏科给事中陈良训，
地煞星镇三山兵科给事中甄淑，
地雄星井木犴户科给事中郝土膏，
地杰星丑郡马兵科给事中沈惟炳，
地幽星病大虫户科给事中薛文周，
地孤星金钱豹兵科给事中萧基，
天罪星短命二郎湖广道御史刘芳，
天败星活阎罗江西道御史方震孺，
地僻星打虎将山东道御史李元，
地微星矮脚虎福建道御史魏光绪，
地捷星花项虎四川道御史练国事，
地威星百胜将河南道御史谢文锦，

地数星小尉迟云南道御史李日宣，
地猛星神火将贵州道御史张慎言，
地乐星铁叫子山东道御史刘思诲，
地伏星金眼彪湖南道御史刘其忠，
地隐星白花蛇河南道御史杨星期，
地耗星白日鼠湖广道御史刘大受，
地遂星通臂猿山西道御史侯恂，
地灵星神医手云南道御史胡良机，
地魔星云里金刚四川道御史宋师襄，
地理星九尾龟河南道御史熊则祯。
镇守南京正将一员：
地然星混世魔王操江右佥都御史熊明遇。
分守南京汛地头领六员：
天竟星（一作天平）船火儿南京广东道御史王允成，
天损星浪里白跳南京吏部郎中王象春，
地英星天目将南京江西道御史陈必谦，
地进星出洞蛟南京山西道御史黄公辅，
地退星翻江蜃南京四川道御史万言扬，
地劣星活闪婆南京工科给事中徐宪卿。

又按：此名单系据明文秉所撰《先拨志始》，计六奇《明季北略》及佚名《遣愁集》所载与此有异。

张溥、张采、杨廷枢、杨彝、顾梦麟等是冬倡应社于东吴常熟之唐市，初入社者，合吴郡、金沙、檇李仅11人。

高攀龙六月进京，八月代孙玮为左都御史；九月劾御史崔呈秀；十月疏请梃击案三丞谥荫，奉旨下部，不行；又有《覆吉人及时宜用疏》、《具申严宪约疏》，未及上罢归。

冯从吾起南京右都御史，累辞未上；召拜工部尚书，会赵南星、高攀龙相继去国，连疏力辞，予致仕。

黄尊素为山东道御史，二月请复午朝面奏，熹宗严拒之；三月言时事十失，熹宗怒，夺俸一年。

杨涟、左光斗、魏大中等时过黄尊素邸寓，屏左右，论时事。黄宗羲侍侧，故尽悉朝中清浊之分。

左光斗以忤珰去职，晤孙奇逢于白沟。

陈子壮典浙江乡试，所出策题，有指斥阉竖之说，魏忠贤旋以他事以革其职。

李继贞典山东乡试，因试录刺魏忠贤降级，已而削籍。

黄道周授翰林院编修、国史实录。

曹于汴起为南京右都御史，辞不拜；阉党劾以东林领袖，遂削籍。

周汝登正月由南京太仆寺卿改通政使。

程嘉燧访黄山，作龙潭晓雨扇。

陈洪绶过苏南回浙江。

周亮工客诸暨,识陈洪绶,同游五泄。

徐宏祖奉母游宜兴、句容,复至松江见陈继儒,乞作寿母文。

陈弘绪致书吴甡,劝广刻宋人稀见诸集。

孙自修中举人。

按:孙自修字无修,生卒年不详。江宁人。曾官广东阳江知县、山西大同通判。后弃家为僧,居浙江山中,称悬溪和尚。精于画事。

艾南英年四十始举于乡。因对策有讥刺魏忠贤语,罚停三科。

陈瑚正月始应童子试;二月丁母忧。

顾炎武始习科举文字。

金铉年十五,应顺天乡试,以经文稍异列备卷。

天然和尚是年补诸生,与里人梁朝钟(函彻)、黎遂球(函羡)、罗宾王(函骆)、陈学佺、张二果(函悟)、李云龙(二严和尚)诸人,在罗宾王之散木堂,纵谈当世务,以康济为己任。此辈后皆参礼道独,或在家为居士,或落发为僧。

意大利传教士高一志始化名入山西绛州,其间施洗名宦韩云、韩霖兄弟。

蔡毅中二月壬寅在国子监祭酒任进《字学要览》,熹宗命梓之。四月丙午复上《大学约言》、《古文孝经》、《读书章程》。

华阳王府刻《诗韵释义》2卷刊行。

张铨《国史纪闻》12卷刊刻。

徐象梅《两浙名贤录》54卷、《外录》8卷刊刻。

按:徐象梅字和仲,生卒年不详。浙江钱塘人。此书《明史艺文志》作徐学聚作,《四库全书总目》以为误。

董斯张纂《吴兴备志》32卷成。

按:《四库全书总目》曰:"是编录湖州故事,分二十六征……采摭极富,于吴兴一郡遗闻琐事,征引略备。每门皆全录古书,载其原文,有所考证,则附著于下。虽意主博奥,不无以泛滥为嫌,然当时著书家影响附会之谈、剽窃之习,实能一举而空之。故所摘录,类皆典雅确核,足资考据。明季诸书,此犹为差有实际。黄茅白苇之中,可以谓之翘楚矣。"

吴元善《圣门志》6卷成。

李逢申修、姚宗文等纂《慈溪县志》16卷刊刻。

樊维城修、胡震亨等纂《海盐县图经》16卷刊刻。

张必大修、王象晋纂《新城县志》14卷刊刻。

戴东旻纂修《歙志》36卷刊刻。

徐学聚《国朝典汇》200卷刊刻。

童涌泉刻张介宾纂《类经》。

刘宗周以方孝孺蚤师宋濂,接朱熹正传,当奉为本朝理学之首,因于九月节抄其集之精粹者,为《正学录》3卷,有序。

吴亮《名世编》8卷刊刻。此书系采摭唐顺之《左编》、李贽《藏书》、李

英国彻伯里的赫尔伯里勋爵著《真理论》。是为英国自然神论理论的基础。

英国亨利·布里格斯著成《算术对数》。

廷机《名臣记》而成。

顾起元增订所编《说略》为60卷刊行。

按：万历三十三年，顾起元解京职归，失《说略》原稿。四十一年，访得《说略》副本，重订为30卷刊行。至是又增订。故此书有两种版本。

赵维寰《雪庐读史快编》60卷刊刻。

刘宗周作《重刻尹和靖先生文集序》。

高攀龙六月为曹于汴《仰节堂集》作序。

冯梦龙所纂《警世通言》40卷在南京刊行。

胡安·马里安纳卒（1536— ）。西班牙历史学家。

刘一相卒（1542— ）。一相字维衡，号顷阳。万历五年进士，官至陕西布政使。曾采录周、秦、汉、魏、六朝、隋、唐之诗，分门别类，编为《诗宿》一书。

杨东明卒（1546或1548— ）。东明字启昧，号晋庵。河南虞城人。万历进士。为北方王学代表人物，然对王学亦有所修正，提出"理气断非二物"，主张"气质之外无性"，对宋儒义理性命之说持异议。著有《晋庵论性臆言》等。事迹见《明史》卷二四一《王纪传》附传、《明儒学案》卷二九。

朱之蕃卒（1548— ）。之蕃字元介（一作元升），号兰嵎，茌平人。南京锦衣卫籍。万历二十三年进士第一，授修撰。曾奉使朝鲜，归，充会试同考官，掌翰林院掌院学士，进南京吏部右侍郎，摄工部。丁母忧归，遂不复出。所著有《玉堂厘正字义韵律海篇心镜》20卷、《奉使朝鲜稿》、《南还杂著》、《兰嵎诗文集》、《纪胜诗》1卷、《廷试策》1卷、《落花诗》；所纂有［万历］《南阳府志》18卷等；辑有《词坛合璧》4种、《江南春词》2卷、《全唐名家诗集》、《中唐十二家诗》、《晚唐十二家诗》、《唐四家诗集》、《盛明百家诗选》34卷、尺牍集《七襄章》等；其所评注、刊刻古籍亦颇多。

朱谋㙔卒（1550— ）。谋㙔字郁仪，私谥贞静先生，明宗室，封镇国中尉。贯串经史，博览群书，通晓朝廷典故。著书一百十二种，有《易象通》、《诗故》、《春秋戴记》、《鲁论笺》及《枳园近稿》等。

邹元标卒（1551— ）。元标字尔瞻，号南皋。江西吉水人。崇祯初，谥忠介。万历进士，观政刑部。以谏忤张居正，遭廷杖，谪戍都匀卫。居正死，擢吏科给事中，以敢言著称。师事罗洪先，得王阳明之传。母死后，家居讲学近三十年，为东林党首领之一，与顾宪成、赵南星号称"海内三君子"。著有《愿学集》。事迹见《明史》卷二四三、《明儒学案》卷二三。

吴亮卒（1562— ）。亮字采于，一作宋于。常州武进人。万历二十九年进士。官至大理寺少卿。有志节，与东林诸人交好。著有《毗陵人品记》、《万历疏钞》、《名世篇》等。

赵琦美卒（1563— ）。琦美原名开美，字玄度，又字如白，号仲郎，自号清常道人。江苏常熟人。用贤子，以父荫历官刑部郎中。为著名目录学家、刻书家。脉望馆为其藏书楼，所藏以《脉望馆抄校本古今杂剧》240余种最为著名。卒后藏书为钱谦益所得。生平著作有《脉望馆书目》、《容台小草》、《脉望馆和禅集》等；所刻书重要的有（宋）吴缜《新唐书纠缪》20卷、《周髀算经》2卷《音义》1卷《数术记遗》1卷、《东坡先生志林》5卷、《唐段少卿酉阳杂俎》《前集》20卷《续集》10卷、《松石斋文集》20卷《诗集》6卷、《东坡杂著五种》7卷、《陈眉公杂录24种》等。所编《铁网珊瑚》16卷，著录金石碑刻、书画、诗文墨迹等四百余种之题跋印记，为后世鉴定家所本。

谢肇淛卒(1567—)。肇淛字在杭。福州长乐人。万历进士，除湖州推官。累迁工部郎中，终广西右布政。著有《今用礼考》10卷、《史考》7卷、《史测》2卷、《史觿》17卷、《粤藩末议》2卷、《鼓山志》8卷、《支提山志》4卷、《北河纪略》8卷、《滇略》10卷、《方广岩志》4卷、《五杂俎》16卷、《长溪琐语》1卷、《文海披沙》8卷、《游宴集》、《小草斋稿》30卷、《谢在杭文集》28卷、《诗集》30卷等。

钟惺卒(1574—)。惺字伯敬，号退谷。竟陵人。万历三十八年进士，累官至福建提学佥事。自"公安派"诗人主张作诗以清真为主，矫前后七子摹古之弊，学者多归从之。惺与同里谭元春评选《唐诗归》、《古诗归》，创竟陵派，以幽深孤峭复矫"公安体"轻脱之弊，然流于险僻冷涩。晚逃于禅。著有《史怀》17卷、《钟评左传》30卷、《隐秀轩集》51卷，另有《古名儒毛诗解十六种》20卷、《诗经图史合考》20卷、《诗经纂注》（不分卷）、《诗经备考》24卷及《钟评诗经》5卷等，或为假托钟惺之名者。事迹见《明史》卷二八八《袁宏道传》附传。

周朝俊(约1580—)约卒。朝俊字夷玉。少有才，为诗慕李长吉，亦工填词。撰有传奇《红梅记》等。

李绍文约卒。绍文字节之。华亭人。生卒年不详。以文学受知于熊剑化。曾仿《世说新语》体例，作《明世说新语》。另辑有《艺林累百》等。

姚舜牧卒(1543—)。舜牧字虞佐，号承庵。浙江乌程人。万历元年举人，知新兴、广昌等县，著有《来恩堂集》，有《四库禁毁书丛刊》本。该集卷一有《裁订史纲要领间出小论序》，卷二有《史纲要领小论序》，卷九至卷十二有《史纲要领小论》，可与此书参看。

伍袁萃卒(1548—)。袁萃字圣起，号宁方，别号松菊主人。吴县人。官至广东海北道副使，执法不避权贵。对当世公卿多所讥评，于李三才、于玉立尤甚。著有《林居漫录》、《弹园杂志》、《逸我轩集》。

汪起凤卒(1573—)。起凤字无朋，号来虞，长洲人。万历二十九年进士。历江西右参政，分巡南、瑞，累官广东左布政使。著有《寸碧堂集》。

比利时传教士鲁日满(—1676)、谭吉璁(—1680)、魏禧(—1681)、汪琬(—1691)、比利时传教士柏应理(—1692)、李柏(—1694)、宗元豫(—1696，一说1686)、周上治(—1702)、徐倬(—1713)、郑成功(—1662)、叶梦珠(—?)、彭师度(—?)生。

天启五年　后金天命十年　乙丑　1625年

华伦斯坦受命统率天主教联军。

法国入热亚那。

英王詹姆斯一世卒。子查理一世嗣位。

伦敦大疫。

正月癸酉,熹宗指斥《神宗实录》编纂进展缓慢。

按：其上谕曰："朕惟史官无他官业,专以纂修为事。皇祖实录,开馆至今,已经五年,尚未告成,虚縻廪禄,各官职守何在？以后俱着入史馆编摩,不许私寓逍遥宴饮,亦不得给假乞差,以致出入无常,稽误大典。仍限按月送稿；其修成实录,一年两次进呈,务在早完。"然直至熹宗去世,《神宗实录》仍未编成。至崇祯三年十月方告竣,进呈御览。

癸亥,金兵破旅顺。

是月,复崔呈秀官。

按：崔呈秀以行贿为赵南星、高攀龙等所劾,乃投身魏忠贤门下,忠贤倚之为腹心。呈秀遂进《同志》诸录,东林党人属之；又进《天鉴录》,皆不附东林者,由是群小无不登用,善类为之一空。

努尔哈赤第八子皇太极娶蒙古科尔沁部贝勒斋桑之女博尔济锦氏为妻。此即为满清身历三朝,扶掖两代幼主（顺治、康熙）,被尊为孝庄文皇后者。

改书院祀辽东死难御史张铨及文武诸臣。

按：科臣李鲁生以为假道学不如真节义,熹宗嘉纳之,遂有此举。而东林之祸从此炽。

二月,翰林院检讨丁乾学等8人以讥魏忠贤,被削职为民。

三月丙寅,赐余煌、黄文焕等进士及第、出身有差。

癸亥,大学士顾秉谦等具疏推礼部右侍郎来宗道、经鼐、丘士毅、周炳谟、彭凌霄、南京国子监祭酒李思诚俱堪充《实录》副总裁,左庶子周延儒、编修南居仁充纂修官。熹宗嘉纳,着推补各官著加紧任事。

按：是岁新补《实录》副总裁另有李思诚、施凤来、钱龙锡、丁绍轼、李标、吴宗达、李康先、汪辉、张瑞图、韩爌等。又,思诚字次卿,生卒年不详。兴化人。万历进士。官至礼部尚书。著有《真懒集》。

辛亥,工部主事曹钦程疏纠东林党四人：周宗建、张慎言、李应昇、黄尊素。得旨,四人革职为民,追夺诰命。

是月,行释奠礼。魏忠贤欲先一日听祭酒讲,又议裁诸听讲大臣赐坐赐茶礼。吏部尚书崔景荣力持不可,乃止。

按：崔景荣以此忤忠贤旨。七月,景荣被劾阴护东林,削籍为民。

魏忠贤兴大狱,差锦衣卫官校逮杨涟、左光斗、袁化中、周朝瑞、魏大中、顾大章。

按：七月庚午,杨涟、左光斗、魏大中惨死狱中。其后袁化中、周朝瑞、顾大章亦被掠毙。

金迁都沈阳。

按：金国先后以赫图阿拉、萨尔浒、界藩、辽阳、东京为都，至是乃定都于沈阳，曰盛京。

四月，命重修《光宗实录》。

五月癸亥，吏科给事中杨所修请命史臣将"梃击"、"红丸"、"移宫"三案内前后章奏撮其大概，分另改正，编次成书，刊行天下。从之。

七月壬戌，毁北京首善书院。

按：首善书院为邹元标、冯从吾、孙慎行、余懋衡等讲学处。天启二年九月朱童蒙首先发难，去岁六月罢讲。至是，御史倪文焕疏论东林伪学。得旨：即行毁碎。

是月，御史石三畏上疏追论辛亥等次京察。得旨：削故巡抚李三才、光禄寺少卿顾宪成籍。

八月壬午，从御史张纳奏请，诏毁天下讲学书院。

按：其东林、关中、江右、徽州一切书院俱毁，并削邹元标籍，追夺诰命。孙慎行、冯从吾、余懋衡亦削籍。此为明代书院发展史上第三次厄运。

壬寅，杀前辽东经略熊廷弼，传首九边。

按：初，法司论廷弼狱，与王化贞俱论死。魏忠贤欲杀廷弼，会丁绍轼、冯铨初入阁，与廷弼有隙，遂合谋谮之。至是诏斩西市。化贞竟得不诛。时太仓人孙文豸、顾同寅做诗哀悼廷弼，为人所得，二人坐诽谤俱斩。

九月，赐魏忠贤金印，文曰"顾命元臣"；赐客氏金印，文曰"钦赐奉圣夫人"。

是月，第二次下令禁毁李贽诸书。

十月甲申，户部尚书李起元以国计日诎，采集舆论，中有曰：议令民间俊秀子弟纳银一百三十两准充附学。各生纳银之后，遇岁考科举，一体考试，不得分援纳名色。

庚寅，孙承宗以忤魏忠贤罢职，阉党兵部尚书高第代为经略辽东，尽撤孙承宗所设锦州、宁远一线军事要塞，边事大坏。

是月，中书舍人吴怀贤以赞杨涟劾魏忠贤《二十四罪疏》，下狱死。扬州知府刘铎因书扇赠游僧句"阴霾国是非"，为魏忠贤以谤讪时政罪杖杀。

努尔哈赤命甄别各地汉人，尽屠煽惑本地乡民者、明官及生员之抗命不从建庄屯者。

按：努尔哈赤以连日有汉人谋叛，乃发甄别令，几乎尽屠汉人书生。及皇太极继位，深以为憾，遂查出余剩书生按明制考取三百余，各配男丁二人，免赋役。

十二月乙酉，榜东林党人姓名示天下。时因被指为东林党受拷掠死者甚众。

按：是月，御史卢承钦上言，要求榜示东林党人姓名，谓顾宪成、李三才、赵南星为"主帅"，高攀龙为"副师"，丁元荐等为"敢死军人"，邹元标等为"土木魔神"。"请以党人姓名罪状榜示海内。"魏忠贤大喜，凡党人已罪未罪者，悉编其名。凡榜上有名者，生者削籍，死者夺官，许多人因此受迫害。颁行榜文之事见载于《熹宗天启实录》及《两朝剥复录》。榜人名单见载于清初佚名之《酌中志余》。在公布《东林党人榜》之前，王绍徽、崔呈秀、魏应嘉等还炮制有《东林点将录》、《东林同志录》（319人）、

《盗炳东林伙》(393人)、《伙坏封疆录》等黑名单罗织东林党人。

《东林党人榜》309人名单如下：李三才、叶向高、顾宪成、邹元标、赵南星、高攀龙、杨涟、左光斗、魏大中、周朝瑞、袁化中、顾大章、汪文言、周顺昌、缪昌期、周宗建、黄尊素、丁乾学、吴裕中、万燝、吴怀贤、刘铎、周起元、夏之令、李应昇、熊廷弼、鹿继善、吕维祺、孙承宗、贺逢圣、汪乔年、范景文、焦源溥、侯震旸、贺烺、蔡懋德、惠世扬、李亥、顾宗孟、魏光绪、练国事、蒋允仪、解学龙、刘懋、赵洪范、吴尔成、刘宗周、万言扬、陈于廷、朱国桢、孙鑛、王纪、黄公辅、涂世业、李希孔、汤兆京、章嘉桢、王象春、孙居相、孙鼎相、乔允升、钱谦益、曹于汴、黄正宾、邹维琏、孙慎行、房可壮、曾樱、丁元荐、游士任、王元雅、崔景荣、刘宪宠、程正己、涂一榛、方震孺、王允成、徐宪卿、陈必谦、冯从吾、郑三俊、文震孟、郑鄤、毛士龙、李邦华、史记事、夏嘉遇、甄淑、李炳恭、刘思海、许誉卿、熊奋渭、郝土膏、章允儒、熊德阳、欧阳调律、刘璞、张慎言、马鸣起、江秉谦、李日宣、乔可聘、刘芳、薛敷教、沈思孝、顾允成、徐石麟、周嘉谟、刘一燝、翟学程、韩爌、杨惟休、蔡毅中、宋槃、程拱宸、沈正宗、王洽、王心一*、李宗延、倪思辉、张鹏云、程注、赵时用、方员度、沈惟炳、朱钦相、姚思仁、胡良机、杨姜、萧基、李遇知、霍守典、汪应蛟、杨维新、薛大中、姚希孟、胡永顺、麻僖、魏应嘉、王时熙、陈士元、杨建烈、宋师襄、乔承诏、潘云翼、吴良辅、李乔崙、翁正春、朱大典、陈奇瑜、吴弘业、孙绍统、洪如钟、杜三策、朱国弼、欧阳东凤、林汝翥、杨栋朝、王振奇、赵彦、唐绍尧、周洪谟、陈道亨、岳元声、张问达、周汝弼、张继盛、刘廷佐、史永安*、曹珍、段然、方逢年、李继贞、王之寀、邓渼、何栋如、吴用先、孟淑孔、许念敬、熊明遇、何士晋、黄龙光、杨时乔、卢化鳌、徐良彦、钱士晋、施天德、王图、翟凤翀、陈一元、陈长祚、毕懋康、李腾芳、赵运昌、彭尊古、程国祥、朱光祚、徐如珂、钟羽正、蒋正阳、林枝桥、韩策、汪先岸、郭正域、孙丕扬、胡忻、王元翰、王宗贤、余懋衡、孙玮、李孔度、李仙品、周道登、朱世守、杨一鹏、陆学完、陈良弼、陈言、李玄、王祚昌、霍镆、杨新期、谈自省、马孟祯、韩万象、方有度、金世俊、米万钟、王继谟*、李思诚、方大任、陶朗先、陈熙昌、张国纯、何如宠、戴忠、冯琦、刘元珍、姜志礼、于孔兼、耿如杞、区大伦、梅之焕、姜习孔、金士衡、侯恪、韩琳、易应昌、江东之、宋槃、钱龙锡、姜逢元、陈一教、刘策、陈子壮、黄道周、王淑汴、满朝荐、沈演、刘鸿训、成基命、王国兴、张国纪、杨嘉祚、汪康谣、史孟麟、安希范、李复阳、林宰、张永祯、刘起肤、陈新之、朱灏、刘宪章、韩钟勋、周孔教、黄毓祺、贺王醇、赵德邅、孟称光、刘斯陛、戴埙、陈仁锡、刘弘化、吴道坤、张道濬、李守俊、刘之凤、王钟庞、公鼐、吴弘济、刘士章、张经世、徐遵阳、侯恂、徐缙芳、萧近高、彭汝楠、沈应时、薛文周、陈邦瞻、赵清衡、何吾騶（何吾驹）。

又按：以上带*号者，朱倓《东林党人榜考证》（载《明季党社研究》）以为非东林党人，有的为逆案中人。

是年，西安附近发现"大秦景教流行中国碑"。该碑约两千字，记载唐代基督教流传中国情况，现存西安碑林。

德国约翰·鲁道夫·格劳贝尔发现结晶硫酸钠。

救火车首次在英国出现。

韩爌七月削大学士籍。

刘一燝四月削大学士籍。

赵南星、黄尊素三月以劾魏忠贤、客氏，削籍归。

赵南星十二月谪戍代州（今山西代县）。

黄尊素三月以劾魏忠贤、客氏，削籍归里。

黄宗羲十二月娶同邑工部郎中叶宪祖之女叶宝林为妻。叶氏略通经史,能诗,长宗羲一岁。

倪文焕七月壬戌以御史诬劾原任兵部右侍郎李邦华、御史李日宣、吏部文选司员外周顺昌、林支桥等,并请碎讲院石碑。

张讷八月壬午以御史奏毁天下讲坛,并请处分孙慎行、冯从吾、余懋衡等。

冯从吾是秋以魏党张讷疏诋,削籍。

周道登九月己未削籍。

刘宗周起为右通政,见魏忠贤逐东林党人且尽,固辞。正月,魏忠贤以其"矫情厌世",削夺其官诰。三月闻丁元荐卒,往长兴吊之;长兴知县吴钟峦来问学。复往嘉兴,访魏大中,并遗书高攀龙。是冬作《吊六君子赋》,悼顾大章、杨涟等6人。其辑宗谱、撰《族父学可公传》在是岁。

高攀龙四月削籍为民,追夺诰命。五月送别魏大中于高桥,有《高桥别语》。九月始闻魏大中讣,西向再拜,哭之以辞。

鹿善继之父与举人孙奇逢倡议醵金,以缓杨涟之狱。畿辅诸生争应之,得金数千。

孙奇逢在左光斗、魏大中被逮时营护藏活两家子弟。

倪元璐以珰焰盛,引疾归。

董其昌为南京礼部尚书。

陈继儒蛰居佘山。

徐光启再起用,复为魏忠贤党劾罢。

方孔炤四月二十八日以忤魏忠贤被削夺官诰。方以智以是于是春离京,取道汶上、兖州、徐州回桐城。

方以智是秋始师事白瑜,读书桐城南山。

按：白瑜字瑕仲,桐城人。崇祯间岁贡。博学广记,品行卓荦。初举贤良不赴,继以迁试特用,授云南府推官。丁艰服阕,补登州。寻归大龙山,隐居高尚,诗文自娱。方以智随之学经史,深受影响。

方以智以堂房六叔方文之介,交周歧,一见如故。

按：方文,字尔止。性豪宕不羁,以诗歌见长,有《嵞山集》、《西江游草》。周歧,字农父,号需庵,以博雅好奇闻四方。于"天官地理之灾祥,水利河漕之徙决,土地赋役之繁简,兵刑之得失,官制之冗耗,边防之强弱驰饬",皆有研究。

谈迁客太仓。

程嘉燧自休宁故里徙寓嘉定,与娄坚、李流芳、唐时升等聚合。

徐复祚托徐锡祚以所作小令交钱谦益,谦益为作题语。

陈子龙与夏允彝、周立勋、顾开雍、宋存标等结交,共同从事文学活动。

凌濛初四十四岁,始入都就迁。

张履祥从诸董威受学,交钱汾、钱寅等。

顾秉谦等二月乙酉为会试考试官。

李孙宸五月己酉升南京国子监祭酒。

按：李孙宸字伯襄，生卒年不详。广东香山人。万历四十一年进士。官至南京礼部尚书。工书法，长于诗。书法祖魏晋，论诗尊《诗经》。著有《建霞楼集》。

王祚远八月戊子升国子监祭酒。

王锡衮授检讨编撰。

吴孔嘉成进士，授编修。

何楷成进士，不仕而归。

余煌成进士，授翰林修撰。

周堪赓成进士。

按：周堪赓字仲声，号五峰，生卒年不详。湖南宁乡人。官至南京户部尚书。著有《黄河纪》、《五峰文集》。

侯峒曾成进士，授南京武选司主事。

黄景昉成进士，选庶吉士。

黄文焕成进士，授山阳知县。

刘若金、凌义渠成进士。

文震亨举恩贡。

天然和尚与李云龙父子结天关社。同社有梁朝钟、陈学佺等。

按：李云龙，字烟客，番禺诸生。少负奇气，走塞上，客袁崇焕幕。归里后，参礼道独，削发为僧，称二严和尚，为罗浮藏主。著有《雁水堂集》、《啸楼集》等。

王夫之年七岁，从长兄受读，毕《十三经》。

陈嗣宗于四川洪雅改建修文书院。牟大光为记。

本·琼森编写成喜剧《新闻特色》。

托马斯·米德尔顿的喜剧剧本《棋赛》出版。

雨果·格劳秀斯发表有关国际法著作《战争与和平法》。

冯梦龙《春秋衡库》30卷、附3卷、备录卷刊刻。

杨维休纂《泰昌日录》2卷成。

按：杨维休，江西丰城人，时任河北保定推官。此书记梃击、红丸、移宫事。书成进上，立刻引起阉党愤怒。霍维华疏曰："草芥一介，何从记注朝廷起居？称述舛错，语意闪烁，非潜投意旨，即含讥刺。"熹宗下令提问，令毁其书。维休得悉，仰药死。书有《四库存目丛书》本。

刘宗周纂《皇明道统录》成。

按：此书今不传。钱茂伟《明代史学编年考》以为宗周弟子黄宗羲《明儒学案》系此书之继承与发展，其《师说》当即袭自此书。

查应光纂《靳史》30卷刊刻。

按：此书有《四库禁毁书丛刊》本。

张一英修、马朴纂《同州志》18卷刊刻。

郑之城修、冯泰运等纂《东安县志》刊刻。

米世发修、郑宗周纂《文水县志》10卷刊刻。

冯维贤修、王溥增修《潞城县志》8卷成。

陈仁锡著《资治通鉴评》刊刻。

刘文征纂《滇志》33卷刊刻。

杨慎评注《先秦五子全书》刊行。

杨明注黄成所著《髹饰录》。

按：黄成，号大成，新安人，著名漆匠，精通古今漆工技术和制作方法。其《髹饰录》成于隆庆年间，全面系统地记录了明以前漆器手工业之生产状况。

魏浣初为毛晋所编《苏米志林》作序。

张宿诠订初刻《何心隐集》。

按：是书原名《爨桐集》，凡4卷59篇。

冯从吾序曹于汴《仰节堂集》。

施绍莘初定所著《花影集》。

毛晋编《三家宫词》。

毛以燧刻王骥德《曲律》。

冯梦龙为王骥德《曲律》作序，又刊行所编《春秋衡库》。

徐迎庆得元人旧本九宫十三调词谱，与钮少雅合作整理，谋纂新谱。

按：《汇纂元谱南曲九宫正始》至清顺治八年纂成，前后历时27年。

法国传教士金尼阁口授、张赓笔录的《伊索寓言》汉译选本《况义》刻于西安。此为西方文学作品首次汉译。

意大利传教士艾儒略《三山论学记》由杭州天主堂刊行。

严澂卒（1547—　）。澂字道彻，号天池。常熟人。结琴川琴社，认为琴曲应突破歌词的局限，故其所编《松弦馆琴谱》仅有曲调而无歌词。演奏风格清微淡远，创"虞山派"。

按：该派代表人物还有徐上瀛。上瀛别号青山，太仓人。继承虞山派风格，又取诸家之长而别创一格，主张慢曲、急曲并重，讲究音调、节奏的轻重缓急，辑有《大还阁琴谱》，附《溪山琴况》阐述运指、用力、取音等演奏要点，虞山派奉为准则。

赵宧光卒（1559—　）。宧光字水臣，号广平，又号凡夫。吴县人。与妻陆卿子隐居寒山，专事著述，夫妇俱有名于时。著述颇丰，有《说文长笺》、《六书长笺》、《九圜史图》、《寒山帚谈》、《寒山志》、《皇明印史》、《篆学指南》、《印书》、《护生编》、《赵凡夫杂著五种》、《牒草》、《寒山蔓草》、《皇明世典》等。

按：赵宧光著述众多，除以上所录外，据《璜泾志略·艺文志书目》赵宧光条下注尚有一百余种。而以上所录《说文长笺》、《六书长笺》等，不同版本之卷次亦有较大差异。

杨涟卒（1572—　）。涟字文孺，号大洪。湖广应山人。崇祯初，谥忠烈，万历进士，授常熟知县。官至副都御史。著有《杨大洪集》。事迹见《明史》卷二四四。

熊廷弼卒（1569—　）。廷弼字飞白。湖广江夏人。万历二十六年进士。曾经略辽东，整饬边备，辽东民心为安。后受巡抚王化贞牵掣，兵败入关。下狱，竟被害。著有《辽中书牍》、《熊襄愍公集》。事迹见《明史》卷二五九。

过庭训卒（1574—　）。庭训字尔韬，号成山。浙江平湖人，万历三十二年进士。官至福建按察使。著有《圣学嫡派》4卷、《本朝京省人物考》等。

魏大中卒(1575—)。大中字孔时，号廓园。浙江嘉善人。谥忠节。万历四十四年进士。著有《藏密斋集》。事迹见《明史》卷二四四本传。

左光斗卒(1575—)。光斗字遗直，号浮丘。安徽桐城人。追谥忠毅。万历三十五年进士。著有《浮丘集》。事迹见《明史》卷二四四。

蔡复一卒(1576—)。复一字敬夫。福建同安人。谥清宪。万历二十三年进士。好古博学，善属文，耿介负大节。著有《遯庵全集》。事迹见《明史》卷二四九。

魏学洢卒，生年不详。学洢字子敬。嘉善人。明末诸生。著有《茅檐集》8卷、《魏子敬遗集》等。

孙如游卒，生年不详。如游字景文。浙江余姚人。万历二十三年进士。累官礼部侍郎。曾疏请严禁白莲、无为等教。

周炳谟卒，生年不详。炳谟字仲觐。无锡人。万历三十二年进士。天启间为礼部侍郎，修《光宗实录》，载神宗时储位不定及妖书、梃击案，直笔无所阿谀。

计东(—1676)、陈维崧(—1682)、李霨(—1684)、曾灿(—1689)、许三礼(—1691)、张弨(—1694)、意大利传教士殷铎泽(—1696)、费密(—1701)、黄宗彝(—?)生。

天启六年　后金天命十一年　丙寅　1626 年

华伦斯坦败新教同盟军。

法国胡格诺教派及法兰西王国政府签署《拉罗舍尔和约》。

英国向法国宣战。

正月戊午，从霍维华、杨所修议，命纂《三朝要典》。以魏忠贤党羽顾秉谦、黄立极、冯铨为总裁，施凤来、杨景辰、孟绍虞、曾楚卿副之。未及半年，24卷书成，颁布天下。是书尽反三案是非，极意诋毁东林。

按：《三朝要典》系魏党顾秉谦、黄立极、冯铨为阿谀魏忠贤、诬陷东林党人而编，系辑万历、泰昌、天启三朝关于梃击、移宫、红丸三案之示谕、奏疏、档册并加按语而成。书以王之寀、孙慎行、杨涟为三案之罪魁祸首。是岁重修《光宗实录》，熹宗谕凡事关三案，即据《三朝要典》是正之。

丁卯，努尔哈赤率兵攻宁远(今辽宁兴城)，守将袁崇焕誓死固守。努尔哈赤炮伤，于是年八月病死。

二月戊戌，提督苏杭织造太监李实，诬劾前应天巡抚周起元及前副都御史高攀龙、吏部员外郎周顺昌、谕德缪昌期、御史李应昇、周宗建、黄尊素等，皆遣缇骑逮之。

按：时吴中谣言，尊素欲结李实诛大阉，清君侧。魏忠贤惧，乃遣使诘责李实。实惧，乃诬劾诸人以自明。高攀龙闻缇骑将至，自沉死，其余诸人皆下狱被害死。

三月丁未，设各边镇监军内臣。太监刘应坤镇守山海关。

庚申，苏州士民反对阉党逮捕周顺昌，以颜佩韦、杨念如、周文元、马杰、沈扬为首，发动市民暴动，此后，五人投案就戮，葬虎丘山旁，称"五人之墓"。

四月壬辰，圣旨："《天鉴录》诸书诬捏不根，意在报复恩雠，倾陷异己。今后凡系此等私书一见即为焚毁，毋得抄传谈说，溷乱是非，有不遵者著缉事衙门访拿治罪。"（《熹宗实录》卷七○）

六月丙子，京师、天津、宣大、山东、河南地震。

壬午，河决广武。

闰六月辛丑朔，浙江巡抚潘汝桢为魏忠贤立生祠于西湖，诏赐名为"普德"。自是各地竞相效尤，共建魏氏生祠40所。诸祠务极工巧，几遍天下。无耻朝臣纷纷拜魏忠贤为父，自称干儿义孙。

壬寅，冯铨罢。

按：冯铨以谄事魏忠贤得登宰辅之位，至是以内部倾轧去职。阉党自此出现纷争。

八月，金天命汗努尔哈赤卒。

按：时年六十八。后追尊为清太祖武皇帝。

是月，熹宗幸西苑，与小阉泛舟为戏，风起覆舟，二小阉俱溺死，熹宗亦由是成疾。

法国西非公司成立。

九月庚午朔，努尔哈赤第八子皇太极继位称汗，改明年为天聪元年。

庚寅，首辅顾秉谦罢。

按：顾秉谦为首辅，承魏忠贤之意，倾害忠良。忠贤亦颇倚信之，至是以同党中魏广微、冯铨辈日夜交轧，不自安，遂乞归。

是秋，河决淮安，灌邳、宿二州。江北大水，河南蝗害。

十月癸丑，命重修《光宗实录》

按：领其事者为黄立极、施凤来、张瑞图等。然据当时朱国桢《史概·大事记》，"把持涂改者"为霍维华、谢启光、徐绍吉等阉党人物。

是月，有张匿名榜于厚载门者，列魏忠贤反状及其党七十余人，忠贤疑为张皇后之父张国纪所为，乃嗾顺天府丞刘志选劾国纪。熹宗无所问，但令国纪自新而已。忠贤意大沮，乃矫旨谕厂卫、都察院、五城巡捕、缉事衙门体访张榜者，自是民间偶语，或触忠贤，辄被擒戮，所杀不可数记，道路以目。

按：张皇后性严明，尝数发魏忠贤及客氏奸谋，忠贤欲撼国纪以撼中宫。

进魏忠贤爵上公，予诰券，加赐庄田一千顷。进魏忠贤侄魏良卿为宁国公。

是年，西班牙寇取台湾淡水、基隆。

高攀龙二月奉"六君子"从祀道南祠。三月十七日被逮，不受辱，赴水死。

莎士比亚的《哈姆莱特》首次在

德国的德累斯顿上演。 法国创办美洲诸岛公司。 巴黎植物园建立。 意大利内科医生圣托里奥·圣托里奥首次用温度计测量人的体温。	周顺昌被逮，鹿善继、范景文欲为之醵金完"赃"，未果。 鹿善继以孙承宗忤珰被逐，遂告病乞代，至是归里，教授生徒。 黄尊素三月被逮，刘宗周饯之于萧寺，黄尊素命黄宗羲与之游，且告训曰：学者不可不通史事，可读《献征录》。 黄尊素五月下镇抚司；闰六月卒于诏狱。 曹学佺被都察院副都御史阉党刘廷元告讦私撰野史，削籍为民，所纂《野史纪略》被毁。 孙奇逢救魏大中不及，则以遗骨而归。海内有范阳三烈士之称，则奇逢与鹿正、张果中也。 黄道周丁母忧。 文震孟因事株连，被斥为民。 马之骐七月丙申升国子监祭酒。 陈子龙与侯峒曾结交。 董其昌作《烟云万里图》并系之以歌。 方以智课读桐城东郊慧业堂，与孙临、周歧及舅氏吴道凝等同学友善。 僧清隐法师游浮山，方以智从游，并操笔题岩。 按：清隐法师名元亮，鄢城崔氏子。少即出家，深于禅机，颇得浮山淡居、铠公等法师器重，因居浮山华严寺。 金铉补增广生。 顾炎武读《资治通鉴》毕，又读《诗经》、《尚书》、《春秋》。初应童子试，庠名顾继绅（原名顾绛）。 陆世仪年十六，其父勉之曰："一饮一食，常维经义可以收放心；或坐或卧，如对圣贤可以却邪念。" 归庄年十四补诸生。与同里顾炎武善，时有"归奇顾怪"之目。 傅山食廪气。 魏裔介应童子试。 张履祥读书陋巷村之蒋庵。 施润章丁父忧。 胡承诺读史西塔寺。 杨学孔于四川蓬溪创建石鱼书院。杨作辑为记。
威廉·罗珀著成《托马斯·莫尔爵士的一生》。 亨利·斯佩尔曼爵士编成《考古学字典》。	法国传教士金尼阁将《五经》译成拉丁文，在杭州刊印，为儒家经籍最早刊行之西文译本。 《实录》（自隆庆六年五月起至万历十年十二月止）五月庚午纂修成，共131册，进呈御览。 朱怀吴《昭代纪略》5卷刊刻。 顾秉谦等纂《三朝要典》24卷成。 谈迁著《国榷》初稿成。

按：书中敢于直书《明实录》避而不谈的明朝一些重要史实；尤其是万历以后七十多年的历史，以及建州女真的发展和后金同明的关系的记载，尤为他书所少见。

孙奇逢著《北行日谱》。

施绍莘作《西佘山居记》。

宋祖舜修、方尚祖纂《淮安府志》24卷刊刻。

高汝行原本、屈钟岳增修、石鼎亨增纂《太原县志》6卷刊刻。

项梦原《读宋史偶识》3卷刊刻。

陈仁锡刻所纂《经世八编类纂》及《诸子奇赏》前后集。

归有光辑《诸子汇函》刊刻。

赵世楷杭州武林书坊刻《扬子法言》、《太玄经》。

吴发祥在江宁刻《萝轩变古笺谱》。

按：是书山水草木禽鱼等皆用饾板、拱花法套印，颇具民族特色。为我国最早饾板彩印书籍之一，亦是我国早期饾板彩印代表作。饾板彩印的出现，是我国印刷史上的一大飞跃。

道士白云霁纂《道藏目录详注》4卷成。

按：白云霁字明之，号在虚子，上元人。

李日华著《六砚斋笔记》。

闵景贤所辑《快书》刊行。

沈飞仲刊冯梦龙辑《太平广记钞》80卷。

按：此书有是岁李长庚所撰《太平广记钞序》、冯梦龙所撰《太平广记钞小引》。

冯梦龙为侯岐曾《西堂初稿》、王敬臣《竢后编》各作序。其辑《智囊》一书亦在是岁。

邵潜著《邵潜夫别集》刊行。

德国传教士汤若望译著之《远镜图说》刊行。此书介绍望远镜之制造、功用及原理。

金尼阁所著《西儒耳目资》刊于杭州。

按：是书为西洋传教士学习汉语汉文而著，以汉语所用的二十五个字母拼合汉字读音，为反切法开辟简易途径，又引起中国音韵学对拼音文字之重视和研究。是书首刻于杭州，次年再版。方豪《拉丁文传入中国考》引《金尼阁传》载金尼阁语曰："余应中国教友之请，曾以汉文编一字典（余不感汉文困难），凡三册，使汉字与吾拜之元音、辅音接近，俾中国人得于三日内通晓西洋文字之系统。此一文典式工作，颇引起中国人之惊奇。"

陈所蕴卒（1543—　）。所蕴字子有。松江上海人。万历十七年进士，官至南京太仆寺少卿。著有《竹素堂藏稿》。

李维桢卒（1547—　）。维桢字本宁。京山人。隆庆进士，由庶吉士授编修。万历间，累迁提学副使，浮沉外僚几三十年。天启初，与修《神宗实录》。著有《史通评释》、《黄帝祠额集》及《大泌山房集》134卷。事迹见《明史》卷二八八。

按：据《明史》本传：维桢弱冠登朝，博闻强记，与同馆许国齐名。馆中为之语

弗朗西斯·培根卒（1561—　）。英国哲学家。

安德里安·德弗里斯卒（1545/46—　）。荷兰画家，雕刻家。

曰："记不得,问老许;做不得,问小李。"维桢为人,乐易阔达,宾客杂进。其文章,弘肆有才气,海内请求者无虚日,能屈曲以副其所望。碑版之文,照耀四裔。门下士招富人大贾,受取金钱,代为请乞,亦应之无倦,负重名垂四十年。然文多率意应酬,品格不能高也。

邹迪光卒(1550—   )。迪光字彦吉,号愚谷。无锡人。万历二年进士。官至湖广提学副使。罢归,在惠山筑愚公谷,与文士觞咏其间。工诗文,擅画山水,亦精音律。晚信奉佛教,名其斋曰调象庵。有集三百余卷,今存者百余卷,计有《羼提斋稿》8卷、《始青阁稿》24卷、《天倪斋诗》10卷、《郁仪楼集》56卷(另有30卷本)、《石语斋集》26卷、《调象庵稿》40卷,另有《良常仙系》1卷、《台雁游记》2卷、《愚公人口乘》1卷、《劝戒图说》不分卷、《文府滑稽》、《太上诸仙法语补集》2卷等。

吴崇礼卒(1552—   )。崇礼字彬卿,又字体严,别号节庵。宁阳人。万历十四年进士。官至兵部尚书、刑部尚书。谥襄公。著有《三边总图》、《抚蓟奏略》等。

黄汝亨卒(1558—   )。汝亨字贞父,号泊玄居士、寓林居士。浙江仁和人。万历二十六年进士。官至江西布政司参议。著有《廉吏传》、《古奏议》、《寓林集》、《天目游记》等。

僧圆澄卒(1561—   )。圆澄俗姓夏,号湛然,别号散木,又号没用。会稽人。传禅宗曹洞宗。生平不愿与人同流合污,不为律规所拘,与当时儒学名流周海门、葛寅亮等交情甚笃,时相切磋。著有《楞严臆说》、《法华意语》、《金刚三昧经注》、《涅槃会疏》、《慨古录》、《宗门或问》等行世。

高攀龙卒(1562—   )。攀龙字云从、存之,号景逸。无锡人。万历十七年进士。授行人,谪揭阳典史。遭亲丧,归家,三十年不出。构水居,名可楼。熹宗时官至左都御史,以公正不阿,为阉党所恶。卒谥忠宪。幼读书,有志程朱理学。后与顾宪成修复东林书院,先后主讲,世称"高顾",成一代大儒。其学以静为主,一时儒者宗之,为东林党领袖之一。著有《周易孔义》1卷、《大易易简说》3卷、《四书讲义》(一作《高忠宪公讲义》)1卷、《春秋孔义》12卷、《朱子节要》14卷、《程子节录》4卷《文集抄》1卷、《就正录》(一作《大义就正录》)2卷、《东林论学语》2卷、《高子文集》6卷《高子诗集》8卷,以上八种曾被汇为《高子全书》刊刻。另外,攀龙还著有《正蒙释》(一作《正蒙集注》)4卷、《高忠宪公家训》、《武林游记》、《邵文庄公年谱》等。事迹见《明史》卷二四三、《明儒学案》卷五八。

按:据《明史》本传,少读书,辄有志程朱之学。……四川佥事张世则进所著《大学初义》,诋程、朱章句,请颁天下。攀龙抗疏力驳其谬,其书遂不行。……初,海内学者率宗王守仁,攀龙心非之。与顾宪成同讲学东林书院,以静为主。操履笃实,粹然一出于正,为一时儒者之宗。海内士大夫,识与不识,称高、顾无异词。攀龙削官之秋,诏毁东林书院。庄烈帝嗣位,学者更修复之。

缪昌期卒(1562—   )。昌期字当时,一字又元,号西溪。江阴人。万历四十一年进士。弘光时追谥文贞。著有《从野堂集》。

王惟俭(1567—   )约卒。惟俭字损仲,号半庵。河南祥符人。万历进士。以兵部主事罢,里居二十年,肆力于经史百家,尤好书画古玩,万历、天启间与董其昌并称博物君子。光宗即位,起为官禄寺卿。官至南京工部右侍郎。因得罪魏忠贤,郁愤而卒。著有《史通训故》、《宋史记》、《王损仲集》等。事迹见《明史》卷二八八。

按:据《明史》本传,惟俭资敏嗜学。初被废,肆力经史百家。苦《宋史》繁芜,手删定,自为一书。好书画古玩。万历、天启间,世所称博物君子,惟俭与董其昌并,而嘉兴李日华亚之。日华……恬澹和易,与物无忤。惟俭则口多微词,好抨击道学,人不能堪。尝与时辈宴集,征《汉书》一事,具悉本末,指其腹笑曰:"名下宁有虚士乎!"其自喜如此。

刘铎卒(1576—)。铎字我以,号洞初。江西庐陵人。万历四十四年进士。历官刑部郎中,扬州知府。为阉党构陷死。有《来复堂集》。

黄尊素卒(1584—)。尊素字真长,号白安。浙江余姚人,追谥忠端。万历四十四年进士,东林名士,黄宗羲父。著有诗文集《文略》、《诗略》、《说略》,又有史著《隆万两朝列卿纪》、《时略》、《大事记》等。事迹见《明史》卷二四五、《明儒学案》卷六一。

周顺昌卒(1584—)。顺昌字景文,号蓼洲。吴县人。谥忠介。万历四十一年进士。巡抚周起元以忤魏忠贤削籍归,顺昌特作文相送;魏大中被逮,顺昌赠钱,并许嫁其女与大中孙;终为魏党倪文焕所劾。被捕时,吴中市民聚集呼冤者数万。卒后崇祯谥以忠介。著作颇丰,被逮时,为友人投火灭迹。后经其子孙多方觅求,仅得《忠介烬余集》3卷。事迹见《明史》卷二四五。

顾同应卒(1585—)。同应,顾炎武父,著有《药房秋啸》。

李应昇卒(1593—)。应昇字仲达,号见次。江阴人。追谥忠毅。万历进士。任江西南康推官时兼理白鹿洞书院事,阐扬朱熹之学。著有《落落斋遗集》等。事迹见《明史》卷二四五。

潘柽章(—1663)、王士禄(—1673)、宋德宜(—1687)、倪灿(—1687)、林璐(—1688)、汪楫(—1689)、沙张白(—1691)、李经世(—1698)、吴肃公(—1699)、卢震(—1702)、朱奋(—1702)、蔡方炳(—1709)、方熊(—?)生。

天启七年　后金太宗天聪元年　丁卯　1627年

正月,金遣使致书袁崇焕言修好事,所欲极奢,袁答书切责。

因朝鲜助明,金遣将攻之,连下数城,至平壤,渡大同江。

二月,朝鲜王奔江华岛,遣使约和。

三月,袁崇焕代王之臣任经略,兴屯田,尽复高第所弃要塞。

华伦斯坦败新教同盟军。

法国黎塞留国法国胡格诺派之拉罗舍尔。

陕西大饥,白水王二率饥民起义,杀澄城县官张斗耀。明末农民大起义由是揭开序幕。

五月,监生陆万龄请建魏忠贤生祠于太学旁,岁祀如孔子。得旨允行。

是月,金帝欲雪努尔哈赤之恨,亲自督兵攻宁远,围锦州,袁崇焕力御。

六月庚子,锦州围解。

> 按:十年间,明朝尽天下之兵,未敢与金军一战。袁崇焕宁远之捷,亦只凭坚城击却之。是役,明军连续鏖战,关外诸城俱安然无恙,士气因之大振。总兵赵率教、满桂、尤世禄皆英勇奋战,明军连战连胜,世称"宁锦大捷"。

七月丙寅,魏忠贤使人劾罢宁远巡抚袁崇焕,以其党羽王之臣经理辽事。

己巳,圣谕:迩来伪学兴朝,邪党树帜,大坏风纪,专务招摇,一唱百和,此挽彼推,文字之间尊崇诡异,楮墨所露半是刺讥。如上科正副考官方逢年、章先儒、熊奋渭、李维桢、丁乾学、郝土膏、顾锡畴、陈子壮及中式举人射锡贤、刘正衡、艾南英、程祥会、雷毂、孙昌祖之辈,都不以崇正摅忠为念,乃以讪上谤政为怀,置圣经若弁髦,鹜人情于险巇,生心害政,长此安穷,朕窃忧焉。虽已概加惩处,用起更新,而在朝臣工犹沿宿染,未殄余风。特预为申饬,不殚再三。该部士风、文体系所职掌,即著行文各省直并会试正副考官及中式举人,自今已往文必尊经,士无诡正。有仍前诋毁朝政,吠影含沙、决裂尺幅而无顾忌者,著该部、科细加磨勘简举参来,敢有扶同蒙蔽的,朕览出一并重处,还著缉事衙门密切体访拿问具奏,朕必根究到底,严鞠主使之人,从重拟罪。(《熹宗实录》卷八六)

是月,封魏忠贤从孙魏鹏翼(4岁)为平安伯,加少师;从子魏良栋(3岁)东安侯,加太子太保;侄魏良卿加太师。魏氏家族荫锦衣指挥使17人,同知3人,佥事1人。

八月乙卯,天启帝朱由校卒,年二十三。

> 按:熹宗崩于懋勤殿,弥留不发。逆党献计,欲令宫妃假称有娠,而窃魏良卿子以入,魏忠贤辅之。忠贤纳其说,令人婉讽懿安皇后。懿安力拒不可,忠贤无以难之,乃承命召皇五弟信王。

丁巳,皇五弟信王朱由检嗣位,是为思宗庄烈皇帝,以明年为崇祯元年。

十月,御史杨维垣疏劾崔呈秀。

浙江巡抚潘汝祯以首倡建魏忠贤生祠,革职。

十一月甲子,安置魏忠贤于凤阳。

> 按:未几,榜忠贤罪示天下。己巳,忠贤自缢死。

戊辰,罢各边镇守中官。

十二月,诛客氏及魏忠贤侄魏良卿,其家属无少长皆斩。

毁各地魏忠贤生祠,并下逆党倪文焕、李蘷龙、许显纯、田尔耕等于狱。

黄尊素门人徐石麒先是因尊素去官，至是渡江吊尊素。

孙慎行以公议遣戍，得宁夏极边。是秋，以熹宗大统，诏卹死事诸臣，慎行解戍复原官。

黄道周葬母于北山。

陈仁锡以忤魏忠贤被削职为民。

陈子龙加入应社，与张采、张溥、杨廷枢结交。

俞安期跋所见杨维桢手稿本，时年七十八。

按：俞安期（1550—?），安期初名策，字公临；改名后字羡长。吴江人。本农家子，曾以长律一百五十韵投王世贞，世贞为之延誉，由是知名，以布衣终身。万历三十七年以翏翏阁为名刻行唐李廛《南北史续世说》。

鹿善继八月升任尚宝寺卿。

查继佐秋闱不利。以魏珰骄横，世必多故，与门人延师习技击，魏败乃已。

邢昉自乙卯至是五入南闱皆不售，寓佛寺授徒为业。

方以智是秋始从学王宣。

按：王宣字化卿，别号虚舟，生卒年不详。世居江西金溪，其父客桐城，遂生于桐。世精医学，博极群书。晚好《易》，著《风姬易溯》，独抒所见，自成一家。尤好因果之说，录所闻见著为《龙马言》，又注《金刚经》行于世。

倪元璐五月辛卯奉命为江西考试官。

毛晋至南京应乡试，受挫还；是年编《二家宫词》。

谭元春、刁包是春中举人。

郑赓唐中举人。

按：郑赓唐字而名，号宝水，生卒年不详。浙江缙云人。著有《春秋引断》、《古质疑》、《篆上吟》等。

金绳年十八，应顺天乡试第一。

僧函悟中举人。

陆世仪年十七，始为主敬之学。与陈瑚定交，约同志为文会。

顾炎武始阅邸报。

申涵光入小学，从张斯受治《毛诗》。

毛骐八岁，能诗。

解其衷天启间于山东文登创建文山书院。

吴甡天启中以召还文震孟忤魏忠贤，削籍。

朱茂晖任鸳湖诗社社首。

汪裕翻刻《三朝要典》成。

张溥作《五人墓碑记》。

刘宗周著《皇明道统录》7卷成。又撰《做人说》、《读书说》示其子汋。

张萱《西园闻见录》109卷成。

沈国元《皇明从信录》40卷刊刻。

钱谦益《皇明开国功臣事略》成。

法国创立新法兰西公司。

弗朗西斯科·戈麦斯·德·克维多著成有关地狱审判日以及世界的讽刺文集《梦》。

加布里埃尔·诺德著成有关图书

管理员职位的书《关于编制统一图书目录的见解》。

弗朗西斯·培根的《新大西岛》在其逝世后发表。

约翰·开普勒编制《鲁道夫星辰表》，标出了1005颗恒星的位置。

王志坚刻所著《读史商语》，及所辑《四六法海》。

程楷修、杨俊卿纂《平湖县志》19卷刊刻。

邓景南《刻一握坤舆》13卷刊刻。

福州林氏木活字印林志《福建瘥政全书》。

胡正言彩印《十竹斋书画谱》刊行。

按：胡正言，原籍休宁，时居南京，与吴发祥同事笺谱雕印。是书分8谱16册。为我国最早饾板彩印书籍之一，亦是我国早期饾板彩印代表作。

邵闇辑《覆古介书》刊行。

李渔著《韶龄集》。

冯梦龙刊行所纂《醒世恒言》，又编散曲集《太霞新奏》。

凌濛初著《拍案惊奇》成，又作《北红拂》。

叶敬池刻《石点头》。

天启间辑刊重要书籍之无法系年者：

周鸣歧启新斋三色套印《易经主意纲目》。

吴弘基《史拾》35册刊刻。

罗弘运《皇明卓异记》15卷刊刻。

《吴越史》26卷刊刻。

按：此书汇编《国语》之《吴语》《越语》、《史记》之《吴太伯世家》《越王世家》及《越绝书》、《吴越春秋》而成，系地方史料汇编。

赵希抃修、安选纂《新泰县志》10卷刊刻。

唐琳辑、唐氏快阁刊《快阁藏书》。

佚名辑《合诸名家批点诸子全书》刊行。

杨时伟《狂狷裁中》10卷刊刻。

李日华纂《李竹嬾先生说部全集》天启至崇祯间刊行。

顾起元于万历天启间刊行所著《归鸿馆杂著》。

陈维新著《文园集》（一名《陈汤铭文集》）刊行。

传教士邓玉函所著《远西奇器图说》（又名《远西奇器录最》）由王徵译绘，在北京刊行，为最早译成中文的介绍西方力学和机械工程学之著作。

徽州虹村黄氏刻板、新安汪氏印行《远西奇器图说》。

托马斯·米德尔顿卒(1570—)。英国剧作家。

贡哥拉卒(1561—)。西班牙诗人。

僧传灯卒(1553—)。传灯俗姓叶，号无尽。衢州人。他重振天台讲座，时称"天台中兴"，兼习净土、禅宗。著有《天台山方外志》、《天台传佛心印记注》、《净土生无生论》等。

赵南星卒(1550—)。南星字梦白，号侪鹤，别号清都散客。河北高邑人。崇祯初，谥忠毅。万历进士。官至吏部尚书，为东林党重要人物，与邹元标、顾宪成号为"海内三君子"，共同反对魏忠贤专权误国。反魏党失败后谪戍代州，病死。著有《学庸正说》、《史韵》、《赵忠毅公集》、《味檗斋文集》、《芳茹园乐府》等。其笑话集《笑赞》尤多讽世之作。事迹见《明史》卷二四三。

冯从吾卒(1556—)。从吾字仲好。长安人。万历十七年进士。官御史,以上章奏触帝怒,削籍。杜门谢客,精研理学。光宗立,起尚宝卿;天启时官至工部尚书。卒谥恭定。著有《元儒考略》、《冯少墟集》。事迹见《明史》卷二四三、《明儒学案》卷四一。

叶向高卒(1559—)。向高字进卿,号台山,谥文忠。福建福清人。万历十一年进士,选庶吉士,授检讨、礼部侍郎等,累官至吏部尚书、建极殿大学士。著有《苍霞草》、《叶台山全集》、《说类》等。事迹见《明史》卷二四〇。

丁乾学卒,生年不详。乾学字天行。浙江山阴人。万历四十七年进士,授检讨。天启中典试江西,所命策题寓讥刺魏忠贤之意,魏矫旨除其名,并多方加以挫辱,遂郁愤而卒。著有《拥膝斋文集》。

杨廷筠卒(1557—)。廷筠字淇园,号作坚,又号井寒、郑园居士。浙江仁和人。万历二十三年进士,官至江西巡按。著有《易显》6卷。

季开生(—1659)、王昊(—1679)、汤斌(—1687)、陈赤衷(—1687)、林澜(—1691)、冯甦(—1692)、缪彤(—1697)、唐梦赍(—1698)、许缵曾(—1700)、叶燮(—1703)、李颙(—1705)、林侗(—1714)生。

按:一说陈赤衷(1617—1687)。

明思宗崇祯元年　　后金天聪二年　　戊辰　　1628年

正月辛巳,诏命中官非奉命不得出禁门。

癸未,上御经筵。

乙酉,复旧辅刘一燝、韩爌原官。

丙戌,磔魏忠贤及其党崔呈秀尸。

是月,杨维垣以御史左计,谋护珰局,以东林与崔、魏并诋,并坚持三案。

金帝致书总兵官祖大寿言通好事。

二月乙未,禁章奏冗蔓。

戊午,礼部奏:会试天下举人,取中式举人曹勋等350人。

三月乙酉,赠恤天启朝被冤陷诸臣杨涟、左光斗、魏大中、周顺昌等。六月,谥杨涟曰忠烈,魏大中曰忠节,周顺昌曰忠介。

四月癸巳,策试贡士曹勋等350人,赐刘若宰、管绍宁、何瑞徵等进士及第出身有差。

甲午,以袁崇焕为兵部尚书,督师蓟辽。

己酉,兵科给事中林正亨疏劾江西巡抚杨邦宪毁周、程祠建魏忠贤生祠。

法国黎塞留取拉罗舍尔。

英国议会呈递"权利请愿书"。

英人拦截新法兰西首批船队。

俄罗斯哥萨克人入建克拉斯诺亚尔斯克城。

五月庚午，毁《三朝要典》。圣谕自今而后，官方不以此书定臧否，人材不以此书定进退。

　　甲戌，裁各部添注官。

　　乙酉，复外官久任及举主连坐法。

　　是月，金遣将略明边，同时致书明将言修好事。

　　六月壬寅，阉党许显纯伏诛。冯铨、魏广微削籍；罢来宗道、杨景辰。

　　七月壬午，浙江杭、嘉、绍三府海溢漂没数万人。

　　十一月甲戌，高迎祥、王大梁等领导陕西农民大起义。

　　十二月，诏会推阁臣。吏部侍郎成基命以礼部侍郎钱谦益等名上。

　　是年，复命购募葡炮葡兵。次年，购葡萄牙大铳十门，由葡人公沙的西劳任统领，率炮手、炮匠伯多禄、金答进京。

　　崇祯间始以活字版印刷邸报。

　　官方始修《熹宗实录》。

泰姬陵始建。

德国沙伊纳制成复显微镜。

意大利科莱在欧洲实验输血。

奥地利萨尔茨堡大教学建成。

　　倪元璐正月上疏驳杨维垣"东林邪党"说，并请召用韩爌、文震孟，又辨邹元标非伪学。

　　按：其疏略曰："臣见在庭章奏，凡攻崔、魏者必列东林为对案，并称邪党。夫以东林为邪人、党人，将复以何名加诸崔、魏之辈？崔、魏而既邪党矣，向之首劾忠贤、参题呈秀者又邪党乎哉！夫东林，亦天下之才薮也。其所宗主者，大都禀清挺之标，而或绳人过刻，持论太深，谓之非中行则可，谓之非狂狷不可也。其所引援之人，即不无非类，要可指数而尽耳。"疏出，御史杨维垣一再诋之。元璐再疏抗辨。其辨邹元标非伪学曰："夫元标之为人，始于峭直，终于宽和，前后如出两人。若诋其为婪贿多藏，则犹之称'厂臣（指魏忠贤）不爱钱'云耳。臣虽斩首穴胸，不敢闻命也。故谓都门聚讲非宜则可，谓元标讲学有他肠必不可；谓聚讲之徒不尽正人则可，谓聚讲或有邪谋必不可。且当日逆珰之所以驱逐讲学诸人，而拆毁书院者，其意正欲以箝学士大夫之口，而恣其无所不为之心。自元标以伪学见驱，而逆珰遂以真儒自命学宫之席，俨然揖宣圣为平交，使讲学诸人而在，岂遂至此哉？"时诸珰虽诛，逆案未定，余党犹踞要地，欲终锢林下诸贤，乃借东林为题又立孙党、赵澡、熊党、邹党之目，以一网清流。倪元璐首先抗论，清议始明。（《明史·倪元璐传》）

　　倪元璐四月迁翰林侍读，奏请速毁《三朝要典》。

　　按：倪氏奏疏略曰："臣观梃击、红丸、移宫之三案，斗于清流，而《三朝要典》之一书，成于逆竖。盖当事起议兴，盈庭互讼，主梃击者力护东宫，争梃击者计安神祖。主红丸者仗义之言，争红丸者原情之论。主移宫者弥变于机先，争移宫者持平于事后。六者各有其是，不可偏非。总在逆珰未用之先，群小未升之日，虽甚水火，不害埙篪，此一局也。既而杨涟二十四罪之疏发，魏广微此辈门户之说兴，于是逆珰杀人则借三案，群小求富贵则又借三案。经此二借，而三案之面目全非。故凡推慈归孝于先皇，正其颂德歌功于假父，又一局也。纲已密而犹虑遗鳞，势极盛而或忧翻局。诸奸乃始创立私编，标题《要典》，以之批根今日，则众正之党碑；以之免死他年，即上公之铁券，又一局也。繇此而观，三案者，天下之共议，《要典》者，魏氏之私书。（《明史·倪元璐传》）

　　孙之獬任侍讲，闻焚《三朝要典》，诣阁力争，继以痛哭，复疏言不可毁状。言路相继纠之，放免。

霍维华为兵部尚书,五月庚午请删正《三朝要典》,力主不毁之说。

韩敬罢。

按:马鸣敬为江西道御史,八月甲辰疏劾韩敬与其党岳骏声、吴中彦造为《天鉴录》一书,倾陷正人,得旨,韩敬罢。

韩爌十二月丙申还朝,复入阁为首辅。

陈仁锡诏复故官,旋进右中允,署国子司业事,再直经筵。以预修神光二朝实录,进右谕德。

陈仁锡、李绍贤九月己巳充武会试主考官。

方孔炤重被起用,任兵部职方郎,著《全边略记》。

按:是书12卷,分述明代自洪武至天启各处边防守备情况、山川形势、攻守得失,并列《师中表》、《神势图》。

孙奇逢以孝行著,督学御史李蕃举之,得旨建坊。

方以智是岁游学求知,尝访白瑜于枞川,复游南京。至是读书经年,浮气渐失,好穷物理,旁及象数。

文震孟因连劾魏忠贤遗党王永光,忤权臣,乃乘出封益府之机,归家不出。

黄宗羲年十九,正月袖长锥草疏,入京为父讼冤。过杭,遇陈继儒,陈为改定疏稿。三月,诏恤冤陷诸臣,追赠黄尊素等。黄宗羲诣阙谢恩,并上疏请诛魏忠贤死党曹钦程、李实。五月,刑部会讯阉党许显纯、崔应元,黄宗羲对簿,出所袖锥锥阉党,许显纯流血被体;又拔崔应元须,归而祭之黄尊素神位前。又与同难诸子弟捶毙狱卒二人。六月,刑部讯李实、李永贞、刘若愚三阉,黄宗羲复于对簿时以锥锥之。狱竟,偕同难诸子弟设祭于诏狱中门。

黄宗羲在京遇张溥。

黄宗羲是秋奉父柩南归。

陈子龙在张溥处与艾南英论古文,因意见不合,子龙手搏南英,南英作书诋毁子龙。

艾南英诏许参加会试,不第。

刘宗周九月闻阉党正法,党祸已解,遂渡钱塘,遍吊黄尊素等死难之友。

刘宗周十一月升顺天府尹。

吕维祺起尚宝卿,迁太常少卿,督四夷馆。

瞿式耜四月任户科给事中。冬杪,因钱谦益获罪,降职迁居城外。

按:式耜此任仅七月,章疏凡二十余,直声震动朝野。四月上《任人宜责实效疏》;五月上《顺情平法疏》、《直纠贪昧阁臣疏》、《严诛附党台臣疏》、《黔事速赐处分疏》;六月上《特表忠清疏》、《端相本疏》、《陈时政急著疏》、《佐边储疏》;七月上《亟修战守疏》、《严巡视疏》;八月上《讲求火器疏》、《先剔遗奸疏》;九月上《端用人之源疏》;十月上《清苛政疏》、《亟征解以足军储疏》、《时政不宜久赜疏》;十一月上《奉旨回话疏》、《邪谋不可不破疏》。其中最后两疏系温体仁、周延儒劾钱谦益结党,瞿式耜作为谦益门生的抗辨之言。

钱谦益十一月以枚卜之事夺官回籍,章允儒削职,瞿式耜、房可壮贬谪,耿志炜、梁子璠夺俸。

按:十月,诏会推阁臣,礼部侍郎钱谦益以同官周延儒方蒙圣眷,虑并推则已绌,谋沮之。式耜为谦益门生,言于当道,抑周延儒勿推。十一月初,枚卜姓名上达,成靖居首,钱谦益居次。周延儒、温体仁不得与,耻之,周延儒遂嗾温体仁出《盖世神奸》一疏,特参钱谦益,上怒,其持钱谦益应与枚卜之议者皆斥。

陈继儒受聘纂《松江府志》。

查继佐与殊能绝技之士二十余辈游。尝学琴于郑方,互相发难;学弈于杜水棋,以馆穀养之。另如王乐水之评话、江济寰之星学、盛符先之术数、沈似罗之度曲,皆名重一时,无不游于查继佐之门。查氏后刻《钓玉轩稿》,列同友姓氏其中。

董说之父病逝。

按:董说为《西游补》作者。其父信仰佛教,董说颇受其影响。

施凤来、张瑞图二月戊戌为会试总裁官。

孔贞运七月己巳升国子监祭酒,仍充经筵讲官。

李嗣京成进士。

按:李嗣京字嘉锡,生卒年不详。应天句容人。曾巡按福建,捐千金刻《册府元龟》。著有《冷吟斋集》、《匡山吟集》。

汪伟成进士,授慈溪知县。

徐汧成进士。

张溥以覃恩选贡入京,廷对高等,与新科进士张采名彻天下。

张采成进士,授江西临川知县。

金铉成进士,观政刑部。以性好静,喜读书,十二月改授扬州府儒学教授。

金声成进士,改庶吉士。

冒起宗成进士,授行人。

方拱乾、史可法、李奇玉、谭贞默成进士。

杜麟徵会试不利,与下第诸公南还,酝酿、筹备成立学社(即次年正式成立的复社、几社),以振起东林之绪。

陆世仪、陈瑚从赵自新学。

王夫之十岁,从父受经义。

按:王夫之父王朝聘(1570—1647),字逸生,一字修侯,万历乙卯、辛酉两中副榜。少从伍定相游,与李若愚、魏说为文字交。游讲席,得二王、罗、李之要,而主真知实践。博综天文地纪、人官物曲、兵农水利之学,皆淹贯。尝谓武夷为朱子会心之地,志游焉,以颜书室,学者称武夷先生。

璜·路易斯·德·阿拉尔贡编成西班牙喜剧《可疑的真话》。

毛晋汲古阁本《十三经》、《十七史》开始刻板。

按:刻板完工于清顺治十三年(1566)。

《光宗实录》三月戊子修成进呈。

方以智是冬汇《史记》、《汉书》章句,著为《史汉释诂》。其原拟著之

《周礼》,至除夕属稿未就。

  钟惺《鼎镌钟伯敬订正资治通鉴纲鉴正史大全》74卷刊刻。

  向日亨《清朝圣政》刊刻。

  郑鄤辑《宋三大臣汇志》刊行。

  胡继先纂《杨大洪先生忠烈实录》由海虞毛氏世美堂重刊。

  按：是录按年系事,实为年谱,特详谱主政治斗争及系狱事。谱前有梅之焕、胡继先《序》。谱后附谱主子杨之易等人陈冤奏折、崇祯二年陈以闻《识》。谱主杨涟,字文孺,号大洪,湖北应山人。万历三十五年进士。后受魏忠贤诬陷入狱受酷刑死。崇祯初追谥忠烈。有《杨大洪集》。

  尹守衡著《皇明史窃》成。

  按：此书理学味淡,不列忠孝节义,偏重写地方官,部分内容为他书所无。正文初刊于崇祯九年,此后复请一些名人作序,于崇祯十二年,全部刊刻。又于康熙四十五年、光绪十年重刊。今有《四库禁毁书丛刊》本、《续修四库全书》本。

  刘宗周十月作《曾氏家乘序》；十二月作《正学名臣丁长孺墓表》。

  陶履中修、徐登瀛纂《瑞州府志》24卷刊刻。

  王廷谏纂修《辉县志》8卷刊刻。

  李日华《官制备考》2卷刊刻。

  方孔炤《全边纪略》12卷刊刻。

  徐光启完成《农政全书》初稿。

  按：是书作者生前未刊,死后经陈子龙整理,于崇祯十二年刊行。

  张岱始著《石匮书》。

  朱珵尧辑《沈国勉学书院集》刊行。

  顾与汾进其父顾宪成遗书。

  李流芳《檀园集》定稿。

  茅元仪刻所著《掌记》。

  李日华纂《四六全书》由武林鲁氏刊行。

  潘之恒《鸾啸小品》刊行。

  按：此为记录作者生平见闻之笔记,内容大多与戏曲有关。

  凌濛初序刊所著《拍案惊奇》。

  利玛窦等《天学初函》在杭州刊行。

  按：天学谓天教,即天主教。初函谓拟续刊。是书所包有20种,分为理编、器编。理编主要为有关天主教教义之著作；器编则多为天文、算学等自然科学著作。每编十种,皆利玛窦所编著。其目为：艾略特《西学凡》,利玛窦《天主实义》,利玛窦《辩学遗牍》,李之藻《唐景教碑书后》,利玛窦《畸人十篇》,利玛窦《交友论》,利玛窦《二十五言》,庞迪我《七克》,毕方济、徐光启《灵言蠡勺》,艾略特《职方外记》,熊三拔、徐光启《泰西水法》,熊三拔《简平仪说》,利玛窦《浑盖通宪图说》,利玛窦、李之藻《同文指算》,利玛窦、徐光启《几何原本》,利玛窦《圜容较义》,熊三拔《表度说》,利玛窦《测量法义》,阳玛诺《天问略》,利玛窦《勾股义》。

  葡萄牙传教士傅泛济与李之藻合译之《寰有诠》6卷刻印。此为介绍古希腊亚里士多德宇宙观之著述。

伊斯坦布尔宗主教将《亚历山德里亚法典》(5世纪)赠送给英王查理一世。

约翰·阿莫斯·科米尼乌斯编写有关初等教育的作品《本国学校的形成》。

罗伯特·科顿著《国王亨利三世的一生》。

勒内·笛卡尔著成《指导哲理之原则》。

亨利·斯佩尔曼著成《法律词汇汇编》。

威廉·哈维发表有关血液循环的作品《心血运动论》。

丁云鹏卒(1547—)。云鹏字南羽,号圣华居士。安徽休宁人。其人物、佛像画学李公麟之白描及钱选之设色,山水取法文徵明。曾为名墨工程君房、方于鲁画墨模,《程氏墨苑》、《方氏墨谱》之图绘多出其手。亦善花卉,能诗。

岳元声卒(1557—)。元声字之初,号石帆。浙江秀水人。万年历十一年进士。为人强项,屡直谏忤上意;又劾魏忠贤,罢归。聚徒讲学于天心书院,以"毋自欺"为宗旨。著有《潜初子集》、《潜初杂集》、《圣学范围图》。曾订《通纪》。

归子顾卒(1559—)。子顾字春阳,号贞复。嘉定人。万历二十六年进士,官至刑部左侍郎。著有《删正纲目通鉴》、《备我集》、《天绚集》。

丁元荐卒(1563—)。元荐字长孺。浙江长兴人。万历十四年进士。元荐初学于许孚远,后从顾宪成游。所著有《尊拙堂文集》、《西山日记》。事迹见《明史》卷二三六。

  按:据《明史》本传,元荐初学于许孚远,已,从顾宪成游。慷慨负气,遇事奋前,屡蹶无少挫。通籍四十年,前后服官不满一载。同郡沈淮召入阁,邀一见,谢不往。尝过高攀龙,请与交欢,辞曰:"吾老矣,不能涉嫌要津。"遽别去。当东林、浙党之分,浙党所弹射东林者,李三才之次,则元荐与于玉立。

顾起元卒(1565—)。起元名培,以字行。又字太初、邻初,自号遁园居士。江宁人。国辅长子。万历二十六年进士,授编修。官至吏部左侍郎,兼翰林院侍读学士。辞归,潜心著述,曾七徵为相不起。福王时赠尚书,谥文庄。家富藏书,著述颇丰。所著存者有《尔雅堂家藏诗说》、《诗经金丹》8卷《毛诗正变指南图》1卷《诗经金丹汇考》1卷《诗经难字》1卷、《中庸外传》2卷、《读孟私笺》2卷、《后汉书批评》100卷、《寒松馆游览诗》、《客座赘语》10卷、《金陵古金石考目》1卷、《遁居士批庄子内篇》1卷、《商子》2卷、《鱼品》1卷、《潘方凯墨序》1卷、《壶天映语》1卷、《雪堂随笔》5卷、《说略》、《紫府奇玄》11卷、《懒真草堂文集》30卷《懒真草堂诗集》20卷、《蛰庵目录》4卷等。

  按:《尔雅堂家藏诗说》原题顾起元著,然是书顾起元自序云:"先大夫以《诗》起家,隆庆初,读书永庆山房,尝手录诸家诗说,藏诸笥中。余过庭,爱而习之……比长……乃窃取其义续之,而门人辈遂板而竹之,余不能止也。"则是书为顾国辅说诗旧稿,由顾起元续撰而成。

祁承㸁卒(1565—)。承㸁字尔光,号夷度。浙江山阴人。万历三十二年进士。精于校勘。其藏书室名澹生堂,积书数万卷,著有《澹生堂集》、《国朝征信录》、《澹生堂藏书目》、《澹生堂藏书约》等。

米万钟卒(1570—)。万钟字友石。陕西安化人,寄籍顺天。万历二十三年进士。官至江西按察使。好蓄奇石,又善书画,与董其昌齐名。有《篆隶订讹》。事迹见《明史》卷二八八《董其昌传》附传。

法国传教士金尼阁卒(1577—)。金尼阁号四表。万历三十八年入华。先到澳门,次岁至南京学习中文,终老杭州。先后在南昌、韶州、开封、西安、杭州等地传教。著译有《西儒耳目资》、《况义》(即《伊索寓言》)

等。又据利玛窦遗稿著《基督教远征中国史》，是研究明末传教士东来的重要文献。

董斯张卒(1586—)。斯张原名嗣章，字然明，号遐周。乌程人。著有《吴兴备志》32卷。另著有《广博物志》，搜罗唐以前遗文坠简良多。又有《吴兴艺术补》。

陈伯友卒，生年不详。伯友字仲怡。山东济宁人。万历二十九年进士。著有《尽心编》。事迹见《明史》卷二四二。

方从哲卒，生年不详。从哲字中涵。浙江德清人，徙居京师。万历十一年进士。屡迁国子监祭酒。终进中极殿大学士。去职。卒赠太傅，谥文端。

王锡阐(—1682)、僧行策(—1682)、黄虞稷(—1690)、沈进(—1691)、王抃(—1692)、姚文燮(—1693)、申涵煜(—1694)、姜宸英(—1699或1700)、田兰芳(—1701)、王熙(—1703)、赵吉士(—1706)、冷士嵋(—1710)、朱蹇翁(—?)、僧其天(—?)生。

按：沈进生卒年一说为1633—1698。又：黄虞稷一说生于次年。此据《碑传集》卷四五陈寿祺撰传及《清史列传》卷七一。《疑年录汇编》卷九作卒于康熙三十年(1691)，存参。《碑传集》卷四七方苞撰《姜西溟遗事》谓姜宸英卒于己卯即1699年；又《德清胡朏明先生年谱》谓姜氏卒于康熙三十九年即1700年。

崇祯二年　后金天聪三年　己巳　1629年

正月丁丑，诏定魏忠贤逆案。

按：正月庚辰，大学士韩爌、李标、钱龙锡，吏部尚书王永光，都察院左都御史曹于汴，蒙召见文华殿，奉圣谕参定魏忠贤逆案。二月壬子，圣谕准刑部尚书乔允升亦与其事。

壬申，山东道御史吴甡因毅宗幸学条上五事，其一曰"表正学以励风教"，乞敕礼部将道学诸臣应从祀者从祀，应赠恤者赠恤，应与谥者与谥。

按：吴氏以为当从祀、议谥诸儒有王艮、罗伦、章懋、黄作昭、吴与弼、邹守益；当赠恤、与谥诸儒有顾宪成等。

三月辛未，颁示《钦定逆案》，逆案以赞导、拥戴、颂美、谄附首逆魏忠贤、客氏者为目，内侍同恶者亦收入，分阉党自崔呈秀以下为六等。

按：《钦定逆案分款全录》(即逆案名单)收在《酌中志余》、《先拨志始》等书中。逆案分六等：一"首逆同谋"，立斩；二"交结近侍"，俱斩，秋后处决；三"交结近侍次等"，俱充军；四"谄附拥戴"，亦俱充军；五"交结近侍又次等"，俱坐徒三年，赎为民；六"交结近侍减等"，俱革职闲住。又：南明弘光时，马士英、阮大铖当国，重翻此案，并打击东林党人以事报复。

逆案名单据《先拨志始》为：(一)首逆同谋：崔呈秀、李永贞、李朝钦、魏良卿、侯国兴、刘若愚。以上依谋大逆，但其谋者不分首从，皆凌迟处死律，减等拟斩。(二)

《吕贝克和约》签订。欧洲"三十年战争"休战。

神圣罗马斐迪南二世帝颁布"归还教产令"。

法国黎塞留废《南特赦令》。

法国及西班牙战。

瑞典与波兰停战。

俄国与法国之间缔结贸易协定。

英国入加拿大魁北克。

交结近侍：刘志选、梁梦环、倪文焕、田吉、刘诏、孙如冽、许志吉、薛贞、曹钦程、吴淳夫、李夔龙、陆万龄、李承祚、田尔耕、许显纯、崔应元、张体乾、孙去鹤、杨寰。以上依诸衙门官吏与内官相互交结泄漏事情，夤缘作弊而扶同奏启者律，斩，秋后处决。（三）交结近侍次等：魏广微、徐大化、霍维华、张讷、阎鸣泰、周应秋、李鲁生、杨维垣、潘汝桢、郭钦、李之才。以上依交结近侍官员引名例律，减等充军。（四）谄附拥戴：魏志德、魏良栋、魏鹏翼、魏辅民、魏希孔、魏希舜、魏希尧、魏希孟、魏鹏程、傅应星、杨六奇、客光先、徐应元、刘应坤、王朝辅、涂文辅、孙进、王国泰、石元雅、赵秉彝、高钦、王朝用、葛九思、司云礼、陶文、纪用、李应江、胡明佐、李实、李希哲、胡良辅、崔文升、李明道、刘敬、徐进、冯玉杨、朝胡宾、孟进宝、刘镇、王体乾梁栋、张守成、商承德，以上四十四人，中有见任闲住的，并放回原籍的，都革去冠带，为民当差。（五）交结近侍又次等：冯铨、顾秉谦、张瑞图、来宗道、郭允厚、薛凤翔、李蕃、孙杰、张我续、朱童蒙、杨梦衮、李春茂、李春煜、王绍徽、徐兆魁、刘廷元、谢启光、徐绍吉、邵辅忠、杨所修、贾继春、范济世、李养德、阮大铖、姚宗文、陈九畴、亓诗教、赵兴邦、傅櫆、安伸、孙国桢、郭翚、冯嘉会、曹思诚、孟绍虞、张朴、李恒茂、郭尚友、李精白、秦士文、张文熙、杨惟和、何廷枢、陈朝辅、许宗礼、卓迈、卢承钦、陈尔翼、石三畏、郭兴治、刘徽、智铤、何宗圣、王珙、汪若极、陈维新、门克新、游凤翔、田景新、吕纯如、吴殿邦、黄运泰、李从心、杨邦宪、郭增光、单明诩、王点、李嵩、牟志夔、张三杰、曹尔祯、毛一鹭、张文郁、周维持、徐复阳、黄宪卿、许其孝、张素养、王裕、梁克顺、刘宏光、温皋谟、鲍奇谟、陈以瑞、庄谦、龚萃肃、李应荐、何可及、李时馨、刘汉、王大年、佘合中、徐吉、宋祯汉、张汝懋、许可徵、刘述祖、李灿然、齐之侍、孙之獬、吴孔嘉、李寓庸、潘士闻、王应泰、张元芳、阮鼎铉、李若琳、张永祚、周良材、曾国祯、张化愚、李桂芳、张一经、陈殷、夏敬承、周宇、魏豸、郭希禹、颉鹏、李际明、魏宏政、岳骏声、郭士望、张聚垣、周镳、徐四岳、辛思齐、胡芳桂。以上依交结近侍官员律，引名例律，减二等，坐徒三年，纳赎为民。（六）交结近侍再减等：黄立极、施凤来、杨景辰、房壮丽、董可威、李思诚、王之臣、胡廷宴、张九德、冯三元、乔应甲、杨维新、朱国盛、冯时行、吕鹏云、董懋中、周昌晋、虞廷陛、杨春茂、徐景濂、陈保泰、郭兴言、周维京、徐扬先、陈序、曹谷、朱慎鉴、郭如闇、何早、虞大复、叶天陛、邸存性、葛大同、欧阳充材、夏之鼎、张九贤、李宜培、谭谦益、吴士儁、徐溶、潘舜历、李三楚、董舜臣、陈守瓒。以上俱照考察不谨例，拟冠带闲住。又附逆案漏网者：张枢、赵胤昌、袁鲸、王业浩、张惟、薛国观、叶有声、李应公、陈睿谟、曾应瑞、黄承昊、杨维岳、苏兆先、王时英、丘兆麟、王际逵、陈世竣、蔡国用、邢绍德、李光春、吕下问。以上二十一人俱应补入赞导，从重拟罪。田一甲、朱之俊、徐时泰、陈具庆、张士範、陈盟、曾楚卿、姜逢元、余煌、朱继祚、华琪芳、张翀、杨世芳、吴士元、李光祚、李起元、王永光、张惟贤、王在晋、林宗载、吴宏业、段国璋、常允绪、李觉斯、庄起元、李国槽、苏茂相、汤国祚、李守锜、袁燫。以上三十人俱应补入谄附定罪。史永安、张凤翼、梁应泽、袁崇焕、李诚铭、梁世勋。以上六人亦俱建祠，但与诸奸宜减等论。

行释奠礼于先师孔子。掌国子监少詹事孔贞运讲《书经》，从优赐一品服。

是月，金罢三大贝勒分月轮理政事。

金立文馆，命官分掌翻译汉字书籍及记注本朝政事。

五月乙酉朔，日食，钦天监预报误，庚子，议改历法。

按：九月，始开历局，议改历法，诏以礼部尚书徐光启为监督，用李之藻、李天经与耶稣会教士龙华民、邓玉函、汤若望、罗雅谷等修历。徐光启上《修历大纲》，选畴人子弟习西法。所修《崇祯历书》137卷于崇祯七年(1634)成。此为中国天文学史中首次采用西方历法来修正中国传统历法。

壬辰，吏部尚书王永光疏请遵祖制、复荐举。

六月戊午，袁崇焕以"十二当斩"罪杀毛文龙，其部下劲卒遂有二心，部将耿仲明、尚可喜等先后降清。

九月言官为熊廷弼讼冤。

金初试生员。凡明之生员被掳为奴者，皆释之，参与考试，取二百人，听候录用。

按：清太宗谕：自古国家文武并用，以武功戡祸乱，以文教佐太平。朕今欲振兴文治，于生员中考取其文艺明通者优奖之，以昭作人之典。先是，万历四十四年十月，太祖察出明绅衿，尽行处死，以为种种可恶，皆在此辈。其时儒生隐匿得脱者三百人。至是考试，凡在皇上包衣下、八贝勒等包衣下，及满州、蒙古家为奴者，皆拔出。俱免二丁差徭，并候录用。

十月戊寅，金兵取道蒙古，分三路攻明。

十一月，壬午朔，京师戒严；乙酉，金兵入遵化。辛卯，袁崇焕率总兵官祖大寿、副将何可纲自山海关兼程入援。

十二月，明思宗中金之反间计，辛亥下袁崇焕于锦衣卫狱。大学士成基命请慎重者再，不听。甲寅，祖大寿、何可纲惧并诛，率兵东奔，毁山海关出。

壬申，大学士钱龙锡遭诬申辩被罢。

是月，金帝声言议和，而分兵攻陷畿辅州县多处，明将满桂及前总兵官孙祖寿俱战死。

是年，从司业倪嘉善言，复行积分法。

按：至崇祯八年，祭酒倪元璐请以贡选为正流，援纳为闰流。贡选不限拨期，以积分岁满为率；援纳则依原定拨历为率。积分之法，参洪武十六年正月钦定学规。

李自成参加高迎祥部起义军。

周延儒十二月丁丑与何如宠、钱象坤进礼部尚书兼东阁大学士，预机务。

陈仁锡为南京国子祭酒。

鹿善继六月升太常寺少卿，管光禄寺寺丞事。首倡于朝，出孙承宗等于狱。

曹于汴以温体仁等劾，乃谢事归。

倪元璐四月迁南京国子司业，欲尊祖制积分而未果。

张溥、周钟刻《复社国表》，复者，兴复绝学之义也。

张溥以应社为基础，联合诸文社改组成复社，在尹山(在今江苏吴江)开成立大会，此为复社第一次盛会。

按：是时江北匡社、中州端社、松江几社、莱阳邑社、浙东超社、浙西庄社、黄州质社及江南应社，各分坛坫，张溥乃合诸文社为一。复社及其人物多是东林末

荷兰艾伯特·杰勒德在数学中开始使用括号及其他缩写词。

流,阉党称之为"东林余孽",其人自称为"小东林"或"东林余韵"。复社与东林不同。其一,东林只限于被罢职的官吏,或在朝的一部分官吏,最多不过如"东林党人榜"所述的三百余人;复社则大多为年轻人,包括大量的各类生员,人数多至千万。其二,东林讲程朱理学,复社则研讨八股文章,以文会友;因要恢复古文,以加深对古文的研讨,故名曰"复社"。其三,在政治上,明朝早已陷入崩溃的局面,复社虽欲仿效东林,反对黑暗政治,但已不可能有所作为。吴伟业、顾炎武、归庄、黄淳耀、顾果、陈贞慧、吴颖、贺裳、方以智、卓人月、徐白、陈弘绪、万寿祺、张自烈、谭元春等先后加入复社。

又按:关于复社成立时间,另有两说,一说在天启年间(1621—1627),一说为崇祯三年之冬。此据陆世仪《复社纪略》、杨彝《复社事实》、杜登春《社事本末》。又:《复社国表》详列复社姓氏计七百余人,此为复社成立之初人员规模。复社自成立后,发展速度极快,据蒋逸雪《张溥年谱》所附《复社姓氏考订》,共有三千又二十五人,此仅为有案可稽者,佚名者当远不止此数。崇祯十四年张溥逝世,海内会葬者万人,可见复社之规模。

陈子龙、彭宾等六人在松江别立几社。

杜麟徵、夏允彝刻《几社六子会义》,几者,绝学有再兴之几,而得知几其神之义也。

钱谦益以典乡试时钱千秋关节案受杖赎。

黄道周进右中允。

刘宗周在绍兴立证人书院,与陶奭龄俱讲学蕺山。陶氏弟子授受皆禅,且流入因果,而刘宗周以慎独为宗旨。黄宗羲邀吴越知名之士六十余人,共侍刘宗周讲席,力摧陶氏之说。

黄宗羲遵父遗嘱,始攻读史书。其曾祖父母、祖父母是岁受诰赠。

黄宗羲是秋之嘉善、云间诸地。谒钱士升,求黄尊素墓文;之云间访陈继儒;又见张鼐于其家,时张鼐已病革。十一月葬黄尊素于隐鹤桥,徐石麒作行状,钱士升作墓志铭。

按:张鼐字世调,一字侗初,生卒年不详。松江华亭人。万历三十二年进士。官至南京吏部侍郎兼詹事府詹事。著有《吴淞甲乙倭变志》、《宝日堂初集》、《馌堂考故》等。

金铉二月赴维扬任儒学教授,一时文风蔚起;十月升国子监博士。

金声十一月召对平台,改御史。

吕维祺四月以廷议军饷,陈奏十五事;复奏防微八事,蒙嘉纳。

徐宏祖在金陵听陈仁锡说北京盘山胜景,即北游。时陈仁锡官南京国子监司业。

张岱在南京秦淮观竞渡,在镇江金山观夜戏。继又至山东兖州上演所作《冰山记》传奇。

瞿式耜三月南还,四月返里,自是家居。

方孔炤十月十三日升任尚宝司卿,寻以祖母病逝告假归。

方以智十月与方文相依游学南京。冬,闻清兵入关、京城告急,心忧不已。暮冬返桐城,尊伯姑方孟式旨,跋仲姑《清芬阁集》并付之梓。

方以智学机械之学,是岁作木牛流马。

徐光启奉命在京畿仿制西式大炮。
施闰章始能属文。
应撝谦年十五，从两兄读书于西湖之北。
瑞士传教士、医生邓玉函征于朝廷，预修《崇祯历书》，从此放弃医学。

黄道周著《三易洞玑》成。
刘宗周是夏著《大学古记约义》。
陈廷许《春秋左传典略》12卷刊刻。
陈仁锡辑《资治通鉴大全》刊行。
陈所学纂修《隆平县志》9卷刊刻。
谈迁纂修《海昌外志》8卷成。
李维桢修万历《山西通志》30卷刊刻。
刘以守纂修《山阴县志》6卷刊刻。
徐鸣时纂《横溪录》8卷刊刻。
茅瑞徵所撰《皇明象胥录》8卷刊行。
    按：此书记万历以前明代边境及通使诸国，以补郑晓《皇明四夷考》（参见1566年）。
徐与参《本朝生气录》16卷刊刻。
宋存标《秋士史疑》4卷刊刻。
杨廷枢作《题篷记》，追记周顺昌被捕事。
李日华跋赵孟頫所书《元妙观三门记》。
鹿善继序《同难录》。该书叙魏珰时罹难诸臣受祸始末。
金日升《颂天胪笔》24卷成。
徐日久《隽言》刊刻。
气功书《易筋经》成于明末，是年始见抄本流传。
李璵辑《群芳清玩》由虞山毛氏汲古阁刊行。
翠娱阁主人撰《禅真后史序》。
吴从先与何伟然合编《广快书》，是岁序刊。
单本《风筝记》、《跃剑记》、《宫花记》三传奇约成于是年或之前。
沈泰编刊《盛明杂剧》。
传教士毕方济所著《画答》印行，是为从学理上介绍西洋画法的第一本中文译著。
武林天主堂刻意大利传教士高一志《天主圣教圣人行实》。
    按：同年，此书又有绛州板刊行。

周汝登卒（1547— ）。汝登字继元，号海门。浙江嵊县人，万历五年进士。为王畿门徒，笃信"四无"之说，强调前圣一脉相传论。其学以无善无恶为宗，合儒释而会通之。为学重心悟，曾作学规八条，曰先立志、明学术、扩虚怀、敦伦纪、慎容止、修职业、崇俭素、明义利。著述极多，有《圣学宗传》、《四书宗旨》、《宋明四先生语录》、《东越证学录》、《东越传宗录》、

彼得罗·卡尔得隆·德拉巴尔卡编成喜剧《蛰居夫人》

法国皮埃尔·高乃依发表剧本《莫里哀》。

托马斯·霍布斯翻译修昔底德的《伯罗奔尼撒战争》。

约翰·帕金森著成有关花卉之书《天堂之乐园》。

《宗传咏古》、《助道微机》、《邵杨诗微》、《嵊县志》、《诗学解》、《海门先生集》等。事迹见《明儒学案》卷三六。

按：所辑《圣学宗传》，尽采先儒语录类禅者。万历时讲学者大都类此。

丘兆麟卒(1572—)。兆麟字毛伯，号太丘。江西临川人。万历进士。崇祯初巡抚河南。著有《乐余园集》、《水暄亭集》、《玉书亭集》等。

李流芳卒(1575—)。流芳字长蘅，又字茂宰，号香海、泡庵、檀元，晚号慎娱居士，嘉定人。万历三十四年举人。三赴会试皆不第，遂绝意仕进，筑檀园读书其中。诗文风格清新自然；山水画笔墨峻爽；亦工书法、篆刻。有《檀园集》、《西湖卧游图题跋》等。事迹见《明史》卷二八八《唐时升传》附传。

杨景辰卒(1580—)。景辰字载甫，号侗孩。晋江人。万历四十一年进士。曾任《三朝要典》副总裁。著有《杨大学士文集》。

余懋衡卒，生年不详。懋衡字持国，号少原。徽州婺源人。万历进士。曾按陕西，极言税监之弊，力谏召回税监梁永，关中为安。官至南京吏部尚书。懋衡以奸党多诋毁，引疾归。无何，削籍。著有《关中集》等。事迹见《明史》卷二三二。

史槃(1533或略前—)约卒。槃字叔考。会稽人。有著作《童羖斋集》、传奇《吐红记》、《梦磊记》、《鹣钗记》、《樱桃记》等。

陈汝元(1572前—)约卒。汝元字起侯，号太乙，别署燃藜仙客。浙江绍兴人。曾任陕西清涧知县、易州知州。有杂剧《红莲债》、传奇《金莲记》等。

董以宁(—1669)、茆荐馨(—1681)、叶方蔼(—1682)、吕留良(—1683)、邱象升(—1689)、王遵训(—1689)、黄虞稷(—1690)、万斯选(—1694)、赵士麟(—1699)、李澄中(—1700)、钱曾(—1701)、朱彝尊(—1709)、黄百药(—?)生。

按：一说黄虞稷生于上年。

崇祯三年　后金天聪四年　庚午　1630年

法国黎塞留及瑞典盟。

瑞典国王古斯塔夫二世入德意志。

正月乙未，禁抄传边报。

是月，金兵攻陷河北迁安、遵化、滦州、永平等地。

二月，皇太极班师，阿敏等留守。

三月戊申，陕西义军入山西。

六月己未，诏授宋儒邵雍二十七世孙邵继祖为世袭五经博士，以奉雍祀。

七月乙未,顾锡畴再议积分制。

八月,思宗仍误信金人离间计,癸亥以"谋判罪"杀袁崇焕,流其家人,籍其家。自崇焕被杀,边事益无人。

十一月丙戌,《神宗实录》纂成,进呈御览。

按:此录自天启三年始纂,至此已十年。

十二月乙巳朔,加天下田赋,亩加三厘,共六百八十余万两。

是年,又有神一元、不沾泥、可飞天、混天猴、独行狼、点灯子等领导农民起义。起义军声势日大。

命徐光启负责管造西炮。

古格王国为拉达克所灭,现存遗址在西藏普兰,尚有城堡、宫殿、寺庙及壁画、佛像、古代写本等珍贵文物。古格王国建于十一世纪初,其王为藏王朗达玛后裔爱达微松系诸王之一支。

凌义渠在礼科给事中任上上《正文体疏》。

按:疏分八条。大略一曰崇经:孔子删述《六经》,垂训万世,及门之途比拟主通六艺。今国家虽分经取士,然未尝不贵其博雅淹通其浮华不根,疏浅无味者勿录。二曰依注:传注为《六经》羽翼。当年大儒若二程、朱子、蔡元定、胡安国、陈澔辈皆精心理解、提要钩玄,阐前圣之窔奥,惠后学以梯航。自今制义,必准传注,其明为背谬者,概勿收录。三曰切题自今试卷,必须切题阐发,有全不相蒙者,虽工弗录。四曰当体:制义有体,犹身有五官,虽贵神俊,而位置不颠越。自今取士,须准先辈法程,违者不得混收。五曰达词:为文惟取达意为上,其晦涩不可方物者,必斥不录。六曰读史:名理具《六经》,而行实载诸列史。从今诗卷,须遍阅三场,必其洞晰古今、博雅成章者,方准收录;若舛错虚浮者,纵首场或观,必勿许录。七曰革伪:自经书列史外,诸子百家其可供文荟撮者尽多。近有一种伪书,浅俗猬庸,读如嚼蜡,所载帝王、周、孔之言,不根经传,无识之人,津津称引之。自今士子不妨博极群收,而窜窃谬伪者必斥。八曰识务:国家以文章取士,正欲于毛颖间觇其经济。迩来士子全副精神,只寄初场,至于后场不过临时辏砌。一切时务原无讲究。自今取士,参酌后场,其有练习彝典,通晓时分,如天文、地理、兵农、礼乐、屯盐、鼓铸、律令、河渠之类,能举大议而中机宜者,即前场不中,亦亟收之。若虚无当,前场可观,亦弗录。夫文事必兼武备,斯时犹为。三年之艾,诸士中有能演习武书及百将书,而能发挥中窾者,犹当急收之。远可备中枢、节钺之选,近可资郡邑。此书深中当时科举制之弊,其中注重实学之思想,尤切当时时世。

黄宗周四月至都,未几,与科臣熊德阳同出典浙江乡试。事毕还都,逢《神宗实录》成,晋右春坊右中允。

刘宗周二月庚辰上疏极言讲学为救世之本;六月上言天永命;九月辞阙归里;十二月吊周应中。

黄宗羲奉祖母卢太夫人至南京,寓叔父黄等素官舍。时等素为南京应天府经历。宗羲在南京,与林云凤、周亮工等游城中七十二寺,开星社于高座寺(即甘露寺),有倡和诗。复从番禺韩上桂受诗法。又以金坛周镳之介加入复社,以何乔远之介入诗社。

何乔远四月己卯在光禄寺卿任荐华亭布衣陈继儒博综典章、谙熟时

北美马萨诸塞殖民地建。

波士顿城始建。

务,当加以一秩,如先朝待文徵明故事。

林古度、黄宗羲、黄居中重九日在金陵凤凰台作重九会。

张溥、吴伟业、杨廷枢、陈子龙、彭宾、万寿祺、黄宗羲等复社成员以应试聚集南京,故是秋,复社大会于金陵凤凰台。

黄宗羲参加复社金陵大会,并与南中词人汪逸、林古度、黄居中、林云凤、闵景贤等相契。

黄宗羲该岁始入场屋,不第。榜发日,太仓张溥为会于秦淮舟中。与会者有黄宗羲、杨廷枢、陈子龙、吴伟业、万寿祺、蒋鸣玉、彭燕、吴来之。

黄宗羲下第南回,于京口遇文震孟,文氏见宗羲落卷曰:"后日当以古文名世。"相与同舟至吴门。

周镳是冬渡钱塘谒刘宗周,返棹余姚,访黄宗羲于黄竹浦。

陈继儒驰书黄宗羲,言为黄尊素作传事。

张采因病解临川县职回太仓。

冯舒、冯班、陈瑚、陆世仪拒不加入复社。

鹿善继以病归里,自是绝意仕进,有"临河而叹,退修六经"之志,因自号曰"江村渔隐"。孙奇逢遣子姪就学焉。

黄宗昌任御史,疏请征聘孙奇逢。

吕维祺升南京户部右侍郎、兼右佥都御史,总督粮储。

倪元璐量移右中允。蒋鸣玉、万寿祺等为其首拔士。

瞿式耜家居,夏,构浣溪草堂,日与程嘉燧、苏先、顾应琨、吴明桢赋诗遣兴。又,爱沈石田画,建耕石堂,刻《沈石田先生诗文集》十卷藏其内。

徐宏祖与黄道周在丹阳见面,共谈时局,道周作《观徐霞客纪游急就草》。此后徐宏祖再度游闽,下漳水险滩时作记。

查继佐与"十二翁"就试武林,遇乞儿陆晋与群乞高步狂吟,异之,邀归,约同社诸子具食饭之。是秋应试复不利,挈陆晋归龙山。

按:蒲松龄、钮琇皆指此为吴六奇事,王士禛、蒋士铨承袭其说,实皆出于附会。

金绳三月入都,益喜读书,沉潜于理学经济。先玩《周易》,取卦象大象手录数过;既而读程朱之书,次之古今《易》解。读《易》之暇,则取《史记》、《汉书》、《左传》、《国语》、《通鉴》及孙、吴《兵法》等,无不究之。

陈龙正元旦闻鸡鸣,悟生生之旨。是春,撰《定红夷记》,又有《记去自喜之病》。

金声自是岁始归田,读书学道,以"反躬实践"教门弟子。

方以智是岁仍载籍出游。春,访同县倪天枢,交王彭年等;夏,之贵溪,从白瑜先生游南溪;夏末,再造南京,登雨花台,谒高座寺;俟后游常熟,问学于瞿式耜;秋九月,从江上返枞川,师白瑜赠诗为训;冬,归桐城,与师王宣等同贺方文"芋室"之落成。其结识钱秉镫亦在是岁。

方大镇庐墓而卒,方孔炤丧服守制,亦庐墓尽孝。

陈仁锡二月壬申升左春坊左谕德兼翰林院侍讲管国子监司业事。

温体仁、吴宗达六月辛酉以礼部尚书并兼东阁大学士,预机务。

韩爌因系袁崇焕座师，被罢。
金俊明反对在西洞庭开煤矿，作《挖煤论》。
顾锡畴三月以是岁为崇祯首科，请广试额。从之。
姚希孟、姚明恭八月主顺天乡试。
张溥、吴伟业、彭宾等中举人。
顾炎武乡试不中。
申涵光初习举子业。
冯梦龙充贡生，研读《春秋》。
张尔岐年十九学史。
应撝谦从两兄读书于孤山，习《诗经》，迁居东城。
汤若望到北京，以徐光启荐，官翰林，修正历法，铸造大炮。

方以智注《尔雅》始成3卷。是为其所著《通雅》之初稿。
沈国元《两朝从信录》34卷成。
 按：此书成于《天启实录》前，可补今本《天启实录》四年、七年纪事之缺。
吴伯与《宰相守令合宙》13卷刊刻。
 按：吴伯与字福生，生卒年不详。安徽宣城人，万历四十一年进士。官至广东按察司副使。另著有《内阁名臣事略》、《素雯斋集》。
叶向高自编、叶益荪续补《蘧编》刊行。
 按：此谱又名《叶文忠公自编年谱》。清全祖望《鲒埼亭集外编》有此书题词。卷十、卷二十为其孙所补。因编者亲身参与朝廷争端，是谱记谱主一生事迹详于时事，可供治明史者参考。谱主叶向高，万历十一年进士，官至建极殿大学士。
曹学佺刻所纂《大明一统名胜录》208卷。
方岳贡修、陈继儒等纂《松江府志》58卷刊刻。
刘世治修、赵文燿纂《广昌县志》刊刻。
赵维寰纂《宁志备考》12卷刊刻。
程嘉燧由安徽徙居常熟，辑《破山寺志》。
魏浣初作《重修韩文公读书台记》。
丘文学《历代纪元考》成。此书为历代纪元工具书，颇有价值，而病在春秋思想过浓。
罗喻义六月戊辰表献所制有关戎政之《阵图》。
李腾芳七月乙未进戚继光所著《登坛口诀》。
郭应响辑《兵法要略》1卷，十一月辛巳进览。
孙承宗十二月壬戌进《九边图说》。
娄坚刊行所著《学古绪言》。
刘宗周三月辑《保民训要》。
耿荫楼约于是年著成《国脉民天》，重点讨论区种法，以解决人多地少的问题。
董其昌著《容台集》。
张大复编次所著《梅花草堂笔谈》。

梯尔德·莫里那编成有关唐·璜的剧本《塞维尔的诱惑者》。

安德烈斯·克里斯坦森·阿拉博以其宗教诗《创世纪》创立了丹麦文学。

弗朗西斯·希金森著成有关美洲生活条件的作品《新英格兰的殖民》。

陈仁锡刻所辑《潜确居类书》。
阎尔梅在故里沛县刻所著《与木居诗》。
毛晋编刊《宋名家词》。
吴炳作《情邮记》传奇。
李蘅辑刊丛书《璅探》。

亨利·布里格斯卒（1561— ）。英国数学家。

约翰·开普勒卒（1571— ）。德国天文学家。

张大复卒（1554— ）。大复字元长。昆山人。三岁即能以指画腹作字。既长，通汉唐以来经史词章之学。曾与同乡归昌世、顾咸正等组织雪堂社。中岁，双目失明，其《梅花草堂笔谈》、《二谈》据《四库提要》乃口授由其嗣子笔录者。著有《两朝实录备纂》、《梅花草堂集》。

按：方志、书目所录张大复《昆山人物传》、《昆山名宦传》、《梅花草堂笔谈》、《梅花草堂二谈》据《四库提要》皆为《梅花草堂集》之子目。前两种记昆山自洪武至万历乡邦人物300人，官于是土者15人，在清代被列为禁书；后两种又名《闻雁斋笔谈》、《闻雁斋二谈》。

方大镇卒（1560— ）。大镇字君静，号鲁岳，桐城人。方孔炤父，以智祖。万历十七年进士。授大名推官，升大理寺丞，晋左少卿。尊父方学渐遗旨，攻学《易经》、《礼记》，与高攀龙、邹元标、冯从吾讲学首善书院。著述宏富，有《易意》、《诗意》、《礼说》、《永思录》、《幽忠录》等，约数百卷。

徐复祚（1560— ）约卒。复祚初名笃孺，字阳初，一作旸初，后改字讷川，号蕻竹，别署三家村老、破悭道人、阳初子、洛诵生、休休生、忍辱头陀等。常熟人。博学能文，尤工词曲。曾作戏剧多种，现存传奇《红梨记》、《投梭记》、《宵光记》（一题作《宵光剑》）三种及杂剧《一文钱》，编有《南北词广韵选》。其笔记之作《三家村老委谈》（一名《花当阁丛谈》）多记明代掌故杂事，但也有一部分涉及戏曲，对研究明代戏曲有参考价值。

李之藻卒（1564或1565— ）。之藻字振之、我存，号凉庵居士、存园叟。仁和人。万历二十六年进士。官工部营缮司员外郎、南京太仆寺少卿、工部督水司郎中提督河道等。结识耶稣会士利玛窦，开始潜心于天文历算和数学研究。受洗入教。曾奏上西洋历法，推荐耶稣会士庞迪我、熊三拔、龙华民、阳玛诺等人，请开局译书制历。又力陈西方历算之优点，提出西法十四项内容为中国昔贤所未及言者。后参加《崇祯历法》的修改。明末，将西方自然科学知识介绍到中国，以他与徐光启贡献最大。译著有《同文算指》、《圜容较义》、《浑盖通宪图说》、《天学初函》、《通编》、《名理探》等。其中《浑盖通宪图说》是李之藻与利玛窦合作，以图说之形式介绍西方星盘之构造、原理与使用方法的著作。

僧元来卒（1575— ）。元来俗姓沙，名大舣，字无异。安徽舒城人。为明代禅宗曹洞宗代表之一。著作汇为《无异元来禅师广录》。

瑞士传教士邓玉函卒（1576— ）。邓玉函字涵璞，通多国语言，并以医学、哲学、数学著名。往东方国家传教。1621年来华，在澳门行医，其间邓氏解剖过日本传教士尸体，此为西方传教士在华第一次人体解剖实践。1629年被明廷征召进京预修《崇祯历法》，从此放弃医学。为将西方解剖学介绍给中国，邓氏翻译了瑞士巴塞尔大学包因教授的《解剖学论》，并纂《泰西人身说概》2卷，又与罗雅各、龙华民合作译述了《人身图说》。

刘廷元卒，生年不详。廷元字方瀛。平湖人，万历三十二年进士。著有《国朝名臣言行略》。

陈维崧（ —1672）、季振宜（ —1674）、孙博雅（ —1684）、陆陇其（ —1692）、魏礼（ —1695）、屈大均（ —1696）、陆葇（ —1699）、唐甄（ —1704）、金德嘉（ —1707）、僧原济（ —1707）生。万树（ —1688）约生。

按：陆陇其生年，此据《三鱼堂全集》附录柯崇朴撰《陆先生行状》。又，《午亭文编》卷四四陈廷敬撰《墓志铭》作生于崇祯五年（1632），与此异，可参。

崇祯四年　后金天聪五年　辛未　1631年

正月，金初造红衣大炮成。

二月己巳，以边远需才，诏广今岁进士额为350名。

三月己丑，殿试进士，赐陈于泰、夏日瑚、吴伟业等进士及第出身有差。

六月，农民军各部36营20余万人聚会山西，各地农民起义队伍开始由分散走向联合，李自成参与谋划。

七月，金定官制，仿明制设六部。

八月丁未，金帝皇太极亲攻大凌城，围祖大寿于城内。

九月，杨鹤以剿抚失败，甲午被逮下狱，洪承畴代为三边总督。

十月戊辰，总兵祖大寿杀副总兵官何可纲降金，己巳，金纵之归锦州。

十一月，罗汝才、张献忠初伪降于洪承畴，洪还陕西，罗、张等乘机再起，入山西。

十二月，金禁私造庙宇，禁为喇嘛。

是年，始举行武举殿试。方逢年、倪元璐以时方需才，请殿试传胪，悉如文榜。从之。

金采汉官李伯龙建议，改定明年元旦朝贺礼仪，定君臣之分，废大贝勒与国君并坐旧制。

金谕诸贝勒大臣子弟凡年十五岁以下、八岁以上俱令读书，以使之习于学问、讲明义理、忠君亲上。

瑞典国王古斯塔夫二世败德国天主教联军。

英国威廉·奥特雷德提出将"×"符号用于乘法。

法国伽桑狄预言并首次观察到水星凌日现象。

法国最早的定期出版物《法兰西新闻》在巴黎创刊。

黄道周正月三疏乞休。

黄道周作《大解网》诗，记钱龙锡减死充戍事。

刘宗周三月与陶奭龄大会同志于陶文简公祠，著《证人社约》。

孙奇逢在里，建邑前贤刘静修墓祠成，议以李希直、张希古二公配享。

陈确始与祝渊定交。

金铉六月升工部都水清吏司主事。

冯梦龙为贡生，任丹徒训导。

凌濛初以副贡选授上海县丞，署海防事，清盐场积弊。

张溥在北京，师事徐光启，从之受历学。

张溥、陈子龙、万寿祺等在北京商议成立燕台社，后以诸人南还作罢。

祁彪佳以牛僧儒《周秦纪行》故实谱曲成本。

祁彪佳考选福建道御使，寻，巡抚苏松。

张岱在无锡访愚公谷遗址，作记。

金绳六月升工部主事，十月因建言请罢内臣建署，忤内监张彝宪，次年正月张彝宪挟恨题参，被免职。

查继佐读书杭州三茅观，留陆晋于董禅升家。是岁中元节，陆晋留诗而别。

张履祥从傅光日受学，交颜士凤。自谓其之所以得"不失足于周钟、张溥之门"者，皆颜士凤之力也。是夏，丁母忧。

黄宗羲发愤读史，自明十三朝《实录》，上溯《二十一史》，每日丹铅一本，两年而毕。

黄宗羲五月丁祖父忧。

赵相如是春赴寿春，方以智因赋诗托寄友人。

方文四月离家远游，方以智为诗送别。

汪国士深秋至桐城访方以智。

刘中藻九月过桐城，出所绘《洞山九潭图》示方以智。方以智题诗画卷。

方以智是冬过宣城交梅朗中、颜绍庭、徐时新等。又趋芜湖与张明弼饮沈士柱所。十一月，邂逅周镳于金坛。深冬归桐城。

何如宠八月丙辰罢。

孙承宗十一月壬辰罢。

王志坚以佥事督湖广学政，礼部推为学政第一。

杨绳武成进士，选庶吉士，授御史。

杨廷麟成进士，授编修。

杨士聪成进士，授检讨。

按：杨士聪字朝彻，号凫岫，生卒年不详。山东济宁人。李自成破京师后，流寓江南，郁郁而死。著有《玉堂荟记》，记录明末世局朝政世态人情，为治晚明史者所重。另有《静远堂稿》。

李清成进士，授宁波推官。

吴伟业是春得榜眼,授翰林院编修。

吴国琦成进士,授兵部主事。

按:吴国琦字公良,生卒年不详。安庆桐城人。精工诗文。著有《水香阁集》、《怀兹堂集》。

张溥成进士,授庶吉士。

岳虞峦成进士。

按:岳虞峦字舜牧,生卒年不详。常州武进人。明亡后为僧,改名岳岚,号东海衲民。著有《周易感义》、《春秋平义》。

姜埰成进士,授密云知县,调仪真。

施闰章应童子试。

毛奇龄五岁,始学为文。

汤斌五岁,母氏授以《孝经》。

黄公于浙江会稽创建证人书院。

按:书院嘉靖间为古小学。王阳明之学,在浙一传为王畿,再传为周汝登、陶望龄,三传为陶奭龄,渐近于禅,刘宗周为挽此颓风,遂就古小学址建讲堂,率众弟子讲学于此。以"诚敬"、"慎独"为讲学宗旨。名士黄宗羲、王业洵、王毓蓍等四十余人皆出其门下。魏忠贤令毁天下书院,工程未果。是年始由黄公修成,为期十七年。

刘宗周于浙江山阴蕺山创建蕺山书院。全祖望、齐如南、孙人龙等先后在院任主讲。

朝鲜使臣郑斗源来华,回国时带回《治历缘起》、《天文略》等中国天文学著作。在华期间,郑斗源结识西方传教士,从之学习火炮操作技术。

陈继儒与人合编《古今韵史》。

杨时伟自序《正韵笺》。

按:杨时伟生卒年、籍贯不详。尝著《正韵笺》。另有《春秋编年举要》、《诸葛忠武书》、《狂狷裁中》等。

张道濬、张道泽进其父兵部尚书张铨所著《春秋集传》15卷。

徐日久自纂《真率先生学谱》太仓徐氏刊本刊行。

按:此谱记事起万历三十八年(1610),迄崇祯四年(1631),除列述生平著作外,详及毛文龙、袁崇焕之事,又记晴雨、自然灾害等。天启三年(1623),还记有各边关册报军马数,可资治史者参考。

方岳贡修、陈继儒等纂《松江府志》94卷刊刻。

纪大纲等纂修《文安县志》8卷刊刻。

朱朝藩修、汪庆百纂《开化县志》10卷刊刻。

殷聘尹纂《外冈志》2卷刊刻。

苏元起修、韩日缵纂《博罗县志》7卷刊刻。

冯元飚修、郭之奇纂《揭阳县志》刊刻。

谢君惠修、黄尚贤纂《梧州府志》20卷刊刻。

孟称舜《孟叔子史发》刊刻。

按:《四库全书总目》曰:"是书凡为史论四十篇,其文皆曲折明畅,有苏洵、苏轼

托马斯·德克尔编成悲喜剧《马奇·米在伦敦》。

弗里德里希·斯皮·冯·兰根斐尔德著成《慎防犯法者》,反对政治迫害。

遗意,非明人以时文之笔论史者。惟其以屡举不第,发愤著书,不免失之偏驳。……盖暇瑜互见之书也。"

朱谋垔《画史会要》成书。

按:是书系绘画史著作,载录自古至明画家传记及论画之作,明代画史多赖之以传。谋垔字隐之,豫章人。明宗室。曾续陶宗仪《书史会要》一书作《书史会要续》。又,明末成书的画史著作还有姜绍书所撰的《无声诗史》,书名典出宋人称画为"无声诗"。绍书字二酉,曲阿人。

徐光启奏进《月食书表图》3种20卷。

徐光启正月进《日躔历指》1卷、《测天约说》2卷、《大测》2卷、《日躔表》2卷、《割圜八线表》6卷、《黄道升度》7卷、《黄赤距度表》1卷、《通率表》1卷。是冬十月辛丑朔日食,复上测候四说。其辨时差里差之法,最为详密。

方以智刊王宣所著《物理所》。自后,仿其体例,自成《物理小识》稿。

武林士桥报国院刻《圆觉经略释》。

陈于鼎《麟旨定》12卷刊刻。

鹿善继著《寻乐大旨》。

按:此书略曰:乐者生人之趣,如其不乐,为圣为贤无益。乐处并非一味地放旷,而原有入手著脚的地方,那就是生活。这个生活有端倪无文字。端倪无可名,强名之曰:性。以天地万物为一体,以喜怒哀乐为发窍,而操功于慎独。性无可名,强名之曰:仁。仁,一体万物而以孝弟为先。学无着落必堕玄虚,学无把柄必堕支离。着落在万物,把柄在一心。识得把柄,才好下手。为圣为贤在我,至诚自能尽性。这是一种将道德理念与实际事功相结合,引导人如何在生活中穷理尽性的理论。

凌濛初序刊所编《二刻拍案惊奇》。

苏州拥万堂刻茅坤评选《唐宋八大家文抄》。

曹学佺辑《石仓十二代诗选》(一名《历代诗选》)刊行。

刘宗周作《重刊荷亭文集序》。

陈龙正九月编次《几亭外书》成,有《外书》序;又为高攀龙编次《高子遗书》12卷,并序之。

金声作《程阿白书序》、《任澹公文序》、《任仙孟文序》、《还古书院会序》。

叶小鸾作《蕉窗夜记》。

葡萄牙传教士傅汎阿与李之藻合译之《名理探》在杭州刊行,此为西方逻辑学首部中文译著。此书原为葡萄牙科因布尔大学讲义,代表了中世纪经院哲学之逻辑学水平。以李之藻去世,仅译成10卷。后傅汎阿又续译成20卷,然未刊行(参见1683年)。

意大利传教士艾略特纂述之《西学凡》在杭州刊印。此乃欧洲大学所授课程之纲要,亦介绍了西方教育制度。

蔡毅中卒(1548—)。毅中字宏甫,号濮阳子。河南光山人。谥文庄。万历二十九年进士。著有《馆阁宏辞》。

尹守衡卒(1550—)。守衡字用平,号冲玄。广东东莞人。万历举人，授福建清流县教谕。后任江西新昌知县，寻辞官，家居三十余年，网罗明代文献，成《皇明史窃》107卷。

黄凤翔卒（1558—　）。凤翔字鸣周，号仪庭。福建晋江人。谥文简。隆庆进士，授编修，进修撰。历礼部右侍郎，官至南京礼部尚书，屡抗疏言事。著有《泉州府志》、《嘉靖大政编年记》（《嘉靖大政类编》）、《田亭草》。事迹见《明史》卷二一六。

何乔远卒（1558—　）。乔远字稺孝，号匪莪。江西金溪人。万历十四年进士。尝助当局禁毁书院。官至户部侍郎、南京工部侍郎。著有《名山藏》、《闽书》、《镜山全集》。事迹见《明史》卷二四二《洪文衡传》附传。

按：据《明史》卷二四二，乔远博览，好著书。尝辑明十三朝遗事为《名山藏》，又纂《闽书》百五十卷，颇行于世，然援据多舛。

刘鸿训卒（1561—　）。鸿训字默存，号青岳。山东长山人。万历四十一年进士。累官至礼部尚书兼东阁大学士，参预机务。后忤旨革职，死于戍所。著有《玉海纂》、《四素山房集》。事迹见《明史》卷二五一。

叶茂才卒（1560—　）。茂才字参之，号园适。无锡人。万历己丑进士。授刑部主事。参与东林书院讲学活动，以恢复道统为己任，抨击时政，终不肯作一违心语。喜为诗。事迹见《明儒学案》卷六〇。

娄坚卒（1567—　）。坚字之柔。嘉定人。早年从学于归有光。幼好学，其师友皆出有光门。坚学有师承，经明行修，乡里推为大师。贡于国学，不仕而归。与程嘉燧、唐时升号"练川三老"。诗以清新、文以真朴胜，亦工书法。著有《学古绪言》、《吴歈小草》。四明谢宾山为知县时，曾将"练川三老"诗并李流芳诗合刻为《嘉定四先生集》。事迹见《明史》卷二八八《唐时升传》附传。

徐日久卒（1574—　）。日久字子卿，号真率。浙江西安人。万历年间进士，授上海知县，署江夏县事，后迁巡海使、按察使。著有《鹭言》、《五边典则》24卷、《子卿近集》、《江夏纪事》、《论文别集》等。

夏完淳（　—1647）、朱克生（　—1679）、吴兆骞（　—1684）、蒋伊（　—1687）、董俞（　—1688）、顾祖禹（　—1692）、范必英（　—1692）、徐乾学（　—1694）、彭孙遹（　—1700）、陈恭尹（　—1700）、邱象随（　—1701）、徐嘉炎（　—1703）、储欣（　—1706）生。

崇祯五年　后金天聪六年　壬申　1632年

三月，金定仪仗制度。四月，金帝亲攻蒙古察哈尔。七月，金兵攻扰宣府。十月，金帝遣喇嘛致书宁远，仍言修好。十二月，金以朝鲜贡不及

莫卧尔帝国尽逐葡萄牙人于孟

加拉。

法国黎塞留堕朗格多克。

瑞典国王古斯塔夫二世入纽伦堡,入巴伐利亚。寻卒于吕岑之役。

俄波战争再起。

额,却物,逐使者。

三月,荷兰千余人筑城澎湖。七月,荷兰始犯福建铜山。九月丁酉,海盗刘香乘荷兰扰福建之机,攻闽、广、浙沿海地。

四月壬午,吏部尚书闵洪学上疏谓"陈继儒江南名士,舒曰敬林下遗贤……乞敕令各抒所见,进呈御览。"得旨:"令各自条奏,送抚按进览。"

五月辛亥,以礼部尚书郑以伟、徐光启并兼东阁大学士,预机务。时内阁周延儒、温体仁柄政,郑、徐充位依违而已。

按:郑以伟修洁自好,文章奥博而票拟非其所长,见意疏中有"何况"二字,郑误为人名,思宗驳改始悟。自是词臣为思宗所轻,阁臣不再专用翰林。

八月己卯,南京礼部主事周镳疏请重修建文《实录》。思宗命所司确酌以闻。

九月,紫金梁(王自用)、高迎祥、罗汝才、张献忠等农民军合兵连陷山西州县,入河南。

诏建杨涟、周顺昌、黄尊素、李应昇等死节诸臣祠,顺天府春秋祭享。

十一月壬子,浙江绍兴府会稽县儒学生员宗圣六十二代嫡孙曾益上疏,乞敕礼部勘核曾氏世谱及诸史记裁,辨明曾氏谱系,并援弘治六年诏孔子后授两博士以奉衢州祀,及嘉靖三十四年诏朱熹后授两博士以奉婺源祀两例,使曾氏嫡派而非旁支得主曾子宗祀。章下有司。

按:曾益以为往时曾质粹所据永丰一谱,委属旁派,不可不为厘正。

是年,金沈文奎上疏言:臣自入国后,见上封事者多矣,而无劝上勤学问者。上喜阅《三国志》,此一隅之见,偏而不全。帝王治平之道,奥在四书,迹详史籍。宜选笔帖式通文义者、秀才老成者,分任迻译讲解,日进四书二章,《通鉴》一章。上听政之暇,日知月累,身体力行,操约而博施,行易而效捷。上无曰此难能,更无曰乃功从马上得之,焉用此迂儒之常谈而付之一哂也。(《清史稿·沈文奎传》)

金沈文奎再上疏曰:图事功者以得人为先务。顷闻开科取士,诚开创急事也。然臣以为非抡才之定策。上宜发明谕,不拘族类,不限贵贱,不分新旧,有才能者许自荐,知人有才能者许保举。自荐者择有智识之臣畀以抡选,而严挟私徇情之罚。保举者不避父子兄弟,但令立状记,异日考其功罪,与同赏罚。然后亲加省试,量才录用,有技能则超擢,无才行则责谴。奴隶工商,有善必取;显官贵戚,有恶必惩。招以真心实意,欣以高爵厚禄,绳以严刑重罚。好荣恶辱,人情所同,虽不能拔十得五,于千百中得数人而已,是为用矣。(《清史稿·沈文奎传》)

第1家咖啡馆在伦敦开业。

俄国最早的高等学校基辅学院建立。

俄国第1家

黄道周因数次上疏,语刺大学士周延儒等,被斥为民。

黄道周削籍归石养山守墓。二月挂冠出都门,自济宁过兖州,至曲阜,上孔林,谒周文公庙……各系以诗。是秋至余杭,诸同志毕集,因筑书院于大涤山。

倪元璐屡请归省,请让官黄道周,召还刘宗周。不纳。

崇祯五年　后金天聪六年　壬申　1632年

徐宏祖与黄道周同游太湖，各作《孤云独往还》诗。此后徐宏祖与徐遵汤再度赴浙江游天台，宏祖作记；在浙江临海，宏祖曾走访陈函辉。

刘宗周五月建古小学成，撰《重修古小学记》。

鹿善继正月为文祝孙承宗七十寿。是岁又为范一泉作墓志铭。

徐光启五月兼东阁大学士，预机务。

瞿式耜坐荐胡平表事，革职。遂益放怀山水。

金绳落职归，绝意仕进，究心物理性命之学，《易》学亦大进。

文震孟复出，累进少詹事。

吴道新五月游武夷，方以智赠诗以别，亦有出游之意。

按：吴道新，方以智妻舅。字汤日，号无斋。举人。擅诗古文词，尤邃方外之学。著书凡数十卷，林下自娱。

方以智谒阮自华于曲江，听讲《离骚》。

方以智出游东南，道经南京，再晤周镳；访梅朗中于灵谷寺不遇；交沈寿民。秋七月至苏州，文震孟为序《博依集》；与钱禧等游虎丘；访陈仁锡，侍席听讲。诣常熟钱谦益舍，纵览牧斋藏书；交杨廷枢。过秀水，观项氏所藏名人法帖。八月泛游西湖，访闻启祥"吴山精舍"，会"读书社"吴思穆、张元、冯延年等。八月八日与陈梁等集西湖孤山，议修放鹤亭；中秋夜饮于陈梁家，观李流芳遗画。在杭又交陈子龙、周立勋、徐孚远、顾开雍等云间才子。欲走浙东访山阴祁氏澹生堂藏书，不果。离杭至嘉兴，识陈恂、钱栴、钱棻、徐彬臣、徐天麟等文士；九月九日，与嘉禾名士沈嗣选、魏学濂、过铭篪、马元锡、徐鸿祚、冯景裕、陈恪、蔡士奎等共登南湖烟雨楼，赋诗惜别。九月，抵云间，复晤陈子龙，登其"卧楼"书斋；又得新友李雯、夏允彝；访朱灏园林，观所藏名画；出示所作木牛流马。深秋离云间，经佘山访陈继儒，观其所藏碑帖书画，并聆其教。取道苏州，至镇江，有诗赠潘一桂、怀张泽。上南京，访杨文骢不遇；有诗寄怀沈士柱、周歧等，谓海内人才寥落，颇自负。冬，归桐城，辑所作古歌、乐府成《泽园永社十体》，周歧为序。

钱澄之经方以智劝告，退出阮大铖组织的中江大社。

黄宗羲始与甬上陆文虎、万泰交。自是，陆、万每岁三、四至黄竹浦访宗羲。

朱天麟为黄尊素门人，时任江西饶州司理，见黄宗羲少时旧诗稿一册，嘱豫章四子序之。

按：豫章四子，指陈际泰、艾南英、罗万藻、章世纯四人。

张溥、吴伟业回太仓，为复社广收成员。

王沄等加入几社。

王沄师事陈子龙。

王梦求从陈子龙等游，助订几社文稿。

沈自徵在安徽歙县组织红叶社。

张尔岐之济南视邓光玉，因得交王含九而读其诗。

图拉水力炼铁厂建成。

京中小戏班演出徐复祚《一文钱》杂剧。

冯梦龙与彭天锡等会于北固甘露寺,时梦龙任丹徒县学训导。

朱大典五月丙午任佥都御史巡抚山东。

董其昌应中书舍人孙国敉之邀重书《首善书院碑》以彰东林。

龚贤与黄居中、范凤翼等共结白门社。

祁彪佳在京,先后观演《紫钗记》、《玉盒记》、《拜月说》、《祝发记》、《蕉帕记》等剧。

查继佐馆于族弟查诗继家。

张履祥作序送颜士凤之金华,其中颇致对刘宗周的敬仰向往之情。

邹维琏以右佥都御史巡抚福建。荷兰殖民者自台湾、澎湖入陷厦门,维琏与郑芝龙合力击退之。

邢昉因不乐作八股文,岁考六等,被除学籍。昉因被学使斥为"太狂",作《太狂篇》。

毛奇龄10岁,好杨盈川诗。是岁,始应童子试。

应撝谦从学潘氏,与叶大纬同学,诵习朱子小学诸书。

陆世仪入郡庠。

朱用纯始就傅,读小学。

王道直进呈《阅兵图册》。

刘宗周正月纂《小学约》、《家塾规》;二月纂《刘氏家庙祀典》成;十月,纂《第一义》等说,复为张伯枢作《四书解序》。

朱国祯《皇明史概》120卷刊刻。

吴伯与《国朝内阁名臣事略》16卷刊刻。

张岱《古今义烈传》刊刻。此书于清初作过续补。

阮元声编《宋东莱吕成公外录》、《年谱》1卷、《传》1卷成。

按:有清南京韩仕铉刊本,卷首有崇祯五年阮元声《序》。《年谱》一卷为阮元声、史继任撰,《传》一卷为姜麟撰。谱文侧重于记录谱主之著作,并收录了不少皇帝制辞。

许重熙《国朝殿阁部院大臣年表》增订本18卷约刊刻于此年。

邓来鸾《春秋实录》12卷刊刻。

泰士奇修、侯奉职等纂《固安县志》9卷刊刻。

梁兆阳修、蔡国祯等纂《海澄县志》20卷刊刻。

宋奎光纂修《宁海县志》12卷刊刻。

沈宜修作《季女琼章传》,记叶小鸾。

沈蕙端作唁叶小鸾曲。

毛晋汲古阁重刻《唐诗纪事》。

陈龙可《皇明十六朝广汇纪》28卷由友石居刊刻。

按:陈龙可,生卒年不详。福建晋江人。此书记辽事颇详。

江之栋辑《选择丛书集要》由尚白斋刊行。

阮元声辑梁沈约、刘峻之著刊为《刘沈合集》。

伽利略发表其有关地球双重运行的著作《关于两个世界体系的对话》。

安东尼奥·博西奥发表有关发掘罗马地下墓穴的报道《地下罗马》。

约翰·塞尔登发表《领海》一文,论述了英国的海洋主权。

约翰·安吉勒斯·韦登哈根发表有关比较政治学作品《各共和国综合概论》。

几社编刻《几社壬申文选》，张溥为作序。

阎尔梅辑旅淮阴时所作诗为《㸁字草》刊行。

钱士升是春刻《高子遗书》并序之。

许学夷著《诗源辨体》成。

金声撰《为诸生贺鲁青海课最诗序》、《袁广文课士序》、《刘用潜文序》，又撰《语录（上）》。

苏州书业堂刻《桔中秘》。

凌濛初刻所著《二刻拍案惊奇》，附《宋公明闹元宵》杂剧。

周履靖卒（1542—　）。履靖字逸之，号螺冠子。秀水人。少羸，弃经生业，专力为古文诗词。废千金庋古今典籍，所居编茆引流，杂植梅竹，与妻桑贞白偕隐其中，自号梅颠道人。与王世贞、皇甫汸、文嘉、刘凤、徐中行、吴国伦、茅坤、屠隆、董其昌为莫逆交。工各体书法，亦为戏曲。所作诗文词有《闲云稿》、《泛泖吟》、《咏物诗》、《螺冠子诗余》、《茹草编》诸集，陈继儒汇选为《梅颠稿选》20卷；据该书卷19《螺冠子自叙》其所撰著有《闲云稿》4卷、《赋海》30卷、《咏物诗》20卷、《百铭》1卷、《清啸》2卷、《泛泖吟》1卷、《追风集》2卷、《燎松吟》1卷、《寻芳稿》1卷、《诗余》8卷、《隺月瑶笙》4卷、《缶歌》1卷、《酒乐府》1卷、《画评会海》2卷、《四广千文》1卷、《樵山钓水歌》2卷，赓和有《青莲觞咏》2卷、《香山酒颂》2卷、《毛公坛诗》1卷、《秦淮群媖诗》1卷、《千片雪》1卷。又编有《夷门广牍》162卷（上述所作多收入）、《梅坞贻琼》4卷；戏曲则有传奇《锦笺记》。

朱鹭卒（1553—　）。鹭初名家栋，字白名，号西空老人。吴县人。博学闳览，擅书画，工古文辞，尤精于《易》。著有《建文书法拟》、《名山游草》。

朱国祯卒（1558—　）。国祯字文宁，号平涵。浙江乌程人。谥文肃。万历十七年进士。官至首辅。有史著《皇明史概》、笔记《涌幢小品》、诗文集《朱文肃公集》、《朱文肃公诗集》。事迹见《明史》卷二四〇《朱国祚传》附传。

达海卒（1595—　）。达海，觉尔察氏，满洲正蓝旗人。九岁能读书，通满汉文义。清太祖召直同文馆，凡与明及蒙古、朝鲜词命悉出其手。曾奉命译《明会典》、《素书》、《三略》等汉文书籍。又奉命改造额尔德尼、噶盖所制满文，增为十二字头，并在字旁加圈点以明音义；复取满文与汉字对音，增补所未备。以十二字头为正字，增补为外字，复更制两字合音为一字。满文至此始渐完备。卒谥文成。

按：达海卒年，一说在明崇祯十二年（1639）。此据《清代碑传全集》所引《盛京通志》本传。

叶纨纨卒（1610—　）。纨纨字昭齐。小鸾姊。小鸾将嫁，纨纨作《催妆诗》，甫就而小鸾讣至，以哭妹过哀而发病卒。著有《芳雪斋遗集》，其父刻入《午梦堂集十二种》中，更名为《愁言》。

叶小鸾卒(1616—)。小鸾字琼章,又字瑶期。吴江人。沈宜修之女,叶小纨之妹。貌美而聪慧,与姐纨纨、小纨俱能诗词,而以小鸾最工。字昆山张氏,未嫁而卒。著有《疏香阁遗集》,其父叶绍袁将之刻入《午梦堂集十二种》中,更名《返生香》。

陈所闻卒,生年不详。所闻字荩卿。仁和人(一说南京人)。以隐终。与一时曲家、诗人皆有交谊。传奇《狮吼记》、《彩舟记》等据传为其所作;所著有《萝月轩集》及散曲集《濠上斋乐府》,皆已佚,有今人所辑《陈荩卿散曲》1卷,存小令百余首,套数50余首;所辑有《北宫词纪》6卷、《南宫词纪》6卷、《北宫词纪外集》3卷。

孙元化卒,生年不详。元化字初阳。嘉定人。曾从徐光启学西洋火器法,助袁崇焕守宁远。著有《经武主编》。

张可大卒,生年不详。可大字观甫。应天人。万历二十九年武进士。著有《驶雪斋集》。事迹见《明史》卷二七〇。

王士祜(—1681)、任玥(—1687)、陆陇其(—1692)、崔华(—1693)、朱尔迈(—1693)、毛宗岗(—约1700)、梁佩兰(—1705)、车万育(—1705)、吴农祥(—1708)、徐世沐(—1717)、王翚(—1717)、吴历(—1718)、方象瑛(—?)、方中德(—?)、凌嘉印(—?)生。

按:陆陇其生年,一说1630。凌嘉印生年,一说为1638年。此据《碑传集》卷一二八、《清儒学案》卷一七。

崇祯六年　后金天聪七年　癸酉　1633年

法国入洛林。

华伦斯坦败瑞典。

英王查理一世在爱丁堡加冕成为苏格兰国王。

俄罗斯及立陶宛战。

二月初三日圣谕,人才"宜首重德行"。

按:圣谕曰:"士子读书、进身,乃人才根源,必宜首重德行","原不尽拘科目,至考试文义。"又曰:"童生必先入学,遇试先查德行,自儒童以及乡、会,须有实绩,方许入场。异日败行,考官挨论。"(据《春明梦余录》卷四〇《礼部·贡举》)

是月,申严学校之制。

按:思宗谕曰:"近来士习日偷,举贡失当,真才鲜少,理道不张,皆由督学、教谕、训导各官董率乖方,培养无术,尽失旧制初意。以致朝廷不获收用人之效。……据会典及提学敕书内,敦尚行谊,以励颓俗,不专论文优劣,开载甚明,近日通不遵行。至小学诸书,州县各有社学,原欲养蒙育德,敷教储才,近亦全不讲论。兴举教官为士子师长,化导最亲,旧制甚重,近皆以衰庸充数,教术全废,此尤士风不正之源。今宜设法兴起,着吏、礼二部同都察院及该科详议明确具奏。"礼部尚书黄汝良议曰:"古者家有塾,党有庠,州有序,国有学,循序渐进,无非先勖以六德、六行而后及六艺。故曰:'行有余力,则以学文。'今之教者,自少至长,自长至壮,所学习皆咕哗文艺之事,所经营者皆富贵温饱之图。一旦登第为官,竟不知德行为何物,无怪其四维不张而百事决裂也。塾师俱名于官,有能以《孝经》、《小学》教童蒙,俾之入孝出弟,小子有造者,塾师荣以衣巾;其子弟败类而不戒戢者塾师有罚。教官有能以规矩准绳,表率子衿,俾之饬躬励行,斌斌成人有德者,教官注以上考。"(据《春明梦余录》卷四〇《礼部·贡举》)

是月,孔有德、耿仲明逃入海岛,请降于金。

按:五月,金以孔为都元帅,耿为总兵官。致书朝鲜,责其助明,派孔有德袭击旅顺。七月甲辰,金克旅顺。八月,金兵攻略山海关。十一月,金使人宣布法令于外藩诸国。

五月,起义军首领王自用战死,高迎祥被拥为"闯王"。

十一月,起义军入湖广,逼四川。明军所在告急。

是年,全国欠赋一千七百余万两,命官督征。

金编汉军为一旗(固山),命降将马光远统率。

张溥为首的复社三月于苏州虎丘举行大会,与会者至数千人,遂继东林而起,成为一个在政治上颇有势力的集团。

按:陆世仪《复社纪略》记本次大会之盛况曰:"癸酉春,溥约社长为虎丘大会。先期传单四出,至日,山左江右晋楚闽浙以舟车至者数千余人。大雄宝殿不能容,生公石、千人石,鳞次布席皆满,往来丝织,游于市者皆以复社会命名,刻之碑额,观者甚众,无不诧叹,以为三百年来从未一有此也。"

吴炳受温体仁指使作《绿牡丹》传奇,谤复社。

张溥、张采请查禁《绿牡丹》,勒书肆毁板。

周延儒五月以首辅致仕。

温体仁五月为首辅。

钱士升九月庚戌以南京礼部侍郎为礼部尚书兼东阁大学士,预机务。

何吾驺十一月癸巳以礼部侍郎进尚书兼东阁大学士,预机务。

黄汝良以礼部尚书上疏,以为"取士固宜先德行,而尤贵有豫养。"是年致仕。

按:此疏言学臣、教官、塾师的职责和奖惩办法。黄汝良字明起,生卒年不详。福建晋江人。万历十四年进士。著有《河干集》、《冰署笔谈》、《野记矇搜》、《昭代乐律志》等。

倪元璐迁左谕德,充日讲官。其所承纂《神宗实录》告竣。

方以智是秋会试南京,与杨龙友同主金陵广业之社,以文会友。其识吴应箕、陈贞慧当在是时。

方以智是冬客南京,识陈弘绪、张自烈等。其间序苏桓《蓟西杂咏》及陈名夏《陈百史诗》。

方以智、杨文骢等在北京组织国门广业社。

方以智是夏汇所著《拟求贤诏》、《拟上求治书》、《文论》、《结客赋》、《九将》诸篇成《稽古堂初集》,何如宠、陈仁锡为之序。

夏允彝为陈子龙、李雯所著《癸酉倡和诗》作序。

爪哇历创制。

英国在孟加拉建立贸易站。

陈弘绪为万时华作《田居诗引》。

熊人霖过桐城，与方以智会于稽古堂。

吕维祺拜南京兵部尚书，参赞机务。

张尔岐系济南郡狱，邓光玉、王含九时挟诗囊茗碗探视。

徐宏祖北游五台、恒山，作记。

金绳博选古文自周秦至唐宋凡若干卷。

许学夷、丘维贤、周俊等在故里江阴组织沧洲社。

黄淳耀馆于侯岐曾家。

张履祥馆颜士凤家。

陆世仪师事石敬岩习武事，作《八阵发明》。

陈瑚馆于陆世仪家，与世仪同宣讲理学。

文震孟、许士柔请重修《光宗实录》。

陈确补博士弟子员。

祁彪佳在京，先后观演《香囊记》、《红拂记》、《彩楼记》、《鹔鸼记》、《灌园记》、《狮吼记》等剧。

祁彪佳巡按苏松，治在籍翰林陈于鼎激起民变案，劾罢之。

查继佐读书西湖之包氏庄。是秋中举。

僧道独禅师偕张二果至杭州，寓昭庆寺。

陈子龙至京，与吴甡见面，与万寿祺往来。

黄宗羲是春读书于武林南屏山下，与江浩（后改名济月）、张岐然（后改名济义）同学；至秋，复寓孤山读书社，沈寿民、沈士柱等前来相就。文士共集，议论争纷，一时为盛。

黄宗羲补博士弟子员。

黄宗羲母冬十二月四旬，万泰、陆文虎等刻沈昆铜寿启来祝，御史瞿式耜作诗数章为寿。

僧函可从兄韩如璜为黄宗羲作《〈制义〉序》。

金声作《友善会序》。

僧天然和尚是秋举乡试第二。

雷子霖中举人。

按：雷子霖字午天，生卒年不详。陕西朝邑人。著有《孝经神授编》、《西铭续生编》、《柏林集》。

汪沐日中举人。

魏裔介应顺天乡试不第，归而读书朴园。

顾炎武与归庄定交，后有"归奇顾怪"（一曰"归痴顾怪"）之目。

应撝谦与沈昀、徐继恩、吴百朋、陆培、陆堵同受知于学使黎元宽，补杭郡学弟子员；始与蒋志春、张氏兄弟交。是秋，始与叶大纬为石交之会。

谭元春游吴门。

罗于宁中举人。

魏禧始学为制举文。

申涵光年十五，补邑庠生。

汤斌从伯父学。

李鄴嗣年十三，能诗有秀句。

僧三峰（即汉月）开堂于杭之净慈寺。刘道贞、冯惊、张秀初、江道闇等邀黄宗羲定交。黄宗羲与刘同升、沈寿民诸文士同往，入室讲《论语》、《周易》，咸谓能凿空新义、石破天惊。

吕维祺著《音韵日月灯》刊行。

刘城《春秋左传地名录》2卷、《春秋外传国语地名录》1卷刊刻。

卓尔康《春秋辨义》30卷刊刻。

郭凝之《孝友传》24卷、《皇明孝友传》8卷刊刻。

按：郭凝之即郭正中，海宁人。

钱士升《皇明表忠记》12卷成。

蔡士顺《同时尚论录》16卷刊刻。

李自滋修、刘万春纂《泰州志》10卷、《图》1卷刊刻。

杨殿元纂修《乾州志》2卷刊刻。

贵养性修、刘敕纂《历乘》19卷刊刻。

杨德周纂修《古田识略》8卷成。

涂鼎鼐修、包大方等纂《泰顺县志》8卷成。

潘光祖《汇辑舆图备考全书》18卷由版筑居刊刻。

按：此书曾引利玛窦进呈之《四大部州舆图》、《缠度分野》、《利西来经纬略》，有二幅世界地图。

鹿善继作《范抚军却敌记》。五月刻《辅仁社草》三集，分别序之。

苏桓、刘城序方以智所作《九将》。

张燧《经世挈要》22卷刊刻。

刘宗周三月辑《乡约小相编》；是夏作《明德渊源录跋语》。

万寿祺游嵩山少室，跋《达摩面壁图》。

毛晋刊《酉阳杂俎续集》并作跋尾。

按：先是，毛氏已有《前集》之刻。

张采刻所辑《西汉文》。

卓人月随父寓南京，与徐士俊合辑《古今词统》，附《徐卓晤歌》。

张时行辑唐张籍、宋张孝祥集，刊为《合刻两张先生集》。

蒋之翘辑注之《韩柳全集》刊行。

新安胡氏刊宋陈亮辑《苏门六君子文粹》。

苏州徐氏书堂刻《皇明今文定》。

徽州虹村黄氏刻板《闲情女肆》。

孟称舜编选评点《古今名剧合选》成。

按：孟氏本人为颇有成就之剧作家，故所撰该书之《序》言和评点时有独到见解，在明代戏曲批评中占有重要地位。

朝鲜李朝汇辑最后一集《皇华集》。

亚伯拉罕·考利著成《诗坛盛期》。

约翰·堂恩的作品《诗作》在其逝世后发表。

约翰·福特编成悲剧《可惜她是一个娼妓》。

克里斯托弗·马洛的悲剧剧本《富有的马尔他犹太人》在其逝世后发表。

按：《皇华集》为历次出使朝鲜的使团与朝鲜文臣之唱和诗文集，起于1450年，至此共23集。

丁宾卒(1543—)。宾字礼原，号改亭。浙江嘉善人。谥清惠。隆庆五年进士。曾官南京工部尚书。著有《丁清惠公遗集》。事迹见《明史》卷二二一。

徐光启卒(1562—)。光启字子先，号玄扈。松江人。万历三十二年进士。以礼部尚书兼内阁大学士，参机务；兼任文渊阁大学士。笃信天主教，曾从利玛窦学天文、算法、火器，尤精于历，且遍习军事、农学、水利等，曾主持编修《崇祯历书》。所著《农政全书》60卷，为我国古代农学总结性著作。另著有《勾股义》、《测量异同》、《学历小辨》、《徐文定公集》等。所译《几何原本》，为西方数学在我国传播之始。另译有《泰西水法》、《灵言蠡测》、《测量法义》等。明末清初西学东渐，以其推动最先、最力。他是明代第一个把西方科学技术系统地介绍进来的中国人，也是中国近代科学的先驱。事迹见《明史》卷二五一。

王志坚卒(1576—)。志坚字弱生，又字闻修，号淑士，又号珠坞山农。昆山人。万历进士。著有《读史商语》4卷、《苏州府志稿》14册(乾隆时尚存，后佚)、《表异录》(一作《名句文身表异录》)20卷、《河渚集》27卷；编有《古文渎编》23卷(一作29卷)、《古文澜编》20卷等；所编《四六法海》对四六体文深为有功，《四库提要》以为"非明代选本所可及"，对科场举业亦颇有影响。事迹见《明史》卷二八八。

按：据《明史》本传，志坚少与李流芳同学，为诗文，法唐、宋名家。通籍后，卜居吴门古南园，杜门却扫，肆志读书，先经后史，先史后子、集。其读经，先笺疏而后辨论。读史，先证据而后发明。读子，则谓唐、宋而后无子，当取说家之有裨经史者补之。读集，则定秦、汉以后古文为五编，考核唐、宋碑志，援史传，掐杂说，以参核其事之同异、文之纯驳。其于内典，亦深辨性相之宗。作诗甚富，自选止七十余首。

郑以伟卒，生年不详。以伟字子器，号方水。江西上饶人。谥文恪。万历二十九年进士。著有《灵山藏集》。事迹见《明史》卷二八八《徐光启传》附传。

庄起元卒(1559—)。起元字中孺，号鹤坡。武进人。万历三十八年进士，知兰溪，擢抚州知府，入为户曹，忤魏忠贤，戍山海关，后为太仆寺卿。著有《漆园卮言》。

郑玛诺(—1673)、储方庆(—1683)、万斯大(—1683)、恽格(—1690)、靳辅(—1692)、徐善(—1692)、李因笃(—1692)、沈进(—1696)、翁叔元(—1701)、毛际可(—1708)、李绳远(—1708)、徐秉义(—1711)、胡渭(—1714)、张鹏翼(—1715)、梅文鼎(—1721)、顾媚(—?)生。

崇祯七年　后金天聪八年　甲戌　1634年

正月,以陈奇瑜总督河南、山、陕、川、湖军务,专职镇压农民军。

三月甲辰,赐刘理顺等进士及第、出身有差。

四月,金改汉世职官名为满语。

金试满蒙汉军举人,取16名。

按：其中汉人习汉书者有齐国儒、朱灿然、罗绣锦、梁正大、雷兴、马国柱、金柱、王来用8人。国柱及绣锦、兴、来用,金人入关后皆官至督抚。

五月,金帝自将攻明察哈尔。

六月甲戌,河决沛县。

七月,金兵掠大同;辛丑,京师戒严。

十一月庚辰,陈奇瑜剿抚失败,被逮下狱,洪承畴代为五省总督。

十二月,洪承畴调集豫、楚、晋、蜀诸路军出潼关,欲对义军聚而歼之。高迎祥、李自成等遂入终南山,继入河南。

是年,京师饥,御使龚廷献绘《饥民图》上之。

由汤若望监制之"窥筩"正式安装,是为中国所造首架天文望远镜。

时烟草已传入金,尝禁之,而诸贝勒吸食自若。

华伦斯坦败瑞典。

神圣罗马斐迪南二世帝黜华伦斯坦。

波兰放弃对俄罗斯王权的要求。

黄道周五月应曹惟才请,始即漳郡紫阳学堂为讲舍,定于四季仲月,雅集课艺,因文证圣,并分纸一张,随所疑难,先经后传,先籍后史,自近溪、敬斋而上,周、程、罗、李而下,不妨兼学,以印身心。久之,道周自次所条答,为《榕坛问业》以行世。腊月乃还家守墓。

黄道周在家守墓,是年始入郡就芝山之正学堂为讲舍,诸弟子相从讲论。道周谈经之余,劝人读史。于历代史中,自汉迄宋,取十二人,人各为传,二传为卷,每卷各以行事相比,曰《懿畜前编》;又取明兴以来,自杨文贞而下二十四人,并附见者若干人,曰《懿畜后编》。

刘宗周门人魏学濂葬其父魏大中,迎宗周题主。陈龙正谒于舟中,以高攀龙遗书相赠。

倪元璐迁右庶子,上疏指陈时政得失,有《制实》、《制虚》各八,皆治安标本。中及内珰、藩封、告密诸弊,又斥柄臣不能引罪怀耻等,皆忤执政者之意。

文震孟八月上《请改光宗实录疏》。不报。

按：其疏略曰："臣因纂修《熹庙实录》,从阁中恭请《光庙实录》较对,见其间乖缪甚多,如先帝册立,与梃击、红丸诸大事,皆祖《三朝要典》邪说而阴和之。盖天启三年七月《实录》进呈,则礼臣周炳谟等所纂修,阁臣叶向高、韩爌等所总裁也。天启

法国黎塞留始创法兰西学院。

英人始移民北美马里兰。

六年,逆党崔呈秀等谓《实录》非实,请旨重修,则崇祯元年所进,今皇史宬所藏是也。是时皇上初登大宝,《要典》未毁,逆案未成,阁臣黄立极等不行奏明,含糊从谞皇考二十七年之忧患,与夫一日天子,万年圣人等事,俱隐而不彰。"因摘其悖谬宜改正者五事以闻。疏上,留中。时词臣许士柔亦有《帝系不可略详考》及《补牍》二疏,俱报罢。

黄宗羲是春与读书社诸子读书武林,交贵池吴应箕等。时宗羲讲习律吕,取余杭竹之管肉均好者,截为十二律及四清声吹之以定黄钟。

黄宗羲往姑苏,寓乾山管籥家。管氏曾中兴天台教于一时。

黄宗羲是夏往太仓访张溥、张采。

刘宗周、黄宗羲往嘉善。时嘉善会葬魏大中,赴会者达千人。

黄宗羲自嘉善南归,与刘宗周同舟。陈龙正拜刘宗周于舟中,投书一卷,言绍兴师爷利病。宗羲以龙正之言为迂,宗周不以为然。龙正出高攀龙遗著,宗周择其入释者示宗羲,宗羲茫然,以为高子之论仍不失为圣学。

黄宗羲在郡城邂逅周仲于木莲庵,见周仲先人周述学之《神道大编》数十册,欲尽抄其所有,会周仲游楚,不果。

陈子龙五月寄书桐城方以智,劝谨慎自持。

方以智盛夏泛舟东游,慕南京四方杂处,人情平易,欲移家焉。秋八月,桐城汪国华、黄尔成为首起义,大姓纷纷流徙,以智外祖、理学家吴应宾卒于是时;以智闻变,驰赴桐城,欲迎父至南京,不果。九月,奉大母及仲姑返南京,卜宅城西,定居"膝寓",键户读书。冬十二月,再趋桐城省父,谒师白瑜于石塘,得宁静之教。岁暮,返南京。

方以智是岁结识黄家瑞,并有寄阎尔梅诗。

孙承宗为文祝鹿善继六十寿。

孙奇逢下第。八月与鹿善继之父鹿太公谒孔林。

凌濛初年五十五,因拔副贡,被任为上海县丞,在任八年。

祁彪佳巡吴,驻常熟,与冯梦龙会,彪佳托梦龙收集沈璟、沈自晋剧曲,准备撰作《剧品》、《曲品》。

祁彪佳自常熟密札致苏州推官,嘱调护复社张溥等。

万寿祺自吴门回徐州,作《青泥院记》。

邢昉在故里高淳与胡印度、韩元长等组织竹溪诗社,刻《竹溪六逸诗》。

张岱、彭天锡、陈洪绶等会于杭州,串演本腔戏。

杜濬、杜岕自黄冈侨寓金陵。

钱澄之再过浮山,与友人游会圣岩。

董其昌为昆山士绅书《吴民九歌》。

金绳是岁深研《毛诗》、《春秋》、《周礼》。

查继佐会试下第归,始应坊贾之请,选房牍,名之曰"戒"。

张履祥坐馆于颜士凤家,与同里邱衡、钱寅、钱本一,嘉兴屠爔、王庭、李明嶅,海盐吴蕃昌,海昌朱一是辈以文行相砥砺。

周钟寓桐乡,开门受徒,从者颇众。

天然和尚会试不第,有《忆与陈全人下第南归舟次金陵宿报恩塔院》、《忆过西湖与余中丞集生泛舟》诸诗。

按:余大成,字集生,应天人。万历丁未进士,累迁至太仆寺卿,出为山左巡抚,以事遣戍岭南。后赐还,入浙之横山,建光明台终焉。

宋应星任江西分宜教谕。

文德翼成进士。

按:文德翼字用昭,生卒年不详。江西德化人。曾任嘉兴府推官。著有《宋史存》、《读庄小言》、《雅似堂文集》等。

陈际泰成进士,授行人。

陈函辉成进士,授清江知县。

陈龙正成进士,授中书舍人。

吴甘来成进士,授中书舍人。

黄家瑞成进士,授汾阳知县。

颜茂猷下第,以兼通五经,特赐进士。

按:颜茂猷于是春会试中以文兼《五经》,中副榜,特赐进士,以其名另为一行,刻于试录第一名之前。《五经》中式者,自此接迹。茂猷字壮其,一字仰子,生卒年不详。福建平和人。著有《迪吉录》、《六经纂要》。

龚鼎挚成进士,授兵科给事中。

阙士琦成进士,授南安知县。

按:阙士琦字褐公,生卒年不详。湖广桃源人。著有《蝌蚪诗》、《余仙草》等。

刘侗、吴钟峦成进士。

张尔岐年二十三,始为日记。

应撝谦年二十,读书于南屏。

魏禧补博士弟子员。

王夫之始学韵语。

汤斌八岁,始入塾。

黄虞稷七岁,能诗号神童。

朱彝尊六岁,始就家塾。

意大利传教士高一志入山西绛州。

葡萄牙传教士郭纳爵入华。

周圣仪重刻《小学集注》,应撝谦为校定。

潞王府刻潞王朱常汸《古音正宗》、明郭谌《草韵辨体》(附《草诀百韵歌》)。

杨时伟《春秋编年举要》成。

王光鲁《阅史约书》初刊。

按:《阅史约书》由分代地理图、历代事变图谱、古今官制沿革图、古语训略、元史备忘录五部分组成。《四库全书总目》曰:"是书专为读史者考订之用。……然其书祗自便于初学寻检,未为精深,又不无舛误。至《训略》一篇,用《释名》、《广雅》体,以训释史文,既不能赅备,则徒然支赘而已。"钱茂伟《明代史学编年考》以为《四库全书总目》之评价"是不恰当的。这是一部学术性较强的史学作品,值得

梅里克·卡佐邦著成《罗马皇帝马库斯·奥里利厄斯的沉思录》。

约翰·福特编成历史剧《珀金·沃贝克》。

让·梅里特撰法国首都古典悲剧《索芬贝尼斯》。

今人注意。"

陈仁锡增订《孔子年谱》刊行。

按：此谱据《素王事纪》增订，附于崇祯七年序刊本《四书考》卷六《学而第一》刊行，叙谱主一生事迹并略记言论。谱文之始与谱文之末记周、鲁年号，余仅记谱主年岁。所记事后缀出处，时有双行小注或按语，个别页上有眉批。

米嘉穗修、孙鲸纂《郓城县志》8卷刊刻。

王至章纂修《从化县志》5卷刊刻。

朱彤纂修、陈敬法增补《崇武所城志》3卷成。

徐光启、李天金、李之藻、龙华民、邓玉函、罗雅谷、汤若望等纂《崇祯历书》137卷成。

按：明代二百余年间，所用历书为据元郭守敬所制《授时历》略加改订而成之《大统历》。《大统历》因时代已久，屡屡出现实际天象与预报不合之现象。崇祯二年九月，政府设历局，由徐光启主持，始修《崇祯历书》。徐氏提出先译后制之方针，先全面系统地翻译耶稣会士传入之欧洲天文学著作，再以中法为主，参用西法来制新历。该书较系统地介绍了欧洲天文学知识，采用了丹麦天文学家第谷·布拉赫宇宙体系和几何学、球面三角等算法，是我国历法参用西法之始，具有划时代意义。新历修成后，因反对者甚多，在明代也未能正式颁行。清军入关后，传教士们将它删削整理为一百卷进呈清廷，定名为《西洋新法历书》并刊行。收入《四库全书》时，为避讳而更名为《新法算书》。

计成约于是时著《园冶》成。

按：是书初名《园牧》，苏州曹元甫见之，改今名。初版不久，即因阮大铖曾为该书作序，而同阮氏著作一起被列为禁书，几乎销声匿迹。此书为我国首部系统总结园林营造经验、解说造园技艺之著作，素被园艺营造界及建筑学界所推崇。计成（1582—?），字无否，号否道人，吴江人。

林德谋《古今议论参》55卷刊刻。

冯梦龙在福建寿宁任知县，重订《智囊》、《智囊补》，并编纂《山歌》、《挂枝儿》两本民歌。任上曾起草《禁溺女告示》，以革陋俗。

郑仲夔序刊所著《耳新》。

孙承宗三月刻前、后《督师纪略》，鹿善继序之。秋为鹿善继《认真草》题辞。

鹿善继九月刻《认真草》15种、《无欲斋诗》及《廛谈》成。

按：《认真草》十五种为：《金花始末》、《马房本末》、《籽粒本末》、《扶孤始末》、《篚余》、《农曹草》、《粤东盐法》、《福建盐法》、《读礼草》、《待放草》、《典饷草》、《枢曹草》、《榆关草》、《再归草》、《奉常草》。

刘宗周正月作《慥慥斋集序》，又为《刘氏宗约》；二月作《胡松庵先生录序》；夏，辑《圣学宗要》；八月纂《证人小谱》。

孙奇逢三月刻《孝友堂家乘》，鹿善继序之。

李日华著《六砚斋三笔》。

高攀龙《高忠宪遗集》初刊。

胡承诺与吴骥选《古文春汲》、《三宜录》成；又撰《西塔僧新置塔院记》。

崇祯七年　后金天聪八年　甲戌　1634年

薛三省卒(1558—　)。三省字鲁叔，别字天谷。万历二十九年进士。《明史稿》有传。

曹于汴卒(1558—　)。于汴字自梁。安邑人。万历十九年举乡试第一。明年成进士。于汴笃志正学，操履粹白。立朝，正色不阿，崇奖名教，有古大臣风。著有《仰节堂集》《共发编》。事迹见《明史》卷二五四本传、《明儒学案》卷五四。

吴士奇(1566—　)约卒。士奇字无奇，号恒初。安徽歙县人，万历二十年进士。学术重王学，反对西学。著有《副书》《史裁》《考信编》《征信编》《绿滋馆稿》《不多集》《西青集》《三祀志》《楞严同》等。

多罗那他卒(1575—　)。藏传佛教觉囊派僧人。卒后转世的"灵童"即为哲布尊丹巴一世，后改宗格鲁派，为外蒙地区藏传佛教格鲁派的最大转世活佛(参见1614年)。著有《印度佛教史》。

陈仁锡卒(1579—　)。仁锡字明卿，号芝台。长洲人。天启二年进士。福王时赠詹事，谥文庄。师从武进钱一本学《易》，得其旨要，究心经世之学，多所论著。其所校释、编订、选评、刊刻之书存世、亡佚者都极多。存世者校释类主要有《陈太史较正易经大全》20卷、《羲经易简录》8卷附《系辞》十篇《书》10卷、《重校古周礼》6卷、《周礼句解》6卷《集注句解》1卷《考工记》1卷、《周礼五官考》1卷、《四书备考》28卷《四书考异》1卷、《大学衍义》43卷《大学衍义补》16卷、《孝经详解》1卷、《小学详解》6卷、《五经旁注》19卷、《五经疏义统宗五种》12卷附《周礼》2卷；评刻类主要有《陈评汉书》100卷、《陈评后汉书》120卷、《陈评三国志》65卷、《南唐书》30卷、《资治通鉴》294卷《通鉴释文辨误》12卷、《资治通鉴纲目》59卷《续资治通鉴纲目》27卷《资治通鉴前编》25卷、《宋元通鉴》157卷、《甲子会纪》5卷、《国史日录》40卷等；编订或并加刊刻者主要有《重订王凤洲先生纲鉴会纂》46卷、《藏书》68卷《续藏书》27卷、《性理标题综要》22卷、《八编类纂》285卷、《潜确居类书》120卷、《名世文宗》32卷《谈薮》1卷、《陈(淳)沈(周)两先生稿》22卷等；编纂类主要有《史记奇抄》14卷、《史品赤函》4卷、《两汉奇抄》14卷、《皇明世法录》92卷、《全吴筹患预防录》4卷、《漕政考》2卷、《海篇朝宗》12卷、《文奇》20卷、《秦汉文抄》8卷、《古文奇赏》135卷、《苏轼文粹》32卷、《明文奇赏》40卷、《奇赏斋古文汇编》236卷《皇明表程文选》8卷《策程文选》6卷、《诸子奇赏》110卷、《四六函》13卷等。著有《尧峰山志》6卷、《无梦园集》40卷《补集》4卷《遗集》10卷《小品》4卷，另有《白松堂稿》《苟全集》《壑云集》等已佚。事迹见《明史》卷二八八《焦竑传》附传。

按：关于陈氏生卒年，此据《明史》及《启祯两朝遗诗传》。《续疑年录》及《历代名人年谱》则著录为1581—1636年。据《明史》卷二八八，仁锡讲求经济，有志天下事，性好学，喜著书，一时馆阁中博洽者鲜其俦。

陆梦龙卒(1576—　)。梦龙字君启，号景邺。浙江会稽人。万历三十八年进士。曾参与审讯梃击案。官至陕西右参政，为变民所杀。著有

乔治·查普曼卒(约1559—　)。英国诗人，剧作家。

约翰·马斯顿卒(1576—　)。英国剧作家。

《易略》、《梃击始末》。后文为了解明代三大案之一梃击案重要文献资料。事迹见《明史》卷二四一《张问达传》附传。

吴应宾卒，生年不详。应宾字客卿，一字尚之。桐城人，方以智外祖。万历进士，授编修，以目疾告归，家居四十余载，闭户著书。深于性命之旨，天启中以理学召，以病不赴。门人私谥宗一先生。著有《宗一圣论》、《性善解》、《学易斋集》等。

高层云（ —1690）、徐元文（ —1691）、周象明（ —1691）、曹贞吉（ —1696）、王摅（ —1697）、王士禛（ —1711）、宋荦（ —1713）、唐孙华（ —1723）生。

崇祯八年　后金天聪九年　乙亥　1635年

法国黎塞留与瑞典盟。

法国入莱茵地区。

《布拉格和约》签订。确立奥地利不可分割原则。

正月，农民军十三家七十二营首领会于荥阳，共商大略，开始了明末起义军在军事上有目的、有计划的联合作战。会议采纳李自成建议，决定兵分四路攻明军。会后，李自成声望日高。

以起义军犯陷凤阳，焚皇陵，倪元璐正月疏请崇祯帝下罪己诏，并蠲崇祯七年前所有逋赋。帝允。然温体仁柄国，未能尽行。经岁而后诏乃下。

二月壬午，金重编蒙古八旗，兵16840人。

五月，金兵略宁远等地。

是年，思宗令择人进讲《春秋》。

按：故事，讲筵不列《春秋》，思宗以为《春秋》有裨治乱，令择人进讲。少詹事文震孟为《春秋》名家，为温体仁所忌，隐而不举。钱士升以震孟名上，进讲称旨。

英国得果阿葡萄牙总督特许，始派船抵澳门交易。

巴黎植物园创建。

布达佩斯特大学建立。

文震孟七月甲戌以少詹事与刑部侍郎张至发俱进礼部侍郎兼东阁大学士，预机务。震孟因不肯循例投刺司礼监，又与温体仁不协，被劾落职，在阁仅三月。十一月庚戌文震孟与何吾驺罢。

倪元璐八月迁国子祭酒。九月奏陈造士规条，凡八议，奉旨下部覆议。

按：八议大略为：一曰分合流品（以贡选为正流，援纳为闰流）；二曰审定教法（复祖制积分之法）；三曰慎选六堂（师表得人）；四曰崇尚经学；五曰申阐文体（崇正文体，以五经为归）；六曰分别选格（以积分，分别三等）；七曰召试简授（三等而外，也可特疏奏闻，破格擢授）；八曰清楚历事（积分及格，即拨各衙门历事习政务）。此规条中所议积分之法，经礼部覆议，断以次年五月上旬选贡入监之日开始实行。

倪元璐此期在国子监讲论《春秋》，不沾沾传注，著为《春秋问答》。

黄道周五月复会于榕坛。冬，以原官召用，方停止讲学。

孙慎行为礼部尚书，十二月，应召至京，因疾甚，免陛见。

金声是春起山东佥事，复两疏力辞。

吕维祺正月归洛阳，立伊洛会，及门二百余人，著《孝经本义》上之。

鹿善继为张风翔《石藁集》作序。

钱澄之游上海回安徽，途经太仓访张溥。

祁彪佳请假告归，随刘宗周讲授程朱之学。

祁彪佳因疾南还绍兴，经天津，观演《白梅记》；经杭州，与沈德符同观《双串记》演出；在杭州还观演《梅花记》、《秋箫记》、《宝函记》、《题塔记》、《江天暮雪》等剧，而后回绍兴。筑私园名"寓园"，有《寓山注》综述筑园动机和园境构思。

袁于令至绍兴见祁彪佳。

张岱故里以《泰山志》示祁彪佳；彪佳在张岱家演《双红记》。

史可法作《祭左光斗文》。

黄宗羲丁祖母忧。

陈子龙与徐孚远等同读书于陆庆臻家南园。子龙编次此时所作为《属玉堂集》。

张履祥坐馆于钱涛家，始读朱熹《小学》、《近思录》。

按：张氏自谓"余年二十三四，释氏之书已绝不入目。然于阳明龙溪之书则深信之，以为圣贤之域可指日而造。后读《近思录》及程朱诸书，渐觉王氏之言矜骄无实而舍之。"

应㧑谦、张岐然、柴绍炳隐居南屏读书，黄宗羲、江浩兄弟时相过从，相与讲习。

魏裔介与赵渔读书朴园，阅《四书大全》，录其要者。

方以智二月初因农民军围桐城，虑母柩不测，返乡省视。俟后返南京，侯峒过膝寓见慰，并识刘侗、于奕正。夏，游洞庭西山，访自扃、赵均等隐者。六月，在南京作《四妙图》，张可仕为题长歌；与陈名夏揽摄山之胜。立秋，在苏州，饮于朱瑰、张泽家；会徐汧。过嘉兴，得钱梅所赠大幅；读魏学濂血书《孝经》，为之题辞。暮秋，返桐城。冬，葬母浮山，依岩读书。年末返南京。

顾炎武读宋人性理书。

魏象枢年十九，应童子试。

王佐于安徽休宁创建海阳书院。

林希有重修江西吉安依仁书院。聘国朝名臣、理学宗主李懋明主讲，复立依仁会。许大益为记。书院以"兴贤育才，阐扬圣道"为宗旨。

按：依仁书院原为天启间李邦华所创，解学龙有记。

冯士骅《春秋三发》4卷刊刻。

王黉序周游《开辟衍绎》。

克里特诗人维曾茨奥斯·考纳罗

斯以现代希腊语编著第一部神秘剧《亚伯拉罕献祭》。

科内柳斯·詹森著成反对黎塞留的作品《战争大王》。

陈组绶《皇明职方地图》3卷刊刻。

丘文学《历代纪元考》刊刻。

潞王府刻潞王朱常淓《古今宗藩懿行考》10卷。

陈仁锡《皇明世法录》92卷刊刻。

刘侗、于奕正纂《帝京景物略》成，并刊行之。

按：是书由于奕正提供材料、刘侗撰文，比较集中地记载了帝京土木建筑及园林文化，旁及风土人物、自然风光等。

王象晋原纂、孙胤奇续修《新城县志》14卷刊刻。

孔弘毅纂修《曲阜县志》6卷刊刻。

张士俊修、阴维标纂《宁化县志》10卷刊刻。

刘宗周正月辑《孔孟合璧》、《五子连珠》；是冬有《静坐述意》诗。

瞿式耜刻《皇明兵略纂闻》、《皇明臣略纂闻》。

按：两书为式耜父瞿汝说所编。《瞿式耜集》中是岁有《刻〈兵略纂闻〉述》，述之甚详。

查继佐读书西湖之南屏，著《七字书》（原名《兵权》），为兵家言，分上、下卷。

吴其贞始编《书画记》。

鹿善继是夏刊《说约》并自引其端。

按：《孟子》曰："博学而详说之，将以反说约也。"此为书名取义所在。善继曰：约者，约其博也。约其博者，博原自约出也。圣贤成法皆出于活法；成法其当然，活法其所以然。如不得其所以然，则成法皆死法。博有文，约无文；博有字，约无字。圣贤欲传其无文无字者，不得不借之有文有字。学者就其有文有字者，以求其无文无字。故圣贤往而圣贤之心至今在，特患不反求耳。说约而曰反者，返其所自。孔子曰："博学于文，约之以礼"，礼者，理也。心外无理，是所以约之也。鹿善继于阳明之说不仅洞见源本，而且身体力行，不仅祖述绍介，而且发扬光大，于此书可见。

薛寀序邝露所纂《赤雅》。

按：邝露字谌若，号雪海，早年因被革除功名而流落广西一带。《赤雅》之"赤"即赤方即南方，"雅"即雅言，这是一部汇集我国南方少数民族数千年神话、传说、故事的奇书，是民族文学与汉文学互渗共融的结晶。后人以之与《山海经》并称。

吴炳所作《画中人》传奇在绍兴演出。

京中传抄《寻声谱》，纪念周顺昌。

邢昉著《鲁稽斋诗》刻成。

按：此书陈眉公以为"幽奇绝似《焦氏易林》"。

亚里山德罗·塔索尼卒（1565— ）。意大利政论家。文学评论家，诗人。

洛普·德·维加卒（1562— ）。西班牙剧作家。

孙慎行卒（1564— ）。慎行字闻斯，号淇澳。常州府武进人。谥文介。万历进士，授编修。生平以率诸臣伏阙请福王之国及红丸案等，为当政者侧目。精理学，著有《周易明洛义纂述》、《不语易义》、《玄晏斋困思抄》等。事迹见《明史》卷二四三、《明儒学案》卷五九。

李日华卒（1565— ）。日华字君实，号竹懒，又号九疑。浙江嘉兴人。万历进士，官至太仆寺少卿。工书画，精鉴赏，世称"博物君子"。名望仅亚于王惟俭、董其昌。所作笔记小品，格调清隽，诗风闲适。有《恬致堂集》、《恬致堂诗话》、《六研斋笔记》、《味水轩日记》、《紫桃轩杂缀》、《书画想象录》、《竹懒画媵》、《檇李丛谈》、《官制备考》、《姓氏谱纂》、《篷栊夜话》、《玺召录》、《蓟旋录》、《墨君题语》、《运泉约》、《浣俗约》、《时物典汇》等。事迹见《明史》卷二八八《王惟俭传》附传。

按：改定《南西厢记》之李日华与此并非一人，乃嘉靖时吴县人。

陈于廷卒(1566—)。于廷字孟谔。宜兴人。万历二十三年进士。著有《定轩存稿》。事迹见《明史》卷二五四。

刘一燝卒(1567—)。一燝字季晦。南昌人。追谥文端。万历二十三年进士，选庶吉士，授检讨，累迁礼部右侍郎。光宗立，擢礼部尚书兼东阁大学士，参预机务。熹宗立，与韩爌同辅政，中外望治。魏忠贤用事，致仕归。崇祯初复官。著有《文端公集》。事迹见《明史》卷二四〇。

僧汉月卒(1573—)。汉月俗姓苏，名法藏，号于密，无锡人。为明代禅宗临济宗代表人物之一。著有《五宗原》，主张一个圆相(○)是千佛万佛之祖，禅宗五家各出圆相之一面，唯临济为正宗。其说盛行一时。其师圆悟曾著《辟妄救略说》予以驳斥，其弟子僧弘忍则著《五宗救》支持师说。

沈宜修卒(1590—)。宜修字宛君。吴江人。叶绍袁妻。有女三人，并工诗词，隐居汾湖，以诗词自娱。著有《郦吹集》(亦称《午梦堂遗集》)、《梅花绝句百首》(即《雪香吟》)。并辑当时名媛之作为《伊人思》。

于奕正卒(1595—)。奕正初名继鲁，字司直，宛平人。善诗文，好游历。在北京结识刘侗，合撰《帝京景物略》。

刘荣嗣约卒，生年不详。荣嗣字敬仲，号简斋。广平曲周人。万历四十四年进士，官至工部尚书。崇祯六年总督河道，别凿新河，分黄河水济漕，无成，下狱死。著有《半舫集》。

邹维琏卒，生年不详。维琏字德辉。江西新昌人。万历三十五年进士。以论救杨涟，弹劾魏忠贤，削籍戍贵州。后以右佥都御史巡抚福建，荷兰殖民者自台湾、澎湖入陷厦门，维琏与郑芝龙合力击退之。著有《达观楼集》、《自儆集》。事迹见《明史》卷二三五。

范承谟(—1676)、崔蔚林(—1688)、刘榛(—1690)、李良年(—1694)、颜元(—1704)、田雯(—1704)、明珠(—1708)、熊赐履(—1709)、僧札那巴札尔(—1723)生。

崇祯九年　后金天聪十年　清崇德元年　丙子　1636年

正月丁未朔，明将卢象升大会诸将于凤阳。

丁卯，前礼部侍郎林釬以原官兼东阁大学士，预机务。

瑞典败德国天主教联军。

二月，金定帽顶制以示级别。

三月，金改文馆为内三院（内国史院、内秘书院、内宏文院），又禁喇嘛转轮结幡以惑人。

四月，金帝皇太极祭告天地，受尊号，称太宗皇帝，建国号为清，改天聪十年为崇德元年；遵汉制，追上祖宗庙号；封满、蒙诸贵族为亲王、郡王、贝勒。

五月，清设都察院，旋遣兵攻明。次月，清兵由喜峰口攻入北京近郊。

七月壬戌，高迎祥遭陕西巡抚孙传庭伏击，被俘，死难。李自成被奉为闯王。

八月丙申，唐王朱聿键闻清兵入犯，起兵勤王，被勒令还国，废为庶人。

十一月，清太宗拒绝朝臣改用汉人衣冠之议，申明必须保持旧俗。

十二月，清帝亲征，攻朝鲜。朝鲜王避走南汉山城。

是月，李自成攻阶州等城，为洪承畴所败。继走庆阳、凤翔。一时群雄并起，起义军大盛。

是年，山阳举人陈启新诣阙上书，言天下三大病，捧疏跪正阳门三日，中官取以进，思宗大喜。

按：其疏曰："士子作文，高谈孝弟仁义；及服官，恣行奸慝。此科目之病也。国初，典史授都御史，贡士授布政，秀才授尚书。嘉靖时，犹三途并有，今惟一途。举贡不得至显宦，一中进士，横行放诞。此资格之病也。旧制，给事、御史，教官得为之，其后途稍隘，而举人、推官、知县、犹与其列，今惟以进士选。彼受任时，先以给事、御史自待，监司、郡守承奉不暇，剥下虐民，恣其所为。此行取考选之病也。请停科目以黜虚文，举孝廉以崇实行，署行取考选以除积横之习，蠲灾伤田赋以苏民困，专拜大将以节制有司便宜行事。"（《明史·列传》第一四六）

吏部议举孝廉宜通行直省，加意物色，其怀才抱德经明行修之士，由司道以达巡按，复核疏闻，验试录用。诏从之。

按：是后荐举遍天下，皆授以残破郡县，卒无大效。

现存满文老档迄止是岁（参见1607年）。

时收天主教徒三万八千人。

汤若望为明朝制成20门西洋火炮。

荷兰入居锡兰。

荷兰乌得勒支大学创立。

哈佛学院建立，是为北美第一所大学。

吴伟业是春在武昌典试事。

王锡衮奉命典试南方。

倪元璐颇负时望，然深为温体仁所忌，遂落职闲住。四月被罢，九月南返，于南返舟中始作《儿易》。自是乡居七载。

刘宗周官工部左侍郎，三月以痛愤时事，上疏，不报；六月与王业浩、金兰同具名荐陶奭龄；十月终以直陈时事落职告归。是岁始以《大学》"诚意"已发未发之旨示学者。

刘宗周时时过金绳谈理；刘宗周归里，金绳为诗送之。

方以智是春有诗怀复社张采、张溥；识复社郑元勋、周忠。

方以智是春接其伯姑山东来函，谓"吾侄读书，讲求实学，何徒苦吟痛

崇祯九年　后金天聪十年　清崇德元年　丙子　1636年

饮耶！天分无限，正当尘务经心。"乃与左国柱别，归南京。

　　按：左国柱，左光斗长子，以智姑丈。

　方以智是夏交冒襄，鼎足文苑。

　方以智在南京拜方孝孺祠堂。

　　按：以智先祖方法为孝孺门人。

　方以智识意大利传教士毕方济，问学且赠诗。

　　按：毕方济，字今梁，万历四十一年来华，崇祯七至十一年间活动于南京，著有《灵言蠡勺》、《睡答》、《画答》等。方以智《膝寓信笔》曰："西儒利玛窦……著书曰《天学初函》，余读之，多所不解。……顷南中有今梁毕公，诣之，问历算、奇器，不肯详言。问天事，则喜。"

　方以智除夕前一日在南京与方震孺饮，畅谈生平。其结识宋徵舆亦在是岁。

　阮大铖在南京谋兴大狱，冒襄集阉祸受害子弟制之，遂不敢动，方以智作歌以记其事。

　黄宗羲二月过长洲，谒文震孟。过虞山，访钱谦益，请其为父黄尊素撰墓志。

　黄宗羲至太仓，交裘元戎。时冯元飏为苏松道守备，招宗羲入署阅卷。不久以冯氏调任而辞。

　黄宗羲是秋偕弟宗炎、叔弟宗会赴杭乡试，不第。其间与冯惊、卓人月、郑玄子、张秀初等相过从。

　黄宗羲十二月迁葬黄尊素于化安山，文震孟为铭。

　傅山是冬率领生员，"罗织平民"，上京请愿，为"不取给于官府，不扰及于百姓"的山西提学袁继咸申冤。

　黄道周召复故官；旋进右谕德，掌司经局。

　徐宏祖取道浙江赴西南，遍游赣南诸大山，作记。

　谢学龙任江西巡抚，在南昌奖励文士创作，于该年主持重修滕王阁，广泛征集诗文，举办环漪楼诗文盛会，主编有《滕王阁续集》四卷，并作有《滕王阁记》等。

　邢昉、顾与治、方尔止、葛震父、杨日补、史弱侯、薛千仞等数十人结社秦淮，时谭友夏北上过金陵，同与唱咏。

　应撝谦读书东城，与叶大纬、虞异羽三人相砥砺，为正谊明道之文，尝作《君子贵自勉论》。

　顾炎武嗣母王氏以"未嫁守节，断指疗姑，立后训子"受朝廷旌表，三吴能文奇伟之士之与炎武游者，莫不踵门称贺。

　顾炎武是岁有《与归庄手札》两通，从中可见已对音韵问题产生兴趣。

　钱澄之是春访左硕人于龙眠山。

　魏裔介是秋应顺天乡试，不第；入西山桃源洞读书，每静坐岩岫中，观心体澄然处，大有会悟。

　熊文灿任两广总督，以师礼待天然和尚，举之为贤良方正并将授以郡守，和尚掉头不顾。

函可邀梁朝钟（函彻）授业，以此得深知天然和尚（函罡）。

陈确是冬移居泥桥之西，许元五为作《移居图》。

毛晋至绍兴访祁彪佳，贻以所刻《甲乙集》。

宋徵舆始与陈子龙在陆庆臻家南园作诗课。

沈眉生时为诸生，草《纲常正而后可以正世风》一疏，入京劾辅臣杨嗣昌夺情，在朝名臣为之惊叹。

陈瑚始与陆世仪、江士韶、盛敬等约为圣贤之学，里中有"四君子"之称。

嵇宗孟中举人。

按：嵇宗孟字子霱，号淑子，生卒年不详。江南安东人。著有《立命堂集》、《楚江篇》、《蠡史篇》。

郑与侨中举人。

按：郑与侨字惠人，号确庵、荷泽，生卒年不详。山东济宁人。明亡归隐，以课授生徒为业。著有《确庵集》、《丹照集》、《争光集》、《济宁遗事》、《秦边遗事》。

申涵光应乡试下第。

施闰章补博士弟子员，隶县庠。

汤斌十岁，即有志于圣贤之学。

吕留良八岁能文，造语奇伟。

朱敬衡于广东雷州创建雷阳书院。

熊应元、杨大勋增修陕西凤翔歧阳书院。

法国音乐理论家马林·梅尔森尼发表其最重要的作品《通用和声学》。

俄罗斯《耶西波夫编年史》著成。

《清太祖皇帝实录》成。

杭州昭庆寺经房刻唐释大惠《仪注备简》、昭庆寺贝叶斋刻《教乘法数》。

张溥《七录斋诗文合集》刊布。

徐昌治《昭代芳摹》35卷刊刻。

按：此为纲目体明史，起开国，迄天启末年，中有不少时政材料。钱茂伟《明代史学编年考》以为"这部书一直不为人所知，值得今人作深入研究。"有《四库禁毁书丛刊》影印南京图书馆原藏孤本。

高汝栻《皇明法传录》50卷刊刻。

按：高汝栻字中岩，号时翼，生卒年不详。浙江钱塘人。

许重熙《宪章外史续编》14卷刊刻。

钟惺《史怀》由门人刊刻于苏州。

邓一鼐纂修《尤溪县志》9卷刊刻。

宋应昇修、梁维栋纂《恩平县志》11卷刊刻。

陈弘绪追录十五年来所得史乘诸作，作《续书目记》。

张国维著《吴中水利全书》28卷成。

按：作者长期从事水利工程的兴修，曾以治河之功迁工部右侍郎总理河道，积累了丰富的实践经验。此书比较完备地纂辑了宋元以降有关太湖水利治理的方案和有关问题的讨论，是明以前太湖水利的集大成之作。

黄复初辑刊《地理真诀》。

金绳刻《宋大儒四子合刻》行于世。

鹿善继五月著《黄帝铸鼎说》。

瞿式耜八月自序其《愧林漫录》,并付梓。

按:书名取内典中"惭愧林"之义,系辑古今大儒法言之有裨身心修养者而成。分上下卷。据自序,此书于是年八月付梓,次年遭温体仁构陷下狱,中辍;复增入戊寅同狱刘嗣荣所作序,狱解归里后续成是书。是书今有光绪十六年江苏书局刊本。

黄道周著《榕坛问业》18卷成。

按:是书为作者家居时讲学之记录,多为答弟子问,主要论述"致知止于至善"之说,每有独到之见。

潞王府刻潞王朱常淓《述古书法纂》10卷。

潘游龙《康济谱》23卷刊刻。

陈子龙与郑元勋同北上就试,子龙编次所作为《平露堂集》。

陈继儒著《白石樵真稿》刊行。

按:王重民《中国善本书提要》以为是"赝集"。

刘宗周二月刻《辛复元先生集序》。

陈继儒纂《眉公十种藏书》是岁序刊。

赵王府补刻明马卿《中丞马先生集》9卷。

叶绍袁刻《午梦堂集十二种》成。

按:十二种子目为:沈宜修撰《鹂吹》附《梅花诗》、叶纨纨撰《愁言》、叶小鸾撰《返生香》、叶小纨撰《鸳鸯梦》、叶绍袁撰《窈闻》、沈宜修辑《伊人思》、叶世偁撰《百旻遗草》、叶绍袁撰《秦斋怨》、叶绍袁辑《屺雁哀》、叶绍袁辑《彤奁续些》、叶世傛撰《灵护集》、叶绍袁撰《琼花镜》。

葡萄牙传教士阳玛诺所著《圣经直解》初刊于北京,此后再三重刻(然卷数不一),并有普通话节译本《圣经浅解》传世。

艾略特著《西方问答》刊行。该书介绍西方各国风土人情。

唐时升卒(1551或1552—)。时升字叔达。嘉定人。工诗文。父唐钦训,与归有光善,故时升早登有光之门。年未三十,谢举子业,专意古学。王世贞官南都,延之邸舍,与辨晰疑义。时升自以出归氏门,不肯复称王氏弟子。与娄坚、程嘉燧并称为"练川三老"。著有《三易集》。事迹见《明史》卷二八八。

陈实功卒(1555—)。实功字毓仁,号若虚。通州人。从事医外科四十余年,著有《外科正宗》,论述各种外科常见疾病百余种,选入唐至明内服、外敷方剂,为后世外科必读书。主张外科应以内服与手术并重,并创用茴香散局部麻醉法摘除鼻息肉,对外科学颇有贡献。

董其昌卒(1555—)。其昌字玄宰,号思白,又号香光居士。华亭人。谥文敏。万历十七年进士。督湖广学政,不循情属,触世家怒,世家嗾生员数百人鼓噪,毁其公署,乃谢事归。后官至南京礼部尚书。精书法,书法遍学诸家,疏宕秀逸,自具特色;画采宋元诸家之长,风格清润明秀,为明代晚期山水画"松江派"之首;创山水画南北宗之说,崇

"南"贬"北",对明末清初画坛影响甚大。亦能诗擅文,著有《容台文集》、《容台诗集》及《画禅室随笔》、《画旨》、《筠轩清秘录》等。事迹见《明史》卷二八八。

  按:据《明史》本传,其昌天才俊逸,少负重名。初,华亭自沈度、沈粲以后,南安知府张弼、詹事陆深、布政莫如忠及子是龙皆以善书称。其昌后出,超越诸家,始以宋米芾为宗。后自成一家,名闻外国。其画集宋、元诸家之长,行以己意,洒洒生动,非人力所及也。四方金石之刻,得其制作手书,以为二绝。造请无虚日,尺素短札,流布人间,争购宝之。精于品题,收藏家得片语只字以为重。性和易,通禅理,萧闲吐纳,终日无俗语。人儗之米芾、赵孟頫云。同时以善书名者,临邑邢侗、顺天米万钟、晋江张瑞图,时人谓邢、张、米、董,又曰南董、北米。然三人者,不逮其昌远甚。

  文震孟卒(1574—)。震孟字文起,号湛持。苏州人。文彭孙。追谥文肃。曾十赴会试。天启二年殿试第一,授修撰。在朝因屡劾阉党,屡被斥。著有《姑苏名贤小记》、《定蜀记》。事迹见《明史》卷二五一。

  鹿善继卒(1575—)。善继字伯顺。保定定兴人。谥忠节。万历四十一年进士。著有《四书说约》、《无欲斋诗钞》等。事迹见《明史》卷二六七、《明儒学案》卷五十四。

  按:陈鋐曰:阳明之后,其道在念庵(罗洪先),念庵而后,其道在先生(鹿善继)。假令阳明南面而享天下崇报如文庙比,则二先生配享如颜曾比,而龙溪(王畿)、绪山(钱德洪)诸君子应退处其下耳。

  姚希孟卒(1579—)。希孟字孟长,吴县人。生十月而孤,母文氏励志鞠之。稍长,与舅文震孟同学,并负时名。举万历四十七年进士。著有《循沧集》。事迹见《明史》卷二一六。

  陈仁锡卒(1581—)。一说陈仁锡(1579—1634)。详见1634年条。

  单本(1562?—)约卒。本字槎先,会稽人。有传奇《蕉帕记》、《风筝记》、《跃剑记》、《宫花记》等。

  卓人月卒,生年不详。人月,字珂月。仁和人,侨寓南京。贡生。工词曲。著有《花舫缘》杂剧及《寱歌词》12卷并与人合辑《古今词统》,杂记词林琐事。亦能诗,有《蟾台集》、《蕊渊集》。

  陈维岳(—1690年后)、**吴为龙**(—1698)、**王晫**(—1700年后)、**阎若璩**(—1704)、**徐釚**(—1708)、**冉觐祖**(—1718)、**杨无咎**(—1724)、**陆次云**(—1699后)、**陈玉璂**(—1700后)、**黄仪**(—?)生。

崇祯十年　清崇德二年　丁丑　1637年

神圣罗马斐迪南二世帝卒,子斐

正月丙午,张献忠入安徽。

是月,朝鲜降清。

二月，清帝从朝鲜班师，自此专力攻明。

三月，明加增剿饷二百八十万两。

闰四月，张献忠入湖广。南京大震。

五月，清封孔有德为恭顺王、耿仲明为怀顺王、尚可喜为忠顺王。

夏，北京、南京、山西、江西大旱；浙江大饥，至父子兄弟夫妻相食。山东、河南蝗灾。

六月戊申，首辅温体仁罢。

七月，清颁满、蒙、汉字历。

清封李倧为朝鲜国王，赐玉纽金印。

清分汉军为二旗。

十月，起义军分道入四川，破三十余城；李自成攻成都，不克而去。

是年，崇祯帝以朝臣皆词苑起家，迂缓不习吏治，命改旧制，择知县、推官治行卓绝者入翰林。

令天下府州县学皆设武学生员，提学官一体考取。

清太宗重申不可忘骑射旧俗之旨。

英国康汀恩商团派约翰·威德尔率舰队东寇，是年英舰两艘炮击虎门，强行驶入广州，企图以武力胁迫通商。

张岱、倪元璐、方以智、祁彪佳在张岱家举枫社，演出《红丝记》剧。

茅元仪以杜濬、方以智、郑元勋为三君，作《三君咏》。

方以智寄诗北京贺陈子龙、夏允彝登第。

方以智是春诗赠汪沐日，再言著书之志。

按：汪沐日，字扶光，生卒年不详。徽州歙县人。少好交游，崇祯六年举于乡。明亡遁闽，后入吴为僧，名弘济，号益然。晚年归黄山。著有《易解》、《庄通》、《孟子》、《国风》诸书。

方以智是春听陈丹衷讲禅。

按：陈丹衷字旻昭，一字涉江，法名道昕。生卒年不详。名理精深，博雅宏通，妙于谈论。

方以智是夏送友赴皖，与陈肇曾等纵酒为乐，作狂生故态。

方以智仲夏与复社友人范文光、杜濬、刘湘客、任乔年等集于钟山，击鼓吹笙，对酒作歌。

李雯六月两次致书方以智，问学业及隐居事，且介金申子与以智相识。以智因作《七解》答之，言不遇之感；又作《送李舒章序》，言著书而藏名山之志。

按：吴门金申子，善篆刻，精医技。著有医书《申雅》。是冬，金申子为方孔炤治病，妙手回春，方氏父子因而学医。

方以智是秋有诗呈茅元仪，又交复社王都俞。

郑超宗、杨龙友、方以智等在南京举兰社。

方孔炤十二月复官，任南京尚宝司卿。

钱谦益、瞿式耜四月遭温体仁构下狱。

迪南三世嗣位。

法国、瑞典取阿尔萨斯。

圣卡夏诺剧院在威尼斯开业，是为首家公共歌剧院。

法国笛卡尔提出光的粒子假说。

按：因枚卜事，温体仁积怒未解。适有虞山无赖子张汉儒捏款讦钱谦益、瞿式耜居乡不法事，温体仁遂拟旨逮二人下诏狱严讯。

瞿式耜狱中有《圜中九日诸老征诗……》、《和牧师（钱谦益）书事》等诗。

吴伟业作《东皋草堂歌》以安慰在狱中的瞿式耜。

陈龙正十二月由中书舍人降为南京国子监丞。

黄宗羲是秋偕宗会至杭。

文震亨选授陇州判。

张尔岐肆力于时文，并因时文而学《周礼》。

魏禧受学于同里杨文彩。

归庄与杨彝订交。

陆世仪是春定岁会礼，撰《纪考德课业录》。

沈起始游查继佐门，继佐命之与选房牍。是岁删定《子丑程墨戒》、《丁丑房书戒》。

施闰章在南京以文贽周镳。

唐甄随父侨寓吴江。

熊文灿北上总理九省军务，梁朝钟偕行。天然和尚与张二果自庐山至漳江迎之。遂同谒道独于黄岩。熊文灿对义军一意主"抚"，颇受道独惮师之影响。

杨龙友秉铎华亭，延邢昉于署中，令二子从游。邢昉于是得与几社名士如朱宗远、夏彝仲、陈子龙、李雯、陆庆臻、周勒卣、徐闇公等订交。

胡承诺应举不第，归自白下，纂《余君志铭》。

陈瑚始作日记。自是岁至己卯，有日记一卷，名《经义录》。

范士楫成进士，授阳曲知县。

按：范士楫字箕生，号桔洲。生卒年不详。定兴人。为官断狱多平反，作《求其生录》以为戒。李自成军起后，弃官归隐，入清官至吏部郎中。著有《桔洲诗集》。

庄元辰成进士，授刑部主事。

按：庄元辰字起贞，晚字顽庵，学者称汉晓先生，别署两晓山樵，生卒年不详。浙江鄞县人。清军东下，走入山林，痛哭而死。著有《因园集》、《山樵编》、《信水亭吟》。

陈子龙成进士，授绍兴推官。

陈之遴成进士，授编修。

钱肃乐成进士，授太仓知州。

秦镛成进士，授江清知县。

按：秦镛字大音，生卒年不详。江苏无锡人。明亡，归乡，聚弟子讲主静之学。著有《易序图说》。

曹溶成进士，授御史。

蒋鸣玉成进士，授台州推官。

按：蒋鸣玉字楚珍，号中完，生卒年不详。镇江金坛人。精于理学。著有《四书舌存》、《五经圭约》。

郝锦成进士。

按：郝锦字絧卿，生卒年不详。庐州六安人。归隐九公山。著有《九公山房集》、《尚书家训》。

夏允彝成进士。

毛骥年十八，著《白榆堂诗》，陈子龙见而与之游。

李粦嗣年十六，随父宦岭外，张孟奇叹异之，与结为忘年交。

夏铸鼎重建海南琼海应台书院，更名为同文。

意大利传教士潘国光来杭州学习汉文，并在以上海为中心的江南一带传教。

程性初刻《朱枫林先生注释小四书》5卷。

陈士芳《春秋四传通辞》12卷刊刻。

沈国元《二十一史论赞》36卷刊刻。

姚允明《史书》10卷刊刻。

按：《四库全书总目》曰："是书自三皇以迄元代，摭采史文，节缩成编。前有张溥、吴应箕二序，盖亦依附复社者。故书止十卷，而卷首列参阅姓氏至二百八十三人，其声气标榜，可以概见。"

孙奇逢七月刻《取节录》成。

李振声修、李豫纂《郾城县志》10卷刊刻。

沙蕴金修、苏育纂《汤阴县志》19卷刊刻。

吴应台修、张一佳等纂《浦江县志》刊刻。

冯梦龙纂修《宁德县志》(《寿宁待志》)2卷刊刻。

唐世涵修、马上荣纂《汀州府志》24卷刊刻。

刘熙祚修、李永茂纂《兴宁县志》6卷刊刻。

张国经修、郑抱素纂《廉州府志》14卷刊刻。

罗炌修、黄承昊等纂《嘉兴县志》24卷刊刻。

曾一侗修、詹应阳纂、贾前席补修《商河县志》10卷刊刻。

刘宗周正月有《苦次说》，示其子汋；二月有《与钱牧斋少伯书》；四月撰《绍兴府乡贤考次》；十一月辩《太极解》之误。

金声作《李两公文序》、《郑超宗文序》。

陆世仪始著《思辨录》、《读史笔记》，又有《与陈确庵论动静书》。

宋应星著《天工开物》18卷成，次年刊行。

按：是书为我国古代工农业生产技术总结性巨著，亦为世界第一部有关农业和手工业生产之百科全书。

张琦刊《吴骚合编》。

按：是书卷首有《衡曲麈谈》一卷，未题作者姓氏，疑即张琦所作。其中所论偏重散曲及散曲家，兼及戏曲，其核心内容为对"情"之礼赞。

车应魁刻明金忠纂辑《瑞世良英》5册。

卡尔德隆编成宗教剧《奇特的魔术师》。

托马斯·霍布斯基于亚里斯多德的作品著成《修辞学概要》。

笛卡儿出版《几何学》，创解析几何。

按：是书均故事图，板心有六个鱼尾，在印本书中颇为罕见。

归庄陆续自订所作八股文为《回澜》、《破浪》、《安流》、《到海》四集。

祁彪佳著《寓山注》。

陈子龙编此时所为诗为《白云草》。

冯舒受钱谦益、瞿式耜之狱牵连，亦被逮。编定此年以前所作诗为《空居集》。

日本鱼屋町通、信农町、野田弥次右卫门在京都首次翻刻李时珍所著《本草纲目》。此刻本以江西本为底本，除中文外，还对原文进行校订、标点，中文字旁还用日文注释、标音，以便日本普通读者阅读。

阮自华卒(1562—)。自华字坚之，号澹宇。怀宁人。万历戊戌进士，除饶州推官。著有《雾灵诗集》。

谭元春卒(1586—)。元春字友夏。竟陵人。天启七年举人。与同里钟惺共同评选唐诗，成《唐诗归》；又评选唐以前诗为《古诗归》，与钟惺同为"竟陵派"(参见1624年)创始人。著有《岳归堂稿》、《鹄淳集》、《谭友夏合集》等。事迹见《明史》卷二八八《袁宏道传》附传。

范文若卒(1590—)。文若初名景文，字香令，又字更生，号吴侬荀鸭。松江人。万历四十七年进士。历任山东汶上知县、南京兵部主事。后以辱仆被仆刺死。工曲，作有传奇十四种，今存《鸳鸯棒》、《花筵赚》、《梦花酣》，合称《博山堂三种》。另有词曲集《博山堂乐府》，并辑有《博山堂北曲谱》。

刘侗(约1594—)约卒。侗字同人，号格庵。湖北麻城人。崇祯七年进士。在赴任吴县知县途中，因疾客死扬州。文属"竟陵派"，文笔峻削奇崛。与于奕正合撰《帝京景物略》，详记北京风物。另辑有类书《名物考》等。

余象斗(1560?—)约卒。象斗字文台、子高、元素，号抑止山人、别号三台山人、三台馆主人、余象乌、余世腾、余宗云等。福建建阳人。因屡试不第，弃儒以编纂小说及刻书为业。先后刻有《列国志传》、《全汉志传》、《西汉志传》、《三国志传评林》、《两晋演义志传》、《唐书志传》、《两宋志传》、《英烈传》、《水浒志传评林》、《忠义水浒全传》等。自编有《南游记》、《北游记》等。(参见《中国文学编年史·明末清初卷》144页)

萧企昭(—1669)、嵇永仁(—1676)、张茂稷(—1683)、陈潢(—1688)、王洁(—1691)、葛震(—1693)、丁蕙(—1699)、曹禾(—1699)、韩菼(—1704)、邵长蘅(—1704)、张英(—1708)、郑梁(—1713)、秦松龄(—1714)、顾贞观(—1714)、刘荫枢(—1723)生。

崇祯十一年　　清崇德三年　　戊寅　　1638年

正月丁亥，裁南京冗官89员。

二月，清帝亲攻喀尔喀，四月班师。

三月，左良玉败张献忠于南阳。四月辛丑，张献忠伪降于熊文灿。

五月癸亥朔，策试考选官于中左门，问足食足兵之计。

六月，清谕礼部：有效他国衣冠束发裹足者，重治罪。

清改蒙古衙门为理藩院。

七月，清更定六部及理藩、都察二院官制。

复社反对阮大铖。

八月，清遣将攻明。九月辛巳，清兵入塞，连陷畿辅四十八州县。

十月，李自成败入商洛山中。

十一月丁卯，清兵破高阳，罢职里居之前大学士孙承宗率家人拒守，城破被执自杀。

十二月，清兵犯巨鹿，庚子，宣大总督卢象昇力战死，全军尽没。

是年，清赐中式举人罗硕等10名朝衣，授以名级；又一、二、三等秀才61名。

勃兰登堡选帝侯迁于哥尼斯堡。

西班牙人败法国。

苏格兰新教徒反对英格兰国教会制度。

黄宗羲等复社成员140人七月列名公布《留都防乱揭》，反对阮大铖。

按：先是，阮大铖以依附魏忠贤名列逆案，遭废斥，匿居南京。至是，中官复用事，逆党共冀燃灰。阮大铖以重贿新声，招摇白下，与革职巡抚马士英同谋起用。七月，周镳、陈贞慧、吴应箕出《留都防乱揭》，集诸名士攻之。复社诸生以黄宗羲、顾杲为首，次左国柱、左国棅、沈寿民、沈士柱、魏学濂等，共同揭露而抨击之。黄宗羲又与诸死阉难者之孤，大会于姚叶渡，齐声詈阮大铖。大铖衔之刺骨。复社声名大起。

又：此条黄百家《先遗献文孝公梨洲府君行略》一文系于崇祯十二年下，此据全祖望《梨洲先生神道碑文》及黄宗羲《陈定生先生墓志》。

黄宗羲之宣城访沈寿民，不遇；其弟沈寿国并梅朗中、麻三衡、徐律时、颜庭生等十余人迎之入城，寓徐乾岳家十日；往观梅朗中家藏书，梅赠以《陈旅集》。之池州，访刘城，信宿而别。

黄宗羲刻黄尊素集于金陵，杨维斗为作序，曾鲸为画像。

郑铉、冯惊共访黄宗羲于余姚。

阮大铖疑《留都防乱揭》出方以智之手，于是与结怨。

郑三俊为刑部尚书，二月被诬下狱，方以智有诗为不平。

万时华七月旅病南京，方以智过慰其榻。

方以智八月抵武昌，运筹幕府，有卖药济世之念。其间与龚鼎孳善。

北美剑桥市和哈佛学院创建最早的印刷所。

法国费马始用微分法求极大、极小问题。

笛卡尔提出以太假说。

九月返南京。

方以智闻朝廷有和清之意、抗清将领卢象升受掣，心忧甚。

方以智是年与郑重等画手往来，又观赏范凤翼等人所藏名画，归亦染墨学画。

方以智散金募勇，整装治械，将从父随征武昌。陈子龙、徐世溥为序《流寓草》以壮行色。

徐石麒是冬入京为通政使，方以智为诗送别。

方孔炤六月升任湖广巡抚。

刘宗周二月始幅巾野服，示无仕意。三月纂《刘氏宗谱》七卷成；十月有《答秦履思书》，论儒佛相谤之无聊。

张岱是冬在牛首山打猎后回浙江。

张岱客南京，听柳敬亭说《武松打虎》，作记。

涂仲吉因抗章论遣，诣戍途中谒倪元璐，遂定交。

黄道周二月侍经筵，随班召对；七月，因直言，镌三级。何楷、林友兰疏救道周，夺岁俸，道周降六级。道周被放，过沛县，与阎尔梅见面；又与门士陈子龙至上虞访倪元璐。

孙奇逢与友人是秋入五峰山，结茅双峰，为避地讲习之计；是冬，友人闻警而携家来依者数百家。

钱谦益、瞿式耜之狱十月得解。钱谦益削籍，瞿式耜赎归。

查继佐在西湖南屏，与同学开讲席，或技击较射，继以丝竹。时查氏女乐为浙中名部。

冯梦龙解寿宁县职，从福建回吴县，以诗稿寄祁彪佳。

万寿祺作《寿星饮酒图》。

邢昉与杨龙友游东、西洞庭山，有唱和诗刻一册。

侯峒曾春正月赴江西提学参议任。

吕愿良、郁起麟、钱咸创澄社。

陈洪绶所作版画《九歌图》十二幅，被刻印广泛流传。

朱荃宰中举，授浙江武康知县。

按：朱荃宰字咸一。生卒年不详。著有《孟子年表》、《世史》、《尚史》、《文通》、《诗通》、《词通》等。据钱茂伟《明代史学编年考》，朱氏《文通》系仿《文心雕龙》而作，中有《大明史材》一篇，著录明代野史达三百余种。

郑成功年十五，执贽于钱谦益之门，谦益字之曰"大木"。

彭师度年十五，参与虎丘文会，即席成《虎丘夜宴同人序》。

萧云从与弟萧云倩参加复社。

徐宏祖入云南，又西行至鸡足山，作记。在昆明，以陈继儒函介，见唐泰，泰助以行资。

宋应星升福建汀州府推官。

陈瑚科试补增广生。

魏裔介是春入真定恒阳书院读书。

汤斌为古文诗歌，旋屏去。

陈确读书邵湾山中。

徐乾学八岁能文，为尚书顾锡畴所知。

道独度岭归粤，移锡东莞双柏林，函罡、函可往见。

僧函可至广州，因梁朝钟之介见天然和尚，遂相偕入博罗住止园两月。

> 按：此条《明末剩人和尚年谱》系于崇祯十年，此据《明末天然和尚年谱》。

天然和尚受东莞县令汪运光、乡绅张二果之聘同修《东莞县志》。

顾懋樊《桂林春秋义》30卷刊刻。

黄道周始著《孝经大传》。

方以智仿西文列汉字成字母，依音韵变化，撰成《旋韵图》，是岁由弟方直之刻于《稽古堂韵正》之首。其时以智已阅法国传教士金尼阁之《西儒耳目资》。

> 按：方以智《膝寓信笔》曰："今日得《西儒耳目资》，是金尼阁所著，字父十五，母五十，有甚、次、中三标，清、浊、上、去、入五转，是所以证明吾之等切。"

孙范《左传分国纪事本末》22卷刊刻。

陈子龙与徐孚远合著《史记测义》。

严衍纂《资治通鉴补》294卷成。

> 按：是书提出《通鉴》"七病"说：漏、复、紊、杂、误、执、诬。《千顷堂书目》谓严氏"与其门人谈允厚补正温公缺失，始于万历乙卯（四十三年），成崇祯戊寅（十一年），漏者补之，复者删之，紊与杂及诬误者正之，师弟取十七史全文刊校，凡历二十余寒暑乃成。"然《千顷堂书目》谓该书270卷，误。又，《中国古籍善本书目》著录有严衍《严永思先生通鉴补正略》，当为补正此书内容之单行本。

董其昌《皇明通纪全书》45卷刊刻。

范景文《昭代武功编》10卷刊刻。

王在晋纂《三朝辽事实录》成。

> 按：此书记万历四十六年后及泰昌、天启三朝辽东战事。

刘鳞长《浙学宗传》刊刻。

> 按：刘鳞长字孟龙，号乾所，福建晋江人，万历四十七年进士。该书为其任浙江提学副使时所编，辑有13家阳明学者之言行。其父刘廷焜撰有《闽学宗传》。

林日瑞纂《夏桂洲先生年谱》1卷附于《夏桂洲先生文集》卷首刊行。

> 按：此谱记谱主夏言仕历甚详，记谱主与严嵩之争尤详。内附谱主像及李时《像赞》。

好善《醴泉县志》6卷首1卷刊刻。

刘沂春修、徐守纲等纂《乌程县志》12卷刊刻。

朱键《古今治平略》33卷刊刻。

徐奋鹏著《古今治统》成。

> 按：是书初名《千古大观》。作者徐奋鹏字自溟，号临峒，江西临汝人。家贫力学，笃志清修。早岁工帖括，声噪庠序间，为诸生祭酒，以数奇，不获售，隐居笔峒山中。生平著述甚富，有《徐临峒先生十二部文集》，中有《理学明辨录》、《书中疑误》、

伽利略著《力学对话》，提出无穷集合概念。

《千古尚论录》等12种。

皇太极刻《蒙文八旗戒规》。

陈瑚《讲学全规》成。

方以智是春集学医所得，著为《医学》。

李雯十一月序方以智《流寓草》。

陆世仪为考德课业之会，辑《城守全书》。

陈子龙与徐孚远、宋徵璧等24人纂《皇朝经世文编》508卷成。

按：是书汇集明初以来有关国家大计之奏疏论著，为明代政治经济资料之汇编，为研究明史重要文献。

徽州虬村黄氏刻板《九歌图》。

金声作《洪简成文序》、《欧阳节庵文序》、《贺定斋集序》、《司李生祠记》；又著《语录（下）》成。

陈龙正著《几亭再集》刊行。

按：《几亭初集》约刊于崇祯初。

黄宗羲注谢皋羽《西台恸哭记》、《冬青引》。

杨德周汇刻《建安七子集》。

毛晋编刊《元人十种诗》。

方以智著《博衣集》。

函可校刊其父韩日缵《文恪公诗文集》32卷。

苏州承天寺浚井得郑所南所藏心史铁函。

冯舒从北京锦衣卫狱放回，辑狱中诗为《北征集》。

雅可布·佩里卒（1561— ）。意大利作曲家。

朱燮元卒（1566— ）。燮元字懋和。浙江山阴人。万历二十年进士，除大理评事。以平安邦彦功，加少保进少师。著有《督蜀疏草》、《朱襄毅疏草》、《陆陆堂集》。事迹见《明史》卷二四九。

吴执御卒（1591— ）。执御字君驾，号朗公。浙江黄岩人。天启二年进士。著有《江庐集》。事迹见《明儒学案》卷五五。

孙承宗卒（1563— ）。承宗字稚绳，号恺阳。河北高阳人。万历甲辰进士，授编修，后擢兵部尚书，兼东阁大学士。自请督师辽东，经略方有振兴，以不附魏忠贤，遭诬去职。著有《孙文正文集》、《督师全书》。

毕自严卒（1569— ）。自严字景曾，号白阳。山东淄川人。万历二十年进士，授松江府推官，累官至户部尚书。著有《石隐园藏稿》、《恩纶录》等。

卢象昇卒（1600— ）。象昇字建斗。宜兴人。天启二年进士，官至户部左侍郎、总督宣府、大同军务。著有《忠肃集》。

罗雅各卒（1593— ）。意大利传教士。罗雅各一译罗雅谷，字味韶。1622年入华，曾与高一志等在山西、河南传教。1631年抵京，预修《崇祯历书》。高氏精筹算，以算学教授闻名。其所著《筹算》一书为泰西数学传华之始。其《五纬历指》则最早将伽利略学说介绍给中国。另著有《哀矜行诠》、《测量全义》等。

王锡韩（ —1678）、万斯同（ —1697?）、吴苑（ —1700）、伊桑阿（ —1703）、仇兆鳌（ —1717）、方中履（ —?）、凌嘉印（ —?）生。

按：一说凌嘉印生于1632年；万斯同其卒年有三说：《清史列传》卷六八作卒年六十（1697年卒）；《清儒学案》卷三五作卒年六十四（1701年卒）；《中国历代人名大辞典》谓卒于1702年。

崇祯十二年　清崇德四年　己卯　1639年

正月庚申，清兵破济南，俘德王朱由枢等，官民死者无数。

三月丙寅，清军旋师。是役，清兵自去年秋入塞，深入二千里，三十三战皆捷，破城六十余，俘获人口四十六万余。

六月己酉，明加征"练饷"七百三十万两，合"辽饷"、"剿饷"称"三饷"，共一千六百七十万两。民不聊生，多入义军。

清分汉军为四旗，旗色皆用元青，分为镶黄、镶白、镶红、正蓝四旗。主要为投降之汉人军队。

九月，清遣将略锦州、宁远。

十一月，明以吴三桂为辽东总兵官，团练宁远兵马。

十二月，河南大饥，人相食。

清遣官查视朝鲜王李倧所勒"纪恩碑"。

清太宗命将汉籍《通鉴》、《六韬》、《孟子》、《三国志》、《大乘经》等译成满文。

顾炎武秋闱落第，乃摒弃科举，"退而读书"，始著《肇域志》、《天下郡国利病书》。

按：顾炎武外甥徐元文《历代宅京记序》云："舅氏亭林先生，天赋高才，继古人绝学，当明之末，欲有所树立，迄不得试，乃退著书以自是。有曰《肇域志》，囊括《一统志》、二十一史及天下府、州、县之志书而成者也。继又摘其有关政事者，为《天下郡国利病书》。"

黄宗羲是春赴越城乡试，始识王元趾。秋试不售，约黄宗会尽读天下书。

黄宗羲不满圆悟、圆澄两家子弟所讲之学，乃与王业洵、王元趾等四十余人，执贽刘宗周门下，捍卫师说。

万泰以《鹤山七子集》示黄宗羲。

郁起麟、钱咸为澄社领袖，约于是岁渡江会黄宗羲。

黄宗羲赴金陵应解试。过吴江，访周廷祚；过拂水山庄，访钱谦益；过句容，访周镳；至金陵，寓天界寺。其间病疟，久不愈，方以智、吴道凝、陆

奥斯曼帝国及波斯取亚美尼亚。

奥斯曼帝国取美索不达米亚。

荷兰人败西班牙海军。

苏格兰人反。

波兰议会实行"自由否决制"。

英国霍罗斯克首次观测到金星凌日现象。

威廉·盖斯科因发明千分尺。

费马提出光线传播的最小时间原理。

俄罗斯哥萨克人越过乌拉尔山脉，向太平洋前进。

符诸友为切脉求方,梅朗三、沈眉生朝夕慰藉,病愈。

黄宗羲、陈贞慧、吴应箕、张自烈、侯方域、冒襄、方以智等举国门广业社。社中人无日不连舆接席,酒酣耳热,多以阮大铖为笑乐。

按:此社中人多为《留都防乱揭》中人。此一社会直至弘光初立,秀水姚渊大会复社同志几二千人于秦淮河,聚其文为《国门广业》后,才告消歇。

瞿式耜作《顾太仆(大章)谕莹记》。

按:天启五年九月顾大章拷死诏狱。狱成,"追赃"四万,责郡邑追比。时大章子顾麟生方十五龄,瞿式耜不避强御,竭力保全。至是复作此记。

彭士望结交魏禧,为宋拓《十七帖》作跋。

侯方域耽于酒色,黄宗羲以告张自烈,谓不言终为损友。

黄宗羲与周茂兰款接。其见顾大韶亦在是岁。

刘宗周讲学余姚之时,圆澄、圆悟两家弟子欲以禅学窜入。刘宗周每临讲席而叹。黄宗羲邀郡中知名士王业洄、王毓蓍等十余人,进于函文,退而为浙东文统之选,以消沮释氏之气。

张自烈是秋举国门广业社,四方名士毕集,其尤者有黄宗羲、梅朗中、顾杲、陈贞慧、冒襄、侯方域、方以智等。

方以智伯姑及姑夫张秉文以清兵入济南遇难。

方以智二月归桐城,见陈焯、方毂。是春复有贵池之行,与友人饮于吴应箕楼山堂。夏初应试南京,交侯方域,沈湎声色,为冒襄媒名姬董小宛。是夏为黄宗羲切脉治疟疾;交麻三衡,复交苍雪大师。十一月,与复社同人集南京,请有司将张自烈《删定四书大全》镂版付梓;并序张自烈《四书大全辨》。

方以智是岁受学余飏,并中举。

按:余飏,字赓之,以制举业与同年生夏允彝、陈子龙齐名。授宣城知县,分校乡闱。所著《春秋存俟》被钱谦益誉为"本朝三大家之一"。方以智曾校订此书,受其影响颇深。

方孔炤部战香油坪,失利。

王夫之十月与郭凤跕、管嗣裘、文之勇初集匡社。

黄道周复还山守墓。

孙奇逢是春自双峰归,耿氏扫别墅居之,命其子弟受学;又拟为鹿善继建祠于定兴殉难处。

张尔岐学兵,又学《易》;寻,皆弃去。

申涵光乡试不第,留京师。始学为诗。

应撝谦读书张公港,与虞扮、陈廷会交。廷会极崇姚江之学,撝谦时与往复辩论。

陆世仪是夏讲学淮云寺。

陈瑚初讲学淮云寺。是岁,有《日记》一卷,名《治事录》。

陈龙正为中书舍人,十月请正郊期,章下阁部;十一月上《郊期考辨》;十二月遵旨详奏郊庙。

徐宏祖正月由鸡足山赴丽江,谒土知府木增,并为之编校诗集。木增邀宏祖为修《鸡足山志》，并令其子从宏祖学，"以窥中原文脉"。返游大理、永昌、腾越、顺宁、云州、蒙化。

徐宏祖八月返鸡足山，住悉檀寺。九月在悉檀寺藏经楼前与圆通庵僧妙行相见。次日，由妙行导游华严寺，访野池和尚，同游各处。归，作赠妙行七律二首。

徐宏祖客在云南，拟入缅甸访问未成。

吴伟业任南京国子监司业。

祁彪佳作书答复钱谦益，拒借澹生堂书。

朱舜水"年至四十，欲弃举子业，诸父兄不许，每逢大比，游戏了事。"

张履祥仍馆于甄山钱涛家，与门人讲《吕氏乡约》。是秋应浙江乡试。是岁始录《愿学记》，大抵皆祖述孔孟，宪章程朱之言。

查继佐合海昌观社、晓社诸公之文而归于一，名曰"旦社"，刻成《己卯墨戒》。

邢昉与吴桥、范质公交。

董说是春与好友严应谷等同应考，皆落第，遂"尽弃所为应制之文"。

毛奇龄应临安乡试。

宋之盛中举人。

按：宋之盛字未有。江西星子人。明亡后归隐髻山，与查辙等人号称"髻山七隐"，专事讲学。著有《求仁编》、《丙午山间语录》、《程山问辨》、《髻山语录》等。

陈维崧以父命从吴应箕学。

函可于六月祝发为僧。

沈国模、史孝咸、管宗圣于浙江余姚半霖创建姚江书院。邑中有志之士均寝食其中，修德行、言语、政事、文学等课。书院实行讲会制度，黄宗羲晚年亦曾主讲其中。

张溥为王志长所辑《周礼注疏删翼》作序。

金蟠、葛鼒所校《十三经古注》刊行。

毛晋刻所著《毛诗陆疏广要》，又编刊《唐人八家诗》。

按：毛晋崇祯间另辑刊有《五唐人集》、《唐六名家集》、《唐三高僧诗》。

宋存标《春秋四家》12卷刊刻。

余光、余飏兄弟编《春秋存俟》12卷刊刻。

方以智《通雅》初稿成。

沈国元《二十一史文钞》58卷刊刻。

蒋之翘《删补晋书》130卷刊刻。

按：此书亦称《晋书定本》或《晋书注》。

尹守衡《皇明史窃》107卷传于世。

蔡保祯《孝纪》16卷、《拾遗》1卷刊刻。

刘芳修、汪用霖等纂《砀山县志》2卷刊刻。

王永积修、刘嘉祯纂《武定州志》刊刻。

雷起龙修、吴道行纂《长沙府志》10卷、《叙目》1卷刊刻。

威廉·卡特赖特编成剧本《皇家奴隶》。

高乃依编成悲剧《西拿》。

龚立本纂《常熟县志》15卷刊刻。

张二果修、曾起莘纂《东莞县志》8卷成。

吴继仕《建州考》刊刻。

陈子龙将从徐光启后人处所得《农政全书》稿本编辑成书，是年付印。

按：该书60卷，约60万字，成于1625—1628年间，征引前人文献二百余种，同时吸收西方科技成果，并在当代农业实验基础上写成。据陈子龙为此书所撰《凡例》："文定所集，杂采众家，兼出独见，有得即书，非有条贯，故有略而未详者，有重复而未及删定者"，经陈氏"调饰"，"大约删者十之三，增者十之二。其评点俱仍旧观，恐有深意，不敢臆易也"。书中议论冠以"玄扈先生曰"者显为陈子龙所加。

《保民四事全书》十月丙申成，颁布天下。

万寿祺作《建业联句诗序》。

方以智著述不幸沉江，周歧辑佚访逸，汇为《稽古堂二集》。

黄宗羲选《浙江文统》。

申涵光刻《清谇堂制义稿》。

陈子龙评刊陆贽《陆宣公集》。

冯舒经上海游普陀，归辑纪行诗为《浮海集》，又校补《中兴间气集》。

张尔岐八月删《风角书》为8卷，录而藏之，有序。

张道濬据旧本校刊《西厢记》，陈洪绶作插图。

沈宠绥刊《度曲须知》。

按：此书为专门论述戏曲歌唱与音韵的古典戏曲音乐论著。作者沈宠绥（？—1645），字君徵，号适轩主人，江苏吴江人。其著另有《弦索辨讹》，专论北曲，此则兼及南曲。

刘宗周正月作自讼，示诸生；四月作《重刻阳明先生传习录序》；十一月作《礼经考次序》；十二月举古人经籍，订定目录，名曰《经义考》。

托马索·康帕内拉卒（1568— ）。意大利早期空想社会主义思想家。

张介宾卒（1563— ）。介宾字惠卿，号景岳，以号名世。会稽人。倡"阳非有余，真阴不足"说，主张以阴阳、辨六变为分析病机变化之纲要。所著《类经》、《类经图翼》、《类经附翼》、《景岳全书》等，对中医理论颇有阐发。

陈继儒卒（1558— ）。继儒字仲醇，号眉公、麋公。华亭人。幼颖异，能文章，同郡徐阶特器重之。长为诸生，与董其昌齐名。太仓王锡爵招与子衡读书支硎山。王世贞亦雅重继儒，三吴名士争欲得为师友。年未三十，取儒衣冠尽焚弃之，自命隐士，居小昆山，后筑室东佘山，屡辞征召，杜门著述。工诗善文，兼善绘画，对小说戏曲亦深有研究。曾评点《西厢记》、《琵琶记》、《幽闺记》、《红拂记》等，是明代具有代表性的戏曲评点本；书法苏、米；于绘事，竭力倡导文人画，属"华亭派"。著有《陈眉公全集》。所辑《宝颜堂秘笈》，保存了不少小说和掌故资料。另辑有《国朝名公诗选》。事迹见《明史》卷二九八。

按：四库馆臣评晚明著述，常以陈继儒、李贽、屠隆为一时风尚代表。

郝敬卒（1558— ）。敬字仲舆，号楚望。湖北京山人。幼称神童，性放浪,尝杀人系狱。父执李维桢援出之,始折节读书。万历进士。累迁户科给事中。后因事屡被降职,遂挂冠归,杜门著书。其学以解经为主,文非所长。著有《谈经》、《史记琐琐》、《时习新知》、《小山草》等。事迹见《明史》卷二八八《李维桢传》附传、《明儒学案》卷五五。

郑鄤卒(1594—　)。鄤字谦止,号峚阳。常州武进人。天启进士。改庶吉士。被温体仁诬以杖母不孝之罪,遭磔死。于狱中纂《峚阳山人说书》。

达海卒(1595—　)。一说卒于1632年,详见是年条。

钱春卒,生年不详。春字若木。常州武进人。钱一本子。万历三十二年进士。官至户部尚书。著有《湖湘五略》等。事迹见《明史》卷二三一《钱一本传》附传。

傅朝佑卒,生年不详。朝佑字右君。江西临川人。师从邹元标。天启二年进士。著有《英巨集》。事迹见《明史》卷二五八。

东皋(　—1695)、意大利传教士闵明我(　—1712)、陈廷敬(　—1712)、陈迁鹤(　—1714)生。

按:陈廷敬生卒年此据《清儒学案》卷二〇。《清史列传》卷九作康熙五十三年四月卒;《国朝学案小识》卷六作卒康熙四十九年,年七十四,并可参。

崇祯十三年　清崇德五年　庚辰　1640年

五月,清兵攻杏山,败祖大寿、吴三桂之师;又攻锦州,旋引师还。

七月,河北、山东、河南、山西、陕西等地大旱,至冬,大饥,人相食。

九月,李自成自鱼腹城突出明军重围,走入河南。时河南大旱,饥民从自成者数万,自成由是势大盛。

十二月,诏增天下关税。

李自成出南阳,连克宜阳、永宁、偃师。李岩献"均田免赋"议。

是年,令会试贡士先廷对日校射。

进士既殿试,思宗思得异才,复召48人于文华殿,问今日内外交讧,何以报仇雪耻?魏藻德以知耻对,又自叙十一年守通州功,善之,擢置第一。

思宗以考选止及进士,特命举人贡生就试教职者,悉用为部寺司属推官知县,凡263人,号为"庚辰特用"。

和多和沁倡导召开除漠南蒙古外之全蒙古部族大会,制定《蒙古额(厄)鲁特法典》。

奥斯曼帝国苏丹穆拉德四世卒,易伯拉欣一世继位。

德国天主教联军逐瑞典于波希米亚。

腓特烈·威廉即任勃兰登堡选帝侯。

英王查理一世相继召开短期议会和长期议会。

葡萄牙独立。

首次用煤制成焦炭。

芬兰赫尔辛基大学建立。

王锡衮由詹事府升任少宗伯,掌翰林院事。

按:王锡衮罗致、教习馆员,纂修《玉牒》、《实录》等典籍,总裁经筵日讲,著有《晋呈御览讲章》3卷、《讲经解义》、《溪适草》等诗文集10卷。

方以智四月跋其师杨用宾所作《鹿十一传》,愤世嫉俗,有"挹东海之泽,洗天下之垢"之愿。

方以智是冬"当风雪之夜,每引十七史"与吴德操相论难,作《交论》、《好色》、《好货》。十二月又作《书晋贤传后》,淡泊明志。

方以智是岁有《与西洋汤道末先生论历法》一文,则是时当与汤若望有往来。

方孔炤巡抚湖广,以议剿谷城,忤时相,适战事失利,于一月被逮。方以智新中乡举,赴会试在京。三月控疏请代父罪,不获准。试于建极殿,成进士,出傅钟秀门。然以父冤不得白,毫无新贵之感,忧心忡忡,仆仆往来于南北两京之间。

方孔炤在狱中识刘若愚,又与黄道周论《易》衍图。方以智探监余暇,所获颇多。

按:内臣刘若愚,多积书,通文字,天启初李永贞取入内直房主笔札,并多与密谋。崇祯时坐大辟,作《酌中志》以自明。是书记述明季皇室及内廷制度颇翔实。黄道周与方孔炤同处狱中凡岁又八月,朝夕论《易》,并衍为《天方图》。

黄道周、解学龙八月受廷杖下狱。叶廷秀为之鸣冤,亦被杖下狱。

刘宗周正月重修《古小学》成,著《古小学约》;闰正月,著《古小学附录》,期有人重修稽山书院;十二月,创社仓于所居之里。

董说至昆山,经吴惠羽介绍,受业于张溥门下,并于是岁参加复社。所作《西游补》约于今、明两年内成书。

按:是书十六回,旨在托笔幻象,抨击明末腐败政治和世俗丑态。造事遣辞,诙谐多姿。

倪元璐著《儿易》成。一时学者如胡麒生、徐倬、叶培恕、刘勃、戴国士、冯家桢、徐复仪,皆连袂横经,问难往复,馆于其家,累月乃去。

按:倪元璐门生蒋雯阶序是书,以为"儿"者姓也,同"倪"。然元璐自序实为孩童之义,盖自谦谓不敢当注《易》之名。是书分内仪六卷,外仪十五卷。内仪特标玄解,不离经内之义;外仪发挥微义,大抵忧时感世,借《易》以立训者,不必尽为经义之所有。

陈子龙出任绍兴府推官兼摄诸暨县事。

陈瑚再讲学淮云寺,著《淮云问答》成。

应撝谦始与丁文策、陆圻定交。

张履祥馆菱湖丁友声家,撰《丧祭杂说》。

孙淳自昆山回嘉兴,作别张溥诗。

张溥至绍兴访祁彪佳。

查继佐春闱不第,归,删《庚辰房选又戒》成。

邢昉寓永嘉杨龙友署中,游浙东天台、雁荡诸名胜,有诗刻。

陆世仪是春有《书淮云问答后》;又讲学莳药山房,纂《桑梓五防》、辑

《宗祭礼》。夏以邑中大旱，著《治乡三约》，作《避地三策》。

侯方域自南京还商丘，结雪苑社。

徐宏祖自云南归，因患足疾，乘船至黄冈，而后舟行东下。

陈贞慧、侯方域在南京，召阮大铖家戏班演《燕子笺》剧，贞慧痛斥大铖党阉罪。

陈维崧至昆山见张采。

黄宗羲是岁往来于台、越间，以其暇游天台、雁宕诸名胜，作《台宕纪游》。

顾炎武、归庄、叶奕荃修葺县中孔庙，重新两庑木主而正其位次。归庄于是作《两庑位次考》。

马士英在金陵松风阁见张怡，为怡题所藏徐霖书《赤壁赋》。

尤侗、汤传楹等在故里长洲组织匡社。

天然和尚于公车北上途中，诣归宗寺求道独禅师祝发受具，出家为僧。遂与熊开元、黄端伯、金声等以禅悦相契。

孙廷铨成进士，授永平府推官。

朱朝瑛成进士，授旌德知县。

刘中藻成进士，授行人。

汤来贺成进士。

按：汤来贺字佐平，改字念平，号惕庵，生卒年不详。江西南丰人。官至广东按察司佥事。明亡归里，主白鹿书院讲习以终。著有《内省斋集》。

李公柱成进士，授歙县知县。

按：李公柱初名松，字子乔，生卒年不详。浙江嘉善人。著有《学脉正编》。《四库全书总目提要》称："是书取薛瑄、胡居仁、顾宪成、钱一本、高攀龙五人语录，汇辑成帙，人各一卷，末各系以传赞。盖欲标笃实之学以抗姚江之末派。然如曹端之学，其醇正不减薛瑄，何以又独遗之乎？则亦意为进退而已矣。"

来集之成进士，授安庆推官。

按：集之字元成，号倘湖樵人，生卒年不详。浙江萧山人。著有《读易隅通》、《卦义一得》、《易图亲见》等。又有杂剧《碧纱笼》、《女红纱》等6种。

余国桢成进士，授富顺知县。

按：余国桢字瑞人，号劬庵，生卒年不详。浙江遂安人。著有《见闻记忆录》。

陈轼成进士。

按：陈轼字静机，生卒年不详。福建侯官人。著有《道山堂集》。

罗其鼎成进士，授行人。

按：罗其鼎字耳臣，生卒年不详。湖南桃源人。入清隐居。著有《月江》、《仙掌草》等。

周亮工成进士，授御史。

单恂成进士，授麻城知县。

按：单恂字质生，生卒年不详。松江华亭人。诗风明朗，力去陈言。著有《竹香庵集》、《白燕庵诗集》。

高承埏成进士，授宝坻知县。

吕阳、赵进美、黄周星成进士。

魏象枢与社友阎之秀、张晊登玉泉山社读书，期年间，所学大进。

胡承诺下第归，丁嗣母忧。

傅山为学始务博综。

朱彝尊年十二，读时艺书，尤工诗艺。

陆陇其年十一，四子五经俱已卒业，因觅《左氏传》全本读之。

李因笃十岁，作《云台诸将论》。

王士禛七岁，始入小学。

意大利传教士潘国光在上海城内购潘姓世春堂改建为教堂，并在其中布道传教。

科内柳斯·詹森的有关反对耶稣会教义论文《奥古斯丁书》在其逝世后发表。

约翰·弥尔顿著成《论涉及英格兰宗教教规的改革》。

詹姆斯·豪厄尔著成树木学手册《多多纳的树丛，或有声的森林》。

约翰·帕金森著成草药书《植物性药材》。

毛晋刻印《十三经注疏》，又刊行所编《津逮秘书》。

方以智著《诗说》。

明河《补续高僧传》26卷成。

按：《补续高僧传》为北宋赞宁《宋高僧传》的续作。

宋祖乙修、申佳胤纂《永年县志》7卷刊刻。

刘泽远修、寇慎纂、孔尚标增修《同官县志》10卷刊刻。

宋祖法修、叶承宗纂《历城县志》16卷刊刻。

《南海县志》13卷刊刻。

熊人霖纂修《义乌县志》20卷刊刻。

冯士仁纂修《江阴县志》8卷刊刻。

汤若望著成《历法西传》，再次从天文学发展角度介绍伽利略于天文观测之成就。又进《坤舆格致》一书，言采矿分五金事。

汤斌手录《太极图说》、《通书》、《定性书》、《东西铭》。

何乔远《名山藏》109卷刊刻。

益王府刻《茶谱》21种12卷。

益王府刻宋陈敬《香谱》4卷。

武林钱蔚起重刻江西本李时珍《本草纲目》。

张燮辑刊《初唐四子集》。

林古度重订郑所南《心史》。

归庄作《读〈心史〉》诗，题新刻《心史》。

祁彪佳整理所著《曲品》、《剧品》，又整理所编《远山堂杂汇》。

葡萄牙传教士阳玛诺翻译、刊刻基督教指导教徒修练之名著《效法基督》之一、三卷，中文名为《转世全书》。

彼得·保罗·鲁本斯卒(1577—)。佛兰德尔画家。

郭居静卒(1560—)。意大利传教士。郭居静号仰凰，1588年入华。后应徐光启邀请，于万历三十六年入上海，为徐氏一家施洗，是最早至上海的西方传教士。著有《灵性诣主》等。

高一志卒(1566—)。意大利传教士。高一志1605年入华。遗著约27种,其中《空际格致》涉及古希腊四元素说及解剖学知识。

张燮卒(1574—),燮字绍和,又字理阳,号汰沃,又号石户主人、海滨逸史、蜇遁老人。福建龙溪人。结社芝山之麓。黄道周雅重之。著有《东西洋考》,另有《霏云集》、《群玉集》和《闽中记》,在当时颇具影响。燮与刘廷蕙等编纂《漳州府志》,与蔡国祯等编纂《海澄县志》,又助何乔远编《皇明文征》。所刊汉魏《七十二家文选》,最称同类书籍之善本。

施绍莘约卒于是年(1581或1588—)。绍莘字子野,号峰泖浪仙。华亭人。著有《花影集》等。

僧明河卒(1588—)。明河俗姓陈。通州人。号汰如,华严宗僧人,高僧一雨通润的弟子,倡明教乘,为时所宗。为明代贤首宗代表。曾以贤首教义疏释《楞伽》、《楞严》二经,又著有《补续高僧传》。

赵均卒(1590—)。均字灵均。吴县人。喜搜金石,著有《寒山金石时地考》。

僧函悟卒,生年不详。函悟俗名张二果。东莞人。天启七年举人,崇祯九年诏举贤才,总督熊文灿、科臣郭九鼎两疏交荐不就。入庐山礼道独为僧。创建罗浮华首、水帘、洞山诸寺栖息其中。著有《是谁集》、《白业卮言》。

僧苍雪卒,生年不详。苍雪字读澈,号南来。滇南呈贡县人,为南京名僧雪浪法徒。著有《南来堂诗集》。

蔡国用卒,生年不详。国用字正甫,号静原。江西金溪人。万历三十八年进士。著有《后乐堂集》、《周易汇解》。事迹见《明史》卷二五三《程国祥传》附传。

李枟卒(1569—)。枟字长孺,谥忠毅。浙江鄞县人。官至右佥都御史巡抚贵州、兵部右侍郎。著有《粤东盐政考》、《全黔纪略》、《忠毅公集》。

颜光敏(—1686)、汪懋麟(—1688)、孙洤(—1700)、马注(—1711)、毛扆(—1713)、干特(—1715)、蒲松龄(—1715)、吴之振(—1717)、张士埙(—?)生。

崇祯十四年 清崇德六年 辛巳 1641年

正月,李自成破洛阳,杀福王朱常洵,发王府金赈饥民。王子朱由崧奔怀庆。

二月庚戌,张献忠破襄阳,杀襄王朱翊铭。

清申禁烟。

英人废止星室法庭和高等法院。

法国入西班牙。

二月，思宗下大赦诏。

六月，两畿、山东、河南、浙江、湖广旱、蝗灾，饥民纷纷起事。

八月辛酉，重建太学成，行释奠礼。

是月，明、清松山（在锦州城南十八里）之战，明军惨败，锦州被围。

九月甲申，复召周延儒入阁。

十一月丙子，李自成破南阳，杀唐王朱聿镆。又连下许州等十余城。

十二月，李自成攻开封不下。

是年，特开奇谋异勇科，诏下，无应试者。

清考取中式举人7名。

五世达赖喇嘛重修布达拉宫（在今西藏拉萨），历时五十余年始成。宫楼依山砌筑，共十三层，融合汉、藏风格，气势宏伟，为我国古代高层宫殿建筑之代表作。

荷兰及西班牙战，荷兰遂入取台湾。

砷首次被用于医药处方。

伦敦发行《每日事件》周刊。

法国帕斯卡发现关于圆锥内接六边形的"帕斯卡定理"。

黄宗羲自庚午（1630）以来常主于南京黄居中家，至此已将其千顷堂藏书翻阅殆遍。又于朝天宫读道藏，摘录有关山川地理资料，有遍游天下名山之志。

黄宗羲寓鹫峰寺时，与画家曾鲸居相近，过往密切。

黄宗羲与宣城梅朗三共晨夕者数月。尝与梅朗三、蔡大美等四、五人宿观音阁，步燕子矶，往观某家古画，探访崔昭病。

陶英人礼部邀黄宗羲、吴应箕、冯跻仲等饮，席间吴应箕袖出一纸，欲拘顾媚，宗羲引烛烧之。

黄宗羲闻焦氏书欲售，急起直追往讯之，因不受奇零之值而止。

黄宗羲外舅叶宪祖八月卒，年七十六。宗羲归自金陵，十一月，葬之，施邦曜题主。公祠后，施氏曰："天下将危，吾辈不知税驾何所。"

王夫之是春构漱涛园，种竹杂植花卉。

杨嗣昌闻襄、洛皆陷，福王死，于丙子朔自杀于重庆。

顾炎武二月丁嗣祖顾绍芾忧。自后迭遭家难，以至室庐被焚。

黄道周、解学龙狱上，二月下镇抚司；十二月，道周谪戍辰阳。

王锡衮升为礼部右侍郎。

刘宗周九月起为吏部左侍郎。

金绳八月集生平所著付金镜嘱为删存。后金绳就金镜所选又删过半存之，余皆遭乱散佚。是月金绳批评《楞严经》成。

陈洪绶、左国柱、方以智、吴德操、米寿都等元宵饮于王崇简寓。

白瑜四月将赴登州任，方以智赋诗送行。

史可法服阕，六月任职南下，方以智、金铉等送至城南报国寺，饮酒而别。

方以智是夏在皖自序所作《通雅》，又序吴德操《北征草》。秋，作《顾瞻噫》，明归隐之意；书《归去来辞》，送周亮工之任潍县。冬，离京南返，求著书自娱。

方孔炤案五月获结，孔炤戍边。

按：据《田间文集》卷二六，方以智怀血书，呼号朝门外，求百官上达父冤，卒感朝廷，崇祯帝有"求忠臣必于孝子之门"之叹。狱遂得结。

吕留良约同里孙爽组征书社。

陈龙正乞休，不允。

张采作《具陈复社本末疏》，回击对复社的攻击诽谤。

陆世仪是秋以年饥约同志为同善会。复撰《常平权法》及《救荒五议》上当事。

祁彪佳伴陈子龙巡赈，子龙以云间讨阉党朱国盛檄示彪佳。

钱谦益作《长干行》寄郑之文，述之文作《白练裙》曲被遣往事。

陈子龙作长诗《韩原泣》，记朱由检杀其幸臣薛观国事。

金圣叹改编《水浒》为第五才子书。

查继佐与黎元宽等游广陵，与四方名士六十余人举中秋大会，会后刻《秋讌诗集》；黎元宽重九复于广陵举蕙社。

张尔岐始著《仪礼郑注句读》（初名《仪礼郑注节释》），越二十九年而成书。

董说再至太仓见张溥。

邢昉寓永嘉杨龙友署中，与史弱翁、吴日生有唱和诗刻。

钮少雅年七十八，始识《寒山堂曲话》作者张彝宣。

汤斌应童子试第一。

傅山染疾几殆，得兄傅庚调护，获痊。

陆陇其年十二，更师朱云曾。

李因笃年十一，应县试，拔第一。

阎若璩六岁，入小学，读书千遍，犹不能背诵。

张歧然《春秋四家五传平文》41卷刊刻。

方以智著《此藏轩音义杂说》，以声音文字，考证金石，折中诸家。

孙愸纂《唐纪》55卷成。

李维樾修、沈中孚纂《江浦县志》12卷刊刻。

夏允彝纂修《长乐县志》11卷刊刻。

钱天锡纂修《蠡县志》10卷、《续志》4卷刊刻。

黄景昉、戴明说、徐耀、颜浑等同序方以智《激楚》。

金人瑞批评《水浒传》。

按：金氏对《水浒传》进行评改，腰斩七十二回以后部分，又把第一回改为"楔子"，形成新版本，即是岁所刊七十回繁本《贯华堂第五才子书施耐庵水浒传》。此为《水浒传》通行本。

徽州虬村黄氏刻板《水浒牌》。

徐上瀛于是岁之前纂成《溪山琴况》。

按："琴况"指古琴音乐的音况和意况。此书为有关七弦琴表演美学的重要文

高乃依编成悲剧《庞培之死》。

路易斯·贝莱斯·德·格瓦拉著成传奇式流浪冒险小说《跛子魔鬼》。

马德莱娜·德·斯居代里著成小说《易卜拉哈姆，即著名的巴萨》。

笛卡尔出版《形而上学的沉思》。

献,其突出贡献在于提出了音况与意况相结合的意境论。作者徐上瀛又名𫓹,字青山,号石泛山人,江苏太仓人。生卒年不详。武举出身。万历间曾从琴家陈星源、张渭川等研习琴艺,为明末虞山派著名琴家。明亡后隐居苏州穹窿山,以琴艺终。1657年犹在世。

吴有性著成《瘟疫论》,为温病学说的形成奠定了基础。

按:吴有性字又可,生卒年不详。吴县人。

又按:明末著名医学家尚有赵献可(1573—1664),字养葵,号医巫闾子。浙江鄞县人。著有《医贯》,倡"命门之火"是人体脏腑的主宰,在理论上颇有独特见解。

张溥编次所著为《七录斋近集》。

刘宗周四月作《张自庵八十序》;五月作《布衣周仲绳惧言序》、《宜兴堵氏家乘序》、《嵊邑荒政序》;九月始辑《古小学通记》。

陈瑚二月有《题庚辰纪事》、《与如皋吴白耳论学》。

安东尼·凡戴克卒(1599—)。佛兰德尔画家。

范允临卒(1558—)。允临字长倩。苏州人。万历二十三年进士,官至福建参议。工书画,时与董其昌齐名。归筑室天平山。著有《轮廖馆集》。

张萱卒(1558—)。萱字孟奇。广东博罗人。万历壬午以《春秋》魁乡试,后屡试不第。考中内阁制敕房中书,纂修正史,侍经筵,得读秘阁藏书,著《秘阁藏书录》4卷。生平嗜书,老而弥笃,藏书万卷,无不丹黄。著述甚丰,已梓行者有《汇雅前后编》、《古韵》、《六书》、《西园汇史》、《史余》、《西园存稿》、《西园闻见录》、《故云笈》、《七笙》、《唐抚言》、《三朝政要》、《北雅》、《心口语》、《苏文忠寓惠录》、《八宅周书》、《阴宅四书》、《大惑具体》等;未梓行者有《西园类林》、《五经一贯》、《古文奇字》、《西园类说》等。

叶宪祖卒(1566—)。宪祖字美度,号六桐、槲园外史。浙江余姚人。万历四十七年进士。历官广西按察使。作有传奇《鸾鎞记》、《金锁记》(或谓袁于令作)及杂剧《骂座记》、《易水寒》等。《明史》艺文志录有叶宪祖《大易玉匙》6卷。

陈际泰卒(1567—)。际泰字大士,江西临川人。崇祯七年进士。长于制艺,与同里艾南英并以时文名天下。著有《太乙山房集》。事迹见《明史》卷二八八《艾南英传》附传。

俞彦(1572—)约卒。彦字容自,又字仲茅。其先太仓籍,其父以诸生游南京国子监,遂为上元人。万历二十九年进士。历官光禄寺少卿。工诗文,喜收藏,长于词,尤工小令,亦能散曲。著有《少卿集》、《俞少卿乐府》、《近体乐府》、《爰园词话》等。

张瑞图卒(1576—)。瑞图字长公、果亭,号二水。福建晋江人。万历三十二年进士。以阿附魏忠贤官至武英殿大学士。崇祯初名列逆案,下狱,赎为民。著有《白毫庵集》。

管宗圣卒(1578—)。宗圣字霞标。余姚人。崇良知之学,曾讲学姚江书院。祁彪佳尝荐之于朝,征诏不起。

徐宏祖（徐弘祖、徐霞客）卒（1586—　）。霞客名弘祖（宏祖），字振之，以号名世。江阴人。少好学，博览古今图籍地志。性好佳山水，自二十二岁始四处游历，历时三十余年，足迹遍及华东、华中、华南、华北、西南各省。所至按日记事，据景直书，作为游记。殁后，手稿散佚，经友人季会明等整理成《徐霞客游记》一书。游记对所到之处地理、水文、地质、植物等记录详赡，其中关于石灰岩岩溶地形的记述早于西方约二个世纪，科学价值甚高。该书亦是我国古代最著名的地理游记文学名著之一，有很高的文学价值。

吕维祺卒（1587—　）。维祺字介孺，号豫石。河南新安人。万历进士。李自成攻洛阳，维祺分守北城，城破被执死，谥忠节。维祺精通音韵学，学者称明德先生。著有《音韵日月灯》、《明德堂文集》、《孝经本义》等。事迹见《明史》卷二六四本传、《明儒学案》卷五十四。

杨嗣昌卒（1588—　）。嗣昌字文弱，湖广武陵人。杨鹤子。万历三十八年进士。追剿张献忠、李自成无功，自杀。著有《杨文弱先生集》。事迹见《明史》卷二五二。

沈自徵卒（1591—　）。自徵字君庸，号渔阳。吴江人。沈璟之侄。国子监生。负才任侠，好言兵，曾入永平副使张椿幕府。居京师十载，为诸大臣筹划兵事。后归隐。崇祯十三年荐于朝，辞不就。工诗文，尤长于戏剧，著有杂剧《灞亭秋》、《簪花髻》、《鞭歌伎》、《冬青树》等。前三种合称《渔阳三弄》，今尚存，前人以之比徐渭的《四声猿》。

按：传奇《翠屏山》、《耆英会》，《曲海总目提要》亦题自徵作。

茅元仪卒（1595—　）。元仪字止生，号石民。归安人。茅坤之孙。崇祯初以荐授翰林院待诏。寻参孙承宗军务，改授副总兵官，以兵变下狱，遣戍漳浦。后悲愤纵酒而卒。著作有《武备志》、《石民四十集》、《艺话甲编》、《西峰话谈》、《春油史漫》、《福堂寺贝余》、《平巢事迹考》、《野航史话》等。

张溥卒（1602—　）。溥字天如。太仓人。崇祯四年进士，与同邑张采齐名，时称"娄东二张"。组织复社（参见1629年），以嗣东林，进行文学政治活动，并以此为执政所恶。在文学上维护前后七子的主张，但务求有用。曾纂辑易、诗、书、四书《注疏大全》，论证并校刻通鉴、宋史、元史《纪事本末》，删正并刊刻《历代名臣奏议》等。辑刊《汉魏六朝百三名家集》118卷，并各有题跋；另辑有《古文五删》52卷及《历代文典》、《历代文乘》、《崇祯文典》等。著有《历代史论》、《南北史同异》、《七录斋集》等。事迹见《明史》卷二八八。

按：张溥卒后，陈子龙作骚体文《愍昧》、孙淳作《悲娄吟》吊之。次年昆山会葬张溥，董说代表同学撰祭词，陆圻亦作诗吊唁。据《明史》本传，溥幼嗜学。所读书必手钞，钞已朗诵一过，即焚之，又钞，如是者六七始已。右手握管处，指掌成茧。冬日手皲，日沃汤数次。后名读书之斋曰"七录"，以此也。

何如宠卒，生年不详。如宠字康侯。安庆桐城人。万历二十六年进士。累官至少保、户部尚书、武英殿大学士。著有《奏疏》3卷、《后乐堂集》若干卷。

文掞（　—1701）、范承勋（　—1714）、僧续法（　—1728）、梁份（　—1729）生。

崇祯十五年　清崇德七年　壬午　1642年

瑞典胜德国天主教联军。

法国黎塞留卒。马萨林继任。

英格兰国王查理一世伐英国议会。

正月戊子，明诏免十二年以前欠赋。

二月，清围松山已半年，城中食尽，明副将夏成德开城纳清兵，蓟辽总督洪承畴在沈阳降清。

三月己卯，锦州粮尽，祖大寿降清。

春，昆山会葬张溥。

四月，思宗以松山之败，与兵部尚书陈新甲密图降清事，清许之。后事泄，陈新甲下于狱，寻弃市，和议中罢。

五月清禁善友教，杀教首李国梁等。

六月，圣旨，严禁《水浒传》，凡坊间家藏《水浒传》并原板，尽令速行烧毁，不许隐匿。并丈量梁山泊，收归国有。

按：四月，刑科给事中左懋第为陈请焚毁《水浒传》题本曰："……李青山诸贼啸聚梁山，破城焚漕，咽喉梗塞，二京鼎沸。诸贼以梁山为归，而山左前此莲妖之变，亦自郓城、梁山一带起。臣往来舟过其下数矣，非崇山峻岭，有险可凭。而贼必因以为名，据以为薮泽者，其说始于《水浒传》一书。以宋江等为梁山啸聚之徒，其中以破城劫狱为能事，以杀人放火为豪举，日日破城劫狱，杀人放火，而日日讲招安，以为玩弄将吏之口实。不但邪说乱世，以作贼为无伤，而如何聚众竖旗，如何破城劫狱，如何杀人放火，如何讲招安，明明开载，且预为逆贼策算矣。臣故曰：此贼书也。李青山等向据梁山而讲招安，同日而破东平、张秋二处，犹一一仿行之。青山虽灭，而郓城、钜、寿、范诸处，梁山一带，恐尚有伏莽未尽解散者。《水浒传》一书，贻害人心，岂不可恨哉！"

九月壬午，李自成以围开封半年不下，至是决黄河灌城西走。城圮，溺死无数，城中十万户，得脱者不满二万人。

闰十一月，李自成破汝宁，俘崇王朱由樻。

十二月癸酉，清兵破兖州，略海州、赣榆、沐阳、丰、沛。

是年，改孔庙配享之先儒左丘明为先贤，并改宋儒周敦颐、程颢、程颐、张载、朱熹、邵雍六子为先贤，位在七十子下、汉唐诸儒上。

清汉军八旗制确立。

达赖五世得班禅四世之助，借青海蒙古固始汉之力，消灭藏巴汉，建立黄教政教合一的地位。

倪元璐十一月诏起为兵部右侍郎兼翰林院侍读学士。经扬州，访史可法，借得三百骑北上，千里勤王。

祁彪佳复起为御史掌河南道，得史可法派人护送，微服间行达京师。

黄道周八月乙丑获释复官，于漳州建邺山书院。

阎尔梅旅金陵，与黄道周见面。

张履祥是秋如杭应乡试，遇黄道周，偕友人访之于灵隐寺。

张履祥馆于苕溪吴子琦家，读周敦颐《濂溪集》，求所谓主静之说。

黄宗周二月出京，将适楚，取道大滁山；六月行至九江西林寺，病疟初瘳，亟觅纸笔，取《易象正》更定之；八月，获赦，复官少詹事。

刘宗周六月著"原旨"与"治念"说；七月，升都察院左都御史；十一月，上书言六事；闰十一月，以直言落职。

董标著《心意十问》，十二月相质于刘宗周，宗周举经书中与诚意相发明者，著《诚意筌蹄》示标。

郑元勋、李雯主盟复社，是春又为虎丘大会。查继佐、陆圻、杜濬等与会。

陈龙正复进三疏。

胡承诺服阕入京师。

侯方域、吴应箕等九月九日在南京雨花台与友人会重九。

施闰章在南京，与邢昉结交。

张岱游金陵，随礼官入明孝陵，观飨殿，作记。后自金陵至雅安，会祁彪佳。

谈迁客金陵，考察南郊史迹，作《石马冲》。

张道濬之任徐州，谈迁作诗送之。

凌濛初擢升徐州府通判，至任后治理黄河河道。

方以智任定王讲官。公事之余，修改《通雅》；出入内苑，见闻日广；言《河图》、《洛书》，时出新意。

方以智四月序张自烈《字汇辨》；夏，复作《通雅又序》，论文字音韵古今变化，不可拘泥。

方以智曼寓初成，招曹溶、张学曾等讌集。

龚鼎孳八月以诗贺方以智纳妾。

方以智闰十一月作曲与陈子升相唱和。

熊开元、姜垛十二月因劾周延儒忤帝，受廷杖，方以智省视狱中，问伤访药。

方孔炤十二月应召冒险赴北京。

陈子龙时为绍兴推官，作黄尊素祠碑。

黄宗羲为黄尊素建祠，卜地邑西之西石山。同邑在逆案以太常卿回籍者蒋一聪，嗾其党争地，东浙士大夫皆为不平。时冯元飏、冯元飚、陆符、万泰、刘应期等十余人会哭祠下，祭文传播，党逆者咋舌而止。

按：邑中姚江书院沈国模、史孝咸等，皆以学鸣，其讲学，议论多袒党逆之人，在

荷兰人抵塔斯马尼亚岛及新西兰岛。

争祠地事件中为刘宗周所排。此为黄宗羲后来与姚江书院较少往来的重要原因之一。

黄宗羲入京应试，徐石麒客之。其时复晤周镳，又晤恽仲昇，与朱天麟论学，与林增志往还，并与陆符共读书万驷马北湖园中半年。

僧达闻说戒，黄宗羲与巩永固同坐斋堂，议论相契，由是往来。

金光辰七月过访黄宗羲于京城寓所，索宗羲《先臣直谏最先、死忠最惨之疏》上之，为黄尊素请谥。

李忠定于广东佛山创建文昌书院，一以培风气之不足，一以作士类之维新。自此，佛山文运蒸蔚而起。

黄宗羲不第，周延儒欲荐为中书舍人，力辞不就。

黄宗羲十一月丙子自京回越，数日，约诸弟游四明，迟宗炎不至，中辍；戊申，整装出游。及归，宗炎为赋，宗会为游录，宗羲则为《四明山志》。

陈瑚举乡荐，以《荒政全书》上当事。是岁至丙戌，有日记一卷，名《求道录》。

魏象枢举乡试。

申涵光乡试下第归，集三郡名士举为观社。

顾炎武十月作《题叶圣野襄画卷》并《记》。

归庄作《送顾宁人北游序》，其中言及顾炎武典田八百亩于里豪叶方恒。

王夫之与兄是春赴武昌应乡试，夫之以《春秋》第一中式第五名。冬自武昌归，父命与兄同赴公车北上。

张煌言举于乡。

吴百朋中举人。

按：吴百朋字锦雯，生卒年不详。浙江钱塘人。西泠十子之一。工诗，诗风瑰丽奇伟。著有《朴庵集》。

葛麟举乡试。

魏裔介举乡试。

丁之鸿中举。

按：丁之鸿字渐斋，号素石，生卒年不详。湖广孝感人。与章涣然、左熙光、彭大寿等为贞通学社，其学以明道、象山为宗。著有《易经象意》、《渐斋遗书》等。

李雯中举人。

天然和尚母智母师太、妻函脱是岁礼道独落发为比丘尼。

吕留良年十四，始识黄宗会于东寺。

魏禧读书莲花山。

王士祯九岁能作草书，工属对。

颜元八岁，从吴持明学。

托马斯·莱奇福德发表政治调查作品《光明磊落，或新英格兰新闻》。

北京刻《圣经直解》。

按：我国书籍索引首见于此书。

梅之烦《春秋因是》30卷刊刻。

方以智侨寓金陵，将在京时所编《通雅》定稿。

崇祯十五年 清崇德七年 壬午 1642年

傅山八月纂《两汉书人姓名表》，并自序之。
冯梦龙刊行所编《纲鉴统一》。
刘綮《通鉴全史汇编历朝传统录》8卷刊刻。綮字履公，吴郡人。
周亮工著《全潍纪略》，述其在潍县守城御清事。
黄宗羲撰《重建先忠端公祠堂记》、《忠端公神弦曲》。
黄宗羲与诸弟十一月游四明，归，宗羲作《四明山志》。
张慎学修、智铤纂《元氏县志》刊刻。
乔中和纂修《内邱县志》8卷刊刻。
牛若麟修、王焕如纂《吴县志》14卷刊刻。
秦镛纂修《清江县志》8卷刊刻。
沈维龙纂修、汪献忠增补、杨芝瑞再增补《庆元县志》刊刻。
钱肃乐修、张采纂《太仓州志》15卷刊刻。
朱光熙等修、麦懋藻纂《南海县志》13卷刊刻。
汤传楹作《灵岩怀旧记》。
张采编纂《太仓州志》成。
苏州兼善堂刻《古文各体奇钞》。
采隐山居刻叶绍泰《增订汉魏六朝别解》62卷。
按：是书收汉、魏、西晋、六朝别集，自《贾长沙集》至隋《薛司隶集》，多达49种。
季梦良第一次整理《徐霞客游记》成。
董说著《七国考》。
冒起宗《拙存堂史括》3卷刊刻。
唐鹤徵《皇明辅世编》6卷刊刻。
道独刻《华首语录》成，天然和尚为作序。
查继佐丁外艰，独处朴园，作《原书》上、下卷。
张自烈为沈寿民《姑山问业》作序。
金铉七月著《读邵子》。
金声作《范子诗志序》、《夏京三文序》、《建阳令黄侯生祠碑记》。
叶绍泰所辑《增订汉魏六朝别解》刊行。
刘振《识大录》约成于此年。
毛晋编刊《诗词杂俎》。
钱澄之辑《过江偶集》。
贺仲轼《可恨人》5卷、《人义》2卷、《不义人》1卷刊刻。
吴炳所作传奇《绿牡丹》、《画中人》、《疗妒羹》、《西园记》、《情邮记》五种，合为《粲花斋新乐府》陆续出齐。
杜濬试北闱，编定此时所作诗为《北征漫草》。

僧圆悟卒（1566— ）。圆悟俗姓蒋，字觉幻，号密云。宜兴人。为明代禅宗临济宗代表人物，一时号称"临济中兴"。著有《天童语录》、《有学集》。

伽利略卒(1564—)。
马可·加利亚

诺卒(约1575—)。意大利歌剧作曲家。 圭多·雷尼卒(1575—)。意大利博洛尼亚画派画家。	张民表卒(1570—)。民表字林宗、法幢、塞庵,号旆然渔隐、芯渊道人。河南中牟人。性嗜古文,家中藏书数万卷,皆手自批点。精擅草书。李自成陷开封,溺水死。著有《原圃塞庵诗集》。 沈德符卒(1578—)。德符字虎臣,一字景伯,又字景倩。秀水人。万历戊午举人。学精音律,熟悉掌故,仿欧阳修《集古录》例,纂《万历野获编》,多记万历前朝章典故及戏曲小说史料。另有《秦玺始末》、《顾曲杂言》、《清权堂集》等。 **按**:《顾曲杂言》一卷,系后人从《野获篇》辑出而单行,内容涉及戏曲、乐器、歌舞、散曲、小说等多方面的论述和考证,颇有参考价值。 邵弥卒(约1592—)。弥字增弥,号瓜畴、芬陀居士。长洲人。擅画山水,笔墨简括,取景萧疏。亦能诗和书法。传世作品有《泉隐图》、《平远图》、《山水册》等。 雷叔闻约卒,生年不详。叔闻字实先。江陵人。著有《国史》。 朱大启卒(1565—)。大启字君舆,号广原。秀水人。万历庚戌进士,授南昌推官,累官至刑部左侍郎。著有《曼寄轩集》。 罗于宁卒,生年不详。于宁字宁,山东滋阳人。崇祯六年举人。是年,清军破兖州,不屈死。著有《重订心学丛说》、《辛巳救荒策》。 乔莱(—1694)、王安国(—1709)、张玉书(—1711)、王原祁(—1715)、李光地(—1718)、王顼龄(—1725)生。

崇祯十六年　清崇德八年　癸未　1643年

德国天主教联军败法国。 法王路易十三卒。子路易十四嗣位。 北美新英格兰联盟建。	正月丁酉,李自成破承天,称"奉天倡义大元帅",号罗汝才"代天抚民威德大将军",改襄阳为襄京,设官定爵。 四月丁卯,以清兵近畿,明首辅周延儒自请督师,驻通州。 辛卯,清兵自山东北归。清兵自去冬入塞,凡掠府州县城八十八,俘三十六万九千余人,获金一万二千二百余两,银二百二十万五千余两,牛马等五十余万头,珍宝、缎匹八万余。 五月,张献忠改武昌为天授府,自称西王,设官,开科取士。 五月十一日,特简倪元璐为户部尚书兼翰林院学士,日讲如故;以冯元飚为兵部尚书。 **按**:然倪元璐起家词林,钱谷终非所长,况值时艰不易凑效之际。故次年正月三日,思宗令倪元璐以原官照旧专供讲席。 七月,李自成在襄阳闻张献忠称王,怒。张献忠惧,弃武昌,走湘赣入川。

崇祯十六年　清崇德八年　癸未　1643年

八月,清太宗死,子福临嗣位,是为世祖章皇帝。以皇帝年幼,睿亲王多尔衮、郑亲王济尔哈朗辅政,改明年为顺治元年。

九月,殿试。

按:殿试例在三月,是岁因戒严而改会试于八月,殿试又迟之。

清兵略宁远。

十月丙寅,李自成破潼关,杀总督孙传庭,明军战斗力基本摧毁;破西安,改称长安,号西京。

十二月甲申,李自成入山西,下甘州、兰州等地。

黄道周三月至蓬莱峡,将筑草堂其间。未几,复还乡守墓。十二月出江东,登逃雨岩坠崖,即事赋诗八章。

黄道周讲学江东。

方以智八月充永王讲官。永王为崇祯帝第四子。九月序熊人霖《南荣集》,以曲调中节平和为雅音。序郑郊《史统》,论为学当淹通条达,持论和平。是岁又曾省亲桐城,作《周易时论后跋》,自恨为词章所误,立志学《易》。

陈子龙等平东阳许都起义,方以智有诗为贺。

吴昌时因与周延儒朋比,为陈演、骆养性所劾,被诛。方以智有哀诗,悲世态炎凉。

龚鼎孳十月七日以直言忤执政,被捕下狱,方以智为歌行唁。

黄宗羲至绍兴,寓刘宗周家;之杭,与沈昆铜、刘同升同寓湖上;秋,至崇德,寓东寺,义士孙爽、吕留良来访,相偕出京口,泝长江,至金陵而别;冬,与两弟戏购汉唐铜印,见时势日危,日夜驰归。

黄宗羲之太夫人十二月五旬寿,施邦曜、万泰、陆符等来祝,徐石麒、方震孺、瞿式耜、孙嘉绩俱有诗文为寿,刘宗周为作寿序。其间张乐演《鸣凤记》。

陈确、祝渊八月同游西湖,渡钱塘,入剡禀学于刘宗周。

恽日初应诏上《备边五策》,不报,乃携书三千卷,隐居于天台山中。

史可法由推官升任南京兵部尚书,参赞机务。

金声以马士英劾奏,有旨逮问,声于途中疏辩,得复原官;会母卒,未上而国变。

凌濛初在徐州进见何腾蛟,献所撰《剿寇十策》,以对付农民军。

吴炳所作《疗妒羹》传奇在扬州演出。

夏完淳、王氅、沈荃、杜同春等在松江组织西南得朋会,师事徐孚远。

祁彪佳因陈子龙等人之请在绍兴组织乡勇,以制压饥民。

邢昉馆于江宁杨文骢官署中。

施闰章访邢昉于石湖。

胡承诺归自白门,避地三台湖,始学为诗。

侯方域作《癸未去金陵日与阮光禄书》,痛斥阮大铖。

荷兰入抵斐济。

德国基歇尔制最初的水银温度计。

意大利托里切利、维维安尼发明水银气压计。

法国莫里哀在巴黎组建"盛名剧团"。

李玉所作《一捧雪》传奇在苏州演出。

张采、王沄、周茂源等先后客陈子龙绍兴官署，王沄作《越游记》。

钱谦益以诗贺冯梦龙七十寿辰。

王翊至绍兴访陈子龙，子龙为其所作诗余作序。

陈子龙还吴，为徐恒鉴诗稿作序。

钱澄之至松江访几社人物，回南京后辑《过江诗略》。

陈洪绶离京南下，经吴江还浙。

张履祥复馆于甑山钱涛家，令门人读《小学》、《近思录》、《颜氏家训》，又令各书《白鹿洞规》揭于座右。

颜士凤卒，张履祥经纪其丧，并收其诗文手录而藏之。

张履祥交祝渊并兄事之。是冬祝渊被逮赴京，张履祥偕钱一士送至吴门。

  按：刘宗周以直谏得罪，祝渊以举人会试在京，抗疏论救，诏革举人功名，着镇抚司逮问。

应撝谦授读长桥，与虞翻、张允炤、蒋志春为獬社，每月一会。

李因笃十月弃衣冠，屏举业，一意经学，旁能《左传》、《国语》、《史记》、《汉书》及宋诸大家，专力古文辞，尤好为诗歌。

顾炎武以例贡入南京国子监。自是岁始读经史并笔记。

王夫之父王朝聘为张献忠掳以为质，以索夫之兄弟。王夫之以计脱之。

陆世仪《格致篇》，首提"敬天"二字，陈瑚由此用力，其学遂得要领。

宋应星任直隶亳州知州。

归起先成进士。

  按：归起先字裔兴，号律庵，生卒年不详。常熟人。官刑部主事。明亡后闭门著书，著有《易闻》、《学庸语孟大旨》、《老庄略》等。

李呈祥成进士。

  按：呈祥字吉津，生卒年不详。山东沾化人。入清官至少詹事。著有《东村集》。

李长祥成进士，选庶吉士。

  按：李长祥字研斋，生卒年不详。四川达州人。鲁王监国，官至兵部左侍郎。入清卜居常州，精研《周易》。著有《天问阁集》。

吴尔埙成进士，选庶吉士。

沈泓成进士，任刑部主事。

  按：沈泓字临秋，生卒年不详。松江华亭人。明亡殉国未成，乃削发为僧，更名宏忍，号无寐，师从惟岑禅师，住会稽东山国庆寺。著有《易宪》、《东山遗草》、《怀谢轩诗文集》。

陈名夏成进士，授翰林修撰。

郑元勋成进士，乞假归。

高珩成进士，选庶吉士。

李实、宋之绳、梁清标、顾朱、黄淳耀成进士。

万泰三试不第，时与浙中名士会于湖上。

朱用纯补博士弟子员。

黄虞稷入县学。

陆陇其年十四，丁母忧。

徐乾学年十三，通五经，尝赋《苏台怀古》、《宝剑篇》、《丙魏优劣论》。

李盘偕邑人创建怀集（今属广东）南溪书院。

波兰传教士穆尼阁入华。

按：穆尼阁曾口授薛凤祚《天步真原》三卷，书中提及天上星辰变迁能决定人体疾病之部位、性质、吉凶及人体生命等。

葡萄牙传教士郭纳爵于西安为李自成军所捕，旋释。至福建主持延平教务。

春熙堂刻胡绍曾《诗经胡传》12卷。

按：朱彝尊《经义考》卷一七七引吴周瑾曰："胡绍曾，字宗一，举人。王锡衮序其书。"（中华书局1998年版第623页）其余不详。其所著《诗经胡传》十二卷，今知者仅中国科学院图书馆与复旦大学图书馆藏有崇祯十六年春熙堂刻本，前有王锡衮序、曹勋等序。据王序："孝廉宗一氏，今之贾英，英博绝伦。读书余暑，先后三载，课子之暇，兼为余批订《周礼》、《昭明文选》诸书。后治葩经，超出前贤意表。""十年一布袍"（见曹勋序），为人"课子"，批订文稿而已，故其名不见经传。胡氏每于篇首，冠以《小序》、《诗说》以及三家遗说，而后研讨诗旨，有意于集有明一代《诗经》研究之大成。

黄道周八月著《孝经集传》成。

刘宗周正月著《读易图说》；二月复李士淳书，言格物之义；十一月著《大学诚意章句》、《良知说》；十二月著《证学杂解》25则。

冯梦龙《新列国志》改编或是年告成。

顾炎武已开始撰《音学五书》，其中《诗本音》完成于是岁。

按：《音学五书》前有曹学佺崇祯癸未序。钱穆《中国近三百年学术史》第四章谓："亭林著述之大者曰《音学五书》，曰《日知录》。《音学五书》着手较早。崇祯癸未，亭林年三十一，已有《诗本音》之辑，曹学佺为之序。"然王国维《观堂别集·〈音学五书〉跋》则谓此书卷首曹氏序，署崇祯癸未，盖为避文字之祸而假托（然亭林1680年所作此书后序谓"予纂辑此书，三十余年"。据此上推，与曹氏作序时间基本符合），其时亭林尚未为音韵之学。梁启超《近三百年学术史》则谓亭林直至四十五岁北游交唐任臣而得假吴氏《韵谱》后，始治音韵学，则《音学五书》之作亦当在北游后。综合三家之说，则《音学五书》之作，发轫于崇祯癸未，而成书大业，则在北游之后。

方以智《物理小识》初稿五月成。是夏，复纂《通雅》之《凡例》。又著《宋断》、《史论》，主张读史之士，若欲断论，必立旁证，考究之功，不可轻忽。

龚策作《读史漫咏》。

张自勋《通鉴续麟》成。

吴国辅、沈定之《今古舆地图》3卷刊刻。

王光鲁《阅史约书》增订本5卷刊刻。

理查德·贝克爵士著成《英王记事》。

弗朗索瓦·厄德·德·梅泽雷著成《法国史》。

威廉·普林著成《议会与王朝的主权》。

钱谦益《开国群雄事略》、《明太祖实录辨证》成。

吴易读书东湖，著《富强要览》。

张履祥是冬始辑《经正录》。

按：是书系录《朱子训学斋规》、《白鹿洞规》、《司马温公居家杂谈》、《朱子增损吕氏乡约》4种而成。

方孔炤进《刍荛小言》，不为崇祯帝所纳。

天然和尚刻《诃林语录》成。

张三锡撰《医学准绳六要》刊行。

《沈氏农书》成于崇祯末年，反映了明末地主对农场的经营管理，以及太湖地区农业生产技术水平。沈氏为湖州人。

周婴《卮林》11卷成。

汪砢玉辑著《珊瑚网》48卷成书。

按：是书又名《汪氏珊瑚网》，分《书录》、《画录》，著录书画名迹、款识、题跋颇多，为书画著录书。砢玉字玉水，号乐卿，秀水人。

陆世仪著《治通》。

查继佐草传奇《梅花讖》，嗣后入闽。

薛旦所著弹词《醉月缘》刊行。

按：明代弹词已在民间流行，此为罕见的明代弹词刊本之一。旦字季央、既扬，号訢然子，无锡人，寓居苏州。另著有传奇《九龙池》、杂剧《昭君梦》等。

瞿式耜九月为钱谦益梓行《初学集》110卷。

按：刊行时，瞿式耜撰有《牧斋先生〈初学集〉目录后序》千字长文，说明刊印缘起及钱谦益的诗学渊源、文学见解等。

毛晋编刻《明僧弘秀集》。

王揆在北京，编此年所作诗为《燕游草》。

陈子龙、李雯、宋徵舆所选《皇明诗选》刊成。

王夫之刻《澣涛园诗集》。

冯班自定散曲集《钝吟乐府》。

万寿祺辑此年前所作诗为《内景堂诗》。

张自烈作《蚁市记》讽刺朝政。

汤若望口授、焦勖评述之《火攻挈要》（原名《则克录》）刊行，附图40幅，为较早系统介绍西方制炮技术和铳炮战术之著作。

德国传教士邓玉函译述、毕拱辰润色之《泰西人身说概》上下两卷刊行。此书介绍西方生理学、医学、解剖学。

克劳迪奥·蒙特威尔第卒（1567— ）。意大利作曲家。

南企仲卒（1561— ）。企仲，陕西渭南人。南大吉孙。万历八年进士。官至南京吏部尚书。著有《痴醒子》。

王在晋卒（1564— ）。在晋字明初。濬县人，侨寓太仓。万历二十年进士。授中书舍人，累官湖广荆南道、江西布政使、山东巡抚、工部右侍郎、兵部左侍郎及兵部、吏部、刑部尚书等。所著尚有《历代山陵考》1卷、《通漕类编》9卷、《武备志》、《龙沙学录》6卷、《兰江集》20卷等。事迹见

《明史》卷二五七《王洽传》附传。

程嘉燧卒(1565—　)。嘉燧字孟阳,号松圆、偈庵,安徽休宁人,寓松江嘉定。精音律、工书画、尤长于诗,世称"松圆诗老"。与唐时升、娄坚并称"练川三老"。论诗反对前后七子之风,山水画学倪瓒、黄公望,格调细净枯淡。著有《破山兴福寺志》、《浙江偶记》、《程孟阳集》、《松圆浪淘集》、《松圆偈庵集》、《耦耕堂诗集文集》等。事迹见《明史》卷二八八《唐时升传》附传。

按：一说卒于1644年。

张丑卒(1577—　)。丑初名谦德,字青父,一作青甫,字叔益,号米庵、亭亭山人等,江苏昆山人。其先祖热耽于书画,与沈周、文徵明交笃。丑濡染家学,能书善画。年二十二掇稗官家言纂《名山藏》200卷,自比汉之司马相如。平生著述颇丰,有《鉴古百一诗》、《清河书画舫》、《清河书画表》、《南阳法书表》、《南阳名画表》、《法书名画见闻表》、《真迹日录》等。

孙传庭卒(1593—　)。传庭字伯雅,号白谷,代州振武卫人。万历四十七年进士。懂兵机,有边才。官至尚书、督师。著有《白谷集》、《鉴劳录》。事迹见《明史》卷二六二。

张邦翼卒,生年不详。邦翼字君弼,湖广蕲州人。万历二十六年进士。编有《岭南文献志》。纂有《汉魏丛书钞》。

毕拱辰约卒,生年不详。拱辰字星伯,莱州掖县人。曾整理译述邓玉函《人身说概》,是为最早介绍西方解剖生理学论著。自著《韵略汇通》,定十六韵,反映北方话语音系统,可据以研究普通话语音的来源和历史。

庄廷臣卒(1559—　)。廷臣字龙祥,号凝宇,武进人。万历三十八年进士,授永嘉知县,迁礼部主事,累官至湖广左布政使。著有《诗经逢源》8卷。

王光鲁约卒,生年不详。光鲁字汉恭。江苏瓜洲人。诸生。著有《阅史约书》、《历朝经济考》、《古今官制沿革图》、《碧渐堂集》等。

吴麟徵卒(1593—　)。麟徵字圣生,一字来玉,号磊斋,浙江海盐人。天启二年进士,授建昌推官,官至太常少卿。著有《家诫要言》、《吴忠节公遗集》。

周篆(　—1706)、康乃心(　—1707)、黄百家(　—?)生。

崇祯十七年　清世祖顺治元年　甲申　1644年

正月庚寅朔,李自成在西安建立大顺国,建元永昌。

张献忠入夔州。

法国入莱茵兰。

| 英人败英格兰国王查理一世于马斯顿荒原。

三月乙巳,李自成入北京;丁未,思宗自缢于煤山。

四月乙卯,吴三桂引清兵入关。

丙戌,李自成在北京即皇帝位,次日弃城西撤。

五月戊子朔,清兵入北京,下薙发、改换衣冠令(以各地义军四起,暂缓一年执行)。

同日,史可法、马士英等在南京拥立福王朱由崧,庚寅称监国,壬寅即帝位,次岁改元弘光(弘光、隆武、永历三朝,史称南明,编年参清代卷)。

六月,马士英荐阮大铖,东林、复社人士群起反对,党争复起。

庚子,明大学士史可法报书清睿亲王。

是月,清世祖福临抵京。

十月乙卯朔,福临即皇帝位,尊多尔衮为皇父摄政王,命多铎经略江南,阿济格西击李自成。

是年,令豫、楚被陷州县员缺悉听抚、按辟选更置,不拘科目、杂流、生员人等。

罗马耶稣会建华北、华中、澳门三教区。

法国帕斯卡发明计算器。

黄道周正月有《在山乞致仕疏》。六月甲辰起为礼部尚书。

方以智一月上《请缨疏》,乞崇祯帝予父方孔炤军务之敕,以集冀鲁"义旅"卫京,且愿投笔从戎,报效沙场。二月,以范景文之荐,以智受崇祯帝召见,痛陈救危方略,帝嘱补本详奏;以泥于权臣,仅成空谈。三月,再请赴淮上募勇卫京,不果。李自成畿南,以智与吴尔埙等共议拥王子南下监国,亦不果。

方以智三月十九日与魏学濂等集于金水桥,图谋联络孙奇逢武装,奉王子续明统,以李自成破宣武门,不果。三月二十三日,以智哭崇祯帝灵位于东华门,被执;寻乘隙脱,为家仆告发,复落农民军之手,被押入狱中,备受拷掠。四月,乘间逃脱,扮为菜佣南奔。五月抵南京。时弘光朝廷新创,以智上疏报北事,以效朝廷,反遭非议。八月,弘光帝下令逮以智。九月,阮大铖出任兵部右侍郎,党祸复炽,以智被迫南奔,抵广州,卖药市中,为同年姚奇胤所识,因依之。于广州,识林铨,朝夕相处。

黄宗羲携刘应期谒刘宗周。

黄宗羲、刘宗周等四月闻京师失守,之杭,与章正宸、朱大典、熊汝霖为召募义旅计。已而福王临国诏至,宗羲遂至南中,上书阙下。

张履祥以祝渊之介二月偕钱寅如山阴,受学刘宗周之门。

祁彪佳复巡抚苏松。

宋应星弃官回乡。

金绳二月服阕,补兵部车驾清吏司主事,巡视皇城。三月十九日城陷投河死。

倪元璐三月十九日自经以殉国难。

黄虞稷之父闻国变不食死，虞稷遂家上元为上元人。

傅山自壬午服冠衲，至国变后，遂不复释，号石道人，师事郭还阳。

孙奇逢自李自成入京后，复携家入双峰。

查继佐始撰明史。

按：此明史原名《明书》，入清后因遭庄氏史狱牵连，以"获罪惟录书"而署书名，故名《罪惟录》。

陈龙正正月左迁南监左，闻国变无意世事，闭门整理遗书。

刘宗周九月甲午因党争乞罢致仕。

福王临国，阮大铖以定策功骤起，思修报复，遂广《留都防乱揭》中人姓名（凡140人），以东林为蝗、复社为蝻，造《蝗蝻录》，欲一网杀之。黄宗羲、顾杲、陈贞慧被逮，周镳论死，沈寿民、吴应箕、沈士柱等亡命，左国柱、左国棅等充军。未几，大军至，宗羲等得免。

周镳八月被逮，黄宗羲欲往探狱，未果。

王夫之闻国变，悲愤不食者数日，作《悲愤诗》一百韵，吟已辄哭。

顾炎武编年诗始是岁。移居常熟唐市语濂泾。

函可不是庵落成，黎遂球有《喜祖心师不是庵成同丽中师丁善甫梁渐子李山农子云诸净侣过集》诗。

传教士汤若望将《崇祯历书》137卷编为100卷，复加其本人所撰《筹算》、《历法西传》及《新法历引》共计103卷，改称为《西洋新法历书》，进呈清廷，得到采纳。

何栋如崇祯间复官。

按：何栋如字子极，生卒年不详。无锡人。万历进士。天启初起南京兵部主事，自请募兵往援辽东，进太仆少卿。以疏论熊廷弼、王化贞功过，下诏狱。著有《明祖四大法》、《南音》、《徂东草》、《摄园草》。

吴甡崇祯间复起。

按：吴甡字鹿友，号柴庵，晚号柴庵，生卒年不详。扬州兴化人。万历四十一年进士。累官至礼部尚书兼东阁大学士。著有《柴庵疏集》、《潭西草堂忆记》、《寤言》等。

郭都贤崇祯中官至兵部侍郎，见世事不可为，乃出家为僧，隐于玉沙湖。

按：郭都贤字天门，号顽石、些庵，生卒年不详。湖广益阳人。天启二年进士。隐后种菊自娱。工诗善书能画。著有《补山堂诗集》、《些庵杂著》。

湖北武昌士人崇祯间公建崇文书院，后知县邹逢吉改名为寿昌书院。

沈藩崇祯间于山西长治建藩王府属书院勉学书院。除教学外，还刊印多种书籍，如《焦氏易林》、《甬东山人稿》等。

湖北汉阳崇祯间创建凤山书院。

姚隆、吴天挺、李棻崇祯间于湖北石首创建崇正书院。张璧《崇正书院记》称其立学宗旨为"立其诚，修其辞，善其身，广其业"，并以为"守训诂者其失拘，谈性命者其失晦，趋功利者其失卑，矜文辞者其失浮"。

| 高乃依作成悲剧剧本《罗多古内》。
| 笛卡尔出版《哲学原理》。
| 塞缪尔·拉瑟福德发表有关君主国选举性质的作品《君主法律》。
| 罗杰·威廉斯著成有关政教分离的作品《最重要的询问》。

严衍纂《资治通鉴续编》157卷成。

按：此书未见刊本，有抄本藏国家图书馆。严衍另有《资治通鉴补》，已著录。

冯梦龙编刊丛书《甲申纪事》。

钱士升辑《逊国逸史》刊行。

邹漪《启祯野乘》1集16卷刊刻。

郑郊著《史统》146卷成。

按：郑郊初名高，字牧仲，又字天成。生卒年不详。著有《名易》、《订说》、《诗函》、《精义》、《南华十转》、《水书》、《偶笔》、《寓骚》、《折衡》等。

张墉《廿一史识余》37卷刊刻。

牟廷选修、吴怀忠纂《淮安府实录备草》22卷成。

沈谦纂修《临平记》3卷成。

希福译《辽金元史》进之。

明末纂刊重要书籍之不知年者有：

毛晋辑刊《津逮秘书》。

苏州宝翰楼刻张溥《四书注疏大全合纂》。

江元祚辑《孝经大全》刊行。

王道焜《雪堂韵史》76种刊行。

按：是书为丛书，分岁时、山水、花木、翰墨、清燕、艺戏、品藻、谈谐八类。

《皇明二祖十四宗增补标题评断实记》由吴门五车楼刊刻。

江旭奇《通纪集要》60卷刊刻。

余大朋《史统》20卷刊刻。

曹勋《古史纪年》1卷刊刻。

郭造卿《燕史》（今存34卷）刊刻。

屠本畯著《三史统》成。

谭奇辑《史鉴纲目论说》。

郭邦藩著《史纲纂要》3卷刊。

印须子评、借绿轩编辑《尚论编》7卷刊刻。

按：此书收历代人物（如王世贞、李贽等）史论216篇，篇各有跋。有《四库存目丛书》本。

陈镐原纂《尼山毓圣年谱》附于孔胤植续修《阙里志》内刊行。

按：此谱约五千字，记岁之后多直述谱主事迹，不另加按评，所述亦不缀出处，内容全面而简练。谱前有李东阳原《序》、杨士聪《序》。谱后有孔胤植《跋》。

刘廷焜著《闽学宗传》刊刻。

狄同煃修、张弘文纂《大城县志》8卷刊刻。

孙承宗纂修《高阳县志》14卷刊刻。

陈函辉修、顾夔纂《靖江县志》19卷成。

梁招孟修、郑伯升纂《惠州府志》21卷刊刻。

沈纯佑纂《嘉兴县纂修启祯两朝实录》成。

游朴《诸夷考》3卷刊刻。

杨一葵纂《裔乘》8卷刊刻。

李诩纂修《续吴郡志》2卷成。

谢肇淛纂《滇略》10卷刊刻。

陈三恪纂《海虞别乘》24卷成。

佚名编修《西溪镇志》成。

潘廷章纂、王简可续纂《硖川志》2卷成。

李国木辑《地理大全》由金陵怀德堂刊行。

苏州映雪草堂刻《潜确居类书》。

潞王府刻潞王朱常汸《万汇仙机棋谱》10卷。

佚名辑《钱卢两先生读杜合刻》刊行。

苏州五云居刻《杜工部七言律诗分类集注》

毛晋辑刊《汲古阁合订唐宋元诗五集》、《唐人四集》、《唐人选唐诗八种》、《六十种曲》。

叶廷秀《叶润山辑著全书》刊行。

茅瑞徵辑刊《芝园秘录初刻》。

支允坚辑《梅花渡异林》(一名《支子固先生汇辑异林》)由金阊书林刊行。

乔中和著《跻新堂集》刊行。

吴道行卒(1561—)。道行,湖广善化人。诸生。为惜阴书院山长,人称嵝山先生。著有《嵝山集》、《读史阙疑》、《易说》、《岳麓志》。

程嘉燧卒(1565—)。一说卒于上年,详见1643年条。

王徵卒(1571—)。徵字良甫,号葵心,又号一道人。天启二年进士。授扬州推官,擢登莱临军佥事,寻告归。京师破,不食死。受明末来华天主教耶稣会影响,介绍西学,与邓玉函合撰《远西奇器图说》,介绍西方物理机械。助金尼阁撰《西儒耳目资》,以西文注汉字。另著有《新制诸器图说》、《两理略》、《天问辞》、《历代发蒙辨道说》、《山居咏》等。

毕懋康卒(1571—)。懋康字孟侯,号东郊。新安(一作歙县)人。万历二十六年进士。懋康雅负器局,扬历中外,与族兄毕懋良并有清誉,称"二毕"。著有《西清集》、《管涔集》等。事迹见《明史》卷二四二本传。

李奇玉卒(1573—)。奇玉字元美。浙江嘉善人。崇祯元年进士。官至汝宁知府。著有《雪园易义》。

凌濛初卒(1580—)。濛初字玄房,号初成(一作稚成),亦名凌波,一字波厈,别号即空观主人。浙江乌程人。曾官上海县丞、徐州通判。是岁为李自成起义军所困,呕血而死。工诗文,尤精于小说和词曲。著述甚富,有短篇小说集《初刻拍案惊奇》、《二刻拍案惊奇》;杂剧八种,今存《戏拂三传》之《北红拂》和《盛明杂剧》所收之《虬髯翁》;传奇三种,今存《乔合衫襟记》残本。又曾评选南曲编为《南音三籁》,其卷首有《谭曲杂箚》一卷，论及戏曲之情节结构、尾声宾白等理论问题。

范景文卒(1587—)。景文字梦章，一字思仁，号质公，别号范佛子。河间吴桥人。万历四十一年进士，授东昌府推官。天启五年，官吏部文选郎。不依魏忠贤，亦不附东林党，谢病归。崇祯时官至工部尚书兼东阁大学士，入参机务。明亡自杀，谥文贞。著有《大臣谱》、《南枢志》、《武功编》、《体仁编》、《开心札记》、《味元堂稿》、《范文忠集》等书。事迹见《明史》卷二六五。

倪元璐卒(1593—)。元璐字玉汝，号鸿宝、园客。浙江上虞人。谥文正。天启二年进士。崇祯初，疏攻阉党遗孽，为东林党辩诬。进侍讲，复请毁《三朝要典》，焚其板。官至户部尚书兼翰林院学士，虽有心挽澜，而无力回天。李自成克北京，自杀。所著除《儿易内外仪》及《春秋问答》外，另有《古鞠今通》、《代言选》(应制文字)、《讲章》(任日讲官时讲稿)、《鸿宝应本》(应酬文字)及诗作《忆草》等。崇祯十六年(1643)，倪元璐将旧著重加点勘，交其子会鼎收藏，明亡后大部散佚。所剩十之三四，经会鼎诠次校正，缮抄成册；其玄孙安世，又采辑遗书，重加编次，于乾隆三十七年(1772)刻成《倪文正公文集》，另有《奏疏》、《讲编》一册。事迹见《明史》卷二六五。

凌义渠卒(1593—)。义渠字骏甫。浙江乌程人。谥忠清。天启五年进士。著有《凌忠介集》、《湘烟录》。事迹见《明史》卷二六五。

吴甘来卒(1599—)。甘来字和受，号苇庵，又字节之，号蒂庵。江西新昌人。崇祯六年进士，授中书舍人，历官刑科给事中、户科给事中。著有《吴庄介公遗集》。

何楷卒(1594—)。楷字元子。福建漳州镇海卫人。天启进士。博览群书，尤精经学，著有《古周易订诂》、《诗经世本古义》。

申佳胤卒(1603—)。佳胤字孔嘉，又字井眉，别号素园，又号濬源。广平府永年人。崇祯进士。大顺军入京师后，投井死。著有《君子亭集》。

金绳卒(1610—)。又名金铉。武进人。谥忠洁。著有《易说》1卷，《大学汉诂》、《伯玉文集》6卷、《诗集》8卷等。事迹见《明儒学案》卷五七。

卜舜年卒(1613—)。舜年字孟硕。江苏吴江人。工画，为董其昌、陈继儒所赏。明亡后佯狂而卒。著有《云芝集》。

汤传楹卒(1620—)。传楹字子翰，改字卿谋。苏州吴县人。诸生。著有《湘中草》。

南居益卒(1573—)。居益字思受，号二太。陕西渭南人。万历二十九年进士，历官刑部主事，工部尚书等。著有《瀑园志》6卷、《晋政略》2卷、《青箱集》6卷、《三晋摘稿》2卷、《致爽堂诗》2卷等。

桑拱阳卒，生年不详。拱阳字晖升。山西临汾人。年十五，见《近思录》，便有所得。师从曹于汴，书"敬"字以自警。屡受人请赴书院讲学。曾三立书院于三地。李自成入京师，绝食死。著有《四书则》。

周振卒(1581—　)。振字道兴,号辰庵。江西德安人。万历四十七年进士。著有《方轩集》、《应奎诗集》。

孔贞运卒,生年不详。贞运字开仲。应天府句容人。万历四十七年进士。天启中充经筵展书官,纂修《两朝实录》。

吴雯(　—1704)、廖燕(—1705)、裘琏(　—1729)、传教士要多(　—1672)生。

征引及参考文献

古 代 文 献

《安道公(陈瑚)年谱》	清·陈溥编	清光绪间太仓缪市刻《东仓书库丛刻》本
《安我素先生(希范)年谱》	清·安绍杰编	清乾隆间刻本
《白耷山人(阎尔梅)年谱》	清·鲁一同编	民国间吴兴刘氏刻《嘉业堂丛书》本
《编次陈白沙先生(陈献章)年谱》	清·阮榕龄编	清咸丰元年至八年新会阮氏梦菊堂刻本
《补辑李忠毅公(应升)年谱》	清·缪荃孙编	民国间南陵徐氏刻《艺风堂丛刻》本
《蔡氏文溥公(蔡溥)自叙年谱》	明·蔡溥编	1919年《德清蔡氏宗谱》本
《蔡虚斋集》	明·蔡清撰	《四库明人文集丛刊》本 上海古籍出版社
《曹月川集》	明·曹端撰	《四库明人文集丛刊》本 上海古籍出版社
《曹月川先生(曹端)年谱》	明·张信民编	清正谊堂刻《曹月川先生集》本
《曹真予集》	明·曹于汴撰	《四库明人文集丛刊》本 上海古籍出版社
《查东山先生(继佐)年谱》	清·沈起编 清·张涛、查谷注	民国间吴兴刘氏刻《嘉业堂丛书》本
《柴雪(宋之绳)年谱》	清·宋之绳编	共读楼乌丝栏抄本
《朝贵府君(黄温德)年谱》	清·黄培芳编	清光绪三十一年刻《黄氏家乘》本
《陈白沙集》	明·陈献章撰	《四库明人文集丛刊》本 上海古籍出版社
《陈干初先生(确)年谱》	清·吴骞编	1915年上虞罗氏铅印《雪堂丛刻》本
《陈几亭集》	明·陈龙正撰	《四库明人文集丛刊》本 上海古籍出版社
《陈忠裕(子龙)年谱》	明·陈子龙编 清·王澐续编 清·王昶辑	清嘉庆八年青浦何氏簳山堂刻《陈忠裕全集》本
《陈紫峰先生(陈琛)年谱》	明·陈敦履、陈敦豫编	清乾隆二十二年晋江陈元锡刻本
《程山谢明学先生(文洊)年谱》	清·谢鸣谦编	清刻本
《崔后渠集》	明·崔铣撰	《四库明人文集丛刊》本 上海古籍出版社
《大觉普济能仁国师(释通琇)年谱》	清·释超琦编	清同治十三年释机心刻《普济玉林国师语录》本
《呆斋公(刘定之)年谱》	清·刘作梁编	清刻《刘文安公策略》本

《戴九灵(良)先生年谱》	清·戴殿江、戴殿泗编	清乾隆三十六年浦江戴氏刻《九灵山房集》本
《澹园集》	明·焦竑撰、李剑雄点校	中华书局1999年版
《邓潜谷集》	明·邓元锡撰	《四库明人文集丛刊》本 上海古籍出版社
《堵文忠公(胤锡)年谱》	清·张夏编	清道光二十三年锡山潘氏刻本
《杜东原先生(杜琼)年谱》	明·沈周编	清光绪间刻《过云楼书画记》本
《端岩公(张文麟)年谱》	明·张文麟编	1920年上海博古斋影印清嘉庆间常熟张海鹏刻《借月山房汇钞》本
《段容思先生(段坚)年谱纪略》	明·彭泽编	清道光三年刻本
《范文忠公(景文)年谱》	清·王孙锡编	清康熙间思仁堂刻《范文忠公初集》本
《范忠贞(承谟)年谱》	清·柯汝霖编	清光绪五年当湖柯氏扫石山房刻本
《方国珍寇温始末》	清·叶嘉棆编	刘绍宽增订1934年瑞安林氏铅印《惜观楼丛刊》本
《方正学集》	明·方孝孺撰	《四库明人文集丛刊》本 上海古籍出版社
《方正学先生(方孝孺)年谱》	明·卢演编	清同治十二年吴县孙熹杭州刻《逊志斋》本
《芳洲先生(陈循)年谱》	明·王翔编	清刻《芳洲论文集》本
《费燕峰先生(密)年谱》	清·费天修编	扬州古籍书店朱丝栏抄本
《焚书》《续焚书》	明·李贽撰	中华书局1961年版
《枫山章文懿公(懋)年谱》	明·阮鹗编	清光绪二十六年常熟丁秉衡乌丝栏抄本
《冯少墟集》	明·冯从吾撰	《四库明人文集丛刊》本 上海古籍出版社
《奉常公(王时敏)年谱》	清·王宝仁编	清道光十八年刻本
《复社纪略》	清·陆世仪撰	《续修四库全书》本
《复社纪事》	清·吴伟业撰	清道光刊《昭代丛书》本
《傅青主先生(山)年谱》	清·丁宝铨编	清宣统三年山阳丁氏刻《霜经龛集》本
《高白浦集》	明·高岱撰	《四库明人文集丛刊》本 上海古籍出版社
《高景逸集》	明·高攀龙撰	《四库明人文集丛刊》本 上海古籍出版社
《高阳太傅孙文正公(承宗)年谱》	明·孙铨编	清乾隆六年孙尔然补刻本
《高忠宪公(攀龙)年谱》	明·华允诚编	清光绪二年刻《高子遗书》本
《高忠宪公(攀龙)年谱》	清·高世宁编	清康熙间刻本
《葛中翰(麟)年谱》	清·葛曈编	清光绪十六年重刻《葛中翰遗集》本
《耿天台集》	明·耿定向撰	《四库明人文集丛刊》本 上海古籍出版社
《公他先生(傅山)年谱略》	清·张廷鉴编	民国间朱丝栏抄本
《龚安节先生(龚诩)年谱》	明·龚绂编	1920年昆山赵氏刻《又满楼丛书》本
《顾端文公(宪成)年谱》	清·顾枢编、顾贞观补订	清光绪三年泾里宗祠刻《顾端文公遗书》本
《顾泾阳集》	明·顾宪成撰	《四库明人文集丛刊》本 上海古籍出版社
《顾亭林先生(炎武)年谱》	清·顾衍生原编、吴映奎重辑、车持谦增纂	清道光十九年上元车氏刻本
《顾亭林先生(炎武)年谱》	清·吴映奎、车持谦编、钱邦彦校补	1936年商务印书馆影印《四部丛刊》本

《顾亭林先生(炎武)年谱》	清·吴映奎编	清光绪四年嘉兴金吴澜刻《归顾宋三先生年谱合刻》本
《顾亭林先生(炎武)年谱》	清·张穆编	清道光二十四年刻本
《顾襄敏公(养谦)年谱》	清·杨廷编	清道光二年经堂刻本
《归震川先生(有光)年谱》	明·孙岱编	清光绪间嘉兴金吴澜刻《归顾朱三先生年谱》本
《桂古山(桂萼)年谱》	明·桂萼编	清乾隆间刻《古山集》本
《国朝献征录》	明·焦竑撰	台湾学生书局1985年版
《国榷》	明·谈迁撰	中华书局1958年版
《海澄周忠襄公(起元)自叙年谱》	明·周起元编 清·王焕、王如续编	清同治十一年刻本
《海刚峯集》	明·海瑞撰	《四库明人文集丛刊》本 上海古籍出版社
《海忠介公(瑞)年谱》	清·王国宪编	清光绪三十二年琼山研经书院刻本
《憨山老人(德清)年谱自叙实录》	明·释德清编、释福征述疏	清顺治间刻本
《寒松老人(魏象枢)年谱》	清·魏象枢口授、魏学诚等录	清乾隆六年寒松堂刻本
《韩苑洛集》	明·韩邦奇撰	《四库明人文集丛刊》本 上海古籍出版社
《汉学师承记》	清·江藩撰	上海书店1983年版
《黄宗羲年谱》	清·黄炳垕撰、王政尧点校	中华书局1993年版
《何伯子(出图)自注年谱》	明·何出图编	清乾隆十八年何功璜刻本
《何粹夫集》	明·何瑭撰	《四库明人文集丛刊》本 上海古籍出版社
《何大复先生年谱》	明·刘海涵编	民国间刻《龙潭精舍丛刻》本
《何椒邱集》	明·何乔新撰	《四库明人文集丛刊》本 上海古籍出版社
《何心隐集》	明·何心隐撰	中华书局1960版
《洪文襄公(承畴)年谱》	清·法式善编	民国间打印本
《侯方域年谱》	清·侯洵编	共读楼乌丝栏抄本
《侯忠节公(峒曾)年谱》	清·侯元瀞编	1933年铅印《侯忠节公全集》本
《胡敬斋集》	明·胡居仁撰	《四库明人文集丛刊》本 上海古籍出版社
《胡庐山集》	明·胡直撰	《四库明人文集丛刊》本 上海古籍出版社
《胡文敬公(胡居仁)年谱》	清·杨希闵编	清光绪四年福州刻《豫章先贤九家年谱》本
《华凤超先生(允诚)年谱》	清·华衷黄述略、张夏参订、华王澄补编	清道光二十八年刻本
《华野郭公(琇)年谱》	清·郭廷翼编	清道光二十一年吴江柳氏胜溪堂刻本
《环谷先生(汪克宽)年谱》	明·吴国英编	清康熙间刻《环谷集》本
《幻迹自警》	明·殷迈编	民国间海宁陈氏慎初堂乌丝栏抄本
《黄黎洲先生(宗羲)年谱》	清·黄炳垕编	清同治十二年黄氏家刻本
《黄山(法若真)年略》	清·法若真编、法辉祖校定	清乾隆十六年刻本
《黄泰泉集》	明·黄佐撰	《四库明人文集丛刊》本 上海古籍出版社
《黄幼元集》	明·黄道周撰	《四库明人文集丛刊》本 上海古籍出版社
《黄忠端公(道周)年谱》	明·庄起俦编	清道光九年刻本
《黄子(道周)年谱》	明·洪思编	清道光二十四年龙溪曾省林广迈校刻本

《黄宗羲年谱》	清·黄炳垕编	中华书局1993年版
《黄宗羲全集》	清·黄宗羲撰	浙江古籍出版社1985年版
《悔庵(尤侗)年谱》	清·尤侗编	清康熙间刻《西堂余集》本
《吉水毛襄懋先生(毛伯温)年谱》	明·毛栋编	民国间朱丝栏抄本
《建文(朱允炆)年谱》	明·赵士喆编	清道光二十九年木活字《味尘轩丛书》本
《姜凤阿集》	明·姜宝撰	《四库明人文集丛刊》本　上海古籍出版社
《姜贞毅先生(采)自著年谱》	明·姜采编 清·姜安节续编	清光绪十五年山东书局刻《敬亭集》本
《椒山先生(杨继盛)自著年谱》	明·杨继盛编	民国九年上海宏大善书总发行所石印《杨椒山公传家宝书》本
《金陵梵刹志》	明·葛寅亮编纂	江苏广陵古籍刻印社《中国佛寺志丛刊》1992年影印本
《金正希先生(声)年谱》	清·程锡类编	1928年思贻堂刻本
《金正希先生(声)年谱》	清·金承钰、刘洪烈编	清光绪二十三年西湖书院木活字本
《金正希先生(声)年谱》	清·李宗煾编	清光绪十四年稿本
《景素公(于孔兼)自叙年谱》	明·于孔兼编	清抄本
《净土圣贤录》	清·彭际清、彭希涑撰	苏州灵岩寺1985年印本
《况太守(况钟)年谱》	清·况廷秀编	清道光二十九年苏州胡容本刻《况太守集》本
《来瞿唐集》	明·来知德撰	《四库明人文集丛刊》本　上海古籍出版社
《李二曲先生(颙)历年纪略》	清·惠靇嗣编	清程氏刻本
《李寒支先生(世熊)岁纪》	清·李世熊编、李权续编	清道光间木活字本
《李见罗集》	明·李材撰	《四库明人文集丛刊》本　上海古籍出版社
《李文襄公(之芳)年谱》	清·程光祖编	清康熙间刻《李文襄公奏议》本
《李文正公(李东阳)年谱》	清·朱景英编	清刻《怀麓堂集》本
《理学张抱初先生(信民)年谱》	明·冯奋庸编 清·张宏之续编	清乾隆间刻本
《理学宗传》	明·孙奇逢撰	山东友谊书社1989年版
《溧阳仙山黄劬云(如瑾)年谱》	清·黄如瑾编、黄梦麟等补编	清光绪间木活字本
《列朝诗集小传》	清·钱谦益撰	上海古籍出版社1983年版
《刘伯宗先生(城)年谱》	清·刘世珩编	清光绪至民国间刻、1920年贵池刘氏唐石簃印《贵池先哲遗书》本
《刘念台集》	明·刘宗周撰	《四库明人文集丛刊》本　上海古籍出版社
《刘晴川集》	明·刘魁撰	《四库明人文集丛刊》本　上海古籍出版社
《刘职方公(永澄)年谱》	清·刘颖编	民国间朱丝栏抄本
《刘忠介公(宗周)年谱》	清·刘汋编	清乾隆四十一年刘氏证人堂刻本
《刘忠宣公(大夏)年谱》	明·刘世节编	清刻本
《龙峰先生(吴子孝)年谱》	清·徐堂编	民国间朱丝栏抄本
《陆稼书先生(陇其)年谱定本》	清·吴光酉重编	清雍正六年刻本

《陆辛斋先生（嘉淑）年谱拟稿》	清·佚名编	清抄本
《陆子（陇其）年谱》	清·张师载编	清乾隆间刻本
《吕泾野集》	明·吕柟撰	《四库明人文集丛刊》本　上海古籍出版社
《吕明德先生（维祺）年谱》	清·施化远编	清康熙二年刻本
《吕新吾集》	明·吕坤撰	《四库明人文集丛刊》本　上海古籍出版社
《吕豫石集》	明·吕维祺撰	《四库明人文集丛刊》本　上海古籍出版社
《罗近溪集》	明·罗汝芳撰	《四库明人文集丛刊》本　上海古籍出版社
《罗念庵集》	明·罗洪先撰	《四库明人文集丛刊》本　上海古籍出版社
《罗一峯集》	明·罗伦撰	《四库明人文集丛刊》本　上海古籍出版社
《罗整庵集》	明·罗钦顺撰	《四库明人文集丛刊》本　上海古籍出版社
《冒巢民先生（襄）年谱》	清·冒广生编	清光绪二十二年如皋冒氏刻《冒氏丛书》本
《眉公府君（陈继儒）年谱》	明·陈梦莲编	明崇祯间刻本
《蒙斋（田雯）年谱》	清·田雯编、田肇丽补编	清康熙间家刻本
《孟云浦集》	明·孟化鲤撰	《四库明人文集丛刊》本　上海古籍出版社
《明翰林学士当涂陶主敬先生（陶安）年谱》	清·夏炘辑	清咸丰间刻本
《明会要》	清·龙文彬撰	中华书局1956年版
《明季南略》	清·计六奇撰	中华书局1984年版
《明李文正公（李东阳）年谱》	清·法式善编、唐仲勉补编	清嘉庆九年蒙古法氏诗龛京师刻本
《明名臣琬琰录》	明·徐纮撰	《四库全书》本
《明末金忠洁先生绳年谱》	清·金镜编	台湾商务印书馆"新编中国名人年谱集成"本
《明末鹿忠节公善继年谱》	明·陈鋐编	台湾商务印书馆"新编中国名人年谱集成"本
《明末申凫盟先生涵光年谱》	清·申涵煜等补辑	台湾商务印书馆"新编中国名人年谱集成"本
《明末邢石臼先生孟贞年谱》	清·汤之孙编	台湾商务印书馆"新编中国名人年谱集成"本
《明末张杨园先生履祥年谱》	清·苏惇元编	台湾商务印书馆"新编中国名人年谱集成"本
《明末张忠烈公煌言年谱》	清·赵之谦编	台湾商务印书馆"新编中国名人年谱集成"本
《明末朱舜水先生之瑜年谱》	梁启超编	台湾商务印书馆"新编中国名人年谱集成"本
《明儒学案》	清·黄宗羲撰、沈芝盈点校	中华书局1985年10月第1版
《明三元太傅商文毅公（商辂）年谱》	明·商振伦编	明万历四十六年刻本
《明史》	清·张廷玉等撰	中华书局版1974年版
《明史纪事本末》	清·谷应泰撰	上海古籍出版社1994年版
《明通鉴》	清·夏燮撰　王日根、李一平等校点	岳麓书社1999年版
《明王文成公（王守仁）年谱节略》	明·钱德洪原撰　清·杨希闵节抄	清光绪四年福州刻《四朝先贤六家年谱》本
《明王文成公阳明年谱》	清·杨希闵编	台湾商务印书馆"新编中国名人年谱集成"本
《明修撰杨升庵先生（杨慎）年谱》	清·程封编	清道光二十四年刻《[道光]新都县志》本

《明薛文清公(薛瑄)年谱》	清·杨希闵编	1934年北平燕京大学图书馆铅印《燕京大学图书馆丛书》本
《牧斋先生(钱谦益)年谱》	清·葛万里编	一筠斋绿丝栏抄本
《南宋元明禅林僧宝传》	清·自融撰、性磊补辑	齐鲁书社1997年版
《倪高士(倪瓒)年谱》	清·沈世良编	清宣统元年刻本
《倪文正(元璐)公年谱》	清·倪会鼎编	中华书局1994年版
《欧阳南野集》	明·欧阳德撰	《四库明人文集丛刊》本 上海古籍出版社
《鸥盟己史》	清·申涵盼编	民国间朱丝栏抄本
《戚少保(继光)年谱耆编》	明·戚祚国编	清道光二十七年王氏刻本
《钱牧翁先生(谦益)年谱》	清·彭城退士编	清宣统三年上海国学扶轮社铅印《牧斋晚年家乘文》本
《钱启新集》	明·钱一本撰	《四库明人文集丛刊》本 上海古籍出版社
《潜庵先生(汤斌)年谱》	清·王廷灿编	清康熙四十二年爱日堂刻《汤子遗书》本
《秦襄毅公(秦纮)自订年谱》	明·秦纮编	明嘉靖十七年刻明清递修本
《青邱高季迪先生(高启)年谱》	清·金檀编	清雍正六年金氏文瑞楼刻《(清邱)高季迪先生诗集》本
《邱文庄公(邱濬)年谱》	清·王国栋编	清光绪二十四年檠经书院刻本
《蓉川公(齐之鸾)年谱》	明·齐祖名编	清光绪二十三年桐城徐氏刻《蓉川集》本
《榕村(李光地)谱录合考》	清·李清馥编	清道光六年刻本
《三峰和尚(法藏)年谱》	清·释弘储编	民国间影印本
《三一教主(林兆恩)夏午尼林子本行实录》	明·卢文辉存稿 清·陈衷瑜编	民国二十八年锦江尚阳书院铅印本
《邵二泉集》	明·邵宝撰	《四库明人文集丛刊》本 上海古籍出版社
《邵文庄公(邵宝)年谱》	明·邵燮、吴道成编	民国间朱丝栏抄本
《社事本末》	清·杜登春撰	《四库禁毁书丛刊》本
《升庵先生(杨慎)年谱》	清·李调元编	清道光五年绵州李朝夔补刻《函海》本
《施愚山先生(闰章)年谱》	清·施念曾编	清末木活字本
《石头录(霍韬)》	明·霍韬编、霍与瑕补编、沈应干、霍尚守注	清同治元年石头书院刻《霍文敏公全集》本
《释氏稽古略、释氏稽古略续集》	元释觉岸撰、明释大闻续 明·僧幻轮编	广陵古籍刻印社1992年影印
《舒文节公全集》	明·舒芬撰	明万历刻本
《双槐公(黄瑜)年谱》	清·黄佛颐编	清光绪间香山黄氏刻《黄氏家乘续编》本
《双江聂先生文集》	明·聂豹撰	明嘉靖刻本
《四库全书总目》(《四库全书总目提要》)	清·永瑢等撰	中华书局出版1965年版
《松磎程先生(程文德)年谱》	明·姜宝编	明万历十三年刻《程文恭公遗稿》本
《宋濂全集》	明·宋濂撰	浙江古籍出版社1999年版
《宋文宪公(宋濂)年谱》	清·朱兴悌、戴殿江编、孙锵增辑	1916年奉化孙氏《宋文宪公全集》本

《孙锺元集》	明·孙奇逢撰	《四库明人文集丛刊》本　上海古籍出版社
《太常公(钱薇)年谱》	清·钱泰吉编	清光绪三十年钱志澄校刻本
《太师杨文贞公(杨士奇)年谱》	明·杨毯编、杨思尧补编	清道光间杨觐光刻本
《太史来瞿唐先生(来知德)年谱》	明·古之贤等编	清道光十一年端州区拔熙梁山刻本
《谭次川自订(谭大初)年谱》	明·谭大初编	明万历间刻本
《汤文正公(斌)年谱定本》	清·杨椿编	清乾隆八年重刻本
《唐荆川集》	明·唐顺之撰	《四库明人文集丛刊》本　上海古籍出版社
《唐曙台集》	明·唐伯元撰	《四库明人文集丛刊》本　上海古籍出版社
《唐一庵集》	明·唐枢撰	《四库明人文集丛刊》本　上海古籍出版社
《唐一庵先生(唐枢)年谱》	明·李乐编清·王表正重编、许正绥三编	清咸丰四年(1854)重刻本
《陶庵先生(黄淳耀)年谱》	清·陈树德编、陈道南重订	清光绪五年重刻《陶庵集》本
《陶密庵先生(汝鼐)年谱》	清·梅英杰编	1920年汋峤遗书馆刻本
《天山(鄤)自叙年谱》	明·郑鄤编	清宣统二年武进盛氏刻本
《亭林先生(炎武)年谱》	清·徐嘉编	顾清光绪二十三年徐氏味静斋刻《顾亭林先生诗笺注》本
《汪石潭集》	明·汪俊撰	《四库明人文集丛刊》本　上海古籍出版社
《王崇简年谱》	清·王崇简编	民国间抄本
《王船山先生(夫之)年谱》	清·刘毓崧编	清光绪十二年江南书局刻本
《王东厓先生(襞)年谱纪略》	明·王元鼎编	1912年东台袁承业铅印《王心斋先生集》本
《王父云塘先生(郭奇美)年谱》	明·郭子章编	明万历间刻本
《王虎谷集》	明·王云凤撰	《四库明人文集丛刊》本　上海古籍出版社
《王龙溪集》	明·王畿撰	《四库明人文集丛刊》本　上海古籍出版社
《王龙溪先生全集》	明·王畿撰	北京人民文学出版社2000年版
《王守溪集》	明·王鏊撰	《四库明人文集丛刊》本　上海古籍出版社
《王廷相集》	明·王廷相撰	中华书局1989年版
《王文成公(王守仁)年纪》	清·陈澹然编	清光绪间石印本
《王文成公(王守仁)年谱节略》	明·钱德洪原撰、[日本]三轮希贤节略	民国间抄本
《王文靖公(熙)年谱》	清·王熙编	民国间抄本
《王文肃公(锡爵)年谱》	明·王衡编清·王时敏续编	清光绪二十五年王宗愈刻本
《王心斋集》	明·王艮撰	《四库明人文集丛刊》本　上海古籍出版社
《王心斋先生(王艮)年谱》	明·董燧等编	民国元年铅印本
《王阳明全集》	明·王阳明撰	上海古籍出版社1992年版
《王阳明先生(王守仁)年谱》	清·张问达辑	清康熙间刻本
《王阳明先生(王守仁)图谱》	明·邹守益编	1941年影印本
《王一庵先生(栋)年谱纪略》	明·佚名编	1912年东台袁承业铅印《王心斋先生集》本
《魏廓园先生(大中)自谱》	明·魏大中编	明崇祯元年刻《藏密斋集》本

《魏贞庵先生(裔介)年谱》	清·魏荔彤编	清光绪五年定州王氏刻《畿辅丛书》本
《文靖公(严讷)年谱》	清·严炳、严燮编	清光绪九年西泾草堂木活字本
《文裕公(黄佐)年谱》	清·黄佛颐编	清光绪间香山黄氏刻《黄氏家乘续编》本
《文贞公(李光地)年谱》	清·李清植编	清道光五年刻本
《文正谢公(谢迁)年谱》	明·倪宗正原编 清·谢钟和重编	清康熙间刻本
《翁铁庵(叔元)年谱》	清·翁叔元编	1920年上海博古斋影印清嘉庆间刻《借月山房汇抄》本
《乌拉哈达贝勒斡达善年谱》	清·穆精额编	清道光间朱格稿本
《吴梅村(伟业)年谱》	[日]铃木虎雄编	民国间抄本
《吴梅村先生(伟业)年谱》	清·顾师轼编	清光绪间刻本
《吴聘君(吴与弼)年谱》	清·杨希闵编	清光绪四年(1878)刻《豫章先贤九家年谱》本
《吴疎山先生(吴悌)年谱》	清·吴尚志、吴梅编	清刻《吴疎山先生遗集》本
《吴太宰公(吴鹏)年谱》	明·吴惟贞编	明万历间刻本
《吴先生(应箕)年谱》	清·刘世珩编	清光绪至民国间刻、1920年贵池刘氏唐石簃印《贵池先哲遗书》本
《五灯会元续略》	明·净柱纂	中国藏学出版社1993年版
《五岳山人集》	明·黄省曾撰	《四库存目丛书》本
《先船山公(王夫之)年谱》	清·王之春编	清光绪十九年刻本
《先公田间府君(钱澄之)年谱》	清·钱撝禄编	清宣统三年铅印《国粹学报》本
《先桂轩府君(顾恂)年谱》	清·顾易编	
《先寒村公(郑梁)年谱》	清·郑勋编	清嘉庆十三年家刻本
《先太高祖别驾公(宋之韩)年谱》	清·宋瀛编	清嘉庆二十五年刻《海沂诗集》本
《先忠节公(吴麟征)年谱略》	清·吴蕃昌编	清初刻本
《先自如府君(顾左)年谱》	清·顾易编	清初刻《玉峰雍里顾氏六世诗文集》本
《续修文清公(汪琬)年谱》	清·汪敬源编	民国间抄本
《薛方山集》	明·薛应旂撰	《四库明人文集丛刊》本　上海古籍出版社
《薛敬轩集》	明·薛瑄撰	《四库明人文集丛刊》本　上海古籍出版社
《薛文清公(薛瑄)年谱》	明·杨鹤、杨嗣昌编	清康熙五十二年(1713)薛仍刻《读书录》本
《薛瑄全集》	明·薛瑄撰	山西人民出版社1990年版
《薛中离先生全书》	明·薛侃撰	1915年刊本
《逊志斋集》	明·方孝孺撰	《四部丛刊》本
《阎潜邱先生(璩)年谱》	清·张穆编	清道光二十七年寿阳祁氏刻《顾阎年谱合刻》本
《颜钧集》	明·颜钧撰	中国社会科学出版社1990年版
《颜习斋先生(元)年谱》	清·李塨编	清康熙四十六年刻本
《弇州山人(王世贞)年谱》	清·钱大昕编	清光绪十年长沙龙氏刻《嘉定钱氏潜研堂全书》本
《阳明先生(王守仁)年谱》	明·李贽编	明万历三十七年武林继锦堂刻《阳明先生道学钞》本
《阳明先生(王守仁)年谱》	明·钱德洪编、罗洪先考订	明嘉靖四十三年刻本
《阳明先生(王守仁)年谱》	明·施邦曜编	清乾隆五十二年济美堂刻《阳明先生集要三编》

		本
《阳明先生(王守仁)年谱》	清·刘原道编	清光绪三十二年(1906)江南制造局铅印《阳明先生集要》本
《杨斛山集》	明·杨爵撰	《四库明人文集丛刊》本　上海古籍出版社
《杨椒山集》	明·杨继盛撰	《四库明人文集丛刊》本　上海古籍出版社
《杨文宪升庵先生(杨慎)年谱》	明·简绍芳编、清·程封改辑、孙锽补订	清道光间鹅溪孙氏刻《古棠书屋丛书》本
《杨忠烈公(涟)年谱》	清·杨征午等编	清道光十三年刻《杨忠烈公文集》本
《叶天寥(绍袁)自撰年谱》	明·叶绍袁编	1913年吴兴刘氏嘉业堂刻《嘉业堂丛书》本
《尤西川集》	明·尤时熙撰	《四库明人文集丛刊》本　上海古籍出版社
《于景素集》	明·于孔兼撰	《四库明人文集丛刊》本　上海古籍出版社
《于襄勤公(成龙)年谱墓志铭》	清·宋荦、李树德编	清道光十八年于卿保刻本
《渔洋山人(王士禛)自撰年谱》	清·王士禛编、惠栋注补	清刻本
《袁中郎(宏道)年谱》	佚名编	民国间抄本
《粤州公(黄畿)年谱》	清·黄佛颐编	清光绪间香山黄氏刻《黄氏家乘续编》本
《云东逸史(姚绶)年谱》	清·沈铭彝编	民国间上虞罗氏影印《云窗丛刻》本
《湛甘泉集》	明·湛若水撰	《四库明人文集丛刊》本　上海古籍出版社
《张文贞公(玉书)年谱》	清·丁传靖编	清光绪三十一年刻本
《张杨园先生(履祥)年谱》	清·姚夏编、陈梓补订	清道光十四年平湖沈氏补读书斋刻本
《张忠敏公(国维)年谱》	清·张振珂编	清光绪五年江苏书局刻《张忠敏公遗集》本
《章枫山集》	明·章懋撰	《四库明人文集丛刊》本　上海古籍出版社
《章恭毅公(章纶)年谱》	明·章玄应编	民国二十四年(1935)永嘉黄氏铅印《敬乡楼丛书》本
《贞素先生舒公(舒頔)年谱》	清·舒正仪编	清道光间刻《贞素斋家藏集》本
《真隐先生(范凤翼)年谱》	明·梁有誉编 清·刘之勃注	民国间抄本
《征君孙先生(奇逢)年谱》	清·汤斌等编	清康熙间刻本
《郑桐庵先生(敷教)年谱》	清·郑敷教等编	1934年昆山赵氏铅印《甲戌丛编》本
《致身录(史仲彬)》	明·史仲彬编,焦竑、史册释,钱士升订	清顺治三年(1646)孟津李际期《说郛续》本
《忠节吴次尾先生(应箕)年谱》	清·夏燮编	清同治六年永宁宫廨刻《楼山堂遗书》本
《周吏部(顺昌)年谱》	明·殷献臣编	清康熙四十年刻本
《周栎园先生(亮工)年谱》	清·周在浚编	民国间朱丝栏抄本
《周讷溪集》	明·周怡撰	《四库明人文集丛刊》本　上海古籍出版社
《朱柏庐先生(用纯)编年毋欺录》	清·朱用纯编、金吴澜补编、李祖荣校辑	清光绪六年刻本
《朱竹垞先生(彝尊)年谱》	清·杨谦编	清刻《曝书亭集诗注》本
《庄定山集》	明·庄昶撰	《四库明人文集丛刊》本　上海古籍出版社
《资德大夫兵部尚书郭公青螺(子章)年谱》	明·郭孔延编	民国间朱丝栏抄本

《紫云先生（钱汝霖）年谱》	清·钱聚仁编	清光绪十三年刻、民国七年印本
《邹东廓集》	明·邹守益撰	《四库明人文集丛刊》本　上海古籍出版社
《邹南皋集》	明·邹元标撰	《四库明人文集丛刊》本　上海古籍出版社
《罪惟录》	清·查继佐撰	浙江古籍出版社 1986 年版
《尊道先生（陆世仪）年谱》	清·凌锡祺编	清光绪二十五年刻《陆子遗书》本
《左忠毅公（光斗）年谱》	清·左宰编	清道光二十九年刻本

近 现 代 著 作

《白耷山人(阎尔梅)年谱》	张相文编	1922年铅印《阎古古全集》本
《〈本草纲目〉导读》	唐明邦撰	巴蜀书社1989年版
《苍雪大师(释读彻)行年考略》	陈乃干编	1940年铅印本
《陈独漉先生(恭尹)年谱》	温肃编	1919年广东刻《陈独漉先生集》本
《道教大辞典》	中国道教协会苏州道教协会编	华夏出版社1994年版
《方以智年谱》	任道斌编	安徽教育出版社1983年版
《顾炎武年谱》	周可真编	苏州大学出版社1998年
《归震川年谱》	张传元、余梅年编	商务印书馆1936年版
《归玄恭先生(庄)年谱》	归曾祁编	1918年蓝格稿本
《归玄恭先生(庄)年谱》	赵经达编	1925年昆山赵氏刻《又满楼丛书》本
《归有光评传·年谱》	沈新林编	安徽文艺出版社2000年版
《汉籍在日本的流布研究》	严绍璗撰	江苏古籍出版社1992年版
《江苏艺文志·常州卷》	钱王瑟之主编	江苏人民出版社1994年版
《江苏艺文志·南京卷》	杨云海主编	江苏人民出版社1995年版
《江苏艺文志·南通卷》	顾启主编	江苏人民出版社1995年版
《江苏艺文志·苏州卷》	叶瑞宝主编	江苏人民出版社1994年版
《江苏艺文志·无锡卷》	宫爱东主编	江苏人民出版社1995年版
《江苏艺文志·徐州卷·连云港卷》	邱鸣皋主编	江苏人民出版社1995年版
《江苏艺文志·盐城卷·淮阴卷》	陈穆主编	江苏人民出版社1995年版
《江苏艺文志·扬州卷》	封桂荣主编	江苏人民出版社1995年版
《江苏艺文志·镇江卷》	杨积庆主编	江苏人民出版社1994年版
《李东阳年谱》	钱振民编	复旦大学出版社1995年版
《瞿式耜年谱》	瞿果行编	齐鲁书社1987年版
《李鹾园先生(确)年谱》	罗继祖编	1933年石印本
《历代刻书概况》	上海新四军历史研究会印刷印钞分会编	印刷工业出版社1991年版
《利玛窦神父传》	[法]裴化行著、管震湖译	商务印书馆1993年版
《两浙著述考》	宋慈抱原著、项士元审订	浙江人民出版社1985年版
《刘文成公(刘基)年谱稿》	刘耀东编	1939年南田山启后亭铅印本
《萝石先生(左懋第)年谱》	佚名编	民国间朱丝栏抄本
《明苍雪大师赵读彻行年考略》	王培孙编	台湾商务印书馆"新编中国名人年谱集成"本
《明代敕撰书考》	李晋华撰	燕京大学图书馆1932年版
《明代的科学艺术巨星——朱载堉》	戴念祖撰	人民出版社1986年版
《明代山人文学研究》	张德建著	湖南人民出版社2005年1月版
《明代史学编年考》	钱茂伟撰	中国文联出版社2000年12月第1

		版
《明代史研究文献目录》	[日本]山根幸夫编	东京汲古书院1993年版
《明代小说史》	陈大康撰	上海文艺出版社2000年版
《明归震川先生(有光)年谱》	张近凡编	民国间报纸剪贴本
《明李卓吾先生(贽)年谱》	容肇祖编	台湾商务印书馆"新编中国名人年谱集成"本
《明末剩人和尚年谱》	汪宗衍编	台湾商务印书馆"新编中国名人年谱集成"本
《明末天然和尚年谱》	汪宗衍编	台湾商务印书馆"新编中国名人年谱集成"本
《明清传教士与欧洲汉学》	张国刚等撰	中国社会科学出版社2001年版
《明清间耶稣会士译注提要》	徐宗泽撰	中华书局1989年版
《明清江苏文人年表》	张慧剑编	上海古籍出版社1986年版
《明清进士题名碑录》(上、下)	朱保炯、谢沛霖编	上海古籍出版社1979年新1版
《明清启蒙学术流变》	萧箑父、许苏民撰	辽宁教育出版社1995年版
《明清儒学家著述生平年表》	麦仲贵编	台湾学生书局印行1977年9月出版
《明清实学思潮史》	陈鼓应、章冠洁、葛荣晋主编	齐鲁书社1989年版
《明清之际士大夫研究》	赵园撰	北京大学出版社1999年版
《明清之际中西文化交流史——明代：调适与会通》	沈定平撰	商务印书馆2001年版
《明人传记资料索引》	台湾"国立中央图书馆"编	北京书局1987年版
《明实录》	台湾中央研究院历史语言研究所编	上海书店1984年版
《明实录类纂·文教科技卷》	李国祥、杨昶主编	武汉出版社1992年版
《明实录类纂·职官任免卷》	李国祥、杨昶主编	武汉出版社1995年版
《明唐荆川先生(顺之)年谱》	唐鼎元编	民国二十八年武进唐氏铅印本
《明王船山先生(夫之)年表》	张西堂编	台湾商务印书馆"新编中国名人年谱集成"本
《明张江陵先生(居正)年谱》	杨铎编	台湾商务印书馆"新编中国名人年谱集成"本
《蒲柳泉先生(松龄)年谱》	路大荒编	1955年油印本
《钱牧斋先生(谦益)年谱》	金鹤翀编	1932年铅印本
《钱忠介公(肃乐)年谱》	冯贞群编	民国间四明张氏约园刻《四明丛书》本
《清钱牧斋先生(谦益)年谱》	张迈凡编	民国间剪贴铅印本
《儒学的转折：阳明学派教育思想研究》	毕诚撰	教育科学出版社1992年版
《三补顾亭林(炎武)年谱》	伦明编	民国间乌丝栏稿本
《圣学宗传》	周汝登撰	山东友谊书社1989年版
《石涛上人(朱若极)年谱》	傅抱石编	1948年京沪周刊社铅印本
《世界文明史年表》	沈坚主编	上海古籍出版社2000年9月第1版
《宋学渊源记》	江藩撰	上海书店1983年版

《宋元明清儒学年表》	[日]今关寿麿编	北京图书馆出版社2002年4月版。
《万季野先生(斯同)系年要录》	王焕镳编	1944年张芝联绿格抄本
《万历十五年》	黄仁宇撰	中华书局1982年版
《万年少先生(寿祺)年谱》	罗振玉编	1919年上虞罗氏铅印本
《晚明曲家年谱》	徐朔方撰	浙江古籍出版社1993年版
《汪尧峰先生(琬)年谱》	赵经达编	1925年昆山赵氏刻《又满楼丛书》本
《王恭襄公(王琼)年谱》	张友椿编	1936年太原王氏齐芳堂铅印本
《王世贞年谱》	郑利华编	复旦大学出版社1993年版
《王阳明(王守仁)年谱节录》	陈筑山编	1933年中华平民教育促进会北平铅印本
《文征明年谱》	周道振、张月尊编	百家出版社1998年版
《吴嘉纪年谱》	蔡观明编	1964年油印本
《吴渔山先生(历)年谱》	陈垣编	1937年北平辅仁大学刻蓝印本
《徐闇公先生(孚远)年谱》	陈乃干、陈洙编	1926年金山姚氏怀旧楼刻《钓璜堂存稿》本
《徐俟斋先生(枋)年谱》	罗振玉编	民国八年上海聚珍仿宋印书局铅印本
《薛瑄学术思想研究论文集》	赵北耀主编	山西古籍出版社1997年版
《颜习斋先生(元)年谱节本》	瞿世英编	1929年中华平民教育促进总会铅印《修养集》本
《杨维桢年谱》	孙小力编	复旦大学出版社1997年4月第1版
《元明清三代禁毁小说戏曲史料》	王利器辑	上海古籍出版社1981年版
《增订晚明史籍考》	谢国桢撰	上海古籍出版社1981年版
《张溥年谱》	蒋逸雪撰	齐鲁书社1982年版
《张秀民印刷史论文集》	张秀民撰	印刷工业出版社1988年版
《浙东学术史》	管敏义主编	华东师范大学出版社1993年版
《浙江方志考》	洪焕椿撰	浙江人民出版社1984年版
《郑延平(成功)年谱》	许浩基编	1926年许氏杏荫堂铅印本
《中国丛书广录》	阳海清编	湖北人民出版社1999年版
《中国丛书综录》	上海图书馆编	上海古籍出版社1986年版
《中国丛书综录补正》	阳海清编	江苏广陵古籍刻印社出版
《中国大书典》	黄卓越、桑思奋主编（楚庄特约主编）	中国书店1994年版
《中国地方志联合目录》	中国科学院北京天文台主编	中华书局1985年版
《中国地方志综录》	朱士嘉编	商务印书馆1958年版
《中国法制通史》第7卷	张晋藩、怀效锋主编	法律出版社1999年版
《中国佛学人名辞典》	比丘明复编	中华书局1988年版
《中国封建社会教育史》	杨荣春撰	广东人民出版社1985年版
《中国古代学校教育制度考略》	王志民、黄新宪撰	首都师范大学出版社1996年版
《中国古代著名哲学家评传》续编四（明代部分）	赵宗正、李曦编	齐鲁书社1982年版
《中国古籍编撰史》	曹之撰	武汉大学出版社1999年版

《中国古今名书大观》	张成德主编	山西人民出版社1996年版
《中国活字印刷史》	张秀民、韩琦撰	中国书籍出版社1998年版
《中国家谱联合目录》	中国科学院北京天文台编	中华书局1958年版
《中国教育大系·历代教育名人志》	顾明远主编	湖北教育出版社1994年版
《中国教育史》	孙培青主编	华东师范大学出版社1992年版
《中国近80年明史研究论著目录》	中国社会科学院历史研究所明史研究室编	江苏人民出版社1981年版
《中国考试制度史料选编》	杨学为等编	黄山书社1992年版
《中国科学技术的西传及其影响》	韩琦撰	河北人民出版社1999年版"西学东渐丛书"本
《中国历代人名辞典》	张撝之、沈起炜、刘德重主编	上海古籍出版社1992年版
《中国历代人物年谱考录》	谢巍编撰	中华书局1992年版
《中国历代小说序跋集》	丁锡根编	人民文学出版社1996年版
《中国历史大事编年》第4卷	张习孔、田珏主编	北京出版社1987年版
《中国明代教育史》	尹选波撰	安徽人民出版社1994年版
《中国明代思想史》	王健撰	人民出版社1994年版
《中国年谱辞典》	黄秀文主编	上海百家出版社1997年版
《中国前近代思想的演变》	（日）沟口雄三著 索介然、龚颖译	中华书局1997年版
《中国儒家学术思想史》	刘蔚华、赵宗正主编	山东教育出版社1996年版
《中国儒学史》(明清卷)	苗润田撰	广东教育出版社1998年版
《中国史学史资料编年》	杨翼骧编	南开大学出版社1987年版
《中国书文化要览》(古代)	施金炎编著	湖南教育出版社1992年第1版
《中国书院辞典》	季啸风主编	浙江教育出版社1996年版
《中国书院史资料》	陈谷嘉、邓洪波主编	浙江教育出版社1998年版
《中国通史》(图鉴版)第4卷	隆炜主编	中国档案出版社出版
《中国通史·第九卷·中古时代—明时期（上、下）》	王毓铨主编	上海人民出版社1999年版
《中国文化史年表》	虞云国等编	上海辞书出版社1990年
《中国文化史知识丛书·中国印刷史话》	张绍勋撰	商务印书馆1997年版
《中国文学编年录》	刘德重编	知识出版社1989年3月第1版
《中国文学编年史》	陈文新主编	湖南人民出版社2006年
《中国文学史》第4卷	袁行霈主编	高等教育出版社1999年版
《中国文学史大事年表》	吴文治编	黄山书社1993年
《中国文学思想史合璧》	谭丕模撰	北京师范大学出版社1994年版
《中国学术名著大词典》(古代卷)	吴士余、刘凌主编	汉语大词典出版社2000年版
《中国学术名著提要》(政治法律卷、哲学卷、历史卷、教育卷、语言文字卷、艺术卷、经济卷、科技卷)	周谷诚主编	复旦大学出版社出版
《中国移民史》第5卷	葛剑雄主编	福建人民出版社1997年版
《中国音韵学史》	张世禄撰	商务印书馆1998年版

《中国与欧洲早期宗教和哲学交流史》	张西平撰	东方出版社2001年版
《中华文化通志·经学志》	许道勋、徐洪兴撰	上海人民出版社1998年版
《中华文化通志·明代文化志》	商传撰	上海人民出版社1998年版
《中算史论丛》	李俨撰	科学出版社1954—1955年版
《中外图书交流史》	彭斐章主编	湖南教育出版社1998年版
《中外文学交流史》	周发祥、李岫主编	湖南教育出版社1999年版
《中外医学交流史》	李经纬主编	湖南教育出版社1998年版
《中外宗教交流史》	楼宇烈、张志刚主编	湖南教育出版社1998年版
《钟惺年谱》	陈广宏编	复旦大学出版社1993年版
《祝允明年谱》	陈麦青撰	复旦大学出版社1996年版
《珠算与实用算术》	劳汉生撰	河北科学技术出版社2000年版
《左忠毅公(光斗)年谱定本》	马其昶编	1925年蓬莱慕氏京师刻本

论 文 部 分

《艾南英是非辨述》	谢苍霖	《九江师专学报》1988年第3期
《辨伪学家胡应麟》	仓修良	《浙江学刊》1998年第5期
《〈博笑记〉和沈璟的戏曲创作》	叶长海	《中国文学研究》1987年第2期
《〈菜根谭〉与晚明社会经济》	李星	《汉中师院学报》1994年第3期
《〈藏书〉和李贽的史识》	马兴东	《史学史研究》1995年第4期
《曹端和他的官箴》	李文林	《中州今古》2000年第4期
《陈第与世善堂》	刘明	《东南文化》2001年第7期
《陈献章"以自然为宗"的学术思想体系》	张运华	《五邑大学学报》(社会科学版)2000年第4期
《陈献章的处世之道》	宋志明	《文史哲》1999年第3期
《陈献章的道德范畴理论》	宋志明	《学术研究》1997年第11期
《陈献章的教育活动及思想》	刘平	《湖南大学学报》(社会科学版)2000年第3期
《陈献章的仁学思想》	宋志明	《孔子研究》1997年第4期
《陈献章工夫论评述》	宋志明	《中国哲学史》1997年第3期
《陈献章诗论探微》	章继光	《船山学刊》1997年第2期
《陈献章思想与明代思维发展简论》	魏宗禹	《开封大学学报》1998年第4期
《陈献章心学的道家品味》	冯达文	《孔子研究》1995年第1期
《陈献章心学简论》	陈奇	《贵州师范大学学报》(社会科学版)1996年第3期
《陈献章学术思想的全方位探讨——陈献章国际学术研讨会综述》	张运华、刘兴邦	《五邑大学学报》(社会科学版)2001年第2期
《程敏政的心性之学及其在儒学史上的地位》	陈寒鸣	《扬州教育学院学报》2000年第2期
《刍论罗洪先〈广舆图〉对朱思本〈舆地图〉的继承与发展》	周建平、叶新建	《南昌大学学报》1999年第1期
《〈楚辞集解〉刻本的几个问题》	熊良智	《四川师范大学学报》1994年第4期
《从〈苏平仲文集序〉看刘基的文学思想》	吕立汉	《丽水师范专科学校学报》1998年第3期
《从首善书院之禁毁看晚明政治与讲学的冲突》	陈时龙	《史学月刊》2003年第8期
《对钱伯诚〈宋濂〉之补正》	郭福义	《西南民族学院学报》1994年第2期
《冯梦龙著作编年与考证》	傅承洲	《烟台大学学报》1989年第1期
《高棅〈唐诗品汇〉与明代格调派诗学辨体理论》	邓新跃	《湖南科技大学学报》2005年第3期
《古代南方文学关系的结晶——〈赤雅〉》	梁庭望	《广西民族研究》2000年第3期
《管仲、诸葛亮、刘基的经济思想》	留葆祺	《丽水师范专科学校学报》1998年第3期

文献	作者	出处
《〈归评史记〉对〈史记〉的接受》	王齐	《文艺研究》2005年第6期
《胡登洲的籍贯及生平史实考辨》	陈崇凯	《西北民族研究》1993年第2期
《胡居仁儒学思想述评》	王伟民	《江西社会科学》1988年第3期
《胡应麟生平及诗学思想研究综述》	王明辉	《江西财经大学学报》2004年第2期
《胡应麟史学理论初探》	王嘉川	《天津师大学报》1996年第3期
《胡宗缵学术思想概论》	胡喜成	《甘肃社会科学》2005年第4期
《季本、丰坊与明代〈诗〉学》	刘毓庆	《中国文学研究》2003年第3期
《嘉靖前期科举制度的改革及其现代启示》	田澍	《西北师大学报》2000年第6期
《简论陈献章的"万化我出"说》	宋志明	《中国人民大学学报》1997年第4期
《江门心学简述》	崔大华	《中州学刊》1986年第2期
《焦竑的史学思想》	王勇刚	《殷都学刊》2001年第3期
《〈焦氏笔乘〉公案与嘉靖学术思潮》	何泉达	《史林》1995年第4期
《李见罗其人及"止修"之学》	张克伟	《郑州大学学报》1994年第4期
《刘基和宋濂》	魏青	《殷都学刊》2000年第4期
《刘基论》	吕立汉	《文学评论》1999年第5期
《〈刘基评传〉评介》	陈永革	《镇江师专学报》(社会科学版)1997年第2期
《刘基文集版本源流考述》	吕立汉	《文学遗产》2000年第2期
《〈录鬼簿续编〉作者考辩》	张志合	《郑州大学学报》1988年第6期
《略论刘基的政治思想》	郝兆矩	《中国史研究》1998年第3期
《论〈宋元学案〉〈明儒学案〉的理学史观点》	卢钟锋	《孔子研究》1987年第2期
《论陈献章心学思想的理论意蕴和特色》	方国根	《孔子研究》2000年第2期
《论明代前期史学之衰落》	杨艳秋	《求是学刊》2005第1期
《论宋濂的"为文"思想》	谢其祥	《广西师院学报》(哲学社会科学版)1997年第2期
《论宋濂的诗学理论》	张涤云	《华中师范大学学报》(哲学社会科学版)1997年第5期
《论宋濂的颂圣文学——兼论颂圣文学的基本特征与明初君臣关系》	索宝祥	《文学遗产》2001年第3期
《论宋濂的文论与散文创作》	张仲谋	《徐州师范大学学报》(哲学社会科学版)1996年第2期
《论宋濂对传记文学发展的重要贡献》	陈兰村	《浙江师大学报》(社会科学版)1995年第4期
《论宋濂诗中的人物形象》	张学忠	《西安联合大学学报》2002年第1期
《明初理学向心学的演变》	李霞	《江淮论坛》2000年第6期
《明初理学之冠——曹端》	陈留成、杜建成	《东方艺术》1998年第4期,《中州今古》2000年第5期
《明代画坛二张复考辨》	沈歆	《南京艺术学院学报》(美术与设计版)2009年第1期。
《明代儒佛道的合流及其世俗化》	陈宝良	《浙江学刊》2002年第2期

标题	作者	出处
《〈明代外国官生在华留学及科考〉质疑》	郭培贵	《历史研究》1997年第5期
《明代外国官生在华留学及科考》	黄明光	《历史研究》1995年第3期
《明人史著编年考录》	钱茂伟	《浙江学刊》1994年第6期(总第89期)
《〈明实录〉与〈李朝实录〉之比较研究》	孙卫国	《求是学刊》2005年第2期
《〈欧阳贤哀思录〉略记》	胡丹	《南方文物》1994年第4期
《"平生愿执菊坡鞭"——陈献章与崔与之》	张其凡	《暨南学报》(哲学社会科学版)1996年第3期
《评宋濂、高棅的诗文理论》	刘宇	《新东方》1997年第1期
《〈清平山堂话本〉校点拾补》	王文晖	《古汉语研究》2003年第4期
《〈全蜀艺文志〉的编者是谁?——400多年前的一桩著作权遗案》	蓝勇	《文史杂志》1997年第1期
《让明珠重辉国宝永传后世——〈洪武南藏〉再版纪实》	范敏	《法音》2001年第4期
《〈三教开迷归正演义〉成书背景初探》	薛世平	《福建师大福清分校学报》1996年第1期
《史学与明初政治》	向燕南	《浙江学刊》2002年第2期
《试论刘基的文学思想》	吕立汉	《浙江社会科学》1999年第6期
《试述曹端及其人才观》	阎现章	《晋阳学刊》1994年第4期
《〈叔苴子〉以道融儒佛的思想特色》	杨达荣	《广西师范大学学报》1987年第3期
《宋濂的佛教观》	李道进	《浙江学刊》1995年第3期
《宋濂简谱(续)》	陈葛满编	《浙江师大学报》(社会科学版)1994年05期
《宋濂简谱》	陈葛满编	《浙江师大学报》(社会科学版)1994年02期
《宋濂佚文〈杨氏家乘序〉及其价值》	常建华	《天津师大学报》(社会科学版)2000年第1期
《宋濂政治教育思想论》	宋开之	《河海大学学报》(社会科学版)1999年第4期
《吴与弼的人格修养论》	张俊相	《求是学刊》1994年第2期
《吴与弼政治思想的进步性》	张俊相	《学术交流》1994年第3期
《许谦、黄溍、宋濂佚文辑考》	龚剑峰	《浙江师大学报》(社会科学版)1998年第6期
《薛瑄的理学思想》	姜国柱	《孔子研究》1995年第2期
《薛瑄在山东述论》	张宗舜	《齐鲁学刊》1995年第4期
《学者之文:重在于用——宋濂和他的散文》	高志忠	《北方论丛》1994年第2期
《也谈刘基接受朱元璋聘用的思想动机》	黄月林	《浙江师大学报》(社会科学版)1995年第6期
《元明正一天师与武当道》	杨立志	《武当学刊》1996年6月第16卷第2期
《〈粤大记〉及其版本考》	骆伟	《广东图书馆学刊》1987年第3期
《湛若水心学思想的理论特色——	方国根	《哲学研究》2000年第10期

兼论湛若水与陈献章、王阳明心学的异同》		
《〈重编广韵〉考》	崔枢华	《古汉语研究》1997年第2期
《〈重订司马温公等韵图经〉的声母系统》	郭力	《古汉语研究》2004年第2期
《朱熹理学的历史命运与陈献章的思想关系》	李锦全	《齐鲁学刊》1998年第1期
《朱元璋之为君和宋濂之为文》	郭预衡	《北京师范大学学报》(社会科学版)1996年第3期
《自成一家之言的学术专著——读黄明同〈陈献章评传〉》	李锦全	《广东社会科学》2000年第2期

人 物 索 引

（按笔画排）

二 画

丁士美　806,807,818,856,860
丁川　280,393,442,450
丁之鸿　1172
丁云鹏　765,1110
丁仁　552
丁元吉　432,621
丁元贞　284
丁元荐　824,887,917,995,1023,
　　1024,1039,1068,1084,1091,
　　1092,1093,1110
丁凤　35
丁友声　1162
丁文祥　619
丁文策　1162
丁礼　250
丁节　102
丁此吕　881,905
丁汝夔　772
丁玑　373,447,620,621
丁自申　674,774,905
丁伯通　443
丁应泰　977,1000
丁进　1067
丁松年　432
丁绍轼　1029,1051,1090,1091
丁养浩　346,484,684
丁显　112,114,121
丁祐　455

丁宾　748,857,1134
丁晋　157,250
丁珝　1080
丁积　327,447,462,463,481,487
丁继嗣　1064
丁乾学　1056,1067,1090,1092,
　　1102,1105
丁朝立　1003
丁遂　1001
丁嵩　261,265
丁璿　455
丁毅　223
丁澎　1076
丁畿　634
丁蕙　1152
丁鹤年　71,85,105,107,123,244,
　　256,262
丁镛　412
丁懋逊　1057,1060
丁耀亢　975,1061,1068
刁包　990,1103
刁查　199
刁锐　554
卜大同　608,723,795,881
卜大有　881
卜大顺　881
卜世昌　994,998,1003
卜同　436
卜宗洛　881
卜弥格　1031
卜舜年　1035,1184

三 画

万士和　630,737,918
万宁　439,1062
万民纪　926
万民慈　1081
万玉山　272,275,645
万安　308,334,374,375,377,396,
　　402,411,412,419,422,436,446,
　　452,457,461,463,467,469,477,
　　478,482,483,485,494,503,509,
　　539,609,610,766,819
万廷言　1019
万廷彩　687
万廷谦　1029
万观　123,242,298,342
万寿祺　990,1114,1118,1122,
　　1132,1133,1136,1154,1160,
　　1178
万时华　1132,1153
万杏坡　454
万言扬　1086,1092
万连昆　1060
万国寿　1062
万表　550,623,640,644,649,668,
　　678,693,698,700,704,709,715,
　　745,746,757,760,767,773,780,
　　782,788,790,792,799
万郁文　1064
万树　1121
万炯　778

万恭 865,957
万振孙 865
万泰 971,1127,1132,1157,1171,1175,1177
万浩 783,784,823,860
万斯大 1134
万斯同 1046,1157
万斯年 1050
万斯选 1116
万虞恺 757,777
万鉴 778
万潮 616,643,648,667,687
万燝 1092
上官铉 1026
习孔教 876,879,916
习成 132
习经(习嘉言) 126,234,349
于子仁 114
于凤喈 596,617
于孔兼 727,891,927,950,986,992,1029,1030,1043,1092
于成龙 1050
于邦栋 938
于材 447
于尚宝 976
于若瀛 994
于奕正 957,1141,1142,1143,1152
于觉世 1059
于祥 655
于冕 440
于渊 348
于湛 432,659,762,764,871
于琳 962
于谦 164,243,264,275,276,293,302,321,328,333,334,343,347,367,372,398,402,425,450,498,523,531,898
于慎行 262,756,847,876,879,910,927,960,1000,1006,1008,1015,1034
于慎思 699,927
于镒 432
于震 687

于器之 26
兀鲁伯 144,338
卫周祚 1031
卫承芳 925
卫杰 481
卫钧 847
卫浩 183
卫靖 260,296,414
囗山 184
囗伯辉 876
囗近仁 6
囗璩 216
尢芳 255
干特 1165
弓元 534,535
门升 374
门达 374,385,389,392
门克新 143,1112
马一龙 761,858
马上荣 1151
马士龙 1082
马士英 939,1002,1111,1153,1163,1175,1180
马士贤 296
马子才 136
马中良 925
马中锡 327,394,436,441,475,499,551,587,595,613,618
马之骏 1037
马之骐 1017,1019,1051,1098
马云 248
马元吉 719
马元调 1065
马孔昭 1033
马文升 266,344,399,409,420,422,436,440,446,447,451,463,469,474,477,482,483,491,494,500,516,522,525,542,550,564,568,573,574,579,606,611
马文生 629
马文炜 930
马文盛 542
马世俊 1016

马仪 463
马伟 746
马光远 1131
马光裕 1026
马协修 965
马守真(马守贞) 769,996
马廷用 327,447,641
马成 389
马成基 1067
马有容 296
马朴 1094
马欢(马观) 229,346,807
马汝骥 632,747
马自强 621,785,818,852,856,860,876,882
马负图 1038
马应龙 973
马应乾 876
马京 114,184,256
马国柱 1135
马奇 733
马孟祯 1027,1092
马录 840,871
马性鲁 651
马昂 405,408,480
马明瑞 1003
马明衡 622,687
马杰 1097
马治 6
马注 1165
马绍荣 386,398,492,567
马经纶 975,979,984
马金 602
马鸣起 1092
马鸣鸾 921
马宣 777
马荩臣 708,712,812
马顺 17,318
马卿 1147
马珙 362
马祥 458
马继志 876
马逢皋 1067

人物索引

马逢赐 975
马铎 217
马堂 976
马梦吉 1033
马淳 552
马理 435,546,569,588,589,623,
  631,636,662,672,677,683,696,
  700,704,726,742,745,794
马维铭 1040,1041
马翌 19
马象乾 924
马骕 1071
马愉 147,267,268,284,287,295,
  307,312,313,323,329,498
马敭 696
马琬 6,54,92
马愈 377,393,406,488
马德新 966
马蕙 282,555
马曒 526,530,555
马衡 657
马龠 633
马懿 85
马麟 374

四　画

不沾泥 1117
丰庆 305,702
丰坊 305,659,702,721,823
丰耘 702
丰寅初 142,175
丰熙 418,467,552,662,702,721,
  832,840
丰稷 702
乌斯道 43,48,60,64,77,86,115,
  123,170,256
亓诗教 991,1027,1039,1041,
  1054,1076,1112
亢世英 712
仁孝皇后 185,196,202,206
仇天民 793

仇兆鳌 1157
仇朴 835
仇机 147
仇英 524,607,645,661,678,720,
  737,741,745,792,794,800,808
仇鸾 765,772,779,780
仇黄 749
仇森 835
元宗孔 955
元杰 14
元陋 319
元统 9,25,108,109,138,274,445
元敬 63,669,923
公哥监藏巴藏卜 58
公家臣 876
公鼎 1092
公鼐 1045,1061,1067
凤朝文 672,775
区大任 789
区大伦 1060,1092
区大相 950
区玉 637
区时行 443
区越 687
卞诗教 1023
卞峡 705
卞荣 266,323,379,431,445,549
卬须子 1182
天海藏 952
孔天胤 593,701,712,781,896
孔弘泰 418
孔弘毅 1142
孔正夫 47
孔有德 1131,1149
孔讷 107
孔贞丛 1014
孔贞宁 765
孔贞时 1033,1055
孔贞运 1056,1108,1112,1185
孔贞翰 765
孔克仁 24
孔克坚 1
孔克表 53,151,152

孔宏绪 411
孔希学 3,94
孔尚贤 795
孔尚标 1164
孔承庆 365
孔庭训 687
孔彦章 601
孔彦绳 594
孔彦缙 248,343
孔彦雍 517
孔彦裪 398
孔彦遂 601
孔胤植 1071,1182
孔闻韶 573,590,598,601,699,
  703
孔谅 284
孔绩 547
孔森 56
孔旸 103
尤义 40,133,141
尤世禄 1102
尤应鲁 960
尤时熙 577,636,654,658,707,
  732,741,749,760,830,854,893,
  902,931,940,966,967,1035
尤良 56
尤侗 1054,1163
尤谦 193,415
尤敉 655,878
尤麒 771
尹一仁 707,804
尹士达 488
尹台 597,711,780,884,889
尹守衡 776,1109,1124,1159
尹吴真 224
尹际可 837
尹旻 385,398,446,457,469,477,
  509
尹昌 287
尹昌隆 28,151,165,173,190,
  193,203,232
尹直 270,355,374,391,398,408,
  414,415,416,477,480,482,485,

494,534,560,575,581,600,615
尹诚 354
尹宣 400
尹宽 248,468,493
尹玺 463
尹耕 701,708,838
尹崔肖 920
尹梓 850
尹嘉言 580
尹嘉宾 862,1019,1076
尹镗 231,291
尹襄 474,615,674
廿公 1049
开济 53,106,107
戈镐 31
扎巴坚参 124,198,408
支大纶 709,869,959,995
支允坚 1183
支玄 478
支立 319,392
文之勇 243,1158
文从简 872
文伯仁 572,806,875
文志正 369
文林 9,325,374,423,447,476,524,546,558
文秉 1086
文柟 962
文洪 266,423,443,447,453,558
文原吉 2,55
文掞 1170
文章 724
文彭 293,544,550,706,846,850,866,923,1000,1148
文翔凤 1018,1049,1069
文嘉 567,678,693,719,792,904,1129
文肇祉 642,923,1065
文徵明 604,606,607,610,615,619,623,631,632,635,636,645,646,651,658,659,661,669,672,674,678,693,697,700,704,706,737,739,740,741,745,749,752,754,761,777,778,782,784,788,792,794,801,803,804,808,840,862,866,871,875,878,885,886,888,896,899,904,923,955,1030,1079,1110,1118,1179
文德翼 1137
文澍 403
文震亨 914,1094,1150
文震孟 872,896,951,964,976,1023,1071,1074,1084,1092,1098,1103,1106,1107,1118,1127,1132,1135,1140,1145,1148
方一支 841
方于鲁 1110
方大任 1092
方大美 988
方大镇 814,930,1055,1063,1118,1120
方中 487,963
方中履 1157
方中德 1130
方从哲 991,1032,1037,1038,1039,1048,1050,1055,1059,1060,1061,1067,1073,1111
方孔炤 939,1045,1048,1051,1055,1063,1093,1107,1109,1114,1118,1120,1149,1154,1158,1162,1167,1171,1178,1180
方文 30,97,1031,1093,1114,1118,1122
方文照 255
方以正 223
方以智 884,1026,1040,1045,1048,1051,1055,1062,1075,1077,1093,1098,1103,1107,1108,1114,1118,1119,1122,1124,1127,1131,1132,1133,1136,1140,1141,1144,1145,1149,1153,1154,1155,1156,1157,1158,1159,1160,1162,1164,1166,1167,1171,1172,1175,1177,1180
方尔止 1145
方弘静 630,774,1025
方汉 231,375,483
方禾 687
方立诚 1015
方向 458,494
方有度 1056,1092
方朴 7
方行 325,873
方克勤 33,43,65,75
方员 698,755
方员度 1092
方孝孺 8,10,13,24,36,43,48,53,54,61,65,66,70,71,73,75,76,77,79,80,83,85,86,90,95,100,102,105,106,115,118,121,125,127,130,133,136,139,141,145,147,148,152,154,161,162,164,165,166,167,169,170,172,173,177,178,179,180,194,195,214,247,312,330,390,437,456,460,558,621,738,905,1072,1073,1087,1145
方应明 1062
方应选 903,908,960
方时化 951,968,975,1078
方远宜 742
方其义 1059
方叔贤 642,648
方叔衡 167
方国珍 6,7,10,185,197,256
方孟式 1114
方学渐 735,973,1040,1042,1120
方定 55,158
方尚祖 1075,1099
方岳贡 1119,1123
方朋哲 1056
方泌 530
方英 35,598
方临 454
方信 714,820
方勉 141,223,418
方拱乾 962,1108
方昶 191
方宾 173,242
方润 668
方莱崇 797
方辂 806

方逢年 1092,1102,1121
方逢辰 8,390
方清 751
方维仪 914,1075
方象瑛 1130
方逵 410
方瑛 228,378
方道叡 8
方廉 877
方献夫 481,588,612,633,662,
　668,676,677,680,686,687,693,
　696,699,700,703,707,726,752,
　866
方献科 616
方瑜 826
方鹏 418,603,631,673,678,683,
　704,713,724,729,733,735,870
方熊 1101
方熙 287
方豪 661,938,1099
方毂 1158
方震孺 914,1085,1092,1145,
　1175
方瀓 351
方燧 298
木讷 404
木增 974,1158
毋纯德 662
毛一公 1041
毛一鹭 1028,1061,1112
毛士龙 1084,1092
毛允遂 940,1080
毛凤韶 651,673,677
毛文龙 1113,1123
毛以徐 904
毛以燧 1034,1095
毛玉 653,662
毛仲 336
毛先舒 1067
毛吉 266,355,382,401
毛延魁 910
毛纪 391,484,494,626,630,631,
　638,646,658,662,663,755

毛伯温 465,486,516,525,553,
　564,580,588,603,736,756
毛宏 405,406,409
毛际可 1134
毛奇龄 420,1081,1123,1128,
　1159
毛宗岗 169,1130
毛宪 416,615,687,695,711,713,
　820
毛宪副 606
毛显 374
毛栋 756
毛科 447,580,590
毛宸 1165
毛晋 12,16,38,61,111,126,262,
　312,501,975,1048,1075,1095,
　1103,1108,1120,1128,1133,
　1146,1156,1159,1164,1173,
　1178,1182,1183
毛泰亨 173
毛调元 1046
毛铉 155
毛乾乾 1071
毛奇 1067,1103,1151
毛肇宗 191
毛德京 798
毛澄 384,518,520,610,622,631,
　646,658,661,721,742,842
水之文 820
水佳胤 900
火者·盖耶速丁 237
牛凤 742
牛木山 793
牛纶 374
牛孟耕 758
牛若麟 1173
牛衷 370
牛谅 13,23,40,53,55,59
牛景先 269
王偀 257,344,374,398,408,428,
　443,446,452,464,471,522,527,
　531
王一化 881
王一宁 154,234,291,328,330,

　344,347,349
王一龙 937,1010
王一和 687
王一清 1063
王一夔(谢一夔) 262,379,419,
　446,478,489
王九思 411,507,535,579,602,
　618,661,674,691,703,755,778
王九畴 1037,1069
王二 547,1102
王人聘 973
王三余 930
王义 230
王士性 759,966,971
王士昌 954,1039
王士枯 1130
王士祯 18,26,63,126,168,169,
　312,323,435,460,540,562,994,
　1118,1164,1172
王士骐 788,791,929,937,959,
　974,1011
王士禄 1101
王士翘 767
王士鹄 1054
王士禛 1140
王大用 588,682
王大任 818
王大年 1112
王大经 1071
王大梁 1106
王大渊(王渊) 34
王子难 724
王子谦 143
王与槐 774
王与龄 841
王丰肃(高一志) 997,1044
王之士 685,754,803,911,935,
　999
王之训 687
王之臣 989,1101,1102,1112
王之京 707
王之采 1046
王之垣 680,734,820,888,889,
　995

王之宷 1039,1082,1084,1092,1096
王之弼 707
王之锐 1043
王之翰 978,979
王书绅 711
王云凤 401,470,537,546,548,590,591,606,608,610,634,842
王仁义 364
王介 45,951
王允升 143
王允成 1086,1092
王元正 662,694,755,840
王元贞 940
王元坤 966
王元修 918
王元宾 912
王元彩（王叔英） 111,113,118,121,145,151,152,165,173,178
王元趾 1157
王元雅 1092
王元鼎 734
王元翰 1023,1092
王化贞 1071,1091,1095,1181
王化泰 1005
王化醇 759,1071
王升 925,934,978
王天宇 537
王夫之 1059,1075,1094,1108,1137,1158,1166,1172,1176,1178,1181
王心 775
王心一 1092
王文 310,313,319,323,343,344,347,348,350,351,355,359,361,362,367,372,398,439,450
王文凤 427
王文轩 687
王文铏 687
王文禄 697,731,767,908
王文静 157
王文儒 687
王文輗 687
王文璧 580,994

王曰乾 1031
王韦 617,619,631,649,657,674,726,755
王世贞 29,129,147,165,372,424,520,618,627,674,691,726,728,732,744,745,749,750,758,761,767,770,773,777,780,788,792,795,796,798,800,803,805,806,810,811,812,813,822,825,831,834,835,843,844,846,848,850,851,853,854,855,858,860,861,864,865,868,871,872,873,874,875,877,878,882,884,886,887,889,890,892,895,898,899,900,905,907,908,911,913,916,917,918,920,923,924,927,929,931,933,934,935,938,939,949,953,956,957,969,971,977,986,987,994,1037,1043,1070,1076,1103,1129,1147,1160,1182
王世英 228
王世懋 717,807,843,860,892,895,898,907,911,913,916,918,923,927,929,935
王业洵 1123,1157,1158
王业浩 1112,1144
王东鲁 937
王乐水 1108
王仙 273
王代 687
王以文 209
王以悟 1024
王以旗 481
王仪 1029
王尔彦 937
王弘 432,598
王弘祚 990
王弘海 154,743,830,876,887,903,916,929,1050
王弘撰 1067
王旦 962
王本 89
王本中 32
王正 78,651
王正亿 688,696,700,772,846

王正宪 625,775
王正思 723
王正容 985
王正蒙 912
王永光 1083,1107,1111,1112,1113
王永兴 1081
王永和 132,338
王永积 1159
王玄圆 1075
王玉 287,494
王玉铉 838
王用宾 703
王用盛 255
王礼 9,119,367,374,699,1028
王立中 115
王立爱 1046
王立道 611,711,765
王节 975
王讬 760,769
王龙覆 549
王乔龄 694
王交 748,749
王伟 297,360,406,415
王伦 270
王兆云 994,1064
王光承 1005
王光鲁 1137,1177,1179
王光蕴 998
王华（海日翁） 327,457,458,460,463,477,545,656
王在晋 828,1025,1033,1037,1072,1112,1155,1178
王好问 95,634,774,842,899
王好贤 1036,1072
王如坚 937
王存敬 998
王孙昌 1029
王宇 326
王守仁（阳明） 169,414,426,435,440,445,462,463,466,469,477,492,499,500,504,514,515,519,520,534,541,545,551,554,

559,562,563,565,567,573,574,
575,578,584,585,587,590,593,
594,598,601,606,609,612,613,
616,618,622,623,630,635,637,
639,642,647,652,653,657,663,
664,665,667,671,675,681,685,
686,717,726,743,747,752,764,
779,782,790,809,817,821,824,
827,841,848,870,878,881,885,
906,914,926,938,943,961,994,
1016,1030,1100

王守文 684
王守诚 904,934
王守俭 684
王守第 687
王安 1068,1081
王安国 1174
王尧日 748,749
王尧封 687
王庆 487
王延年 876
王延龄 183
王廷干 741,782
王廷陈 632,755
王廷相 435,568,579,602,607,
 619,628,636,640,656,659,660,
 677,683,689,691,693,703,704,
 705,707,711,714,716,725,728,
 736,739,745,751,778,809,816,
 838,841,842
王廷谏 977,988,1109
王廷辅 687
王廷稷 877
王廷耀 785,786
王成章 512
王有容 973
王汝玉（王璲） 57,167,169,
 183,196,216,228,325,376
王汝训 976
王汝邻 463
王汝霖 708
王汝懋 881
王江 651,791
王玒 707,723

王约 517
王纪 1077,1085,1092
王羽 266
王耒贤 965
王臣（王阳明弟子） 724,726,
 737,738,781,782,783,785,824,
 839
王臣（成化间侍讲）
王至章 1138
王艮（汝止） 643,734
王艮（敬止） 179
王行 48,55,102,118,121,146,
 147
王衣 734
王西石 766,769
王观 5,118
王许之 503,887
王贞庆 424
王达 72,145,149,157,159,169,
 173,189,193,194,195,199,203,
 205,241,253,337
王达善 134
王邦才 1060
王邦瑞 533,633,699,817
王齐 720
王亨 160,184
王伯稠 743,907,929,1038
王似 881
王佐（汝学,临高人） 328
王佐（彦举,南海人） 54
王佐（海丰人） 338
王体 1112
王体复 956
王余佑 1043
王利宾 922
王含九 1127,1132
王启 411,484,664,709
王圻 42,47,106,169,445,695,
 830,856,918,960,965,989,994,
 1007,1015,1032,1038
王孚 186,206,298
王完 848
王宏海 836
王希范 271

王希贤 620
王希烈 818,842,852,859,868
王应山 895,1029
王应元 861
王应电 729,747,784,822
王应时 797
王应选 876
王应泰 1112
王志长 1159
王志坚 878,1017,1018,1057,
 1075,1103,1122,1134
王志道 1082
王忬 773,779,787,788,791,793,
 806,810,811,834,843,990
王抃 1111
王时正 651
王时英 1112
王时柯 662
王时泰 937
王时敏 943
王时椿 728
王时槐 96,125,278,301,305,
 518,657,715,738,761,843,849,
 856,860,907,937,951,990,999,
 1050
王时熙 1027,1092
王杏 707,711
王材 885
王来 148,265,268,273,279,340,
 418
王来用 1135
王汶 447
王沂 107
王沄 1127,1176
王纯 65,570
王纲 1035
王纳言 854,1062
王纶 519,570,598
王良心 887
王良臣 598
王良贵 926
王诏 422
王豸 552

王进 12,230,241,257,260,262	王所用 965,988	王俊柏 693
王钊 676	王承裕 401,420,451,463,464,	王保 3,132
王际逵 1112	472,476,478,519,678,689,725,	王修 707
王龟年 743	794	王厘 34
王佳 4	王承蕙 898	王厚孙 74
王其勤 793	王昊 1105	王受 676,688
王垔 313,323	王杰 842	王受益 65
王叔安 374	王杲 841,842	王城 341,766
王叔纪 253	王杼 920	王宣(字化卿,号虚舟) 1103
王叔承 703,961	王治 177,746	王宪 512,703
王叔杲 831,837,854	王泮 900	王度(王阳明门人) 663
王命新 1010	王泽宏 1081	王度(建文朝御史) 687
王命璇 1015	王炘 1050	王庭(字元直) 524
王命爵 976	王直(王阳明门人)	王庭(明末清初人) 290,493,
王国光 883	王直(字行俭) 387	1009,1136
王国兴 1092	王祎 4,9,16,20,21,22,24,25,	王庭兰 673
王国柱 1062	28,30,37,38,42,45,48,56,57,	王庭譔 932
王国桢 1007	65,66,69,93,96,97,98,125,158,	王彦文 194
王国泰 1112	168,169,277	王彦奇 580
王国新 876	王秉良 678	王彦淳 946
王图 950,994,1000,1017,1018,	王绂 149,157,184,193,194,205,	王思 461,615,662,666,840
1067,1084,1092	211,221,230,418,599	王思义 1015
王坤 762	王组 775	王思任 872,1079
王奇 290,645	王绅 76,133,136,148,151,152,	王思宗 869
王孟南 330	155,164,169,205,312	王思诚 593
王学益 635	王绍雍 912	王思舆 567
王学曾 1015	王绍徽 1083,1091,1112	王恂 350
王学谟 908	王肯堂 152,312,771,928,972,	王恺 12
王宗贤 1092	973,981,992,1011,1028,1035,	王政熙 1007
王宗显 120	1038	王昺 803
王宗植 542	王英 76,221,233,235,239,240,	王显 10
王宗道 196,229	246,249,260,264,270,290,295,	王显志 758
王宗锡 458	296,304,313,319,322,342,387	王栋 577,620,672,804,822,834,
王宠 528,636,644,645,654,668,	王英明 1029	846,854,861,873,895
669,672,678,697,701,706,808,	王虎 958	王洁 1152
817	王虎谷 537	王洙 476,607,608,651,687,758,
王宠怀 702	王表 689	775
王尚用 775	王诚 209	王洪 88,149,182,185,193,205,
王尚絅 450,568,651,698	王询 1003	210,221,222,229,230,231,241
王岳 504,555	王贤 339	王洽 1085,1092
王建常 1043	王迪 231,337	王济 453,649,656,735
王忠铭 946,969,973	王金 834	王济甫 766
王念伟 707	王举直 37	王点 1040,1112
	王俊华 143,145	

王珀杨 570	王真 167	王望如 1081
王相 214,662	王祯甫 669	王梅南 691
王省 160	王秩登 965	王梦求 1127
王祖嫡 876	王素亨 210,305	王淑汴 1092
王祚远 1051,1094	王继文 1010	王渐逵 550,633,687,809
王祚昌 1092	王继祀 1003	王焕如 1173
王竑 340,353,401,431,485,489,560	王继洛 782	王琎(器之) 195
王诰 625	王继谟 1092	王琏 47,223
王贵 389	王莹 292,299	王盖 23,579
王重贤 526,683	王谊 278	王盛 495
王钝 129,165,172,174,190,201	王轼(字用敬) 597	王绪 589
王钟 486	王轼 306,394,559,687	王维俨 1015
王钟庞 1092	王辂 504	王维桢 600,691,711,753,795
王钦诰 977	王逢(乐平人) 265	王维祯 777,793
王钧 341	王逢(江阴人) 126	王翊 1176
王健 822	王逢元 649,711,731,773	王翌 11
王原祁 1174	王钰 217,291,304,335	王訢 930
王家士 782,798	王铖(字茂杨) 592	王谔 433
王家屏 717,887,907,914,937,950,996	王铖 304,505,1081	王象节 940,950
王家宾 1041	王铎 517,943,1075	王象春 1086,1092
王家植 991,1052	王顼龄 1174	王象晋 1070,1087,1142
王宾 15,16,17,53,62,143,145,151,160,178,235,312	王偁 10,41,55,133,151,174,183,193,205,209,227,241,253,299,325	王象乾 985,1020,1027
王恕(宗贯) 604	王偕 10	王𨰻 715
王恕(尚忠) 276	王冕 639	王骐 835
王恭 91,198,203,241	王勖 1016	王鸿儒 378,484,534,568,595,606,617,624,626,631,641
王拳 252	王寅 773,800,898	王巽 255
王振 253,275,287,296,305,307,310,313,316,317,318,319,326,329,330,333,334,335,342,350	王崇 131,755,844	王弼 338,436,444,550,692,1069
	王崇庆 201,474,603,708,832,965	王彭年 1118
王振奇 1092	王崇献 535,651,835	王揆 1059,1178
王桓 43,48	王崇简 987,1166	王敬夫 568
王桥 687,780	王崐 687	王敬臣 621,747,945,957,1099
王泰 480	王惟允 8	王晫 1148
王泰亨 913	王惟贤 154,700	王景 157,164,173,193,194,208
王涣 535,590,632	王惟俭 845,955,1060,1078,1100,1142	王景弘 195,275,287,288,289
王润孙 7	王惟善 238,365	王景彰 59,325
王爱 719,871	王敏道 330	王朝用 669,1112
王玺 230,264,311,517	王敕 470	王朝佐 596
王珙 598,1112	王教 453,719,739,985	王朝辅 1112
王珣 511,512,565,835	王旋 590	王朝聘 1108,1176
		王森 1036
		王琬 239,576
		王琮 758

王琳　733
王琼　378,400,404,409,417,420,450,454,458,463,466,470,474,482,499,504,505,519,530,534,543,548,568,628,681,702
王稌　107,152,195,312
王翔　368,387,388
王翘林　734
王翚　1130
王联芳　1010
王舜渔　690
王舜鹏　635
王舜韶　766
王裕　78,1112
王裕心　1081
王谦　72,78,350
王越　248,344,389,431,446,451,457,509,549,551,912
王道　18,39,79,131,188,490,492,613,616,617,640,703,704,726,741,757,761,764,937,1029
王道一　1015
王道行　747,816,835,838,896,935
王道直　1128
王道焜　1182
王雄　596
王鲁直　668
王嗣美　915
王嗣奭　840,976,1058
王廉(丽水人)　5
王廉(绍兴人)　5
王慎中　608,672,690,701,704,711,722,735,737,761,771,802,810,813,848,849,858,981,1029
王摅　1140
王新甫　822
王暕　374
王概　237,314,369,434
王槐　753
王源　191,297
王献(字惟从,咸宁人)　764
王献(字惟臣,仁和人)　498
王献臣　595

王瑄　409
王瑞国　978
王稚登　713,788,796,814,819,820,823,827,837,843,844,848,856,858,862,877,880,881,890,892,908,911,912,917,939,940,941,947,955,964,965,972,982,987,996,1009,1013,1020,1030,1058
王简可　1183
王腾　655
王蒙　24,54
王蕙　613,678,755
王路　1053
王鉴　510,830,971
王锜　30,284,389,556
王锡爵　1074,1094,1144,1162,1166,1177
王锡阐　1111
王锡韩　1157
王锡爵　709,723,819,843,849,850,852,856,859,860,863,868,873,876,879,880,883,887,890,901,907,911,916,924,927,929,932,937,944,950,951,1009,1020,1160
王鹏　420
王僎　55,65
王僖征　538
王嘉会　89,131
王嘉庆　852
王嘉秀　622
王毓蓍　1123
王演畴　951
王熙　1111
王褥　25
王端　274
王翥　769
王舆　478
王舆庵　612
王豪　305
王静　283
王韶　538,552
王龇　744

王增佑　482
王奭　1175
王履　17,106,109,134,135
王徵　858,884,1104,1183
王德完　1060
王撰　1081
王敷学　1029
王暹(希白)　149
王暹(景旸)　397
王澍　343
王璜　690
王畿　694,696,697,700,707,708,712,714,715,723,734,741,763,766,769,773,776,778,783,785,787,788,789,792,797,800,803,806,813,817,818,821,822,823,825,827,829,834,843,846,851,852,854,858,860,861,863,870,873,880,901,904,915,927,931,952,957,974,986,1001,1079,1115,1123,1148
王磐　596,665,695,747
王蕃　598
王褒　156,193,230,241,754
王遴　661,762,946,1004
王遵训　1116
王镐　327,420,592,607,608
王震　5,145,989
王鹤龄　1046
王樵　652,762,767,864,956,960,972,974,1028,1035
王澹　802
王激　622
王燧　6,205
王璞　1
王璲(王汝玉)　13,162,184,194,207,209,227
王篙　492
王翰(字用文)　84
王翰(字时举)　170
王翱　305,344,351,361,374,378,389
王衡　817,828,880,898,911,924,927,929,934,940,945,978,979,

1009,1016
王赞　877
王赞衮　876
王霖　9
王簧　1141
王徽　272,392,406,416,611
王懋明　793
王懋续　1069
王懋温　96
王懋德　884,890
王濬初　1024
王彝　30,32,37,43,45,48,54,62
王鏊　235,278,318,343,400,410,
　436,499,511,516,528,534,541,
　545,554,555,558,564,572,574,
　579,583,586,592,593,595,596,
　598,602,603,606,620,626,629,
　631,633,644,645,665,666,695,
　779,798,808
王缵　877
王䴡　616,639,732,734,772,818,
　830,849,868,876,922
王骥　295,302,304,307,319,523,
　1034
王骥德　743,802,816,903,930,
　940,994,1009,1019,1040,1054,
　1066,1079,1080,1095
王瀹　198,260,296
王瓒　309,380,388,535,559,574,
　575,592,595,598,655,665
王蘖谷　644
计六奇　1076,1086
计东　207,1096
计成　900,1138
贝泰　196,307,310
贝琳　445,509
贝琼　4,25,30,31,35,37,38,42,
　45,47,49,53,54,55,61,67,71,
　73,77,79,81,87,92,113,131,
　150,159
贝雷士　821,829
贝翱　159
车万育　1130
车应魁　1151

车明理　633
车鸣时　1015
车泰　376
车玺　528
车霆　582
邓一霈　1146
邓子龙　902,967,968
邓元锡　680,685,686,732,741,
　749,791,804,808,837,844,885,
　888,907,920,941,942,943,945,
　946,947,949,1007,1012
邓仕龙　975
邓以诰　1003
邓以讃　743,856,880,884,890,
　925,942,947,974
邓汉仪　1050
邓玉函　878,1057,1069,1104,
　1113,1115,1120,1138,1178,
　1179,1183
邓仲质　766
邓伟奇　114
邓光玉　1127,1132
邓光舒　1081
邓廷秀　262
邓廷瓒　482,524
邓迁　768
邓来鸾　1128
邓国材　976
邓定　157
邓昌　210
邓林　149,274,285
邓金香　740
邓南金　850
邓庠　329,423,665
邓炼师
邓钟　942,952,1033
邓钹　430,802,816
邓顺之　551
邓真　237,248
邓继曾　661
邓能宗　204
邓常恩　460
邓得　230

邓淮　417,458,560,575,587
邓球　807,847,854,908
邓景南　1104
邓溪　1092
邓雅　101
邓鲁　766
邓戟　678,729
韦国贤　1060
韦椿　621
韦藩　1085

五　画

丘士毅　1027,1090
丘天祐　458
丘文学　1119,1142
丘月庵　346
丘长孺　986
丘玄清（邱元靖）　15
丘兆麟　862,1019,1112,1116
丘时庸　782,820
丘时雍　379
丘彦能　13
丘浚（邱濬）　237
丘陵　274
丘维贤　1132
丘集　666,990
丘锡　166,202,291
丘霁　422,433
业文光　876
东吴弄珠客　1049
东时泰　712
东皋　523,706,1161
乐良　7
乐韶凤　32,52,53,59,61,65,91
乐䕶　435,569,823
付自成　15,151
令狐璁　629,899
仪铭　104,260,334,335,350,358
仪智　159,184,207,219,228,244,
　358
兰以权　5

兰芳　217
兰茂　154,315,441
兰陵笑笑生　1004
冉通　151
冉觐祖　1148
冯三元　1112
冯士仁　1164
冯士骅　1141
冯从吾　472,799,898,930,940,
　956,959,965,991,995,1003,
　1007,1011,1014,1020,1024,
　1029,1034,1037,1041,1048,
　1049,1060,1061,1068,1072,
　1075,1077,1081,1084,1086,
　1091,1092,1093,1095,1104
冯允中　470
冯元飏　1145,1171
冯元飙　1075,1123,1171,1174
冯文卿　459
冯世雍　697
冯玉杨　1112
冯任　1069
冯先恕　949
冯光浙　798
冯吉亨　223
冯延年　1127
冯有经　950,958,1001
冯汝弼　729
冯汝骥　703
冯驯　595
冯应京　795,822,847,850,861,
　941,945,959,964,975,979,980,
　981,989,992,993,995,998,1005
冯时可　857,902,913,976,1065
冯时行　1112
冯时雍　719
冯玘　458
冯芳　231
冯学易　917
冯忠　304,447,500,572
冯玮　640
冯若愚　1060
冯诗　910
冯保　859,860,863,897,900,905,
　974
冯厚(冯原)　429
冯复京　866,1076
冯庭干　208
冯柯　946,1015
冯炫　733
冯胜　34,147
冯荣　4,23
冯原　429
冯家桢　1162
冯恩　524,673,699,700,704,707,
　732,843,866
冯泰运　1094
冯班　987,996,1048,1118,1178
冯继科　786
冯冕　54
冯惊　1133,1145,1153
冯惟讷　621,722,770,812,831,
　862
冯惟健　935
冯惟敏　616,719,800,803,830,
　835,837,843,846,850,862,885,
　935,1007
冯梦龙　872,931,992,1003,1009,
　1011,1013,1019,1028,1063,
　1065,1070,1077,1088,1094,
　1095,1099,1104,1119,1122,
　1128,1136,1138,1151,1154,
　1173,1176,1177,1182
冯梦祯(冯梦桢)　769,879,880,
　881,890,891,902,920,929,937,
　945,955,957,959,969,972,976,
　985,988,992,994,997,1000,1048
冯渊　13
冯维贤　937,1094
冯鈇　386
冯铨　957,1051,1091,1096,1097,
　1106,1112
冯善　265
冯景裕　1127
冯曾　678
冯琦(万历间人)　990
冯琦(明初人)　1008
冯甦　1105
冯舒　949,1118,1152,1156,1160
冯舜臣　1049
冯溥　1016
冯跻仲　1166
冯嘉会　1075,1112
冯熊　844
冯諲　302
包大方　1133
包大爌　865,921
包仕登　5
包节　597,701,780,798,799,841
包宏　158
包泽　338,535,593
包英　9,11
包垕　921
包渐　876
包渐林　1000
包裕　447,494
包瑜　340,483,517
卡内罗(卡纳罗)　845,847
卢千驷　167
卢大谟　965
卢允贞　373,509
卢化鳌　1092
卢文绍　1062
卢文政　165
卢可久　732,870
卢龙云　902
卢守仁　455
卢玑　394,399
卢希哲　560
卢苏　676,688
卢宗掂　753
卢承钦　1091,1112
卢迥　172
卢宣　811
卢栴　600,773,777,792,796,813,
　851
卢秋云　15,110,161,214
卢重礼　275,286
卢原质　124,143,180
卢格　220,458,502
卢祥　188,314,369,395,410

卢秩 355,386	史君实 328	史潜 297
卢致 888	史孝咸 1159,1171	史衢 715
卢梦麟 965	史灿 888	叶万 1059
卢淮 704	史良佐 598	叶大纬 1128,1132,1145
卢续祖 14	史际 772,774,775,822	叶子奇 81,1064
卢翊 505	史孟麟 883,929,986,992,1030,1060,1092	叶小纨 1035,1130,1147
卢象升 978,1074,1143,1153,1154,1156	史学 1014,1018	叶小鸾 1035,1047,1124,1128,1130,1147
卢傅印 952	史学迁 941	叶中声 1014
卢琼 841	史忠 301,580,596,629	叶从文 994
卢瑛 277	史直臣 763	叶升 130
卢楷 416,477	史修 796	叶天陛 1112
卢瑀 530	史标 1047	叶天秩 741
卢雍(字师邵) 652	史树德 981	叶天爵 570
卢雍(字廷佐) 495	史珂 772,910	叶方恒 1172
卢演 133,177	史弱侯(史弱翁) 1145	叶方蔼 1116
卢熊 65,66,73,74,86,93,596	史桂芳 638,971	叶见泰 178
卢震 1101	史珩 222,232,408	叶世偁 1147
卢儒 369	史继书 772	叶世俗 1147
卢镗 690,738,772,787	史继任 1128	叶仕宁 191,365
卢濬 484,587	史继阶 939,950	叶仪 117,120
卢襄 461,540,698	史继志 772	叶永盛 973
厉升 380	史继辰 772,985	叶仲沺 167
厉汝进 973	史继偕 963,1023,1055,1056,1059,1067,1075	叶向高 810,903,950,954,959,963,973,991,994,1000,1009,1010,1017,1018,1022,1026,1027,1031,1032,1036,1044,1059,1061,1067,1072,1073,1081,1082,1083,1092,1105,1119,1135
古朴 173	史继源 772	
古缉 386	史致詹 772,775	
古镛 297	史起钦 1064	
可飞天 1117	史钶 873,876,907	
史大成 1071	史常 195,222,223,246	
史中 220	史敏 323,382,493	叶夷仲 16
史可法 987,1108,1141,1166,1171,1175,1180	史梦麟 950	叶廷秀 1162,1183
	史铨 772	叶有声 1112
史永安 1092,1112	史粥 1060	叶纨纨 1022,1035,1129,1147
史永龄 610	史朝富 857	叶迈 772
史记纯 910	史琳 559	叶伯巨 71
史记言 988	史程正 1084	叶伯寅 857
史记事 1084,1092	史谨 13,175,239	叶初春 128,912,937
史仲彬 155,165,269	史鉴 232,266,290,351,389,417,419,420,422,435,440,447,449,478,493,499,511,524,535,540	叶希贤 269
史守节 826		叶应 447
史安 210		叶应祖 1058
史纪 479		叶灿 1067
史迁 91	史槃 706,873,940,947,1003,1070,1080,1116	叶良佩 687,733
史伯敏 687		叶宗可 142

叶宗春 888
叶宝林 1092
叶承宗 1164
叶秉敬 1078
叶绅 310,484,541,592
叶绍泰 1173
叶绍袁 932,1130,1143,1147
叶茂才 814,929,991,1125
叶信 687
叶修 937
叶奕荃 1163
叶宪祖 840,1007,1056,1080,1092,1166,1168
叶封 1080
叶恒嵩 712,808
叶挺 335
叶挺秀 871
叶春 128,258,363,660,912,918,926
叶贵 956
叶恩 301
叶恭焕 435
叶晔 8
叶梧 707,711
叶益荪 1119
叶砥 43,165,193,202,244
叶培恕 1162
叶彬 753
叶梦珠 1089
叶淇 529
叶盛 88,137,187,241,323,326,334,340,344,348,357,360,364,365,366,375,377,381,382,384,385,389,392,400,402,405,406,412,417,419,421,422,425,426,428,434,435,450,464,479,530,532,560
叶铭臻 191
叶敬池 1065,1104
叶朝荣 627,898,918
叶琛 68
叶竦 644
叶联芳 755
叶锡 275,287

叶瑶池 1065
叶锴 687
叶震亨 744
叶燮 1105
叶翼 293
叶顒（伯昂） 158
叶顒（景南） 158
司马公轾 687
司马垔 423,465
司马恂 398
司马相 687
司马泰 138,518,720
司马暐 952
司云礼 1112
宁良 440
对哈纳 1059
尼养德 7
左光斗 875,976,1006,1060,1068,1071,1081,1082,1083,1086,1090,1092,1093,1096,1105,1145
左国柱 1145,1153,1166,1181
左国棅 1153,1181
左经 552
左思明 847
左硕人 1145
左辅 535
左然 505
左熙光 1172
左赞 370,503
左懋第 982,1170
巨敬 173
帅机 721,826,957,1004
平显 13,325
弘瀞 963
归子顾 810,969,1110
归子慕 824,898,937,946,955,972,976,1005
归庄 1035,1114,1132,1150,1152,1163,1164,1172
归有光 543,597,613,640,660,663,664,668,683,688,697,700,708,710,714,719,728,729,732,737,745,747,749,758,761,770,774,781,784,785,788,792,797,807,813,816,820,830,831,835,837,843,844,846,850,851,853,858,953,981,1005,1099,1125,1147
归昌世 872,1045,1120
归起先 1176
永邵卜（永什卜） 954
甘为霖 842
甘东阳 881
甘节 114
甘仲肃 158
甘旸 961
甘京 1081
甘泽 694,716
甘复 12
甘振 535
甘莹 411
甘惟寅 157,158
甘瑛 268
田一井 996
田一甲 1023,1112
田一隽 876,925,929
田九垓 888
田东作 876
田代三喜 348,360,401,482,547,576,697,721
田以和 83,243
田兰芳 1111
田尔耕 1077,1102,1112
田玉 278
田生金 1023
田龙 1033
田仰簒 1052
田吉 1112
田汝成 17,168,274,577,673,687,700,722,731,732,758,762,775,802,804
田汝籽 450,588,706
田居中 981
田岩 520
田项 678,697,722
田惟立 687
田景新 1112

田琯 888
田畯 876
田登 588
田雯 1143
田稔 836
申用懋 900
申时行 901,905,906,907,910,915,920,921,924,925,927,928,929,932,933,936,937,976,1038,1043,1047
申良 662
申佳胤 990,1164,1184
申家瑞 844
申屠衡 33,43,48,54,62,67
申涵光 1059,1103,1119,1133,1146,1158,1160,1172
申涵煜 1111
白云霁 324,1099
白圭 337,416,422
白行顺 330
白我心 1046
白良辅 334,344,442,673
白所知 1060
白昂 504,525,558
白玢 278,480
白信蹈 150,151
白思明 548
白说 622
白悦 550,701,779
白莹 357
白钺 358,470,545,610,611
白焕彩 1009
白鉴 340
皮莱士 630
石三畏 1091,1112
石允常 142,190
石元雅 1112
石天柱 595
石天爵 736
石光霁 39,40,91,109,111,136,143
石邦政 854
石邦柱 568

石亨 334,357,367,368,372,379,424,425,450,539
石玠 484
石经世 981,1015
石金 667,676
石彦城 168,203
石星 845,935
石珤 484,607,644,658,667,685
石淮 556
石敬岩 1132
石禄 596
石鼎亨 1099
石简 687,693
石瑶 662,841,842
石璞 216,343,359,415
石璟 420
石槚疏 906
石巍 458
艾杰 486
艾南英 905,1087,1102,1107,1127,1168
艾洪 597,598
艾梅 904
艾璞 548
艾穆 879
让虞夔 876
边宁 207
边廷实 568
边有猷 1041
边贡 442,535,551,567,661,691,703,755,778
边像 808
邝玺 253
邝埜 313,330,333,338
邝璠 376,520,522,571,652,751,947
邝露 996,1142
龙大有 651,694,729,736
龙子甲 952
龙文明 994
龙华民 810,963,964,1010,1017,1018,1072,1113,1120,1121,1138
龙叔昭 161

龙国禄 1049
龙宗武 877
龙霓 645,817
龙膺 814,892,907,937,951,1001,1051,1058

六　画

乔中和 1173,1183
乔允 960
乔允升 960,1084,1092,1111
乔世宁 552,568,801,843
乔可聘 1092
乔永殷 767
乔因羽 937
乔宇 373,470,551,567,619,659,665,841,842
乔迈 1035
乔应甲 487,1112
乔宗 598
乔承诏 1092
乔拱璧 1055
乔莱 1174
乔通 500
乔缙 423,489,495,554
乔腾凤 1047
乔懋敬 830,884
乔璧星 964
仰瞻 259,340
仵璪 164
任子龙 838
任中立 697
任元祥 1054
任少海 814
任仪 504
任弘烈 989
任乔年 1149
任仲真 54
任伦 299
任自垣 15,198,216,220,271,278
任亨泰 123,124,141,145
任应征 937

任时芳 953	传教士殷铎泽 1096	刘子威 111,1043
任辰旦 1050	传教士傅汎阿 1124	刘子钦 19,191,260,286,358
任昂 101,104,105,109	传教士傅泛济 1109	刘子高 213
任玥 1130	伦文叙 416,550,619,621,650	刘子翚 567,897
任环 642,750,784,805	伦以训 630,632,648,650	刘广生 1052
任勉之 142,352	伦以谅 648,650	刘中虚 766
任彦常 423	伦迁冈 718	刘中敷 304
任洛 624,720	全天叙 944,950,963	刘之风 1092
任顺 517,599,732,757,850	全思诚 105	刘仁求 603
任卿 753	全整 182	刘允(子允) 159,538
任家相 927	关廷访 1029	刘允(宦官) 625,638
任诺 598	兴安 343,350,367	刘元会 970
任得 304	刘一相 743,881,1062,1088	刘元凯 745
任惠 598	刘一焜 941	刘元珍 858,976,991,996,997,1023,1036,1060,1061,1071,1092
任敬 83	刘一儒 807	
任敬敏 224	刘一燝 845,955,1018,1039,1044,1056,1059,1061,1073,1081,1084,1092,1105,1143	刘元卿 715,753,847,861,868,945,960,1012,1016
任棱 591		
任道逊 253		刘元震 876,933,936,950
任源祥 1054	刘丁 1071	刘公潜 241
任瀚 672,735	刘七 613,616	刘六 613,616
任瀛 820	刘九经 998	刘凤 634,705,749,822,874,878,935,977,1129
伊凤歧 234,378	刘万春 1133	
伊乘 447	刘三吾 40,76,113,115,118,121,127,129,130,131,135,136,141,142,143,145,150,151,155,165,170,215,272,342,839	刘天民 481,623,739
伊桑阿 1157		刘天和 453,603,619,717,756
伍文定 638,639,681,687		刘天授 712
伍礼 297		刘文征 1094
伍让 947	刘于 22,36	刘文炳 1039,1060
伍光忠 745	刘士元 469	刘文卿 929
伍成章 160,202	刘士清 296	刘文敏 509,617,663,707,715,738,763,843,849,862,999
伍余福 335,431,438,633,708,735	刘士章 1092	
	刘士骥 840,992,1022	刘文谨 305
伍忠光 467	刘大昌 789	刘文聪 687
伍袁萃 769,891,1089	刘大武 876	刘方兴 715
伍瑜 840	刘大受 1086	刘日升 759,891,1050
传教士方济各·沙勿略 597	刘大夏 299,389,394,399,426,451,458,466,471,510,516,519,521,525,529,541,546,559,564,568,574,578,586,601,602,606,629,665	刘日宁 963
传教士艾儒略 900,1033,1079,1095		刘日旸 977,1003
		刘长春 697
传教士利玛窦 884,892,897,997		刘世龙 650
	刘大恩 888	刘世光 888
传教士闵明我 1161	刘大敏 715	刘世纶 1046
传教士罗明坚 748,909	刘大谟 747,755	刘世昌 854
传教士罗雅谷 1156	刘子升 158	刘世治 1119
传教士南怀仁 1080	刘子和 707	刘东星 727,847,887,936,958,

960,963,972,975,982	刘吉 270,330,350,374,385,391,	刘兑 908
刘仔肩 37,41,299,325	411,436,446,457,463,469,482,	刘初 308
刘以守 1115	483,485,490,491,493,494,500,	刘启东 673,820
刘古泉 15,110,214	504,509,510,511,523,528	刘均美 252
刘可成 161	刘同 57,311,715	刘坎濬 687
刘台 554,856,875,877	刘同升 1175	刘孜 216,323,347,382,396,411
刘巧 102	刘宇 423,535,538,599,603	刘宏化 1084
刘弘 319,441	刘宇亮 1067	刘宏光 1112
刘弘化 1072,1092	刘安 246,276,369,393,593	刘芥 869
刘本 133,142,687	刘导 100	刘岘 766
刘本（顺天府玉田人） 241	刘尧晦 657,785,914	刘希夔 1049
刘正衡 1102	刘师泉 741	刘应节 877
刘民德 526	刘廷元 993,1015,1023,1039,	刘应坤 1097,1112
刘永成 955,1023	1067,1098,1112,1121	刘应奎 766
刘永宽 487	刘廷佐 1092	刘应秋 902,950,978
刘永澄 878,903,930,946,951,	刘廷焜 1155,1182	刘应泰 952
964,969,976,979,988,992,997,	刘廷锡 869	刘应钶 976
1001,1006,1007,1009,1011,	刘廷蕙 1165	刘应期 1171,1180
1023,1024,1028,1031,1032,1036	刘式臣 586	刘志选 1097,1112
刘汉 744,1112	刘成 305,1039	刘时征 981
刘汉卿 1047	刘成德 637	刘时俊 1060
刘玉 409,416,535,542,598,678,	刘有年 160,250	刘时勉 329
749,841	刘机 447,545,546,568,599	刘沂春 1155
刘生中 950	刘汋 1035	刘玘 539
刘用相 958,972,975	刘汝松 758	刘玛 522
刘用健 958	刘汝桂 1046	刘纯 93,125,149,208,219
刘田宁 928	刘玒 373,419,458,496,598,702	刘良卿 714
刘节 442,544,588,615,687,692,	刘观 305,372	刘芳 651,1085,1092
716,794	刘观时 609,622	刘芳之 1082
刘节斋 925	刘邦采 533,617,663,671,707,	刘芳声 888
刘训 305	715,728,780,791,804,843,862,	刘诏 1112
刘讯 598	892,943	刘轩 771
刘切 632,841,842	刘阳 668,780,791,804,943	刘辰 183,185,238
刘龙 445,552,619,650,786	刘严 35	刘侗 953,1137,1141,1142,1143,
刘龙田 1065	刘伯颂 635	1152
刘仲质 5,99,101	刘伯渊 857,864	刘其忠 1086
刘仲美 167	刘伯缙 888	刘卓 823
刘仲璟 69	刘伯璋 755	刘叔让 325
刘会 930	刘佐 712	刘叔龙 876
刘光复 840,969,1059,1079	刘体仁 1031	刘叔毖 182,241
刘光济 845	刘余泽 1007	刘国治 1046
刘则和 590	刘克正 876	刘国翰 717
刘刚 67,79,92,96	刘克彦 348	刘坦 624,786

刘孟切 203	刘雨 640	刘逊之 1052
刘孟雷 1024	刘驷 13	刘钜 698,755
刘季簠 142,173,174,182,193, 194,212	刘侯 663,693	刘顺川 84
	刘俊 173	刘香 1126
刘学 598	刘俨 144,313,314,328,352,354, 362,369,372	刘健 17,286,379,391,442,446, 482,491,492,510,515,525,529, 533,541,545,551,555,570,573, 578,579,584,585,586,594,595, 596,597,598,605,606,,607,673, 698
刘宗仁 687		
刘宗平 183	刘勃 1162	
刘宗弼 22,36	刘南金 8	
刘宗器 582,665	刘南垣 735	
刘定之 9,119,211,261,264,279, 285,287,288,292,293,296,297, 305,318,334,339,348,361,368, 374,377,379,384,387,391,396, 400,402,405,406,409,411,415, 509	刘咸 229	
	刘垓 856	刘剡 274
	刘城 971,1133,1153	刘原渌 1059
	刘复初 209,915	刘宽 293
	刘宣 238,262,345,347,385,464, 479,502,514	刘恭 195
刘定国 979,980		刘振 1173
刘实 150,276,287,359,379,384	刘宪宠 1092	刘效 414
刘尚义 711	刘宪章 1092	刘效祖 262,774,931
刘尚诚 644	刘庭兰 891	刘晓 622
刘尚贤 23	刘庭蕙 1033	刘晖 639
刘忠 350,447,455,597,599,609, 613,660	刘彦本 264	刘梧 838
	刘思问 841	刘泰 418
刘性初 38	刘思诚 934	刘海 304,652
刘承禧 940	刘思海 1086,1092	刘涓(金涓) 9
刘昌 62,257,323,337,341,348, 359,365,383,389,397,426,431, 452,456,524	刘恒 607	刘珝 266,331,368,374,411,421, 431,436,446,449,457,463,469, 475,476,509,549
	刘恺 753	
	刘政 138,166,179	
刘杰 57,320	刘春 598,599,633,650	刘继文 819
刘松 218,861	刘昭 457,469	刘继先 767
刘泽民 14	刘昭文 793	刘继善 656
刘泽远 1052,1164	刘泉 515,614,706	刘翀 263
刘泾 761,837	刘洪 530,547,620,637,641,651	刘訒 720
刘炅 925	刘济 413,662,840	刘起宗 722,774,781,789
刘秉监 602	刘炳 5,86,158,447	刘起肤 1092
刘绅 533	刘狮 767	刘铉 144,237,240,334,344,365, 368,374,376,592
刘绍 74	刘珏 214,400,412,419,425	
刘绍先 888,1046	刘矩 242	刘铎 878,1045,1091,1092,1101
刘若牢 1105	刘秋佩 554	刘隽 308
刘若金 919,1094	刘绘 593,711,866	刘乾 722,723
刘若愚 1107,1111,1162	刘绚 289,588	刘基 1,3,6,15,17,23,29,32,36, 39,42,45,48,53,58,59,61,64, 65,67,68,69,71,80,88,97,98, 118,123,137,152,154,155,165, 175,179,197,254,257,327,417, 433,540,567,599,618,798,1064
刘诚 286,370,456	刘荃 34	
刘询 374	刘荣嗣 1045,1143	
刘迪简 24	刘荫枢 1152	
刘述祖 1112	刘逊 533	

刘彬 500	刘湘客 1149	刘澄甫 602
刘悫 749	刘琦 840	刘璋(字圭甫) 626
刘敏宽 880,1046	刘策 1027,1085,1092	刘璋(字廷信) 615
刘敕 1133	刘綎 967,1026	刘畿 789,793
刘望之 687	刘翔 274	刘遵道
刘梦阳 1015	刘谦 128,243,259,291,296,298,	刘醇 200
刘淮 668	329	刘醇骥 1009
刘淳 362	刘辉 16	刘镇 1112
刘清(字惟寅) 9	刘道 635,766	刘震 290,322,423,482,491,504,
刘清(字廉夫,号樗庵) 384	刘道贞 1133	534,566
刘渊然 104,139,214,259,265,	刘铳 509	刘鹤年 651
283,388	刘鲁生 778	刘樽 687
刘球 138,192,242,309,310,312,	刘嗣荣 1147	刘激 777
316,317,318,335,339,573	刘鹰 254	刘濂 650,712,808
刘琅 586	刘新 331	刘璘 610
刘理顺 1135	刘新野 715	刘璞 1063,1092
刘琏 42,77,88	刘楚先 876,950,954,1039,1044	刘璟 129,167,179,180
刘绩(字用熙) 505	刘概 494,499	刘铠 687
刘绩(镏绩,字孟熙) 162	刘源 188,326	刘镛 158
刘维 890	刘溥 138,265,271,344,353,363,	刘徽 1112
刘维栋 1024	373,386,408,535,637	刘懋 1084,1092
刘菘 34	刘瑄 876	刘濬 340,488
刘野亭 727	刘瑊 876	刘翱 687
刘釪 410	刘瑞 463,535,598,670	刘黻 632
刘隅 659	刘筹 881	刘瀚(字约之,号樗庵,长洲人)
刘鸿 251,283,443	刘虞夔 950	592
刘鸿训 817,1032,1055,1092,	刘鉴 199,590,761	刘瀚 262,370,687
1125	刘锡元 1063	刘鳞长 1155
刘储 854	刘魁 490,599,654,687,736,741,	刘夔 490,614,700,747
刘埌 65	748,754,761,766,773,780,782,	刘麟 435,535,635,645,757,796,
刘堪 656	841,931,967	816,817
刘巽 16	刘嘉祯 1159	华云 486,498,617,678,788,813,
刘弼 766	刘愨 719,766	870
刘惠廷 161	刘戩 294,436,494,518	华云龙 58
刘敩 230,340,582	刘榛 1143	华允诚 927,1074
刘斯洁 761	刘漳 705,708	华方 206,489
刘斯陛 1092	刘熙 496	华幼武 68,153
刘景宇 595	刘熙祚 1151	华兴仁 275
刘景泽 947	刘綦 1173	华兴定 98,378
刘景韶 745	刘聚 431	华守嘉 257
刘景耀 690	刘肇兖 707	华阳洞天主人 943
刘旸 704,707	刘髦 58,207,253,312,325,415	华克勤 104
刘荣 509,545	刘履 87,88,299,782	华坚 620,627,628

华叔阳　765,847,875
华宗康　211,543
华烱　272,582
华钥　528,660,730
华夏　20,623,693,697,700
华晞颜　153,163
华祯　301,577
华积　299,514
华钰　979
华惊韡　153,163,378
华淑　1049,1053
华淳　598
华清　423
华珵　304,566,571,610,624
华莘　219,441
华善述　765,1016
华善继　756,953,1016,1041,1070
华景安　274
华焜　322,481
华琪芳　1112
华察　489,544,672,673,704,728,744,745,788,793,870,875
华德　153,313
华燧　306,507,517,530,542,547,554,591
华麟祥　702
危山　383
危素　23,25,29,31,35,39,47,49,87,118,158,241,291,293
吉人　484,494
吉田宗达　762
吉田宗恂　762
吉田宗桂　646,728,762
吉田意休　834
向日红　895
向日亨　1109
向淇　784
向锦　552
吕一静　874
吕下问　1112
吕不用　9
吕元音　1011
吕升(字升章)　286

吕升　182,753
吕天成　627,894,974,986,1007,1034,1054,1079,1080
吕旦　198
吕本　410,584,701,788,922
吕仲善　4
吕光洵　772,774
吕名善　217
吕夷简　962
吕邦燿　1069
吕阳　1035,1164
吕克孝　1052
吕困　237,305,472
吕坚　1062
吕怀　515,701,753,757,774,785,812,814,837,971,1016
吕纯如　997,1051,1112
吕评　278
吕图南　1060
吕坤　717,774,788,805,837,849,851,857,869,873,891,920,929,934,945,947,951,963,967,968,970,989,1029,1053,1065
吕昊　818
吕昌　361
吕昌期　1033
吕经　633,651
吕诚　43,130
吕复　22,47
吕宫　990
吕封齐　1064,1078
吕昭　198
吕柟　396,453,537,547,565,569,589,600,602,604,617,622,624,639,654,655,659,664,666,668,672,673,677,678,682,688,693,707,710,713,714,718,720,723,724,727,729,738,743,785,786,794,841,842,882,899,1029
吕洪　386
吕胤昌　814,898,902,929,945,959,968
吕原　237,314,347,351,368,374,379,385,388

吕留良　1116,1146,1167,1172,1175
吕翀　597,598
吕调元　847
吕调阳　629,772,774,825,842,846,856,859,863,868,893
吕谊　78,79
吕高　593,704,735,802,848
吕乾健　904
吕得胜　804,805,849,947
吕敏　6,59,92,121
吕维祺　923,1032,1092,1107,1114,1118,1132,1133,1141,1169
吕景蒙　716
吕鹏云　1064,1078,1082,1112
吕愿良　1154
吕潜　634,743,757,863,882
吕震　216,222,232,244,249,266,293,318
吕夔　426,569,641
多尔衮　1175,1180
多铎　1180
夹璋　712
好善　1155
如惺　118,1048
孙一元　474,606,610,613,619,635,636,640,645,661
孙七枚　938
孙七政　685,843,860,929,977
孙人龙　1123
孙士勉　552
孙士裕　1081
孙大雅　52
孙子良　191
孙之獬　1106,1112
孙仁　345,461,463,475,687
孙从龙　847
孙允恭　501
孙元化　1061,1072,1130
孙公盘　590
孙升　567,723,744,753,813
孙太初　735,755
孙文义　114

孙文豸 1091
孙日良 268
孙曰恭 248
孙月峰 1080
孙丕扬(孙丕阳) 703,797,908,950,971,1017,1018,1023,1038,1092
孙世芳 816,819,825
孙仕 753
孙去鹤 1112
孙巨鲸 708
孙必显 1085
孙交 353,458,493,512,702,717
孙伟 569
孙传庭 949,1056,1144,1175,1179
孙如洌 1112
孙如法 810,902,907,915,924,959,1043,1080
孙如游 955,975,1001,1039,1060,1096
孙存 515,623,678,701,702,764
孙廷铨 1035,1163
孙旬 908
孙自修 1087
孙芝 143,215,291
孙作 38,52,54,59,65,72,82,85,86,91,96,109,110,186,187,539
孙吾舆 130
孙宏轼 719
孙应元 850
孙应奎 649,650,693,723,729,776
孙应魁 801
孙应鳌 177,680,749,785,788,793,815,823,850,875,887,888,907,909,983
孙进 1112
孙国敉 1128
孙国桢 1112
孙奇逢 272,909,933,951,963,969,976,985,993,997,1001,1009,1018,1024,1028,1032,1033,1036,1044,1048,1051,1061,1068,1073,1078,1082,1086,1093,1098,1099,1107,1118,1122,1136,1138,1151,1154,1158,1180,1181
孙学诗 1061
孙学思 753
孙宗彝 1031
孙宜 600,799
孙居相 970,1017,1027,1082,1085,1092
孙承宗 824,991,993,1012,1019,1067,1072,1073,1077,1082,1084,1091,1092,1098,1113,1119,1122,1127,1136,1138,1153,1156,1169,1182
孙承泽 943
孙承恩 476,614,659,670,673,697,719,753,754,761,766,783,832
孙承爵 876
孙昌祖 1102
孙杰 1082,1083,1112
孙枝蔚 1067
孙炎 13
孙玮 1018,1031,1092
孙秉阳 998
孙绍 786
孙绍英 687
孙绍祖 476,614,674
孙绍统 1092
孙育 610,626,628,636
孙贤 278,354,355,368,374,416,468
孙临 1026,1098
孙俊 335
孙勉道 121
孙彦和 95
孙柚 850,912
孙诠 1165
孙祖寿 1113
孙胤奇 1142
孙衍 318,447,566,601,832
孙说 876
孙原理 170
孙振基 1027
孙玺 435,603,751
孙继宗 148,369,391,405,406,407,450,452
孙继皋 776,867,868,876,910,950,1021
孙继鲁 754,841,842
孙能传 898
孙钰 661,866
孙铎 782
孙崇先 998
孙慈 1167
孙淳 396,1162,1169
孙爽 1167,1175
孙琉 864
孙笵 1155
孙绪 435,552,579,764
孙维礼 729
孙铤 842
孙隆 956
孙博 453
孙博雅 1121
孙堪 366
孙琼 257,389,514
孙道明 49,74
孙鼎 138,253,305,316,326,372,743
孙鼎相 1085,1092
孙慎行 828,953,954,955,1024,1032,1036,1056,1061,1067,1073,1084,1091,1092,1093,1096,1103,1141,1142
孙楼 627,629,630,757,778,874,878,909
孙溥 81,387,404,636
孙瑀(孙原贞) 433
孙瑚 616
孙锦 715
孙嘉绩 1175
孙碧云 142,217,232
孙需 423,586,650
孙璋 1086
孙磐 598
孙聪 597

孙蕡 12,25,54,65,72,76,77,82,98,102,128,146
孙鲸 1138
孙默 1035
孙懋 416,614,778
孙鏊 670,943
孙爔 200
孙鑨 944,950,1092
守法真人 515
安世凤 902
安伸 1006,1112
安希范 828,917,945,991,1071,1092
安国 225,299,603,651,665,1057
安奎 601
安选 1104
安特拉特 630
安玺 662
安监 662
安都 708
安配 129
安梦松 970
安嘉士 888,1046
安德 7,207
巩永固 1172
巩道岩 283
师训甲 754
年富 351,378
庄士元 797
庄元臣 846
庄元辰 1150
庄天合 928,950
庄会 556
庄廷臣 810,1019,1179
庄纯夫 860
庄际昌 1054,1067
庄诚 922
庄恒 932
庄昶 283,329,336,364,402,403,406,409,417,424,440,448,449,452,462,465,466,478,500,505,508,525,529,530,534,535,541,556,679,710

庄起元 810,1019,1112,1134
庄敏 323,340,464
庄景 406
庄谦 1112
庄禪 570
庆瑜首座 442
延论 956
延嗣宗 233
戎世安 552
成牛溪 815
成功 240
成守节 785
成克巩 1012
成始终 188,305,391
成性 973
成英 640
成基命 1044,1092,1106,1113
曲廷乔 1018
曲直濑道三 697
朱一冯 1013
朱一是 1136
朱万春 985
朱大启 833,1018,1174
朱大典 1078,1092,1128,1180
朱大韶 634,762,792,882
朱子建 167
朱之俊 1074,1112
朱之瑜（朱舜水） 978
朱之蕃 127,769,881,953,954,955,979,997,1001,1046,1055,1067,1076,1088
朱云曾 1167
朱仁儆 877
朱允明 626,636
朱允炆 80,154,165,269,314
朱元璋 1,8,25,33,39,59,61,62,69,88,110,111,117,122,154,229,332,931
朱升 1,4,15,19,23,28,39,116,160,691
朱友垓 391
朱天球 774,792,1022
朱天麟 1051,1127,1172

朱心学 888
朱方 841
朱日藩 401,567,668,683,715,741,749,750,773,788,792,793,801,806,817
朱木修 767
朱橚 84
朱见浚 366,679
朱长清 864
朱世守 1085,1092
朱世忠 644,741
朱世濂 30
朱东光 847,857,888,989,1064
朱东吉 967
朱以海 1054
朱召 770
朱右 25,30,31,35,36,47,52,53,59,64,65,70,73,74,75,79,119,147
朱尔迈 1130
朱正色 959
朱永 409,418,451
朱玉 333
朱用纯 1050,1128,1177
朱由枢 1157
朱由校 996,1060,1102
朱由崧 1047,1165,1180
朱由检 1072,1102,1167
朱由榔 1170
朱申凿 524
朱节 594,599,616,618,870
朱让栩 771
朱光祚 1092
朱光熙 1173
朱吉 156,245
朱同 102,116
朱多炡 851
朱多焜 738,778
朱多煃 935
朱多熉 892
朱存理 61,109,322,389,499,505,511,512,513,546,551,602,620

朱安期 877	674,691,726,755,778	469,476
朱延喜 975,1067	朱志楔 361	朱茂晖 1103
朱延禧 1027,1068	朱怀干 742	朱诚泳 376,493,516,550
朱廷立 518,660,839	朱怀埢 775	朱迪 488
朱廷声 598	朱沉 311	朱亮祖 65,91
朱廷益 916	朱灿然 1135	朱俊栅 848,881
朱当沔 742	朱纭 193	朱俊格 756
朱成铄 1016	朱纯 159	朱冠 826
朱旭撮 699	朱良实 111	朱勋澈 729
朱有燉 88,229,260,277,306	朱良育 551	朱厚烨 770,793
朱有爌 169,183,424	朱芾 5,23,147	朱厚烷 638,718,766,771,939
朱权 84,133,141,148,149,163,	朱轩辨 81	朱厚煐 816
170,183,208,211,254,261,282,	朱凯 511	朱厚煜 650,777,788,831,878
320,332,702,754,786,812,857	朱国祚 900,925,937,950,954,	朱厚熜 646,647,649,673,693,
朱祁镇 290	963,1059,1067,1068,1071,1073,	704,722,761,939
朱约麒 604	1077	朱复 55
朱纨 528,651,716,761,767,769,	朱国桢(朱国祯) 536,1092,	朱宪㸅 799
772,775,779,791	1097	朱彦汰 713
朱羽南 957	朱国盛 1112,1167	朱彦宗 486
朱聿键 1144	朱国弼 1092	朱彦霖 486
朱聿镆 1166	朱孟震 847,864,880,895,905,	朱恬烄 816,866
朱艮庵 508	1065	朱拱梃 768
朱衣 758	朱孟辨 59,86	朱拱榣 720,775
朱观煪 808	朱季友 189	朱拱樋 768,839
朱贞 370	朱季垺 318	朱拱橨 778
朱伯高 14,44	朱学介 881	朱昱 412,463,471
朱伯骥 466	朱学通 529,537	朱昶 33,140
朱佑槟 770	朱宗远 1150	朱润澍 331
朱克生 1125	朱宗荣 380	朱炳如 860
朱吾弼 981,996	朱宠浸 641	朱祐杭 646
朱均旺 941,942	朱宠瀼 684,691,705	朱祚 489,508
朱寿鐳 952	朱尚约 1058	朱笈 783
朱希 486,487	朱弥钳 738	朱耷 1101
朱希召 816	朱弥鈚 763	朱胤桗 753
朱希周 391,533,535,610,759	朱弥鋂 660,733	朱荃宰 1154
朱希忠 859	朱承爝 771	朱逊烓 228,249,438
朱希晦 6	朱明镐 1009,1012	朱钦相 1092
朱应辰(字文奎,号寄翁) 91	朱武 4	朱健根 826
朱应辰(字拱之,一字振之,号	朱知烊 691	朱凌 838
淮海) 697	朱绂 687	朱夏 228,472
朱应祥 190	朱绍 256,371	朱宸濠 598,601,605,620,621,
朱应登 445,552,554,588,599,	朱经 13,33,82,325	623,625,632,638,639,640,642,
607,611,619,623,657,661,666,	朱英 216,233,323,362,431,462,	643,647,652,654,666,676,688,

691,709,729
朱容 357
朱晖 230,643
朱梅 981
朱桢 318
朱泰 865
朱泰安 389
朱泰祯 255
朱润祖 24
朱珪 72
朱真淤 445,674
朱积 256,279,371
朱素臣 1071
朱继祚 1067,1112
朱豹 631,633,654,862
朱载圳 810
朱载垕 727,834
朱载玺 816,949
朱载堉 251,717,766,950,954,997,1002,1020,1025,1064
朱崇 838
朱崇沐 981
朱崇学 624
朱常遷 1065
朱常汸 1137,1142,1147,1183
朱常洛 897,914,978,1059
朱常润 914,978,1165
朱得之 831,854
朱惟焯 708
朱望 149
朱梁 687
朱梅 1037
朱梓 937
朱珵尧 938,1109
朱皓 340
朱绰 303,793
朱维 414
朱绶 485
朱翊铭 1165
朱翊钶 866,869
朱翊鉴 966
朱衮 687
朱谋㙔 776

朱谋垔 72,332,1124
朱谏 388,535,738
朱铨 455
朱隆禧 721,748
朱隗 1141
朱鸿谟 879,880
朱善 7,66,72,77,83,86,92,102,109,111,113,115,165,342
朱善庆 279,371
朱敬衡 1146
朱朝瑛 1000,1163
朱朝藩 1123
朱棣 5,102,165,168,177,179,196,206,931
朱琪 497
朱童蒙 1072,1077,1082,1091,1112
朱舜水 1055,1159
朱裕 634
朱谧 156
朱赓 713,792,847,876,891,927,929,984,987,989,992,1006,1009,1012
朱勤美 1041
朱廉 30,31,52,64,65,85
朱慎鎣 1112
朱新堞 709
朱椿 41,114,141,247
朱楷 294
朱瑗 401
朱睦㮮 405
朱睦樫 828,845
朱睦鼎 816
朱福 444
朱简 1025,1058
朱虞夔 940
朱誉榛 713
朱键 1155
朱嘉征 987
朱墅 657,806
朱察卿 666,846,860,862
朱熊 279,371,393
朱篪 622,687

朱綝 325
朱肇 156,311
朱裳 642
朱静庵 489
朱德茂 202
朱德润 147
朱镐 806
朱鹤龄 1005
朱融燧 756
朱衡 572,700,766,774,806,811,834,853,871
朱橚 5,306,424
朱燮元 840,941,1156
朱塞翁 1111
朱彝尊 5,10,18,26,27,35,50,54,75,82,87,98,143,155,168,186,187,205,211,225,232,238,250,251,262,280,290,337,346,357,362,449,473,536,537,550,577,702,830,949,1116,1137,1164,1177
朱箎 746
朱鎏 718
朱鹭 787,953,994,1129
朱警 733
朱骥 314,398
朱鏒 162
朱灏 1092,1127
朱瑾 392,401
朱麟 716
权衡 44,48,50
毕升 329
毕方济 900,1019,1069,1109,1115,1145
毕玉 433
毕自严 852,941,1156
毕恭 317,720
毕效钦 837
毕懋良 1183
毕懋康 858,1036,1092,1183
汝讷 286,351,468,524
汝旻 300
汝泰 310,499,511,535
江一麟 801,887

人 物 索 引

江士韶　1146
江之源（道宗）　1065
江元祚　1182
江王比　438
江东之　880,905,956,974,1092
江东伟　1002
江以东　847
江以达　672
江汇　672
江旭奇　1182
江汝璧　481,650,673,718,744,748,749,805
江沂　403,438
江良材　687
江秉谦　1092
江柟　1056
江济寰　1108
江盈科　787,941,955,964,977,981,1000
江晓　465,786,841,842
江晖　632
江浩（改名济月）　1132
江铎　910
江彬　616,618,628,630,638,647,656
江渊　275,276,287,328,334,339,344,347,350,354,355,359,367,373
江朝宗　84,262,279,329,345,347,374,406,446,451,596
江湛然　1053
江道闇　1133
江源　412
江瑢　545
江澜　545,608
江璞　437
汤一贤　850
汤之锜　1071
汤云孙　956
汤日昭　998
汤光烈　548
汤传楹　1067,1163,1173,1184
汤兆京　941,1092

汤有光　1024,1079
汤克宽　787,791
汤希文　324
汤序　367,379
汤应龙　876
汤来贺　1163
汤和　41,408
汤国祚　1112
汤性方　341
汤显祖　776,789,807,815,820,822,826,850,852,857,869,874,877,879,881,891,892,902,907,908,911,916,920,922,924,925,926,929,933,934,937,940,945,948,955,959,970,977,981,984,985,988,992,1004,1011,1036,1040,1043,1047,1058,1066,1070,1076,1080
汤相　804
汤胤勋（汤允勋）　344,408,424
汤啤　707
汤宽　836
汤宾尹　953,954,955,979,991,1014,1017,1018,1023,1027,1034,1036,1079
汤晖　711
汤铭　255
汤斌　1105,1123,1133,1137,1146,1155,1164,1167
汤琛　433
汤道衡　1045
汤熙　334
汤鼐　482,490,494
汤潜名　550
牟大光　1094
牟伦　223
牟廷选　1182
牟汝忠　888
牟完廷　71
牟志夔　1039,1112
牟蓁　793
祁司员　485
祁光宗　980
祁承㸁　833,869,1037,1110

祁彪佳　987,1024,1075,1077,1122,1128,1132,1136,1141,1146,1149,1152,1154,1159,1162,1164,1167,1168,1171,1175,1180
祁顺　290,372,379,483,517,544
祁铨　429
祁福　196
竹田昌庆　25
米万春　919
米万钟　855,955,1092,1110,1148
米世发　1094
米寿都　1166
米嘉穗　1138
纪士范　831
纪大纲　1123
纪本　446
纪用　1112
纪纲　188,223,390,1044
纪宗德　186
纪映钟　1016
自扃　1141
芒文缜　139
西岩山人　931
许一德　965
许三礼　1096
许士柔　1132,1136
许大益　1141
许中丽　5
许仁　697
许元五　1146
许天锡　384,520,552,601,605
许文　159,628
许世卿　783,912
许东望　746,778
许仕达　339
许仪后　857,941
许可徵　1112
许节　155
许仲琳　1064
许存仁　131
许宇　1078
许安　701
许廷光　664

许成名 614
许汝霖 124
许自昌 886,934,947,981,986,990,1006,1028,1046,1055,1057,1063,1065,1080
许观 143
许论 533,708,724,839,884
许邦才 745,822
许伯衡 976
许孚远 713,803,819,850,854,860,868,871,881,892,898,903,911,916,918,920,925,940,945,946,951,968,972,988,995,997,1110
许宏 245
许应元 593,701,827
许志吉 1112
许来学 758
许谷 710
许其孝 1112
许国 680,830,876,877,883,890,929,937,961,1099
许国秀 1049
许学夷 1006,1129,1132
许宗礼 1112
许宗鲁 208,509,678,730
许岳英 431,433
许念敬 1092
许昕 400
许经 1076
许南杰 275,287
许显纯 1077,1102,1106,1107,1112
许相卿 453,622,632,664,704,742,802,912
许诰 421,552,664,689,695,709
许重熙 1040,1048,1128,1146
许兼善 877
许原让 128
许恕 13,62,96
许泰 618,639,642,643,652
许浩 507,530,587
许班 888
许继 119

许彬 223,358,365,368,393
许谌 135
许谕 662
许敬 598
许谦 9,27,83,84,96,116,120,131,396,404,835
许誉卿 1092
许陞 617,704
许鹏 511,538,591
许穀 711
许静余 876
许潮 708
许璜 947
许穀 678,722,758,835,904
许燧 708
许獬 978
许篑 323,324
许翰 221
许缵曾 1105
许瓒 703,721,731,744,753
达云 954
达观禅师 933,988
达海 957,1129,1161
达赖一世 135,199,224,327,433,890
达赖喇嘛五世（达赖五世） 1170
过庭训 872,993,1023,1034,1039,1075,1095
过眼 237,472
过铭簋 1127
邢一凤 835
邢云路 937,954,1011,1069
邢让 270,328,330,340,360,374,385,402,406,408,409,410,412,419,421,481
邢址 746
邢侗 779,869,926,1030,1063,1148
邢其谏 1015
邢参 552,582
邢居正 329
邢昉 936,985,997,1036,1045,1053,1055,1103,1128,1136,1142,1145,1150,1154,1159,1162,1167,1171,1175
邢玠 954,962,963,967
邢绍德 1112
邢表 370,507
邢养浩 209
邢宽 248,358
邢量 220,366,389,512,513
邢简 446
邢寰 638
那罗塔刲 199
邬佐卿 917
闫朴 770,774
阮大铖 923,1044,1045,1081,1111,1112,1127,1138,1145,1153,1158,1163,1175,1180,1181
阮元声 1128
阮以临 1019
阮自华 821,1127,1152
阮琳 483
阮鼎铉 1112
阮鹗 741,789,800
阳思谦 1029
阴子淑 423
阴维标 1142
齐之待 1112
齐之鸾 468,511,516,560,564,614,635,654,684,701,709
齐如南 1123
齐庄卿 156
齐国儒 1135
齐政 480
齐珂 874
齐恩 443
齐泰 154,166,170,172,173,174,176,905
齐璋 753
齐鳞 114

七 画

严从礼 14
严从简 869,903

人物索引

严世蕃　621,776,795,818,825,828,833,851,875,882,904
严本　220,260
严永濬　448
严讷　616,737,824,825,828,829,874,909,913
严应谷　1159
严沅　1050
严纮　590
严果　638,977
严诚　854
严春　526
严衍　875,1155,1182
严烜　223
严绳孙　1081
严鸿　818
严景　252
严景和　488
严期周　969
严鹄　818
严嵩　457,588,624,650,708,714,718,722,727,735,736,740,744,748,749,750,753,757,758,762,764,765,772,773,776,779,780,783,791,794,795,796,802,803,804,806,807,808,810,818,819,828,833,836,843,844,845,869,872,879,889,893,904,913,922,923,935,938,948,1004,1155
严毅　262,366,687
严澂　765,1095
严震直　155,174,188
伯多禄　1106
何三畏　951,1078
何士晋　969,1039,1060,1085,1092
何大复　713
何广　156
何允中　942
何元之　190
何元朗（何良俊）　778,913
何升　404
何天衢　520,598,601
何心隐　634,734,811,819,886,888,889,906,995
何文渊　182,234,275,284,295,305,307,310,373,571
何世学　1064
何东序　785,837
何出光　965
何出图　810,917,985,1050
何可及　1112
何可纲　1113,1121
何乔远　116,805,917,1075,1078,1117,1125,1164,1165
何乔新　270,356,409,410,412,417,427,450,452,454,456,458,466,477,483,489,494,500,501,502,503,511,531,532,571,577,625
何伟然　1034,1115
何光裕　737,797,840
何如宠　1056,1092,1113,1122,1131,1169
何廷仁　481,635,654,683,704,737,754,757,773,779
何廷枢　1112
何廷矩　563
何早　1112
何纪　496
何自学　326
何自谦　922
何迁　567,704,705,709,712,731,737,738,753,767,772,774,780,789,812,814,871
何克衢　578
何初　7,141,876
何吾驺　1056,1092,1131,1140
何良俊　597,694,763,773,775,777,778,784,792,796,802,806,815,820,837,851,865,866,913
何良象　800
何良辅　467
何图　687
何孟伦　758
何孟春　435,520,651,654,662,669,672,677,717,841
何宗圣　1112
何宗彦　954,955,1001,1013,1024,1059,1067,1071,1073
何宗顺　253
何忠　242
何性之　682,822
何昌　488
何泽　598
何绍正　636
何英　265
何贤　218
何侯　285,292
何厔　520
何思登　868
何栋如　969,979,1041,1092,1181
何洛文　864,876,877
何洪　684
何炫　687
何荣逊　208
何钧　437,611
何倬　963
何原铭　143
何珣　487
何真　54,128
何秦　663
何继高　902,917
何能　67,129
何起鸣　825
何淑　102
何淡　370
何淳之　917
何渊　261,667
何维柏　711,744,879
何鈇　601
何惺　967
何景明　140,190,468,495,507,511,521,534,542,546,551,553,559,567,568,574,579,582,587,591,592,599,610,616,619,621,635,652,656,661,672,674,691,703,726,755,778,809,855,986
何棠　895
何琮　356,457,503
何舜宾　420

何道全　166,171
何鼎　535
何愈　823
何源（字仲深，号心泉）　807
何源（初名德源，字幼澄）　19,352
何瑄　287
何瑞徵　1105
何腾蛟　943,1175
何雍　553,565
何墡　595
何熊祥　562,1029
何瑭（何塘）　435,455,466,516,564,569,578,582,602,607,610,613,618,619,628,631,636,637,640,644,654,658,659,668,672,677,683,688,696,702,704,709,741,746,771
何静　440
何暴　1060
何遟　374
何澄　257
何震　695,866,1000
何鋃　497
何鏜　761,798,838,884,888
何豳　687
何镤　946
何鳌　622
何麟　790
佘永宁　968
佘合中　1112
余翘　845,918,925,937,960,1004,1011,1031
余一龙　874
余士奇　976
余大成　1137
余大朋　1182
余子俊　275,419,426,431,446,451,469,500,502
余才　662
余之祯　912
余友谅　174
余文台　970
余文龙　980,1069

余日德　624,788,905,935,971
余本　465,614,631,647,692,803
余永宁　1003,1041
余兆先　789
余光　635,713,716,718,1159
余有丁　890
余志　394
余怀　1047
余邵鱼　1003
余国桢　1163
余坤　665
余学夔　191,264,277
余承勋　778,793,1003
余杰　771
余枢　339,340,1052
余泗泉　1065
余诠　100
余飏　1158
余珊　821
余祐　401,466,473,474,478,552,581,602,654,663,678,685,747
余胤绪　774
余茹重　1003
余宽　662,729,841
余泰　454
余祯　662
余继登　190,197,753,880,901,937,941,950,978,990
余乾行　877
余寅　891
余象斗　814,1003,1065,1152
余敬勋　631
余翔　841
余谦　374
余鼎　235
余新民　1046
余煌　1090,1094,1112
余彰德　994
余燫　74,102,109,113,131
余敷中　1040
余翺　614,662
余鏜　926
余懋学　730,847,864,1011

余懋孳　993,1044
余懋衡　941,991,1014,1040,1091,1092,1093,1116
余鎜　720
克拉韦乌斯　1004,1008
况钟　107,118,228,250,275,279,281,287,291,310,317,318,321,353,386,434
冷士嵋　1111
冷谦　5,188
冷儒宗　733
劳钺　10,356,422,433,438,512
劳堪　14,78,85,92,97,105,118,148,183,192,207,212,213,275,281,287,348,433,493,513,533,544,557,630,647,649,675,681,704,729,754,797,841,849,850,860,866,884,909,911,929,940,952,982,988,1014,1069,1092,1094,1106,1178,1179
却英多吉　996
吴一鸾　898
吴一鹏　382,520,619,689,742
吴三桂　1157,1161,1180
吴士元　1067,1112
吴士连
吴士奇　840,941,1139
吴士儁　1112
吴大经　990
吴子孝　533,560,569,689,777,793,802,824
吴子金　643
吴子恭　143
吴子琦　1171
吴子像　876
吴山（江苏吴江人）　418,603,703,743
吴山（江西高安人）　744,753,757,774,777
吴与弼　135,149,168,174,199,208,209,212,215,240,242,243,247,260,261,264,266,270,277,307,324,326,328,354,361,367,374,375,376,382,385,395,401,414,415,429,473,474,475,504,

514,527,548,561,574,593,1012,1051,1111

吴中 51,203,242,295,304,315,427

吴中立 856,932

吴中行 735,856,879,900,902,911,953,961,982

吴中彦 1107

吴中珩 844

吴为龙 1148

吴之振 1165

吴之暐 1057

吴云 65,69

吴仁 639,649,723

吴从先 1033,1034,1041,1115

吴从周 4,960

吴从善 88

吴从敬 161

吴从道 853,860

吴允中 315

吴允恭 857

吴元 969

吴元善 1087

吴凤翔 526

吴凤瑞 822

吴历 1130

吴天挺 1181

吴天德 942

吴孔嘉 932,1094,1112

吴文华 652,797,971

吴文度 313,358,423,542,602,611

吴文惠 766

吴文辉 998

吴日生 1167

吴旻 1026

吴世忠 506,606,650

吴世济 1078

吴世徵 968

吴仕 623

吴仕诠 888

吴发祥 1099,1104

吴可行 818

吴尔成 1084,1092

吴尔埙 1071,1176,1180

吴弘业 1092

吴弘济 945,1092

吴弘基 1104

吴必学 903

吴旦 795

吴本 315

吴正志 929

吴正治 1054

吴汇 74,344

吴玉 431

吴甘来 975,1137,1184

吴节 54,149,154,261,276,287,351,365,377,382,391,398,433,461

吴乔 1026

吴仲 680

吴会 126,810

吴伟 353,605,725

吴伟业 1016,1114,1118,1119,1121,1123,1127,1144,1150,1159

吴伦 635

吴兆 964

吴兆骞 1125

吴农祥 1130

吴印 44,72,80,104

吴守大 628

吴安国 880

吴廷举 408,432,473,485,494,510,534,542,590,656,679,702,841

吴廷翰 19,509,651,809

吴廷璧 640

吴执御 936,1074,1156

吴有壬 84

吴有性 943,1168

吴朴 720,741,742,751,781,821,838

吴汝芳 245,271

吴汝显 996

吴百朋 1132,1172

吴自成 753

吴讷 51,212,260,262,268,277,289,293,297,303,305,317,341,371,372,396,497,532

吴达可 740,748,880,1070

吴伯与 929,1033,1119,1128

吴伯通 394,440,446,451,460,478,487

吴伯舆 1079

吴兑 877

吴启 364

吴启宗 294

吴孝章 1078

吴宏业 1112

吴寿昌 591

吴应凤 753

吴应台 1151

吴应宾 917,1136,1140

吴应箕 953,1131,1136,1151,1153,1158,1159,1166,1171,1181

吴彤 56

吴志远 1005

吴志淳 147

吴怀忠 1182

吴怀贤 1091,1092

吴怀梅 904

吴时来 771,784,802,836,872,928,935

吴来之 1118

吴极 1045

吴沉 45,85,90,92,95,96,100,105,106,119,120,342

吴良 81

吴良辅 1092

吴芳 504

吴其贞 1142

吴凯 123,237,291,421

吴周瑾 1177

吴国伦 666,774,792,795,836,855,874,935,949,1129

吴国辅 1177

吴国琦 1123

吴坤元 978

吴学周 1010

吴宗吉 831

吴宗尧 767,770	吴洪 549,743	吴理 413
吴宗达 991,993,1012,1067, 1068,1090,1118	吴炯 929,1023	吴绮 1059
吴宗周 535	吴炳 1054,1056,1063,1120, 1131,1142,1173,1175	吴维京 861
吴宗器 626	吴珏 436,571,591	吴维岳 624,723,750,767,795, 851,854,855,935,953
吴庚 876	吴祐(吴伯宗) 41,42,43,52, 60,85,100,101,105,112,445	吴绶 484
吴建 991	吴衍(吴希贤) 301,394	吴铠 724
吴忠 273,1179	吴钟峦 882,1093,1137	吴铤 955
吴承恩 461,563,611,644,689, 731,741,749,773,792,793,796, 835,844,853,860,864,887,899, 934,943	吴原 454	吴骐 1067
	吴家喜 937	吴钦 634,728,763,788,843,893
吴昂 418,588,751	吴宽 253,283,294,366,390,402, 406,409,421,422,424,425,446, 447,449,451,452,454,468,469, 478,482,488,499,504,505,510, 511,514,516,519,527,529,534, 535,540,543,545,548,552,566, 568,573,574,576,578,579,582, 583,596,808	吴惠(字孟仁,号天乐道人) 169,268,341,408,410
吴昊 687		吴惠 697
吴昌时 1175		吴惠羽 1162
吴明贡 975		吴悍 736,742
吴明桢 1118		吴敬 194,341,497,966
吴易 1031,1178		吴敬夫 13
吴杰 565,1035	吴悌 572,701,718,721,728,848	吴敬臣 1051
吴果 876	吴振缨 1074	吴期炤 283
吴炎 1080	吴桥 1159,1184	吴植 95
吴绍周 690	吴泰 414	吴琛 262,345,369,415,439
吴绍曾 744	吴海 10,84,91	吴瑄 831,1013,1064
吴肃公 1101	吴玺 295	吴祺 565
吴苑 1157	吴琉 645	吴竣伯 754
吴诚 293	吴甡 1033,1103,1111,1132,1181	吴舜 9,579
吴轮 484	吴皋 9	吴裕中 1092
吴郁 423	吴祥 636	吴谦 257
吴亮 185,821,969,980,1014, 1087,1088	吴祯 758,823	吴道行 817,1007,1159,1183
	吴堂 308	吴道坤 1092
吴亮嗣 1023	吴崇礼 783,917,1018,1100	吴道明 874
吴便 687	吴崇节 826,1019	吴道迩 908
吴信 201,408	吴情 584,814,815	吴道南 776,928,929,950,1001, 1014,1017,1039,1044,1045,1079
吴俨 373,485,545,555,599,641	吴敏 318	吴道新 1127
吴叙 687	吴敏道 952	吴道凝 1031,1098,1157
吴复 38,54,72,480	吴敏德 252	吴释思 379
吴宣 351,364	吴望 702	吴雯 1185
吴宣济 624,665	吴梅村 1075	吴鼎 524,632,756
吴思立 801	吴梦旸 756,907,959,968,982, 1043	吴勤 162
吴思诚 854		吴嗣量 1062
吴思穆 1127	吴淇 1043	吴殿邦 1112
吴持明 1172	吴淳夫 1019,1083,1112	吴源 10,89,271
吴昴 753	吴渊 335	吴溥 145,167,173,180,193,207,

250,266,414
吴献臣 496,508
吴瑞 436,511
吴瑞登 942,946,952,960,965,973
吴福 168,202,440
吴简 24,43
吴颐 54
吴颖 1114
吴鹏 563,660,811,889
吴嘉纪 1054
吴嘉聪 614,648
吴瑶 598
吴箕 1040
吴闿 614
吴奭 583
吴德器 636
吴德操 1162,1166
吴撝谦 877,1020
吴毅 10
吴潜 620
吴澄 9,27,44,49,50,103,143,200,250,290,316,355,472,510,557,571,613,641,692,786
吴璋 871
吴稼䎖 982,1043
吴蕃 812
吴蕃昌 1076,1136
吴銎 350,485,558
吴震 374
吴颙 99
吴鹤 635
吴赢 667
吴臻 644,684
吴懋 634,833
吴龆 1087
吴骥 125,296,328,370,1138
吴瓒 506
吴夔 575
吴麟 505,534,673,787
吴麟徵 949,1074,1179
吾昂 377,415,575
吾景端 462

坂净运 551,603
宋大奎 1052
宋子正 25
宋子环 104,191,260,286
宋子质 1010
宋广 119,295
宋之盛 1159
宋之绳 1031,1176
宋之韩 847
宋仪望 762,850,856
宋礼 173,215,217,246
宋存标 1093,1115,1159
宋师襄 1086,1092
宋廷佐 838
宋旭 670,1004
宋约 433
宋讷 22,53,87,89,90,100,102,105,113,128,131,150,211,618
宋佐 694,724
宋克 43,119,122,157
宋应昇 1146
宋应昌 717,830,940,952,1005
宋应星 923,1137,1151,1154,1176,1180
宋杞 6
宋沛修 956
宋纲 724
宋佳 466
宋叔仁 208
宋国华 767
宋孟岳 202
宋实颖 1071
宋征 173
宋旻 416,446,457,469,493,521
宋秉中 694
宋奎光 1128
宋祖乙 1164
宋祖法 1164
宋祖舜 1099
宋荦 323,1140
宋祯汉 1112
宋素卿 608
宋继祖 801

宋诺 830
宋钱选 892
宋焘 1092
宋绪 202
宋善 55,64
宋景 31,56,64,97,487
宋景云 1056
宋琬 1038
宋琮 150,151,281,482
宋琰 144,223,363,372
宋溥 687
宋瑞佐 657
宋瑞卿 657
宋鉴 451,549
宋僖 20,21,30
宋槃 1092
宋端仪 329,459,566
宋徵舆 1054,1145,1146,1178
宋徵璧 1038,1156
宋德宜 1101
宋濂 2,3,6,8,9,16,18,19,20,21,22,23,25,26,27,28,30,31,32,35,36,37,38,39,40,41,42,44,45,47,49,51,52,53,55,56,57,58,59,60,61,63,64,65,66,67,68,69,70,71,72,73,75,76,77,78,79,80,81,83,85,86,87,88,90,92,96,97,98,99,110,112,115,118,119,120,123,125,128,137,139,145,151,154,155,158,159,168,169,171,172,175,177,178,179,188,236,250,277,293,342,539,557,576,582,618,665,798,1087
宋懋澄 862,1076
宋瀓 702
宋骥 303
宋缵 807,904
宋麟 143
寿濂 790
岐阳方秀 49
岑用宾 807,842,846
岑猛 676,681,688
岑溥 505

希福 1182
庐浚 574
应大桂 687
应云鹭 737
应廷育 96,659,804
应佐 687
应纲 486
应良 609,614,616,687,870
应典 623,707,732,870
应律(应志和) 197,498
应朝卿 930
应槚 528,673,790
应揭谦 227,1043,1059,1115,1119,1128,1132,1137,1141,1145,1158,1162,1176
张一佳 1151
张一经 1112
张一英 1094
张一卿 1034
张一桂 845,910
张丁(张孟兼) 80
张丁 621
张九一 706,785,935,971
张九方 341
张九功 491,843
张九贤 1112
张九韶(张美和) 33,53,64,91,111,113,131,141,142,149,152,742
张九德 1112
张二果 1087,1132,1150,1155,1160,1165
张三丰 15,110,111,133,161,196,203,208,220,229,249,376,478,821
张三杰 1112
张三锡 1178
张久一 793
张习 23,62,84,141,455,472,476,488,512,513,530,539,543,596
张士佩 699,797,1007,1016
张士贤 676,682
张士俊 1142

张士科 985
张士埙 1165
张士谔 143
张士隆 624,794
张士雅 960
张士範 1112
张士镐 673
张大光 1064
张大复 414,642,791,973,999,1006,1019,1045,1048,1119,1120
张大续 1022
张大龄 1025
张子俊 245
张子荩 444
张子宾 700
张才 526
张丑 61,882,972,1046,1063,1179
张中达 170
张之象 600,729,771,782,784,788,792,831,851,918,922,926
张云翔 884
张仁熙 1012
张介宾 824,1087,1160
张允昭 89
张允炤 1176
张允清 735
张元 93,544,1127
张元中 97
张元冲 572,722
张元吉 294,324,328,407,427
张元忭 694,727,792,801,803,846,853,855,857,869,874,880,881,883,887,898,920,922,927,986
张元芳 946,1112
张元凯 727,843,860,880,895,900
张元祯 242,299,301,311,317,375,377,379,385,389,392,399,406,412,414,418,429,440,444,446,472,480,484,492,499,508,510,519,526,528,541,543,544,545,546,548,554,568,574,579,581,585,595,597

张元善 1002
张公悦 420,576
张凤 556
张凤翔 552,553,975,1060,1085
张凤翼 680,754,788,800,805,820,826,827,848,868,874,892,918,934,970,981,982,1034,1076,1112
张化愚 1112
张升 83,411,412,446,466,491,516,534,559,585
张天如 1075
张天保 598
张天复 621,746,762,778,801,803,866
张天真 678
张天瑞 427,459,545,584,768
张少弦 843
张文 266,464,652,935
张文龙 778
张文运 1061
张文林 46,93,558,640
张文质 379,446,457,469
张文郁 886,1075,1112
张文宪 753
张文浩 908
张文选 199
张文海 20,21,30,724
张文冕 597
张文锆 918
张文嘉 1026
张文熙 1112
张文翰 143
张文燿 1003
张文麟 338,382,465,486,495,511,517,521,529,537,553,588,617,651,771
张斗耀 1102
张长年 100
张凤翔 1141
张世用 449
张世则 868,940,942,1100
张世臣 994

张世雍 1057,1069
张业 345,374,398
张以宁 4,21,23,32,39,47,59,100,143,241
张以诚 978,980,1012
张可大 980,1130
张可仕 1141
张可述 762,820
张四维 674,785,818,846,852,867,873,879,898,900,901,907,914,971
张四箴 904,934
张宁 266,356,379,392,398,399,484,508,539,973,1052
张尔岐 1031,1119,1127,1132,1137,1150,1158,1160,1167
张弘文 1063,1182
张必大 1087
张本 190,251,607,924
张正 370,656
张正常 3,49,70,80,81,84,213,427
张正蒙 968
张民表 855,1173
张永 609,630,639,689
张永明 558,711,839,939
张永祚 1112
张永祯 1092
张汉儒 1150
张玉书 1174
张甲征 900
张电 753,842
张节 577,743,812,899
张仲立 913,918
张仲孝 694
张伟 613
张伦 195,206
张光启 274,286
张光孝 861
张光前 1085
张吉 313,360,444,459,473,475,488,494,499,508,516,519,560,575,588,595,599,607,617,619,637

张后觉 577,754,885,893,931,967
张存 157,175,464
张宇初 79,80,91,125,130,133,137,146,175,199,201,205,208,213,324,346
张宇清 212,245,270,324
张守成 1112
张守约 758
张安 170
张尧年 777
张延庭 934
张延登 1023
张廷 202,450,474,487,543,1039
张廷玉 1019
张廷纲 565
张廷榜 892
张成教 865
张成德 417
张旭 432
张朴 1112
张次仲 1069
张汝舟 555
张汝霖 801,955,1001,1002
张汝懋 801,1112
张灯 34,403,406,652,781,789,831
张羽 24,38,42,48,59,62,63,67,84,86,95,106,116,137,140,513,535,636,749
张自勋 1177
张自烈 828,1114,1131,1158,1171,1173,1178
张芝 227,535
张讷 1093,1112
张贞 1080
张贞观 903
张达 74
张邦佐 591
张邦奇 474,547,568,588,599,613,617,623,624,626,628,635,640,664,682,714,719,720,731,741,745,752
张邦俊 1027

张邦翼 969,1052,1179
张问达 979,982,984,988,1056,1067,1076,1084,1092,1140
张齐 846
张伯纯 592
张伯征 1081
张伯颖 193
张位 709,863,876,879,880,956,1003
张佑 5
张体乾 1112
张卤 807,816,874
张君秩 796
张君淳 564
张含 453,595,599,704,711,720,722,728,732,768,780,831
张启宗 1041
张启蒙 1052
张吴曼 1026
张孜 280,490
张宏 551
张岐然（后改名济义） 1132,1141
张希古 1122
张应元 910
张应诏 938
张应辰 778
张应武 998
张应登 912,937
张应衡 284
张志淳 376,470,625
张我续 1112
张抑 38
张时 771
张时行 1133
张时启 407
张时彻 563,593,660,775,812,823,851,882,913
张时宜 572,882
张时泰 440,495
张杞 998
张沂 5
张沐 1071

张灵(梦晋) 543,560
张秀初 1133,1145
张纳陛 929
张纶(字大经,号敬轩) 368,639,660
张纶(字宣甫,号钧石) 919
张良知 398,733,751
张良弼 598
张芮 602
张芹 405,569,628,637,739
张谷 424
张际阳 992
张京元 1028
张佳胤 680,774,789,792,801,830,911,926,935,971
张侃 840
张其猷 1044
张叔谦 822
张和 219,305,340,355,359,386,396,397,489
张固 339,656
张国纪 1092,1097
张国纯 1092
张国经 1151
张国祥 80,213,324
张国维 543,953,1074,1146
张孟奇 1151
张孟南 973
张孟敬 644
张季霖 724
张学曾 1171
张学颜 894
张宗仁 838
张宝 553,565
张尚儒 1015
张居正 204,670,690,708,715,719,728,732,744,749,761,769,818,819,834,842,846,859,860,863,864,867,872,873,874,875,876,877,879,880,883,886,887,888,890,894,895,897,898,900,902,905,906,907,914,918,927,936,943,953,961,966,978,982,1008,1020,1035,1038,1047,1050,1072,1088
张居易 905
张岫 440,590
张岱 967,1032,1073,1109,1114,1122,1128,1136,1141,1149,1154,1171
张岳 518,627,632,645,669,672,690,694,707,712,749,750,754,757,758,760,767,782,786,828
张建行 618,840
张弨 1096
张忠 533,639,642,643,652,690,782
张怡 1012,1163
张所望 190,955
张承 918
张昂 766
张明弼 1122
张明道 457,689
张杰 244,311,344,389,392,412,419,425
张松溪 836
张果中 1098
张枢 1112
张歧然 1167
张治 498,642,669,732,744,753,761,769,774,775,918,991
张治道 490,623,799
张泽 847,1127,1141
张炎道 808
张玮 1056
张秉文 1158
张绅 45,87,100,359
张经 518,633,791,794
张经世 1092
张肯 186
张英 1152
张茂稷 1152
张规 272
张诗 490,713
张诚 905
张诩 361,457,459,465,470,536,561,562,622,624,629
张贤 353,470,624

张迥 64
张采 962,1068,1077,1086,1103,1108,1118,1131,1133,1136,1144,1163,1167,1169,1173,1176
张金和 772
张金陵 181,282,335,373
张雨 48,72,73
张鸣凤 598
张鸣鹫 996
张举政 590
张俊 104,266,332
张信 7,141,150,151,289,1024
张复 188,508,509,813
张奎 633
张宣 30,31,58,295
张羞 1039
张度 79,137
张彦方 172
张彧 601
张思安 123,391,401
张思哲 143
张思恭 1029
张思聪 682,836
张恂 140
张恒 377,892
张恺 353,470,725
张春 762
张昱 12,78,102,147
张昶 854
张晁 318,423,463,493,645
张显宗 133,174,211
张柱 762
张栋 880,910,1049
张津 555,687
张洪 183,194,199,235,260,265,325,415,433
张洪都 912
张润水 664,708
张炼 750
张笃敬 1027
张胜 193,218
张萱 1011
张适 12,32,48,59,124,144

张选 528,690,848,878
张逊 207,283
张逊业 782
张钥 841
张钦 4,626
张原 435,622,623,662,666,840,1111
张原浩 1030
张容安 609
张峰 734,775
张悦 270,379,416,516,519,532,576
张振之 850
张晊 1164
张桓 598
张泰 299,394,412,419,454,456,503,527,611
张泰阶 61
张浙门 54
张海 133,347,518
张涛 1015
张烈（天启二年生） 1076
张烈 808
张烛 746,801,874
张烜 781,785
张玺 767
张珹 280,417
张益 147,223,285,287,300,311,320,333,334,338
张益同 287
张真凝 254
张祥 952
张祥鸢 657,821,860,864,919
张紘 129,160,173,174,188
张素 62,321
张素养 1112
张继 335
张继先 146
张继盛 1092
张翀 614,662,802,804,840,889,1067,1112
张臬 744
张莱 391,634

张衮 490,651,703,708,719,737,741,754,763,774,803,827
张轼 354
张通 374
张顾 446
张骏 598
张唯 53
张宿 1095
张寅（李福达） 670
张寅（字仲明） 767
张寅 72
张崇 245,1080
张崇德 651
张庸 8,10
张惟贤 1112
张惟恕 224
张敬（合肥人） 251
张敬（饶州人） 251
张梦柏 888
张梯 742
张淑誉 778
张深 14,662
张淳 672
张渊 57,275,433,438,512
张溱 1061
张琎 405,535,592,698
张琏 678,738
张第 865,881
张绪（汉川人） 646,863,948
张绪（常熟人） 251
张维诚 1037
张维贤 1067
张维新 475,960
张绶 537
张著 34,272
张袞 673
张辅 182,202,206,207,209,259,275,295,326,333
张铨 882,993,1062,1071,1087,1090,1123
张随 798
张博之 551
张富泰 609

张弼 6,262,351,365,367,403,422,432,440,443,447,449,462,464,475,490,549,1148
张敬修 890
张斯 1103
张景 715,785
张景达 767
张景周 672
张智 132,198
张朝臣 865
张朝瑞 717,721,847,930,970,985,990,1016
张朝璘 947
张棨 781
张渭川 1168
张湜 386
张琦 398,552,1151
张瑛 63,264,273,281,299
张登云 888
张禄 669,778
张綎 490,619,725,747
张缙 286,601,627
张翔 389
张萱 806,898,1103,1168
张裕 720
张谦（永嘉人） 8
张谦（南昌人） 5
张赓 1095
张越 655
张道 3,793
张道泽 1123
张道濬 1092,1123,1160,1171
张铺 960
张锐（字抑之） 437
张锐（宦官） 618,621
张雄 621,626
张鼎 280,351,396,397,403,431,494,501,511,532
张鼎思 748,880,989,990
张嗣修 879,943
张慎言 882,1019,1029,1067,1086,1090,1092
张慎学 1173

张新 925	张槚 740,807,1022	张穆 1009
张椿 1169	张毓塘 927	张翰南 1081
张楚城 867	张毓翰 1037,1069	张翱 72,438
张楷 164,252,285,337,381	张端 55,62,107	张衡 261,577,678
张槐 797	张綵 606,610	张镜心 936
张潘 1071	张翥 18,73,87	张鲲 699,729
张源来 216	张聚垣 1112	张鲸 924
张溥 90,229,487,987,1068, 1077,1086,1103,1107,1108, 1113,1114,1118,1119,1122, 1123,1127,1129,1131,1136, 1141,1144,1146,1151,1159, 1162,1167,1168,1169,1170,1182	张膏 941	张懋 311,491,510,511,567,585
	张鹗翼 737,777	张懋丞 123,271,322
	张鼐 993,1023,1027,1051,1073, 1084,1114	张懋修 890
		张燮 872,1049,1164,1165
	张履祥 1026,1040,1056,1069, 1075,1093,1098,1122,1128, 1132,1136,1141,1159,1162, 1171,1176,1178,1180	张璐 1047
张溶 863,867		张憋 469
张煇 1034		张彝宣 1167
张煌言 1067,1172		张彝宪 1122
张照 877	张德化 876	张璧 439,615,744,749,753,755, 1181
张献忠 1121,1126,1148,1149, 1153,1165,1169,1174,1176,1179	张德夫 857,970	
	张撝 60	张璹 136,149
张献翼 709,831,843,856,874, 888,898,982	张敷华 598,602	张璿 687
	张毅 6,508	张瀚 611,711,778,947,948
张瑄 233,314,318,337,363,365, 392,396,404,417,432,487,527	张潮 476,615,681,700,741,749, 752	张瓒 331,399,410,431,441,525, 555,832
	张瑾 141	张譔 311
张瑞图 878,1006,1090,1097, 1108,1112,1148,1168	张璁 251,439,588,646,651,662, 663,664,667,668,670,675,676, 680,681,686,688,689,692,693, 696,699,700,704,706,707,713, 717,720,728,729,825,866,901	忍辱头陀(徐复祚) 1020,1120
		怀悦 250
张福生 120		时彦 342,351
张筹 53,55,56,71,76,78		旷世嘉 748
张简 30,31,401,559,588,651, 713	张稷 304,423,464,476	李一迪 831
	张蕴道 985	李三楚 1112
张蒙正 1063	张鋐 189	李义壮 659,719
张銮 469	张需 778	李于庭 72
张誉 1063	张鲤 1041	李于麟 750,822
张谨 431	张鹤胜 1015	李士元 823
张路 398,725	张鹤龄 535,586	李士淳 1177
张鉴 750	张璧 681,744	李士翱 715
张颖 716	张寰 375,481,622,651,757,763, 767,784,788,793,802,817	李大亨 210
张鹏 350,369,392,469,572,673, 756		李子长 551
	张燕翼 748,875,982	李干 267
张鹏云 716,1067,1092	张燝 272	李广 470,533,541,542,545,546, 587,634,1083
张鹏翼 1134	张燧 1037,1133	
张嘉孚 965	张璞 190,335,365,586	李中 305,372,453,622,623,666, 668,693,743
张嘉谟 426,569,706	张穆(字敬之,昆山人) 228, 305,311,489	
张埔 1182		李中梓 927
张嵿 376,484,492,698		

李中溪 769
李之芳 1076
李之茂 831
李之藻 373,828,833,894,942,
　969,980,992,994,1007,1017,
　1018,1021,1034,1037,1067,
　1109,1112,1120,1124,1138
李云龙(二严和尚) 1087,1094
李云鹄 1007,1011
李仁 43
李从心 1112
李元阳 544,673,690,693,696,
　823,836,861,877,893,946
李元忠 1037
李元鼎 1074
李公平 712
李公柱 1163
李凤 753
李化龙 791,869,991,1018,1026,
　1027
李天宠 787,791
李天畀 636
李天经 1112
李天金 1138
李天秩 551,797
李天植 939,959
李天麟 891,1014
李太冲 1025
李孔明 801
李孔修 562
李孔度 1092
李开 328
李开先 572,672,689,735,737,
　738,798,802,848
李文(字方平,号非斋) 7
李文(字孟博) 844
李文凤 701,732
李文利 454
李文兖 678,697
李文忠 31,85,105,111,117,120,
　185,257,531
李文昇 1064
李文英 387
李文洁 651

李文祥 398,482,484,490,494,
　499,524
李文彬 23
李文察 722
李斗修 861
李方子 620,838
李日华 61,833,864,888,941,
　969,1019,1024,1028,1036,1045,
　1049,1099,1101,1104,1109,
　1115,1138,1142,1143
李日良 364
李日茂 917
李日宣 1033,1086,1092,1093
李日章 544,659,824
李日滋 1064
李曰巽 808
李木斋 537
李长庚 955,963,1099
李长春 860,876,910,916,921,
　946
李长祥 1176
李长馥 487
李世方 918
李世熊 987,1069
李东 640,857
李东甲 781
李东阳 17,147,321,329,341,
　348,352,357,386,389,393,394,
　398,403,407,412,413,418,422,
　425,431,433,434,436,437,440,
　444,446,449,451,452,453,454,
　455,456,457,460,462,465,468,
　469,475,476,477,479,490,492,
　499,500,501,504,508,510,511,
　512,515,518,522,525,526,529,
　530,532,533,537,538,539,540,
　541,542,545,546,548,549,551,
　554,557,561,563,565,568,572,
　573,574,576,577,578,581,582,
　583,584,585,590,591,592,594,
　595,597,598,599,601,602,605,
　606,607,609,613,617,618,620,
　629,641,665,674,679,691,695,
　698,717,809,813,901,1182
李乐 847,981

李仕鲁 95,103,104
李仙品 1092
李可久 861
李可灼 1060,1073
李可登 662
李幼滋 900,906
李弘 744
李弘道 903
李旦 181
李本固 868,941,1010,1060
李正 239
李正华 985
李正儒 708
李永年 831
李永贞 1107,1111,1162
李永茂 1151
李玄 1092
李玉(字廷佩) 481,717
李玉(1671年卒) 939,1176
李生光 957
李立武 419
李节 687,792
李让 328
李乔岱 1007
李乔崙 1092
李亥 1092
李仲芳 889
李仲奎 869
李充嗣 659
李兆洛 1062
李先芳 616,761,767,795,826,
　851,855,895,935,953
李光先 763
李光地 227,1067,1174
李光前 1003
李光春 1112
李光祚 1112
李光瀚 598
李兴 436,455,525
李匡 339
李华 463,556
李同 670,891
李同芳 891

李名芳 940	1092,1093,1141	李材 642,694,715,796,800,814,
李因 1022	李亨 118	819,821,825,829,830,834,849,
李因笃 690,1003,1068,1134,	李伯龙 1121	852,865,898,902,911,919,925,
1164,1167,1176	李伯屿 201,265,428,429	938,945,947,951,957
李如玉 690	李伯通 521	李汶 30
李如松 877,940,944,1005	李佑(号槐亭,太监) 881	李沂 917,924,978,1005
李如柏 940	李佑(成化年间人) 469	李玘 364,838
李如梅 940	李体严 985	李纯朴 873
李存信 994	李君昆 469	李纯卿 994
李孙宸 1033,1093,1094	李呈祥 1176	李良年 1143
李守俊 1092	李孜 311	李良钦 893
李守锜 1112	李孜省 451,458,459,474,475,	李芳远 206
李尧民 868	477,482,539	李言恭 942
李延兴(李继本) 143	李孝光 35,73,187,582	李贡 366,470,629
李廷龙 831,881	李孝谦 186,250	李进忠(魏忠贤) 1060
李廷机 743,902,925,937,950,	李宏 345	李进思 857
963,992,998,1000,1001,1003,	李希孔 1092	李际明 1112
1007,1009,1010,1018,1022,	李希松 861	李侃 343,350,354,385,437
1023,1047,1063,1088	李希直 1122	李叔元 55
李廷观 836	李希英 694	李叔正 94
李廷材 1052	李希哲 1112	李国槽 1067,1112
李廷宝 668,724,801,836	李希程 755	李国木 69,1183
李廷珍 486	李应公 1112	李国梁 1170
李廷相 461,569,628,644,752	李应吉 196	李备 877
李廷宾 778	李应江 1112	李奇玉 866,1108,1183
李廷梧 179,592	李应昇 949,1045,1083,1090,	李孟旸 591
李成梁 900,936,982	1092,1096,1101,1126	李学诗 577,673,732,739
李扩 23,53	李应荐 1112	李宗 286,430
李朴 980,1028,1032	李应祯 6,70,280,351,399,422,	李宗仁 581
李汛 678	431,451,478,483,495,505,511,	李宗元 694
李汝华 891,1003,1056	524	李宗延 1092
李汝宽 804	李应魁 1046,1085	李宗城 953,958
李汝嘉 487	李志惠 960,961	李宜春 763
李玒 711,753,789	李时(号橘园) 836	李宜培 1112
李祁 9,75,119	李时(字宗易,号序庵) 36,	李实(字孟诚,号虚庵) 220,
李纪 16,364,724	726,901	314,476
李自滋 1133	李时行 737,795	李实(太监) 1096,1107,1112
李至刚 124,174,189,190,195,	李时芳 937	李实 967,1176
198,250,260,269	李时勉(李懋) 235,242,296,	李岩 1161
李至清 1011	315,317,322,378,421,439	李建中 874
李贞 223,292,985	李时珍 12,162,200,638,885,	李建元 948
李达 222,375	947,948,1004,1028,1152,1164	李征 801,877,1062
李邦华 993,1082,1083,1085,	李时渐 797	李忠定 1172
	李时馨 1112	

李承芳　506,593
李承祚　1112
李承箕　350,432,454,465,478,486,492,493,496,506,510,516,517,522,539,554,559,560,565,593
李旻　403,477,545,608
李昂　290,356,413,518
李昆　421,506,703
李昊　280,413,419,604
李昌祺（李祯）　191,234,239,260,279,296
李明性　1043
李明通　850
李明道　1112
李明嶅　1136
李杰　318,324,403,422,499,504,510,511,545,550,575,583,637
李果　341,424
李枟　852,980,1165
李武冶　997
李河图　798
李秉　213,392,416,431,560
李绍　206,285,287,355,374,391,421
李绍文　1041,1078,1089
李绍贤　1107
李经世　1101
李若星　1085
李若琳　1112
李若愚　1108
李茂春　891
李诗　31,179,180
李诚铭　1112
李诩　593,948,1183
李贤　66,208,285,287,319,334,339,344,364,367,368,372,373,374,376,377,378,381,382,383,385,387,388,389,390,391,392,396,399,402,403,405,414,425,450,539,548,557,634
李质　93
李贯　173,179,193
李采　1024

李金　400
李信（山西浮山人）　99
李信　687
李养德　1112
李叙　250,264
李咨　479
李复阳　883,1092
李复初　708
李奎　339,348
李思启　1049
李思孝　1024
李思诚　969,975,1090,1092,1112
李思迪　85
李思恭　1029
李思悦　816,918
李思聪　148
李恒　23,129
李恒茂　1112
李挺　743
李星枢　1012
李春芳　621,760,761,773,811,826,842,913
李春茂　1112
李春煜　1112
李春熙　969
李昱　155,157
李昶　387,472,493
李显　470,821
李柏　1089
李奈　128,268,388
李标　1006,1067,1090,1111
李洪　302
李炳恭　1084,1092
李玻　684
李珍　455
李禹江　14
李胜芳　1082
李胤昌　978
李荣　490,578
李衍　451,460,471
李觉斯　1112
李贵　823
李退溪　804,815

李逊　778
李逊学　366,485,534,641
李俸　1045
李倧　1077,1081,1149,1157
李原名　122,754
李原道　212
李宾（号普明）　783
李宾　409,431,442,783
李振声　1151
李晓　405,528
李晟　413,519
李栗谷　804,815
李栻　830,989,1066
李桂芳　1112
李梃　854
李泰　142,213,261,374,375
李流芳　875,992,1002,1018,1028,1032,1036,1055,1058,1073,1093,1109,1116,1125,1127,1134
李浚　362
李浩　4,366,470,733
李海　192
李珙　687,700,732
李珠　672
李珥　815
李祯（李昌祺）　34,76,238,240,348,378
李祯　856,865,941,958
李继贞　414,1033,1086,1092
李继鼎　228
李翀　16,78,101,445
李贽（卓吾、卓老、卓吾老子）　926,951,984,986,1042
李贽　146,680,685,705,720,723,757,780,796,811,818,822,825,834,852,860,868,869,876,879,886,889,890,894,895,898,901,906,907,911,915,916,922,924,928,932,933,934,936,940,943,945,948,951,958,959,960,961,963,965,968,970,972,973,975,976,977,979,980,982,984,985,986,1013,1015,1020,1024,1034,

1047, 1049, 1052, 1065, 1066, 1076, 1087, 1091, 1160, 1182
李起元　1061, 1091, 1112
李轼　478
李逢　687, 700
李逢申　1087
李逢阳　834
李培　388, 485, 665, 960
李庶　463
李康先　1090
李庸　287
李得中　1064
李敏　143, 167, 356, 398, 407, 591
李梦阳　126, 138, 140, 178, 190, 430, 486, 514, 519, 551, 552, 553, 566, 567, 568, 574, 586, 588, 594, 595, 598, 601, 602, 610, 615, 616, 617, 621, 622, 650, 652, 654, 661, 674, 689, 691, 694, 703, 725, 726, 734, 755, 770, 778, 795, 827, 831, 855, 986, 997
李梦熊　989
李萊　1181
李淇　598
李淑元　65
李淑通　308, 309
李清　987, 1122
李渔　1022, 1042, 1047, 1104
李珵　598
李盘　1177
李硕　460
李章　702
李绳远　1134
李维桢　765, 847, 923, 935, 1014, 1049, 1064, 1079, 1083, 1099, 1102, 1115, 1161
李维樾　1167
李辅　533, 581, 837
李逸民　820
李铨　1003
李铭　278
李骐　233, 246
李鸿　496, 927
李鸿渐　781

李善长　3, 4, 19, 20, 21, 30, 34, 39, 41, 68, 129, 227
李堪　1029
李寓庸　1112
李尊师　744
李彭年　877
李惠　374
李敬（明初国子祭酒）　95
李敬　660, 687
李景隆　121, 157, 165, 166, 172, 173, 178, 180, 182, 185, 214, 238, 257
李朝　217, 284, 290, 811, 848, 951, 1133
李朝钦　1111
李榆　877
李棠　276, 308, 315, 363
李森　411
李植　880, 905, 910, 911
李渭　766, 836, 843
李琦　273
李琮　411, 547
李瑛　552
李登　815, 916, 922, 946, 966, 970, 971
李袧　263
李舜臣　558, 659, 704, 809, 968
李舜明　526
李裕　465, 482
李遂　584, 643, 673, 707, 723, 728, 774, 840
李遇知　1092
李遇春　781
李雯　1012, 1127, 1131, 1149, 1150, 1156, 1171, 1172, 1178
李鲁生　1090, 1112
李鼎　141, 801, 918, 927
李嗣京　1108
李嵩　838, 1045, 1074, 1112
李新　138
李新芳　659
李楫　444
李楷　743
李源　287

李源善　161
李溥　407
李滉（退溪）　567, 811, 815, 848
李献可　939, 957
李献吉　568, 672
李献阳　820
李琛　379
李瑞卿　451
李福达（张寅）　670, 672, 675, 678
李禔　206
李腾芳　941, 950, 1061, 1067, 1092, 1119
李腾蛟　1016
李蓑　784
李蓬阳　852
李鉴　314, 591
李鉴用　1039
李锡　313, 323, 330, 343
李锦　299, 320, 386, 396, 409, 470, 472, 481, 496, 596, 763
李雍熙　987
李颐成　847
李魁春　971
李龄　350, 404, 410, 473, 486
李槃　994
李熙　401, 535, 598, 665
李瑶　804, 951
李端　560
李精白　1112
李辕　155
李徵　701
李德　33, 54, 69, 128
李德芳　138
李德恢　511, 521
李德庸　12
李遑　222, 323
李潮　782
李澄　549
李澄中　441, 1116
李瑾　1085
李璇　633
李璋　840

李蕃 1032,1107,1112	杜文焕 1073	1045
李蕙 449	杜水棋 1108	来俨然 955
李豫 1151	杜宁 268,293,330	来斯行 1006
李鄴嗣 1076,1133,1151	杜华先 1010	来集之 1163
李鐩 1048	杜同春 1175	杨一奇 964
李颙 433,1105	杜汝亮 1064	杨一统 909
李壁 589	杜观光 542	杨一清 358,379,406,423,427,
李整 593	杜佑 89	475,483,529,537,538,543,555,
李橘 655	杜岕 1050,1136	567,599,610,613,619,625,626,
李濂 14,97,118,134,135,196,	杜应占 1014	628,644,645,654,655,664,665,
292,329,421,503,563,593,623,	杜应芳 1041,1057	671,675,677,680,684,686,689,
742,751,793,839	杜应豸 687	693,695,794,809,813
李翰 529,537,547	杜应奎 904	杨一葵 1183
李衡 14,160	杜纬 651	杨一魁 970
李赞 470	杜枏 738	杨一鹏 1092
李默 651,716,722,724,799,837,	杜泽 145	杨万英 255
838	杜环 6,53	杨三保 220
李默公 708	杜肃 43	杨士云 445,632,790
李懋（李时勉） 63,191,234,	杜诗 1024	杨士元 877
242,246,260,264,273,276,281,	杜庠 355	杨士谦 876
291,295,310,313,316,319,328,	杜思 670,831,843,888	杨士聪 1122,1182
340,342	杜桓 274	杨士瞻 459
李懋明 1141	杜堇 431,499,560,659	杨大中 12,178
李懋桧 908,915	杜寅 30	杨大勋 1146
李戴 970,972,980,989	杜渐 869	杨大章 687
李夑龙 1102	杜龚 89	杨大雍 521
李琪 1115	杜琼 146,150,175,203,209,215,	杨子善 325
李璧 640	228,237,239,247,259,268,287,	杨子器 484,575,587
李攀龙 5,624,691,749,750,761,	291,296,300,305,308,310,330,	杨之易 1109
770,780,784,792,795,796,800,	339,355,369,377,392,422,424,	杨允绳 840
803,810,811,813,820,822,843,	428,431,433,434,435,468,469,	杨六奇 1112
845,846,850,851,854,874,886,	524,597	杨天民 235
935,938,939,949,953,1016	杜越 962	杨文 144,174,320,506
李瀚 530,539,547,549	杜静台 919	杨文贞（杨士奇） 24,242,320,
李瀛 534	杜璁 874	321,376,387,428,1135
李蘅 489,1120	杜隰 101	杨文昇 687
李霨 1096	杜濬 1026,1136,1149,1171,1173	杨文举 910,937
李骥 319,343	杜麟徵 1108,1114	杨文卿 299,451,477,544,568
李夔龙 1112	束载 820	杨文莅 975
杜三策 1092	来汝贤 701	杨文焕 981
杜士基 1081	来宗道 993,1023,1051,1073,	杨文骢 180,1127,1131,1175
杜中贵 1038	1090,1106,1112	杨方亨 953,958,962
杜为栋 888	来知德 670,708,780,985,995,	杨无咎 1148
杜元吉 553		杨日补 1145

杨世芳　1067,1112
杨东明　759,769,891,933,938,945,960,1003,1029,1060,1068,1088
杨仕鸣　663
杨仪　498,520,595,673,702,720,754,758,782,805
杨四知　900,901,928
杨尔曾　1020
杨旦　762
杨民彝　798
杨用宾　1162
杨节　877
杨节誉　395
杨龙友　1131,1149,1150,1154,1162,1167
杨亘　309
杨任　176
杨兆　877
杨光溥　413
杨再成　955
杨名　686,689,699,700,840
杨名时　126
杨守介　981
杨守正　837
杨守礼　614,733
杨守阯　299,416,448,451,477,478,492,515,533,541,545,564,618
杨守陈　69,254,262,345,346,374,380,406,416,417,429,445,450,451,453,477,478,482,488,491,502,532,549
杨守随　299,417,422,482,598,645
杨守谦　690,745,772,776,841,842
杨守勤　991
杨州鹤　884
杨廷和　378,448,475,545,585,586,597,599,602,607,609,618,625,626,638,646,647,649,653,658,663,682,691,755,841,842
杨廷枢　1086,1103,1115,1118,1127
杨廷相　910,914
杨廷筠　802,955,992,1006,1046,1105
杨廷麟　1122
杨汝江　767
杨汝荣　663,687
杨自惩　147,346
杨芝瑞　1173
杨邦宪　1105,1112
杨邦梁　790
杨阳明　884
杨亨　397
杨伯玉　302
杨佑　584
杨作辑　1098
杨君谦　1014
杨寿　1049
杨希圣　975
杨应龙　954,974,1026
杨应诏　563,607,624,644,697,710,714,731,736,792,796,800,808,826
杨应奎　684,778
杨应聘　1049
杨志善　157,250
杨怀　581
杨怀凤　1062
杨抚　712,746
杨时中　877
杨时乔　830,842,941,988,996,1006,1016,1092
杨时伟　1057,1104,1123,1137
杨时畅　327,448,492,597
杨杓　622
杨来游　847
杨沦　704,722
杨纲　14,420
杨芳　881
杨贡　308,377
杨其善　960
杨典　626
杨周仁　800

杨国桢　1007,1029
杨奇　459,497
杨孟瑛　590,591
杨学孔　1098
杨宗气　737,826,855
杨宗吾　994
杨宗甫　798
杨宗彝　325
杨定见　975,979,1037
杨宜　434,659,696,798
杨建烈　1092
杨念如　1097
杨所修　1091,1096,1112
杨升　149
杨杰　215,322,448,503,545,556
杨林　771,793
杨枢　172,683,749,804
杨绍芳　663
杨经　701
杨茂　48,1051
杨表正　336
杨述　193,247,335,358
杨金英　740
杨俊卿　1104
杨信民(江阴人)　194,274,282,977
杨信民(新昌人)　282,323,343
杨冠　440
杨勉　191,260
杨南金　590
杨复　242
杨姜　1092
杨宪　24,197
杨思圣　1071
杨思臣　676
杨思震　746
杨政德　915
杨星期　1086
杨春　299,300,459,494,627
杨柱　687
杨栋朝　1092
杨洪　333
杨润　981,998

杨炤 1050
杨珂 649,723,750
杨盈川 1128
杨相 63,189,193,653
杨荣 39,46,121,159,167,173,
    174,180,182,185,203,207,209,
    212,215,217,219,220,221,222,
    224,225,228,233,235,237,239,
    248,249,254,259,261,264,267,
    270,273,275,276,278,284,285,
    287,288,290,293,294,295,301,
    302,304,306,307,309,327,338,
    353,462,505,897,1079
杨钦 209
杨钧 716,729
杨准 826
杨埙 389
杨桧 651
杨涟 862,1006,1060,1071,1081,
    1082,1083,1086,1090,1091,
    1092,1093,1095,1096,1105,
    1106,1109,1126,1143
杨珠 743
杨珮 716
杨砥 133,148
杨继礼 950,963,976
杨继成 876
杨继宗 370,447,498
杨继洲 657,1066
杨继盛 629,655,745,762,777,
    780,783,791,792,795,840,842,
    844,1004,1022,1061
杨舫 443
杨莹 538,591
杨起元 734,765,815,843,876,
    880,883,913,916,925,926,940,
    955,956,964,968,974,995,1049,
    1065,1072
杨载鸣 723,812
杨逢春 689,724,781
杨铎 285,393,483
杨晸 842
杨培之 778
杨基 12,24,32,43,54,59,62,84,
    116,140,144,147,513,596,687
杨堂 965
杨惟休 1092
杨惟和 1112
杨敩 217
杨梦衮 1029,1112
杨淮 632,662,865
杨清 84,552
杨渊 575
杨琅 403
杨玶 436,494
杨绳武 1122
杨维斗 1153
杨维休 1094
杨维岳 1010,1112
杨维垣 1045,1071,1082,1102,
    1105,1106,1112
杨维桢 4,19,21,22,23,24,32,
    36,38,41,43,54,63,67,71,73,
    74,84,91,92,103,104,143,158,
    159,162,165,187,227,243,262,
    269,414,512,623,1103
杨维新 345,874,1092,1112
杨维聪 647
杨辅 720
杨铭(哈铭) 336,369
杨鸾 738,746
杨善 195,339,343,348,368,408,
    415,476
杨善澄 15,110,214
杨寓(杨士奇) 12,57,66,93,
    98,116,121,126,164,166,173,
    174,176,178,188,203,209,210,
    215,216,221,222,227,228,229,
    242,244,245,248,249,257,264,
    267,270,273,275,280,284,287,
    290,312,316,321
杨寔 222,306,410,452
杨循吉 26,376,470,477,499,
    510,512,522,530,543,546,552,
    558,577,579,580,592,595,602,
    616,620,642,645,666,690,694,
    758,838,866
杨敬 257
杨景辰 894,1033,1055,1096,
    1106,1112,1116
杨最 632,730,829,840,871
杨朝栋
杨琛 356
杨琦 336
杨琬 640
杨琳 564
杨瑛 300
杨缙 628
杨辉 431
杨道臣 1062,1063
杨道宾 915,954,963,976,979,
    985,988,1000,1006
杨鼎 347,409,597
杨嗣昌 396,397,927,1018,1146,
    1166,1169
杨廉 30,38,115,207,350,485,
    505,516,533,548,561,566,572,
    582,654,669,738
杨慎 250,498,525,529,545,551,
    559,564,566,575,581,586,595,
    599,603,612,613,617,619,626,
    628,631,636,639,644,649,654,
    662,664,667,672,677,682,689,
    691,693,696,700,704,707,711,
    715,719,720,722,728,731,736,
    741,742,745,749,754,757,761,
    762,766,771,774,777,780,784,
    786,788,789,792,796,798,800,
    803,805,806,808,809,817,831,
    833,840,851,870,871,886,922,
    982,987,994,1057,1094
杨新期 1092
杨殿元 1133
杨源 598
杨溥 51,167,173,180,184,194,
    203,209,212,221,231,249,257,
    259,261,264,270,273,278,287,
    290,295,299,301,302,304,305,
    309,310,313,314,316,317,320,
    323,327,329,332,382,505
杨瑄 262,356,369,392,450,517
杨瑞 1064
杨瑞云 903

杨誉 687	汪文言 1081,1082,1084,1092	汪昌源 1062
杨靖 124,153	汪文奎 960	汪直 399,443,446,451,453,461, 463
杨嘉言 895	汪文盛 614,718	
杨嘉祚 1058,1092	汪以毂 687	汪细 631
杨端 489	汪可受 891,928,958,1014,1067	汪若极 1112
杨缨 409,410	汪本钶 951,963,975,1052	汪金 687
杨翥 28,311,352	汪民敬 876	汪俊 518,520,541,551,607,622, 649,658,662,663,664,721,742, 841,842
杨静庵 661	汪玉 461,691	
杨德周 1133,1156	汪用霖 1159	
杨德政 907	汪伟 636,1108	汪浒 355
杨德衍 364,463	汪先岸 1092	汪珊 614
杨璋 598,639	汪光华 966	汪贵 440
杨磐 161	汪庆百 1123	汪旂 753
杨褫 578,590	汪庆舟 716	汪砢玉 40,1178
杨豫孙 762,792,1022	汪廷讷 852,965,974,977,1011, 1016,1020,1025,1079	汪翁仪 512
杨镐 891,962,967,1050,1054, 1055		汪起凤 867,980,1089
	汪廷贞 545,590	汪康谣 1092
杨鹤 396,397,993,1121,1169	汪汝懋 26	汪惇 687
杨寰 1112	汪邦柱 1056	汪淮 547
杨翮 32,41,87	汪佃 421,633,671,733,738	汪渊 664
杨霓 687	汪克俭 720	汪章锡 615
杨爵 524,617,644,683,689,700, 735,736,741,746,748,750,754, 760,763,771,782,829	汪克宽 10,20,21,25,30,50,65, 225,557	汪谐 284,379,398,446,477,491, 563
	汪克章 687	汪逸 1118
杨璨 614	汪应昂 836	汪循 535,547,587,596
杨觐	汪应昂 820	汪敬 285,362
杨彝(宗彝) 136	汪应轸 687	汪琬 1089
杨璇 230,305,434	汪应蛟 903,1040,1060,1092	汪舜民 570
杨彝 133,136,1086,1114,1150	汪来 737	汪赐 526
杨顒 456	汪沐日 1132,1149	汪辉 35,1023,1090
杨骥 635	汪纶 360,517	汪道会 891,917
杨麓 1024	汪运光 1155	汪道昆 670,757,761,769,776, 803,804,812,819,826,835,843, 846,853,856,857,877,880,882, 891,905,907,911,916,917,923, 931,933,935,938,949,951,971, 1076
杨巍 762,905,1012	汪国士 1122	
杨瓒 327	汪国华 1136	
汪一中 683,750,817	汪国楠 998,1028	
汪士贤 1064	汪季舒 140	
汪山 423	汪宗元 577,689,854	
汪广洋 4,32,37,41,47,53,65, 71,76,85,88,497	汪宗尼 140	汪道贯 891,892,923
	汪宗伊 723	汪集 823
汪元锡 614	汪宗姬 1001	汪楫 1101
汪心 767	汪宗器 485	汪滢 487
汪文 467,874	汪尚宁 837	汪献忠 1052,1173
汪文川 854	汪昂 1043	汪瑀 782
		汪睿 110,115,160,165

汪禔 509,695
汪静峰 924,928
汪静庵 959
汪德 729
汪鋐 647,681,682,688,692,703,866
汪镗 618,762,825,863,876,926
汪镛 486
汪懋麟 1165
汪藻 590
汪麟 598
沈潅 1044,1059
沈一贯 699,845,847,941,950,954,962,969,972,976,980,983,984,987,988,989,991,992,996,1000,1020,1023,1042,1071
沈士龙 1065
沈士柱 1122,1127,1132,1153,1181
沈士荣 101
沈士静 292
沈子勉 711
沈飞仲 1099
沈中孚 1167
沈云庆 876
沈元昌 1037
沈升 76,191,207,327
沈文系 1003
沈文奎 1126
沈世良 61
沈世隆 598
沈丙 156
沈仕 498,830,832
沈以中 121,217
沈正宗 1092
沈玄(沈以潜) 28,283
沈石田 425,558,1118
沈节甫 703,807,851,961,982,1048,1049,1066
沈同和 1044,1045
沈守正 862,988,1080
沈尧中 976
沈庆 357,471

沈扬 1097
沈自晋 905,1136
沈自徵 939,1127,1169
沈行 256
沈讷 222,378
沈贞 10,406,422,428,462
沈似罗 1108
沈启 515,723,826,848
沈启原 719
沈寿民 1009,1127,1132,1133,1153,1173,1181
沈寿国 1153
沈应 155
沈应文 946
沈应龙 558,711,790
沈应时 1092
沈应奎 1085
沈应魁 624,774,785,1028
沈束 750
沈玘 265
沈秀 598
沈纯佑 1182
沈良才 711,740,744
沈进 1111,1134
沈侃 846
沈周 270,285,307,311,368,400,417,419,428,431,434,436,443,446,451,453,454,458,462,467,478,489,493,505,511,519,522,525,526,534,540,543,546,549,552,558,559,582,596,606,607,616,624,629,646,661,669,740,794,808,1042,1179
沈固 120,408
沈国元 1103,1119,1151,1159
沈国模 875,1159,1171
沈坤 600,736,737,749,789,796,813
沈孟化 888
沈定之 1177
沈宜修 936,1128,1130,1143,1147
沈宠 797,821,858,1040
沈宠绥 1160

沈昀 1054,1132
沈昆铜 1132,1175
沈明臣 638,815,819,860,862,884,890,895,923,938,961,982
沈易 10
沈杰 553,575
沈泓 1176
沈绍庆 798
沈绎 157,250
沈茂原 83
沈诚 257,523
沈宪 729
沈庠 423
沈度 183,185,194,198,218,230,232,245,272,281,288,1148
沈思孝 847,879,911,1092
沈恒 211,445
沈恺 350,689,746,749,862
沈津 582,615,733,1064
沈洧 876
沈相 328
沈眉生 1146,1158
沈荃 1175
沈钟 427,478
沈钦 687
沈宽 538
沈晖 590
沈桂奇 711
沈泰 1115
沈海 403
沈珩 1059
沈继先 451,477
沈继孙 15
沈铉 22,23
沈庸 487
沈彬 314,382
沈得卫 7
沈得符 1057
沈惟炳 802,1045,1063,1085,1092
沈惟敬 958,962
沈敕 715,755
沈教 498,623,775,836

沈梅 823	沈懋孝 915	124,130,137,183
沈梦熊 1078	沈懋学 730,843,868,877,879,	苏佑 518,690
沈梦麟 71	880,883,887,890,891,900,1000	苏志仁 629,750,787
沈淮 1110	沈鍊 600,723,741,776,796,800,	苏志皋 701,831
沈渊 876	802,840	苏近 1007
沈焘 350,520,627	沈黻 44	苏育 1151
沈维龙 881,1052,1173	沈藩 1181	苏茂相 1112
沈维炳 1067	沈颢 919	苏洹 486
沈朝阳 765,973,1010,1046,1079	沈瓒 805,846,916,917,929,937,	苏桓 1131,1133
沈朝宣 770	940,951,1031	苏浚 743,911,973,974
沈朝焕 963	沐昂 307,325	苏致中 413
沈琮 381,395	沐晟 207	苏乾 770
沈翔 315	沙大用 147	苏章 167,436,475
沈谦 1067,1182	沙张白 1101	苏琦 33
沈谧 689,700,719,781,785	沙福智 122	苏葵 484,486,590
沈越 567,701,854,973,1079,	沙蕴金 1151	苏镒 253
1080	狄云汉 579	苏鞾 428
沈道宇 283	狄同煃 1063,1182	谷大亮 618
沈鈇 61,154	狄斯彬 761	谷应泰 186,1067
沈鲁 386,389,392,414,472,646	玛实伊克（马沙亦黑） 99	谷钟秀 649,723,797
沈嗣选 1127	肖九贤 14	贡玄略 766
沈嵩高 487	肖敬 573	贡安甫 598
沈愚 303,386	良直 687	贡安国 821,858
沈概 633	芮善 173	贡汝成 619
沈潛 125	花纶 112	贡性之 9
沈溥 454	花润生 191	贡珊 614
沈粲 88,183,230,246,331,340,	苏万民 877	贡斌 529
348,352,1148	苏元起 1123	足利义政 395,442
沈魁 598	苏文韩 1010	辛自修 797,825,841,842,846,
沈龄 645,661	苏平 31,45,92,103,137,252,	910,920
沈榜 942	363,509	辛思齐 1112
沈演 1092	苏正 181,415	连应魁 763
沈德符 140,256,313,608,668,	苏民望 952	连矿 697
714,886,986,992,1001,1003,	苏兆先 1112	迟翔凤 329,749
1013,1051,1141,1174	苏先 133,1118	邱方 281,297
沈澄 76,390	苏如汉 930,956,1007	邱兆麟 1075
沈蕙端 1128	苏宇庶 970	邱克容 208
沈鲤 699,830,917,984,988,989,	苏廷贵 161	邱宏 416
992,1000,1042	苏汝砺 860	邱时雍 781
沈璟 787,846,864,866,868,888,	苏伯厚 8,167,182,193,207,216,	邱俞纲 350
891,898,902,913,915,924,925,	253	邱浚（邱濬） 120,237,330,684
929,951,953,961,989,1007,	苏伯衡 8,17,31,45,54,57,62,	邱维屏 1038
1021,1022,1031,1047,1054,	64,67,68,76,77,85,90,109,118,	邱象升 1116
1076,1079,1080,1136,1169		

邱象随 1125
邱富 791
邱道隆 694,697
邱鼐 493
邱橓 901
邱衡 1136
邱濬(丘浚) 45
邵元节 657,664,670,714,727,730,842
邵文恩 598
邵长蘅 1152
邵以正 283,324,381,388,515
邵光祖 67,68
邵圭洁 611,668,824
邵有良 420
邵有道 678
邵亨贞 13,33,83,172,1068
邵时敏 775
邵宝 153,380,382,383,410,424,427,432,437,444,448,454,459,462,471,474,475,477,479,483,486,492,493,495,500,504,508,512,515,516,519,522,525,529,532,534,536,543,546,548,556,559,560,563,568,569,570,574,575,579,584,587,590,591,595,607,610,613,619,621,624,633,635,636,644,651,679,813,830
邵宝容 548
邵弥 943,1174
邵经邦 515,650,798,816,832
邵苾 742
邵鸣歧 786
邵珪 413,422,476,504,509
邵继祖 1116
邵庶 951
邵辅忠 1013,1060,1112
邵铜 91,407
邵曾可 1016
邵棠 485
邵锐 643,687
邵锡 603
邵龄 396
邵德久 793

邵潜 897,1099
邵闇 1104
邸存性 1112
邹干 375,376,416,429
邹之麟 1017,1027
邹元标 232,694,715,748,779,808,852,879,880,881,883,902,903,907,910,911,914,916,933,940,945,950,951,955,963,968,986,991,993,998,1018,1028,1034,1036,1039,1041,1044,1046,1048,1050,1060,1061,1067,1068,1072,1075,1077,1081,1084,1088,1091,1092,1104,1106,1161
邹文盛 378,520,717
邹立诚 196
邹守益 50,515,553,599,612,613,617,625,639,644,648,651,657,664,666,667,668,669,671,672,677,679,682,685,687,688,693,694,696,697,704,706,707,710,711,714,715,716,720,722,723,724,727,728,730,731,732,736,741,742,743,744,750,754,757,760,763,766,767,769,773,777,780,781,788,789,790,791,792,797,803,804,811,817,818,820,822,829,833,841,842,851,864,893,896,915,923,943,948,952,957,1111
邹守愚 673,793,799
邹廷彦 1003
邹观光 891,994
邹应龙 797,818,819,844,861,869,877,904
邹良 223
邹孟达 65
邹迪光 776,869,929,1016,1036,1070,1100
邹亮 201,291,296,318,331,358
邹南皋 940
邹奕 110,183,250
邹泉 922,925
邹济 183,216,227,236,238,262

邹顺 292
邹浩 137,694,922
邹维琏 1006,1085,1092,1128,1143
邹善 694,797,835,836,864,885,896,926,1047,1060
邹智 405,444,450,478,482,485,494,499,500,505,514
邹缉 57,116,169,173,186,193,209,221,231,235,239,242,245,261,282
邹鲁 420,770,903
邹鹄 687
邹漪 1043,1182
邹德泳 917,1060
邹德涵 674,727,803,807,834,852,857,863,868,896
邹德溥 925,950
邹瑾 172
邹輗 614
邹衡 596,617
闵文振 160,724,745
闵如霖 577,701,744,745,753,777,784,789,809
闵齐伋 1046,1057
闵声 967,1070
闵远庆 917
闵洪学 1014,1126
闵珪 278,393,478,479,559,615
闵普和 324
闵景贤 1099,1118
闵槐 640
阿不孩(一译阿布噶) 736
阿旺罗桑嘉措 1050
阿济格 1180
阿敏 1116
陆万里 470
陆万龄 1102,1112
陆大受 1039
陆子高(陆冠孝) 24
陆广明 1057
陆之裘 701,746,767,790,810
陆之箕 206,503,589,767,790,810

陆仁 103,104	陆圻 1162	951,959,1013
陆允中 140	陆学完 1092	陆舜臣 720
陆元辅 225,1050	陆居仁 19,38,43	陆菜 1121
陆凤仪 819,884	陆弥望 565	陆瑄 183
陆化淳 1021	陆征 258	陆瑜 378,389
陆化熙 1033,1034,1070	陆昆 585,596,598	陆简 316,403,447,453,481,499,
陆友仁 73	陆明扬 881	518,532
陆文虎 1127,1132	陆治 540,793,822,860,864,878	陆粲 251,528,627,641,672,673,
陆世仪 1026,1075,1078,1098,	陆采 544,627,669,684,709,712,	683,689,690,697,709,712,716,
1103,1108,1114,1118,1128,	719,721,779	732,779
1131,1132,1146,1150,1151,	陆勉 590	陆颖贵 23
1156,1158,1162,1167,1176,1178	陆埏 584,673,787	陆嘉淑 1067
陆东 200	陆奎章 591	陆阊 618
陆以载 964	陆昶 345	陆澄 622,631,632,637,653,687
陆可教 880,901,915,937,950	陆昺 870,898,907	陆震 628
陆宁 687	陆柬 844	陆颙 160,183
陆永 618	陆树声 608,737,796,835,849,	陈一元 1092
陆仲亨 129	850,864,873,880,883,892,934,	陈一教 1092
陆光宅 860	943,960,999,1065,1079	陈一敬 166
陆光祖 652,761,774,931,946,	陆相 520	陈九川 528,617,623,643,648,
967	陆闾 95,183	654,672,723,728,763,790,821,
陆光祚 910	陆俸 614	832
陆师道 616,634,723,754,755,	陆卿子 977,1066,1095	陈九畴 335,1082,1112
778,782,788,808,871,977	陆容 299,353,403,406,454,456,	陈九德 770
陆庆臻 1141,1146,1150	492,497,503,505,527,528,544	陈三恪 1183
陆次云 1148	陆晋 1118,1122	陈三谟 772
陆汤臣 908	陆润玉 307,388	陈久春 861
陆行素 1062	陆钺 446	陈义 316
陆西星 877,884	陆培 1132	陈于廷 840,955,1048,1082,
陆伯瞻 167	陆崐 645	1084,1092,1143
陆伸 601	陆康民 330	陈于陛 756,845,907,910,941,
陆君弼 973,1013	陆梦龙 878,1019,1139	944,946,950,952,954,956,962,
陆圻 1035,1169,1171	陆淞 405,506,666	1001,1066
陆希和 444	陆深 112,172,190,371,445,516,	陈于泰 1121
陆应阳 666,976,1010	588,602,603,625,664,683,691,	陈于鼎 1124,1132
陆志学 409	693,694,702,707,708,711,712,	陈士元 597,750,767,781,869,
陆时雍(字幼淳) 659	716,725,745,752,755,1038,1148	904,967,1092
陆时雍(字仲昭,号澹我) 1069	陆渊之 403,455,463,487	陈士芳 1151
陆求可 1050	陆符 967,1157,1171,1172,1175	陈士京 957
陆汴 839	陆钶 306,389,393,454,456,482,	陈士彦 1041
陆陇其 1121,1130,1164,1167,	488,493,500,503,527,650,705	陈大伦 766
1177	陆铨 672	陈大声 1025,1079
陆典常 1063	陆堦 1059,1132	陈大科 666,709,856,961,970,
	陆粥 835,846,850,853,857,898,	975,982

陈大宾 822	陈友谅 25,96,139,197	陈玉瑱 1148
陈大章 470,681	陈天宠 975	陈甘雨 767
陈子山 6	陈天清 1043	陈用 210,310
陈子升 1038,1171	陈文 57,197,297,360,369,374, 389,391,402,405,406,407,411	陈用中 14
陈子龙 1012,1075,1093,1098, 1103,1107,1109,1114,1118, 1122,1127,1131,1132,1136, 1141,1146,1147,1149,1150, 1151,1152,1154,1153,1154, 1155,1156,1158,1160,1162, 1167,1169,1171,1175,1176,1178	陈文学 707,711	陈节之 704
	陈文英 1034	陈让 433,437,438,701,715,746, 791,841
	陈文烛 713,830,853,860,861, 864,865,869,887,891,913,918, 933,934,945,953	陈龙可 1128
		陈龙正 914,959,969,1024,1075, 1118,1124,1135,1136,1137, 1150,1156,1158,1167,1171,1181
陈子壮 962,1056,1086,1092, 1102	陈文焕 830,864	陈交 490,851,1076
	陈文徽 651	陈仲述 84
陈子贞 995	陈方 68	陈光前 865
陈子身 529	陈无藻 1019	陈光裕(陈南宾) 6,23,113,148
陈山 139,182,263,267,273,288, 773	陈暐 586	陈全 199,231,256,1137
	陈日煃 29	陈全之 955
陈山毓 1051	陈长祚 1092	陈关 360
陈广宏 1057	陈世良 471,642	陈名夏 982,1131,1141,1176
陈与郊 753,843,869,934,942, 952,1026	陈世辅 687	陈壮 478
	陈世隆 169	陈好义 167
陈中 7,180,243,335,401,542	陈世竣 1112	陈如纶 558,701,782
陈丹衷 1149	陈东 689	陈存理 38
陈之龙 979	陈东光 753	陈宅之 3
陈之遴 1000,1150	陈以闻 1009,1109	陈宇俊 994
陈云章 680	陈以跃 1024	陈守瓒 1112
陈仁 550,594	陈以勤 616,737,825,834,842, 918	陈郊 150
陈仁锡 487,889,897,964,1032, 1036,1040,1042,1063,1070, 1074,1077,1078,1092,1094, 1099,1103,1107,1113,1114, 1115,1118,1120,1127,1131, 1138,1139,1142,1148		陈尧 572,711,746,793,835,837, 850,865,871
	陈以瑞 1112	陈尧佐 961
	陈兰 375	陈尧弼 479
	陈司成 1078	陈尧道 801
	陈宁 11,23,42,48,54,65,76,88, 1014	陈庄 406,410
陈介 728		陈庆 547
陈允中 6	陈尔翼 1112	陈廷会 1054,1158
陈元珂 755	陈弘绪 1075,1087,1114,1131, 1132,1146	陈廷华 687
陈元素 1057,1068		陈廷许 1115
陈元赟 923	陈必谦 1086,1092	陈廷举 790
陈元贇 1056	陈旦 513	陈廷敬 1121,1161
陈公允 994	陈本深 310	陈汝元 862,964,985,1004,1116
陈公明 155	陈正伦 261	陈汝言 46
陈公懋 222,463,470,496	陈玄藻 1015	陈汝璧 902,903
陈凤 689	陈玉 252	陈玑 275
陈凤梧 568,589	陈玉陛 1042	
	陈玉辉 980	

陈纪 377	陈良训 1085	陈炜 140,278,379,399,428,472
陈臣忠 993	陈良因 224	陈玮 763
陈至 7	陈良谏 1037	陈秉中 374
陈苣 672	陈良弼 1092	陈秉献 161
陈讲 694,775	陈良谟 300,465,632,687,862	陈组绶 1141
陈论 602,624,658	陈芹 792,856,904	陈绍儒 597,723,896
陈贞慧 996,1114,1131,1153, 1158,1163,1181	陈言（字宜昌，号石溪） 600, 882	陈经 374
陈迁鹤 1161	陈言（字献可，号东涯） 727	陈经邦 876,891
陈邦训 910	陈赤衷 1050,1105	陈经纶 398,485,945
陈邦泰 981,995,999	陈远 512	陈肃 402
陈邦瞻 141,845,969,994,998, 1003,1080,1092	陈际泰 845,1127,1137,1168	陈茂烈 378,444,536,629
陈严之 902	陈侃 706,710	陈诚 142,222,228,233,251,375
陈伯友 980,1027,1111	陈具庆 1112	陈询 287,347
陈伯谅 603	陈函辉 936,1127,1137,1182	陈贤 158,182,262
陈伯献 553	陈叔刚 472	陈迪 172
陈伸 160,208	陈奇瑜 1092,1134,1135	陈述 361,1048
陈克礼 277	陈孟明 467	陈金 287
陈启新 1144	陈孟贤 330,608	陈保泰 1112
陈吾德 685,830,931	陈学伊 1087,1094	陈修 43,140,363,564
陈员韬 276,335,480	陈宗问 196	陈勉 315,507
陈址 732	陈宗顺 123	陈勋 814,980,1050
陈孜 251	陈宗愈 973	陈叙 262,561
陈孝积 252	陈宜 314	陈垲 572,701,762,926
陈完 428,757,934	陈实功 795,1147	陈复亨 861,1001
陈宏 372,529	陈尚象 937,955	陈复君 755
陈宏绪 967,1000	陈建 544,557,637,768,781,793, 844	陈洤 952
陈序 418,1112	陈怡 366	陈威 617
陈应信 786	陈所行 1006	陈宣（文德） 459
陈应春 529	陈所学 993,1085,1115	陈宣（潜斋） 554
陈应宾 724	陈所闻 911,940,966,971,999, 1130	陈彦回 172
陈忱（字克诚） 485	陈所蕴 748,929,930,952,1011, 1036,1099	陈思立 161
陈忱（字遐心） 1035	陈择善 123	陈思育 876,887
陈时宜 1057	陈昂 234,486	陈恪 388,485,637,1127
陈束 605,672,686,689,704,726, 735,802,848	陈昌（陈孟京） 211	陈拯 13
陈汶辉 14,104	陈昌积 723,784	陈政 237,356,385,441,628
陈沂 416,455,488,564,588,599, 619,628,632,650,657,661,669, 674,691,702,704,708,711,719, 720,726,755,778	陈明卿 229	陈星源 1168
	陈易 386	陈春 874
	陈杰 622	陈柏 597,774,893
	陈泗 624,665	陈栋 828
		陈栎 11,225
		陈洙 335
陈沭 651		陈洪绶 971,1077,1086,1087, 1136,1154,1160,1166,1176

陈洪谟　435,536,620,654,712,794
陈洸　616
陈济　114,182,193,194,207,231,234,245,256,352,373,607
陈炫　486
陈珂　506,699
陈相　542
陈矩　987
陈祖生　494
陈祚　104,215,260,264,279,287,291,305,366,513
陈禹谟　769,937,985,988,992,1003,1020,1025,1053,1063
陈绛　837
陈荐　856
陈荐夫　977,1003
陈逅　524,632,681,802
陈选　275,341,379,399,403,463,480,490,514
陈选道　477
陈钢　286,374,400,455,487,488,503,525
陈钦　398,584,597
陈钧　311
陈音　299,394,403,416,467,516,528
陈宽　193,285,392,428,468
陈宾　394
陈恭　110
陈恭尹　1125
陈振龙　945
陈效　575
陈晋卿　876
陈晟　155
陈桂芳　755
陈殷　1112
陈泰　246,296,392,418
陈泰来　810,880,953
陈烈公　1081
陈烨　989
陈珩　876
陈皋谟　750
陈益　171,252,358,479,897

陈真晟　214,271,375,429
陈祥麟　836
陈继　28,166,209,257,260,268,274,276,281,282,286,288,428,445,509
陈继之　173
陈继成　721
陈继畴　965
陈继儒　169,532,540,583,595,806,857,898,911,917,934,937,940,946,951,956,974,975,989,990,1003,1006,1024,1025,1028,1034,1036,1041,1042,1046,1048,1058,1063,1066,1073,1078,1080,1087,1093,1107,1108,1114,1117,1118,1119,1123,1126,1127,1129,1147,1154,1160,1184
陈能　669
陈赟　141,265,274,285,357,404
陈轼　1163
陈铖　443,446,447,451,454,457,458,463
陈铎　466,498,629,652,725,1079
陈顼　222,364,365,407,431,432,435,436,438,454,489,524,597
陈基　20,21,26,30,40,41,103,530
陈庸　432,458,562
陈惟寅　32
陈惟渊　636
陈敏　206
陈桱　24,185,290,1010
陈梁　1127
陈梓　775
陈梦鹤　762
陈梯　293
陈淑叙　348
陈淳　13,428
陈渊　607
陈理　423,767
陈琎　40,41,93,129,193,204,208,239,264,272,297,308,341,358,522

陈章　301,448,477,577
陈符　164,358
陈第　740,819,822,864,868,873,898,902,992,1002,1013,1025,1037,1046,1049,1050,1065
陈维岳（崇祯年生）　1148
陈维岳（嘉靖年生）　723
陈维崧　1096,1159,1163
陈维嵋　1121
陈维裕　379
陈维新　414,1104,1112
陈翊　389
陈辅　584
陈铨　486,1073
陈骐　542
陈善　321,624,737,784,857,888,931
陈善授　44
陈循　117,133,166,170,184,192,196,207,210,212,216,220,222,223,234,236,237,239,240,242,243,244,249,256,260,264,267,270,276,285,287,295,300,302,310,316,317,319,322,323,326,330,333,338,339,343,344,346,347,347,349,350,351,354,357,359,362,364,367,372,382,387,397,450
陈惠　287
陈敦履　755
陈敦豫　755
陈敬则　39,801
陈敬宗　80,191,234,235,240,264,267,271,281,287,302,310,319,337,340,342,378,433,1049
陈敬法　1138
陈智　304
陈朝辅　1112
陈棋泉　853
陈棐　711,745,775
陈植　158
陈焞　687
陈焯　1158
陈琛　445,460,507,537,542,547,

564,588,605,633,683,755,756,782
陈琦 218,306,403,427,583
陈琯 869,937
陈琳 536,565,596,598,632,835
陈瑛 198,401
陈登 13,156,183,272
陈登云 914
陈确 996,1019,1040,1056,1078,1122,1132,1146,1151,1155,1175
陈筐 687
陈策 615,634,910
陈联芳 829
陈谟 22,65,125,458,573
陈遇 43,110,111
陈道 299,501,507,583
陈道亨 1092
陈道复（陈淳） 468,752,808,948
陈锐 525
陈雅言 116
陈鼎 616
陈嗣初 215,281
陈嗣宗 1094
陈嵩 250
陈廉（陈孟洁） 199
陈搏 295
陈新之 1092
陈新甲 1170
陈新闻 992,995
陈楠 895
陈溱 319
陈煉 687
陈献章（白沙先生） 561,604,608,624,629,637,641,679,703,705,748,778,779,812,903,905,906,907,971,1009,1029
陈瑄 215,222,260,273,276,281,286
陈瑗 316,563
陈瑚 1035,1087,1103,1108,1118,1132,1146,1150,1154,1156,1158,1162,1168,1172,1176
陈盟 1074,1112

陈福 374
陈简 964
陈缟 640
陈腾鸾 457,651,680
陈谨 783
陈鉴 153,228,330,331,362,369,374,385,402,419,421,1062
陈锦 389
陈魁士 892
陈嘉谋 849
陈嘉策 895
陈嘉谟 652,762,843,868,990
陈察 569,596,655,1042
陈暉 98,360
陈演 1175
陈潢 1152
陈熙昌 1092
陈睿 287
陈睿谟 1112
陈肇曾 1149
陈霁 631
陈霆 569,598,611,613,628,644,669,729,745,750,776
陈履 856
陈履祥 735,916,1022,1040
陈德文（一名莹中，字文石） 222
陈德文（号石阳山人） 746
陈德宁 751
陈德卿 546
陈德容 389
陈播 529
陈遑 508,512
陈潜夫 113
陈澜 430,536,600
陈璋 250,588
陈穆刘 635
陈聪 534
陈遵玮 934
陈選
陈镐 111,252,256,370,423,452,484,490,509,525,573,590,650,1182

陈镒 128,218,300,314,319,323,334,340,344,348,351,366
陈颜仍 271
陈鹤 668,725,782,800,813
陈儒 498,660,715,744,817,1056
陈器 623
陈寰 614,1042
陈激衷 633
陈瑶 310,431,448,499,524,526,597
陈璲 112,210,215,401
陈衡 231
陈镛 224,270
陈霖 626
陈翼飞 1019
陈邃 1000
陈彝则 161
陈鎏 605,723,857,874,875,896
陈鑿 937,1010
陈灌 46
陈瓒 909
陈耀文 774,801
陈露 771
陈懿典 866,941,950,963
陈鑑
麦懋藻 1173

八　画

侣钟 559,567
函脱 1172
卓人月 1114,1133,1145,1148
卓天锡 412,463,471
卓尔康 1038,1133
卓老（李贽） 984
卓迈 1112
卓佃修 965
卓吾（李贽） 894,926,984,986,1020,1030,1052
卓明卿 918
卓敬 123,124,156,173,176
单本 821,1025,1115,1148

单仲友　53
单宇　305,334
单明诩　1112
单复　279,371
单恂　1163
单瑛　365
单镛　500
周一梧　1029
周上治　1089
周于德　649,723
周卫阳　850
周士佐　767
周士英　960
周大经　687
周大珪　876
周大章　608,780,788,816,854
周大登　975
周大賨　687
周子义　692,831,887,901,919,1064,1066
周子仪　891,938
周子治　244
周子采　660
周子恭　743
周子谅　22
周子愚　894,1017,1038
周山　433,565,591
周广　435,588,669,698,842
周之纲　1033
周之标　1046
周之冕　1069
周之锦　994
周仁俊　678
周从龙　1025
周凤　350,580
周凤鸣　503,623,775
周天佐　735,840
周孔教　892,940,1035,1092
周文　14,197,215,276,305,347,353,678
周文元　1097
周文龙　786
周文采　161,751

周文烛　687,704,744,745
周文寀　641
周文爕　687
周木　437,547
周世昌　877
周世选　703,820,952,1005,1037
周令　598,744
周圣仪　1137
周弘禴　918
周正道　32
周永中　275
周永春　980,1023,1041
周汇　389
周玄暐　1044
周玉　591
周用　442,540,569,574,703,746,768,794
周礼　3,40,73,95,96,130,131,143,164,177,250,336,401,432,440,445,487,514,523,571,577,591,592,605,668,680,690,747,751,765,822,860,952,1108,1136,1139,1150,1159,1177
周立勋　1093,1127
周仲　635,687,1136,1168
周仲士　994
周仲实　723
周伟(周孟简)　278
周传　175,186
周传诵　1011
周伦　391,553,570,582,586,700,742
周冲　476,610,635,687,703
周吉祥　499
周在　623,937,1114,1118,1135
周如砥　950,988,1006,1010
周如磐　1067
周宇　1052,1112
周安　401
周师旦　1045,1059
周延　558,660,688,817,899
周延儒　1031,1033,1048,1090,1107,1108,1113,1126,1131,1166,1171,1172,1174,1175

周廷祚　1157
周成　220,535,750,979,1074
周汝员　719
周汝忠　1048
周汝弼　1092
周汝登　734,765,880,898,926,933,940,945,963,964,968,972,977,979,980,985,989,994,995,998,1003,1009,1015,1016,1020,1028,1036,1037,1044,1062,1086,1115,1123
周臣　601,661,712,794
周邦杰　869
周伯琦　21,26,83,180,216
周伯器　336
周兑　394
周寿谊　48
周希令　1067
周希圣　1056
周希孟　45,79,162
周希哲　812
周希夔　45,79,106,162
周应中　881,1117
周应治　892,964
周应秋　1112
周应宾　798,903,925,932,950,952,965,992
周应损　687
周应鳌　964
周志伟　741
周忱　62,98,174,191,194,195,275,276,279,281,302,310,321,344,352,353,358,366,382,386,411,414,471,678
周沂　13
周灿　996
周甸　687
周纮　493
周良　162,727,760,765
周良材　1112
周诏　632
周其得　15
周孟中　299,301,413,446,478,572

周季 258	周宣 568	周冕 178,234,335
周季凤 398,520,610,685	周宪章 1037	周勒卤 1150
周宗 4	周思 98,167	周婴 1178
周宗建 1067,1076,1082,1083,1090,1092,1096	周思久 906	周寀 326,938
周宗智 379,455	周思得 282,346	周惟善 143
周宝 362,379	周思敬 906	周旋 27,47,294,297,343,485,534,536,641,645
周忠(字伯厚) 25	周柳塘 894,916	周梦旸 869
周忠 687,711,1144	周洪(字大猷) 506	周梦祖 910
周怡 515,597,610,617,655,663,668,673,678,682,688,696,700,708,710,714,719,723,731,736,741,744,748,754,757,760,767,773,776,780,782,788,796,800,806,808,811,814,818,821,825,829,837,843,846,849,851,865	周洪(字廷诰) 448	周维京 1112
	周洪谟 241,324,335,339,398,406,431,440,443,451,457,461,463,468,469,474,480,494,513,1092	周维持 1112
		周维新 383
		周象初 158
	周济 489	周象明 1140
	周炯 506	周堪赓 1094
	周炳谟 993,1027,1068,1090,1096,1135	周巽 74
周昉 78,325		周循理 29
周昌晋 1112	周矩 34	周敬心 136
周枢 161	周祚 650,691,1023,1031	周敬修 198
周歧 1093,1098,1127,1160	周茂源 1176	周斌 487
周泗 793	周荣朱 748	周斯盛 826
周祉 728	周荣起 126	周景文 1033
周绂 587	周钟 1077,1113,1122,1136	周朝俊 894,1013,1016,1089
周绍稷 884	周钦之 668	周朝瑞 1060,1083,1090,1092
周经 310,379,443,446,464,545,558,568,611	周顺昌 909,976,1031,1032,1036,1039,1055,1074,1085,1092,1093,1096,1097,1101,1105,1115,1126,1142	周琦 1,459
周茂兰 1000,1158		周瑛 284,317,351,357,379,413,417,419,420,424,427,433,443,445,449,451,454,460,466,467,469,488,497,500,510,511,519,522,525,526,529,534,538,551,568,571,575,596,620,637
周诗 533,775,799,895,970		
周诗雅 1056	周原 791	
周贤宣 766,772	周容 1059	
周述 191,242,278,281,301	周宽 143	
周述学 1136	周恭 262,522,768,818	
周鸣歧 1104	周振 897,1056,1185	周粟 820
周亮工 1031,1087,1117,1163,1166,1173	周桐 687,732	周翔 386
	周桢 4,52	周道登 1027,1067,1092,1093
周俊 1132	周泰 326,938	周骙 354
周信 438	周浩 687	周鼎 106,172,335,489
周勉 246,461	周玺 536,596,600	周敖 770
周南老 13,48,55,61,79,106	周珙 389	周献臣 826
周叙 138,234,311,326,329,349,372	周真得 214	周赟 1080
	周砥 6,103	周雍 389
周复俊 298,540,701,737,741,742,755,762,786,788,798,808,844,869,870	周积 468,622,682,832	周魁 635
	周起元 1036,1082,1085,1092,1096,1101	周嘉冑 1064
		周嘉谟 1068,1084,1092

周肇 1043	孟秋 670,754,850,853,857,885,	岳岱同
周锵 1112	892,895,907,911,912,931,986	岳骏声 1107,1112
周霆震 87,326	孟重 837,875	岳虞峦 1123
周奭 789	孟称光 1092	岳璇 241,345,421
周履靖 17,743,888,895,951,	孟称舜 978,1123,1133	庚顺道 231
965,1010,1129	孟淑孔 1092	庞文都 233
周德(周是修) 160,176	孟楠 989	庞时雍 996
周德清 163,580	孟源 619,663	庞泮 343,471,546,629
周瑾 257	季开生 1105	庞迪我 858,973,976,980,1017,
周篆 1179	季本 476,622,632,681,694,704,	1018,1053,1109,1120
周蕙 396,409,412,472,481,604	722,801,823	庞保 1039
周镐夫 254	季芮 753	庞浩 687
周璟 212,374	季振宜 1121	庞嵩 708,774
周翰 196,275	季通 598	房子仪 270
周懋 801	季梦良 1173	房可壮 1083,1092,1108
周藩 130,591,880,918	季敩 639	房壮丽 1112
周襈 693	季道统 932	承天贵 596
周镰 1117,1118,1122,1126,	季璘 440	于彦珍 23
1127,1150,1153,1157,1172,1181	季篯 247,251,260,277,319	昌应时 826
周夔 668	宗元鼎 1067	明因 557,906
周灏 352	宗元豫 1089	明珠 47,433,627,721,802,824,
周瓘 394	宗名世 929,930	1143
周鑛 744	宗臣 670,774,777,780,788,792,	易可久 903
周衢 687	795,800,803,811,813,855,874,	易应昌 1092
和气明亲 644	935	易时中 605,733,756
和多和沁 1161	宗设 657	易纲 565
和约尔济勒(火源洁) 99	宗思宦 304	易恒 158
国琦 1	宗谊 1059	易贵 356
奇大升 815	官应震 991,1076	易鸾 684
奈亨 330	宙桢 858	易翼之 599
孟一脉 901	尚可喜 1113,1149	昙阳子 887,890
孟三德 884,912,921,933,937,	尚宁 1012,1027	杭二守 800
964,975	尚志 10,256,296,335,478,1029	杭礼 252
孟化鲤 756,801,815,830,850,	尚清 548,671,721,791	杭济 350,520,578,709
854,864,892,893,899,902,916,	居节 745	杭淮 388,553,678,704,709,713,
931,960,966,1035,1072	屈大均 1121	725
孟仲遴 778	屈钟岳 1099	林万潮 757
孟式 282,1114	屈铨 608	林士元 623
孟时芳 1056,1059,1067	岳元声 802,903,1092,1110	林士章 666,807,856,868,873,
孟进宝 1112	岳正 237,331,344,368,382,392,	876,977
孟绍虞 1067,1096,1112	399,400,405,412,425,539	林大同 55,195
孟养浩 937,939,1060	岳和声 1051	林大春 194,661,774,861,926
孟洋 468,588,709	岳岱 729,767,838	林大钦 699,700

林子羽 13	林邕 253	林树声 736,830
林子燮 947	林希元 461,632,649,673,690,	林炫 623
林之盛 779,853,1041,1066	712,729,742,774,782,832	林烃 735,819,1033,1046
林云凤 1117,1118	林希有 1141	林祖述 917
林云程 884	林应龙 669	林荣 439
林元甫 510	林应喜 598	林钟 127,184,360,749
林元叙 655	林应翔 1078	林宰 1030,1092
林凤 863	林志 84,218,234,239,242,246,	林泰 4
林升(林嘉猷) 179	247,264,266,1104	林润 695,797,825,828,851
林友兰 1154	林时 79,107,224,281,299	林烈 774
林文 9,32,132,160,277,287,	林时益 1050	林爱民 790
344,374,379,441,559	林材 1060	林致礼 942
林文友 48	林补 275,287	林逢吉 95
林文俊 490,589,614,693,700,	林进卿 13	林欲楫 1005,1006,1051
703,717	林侗 1105	林章(本名春元,字初文) 974
林见素 658,679	林国相 956,1049	林章(字以成) 611
林长楸 239,291	林奇林 854	林釬 1067,1143
林古度 894,988,1028,1036,	林孟善 38	林铨 1180
1045,1055,1118,1164	林宗载 1112	林鸾 778
林右 152,157,180	林昂 274	林鸿 7,65,88,91,98,127,133,
林正亨 1105	林枝桥 1092	140,198,228,230,241,247,251
林永昌 724	林环 75,197,198,199,200,216,	林富 682,698
林立 908	221,228,323	林弼(唐臣) 22,33,77,85,98
林龙江 1049	林秉汉 975	林景旸 695,847,864,867,995
林兆珂 868,869,947	林罗山 947,988,1023,1058	林景熙 684
林兆恩 634,777,912,970	林茂竹 687	林策 746,801,874
林光 306,411,443,462,471,477,	林茂槐 955	林慈 198,467
517,641	林试 876	林瑜 192
林光何 910	林诚 408	林福 893
林华 712	林俊 350,379,448,469,475,494,	林雍 356
林同 284,294,379,404,605,687,	503,516,529,532,534,550,559,	林颖 694
756,1083,1091	564,568,570,571,574,596,620,	林魁 712
林安多 997	629,658,659,669,679,841	林塾 453,569,626,641
林尧俞 950,1010,1033	林厚 327	林瑭 518
林师言 178	林复真 195	林鹗 367,514
林廷玉 580	林峦 253	林增志 1172
林廷机 753	林庭棉 426,553,669,739	林德谋 1138
林廷瓛 590	林庭机 597,711,777,789,896	林澜 1105
林有年 724,746,782	林庭植 1064	林聪 233,305,351,355,361,368,
林有鹗 1062	林挺玉 300	446,457,464
林汝翥 1092	林春 550,672,683,700,701,727,	林震 275,287
林芊 304	734,739,926	林颖 253
林达 616,622,679	林春泽 457,623,904	林懋和 737,777

林熑 818,838,845,960	练安(练子宁) 178	罗许 861
林璐 1101	练纲 351	罗亨信 80,191,328,372
林瀚(字亨大,号泉山) 641	练国事 46,1085	罗希益 952
林瀚 290,403,499,504,538,553, 583,598,604,695,1057	经鼐 1090	罗应霖 888
欣欣子 1049	罗一峰 431,437,450,452,462, 521,562	罗玘 329,485,534,545,577,594, 641,703
欧大任 630,731,773,795,796, 822,826,835,839,846,850,851, 853,854,860,861,868,870,891, 898,902,907,935,957,1013	罗万化 717,845,847,887,902, 950,953	罗侨 388,553,562,582,609,709
	罗万藻 1127	罗其鼎 1163
欧阳东风 1021,1092	罗于宁 1132,1174	罗居先 757
欧阳旦 590	罗士学 965	罗明坚 748,884,888,892,897, 903,908,909,912,918,925,947, 1004,1008
欧阳充材 1112	罗大巳 11,25	
欧阳贞 11,114,176	罗大用 715	
欧阳佑 20,25,28,30	罗大紘 917	罗炌 1151
欧阳汶 488	罗元龄 994	罗青霄 865
欧阳昌 757,769	罗凤 540	罗俊 339
欧阳贤 19,130,133,184,245	罗文藻 1047	罗养吾 1002
欧阳保 1037	罗日褧 913,938	罗复仁 4,32,96,257,306
欧阳昱 635	罗弘运 1104	罗栋 971
欧阳烈 1062	罗龙文 818,825,828,851	罗洪先 11,227,232,584,617, 628,633,636,655,668,672,683, 686,689,693,700,704,707,709, 714,715,719,722,727,728,731, 736,738,741,743,744,750,754, 757,760,763,766,769,771,773, 775,777,780,781,783,784,788, 789,790,792,796,798,800,803, 804,806,809,811,813,816,817, 818,822,823,825,827,829,833, 840,842,884,912,914,1029, 1047,1088,1148
欧阳调律 269,1092	罗伦 280,292,300,303,311,315, 320,341,348,364,370,389,402, 403,404,405,406,408,410,411, 412,413,414,416,417,422,432, 433,436,438,443,449,450,473, 478,480,484,497,521,541,555, 580,597,628,680,862,890,911, 1111	
欧阳铎 490,603,752		
欧阳清 364,751		
欧阳溥 397		
欧阳瑜 676,707,774		
欧阳塾 774		
欧阳德 540,580,603,635,643, 657,664,671,677,678,686,687, 693,694,700,704,715,722,741, 745,749,757,760,762,767,769, 774,780,787,789,790,800,809, 822,826,840,858,914,923	罗兆旗 918	
	罗如望 840,930,956,969,981, 997,1010,1046,1072,1080	罗荣 504
		罗钦顺 394,401,443,514,516, 520,553,565,568,574,576,581, 582,600,602,607,610,612,613, 617,625,626,628,631,637,639, 643,654,656,658,663,669,673, 677,684,698,705,709,712,720, 721,743,748,754,758,763,775, 780,942,1029
	罗廷绣 854	
	罗汝才 1121,1126,1174	
	罗汝止 1002	
欧阳衢 718	罗汝芳 627,640,664,694,700, 708,715,731,734,745,749,754, 766,773,776,784,785,787,797, 803,811,814,818,820,821,825, 829,834,846,852,858,860,863, 876,879,880,883,885,886,887, 904,907,911,915,916,920,926, 928,943,948,951,974,995,1016, 1047,1066	
武士望 1010		
武周文 197		
武政 382,389		
武胜 170		
武淳 121		罗钦德 426,553,775
武琼 612		罗宾王(函骆) 1087
武銮 687		罗绣锦 1135
歧阳方秀 257,1058	罗汝敬 277	罗通 242,339
牧相 598	罗讲 1002	罗恭 812
竺芳妙茂 442		罗硕 1153

罗喻义 1067,1119
罗潮 769
罗璟 284,393,430,446,453,454,482,516,576
罗懋登 966
罗鏸 336
苑仲仁 210
苗胙土 932,1075
苗衷 98,215,281,295,313,323,330,381
苗逵 578
苗朝阳 927
苟汝安 712
茂洽 963
范士楫 1150
范大冲 892
范大澈 567,821
范从文 184
范允临 806,955,1066,1168
范公渎 1033
范凤翼 875,969,1024,1128,1154
范引年 639,649,687,693,723,741
范文光 1149
范文若 163,936,997,1054,1056,1061,1152
范文程 962
范水鸢 664
范半星 564
范必英 1125
范永銮 623
范礼安 867,883,888,894,897,912,925,930,941,964,975,989,1002
范立本 933,943
范兆祥 536
范印心 1016
范朴 1011
范汝舟 210,396
范应宾 959
范应期 828,831,851,853,864
范宗晖 325
范承勋 1170

范承谟 1143
范明泰 994
范质公 1159
范轮 471
范俊 670
范济 157,260,897
范济世 1112
范祖干 111,116,117,120
范钦 597,815,821,838,882,913,934
范准 28,102,116,160
范泰恒 937
范涞 869,926,985
范能 231,335
范惟恭 861
范敏 10,47,65,90,94
范理 214,277,314,416,429,477
范景文 923,1033,1075,1092,1098,1155,1180,1184
范谦 876,890,902,950
范勤裕 283
范醇敬 969,975,1024
范镐 771
茅一相 615,892,1064
茅一桂 927,1062
茅元仪 277,953,1014,1051,1055,1069,1070,1073,1109,1149,1169
茅国缙 795,903,1008
茅坤 618,723,749,754,757,773,813,819,829,858,888,896,938,953,981,1008,1070,1124,1129,1169
茅维 1043
茅溱 1013
茅瑞征 882,980,1011,1070
茅端征 127
茅誧（茅大芳） 155,165,176
茅瓒 721,749,753
茆荐馨 1116
迮雨 147
郁文博 187,356,538
郁禾 1076
郁纶 356

郁珍 556
郁容 329,565,572
郁衮 669
郁起麟 1154,1157
郁新 591
郎兆玉 1048
郎瑛 26,187,490,664,708,754,839
郑一麟 926
郑人文 1064
郑三俊 1032,1055,1082,1083,1084,1092,1153
郑久成（郑居贞） 179
郑士元 43
郑士利 70,71
郑士昂（郑颙） 62,72,360
郑子文 988
郑与侨 1146
郑之文 862,964,1018,1167
郑之城 1094
郑之韶 865
郑元祐 6,33,73,103,137
郑元勋 1144,1147,1149,1171,1176
郑公智 179
郑天佐 877
郑文康 220,331,384,389,401
郑文瑞 820
郑斗源 1123
郑世威 689,909
郑东 104
郑以伟 980,1051,1061,1067,1126,1134
郑四表 13,147
郑本 554,571,584
郑本忠 7
郑玄子 1145
郑礼 201,751
郑节 394
郑乔 786,826
郑仲夔 1138
郑伉 414,415
郑关 218

郑安 356,392	郑若曾 816,833,1033	郑赓唐 1103
郑安元 772	郑茂 670,785	郑超宗 1149,1151
郑庆云 669	郑贤 362,1010	郑楷 42,96,171,251
郑廷峻 790	郑郊 1175,1182	郑满 516
郑成功 1089,1154	郑金 964	郑漱 1037
郑旭 8,174	郑阜义 218	郑瑗 177,415,459
郑权 35	郑复言 199	郑鄤 953,1074,1085,1092,1109,
郑汝璧 759,847,877,1007,1008,	郑宣 520	1161
1057	郑宪 721	郑骝 622,766
郑纪 306,380,466,492,499,579,	郑思先 35	郑鹏 564
604	郑思笠 853	郑僖 269
郑芝龙 1128,1143	郑恢 624,786	郑瑶 876
郑行简 224	郑洛书 664	郑膏 409
郑观 132,292,421	郑济（闽县人） 158	郑韬 100
郑达 247,374	郑济（浦江人） 57,79,139	郑履淳 819
郑伯升 1182	郑相 758,778	郑德辉 330
郑孝 812	郑重 539,1154	郑敷教 962
郑宏（郑闳） 103	郑重威 694	郑潜 6,78
郑希侨 767	郑准 861	郑儒泰 898
郑玛诺 1134	郑晓 165,176,177,178,188,558,	郑禧 580,758
郑纲 337,378	660,664,770,819,823,831,837,	郑錡 437
郑良弼 918	839,847,919,1003,1115	郑霏
郑闳（郑宏） 103	郑真 44,72,77	郑颙（郑士昂） 62,72,360
郑际明 1024	郑继之 1047	郑瑾 506
郑和 5,46,186,194,195,202,	郑继芳 1020	郑麟趾 346
207,214,217,219,222,228,237,	郑铉 1153	采朱德 804
241,244,248,275,277,284,286,	郑寅 639,649,1029	金九陛 1062
288,289,294,298,346,426,966,	郑得 155	金九皋 1037
1070	郑惟僚 717	金人瑞（金圣叹） 1167
郑国泰 967,1039	郑梁 1152	金士衡 1092
郑孟宣 167	郑梓 790	金大车 689
郑宗古 720,763	郑检 963	金之俊 949
郑宗周 1094	郑深道 161	金文 63,279,280,363,410
郑岳 411,430,520,532,654,669,	郑清 511	金文征 113,131
729	郑维桓 242	金日升 1115
郑建 284,287	郑铭 588	金世俊 1092
郑承恩 967	郑阎 218	金圣叹 1012,1051,1167
郑抱素 1151	郑善夫 81,415,476,588,629,	金尼阁 882,884,1019,1033,
郑杰 527	661,691,755,778	1042,1046,1052,1057,1095,
郑林 345	郑棠 198,250	1098,1099,1110,1155,1183
郑环 380,446	郑瑛 224,440	金申子 1149
郑若庸 503,599,619,636,650,	郑赐 114,172,183,197,208,236,	金礼 499
668,678,712,788,812,843,850,	312	金礼蒙 324
854,864,878,882,1028		

金光辰 1172
金有智 324
金江 786
金江成 712
金达 795
金问 41,184,207,218,221,222,260,268,332
金克厚 654,687
金声 971,1108,1114,1118,1124,1129,1132,1141,1151,1156,1163,1173,1175
金来阳 912
金远 456
金佩 687
金学曾 945
金实 46,183,261,306
金居敬 27,28
金弦 668
金忠 1063,1151
金泽 533
金秉乾 1067
金绅 290,356,447,464
金贤 569
金俊明 987,1119
金信 23,120
金拜 860
金柱 31,480,1135
金贲亨 468,623,712,770,808,827
金钟 499,675
金旅 394
金涓(刘涓) 9
金涛 42
金润 197,302,334,352,454,523
金翁 25
金铉 299,1022,1040,1056,1078,1087,1098,1108,1114,1122,1166,1173,1184
金冕 423
金痒 210
金绳(又名金铉) 1184
金维基 1081
金铣 311,359,386,387,404,493

金鸾 720
金善(金幼孜) 19,167,173,174,176,180,209,212,215,216,220,221,233,235,239,249,259,264,275,279
金堡(法号性因、今释、澹归) 1038
金循义 324
金焦 165,269
金瑛 499
金答 1106
金舜臣 549
金谥 687
金椿 687
金献民 662
金福 300
金銮 528,737,792,835,856,864,898,904
金霁 365
金德玹 371
金德嘉 1121
金濂 138,323,330,335,343,358,489,529
金镜 245,1166
金燫 669
金蟠 1159
降央却杰 228

九　画

侯一元 616,723,857,861,913
侯大节 989
侯方域 1054,1158,1163,1171,1175
侯加乘 1015
侯尧封 807
侯廷训 684,913
侯岐曾 1099,1132
侯国兴 1111
侯国安 877
侯国治 1062
侯奉职 1128

侯直 477
侯峒曾 939,1094,1098,1154
侯恂 1086,1092
侯恪 952,1045,1092
侯拱宸 1044
侯显 182
侯泰(建文时人) 172
侯泰(嘉靖时人) 690,838
侯润 285
侯衮 1057
侯庸 126,129
侯琰 322
侯震旸 1092
侯鹤龄 377,397
俞士吉 203,294
俞士悦 323,330,343,367
俞大本 649,723
俞大猷 584,787,788,796,803,806,818,821,835,846,864,868,873,893,1049
俞大彰 438
俞子茂 9
俞山 166,246,350,373
俞仁 1016
俞允(俞永) 139,142,194
俞允文 616,673,757,815,817,826,851,854,857,862,889,935
俞友仁 43,78,143
俞弁 434,631,640,684
俞仲蔚 700
俞安期 776,880,887,891,917,951,965,969,989,1001,1007,1013,1015,1016,1024,1032,1045,1052,1055,1064,1103
俞庆 8
俞廷芳 6
俞廷辅 258
俞汝言 531,1038
俞贞木 68,86,130,144,151,158,171,178
俞孝通 275,308
俞希鲁 17
俞贡 798
俞所 792

俞杰 1016	姚士观 61,154	399,456,531
俞泽 530	姚士晋 886	姚隆 1181
俞宪 723,768,858,908,1053	姚士舜 1007	姚善 118,151,169,172,178,210
俞彦 862,940,980,1168	姚士儒 1081	姚堵 802
俞显卿 907	姚允明 1151	姚舜牧 748,884,1019,1089
俞炳然 1033	姚文烨 697	姚福 375,428
俞荛 165	姚文然 1067	姚肇 161
俞钦 280,345,473	姚文蔚 828,941,976,1025	姚镆 401,520,580,676,703,712,
俞桂 621	姚文燮 1111	725
俞海 138,313	姚文灏 361,471,534,543,584	姚瀚 1158
俞益 192,289	姚叶渡 1153	姚燮 662
俞祯 145	姚弘谟 864,877	姚蠖 169,327
俞寅 30	姚本 755,838	姚夔 222,298,314,363,389,392,
俞得儒 112,215,384	姚永济 1039	397,403,406,408,416,419,422,
俞深 158	姚让 365	429,477
俞焕章 1025	姚旭 345,393,400	姜习孔 1092
俞铠 437	姚汝绍 922	姜士昌 1023
俞琬纶 878,1040,1053	姚汝循 713,797,843,878,916,	姜仁夫 499
俞谧 444	940,966	姜允清 1063
俞端 378	姚希孟 889,1067,1084,1092,	姜仪 724
俞璇 195	1119,1148	姜台 1040
俞夔 632	姚应龙 881	姜立纲 374
修髯子 656	姚良弼 798	姜师闵 904,926
冒起宗 936,1108,1173	姚奇胤 1180	姜严山 1031
冒基 212	姚学礼 598	姜应麟 914,915,1060
冒鸾 401,520,613,706	姚宗文 991,1005,1087,1112	姜志礼 930,1092
冒襄 1026,1145,1158	姚宗仪 1049	姜奇方 877
南大吉 490,565,596,610,614,	姚昕 432	姜宝 624,785,846,849,852,856
658,663,665,667,671,738,739,	姚明 443,535	姜宝复 907
870,1178	姚明恭 1119	姜金和 825,842
南企仲 817,892,1178	姚诚 400	姜垓 1038
南师仲 979,1006,1013,1069	姚鸣鸾 665	姜洪 285,287,482
南轩 685,765,785,934,956,967,	姚俞 192	姜宸英 1111
1069	姚咨 533,790,857	姜涛 310
南居仁 1074,1090	姚思仁 1092	姜通 240
南居益 867,980,1076,1184	姚昺 526	姜逢元 1067,1092,1112
南宫 938	姚洪谟 783,784	姜埰 1009,1123,1171
南彦经 804	姚卿 782	姜清 614
南逢吉 528,723,870	姚涞 657,660,703,719,721	姜琏 380
南智 290	姚继岩 589,655	姜鸿绪 826
南鼎甫 1059	姚堂 306,352,390,487	姜儆 818
咸惟一 34	姚淛 792,812,835	姜镜 937
姚一元 608,750,885	姚绶 246,326,341,353,394,398,	姜浚 339

姜麟 485,562,1128	施显 124	柳应侯 861
娄世德 687	施显卿 780,878	柳诚源 324
娄坚 845,1093,1119,1125,1147,1179	施盘 304,590	柳贯 9,16,57,97,106,274,396,397
娄志德 453,633,759	施善 300	柳敬亭 923,1154
娄性 459,574,600	施敬 325	柳景 511
娄谅 215,246,260,271,351,352,361,364,389,394,407,412,414,422,473,475,483,484,499,504,513,514,685,726	施琳 401	柳琰 403,517
	施策 857,1020	柳穆 16
	施廉 306,556	段幻然 1018
	施溥 542	段民 75,194,240,289
	施端教 990	段廷选 989
娄谦 403,465,469	昝云鹤 1062	段坚 239,253,265,282,292,311,320,323,331,334,339,354,355,357,362,368,374,377,382,385,389,396,399,402,406,409,412,419,422,424,425,426,432,436,440,444,455,457,463,466,472,487
客氏 1061,1068,1077,1091,1092,1097,1102,1111	柏可用 1052	
客光先 1112	查士标 1043	
宣龙子 320	查约 569	
宣仲庸 130	查应光 964,1094	
宣嗣宗 93,196,280	查志隆 807	
宫应震 1023	查秉彝 584,723,817	
封濬 1071	查继佐 982,997,1019,1024,1051,1061,1069,1075,1103,1108,1118,1122,1128,1132,1136,1142,1150,1154,1159,1162,1167,1171,1173,1178,1181	段国璋 1112
思栾发 199		段展修 1057
恽日初 982,1175		段敏 506
恽仲昇 1172		段然 1092
恽应翼 912,918,965		段猷显 1014
恽绍芳 657	查铎 630,690,732,770,818,831,850,931	段蒙冈 881
恽格 1134	查深 161	洪一鳌 816,918
施于仁 46	查琪 630	洪如钟 1092
施子安(施耐庵) 38,39	柯一泉 884	洪自诚 111
施凤来 1005,1006,1051,1081,1090,1096,1097,1108,1112	柯仲炯 1052,1069	洪初 143,822,823
	柯尚迁 885	洪应明 986
施天遇 1048	柯昌 443	洪玙 302
施天德 1092	柯挺 388	洪承畴 1061,1069,1121,1135,1144,1170
施天爵 797	柯相 632	
施文显 400,484,492	柯维骐 544,738,793,801,870	洪秉 209
施观民 886,1062	柯暹 132,196,242,261,326,328,344	洪英 223,334,348
施邦曜 1166,1175		洪范 113,121,131,158,159,165,226,252,287,620,635,648,733,742,794
施宏猷 1062	柯潜 248,343,344,362,369,379,389,391,393,398,402,407,419,430,577	
施纯 457,469		
施闰章 1054,1062,1078,1115,1123,1146,1150,1171,1175		洪贯 254,444,488
	柳升 264,270,292,421	洪垣 701,714,760,810,812,943,1037
施所学 1041	柳如是 1054	
施绍莘 897,927,1077,1095,1099,1165	柳成龙 804	洪钟 420,548
	柳佐 1060	洪顺 248
施信 687	柳金 640	洪珠 687
施度 290,453	柳应芳 968	洪常 530

人 物 索 引　　1269

洪弼　191
洪晰　651
洪朝选　629,737,899
洪暄　644,684
洪楩　738,758
洪晳　687
济义(张岐然)　1132
济尔哈朗　1175
点灯子　1117
独行狼　1117
皇太极　1090,1091,1097,1116,
　1121,1144,1156
皇甫仲和　255
皇甫冲　509,683,742,773,780,
　784,789,805,808
皇甫汸　38,544,690,710,722,
　728,754,788,827,853,857,861,
　870,871,888,895,899,922,923,
　970,1129
皇甫录　418,536,733
皇甫松　644
皇甫涍　544,701,728,733,759
皇甫濂　605,750,827
相世芳　662,841
祖大寿　1105,1113,1121,1161,
　1170
祖俊　209
祝允明　382,424,450,468,476,
　482,488,501,508,511,516,521,
　543,548,552,554,556,560,566,
　577,579,586,596,599,602,604,
　607,610,615,619,620,623,626,
　628,631,640,656,659,661,664,
　669,674,706,808,861,871,896
祝文　49,59
祝文彦　372
祝世禄　730,735,826,925,930,
　951,955,1021,1065
祝以中　245
祝可　23
祝咏　503,690,799
祝挺　23
祝珩　746
祝祥　487

祝淇　471
祝渊　1026,1122,1175,1176,1180
祝续　639
祝萃　350,471,617,637
祝銮　697
祝澜　413
祝颢　197,306,377,424,467
祝瀚　529,570
神一元　1117
饶汝梧　989
胡一桂　11,225
胡九韶　242,264,271,401,414
胡士宁　487
胡大海　23
胡子昂　83,240,243
胡子昭　178
胡广(胡靖)　41,166,236
胡广录　110
胡友信　858
胡天游　153
胡天龄　487
胡文焕　122,200,989,1065,1066
胡世宁　625,668,695
胡东皋　687
胡东陵　786
胡东渐　1001
胡仕化　1014
胡以道　379
胡布　74
胡正道　910
胡正蒙　815,830
胡永顺　1092
胡汉　386,877
胡用宾　861
胡由(胡粹中)　185,251
胡乔岱　959
胡光　565,590
胡冲　687
胡匡　475
胡印度　997,1136
胡守法　230,395,487,495,513
胡廷宴　1112
胡廷禄　687

胡汝砺　565
胡汝嘉　785,850,856,860,869
胡行简　11,22,36,57,71
胡伯宏　155
胡克俭　1060
胡希瑗　1040
胡希颜　744
胡应嘉　843
胡应麟　98,146,460,779,877,
　908,918,930,933,935,986,1053
胡忻　1092
胡时化　865
胡时善　695
胡良机　1086,1092
胡良辅　1112
胡芳桂　1112
胡闰　172
胡侍　518,633,768,786
胡侨　744
胡季安　143
胡宗宪　723,788,789,800,802,
　803,808,816,819,833,835,923,
　938,948,981
胡居仁　271,290,307,347,354,
　361,385,394,395,401,402,404,
　406,410,412,414,420,422,433,
　452,453,455,457,460,462,466,
　472,473,475,482,484,486,514,
　562,597,656,685,703,747,905,
　906,933,1009,1163
胡居安　801
胡承龙　947
胡承诺　1009,1062,1098,1138,
　1150,1164,1171,1175
胡明佐　1112
胡明善　14,660,671,691
胡杰　814,815,834
胡松　220,509,577,689,804,816,
　822,823,840,849,862
胡直　634,701,705,715,741,745,
　749,754,757,760,766,769,773,
　776,780,784,787,792,797,803,
　806,814,834,849,852,857,863,
　880,899,907,913,916,1047

胡绍曾 1177	胡概 258	费信 126,217,277,298,807
胡经 686,687	胡滢 196,1044	费思义 687
胡经试 704	胡瑀 355	费柏 869
胡俨 113,121,124,139,145,148, 165,173,174,176,179,182,184, 185,190,193,194,198,208,211, 212,213,215,221,229,233,235, 236,238,241,242,250,260,261, 264,308,317	胡瑄 496	费寀 162,468,615,669,707,710, 767,768
	胡槩 268	费密 1096
	胡韶 582	费喧 487
	胡德裕 72	费訚 299,411,413,491,492,504, 538,545,549
	胡暹 433	
胡奎 8,211	胡澄 230,381,530	费攀龙 857
胡彦 572,737,779	胡瑾 633	贺王醇 1092
胡拱辰 230,305,521,604	胡璇 292	贺世寿 1036
胡祚 433	胡震亨 852,964,1065,1087	贺仲轼 1046,1173
胡统虞 996	胡器 156,203,272	贺行素 1016
胡荣 98,432,444,563	胡翰 15,20,21,30,31,37,56,57, 61,82,92,96,111,119	贺克恭 379
胡贸 792		贺志同 591
胡顺华 808	胡濙 70,167,173,180,184,203, 234,242,246,264,267,268,271, 275,279,280,284,285,287,288, 291,295,302,304,307,310,313, 316,318,323,330,335,340,341, 350,354,366,367,390	贺沚 1062
胡容 775		贺炀 376
胡桂芳 937		贺甫 228,431,509,524
胡涟 393		贺泾 849
胡继先 1024,1109		贺贤 218
胡衮 716	胡瀛 554,687	贺威 307
胡铉 32	胡缵宗 457,603,651,656,712, 758,813,836	贺美之 330
胡铎 416,589,717		贺钦 301,402,403,406,450,492, 494,522,543,575,608,611
胡颂 970	胡麒生 1162	
胡培 471	胡瓒 421,520,691	贺钧 728
胡惟庸 41,43,47,53,58,68,71, 76,81,85,88,89,90,91,115,134, 156	胡爟 520,542	贺泰 553,613
	胥文相 589	贺祥 390,1064
	胥铉 861	贺逢圣 1067,1092
胡梦龙 1046	茗柯生 1079	贺烺 1084,1092
胡深 408	茹太素 70,77	贺盛瑞 1046
胡清 240,316,598	茹澄泉 876	贺廉 252,253,466
胡琏 65,106,171,204,574,662, 837	茹瑞 113,173,211,214	贺裳 1114
	荆养乔 1085	赵士贤 382,520,598,615
胡维新 873,898	荆朝玺 960	赵士祯 970,989
胡隆成 65	荣尚约 816	赵士麟 1116
胡富 325,656	要多 1185	赵大河 772
胡渭 1134	觉音 964,968	赵大洲 770
胡琼 662	贵养性 1133	赵之韩 1024
胡登洲 657,966	费广 356,369	赵五臣 1064
胡谧 162,370,433,437,451,477, 478,624	费宏 18,411,447,481,484,561, 593,598,610,613,622,667,668, 675,713,740	赵介 33,54,69,128
		赵公辅 831
胡道 561		赵友同 106,107,153,159,167,
胡楷 665	费经虞 975	

182,195,204,230,235,236,252
赵开美 956,981,985
赵文 158,203,303,309,537
赵文华 689,770,780,791,794,795,799,801,802
赵文炳 970
赵文燿 1119
赵世卿 1006,1023
赵世楷 1099
赵古元 975
赵可与 476,620,816
赵可怀 969,991
赵本学 893
赵民望 89
赵永 416,569,655,768
赵汉 614
赵用光 975,1001,1013
赵用贤 713,857,876,879,899,908,911,916,924,925,935,956,961,982,999
赵伊 618,701,866
赵光祖 638
赵兴邦 1023,1027,1076,1112
赵吉士 1111
赵吉贞 620
赵同鲁 248,435,517,576
赵壮 357
赵师圣 975
赵廷瑞 742
赵式 598
赵次钧 160
赵汝泉 831
赵自新 1108
赵贞吉 605,683,711,722,753,773,788,806,814,843,845,846,849,853,865,878
赵邦治 869
赵邦柱 805,930,1022
赵佑 598
赵君耀 712
赵均 936,1141,1165
赵宏 438
赵希抃 1104

赵应宿 876
赵志皋 666,707,845,847,876,879,911,912,916,940,950,954,958,970,976,982
赵时用 1085,1092
赵时春 608,670,672,673,728,731,735,802,812,849
赵时胜 865
赵时崇 707
赵汴 465
赵汸 19,20,21,25,27,28,30,40,160,253
赵良仁 56
赵良本 56
赵运昌 1092
赵进美 1059,1164
赵侃 446
赵参 906
赵学之 884
赵宗 13
赵宗寿 144
赵宗智 1058
赵定宇 925
赵宜真 84,104
赵忠宪 495
赵性 753
赵承芳 639
赵昂 244,324,350,561
赵昇 687
赵枢生 947
赵秉贞 579
赵秉忠 967
赵秉彝 1112
赵绅 928
赵肤迪 202
赵英 423,426,427
赵范 895
赵迪 357
赵鸣阳 1045
赵俊(正德间人) 607
赵俊(明初人) 94,109
赵信 143
赵勋 746

赵南星 776,869,902,933,944,950,991,992,1028,1068,1072,1076,1077,1081,1082,1083,1086,1088,1090,1091,1092,1104
赵彦复 1029
赵思诚 906
赵恒 723,884
赵恢 287,351
赵显荣 687
赵标 952
赵洪 390
赵洪范 1092
赵炯 495
赵相如 1122
赵胤昌 1112
赵荣 378,382,660
赵原 54,283
赵宧光 810,976,977,1002,1052,1068,1095
赵宸 789
赵宽(字栗夫,号半江) 373,459,477,493,593
赵恕 418
赵恩 820
赵朗 627
赵泰 353
赵珹 455
赵峨 1049,1063
赵惟勤 798
赵敔 398
赵淮 548
赵清衡 1092
赵渊 682
赵渔 1141
赵焕 1027,1056
赵率教 1102
赵维新 885
赵维寰 1088,1119
赵逮 605,756
赵钦 618,750,851
赵博 356
赵善鸣 551
赵善瑛 153

赵弼 272,337

赵景凤 551

赵智 287

赵琦 1013

赵琦美 54,61,312,824,961,1003,1011,1025,1036,1051,1068,1088

赵琬 123,218,291,307,312,329,343,346,413

赵缙 348

赵谦（赵古则） 7,13,64,85,127,141,144,147

赵谧 219,345,418

赵辉 368

赵嗣道 60

赵慎修 804,904

赵新 158,276,281

赵滂 1046

赵献可 1168

赵锦 630,750,763,777,938

赵雍 252,362,599

赵鼐 733

赵德遴 1092

赵撝谦 82,141,192

赵璜 717

赵諴（赵俶） 53,72

赵豫 353

赵鹤 536,666,674,835

赵鹤龄 521

赵鏞 145,297,318

赵儒 662

赵镗 621,737,789,797,826,909

赵壎 20,21,27,30,52,64,65

赵㵥 85

赵瀔阳 916

赵燿 994

赵瀛 770

郤元洪 836

郤永春 854

郤相 732

郝士膏 1085,1092,1102

郝士景 60

郝名宦 1060

郝廷玺 790,823

郝杰 932,942

郝持 960

郝浴 1080

郝敬 806,930,1057,1065,1160

郝锦 1151

钟大宾 766

钟文俊 590

钟文奎 643

钟同 257,345,355,361

钟羽正 892,910,939,1041,1060,1078,1092

钟希哲 478

钟应宸 704

钟汪 694

钟沂 796

钟芳 603,753

钟城 426,542

钟复 169,285,287,318,361

钟祥 161

钟崇文 861

钟添 716

钟惺 872,1013,1017,1019,1022,1024,1036,1037,1040,1045,1048,1055,1057,1069,1080,1089,1109,1146,1152

钟瑛 215

钟道元 127

钟譔 989

钮少雅 828,925,1095,1167

闻人铨 712

闻启祥 1127

间东 789

项元汴 188

项文曜 191,367

项圣谟 967

项乔 528,689,786

项应祥 963

项尚达 644

项忠 244,314,389,393,399,409,426,439,442,571,960

项笃寿 652,820,836,839,903,919,935

项珪 644

项梦原 919,1056,1099

项鼎铉 978

项德桢 919,960

项霦 155

项麒 478

饶仑 826

饶文璧 622,665

饶安 218

饶伸 903,924,928,1060,1082

饶位 1060

饶秉鉴 319,363,412

饶政 224

饶钦 380

饶景晖 1062

骆入禄 997

骆从宇 993,1012,1067,1068

骆文盛 540,711,775,790

骆光知 748

骆尧知 766

骆行简 732

骆问礼 23,352

骆养性 1175

骆基 126

骆象贤 352

骆巽 389

十 画

倪元璐 949,1016,1024,1039,1075,1093,1103,1106,1113,1118,1121,1126,1131,1135,1140,1141,1144,1149,1154,1162,1171,1174,1180,1184

倪天明 520,601

倪天枢 1118

倪文焕 1082,1091,1093,1101,1102,1112

倪会鼎 1067

倪玑 633,636,656

倪伯鳌 862

倪启祚 1055

倪怀敏 207
倪灿 1101
倪宗正 589
倪尚忠 210,969
倪岳 322,372,373,379,389,394,
    409,419,422,424,440,458,466,
    480,484,505,509,519,522,540,
    549,559,560,566,695,724
倪复 712
倪思辉 1092
倪峻 245
倪桓 92
倪润 750
倪辂 775
倪涷 1039
倪维德 79
倪敬 230,331,340,359,363,369,
    376,381,382
倪谦 228,252,306,335,337,341,
    347,359,369,373,374,377,379,
    399,402,412,414,417,452,480,
    566
倪嘉庆 1075
倪嘉善 1113
倪瓒 13,24,38,43,46,48,54,59,
    61,65,73,241,395,719,1179
党以平 687
党成 1043
凌义渠 949,1094,1117,1184
凌云翰 13,78,91,92,95,152,438
凌世华 687
凌汉 124
凌安然(凌晏如) 104,203,289
凌汝亨 899
凌约言 732
凌志 246,357
凌昌 85
凌贤 289
凌迪知 487,692,732,797,877,
    878,977,1064
凌昱 340
凌说 197
凌晖 374,446
凌海楼 792

凌傅 272,480
凌稚隆 877,895,912,1063
凌嘉印 1130,1157
凌德修 124,125
凌璀 937
凌震 493,732
凌濛初 894,937,964,976,977,
    988,997,1013,1055,1070,1077,
    1093,1109,1122,1124,1129,
    1136,1171,1175,1183
凌耀宗 374
唐一鹏 960
唐义 237,487
唐大章 1044,1067
唐子仪 34,86,161,251,283
唐小虞 853
唐之淳(唐愚士) 83,109,121,
    125,153,167,171
唐之儒 960
唐云 174
唐文凤 34,86,93,161,251,283,
    557,558,637
唐文华 877
唐文献 771,915,917,950,969,
    972,988,992,1000
唐世尧 937
唐世良 154,296,388
唐世涵 1151
唐宁 790
唐正之 1037
唐礼 348
唐立之 1037
唐龙 437,445,486,603,643,644,
    647,672,689,759,836
唐交 763,767
唐任臣 1177
唐光祖 155
唐孙华 1140
唐宇昭 987
唐尧臣 683,800
唐尧钦 910
唐廷器 463
唐次梁 690
唐汝礼 707

唐汝询 833,850,908,977,1016,
    1024,1032,1036,1040,1045,1058
唐汝楫 772
唐臣 98,770
唐邦佐 835
唐伯元 232,593,735,869,888,
    903,907,937,971
唐应征 512
唐志契 889
唐时升 779,783,1093,1125,
    1147,1179
唐诏 440
唐学仁 1029
唐府 489
唐枢 544,574,672,678,682,702,
    725,738,761,766,767,800,803,
    812,821,834,848,851,853,854,
    857,860,869,871,884,957
唐枢仲 762,770
唐绍尧 1092
唐肃 22,32,42,43,54,62,67,86,
    147,155,162,172
唐复 13,276
唐恂 519
唐珣 487
唐胄 154,651,840
唐诰 874
唐贵 332,532
唐钦训 1147
唐顺之 600,672,686,689,690,
    701,704,705,707,710,711,714,
    715,728,731,735,738,739,742,
    745,747,757,761,766,771,776,
    780,784,788,792,798,802,803,
    806,808,810,811,813,816,827,
    848,849,858,893,895,934,948,
    981,999,1028,1037,1058,1087
唐桂芳 14,60,74,92,93,283,
    557,558,637
唐泰(字师廓) 224
唐泰(字亨仲) 251
唐珪 521
唐皋 621
唐益 389

唐铎 108,127,144
唐寅 418,530,543,546,551,552,554,558,560,568,579,586,587,599,602,606,607,615,616,617,620,623,631,636,640,651,654,659,661,674,709,788,794,808
唐敏 221
唐梦赉 1105
唐富春 1064
唐棐 143
唐琳 1104
唐谦 209
唐愈贤 622,738,750
唐瑜 377
唐甄 1121,1150
唐锦 187,581,596,751
唐鹏 616
唐瑶 705
唐赛儿 240,241
唐鹤徵 721,727,814,857,992,998,1009,1052,1058,1173
唐濆 331
唐镛 400
唐懋德 994
唐骥 376,550
夏之令 1084,1092
夏之鼎 1112
夏云英 147,236
夏允彝 1093,1114,1127,1131,1149,1151,1158,1167
夏元宾 109
夏太和 156
夏支直 209
夏文琳 687
夏日瑚 1121
夏世隆 1041
夏玉鳞 738
夏伦 133
夏成德 1170
夏有文 633
夏完淳 1125,1175
夏应星 903
夏时正 219,324,359,399,417,433,437,444,508,539,555
夏良心 947
夏良胜 457,603,633,643,648,726
夏言 435,465,633,653,692,693,696,703,705,706,714,727,728,736,737,740,753,757,760,765,768,810,839,844,866,904,926,1155
夏尚朴 394,396,405,432,472,475,580,588,603,614,654,716,726,837
夏英 590
夏诚 338
夏迪 121
夏庭芝 33
夏昶 126,224,300,341,359,386,389,392,418,428
夏原吉 34,129,136,148,149,165,173,174,182,183,190,195,198,207,209,211,212,215,222,233,235,239,242,247,249,259,264,267,270,276,277,278,286,294,353,600
夏埙 266,345,422,453
夏浚 544,690,741,821
夏寅 45,120,331,399,495
夏崇文 366,448,600
夏淳 649,723
夏维藩 850,952
夏贲 454,533
夏敬承 1112
夏铸鼎 1151
夏煜 13,197
夏辑 500
夏鉴 49,209
夏雷 565
夏衡 138,374,397
夏鍭 361,484,499,720
夏彝仲 1150
夏燧 1060
奚昊 329,413,464
射锡贤 1102
席书 384,506,606,645,662,662,664,667,668,675,677,679,680,697
席应珍 96
席春 697,703
徐一鸣 705,851
徐㮚 621,939
徐一夔 6,16,21,22,30,36,52,59,67,69,77,83,93,118,134,147,168,437
徐九皋 154,804
徐上瀛 1095,1167,1168
徐士俊 987,1133
徐大化 1082,1083,1112
徐大行 821
徐大佑 861
徐大纶 753
徐大经 772
徐大相 1055
徐子与 884
徐子明 204
徐山 475
徐与老 164
徐与参 1115
徐中行 634,774,780,795,820,822,855,864,874,886,899,935,1129
徐中素 1052
徐元文 1140,1157
徐元泰 717,831
徐元普 937
徐元献 361,468
徐凤翼 1078
徐友 209
徐天民 707
徐天祐 1064
徐天麟 1127
徐开任 978
徐文华 662,840
徐日久 872,1078,1115,1123,1125
徐日葵 1078
徐世沐 1130
徐世溥 1154
徐兰 5

徐可成 842
徐四岳 1112
徐必达 941
徐永达 239
徐用诚 48,55,93,1064
徐用宣 255
徐用检 685,707,819,834,868,
    898,1025
徐用理 227,330
徐白 1114
徐石麒 1051,1102,1114,1154,
    1172,1175
徐传 438
徐伦 220,502
徐充 729
徐兆魁 993,1023,1112
徐光启 200,821,894,925,942,
    963,964,968,976,981,988,992,
    993,995,1004,1008,1010,1011,
    1016,1018,1021,1023,1025,
    1027,1028,1029,1048,1055,
    1061,1067,1068,1072,1082,
    1093,1109,1112,1113,1115,
    1117,1119,1120,1122,1124,
    1126,1127,1130,1134,1138,
    1160,1164
徐兴祖 48,83,179,199
徐匡 516
徐吉 1112
徐好古 167
徐守纲 1155
徐师曾 371,372,634,767,785,
    788,793,804,816,854,856,861,
    866,884,893
徐廷璋 354
徐成之 612
徐扬先 1112
徐旭 114,201,457
徐有贞 67,206,285,287,291,
    296,311,344,351,359,362,367,
    371,379,382,389,392,412,424,
    428,450
徐汝冀 985,1010
徐舟 403

徐芝 854
徐行 715
徐讷 75,338
徐贞明 908,911,935
徐达 2,4,39,112,206,291,580
徐达左 54,67,127,133,146
徐问 457,569,617,656,671,677,
    684,700,711,712,716,738,745,
    754,758,767,775
徐阶 390,456,577,659,693,698,
    700,704,707,708,715,716,720,
    728,731,732,741,745,748,769,
    772,773,777,779,780,782,784,
    787,790,792,806,819,822,825,
    826,828,829,833,834,838,841,
    842,843,844,846,847,852,856,
    861,874,885,886,887,897,904,
    1160
徐孚远 975,1127,1141,1155,
    1156,1175
徐孚敬 428
徐孝 1002
徐宏祖(徐弘祖、徐霞客) 919,
    1006,1013,1032,1045,1051,
    1061,1077,1087,1114,1118,
    1127,1132,1145,1154,1159,
    1163,1169
徐宏嗣 482
徐寿 257
徐应丰 753
徐应元 1063,1112
徐应斗 1062
徐应秋 1045
徐应解 826
徐怀玉 170
徐时泰 1112
徐时新 1122
徐汧 967,1108,1141
徐沂 687
徐甫宰 808
徐纮 506,591
徐良彦 1085,1092
徐迎庆 946,1095
徐进 1112

徐夜 1026
徐奋鹏 1155
徐孟玑 155
徐学诗 634,750,773,845
徐学谟 652,770,774,811,823,
    825,856,874,890,902,903,931,
    938,943,949,1010
徐学聚 799,903,981,1087
徐宗濬 1037
徐官 733,850
徐恁 141,331,438
徐忠 733
徐承惠 988
徐昂 594,598
徐昇 757
徐昌治 1146
徐杰 508
徐枋 1076
徐枢 145
徐波 936
徐牧 292
徐知证 232,255,283
徐知谔 232,283
徐秉义 1134
徐秉正 955
徐绍先 517
徐绍吉 1023,1097,1112
徐贯 370,471,525,534,558,572
徐述 252
徐郁 320
徐鸣时 1115
徐俊民 687
徐咸 461,615,702,738,771,812,
    839,925,1028
徐复仪 1162
徐复阳 1112
徐复祚 814,1020,1029,1093,
    1120,1128
徐宪卿 1086,1092
徐彦纯 17,149
徐待聘 1003
徐律时 1153
徐徇 565

徐恒鉴 1176
徐恪 280,516,576
徐政 495
徐显宗 259
徐显卿 845,847,876,901,987
徐珊 639,649,657,660,738,750
徐珏 598
徐矩 158
徐衍 141
徐贲 6,12,24,55,59,62,67,72,84,88,92,116,121,140,232,513,745
徐倬 1089,1162
徐准 973
徐原 120
徐恕 782
徐效贤 770
徐晞 323
徐晟 1076
徐栻 642,762,847,881,884,896,906
徐泰（士亨） 453
徐泰（丰崖） 580
徐浦 785
徐爱 490,498,594,598,599,603,606,616,618,622,628,631,634,637,861,870
徐玺 687
徐珪 526,534
徐珮 966
徐祯卿 26,134,453,530,546,549,551,566,567,575,588,589,595,604,610,615,620,621,661,674,691,703,725,752,755,778,808,816
徐继恩 1132
徐釴 540,1148
徐骏 303
徐乾贞 906
徐乾学 1125,1155,1177
徐乾岳 1153
徐冕 687
徐常吉 903,962
徐庸 62,341,357

徐彬 687
徐彬臣 1127
徐惟缉 707
徐珵（徐有贞） 67,147,287,314,333,334,344,424
徐琏 411,553,751
徐绩 34
徐菊花 740
徐象梅 1087
徐辅 302
徐鸿祚 1127
徐鸿儒 1036,1072
徐善 1134
徐善述 156,184,209,238
徐媛 814,1034,1066
徐富 598
徐尊生 20,21,30,52,56
徐敬 178,271
徐敬德 503,759,804
徐景元 836
徐景凤 1014
徐景濂 1082,1112
徐森 159
徐渭 169,652,732,752,757,777,780,798,800,803,804,808,819,830,835,846,860,862,865,868,873,874,877,923,938,948,949,977,1000,1037,1080,1169
徐琦 120,224,349
徐琼 370,374,558,559
徐登瀛 1109
徐缙芳 1092
徐谦 326
徐锐 687
徐鲁源 917,1003
徐媛 977
徐楚 723,884
徐楷 687
徐源 437,583,627
徐溥 272,356,374,436,453,457,476,482,491,509,510,513,514,515,518,519,523,525,528,533,541,545,546,555,556
徐溶 1112

徐献忠 468,668,749,809,811,812,827,851
徐鉴（明前期人） 132,164,342
徐鉴（嘉锡时人） 831
徐锡祚 1093
徐颐 246,432,468
徐嘉炎 1125
徐瑢 242
徐銮 981,998
徐增寿 172
徐暹 598
徐蕃 598
徐蕴夫 210
徐遵汤 1127
徐遵阳 1092
徐震 220,282,509
徐霈 687,707,737
徐樾 676,682,696,700,701,734,783,885,926,931,961,967
徐潞 687
徐澣 507
徐穆 411,521,598,615
徐镛 492,538
徐霖 388,487,505,576,603,619,629,640,642,650,711,719,725,1163
徐爵 974
徐阆公 1150
徐颢 716
徐骥 252
徐麒 274,325
徐耀 1167
徐麟趾 837
息机子 1066
敖山 448
敖英 650,699
敖铣 711,770,784
晁瑮 733,804,814
晋朝臣 938
晏铎 234,353,509
晏璧 87,126,193,210,571
柴凤 639,649,687

柴升 422	殷都 699,843,887,938,946,982	秦壬秀 208
柴文显 324	殷弼 30	秦旦 299
柴伸 552	殷聘尹 1123	秦伟 589,655,794
柴奇 421,606,613,615,640,651,707,746	泰士奇 1128	秦旭 214,463,527
柴绍炳 1047,1141	泰铭 330	秦朴 342
柴钦 147,192	浦南金 655,742	秦汝约 913
柴惟道 707	浦葵岩 88	秦约 11,66,72,73
柴镰 673	浦源 65,78,88	秦励 299
栗可仕 1010	浦鋐 735,840	秦志道 742,758
栗永禄 775	海日翁（即王华） 653,654,656	秦纮 266,300,302,306,307,315,316,331,345,348,359,443,500,505,511,564,579,580,592
栗祁 884	海瑞 624,758,774,803,807,819,823,825,829,833,834,842,848,849,852,887,892,895,902,911,917,920,922,1008,1050	
根敦嘉错 743		
栾惠 622,687,707		秦松龄 1152
桂王（朱常瀛） 123,978,1060	海虞毛氏 1109	秦金 408,520,662,717,751
桂华 442,460,486,495,525,546,560,568,620,656	涂一榛 1084,1092	秦鸣夏 708,744,745,748,749
	涂山 1040	秦鸣雷 638,748,750,780,807,825,829,834,948
桂荣 811	涂升 448,519,587,596	
桂轼 676	涂文辅 1112	秦烁 1015
桂庵玄树 270,407,426,530,604	涂旦 518	秦觉 738
桂德俱（桂彦良） 21,53,59,76,83,101,114,122,123	涂节 76,88	秦梁 869
	涂乔迁 1060	秦裕伯 4,19,23,32
桂皞 560	涂仲吉 1154	秦聚奎 980,1060
桂衡 128,240	涂观 380,596	秦奭 310
桑大协 870	涂国柱 973	秦輗 687
桑东阳 926	涂宗濬 1007	秦镒 665
桑乔 718,841	涂省躬 324	秦璠 272,523
桑贞白 1129	涂祯 566	秦镗 405,580,751
桑拱阳 1184	涂棐 427,432	秦镛 1150,1173
桑悦 329,400,409,446,447,449,452,454,463,475,500,523,529,541,543,558,560,571,577	涂谦 343	秦霖 270,576
	涂鼎鼐 1133	秦耀 857
	涂瑞 485,586	秦瀹 785
桑翘 529	烟霞外史 1078	秦夔 286,380,447,540
桑瑜 575,579	班禅一世 117,303	秦巘 316,437,544
桑瑾 364,529,579	班禅三世 840	翁万达 672,687,782,794
殷士儋 657,762,845,846,899	班禅四世 845,1170	翁文 537
殷之辂 1037	留文溟 161	翁文溪 861
殷云霄 457,589,629,661	留志淑 651	翁世资 457,458
殷宗义 23	真宪时 993	翁正春 939,941,950,956,958,988,1018,1027,1068,1092
殷尚实 144	袾宏 977,1042,1079	
殷承叙 662,840	秦士文 1112	翁叔元 1134
殷奎 25,38,43,45,48,49,54,55,60,66,74,102	秦之英 1064	翁俨 462
	秦升 478	翁宪祥 1001
		翁相 775

翁倚山 1065
耿介 1054,1096
耿宁 446
耿仲明 1113,1131,1149
耿华国 894
耿如杞 1092
耿廷柏 1060
耿启 1052
耿志玮 1108
耿宗道 826
耿定向 666,701,719,728,746,770,780,797,800,803,806,811,814,818,821,825,829,830,834,842,852,858,863,865,868,873,874,879,883,888,890,894,896,906,907,909,911,912,915,916,920,928,932,934,936,938,948,957,959,961,966,1021,1047,1066
耿定理 709,800,803,825,852,860,863,879,890,894,896,906,909
耿荫楼 1119
耿裕 431,442,519,525
耿楚侗(耿定向) 986
耿橘 1021
聂大年 161,181,292,351,360,366
聂云翔 1081
聂心汤 1015
聂良杞 884,892
聂贤 633
聂继皋 904
聂能迁 688
聂豹 490,497,537,569,628,632,644,667,671,677,681,682,688,690,693,696,707,715,716,718,720,722,731,736,740,741,744,757,760,763,768,771,773,775,776,780,783,787,790,792,796,817,824,829,841,849,856
聂铉 44,53,77,113,115,131,150,280
聂琮 307
聂静 714,734,822,849

莫亢 804
莫方瀛 727
莫止 575
莫旦 370,400,444,475,493,496,501
莫礼 136,141
莫如忠 605,723,777,902,923,926,1148
莫如德 766
莫汝高 715
莫应奎 942
莫尚简 694
莫是龙 721,805,843,864,868,893,895,898,899,902,911,912,923,938,977,982
莫息 404,592
莫琚 241
莫登庸 718,736,963
莫愚 353
莫潜止 432
莫震 211,306,308,395,467,501
袁于令 943,1141,1168
袁子让 980
袁中道 855,906,933,940,945,968,979,986,988,989,1013,1037,1045,1051,1061,1080
袁仁 640
袁化中 1082,1083,1090,1092
袁友信 204
袁文纪 547
袁文新 1069
袁无涯 1037
袁业泗 1033
袁可立 1060
袁用 23
袁华 8,26,38,48,54,72,87,103
袁庆祥 448,576
袁克俊 151
袁均哲 336
袁均斋 209
袁宏 516,767
袁宏道 849,933,936,941,945,949,955,959,964,968,974,986,999,1001,1003,1013,1022,1076,1089
袁应泰 1061
袁应祺 888
袁时亿 8
袁凯 5,95,101,114,148,190
袁宗与 716
袁宗道 814,914,915,917,933,945,950,954,969,972,975,978
袁宗鲁 231
袁忠彻 76,184,335,346,376,378,540
袁炜 605,721,723,753,793,819,827,832,913
袁表 693
袁泰 44,129,138
袁珙 156,174,213,376
袁继咸 946,1145
袁继梓 1067
袁褒 669,909
袁铉 235
袁崇焕 1077,1082,1094,1096,1101,1102,1105,1112,1113,1117,1119,1123,1130
袁彬 356,368,369,389,392,400
袁梦麟 635
袁淮 684
袁袠 176,404,572,592,673,709,719,732,745,765,808,903
袁铧 235
袁随 854
袁黄 706,917,938,999,1003,1005,1019
袁尊尼 661,788,831,856,860,872
袁琚 758
袁端化 772
袁铦 345
袁衮 697
袁璞 254
袁褧 216,583,713,715,778
袁鲸 1112
袁爌 1112
袁颢 292
诸大纲 687

诸大绶　301,661,795,797,806,842,846,852,859,866
诸训　687
诸守忠　687
诸阳　649,687
诸绚　553
诸偁　622
诸葛元声　1003
诸葛骏　484
诸董威　1093
诸鏞　895
谈自省　1010,1092
谈迁　71,946,953,1070,1093,1098,1115,1171
谈纶　370
谈修　938
谈恺　744
谈相　753
谈缙　280
谈懋　389
贾三近　709,847,853,943,962
贾三策　1029
贾三槐　1028
贾尔霖　1044
贾仲名(贾仲明)　169,245,277
贾咏　398,536,667,672,763
贾宗鲁　673,820
贾定　329,448,544
贾枢　708
贾泳　619,635
贾信　391
贾前席　1151
贾润　1043
贾继春　1060,1082,1112
贾铭　17
贾斌　341
贾道玄　166,171
贾嵩　16
贾遥　522
贾璋　745
郭一鹗　1052
郭九鼎　1165
郭万民　890

郭士望　1112
郭大有　908
郭大纶　865
郭子章　176,178,388,743,857,903,946,985,1011,1033,1053,1064
郭之奇　975,1123
郭之藩　918
郭云鹏　742,746,763,782
郭允厚　1072,1112
郭凤跕　1158
郭文周　750
郭文英　842
郭正域　791,903,950,972,975,983,987,988,1030,1092
郭永清　243
郭任　172
郭传　58,61
郭光复　965
郭兴言　1112
郭兴治　1072,1082,1112
郭如星　972
郭如泰　1052
郭如闇　1112
郭庆　622
郭庆宜　322
郭廷冕　745
郭朴　753,780,842,895,913
郭汝霖　785,804
郭纪　345
郭邦藩　1182
郭伯泰　121
郭君楫　564
郭希禹　1112
郭希颜　708,753,840
郭应成　377
郭应宠　1019
郭应响　1119
郭应奎　796,811
郭杏东　659
郭纳爵　975,1137,1177
郭良翰　1007,1052,1075
郭实　908

郭尚友　1112
郭尚宾　1060
郭居静　814,952,956,964,969,973,976,981,1010,1164
郭忠　464,479
郭忠贞　1040
郭治　635
郭绅　437,456,621
郭经　581
郭金台　1016
郭青螺　1007
郭勋　633,641,645,670,728,736,737,751,838
郭南　311
郭奎　19
郭持平　635,687,690
郭春震　763
郭郛　638,668,853,891,999
郭钦　1112
郭晟　598
郭谊　292
郭造卿　1019,1182
郭都贤　1075,1181
郭钰　11,25,119
郭惟贤　903
郭㮈　1076
郭湻　975,1027
郭琥　273,295,296,304,313
郭第　801,891,898,907,908
郭绪　325,459,604
郭维藩　700
郭谌　1137
郭谏臣　666,820,893
郭循　279,291
郭斯垕　193
郭棐　692,820,895,922,960,985,999,1064
郭紘　610
郭楠　724
郭楫　580
郭煜(郭元亮)　107
郭瑨　526
郭睿　746

郭增光 1112	钱师义(钱子义) 34	钱钺 451
郭樻 12,107	钱汝霖 1054	钱寅 1093,1136,1180
郭鞏 1112	钱邦芑 987	钱惟善 10,18,38
郭凝之(即郭正中) 1133	钱邦寅 1038	钱棻 1127
郭鏞 492	钱君泽 687	钱象升 1023
郭爵 877	钱宏 255	钱象坤 978,1027,1067,1113
郭鎣 563,711,780,793,866	钱希言 959,1073	钱迯 111
都印 187,489,584	钱应乐 772	钱普 884
都穆 63,177,286,378,479,489, 493,499,505,539,548,552,553, 565,566,570,571,575,576,582, 591,595,596,599,607,610,617, 619,626,628,631,633,645,669, 721,889	钱应礼 772	钱曾 171,288,1116
	钱应扬 649	钱琦 169,416,603,771
	钱应度 772	钱甦 77
	钱应量 772	钱禄 598
	钱汾 1093	钱策 1060
钱一士 1176	钱芹(继忠) 169	钱谦益 62,288,527,618,627, 900,997,1017,1019,1048,1068, 1070,1073,1084,1088,1092, 1093,1103,1106,1107,1108, 1114,1127,1145,1149,1150, 1152,1154,1157,1158,1159, 1167,1176,1178
钱一本 730,903,950,991,992, 1021,1030,1032,1040,1139, 1161,1163	钱芹(懋文) 169	
	钱陆灿 1031	
	钱国祚 1058	
	钱宝 593	
钱千秋 1073,1114	钱承德 504,505	
钱士升 875,1044,1045,1114, 1129,1131,1133,1140,1182	钱昌 389	
	钱昊 582,722	钱溥 106,208,238,306,312,328, 350,352,359,361,371,374,375, 377,385,387,388,390,393,404, 415,431,451,452,480,484,498
钱士晋 1092	钱秉镫 1118	
钱士鳌 917	钱绅 166	
钱大经 649,723	钱肃乐 1005,1150,1173	
钱干(钱习礼) 58,215,219, 264,273,281,295,296,302,322, 384	钱养廉 963	钱瑞征 1067
	钱咸 1154,1157	钱福 384,504,505,526,542,552, 565,583,584
	钱思复 38	
	钱春 309,993,1161	钱蒙(钱子正) 34
钱仁夫 553,579,606,610	钱祚诏 687	钱雷 299
钱升 539	钱种德 366,404	钱蔚起 947,1164
钱天锡 1167	钱贵 426,610,650,695	钱德洪 169,540,626,639,649, 654,657,667,671,676,679,682, 685,686,687,694,696,700,701, 704,707,708,711,712,715,716, 723,736,741,744,766,769,772, 774,775,785,789,796,797,812, 817,821,822,823,825,829,837, 858,861,870,931,952,957,1148
钱世扬 1041	钱顺德 169,366,404	
钱世良 56	钱唐 47,99	
钱古训 130,142,148	钱宰 22,33,53,54,77,141,142, 143,146,150,153	
钱宁 616,618,621,628,638,647		
钱术 660	钱恕 44	
钱正德 181,366,404	钱悌 431,433	
钱用壬 4	钱梅 1127,1141	钱澄之 1031,1127,1136,1141, 1145,1173,1176
钱礼 380	钱涛 1141,1159,1176	
钱立 699,831,949	钱继先 687	钱澎 305
钱龙锡 1005,1006,1090,1092, 1111,1113,1122	钱继登 1045,1077	钱澜 687
	钱翀 687	钱縠 605,712,751,768,801,814, 868,883,885
钱仲益 34,162,194,199,207, 212,218,337	钱能 238,412,440,443	
钱同爱 543,551		钱镇 807

钱璠 720
钱禧 1127
钱薇 572,701,790
钱翱 687
铁铉 166
阎风 661
陶万象 1046
陶大临 680,795,797,818,853,856,872
陶元素 419
陶天祐 687
陶文 1112
陶文昭 209
陶文简 1122
陶仲文 169,645,727,730,740,748,753,757,773,800,810,842
陶华 252,705
陶安 1,2,3,18,22,39,46,52,60,219
陶师文 762
陶成 552,554
陶汝鼐 987
陶凯 20,21,29,30,32,41,42,47,48,55,60,64,65,71,75,78,144
陶宗仪 33,54,59,72,77,82,83,87,106,110,111,127,148,151,186,187,305,433,479,538,814,1019,1124
陶宗儒 6
陶育 277
陶英人 1166
陶悦 744
陶振 129,165
陶朗先 1092
陶梃 163
陶浩 135
陶珽 187,489,1019
陶望龄 821,928,930,949,950,954,972,988,997,998,1001,1007,1016,1072,1123
陶谐 598,701
陶滋 474,623,662,726,841
陶琛 79
陶鲁 455,496

陶奭龄 1016,1114,1122,1123,1144
陶履中 1109
顾九思 703,857,871,1020
顾大典 740,843,846,847,853,868,881,898,907,911,925,929,940,942,955,961,1080
顾大韶 1049,1158
顾子明 1062
顾与汾 1109
顾与治 1145
顾与淳 1011
顾从义 661,815,896,926
顾从德 866
顾允成 414,791,843,853,864,917,920,925,940,950,959,985,989,991,992,1006,1008,1092
顾允默 815,819,857,939
顾元庆 490,633,656,705,729,738,832,838
顾天埈(顾天峻) 939,950,954,963,976,991,1023
顾天锡(弘治间人) 9
顾天锡(明末清初人) 932
顾开雍 1093,1127
顾东明 1078
顾可久 476,654,788,808,816,824,870
顾可学 162,465,588,748,751,753,757,813,842
顾圣 843
顾圣少 853
顾正谊 883,977
顾玄纬 837
顾协 157
顾同应 914,1101
顾同寅 1091
顾名世 836
顾存仁 572,701,712,722,746,751,782,844,871
顾有孝 1059
顾朱 1080,1176
顾贞立 1080
顾贞观 1011,1152

顾达 306
顾问 884
顾佐 103,180,295
顾应祥 10,468,589,616,687,770,773,784,804,806,832,838
顾应琨 1118
顾纯 479
顾阿英 623
顾际明 928
顾国辅 1110
顾孟容 255
顾学文 141
顾宗孟 1092
顾杲 1153,1158,1181
顾果 1114
顾枢 987
顾炎武 35,142,204,225,226,383,920,972,1035,1039,1040,1052,1056,1069,1075,1078,1087,1098,1101,1103,1114,1119,1132,1141,1145,1157,1163,1166,1172,1176,1177,1181
顾玠 738
顾秉谦 954,1018,1036,1059,1067,1072,1076,1081,1090,1093,1096,1097,1098,1112
顾绍芳 765,881,929,937,949
顾绍芾 898,1166
顾英 521
顾养谦 699,831,890,971,996
顾咸正 1045,1120
顾宪成 776,793,797,801,803,807,811,826,831,843,853,869,876,878,883,887,891,898,902,907,911,914,916,920,925,929,937,940,942,945,950,951,955,959,963,968,972,973,977,979,981,985,986,988,989,991,992,993,994,997,998,1001,1007,1009,1011,1013,1015,1017,1018,1020,1021,1023,1025,1027,1028,1030,1043,1058,1080,1088,1091,1092,1100,1104,1109,1110,1111,1163
顾恂 237,386,592

顾春 708,838
顾柔谦 1000
顾炳 1065
顾珏 460
顾祖禹 1125
顾祖源 876
顾宸 1009
顾继绅（即顾炎武，原名顾绛） 1098
顾谅（顾亮） 158,159
顾起元 10,833,940,967,969,971,989,992,997,1001,1034,1039,1049,1053,1063,1078,1088,1104,1110
顾起纶 634,865,870,884,922
顾起经 798
顾梦圭 563,660,693,722,731,767,784,788,805,870,939
顾梦麟 914,1086
顾清 382,495,516,518,521,546,595,617,622,631,678,683,720
顾琔 738
顾媚 1134,1166
顾敦复 687
顾斌 202
顾景星 1071
顾琳 307,400
顾瑛（顾阿瑛） 12,38,73
顾禄 64,148,158
顾谦 167,291
顾铸 389
顾鼎臣 430,584,588,693,700,703,710,722,727,733
顾锡畴 1056,1085,1102,1117,1119,1155
顾瑭 738
顾㻪 631
顾横波 1059
顾潜 421,500,534,536,574,578,709
顾磐 694
顾震宇 989,1015
顾璘 152,177,442,503,536,551,567,588,599,607,610,619,621,631,636,657,661,674,691,704,711,712,715,719,722,725,726,728,733,736,737,738,754,755,762,768,778,816
顾懋樊 1155
顾夔 1182
顾麟生 1158
顿仁 784
顿锐 614
高一志（即王丰肃） 840,997,1010,1087,1115,1137,1156,1164
高允宪 161
高公望 242
高公韶 625
高升铺 1078
高友玑 384,506,759
高文中 275
高文雅 197
高毋羡 933,943,947
高见贤 197
高仪 634,737,807,819,829,842,856,862
高可大 167
高台 521
高让 78,143
高企 665
高则益 865
高吉昌 292
高宇泰 255
高汝行 778,1099
高汝栻 1146
高达善 64
高迁 335
高阳 146,147
高启 6,15,20,21,24,25,29,30,32,33,35,37,45,48,49,54,55,59,62,69,79,84,88,98,116,119,121,140,144,146,162,196,197,235,341,513
高启愚 887,895,902,905
高坚 1029
高层云 1140
高应奎 996
高志 128,301
高志大 737
高迎祥 1106,1113,1126,1131,1135,1144
高远 608,689,734
高叔嗣 572,660,701,720,726,833
高宗本 356
高尚志 1029
高岱 611,774,801,831,854
高承埏 987,1163
高承祚 954,975
高明（高则诚） 11,40
高知止 934
高贤宁 166
高金 692
高鸣凤 1064
高举 315
高举发 1020
高拱 204,618,737,785,818,830,834,843,849,852,855,859,860,862,863,865,878,885,897,905,1037
高昭 243,401
高相 755
高贲亨 690
高逊志 30,62,130,147,164,167,168,180
高钦 1112
高凌云 767
高原侃 5
高浚 767
高珩 1031,1176
高寀 1035
高崇 377
高得旸（高德旸） 157,182,193,216
高维岳 1079
高铨 318,413,434,579,615
高隆 687
高惠 251
高棅 140,162,184,198,247,467
高翔 173
高暲 192
高煦 179,249,256,263,264,337

高颐　159
高瑶　405
高德　281,690
高德崇　549
高澄　706
高鹤　712
高儒　17,272,332,733
高濂　17,680,757,843,854,857,938,990
高穀　135,224,242,291,295,313,319,323,330,333,343,344,347,349,350,361,363,364,367,368,381
高攀龙　821,864,876,883,895,898,907,911,912,916,925,929,930,940,944,945,950,951,952,954,955,959,968,972,976,979,985,989,991,992,998,1001,1005,1006,1007,1009,1013,1015,1018,1023,1025,1027,1030,1032,1036,1037,1041,1043,1044,1048,1053,1061,1067,1068,1072,1074,1075,1077,1078,1082,1083,1086,1088,1090,1091,1092,1093,1096,1097,1100,1110,1124,1135,1136,1138,1163
高巍　166

十一画

乾梁栋　1112
偶桓　155,241,360
商大节　841,842
商克正　950
商良臣　403,406,451,457,462,466,480
商承德　1112
商振伦　480
商辂　53,222,238,274,281,292,297,314,322,323,328,330,333,334,339,344,346,347,348,350,351,354,355,359,361,367,368,374,386,392,396,402,406,408,411,416,417,419,422,424,426,429,430,431,434,436,438,439,440,442,446,449,454,455,462,469,477,480
商潜　1066
堵文明　54
堵奎临　989
堵胤锡　982
奢苏　287
奢崇明　1002,1068
寇天叙　640,794
寇平　410
寇深　378
寇慎　1052,1164
寇嘉会　960
屠大山　563,660,882,889,913
屠大壮　927
屠允时　277
屠本畯　869,960,1014,1028,1182
屠应埈　572,672,673,759
屠侨　457,615,794
屠叔方　176,905,970
屠勋　327,386,413,470,511,586,629,759
屠继祖　673
屠绳德　1042
屠隆　97,743,880,883,887,890,892,895,898,899,922,935,977,998,1000,1076,1129,1160
屠潽　465,500,525,533,550,558
屠衡　33,43,48,54,62,67,998
屠爋　1136
崔子璲　254
崔文　657
崔文升　1112
崔文昇　1060
崔世节　698
崔光弼　876
崔华　1130
崔守一　892
崔汲　739
崔呈秀　1082,1083,1086,1090,1091,1102,1105,1111,1136
崔应元　1107,1112
崔应科　690
崔志端　577
崔闰　324
崔奇勋　748,749
崔学履　844
崔恒　379
崔相　699
崔桐　450,463,589,633,640,715,716,774,799
崔维岳　960
崔铣　365,416,450,547,549,569,586,589,599,607,610,628,631,639,654,656,658,659,664,673,728,729,731,736,739,794,839,1029
崔景荣　1069,1090,1092
崔植　59
崔嵩　592
崔裎　753
崔龄　141
崔蔚林　1143
常允绪　1112
常伦　524,615,674
常存仁　895
常克念　690
常志美　966
康乃心　1179
康大和　430,711,753,770,874
康孔高　300
康丕扬　951,983,1014
康丕显　1003
康正宗　732
康有竹　285
康河　716
康绍第　793
康恕　757
康海　387,439,567,568,601,602,610,613,618,619,623,628,640,661,691,703,713,733,734,739,755,778,794,1049
康德涵　568
康镕修　724
康麟　356
庸愚子(蒋大器)　526,656

戚伯榆　19,142,206
戚贤　687,700,708,785
戚继光　685,793,796,806,818,
　819,821,822,850,855,857,868,
　880,882,888,891,893,897,898,
　900,911,923,938,974,1119
曹一麟　804
曹义　120,224,369,384
曹于汴　806,884,937,941,963,
　994,1001,1019,1024,1044,1052,
　1077,1078,1083,1084,1086,
　1088,1092,1095,1111,1113,
　1139,1184
曹大咸　963
曹大章　652,757,763,783,807,
　875
曹元甫　1138
曹文礼　1029
曹尔祯　1112
曹尔堪　1050
曹弘　305
曹本荣　1076
曹禾　1152
曹守贞　723
曹安　137,248,319,330,386,412,
　419,440,443,479
曹自守　690
曹贞吉　312,1140
曹孚　476,493
曹志遇　1064
曹时复　23
曹谷　1112
曹闵　598
曹垂璨　1038
曹学佺　872,955,968,1001,1098,
　1119,1124,1177
曹宗儒　94,115
曹宜约　221
曹英　380
曹金　762
曹勋　1105,1177,1182
曹思诚　1112
曹昭　122
曹树声　1041

曹珍　1092
曹钦程　1090,1107,1112
曹恕　184
曹素功　1043
曹继儒　1024
曹豹　560
曹冕　262,374,397
曹惟才　1135
曹梁　753
曹铭　234
曹隆　367
曹溶　19,57,65,188,365,1035,
　1150,1171
曹煜　711
曹睦　192
曹嘉　632
曹端　75,91,136,139,145,149,
　151,156,165,170,174,190,198,
　200,203,204,207,208,210,212,
　221,234,237,239,243,244,246,
　260,264,268,271,274,279,281,
　282,287,288,289,407,473,562,
　940,1024,1035,1051,1163
曹鼐　284,285,287,295,307,312,
　313,323,330,333,338
曹蕃　963
曹璘　448,483,493,505,626,633
梁子璠　1108
梁世勋　1112
梁世骠　653,687
梁以樟　1012
梁兰　214
梁本之　41,159,231,288
梁正大　1135
梁用行　193
梁份　1170
梁兆阳　1128
梁廷美　379
梁有年　975
梁有誉　652,774,780,792,795,
　839,854,855,874,935,957
梁汝元（即何心隐）　734,926
梁纪　638,974
梁许　906

梁贞　4
梁克顺　1112
梁应泽　1112
梁时　203,207
梁材　681,730,841,842
梁芳　448,466
梁辰鱼　642,746,784,793,819,
　827,843,853,883,887,891,893,
　899,907,911,938,939,977,982,
　1076
梁佩兰　1130
梁孟寅　15,16,724
梁尚德　687
梁庚　888
梁招孟　1182
梁明翰　801
梁英文　161
梁临　34
梁俊　374
梁炫　721
梁轸　276
梁栗　381
梁格　711
梁桥　854
梁寅　16,22,32,36,55,78,102,
　115,118,128,130,131,176,303
梁梦龙　680,785,861,982
梁梦环　1082,1112
梁清标　1067,1176
梁维枢　932
梁维栋　1146
梁储　346,447,485,499,515,545,
　546,599,602,603,609,622,630,
　631,638,649,679
梁朝钟（函彻）　1087,1094,
　1146,1150,1155
梁焯　635
梁尊　198,259
梁潜　107,149,151,159,165,170,
　171,183,193,201,209,211,214,
　219,221,222,231,234,235,236,
　261,315
梁毅　616
梁璟　422,715

梅之焕 1092,1109	章子谊 753	341,346,348,360,362,375,383,
梅之烺 1172	章允儒 1092,1108	386,389,402,404,406,407,409,
梅文鼎 39,942,1040,1134	章斗津 956,959	411,415,416,419,427,433,436,
梅古春 438	章世纯 1127	440,442,453,462,465,469,477,
梅伦 51,257,351,527	章丙如 230	478,492,499,507,516,520,522,
梅守德 708,821,838,1040	章玄应 468	526,536,538,542,547,551,554,
梅志暹 438	章礼 910	559,560,564,565,568,574,575,
梅纯 66,459	章仲甫 1062	579,581,584,586,589,591,595,
梅国桢 906,963,965,972	章仲寅 282	610,613,616,623,626,628,631,
梅朗中 1122,1127,1153,1158	章先儒 1102	649,652,656,665,695,698,809,
梅殷 165,176,459	章如铤 876	832,835,1111
梅清 1080	章朴 192,195	章黼 380
梅鼎祚 771,856,861,877,881,	章怀德 959	符观 322,507,547,684
882,885,888,895,909,911,916,	章时鸾 611,889	符锡 742
918,925,931,960,965,977,1011,	章纶 220,271,279,282,285,292,	笪总良 1052
1013,1040,1043,1058,1079	297,298,302,306,310,318,344,	笪重光 82,1080
梅鹗 624	350,355,359,361,363,368,373,	笪端恺 82
梅澹然 906,979	385,392,412,443,467,468,482,	脱脱 290,758,776
梅衡湘 979	496	萧大亨 703,820,952,1030
梅膺祚 1040	章侨 653	萧子鹏 436,495
梅鷟 620,786	章参 168	萧云从 962,1154
梦观 38	章表 108,345	萧云举 950,988,994,1018,1067
混天猴 1117	章律 272,524,526	萧云倩 1154
盛以弘 1045,1051,1067	章拯 453,569,768	萧凤冈 84
盛仪 589,742	章恩 673	萧凤鸣 668
盛讷 876,894,916,941,950	章涣然 1172	萧世廷 778
盛时泰 692,761,784,792,796,	章珪 265	萧仪 112,224,242,243,247,248
806,812,856,864,869,881,886,	章衮 414,660,731	萧兰 23
904,971	章陬 6,297	萧用道 167,174,183,219
盛彧 104	章乾 687	萧企昭 1152
盛唐 960	章焕 723	萧廷对 973
盛祥 234,335,336	章符梦 54	萧廷宣 804
盛继 782	章惠 298	萧伯升 1059
盛寅 63,185,231,260,312	章敞 75,192,281,296,301	萧何 92,615
盛庸 166	章琬 38	萧岐 110,146
盛敏耕 759,940,966,971	章舜 590	萧时中 214,223,952
盛符升 1043	章溢 1,3,27,68	萧良干 922
盛符先 1108	章瑄 357	萧良有 776,950,986
盛逯 11	章谨 167	萧近高 1092
盛敬 1146	章嘉桢 1092	萧尚仁 143
盛颐 231	章潢 680,728,741,807,820,926,	萧鸣凤 616,672,687
盛颙 237,483,517	951,997,1012,1064	萧俨 314
章又玄 951	章懋 299,301,320,324,331,336,	萧彦 245,758,908,952
		萧润 9,54,149

萧宽 192	阎敬 329	1094
萧晅 378	阎景 316	黄文焕(正德时人) 649
萧珮 790	阎期寿 1024	黄文鸾 628
萧翀 49,95,213,397	阎鼎 357,437,484	黄世忠 1052
萧乾元 598	阎颜 259	黄仕祯 912
萧基 1085,1092	阎鹤洲 381,938	黄仪 1148
萧崇业 888	鹿正 1098	黄尔成 1136
萧惟聪 580	鹿善继 875,895,951,955,963,	黄平倩 187
萧维祯 344	976,988,992,997,1001,1019,	黄弘纲 518,635,663,671,696,
萧隆佑 769	1031,1032,1033,1037,1039,	704,789,817,822
萧惠 622	1041,1044,1055,1061,1068,	黄本 160
萧敬 490	1069,1073,1075,1077,1078,	黄正色 567,690,878
萧谦 208	1082,1093,1097,1098,1103,	黄正位 1015
萧辉之 940	1113,1115,1118,1124,1127,	黄立极 1027,1067,1068,1081,
萧鹏举 86,161,397	1133,1136,1138,1141,1142,	1096,1097,1112,1136
萧镃 236,268,287,288,325,331,	1147,1148,1158	黄训 444,689,690,778
343,344,347,348,350,358,368,	麻三衡 1153,1158	黄龙光 1060,1092
397	麻勉 255	黄仲芳 224
萧璆 663,687	麻贵 967	黄仲昭 90,294,377,403,406,
萧翚 107	麻僖 1092	409,410,419,425,436,444,449,
萧蕃 812	黄一龙 861	451,454,460,464,467,472,478,
萧廪 831,906,923	黄一明 1004	488,505,507,522,525,534,543,
萧璞 763	黄万里 4	560,566,575,590,604
萨尔维斯 424,796	黄义 53	黄仲美 161
萨琦 275,277,284,287,373	黄士绅 1029	黄光升 593,976
谌廷诏 793	黄士俊 1005	黄华 454,462
逯中立 930	黄子澄 112,114,136,154,165,	黄吉士 998
逯昶 325	166,170,172,173,174,176,905	黄回祖 287
逯端 275,287	黄广成 253	黄安良 950
鄂本笃 821,998,1007,1008	黄与坚 1067	黄巩 457,589,656,657
阎之秀 1164	黄与参 976	黄庆 710
阎尔梅 990,1120,1129,1136,	黄中 602,609,797	黄廷用 563,711,753,770,840
1154,1171	黄云 489,511,514,620,646,669	黄成 1094,1095
阎仲实 590	黄云淡 748	黄汝亨 227,805,969,1034,1041,
阎邦宁 952	黄仁荣 929	1100
阎奉恩 838	黄元美 912	黄汝良 917,944,976,988,1006,
阎若璩 786,1148,1167	黄公 1123	1067,1130,1131
阎鸣泰 1112	黄公望 856,992,1011,1179	黄汝金 888
阎禹锡 266,319,320,323,334,	黄公辅 878,1086,1092	黄百药 1116
344,369,375,385,396,397,422,	黄凤翔 805,845,847,876,907,	黄百家 1153,1179
427,441,673	930,1014,1029,1069,1125	黄观 132,172
阎顺 630	黄孔昭 152,177,272,380,451,	黄伯生 68,88
阎起山 575	456,484,514	黄似华 1010
	黄文焕(万历生) 957,1090,	黄佐 12,33,53,54,59,69,72,87,

93,112,113,120,128,131,137,143,153,192,205,245,266,274,285,289,317,328,339,370,372,378,385,411,441,509,516,521,525,531,532,537,555,565,582,595,610,619,620,625,631,633,649,650,658,659,663,673,678,683,694,698,700,714,731,741,748,768,778,816,839,841,957

黄佑 994
黄体仁 993
黄作昭 1111
黄克缵 892,1014,1083
黄希武 1020
黄应甲 936
黄汴 861
黄氻 693
黄芳 26
黄运泰 1112
黄邻 11
黄闰 234
黄陂 110,364,589,986
黄周星 1026,1164
黄国奎 782
黄国卿 822
黄国鼎 968,975
黄宗会 1054,1157,1172
黄宗昌 1118
黄宗明 622,623,626,640,650,657,659,663,664,667,672,677,687,689,698,700,704,706,717
黄宗炎 1047
黄宗贤 663
黄宗载 249,271
黄宗辕 1076
黄宗羲 90,177,289,396,414,415,473,561,562,763,894,972,998,1022,1040,1048,1050,1073,1078,1086,1092,1094,1098,1101,1107,1114,1117,1118,1122,1123,1127,1132,1133,1135,1136,1141,1145,1150,1153,1156,1157,1158,1159,1160,1163,1166,1171,1172,1173,1175,1180,1181

黄宗彝 1096
黄宜璞 817
黄宝 366,471,660
黄尚贤 1123
黄居中 1118,1128,1166
黄承玄 917
黄承昊 1045,1112,1151
黄明善 430
黄河水 730,896,1143
黄泽 23,27,28
黄炜 963
黄直 660
黄秉中 1019
黄绍文 716,786
黄绍烈 142
黄虎臣 778
黄贯曾 790
黄金 471,580,600,618,720
黄养正 330
黄受益 208
黄复初 1146
黄奎 481
黄宪卿 1112
黄待显 662,841
黄春 660
黄昭 155,156,598
黄昭道 598
黄显 790
黄标 583,693
黄洪 687
黄洪昆 781
黄洪宪 740,857,876,910,924,927,928,960,978
黄珏 39
黄省曾 17,346,509,529,617,626,628,637,639,644,666,669,683,689,691,694,697,700,705,707,708,709,710,716,719,720,722,725,728,731,734,735,808,817,871
黄美中 850
黄荣 265
黄骅 869,1041

黄卿 687
黄哲 33,54,69,128
黄姬水 608,705,767,792,796,806,811,812,871
黄家舒 978
黄家瑞 1136,1137
黄峨 550,639,851
黄润玉 128,139,142,160,168,170,174,240,291,300,336,387,395,404,445
黄润连 14
黄珣 304,451,459,477,580,624
黄积庆 454
黄衷 81,435,536,717,786
黄钺 168
黄常(王常) 9,11
黄梦星 663
黄淮 151,173,176,182,185,190,197,215,221,229,249,255,259,267,279,285,287,296,308,322,332,337,371,498,559
黄淳 892,1015
黄淳耀 1000,1114,1132,1176
黄清 374,794
黄章 620
黄绾 178,445,609,612,616,618,664,672,676,677,682,687,688,696,699,700,704,706,707,712,714,715,728,741,763,779
黄萃 497
黄谏 219,227,314,348,359,362,363,364,375
黄铠 546
黄傅 507,644
黄尊素 909,1033,1040,1044,1045,1046,1048,1051,1073,1077,1081,1084,1086,1090,1092,1096,1098,1101,1102,1107,1114,1118,1126,1127,1145,1153,1171,1172
黄景昉 962,1094,1167
黄棠 193
黄焯 93,468,623,764
黄琮 64,418,421,589,664,666,670

黄等素 1117
黄辉 930,950,954,989,1022
黄道周 914,930,937,941,951,
　964,969,972,979,985,988,992,
　997,1006,1009,1013,1024,1028,
　1034,1037,1040,1044,1051,
　1055,1061,1068,1074,1077,
　1086,1092,1098,1103,1114,
　1115,1118,1122,1126,1135,
　1141,1145,1147,1154,1155,
　1158,1162,1165,1166,1171,
　1175,1177,1180
黄鲁曾 490,782,817,827,837
黄暐 507,666,678,759
黄槐密 635
黄潜 9,31,40,48,57,97,106,
　274,432,557
黄源 888
黄溥(存吾) 331
黄溥(澄济) 331
黄瑜 25,266,277,323,334,362,
　368,374,375,385,389,392,412,
　417,422,427,438,469,516,525,
　530,537,542,543
黄福 156,173,250,264,267,273,
　276,281,309
黄蓥 798
黄虞稷 14,17,35,61,78,86,92,
　103,116,131,143,148,180,185,
　186,312,338,405,421,483,498,
　549,1111,1116,1137,1177,1181
黄誉 370
黄毓祺 889,1092
黄漳 838
黄端伯 1163
黄澍 620
黄莹 635
黄畿 401,420,454,475,542,546,
　581,621
黄镐 198,324,467,468
黄翚 636
黄颢 460
黄儒炳 1068,1073
黄簏 20,21,30,35
黄槃 943,959

黄翼 853
黄瓒 287,361,471,654,684,709
龚之伊 1019
龚弘 448,650
龚用卿 563,672,732,737,793,
　824
龚白谷 782
龚立本 1160
龚守愚 715
龚廷献 1135
龚艮 398
龚芝 687
龚坊 644
龚诏山 1057
龚佳育 1076
龚秉德 781
龚绂 414,444
龚绍山 998
龚诩 104,121,130,165,174,184,
　198,204,207,217,221,231,239,
　244,260,268,276,285,287,296,
　300,302,305,314,316,326,328,
　348,359,362,374,379,382,389,
　390,392,400,406,410,414
龚贤 1054,1128
龚显 300
龚逢泰 1033
龚渐 687
龚理 206,297,373
龚萃肃 1112
龚策 1177
龚辉 660
龚道立 992,1058
龚鼎孳 1043,1137,1153,1171,1175
龚溥 687
龚锡爵 884
龚暹 746
龚敩 89

十二画

傅子裕 143

傅山 1005,1009,1014,1028,
　1033,1069,1098,1145,1164,
　1167,1173,1181
傅凤翔 723,724
傅友德 41,65,188
傅以渐 1016
傅光日 1122
傅同虚 80
傅汎际 923
傅汝舟 620,1028,1055
傅应星 1112
傅纲 287
傅良言 912
傅学礼 801
傅庚 1167
傅冠 1067
傅逊 903
傅钥 687
傅恕 20,21,30,77
傅宸 1038
傅振商 1056
傅珪 610
傅梅 1062
傅淑训 1024,1041
傅淳 159
傅著 20,22,30,77,92,102
傅朝佑 1074,1161
傅新德 930,950,963,1001,1014
傅颐 700
傅默 728
傅懋光 1057,1058
傅槐 1112
傅瀚 294,394,446,504,551,559,
　572
傅藻 48,81,86
傑原 449
储才(季德) 8
储方庆 1134
储立夫 44
储良材 682
储欣 1125
储埏 133
储珊 596

储惟德 8
储敬爱 91
储懋 141,221,296,349
储巏 176,373,475,491,508,525,536,546,549,579,599,610,617,621
博尔济锦氏 1090
善因 906
喻均 847
喻时 617,744
喻茂坚 841,842
喻南岳 793
喻政 1029,1033
喻道纯 324,388
富铉 420,459
嵇世臣 753
嵇永仁 1152
嵇宗孟 1146
强珍 454
强晟 516,550
彭一之 622
彭士望 1022,1158
彭大寿 1172
彭大翼 1064
彭元锦 1062
彭天锡 1128,1136
彭以明 1015
彭石屋 668,741,767
彭华 283,354,355,365,374,436,438,446,456,457,461,463,464,474,483,539
彭孙遹 1125
彭师度 1089,1154
彭年 593,745,788,808,814,840
彭汝寔 705,715
彭汝楠 1067,1092
彭百炼 224
彭时 230,318,329,330,333,334,339,350,351,354,364,368,374,377,379,388,391,395,402,406,409,412,415,416,417,419,421,422,426,427,431,434,436,439,539,629
彭纲 437,475

彭宗古 136
彭泽 465,472,570,640,841,1051
彭若思 772
彭英 687
彭举 216
彭珑 1035
彭祖年 15
彭适 772
彭凌霄 1012,1090
彭宾 1114,1118,1119
彭勖 116,132,224,296,313,353
彭彬 333
彭惟成 1028
彭教 304,391,393,443,456
彭梦祖 910
彭琉 135,234,260,328,334,342,376
彭琏(彭汝器) 192
彭尊古 1092
彭森 54
彭缙 584,585
彭道古 1001
彭谨 815
彭韶 278,318,327,353,370,399,402,411,417,447,449,454,462,466,470,472,474,483,485,494,499,504,511,519,532,548,560,561,566,571
彭遵古 934
彭燕 1118
彭簪 655,676
惠王(朱常润) 978
惠世扬 1067,1071,1083,1092
惠连 9,11
揭轨 143
揭枢 100
揭汯 37,56
景旸 397,400,442,527,603,632,666,674
景芳 596
景星 159,254,284,785,933
景清 143,173
景新 156

智铤 1112,1173
曾一侗 918,1151
曾于乾 769
曾大有 568
曾才汉 733
曾凤仪 946
曾凤韶 173
曾孔化 728
曾可前 978
曾用臧 170
曾仲魁 738
曾如海 826
曾汝檀 770
曾玑 400
曾邦泰 1052
曾坚 291
曾应瑞 1112
曾忭 663,672
曾灿 1096
曾玙 457,506,603,805
曾国祯 1112
曾秉正 70
曾质粹 727,1126
曾彦 262,446,492,576
曾春 517,1154
曾昶 235
曾显 554
曾衍 9
曾泰 101
曾烜 325
曾皋 1002
曾益 1126
曾翀 840
曾起萃 1160
曾惟诚 973
曾储 698
曾朝节 713,881,915,950,969,995
曾棨 51,189,190,193,205,211,221,227,230,233,235,240,245,249,267,283,387,518
曾鲁 20,21,22,30,36,48,50,56,73

曾楚卿　1039,1096,1112
曾畹　1076
曾嘉诰　767
曾熙丙　1052
曾樱　1092
曾鹤龄　107,241,243,302,308,312
曾鲸　849,1153,1166
曾燧（曾日章）　110,182,194,206
朝胡宾　1112
温仁和　439,569,628,655,671,737,746
温体仁　975,1027,1045,1067,1073,1107,1108,1113,1118,1126,1131,1140,1144,1147,1149,1150,1161
温应禄　783
温纯　730,979,984,996,1008,1027
温良　374
温皋谟　1112
温祥卿　114
温朝祚　877
游义生　124
游士任　1084,1092
游凤翔　1112
游朴　1182
游居敬　647,718,720,721
游明　220,345,392,425
游思忠　912
游酢　897
游潜　564
湛若水　169,405,414,451,460,465,466,516,525,529,534,551,554,559,560,562,585,594,598,599,603,609,612,616,619,626,628,631,633,641,642,647,648,651,653,654,659,663,664,665,668,669,672,677,682,684,687,688,690,696,697,698,700,703,704,705,710,711,713,714,715,718,720,724,726,727,730,731,734,738,743,747,748,760,764,766,768,770,787,788,790,792,796,806,808,809,810,811,812,833,835,836,837,841,842,871,899,943,999
滑寿　118
焦瑞　374
焦子春　690
焦希程　763
焦芳　394,545,579,585,586,594,595,597,598,601,602,605,606,607,609,626,634,655
焦竑　19,22,61,80,86,90,147,153,445,630,675,735,740,811,822,830,847,852,890,891,895,896,903,906,911,916,922,928,929,938,940,942,950,951,952,954,955,956,960,963,964,965,968,970,972,977,981,985,988,992,994,1001,1003,1004,1007,1011,1013,1015,1018,1019,1024,1025,1029,1034,1037,1046,1052,1066
焦宽　306,363
焦勋　1178
焦清　748,749
焦敬　278
焦源溥　1092
焦韶　584
程万里　370,399,409,468
程三省　946
程大位　706,942,1005,1034
程大宪　876
程子鳌　1003
程从龙　12
程元初　994
程开祜　1062
程心传　736
程文　538
程文箸　837
程文德　544,565,574,589,667,689,693,698,700,701,704,710,712,716,732,741,749,754,761,766,767,773,774,776,778,784,787,790,792,796,809,841,842,844,912
程本立　72,118,121,155,164,170,179
程正己　1006,1092
程正揆　990,996
程玉润　1033
程充　464
程师鲁　46,93,558
程式　696,722,910
程百二　1028,1042
程君房　1110
程启元　512
程启充　653,840
程希隆　413
程国祥　1092
程宗　266,345,387,410,463,514
程宗孟　810
程宗猷　1070
程尚宁　693
程性初　1151
程昆　127,253
程明善　163,580
程杲　617
程注　1085,1092
程绍　963,1060,1085
程信　334,389,408
程南　744
程南云　272,330
程叙　364
程拱宸　1092
程洸　655
程济　157,165,229,269
程荣　942
程闻礼　39
程顺孙　912
程徐　99
程涓　977,1000
程祥会　1102
程通　114,118,124,130,136,156,174,188,205,220
程高　304
程惟信　693
程敏政　16,45,50,78,90,92,188,251,283,371,403,405,409,410,427,446,455,464,472,477,492,

501,512,513,516,541,542,545,
546,551,554,556,557,558,586,
593,637,669
程章 557
程富 295
程道南 204,818
程嗣功 775,881
程楷 361,485,600,1104
程煇 687
程鹏搏 964
程嘉燧 833, 992, 1028, 1052,
 1086, 1093, 1118, 1119, 1125,
 1147,1179,1183
程德 179,893
程遵 626
程儒 590
程瞳 603,626,827
程邃 1000
童子鸣 884
童文 252
童汉臣 744
童伯礼 177
童时明 11,1007,1028,1033,1058
童轩 238,262,345,360,375,389,
 399,412,417,431,466,484,494,
 523,527,541,549
童学贤 1027
童承叙 651,698,703,732,743
童俊 377
童养性 1043
童品 536
童涌泉 1087
童珮 815,843,858
童常 480
童琥 507
童碧瑄 185
童冀 71,90,120,130,136
童器 553
答禄与权 13,53,59,65,76,81
紫金梁(王自用) 1126
紫柏 931,990
缑纯 881
缑谦 518
舒化 807

舒弘志 915
舒弘绪 939
舒应元 937
舒芬 474,500,529,599,602,624,
 630,631,632,635,640,643,644,
 648,651,655,660,664,668,680,
 778,799,1063
舒柏 663
舒载阳 1063
舒缨 711,719,725,754,776
舒頔 79,80
葛九思 1112
葛大同 1112
葛天民 157
葛幼元 850
葛立方 599
葛守礼 593,690,863,885
葛臣 742
葛芝 1043,1054
葛茂 633
葛养心 177
葛钧 129
葛哲 128,384
葛浩 598
葛涧 835
葛寅亮 1051,1062,1100
葛嵩 598
葛震 1152
葛震父 1145
葛鼐 1159
葛麟 987,1172
董一元 1026
董子遵 465,560
董小宛 1158
董允瑶 1040
董允璘 1040
董天允 1081
董天鉴 1040
董天锡 716
董方 230,324,442,468
董以宁 1116
董可威 1112
董汉 598

董份 796,811,819
董传信 870
董传策 695,774,792,802,803,
 811,815,844,864,889,904,1022
董伦 100,151,155,164,165,180,
 184,208
董光 199
董朴 590
董纪 101,106,130
董邦政 786
董君章 712
董启予 844
董沄 373,663,705,709
董谷 801
董其昌 61,795,880,902,928,
 930,945,950,959,963,992,997,
 1030, 1032, 1061, 1073, 1075,
 1077, 1078, 1082, 1083, 1093,
 1098, 1101, 1110, 1119, 1128,
 1129, 1136, 1142, 1147, 1155,
 1160,1168,1184
董国光 1046
董定策 1035
董宜阳 748,815,851
董弦 720
董旻 408
董武铭 1040
董俞 1125
董养性 11
董复亨 960,977
董宣 437
董标 1171
董说 1067, 1108, 1159, 1162,
 1167,1169,1173
董逢元 956
董涷 870
董淞 587
董斯张 919,1087,1111
董舜臣 1112
董谟 521
董越 280,413,483,497,499,572
董嗣成 814,892,939,957
董锡 521
董穧升 1122

董潮 437	蒋钦 598	谢应芳 24,56,73,79,86,114,
董燧 696,714,734,818,822,849	蒋悌生 160	137,231,463,869
董璘 234,316,317	蒋浤 485,486	谢诏 1069
董镛 173	蒋谊 306,403,455,490	谢季彰 209
董懋中 1112	蒋冕 391,448,457,459,460,462,	谢承 599
董彝 22,36	485,501,531,610,612,628,630,	谢杰 888
蒋一葵 165,951,965,1003	631,638,646,658,663,705,841,	谢注 733
蒋大方 487	842	谢秉秀 669
蒋子杰 55	蒋琬 283,481	谢绍祖 812
蒋山卿 481,588,623,640,666,	蒋琮 493,574	谢肃 13,39,64,72,78,86,95,
674,768	蒋雯阶 1162	102,106,111,114,147
蒋之翘 1133,1159	蒋椿 793	谢贤 687
蒋允仪 1084,1092	蒋赫德 1043	谢鸣 451
蒋允汶 8,121	蒋德盛 1065	谢俊神 1017
蒋孔炀 697	蒋骥 159,167,183,185,193,261,	谢复 313,414,487,592
蒋日和 283	264,278	谢庭桂 397,414,487,501,770
蒋主孝 154,424	谢于教 1062	谢思聪 960
蒋主忠 371,424	谢子方 143,326	谢珍 427
蒋以化 843,932,994,995	谢之藩 988	谢省 241,357,508,523
蒋以忠 706,847,932,983,995	谢升 173,639	谢祐 562
蒋正阳 1092	谢友可 966	谢贲 662
蒋用文(蒋武生) 157,195,211,	谢少南 689,753,763,785,791	谢陞 994,1015
242,245,252,256,283	谢文洊 1043	谢恭 33
蒋礼 218	谢文锦 1085	谢晋 128,186,207,231,268,635
蒋伊 1125	谢丕 539,668	谢桐冈 564
蒋守伦 925	谢东山 737,777,793	谢泰定 971
蒋克谦 934	谢同枢 876	谢润 380
蒋孝 771,953,1021	谢存仁 976	谢铎 152,177,255,294,394,403,
蒋志春 1132,1176	谢宇 374,446	412,426,427,444,452,453,455,
蒋芳华 180	谢廷杰 822,861,906	456,467,468,490,492,499,504,
蒋奇鎛 989	谢廷举 471	510,514,542,547,550,559,564,
蒋孟育 1013,1024	谢廷谅 807	573,599,601,611,779
蒋学 53	谢汝韶 680,803,884,943	谢顾 854
蒋明 247,316	谢江 762	谢常 165,243
蒋明昶 748	谢观 102	谢梦豹 1018
蒋绂 357	谢迁 147,338,362,380,410,420,	谢琏 201,268,381
蒋绍煃 1081	423,427,435,437,447,451,474,	谢绶 518
蒋鸣玉 1118,1150,1151	477,478,482,492,504,510,515,	谢辅 247,297
蒋信 468,537,609,626,701,703,	529,534,541,545,546,555,564,	谢朝宣 554
738,741,748,750,777,784,790,	573,574,579,585,586,594,595,	谢琚 246,331
792,808,836	596,597,598,605,606,607,677,	谢缙 268,814
蒋宫 6	687,698,994	谢谠 618,750,758,801,851
蒋春芳 963	谢君惠 1123	谢瑜 558,701,845
	谢启光 1097,1112	

人 物 索 引

谢榛　533,624,750,770,773,780,788,795,810,854,855,864,874,875,882,935,949,953,961,995,1028
谢肇淛　802,845,941,943,955,959,968,970,1001,1013,1020,1033,1057,1089,1183
谢瑾　199
谢蕡　660
谢镒　725
谢滩　786
谢徽　20,22,29,30,33,37,48,53
越民表　797
越其杰　1002
辜瑗　487
道士白云霁　1099
雁宕山樵　1011
韩万象　1092
韩上桂　1117
韩士能　685,847,971
韩云　1087
韩元长　1136
韩文　313,403,431,567,576,594,597,598,601,606,628,629,665,674
韩日缵　1123,1156
韩世能　876,916
韩玉　755
韩光佑　1039
韩夷　232
韩如璜　1132
韩邦问　687
韩邦奇　453,526,603,613,622,644,649,654,663,668,678,683,690,700,702,704,711,716,742,749,754,760,764,770,771,778,794,795
韩邦靖　628,640,661,1029
韩阳　231,363
韩克忠　150,151,174,262,268
韩君恩　804
韩应龙　710
韩志英　711
韩叔阳　97

韩取善　1062
韩国藩　1057
韩定　374
韩宜可　76,153,325
韩忠　216,292
韩明　687
韩经　252,363
韩城贾　165
韩奕　12,17,151,178,205,210,232
韩柱　687
韩钟勋　1092
韩晟　1028
韩殷　357
韩浚　993,998,1023,1056
韩继思　1085
韩梅　1029
韩葵　1152
韩萃善　1062
韩袭芳　633
韩谔　93
韩敬　1017,1027,1036,1045,1048,1070,1083,1107
韩智　320
韩琳　1092
韩策　1092
韩缙　199
韩鼎　459,627
韩廉　687
韩准　46
韩雍　246,276,314,344,351,352,355,360,361,363,377,389,392,393,399,409,412,416,428,431,439,449,487
韩奭　157
韩霖　1087
韩爌　825,950,1055,1056,1059,1061,1073,1081,1082,1083,1084,1092,1105,1106,1107,1111,1119,1135,1143
韩缵　1090
颉鹏　1112
鲁业恕　753
鲁邦彦　668

鲁扶蔽　635
鲁坤　958
鲁宗　906
鲁念彬　930,951
鲁铎　384,569,599,680
鲁渊　11,58
鲁渊明　11
鲁朝节　901
鲁鼎　304
鲁瑄　201
鲁穆　98,199,301

十三画

慎懋官　895
新安汪氏　1064,1104
楼观　245
楼英　157
楼琏　79,157,167,171,179,325
楼澄　195,286
源义澄　608
满桂　1102,1113
满朝荐　1092
甄伟　1029
甄淑　1085,1092
睢稼　32
福王(朱常洵)　978
福临　1175,1180
窦昱　404
窦德远　43,55
简绍芳　754
简敬　337
蒙大赍　826
蒯祥　164,461
蒲松龄　1118,1165
蒲秉权　1052
蓝仁　12,60,77,82
蓝玉　12,128,138,139,145,146,156
蓝田　110,160,445,590,794
蓝渠　687
蓝智　33,77,82

蓝道行 818,819
蓝瑞 623
虞大复 1112
虞廷陛 1112
虞异羽 1145
虞臣 316,448,587,645,872
虞自铭 106
虞伯源 23
虞怀忠 895
虞抟 304,633
虞原璩 182
虞祥 304
虞堪 24,78
虞瑛 287
虞谦 156,185,234,249,256,260,262,269,286
虞鈖 1158,1176
虞集 9,12,19,27,28,31,41,78,126,171,187,274
虞搏 1064
虞瑶 394,427,484
裘元戎 1145
裘仲孺 6
裘衍 643,728
裘琏 1185
褚乐闲 23
褚玙 320
褚宦 755
褚相 804
褚𨱎 1015
解延年 314
解纶 124,227
解其衷 1103
解学龙 1081,1084,1092,1141,1162,1166
解金 132,716
解荣 183
解缙 28,35,43,95,121,124,133,145,155,165,168,173,174,176,177,179,181,182,184,185,189,190,193,194,195,197,199,203,205,212,213,215,216,227,228,241,248,249,250,254,295,298,317,337,342,518

解震生 143
詹凤翔 33
詹同 2,3,4,19,32,41,42,52,59,60,61,71,78,91,99,257
詹佐 1040
詹希庾 139
詹应阳 918,1151
詹沂 1013,1023
詹荣 712
詹莱 912
詹景凤 938
詹徽 124
赖世隆 287
赖礼 192
赖汝霖 904,926
路一麟 981
路迎 616
鄢桂枝 767
鄢懋卿 806
阙士琦 1137
雷士俊 1026
雷子霖 1132
雷发达 1059
雷礼 34,91,121,140,165,222,288,373,381,384,393,397,588,593,701,767,770,896,903,985,1014,1084
雷兴 1135
雷叔闻 1174
雷金声 970
雷起龙 1159
雷梦麟 152,823
雷填 168
雷縠 1102
雷霖 453
雷爕 582
靖宣 215
靳一派 1025
靳贵 401,507,545,550,573,602,612,613,631,645
靳辅 1134
骞义 267,366
骞朝阳 61

鲍宁 394
鲍应鳌 993
鲍松 620
鲍恂 12,41,100,103,112
鲍原宏 6
鲍泰 488
鲍景远 796
鲍雄 620

十四画

僧一如 115,185,221,238,262
僧一雨通润 1165
僧一庵(字一如) 48
僧九渊龙睬 350
僧了道 196
僧二严和尚(李云龙) 1087,1094
僧力金(僧万金) 58
僧三世达赖 175
僧三峰(即汉月) 1133
僧三槐 973
僧义金 253
僧大同 25,37
僧大杼 18
僧今释(俗名金堡,法号另有性因、澹归) 1038
僧元来 875,1120
僧天与清启 350,395
僧天伦道彝 48
僧天祥 325
僧天然和尚函罡 1012
僧心泰 118
僧扎巴坚参 198
僧文王秀 220
僧方舟奎 4
僧无念禅师 959
僧无愠 66,119,153
僧月湖 348,360,697
僧木庵性瑫 1026
僧见月 987
僧东洋允澎 350

僧弘仁 1022	僧明昱 680,1046	僧普荷 949
僧弘忍 1143	僧明得 699,927	僧景隆 141,320
僧弘道 79,137	僧明德 49	僧智及 84
僧札那巴札尔 1143	僧法住 134	僧智光 105,109,173,253,293
僧永宁 25	僧保 129	僧智旭 975,990
僧汉月 866,1143	僧哈里玛勒 198	僧等奭西堂 395
僧石头和尚 997	僧姚广孝（僧道衍） 35,102,	僧策彦周良 727,760
僧石庵 320	161,218,229,232,235	僧紫柏真可 1042
僧传灯 787,1104	僧洪恩 756,1012	僧道孚 181,366
僧多罗那他 875	僧洪莲 254,365	僧道独 1132
僧如玘 79,134	僧祖浩 527	僧道泰 14
僧并学 168	僧祖阐 42	僧道瑞 591
僧至仁 35,103	僧绝海中津 15,196	僧道瑢 527
僧行策 1111	僧觉澄 348,383,430	僧释迦也失 287
僧达观（真可） 748,990	僧原济 1121	僧锁南嘉措（朵儿只唱达赖喇
僧克新 14	僧圆悟 840,1173	嘛,达赖喇嘛三世） 760,890,
僧吴印 44	僧圆澄 817,1007,1100	920
僧妙行 1159	僧根敦珠巴（达赖一世） 135,	僧溥洽 127,185,234,266,278
僧妙声 35,87,111	199,224,327,433	僧瑞溪周凤 350
僧宏斌 401	僧根敦嘉错（达赖二世） 439,	僧髡残 1031
僧寿宁 38	478,487,526,530,760	僧熏努贝 138,461
僧岐阳方秀 49	僧桑噶实哩 105	僧睿略 140,219
僧应昙西堂 395	僧真可上人（达观） 808	僧静庵法师 4
僧志德 49	僧真空 651	僧德宝 618,896
僧怀林 1020	僧袾宏 713,990,1042	僧德祥 161
僧来复 14,79,134	僧继晓 423,448,459,466,469,	僧德清（字澄印,号憨山） 759,
僧良用 196	474,475	990,1079
僧其天 1111	僧能仁 1038	僧德瓛 111
僧具德礼 978	僧请来 208	僧慧昙 35
僧函可 1026,1132,1155	僧贾曹杰·达玛仁钦 283	僧慧经 769,1053
僧函悟（张二果） 1103,1165	僧通晓 869	僧憨山德清 1042
僧周继西堂 395	僧通琇 1038	僧蕅益 1042
僧季潭 196	僧密藏 931	僧澹归（俗名金堡,法号另有性
僧宗泐 14,44,79,81,82,83,102,	僧常钦 15	因、今释）
104,115,134	僧梵琦 37	僧澹然 1038
僧宗喀巴 49,95,136,175,196,	僧清远 196	察哈尔林丹汗 1081
201,238	僧清奇 237	廖升 164
僧宝成 479	僧清隐 1098	廖平 269
僧宝金 14,50	僧清浚 118	廖用贤 1069
僧居顶 67,193	僧续法 1170	廖庄 193,277,318,361,363,368,
僧性宗 23	僧雪庭 503	404
僧明龙 866	僧善学 40	廖纪 672
僧明河 927,1165	僧彭玉琳 117	廖芝 720

廖佐 526
廖希颜 754
廖志显 820
廖时升 254
廖钦 190,193
廖谟 305
廖道南 39,62,105,112,138,165,525,650,651,699,708,731,755,758,765,786,959
廖燕 1185
漆登 770
熊人霖 1132,1164,1175
熊大木 782,838
熊子臣 888
熊元 930
熊开元 1163,1171
熊文灿 1145,1150,1153,1165
熊世芳 617
熊则祯 1086
熊师望 1052
熊廷弼 852,969,1028,1054,1061,1071,1091,1092,1095,1113,1181
熊成章 525
熊过 672,690,735,802,848
熊伯龙 1050
熊应元 1146
熊应煌 994
熊钊 157,282
熊卓 391,537,598,608
熊奋渭 1092,1102
熊宗立 308,644,684,717
熊尚文 1012,1041
熊明遇 1044,1055,1086,1092
熊直 224,229
熊秉元 823
熊经 590
熊茂 701
熊剑 143
熊浃 654,841
熊相 626,636,665
熊荩臣 922
熊桂 553

熊绣 530
熊敦朴 910
熊赐履 1143
熊鼎 47,75
熊德阳 1092,1117
熊爵 705,708
端王（朱常浩） 978
端廷赦 687
管一德 998
管九皋 925
管大勋 861
管州 649,700,723
管讷（管时敏） 72,95,136,141,149,186,203,243
管志道 717,821,968,1012
管宗圣 886,1159,1168
管绍宁 1105
管律 733
管景 751
管嗣裘 1158
管钁 1136
箫良有 937
缪庆元 139
缪廷善 511
缪朴 345
缪彤 1105
缪昌期 821,1067,1069,1083,1092,1096,1100
缪恭 275,495,524
缪樗 467,482
翟凤翀 1092
翟永龄 378
翟汝孝 748
翟汝俭 748
翟宏 253
翟学程 1092
翟厚 206,253,298,342
翟桂 23
翟善 139,140
翟溥福 192
翟銮 445,588,668,703,744,748,749,759
翟耀 981,1015

臧在东 1062
臧应奎 662,840
臧性 215
臧贤 633,640
臧衍 500
臧懋循 163,776,864,891,892,898,902,911,940,959,968,972,982,990,1015,1028,1036,1040,1042,1043,1046,1058,1066,1076
蔚瑄 374
蔡士奎 1127
蔡士顺 1133
蔡大美 1166
蔡天佑 310,588,709
蔡天英 87
蔡文范 847,888,910
蔡方炳 976,1101
蔡弘甫 934
蔡立身 952
蔡光 865
蔡存远 690
蔡廷美 671
蔡汝贤 847,918
蔡汝南（蔡汝楠） 629,659,701,705,722,726,770,778,782,784,786,788,792,800,803,806,811,812,814,819,832
蔡羽 596,631,636,644,645,691,693,697,706,707,712,716,733,740,808,817
蔡邦坯 724
蔡完修 801
蔡时雍 758
蔡芳 546,575
蔡迎恩 881
蔡进 609
蔡国用 1019,1112,1165
蔡国珍 685,797,1025
蔡国祯 1128,1165
蔡国熙 835,853
蔡宗兖 594,599,616,618,632,648,870
蔡昂 461,623,644,649,688,697,703,704,731,739

蔡保祯 1159	谭太初 584,723,885	潘士藻 721,789,853,903,921, 933,978
蔡复一 878,955,1096	谭吉璁 1089	
蔡春台 846,854	谭贞默 936,1056,1108	潘大复 934
蔡炼 507	谭希思 743,869,946,970,1021, 1057	潘中 192
蔡朔 395		潘之恒 799,891,907,911,917, 920,937,968,1013,1028,1036, 1051,1055,1076,1109
蔡梧 753	谭秀 508	
蔡烈 605,756	谭纶 646,750,815,855,882	
蔡逢时 960	谭奇 1182	潘之惺 927
蔡深 22	谭性教 1052	潘云翼 1092
蔡清 353,440,444,458,471,476, 486,488,493,508,511,516,517, 520,560,570,571,572,586,595, 599,602,605,694,726,755,756, 827,832,893	谭桓同 624	潘允端 819
	谭谦益 1112	潘文奎 167,264,279
	谭嗣先 303	潘平格 1022
	谭缵 684	潘旦 718
	雒于仁 928,932,964	潘仲骖 804,904
蔡维藩 587		潘光祖 1133
蔡绶 364	**十五画**	潘廷章 1183
蔡粥 196		潘汝祯 1102
蔡朝用 791		潘江 1059
蔡朝器 721	噶盖 971,1129	潘亨 272,480
蔡琪 440	德江主人 989	潘希曾 442,569,703
蔡献臣 1011,1049	德密拉 821	潘纵 969
蔡瑗 690,697,811	憨山上人 964,968	潘辰 519,533,607
蔡毅中 769,936,979,980,1081, 1087,1092,1124	暴昭 172	潘叔刚 322
	樊玉衡 903,934,967	潘季刚 853
蔡潮 408,588,771	樊良枢 993	潘季驯 652,774,814,819,884, 887,905,907,929,934,940,957
蔡霄杰 547	樊祉 521,526	
蔡懋昭 826,844	樊阜 409	潘府 358,486,559,590,674
蔡懋德 1092	樊浚 308	潘俊 246,247
蔺从善 239	樊继祖 615	潘庭坚 41,42
蔺世贤 738	樊莹 407,547	潘庭楠 826
蔺芳 184	樊得仁 742	潘是仁 1064
蔺琦 313,459,615	樊深 701,732	潘柽章 1101
裴士杰 195	樊维城 1056,1078,1087	潘洪 287
裴宇 815,819	樊镇 133	潘珍 690,718
裴纶 242,328,340	滕元庆 981	潘珏 327,471,656
裴承祖 144	滕公琰 22	潘荣 416,469
裴绍宗 662,840	滕用亨 183,194,207,211	潘倣 667
裴俊 194	滕克恭 13	潘埙 442,603,793,827
裴琎 294	滕硕 200	潘恩 540,660,707,722,741,744, 784,819,851,881,899
谭大初 723,742,894	滕德懋 32	
谭元春 919,1022,1028,1037, 1055,1080,1089,1103,1114, 1132,1152	滕霄 569	潘晟 737,796,822,825,842
	潘一桂 1077,1127	潘润 254,514
谭友夏 1145	潘士闻 1112	潘真 660

潘绪 463
潘援 590
潘敦复 947,1075
潘曾纮 1052
潘游龙 1147
潘琴 257,363,620
潘舜历 1112
潘赐 192,210,212,260,291
潘槐 766
潘裎 182,264,269
潘颐龙 888
潘颖 687
潘潢 768
潘静 247
潘畿 183,193
潘镗 401,537,598,645
潘瓒 61
澄然 906,1145
颜士凤 1122,1128,1132,1136,1176
颜子明 167
颜从礼 753
颜元 1143,1172
颜木 633,729,733
颜光敏 1165
颜佩韦 1097
颜季亨 1069,1078
颜宗 246
颜泽 218,258
颜绍庭 1122
颜茂猷 1137
颜庭生 1153
颜彪 385
颜洪范 926
颜浑 1167
颜继祖 1056
颜嗣慎 859
颜端 507
颜鲸 624,770,785,797,814,820,822,825,829,843,938
额尔德尼 971,1129
黎久之 298
黎士弘 1059

黎广老 367
黎元宽 1132,1167
黎公颖 143
黎宁 717,718,963
黎民范 1015
黎民表 795,839,935,957
黎民衷 797
黎尧卿 272
黎贞 12,128
黎贯 647
黎恬 126,218,291,296,303
黎洛溪 727
黎谅 137,331,332,346
黎惟潭 963
黎晨 716
黎淳 248,334,367,369,374,402,443,446,484,495,517,518
黎遂球（函美） 1087,1181

十六画

冀元亨 537,609,628,643,652,750
冀绮 500
冀舞 302
穆孔晖 453,537,580,589,599,607,613,616,617,619,628,644,667,671,693,704,707,729
穆文熙 703,1033,1049
穆尼阁 1177
薄彦徽 594,597,598
薛鏊 648
薛一鹗 861
薛三省 805,1045,1139
薛千仞 1145
薛大中 1092
薛己 79,498,684,805,809
薛中离 562
薛为学 439
薛凤祚 978,1044,1177
薛凤翔 1112
薛天华 792,1022

薛文周 1067,1085,1092
薛文宗 439
薛旦 1178
薛甲 178,550,690,729,740,789,803,862
薛伦 158
薛宇铠 840
薛廷宠 728
薛观国 1167
薛贞 1112
薛应旂 24,563,566,708,711,717,719,724,728,729,746,754,766,773,778,780,784,788,792,793,796,801,804,808,814,816,836,839,850,853,878,893,902,1008,1030
薛纲 394,487,656
薛远 374,389,392
薛侃 465,565,620,622,632,635,637,649,654,657,658,665,672,676,687,693,694,695,696,700,714,715,719,754,756,789,822
薛侨 687,700,715
薛国观 1112
薛宗铠 663,687,694
薛宗铨 635
薛岩 170,173
薛俊 635,660
薛标 1025
薛桥 635
薛继茂 951
薛寀 1142
薛淑 628
薛章宪（薛章献） 361,539,549,624,633,812
薛富 195
薛敬之 294,306,324,364,396,402,472,475,478,500,522,534,538,546,588,595,604,628,633,743,1020,1025
薛朝选 989
薛瑄 128,138,145,166,168,170,184,196,210,237,238,239,240,242,249,250,255,260,264,266,

268,270,271,273,274,277,279,
281,287,288,289,291,293,296,
300,302,304,305,310,311,313,
316,318,319,322,329,330,334,
339,341,344,347,348,351,352,
354,357,359,365,367,368,370,
374,375,377,381,383,387,390,
396,397,414,425,441,442,445,
459,472,473,481,495,516,532,
548,554,576,604,673,703,720,
743,770,798,855,881,895,906,
933,946,1163

薛敷教 930,950,991,992,1030,
1092

薛蕙 503,619,623,628,640,654,
658,664,677,688,694,704,716,
728,739

霍守典 1092

霍维华 1082,1083,1094,1096,
1097,1107,1112

霍锳 1092

霍韬 490,541,562,589,600,623,
633,640,642,644,645,648,654,
659,660,663,664,667,668,671,
677,680,682,686,688,690,693,
702,704,705,707,712,714,716,
719,728,729,731,734

十七画

戴士衡 934,963,967,968
戴仁 286,454,461,462,498
戴元礼 390
戴天德 14
戴文进 366
戴文明 930
戴日强 1064
戴东旻 1087
戴本孝 1071
戴正心 102
戴用 254,488
戴礼 553
戴任 956
戴光 669

戴汝东 245
戴伯常 731
戴纶 217,262
戴良 17,25,43,48,49,54,61,64,
72,87,90,101,102,105,106,120,
123,126,256
戴国士 1162
戴忠 1092
戴明说 1167
戴经 478
戴金 474,623,768
戴冠 316,465,497,548,560,618
戴思恭 157,196
戴润 873,876,891
戴珊 559,578,579,586
戴垧 1092
戴浩 135,240,363,393,467
戴祥 615
戴难 342,433
戴敏 549,570
戴铣 559,570,594,596,597,598,
620,838,1046
戴琥 464
戴瑞卿 1037
戴嘉猷 673
戴暨 509,633,799
戴豪 376,448,528
戴德彝 142,143,180
戴震亨 898
戴颙 528
戴儒 694
戴璟 712,724
戴鲸 461,660,799,844
戴顒 615
戴鳖 69
檀凯 182,216
濮汉 797
濮阳秌 179
濮溉 673
蹇义 114,173,174,183,190,219,
228,242,244,249,258,259,267,
270,273,275,276,277,287,294,
318

蹇逢泰 1046
蹇曦 381
魏一鹏 942
魏大中 875,976,1045,1048,
1061,1081,1082,1083,1086,
1090,1092,1093,1096,1098,
1101,1105,1135,1136
魏广微 1044,1072,1076,1081,
1082,1083,1097,1106,1112
魏允中 753,863,891,914,935
魏允贞 900,946,1081
魏元 408
魏文绶 209
魏礼 1121
魏光绪 1085,1092
魏廷豹 676
魏廷揆 738
魏廷霖 616
魏有本 738
魏观 2,32,42,43,45,48,54,62,
118,131
魏宏政 1112
魏希孔 1112
魏希文 170,210,396
魏希尧 1112
魏希孟 1112
魏希舜 1112
魏应嘉 1091,1092
魏志德 1112
魏时应 981
魏时亮 692,807,846,906,939
魏纯 305
魏良政 643,663
魏良栋 1102,1112
魏良贵 728
魏良辅 572,761,763,853,875,
904,938,1034
魏良弼 518,643,657,660,687,
696,700,728,843,874
魏良器 643,663
魏豸 1112
魏际瑞 1067
魏学洢 962,1082,1096
魏学濂 1127,1135,1141,1153,

1180
魏忠贤 950,993,1060,1067,
　1068,1071,1072,1073,1074,
　1076,1077,1081,1082,1083,
　1086,1087,1090,1091,1092,
　1093,1096,1097,1101,1102,
　1103,1104,1105,1106,1107,
　1109,1110,1111,1123,1134,
　1143,1153,1156,1168,1184
魏俊民 30,35
魏庠 490,733
魏显国 843,931,933,942,1003
魏津 581
魏祐 326
魏钟宁 921
魏校 468,473,589,649,654,672,
　678,683,688,689,693,696,698,
　726,729,733,747,756,816,822,
　833,838,842,957,1029
魏浚 564,993,1033
魏浣初 1095,1119
魏偁 486
魏冕 173
魏堂 874
魏敏 123
魏焕 738,751,831

魏维藩 1003
魏象枢 1050,1141,1164,1172
魏辅民 1112
魏谦吉 772
魏源 35,276,295,302,304,313
魏裔介 1047,1098,1132,1141,
　1145,1154,1172
魏鹏程 1112
魏鹏翼 1102,1112
魏裳 774,905,935,971
魏豫之 865
魏禧 1089,1132,1137,1150,
　1158,1172
魏翰 398
魏藻德 1161
魏骥 63,199,256,271,291,300,
　335,337,340,342,349,360,383,
　420,532,549

十八画

瞰生光 988
瞿九思 756,765,864,868,898,
　956,1018,1029,1047

瞿太素 930,941,997
瞿安德 990
瞿庄 65
瞿式耜 936,997,1045,1048,
　1051,1055,1061,1069,1073,
　1077,1107,1108,1114,1118,
　1127,1132,1142,1147,1149,
　1150,1152,1154,1158,1175,1178
瞿汝说 833,980,1069,1079
瞿汝稷 325,769,956,1021
瞿佑 13,78,83,91,152,167,183,
　207,212,237,243,261,269,272,
　276,286
瞿俊 301,413,583
瞿洞观 940
瞿景淳 600,750,796,818,819,
　824,851
瞿溥福 303
瞿暹 83,243,271
藤原惺窝 817,988,1023,1058

二十二画

饔秉忠 892

著作索引
（按拼音排）

A

阿弥魄经疏钞　1042
阿育王山志　1053
爱礼集　13
爱梅轩集　291
安安堂稿　878
安城周氏家集　938
安楚录　751
安定集讲说　672
安分斋集　7
安桂坡传　734
安化县志　751
安吉县志　300
安吉州志　16,300,708,801
安老怀幼书　538
安南图说　816,833
安庆府志　651,656,778
安邱县志　930
安溪县志　782
安邑县志　1052
安止斋稿　360
安洲赵王合谱　60
安拙类稿　527
闇然堂集　978
按晋疏草　1074
按陕行稿　885
按粤封事　750
鳌峰集　592
傲轩吟稿　153

鳌峰类稿　755

B

八编类纂　1139
八大家文钞　888,981
八公游戏丛谈　1030
八闽人物　1075
八闽通志　507,604
八书　871
八音图　5
八宅周书　1168
八阵发明　1132
八阵图说　345
八支了义真实名经　294
巴东县志　778,1003
巴山草　1079
拔萃类方　252
拔剑集　1028
跋叙齿录　720
霸州志　767,870
灞亭秋　1169
白庵遗稿　160
白谷集　1179
白毫庵集　1168
白虹集　907
白华楼藏稿　981
白华楼集　829
白乐天文集　641
白练裙　964,1167

白露山人遗稿　507
白鹿洞讲义　410
白鹿洞揭示　617
白鹿洞续讲义　829
白洛原遗稿　779
白梅记　1141
白门集　1002
白门略稿　927
白沙集　561,562,621
白沙诗教解　561,562
白沙先生年谱　903
白沙遗言纂要　624
白沙子古诗教解　812
白沙子全集　562,604,705,778,
　　1029
白山集　648
白石樵真稿　1147
白氏长庆集　620
白水县志　1015
白松堂稿　1139
白苏斋集　978
白下集　812,871
白香山诗集　645
白轩稿（白溪遗稿）　498
白雪堂集　1074
白燕庵诗集　1163
白业卮言　1165
白榆集　977,1000
白榆社稿　891
白榆堂诗　1151
白猿经风雨占候说　68

白云草 1152	傍锄漫稿 415	鲍参军集 611
白云稿 35,75,227	傍秋亭杂记 721	陂上集 919
白云集(白云集略 唐桂芳) 45,46,74,92,93,557,558	包山集(陆治) 878	卑牧吟稿 576
	包山集(王宠) 706	悲愤诗 1181
白云集(沈丙) 156	包山杂诗 678	悲鸣集 167
百变象棋谱 854	包侍御集 799	北耕录 1068
百病勾玄 134	宝庵集 949	北宫词纪(陈所闻) 1130
百川书志 17,272,332,523,733	宝坻劝农书 938	北宫词纪(陈新闻) 995
百二草 878	宝坻县志 570	北宫词纪外集 1130
百花鼓吹 1071	宝函记 1141	北观 554
百家词 371	宝绘录 61	北归稿 768
百家名书 989,1065	宝剑记 848	北郭集(毛铉) 155
百家巧联 1065	宝林类编 37	北郭集(徐贲) 140
百将传标旨 993	宝录 900	北郭集(许恕) 62
百旻遗草 1147	宝庆府志 844	北海集(冯琦撰) 990
百铭 1129	宝日堂初集 1114	北海集(顾梦圭) 805
百泉子诸论 899	宝石谣 732	北河纪略(黄承玄) 917
百夷传 148	宝颜堂秘笈(正集又名《陈眉公(继儒)订正秘笈》,续集又名《陈眉公家藏秘笈续函》) 532,1004,1066,1160	北河纪略(谢肇淛) 1033,1089
百越先贤志 789		北红拂 1104,1183
百战奇略 68		北户录补注 1014
百字吟 633		北还集 756
柏庵杂著 500	宝颜堂秘笈广集(陈眉公家藏广秘笈) 1004,1041	北畿乡试同年叙齿录序 702
柏林集 1132		北湄集 769
柏山集 711	宝颜堂秘笈普集(陈眉公普秘笈一集) 1063	北平八府志 98
柏轩集 117		北平山东事迹目录 22
柏轩语录 472	宝颜堂秘籍 44,346,956	北平事迹 98
柏斋何先生乐府 746	宝应县志 850,952	北泉集 794
柏斋集 746,771	宝应县志略 694,724	北上稿 576
柏斋三书 746	宝应朱氏家乘 401,817	北史 976
拜五经 628	宝制堂录 794	北堂书钞 395,442,758
拜月说 1128	保德州志 591	北溪性理字义节要 371
稗海 1066	保定府志 1007	北行稿 725
稗史汇编 169,1007,1038	保定县志 1033	北行录 577
稗政丛说 453	保和斋集 753	北行日谱 1099
般若心经说 990	保民四事全书 1160	北轩集 264
半舫集 1143	保民训要 1119	北雅 1168
半江集(邵珪) 509	保宁府志 746	北游稿 750
半江集(赵宽) 593	保生心鉴 899	北游集(汝讷) 524
半松遗墨 536	保婴集 384	北游集(僧梵琦) 37
半轩集 146,513	葆光轩稿 880	北游集(童冀) 137
半隐集 231	报主记 1080	北游记 1065,1152
半斋稿 633	抱拙集 342	北游纪行集 417
半洲稿 794	抱拙堂稿 787	北游漫稿 812,850,882

北虞先生遗文 824	笔麈(于慎行) 1008	1134
北征草 1166	毖斋集 569	表忠汇录 985
北征集(冯舒) 1156	敝箧集 986	表忠图赞 571
北征集(金幼孜) 280	敝箧留稿 691	别本彭惠安公文集 532
北征集(莫礼) 141	敝帚集(陈益) 358	别本续千字文 896
北征录 212,279,944	敝帚集(王翰) 170	别本袁海叟诗集 190
北征漫草 1173	辟妄救略说 1143	别录 669,861
北征事迹 400	辟雍通志 419,421	邠州志 838
北庄遗稿 80	碧川文选 618	宾馆常录 506
备边五策 1175	碧鸡集 896	宾翁日记 885
备忘集 848	碧涧流玉 1052	宾州志 922
备忘录 376	碧渐堂集 1179	滨州志 904
备忘续稿 892	碧纱笼 1163	濒湖脉学 948
备忘续集 848	碧山精舍记 691	蜕衣生剑记 1053
备倭事略 785,858	碧山乐府 778	蜕衣生马记 1053
备倭图志 795	碧山堂集 870	冰壑集 517
备我集 1110	碧山学士集 978	冰壑遗稿 480
备遗录 739	碧洋摘稿 805	冰蘖稿 650
被逮稿 768	避地三策 1163	冰山记 1114
被褐先生稿 1016	避喧录 428	冰署笔谈 1131
本草单方 665	蘖庵集 409	冰潭稿 423
本草发挥(滑寿) 118	边略 865	冰雪堂缀逸稿 782
本草发挥(徐用诚) 93	边奏存稿 334,434,435	兵曹底簿 944
本草发挥精华 15	编蓬集 1058	兵法要略 1119
本草纲目 12,93,162,200,885, 947,948,989,1004,1028,1152, 1164	编苔集 564	兵机密纂 1041
	鞭歌伎 1169	兵机要略 668
	鞭后卮言 938	兵略(陈禹谟) 1020
本草医书 81	卞郎中诗集 549	兵略(钱芹) 169
本草韵会 118	汴京遗迹志 839,965	兵略(张津) 555
本草证治辨明 363	便蒙类音 896	兵署录 527,528
本朝分省人物考 10,24,132, 218,223,291,305,401,486	便民图纂 522,571,652,751,947	兵谈瀁类 428
	辨惑编(辨惑篇) 137	兵统 773
本朝京省人物考 1075,1095	辨惑续篇 869	兵垣四编 1058,1070
本朝生气录 1115	辨奸录 55	丙午山间语录 1159
本义集说 8	辨帖笺 702	秉烛清谈 523
比部集 795	辨学录 1007	病怀诗 693
比部招擬 588	辨正教门关键录 40	病榻遗言 886,905
笔乘 147	辨忠谗以定国是疏 653	病逸漫记 493,503
笔畴 159,205,206,501	辨学遗牍 1109	波石集 783
笔花集 484	标题补注蒙求 865	伯龙诗 938
笔谈类稿 544	标题原病式 134	伯玉文集诗集 1184
笔玄要旨 948	表度说 1038,1055,1067,1109	泊庵集 214,229,236,315
笔麈(莫是龙) 899	表异录(名句文身表异录)	亳州志 826

博古要览 221	彩楼记 1132	漕船志 679
博集稀痘方论 1053	彩袍记 1030	漕抚奏议 939
博罗县志 1123	彩云字汇 1040	漕河通志 530,534
博平县志 633	彩舟记 1130	漕河图志 530,534,702,944
博山堂北曲谱 163,1152	菜根谭 986	漕河奏议（万恭） 865
博山堂乐府 1152	蔡氏律同 632	漕河奏议（王以旂） 786
博山堂三种 1152	蔡氏小儿痘疹袖金方论 587	漕运录 679
博文编 10	蔡天祐传 691	漕政便宜六事 820
博物志补 564	参过书籍 1033	漕政举要 679
博笑记 1021,1079	残本光岳英华 5	漕政考 1139
博雅堂藏书目录 909	残唐五代史演义传 169	草窗集 353
博衣集（博依集） 1156	蚕经 735	草阁集 155
薄游稿 750	蚕衣 674	草诀百韵歌 1137
薄游集 386	灿然稿 448	草庐年谱 49,50
檗庵遗稿 695	粲花斋新乐府 1173	草庐吴文正公全集（支言集） 200,472
卜居秘髓图解 956	沧海遗珠 208	
卜史 522	沧浪棹歌 187	草莽私乘 186,187
补庵集 549	沧螺集 110,186,187,539	草木子 81,781
补漏集 466	沧溟集 854	草堂诗余别录 747
补山堂诗集 1181	沧桑集 167	草堂雅集 26,103
补续高僧传 25,134,266,294,365,366,1164,1165	沧州集 456	草堂余意 652,1025
	沧州志 989	草堂馀兴稿 641
补正三史纲目 38	苍谷集 698	草窝稿 346
补注蒙求 865	苍润轩碑跋 886	草言 851
补斋集 620	苍润轩玄牍记 886	草韵辨体 1137
不动心解 825	苍生司命 633	测蠡管见 429
不多集 1139	苍梧府志 577	测量法义 1008,1109,1134
不二斋文选 927	苍霞草 1105	测量异同 1134
不负云山集 827	苍榆近稿 698	测天约说 1124
不义人 1173	藏经 890	测圆海镜分类释术 832
不语易义 1142	藏密斋集 1096	策程文选 1139
蔀斋集 266	藏山名世集 223	策府群玉 571
	藏史居集 571,960	策府枢要 11
	藏书（陈仁锡） 1139	策略 415
C	藏书（李贽） 965,972,973,984,986,1024,1087	策问答 478
		策要 131
才鬼记 1043	藏说小萃 1003	茶陵州志 669
采薜集 706	操缦古乐说 1026	茶谱 1164
采芹稿 269	操缦谱稿 939	茶山老人遗集（茶山稿 茶山集） 10
采薇集 844	曹太史含斋集 875	
采真集 1000	曹月川集 200,289	茶事汇辑（茶薮） 817
采芝吟 332	曹正夫先生年谱 1024	茶书二十七种 1029
彩毫记 1000	曹子建集 742	槎翁集 98

槎翁诗集 98	常熟县私志 1049	陈眉公家藏汇秘笈 1004
槎轩集 62,513	常熟县志 195,319,372,403,	陈眉公家藏秘笈续函 1004
柴庵疏集 1181	443,458,547,575,587,729,1160	陈眉公普秘笈一集 1004,1063
柴墟集 621	常熟志 816	陈眉公全集 1160
禅关策进 977,1042	常谈考误 869	陈眉公先生批评春秋列国志传
禅林类聚 14	常州府志（毗陵志） 79,471	998
禅宗永明集 848	常州府志续集 725	陈眉公杂录24种 1089
禅宗正统 1080	场居集 1026	陈评汉书 1139
缠度分野 1133	唱和集 472	陈评后汉书 1139
蟾台集 1148	唱曲当知 1021	陈评三国志 1139
羼提斋稿 1100	晁氏宝文堂书目 733	陈如冈文集 982
昌乐县志 767	巢睫集 283	陈沈二先生稿 1042
昌平州志 844	巢县志 861	陈剩夫集 429
长安唱和集 34	朝城志 733	陈太史较正易经大全 1139
长安街 1009	朝京稿 96	陈文定公澹然遗书全集 1049
长白山人集 790	朝鲜复国经略 1005	陈文冈集 775
长春竞辰稿 771	朝鲜赋 497	陈梧冈诗集 871
长春刘真人语录 388	朝鲜国纪 978	陈梧冈诗续集 871
长葛县志 633	朝鲜纪事 341,452	陈梧冈文集 871
长谷集 809,827,851	朝鲜图说 816,833	陈言集 357
长乐乘 909	朝鲜医学问答 16	陈征士文集 372
长乐县志 379,590,1167	朝鲜杂记 498	陈竹山文集 375
长芦盐法志 917	朝阳类稿 251,283	陈子兼文稿 896
长命缕 1043	朝邑县志 628,640,1029	陈紫峰先生年谱 755
长命缕记 1011	潮阳县志 861	宸断大工录 957
长宁县志 888	潮州府志 763	宸章 944
长沙府志 705,1159	潮州耆旧集 782	宸章集录 713
长山先生集 96	郴州志 877	谶纬 977
长水日钞 999	臣鉴 263,265,266	成安县志 1029
长泰县志 804,838	臣戒录 89,91	成都府志 1069
长溪琐语 1089	辰州府志 965	成化间苏村小纂
长兴县志 16,254,500	陈（淳）沈（周）两先生稿 1139	成化山西志 433
长吟草 892	陈白阳集 752	成均集 112
长垣县志 651	陈百史诗 1131	成唯识论俗诠 1046
长垣志 319	陈布衣遗集 155	成斋集 597
长洲县志 857,871,899,970,	陈大声乐府全集 1079	承庵文集 862
977,982	陈工部集 746	承天大志 836,838,866,909
长洲志 862	陈后山诗注 698	承天大志纪录事实 995
常德府志 712	陈两湖集 784	诚意伯文集（诚意伯刘文成公
常平权法 1167	陈旅集 1153	文集、诚意伯刘先生文集、重
常评事集 674	陈眉公（继儒）订正秘笈 1004	编诚意伯文集、诚意伯刘公
常山县志 407,912	陈眉公家藏广秘笈（宝颜堂秘	文集） 3,32,69,417
常熟县水利全书 1021	笈广集） 1004,1041	诚意筌蹄 1171

诚意问答 854	赤诚论谏录 514	初刻拍案惊奇 1183
诚意斋课稿 269	赤城后集 338,455	初潭集 926,986
诚斋录 306,705	赤城集(顾起纶) 884,922	初唐四子集 1164
诚斋牡丹、梅花、玉堂春百咏 705	赤城集(夏鍭) 720	初学集 1178
诚斋新录 306	赤城论谏集 611	初学记 73,709,751,878,970,982
诚斋遗稿 476	赤城新志 444,455,486,542,611	初政纪录 797
诚斋易传 750	赤雅 1142	樗庵集(刘瀚) 592
城固县志 837	冲庵抚辽奏议 996	樗庵集(刘清) 384
城南集 158	冲澹集 514	樗庵集(夏衡) 397
城守全书 1156	春陵志 336	樗栎子 974
程策会要 1065	崇安县志 291,328	樗林摘稿 751
程梅轩集 12	崇报祠记 970	樗散稿 377
程孟阳集 1179	崇德县志 1025	樗散集 143
程念斋集 600	崇兰馆集 926	樗隐集 22
程山问辨 1159	崇兰馆续帖 923	樗斋漫录 1028,1080
程氏丛刻 1042	崇理帖 756	樗斋诗钞 1080
程氏墨苑 1110	崇明县重修志 620	刍荛集 160,167,176,177
程氏医彀集古 338	崇明志 66	刍荛录 866
程氏遗书类编 768	崇武所城志 742,1138	刍荛小言 1178
程文恭遗稿 809	崇雅堂集 1078	滁阳志 1037
程志 739	崇阳县志 486	滁州志 840
程朱阙里志 1046	崇义县志 786	储汇录 1038
程朱训释 734	崇祯阁臣行略 1074	储文懿公奏疏 621
程朱易传义音考 50	崇祯历法 1120,1121	楮记室 827
程朱正学纂要 375,429	崇祯历书 1018,1113,1115, 1134,1138,1156,1181	楮园集 146,513
程子节录 1100	崇祯文典 1169	楚草 1053
程子明道先生定性书说 679	崇正黜邪汇编 958	楚辞集解 768
程子全书 845	崇正书院记 1181	楚辞注略 768
澄庵稿 352	崇正文选 857,1020	楚汉余谈 801
澄城县志 770	崇正学辟异说疏 940	楚纪 758,765,874
痴醒子 1178	仇池笔记 985	楚江篇 1146
螭头密语 805	畴谱 947	楚骚绮语 922
螭蟑记 914	畴人十篇 1109	楚台记事 891
池赏诗社集 771	畴象 985	楚小志 1073
池上编 817	筹边录 549	楚雄府志 847
池阳语录 1029	筹海图编 816,833,952,1033	楚游编 961
池州府志 636,755,1029	筹海重编 942,952,1033	楚游稿 355
尺牍隽言 993	筹辽硕画 1062	处困记 746
尺牍筌蹄 24	酬物难 800	处实堂集 892,1034
耻庵集(陈炜) 472	酬知集 348	处实堂续集 1034
耻庵集(金问) 332	出使录(使北录) 476	处州府志 5,16,464,479,580
赤壁赋 664,728,1163	出世经世说 821	川上稿 817
		穿杨集 232

传川文集 762
传道四子书 146
传习录 230,606,616,622,626,
　636,637,638,649,658,663,665,
　682,685,687,700,719,800,804,
　861,862,951,955
传习续录 825
传习疑录 832
传疑录 752
椽曹名臣录 624
吹剑录 619
吹唪余音 490
垂光集 600
捶琴集 167
春庵集 454
春曹诗稿 194
春草集 732
春草斋集 77,256
春风堂随笔 752
春冈集 632
春谷集 854
春明稿 949
春秋卑论 429
春秋本末 8,48,81,86,101
春秋本意 394,514
春秋本旨 886
春秋鄙见 580
春秋编年举要 1123,1137
春秋辨义 1133
春秋别解 506
春秋补传 786
春秋钞略 503
春秋传（范守己） 1010
春秋传（胡居仁） 225,299,473,
　474,918,933
春秋传类编 35,75
春秋词命 629,665
春秋存俟（余光） 1159
春秋存俟（余飏） 1158
春秋大全 50,225
春秋大义（汪汝懋） 26
春秋大义（赵汸） 27,28
春秋戴记 921,1088

春秋定是录 27,28
春秋读传解略 948
春秋读意 853
春秋凡例 974
春秋分国本末便览 854
春秋公谷传 982
春秋钩元 39,111,143
春秋古四传 1043
春秋管窥王霸总论 388
春秋贯玉 785,938
春秋贯珠 269
春秋国华 874,909
春秋合题著说 38
春秋衡库 1094,1095
春秋胡传补正 27,28
春秋胡传集解 417,582
春秋胡氏传辨疑 697,779
春秋胡氏传标注 58
春秋会传 412
春秋集传（桑悦） 577
春秋集传（张铨） 1123
春秋集传（赵汸） 27
春秋集释（方道睿） 8
春秋集说（蒋宫） 7
春秋集说（王受益） 65
春秋辑传 974
春秋记愚 569
春秋讲义 483
春秋节传 11
春秋捷音 269
春秋金锁匙 27,28
春秋经传辨疑 536
春秋经传附录纂疏 50
春秋经传会编 599
春秋经传集解 854
春秋经传考（春秋三传纂玄）
　106
春秋经解摘录 759
春秋经世 747
春秋糠秕 381
春秋考义 130
春秋孔义 1100
春秋口义 274

春秋列传 794
春秋录疑 723,884
春秋论 21
春秋论继 39
春秋名臣列传 790
春秋名例 250
春秋明经 68,69,277,418
春秋平义 1123
春秋启鑰 157
春秋窃义 1012
春秋日录 1020
春秋三传衷考 1048
春秋三发 1141
春秋实录 1128
春秋世谱 949
春秋事义全考 948
春秋释例集说 160
春秋书法大旨 161
春秋书法纪原 759
春秋说 720,752
春秋说约 325
春秋说志 743
春秋私钞 502
春秋私考 801,823
春秋四传通辞 1151
春秋四家 1159
春秋四家五传平文 1167
春秋外传国语地名录 1133
春秋微意发端 5
春秋问答 1141,1184
春秋五论 28
春秋序事本末 116
春秋续义纂要发微 853,918
春秋训义 546
春秋要旨（金善） 279
春秋要旨（滕克恭） 13
春秋疑义 43
春秋臆 949
春秋因是 1172
春秋引断 1103
春秋正传 812
春秋正义 149
春秋直解 1057

春秋指要 786	词林摘艳 669,778	崔文敏公年谱 739
春秋指月 1063	词窝 931	崔莺莺考证 493,524
春秋诸传辨疑 874	词坛合璧 1088	萃辉园集 56
春秋属辞 27	词通 1154	萃忠录 839
春秋纂(蔡深) 22	词谑 848	粹白裘 982
春秋纂(朱之俊) 1074	词垣稿 384	翠屏集 39,40
春秋纂注 1009	词垣续稿 384	翠屏山 1169
春秋尊王发微 39	词致录 891	翠渠类稿 637
春秋左传 1046	祠山杂辨 637	翠渠摘稿 637
春秋左传地名录 1133	慈惠方 320	翠微集 960,1031
春秋左传典略 1115	慈济方 320	存诚斋集 358
春秋左传类解 684	慈利县志 865	存存稿 326,938
春秋左传事类 483	慈溪县志 16,1087	存孤记 1014
春秋左传注解辨误(傅逊) 903	慈意方 320	存疾录 726
春秋左传注解辨误(严讷) 909	辞免礼部尚书疏 677	存家诗稿 1012
春秋左传注评测义 912	辞荣录 755	存笥集 674
春秋左氏传补注 27,28	磁州志 786	存笥录 1022
春秋左翼 989	此藏轩音义杂说 1167	存心录 1,20,44,45,118,120
春日草堂雅集诗序 700	次川存稿 885	存轩集 236
春堂集 548	刺史遗集 13	存养录 223
春王正月考 39,40	赐环记 1031	存疑录 271,289
春煦斋集 899	赐闻堂稿 768	存馀草 1035
春油史漫 1169	赐闲堂集 1038	存斋诗集 269
春雨堂稿 503	赐馀堂事 953	寸碧堂集 1089
春雨堂杂钞 752	从古正义 375	
春雨轩集(刘彦昺集) 158	从化县志 1138	
春雨杂述 227	从祀先贤事迹系 836	**D**
春泽文稿 524	从亡臣传 229	
淳安稿 823,848	从吾道人记 663	达观楼集 1143
淳安县政事 848	从野堂集 1100	达意稿(吴伯通) 478
淳安县志 158,440,665	从政名言 264,396	达意稿(徐元献) 468
淳化阁帖 693	丛桂轩集 990	答客言 621
淳化帖书评 702	丛书汇纂 1049	答禄与权文集 81
淳化志 854	丛疣集 650	答罗整庵 643
莼香小集 54	丛语 1023	答太守任公书 687
蠢斋集 513	丛藻 441	打哑禅 848
辍耕录 87,186,187,479,994	徂东草 1181	打枣竿(一作打草竿,又称挂枝儿) 1065
词场合璧 934	爨桐集(何心隐集) 889,1095	
词林稿 286	爨字草 1129	大白伞盖经 294
词林人物考 994	崔东洲集 799	大悲观音常修不共要门 294
词林万选 809	崔后渠集 739	大悲观音求修 294
词林要韵 466,652	崔清献全录 254	大藏经 990,999
词林逸响 961,1078	崔桐诗卷 799	大藏搜奇 269

大测　1124
大臣谱　1184
大成乐　5
大成乐谱　470
大城山堂集（苍润轩集）　886
大城山志　886
大城县志　1063,1182
大乘观世音菩萨普门经　974
大道吟　931
大德济阳方　360,697
大方万文一统内外集　1065
大方文集　535
大复集　652
大诰（御制大诰）　78,113,115,
　122,123,125,133,150,151,165,
　300
大诰武臣　122
大观楼漫录　871
大河外科　252
大还阁琴谱　1095
大惑具体　1168
大家文选　729
大节记　882
大乐律吕元声　454
大礼或问　646
大礼集议　619,667,668,679,680
大礼全书　675,677,680,684
大礼奏议　661
大理驳稿（驳稿）　553
大理府志　823
大泌山房集　563,1099
大名府志　596,804,904
大明宝训　60
大明成化庚寅重刊改并五音集
　韵　487
大明初略　799
大明高僧传　37,49,1048
大明会典　447,484,492,506,
　534,535,536,541,545,555,556,
　567,570,572,574,607,608,611,
　614,656,666,680,688,691,721,
　753,754,770,772,781,866,867,
　876,883,890,916,919,921,922,
　925,944,953,961,1038

大明集礼（礼书　明集礼）　20,
　22,29,36,56,692,944
大明律读法　702,764
大明律附例　974
大明律附例笺释（原名读律私
　笺，又名王肯堂笺释、读律笺
　释、律例笺释）　1028
大明律例　944
大明律令（大明律）　10,15,52,
　60,71,115,128,150,152
大明律疏义　420
大明律注　867
大明论断　956
大明清类天文分野（天文分野
　书）　111
大明日历（日历）　21,22,33,43,
　52,59,60,74,91,96,168
大明三藏法数　238,254,365
大明太祖高皇帝御注道德真经
　61
大明文宝　759
大明文约　499
大明兴化府志　575
大明一统名胜录　1119
大明一统志（寰宇通志）　62,
　344,364,374,377,382,383,405,
　436,518,523,531,539,611,781
大明舆地图　884
大明志（大明志书）　30,35,383
大宁考　776
大埔县志　801
大儒心学录　613
大儒学粹　939
大儒奏议　679
大时通典　416
大事记　57,1101
大事记续编　56,57
大司成文集　978
大司空遗稿　896
大宋中兴通俗演义　782
大唐六典　626
大田县志　1024
大同府志　626

大统历法通轨　108,109
大咸经　1034
大象义述　904
大学补略　159
大学诚意章句　1177
大学传　752
大学改本　177
大学古本　682
大学古本旁注　685
大学古本臆说　741
大学古记约义　1115
大学管窥　116
大学汉诂　1184
大学经传定本　774,832
大学千虑　730
大学通考　942
大学文　673
大学新编　1016
大学衍义　47,52,76,108,181,
　182,198,206,287,299,487,531,
　533,620,622,669,684,976,983,
　1139
大学衍义补　482,487,501,531,
　684,996,1139
大学衍义补精华　487
大学衍义节略　669
大学衍义日抄　899
大学疑义　620
大学原　648
大学约言　1087
大学章句　604,636
大学指归　747
大学质言　942
大学中庸发微　116
大学中庸章句　33
大学注解正宗　1014
大厓李先生年谱　593
大雅堂乐府　949
大雅堂杂剧　812,1030
大冶县志　733
大易传义（大易钩元）　103
大易天人合旨　531
大易易简说（即周易孔义，又称

周易简说。) 1100	澹朴斋集 1070	道书全集 381,938
大易玉匙 1168	澹然集 378,1049	道统源流 371
大易枝辞文统 133	澹然先生年谱 1049	道心亭说 1067
大隐山人集 967	澹然斋存集 1068	道学基统 604
大越通鉴通考 612	澹生堂藏书目 1110	道学列传 1003
大政辑要 864	澹生堂藏书约 1110	道学统系图 74
大政记 944	澹生堂集 1110	道一编 556,557,636,682
大政议 1079	澹思子 927	道馀录 235
大拙堂稿 723	澹翁稿 656	道源汇录 885
呆斋集 415	澹轩文集 329	道州志 1064
代卷录 875	澹游集 134	稻品 735
代言选 1184	澹元续集 730,735	得庵集 706
代奕稿 689	澹园集 176,338,616,896,1004,	得月稿 9
代州志书 918	1066	得之诗集 817
岱阳汇稿 909	澹园续集 630,1025	德安府志 429,633
待放草 1138	甋甀洞稿 949	德化县志 697
待漏院记卷 628	当流大成捷径印可集 576,721	德庆州志 720
待轩集 1069	当流和极集 576,721	德州志 877
戴学宪集 618	当下绎 1011,1030	登封县志 850
戴中丞集 799	砀山县志 1159	登封新志 838
丹湖集 210	岛阴渔唱 604	登衡小记 719,722
丹铅录 809	岛阴杂著 604	登坛记 848
丹铅新录 987	岛隐集 530	登坛口诀 1119
丹徒县志 13,31,218,223,261,	祷雨录 771	登庸录 240
316,329,335,336,640,1064	盗柄东林伙 1092	登州府志 1063
丹溪药要 56	道藏 61,84,195,199,205,303,	登州集 98
丹厓画谱 62	324,381,513	邓潜谷集 943
丹厓集 54,62	道藏目录详注 283,324,1099	邓尉山志 615
丹照集 1146	道德经评注 858	邓元锡传 1012,1016
单县志 850	道德经正解 506	邓州志 826
儋州志 1052	道德经注 932	迪功集 604,615
亶爰子诗集 632	道德经赘言 782	迪吉录 1137
弹园杂志 1089	道古录 960,1049	荻溪集 10
淡庵纪年 476	道经摘要全集内集 735	邸中杂记 988,1031
淡庵纪竹集(淡轩纪行集) 391	道脉说 931	底柱行 702
淡泊斋稿 58	道门十规 201,213	地理大全 1183
淡然轩集 978	道南会录 818	地理会要 106
淡轩稿 441	道南录 827	地理录 138
澹安集 224	道南书院录 712,808	地理玄珠 1041
澹庵集(胡清) 316	道南源委录 871	地理真诀 1146
澹庵集(胡浚) 390	道山集 250	地理指迷 257
澹成集 348	道山堂集 1163	帝阁图说 893
澹居稿 103	道山亭会语 778	帝鉴图说 859,900,994

帝京景物略 1142,1143,1152	订士编 956	东皋问耕录 1077
帝里盱眙县志 956	订说 1182	东皋杂谈 459
帝王宝范 17	定庵集 576	东谷集 408
帝王基命录 145,177	定海县志 823,882	东谷遗稿 408
帝王心学论 698	定山集补遗辨误 556	东谷赘言 651
帝乡纪略 973	定山年谱 556	东关图 724
帝训 270,464	定山先生文集 535	东观录 660,680
第一义 1128	定蜀记 1148	东馆缶音 1065
禘义 696	定唐书 994	东光县志 651
滇记 809	定襄县志 888,1046	东归集 247
滇略 1089,1183	定性书 1164	东国史略 148
滇南本草 441	定性书说 679	东海文集 462,490
滇南稿 288	定轩存稿（陈于廷） 1143	东汉人物纂 1031
滇南集（陈宜） 314	定轩存稿（黄孔昭） 514	东汉通俗演义 1029
滇南集（又作滇池集，张适） 144	定轩诗话 375	东湖集 163,164
滇南行稿 475	定远县志 712	东湖十咏 641
滇南杂记 976	定斋存稿 711	东湖外史 183
滇载记 746	定斋集 650	东潾出山文稿 603
滇志 1094	定制戒本 366	东家子 110
颠石斋诗集 1074	定州志 656	东嘉先哲录 8,596
典故纪闻 190,197,978	东安县志 1094	东涧集 155
典饷草 1138	东白草堂集 844,871	东江家藏集 386,521,721
殿阁词林记 112,257,557,755, 765,781,786,945	东白楼稿 844	东峤集 506
	东白张先生文集 597	东津集 517
殿净录 1041	东滨三稿 839	东廊集 820
貂珰史鉴 940,942	东昌府志 976	东廊语录 820
钓鳌集 165	东城集 739	东莱吕氏两汉精华 763
钓台集 830	东川集 553,709	东乐轩诗集 778
钓台集叙 712	东川政绩 593	东里全集 321
钓玉轩稿 1108	东村集 1176	东林点将录 1083,1091
调刁集 1032	东村诗稿 141	东林会约 992,1030
调象庵稿 1100	东番记 1050	东林论学语 1100
牒草 1095	东方和音 1001	东林同志录 1083,1091
丁丑房书戒 1150	东阜集 747	东陵文集 450
丁鹤年集 256	东冈集（黄宝） 661	东流县志 874
丁清惠公遗集 1134	东冈集（柯暹） 261	东泷遗稿 456,457
丁戊小识 800	东冈集（许汝霖） 124	东楼南楼日录 600
丁元吉全集 432	东冈小稿 703	东鲁先生文集 393
鼎镌钟伯敬订正资治通鉴纲鉴 正史大全 1109	东皋草堂歌 1150	东麓文集 218
	东皋集 35,523	东麓遗稿 733
鼎锲赵田了凡袁先生编纂古本 历史大方纲鉴补 1019	东皋录 87,111	东律书 954
	东皋文集（陆渊之） 463	东南叹 796
	东皋文集（姚镆） 726	东南夷图说 847

东平河间图赞 318	东行百咏集句 368,387,388	侗轩集（侗庵集） 468
东坡禅喜集 1070	东行纪兴 728,870	洞农堂集 889
东坡问答录 981	东轩集 366	洞天玄记 809
东坡先生志林（东坡志林） 1089	东巡录 756	洞庭君山集 589
东坡杂著五种 1089	东厓遗集 922	洞庭清气集 408
东桥诗集 755	东崖谯唱集 7	洞箫记 779
东泉志 706	东涯集 782	洞阳公命子书 817
东人大饥指掌图 1044	东岩集 726	都公谈纂 670
东沙史论 882	东阳县志 467,861	都氏月楼集 489
东山存稿 27	东掖漫稿 943	都堂稿 837
东山稿 475	东夷考略 1070	都宪公奏议 576
东山集 27,227	东夷图说 918	都宪奏议 524
东山居士集 405	东夷图像 918	都玄敬书画溪囊杂要 670
东山诗草 882	东瀛社稿 762	斗庵集 627
东山诗集 629	东游会语 825	斗酒堂集 1056
东山诗文集 750	东游录 98	斗南老人集 211
东山遗草 1176	东游日记 1013	痘疹大全 587,1064
东山奏议 475	东畲集 771	痘疹方训蒙 587
东石讲学录 613	东园客谈（东园友闻） 365	痘疹集览 587
东石文集 613	东园南村吟稿 466	督抚经略疏 840
东事答问 1070	东园日录 871	督抚奏议 996
东书堂法帖 306	东园诗文集 604	督师纪略 1138
东墅诗集 301	东垣试效方（校订李杲试校方） 79	督师全书 1156
东祀记 578	东原集 434	督蜀疏草 1156
东所文集 624	东越传宗录 1115	读陈氏吴江志 767
东田集（马中锡） 618	东越证学录 998,1115	读春秋说 1057
东田集（周凤鸣） 775	东征记 263	读春秋左传赘言 925
东田漫稿 618	东征纪行录 431,525	读大明律 736
东图全集 938	东洲初稿 726	读大学衍义补虞见 487
东莞县志 1155,1160	东洲集 774	读杜愚得 279,371
东莞志 395,411	东洲杂稿 794	读古音考 992
东维子集 38,512	冬官记事 1046	读经论 623
东吴名贤记 869,870	冬青树 1169	读礼辨疑 996
东吴水利考 1038	冬青引 1156	读礼草 1138
东西铭 1164	冬游记 827	读礼日钞 978
东西洋考 1049,1165	董从吾稿 705	读礼疑图 823
东溪稿 665	董解元西厢 645,815	读律笺释 152,1028
东溪集 243	董西厢 955,977	读律私笺 974,1028
东溪日谈录 459	董幼海先生全集 904	读律琐言 152,823
东溪诗文稿 160	董越文集 572	读孟私笺 1110
东乡县志 665	董子故里志（李廷宝） 668	读伤寒论抄 119
东效集 481	董子故里志（项乔） 786	读邵子 1173
		读诗记 116,502

读诗私记 953
读诗拙言 1050
读史备忘(范理) 429
读史备忘(郑儒泰) 898
读史笔记(胡粹中) 251
读史笔记(陆世仪) 1151
读史编 486
读史订疑 927
读史会编 529
读史景忠录 579
读史六事 483
读史录 539
读史漫录 1008,1015,1034
读史漫咏 1177
读史阙疑 1183
读史商语 1018,1057,1103,1134
读史图纂 1025
读史愚见 789
读史纂言 858
读书笔记 476,674
读书后 935
读书记 116
读书纪要 689
读书录(曹端) 289
读书录(漆登) 770
读书录(薛瑄) 377,396,397,463,473,501,770
读书谱 837
读书全录 377,397
读书说(刘宗周) 1103
读书说(谢陛) 994
读书要法 353
读书一得 690
读书劄记(读书札记) 712
读书章程 1087
读宋史偶识 1099
读素问钞 118
读通鉴论 972
读易便解 1000
读易管见 415,832
读易纪闻 982
读易录 730
读易日记 768

读易日录 192
读易私钞 502
读易私记 695
读易图说 1177
读易臆说 982
读易余言 739
读易隅通 1163
读易韵考 982
读庄小言 1137
独庵稿集 37
独足雅言 126
独醉稿 319
独醉亭集 175,239
杜东原先生年谱 434
杜工部七言律诗分类集注 1183
杜工部诗释 725,747
杜工部诗通(一作杜诗通) 747
杜律本义 747
杜律删注 862
杜律注评 1026
杜少陵先生分类诗注 679
杜诗笺选 1058
杜诗质疑 641
杜史钞述注 869
度曲须知 1160
渡海风程 720,742
端居集 748
端居咏 725
端清阁诗 236
端岩公年谱 617
段锦日钞 932
断发记 848
对床夜话 651
对客燕谈 679
对山集 734
兑嵎先生集 923
钝轩集 532
钝吟乐府 1178
顿诗 614
遁甲吉方直指 255
遁居士批庄子内篇 1110
遁世编 1021

遯庵全集 1096
遯言 799
遯斋稿 26
多能鄙事 17,69,327,522
多识篇(又名古今和名本草并异名) 1028

E

鹅湖集(龚敩) 90
鹅湖集(华宗康) 543
鹅湖摘稿 713
蛾术词选 172
蛾术诗选 172
恩纶录 1156
恩平县志 1146
恩县志 724,970
兒易 1144,1162
兒易内外仪 1184
尔雅 592,921,952,982,1119
尔雅便音 604
尔雅堂家藏诗说 1110
耳新 1138
迩训 1043
迩言 176,691
二陈先生(陈察、陈寰)全集 1042
二程年谱 971
二程全书(河南程氏全书、二程集) 441,547
二戴小简 528
二谷读书记 913
二杭集 709
二鉴钞 847
二金草 888
二刻拍案惊奇 1124,1129,1183
二礼传测 668
二礼经传测 631,714,715,812
二麓正议 548
二渠巴语 624
二十家子书 884
二十五言 1109

二十五箴言 973,995	泛渺吟 966,1129	舫斋集 629
二十一史定论 247	泛雪集 420	放翁律诗钞 645
二十一史论赞 1151	泛舟诗 892	飞鸿亭集 889
二十一史论赞辑要 1015	范庵集 524	非老子略 768
二十一史文钞 1159	范抚军却敌记 1133	非斋集 7
二十子 1064	范氏奇书 838	菲泉存稿 701
二史考误 864	范通玄理 81	霏雪录 64,109,162,479,489
二台集 711	范文正公年谱 1014	霏云集 1165
二王法书辨 146	范文忠集 1184	悱言 1008
二箫篇 1074	范县志 712	斐然稿 427
二业合一论 682	范轩文集 195	费文通集 768
二佾缀兆图 1026	范衍 1021	费文宪公集 713
二酉委谈 927	梵琦禅师语录 37	分类补注李太白集 691
二酉园诗集 953	梵网菩萨戒经义疏发隐 1042	分类补注李太白诗文 746
二酉缀遗 987	方寸铁志 73	分类夷坚志 758
二余词 751,782	方广岩志 1089	分钱记 989
二张集 720	方国殊语 921	分水县志 352
	方壶集 7	分题寓别集 546
	方壶外史 885	分鞋记 721
F	方麓集（一作方麓居士集） 269,974	汾河通考 603,743
		汾上续谈 905
发蒙教 428	方脉发蒙 633	汾州府志 1015
发斋集 521	方山文录 793,878	焚书辩 936,980
伐檀斋集 900	方山先生文录 680,790	焚书书答 1049
法宝志 74	方氏墨谱 1110	焚书杂述 1049
法藏碎金录 838	方轩集 1185	焚余集 1076
法华经科注 262	方逊志先生死事存疑 1083	粉署余闲稿 527
法华经通义 1079	方言据 1033	丰乘 823
法华经赞 236	方舆胜略 1028	丰对楼诗选 923,961,982
法华随品读 40	方斋诗文集 717	丰对楼文集 923
法华问答 40	方正学先生（方孝孺）年谱 177	丰润县志 854
法华意语 1100	方众甫集 960	丰山集 764
法燮遗论 486	方洲集 379,539	丰县志 850
法书名画见闻表 1179	方洲杂言 539	风化录 775
法书通释 359	方诸馆集 1080	风姬易溯 1103
法帖释文考异 926	方诸馆乐府 1080	风角书 1160
法因集 1030	芳茹园乐府 1104	风教编 961
番禺稿 43	芳树斋集 1014	风流绝畅图 1004
藩封纪略 1030	芳雪斋遗集（愁言） 1129	风笙阁简钞 732
藩献记 956,976	芳园会册 738	风树稿 428
樊山摘稿 409	芳芷栖词 990	风宣玄品 729
樊致虚诗集 993	芳州集 387,388	风雅广逸 862
氾乘 1064	防边记事 886	风雅遗音 408

风雅翼 88	佛说金轮佛顶大威德炽盛光如来陀罗尼经 1020	甫里集 990
风月闲情 411		甫田集(文徵明) 808
风筝记 1115,1148	缶歌 1129	甫田集(朱存理) 620
枫江集 493	缶鸣集 37,62,321	俯仰集 167
枫林集 39	否泰录 400,415	辅仁社草 1133
枫山集 492,652	夫椒野史 252	辅世编 1058
枫山语录 652	伏阙稿 935	黼庵稿 651
枫潭集抄 923	伏羲图赞 1013	黼庵遗稿 746
封川县志 1075	凫藻集 62,321	负苍堂集 1066
封爵考 944	扶沟县志 1050	复庵存稿 498
封丘县志 1041	扶孤始末 1138	复庵集(高暐) 192
封神演义 884,1064	芙蓉镜 1002	复庵集(吕㘡) 472
峰溪集 751	浮海集 1160	复辟录 450
葑溪编 512	浮沤杂草 775	复古编 26,82,432,1025
冯光禄集 862	浮丘集 1096	复古书院讲义 803
冯少墟集(一名冯恭定公全书) 437,604,725,739,771,794,999,1049,1105	浮山县志 99,701	复社国表 1113,1114
	浮物 674	复社纪略 1114,1131
	浮湘稿 755	复社事实 1114
冯氏五先生集 1065	浮湘集 733	复唐佐虞 643
冯元成杂著 1065	浮弋集 992	复位孝经传注 537
凤城稿 299	浮云山居集 1043	复斋稿(江淮杂稿) 356
凤池吟稿(汪广洋) 37,88,497	浮斋集 1031	复斋集(范从文) 184
凤池吟稿(袁忠彻) 376	符司记 1050	复斋集(钱宝) 593
凤阁草 846	符台外集 376,540	复斋日记 530,587
凤鸣后集 251	福安县志 964	副书 1139
凤山集 37	福地先知 1065	傅汝砺诗集 103
凤山诗集 751	福建蹉政全书 1104	富春志 161
凤山奏稿 751	福建盐法 1138	富平县志 908
凤台集 31,62	福宁州志 724,947,1037,1064	富强要览 1178
凤台吟啸集 241	福山县志 1052	赋海 1129
凤翔府志 651	福堂稿 938	赋略 1051
凤阳府志 884	福堂寺贝录 1169	赋颂 155
凤阳新书 1069	福州府志 644,888,960,1033	赋湘楼集 1074
凤洲笔记 850	福州高垱纪事 1036	赋役法 750
奉常草 1138	抚安东夷记 611	覆瓿草 1047
奉化县图志 712	抚蓟奏略 1100	覆瓿集(程昆)
奉化县志 240,360,517	抚蛮录 605	覆瓿集(刘基) 68,69,418
奉使朝鲜倡和集 452	抚夷节略 685	覆瓿集(刘髦) 325
奉使朝鲜稿 1088	抚彝录(抚夷录) 514	覆瓿集(朱同) 116
奉使录 379,415,539	抚掌录 913	覆瓿语 994
奉天靖难记 185	抚州府志 575,790	覆簣集 341
奉祝郡侯近溪罗公寿序 821	抚州拟砚台会语 818	
佛法金汤编 118	抚州政要 751	

G

改并五音类聚四声篇　626,956
改斋集　666
干东子集　465
甘白集　32,144
甘白诗集　144
甘白先生集　144
甘露堂集　910
甘泉集　812
甘泉新论　812
甘泉行窝记　678
甘薯疏　1011
甘镇志　1063
感楼集　509
感学编(素史氏感学编)　738
赣榆县志　1064
赣州府志　716,1069
冈州近稿　588
纲常懿范　176
纲鉴统一　1173
纲目事类　483
纲目续编　443,600
高淳县志　484,673,820
高皇后传　206
高丽史　346
高陵县志　738
高陵志　743
高庙圣政记　737
高坡异纂　520,702,805
高桥别语　1093
高尚册　890
高士传　734
高素斋集　871
高太史大全集(大全集)　62,341
高唐记　812
高唐梦　949
高唐州志　786
高文端奏议　862
高文襄公集　886,1037
高闲云集　11
高阳县志　1182

高邮志　300
高邮州志　145,300,317,340,861
高则诚集　40
高忠宪公家训　1100
高忠宪遗集　1138
高州府志　1064
高子全书　1100
高子诗集　1100
高子文集　1100
高子遗书　1124,1129
藁城县志　708
割圜八线表　1124
革朝遗忠录　669,781
革朝志　742,802
革除录　566,567
革除遗事节本　839
格古要论　122,965
格物编　131
格物通　669,684
格物通考　805
格物要旨　734
格物志　536
格致丛书　86,122,989,1066
格致篇　1176
葛衣记　961
亘史　1076
庚辰房选又戒　1162
庚己编　641,779
庚申录　328
庚申外史(庚申帝史外闻见录、史外见闻录)　24,44
庚夏七发　1063
庚辛草　895,1079
庚戌纪游　1019
耕乐集　288
耕学斋诗集　103
耕隐集　157
耕余剩技　1070
耕余集　966
耕余杂录　434
耕渔集　146
耿天台文集　961
耿天台先生文集　896

耿子庸言　961
公侯绍封　944
公移驳稿　745
公余酬应录　529
公余乐府　56
公余清兴录　296
公余堂稿　155
公馀录　579
公子书　75
宫花记　1115,1148
龚安节(诩)先生年谱　444
龚安节先生遗文　414
巩郡记　758
巩县志　793
勾股义　1016,1109,1134
沟断集　656
钩玄录　942
缑山先生集　1009
苟全集　1139
购遗文疏　712
姑蔑集　1016,1058
姑山问业　1173
姑苏名贤小记　1148
姑苏杂咏　45,62,79,106,162,321
姑苏志　111,227,235,288,424,595,596,665
姑苏志参　96
孤树裒谈　944
沽酒游春　778
觚不觚录　935
辜君政绩书　71
古庵文集　713
古本大学　636
古本大学解　995
古城答问　1003
古城集　488,637
古城寿言　754
古大学义　809
古风集句　386
古峰子集　713
古杭清游稿　725
古黄州遗迹集　587

古今词林辨体 1021	古廉集 342	古言 823,840
古今词统 1133,1148	古列女传 1003	古易汇编 941
古今官制沿革图 1179	古论大观 583,974	古易考原 786
古今合璧事类备要 1015	古名家杂剧 942,1026	古易略说 175
古今谏议集疏 613	古名儒毛诗解十六种 1089	古易筮法 305
古今乐考 1026	古奇器录 752	古逸民史 990
古今廉鉴 830,884	古千字文解 428	古音考 921
古今列女传 181,185	古穰集 405	古音正宗 1137
古今律历考 1069	古穰杂录 405	古愚稿 550
古今名剧合选 1133	古山集 656	古虞文录 720,805
古今奇闻类记 878	古山先生年谱 656	古虞文章表录 805
古今人物论 1010	古诗归 1037,1089,1152	古园集 652
古今人物志略 831	古诗镜 1069	古韵 1168
古今诗评 599	古诗所 1066	古杂剧 1066
古今诗删 854	古史纪年 1182	古斋集 250
古今识鉴 346,376	古史评要 826	古斋诗文集 431
古今史学得失论 851	古史谈苑 1041	古质疑 1103
古今事文玉屑 965	古俗字略 967	古周易订诂 1184
古今说海 298,583,751,838	古唐类苑 187	古篆分韵 659
古今文房登庸录 571	古田识略 1133	古奏议 1100
古今孝子赞 186,206	古田县志 977,1003	谷平文集 743
古今玄相 1065	古庭诗集 40	鹄淳集 1152
古今谚 913	古文春汲 1138	鼓吹续编 256
古今一览 12	古文渎编 1134	鼓吹续音 269
古今医统正脉 981	古文各体奇钞 1173	鼓缶集 286
古今医统正脉全集 1035	古文厚 926	縠原集 858
古今义烈传 1128	古文会编 1020	縠原文草 858
古今议论参 1138	古文澜编 1134	縠城山馆诗集 1008
古今印史 850	古文品外录 990	縠城山馆文集 1008
古今游名山记 761	古文奇赏 1070,1139	固安县志 831,1128
古今原始 851	古文奇字(张萱) 1168	固始县志 742
古今韵撮 315	古文奇字(朱谋㙔) 1063	固原州志 701,1046
古今韵史 1123	古文奇字辑解 921	故城县志 952,1037
古今至鉴 845	古文五删 1169	故宫遗录(元故宫遗录) 54,
古今治平略 1155	古文小学疏 705	149
古今治统(初名千古大观) 1155	古文逸选 964	故事选要 1015
古今衷辨 857	古文正原 236	故云笈 1168
古今宗藩懿行考 1142	古夏纪游 1048	顾伯子集 939
古鞠今通 1184	古小学附录 1162	顾端文公集 972
古刻丛钞 186	古小学通记 1168	顾华玉词 755
古乐经传 812	古小学约 1162	顾曲杂言 1174
古乐苑 925,1043,1079	古学备体 371,372	顾山人集 853
	古厓集 266	顾氏明朝四十家小说 738

顾氏七记 755	管韩合刻 899	广衍太极图 176
顾氏诗史 977	管窥集 697	广游志 971
顾氏文房小说 838	管子 506,899,961	广舆地图 884
顾氏族谱 291	管子补注 505	广舆记 976
顾文康公全集 733	管子正录 523	广舆图 738,804,816,827,944
瓜泾集 627	贯华堂第五才子书施耐庵水浒传 1167	广舆图叙 690,836
卦义一得 1163		广战国策 1043
卦赞 415	贯珠编贝集 256	广志绎 966,971
怪庵集 237	灌息亭集 864	广州人物传 673,839
关洛纪游稿 895,898	灌园丛说 821	广州四先生诗 33,54
关陕图经(陕西图经) 74	灌园集 92	广州志叙录 678
关中集 1116	灌园记 934,1035,1132	广庄 986
关中名胜集 74	光庵集 235	广宗县志 970
关中书院科第题名记 1029	光化县志 626	归德志 838
关中文献志 967	光禄寺志 941	归耕稿 82
关中奏议 695	光禄须知 689	归鸿馆杂著 1104
观庵集 527	光禄须知撮要 698	归化县志 1037
观感录 176	光山县志 798	归化县志书 628
观光集(成始终) 391	广博物志 1111	归回录 381
观光集(江渊) 373	广昌县志 1119	归去纪行略 738
观过稿 303	广德州志 716,1064	归全集 352
观海集 478,589	广东韶州府翁源县志 801	归田词 1009
观海卫志 820	广东通志 816,985,999	归田稿(贝琼) 87
观善书 196	广东通志初稿 712	归田稿(陈琏) 358
观史雅言集 1011	广广文选 964	归田稿(黄淮) 338
观我堂摘稿 957	广汉魏丛书 942	归田稿(陆容) 527
观物馀论 415	广滑稽 1053	归田稿(倪谦) 452,522
观徐霞客纪游急就草 1118	广皇舆考 801	归田稿(钱立) 949
观颐录 599	广快书 1115	归田稿(钱习礼) 384
观易阙疑 401	广陵女士殿最 875	归田稿(唐敏) 221
观音菩萨辨梦要门 294	广陵散 754	归田稿(吴骥) 370
观音问 907,979,984,986	广陵耆旧传 1014	归田稿(谢迁) 698
观政集 839	广陵十先生传 854	归田稿(徐咸) 839
官职会通 747	广平府志 775	归田集(梅伦) 527
官制 944	广平县志 937,1010	归田集(田汝耔) 706
官制备考 1109,1143	广仁类编 999	归田集(许穀) 711
冠祭礼仪 480	广骚 732	归田集(许昕) 400
冠谱 255	广十二家唐诗(中唐十二家诗集) 839	归田集(许宗鲁) 730
冠县志 755,1010		归田集(张洪) 325
馆阁表奏 909	广西太平府志 881	归田集(张九方) 341
馆阁宏辞 1124	广西通志 973	归田集(李浩) 733
馆阁类录 922	广信府志 673	归田录(程宗) 514
管泾集 1183	广修辞指南 1026	归田录(江晓) 786

著作索引　1319

归田诗话　9,152,261,262,269,561
归田诗选　832
归田续稿　839
归田杂识　755
归涂闲纪　1063
归闲稿　404
归闲集　311
归闲文纂　610
归闲吟稿　785
归有园稿　943,949
归云别集　904
归云集　967
归州全志　771
归州志　826,1015
圭峰文集　572,641
圭峰奏议　641
龟巢稿　107,137
龟巢摘稿　79
闺范图说　934,967,968,1030,1053
闺范图说跋（忧危竑议）　967
闺戒　1053
闺训礼纂　888
癸酉倡和诗　1131
贵阳行纪　871
贵州通志　793,965
桂芳集　332
桂林春秋义　1155
桂林机要　205
桂林集　270
桂林郡志　341
桂坡集　503
桂坡遇录　503
桂文襄公奏议　698
桂轩集（顾恂）　592
桂轩集（江源）　412
桂轩集（汝旻）　300
桂轩集（谢常）　243
桂洲文集　768
郭鲲溟集　894
郭山人集　908
郭子六语　1011

崞县志　837
国宝新编　715,755
国朝典汇　981,1087
国朝典章因革录　961
国朝殿阁部院大臣年表　1048,1128
国朝公卿年表　935
国朝故实　919
国朝馆课经世宏辞　1020
国朝进士列卿表　896,1014
国朝列卿表　903
国朝名臣类苑　877
国朝名臣列传　57
国朝名臣录赞　449
国朝名臣言行纪　1021
国朝名臣言行略　1121
国朝名公诗选　1160
国朝内阁名臣事略　1128
国朝人物考　721
国朝诗馀　1063
国朝史余　721
国朝事迹　799
国朝武功纪胜通考　1069
国朝献徵录　1066
国朝征信录　1110
国朝制书　840,1003
国琛集成　762
国初礼贤录　68
国初事迹　120,185,238,781
国风尊经　186
国华集　896
国计边防风俗书　807
国脉民天　1119
国色天香（公余胜览国色天香）　966
国史　1174
国史补遗　702
国史对策　865
国史河渠志　1079
国史纪闻　1062,1071,1087
国史经籍志　19,61,80,86,153,168,445,970,985
国史举领　470

国史日录　1139
国史问策（史法）　1070
国学文集　866
国雅　870,923
国雅品　870,922
国子监志　421
果山集　733
过江偶集　1173
过江诗略　1176
过苏编　478
过庭私录　756

H

海昌外志　1115
海巢集　256
海澄县志　1128,1165
海岱吟　961
海道经　216
海底眼索隐　13
海防二三策　813
海防类考　1033
海防一览图　816,833
海防志　1038
海防纂要　1033
海丰县志　808
海浮山堂词稿　935
海刚峰集　922
海门集　851
海门先生集　1116
海门县志　463,799
海门县志集　463,716
海内奇观　1020
海宁县志　235,801
海宁志补　488
海蓬漫录　245
海篇朝宗　1139
海篇正宗　970
海萍集　400
海樵先生集　813
海樵子　832
海桑集　125,210

海沙文集 934	寒山堂曲话 1167	翰林杨仲弘诗 716
海山诗集 655	寒山志 1095	翰林诸名公评注先秦两汉文毂 1021
海石先生文集 790	寒山寻谈 1095	翰林诸书选粹 927
海市常变图 705	寒山自叙 1052	翰苑稿 870
海叟集(在野集) 190	寒暑经图解 743	翰苑集 67,79,96,171
海塘记 918	寒松馆游览诗 1110	杭双溪诗集 713
海西女真考 1070	寒岩剩草 977	杭州府志 168,247,252,255, 336,365,433,437,488,489,503, 555,888,931
海行日记 410	韩城县志 1007	
海涯集 694	韩柳全集 1133	
海盐县图经 255,1087	韩柳文 720	濠上斋乐府 1130
海盐县志 254,508	韩文杜律 1030	诃林语录 1178
海右倡和集 822	韩五泉诗集 661	合并字学集篇 1002
海渔集 6	韩湘子叙 1078	合并字学集韵 1002
海隅集 949	汉宫春雪 745	合并字学篇韵便览 1002
海虞别乘 1183	汉浒订宗 814	合肥县志 865
海虞世家碑铭志传 909	汉记 767	合刻二种医书 1064
海语 717,786	汉隽逸 790	合刻两张先生集 1133
海岳涓埃集 59	汉隶字源 782	合刻忠武靖节二编 1057
海岳涓谈 549	汉上吟稿 8	合用药方并群臣佐使之法 587
海运编 944	汉史笔记 251	合州志 888
海运全图 816,833	汉书 113,132,267,397,583,683, 726,959,1101,1108,1118,1176	合诸名家批点诸子全书 1104
海运图说 816		何翰林集 837,866
海运详考 939	汉书评林 895	何乔新集 57
海运新考 982	汉唐秘史 148,170,332	何氏语林 775,778,798,866,913
海运志 939	汉唐三传 837	何文简疏议 717
海州志 861	汉唐宋名臣录 998,1003,1047	何心隐集 1095
憨山语录 1079	汉唐以来君臣事略 130	何燕泉诗 717
憨士列传 1028	汉天师世家 80,213	和陶 128
憨翁新录 490	汉魏八代诗乘 1043	和陶小稿 862
含春堂诗 699	汉魏丛书 838,942	和陶饮酒诗册 669
含山县图志 445	汉魏丛书钞(吴世济) 1078	和州诗集 904
含山邑乘 793	汉魏丛书钞(张邦翼) 1052, 1179	和州志 311
含香堂集 930		河槽通考 917
邯郸县志 865	汉魏六朝百三名家集 1169	河防一览 934,957
函山集 739	汉魏诗乘 885	河防一览榷 934
函史 791,888,942,943,946	汉阳府志 758	河汾燕闻录 752
寒碧稿 221	汉中府志 751	河干集 1131
寒村集 701	汗漫集 75	河间乘史 981
寒林钟馗图 749	翰林古文钞 820	河间府志 732,1041
寒青集 529	翰林集(王艮) 179	河内县志 965
寒泉遗稿 945	翰林集(周伟) 278	河南郡志 554
寒山金石时地考 1165	翰林记 183,194,208,573,839	河南通志 793,919
寒山蔓草 1095	翰林诗选 265	

河南志 456	红拂记 754,981,1034,1132,1160	后北征记 254
河南总志 478	红梨记 1020,1120	后北征录 212,279,309
河上楮谈 905	红莲债 1116	后峰集 657
河上遗言 932	红梅记 1013,1016,1089	后冈集 735
河图 205,293,1171	红青绝句 1054	后汉记 767
河图衍义 399	红蕖记 989,1021	后汉书批评 1110
河垣稿 791	红泉逸草 1047	后和陶诗 136
河闸类考 762	红丝记 1149	后记 861
河州志 758,823	红线记 869	后纪黜 878
河渚集 1134	红线女 938	后鉴录 660
邵阳县志 738	红线逸草 874	后乐堂集 1165,1169
荷桥子(荷桥子集) 280	红绡记 938	后梁春秋 1007
荷亭辩论 502	红叶记 816,1080	弧矢算术 832
荷亭文集 502	宏书 11	胡传辨疑 39
藿丁记 806	洪洞县志 938	胡端敏奏议 695
萑月瑶笙 1129	洪都同心会约 829	胡恭肃集 840
鹤岑随笔 620	洪范畴解 158	胡氏粹编 989
鹤城稿 490	洪范敷言 159	胡文敬公集 473
鹤林类集 174	洪范讲章 733	胡文穆集 236
鹤林山居稿 116	洪范解订正 252	胡仲子集 96
鹤林寺志 1036	洪范图解 742,794	胡子衡齐 914
鹤山七子集 1157	洪范正误 620	壶天映语 1110
鹤滩集 584	洪武宫词 734	湖广通志 486,1047
鹤滩纪事 584	洪武京城图志 145	湖广通志草 774
壑云集 1139	洪武礼制 756,944	湖广图经志书 656
壑专堂集 1077	洪武南藏(初刻南藏) 47,49, 163	湖广总志 938,949
恒轩集 252	洪武圣政记 64,66,96,293	湖海奇闻集 523
恒斋稿 509	洪武通韵 130	湖海耆英集 341,357
珩璜新论 805	洪武正韵 31,33,59,64,65,66, 71,73,74,75,91,128,130,204, 282,380,426,594,767,770,808, 844,908	湖海摘奇 335
横峰樵唱 265		湖南杂录 576
横槊集 1002		湖山小稿 809
横槊小稿 990		湖山游咏录 274,285
横溪录 1115		湖上集 893
衡庐精舍藏稿 914	洪崖稿 429	湖湘五略 1161
衡山县志 496	洪雅县志 820	湖湘学政 771
衡湘问辨 770	洪洲类稿 1038	湖州府志 10,365,433,438,489, 500,512,742,884
衡州府志 716,947	虹霓书 279	
弘道录 832	鸿宝应本 1184	虎符记 1035
弘德集 691	鸿泥堂小稿 624,633	虎谷集 634
弘简录 798,816,832	鸿泥堂续稿 624,812	虎丘山志 16
弘山集(杨士云) 790	鸿雪馆集 980	虎丘诗集 235
弘山集(张后觉) 885	鸿猷录 801,831,854,944	虎丘志略 16
弘艺录 832	黉麓漫吟 1006	虎溪精舍记 750

虎苑 1030	画禅室随笔 1148	还山稿 575
浒墅关志 720	画答 1115,1145	还山集 805
户部职掌 959	画法 338	还山续草 1016
护生编 1095	画笺 1000	还乡稿 21
扈跸集 211	画诀 187	还真集 137
扈从稿 192	画评会海 965,1129	环碧斋尺牍 1021
鄠县志 1063	画谱 661	环碧斋集 1065
花编 995	画史会要 72,296,1124	环碧斋诗集 1021
花草新编 899	画说 923	环谷集 50
花乘 994	画苑 935	环水王氏重修族谱 53
花舫缘 1148	画旨 1148	环溪集 569,862
花史左编 1053	画中人 1142,1173	洹词 839
花溪集 71	怀慈集 500	寰有诠 1109
花影集 1095,1165	怀古录 137	寰宇通衢 36,143,165,359
花游曲 623	怀归稿 21	寰宇通志（大明一统志） 306,
花月妓双偷纳锦郎 652	怀鲁先生集 1035	324,344,355,356,361,364,374,
华礼部集 875	怀麓堂集 9,17,425,451,629	383,441,452,468,498,523,531,
华泉集 703	怀麓堂诗话 126,321,322,629	561
华山杂著 419	怀庆府志 636,837	缓恸集 733,755
华尚古小传 610	怀仁县志 981	幻寄集 503
华氏传芳续集 481,577,583,	怀柔县志 994	宦学见闻 893
870	怀贤录（黄省曾） 734	宦游稿（吴瑞） 511
华氏通四三省公支传芳集（华	怀贤录（沈愚） 303,386	宦游稿（徐咸） 839
氏传芳集） 153,163,543	怀香记 669,721	宦游集 514
华首语录 1173	怀谢轩诗文集 1176	宦游琐记 702
华严原人论 881	怀星堂全集 674	宦余录 133
华阳博议 987	怀玉山记 808	浣花溪记 1024
华阳洞稿 919	怀远县志 729,998	浣水续谈 905
华阳馆集 856	怀兹堂集 1123	浣俗约 1143
华阳国志 869	淮安府实录备草 1182	澣涛园诗集 1178
华阳漫稿 723	淮安府志 382,493,636,865,	荒史 781,869,967
华夷花木鸟兽珍玩考 895	953,1099	荒政丛言疏 690
华夷译语 101,127	淮海新声 697	荒政考 922
华阴县志 1037,1069	淮海易谈 909	荒政全书 1172
华语韵编 878	淮郡文献志 793	荒政议 1035
华赠卷 534	淮南集 39	皇长孙养正图解 965
华州志 861	淮上诗 861	皇朝经世文编 1156
滑稽余韵 652	淮扬志 401	皇朝任子考 1007
滑氏方脉 118	淮云问答 1162	皇朝中州人物志 853
滑氏脉诀 118	槐野存笥稿 795	皇都水利 1005
滑县志 789,801	欢灯记 974	皇甫百泉还山诗 899
滑耀编 943	还带记 661	皇甫理山集 827
画苍补益 938	还江集 660	皇甫少玄集 759

皇甫司勋集　870,899	皇明将略　1070	皇明史概　1128,1129
皇甫司勋庆历稿　899	皇明今文定　1133	皇明史窃　1109,1125,1159
皇甫子浚全集　805	皇明进士登科考　768	皇明世典　1095
皇华集（朝鲜刻本）　371,379,	皇明经济文录　790	皇明世法录　1139,1142
728,1133,1134	皇明经世实用编　989	皇明书　520,943,946
皇华集（咸伯榆）　206	皇明九边考　738,751	皇明疏钞　908
皇极经世书传　581	皇明军功考　1078	皇明疏议辑略　778
皇极经世书内篇注　537	皇明开国功臣录　600,781	皇明四夷考　837,1115
皇极经世图赞　753	皇明开国功臣事略　1103	皇明天长县志　775
皇极经世衍义　750	皇明开天玉律　1020	皇明天文述　837
皇极论　698	皇明考　956	皇明通纪全书　1155
皇极篇　1049	皇明理学名臣言录　739	皇明通纪述遗　998,1003
皇明百官述　837	皇明理学名臣言行录　548	皇明同姓诸侯表传　837
皇明宝训　985	皇明历朝资治通纪　793,844	皇明文苑　899
皇明北虏考　837	皇明历科状元录　857,896	皇明文征　702,1165
皇明表程文选　1139	皇明两京典铨（尚书）表　837	皇明宪章类编　797
皇明表忠记　175,1133	皇明留台奏议　789	皇明献实　765,903
皇明兵略纂闻　1142	皇明名臣记　837	皇明相业考　1078
皇明兵制考　1075	皇明名臣经济录（陈九德）　770	皇明象胥录　1115
皇明藏书　1049	皇明名臣经济录（黄训）　778	皇明孝友传　1133
皇明常熟文献志　998	皇明名臣琬琰录　381,390,908,	皇明修文备史　60
皇明臣略　1069,1079	935	皇明逊国臣记　837
皇明臣略纂闻　1142	皇明名臣言行录（王宗沐）　785	皇明逊国记　837
皇明从信录　1103	皇明名臣言行录（徐咸）　771	皇明异姓诸侯表传　837
皇明大纪　821	皇明名臣言行录（杨廉）　548,	皇明印史　1095
皇明大训记　89	669	皇明应谥名臣备考录　1041
皇明大政记（雷礼）　896,985	皇明名臣言行录新编（沈应魁）	皇明泳化类编　847
皇明大政记（郑晓）　837	785	皇明泳化续编　854
皇明大政纂要　1021,1057	皇明名臣言行录新编（汪国楠）	皇明御倭录　959
皇明道统录　1094,1103	1028	皇明诏令　729,781
皇明地理述　837	皇明名臣言行录续集　812	皇明诏制　944
皇明帝后纪略　1057	皇明名臣言行通录　560	皇明政要　600,781
皇明典礼　756	皇明启运录　781,793,845	皇明直文渊阁诸臣表　837
皇明典礼志　1030	皇明人物考　956	皇明职方地图　1141
皇明二祖十四宗增补标题评断	皇明三礼述　837	皇明诸司廉明奇判公案　1065
实记　1182	皇明三元考　310,1052	皇明卓异记　1104
皇明法传录　1146	皇明绳武编　942	皇明资治通纪　793
皇明风雅　447	皇明圣制策要　854	皇明资治通纪全书　994
皇明辅世编　1173	皇明盛事录　932	皇明祖训　144,649,756,781
皇明功臣封爵考　877,1008	皇明盛事述　935	皇上祖训　718
皇明国史纂　1047	皇明诗选　1178	皇舆考　801,866
皇明翰林志　726	皇明十六朝广汇纪　1128	皇祖四大法　1041
皇明纪略　742	皇明十六种小传　981	黄安初乘　912

黄白纪游 882	汇辑舆图备考全书 1133	
黄陂县志 798	汇雅前后编 1168	**J**
黄赤距度表 1124	会稽问道录 639,734	
黄淳父先生全集 871	会稽县志 874	击节余音 935
黄丹岩先生集 646,669	会计录 894,944	鸡肋集 328
黄道升度 1124	会试录 1073	鸡足山志 1159
黄帝祠额集 1099	会试录后序 691	积承录 854
黄帝铸鼎说 1147	会通馆本锦绣万花谷前后续集 713	基督教远征中国史 1042,1111
黄冈县志 1011	会意分音大广篇韵 364	绩溪县志 895
黄给谏遗稿 168	会语续集 861	嵇中散集 669
黄谷琐谈 784	会语续录 916	畸伴轩稿 723
黄海 1028,1076	绘素集 157	畸谱 948,1037
黄河纪 1094	诲似录 726	畸人十规（畸人十篇） 909
黄河图议 816,833	晦庵集 674	跻新堂集 1183
黄介庵集 337,338	晦庵先生年谱 1046	畿策兵统 805
黄离草 1030	晦翁学验 641	稽丁编 932
黄洛村集 817	惠安县续志 1029	稽古编大政记纲目 922
黄门集（陈与郊） 934,1026	惠安县志 694	稽古定制 148
黄门集（唐贵） 532	惠山集 607,679	稽古堂初集 1131
黄门集（许天锡） 605	惠园集 524	稽古堂二集 1160
黄门集（许相卿） 802	惠志略 812	稽古堂韵正 1155
黄门奏疏 592	惠州府志 798,838,956,1049,1182	稽古治要 574,709
黄山总记 994	慧阁集 1019	稽命集 761
黄氏诗法 735	慧山记 679	稽言录（稽古录） 265
黄庭经 911,916	蕙庭集 33	稽衍集 782
黄岩集 747	浑盖通宪图说 894,1007,1109,1120	稽制录 138
黄岩县志 255,888	浑然子 889	亶甕稿 160
黄杨集 68	浑源州志 521,1024	激楚 1167
黄源集 243	混元弘阳如来无极飘高祖临凡宝卷 1011	吉安府志 74,838,912
黄忠宣集 309	豁山余话 752	吉安郡志 302
黄州集 587	活人心 332	吉阳集 871
黄州志 560	活溪存稿 684	汲古阁合订唐宋元诗五集 1183
篁墩集 556,557	火攻挈要（原名则克录） 1178	即墨志 888
辉县志 678,892,1109	火器图说 936	急救良方 775,851
徽郡注释对类大全 956	或问十条 1037	集古律诗 128
徽州府志 39,570,591,837	获嘉县志 985,1053	集古梅花诗 507
回回历 905	获鹿县志 798	集虚词 144
回回历法 101	霍文敏公全集 734	集钟鼎古文韵选 14
回回药方 16	霍州志 804	几何原本 1004,1008,1021,1109,1134
回生要义 14		几社六子会义 1114
回书易经 964		
汇集（陈眉公家藏汇秘笈） 1004		

几社壬申文选 1129
几亭外书 1124
几亭再集 1156
己庚小志 644
己宽堂集 874
己卯墨戒 1159
计曹判事 974
计曹私记 916
记事珠 717
纪非录 122
纪考德课业录 1150
纪梦诗 796
纪梦要览 549
纪善集(纪善录) 434
纪胜诗 1088
纪盛诗集 567
纪事本末 2,51,491,1169
纪效新书 923
纪行集(高德) 282
纪行集(一作纪行录,蒋宜) 490
纪行诗 101
纪游稿 1009
纪游集 726
纪元要览 735
季汉书 994
季女琼章传 1128
济川诗集 1070
济美堂集 971
济宁遗事 1146
济宁闸河志 706
济阳县志 1015
继杜集 210
继志斋集 169
寄畅园诗集 857
寄心集 1025,1050
祭仪 279
蓟门集 1002
蓟西杂咏 1131
蓟旋录 1143
蓟州志 665
稷山县志 1029
冀越集记 11,12

冀州志 767
髻山语录 1159
佳声集 196
家儿私语 982
家规辑略 200,289
家话 417
家祭仪 74
家诫要言 1179
家礼 226,303,531,555,794
家礼从宜 587
家礼集说(家礼易览) 265
家礼集要 899
家礼节要(莫震) 501
家礼节要(朱廷立) 839
家礼举要 12
家礼括要 33
家礼旁附 351
家礼仪节 531
家礼易览 265,297
家礼杂辨 280
家塾规 1128
家塾绪言 1031
家训(霍韬) 600,690
家训(周是修) 176,332
家训前编序 690
家训续编 716
家训语 88
家政集 633
嘉定四先生集 1125
嘉定县志 650,763,998
嘉定州志 1024
嘉禾问录 702
嘉靖大政编年记 1069,1125
嘉靖大政类编 1014,1125
嘉靖二年会试录 661
嘉靖维扬志 589
嘉靖以来首辅传 908,935
嘉靖政要 681
嘉靖奏对录 844
嘉量算经 1020,1026
嘉隆两朝闻见纪 854,973,1079
嘉隆疏草 807
嘉谋录 959

嘉树轩记闻 746
嘉兴府图记 770,802
嘉兴府志 16,517,580,976
嘉兴府志补 596,617
嘉兴县纂修启祯两朝实录 1182
嘉言 1027
嘉鱼志 308,501
甲辰馆课 993
甲申纪事(冯梦龙) 1182
甲申纪事(张胜) 193,218
甲乙集 1146
甲乙剩言 146
甲乙杂志 1031
甲寅集 1019
甲子会记(甲子会纪,薛应旂) 878
甲子会纪(陈仁锡) 804,808,1139
甲子循环图 54
甲子杂稿 582
贾俊传 615
贾氏族谱 16
驾部集 737
假庵稿 376
坚卧斋杂著 1050
间中今古录 24
艰征集 720
兼山集 893
鹣钗记 947,1116,1132
剪绿集 771
剪灯琐话 413
剪灯新话 83,152,240,243,269,313,407,523,848
剪灯余话 238,240,286,349
剪胜野闻 90,615
检斋稿 524
检斋诗文集 579
简端录 679
简籍遗闻 331
简金集 1019
简默遗文 506
简肃公遗稿 817

简斋诗稿 352	谏垣疏草 847	江雨轩稿 241
蒟胜野闻 26,134	谏垣奏草 713	江月松风集 19
蹇斋琐缀录 600,615	鉴古百一诗 1179	江浙歌风集 355
见庵集 572	鉴古要论 577	江洲馀草 1043
见初集 1079	鉴古韵语 670,673,832	姜凤阿诗集 948
见南山集 893	鉴劳录 1179	姜凤阿文集 948
见素文集 679	江道宗百花藏谱 1065	姜泉集 870
见闻记忆录 1163	江东白苎 938	姜氏秘史 614
见闻纪训 862	江东藏书目录 603	姜同节集 930
见闻杂录 847	江东雪崖老人诗韵释义 375	将就纪 957
见吾集 791	江都县志 973,1014	将乐县志 591,912
见行事例 608,610	江防考 935	讲编 1184
建安七子集 1156	江防图考 816,833	讲经解义 1162
建昌府志 633	江防信地 899	讲学全规 1156
建昌县志 1052	江峰稿 802	讲章 1184
建初山房会籍申约 854	江馆集 62,144	蒋道林文粹 809
建宁府志 522,738,1064	江海歼渠记 674	蒋琬文集 481
建宁人物传 724,799	江华县志 869,981	绛州志 651,1015
建宁县志 394,758	江淮异人录 745	交翠轩佚稿 919
建平县志 697	江庐集 1156	交河县志 925
建文朝野汇编 970	江岷岳文集 847	交泰录 729
建文实录 313	江南春词（沈周） 607,719	交泰韵 989
建文书法拟 953,994,1129	江南春词（朱之蕃） 1088	郊居杂记 1002
建文逊国褒忠录 919	江南钓矶稿 251	郊礼通典 705
建文忠编 994	江南灾伤疏 746	郊礼新旧图考 873,874
建文忠节录 628	江宁县志 640,970	胶莱新河议 764
建霞楼集 1094	江浦县志 888,1052,1167	椒沔稿 732
建阳会语 920	江浦志稿 556	椒邱文集 571
建阳集 114	江山县志 1078	椒觞记 721
建阳县志 328,341,786,981	江上日录 824	焦弱侯问答 1066
建夷考 1066	江祀记 654	焦氏笔乘 1004,1066
建州考 1078,1160	江天暮雪 1141	焦氏类林 922,1066
建州女真考 1070	江午坡集 672	焦氏易林 816,1142,1181
剑筴 1074	江西大志 798	蕉窗九录 188
剑经 893	江西巡视稿 464	蕉窗夜记 1124
剑南神曲 782	江夏纪事 1125	蕉坚稿 196
剑侠传 935	江夏志 1030	蕉帕记 1025,1128,1148
渐斋稿 478	江心志 401	蕉扇记 982
渐斋诗草 614	江行集 144	矫亭存稿 713,729,735
渐斋遗书 1172	江阴县志 58,453,503,644,763,1164	矫亭续稿 733
谏疏 381		剿寇十策 1175
谏迎佛疏 625	江右名贤编 847	教理问答 686,908
谏垣 629	江右诗稿 953	教理问答初阶 956

教民杂录 637	金丹秘诀 110	金陵人物志（陈沂） 726
教秦绪言 909	金丹密语 187	金陵社集诗 968
阶州志 1046	金丹正理大全（一作金丹大成集） 725,823	金陵世纪 720,726
皆春堂集 546		金陵志 726
皆春园集 934	金丹直指 110	金间集 820
揭阳县志 1123	金刚经经解附录 266	金门记 1058
节庵集 216	金刚经注（金刚般若波罗蜜经注解） 79,83,134	金明寺图 822
节孝记 857,990		金尼阁谱（西儒耳目资） 884
节义林前后集 579	金刚经注解 83	金鹏秘诀 854
结游集 146	金刚三昧经注 1100	金瓶梅词话 1049
蛣蜣集 854,882	金合记 974,1054	金山卫志 633
解老 898,922	金虎集 800	金山杂志 759
解剖学论 1121	金花始末 1138	金声玉振 778
解颐新语 899	金华府志 116,455,884	金石录 428
解脱集 964,986	金华文统 835	金石文 733,851
解学士集 227	金华文献录 537	金石撰 846
解州志 743	金华先民传 96,537,804	金蜀艺文志 870
解庄 1016	金华贤达传 137,250,312	金粟斋先生文集 1065
介庵集（陈鉴） 338,421	金华县志 116,970	金锁记 1168
介庵集（陈镒） 366	金华乡贤祠志 538	金台集（陈宜） 314
介庵杂录 401	金华俞氏家乘 8	金台集（高德） 282
介轩稿 453	金华正学编 835	金台集（张洪） 325
介轩集（花润生） 191	金姬传 754,805	金台纪闻 112,752
介轩集（吕原） 388	金精直指 808	金台寓稿 253
介轩诗文集 401	金镜内台方议 245	金文靖集 279,280
戒庵老人漫笔 948	金匮方衍义（金匮玉函经二注、金匮要略心典二注） 56	金屋招魂 1080
戒牒 366		金溪县志 678,755
戒书补 147	金兰集 67,146,147	金小史 759,1014
戒轩集 265	金莲记 1004,1116	金薤稿 96
戒珠记 974,1054	金陵唱和编 792	金薤琳琅 479,670
巾石类稿 837	金陵陈氏世德录 110	金舆山房稿 900
今古舆地图 1177	金陵风雅 966	金渊集 271
今日要务疏 940	金陵古今图考 628,726	金渊文献录 511
今是堂集 880	金陵古金石考目 1063,1110	金渊孝友录 511
今文周易演义 893	金陵集（贝琼） 73,87	金斋集 830
今献备遗 353,903,919,945	金陵集（陈宜） 314	金州稿 196
今献汇言 544,1064	金陵集句 386	津逮秘书 187,501,1164,1182
今言 364,823,840	金陵纪胜（蒋主忠） 424	堇山集 665
今雨瑶华 729	金陵纪胜（盛时泰） 886	锦帆集 986
金鳌诗集 206	金陵揽胜诗 673	锦笺记 1010,1129
金白屿集 904	金陵罗氏书目 540	锦江类稿 47
金昌集 1076	金陵名山记 726	锦石山斋集 966
金川玉屑集（练中丞集） 178	金陵人物志（陈镐） 650	锦树集 34,218,300,337

锦衣志 935	京氏易考 251	经世环应编 1078
尽心编 1111	京兆记 812	经世急切时务九十九筹 1069, 1078
近代名臣言行录 702,839,925	泾东小稿 434	
近峰闻略 733	泾皋八书 1020	经世民事录 698
近海集 660	泾皋藏稿 1025,1030	经世实用编(皇明经世实用编) 981,998,1005
近譬轩稿 777	泾林诗文集 870	
近事丛残 1031	泾林续记 1044	经世通略 519
近体乐府 1168	泾林杂记 870	经世絮要 1133
近溪子明道录 926	泾县志 782,820	经世续卦 535
近溪子文集 926	泾阳县志 763	经世要略 1019
近言 733,755	泾野九咏 624	经世要谈 661
进讲余抄 656	泾野诗文集 743	经书补注(四书注) 445
进思录 468	泾野先生春秋说志 786	经书答问 909
进贤县志 823	泾野子内篇 743	经术堂集 882
进忠类稿 251,283	经传类义 799	经说(黄省曾) 734
晋庵集 394	经典稽疑 774	经说(姚文灏) 584
晋庵论性臆言 1088	经籍会通 930,987	经俟录 1020
晋草 1053	经籍目略 328	经纬文衡 490
晋呈御览讲章 1162	经籍异同 1053	经武考 959
晋川集 982	经济集 1052	经武主编 1130
晋陵崇祀先贤传 61	经济类编 990	经学要义 881
晋陵集 827	经济录(邵圭洁) 824	经学至馀 411
晋录 911	经济录(万表) 773	经言枝指 1053,1063
晋宁志 976	经济录(张炼) 750	经筵讲义 244
晋书 798,959	经进集 158	经野类抄 90
晋书钩玄 884	经进小鸣集(小鸣稿) 550	经业 142
晋书纂 1010	经考 690	经疑 36
晋五胡指掌 1025	经理书院事宜 681	经义录 1150
晋溪集 702	经略朝鲜疏 1041	经元斋小稿 1016
晋溪奏议 702	经略复国要编 952	经正录(钱镇) 807
晋轩集 518	经络全书前编 893	经正录(张履祥) 1178
晋阳稿 478	经山 626	经正商语二 1015
晋阳集 761	经史典奥 1006	经正堂会语 1021
晋斋稿 386	经史格言 577	经正堂商语 1011,1030
晋政略 1184	经史观象 375	经制权略 386
烬余稿 633	经史析疑 261	经子钩元 620
缙绅便览 1083	经史言天录 434	经子臆解 927
缙绅录 908	经史要义 881	荆川稗编 895
缙云县志 308	经史馀说 441	荆川先生集 813
缙云斋稿 910	经世八编类纂 1099	荆川先生右编 999
禁溺女告示 1138	经世格要 922	荆门州志 1064
靳史 1094	经世管籥 637	荆南倡和集 6
京口三山志 634	经世宏辞 1042	荆南诗 1074

荆石王相国段注百家评林班马英锋选 1020
荆溪唱和诗 815,923
荆溪疏 908,1030
荆溪外纪 715,755
荆州府志 702
旌德县志 970
精诚录 45,105,106,120
精义 1182
精忠堂稿 877
井丹集 926
井观琐言 177,415,459
景德崇圣颂 699
景帝实录 1042
景皇帝实录 923
景宁县志 904,926
景先集 85
景行馆论 725,871
景仰撮书 206
景岳全书 1160
景州志 861
警时新录 381,530
警世通言 1088
净土简要录 235
净土诀 963
净土生无生论 1104
净土诗偈颂 119
径山藏（又称嘉兴藏、楞严寺藏） 931
敬和堂集 995
敬事说 738
敬所文集 939
敬亭稿 660
敬轩薛先生文集 576,798
敬一箴 670,695,699
敬义存稿 280
敬斋古今注 1065
敬斋文集 453
敬止录 255
靖海纪略 785
靖江县志 831,854,1182
靖质居士集 1051
境古录 1046

静安八咏诗集 38
静庵稿 509
静庵集（张羽） 116
静庵集（洪朝选） 899
静庵集（朱静庵） 489
静庵五卷 638
静成斋稿 529
静芳亭摘稿（又名高吾摘稿、治世余闻） 794
静观室三苏文选 885
静观堂集 709
静晖堂集 1031
静寄集 245
静居集（静庵集，张羽） 116,513
静思稿 885
静思集 11,25,119
静思录 536,629
静修先生丁亥集 452,592
静虚稿 523
静轩集 314
静学文集 178
静学斋集 211,256
静远堂稿 1122
静斋集（徐宗实） 197
静斋集（叶子奇） 81
静坐说 1032
镜山全集 1125
絅庵集 324
絅斋集（陈振） 309
絅斋集（林环） 228
駉野集 621
囧贤祠记 1015
九边经理策 314
九边考 831
九边略 840
九边图论 708,724,839,884
九边图说 850,944,1119
九边图志 664
九边屯政考实 1007
九朝野记 615,674,781
九川文集 569
九代乐章 650

九谛 995
九峰老人集 253
九公山房集 1151
九江府志 437,678
九将 1131,1133
九经考异 992
九经类要 71
九经通考 864
九经翼 1022
九经韵览 507,547
九经政要箴 714
九灵山房集 17,25,26,106
九灵山房遗稿 107
九流绪论 987
九龙池 1178
九愚山房诗集 785
九渊问 610
九圜史图 1095
九篇集 1076
九章算法比类大全 341,497
九正易因 979,985
九芝集 1001
酒家佣 1014
酒鉴 960
酒乐府 1129
酒色财气四箴 1046
酒史 982
旧编南九宫目录 771
旧京词林志 204,965,992
救荒本草 95,200,262
救荒丛书 690
救荒活民补遗书 393
救荒五议 1167
救急良方 882
就正录（谈缙） 280
就正录（一作大义就正录,高攀龙） 1100
居顶文集 193
居官一览 417
居家集 191
居家日记 523
居敬堂集 831
居来山房集 927

居乐集 253	镌王凤洲先生会纂纲鉴历朝正史全编 934	开国群雄事略 1178
居松集 577		开化县志 530,1123
居闲稿 511	倦歌集 528,615	开心札记 1184
居业录 473,474,933	倦绣图 620	开州志 708
居夷集（楼琏） 179	狷斋诗稿 845	慨古录 1007,1100
居夷集（王阳明） 660,685	绝妙论著 933	康斋文集（吴康斋先生集） 414,415,527
居易稿 418	觉庵存稿 817	
居易录 18,26,435,438,562	觉参符 846	考辨 116
居庸内编 844	觉处玄同篇 705	考定古今孝经节文 547
居庸山人诗 751,844	觉非集 372,410	考定深衣古制 445
居庸外编 844	觉觉堂记 881	考工记述注 869
居云集 969	觉山洪先生史说 943,1037	考功集 739
拘虚集 726	军政条例 251	考古文集 147
拘虚诗谈 726	军中乐 860	考槃集 621,762,977
拘虚晤言 726	君臣政要 507,596	考槃余事 1000
拘虚迂读 726	君学 115	考亭渊源录（宋端仪） 566,567
鞫狱指南 196	君子贵自勉论 1145	考亭渊源录（薛应旂） 853,878
桔浦记 1080	君子堂日询手镜 735	考信编（杜思） 843,888
桔中秘 1129	君子亭集 1184	考信编（吴士奇） 1139
桔洲诗集 1150	君子尊德性而道问学 708	珂雪斋集 1080
菊庵集 335	均输议 1025	珂雪斋近集 1037
菊坡丛话 334	钧州志 786	珂雪斋前集 1051
菊谭集 400	菌阁藏印 1058	蝌蚪诗 1137
橘浦记 1046	筠谷集 155	可庵书牍 910
举诸集 894	筠溪集 528	可传集 103
矩庵漫稿 650	筠溪杂稿 528,615	可赋亭集 1045
矩洲集 786	筠轩清秘录 1148	可恨人 1173
莒州志 443	郡望辨 116	可闲老人集（庐陵集） 12
句漏集 922	郡县释名 1033	可闲先生逸稿 327
句容县志 85,252,292,301,355,386,393,397,480,498,538	郡邑纂类 447	可雪斋稿 652
	郡志征 844	可斋稿 397
句余八景 871	浚复西湖录 591	可斋杂记 439
巨鹿县志 1078	浚县志 690,1064	克斋稿 423
具茨集诗文 765	濬谷集 849	刻一握坤舆 1104
具区文集 835		客客轩散言 980
钜野县志 1064,1078		客问 705
剧品 1136,1164	**K**	客越志 837,843
聚峰文集 677		客座新闻 607
瞿囧卿集 1021	开辟衍绎 1141	客座赘语 10,29,214,1049,1053,1110
瞿式耜集 1142	开封府志 762,912	
瞿太仆文集 1021	开封纪行稿 434,435	肯堂稿 251
瞿塘日录 995	开国功臣录 580,618	空谷集 320
瞿文懿公集 851	开国靖难诸臣录 944	空居集 1152

空同子 138	葵轩集 320	莱庵文集 243
空同子瞽说 138	葵轩遗稿 403	莱芜县志 767
空同子集 691	夔门集 571	莱州府志 994
箜篌集 1028	夔州府志 620	兰曹读史日记 1041
孔门传道集 990	愧林漫录 1147	兰芬集 982
孔门道传录 970	篑斋杂著 787	兰谷集 358
孔孟合璧 1142	坤舆全图 1007,1010	兰闺绣谱 732
孔孟图谱 823	坤舆万国全图 986	兰辉堂集 759
孔庙礼乐考 1047	昆冈文稿(昆圃稿) 265	兰江集 1178
孔圣全书 970	昆仑奴 909,1042,1043	兰江退盟 898
孔颜孟三氏志 488	昆明集 922	兰坡集 375
孔颜世系谱 93	昆山人物志 114,240,386,735	兰省集 903
孔子家语 651	昆山县志 135,319,724,735,877	兰省遗音 338
孔子家语衡 1065	昆山杂咏 854,889	兰室吟稿 250
孔子家语注 717	昆山志 74,231,247	兰台法鉴录 241,243,437,563,965
孔子年谱 1014,1138	困辨录 763,824	兰汀存稿 795
口齿类要 805	困学记(高攀龙) 1037	兰亭集(司马埈) 268,465
口义会粹 922	困学记(张次仲) 1069	兰庭集(兰亭集,谢晋) 186,268
扣角集 48	困学录 827	
扣舷集 62	困学日记 857	兰庭集(谢徽) 33
酷吏传 1003	困学纂言 830	兰溪县志 522,537,610,1003
快独集 868	困知记 684,712,763,764	兰轩集 383
快阁藏书 1104	困知记·续记 705	兰芽传 869
快书 1099	困知录(困知记) 720,758,942	兰阳县志 755
快雪堂集 1000	困志集 355,468	兰隐君集 441
快雪堂漫录 1000	括苍二子 1064	兰嵰诗文集 1088
快园诗文类选 725	括苍汇纪 483,761	兰斋集 282
狯园 1074	括囊稿 453	兰州志 369
窾议 1075	括言 722	兰舟漫稿 782
匡南先生诗集 768	廓然子稿 889	兰竹卷 883
匡山集 1056		蓝涧集 77,82
匡山吟集 1108		蓝桥记 1058
狂狷裁中 1104,1123	**L**	蓝山集 82
狂言纪略 227		蓝田县志 857
况靖安集 318	来恩堂集 1089	谰言长语 137,479
况太守集 317,318	来复堂集 1101	览胜纪谈 712
况义 1095,1110	来瞿塘集 995	览胜纪游集 485
窥豹集 472	来禽馆集 1030	懒溪集 558
窥豹录 428	来禽馆贴 1030	懒真草堂诗集 1110
窥天外乘 927	来苏吴氏原泉诗集 535	懒真草堂文集 1110
奎光堂文集 33	来英亭稿 600	琅邪代醉编 990
葵日集 950	来斋集 535	琅邪漫录 990
葵轩稿 382	涞水集 423,453	

琅琊漫抄 558	类庵稿 768	礼曹会约 672
浪淘集 1052	类编草堂诗余 775	礼记·曲礼 933
浪游集 966	类编笺注草堂诗馀 1063	礼记参注约言 503
老成集 386	类博稿 425,479	礼记断章 794
老解 1053	类博杂言 425	礼记稽疑 182
老人行 970	类定缙绅交际便蒙文翰品藻 1065	礼记集说辨疑 618,870
老学文稿 251,283		礼记集说正讹 872
老庄合刻 1064	类笺王右丞诗文集 798	礼记集注（罗伋） 450
老庄略 1176	类经图翼 1160	礼记集注（徐师曾） 861,893
老庄评注 858	类隽 878,882	礼记类纂 325
老拙 122	类林杂说 336	礼记日抄 301
老子道德经集解 827	类选诗苑秀句 923	礼记说 274
老子道德经注 1079	类要 167,177	礼记义 159
老子集解（黄省曾） 734	类证辨异全九集 348,697	礼记剳言 1012
老子集解（薛蕙） 694,716	类证活人书括 285	礼记中和记 196
老子解（王樵） 898,974	类证用药 196	礼记纂注 1045
老子翼 922,1066	类证注释小儿方诀 308	礼经补逸 557
乐安县志 989	类字判草 1053	礼经大义 656
乐典 715,839	累朝宝训 958,970	礼经约 38
乐府补 38	累朝年表 944	礼律类要 1016
乐府拟题 269	累朝训录 933	礼书演义 130
乐府先春 817,948	累朝御制文集 744	礼说 1120
乐府遗音 269	楞伽经注（楞伽阿跋多罗宝经注解） 79,83	礼庭遗稿 124
乐府余音 691		礼庭吟 365
乐府原 851	楞伽经注解 83,137	礼问内外篇 743
乐经元义 650	楞严经 861,1166	礼玄剩语 871
乐良遗稿 7	楞严经约说 885	礼仪定式 122,754
乐律管见（何瑭） 746	楞严摸象记 1042	礼疑 540
乐律管见（黄积庆） 454	楞严述旨 885	礼意大全 563
乐律全书 1002	楞严同 1139	礼制会纂 471
乐律纂要 823	楞严臆说 1100	礼制集要 145,165
乐平县志 767	冷庵集 583	礼纂 540
乐圃集 144	冷吟斋集 1108	李昂奏议 518
乐清县志 255,861	梨云寄傲 652	李大厓集 593
乐全稿 272	离骚草木疏 869	李杜合刊 1065
乐书 805	离骚经纂注 1011,1031	李杜或问 892
乐亭志 947,1075	骊珠随录 805	李杜全集 620,1080
乐学歌 673	犁眉公集 68	李杜诗句图 447
乐学新说 1026	黎阳王襄敏公集 912	李杜诗选 832
乐余园集 1116	黎州野乘 776	李何二先生诗集 986
乐志园集 840	黎子杂释 298	李见罗书 957
雷氏白云楼集 858	蠡史篇 1146	李开先集 848
雷州府志 1037	蠡县志 708,1167	李空同先生集 694

李龙眠画观世音菩萨三十二相赞 1025	历朝经济考 1179	历年甲子图 529
李氏丛书 1065	历城县志 1164	历史纲鉴补 1003
李氏焚书 973	历乘 470,1133	历仕录 889,995
李氏乐书 722	历代二十一传 994	历体略 1029
李氏六书 1049	历代发蒙辨道说 1183	历学新说 1064
李氏山房诗选 953	历代驸马录 17	立庵集 171
李氏说书 973	历代贡举志 1000	立命编 1005
李氏续焚书 1052	历代画史汇传 6,428,553	立命堂集 1146
李氏遗集 524	历代纪要 918	立身警策 428
李温陵集 986	历代纪元考 1119,1142	立斋外科发挥 684
李温陵外纪 1052	历代甲子编年 398	立斋闲录 566,567
李文懿公集 502	历代名臣谏疏 371	立斋遗文 515
李谢唱和同声集 412	历代名臣谏议录 555	吏部职掌 948
李竹嬾先生说部全集 1104	历代名臣奏议 218,229,337, 559,601,1169	吏隐录 615
李卓吾批评三大家文集 1065	历代名公画谱 1065	丽庵集 302
李卓吾批评玉合记 1030	历代内侍考 1041	丽词百韵 909
李卓吾先生合选陶(潜)王(维)集 1042	历代人鉴便览 964	丽崎轩词 964
李卓吾先生批评忠义水浒传 1020	历代山陵考 1178	丽崎轩诗文集 964
李子田文集 784	历代圣贤像赞 832	丽藻堂文集 725
俚蹄 995	历代史论 1169	丽则遗音 38,512
理性元雅 1019	历代史书大全 931,933	丽泽衍 997
理学本源 683	历代史钺 38	利玛窦中国札记 1021,1042
理学辨疑 995	历代史正 989	利西来经纬略 1133
理学酬咨录 1012	历代守令传 931,1003	励庵诗集 857
理学类编 33,150,742	历代通鉴纂要 521,573,574, 598,599,611	沥胆录 417
理学明辨录 1155	历代统记要览 75	俪德偕寿录 816
理学述言 309	历代统系 8	栎庵稿 294
理学四先生言行录 761	历代文乘 1169	栎寄集 777
理学训蒙 128	历代文典 1169	栎轩经说文集 7
理学要览 289	历代文纪 1043	荔子编 961
理学宗旨(邓球) 908	历代相臣传 931,1003	郦吹集(亦称午梦堂遗集) 1143
理学宗旨(郭良翰) 1052,1075	历代象贤录 1007	栗庵遗稿 380
理学纂言 31	历代小史 989,1066	砺峰集 770
理义说 1041	历代序略补遗 372	莅政戒铭 6
理易 381	历代一览 166	笠江集 899
澧纪 1029	历代隐逸传 801,885	溧水县志 49,888
澧州志 820	历代志略 705	溧水志略 49
醴泉县志 712,1155	历代忠臣策 155	溧阳人物记 511
历朝藏书 1049	历代诸史会编 669	溧阳县志 511,547
历朝尺牍大全 1021	历法新书 1005	连环记 656,735
	历官表奏 844	涟隐集 123
		莲华山房集 1080

莲台仙会品 875	两宋志传 1152	列圣大纪 944
联句录 393	两苏经解 964	列仙传 238,734,966
联句私钞 755	两庑位次考 1163	列祖御制文集 753
廉矩 908	两溪文集 318	林伯子诗草 869
廉吏传 1041,1100	两崖集 839	林次崖集 832
廉叟传 340	两垣奏疏 930	林次崖先生文集 690
廉州府志 1151	两浙鹾志 1038	林皋集 286
练兵方略 378	两浙赋役全书 759	林公辅集 180
练兵纪实 857,923	两浙海防考续编 869	林霁山集 684
练川图记 607,670	两浙海防类考 874	林居集 762
良常集 386	两浙海防类考续编 985	林居漫录 1089
良常仙系 1100	两浙名贤录 8,87,121,981,1087	林山录 840
良辰乐事 931	两浙名贤外录 1087	林氏族谱 178
良知说 1177	两镇边关图说 456	林塘集 311
梁园稿 286	两镇三关通志 838	林文集 160
梁园集 822	两镇奏议 1030	林屋集 691,740
梁园寓稿 170	两州奏议 632	林县志 960
梁状元不伏老 935	量江记 1011,1031	林孝廉集 974
两朝从信录 1119	辽邸纪闻 1073	林子全集 970
两朝平攘录 1003	辽东全图 1070	林子三教正宗统论 970
两朝实录备纂 1120	辽东志 317,720	临安集 143,153
两朝宪章录 946,952,973	辽海编 341,414,452,522	临城县志 964
两旦双鬟 1080	辽海集(许宗鲁) 730	临川集(王钟) 486
两宫鼎建记 1046	辽海集(朱善) 72,115	临川集(应云鸑) 737
两广奏草 375,434,435	辽记 802	临川四梦(又名玉茗堂四梦) 1047
两汉纪 871	辽金元史 1182	
两汉解疑 816	辽事颠末 177	临川汤海若玉茗堂文集(又名玉茗堂集选) 1004
两汉奇抄 1139	辽小史 759,1014	
两汉书人姓名表 1173	辽阳稿 878	临川王氏文粹 816
两汉书疏 394	辽阳海神传 740	临汾府志 937
两汉因隽待问稿 799	辽志 1074	临海县志 255,486,591
两河管见 957	辽中书牍 1095	临海志 377,591,729
两淮盐法志 775	疗妒羹 1173,1175	临江府志 716,861
两晋解疑 816	廖道南文集 765	临江集 771
两晋南北合纂 1010,1033	廖恭敏佚稿 404,405	临平记 1182
两晋演义志传 1152	燎松吟 966,1129	临清集 128
两京赋 716	籁上吟 1103	临朐县志 782
两京遗编 898	了凡杂著 999	临山卫志 826
两魁遗稿 124	列朝诗集 96,137,424	临洮府志 994
两理略 1183	列国史补 942	临潼会 1080
两山集 448	列国志传 1003,1152	临潼县志 1010
两山墨谈 729,776	列卿表 944	临颖志 690,738
两山游录 763,817	列卿纪 896	临雍录 538,549

临漳县志 596	刘氏宗谱 1154	六如居士集 661
麟宝 1040	刘氏宗约 1138	六如居士全集 709
麟经直指 432	刘驷文集 13	六十一居士集考异 56
麟原文集 9,119	刘宋二子 798	六十种曲 1183
麟旨定 1124	刘文介公集 372	六书(李维桢) 1049
灵宝刀 1026	刘文懿公享堂钟铭 628	六书(张萱) 1168
灵宝归空诀 104	刘直洲集 929	六书本义 82,147
灵宝县志 712	刘忠宣公集 629	六书本源 921
灵洞山房集 982	刘庄介公瑞芝堂集 807	六书补义 158
灵护集 1147	刘子威禅悦小草 977	六书长笺 1002,1095
灵邱县志 960	刘子威集 878,977	六书赋音义 1016
灵山藏集 1134	刘子威玄应录 977	六书贯玉 921
灵石县志 981	刘子威杂俎 977	六书精蕴 733,747
灵寿县志 877	留都会记 829	六书考 447
灵潭集 1075	留经记 818	六书音义 380
灵犀佩 1080	留思别案 982	六书正讹 26
灵蕤阁集 941	留余堂集 583	六书指南(李登) 966
灵言蠡测 1134	留馀堂集 957	六书指南(赵谦) 147
灵言蠡勺 1109,1145	留院稿 870	六书著论 921
灵岩稿 386	留斋漫稿 909	六研斋笔记(六砚斋笔记) 61,1143
灵岩怀旧记 1173	琉球图说 816,833	
灵隐子(明陈大科) 982	柳黄同声集 274	六砚斋三笔 1138
灵隐子(唐骆宾王) 961	柳庄集 213	六义图解 822
岭海名胜记 999	六安州志 793,908	六义相关图 822
岭海异闻 847	六曹章奏 894,932,944,963,975,979,1048	六义音切贯珠图 822
岭南稿 453		六艺流别 839
岭南录 98	六曹章奏诰敕 1055	六语 1053,1064
岭南文献志 1179	六朝声偶 809,851	六诏纪闻 632
岭南杂咏 196	六朝诗集 746,839	六子书(世德堂六子,顾春) 838
凌川公移驳稿叙 745	六朝章奏 915	
凌溪先生集 674	六代小舞谱 1026	六子书(许宗鲁) 678
凌忠介集 1184	六官图释 668	六子书(于孔兼) 1029
令永纪略 1006	六合县志 440,786,869,1041	翏翏集 1024
刘纯医学全集 125,219	六家诗名物疏 1076	龙川集 845
刘迪简文集 24	六经笺注 286	龙川县志 1064
刘古直集 509	六经举要 519	龙飞纪略 742,751,781,838
刘练江集 1031	六经师律 120	龙峰集(胡富) 656
刘清惠集 816	六经以俟录 1047	龙峰集(黎淳) 518
刘沈合集 1128	六经纂要 1137	龙皋文集 532
刘氏二书 763	六科仕籍 893	龙湖文集 775
刘氏家庙祀典 1128	六科证治准绳 1011	龙华忏法 1012
刘氏谱略 946	六乐说 505	龙江丛稿 114
刘氏贞节传 577	六李集 1007	龙江梦馀录 581

龙马言 1103	陆鲁望皮袭美二先生集合刻 990	律例笺释 1028
龙门子凝道记 96,97	陆陆堂集 1156	律令宪纲 51,52,55
龙泉景物志 252	陆王二先生要语类抄 870	律吕别书 823
龙沙学录 1178	陆文定公集 999	律吕发明 909
龙山稿 656	陆宣公集 1160	律吕古逸 837
龙溪全集 904	陆宣公奏议 604	律吕管籥 637
龙溪王先生文录钞 970,973	陆学订疑 607,637	律吕广义 837
龙溪县志 712	陆学士杂著 999,1065	律吕会通 706
龙溪致知议略 832	陆右丞蹈海录 432	律吕今解 909
龙岩县志 804	陆子余尺牍 779	律吕精义 251,1002,1026
龙游县志 380,547,884,1029	陆子余集 779	律吕论 752
龙洲书院志 777	陆子余遗集 779	律吕新书括要 33
泷江集 456	录鬼簿续编 169,245	律吕新书释义 345
隆池山樵诗集 840	录星小谱 1026	律吕正论 1026
隆平县志 1115	渌汗集 851	律吕质疑辨惑 1026
隆庆志 770	菉竹堂碑目 434	律条疏议(律条疏义) 337
隆圣孝疏 635	菉竹堂稿 365,377,434,435	律学新说 1002,1026
隆万两朝列卿纪 1101	菉竹堂书目 434,435	虑得集 153,162
垄起杂记 805	鹿城诗集 938	率道人集 969
娄江观潮诗序略 620	鹿城书院集 587	绿波楼诗集 971
娄曲丛稿 74	鹿城遗稿 514	绿筠窝集 274
楼居稿 949	鹿裘石室集 1043,1079	绿筠轩稿 866
楼居杂录 620	鹿乡隐书 93	绿牡丹 1131,1173
嵝山集 1183	潞安府志 1029	绿苔轩集 34,218,337
卢龙塞略 1019	潞城县志 937,1094	绿雪亭杂言 651
卢溪先生文集 817	潞水客谈 908,935	绿滋馆稿 1139
庐陵黄氏总谱序 770	潞州志 530,555	栾城集 738
庐阳客记 602,759	鹭沙集 569	鸾鎞记 1007,1168
庐州府志 874	吕纯阳得道飞剑记 1065	鸾啸小品 1109
鲁巢稿 111	吕泾野五经说 785	滦志 1052
鲁道渊诗集 11	吕氏家塾读诗记 989	滦州志 767
鲁府秘方 952	吕文州文集 198	銮江集 970
鲁稽斋诗 1142	吕新吾全集 1053,1065	銮坡稿 244
鲁论笺 921,1088	屡非集 1002	銮坡集 35,96
鲁山县志 782	履庵集 918	略阳县志 781
鲁诗世学 702	履素集 216	纶扉内外稿 886
鲁望集 872	履坦幽怀集 471	纶扉奏草 1038
鲁文恪存集 680	履影诗集 832	纶澋诗集 1058
鲁源文集 1025	律尺考 752	纶澋文集 1058
鲁斋集 291	律法详明 403	轮廖馆集 1168
鲁斋文集 1055	律解辨疑 156	论辅臣科臣疏 937
陆伯阳诗集 95	律历融通 954,1026	论鉴 84
陆箕斋集 787		论林 131

论孟古义 695,696	马策 476,558	毛诗特解 311
论孟类编 157	马端肃公三记 611	毛诗童见 546
论年谱书 823	马端肃公奏稿 611	毛诗微言 1012
论文别集 1125	马房本末 1138	毛诗未喻 794
论学汇编 909	马湖府志 793	毛诗问难 840
论学书 764	马氏日钞 377,488	毛诗翼说 903
论学要语 862	马书 1016	毛诗正变指南图 1110
论语驳异 1009	马文升奏议 611	毛诗郑笺纂疏补协 1014
论语近说 725	马文庄公集 882	毛文简公类稿 661
论语类编 176	马邑县志 1010	毛襄懋先生全集 756
论语蒙读 725	马政 944	茅鹿门集 981
论语旁训 10	马政纪 1016	茅山秽稿 524
论语提要 43	马政志(归有光) 853,858	茅檐集 1096
论语义府 1035	马政志(朱廷立) 839	髦余杂识 934
论语约言 1012	骂座记 1168	泖桥稿 1025
论语注疏 916	埋剑记 1021	茂边纪事 716,776
罗川志 755	脉经主德编 292	耄言 131
罗浮志 204,358	脉诀本义 424	眉庵集 84,513,596
罗山县志 903	脉理存真 119	眉公十种藏书 1147
罗田县志 746	脉望馆抄校本古今杂剧 1088	眉公杂著 1004
罗源县志 1037	脉望馆和禅集 1089	梅庵集 346
萝窗杂记(梦窗杂记) 579	脉望馆书目 60,308,312,480,961,1088	梅颠稿选 1129
萝山吟稿 96	脉药玄微 312	梅读先生存稿 346
萝轩变古笺谱 1099	满刺加译语 771	梅国集 794
萝月轩集 1130	曼寄轩集 1174	梅花百咏(王达) 186,206
螺城集 191	曼声集 44	梅花百咏(朱有燉) 277,433,705,786
螺冠子诗余 1129	慢亭集 857	梅花草堂笔谈(闻雁斋笔谈) 1119,1120
洛神 812	漫钞 91	
洛书 293,1171	漫叟日录 493	梅花草堂二谈(闻雁斋二谈) 1120
洛水悲 949	漫兴集 331	
洛阳伽蓝记 1003,1019	漫游云芝 470	梅花草堂集 1120
洛阳文稿 251,283	蕡古介书 1104	梅花谶 1178
络纬吟 1034,1066	毛公坛诗 1129	梅花渡异林(支子固先生汇辑异林) 1183
骆两溪集 790	毛诗笔记 932	
落花诗 1088	毛诗别解 506	梅花鼓吹 1071
落落斋遗集 1101	毛诗多识编 869	梅花绝句百首(雪香吟) 1143
	毛诗发微 1056	梅花书屋全稿 415
M	毛诗古音考 1002,1050	梅花驿使 745
	毛诗古音考序 994	梅菊诗评 279
麻疹全书 118	毛诗解 1089	梅坡集 615
马鞍山赋 673	毛诗陆疏广要 1159	梅坞贻琼 1129
马鞍山志 870	毛诗说序 743	梅墟先生别录 888

梅雪斋稿 98	梦洲赋 777	名臣言行录 575,944
梅岩小稿 432	崟阳山人说书 1161	名臣志钞 1078
梅禹金集 1043,1079	秘册汇函 1065	名方类证医书大全（医书大全）
梅庄集 373	秘阁藏书录 1168	684
梅庄诗钞 13	秘阁书目 498	名迹录 72
郿志 998	秘阁元龟政要 838	名家诗法 735
霉疮秘录 1078	秘笈类函 889	名家元音 43
渼陂集 778	秘集（眉公杂著） 1004	名理探 1120,1124
门下质疑 747	密庵集 86	名卿续记 373
猛虎行 610	密揭辨议 1020	名儒录 589
蒙庵集（陈全） 256	密勿稿 755	名山藏（何乔远） 39,114,116,
蒙庵集（吴骥） 370	密箴（艾庵密箴） 476,605	1078,1125,1164
蒙庵诗集 161	沔阳志 698	名山藏（张丑） 972,1179
蒙庵奏议 363	沔阳州志 743	名山游草 1129
蒙城县志 898	黾记 1021	名山游记 927
蒙古额（厄）鲁特法典 1161	勉仁方 734	名世编 1087
蒙文八旗戒规 1156	勉思生文集 547	名世类苑 977
孟达集 1070	勉斋遗稿 516	名世篇 1088
孟达诗集 1070	面墙稿 490	名世文宗 1139
孟浪言 1002	渺粟稿 587	名物考 1152
孟叔龙集 966	庙制考义 823	名贤诗法 297
孟叔子史发 1123	灭胡经 773,805	名贤诗评 889
孟我疆集 931	蠛蠓集 773,810,813	名贤文粹 269
孟有涯集 709	岷阳集 762	名贤言行录 889
孟子·离娄章句 933	闵庄懿集 615	名相赞 615
孟子讲章 929	闽汴纪行录（阙洛纪巡录） 527	名疑 967
孟子节文 129,141,143	闽部疏 911,927	名易 1182
孟子年表 1154	闽草 1053	名媛诗归
孟子篇类 537	闽大记 895	明百家诗选 1046
孟子杂记 967	闽都记 1029	明宝训 985
孟子直解 940	闽广集 844	明朝四十家小说 832
孟子注疏 937	闽海集 345	明臣谥汇考 993
梦庵集 388	闽南道学源流（闽学源流） 826	明臣谥类钞 1008
梦椿轩集 706	闽南集 179	明臣小传 1000
梦蕉诗话 564	闽学宗传 1155,1182	明代风雅 580
梦菊斋集 485	闽游草 961	明代中国地图集 925
梦觉录 797	闽浙二省实录 296,388	明道编 763,779
梦磊记 1116	闽中海错疏 960	明道商语 1020
梦林元解 967	闽中记 1165	明德堂答问 1003
梦入神机 854	名臣记 1088	明灯道古隶 982
梦游录 1015,1066	名臣记献实 945	明灯道古录 986
梦余录 556	名臣经济录 690,944	明帝后纪略 1008
梦占逸旨 967	名臣像图 628	明风雅广选 314

明贡举考 990
明记略 733
明隽 913
明乐谱 589
明理学曹月川先生年谱纂 1024
明良集 734
明良记 805
明良交泰录 581
明良录 705
明良庆会录 557
明律集解附例 1020
明伦大典 675,677,680,681,682,684,699,824,944
明名臣琬琰录 169,249,301,320,381,390,591
明末崇祯遗事 1070
明农稿 665
明儒王心斋先生弟子师承表 734
明儒王心斋先生遗集 734
明三元太傅商文毅公年谱 480
明僧弘秀集 1178
明山集 726
明山文集 721
明诗选 1053
明诗综诗稿 725
明史经籍志 1066
明史提纲 1010
明史右略 1076
明世说新语 1089
明世学山 790
明书画史 626
明疏议辑略 948
明太祖实录辨证 1178
明太祖文集(太祖文集、御制文集、高皇帝御制文集) 61,154
明谈述 770
明唐伯虎先生寅年谱 661
明文臣爵谥 913
明文范 882
明文衡 39,57,90,213,241,371,429,556,557,558
明文隽 1022
明文奇赏 1078,1139
明心宝鉴 933,943
明一统志 12,83,250,301,374
明月篇 881,1030
明诏制 734
明哲保身论 673
明哲保身说 821
明政统宗 1040
明政要 574
明志稿·续稿 892
明州府志 95
明珠记 627,721
明珠玉 433
明状元图考 733,1007
明祖四大法 1181
鸣蝉稿 480
鸣凤记 935,1175
鸣珂集 358
鸣籁集 969
鸣秋集(赵迪) 357
鸣秋集(赵宗) 13
鸣山堂集 892
鸣盛集 91
鸣玉堂稿 866
鸣冤录 645
鸣志堂集 157
茗笈 960
冥寥子 1000
墨池手录 632
墨池琐录 809
墨法集要 15
墨君题语 1143
墨林快事 902
墨谱 931
墨苑 999
墨庄漫录 755
默庵编年纪行集 257
默庵集(曹义) 384
默庵集(朱志㙮) 361
默庵集(邹文盛) 717
默庵诗稿 467

默翁集 380
谋野丙集 1030
谋野集 1030
谋野乙集 1030
牡丹百咏 277,433,705
牡丹亭(还魂记) 970,1047,1079
木讷稿 592
木天清气集 184,247
木亭杂稿 823
木钟台初集 860
木钟台集 871
木钟台杂集 860
木钟台再集 860
目耕集 257
目连救母劝善记 889
目营小辑 1033,1034,1070
牧庵诗集 141
牧民毅矩 668
墓铭举例 146
睦亲规矩 280
穆宗皇帝实录 859
穆宗实录 841,849,852,855,859,860,867,868,971,1008,1038

N

内板经书纪略 127
内方集 743
内阁典铨 944
内阁名臣事略 1119
内阁奏题稿 982
内黄县志 475,720,977
内经类钞 729
内经真诠 118
内景堂诗 1178
内邱县志 1173
内省斋集 1163
内台集 716
内外集 680
内外证治大全 261
内训 196,202,206

耐琚诗集 195	南濠居士文跋 670	南铨稿 752
耐翁稿 408	南濠诗略 670	南荣集 1175
耐轩杂录 186,206	南濠文略 670	南沙集（莫止） 575
男王后 994,1080	南湖稿 582	南沙集（熊过） 690
南安府志 716	南湖集 9	南山类稿 583
南北词广韵选 1120	南湖文录 692	南山樵唱集 294
南北宫词纪 813,909,971	南华合璧集 817	南山十秀集 523
南北史钞 1056	南华拈笑 1078	南山小隐记 610
南北史同异 1169	南华山房集 817	南省奏稿 743
南北史续世说 1103	南华十转 1182	南史 994
南北史撼言 885	南华真经副墨 884,885	南枢志 1184
南北音律 128	南还稿 844	南宋名臣言行录 575,615
南北直隶十三省府州县正佐首领全号宦林便览 908	南还杂著 1088	南台奏稿 521
	南畿志 464,708,726	南唐烈祖开基记 10
南昌府志 648	南畿志图 726	南唐书 1139
南城召对集 726	南京都察院志 941	南西厢记 721,1143
南川冰蘖全集 641	南京翰林院志 1078	南溪草堂集（范能） 231
南船记 848	南京户部题名记 628	南溪草堂集（孙俊） 335
南词叙录 798,808,948	南京礼部主客司题名记 677	南霞集 833
南词引正（曲律） 761,763,875,904	南京吏部志 723	南行稿（宋子环） 286
	南京太常寺志 854	南行稿（叶砥） 244
南词韵选 805,875,893,982,1021	南京太仆寺志 896	南行纪咏 243,247
	南京詹事府志 456	南雄府志 742
南词正韵 1080	南京志 725	南巡录 596
南村诗集 186	南靖县志 973	南巡日录 752
南都稿 750	南九宫词谱 1021	南阳法书表 1179
南峰乐府 759	南九宫谱 771,1021	南阳府志 300,684,778,881,1088
南峰全集 1014	南九宫十三调曲谱 953,1021	
南峰逸稿 759	南康府志 626	南阳稿 429
南浮集 870	南康县志 793	南阳名画表 1179
南皋子集 513	南柯记 977,1047	南阳杂稿 120
南宫词纪 999,1130	南来堂诗集 1165	南崖日讲集 535
南宫集 112	南览录 799	南野文选 790
南宫县志 712,808,1063	南里类稿 452	南夷书 199,325
南宫续史断 147	南泠集 769	南音 1181
南宫奏稿 768	南门续集 790,810	南音三籁 1183
南宫奏议 844	南门仲子集 810	南雍集 794
南馆集 716,740	南明集 144	南雍诚勖浅言 1014
南归集 186,206	南宁府志 724,826	南雍旧志 461
南归纪行 39	南宁集 206	南雍寓稿 282
南国贤书 990	南平县志 656	南雍志（黄佐） 839
南海县志 1015,1164,1173	南屏集 759	南雍志（吴节） 365
南海杂录 624	南坡集 297	南廱志训 715

南游 56
南游稿 1022
南游会记 863
南游集(梅鼎祚) 888
南游集(日本桂庵玄树) 604
南游集(屠隆) 1000
南游集(王宾) 53
南游记 1065,1152
南游漫稿 659
南有堂诗集 1030
南园漫录 625
南园漫兴 615
南原集 657
南岳风咏稿 744
南岳商语 1011,1030
南斋摘稿 420
南诏稿 208
南诏事略 832
南诏野史 775
南征纪行录 264
南征录 392,527
南中集抄 786
南州集 506
南庄稿 733
难经本义 118
难经博议 118
难经补注 252
讷居文集 158
讷溪奏疏 851
嫩真草堂集 1053
能显解脱道论 283
尼山毓圣年谱 1182
倪高士(倪瓒)年谱 61
倪汝敬集 381
倪维岳集 245
倪文僖集 452
倪文正公文集 1184
倪小野集(小野集) 589
倪云林诗集 61
倪云林先生文集 381
拟古乐府 582
拟古乐府通考 844
拟学编 830,854

拟学小记 893
逆臣录 138,139
逆耳集 336
拈雪窦拈古 119
廿一史识余 1182
念庵集 827
念庵文集 318
念初堂集 990
鸟鼠山人小集 813
涅槃会疏 1100
聂铉文集 113
宁波府简要志 387,445
宁波府志 7,186,360,812,882
宁淡语 1063
宁德县志 724,937,1151
宁都县志 942
宁藩书目 738
宁国府志 716,881,1040
宁国县志 771
宁海县志 161,591,1128
宁海州志 763
宁化县志 1142
宁津县志 926
宁夏新志 565,733
宁夏志 981
宁阳县志 985
宁远县志 922,960
宁志备考 1119
宁州志 746
凝清集 527
凝斋笔语 641
凝斋集 641
凝真稿 303
牛首山志 881,886
牛书 1016
农曹草 1138
农圃四书 734
农舍祀先录 338
农事机要 319
农说 858
农丈人文集 891
弄珠楼 1080
女范编(古今女范) 986

女红纱 1163
女诫 1,4,15,274
女侠韦十一娘传 869
女真通考 1070

O

欧阳恭简公集 753
欧阳南野集 790
欧阳先生文粹 763
欧虞部集 861,957
瓯东私录 786
瓯东文集 786
鸥盟堂集 917
鸥汀长古集 614
鸥园新曲 768
偶笔 1182
偶记 1004
偶客谈 761
耦耕堂诗集文集 1179

P

葩经或问 301
葩经衍义 338
牌行南宁府延师讲礼 681
潘方凯墨序 1110
潘氏族谱 322
潘司空奏疏 957
沜东乐府 734
庞眉生集 927
鲍翁家藏集 283,504,505,532,583
泡影集 167
裴湛和合 1009
沛县志 746
沛志 965
佩黄杂录 884
佩玉斋类稿 41
朋党说 1041
彭城志 303

彭惠安集 532	平定交南录 479	破山兴福寺志 1179
彭文思集 539,540	平定州志 956	破砚斋集 1022
彭文宪集 439	平反录 400	裒玉集 871
彭溪稿 5	平海记略 196	莆田人物志 7
彭泽县志 898	平汉录 743	莆阳文献 430,669,729
蓬庵集 391	平濠记 870	菩提道次第广论 175
蓬窗稿 802,817	平胡录 712	菩提道次第略论 175
蓬窗类记 666,678	平湖县志 1104	菩提道讲义 175
蓬窗日录 955	平居集 253	蒲庵集 87,134
蓬蜗集 93	平凉府志 812,849	蒲庵集外集 134
蓬轩吴记 666,759	平陵东赋 804	蒲城县志 1015
蓬州志 636	平露堂集 1147	蒲圻县志 765
篷樕夜话 1143	平蛮录 560,597	蒲山集 62
捧腹编 1057,1080	平漠北诗 155	蒲山牧唱 62
批点分类诚斋先生文脍前后集 861	平桥稿 384,401	蒲室集 49
批点考工记 1030	平戎兵式 519	蒲台县志 937
批点唐音 755	平山县续录志 793	蒲塘集 542
批点玉茗堂牡丹亭叙 1079	平恕录 224	蒲州志 538,591,808
批评水浒传述语 1020	平望镇志 493	璞庵医案 494
批云汇集 847	平倭四疏 723	濮州志 678,816,895
毗陵人品记 185,253,258,265, 280,319,341,400,401,532,591, 713,1088	平吴录 583	朴庵集 1172
	平阳府志 161,1041	朴庵文集 768
	平阳县志 298,517,857	朴亭雅集 778
毗陵人物志 994	平阳志 298,640	浦江柳氏宗谱 16
毗陵正学编 713,820	平妖传叙 1063	浦江县志 56,210,1151
埤雅广要 370	平原县志 934	浦江志略 673,677
琵琶记 40,874,966,969,1080, 1160	平远图 1174	浦舍人诗集(东海生集) 88
	平斋老人传 549	浦阳人物记 96
甓余杂集 776	平治活法 157	普安州志 771
偏旁辨证 54,92	评定周易参同契 974	普集(陈眉公普秘笈一集) 1004
篇海类编 97	评注八代文宗 1005	
骈雅 921,930	凭几集 733,755	普济方 200,262
骈志 1003,1053	苹野纂闻 735	普明如来无为了义宝卷 783
骈字凭霄 1045	屏居集 878,966	普宁县志略 1019
贫乐集 114	屏岚书屋稿 600	普陀山志 798,992
贫士传 705,871	屏山佳趣 269	谱略 75
平播记 981	瓶花斋集 986	谱双 615
平播全书 1026	瓶花斋杂录 1022	瀑园志 1184
平播始末 1053	瓶史 986	
平巢事迹考 1169	萍居稿 172	
平川遗稿 659	蘋溪集 733	**Q**
平澹集 159	坡仙集 977	
	破山寺志 1119	七幅庵草 1028

七国考 1173
七桧山人词 805
七桧山人古虞文录 720
七克 1109
七录斋集 1169
七录斋近集 1168
七笙 1168
七十二家文选 1165
七十行戍稿 808
七十一云峰诗草 114
七襄章 1088
七星诗文存 443
七修类稿 26,187,839
七言律细 817
七音通轨 921
七音字母 15
七政推步 445
七政真数 954
七字书（兵权） 1142
栖碧先生黄杨集 153
栖霞编 951
栖霞稿 912
栖霞小志 886
栖真馆集 1000
期斋集 922
漆园卮言 1134
祁门县志 976
祁氏奏议稿 485
齐东绝倒 1054
齐东县志 1049
齐东野语 81
齐家图谱 156
齐梁集 805
齐山诗集 527
齐山文集 447
奇见异闻笔坡丛胜 582
奇经八脉考 948
奇赏斋古文汇编 1139
奇游漫记 844
奇忠志 269
祈泽寺志 886
耆龄考终录 817
耆英会 1169

淇县志 698,755
畦乐诗集 214
旗亭记 988
蕲水县志 763
蕲州志 694,716
乞求真儒疏 722
乞养堂稿 666
屺雁哀 1147
启隽类函 1052
启蒙集 543
启蒙意见 742
启新斋易像抄 1021
启新斋易像续抄 1021
启祯野乘 1182
杞乘 973
杞县志 758
绮合绣扬集 949
气遗集 746
气志吟 931
气质说 1041
弃官救友 1080
契翁中说录（中说、中说指归） 432
千百年眼 1037
千古尚论录 1156
千家姓 95,1065
千金堤志 1035
千金记 661
千片雪 966,1129
千顷堂书目 5,8,10,13,14,15,16,17,20,21,22,24,28,31,33,36,40,50,54,55,58,60,61,66,68,75,77,78,83,84,86,92,98,103,106,107,113,114,115,116,120,121,123,130,131,134,137,142,143,147,148,149,150,152,154,155,156,157,158,159,160,161,165,168,171,174,175,176,180,183,185,186,187,190,192,195,197,208,218,221,223,227,235,240,244,245,248,250,251,252,253,254,255,256,265,271,274,279,280,281,285,289,291,293,297,301,303,305,308,311,312,314,322,325,326,327,335,336,338,340,345,351,352,356,357,360,363,365,366,370,372,377,380,381,383,384,388,391,394,398,399,400,401,403,405,407,412,417,420,421,423,424,428,429,430,432,433,438,440,443,444,445,447,454,455,459,466,467,483,484,485,486,488,495,496,497,498,500,503,506,508,517,522,524,530,532,535,537,546,547,549,553,554,555,557,563,565,569,570,571,575,582,583,587,588,589,591,593,613,634,699,709,801,816,832,837,1155
千秋日鉴录 456
千文四通 567
千一录 1025
铅山县志 89,669
铅书 1052
铅虚集 506
谦光堂诗集 738
谦斋稿 14
谦斋文录 453,464,555
前峰漫稿 673
前汉通纪 730
前唐十二家诗 990,1080
前溪集 666
钤山堂集 808,844
钤山堂书画记 904
虔南公移录 785
虔台舆图要览 1003
钱翰撰集 218
钱卢两先生读杜合刻 1183
钱麓屏遗集 917
钱启新集 1021
钱罄室杂录 885
钱氏传芳集 366,404
钱太史评注李于鳞唐诗选玉 1065
钱塘怀古 1077
钱塘县志 1015
钱习礼文集 384

钱子测语 771	樵云集(李质) 93	青城山人集 227
乾坤清气集 18,241	樵云诗集 768	青城县志 1029
乾坤生意 332	切韵心法秘要 364	青金集 91
乾坤说 1075	切韵指南 1026	青颈大悲观自在菩萨修习要法 294
乾坤体义 894,999	切韵指掌图检之例 67	
乾州志 838,1133	窃符记 1035	青居山房稿 918
潜初杂集 1110	箧余 1138	青藜馆集 888
潜初子集 1110	锲二王分类批点注释国朝名儒垂世胪言 927	青莲觞咏 966,1129
潜坤集 790		青楼韵语 1046
潜确居类书 1120,1139,1183	锲品皇明资治通纪钞 952	青萝馆诗 886
潜书 120	钦定逆案 1111	青萝文集 809
潜溪内外集 96	钦明大狱录 675	青泥莲花记 977,1043
潜学稿 885,943,1007	钦州志 729	青泥院记 1136
潜斋集(陈宣) 459	芹山集 817	青浦县志 965
潜斋集(沈玄) 283	芹游集 206	青虬记 974
黔草 1053	秦安志 712	青雀集 848
黔记 1064	秦边遗事 1146	青衫记 942,961
黔南类编 857,931	秦汉人文选玉 1009	青神县志 778,1003
黔中小稿 777	秦汉图记 985	青石遗稿 816
遣使 989	秦汉文 738	青史 461
遣兴集(曹英) 380	秦汉文抄 1139	青史衮钺 839
遣兴集(严子敏) 188	秦汉文衡 35,75	青琐献纳稿 464
倩女离魂 1080	秦汉印统 966	青棠诗集 957
蒨园集 869	秦淮群媖诗 1129	青田县志 365
强斋集(殷强斋先生文集) 26,74,102	秦淮士女表 875	青田杂录(青田语录) 437
	秦氏家训 580,592	青溪漫稿 509,566
墙东集 802	秦玺始末 1174	青溪社稿 856
抢揄子评古 994	秦襄毅公年谱 724	青溪诗集 723,802
敲月轩词稿 1035	秦襄毅公自订年谱 580,592	青霞集 802
乔合衫襟记 1183	秦游记事(秦游纪事) 1053	青箱集 1184
乔庄简公集 665	秦游纪事(秦游记事) 988	青箱余 1064
侨庵诗余 349	秦斋怨 1147	青岩丛录 57,93
桥门集 394	琴川新志 208,325	青岩稿 312
桥门听雨诗 210	琴谱 98,408,816	青阳先生忠节附录 6
樵海集 73	琴谱瑟谱 816	青阳县志 952
樵林摘稿 424	琴阮启蒙 332	青旸集 58
樵论 801	琴瑟合奏谱序 1015	青杨集 332
樵山钓水歌 1129	琴书大全 934	青屿稿 642
樵史补遗 73	琴溪集 614	青屿奏议 642
樵玉稿 522	琴心记 912	青原嘉会语 704
樵云稿(樵云独唱集,叶颙) 158	琴轩集 358	青原易著 767
	勤政要典 348	青云集 234
樵云集(丁晋) 250	沁南稿 869	青州风土记 1078

青州府志 831,1041	琼台集 531	曲品（吕天成） 627,986,1034, 1054,1079
清波堂记 850	琼台类稿 501,531	曲品（祁彪佳） 1136,1164
清朝圣政 1109	琼台诗话 460,706	曲洧新闻 1010
清芬阁集 1114	琼台外纪 328	曲沃先贤事迹略 668
清风亭稿 549	琼台先生诗话 1080	曲沃县志 668,778
清和稿 490	琼台吟稿 501,531	曲藻 627,805
清河书画表 1179	琼台志 651	屈宋古音考 1037
清河书画舫 61,390,1046,1179	蛮吟稿 528	屈宋古音义 1050
清河县志 778,831,895	蛮吟集 739	屈陶合刻 1075
清江贝先生集 87	丘陵学山（王完） 848	胸冈集 749
清江诗集 87	丘陵学山（王文禄） 908	蘧编（叶文忠公自编年谱） 1119
清江文集 47,87	丘县志 877	蘧庐稿 889
清江县志 1173	邱文庄集 531	瞿仙史略 332
清节 122	秋碧乐府 652	瞿仙文谱 332
清介叟家集叙 627	秋林集（陈勉） 315	瞿仙西江诗法 702
清类天文分野之书 68	秋林集（王亨） 160	瞿仙肘后经 812
清流县志 755	秋山漫稿 621	衢州府志 16,161,407,530,575, 826,1078
清秘阁集 61	秋社篇 912	
清平山堂话本 738	秋士史疑 1115	取节录 1151
清秋唱和集 753	秋水亭草 1080	去伪斋全集 1053
清权山人集 932	秋水轩诗稿 46	去吴七牍 986
清权堂集 1174	秋台集（陆昶） 345	全庵记 244
清暑笔谈 892	秋台集（余志） 394	全边纪略 1109
清溪 122	秋台清话 397	全德记 1030
清溪集（卢熊） 93	秋台诗话 434	全汉志传 838,1152
清溪集（张洪） 325	秋香百泳 195	全河图说 970
清溪暇笔 428	秋箫记 1141	全椒县志 1063
清诒堂制义稿 1160	秋厓奏议 776	全辽志 837
清音阁集 881,961	秋谦诗集 1167	全黔纪略 1165
清音阁四种 961	秋吟稿 77	全陕政要 660
清苑县志 668,724	求道录 1172	全史论赞 836,919
情史类略（情史、情天宝鉴） 1070	求儆书 932,934	全室外集 134
情邮记 1120,1173	求仁编 1159	全室西游集 134
请储沥疏 1020	求仁录 623	全书 861
庆阳府志 627,801	求退录 620,629	全蜀艺文志 742
庆元县志 881,1052,1173	求心录 705	全唐名家诗集 1088
庆云稿 490	求志园集 874	全天集 357
庆云县志 884	虹髯翁 1183	全潍纪略 1173
箐斋读书录 513	曲阜县志 1142	全吴筹患预防录 1139
琼管山海图说 817	曲海总目提要 1169	全像忠义水浒志传评林 1065
琼花镜 1147	曲律（南词引正,魏良辅） 904	全幼心鉴 410
琼花谱 489	曲律（王骥德） 1009,1019, 1079,1080,1095	权宜 989
琼林雅韵 163,466		

泉坊议事录 816	饶南九府图说 927	日录（吴与弼） 414,415
泉坡文集 342	饶阳县志 981,1015	日省编 280
泉上稿 677	饶州府志 265,615	日省录 705,962
泉上杂语 992	人代纪要 804	日省篇 623
泉水葛氏族谱 177	人镜阳秋 974,977	日省斋杂著 927
泉隐图 1174	人伦师表 386	日史 714
泉斋勿药集 679	人瑞翁集 904	日闻录 16
泉州府志 1029,1125	人瑞轩集 373	戎政录 775
铨司存稿 726	人身说概 1179	荣河县志 724
劝戒图说 1100	人身图说 1121	荣进集 112
确庵稿 443	人相大成 376	容春堂前后集 633
确庵集 1146	人义 1173	容春堂杂抄 679
确山县志 801	仁峰文集 596	容漆轩草 349
确轩集 8	仁和县志 770	容山钟秀集 538
阙编 948	仁化县志 801,952	容思文集 472
阙里书 1079	仁怀厅志 447	容台集（董其昌） 61,1119
阙里志 578,590,650,1014,1182	仁恕堂录 824	容台集（皇甫录） 733
群芳谱 1070	仁王护国经 294	容台诗集 1148
群芳清玩 1115	仁文商语 1011,1030	容台文集 1148
群公小简 438	仁狱类编 864	容台小草 1089
群经辨疑 513	仁宗实录（仁宗昭皇帝实录）	蓉川集 709
群经类要 151,152	248,257,258,263,337	蓉山集 849
群经指要（群经要旨） 116	壬午功臣别录 617	榕坛问业 1135,1147
群书备考 1005	壬午功臣爵赏录 489,617,669	柔克斋集 40
群书备数 150,336	壬戌纪行 820,858	如此斋集 1056
群书集事渊海 17,620	壬子年拾遗记 708	如皋县志 1052
群书拾唾 150	忍书 726	茹草编 965,1129
群书纂粹 1038	认理提纲 1041	儒家宗统谱 274,289
群书纂类 336	认真草 1138	儒教辨正 958
群书纂要 751	认真子集 476	儒林全传 931,1003
群仙事略记 493	任丘志集 884	儒学管见 746
群贤要语 881	任县志 847	儒宗统谱（儒学宗统谱） 1024
群县释名 1053	日本补遗志 183,325	汝南遗事 868
群音类选 989	日本国考略 660	汝南志 1010
群英杂言 34	日本考 942	汝州志 596,960
群玉集 1165	日本图说 816	入楚吟 725,747
群玉楼集 799	日躔表 1124	入蜀短吟小叙 786
群忠遗录 944	日躔历指 1124	入蜀稿 805
	日抄语录 593	蕤池草 1053
	日记存疑 787	蕊渊集 1148
R	日讲录 1079	芮城县志 861
	日历 21,52,58,60,74,944	瑞安县志 227,793
让溪堂草稿 832	日录（娄谅） 394,407,514	瑞昌县志 854

瑞鹤堂近稿 839
瑞金县志 746,989
瑞莲集 767
瑞龙歌 887
瑞鹿赋 704,739
瑞泉集 739
瑞石稿 786
瑞世良英 1151
瑞阳阿集 974
瑞芝记 694
瑞州府志 114,626,1109
润州先贤录 390
若金集 224

S

塞语 708
三巴稿 453
三边总图 1100
三才考略 846
三才日历志 693
三才图会 1015,1038
三朝恩荣录 280
三朝国史 962
三朝辽事实录 1155
三朝圣谕录 66,315,321,901,944
三朝政要 1168
三传 108,812
三代遗书 952
三都刘氏族谱 177
三坟补逸 908,987
三辅黄图 530,785
三关志 754
三官赐福妙经 1003
三官经 831,995,1034
三国类钞 862
三国文章类抄 885
三国演义 656,848
三国志 959,985,1126,1157
三国志传 1065
三国志传评林 1152

三国志通俗演义 169,527,656,838
三国志通俗演义引 656
三国志注钞 1048
三华集 337
三家村老委谈（花当阁丛谈） 1120
三家宫词 1095
三家咏物诗 1076
三江遗稿 661
三教分摘便览 970
三教会编 970
三近斋稿（妫蜼子） 63
三近斋语录 713
三晋摘稿 1184
三经词 967
三经易集说 579
三境图论 168
三君咏 1149
三礼订讹 514
三礼定讹 394
三礼考注 177
三礼图 505
三礼仪略（三礼仪略举要） 555
三略 1129
三命珠钤 1070
三难轩质正 768
三儒类要 1025
三山诗 1032
三生传 996
三省集 543
三十代天师虚靖真君语录 146
三十六家唐诗 735
三石山房集 182
三史钩玄 35,75
三史统 1182
三史统类臆断 892
三祀志 1139
三遂平妖传 169,1063
三台文献录 797
三畏斋集 245
三吴水利便览 1033,1059
三吴水利录 543,758,858

三吴水利论 735
三吴文献志 961
三五元书 475
三喜十卷书 576,721
三喜直指篇 576,721
三峡山水记 805
三先生易说 589
三湘集 394
三续百川学海 72,187
三宜录 1138
三易洞玑 1055,1061,1115
三易集 1147
三余集 250
三馀赘笔 187,584
三元记 661
三原县志 471
三忠文选 748,1070
三洲稿 719
三注钞 1048
三祝记 1011
三子通义 831
桑子庸言 577
桑梓录 985
桑梓五防 1162
丧记 687
丧祭礼举要 106
丧祭杂说 1162
丧礼备纂 716,816
丧礼书 380
丧礼酌宜 546
骚坛白战录 720
骚选 804
骚苑 735
扫余之余 1063
啬庵集 180
瑟谱 816,1026
沙涤难经 355
沙哈鲁遣使中国记 237
沙弥律仪要略 1042
沙南方氏族谱 1003
沙溪集 764
沙县志 755
砂冈集 105

山庵杂录 66,67,119	删补晋书(晋书定本、晋书注) 1159	346
山草堂集 1065		上虞县志 159,235,311,1003
山窗馀稿 12	删定四书大全 1158	上元县志 946,971
山村遗稿 271	删改史论 770,840,1003	尚宝实录 627
山带阁集 401,793,817	删改四书朱子集注 496	尚宾集 24
山东甲子乡试录 775	删正纲目通鉴 1110	尚絅斋集 137
山东泉志 627	珊瑚木难 60,620	尚理编 320
山东通志 458,503,705,726	珊瑚网(汪氏珊瑚网) 1178	尚论编(印须子评、借绿轩编辑) 1182
山东盐法志 807	陕西通志 742,1024	
山房清事 832	陕西行都司志 799	尚论编(邹泉) 922
山房杂录 1042	陕西志 438,735	尚史 1154
山歌 1138	陕州志 898	尚书辨误 443
山谷禅喜集 1070	苦次说 1151	尚书别解 506
山海关志 712	剡溪笔谈 898	尚书补传 325
山海经补注 789,994	剡中会语 979	尚书补注 231
山海经释义 832,965	善卷洞铭 684	尚书传 142
山海经水经合刻 708	善鸣集 251	尚书该义 107
山海漫谈 805	善权寺古今文录 582	尚书古义 9
山海舆地图 909,986	善行 1027	尚书集义 67,68
山海注 1076	善谑录 726	尚书家训 1151
山居 56	善知识苦海回头记 726	尚书讲义 882
山居草 1016	伤寒海底眼 261	尚书经义 114
山居文稿 847	伤寒立法考 134	尚书句解 582
山居咏 1183	伤寒六书 705	尚书口义 352
山居杂咏 408	伤寒全生集 252	尚书困学 730
山居杂志 1064	伤寒心要 55	尚书旁注 39
山林憔唱 170	商城县志 778	尚书日记 956,974
山樵编 1150	商河县志 918,1151	尚书说要 743
山樵暇语 684	商略商南县集 781	尚书叙录 729,858
山泉集 602	商丘县志 904	尚书要旨 1035
山水册 1174	商文毅藏书目 480	尚书臆解 1021
山堂萃稿 738,758,775	商文毅公集 480	尚书直指 238
山堂辑稿 837	商文毅疏稿略 480	尚书卓跃 366
山堂肆考 1064	商子 1110	尚书纂注 247,978
山堂琐语 776	筋政 1003,1004,1022	尚素斋集 299
山西集 122	赏溪吟稿 505	尚友集(曹宗儒) 116
山西通志 437,478,826,855,1115	上池杂识 913	尚友集(李熙) 665
	上方石湖图咏 406	尚友录 1069
山西志 357	上高县志 790	尚友堂稿 1050
山阴县志 746,778,1115	上谷奏草 392,434,435	尚友斋集 59
山月轩读书记 194	上海县志 665,926	尚约居士集 236,397
山斋集 729	上海志 581,993	尚直编 320
山中集 755	上清灵宝济度大成金书 282,	茗上愚公传 1070

苕溪集　544	神奇秘谱　261,332,754	省括编　976
苕源存稿　787	神器谱　970,989	省愆稿　782
韶州府志　742	神僧传　232	省愆集　255,337,338
少村漫稿　840	神仙传　238,966	省事录　995
少鹊诗稿　725	神医胗籍　428	省台集　632
少湖集　698	神隐(壶天神隐)　208,332	省斋集　565
少湖文集　905	神隐志　183,332	圣朝名世考　1024
少华集　730	神宗实录　859,867,872,873,	圣朝泰交录　1060
少岷拾存稿　805	875,879,890,894,906,915,924,	圣朝文纂　312
少卿集　1168	928,932,933,936,944,968,971,	圣典　1033
少室山房笔丛　987	972,983,996,1001,1006,1014,	圣方济各·沙勿略传　897
少室山房类稿　987	1026,1027,1032,1035,1039,	圣观自在略求修　293
少室山房四集　1053	1044,1051,1054,1090,1099,	圣观自在菩萨求修　293
少微通鉴节要外记续编　596	1117,1131	圣迹图　596,768
少岳山人集　862	沈国勉学书院集　938,1109	圣济总录　762
邵潜夫别集　1099	沈邱县志　694	圣驾临雍录(毛澄撰。费闿著
邵文庄公年谱　1100	沈石田先生诗文集　1118	有同名书)　661
邵武府志　590,746,1057	沈氏农书　1178	圣门年谱　921
邵杨诗微　1116	沈太史郊居遗稿　900	圣门人物志　946,1053
绍兴府乡贤考次　1151	沈阳图　1070	圣门通考　921
绍兴府志　16,43,124,196,311,	审济录　464	圣门续考　921
401,444,464,497,521,922,927	慎庵集(李鉴)　314	圣门志　1087
射堂诗钞　1043	慎庵集(彭琉)　376	圣寿万年历　954,1026
射阳先生存稿　899,934	慎庵集(王暹)　397	圣授图理数解　902
涉江集　1076	慎独斋集　309	圣宋皇祐新乐图记　1025
涉史雄谭　959	慎修堂集　1050	圣学嫡派　1034,1095
涉县志　838	慎言　677,705,716,725	圣学范围图　1110
摄山栖霞寺志　904	慎言集训　650	圣学格物通　669,812
摄身众妙方　851	慎斋稿　329	圣学心法　210,464,744
摄生要义序　628	慎斋集　424	圣学宗要　1138
摄园草　1181	慎斋野史　484	圣谕衍　893
申法　805	升庵集　809	圣政　1001
申鉴　734	升庵全集　982	圣政记　66,75,944
申雅　1149	升庵十五种　691	圣祖御书　925
呻吟语　947,1053	生白斋集　453	盛明百家诗选　1088
深翠轩诗文　128,635	声律发蒙　441	盛明百家诗选姓氏爵里　1053
深衣考(夏时正)　555	声律发蒙解注　149	盛明十二家诗选　755,866
深衣考(朱右)　35,74,75	声音文字通　147,192	盛明杂剧　1115,1183
深衣图考　26	声韵分合图　1080	盛世新声　633
深衣注疏　425	省庵集(侯润)　285	盛唐诗选　54
神道大编　1136	省庵集(金铣)　387,493	盛御医集(流光集)　312
神庙留中奏疏　1075	省躬录　118,165	嵊县志　431,433,565,898,926,
神女记　974,1054	省觉录　995	1116

师表 1037	诗经通解 633	诗学正蒙 415
师服问 686	诗经图史合考 1089	诗学正宗 655
师友话言 73	诗经详释(诗经增释) 265	诗演义 130,131
诗本音 1177	诗经义 8	诗疑大鸣录 291
诗传 131,702,724,823	诗经原体 1012	诗义(吴简) 43
诗传存疑 787	诗经约说 922	诗义(徐森) 159
诗传旁通 633	诗经正葩 269	诗义集说 372
诗传通证 256	诗经直指 356	诗意 1120
诗词杂俎 1173	诗经注疏 933	诗余 1054,1129
诗粹 34	诗经总旨 174	诗余图谱 747
诗法钩玄 424	诗经纂注 1089	诗源辨体 1129
诗格 332	诗隽类函 1016	诗苑繁英 922
诗故 921,1088	诗考 974	诗韵辑略 851
诗函 1182	诗口义 274	诗韵辑要 1030
诗话补遗 809	诗林伐柯 797	诗韵释义 645,1087
诗话旧闻 73	诗律 162	诗正义 325
诗话类抄 599	诗略 1101	诗宗韵海 358
诗话总龟 754	诗谱(周是修) 176	狮吼记 1130,1132
诗缉 839	诗谱(朱权) 332	狮山文集 632
诗集传解 159	诗删 5	狮子吼观音求修 294
诗集传音义会通 50	诗商 993	蓍法别传 823
诗集义 176	诗史 870	十初文集 366
诗记 8	诗书二经心法 206	十处士传 392
诗纪 812	诗书题断(四书题断外书) 34	十段关 252
诗解颐 115	诗说(方以智) 1164	十二公事 279
诗经备考 1089	诗说(张邦奇) 752	十二家唐诗 782
诗经存固 918	诗说解颐 823	十二经络治疗溯源 15
诗经逢源 1179	诗说质疑 527	十二子 838
诗经钩旨 221	诗私钞 502	十九史节略 708
诗经胡传 1177	诗数 98,987	十九史略 15,724
诗经集解(范理) 429	诗宿 1088	十七史 113,1108
诗经集解(黄谏) 375	诗所 990	十七贴 1030
诗经辑说 899	诗坛丛韵 484	十三调南曲音节谱 771
诗经讲说 126	诗谈 580	十三经 53,1094,1108
诗经讲义(吴欽) 893	诗通(陆化熙) 1033	十三经注疏 836,925,946,952,
诗经讲义(郑满) 516	诗通(朱荃宰) 1154	1164
诗经解 734	诗文原始 854	十四经发挥 118,119
诗经金丹 1110	诗小序 176	十四经穴歌 118
诗经金丹汇考 1110	诗学 543	十孝记 989
诗经难字 1110	诗学会海大成 970	十元人集 61
诗经旁通 194	诗学解 1116	十洲宫词 862
诗经世本古义 1184	诗学权舆 331	十竹斋书画谱 1104
诗经说通 1080	诗学事类 854	石壁谏垣稿 471

著作索引　1351

石仓十二代诗选（历代诗选） 1124
石巢存稿 575
石城霞外集 235
石池稿 746
石池诗文稿 640
石初集 87,326
石川集 629
石淙类稿 695
石淙山人漫稿 802
石埭县志 798,994
石点头 1104
石峰奏议 603
石冈集 709
石谷韵语 478
石鼓歌 664
石鼓书院志 632
石鼓文正误 726
石湖文略 698
石湖志 501
石经旧本大学 1021
石居漫兴稿 623
石居遗稿 413
石匮书 1109
石龙庵诗草 845
石龙集 443,779
石间山房集 941
石马冲 1171
石门集（冯惟敏） 935
石门集（梁寅） 130,131
石门集（卢熊） 93
石民四十集 1070,1169
石阡府志 544
石渠意见 555,604
石泉山房集 804
石藁集 1141
石潭存稿 325
石潭易传撮要 325
石田集 323,607
石田吟稿 272
石田杂记 467
石亭杂录 726
石屋闲钞 490

石溪集 650
石溪文集 349
石秀斋集 923
石崖稿 553
石崖集（丁镛） 412
石崖集（黄溥） 331
石阳山人病诗 746
石阳山人建州集 746
石阳山人蠡海 746
石隐园藏稿 1156
石语斋集 1100
石园集 1074
石斋集 691
石钟山志 276,355,604
石仲濂集 143
时略 1101
时事大异 988
时思仪略 121
时务策 846
时物典汇 1143
时习新知 1161
识大录 1173
识仁答语 1015
识仁篇 853
实政录 970,1053
拾遗方 252
拾遗集 507
拾遗书 626,641
食货录 665
史裁 1139
史乘纂误 1033
史待 1019
史断（梁寅） 131
史断（朱权） 149,332
史断（徐珵） 424
史纲评要 1033,1034
史纲要领 1019
史纲纂要 1182
史阁纪闻 381
史馆献纳 743
史汉方驾 664,912
史汉评林 977,1063
史汉释诂 1108

史衡 837,871
史怀 1057,1089,1146
史荟 1052
史辑 115
史记测义 1155
史记大全 651
史记钩玄 884
史记考要 738,870,871
史记旁注 862
史记评林 877
史记奇抄 1139
史记琐琐 1161
史记要语 325
史记注语 186,187
史鉴纲目论说 1182
史进士新镌诸子纂要 1064
史镌 419
史馂 790
史考（谢肇淛） 1057,1089
史考（杨循吉） 690
史窝 980
史略（邱濬） 440
史略（宗名世） 930
史略窃言 417
史略详注补遗大成 16,724
史论（方以智） 1177
史论（张大龄） 1025
史论编 982
史品赤函 1139
史取 1064
史删 1010
史拾 1104
史书 1151
史书系韵 483
史书占毕（史书佔毕） 930
史书纂略 1040,1041
史谈补 964
史提钩 114
史通会要 694,752
史通评释 1099
史通训故 1101
史统（余大朋） 1182
史统（郑郊） 1175,1182

史外别言 621	世庙识余录 903,949,1010	是堂学诗 858
史外类抄 669	世穆两朝编年史 959,995	适楚集 489
史学撮要 447	世善堂藏书目录 1046	适情雅趣 854
史学纲领 762	世善堂书目 1050	适适斋鉴须集 980
史学提纲 43	世史 1154	谥法通考 960,1038
史学要义 881	世史类编 994	谥法纂 898
史要编 861	世史正纲(邱濬) 330,460,501, 531,550	释奠仪 265
史义拾遗 38		释国语 547,752
史余(王鏊) 665	世史正纲(孙应鳌) 823,909	释量论释 434
史余(张萱) 1168	世说新语 607,713,758,798, 892,895,913,922,1052,1079, 1089	释氏源流 479
史约 743		守成 989
史越 365		守令懿范 853
使安南集 98	世说新语补 798,913,918	守山阁丛书 528,690
使朝鲜稿 1001	世说新语注钞 1048	守溪笔记 665
使朝鲜录 824	世统本序 702	守溪长语 665
使滇杂兴 588	世统纪年 893	守约斋集 43,56
使东日录 497,572	世纬 765	守拙集(谢辅) 297
使广集 532	世宗实录 653,662,671,675, 681,682,683,686,692,693,695, 696,699,703,713,718,730,736, 740,766,825,828,834,842,846, 852,858,859,863,866,876,903, 971,1038	守拙集(朱良实) 111
使广纪行 532		首善书院碑 1128
使规 199,325,433		寿昌县志 816,918
使集 591		寿春堂集 833
使交集 112		寿欧阳彷庵先生八秩序 754
使交录 387,498		寿山文集 483
使琉球录(陈侃) 710	世宗召对录 901	寿养丛书 989
使琉球录(郭汝霖) 804	仕途录要 689	寿域神方 332
使琉球录(萧崇业、谢杰) 888	仕学集 896	寿州志 775
使南稿 375	仕意篇 734	受欧稿 926
使陕录 666	仕优稿 485	授经图传 919
使西漫兴 799	仕优小稿 421	授时历撮要(授时历法撮要) 832
使西日记 669	市隐园文记 882	
始丰稿(始丰类稿) 16,56,93, 168	式斋笔记 527	书补解 506
	式斋迩察 527,528	书传补正 39
始青阁稿 1070,1100	式斋封事录 527	书传补注 256
始兴县志 716	式斋先生文集 527	书传会选 76,141,142,143,153, 165,225,839
驶雪斋集 1130	事词类奇 903	
士林诗选 250	事类赋 702	书传集解 375
士翼政议 673	事茗辨 712	书传通释 353
世臣总录 139	事亲须知 522	书传通证(书经通证) 256
世德录 550	事物纪原集类 329,424	书法指要 822
世翰堂集 896	事物纪原删定 337	书画传习录 230
世教录 356	视草 944	书画记 1142
世经堂集 745,782,792,905	视履类编 891	书画墁录 994
世美堂稿 905	视听言动四箴 670	书画铭心录 802
	是谁集 1165	

书画想象录　1143
书祸　10
书集传发挥　74,75
书辑　752
书记洞诠　965,1043
书经辨义　521
书经存疑　691
书经定说　634
书经会注　835
书经讲解　158
书经讲义　274
书经讲义汇编　1038
书经节传　345
书经旁通　543
书经提要　297
书经体要　5
书经原始　1012
书经正蒙　583
书经直解　900
书经主意　142
书诀　702
书觉音卷　968
书论　680
书山遗集　126
书史会要　72,111,186,187,1124
书史会要续　1124
书史会要续编　72
书说　752,794
书私钞　502
书帷别记　974
书文音义便考私编　966
书学会编　385
书义　159
书义卓跃　116
书隐集　53
书苑补益　938
书韵会通　377
书斋手稿　555
书中疑误　1155
书纂　637
叔道诗文集　158
叔苴子内外篇　846
枢曹草　1138

菽园诗草　1008
菽园杂记　184,195,265,353,527,528,781
疎山遗集　849
疏香阁遗集（返生香）　1130
疏秀轩集　318
疏议　944
疏治黄河全书　892
舒城县志　892
舒文节公全集　680
秫坡集　12
蜀草　1053
蜀东抚苗实录　831
蜀都杂钞　716,752
蜀志　736
蜀中稿　799
蜀中人物记　596
述古录　645
述古书法纂　1147
述古斋集　155
恕中禅师语录　119
数术记遗　1089
数学通轨　885
墅谈　786
漱芳录　555
漱玉集　358
双串记　1141
双红记　1141
双湖集　478
双槐岁钞　25,530,544
双江文集　824
双烈记　914
双清集　101,164
双树幻钞　987
双台诗选　777
双溪点春园诗集　831
双溪集　566
双溪诗集　725
双溪文集　725
双崖集　326,353
双鱼集　1056
双鱼记　1021
霜台集　91

水部备考　869
水部稿　827
水部集　827
水部诗历　610
水东日记　88,137,187,434,435,450,479,530,781
水浒传　38,848,952,986,1004,1019,1020,1037,1083,1167,1170
水浒传叙　931
水浒记　934,1080
水浒牌　1167
水浒志传评林　1152
水经注钞　1048
水经注笺　921,1029,1041
水利集　527,528
水利书　443,543
水陆仪文　1042
水南稿　611
水南先生稿　776
水品　809,851,965
水书　1182
水天阁集　1016
水西精舍会语　783
水西居士集　730
水香阁集　1123
水暄亭集　1116
水月斋指月录（简称指月录）　956,1021
水云录　327
水洲文集　874
睡庵集　955
睡答　1145
顺昌邑志　651
顺德府志　904,934
顺德县志　128,562,590,912
顺德志　716
顺风相送　184
顺庆府志　746
顺渠先生文录　764
顺天府乡试录后序　965
顺天府志　255,478,946
说储　1025,1053
说储二集　1025

说郛　82,86,186,187,227,538,544,1019
说剑集　167
说经书　496
说经札记　770,833
说类　1105
说理会编　823
说略（顾起元）　997,1034,1088,1110
说略（黄尊素）　1101
说梦集　925
说史隽言　1025
说书　1049
说书删定小记　1049
说文长笺　1002,1095
说文解字　982,1040,1062
说文举要　921
说文质疑　921
说文字原　26
说文字原章句　93
说颐　864
说苑要语（范理）　429
说苑要语（夏埙）　453
说约　1142
说政　709
朔方新志　1049
朔方奏议　971
朔野集　708
司封集　797
司空集　514
司马书法　922
司马温公居家杂谈　1178
司马文正公集略　729
思庵集　363,473
思庵埜录　604
思庵野录　522,633
思辨录　1151
思诚斋铭　224
思古斋文集　478
思南府志　716
思亲轩稿　480
思问编　1016
思贤录　86,137

思轩文集　527,532
思玄集（思元集）　475,577,870
思玄庸言　577
思遇录　179
思则堂　866
思斋集　256
思子亭记　770
斯文会诗　386
四不如类抄 4 种　1021
四部正讹　918,987
四朝闻见录　839
四川通志　999
四川土夷考　970
四川志　636
四川总志　755,895,1057
四大部州舆图　1133
四广千文　1129
四会语录　25,84,134
四郊礼议疏　705
四节记　661
四经　1063
四礼初稿　807
四礼家仪　71
四礼图　1018
四礼仪注　620
四礼疑　1053
四礼议　1025
四礼翼　857,1053
四留堂稿　902
四六法海　1103,1134
四六函　1139
四六全书　1109
四六扎子　146
四明范氏天一阁书目　913
四明风雅　882
四明风雅录　844
四明山志　1172,1173
四明文献录（戴鲸撰）　844
四明文献录（黄润玉）　395,404
四明文献录（郑真）　44
四明文献志　665
四溟山人全集　874,875,961,995

四然斋文集　993
四声等子注　364
四声领率谱　1002
四声猿　804,948,1169
四圣一心录　1021
四时气候集解　261
四时宜忌　269
四书备考　1139
四书备遗　186,187
四书遍言　223
四书辨疑（徐森）　159
四书辨疑（杨琦）　336
四书丛说　1080
四书粹义　691
四书存疑　832
四书大全辨　1158
四书点本　58
四书儿说　974
四书古义补　711
四书荷珠录　1002
四书绘　777
四书集说启蒙（大学中庸集说启蒙、学庸集说启蒙）　159
四书讲义（高忠宪公讲义,高攀龙）　1100
四书讲义（吴钦）　893
四书解略　948
四书解义　325
四书近语　909
四书经疑问对　36
四书精解　352
四书精义　537
四书糠秕　381
四书口义　345
四书类纂　121
四书蒙引　605
四书旁训　537
四书启蒙（侯润）　285
四书启蒙（景新）　156
四书浅说　755,832
四书人物考　801,804,878
四书绍闻编　974
四书舌存　1151

四书释要 265	汜水县志 790	淞故述 172
四书说 749	似罗隐集 227	淞南集 231
四书说约（鹿善继） 1037,1078, 1148	泗水县志 960	嵩南野录 436
	泗志备边 684	嵩阳稿 162
四书说约（赵新） 281	俟后编（竢后编） 957	嵩阳集 866
四书私存 823	俟知堂集 799	嵩阳杂识 522
四书通义 265	松巢集 393	嵩渚集 839
四书问答 251	松筹堂集 759,866	宋陈少阳先生尽忠录 628
四书五经旁注 39	松窗梦语 947,948	宋大儒四子合刻 1147
四书详说 289,1024	松窗寤言 673,739	宋东莱吕成公传 1128
四书心言 1018	松风轩藏稿 784	宋东莱吕成公年谱 1128
四书训解（徐兴祖） 179	松岗集 285	宋东莱吕成公外录 1128
四书训解（张文选） 199	松江府志 115,187,352,420, 448,495,498,617,721,1108, 1119,1123	宋断 1177
四书要义 827		宋公明闹元宵 1129
四书一贯录 38		宋纪受终考 556,557,558
四书一览 116	松菊堂集 943	宋江三十六人赞 793
〈四书〉、〈易经〉存疑 774	松陵续集 111	宋景濂未刻集 97
四书翼 1022	松陵志 55,315,370,524	宋历科状元录 816
四书因问 743	松南渔唱集 195	宋辽金正统辨 38
四书音考（李果） 424	松樵集 572	宋论 415
四书音考（周宾） 394	松泉集 382	宋名家词 1120
四书音释 371	松石斋诗集 961	宋明四先生语录 1115
四书音义会编 599	松石斋文集 961,1089	宋儒会解 98
四书则 1184	松枢十九山九种 1074	宋三大臣汇志 1109
四书折衷、翼衷 922	松涛集 297	宋史阐幽 587
四书直说 120	松溪程先生年谱 912	宋史存 1137
四书朱子集注 470	松溪集 809	宋史定正 330
四书注疏大全合纂 1182	松溪文集 844	宋史发明 481
四书宗旨 1115	松溪县志 720	宋史记 1078,1101
四素山房集 1125	松弦馆琴谱 1095	宋史纪事本末 998,1080
四体千字文 604	松崖集 448	宋史偶识 1056
四喜记 801,851	松雨斋诗集 13	宋史详节 854
四忧 115	松原晤语 818	宋史新编 793,801,870,871
四游稿 982	松圆偈庵集 1179	宋史要言 130,148,177
四友斋丛说 577,851,865,866	松圆浪淘集 1179	宋史质 758,775
四友斋丛说摘抄 851	松月集 140,219	宋史纂要 1015
四友斋画论 694	松云稿 419	宋书 976
四箴疏 932	松韵录 816	宋四子抄释 720
四箴杂言 652	松韵堂集 843,977	宋四子钞释 743
四镇三关志 877	松竹园集 993	宋文宪公全集（宋学士集） 6, 18,96,97
四众弟子菩萨戒 105,293	淞故述 683	
四子全书 956	崧畦集 544	宋系统图 146
四子书 895	崧荫蛙吹 394	宋贤事汇 1047

宋学士文粹 67,79	苏原全集 809	岁时记 765
宋学士续文粹 171	苏州府志 54,56,86,93,106,	遂安县志 444,877,1028
宋遗民录（程敏政） 16,556,669	146,157,300,404,509,524	遂初斋集 726
宋遗民录（无名氏） 16	苏州府志稿 1134	碎金集 943
宋艺圃集 784	苏州府志纂修识略 838	碎金摄要 364
宋元纲目愚见管 520	苏州府纂修识略 759	燧园诗集 1045
宋元品藻 683	苏州三刺使诗 885	邃古记 1010
宋元史节要 130	苏州续志 456	邃言 698
宋元史论 799	俗书刊误 1066	孙百川文集 909
宋元四十三家集 1064	肃皇帝实录 860	孙山甫督学诗集 909
宋元通鉴 344,498,567,1139	肃皇外史（肃皇大谟） 898,	孙山甫督学文集 909
宋元通鉴纲目 359,372,375,	973,1010	孙文恪集 813
384,393,397,426,435,452,498,	肃宁县志 973	孙文正文集 1156
502,576	肃镇华夷志 1046	孙武子绎 1078
宋元通鉴续编 388	素庵集 480,540	孙武子注 43
宋元学案 7,8,9,11,13,18,24,	素庵文集 480	孙毅庵集 778
26,27,38,39,40,44,48,49,50,	素封亭稿 413	孙子本义 340
56,71,74,75,77,84,96,97,100,	素书 1129	孙子参同 965
103,104,106,116,117,120,121,	素树轩纪闻 640	孙子断注 699
123,137,147,151,152,168,177,	素亭集 494	孙子解 902
179,182,197,199,250,337,338,	素雯斋集 1119	孙子释文 549
445	素问内经遗编 308	孙宗伯尺牍 1021
宋元资治通鉴 836,844,878	素问入式运气论奥 308	孙宗伯集 1021
诵抑斋文稿 645	素问玄机原病式 587	损叟集（捐叟集） 15
送梁伯龙赴越镇之辟 819	素轩集 325	损斋备忘录 66,459
送梁伯龙谒胡尚书 819	素园存稿 1025	损斋集 459
颂天胪笔 1115	素斋稿 276	琐窗新艺 340
搜古集 131	宿迁县志 881	琐骨菩萨 1031
苏长公合集 977	宿松县志 485	
苏村小纂 482,674	宿州志 720,960	
苏郡志 433	溯芳集（寄翁集） 91	**T**
苏门稿 912	算学新说 1002,1026	
苏门集 726	睢州志 591	胎产须知 712
苏门六君子文粹 1133	隋唐两朝志传 1057	台谏奏疏存稿 484
苏米志林 1095	隋唐志传 169,1057	台省疏稿 948
苏平仲集 137	随笔录 12	台史集 656
苏山集 893	随笔小史 1059	台学源流 770,827
苏诗摘律 319,441	隋笔支离漫语	台雁游记 1100
苏氏易解 952	随机应化录 166,171	台州郡志稿 455
苏轼文粹 1139	随志 729	太白楼集 507
苏松浮粮议 816,833	随州志 633	太白山人歌 610
苏谈 26,424,759	岁差考 752	太白山人漫稿 645,646
苏文忠公表启 794	岁寒集 433	太仓考 761,944
苏文忠寓惠录 1168		

太仓事迹 208
太仓文略(陆之裘) 810
太仓文略(周复俊) 870
太仓志 497,528
太仓州志 208,237,356,420,461,471,529,560,577,669,767,810,1173
太常志 555
太古正音(太古遗音,道士冷谦) 188
太谷县志 960
太函副墨 857,949
太函集 938,949
太和堂集 629
太和县志 869
太和正音谱(北曲谱) 163,332
太湖新录 575
太华书院会语 1034
太极动静图说 472,476,725
太极葛仙公传 303
太极解 345,1151
太极说 495
太极图解 156
太极图说(谈缙) 280
太极图说(谢琚) 246
太极图说(叶应) 447
太极图说述解 271,289,1024
太极问答 770
太极心性图说 253
太狂篇 1128
太平府志 542,697
太平广记 1080
太平广记钞 1099
太平乐事 652
太平十六策 25
太平县志 733,892,956
太平御览 870
太平奏疏 227
太仆寺志 871
太上老君八十一化图说(化胡经) 702
太上诸仙法语补集 1100
太史华句 977

太史史例 831
太史一家 1075
太狩龙飞录 727
太薮外史 733,740
太微集 799
太微经 1018
太文录 693
太霞洞集 1073
太霞新奏 878,1031,1104
太玄本旨(太玄元旨) 81,82
太玄集注 672
太玄经 1099
太玄圜注 786
太玄月令经 857
太学 944
太乙诗集 750
太音大全集(太古遗音,袁均哲) 336
太原府志 1029
太原县志 778,1099
太岳太和山志 278
太宰五台先生陆公纪年事略 946
太宗实录(文皇帝实录) 173,181,189,193,194,197,201,202,204,205,206,207,209,213,215,217,220,221,222,223,229,230,232,233,235,237,238,239,242,258,263,291,337
太祖列圣宝训实录 895
太祖实录 1,2,19,20,22,28,29,30,35,42,44,46,48,51,52,56,60,63,64,70,76,81,85,86,88,89,91,94,98,99,100,105,106,107,108,111,112,113,117,118,120,121,122,123,124,125,126,127,128,129,131,132,133,135,138,139,141,142,144,148,150,154,164,165,167,169,170,173,177,178,179,180,182,183,185,188,191,192,199,208,211,214,215,219,232,233,234,235,236,238,250,256,257,262,279,306,337,342
泰安州志 496,989

泰昌日录 1094
泰和志 888
泰陵实录(明孝宗实录) 595
泰泉集 839
泰泉乡礼 839
泰山考 726
泰顺县志 1133
泰西人身说概 1121,1178
泰西水法 1028,1029,1055,1067,1109,1134
泰兴县志 965
泰岳太和山志 660
泰州志 6,464,994,1133
滩上集 723
昙花记 970,1000
谈经 1161
谈命辨 549
谈诗类要 902
谈艺录 604,615,965
谈易备忘 579
谈资 948
谭曲杂箚 1183
谭襄敏公遗集 882
谭襄敏奏议 882
谭友夏合集 1152
谭苑醍醐 809
潭西草堂忆记 1181
檀弓蒙训 798
檀弓辑注 1026
檀弓述注 869
檀园集 1109,1116
坦庵文集 288
坦斋文集(刘三吾) 165
坦斋文集(叶砥) 244
坦拙集 604
叹叹集 549
汤媪传 583
汤溪县志 433,994
汤阴精忠庙志 912
汤阴县志 1151
唐(李杜)二家诗钞评林 931
唐百家诗 733
唐伯虎先生年表 661

唐朝名画录 712	唐宋八大家文抄 1124	题塔记 1141
唐段少卿酉阳杂俎 1089	唐宋名贤历代确论 583	体仁编 1184
唐二皇甫(冉、曾)诗集 637	唐王右丞诗集注说 808	体仁说 747
唐藩镇指掌 1025	唐文鉴 553	天步真原 1177
唐抚言 1168	唐县志 958	天曹日录 532
唐纪 1167	唐雅 782	天成篇 772
唐景教碑书后 1109	唐岩文集 749	天池草 1050
唐乐苑 1043	唐音 738,762	天池存稿 943
唐类函 989,1064	唐余纪传 751,776	天池山人小稿 709
唐六名家集 1159	唐愚士诗 172	天池山人小稿五种 721
唐六如年谱 661	棠阴比事补编 371	天池声隽 721
唐律群玉 572	逃虚子集 235	天池雪堂汇稿 966
唐律诗选 146	逃虚子诗集 235	天地间集 119
唐人八家诗 1159	桃符记 1021	天风堂集 902
唐人四集 1183	桃岗讲义 809	天工开物 948,1151
唐人小集 839	桃岗目录 809	天官举正 1010
唐人选唐诗八种 1183	桃谷遗稿 614	天皇至道太清玉册 320
唐三高僧诗 1159	桃花庵集 1019	天潢玉牒 254
唐诗二十六家 790	桃花洞集 739	天机云锦 269
唐诗归 1037,1089,1152	桃溪集 54	天鉴录 1090,1097,1107
唐诗纪 1013	桃溪净稿 611	天津存稿 807
唐诗纪事 1128	桃叶编 959,1074	天津集 756
唐诗解 908,1040,1058	桃源县志 877,947	天籁阁帖 935
唐诗镜 1069	陶庵集(归子慕) 1005	天乐翁集 410
唐诗绝句精选 832	陶庵集(张璐) 149	天目山房集 862
唐诗绝句选 338,824	陶庵遗稿 1005	天目山堂集 886
唐诗类编 349	陶瓶集 964	天目山斋岁编 851
唐诗类选 857	陶情稿 158	天目游记 1100
唐诗类苑(张之象) 922	陶情乐府 809	天倪斋诗 1100
唐诗类苑(卓明卿) 918	陶氏家乘 6	天启圣德中兴颂 720
唐诗品 809	陶陶亭集 683	天衢吟啸集 59
唐诗品汇 140,162,247	陶学士集 18	天趣稿 490
唐诗十集 1058	陶振赋 165	天全堂集 1071
唐诗所 1066	讨桂编 1074	天全翁集 424
唐诗选 854	腾司志稿 599	天山草堂存稿 879
唐诗正声 247	滕王阁续集 1145	天顺日录 66,405,450,548,781,
唐十二家诗 782	滕志 912	944
唐十二名家诗 909	藤溪稿 912	天台传佛心印记注 1104
唐氏三先生集 45,92,93,251,	剔伪 668	天台山方外志 1104
283,556,558	提纲旁览 799	天台县志 221
唐书 959	题庚辰纪事 1168	天台要览 429
唐书志传 838,1152	题红记 816,903,1080	天童语录 1173
唐四家诗集 1088	题篷记 1115	天文分野书(大明清类天文分

野） 108
天文会象 279
天文略 1123
天文秘略 68
天文明解 376
天文书 799
天文志杂占 69
天问辞 1183
天问阁集 1176
天问略 1109
天下郡国利病书 1157
天下难字 1065
天象玄机 235
天心复要 488
天绚集 1110
天学初函 1004,1109,1120,1145
天隐子遗稿 977
天游小稿 186,206
天元玉历祥异赋 257,261
天原发微辩正 394
天远楼集 987
天运绍统 254
天中记 774
天主圣教启蒙 1080
天主圣教圣人行实 1115
天主圣像略说 1080
天主实录（圣教实录） 909
天柱稿 37
田间文集 1167
田居诗引 1132
田叔禾集 802
田亭草 1125
恬致堂集 1143
恬致堂诗话 1143
挑灯集异 1054
条陈时政疏 476
条麓堂集 914
韶龄集 1104
蜩笑偶书 459
铁庵诗选 989
铁网珊瑚（都穆） 670
铁网珊瑚（赵琦美） 1089
铁网珊瑚（朱存理） 61,109

铁厓先生赋 162
铁崖古乐府 38
铁砚斋稿 729
帖笺 702
汀州府志 542,678,1151
听庵集 437
听鹤轩诗集 345
听滥志 1074
听松集 158
听松文集 158
听雨纪谈 670
听雨纪谈 489,670
听雨亭稿 503
听雨轩集 18,54
廷试策 1088
廷枢纪闻 373
廷贽集 544
停骖录 694,752
停骖续录 702
霆威日记 501
梃击始末 1140
通编 1120
通漕类编 1037,1178
通川集 725,776
通奉府君遗稿（元学遗稿） 461
通惠河志 680
通惠河志事 751
通记 420
通纪 189,258,480,959,1110
通纪集要 1182
通鉴博论 149,332
通鉴测义 377
通鉴纲目 24,181,185,198,206,263,284,426,427,504,600,689,798,937
通鉴纲目附释（通鉴纲目音训） 151,152
通鉴纲目集览镌误 212,269
通鉴纲目集览正误 245,256
通鉴纲目全书 946
通鉴纲目详节 523
通鉴辑要 661
通鉴纪事本末前编 1010,1046,

1079
通鉴纪事前编 854
通鉴考证 250
通鉴前编纲目 128
通鉴全史汇编历朝传统录 1173
通鉴事类 483
通鉴释文辨误 1139
通鉴外编 1010
通鉴外纪论断 591
通鉴性理纲目 1047
通鉴续编 24
通鉴续麟 1177
通鉴正误 251
通鉴纂修要类 940
通率表 1124
通书发明 186,206
通书述解 271
通许县志 755
通雅 1119,1159,1166,1171,1172,1177
通意宜资 146
通州志 192,328,463,485,486,694,884
同官县志 1052,1164
同居集 338
同里先哲记 370
同难录 1115
同时尚论录 1133
同文备考 729,822
同文算指 1034,1120
同文指算 1109
同文字汇 1040
同姓名录 891
同异录 752
同斋稿 445
同州志 1094
同舟稿 579
彤管新编 922
彤奁续些 1147
桐城县志 507
桐川会约 880
桐川语 1043

桐村集 489	唾壶余玉 1052	万卷堂书目 60,61,517,665,919
桐庐县志 673	唾馀草 1063	万里海防图论 816,833
桐薪 1074		万历藏 990
桐夷 1043		万历开封府志 762
桐彝 973	**W**	万历起废考 1041
桐屿集 161		万历壬辰、乙未二科进士题名记 956
铜陵县志 823,922	挖煤论 1119	
童殺斋集 1003,1116	蛙池鼓吹 408	万历三大征考 1070
童蒙习句 147	蛙吹集 410	万历十九年大统历 933
童氏族谱（童伯礼） 177	蛙鸣集（郑瑾） 506	万历事实纂要 1075
童氏族谱（童常） 480	蛙鸣集（郑伉） 415	万历疏钞 1014,1088
童训 632	袜线集 247,248,308	万历丝纶录 1041
童子鸣传 884	外冈志 1123	万历武功录 1029,1047
童子鸣集 858,884	外国传 21	万历续编 892
童子启蒙 424	外科备要 308	万历续道藏 324,1007
潼川志 775	外科启钥 14	万历野获编 256,313,354,427,1003,1174
潼川州志 1057	外科新录 15	
投壶仪节 695	外科正宗 1147	万历野获编续编 1057
投梭记 1029,1120	外戚事鉴 263,265	万历重修会典 541
图解古周髀算经 1020	外史志异 989	万年历 1064
图经 221,235,1002	外史志异叙 989	万年历备考 954,1026
图书编 820,1012,1064	外台集 670	万氏家钞济世良方 799
图书考 919	外夷 1028	万氏家传济世良方 1065
图书质疑 756	外志 716,758	万氏医贯 439
图说 690,759	外制草 1038	万松遗稿 380
图象麻衣相法 1065	纨绮集 831,982	万物皆备类纂 1065
途中备用方 893	玩鹿亭稿 799	万姓统谱 8,9,11,13,23,54,59,73,95,103,107,114,142,143,159,166,183,184,192,199,207,215,217,218,221,223,234,251,253,259,264,279,281,291,297,314,320,356,357,363,380,392,393,394,413,423,425,428,433,458,470,500,505,528,569,583,591,977,1064
屠氏家藏二集 1042	玩易楼藏书目录 982	
盦山集 1093	玩易随笔 579	
土苴集 489	玩易意见 604	
土苴内外集 525	宛陵会语 825	
吐红记 1070,1116	宛平县志 942	
兔园遗册 378	宛雅 861	
兔园杂抄（兔园杂钞） 858	晚节园集 702	
湍南稿 623	晚篯子语录 762	万竹山房稿 419
团山集 645	晚唐十二家诗 1088	汪次公集 923
退庵集 296	晚香堂苏帖 1046	王百榖全集 1030,1058
退庵遗稿 274,285	琬琰录 945	王半轩先生文集 146
退朝稿 244	皖城存稿 807	王蔡青蓝集 817
蜕庵集 18	皖游录 725	王常宗集 37,54,62
蜕岩词 18	万安桥记 874	王东厓先生遗集 616
托素斋集 10	万汇仙机棋谱 1183	王端毅公奏稿 604
唾窗绒 832	万卷楼稿 962	王端毅公奏议 512

著作索引

王端毅文集 604	王心斋先生年谱 734	未发说 1041
王奉常文集 927	王心斋先生遗集 734	未轩集 604
王奉常杂著 913,927	王阳明先生全书 975	未轩漫稿 685
王恭毅驳稿 434	王阳明先生图谱 685	未学学 860
王国典礼 1041	王一庵先生遗集 895	未斋集 733
王槐斋先生年谱 607,608	王右丞年谱 798	味檗斋文集 1104
王黄州小畜集 1020	王右丞诗集注 817	味道文稿 301
王经臆说 685	王征士集 63	味梅斋稿 92
王荆石先生批评韩柳文 1020	王征士诗集 107	味水轩日记 1049,1143
王浚川所著书 752,838	王忠文公集 56,57	味易稿 356
王肯堂笺释 1028	望江县志 952	味易馀吟（周易集解味易馀吟
王李合评北西厢记 1020	望江志 265	集） 103
王龙溪先生全集 926	望莱集 660	味元堂稿 1184
王门宗旨 1020	望厓录内外编 927	味芝居士集 489
王舍人诗集（友石山房稿）	望云集 19	畏庵集 297
193,230	危学士全集（说学斋稿、云林	畏斋集 572
王氏家藏集 492,716,752	集） 49,50	尉氏县志 767
王氏家谱 576	威县志 775,1063	渭南县志 738,934,1069
王氏萍踪岁记 946,1004	微垣 629	渭上稿 967
王氏书苑 935	薇庵集 352	渭厓文集 717,734
王氏俟命遗言 1004	巍巍不动太山深根结果宝卷	魏书 959
王氏遗芳录 231	607	魏仲子集 914
王氏族谱 364	口川渊源录 454	魏子敬遗集 1096
王世贞集 187,562	为人后辨 664	温处海防图略 960
王损仲集 1101	为人后解 664	温恭毅公集 1008
王太傅集 549	为善阴骘 227,237,238,718	温县知县王侯德政记 640
王天游集（天游文集） 205,206	为政要录 150	温县志 881
王维诗集 934	韦编微言 974	温州府图志 83
王文成公年谱 685	韦斋集 223	温州府志 8,9,83,298,559,575,
王文成公全书 403,612,622,	闽中士大夫会约 965	665,720,998
685,861	惟此四字编 1008	瘟疫论 1168
王文成年谱 952	惟扬志 364,742	文安策略 288
王文端集 996	维藩清暇录 318	文安公集 641
王文端奏疏 996	维扬郡乘 835	文安县志 1123
王文肃公年谱 1009	维祯录 726	文编 798
王文肃公文集 1020	潍县志 869	文长集 948
王文肃集 532	苇轩集 502	文抄 923
王西楼乐府 695	猥谈 674	文成先生小学集解大成 371
王暹奏议 397	卫辉府志 989	文成字汇 1040
王襄敏公年谱 912	卫生易简方 390	文城集 176
王襄敏集 549	卫生针灸玄机秘要 1066	文定集 327
王襄毅公集 817	卫族考 434	文端公集 1143
王心斋年谱 734	未庵解 704	文房备览 1065

文房小说 832
文房职官谱 674
文府滑稽 1016,1100
文公小学注 247
文海披沙 1089
文翰类选大成 428,429
文华宝鉴 189,193,464
文华大训 462,463,464,482,502,523
文华大训箴解 731
文华全集 802
文皇帝实录（太宗实录） 258,259
文姬入塞 1026
文简公遗稿 661
文洁集 974
文靖疏稿 555
文恪公诗文集 1156
文恪集 1014
文林绮绣 878
文录事诗集 923
文录外集 825
文略（黄尊素） 1101
文略（朱宪㸅） 799
文脉 908
文莫堂集 1047
文穆公文集 961
文奇 1139
文起堂集 874,982
文起堂新集 982
文起堂续集 982
文石类稿 611
文氏家藏诗集 1065
文氏五家集 923
文氏五家诗 453
文氏族谱 558
文水县志 1094
文肃集 878
文肃王公奏草 1020
文太青文集 1018
文体明辨 788,854,866,893
文通 1154
文统 177

文温州集 558
文僖公集 338
文僖集 497
文宪集 56,66,84,98
文献汇编 138,549
文献全集 511
文献通考 918
文献通考纂要 862
文选补 1041
文选锦字 977
文选纂注 892
文崖集 356
文雅社约 1042
文毅集 227
文懿公集 1012
文渊阁书目 74,81,95,152,161,168,186,210,227,235,240,245,254,255,274,293,298,308,312,321,336,498
文园集（陈汤铭文集） 1104
文苑春秋 673,739
文苑群玉 572
文苑英华辨证 596
文苑英华摘粹 982
文章辨体 371,395,396
文章表录 720
文章类选 162,303
文章明辨 371
文章指南 858
闻过斋集 10,46
闻见录（刘爔） 167
闻见录（秦聚奎） 980
闻见录（吴伯通） 478
闻讲书院会语 787
闻雁斋笔谈 999,1120
雯峰集 412
问辨牍 1012
问辨录 886
问答 1020
问答节要 394
问官录 527,528
问棘邮草 1047
问剑集 1011

问津集 186,206
问马集 824
问水集 717,756
问刑条例 152,532,560,807
问学三书 1027
问疑续录 711
汶上县志 1010
翁东涯集 794
翁天小稿 733
倭变事略 804
倭情考原 965
蜗濡集 199
沃史 1029
卧痴阁汇稿 629
卧云稿 986,1080
卧云阁稿 977
卧云山房遗稿 821
乌程县志 1155
无碍集 357
无碍居士集 121
无极天主正教真传实录
无梦园集 1139
无明慧经禅师语录 1053
无声诗史 418,1124
无双补传 938
无为州志 644,684
无闻堂稿 851
无锡县志 8,34,157,160,164,195,253,257,302,313,340,356,394,506,537,575,830,869
无异元来禅师广录 1120
无隐稿 179,180
无欲篇 744
无欲斋诗 1138
无欲斋诗钞 1148
吴邦广记 93
吴澄年谱 49
吴都文粹续集 268,352,371,376,425,445,488,885
吴风录 734
吴江城记 620
吴江水考 826,848
吴江县志 55,85,125,149,370,

413,443,468,527,535,804,893
吴江修城碑阴记 816
吴江志 243,496
吴郡丹青志 823,1030
吴郡二科志 575
吴郡广记 86
吴郡考 977
吴郡图经续记 768
吴郡献征录 620
吴门晤语 821
吴民九歌 1136
吴樵稿 183
吴骚合编 1030,1151
吴骚集 878,1030
吴社编 1030
吴氏联珠集 318
吴释传 111,977
吴松诗委 926
吴淞甲乙倭变志 1114
吴文端集 742
吴文恪公大全集 371
吴文肃公摘稿 641
吴下冢墓遗文 670
吴下名贤纪录 235
吴下冢墓遗文 146,286,479
吴兴备志 1087,1111
吴兴续志 16
吴兴艺术补 1111
吴兴掌故集 809,812,851
吴邑志 690,759
吴音奇字 909
吴歈萃雅 1046
吴歈集 386
吴歈小草 1125
吴越备史图表 708
吴越纪余 610,695
吴越史 1104
吴越游编 961
吴越游稿(沈明臣) 923
吴越游稿(沈一贯) 1042
吴中二集 817
吴中稿序 660
吴中故语 317,759

吴中金石汇编 586
吴中人物志(钱毂) 885
吴中人物志(张昶) 854
吴中氏族志 93
吴中水利全书 543,1146
吴中水利通志 665
吴中往哲记 759
吴中先贤传 765
吴忠节公遗集 1179
吴竹坡文集 461
吴庄介公遗集 1184
吴子增释 340
吾吾类稿 9
吾心亦凉 1001,1031
吾学编 250,258,391,480,837,840,847,944
吾学编余 840
吾徵录 969
梧冈集 34,45,86,93,251,283,557,558
梧冈诗集 746
梧桐雨 1029
梧溪集 126
梧州府志 1123
梧竹集 338
五边典则 1125
五车韵瑞 1065
五大部直音集韵 869
五代史 985
五代史吴越世家疑辩 712
五灯会元补遗 220
五鼎记 939
五订历朝捷录百家评论 1065
五峰居士集 504,505
五峰文集 1094
五峰遗稿 540
五服集证 303
五福记 882
五官序辨 668
五湖集 871
五湖记 812
五湖游 949
五经白文 732

五经辨疑 827
五经标题 58
五经大全 182,224,225,226,235,236,401
五经发挥 699
五经格式 5
五经圭约 1151
五经稽疑 919
五经集解 218
五经讲义(文彭) 866
五经讲义(徐原) 120
五经解(支立) 392
五经解(方以正) 223
五经解(五箴解、吾导) 575
五经解义 325
五经考证 502
五经蠡测 160
五经旁训 39,982
五经旁注 1139
五经世学 702
五经疏 247
五经疏义 450
五经疏义统宗五种 1139
五经四书大全 185,191,222,223,226,260
五经四书要义 146
五经通旨 470
五经心义 832
五经研朱集 527
五经一贯 1168
五经异文 967
五经绎 791,943,1007
五经绎函史
五经臆说 601
五经余 981
五经注释 851
五经纂要 157
五叩 669
五岭奇观 389
五伦诗 10
五伦书 296,330,372,710,718,781
五伦条约 715

五伦图说 746	武功编 1184	戊申立春考证 1011
五清集 670	武功集 424	戊午吟 1053
五人墓碑记 1103	武功县志 628,640,734,1049	戊寅试笔 885
五色线（五色线集） 500	武功志 387	物类稿 314
五松清响集 8	武官续黄 667	物理所 1124
五台集 456	武进县志 78,276,998	物理小识 1124
五唐人集 1159	武经直解 655	悟心微论 292
五坞草堂集 698	武康县志 16,565,775	悟斋稿 935
五星玄珠 1070	武林稿 758	婺乡贤志 538
五星一贯 1070	武林纪事 506	婺源县志 733
五刑加减律议 738	武林怡老会诗集 948	雾灵诗集 1152
五牙元精经 97	武林游记 1100	寤歌词 1148
五雅 837	武宁县志 746,820	寤言 1181
五岳山人集 735	武平集 805	寤言寐语 1007
五岳游草（陈第） 1050	武平志 808	
五岳游草（王士性） 971	武铨邦正 762	**X**
五云稿 192	武士训戒录 124,125	
五云漫稿 408	武王伐纣平话 1064	
五云书屋稿 93	武王戒书注 130,147,177	西安县志 161
五杂俎 1089	武学经传 785	西庵集 128,576
五斋集诗纂 245	武夷风月代券付洪子歌 738	西岸大墓徐氏家乘 238
五芝纪事 1070	武夷稿 93	西滨丛话（西滨丛语、西洪丛语） 522
五陟志 1064	武夷蓝山先生诗集 168	西曹集 801
五子连珠 1142	武夷山志 6	西曹判事 974
五子书 751	武义县志 660	西槎疏草 660
五宗救 1143	武宗实录 585,594,596,599,	西昌北上稿 640
五宗原 1143	600,601,605,608,609,614,616,	西村集 540
午梦录 535	622,625,634,638,639,647,649,	西村省己录 159
午梦堂集十二种 1129,1130, 1147	653,654,655,659,661,667,668, 706,713,726,742,755,786,808,	西村十记 540
午梦堂十集 1035	809	西村杂言 540
午塘集 809	舞阳志要 716	西番事迹 702
午亭文编 1121	兀涯西汉书议 734	西方合论 974,1022
武安县志 763	勿告集 292	西峰话谈 1169
武备志（茅元仪） 277,1069, 1169	勿令子俗解八十一难经 717	西浮集 1074
武备志（王在晋） 1178	勿忘集 980	西浮籍 1074
武昌集 552	勿斋稿 335	西关志 767
武昌志 1030	勿斋集 489	西汉隽言 977
武城县志 771	务本训 212,213	西汉通俗演义 1029
武当山玄天上帝垂训 960	务本斋诗 424	西汉文 1133
武当山志 278	务头集韵 163	西汉志传 1065,1152
武定州志 767,926,1159	戊申笔记 767,974	西湖纪游 592
	戊申大统历（大统历） 15,69	西湖书院志 349

著作索引

西湖图说　503
西湖卧游图题跋　1116
西湖游览志　168,762,802
西湖游览志余　17,762,802
西湖游咏　722
西涧文集　229
西江游草　1093
西京杂记　709,781
西铭述解　271
西铭续生编　1132
西宁卫志　994
西宁县志　942
西平游览志　762
西樵遗稿　752
西青集　1139
西清集　1183
西清馀暇自乐稿　288
西儒耳目资（金尼阁谱）　884,1052,1099,1110,1155,1183
西山阁笔　958
西山集（华清）　423
西山集（真德秀）　532
西山类稿　593
西山日记　1110
西上集　53
西佘山居记　1099
西使记　479
西事珥　1033
西墅集　283
西塔僧新置塔院记　1138
西台记闻　742
西台漫记　995
西台恸哭记　1156
西台奏草　458
西台奏稿　1021
西台奏议　240
西潭集　577
西堂初稿　1099
西田语略　701
西溪集　511
西溪漫稿　103
西溪小稿　641
西溪镇志　1183

西郊笑端集　106
西行山稿　990
西轩效唐集录　684
西玄集　747
西学凡　1079,1109,1124
西巡类稿　703
西巡录　871
西巡奏议　436
西岩即事　529
西洋朝贡典录　346,644,734
西洋番国志　288,289
西洋记（三宝太监西洋记通俗演义）　966
西野文集　8
西野遗稿　789
西掖稿　13
西游补　1108,1162
西游记　741,848,899,943
西游率稿　160
西域行程记（使西域记）　222
西园存稿　1168
西园汇史　1168
西园记　1063,1173
西园类林　1168
西园类说　1168
西园闻见录　1001,1103,1168
西园杂记　839
西垣诗集　278
西垣奏草　323,434,435
西原遗书　739
西苑诗　669
西岳神祠事录　475
西斋稿　44
西斋集　37
西征集（林俊）　679
西征集（王世懋）　927
西征纪　458
西征石城记　611
西庄遗稿　417
希澹园诗（鼓枻稿、虞山人诗）　78
希董集　176
希贤集　23

奚囊蠹余　948
奚囊手镜　759
息柯余韵　813
息耒稿　62
息县志　533,786
息轩稿　370
息园存稿　733,755
息斋　115
晞发集　470
晞颜先生集　352
惜阴录　832
惜阴说　671,707,714
溪居稿　244
溪山琴况　1095,1167
溪山堂草　911
溪山馀话　371
溪上闲情集　914
溪适草　1162
溪田文集　794
溪田文集补遗　794
溪园遗稿　352
锡山揽袂录　870
锡山先贤录　813
锡山新志　265
锡山遗响　592
锡山志　62,88
熙朝奏疏　1007
媵寓信笔　1145,1155
歙志　1015,1087
熹宗实录　1067,1071,1072,1073,1074,1081,1097,1102,1106
羲经易简录　1139
蟋蟀轩草　1022
豀山余话　691
醯鸡集　328
洗海近事　893
洗心斋读易述　978
洗冤叙述录　420
玺庵集　390
玺召录　1143
徙倚轩诗集　904
戏拂三传　1183
戏瑕　1074

系中八绝 984	闲情别传 974,1054	香囊记 1132
侠游录 1066	闲情集 468	香谱 1164
狎鸥亭稿 824	闲情女肆 1133	香泉稿 527
狎鸥子摘稿 826	闲情小品 1049	香山酒颂 966,1129
峡云阁存草 1033	闲适剧谈 908	香山县志 768
硖川志 1183	闲云稿 895,966,1129	香台集 269
遐龄洞天志 332	闲中今古录 407,489	香学林集 1015
霞外稿 54	弦索辨讹 1160	香月亭诗集 652
霞外麈谈 964	弦斋集 224	香祖笔记 63,323,540
下车草 1067	贤识录 503	湘皋集 706
下菰集 943	贤王传 424	湘潭县志 786
下里遗音 378	贤弈编 1016	湘烟录 1184
下陴纪谈 733	咸宾录 913,938	湘阴县志 789,831
夏桂洲先生文集 1155	咸阳县新志 938	湘中草 1184
夏津县志 733	咸阳志 74	襄城县志 778,1052
夏邑县志 778	显忠录 188	襄陵县志 479,847
夏忠靖集 278	县笥琐探 456	襄敏集 786
夏忠靖遗事 600	岘泉集 151,205,213	襄阳府志 633,908
仙传外科秘方（仙传外科集验方） 84	宪世篇 1058	襄阳郡志 395
仙佛奇踪 986	宪章类编 884	襄阳县志 1049
仙华集 576	宪章录 189,944	襄毅文集 449
仙居县志 1015	宪章外史续编 1146	襄毅奏议 449
仙授理伤续断秘方 163	宪宗实录 391,396,398,402,405,406,408,416,418,426,430,431,433,435,439,440,442,446,450,452,453,457,462,464,465,469,474,477,481,490,491,492,499,502,504,510,511,517,518,523,531,547,563,567,572,576,583,584,586,597,611,618,641,691,698	详定司刑条例 773
仙溪志 512		祥符文献志 483,544,751
仙岩文隽 157		祥符先贤传 839
仙岩志 591		祥刑集览 495
仙游录 1015,1066		祥刑要览 371
仙游县志 724		翔凤集 345
仙媛纪事 986		想当然 810
仙掌草 1163		向阳书舍稿 549
先祠谱 885	献花岩志 726	巷牖录 747
先公（毛伯温）年谱 756	献皇帝实录 666,673,680	项城县志 977
先进遗风 961	献园集 247	项脊轩志 660,710
先秦五子全书 1094	献征录 1046,1098	项襄毅公年谱 960
先秦诸子合编 985	乡田集 400	象山粹言 786
先天图正误 1026	乡药采取月令 275	象山稿 480
先贤祠录 444	乡药集成方 286	象山诗集 60
先贤事略 1076	乡饮诗乐谱 1026	象山文集 645
先忧集 485	乡约小相编 1133	象山县志 798,1010
先正格言 261	相鉴 92	象山学辨 734
闲辟录 626,827	香海堂集 980	象山杂稿 737
闲居集 798,848	香河县志 802,1063	象胥录 1070
	香奁四友传 591	像象管见 1021

宵光记（一作宵光剑） 1120	小学集解正误 366	孝经详解 1139
消夏编 689	小学集注 480,1137	孝经新说 96,97
逍遥馆漫抄 697	小学家礼 458	孝经衍义 146
逍遥馆拾遗诗（一名淮海集） 697	小学讲义 340	孝经章句 486
	小学句读 371	孝经正误 674
逍遥集 1049	小学旁注 39	孝经注解 130
逍遥墟经（仙记） 111	小学史断（宋南宫靖一） 705	孝经宗旨 926
萧山水利志 459	小学史断（徐师曾） 893	孝廉集 629
萧山县水利事述 420	小学释 743	孝泉记 813
萧山县志 245,271,497,746, 801,874,930	小学通义 9	孝顺事实 237,239,457,601
	小学习成 279	孝肃包公奏议集 440,746
萧山县志补遗 537	小学校注 523	孝友传 1133
萧萧斋诗稿 1016	小学新编 888	孝友堂家乘 1138
销释孟姜忠烈贞节贤良宝卷 1011	小学训解（小学训） 11	孝宗敬皇帝实录（孝宗实录） 607
	小学翼赞诗 325	
潇碧堂集 986	小学约 1128	孝宗实录 486,490,491,496, 504,510,515,518,528,533,541, 545,550,555,557,559,563,564, 572,573,574,578,584,585,586, 594,597,600,606,607,627,655, 661,664,665,679,713,739,752, 759,786
箫爽斋乐府 904	小学章诂 184	
洨滨集 690	小学章句 634	
洨滨语录 690	小雅堂日钞 540	
小辨斋偶存 1008	小隐堂诗文集 218	
小草斋稿 1089	小斋集 65	
小窗别纪 1034	晓川文略 767	
小窗清纪 1034	晓川奏疏 767	效法基督 221,574,843,1164
小窗艳纪 1034,1041	篠庵集 397	效颦集（赵弼） 272,337
小窗自纪 1034	篠庵论抄 397	效颦集（赵博） 356
小儿按摩经 1066	孝慈录 58,60,303	校正演义全像三国志传评林 1065
小儿语 804,849,947	孝纪 1159	
小儿诸病门 576,721	孝节录 73	校注病机赋 893
小孤山诗集 637	孝经本义 1141,1169	笑岩集 896
小谷集 842	孝经大传 1155	笑赞 1104
小品 1139	孝经大全 1182	啸楼集 1094
小泉录稿 739	孝经集传 1177	啸台集 184,247
小山草 1161	孝经集解 384	啸馀谱 163
小山类稿 782	孝经集善 128	啸旨 651,965
小山堂外纪 775	孝经集注 480	些庵杂著 1181
小十三经 837	孝经解 142	歇庵集 1016
小司马奏草 919	孝经诚俗 177	谐史（徐常吉） 962
小四书 691	孝经刊误集注 486	谐史集（朱维藩改编） 962
小辋川集 1074	孝经全书 937	撷璘 1052
小舞乡乐谱 1026	孝经神授编 1132	写情集（常伦） 69,674
小心斋劄记 951	孝经述解 282,289	写情集（刘基） 418
小学辨惑 366	孝经述注 155	谢海门稿 758
小学故事 375	孝经私钞 502	谢山存稿 932
		谢文庄集 489

谢榛全集 875	新安学系录 603	新修崇明县志 994
邂逅集 775	新安志补 820	新修馆陶县志 869
心经 76,83,294,557,1014	新编妇人良方补遗大全 308	新修来安县志 1069
心经附注 556,557	新编汉唐通鉴品藻 724	新修南昌府志 926
心经集注 83	新编目连救母劝善戏文 899	新修清丰县志 804
心经注（般若波罗蜜多心经注解、全室禅师注心经） 79,83,134	新编全相说唱足本花关索传 449	新修余姚县志 981
	新蔡县志 888	新修霑化县志 1057
心经注解 83	新昌县志 16,444,888	新增格古要论 122
心口语 1168	新城县志 254,357,628,877,1049,1087,1142	新政八要 649
心泉集 807		新制诸器图说 1183
心统图说 837	新古拉干历数书（兀鲁伯天文表） 338	新注无冤录 308
心性说 1075		信水亭吟 1150
心性图解 660	新河县志 826	兴都志 742,755
心性图说 665,812	新化县志 771	兴复哈密记 611
心性至言 149	新会县志 1015	兴观集 271
心学晦明解 995	新镌古史要评 1019	兴国州志 790
心学探微 523	新刊补注释文黄帝内经素问 308	兴化府志 874,1033
心学渊源录 862		兴化县志 183,808
心学宗 1043	新刊古本四明先生续资治通鉴节要 785	兴济县志 812
心学宗序 1025		兴宁县志 628,674,782,1151
心雪稿（一作雪心稿） 464	新刊未轩林先生古今名家史纲疑辨 865	兴平续志 861
心意十问 1171		兴县志 881
心远堂稿 650	新刻出像官板大字西游记 943	兴学会约 960
心斋年谱 849	新刻官板大字评史心见 908	星槎胜览 288,298,346,807,944
心斋王先生全集 734	新刻麟经统一编 998	星海集 674
心斋先生年谱 818	新刻名臣言行录 738	星会楼稿 1016
心斋先生年谱初稿 822	新刻史纲历代君断 877	星历释义 917
心箴 113,670,695,733	新刻照千字文集音辨义 1078	惺堂文集 971
忻州志 1010	新列国志 1003,1177	刑书会据 807
辛丑集 180	新录 705	刑统辑义 260
辛巳救荒策 1174	新宁县志 755,1003	行礼或问 523
欣赏编 615	新倩籍 530	行素集 411
莘县志 626	新锓校正标题皇明资治通纪 1019	行台纪兴 623
新安程氏统宗世谱 556,557		行星说 1067
新安斗山书院会语 873	新泉问辨录 703	行远集 752
新安福田山房下邑会籍 829	新市镇志 628	醒庵集 458
新安会语 985	新书直解 794	醒庵诗集 428
新安山水志 1076	新泰县志 1104	醒庵奏议 458
新安王氏统宗谱 706	新唐书纠缪 1089	醒世词 1026
新安文粹 371	新乡县志 596	醒世恒言 1104
新安文献志 39,78,371,410,542,556,557,558	新校注古本西厢记 1037	醒贪简要录 135
	新修安定县志 912,918,965	姓汇 967
		姓氏谱纂 1143

姓觿　967	修河类稿　427	徐文定公集　1134
姓源珠玑　282,977	修靖集　527	徐霞客游记　1169,1173
幸学诗跋　434	修来篇　764	徐仙翰藻　283
性道场记　750	修龄要指　188	徐仙真录　255
性理本原　75	修能印谱　1058	徐州志　303,526,555,838,881
性理标题综要　1139	修攘通考　884	徐卓晤歌　1133
性理丛说　159	修身集　765	徐尊生制诰　21
性理大全　191,218,221,222,223,225,226,230,237,260,263,284,301,327,360,372,485,710,720,744,753	修身箴　325	许州志　508,522,679,733
	修文记　1000	叙采樵卷后　633
	修竹堂稿　192	叙古千字文集解　314
	修筑捍海诸塘纪略　874	叙列国传　1042
性理大全书　226,746	髹饰录　1094,1095	叙劝善记　888
性理解惑　554	秀川族谱　798	叙雁来轩集　702
性理千字文　156	秀水县志　478,960	叙漳南道志　732
性理群书　371	绣榻野史　974,1054	恤刑录(陈章)　588
性理三解　742	绣像古文大全　1065	恤刑录(沈应龙)　790
性理说　366,1058	袖珍方　607	畜德录　726
性理文集　145,289	袖珍小儿方　255	绪山会语　870
性理彝训　226,459	褎贤集　15	绪山集　870
性理音释　966	盱江集　125	绪言　805
性理纂言　311	盱眙县志　587,636	续百川学海(梅纯)　459
性理纂要(陈洪漋)　896	胥台先生集　909	续百川学海(姚咨)　790
性理纂要(令狐璁)　899	须野集　737	续备忘集　895
性理要抄　813	虚庵集　919	续编百将传　572
性命圭旨　1041	虚籁集　914	续编纲目发明　591
性命双修万神圭旨　888	虚岩山人集　799	续编锦囊诗对故事　705
性情集　74	虚斋集　605	续编三国志后传　1014
性善解　1140	虚斋先生遗集　637	续藏书　986,1015,1024,1139
性善论　665	虚舟集(陈尧)　871	续朝邑县志　908
性善绎　1043	虚舟集(王偁)　227,228,523	续处困记　754
性书　685	徐沟县志　1007,1029	续传灯录　67,193
雄乘　720,918	徐花潭集　759	续大慧竹山颂　119
熊峰集　685	徐临峒先生十二部文集　1155	续大政记　56,57
熊士选集　608	徐令集　939	续貂小稿　424
熊襄愍公集　1095	徐氏宗谱　274,325,331,432,468,475	续焚书　986,1052
休宁县志　432,767,1007		续潄水志　801
休宁志　512,556	徐文长三集　948,949	续高士传　759
休田集　400	徐文长文集　1037	续古今纪要　753
休翁诗集　478	徐文长先生批评北西厢记　1025	续古乐章(何贤)　218
休园集　769		续古乐章(陆阎)　95
休斋集　478	徐文长先生评唐传演义　1063	续古文会编　720
修辞指南　655	徐文长佚草　949	续观感录　735
修定乐经　587	徐文长逸稿　948,949,1037	续国雅　923

续列卿表 342	宣府镇志 651,816	学蔀撤辨 892
续牧民心鉴 571	宣靖备史 745,776	学蔀通辨 557,768,844
续莆阳文献志 870,871	宣庙圣政记 293	学范（琼台布学范） 44,127,147
续史 851	宣平县志 488,758	学古集 357
续史疑 1034	宣召 944	学古类编 195
续世说新语 1015	宣镇诸序 434	学古绪言 62,1119,1125
续书目记 1146	宣宗实录 242,258,263,266,	学古斋集 583
续书史会要 332,725	267,270,271,273,275,276,278,	学海（饶伸） 928
续说郛 346,489,1019	280,281,283,284,285,286,287,	学海（孙楼） 909
续宋论纪（续宋论） 455,490	290,291,296,302,303,317,338,	学海集 10
续宋宰辅编年录 1069	349,362,378,384,404,483	学海类编 44,57,163,188,365
续添鸿宝秘要抄 551	玄庵晚稿 730	学海遗珠 269
续通略 253	玄钞类摘 865	学孔精言舍汇稿 888,909
续韦斋易义虚裁 1037	玄牍记 812	学历小辨 1134
续文章正宗 312	玄谷集 875	学脉正编 1163
续吴郡志 1183	玄浑考 752	学鸣集 524
续吴录 977	玄机启微（原机启微、元机启微） 79	学圃萱苏 774
续吴先贤赞 874,977	玄居集 969	学圣编 760
续吴中往哲记 817	玄览 952	学史 559,636,679
续武经总要 893	玄览堂诗抄 851	学史会同 832
续武林西湖高僧事略 1042	玄麓堂集 1013	学士文集 665
续仙传 734	玄天上帝百字圣号 960	学说 712
续宪章录 992	玄晏斋困思抄 1142	学思子 623
续小儿语 805,947	玄羽外编 1025	学训 241
续欣赏编 615	玄芝集 977	学言 247
续性理奥旨 247	玄宗内典诸经注 381	学言稿（王行） 146,512
续修大明会典 541	悬壶故事 1009	学言稿（邹顺） 292
续修通鉴纲目 440	悬榻斋稿 856	学易标闻 982
续修严州府志 1033	旋宫合乐谱 1026	学易记 827
续学古编 1000	旋韵图 1155	学易举隅 103
续忧危竑议（国本攸关） 987	璇玑抉微（星命抉微） 1070	学易漫闻 982
续原教论 101	选诗补注 88,782	学易象数举隅 362
续苑雅 1043	选诗评 633	学易札记 980
续资治通鉴（宋元资治通鉴） 844,857	选择丛书集要 1128	学易斋集 1140
续资治通鉴纲目 398,403,427, 539,556,563,781,1139	薛方山先生文录 790	学吟稿 605
续资治通鉴纲目广义 495	薛氏内科医案 1045	学庸测 648
蓄艾编 975	薛氏医按 1064	学庸大义辨疑 537
蓄德录 702	薛氏医案 79,805	学庸大旨 932
轩居集 971	薛文清公读书录 798	学庸说 869
宣德鼎彝谱 293	薛文清公年谱 396,397	学庸庭训 335
宣德宁夏志 303	薛文清集 396,397	学庸通旨 445
	学半斋集 1053	学庸语孟大旨 1176
		学庸章句集解 106

学庸正说 1104
雪庵集 380
雪岑稿 566
雪窗家藏集 430
雪窗谭异 759
雪洞先生集(雪洞集) 175
雪峰诗集 713
雪航肤见 337
雪鸿稿 357
雪浪集 1012
雪藜稿 1050
雪庐读史快编 1088
雪庐南询稿(元释集) 14
雪蓬集 69
雪樵集 78
雪丘集 495
雪区稿 54
雪堂集 1080
雪堂随笔 1110
雪堂韵史 1182
雪涛阁集 977,1000
雪亭集 1032
雪窝稿 381
雪溪文集 34
雪溪渔唱 363
雪心赋 1065
雪崖集(陈玉) 252
雪崖集(陈喆) 417
雪园易义 1183
雪洲集 684,709
勋台志 934
勋贤琬琰录 571
寻甸府志 775
寻芳稿 966,1129
寻乐大旨 1124
寻乐习先生文集 346,349
寻声谱 1142
巡闽稿 688
巡泉诗稿 808
旬宣集 224
驯鹤亭稿 401
询刍录 726
浔阳余稿 478

循沧集 1148
循吏传 1003
训蒙大意 635
训蒙史论 591
训民正音 66,316
训释伊洛精义钞 372
逊国逸史 1182
逊志存稿 417
逊志录 311
逊志斋集(侯城集) 80,90,133,148,152,172,177,452,456,508,738
巽川集 544
巽峰稿 674

Y

崖志略 753
雅尚斋遵生八笺 938
雅述 716,725
雅似堂文集 1137
雅颂词录 725
雅颂正音 37,41
雅亭记 754
雅宜山人集 706
雅音汇编 356
雅音会编 754,952
烟鬟阁传奇 1054
烟霞小说 934
鄢陵县志 720
鄢陵志 238
延安府志 581
延津县志 970
延津志 838
延陵通记(延陵小录) 78
延陵吴季子墓碑考 610
延令篡 1030
延平答问续录 547
延平府志 454,669,903
延绥镇志 1007
延修躺漫录
延镇图说 880

严氏族谱 977
严文靖公集 909
严永思先生通鉴补正略 1155
严州府志 380,521,884
言善篇(卓吾老子三教妙述) 1052
言志集 514
岩居稿 793,870
岩栖稿 913
炎方恸哭记 456
炎徼纪闻 802,804,944
研几录 754,756
盐法志 944
盐梅志 891
盐邑志林 1078
盐志 839
颜辉扁鹊图 762
颜子鼎编(颜子) 146,147
颜子始末 377
檐曝偶谈 738
兖州府志 47,865,960
兖州志 93
俨山集 162,752
俨山外集 755
俨山外记 752
弇山堂别集 332,931,934,935
弇州山人四部稿 874,935
弇州山人四部稿(续稿) 935
弇州山人题跋 935
弇州史料 1037
衍义补 487,944
偃师县志 581
郾城县志 790,1151
㷍廖记 1035
演禽图诀 69
彦材先生叙 947
晏氏家谱序 1019
艳异编 831
雁山志 738
雁书记 875
雁水堂集 1094
雁字 1001
谳狱余兴好生录 363

燕都妓女品 875	阳武县志 673,937	野庵文集 351
燕对 944	杨宝学易传 750	野菜谱 665
燕对录 629,901	杨大洪集 1095,1109	野处集 172
燕京逮事录 623	杨大洪先生忠烈实录 1109	野古集 276,390,414
燕居功课 902	杨大学士文集 1116	野航诗稿 512,620
燕史 1182	杨夫人乐府 851	野航史话 1169
燕市后集 844	杨嘉山读礼录 587	野航文稿 620
燕市集(黄河水) 896	杨靖诗文集 153	野获编 258,668,986
燕市集(王稚登) 827	杨莒州文集 443	野记曚搜 1131
燕游草 1178	杨孟载集 84	野樵逸响 157
燕游倡和集 486	杨氏南宫集 805	野情集 135
燕子笺 1163	杨文敏集 309	野史辨诬 548
虞斋三子口义 870	杨文弱先生集 1169	野史纪略 1098
扬芬录 632	杨文懿集 974	野亭遗稿 660
扬州府志(维扬新志) 356,464,981,998,1014	杨文忠公三录 691	野翁吟稿 556
扬子法言 1099	杨宜闲文集 434	野舟集 294
羊枣集 352	杨贞复六种 1065	野舟孝子志 4
阳春草堂集 990	杨忠介公集 771	野庄集 201
阳春集 751	杨忠愍(继盛)集 1032	叶润山辑著全书 1183
阳春六集 1035	杨忠愍集 795	叶台山全集 1105
阳春县志 918	杨状元妻诗集 851	叶文庄公全集 434
阳春奏 1015	仰节堂集 1005,1078,1088,1095,1139	叶文庄集 434,435
阳峰家藏集 755	养斋集 775	叶文庄奏疏 434,435
阳谷游草 364	养正图解 951,955,963	叶县志 742
阳明年谱 685,789	尧峰山志 1139	夜灯管测 746,862
阳明全书 789	尧山堂八朝偶隽 1003	夜行烛 208,289,1024
阳明说辨 952	尧山堂外纪 478,1003	掖垣谏草 903
阳明文录 679,724	姚少师秘书 235	掖垣人鉴 245,400,496,908
阳明文录续编 837	姚氏世刻 802	掖垣题稿 1020
阳明先生道学钞 975,976,1015,1065	姚文敏集(蠡蠡堆稿) 429,430	谒阙里记 660
阳明先生浮海传 520	瑶池会 1080	馌堂考故 1114
阳明先生年谱(李贽) 685,975,976,1015	瑶翰 994	一庵语录 871
	窈闻 1147	一得居士集 511
阳明先生年谱(钱德洪) 796,822,823	药案 135	一峰集 450
	药房秋啸 1101	一鉴子记 705
阳明先生文录 716	药能 386	一乐堂文 246
阳明乡约 685	药师本愿功德宝卷 742	一梅轩日记 366
阳秋馆集 957	药师科仪 430	一捧雪 1176
阳山顾氏文房小说 633,705	耀州志 678,738,801	一瓢集 313
阳山新录 729,738	耶溪集 191	一山文集 143
阳山志 838	冶城真寓存稿 966	一所诗文集 827
	野庵事宜 414	一统路程图记 861
		一文钱 1120,1128

一梧集 78	仪礼逸经 250,557	颐岭诗集 1019
一斋集 115,1065	仪礼翼经 786	颐贞堂稿 739
一斋诗 660	仪礼郑注句读(初名仪礼郑注节释) 1167	疑舫集 489
一斋诗集 1050		疑年录释疑 949
伊乘集 447	仪真县志 844	疑思录 1011
伊洛渊源续录 455,611,690	仪注备简 1146	疑耀 1011
伊人思 1143,1147	夷白集 40,41	疑字音释 742
医案 593	夷白斋稿 40	乙未私志 891
医案口诀 576,721	夷白斋诗话 605,738,832	乙戊稿 527
医方集效 106	夷陵州志 538	已宽堂集 896
医方集要 157	夷门广牍 86,122,965,1129	蚁市记 1178
医方类聚 324	夷俗记 952,1030	倚云楼遗集 948
医方选要 161,641,751,813	沂水文集 413	义虎传 674
医贯 1168	沂州志 1010	义妓传 982
医家便览 370	诒笑集(贻笑集) 549	义宁集(义字集) 121
医经方书 14	宜城县志 790,823	义乳记 961
医经秘旨 312	宜城志 624	义士传 1000
医经溯洄集 134	宜黄县志考订 838	义乌楼氏家乘 179
医经小学 125,219	宜晚楼集 408	义乌人物记 712
医间先生集 608	宜兴县志 934	义乌宋先达小传 57
医略 742	怡庵集(陈继) 288	义乌县志 960,1164
医史(李濂) 135,839	怡庵集(方勉) 418	义乌志 57,311
医史(周恭) 522	怡庵集(季篪) 319	义侠记 1007,1021
医说(宋代张杲) 522,758	怡静挽诗卷 372	忆草 1184
医说(邹守益) 731	怡泉集 571	艺草 908
医说续编 522	怡晚楼集 157	艺海汇函九十二种 459
医统 252	怡云草 1075	艺话甲编 1169
医效日抄(医效日记) 522	怡云集 208	艺林伐山 809
医学 1156	怡云堂集 1025	艺林会材 799
医学蠢子书 118	羑言 1044	艺林累百 1078,1089
医学纲目 157	贻安堂集 913	艺林学山 987
医学疑问 1057,1058	贻春堂集 989	艺圃琳琅 932
医学引谷 118	贻光堂集	艺圃搜奇 168
医学折衷 17,93,149	贻拙集 486	艺文类稿 862
医学准绳六要 1178	移虔稿 874	艺苑卮言 800,805,831,853,861,949
医学宗旨 56	遗芳集 291	
医韵 119	遗文谏草 756	亦玉堂稿 1042
医韵统 134,135	遗泽稿 503	异典述 935
猗氏县志 1033	颐庵稿 388	异端辨(高攀龙) 998
噫馀集 207	颐庵集(颐庵文选) 317	异端辨(沈玠) 265
仪封县志 838,874	颐光集 183	异端论 811
仪古集 85	颐老集 252	异林 1063
仪礼戴记附注 336	颐山私稿 623	异域殊闻 269

异域志 332,965	易经通典 755,832	易象钩解 967
抑庵集 312,387	易经图释 293,415	易象解 650
抑庵奏议 418	易经象意 1172	易象通 921,1088
抑斋集 218	易经选注 205	易心逸说 547
邑文献志 908	易经翼注 955	易修墨守 869
易庵初稿 723	易经渊旨 858	易序图说 1150
易庵集 33	易经摘说 732	易学(沈一贯) 1042
易辨录 750	易经诸解 520	易学(吴极) 1045
易测臆言 995	易经诸意 553	易学奥旨 734
易钞 577	易经主意纲目 1104	易学辨疑 589
易传(陈至) 7	易经注疏 921	易学会通 171
易传(王逢) 126,293	易窥(程玉润) 1033	易学启蒙订疑 11
易传(胡居仁) 473,933	易窥(钱继登) 1077	易学启蒙意见 794
易传集说 106	易蠡 1043	易学四同 823
易传通释 362,363	易略 1140	易学提纲 147
易洞先生文集 621	易诠古本 932	易学饮河 929
易卦变 632	易荃 1066	易牙遗意 17,210,965
易卦方位次序图 447	易人象图说 1021	易疑(陈言) 727
易卦图衍 447	易诗书大学纪 764	易疑(樊良枢) 993
易会通 1022	易书四书蒙引 690	易疑(欧阳贠) 114
易笺问 624,680	易水寒 1168	易义奥 146
易解(邓軷) 816	易说(冯时可) 913	易义发明 415
易解(郭子章) 1053	易说(顾存仁) 871	易义古象通 1033
易解(李鼎) 918	易说(郭橿) 107	易义主意 326
易解(汪沐日) 1149	易说(韩邦奇) 794	易意(方大镇) 1120
易解(王世懋) 927	易说(金绳) 1184	易意(金旅天) 394
易解(张邦奇) 547	易说(倪宗正) 589	易因 970,972,975,979
易筋经 1115	易说(吴道行) 1183	易原奥义(易经奥义) 195
易经辨疑 336	易说(徐森) 159	易杂说 982
易经存疑 832	易说(张邦奇) 624,626,752	易赞 340
易经澹窝因指 1002	易说辨讹 737	易斋集(刘璟) 179,180
易经儿说 974	易说宗要 292	易斋集(尹宽) 468
易经发明 265	易髓 365	易州志 570
易经发钥 614	易通 695	绎圣二编 1025
易经会通 1056	易图论 858	弈史 1030
易经集说 484	易图亲见 1163	益都县志 1052
易经讲义(徐兴祖) 179	易图说亿言 1008	益卿诗文全集 996
易经讲义(张文选) 199	易闻 1176	益泉集 881
易经精义 34	易显 1105	益智编 898
易经精蕴 485	易宪 1176	翊全录 899
易经蒙引 605,694	易象 1044	翊运录 69,254,418,488,781
易经勺解 1051	易象钞 473	逸老堂净稿 523
易经说 749	易象大旨 789,862	逸民传(皇甫濂) 827,966

逸民传(皇甫涍) 759
逸民传(刘凤) 977
逸民史 989
逸情录 669
逸士传 88
逸我轩集 1089
裔乘 1183
毅堂文集 46
毅轩诗文集 668
毅斋查先生阐道集 630
毅斋集 436
毅斋诗文集 241
毅斋文集 592
毅斋闻道集 931
翼城县志 767
翼传 822
翼正录 868
臆说 1047
懿畜后编 1135
懿畜前编 1135
因领录 857
因明七论除暗庄严注 303
因明七论入门(因明七论入门除意暗论) 201,239
因明正理庄严论(量理庄严论) 434
因明子 892
因园集 1150
阴符经正解 506
阴符经注 1053
阴阳管见 672,746
阴阳管见后语 709
阴阳捷径 1065
阴宅四书 1168
音点春秋左传 423
音学五书 1177
音义 1089
音韵日月灯 1133,1169
音韵指掌 447
殷无美诗集 982
吟窗选粹 579
吟篷卷 441
吟呻一览诗集 588

寅庵集 306
寅清集 336
寅轩集 563
寅直说 1075
鄞人宜阳稿 215
鄞县志 255,266,305,445,488
尹讷庵遗稿 232
尹铠奏议 291
饮虹稿 665
饮射图解 724
饮食须知 17
蚓鸣集 257
蚓窍集 186,244
隐秀轩集 1089
隐逸集 862
隐园诗 903
印度诸地的自然和道德史 892
印经 1058
印品 1025,1058
印书 1095
印图 1058
印文集考 73
印选 1000
印章集说(印正附说、甘氏印正附说) 866,961
印章考 187
印章要论 1058
胤产全书 1065
应奎诗集 1185
应山县志 733
应谥名臣传 1066
应天府志 640,881
应制集 384
英巨集 1161
英烈传 1152
英雄失路集 1028
英宗实录 290,294,295,296,299,300,301,302,304,305,306,307,309,310,311,312,313,314,319,321,322,323,327,329,330,332,333,339,342,343,344,347,349,350,351,353,354,362,364,367,371,374,376,378,379,382,383,384,385,387,388,391,392,393,398,405,406,407,411,416,421,452,456,461,468,476,502,503,510,523,524,531,539,555,556,563,567,597,611,615,673

莺湖八景志 277
婴童百问医书 731
樱宁生五脏补泻心要 118
樱宁生要方 118
樱桃记 1116
荥阳外史集 44
荥阳县志 838
荧窗稿 345
萤爝集 253
营山县志 877
营阵八图 757
蝇声集 157
瀛海长春录序 942
瀛涯胜览 229,288,346,807,944
瀛州集 54
瀛州奇处录 549
瀛洲集 498
郢垩集 1010
颍川郡志 193
颖州志 615,716,763,998
拥膝斋文集 1105
邕欹集 844
庸庵集 21
庸言 577,839
雍大集 652
雍大记 656
雍胜略 965
雍熙乐府 837,839
永安县志 918,952
永城县志 751
永春县志 673,877
永丰县志 751
永福县志 1029
永嘉集 34,272
永嘉县志 401,547,837
永鉴录 75,138,139
永康县志 16,488,624,665
永乐北藏(大明三藏圣教北藏、

北藏） 47,213,238,309
永乐大典（文献大成） 9,16,
　17,22,28,68,74,77,78,82,86,
　90,147,149,153,156,158,168,
　181,182,183,189,190,191,192,
　193,194,195,196,198,199,200,
　202,203,204,206,207,208,209,
　211,215,216,218,220,221,223,
　227,228,230,235,236,237,241,
　244,245,247,256,261,262,264,
　266,269,271,272,274,278,282,
　285,288,289,291,301,306,312,
　317,325,332,349,353,358,372,
　377,378,420,421,818,819,829,
　834,841,842,844,851,860,866,
　909,1049
永乐南藏 47,186,232
永乐圣政记 259
永陵编年史 959
永年日钞 311
永年县志 1164
永宁樵话 443
永宁县志 985
永平府志 565,973
永思录（方大镇） 1120
永思录（顾恂） 592
永思斋文集 917
永锡文集 291
永喜堂集 275
永新县志 884
永阳志 358
永州府志 106,526,857
永州集 169
甬川史说 752
甬东山人稿 1181
咏情草 981
咏史集解 556,558
咏史诗叙说 428
咏物诗 1129
咏物诗编 893
涌幢小品 536,1075,1129
用斋漫稿 8
幽居答述 768
幽闲鼓吹 656

幽心瑶草 909
幽忧集（卢熊） 93
幽忧集（王世贞） 812
幽贞集 844
幽忠录 1120
悠然亭集 684,709
悠然斋尺牍 1022
尤时熙传 885
尤溪县志 678,697,1146
由淳录 961
由庚堂集 1008
由拳集 892,1000
由斋录（由庵集） 501
柚庄遗稿 408
疣赘录 805
游楚稿 672
游蛾集 845
游宦馀谈 905
游居杮录 1080
游梁集 489
游闽稿 783
游名山记 670
游涉集 732
游吴杂记 886
游宴集 1089
游燕集 875
游燕杂记 886
游艺集 730,865
游艺录 269
游员常诗序 669
游志续编 186,187,814
友菊诗文集 206
友兰集 95
友梅集 319
友庆堂合稿 999
友石山房稿（王舍人诗集）
　193,230
友石山人遗稿 10,84
友问 871
友雅 851
友竹集 379
有学集 1173
有学斋稿 584

有竹居诗稿 54
酉阳山房藏书记 1075
酉阳杂俎 1011,1063
酉阳杂俎续集 1133
西园文集 953
又红堂诗集 1056
右编补 1025
幼服集 918
幼于生志 982
幼孜集 280
迂冈集 621
迂论 5
于都县志 758
于堧注笔 784
于忠肃集（于肃愍集） 372
于忠肃奏疏 373
余庵集 527
余冬序录 669,717
余杭县志 1064
余集 709
余留稿 555
余清曲谱 269
余清堂稿 926
余仙草 1137
余学初集 114
余姚县志 712,746,871
于讴集 146
盂县志 778
鱼品 1110
俞少卿乐府 1168
俞氏日抄 195
馀冬诗话 717
馀冬序录 717
馀力稿 572
馀姚海隄集 293
渔唱稿 111
渔乐集 49
渔梁集 405
渔石集 759
渔啸集 614
渔阳三弄 1169
隅园集 1026
愚庵集 439

愚公谷乘 1036	禹贡图说（陈禹谟） 1053	玉茗堂集选 1004
愚公人口乘 1100	禹贡图说（程宗） 514	玉茗堂批评节侠记 1080
愚谷集 809	禹贡详节 495	玉茗堂批评种玉记 1080
愚泉诗稿 8	禹贡详略 794	玉茗堂全集 1047
榆次县志 1015	禹贡纂注 768	玉茗堂四梦（临川四梦） 1047, 1066
榆关草 1138	禹迹九州图 679	
虞城会约 960	语怪 674	玉坡奏议 666
虞山集 655	语怪录 726	玉蜻蜓 1038
虞山樵唱 95	语怪续编 604	玉山纪游 26,103
虞山商语 1001,1030	语录（金声） 1129,1156	玉山名胜集 26,103
虞商周书说 1038	语录（曹端） 289	玉山璞稿 26
舆地经 734	语录（王畿） 904	玉山雅集 18
舆地全图 961	语录（王艮） 734	玉书楼稿 650
舆地图说 698	语录（尤文） 366	玉书亭集 1116
舆图记叙 698	语孟说略 1023	玉笥集 101
与辰中诸生书 609	语言谈 982	玉笥诗谈 905
与陈确庵论动静书 1151	玉庵集 340	玉堂唱和稿 96
与归庄手札 1145	玉池谈屑 580	玉堂丛语 675,1052,1066
与华修撰子潜论修史书 716	玉川书塾问答 389	玉堂稿（王景） 208
与还斋稿 980	玉牒 594,731,752,754,842,907, 911,944,961,972,975,984,988, 998,1000,1022,1030,1044,1051, 1059,1068,1162	玉堂稿（倪谦） 452,522
与鹿集 799		玉堂公草 886
与木居诗 1120		玉堂荟记 1122
予宁草 885		玉堂集 112
与钱牧斋少伯书 1151	玉洞藏书 1029	玉堂厘正字义韵律海篇心镜 1088
与如皋吴白耳论学 1168	玉恩堂集 995	
与西洋汤道末先生论历法 1162	玉峰集 751	玉堂漫笔 752
	玉峰诗纂 870	玉堂清余集 317
与玄草 885	玉峰志 277	玉堂遗稿 986
与杨仕德薛尚谦 635	玉海纂 1125	玉堂字汇 1040
与邹守益 671	玉涵堂诗稿 824	玉溪稿 752
雨航杂录 913	玉合记 916,1030,1043	玉霄仙明珠集 802,824
雨华集 430	玉河稿 251	玉雪堂稿 627
雨轩集 266	玉盒记 1128	玉雪斋集 256,269
雨轩语录 266	玉壶冰 670	玉岩集 698
雨旸气候亲机	玉壶集 185	玉簪记 854,990
雨余阁笔 683	玉壶遐览 987	玉枕山诗话 462
禹鼎记 899	玉华子游艺录 858	玉芝堂谈荟 1045
禹贡传注详节 322	玉机微义 93,149,219,655	育庵集 420
禹贡凡例 75	玉玦记 678,882,972	育斋文集 381
禹贡解 1066	玉林集 782	郁离子 68,69,97,118,277,418
禹贡略 555	玉露堂稿 833	郁轮袍 934,1009
禹贡山川郡邑考 830	玉茗传奇四种 1058	郁冈斋笔麈 1035
禹贡图 698	玉茗堂集（汤若士全集） 1070	郁仪楼集 1100

郁洲遗稿 679	元人十种诗 1156	原本五行类事占征验 308,309
浴江集 680	元儒考略 1041,1105	原草 896
谕对录 729	元山文选 679	原道集 11
谕蜀稿 549	元诗体要 202,641	原教篇 328
谕俗礼要 671	元史 2,4,9,18,19,20,21,22,25,	原圃塞庵诗集 1174
喻林 831	26,27,28,29,30,32,35,36,37,	原始秘书 332
寓林集 1100	40,44,49,56,57,58,64,67,71,	原书 1173
寓莆集 632	74,75,80,96,98,102,150,168,	原武县志 952
寓圃杂记 556,560	180,181,185,350,994	原学原讲 888
寓骚 1182	元史弼违 798,870	原阳子法证语 104
寓山注 1141,1152	元史补遗 35,75	原政 736
寓轩集 24	元史阐幽 587	原中类稿 168
寓意编 670	元史辑要 141	圆觉经略释 1124
寓游笔记 6	元史纪事本末 1003,1080	圆觉经注 932
寓斋 115	元史节要 111,150,152	袁洪愈传 1021
御龙子集 1010,1024	元史举要 256	袁了凡纲鉴 1005
御史箴集解 274	元史类编 8	袁使君集 999
御世仁风 1063	元史略 118	袁氏春秋 292
御制大诰(大诰) 122,781	元史评(金元史评) 185,250	袁文荣诗略 832
御制大诰三编 122	元史续编(元史纲目) 35,185,	袁永之集 765
御制大诰续编 122	251	袁中郎集 1022
御制大明律例招拟折狱指南 913	元史掖庭记 186	袁州府志 624,746,758
裕斋集 490	元史臆见 571	圜方句股图解 1026
裕州志 758	元史正误 35	圜容较义 1037,1109,1120
遇安轩集 190	元始天尊说北方真武妙经 960	圜中图说 789
豫章既白诗稿 775	元始无量度人上品妙经通义 213	远镜图说 1099
豫章诗话 1053	元氏长庆集 620	远山堂杂汇 1164
鸳鸯记 938	元氏县志 1173	远山戏 949
鸳鸯梦 1035,1147	元图大衍 858	远西奇器录最(即远西奇器图说) 1104
渊海子平大全 1065	元相臣传 931	远西奇器图说 1104,1183
元白长庆集 1065	元艺圃集 784	远行稿 480
元宫词 262	元音 18,170	远游稿 938
元谷集 386	元音遗响 74	远游纪 725
元光漫稿 701	元隐轩集 797	苑洛集 449
元亨疗马集 1016	员峤集 953	苑洛志乐 794
元壶集 441	园扉集 472	苑诗类选 798
元凯集 1050	园林午梦 848	苑雅 1043
元妙观三门记 1115	园冶(初名园牧) 1138	掾曹名臣录 702
元末杂志 218	垣南草堂稿 656	愿学集 1088
元曲选 163,1040,1042,1046,1066	垣西草堂集 577	愿学记 1159
	爰书 993	愿治疏稿 851
元曲选后集 1042	爰园词话 1168	约言 739

约斋集 369	越中纪传 870	云芝集 1184
月川年谱 246	瀹斋诗文草 579	云竹集 364
月川语录 289	云川文集 318,361	云庄稿（雪庄稿） 292
月湖草 992	云村集 802	云庄集 362
月湖集 669	云东集 531	芸庵集 274
月江 1163	云东拾草 971	芸田说 669
月令广义 1005	云冈集 824	芸香阁文集 427
月令节侯考 375	云壑集 415	郧阳府志 884
月令通纂 375	云间清啸集 165	筼籁集 386
月楼集 381	云间通志 431	允中集 197
月桥遗稿 443	云间杂识 1041	运河志 440
月山丛谈 732	云间志略 1078	运化玄枢 332
月食书表图 1124	云林记 931	运甓漫稿 337,349,378
月潭诗集 43	云林堂饮食制度集 61	运气类注 157
月香小稿 652	云林遗事 738,832	运气说 593
岳归堂稿 1152	云麓稿 292	运泉约 1143
岳集 716	云门录 750	郓城县志 1138
岳麓书院图志 764	云门志略 927	郓城志 733
岳麓书院志 624	云南机务钞黄 188	韵府续编 483
岳麓志 1183	云南山川志 809	韵府摘玉 579
岳栖集 589	云南通史 94	韵会定正 130
岳游编 961	云南通志 161,441,700,861,877	韵经 729
岳游漫稿 861,899	云南图经志书 360,411	韵乐补遗 837
岳忠武公年表 912	云南志 102,610	韵略易通 315,441
岳州府志 496,861	云坪集 768	韵谱 754,919,1177
阅兵图册 1128	云栖法汇 1042	韵书 67,68
阅古编 886	云樵记 762	韵书四种 651
阅史管见 269	云丘道人集（白羊山樵集） 32	韵学集成 380,1063
阅史约书 1137,1177,1179	云泉集（刘本） 241	韵学全书 935
跃剑记 1115,1148	云泉集（陆昶） 345	韵学新说 1026
粤草（陈第） 1050	云山樵语 253	韵言 1002
粤草（郭子章） 1053	云山堂集 774	韵叶 523
粤大记 960,999,1064	云水遗音 245	韵语拾遗 835
粤东盐法 1138	云朔行稿 615	韵语阳秋 599
粤东盐政考 1165	云松巢集 6	韵藻 809
粤台稿 763,791	云台藏稿 1075	
越草 923	云台诸将论 1164	
越海樵诗集 813	云窝稿 355	**Z**
越峤书 732	云溪稿 438	
越镌 1025	云仙集 729	杂病治例 208,219
越绝书 607,762,789,1104	云岩集 706	杂剧选 1066
越吟 1020	云阳集 9	杂录 166,656
越章录 1075	云阳县志 738	杂录记 691

宰相守令合宙 1119	张伯颜本李善文选注	昭代芳摹 1146
再归草 1138	张存简杂稿 464	昭代纪略 1098
再论圣学疏 654	张乖崖事文录 507	昭代乐律志 1131
再生缘 1009	张翰讲集 39	昭代明良录 11,1007
在原咏 990	张浒东集 807	昭代武功编 1155
簪花髻 1169	张静思文集 848	昭鉴录 51,53,55,71,78
赞灵集 282,283	张来仪先生文集 116	昭君出塞 1026
赞善文集 256	张籹舞志 982	昭君梦 1178
枣强县志 1046	张氏三易 982	昭陵编年史 959
璪探 1120	张氏室宝检讨 527	召对录 1038
造邦勋贤录 24	张氏文选 986	召见记 1020
泽山野录 839	张氏族谱 750	诏代典则 918
泽秀集 922	张水南集 827	赵凡夫杂著五种 1095
泽园永社十体 1127	张司马集 882	赵望亭诗集 725
泽州志 1024	张太常文集 614	赵忠毅公集 1104
责备余谈 673,735	张太岳集 900,943	赵州志 626,844,922
幘东遗老集 608	张太岳杂著 900	肇庆府志 926
曾思二子全书 854	张文忠公全集(张太岳集) 943	肇域志 1157
增补广韵 15	张文忠集 729	折肱漫录 1045
增城县志 724	张小山乐府 178	折衡 1182
增订汉魏六朝别解 1173	张修撰遗集 325	折腰漫草 953,1070
增广太平惠民和剂局方 308	张瑄奏议 527	哲范 938
增集群书类疏 319	张伊嗣全集 918	蛰庵目录 1078,1110
增集续传灯录 58,84,119,193, 220,235	张禹山戌己吟 831	谪台稿 791
增删说类 955	张愈光诗文选 768,831	柘庵集 386
增修笺注妙选群英草堂诗馀前集 136	张子正蒙注 989	柘城县志 790
增修诗话总龟 751	章恭毅公(章纶)年谱 468	柘湖集 866
增证陈氏小儿痘疹方论 308	章恭毅公集 468	柘轩集 78,152
增注黄庭经 537	章恭毅公奏议 468	浙草 1053
赠言小集 158	章丘县志(章邱县志) 759	浙藩稿 527
札巴坚参 609	章全名先生文集 265	浙江偶记 1179
闸河志 805	章氏家乘 27	浙江通志 8,16,27,53,75,83, 88,97,98,119,142,149,159,168, 177,179,185,195,235,240,250, 251,252,254,255,269,271,335, 338,352,357,360,365,381,383, 401,407,417,429,433,438,440, 444,455,467,468,480,483,486, 488,497,500,503,508,517,521, 537,565,580,591,816
闸说 1007	章台柳 914	
旃檀林 1021	彰德府续志 895	
詹氏小辨 938	彰德府志 656	
瞻泰楼集 822	漳平县志 770	
占星堂集 1000	漳野文集 659	
战国人才言行录 785	漳州府志 620	
战国纂评 1049	樟亭集 1074	浙江文统 1160
湛园存稿 1022	掌记 1109	浙江心寺集 665
湛园集 1006	招来辞 808	浙西水利书 543,584
	昭代典则 36,692,944,976	浙学宗传 1155

蔗山笔尘 480	正德会要 541	证治准绳 1035
贞白遗稿 188	正德兴宁志 626,636	郑淡泉集 840
贞烈事实 185,206	正讹集 1042	郑端简公年谱 819
贞素斋集 80	正教正考会通 429	郑端简公全书 839
贞翁净稿 743	正脉 893	郑端简公文集 840
贞斋集 517	正蒙发微 537	郑和航海图（自宝船厂开船从
贞字补遗 399	正蒙会稿 702	龙江关出水直抵外国诸蕃
针灸大成 1066	正蒙拾遗 742,794	图） 277,1070
真定府志 770	正蒙释（一作正蒙集注） 1100	郑开阳杂著 816,833
真定县志 881	正蒙述解 156	郑耆老义配好因缘 652
真迹日录 1179	正蒙章句 893	郑善夫传 629
真楷大字全号缙绅便览 908	正内编 645	郑少谷集 661
真懒集 1090	正葩掇英 269	郑虚舟尺牍 882
真率先生学谱 1123	正气堂集 893	郑州志 782
真谈 682,871	正始编 732	政府书答 886
真武妙经 960	正始堂集 1014	政和县志 193,1015
真阳县志 790	正俗编 537	政纪纂要 1041
真斋集 418	正统道藏 104,166,201,321,	政监 495
真珠船 768,786	324,388,1007	政体备要录 335
诊家枢要 118,119	正统临戎录 336	政问录 848
枕戈杂言 789,805	正统世年表 380	政训 532
枕肱集 417,549	正统义乌志 311	政馀类稿（章贡文稿） 251,283
枕肱亭诗集 549	正心诗集 652	之国供应事宜书册 926
枕肱亭文集 549	正信陈疑无修证自在宝卷 607	支道林集 733
枕肱吟 415	正学编 755	支湖集 717
枕流集 522	正学类稿 665	支离稿 74
振鹭集 573,650	正学录 1087	厄林 1178
振秀集 923	正学名臣丁长孺墓表 1109	厄言 987,1002
镇江府志 13,250,960	正学堂稿 947,957	厄言余录 623
镇远府志 488	正学堂续稿 947	芝山稿 244
震川先生集 858	正学先生年谱 133	芝堂遗草 918
震泽编（太湖志） 209,318,490,	正杨 774	芝轩集（胡濙） 390
509,592,665	正韵笺 1123	芝轩集（沈绎） 157
震泽长语 491,665,781	正转音略 147	芝应轩草 1006
震泽纪闻 90,665,798	正宗会馆记 1046	芝园集 79,96,171
震泽先生集 665	证道编摘略 851	芝园秘录 1070
争光集 1146	证人社约 1122	芝园秘录初刻 1183
征吾录 831,840	证人小谱 1138	芝园全集 882
征信编 1139	证性编 977,1030	枝山前闻 674
征夷杂记 525	证学编 974	知耻稿 292
整庵存稿 709,764	证学杂解 1177	知非集 1002
整庵续稿 764	证治类方 196	知非记 620
正庵集 335	证治要诀 196	知非历 922

知晋桥 744	治历缘起 1123	中晚集记 576
知命录 711,752	治事录 1158	中溪集 893
知命说 852	治水筌蹄 865,957	中兴别响 787
知天说 834,874	治通 1178	中兴间气集 1160
知退轩稿 870	治乡三约 1163	中兴十策 714,796
织里草 1074	治效方论 256	中星考 87
执斋集 678	质庵文集 301	中弇山人稿
直道编 366	质疑编 968	中庸本义 584
直隶安庆郡志 386	质疑续编 973	中庸传 752
直隶凤阳府宿州	致身录 269,583,1063	中庸凡 739
直指算法统宗（算法统宗） 942,1005,1034	致爽堂诗 1184	中庸凡演 673
	掷杯记 1076	中庸肤见 345
职方公年谱（何伯子自注年谱） 985,1050	智囊 1099,1138	中庸解（归有光） 858
	智囊补 1138	中庸解（罗伦） 450
职方集 98	智品 903	中庸解（杨爵） 771
职方考镜 952	鹭言 1078,1125	中庸类编 116
职方外记（职方外纪） 1109	檇李记 974	中庸论语读法 764
植品 1049	隋言 1115	中庸外传 1110
植梧文集 185	中庵集 218	中庸衍义 726
撼古遗文 966	中丞马先生集 1147	中庸臆说 506
止庵集 195	中川遗稿 739	中庸语录 726
止庵吟稿 441	中都稿 87,429	中庸直指 1079
止轩稿 158	中都集 77,79	中原文献 960
止义斋集 309	中都四子集 888,989	中原音韵注释 725
止止堂集 923	中都志 456,488,496,781	中斋集 540
止仲词稿 146	中国传教史 1046	中州名贤文表 323,456
咫闻录 1070	中国志（中国和契丹的法典） 627	中州文献志 919
咫园诗集 785		中州行稿 875
指南录 379	中和堂集 556	中州音韵 466,580
枳园近稿 1088	中华大帝国史 913	忠传（国朝忠传） 16
至书 802	中解编 366	忠定公集 674
至正近记 10	中离集 756	忠端公神弦曲 1173
至治之音 162	中麓画品 738	忠节录（李应祯） 178,179,180,524
志怪录 501	中麓乐府 848	
志戒录（历代奸臣备传） 117,118	中麓小令 848	忠节录（张朝瑞撰） 990
	中秘草 1005	忠介烬余集 1101
志矩堂商语 1025,1030	中山集 733	忠肃集 1156
志愚录 799	中山狼（康海） 734	忠武录 615,733
制敕稿 851	中山狼（王九思） 778	忠贤奇秘录 269
制科集 851	中山狼传 618	忠义集 16,341
治安要议 768,844	中书直阁记 919	忠义录（王蓥） 613
治河通考 659	中说考 673	忠义录（张耆） 18
治河奏疏 1026	中唐十二家诗 1088	忠义水浒传 838,931,943

著作索引

忠义水浒全传 1152
忠义说义 726
忠毅公集 1165
钟筠溪家藏集 753
钟评左传 1089
钟情丽集 479,576
钟惺年谱 1057
种菊庵集 34,67,218
种莲岁稿 799
种树书 86,171,522,966
冢宰文集 188
仲蔚先生集 889
仲志 756
重编广韵 770
重编考亭渊源录 850
重编琼台会稿 515,531
重订春秋疑问 884
重订王凤洲先生纲鉴会纂 1139
重订心学丛说 1174
重订欣赏编 1064
重刊经史证类大全本草 1065
重刊襄阳郡志 377
重刻古先君臣图鉴 908
重刻评选杨太史公时义 968
重刻月川类草 821
重刻朱子晚年定论 780
重论复河套疏 769
重庆府志 1003
重校古周礼 1139
重校说郛 163
重校魏鹤山先生大全集 665
重修安平县志 930
重修保定志 526
重修常昭合志 162,174,195,272,282,303,345,372,400,417,443,458,466,472,506,529,547,552,1074
重修常州府志 1052
重修磁州志 895
重修凤翔府志 881
重修富春志 161,308
重修革象新书 56,57

重修汉阴县志 1052
重修嘉善县志 960
重修宁羌州志 965
重修邠州志 720
重修毗陵志 463,471
重修岐山县志 938
重修如皋县志 812
重修通渭县志 1046
重修乌青镇志 981
重修无锡县志 526
重修徐州志 526,555
重修镇江府志 965,974
重修正传琴谱 336
重阳庵集 438
重斋先生文集(重斋稿) 369
舟岳集 1045
周髀算经 1089
周颠仙传 139
周府袖珍方 129
周恭肃公词 768
周恭肃公集 768
周官私录 974
周官仪礼 39
周礼辩正 95
周礼补注 250
周礼传 822
周礼传诂 822
周礼定本 668,680
周礼会要 690
周礼集注 571
周礼句解 1139
周礼考注 130
周礼题词 445
周礼图说
周礼五官考 1139
周礼沿革传 747
周礼义释 577
周礼因论 860
周礼音释 751
周礼直解 765
周礼注疏删翼 1159
周氏集 650
周文襄公年谱 678

周易奥义 292
周易本义附说 535
周易本义音释 580
周易本义原本 11
周易辨录 736
周易辨录序 754
周易辨说 771
周易参同契注解 781
周易参疑(孙从龙) 847
周易参疑(王廉) 5
周易参义 130
周易传存疑 536
周易传疏 709
周易传疑会同(周易要语) 575
周易传义补疑 948
周易传义会通 325
周易传义约说 752
周易订疑 11
周易发微 506
周易感义 1123
周易卦变图传 837
周易汇解 1165
周易集传 253
周易集解(李鼎祚) 801
周易集解(叶仪) 120
周易集解(郑宏) 103
周易集说(林志) 266
周易集说(刘南金) 8
周易集注 995
周易辑文 1063
周易解疑 444
周易考次 127,177
周易考异 669
周易孔义 1078,1100
周易论语集旨 458
周易明洛义纂述 1142
周易旁注会通 976
周易旁注图说 39
周易乾坤二卦解义 243,289
周易说翼 743
周易说旨 450
周易私录 974
周易通解 750

周易图解 7	朱子节要 985,1100	竹窗随笔 1042
周易玩辞 1069	朱子两大辨 1008	竹涧集 703
周易微旨 56	朱子年谱 620	竹箭编 892,1030
周易文诠 27	朱子实纪 620	竹磵集 278
周易问辨（易疑） 114	朱子世家 75	竹居集 198,234
周易象通 1063	朱子晚年定论 557,636,685,	竹懒画媵 1143
周易象义（唐鹤徵） 1058	775	竹林百咏 1052
周易象义（章潢） 1012	朱子文钞 277	竹楼文集 299
周易象旨决录 690	朱子学的 390,444,501,531	竹石屋闲钞 490
周易衍义 483	朱子训学斋规 1178	竹素堂藏稿 1099
周易演旨 1033	朱子增损吕氏乡约 1178	竹堂会语 846
周易议卦 832	朱宗良集 892	竹西稿 476
周易翼义 536	洙泗钩元 56	竹西亭稿 645
周易约说 982	洙泗言学录 604	竹溪六逸诗 1136
周易赞义 794	珠毬记 882	竹溪小稿 561
周易札记 930	珠崖录 328	竹香庵集 1163
周易直指 209,210,232,321	诸边图 721	竹墟集 889
周易纂 1074	诸城县志 989	竹轩稿 314,620
周易纂义 706	诸葛孔明心书 633	竹雪斋稿（竹雪集） 253
周禹川集 854	诸葛忠武侯年谱 1057	竹岩诗集 430
周中丞疏稿 1035	诸葛忠武书 1057,1123	竹庄集 357
周子全书 768,845	诸暨县志 352	主一斋稿 576
肘后神经大全 332	诸经私钞 502	拄笏 122
肘后神枢 332	诸儒述概天集 960	渚山堂词话 776
宙合编 869	诸儒学案 147,177,288,429,	渚山堂诗话 776
朱邦宪集 862	445,450,480,556,960,1016	属玉堂传奇 1021
朱秉器集 905	诸上善人咏 235	属玉堂集 1141
朱秉器全集 1065	诸史撮抄 854	属玉堂诗文稿 1021
朱丹溪素问纠略 547	诸史会编 358	煮雪窝稿 78
朱枫林先生注释小四书 1151	诸史日钞 762	麈谈 1138
朱福州集 654	诸史随笔 1011	助道微机 1116
朱廉文集 31	诸史通编 730	助工修学记 1003
朱陆编年考 768,844	诸书字考 955	注解文公家礼 265
朱勉斋诗集 472	诸司职掌 139,570	注疏大全 1169
朱文肃公集 1129	诸文懿公集 866	柱史草 1006
朱文肃公诗集 1129	诸夷考 1182	祝发记 918,1034,1128
朱襄毅疏草 1156	诸子粹言 896	祝氏集略 674
朱子大全私钞 786	诸子汇函 858,1099	祝氏小集七种 674
朱子读书法 575	诸子奇赏 1099,1139	祝子小言 1021
朱子二大辨 989	诸子实纪 596	祝子知罪录 674
朱子感兴诗考订 377	诸子语类 1009	祝子志怪录 674
朱子纲目折衷 591	硃批武备全书 1070	筑城议 824
朱子价集 817	鹠鸣集 858	转世全书 1164

篆隶订讹 1110	资治通鉴补 1155,1182	字汇辨 1171
篆学指南 1095	资治通鉴大全 1115	字汇补 1040
馈黄集 735	资治通鉴纲目 354,424,426,	字林纂要 485
庄定山集 556	427,547,548,601,1139	字学要览 1087
庄简公存稿 967	资治通鉴纲目集览镌误 269	字学元元 980
庄浪汇记 1046	资治通鉴节要续编 274	字学源流 147
庄渠文集 747	资治通鉴评 1094	字学源委 78
庄渠先生遗书 747,816,838	资治通鉴前编 1139	字原表微 921
庄骚合刻 1007	资治通鉴外纪增义 126	自庵稿 597
庄通 1149	资治通鉴续编 1182	自反录 1025,1030
庄僖公文集 839	淄川县志 758,965,985	自儆集 1143
庄岳委谈 987	缁门崇行录 1042	自警十箴 731
庄子抄 694	缁门警训 320	自考集 549
庄子内篇注 1079	滋心语录 762	自鸣稿 621
庄子通 1042	滋阳县志 831	自信集 441,442
庄子要删 909	籽粒本末 1138	自怡稿 272
庄子翼 1066	子丑程墨戒 1150	自怡集 88
装潢志 1064	子汇 1064,1066	自娱集 1054
追风集 1129	子平要语 920	自愉堂集 955
坠钗记 1007,1021	子卿近集 1125	自招魂 763
赘言录 528	子上存稿(不系舟渔集) 17	自知堂集 833
卓惟恭诗文集 176	子书管籥 637	宗伯集 990
卓吾大德 984	子威先生澹思集 977	宗传咏古 1116
卓斋集 537	梓里资谈 762	宗谍补遗 184
拙庵稿 494	梓溪文钞 1063	宗藩军政条例 944
拙庵集(陈泰) 418	紫柏老人集 990	宗藩事例 932
拙庵集(吴渊) 335	紫钗记 922,1047,1128	宗藩条例 828
拙存堂史括 1173	紫峰集 755	宗藩训典 946,1015
拙存斋稿 149	紫府奇玄 1110	宗祭礼 1163
拙逸斋稿 106	紫山诗稿 691	宗门或问 1100
拙斋集 468	紫桃轩杂缀 1143	宗圣谱 922,925
涿州志 522,532,624,763,786	紫微精舍杂著 546	宗室条例 845
灼艾别集 746	紫薇堂四子 881	宗一圣论 1140
灼艾集 698	紫薇堂剳记 974	宗旨 974
灼艾续集 709	紫箫记 1047	宗子相集 813
灼薪剧谈 620	紫轩集 596	总督苍梧军门志 790
啄鸣诗文集 1042	紫崖集 641	总理河漕奏疏 957
濯缨亭笔记 618	紫岩集 786	邹孚如集 891
资世通训(太祖御制资世通训) 63,66	紫阳年谱 620	邹聚所文集 896
	紫阳文公先生年谱 837,981	邹县地理志 669
资治大政记纲目 948	紫月集 995	邹学愿学集 926
资治通鉴 290,724,1018,1057,	紫芝集 1019	邹志 1024
1063,1078,1098,1139	字汇 1040	奏对稿 729

奏疏遗稿 1070	罪惟录(明书) 1181	遵制正吴编 1021
奏议(陈晟) 155	罪知录 656,861	左编(历代史纂左编、史大纪)
奏议(程宗) 514	醉经楼集(醉经堂集解) 971	816,1087
奏议(范钦) 913	醉狂集 299	左传断例 523
奏议(李颐) 982	醉吟集 969	左传分国纪事本末 1155
奏议(王鏊) 665	醉吟录 241	左传附注 732,779
奏议(卫浩) 183	醉月缘 1178	左国腴词 977
奏议(文林) 558	樵李丛谈 1143	左史子汉镌 871
奏议(吴惠) 410	尊经阁记 667	左氏兵略 1053
奏议(于谦) 372	尊美堂政录 764	左氏春秋镌 779
奏议(史继偕) 1075	尊生斋集 1030	左氏钩玄 5
奏议(叶盛) 435	尊闻录(陈古池记李材语) 951	左氏君子议 27,28
奏议(祁司员) 485	尊闻录(孟化鲤录尤时熙语)	左氏始末 1037
奏议(马文升) 611	830,966	左氏释 913
足庵集 145	尊乡录(尊乡录详节、尊乡录节	左氏释义评苑 1020
足园集 917	要) 444,550	左觿 679
族谱(马复京) 1076	尊心录 466	坐道论 386
族谱(叶颙) 158	尊拙堂文集 1110	坐隐先生集 1020
祖德 699	遵道录 641	坐隐先生全集 1016
祖训录(明祖训、皇明祖训、祖	遵圣录 871	坐隐一百二十咏 1020
训条章) 20,51,55,144	遵岩文集 532	坐隐园戏墨 1020
纂补春秋诸名臣传 857	遵岩先生集 810	柞林纪谭 933
纂注孔子家语 878	遵制家礼 1076	柞城县志 895
最美集 373		

后 记

中国学术源远流长,成果辉煌,明代学术是其中的重要环节。然而长期以来学界持批判、否定态度者却不在少数,而且自顾炎武开始,经钱大昕、章学诚、崔述、皮锡瑞、王先谦,直到梁启超等,这种否定意见不断被强调和强化,以致"明亡天下,不亡于寇盗,不亡于朋党,而亡于学术"(陆陇其《三鱼堂文集》卷二《学术辨上》,台北:商务印书馆,影印文渊阁《四库全书》本),"晚明理学之弊,恰如欧洲中世纪黑暗时代之景教"(《梁启超论清学史二种》,第7页,上海:复旦大学出版社,1985)之类观点,早已深入人心。于是,"明代无学术"似乎已成为一种不可移易的学术定论,这难免影响了人们对这一领域关注的兴趣。尽管近二十年来这种观念已有所改变,出现了不少相关研究成果,但研究对象过于集中,有些成果的观点明显地受了前辈权威们的"定论"之辐射,带有一些先入为主的成见,方法不够宏通,视野受到局限,因而终究无法改变明代学术史研究为当今中国学术发展流变史研究中较为薄弱环节之现实。

接受"明代学术编年"编撰任务之初,编者也同样存有"明代能有什么学术"的困惑,可见清代学人对明代学术连篇累牍的挞伐和晚近学者对明代学术几近众口一词的贬抑影响之巨之深。但在经过漫长的琐琐碎碎的梳理之后,终于发现明代不是没有学术,而是明代学术有自身的特点。就其发展历程而言,前期,以各类大型的或重要的官书的大量修纂为标志的皇权文化的臻至鼎盛,到中后期,以学派党社的层见和稗乘野史的叠出为标志的民间学术文化的趋于繁荣,嬗变轨迹宛然,个中缘由,值得深究。就成果而言,除了向被认为是明代学术之标志的阳明心学外,明代的经学、史学、地理学、天文历算学等等,其实也都有较高的成就。尤其是民间思想家的活跃和新思潮对正统理学的颠覆、民间史家对撰写本朝史事禁区的突破和野史笔记的大量涌现、传统舆图和地志的前所未有的发展、西学东渐对国人知识体系的更新、科学技术的进步和创新、文学艺术的复苏和繁荣、传播出版业的蔚然兴盛等等,都值得我们大书特书。有学者甚至呼吁"正视明人之学,以'明学'概念,使之成为与'汉学'、'宋学'、'清学'并立的一门学问"(李圣华《重估明代学术价值,建构"明学"研究新体系——从竟陵派"学殖浅陋"谈起》)。如此,则这部涉及明代学者近万人、各类著述万余种的《明代学术编年》的编撰,或许能为"明学"大厦的建构添一块砖、奠一方基吧。

本卷以如下的研究视角和方法加以架构:学术其实是一个生态互联网的存在,学术形态(学术成果)与国家总体文化生态(学术背景)、学人群体生存状态(学术传承与交流)、学者个体生命形态(学人生卒与学术活动)息息相关。各时期学人生态的不同,决定了学术形态的差异。基于这样的认识,本书在学术背景、学术活动、学术成果、学者生卒四项内容彼此参照的同时,又以史实著录与编者按语相互配合,以丰富内容、完善体例。以这样的编年之体对明代学术的发展演变进行一次力求全面而系统的梳理与总结,在文献实证的基础上,立体地呈现明代学术的成就、特点、成因,描画明代学术之兴替轨迹与规律后,我们力图说明明代学术在很大程度上有对前代学术的突破,同时也是清初学术思潮兴起的基础和前提,自有其无法复制、无法替代、无法取消的地位和作用。

由于长期为学界所忽略和漠视,明代学术至今仍是一块有待开垦的研究领地,"明学"大厦的构建尚需花大力气,但毫无疑问,古往今来也已有不少学者在这片领地上倾注了心血,积累了较丰厚的成果。且不说清初张廷玉等的《明史》、黄宗羲的《明儒学案》、钱谦益的《列朝诗集小传》等等对我们了解明代的学术生态、明代的学人群像和明代的学术演进历程大有裨益;现当代的不少学者,还分专题对明代学术作了不少"细说"的工作,如陈国庆和刘莹的《中国学术思想编年》(明清卷)、容肇祖的《明代思想史》、张学智的《明代哲学史》、麦仲贵的《明清儒学家著述生平年表》、[日]今关寿麿的《宋元明清儒学年表》、张慧剑的《明清江苏文人年表》、赵园的《明清之际士大夫研究》、谢国桢的《增订晚明史籍考》、钱茂伟的《明代史学编年考》、傅玉璋等的《明清史学史》、徐朔方等的《明代文学史》、张仲谋的《明词史》、陈大康的《明代小说史》、李圣华的《晚明诗歌研究》、周齐的《明代佛教与政治文化》、沈定平的《明清之际中西文化交流史——明代:调适与会通》,其他如孟森的明史研究、陈垣的滇黔佛教研究、郭朋的明代佛教研究、陈祖武的学术史研究、樊树志的晚明史研究、南炳文的明史研究,以及无数学者大量的有关明代学人的年谱和生平考证类论著等等,都极有创获。前贤今哲的研究成果,都是本书籍以参考、加以综合而力求形成自己的特色的重要基础,具体参见卷中正文按语和文后主要参考文献,在此深表感谢。若有遗漏或引用不当之处,敬请谅解。

本书自洪武元年至弘治十八年(1368—1505),全部由胡吉省撰写;自正德元年至崇祯十七年(1506—1644),主要由陈玉兰编撰。另外,杨建华、章海凤参与过部分初稿的初撰工作;潘德宝、沈云、阎岑、张倩、唐淑丽等帮忙编制人名索引和专著索引;洪茂宁帮助做了排印稿的文字校对工作,在此表示诚挚的谢意。该书之编撰曾蒙浙江省哲学社会科学规划项目经费资助,在出版过程中,又得责任编辑万骏先生的悉心教正,在此也一并致谢。本卷始编于1999年底,完成于2009年底,工作时有断续,体例也屡有调整。尽管已数易其稿,但材料取舍标准不一、详略有差的弊病仍复存在,繁冗和疏漏之处也在所难免,敬请达人君子批评指正。

陈玉兰 胡吉省

二〇一二年春

图书在版编目(CIP)数据

中国学术编年·明代卷:全2册/陈玉兰,胡吉省撰;梅新林,俞樟华主编.
——上海:华东师范大学出版社,2013.7
ISBN 978-7-5617-9467-8

I. ①中… II. ①陈…②胡…③梅…④俞… III. ①学术思想－思想史－中国－明代 IV. ①B2

中国版本图书馆 CIP 数据核字(2012)第 070545 号

华东师范大学出版社六点分社
企划人　倪为国

本书著作权、版式和装帧设计受世界版权公约和中华人民共和国著作权法保护

中国学术编年·明代卷

撰　　者	陈玉兰　胡吉省
主　　编	梅新林　俞樟华
责任编辑	万　骏
封面设计	吴正亚
出版发行	华东师范大学出版社
社　　址	上海市中山北路 3663 号　邮编　200062
网　　址	www.ecnupress.com.cn
电　　话	021—60821666　　　行政传真　021—62572105
客服电话	021—62865537
门市(邮购)电话	021—62869887
地　　址	上海市中山北路 3663 号华东师范大学校内先锋路口
网　　店	http://hdsdcbs.tmall.com
印刷者	上海印刷(集团)有限公司
开　　本	890×1240　1/16
插　　页	8
印　　张	90.5
字　　数	1200 千字
版　　次	2013 年 7 月第 1 版
印　　次	2013 年 7 月第 1 次
书　　号	ISBN 978-7-5617-9467-8/G・5566
定　　价	480.00 元(全二册)
出 版 人	朱杰人

(如发现本版图书有印订质量问题,请寄回本社客服中心调换或者电话 021-62865537 联系)